BECK'SCHE RECHTS- UND WIRTSCHAFTSWÖRTERBÜCHER

MICHEL DOUCET / KLAUS E. W. FLECK

I

FRANÇAIS – ALLEMAND

FRANZÖSISCH – DEUTSCH

DICTIONNAIRE

JURIDIQUE ET ECONOMIQUE

Par

MICHEL DOUCET

Docteur en droit

6e édition

revue et augmentée par

KLAUS E. W. FLECK

Licencié en droit

TOME I

FRANÇAIS – ALLEMAND

2009

Bruylant

WÖRTERBUCH

DER RECHTS- UND WIRTSCHAFTSSPRACHE

Begründet von

DR. MICHEL DOUCET

6., neubearbeitete und erweiterte Auflage

Fortgeführt von

KLAUS E. W. FLECK

Licencié en droit

TEIL I

FRANZÖSISCH – DEUTSCH

2009

Verlag C. H. Beck oHG

Helbing Lichtenhahn

MANZ

ISBN (C. H. Beck) 978-3-406-48060-7
ISBN (Helbing Lichtenhahn) 978-3-7190-2752-0
ISBN (MANZ) 978-3-214-00461-3
ISBN (Bruylant) 978-2-8027-2678-4

Satz und Druck: Druckerei C. H. Beck, Nördlingen
(Adresse wie Verlag)
Gedruckt auf säurefreiem, alterungsbeständigem Papier
(hergestellt aus chlorfrei gebleichtem Zellstoff)

Vorwort

Die 6. Auflage des 1. Bandes des Doucet-Fleck erscheint 11 Jahre nach der 5. Die lange Zeitspanne zwischen der 5. und 6. Neubearbeitung erklärt sich zumindest teilweise durch die Umstellung auf die elektronischen Medien und den damit zusammenhängenden Problemen. Das gesamte Material musste nicht nur gründlich gesichtet und ergänzt werden, sondern die Inhalte bedurften ebenfalls teilweise einer Angleichung. Die Anzahl der Doubletten, d. h. der Doppeleinträge, wurde praktisch halbiert. Im CD-Wörterbuch sind sie auf jeden Fall ein Ärgernis, im Papierwörterbuch hingegen bleiben sie unerlässlich, um die Stichwortsuche des Benutzers zu beschleunigen. Da das elektronische Manuskript die Grundlage beider Wörterbuchfassungen bildet, musste ein Kompromiss gefunden werden. Hinzu kam der neu konzipierte Einbau von Infokästchen in Band 1. Besagte Kästchen sollen dem Übersetzer die Arbeit in zweifacher Hinsicht erleichtern: Einmal geht es um Sprachinformationen zu häufigen und typischen Fehlern und Verwechslungen, zum anderen um Sachinformationen zu spezifischen französischen Rechtsinstituten und -begriffen, die man nicht mit den deutschen entsprechenden gleichsetzen darf. Dabei geht es nicht so sehr um rechtsvergleichende Erklärungen, sondern vielmehr um praktische Hinweise und Übersetzungshilfen, um möglichen Fehldeutungen vorzubeugen. Gerade zu diesem Punkt erwartet der Bearbeiter weitere Anregungen. Übrigens möchte er sich in diesem Zusammenhang bei allen Einsendern von Kritiken, Wortlisten und zusätzlichen Informationen herzlich noch einmal bedanken. Die Einfügung von Neologismen und die Fehlerberichtigung sind nunmehr, zumindest in der elektronischen Fassung des Wörterbuchs, ohne große Verzögerung möglich.

Auf weitere gute Zusammenarbeit hofft ihr
Klaus E. W. Fleck

Les fidèles utilisateurs du Doucet-Fleck français-allemand auront dû attendre 11 ans entre la 5è et 6è édition. Le rédacteur s'en excuse auprès de son public. Mais la conversion du corpus et son adaptation au médium électronique s'avéra plus difficile que prévu. Un énorme problème fut en particulier celui des entrées doubles. Pour celui qui consulte le dictionnaire papier, il est en effet très profitable de retrouver la même expression à deux endroits différents. L'utilisateur du support électronique quant à lui sera au contraire irrité par de tels doublets. Il a fallu trouver un compromis, puisque le même manuscrit sert aux deux versions. En outre de petits pavés d'informations ont été introduits devant certaines entrées particulièrement importantes. Il s'agit de remarques brèves d'ordre linguistique en vue d'éviter des erreurs fréquentes et grossières ou bien d'explications juridiques à propos d'institutions et de notions qu'il ne faut pas confondre dans les deux langues. Ces informations pratiques sont destinées au traducteur peu averti ou pressé et n'ont pas la prétention d'apporter des renseignements approfondis de droit comparé. Le concepteur de ces bulles attend d'ailleurs les réactions et suggestions des lecteurs. Il profite aussi de l'occasion pour remercier encore une fois tous ceux qui n'hésitent pas de lui envoyer leurs listes de mots et remarques. Maintenant il sera plus facile de tenir compte dans un laps de temps raisonnable des néologismes et compléments, du moins pour la version électronique du Doucet-Fleck.

Aux Utilisateurs

1. Dans la plupart des cas, les définitions légales et celles se trouvant dans le *Vocabulaire juridique* de Gérard CORNU, le *Guide du langage juridique* de Sébastien BISSARDON et le *Lexique des Termes juridiques* de Raymond GUILLIEN et Jean VINCENT ont servi de base à la traduction de la nomenclature française. Ainsi il est possible de reconstituer le contexte de la langue de départ grâce aux différents codes et à ces excellents dictionnaires monolingue. Les explications françaises complémentaires, fournies pour les entrées particulièrement importantes et polysémiques, permettent à tous ceux qui consultent le DOUCET-FLECK, d'établir des distinctions plus précises et de choisir plus facilement l'équivalent adéquat dans la langue cible (voir à ce sujet la liste des abréviations à la fin de la présente introduction). L'auteur indique donc la base légale française et/ou une définition chaque fois qu'une institution n'avait pas de correspondant direct en Allemagne. Pour certaines notions particulièrement difficiles – *action,* par exemple – des renseignements complémentaires sont fournis dans un petit encadré.

2. La nomenclature est classée strictement dans l'ordre alphabétique. Pour les latinismes employés dans la langue juridique française, le terme français adéquat a souvent été indiqué entre parenthèses avec un signe d'égalisation.

3. Toutes les entrées sont imprimées en caractères gras, les équivalents français en caractères romains maigres et les explications complémentaires françaises, entre parenthèses, en caractères italiques.

4. Pour économiser de la place, de nombreux mots présentant un élément commun ont été regroupés sous une seule entrée.

Dans le corps de l'article, le premier élément est ensuite remplacé par un petit trait horizontal. Deux de ces traits remplacent les éléments correspondants de la composition.

5. La catégorie du mot est indiquée sous forme d'une abréviation. Pour les substantifs, le genre masculin est mentionné par un *m,* le genre féminin par un *f* et le genre neutre par un *n* italique. Pour les équivalents allemands, ces indications ont été parfois omises. En outre, chaque fois que le genre du substantif ressort clairement de la terminaison de l'adjectif, l'indication du genre a été également supprimée. La catégorie de l'adjectif est signalée par *adj,* celle de l'adverbe par *adv.* Les verbes ont été marqués par les sigles traditionnels: *v. tr, v. int.* etc.

6. Les équivalents allemands sont séparés entre eux par une virgule lorsque leur signification est analogue, par un chiffre arabe, s'il s'agit de sens différents:

Dans les articles moins importants, cette différence de sens est signalée par un point virgule:

7. Les mots mentionnés dans ce dictionnaire appartiennent, en règle générale, à la langue juridique courante. Dans certains cas particuliers, une

marque d'usage attire l'attention sur le fait que l'équivalent en question appartient à la langue familière *(= umg)* ou qu'elle a une nuance péjorative *(= pej),* le sens figuré étant signalé par *(= fig)* dans certains cas particuliers importants. Pour certains substantifs allemands, nous avons indiqué, comme équivalent, des tournures verbales françaises lorsque celles-ci sont plus fréquemment employées que les substantifs correspondants.

8. Nous avons également tenu compte de certains mots vieillis et de quelques termes historiques. Pour ce qui est des formes féminines servant à désigner les métiers, titres, grades et fonctions occupés par des femmes, comme *un huissier, une huissière,* nous nous contentons ici de quelques indications que certains jugeront trop brèves. On écrit de plus en plus souvent *la ministre, une députée* et même *une colonelle.* Heureusement le féminin est identique au masculin lorsque le mot se termine par un « e » muet (un juge – une juge) ou par une consonne dans certains cas particuliers: (un médecin – une médecin)

Dans la plupart des autres cas, le féminin s'obtient en ajoutant un « e » *(un avovat – une avocate; un préposé une préposée),* éventuellement en mettant un accent sur la dernière voyelle ou en doublant la dernière consonne *(un huissier – une huissière; un practicien, une practicienne).*

Les noms terminés par « eur » ont un féminin en « euse » *(un rapporteur, une rapporteuse),* sauf si le mot de base devient méconnaissable *(un ingénieur, une ingénieur).*

Enfin les mots terminés en « teur » ont un féminin en « teuse » si le « t » appartient au mot de base *(un ajusteur, une ajusteuse).* Cependant, même dans ce cas, l'usage privilégie les féminins en « trice » *(éditeur, éditrice; médiateur, médiatrice; détenteur, détentrice).*

Pourtant, toute règle a ses écueils, tout système a ses limites: ainsi on dira *une professeur* et non pas *une professeuse.* De même, on préfère toujours parler du juge Eva Joly et non de la juge. Mais les féminins comme *chancellière, présidente et directrice* s'imposent de plus en plus.

9. Nous sommes conscients du fait que tous les équivalents sont fonction de contextes bien déterminés. Tout travail lexicographique bilingue concernant la terminologie juridique et économique comporte donc nécessairement des lacunes et il n'est pas non plus possible d'éliminer tout à fait les erreurs et fausses interprétations. Nous prions donc tous ceux qui consultent ce dictionnaire de nous faire connaître leurs suggestions et corrections éventuelles.

Klaus E. W. Fleck

Hinweise für den Benutzer

1. Es wurden für die französischen Stichwörter zumeist die Legaldefinitionen, die im *Vocabulaire juridique* von Gérard CORNU, im *Guide du langage juridique* von Sébastien BISSARDON und im *Lexique des termes juridiques* von Raymond GUILLIEN und Jean VINCENT enthaltenen Definitionen und zugrundegelegt, so dass der Kontext an Hand dieser einsprachigen Wörterbücher und der entsprechenden Gesetze rekonstruiert werden kann. Durch die Beifügung erklärender Zusätze – zumeist in abgekürzter Form (siehe Abkürzungsverzeichnis am Ende dieser Hinweise) – soll dem Benutzer eine genauere Unterscheidung und damit die Wahl des richtigen Ausdrucks erleichtert werden. Bei verschiedenen, auf französische Institutionen bezogene Begriffe, für die ein entsprechendes Äquivalent in Deutschland fehlt, wurde häufig eine definitorisch-umschreibende Übersetzung angegeben. Bei besonders schwierigen Begriffen enthält ein Kästchen zusätzliche Erklärungen, zumeist mit Verweisen.

2. Die einzelnen Stichwörter sind streng alphabetisch geordnet. Bei den in der französischen Rechtssprache gebräuchlichen Latinismen findet man in Klammern mit einem Gleichheitszeichen die Erklärung angegeben.

3. Sämtliche Stichwörter erscheinen im Text in halbfetter Schrift, die deutschen Äquivalente in der Grundschrift und die erklärenden in deutscher Sprache kursiv und in Klammern.

4. Aus Gründen der Platzersparnis werden Stichwörter des gleichen Stammes oft in Wortgruppen zusammengefaßt und in den folgenden Unterteilungen durch eine einfache Tilde ersetzt wird. Zwei Tilden hintereinander besagen, daß zwei Stichwörter oder Stichwortbestandteile an der entsprechenden Stelle einzusetzen sind.

5. Die Angabe der Wortart erfolgt jeweils durch die entsprechende nachgestellte Abkürzung. Auf die Genusbezeichnung bei Substantiven *m (= Maskulinum), f (= Femininum)* und *n (= Neutrum)* wird dann verzichtet, wenn sie wie bei *droit m* als allgemein bekannt vorausgesetzt werden kann. Des weiteren erfolgt in manchen Fällen keine besondere Kennzeichnung des Genus, insbesondere bei häufig wiederkehrenden Substantiven mit der Endung *-tion, -sion, -ssion, -ation, -ition, -fication, -faction* und *-isation* – allesamt Feminina. Dasselbe gilt auch für die maskuline Endung *-ment.* Wenn sich darüberhinaus eindeutig aus dem beigefügten Adjektiv der Genus des Substantivs bestimmen läßt, wird ebenfalls kein weiterer diesbezüglicher Hinweis gegeben. Adjektive sind mit *adj,* Adverbien mit *adv* gekennzeichnet; bei Verben wird auf besondere Angaben verzichtet.

6. Deutsche Äquivalenzen mit nahezu gleicher Bedeutung werden durch Kommata voneinander getrennt, bei unterschiedlicher Bedeutung wird eine arabische Zahl verwendet.

7. In der Regel wird nur die juristische Standard- oder Hochsprache verwendet. In Einzelfällen jedoch wird auch auf umgangssprachliche

Äquivalente *(= umg, familier = fam)* hingewiesen; und es werden Wortwendungen im übertragenen oder figurativen Sinn *(= fig)* sowie abwertende oder pejorative Begriffe *(= pej)* angezeigt. Bei Substantiven können in manchen Fällen verbale Entsprechungen angegeben sein, und zwar immer dann, wenn diese im Französischen üblicher sind als die substantivische Form.

8. Historische und veraltete Begriffe der französischen Rechtssprache werden in manchen Fällen berücksichtigt. Allerdings wird nur in seltenen Fällen auf belgische Besonderheiten hingewiesen. Bitte beachten Sie auch auf die unter Punkt 8 im frz. Teil angegebenen Hinweise zu den frz. Femininformen für juristische Titel und Berufe. Wir wollten hier das ganze nicht noch einmal wiederholen.

Der Bearbeiter ist sich im klaren darüber, dass es nur kontextgebundene Äquivalente gibt, jede lexikographische Erfassung der juristischen und Wirtschaftsterminologie bruchstückhaft ist und Irrtümer und Fehldeutungen aus diesem Grunde nie ganz ausgeschlossen werden können. Daher sind zusätzliche Hinweise, Ergänzungen und Verbesserungsvorschläge stets willkommen.

Klaus E. W. Fleck

Verzeichnis der in den Wörterbuchartikeln verwendeten Abkürzungen: Liste des abréviations utilisées dans ce dictionnaire:

a.	auch	également
adj	Adjektiv	adjectif
adv	Adverb	adverbe
AktR	Aktienrecht	droit des Sociétés anonymes
AllgSpr	Allgemeinsprache	langage courant
ArbR	Arbeitsrecht	droit du travail
AtomR	Atomrecht	droit de l'atome
Außh	Außenhandel	commerce extérieur
Aut	Austria	terme du droit autrichien
AWR	Außenwirtschaftsrecht	droit relatif aux échanges internationaux
B	Belgien	terme du droit belge
BankR	Bankrecht	droit bancaire
BauR	Baurecht	droit de la construction
BeamR	Beamtenrecht	statut des fonctionnaires
BörR	Börsenrecht	régime des bourses
BR	bürgerliches Recht	droit civil
BRD	Bundesrepublik Deutschland	République fédérale d'Allemagne
BW	Betriebswirtschaft	organisation des entreprises
Buchf	Buchführung	comptabilité
CIM	Internationales Übereinkommen über den Eisenbahnfrachtverkehr	Convention internationale sur le transport des marchandises par chemin de fer
conj = konj	Konjunktion	conjonction
DiszR	Disziplinarrecht	droit disciplinaire
(E)DV	(Elektronische) Datenverarbeitung	informatique
EG	Europäische Gemeinschaft(en)	Communauté(s) européenne(s)
EheR	Ehe- u. Ehescheidungsrecht	droit relatif au mariage et au divorce
EnergW	Energiewirtschaft	régime économique concernant les ressources énergétiques et leur exploitation
ErbR	Erbrecht	droit relatif aux successions
etw	etwas	quelque chose = qqch
EU	Europäische Union	Union européenne
EuR	Europarecht	droit européen
f	Femininum	féminin
FamR	Familienrecht	droit familial

FG	freiwillige Gerichtsbarkeit	droit relatif à la procédure gracieuse
fig	bildlich	sens figuré
FinanzW	Finanzwirtschaft	économie financière
fpl	Femininum Plural	féminin pluriel
GB	Grundbuch	livre foncier
GemR	Gemeinderecht	droit des communes
GesR	Gesellschaftsrecht	droit des sociétés
GewR	Gewerberecht	droit des professions industrielles et commerciales
GG	Grundgesetz	Loi fondamentale allemande
GRUR	Gewerblicher Rechtsschutz u. Urheberrecht	droit de la propriété industrielle
GVR	Gerichtsverfassungsrecht	droit relatif à l'organisation judiciaire
HaushR	Haushaltsrecht	droit budgétaire
hist	historisch	mot historique
HochschulR	Hochschulrecht	droit relatif à l'enseignement supérieur
HR	Handelsrecht	droit commercial
i. e. S.	im engeren Sinne	au sens strict du terme
InsolvenzR	Insolvenzrecht	régime juridique de l'insolvabilité
IPR	Internationales Privatrecht	droit international privé
IuH	Industrie und Handel	industrie et commerce
i. w. S.	im weiteren Sinne	au sens large du terme
jmd.	jemand	quelqu'un (Nominativ)
jmdm.	jemandem	à quelqu'un
jmdn.	jemanden	quelqu'un (Akkusativ)
jmds.	jemandes	de quelqu'un
Kfz	Kraftfahrzeug	véhicule automobile
KirchR	Kirchenrecht	droit concernant les associations cultuelles
KonkursR	Konkurs- und Vergleichsrecht	droit des faillites
Konj = conj	Konjunktion	conjonction
KreditW	Kreditwesen	banques et crédit
L	Luxemburg	terme luxembourgeois
LandwR	Landwirtschaftsrecht	droit rural
lat	lateinisch	latin
loc	Lokution - Redewendung	locution
m	männlich	masculin
MedienR	Medienrecht	droit de l'audiovisuel
MedizinR	Medizinrecht	droit médical
MilR	Militärrecht	droit relatif à la défense nationale et au service national
mpl	männlich Plural	masculin pluriel

MRK	Menschenrechtskonvention	convention des droits de l'homme
MuW	Markenschutz und Wettbewerb	dessins et modèles et concurrence
n	sächlich	neutre
npl	sächlich Plural	neutre pluriel
num	Numerus - Zahlwort	numéral
od	oder	ou
ÖfR	öffentliches Recht	droit public
PatR	Patentrecht	droit des brevets
pej	abwertend	péjoratif
pl	nur Plural	seulement au pluriel
Pol	Politik	politique
pop	Umgangssprache	familier
präp = prep	Präposition	préposition
PrzR	Prozeßrecht	droit procédural
qqch	etwas	quelque chose
qqn	jemand	quelqu'un
RA	Rechtsanwalt	avocat
RömR	römisches Recht	droit romain
S	Schweiz	terme du droit suisse
SachR	Sachenrecht	droits réels
SchuldR	Schuldrecht	obligations
SchulR	Schulrecht	droit relatif à l'enseignement
SeeHR	Seehandelsrecht	droit du commerce maritime
SeeVersR	Seeversicherungsrecht	droit des assurances maritimes
SozR	Sozialrecht	droit social
SozVers	Sozialversicherung	sécurité sociale
SteuerR	Steuerrecht	droit fiscal
StR	Strafrecht	droit pénal
StPR	Strafprozeßrecht	droit judiciaire pénal
StVR	Straßenverkehrsrecht	droit de la circulation routière
StVZ	Strafvollzug	régime pénitentiaire
TVR	Tarifvertragsrecht	droit relatif aux conventions collectives
umg(spr)	umgangssprachlich	familier
UmweltR	Umweltschutzrecht	droit relatif à la protection de l'environnement
UPU	Weltpostverein	union postale universelle
UrhR	Urheberrecht	droit de la propriété littéraire et artistique
VerfR	Verfassungsrecht	droit constitutionnel
VerlR	Verlagsrecht	droit relatif aux maisons d'éditions

VersR	Versicherungsrecht	droit des assurances
VR	Völkerrecht	droit international public
Vwirt	Volkswirtschaft	économie politique
VwPR	Verwaltungsprozeßrecht	droit procédural administratif
VwR	Verwaltungsrecht	droit administratif
VwVerfR	Verwaltungsverfassungsrecht	droit de l'organisation des institutions administratives
WechselR	Wechselrecht	droit cambiaire
WertpR	Wertpapierrecht	droit des valeurs mobilières
WirtR	Wirtschaftsrecht	droit des affaires
WirtStR	Wirtschaftsstrafrecht	droit pénal des affaires
Wz	Warenzeichen	marques déposées
ZollR	Zollrecht	droit douanier
ZPR	Zivilprozeßrecht	droit procédural privé
ZR	Zivilrecht	droit civil
ZwangsVR	Zwangsvollstreckungsrecht	droit de l'exécution forcée

Abréviations – Abkürzungen

La présente liste complétée et actualisée tient compte de la nouvelle édition améliorée des « Abréviations des principales références en matière juridique ». *Cette énumération a été établie par le Groupe des éditeurs de droit, sciences économiques et sociales, c'est-à-dire par Dalloz, Éditions Techniques, Lamy, Éditions Législatives, Joly et Francis Lefebvre, 2è édition, Paris 1993, et publiée par le Syndicat national de l'Édition. Les éditeurs sus-énumérés parlent même de* « nouvelles normes. » *Naturellement nous avons été obligés de faire dans cet inventaire un choix plus ou moins arbitraire et par ailleurs nous sommes loin de partager l'optimisme desdits Éditeurs qu'un accord ait été trouvé pour « mettre un terme à l'anarchie ambiante » en ce domaine. L'auteur du présent dictionnaire puise naturellement aussi dans ses propres fiches de lecture. Il est cependant impossible de tenir compte de tous les sigles et de répertorier toutes les variantes d'écriture: majuscules, minuscules, points entre les lettres, pas de points... Comme le présent dictionnaire est surtout utilisé par les allemands, nous ne proposons pas de traduction allemandes; mais signalons dans certains cas précis le domaine spécial concerné. Les suggestions, améliorations et corrections seront toujours bien venues. De plus amples informations sur les abréviations françaises se trouvent dans l'excellent dictionnaire* « Sigles et acronymes » *de Georges Himelfarb paru aux éditions Bélin, Paris, 2002.*

Liste de sigles juridiques et économiques et de leur explication:

A. .... arrêté
a. .... article
A 2 .... Antenne 2 (chaîne de télévision publique)
AA. .... adjoint administratif
AA .... alcooliques anonymes
AACC .... Association des agences conseils en communication
AAC .... attaché d'administration centrale
AAH .... allocation aux adultes handicapés
AAPC .... avis public d'appel à la concurrence
AAR .... against all risks (= contre tous risques) *(VersR)*
AAT .... Administration de l'assistance technique. *(ONU)*
AB .... agriculture biologique
ab. .... abîmé
ab init. .... ab initio = dès le début
AC .... action concertée
ACA .... allocation aux chômeurs âgés
acc. .... accusation
ACC .... action complémentaire coordonnée
ACDI .... Annuaire de la commission du droit international
ACFCI .... Association des chambres françaises de commerce et d'industrie
Ach. .... achète
ACOSS .... Agence centrale des organismes de sécurité sociale
ACP .... États d'Afrique, des Caraïbes et du Pacifique
Act. communautaires Actualités communautaires
Act. fid. .... Actualité fiduciaire
ACTIM .... Agence pour la coopération technique, industrielle et économique

Act. Jurispr.	Actualité jurisprudentielle
Act. proc. coll.	Lettre d'actualité des procédures collectives *(InsolvenzR)*
a/d	à dater, à la date de
Add.	addition
adde	ajouter
ADEF	Asssociation des études foncières
Ademe	Agence de l'environnement et de la maîtrise de l'énergie
ADF	Assemblée des départements de France
ADIJ	Association pour le développement de l'informatique juridique
ad lib.	ad libitum = au choix
adm.	admission
Adm.	Administration
ADMD	Association pour le droit de mourir dans la dignité
ADP	action à dividende prioritaire (sans droit de vote)
adp	agent de production
A2P	Assurance Prévention Protection
adr.	adresser
ADSEA	Association départementale de sauvegarde de l'enfance et de l'adolescence
ADSP	Annales de droit et de science politique
ADT	accident du travail
AE	affaires étrangères
AE	arrêté d'expulsion
AE	assistance éducative
AEE	Agence pour les économies d'énergie
AEEN	Agence européenne pour l'énergie nucléaire
AELE	Association européenne de libre-échange
AEN	Agence pour l'énergie nucléaire
AEU	attestation d'études universitaires
AF	Académie française
AF	allocations familiales
AF	amende forfaitaire
AFA	Association française d'arbitrage
AFAT	Association française d'action touristique
AFB	Association française des banques
AFDI	Annuaire français de droit international
AFEI	Association française pour l'étiquetage informatif
aff.	affaire *(PrzR)*
AFJ	Association française de femmes juristes
AFME	Agence française pour la maitrise de l'énergie
AFN	Afrique du Nord
AFNOR	Association française de normalisation
AFP	Agence France-Presse
AFPA	Association pour la formation professionnelle des adultes
AG	assemblée générale *(GesR)*
AG	Avocat général *(PrzR)*
AGCS	Accord général sur le commerce des services
AGE	Assemblée générale extraordinaire
AGF	Assurances générales de France
AGREF	Association des grandes entreprises françaises faisant appel à l'épargne
AGS	Assurance garantie des salaires

AGS	Association pour la gestion du régime d'assurance des créances des salariés
AH	année de l'Hégire (calendrier musulman)
AI	allocation d'insertion
AI	Amnesty International
AID	Association internationale pour le développement
AIDA	Association internationale du droit de l'assurance
AIE	Agence internationale de l'énergie
AIEA	Agence internationale de l'énergie atomique
AIJC	Annuaire international de justice constitutionnelle
AIPLF	Association internationale des parlementaires de langue française
AIPPI	Association internationale pour la protection de la propriété industrielle
AITA	Association internationale des transports aériens
aj.	ajouté
AJ	Assistance judiciaire
AJD	Actualité juridique Dalloz *(revue)*
AJDA	Actualité juridique de droit administratif *(revue)*
AJE	Association des juristes européens
AJPI	Actualité juridique de la propriété immobilière *(revue)*
AL	allocation de logement
al.	alinéa
ALALC	Association latino-américaine de libre commerce
ALD	Actualité législative Dalloz *(revue)*
ALE	Agence locale de l'emploi
Alena	Accord de libre-échange nord-américain
ALF	allocation de logement à caractère familial
AM	aide médicale
AM	arrêté ministériel
AM	assurance maritime
AMD-BA	Avions Marcel Dassault – Breguet Aviation
AME	Accord monétaire européen
AMEXA	assurance maladie des exploitants agricoles
AMG	assistance médicale gratuite
AMGVF	Association des maires des grandes villes de France
AMF	Association des maires de France
AMF	Autorité des marchés financiers
AMI	accord multilatéral sur l'investissement
A. min.	arrêté ministériel
AMM	Autorisation de mise sur le marché (médicaments)
A. mun.	arrêté municipal
AN	archives nationales
AN	Assemblée nationale
ANA	Association nationale des avocats (de France)
ANACT	Agence nationale pour l'amélioration des conditions de travail
ANAH	Agence nationale pour l'amélioration de l'habitat
ANDRA	Agence nationale pour la gestion des déchets radioactifs
ANIFOM	Agence nationale pour l'indemnisation des Françcais d'outre-mer
ANIL	Agence nationale pour l'information sur le logement
ann.	annexe

Ann. dr. com.	Annales de droit commercial *(revue)*
Ann. inst. dr. comp.	Annales de l'institut de droit comparé *(revue)*
Ann. propr. ind.	Annales de la propriété industrielle, artistique et littéraire
Ann. trib.	Annales des tribunaux *(revue)*
Annuaire fr. dr. int.	Annuaire français de droit international *(revue)*
Ann. voirie et env.	Annales de la voirie et de l'environement
ANPE	Agence nationale pour l'emploi.
ANRED	Agence nationale pour la récupération et l'élimination des déchets
ANSP	Agence nationale des services à la personne
ANT	armement nucléaire tactique
ANVAR	Agence nationale de valorisation de la recherche
a/o	account of = pour le compte de
AOC	Appellation d'origine contrôlée
AOP	Appellation d'origine protégée *(EuR)*
AP	Administration pénitentiaire
AP	Agent de probation *(StPR)*
AP	Arrêté préfectoral
AP	Assemblée plénière (Cour de cassation)
AP	Assistance publique
AP	Autorisation de programme
APA	allocations parentales
APA	allocation personnalisée d'autonomie
APCA	Assemblée permanente des chambres d'agriculture
APCM	Assemblée permanente des chambres des métiers
APD	aide publique au développement
APD	Archives de philosophie du droit *(revue)*
APE	activité principale de l'entreprise *(SteuerR)*
APE	allocation parentale d'éducation
APE	Assemblée parlementaire européenne
APE	Association de parents d'élèves
APEC	Coopération économique Asie-Pacifique
API	allocation de parent isolé
APIAL	Annales de la propriété intellectuelle
APJ	agent de police judiciaire
APL	aide personnalisée au logement
app.	appendice
APRF	arrêté préfectoral de reconduite à la frontière *(AuslR)*
APTR	Association parisienne des transports routiers
APUL	administrations publiques locales
AR	aller / retour
AR	Arrêté royal (Belgique)
AR	accusé de réception
ARAF	Aide à la reprise d'activité des femmes
ARC	Association pour la recherche sur le cancer
Ardt.	arrondissement
ARE	Assemblée des régions d'Europe
ARFE	Assemblée des régions transfrontalières d'Europe
arg.	argument
ARH	Agence régionale de l'hospitalisation
ARIA	analyse, recherche, information sur les accidents et pollutions industrielles
ARP	auteurs-réalisateurs-producteurs

arr.	arrêté
ARRCO	Association des régimes de retraites complémentaires
art.	article (d'un code)
ART	Autorité de régulation des télécommunications
AS	aide sociale
AS	assistant(e) social(e)
AS	assurances sociales
AS	assuré social
ASA	allocation spécifique d'attente
ASA	Association de l'Asie du Sud-Est
ASE	Agence spatiale européenne
ASE	aide sociale à l'enfance
ASE	atteinte à la sûreté de l'État
ASEAN	Association des Nations du sud-est asiatique
ASF	Association française des sociétés financières
ASH	agent des services hospitaliers
ASJ	Annuaire statistique de la justice (revue)
ASP	accepté sans protêt
ASS	allocation spécifique de solidarité
ass.	assemblée
ASSEDIC	Association pour l'emploi dans l'industrie et le commerce
assoc.	association
Ass. plén.	Assemblée plénière
assur. fr.	Assurance française
AT	accident du travail
AT	admission temporaire
AT	aménagement du territoire
ATC	assistant technique au commerce
ATD	avis à tiers détenteur
ATI	allocation temporaire d'invalidité
ATOS	(Personnel) administratif, technicien, ouvrier et de service
ATP	action thématique programmée
ATR	Loi du 6 févr. 1992 relative à l'administration territoriale de la République
ATT	à titre temporaire
ATTAC	Association pour la taxe Tobin d'aide aux citoyens
Aud. sol.	Audience solenelle
AUE	Acte unique européen
AV	acuité visuelle
av.	avocat
av. gén.	avocat général
AVC	accident vasculaire cérébral
AVL	assurance à versements libres
AVS	auxiliaire de vie scolaire
AVTS	allocation aux vieux travailleurs salariés
AWACS	Airborne Warning and Command System = Système aéroporté d'alerte et de commandement
B	Bulletin des arrêts de la Cour de cassation *(revue)*
BA	bénéfices agricoles
BAC	brigade anticriminalité
BAD	Banque africaine de développement
BAJ	bureau d'aide judiciaire

BALO	Bulletin des annonces légales obligatoires
BAN	Bulletin de l'Assemblée nationale
Banque	Revue Banque
BAPSA	budget annexe des prestations sociales agricoles
BARPI	Bureau d'analyse des risques et pollutions industrielles
BAS	bureau d'aide sociale
BAT	bureau de l'assistance technique
BC	Brigadier-chef (police nationale)
BCC	Bulletin des arrêts de la Cour de cassation (Chambres civiles et criminelles)
BCD	bibliothèque – centre de documentation
BCE	Banque centrale européenne
BCF	Bulletin comptable et financier, Francis Lefebvre
BCT	Banque des connaissances et des techniques (CNRS)
BDCF	Bulletin des conclusions fiscales
BDEI	Bulletin du droit de l'environnement industriel
BdF	Banque de France
BDP	bibliothèque départementale de prêt
BEE	Bureau européen de l'environnement
BEI	Banque européenne d'investissement
BENELUX	Belgique, Nederland, Luxembourg
BEP	Brevet d'études professionnelles
BEPA	Brevet d'études professionnelles agricoles
BEPTOM	Bureau d'études pour les postes et télécommunications d'outre-mer
BERD	Banque européenne pour la reconstruction et le développement
BEUC	Bureau européen des unions de consommateurs
BFCE	Banque française du commerce extérieur
BF Lefebvre	Bulletin fiscal Lefebvre
BIAJ	Bulletin des informations administratives et juridiques
BIC	bénéfices industriels et commerciaux
BID	Bulletin d'information et de documentation de la Direction générale de la concurrence, de la consommation et de la répression des fraudes
BID	Banque interaméricaine de développement.
BIJ	bureau d'aide judiciaire.
BIM	bon à intérêts mensuels (et à taux variables)
BIPE	Bureau d'informations et de prévisions économiques
BIPM	Bureau international des poids et des mesures
BIRD	Banque internationale pour la reconstruction et le développement
BIT	Bureau international du travail
BJCL	Bulletin juridique des collectivités locales
BJDCP	Bulletin juridique des contrats publics
BJDU	Bulletin de jurisprudence de droit de l'urbanisme
BLD	Bulletin législatif Dalloz
BM	Banque mondiale
BM	Brigade des mineurs
BMO Paris	Bulletin municipal officiel de la Ville de Paris
BN	Bibliothèque nationale
BNC	bénéfices non commerciaux
BNCl	Banque nationale pour le commerce et l'industrie

BNF - Tolbiac	Bibliothèque nationale de France - Tolbiac
BNIST	Bureau national de l'information scientifique et technique
BNM	Bureau national de métrologie
BNQ	bas niveau de qualification *(ArbR)*
BNT	barrières non tarifaires
BO	billet à ordre
BO	Bulletin officiel
BOCC	Bulletin officiel de la concurrence, de la consommation et de la répression des fraudes
BO compt. publ.	Bulletin officiel de la Direction de la comptabilité publique
BODAC	Bulletin officiel des annonces commerciales
BODACC	Bulletin officiel des annonces civiles et commerciales
BODGI	Bulletin officiel de la Direction générale des impôts
BO douanes	Bulletin officiel des douanes
BOI	Bulletin officiel des impôts
BO marchés publ.	Bulletin officiel des marchés publics
BOPI	Bulletin officiel de la propriété industrielle
BOSP	Bulletin officiel du service des prix
BO trav. publ.	Bulletin officiel des travaux publics
BPI	Bibliothèque publique d'information (Centre Pompidou)
Bq	becquerel (unité de radioactivité)
BRB	brigade de répression du banditisme
BRDA	Bulletin rapide de droit des affaires, Francis Lefebvre
BRGM	Bureau des recherches géologiques et minières
BRI	Banque des règlements internationaux
BS	brevet supérieur
BS Lefebvre	Bulletin social, Francis Lefebvre
BSP	Brigade des stupéfiants et du proxénétisme
BT	brevet de technicien
BTAN	bons du Trésor à taux fixe et intérêt annuel
BTI	Bulletin des transports internationaux ferroviaires
BTL	Bulletin des transports et de la logistique
BTP	bâtiments et travaux publics
BTS	brevet de technicien supérieur
BTT	bons du Trésor à intérêts trimestriels
BU	bibliothèque universitaire
Bull. CE	Bulletin des communautés européennes
Bull. civ.	Bulletin des arrêts de la Cour de cassation (chambres civiles)
Bull. crim.	Bulletin des arrêts de la Cour de cassation (chambre criminelle)
Bull. dr. auteur	Bulletin du droit d'auteur (UNESCO)
BUS	Bureau universitaire des statistiques
BVP	Bureau de vérification de la publicité
C	cassation d'une décision
C	circulaire
C	code
C	conclusions du Ministère public
C	Constitution
c./	contre *(ZPR)*
CA	chiffre d'affaires
CA	Cour d'appel
CAA	Cour administrative d'appel

CAC	Code de l'administration communale
CAC	Code de l'aviation civile
CAC	Compagnie des agents de change
CAC40	cotation assistée en continu (prenant en compte 40 valeurs françaises)
CAD	Comité d'aide au développement
CADA	Commission d'accès aux documents administratifs
c.-à-d.	c'est-à-dire
C. adm.	Code administratif
CAE	certificat d'aptitude à l'enseignement
CAECL	Caisse d'aménagement des équipements des collectivités locales
CAECL	Caisse d'aide à l'équipement des collectivités locales
CAF	Caisse d'allocations familiales
CAF	(vente comprenant) le coût, l'assurance et le fret
Cah. dr. entr.	Cahiers de droit de l'entreprise
Cah. dr. eur.	Cahiers de droit européen
CAHT	chiffre d'affaires hors taxes
CAM	Cour d'assises des mineurs
CAMR	Conférence administrative mondiale des radio-communications
CANAM	Caisse autonome nationale d'assurance maladie
CAO	Communauté d'Afrique orientale
CAP	Certificat d'aptitude professionnelle
CAP	Commission administrative paritaire
CAP	Commission de l'application des peines
CAPA	certificat d'aptitude à la profession d'avocat
CAPES	Certificat d'aptitude au professorat de l'enseignement secondaire
CAPET	Certificat d'aptitude professionnelle à l'enseignement technique
CAR	conférence administrative régionale
CARE	concours d'aide du retour à l'emploi
C. artisanat	Code de l'artisanat
CAS	Centre d'animation sportive
CASF	Code de l'action sociale et des familles
Cass. 1re civ.	Cour de cassation, première chambre civile
Cass. 2e civ.	Cour de cassation, deuxième chambre civile
Cass. 3e civ.	Cour de cassation, troisième chambre civile
Cass. ass. plén.	Cour de cassation, assemblée plénière
Cass. ch. mixte	Cour de cassation, chambre mixte
Cass. ch. réun.	Cour de cassation, chambres réunies
Cass. com.	Cour de cassation, chambre commerciale
Cass. crim.	Cour de cassation, chambre criminelle
Cass. req.	Cour de cassation, chambre des requêtes
Cass. soc.	Cour de cassation, chambre sociale
C. assises	Cour d'assises
C. assur.	Code des assurances
CAT	Centre d'aide par le travail
CAT	compte à terme
C. aviation	Code de l'aviation civile
CB	chèque bancaire
CBV	Conseil des bourses de valeur

CBV	coups et blessures volontaires *(StR)*
CC	Code civil
CC	comité central *(Pol)*
CC	commissaire aux comptes
CC	compte courant
CC	Conseil constitutionnel
CC	convention collective
CC	Cour des Comptes
CCA	Commission des clauses abusives
CCAF	Caisse centrale d'allocations familiales
CCAG	Cahier des clauses administratives générales
CCAS	Centre communal d'aide sociale
CCB	Commission de contrôle des banques.
CCC	Cahier des clauses comptables *(VwR)*
CCC	contrats, concurrence, consommation
c.c.c.	copie certifiée conforme
CCDA	Commission de coordination de la documentation administrative
CCE	comité central d'entreprise
CCE	Commission des communantés européennes
CCG	Conseil de coopération du Golfe *(VR)*
CCF	Crédit commercial de France
CCH	Code de la construction et de l'habitat
CC(I)	Chambre de commerce (et d'industrie)
CCI	Chambre de commerce internationale (Paris)
C. civ.	Code civil
CCM	Circulaire ministérielle
CCN	Convention collective nationale *(ArbR)*
CCNE	Comité consultatif national d'éthique pour les sciences de la vie et de la santé
C. com.	Code de commerce
C. communes	Code des communes
C. comptes	Cour des comptes
C. consomm.	Code de la consommation
C. constr.	Code de la construction et de l'habitation
CCP	certificat complémentaire de protection *(PatR)*
CCP	compte chèques postaux
CCP	compte courant postal
CCRC	Comité de coordination des recherches criminologiques
CCS	Code civil suisse
CCSS	Commission des comptes de la Sécurité sociale
CD	Centre de détention
CD	Citation directe *(StPR)*
CD	Code des douanes
CD	Conseil de discipline
CD	Contributions directes
CD	Corps diplomatique
CDA	Cahiers du droit d'auteur
CDAS	Centre départemental d'action sociale
CDBF	Cour de discipline budgétaire et financière
CDC	Cahier des charges
CDC	Caisse des dépôts et consignations
CDC	Code des douanes communautaires

CDD	contrat (de travail) à durée déterminée *(ArbR)*
CDE	Code du domaine de l'Etat
C. déb. boiss.	Code des débits de boisson
C. déont. méd	Code de déontologie médicale
CDF	Charbonnages de France
CdI	Centre des Impôts
CDI	Commission de droit international (ONU)
CDI	Contrat (de travail) à durée indéterminée *(ArbR)*
CDIA	Centre de documentation et d'information de l'assurance
C. dom. Et.	Code du domaine de l'État
C. douanes	Code des douanes
CE	comité d'entreprise *(ArbR)*
CE	Communauté européenne
CE	Conseil d'État *(VwPR)*
CE	Conseil de l'Euope
CEA	Commissariat à l'énergie atomique
CEA	compte d'épargne en actions
CE Bel	Conseil d'État de Belgique
CEC	contrat emploi consolidé
CECA	Communauté européenne du charbon et de l'acier (jusqu'en 2002)
CECOS	Centre d'étude et de conservation du sperme
CED	Communauté européenne de la défense
CEDEX	Courrier d'entreprise à distribution exceptionnelle
CEDH	Convention européenne des droits de l'Homme
CEDH	Cour européenne des droits de l'Homme
CEDIM	Centre d'études et de documentation sur l'immigration
CEE	Centre d'études de l'emploi
CEE	Communauté économique européenne ou marché commun
CEEA	Communauté européenne de l'énergie atomique (Euratom)
CEF	centre éducatif fermé *(StPR)*
CEF	Contrat emploi-formation
CEG	collège d'enseignement général
CEJ	contrat emploi-jeune
CELAD	Comité européen de lutte anti-drogue
C. élect.	Code électoral
CEMA	Chef d'État-major des armées
CENAR	Centre national de recouvrement *(huissiers de justice)*
Centres PACT	Propagande et action contre les taudis
C. envir.	Code de l'environnement
CEP	Centre d'expérimentation du Pacifique
cep.	cependant
CEPAL	Commission économique des Nations Unies pour l'Amérique latine
CEPII	Centre d'études prospectives et d'informations internationales
CEPREMAP	Centre d'études prospectives d'économie mathématique appliquée à la planification
CERBOM	Centre d'études et de recherches biologiques et océanographiques
CERC	Conseil de l'emploi, des revenus et de la cohésion sociale
CEREQ	Centre d'études et de recherches sur les qualifications

CERN .... Centre européen pour la recherche nucléaire
CERTIA .... Centre d'études et de recherches technoloqiques des industries alimentaires
CERTU .... Centre d'études sur les réseaux, les transports et l'urbanisme
CES .... collège d'enseignement secondaire
CES .... Conseil économique et social *(VerfR)*
CES .... contrat emploi-solidarité
CESA .... Centre d'études supérieures des affaires
CESCE .... Conseil économique et social des Communautés européennes
CESP .... Centre d'études des supports publicitaires
CESU .... chèque emploi service universel
CET .... collège d'enseignement technique
CET .... compte épargne-temps *(ArbR)*
CETS .... Conférence européenne sur les télécommunications spatiales
C. expr. .... Code de l'expropriation pour cause d'utilité publique
CF .... contribution foncière
cf. .... confer, voir, reportez-vous à
CFA .... Centre de formation pour l'apprentissage
CFA (Franc) .... Communauté financière africaine
C. fam. .... Code de la famille et de l'aide sociale
CFC .... chloro-fluoro-carbures
CFCE .... Centre français du commerce extérieur
CFDT .... Confédération française démocratique du travail
CFE .... Confédération française de l'encadrement – CGC
CFF .... Crédit foncier de France
CFJ .... Centre de formation des journalistes
C. for. .... Code forestier
CFP .... Centre de formation professionnelle
CFP .... Compagnie française des pétroles
CFPA .... Centre de formation à la profession d'avocat
CFPC .... Centre de formation du personnel communal
CFRES .... Centre de formation et de recherche de l'éducation surveillée
CFT .... Confédération française du travail
CFTC .... Confédération française des travailleurs chrétiens
CG .... Commissaire du Gouvernement *(VwPR)*
CG .... Conseil général (département)
CGA .... Confédération générale de l'agriculture
CGC .... Confédération générale des cadres (CFE-CGC)
CGCI .... Confédération générale du commerce et de l'industrie
CGCT .... Code général des collectivités territoriales
CGI .... Code général des impôts
CGM .... Compagnie générale maritime
CGPME .... Confédération générale des petites et moyennes entreprises
CGT .... Confédération générale du travail
CGT-FO .... Confédération générale du travail – Force ouvrière
ch. .... chambre *(PrzR)*
ch. acc. .... chambre d'accusation (de la Cour d'appel)
chap. .... chapitre
ch. app. corr. .... chambre des appels correctionnels
ch. arb. .... chambre arbitrale
ch. comp. .... charges comprises

ch. cons.	chambre du conseil
ch. corr.	chambre correctionnelle
ch.-l.	chef-lieu
ch. mixte	arrêt d'une chambre mixte de la Cour de cassation
CHR	Centre hospitalier régional
ch. rég. comptes	Chambre régionale des comptes
ch. réun.	arrêt des chambres réunies de la Cour de cassation
chron.	chronique
chronol.	chronologique
CHRS	Centre d'hébergement et de réadaptation sociale
CHS	Centre hospitalier spécialisé
CHSCT	Comité d'hygiène, de sécurité et des conditions de travail
CHU	Centre hospitalier universitaire
CI	Contributions indirectes
CIANE	Comité interministériel d'action pour la nature et l'environnement
CIASI	Comité interministériel pour l'aménagement des structures industrielles
CIAT	Comité interministériel d'aménagement du territoire
CIC	Code d'instruction criminelle
CIC	Crédit industriel et commercial
CICR	Comité international de la Croix-Rouge
CICRED	Comité international de coordination des recherches en démographie
CIDEX	Courrier individuel à distribution exceptionnelle
CIDJ	Centre d'information et de documentation jeunesse
CIDUNATI	Comité d'information et de défense de l'union nationale des artisans et travailleurs indépendants
Cie.	compagnie
CIE	contrat initiative-emploi
CIF	congé individuel de formation
CIF	Cost, Insurance, Freight (Coût, assurance, fret)
CIG	conférence intergouvernementale
CIGALE	Club d'investisseurs pour une gestion alternative et locale
CII	Compagnie internationale pour l'informatique
CIJ	Cour internationale de justice
CIME	Comité intergouvernemental pour les mouvements migratoires d'Europe
CIO	Centre d'information et d'orientation
CIO	Comité international olympique
CIRA	Centre interministériel de renseignements administratifs
CIRC	Centre international de recherche sur le cancer
Circ.	circulaire *(VerwR)*
CIRST	Comité interministériel de la recherche scientifique et technique
CISI	Compagnie internationale de services en informatique
CISL	Confédération internationale des syndicats libres
CIT	Compagnie industrielle des téléphones
civ.	Cour de cassation, chambre civile
CIVB	Comité interprofessionnel des vins de Bordeaux
civete	culture in vitro et transport embryonnaire
CJCE	Cour de justice des communautés européennes
CJD	centre des jeunes détenus

CJM	Code de justice militaire
CJR	Cour de justice de la République
C. just. mil.	Code de justice militaire
CL	Crédit lyonnais
CLC	Centre de lutte contre le cancer
CLD	chômeur de longue durée
CLES	contrat local d'emploi solidarité
Clunet	Journal de droit international
CM	Chambre des métiers
CM	chambre mixte (Cour de cassation)
CM	Code municipal
C. marchés publ.	Code des marchés publics
CMCC	Crédit de mobilisation des créances commerciales
CMF	Conseil des marchés financiers
CMI	capitalisme mondial intégré (= mondialisation)
C. minier	Code minier
CMP	Code des marchés publics
CMP	contrats et marchés publics
CMU	couverture maladie universelle
C. mut.	Code de la mutualité
CN	conseil national
CNAB	Confédération nationale des administrateurs de biens
CNAC	Centre national d'art et de culture (Centre Pompidou)
CNAF	Caisse nationale des allocations familiales
CNAJEP	Comité national des associations de jeunesse et d'éducation populaire
CNAM	Caisse nationale d'assurance-maladie
CNAM	Conservatoire national des arts et métiers
C. nap.	Code napoléon
C. nat.	Code de la nationalité
CNAV(TS)	Caisse nationale d'assurance-vieillesse (des travailleurs salariés)
CNC	Conseil national de la consommation
CNC	Conseil national du crédit (et du titre)
CNCC	Conseil national des commissaires aux comptes
CNCE	Centre national du commerce extérieur
CNCL	Commission nationale de la communication et des libertés
CNDP	Conseil national de la documentation pédagogique
CNE	Caisse nationale d'épargne
CNE	contrat nouvelle embauche
CNED	Centre national d'enseignement à distance
CNEIL	Centre national d'études en faveur du logement
CNEJ	Centre national d'études judiciaires
CNES	Centre national d'études spatiales
CNESER	Conseil national d'enseignement supérieur et de recherche
CNER	Conseil national de l'enseignement supérieur et de la recherche
CNET	Centre national d'études des télécommunications
CNEXO	Centre national pour l'exploitation des océans
CNI	carte nationale d'identité
CNIJ	Centre national d'informatique juridique
CNIL	Commission nationale Informatique et Libertés
CNIR	Centre national d'informations routières (Rosny-sous-Bois)

CNJA	Centre national des jeunes agriculteurs
CNL	Centre national du Livre
CNME	Caisse nationale des marchés de l'État
CNOUS	Centre national des œuvres universitaires et scolaires
CNP	Caisse nationale de prévoyance
CNP	Chambre des notaires parisiens
CNP	Conseil national de la publicité
CNRS	Centre national de la recherche scientifique
CNS	Centre national du SIDA
CNS	Commerçant non sédentaire
CNT	Caisse nationale des télécommunications
CNTE	Centre national de télé-enseignement
CNU	Conseil national des universités
CNUCED	Conférence des Nations Unies pour le commerce et le développement
CNVA	Conseil national de la vie associative
c/o	care of = aux bons soins de
CO	conseiller d'orientation
COB	Commission des opérations de bourse
CODEFI	Comité départemental d'examen des problèmes de financement des entreprises
CODER	Commission de développement économique régional
CODES	Comité d'organisation de recherche appliquée sur le développement économique et social
CODEVI	Compte pour le développement industriel
COE	Centre d'observation économique
COFACE	Comité des organisations familiales auprès des Communautés européennes
COFACE	Compagnie française d'assurances pour le commerce extérieur
COG	Centre opérationnel de la gendarmerie
COGEMA	Compagnie générale des matières nucléaires
COJ	Code de l'organisation judiciaire
col.	colonne
coll.	collection
Com.	arrêt de la chambre commerciale de la cour de cassation
COM	collectivité d'outre-mer
COM	contrat d'objectifs et de moyens
COMEX	Commission d'expulsion *(StPR)*
Comm. CE	Commission des Communautés européennes
Comm. conc.	Commission de la concurrence
Comm. EDH	Commission européenne des droits de l'Homme
Comm. gouv.	Commissaire du gouvernement *(VwPR)*
comp.	comparer
concl.	conclusions
conf.	conférence
conféd.	confédération
Cons. CE	Conseil des communautés européennes
Cons. conc.	Conseil de la concurrence
Cons. const.	Conseil constitutionnel
consid.	considérant *(PrzR)*
Cons. prud'h.	Conseil de prud'hommes *(ArbR)*
Const.	Constitution française du 4 octobre 1958

cont.	contentieux
contra	contraire
contref.	contrefaçon
Conv. coll.	Convention collective *(ArbR)*
Conv. EDH	Convention européenne des droits de l'Homme
Conv. int.	Convention internationale
coop.	coopérative
COP	conseiller d'orientation psychologique
COPAL	Comité de probation et d'assistance aux libérés
copr.	coopérative
CORDES	Comité d'organisation des recherches appliquées sur le développement économique et social
COREPER	Comité des représentants permanents
C. org. jud.	Code de l'organisation judiciaire
corr.	correctionnelle *(StPR)*
COS	coefficient d'occupation des sols
COS	commandement des opérations spéciales
COSEC	complexe sportif évolutif conventionné
COST	Coopération européenne dans le domaine de la recherche scientifique et technique
COTEM	Commission technique de la prospection et de l'exploitation des hydrocarbures en mer
Cour EDH	Cour européenne des droits de l'Homme
COZ	centre opérationnel zonal
CP	Caisse primaire *(Soz Vers)*
CP	Centre pénitentiaire
CP	Code pénal
CP	commission paritaire
CP	congés payés
CP	crédits de paiement
CPA	Cour permanente d'arbitrage
CPAG	Centre de préparation à l'Administration générale
CPAM	Caisse primaire d'assurance maladie
CPC	Code de procédure civile
C. pén.	Code pénal
CPER	contrat de plan État-régions
CPH	Conseil des prud'hommes
CPI	Code de la propriété intellectuelle
CPI	Cour pénale internationale
CPJI	Cour permanente de justice internationale
CPP	Code de procédure pénale
C. pr. civ.	Code de procédure civile
C. pr. pén.	Code de procédure pénale
C. propr. intell.	Code de propriété industrielle
CQFD	ce qu'il fallait démontrer
C.-R.	compte-rendu
CRA	Contrat de réinsertion en alternance
CRAM	Caisse régionale d'assurance maladie
CRB	Comité de la réglementation bancaire
CRC	Chambre régionale des comptes
CRCC	Commission de réforme du Code civil
CRDS	contribution au remboursement de la dette sociale
CRED	Conseil des recherches et études de défense

CREDIF	Centre de recherche et d'étude pour la diffusion du français
CREDOC	Centre de recherches, d'études et de documentation sur la consommation
CRESER	Conseil régional de l'enseignement supérieur et de la recherche
CRF	Croix-rouge française
CRFPA	Centre régional de formation professionnelle des avocats
CRG	Commission de recours gracieux *(Soz Vers)*
CRI	Commission rogatoire internationale
CRI	Croix-rouge Internationale
CRIF	Conseil représentatif des institutions juives de France
Crim.	Cassation, chambre criminelle
crit.	critique
CRO	Comité de la recherche océanologique
CROSS	Centres régionaux opérationnels de surveillance et de sauvetage
CROUS	Centres régionaux des œuvres universitaires et scolaires
C. route	Code de la route
CRPC	Centre de recherche de politique criminelle
CRS	compagnie républicaine de sécurité
CRSS	Caisse régionale de sécurité sociale
C. rur. et for.	Code rural et forestier
CS	Conseil de sécurité (UNO)
CSA	Conseil supérieur de l'audiovisuel
C. santé publ.	Code de la santé publique
CSCC	Commission supérieure des conventions collectives
CSCE	Conférence sur la sécurité et la coopération en Europe
CSDDHLF	Convention européenne de sauvegarde des droits de l'Homme et des libertés fondamentales
CSE	Cour de sûreté de l'État
CSEN	Conseil supérieur de l'éducation nationale
C. sécur. soc.	Code de la sécurité sociale
CSERC	Conseil supérieur de l'emploi, des revenus et des coûts
CSFP	Conseil supérieur de la fonction publique
CSG	Centre spatial guyanais (Kourou)
CSG	contribution sociale généralisée
CSI	Conseil de sécurité intérieure
CSM	Centre de stockage de déchets radioactifs de la Manche
CSM	Conseil supérieur de la magistrature
CSMF	Confédération des syndicats des médecins français
CSN	Conseil supérieur du notariat
C. soc.	Code des sociétés
CSP	catégorie socioprofessionnelle
CSP	Code de la santé publique
CSS	Code de la sécurité sociale
CST	comptes spéciaux du Trésor
CSTB	Centre scientifique et technique du bâtiment
CSV	commission sur ventes
CT	certificat de travail
CTGREF	Centre technique de génie rural et des eaux et forêts
CTP	Commission technique paritaire
C. trav.	Code du travail

C. trib. adm.	Code des tribunaux administratifs et cours administratives d'appel
cts.	consorts *(PrzR)*
CU	communauté urbaine
CUCES	Centre universitaire de coopération économique et social
CUMA	coopérative d'utilisation du matériel agricole
C. urb.	Code de l'urbanisme
CV	curriculum vitae
CVS	Corrigé des variations saisonnières: chiffre en CVS
D	Décret
D.	(Recueil) Dalloz-Sirey
D. A.	Dalloz, Recueil analytique de jurisprudence (hebdomadaire)
DA	Droit administratif
D/A	documents contre acceptation *(HR)*
DAB	Distributeur automatique de billets
DADS	Déclaration annuelle des données sociales
DAJ	direction des affaires juridiques
DAL	(Association) Droit au logement
DAPASSE	Diplôme d'aptitude professionnelle à l'animation sociale et socio-éducative
DAS	Direction de l'action sociale
DASS	Direction des affaires sanitaires et sociales
DATAR	Délégation à l'aménagement du territoire et à l'action régionale
DAV	Dépôt à vue *(BankR)*
DBRD	Dépense brute de recherche et développement
DBTPC	Direction du bâtiment, des travaux publics et de la conjoncture
DC	de cujus *(ErbR)*
DC	Décision concernant la conformité à la Constitution (Conseil constitutionnel)
DC	Droit civil
DC	Droit commercial
DC	Droit commun
D. C.	Dalloz, Recueil critique de jurisprudence (mensuel)
dcd	décédé(e)
DCE	Direction de la coopération européenne
DCEE	directive de la communauté économique européenne
DCEM	deuxième cycle d'études médicales
DCI	dénomination commune internationale
DCI	droit commercial international
DCPJ	Direction centrale de la police judiciaire
DCRA	Droits des citoyens dans leurs relations avec l'administration
DCRG	Direction centrale des Renseignements généraux
DCSSI	Direction centrale de la sécurité des systèmes d'information
DCSP	Direction centrale de la sécurité publique
DDAF	Direction départementale de l'agriculture et des forêts
DDASS	Direction départementale des affaires sanitaires et sociales
DDCCRF	Direction départementale de la concurrence et de la répression des fraudes
DDE	Direction départementale de l'équipement
DDF	Direction de la documentation française

DDHC	Déclaration des droits de l'Homme et du citoyen
DDOEF	dispositions diverses d'ordre économique et financier (loi)
DDOS	Disposition diverses d'ordre social (loi)
DDTE	Direction départementale du travail et de l'emploi
DE	doctorat d'État
DEA	diplôme d'études approfondies *(HochSchulR)*
déc.	décision
décl.	déclaration
Décr.	décret
Décr.-L.	décret-loi
Décr. org.	décret organique
Defrénois	Répertoire du notariat Defrénois *(revue)*
DEJG	diplôme d'études juridiques générales
délib.	délibération
DES	diplôme d'études spéciales
DES	Direction de l'enseignement supérieur
DESS	diplôme d'études supérieures spécialisées *(HochSchulR)*
DESUR	Direction des enseignements supérieurs et de la recherche
DET	déclaration d'entrée sur le territoire
DEUG	diplôme d'études universitaires générales *(HochSchulR)*
DEUST	diplôme d'études universitaires scientifiques et techniques
DF	documentation française
DF	droit fiscal *(revue)*
DFCEN	Direction de la flotte de commerce et de l'équipement naval
DGA	Délégation générale pour l'armement
DGCC	Direction générale de la concurrence et de la consommation
DGCL	Direction générale des collectivités locales
DGCCRF	Direction générale de la concurrence, de la consommation et de la répression des fraudes
DGDDI	Direction générale des douanes et des droits indirects
DGE	dotation globale d'équipement
DGEMP	Direction générale de l'énergie et des matières premières
DGF	Dotation globale de fonctionnement *(HaushR)*
DGI	Direction générale des impôts
DGRCST	Direction générale des relations culturelles, scientifiques et techniques
DGRST	Délégation générale à la recherche scientifique et technique
DGS	Direction générale de la santé
DGSE	Direction générale de la sécurité extérieure
D. H.	Dalloz, Recueil hebdomadaire de jurisprudence
DH	Droits de l'Homme
DI	dommages-intérêts
Dict. perm.	Dictionnaire permanent (Social, Droit des affaires etc.)
did	diabète insulino-dépendant
DIF	droit individuel à la formation
DIP	droit international privé
DIP	droit international public
Dir.	directive *(EuR)*
DISEP	droit international des systèmes électroniques de paiement
DIT	Revue droit informatique et telécoms
DJCE	diplôme de juriste-conseil d'entreprise
DJP	droit judiciaire privé
D.-L.	Décret-loi (jusqu'en 1958)

dl	dose létale
DM	décision ministérielle
DMA	Délégation ministérielle à l'armement
DMF	droit maritime français
DMN	Direction de la météorologie nationale
DMP	dossier médical personnalisé
DNBRD	dépense nationale brute de recherche et de développement
DNED	Direction nationale des enquêtes douanières
DNEF	Direction nationale d'enquêtes fiscales
DNRED	Direction nationale du renseignement et des enquêtes douanières
DO	dépenses ordinaires
d°	dito = ce qui a été dit
Doc. AN ou Sénat	document parlementaire (de l'Assemblée nationale, du Sénat)
doctr.	doctrine
DOM	département d'outre-mer
DOT	Défense opérationnelle du territoire
DP	débats parlementaires
DP	délégué du personnel *(ArbR)*
DP	détention provisoire
D. P.	Dalloz, Recueil périodique et critique (mensuel)
D/P	documents contre paiement
DPE	diplômé par l'État
DPG	droit pénal général
DPJ	Direction de la police judiciaire
DPLG	diplômé par le gouvernement
DPN	Direction de la protection de la nature
DPPC	Direction de la prévention et de la protection civile
DPS	droit pénal spécial
DPSD	Direction de la protection de la sécurité et de la défense
Dpt.	département
DPU	Direction des polices urbaines
DQP	dès que possible
DR	demande reconventionnelle *(ZPR)*
DR	droit rural
DRAC	Direction régionale des affaires culturelles
Dr. adm.	droit administratif
DRASS	Direction régionale des affaires sanitaires et sociales
DREE	Direction des relations économiques extérieures
DRED	Département de recherche pour le développement
DREES	Direction de la recherche, des études, de l'évaluation et de la statistique
Dr. env.	droit de l'environnement
Dr. fisc.	droit fiscal
DRH	directeur des ressources humaines
Dr. pénal	droit pénal
Dr. prat. com. int.	droit et pratique du commerce international
Dr. prat. jud.	droit et pratique judiciaire
DRM	Direction du renseignement militaire
DS	délégué syndical
DS	droit social
DSC	Direction de la sécurité civile

DSP .... Direction de la sécurité publique
DSQ .... développement social des quartiers
DSS .... Direction de la sécurité sociale
DST .... Direction de la surveillance du territoire
DTA .... Directive territoriale d'aménagement
DTS .... droit de tirage spécial
DTU .... documents techniques unifiés
DUDH .... Déclaration universelle des droits de l'Homme
DUP .... déclaration d'utilité publique
DUT .... diplôme universitaire de technologie *(HochSchulR)*

EAM .... États africains et malgache
EAO .... enseignement assisté par ordinateur
EARL .... entreprise agricole à responsabilité limitée
EAU .... Émirats arabes unis
ECHO .... Office humanitaire des Communautés européennes
ECU .... unité monétaire européenne (remplacée par l'euro)
éd. .... édition
EDCE .... Études et documents du Conseil d'État
EDF .... Électricité de France
EEE .... espace économique européen
EERM .... Établissement d'études et de recherches météorologiques
EHESS .... École des hautes études en sciences sociales
EIT .... endettement intérieur total
EMA .... état-major de l'armée
EMC .... entreprise minière et chimique
EMHV .... ester méthylique d'huile végétale *(biocarburant)*
EMO .... éducation en milieu ouvert
ENA .... École nationale d'administration
ENC .... École nationale des Chartes
enf. .... enfance
ENI .... École nationale des impôts
ENM .... École nationale de la magistrature
enr. .... enregistrement
ENS .... École normale supérieure
EN3S .... École nationale supérieure de Sécurité sociale
ENSI .... École nationale supérieure d'ingénieurs
ENSSIB .... École nationale supérieure des sciences de l'information et des bibliothèques
env. .... environ
EP .... École polytechnique
EP .... Établissement public
EPAD .... Établissement public pour l'aménagement de la région dite de la Défense
EPCA .... établissement public à caractère administratif
EPCI .... établissement public de coopération intercommunale
EPHE .... École pratique des hautes études
EPIC .... Établissement public à caractère industriel et commercial
Epse .... épouse
EPST .... Établissement public à caractère scientifique et technique
Epx. .... époux
ER .... en retraite
ERA .... équipe de recherche associée

ERASMUS	Programme d'action de la communauté européenne pour la mobilité des étudiants d'université
ERP	établissement recevant du public
ERAP	Entreprise de recherche et d'activités pétrolières
err.	erratum
ESACO	examen supplémentaire à classement objectif
E/S	Entrées-Sorties
ESB	encéphalopathie spongiforme bovine
ESCP	École supérieure de commerce de Paris
ESI	étranger en situation irrégulière
esp.	espèce
ESSEC	École supérieure de commerce et d'administration des entreprises
et a.	et autre(s)
et s.	et suivant(e)s
Ets.	Établissements *(HR)*
ETT	entreprise de travail temporaire
EU(A)	États-Unis d'Amérique
EURATOM	Communauté européenne de l'énergie atomique
EURL	Entreprise unipersonnelle à responsabilité limitée
EUROPOL	Office européen de police
EUROSTAT	Office statistique des communautés européennes
EUTELSAT	satellite européen de télécommunications
EV	en ville
ex.	exemple
FAAR	Force d'action et d'assistance rapide
FAB	franco à bord
FAC	Fonds d'action conjoncturelle
FAC	Fonds d'aide et de coopération
FACT	Fonds d'amélioration des conditions de travail
FAF	Fonds d'assurance formation
FAI	fournisseur d'accès à internet
FAO	fabrication assistée par ordinateur
FAO	Organisation pour l'agriculture et l'alimentation
FAP	franc d'avaries particulières
FAR	Fonds d'action régionale
FAR	Force d'action rapide
FAS	Fonds d'action sociale
FAS	Forces aériennes stratégiques
FAS	free alongside ship (= franco le long du navire)
FASASA	Fonds d'action sociale pour l'aménagement des structures agricoles
fasc.	fascicule
FAU	Fonds d'aménagement urbain.
FBCF	formation brute de capital fixe
FBF	Fédération bancaire française
FCC	Fichier central de chèques et des interdits bancaires
FCP	Fonds commun de placement
FCPE	Fonds commun de placement d'entreprises
FCTVA	Fonds de compensation pour la TVA
FDES	Fonds de développement économique et social
FECL	Fonds d'équipement des collectivités locales

FED	Fonds européen de développement
FEDER	Fonds européen de développement régional
FEN	Fédération de l'éducation nationale
FEOGA	Fonds européen d'orientation et de garantie agricole
f.f.	faisant fonction
FFA	Forces françaises en Allemagne
FGA	Fonds de garantie automobile
FGEN	Fédération générale de l'Éducation nationale
FI	fiscalité immobilière
FIANE	Fonds d'intervention et d'action pour la nature et l'environnement
FIAT	Fonds d'intervention d'aménagement du territoire
FIC	Fonds d'intervention culturelle
FICOBA	Fichier des comptes bancaires
fid.	fiduciaire
FIDA	Fonds international pour le développement agricole
FIDE	Fédération internationale pour le droit européen
FIDES	Fonds d'investissement pour le développement économique et social
fig.	figure
FINUL	Force intérimaire des Nations unies au Liban
FIOM	Fonds d'intervention et d'organisation des marchés
FIP	Fonds intercommunal de péréquation
FIS	Front islamique du salut
FIVETE	fécondation in vitro et transfert d'embryon
FLB	Front de libération de la Bretagne
FLNC	Front de libération national de la Corse
FLNKS	Front de libération nationale kanake et socialiste
FME	Fonds de modernisation et d'équipement
FME	Fonds monétaire européen
FMI	Fonds monétaire international
FMI	Force multinationale d'interposition
FMN	firme multinationale
FNAC	Fédération nationale d'Achat des Cadres
FNAFU	Fonds national d'aménagement foncier d'urbanisme
FNAH	Fonds national d'amélioration de l'habitat
FNAL	Fonds national d'aide au logement
FNAS	Fonds national d'action sociale
FNAT	Fonds national d'aménagement du territoire
FNC	Fonds national de chômage
FNCF	formation nette de capital fixe
FNDA	Fonds national de développement agricole
FNE	Fonds national pour l'emploi
FNMF	Fédération nationale des maires de France
FNPC	Fédération nationale des promoteurs-constructeurs
FNR	fin de non recevoir *(PrzR)*
FNS	Fonds national de solidarité
FNS	Force nucléaire stratégique
FNSEA	Fédération nationale des syndicats d'exploitants agricoles
FNUAP	Fonds des Nations unies pour la population
FO	Force ouvrière (syndicat ouvrier)
FOB	free on board (franco à bord)
fonct.	fonction

FONJEP	Fonds de coopération de la jeunesse et d'éducation populaire
FOR	free on rail (franco sur wagon départ)
FORMA	Fonds d'orientation et de régularisation des marchés agricoles
FP	fonction publique
FP	formation permanente
FP	franchise postale
FPA	formation professionnelle des adultes
FR 3	France Région 3 (télévision étatique régionale)
FRA	faculté de résiliation annuelle
FROM	Fonds régionaux d'organisation des marchés.
FRR	Force de réaction rapide
FS	faire suivre (poste)
FS	Franc suisse
FSE	feuille de soins électronique (= SESAM)
FSE	Fonds social européen
FSIR	Fonds spécial d'investissement routier
FSM	Fédération syndicale mondiale
FSU	Fédération syndicale unifiée
FSV	Fonds de solidarité vieillesse
FUNU	Force d'urgence des Nations Unies
G	grade
GA	grands arrêts
GACEDH	grands arrêts de la cour européenne des droits de l'Homme
GACJCE	grands arrêts de la cour de justice des communautés européennes
GAEC	Groupement agricole d'exploitation en commun
GAFI	groupe d'action financière (sur le blanchiment des capitaux)
GAJA	grands arrêts de la jurisprudence administratice
GAM	Groupement d'action municipale
GAN	Groupement des assurances nationales
GATT	General agreement on tarifs and trade = accord général sur les tarifs douaniers
GAV	garde à vue *(StR)*
Gaz. Pal.	Gazette du Palais (revue)
Gaz. trib.	Gazette des tribunaux (revue)
GDCC	grands arrêts du Conseil constitutionnel
GDF	Gaz de France
GEIE	Groupement européen d'intérêt économique
GEMA	Groupeent des entreprises mutueles d'assurance
GER	Groupe d'enquêtes et de recherche des Renseignements généraux
GFA	groupement foncier agricole
GIAT	Groupement des industries de l'armement terrestre
GIC	grand invalide civil
GIE	Groupement d'intérêt économique
GIFAS	Groupement des industries françaises aéronautiques et spatiales
GIG	grand invalide de guerre
GIGN	Groupe d'intervention de la gendarmerie nationale
GIPN	Groupe d'intervention de la Police nationale

GJ .... Greffe judiciaire
GLNF .... Grande loge nationale de France
GM .... Gendarmerie mobile
GME .... groupement momentané d'entreprises
GN .... Gendarmerie nationale
GO .... Garantie d'origine
GP .... Gardien de la paix
GP .... Gazette du Palais *(revue)*
GPS .... système global de positionnement
GR .... garantie de ressources *(SozR)*
GRB .... Groupe de répression du banditisme
GRESI .... Groupe de recherches et d'études sur les stratégies industrielles
GRL .... garantie de ressources après licenciement
GSP .... Grands services publics
GT .... Gazette des tribunaux *(revue)*

HALDE .... Haute autorité de lutte contre les discriminations et pour l'égalité
HBM .... Habitation à bon marché
HC .... hors cadre *(BeamR)*
h.c. .... hors commerce
HCJ .... Haute cour de justice
HCR .... Haut commissariat pour les réfugiés (des Nations unies)
HE .... hors échelle *(BeamR)*
HEC .... (Ecole des) Hautes études commerciales
HH .... hors hiérarchie *(BeamR)*
HI .... homicide involontaire
HLM .... habitation à loyer modéré
HPR .... High pressurised reactor
HP .... hôpital psychiatrique
HPC .... hautes parties contractantes *(VR)*
HS .... hors sujet *(HochschulR: Prüfungen)*
HT .... hors taxes
HVP .... huile végétale pure *(biocarburant)*

I .... Instruction ministérielle
IA .... insémination artificielle
IAA .... Industries agricoles et alimentaires
IAC .... insémination artificielle par le conjoint
IAD .... insémination artificielle avec donneur
IATA .... Association du transport aérien international
IBIC .... Impôt sur les bénéfices industriels et commerciaux
Ibid. .... au même endroit
ICC .... indice du coût de la construction
id. .... idem = le même
IDA .... Indemnisation directe de l'assuré
IDATE .... Institut de l'audiovisuel et des télécommunications en Europe
IDC .... Institut de droit comparé
DIE .... investissements directs étrangers
IDES .... Institut d'études supérieures juridiques
IdF .... Île-de-France

IDH	indice de développement humain
IDHEC	Institut des hautes études cinématographiques
IDI	Institut de développement industriel
i.e.	id est = c'est-à-dire
IEJ	Institut d'études judiciaires
IEP	Institut d'études politiques
IFEN	Institut français de l'environnement
IFOP	Institut français d'opinion publique
IFP	Institut français du pétrole
IFS	institution financière spécialisée
IG	inspecteur général
IGAS	Inspection générale des affaires sociales
IGEC	Instruction générale relative à l'état civil
IGF	impôt sur les grandes fortunes (supprimé en 1986)
IGF	Inspection générale des finances
IGH	immeuble de grande hauteur
IGN	Institut géographique national
IGPN	Inspection générale de la police nationale *ou* « Police des polices »
IGR	Impôt général sur le revenu
IGREF	ingénieur du génie rural, des eaux et forêts
IGS	Inspection générale des Services
IGSJ	Inspection générale des services judiciaires
IIAP	Institut international d'administration publique
IISL	Institut international de droit spatial
IJ	identité judiciaire
ILM	immeubles à loyer moyen
ILN	immeubles à loyer normal
IME	Institut médico-éducatif
IML	Institut médico-légal
IMP	Institut médico-professionnel
INA	Institut national de l'audiovisuel
INAG	Institut national d'astronomie et de géophysique
INALCO	Institut national des langues et civilisations orientales
INAO	Institut national des appellations d'origine
INC	Institut national de la consommation
INED	Institut national d'études démographiques
INERIS	Institut national de l'environnement industriel et des risques
Infra	ci-dessous
inf. rap.	informations rapides
INP	Institut national polytechnique
INPES	Institut national de prévention et d'éducation pour la santé
INPI	Institut national de la propriété industrielle
IN2P3	Institut national de physique nucléaire et de physique des particules
INRA	Institut national de la recherche agronomique
INRETS	Institut national de recherche sur les transports et leur sécurité
INRP	Institut national de recherche pédagogique
INRSP	Institut national de recherche et de sécurité pour la prévention des accidents du travail et des maladies professionnelles
INS	Institut national des sports
INSA	Institut national des sciences appliquées

INSEE	Institut national de la statistique et des études économiques
INSERM	Institut national de la santé et de la recherche médicale
instr.	instruction *(VwR)*
int.	international
INTELSAT	Organisation internationale des télécommunications par satellites
Interpol	Organisation internationale de la police criminelle (= OIPC)
IO	instruction officielle
IP	incapacité permanente (de travail)
IP	Inspecteur de police
IPAG	Institut de préparation à l'Administration générale
IPES	Institut de préparation aux enseignements de second degré
IPP	Incapacité permanente partielle (de travail)
IPPN	Inspecteur principal de la police nationale
IPSN	Institut de protection et de sûreté nucléaire
IPT	incapacité permanente totale (de travail)
IR	impôt sur le revenu
IRAP	Institut régional d'administration publique
IRCHA	Institut national de recherche chimique appliquée
IRCM	impôt sur le revenu des capitaux mobiliers
IRCN	Institut de recherche de la construction navale
IREM	Institut de recherche sur l'enseignement des mathématiques
IREP	Institut de recherche économique et de planification
IREP	Institut de recherche et d'études publicitaires
IRF	Institut de recherche fondamentale
IRIA	Institut de recherche d'informatique et d'automatique
IRIJ	Institut de recherche d'informatique juridique
IRIS	Institut des relations internationales et stratégiques
IRL	Indice de référence des loyers
IRPP	impôt sur le revenu des personnes physiques
IRT	Institut de recherche des transports
IS	impôt sur le revenu des sociétés (*ou:* impôt sur les sociétés)
IS	interdiction de séjour
ISBL	institution sans but lucratif
ISBN	International Standard Bibliographical Number = numéro bibliographique standard international
ISF	impôt de solidarité sur la fortune
ISO	International standardization organization = organisation internationale de standardisation
ISTPM	Institut scientifique et technique des pêches maritimes
IT	incapacité temporaire (de travail)
IT	Inspection du travail
ITA	Ingénieurs, techniciens, administratifs
ITP	incapacité temporaire partielle (de travail)
ITT	incapacité temporaire totale (de travail)
IUFM	Institut universitaire de formation des maîtres
IUT	Institut universitaire de technologie
IVD	indemnité viagère de départ
IVG	interruption volontaire de la grossesse

J	juge
JAF	juge aux affaires familiales
JAM	juge aux affaires matrimoniales

JAP	juge de l'application des peines
JCA	Juris-classeur administratif
J.-Cl. (Civil, Pénal)	Juris-Classeur
JCP	Juris-classeur périodique
JDI	Journal de droit international (Clunet)
JDIP	Journal du droit international privé
JE	juge des enfants
JES	juge de l'exécution des sanctions
JET	Joint European Tours
JEX	juge de l'exécution
JI	juge d'instruction
JJ	(taux au) jour le jour (du marché monétaire)
JM	jeune majeur (de 18 à 21 ans) (StR)
JME	juge de la mise en état.
JNA	Journal des notaires et des avocats
JO	Journal officiel (Lois et décrets)
JOAN / JO Sénat	Journal officiel (Débats parlementaires et réponses ministérielles à des questions orales)
JO assoc.	Journal officiel des associations et des fondations
JOCE	Journal officiel des communautés européennes
JOCES	Journal officiel du Conseil économique et social
JO doc. adm.	Journal officiel (Documents administratifs)
JONC	Journal officiel (Numéro complémentaire)
JOOEB	Journal officiel de l'Office européen des brevets
JORF	Journal officiel de la République française
JOUE	Journal officiel de l'Union européenne
Journ. conserv. hyp.	Journal des conservateurs d'hypothèques
Journ. enr.	Journal de l'enregistrement
Journ. not.	Journal des notaires et des avocats
Juge dét.	juge de la détention
Juge enfants	juge des enfants
Juge expr.	juge de l'expropriation
Juris-Data	Juris-Data (Banque de données juridiques)
jurispr.	jurisprudence
L.	loi
LABORIA	Laboratoire de recherche en informatique et en automatique
LC	libération conditionnelle *(StR)*
LCR	Ligue communiste révolutionnaire
L. const.	loi constitutionnelle
LCR	lettre de change-relevé
LDD	livret de développement durable (ex-CODEVI)
LDH	Ligue des droits de l'homme
Lebon	Recueil d'arrêts du Conseil d'État
LEP	livret d'épargne populaire
LEP	lycée d'enseignement professionnel
Lettre min.	lettre ministérielle
L. fin.	loi de finances
LGDJ	Librairie générale de droit et de jurisprudence
LICRA	Ligue internationale contre le racisme et l'antisémitisme
Liv.	livre *(division d'un code)*
LM	lettre ministérielle

LMD	Licence, Master, Doctorat
LMT	Le Matériel Téléphonique
L. o.	Loi organique
loc. cit.	loco citato = pasage précité d'un ouvrage
LOES	Loi d'orientation de l'enseignement supérieur
LOLF	Loi organique du 1er août 2001 relative aux lois de finance
L. org.	loi organique
LPA	Les Petites Affiches *(revue)*
LPF	Code général des impôts - Livre des procédures fiscales
LR	lettre recommandée
LS	lettre signée
LS	liberté surveillée *(StVZ)*
LS	locus sigilli (= leurs sceaux - emplacement du cachet)
LTA	lettre de transport aérien
MA	maison d'arrêt
MA	mandat d'arrêt
MAF	maison d'arrêt pour femmes
MAG	magistère
MAS	maison à succursales
MAS	manuscrit autographe signé
MATIF	Marchés à terme international de France
MBA	marge brute d'autofinancement
MC	maison centrale
MC	Marché commun
MCJ	maladie de Creutzfeld-Jakob
MCM	montants compensatoires monétaires
MDPH	Maison départementale des personnes handicapées
Me.	Maître (avocat, notaire, etc.)
MED	maintien en détention
MEDEF	Mouvement des entreprises de France (succède au CNPF)
MEN	Ministère de l'éducation nationale
MERU	Mission de l'environnement rural et urbain
MFPF	Mouvement français pour le planning familial
MGEN	Mutuelle générale de l'Éducation nationale
MI	Ministère de l'Intérieur
MIN	Marché d'intérêt national
min.	ministre
Min. publ.	ministère public
MIRE	Mission Recherche Expérimentation
MJ	Ministère de la Justice
MJC	Maison des jeunes et de la culture
MJD	Maison de justice et du droit
MLF	Mouvement de libération de la femme
Mlle.	Mademoiselle
MM.	Messieurs
Mme.	Madame
MNAAO	Musée national des arts africains et océaniens
MNAM	Musée national d'art moderne (Centre Pompidou)
MNEF	Mutuelle nationale des étudiants de France
MO	maintien de l'ordre
MOCI	Moniteur officiel du commerce international
Mod.	modifié *ou* modifie

Mon. huiss.	Moniteur des huissiers
Mon. TP	Moniteur des travaux publics et du bâtiment
MP	Ministère public *(StPR)*
MRAP	Mouvement contre le racisme, l'antisémitisme et pour la paix
MSA	Mutualité sociale agricole
MSF	Médecins sans frontières
MST	maladie(s) sexuellement transmissible(s)
MST	maîtrise de sciences et techniques
MT	moyen terme
n.	note
NAF	Nomenclature des activités françaises
NAS	Non-assuré social
NB	nota bene = notez bien
NCP	Nouveau code pénal
NCPC	Nouveau Code de procédure civile
NCPP	Nouveau code de procédure pénale
ND	Notes et études documentaires
NDLR	note de la Rédaction
NDT	note du traducteur
Nep	(arrêt ou ordonnance) non encore publié
NF	Norme francçaise
N°	numéro
not.	notamment
NPI	nouveaux pays industrialisés
NS	note de service
NTIC	nouvelles technologies de l'information et de la communication
O.	ordonnance
OAA	Organisation des Nations unies pour l'alimentation et l'agriculture
OACI	Organisation de l'aviation civile internationale
OAT	obligation assimilable du Trésor
obs.	observation
OCAM	Organisation commune africaine et malgache
OCDE	Organisation de coopération et de développement économique
OCORA	Office de coopération radiophonique
OCRGDF	Office central pour la répression de la grande délinquance financière
OEA	Organisation des États américains
OEB	Office européen des brevets
OERS	Organisation européenne de recherches spatiales
OFCE	Observatoire français des conjonctures économiques
OFDT	Observatoire français des drogues et toxicomanies
OFPRA	Office français de protection des réfugiés et apatrides
OFRATEME	Office francçais des techniques modernes d'éducation
OGAF	opérations groupées d'aménagement foncier
OGM	organisme génétiquement modifié
OIP	Observatoire international des prisons
OIPC	Organisation internationale de la police criminelle

OIT	Organisation internationale du travail
OJD	Office de la justification de la diffusion *(journaux)*
OLP	Organisation de libération de la Palestine
OMC	Organisation mondiale du commerce
OMCI	Organisation maritime de concertation intergouvernementale
OMI	Office des migrations internationales
OMI	Organisation matritime internationale
OML	ordonnance de mise en liberté *(StPR)*
OMM	Organisation météorologique mondiale
OMO	observation en milieu ouvert *(Strafvollzug)*
OMPI	Organisation internationale de la propriété intellectuelle
OMS	Organisation mondiale de la santé
ONAC	Office national des anciens combattants
ONC	Office national de la chasse
ONC	ordonnance de non-conciliation *(divorce)*
ONDAM	objectif national des dépenses d'assurace maladie
ONERA	Office national d'études et de recherches aérospatiales
ONF	Office national des forêts
ONG	organisation non gouvernementale
ONI	Office national de l'immigration
ONIAM	Office national d'indemnisation des accidents médicaux
ONIBEV	Office national interprofessionnel du bétail et des viandes
ONIC	Office national interprofessionnel des céréales
ONISEP	Office national d'information sur les enseignements et les professions
ONIVIT	Office national interprofessionnel des vins de table
ONL	ordonnance de non-lieu *(StPR)*
ONN	Office national de la navigation
ONPI	Office national de la propriété industrielle
ONSER	Organisation nationale pour la sécurité routière
ONU	Organisation des Nations Unies
ONUDI	Organisation des Nations unies pour le développement industriel
OOA	Organisation des Nations unies pour l'alimentation et l'agriculture
OP	officier de police
Op.	opus = ouvrage.
OP	ouvrier professionnel
OPA	offre publique d'achat
OPAC	Office public d'aménagement et de construction
OPB	Organisation professionnelle des banques
op. cit.	opere citato = ouvrage cité
OPCVM	organisme de placement collectif en valeurs mobilières
OPE	offre publique d'échange
OPEP	Organisation des pays exportateurs de pétrole
OPH	Office public de l'habitat
OPJ	officier de police judiciaire
OPV	offre publique de vente
OQ	ouvrier qualifié
OQTF	obligation de quitter le territoire français *(AuslR)*
OR	officier de réserve
OR	ordonnance de renvoi *(StPR)*

Ord.	ordonnance *(VerfR)*
OREAM	Organisme d'études et d'aménagement des aires métropolitaines
ORESTI	Organisation et exploitation statistique et informatique
ORGECO	Organisation générale des consommateurs
ORS	Observatoire régional de la santé et de la pollution automobile
ORSEC	organisation des secours (Plan ORSEC)
ORSTOM	Office de la recherche scientifique et technique d'outre-mer
ORTF	Office de radiodiffusion-télévision française
OS	ouvrier spécialisé
OSC	ordonnance de soit-communiqué *(StPR)*
OSCE	Organisation pour la sécurité et la coopération en Europe
OST	Organisation scientifique du travail
OTAN	Organisation du traité de l'Atlantique-Nord
OTASE	Organisation du traité de l'Asie du Sud-Est
OUA	Organisation de l'unité africaine
OULIPO	Ouvroir de littérature potentielle
OVNI	objet volant non identifié
P	Père (pour un prêtre ou religieux)
P	Président
p.	page
PA	pension alimentaire
p.a.	per annum (= par an).
PA	police administrative
PA	pour ampliation
PA	préjudice d'agrément
PA	professeur associé
PAC	Politique agricole commune
PACA	Provence-Alpes-Côte-d'Azur
PACS	pacte civil de solidarité *(FamR)*
PACT	Programme d'aménagement concerté du territoire
PACT	propagande et action contre les taudis
PAD	point d'accès de données
PADOG	Plan d'aménagement et d'organisation générale de la région parisienne
PAF	Paysage audiovisuel francçais
PAF	Police de l'air et des frontières
PAH	prime à l'amélioration de l'habitat
PAIO	permanence d'accueil, d'information et d'orientation
PAJE	prestation d'accueil du jeune enfant
PAM	Port autonome de Marseille
PAP	prêt pour l'accession à la propriété
PAP	programme d'action prioritaire
PAPIR	Programme d'action prioritaires (d'initiative régionale)
PARE	plan d'aide au retour à l'emploi
PATOS	Personnel Atos (administratifs, techniques, ouvriers et de service)
PAZ	plan d'aménagement de zone
PC	Parti communiste
PC	permis de construire
PC	prêt conventionné

PCB .... produit criminel brut
PCC .... pour copie conforme
PCEM .... Premier cycle d'études médicales
PCF .... Parti communiste français
PCG .... plan comptable général
PCP .... plan comptable professionnel
PCV .... paiement contre vérification à percevoir
PDA .... part d'audience *(MedienR)*
PDEM .... pays développés à économie de marché
PDG .... président directeur général
PDL .... pendant la durée légale
PDU .... plan de déplacements urbains
PE .... Parlement européen
PE .... problèmes économiques
PEA .... plan d'épargne en actions
PEC .... plan électronique civil
PECO .... Pays d'Europe centrale et orientale
PED .... pôle européen de développement
PEE .... plan d'épargne-entreprise
PEE .... poste d'expansion économique
PEGC .... professeurs d'enseignement général de collèges
PEI .... plan d'épargne interentreprise
PEL .... plan d'épargne-logement
PENELOPE .... pour l'entrée des normes européennes dans les lois ordinaires des Parlements d'Europe
PEON .... production d'électricité d'origine nucléaire
PEP .... plan d'épargne populaire
PER .... plan d'épargne en vue de la retraite
PERCO .... plan d'épargne-retraite collectif
PERP .... plan d'épargne retraite populaire
PESC .... politique étrangère et sécurité commune *(union européenne)*
P. et CH. .... Ponts et chaussées
P. et P. .... profits et pertes
p. ex. .... par exemple
PF .... publicité foncière
PG .... Procureur général
PGD .... principes généraux du droit
PGM .... produit génétiquement modifié
PI .... propriété industrielle
PI .... propriété intellectuelle
PIB .... produit intérieur brut
PIBD .... propriété industrielle - Bulletin de documentation
PIBM .... produit intérieur brut marchand
PIC .... prêt immobilier conventionné
PIJES .... point informations jeunes sur la sexualité
PIL .... programme d'insertion locale
PIN .... produit intérieur net
PIN .... programme d'insertion
PINEA .... produits industriels nécessaires aux exploitants agricoles
PJ .... pièce(s) jointe(s)
PJ .... Police judiciaire
PJI .... Premier juge d'instruction
PJJ .... (Service de) Protection judiciaire de la jeunesse

PL	poids lourd (= LKW)
PLA	prêt locatif aidé
PLA	propriété littéraire et artistque
PLD	plafond légal de densité *(BauR)*
PLF	projet de loi de finances
PLR	programmes à loyer réduit
PLU	plan local d'urbanisme
PM	pistolet mitrailleur
PM	police municipale
PMA	pays les moins avancés
PMA	procréation médicalement assistée
PME	petites et moyennes entreprises.
PMI	protection maternelle et infantile
PMI	petites et moyennes industries
PMP	politiques publiques et management public
PMPOA	programme de maîtrise des pollutions d'origine agricole
PMU	pari mutuel urbain
PNB	produit national brut
PNIU	Programme national d'intégration urbaine
PNR	Passenger Name Record = fichier des passagers de tout vol transitant par les USA
PNUD	Programme des Nations-Unies pour le développement
PNUE	Programme des Nations-Unies pour l'environnement
PO	par ordre
POLMAR	pollution marine
POS	plan d'occupation des sols
p.p.	pages
PP	Préfecture de police
PP	pour plaider
PP	premier président *(PrzR)*
ppa.	per procurationem = par procuration
ppc.	pour prendre congé
PPI	provision pour investissement
PPM	partie par million
p. pon.	par procuration
PPP	partenariat public-privé
PPS	problèmes politiques et sociaux
PR	Parti républicain
PR	Procureur de la République
PRAG	professeur agrégé (dans l'enseigenement supérieur)
préc.	précité
PRDE	population disponible à la recherche d'un emploi
préf.	préférence
prem. prés.	Premier président
prés.	Président
PRI	pays à revenu intermédiaire
proc. gén.	Procureur général
proc. Rép.	Procureur de la République
prop.	proposition
Propr. ind.	propriété industrielle
prot.	protocole
PS	Parti socialiste
PS	police-secours

PS	post scriptum
PS	Premier substitut (Parquet)
PSA	Peugeot société anonyme
PSD	prestation spécifique dépendance
PSI	prêt spécial immédiat
PSMV	plan de sauvegarde et de mise en valeur
PSR	Programmes sociaux de relogement
PTE	(Ministère des) Postes, télécommunications, espace
PTMA	Poids total maximal autorisé
PUD	plan d'urbanisme de détail
PUF	Presses universitaires de France
PV	procès verbal
PVA	prime à la vache allaitante
PVC	polychlorure de vinyle
PVD	paquet avec valeur déclarée
PVD	Pays en voie de développement
PWR	pressurised water reactor = réacteur à eau pressurisée
q	quintal (vaut 100 kg)
QCM	questionnaire à choix multiple
QD	quotité disponible
q.e.d.	quod erat demonstrandum = ce qu'il fallait démontrer
QF	quotient familial *(SteuerR)*
QG	quartier général
QHS	quartier de haute sécurité *(StVZ)*
QI	quotient intellectuel
QO	question orale *(VerfR)*
qq	quelques
QS	quantité suffisante
QSR	quartier de sécurité renforcée *(StVZ)*
Quot. jur.	Quotidien juridique
®	registered mark = marque déposée
R	Recueil Lebon (des décisions du Conseil d'État)
R	Rejet (d'un pourvoi en cassation)
R	Partie « Règlements » (d'un code)
RA	Revue administrative
RA	risque aggravé
RAN	règlement de l'assemblée nationale
RAP	règlement d'administration publique
rapp.	rapport (ou rapporteur).
rappr.	rapprocher.
RAR	(lettre) recommandée avec demande d'avis de réception
RATP	Régie autonome des transports parisiens
RBE	revenu brut d'exploitation
RC	Registre de commerce
RC	Répertoire civil
RC	responsabilité civile
RCB	rationalisation des choix budgétaires
RCDIP	Revue critique de droit international privé
RCS	Registre de commerce et des sociétés
RDA	responsable d'achats courants
RD aff. int.	Revue de droit des affaires internationales

RD bancaire et bourse	Revue de droit bancaire et de la bourse
RD compt.	Revue de droit comptable
R & D	recherche et développement
R.-de-ch.	rez-de-chaussée
RD intell.	Revue de droit intellectuel
RDIP	Revue de droit international privé
RDPC	Revue de droit pénal et de criminologie
RDPI	Revue du droit de la propriété industrielle
RD publ.	Revue du droit public et de la science politique en France et à l'étranger
RDS	(taxe pour le) remboursement de la dette sociale
Rec. actes adm.	Recueil des actes administratifs
Rec. C. comptes	Recueil de la Cour des comptes
Rec. CE	Recueil des décisions du Conseil d'État (Lebon)
Rec. CIJ	Recueil des arrêts, avis consultatifs et ordonnances de la Cour internationale de justice
Rec. CJCE	Recueil de la Cour de justice des Communautés européennes
Rec. Cons. const.	Recueil des décisions du Conseil constitutionnel
rect.	rectificatif
réf.	référence
réf.	référé *ou* ordonnance de référé
REG/ACT	Regards sur l'actualité
règl.	règlement
Rép. adm.	Répertoire de droit public et de droit administratif
Rép. civ. Dalloz	Répertoire de droit civil *ou* Encyclopédie Dalloz
Rép. pr. civ.	Répertoire de procédure civile Dalloz
req.	requête
RER	Réseau express régional
RES	rachat ou reprise de l'entreprise par les salariés
REUNIR	réseau des universités et de la recherche
Rev. adm.	Revue administrative
Rev. crit. DIP	Revue critique de droit international privé
Rev. jur. env.	Revue juridique de l'environnement
Rev. proc. coll.	Revue des procédures collectives
Rev. sc. crim.	Revue de science criminelle et de droit pénal comparé
Rev. sociétés	Revue des sociétés
RF	Radio France
RF	République française
RF	revenus fonciers
RFA	République fédérale d'Allemagne
RF adm. publ.	Revue française de l'administration publique
RF aff. soc.	Revue française des affaires sociales
RF fin. publ.	Revue française des finances publiques
RF sc. pol.	Revue française de science politique
RFDA	Revue française de droit administratif
RG	Renseignements généraux
RGDI publ.	Revue générale de droit international public
RI	refus d'informer *(StPR)*
RI	Républicains indépendants
RIB	relevé d'identité bancaire
RI conc.	Revue internationale de la concurrence

RI crim. et pol. techn.	Revue internationale de criminologie et de police technique
RID comp.	Revue internationale de droit comparé
RID pén.	Revue internationale de droit pénal
RIP	relevé d'identité postale
RIPIA	Revue internationale de la propriété industrielle et artistique
RI trav.	Revue internationale du travail
RIVP	Régie immobilière de la ville de Paris
RJ com.	Revue de jurisprudence commerciale
RJO	rectificatif au Journal Officiel
RLR	Receuil des lois et règlements
RM	revenus mobiliers
RMA	revenu minimum d'activité
RMI	revenu minimum d'insertion
RMN	Réunion des musées nationaux
RMO	références médicales opposables
RN	route nationale
RNB	revenu national brut
RNC	résultat net comptable
RNUR	Régie nationale des usines Renault
r°	recto
ROM	Région d'outre-mer
ROME	Répertoire opérationnel des métiers et emplois
RP	Région parisienne
Rp.	réponse payée
RP	représentation proportionnelle
RPC	recommandations de pratique clinique
RPDA	Revue pratique de droit administratif
RPDS	Revue pratique de droit social
RPR	Rassemblement pour la République
RS	règlement du Sénat
RSA	République Sud-Africaine
RSC	Revue de science criminelle et de droit pénal comparé
RSI	règlement sanitaire international
RSS	réseau santé social
RSVP	répondez s'il vous plaît
RTD civ.	Revue trimestrielle de droit civil
RTD com.	Revue trimestrielle de droit commercial et de droit économique
RTD eur.	Revue trimestrielle de droit européen
RTDH	Revue trimestrielle des droits de l'Homme
RTLN	Réunion des théâtres lyriques nationaux
RTT	réduction du temps de travail
RU	restaurant universitaire
RU 486	Roussel-Uclaf: la mifepristone (pillule abortive)
RUP	reconnu d'utilité publique
RV	rendez-vous
RVO	rémunération variable sur objectif
S	Sénat
S	Recueil Sirey
s.	(et) suivant(s)

SA	Société anonyme
SAAC	secrétaire administratif d'administration centrale
SAC	Service d'action civique
SACD	Société des auteurs-compositeurs dramatiques
SACEM	Société des auteurs, compositeurs et éditeurs de musique
SACI	Société auxiliaire de construction immobilière
SAD	Service d'aide à domicile
SAEI	Service des affaires européennes et internationales
SAFARI	Système automatisé pour les fichiers administratifs et le répertoire des individus
SAFER	Société d'aménagement foncier et d'établissement rural
SAGE	Schéma d'aménagement des eaux
SAIF	Société agricole d'investissement foncier
SAMU	Service d'aide médicale urgente
SAPO	Société anonyme à participation ouvrière
SARL	Société à responsabilité limitée
SAS	société par actions simplifiée
SASU	société par actions simplifiée unipersonnelle
SAU	secrétaire d'administration universitaire
SAV	service après-vente
SBF	Société des bourses françaises
SC	sécurité civile
SCA	Société en commandite par actions
SCAM	Société civile des auteurs multimédias
SCH	Service central hydrologique
SCI	Service central d'identification (de la Police nationale)
SCI	Société civile immobilière
SCOP	Société coopérative ouvrière de production
SCP	Société civile professionnelle
SCPA	Société civile professionnelle d'avocats
SCPI	Société civile de placement immobilier
SCPRI	Service central de protection contre les rayonnements ionisants
SCUP	Société commerciale unipersonnelle
SCV	société à capital variable
SDAU	Schéma directeur d'aménagement et d'urbanisme
SDECE	Service de documentation extérieure et de contre-espionnage
SDF	sans domicile fixe
SDI	service de documentation et d'information
SDIS	Service départemental d'incendie et de secours
SDN	Société des Nations (1919-1947)
SE	Secrétariat d'État
SE	Société européenne
SEBC	Système européen de banques centrales
secr. d'Ét.	Secrétaire d'État
sect.	section
SEDJ	Service de l'exécution des sentences judiciaires
SEFI	Service formation et information
SEITA	Société nationale d'exploitation industrielle des tabacs et allumettes
SEL	société d'exercice libéral (d'une profession libérale)
SEM	société d'économie mixte

Sent. arb.	sentence arbitrale
SEO	sauf erreur ou omission
SEPC	Service d'études pénales et criminologiques
SEPOR	Service de programmes des organismes de recherche
SERNAM	Service national des messageries
SESAM	système électronique de saisie de l'assurance maladie
SESI	Service des statistiques, des études et des systèmes d'information
SESORI	Service de synthèse et d'orientation de la recherche en informatique
SESSAD	service de soins et d'aide à domicile
SETRA	Service d'études techniques des routes et autoroutes
SIVOM	syndicat intercommunal à vocations multiples
SIVU	syndicat intercommunal à vocation unique
SF	Sans frais.
SFI	Société financière internationale
SFP	Société française de production et de création audiovisuelles
SFT	Société française des traducteurs
SGDG	sans garantie du gouvernement
SGDN	Secrétariat général de la défense nationale
SGG	Sécrétariat général du gouvernement
SGMM	Secrétariat général de la marine marchande
s.i.	sauf imprévus
SI	sur interpellation (procès-verbal de police)
sic	écrit ainsi.
SICA	Société d'intérêt collectif agricole
SICAF	Société d'investissement à capital fermé (fixe)
SICAV	Société d'investissement à capital variable
SICOB	Salon des industries du commerce et de l'organisation du bureau
SICOM	Service de l'information et de la communication (ministère de la Justice)
SICOMI	Société immobilière pour le commerce et l'industrie
SICOVAM	Société interprofessionnelle pour la compensation des valeurs mobilières
SID	Service d'information et de diffusion (du premier ministre)
SIDA	syndrome d'immuno-déficience acquise.
SIRENE	Système informatique pour le répertoire des entreprises et des établissements
SIRET	Système informatique pour le répertoire des établissements
SIRPA	Service d'information et de relations publiques des armées
SIS	Système d'information Schengen
SIVOM	syndicat intercommunal à vocation multiple
SIVP	stage d'initiation à la vie professionnelle
s.l.n.d.	sans lieu ni date
SM	scrutin majoitaire
SMA	Service militaire adapté
SMAG	Salaire minimum agricole garanti
SME	sursis avec mise à l'épreuve *(StVZ)*
SME	Système monétaire européen
SMI	surface minimale d'installation
SMIA	société mixte d'intérêt agricole
SMIC	salaire minimum interprofessionnel de croissance

SMIG	salaire minimum interprofessionnel garanti
SML	Syndicat des médecins libéraux
SMS	Short Message Service = service des messages courts *ou* ce message lui-même
SMUR	service médical d'urgence et de réanimation
SN	Sûreté nationale
SNACASO	Société nationale de constructions aéronautiques du Sud-Ouest
SNC	société en nom collectif
s.n.c.	service non compris
SNCF	Société nationale des chemins de fer français
SNCM	Société nationale Corse-Méditerranée
SNEA	Société nationale Elf-Aquitaine
SNECMA	Société nationale d'études et de construction de moteurs d'avions
SNEP	Société nationale des entreprises de presse
SNEPC	Service national des examens du permis de conduire
SNESup	Syndicat national de l'enseignement supérieur
SNETAP	Syndicat national d'enseignement technique agricole public
SNI	Syndicat national des instituteurs
SNIAS	Société nationale des industries aéronautiques et spatiales
SNLE	sous-marin nucléaire lanceur d'engins
SNPA	Société nationale des pétroles d'Aquitaine
SNPC	Service national de la protection civile
SNPI	Syndicat national du patronat moderne et indépendant
SNSM	Société nationale de secours en mer
soc.	arrêt de la chambre sociale de la Cour de cassation
SOCOTOUR	Société francçaise de coopération touristique
SOCREDOM	Société de crédit pour le développement des DOM
SOFIA	système d'ordinateurs pour le fret international aérien
SOFINEL	Société francçaise d'ingénierie électronucléaire et d'assistance pour l'exportation
SOFIRAD	Société financière de radiodiffusion
SOFRATELE	Société française de télévision
SOFRES	Société française d'enquêtes par sondage
SOGIR	Société de gestion et d'information rationnelle
sol.	solution
SOMERA	Société méditerranéenne de radiodiffusion
somm.	sommaire
SONACOTRA	Société nationale de construction pour les travailleurs
SOPEMI	Système d'observations permanentes des migrations
SOPEXPA	Société pour l'expansion des produits agricoles
SOPROMER	Société des produits de la mer
sous-sect.	sous-section
SP	sécurité publique
SP	service de presse
SP	service public
SP	société en participation
SPA	Société protectrice des animaux
SPADEM	Syndicat de la propriété artistique des dessins et modèles
SPB	Service des phares et balises
spéc.	spécialement
SPHP	Service de protection des hautes personnalités

SPIC .... Service public industriel et commercial
SPF .... Secours populaire français
SPP .... Suspension provisoire des poursuites *(InsolvenzR)*
SR .... sécurité routière
SRIJ .... Service régional d'identité judiciaire
SRPJ .... Service de recherche de la police judiciaire
SRU .... (Loi) solidarité et renouvellement urbain
SS .... (classement) sans suite *(StPR)*
SS .... Sécurité sociale
ss. .... sous
SSAE .... Service social d'aide aux émigrants
sté. .... société
STI .... science et technologies industrielles
STI .... service technique informatique
STO .... service du travail obligatoire
STS .... section de techniciens supérieurs
STT .... sciences et technologies industrielles
STU .... service technique de l'urbanisme
STUPS .... Brigade des stupéfiants
subst. .... substitut *(StPR)*
suiv. .... suivants
suppl. .... supplément
supra .... ci-dessus
svp .... s'il vous plaît
SVT .... Spécialiste en valeurs du Trésor
synd. .... Syndicat

T .... timbre
T. .... tonne
t. .... tome
TA .... taux actuariel
TA .... Tribunal administratif
TAAF .... Terres australes et antarctiques françaises
tabl. .... tableau
TAM .... obligations à taux variable à référence monétaire annuelle
TAP .... Tribunal aux armés de Paris
T. arb. .... Tribunal arbitral
TAS .... Tribunal arbitral du sport (Lausanne)
TASS .... Tribunal des affaires de Sécurité sociale
TC .... taxe complémentaire
TC .... Tribunal de commerce
TC .... Tribunal des conflits
TC .... Tribunal correctionnel
TCA .... taxe sur le chiffre d'affaires
TCE .... Traité instituant la communauté européenne
T. civ. .... Tribunal civil
T. com. .... Tribunal de commerce
T. confl. .... Tribunal des conflits
T. corr. .... Tribunal correctionnel
TD .... travaux dirigés
TDC .... Tarif douanier commun *(EU)*
TDF .... Télédiffusion de France
TDR .... taxe départementale sur le revenu

TEC	tarif extérieur commun
TEE	tableau économique d'ensemble
TEF	techniciens d'études et de fabrication
TEG	taux effectif global
tél.	téléphone
T. enfants	Tribunal pour enfants
TEP	tonne équivalent pétrole
TEPP	taxe sur les émissions et les produits polluants
TER	train express régional
TES	tableau Entrées-Sorties
TF	taxe foncière
TF 1	Télévision française 1re chaîne « La Une »
TFAI	Territoire français des Afars et des Issas
TG	(à) titre gratuit
TGI	Tribunal de grande instance
TGP	trésorier-payeur général
TGV	Train à grande vitesse
TH	Taxe d'habitation
TI	Tribunal d'instance
TIC	technologies de l'information et de la communication
TIF	Transports internationaux par chemin de fer
TIG	travaux d'intérêt général
TIN	taux d'intérêt nominal
TIOP	taux interbancaire offert à Paris
TIP	titre interbancaire de paiement
TIPP	taxe intérieure sur les produits pétroliers
TIR	taux d'intérêt réel
TIR	Transit international routier
Tit.	titre
TJJ	taux au jour le jour (sur le marché monétaire)
TLE	taxe locale d'équipement
TLF	Trésor de la langue française
TLU	taxe locale d'urbanisation
TM	taux de mortalité
TMBF	temps moyen de bon fonctionnement
T. mar. com.	Tribunal maritime commercial
TME	taux moyen des emprunts d'État
TMO	taux du marché obligataire
TNP	Théâtre national populaire
TNP	Traité de non prolifération
TOM	Territoires d'outre-mer
TP	taxe professionnelle
TP	temps partiel *(ArbR)*
TP	travaux pratiques
TP	travaux publics
TPE	terminal de paiement électronique
TPI	Tribunal pénal international
TPICE	Tribunal de première instance des Communautés européennes
T. par. baux rur.	Tribunal paritaire des baux ruraux
TPF	taxe de publicité foncière
TPG	trésorier-payeur général
TPI	Tribunal pénal international

TPICE	Tribunal de première instance des communautés européennes
TPIR	Tribunal pénal international pour le Rwanda
TPIY	Tribunal pénal international pour l'ex-Yougoslavie
T. pol.	Tribunal de police
TPS	Taxe sur les prestations de service
TPU	taxe professionnelle unique
TPV	terminal point de vente
trad.	traducteur, traduction, traduit par
Tracfin	traitement du renseignement et action contre les circuits financiers clandestins
TRB	taux révisable des bons du Trésor
trib. civ.	tribunal civil
TS	tentative de suicide
TSF	téléphonie sans fil
TSH	taux de salaire horaire
TSVP	tournez s'il vous plaît
TT	transit temporaire (immatriculation des véhicules)
TTC	toutes taxes comprises
TTU	très très urgent
TU	Temps universel
TUC	travail d'utilité collective
TUE	Traité instituant l'Union europénne
TVA	taxe sur (*ou* à) la valeur ajoutée
TVHD	télévision haute définition
UAMCE	Union africaine et malgache de coopération économique
UAP	Union des assurances de Paris
UBS	Union des banques suisses
UC	unité de consommation
UCANSS	Union des caisses nationales de Sécurité sociale
UCLAT	Unité de coordination de la lutte anti-terroriste
UDA	Union des annonceurs
UDF	Union pour la démocratie française
UE	Union européenne
UEA	Union des États africains
UEM	Union économique et monétaire
UEO	Union de l'Europe occidentale
UER	Union européenne de radiodiffusion
UER	Unité d'enseignement et de recherche
UFAC	Union française des anciens combattants
UFCV	Union française des centres de vacances
UFR	unité de formation et de recherche
UGB	unité de gros bétail
UGC	Union générale cinématographique
UICN	Union internationale pour la conservation de la nature
UIPPI	Union internationale pour la protection de la propriété industrielle
UIT	Union internationale des télécommunications
ULM	ultra-léger motorisé
UNAF	Union nationale des associations familiales
UNATI	Union des artisans et travailleurs indépendants
UNCAF	Union nationale des caisses d'allocations familiales

UNEDIC .... Union nationale pour l'emploi dans l'industrie et le commerce
UNEF .... Union nationale des étudiants de France
UNEP .... Programme des Nations unies pour l'environnement
UNESCO .... Organisation des Nations Unies pour l'éducation, la science et la culture
UNICEF .... Fonds international (des Nations Unies) de secours à l'enfance
UNIDROIT .... Institut international pour l'unification du droit privé
UNIL .... Union nationale interprofessionnelle du logement
UNPI .... Union nationale de la propriété immobilière
UP .... unité pédagogique
UPU .... Union postale universelle
URC .... Union du rassemblement et du centre
URSSAF .... Union pour le recouvrement des cotisations de sécurité sociale et d'allocations familiales
us. .... usuel
USD .... Dollar des États-Unis
USI .... unité de soins intensifs
USLD .... unité de soins de longue durée
UTA .... Union des transports aériens
UTH .... unité de travail homme
UV .... unité de valeur

v. .... voir
v/ .... versus
VA .... valeur ajoutée
VAE .... validation des acquis de l'expérience
VAL .... véhicule automatique léger
var. .... variante
VASFE .... vérification approfondie de la situation fiscale d'ensemble
VAT .... volontaire pour l'aide technique
VCC .... vin de consommation courante
VDQS .... vin délimité de qualité supérieure
VF .... version française
Vie jud. .... La Vie judiciaire (revue)
VIH .... virus de l'immunodéficience humaine
VOD .... production de vidéos à la demande
vol. .... volume
VP .... vice-président
VP .... voie publique
VP .... voiture particulière
VPC .... vente par correspondance
VRP .... voyageurs (de commerce), représentants, placiers
VRTS .... versement représentatif de la taxe sur les salaires
VTM .... véhicule terrestre à moteur
v.v. .... vice versa
Vve. .... veuve
vx. .... vieux

WW .... immatriculation provisoire (d'un VTM)
www .... world wide web = réseau à l'échelle mondiale

X. .... Inconnu, anonyme. Ancien de polytechnique
x-ship .... ex ship = au débarquement

z	zéro
ZA	zone d'attente, centre de rétention en zone de transit *(AuslR)*
ZAC	zone d'aménagement concerté
ZAD	zone d'aménagement différé
ZAN	zone d'agglomération nouvelle
ZAR	zone d'action rurale
ZD	zone de défense
ZEE	zone économique exclusive
ZEP	zone d'éducation prioritaire
ZEP	zone d'environnement protégé
ZI	zone industrielle
ZIF	zone d'intervention foncière
ZRR	zone de revitalisation rurale
ZRU	zone de revitalisation urbaine
ZUS	zone urbaine sensible

A

à *prép.* zu; in; an; nach; mit; **– l'acquit** (*SchuldR*) Betrag erhalten; **– qui il appartiendra** zur weiteren Veranlassung; **– l'article de la mort** im Sterben liegen, mit dem Tode ringen; **– aucun prix** niemals; **– l'avenir** künftig; **– la barre** vor Gericht, in der mündlichen Verhandlung; **– charge d'appel** (Urteil) kann mit Berufung angefochten werden; **– charge de conserver et de rendre** mit der Verpflichtung aufzubewahren u. zurückzugeben; **– charge et – décharge** (*StPR*) mit der Verpflichtung, Be- u. Entlastungsbeweise gleichermaßen beizubringen; **– charge de soulte** unter der Voraussetzung einer Ausgleichszahlung; **– compte d'auteur** auf Kosten des Urhebers, im Privatdruck; **– compter de** *ou* **du** vom ... an ...; **– (la) condition que** sofern, vorausgesetzt dass; **– crédit** auf Kredit; mit (einem bestimmten) Zahlungsziel; **– découvert** ohne Sicherheitsleistung; **– dire d'expert** gemäß Aussage des Sachverständigen, laut Sachverständigengutachten; **– dire vrai** tatsächlich; um der Wahrheit die Ehre zu geben; **– domicile** (Zustellung) am Wohnsitz; **– domicile élu** (Zustellung) an der vereinbarten Anschrift (Notar, Anwalt), Wahl einer Zustellungsanschrift (für gerichtliche Urkunden); **– qui de droit** an den Befugten, an wen es angeht; **– due concurrence** (Zahlungen) in der vereinbarten Höhe; **– échoir** (später) fällig werdend; **– l'encontre de** gegen, wider; **– l'évidence** offensichtlich; **– l'heure** pünktlich; **– huis clos** (*PrzR*) unter Ausschluss der Öffentlichkeit; **– huitaine** binnen *od.* innerhalb einer Woche; **– l'insu de** ohne Wissen von, heimlich; **– jour** aktualisiert; **– jour fixe** zum besagten (vereinbarten) Zeitpunkt; **– juste titre et sans crue** gemäß tatsächlichem Wert u. ohne Aufschlag; **– la longue** langfristig; **– sa mort** bei seinem Tode; **– l'occasion** gelegentlich; **– peine de** (*StR*) unter Androhung (einer Strafe) von; **– perpétuelle demeure** endgültig; **– personne** (*PrzR: Zustellung*) persönlich, an den Betroffenen; **– perte** mit Verlust; **– la place de** an Stelle von; **– plusieurs reprises** mehrmals; **– point nommé** soeben, gerade; **– présent** jetzt; **– son profit** zugunsten von; **– provisoire** (*ZwangsVR*) vorläufig (vollstreckbar); vollstreckbar gegen Sicherheitsleistung; **– ce qu'il n'en ignore** ihm kund und zu wissen; **– la requête de** auf Antrag von; **– ses risques et périls** (*SchuldR: Warensendung*) auf eigene Rechnung und Gefahr; **– la sauvette** (*HR: illegaler Handel*) heimlich; **– seule fin (de)** nur zu dem Zweck; **– tempérament** periodisch, monatlich, (Kauf) auf Raten; **– terme** zu einem späteren Zeitpunkt, mit einem Ziel von ...; **– la tête de** an der Spitze von; **– titre énonciatif** beispielsweise, im Rahmen einer unvollständigen Aufzählung; **– titre incident** (*ZPR*) im Verlauf des Verfahrens; als strittiger Nebenpunkt; **– titre limitatif** (Aufzählung) abschließend, vollständig; **– titre de provision** als Vorschuss; als Sicherheitsleistung; als Kaution; **– tour de rôle** turnusmäßig, in einem bestimmten Turnus (stattfindend); **– toute hauteur de la procédure** (*ZPR*) in jedem Stadium des Verfahrens, im Laufe des Prozesses; **– vendre** zu verkaufen; **– vie** (1) (*ZR: en viager*) auf Lebenszeit, (2) (*StPR: à perpétuité*) lebenslänglich.

abaissable *adj* herabsetzbar.

abaissement *m* Senkung *f*, Verringerung *f*, Abschwächung *f*, Herabsetzung; *fig* Erniedrigung *f*, Demütigung *f*; **– de l'âge de la retraite** (*SozR*) Herabsetzung des Rentenalters; –

d'échelon (*ArbR, BeamR*) Rückstufung *f*; Einstufung in eine niedrigere Gehalts- bzw. Lohngruppe; **– des impôts** Steuersenkung; **– du prix** Preissenkung; **– du taux d'escompte** Diskontsatzherabsetzung.

abaisser *v. tr. d.* (1) (*baisser*) senken, verringern, abschwächen, herabsetzen, (2) (*humilier*) demütigen; **s'–** *v.pron.* (1) sich verringern, (2) sich herablassen zu.

abandon *m* (1) (*SchuldR: cession*) Abtretung *f*, Übertragung einer Forderung (auf einen Anderen), (2) (*SachR: renonciation, délaissement*) (freiwillige) Aufgabe *f* (der Ansprüche *od.* des Eigentums), (Rechts-) Verzicht *m*, Verzicht auf das Eigentum, Überlassung *f*, (3) (*FamR: négligence*) Vernachlässigung *f*, (4) (*SeeHR*) Abandonerklärung *f*, Abtretung des versicherten Gegenstandes; **à l'–** in einem verwahrlosten Zustand; **déclaration d'–** (*FamR*) gerichtliche Feststellung des Verlassens der Kinder (durch die Eltern) verbunden mit der Beendigung des (bisherigen) Verwandtschaftsverhältnisses; **– d'accusation** Verzicht *m* auf die Anklage(erhebung).

abandon d'actif Vermögensaufgabe, Aktivaüberlassung; **– alimentaire** (*StR*) Verletzung der Unterhaltspflicht; **– de biens** Vermögensaufgabe; **– de créance** Forderungsverzicht; **– du domicile conjugal (par l'un des époux)** (*StR*) Verletzung der Unterhaltspflicht, böswilliges Verlassen des Ehegatten.

abandon de famille (*StR: art. 227–3 et suiv. CP*) Verletzung der Unterhaltspflicht, böswilliges Verlassen der Familie (ohne Unterhaltsleistung); **– d'un fonds** (unentgeltliche) Abtretung eines Grundstücks; **– des hostilités** Einstellung der Kampfhandlungen; **– des lieux** Verlassen *n* der Wohnung (auf Grund einer behördlichen Anordnung); **– en mer** Aussetzung auf See; **– moral des enfants** (*StR*) sittliche Verwahrlosung der Kinder; **– d'opinion** (plötzliche) Meinungsänderung.

abandon pécuniaire (*StR*) Verletzung der Unterhalts(leistungs)pflicht; **– de possession** (*SachR: déguerpissement*) Besitzaufgabe *f*; **– de poste** (unbefugtes) Verlassen des Arbeitsplatzes *od.* der Dienststelle; **– de la profession** Ausscheiden *n* aus dem Beruf; **– d'un projet** Verwerfung eines Plans *od.* Vorhabens; **– de propriété** Eigentumsverzicht *od.* -aufgabe; **– de soi** Selbstaufgabe *f*.

abandonnataire *m* (*SachR, HR: bénéficiaire, attributaire*) Person, der eine Sache (durch den Gläubiger) zwecks Befriedigung überlassen *od.* herausgegeben wird.

abandonnement *m* (*SachR: attribution*) Überlassung einer Sache zur Befriedigung des (Gesamthands-) Gläubigers; **contrat d'–** (*SachR: abandon de possession*) Besitzüberlassung *f*, Besitzübertragung *f*.

abandonner *v.tr.* (1) (*céder un droit*) abtreten, übertragen, (2) (*renoncer à un droit*) aufgeben, preisgeben, verzichten auf, Verzicht leisten; **– son poste** sich von seinem (Dienst-) Posten entfernen.

abaque *m* Rechentafel *f*, Rechenblatt *n*, Multiplikationstabelle *f*, Diagramm *n*.

abattage *m* (1) (*mines, carrières*) Abbau *m*, Gewinnung *f*, (2) (*arbres*) Holzeinschlag *m*, Abholzung *f*, (3) (*animaux: mise à mort*) Schlachtung *f*; **– rituel** rituelle Schlachtung; **– d'urgence** Notschlachtung.

abattement *m* (1) (*retranchement*) Abzug *m*, Abschlag *m*, (2) (*rabais*) Ermäßigung *f*, Senkung *f*, (3) (*SteuerR*) Freibetrag *m*, (Steuer-) Abzug *m*; **taux d'–** Ermäßigungssatz *m*; **– d'âge** Altersabschlag *m*; **– à la base** (Steuer-) Freibetrag *m*, Steuerfreigrenze; **– fiscal** (= réduction sur la matière imposable) Steuerabzug *m*, Steuerermäßigung *f*, Steuervergünstigung *f*; **– forfaitaire** pauschaler Steuerabzug.

abattoir *m* (*LandwR: marchés agricoles, viandes*) Schlachthof *m*.

abattre *v.tr.* (1) (nieder-) schlagen, töten, (2) (*Tiere*) schlachten.

abbé *m* Abt *m*, Weltgeistlicher.

abdicatif *adj*: **acte –** Verzichtserklärung.

abdication *f* (1) (*ÖfR, BeamR*) Aufgabe eines öffentlichen Amtes, (König) Abdankung, (2) (*renonciation pure et simple à un droit*) Rechtsverzicht *m*.
aberrant *adj* absurd, unsinnig.
aberration *f* Widersinn *m*, Unsinn *m*, Abirrung *f*; **agir dans un moment d'– (ou d'égarement)** in einem Zustand der Geistesverwirrung handeln.
abhorrer *v.tr.* (*avoir en aversion*) verabscheuen.
abîme *m*: **course à l'–** Weg in den Abgrund *od.* in die Katastrophe.
abîmer *v.tr.* (*détériorer, endommager, dévaster*) beschädigen, einen Schaden zufügen *od.* verursachen.
ab initio *lat* (*dès le début*) von Anfang an, von Anbeginn.
ab intestat *lat* (*ErbR: appelé par la loi; succession légale à défaut de testament*) ohne Testament *n od.* letztwillige Verfügung (sterben), nach gesetzlicher Erbfolge *f*, ab intestato; **héritier – –** gesetzlicher Erbe.
ab irato *lat* (*acte inspiré par la colère ou accompli sous l'empire de la colère*) unüberlegt, im Affekt, im Zorn; **testatment – –** *lat* im Zorn verfasstes Testament.
abject *adj* niederträchtig.
abjuration *f* (*KirchR*) (d'une religion) Abschwörung *f* (des Glaubens), Austritt (aus einer Religionsgemeinschaft).
abjurer *v. tr. et intr.* (1) (*renier, se rétracter*) abschwören, (2) (*renoncer à*) aufgeben, verzichten (auf).
abnégation *f* (1) Verneinung *f*, Abschlagung, (2) (*désintéressement, renoncement*) Selbstlosigkeit *f*, Uneigennützigkeit *f*, Selbstaufopferung; **faire – de qqch.** verzichten (auf).
abolir *v.tr.* (ein Gesetz) aufheben, abschaffen, außer Kraft setzen, annullieren, für ungültig erklären.
abolitif *adj*: **loi abolitive** Abschaffungsgesetz *n*.
abolition *f* (*VerfR: suppression par une loi nouvelle d'un état de droit antérieur*) Aufhebung *f*, Abschaffung *f*, Außerkraftsetzung.
abominable *adj* (*révoltant, inspirant une horreur extrême*) abscheulich, (*Verbrechen*) verabscheuungswürdig.
abondance *f* (1) (*prospérité, opulence*) Fülle *f*, Überfluss *m*, (2) Häufigkeit *f*; **corne d'–** Füllhorn *n*; **société d'–** Wohlstands- *od.* Überflussgesellschaft.
abondement *m* (1) (*VwR: augmentation d'une somme d'argent*) Erhöhung *f*; Aufschlag *m*, (2) (*ArbR*) Arbeitgeberzuschuss (für den Erwerb von Unternehmensanteilen durch die Arbeitnehmer).
abonder *v.intr.* **dans le sens de qqn.** jmdm. zustimmen, jmdm. beipflichten.
abonnataire *m* Lieferant *m* im Rahmen einer Vorausbestellung *od.* eines Sukzessivlieferungsvertrages.
abonné *m* (1) (*Zeitung*) Abonnent *m*, Bezieher *m*, (2) (*Telefon*) Fernsprechteilnehmer.
abonnement *m* (1) (*ZR*) Abonnement *n*, Vorbestellung *f*; Vorausbezahlung *f*, (2) (*SteuerR: détermination forfaitaire de l'impôt*) Pauschalsteuererhebung *f*; **police d'–** (*VersR*) laufende Police.
abonner *v.pron.*: **s'– à** im Abonnement beziehen, abonnieren, ein Abonnement abschließen.
abord *loc. adv.* (1) (*d'abord, en premier lieu, auparavant*) zunächst, zu allererst, (2) (*de prime abord, à première vue*) dem ersten Anschein nach.
abordable *adj* (1) (*Preis*) angemessen, vernünftig, (2) (*Person*) nicht abweisend, ansprechbar.
abordage *m* (*SeeHR*) Rammen *n od.* Zusammenstoß *m* zweier Schiffe *m*, Entern *n* (von Schiffen), Abordage *f*.
aborder *v.tr.* (1) (*accoster*) (Schiff) anlegen, anladen, (2) (*se heurter par accident*) entern, zusammenstoßen, (3) (*s'approcher de qqn.*) ansprechen, (4) (*un sujet*) (ein Problem) erörtern, zur Sprache bringen, (eine Frage) aufwerfen; **– un sujet** ein Thema erörtern.
abornement *m* (*ZR: délimitation d'une frontière*) Feststellung *f* des Grenzverlaufs, Abmarkung; **procès-verbal d'–** Grenzabmarkungsprotokoll *n*.
aborner *v.tr.* (*SachR: limiter un terrain par des bornes*) einfrieden; den Grenzverlauf feststellen.
abortif *adj* abtreibend; **manœuvres**

abortives (*StR*) Abtreibungshandlungen *fpl*.
abortifs *mpl* Abortiva *npl*, Abtreibungsmittel *npl*.
aboutir (1) (*v.tr. ind.: conduire à, mener à*) führen zu, (2) (*v. intr.: atteindre son but, avoir le résultat escompté*) Erfolg zeitigen, sein Ziel erreichen.
aboutissants *mpl* (*SachR: pour une propriété, les fonds qui sont adjacents aux petits côtés, par opposition aux tenants*) Anliegergrundstücke *npl*; **les tenants et – d'une affaire** (*PrzR*) Tatbestand *od.* Sachverhalt (eines Rechtsstreits).
abrégé *m* Zusammenfassung *f*, Kurzfassung *f*; **en –** *loc.* verkürzt, zusammengefasst, auszugsweise.
abrégement *m* **du délai imparti** Fristverkürzung *f*.
abréger *v.tr.* (*écourter, réduire*) verkürzen; abkürzen; sich kurz fassen.
abréviation *f* (*sigle*) Abkürzung *f*; Kurzform *f*.
abri *m* Schutzbau *m*, Bunker *m*; Unterstand *m*; **se mettre à l'–** *loc. adv.* sich in Sicherheit bringen; sich schützen; **– bus** *m* überdachte Bushaltestelle.
abriter *v.tr.d.* (1) beherbergen; schützen, (2) **s'– derrière la loi** *v. pron.* das Recht als Vorwand benutzen, sich hinter dem Gesetz verschanzen.
abrogatif *adj* aufhebend; **loi abrogative** Aufhebungsgesetz.
abrogation *f* (*VerfR: abolition d'une loi pour l'avenir*) Aufhebung *f*, Außerkraftsetzung *f*, Abschaffung *f*; **– explicite** *ou* **expresse** *ou* **formelle** ausdrückliche Aufhebung; **– implicite** *ou* **tacite** stillschweigende Aufhebung.
abrogatoire *adj* (*abolitif*) aufhebend.
abrogeable *adj* aufhebbar.
abroger *v.tr.* aufheben, abschaffen.
absence *f* (1) (*ZR: présomption de décès, art. 112 suiv. CCiv*) Verschollenheit *f*, (2) (*PrzR: défaut de comparaître*) Abwesenheit *f*, (im Verfahren) Säumnis *f*, (3) (*ArbR: le fait de ne pas être présent au lieu de travail*) Arbeitsversäumnis *n*, Nichterscheinen *n* zur Arbeit, Fehlzeit *f*, (4) (*défaut, manque*) Fehlen *n*, Mangel *n*, (5) (*ZPR: défaut de comparution*) Versäumnis *n*, Versäumung *f*, (6) (*MedizinR: défaillance de l'attention*) Zerstreutheit *f*; **autorisation d'–** (*ArbR*) Arbeits *od.* Dienstbefreiung *f*; **déclaration d'–** (*ZR: constatation de l'absence par le TGI – art. 122 Cciv*) gerichtliche Verschollenheitsfeststellung; **indemnité d'–** (*ArbR*) Trennungsgeld *n*; **jour d'–** (*ArbR*) Fehltag *m*, Abwesenheitstag; **pour – de preuves** *loc.* (*PrzR*) aus Mangel an Beweisen; **présomption d'–** (*ZR*) Verschollenheitsvermutung *f*.
absence de consentement (*SchuldR*) fehlende Annahmeerklärung *od.* Willensübereinstimmung; **– de faute** Schuldlosigkeit *f*; **– illégale** (*BeamR*) eigenmächtige Abwesenheit (vom Dienst); **– injustifiée** *ou* **irrégulière** (*ArbR*) unbefugtes Arbeitsversäumnis *n*, unentschuldigtes *od.* unberechtigtes Fernbleiben vom Arbeitsplatz; **– de motifs** (*ZPR*) fehlende Begründung; **– non-autorisée** eigenmächtige Abwesenheit; **– de provision** (*ScheckR*) mangelnde Deckung; **– de risque à intervenir** (*StR: Hilfeleistung*) keinerlei Gefahr für das eigene Leben; **– du service** (*ArbR*) Dienstversäumnis *n*; **– du travail** Arbeitsversäumnis *n*, Fehlen *n*.
absent *adj* (1) (*ZR: personne disparue*) verschollen, (2) (*non présent*) abwesend, verreist; fern, (3) (*ZPR: plaideur défaillant*) säumig.
absent *m* (1) (*ZR: disparu*) Verschollene (r), Vermisste(r), (2) (*ZPR: défaillant*) Abwesende(r) *m*; **curateur de l'–** Abwesenheitspfleger *od.* -kurator *m* (Aut).
absentéisme *m* (*ArbR*) (häufiges u. unentschuldigtes) Fernbleiben *n* von der Arbeit, Krankfeiern *n*.
absenter: **s'–** *v. pron.* (*ArbR*) sich (vom Arbeitsplatz) entfernen, dem Dienst *od.* der Arbeit fernbleiben.
absolu *adj* (*opposable à tous, sans restriction aucune*) unbeschränkt; ausschließlich; unumgänglich, unerläßlich, unbedingt; absolut; **confiance –e** unbedingtes Vertrauen.
absolution *f* (*StPR: exemption de la peine principale*) Freispruch *m* (des Angeklagten); Absolution *f*; Sündenverge-

beung *f*, Lossprechung *f*; **prononcer l'–** auf Freispruch erkennen.

absolutisme *m* Absolutismus *m*, Alleinherrschaft *f*; Machtvollkommenheit *f*.

absolutoire *adj*: **excuse –** (*StR*) Strafausschließungsgrund *m*; **sentence –** (*StPR*) Freispruch *m*.

absorber *v.tr.* (1) (*GesR*) fusionieren, verschmelzen, (2) (*Gelder*) verbrauchen.

absorption *f* Aufnahme *f*; **– d'une société** (*GesR: fusion d'entreprises*) Fusion, Aufnahme *od.* Übernahme einer Gesellschaft, Verschmelzung *f* durch Aufnahme, Eingliederung, Übernahme einer Gesellschaft.

absoudre *v.tr.* (*StPR*) freisprechen, für straflos erklären; entschuldigen.

absous, absoute *adj* (*StR: bénéficiant d'une absolution*) frei- *od.* lossprechend.

abstenir *v. pron.*: **obligation de s'–** Unterlassungspflicht *f*; **s'–** (*WahlR*) sich (der Stimme) enthalten, nicht wählen.

abstention *f* (1) (*Pol*) Wahl- *od.* Stimmenthaltung, (2) (*ZR, StR*) Unterlassung; Verzichtleistung *f*, (3) (*ZPR*) Rechtsverweigerung *f*; Prozessverschleppung (durch Nichtentscheidung (einer spruchreifen Sache), (4) (*ArbR*) negative Koalitionsfreiheit; **– de juge** (*PrzR*) Selbstablehnung (eines Richters); **– de secours en cas de péril, – de porter secours** (*StR: non-assistance à personne en danger*) unterlassene Hilfeleistung, Verweigerung der Hilfeleistung bei Gefahr.

abstentionnisme *m* **électoral** (*WahlR*) Wahlmüdigkeit *f*, Wahlverdrossenheit *f*.

abstentionniste *m* Nichtwähler *m*.

abstraction *f* Verallgemeinerung *f*; Begriffsbildung, Abstraktion; **faire –** (*ne pas tenir compte, négliger*) absehen von, beiseite lassen.

abstrait *adj* abstrakt; rein begrifflich; nur gedacht; **engagement –** (*SchuldR*) Unabhängigkeit des Erfüllungs- vom Verpflichtungsgeschäft.

abus *m* (1) (*ÖfR: usage excessif d'une prérogative*) Missbrauch *m*, Rechtseingriff *m*, Verstoß *m*, Übergriff *m*, (2) (*ZR: faute qui consiste à exercer son droit dans le dessein de nuire à autrui*) Abusus *m*, Rechtsmissbrauch *m*; **– d'autorité** (1) (*FamR*) widerrechtliche Drohung (ausgehend vom Erziehungsberechtigten), (2) (*StR: provocation à une infraction – art. 121–7 CP*) Missbrauch der Vorrangstellung; **– de l'autorité conférée par les fonctions** (*StR*) Amtsmissbrauch *m*.

abus de biens sociaux (= ABS) (*GesR, StR: abus du crédit de la société, usage des biens de la société contraire à son intérêt*) Veruntreuung von Gesellschaftsvermögen (durch den Geschäftsführer *od.* ein Vorstandsmitglied); **– de blanc-seing** (*SchuldR*) Missbrauch *m* der Blankovollmacht, Blankettmissbrauch *m*, unbefugte Blankettausfüllung *f*.

abus de confiance (1) (*StR: délit consistant à détourner ou dissiper les fonds qui lui avaient été confiés – art. 314–1 CP*) Veruntreuung *f*, Untreue *f*, (2) (*au sens moral*) Vertrauensmissbrauch, Vertrauensbruch *m*; **– de (du ou d'un) droit** (1) (*ZR: exercice d'un droit dans le seul dessein de nuire à autrui*) Rechtsmissbrauch *m*, unzulässige Rechtsausübung, (2) (*ArbR*) missbräuchliche Kündigung (des Arbeitsvertrages).

abus de faiblesse (*StR: abus frauduleux de l'ignorance d'un mineur – art. 313–4 CP*) strafbare Ausnutzung der Unerfahrenheit (eines Minderjährigen); **– de fonction** (*StR, VwR*) Amtsmissbrauch *m*, Amtsanmaßung *f*; **– de jouissance** (1) (*SachR*) übermäßige Fruchtziehung; überschreiten der Grenzen eines dinglichen Nutzungsrechtes, (2) missbräuchliche Benutzung.

abus de la légitime défense (*StR: disproportion entre les moyens de défense et la gravité de l'atteinte – art. 122–5 al.1er CP*) Notwehrüberschreitung *f*, Notwehrexzess *m*; **– de majorité** (*GesR*) Missbrauch der Stimmenmehrheit.

abus de pouvoir (*VwR*) Missbrauch der Amtsgewalt, Ermessensüberschreitung *od.* -missbrauch; **– de puissance** (*WirtR*) Missbrauch einer (wirtschaftlichen) Monopolstellung; **– sexuels** (*StR*) sexuelle Nötigung; **– d'usage** (*ZR*) rechtsmissbräuchliche Benutzung.

abuser *v.tr.ind.* (1) (*tromper, donner le change, leurrer*) täuschen, irreführen, (2) (*faire un usage excessif*) missbrauchen, (3) (*StR: abuser d'une femme, la violer*) vergewaltigen, (4) *v.pron.* (*faire erreur, s'illusionner*) sich irren, sich Illusionen machen.

abusif *adj* (rechts-) missbräuchlich, widerrechtlich; regelwidrig, ungerechtfertigt, unrechtmäßig, unzulässig, irreführend, falsch; übermäßig; **recours –** (*PrzR*) missbräuchliche Einlegung eines Rechtsmittels.

abusus *m* (1) (*SachR: droit de disposer d'une chose*) *lat* (unumschränktes) Verfügungsrecht *n*, Verfügungsbefugnis *f*, (2) (*WirtR*) (*utilisation jusqu'à l'épuisement*) Ausnutzung *f*; Abnutzung *f*.

académie *f* (1) (*SchulR: circonscription universitaire et scolaire*) Schul- und Hochschulverwaltungsbereich *m*, Universitäts- u. Schulbezirk *m*, (2) (*kurz für: Académie française, Institut de France*) frz. Akademie (für Sprachpflege).

accablant *adj*: **preuves –es** (*PrzR*) erdrückendes Beweismaterial; **témoignage –** (*StPR*) eine (einen Angeklagten) schwer belastende Zeugenaussage.

accabler *v.tr.d.* (*StPR*) (einen Verdächtigen) belasten, belastende Beweise vorbringen.

accalmie *f* (*Vwirt*) (*Krise*) Beruhigung *f*, Abflauen *n*.

accaparement *m* (*WirtR: accumulation de marchandises*) Anhäufung von Waren zum Zwecke unzulässiger Preisbeeinflussung.

accaparer *v.tr.* (*WirtR*) anhäufen, aufkaufen, hamstern; **– les esprits** die Menschen für sich einnehmen; **– le pouvoir** die Macht an sich reißen.

accapareur *m* (*WirtR*) Spekulant *m*, Schieber *m*; Hamsterer *m*, Aufkäufer *m*.

accédant *m* **à la propriété** (*BauR*) Wohnungseigentumserwerber *m* (im Rahmen des sozialen Wohnungsbaus).

accéder *v.tr.ind.* Zugang *m* haben zu; **– à un contrat** (*SchuldR*) einem Vertrag beitreten; **– frauduleusement à des données** (*StR*) unbefugt Daten ausspähen; **– à une offre** (*SchuldR: donner son consentement*) zustimmen, seine Zustimmung geben; **– à la propriété** (*BauR: sozialer Wohnungsbau*) Eigentum erwerben; **– à un traité** (*VR*) einem (völkerrechtlichen) Vertrag beitreten.

accélérateur *m* (*Kfz*) Gaspedal *m*.

accélération *f* Beschleunigung *f*.

accélérer *v.tr.* beschleunigen.

accent *m*: **mettre l'– sur** (nachdrücklich) hervorheben, betonen.

accentuation *f* Betonung *f*, Hervorhebung *f*; Vertiefung *f*; Verschärfung *f*.

accentuer *v. pron.* hervorheben; (Krise) zunehmen, sich verschärfen.

acceptabilité *f* Zumutbarkeit *f*; Annehmbarkeit *f*.

acceptable *adj* annehmbar, akzeptabel, vernünftig, befriedigend.

acceptant *m* (1) (*ZR*) Annehmende(r), (2) (*WechselR*) Akzeptant *m*, Annehmer *m*.

acceptation *f* (1) (*ZR: consentement à une offre*) Annahme *f* des Vertragsantrags, Vertragsannahme *f*, (2) (*ZR: manifestation de volonté*) Annahmeerklärung *f*, (3) (*VR: acquiescement*) Zustimmung *f*, Anerkennung, (4) (*VR: approbation*) Genehmigung *f*, (5) (*WechselR*) Wechselakzept, Akzept *n*; **crédit par –** Akzeptkredit *m*; **déclaration d'–** Annahme *od.* Akzepterklärung; **à défaut d'–** *ou* **faute d'–** mangels Annahme; **présentation à l'–** (*WechselR*) Vorlegung *od.* Vorlage zur Annahme, Akzeptvorlage *f*; **présenter à l'–** zur Annahme vorlegen; **refus d'–** Annahme- *od.* Akzeptverweigerung; **retard dans l'–** Annahmeverzug *m*.

acceptation bancaire Bankakzept *n*; **– sous bénéfice d'inventaire** (*ErbR: on dit aussi: acceptation bénéficiaire*) Erbschaftsannahme *f* unter dem Vorbehalt der Inventarerrichtung; **– de cadeaux** (*StR: le fait d'agréer des dons*)

Geschenkannahme *f*; **– cambiaire** Wechselakzept *n*; **– de complaisance** Gefälligkeitsakzept; **– conditionnelle** (*SchuldR*) bedingte Annahme; **– à découvert** Blankoakzept; **– de donation** Schenkungsannahme *f*; **– expresse** ausdrückliche Annahme; **– implicite** stillschweigende Annahme; **– de la marchandise** Annahme der Ware; **– ordinaire** (*WechselR*) Vollakzept *n*; **– partielle** Teilakzept.

acceptation pure et simple (1) (*ErbR*) unbedingte Erbschaftsannahme, Annahme der Erschaft ohne Vorbehalt einer Inventarerrichtung, unbedingte Erbserklärung (Aut.), (2) (*WechselR*) unbedingtes Akzept, (3) (*SchuldR: acceptation sans réserve*) vorbehaltlose Annahme (eines Vertragsantrages); **– sans réserves** vorbehaltlose Annahme; **– d'un risque** (*VersR*) bewuste *od.* freiwillige Gefahrübernahme; **– des risques** (*SchuldR*) Risikoübernahme (durch den Verletzten); **– d'une succession** Erbschaftsannahme *f*; **– tacite** stillschweigende Annahme; **– au transport** Annahme zur Beförderung.

accepter *v. tr. d.* (1) (*consentir à, agréer*) annehmen, akzeptieren, (2) (*permettre, supporter*) hinnehmen, (3) (*admettre, souscrire*) zugeben, billigen, (4) (*accueillir, adopter*) jemanden aufnehmen, einstellen, empfangen; **– les règles de la vie collective** Gemeinschaftssinn zeigen.

accepteur *m* (*WechselR*) Akzeptant *m*, Empfäner *m*, Annehmer *m* (eines auf ihn ausgestelleten Wechsels).

acception *f* (*emploi, usage, signification d'un mot*) Bedeutung *f* (eines Wortes).

accès *m* (1) (*entrée*) Zugang *m*, Zutritt *m*, Zufahrt *f*, (2) (*DV*) Zugriff *m*; **droit d'–** (*SachR*) Zufahrtsrecht *n*; **droit d'– aux documents** (*VwR*) Einsichtsrecht; **libre – à la mer** (*VR*) freier Zugang zum Meer; **– auprès des tribunaux** (*PrzR*) Eröffnung *f* des Rechtsweges; **– de colère** Wutanfall *n*; **– aux informations** (*DV*) (Daten-) Zugriff; **– au marché** (*HR*) Zugang zum Markt; **– à la profession** (*WirtR*) Zulassung zur Berufsausübung.

accessibilité *f* **pour handicapés** ungehinderter Zugang für Schwerbehinderte.

accessible *adj* (à tous) (allen) zugänglich; verständlich.

accession *f* (1) (*VR: adhésion*) Beitritt *m*, Anschluss *m*, (2) (*SachR: acquisition par incorporation ou union*) (Eigentums-) Erwerb *m* kraft Zuwachs *od.* natürliche Vermischung (einer unbedeutenden mit einer bedeutenden Sache); **clause d'–** (*VR*) Beitrittsklausel *f*; **droit d'–** (*SachR*) Eigentumserwerb durch Verbindung u. Vermischung, Zuwachsrecht; **instrument d'–** (*VR*) Beitrittsurkunde *f*; **traité d'–** (*VR*) Beitrittsvertrag *m*.

accession artificielle (*SachR*) Vermischung durch Menschenhand (Bauten); **– immobilière** (*SachR*) Verbindung mit einem Grundstück; **– à l'indépendance** (*VR*) Erlangung der Unabhängigkeit; **– mobilière** (*SachR*) Verbindung zweier beweglicher Sachen (verschiedener Eigentümer oder durch Verarbeitung durch einen Dritten); **– naturelle** (*SachR*) Anschwemmung *f*; **– au pouvoir** (*Pol*) Machtergreifung *f*; **– à la propriété** (*SachR, SozR*) Eigentumsbildung *f* (in Arbeitnehmerhand).

accessit *m* (*SchulR*) zweiter Preis, Nebenpreis; ehrenvolle Erwähnung.

accessoire *adj* (1) (*ZR, StR: annexe*) akzessorisch, (2) (*subsidiaire*) nebensächlich, untergeordnet; unwesentlich, (3) (*complémentaire*) zugehörig; **clause –** Nebenabrede (eines Vertrages); **droit –** akzessorisches (dingliches) Recht; **peine –** (*StR*) Nebenstrafe.

accessoire *m* (1) (*SachR: chose affectée au service d'une autre*) Zubehör *n*, Zubehörteil *n*, Anbauteil *n*, Bestandteil, Zusatzteil, (2) (*pl.: ZPR*) Zinsen, Kosten oder andere Nebenforderungen (der eingeklagten Hauptforderung); **– de rémunération** (*ArbR*) (Lohn-) Zulage *f*; **– de solde** (*BeamR*) Besoldungszuschlag *m*.

accessoirement *adv* hinzukommend, akzessorisch, zusätzlich.

accident *m* (1) (*ZR*) Zufall *m*, zufälliges Ereignis *n*, Vorfall *m*, Zwischenfall *m*, (2) (*VersR*) Unfall *m*, (3) (*StVR: Kfz*) Motorschaden *m*, Panne *f*, Defekt *m*; **assurance contre les –s** Unfallversicherung; **auteur d'un –** Unfallverursacher; **circonstances d'un –** Unfallbegleitumstände *mpl*; **compte rendu d'–** Unfallbericht *m*, Unfallmeldung *f*; **conséquence d'un –** Unfallfolge *f*; **déclaration d'–** Unfallanzeige *f od.* Unfallmeldung *f*; **rapport d'–** *ou* **relation d'–** Unfallbericht *m*; **victime d'un –** Unfallopfer *n*, Verunglückter *m*.

accident d'avion Flugunfall *m*; **– corporel** Unfall mit Personenschaden *od.* mit Körperschadenfolge; **– d'exploitation** Betriebsstörung *f*; **– fortuit** zufälliges Ereignis; **– individuel** Einzelunfall *m*; **– industriel** Betriebsunfall *m*, gewerblicher Unfall; **– majeur** sehr schwerer Unfall, Schadensfall mit verheerenden Auswirkungen; **– matériel** (*StVR: acc. de la circulation*) Blechschaden *m*, Verkehrsunfall mit Sachschaden; **– mortel** tödlicher Unfall, Unfall mit Todesfolge.

accident nucléaire (*UmweltR*) Atom- *od.* Reaktorunfall *m*, Unfall mit radioaktiver Verseuchung; **– non professionnel** (*VersR*) Privatunfall *m*; Unfall in der Privatwohnung; **– de la route** Straßenverkehrsunfall *m*; **– de service** Dienstunfall *m*; **– de terrain** Unebenheit des Geländes.

accident de trajet (*ArbR: assimilé à un accident de travail*) Wegeunfall *m*, Arbeitswegunfall *m*, Unfall auf dem Wege zur Arbeitsstelle; **– du travail** Arbeits- *od.* Betriebsunfall; **– vasculaire cérébral** (*MedizinR*) Schlaganfall *m*; **– de voiture** Verkehrsunfall *m*.

accidenté *adj*: **personne –e** eine (bei einem Verkehrsunfall) verletzte Person, Unfallopfer *n*, Verunglückter *m*, Unfallverletzter *m*; **– du travail** Opfer *n* eines Arbeitsunfalls; Arbeitsinvalide *m*.

accidentel *adj* (*aléatoire, imprévu*) zufällig; unfallbedingt; unwesentlich; **irradiation –le** (*AtomR*) unfallbedingte Verstrahlung; **témoin –** zufälliger Zeuge.

accidenter *v.tr.* schädigen.

accidenteur *m* (*VersR: auteur d'un accident*) Unfallverursacher *m*.

accidentologie *f* (*VersR*) Unfallverursachungslehre *f*.

accipiens *m* (*SchuldR: personne qui reçoit une somme d'argent*) Zahlungsempfänger *m*.

accise *f* (*SteuerR: impôt sur la dépense frappant la consommation, les alcools*) (B) Akzise *f*, indirekte (Alkohol-) Steuer, Zusatzabgabe *f*, Verbrauchssteuer *f*.

acclamation *f* Zuruf *m*, Beifallsruf.

accointances *fpl* (*mit einer Person*) vertraulicher Umgang; (*zu hochgestellten Persönlichkeiten*) Beziehungen haben.

accolade *f* (1) Klammer *f*, (2) Umarmung *f*; **donner l'–** zum Ritter (der Ehrenlegion) schlagen.

accommodant *adj* umgänglich; fügsam.

accommodation *f* Anpassung (an die Gelegenheit); Zurechtbiegen *n* (der Wahrheit).

accommodement *m* (*PrzR: règlement à l'amiable d'un différent*) gütliche Beilegung eines Rechtsstreits, Beilegung *f*, gütlicher Vergleich.

accompagnateur *m* (Ehren-) Begleiter *m*.

accompagner *v.tr.d.* (*escorter qqn.*) begleiten; jmdm. das Geleit geben.

accompli *adj* (1) (*rempli, pleinement exécuté*) erfüllt, erfolgreich abgeschlossen, (2) (*survenu, réalisé*) eingetreten; **condition –e** (*SchuldR: condition réalisée ou survenue*) eingetretene Bedingung.

accomplir *v.tr.* (1) (*remplir, effectuer, exécuter*) vollziehen, leisten, erfüllen, (2) **s'–** *v. pron.* sich realisieren, Wirklichkeit werden; **– un acte** (*agir, achever et observer*) handeln, beenden; eine Urkunde aufsetzen; **– une formalité** ein Formular ausfüllen, eine Förmlichkeit vollziehen; **– une mission** einen Auftrag erfüllen; **– une période (d'assurance)** (eine Versicherungszeit) zurücklegen; **– une prestation** eine Leistung erbringen; **– son service national** den

Wehrdienst leisten; **– un stage** ein Praktikum ableisten; **– un acte juridique** ein Rechtsgeschäft abschließen.

accomplissement *m* (*exécution*) Erfüllung *f*; Vollendung *f*; Durchführung *f*, Leistung *f*; **– de la condition** (*SchuldR*) Eintreten der Bedingung; Erfüllung der Bedingung; **– d'un contrat** Vertragserfüllung *f*; **– de la mission** (*VwR*) Erledigung des Dienstgeschäfts; **– d'une période d'assurance** (*VersR*) Zurücklegung *f* einer Versicherungszeit; **– du travail** Arbeitsverrichtung *od.* -ausführung *f*.

acconage *m*: **compagnie d'–** (*SeeHR*) Hafenumschlagsgesellschaft *f*, Leichterunternehmung *f*.

acconier *m* (*SeeHR: chargeur, déchargeur*) Leichterunternehmer *m*.

accord *m* (1) (*SchuldR: convention, rencontre de deux volontés*) Abmachung *f*, Abkommen *n*, Vereinbarung *n*, Übereinkommen *n*, Übereinkunft *f*, (2) (*ZR: assentiment donné à une proposition*) Einverständnis *n*, Zustimmung *f*, Einwilligung *f*, Absprache *f*, Einigung *f*, (3) (*PrzR: accord amiable*) gütliche Einigung, (4) (*VR: convention internationale*) (völkerrechtlicher) Vertrag; **aboutir à un –** eine Einigung erzielen, sich einigen; **adhérer à un –** (*VR*) einem Abkommen beitreten; **d'un commun –** im beiderseitigen Einvernehmen, einstimmig; **demeurer d'– de qqch.** zustimmen, zugeben; **donner son –** seine Zustimmung geben; **en –** im Einvernehmen mit; **être d'–** einverstanden sein, einer Meinung sein; **se mettre d'–** sich einigen; **parvenir à un –** zu einer Einigung gelangen; **tomber d'–** sich einig werden.

accord accessoire Nebenabrede *f*; **– additionnel** Zusatzvereinbarung; **– administratif** (1) (*bilatéral*) Verwaltungsabkommen *n*, (2) (*multilatéral*) Verwaltungsübereinkommen; **– amiable** (1) (*ZR*) gütliche Einigung, (2) (*EuR*) Verständigungsregelung *f*; **– d'application** Durchführungsabkommen; **– d'assistance mutuelle** Abkommen über gegenseitige Hilfeleistung; **– d'association** (*VR*) Assoziierungsabkommen; **– de base** Rahmenabkommen *n*; **– bilatéral** zweiseitiges Abkommen; **– en bonne et due forme** ordnungsgemäßer Vertragsabschluss; förmliche Vereinbarung.

accord cadre (*ArbR: convention collective de travail*) Rahmenabkommen *n*, Rahmentarifvereinbarung; **– de cartel** Kartellabsprache *f*; **– de change** Währungs- *od.* Devisenabkommen; **– de clearing** (*BankR*) Clearing- *od.* Verrechnungsabkommen; **– collectif d'entreprise** Haus- *od.* Firmentarifvertrag *n*; **– collectif d'établissement** Betriebsvereinbarung; **– collectif professionnel** Industrietarifabkommen; **– collectif du travail** Tarifvertrag *n*, Gesamtarbeitsvertrag; **– commercial** Handelsabkommen.

accord de compensation (*BankR*) Kompensations- *od.* Verrechnungsabkommen; **– complémentaire** Zusatzvereinbarung, Ergänzungsabkommen; **– de conciliation** Schlichtungsübereinkommen *n*, gütliche Vereinbarung; **– sur la concurrence** Wettbewerbsabsprache *f*; **– conditionnel** bedingte Genehmigung; **– contractuel** Vertrag, vertragliche Abmachung; **– de coopération** (*VR*) Abkommen über (wirtschaftliche) Zusammenarbeit; *m*: **– de désarmement** (*VR*) Abrüstungsabkommen.

accord sur les dettes (*VR, WirtR*) Schuldenmoratorium *n*; **– diplomatique** diplomatisches Abkommen; **– douanier** Zollabkommen; **– économique** Wirtschaftsabkommen; **– électoral** Wahlabsprache *f*, -bündnis *n*.

accord d'entreprise (*ArbR*) Betriebsvereinbarung *f*; **– d'exclusivité** (*HR*) Exklusivvertrag *m*; **– exprès** ausdrückliche Vereinbarung; **– financier** Finanzabkommen; **– fiscal** Steuerabkommen; **– en forme simplifiée** Abkommen in vereinfachter Form; **– frontalier** Grenzabkommen; **– général** Generalabkommen, Rahmenvertrag; **– général sur les tarifs**

douaniers et le commerce (= GATT) Allgemeines Zoll- und Handelsabkommen; **– gouvernemental** Regierungsvereinbarung; **– de gré à gré** freihändige Übereinkunft.

accord individuel Einzelvertrag *m*; **– d'intéressement** (*GesR*) Beteiligungsabkommen *n*, Vereinbarung über die Beteiligung der Belegschaft (am Kapital *od.* Betriebsergebnis); **– intergouvernemental** (*VR*) Regierungsabkommen; **– intérimaire** vorläufige Vereinbarung; **– interprétatif** Auslegungsvereinbarung; **– interprofessionnel** (*ArbR*) branchenübergreifender Tarifvertrag.

accord de livraison (*Außh*) Lieferabkommen *n*; **– à long terme** langfristiges Abkommen; **– monétaire européen** Europäisches Währungsabkommen; **– multilatéral** (*VR*) mehrseitiges Abkommen; **– mutuel** beiderseitiges Einverständnis *n*; **– national** Tarifvertrag (mit Geltung für ganz Frankreich); **– de normalisation** Normungsabsprache *f*.

accord de paiement Zahlungsabkommen *n*; **– paritaire** (1) (*ArbR*) Tarifvertrag, (2) (*ZollR*) Zollabkommen; **– de partage** (1) (*ZR*) Teilungsvereinbarung *f*, (2) (*VersR*) Schadenteilungsabkommen *n*; **– particulier** Sonderabmachung, Einzelvereinbarung; **– postal international** Weltpostabkommen; **– préalable** vorheriges Einverständnis *n*; vorherige Zustimmung; **– préférentiel** Präferenzabkommen; **– préliminaire** Vorvertrag; **– principal** Hauptvertrag; **– de principe** Grundsatzabkommen; **– de procédure** Verfahrensabkommen; **– de prorogation** (1) (*VR*) Umschuldungsabkommen *n*, (2) Stillhalteabkommen; **– de protection des capitaux** Kapitalschutzabkommen; **– de protection des investissements** Investitionsschutzabkommen.

accord de réciprocité (*VR*) Gegenseitigkeitsabkommen, Gegenseitigkeitsvereinbarung; **– de règlement** (*BankR*) Schuldentilgungsplan *m*, Moratorium *n*; **– de renonciation au recours** (1) (*PrzR*) Rechtsmittelverzicht *m*, (2) (*VersR*) Regressverzichtabkommen *n*; **– de reprofilage** (*BankR: moratoire, concordat*) Moratorium *n*; **– sur les salaires** *ou* **salarial** Lohntarifvertrag *m*; **– de sécurité** Sicherheitsabkommen; **– de siège** (*VR*) Abkommen über den Sitz (einer internationalen Organisation u. damit zusammenhängenden Fragen).

accord tacite stillschweigende Vereinbarung; **– tarifaire** (Zoll-) Tarifabkommen; **– temporaire** befristete Genehmigung; **– transactionnel** Vergleich *m*; **– transitoire** Überbrückungsabkommen; **– type** Mustervereinbarung.

accordailles *fpl* (*FamR: cérémonie de lecture et de signature du contrat de mariage en présence des futurs conjoints*) feierlicher Abschluss des Ehevertrages (vor dem Notar) zur Regelung des vertraglichen Güterstandes.

accorder *v.tr.* (1) (*octroyer, allouer, admettre au bénéfice de*) gewähren, bewilligen, (2) (*concilier*) in Einklang bringen, versöhnen, (3) (*concéder*) einräumen, zugestehen, zugeben; **s'–** *v. pron.* dieselbe Meinung teilen *od.* haben; **– une autorisation à qqn.** jmdm. eine Erlaubnis erteilen; **– des circonstances atténuantes** (*StR*) mildernde Umstände zubilligen; **– les flûtes** *ou* **les violons** *fig* sich absprechen; **– une permission** eine Erlaubnis gewähren.

accostage *m* (1) (*Raumfahrt*) Kopplung, Anschlussmanöver *n*, (2) (*SeeHR*) Anlegen *n*, Anlanden *n*.

accotement *m* (*StVR*) Randstreifen; **– non stabilisé** (*StVR*) Randstreifen nicht befahrbar.

accouchement *m* Entbindung *f*, Niederkunft *f*; **frais d'–** Entbindungskosten *pl*; **indemnité d'–** Wochengeld *n*.

accoucheur *m* Geburtshelfer *m*.

accouplement *m* Paarung *f*, Begattung *f*, (geschlechtliche) Vereinigung *f*, Koitus *m*, Beischlaf *m*.

accourir *v. intr.* herbeieilen, zu Hilfe eilen.

accoutumance *f* (*MedizinR: Drogen*) Gewöhnung *f*.

accréditation *f* (*VR: procédure par laquelle un État accréditant désigne une personne pour le représenter*) Akkreditierung *f*.

accréditer *v.tr.* (1) (*VR*) akkreditieren, (2) (*BankR*) einen Kredit eröffnen, ein Akkreditiv stellen, (3) (*rendre plausible*) glaubhaft machen.

accréditeur *m* (*HR*) Bürge *m*, Akkreditivsteller *m*.

accréditif *m* (1) (*VR*) Beglaubigungsschreiben *n*, Akkreditiv *n*, (2) (*BankR*) Akkreditiv *n*, Kreditbrief *m*; **– documentaire** Warenakkreditiv *n*, Dokumentenakkreditiv; **– de voyage** Reise-Akkreditiv.

accrochage *m* (1) (*StVR: choc entre deux voitures*) (Auffahr-) Unfall *m*, (2) Zusammenstoß *m*, (3) (*MilR*) (kurzes) Feuergefecht *n*, Scharmützel *n*.

accroire *v.tr.*: **faire – qqch. à qqn.** (*StR: abuser de la crédulité de qqn.*) jmdn. in die Irre führen, bei jmdm. falsche Vorstellungen erwecken.

accroissement *m* (1) (*population*) Ansteigen *n*; Anwachsen *n*, (2) (*productivité*) Erhöhung *f*, Steigerung *f*, Vermehrung *f*, (3) (*SachR: accession naturelle*) Anwachsung, Zuwachs *m*, Erwerb *m* kraft Zuwachsrechts, (4) (*ErbR*) ausgeschlagener Erbschaftsanteil, der einem anderen Erben zugute kommt; **droit d'–** (*SachR*) Zuwachsrecht, Anwachsungsrecht; **taux d'–** Zuwachsrate *f*; **– des besoins** Mehrbedarf *m*, Bedarfszunahme *f*; **– du chiffre d'affaires** Umsatzerhöhung *f*; **– de la circulation monétaire** Erhöhung des Geldumlaufes; **– démographique** Bevölkerungswachstum *n*; **– des inégalités** Zunahme *f* der Ungleichheit.

accroissement du pouvoir d'achat Kaufkrafterhöhung; **– de la production** Produktionssteigerung; **– du rendement** *m* Leistungssteigerung; **– substantiel** erhebliche Erhöhung; **– de valeur** Wertzuwachs od.-steigerung.

accroître *v.tr.* (1) erhöhen, steigern; erweitern, vergrößern, (2) **s'–** *v. pron.* ansteigen, sich erhöhen.

accueil *m* Aufnahme *f*, Empfang *m*; **capacité d'–** Aufnahmefähigkeit *f*; **centre d'–** Aufffanglager *n*; **pays d'–** Gastland *n*, Aufnahmeland *n*.

accueillir *v.tr.* (1) (*PrzR: faire droit à, donner gain de cause*) für Recht erkennen, (einem Antrag) stattgeben, (2) (*recevoir*) aufnehmen, empfangen; **– une demande** (*ZRP*) einer Klage stattgeben; einen Auftrag wohlwollend prüfen.

acculer *v.tr.* (*pousser qqn. dans ses derniers retranchements*) in die Enge treiben; **– qqn. à la faillite** jmdn. in den Konkurs treiben; jmdn. zu Grunde richten.

acculturation *f* Akkulturation, wechselseitige Anpassung *f*.

accumulation *f* (*Vwirt*) Anhäufung *f*; Produktionsmittelansammlung *f*; **– d'échéances** (*InsolvenzR*) Zusammentreffen *n* zahlreicher Fälligkeitstermine; **– de stocks** Anhäufung von Lagerbeständen; Horten von Vorräten.

accumuler *v.tr.* anhäufen; **– des preuves** (*StPR*) Beweise *mpl* (gegen einen Verdächtigen) zusammentragen.

accusable *adj* (*StR: incriminable*) anklagbar, anklagend.

accusateur *m* (1) (*StR: ministère public*) Ankläger *m*, Staatsanwalt *m*, Anklagebehörde *f*, (2) (*StR: délateur*) Denunziant *m*; **– cantonal** (S) kantonaler Ankläger (S).

accusation *f* (1) (*StPR: mise en état d'accusation*) Anklageerhebung *f*, öffentliche Anklage (in erster Linie vor dem frz. Schwurgericht), (2) (*StPR: reproche fait à qqn. d'avoir commis une infraction*) Beschuldigung *f*, Anschuldigung; Anklage, (3) (*StPR: ministère public*) Staatsanwalt *m*, Staatsanwaltschaft *f*, Anklagebehörde *f*; **acte d'–** Anklageschrift (vor dem Schwurgericht) *f*; **chef d'–** Anklagepunkt *m*, Anklagegrund *m*, Anklagesatz *m*; **état d'–** Anklagezustand *m*; **mettre en état d'–** in den Anklagezustand versetzen; **motif d'–** Anklagegrund *m*; **– mensongère** fälschliche Anschuldigung.

Der Tatverdächtige ist in Frankreich *le suspect*. Ein Unterschied zwischen Angeschuldigtem und Beschuldigtem wird nicht gemacht. Beide werden *personne mise en cause* genannt. Vom *accusé* spricht man nur, wenn eine Person wegen eines Verbrechens vor Gericht gestellt wird.

accusé *m* (*StPR*) Angeklagte(r) im Schwurgerichtsverfahren (vor der frz. Cour d'Assises); **principal –** Hauptangeklagte(r); **– contumax** nicht erschienene(r) Angeklagte(r); **– de réception** (1) (*PrzR*) Empfangsbestätigung *f*, (2) (*Post*) Rückschein *m*, (3) (*SchuldR: écrit par lequel un créancier atteste que le débiteur a acquitté sa dette*) Quittung *f*.

accuser *v.tr.* (1) (*StPR: déférer devant la Cour d'Assises*) gegen jmdn. Anklage erheben (vor dem frz. Schwurgericht), anklagen, (eines Verbrechens) beschuldigen, anschuldigen, (2) bezichtigen, belasten, vorwerfen; anzeigen, aufweisen, (3) ausweisen, verzeichnen; **– réception** den Empfang (eines Schreibens) bestätigen.

achalandage *m* (1) (*HR: clientèle de pasage, élément du fonds de commerce*) (Lauf-) Kundschaft *f*, Kundenkreis *m* (der an die besondere Lage des Geschäfts gebunden ist), (2) (*HR: situation du commerce*) (günstige) Geschäftslage *f*, (3) (*HR*) (*ensemble des marchandises proposées*) Sortiment *n*.

achalander *v.tr.* (*HR: procurer des clients*) (Kunden) werben, Kundschaft *f* anziehen; **bien achalandé** (*HR: magasin bien assorti*) gutgehendes Geschäft (mit reichhaltigem Sortiment).

acharner *v.pron.*: **s'– sur une victime** sich über ein Opfer hermachen und nicht von ihm ablassen.

achat *m* (1) (*ZR: contrat de vente*) Kauf (vertrag) *m*, Ankauf, Einkauf *m*, (2) (gekaufte) Ware *f*; **commission d'–** Einkaufsprovision; **comptoir d'–** Einkaufsbüro *n*, Einkaufskontor *n*; **contrat d'–** Kaufvertrag *m*; **cours d'–** (*BörR*) Geld(kurs); **donner un ordre d'–** einen Kaufauftrag erteilen; **intention d'–** Kaufabsicht *f*; **ordre d'–** Bestellung *f*; **prix d'–** Kaufpreis *m*; **service –s** Einkauf(abteilung); **valeur à l'–** Anschaffungswert *m*.

achat en bourse Börsenkauf; **– en commun** Sammelbestellung; **– au comptant** Barkauf; **– au comptant compté** (*HR*) Ware gegen bar, Kassakauf (Leistung Zug um Zug); **– conditionnel** bedingter Kauf; **– à crédit** Zielkauf *m*, Kreditkauf; **– en bloc** (Kauf) in Bausch und Bogen; **– garanti** Kauf mit Garantie; **– gouvernemental** (*VwR*) Beschaffungswesen *n*; **– groupé** Sammelbestellung *f*; **– au mieux** Bestkauf *m*; **– d'occasion** Gelegenheitskauf *m*; **– de précaution** Hamsterkauf *m*; **– de remplacement** Deckungskauf; **– sans facture** Kauf ohne Rechnung zwecks Mehrwertsteuerhinterziehung; **– de soutien** (*BörR*) Stützungskauf; **– spéculatif** (1) (*BörR*) Meinungskauf, (2) Hortungskauf; **– à tempérament** Ratenkauf *m*, Abzahlungs- *od.* Teilzahlungskauf *m*; **– à terme** Terminkauf.

acheminement *m* Beförderung (von Waren); Weiterleitung, Zuführung *f*; **aux fins d'–** zur Weiterleitung; **– des secours** Hilfeleistung *f*; **– en transit** Durchgangsbeförderung.

acheminer *v.tr.* auf den Weg bringen, befördern, weiterleiten.

achetable *adj* käuflich.

acheter *v.tr.* (1) (*acquérir*) kaufen, ankaufen, einkaufen, erstehen, (2) (*soudoyer, corrompre*) bestechen; **s'– à prix d'or** *v. pron.* teuer bezahlt werden.

acheteur *m* (1) (*acquéreur à titre onéreux*) Käufer *m*, Einkäufer, (2) Nachfrager *m*, Besteller *m*, Bezieher *m*, Abnehmer *m*; **carte d'–** Bezugsberechtigung (von einem Wirtschaftsverband ausgestellt), Einkäuferausweis *m*; **être –** als Käufer auftreten; **organisme –** Beschaffungsstelle; **trouver un –** einen Abnehmer finden.

acheteur en gros Großeinkäufer *m*; **– à réméré** Käufer (dem gegenüber sich der Verkäufer ein Wiederkaufsrecht vorbehält); **– à tempérament** Abzahlungskäufer.

achèvement *m* Fertigstellung *f*; Vollendung *f*; Abschluss *m*, Ablauf *m*.

achever *v.tr.* (1) (*finir, terminer*) vollenden, beenden, beendigen, (2) (*donner le coup de grâce*) töten, den Gnadenstoß geben, (3) (*démoraliser, accabler*) den Rest geben, am Boden zerstören, (4) **s'–** *v. pron.* ablaufen, zu Ende gehen.

achoppement *m*: **pierre d'–** Stein *m* des Anstoßes.

aciérie *f* Stahlwerk *n*, Stahlhütte *f*.

aciériste *m* Stahlarbeiter *m*.

acolyte *m* (*StR: complice*) *pej* Komplize *m*, Helfershelfer *m*, Gehilfe *m*.

acompte *m* (1) (*SchuldR: paiement partiel imputé sur le montant de la dette*) Anzahlung *f*, Teilzahlung, Abschlagszahlung *f*; Vorschuss *m*, Vorschussleistung *f*; Rate *f*, Teilbetrag *m*, (2) (*ArbR: fraction de salaire versé par anticipation*) (Lohn-) Vorschuss *m*, Vorauszahlung, Bevorschussung *f* (Aut); **verser un –** eine Anzahlung leisten, anzahlen; einen Vorschuss gewähren; **– sur loyer** Mietvorauszahlung; **– sur paiement définitif** Abschlagszahlung; **– provisionnel** (*SteuerR*) Voraus- *od.* Abschlagszahlung, Einkommensteuervorauszahlung; **– sur salaire** Lohnvorschuss *m*.

a contrario *loc. adv.* (*lat.: par déduction du contraire*) a contrario, im Wege des Gegenschlusses.

acquéreur *m* (*SchuldR: acheteur; donataire, bénéficiaire de l'acquisition*) Erwerber *m*; Empfänger einer Schenkung; **premier –** Ersterwerber; **sous-–** Endverbraucher *m*; Zweiterwerber *m*; **tiers –** Dritterwerber *m*; **– de bonne foi** gutgläubiger Erwerber; **– de mauvaise foi** bösgläubiger Erwerber; **– originaire** Ersterwerber; **– à pacte de rachat** *ou* **de réméré** Käufer, dem gegenüber sich der Verkäufer ein Wiederkaufsrecht vorbehält; **– potentiel** Interessent *m*; **– primitif** Ersterwerber; **– ultérieur** Nacherwerber, späterer Erwerber.

acquérir *v.tr.* (*ZR: faire l'acquisition de, acheter*) erwerben, erlangen, erstehen; **– la conviction** zur Überzeugung gelangen; **– force de chose jugée** (*PrzR*) Rechtskraft *f* erlangen, rechtskräftig werden; **– la nationalité** Staatsangehörigkeitserwerb *m*; **– la notoriété** berühmt werden; **– par succession** durch Erbfolge erwerben, erben.

acquêt *m* (1) (*ZR: bien acquis*) erworbenes Rechtsgut, (2) (*FamR: meubles et immeubles acquis au cours du mariage – en général au pluriel ! –art. 1401 Cciv*) Errungenschaft (während der Ehe); **régime légal de la communauté réduite aux –(s)** (*FamR: On dit aussi simplement: communauté légale – art. 1401 Cciv*) frz. gesetzlicher Güterstand der Errungenschaftsgemeinschaft; **régime conventionnel de communauté de meubles et –(s)** vertragliche Gütergemeinschaft (sowohl das bewegliche Vermögen wie den Zugewinn umfassend); **régime conventionnel de participation aux –s** (*FamR: art. 1569 Cciv*) frz. vertraglicher Güterstand der Zugewinngemeinschaft *f*.

acquiescement *m* (1) (*SchuldR: assentiment, consentement, acceptation*) Zustimmung *f*, Einwilligung *f*, Genehmigung *f*, (2) (*ZPR: décision judiciaire*) Anerkennungs(urteil); **donner son –** zustimmen; **– conditionnel** Annahme unter Vorbehalt; **– exprès** ausdrückliche Zustimmung; **– implicite** Annahme durch Verstreichenlassen der Frist; **– pur et simple** vorbehaltlose Annahme *od.* Zustimmung.

acquiescer *v.tr.ind.* (1) (*SchuldR: accéder à la demande de qqn., consentir à*) seine Zustimmung geben, zustimmen, einwilligen, sich einverstanden erklären, (2) (*PrzR*) anerkennen, eine Entscheidung annehmen.

acquis *m/pl* (1) (*ArbR: fonds de connaissances*) Berufserfahrung *f*, Wissen *n*, Praxis *f*, erworbene Kenntnisse *fpl od.* Fertigkeiten *mpl*, (2) (*SozR*) Besitzstand *m*; **– professionnel** Berufserfahrung *f*; **– social** soziale Errungenschaften *fpl*; **– technologique** Know-how *n*.

acquis *adj* erworben; erlernt, durch Lernen angeeignet; **la caution reste –e** die Kaution verfällt; **droits –** wohlerworbene Rechte *npl*; **faits –** feststehende Tatsachen *mpl*.

acquisitif *adj*: **prescription acquisitive** (*SachR*) Ersitzung *f*, Erwerb (des Eigentums) durch Zeitablauf.

acquisition *f* (1) (*fait d'acquérir*) (Rechts-) Erwerb *m*, Kauf *m*, An- *od.* Beschaffung *f*, Ein- *od.* Ankauf *m*, (2) (*achat, objet acquis*) erworbene Sache *f*, Errungenschaft *f*, (3) (*connaissances*) Erlangung *f*; **année d'–** Erwerbsjahr *n*; **droit en cours d'–** Anwartschaft *f*, Aussicht *f* auf einen künftigen Rechtserwerb; **prix d'–** Anschaffungskosten; **– de biens immobiliers** Immobilienerwerb *m*; **– de bonne foi** gutgläubiger Erwerb; **– à cause de mort** Erwerb von Todes wegen; **– conditionnelle** bedingter Erwerb; **– de données** (*DV*) Datenerfassung *f*; **– du droit aux prestations** (*SozR*) Erwerb *m* des Leistungsanspruchs.

acquisition légale Erwerb *m* kraft Gesetzes; **– a non domino** (*SachR*) Erwerb vom Nichtberechtigten; **– en propriété** *ou* **en jouissance** Eigentumserwerb; Nießbrauchserwerb.

acquisition à titre gratuit unentgeltlicher Erwerb; **– à titre onéreux** entgeltlicher Erwerb; **– à titre particulier** (*ErbR*) Erwerb einer einzelnen bestimmten Sache; **– à titre successoral** Erwerb von Todes wegen; **– à titre universel** Erwerb des Gesamtvermögens *od.* eines Anteils am Vermögen des anderen; **– entre vifs** Erwerb unter Lebenden.

acquit *m* (*SchuldR: reconnaissance écrite d'un paiement, quittance, décharge*) Quittung *f*, Empfangsbestätigung *f*, Zahlungsbestätigung; **pour –** (*SchuldR: Floskel auf Rechnungen*) Betrag (dankend) erhalten, bezahlt, saldiert; **– -à-caution** (1) (*SteuerR*) Steuerzahlungsbestätigung, (2) (*ZollR*) Zollbegleitschein *m*; **par – de conscience** der Ordnung halber; **– d'entrée** Zolleingangsschein *m*; **– de paiement** Quittung *f*, Zollquittung; **– de transit** Durchgangsschein *m*, Transitbescheinigung *f*, Zollbegleitschein *m*.

acquittement *m* (1) (*StPR: mise hors de cause*) Freispruch *m* (durch das frz. Schwurgericht), (2) (*ZR, HR: paiement de la somme due*) Begleichung einer Rechnung *od.* der Schuld, Erfüllung *f*; Tilgung (der Schuld), Zahlung (des geschuldeten Betrages), Bezahlung; **jugement d'–** (*StPR*) (Schwurgerichts-) Freispruch, freisprechendes Urteil.

acquittement au bénéfice du doute (*StPR*) Freispruch mangels Beweises, Freispruch in dubio pro reo; **– pour défaut de discernement** (*StPR*) Freispruch wegen mangelnder strafrechtlicher Verantwortlichkeit (als Jugendlicher), Freispruch wegen mangelnder Zurechnungsfähigkeit; **– d'une dette** (*SchuldR*) Tilgung (einer Schuld), Erfüllung (eines Vertrages); **– d'un droit** (*ÖfR*) Entrichtung einer Gebühr.

acquitter *v.tr.* (1) (*StPR: mettre un accusé hors de cause*) freisprechen, (2) (*SchuldR: payer une dette, honorer un engagement*) (eine Schuld) bezahlen, begleichen, (3) (*SchuldR: exécuter une obligation*) erfüllen, eine Leistung erbringen, (4) (*ÖfR*) eine Gebühr *od.* Steuer entrichten, (5) **s'–** *v. pron.* (seine Schulden) bezahlen, (seinen Verpflichtungen) nachkommen.

> *acte* ist der Schlüsselbegriff des französischen Rechts, mit unzähligen Bedeutungen. Es geht dabei nicht nur um Rechtshandlungen und Rechtsgeschäfte, sondern auch um Urkunden, also Schriftstücke. Das Wort wird sowohl im Privatrecht wie im öffentlichen Recht verwendet.

acte *m* (1) (*ÖfR, ZR: tout fait quelconque de l'homme*) Handlung *f*, Tat *f*, (2) (*ZR: tout fait volontaire licite*) Rechtshandlung, juristische Handlung; erlaubtes rechtswirksames Handeln *n*; Tathandlung *f*; Realakt *m*, (3) (*ZR:*

tout fait volontaire illicite) unerlaubte (vorsätzliche) Handlung, (4) (*ZR: manifestation de volonté destinéee à produire des effets de droit*) Rechtsgeschäft *n*, Vertrag, (5) (*écrit rédigé en vue de constater un acte juridique*) Urkunde *f*, Schrift *f*, Akt *m*, Dokument *n*, (6) (*ÖfR: décision d'un fonctionnaire*) Amtshandlung *f*, Verwaltungshandlung; Verwaltungsakt *m*.

acte: **annuler un –** ein Rechtsgeschäft aufheben *od.* rückgängig machen; **apostiller un –** eine Urkunde mit Anmerkungen versehen, Zusatzklauseln formulieren; **casser un –** eine Urkunde für ungültig erklären; **dater un –** eine Urkunde mit dem Datum versehen.

1. **acte**: **demander – de qqch.** (1) die Ausfertigung einer Urkunde verlangen, (2) etwas zu Protokoll nehmen lassen; **donner –** beurkunden, beglaubigen, zu Protokoll geben; **donner – de qqch.** die Entgegennahme einer Erklärung bestätigen, Kenntnis nehmen von . . ., bestätigen; **dont –** (*Schlussformel der Notare, um das Ende ihrer Urkunde zu bezeichnen*) hierüber Urkunde; **exercer des –s de commerce** ein Handelsgewerbe betreiben.

acte: **faire – de bonne volonté** seinen guten Willen zeigen; **faire – de candidature** (*ein Amt, eine Stellung*) sich bewerben um, sich zur Wahl stellen, kandidieren; **libeller un –** einen Schriftsatz formulieren; einen Vertrag schriftlich fixieren; **passage à l'–** (*StR*) Handlungsbeginn *m*; **passation d'un –** (*ZR*) Geschäftsabschluss *m*; **passer un –** einen Vertrag abschließen; **passer aux –s** (*ein Vorhaben*) in die Tat umsetzen; **prenant –** (*VR*) in Anbetracht, im Hinblick auf, angesichts, unter Hinweis auf; **prendre – de . . .** (1) zur Kenntnis nehmen, (2) zu Protokoll nehmen; **signer un –** eine Urkunde unterschreiben.

acte d'accession (*VR*) Beitrittsurkunde; **– d'accusation** (*StPR*) Anklageschrift (vor dem Schwurgericht); **– additionnel** Zusatzakte *f*.

acte administratif (1) (*acte réglementaire ou règlement administratif*) Verwaltungsmaßnahme *f*, Rechtsverordnung *f*, Verordnung *f*, (2) (*acte individuel ou décision particulière individuelle*) Verwaltungsakt (= VA); **abroger un – –** einen VA aufheben; **annuler un – –** einen VA für nichtig erklären; **– – de concession de service public** Konzessionserteilung; **– – constitutif** rechtsgestaltender VA; **contrôler un – –** einen VA überprüfen; **– – créateur de droits** begünstigender VA; **– – créateur d'une obligation** *ou* **limitant un droit** belastender VA; **– – déclaratoire** rechtsfeststellender VA; **force exécutoire d'un – –** Bestandskraft eines VA; **– – illégal** rechtswidriger VA; **– – inexistant** Nichtakt *m*, nicht existierender VA; **– – invalide** nichtiger VA; **légalité d'un – –** Rechtmäßigkeit einer Verwaltungsmaßnahme, Rechtmäßigkeit eines VA; **modifier un – –** einen VA abändern; **nullité d'un – –** Nichtigkeit eines VA; **publication d'un – –** Bekanntmachung eines VA; **rapporter un – –** einen VA rückgängig machen; **réformer un – –** einen VA abändern; **retirer un – –** einen VA zurücknehmen; **– – unilatéral** (einseitige) Verwaltungsmaßnahme (im Gegensatz zu den öffentlich-rechtlichen Verträgen).

acte d'administration (*ZR*) Vermögensverwaltung, Verwaltungsgeschäft (im Gegensatz zum Verfügungsgeschäft); **– d'administration judiciaire** gerichtliche Vermögensverwaltung; **– d'agression** (*VR*) Angriffshandlung; **– apparent** (*ZR*) Scheingeschäft; **– d'appel** Berufungsschrift *f*, Berufung, Appellationserklärung (S); **– d'appel incident** Berufungsanschlussschrift *f*; **– d'approbation** Genehmigungsurkunde; **– arbitraire** (*VwR*) Willkürakt; **– d'association** Vereinsgründungsvertrag; **– attributif** Rechtsgeschäft, durch das ein Recht übertragen wird; **– authentique** (formgerechte) öffentliche *od.* notarielle Urkunde; **– d'autorité** (*VwR*) Regierungshandlung, Hoheitsakt *m*; –

d'avocat à avocat Prozessurkunde, zugestellt von Anwalt zu Anwalt.

acte de baptême Taufschein *m*; **–s de barbarie** (*StR*) Folter *f*, Grausamkeiten *fpl*; **– de belligérance** kriegerische Handlung; **– bilatéral** zweiseitiges Rechtsgeschäft; **– de bonne volonté** Ausdruck des guten Willens; **– en brevet** notarielle Urkunde, deren Urschrift den Parteien ausgehändigt wird.

acte de candidature Bewerbung *f*; **– de capitulation** (*VR*) Kapitulationsurkunde, Kapitulation; **– à cause de mort** Verfügung *f* von Todes wegen; **– de cautionnement** Bürgschaftsvertrag *m*; **– de citation** (*ZPR*) Ladung *f*, Ladungsschrift; **– de cœrcition** (*VwR*) Anwendung von Zwang, Einleitung von Zwangsmaßnahmen; **– collectif** (*ÖfR, ZR*) Gesamtakt *m*; **– communautaire contraignant** (*EuR*) verbindlicher Gemeinschaftsrechtsakt; **– de complaisance** Gefälligkeit *f*; **– de concession** (*VwR*) Konzessions- *od.* Verleihungsurkunde; **– de concurrence déloyale** Tatbestand unlauteren Wettbewerbs; **– -condition** rechtsbegründende Handlung, Rechtshandlung mit konstitutiver Wirkung; **– confirmatif** *ou* **confirmatoire** (1) Bestätigung *f*, Bestätigungsschreiben *n*; nachträgliche Genehmigung (einer zunächst nichtigen Erklärung); **–s d'un congrès** *mpl* Tagungsbericht *m*; **–s d'un congrès** Tagungsbericht *m*.

acte consensuel (*SchuldR: contrat conclu sous une forme quelconque – par opposition à l'acte solennel*) Konsensualvertrag, formloses *od.* formfreies Rechtsgeschäft; **– conservatoire** Vermögensverwaltungsmaßnahme, Maßnahme zur Wahrung von Interessen.

acte constitutif (1) (*ZR: création de droits nouveaux*) rechtsbegründender Vertrag, rechtsgestaltende Handlung, konstitutives Rechtsgeschäft, (2) (*GesR: création d'une association ou d'une société*) Gründungsvertrag *od.* -akt *m*, Gründungsurkunde *f*; **– constitutif de droit** Gestaltungsakt, rechtsbegründende Handlung; **– constitutif de gage** Pfandbestellungsurkunde *f*; **– constitutif d'hypothèque** Hypothekenbestellungsurkunde; **– constitutionnel** Verfassung; **– contraire à l'honneur** unehrenhafte Handlung.

acte conventionnel (*ZR: contrat*) Vereinbarung *f*, Vertrag *m*; **– de convocation** (1) (*GesR*) Einberufungsschreiben *n*, (2) (*StPR*) Vorladung *f*; **– criminel** (*StR*) Verbrechen *n*, Straftat *f*; **– de cruauté** besonders grausame Tat, Grausamkeit *f*; **– de commerce** Handelsgeschäft *n*, Vertrag unter Kaufleuten; **– unique européen** Einheitliche europäische Akte (= EEA); **– débordant le cadre des attributions** Überschreiten der Befugnisse; Vollmachtsmissbrauch *m*.

acte de décès Totenschein *m*, Sterbeurkunde *f*, Sterbeurkunde *f*; **– déclaratif** Rechtsgeschäft mit deklaratorischer Wirkung, deklaratorisches Rechtsgeschäft *n*; **– déguisé** Scheingeschäft *n*, fiktives Rechtsgeschäft; Geheimabkommen *n*; **– délictueux** (1) (*ZR*) unerlaubte Handlung, (2) (*StR*) strafbare Handlung; **– de dénonciation** (1) (*ArbR*) Kündigungsschreiben, (2) Pfändungsanzeige *f*; **– de dépossession** Besitzentziehung; **– de dernière volonté** letztwillige Verfügung; Testament *n*; **– détachable** (*VwR*) abtrennbarer Verwaltungsakt; **– diplomatique** völkerrechtliches Abkommen *n*; **– discrétionnaire** (*VwR*) Ermessenshandlung; Verwaltungsakt *m*; **– de disposition** (*ZR*) Verfügung *f*, Rechtsübertragung, Verfügungsgeschäft *n*; **– dommageable** schadensersatzpflichtige Handlung, schädigendes Ereignis; **– de donation** Schenkungsurkunde *f*, Schenkung *f*.

acte écrit (1) (*ZR: écrit servant de preuve littérale des actes juridiques*) Schriftstück *n*, Urkunde *f*, (2) (*PrzR*) Schriftsatz *m*; **– d'écrou** (*StR*) Aufnahmeverhandlung bei Einlieferung in eine Strafanstalt; **– d'envoi en possession** (*ErbR*) Besitzeinweisungsurkunde *f*; **– d'état**

civil Personenstandsurkunde *f*, standesamtliche Urkunde (insbesondere: Geburts-, Heirats- und Sterbeurkunde); **–s d'état civil** (1) Personenstandsregister *n*, Personenstandsbücher *npl*, (2) Personenstandsurkunden *fpl*; **– exécutoire** Vollstreckungstitel *m*, vollstreckbare Urkunde; **– en expédition** beglaubigte Abschrift (einer Urkunde); **– d'exploitation** (*WirtR*) Nutzung *f*; **– extrajudiciaire** (*ZPR*) Zustellungsurkunde (in nichtstreitigen Angelegenheiten), (durch den Gerichtsvollzieher) zuzustellende Urkunde.

acte faisant grief (*VwR*) beschwerender *od.* beeinträchtigender *od.* belastender Verwaltungsakt; **– fictif** (*ZR*) Scheingeschäft *n*; **– final** (*VR*) Schlussakte *f*; **– foncier** (*ZR*) Grundbuchabschrift *f*; **– de fondation** Stiftungsgründungsvertrag; **– formel** (*ZR*) formgebundener Vertrag; **– de francisation** (*SeeHR*) Flaggenzeugnis *n*, Recht zum Führen der frz. Flagge; Flaggenzeugnis (eines französischen Schiffes), Schiffszertifikat *n*; **– frauduleux** betrügerische Handlung, Betrugshandlung; **– frustratoire** (*PrzR*) öffentliche nicht erforderliche *od.* überflüssige Urkunde (deren Kosten die ausstellende Urkundsperson übernehmen muss).

acte de génocide (*VR*) Tatbestand des Völkermords, Genozid *m*; **– de gestion** (*VwR*) rechtsgeschäftliche Handlung (des Staates); **– gracieux** (*ZPR*) richterliche Entscheidung im Rahmen der freiwilligen Gerichtsbarkeit; **– de grève** Streikhandlung *f*; **– de guerre** (*VR*) Kriegshandlung *f*; **– d'hostilité** (*VR*) feindselige Handlung; **– d'hypothèque** (*SachR*) Hypothekenbestellungsurkunde.

acte illégal rechtswidrige *od.* gesetzwidrige Handlung, rechtswidriges Rechtsgeschäft; **– illicite** unerlaubte Handlung, unerlaubtes *od.* verbotenes Geschäft; **– indécent** unsittliche Handlung; **– d'indiscipline** (1) (*ArbR*) Nichtbeachtung *f* der Anweisungen, (2) (*MilR*) Befehlsverweigerung; **– individuel** (*VwR*) Verwaltungsakt *m*; **– inexistant** (1) (*SchuldR*) nichtiges Rechtsgeschäft, (2) (*VwR*) nichtexistenter Verwaltungsakt, Nichtakt; **– innomé** (*ZR*) atypischer *od.* gemischter Vertrag; **– d'instruction** (*StPR*) Ermittlungstätigkeit.

acte instrumentaire (*ZR*) (Beweis-) Urkunde, Schriftstück *n*, öffentliche oder private Urkunde zur Feststellung einer Rechtshandlung *od.* Tathandlung; **– introductif d'instance** (*ZPR*) Klageschrift; **– invalide** (*ZR*) ungültiges Rechtsgeschäft.

acte judiciaire (*PrzR*) Gerichtsurkunde, gerichtliche Urkunde, gerichtliches Schriftstück; **– juridictionnel** *ou* **de juridiction contentieuse** (*ZPR*) richterliche *od.* gerichtliche Entscheidung, Urteilsspruch; **– juridique** (1) Rechtsgeschäft *n*, (2) (Vertrags-) Urkunde.

acte légalisé beglaubigte Unterschrift (einer Urkunde); **– législatif** (*VerfR*) Gesetzgebungsakt *m*, Gesetz *n* im formellen Sinn; **– malveillant** (*SchuldR*) böswillige Handlung, Verstoß gegen Treu und Glauben.

acte de malversation (*StR: notion générique pour concussion, corruption et détournement des devoirs d'une charge publique*) Amtspflichtverletzung *f*; **– de mandat** (1) (*VR*) Mandatsbrief *m*, (2) (*en B.:*) Vollmachtsurkunde; **– de mariage** Heiratsurkunde *f*, Trauschein *m*; **– matériel** Realakt *m*; **– médical** ärztliche Behandlung, medizinischer Eingriff; **– en minute** Urschrift *f*; öffentliche Urkunde, deren Urschrift von der Behörde *od.* durch den Notar verwahrt wird (der Notar kann den Parteien nur beglaubigte Abschriften ausstellen); **– de mise en accusation** (*StPR*) Anklageschrift *f*; **– mixte** (*HR*) einseitiges Handelsgeschäft *n*.

acte de naissance Geburtsurkunde; **– de nomination** (*VwR*) Ernennungsurkunde *f*, Bestallung *f*; **– non avenu** nichtiges Rechtsgeschäft; **– notarié** *ou* **notarial** (*ZR: acte passé devant notaire*) notarielle Urkunde; (durch einen Notar) beurkundetes Rechtsgeschäft; **– de notoriété** (von einem Notar *od.* Richter nach Aussage mehrerer Personen ausgestellte) Offenkundigkeitsurkunde; **– nul** nichtiges *od.* anfechtbares Rechtsgeschäft.

acte officiel öffentliche *od.* amtliche Urkunde; **– positif** Handlung (im Gegensatz zur Unterlassung);; **– d'option** Option; **– organique** (*EuR*) Verfassungsurkunde *f*; **– du palais** (*PrzR*) von Anwalt zu Anwalt zugestellte Prozessurkunde, Schriftstück, das direkt von Anwalt zu Anwalt zugestellt wird; **– paritaire** (*ArbR*) Gesamtvereinbarung *f*; **– de partage** (*ErbR*) Auseinandersetzung; **– politique** (*StR, VerfR*) nicht nachprüfbarer Verwaltungsakt (zur Terrorismusbekämpfung); **– de possession** Inbesitznahme; **– de pourvoi** (*PrzR*) Einlegung eines Rechtsmittels; Berufung(seinlegung); **– préjudiciable** (*ZR*) schädigende Handlung; **– préparatoire** (*Straftat*) Vorbereitungshandlung, vorbereitende Handlung; **– de présence** persönliches Erscheinen; **– privé** Privaturkunde; **– probatoire** Beweisurkunde.

acte de procédure (1) (*PrzR: mémoire, conclusions*) Schriftsatz *m*, (2) (*PrzR: syn.: acte judiciaire*) Verfahrenshandlung *f*, Prozesshandlung; **– de procuration** Vollmachtserteilung, Vollmacht; **– de propriété** Eigentumsurkunde; **– de protêt** (*WechselR*) Protest *m*; **– public** öffentliche Urkunde; **– punissable** strafbare Handlung; **– de pure faculté** (*ZR*) Duldung (auf freiwilliger Basis) bestimmter Eingriffe in das Eigentumsrecht.

acte de ratification (*VR*) Ratifikationsurkunde; **– récognitif** (*ZR*) (Schuld-) Anerkennungsurkunde *f*, Urkunde, die ein Anerkenntnis eines schon früher verbrieften Rechts enthält; **– de reconnaissance** (*FamR*) Vaterschaftsanerkennung *f*; **– de récusation** (*PrzR*) Antrag auf Ablehnung (einer Gerichtsperson); **– refait** Ersatzurkunde, Neuausfertigung einer Urkunde; **– réformé** berichtigte Urkunde; **– règle** Satzungsrecht; **– réglementaire** (*ÖfR*) Rechtsverordnung *f*, Erlass *m* des Präfekten *od.* Bürgermeisters, Verwaltungsanordnung *f*; **– répréhensible** strafbare Handlung; **– de résistance** (*StR*) Widerstand *m* (gegen die Staatsgewalt); **– respectueux** (*FamR*) Antrag auf Erteilung der nach dem Gesetz erforderlichen Zustimmung der Eltern (zur Eheschließung).

acte sous seing privé (*ZR: acte sous signature privée établi sur papier ou support électronique constituant une preuve littérale préconstituée – art. 1322 Cciv*) privatschriftliche Urkunde, Privaturkunde *f*; **– sexuel** Geschlechtsakt *m*, Koitus *m*.

acte de signification (*ZPR*) Zustellung von Amts wegen, Zustellungsurkunde; **– simulé** Scheingeschäft; **– de société** (*GesR*) Gesellschaftsvertrag *m*, Gründungsvertrag (einer Gesellschaft).

acte solennel (*ZR: acte dont la formation exige l'accomplissement des formalités prévues par la loi – par opposition à acte consensuel*) formbedürftiges *od.* formgebundenes Rechtsgeschäft; **– de sommation** (*ZwangsVR*) Mahnbescheid *m*; **– de souveraineté** Hoheitsakt *m*; **– de suscription** (*ErbR*) Aufschrift des versiegelten Umschlags eines mystischen Testaments; **– synallagmatique** (*SchuldR: syn.: acte créant des obligations réciproques et interdépendantes – syn.: acte bilatéral*) zweiseitiges Rechtsgeschäft, zweiseitig verpflichtender Vertrag.

acte de terrorisme Terroranschlag *m*; **– thérapeutique** Heilbehandlung; **– à titre gratuit** unentgeltliche Zuwendung (unter Lebenden *od.* von Todes wegen) durch einseitige Willenserklärung *od.* Vertrag, Gefälligkeitsvertrag *m*; **– à titre onéreux** entgeltliche Zuwendung (unter Lebenden *od.* von Todes wegen), entgeltlicher Vertrag; **– de tolérance** (*ZR*) Duldung; **– transactionnel** Vergleich *m*; **– translatif** (*ZR*) Übertragung *f*.

acte-type (*VwR: acte élaboré à titre de modèle*) (*in Form von Formularen*) typisiertes Rechtsgeschäft; **– unilatéral**

(*ZR: acte juridique émanant d'une volonté unique*) einseitiges Rechtsgeschäft; **– valable** *ou* **valide** (rechts)--gültiges Rechtsgeschäft; **– de vandalisme** (*StR*) mutwillige Zerstörung, Sachbeschädigung *f*; **– de vente** schriftlicher Kaufvertrag, Verkaufsurkunde *f*; **– entre vifs** Verfügung unter Lebenden; **– de violence** (*StR*) Gewalttat *f*, gewalttätige Ausschreitung.

acter *v.tr.* (*ZR: prendre ou donner acte*) beurkunden; schriftlich festhalten; protokollieren.

acteur *m* (1) (*Pol: protagoniste*) Verantwortliche(r); Entscheidungsträger, (2) (*UrhR*) Bühnenkünstler *m*, Schauspieler *m*; **–s sociaux** (*ArbR*) Sozialpartner *mpl*.

actif *m* (1) (*GesR*) Aktivbestand *m*, Aktiva *fpl*, Vermögenswerte *mpl*, Aktivvermögen *n*, Aktiven (S), (2) (*Vwirt*) (*surtout pl.: les actifs*) erwerbstätige Bevölkerung, die Erwerbstätigen; **article** *ou* **élément d'–** (*GesR*) Aktivposten *m*; **excédent d'–** Aktivaüberschuss *m*; **insuffisance d'–(s)** Mangel an Masse, Mangel an ausreichendem Vermögen (Aut); **passer** *ou* **porter à l'–** aktivieren, auf der Aktivseite verbuchen; **valeur à l'–** Aktivwert *m*.

actif circulant (*GesR: fonds de roulement*) Umlaufvermögen *n*; **– disponible** freie *od.* verfügbare Aktiva, Umlaufvermögen *n*; **– immobilisé** (*GesR: immobilisations*) Anlagevermögen *n*; **– mobilisable** *ou* **réalisable** verwertbare Aktiva, Liquiditätsreserven *fpl*; **– net** (*SteuerR*) Reinvermögen *n*; **– net successoral** (*ErbR*) (unter den Erben) zu verteilende Erbschaft (nach Zahlung aller Nachlassverbindlichkeiten); **– social** Gesellschaftsvermögen *n*; **– d'une succession** (*ErbR*) Nachlassvermögen *n*; **–s engagés** (*GesR*) gebundene Aktiva.

actif *adj* aktiv; tätig; erwerbstätig, berufstätig; **dettes actives** (*SchuldR*) Außenstände *mpl* eines Gläubigers; **population active salariée** Arbeitnehmer *mpl*, nichtselbständige Erwerbstätige; **service –** (*MilR*) aktiver Wehrdienst.

Action hat zwar nicht ganz so viele Bedeutungen wie *acte*, doch muss man sich stets daran erinnern, dass dieses Wort im Zivilprozess nur Klagebefugnis und nicht Klage bedeutet. Die konkrete bei Gericht eingereichte Klage ist *la demande en justice* (kurz: *demande*). *Action* ist der abstrakte Oberbegriff. Im GesR geht es bei der *action* um eine Aktie.

action *f* (1) (*ÖfR: fait, agissement, acte*) Handlung *f*, Tat *f*, Vorgehen *n*, Maßnahme *f*, Aktion *f*, Tätigwerden *n*, Verhalten *n*, (2) (*ZPR: pouvoir légal de s'adresser à la justice*) Klagebefugnis *f*; Klageart *f* (im Sinne der römischen „actio"); Klage *f*; Gerichtsverfahren *n*, (3) (*StPR: action publique exercée par le parquet au nom de la société*) Anklageerhebung (vor einem Strafgericht), öffentliche Klage, (4) (*GesR: titre délivré à l'actionnaire représentant une fraction du capital social*) Aktie *f*, (Gesellschafts-) Anteil *m*, (5) (*MilR*) Angriff *m*, Kampfeinsatz *m*, Aktion *f*; **autonomie d'–** Handlungsfreiheit *f*; **avoir une – sur** Einfluss haben (auf), sich auswirken (auf); **désistement d'–** Klageverzicht, Klagerücknahme *f*; **droit d'–** Klagebefugnis *f*, Klageberechtigung *f*, Klagerecht *n*; **émettre des –s** (*GesR*) Aktien ausgeben; **entreprendre une – en justice** eine Klage anstrengen, jemanden verklagen; **exercer une – (en justice)** Klage erheben, klagen; **fond de l'–** (*ZRP*) Hauptsache *f*; **former une –** Klage erheben; **intenter une –** Klage erheben, klagen; **introduction de l'–** Klageerhebung; **introduire une –** gegen jmdn. Klage erheben; **mode d'–** Wirkungsart *f*; **péremption d'–** Klageverwirkung; **prescription de l'–** (*StPR*) Strafverfolgungsverjährung; **programme d'–** Aktionsprogramm; **rejeter l'–** die Klage abweisen; **saisir le tribunal d'une –** Klage erheben, bei Gericht eine Klage anstrengen; **unité d'–** (*ArbR*) Aktionseinheit *f.*

action alimentaire (*FamR: action en paiement d'aliments*) Unterhaltsklage, Alimentenklage (S); **– ancienne** (*GesR*) Stammaktie; **– en annulation** (*ZPR*) Anfechtungsklage *f;* Nichtigkeitsklage; Aufhebungsklage, Klage auf Unwirksamerklärung (Aut); **– en annulation du mariage** Eheaufhebungsklage; **– d'apport** Gründeraktie *f;* **– aquilienne** (*ZRP: action délictuelle, c'est-à-dire en matière de responsabilité civile*) Klage aus unerlaubter Handlung; **– associationnelle** (*PrzR*) Verbandsklage; **– attachée à la personne** nichtvermögensrechtliche Klage.

action cambiaire (*WechselR*) Wechselklage *f;* **– pour cause d'enrichissement injuste** *ou* **illégitime** (*ZPR: action résultant d'un avantage sans contrepartie*) Bereicherungsklage, Klage aus ungerechtfertigter Bereicherung; **– en cessation de pratique** Anspruch auf Unterlassung der Benutzung; **– cessible** (*GesR: société anoname*) übertragbare Aktie; **– au civil** (*ZPR: par opposition à action publique – celle engagée par le parquet*) Klage in einem bürgerlichen Rechtsstreit.

action civile (1) (*StPR: action privée exercée par la victime d'une infraction en même temps que l'action publique pour obtenir réparation d'un préjudice*) Nebenklage (im Strafverfahren), Klage im Anschluss- *od.* Adhäsionsverfahren, (2) (*StPR: action devant un tribunal répressif pour pallier à l'action publique défaillante*) Privatklage *f;* **– cœrcitive** Zwangsmaßnahme *f.*

action collective *ou* **corporative** (*ZPR, VwPR: recours associatif – en anglais: class action*) Verbandsklage *f,* Sammelklage *f;* **– commune** (*ArbR: syndicats*) gemeinsames Vorgehen *n,* gemeinsame Aktion; **– concertée** (*WirtR*) abgesprochenes Verhalten, gemeinschaftliches Vorgehen; **– en concurrence déloyale** (*HR*) Klage wegen unlauteren Wettbewerbs; **– confessoire** (*SachenR*) Klage auf Feststellung des Bestehens einer Dienstbarkeit; Klage zur Ausübung eines Nießbrauchs; **– en constatation** Feststellungswiderklage; **– en constatation de l'existence du mariage** Ehefeststellungsklage; **– en contestation d'état** (*FamR*) negative Abstammungsklage *od.* Ehelichkeitsanfechtungsklage.

action cotée en bourse börsengängige Aktie; **– sur les cours** Kursbeeinflussung; **– de groupe** (*ZPR: und VwPR: action collective*) Verbandsklage *f;* **– en déclaration de jugement commun** Streitverkündung *f;* **– en déclaration de nullité** Nichtigkeitsklage, Klage auf Unwirksamerklärung (Aut); **– en déclaration de simulation** Klage zur Aufdeckung eines Scheingeschäftes; **– déclaratoire** Feststellungsklage.

action délictueuse (*StR*) strafbare Handlung; **– déposée** hinterlegte Aktie; **– en désaveu de paternité** (1) (*FamR: paternité légitime*) Ehelichkeitsanfechtung; **– différée** (*GesR*) Nachbezugsaktie; **– en diminution** (*SchuldR*) Minderungsklage; **– directe** (1) (*ZPR: action exercée par un créancier*) Durchgriffsklage, unmittelbare Klage des Gläubigers gegen einen Dritten (der in die Rechte und Pflichten seines Schuldners eingetreten ist), (2) (*ZR, VersR: action de la victime contre l'assureur*) Direktanspruch *m,* (3) (*VwR*) Geltendmachung der Schadensersatzansprüche des Staates im Strafverfahren durch Nebenklage; **– disciplinaire** (*VwR*) Einleitung eines (förmlichen) Disziplinarverfahrens *n;* **– en disjonction** (S) Aussonderungsklage; **– à dividende prioritaire (sans droit de vote)** Vorzugsaktie (ohne Stimmrecht); **– en divorce** (Ehe-) Scheidungsklage; **– domaniale** (*VwPR*) Klage zum Schutz der Staatsgüter.

action en constatation (d'un droit) Feststellungsklage; **– en contrefaçon (de brevet)** Patentverletzungsklage; **– en déchéance** Rechtsaberkennungsklage; **– en dommages-intérêts**

(*ZPR*) Schadensersatzklage, Entschädigungsklage (S), Ersatzklage (S); **– en responsabilité (civile)** (*ZPR: unerlaubte Handlung*) Schadensersatzklage, Inanspruchnahme aus einer Haftpflicht, Klage auf der Grundlage einer rechtswidrigen Schädigung; **– entièrement libérée** volleinbezahlte Aktie, Vollaktie; **– estimatoire** (*ZPR*) Preisminderungsklage, Klage auf Herabsetzung des Kaufpreises; **– d'état** (*FamR: action tendant à établir ou à modifier l'état d'une personne, son nom, sa filiation*) Statusklage *f*, Klage zur Feststellung *od.* Änderung des Personenstandes; **– en évacuation** *ou* **en expulsion (du locataire)** (*MietR*) Räumungsklage; **– ad exhibendum** (*ZPR*) Klage auf Vorlage einer beweiserheblichen Urkunde; **– extrapatrimoniale** (*ZPR*) Klage auf Ersatz des Nichtvermögensschadens; **– fidéjussoire** (*ZPR: action exercée contre la caution, le garant ou le fidéjusseur*) Bürgschaftsklage; **– à fins de subsides** (*FamR*) Unterhaltsklage (des nichtehelichen Kindes).

action de garantie (*GesR*) bei einer Bank hinterlegte Aktie (eines Vorstandmitgliedes); **– en garantie** (*ZRP*) Gewährleistungsklage *f*; **– gratuite** (*GesR*) Freiaktie.

action immobilière (*ZPR, SachR*) Klage aus einem Recht an einem Grundstück, Eigentumsherausgabeklage; **– de in rem verso** (*ZPR, SchuldR*) Klage aus ungerechtfertigter Bereicherung; **– incidente** Zwischenfeststellungsklage, Zwischenklage, Antrag im Zwischenstreitverfahren; **– en indemnisation** *ou* **en indemnité** Schadensersatzklage; **– indirecte (= – oblique, = – subrogatoire)** (*ZPR*) Sicherungsklage des Gläubigers (Ausübung der dem Schuldner zustehenden Rechte durch den Gläubiger); **– industrielle** (*GesR*) Industrieaktie; **– en inscription de faux** Klage auf Feststellung der Unechtheit *od.* Verfälschung einer Urkunde; **– insurrectionelle** (*Pol*) Aufstand *m*; **– irrecevable** (*ZPR*) unzulässige Klage; **– de jouissance** (*GesR*) volleinbezahlte Aktie, Genussschein.

action judiciaire *ou* **en justice** (*ZPR: droit d'agir en justice comme sanction d'un droit subjectif*) Klagebefugnis *f*, (*römischrechtliche*) actio *f*, Klagemöglichkeit *f*; Klageanspruch *m*; (gerichtliche) Klage, Gerichtsverfahren *n*; **– libérée** (*GesR*) volleingezahlte Aktie; **– liée** vinkulierte *od.* gebundene Aktie; **– en mainlevée du séquestre** Klage auf Aufhebung der Zwangsverwaltung, Arrestaufhebungsklage (S); **– malveillante** (*StR*) böswillige Tat; **– manifestement mal fondée** (*PrzR*) offensichtlich unbegründete Klage; **– militaire** (*VR*) Angriff *m*, Kampfhandlung; **– mixte** (*ZPR*) Klage auf Anerkennung eines Sachenrechts und gleichzeitiger Durchsetzung eines Schuldrechts, verbundene dingliche und schuldrechtliche Klage; **– mobilière** (*SachenR*) Mobiliar- *od.* Fahrnisklage, Klage auf Störungsunterlassung *od.* -beseitigung; **– mutuelle** Wechselwirkung.

action négatoire (*SachenR*) negatorische Feststellungsklage (als dingliche Klage, die auf die Feststellung abzielt, dass ein Grundstück nicht mit einem Nießbrauch oder einer sonstigen Dienstbarkeit belastet ist), actio negatoria, negatorische Klage; **– nominative** (*GesR*) Namensaktie; **– nouvelle** Bezugsaktie, junge Aktie, neue Aktie; **– en nullité** (*ZPR*) Aufhebungs- *od.* Nichtigkeitsklage; Anfechtungsklage; **– de numéraire** Aktie auf Bareinlagen.

action oblique (*ZPR: syn.: action indirecte ou subrogatoire*) Klage, durch die der Gläubiger die Rechte seines Schuldners wahrnimmt; Sicherungsklage *f* des Gläubigers (Ausübung der dem Schuldner zustehenden Rechte durch seinen Gläubiger); **– d'office** (*PrzR*) Klage gemäß Amtsprinzip *od.* gemäß Offizialmaxime, Amtsverfahren, Amtsbetrieb; **– ordinaire** (*GesR*) Stammaktie.

action en paiement (*ZPR*) Leistungsklage *f*.

action en paiement d'un effet Wechselklage; – – **de la prime** Klage auf Prämienzahlung; – – **du salaire** Klage auf Lohn- *od.* Gehaltszahlung.

action en partage Teilungsklage; – – **d'une succession** Erbschaftsauseinandersetzungsklage.

action patrimoniale (*ZPR: par opposition à une action en justice concernant des valeurs extrapatrimoniales*) vermögensrechtliche Klage; – **paulienne** (*ZPR: action par laquelle un créancier, agissant en son nom personnel, attaque les actes de son débiteur faits en fraude de ses droits – art. 1167 Cciv*) Gläubigeranfechtung *f*, Klage (des Gläubigers) auf Widerruf des Rechtsgeschäfts (seines Schuldners), revokatorische Klage, actio pauliana; – **pénale** (*StPR*) Strafverfolgung *f*, öffentliche Klage, Anklageerhebung; – **personnelle** (*ZPR*) (schuldrechtliche) Leistungsklage, Klage aus einem Forderungsrecht, Geltendmachung eines persönlichen Forderungsrechts, actio in personam; – **en pétition d'hérédité** Erbschaftsklage, Klage auf Herausgabe der Erbschaft; – **pétitoire** (*ZPR*) petitorische Klage, Eigentumsklage, Klage zur Feststellung zum Schutz oder zur Ausübung eines dinglichen Rechts am Grundstück; – **populaire** (*VwPR*) Popularklage; – **au porteur** Inhaberaktie.

action possessoire (*ZPR*) Besitz(schutz)klage (wegen Störung *od.* Entziehung des Besitzes), possessorische Klage; – **de préférence** (*GesR*) Vorzugsaktie; – **en prestation d'aliments** (*FamR*) Unterhaltsklage; – **prétorienne** durch die Rechtsprechung gewährte Klagebefugnis; – **principale** (*ZPR: demande principale*) Klage *f*; Hauptantrag im Prozess; – **de priorité** *ou* **privilégiée** Vorzugsaktie; – **sur les prix** (*Vwirt*) (staatliche) Preisgestaltung, Preisbeeinflussung.

action publique (*StPR: action exercée par le ministère public*) öffentliche Klageerhebung, Offizialklage; Anklage *f*; – **de quotité** Anteilsaktie; – **en radiation** (*GB*) Löschungsklage.

action en recherche de maternité Mutterschaftsklage; – **en recherche de paternité** Abstammungsklage, Statusklage.

action en réclamation d'état (*FamR*) Klage auf Feststellung der Abstammung; – **en reconnaissance de paternité** Vaterschaftsklage.

action reconventionnelle (*ZPR*) Widerklage; – **en recours** *ou* **récursoire** (*SchuldR, ZPR: recours en justice d'une personne qui a dû exécuter une obligation dont une autre personne était tenue contre l'auteur véritable du dommage*) Rückgriffsklage (des auf Mängelgewährleistung in Anspruch genommenen gegen den eigenen Gewährleistungsschuldner), Regressanspruch; – **en reddition de comptes** (*GesR*) Klage auf Rechnungslegung; – **en rédhibition** *ou* **rédhibitoire** (*ZPR*) Wandelungsklage, Klage des Käufers fehlerhafter Sachen auf deren Rücknahme und Zurückerstattung des Kaufpreises; – **en réduction du prix** Preisminderungsklage.

action réelle (*ZPR*) dingliche Klage, Realklage, Geltendmachung eines dinglichen Rechts, actio in rem; – **en réformation** Abänderungs- *od.* Aufhebungsklage; – **en réintégration** *ou* **réintégrande** (*ZPR*) Klage auf Wiedereinsetzung (in den vorherigen Stand); – **en remboursement** Klage auf Rückzahlung.

action en réparation du dommage (*ZPR*) Schadensersatzklage *f*; – **en répétition** Rückforderungsklage; – **en répétition de l'indû (= actio de in rem verso)** Rückgabeklage, Klage auf Rückgewähr der nicht geschuldeten Leistung; – **répressive** (*StPR*) Strafverfolgung *f*; – **en reprise** (*ZPR*) Rückgewährsklage; – **en rescision** (*ZPR*) Anfechtungsklage, Klage auf Auflösung (eines Vertrages); – **en résiliation** (*ArbR: contrat de travail*) Kündigungsklage; – **en résolution** *ou* **résolutoire** (*ZPR: contrats*) Aufhebungsklage, Wand(e)lungsklage, Klage auf Auflösung eines Vertrages; – **en restitution** (*ZPR*) Herausgabeklage, Rückerstattungsklage (S); – **en retranchement** Minderungsklage,

Klage auf Herabsetzung des vereinbarten Kaufpreises; **– en revendication d'hérédité** Erbschaftsklage; **– revendicative** (*ArbR*) Gewerkschaftsaktion, Arbeitskampf *m*; **– en révocation d'une donation** Schenkungsanfechtungsklage, Klage auf Widerruf einer Schenkung; **– en révocation** *ou* **révocatoire** (*ZRP: syn.: action paulienne*) Gläubigeranfechtungsklage.

action sanitaire et sociale (*SozR, VwR*) frz. Gesundheitsfürsorge(behörde); **– sociale** (*HR*) Klage der Gesellschafter zur Wahrung der Interessen der Gesellschaft; **– de société** (*GesR: titre de l'actionnaire*) Aktie, Aktienurkunde; **– souscrite** übernommene Aktie; **– de soutien des prix** (*Vwirt*) Preisstützungsaktion *f*.

action subrogatoire (*ZPR: = indirecte, = oblique*) Gläubigersicherungsklage; **– subversive** (*Pol*) Störaktion; **– syndicale** (*ArbR*) Gewerkschaftstätigkeit; Arbeitskampf *m*; **– transversale** bereichsübergreifende Maßnahme.

action de travail (*GesR, ArbR*) Belegschaftsaktie; **– sans valeur nominale** (*GesR*) nennwertlose Aktie; **– vedette** (*BörsenR*) Spitzenwert *m*; **– de vérification** Kontrollmaßnahmen *fpl*; **– à vote plural** Mehrstimmrechtsaktie.

actionnaire *m* Aktionär *m*, Aktieninhaber *m od.* -besitzer *m*, Anteilseigner *m*; **gros –** Großaktionär; **principal –** Hauptaktionär; **– majoritaire** Mehrheitsaktionär.

actionnariat *m* **ouvrier** Kapitalbeteiligung der Belegschaft am Unternehmen.

actionner *v.tr.* (*ZPR: intenter une action contre (qqn), poursuivre (qqn) en justice*) gegen jmdn. klagen, jmdn. gerichtlich belangen, jmdn. verklagen.

activer *v.tr.* vorantreiben, beschleunigen, forcieren;, stimulieren.

activité *f* (1) Tätigkeit *f*, Aktivität *f*, Fleiß *m*, (2) (*ArbR: travail dépendant ou indépendant*) Beschäftigung *f*, Erwerbstätigkeit *f*, Beruf *m*, (3) (*WirtR: branche ou secteur d'activité*) Wirtschaftszweig *m*, Industriezweig *m*, (4) (*machines*) Betrieb *m*, (5) (*VwR*) Dienstbetrieb *m*; aktiver Dienst *m* (des Beamten) in seiner Stammverwaltung *od.* Fachrichtung; **– accessoire** *ou* **annexe** (*ArbR*) Nebenbeschäftigung *f*, Nebentätigkeit *f*, Nebenerwerbstätigkeit *f*, Nebenerwerb *m*; **cessation d'–** (*HR*) Geschäftsaufgabe *f*; **champ** *ou* **domaine d'–** Tätigkeitsbereich *m*, Tätigkeitsgebiet *n*; **en –** im Dienst; **rapport d'–** Rechenschaftsbericht *m*, Tätigkeitsbericht; **taux d'–** (*Vwirt*) Erwerbsquote *f*.

activité ambulante (*HR*) Wandergewerbe *n*; **– artisanale** handwerkliche Tätigkeit, handwerkliche Berufsausübung; **– auxiliaire** Nebentätigkeit, unterstützende Tätigkeit; **– bancaire** Bankgewerbe *n*; **– bénévole** ehrenamtliche Tätigkeit; **– boursière** Börsenhandel; **– commerciale** (gewerbliche) Geschäftstätigkeit, kaufmännische Tätigkeit, Handel(sgewerbe); **– complémentaire (= – accessoire)** (*ArbR*) Nebentätigkeit; **– dépendante** (*ArbR: par opposition à activité non-salariée ou indépendante*) nichtselbständige Erwerbstätigkeit, abhängige Beschäftigung; **– économique** Wirtschaftstätigkeit; Geschäftstätigkeit.

activité illicite (*StR*) unerlaubte Tätigkeit, strafwürdiges Verhalten; **– indépendante** (*WirtR*) selbständige Erwerbstätigkeit; **– industrielle** Industriegewerbe *n*; **– intellectuelle** Geistestätigkeit *f*, Kopfarbeit *f*.

activité lucrative Erwerbstätigkeit; **– manuelle** Handarbeit *f*, körperliche Tätigkeit; **– non salariée (= indépendante)** selbständige Erwerbstätigkeit; **– occasionnelle** Gelegenheitsarbeit, gelegentliche Tätigkeit; **– parallèle (= – accessoire)** Nebentätigkeit, Nebenbeschäftigung; **– permanente** Dauerbeschäftigung; **– politique** politische Betätigung; **– principale** Hauptberuf, Haupttätigkeit; **– professionnelle** Beruf *m*; Berufstätigkeit; **– rémunérée** Erwerbstätigkeit; Beschäftigung gegen Entgelt; **– révolutionnaire** *ou* **subversive** (*StR*) staatsfeindliche

Umtriebe, umstürzlerische Tätigkeit; **– salariée** Tätigkeit als Lohnempfänger, lohnabhängige Tätigkeit.

activité de service (*VwR*) (aktives) Dienstverhältnis; **en – –** im aktiven Dienst, diensttuend.

activité syndicale (1) Gewerkschaftsarbeit *f*, (2) Tätigkeit der Berufsverbände; **– tertiaire** Dienstleistungsgewerbe; **– volontaire civique et désintéressée** gemeinnützige freiwillige Tätigkeit.

actuaire *m* (*FinanzW*) Versicherungs- u. Wirtschaftsmathematiker *m*, Aktuar *m*.

actualisation *f* (1) Aktualisierung *f*, Angleichung, Anpassung an die Gegenwart, (2) (*BankR*) Umschuldung, (3) Abzinsungsberechnung.

actualiser *v.tr.* aktualisieren, auf den neuesten Stand bringen.

actualité *f* Tagesereignisse *npl*, jüngste Geschehnisse; Zeitnähe *f*; Aktualität *f*, gegenwärtige Wirklichkeit; Gegenwart *f*, Gegenwartsbezogenheit *f*; **problème d'–** politisch wichtige aktuelle Frage.

actuariat *m* Beruf des Versicherungs- und Wirtschaftsmathematikers.

actuariel *adj* versicherungsmathematisch; **équivalent –** versicherungsmathematischer Gegenwert; **évaluation –le du régime de pension** (*SozVers*) versicherungsmathematische Bewertung der Versorgungsansprüche; **science –le** Versicherungsmathematik *f*; **taux – brut** (*WertpR*) Brutto (zins)satz *m*, Rendite *f* (eines Wertpapiers).

actuel *adj* gegenwärtig, jetzig, heutig; aktuell; **loi –le** geltendes Recht; **dommage –** bereits eingetretener Schaden.

acuité *f* (d'un conflit) Schärfe *f*, Zuspitzung; **– visuelle** Sehvermögen *n*.

adage *m* (*juridique*) Rechtssprichwort *n*; Lehrsatz *m*.

ad agendum *lat.* (*PrzR: pour agir en justice*) (zwecks) Prozessvollmacht *f*.

adaptabilité *f* Anpassungsfähigkeit *f*.

adaptation *f* (1) (*SchuldR: réaménagement d'un accord*) Anpassung, Änderung, Aktualisierung, (2) (*UrhR: œuvre littéraire*) Bearbeitung *f*; **– des prix** Preisanpassung; **– des rentes** Rentenanpassung *f*; **– technique** technische Umrüstung; **– au travail** Einarbeitung *f*.

adapter *v.tr.* anpassen, aufeinander abstimmen, angleichen.

addendum *m* (*notes additionnelles*) *lat* (souvent pl: addenda) Nachtrag *m*, Zusätze *mpl*.

additif *m* (1) (*ZR: acte additionnel, avenant*) Nachtrag *m*, Vertragszusatz *m*, Zusatzvereinbarung *f*, (2) (*LandwR: dans les produits alimentaires*) Zusatz (stoff) *m*; **– du budget** Nachtragshaushalt *m*.

addition *f* (1) Rechnung, (2) (*mention modificative dans un contrat*) Hinzufügung, Zusatz *m*, (3) (*BauR*) Gebäudevergrößerung; **certificat d'–** Zusatzpatent *n*; **– d'hérédité** Erbschaftsantritt *m*.

additionnel *adj* zusätzlich; ergänzend; nachträglich; **article –** (Gesetzes-) Ergänzung.

additionner *v.tr.* addieren, zusammenzählen, hinzufügen.

adduction *f* **d'eau** Wasseranschluss *m*.

adepte *m* / *f* Anhänger(in) *m/f*; Parteigänger(in); Verfechter(in); **– d'une religion** (*KirchR: un fidèle*) Kirchenmitglied *n*, Anhänger *m* einer Religionsgemeinschaft.

adéquat *adj* angemessen, entsprechend; richtig; **caractère –** Angemessenheit.

adéquation *f* Angemessenheit *f*; Betriebstauglichkeit *f*.

adhérent *m* Mitglied *n*; **carte d'–** Mitgliedsausweis *m*.

adhérer *v.tr.ind.* (1) (*SchuldR: à un contrat*) sein Einverständnis erklären, zustimmen, (2) (*ZR: à un groupement*) Mitglied werden, eintreten, beitreten; **– aux conditions d'assurance** die Versicherungsbedingungen anerkennen, sich unterwerfen; **– à un syndicat** seinen Beitritt (zu einer Gewerkschaft) erklären, beitreten.

adhésion *f* (1) (*ZR: assentiment, agrément, approbation*) Zustimmung *f*, Einverständnis *n*, Einwilligung *f*, (2) (*VR, ArbR*) Beitritt *m*, Mitgliedschaft *f*, Eintritt *m*; **bulletin d'–** Beitrittserklärung; **condition d'–** Aufnahmebedingung; **contrat d'–** (*SchuldR:*

dénomination pour tous les contrats dans la formation desquels le client ne peut qu'accepter les propositions unilatérales de l'autre partie) Adhäsionsvertrag *m*, Vertrag mit einseitig festgesetzten Vertragsbedingungen, Unterwerfungsgeschäft *n*; **déclaration d'–** (*VR*) Beitrittserklärung; **demande d'–** Aufnahme- *od.* Beitrittsantrag; **donner son –** seinen Beitritt erklären, beitreten; **droit d'–** Aufnahmegebühr *f*; **instrument d'–** (*VR*) Beitrittsurkunde.

adhésion à une association Eintritt in einen Verein; **– conditionnelle** bedingter Beitritt; **– facultative** freiwillige Mitgliedschaft; **– obligatoire** (*SozVers*) Zwangsmitgliedschaft *f*, Beitrittspflicht; **– au traité** Beitritt zum (völkerrechtlichen) Vertrag.

ad hoc *loc. lat.* (*à cet effet*) (eigens) zu diesem Zweck, zu diesem besonderen Zweck, hierfür.

ad impossibilia nemo obligatur *loc. lat.* zu unmöglichen Dingen wird niemand verpflichtet.

ad interim *loc. lat.* (*einstweilig, vorläufig*) mit der Wahrnehmung der Geschäfte betraut.

adiré *adj* (*WertpR: titre ou document perdu, détruit tout ou en partie*) verloren (gegangen); abhanden gekommen; verlegt.

adirement *m* (*ZR: mutilation d'un écrit, destruction*) Verlust *m* (einer Urkunde), Vernichtung *od.* Beschädigung eines Schriftstücks.

adition *f* **d'hérédité** (*ErbR: déclaration d'acceptation de la succession*) Erbschaftsannahmeerklärung *f*.

adjacent *adj* angrenzend; dazugehörig; umliegend, nebeneinander liegend.

adjoindre *v.tr.* hinzufügen; (Mitarbeiter) beiordnen.

adjoint *m* (1) (*ZR, ÖfR*) Stellvertreter *m*, (2) (*GemR*) Beigeordnete(r) *m*, Sekretär *m*; **– administratif** Verwaltungsangestellte(r) *m*, Amtsgehilfe *m*; **– au maire** stellvertretender Bürgermeister, Beigeordnete(r).

adjonction *f* Hinzufügung *f*, Zusatz *m*; Beiordnung *f*; **– de territoire** Gebietserweiterung *f*.

adjudicataire *m* (1) (*VwR: öffentl. Aufträge*) Auftragnehmer *m*, (2) (*Versteigerung*) Meistbietender *m*, Ersteher *m*, Ersteigerer *m*, erfolgreicher Bieter.

adjudication *f* (1) (*fait d'adjuger*) Zuschlag *m*, Zuschlagserteilung *f*, (2) (*vente aux enchères*) Versteigerung *f*, (3) (*marchés publics*) Vergabe *f* im Preiswettbewerb; **contrat d'–** Verdingungsvertrag *m*; **marché par –** Vergabe im Preiswettbewerb; **mettre en –** öffentlich ausschreiben; **procès-verbal d'–** (1) (*VwR: marchés publics*) Verdingungsverhandlungsprotokoll *f*, (2) (*PrzR: exécution forcée*) Zuschlags- *od.* Versteigerungsprotokoll *n*.

adjudication à la barre (*ZwangsVR*) gerichtliche Versteigerung; **– en bloc** Gesamtvergabe *f*; **– avec concours** (*VwR: marché public*) (*öffentlicher Auftrag*) Vergabe im (funktionalen) Leistungs- *od.* Ideenwettbewerb; **– sur folle enchère** erneute Versteigerung wegen mangelnder Zahlungsfähigkeit des ersten Ersteigerers; **– forcée** Zwangsversteige-rung; **– à forfait** Vergabe zu Pauschalpreisen; **– judiciaire** gerichtliche Versteigerung; **– sur licitation** öffentliche Versteigerung einer ungeteilten Sache zum Zwecke der Auseinandersetzung; **– par lots** Vergabe nach Losen; **– sur offres de prix** Vergabe, bei der der Bewerber Angebotspreise abzugeben hat.

adjudication ouverte (*VwR: marchés publics*) offenes Verfahren bei Vergabe im Preiswettbewerb; **– publique (ouverte)** öffentliche Ausschreibung, Vergabe im Preiswettbewerb (nach öffentlicher Ausschreibung); **– au rabais** Vergabe (eines öffentlichen Auftrages) an den Höchstrabattgewährenden; **– (publique) restreinte** nicht offenes Verfahren bei Vergabe im Preiswettbewerb, Vergabe im Preiswettbewerb nach beschränkter Ausschreibung; **– sur surenchère** Zuschlag auf Grund eines Übergebotes nach erfolgter Versteigerung.

adjudication de travaux publics

(*VwR: marchés publics*) öffentlicher Auftrag über Bauleistungen, Vergabe eines Bauleistungsauftrags; – **volontaire** (*ZR*) Versteigerungsauftrag *m*.

adjuger *v.tr.* (1) (*enchères*) zuschlagen, den Zuschlag erteilen, zusprechen, (2) (*VwR: marchés publics*) (*öffentliche Aufträge*) vergeben; – **les conclusions** (*PrzR*) gemäß Antrag erkennen; – **un marché** einen öffentlichen Auftrag vergeben.

adjuration *f* Beschwörung *f*, Beschwörungsformel *f*; Ablegung des Eides.

adjurer *v.tr.* jmdn. als Zeugen anrufen, sich auf jmdn. als Zeugen berufen.

adjuvant *m* (*MedizinR: préparation pharmaceutique*) Zusatzstoff *m*.

ad libitum *lat* nach Belieben.

ad litem *lat.*: **mandat – –** (*PrzR: ancienne dénomination toujours utilisée par les avocats du mandat de procédure*) Prozessvollmacht *f*.

admettre *v.tr.* (1) (*agréer, autoriser*) zulassen, annehmen, aufnehmen, (2) (*permettre*) gestatten, (3) (*déclarer comme reçu*) (eine Prüfung) als bestanden erklären; **il est désormais admis que** es hat sich die Erkenntnis durchgesetzt, dass . . .; – **une exception** eine Ausnahmegenehmigung erteilen; – **une faute** ein Verschulden eingestehen, zu geben; – **un pourvoi** ein Rechtsmittel für zulässig erklären; – **une réclamation** eine Beanstandung als berechtigt anerkennen; – **à la retraite** in den Ruhestand versetzen.

adminicule *m* (*ZPR: commencement de preuve*) unvollständiger Urkundenbeweis (der durch Zeugen zum vollen Nachweis erhärtet werden kann).

administrateur *m* (1) (*ZR: personne chargée de gérer des biens ou un patrimoine*) (Vermögens-) Verwalter *m*, (2) (*HR, GesR*) Vorstandsmitglied *n*, (3) (*VwR*) leitender Verwaltungsbeamter (im höheren Dienst), (4) (*EuR*) Verwaltungsrat; – **ad hoc** Pfleger *m*.

administrateur adjoint (*EuR*) Verwaltungsreferendar *m*; – **de biens** (*SachR*) Vermögensverwalter *m*; – **civil** (*BeamR: fonction publique de l'État*) leitender Verwaltungsbeamte (r), Beamte(r) der Ministeriallaufbahn; – **civil chef de bureau** frz. Ministerialrat; – **civil de 1ère classe** frz. Regierungsdirektor; – **civil de 2ème classe** frz. Oberregierungsrat; – **délégué** (*GesR*) geschäftsführender Direktor; – **gérant** (*SeeHR*) Korrespondentreeder *m*, Schiffsdisponent *m*.

administrateur judiciaire (1) (*InsolvenzR*) Insolvenzverwalter, (2) (*ZRP: mandataire de justice*) Verwalter (auf Grund gerichtlicher Anordnung), gerichtlich eingesetzter Verwalter; – **légal** (1) (*ZR: majeur protégé*) Pfleger *m*, Betreuer *m*, (2) (*FamR: mineur*) Vormund *m*, (3) (*SchuldR*) gesetzlicher Verwalter *od.* Vertreter; – **ordonnateur** (*HaushR*) Anweisungsbeamter (für den Vollzug des Haushaltsplans); – **provisoire** vorläufiger Pfleger; vorläufiger Vermögensvormund; – **au règlement judiciaire** (*InsolvenzR*) Vergleichsverwalter; – **séquestre** (1) (*dépositaire d'une somme*) Person bei der eine Geldsumme auf gerichtliche Anordnung hinterlegt wird, (2) (*administrateur judiciaire*) Zwangs- *od.* Sequesterverwalter; – **de société** (*GesR*) Vorstands- *od.* Verwaltungsratsmitglied; Geschäftsführer.

> Vorsicht: der *acte administratif* ist im frz. Verwaltungsrecht im Regelfall eine Allgemeinverfügung, also Rechtsverordnung, und nicht nur die Entscheidung zur Regelung eines Einzelfalles, also ein Verwaltungsakt. *L'acte administratif* umfasst im weiteren Sinne sämtliche durch die Verwaltung getroffenen einseitigen Maßnahmen.

administratif *adj* verwaltungsmäßig; behördlich; Amts-; verwaltungstechnisch; **acte –** (*ÖfR: toute mesure administrative de caractère unilatéral – par opposition aux contrats administratifs*) Verwaltungsmaßnahme *f*; Allgemeinverfügung *f*; Rechtsverordnung *f*; allgemeine Anordnung; **droit –** (*VerfR: ensemble des règles régissant les rapports* *entre l'Administration et les particuliers soumis à un régime de droit public*) Verwaltungsrecht *n*; **régime –** (*VwR*) dem Verwaltungsrecht unterliegende Angelegenheiten.

administratif *m* (*ArbR: membre du personnel d'administration*) Verwaltungskraft *f*.

administration *f* (1) (*ÖfR: avec majuscule, synonyme de service public*) (Staats-) Verwaltung *f*; Hoheitsverwaltung; Verwaltungsbehörde *f*, Behörde; Staatsorgan *n*, (2) (*ÖfR: synonyme de puissance publique*) Staat *m*, Staatsgewalt *f*, öffentliche Gewalt, (3) (*VwR: État en tant qu'employeur*) Dienstherr *m*, Dienststelle *f*, (4) (*ZR: gestion d'un patrimoine*) Vermögensverwaltung, (5) (*HR: gestion d'une société*) Geschäftsführung *f*, Unternehmensleitung *f*, (6) (*PrzR: administration de la preuve*) Beweisführung *f*; **acte de l'–** (*VwR*), Verwaltungsmaßnahme *f*; **acte d'–** (*ZR: opération de gestion normale d'un bien*) Vermögensverwaltung *f*; Handlung *od.* Geschäft im Rahmen der Geschäftsführung; **agent de l'–** (*im öffentlichen Dienst*) Bediensteter *m*, Verwaltungsbeamter *m*, Verwaltungsangestellter *m*; **attaché d'–** frz. Regierungsrat; **frais d'–** Verwaltungskosten *pl*; **personnel d'–** Verwaltungspersonal *n*; **pouvoir d'–** Verwaltungsbefugnisse *fpl*.

administration de l'assistance technique Dienststelle für technische Hilfe; **– autonome** (*ÖfR*) Selbstverwaltung; **– des biens** (*ZR*) Vermögensverwaltung; **– centrale** (*ÖfR*) frz. Zentralstaatliche Dienststellen, unmittelbare Staatsverwaltung; Oberste staatliche Behörde; **– communale** Gemeindeverwaltung; **– consultative** (*VwR*) Beratungsorgan.

administration décentralisée (*ÖfR*) dezentralisierte *od.* ausgelagerte Verwaltungsbehörde; **– déléguée** (*ÖfR*) Auftragsverwaltung; **– des dettes** Schuldenverwaltung; **– des domaines** Domänenverwaltung; **– des eaux et forêts** Forstverwaltung; **– de l'État** (*VerfR*) Führung der Staatsgeschäfte; **– expéditrice** (*UPU*) Absende- *od.* Abfertigungsverwaltung; **– de la faillite** (*InsolvenzR*) (S) Konkursverwaltung.

administration judiciaire (1) (*PrzR*) Justizverwaltung, (2) (*ZPR: administration sous contrôle judiciaire*) gerichtliche Verwaltung (des Vermögens); **– judiciaire de la preuve** (*ZPR*) Beweisaufnahme; **– de la justice** (*GVR*) Rechtspflege *f*; **– légale** (*FamR*) Vermögenssorge *f*; **– légale pure et simple** (*ZR*) Vermögensverwaltung; **– du livre de la dette** (*HaushR*) Schuldbuchverwaltung; **– locale** (*VwR*) örtliche Verwaltung(sbehörde) *f*; **– militaire** Militärverwaltung; **– de mission** (*ÖfR*) Daseinsvorsorge (durch die staatliche Verwaltung); **– municipale** Gemeindeverwaltung.

administration pénitentiaire (*StVZ*) Strafvollzugsbehörde *f*; Justizvollzugsanstalt *f*; **– des poids et mesures** Eichamt *n*; **– portuaire** Hafenverwaltung; **– postale** *ou* **des postes** Postverwaltung; **– de la preuve** (*ZPR*) Beweisantritt, Beweisführung; **– provisoire** (*ZwangsVR*) Zwangsverwaltung; **– publique** öffentliche Verwaltung; **– de la région militaire** Wehrbereichsverwaltung; **– sanitaire** Gesundheitsamt *n*; **– séquestre** Zwangsverwaltung; **– territoriale** (*ÖfR*) dekonzentrierte *od.* verlagerte Verwaltungsbehörde; **– et usage de substances nuisibles** (*MedizinR, WirtR*) Verabreichung und Verwendung von gesundheitsgefährdenden Stoffen.

administrativement *adv* verwaltungsmäßig; behördlich.

administré *m* (*VwR: personne soumise à une autorité administrative*) Staatsbürger *m* (im Verhältnis zu den Behörden), Bürger im Verhältnis zum Staat *od.* zur Verwaltung.

administrer *v.tr.* (1) (*gérer, diriger, mener*) verwalten, führen, leiten, lenken, (2) (*produire, fournir, apporter*) beibringen, vorlegen, anführen, (3) (*appliquer*) anwenden, geben; **– les biens** das Vermögen verwalten; **– une correction** züchtigen, körperlich bestrafen; **– un**

médicament eine Arznei verabreichen; **– un mourant** die letzte Ölung (einem Sterbenden) erteilen; **– la preuve** den Beweis führen.

admissibilité *f* (1) (*moyen de preuve*) Zulässigkeit *f*, (2) (*SchulR*) bestandene Vorprüfung; **liste d'–** Zulassungsliste *f*; **– à la fonction publique** Zugang *m* zu öffentlichen Ämtern.

admissible *adj* (1) annehmbar, vertretbar, (2) zulässig, gültig, statthaft; **tonnage –** (*SeeHR*) zulässiges Höchstgewicht; **– à un examen** (*HochschulR*) zur Prüfung zugelassen.

admission *f* Zulassung *f*, Aufnahme *f*; **âge d'– à la retraite** Pensionsalter *n*, Ruhestandsalter, Pensionsgrenze *f*, Renteneintrittsalter; **âge d'– au travail** Mindestalter *n* für die Arbeitsaufnahme; **bureau d'–** Aufnahmebüro *n*, Zulassungsstelle *f*; **concours d'–** Zulassungs- *od.* Aufnahmeprüfung; **demande d'–** Zulassungsantrag *m*, Aufnahme- *od.* Beitrittsantrag; **droit d'–** Aufnahme- *od.* Zulassungsgebühr, Eintrittsgeld; **examen d'–** Aufnahmeprüfung; **libre –** (*GewR*) freie Zulassung; **– aux épreuves (d'un examen)** Zulassung zur Prüfung.

admission au barreau Zulassung als Anwalt, Zulassung zur Ausübung der Rechtsanwaltsberufs; **– au bénéfice des prestations** (*SozR*) Gewährung von Leistungen; **– en bourse** Börsenzulassung; **– à la cote** Zulassung zur amtlichen Kursnotierung; **– des créances** (*InsolvenzR*) Anerkennung der Begründetheit der Insolvenzforderungen; **– à domicile** (*VwR*) Aufenthaltserlaubnis; **– à l'exercice d'une profession** Zulassung zur Berufsausübung; **– en libre pratique** (*ZollR*) Zulassung zum freien Verkehr; **– d'un membre** Aufnahme eines (neuen) Mitgliedes; **– officielle** amtliche Zulassung; **– à la preuve** Zulassung zum Beweis; **– à une profession** Berufszulassung; **– à la retraite** Versetzung in den Ruhestand.

admission temporaire (*ZollR*) Veredelungsverkehr *m*; **– au transport** Zulassung zum Verkehr.

admonestation *f* (*StPR*) Verwarnung *f*, Mahnung *f*, Verweis *m*; Vorhaltung *f*.

admonester *v.tr.* ermahnen, warnen, verwarnen, tadeln.

admonition *f* (*VwR: syn. admonestation*) Verwarnung *f*.

ADN *m* (*MedizinR: acide désoxyribonucléique*) Desoxyribonukleinsäure (= DNS *od.* DNA) *f*.

ad nutum *loc. lat.*: **révocable – –** (1) (*mandat*) jederzeit aufhebbar, (2) (*personne*) abberufbar ohne Einhaltung einer Kündigungsfrist.

adolescence *f* Jugendalter *n*, Jugend *f*.

adolescent *m* Jugendlicher (zwischen 14 und 18 Jahre alt) *m*, Heranwachsender *m*; **–e** junges Mädchen.

adoptant *m* (*FamR: celui qui adopte un enfant*) Annehmende(r) *m*.

adopté *m* (*FamR*) Angenommene(r) *m*, angenommenes Kind *n*.

adopter *v.tr.* (1) (*FamR*) an Kindes Statt annehmen, adoptieren, (2) (*ÖfR: Gesetz*) annehmen, verabschieden, beschließen über, (3) (*HR: Ware*) einführen; **– un amendement** einem Abänderungsantrag *m* stattgeben; **– le budget** den Haushalt verabschieden *od.* beschließen; **– une loi** ein Gesetz verabschieden, beschließen *od.* annehmen; **– une méthode** ein Verfahren heranziehen; **– un modèle** das Modell (eines Geräts) einführen; **– à l'unanimité** einstimmig annehmen.

adoptif *adj* Wahl-; **filiation adoptive** Adoptionsverhältnis.

adoption *f* (1) (*FamR*) Annahme an Kindes Statt, Adoption *f*, (2) (*ÖfR*) Wahl *f*; Billigung *f*, Annahme *f*, Bestätigung *f*; **contrat d'–** Adoptionsvertrag, Kindesannahmevertrag; **patrie d'–** Wahlheimat; **– d'un texte** Verabschiedung eines Gesetzes; **– des motifs** (*PrzR*) Übernahme *f* der Urteilsbegründung.

adoption d'une loi Verabschiedung eines Gesetzes; **– plénière** (*FamR*) adoptio plena, Adoption mit voller Eingliederung in die Adoptivfamilie; **– du procès-verbal** Annahme *od.* Genehmigung des Protokolls; **– simple** (*FamR*) adoptio minus plena; Adoptionsverhältnis, in dem der

Adoptierte nicht die volle rechtliche Stellung eines ehelichen Kindes erlangt.

adoucir *v.tr. fig* entschärfen, mildern, verbessern.

adoucissement *m* Lockerung; **– de peine** Strafmilderung *f*.

ad personam *lat.* (1) (*SchuldR*) Forderungsrecht (gegenüber dem Schuldner), (2) *pej* unsachlicher Angriff auf eine Person.

ad probationem *lat.* (*PrzR: à fin de preuve*) zu Beweiszwecken.

adressage *m* (*DV*) Adressierung.

adresse *f* (1) (*ZR: suscription*) Anschrift *f*, Adresse *f*, (2) (*ÖfR: requête*) Eingabe *f*, Bittschrift *f*, Denkschrift *f*, (3) (*ArbR: habileté*) Gewandtheit *f*, Geschicklichkeit *f*, (4) *f* (*DV*) Speicherstelle, -zelle, Adresse; **– au besoin** (S) Notadresse *f*; **– commerciale** Geschäftsadresse; **– convenue** Deckadresse; **– postale** Postanschrift.

adresser *v.tr.* adressieren, richten; weisen, schicken; **s'– à qqn.** sich wenden an.

adroit *adj* geschickt, gewandt.

adulte *m* Erwachsene(r) *m*, Volljährige (r) *m*; *adj* erwachsen.

adultération *f* (*StR: altération d'un acte juridique*) (Urkunden-) Fälschung *f*, Verfälschung *f*.

adultère *m* (1) (*FamR: infidélité d'un époux*) Ehebruch *m*, (2) (*FamR: époux infidèle*) Ehebrecher *m*.

adultère *adj* ehebrecherisch.

adultérer *v.tr.* (*Urkunde*) verfälschen.

adultérin *adj* aus einem Ehebruch stammend; **enfant –** im Ehebruch gezeugtes Kind.

ad usum (*lat.: suivant la coutume*) gewohnheitsrechtlich.

ad valorem *lat.* (*ZollR*) auf den Wert (der Ware berechnet).

adversaire *m* (1) (*ZPR*) (Prozess-) Gegner *m*, gegnerische Partei im Prozess, Gegenseite *f*, (2) *Allgspr.* Widersacher *m*, Gegenspieler; **–s irréductibles** unversöhnliche Gegner.

adverse *adj* gegnerisch; widrig; **avocat –** Anwalt des Gegners, Gegenanwalt *m*; **fortune –** Missgeschick *n*; **partie –** Gegenpartei *f* im Prozess.

adversus *lat.* (*PrzR: formule consacrée: contre ./. = adversaire au procès*) gegen.

aérien *adj*: **droit –** Luftfahrtrecht, Luftverkehrsordnung; **ligne –ne** Fluglinie (nverkehr); **service – régulier** (regelmäßiger) Fluglinienverkehr; **transport –** Fluggasttransport *m*; Luftfracht *f*; **transporteur –** Luftverkehrsunternehmen.

aérodrome *m* (*syn.: aéroport*) Flughafen *m*; Flugplatz *m*.

aérogare *f* Flughafengebäude (für die Abfertigung).

aéronef *m* Luftfahrzeug *n*.

aéroport *m* Flughafen *m*; **– d'arrivée** Bestimmungsflughafen *m*; **– de débarquement** Bestimmungsflughafen *m*, Ausladeflughafen; **– de dégagement** *ou* **– de déroutement** Ausweichflugplatz; **– de destination** Bestimmungsflughafen; **– international** internationaler Flughafen; **– militaire** Fliegerhorst *m*; **– de transbordement** Umladeflughafen.

aéroportuaire *adj*: **autorités –s** Flughafenbehörde *f*; **sécurité –** Flughafensicherheit *f*.

aérospatial *adj* die Luft- u. Raumfahrt betreffend.

affacturage *m* (*HR: l'anglicisme factoring est aussi utilisé en France*) Faktoringvertrag, Factoring *n*, (Sonderform der) Inkassozession.

affaiblissement *m* Schwächung *f*, Dämpfung, Abnahme, Milderung, Verschlechterung; **– de l'État** Aushöhlung des Staates.

affaire *f* (1) (*ZPR: cause soumise au juge, différend, procès*) (bürgerlicher) Rechtsstreit, Rechtssache *f*, Prozess *m*, Fall *m*, (2) (*StPR: procès pénal*) Strafsache *f*, (3) (*HR: entreprise industrielle ou commerciale*) Geschäft *n*, Handel *m*, Handelsgeschäft *n*, Betrieb *m*, Unternehmung *f*, (4) (*HR: marché conclu avec qqn.*) Vertrag *m*, Handelskauf *m*, Handelsgeschäft, (5) (*HR*) günstiges Geschäft, profitabler Abschluss, (6) (*VwR*) Angelegenheit *f*, Sache *f*; **conclusion d'une –** Geschäftsabschluss *m*; **étouffer une –** eine Sache totschweigen *od.* vertuschen; **être mêlé à une –** in einen Skandal verwickelt sein; **juger**

une – ein Urteil in einem Rechtsstreit fällen; **plaider une –** jn. vor Gericht vertreten, einen Prozess (als Anwalt) führen; **radier une –** eine Rechtssache (aus dem Gerichtsregister) streichen, ein Verfahren absetzen; **renflouer une –** ein Geschäft sanieren; **vider une –** (*ZPR: rendre un jugement*) einen Rechtsstreit entscheiden.

affaire civile *ou* **– en matière civile** (*ZPR*) bürgerliche Rechtsstreitigkeit, Zivilsache *f*; **– classée** (*VwR, StR*) erledigte Angelegenheit; **– commerciale** Handelssache *f*, Rechtsstreit aus Handelsgeschäften; **– communicable** Rechtsstreit, über den der Staatsanwalt von Amts wegen in Kenntnis gesetzt werden muss; **– au comptant** Bar- *od.* Kassageschäft; **– conclue** abgeschlossenes Geschäft; **– connexe** (*ZPR*) Rechtsstreit mit einem inneren Zusammenhang zu einer anderen Sache; **– contentieuse** Rechtsstreit.

affaire déficitaire (*HR*) Verlustgeschäft *n*; unrentable Firma; **– diplomatique** diplomatische Angelegenheit; **– disciplinaire** Disziplinarsache, Dienststrafsache; **– disjointe** abgetrenntes Verfahren; **– élucidée** geklärter Fall.

affaire en état (*PrzR: litige en état d'être jugé après l'instruction préparatoire*) entscheidungsreife - spruchreife - *od.* urteilsreife Sache; **– florissante** (*HR*) blühendes Geschäft.

affaire gracieuse Angelegenheit der freiwilligen Gerichtsbarkeit, Außerstreitsache (Aut); **– de gros sous** *pej* Streitsache, in der es um viel Geld geht; **– en instance** (bei Gericht) anhängige Sache.

affaire litigieuse *ou* **– en litige** (*ZPR*) Rechtsstreit *m*; Streitgegenstand *m*; **– pénale** (*StPR: par opposition à affaire civile*) Strafsache; **– pendante** (*ZPR*) rechtshängige Sache, schwebendes Verfahren; **– de peu d'importance** (*ZPR*) Bagatellsache; **– prospère** (*WirtR*) ertragreiches Geschäft; **– rentable** lohnendes Geschäft; **– sommaire** Bagatellsache; **– de vacation** (*ZRP*) Feriensache.

affaires *fpl* (1) (*ÖfR: activités d'intérêt public*) Verwaltungsobliegenheiten *fpl*, Staatsangelegenheiten *fpl*, Staatsaufgaben *fpl*, (2) (*HR: activités économiques, opérations*) Geschäftstätigkeit *f*, Geschäfte *npl*, Wirtschaftstätigkeit *f*, Wirtschaft *f*, (3) (*SchuldR: situation matérielle d'une personne*) Vermögenslage *f*, wirtschaftliche *od.* finanzielle Lage, (4) (*SachR: effets personnels*) Hab und Gut *n*, Habe *f*, Habseligkeiten *fpl*, Besitztum *n*, Sachen *fpl*; **arrêt des –** Geschäftsstillstand *m*; **chargé d'–** (*VR*) Geschäftsträger *m*; **droit des –** Wirtschaftsrecht, Handelsrecht i.w.S; **expédier les – courantes** die laufenden Angelegenheiten erledigen; **extension des –** Geschäftserweiterung; **faire de mauvaises –** schlechte Geschäfte machen, sich verspekulieren.

affaires: **gérant d'–** (1) (*ZR: dans le cadre de la gestion d'affaires – art. 1372–1373 Cciv*) Geschäftsführer *m*, (2) (*HR, GesR: mandataire chargé de l'administration des affaires sociales*) (*Handelsgeschäft*) Geschäftsleiter *m*, (*Personengesellschaft*) Geschäftsführer; **homme d'–** Geschäftsmann *m*; **lettre d'–** Geschäftsbrief *m*; **montant des –** Nettoumsatz *m*; **relation d'–** Geschäftsverbindung, Geschäftspartner; **secret d'–** Betriebs- *od.* Geschäftsgeheimnis; **surveillance des –** Geschäftsaufsicht *f*; *loc.*: **toutes – cessantes** unverzüglich, sofort.

affaires communales (*VwR*) Gemeindeangelegenheiten; **– pour compte propre** (*BörR, ZR*) Geschäfte für eigene Rechnung; **– courantes** (*StaatsR*) laufende Geschäfte *pl.*

affaires étrangères (1) auswärtige Angelegenheiten, (2) Außenministerium; **commission des – –** Ausschuss für auswärtige Angelegenheiten; **Ministère des – –** frz. Außenministerium *n*, Auswärtiges Amt.

affaires intérieures (*ÖfR*) innere Angelegenheiten; **– jointes** (*ZPR*) verbundene Rechtssachen.

affairisme *m* (*BörR*) Spekulationsgeschäfte *npl*; Geschäftemacherei *f*.

affairiste *m* Spekulant *m*, Geschäftemacher *m*.

affaissement *m* (1) (*Kurse, Preise*) Dämpfung, Sinken *n*, Einbruch *m*, (2) (*Boden*) Senkung, Erdrutsch.

affectataire *m* (1) Verfügungsberechtigte(r) *m*, (2) (*logement*) Eingewiesene(r), Nutznießer *m*; **– secondaire** Zweitbenutzer.

affectation *f* (1) (*BeamR*) Versetzung (sverfügung) Zuweisung *f* (eines Dienstpostens), (2) (*SachR: détermination de la finalité d'un bien*) Bestimmung des Verwendungszwecks, Widmung; Rechtslage der so verwendeten Sache, (3) (*WirtR*) Zuwendung; Anweisung (von Gütern); Ausstattung, (4) (*Buchf*) Anrechnung; **décision d'–** (1) (*BeamR*) Versetzungsverfügung, (2) (*VwR*) Widmungsverfügung; **lieu d'–** Dienstort *m*; **patrimoine d'–** Vermögen (einer Stiftung); **sans – déterminée** ohne Zweckbindung.

affectation administrative Zweckbestimmung öffentlicher Sachen; **– des bénéfices** (*GesR*) Verwendung des Jahresüberschusses; **– budgétaire** Zweckbindung von Haushaltsmitteln; **– à un but** (*ZR*) Zweckbestimmung; **– hypothécaire** Verwendung eines Grundstücks zur Sicherung einer Forderung; **– de logement** Einweisung in eine Wohnung; **– des mémoires** (*DV*) Speicherzuweisung; **– en nantissement** Übergabe als Sicherheit *od.* zum Pfand (Aut); **– perpétuelle** Dauerwidmung; **– des reliquats** Verwendung der Restbestände *od.* -beträge; **– aux réserves** (*GesR*) Zuführung zu den Rücklagen; **– au service de défense** Wehrdienstverpflichtung.

affecter *v.tr.* (1) (*BankR: Geldmittel*) zuteilen, zuwenden, (2) (*ZR: Vermögensgegenstände*) für einen Zweck bestimmen, widmen, (3) (*Gesundheit*) beeinträchtigen, (4) (*BeamR*) abstellen, versetzen, unterstellen; **– le commerce** den Handel beeinträchtigen; **– des crédits** Mittel zuwenden *od.* aufwenden; **– à un emploi** (*BeamR*) in eine Planstelle einweisen; **– aux réserves** (*GesR*) in die Rücklagen einstellen.

affectio societatis *loc. lat.* (*HR, GesR: intention de s'associer, volonté de collaboration*) Wille *m* zur wirtschaftlichen Zusammenarbeit; gemeinsam verfolgter Zweck, gegenseitige Verpflichtung zur Förderung eines gemeinsamen Zweckes.

affection *f* (1) (*SozVers*) (langwieriges) Leiden, Beeinträchtigung des Wohlbefindens, (2) Zuneigung.

afférent *adj* zukommend, gebührend; betreffend; **données y –es** relevante Daten; **part –e** (*ErbR*) (auf jeden Erben) entfallender Anteil.

affermage *m* (1) (*LandwR: bail à ferme*) Pacht *f*, Pachtvertrag *m*, Verpachtung *f*, (2) (*HR*) entgeltliche Überlassung (einer Sache) zu Werbezwecken.

affermer *v.tr.* pachten, verpachten.

affermir *v.tr.* festigen, stärken, untermauern.

affermissement *m* Stärkung, Festigung.

affichage *m* (1) (*VwR*) (amtliche) Bekanntmachung, Anschlag *m*, Plakatanschlag, Aushang *m*, (2) Anzeige, Bildschirmanzeige *f*; **panneau d'–** Anschlagtafel *f*, schwarzes Brett; **– des données** (*DV*) Datenanzeige; **– électoral** Anschlag von Wahlplakaten; **– des prix** Preisaushang *m*, Preisauszeichnung *od.* -bekanntgabe; **– public** öffentlicher Anschlag; **– publicitaire** Plakatwerbung *f*; **– au tribunal** Anschlag bei Gericht, Anschlag an der Gerichtstafel.

affiche *f* Plakat *n*, Anzeigeblatt *n*, Zettel *m*, Anschlag *m*, Aushang *m*, Bekanntmachung *f*, Kundmachung; **– administrative** öffentlicher Anschlag; **– électorale** Wahlplakat; **– publicitaire** Werbeplakat *n*.

afficher *v.tr.* (öffentlich) anschlagen *od.* bekanntgeben, kundmachen, plakatieren (Aut).

affidavit *m* (1) (*HR, ZPR*) eidliche Aussage, Affidavit *n*, eidesstattliche Versicherung, beschworene Erklärung (Aut), (2) (*WertpR, SteuerR*) Steuerbefreiung; **– de banque** Bankaffidavit.

affiliation *f* (1) (*ZR: adhésion*) Beitritt *m*, Aufnahme *f* (als Mitglied), (2) (*SozR: rattachement*) Mitgliedschaft *f*, Zugehörigkeit *f*, (3) (*GesR: admission, entrée*)

Eingliederung *f*, Angliederung *f*; **certificat d'–** Mitgliedsausweis *m*; **cessation de l'–** Beendigung des Versicherungsverhältnisses; **liberté d'–** Versicherungsfreiheit *f*; Beitrittsfreiheit; **plafond d'–** Versicherungspflichtgrenze *f*.

affiliation à une caisse (*SozVers*) Mitgliedschaft bei einer Krankenkasse; **– obligatoire** Zwangsmitgliedschaft *f*; **– obligatoire à l'assurance** Pflichtversicherung; **– à la sécurité sociale** Mitgliedschaft in der Sozialversicherung.

affilié *m* (1) Mitglied *n*, (2) (*SozVers*) Versicherte(r) *m*.

affilié *adj* beigetreten, versichert; **– aux assurances sociales** sozialversichert.

affilier: **s'–** *v. pron.* Mitglied werden, beitreten; sich eingliedern, sich anschließen.

affinité *f* (1) (*FamR: parenté par alliance*) Schwägerschaft *f*, (2) *Allgspr.* Ähnlichkeit, Wahlverwandtschaft *f*.

affirmatif *adj*: **dans l'affirmative** wenn ja; **répondre par l'affirmative** mit Ja antworten; **serment –** Eidesleistung über das Bestehen einer Forderung.

affirmation *f* (1) (*attestation*) Bekräftigung, Beteuerung *f*, feierliche und ausdrückliche Versicherung *f*, (2) (*simple assertion*) Behauptung *f*, (nicht bewiesene) Erklärung *f*, (3) Aussage *f*; **– de compte** (*Buchf*) Versicherung über die Richtigkeit einer Rechnungslegung; **– de créance** (*InsolvenzR*) Anmeldung und Glaubhaftmachung einer Forderung; **– discutable** zweifelhafte Aussage; **– péremptoire** entscheidende, absolute Aussage; **– de procès-verbal** Beeidigung der Richtigkeit des Protokolls.

affirmer *v.tr.* (1) beteuern, versichern, bejahen, (2) behaupten.

afflictif *adj* (*StR: qui punit le criminel corporellement par opposition à peine infamante*) körperlich strafend, peinigend.

affluence *f* (1) Zufluss *m*, (2) *fig* Zudrang, Andrang *m*; **heures d'–** Hauptgeschäftszeit *f*, Stoßzeit.

afflux *m* Zulauf *m*, Zustrom *m*, Häufung *f*; **– de capitaux** Kapitalzustrom *od.* -zufluss *m*; **– de devises** Devisenzustrom.

afforestation *f* (*LandwR: boisement*) Aufforstung.

affouage *m* Holzgerechtigkeit (in den Staats- u. Gemeindeforsten).

affranchir *v.tr.* (1) (*hist.: Sklave*) freilassen, (2) (*Post*) freimachen, frankieren, (3) (*SteuerR*) entlasten, Steuerfreiheit gewähren.

affranchissement *m* (1) Befreiung, Freilassung *f*, (2) (*Post*) Frankatur *f*; Freimachen *n*, Frankierung *f*; **dispense d'–** Portofreiheit; **tarif** *ou* **taxe d'–** Post- *od.* Beförderungsgebühr *f*; **– insuffisant** unzureichend frankierte Sendung; **– manquant** nicht freigemachte Sendung.

affrètement *m* (1) Befrachtung *f*, Verfrachtung *f*, Charterung, (2) (*SeeHR*) Charter- *od.* Seefrachtvertrag *m*, Chartepartie *f*, (3) Flugzeugchartervertrag; **bourse d'–** Frachtenbörse *f*; **bureau d'–** Frachten- *od.* Verfrachtungsbüro; **conditions d'–** Be- *od.* Verfrachtungsbedingungen; **contrat d'–** Fracht- *od.* Chartervertrag, Chartepartie.

affrètement coque nue (*SeeHR*) Vollcharter *m*, Schiffsmiete *f*; Bareboat--Charter; **– à la cueillette** Verfrachtung auf Stückgüter; **– obligatoire** Zwangsbefrachtung; **– partiel** (1) (*SeeHR*) Teilcharter *m*, (2) Stückgutfrachtvertrag; **– à temps** Zeitverfrachtung, Zeitcharter; **– total** Voll- *od.* Ganzcharter; **– au voyage** Reisecharter *m*.

affréter *v.tr.* (1) befrachten, chartern, (2) verfrachten; **avion –té** Chartermaschine, Charterflugzeug; **– un navire** ein Schiff chartern.

affréteur *m* Charterer *m*, Befrachter *m*, Chartergesellschaft *f*.

affront *m* grobe Beleidigung, Beschimpfung, Schmach *f*.

affrontement *m* Kampf *m*, Zusammenprall *m*, Aufeinandertreffen *n* (von Truppen).

affronterie *loc.* frecher Betrug, Unverschämtheit.

afin de *loc. prép. suivie de l'inf.* zu dem Zweck, um zu.
afin que *loc.conj.: suivi du subj.* damit.
AFNOR *f* (= *association française de normalisation*) Französisches Institut für Normung.
a fortiori *loc.adv.* (= *à plus forte raison*) um so mehr.
âge *m* (1) Alter *n*, Lebenszeit *f*, Lebensabschnitt *m*, (2) alte Menschen, Menschen einer bestimmten Altersstufe, (3) Zeitraum *m*, Zeitalter *n*, Epoche *f*; **bénéfice de l'–** Vorzug infolge des Alters; **classe d'–** Altersgruppe *f*; **conditions d'–** Alterserfordernis *n*; **deuxième –** Jugendalter, Mannesalter; Jugendlicher; **dispense d'–** Befreiung vom Alterserfordernis; **limite d'–** Altersgrenze *f*; **premier –** Kleinkindalter; Kleinkind; **quatrième –** (*SozVers: âge de la dépendance*) Pflegefälle *mpl*; Altersabschnitt über 75, vorgerücktes *od.* hohes *od.* pflegebedürftiges Alter; Personen im Alter über 75; (häufig:) bettlägrige und auf fremde Hilfe angewiesene alte Menschen; **troisième –** (*SozVers: âge de la retraite*) Senioren *pl*; dritter Lebensabschnitt, Alter (60 bis 75); ältere, nicht mehr im Arbeitsprozess stehende Menschen, Personen im Pensions- *od.* Rentenalter.
âge actif erwerbsfähiges Alter; **– légal** (gesetzliches) Mindestalter; **– légal de la retraite** gesetzliches Ruhestandsalter *od.* Verrentungsalter; **– limite** Altersgrenze; **– de la majorité** (*ZR*) Volljährigkeit *f*; **– maximum** Höchstalter, obere Altersgrenze *f*; **– mental** psychischer Behinderungsgrad, geistige Reife; **– minimal d'admission** (*ArbR*) Zulassungsalter, Mindestalter; **– minimum** Mindestalter; **– de raison** Einsichtsfähigkeit *f*, Verstandesfähigkeit, Alter der Vernunft; **– de la retraite** (*SozR: limite d'âge*) Pensions- *od.* Rentenalter; Ruhestand *m*; **d'– scolaire** im schulpflichtigen Alter; **– de travailler** erwerbsfähiges Alter.
agence *f* (1) (*WirtR*) Agentur *f*, Geschäftsstelle *f*, Vertretung *f*, (2) (*BankR*) Zweigstelle *f*, (3) (*Außh*) Niederlassung *f*, Filiale *f*, (4) (*ÖfR*) Dienstelle *f*, Büro *n*, Agentur *f*; **contrat d'–** (*HR*) Handelsvertretervertrag, Agenturvertrag; **– d'achats** Einkaufsgenossenschaft; **– artistique** Künstler- und Schauspieleragentur *f*; **– d'assurance** Versicherungsagentur; **– bancaire** Bankfiliale *f*, Zweigstelle (einer Bank); **– de bassin** (*VwR*) Wasserwirtschaftsamt *f*; **– commerciale** Handelsagentur; **– pour le contrôle des armements** Rüstungskontrollamt *n*; **– d'émigration** Auswanderungsagentur *od.* -behörde.
agence européenne pour l'environnement (= EEA) Europäische Umweltagentur *f*; **– générale** (*VersR*) Generalagentur.
agence immobilière Immobilienmakler *m*, Grundstückshändler *m*; **– d'intérim** Zeitarbeits- *od.* Zeitpersonalvermittlung, Leiharbeitsfirma; **– internationale de l'énergie atomique** (AIEA) Internationale Atomenergieorganisation (IAEO); **– matrimoniale** Eheanbahnungsinstitut *n*, Ehevermittlungsbüro.
agence nationale pour l'emploi (= ANPE) frz. zentrale Arbeits(vermittlungs)behörde *f*; **– nationale pour la récupération et l'élimination des déchets (= ANRED)** frz. Zentralamt für die Müllverwertung und Müllbeseitigung.
agence de placement (*ArbR*) privates Arbeitsvermittlungsbüro; **– de presse** Presseagentur *f*, Nachrichtenzentrale; **– de publicité** Werbeagentur *f*; **– de relations publiques** Public Relations, Öffentlichkeitsarbeits-, Kontaktpflegestelle *f*; **– théâtrale** Künstleragentur; **– de travail temporaire** Zeitarbeitsvermittlungstelle *f*; **– de vente** Verkaufsagentur; **– de voyages** Reisebüro *n*.
agencement *m* Gruppierung, Zusammenstellung, Ineinandergreifen (verschiedener Tätigkeiten); **– des procédures de paiement** Zahlungsverfahrengestaltung.
agenda *m* (1) Terminplan *m*, Terminkalender *m*, (2) (*Pol*) Agenda *f*, Programm *n*, Zukunftsrichtlinie(n) *f(pl)*.

agent *m* (1) (*abstrakt*) Ursache *f*; Anlass *m*; Agens *n*, Mittel *n*, (2) (*ÖfR*) Beauftragter *m*, Bevollmächtigter *m*, (3) (*StR*) Straftäter *m*, (4) (*BeamR: employé de la fonction publique*) Bediensteter *m*, Beamter *m*; Polizeibeamter, (5) (*HR*) (Handels-) Vertreter *m*, Agent *m*, Vertrags- *od.* Geschäftsvermittler *m*, (6) (*UmweltR: substance active*) Wirkstoff *m*; **– d'achat** (*HR*) Einkäufer (einer Firma); **– administratif** *ou* **de l'administration** (*ÖfR*) Verwaltungsangestellter *od.* -beamter *m*; **– d'affaires** (*HR*) Beauftragter, Handlungsbevollmächtigter *m*; Geschäftsmann *m*; **– d'assurances** (*VersR*) Versicherungsvertreter *m od.* -agent; **– atomique** (*MilR*) atomarer Kampfstoff; **– auxiliaire** Hilfskraft *m*, Hilfsbeamte *m*; **– bancaire** Bankagent; **– biologique** biologischer Kampfstoff; **– en brevet** Patentanwalt *m*; **– cancérigène** krebserregende Substanz.

agent de change (amtlich zugelassener) Börsenmakler, (amtlicher) Kursmakler, Sensal *m* (Aut); **– chargé du contrôle** (*EuR*) Kontrollbeamte *m*; **– civil non fonctionnaire** (*ÖfR*) Angestellter *od.* Arbeiter im öffentlichen Dienst.

agent commercial (mandataire) (*HR*) (selbständiger) Handelsvertreter, Handelsagent; **– à la commission** Vertreter auf Provisionsbasis; **– comptable** (1) (*HR*) Buchhalter *m*, Rechnungsführer, (2) (*ÖfR*) rechnungsführender Beamte(r); **– de conduite** (*SNCF*) Zugführer *m*; **– consulaire** Konsulatsangestellte *m*; **– contractuel** *ou* **sous contrat** (1) (*ÖfR*) (Behörden-) Angestellte(r), Vertragsbedienstete(r) *m*, (2) (*VersR*) reversierter Vertreter; **– des contributions** Steuer- *od.* Finanzbeamter; **– sous contrôle** (*Geheimdienst*) Doppelagent; **– convoyeur** Begleitperson (für Geldtransporte).

agent diplomatique (*VR*) diplomatischer Vertreter, Diplomat *m*; **– de direction** leitender Angestellte(r); **– en disponibilité** (B) Wartestandsbeamte(r); **– en douane** Zollmakler, Grenzspediteur, Zollkommissionär, Zollagent; **– des douanes** Zollbeamte(r).

agent économique (*Vwirt*) Wirtschaftssubjekt *n*; Wirtschaftsteilnehmer *m*; Wirtschaftseinheit *f*; **– d'encadrement** (*ArbR*) Führungskraft, leitender Angestellter; **– encaisseur** (*HR*) Inkassovertreter; **– d'entretien** Reinigungskraft *f*; **– de l'État** Staatsbeamte(r), Staatsbedienstete(r); **– exclusif** (*HR*) Alleinvertreter; **– d'exécution** (1) (*ÖfR*) Beamte (r) des einfachen Dienstes, Amtsgehilfe, (2) (*ArbR*) Arbeiter *m*, Ausführungskraft *f*.

agent de fabrication (*ArbR*) (angelernter) Arbeiter; **– fiduciaire** Treuhänder *m*; **– financier** Anlageberater *m*; **– de la force publique** Polizeibeamte (r); **– forestier** Forstbeamte(r), Beamte(r) der frz. Staatsforsten; **– général** (*HR*) Generalagent *m*, Generalvertreter *m*; **– huissier du Trésor** (*ZwangsVR*) Inkassobeamter (zur Eintreibung der Staatsschulden); **– immobilier** Grundstücks- *od.* Immobilienmakler, Immobilien- *od.* Realitätenhändler *m* (Aut); **– intérimaire** (*ArbR*) Zeit(arbeits)kraft; **– international** (*VR*) Bedienstete(r) einer internationalen Behörde; **– judiciaire du Trésor** Finanzbeamter zur Vertretung des Staats vor Gericht (zur Eintreibung der Staatsforderungen); **– de liaison** Verbindungsmann *m*; **– local** (*HR*) Ortsvertreter *m*, Platzagent *m*; Ortskraft *f*; **– de maîtrise** (1) (*ÖfR*) Angestellte(r) in gehobener Stellung, (2) (*ArbR*) leitender Angestellter, Meister *m*, technische Aufsichtsperson; Vorarbeiter; **– maritime** (*SeeHR*) Schiffsmakler; **– multiple** (*HR*) Mehrfachagent; **– de la navigation** (*SeeHR*) Schiffsagent; **– négociateur** (*HR*) Vermittlungsagent; **– nocif** (*UmweltR*) gesundheitsschädliche Substanz; **– non qualifié** (*EU*) Amtsgehilfe; **– occasionnel** (*HR*) Gelegenheitsagent.

agent de police Polizeibeamte(r), Polizist *m*, Schutzmann *m*, Wachmann (Aut); **– de la police judiciaire** (*StPR*) Kriminalbeamte(r) *m*, Kripobeamte(r); Hilfsbeamte(r) der Staatsanwaltschaft; **– polluant** (*UmweltR*) Schadstoff *m*, Verunreinigung; **– des postes** Postbeamte(r); **– principal** (1) (*HR*) Hauptagent *m*, (2) (*ÖfR*) Beamte(r) des mittleren Dienstes; **– de probation** (*StVZ*) Bewährungshelfer *m*; **– de production** (*ArbR*) angelernter Arbeiter; **– en propriété industrielle** Patentanwalt; **– prospecteur** (*VersR*) Akquisiteur *m*; **– provocateur** (*StR*) agent provocateur, Lockspitzel *m*; Unruhestifter *m*, Hetzer *m*; **– public** Beamte(r) *od.* Angestellte(r) des öffentlichen Dienstes; **– de publicité** Werbefachmann *m*, Werbeagent.

agent qualifié (*EU*) Hauptamtsgehilfe; **– recenseur** Volkszähler *m*; **– régional** (*HR*) Bezirksvertreter *m*; **– de renseignements** Geheimagent *m*, Spion *m*; **– de sécurité** Sicherheitsbeauftragte(r); **– de service** Amtsgehilfe; **– souscripteur** (*VersR*) Abschluss- *od.* Versicherungsagent; **– de surveillance** Aufsichtsperson *f*, Aufseher *m*.

agent technico-commercial (*WirtR*) Sachbearbeiter *m*, Industriekaufmann *m*; **– technique** (*ArbR*) Fachkraft *f*; Ingenieur *m*; Labortechniker *m*; **– temporaire** (*ArbR*) Zeit(arbeits)kraft; Bedienstete auf Zeit *m*; **– titularisé** (*ÖfR*) (in eine Planstelle eingewiesener) Beamte(r); **– de vente** (*HR*) Verkaufsagent; **– verbalisateur** (*StVR*) Polizeibeamte(r) als Aussteller einer gebührenpflichtigen Verwarnung *od.* eines Bußgeldbescheides.

agglomération *f* (*StVR*) (geschlossene) Ortschaft; Stadt *f* mit Vororten; Ballungsraum *m*; **– parisienne** Großraum Paris; **– urbaine** Stadtgebiet *n*.

aggravant *adj* erschwerend, straf(ver)schärfend.

aggravation *f* Erschwerung *f*, Verschärfung; Steigerung; Verschlimmerung; **– d'un impôt** Steuererhöhung; **– de peine** (*StPR*) Straf(ver)schärfung *f*, Erhöhung der Strafe; **– de peine en cas de récidive** Strafverschärfung bei Rückfall; **– des risques** (*VersR*) Gefahren- *od.* Risikoerhöhung *f*.

aggraver *v.tr.* verschärfen, verstärken, erschweren; verschlimmern, verschlechtern; **– le risque** eine Gefahrenerhöhung darstellen.

agio *m* (1) (*BankR: commission, rémunération bancaire*) Agio *n*, Bankprovision *od.* -spesen, (2) (*BörR*) Aufgeld *n*; Zuschläge *mpl*, (3) (*WirtR, StR*) (gesetzwidrige) Börsenspekulation, Agiotage *f*; **– d'escompte** (*WechselR*) (Wechsel-) Spesen; Zinsabzug -abschlag.

agiotage *m* Agiotage *f*, Börsenspekulation.

agioter *v. intr.* (*BörsenR*) spekulieren.

agioteur *m* Börsenspekulant *m*.

agir *v. intr.* (1) handeln, einschreiten, tätig werden, (2) (*agir contre qqn.*) (jemanden) belangen, vorgehen gegen, (3) (*agir sur qqn.*) beeinflussen, einwirken, (4) (*agir auprès de qqn*) vermitteln, sich für jemanden verwenden, (5) (*ZPR: intenter une action en justice*) klagen, eine Klage einreichen; **il est urgent d'–** es besteht Handlungsbedarf; **– dans le cadre des lois** sich an das Gesetz halten; **– dans l'impunité totale** keine Strafe zu fürchten haben; **– en divorce** auf Scheidung klagen; **– ès qualités** in seiner Eigenschaft als ... handeln; **– en exécution** auf Erfüllung Klagen; die Zwangsvollstreckung betreiben; **– en justice** (*ZPR: ester en justice*) (vor Gericht) klagen, eine Klage erheben *od.* anstrengen; **– au nom de qqn.** handeln im Auftrag *od.* im Namen (von); **– d'office** von Amts wegen vorgehen; **– à ses propres frais** (*ZPR*) die Kosten für ein Verfahren (selbst) übernehmen; **– à ses risques et périls** auf eigene Gefahr handeln; **– sur ordre** (*MilR*) auf Anweisung handeln.

âgisme *m* (*ArbR*) Diskriminierung älterer Arbeitnehmer.

agissant: **s'– de** *loc.* in bezug auf, hinsichtlich.

agissements *mpl* (*StR: ensemble de manœuvres et de procédés blâmables pour* *parvenir à un but*) Machenschaften *fpl*, Handlungen *fpl*; Umtriebe *mpl*; Praktiken *fpl*; **– clandestins** geheime Umtriebe; **– délictueux** strafbares Verhalten; **– déloyaux** (*HR*) unlautere Wettbewerbshandlungen; **– dolosifs** (*ZR*) arglistige Täuschung, Arglist *f*; **– frauduleux** betrügerisches Verhalten; **– illicites** gesetzwidriges Verhalten, unerlaubte Handlungen; **– suspects** verdächtiges Verhalten.

agitateur *m* (*StR*) Rädelsführer *m*, Unruhestifter *m*, Aufwiegler *m*.

agitation *f* (*StR*) Volksverhetzung; Unruhestiftung; **– dans l'assemblée** störende Unruhe (während einer Versammlung); **– sociale** gesellschaftspolitische Unruhe.

agiter *v.tr.* (*StR*) aufwiegeln; **– une question** eine Frage erörtern *od.* durchsprechen.

agnat *m* (*FamR*) Blutsverwandter *m* väterlicherseits, Schwertmagen *m*.

agnation *f* (*FamR*) Blutsverwandtschaft *f* väterlicherseits.

agoniser *v. intr.* in den letzten Zügen liegen, im Todeskampf sein.

agrafe *f* (Heft-) Klammer *f*.

agraire *adj*: **réforme –** Bodenreform *f*.

agrandissement *m* Vergrößerung, Entwicklung.

agréage *m* (*HR: agrément dans les ventes à livrer non conformes*) Zustimmungserklärung *f*; Genehmigung.

agréation *f* (1) (*assentiment*) Genehmigung *f*, (2) (B) Zulassung.

agréé *m* (*HR*) Prozessvertreter *m* bei den frz. Handelsgerichten; **traducteur –** (gerichtlich) zugelassener Übersetzer.

agréer *v.tr.* zulassen, genehmigen.

agrégat *m* (1) (*Vwirt*) (wirtschaftliche) Global- *od.* Gesamtgröße *f*, Hauptposten der volkswirtschaftlichen Gesamtrechnung, (2) (*HaushR: mpl*) Eckdaten *pl* des Haushaltsplans; **– monétaire** Geldmenge *f*.

agrégation *f* (1) (*admission*) Zulassung *f*, Aufnahme *f*, (2) (*HochschulR: admission sur concours*) durch Auswahlwettbewerb erworbene Lehrbefähigung zur Unterrichtung an frz. Gymnasien bzw. Hochschulen; **– de droit** (*HochschulR*) frz. Habilitation (auf Grund einer Leistungsprüfung im Auswahlwettbewerb).

agrégé *m* (*HochschulR*) Inhaber einer Lehrbefähigung für Gymnasien u. Universitäten; **– de droit** *ou* **– des facultés de droit** Inhaber einer Lehrbefähigung für ein juristisches Lehramt (an einer Universität).

agrément *m* (1) (*ÖfR*) Erlaubnis *f*, Genehmigung *f*, Billigung *f*, (2) (*VwR*) Bewilligung, Zulassung, (3) (*BeamR*) Bestätigung (im Amt), (4) (*SchuldR: approbation, adhésion*) (Vertrags-) Beitritt *m*; **demande d'–** (*VR*) Agrément- *od.* Genehmigungsgesuch; **donner son –** (1) (*SchuldR*) seine Zustimmung geben, (2) (*VR*) das Agrément erteilen; **– commercial** Gewerbeschein.

agréments *mpl* (*BauR: attraits*) Annehmlichkeiten.

agrès *mpl* (*SeeHR: apparaux*) Takelwerk *n*, Schiffs(aus)rüstung *f*.

agresser *v. tr. d.* angreifen; überfallen.

agresseur *m* Angreifer *m*, Aggressor.

agression *f* (1) (*VR*) Angriff(skrieg) *m*, Aggression, Überfall *m*, (2) (*StR: attaque contre les personnes ou les biens protégés par la loi pénale*) Angriff auf Leib und Leben; (mutwillige) Sachbeschädigung; **– acoustique** (*UmweltR*) Lärmbelästigung *f*; **– armée** bewaffneter Angriff; **– flagrante** offenkundige Aggression; **– sexuelle** (*StR*) sexuelle Nötigung.

agressivité *f* **latente** unterschwellige Aggressivität.

agricole *adj* landwirtschaftlich.

agriculteur *m* **à titre principal** Haupterwerbslandwirt *m*; **– de montagne** Bergbauer *m*.

agriculture *f* Landwirtschaft *f*, Ackerbau *m*; **– biologique** ökologische *od.* biologische Landwirtschaft.

agro-alimentaire *m* (*LandwR: syn.: agro-industrie*) Nahrungsmittelindustrie *f*; Ernährungswirtschaft *f*.

agronome *m*: **ingénieur –** frz. Diplom-Landwirt.

agronomie *f* Landwirtschaftswissenschaft.

agronomique *adj*: **Institut national –**

(= INA) frz. zentrales Landwirtschaftsamt.

aguichage *m* (*HR: Werbung*) Aufmerksamkeit (für ein einzuführendes Produkt) erwecken *od.* erregen.

aidant(e) *m/f* (*SozR: aide de personnes âgées dépendantes*) Altenpfleger(in) *m/f*; **aidants familiaux** *mpl* mitarbeitende Familienangehörige.

aide *f* (1) (*SozR: assistance, secours*) Hilfe *f*, Unterstützung *f*, Beistand *m*, (2) (*VwR*) Beihilfe *f*, (3) *m et f* (*adjoint, assistant*) Hilfskraft *f*, Gehilfe *m*, Helfer *m*, (4) *pl* (*prestations pécuniaires*) finanzielle Unterstützung; **à l'– de** *loc.* mittels.

aide à l'accès *ou* **d'accès au droit** (*PrzR: partie de l'aide juridique concernant l'information des personnes sur leurs droits et obligations et l'aide à la réalisation desdits droits*) Rechtsinformation im Rahmen der Rechtshilfe; **– d'accompagnement** (*Vwirt: politique écomomique*) flankierende Maßnahme; **– d'adaptation** Anpassungsbeihilfe *f*; **– administrative** (*VwR*) Amtshilfe *f*; **– alimentaire d'urgence** Nahrungsmittelsoforthilfe; **– en capital** Kapitalhilfe.

aide aux chômeurs (*SozR*) Arbeitslosengeld *n*; **– aux chômeurs créateurs ou repreneurs d'entreprise (= ACCRE)** Existenzgründungszuschuss *m*, *umg* Ich-AG *od.* Familien-AG *f*; **– communautaire** Gemeinschaftsbeihilfe; **– compensatrice** Ausgleich *m*; **– complémentaire** ergänzende Beihilfe; **– conditionnelle** mit Auflagen verbundene Hilfe.

aide au développement (*VR*) Entwicklungshilfe; **– économique** Wirtschaftshilfe; **– à l'exportation** Ausfuhr- *od.* Exportförderung; **– extérieure** Entwicklungs- *od.* Auslandshilfe.

aide familiale (*SozR*) Haushaltshilfe *f*; Familienfürsorge *f*; **– financière** Finanzhilfe, finanzielle Unterstützung; **– fiscale** Steuererleichterung; **– à fonds perdu** verlorener Zuschuss; **– gouvernementale** staatliche Beihilfe.

aide humanitaire humanitäre Hilfe, Soforthilfe *f* für unverschuldet in Not geratene Menschen; **– immédiate** Soforthilfe; **– indirecte** mittelbare Stützungsmaßnahme; **– intérimaire** Übergangs- *od.* Überbrückungsgeld.

aide judiciaire (1) (*PrzR: aujourd'hui on dit aide juridique et aide juridictionnelle*) Prozesskostenhilfe *f*, (2) (*IPR*) Rechtshilfe *f*; **convention d'– –** Rechtshilfevereinbarund *od.* -übereinkommen; **demande d'entre- – –** Rechtshilfeersuchen.

aide juridictionnelle (*PrzR: partie principale de l'aide juridique consistant dans la prise en charge des frais de justice – qui remplace aujourd'hui l'aide judiciaire*) Prozesskostenhilfe *f*; **– juridique** (*PrzR: forme particulière d'aide sociale pour garantir l'accès au droit*) Prozesskostenhilfe *f*; Übernahme der Rechtsberatungskosten; **– matérielle** wirtschaftliche Unterstützung; **– maternelle** Kindergärtneringehilfin *f*; **– médicale** Arzthelfer(in), Sprechstundenhilfe; **– médicale urgente** ärztlicher Notdienst.

aide-mémoire *m* (*VR: mémorandum*) Denkschrift *f*.

aide ménagère à domicile Haushaltshilfe *f*; **– morale** geistiger Beistand, moralische Unterstützung; **– mutuelle administrative** (*VwR*) Amtshilfe in Verwaltungsangelegenheiten; **– mutuelle judiciaire** (*IPR*) gegenseitige Rechtshilfe; **– aux pays en voie de développement** Entwicklungshilfe *f*.

aide personnalisée au logement (= APL) (*SozR: prêts aidés*) öffentliche Förderung des Familienheimbaus und von Ausbaumaßnahmen, Aufwendungsdarlehen *od.* Zuschüsse; Wohnungsbaudarlehen *n*; **– personnelle** persönliche Hilfeleistung; **– aux personnes âgées** (*SozR*) Altenhilfe *f*; Altersfürsorge *f*; **– aux personnes âgées à domicile** (*SozR*) häusliche Pflege und Betreuung alter Menschen.

aide publique (1) (*SozR*) öffentliche Fürsorge, (2) (*WirtR*) staatliche Unterstützung *od.* Beihilfe; **– à la**

réadaptation (*MedizinR*) Rehabilitationsmaßnahmen *fpl*; **– de reclassement** (*SozR*) Berufsförderung; **– à la reconversion** (*SozR*) Umschulungsbeihilfe *f*.

aide sociale *f* (1) Sozialhilfe *f*, (2) *m et f* (*SozR: agent public*) Sozialhelfer(in) *m/f*; **– – aux adultes** Erwachsenenfürsorge; **– – à l'enfance** Erziehungsbeihilfe.

aide spécifique (*SozR*) gezielte Beihilfe, Sonderbeihilfe; **– structurelle** (*WirtR*) Strukturhilfe; **– technique** (1) frz. Ersatzdienst (in Entwicklungsländern), (2) technische Zusammenarbeit; **– au tiers monde** Entwicklungshilfe; **– aux travailleurs sans emploi** Arbeitslosenhilfe; **– de trésorerie** (*BankR*) Überziehungs- *od.* Kontokorrent-Kredit.

aïeux *mpl* Vorfahren *mpl*, Ahnen.

aigrefin *m* Gauner *m*; Betrüger *m*; Schlaukopf *m*.

aigu *adj* akut, zugespitzt, brennend; **crise –e** Krise auf dem Höhepunkt.

aiguilleur *m* **du ciel** Fluglotse *m*.

aîné *adj. et n.m.* älter, ältest; erstgeboren; der Ältere.

aînesse *f*: **droit d'–** (*hist*) Erstgeburtsrecht *n*.

air *m* (1) Luft *f*, (2) *fig.* Ansehen *n*, Gebärde *f*, Mienenspiel *n*; **Ministère de l'–** Luftfahrtministerium; **pirate de l'–** Flugzeugentführer; **transports par –** Beförderung im Luftverkehr; **– pur** saubere Luft, gesunde Luft; **– vicié** verschmutzte Luft.

aire *f* (1) (*ZR: surface de terrain, superficie*) Fläche *f*, Flächeninhalt *m*, (2) (*VwR: région plus ou moins étendue*) geographisch abgegrenztes Gebiet; **– d'action** Tätigkeitsbereich *m*; **– d'application** Anwendungsbereich; **– de danger** Gefahrenzone *f*; **– d'embarquement** Landestelle; Verladungshafen; **– linguistique** Sprachraum *m*; **– de repos** Rastplatz *m*; **– de stationnement** Parkplatz *m*; **– de stockage** Lagerfläche *f*.

aisance *f* Wohlstand *m*, Behaglichkeit; Leichtigkeit; **cabinet d'–(s)** Bedürfnisanstalt *f*, WC *n*, Abtritt *m*.

aisances et dépendances *fpl* (*SachR: style notarial*) Zubehör *m*; **– de voirie** (*VwR*) Anlieger(nutzungs)rechte *npl*.

ajourné *adj* vertagt, auf einen späteren Zeitpunkt verschoben.

ajourné *m* (*MilR*) Zurückgestellte(r).

ajournement *m* (1) (*ZPR: acte d'huissier de justice par lequel le demandeur invite son adversaire à se présenter devant une juridiction, syn.: assignation, exploit d'huissier*) (gerichtliche) Ladung *f* (des Beklagten durch den Kläger), (2) (*PrzR: renvoi du jugement d'une affaire à une date ultérieure*) Aussetzung des Verfahrens, Vertagung der Entscheidung (durch das Gericht), Verlegung des Verfahrens (auf einen späteren Termin), (3) (*FinanzW: moratoire*) Aufschub *m*, Stundung; **délai d'–** Ladungsfrist *f*; **exploit d'–** (*ZPR: acte d'huissier de justice*) Klagezustellung (durch den Gerichtsvollzieher); Klageschrift.

ajournement à l'audience (*ZPR*) Ladung zum Termin *od.* zur Verhandlung, Ladung zur Tagsatzung (Aut); **– à comparaître** (*StPR*) Vorladung; **– d'incorporation** (*MilR*) Zurückstellung *f* vom Wehrdienst; **– de la peine** (*StR*) Strafaufschub; **– d'un procès** Vertagung eines Termins; **– du prononcé de la peine** (*StPR*) Nichtverkündung des Strafurteils; **– de la publication** (*MuW*) Aufschiebung der Veröffentlichung; **– sine die** (*lat*) Vertagung auf unbestimmte Zeit.

ajourner *v.tr.* (1) (*ZPR*) (den Beklagten) laden, (2) (*PrzR*) (die Verhandlung) vertagen, verlegen, aufschieben, (3) (*SchuldR*) (die Zahlung) stunden, (4) (*MilR*) (den Wehrpflichtigen) zurückstellen, (5) (*SchulR*) nicht (zur Prüfung) zulassen.

ajout *m* (*ZR: élément ajouté à un acte écrit*) (=) Hinzufügung *f*, nachträgliche Ergänzung, Nachtrag *m*.

ajouter *v.tr.* hinzufügen, ergänzen; **– foi à une déclaration** eine Erklärung für glaubwürdig halten; **– une pièce au dossier** ein Schriftstück der Akte beifügen.

ajustement *m* (1) Abstimmung, Anpassung, (2) Berichtigung, Richtigstellung; **– à la baisse** Anpassung nach unten; **– des cours** Kursangleichung; **– monétaire** Währungsanpassung; **– des prix** Preisangleichung; **– des salaires** Lohnanpassung *od.* -angleichung *f*; **– des tarifs** (1) (*HR*) Preiserhöhung, (2) (*ZollR*) Erhöhung *od.* Herabsetzung der Zollsätze; **– de la valeur** Wertberichtigung *f*.

ajuster *v.tr.* (1) (*rendre conforme à la norme*) angleichen, (2) (*régler avec précision*) einstellen, regulieren, (3) (*adapter*) anpassen, aufeinander abstimmen.

alarme *f* Alarm *m*, Warnmeldung *f*; **dispositif d'–** Warnanlage, Alarmanlage *f*; **voyant d'–** Warnlicht *n*; **– électronique** elektronische Überwachung.

alcoolémie *f* Blutalkohol(gehalt) *m*, Alkoholspiegel *m*; **taux légal d'–** gesetzlicher Grenzwert des Blutalkoholgehalts.

alcoolique *m* (1) Alkoholsüchtige(r) *m*; **infraction sous l'influence d'un état –** (*StR*) Alkoholdelikt *n*.

alcoolisme *m*: **lutte contre l'–** Maßnahmen gegen den Alkoholmissbrauch.

alcootest *m* (*StVR*) Blutprobe *f*, Untersuchung des Blutalkoholgehalts.

aléa *m* (*ZR: événement imprévisible*) Zufall (sereignis).

aléatoire *adj* zufällig, zufallsbedingt, vom Zufall abhängig; **contrat –** (*SchuldR*) Vertrag mit nachträglicher Bestimmung des Leistungsumfangs; Spiel u. Wette; Leibrente.

alerte *f* Alarm; **état d'–** Alarmbereitschaft; **procédure d'–** (*HR, InsolvenzR*) Verfahren zur Abwendung einer drohenden Insolvenz; **système d'–** Frühwarnsystem *n*; **– anticipée** Frühwarnung; **– à la bombe** Bombenalarm; **– à la pollution** Umweltverseuchungswarnung *f*.

alibi *m* Alibi *n*, Beweis der Abwesenheit vom Tatort.

aliénabilité *f* (*SachR, SchuldR*) Veräußerlichkeit *f*, Übertragbarkeit (eines Rechts).

aliénable *adj* veräußerlich, übertragbar.

aliénataire *m* Erwerber, Rechtsnachfolger.

aliénateur *m* Veräußerer *m*.

aliénation *f* (1) (*ZR: transmission du droit de propriété*) Veräußerung *f* (des Eigentums), gesetzliche *od.* rechtsgeschäftliche (Eigentums-) Übertragung *f*, Rechtsübertragung, (2) (*Pol*) Entfremdung; **prix d'–** Veräußerungspreis *m*; **– de gré à gré** freihändige Veräußerung.

aliénation mentale (*MedizinR*) Geisteskrankheit *f*, Geisteszerrüttung *f*, Wahnsinn *m*; **– à titre gratuit** unentgeltliche Übertragung; Erbeinsetzung; Schenkung; **– à titre onéreux** entgeltliche Übertragung; Kauf *m*; **– à titre particulier** Veräußerung einer einzelnen Sache *od.* eines einzelnen Rechts; **– à titre universel** Übertragung einer Rechts- *od.* Sachgesamtheit; **– entre vifs** Veräußerung unter Lebenden.

aliéné *adj* (1) (*Sache*) veräußert, abgetreten, (2) (*Person*) geisteskrank.

aliéné *m* **mental** Geisteskranke(r) *m*; **– mental interné** in einer psychiatrischen Anstalt eingewiesene(r) *od.* untergebrachte(r) Geisteskranke(r).

aliéner *v.tr.* (*SachR: céder par aliénation*) veräußern, abtreten, übertragen.

aliéniste *m* Nervenarzt *m*, Neurologe, Facharzt für Nervenkrankheiten.

alignement *m* (1) Ausrichtung *f*, Angleichung, Anpassung *f*, (2) (*BauR*) (Bau-) Fluchtlinie, (3) (*Pol*) Blockbildung; Gleichschaltung; **arrêté d'–** Bauleitplan, Baulinienfeststellungserlass; **frapper d'–** zur Einhaltung der Baulinie verpflichten; **plan d'–** Fluchtlinienplan *m*; **servitude d'–** Verpflichtung zur Einhaltung der Baulinie; **– monétaire** Währungsanpassung; **– des prix** Preisangleichung; **– des salaires** Lohnanpassung.

aliment *m* Nahrungsmittel *n*, Nahrung *f*, Lebensmittel *fpl*; **fraude et falsification des –s** (*StR*) Täuschung im Lebensmittelhandel; **– indigeste** ungenießbares Nahrungsmittel.

alimentaire *adj*: **industrie –** Nahrungsmittelindustrie *f*; **obligation –** Unterhaltspflicht *f*; **pension –** Unterhaltsrente *f*.

alimentation *f* (1) Ernährung *f*, (2)

(*Energie*) Versorgung, Zuleitung, Zufuhr *f*; **magasin d'–** Lebensmittelgeschäft *n*; **– en eau potable** Trinkwasserversorgung; **– en électricité** Stromversorgung.

aliments *mpl* (*FamR: prestation ayant généralement pour objet une somme d'argent*) Unterhalt *m* (in Geld, nur ausnahmsweise in Natur); Unterhaltszahlung *f*, Alimente *pl*; **créance d'–** Unterhaltsanspruch *m*, Unterhaltsforderung; **créancier d'–** Unterhaltsberechtigte(r) *m*; **débiteur d'–** (*FamR*) Unterhaltsschuldner *m*; **dette d'–** Unterhaltsverpflichtung *od.* -pflicht; **droit à des –** Unterhaltsanspruch; **filouterie d'–** (*StR*) Zechprellerei; **– de base** Grundnahrungsmittel *npl*.

alinéa *m* (1) (*subdivision des articles d'un code*) Absatz *m* eines (Gesetzes-) Artikels, (2) *Allgspr.* Absatz (als Anfang einer neuen Zeile).

allégation *f* (1) (*PrzR*) Geltendmachung von rechtserheblichen Tatsachen; (Prozess-) Vorbringen *n*; Ausführungen *fpl*, (2) (*i.w.S.*) Behauptung; mutmaßlicher Sachverhalt.

allégeance *f* Pflichttreue *f*; **double –** Doppelstaatsangehörigkeit; **rompre l'– envers qqn.** sich (von einer Gruppierung) lossagen; **– politique** politische Zugehörigkeit.

allégement *m* (1) (*WirtR, SteuerR: on écrit aussi: allègement*) Erleichterung *f*, Entlastung *f*, Milderung *f*, (2) (*SeeHR*) Ladungsverringerung *f*, Leichtern *n*; **– de dette** Umschuldung *f*, Abbau der Schuldenlast; **– fiscal** Steuererleichterung *od.* -senkung.

alléger *v.tr.* (1) (*diminuer, réduire*) erleichtern, verringern, herabsetzen, (2) (*adoucir, atténuer*) mildern, entlasten.

alléguer *v.tr.* (1) (*PrzR: invoquer pour sa défense*) vorbringen, anführen, (2) behaupten.

aller *v. intr.* gehen, sich fortbewegen, fahren; **cela va sans dire** das versteht sich von selbst; **au pis –** schlimmstenfalls, im Notfall; **– aux informations** Informationen sammeln; **– prendre** abholen; **– aux prud'hommes** vor einem Arbeitsgericht klagen; **– aux urnes** (*ÖfR: aller voter*) wählen, zur Wahl schreiten.

alliance *f* (1) (*VR*) Bündnis *n*, Allianz *f*, (2) (*FamR*) Schwägerschaft *f*; **conclure une –** ein Bündnis schließen; **traité d'–** Bündnisvertrag *m*; **– atlantique** atlantisches Verteidigungsbündnis; **– défensive** Schutzbüdnis *n*, Verteidigungspakt *m*; **– économique** Wirtschaftsabkommen; **– électorale** Wahlbündnis; **– militaire** Militärbündnis.

allié *m* (1) (*VR*) Verbündete(r) *m* Bündnispartner *m*, Alliierte(r) *m*, (2) (*FamR*) angeheirateter Verwandte(r), Verschwägerte(r) *m*.

allier: **s'– à** *v. pron.* sich verbünden mit.

allocataire *m* (*SozR: bénéficiaire d'une allocation*) Arbeitslosengeld- *od.* Beihilfeempfänger; Leistungsberechtigter.

allocation *f* (1) (*SozR: avantage accordé*) Beihilfe *f*, Zulage *f*, Zuschuss *m*, Zuwendung *f*, (2) (*attribution*) Bewilligung (einer Summe), Gewährung *f*, Unterstützung *f*; **– d'allaitement** Stillgeld *n*; **– d'ancienneté** (S) Alterszulage *f*; **– d'assistance** Unterhaltsgeld *n*, Sozialhilfe *f*; **– de base** Grundbetrag (des Arbeitslosengeldes); **– pour charges de famille** Familienzulage *od.* -zuschuss; **– de chef de famille** Zulage für den Familienvorstand; **– de chômage** Arbeitslosenunterstützung *f*, Arbeitslosengeld *n*; **– de chômage partiel** Kurzarbeitergeld *n*; **– compensatoire** Ausgleichsbetrag *m*; **– complémentaire** (1) (*Soz Vers*) Ergänzungsleistung *f*, ergänzende Beihilfe, (2) (*VersR*) Auffüllungsbetrag *m*; **– de conversion professionnelle** Umschulungsbeihilfe *f*.

allocation (de) décès Sterbegeld; **– de déplacement** Reisekostenvergütung *f*; **– pour enfant à charge** Kindergeld *n*; **– d'études** Studien- *od.* Ausbildungsbeihilfe; **– exceptionnelle** Sonderzulage; **–s familiales** Familienleistungen *fpl*, Familienbeihilfe *f*, Kindergeld *n*; **– aux femmes en couches** Wochenhilfe, Wochengeld; **– de fin de droits** Arbeitslosenhilfe (nach Ausschöpfung des Anspruchs auf Arbeitslosengeld); **– fixe** Fixum *n*; **– de fonctions** Stellenzulage *f*; **– de formation professionnelle** Ausbildungsbeihilfe *f*; **– globale** (*Entwicklungshilfe*) Rahmenzusage; **– d'hébergement** Unterkunftsbeihilfe *f*; **– d'incapacité permanente** Berufsunfähigkeitsbeihilfe; **– journalière** (1) Tagegeld, (2) Krankengeld *n*.

allocation de logement Wohngeld, Mietbeihilfe; **– de maladie** Krankengeld; **– de mariage** Heirats- *od.* Ehestandsbeihilfe; **– de maternité** Geburtsbeihilfe *f*, Wochengeld; **– de ménage** Haushaltungszulage; **– de la mère au foyer** Hausfrauenzulage *f*; **– à la naissance** *ou* **– de naissance** Geburtsbeihilfe; **– en nature** Naturalleistung, Deputat *n*; **– d'orphelin** Waisenrente, Kindergeld.

allocation aux personnes âgées (*SozVers*) Altenhilfe *f*; **– pour personnes à charge** Zulage *f* für unterhaltsberechtigte Personen; **– prénatale** Schwangerschaftsbeihilfe; **– provisionnelle** einstweilige *od.* vorläufige Geldleistung; **– de raccordement** Überbrückungsgeld *n*; **– de renchérissement** Teuerungszulage; **– de résidence** Ortszuschlag *m*; **– de retour à l'emploi** (*SozR*) Arbeitslosengeld *n*; **– de retraite** Altersruhegeld; **– de réversion** Hinterbliebenenrente *od.* -bezüge.

allocation de salaire unique Alleinverdienerbeihilfe *f*, Hausfrauenzulage *f*; **– scolaire** Erziehungs- *od.* Ausbildungsbeihilfe; **– de séjour à l'étranger** Auslandszulage; **– de séparation** Trennungsgeld *n*; **– de solidarité spécifique (= ASS)** (*SozR: allocation au chômeur en fin de droits*) Grundsicherungsleistung (für Arbeitslose); **– de subsistance** Unterhaltsbeihilfe; **– supplémentaire du fonds national de solidarité** Hilfe zum Lebensunterhalt (für Kleinrentner, die das Existenzminimum nicht aufbringen können).

allocation temporaire (*SozR*) Überbrückungsgeld, zeitlich begrenzte Beihilfe; **– unique** einmalige Zuwendung; **– de veuf** Witwerrente; **– de veuve** *ou* **de veuvage** Witwenrente; **– viagère** Unterstützung auf Lebenszeit; **– de vie chère** Teuerungszulage *f*; **– de vieillesse** Altershilfe, Ruhegeld.

allocution *f* Rede *f*, (kurze) öffentliche Ansprache.

allonge *f* (*WechselR*) Allonge *f*, Anhangzettel *m* (S).

allongement *m* (1) Verlängerung, Ausdehnung, (2) Prolongierung; Stundung; **– du séjour** Aufenthaltsverlängerung.

allonger *v.tr.* Frist verlängern.

allotir *v.tr.* Anteile zusammenstellen (zwecks Verteilung).

allotissement *m* Anteil *m*.

allouer *v.tr.* bewilligen, gewähren, zugestehen, zuerkennen, zuteilen; **crédit alloué** bereitgestellte Mittel; **– une concession** eine Konzession verleihen; **– une indemnité** eine Entschädigung gewähren; **– une somme d'argent** einen Betrag zuerkennen *od.* zusprechen.

allure *f* (*StVR*) Geschwindigkeit.

allusion *f* Anspielung; **faire – à** anspielen auf, erwähnen.

alluvions *fpl* (*ZR*) Anschwemmung; **terrain d'–** (*SachR*) angeschwemmtes Land.

alors que *adv* da, während; obwohl.

alourdir *v.tr.* erschweren, belasten.

alphabétique *adj*: **par ordre –** in alphabetischer Reihenfolge.

alphabétisation *f* Alphabetisierung (skampagne).

altérable *adj* (*Nahrung*) (leicht) verderblich.

altera pars *lat* der andere Teil, die Gegenpartei; **audiatur – –** die Gegenpartei möge gehört werden.

altération *f* (1) (*StR: le fait de fausser la vérité*) Verdrehung (der Wahrheit), Verfälschung *f*, (2) (*LandwR: denrées aimentaires*) Verderben *n*; Verderblichkeit *f*, (3) (*SchuldR*) Veränderung der Substanz einer Sache zwecks Schädigung, (4) (*MedizinR*) krankhafte Veränderung, Verschlimmerung (des Krankheitsverlaufs); **– de la**

concurrence Wettbewerbsverzerrung *f*; **– d'écritures** Urkundenfälschung, (Text-) Verstümmelung; **– des facultés mentales** Geistesstörung; **– grave** ernsthafte Beeinträchtigung; beträchtliche Verschlechterung; **– de la santé** Gesundheitsschädigung; **– de scellés** Siegelbruch *m*; **– du scrutin** Wahlfälschung *f*, Wahlbetrug *m*.

altercation *f* Streit *m*; Auseinandersetzung *f*.

altérer *v.tr.* verderben, verfälschen, verschlechtern; beeinträchtigen.

altermondialisme *m* Kampf für eine Alternative zur ultraliberalen Globalisierung.

alternance *f* (*Pol*) Turnus *m*, Wechsel *m*; Abwechslung *f*; **formation en –** duale Ausbildung.

alternant *adj* regelmäßig wiederkehrend, abwechselnd.

alternat *m* Abwechslungsrecht, Alternat *n*.

alternatif *adj* wechselweise; **obligation alternative** Wahlschuld *f*, Alternativobligation.

alternative *f* Alternative *f*, Entweder-Oder, andere Möglichkeit, zweiter Weg.

alterner *v.tr.* wechseln, abwechseln.

altitude *f* Höhe *f*; Höhenlage *f*.

amalgame *m* Verquickung unvereinbarer Gesichtspunkte.

amalgamer *v.tr. pej* vermengen, verquicken.

amant *m* Liebhaber *m*.

amarrage *m* (ein Schiff) Vertäuen *n*, Ankern *n*; **poste d'–** (*SeeHR*) Liegeplatz.

amarre *f* Ankertau *n*; **être sur ses –s** vor Anker liegen.

amas *m* Anhäufung *f*; Haufen *m*.

amasser *v.tr.* anhäufen (*Geld*), sammeln (*Gegenstände*), zusammentragen; **– des provisions** Vorräte anlegen.

amateur *m* (1) Amateur(sportler), (2) (*HR*) potentieller Käufer, (3) (Kunst-) Liebhaber.

amateurisme *m* Amateur(sportler)status *m*.

ambassade *f* Gesandtschaft *f*, Botschaft *f*, diplomatische Vertretung; **conseiller d'–** Botschaftsrat *m*.

ambassadeur *m* Gesandter, Botschafter *m*; Geschäftsträger; **– extraordinaire et plénipotentiaire** außerordentlicher und bevollmächtigter Botschafter; **– itinérant** Sonderbotschafter.

ambiance *f* (*UmweltR*) Umweltfaktoren *mpl*; Umluft *f*; Raumluft.

ambigu *adj* unklar, missverständlich, zweideutig.

ambiguïté *f* Zweideutigkeit, Missverständlichkeit, Unklarheit.

ambitieux *adj*: **projet –** ehrgeiziger Plan.

ambition *f* Ehrgeiz *m*; Streben *n* nach Erfolg, Bestrebung *f*, Anspruch *m*; *fpl*: **–s territoriales** Gebietsforderungen *fpl*.

ambitionner *v.tr.* (Posten) anstreben.

ambivalence *f* Zwiespältigkeit.

ambulance *f* Rettungswagen *m*, Krankenwagen.

ambulant *adj* wandernd, ohne festen Wohnsitz; **commerce –** Reisegewerbe *n*; **marchand –** Gewerbetreibender im Umherziehen, Hausierer.

ambulatoire *adj*: **traitement –** (*MedizinR*) ambulante Behandlung.

âme *f*: **juger en son – et conscience** nach bestem Wissen und Gewissen entscheiden.

amélioration *f* Verbesserung *f*, Besserung, (Kurs-) Erholung, (politische) Entspannung; **travaux d'–** (*SchuldR: impenses*) Schönheitsreparaturen *fpl*; **– des conditions de travail** Verbesserung der Arbeitsbedingungen; **– foncière** Melioration, Bodenverbesserung; **– de l'habitat** Wohnungssanierung *f*; **– du marché de l'emploi** Besserung der Arbeitsmarktlage; **– du niveau de vie** Hebung des Lebensstandards.

aménagement *m* Einrichtung *f*, Organisation *f*, Anlage *f*; Verbesserung *f*, Ausbau *m*; Bewirtschaftung *f*; **– agricole et forestier** Bodenreform im Bereich Land- und Forstwirtschaft; **– des dettes** Moratorium *n*, Zahlungsaufschub *m*; **– écologique** Umweltsanierung; **– fiscal** Steuerreform; Steuerermäßigung; **– foncier** Flurbereinigung *f*, Bodenreform *f*.

aménagement du paysage Landschaftspflege *f*; **– régional** Regionalplanung; **– des sols** Erschließung der Anbauflächen; **– du territoire** Raumordnung (für das gesamte Staatsgebiet); **– du travail** Arbeitsgestaltung; **– urbain** Städteplanung; **–s intérieurs** Inneneinrichtung; Innenausstattung.

aménager *v.tr.* (1) ausbauen, einrichten, wirtschaftlich nutzen *od.* erschließen, (2) *v.tr.* (*Forstwirtschaft*) durchforsten, ausholzen.

aménageur *m* Ausstatter *m*; Raumgestalter; Unternehmensplaner.

aménagiste *m* Landschaftsgestalter *m*; Wald- u. Forstwirtschaftler.

amendable *adj* (1) verbesserungsfähig, -würdig, (2) (*StR: délinquant*) resozialisierbar.

amende *f* (1) (*StR: sanction pénale pécuniaire*) Geldstrafe *f*; Geldbuße *f*; Bußgeld *n*, (2) (*VwR: sanction administrative pécuniaire*) Ordnungsgeld, Zwangsgeld *n*; **faire – honorable** sich (förmlich) entschuldigen; **frapper qqn. d'une –** (*StR: prononcer une amende contre qqn.*) gegen jmdn. eine Geldbuße verhängen; **infliger une –** eine Geldstrafe verhängen, eine Geldbuße festsetzen; **– administrative** Ordnungsgeld *n*, Geldbuße; **– d'atelier** (*ArbR*) (*durch den Arbeitgeber verhängte*) Geldstrafe; **– civile** (*ZPR*) durch den Zivilrichter verhängte Ordnungsstrafe; **– de composition** gebührenpflichtige Verwarnung; **– contraventionnelle** (*StR*) Geldstrafe (bei Übertretung); **– conventionnelle** (*ZR*) Vertrags- *od.* Konventionalstrafe; **– correctionnelle** (*StR*) Geldstrafe (bei Vergehen); **– douanière** Geldbuße (bei Zollvergehen); **– fiscale** Geldbuße (bei Steuerstraftaten); **– de fol appel** Geldstrafe wegen leichtfertiger Einlegung einer mangelhaft begründeten Berufung; **– forfaitaire** gebührenpflichtige Verwarnung; **– pénale** Geldstrafe; **– de simple police** (*StR*) Geldstrafe (bei leichteren Übertretungen); **– transactionnelle** (*ZollR, SteuerR*) Buße im Unterwerfungsverfahren.

amendement *m* (1) Berichtigung, Änderung, Abänderung *f*, (2) (*projets de loi*) Abänderung(svorschlag); Novellierung, (3) (*Straftäter*) Besserung *f*, (4) (*LandwR: du sol*) Melioration *f*; **droit d' –** Abänderungsrecht *n*; **proposition d'–** Abänderungsantrag *m*, Novellierungsvorschlag; **– constitutionnel** *ou* **– à la constitution** Verfassungsänderung.

amender *v.tr.* (1) (*modifier ou compléter un texte*) abändern, ändern, novellieren, einen Zusatz machen, (2) bessern, verbessern.

amener *v.tr.* (1) (*conduire, faire venir*) vorführen, (2) (*transporter*) befördern, (3) (*susciter*) herbeiführen, provozieren, (4) (*causer*) verursachen, zur Folge haben; **– le pavillon** die Flagge streichen.

amenuiser *v.tr.* verringern, vermindern.

ameublir *v.tr.* (*FamR*) mobiliarisieren, dem gemeinschaftlichen Vermögen der Ehegatten zuschlagen.

ameublissement *m* (*FamR*) Mobiliarisierung; ehevertragliche Vereinbarung, wonach gegenwärtiges und zukünftiges Grundstücksvermögen gemeinsames Eigentum der Ehegatten wird.

amiable *adj* gütlich, nicht streitig, ohne Gerichtsverfahren; freundschaftlich; **à l'–** gütlich, auf gütlichem Wege; **arrangement –** gütliches Übereinkommen; **constat –** (*StVR*) gemeinsame Feststellung des Schadensverlaufs und des Schadens (bei leichteren Verkehrsunfällen ohne Körperschaden, durch die Betroffenen selbst vorgenommen); **médiateur –** (*ArbR*) Schlichter *m*.

amiablement *adv* auf gütliche Weise, auf gütlichem Wege.

amiante *m*: **pollution par l'–** Asbestverseuchung.

amicale *f* Verein *m*; Vereinigung *f*.

ami(e) de rencontre *m / f* zufällige Bekanntschaft.

amitié *f* Freundschaft *f*.

amnésique *adj* unter Gedächtnisverlust leidend, eine Erinnerungslücke aufweisend.

amnistiable *adj* (*StR*) der Amnestie unterliegend.

amnistiant *adj* (*StR*) amnestierend, strafaufhebend, strafbefreiend.
amnistie *f* (*StR: pardon légal*) Amnestie *f*, Begnadigung *f*, Straferlass *m*; **loi d'–** Amnestie- *od.* Straffreiheitsgesetz *n*; **– fiscale** Steueramnestie.
amnistier *v.tr.* (*StR*) amnestieren, begnadigen, Straffreiheit gewähren.
amodiataire *m* (*LandwR*) Pächter *m*.
amodiateur *m* Verpächter *m*.
amodiation *f* (1) (*LandwR*) Landpacht *f* (der Pächter schuldet einen Teil der Früchte), Halbpacht, (2) (*VwR*) Konzession.
amoindrir *v.tr.* vermindern, verringern.
amoindrissement *m* Verminderung *f*, Verringerung *f*, Abnahme *f*.
amont *m*: **en – (de)** vor einem bestimmten Geschehen *od.* Zeitpunkt; **en – et en aval** vor- und nachgelagert, vor- und nachgestellt.
amorce *f* (1) Zünder *m*, (2) *fig. fig* Beginn *m*, Anfang *m*, erster Schritt *m*; Vorentwurf *m*; **– de solution** Lösungsansatz *m*.
amortir *v.tr.* (1) (*SchuldR: dette*) tilgen, amortisieren, (2) (*SteuerR*) abschreiben; **– une dette** eine Schuld abtragen; **– l'impact social** sozial abfedern.
amortissable *adj* (1) (*remboursable*) tilgbar, amortisierbar, ablösbar, (2) abschreibungsfähig; **biens –s** (*SteuerR*) abschreibbare Güter.
amortissement *m* (1) (*SchuldR*) (ratenweise) Tilgung *f* (einer Schuld), Schuldentilgung, Rückzahlung, Amortisierung; Rückfluss *m* der Investitionsbeträge, (2) (*SteuerR: dépréciation comptabilisée*) Abschreibung *f* (von Anlagewerten), (3) (*Buchf*) abgeschriebener Aktivposten; **compte d'–** Abschreibungskonto *n*; **facilités d'–** Abschreibungserleichterungen *pl*; **période d'–** Abschreibungszeitraum *m*; **plan d'–** Tilgungsplan *m*; **tableau d'–** Amortisationsrechnung, Tilgungsplan.
amortissement accéléré beschleunigte Abschreibung; **– anticipé** vorzeitige Rückzahlung; **– du capital** Kapitaltilgung *od.* -amortisierung; **– constant** lineare Abschreibung; **– contractuel** vertragliche Tilgung; **– d'une créance** (1) Forderungsrückzahlung, (2) (*GesR*) Forderungsabschreibung *f*; **– dégressif** degressive Abschreibung; **– de la dette** Schuldentilgung; **– différé** Tilgungsaufschub *m*; **– d'emprunt** Anleihetilgung, Anleiheablösung; **– financier** (*HR*) Schuldentilgung durch Obligationenrückzahlung; **– industriel** (*GesR*) Abschreibung; **– linéaire** lineare Abschreibung; **– technique** kalkulatorische Abschreibung.
amour *m* **collectif** Gruppensex *m*.
amovibilité *f* (*BeamR*) Versetzbarkeit (eines Beamten); Absetzbarkeit *f*.
amovible *adj* absetzbar; versetzbar.
ample *adj* weit, umfassend; sorgfältig, ausführlich.
ampleur *f fig* Umfang *m*, Ausmaß *n*, Weite *f*; **– des moyens financiers** Finanzierungsdecke.
ampliatif *adj* ergänzend, erweiternd; **acte –** (beglaubigte) Zweitschrift *od.* Abschrift.
ampliation *f* (1) (*duplicata*) zweite Ausfertigung (einer notariellen Urkunde), Zweitschrift; (mit dem Original) gleichlautende beglaubigte Abschrift; **pour –** für die Richtigkeit der Abschrift; für gleichlautende Ausfertigung (beglaubigt); **– des offres de preuve** Vorbringen *n* weiterer Beweise.
amplitude *f* (1) Umfang, (2) (*ArbR*) tägliche Einsatzmöglichkeit, Verfügungsbereitschaft.
amputation *f* **du crédit** Kreditkürzung *f*.
amputer *v.tr. fig* kürzen.
an *m* (1) (*période datée*) (Kalender-) Jahr *n*, (2) (*mesure d'âge*) Lebensjahr *n*.
analogie *f* (*StR*) Ähnlichkeit, Analogie *f*; Übereinstimmung; **raisonnement par –** Analogieschluss *m*.
analogue *adj* analog, entsprechend, ähnlich.
analyse *f* (1) Untersuchung, Beobachtung, Beurteilung, Analyse *f*, Auswertung, (2) Abhandlung *f*, Studie *f*; Kurzfassung; **en dernière –** im Endeffekt, schließlich und endlich; **– chimique** (1) lebensmittelchemische

Untersuchung, (2) chemische Bestimmung; **– comparative** Vergleichsanalyse; **– conjoncturelle** Konjunkturanalyse; **– du marché** Marktanalyse *od.* -forschung; **– de la voix** Stimmerkennung.

analyser *v.tr.* (*des documents*) (Urkunden) auswerten, den Inhalt darlegen.

analyste *m / f* **de marché** Markbeobachter *od.* -forscher *m*; **– -programmeur** Programmierer *m*.

anarchie *f* (*Pol: absence d'autorité supérieure*) Anarchie *f*, Zustand *m* der Herrschaftslosigkeit und Gesetzlosigkeit.

anatocisme *m* (*SchuldR*) Kapitalisierung der (fälligen) Zinsen (einer Geldschuld), Zinseszinsen *pl*.

ancien *adj* (sehr) alt; ehemalig, vormalig; **droit –** Rechtsordnung vor der frz. Revolution; **– combattant** ehemaliger Kriegsteilnehmer.

ancienneté *f* (1) (*ÖfR*) Dienstalter *n*, Dienstzeit *f*, Anzahl *f* der Dienstjahre, (2) (*ArbR*) Dauer der Betriebszugehörigkeit; Berufsjahre; **échelon d'–** (*BeamR*) Dienstaltersstufe *f*; **indemnité d'–** Dienstalterszulage; **liste d'–** (*BeamR*) Dienstalterstabelle *f*; **majoration d'–** Dienstalterszulage *f*; **pension d'–** Altersrente *f*, Alterspension *f*; **prime d'–** Dienstalterszulage; **rappel d'–** (*BeamR*) Anrechnung *f* von Dienstzeiten; **retraite d'–** Altersruhegeld *n*; **tableau d'–** Dienstalterstabelle *f*.

ancienneté d'âge Lebensalter *n* (im Gegensatz zum Dienstalter); **– d'assurance** Versicherungszeit; **– d'échelon** Dienstalter (in einer Dienstaltersstufe); **– dans l'entreprise** Dauer *f* der Betriebszugehörigkeit; **– de fonctions** Dienstalter *n*; **– dans la profession** Dauer der Berufsausübung, Dienstjahre *npl*; **– de service** (*BeamR*) Dienstalter *n*; **– dans le travail** Tätigkeitsdauer *f*.

anéantir *v.tr.* vernichten, zerstören.

anéantissement *m* Vernichtung *f*.

anémie *f fig* Rückgang *m*, Schwäche *f*.

angarie *f* (*VR: réquisition de navires étrangers*) Requisition ausländischer Schiffe (durch die Regierung).

angle *m*: **arrondir les –s** abwiegeln, beschwichtigen; **sous cet –** aus dieser Sicht (betrachtet).

anicroche *f* (kleiner) Zwischenfall.

animal *m*: **animaux de boucherie et charcuterie** Schlachtiere *npl*, Schlachtvieh *npl*; **– destiné à l'engraissement** Masttier *n*; **– d'expérience** (*cobaye*) Versuchstier *n*.

animateur *m* Kurs- *od.* Diskussionsleiter *m*, Schulungsleiter *m*; Betreuer *m*; Freizeitgestalter; (*Fernsehen*) Moderator; **– socio-éducatif** sozialpädagogischer (Jugend-) Betreuer.

animation *f fig* Leitung, Führung; Gruppendynamik; Betreuung, Organisation; **centre d'–** Betreuungsstelle *f*; **film d'–** Zeichentrickfilm *m*.

animé *adj* (a. Börse) lebhaft.

animus *m lat* Wille *m*; (rechtswidrige) Absicht; **– domini** (*SachR*) Auftreten *n* als Eigentümer; **– donandi** Schenkungsabsicht; **– nocendi** Schädigungsabsicht.

annal *adj* einjährig; **possession –e** Besitz auf ein Jahr *od.* für die Dauer eines Jahres.

annales *fpl* (auch juristische) Jahrbücher *npl*.

année *f* Jahr *n*, Zeitraum *m* eines Jahres; Jahrgang *m*; **– d'activité** Berufsjahr *n*; **– d'adhésion** Beitritts- *od.* Eintrittsjahr; **– d'affiliation** Versicherungsjahr *n*; **– agricole** Erntejahr *n*; **– d'ancienneté** Dienstjahr; **– de bail** Miet- *od.* Pachtjahr *n*; **– de brevet** Patentjahr (S); **– de campagne** Wirtschaftsjahr; **– civile** Kalenderjahr; **– commerciale** Geschäftsjahr; **– de comparaison** Vergleichsjahr; **– considérée** Berichtsjahr; **– en cours** laufendes Jahr; **– creuse** geburtenschwacher Jahrgang.

année du modèle (*Kfz*) Baujahr; **– de référence** Bezugsjahr *n*; Berichtszeitraum *m*; **– sabbatique** (*ArbR*) Fortbildungsjahr, Sabbatjahr; **– scolaire** Schuljahr; **– de service** Dienstjahr; **– sociale** *ou* **– statutaire** (*GesR*) Geschäftsjahr; **– de validité du brevet** Patentjahr.

annexe *f* (1) (*loi, contrat*) Anhang *m*, (2) (*dépendance*) Nebengebäude *n*.

annexe *adj* anhängend, beigefügt; **pièces –s d'un dossier** beigefügte Aktenstücke *od.* Urkunden; **question –** (*PrzR*) Zusatzfrage *f.*
annexer *v.tr.* (1) (*Urkunden*) beifügen, (2) (*VR*) eingliedern, annektieren; **– à son profit** für sich beanspruchen.
annexion *f* (*VR*) Angliederung, Annektierung *f*; **– territoriale** Anschluss *m*, Einverleibung.
annihiler *v.tr.* zerstören; **– les efforts** die Bemühungen zunichte machen.
anniversaire *m* Geburtstag; Jahrestag; Jubiläum *n*.
annonce *f* Bekanntgabe *f*, Bekanntmachung *f*, Anzeige *f*, Ankündigung *f*; Mitteilung *f*, Erklärung *f*; **petites –s** Kleinanzeigen, Zeitungsinserate, Anzeigenspalte; **– judiciaire et légale** gerichtliche Bekanntmachung; **– matrimoniale** Heiratsanzeige *f.*
annoncer *v.tr.* bekanntgeben, bekanntmachen; anzeigen, mitteilen; erklären; ankündigen; **– la couleur** Farbe bekennen, offen reden.
annonceur *m* Inserent *m*, Anzeigenwerber.
annonciateur *adj*: **signe –** erstes Anzeichen.
annotateur *m* Rezensent *m*, Kommentator (von Urteilen).
annotation *f* (1) Anmerkung, Erläuterung, Randbemerkung *f*, Kommentar *m*, (2) (*HR*) Notierung *f*, Aufstellung *f.*
annuaire *m* Jahrbuch *n*; Adressbuch; **– électronique** elektronisches Telefonverzeichnis (Minitel); **– statistique** statistische Jahresübersicht *f*; **– suisse du registre du commerce** Schweizerisches Ragionenbuch (S); **– du téléphone** Telefonbuch.
annualisation *f* (*ArbR: plafond annuel du temps de travail: 1607 heures en France*) Jahresarbeitszeit *f.*
annualité *f* Jährlichkeit; **– budgétaire** jährliche Verabschiedung des Haushalts.
annuel *adj* jährlich; **rente –le** Jahresrente.
annuellement *adv* jährlich.
annuité *f* (1) (*SchuldR*) Annuität *f*, Jahreszahlung *f* an Zinsen u. Tilgungsraten, alljährlich fällig werdende Leistung, jährliche Abschlagszahlung, Jahresrate, (2) (*SozR*) anrechnungsfähiges Dienstjahr; **taxe d'–** (*PatentR*) Patentgebühr; **– d'amortissement** (1) (*SchuldR: emprunt*) (jährliche) Tilgungsrate, (2) (*SteuerR*) Abschreibungsquote *f*, Jahresabschreibungsbetrag; **– échue** fällige Jahresrate.
annulabilité *f* (*ZR*) Anfechtbarkeit; Annullierbarkeit; Aufhebbarkeit; Unwirksamkeit.
annulable *adj* (*ZR*) anfechtbar; annullierbar; aufhebbar.
annulatif *adj* (*ÖfR*) aufhebend; **arrêt –** Aufhebungsurteil *n*.
annulation *f* (1) (*SchuldR: anéantissement rétroactif*) Ungültigerklärung *f*, Nichtig(keits)erklärung; Aufhebung *f*, Rückgängigmachung *f*, (2) (*Buchf*) Streichung, Storno *n*, Berichtigung eines Buchhaltungsfehlers; **action en –** (*ZPR*) Anfechtungsklage *f*; Nichtigkeitsklage *f*; Aufhebungsklage; **jugement d'–** Aufhebungsurteil *n*; **– des dettes** Schuldenerlass *m*; **– d'élection** Ungültigkeitserklärung der Wahl; **– des frais** Kostenniederschlagung; **– du mariage** Aufhebung *od.* Nichtigerklärung der Ehe.
annuler *v.tr.* für nichtig *od.* für ungültig erklären, aufheben, rückgängig machen, annulieren; **– une commande** einen Auftrag stornieren, eine Bestellung annulieren; **– une élection** eine Wahl für ungültig erklären.
anoblissement *m* Erhebung in den Adelsstand.
anodin *adj* ungefährlich; unbedeutend.
anomalie *f* Gesetz- *od.* Regelwidrigkeit, Abweichung von der Regel, Unregelmäßigkeit; **– génique** Gendefekt *m*.
anomie *f* (*Pol*) gesetzesloser Zustand.
a non domino (*lat. ZR*) (Erwerb) vom Nichteigentümer.
anonymat *m* Anonymität *f*; **garder l'–** die Anonymität wahren, sich nicht zu erkennen geben.
anonyme *adj* anonym, ohne Angabe des Absenders *od.* Verfassers; **informations –s** nicht personenbezogene Daten; **société – (= SA)** Aktiengesellschaft *f.*

anormal *adj* (*contraire à la norme*) regelwidrig, rechtswidrig; atypisch.
antagonisme *m* Gegensatz *m*, Widerstreit *m*; Gegnerschaft *f*; Rivalität *f*.
antagoniste *m / f* Widersacher *m*, Gegner *m*, Feind *m*.
antécédent *adj* (*PrzR*) vorhergehend, früher.
antécédent *m* (*PrzR*) Präzedenzfall *m*.
antécédents *mpl* (1) (*StR*) Vorleben *n*, Vorgeschichte *f*, (2) (*ArbR*) beruflicher Werdegang, (3) (*MedizinR*) Krankengeschichte, Anamnese *f*; **avoir de bons –** einen guten Leumund haben; **mauvais –** schlechter Ruf *od.* Lebenswandel; **– judiciaires** Vorstrafen *fpl*.
antenne *f*: **temps d'–** (*MedienR*) Sendezeit *f*; **– collective** Gemeinschaftsfernsehantenne; **– parabolique** Parabolantenne *f*.
antérieur *adj* vorhergehend, vorherig; **rétablissement de l'état –** (*SchuldR*) Naturalherstellung.
antériorité *f* (1) (*antérieur dans le temps*) Vorherigkeit *f*, zeitliches Vorhergehen, (2) (*HR, PatR: priorité*) Priorität *f*, Vorrang *m*, Vorrecht *n*; **cession d'–** Vorrangseinräumung *f*; **détermination de l'– (d'un droit)** Bestimmung des Vorrangs (eines Rechts); **droit d'–** Vorrangsrecht, Vorbenutzungsrecht; **exception d'–** Einrede der Vorbenutzung; **– d'utilisation** (*PatR*) Vorbenutzung *f*.
anthropologie *f* **criminelle** *ou* **judiciaire** (*StPR*) Erkennungsdienst *m*, Kriminalanthropologie *od.* -somatologie *f*.
anthropométrie *f* Anthropometrie *f*, Körpermaßbestimmung.
anthropométrique *adj*: **fiche** *ou* **signalement –** Steckbrief *m*.
anti-casseurs *m*: **loi –** (*StR: Loi du 8 juin 1970, abrogée en 1981 et faisant l'objet d'une nouvelle proposition de loi en 2006*) frz. Demonstrationsstrafgesetz.
antichrèse *f* (*SachR: nantissement d'un immeuble – art. 2072 à 2085 CCiv*) Antichrese *f*, (Immobiliar-) Nutzungspfandrecht *n*; **– mobilière** Nutzungspfandrecht an einer beweglichen Sache.
antichrésiste *m* Nutzungspfandgläubiger; *adj* antichretisch.
anticipation *f* (1) (*Vwirt*) Prognose *f*, Voraussicht *f*, Vorwegnahme *f*, (2) (*SchuldR*) Voraus(be)zahlung; **payer par –** eine Zahlung vor Fälligkeit leisten; **– inflationniste** Inflationserwartungshaltung.
anticipé *adj* voreilig, verfrüht; vorweggenommen, vorzeitig; **versement –** (*SchuldR*) Vorauszahlung *f*, Vorkasse *f*.
anticiper *v.tr.* (1) vorwegnehmen, voraussehen, (2) (*SchuldR: le paiement*) vorauszahlen; **– sur les faits** den Ereignissen vorgreifen; **– sur ses revenues** seine Einkünfte im Vorgriff verausgaben.
anticonstitutionnalité *f* Verstoß gegen die Verfassung, Verfassungswidrigkeit *f*.
anticonstitutionnel *adj* verfassungswidrig; **mesure –le** verfassungswidrige Maßnahme.
anticonstitutionnellement *adv* verfassungswidrig.
anticyclique *adj* (*Vwirt*) rezessionsbekämpfend, antizyklisch.
antidate *f* (*SchuldR: date inscrite sur un document comme la vraie alors qu'elle est antérieure à celle-ci – par opposition à postdate*) Rückdatierung (eines Rechtsgeschäfts).
antidater *v.tr.* rückdatieren.
antidémocratique *adj* antidemokratisch, undemokratisch.
antidote *m a.fig.* Gegengift *n*.
antidumping *adj* (*Außh*) gegen Dumping gerichtet, Antidumping.
anti-économique *adj* gegen die wirtschaftliche Venunft verstoßend.
anti-étatique *adj* staatsfeindlich.
antifasciste *m* Antifaschist *m*.
antigang *adj. et n.m.*: **brigade –** Abteilung der Pariser Krimanalpolizei zur Bekämpfung krimineller Vereinigungen.
antigouvernemental *adj* regierungsfeindlich.
antihausse *adj*: **plan –** Preisdämpfungsmaßnahmen.
anti-inflationniste *adj* inflationsdämpfend, antiinflationistisch.

antimondialisation *f* Gegnerschaft gegen die ultraliberale Globalisierung.
antinomie *f* Widerspruch zweier Gesetze; Gesetzeswiderspruch *m* (in sich), Antinomie *f*, Unvereinbarkeit.
antinomique *adj* unvereinbar, widersprüchlich.
antinucléaire *adj*: **manifestation –** Atom- *od.* Kernkraftgegner-Demonstration.
antipollution *adj* umweltschonend; **dispositif –** (*Kfz*) Abgasreinigung *f*; **mesures –** Maßnahmen *fpl* zur Bekämpfung der Umweltverschmutzung.
antiréglementaire *adj* verordnungs- *od.* satzungswidrig.
antisémitisme *m* Antisemitismus *m*, Judenfeindlichkeit *f*.
antisocial *adj* arbeitnehmerfeindlich, einen Sozialabbau darstellend.
antivol *m* (*dispositif antivol*) Diebstahlsicherung *f*; Lenkradschloss *n*.
apaisement *m* Beruhigung; Besänftigung, Beschwichtigung.
apatride *m* Staatenlose(r) *m*, Heimatlose (r) *m*.
apatride *adj* staatenlos, heimatlos.
apatridie *f* Staatenlosigkeit *f*, Heimatlosigkeit *f*.
aperçu *m* Übersicht *f*; Inhaltsangabe; Umriss *m*; Überschlag *m* der Kosten, Schätzung *f*.
apériteur *m* (*VersR*) führender Versicherer *m*; geschäftsführende Versicherungsgesellschaft *f*.
aphteux *adj*: **fièvre aphteuse** Maul- und Klauenseuche *f*.
aplanir *v.tr.* ebnen; *fig.* beseitigen, wegräumen.
apocryphe *adj* verborgen; untergeschoben, unecht; unglaubwürdig, verdächtig; **document –** Urkunde mit unsicherer Autorschaft.
apogée *m* Höhepunkt *m*, Gipfel *m*.
apolitique *adj* unpolitisch; **syndicat –** überparteilicher Gewerkschaftsbund.
apologie *f* Verteidigungsrede *od.* -schrift *f*, Rechtfertigung; **– du crime** (*StR*) Verherrlichung der Gewalt.
apostasie *f* (*KirchR: abjuration, renonciation*) Kirchenaustritt *m*, Abfall *m* vom Glauben.
apostille *f* (1) Änderung *f od.* Zusatz *m* (am Rande einer Urkunde), (2) Verweiszeichen *n* (für einen Zusatz am Rande).
apostiller *v.tr.* mit einem Randvermerk versehen.
apostolique *adj* den Heiligen Stuhl betreffend.
apostropher *v.tr.* (direkt) anreden; hart anfahren.
apparaître *v. intr.* erscheinen, sichtbar werden; **il apparaît que** daraus ergibt sich, dass ....
appareil *m* (1) Gerät *n*, Instrument *n*, Vorrichtung *f*, Apparatur *f*, (2) *a.fig* Apparat *m*; **– à sous** Spielautomat *m*, einarmiger Bandit; **– administratif** Verwaltungsapparat *m*, Behördenaufbau; **– étatique** Staatsapparat; **– judiciaire** Justizapparat; Gerichtsaufbau; **– de production** Produktionsapparat; **– de surveillance** (*DV*) Monitor *m*; **– téléphonique** Fernsprecher *m*.
appareillage *m* (1) Apparatur *f*, (2) (*SeeHR*) Auslaufen eines Schiffes.
apparence *f* (trügerischer) Anschein *m*; Erscheinungsbild *n*; **– du droit** Rechtsschein *m*.
apparenté *m* (1) entfernter Verwandte (r); Nahestehende(r) *m*, (2) (*à un groupe parlementaire*) Hospitant *m*.
apparentement *m* (*Pol*) Wahlbündnis *n*; **– de listes** Listenverbindung *f*.
appariteur *m* (1) (*PrzR*) Gerichtsdiener *m*, (2) (*Hochschule*) Pedell *m*.
apparition *f* **de la personnalité** (*ZR*) Beginn *m* der Rechtsfähigkeit.
apparoir *v. intr.* (*PrzR: usité seulement à l'infinitif et à la troisième personne de l'indicatif présent avec la signification: être évident, manifeste*) deutlich werden, offenbar *od.* handgreiflich sein; **faire – son bon droit** sein Recht erweisen *od.* dartun; **il appert** es liegt auf der Hand, es ist offenbar.
appartement *m* Wohnung *f*; **– à louer** Wohnung zu vermieten; **– témoin** Musterwohnung.
appartenance *f* Zugehörigkeit *f*, Mitgliedschaft *f*; **– à l'entreprise** Betriebszugehörigkeit *f*; **– linguistique** Sprachzugehörigkeit; **– à la masse**

(*InsolvenzR: bis 1985*) Zugehörigkeit zur Konkursgläubigerversammlung; **– à une organisation criminelle** Zugehörigkeit zur organisierten Kriminalität; **– au parti** Parteizugehörigkeit; **– syndicale** Gewerkschaftsmitgliedschaft.

appartenir *v.tr.ind.* gehören, in jmds Besitz sein; zu- *od.* angehören; zukommen, gebühren; **ainsi qu'il appartiendra** nach Erfordernis; **il vous appartient de** es obliegt Ihnen; **s'–** sein eigener Herr sein; **à tous ceux qu'il appartiendra** an alle, die es angeht ....

appauvri *adj* verarmt; **uranium –** abgereichertes Uran.

appauvrissement *m* Verknappung *f*; Verarmung *f*; **– de la couche d'ozone** Abbau *m* der Ozonschicht.

appel *m* (1) (*PrzR: voie de recours ordinaire*) Berufung (gegen ein Urteil des ersten Rechtszuges), Appellation *f* (S), (2) (*PrzR: appel des causes*) Aufruf *m* der Sache, (3) (*i.w.S.*) Appell *m*, Aufforderung *f*, Anruf *m*, (4) (*PrzR: appel en cause*) Streitverkündung *f*, (5) (Telefon-) Anruf; **acte d'–** Berufungsschrift *f*, Appellationserklärung (S); **aux électeurs** Wahlaufruf; **commission d'–** Berufungsausschuss *m*; **conditions d'ouverture de l'–** Voraussetzungen für die Berufungseinlegung; **défendeur en –** Berufungsbeklagte(r) *od.* -gegner *m*; **délai d'–** Berufungsfrist *f*, Rechtsmittelfrist; **demandeur en –** Berufungskläger *m*, Berufungswerber *m* (Aut); **désistement d'–** Berufungsverzicht *m*; **devancement d'–** (*MilR*) freiwillige Verpflichtung; **devancer l'–** sich vor Einberufung freiwillig melden; **faire –** Berufung einlegen, appellieren (S); **instance d'–** Berufungsverfahren *n*; Berufungsinstanz *f*; **interjeter –** Berufung einlegen.

appel: **juge d'–** Berufungsrichter *m*; **juridiction d'–** Berufungsgericht *n*; **moyen d'–** Berufungsgrund *m*; **pourvoi en –** Berufung(seinlegung); **se pourvoir** *ou* **recourir en –** Berufung einlegen; **procédure d'–** Rechtsmittelverfahren *n*; **rejeter l'– comme non fondé** die Berufung als unbegründet zurückweisen; **rejeter l'– comme non recevable** die Berufung als unzulässig verwerfen; **sans –** (1) in letzter Instanz, (2) unwiderruflich, endgültig; **statuer en –** als Rechtsmittelinstanz entscheiden.

appel abusif (*ZPR*) ungerechtfertigte Berufung; **– à la barre** Anschlussberufung (noch während der Gerichtsverhandlung); **– au calme** (*Pol*) Beschwichtigung *f*; **– de candidatures** (*VwR*) Stellenausschreibung; **– de la cause** (*PrzR*) Aufruf der Sache; **– en cause** Streitverkündung; **– comme d'abus** (*VwR*) Beschwerde wegen Missbrauchs der Amtsgewalt; **– à la concurrence** (*ÖfR*) Aufforderung zur Angebotsabgabe *od.* zum Wettbewerb, öffentliche Ausschreibung; **– correctionnel** Berufung im Strafverfahren; **– de cotisations** Aufforderung zur Beitragsleistung; **– des créanciers** (*InsolvenzR*) Gläubigeraufgebot *od.* -aufruf *m*; **– criminel** (*StPR: en matière d'appel criminel*) Berufung im Strafverfahren (bei Verbrechen); **– sous les drapeaux** Einberufung (zum Wehrdienst).

appel à l'épargne (*BankR*) Zeichnungsaufforderung; **faire publiquement – –** (*BörR, GesR: Wertpapiere, insbesondere Aktien*) zur Zeichnung von Wertpapieren auffordern, dem Publikum zur Zeichnung anbieten.

appel de fonds (1) (*BankR*) Anforderung eines Finanzierungsbeitrages, (2) (*GesR*) Abruf *m* der Mittel; **– en garantie** (*ZPR*) Streitverkündung *f* (des auf Mängelgewährleistung in Anspruch Genommenen gegenüber seinem eigenen Gewährleistungsschuldner); **– à la grève** Streikaufruf *m*; **– incident** *ou* **– joint** (*ZPR*) Anschlussberufung, Anschlussappellation (S); **– de marge** (*VersR*) Aufforderung zur Erhöhung der geleisteten Sicherheit.

appel a maxima (*StPR*) Berufung des Staatsanwalts, um die Herabsetzung der Strafe zu erreichen.

appel nominal *ou* **nominatif** (*WahlR*) Namensaufruf *m*; **scrutin** *ou* **vote**

par – – namentliche Abstimmung, Abstimmung mit Namensaufruf.

appel d'offres (1) (*VwR*) Vergabe (öffentlicher Aufträge) im Leistungswettbewerb (nach öffentlicher *od.* beschränkter Ausschreibung), (2) (*HR*) Ausschreibung *f*; **– d'offres sans concours** (*VwR*) Vergabe im Leistungswettbewerb nach beschränkter Ausschreibung; **– d'offres international** (öffentliches) internationales Ausschreibungsverfahren; **lancer un – d'offres** eine Ausschreibung veranstalten; **– d'offres limité** eingeschränkte Vergabe; **marché sur – d'offres** Vergabe nach Ausschreibung; **– d'offres ouvert avec concours** Vergabe im Leistungswettbewerb nach öffentlicher Ausschreibung; **– d'offres public** öffentliche Ausschreibung.

appel partiel (*ZPR*) Teilberufung; **– principal** Hauptberufung, Berufungseinlegung durch den in erster Instanz unterlegenen Kläger.

appel public à l'épargne (*GesR, BankR*) Bezugsangebot *n*, Zeichnungsaufforderung *od.* -einladung, Angebot zur Zeichnung von Wertpapieren; **– à la reprise du travail** (*ArbR*) Aufruf zur Beendigung eines Streiks; **– tardif** verspätete Einlegung der Berufung; **–s téléphoniques intempestifs** (*StR*) Staking *n*, belästigende Anrufe *mpl*; **– des témoins** (*PrzR*) Zeugenaufruf *m*; **– de versement** (*BankR*) Aufforderung zur Einzahlung.

appelant *m* (*PrzR*) Berufungskläger *m*, Berufungswerber *m* (Aut), Appellant *m* (S).

appelant *p.p. adj.* rufend, anrufend; aufreizend, anlockend; **partie –e** (*PrzR*) Berufungskläger *m*.

appelé *m* (1) (*ErbR*) Nacherbe *m*, (2) (*MilR*) Einberufene(r) *m*.

appeler *v.tr.* (1) (an-, auf-) rufen, (2) (*PrzR: convoquer en justice*) vor Gericht laden; **en – à qqn.** sich wenden an; **– en la cause** (einen Dritten) in einen Rechtsstreit einbeziehen; **– la cause** die zur Verhandlung stehende Sache aufrufen; **– d'un jugement** Berufung einlegen (gegen ein Urteil), Berufung erheben *od.* einbringen; **– à l'union** (*Pol*) zur (Aktions-) Einheit aufrufen.

appellation *f* (*HR*) Warenbezeichnung *f*, Benennung *f*, Marke *f*; **– commerciale** handelsübliche Bezeichnung; **– contrôlée** Qualitätswein *m* mit Prädikat; **– d'origine** Ursprungs- *od.* Herkunftsbezeichnung; **– d'origine contrôlée** geschützte Ursprungsbezeichnung.

appendice *m* Anhang *m*, Zusatz *m*.

appert: **il –** (*forme verbale d'apparoir*) es liegt auf der Hand, es ist offenbar; daraus ergibt sich.

applaudir *v. intr.* **à qqch.** (voll u. ganz) zustimmen, lobend anerkennen, Beifall zollen.

applicabilité *f* Anwendbarkeit *f*.

applicable *adj* anwendbar, gültig; **être –** gelten; **loi – aux étrangers** (auch) für Ausländer geltendes Gesetz.

applicable: **fonds –s à une dépense** anrechenbare Aufwendungen.

application *f* (1) Anwendung *f*, Durchführung *f*, (2) (*fig*) Fleiß *m*, (3) (*BörR*) Selbstkontrahieren Insichgeschäft *n*; **champ d'–** Geltungs- *od.* Anwendungsbereich; **convention d'–** Durchführungsabkommen; **décret d'–** Durchführungsverordnung *f*; **domaine d'–** Geltungs- *od.* Anwendungsbereich, Anwendungsgebiet; **durée d'–** Geltungsdauer *f*; **mettre en –** in Kraft setzen, zur Anwendung bringen, durchführen; **ordonnance** *ou* **règlement d'–** Durchführungsverordnung *f*; **sphère d'–** Geltungsgebiet, Geltungs- *od.* Anwendungsbereich; **texte d'–** Durchführungsvorschriften *fpl*, Durchführungsbestimmungen *fpl*, Durchführungsverordnung *f*; **– du droit** Rechtsanwendung.

application par analogie analoge *od.* sinngemäße Anwendung; **– rétroactive** rückwirkende Geltung; **– territoriale** räumliche *od.* territoriale Anwendung.

appliquer *v.tr.* (1) (*Siegel*) aufdrücken, (2) (*Gesetz*) anwenden, zur Anwendung bringen; **– la manière forte** hart durchgreifen.

appoint *m* (1) Zusatz *m*, Ergänzung *f*, (2) (*Buchf*) (Jahres-) Ausgleichsbetrag *m*; Zuschuss *m*, (3) Wechselgeld *n*, Kleingeld; Scheidemünze *f*; **emploi d'–** Nebenbeschäftigung, Nebentätigkeit; **métier d'–** Nebenberuf *m*; **salaire d'–** Nebeneinkommen *n*, zusätzliches Arbeitseinkommen *n*.
appointements *mpl* (*ArbR: rémunération régulière*) Gehalt *n*, Lohn *m*, Arbeitsentgelt *n*, Vergütung; **donner des –** entlohnen.
appointer *v.tr.* (Lohn) zahlen.
apport *m* (1) (*GesR*) Einlage, eingebrachtes Gut, (2) Beitrag *m*, Beitragsleistung, (3) (*EheR*) eingebrachtes Vermögen; **action d'–** Gründeraktie *f*; **mise en commun des –s** Vergemeinschaftung der Beiträge.
apport en argent Bareinlage *f*; **– en capital, – de capitaux** (1) Kapitaleinlage, (2) Kapitalbeschaffung; **– énergétique** Energiezufuhr *f*; Energiebeitrag *m*; **– en espèces** Bareinlage; **– financier** finanzielle Einlage, Geldeinlage; **– à fonds perdus** nicht rückzahlbarer Vorschuss; **– en industrie** (*GesR: Sarl*) Gesellschafterbeitrag in Form von Diensten Wissen und Können; vermögenswerter Beitrag in Form von technischen Kenntnissen, Einbringen von Fachkenntnissen in die Gesellschaft (durch den Gesellschafter); **– initial** Stammeinlage; **– migratoire** Zuwanderung.
apport en nature (*GesR*) Sacheinlage *f*, Einlage in Sachwerten, Apport *m*, Illation *f*; **– en numéraire** Bareinlage, Geldeinlage, Beitrag in Geld; **– occulte** stille Einlage; **– personnel** Eigenkapital; **– social, – en société** Gesellschaftereinlage.
apporter *v.tr.* einbringen, einlegen, beitragen; mitbringen; **– la preuve** den Beweis erbringen.
apporteur *m* (1) (*GesR*) Einleger, Beitragsleistende(r); Kapitalgeber *m*, (2) (*VersR*) Abschlussagent *m*, Akquisiteur *m*; **– en nature** (*GesR*) Person, die Sacheinlagen einbringt.
apposer *v.tr.* (1) (*une affiche*) anschlagen, ankleben, (2) (*sa signature*) unterschreiben; **– une clause** (à un acte) vermerken, eintragen; **– le** *ou* **les scellés** versiegeln, ein Siegel anbringen; **– un scellement douanier** Anlegen *n* eines Zollverschlusses; **– sa signature** unterzeichnen, unterschreiben.
apposition *f* Beifügung *f*; Zusatz *m*; **– des scellés** Versiegelung *f* (durch eine Amtsperson), Siegelung; **– du visa** Erteilung des Sichtvermerks.
appréciable *adj* (1) erheblich, nennenswert, beachtlich, (2) (ab)schätzbar.
appréciatif *adj* schätzungsweise, wertmäßig; **état –** (Kosten-) Veranschlagung *f*.
appréciation *f* (1) (*estimation, évaluation*) Einschätzung *f*, Bewertung *f*, (2) (*opinion, jugement*) Beurteilung *f*, Würdigung *f*, (3) (*VwR: appréciation de l'opportunité*) Ermessen *n*, (4) (*Vwirt: monnaie*) Kursgewinn *m*, Kaufkraftgewinn (der Währung); **éléments d'–** Hintergrundinformation *f*, Bewertungsgrundlage *f*; **erreur d'–** Fehlurteil *n*, Fehlbeurteilung *f*; **liberté d'–** Ermessensspielraum *m*, Ermessensfreiheit *f*; **libre –** freies Ermessen; **marge d'–** Ermessensspielraum *m*; **– du bilan** (*GesR, SteuerR*) Bilanzbewertung; **– des emplois** (*VwR*) Dienstpostenbewertung; **– de l'expert** Sachverständigenbegutachtung u. Schätzung; **– juridique** rechtliche Beurteilung *od.* Bewertung; **– personnelle d'un fait** persönliche Einschätzung der Sachlage; **– préalable** Vorabbewertung; **– réaliste et équitable** sachgerechte Beurteilung.
appréhender *v.tr.* (1) (*StPR: un malfaiteur*) verhaften, ergreifen, aufgreifen.
apprendre *v.tr.* erfahren; lernen; lehren; **– de façon autonome** selbständig, ohne fremde Hilfe lernen.
apprentissage *m* (1) Berufsausbildung *f*, (2) Berufsausbildungswesen *f*, (3) Lehre *f*; Lehrzeit *f*; **allocation d'–** Ausbildungsbeihilfe; **difficultés d'–** Lernschwäche *f*; **– à distance** Fernunterricht *m*; **– interculturel** kulturübergreifende Ausbildung.
approbation *f* (1) (*ÖfR: consentement*

d'une autorité supérieure) Genehmigung *f*; Bestätigung *f*; Zulassung *f*, (2) (*ZR: reconnaissance formelle par signature*) Zustimmung *f*; Anerkenntnis *f*, (3) (*VR: consentement d'un État*) Annahme *f*; Billigung *f*; **loi d'–** Zustimmungsgesetz *n*; **à soumettre à –** genehmigungspflichtig.

approbation du bilan Bilanzgenehmigung *f*, Beschlussfassung über die Jahresschlussrechnung; **– des comptes** (*GesR*) Entlastung; Feststellung des Jahresabschlusses; **– gouvernementale** staatliche Genehmigung; **– implicite** stillschweigende Zustimmung; **– législative** Zustimmung des Gesetzgebers; **– d'un plan** Planfeststellung; **– préalable** vorherige Zustimmung, Einwilligung; **– du signataire** durch den Unterzeichneten genehmigt; **– tacite** stillschweigende Zustimmung.

approche *f* (erste) Annäherung *f*; Lösungsansatz *m*; Denkmodell *n*.

approcher *v.tr.* näher bringen *od.* stellen; *fig* ähnlich sein, gleichen, nahe kommen; verkehren mit.

approfondir *v.tr.* vertiefen, ergründen, untersuchen, gründlich erforschen.

approfondissement *m* Vertiefung, Erweiterung.

appropriation *f* Zueignung *f*, Aneignung *f*; **droit d'–** Aneignungsrecht *n*; **– illicite** (*UrhR*) unrechtmäßige Nutzung; **– des moyens (au but poursuivi)** (*VwR*) Verhältnismäßigkeit *f*; **– d'objet trouvé** (*StR*) Fundunterschlagung *f*; **– par occupation** (*SachR*) willkürliche Besitzergreifung; **– par violence** *ou* **par ruse** gewaltsame *od.* heimtückische Besitzergreifung.

approprié *adj* geeignet, treffend, zutreffend; angemessen; verhältnismäßig; **caractère –** Sachdienlichkeit; **utilisation –e** sachgerechte Verwendung.

approprier: **s'–** *v.pron.* sich aneignen, sich zueignen; **s'– sans titre** (*SachR*) sich anmaßen, sich rechtswidrig zueignen.

approuver *v.tr.* (1) (*donner son agrément*) genehmigen, bestätigen, zustimmen, billigen, sein Einverständnis geben, (2) (*juger bon*) gutheißen, befürworten; **lu et approuvé** gelesen u. genehmigt.

approvisionnement *m* (1) (*WirtR*) (*ravitaillement*) Beschaffung, Versorgung, Bevorratung, (2) (*HR: provisions, stocks*) Vorrat *m*, Warenlager *n*, (3) (*SeeHR*) Verproviantierung *f*; **service des –s** Einkaufsabteilung, Beschaffungszentrale; **source d'–** Einkaufsquelle *f*; **– en eau potable** Trinkwasserversorgung; **– énergétique** Energieversorgung; **– insuffisant** Unterversorgung; **–s critiques** Engpass *m*; Mangelgüter *npl.*

approvisionner *v.tr.* (1) beschaffen, versorgen (mit), beliefern, (2) (*navires*) verproviantieren; **– un compte** ein Konto auffüllen.

approximatif *adj* annähernd, ungefähr; **calcul –** Überschlag.

approximation *f* Grobschätzung *f*, annähernde Schätzung.

approximativement *adv* ungefähr, ca. (circa), etwa.

appui *m* Hilfe *f*, Unterstützung *f*; **à l'– de** zur Bekräftigung von; **avec preuves à l'–** mit (schriftlichen) Beweisstücken; **à l'– de ses dires** zur Begründung seiner Darlegung *od.* Aussage; **– financier** finanzielle Unterstützung *od.* Beihilfe.

appuyer *v. tr. et intr. fig* unterstützen, befürworten; **– sur un fait** eine Tatsache besonders hervorheben.

après *prép. et adv.* nachher, danach, nach; **– correction des variations saisonnières** saisonbereinigt; **– impôt** nach Steuerabzug.

après-vente *m*: **service – (= SAV)** (*HR*) Kundendienst *m*.

a priori *loc.adv.* von vornherein, grundsätzlich.

apte *adj* (1) (*ZR*) handlungsfähig, rechts- *od.* geschäftsfähig, (2) (*ArbR*) (arbeits-) fähig; geeignet; tauglich; **– à exercer toutes les activités** voll verwendungsfähig; **– à fonctionner** einsatzbereit; **– à prendre la mer** seeklar; **– à reprendre le travail** wieder arbeitsfähig (sein).

aptitude *f* (1) (*ZR*) Handlungsfähigkeit, (Rechts- *od.* Geschäfts-) Fähigkeit *f*, (2) (*ArbR*) Befähigung, fachliche Eignung, Tauglichkeit; **brevet** *ou* **certificat d'–** Befähigungsnachweis *m*, Eignungszeugnis; **examen d'–** Eignungsprüfung *f*; **– à la concurrence** Wettbewerbsfähigkeit; **– au mariage** Ehefähigkeit; **– opérationnelle** Einsatzfähigkeit; **– professionnelle** berufliche Eignung; **– au travail** Arbeitsfähigkeit *od.* -eignung.

apurement *m* (1) (*Buchf*) Bereinigung *f*; Prüfung der Buchführung u. Entlastung des Buch- *od.* Rechnungsprüfers, (2) (*SchuldR, InsolvenzR*) Begleichung einer Schuld *od.* der gesamten Passiva; **– des comptes** Rechnungsabschluss *m*.

apurer *v.tr.* (1) (*Buchf*) bereinigen; für nichtig erkennen (nach Überprüfung), (2) (*GesR: reconnaître quitte*) den Vorstand (nach Überprüfung der Rechnungslegung) entlasten; **comptes apurés** *mpl* (*Buchf*) überprüfte u. für richtig befundene Rechnungslegung.

aquilien *adj* (*SchuldR*) eine unerlaubte Handlung betreffend; **faute –ne** Verschulden *n* aus unerlaubter Handlung.

arbitrabilité *f* schiedsgerichtlich beilegbare Streitsache; der Schiedsgerichtsbarkeit unterworfener Fall.

arbitrable *adj* schiedsgerichtlich beilegbar.

arbitrage *m* (1) (*sentence arbitrale*) Schiedsspruch *m*, (2) Schiedsgerichtswesen *n*, Schiedsgerichtsbarkeit *f*, (3) (*procédure de règlement d'un litige*) Schiedsverfahren *n*, Beilegung eines Streitfalls durch einen Schiedsrichter, (4) (*BörR*) Arbitrage-Geschäft *n*; **clause d'–** Schiedsgerichtsklausel *od.* -vereinbarung, Arbitrageklausel; **comité** *ou* **commission d'–** Schiedsausschuss *m*; **compromis** *ou* **convention d'–** Schiedsabrede od.--vereinbarung, Schiedsvertrag; **décision d'–** Schiedsspruch *m*; **faire de l'–** (*BörR*) arbitrieren; **office d'–** Schiedsstelle *f*; **procédure d'–** Schiedsverfahren, schiedsgerichtliches Verfahren; **règlement d'–** Schiedsordnung; **sentence d'–** Schiedsspruch *m*; **par voie d'–** im Wege eines Schiedsverfahrens.

arbitrage administratif (*VwPR*) Verwaltungsschiedsverfahren; **– conventionnel** (*ArbR*) tarifvertraglich vereinbartes Schiedsverfahren; **– sur devises** (*BankR*) Valuten- *od.* Devisenarbitrage; **– étranger** ausländischer Schiedsspruch; **– facultatif** freiwilliges Schiedsverfahren; **– forcé** Zwangsschlichtung; **– institutionnel** Schiedsverfahren *n* vor einer amtlichen Stelle; **– international** internationaler Schiedsspruch; **– obligatoire** obligatorisches Schiedsverfahren, Zwangsschlichtung.

arbitraire *m* (1) (*ÖfR*) Willkür *f*, Eigenmacht *f*, (2) (*ZR*) willkürliche Ausübung eines Rechtes, (3) (*PrzR: appréciation souveraire*) freies Ermessen.

arbitraire *adj* willkürlich, eigenmächtig; unumschränkt.

arbitrairement *adv* willkürlich, eigenmächtig.

arbitral *adj* schiedsgerichtlich, schiedsrichterlich; **litige –** Schiedssache; **procédure –e** Schiedsverfahren *n*; **séance –e** Schiedsgerichtssitzung; **sentence –e** Schiedsspruch.

arbitre *m* Schiedsrichter *m*; **libre –** Entscheidungsfreiheit, freier Wille; **– assesseur** Beisitzer im Schiedsgericht; **– unique** Einzelschiedsrichter.

arbitrer *v.tr.* (1) als Schiedsrichter entscheiden, (2) arbitrieren.

arborer *v.tr.* (*SeeHR*) (die Flagge) hissen.

arbre *m* **généalogique** Stammbaum *m*.

archevêché *m* Erzbistum *n*, erzbischöfliches Ordinariat.

architecte *m* Architekt *m*.

architecture *f* Architektur *f*, Bauwesen und Baukunst; **– parasismique** erdbebensichere Bauweise.

archivage *m* Archivierung; Archivwesen *n*; Ablagesystem *n*.

archiver *v.tr.* archivieren, ins Archiv aufnehmen; ablegen; ordnen.

archives *fpl* (1) (*collection de documents et de dossiers*) Dokumenten- od.Urkundensammlung *f*; Archivalien *fpl*, Akten eines Archivs, (2) (*lieu de* *conservation*) Archiv *n*, Aufbewahrungsort *m*; Registratur *f*; Ablage *f*.

archiviste-paléographe *m* frz. (Diplom-) Archivar, Absolvent der Pariser École nationale des Chartes.

ardeur au travail *f* Arbeitseifer *m*.

ardu *adj*: **entreprise –e** schwieriges Unterfangen.

argent *m* (1) (*WirtR: monnaie métallique*) Geldmünze *f*; (Bar-) Geld *n*; Zahlungsmittel *npl*, (2) *m* Silber *n*; **changer de l'–** Geld wechseln; **dette en –** Geldschuld *f*; **envoi d'–** Geldsendung *f*; **loyer de l'–** Geldzins *m*; **payer en – comptant** bar bezahlen; **placement d'–** Geldanlage *f*; **placer de l'–** Geld anlegen; **prestation en –** Geldleistung *f*; **prêter de l'–** ein Darlehen gewähren; **somme d'–** Geldbetrag; **– chaud** Spekulationsgelder *npl*; **– comptant** Bargeld; **– disponible** verfügbare Mittel.

argent en barres Barrensilber; **– frais** verfügbare (neu aufgenommene) Mittel, neues Geld; **– immobilisé** fest angelegtes Geld; **– au jour le jour** tägliches Geld, Geld mit täglicher Kündigung; **– liquide** flüssige Mittel *npl*; **– à un mois** Monatsgeld; **– monnayé** Kurantsilber; **– mort** totes Kapital; **– placé** angelegtes Kapital; **– de poche** Taschengeld; **– à terme** Termineinlage *f*.

arguer *v.tr.ind.* (1) schließen, folgern aus, (2) *v. intr.* (*v. intr.*) vorbringen, anführen; **– une pièce de faux** die Echtheit einer Urkunde (vor Gericht) bestreiten.

argument *m* (1) Beweisgrund *m*, Beweismittel *n*, Beweisführung, (2) Darlegung, Inhaltsangabe, (3) Schlussfolgerung, Schluss; **– en défense** Einrede *f*; **– de droit** rechtliche Schlussfolgerung, juristisches Argument; **– de fait** aus dem Sachverhalt sich ergebendes Argument, auf Tatsachen gestützter Beweis; **– juridique** rechtliches Argument; **– spécieux** Scheinargument *n*.

argumentaire *m* (*HR*) Verkaufsmappe *f*.

argumentation *f* Beweisführung *f*; Darlegung der Argumente; Vortrag der Parteien; Schlussfolgerung *f*.

argumenter *v. intr.* schließen, folgern, Gründe anführen, seine Beweise darlegen; argumentieren; behaupten.

argus *m* Fachblatt *n*, Fachzeitschrift; **– de l'automobile** frz. Gebrauchtwagenanzeiger mit Preisliste (zur Ermittlung des Tageswertes).

argutie *f* Ausflucht *f*, Ausrede *f*; Spitzfindigkeit.

aristrocratie *f* Adel *m*, Aristrokratie *f*; Adelsherrschaft *f*.

armateur *m* (*SeeHR*) Reeder *m*, Schiffsausrüster *m*; **– affréteur** Reeder und Verfrachter.

arme *f* (1) Waffe *f*, (2) (*MilR*) Waffen- *od.* Truppengattung; **autorisation de port d'–** Waffenschein; **commerce des –s** Waffenhandel; **détention d'une –** Waffenbesitz; **marchand** *ou* **négociant d'–s** Waffenhändler; **port irrégulier –** unbefugtes Waffenführen; **usage abusif d'une –** rechtswidriger *od.* unbefugter Waffengebrauch.

arme automatique vollautomatische Waffe; **– blanche** Hieb- u. Stichwaffe *f*; **– de chasse** Jagdwaffe; **– chimique** C-Waffe; **– à feu** Schusswaffe; **– à feu portative** Handfeuerwaffe; **– de guerre** Kriegswaffe *f*; **– de poing** Handfeuerwaffe, Faustwaffe; **– de pression** bissiger Hund (der Einschüchterung dienend); **– prohibée** verbotene Waffe; **– de service** Dienstwaffe.

armée *f* Armee *f*, Streitkraft *f*, Heer *n*; **– de l'air** Luftwaffe; **– de circonscription** Wehrpflichtarmee; **– de métier** *ou* **– professionnelle** Berufsheer *n*, Freiwilligen-Streitkraft; **– de terre** (Land-) Heer.

armement *m* (1) Waffenwesen *n*; Bewaffnung *f*; Aufrüstung *f*, Rüstung *f*, (2) (*SeeHR*) Schiffsausrüstung; **industrie d'–** Rüstungsindustrie *f*; **société d'–** (*SeeHR*) Reedereigesellschaft *f*; **– collectif** Partenreederei.

armer *v.tr.* (1) (*Soldaten*) bewaffnen, (2) (*Waffe*) entsichern, (3) (*Schiff*) ausrüsten.

armistice *m* Waffenstillstand *m*.

armoiries *fpl* Wappen *n*; **– de l'État** Staatswappen *pl*.

armurier *m* Waffenhersteller *m*; Waffenhändler *m*.

arpentage *m* Vermessung *f*, Feldmessen *n*; **document d'–** Vermessungsprotokoll *n*.

arpenter *v.tr.* vermessen; ausmessen.

arpenteur *m* (Land-) Vermesser *m*, Feldmesser *m*.

arrachage *m* (*LandwR*) Rodung *f*; Verwandlung in Brachland.

arraisonnement *m* (1) (*SeeHR, ZollR*) Schiffskontrolle *f*, (2) (*MilR*) Aufbringen eines Schiffes.

arraisonner *v.tr.* (1) ein Schiff zum Stoppen auffordern, (2) (*ZollR*) (die Ladung eines Schiffes) überprüfen.

arrangeable *adj*: **le différend n'est pas –** die Streitigkeit kann nicht gütlich beigelegt werden.

arrangement *m* (1) (*disposition, rangement*) Anordnung *f*, Einrichtung *f*, Aufstellung *f*, (2) (*VR: accord, règlement*) Vereinbarung *f*, Übereinkommen *n*, Übereinkunft *f*, Abkommen *n*, Abmachung *f*, (3) (*ZR: accommodement, compromis*) Vergleich *m*, Regelung *f* (zur Güte); **successoral** Erbschaftsvergleich; **– additionnel** Zusatzvereinbarung *f*; **– administratif** Verwaltungsvereinbarung; **– à l'amiable** gütlicher Ausgleich, gütliche Regelung, Schlichtung *f*.

arrangement de clearing (*BankR*) Clearing- *od.* Verrechnungsabkommen *n*; **– commercial** Handelsabkommen; **– complémentaire** Zusatzabkommen; **– de gré à gré** (*ZR*) Vereinbarung zwischen zwei gleichberechtigten Partnern (im Gegensatz zu den Verträgen mit vorformulierten Vertragsbedingungen, die eine Partei der anderen einseitig auferlegt); **– monétaire** Währungsabkommen; **– particulier** Sondervereinbarung; **– tarifaire** Zolltarifvereinbarung.

arranger *v.tr.* ordnen, in Ordnung bringen; anordnen, einrichten; vereinbaren, vermitteln; abschließen, festsetzen.

arrenter *v.tr.* (1) (*ZR*) (ver-) pachten, (2) (*SozR*) verrenten.

arrérager *v. intr.* im Rückstand sein; **les termes s'arréragent** *v. pron.* die Außenstände häufen sich.

arrérages *mpl* (1) (*SchuldR: somme d'argent versée périodiquement*) periodisch fällige Zahlung, jeweils fällige Rate (bei wiederkehrenden Leistungen), (2) (*BankR: montant échu, arriéré*) überfällige Schuld, Rückstände *fpl*; rückständige Zinsen, (3) (*SozVers*) fälliger Rentenbetrag *m*.

arrestation *f* (1) (*StR: appréhender un suspect au corps*) Verhaftung (eines Tatverdächtigen), Festnahme *f*, Inhaftierung, (2) (*StR: état de la personne appréhendée*) Haft *f*; **procéder à une –** jn. verhaften, eine Festnahme vornehmen; **– administrative** (*AuslR*) Verhaftung durch die Verwaltungsbehörde (ohne Zuziehung der Gerichte); **– arbitraire** willkürliche Verhaftung; **– au domicile** Festnahme *f* in der eigenen Wohnung; **– sur le fait** Ergreifung *od.* Festnahme auf frischer Tat; **– aux fins d'extradition** Festnahme zwecks Auslieferung; **– illégale** gesetzwidrige Festnahme; **– intempestive** voreilige Festnahme; **– préventive** Vorbeugehaft *f*; Verhaftung wegen Fluchtverdachts, vorsorgliche Verhaftung; **– provisoire** vorläufige Festnahme; **–s en masse** Massenverhaftung.

arrêt *m* (1) Unterbrechung *f*, Stillegung *f*; Stillstand *m*, Anhalten *n*; Stopp *m*; Sperre *f*; Abschaltung *f*, (2) (*PrzR*) Urteil *od.* gerichtliche Entscheidung (der Berufungs- *od.* Revisionsinstanz), (3) (*pl MilR*) (Stuben-) Arrest *m*; **maison d'–** (*StVZ*) Justizvollzugsanstalt (für Untersuchungshäftlinge und auf frischer Tat ertappter Verdächtige), JVA für die Verbüßung kuzer Strafen; **mandat d'–** (*StPR: ordre donné à la force publique par le magistrat instructeur de rechercher un inculpé*) Haftbefehl *m*, Verhaftungsbefehl (S); **plan d'–** (*InsolvenzR*) Stilllegungsplan *m*; **saisie- – du salaire** *ou* **sur le salaire** (*ZwangsVR*) Lohn- *od.* Gehaltspfändung *f*.

arrêt d'admission (*PrzR*) Vorentscheidung über die Zulassung des Rechtsmittels (durch den Kassationshof); –

des affaires (*GesR*) Geschäftsstillstand *m*; **– d'annulation** (1) Aufhebungsurteil *n*, (2) (*VwPR*) Aufhebung eines Verwaltungsaktes *od.* einer Rechtsverordnung durch den frz. Staatsrat; **– de cassation** aufhebende Entscheidung (des Kassationshofes), kassatorische Entscheidung, Kassation und Verweisung an ein anderes *od.* an dasselbe Gericht; **– cassé pour vice de forme** Aufhebung eines Urteils wegen eines Formfehlers; **– confirmatif** Zurückweisung der Berufung; **– contradictoire** streitiger Entscheid; **– de la cour** Urteil eines Berufungs- *od.* Revisionsgerichts; **– de cour d'assises** (*StPR*) Schwurgerichtsurteil.

arrêt de débet (*HaushR*) Entlastungsbescheid *m* (durch den frz. Rechnungshof); **– de l'entreprise** *ou* **de l'exploitation** (*GesR, InsolvenzR*) Betriebsstillegung *f*; **– infirmatif** (*PrzR*) aufhebendes Urteil (das Berufungsgericht fällt eine neue Entscheidung in der Sache selbst); abänderndes Berufungsurteil; **– de mort** Todesurteil.

arrêt de non-lieu (*StPR: décision de clôture de la juridiction d'instruction*) Einstellungsbeschluss *m*; **– de plus ample informé** (*StPR*) Beschluss der Anklagekammer, durch den die Sache zur erneuten Voruntersuchung zurückverwiesen wird; **– des poursuites individuelles** (*InsolvenzR*) Einstellung aller Einzelzwangsvollstreckungsmaßnahmen; **– de prince** (*VR: mesure de police étatique en cas de guerre*) Festhalten aller Handelsschiffe in den eigenen Hoheitsgewässern; **– de principe** Grundsatzentscheidung (des Kassationshofes *od.* des Conseil d'État), Urteil von grundsätzlicher Bedeutung; **– de quitus** Entlastung (durch den frz. Rechnungshof); **– de règlement** (*PrzR, hist*) Grundsatzurteil, das für alle künftigen Entscheidungen bindend ist.

arrêt de rejet (*PrzR*) Verwerfung eines Rechtsmittels (durch den Kassationshof); zurückweisende Entscheidung; **– de renvoi** (1) (*PrzR*) Verweisungsbeschluss *m*, (2) (*StPR*) Beschluss der Anklagekammer, durch welchen eine Sache an ein bestimmtes Gericht zur Verhandlung und Entscheidung überwiesen wird; **–s de forteresse** Festungshaft.

arrêté *m* (1) (*ÖfR: acte général ou individuel des autorités administratives*) Verordnung *f*; Erlass *m*; Verfügung *f*; Verwaltungsanordnung *f*, (2) (*Buchf*) (Konto-, Rechnungs-) Abschluss *m*; **– d'agrément** (*VwR*) Zulassungsbescheid *m*; **– d'alignement** (*BauR*) Anordnung zur Bestimmung der Baulinie; **– d'application** (*VwR*) Durchführungsverordnung; **– de caisse** (*Buchf*) Kassenabschluss *m*; **– de compte** Rechnungsabschluss *m*, Buch- *od.* Kontoabschluss; **– de conflit** (*PrzR*) Erlass eines Präfekten durch den in einem Einzelfall ein Zivilgericht zugunsten eines Verwaltungsgerichtes für unzuständig erklärt wird; **– conjoint** gemeinsamer Erlass; **– du conseil fédéral** (S) Bundesratsbeschluss; **– de dissolution** Auflösungsbeschluss.

arrêté d'exécution (*VwR*) Durchführungsverordnung *f*; **– d'expropriation** (*ÖfR*) Enteignungsbeschluss *m*; Ausführungsanordnung der Enteignung; **– d'expulsion** (*AuslR*) Ausweisungsbefehl, Ausweisungsverfügung; **– d'extension (d'une convention collective)** (*ArbR*) Allgemeinverbindlicherklärung *f* (eines Tarifvertrages).

arrêté général Allgemeinverfügung, Rechtsverordnung; **– grand-ducal** (L) großherzoglicher Beschluss (L); **– individuel** Einzelverfügung *f*, Verwaltungsakt *m*; **– interministériel** interministerieller Erlass; gesetzesvertretende Verordnung; **– de mise en demeure** amtliche Aufforderung zur Beseitigung eines rechtswidrigen Zustandes; **– de mobilisation** (S) Mobilmachungsbeschluss; **– municipal** (Bürgermeister-) Verordnung; **– de nomination** (1) Ernennung(sbescheid); Bestellungsdekret *n* (Aut), (2)

Ernennungsurkunde, Bestallungsurkunde; **– particulier** Einzelverfügung; **– de péril** Räumungsbefehl wegen Einsturzgefahr; **– périodique** regelmäßige *od.* periodische Saldofeststellung, Kontoabschluss *m*; **– de police** Polizeiverfügung; **– de reconduite à la frontière** (*AuslR*) Abschiebung *f.*

arrêter *v.tr.* (1) (*immobiliser, retenir*) anhalten, aufhalten, (2) (*entraver, interrompre*) beenden, einstellen, unterbrechen, stillegen, sperren, (3) (*appréhender, retenir prisonnier*) verhaften, festnehmen, (4) (*déterminer, fixer, régler*) festlegen, bestimmen, verordnen, anordnen; **– son choix (sur)** eine Wahl treffen; **– un compte** eine Rechnung *od.* ein Konto abschließen; **– le jour d'un rendez-vous** einen Termin festlegen *od.* festsetzen; **– un marché** einen Vertrag abschließen; **– le travail** in den Ausstand treten.

arrêtiste *m* Rezensent *m*, Kommentator von Gerichtsurteilen.

arrhes *fpl* (1) (*ZR art. 1590 C civ; HR: dédit*) Reugeld *n*, Draufgabe *f*, Handgeld *n*, Haftgeld (S), (2) (*fälschlich manchmal auch für: acompte*) Anzahlung *f.*

arriération *f* **mentale** (*StR, MedizinR: débilité*) Geistesschwäche *f*, Debilität *f*, geistige Zurückgebliebenheit.

arrière *adv* zurück; hinten; nach; **être en – pour ses paiements** mit seinen Zahlungen im Rückstand sein; **regarder en –** zurücksehen; **– -caution** *f* (*SchuldR*) Rückbürgschaft *f*, Rückbürge *m*; **– -grand-père** *m* Urgroßvater *m*; **– -neveu** Großneffe *m*; **– -pays** *m* Hinterland *m*; **– -pensée** Hintergedanke *m*; **– -petit-fils** Urenkel *m*; **– -plan** *m* Hintergrund *m*; **– -saison** *f* Nachsaison *f.*

arriéré *m* (*Buchf*) ausstehende Zahlung, Rückstände *pl*, Außenstände *mpl*; **– de cotisation** rückständiger (Mitglieds-) Beitrag; **– d'impôt** Steuerrückstände *pl*; **– d'intérêts** rückständige Zinsen; **– de livraison** Lieferrückstand *m*; **– de pension** Rentennachzahlung *f.*

arriéré *adj* (1) (*Zahlung*) im Rückstand, noch ausstehend, (2) rückständig, (geistig) zurückgeblieben; **paiement –** überfällige Zahlung; **pays –** unterentwickeltes Land.

arriérer: **s'–** *v. pron.* (*SchuldR: ne pas payer au terme*) mit einer Zahlung im Rückstand bleiben, Schulden auflaufen lassen; **– un paiement** eine Zahlung auf einen späteren Zeitpunkt verschieben.

arriérés *mpl* Zahlungsverzug *m*; ausstehende Beträge *mpl*; **recouvrement des –** Einziehung der Außenstände.

arrimage *m* (*SeeHR*) (Ver-) Stauen, Unterbringung der Ladung (im Schiffsraum); Stauerlohn *m*.

arrimeur *m* Stauer *m*, Docker *m*.

arrivage *m* (*HR*) Wareneingang *m*, eingehende Ware; Materialanlieferung.

arrivée *f* (1) Ankunft *f*, Eintreffen *n*, (2) Zufuhr *f*; Zuführung *f*; **– du courrier** Posteingang; **– au pouvoir** (1) (*légalement*) Regierungsantritt *m*, Machtübernahme, (2) (*par la force*) Machtergreifung *f*; **– réservée** (*SeeHR*) behaltene Ankunft; **à l'– du terme** bei Fälligkeit; **– du terme** (1) Fälligkeit *f*, Eintritt *m* des Fälligkeitstermins, (2) Zeitablauf *m*.

arriver *v. intr.* ankommen, eintreffen; sich ereignen; **– à échéance** fällig werden; **– à expiration** (*ZR: Frist*) ablaufen.

arroger: **s'– un droit** *v. pron.* sich ein Recht anmaßen.

arrondir *v.tr.* (1) (*nach oben*) aufrunden, (2) (*nach unten*) abrunden; **– les angles** sich verbindlich *od.* zuvorkommend zeigen.

arrondissement *m* (1) (*VwR: circonscription administrative*) frz. Verwaltungsbezirk (Unterteilung des Département), (2) (*in Paris, Marseille u. Lyon:*) Stadtbezirk *m*, Arrondissement *m*, (3) (*Buchf*) Abrundung *f*; Erweiterung *f*; **– administratif** (B) Verwaltungsbezirk; **– d'assises fédérales** (S) eidgenössischer Assisenbezirk; **– d'état-civil** (S) Zivilstandszuständigkeitsbereich *m* (S); **– fiscal** (S) Veranlagungskreis (S); **– judiciaire** Gerichtsbezirk *m*, Gerichtssprengel *m*; **– municipal** Stadtbezirk *m*.

arsenal *m* Zeughaus *n*, Rüstkammer *f*; – **juridique** Gesamtbestand *m* rechtlicher Bestimmungen; – **thérapeutique** Krankheitsbekämpfungsmittel *npl*.

art *m* (1) (*discipline*) Kunst *f*, Wissenschaft *f*, Technik *f*, (2) (*moyen habile*) Kunstfertigkeit *f*, Können *n*; Kunstgriff *m*; **les beaux –s** die schönen Künste; Kunstakademie *f*; **commerce d'–** Kunsthandel *m*; **homme de l'–** Fachmann, Sachvertändiger, (insbesondere:) Arzt; **œuvres d'–** Werke der bildenden Künste; **les règles de l'–** fachgemäßes Vorgehen, Fachwissen *n*; **–s industriels** Kunstgewerbe *n*; **–s ménagers** Hauswirtschaft(slehre) *f*, Haushaltskunde *f*.

artère *f* (*StVR*) Verkehrsader *f*, Hauptverkehrsstraße.

> Verwandeln sie bitte niemals in einer juristischen Übersetzung einen französischen Artikel = art. in einen deutschen Paragraphen = §: sie würden nur Verwirrung stiften.

article *m* (1) (*division élémentaire d'un texte légal, d'un contrat etc.*) Artikel *m*, Unterteilung frz. Gesetze anstelle von: Paragraph *m* (in Deutschland), (2) (*chapitre, matière, sujet*) Kapitel *n*, Hauptteil *m*; Punkt *m*; Posten *m*, (3) (*MedienR: article de presse*) Zeitungsartikel *m*, Veröffentlichung, (4) (*HR: marchandise*) Handelsware *f*, Artikel *m*, Produkt, Warenposten, Wirtschaftsgut, (5) (*HR, Buchf*) (Rechnungs-) Posten *m*, (6) (*ZPR*) (einzelner) Punkt *m* eines Beweisbeschlusses; – **additionnel** Zusatzartikel *m*; – **de compte** Rechnungsposten *m*, Buchungsposten; – **sous contrat** Vertragsware; – **de contrebande** Schmuggelware *f*; – **de crédit** Einnahmeposten; – **critique** (*HR*) Engpassartikel; – **de dépense** Ausgabeposten *od*. -titel; – **d'exportation** Ausfuhr- *od*. Exportartikel; – **final** Schlussartikel; – **de foi** (*KirchR*) Glaubensartikel (im Glaubensbekenntnis); – **de luxe** Luxusartikel; – **manufacturé** bearbeitete Ware; – **de marque** Markenartikel; **à l'– de la mort** im Angesicht des Todes; – **de recette** Einnahmeposten; **–s organiques** Napoleonkonkordat *n* vom 18. April 1802 über die Kultusfreiheit.

articulation *f* (*ZPR*) (schriftliche) Aufzählung der Anträge mitsamt Begründung; die einzelnen Punkte der Begründung des Schriftsatzes (des Anwalts).

articuler *v.tr.* **les faits** (*ZPR*) die einzelnen Tatbestandsvoraussetzungen (der Anspruchsgrundlage) aufzählen; – **les moyens** die Anspruchsgründe u. Beweismittel (einzeln) aufzählen.

artifice *m* (1) Kunstgriff *m*, List *f*, Kniff *m*, (2) Zündstoff *m*; – **de procédure** prozesstechnisch geschicktes Vorgehen.

artificier *m* Pyrotechniker, Feuerwerker *m*.

artisan *m* Handwerker *m*; **chambre des –s** Handwerkskammer *f*, Innung *f*; **coopérative d'–s** Handwerksgenossenschaft *f*; **maître** – Handwerksmeister *m*.

artisanal *adj* handwerklich.

artisanat *m* Handwerkerschaft, handwerkliche Tätigkeit; **chambre de l'–** Handwerkskammer *f*; **registre de l'–** Handwerksrolle; – **d'art** Kunsthandwerk, Kunstgewerbe.

artiste *m* (1) (*UrhR*) Künstler; Musiker; Maler; Bildhauer; Kunstschaffende *m*, (2) Interpret; Darsteller, Schauspieler.

artistique *adj*: **œuvre** – Kunstwerk *n*.

ascendance *f* (*FamR*) Verwandschaft *f* in aufsteigender Linie, Vorfahren *pl*.

ascendant *m* (1) Verwandte(r) in aufsteigender Linie, Aszendent *m*, (2) Einfluss *m*, Autoriät *f*, Ausstrahlungskraft *f*.

ascension *f* (1) Aufstieg *m*, (2) Christi Himmelfahrt.

asile *m* (1) (*AuslR*) Asyl *n*, Asylrecht, (2) (*SozR*) Altersheim *n*; **demande d'–** Asylantrag *m*, Asylbegehren *n*; **demandeur d'–** Asylbewerber, Asylbegehrende(r) *m*; **donner** – Asyl gewähren; **droit d'–** Asylrecht *n*; **droit d'– diplomatique** (*VR*) diplomatischer Schutz vor Verfolgung; **droit d'– politique** Schutz als politisch Verfolgter; **internement dans un –** (*MedizinR*) Unterbringung in einer Heil- und Pflegeanstalt; **pratique abusive en matière de droit d'–** (*AuslR*) Asylrechtsmissbrauch *m*; **procédure de demande d'–** Asylverfahren, Anerkennungsverfahren, Asylangelegenheit.

asile d'aliénés psychiatrisches Krankenhaus; **– de nuit** Obdachlosenheim, Nachtasyl; **– territorial** (*AuslR*) Verweigerung der Auslieferung; **– de vieillards** Altersheim *n*.

asocial *adj* sozialwidrig, asozial, ohne Gemeinsinn; **caractère – du licenciement** sozial ungerechtfertigte Kündigung.

aspect *m* Gesichtspunkt *m*, Blickwinkel *m*, Ansicht *f*; **sous cet –** unter diesem Gesichtspunkt, in dieser Hinsicht.

aspirant *m* Bewerber (um ein Amt), Anwärter.

aspiration *f* Bestrebung *f*, Streben *n*; **– légitime** berechtigte Erwartung; **– professionnelle** Berufswunsch *m*.

aspirer *v.tr.ind.* (à qqch) streben (nach), trachten.

assaillant *m* Angreifer.

assaillir *v.tr.* angreifen, überfallen.

assainir *v.tr.* sanieren, (wirtschaftlich) gesunden, sich normalisieren; **– la situation** die Lage bereinigen.

assainissement *m* Sanierung *f*, Gesundung *f*, Normalisierung *f*; **plan d'–** Sanierungsplan *m*; **– budgétaire** Haushaltskonsolidierung *f*; **– financier** finanzielle Sanierung; **– du marché** Marktsanierung *f*; **– de la monnaie** Währungsstabilisierung.

assassin *m* (*StR*) Mörder *m*.

assassinat *m* (*StR: meurtre aggravé, art.2213 NCP*) Mord *m*, Tötung *f* eines Menschen mit Vorbedacht *od.* aus dem Hinterhalt; **– judiciaire** Justizmord.

assassiner *v.tr.* (*StR*) ermorden, einen Mord begehen.

assemblage *m* Zusammensetzung, Zusammenfügung, fügung; Vereinigung; **opérations d'–** Montagearbeiten *fpl*; **usine d'–** Montagewerk *n*.

assemblée *f* Versammlung *f*; Beschlussfassungsorgan; Spruchkammer (eines Gerichts); Kammer (eines Parlaments); **décision d'une –** Beschluss (einer Versammlung); **délibération d'une –** Beschluss (einer Versammlung); Beschlussfassung.

assemblée annuelle Jahresversammlung; **– d'associés** (*GesR*) Gesellschafterversammlung; **– constituante** verfassungsgebende Versammlung; **– constitutive** (*GesR*) Gründungsversammlung, konstituierende Versammlung; **– consultative** beratende Versammlung; **– du contentieux** Spruchkammer (des Conseil d'État); **– des créanciers** (*InsolvenzR*) Massegläubigerversammlung; **– -débat** öffentliche Diskussion *f*; **– délibérante** Beschlusfassungsorgan *n*.

assemblée électorale Wahlversammlung *f*; **– extraordinaire** außerordentliche Versammlung; **– générale** (1) (*VerfR*) General-, Voll- *od.* Plenarversammlung, (2) (*Verein*) Mitgliederversammlung *f*, (3) (*GesR*) Hauptversammlung (einer Aktiengesellschaft), (4) (*GVR*) Vertretung einer Richterschaft; **– générale extraordinaire** (*GesR*) außerordentliche Hauptversammlung; **– générale ordinaire** (*GesR*) ordentliche Hauptversammlung; **– générale plénière** große Spruchkammer des Conseil d'État; **– juridictionnelle** (*GVR*) Spruchkammer (eines Gerichts); **– législative** gesetzgebende Versammlung.

assemblée nationale frz. Nationalversammlung, erste Kammer des frz. Parlaments; **– ordinaire** ordentliche Versammlung; **– parlementaire européenne** Europäisches Parlament; **– du personnel** (1) (*BeamR*) Personalversammlung *f*, (2) (*ArbR*) Betriebsversammlung *f*, Belegschaftsversammlung *f*; **– du peuple** (*VerfR*) Volksversammlung.

assemblée plénière Vollversammlung, Plenum *n*; **décision prise en – –** Plenarbeschluss *m*, Plenarentscheidung *f*; **délibération en – –** Plenarberatung; **jugement rendu en – –**

(*PrzR*) Plenarentscheidung des frz. Kassationshofes *od.* des Conseil d'État.

assemblée populaire Volksversammlung; **– des régions** (*EuR*) Versammlung der Regionen Europas; **– de la société des nations** (*VR, hist*) Völkerbundversammlung; **– territoriale** Gebietsparlament.

assembler *v.tr.* (1) (*Personen*) versammeln, zusammenbringen, (2) (*Sachen*) zusammenfügen, vereinigen, ordnen.

assener *v.tr.* **un coup** einen Schlag versetzen.

assentiment *m* (*approbation, consentement*) Einverständnis *n*, Zustimmung *f*, Einwilligung *f*; **donner son –** zustimmen, sein Einverständnis geben; **recueillir un large –** von einer breiten Mehrheit befürwortet *od.* getragen werden.

asseoir *v.tr.* (1) (*VerfR*) festigen, verankern, (2) (*SteuerR*) veranlagen, festsetzen; **– son opinion sur des preuves** seine Meinung auf Beweise stützen.

assermentation *f* Be- *od.* Vereidigung *f*.

assermenté *adj* be- *od.* vereidigt; **témoin –** vereidigter Zeuge.

assermenter *v.tr.* (*faire prêter serment à qqn.*) vereidigen, beeidigen; in Eid und Pflicht nehmen (S).

assertion *f* Behauptung (im Prozess), Aussage *f*; **– mensongère** unwahre Behauptung.

asservir *v.tr.* unterdrücken, versklaven; **– la presse** die Presse knebeln.

asservissement *m* Unterjochung, Unterdrückung, Versklavung.

Das dt. Wort Assessor ist ein faux-amis: der *assesseur* ist im frz. Beamtenrecht die Bezeichnung des Eingangsamtes eines Beamten also *la nomination dans un corps à titre de stagiaire*. Nur im EuR kann dieses Wort auch Beisitzer bedeuten.

assesseur *m* (1) (*PrzR*) beisitzender Richter, Beisitzer *m*, (2) (*StPR*) Geschworene(r), (3) (*HochschulR*) Prodekan *m*; **être –** beisitzen; **juge –** beisitzender Richter.

assidu *adj* fleißig, emsig, eifrig; pünktlich; beharrlich; dienstbeflissen; ununterbrochen tätig.

assiduité *f* Fleiß *m*; Pünktlichkeit *f*; Regelmäßigkeit; regelmäßige Teilnahme *od.* Anwesenheit *f*; **certificat d'–** Teilnahmebescheinigung *f*; **prime d'–** Anwesenheitsprämie; **– scolaire** regelmäßiger Schulbesuch.

assiette *f* (1) (*SteuerR: montant de la matière imposable*) (Steuer-) Bemessungsgrundlage *f*, zu versteuerndes Einkommen; Veranlagung, Besteuerung, Berechnung der Steuer, (2) (*SozR: valeur de référence*) Berechnungs- *od.* Bemessungsgrundlage; **rectification d'–** Berichtigungsveranlagung; **réévaluation de l'–** Fortschreibungsveranlagung; **services d'–** (*SteuerR*) Finanzamt *n*.

assiette de l'hypothèque (*SachR*) Vermögensteile, welche für die Hypothek haften; **– d'imposition** *ou* **– de l'impôt** (*SteuerR*) Steuerbemessungsgrundlage *f*, Steuerveranlagung; **– du navire** (*SeeHR*) Trimm *m*, Schwimmlage eines Schiffes; **– de la pension** Rentenbemessungsgrundlage.

assignable *adj* bestimmbar; anweisbar; verklagbar.

assignant *m* Anweisend(r) *m*.

assignataire *m* Empfänger der Anweisung, Anweisungsempfänger.

assignation *f* (1) (*ZPR: acte d'huissier*) Ladung *f* des Beklagten (mit gleichzeitiger Zustellung der Klageschrift), Ladungs- u. Klageschrift *f*; Streitverkündung *f*, (2) (*ZR: partage*) Zuweisung *f* (von Anteilen), (3) *loc. adv.* (*SozR*) Zuteilung *f*, Zuweisung; **– à bref délai** (*PrzR*) kurzfristige Ladung; **– comme défendeur** (*ZPR*) Ladung des Beklagten u. Zustellung der Klageschrift; **– à comparaître** Ladung mit Aufforderung zum persönlichen Erscheinen; **– en déclaration de faillite** Antrag auf Insolvenzeröffnung; **– à domicile** (*StPR*) Verbot *n*, den Wohnsitz zu verlassen; **– en justice** Ladung (zum Termin) u. Zustellung der Klageschrift; **– à résidence** (*StR: injonction*) Polizeiaufsicht mit Zuweisung eines Aufenthaltsortes; **– à toutes fins** Ladung im Zivilverfahren (vor das frz. Kleininstanzgericht); **– en validité** (*ZwangsVR*) Antrag auf Erlass eines Pfändungs- und Überweisungsbeschlusses.

assigné *m* (*ZPR*) geladene Partei.

assigner *v.tr.* (1) (*ZPR*) (den Beklagten) zu einem Termin laden, die Klageschrift (durch den huissier) zustellen lassen, (2) (*ZR*) (*einen Anteil*) zuweisen, (3) (*SozR*) zuteilen; **– en justice** gegen jemanden Klage erheben, jemanden vor Gericht laden; **– une tâche à qqn.** jmdm. eine Aufgabe übertragen.

assimilation *f* (1) Gleichstellung, Gleichbehandlung, (2) Anpassung, Angleichung; **capacité d'–** Aufnahmefähigkeit; **période d'–** (*SozVers*) Ersatzzeit *f.*

assimilé *m* (1) (*SozR*) Gleichgestellte(r) *m*, gleichgestellte Person, (2) *adj* eingegliedert, assimiliert.

assimiler *v.tr.* (1) gleichstellen, gleichsetzen, (2) anpassen.

assis *adj*: **magistrature –e** Richterschaft *f.*

assises *fpl* (1) (*StPR*) Sitzung *f* des frz. Schwurgerichts, Hauptverhandlung vor dem frz. Schwurgericht, (2) (*StPR*) Schwurgericht *n*, (3) (*Pol, ArbR: réunion d'un parti, d'un syndicat*) Parteitag *m*; Gewerkschaftskongress *m*, (3) (*séance, session*) Tagung *f*, Versammlung *f*; **cour d'–** frz. Schwurgericht; **– européennes de l'audiovisuel** Europäische Konferenz über audiovisuelle Medien; **– fédérales** (S) Bundesassisen (S); **– du parti** Parteitag *m.*

assistance *f* (1) (*personnes réunies*) Zuhörerschaft *f*, Publikum *n*, Versammlungsteilnehmer *mpl*, (2) (*fait de venir en aide*) Hilfe *f*, Beistand *m*, Unterstützung *f*, Fürsorge *f*, Hilfeleistung, (3) (*FamR*) Anwesenheit eines Vormundes (zum Abschluss eines Rechtsgeschäfts); **accorder –** Unterstützung gewähren; **bénéficiaire d'une – sociale** Sozialhilfeempfänger *m*; **centre d'–** Fürsorgestelle *f*; **contrat d'–** Hilfeleistungsvertrag *m*; **devoir d'–** (1) (*EheR*) Verpflichtung zur ehelichen Lebensgemeinschaft, Verpflichtung zum Lebensunterhalt beizutragen, (2) (*ArbR*) Fürsorgepflicht *f*; **loi d'–** Versorgungsgesetz *n*; **obligation d'–** (1) (*VwR*) Verpflichtung zur Amtshilfe, (2) (*SozR*) Unterstützungspflicht *f*, Beistandsverpflichtung *f*; **prestation d'–** (1) (*ZR, StR: action de venir en aide à qqn ou de le secourir*) Hilfeleistung, (2) (*SozR: avantage accordé à un bénéficiaire de la législation sociale*) Fürsorgeleistung *f*, Versorgung *f*, (3) (*StR: aide à la commission d'une infraction*) Beihilfe *f*; Vorschubleistung *f*; **prêter –** (*VwR*) Amtshilfe leisten; **régime d'–** Wohlfahrtssystem *n.*

assistance administrative Amtshilfe; **– bagages** Gepäckabfertigung *f*; **– chômage** *ou* **– aux chômeurs** Arbeitslosenfürsorge *od.* -unterstützung, Arbeitslosenhilfe; **– conditionnelle** bedingte Unterstützung; **– aux détenus** Gefangenenfürsorge; **– économique** Wirtschaftshilfe; **– éducative** (*StR*) Erziehungsmaßregeln; **– à l'enfance** (*SozR: ancienne dénomination de l'aide sociale à l'enfance*) öffentliche Jugendhilfe *od.* -wohlfahrt; **– familiale** Familienunterstützung; **– financière** finanzielle Hilfe; **– aux indigents** Sozialhilfe; **– à la jeunesse** Jugendfürsorge *f.*

assistance judiciaire (*PrzR: nouvelle dénomination de l'aide judiciaire*) Prozesskostenhilfe *f*; **partie admise à l'– –** Prozesskostenhilfeempfänger *m.*

assistance juridique Rechtsbetreuung *f*; Rechtsberatung *f*; Rechtsbeistandsschaft *f*; **– en justice** (*PrzR*) Rechtsbeistandschaft *f*, Rechtsberatung (durch den Anwalt); **– médicale** ärztliche Betreuung, Krankenhilfe *f*, Krankenfürsorge.

assistance mutuelle (1) (*VR*) gegenseitige Hilfe *od.* Unterstützung, (2) (*VwR*) gegenseitige Amtshilfe.

assistance post-pénale (*StPR*) Betreuung *f* der aus der Haftanstalt entlassenen Personen; **– publique** (1) (*ancienne dénomination de l'aide sociale*) öffentliches Fürsorgewesen *n*; Wohlfahrtsamt *n*, (2) (*VwR*) Krankenhausverwaltung; **– sociale** Sozialfürsorge *f*, Fürsorgewesen *n*; **– technique** (1) (*Entwicklungshilfe*) technische Zusammenarbeit, (2) fachliche Beratung u. Unterstützung.

assistant *m* (1) Gehilfe *m*, Assistent *m*, Mitarbeiter *m*, (2) (*EU*) Verwaltungshauptinspektor *m*; **médecin –** Assistenzarzt *m*; **– d'un professeur (de faculté)** (*HochschulR*) Assistent, wissenschaftlicher Mitarbeiter; **– (de service) social** (*SozR*) Sozialhelfer *m*, Sozialarbeiter *m*.

assistante *f* Assistentin *f*, Gehilfin *f*; **– maternelle** Kinderpflegerin; **– médicale** med.-techn. Assistentin; **– sociale** Sozialarbeiterin.

assisté *m* (1) (*SozVers*) Unterstützungsempfänger *m*, (2) (*PrzR*) (*assisté de*) bei Anwesenheit des . . .; **– social** Sozialhilfeempfänger *m*.

assister *v.tr.* (1) (*conseiller et plaider*) beraten, vor Gericht jmdn. vertreten; helfen, unterstützen, beistehen, (2) (*surveiller et autoriser*) überwachen, (bei Rechtsgeschäften) seine Zustimmung geben, (3) (*assister à*) zugegen sein; **– au cours** die Vorlesung besuchen.

associatif *adj*: **activités associatives et récréatives** Vereinsleben und Freizeitgestaltung.

association *f* (1) (*ZR: groupement de personnes de droit privé*) Verein *m*, Idealverein *m*, nichtwirtschaftlicher Verein, (2) (*i.w.S.*) Personenvereinigung *f*, Verband *m*, körperschaftlicher Zusammenschluss *m*, (3) (*participation, collaboration*) Assoziation, Assoziierung, Partnerschaft *f*, (4) (*action de réunir*) Verbindung, Verknüpfung; **acte d'–** (*ZR*) Vereinsgründung; **droit d'–** (1) (*ZR*) Vereinigungsrecht, (2) (*ArbR*) Koalitionsfreiheit; **droit des –s** (*ZR*) Vereinsrecht *n*; **liberté d'–** (*VerfR*) Vereinigungsfreiheit; **registre des –s** Vereinsregister *n*.

association d'avocats Anwaltssozietät *f*, Gemeinschaftspraxis *f*; **– de bienfaisance** Wohltätigkeitsverein *m*; **– à but idéal** (S) ideeller Verein; **– sans but lucratif** (*VereinsR*) Idealverein *m*; **– de cautionnement** (*HR*) Bürgschaftsgenossenschaft; **– centrale** Spitzenverband *m*; **– de communes** (*VwR*) Gemeinde(zweck)verband *m*; **– contestataire** (*Pol: comité de citoyens*) Bürgerinitiative *f*; **– cultuelle** frz. Kirchengemeinde (als privatrechtlicher Verein), Kultusgemeinde *f*; **– déclarée** (*VereinsR*) frz. (bei der Präfektur) angemeldeter Verein (mit beschränkter Rechtsfähigkeit); **– diocésaine** (*KirchR*) Diözese, frz. Bistum; **– économique** wirtschaftlicher Verein, Wirtschaftsgemeinschaft; **– d'entreprises** (*EuR*) Unternehmensvereinigung; **– européenne de libre-échange (= AELE)** Europäische Freihandelszone.

association de fait (*SchuldR: groupement de personnes non déclaré*) faktischer *od.* nichtrechtsfähiger Verein; **– garante** (*BankR*) haftender *od.* bürgender Verband; **– générale** Gesamtverband *m*; **– illégale** *ou* **illicite** (*StR*) Bande *f*, verbotene Vereinigung; **– industrielle** Industrieverband *m*; **– internationale de développement (= AID)** Internationale Entwicklungsorganisation; **– internationale de signalisation maritime** Internationaler Verband der Seezeichenverwaltung; **– judiciaire (assumée par les avocats)** Rechtsberatung (durch einen Anwalt) in einem Gerichtsverfahren.

association de malfaiteurs (*StR*) kriminelle Vereinigung; Verbrecherbande *f*; Maffia *f*; **– momentanée** (*GesR*) Gelegenheitsgesellschaft *f*; **– non déclarée** (*ZR*) frz. nicht rechtsfähiger und nicht angemeldeter Verein; **– ouvrière** Arbeitnehmerverband *m*; **– de parents d'élèves** (*SchulR*) Elternvereinigung; **– en participation** (1) (*HR*) Gelegenheitsgesellschaft *f*, Konsortium *n*; Partnerschaft *f*, (2) (*ZR*) stille Gesellschaft; **– patronale** Arbeitgeberverband; **– de personnes** Personenvereinigung; **– politique** politische Vereinigung; **– professionnelle** (*WirtR: syndicat*) Berufsverband; Wirtschaftsvereinigung.

association reconnue d'utilité

publique (*VereinsR*) frz. als gemeinnützig anerkannter Verein, frz. angemeldeter Verein mit voller Rerchtsfähigkeit; **– secrète** Geheimbund *m*; **– syndicale** (1) (*VwR*) öffentlich--rechtliche Vereinigung, (2) (*ArbR*) Berufsvereinigung; Gewerkschaft; **– du transport aérien international** Weltluftverkehrsverband; **– de travailleurs** Arbeitnehmervereinigung.

Vorsicht: das Vereinsmitglied wird in Frankreich nicht *associé*, sondern *sociétaire* genannt.

associé *m* (1) (*GesR*) Gesellschafter *m*; Teilhaber *m*, (2) (*ZR*) Mitglied einer Vereinigung, (3) (*ZR: membre d'une coopérative*) Genossenschafter *m*, Genossenschaftler; **retrait d'un –** Austritt eines Gesellschafters; **– commanditaire, – en commandite** Kommanditist *m*; **– -gérant** geschäftsführender Gesellschafter; **– -gérant de la société à responsabilité limitée** (S) Geschäftsführer einer GmbH; **– majoritaire** Mehrheitsgesellschafter; **– en nom collectif** Gesellschafter einer OHG.

associer *v.tr. et v.pron.* vereinigen, verbinden; als Teilhaber annehmen; **s'–** eine Gesellschaft gründen; einen Verein gründen; **s'– à** sich beteiligen an; **s'– avec qqn.** sich mit jmdm. verbinden.

assommer *v.tr.* (*StR: tuer à l'aide d'un coup violent sur la tête*) erschlagen.

assorti *adj*: **magasin bien –** Geschäft mit reichhaltiger Auswahl.

assortiment *m* Auswahl *f*, Zusammenstellung *f*, Sortiment *n*; **– de marchandises** Warenlager *n*, Warensortiment *n*.

assortir *v. tr. et intr.* (passend) zusammenstellen, auswählen; mit Waren ausstatten *od.* versehen.

assouplir *v.tr.* lockern, mildern, abschwächen, elastischer gestalten; **– un régime légal** eine gesetzliche Regelung den (neuen) Gegebenheiten anpassen.

assouplissement *m* Lockerung, geschmeidige(re) Haltung, Milderung, Abschwächung, Anpassung; **– du crédit** Kreditverbilligung.

assujetti *m* (*SteuerR*) Steuerpflichtige(r) *m*.

assujetti *adj* (einer Pflicht) unterworfen; **– aux assurances sociales** sozialversichert, pflichtversichert; sozialversicherungspflichtig; **– à une convention collective** (*ArbR*) tarifvertragsgebunden *od.* -unterworfen; **– à l'impôt** steuerpflichtig.

assujettir *v.tr.* unterwerfen, bezwingen; binden, verpflichten.

assujettissement *m* Unterwerfung; Gebundenheit; **– aux assurances sociales** Versicherungspflicht *f*, Beitragspflicht *f*; **– à une convention collective** Tarifvertragsgebundenheit; **– à l'impôt** Steuerpflicht *f*, Heranziehung zur Steuer.

assumer *v.tr.* annehmen, gelten lassen; **– une charge** ein Amt innehaben; **– les charges** die Kosten tragen; **– une faute** sich schuldig bekennen; **– la responsabilité** *ou* **les risques** haften (für), die Haftung übernehmen, die Verantwortung tragen.

assurable *adj* versicherungsfähig, versicherbar.

assurance *f* (1) (*VersR*) Versicherung *f*; Versicherungswesen *n*, Versicherungswirtschaft *f*, (2) (*sécurité, confiance*) Sicherheit, Gewissheit, Vertrauen, (3) (*i.w.S.*) Versorgung, Geld; **activités d'–** Versicherungsgeschäft *n*; **année d'–** Versicherungsjahr; **annulation de l'–** Aufhebung der Versicherung; **bénéficiaire de l'–chômage** Empfänger *m* der Arbeitslosenunterstützung; **carrière d'–** Gesamtversicherungszeit *f*; **certificat d'–** Versicherungsbestätigung *f*; **clauses d'–** Versicherungsbedingungen *fpl*; **compagnie d'–s** Versicherungsgesellschaft *f*, (privater) Versicherer *m*; **continuation de l'–** Weiterversicherung; **contracter une –** eine Versicherung abschließen; **contrat d'–** Versicherungsvertrag *od.* -verhältnis *n*; **cotisation d'–** Versicherungsbeitrag *m*; **couverture de**

l'– Deckung(szusage), Versicherungs (ab)deckung.

assurance: **droit des –s** (Privat-) Versicherungsrecht *n*; **droit d'–** Versicherungsgebühr *f*; **droit d'– dérivé** aus dem Versicherungsverhältnis eines Dritten abgeleiteter Anspruch; **durée d'–** Versicherungszeit *od.* -dauer *f*; **escroquerie à l'–** Versicherungsbetrug *m*; **expert des –s** Versicherungssachverständiger *od.* -gutachter *m*; **frais d'–** Versicherungskosten; **franchise d'–** Selbstbehalt, Selbstbeteiligung; **institution d'–** Versicherungsträger *m*, Versicherungsanstalt *f*; **insuffisance d'–** Unterversicherung; **mutuelle d'–s** Versicherungsverein auf Gegenseitigkeit; **objet de l'–** Versicherungsgegenstand *m*; **obligation d'–** Versicherungspflicht *f*, Versicherungszwang *m*.

assurance: **organisme d'–** (*Soz Vers*) Versicherungsträger *m*; **période d'–** Versicherungszeit (raum) *od.* -periode; **plafond de l'–** Versicherungspflichtgrenze *f*, Höchstgrenze; **police d'–** Versicherungsschein *od.* -police; **preneur d'–** Versicherungsnehmer *m*; **prestations d'–** Versicherungsleistungen *fpl*; **prestations d'–** Versicherungsleistung; **prime d'–** Versicherungsprämie *f*; **proposition d'–** Versicherungsantrag *m*; **régime d'–** Versicherungssystem *od.* -art; **régime libre d'–** freiwillige Versicherung; **régime obligatoire d'–** Pflichtversicherung; **régime volontaire d'–** freiwillige Versicherung; **souscripteur d'–** Versicherungsnehmer; **souscrire une –** eine Versicherung abschließen *od.* eingehen; **surprime d'–** Zusatzprämie *f*, Zuschlagsprämie, Prämienzulage; **totalisation des périodes d'–** Zusammenrechnung der Versicherungszeiten; **valeur d'–** Versicherungswert *m*.

assurance par abonnement laufende Versicherung; **– -accidents** *ou* **– contre les accidents** Unfallvers.; **– -accidents du travail** Arbeitsunfallversicherung; **– additionnelle** Nachversicherung; **– adverse** gegnerische Versicherung; **– allocation quotidienne d'hospitalisation** Krankenhaustagegeldversicherung; **– d'annuités** Zeitrentenversicherung; **– antérieure** Vorversicherung; **– contre les arrêts d'exploitation** Betriebsunterbrechungsversicherung; **– automobile(s)** Kfz-Versicherung; **– automobile tous risques** Kraftfahrzeugvollversicherung, (Voll-) Kaskoversicherung; **– autre que la vie** Nichtlebensversicherung.

assurance des bagages (Reise-) Gepäckversicherung; **– du bétail** Tierversicherung; **– des biens** Sachversicherung; **– sur bonne arrivée** Versicherung auf behaltene Ankunft *od.* gegen Totalverlust; **– contre le bris** Bruchschadenvers; **– bris de glaces** Glas(schaden)versicherung.

assurance contre le cambriolage Diebstahlvers; **– -capital** Kapitalvers.; **– de capital différé** Versicherung auf den Erlebensfall; **– capital-décès** Sterbegeldversicherung; **– en cas de décès** Todesfall- *od.* Ablebensversicherung; **– en cas de vie** Versicherung auf den Erlebensfall; **– -caution** *ou* **de cautionnement** Bürgschafts- *od.* Kautionsversicherung; **– chef d'entreprise** Betriebshaftpflichtvers.; **– chef de famille** Familienhaftpflichtvers; **– -chômage** Arbeitslosenvers.; **– chômage immobilier** Mietausfallvers.; **– de choses** Sach- *od.* Güterversich.; **– collective** Gruppen- *od.* Kollektivvers.; **– combinée** kombinierte *od.* gebündelte *od.* gemischte Vers.; **– par commissionnaire** Versicherung für Rechnung eines Dritten.

assurance complémentaire Höher- *od.* Zusatz- *od.* Nachversicherung; **– pour compte de qui il appartiendra** Fremdversicherung, Versicherung für Rechnung „wen es angeht"; **– pour compte d'autrui** Versicherung für fremde Rechnung; **– pour compte propre** Versicherung für eigene Rechnung; **– conditionnelle** bedingte Versicherung; **– construction** Bauversicherung; **– du contenant** Immobilienversicherung; **– contentieux** Rechtsschutzvers; **– du contenu** Inhalts- *od.* Mobiliarversicherung; **– continuée** Weiterversicherung; **– corps maritimes** Seekaskoversicherung; **– en cours** zur Zeit gültige Versicherung; **– à court terme** kurzfristige Versicherung; **– -crédit** (1) Kredit- *od.* Teilzahlungskreditvers, Warenkreditvers, (2) (*Außh*) Ausfuhrgarantie *od.* -bürgschaft; **– cumulative** Doppel- *od.* Mehrfachversicherung.

assurance-décès Ablebensvers., Versicherung auf den Todesfall; **– défense et recours** (Verkehrs-) Rechtsschutzvers.; **– contre les dégâts des eaux** Wasserschadensvers; **– des deux roues** Moped- *od.* Motorradvers.; **– sur deux** *ou* **plusieurs têtes** Versicherung auf verbundene Leben; **– directe** Erst- *od.* Direktversicherung; **– (de) dommages** Schadensvers., Sachversicherung; **– dotale** Aussteuervers.; **– échue** abgelaufene Versicherung; **– contre les escroqueries** Versicherung gegen Betrug und Untreue; **– pour éventualités** Vorsorgevers.; **– expirée** abgelaufene Versicherung; **– expositions** Ausstellungsvers.

assurance facultative freiwillige Vers.; **– facultative continuée** freiwillige Weiterversicherung; **– sur facultés maritimes** Seewarenvers; **– flottante** laufende Versicherung; **– à forfait** *ou* **forfaitaire** Global- *od.* Pauschalvers; **– des frais d'études** Ausbildungsvers; **– frais funéraires** Sterbegeldversicherung; **– des frais médicaux** Heilkostenvers; **– du fret** Frachtversicherung; **– globale** Global- *od.* Pauschalversicherung; **– globale voyages** kombinierte Reiseversicherung; **– (contre la) grêle** Hagelvers; **– de groupe** Gruppenvers; **– contre la guerre maritime** Seekriegsvers.

assurance immédiate Gegenwartsvers.; **– immobilière** Gebäude- *od.* Immobilienvers.; **– -incendie** *ou* **contre l'incendie** Feuer- *od.* Brandvers.; **– individuelle** Einzelvers., (Einzel-) Unfallversicherung; **– individuelle collective** Gruppenunfallvers.; **– individuelle simple** Einzelunfallvers.; **– d'insolvabilité** Versicherung gegen Zahlungsunfähigkeit; **– insuffisante** Unterversicherung; **– -invalidité** Invaliditäts- *od.* Invalidenvers.; **– libre** freiwillige Vers.

assurance-maladie Krankenversicherung; **– maladies professionelles** Versicherung gegen Berufskrankheiten; **– du manque à gagner** Gewinnausfallvers.; **– marchandises** Waren(transport)vers.; **– maritime sur facultés** Seetransportvers.; **– -maternité** Mutterschaftsvers.; **– mauvais temps** Reisewetter- *od.* Schlechtwettervers.; **– mobilière** Mobiliar- *od.* Sachvers.; **– mortalité du bétail** Vers. von lebendem Inventar, Viehvers; **– multiple** Doppel- *od.* Mehrfachvers.; **– multirisque** gebündelte *od.* kombinierte Vers.; **– multirisques limitée** Teilkaskovers.; **– mutuelle** Vers. auf Gegenseitigkeit.

assurance obligatoire Pflichtversicherung; Versicherungszwang *m*; **– omnium** (B) Vollkasko- *od.* Kraftfahrzeugvollvers.; **– particulière** Einzelversicherung; **– partielle** Teilwertvers.; **– patrimoniale** Vermögensvers.; **– -pension** Renten- *od.* Pensions- *od.* Alters(ruhegeld)vers.; **– périmée** abgelaufene Versicherung; **– personnelle** freiwillige (Weiter-) Versicherung; **– de personnes** Personenversicherung; **– des personnes transportées** (*StVR*) Insassenversicherung; **– perte d'autonomie** Pflegeversicherung; **– contre perte totale** Versicherung gegen Totalschaden; **– sur les pertes de change** Kursverlustvers.; **– populaire** Kleinlebensvers.; **– du premier risque** Erstrisikovers., Vers. auf erste Gefahr; **– à prime globale** summarische Versicherung; **– à primes périodiques** Vers. mit laufenden Prämien; **– à primes temporaires** abgekürzte Versicherung; **– principale** Hauptversicherung; **– privée** Privat- *od.* Individual- *od.* Vertragsvers.; **– produits livrés** Produkthaftpflichtvers.

assurance R. C. automobile Kraftfahrzeughaftpflichtvers.; **– R. C. exploitation** allg. Betriebshaftpflichtvers.; **– des récoltes** Ernteversicherung; **– responsabilité civile (= R. C.)** Haftpflichtversicherung; **– -retraite** Rentenvers.; **– rétroactive** Vers. mit Rückwirkung; **– du risque locatif** Haftpflichtvers. des Mieters gegen Ansprüche des Eigentümers; **– risque simple** Haftpflicht- und Teilkaskovers.; **– de risques** Risikovers.; **– contre les risques de change** Valutavers.; **– des risques de construction** Baurisikoversicherung.

assurance scolaire obligatoire Pflichtvers. der Schulkinder; **– simple** Einzelvers.; **– sinistres** Schadensvers.; **– des stocks** Lagervers.; **– subséquente** Nachvers.; **– subsidiaire** hilfsweise Leistungspflicht des Versicherers; **– de survie** Versicherung auf den Erlebensfall, Erlebensfallversicherung; **– des survivants** Hinterbliebenenvers.

assurance tierce Fahrzeugvers.; **– tierce complète** Vollkaskovers.; **– tierce partielle** Teilkaskovers.; **– tous risques** Gesamtvers.; **– -transport** Transportvers.; **– des travailleurs des mines** Knappschaftsvers.; **– universelle** Einheitsvers.

assurance valeur à neuf Neuwertversicherung; **– valeur partielle** Teilwertvers.; **– des véhicules automobiles (= AVAM)** Kraftfahrzeugvers.; **– veuvage** (*Soz Vers*) Hinterbliebenenversorgung, Witwen- *od.* Witwergeld; **– vie** Lebensvers.; **– sur la vie d'autrui** Versicherung auf fremdes Leben; **– vie entière** Todesfallvers.; **– vie grande branche** Großlebensvers.; **– vie temporaire** abgekürzte Lebensvers., kurzfristige Todesfallvers; **– -vieillesse** (*Soz Vers*) Altersvorsorge, Altersversorgung, Rentenvers; **– (contre le) vol** Diebstahlsvers.; **– volontaire** freiwillige (Weiter-) Vers.; **– -voyage** Reisevers.

assurances sociales *fpl* (*Soz Vers: système d'assurance obligatoire des salariés*) (gesetzliche) Sozialversicherung; frz. System der sozialen Sicherheit.

assurantiel *adj* (*Soz Vers*) die Sozialversicherung betreffend.

assuré *adj* versichert; **risque –** versicherte Gefahr, versichertes Risiko; Versicherungsgegenstand *m.*

assuré *m* Versicherte(r) *m*, Versicherungsnehmer; **– facultatif** freiwillig (Weiter-) Versicherte(r); **– obligatoire** Pflichtversicherte(r); **– social** Sozialversicherte(r); **– subséquent** Nachversicherte(r); **– volontaire** freiwillig (Weiter-) Versicherte(r).

assurer *v.tr.* (1) versichern; jmdm. etwas zusichern, (2) (*Schaden*) abdecken, decken, (3) sicherstellen, gewährleisten, einen Versicherungsvertrag abschließen; **s'– de qqch.** *v. pron.* sich vergewissern; **– l'approvisionnement** die Versorgung sicherstellen; **– une prestation** eine (Sach- *od.* Dienst-) Leistung erbringen.

assureur *m* (1) Versicherer *m*, Versicherungsgesellschaft *f*, (2) (*Soz Vers*) Versicherungsträger *m*; **être son propre –** in sich versichern; **– antérieur** *ou* **cédant** Vorversicherer; **– -conseil** Versicherungsberater *m*; **– direct** Erstversicherer; **– dommages** Sachversicherer; **– expert** Versicherungssachverständiger; **– maritime** Seeversicherer; **– de la responsabilité civile** Haftpflichtversicherer.

astreindre *v.tr.* (*contraindre, obliger qqn. à qqch.*) verpflichten, jmd. zwingen (etwas zu tun), anhalten.

astreinte *f* (*ZPR, Zwangs VR: procédé de contrainte*) Zwangsgeld *n*, Ordnungsgeld (zugunsten des Gläubigers); Zwangsmittel *n*; Erzwingungsstrafe *f*, Beugestrafe (Aut), Vollstreckungsstrafe (S); **imposer** *ou* **infliger une –** ein Zwangsgeld auferlegen; **prononcer une –** (durch Gerichtsurteil) auf Zahlung eines Zwangsgeldes erkennen.

astreinte administrative Zwangsmaßnahme *od.* -mittel (einer Behörde); **sous – comminatoire** unter Androhung eines Zwangsgeldes; **– définitive** durch Endurteil festgesetztes Zwangsgeld; **– provisoire** im

Verfahren der Einstweiligen Verfügung verhängtes Zwangsgeld; **–s du métier** Berufspflichten *fpl.*
astronautique *f* Raumfahrt *f.*
astuce *f* (*StR: artifice, machination*) Machenschaft *f*, Kunstgriff *m*, Trick *m*; **–s comptables** Bilanzmanipulation *f*; **–s pour tourner la loi** Gesetzesumgehung *f.*
astucieux *adj*: **criminalité astucieuse** Wirtschaftskriminalität *f.*
atelier *m* Werkstatt *f*, Betrieb *m*, Arbeitsstätte *f*; **chef d'–** Betriebsleiter; **prime d'–** Leistungszulage *od.* -prämie; **règlement d'–** Betriebsordnung; **– d'apprentissage** Lehrwerkstatt *f*; **– de fabrication** Werkstätte; **– de réparations** Reparaturwerkstätte *f.*
atermoiement *m* (1) (*HR: délai accordé à un débiteur par ses créanciers*) Fristverlängerung, (2) (*PrzR: faux-fuyant, tergiversation*) Vorwand *m*, Ausrede *f*, Ausflüchte *fpl*, (3) (*WirtR: concordat de règlement des dettes*) Moratorium *n*, vertraglicher Zahlungsaufschub, Gewährung einer zusätzlichen Zahlungsfrist.
atermoyer *v. intr.* (*BankR*) (die Zahlungsfrist) verlängern, (Zahlungs-) Aufschub gewähren.
atmosphère *f* Umgebungsluft *f*, Luftverhältnisse *npl.*
atmosphérique *adj*: **polluant –** Luftschadstoff *m*; **pollution –** Luftverschmutzung *od.* -verseuchung *f.*
atomique *adj*: **bombe –** Atombombe *f*; **génie –** Bautechnik für Atomanlagen.
atomiser *v.tr. fig* zersplittern.
atroce *adj* schrecklich, abscheulich, entsetzlich; **crime –** verabscheuungswürdiges Verbrechen.
atrocité *f* (*StR*) Grausamkeit *f*, Greueltat *f.*
attache *f* (1) Band *n*, Bindung, (2) (*pl.: rapports affectifs*) familiäre *od.* freundschaftliche Beziehungen, (3) (*VwR*) Zustimmung, Erlaubnis *f*; **port d'–** Heimat- *od.* Registerhafen *m.*
attaché *m* (1) Attaché *m*, Beigeordnete (r) *m*, (2) Referent *m*; **– d'administration centrale** (*BeamR*) frz. Oberregierungsrat; **– d'ambassade** Botschaftsattaché *m*; **– commercial** (*HR*) kaufmännische(r) Angestellte(r); **– culturel** (*VR*) Kulturattaché; **– militaire** Militärattaché; **– de presse** Presseattaché; **– temporaire d'enseignement et de recherche (= ATER)** frz. akademischer Rat auf Zeit, wissenschaftlicher Mitarbeiter.
attachement *m* (1) (*BauR, VwR*) Baukostenaufstellung *f* (zwecks Abrechnung mit dem Bauherrn), (2) (*i.w.S.*) Anhänglichkeit *f*, Zuneigung *f*; **– à l'entreprise** (*ArbR*) Betriebsverbundenheit *f.*
attacher *v.tr.* befestigen; *fig* verbinden, verknüpfen; **s'– à qqch.** sich um etwas bemühen.
attaquable *adj* anfechtbar, aufhebbar, auflösbar.
attaque *f* (1) (*StR*) Angriff *m*, Überfall *m*, (2) heftige Kritik, (3) (*MedizinR*) Anfall *m*; **– cérébrale** Hirnschlag *m*; **– à main armée** (*StR: hold-up*) bewaffneter Überfall, (schwerer) Raub; **– nocturne** nächtlicher Überfall.
attaquer *v.tr.d.* (1) (*une personne*) angreifen, überfallen, (2) (*une décision de justice, une élection*) (ein Urteil) anfechten; **– qqn. en justice** jmdn. gerichtlich belangen.
attardé *adj* rückständig.
atteindre *v.tr.* treffen, (ein Ziel) erreichen; **– à qqch.** zu etwas gelangen; **– les limites du supportable** das tolerierbare Maß überschreiten.
atteinte *f* (1) (*ZR: dommage matériel ou moral*) Rechtsverletzung *f*; Beeinträchtigung *f*; Schmälerung *f*; Gefährdung *f*; Schaden *m*; Nachteil *m*, (2) (*StR: attaque, attentat*) Angriff *m*; Stoß *m*; Schlag *m*; **hors d'–** unerreichbar, außer Reichweite *od.* Gefahr; **porter – à** beeinträchtigen, Schaden zufügen; **– aux bonnes mœurs** (*ZR*) Verstoß gegen die guten Sitten; **– au crédit** (*WirtR*) Kreditgefährdung *od.* -schädigung, Kreditverleumdung, Kreditschädigung; **– au crédit de l'Etat** *ou* **au crédit de la nation** (*StR*) Verunglimpfung von Staatsorganen; **– au droit d'auteur** Urheberrechtsverletzung.

atteinte aux droits (*ÖfR, ZR*) Rechtsverletzung *od.* -beeinträchtigung; **porter – –** Rechte beeinträchtigen *od.* verletzen.

atteinte à l'environnement Umweltschädigung *od.* -beeinträchtigung; **– à l'honneur** Ehrverletzung, Ehrenbeleidigung; **– à l'intégrité corporelle** *ou* **physique** Beeinträchtigung der körperlichen Unversehrtheit, Körperverletzung; **– à l'intégrité physique** Beeinträchtigung der körperlichen Unversehrtheit, Körperverletzung *f*; **– à la liberté et à l'honneur sexuels** (S) Angriff auf die geschlechtliche Ehre und Freiheit (S); **– à la liberté syndicale** Verletzung der Koalitionsfreiheit; **– à la liberté du travail** (*StR*) rechtswidriger Streik; **– au lien conjugal** (S) Zerrüttung des ehelichen Verhältnisses (S); **– aux mœurs** (*StR*) Sexualstraftat *f*; **– au moral de l'armée** Wehrkraftzersetzung.

atteinte à la propriété privée (*StR*) Eingriff in das Privateigentum, Eigentumsverletzung; **– à la réputation** Rufschädigung *f*; **– à la santé** Gesundheitsschädigung; **– à la sécurité** Sicherheitsgefährdung; **– à la sûreté de l'État** Staatsgefährdung; **– à la vie privée** Verletzung der Intimsphäre.

attenant *adj* (*SachR: voisin, touchant, jouxtant*) (*Grundstücke*) angrenzend, anstoßend, neben.

attendre *v.tr.* (1) (*qqn.*) jmdn. erwarten, auf jmdn. warten, (2) (*qqch.*) auf etwas warten; **s' – à qqch.** *v.pron* rechnen mit, etwas mit Sicherheit erwarten.

attendu *m* (1) (*PrzR: motif répétitif d'une décision de justice de la Cour d'appel et de la Cour de cassation*) Einleitungsformel für Begründung (einer gerichtlichen Entscheidung), (jeder einzelne) Entscheidungsgrund *od.* Urteilsgrund, Urteilsbegründungsabschnitt (für jeden einzelnen Sachverhalt und Rechtsstandpunkt), (en S:) Motif *pl*, (2) (*ZPR: motif répétitif de la demande en justice dans une requête, une assignation*) Einleitungsformel für jeden einzelnen Punkt der Begründung einer Klage, Begründung des Klageschriftsatzes.

> Es ist oft ratsam diese in Urteilen höherer Gerichte ständig wiederkehrende Floskel *attendu que . . .* nicht zu übersetzen. Es genügt, dass man einleitend vor alle Gründe einfach Entscheidungsgründe: schreibt, wie es hierzulande üblich ist. Bei einer Klageschrift schreibt man nur: Gründe:

attendu que . . . (*ZPR*) (Einleitungsformel für die Entscheidungsgründe *od.* die Klagebegründung:) in Anbetracht dessen, dass . . ., in Erwägung, dass . . ., weil, da . . ..

attentat *m* (1) (*ZR*) Angriff *m* (auf ein Rechtsgut), (2) (*StR: agression contre les personnes*) Anschlag *m*, Attentat *n*; **– à la bombe** Bombenanschlag *m*; **– à l'explosif** Sprengstoffattentat *n*; **– à la liberté** (*StR*) Freiheitsberaubung *f*; **– aux mœurs** (*StR: acte d'immoralité*) Sexualstraftat *f*, Sittlichkeitsdelikt *od.* -verbrechen *n*; **– à la pudeur** (*StR: acte physique*) sexuelle Handlungen, Unzucht *f*; **– à la pudeur des enfants** sexueller Missbrauch von Kindern *od.* Minderjähriger *od.* von Schutzbefohlenen; **– à la pudeur avec violence** sexuelle Nötigung; **– à la voiture piégée** Autobombenanschlag *m*.

attentatoire *adj* beeinträchtigend.

attente *f* (1) Erwartung *f*; Warten *n*, (2) *f* (*Flugreise: Stand-by*) Flug *m* ohne feste Platzbuchung; **allocation d'–** Wartegeld *n*; **délai d'–** Wartezeit *f*, Wartefrist *f*; **indemnité d'–** Überbrückungsbeihilfe *f*; **dans l'– d'une solution définitive** bis zur engültigen Lösung der Frage.

attenter *v.tr.ind.* einen Anschlag verüben; **– aux mœurs** sich unsittlich verhalten; **– à la pudeur** sexuelle Handlungen vornehmen; **– à la vie de qqn.** jdm. nach dem Leben trachten.

attention *f* Aufmerksamkeit *f*, Rücksicht *f*, Sorgfalt *f*; **attirer l'– sur** aufmerksam machen auf; **défaut** *ou* **faute d'–** Unaufmerksamkeit; **faire –**

à qqch. auf etwas achten; **faire – que** beachten, dass; **relâcher son –** sich ablenken lassen.
attentisme *m* (*Pol*) Verzögerungstaktik *f*.
atténuant *adj* mildernd.
atténuation *f* Milderung *f*, Verminderung; **– de (la) peine** (*StR*) Strafmilderung; **– de responsabilité** (*ZR*) Haftungseinschränkung.
atterrissage *m* Landung *f*; **État d'–** Landestaat *m*; **– forcé** Notlandung.
atterrissement *m* (*ZR*) Anschwemmung, Anspülung.
attestation *f* (schriftliche) Bescheinigung, Bestätigung(svermerk) *m*, Attest *n*; **accorder** *ou* **délivrer une –** eine Bescheinigung ausstellen; **en foi de quoi, j'ai signé la présente –** zu Urkund dessen wurde die gegenwärtige Bescheinigung von uns *od.* mir unterzeichnet; **– d'assurance** Versicherungsbestätigung: öffentliche Beurkundung; **– de bonne vie et mœurs** polizeiliches Führungszeugnis; **– de chômage** Arbeitslosigkeitsbescheinigung; **– de complaisance** Gefälligkeitsattest; **– de conformité** Unbedenklichkeitsbescheinigung; **– de domicile** Anmeldebestätigung; **– douanière** zollamtliche Bescheinigung.
attestation écrite schriftliche Bestätigung; **– d'emploi** Arbeitsnachweis *m*; **– d'exonération** Freistellungsbescheinigung; **– faisant foi** beglaubigte Bescheinigung; **– en justice** (*ZPR: témoignage*) schriftlich fixierte Zeugenaussage (zwecks Vorlage vor Gericht); **– négative** Negativattest *n*; **– notariée** notarielle Beglaubigung; **– de la qualité d'héritier** Erbschein *m*; **– solennelle** Handgelübde *n*; **– de travail** Arbeitsbescheinigung *f*, Arbeitszeugnis *n*; **– de versement** Einzahlungsbestätigung.
attestatoire *adj*: **serment –** (*ZPR*) eidesstattliche Versicherung.
attesté *adj* sicher, gewiss, unbestreitbar; **un fait –** eine bewiesene Tatsache.
attester *v.tr.* bestätigen, bescheinigen, bezeugen, attestieren.
attiger *v.tr.* übertreiben; schlagen.
attiser *v.tr.* schüren, anstacheln.
attitré *adj* ständig, amtlich; **fournisseur –** ständiger Lieferant.
attitrer *v.tr.* (*BeamR*) in ein Amt berufen; **– un ambassadeur** zum Botschafter ernennen.
attitude *f* Verhalten *n*, Verhaltensweise *f*, Haltung *f*, Einstellung; **– conciliante** Bereitschaft *f* zur Versöhnung; **– évasive** ausweichendes Verhalten; **– malveillante** böswilliges *od.* übelwollendes Verhalten; **– politique** politische Einstellung *od.* Gesinnung; **– très réservée** kritisches bis ablehnendes Verhalten.
attraire *v.tr.* (*ZPR: assigner en justice*) Klage erheben, klagen.
attrapes *fpl*: **farces et –** Scherzartikel *mpl*.
attribuable *adj*: **cet accident ne lui est pas –** er hat diesen Unfall nicht verschuldet *od.* verursacht.
attribuer *v.tr.* zuteilen, zuerkennen; übertragen; zuschreiben; **– la responsabilité à qqn.** jmdn. die Schuld *od.* Verantwortung zuweisen.
attribut *m* Merkmal *n*, Kennzeichen *n*, wesentliche Eigenschaft; Zuständigkeit.
attributaire *m* (1) (*SozVers*) Leistungsempfänger *m*, (2) (*VwR*) Autragsempfänger *m*, erfolgreicher Bieter; **– de contingent** Kontingentträger *m*.
attribution *f* (1) (*prestations*) Zuteilung *f*; Übertragung; Zuerkennung, Zuweisung, (2) (*meist pl: fonctions, compétences*) Aufgaben *fpl*; Aufgabenbereich *m*; Zuständigkeit *f*; Befugnisse *fpl*; Obliegenheiten *fpl*; Tätigkeit *f*; Geschäfts- *od.* Zuständigkeitsbereich *m*; **conditions d'–** (*SchuldR*) Anspruchsvoraussetzungen *fpl*; **conférer des –s** (*ÖfR*) Befugnisse erteilen; **décision d'–** Zuteilungsverfügung; **droit d'–** Zuteilungsrecht *n*; **pour –** zuständigkeitshalber.
attribution de compétences (*ÖfR*) Übertragung von Zuständigkeiten *od.* eines Aufgabenbereichs, Zuständigkeitsverteilung, Kompetenzzuweisung; **– du congé** Urlaubsgenehmigung; **– déléguée** (*VwR*) Auftragsangelegenheit *f*; **– des dividendes**

(*GesR*) Dividendenausschüttung; **– de dommages-intérêts** Zuerkennung von Schadenersatz; **– de juridiction** Gerichtsstandsvereinbarung; **– de licence** Lizenzerteilung; **– d'un logement** Wohnungszuteilung; **– d'un marché** (*ÖfR*) Erteilung des Zuschlags, Auftragsvergabe *f*; **– préférentielle** (*ZR: Gesamthandseigentum*) bevorzugte Zuteilung.

attroupement *m* (*StR*) versammelte Menschenmenge, Zusammenrottung, Haufen *m*; **– sur la voie publique** Zusammenrottung (einer Menschenmenge).

atypique *adj*: **acte –** atypisches Rechtsgeschäft.

aubaine *f* (1) (*ZR*) Heimfall *m*, (2) *fig* unverhoffter Vorteil; **droit d'–** Heimfallsrecht.

auberge *f* Wirtshaus *n*, Herberge *f*.

aubergiste *m* Gastwirt *m*.

audible *adj* vernehmlich, hörbar.

audience *f* (1) (*PrzR: séance d'une juridiction*) (mündliche) Verhandlung *f*, Sitzung *f*, Gerichtssitzung, Termin *m*, Tagsatzung *f* (Aut), Streitverhandlung (Aut), (2) (*réception*) Empfang *m*, Audienz *f*, (3) (*auditoire*) Zuhörerschaft *f*; **ajournement à l'–** Ladung zum Termin; **délit d'–** (1) Ungebühr *f* (bei einer gerichtlichen Verhandlung), Verstoß gegen die Ruhe und Ordnung (in einer Sitzung), (2) Straftat während der Gerichtsverhandlung; **jour d'–** Gerichtstag *m*, Sitzungstag *m*; **police de l'–** Sitzungspolizei *f*; **réquisition d'–** (*ZPR: placet*) Antrag *m* auf Eröffnung eines Gerichtsverfahrens; **rôle d'–** Gerichtsterminliste *f*; **salle d'–** Sitzungssaal *m*; **suspension d'–** Verhandlungspause.

audience criminelle Verhandlung in einer Strafsache; **– de jugement** (Urteils-) Verkündungstermin *m*; **– de liaison de l'instance** Termin, der zur Begründung der Rechtshängigkeit dient; **– particulière** Privataudienz; **– pénale** Verhandlung in Strafsachen, Strafverhandlung; **– de (simple) police** (*StPR*) Termin in Strafsachen vor dem frz. Kleininstanzgericht; **– préliminaire** Vortermin; **– de procédure** Verhandlungstermin vor dem Entscheidungsvorbereitungsrichter; **– du procès** Gerichts- *od.* Prozesstermin *m*; **– publique** öffentliche Verhandlung (vor einem Gericht), öffentliche Sitzung.

audience de référé (1) (*ZPR*) Termin im Verfahren zum Erlass einer einstweiligen Verfügung, Tagsatzung im Provisiorialverfahren (Aut), (2) (*StPR*) Termin im beschleunigten Verfahren; **– de rentrée** (*GVR*) erste feierliche Sitzung zu Beginn des Jahres; **– solennelle** feierliche Sitzung (höherer Gerichte); **– du tribunal** Verhandlung vor dem erkennenden Gericht, Gerichtssitzung *od.* -verhandlung; **– de vacation** Termin in Feriensachen.

audiencer *v. intr.* einen Termin zur mündlichen Verhandlung festsetzen.

audiencier *adj*: **huissier –** Gerichtsdiener (des Sitzungsdienstes).

audioconférence *f* Telekonferenz *f*, Konferenzschaltung.

audiométrie *f* (*MedienR*) Messung der Einschaltquote.

audiovisuel *adj* (*MedienR*) audiovisuell; **médias –s** audiovisuelle Medien *f*; **œuvre –le** audiovisuelles Werk; **paysage – français (= PAF)** die Massenmedien in Frankreich.

audiovisuel *m* (*MedienR*) audiovisuelle Massenmedien, Medienlandschaft *f*.

audit *m* (1) (*GesR: mission d'investigation au sein de l'entreprise*) Firmenüberprüfung *f*, Controlling *n*, Finanzkontrolle *f*; Nachprüfung; betriebswirtschaftliche Analyse; Wirtschaftlichkeitsberechnung *f*; Buchprüfung; Unternehmensberatung, (2) (*GesR: professionnel qui pratique l'audit*) Firmenprüfer, Controller *m*; Revisor *m*; Betriebsinspektor *m*; Wirtschafts- *od.* Buchprüfer; **– -conseil** Unternehmensberatungsgesellschaft *f*; **– environnemental** Umweltbilanz *f*; **– externe** durch die Hauptversammlung bestellter (externer) Controller *m*, Firmen- bzw. Buchprüfer; **– interne** (Firmen-) Controlling *n*; durch den Vorstand bestellter (interner) Controller *od.* Firmenprüfer; –

d'un site Betriebsprüfung für einen Standort.

auditeur *m* (1) (*VwPR: Conseil d'État, Cour des comptes*) Auditor *m* (unterster Grad der Richterschaft im frz. Staatsrat und Rechnungshof); Beisitzer *m*, (2) (*AllgSpr*) Zuhörer *m*, (3) (*GesR: professionnel chargé de l'audit*) Controller *m*; Betriebsprüfer *m*, Firmenberater *m*; **– au Conseil d'État** Auditor *m*, (Eingangsamtsbezeichnung für Richter beim frz. Staatsrat); **– général** (L) oberster Untersuchungsrichter; **– de justice** angehender frz. Richter im Vorbereitungsdienst (insbesondere während der Ausbildung in der École nationale de la magistrature in Bordeaux); **– libre** (*HochschulR*) Gasthörer *m*; **– du nonce** päpstlicher Gesandtschaftssekretär.

audition *f* (1) (*PrzR*) Vernehmung, Einvernahme, Anhörung (durch den Richter), (2) (*MedienR*) Hören *n*, (Radio-) Empfang *m*; **procéder à l'– des témoins** die Zeugen vernehmen; **procès-verbal d'–** Vernehmungsniederschrift *f*.

audition contradictoire (*StPR*) Kreuzverhör *n*; **– d'un expert** Anhörung eines Sachverständigen; **– par juge commis** *ou* **par juge requis** kommissarische Zeugenvernehmung (durch den ersuchten Richter); **– des parties** Anhörung der Parteien, Parteivernehmung; **– publique** (*ÖfR, UmweltR*) öffentliche Anhörung der Betroffenen; **– séparée** (*StPR*) Einzelvernehmung; **– sous la foi du serment** eidliche Vernehmung; **– d'un témoin** Zeugenvernehmung; **– de tiers** Anhörung Dritter.

auditoire *m* (1) (*PrzR: local des tribunaux*) Gerichts- *od.* Sitzungssaal *m*, (2) Zuhörerschaft *f* (im Gerichtssaal).

auditorat *m* (*GVR*) Eingangsstufe des Richterdienstes (beim frz. Staatsrat *od.* Rechnungshof); **– militaire** (BL) Anklagevertretung bei einem Militärgericht.

au fur et à mesure *loc.* nach und nach, nach Maßgabe, je nachdem.

augment *m* (*SachR*) Zuwachs *m*.

augmentation *f* Vermehrung *f*, Steigerung *f*, Erhöhung *f*; Ansteigen *n*, Anwachsen *n*; **– de capital** Kapitalerhöhung *od.* -aufstockung; **– de capital par incorporation de réserves** Kapitalerhöhung durch Einbeziehung der Rücklagen; **– du chiffre d'affaires** Umsatzsteigerung; **– du chômage** Anstieg *m* der Arbeitslosigkeit; **– des coûts** Kostensteigerung; **– de la demande** Zunahme *od.* Erhöhung der Nachfrage; **– des impôts** Steuererhöhung; **– du loyer** Mieterhöhung, Mietzinserhöhung.

augmentation du niveau de vie Hebung des Lebensstandards; **– de la population** Bevölkerungswachstum *n*; **– du pouvoir d'achat** Kaufkraftsteigerung; **– des prix** Preiserhöhung, Preissteigerung *f*, Preisanstieg *m*; **– de la production** Produktionssteigerung; **– de la productivité** Produktivitätsanstieg *m*; **– du rendement** Leistungssteigerung; **– des tarifs** Beitragserhöhung; **– de trafic** Verkehrszunahme; **– de traitement** Gehaltserhöhung *od.* -aufbesserung; **– de valeur** Wertzuwachs *od.* -steigerung, -erhöhung.

augmenter *v.tr.* (1) (*Produktion*) steigern, vermehren, (2) (*Preise, Steuern*) erhöhen, heraufsetzen, (3) vergrößern, anwachsen, ansteigen, zunehmen.

aujourd'hui *adv* heute, am heutigen Tage; jetzt, heutzutage; **dès –** ab sofort.

aumône *f* Almosen *n*, milde Gabe; Spende *f*.

aumônier *m* Militär- *od.* Anstaltsgeistlicher.

auparavant *adv* zuvor, vorher.

auprès de *adv* bei.

auriculaire *adj*: **témoin –** Ohrenzeuge *m*.

auspices *mpl* Schutz *m*; Schirmherrschaft *f*; **sous les – de** unter der Schirmherrschaft von, mit Unterstützung von.

aussi *adv* auch, ebenfalls; überdies.

aussitôt *adv* sogleich, gleich, sofort, alsbald; **– que** gleich wenn, sofort wenn, sobald.

austérité *f* Strenge *f*, Härte *f*; **mesures**

d'– Sparmaßnahmen *fpl*; **plan** *ou* **politique d'–** Sparprogramm *n*.

autant *adv* (eben-) soviel; ebensosehr; **d'– que** zumal; **d'– plus que** um so mehr als.

autarcie *f* (1) (*VR*) Selbstherrschaft *f*, politische Unabhängigkeit, Autarkie *f*, (2) (*VWirt*) wirtschaftliche Unabhängigkeit, Selbstversorgung.

autarcique *adj* autark; **politique –** eigenständige Politik.

auteur *m* (1) (*FamR*) Erzeuger *m*; Vater; Mutter, (2) (*ZR: celui dont on tient un droit*) (Rechts-) Vorgänger *m*, (3) (*UrhR: créateur d'une œuvre*) Verfasser *m*, Urheber *m*, Autor *m*; Schriftsteller *m*, Erfinder *m*, (4) (*Schaden*) Verursacher *m*, Schädiger, (5) (*StR*) Täter *m*, Straftäter; **droits d'–** Urheberrechte *pl*; **– d'un accident** Unfallverursacher, Urheber eines Unfalls; **– de l'attentat** Attentäter *m*; **– du délit** Straftäter; **– du dommage** Schädiger *m*, Schadensstifter *m*, Schadensverursacher *m*; **– mis en cause pour meurtre** wegen Totschlags Angeschuldigter; **– de l'offre** Anbieter *m*; **– principal** (*d'un crime*) Haupttäter; **– de la résiliation d'un contrat** Vertragspartner, von dem die Kündigung ausgeht.

authenticité *f* Echtheit *f*, Wahrheit *f*, Glaubwürdigkeit *f*; **contester l'–, nier l'– d'un acte** die Echtheit einer Urkunde bestreiten.

authentification *f* Beurkundung *f*, öffentliche Beglaubigung; **pouvoir d'–** Beurkundungsbefugnis *f*; **– judiciaire** gerichtliche Beurkundung *od*. Beglaubigung; **– notariée** notarielle Beurkundung *od*. Beglaubigung; **– officielle** öffentliche Beurkundung, Beglaubigung; **– personnelle** Personenerkennung; **– des signatures électroniques** Feststellung der Echtheit elektronischer Unterschriften.

authentifier *v.tr.* beurkunden, beglaubigen.

authentique *adj* echt, authentisch, verbürgt, wahr; **acte –** öffentliche Urkunde; **texte –** verbindlicher Wortlaut.

authentiquer *v.tr.* (*ÖfR: Rendre un acte authentique par une attestation officielle, un cachet, un sceau syn.: authentifier*) mit Amtssiegel öffentlich beurkunden.

auto-accusation *f* Selbstanklage *f*, Selbstkritik od.-bezichtigung.

autobus *m loc. adv.* Autobus, Bus *m*, Omnibus (der städtischen Verkehrsbetriebe).

autocensure *f* (freiwillige) Selbstkontrolle *f*.

autochtone *adj* einheimisch; *mpl* einheimische Bevölkerung.

autocollant *m* Aufkleber *m*.

autoconsommation *f* Eigenverbrauch *m*.

autocratie *f* Autokratie *f*, unumschränkte Herrschaft *f*.

autocritique *f* Selbstbezichtigung *f*, Selbstkritik *f*.

autodéfense *f* Selbstverteidigung, Selbsthilfe, Selbstschutz; **groupe d'–** Selbstschutzverband *m*.

autodestruction *f loc. adv.* Selbstzerstörung *f*.

autodétermination *f* Selbstbestimmung *f*.

autodiscipline *f* freiwillige Selbstkontrolle.

auto-école *f* Fahrschule *f*.

autofinancement *m* Eigen- *od*. Selbstfinanzierung *f*.

autofinancer (s') *v. pron.* selbst finanzieren, aus eigenen Mitteln bestreiten.

autogérer *v.tr.* (*Betrieb*) in Eigenverantwortung leiten *od*. verwalten.

autogestion *f* Selbstverwaltung *f*, Leitung *f* (eines Betriebes) durch die Belegschaft selbst.

autographe *adj* eigenhändig geschrieben, in der Urschrift; **manuscrit –** eigenhändig geschriebenes Manuskript.

autographe *m* Autogramm *n*, Unterschrift *f*, Autograph *n*.

autoinstruction *f* Selbstunterricht *f*.

automation *f* Automatisierung, vollautomatische Fabrikation.

automobile *adj*: **véhicule** *ou* **voiture –** Kraftfahrzeug *n*.

automobiliste *m* Kraftfahrer, Fahrzeugführer.

autonome *adj* autonom, unabhängig, sich selbst verwaltend; **contrôle –**

Selbstkontrolle *f*; **dispositions –s** eigenständige Vorschriften.

autonomie *f* (1) (*VR, VerfR*) Autonomie *f*, Selbständigkeit, (2) (*VwR*) Selbstverwaltung, (3) (*ZR*) Vertragsfreiheit *f*, Eigenständigkeit, Willensfreiheit; **– d'action** Handlungs- *od.* Aktionsfreiheit; **– administrative** Selbstverwaltung; **– budgétaire** Finanzhoheit; **– collective** (*ArbR*) Verbandsautonomie, Eigenständigkeit der Berufsverbände; **– communale** Gemeindeautonomie *f*, Selbstverwaltungs(recht) der Gemeinden; **– complète** vollständige Handlungsfreiheit; **– du contrat** (*ZR*) Vertragsautonomie; **– du droit** Selbstgesetzgebung; **– économique** (*Vwirt*) wirtschaftliche Eigenständigkeit; **– énergétique** Energieselbstversorgung; **– financière** (*VwR*) Finanzhoheit; finanzielle Selbständigkeit; **– de fonctionnement** Funktionseigenständigkeit; **– municipale** (*ÖfR*) Selbstverwaltungsrecht der Gemeinden; **– des partenaires sociaux** (*ArbR*) Tarifautonomie *f*; **– des particuliers** (*ZR*) Privatautonomie *f*; **– de la volonté** (*ZR*) Willens- *od.* Vertragsfreiheit.

autonomisme *m* (*Pol*) Autonomiebestrebungen, Partikularismus.

autonomiste *m* (*Pol*) Anhänger *m* der regionalen Selbstverwaltung.

autopendaison *f* Selbstmord *m* durch Erhängen.

autoprotection *f* (*VR*) Selbstschutzmaßnahme *f*.

autopsie *f* Obduktion *f*, Leichenöffnung *od.* -schau.

autopsier *v.tr.* obduzieren, eine Obduktion vornehmen.

autorisation *f* (1) (*VwR*) Erlaubnis *f*, Bewilligung; Konzession, Verleihung, (2) (*ZR*) (*nachträglich:*) Zustimmung, Einwilligung, Genehmigung, (3) (*HR, ZR*) Ermächtigung, Bevollmächtigung, Übertragung von Befugnissen; **accorder** *ou* **délivrer une –** eine Erlaubnis erteilen; **demandeur en –** Antragsteller (zur Erlangung einer Erlaubnis); **octroyer une –** eine Erlaubnis erteilen; **refuser une –** eine Erlaubnis versagen; **renouveler une –** eine Bewilligung verlängern; **retirer une –** (*VwR*) eine Bewilligung widerrufen, eine Genehmigung rückgängig machen; **retrait d'–** Widerruf der behördlichen Erlaubnis, Rücknahme einer Bewilligung.

autorisation d'absence (*BeamR, ArbR*) Dienstbefreiung *f*; **– d'achat** Bezugsbewilligung; **– assortie de conditions** mit Auflagen verbundene Zulassung; **– de bâtir** Baugenehmigung, Bauerlaubnis *f*; **– budgétaire** Ausgabenbewilligung; **– de circuler** (*StVR*) Fahrerlaubnis, Zulassung eines Fahrzeugs, Verkehrsbewilligung (S); **– collective** Sammelgenehmigung; **– sous condition** *ou* **conditionnelle** bedingte Zustimmung; **– de déblocage** Freigabebewilligung; **– de dépense(s)** Ausgabebewilligung *od.* -ermächtigung; **– de devises** Devisenbescheinigung *f*; **– d'emploi** (*Maschine*) Freigabe, Unbedenklichkeitserklärung; **– d'emprunt** *ou* **d'emprunter** Darlehensermächtigung; **– d'engagement** (*HaushR*) (de fonds) Bindungsermächtigung; **– d'entrée** (*AuslR*) Einreiseerlaubnis; **– d'établissement** (*GewR*) Niederlassungsbewilligung *od.* -erlaubnis; **– exceptionnelle** Sonder- *od.* Ausnahmegenehmigung; **– d'exercer un commerce** (*WirtR*) Gewerbezulassung; **– d'exercer la médecine** staatliche Zulassung als Arzt, Bestallung, Approbation; **– d'exploitation** Betriebserlaubnis *od.* -bewilligung; **– d'exportation** Ausfuhrgenehmigung; **– individuelle** Einzel- *od.* Sondergenehmigung.

autorisation de juge (*ZPR*) richterliche Ermächtigung; **– de mariage** Heiratserlaubnis; **– maritale** (*FamR*) Zustimmung des Ehegatten; **– nouvelle** (*HaushR*) neuer Ansatz *m*; **– de nouvelles installations** (*ÖfR*) Genehmigung neuer Anlagen; **– de paiement** (*BankR*) Auszahlungs- *od.* Zahlungsermächtigung; **– de plaider** Prozessvollmacht *m*; **– de police** polizeiliche Erlaubnis; **– préalable** (*VwR*) Vorwegbewilligung; **– de**

prélèvement automatique (*BankR*) Einzugsermächtigung; **– de programme** (*HaushR*) Ausgabebewilligung im Rahmen eines Investitionsrahmengesetzes; **– de prospection** (*Bergbau*) Prospektierungserlaubnis *f*, Schürfermächtigung *f* (*Bergbau*); **– de remboursement** Rückzahlungsanweisung; **– de résidence** Aufenthaltserlaubnis *od.* -bewilligung; **– révocable** Bewilligung auf Widerruf.

autorisation de séjour provisoire (*AuslR*) vorläufige Aufenthaltserlaubnis *f*; **– de survol** (*VR*) Überfluggenehmigung; **– de témoigner en justice** Aussagegenehmigung; **– temporaire** (*VwR*) befristete Genehmigung; **– accordée à titre permanent** (*VwR*) Dauerbewilligung; **– de transit** Durchfahrtsbewilligung; **– de transport de corps** Genehmigung zur Überführung einer Leiche, Leichenpass *m*; **– de travail** (*AuslR*) Arbeitserlaubnis *f*.

autorisé *adj* erlaubt, genehmigt; bevollmächtigt; zulässig, gesetzlich; **dépenses –es** bewilligte Ausgaben; **dûment –** berechtigt, befugt, ermächtigt, bevollmächtigt.

autoriser *v.tr.* (1) (*VwR*) (eine Erlaubnis) erteilen, (ein Recht) verleihen, etwas bewilligen, (2) (*ZR, HR*) ermächtigen, bevollmächtigen, berechtigen; **être autorisé à** die Genehmigung haben zu; **s'– à** *v. pron.* sich das Recht nehmen (etwas zu tun), ein Recht für sich in Anspruch nehmen; **s'– de** *v. pron.* sich berufen auf.

autoritaire *adj* autoritär, eigenmächtig.

autoritarisme *m* Eigenmächtigkeit; autoritäre Herrschaft.

autorité *f* (1) (*VerfR: pouvoir de commander*) Macht *f*, Machtbefugnis *f*, Autorität *f*, Gewalt *f*, Amtsgewalt, (2) (*VerfR: organe investi de ce pouvoir*) Behörde *f*, Obrigkeit *f*, (3) (*ÖfR: force obligatoire d'une loi, d'une décision*) zwingende Kraft, Geltung *f*, Rechtskraft *f*, (4) (*Pol: ascendant, considération*) Einfluss *m*, Gewicht *n*, Ansehen *n*, (5) (*personne reconnue en tant qu'expert*) anerkannter Fachmann *m*, Gewährsmann *m*; Persönlichkeit *f*; **avoir – sur qqn.** (*BeamR*) Vorgesetzter sein; Weisungsbefugnis haben; **être sous l'– de qqn.** weisungsgebunden sein; **faire –** maßgebend sein, als Regel gelten; **faire acte d'–** ein Machtwort sprechen; **de sa propre –** aus eigener Machtvollkommenheit; *pej* eigenmächtig.

autorité administrative Behörde *f*, Verwaltungsdienststelle *f*; **– centrale** zentrale Dienststelle, Zentralinstanz; Zentralgewalt; **– de la chose jugée** (*PrzR*) Rechtskraft(wirkung) eines Urteils; (vorläufige) Verbindlichkeit einer (Gerichts-) Entscheidung; **– civile** Zivilbehörde; **– collégiale** Kollegialbehörde; **– communale** Gemeinde als ursprüngliche Gebietskörperschaft; **– compétente** zuständige Behörde; **– concédante** Verleihungs- *od.* Konzessionserteilungsbehörde; **– contestée** in Zweifel gezogene Autorität, Infragestellung des Ansehens (einer Persönlichkeit); **– de contrôle** Aufsichtsbehörde *f*; **– détentrice** (*VR: convention de Genève*) Gewahrsamsbehörde; **– établie** (*Pol*) etablierte (bürgerliche) Gesellschaft, bestehende staatliche Ordnung; **– étatique** Staatsgewalt; **– fédérale** Bundesbehörde; **– gouvernementale** Regierungsgewalt *f*.

autorité hiérarchique (1) (*VwR*) übergeordnete Dienststelle, vorgesetzte Dienstbehörde, (2) dienstliche Befehlsgewalt *od.* Aufsicht; **– inférieure** (*VwR*) nachgeordnete Dienststelle, nachgeordneter Bereich; **– intermédiaire** Mittelbehörde; **– investie du pouvoir de nomination** Ernennungsbehörde, Anstellungsbehörde; **– judiciaire** (*GVR: les juridictions judiciaires par opposition aux juridictions administratives*) Zivil- u. Strafgerichtsbarkeit *f*, Justiz *f*, Justizbehörde *f*; **– du lieu d'origine** (S) Heimatbehörde; **– locale** Orts- *od.* Lokalbehörde, Gemeinde (als Gebietskörperschaft); **– des marchés financiers (= AMF)** frz. zentrale Finanzmarktaufsichtsbehörde; **– de mise sur le marché**

(= AMM) (*MedizinR: vente de médicaments*) frz. Arzneimittelzulassungsamt; Zulassung (von Medikamenten) *f*; **– monétaire** Währungshüter *m*; **– nationale** innerstaatliche Behörde; **– notificatrice** benachrichtigende Behörde.

autorité parentale (*FamR*) elterliche Sorge; **– parentale conjointe** (*FamR: dans la famille naturelle*) gemeinsames Sorgerecht (der Partner einer nichtehelichen Lebensgemeinschaft); **– politique** politischer Entscheidungsträger; **– portuaire** Hafenbehörde; **– de poursuite** (*StPR*) Strafverfolgungsbehörde *f*, die staatlichen Behörden *fpl*; **– de recours** (S) Rechtsmittelinstanz *f*; **– réglementaire** (*VerfR*) Rechtsetzungsbefugnis der frz. Regierung, Verordnungsbefugnis; **– relative de la chose jugée** (*PrzR*) beschränkte Rechtskraftwirkung (nur zwischen den Parteien), materielle *od.* innere Rechtskraft einer Entscheidung.

autorité requérante (*IPR*) Anforderungsbehörde, ersuchende Behörde; **– requise** ersuchte Behörde; **– subordonnée** (*VwR*) nachgeordnete Behörde *od.* Dienststelle; **– suprême** (*VerfR*) Zentralgewalt, oberste Gewalt; **– de surveillance** Aufsichtsbehörde; **– de tutelle** (1) (*ZR*) Vormundschaftsbehörde, (2) (*VwR*) Aufsichtsbehörde; **– de tutelle municipale** (*VwR*) (Gemeinde-) Aufsichtsbehörde, Rechts- bzw. Fachaufsicht (über Gemeindeorgane).

autoroute *f* **de l'information** Datenautobahn *f*, Informations-Highway *f*; **– à péage** gebühren- *od.* mautpflichtige Autobahn.

autosaisine *f*: **droit d'–** (*VwR, PrzR*) Selbstbefassungsrecht.

autosoin *m* (*MedizinR*) Selbstbehandlung *f*, Selbstverabreichung von Medikamenten (ohne ärztliche Kontrolle).

autostop *m*: **voyager en –** per Anhalter fahren.

autosubsistance *f* Selbstversorgung *f*.

autosuffisance *f* (*Vwirt*) wirtschaftliche Unabhängigkeit vom Ausland, Autarkie *f*; **– alimentaire** Selbstversorgung mit Nahrungsmitteln; **– énergétique** Selbstversorgung im Energiebereich.

autre *adj* andere(r), anders, anderes; **aucun – moyen** keine andere Möglichkeit; **de part et d'–** beiderseits; **– part** an anderer Stelle; **d'– part** andererseits.

autrefois *adv* ehedem, vormals.

autrement *adv* widrigenfalls, sonst; anders; **– dit** anders ausgedrückt.

autrui *pron* (*ZR: employé en droit comme complément prépositionnel*) Dritte(r); andere (Leute); **agir pour le compte d'–** für fremde Rechnung handeln; **agir au nom d'–** in fremdem Namen *od.* für einen Dritten handeln.

auvent *m* Wind- u. Regenschutz *m*.

auxiliaire *m* Hilfskraft *f*; Hilfsbeamte(r) *m*, Helfer *m*, Hilfsperson *f*; **matière –** Hilfsstoff *m*; **personnel –** Hilfskräfte *fpl*; **– de justice** (*PrzR: membres des professions assistant le juge dans ses fonctions*) unabhängiges Rechtspflegeorgan *n*; alle an der Rechtspflege beteiligten Personen (außer Richtern und Staatsanwälten, doch inklusive Anwälte, Notare u. Gerichtsvollzieher); **– temporaire** mit Zeitvertrag angestellte Hilfskraft; **–s de la magistrature** nichtrichterliche Justizhilfsbeamte *mpl*; Justizbeamte *mpl*; Justizangestellte *mpl*; Justizhilfskräfte *od.* -bedienstete; **–s médicaux** Pflegepersonal *n*, medizinische Pflegekräfte.

auxiliaire *adj* helfend, stützend, zur Unterstützung dienend; Neben-, Zweig-, Hilfs-; **maître –** (*SchulR*) Lehrer im Angestelltenverhältnis (mit zeitlich befristetem Vertrag).

auxiliariat *m* (*ÖfR*) Tätigkeit im öffentlichen Dienst als Hilfskraft (im Angestelltenverhältnis mit zumeist befristetem Dienstvertrag).

aval *m* (1) Wechselbürgschaft *f*, Aval *m*, (2) (*cours d'eau*) Talrichtung; **à l'–** stromabwärts, unterhalb; *fig* nachgeordnet; **commission d'–** Avalprovision *f*; **crédit d'–** Avalkredit *m*; **donneur d'–** Avalist *m*, Wechselbürge *m*; Scheckbürge; **à titre d'–** per Aval; **– bancaire** Bankaval; **– en pension** Wechselpension.

avalanche *f.* **risque sérieux d'–** Lawinengefahr *f.*
avalisé *m* (*WechselR*) derjenige, für den gebürgt wird.
avaliser *v.tr.* (1) für gültig erklären, (2) (*BankR*) bürgen, avalieren; **– une politique** eine Politik gutheißen *od.* unterstützen; **– une traite** als Wechselbürge unterschreiben.
avaliseur *ou* **avaliste** *m* Wechselbürge *m*, Avalist *m.*
à-valoir *m*: **toucher un –** (*VerlR: acompte sur les sommes dues à un auteur*) (*Klausel des Verlagsvertrages*) eine auf das Absatzhonorar anrechenbare Abschlagszahlung erhalten.
à valoir sur *loc.* anzurechnen auf; abzuziehen von.
avance *f* (1) Fortschreiten *n*, Vorwärtsgehen *n*, (2) Vorsprung *m*, Vorteil *m*, (3) Voraus(be)zahlung (bei Bestellung), Anzahlung *f*, (3) Vorschuss *m*, Gelddarlehen *n*; **faire une –** bevorschussen, einen Vorschuss gewähren; **faire des –s à qqn.** jdm. entgegenkommen, die ersten Schritte tun; **octroi d'une –** Vorschussgewährung; **à titre d'–** vorschussweise.
avance en argent Barvorschuss *m*; **– bancaire** (kurzfristiges) Bankdarlehen *n*; **– de caisse** Kassenvorschuss *m*; **– sur commande** Vorauszahlung *od.* Anzahlung (bei Bestellung); **– en compte** Buchkredit *m*; **– à découvert** Überziehungskredit; **– sur effets** Wechsellombard *m*; **– en espèces** Barvorschuss *m*; **– de fonds** Darlehensgewährung *f*; Darlehen *n*; **– des frais** Kostenvorschuss *m*; **– sur gage** Pfanddarlehen *n*; **– sans intérêts** zinsfreier Vorschuss, zinsloses Darlehen; **– sur marchandises** (*HR*) Warenlombard *m*, Lombardkredit *m*; **– sur nantissement (de titres)** (Wertpapier-) Lombardkredit *m*; Faustpfandkredit; **– recouvrable** *ou* **récupérable** *ou* **remboursable** rückzahlungspflichtiger Vorschuss; **– sur rente** Rentenvorschuss; **– sur salaire** Arbeitgeberdarlehen; **– de trésorerie** Überziehungskredit.
avancé *adj* modern, fortschrittlich, fortgeschritten, hochentwickelt; **les pays –s** die Industriestaaten.
avancées *fpl* Fortschritte *fpl*, Verbesserungen *fpl*; **– du droit** Liberalisierung der gesetzlichen Bestimmungen.
avancement *m* (1) (*travaux*) Fortgang *m*, Fortschreiten *n*, (2) (*progrès scientifique*) Fortschritt *m*, Weiterentwicklung *f*, (3) (*personnes*) Aufsteigen *n*, Aufstieg *m*, Aufrücken *n*, Beförderung *f*, Vorrücken *n*; **chances** *ou* **possibilités d'–** Aufstiegsmöglichkeiten *fpl*; **donner de l'–** befördern; **double – d'échelon** Überspringen *n* einer Dienstaltersstufe; **règles d'–** Beförderungsgrundsätze *od.* -richtlinien *pl*; **tableau d'–** Beförderungsliste *f.*
avancement de l'âge de la retraite Herabsetzung des Rentenalters; **– à l'ancienneté** (*BeamR*) Aufsteigen nach Dienstalterstufen, planmäßige Beförderung nach Ableistung einer bestimmten Dienstzeit; **– au choix** Beförderung nach dienstlicher Beurteilung; **– d'échelon** Aufrücken *n* nach Dienstaltersstufen; **– exceptionnel** außerplanmäßige *od.* außerordentliche Beförderung; **– de grade** Beförderung; **– d'hoirie** (*ErbR*) Vor(aus)empfang auf den Erbteil; **– hors cadre** außerplanmäßige Beförderung.
avancer *v.tr.* (1) (*BeamR*) vorrücken, aufrücken, (2) (*Geld*) vorstrecken, vorschießen, bevorschussen, einen Vorschuss gewähren; im voraus bezahlen, (3) (*mettre en avant*) behaupten, vorbringen, (4) Fortschritte machen, weiterkommen; **cela ne m'avance guère** damit ist mir nicht geholfen; **– une proposition** einen Vorschlag unterbreiten.
avanie *f* Beschimpfung, Beleidigung.
avant *prép. et adv.* früher, ehemals, vor; **jugement – dire droit** (*ZPR: avant de faire, le cas échéant, droit à la demande*) Vorabentscheidung; Zwischenurteil *n* (über den Grund); **– tout** *adv., prép.* an erster Stelle, mit absoluter Priorität.
avantage *m* (1) (*ZR: profit, gain*) Vorteil *m*, Vergünstigung, (2) (*SozR: meist pl.*) Leistung(en) *f(pl)*, (3) (*ArbR*) Bezüge *pl*,

Vergütung, (4) (*Pol, MilR*) Erfolg *m*, Vorzug, Sieg; **– acquis** (*ArbR: convention collective*) Besitzstand *m*; **– en argent** Geldleistung *f*; **– concurrentiel injustifié** ungerechtfertigter Wettbewerbsvorteil; **– douanier** Zollvergünstigung; **– fiscal** Steuervergünstigung; **–s en nature** (*ArbR, Soz Vers*) Naturalleistungen, Sachbezüge, Sachleistungen; **– particulier** (*GesR: situation privilégiée*) Sondervorteil *m*, Vergünstigung; **– pécuniaire** finanzieller Vorteil, Vermögensvorteil *m*; **– spécial** Sondervergünstigung, Sondervorteil; **– tarifaire** Zollermäßigung; **–s permanents** (*Soz Vers*) Dauerleistungen, Rente; **–s sociaux** Sozialleistungen, soziale Vergünstigungen; **–s volontaires** (*Soz Vers*) freiwillige Leistungen.

avantager *v.tr.* bevorzugen, begünstigen.

avantageux *adj* vorteilhaft, günstig.

avant-contrat *m* (1) (verbindlicher) Vorvertrag *m*, (2) (widerrufliches) Zugeständnis *n*.

avant-garde *f* Vorhut *f*.

avant-projet *m* Vorentwurf *m*, Konzept *n*, Denkmodell *n*; **– de loi** Gesetzesvorlage *f*.

avant-propos *m* Vorwort *n*, Vorrede *f*, Einleitung.

avant-rapport *m* Vorbericht *m*.

avarice *f* Habsucht *f*, Geiz *m*.

avarie *f* (1) (*SchuldR: dommage matériel*) Sachschaden *m*; Aufwendungen zur Verminderung *od.* Vermeidung eines Schadens, (2) (*HR, SeeHR*) Transportschaden, Sachschaden *m* am Frachtgut; Havarei *f*, Seeschaden (und dessen Ersatz); **constatation d'–** Schadensfeststellung; **franc d'–** unbeschädigt, frei von Beschädigung *od.* Havarei; **franc d'– sauf échouement** frei von Beschädigung, außer im Strandungsfall.

avarie commune (*SeeHR*) große (gemeinschaftliche) Haverei; **– dommage** Schiffs- *od.* Ladungsschaden; **– grosse** große Haverei; **– particulière** besondere Haverei.

avarié *adj* verdorben, ungenießbar; **viande –e** Gammelfleisch *n*.

avarier *v.tr.* (1) (be-) schädigen, (2) (*denrées périssables*) verderben.

avaries-frais *pl* Schadensabwendungskosten *pl*.

avenant *m* (*ZR, VersR: accord modifiant une convention*) Zusatzvereinbarung; Nachtrag *m*; Zusatzpolice *f*; **à l'–** in Übereinstimmung mit; **– au contrat d'assurance** Nachtrag zum Versicherungsvertrag; **– à une convention collective** Zusatztarifvertrag *m*.

avènement *m* Beginn *m*; Eintreten *n*; Ankunft *f*.

à-venir *m* (*PrzR: aujournement, citation en justice*) Aufforderung zum Erscheinen im Termin.

avenir *m* (1) Zukunft *f*, (2) (*PrzR: acte de procédure*) Urkunde, die von Anwalt zu Anwalt zugestellt wird; **à l'–** zukünftig; **d'–** *loc* zukunftsorientiert; **– d'audience** (Vor-) Ladung *f*, Ladung zum Termin.

aventure *f* unerwartetes Ereignis *od.* Abenteuer, Missgeschick *n*; **bonne / mauvaise –** glückliche *od.* unglückliche Fügung; **dire la bonne –** wahrsagen; **prêt à la grosse –** (*SeeHR*) Bodmeierei *f*, Gelddarlehen auf ein Schiff; **– amoureuse** Seitensprung *m*, Liebesverhältnis *n*.

avenu *adj* geschehen; **nul et non –** *loc* null und nichtig, nicht geschehen.

avéré *adj* sicher, unzweifelbar; **fait –** unbestreitbare Tatsache *f*; **il est – que** es steht fest; es ist (als wahr) erwiesen, dass . . . .

avérer: **s'–** *v.pron.* sich (als wahr, unwahr) erweisen, sich herausstellen (dass).

avers *m* Vorder- *od.* Bildseite, Kopfseite (einer Münze).

aversion *f* Abneigung *f*, Ekel *m*, Abscheu *m*; **prendre qqn. en –** einen Widerwillen gegen jmdn. fassen, verabscheuen.

avertir *v.tr.* (1) benachrichtigen, Nachricht geben, ankündigen, (2) verwarnen, abmahnen, mahnen, (3) warnen.

avertissement *m* (1) (*information*) Ankündigung *f*, Benachrichtigung *f*, (2) (*avis, instruction*) Mahnung *f*, Aufforderung *f*, Abmahnung *f*, (3) (*ZPR: convocation*) Ladung *f* (vor Gericht), (4) (*mesure disciplinaire*) Verwarnung *f*, Verweis *m*, (5) (*SteuerR*) Mahnung *f* des Vollstreckungsschuldners; **grève d'–** Warnstreik *m*; **sans – préalable** ohne Vorankündigung; **– taxé** gebührenpflichtige Verwarnung, Mahngebühr *f*.

avertisseur *m* (*StVR*) Hupe *f*; **– d'incendie** Feuermelder, Brandwarnanzeiger; **– lumineux** Lichthupe; **– de panne** Warnblinklicht.

aveu *m* (*ZR, StR: reconnaissance par une personne de l'exactitude d'un fait allégué contre elle*) Geständnis *n*; Anerkenntnis *n*; **réitérer un –** sein Geständnis (vor Gericht) bestätigen; **rétracter un –** ein Geständnis widerrufen; **– exprès** ausdrückliches Geständnis; **– extrajudiciaire** außergerichtliches Geständnis; **– d'une faute** Schuldbekenntnis *n*; **– judiciaire** gerichtliches Geständnis; **– partiel** Teilgeständnis; **– de paternité** Vaterschaftsanerkenntnis *n*; **– simple** *ou* **– sans réserve** ausdrückliches Eingeständnis, Schuldgeständnis *n*, Zugeben *n* (einer Schuld); **– tacite** stillschweigendes Eingeständnis.

aveugle *m* Blinde(r) *m*; **chien d'–** Blindenhund *m*.

aveuglement *m* (*StVR*) Blendung *f*.

aveux *mpl*: **revenir sur ses –** sein Geständnis widerrufen.

aviaire *adj*: **grippe –** Geflügelpest *f*.

aviation *f* Flugwesen *n*; **– civile** Zivilluftfahrt; **– commerciale** *f* Handelsluftfahrt *f*.

aviculture *f* (*LandwR*) Geflügelzucht *f*.

avide *adj* habgierig, gewinnsüchtig.

avidité *f* Habgier *f*, Habsucht *f*.

avilissement *m* Erniedrigung *f*, Entwürdigung *f*.

avion *m* Luftfahrzeug *n*; **– cargo** Transportflugzeug; **– commercial** Verkehrsflugzeug; **– détourné sur . . .** nach . . . entführtes Flugzeug; **– gros porteur** Großraumflugzeug *n*.

avionique *f* Luftfahrttechnik *f*.

avionneur *m* Flugzeughersteller od.-- konstrukteur *m*.

avis *m* (1) (*opinion, pensée*) Meinung *f*, Ansicht *f*, Standpunkt *m*, Anschauung *f*, Auffassung *f*, (2) (*suffrage, vote*) Gutachten *n*, Stellungnahme *f*, (3) (*annonce, communication*) Ankündigung *f*, Anzeige *f*, Bekanntmachung, Nachricht *f*, Benachrichtigung *f*, (4) Empfangsbescheinigung *f*; **sans autre –** ohne Bericht; **émettre un –** eine Stellungnahme abgeben; **émettre un – sur qqch.** sich gutachtlich äußern zu; **feuille d'–** Nachrichtenblatt *n*; **recueillir un –** ein Gutachten einholen; **soumettre pour –** zur Stellungnahme vorlegen; **suivant –** laut Bericht.

avis d'accident Unfall- *od.* Schadensanzeige *f*, Unfallmeldung; **– d'adjudication** Vergabebekanntmachung; **– d'arrêt de travail** (*Soz Vers*) Arbeitsunfähigkeitsbescheinigung; **– comminatoire** Strafandrohung *f*; **– de concours** (1) (*VwR*) Stellenausschreibung, (2) (*EuR*) Ausschreibung des Auswahlverfahrens; **– de condamnation** Mitteilung zum Strafregister; **– conforme** gleichlautende Stellungnahme; **– de conformité** zustimmende Stellungnahme; **– consultatif** Gutachten *n*; **– de couverture** (*VersR*) Deckungsanzeige *od.* -zusage *f*; **– de couverture provisoire** vorläufige Deckungszusage; **– de crédit** Gutschriftsanzeige.

avis de débit Lastschriftanzeige; **– défavorable** ablehnende Stellungnahme, ablehnender Bescheid; **– de dénonciation** Kündigungsschreiben; **– de disparition** Vermisstenanzeige; **– divergent** abweichende Auffassung *od.* Stellungnahme; **– de dommage** (*VersR*) Schadensanzeige *od.* -meldung; **– d'échéance** (*VersR*) Aufforderung zur (Prämien-) Zahlung; **– d'encaissement** Eingangsmeldung; **– d'exécution** (1) Vollzugsmeldung *f*, Ausführungsanzeige *f*, (2) (*BörR*) Schlussnote *f*, Schlusszettel; **– d'expédition** Versandanzeige; **– d'expert** *ou* **d'expertise** Sachverständigengutachten *n*; **– favorable** positive Stellungnahme, Befürwortung.

avis d'imposition Steuerbescheid *m*; **– d'inscription** (1) (*Grundbuch*) Eintragungsbenachrichtigung, (2) (*BankR*)

Gutschriftanzeige; **– intérimaire** Zwischenbescheid *m*; **– juridique** Rechtsgutachten *n*; **– au lecteur** Vorwort; **– de licenciement** Kündigungsschreiben *n*; **– de livraison** Lieferanzeige; **– médical** ärztliches Gutachten *n*; **– de mise en recouvrement** (*SteuerR*) Zahlungsaufforderung *f*; **– motivé** begründete Stellungnahme; **– de naturalisation** Einbürgerungsmitteilung; **– négatif** ablehnender Bescheid; **– de non-livraison** *ou* **de non-remise** (*UPU*) Unzustellbarkeitsmeldung.

avis d'opéré (*BörR*) Schlussnote *f*, Schlusszettel *f*, Durchführungsanzeige *f*; **– d'ouverture de crédit** Krediteröffnungsmitteilung; **– d'ouverture de la faillite** (S) Konkurseröffnungsanzeige (S); **– de paiement** (1) Zahlungsbestätigung *od.* -anzeige, (2) (*UPU*) Auszahlungsschein *m*; **– partagé des experts** geteilte Ansicht der Fachleute; **– de pension** (*SozVers*) Rentenbescheid *m*; **– préalable** vorherige Stellungnahme; Vorankündigung *f*; **– public** öffentliche Bekanntmachung.

avis de radiation Löschungsanzeige; **– de réception** (1) Empfangsbestätigung, (2) (*Post*) Rückschein *m*; **– de recherche** (*StR*) Ausschreibung im Fahndungsblatt; **– de recherche d'un criminel** Steckbrief *m*; **– de recrutement** Stellenausschreibung; **– de redressement** (*SteuerR*) Bescheid über eine zusätzliche nachträgliche Steuerforderung; **– de refus** ablehnender Bescheid *m*; **– de résiliation** (1) Vertragsauflösungsmitteilung, (2) (*ArbR*) Kündigungsschreiben *n*.

avis de service dienstliche Mitteilung, innerdienstliches Rundschreiben; **– de sinistre** (*VersR*) Schadensmeldung *od.* -anzeige; **– de souffrance** (*UPU*) Unzustellbarkeitsmeldung; **– de souscription** (*BankR*) Zeichnungsaufforderung; **– de vacance d'un poste** Stellenausschreibung; **– de virement** Gutschriftsanzeige od.-zettel.

avisé *adj* umsichtig; besonnen; vorsichtig; **conduite –e** wohlüberlegtes Verhalten; **être mal –** unklug vorgehen.

aviser *v.tr.* (1) plötzlich sehen *od.* erkennen, (2) (*informer*) benachrichtigen, verständigen; bekanntmachen, ankündigen, anzeigen; **s'– de qqch.** bemerken, wahrnehmen.

avitaillement *m* (*SeeHR*) Verproviantierung *f*; **– des avions** Cartering *n*; **– de bord** Schiffsbedarf *m*.

avocaillon *m* (*pej*) Winkeladvokat *m*.

avocasser *v. intr.* mit fragwürdigen Mitteln u. ohne die erforderlichen Kenntnisse die Geschäfte eines Rechtsberaters betreiben.

avocasserie *f* Ausübung des Berufs eines Rechtsberaters ohne den erforderlichen Sachverstand.

avocassier *adj* (*qui concerne les avocats*) *umg* die Anwaltstätigkeit betreffend, anwaltlich.

avocat *m* (1) (*PrzR: auxiliaire de justice*) Rechtsanwalt *m*, Anwalt; (Straf-) Verteidiger *m*; Rechtsbeistand *m*, Rechtsberater *m*; Sachwalter, Fürsprech *m* (S), Advokat *m* (S), (2) (*fig*) Befürworter *m*, Fürsprecher *m*; **commettre un – d'office** einen Pflichtverteidiger von Amts wegen einsetzen *od.* bestellen; **constituer (un) –** einen Anwalt nehmen *od.* bestellen, sich durch einen Anwalt vertreten lassen; **consulter un –** einen Anwalt zu Rate ziehen; **honoraires d'un –** Rechtsanwaltsgebühr *f*, Anwaltshonorar, Anwaltskosten *pl*; **ministère d'–** Anwaltsamt *od.* -tätigkeit (als unabhängiges Organ der Rechtspflege); **profession d'–** Rechtsanwaltsberuf *m*.

avocat admis au stage Anwaltsassessor *m*, Rechtsanwaltsanwärter *m* (Aut); **– d'affaires** Wirtschaftsanwalt; **– sans causes** Rechtsanwalt ohne Mandanten, arbeitsloser Anwalt; **– chargé de l'aide judiciaire** Anwalt im Rahmen der Prozesskostenhilfe; **– commis d'office** Pflichtverteidiger *m*, Offizialverteidiger; **– -conseil** Rechtsberater, Syndikus *m*; **– aux conseils** (Abkürzung für „avocat au Conseil d'Etat et à la Cour de Cassation") Rechtsanwalt, der zur Vertretung vor dem Staatsrat und vor dem Kassationshof zugelassen ist; **– consultant** Rechtsberater.

avocat à la Cour bei frz. Berufungsgerichten zugelassener Anwalt; **– fiscaliste** Fachanwalt für Steuersachen; **– général** (1) (*StPR*) Oberstaatsanwalt (bei den frz. Rechtsmittelinstanzen), (2) (*EuR*) Generalanwalt; **– généraliste** Rechtsanwalt (ohne besondere Spezialisierung); **– inscrit au tableau** (bei einem Gericht) zugelassener Anwalt; **– librement choisi** Vertrauensanwalt, Anwalt der freien Wahl; **– d'office (= – commis d'office)** Pflicht- *od.* Offizialverteidiger; **– pénaliste** Strafanwalt, Rechtsanwalt in Strafsachen; **– plaidant** (Straf-) Verteidiger *m*; **– salarié** Anwalt im Angestelltenverhältnis (in einem Unternehmen), Syndikus *m*; **– stagiaire** Rechtsanwaltsanwärter *m*.

avocate *f* Rechtsanwältin *f*.

avoir *m* (1) (*BankR: actif, crédit*) Guthaben *n*, Haben *n*, Habenseite *f*, Aktiva, (2) (*SchuldR: patrimoine, fortune*) Vermögen *n*, Vermögenswerte *mpl*, Vermögensbestand *m*, Hab und Gut; **doit et –** Soll und Haben; **liquider les –s** Bestände auflösen; **– auprès de la caisse d'épargne postale** Postsparguthaben *n*; **– en banque** Bankguthaben; **– bloqué** Sperrdepot *n*; **– en caisse** Kassenbestand *m*; **– en compte** Kontoguthaben *n*; **– en compte-courant** Kontokorrentgelder *npl*, Kontokorrentguthaben *n*; **– en devises** Fremdwährungs- *od.* Devisenguthaben; **– en espèces** Bargutthaben; **–s à l'étranger** Auslandsguthaben *n*; **– fiscal** (*SteuerR, GesR*) anrechenbare Steuergutschrift (bei Gewinnausschüttungen), anrechenbare Steuervorauszahlung (auf Wertpapiergewinne); **– initial** Anfangsguthaben; **– au jour le jour** täglich verfügbare Gelder; **– en numéraire** Barguthaben; **–s sociaux** Gesellschaftsvermögen *n*; **– théorique** (*BankR*) Sollbestand *m*; **– en titres** Wertpapierdepot *n*, Effektenbestand *m*; **– à vue** (*BankR*) Sichteinlagen *fpl*, Bankguthaben.

avoir *v.tr.* (1) (*ZR: être en possession ou en jouissance de biens matériels ou d'argent, par un droit de propriété*) haben, besitzen, Eigentümer sein, (2) (*SchuldR: Entrer en possession de, obtenir, se procurer acheter, acquérir, recevoir*) erwerben, kaufen; erhalten; **– accès au dossier** Akteneinsicht haben, Einsicht in die Akten haben; **se faire** *ou* **se laisser –** *umg* hereingelegt werden, getäuscht werden; **– beau jeu** leichtes Spiel haben; **– pour but** beabsichtigen, wollen; **– dix-huit ans** volljährig sein, 18 Jahre alt sein; **– gain de cause** (im Prozess) obsiegen; Recht behalten; **– une intime conviction** der Überzeugung sein, dass ...; **– lieu** stattfinden; sich ereignen; **– les mains libres** freie Hand haben, unabhängig sein; **– recours à l'article ...** gemäß Artikel ... vorgehen; **– la vie sauve** mit dem Leben davongekommen sein.

avoisinant *adj* angrenzend, anstoßend.

avoisiner *v.tr.* an etwas grenzen.

avortement *m* (1) (*expulsion spontanée*) Spontanabort *m*, Fehlgeburt *f*, (2) (*thérapeutique médicale: interruption volontaire de la grossesse*) therapeutische *od.* indizierte Schwangerschaftsunterbrechung *f*, (3) (*StR: manœuvre criminelle*) (strafbarer) Schwangerschaftsabbruch, Abtreibung, krimineller Abort; **provocation à l'–** Werbung für den Abbruch der Schwangerschaft; **– par autrui** Fremdabtreibung (durch Dritte); **– criminel** *ou* **illégal et clandestin** gesetzwidriger Schwangerschaftsabbruch; **– embryonnaire** Abtreibung eines Embryos *od.* einer Leibesfrucht bis zum Ende des 2. Monats; **– fœtal** Abtreibung einer Leibesfrucht älter als drei Monate; **– légal** strafloser *od.* gerechtfertigter Schwangerschaftsabbruch.

avortement médical *ou* **médicalement assisté et médicalement motivé** medizinische Indikation; **– sur la personne d'autrui** Abtreibung fremder Leibesfrucht; **– sur soi-même** Eigenabtreibung (durch die Schwangere); **– thérapeutique** Schwangerschaftsabbruch nach ärztlicher Anzeige, Indikation zum Schwangerschaftsabbruch.

avorter *v.tr.* (1) (*StR: faire subir un avortement à une femme*) einen Abtreibung vornehmen, abtreiben, (2) *v. intr.* (*MedizinR: accoucher avant terme d'un embryon ou d'un fœtus non viable, naturellement ou par intervention*) eine Fehlgeburt haben, (3) (*fig: tentative, coup d'Etat etc.*) fehlschlagen, scheitern, misslingen, wirkungslos bleiben.

avorteur *m* (*StR: féminin: avorteuse*) Abtreiber(in).

avouable *adj* dessen man sich nicht zu schämen braucht; **motif –** triftiger Grund.

Bis 1971 brauchte der Rechtssuchende vor allen Gerichten in Frankreich sowohl einen Vertreter für den schriftlichen Verkehr mit den Gerichten, den *avoué*, wie auch einen *avocat*, für seine Vertretung in den mündlichen Verhandlungen. Heute besteht diese Doppelgleisigkeit nur noch im Rahmen der Berufung und Revision.

avoué *m* (*PrzR: officier ministériel près les cours d'appel*) (amtlicher) Sachwalter bei den frz. Appellationshöfen (der den Prozess vorbereitet, insbesondere die Schriftstücke abfasst), Vertreter in den Schriftsätzen (vor den frz. Berufungs- und Revisionsgerichten).

avouer *v.tr.* gestehen, eingestehen, einräumen; anerkennen; **– un secret** ein Geheimnis preisgeben.

avulsion *f* (*SachR*) Abschwemmung *f.*

axe *m* Achse *f*; **grand – routier** (*StVR: voie routière importante*) (wichtige) Fernverkehrsstraße, Ausfallstraße; **principaux –s de transport** die wichtigsten Verkehrswege.

axiome *m* Grundsatz *m*; anerkannter, eines Beweises nicht bedürftiger Satz.

ayant-cause *m* (1) (*ZR: personne ayant acquis un droit ou une obligation*) Berechtigter *m*, Anspruchsberechtigter *m*; (neuer) Schuldner, (2) (*ErbR*) Rechtsnachfolger *m*; **– à titre particulier** Empfänger eines Stückvermächtnisses, Sonderrechtsnachfolger, Singularsukzessor *m* (S); **– à titre universel** Erbteilvermächtnisnehmer, Empfänger einer Nachlassquote (als Gesamtheit von Aktiva u. Passiva); **– universel** (*ErbR*) Universalvermächtnisnehmer, Gesamtrechtsnachfolger, Empfänger des gesamten Nachlasses (einer Person).

ayant-droit *m* (1) (*SchuldR, SozR: titulaire d'un droit ou d'une prestation sociale*) Anspruchsberechtigte(r) *m*, Leistungsberechtigter *m*, (2) (*ZR*) Verfügungsberechtigter *m*, (3) (*ErbR: synonyme d'ayant-cause*) Rechtsnachfolger *m*; Hinterbliebener *m*, Angehöriger *m*.

B

bac *m* Fährschiff *n*.

baccalauréat *m* (*SchulR: premier des grades universitaires en France*) frz. Abitur *n*, Reifezeugnis *n*; **– général** (*SchulR: baccalauréats de la série littéraire, scientifique, économique et sociale*) frz. allgemeines Abitur (mit drei Fachrichtungen); **– professionnel** (*SchulR: Le baccalauréat professionnel se prépare en deux ans dans un lycée professionnel ou dans un centre de formation d'apprentis = C.F.A., après un certificat d'aptitude professionnelle = C.A.P. ou un brevet d'études professionnelles = B.E.P.*) frz. Berufsschulabitur; **– technologique** (*SchulR: Le baccalauréat technologique associe culture générale et technologique: Il se prépare en deux ans dans un lycée après une classe de seconde générale et technologique. Deux baccalauréats technologiques – hôtellerie et techniques de la musique et de la danse –se préparent en 3 ans après la classe de troisième*) frz. Fachabitur.

bachelier *m* frz. Abiturient *m*.
badge *m* Namens- *od.* Firmenzeichen *n* (insbesondere für Tagungsteilnehmer), Badge *n*.
bafouer *v.tr.* verunglimpfen, verhöhnen.
bagages *mpl* Gepäck *n*; **assurance des –** Reisegepäckversicherung; **bulletin de –** Gepäckschein *m*; **consigne de –** Gepäckannahme *f*, Gepäckaufbewahrung *f*; **excédent de –** Übergewicht *n*; **franchise de –** Freigepäck; **– accompagnés** Reisegepäck; **– à main** Handgepäck; **– non accompagnés** unbegleitetes Reisegepäck.
bagarre *f* Schlägerei *f*, Tumult *m*, Raufhandel.
bagatelle *f* Geringfügigkeit; unbedeutender Geldbetrag, Kleinigkeit.
bagne *m* (*hist*) Arbeitslager *n*; Zwangsarbeit *f*.
baie *f* (1) (*SachR*) (Mauer-) Öffnung *f*, (2) Bucht *f*, (3) (Strauch-) Beere *f*.

Das frz. Recht stellt für die *baux des maisons* und die *baux de biens ruraux* zunächst im Kapitel über *le louage des choses* gemeinsame Regeln auf und verwendet das Wort *bail* sowohl für den Miet- wie für den Pachtvertrag.

bail *m* (1) (*ZR: contrat de louage d'une chose: art. 1713 ff. C.civ. pour les règles communes et art. 1752 et suiv. pour les règles particulières aux baux à loyer*) Mietvertrag *m*, (Sach-) Miete *f*, Vermietung *f*, (2) (*LandwR: règles particulières: art. 1764 et suiv. Cciv et Code rural art. L. 411–1 et suiv.*) Pachtvertrag *m*, Pacht *f*, Verpachtung *f*; **cession de –** Abtretung der Ansprüche aus einem Mietvertrag; **contrat de –** (1) Mietvertrag *m*, (2) Pachtvertrag *m*; **donner à –** vermieten; verpachten; **droit au –** (1) (*SchuldR: prérogative du locataire*) Anspruch auf einen Mietvertrag; Recht auf die gemietete Wohnung, (2) (*HR*) Recht auf Verlängerung des Mietvertrages für gewerblich genutzte Räumlichkeiten; **durée du –** Mietdauer; Pachtdauer *f*, Bestandzeit (Aut); **prendre à –** (1) mieten, (2) pachten; **prise à –** (1) (*MietR*) Anmietung (von Wohnraum), Miete, (2) (*LandwR*) Pacht; **prix du –** Mietzins *m*; Pachtgeld *n*; **rachat du –** (*HR: pas-de-porte*) Übernahme *f* des Mietvertrages für gewerbliche Räumlichkeiten (gegen Zahlung eines Entgelts); **renouvellement du –** Erneuerung des Pachtverhältnisses.
bail administratif Miete öffentlicher Sachen; **– de chasse** Jagdpachtvertrag; **– à colonat partiaire** (*bail à métayage*) Pacht (gegen eine Beteiligung des Verpächters am Fruchterertrag), Teilpacht.
bail commercial (*HR*) frz. Sondermietrecht für gewerblich genutzte Räumlichkeiten, Geschäftsraummiete, Miete eines Geschäftslokals; gewerblicher Mietvertrag, Mietvertrag für gewerblich genutzte Räumlichkeiten; **– à complant** (*LandwR*) Kolonenvertrag (mit der Verpflichtung des Pächters, ein Drittel der Weinernte als Pachtzins zu entrichten); **– à construction** Erbbaurecht; **– à convenant ou à domaine congéable** (*LandwR*) jederzeit kündbarer Pachtvertrag (durch den der Pächter Eigentümer dessen wird, was er auf dem Pachtgrundstück erbaut und angebaut hat); **– emphytéotique** Erbpacht(vertrag).
bail à ferme (Land-) Pachtvertrag *m*, Pachtvertrag (gegen eine feste Vergütung in Geld *od.* Sachwerten); **– à ferme ordinaire** Zinspacht; **– d'habitation** Mietvertrag (über Wohnräume), Wohnraummiete *f*; **– héréditaire** Erbpacht; **– à loyer** Mietvertrag, Vermietung eines Hauses *od.* einer Wohnung; Miete; **– à nourriture** Ausgedinge *n*; **– perpétuel** Ewigpacht; **– rural** Landpachtvertrag.
bailler *v.tr.* (*Wohnraum*) zur Verfügung stellen, vermieten; verpachten; **– des fonds** ein Darlehen gewähren; **– à ferme** verpachten.
bailleur *m* (1) (*SchuldR*) Vermieter *m*, (2) (*LandwR*) Verpächter *m*, Bestand-

geber *m* (Aut); **privilège du –** Vermieterpfandrecht; **– à ferme** Verpächter; **– de fonds** (1) Kapital- *od.* Geldgeber *m*, (2) (*GesR*) stiller Gesellschafter; Kapitalgeber; **– de gage** Verpfänder *m*, Pfandbesteller *m*; **– en meublé** Vermieter möblierten Wohnraums.

bailli *m* (*hist*) Gerichtsamtmann *m*, Landvogt *m*, Schultheiß *m*.

bailliage *m* (*hist*) Amtsgericht *n*, Gerichtsbezirk *m*.

bâillon *m* Knebel *m*.

bâillonner *v.tr.* knebeln; (*fig*) mundtot machen.

bain *m* **de sang** Blutbad *n*.

baisse *f* (1) Fallen *n*, Sinken *n*, Nachlassen *n*, Rückgang *m*, Abschwächung *f*, Baisse *f*, Talfahrt *f*, (2) Senkung *f*, Herabsetzung *f*; **être à la –** fallende Tendenz haben; **jouer à la –** fixen, auf Baisse spekulieren; **réviser à la –** nach unten korrigieren; **spéculation à la –** Baissespekulation *f*; **spéculer à la –** auf das Fallen der Kurse spekulieren.

baisse d'activité Rückgang *f* der Wirtschaftstätigkeit; **– conjoncturelle** *ou* **cyclique** konjunkturelle Abschwächung; **– de la consommation** Verbrauchsrückgang; **– des cours** Kursverfall *m*; **– du coût unitaire** Rückgang der Stückkosten; **– des effectifs** Verringerung der Beschäftigtenzahl; **– des horaires** Arbeitszeitverkürzung; **– du niveau de la protection sociale** Abbau *m* des Sozialversicherungsschutzes; **– du niveau de vie** Senkung des Lebensstandards; **– du pouvoir d'achat** Kaufkraftschwund; **– des prix** Preissenkung *f*, Preisrückgang *m*; **– de production** Produktionsrückgang *m*; **– de rendement** Leistungsrückgang *m*; **– saisonnière** saisonbedingter Rückgang; **– des salaires** Lohnsenkung, Lohnkürzung.

baisser *v.tr.* senken, herabsetzen; fallen, sinken, abschwächen, zurückgehen; **– les bras** aufgeben, das Handtuch werfen, resignieren.

baissier *m* (*BörR*) Baissier *m*, Fixer *m*.

balance *f* (1) (*appareil de mesure*) Waage *f*, (2) (*fig.: état d'équilibre*) Gleichgewicht, (3) (*HR, Außh*) Bilanz *f*, (4) (*BankR, HaushR*) Saldo *n*; **en –** *fig.* ungewiss, in der Schwebe; **– de l'actif et du passif (d'un compte)** Schlussrechnung *f*, Vergleichung von Soll und Haben, Überschlag *m*; **– de base** (*Außh*) Grundbilanz; **– des capitaux** Kapitalverkehrsbilanz; **– du commerce extérieur** *ou* **– commerciale** (Außen-) Handelsbilanz; **– d'un compte** (*BankR*) Saldo *m*.

balance des comptes (*Außh*) Salden der Grundbilanz; **– des devises** Devisenbilanz; **– dollars** Dollarbilanz; **– des dons** Bilanz der unentgeltlichen Leistungen; **– excédentaire** Überschussbilanz; **– extérieure** Außenhandelsbilanz; **– des invisibles** Dienstleistungsbilanz, Bilanz des unsichtbaren Handels; **– des marchandises** Warenbilanz; **– des mouvements de capitaux** Kapital (verkehrs)bilanz; **– des opérations courantes** Leistungsbilanz, Bilanz der laufenden Posten.

balance des paiements (*Außh*) Zahlungsbilanz *f*; **– des paiements courants** Leistungsbilanz; **– des prestations gratuites** Übertragungsbilanz, Bilanz der unentgeltlichen Leistungen; **– des services** Dienstleistungsbilanz; **– des transactions courantes** Handels- und Dienstleistungsbilanz; **– des transferts** Übertragungsbilanz.

baleinier *m* Walfangschiff *n*.

balisage *m* Markierung, Kennzeichnung.

balise *f* (1) Warnzeichen *n*, Sichtzeichen, (2) (*pl.: Vwirt*) Eckdaten, Richtwerte.

baliser *v.tr.* kennzeichnen, markieren.

balle *f* (1) Kugel *f*, Geschoss *n*, (2) Warenballen *m*.

ballottage *m* Stichwahl *f*; **scrutin de –** zweiter Wahlgang, Stichwahl.

ban *m* (1) (*proclamation officielle*) Bekanntmachung *f*, Verkündung *f*, öffentlicher Aufruf, (2) (*banissement*) Bann *m*, Verbannung; **publication des –s** (*EheR*) Bekanntmachung des Aufgebots.

banal *adj* (1) (*VwR*) kommunal, die Gemeinde betreffend, (2) gewöhnlich, alltäglich, gewohnt, trivial, (3) (*Krankheit*) ungefährlich, harmlos.

banalisation *f* (1) (*ZR*) Aberkennung des Sonderstatus, (2) Tarnung; **– de la criminalité** Verharmlosung der Verbrechen; **– des postes frontières** Zusammenlegung der Grenzabfertigungsstellen.

banalisé *adj*: **procédure –e** (*ZPR*) vereinfachtes (Zivil-) Verfahren; **voiture de police –e** Zivilstreife(nwagen) der Polizei.

banaliser *v.tr.* (1) (*VwR*) in Gemeindeeigentum überführen, (2) tarnen, (3) (*un problème*) verharmlosen.

banc *m* **des accusés** Anklagebank *f*; **– des avocats** Platz des Verteidigers; **– d'essai** Prüfstand *m*; **– du jury** Schöffen- *od.* Geschworenenbank; **– des ministres** Ministerbank (in der frz. Nationalversammlung).

bancable *adj* (1) (*WechselR: négociable*) (bei der frz. Zentralbank) rediskontfähig, diskontierbar, (2) bankfähig.

bancaire *adj* Bank-; **carte –** Kreditkarte *f*; **compte –** Bankkonto *n*; **numéro de code –** Bankleitzahl *f*; **place –** Bankplatz *m*; **vigilance –** Bankenaufsicht *f*.

bandage *m* (*Kfz*) Reifen *m*.

bande *f* (1) (*StR: rassemblement organisé*) Bande *f*, kriminelle Vereinigung, (2) (*MedienR*) (Frequenz-) Band *n*; **– armée** bewaffneter Haufen; **– organisée** (*StR*) kriminelle Vereinigung; **– de roulement** (*StVR*) Lauffläche *f* (des Reifens).

bandelette *f* Streifen; **– fiscale** (B) Steuerbanderole *f*; **– de paie** (B) Lohnstreifen *m*.

bandit *m* Straßenräuber *m*; Schwerverbrecher *m*, Gangster *m*.

banditisme *m* Banditenunwesen *n*; **grand –** organisierte *od.* schwere Kriminalität.

banlieue *f* Vorortgürtel *m*; Einzugsgebiet *n*; Umland *n*.

banni *m* Verbannte(r) *m*.

bannir *v.tr.* verbannen; verurteilen, ausschließen.

bannissement *m* Verbannung *f*, Ausweisung.

banque *f* (1) Bank *f*, Bankhaus *n*, Kreditinstitut *n*, (2) Bankgebäude *n*, (3) Bankwesen *n*; **acceptation de –** Bankakzept *n*; **commission de –** Bankprovision *f*, Bereitstellungsprovision; **compte en –** Bankkonto *n*; **conditions de –** Allgemeine Geschäftsbedingungen (der Banken); **dépôt en –** Bankeinlage *f*, Bankdepositen *pl*; **entreprise de –** Bankunternehmen *n*; **escompte hors –** Privatdiskont *m*; **frais de –** Bankspesen *pl*; **opérations de –** Bankgeschäfte *pl*.

banque d'acceptation Akzept- *od.* Wechselbank; Diskont- *od.* Akzepthäuser *pl*; **– d'affaires** frz. Unternehmensbeteiligungsbank *f*, Gründungs- und Emissionsbank, Investmentbank; **– agraire** Landwirtschaftsbank; **– agréée** zugelassene *od.* ermächtigte Bank; **– des –s** Zentralbank, Notenbank; **– centrale** Zentralbank, Notenbank.

banque centrale européenne (= BCE) Europäische Zentralbank (= EZB); **– centrale d'informations** Datenbank; **– commerciale** Geschäftsbank; **– coopérative** Genossenschaftsbank; **– coopérative de crédit** Kreditgenossenschaft; **– de crédit foncier** Hypothekenbank, Bodenkreditanstalt; **– de crédit hypothécaire** Hypothekenbank; **– de crédit mobilier** Mobiliarkreditbank; **– de crédits à moyen et à long terme** Bank für mittelfristige und langfristige Kredite.

banque de dépôts Depositenbank; **– à domicile** electronic Banking, Homebanking *n*; **– domiciliataire** Domizilbank; **– de données** Datenbank; **– émettrice** Emissionsbank; **– d'émission** Notenbank, Zentralbank; **– d'encaissement** Inkassobank; **– d'entreprise** Spezialbank; **– d'épargne** Sparkasse *f*; **– d'escompte** Diskontbank; **– européenne d'investissement (= BEI)** Europäische Investitionsbank (= EIB); **– à tout faire, – universelle** Universalbank; **– foncière** *ou* **immobilière** Bodenkreditanstalt; **–**

française du commerce extérieur (= B.F.C.E.) frz. Außenhandelsbank.

banque de France frz. Zentral- und Notenbank, Bank von Frankreich; – **industrielle** Industrie- *od.* Gewerbebank; – **inscrite** frz. eingetragene Bank (dem Bankgesetz vom 13. Juni 1941 unterliegend); – **internationale pour la reconstruction et le développement (= BIRD)** Internationale Bank für Wiederaufbau und wirtschaftliche Entwicklung, Weltbank; – **d'investissements** Investitionsbank; – **mondiale** Weltbank; – **de mots** Terminologiebank; – **nationale suisse** schweizerische Nationalbank; – **nationalisée** frz. verstaatlichte Bank; – **polyvalente** Universalbank; – **populaire** Volksbank; – **de prêts hypothécaires** Hypothekenbank; – **privée** Privatbank; – **de réescompte** Diskontbank, Diskont- *od.* Akzepthäuser; – **des règlements internationaux (= BRI)** Bank für internationalen Zahlungsausgleich (= BIZ); – **spécialisée** Spezialbank.

banqueroute *f* **frauduleuse** (*StR*) betrügerischer Bankrott *m*, Krida *f* (Aut).

banqueroutier *m* Bankrotteur *m*.

banquette *f* Sitzbank; – **arrière** (*Kfz*) hintere Sitze *mpl*.

banquier *m* (1) (*i.e.S.*) Bankier *m*, Banker *m*, Vorstandsmitglied *n* einer Bank; Bankkaufmann *m*, (2) (*i.w.S.*) Bank *f*; – **privé** Privatbank.

baptême *m* Taufe *f*; **extrait de –** Taufschein *m*.

baraterie *f* (*SeeHR*) Baratterie *f*; Unredlichkeit der Schiffsbesatzung gegenüber dem Frachteigentümer *od.* Reeder.

barbarie *f*: **acte de –** (*StR*) Grausamkeit *f*, Unmenschlichkeit *f*.

barbouze *m pej* Geheimpolizist *m*, *umg* Schnüffler.

barème *m* Tabelle *f*, Skala *f*, Schlüssel *m*, Satz *m*; Preistafel *f*; Bewertungsgrundlage *f*, Frachtsatzanzeiger *m*; – **de compte** Rechnungstafel *f*; – **des contributions** Beitragsschlüssel *m*; Beitragssätze *mpl*; – **de conversion** Umrechnungstabelle; – **des frets** Frachtsatz; – **de l'impôt** Steuertabelle *f*; – **de l'impôt sur les salaires** Lohnsteuertabelle; – **d'indemnisation** Vergütungssatz *m*; – **linéaire** staffellose Preistafel; – **des pensions** Pensionssatz; – **des prix** Preisliste *f*; Preistafel *f*; – **progressif** Preistafel mit steigender Staffel; – **des rémunérations** *ou* **des salaires** Lohn- *od.* Gehaltstabelle *f*; Tarifsystem *n*; – **des taxes** Gebührentabelle; – **des traitements** Gehaltstabelle; – **de vente** Verkaufspreise.

barge *f* (*SeeHR*) Schubleichter *m*.

baril *m* (*Erdöl*) barrel *n* (159 l.).

baron *m* Freiherr *m*, Baron *m*.

baroud *m* **d'honneur** letztes Aufbäumen (zur Ehrenrettung).

barrage *m* Sperre *f*, Straßensperre; Staudamm *m*; – **filtrant** (für ausgewählte Fahrzeuge) durchlässige Straßensperre; – **immatériel** Lichtschranke *f*; – **de police** Polizeikordon *m*, polizeiliche Straßenkontrolle.

barratin *m umg* leeres Gerede, Gefasel *n*, Palaver *n*.

barre *f* (1) (*PrzR*) Schranke *f* (des Gerichts), Barre *f* (Aut), (2) (*BörR*) systematischer Kauf oder Verkauf, um eine größere Kursschwankung zu verhindern, (3) Schrägstrich, (4) (*DV*) Anzeige; **franchir la – de** die Schwelle *od.* die Hürde von . . . überschreiten.

barré *adj*: **rue –e** für den öffentlichen Verkehr gesperrte Straße, Absperrung.

barreau *m* (1) (*GVR: ordre des avocats près un TGI*) Rechtsanwaltskammer *f*, Anwaltschaft *f*, Rechtsanwaltschaft, (2) Anwaltsstand *m*, Anwaltsberuf *m*; **admission au –** Zulassung als Anwalt bei einem Gericht; **radiation du –** Ausschluss aus dem Anwaltsstand, Löschung in der Anwaltsliste.

barrement *m* (*Scheck*) Kreuzung.

barrer *v.tr.* (aus-) streichen; (ver-) sperren.

barricade *f* Straßensperre *f*, Barrikade *f*.

barrière *f* Schlagbaum *m*, Schranke *f*; (*fig.*) Hindernis *n*; **sanitaire** Sperrlinie *f* gegen die Ausbreitung ansteckender Krankheiten; – **douanière** Handels- *od.* Zollschranken.

bas *adj* niedrig; **action –se** niederträchtige Handlung; **en – âge** klein, jung; **au – mot** gelinde gesagt; **à – prix** billig, wohlfeil; **– de gamme** (Produkte) des unteren Qualitätsbereichs.

bas-côté *m* (*StVR*) Straßenrand *m*, Böschung *f*.

bascule *f*: **politique de –** Schaukelpolitik.

bas de laine *m* kleine Ersparnisse *pl*, Spargroschen *n*, Sparstrumpf *m*.

base *f* (1) Grundlage *f*, Basis *f*, Fundament *n*, (2) Grundfläche *f*, (3) Grundtarif *m*; **année de –** Basisjahr *n*; **avantages de –** Grundleistungen *fpl*; **congé de –** (*ArbR*) gesetzlicher Jahresurlaub *m*; **consultation de la –** Urabstimmung; **exemption à la** *ou* **exonération à la –** (*SteuerR*) Freibetrag; **sur la – de** nach dem Stand von; **taxe de –** Grundgebühr *f*.

base aérienne (*MilR*) Flugplatz *m*, Fliegerhorst *m*, Luftwaffenbasis *f*; **– de calcul** Berechnungs- *od.* Bemessungsgrundlage *f*; **– commune** Gemeinsamkeit, gemeinsame Grundlage; **– comptable** Rechnungsbasis; **– conventionnelle** Vertragsgrundlage; **– d'existence** Existenzgrundlage *f*; **– horaire** Stundengrundlohn; **– imposable** *ou* **de l'impôt** Steuerbemessungs- *od.* Besteuerungsgrundlage; **– juridique** Rechtsgrundlage.

base légale gesetzliche Grundlage; **défaut** *ou* **manque de – –** Fehlen der gesetzlichen Voraussetzungen *od.* einer gesetzlichen Grundlage.

base militaire Militärstützpunkt *m*; **– monétaire** Geldvolumen *n*; Zentralbankgeld *n*; **– navale** Marinebasis *f*; **– de référence** Bezugsgröße *f*.

baser *v.tr.* gründen (auf), basieren; **se –** *v. pron.* sich stützen auf; sich gründen, aufbauen, fußen.

basoche *f* (*pej*) Juristen *mpl*.

basse-fosse *f* Verlies *n*.

bassesse *f* (*StR*) niedriger Beweggrund.

bassin *m* Becken *n*, Revier *n*; **– d'attente** Vorhafen *m*; **– de carénage** Trockendock *n*; **– houiller** Steinkohlenrevier; **– hydrologique** Wasserschutzgebiet; **– portuaire** Hafenbecken.

bastion *m* Bollwerk *n*, Hochburg *f*.

bastonnade *f* (*StR*) Prügelstrafe *f*.

bataille *f* Kampf *m*, Schlacht *f*, Auseinandersetzung *f*; **– électorale** Wahlkampf *m*, Wahlschlacht *f*; **– du pouvoir** Machtkampf.

bâtard *m hist* uneheliches Kind.

bateau *m* Wasserfahrzeug *n* (für die Binnenschifffahrt); **– d'assistance** Rettungsschiff *n*; **– citerne** Tankschiff *n*; **– de navigation intérieure** Binnenschiff *n*; **– de plaisance** Wasserfahrzeug zu Sport- oder Vergnügungszwecken.

batelage *m* Be- und Entladen (eines Schiffes); Fährgeld *n*.

batelée *f* (*SeeHR*) Schiffsladung *f*.

batelier *m* Binnenschiffer *m*.

batellerie *f* Binnenschiffahrt *f*.

bâtiment *m* (1) (*édifice construit sur un terrain*) Bauwerk *n*, Gebäude *n*; Hochbau *m*, (2) (*industrie du bâtiment*) Baugewerbe *n*, Bauwesen *n*, Hoch- und Tiefbau *m*, (3) (*SeeHR*) Wasserfahrzeug *n*, Schiff *n*; **– administratif** Verwaltungsgebäude *n*; **– agricole** Wirtschaftsgebäude *n*; **– de commerce** Handelsschiff; **– d'exploitation** Wirtschaftsgebäude *n*; **– d'exploitation agricole** *ou* **de ferme** landwirtschaftliches Gebäude; **– de guerre** Kriegsschiff; **– de mer** Seeschiff; **– de navigation intérieure** Binnenschiff; **– de service** Dienstgebäude; **– et travaux publics (= BTP)** Hoch- und Tiefbau *m*; **– à usage agricole** landwirtschaftliches Gebäude; **– à usage d'habitation** Wohngebäude; **– à usage industriel** Fabrikgebäude.

bâtonnat *m* (*PrzR: fonction de bâtonnier de l'ordre des avocats*) Amt des Präsidenten der frz. Rechtsanwaltskammer.

bâtonnier *m* (*GVR: avocat élu pour 2 ans à la tête de chaque barreau*) Präsident der frz. Rechtsanwaltskammer.

battement *m fig* Spielraum *m*.

battre *v.tr.* schlagen, prügeln; **se –** *v. pron.* sich duellieren; **– en brèche** aufweichen, erfolgreich bekämpfen; **se – dos au mur** verzweifelte Gegenwehr leisten.

bavure *f* Fehler *m*, Regelverstoß *m*; –

médicale ärztlicher Kunstfehler; **– policière** polizeilicher Übergriff, Fehlverhalten *n* der Polizei, unbefugtes *od.* gesetzwidriges Verhalten eines Polizeiorgans.

beau-fils *m* Schwiegersohn *m*; **– frère** *m* Schwager *m*.

beaux-parents *mpl* Schwiegereltern.

bébé éprouvette *m* (*MedizinR*) Retortenbaby *n*.

bellicisme *m* (*StR*) Kriegshetze *f*.

belliciste *m* Kriegstreiber *m*.

belligérance *f*: **état de –** (*VR*) Kriegszustand *m*; **reconnaissance de –** Anerkennung als kriegführender Staat.

belligérant *m* kriegführender Staat.

bénéfice *m* (1) (*gain, profit, rapport*) Gewinn *m*, Ertrag *m*, Einkommen *n*, (2) (*avantage*) Nutzen *n*, Vorteil *m*, (3) (*privilège accordé par la loi*) Rechtsvorteil *m*, Recht *n*, Rechtswohltat *f*; **acquis au – de l'État** dem Staat verfallen; **admission au – de prestations** (*SozR*) Gewährung *f* von Leistungen; **au – de** zu Gunsten von, zugunsten; **dégager un –** einen Gewinn erwirtschaften; **dissimuler des –s** Gewinne verschleiern; **impôt sur le –** Ertragssteuer *f*; **intéressement du personnel au – de l'entreprise** Beteiligung der Belegschaft am Unternehmensgewinn; **invoquer le – des dispositions. . .** (*ZPR*) seinen Anspruch stützen auf . . . , eine Forderung gemäß . . . geltend machen; **juste –** angemessener Gewinn; **marge de –** Gewinnspanne, Verdienstspanne *f*; **part de –** Gewinnanteil *m*; **participation aux –s** Gewinnbeteiligung; **réaliser des –s** Gewinne erzielen; **transfert des –s** Gewinnabführung *f*.

bénéfice accidentel Zufallsgewinn *m*; **– de l'âge** Vorzug *m* des ältesten Bewerbers, Bevorzugung infolge höheren Alters; **–s agricoles (= BA)** (*SteuerR*) Einkünfte aus Land- und Forstwirtschaft; **– de l'année** Jahresgewinn; **– de l'assistance judiciaire** (*PrzR*) Bewilligung von Prozesskostenhilfe; **– au bilan** Bilanzgewinn *m*; **– brut** Brutto- *od.* Rohgewinn.

bénéfice de cession Veräußerungsgewinn *m*; **– de cession d'action** (*GesR*) Übergang der (Klage-) Rechte (vom Gläubiger) auf den Bürgen (der für den Hauptschuldner bezahlt hat); **– de change** (*BankR*) Valuta- *od.* Kursgewinn; **– de circonstances atténuantes** (*StPR*) Gewährung (straf-) mildernder Umstände.

bénéfice commercial Geschäftsgewinn, gewerblicher Gewinn; **marge de – –** Gewinn- *od.* Handelsspanne *f*.

bénéfice comptable Buchgewinn, rechnungsmäßiger Gewinn; **– sur les cours** Kursgewinn; **– dégagé** ausgewiesener Gewinn; **– de dévaluation** Abwertungs- *od.* Kursgewinn.

bénéfice de discussion (*ZPR*) Einrede der Vorausklage; **– disponible** verfügbarer Gewinn; **– distribuable** (*GesR*) ausschüttbarer *od.* verteilbarer Gewinn; **– distribué** ausgeschütteter Gewinn.

bénéfice de division (*ZPR*) Recht der Bürgen zu verlangen, dass der Gläubiger sich an jeden Bürgen anteilsmäßig halte; Recht des Bürgen, seine Haftung auf den Betrag zu beschränken mit der er sich verbürgt hat.

bénéfice du doute (*StPR*) (Grundsatz, dass der Angeklagte bis zum Beweis des Gegenteils als unschuldig gilt): im Zweifel für den Angeklagten; aus Mangel an Beweis, mangels Beweises, in dubio pro reo; **acquittement au – –** Freispruch mangels Beweises, Freispruch in dubio pro reo.

bénéfice ecclésiastique Kirchenpfründe *f*; **– effectif** tatsächlicher Gewinn; **– d'émolument** (*FamR*) beschränkte Haftung der Ehefrau bis zur Höhe des eingebrachten Gutes; **– escompté** *ou* **espéré** mutmaßlicher *od.* erwarteter Gewinn; **– de l'exception de la copie privée** Recht auf Privatkopie; **– de l'exercice** Jahresgewinn *m*; **– d'exploitation** Betriebsgewinn; **– fictif** Scheingewinn; **– fortuit** unerwarteter Gewinn; **– illicite** unerlaubter Gewinn; **– imposable** steuerpflichtiger Gewinn; **–s industriels et commerciaux (= BIC)** (*SteuerR*) gewerbliche Einkünfte, Einkünfte aus gewerblicher Tätigkeit.

bénéfice d'inventaire (*ErbR*) Haftungsbeschränkung durch Inventarerrichtung, Rechtswohltat des Inventars (Aut.); **acceptation sous – –** Erbschaftsannahme unter dem Vorbehalt der Inventarerrichtung.

bénéfice de jeu Spielgewinn; **– de liquidation** Liquidationserlös *m*; **– sur liquidation de réserves** Abwicklungsgewinn; **– net** Netto- *od.* Reingewinn; **– net d'exercice** (*GesR*) ausgewiesener Gewinn; **–s non commerciaux (= BNC)** (*SteuerR*) nichtgewerbliche Einkünfte; **– non distribué** nicht verteilter *od.* nicht ausgeschütteter Gewinn; **– occasionnel** Zufallsgewinn; **– pécuniaire** finanzieller Gewinn; **– de placement** Gewinn aus Vermögensanlagen; **– de la priorité** Prioritätsvorrecht.

bénéfice réalisé erzielter Gewinn; **– réinvesti** nicht entnommener Gewinn, wiederangelegter Gewinn; **– répartissable** ausschüttbarer Gewinn; **– reporté en compte** *ou* **à nouveau** auf neue Rechnung vorgetragener Gewinn, Gewinnvortrag; **–s sociaux** (*GesR*) Gesellschaftsgewinn.

bénéficiaire *m* (1) (*ZR, VersR*) Begünstigte(r) *m*, Bezugsberechtigte(r) *m*, (2) (*WechselR*) Wechselnehmer *m*, Remittent *m*, (3) (*SozR*) Leistungsempfänger *m*, Bezieher *m* (von Sozialleistungen); **– de l'assistance judiciaire** (*PrzR: früher aide judiciaire*) Prozesskostenhilfeempfänger; **– de la cession** (1) Zessionar *m*, Neugläubiger *m*, (2) Zessionar *m*, Neuerwerber *m*; **– du crédit** Darlehensempfänger *m*, Kreditnehmer; **– d'une licence** (*PatR*) Lizenznehmer; **– d'un paiement** Zahlungs- *od.* Leistungsempfänger; **– d'une pension** *ou* **– d'une rente** Rentenempfänger *m*, Rentenbezieher *m*, Rentner *m*; **– d'une pension de retraite** *ou* **de vieillesse** Altersrentner *m*, Ruhegeldempfänger *m*; **– d'une prestation** Leistungsempfänger; **– d'un prêt** Darlehensnehmer *m*.

bénéficiaire *adj* gewinnbringend, Gewinn-, Verdienst-; **clause –** Begünstigungsklausel *f*; **participation –** Gewinnbeteiligung *f*; **partie –** Begünstigter *m*.

bénéficier *v.tr.ind.* **(de)** (*avoir droit à, profiter légalement de*) (ein Recht) genießen; (Leistung, Lohn) beziehen; Nutzen *od.* Vorteil ziehen aus, profitieren von, begünstigt werden durch, in den Genuss kommen (von); **– d'une aide** eine Unterstützung erhalten; **– de circonstances atténuantes** (*StR*) in den Genuss einer Strafmilderung kommen; **– du statut de réfigié politique** als politischer Flüchtling anerkannt werden.

bénéfique *adj* günstig, vorteilhaft.

bénévolat *m* ehrenamtliche Tätigkeit.

bénévole *adj* ehrenamtlich, freiwillig, ohne Entlohnung; **collaboration –** freiwillige Mitarbeit; **contrat –** Gefälligkeitsverhältnis *n*; **organisme –** Wohlfahrtsverband *m*; **service –** kostenlose Dienstleistung.

bénévole *m* ehrenamtlicher Mitarbeiter; freiwilliger Helfer.

béquille *f* (1) Krücke *f*, Krückstock *m*, (2) (*Motorrad*) Ständer *m*.

berne *f*. **drapeau en –** Fahne auf Halbmast.

berner *v.tr.* prellen, betrügen.

bertillonnage *m* (*StR: système d'identification des criminels, mis en application en France à partir de 1882, et fondé principalement sur l'anthropométrie*) besonderes System der erkennungsdienstlichen Erfassung (von Straftätern) in Frankreich „Bertillonage" genannt.

besogne *f* Arbeit *f*, Verrichtung *f*.

besoin *m* (1) (*exigence personnelle et subjective*) Bedürfnis *n*, (2) (*surtout au pluriel: choses nécessaires à l'existence*) Bedarf *m*, (3) (*état de privation*) Not *f*, Mangel *m*, (4) (*exigence objective*) Erfordernis *n*, Notwendigkeit, (5) (*WechselR*) Notadresse; **au –** falls erforderlich, im Notfall; **avoir – de** bedürfen, brauchen, benötigen; **en cas de –** im Bedarfsfall; **être dans le –** in Not sein, bedürftig sein; **payer au –** (*WechselR*) im Notfall zahlen; **subvenir à ses –s** für seinen (eigenen) Lebensunterhalt aufkommen; **–**

de crédits (*WirtR*) Kreditbedarf *m*; – **personnel** persönlicher Bedarf; – **propre** Eigenbedarf.

besoins *mpl* Bedarf *m*; **satisfaction des** – (1) Bedarfsdeckung *f*, (2) Bedürfnisbefriedigung *f*; – **de base** Grundbedürfnisse; – **de capital** Kapitalbedarf; **pour les – de la cause** zwecks, zum Zwecke der, des . . .; – **collectifs** gesellschaftliche Bedürfnisse; – **de confort et de facilité** Luxusbedürfnisse; – **des consommateurs** Verbraucherbedarf *m*; – **de dépassement** Kulturbedürfnisse; – **domestiques** privater Bedarf; – **en énergie** Energiebedarf; – **essentiels** Grundbedürfnisse; – **de financement** Finanzierungsbedarf; – **incompressibles** (*SozR*) Existenzbedürfnisse; – **individuels et privés** Eigen- *od.* Privatbedarf; – **d'instruction** Bildungshunger *m*, Wissensdrang; – **intérieurs** Inlandsbedarf.

besoins en main-d'œuvre Arbeitskräftebedarf *m*; – **du marché** Nachfrage (auf dem Markt); – **de pointe** Spitzenbedarf; – **saisonniers** saisonaler Bedarf; – **du service** (*VwR*) dienstliches Erfordernis; – **de subsistance et de sécurité** Existenzbedürfnisse; – **de trésorerie** Finanzbedarf; – **urgents** dringender Bedarf.

bestialité *f* (*StR*) Unmenschlichkeit *f*; Sodomie.

bestiaux *mpl* Hornvieh *n*; Zugvieh *n*.

bétail *m* Viehbestand *m*; **gros** – Rinder *npl*; **menu** – Schafe, Ziegen u. Schweine.

biais *m fig* Vorwand *m*, Ausrede *f*, Ausflucht *f*; Um- *od.* Ausweg *m*; **par le – de** *loc* mittels, durch, mit Hilfe von.

bibliographie *f* Literaturverzeichnis *n*; Bücherkunde *f*.

bibliothèque *f* **nationale de France (= BNF Tolbiac)** frz. zentrale Staatsbibliothek (Tolbiac, Paris).

bicaméralisme *m* (*VerfR*) Zweikammersystem *n*.

bidon *m* Kanister *m*; Behälter *m*; **c'est du** – das entspricht nicht der Wahrheit.

bidonville *m* Elendsviertel *n*, Slum *m*.

bien *m* (1) (*SchuldR: tout droit subjectif patrimonial*) Vermögenswert *m*, dingliches Recht *n*, (2) (*SachR: toute chose objet d'un droit réel*) Sache *f*, (körperlicher) Gegenstand *m* des dinglichen Rechts, Rechtsobjekt *n*, Rechtsgut *n*; Grundstück *n*, Vermögensbestandteil *m*, (3) (*WirtR: surtout au pluriel: biens économiques siehe Stichwort biens*) Wirtschaftsgüter *npl*; Gut *n*, (4) (*ZR: intérêt général*) Wohl *n*, Interesse *n*; – **affermé** verpachtetes Grundstück; – **dans le commerce** verkehrsfähige Sache; – **commun** (*ÖfR*) Gemeinwohl *n*, öffentliches Interesse *n*; – **communal** Gemeindeeigentum *n*; Allmende *f*; – **consomptible** verbrauchbare Sache; – **sous contrôle** (1) (*FamR*) der vormundschaftlichen Aufsicht unterliegender Vermögensgegenstand, (2) (*ÖfR*) öffentlich verwaltetes Rechtsgut; – **corporel** Sache *f*, körperlicher Gegenstand; – **dégradé** beschädigte Sache; – **domanial** Staatsgut, Ärarialgut (Aut); – **donné à bail** verpachtetes Grundstück; – **emphytéotique** Erbpachtgut.

bien-être *m* Wohlstand *m*; Wohlbefinden *n*; – **animal** artgerechte Tierhaltung; **économie de** – Wohlstandsgesellschaft.

bien de famille (1) (*LandwR*) Erbhof *n*, (2) (*ZR*) alter Familienbesitz; – **à ferme héréditaire** Erbbaurecht.

bien foncier (*SachR: bien immeuble, bien-fonds*) Grundstück *n*, Liegenschaft *f*.

bien-fondé *m* (*PrzR*) Begründetheit, Berechtigung, Stichhaltigkeit.

bien *m*-**fonds** (*SachR: bien immeuble comme le fonds de terre, un bâtiment*) Grundstück *n*, Immobilie *f*.

bien fongible (*SchuldR: s'emploi par opposition à corps certain pour toutes les choses pouvant se compter, se mesurer, se peser*) Gattungssache *f*; – **frugifère** (*SachR: produisant un revenu, le fruit*) Früchte *fpl* tragende Sache; (Boden-) Ertrag *m*; Zinsen; Mietzins *m*; – **futur** zukünftiges Vermögen; – **général** (*ÖfR*) Gemeinwohl *n*; – **grevé** belastete Sache; – **hypothéqué** belastetes Grundstück; – **immeuble** *ou*

immobilier Grundstück *n*, unbewegliche Sache; **– incorporel** Immaterialgut *n*, Immaterialgüterrecht *n*, unkörperlicher Gegenstand; **– insaisissable** unpfändbare Sache; **– inventorié** Inventarstück, inventarisierte Sache.

bien-jugé *m* (*PrzR*) Gesetzmäßigkeit eines Urteils.

bien meuble *ou* **mobilier** bewegliche Sache, Fahrnis *n*, Fahrhabe *f* (Aut); **– meuble attaché à perpétuelle demeure** (*SachR*) wesentlicher Bestandteil *m*; **– non fongible** (*SachR: corps certain*) Stück *n*, individualisierter Leistungsgegenstand *m*; Stückschuld *f*; **– paraphernal** Paraphernalgut, Sondergut der Ehefrau (S); **– pris à bail** Pachtgegenstand *m*, Pachtland *n*; **– public** (*VerfR*) öffentliches Interesse, Gemeinwohl *n*; **– rural** landwirtschaftliches Grundstück; **– sans maître** (*ZR*) herrenlose Sache, freistehende Sache (Aut); **– spécial** Sondervermögen *n*; **– vacant** herrenlose Sache; **– à venir** zukünftige Sache, künftiges Vermögen; **– volé** Diebesgut *n*.

bienfaisance *f* Wohltätigkeit *f*, Fürsorge *f*; **bureau de –** Sozialamt (der Gemeinde).

bienfait *m* Wohltat *f*, Gefälligkeit.

bienfaiteur *m* Wohltäter, Spender, Stifter.

biens *mpl* (*ZR: au pluriel le terme bien s'emploi pour tous les éléments mobiliers et immobiliers composant le patrimoine d'une personne*) Vermögen *n*, Vermögenswerte *pl*; **administrateur des –** Vermögensverwalter *m*; **administration des –** Vermögensverwaltung; **cession de –** Vermögensübertragung *od.* -übergang *m*, Übertragung von Vermögenswerten; **commun en –** (*EheR*) in Gütergemeinschaft lebend; **confiscation des –** (*StR*) Vermögensbeschlagnahme *od.* -einziehung, Vermögensverfall *m*, Konfiskation (Aut); **dissimulation de –** (*SteuerR*) Vermögensverheimlichung; **droit des –** (*SachR: häufig kurz: les biens*) Sachenrecht *n*; **gestion des –** Vermögensverwaltung; **inventaire des –** Vermögensverzeichnis *n*; **marchand de –** Grundstücksmakler *m*, Immobilienhändler *m*, Realitätenhändler (Aut); **masse de –** Vermögensmasse *f*; **séparation de –** (1) (*EheR*) Gütertrennung *f*, (2) Absonderung (im Konkurs); **transfert de –** Vermögensübertragung.

biens acquis erworbenes Vermögen; **– de capital** Kapitalgüter *npl*, Vermögenswerte; **– en circulation** Umlaufvermögen *n*; **– collectivisés** (*Vwirt*) durch den Staat produzierte Individualgüter; **– communaux** (*VwR*) Gemeindevermögen, Allmende *f*; **– communs** (*FamR*) Gesamtgut *n*, gemeinschaftliches *od.* gemeinsames Vermögen; **– communs susceptibles d'appropriation privée** (*ÖfR*) Allgemeingüter mit geregeltem Aneignungsrecht; **– complémentaires** (*Vwirt*) komplementäre Güter; **– de confort** Luxusgüter; **– de consommation** *ou* **– consomptibles** Konsumgüter *pl*; **– de consommation durables** Gebrauchsgüter *npl*, langlebige Konsumgüter; **– de consommation instantanée** Verbrauchsgüter *npl*; **– culturels** Kulturgüter; **– directs** Konsumgüter; **– divisibles** (*Vwirt*) teilbare Individualgüter; **– dotaux** (*EheR*) Mitgift *f*, eingebrachtes Gut der Ehefrau, Vorbehaltsgut; **– durables** Gebrauchsgüter; **– ecclésiastiques** Kirchenvermögen; **– économiques** Wirtschaftsgüter *npl*; **– d'équipement** Investitionsgüter *pl*, Produktivgüter; Ausrüstungsgegenstände *mpl*; **– à l'étranger** Auslandsvermögen; **– fongibles** Verbrauchsgüter; **– héréditaires** Nachlassvermögen *n*.

biens immeubles Liegenschaften *fpl*; **– imposables** steuerpflichtiges Vermögen; **– incorporels** immaterielle Güter; Leistungen; **– indirects** Produktionsgüter, Kapitalgüter; **– individuels** (*Vwirt*) Individualgüter; **– indivis** (*EheR*) Gemeinschaftsgut; **– industriels** Industriegüter *npl*; **– d'investissement** Anlage-, Investitions- *od.* Ausrüstungsgüter; **–**

matériels Sachwerte *mpl*; – **nationaux** (1) verstaatlichtes Eigentum, (2) (*Vwirt*) Volksvermögen *n*.

biens périssables verderbliche Güter; – **personnels** Eigenvermögen *n*; – **présents** gegenwärtiges Vermögen; – **privés** Privatvermögen; – **de production** Produktiv- *od.* Investitionsgüter, Produktionsmittel *npl*; – **professionnels** (*SteuerR*) der Berufsausübung dienende Wirtschaftsgüter; – **propres** (*EheR*) Sondergut (eines Ehegatten); – **de reprise** (*VwR*) Vermögen, das beim Heimfall vom Staat entgeltlich erworben wird; – **réservés** (*EheR*) Vorbehaltsgüter *npl*; – **résiduels** Restvermögen; – **de retour** (*VwR*) Heimfallgut *n*, Vermögen, das beim Heimfall vom Staat unentgeltlich erworben wird.

biens sous séquestre *ou* **séquestrés** (*VwR*) Sequestervermögen *n*, sequestriertes Vermögen; – **sociaux** Gesellschaftsvermögen *n*; – **substituables** Substitutionsgüter; – **successoraux** Nachlassvermögen *n*; – **tutélaires** (*Vwirt*) gemeinwirtschaftliche Güter (deren Preisgestaltung nicht den Marktgesetzen unterliegt).

bienséance *f* Anstand *m*, Höflichkeit *f*; Taktgefühl *n*.

bienveillance *f* Wohlwollen *n*, Entgegenkommen *n*, Gunst *f*.

biffage *m* (*Formulare*) Streichung *f*, Durchstreichen *n*.

biffer *v.tr.* (*barrer, effacer*) streichen, durchstreichen; – **les mentions inutiles** Nichtzutreffendes streichen.

biffure *f* Strich; Ausstreichen *n*; gestrichener Passus, Streichung.

bifurcation *f* (*StVR*) (Straßen-) Gabelung *f*.

bigamie *f* Doppelehe *f*, Bigamie *f*.

bijoux *mpl* Schmuckwaren *fpl*, Schmuck *m*.

bilan *m* (*GesR, Buchf: inventaire chiffré*) Bilanz *f*, Abschluss *m*, (Jahres-) Schlussrechnung *f*; **actif du** – Aktivseite *f* (der Bilanz); **appréciation du** – Bilanzauswertung *f*; **approuver le** – die Bilanz genehmigen; **arrêter un** – eine Bilanz abschließen; **article du** – Bilanzposten *m*; **clôture du** – Bilanzabschluss *m*; **déposer son** – (*InsolvenzR*) die Zahlungen einstellen, (*bei Zahlungsunfähigkeit*) die Eröffnung des Insolvenzverfahrens *od.* des gerichtlichen Vergleichsverfahrens beantragen; **dépôt du** – Eröffnung des Insolvenzverfahrens, Insolvenzfeststellung; **dresser** *ou* **établir le** – die Bilanz aufstellen *od.* abschließen; **établissement du** – Bilanzaufstellung, Bilanzziehung; **faire le** – bilanzieren; **faux** – gefälschte Bilanz; **jour d'établissement du** – Bilanzstichtag *m*; **maquiller le** – die Bilanz frisieren; **porter au** – in die Bilanz aufnehmen; **poste du** – Bilanzposten *m*; **sincérité du** – Bilanzwahrheit *f*; **total du** – Bilanzsumme *f*; **valeur au** – Bilanzwert *m*.

bilan abrégé verkürzte Bilanz; – **actif** Gewinnbilanz; – **des activités** Tätigkeitsbericht; – **actualisé** bereinigte Bilanz; – **annuel** Jahresbilanz, Hauptbilanz; – **d'approvisionnement** Versorgungsbilanz; – **bénéficiaire** Gewinnbilanz, aktive Bilanz; – **brut** Rohbilanz; – **de clôture** Schlussbilanz *f*, Abschluss *m*; – **consolidé** Konzernbilanz, konsolidierte Bilanz; – **de conversion** Umrechnungsbilanz; – **en déficit** *ou* **déficitaire** Unterbilanz, passive Bilanz, Verlustbilanz; – **démographique** Bevölkerungsbilanz; – **énergétique** Energiebilanz *f*; – **excédentaire** aktive Bilanz, Gewinnbilanz *od.* -abschluss *m*; – **d'exploitation** Betriebsabschluss.

bilan fictif Scheinbilanz *f*, fiktive Bilanz; – **de fin d'année** *ou* **de fin d'exercice** Jahresabschluss *m*; – **financier** Vermögensübersicht *f*; – **général** Hauptbilanz; – **hebdomadaire** (*BörR*) Wochenausweis *m*; – **intermédiaire** (S) Zwischenbilanz; – **matière** Stoffbilanz; – **d'ouverture** Eröffnungs- *od.* Anfangsbilanz; – **passif** Unterbilanz, Passiv- *od.* Verlustbilanz; – **prévisionnel** Vorbilanz, Vorausschätzung; – **semestriel** Halbjahresbilanz; – **social** (1) (*GesR*) Gesellschaftsbilanz, (2) (*ArbR*) (Jahres-) Bericht über Sozial-

einrichtungen u. -leistungen (eines Betriebes); **– -type** Einheitsbilanz.
bilatéral *adj* zweiseitig, gegenseitig verpflichtend; bilateral.
bilinguisme *m* Zweisprachigkeit *f.*
billet *m* (1) (*titre de transport*) Fahrausweis *m*, Fahrkarte *f*, Fahrschein *m*, (2) (Bank-) Note *f*, (3) (*HR: engagement unilatéral de payer*) Schuldschein; Wechsel, (4) Brief, (5) Eintrittskarte *f*; **faux –** falsche Banknote; **mettre des –s en circulation** Banknoten in Umlauf setzen; **– aller et retour** Hin- und Rückfahrkarte; **– d'avertissement en conciliation** (*PrzR*) Ladung zum Sühnetermin, zur Sühneverhandlung *od.* zum Sühneversuch.
billet de banque Banknote *f*, Geldschein *m*; **– de change** (S) Eigenwechsel *m*; **– collectif** Sammelfahrschein; **– de complaisance** Gefälligkeitswechsel; **– en cours** gültige Banknote; **– estampillé** abgestempelte Banknote; **– de faveur** Freikarte; **– de fonds** Ratenwechsel.
billet gratuit Freifahrtausweis; **– de groupe** Sammelfahrschein; **– de loterie** Lotterielos *n*; **– à ordre** Eigenwechsel, Solawechsel, trockener Wechsel; **– à plein tarif** *ou* **à tarif général** *ou* **ordinaire** Fahrausweis zum vollen Fahrpreis; **– de quai** Bahnsteigkarte.
billet simple Fahrausweis für einfache Fahrt; **– de transport** Fahrausweis, Fahrschein; **– du trésor** (*WertpR*) Schatzanweisung; **– vert** US-Dollar *m.*
billeterie *f* (*BankR*) Geldautomat *m.*
billon *m* (*BankR: monnaie divisionnaire métallique sans valeur intrinsèque*) Kleingeld *n*; Scheidemünze *f.*
bimensuel *adj* vierzehntägig.
bimestriel *adj* zweimonatlich.
biocarburant *m* Biokraftstoff *m.*
biodégradable *adj* biologisch abbaubar.
biodiversité *f* (*UmweltR*) Artenreichtum *m*, Artenvielfalt *f.*
bioéthique *f* (*UmweltR*) Bioethik *f*, Grundsätze und Verhaltensregeln zum Schutze von Leben und Gesundheit von Menschen, Tieren, Pflanzen sowie der sonstigen Umwelt vor möglichen Gefahren gentechnischer Verfahren und Produkte.
biotechnologie *f* Biotechnologie *f.*
biotope *m* Biotop *m/n.*
bipartisme *m* Zweiparteiensystem *n.*
bissextile *adj*: **année –** Schaltjahr *n.*
bizutage *m* Schikane *f* (bis zur Folter) der Neulinge an den frz. grandes écoles.
blackboulage *f* (*Pol: Wahlen*) Ablehnung *f*, Abweisung, Durchfallenlassen *n.*
blackbouler *v.tr.* (*einen Kandidaten, bei Wahlen*) ablehnen, durchfallenlassen, niederstimmen.
black-out *m* (1) Verdunkelung *f*, (2) (*MedienR*) Nachrichtensperre *f* (der Regierung).
blâme *m* (*DiszpR*) Tadel *m*, Rüge *f*, (strenger) Verweis *m.*
blâmer *v.tr.* tadeln, rügen.
blanc *m* (1) (*Urkunde*) unausgefüllte Stelle, Lücke *f*, Blankett *n*, (2) Durchschuss, leerer Raum; **carte –he** völlige Handlungsfreiheit; **laisser le nom en –** keinen Namen einfügen; **opération –he** ausgeglichenes Geschäft; weder Gewinn noch Verlust; **tirer à –** mit Platzpatronen schießen.
blanchiment *m* **d'argent** (*StR: de l'argent sale ou de l'argent de la drogue*) Geldwäsche *f.*
blanchir *v.tr.* (1) (*StR: laver de tout soupçon, innocenter*) (*Person*) vom Verdacht befreien, (2) (*StR: donner une existence légale à des fonds d'origine illégale ou frauduleuse, en faisant disparaître, par des opérations financières, la preuve de leur origine*) (*Geld*) waschen.
blanc-seing *m* Blankovollmacht *f*, Blankett (S).
blasphème *m* (*StR*) Gotteslästerung *f.*
blé *m* Getreide *n*, Korn *n*; Weizen *m.*
blennorragie *f* (*MedizinR*) Gonorrhoe *f*, Tripper *m.*
blesser *v. tr. d.* (1) verletzen, (2) *fig* kränken, beleidigen; **– à l'arme blanche** mit einem Messer verletzen.
blessure *f* Verletzung *f*, Körperverletzung; **– corporelle** Körperverletzung, Personenschädigung; **– de**

guerre Kriegsverletzung; **– par imprudence** fahrlässige Körperverletzung.
blindage *m* (1) (*AtomR*) Strahlenschild *m*, (2) *m* Abschirmung *f*, Panzerung *f*.
blister *m* (*Medikamente*) Sichtverpackung *f*, Blister *n*.
bloc *m* Block *m*, Gruppe *f*, Vereinigung; **en –** in Bausch u. Bogen (kaufen); **faire –** (*Pol*) sich zusammenschließen; **– atlantique** atlantische Allianz, der Westen; **– de contrôle** (*WirtR*) wesentliche Beteiligung; Sperrminorität *f*; **– des gauches** Linkskartell *n*; **– à mémoire** (*DV*) Speicher; **– de service** Wirtschaftsgebäude.
blocage *m* Sperre *f*, (Ab-) Sperrung; *fig* Engpass *m*; **– autoritaire des prix** behördlicher Preisstopp *m*; **– du crédit** Kreditsperre; **– des exportations** Ausfuhrsperre; **– des paiements** Zahlungssperre *od.* -stopp; **– des salaires** Lohnstopp *m*.
blocus *m* (*VR*) Blockade *f*; **– commercial** Handelssperre *od.* -blockade *f*; **– maritime** *ou* **naval** Seeblockade.
blog *m* (*MedienR*) Internettagebuch *n*, Blog *n*.
bloquer *v.tr.* sperren, blockieren; **– les crédits** Kredite sperren; **– des discours en une séance** die Referate in einer Sitzung zusammenfassen; **– les prix** die Preise einfrieren.
blouser *v.tr. umg* in die Irre führen, betrügen.
blouses blanches *fpl umg* Ärzte *mpl*, ärztliches (Hilfs-) Personal *n*.
bois *m* Wald *m*; Zelluloseholz *n*; **– brut** Rohholz *n*; **– de chauffage** Brennholz *n*; **– et forêts** Forst *m*; Fortsbetrieb *m*; Forstamt *n*; **– de justice** Guillotine *f*, Schafott *n*; **– tropicaux** Tropenholz.
boisement *m* Aufforstung *f*, Bepflanzung *f*.
boissons *fpl* **alcooliques** alkoholische Getränke *npl*.
boîte *f* Schachtel *f*, Kasten *m*, Gehäuse *n*; **– à curés** *pej* Privatschule *f*; **– à idées** Verbesserungsvorschläge *mpl*; **– noire** Flugschreiber *m*; **– postale** Postfach *n*, Postschließfach *n*.
boîtier *m* (1) Gehäuse *n*, Träger *m*, Kasten *m*, (2) (*VerfR: membre d'une assemblée politique chargé de voter pour l'ensemble des membres du groupe*) Abgeordneter der in Abwesenheit seiner Fraktionskollegen deren Stimme (in der Nationalversammlung) abgibt.
bombage *m* (*StR*) Beschmutzen *n* (von Hauswänden mit Sprühdosen).
bombe *f* (1) (*MilR*) Bombe *f*, (2) Spray- *od.* Sprühdose *f*; **– à retardement** Bombe mit Zeitzünder.
bombeur *m* (*StR: gaffiteur, tagueur*) Sprayer *m*, Graffiti-Maler *m*.
bon *m* (1) (*BankR, HR: titre de créance*) (Zahlungs-) Anweisung *f*, (2) (*bon du Trésor*) Schatzwechsel *m*, kurzfristige Schuldverschreibung, Schatzanweisung; **– d'achat** Einkaufsgutschein; **– d'approvisionnement** Bezugschein; **– pour aval** als Bürge, per Aval; **– de caisse** Kassenanweisung; **– de commande** (vorgedruckter) Auftrag *m*, Bestellschein *od.* -karte; **– de commission** Ausführungsgeschäft des Kommissionärs; **– à court terme** kurzfristige Schuldverschreibung, Schatzwechsel; **– de dépôt** Depositenschein; **– à intérêt** verzinsliche Schuldverschreibung, Zinsgutschein; **– sans intérêt** unverzinsliche Schatzanweisung, Abzinsungspapier *n*; **– de jouissance** Genussschein.
bon de livraison Lieferschein *od.* -zettel; **– à long terme** langfristige Schuldverschreibung *od.* Schatzanweisung; **– à lots** Losanleihe *f*, Lotterie- *od.* Prämienanleihe; **– à moyen terme** mittelfristige Schuldverschreibung *od.* Schatzanweisung; **– au porteur** Inhaberanweisung; **– à tirer** Druckreiferklärung *f*, Imprimatur *f*; **– de transport gratuit** Freifahrschein *m*; **– du Trésor** Schatzanweisung *f*, Schatzwechsel *m*, kurzfristige verzinsliche Schuldverschreibung des frz. Staates.
boni *m* (1) (*ArbR: avantage accordé à un employé, sous forme d'excédent de salaire*) (Sonder-) Vergütung, Prämie *f*, Gratifikation, (2) (*Buchf: solde positif*) Überschuss *m*, Guthaben *n*, (3) (*HR: excédent d'une somme affectée à une*

dépense sur la somme effectivement dépensée) Einsparung *f*; **– de liquidation** (*SteuerR, GesR*) Liquidationserlös *m*; Überschuss nach Rückerstattung von Einlagen.

bonification *f* (1) (*BankR*) (Zins-) Vergütung, Bonifikation; (Zins-) Gutschrift, Entschädigung, Bonus, (2) (*LandwR*) Melioration, Verbesserung; **– d'ancienneté** (*BeamR*) Anrechnung einer zusätzlichen Zeit bei der Berechnung des Dienstalters; **– de change** Kursausgleichsentschädigung; **– sur marchandises** Warenrückvergütung; **– pour non-sinistre** (*Kfz-Vers.*) Schadensfreiheitsrabatt; **– de prime** Prämienrückvergütung.

bonifier *v.tr.* (1) vergüten, gutschreiben, (2) (*perte*) ersetzen.

bonne foi *f* (1) (*ZR: loyauté dans la conclusion et l'exécution des actes juridiques*) Treu und Glauben, redliche Einhaltung des gegebenen Worts, (2) (*StR, ZR: croyance erronée et non fautive*) guter Glaube; irrtümliche Annahme, man handle rechtmäßig; **protection de la – –** Gutglaubensschutz; gutgläubiger Erwerb; **suspecter la – – d'un expert** einen Sachverständigen für unredlich halten.

bonnes mœurs *fpl* (1) (*ZR: Verkehrssitte*) gute Sitten *fpl*, durchschnittliches Anstandsgefühl, (2) (*ArbR: moralité d'une personne*) Leumund *m*, Ruf *m*.

bon père de famille (*ZR: critère de l'homme normalement prudent, soigneux et avisé*) Maßstab der verkehrsüblichen Sorgfalt; (Handeln unter Berücksichtigung der) Sorgfaltspflicht.

bon pour (*ZR: mention manuscrite précédent l'indication d'une somme d'argent*) (*Formel, die der frz. Schuldner bis 1980 vor seine Unterschrift setzen musste, um seiner Verpflichtung Rechtsgültigkeit zu verleihen, sie wird auch heute noch verwendet*) gut für ....

bons offices *mpl* (*VR*) gute Dienste *mpl*.

bonus *m* (1) (*VersR*) Schadensfreiheitsrabatt *m*, Bonus *m*, (2) (*GesR*) Sondervergütung; einmalige, zusätzliche Gewinnausschüttung (an die Aktionäre), Bonus *m*; Zuteilung von Gratisaktien, Bezugsrecht auf Gratisaktien; **– malus** Prämienzuschlag *m* (bei Versicherungen).

bon vouloir *m* Gutwilligkeit *f*; Großzügigkeit *f*.

bookmaker *m* (*ZR: personne qui, dans les courses de chevaux, prend des paris*) Buchmacher *m*.

boom *m* (1) (*Vwirt*) unvermittelt starker Geschäftsaufschwung *m*, Boom *m*, (2) *m* (*BörR*) anhaltend kräftiger Kursanstieg *m*, Börsenhausse *f*, (3) (*HR: vente importante à prix publicitaires de produits manufacturés*) großer Absatz; **– conjoncturel** konjunktureller Nachfrageüberhang *m* (mit kräftigen Preissteigerungen).

bord *m* Kante *f*; Rand *m*; **à –** (*SeeHR*) ab Schiff; **papiers de –** (*SeeHR*) Schiffspapiere *npl*.

bordereau *m* (*HR: relevé détaillé énumérant les divers articles ou pièces d'un dossier, d'un inventaire, d'un chargement*) Verzeichnis *n*, Aufstellung *f*, Liste *f*; Register *n*; Begleitschreiben *n*; **– d'agent de change** Schlussnote *f*, Schlusszettel *m*; **– d'avance** Darlehensgutschrift; **– de caisse** Kassenzettel *m*, Kassanotiz *f*; **– de cession de créances professionnelles** (*BankR*) vereinfachte Handelsforderungsabtretung (an eine Bank); **– de chargement** Verladungsnote; Warenbegleitschein; **– de collocation** (*InsolvenzR*) Gläubigerverzeichnis *n*; **– de compte** Rechnungsauszug *m*, Note; Kontoauszug *m*; **– de coupons** Kouponaufstellung *od.* -verzeichnis; **– de courtier** (*BörR*) Schlussnote, Schlusszettel.

bordereau de débours (*PrzR*) Auslagenverzeichnis *n*; **– de déclaration** Zollinhaltserklärung; **– de douane** Zollbegleitschein *m*; **– d'envoi** (Waren-) Begleitschein *m*, Begleit- *od.* Anschreiben *n*; **– d'expédition** Versandschein; **– de fournitures** Lieferschein *m*; **– des frais** Kostenverzeichnis *n*; **– d'inscription** Eintragungsverzeichnis; **– de liquidation** Abrechnungsschein; **– de livraison** Lieferschein; Übergabeverzeichnis; **– de paiement** Zahlungsaufstellung; **–**

des prix Preisverzeichnis *n*; – **récapitulatif** Sammel- *od.* Schlussverzeichnis *n*; – **de salaire** Lohnaufstellung, Gehaltsaufstellung; – **de souscription** Zeichnungsschein; – **de titres** Stückeverzeichnis *n*; – **de travail** Arbeitszettel *m*, Stückzettel *m*; – **de vente** Verkaufsliste *f*; – **de versement** Einzahlungsbeleg *m*.
bordier *m* (S) (Straßen-) Anlieger *m*, Anrainer *m*.
bordure *f* (*StVR*) Bordstein, Bordstreifen.
bornage *m* (1) (*ZR*) Be- *od.* Abgrenzung, Ab- *od.* Vermarkung *f*, (2) (*SeeHR*) Küstenschiffahrt (bis 15 Seemeilen); **action en –** (*ZPR*) Klage auf Durchführung der Abmarkung.
borne *f* (1) (*SachR*) Grenzstein *od.* -zeichen, Grenzmarkierung, (2) (*VR*) Staatsgrenze *f*, (3) (*fig*) Schranke *f*; – **d'appel** Notrufsäule *f*; – **-frontière** Grenzstein *m*; – **téléphonique** Telefonsäule *f*.
borner *v.tr.* (1) abgrenzen, abmarken, (2) *v.pron* sich beschränken auf.
bouc *m* **émissaire** Sündenbock *m*.
bouche *f* Mund *m*, Mündung *f*; – **d'aération** Lüftungsschacht; – **d'égoût** Gully *m*, Senkloch *n*; – **d'incendie** Hydrant *m*.
boucher *v.tr.* abdichten, stopfen.
bouchon *m* (1) (*StVR*) Verkehrsstau *m*, (2) (*Technik*) Verschluss *m*; Kappe *f*; Korken *m*.
boucle *f* **de commande** Regelkreis *m*.
boucler *v.tr.* (*un quartier*) absperren.
bouclier *mpl* (*AtomR*) Strahlenschild *n*, Abschirmung.
boue *f* (*UmweltR*) Schlamm *m*; Klärschlamm *m*.
bouée *f* (*SeeHR*) Tonne *f*, Boje *f*; – **de sauvetage** Rettungsring *m*.
boueur *ou* **boueux** *m* Müllwerker *m*.
bouilleur *m* (*LandwR*) Branntweinbrenner *m*; – **de cru** Eigen- *od.* Hausbrenner *m*.
boule *f*: **vente à la – de neige** *ou* **à la chaîne** (*WirtStR*) Verkauf *m* im Schneeballsystem.
bourgmestre *m* (B Lux) Bürgermeister.
bourreau *m* (1) Scharfrichter *m*, Henker *m*, (2) Peiniger *m*.
bourse *f* (1) (*BörR*) Börse *f*, Wertpapiermarkt *m*; Börsengebäude *n*, (2) (*SchulR*) Stipendium *n* (für Studierende), (3) (*ArbR*) Gewerkschaftshaus *n*, Ortskartell *n* der Gewerkschaften, (4) (*umg*) (Geld-) Börse *f*, Geldbeutel *m*, Geld *n*; **admission à la –** Zulassung zum Börsenverkehr, Börseneinführung; **bulletin de la –** Börsenzettel *m*, Kursbericht *m*; **clôture de la –** Börsenschluss *m*; **conseil de direction de la –** Börsenvorstand *m*; **cotation des cours en –** Börsennotierung; **cote de la –** Notierung, Notiz, Kursfeststellung; **coté en –** börsengängig *adj*, an der Börse notiert; **cours de la –** Börsenpreis *m*, Notierung, Kurs *m*, Börsenwert *m*; **courtier en –** Börsenmakler *m*, Kursmakler; **exclusion de la –** Börsenausschluss *m*; **feuille de –** Börsenbericht *m*; Kursblatt *n*; **hors –** außerbörslich.
bourse: **marché d'après –** Nachbörse *f*; **négocié en –** börsenfähig *adj*; **opération en –** Abschluss *m*, Börsengeschäft; **ordre de –** Börsenauftrag *m*; **ouverture de la –** Börsenbeginn *m*; **réglement de la –** Börsenordnung *f*; **report de –** Reportgeschäft *n*; **situation à la –** Kursstand *m*; **société de –** Börsenmaklergesellschaft *f*; **spéculation en –** Börsenspekulationsgeschäft, Agiotage *f*; **surveillance de la –** Börsenaufsicht *f*; **tendance de la –** Börsentendenz *f*; **usages de la –** Börsenusancen *fpl*; – **aux assurances** Versicherungsbörse.
bourse aux actions Wertpapierbörse; – **de change** Devisenbörse; – **de clôture** Schlussbörse; – **du commerce** Produkten- *od.* Warenbörse; – **au comptant** Kassamarkt *m*; – **à corbeille** offizieller Markt, Parkett, amtlicher Handel; – **d'échange de logements** staatliche Wohnungstauschstelle; – **de l'emploi** Arbeitsvermittlungsstelle; – **d'enseignement** *ou* **d'études** Stipendium *n*, Ausbildungsförderung; – **des frets** Frachtenbörse, Schifferbörse; – **aux grains** Getreidebörse; – **de marchandises** Produkten- *od.* Warenbörse; – **du marché en banque**

Freiverkehrsbörse; **– maritime** Seefrachtenbörse; **– officielle** amtliche Börse; **– à parquet** amtlicher Handel, offizieller Markt, Parkett *n*, Parkettbörse; **– des transports** Mitfahrzentrale *f*; **– du travail** Gewerkschaftshaus *n*; **– de valeurs mobilières** Effekten- *od.* Wertpapierbörse.

boursicoter *v. intr.* (im kleinen) an der Börse spekulieren.

boursicoteur *m* (kleiner) Börsenspekulant *m*.

boursier *adj* Börsen-; **opérations boursières** Börsengeschäfte *npl*; **valeur boursière** Kurswert *m*.

boursier *m* (*SchulR*) Ausbildungsförderungsempfänger *m*, Stipendiat *m*.

boutique *f* (1) Laden *m*, Geschäft *n*, (2) Warenvorrat *m*.

bouton *m* Knopf *m*, Taste *f*; **– d'affichage** Einstellknopf *m*; **– d'effacement** Löschtaste *f*; **– poussoir** Drucktaste *od.* -knopf.

bovins *mpl* (*LandwR*) Rinder u. Kälber *npl*.

boycott *m* (*WirtR, Pol: on trouve aussi boycottage*) Boykott *m*, wirtschaftliche, soziale *od.* politische Verrufserklärung; Weigerung des Waren(ver)kaufs; **– économique** Wirtschaftsboykott *od.* -sanktionen; **– des élections** Wahlboykott.

boycotter *v.tr.* boykottieren.

bracelet *m* **électronique** (*StPR: assignation à domicile sous surveillance électronique*) (*zur Ortung vorübergehend freigelassener Verdächtiger, die einer Meldepflicht unterliegen*) elektronische Fußfessel.

braconnage *m* (*StR*) (Jagd-) Wilderei *f*, Wildern *n*.

braconner *v. intr.* wildern, nicht waidgerecht jagen.

braconnier *m* Wilderer *m*, Wilddieb *m*.

brader *v.tr.* (*HR*) zu herabgesetzten Preisen *od.* Schleuderpreisen verkaufen, verschleudern.

braderie *loc.* (*HR: liquidation de soldes en plein air*) Sonderverkauf *m* zu herabgesetzten Preisen, Ausverkauf, Räumungsverkauf.

brain-trust *m* (*Pol: petite équipe d'experts, de techniciens, assistant une direction*) Expertenteam *n*, Sachverständigenrat *m*.

branche *f* (1) (*Vwirt*) (Wirtschafts- *od.* Geschäfts-) Zweig *m*, Bereich *m*, Sparte *f*, (2) (*ErbR*) Seitenlinie *f*, (3) (*DV*) Weiche *f*, Verzweigung; **– d'activité** Tätigkeitsbereich *m*, Berufszweig *m*, Berufssparte *f*; **– d'activité (économique)** Wirtschaftszweig; **– clé** Schlüsselindustrie *f*; **– du droit** Rechtsgebiet *n*, Rechtsbereich *m*; **– économique** Wirtschaftszweig; **– d'entreprise** Betriebs- *od.* Unternehmenszweig; **– exportatrice** Exportbranche; **– d'industrie** *ou* **industrielle** Industriezweig, Branche *f*; **– maternelle** (*FamR*) mütterliche Linie; **– paternelle** väterliche Linie; **– de production** Produktionszweig; **– professionnelle** Berufszweig od.--sparte.

branchement *m* (1) (*a. DV*) Verzweigung, (2) Nebenleitung; **dispositif de –** Anschlussvorrichtung; **tableau de –** Schaltbrett; **– d'eau** (Trink-) Wasserversorgung *f*; **– des égouts** Anschluss *m* an den Abwasserkanal.

brandir *v.tr.* (1) (*StR: proférer des menaces*) Drohungen *fpl* ausstoßen, (2) (*le glaive*) das Schwert schwingen.

braquage *m* (1) (*StR: attaque à main armée, particulièrement au revolver*) *umg* bewaffneter Raubüberfall; Banküberfall *m*, (2) (*StVR: Räder Kfz*) Einschlag *m*.

braquer *v.tr.* (*StR*) (eine Bank) überfallen; **– son arme (sur qqn.)** auf jmdn. seine Waffe richten.

bras *m* Arm *m*; **engager un – de fer avec qqn.** sich bekämpfen, auf Kollisionskurs gehen; **le – droit de qqn.** jmds rechte Hand sein; **– d'honneur** beleidigende Geste.

brassard *m* Armbinde *f*.

brasser *v. tr. d.* (1) (*Bier*) brauen, (2) (*Geschäfte*) machen.

brasserie *f* Brauerei *f*.

brebis *f* **galeuse** *fig* schwarzes Schaft; Abtrünnige *m*; schlechter Mensch.

bref *adj* kurz, gedrängt; **en –** mit einem Wort, kurzum; **soyez – !** fassen Sie sich kurz.

bretelle *f* (*Autobahn*) Zubringer *m*; Abzweigung *f*.

brevet *m* (1) (*ZR: acte notarié*) notarielle Urkunde *f*, (2) (*PatR: titre de propriété industrielle*) Patent *n*, Hauptpatent, (3) (*SchulR: diplôme*) (Prüfungs-) Zeugnis, Diplom; **acte en –** Originalurkunde (ohne Vollstreckungsklausel, vom Notar an die Parteien ausgehändigt); **action en annulation d'un –** Patentnichtigkeitsklage; **affaire en matière de –** Patentstreitsache *f*; **agent de –** *ou* **avocat de –** Patentanwalt *m*; **cession de –** Patentübertragung; **contrefaçon de –** Patentverletzung; **date de la délivrance du –** Zeitpunkt der Patenterteilung; **déchéance du –** Erlöschen des Patents, Aberkennung *od.* Verfall *od.* Ablaufen des Patents (Aut); **délivrance de –** Patenterteilung; **déposer une demande de –** (eine Erfindung) zum Patent anmelden; **description du –** Patentbeschreibung; **détenteur d'un –** Patentinhaber *m*; **droit au –** Recht *n* auf das Patent; **droit découlant du –** Recht aus dem Patent; **droit des –s** Patentrecht; **durée du –** Patentdauer *f*; **effet du –** Patentwirkung; **exploitation d'un –** Patentverwertung; **extinction du –** Erlöschen des Patents.

brevet: **législation sur les –s** Patentgesetzgebung *f*; **litige en matière de –s** Patentstreitsache; **mention du –** Patentberühmung; **objet du –** Gegenstand des Patents, Inhalt der Erfindung; **passer en –** eine Urkunde ausfertigen, die in Urschrift ausgehändigt wird; **se prévaloir d'un –** (Patent-) Berühmung; **protection du –** Patentschutz *m*; **rectification** *ou* **redressement du –** Patentberichtigung *f*; **refus de –** Zurückweisung des Patentantrages; **registre des –s** Patentrolle; **restauration de –** Wiederherstellung eines Patentes, Wiedereinsetzung in den vorherigen Stand; **révocation de –** Zurücknahme *od.* Widerruf des Patents; **titulaire du –** Patentinhaber *m*; **violation de –** Patentverletzung.

brevet additionnel (= certificat d'addition) Zusatzpatent; **– d'application** Verfahrenspatent; **– d'aptitude** (*SchulR*) Befähigungsnachweis; **– de barrage** Sperrpatent; **– de base** Stammpatent; **– concédé** lizenziertes Patent; **– délivré** erteiltes Patent; **– demandé** angemeldetes Patent; **– d'enseignement général** Abschlusszeugnis der frz. Realschule; **– étranger** ausländisches Patent.

brevet d'études (du premier cycle) (= BEPC) (*SchulR*) frz. Zeugnis der mittleren Reife; **– d'études professionnelles (= BEP)** frz. Berufsausbildungszeugnis *n*.

brevet européen europäisches Patent; **– exclusif** Ausschließungspatent; **– expiré** erloschenes *od.* abgelaufenes Patent; **– industriel** industrielles *od.* gewerbliches Patent; **– inexploité** unbenutztes Patent.

brevet d'invention Patent, Erfindungspatent, patentierte Erfindung; **– en litige** *ou* **– litigieux** streitbefangenes Patent; **– de nomination** (*BeamR*) Bestallungsurkunde *f*, Ernennungsurkunde *f*.

brevet de perfectionnement Verbesserungspatent; **– de pilote** (1) (*SeeHR*) Lotsenschein *m*, (2) Pilotenschein; **– de précaution** Sperrpatent, vorläufiges Patent, Vorbeugungspatent; Sicherstellung der Priorität; **– principal** Hauptpatent, Stammpatent (Aut); **– de procédé** Verfahrenspatent; **– de produit** Sach- *od.* Erzeugnispatent; **– professionnel** (*SchulR*) Abschlusszeugnis *n* einer frz. Berufsschule, frz. Gesellenbrief *m*, frz. Facharbeiterbrief *m*; Befähigungsnachweis; **– de réserve** Vorratspatent; **– de substance nouvelle** Stoffpatent; **– tombé en déchéance** verfallenes Patent; **– de validité réelle** rechtsbeständiges Patent; **– sur le vivant** Biopatent *n*.

brevetabilité *f* Patentfähigkeit *f*, Schutzrechtsfähigkeit.

brevetable *adj* patentfähig, patentierbar, schutzrechtfähig; **invention –** patentfähige Erfindung.

brevetaire *m* (*PatR: déclarant d'un brevet*) Patentanmelder *m*; Patentinhaber *m*.

breveté *m* (1) (*SchulR*) Inhaber eines (Berufs-) Zeugnisses, (2) Patentinhaber *m*; **– SGDG** (= *sans garantie du gouvernement*) patentiert ohne Haftung des Staates.

breveté *adj* (1) (staatlich) geprüft, (2) patentiert; **droits –s** patentiert *od.* verbriefte Rechte; **invention –e** durch ein Patent geschützte Erfindung; **procédé –** patentiertes Verfahren.

breveter *v.tr.* patentieren.

brigade *f* (*StR: subdivision de la police*) Brigade *f*, Gruppe *f*; **– criminelle** (*StR*) Sonderdezernat für Schwerverbrechen; **– douanière** Zollgrenzschutz; **– de gendarmerie** frz. Gendarmerieposten (auf Bezirksebene); **– mondaine** *ou* **des mœurs** Sittendezernat; **– d'ouvriers** Arbeitsgruppe *f*, Kolonne *f*, Trupp *m*; **– polyvalente** Steuer- und Zollfahndung(sstelle); **– de protection des mineurs** Jugendschutzdezernat; **– de répression du banditisme (= BRB)** (*StPR: l'anti-gang, brigade de recherche et d'intervention*) Dezernat zur Bekämpfung des organisierten Verbrechens; **– des stupéfiants et du proxénétisme (= BSP)** Rauschgiftdezernat *n* und Sittenpolizei, (kurz:) „die Sitte".

brigadier *m* (1) (*MilR*) Gefreiter *m*, (2) (*StR: chef d'une brigade de gendarmes, de policiers, de gardes forestiers*) Leiter *m* eines Dezernats *m*, Vormann *m*; **– champêtre** *m* (B) Feld- *od.* Flurhüter.

brigand *m* (*StR*) (Straßen-) Räuber *m*; Bandenmitglied *n*.

brigandage *m* (*StR: crime commis avec violence et à main armée, par des malfaiteurs, le plus souvent réunis en bande*) Straßenraub *m*, Bandendiebstahl *m*.

briguer *v.tr.* (*rechercher avec empressement*) zu erreichen versuchen; **– l'Élysée** (*VerfR*) nach dem Präsidialamt streben, als Präsidentschaftskandidat auftreten.

bris *m* (1) (*VersR: bris de verre*) (Glas-) Bruch *m*, Glassplitter *m*, Bruchstelle *f*, (2) (*StR: rupture intentionnelle constituant un délit*) gewaltsames Öffnen, gewaltsames Auf- *od.* Zerbrechen *n*, (3) (*SeeHR*) Wrackteile *npl*; **– de clôture** gewaltsames Eindringen in ein befriedetes Grundstück, Beschädigung *f* einer Einzäunung; **– de prison** Gefängnisausbruch *m*; **– de scellés** Siegel- *od.* Verstrickungsbruch, Arrest- *od.* Pfandbruch; Verschlussverletzung; **– de ski** Skibruch *od.* -salat.

briser *v.tr.* (1) zerschlagen, zerbrechen, beschädigen, (2) (*Widerstand*) brechen; **– une glace** eine Scheibe einschlagen; **– toute velléité d'opposition** den Widerstand im Keim ersticken.

briseur *m* **de grève** Streikbrecher *m*.

bristol *m* (*carton d'invitation*) Einladung *f*.

brocante *f* (*HR: commerce du brocanteur ou antiquaire*) Handel mit Antiquitäten; Trödelhandel *m*.

brocanter *v. intr.* Antiquitäten an- u. verkaufen; *pej* verhökern.

brocanteur *m* Antiquitätenhändler *m*.

brocard *m hist* Rechtssprichwort *n*.

brouillage *m* (*MedienR: parasitage*) (*Sendung*) Stören *n*; Störgeräusche *npl*.

brouillard *m* (1) Nebel *m*, (2) (*HR: main courante*) Kladde *f*; **feu –** Nebelscheinwerfer *m*; **– givrant** Raureif *m*, gefrierende Nässe.

brouilleur *m* (*MedienR*) Störsender *m*.

brouillon *m* Konzept *n*, Vorentwurf.

broussailles *fpl* Dickicht *n*, Gestrüpp *n*.

bru *f* (*FamR: belle-fille*) Schwiegertochter *f*.

bruine *f* Sprüh- u. Nieselregen *m*.

bruit *m* (1) Geräusch *n*, Lärm *m*, (2) *fig* Gerücht *n*; **lutte anti- –** Lärmbekämpfung; **niveau du –** Lärmpegel *m*; **un – qui court** ein kursierendes Gerücht.

brûlé *adj* (*Gewebe*) versengt; *m* Verbrennungskranker.

brûlure *f* Verbrennung *f*.

brume *f* (feuchter) Dunst *m*.

brumisation *f* Versprühen *n*; Zerstäuben *n*.

brusque *adj* plötzlich, sprunghaft; **virage –** scharfe Kurve.

brut *adj* brutto; **matière –e** Rohstoff; **poids –** Bruttogewicht *n*; **– pour net** (*HR*) brutto für netto.

brut *m* (*Vwirt: pétrole*) Rohöl *n*, Erdöl.
brutal *adj* drastisch, hart; **freinage –** Vollbremsung.
brutaliser *v.tr.* (*StR: infliger des sévices, maltraiter*) misshandeln.
brutalité *f* Gewalttätigkeit *f*; Rohheit *f*; **– télévisuelle** Gewalt *f* im Fernsehen; **–s de la police** polizeiliche Übergriffe.
bruyance *f* (*UmweltR*) Lärmemmission *f*, Lärmbelastung.
bruyant *adj* hoher Lärmpegel, geräuschintensiv.
budget *m* (1) (*HaushR: charges et ressources de l'Etat*) (Staats-) Haushalt *m*, Budget *n*, Etat *m*, (2) (*loi de finances*) Haushaltsgesetz *n*, (3) (*document chiffré*) Haushaltsplan *m*, Voranschlag *m* der öffentlichen Einnahmen u. Ausgaben; **adopter le –** den Haushalt verabschieden; **approbation du –** Haushaltsbewilligung *f*; **arrêter le –** den Haushaltsplan beschließen; **dresser un –** einen Haushaltsplan aufstellen; **équilibrer le –** den Haushalt ausgleichen; **établir un –** einen Haushaltsplan aufstellen; **exécution du –** Haushaltsdurchführung; **inscription d'office au –** Zwangsetatisierung; **loi de –** Haushaltsgesetz *n*; **poste du –** Etatposten; **projet de –** Haushaltsvoranschlag *m*, Haushaltsvorlage *f*.
budget additionnel Nachtragshaushalt *m*, Ergänzungsetat; **– administratif** Verwaltungshaushalt; **– analytique** Kostenplan; **– annexe** Sonderhaushalt *m* (von öffentlichen Betrieben ohne juristische Persönlichkeit), Haushalt eines Sondervermögens; **– annuel** Jahresbudget; **– d'austérité** Haushalt mit drastischen Sparmaßnahmen; **– autonome** Sonderhaushalt öffentlicher Betriebe *od.* Anstalten mit eigener Rechtsfähigkeit; **– communal** Gemeindehaushalt; **– complémentaire** Nachtragshaushalt, Ergänzungsbudget; **– en déficit** *ou* **déficitaire** Haushaltsdefizit *n*; **– départemental** Haushalt des frz. Departements; **– des dépenses** Ausgabenplan; **– des dépenses imposées** Auftragsausgaben; **– en déséquilibre** *ou* **non équilibré** unausgeglichener Haushalt; **– en équilibre** *ou* **équilibré** ausgeglichener Haushalt; **– de l'État** Staatshaushalt; **– d'éventualité** vorsorglicher Haushaltsplan; **– d'exercice** Haushaltsplan; **– extraordinaire** außerordentlicher Haushalt; **– familial** Familieneinkommen; **– de fonctionnement** Betriebshaushalt; **– général** Gesamthaushaltsplan.
budget militaire Verteidigungshaushalt; **– ministériel** (1) Gliederung *f* des Haushaltsplans, (2) Einzelplan *m* (eines Ministeriums); **– municipal** Gemeindehaushalt; **– national** Nationalbudget; **– ordinaire** ordentlicher Haushalt; **– prévisionnel** Haushaltsvoranschlag *m*; **– primitif** Haushaltsansatz *m*; **– des recettes** Einnahmen(seite); **– de recherche** Forschungshaushalt; **– rectificatif** (*EU*) Berichtigungshaushaltsplan; **– de report** Übertragungshaushalt; **– social** Sozialhaushalt; **– supplémentaire** Nachtragshaushalt; **– transitoire** Übergangshaushalt; **– trimestriel** Quartalsbudget; **– des voies et moyens** Voranschlag *m* der laufenden Einnahmen.
budgétaire *adj* Haushalts-, Budget-, Etat-, etatmäßig; **année –** Haushaltsjahr *n*; **collectif –** Nachtragshaushalt *m*; **contrôle –** Haushaltsprüfung; **déficit –** Haushaltsdefizit *n*; **enveloppe –** Haushaltsrahmen *m*; **moyens –s** Haushaltsmittel; **prévision –** Haushaltsvoranschlag *m*.
budgétisation *f* (*SozR*) Übernahme in den Staatshaushalt.
building *m* (*BauR: vaste immeuble moderne, à nombreux étages*) Hochhaus *n*.
bulldozer *m* Planierraupe *f* (mit Fronträumschild).
bulletin *m* (1) (*information, publication*) Bericht *m*, Blatt *n*, Veröffentlichung *f*, (2) (*certificat, récépissé*) Schein *m*, Bescheinigung *f*, Zettel *m*, Beleg *m*, (3) (*bulletin de vote*) Wahlzettel *m*, Stimmzettel; **– d'accompagnement** Begleitschein *m*; **– des annonces légales obligatoires** (= BALO)

Amtsblatt für gesetzlich vorgeschriebene Bekanntmachungen der an der Börse notierten frz. Kapitalgesellschaften; **– de bagages** Gepäckschein *m*; **– blanc** ungültiger *od.* unbeschriebener Stimmzettel *m*.

bulletin du casier judiciaire Strafregisterauszug *m*; **– de chargement** Ladeschein; **– de commande** Bestellschein, Bestellkarte; **– de consigne** Gepäckaufbewahrungsschein; **– contesté** (*WahlR*) beanstandeter Wahlzettel; **– de déchargement** Ausladeschein; **– de déclaration** Anmeldeschein, Meldezettel; **– de dépôt** Aufbewahrungsschein *m*; Einlieferungsschein *m*; Lagerschein *m*; **– électoral** Stimmzettel; **– de garantie** Garantieschein; **– d'information** Mitteilungsblatt *n*; **– de livraison** Lieferschein; **– des lois** Gesetzblatt, Gesetzessammlung; **– météorologique** Wetterbericht.

bulletin de naissance Geburtsurkunde; **– nul** ungültiger Stimmzettel; **– officiel** Gesetzes- und Verordnungsblatt, Amtsblatt *n*; **– officiel des annonces commerciales** (= BOAC) Bekanntmachungsblatt für die Eintragungen im frz. Handelsregister; **– officiel des annonces de marchés publics** (= BOAMP) frz. amtliches Ausschreibungsblatt; **– de paye** Lohnstreifen *m*, Lohnzettel; **– de pesage** Wiegekarte; **– de recherche** (*StPR*) Fahndungsblatt *n*; **– réponse** Antwortschein *m*; **– de salaire** Lohnzettel *m*, Gehaltsabrechnung; **– scolaire** Schülernotenheft u. Personalbogen; **– signalétique** Referateblatt; **– de souscription** Zeichnungsschein; **– de transport** Beförderungsschein; **– de versement** Einzahlungsschein, Zahlkarte; **– de vote** Stimmzettel *m*.

buraliste *m* (1) (*VwR: personne préposée à un bureau de recette, de timbres, de poste*) Schalterbeamte(r), Angestellter am Kassenschalter, (2) (*HR: personne détenant un bureau de tabac*) Inhaber eines frz. d.h. einer amtlich genehmigten Steuermarkenverkaufsstelle, Tabaktrafikant (Aut).

bureau *m* (1) (*ArbR*) Büro *n*, Abteilung (im Betrieb), (2) (*VwR*) Referat *n*, Dienststelle *f*, Dezernat *n*, (3) (*PrzR: cabinet d'un avocat*) Kanzlei *f*, (4) (*ZR: Verein*) Vorstand *m*, Präsidium *n*, (5) (*VR: UNO*) allgemeiner Ausschuss, (6) (*Presse*) Agentur; **chef de –** Dienststellen- *od.* Abteilungsleiter; Bürovorsteher *m*, Bürochef *m*, Referent *m*.

bureau d'achat Einkaufsabteilung; **– d'adjudication** (*VwR: marchés publics*) staatliche Stelle für die Überprüfung öffentlicher Aufträge; **– d'aide sociale** Sozialamt *n*; **– annexe des douanes** Zollnebenstelle; **– d'arbitrage** Schiedsstelle; **– d'arrivée** Bestimmungspostamt; **– de l'Assemblée nationale** Präsidium der frz. Nationalversammlung; **– d'assistance judiciaire** Prozesskostenhilfe Bewilligungsstelle; **– auxiliaire** Nebenstelle.

bureau de bienfaisance Wohlfahrtsamt, Wohlfahrtsstelle; **– central** Zentralstelle *f*; **– centralisateur** Sammelstelle; **– de change** Wechselstube *f*; **– de chèques postaux** Postscheckamt; **– collectif** Großraumbüro *n*; **– d'une commission** (*EuR*) Vorstand *m* des Ausschusses; **– confédéral** Verbandspräsidium *n*, Vorstand *m*; **– de consultations juridiques** Rechtsberatungsstelle, Rechtsauskunftsstelle *f*; **– du contentieux** Rechtsabteilung; **– du courrier** Posteingangs- u. Ausgangsstelle *f*; **– de dédouanement** Zollabfertigungsstelle *f*; **– de dépôt** Hinterlegungsstelle; **– de destination** (1) Empfangsamt, (2) (*(UPU)*) Bestimmungspostamt; **– de distribution** (UPU) Zustellungspostamt.

bureau de douane Zollstelle *od.* -amt; **– – de départ** Abgangszollstelle; **– – de destination** Bestimmungszollstelle; **– – d'entrée** Eingangszollamt; **– – intérieur** Inlandszollamt, Binnenzollstelle; **– – de passage** Durchgangszollstelle *od.* -zollamt.

bureau électoral Wahlamt, Wahllokal, Wahlleitung; **– d'embauchage** *ou* **d'embauche** Personalabteilung *f*; Arbeitsvermittlung *f*; Einstellungsbüro *n*;

– d'emploi Arbeitsamt; **– d'enregistrement** (1) amtliches Register; Registrierungsstelle; **– d'enregistrement** Gepäckaufgabe- und -abfertigungsstelle; **– de l'état civil** Standesamt; **– d'études** (1) Konstruktionsbüro *n*, (2) (*VwR*) Planungsstelle; **– exécutif** Exekutivbüro; **– expéditeur** Absendeamt; **– d'expédition** Abfertigungsstelle; **– fédéral de la propriété intellectuelle** (S) Eidgenössisches Amt für geistiges Eigentum; **– fiduciaire** Treuhandstelle; **– de fret** (*SeeHR*) Laderaumvermittlungsstelle.

bureau-frontière *m* Grenzstelle *f*; **– de douane** Grenzzollamt *n*.

bureau international des déclarations de décès internationales Büro für Todeserklärungen; **– de jugement** (*ArbR: Conseil de prud'hommes*) Spruchkammer (des frz. Arbeitsgerichts); **– de liaison** Verbindungsstelle; **– liquidateur** Abwicklungsstelle; **– de la main-d'œuvre** Arbeitsamt *n*; **– d'origine** (= UPU) Einlieferungsamt, Abgangsamt; **– de passage** Grenzübergangsstelle *f*; **– payeur** Zahlstelle *f*; **– de la place** (*MilR*) Kommandantur.

bureau de placement Arbeitsvermittlungsstelle *f*, Arbeits- *od.* Stellennachweis *m*; **– des poids et mesures** Internationales Büro für Maß und Gewicht; **– de police** (B) Polizeikommissariat *n*, Polizeirevier; **– politique** Politbüro *n*.

bureau de poste Postamt; **– de presse** Presseabteilung; **– public de placement** Arbeitsamt, amtlicher Stellennachweis; **– de recette** Einnahmestelle; **– de recherches douanières** frz. Zollfahndung; **– de recrutement** frz. Wehrersatzamt; **– réexpéditeur** (UPU) nachsendendes Postamt.

bureau de tabac frz. amtlich genehmigte Tabak- und Steuermarkenverkaufsstelle, Tabaktrafik *m* (Aut); **– du travail** (= BIT) Internationale Arbeitsorganisation (= ILO); **– de l'Union internationale pour la protection de la propriété industrielle** Internationales Büro für gewerblichen Rechtsschutz; **– de l'Union internationale pour la protection des œuvres littéraires et artistiques** Büro des internationalen Verbandes zum Schutze von Werken der Literatur und Kunst; **– de l'Union postale universelle** Büro des Weltpostvereins; **– de validation** (*Lotto*) Annahmestelle; **– de vente** Verkaufsabteilung, Vertriebsstelle, Verkaufsbüro.

bureau de vote Wahllokal *n*, Wahlraum *m*; **président du – –** Wahlvorsteher *m*, Wahlvorstand *m*.

bureaucrate *m* Bürokrat *m*.

bureaucratie *f* Bürokratie *f*; Beamtenschaft *f*; *pej* Amtsschimmel.

bureautique *f* (*WirtR*) Büroorganisation *f*, Büro- und Informationstechnik *f*, Bürokommunikation *f*; integrierter Büroarbeitsplatz.

but *m* Planziel *n*, Ziel *n*, Zweck *m*; **dans le – de** in der Absicht; **poursuivre un –** ein Ziel anstreben; **réalisation du –** Zweckerreichung *f*; **de – en blanc** ohne Überlegung, spontan; unbesonnen; **– essentiel** Hauptziel; **– immédiat** Nahziel; **– lucratif** Erwerbszweck *m*, Gewinnerzielungsabsicht; **– du plan** Plansoll; **– social** Gesellschaftszweck; Vereinszweck; **– d'utilité publique** gemeinnütziger Zweck.

buter *v.tr. et v. intr.* (1) (*contre un obstacle*) stolpern (über etwas), (2) (*un mur*) verstärken, (3) (*sur un détail*) sich festbeißen, genau betrachten, (4) (*argot: buter qqn., le tuer*) töten, umbringen.

butin *m* (*MilR*) Feindvermögen *n*.

C

cabine *f* (*LKW*) Führer- *od.* Fahrerhaus *n*; **– téléphonique à cartes** (Telefonkarten-) Telefonzelle *f*, öffentlicher Fernsprecher.

cabinet *m* (1) (*ÖfR*) Ministerrat *m*, Regierung *f*, Kabinett *n*, Ministerium *n*, (2) (*VwR*) Planungsstab *m*, Dienststelle *f*, (engere) Mitarbeiter *mpl*, (3) Anwaltsbüro *n*, Rechtsanwaltskanzlei *f*; **– d'affaires** Geschäftsbesorgungsdienst, Auftrags- *od.* Vermittlungsbüro *n*; **– d'avocat** Rechtsanwaltsbüro *od.* -kanzlei; **– de consultation** Beratungszimmer; **– dentaire** Zahnarztpraxis *f*; **– d'évaluation des compétences** Beratungsbüro *n* für Fähigkeitsnachweise.

cabinet fantôme (*Pol*) Schattenkabinett *n*; **– fédéral** Bundeskabinett; **– de groupe** (*Ärzte*) Gemeinschaftspraxis; **– ministériel** (1) (*i.w.S.*) Ministerrat, Kabinett, Regierung, (2) (*i.e.S.*) persönliche Referent(en) des Ressortministers; **– de minorité** Minderheitsregierung *f*; **– de techniciens** mit Fachleuten besetztes Kabinett; **– de transition** Übergangsregierung.

câblage *m* (1) (*Fernsehen*) Verkabelung, (2) Schaltverbindung.

câble *m* (1) Kabel *n*, (2) Drahtseil *n*, Schnur *f*, (3) (*Schiff*) Leine *f*; **– d'alimentation** Stromversorgungskabel, Speiseleitung.

cabotage *m* (*SeeHR*) Küstenschiffahrt *f*.

caboteur *m* Küstenfahrer *m*; Küstenschiff *n*.

cachet *m* (1) (*sceau*) Siegel *m*, Dienststempel *m*, (2) (*rétribution d'un artiste*) Gage *f*, Honorar *n*; **courir le –** Privatstunden geben; **lettre de –** (*hist*) königlicher Haftbefehl; **– de contrôle** Kontrollstempel *m*; **– d'entrée** Einreisestempel; **– d'oblitération de la poste** Poststempel; **– en relief** Prägestempel *m*; **– du service** Dienststempel; **– de sortie** Ausreisestempel.

cachetage *m* Versiegeln *n*.

cacheter *v.tr.* (ver-) siegeln; **cire à –** Siegellack.

cachette *f* Schlupfwinkel *m*, Versteck *n*; **en –** heimlich.

cachot *m* Kerker *m*, strenger Arrest.

cadastral *adj* Grundbuch-; **plan –** Kataster *m/n*, amtliches vermessungstechnisches Verzeichnis; **revenu –** Grundsteuer.

cadastre *m* (*ÖfR: registre public définissant dans chaque commune la surface et la valeur des biens-fonds et servant de base à l'assiette de l'impôt foncier*) Kataster *m/n*; Vermessungswesen *n*; frz. Landesvermessungsamt; **extrait du –** Katasterauszug *m*, Grundbuchauszug (S); **registre du –** Katasterbuch; **relevé du –** Katasterauszug; **– parcellaire** Liegenschaftskataster.

cadastrer *v.tr.* (*ein Grundstück*) amtlich vermessen; im Kataster eintragen.

cadavérique *adj*: **rigidité –** Leichenstarre *f*.

cadavre *m* Leiche *f*, Leichnam *m*; **– d'animal** Tierkörper *m*.

cadeau *m* (*SchuldR: objet offert en présent, don*) Geschenk *n*, unentgeltliche Zuwendung; **– de fiançailles** Verlobungs- *od.* Brautgeschenk; **– de mariage** Hochzeitsgeschenk; **– publicitaire** Werbegeschenk; **– d'usage** Gelegenheitsgeschenk, übliches Geschenk.

cadence *f* (1) Zeitfolge *f*, Frequenz *f*, Tempo *n*, Geschwindigkeit, (2) (*ArbR*) Arbeitsrhythmus *m*, Arbeitstempo *n*, Arbeitsleistung *f*; **– de chargement** Umschlagsleistung; **– de sortie** Ausstoß; **– de travail** Arbeitstakt *m*, Arbeitstempo *n*.

cadran *m* Skalenscheibe *f*; **– d'appel** (*Telefon*) Wählscheibe *f*.

cadre *m* (1) (*ArbR, SozR: salarié occupant un poste de responsabilité dans une entreprise*) Führungskraft *f*, leitende(r) Angestellte(r), Leiter *m*, Vorgesetzter *m*, Verantwortlicher *m*, (2) (*BeamR: corps de fonctionnaires*) (Beamten-) Besoldungsgruppe *f*; Behördenaufbau *m*, (3) (*MilR*) Stammpersonal *n*, Kader *m*; Verband *m*, (4) Rahmen *m*, Plan *m*, Anlage *f*, Entwurf *m*; **hors –** außerplanmäßig; **loi –** Rahmengesetz *n*; **– A de la fonction publique** (*BeamR*) Beamter des höheren Dienstes; **– d'active** (*MilR*) Offizier im aktiven Dienst; **– autonome** Führungskraft mit frei zu vereinbarender Arbeitszeit; **– B de la fonction publique** Beamter des gehobenen Dienstes; **– C de la fonction publique** Beamter des mittleren Dienstes; **– confirmé** berufserfahrene Führungskraft.

cadre dirigeant Topmanager *m*; **– intégré** Führungskraft, die den gesetzlichen Arbeitszeitregelungen unterliegt; **– supérieur** leitender Angestellter, Führungskraft *f*; **– de travail** Arbeitswelt *f*; **– de vie** soziales Umfeld.

cadres *mpl* (*BW*) Führungskräfte *fpl*, Aufsichtspersonen *fpl*, leitende Angestellte *pl*; **– administratifs** (*BeamR*) höherer *od.* gehobener Dienst; **– de direction** *ou* **dirigeants** (*ArbR*) Topmanagement *n*, Führungskräfte; **– moyen** (1) (*ArbR*) mittleres Management, (2) (*BeamR*) mittlerer *od.* gehobener Dienst; **– subalternes** (1) (*ArbR*) Aufsichtspersonal *n*, (2) (*BeamR*) einfacher Dienst; **– supérieurs** (1) (*ArbR*) Führungskräfte *fpl*, (2) (*BeamR: cadres de la fonction publique*) höherer Dienst.

caduc *adj* (*féminin: caduque*) ungültig, unwirksam; verfallen, verlustig, veraltet, obsolet; **bâtiment –** baufälliges Gebäude; **legs –** hinfälliges Vermächtnis.

caducée *m* Merkurstab *m* (mit zwei Schlangen).

caducité *f* Unwirksamkeit (eines Rechtsgeschäfts), Hinfälligkeit *f*, Kaduzierung, Verlusterklärung; **– d'agrément** Ablauf der Genehmigung.

cafetier-limonadier *m* Kaffeehausbesitzer *m*.

cagoule *f* (1) (*StR*) Vermummung *f*, (2) (*ArbR*) Schutzhaube *f*.

cagoulé *adj*: **individu –** vermummte Person.

cahier *m* Heft *n*; **– d'accompagnement** Begleitheft; **– des charges** (*VwR*) Ausschreibungs- *od.* Verdingungsunterlagen *fpl*, Lastenheft *n*, Pflichtenheft *n*, Vertragsbedingungen (für Bauleistungen); Leistungsverzeichnis *od.* -beschreibung; **– des clauses administratives générales** frz. Verdingungsordnung; **– des clauses et conditions générales** Leistungsverzeichnis *n*, Ausschreibungsunterlagen *fpl*; **– des clauses générales concernant les marchés publics des travaux de construction** Verdingungsordnung für Bauleistungen; **– de crédits** Nachtragshaushalt *m*.

cahier de doléances Zusammenstellung der Beanstandungen *od.* Mängel; **– des prescriptions communes** allgemeine technische Vorschriften; **– des prescriptions spéciales** zusätzliche technische Vorschriften; **– de revendications** Katalog *od.* Zusammenstellung der Forderungen.

caïd *m umg* Gangsterboss *m*.

caillassage *m* (*StR*) Steinwurf *m* (auf Politiker *od.* Ordnungskräfte); Steinschleuderangriff *m*.

caisse *f* (1) Kasse *f*, Zahlstelle *f*, Kassenschalter, Einzahlungsstelle, (2) (*Buchf*) Kassenbestand *m*, (3) Kiste *f*, Kasten *m*; **déficit de –** Kassendefizit *n*, Kassenfehlbetrag *m*; **escompte de –** Skonto *m*, Barzahlungsnachlass *m*; **excédent de –** Kassenüberschuss *m*; **gestion de –** Kassenführung *f*; **livre de –** Kassenbuch; **livret de – d'épargne** Sparkassenbuch *n*; **montant en –** Kassenbestand *m*; **relevé de –** Kassenausweis *m*, Kassenbericht; **rentrées de –** Kasseneingänge *pl*; **situation de –** (1) Kassenbestand *m*, (2) Kassenbericht *m*; **sorties de –** Kassenausgänge *pl*; **tenir la –** die Kasse führen; **vérification de –** Kassenprüfung, Kassensturz *m*.

caisse d'affiliation gesetzliche Krankenkasse (des Arbeitsorts); **– agréée**

genehmigte *od.* zugelassene Kasse; – **d'allocations familiales** frz. Kasse für Familienzulagen und -beihilfen; – **d'assurance** Versicherungsanstalt; – **d'assurance mutuelle** Versicherungsverein auf Gegenseitigkeit; – **d'assurance-maladie** Krankenversicherung, Krankenkasse; – **d'assurances sociales** Sozialversicherungskasse; – **d'assurance-vieillesse** Altersvorsorgekasse; – **auxiliaire** Nebenkasse; – **centrale** Zentralkasse; – **de chômage** Arbeitslosenversicherung; – **commune** Gemeinschaftskasse; – **de compensation** Verrechnungskasse *od.* -stelle *f*; Ausgleichskasse; – **complémentaire** Zusatzkasse; – **de crédit** Kreditanstalt; – **de crédit agricole** landwirtschaftliche Kreditbank; – **de crédit foncier** Bodenkreditanstalt; – **de crédit municipal** Pfandleihhaus (einer Gemeinde).

caisse de décès Sterbekasse; – **de dépôts** Depositenkasse; – **des dépôts et consignations (= CDC)** frz. Hinterlegungs- und Konsignationszentralkasse; – **enregistreuse** Ladenregistrierkasse; – **d'entraide** Hilfskasse, Sozialfonds; – **d'entreprise** Betriebspensionskasse.

caisse d'épargne Sparkasse; – **d'épargne logement** Bausparkasse; – **d'épargne postale** Postsparkasse.

caisse fédérale (S) Bundeskasse (S); – **de garantie** Garantie- *od.* Gewährleistungskasse, Garantiefonds *m*; – **de grève** Streikkasse; – **de maladie** Krankenkasse; – **de maladie d'entreprise** Betriebskrankenkasse; – **de maladie privée** private Krankenversicherung; – **minière** Bergmannskasse; – **mutualiste** Versicherungsverein auf Gegenseitigkeit; – **mutuelle de garantie** Gewährleistungsverein auf Gegenseitigkeit; – **nationale** frz. Zentral(kranken)kasse.

caisse nationale de sécurité sociale frz. zentrale Sozialversicherungsanstalt; – **noire** Reptilien- *od.* Geheimfonds *m*; – **de pensions** Pensions- *od.* Ruhegeldkasse; – **de péréquation** Ausgleichskasse, Ausgleichsfonds *m*; – **de prêts** Darlehenskasse; – **de prévoyance des mineurs** Knappschaftskasse; – **primaire** Ortskrankenkasse; – **principale** Hauptkasse; – **de réassurance** Rückversicherungsanstalt *f*; – **régionale** Bezirkskrankenkasse; – **des règlements et paiements** Auszahlungskasse.

caisse de retraite Ruhegeld- *od.* Pensionskasse; Altersversorgungskasse; – **de retraite complémentaire** Zusatzversorgungskasse; – **de secours** Hilfs- *od.* Unterstützungskasse; – **de versement** Einzahlungskasse; – **de virement** Giro- *od.* Verrechnungskasse.

caissier *m* (1) (*ÖfR*) Kassenbeamte(r) *m*, (2) (*HR*) Kassenführer *m*, Kassierer *m*; – **comptable** Kassenführer *m*.

calaison *f* Tiefgang *m* (eines Schiffs).

calamité *loc.* schwerer Unglücksfall, Naturkatastrophe *f*.

calcul *m* Berechnung *f*, Überschlag *m* der Kosten; Kalkulation; **erreur de –** Rechenfehler *m*; Kalkulationsfehler; **faire un mauvais –** *a.fig.* sich verrechnen; **plafond de – des cotisations** Beitragsbemessungsgrenze; – **d'actualisation** (*BankR*) Abzinsungsberechnung *f*; – **des coûts** Kostenkalkulation; – **des coûts effectifs** *ou* **réels** Istkostenrechnung; – **des coûts théoriques** Plankostenrechnung.

calcul des délais Frist(en)berechnung *f*; – **des délais par heure ou minute** Naturalkomputation; – **des délais par jour** Zivilkomputation; – **de l'impôt** Steuerschuldermittlung; – **des intérêts** Zinsberechnung; – **de la peine** (*StR*) Strafzu- *od.* -bemessung; – **des primes** Prämienberechnung; – **des prix** Preiskalkulation; – **des probabilités** Wahrscheinlichkeitsrechnung; – **de la rente** Rentenberechnung; – **des risques** Risikoeinschätzung; – **du salaire** Lohnberechnung; – **de la valeur** Wertbemessung *od.* -berechnung.

calculable *adj* berechenbar.

calculateur *m* Rechenanlage *od.* -gerät, Rechner *m*; – **analogique** Rechner: Analogrechner; – **numérique** Digitalrechner.

calculatrice *f* (Klein-) Rechner, Rechenmaschine.
calculer *v.tr.* berechnen, bemessen; (*Preise*) kalkulieren.
calculette *f* Taschenrechner *m.*
cale *f* (*SeeHR*) Laderaum *m*, Schiffsraum *m.*
calendrier *m* Zeitplan *m*, Terminkalender; **– électoral** Wahlkalender *m*, Wahltermine *pl.*; **– social** Agenda *f.*
calepin *m* Notizblock *m.*
calme *m* **apparent** trügerische Ruhe; **– plat** *fig* Flaute *f.*
calmer les inquiétudes besänftigen, beruhigen.
calomniateur *m* (*StR: auteur d'une diffamation ou dénonciation*) Verleumder *m.*
calomnie *f* (*StR: imputation mensongère qui attente à la réputation, à l'honneur de qqn.*) Verleumdung *f.*
calomnier *v.tr.* verleumden.
calque *m* Deckpause *f*, Deckblatt *n*, Transparent *n*; **– bleu** Blaupause *f.*
camarade *m* (*ArbR*) (Arbeits-) Kollege *m.*
cambiaire *adj*: **droit –** (*WechselR: droit des lettres de change*) Wechselrecht *n*; **rapport –** Wechselverbindlichkeit (als abstrakte Forderung.
cambiste *m* (*BörR*) amtlicher Devisenhändler.
cambriolage *m* (*StR: vol avec effraction*) Einbruchsdiebstahl *n*, Einbruch *m.*
cambrioler *v.tr.* (*StR*) einbrechen, einen Einbruchsdiebstahl begehen.
cambrioleur *m* Einbrecher *m.*
camelote *f* (*HR*) *umg* Schund(ware), minderwertige Ware.
camion *m* Lastkraftwagen (= LKW) *m*; **– benne** Kipper *m*; **– léger** Kleintransporter *m*; **– avec remorque** Lastzug *m.*
camionnage *m* (*TransportR*) Rollfuhr *f*, Beförderung mit LKW; **– à longue distance** Fernlastverkehr *m.*
camionnette *f* Kleinlieferwagen *m.*
camionneur *m* (1) (*HR*) Rollfuhrunternehmer, (2) LKW-Fahrer *m.*
camisole *f* **de force** Zwangsjacke *f.*
camouflage *m* Verschleierung *f*, Tarnung; **– du bilan** Bilanzkosmetik *f*, Bilanzverschleierung *f.*
camoufler *v.tr.* tarnen, verschleiern.
camp *m* Lager *m*; Partei *f*; **– d'accueil** Auffanglager; Aufnahmelager; **– de concentration** Konzentrationslager *n*; **– d'extermination** Vernichtungslager; **– pénitentiaire** Straflager; **– de prisonniers de guerre** Kriegsgefangenenlager *n*; **– de réfugiés** Flüchtlingslager; **– de transit** Durchgangslager; **– de travail** Arbeitslager.
campagne *f* (1) flaches Land *n*, (2) (*MilR: expédition, opération*) Feldzug *m*, (3) (*WirtR: période d'affaires*) Wirtschaftsjahr *n*; **– de commercialisation** Vermarktung *f.*
campagne électorale Wahlkampf *m*; **frais de la – –** Wahlkampfkosten.
campagne d'incitation Hetzkampagne *f*; **– de lancement** (*HR*) Einführungswerbung *f*; **– de pêche** Fangzeiten *fpl*; **– présidentielle** Präsidentschaftswahlen (in Frankreich); **– de presse** Pressekampagne; **– de production** Erzeugungsjahr; **– publicitaire** *ou* **de publicité** Werbefeldzug *m*; **– de vaccination** Impfaktion *f.*
campement *m* Lagerplatz *m.*
camper *v. intr.* zelten; **– sur ses positions** *fig.* auf seinem Standpunkt beharren.
campeur *m* Zelter *m.*
canal *m* (*MedienR*) Kanal *m*; (*fig*) Vermittlung; **par le – de** durch.
canalisation *f* Rohrleitungen *fpl*; Verteilungsnetz *n* (*Wasser, Strom*); *fig* Informationsmanipulation.
cancellation *f* (*WirtR: annulation*) Annulierung *f*, Streichung; Vernichtung (des Testaments).
cancer *m*: **dépistage précoce du –** Früherkennung *f* von Krebserkrankungen; **examen de dépistage du –** Krebsvorsorgeuntersuchung *f.*
candidat *m* (Wahl-) Kandidat *m*, Bewerber *m* (um ein Amt); Prüfling *m*, Anwärter *m*; **être –** kandidieren; **être – à un poste** sich um eine Stelle bewerben; **liste des –s** Bewerber- *od.* Kandidatenliste; Wahlvorschlag *m*; **présenter des –s** Bewerber *od.* Kandidaten vorschlagen; **– à la députation** Wahlkandidat für die

Nationalversammlung; **– aux élections** Wahlkandidat; **– à la location** Wohnungssuchende(r) *m*.

candidature *f* Kandidatur *f*, Bewerbung, Wahlvorschlag *m*; Amtsanwartschaft *f*; **acte de –** Bewerbung, Bewerbungsgesuch *n*; **appel de –s** (Stellen-) Ausschreibung; **constitution du dossier de –** Zusammenstellung der Bewerbungsunterlagen; **dossier de –** Bewerbungsunterlagen *fpl*; **faire acte de –, poser** *ou* **présenter sa –** (*ein Amt od. eine Stelle*) sich bewerben um; **présenter sa –** die Bewerbung zurückziehen; **retenir une –** eine Bewerbung berücksichtigen.

canevas *m* Entwurf *m*, Plan *m*; Mustervertrag *m*.

cannibaliser *v.tr.* (*Geräte, Autos*) ausschlachten.

canon *m* (1) (*KirchR: loi ecclésiastique*) Kanon *m*, Kirchengesetz *n*, (2) (*idéal, type*) Vorbild *n*, Muster *n*, Regel *f*, Richtschnur *f*, (3) (*MilR*) Geschütz *n*, Kanone *f*, (4) (*SchuldR: canon emphytéotique*) Mietzins *m*, (5) (*VerfR*) grundlegende Vorschrift *f*, Lehrsatz *m*; **droit –** *ou* **–ique** Kirchenrecht; **– à eau** Wasserwerfer *m*.

canonnière *f* (*MilR*) Kanonenboot *n*.

canot *m* Kahn *m*; Beiboot *n*; **– de sauvetage** Rettungsboot *n*.

canton *m* (1) (*VerfR, VwR: circonscription administrative*) (Verwaltungs-) Bezirk *m*, frz. Wahlkreis, (2) (S) Kanton *m*; **– concordataire** (S) Konkordats- *od.* Vertragskanton (S); **– de domicile** Wohnsitzkanton (S); **– judiciaire** (B) Gerichtsbezirk des Friedensrichters; **– d'origine** Heimatkanton (S).

cantonal *adj* kantonal; **élections –es** Wahl der Departementsversammlung (in Frankreich).

cantonnement *m* (1) (*MilR*) Einquartierung, Verlegung von Truppen, Ortsunterkunft *f*, (2) Forstbezirk *m*, (3) (*SachR*) Grundstücksabmarkung; **– de pêche** Fischereirevier *n*; **– de la saisie-arrêt** (*ZwangsVR*) Beschränkung der Pfändung auf den eingeklagten Betrag.

cantonner *v.tr.* (1) einquartieren, unterbringen, (2) beschränken, (3) eingrenzen, abmarken; **se – à** *v. pron.* sich beschränken auf.

cantonnier *m* Straßenarbeiter *m*, Straßenfeger *m*.

cap *m a.fig.* Kurs *m*.

capable *adj* (1) (*ZR: doté de la capacité de jouissance et / ou d'exercice*) rechtsfähig; geschäftsfähig; handlungsfähig, (2) (*ArbR: apte au travail*) tauglich, geeignet; **– de contracter** vertragsfähig; **– juridiquement** rechts- *od.* geschäftsfähig; **– de témoigner** (*PrzR*) fähig, Zeuge zu sein; **– de tester** (*ErbR*) testierfähig.

> Die frz. Begriffe *capacité* und *incapacités* decken sich nicht mit denjenigen der Geschäftsfähigkeit und beschränkten Geschäftsfähigkeit. In F. können sowohl die Rechts- wie die Geschäftsfähigkeit eingeschränkt werden. Es gibt *incapacités de jouissance* wie *incapacités d'exercice.*

capacité *f* (1) (*SchuldR: aptitude juridique, sens général et indéterminé*) Handlungsfähigkeit *f*, Rechts- u. Geschäftsfähigkeit *f*, (2) (*SchuldR: capacité de jouissance*) Rechtsfähigkeit *f*, (3) (*SchuldR: capacité d'exercice*) Geschäftsfähigkeit *f*, (4) (*ArbR: faculté, compétence*) Fähigkeit *f*, Vermögen *n*, Befähigung *f*, Eignung *f*, Tauglichkeit, (5) (*Technik*) Leistungsfähigkeit, Aufnahmefähigkeit, Speicherkapazität; **priver de la –** (*ZR*) entmündigen.

capacité d'adaptation Anpassungsfähigkeit; **– d'agir** Handlungsfähigkeit; **– d'aller au fond des choses** Gründlichkeit *f*; **– d'autofinancement** (*BW*) Selbstfinanzierungsmöglichkeiten *fpl*; **– de charge** (1) (*Schiff*) Lade- *od.* Tragfähigkeit, (2) (*Fahrzeug*) Fassungsvermögen.

capacité civile (*ZR*) Geschäftsfähigkeit *f*; **– de conclure des conventions collectives** (*ArbR*) Tariffähigkeit; **– de concurrence** (*HR*) Wettbewerbsfähigkeit; **– de contracter** *ou* **contractuelle** (*SchuldR: aptitude à conclure un contrat – art. 1123 Cciv*)

Vertragsfähigkeit *f*; Geschäftsfähigkeit; **– contributive** Steuerbelastbarkeit.

capacité délictuelle (*ZR: unerlaubte Handlung*) Deliktsfähigkeit *f*; **– de discernement** Einsichts- *od.* Urteilsfähigkeit; **– de disposer** (*ZR*) Verfügungsgewalt *f*, Verfügungsrecht *n*; **– de dissuasion** (*Pol*) Abschreckungspotential; **– en droit** (*HochschulR: diplôme conféré après deux années d'études de droit, le baccalauréat n'étant pas exigé*) akademischer (unterster) Grad der frz. juristischen Fakultät, nach zwei Studienjahren erworbenes juristische Diplom; **– de droit des gens** Völkerrechtsfähigkeit; **– de droit privé** Rechts- *od.* Geschäftsfähigkeit (im Rahmen des Privatrechts).

capacité électorale (*Pol*) aktives Wahlrecht, Wahlberechtigung; **– d'ester en justice** (*PrzR: aptitude à plaider en justice et à être partie à un procès*) Prozessfähigkeit, Fähigkeit vor Gericht zu stehen; **– excédentaire** Kapazitätsüberhang *m*, Überkapazität *f*.

capacité d'exercice (*ZR: aptitude à faire valoir soi-même et seul tous les actes de la vie civile – art. 488 Cciv*) Geschäftsfähigkeit *f*, Handlungsfähigkeit; **– financière** Finanzkraft *f*; **– fiscale** steuerliche Leistungsfähigkeit; **– de gagner sa vie** Unterhaltsfähigkeit.

capacité de jouissance (*SchuldR: aptitude à devenir titulaire d'un droit ou d'une obligation*) Rechtsfähigkeit *f*; **– juridique** Rechts- *od.* Geschäftsfähigkeit; **– légale** Rechtsfähigkeit *f*; **– matrimoniale** Ehefähigkeit; **– de mémoire** (*DV*) Speicherkapazität.

capacité de s'obliger (*SchuldR*) vertragliche Haftung; Schadensersatzverpflichtung *f*; **– de paiement** Zahlungsfähigkeit; **– partielle** (*SchuldR*) beschränkte Geschäftsfähigkeit; **– physique** (*ArbR*) körperliche Eignung, Tauglichkeit; **– politique** Mündigkeit des Staatsbürgers; **– pour prêter serment** (*PrzR*) Eidesfähigkeit, Eidesmündigkeit; **– de production** (*WirtR*) Produktionskapazität; **– professionnelle** (*ArbR*) fachliche Eignung, Fachwissen *n* u. Fachkönnen.

capacité de rendement (*WirtR*) Leistungsfähigkeit, Leistungsvermögen; Ertragsfähigkeit; **– de service** (*BeamR*) Dienstfähigkeit; **– de témoigner** (*PrzR*) Fähigkeit, Zeuge zu sein; **– de tester** (*ErbR*) Testierfähigkeit; **– testimoniale** (*PrzR*) Aussagefähigkeit (vor Gericht).

capacité de travail Arbeits- *od.* Erwerbsfähigkeit; **diminution de la – –** Minderung der Erwerbsfähigkeit.

capacité utile (*TransportR*) nutzbares Fassungsvermögen, Frachtraum *m*, (*Schiff*) Tonnage *f*; **– utilisable** Nutzlast *f*; **–s requises** Eignungsanforderungen *fpl*.

capitaine *m* (1) (*SeeHR*) Schiffsführer *m*, Kapitän *m*, (2) (*MilR*) Hauptmann *m*, (3) (*Sport*) Mannschaftsführer *m*; **– au long cours** Kapitän auf großer Fahrt; **– de port** Hafendirektor *m*.

capitainerie *f* Hafenverwaltung *f*.

capital *adj* grundlegend, Haupt-; **écriture –e** (*Schrift in*) Großbuchstaben *mpl*, Kapitälchen *npl*; **peine –e** (*StR*) Todesstrafe *f*; **sentence –e** (*StPR*) Todesurteil *n*.

capital *m* (1) (*SchuldR: principal d'une dette d'argent*) Hauptschuld *f* (im Gegensatz zu den Zinsen), (2) (*SteuerR: somme que l'on fait valoir*) Kapitalvermögen *n*, (3) (*BankR*) Finanzkapital *n*, zinstragender Geldbetrag *m*, Barwert *m*, langfristig zur Verfügung stehende Mittel *npl*, (4) (*GesR: capital social, patrimoine*) Grundkapital *n*, (nominelles) Eigenkapital; Betriebs- *od.* Gesellschaftsvermögen, (5) (*Vwirt: toute richesse destinée à produire un revenu*) Produktionsmittel *npl*, Geld *n* für Investitionszwecke; Gütervorrat, der der Produktion dient, (6) (*Pol: ensemble de ceux qui possèdent les moyens de production*) Großkapital *n*, Produktionsmittelbesitzer *mpl*, Kapitalisten *mpl*; **action de –** Stammaktie *f*; **allocation en –** Kapitalabfindung; **augmentation du –** Kapitalaufstockung; **distribution du –** Kapitalausschüttung; **formation du –** Kapitalbildung *f*; **indemnité en –** Kapitalabfindung; **intéressement du personnel au – de l'entreprise** Beteiligung der Belegschaft am Unternehmenskapital; **intérêt du –** Kapitalzins *m*; **participation au –** Kapitalanteil *m*, Kapitalbeteiligung; **productivité du –** Kapitalproduktivität; **réduction du –** Kapitalherabsetzung *f*; **revenu du –** Kapitalertrag *m*, Kapitalzins *od.* -profit *m*, Unternehmerlohn *m*.

capital-actions *m* Aktienkapital *n*, Aktienbetrag *m*.

capital d'amorçage Startkapital; **– amorti** amortisiertes Kapital; **– d'apport** Stammkapital, Grundkapital, eingebrachtes Kapital; **– circulant** Umlaufvermögen *n*; **– de commandite** Kommanditeinlagen *f (pl)*; **– commercial** Kapital eines Handelsbetriebes; **– comptable** buchmäßig ausgewiesenes Kapitalvermögen; **– de couverture** Deckungskapital; **– -décès** (*VersR*) Sterbegeld *n*, Todesfallkapital.

capital en dépôt (*BankR*) Depositen *pl.*, Einlagenkapital; **– différé** (*VersR*) Erlebensfallkapital; **– disponible** flüssige *od.* verfügbare Mittel; **– de dotation** Ausstattungskapital; **– dû aux tiers** Fremdkapital *n*, aufgenommene Mittel.

capital d'emprunt Fremdkapital *n*; **– engagé** Anlagevermögen *n*; **– entièrement versé** volleingezahltes Kapital; **– d'épargne** Sparkapital; **– étranger** (1) (*Außh*) Auslandskapital, (2) (*GesR*) Fremdkapital; **– d'exploitation** Betriebsvermögen *n*.

capital financier Finanz- *od.* Geldkapital (der Banken); **– fixe** (*GesR*) Anlagevermögen *n*; **– de garantie** (*GesR*) Deckungskapital, haftendes Kapital; **– humain** (*ArbR*) Humanfaktor *m*, menschliche Ressourcen; Leistungsfähigkeit der Beschäftigten; **– immatériel** (*ZR*) Immaterialgüter (rechte), unkörperliche Güter.

capital immobilier (*SachR*) Grund *od.* Immobiliarvermögen; **– immobilisé** Anlagevermögen; **– imposable** steuerpflichtige Vermögenswerte *mpl*; **– improductif** totes Kapital; **– industriel** Kapital aus Unternehmereinkommen; **– initial** (*GesR*) Stammkapital, Anfangskapital; **– d'investissement** Anlagevermögen *n*.

capital juridique (*GesR*) Grundkapital *n*; **– libéré** eingezahltes Kapital; **– liquide** flüssiges *od.* verfügbares Kapital.

capital matériel (*GesR*) Sachgüter *npl*, Kapitalstock; **– minimum** (*GesR*) Mindestnennbetrag des Grundkapitals; **– mobilier** (*SachR*) bewegliches Vermögen; **– monétaire** (*WirtR*) Kassenbestand *m*; Geldvermögen *n*; flüssige Mittel; **– national** (*Vwirt*) Ressourcen *fpl* (eines Landes); **– nominal** (*GesR*) Grund- *od.* Nominalkapital; **– non appelé** (*GesR*) nicht eingezahltes Kapital einer A.G; **– non libéré** nicht eingezahltes Kapital; **– -obligations** (*BankR*) Anleihekapital; **– oisif** (*Vwirt*) totes Kapital; **– placé** angelegtes Kapital; **– portant intérêt** (*BankR*) zinstragendes Kapital; **– propre** Eigenkapital, Eigenvermögen.

capital de rachat Rückkaufssumme *f*; **– réel** (*BankR*) verfügbare *od.* flüssige Mittel; **– remboursable** Tilgungskapital *n*; **– remboursé** zurückgezahltes Kapital; **– de rente** (*BankR*) Deckungsstock *m*; **– -risque** (*WirtR: venture capital*) Wagniskapital *n*, Risikokapital *n*, venture capital; **– roulant** *ou* **de roulement** (*Buchf*) Umlaufvermögen *n*.

capital social (*GesR*) Grundkapital (einer AG); Stammkapital (einer GmbH); *m*: **– souscrit** gezeichnetes Kapital; **– technique** (*GesR*) Anlage- u. Umlaufvermögen *n*, Betriebsmittel *npl*; **– -titres** Effektenkapital *n*; **– variable** frei verfügbares Kapital (zur Zahlung der Arbeitskräfte und Erwirtschaftung des Mehrwerts); **– versé** eingezahltes Kapital.

capitale *f* Hauptstadt *f*.

capitalisable *adj* kapitalisierbar.

capitalisation *f* Kapitalisierung, Abzinsung; **contrat de –** (*GesR*) Kapitalansammlungsvertrag *m*; **société de –** Kapitalisierungsgesellschaft; **– boursière** Börsenwert *m* (des Kapitals einer A.G.); **– des intérêts** Anatozismus *m*, Zinseszinsberechnung; – **ouvrière** (*GesR, ArbR*) Beteiligung der Arbeitnehmer am Betriebsvermögen.

capitaliser *v.tr.* kapitalisieren; – **les intérêts** die Zinsen kapitalisieren.

capitalisme *m* (*Vwirt*) Kapitalismus *m*; – **atomique** Hochkapitalismus; – **commercial et réglementaire** Frühkapitalismus; – **concurrentiel** Wirtschaftsordnung des freien Wettbewerbs, Verkehrswirtschaft; – **d'État** Staatskapitalismus *m*; – **financier** Finanzkapitalismus; – **de groupe** *ou* **moléculaire** Spätkapitalismus; – **industriel et concurrentiel** Hochkapitalismus; – **monopoliste d'État** (= C.M.E.) (staatlicher) Monopolkapitalismus; – **privé** Privatkapitalbesitz, privates Unternehmertum.

capitaliste *m* Kapitalist *m*; Investor *m*, Anleger.

capitaliste *adj* kapitalistisch; **régime** – kapitalistische Gesellschaftsordnung.

capitalistique *adj* (*WirtR*) kapitalintensiv, mit hohen Investitionen verbunden.

capitation *f* (*hist*) Kopfsteuer *f*.

capitaux *mpl*: **balance des** – (*Außh*) Kapitalverkehrsbilanz *f*; **besoins en** – (*WirtR*) Kapitalbedarf *m*; **circulation des** – (*Außh*) Kapitalverkehr *m*; **compte des** – (*Bilanz*) Kapitalkonto *n*; **demande de** – Kapitalnachfrage *f*, Kapital-bedarf *m*; **dissimulation de** – (*SteuerR*) Kapitalhinterziehung *od.* -verheimlichung *f*; **évasion de** – (*WirtStrR*) Kapitalflucht *f*; **financement sur** – **propres** (*WirtR*) Eigenfinanzierung; **flux de** – (*Vwirt*) Kapitalströme *mpl*; **fuite des** – (*SteuerR: syn.: évasion des capitaux*) Kapitalflucht; **mobilisation de** – Flüssigmachen *n* von Vermögenswerten; **offre de** – Kapitalangebot *n*; **pénurie de** – Kapitalknappheit *f*; **placement de** – Kapitalanlage *f*; **pléthore de** – Kapitalüberfluss *m*; **rapatriement de** – Kapitalrückführung *f*; **revenu des** – Kapitalzins *od.* -ertrag *m*, Einkünfte aus Kapitalvermögen; **société de** – (*GesR*) Kapitalgesellschaft *f*; **sorties de** – Kapitalabfluss *m*; **transfert de** – Kapitalverkehr *m*; Kapitaltransfer *m*; **versement de** – Kapitaleinzahlung; **vitesse de rotation des** – Dauer *f* des Kapitalumschlags; **volume des** – **en circulation** Kapitalumsatz *m*.

capitaux baladeurs Spekulationsgelder *npl*; – **étrangers** Fremdkapital *n*; – **fébriles** Spekulationsgelder *pl*; – **fixes** Anlagekapital; – **flottants** Spekulationskapital *n*, vagabundierende Gelder; – **liquides** *ou* **en numéraire** flüssige Mittel, Barmittel; – **privés** Privatvermögen *n*; – **propres** Eigenkapital *n*.

capitulation *f* (*VR*) Kapitulation *f*, Übergabe *f*, Aufgabe *f*; – **sans conditions** *ou* **inconditionnelle** bedingungslose Kapitulation.

capituler *v. intr.* kapitulieren, sich ergeben, aufgeben, nachgeben.

caporalisme *m* (*pol*) Militärregime *n*.

capot *m* (*Kfz*) Motorhaube *f*.

capote *f* (1) Verdeck *n*, (2) Kondom *m/n*.

capoter *v.tr.* (*Schiff*) kentern.

captage *m* Auf- *od.* Einfangen.

captateur *m* **de succession** (*StR*) Erbschleicher.

captation *f* **dolosive** (*StR*) Erschleichen *n* von Leistungen in betrügerischer Absicht; – **d'eau** (*StR*) Wasserentziehung *f*; – **d'héritage** (*StR*) Erbschleicherei *f*.

captatoire *adj*: **manœuvres –s** Täuschungshandlungen (zur Veranlassung einer Vermögensverfügung).

capter *v.tr.* (*StR*) erschleichen, erschwindeln; abfangen.

capteur *m* Messfühler *m*, Sensor *m*; – **de trafic** Verkehrsdetektor *m*.

captieux *adj* irreführend, täuschend.

captif *m* (*MilR*) Kriegsgefangene(r) *m*.

captivité *f* Kriegsgefangenschaft *f*.

capture *f* (1) (*StR: appréhension*) Verhaftung, Festnahme *f*, (2) (*SeeHR: saisie d'un navire*) Aufbringen *n* (eines Schiffes), (3) (*StR: butin*) Beute *f*, Prise *f*.

capturer *v.tr.* (1) festnehmen, verhaften, (2) (*Schiff*) aufbringen.

car *m* (Auto-) Bus *m*; – **de ramassage scolaire** Schulbus *m*.

caractère *m* (1) Charakter *m*, Merkmal

n, Wesen *n*, Kennzeichen *n*, (2) Schriftzeichen *n*, Buchstabe *m*; – **d'authenticité** Echtheit; – **de commande** (*DV*) Steuerzeichen; – **de contrôle** Prüfzeichen; – **illicite** *m* Widerrechtlichkeit; – **juridique** Rechtscharakter *m*, Rechtsnatur *f*; – **normatif** Normencharakter *m*; – **obligatoire** (Rechts-) Verbindlichkeit; – **problématique** Fragwürdigkeit; – **réglementaire** (*VerfR*) zum Bereich der Regierungsgesetzgebung gehörend.

caractériel *adj* (*MedizinR*) labil, schwer erziehbar, verhaltensgestört; **analyse –le** Charakteranalyse *f*; **disposition –le** Charaktereigenschaft *f*, Anlage *f*.

caractérisation *f* (1) (*StR: action de qualifier les faits ou l'acte délictueux*) Subsumtion *f*, (2) (*HR*) Beschreibung der Merkmale, Typisierung (von Erzeugnissen).

caractérisé *adj* (1) (*StR: spécifié dans ses éléments constitutifs*) sämtliche (Tatbestands-) Merkmale erfüllend, (2) offensichtlich, erwiesen.

caractéristique *f* Merkmal *n*, Kennzeichen *n*; – **essentielle** *ou* **principale** Hauptmerkmal *n*; – **de fonctionnement** Betriebsmerkmal.

carambolage *m* (*StVR*) Auffahrunfall *m*.

carambouillage *m ou* **carambouille** *f* (*StR*) *umg* Weiterverkauf *m* unbezahlter Ware.

caravane *f* (*StVR: véhicule équipé pour servir de logement, de roulotte de camping*) Wohnwagen *m*.

carburant *m* (Motor-) Kraftstoff *m*; – **ordinaire** Normalbenzin *n*.

carcasse *f* Tierkörper *m*, Schlachtkörper *m*.

cardinal *adj* hauptsächlich, Haupt-; besonders wichtig, grundlegend.

carence *f* (1) (*ZR, SozR: insuffisance de ressources d'un débiteur*) Mittellosigkeit *f*, Bedürftigkeit *f*, (2) (*ZPR: fait de ne pas faire face à ses obligations*) Mangel *m* an pfändbaren Gütern, Nichterfüllung (einer Verpflichtung), Nichtleistung *f*, (3) (*VwR: inaction*) Untätigkeit *f*, Untätigbleiben *n*, Versagen *n*, (4) (*PrzR*) Nichterscheinen *n*, Fehlen *n*, (5) (*VersR*) Sperrfrist *f*, (6) (*vide juridique*) gesetzloser Zustand; **certificat de –** (1) (*ErbR*) Bestätigung der Überschuldung des Nachlasses, (2) (*ZwangsVR*) fruchtlose Pfändung; amtliche Feststellung der unzureichenden Konkursmasse; **délai de –** (*SozVers: période légale pendant laquelle l'assuré social ne reçoit aucune prestation*) Karenzzeit *f*, Wartezeit; – **de paiement** Nichtleistung einer Zahlung (bei Fälligkeit).

cargaison *f* (*SeeHR*) Schiffsladung *f*; Lastwagen- *od.* Flugzeugladung; Fracht *f*; **manifeste de –** Liste der geladenen Waren mit Angabe der Herkunft und Bestimmung.

cargo *m* (1) (*SeeHR*) Frachter *m*, Frachtschiff *n*, (2) Transporter *m*, Transportflugzeug *n*.

carnet *m* (1) Notizbuch *n*, Meldeblock *m*, (2) (*ZollR*) Carnet *n*, Zollpassierscheinheft *n*, (3) (*WertpR*) Tagebuch *n*, Handbuch *n*, (4) Fahrtenheft *n*; – **d'assurance** Deklarationsbuch *n*; – **de bord** Bordbuch; – **de chèques** Scheckheft *n*; – **de commandes** Auftragsbuch *n*, Auftragsbestand *m*; – **de dépenses** Haushalts- *od.* Ausgabenbuch; – **d'enregistrement** Einschreibebuch; – **d'entretien** Kundendienstheft; – **de mariage** (B) Familienstammbuch; – **de matériel** Geräteheft; – **de maternité** Mutterpass *m*; – **de métro** zehn Metrofahrscheine *mpl*.

carnet d'ordres Bestellscheinheft *n*, Kommissionsbuch; – **de quittances** Quittungsblock *od.* -heft; – **de route** Fahrtenbuch; – **de santé** (*SozR*) Nachweis(heft) von Gesundheitsuntersuchungen (für die Versicherten der gesetzlichen Krankenkassen); – **TIR (= transport international routier)** Zollbegleitscheinheft für unverzollte Güter; – **de véhicule** Kfz-Begleitheft.

carré *m* **blanc** (*MedienR*) Hinweiszeichen *n* auf jugendgefährdende Sendungen.

carreau *m* Fliese *f*, Kachel *f*; Fensterscheibe *f*; – **de la mine** Grubengelände *n*; **départ – de la mine** ab Grube.

carrefour *m* (*StVR*) Kreuzung *f*, Knotenpunkt *m*.

carrière *f* (1) (*BeamR*) Laufbahn *f*, Berufslaufbahn *f*, Berufsweg *m*, Beruf *m*, beruflicher Werdegang, (2) (*SachR*) Steinbruch *m*; **choisir** *ou* **embrasser une –** einen Beruf wählen *od.* ergreifen; **faire –** arrivieren, Karriere machen; **fonctionnaire de –** Beamte(r) auf Lebenszeit; **juge de –** Berufsrichter *m*; **militaire de –** Berufssoldat *m*; **perspectives de –** Berufsaussichten *fpl.*

carrière des armes (*MilR*) Laufbahn der Berufssoldaten; **– d'assurance** Gesamtversicherungszeit; **– de gravier** Kiesgrube *f*; **– professionnelle** Berufslaufbahn *f*; **– de sable** Sandgrube *f*.

carriérisme *m* Karrieredenken *n*.

carrossable *adj* (*StVR*) (*Straße*) befahrbar.

carte *f* Karte *f*; **horaire à la –** gleitende Arbeitszeit; **– d'abonnement** Abonnementskarte, Zeitkarte; **– accréditive** Kreditkarte; **– d'acheteur en gros** Großhändlerausweis; **– d'admission** Einlass- *od.* Eintrittskarte; **– d'alimentation** Lebensmittelkarte; **– d'assuré** Versicherungskarte; **– bancaire** Kreditkarte (einer Bank); E-Money *n*, Chipkarte (als Zahlungsmittel), Paycard *f*; **– blanche** unbeschränkte Vollmacht; **– bleue** frz. Kreditkarte; **– -chèque** Scheckkarte; **– à circuit imprimé** (*DV*) Schaltkarte; **– de commerçant** Gewerbeschein; **– de contrôle** Kontrollkarte *f*; **– de crédit** Kreditkarte *f*; **– d'économiquement faible** Bedürftigenausweis *m*.

carte d'électeur *ou* **électorale** Wahlausweis *m*, Wählerkarte; **– d'embarquement** Bordkarte *f*; **– eurochèque** eurocheque-Karte; **– frontalière** *ou* **de frontière** Grenzgängerausweis; **– génétique (de l'homme)** genetischer Fingerabdruck, Genkarte, Chromosomenkarte; **– grise** Kraftfahrzeugschein, Zulassung.

carte d'identité (1) Kennkarte *f*, Personalausweis, (2) Dienstausweis *m*; **– d'identité nationale informatisée et inviolable** fälschungssicherer u. computerlesbarer Personalausweis; **– d'identité plastifiée** folienverschweißter Personalausweis.

carte informatique Kredit- *od.* Scheckkarte mit Magnetstreifen; **– internationale d'assurance** internationaler Versicherungsschein; **– internationale d'assurance automobile** grüne Karte, internationale Kfz-Versicherungskarte; **– magnétique** (Scheck-) Karte mit Magnetstreifen; **– magnétique d'identification** (*Soz Vers*) Versicherungskarte (der Krankenkasse); **– de membre** Mitgliedsausweis; **– à mémoire** Chip *m*; **– optique** laserlesbare Bankkarte (mit Chip).

carte de paiement Kreditkarte *f*; **– perforée** Lochkarte *f*; **– permanente** Dauerkarte; **– à piste** (Scheck-) Karte mit Magnetstreifen; **– de pointage** Stechkarte, Kontrollkarte; **– de presse** Presseausweis *m*; **– de priorité** Ausweis für bevorzugte Abfertigung; **– privative** Kundenkreditkarte; **– professionnelle** Gewerbeschein; **– professionnelle de représentant de commerce** Handlungsreisender- *od.* Handelsvertreterausweis *m*; **– à puce inviolable** (*BankR*) (fälschungssichere) elektronische Geldbörse, Chipkarte, electronic cash, E-Money; **– de sécurité sociale** Sozialversicherungsausweis *m*.

carte de séjour (*AuslR*) Aufenthaltsgenehmigung *od.* -erlaubnis *f*; **– de séjour temporaire** (zeitlich) beschränkte Aufenthaltserlaubnis; **– de service** Dienstausweis; **– téléphonique à mémoire réinscriptible** wiederaufladbare Telefonkarte; **– de travailleur frontalier** Grenzgänger- *od.* Grenzarbeitnehmerkarte; **– verte** grüne Kfz-Versicherungskarte.

cartel *m* (1) (*GesR: entente*) Kartell *n*, Absprache *f*, Interessenvereinigung, (2) (*Pol: coalition politique*) Parteien- *od.* Aktionsgemeinschaft *f*, Block, Wahlbündnis *n*; **convention de –** Kartellvereinbarung *od.* -abrede; **– d'achat** Einkaufskartell; –

d'adjudication Ausschreibungskartell; **– sur les conditions générales** (*WirtStrR*) Konditionenkartell; **– de contingentement** Quotenkartell; **– de distribution** Verkaufs- *od.* Absatzkartell; **– d'exportation** Exportkartell; **– des gauches** (*Pol*) Union der Linken; **– obligatoire** Zwangskartell; **– de prix** (*WirtStrR*) Preisabsprache *f*; **– de production** Produktionskartell; **– de rabais** Rabattkartell; **– de rationalisation** Rationalisierungskartell; **– territorial** Gebietskartell; **– de vente** Verkaufskartell.

cartellisation *f* (*WirtStrR*) Kartellbildung *f*.

carterie *f* Postkartengeschäft *n*.

carton *m* Karton *m*, Pappe *f*; **– d'invitation** Einladung *f*.

cartouche *f* Kartusche *f*; Patrone(nmunition) *f*; **– de combustible** (*AtomR*) Brennelement(bündel) *n*.

cartoucherie *f* Munitionsfabrik *f*.

cas *m* (1) (*PrzR: affaire, cause, procès*) Fall *m*, Rechtsfall *m*, Sache *f*, Rechtssache *f*, (2) (*situation*) Lage *f*, Umstände *mpl*; **faire grand – de qqch.** etwas hochschätzen; **– d'application (de la loi)** Geltungsbereich (eines Gesetzes); Anwendungsfall; **– de conscience** Gewissensfrage *f*; **– de décès** Todesfall; **– dommageable** Schadensfall; **le – échéant** gegebenenfalls, falls erforderlich.

cas d'espèce Einzelfall *m*; **– d'exceptionnelle gravité** Härtefall; **– d'extradition** Auslieferungsfall; **– de flagrant délit** (*StPR*) Straftat *f* bei der der Straftäter auf der Tat *od.* „in flagranti" ertappt wird.

cas de force majeure (*SchuldR: événement imprévisible et irrésistible libérant le débiteur de son obligation – art. 1148 Cciv*) Vorliegen *n* höherer Gewalt, Fall höherer Gewalt; **– fortuit** (*SchuldR: se distigue seulement de la force majeure par son caractère imprévisible plus accentué – les conséquences juridiques sont les mêmes*) Zufall *m*, höhrere Gewalt; **– limite** Grenzfall; **– litigieux** Streitfall; **– de nécessité** (*VerfR*) Notstand *m*; **– de nullité** Nichtigkeitsgrund *m*; **– ordinaire** Normalfall; **– d'ouverture** (1) (*VwPR: Conseil d'Etat*) Aufhebungsgrund *m*, (2) (*ZPR*) Zulässigkeitsvoraussetzungen eines Rechtsmittels.

cas particulier Einzel- *od.* Sonderfall *m*; **– pratique** Fall, konkrete rechtlich relevante Geschehenseinheit; **– social** Sozialfall; **– -type** Musterfall *m*; **– d'urgence** Notfall *m*, Dringlichkeitsfall, eiliger Fall.

case *f* Fach *n*; Feld *n*; Rubrik *f*; **– de coffre** Bankschließfach.

cash-flow *m* (*VwR: marge brute d'autofinancement*) Bargelddurchfluss *m*, verfügbar erarbeitete Mittel, Kapitalabfluss aus Umsatz, Selbstfinanzierungspotential.

casier *m* Regal *n*; Aktenschrank *m*; Kartei; **– fiscal** Steuerrolle, Steuerverzeichnis.

casier judiciaire: **avoir un – – vierge** nicht vorbestraft sein; **– – des contraventions de circulation et d'ivresse** Verkehrszentralregister, Verkehrssünderkartei; **extrait du – –** Strafregisterauszug *m*; **inscription au – –** Strafregistereintrag *m*, Eintragung in das Strafregister; **– – national (= CJN)** (*StR: fichier national informatisé regroupé à Nantes*) frz. zentrales Strafregister (in Nantes); **– – vierge** Strafregister ohne Eintragung.

casino *m* (Spiel-) Kasino *n*, Spielbank *f*.

casque *m* **antichoc** (*StVR*) Sturz- *od.* Schutzhelm *m*; **– à écouteurs** Kopfhörer; **– lourd** Stahlhelm; **– de protection** Arbeitsschutzhelm; **–s bleus** (*VR*) Schutztruppe der UNO.

> Der *cassation* entspricht in Deutschland die Revision. Auch das frz. Recht kennt eine *révision*, doch geht es beim *recours en révision* nicht um die Aufhebung eines Urteils wegen Rechtsverletzung, sondern um das Wiederaufnahmeverfahren gegen ein bereits rechtskräftig gewordenes Urteil.

cassation *f* (1) (*PrzR: censure par la Cour de cassation d'un jugement, art.*

604 NCPC) Kassation, frz. Form der Revision (eines Urteils), Aufhebung einer gerichtlichen Entscheidung durch den frz. Kassationshof, Aufhebung eines Urteils alsinfolge der Einlegung eines Rechtsmittels (mit *od.* ohne Rückverweisung), (2) (*BeamR, MilR*) Amtsenthebung *f*, Degradierung, Rangverlust *m*; **arrêt de –** (*PrzR*) aufhebende Entscheidung des frz. Kassationshofes, kassatorische Entscheidung, Revisionsurteil *n*, Kassation; **défendeur en –** Revisionsbeklagte(r) *m*; **demandeur en –** Revisionskläger *m*; **pourvoi en –** Revision(seinlegung), Einlegung eines Rechtsmittels beim Kassationsgerichtshof; **se pourvoir** *ou* **recourir en –** Revision einlegen; **– partielle** teilweise Aufhebung eines Urteils.

casse *f* (1) (*VersR*) Bruch *m*, Bruchschaden *m*; **– de véhicules usagés** Verschrottung von Gebrauchtfahrzeugen.

casse *m* (*StR*) *umg* Einbruchdiebstahl *m*.

casser *v.tr.* (1) (*PrzR: annuler une décision judiciaire*) aufheben, kassieren, (2) (*BeamR*) degradieren, im Rang herabsetzen; **– le morceau** *fig umg* gestehen; **– les prix** die Preise der Konkurrenz unterbieten.

casse-tête *m* harte Nuss, schwierige Frage.

casseur *m* (*StR*) Einbrecher *m*; gewalttätiger Demonstrant, Störer.

cassis *m* (*StVR*) Querrinne *f*, unebene Fahrbahn.

castration *f* Entmannung *f*, Kastration *f*; Unfruchtbarmachung *f*.

casuel *adj* zufällig, ungewiss; **condition –le** (*SchuldR: la condition casuelle est celle qui dépend du hasard, et qui n'est nullement au pouvoir du créancier ni du débiteur – art. 1169 Cciv*) Zufallsereignis *n*.

casuel *m* (1) (*HR*) unregelmäßige Einnahme, (2) (*BeamR*) Zulagen *pl*, (3) (*KirchR*) Vergütung (eines Geistlichen).

casuistique *f* Kasuistik *f*, Rechtsfindung auf Grund von Einzelfällen.

casus *m* **belli** *lat* (*VR*) Kriegsfall *m*, casus belli.

cataclysme *m* Naturkatastrophe *f*.

catalogue *m* Katalog *m*, Verzeichnis *n*, Liste *f*; **– de vente par correspondance** Versandhauskatalog.

cataloguer *v.tr.* (1) einordnen, (2) *fig* in eine Schablone pressen.

catastrophe *f* Katastrophe *f*, Zusammenbruch *m*, Untergang *m*; **– naturelle** (*UmweltR: on dit aussi cataclysme*) Naturkatastrophe *f*.

catégorie *f* (1) Klasse *f*, Art *f*, (2) (*BeamR*) Laufbahngruppe, Vergütungsgruppe; **– A** höherer Dienst; **– d'actions** Aktiengattung; **– d'âge** Altersgruppe *f*; **– B** gehobener Dienst; **– C** mittlerer Dienst; **– D** einfacher Dienst; **– de dettes** Schuldenart; **– juridique** Rechtsbegriff *m*, (zusammenfassender) Gattungsbegriff (im Recht); **– de localité** Ortsklasse *f*; **– de personnes** Gesellschaftsschicht *f*, Bevölkerungsschicht; Personenkreis *m*; **– de prix** Preisklasse; **– de produits** Warengruppe *f*; **– professionnelle** Berufsgruppe; **– de risques** Gefahrenklasse *f*; **– de salaires** Lohngruppe *f*; **– sociale** gesellschaftliche Schicht; **– socio-professionnelle (= CSP)** (*Vwirt*) (Angehörige einer) Berufsgruppe *f*.

catégoriel *adj*: **mesure –le** Maßnahme zugunsten einer bestimmten Berufsgruppe *od.* Gesellschaftsschicht.

catégorisation *f* Eingruppierung *f*.

causal *adj* ursächlich; begründend.

causalité *f* Kausalität *f*, Ursächlichkeit *f*, Sachzusammenhang *m*; **lien** *ou* **rapport de –** Kausal- *od.* Ursachenzusammenhang, ursächlicher Zusammenhang, Kausalnexus *m*; **principe de la –** Verursacherprinzip *n*; **théorie de la – adéquate** Adäquanztheorie.

cause *f* (1) (*SchuldR: but immédiat et direct qui conduit le débiteur à s'engager – art. 1131 C.civ.*) (*vom Schuldner angestrebter*) Vertragszweck *m*, (2) (*fondement, motif, raison*) Grundlage *f*, Grund *m*, Beweggrund, Ursache *f*, (3) (*PrzR: demande en justice*) Rechtsstreit *m*, Rechtssache, Prozess *m*, Angelegenheit; causa litigandi, Streitgrund; **appel de la –** Aufruf der Sache; **appel en –** Streitverkündung; **avoir** *ou* **obtenir gain de –** einen Prozess gewinnen, mit einer Klage durchdringen, Obsiegen (im Prozess); **pour les besoins de la –** zwecks, zum Zwecke der, des ...; **en connaissance de –** absichtlich, mit vollem Bedacht; **établir la relation de – à effet** den ursächlichen Zusammenhang nachweisen; **être en –** betroffen sein; **faire – commune** sich zusammentun.

cause: **fausse –** (*SchuldR: la partie qui soblige croit à la réalité d'une cause qui, en fait, n'existe pas – art. 1131 Cciv*) irrtümlich als Vertrgaszweck angenommener Umstand; **hors de –** (*StPR*) außer Verdacht; **licéité de la –** (*SchuldR*) Zulässigkeit des Vertragszwecks; **mettre hors de –** (*StPR*) die Verdachtsmomente entkräften, das Verfahren einstellen; **mise en état des –s** (*ZPR*) Entscheidungsvorbereitung (bis zur Entscheidungsreife); **prendre fait et – (pour qqn)** (*ZPR*) eine Prozesspartei unterstützen, für eine Seite Partei ergreifen; **en tout état de –** (*PrzR*) in jedem Stadium des Verfahrens.

cause de l'accident Unfallursache *f*; **– civile** (*ZPR*) Zivilsache *f*; **– connexe** (*ZPR*) (mit einem anderen Rechtsstreit) zusammenhängende Sache; **– du contrat** (*SchuldR: raison pour laquelle une convention a été conlue: acquisition de la propriété – réception du prix –art. 1131 Cciv*) Vertragsgrund *m*, Rechtsgrund *od.* causa des Vertrages; **– criminelle** (*StPR*) Strafsache *f*; **– de dérangement** Störungsursache; **– de dissolution** (*SchuldR*) Auflösungsgrund *m*; **– de divorce** (Ehe-) Scheidungsgrund; **– d'empêchement** Hinderungsgrund; **– en état** (*ZPR*) Entscheidungsreife *f*; spruchreife *od.* urteilsreife Sache; **– d'excuse** (*StPr*) Entschuldigungsgrund; **– d'exhérédation** (*ErbR*) Enterbungsgrund; **– d'exonération** (*SchuldR*) Haftungsbefreiungsgrund, Entlastungs- *od.* Exkulpationsgrund; **– génératrice d'un droit** anspruchsbegründender Umstand.

cause illicite (*SchuldR: la cause est illicite quand elle est prohibée par la loi, contraire aux bonnes mœurs ou à l'ordre public*) unerlaubter Rechtsgrund, gesetzwidriger Vertragszweck; **– immorale** sittenwidriger Rechtsgrund *od.* Vertragszweck, Sittenwidrigkeit; **– impulsive et déterminante** ausschlaggebender Vertragsgrund, ausschlaggebende Ursache; **– en instance** rechtshängige Sache.

cause juste gerechte Sache; **– de justification** (*StR*) Rechtfertigungsgrund; **– légitime** (*ZPR*) rechtlich begründeter Klageantrag; gerechte Sache; **– licite** gesetzmäßiger *od.* erlaubter Rechtsgrund; **– nocive** (*UmweltR*) Noxe *f*, Schädlichkeit *f*, schädliche Wirkung (auf); **– de non-imputabilité** (*StR*) Schuldausschließungsgrund *m*; **– de nullité** (*SchuldR*) Nichtigkeitsgrund *m*; Anfechtungsgrund; **– occasionnelle** Begleitumstand *m*.

cause pénale (*StPR*) Strafsache *f*; **– pendante** (*ZPR*) (*bei Gericht*) anhängiges Verfahren, rechtshängige Sache; **– péremptoire** (streit-) entscheidender Grund; **– préjudicielle** vor der Hauptsache zu regelnder Streitpunkt; **– première** (*UmweltR*) Auslösefaktor; **– putative** putativer *od.* vermeintlicher Beweggrund; **– de récusation** Ablehnungsgrund; **– de responsabilité** Haftungsursache *f*, Haftungsgrundlage *f*; **– simulée** Scheingrund, Vorwand *m*; **– du sinistre** Schadensursache; **– sommaire** (*PrzR*) Bagatellsache.

causer *v. tr. d.* (1) (*SchuldR: provoquer un dommage*) verursachen (*einen Schaden*), (2) *v.intr.* sich (vertraulich) unterhalten.

cautèle *f* (1) (*ZR: prudence, réserve*) Vorsichtsmaßregel *f*, List *f*, Schlauheit, (2) (*SchuldR: précaution rédactionnelle dans les actes de la pratique*) Kautel *f*, (vertraglicher) Vorbehalt, einschränkende Bedingung.

Beim Begriff *caution* ist Vorsicht geboten: zunächst einmal ist *la caution* eine Person, nämlich *der Bürge*. Nur in einzelnen Wendungen kann dieses Wort auch *Sicherheitsleistung* bedeuten. Bürgschaft heißt *cautionnement.*

caution *f* (1) (*SchuldR: personne qui s'engage à titre de garantie envers un créancier – art. 2014 Cciv*) Bürge *m*, Garant *m*, (2) (*ZR: engagement à titre de garantie*) Bürgschaft *f*, Garantie *f*; **à titre de –** als Bürge; **constitution de –** Benennung eines Bürgen; **dispense de –** Befreiung von der Sicherheitsleistung; **donner** *ou* **fournir –** Bürgschaft leisten; **se porter –** bürgen, sich verbürgen, als Bürge eintreten; **prêter –** Bürgschaft leisten; **se rendre –** sich für jmdn. verbürgen.

caution bancaire Bankbürgschaft, Bankgarantie; **– commerciale** Handelsbürgschaft, kaufmännische Bürgschaft; **– en espèces** Barkaution; **– d'exportation** Ausfuhrbürgschaft; **– judicatum solvi** (*ZPR*) Sicherheitsleistung für Prozesskosten, Vorschusspflicht *f*; Ausländersicherheit, Prozesskostensicherheit; **– judiciaire** gerichtlich angeordnete Sicherheitsleistung; **– juratoire** eidesstattliche Versicherung (im Termin zu erscheinen *od.* eine Sache beizubringen); eidliche Versicherung; **– légale** Sicherheitsleistung auf gesetzlicher Grundlage; **– en numéraire** Barkaution; **– réelle** dingliche Sicherheit, Übernahme der Haftung durch Pfandbestellung für einen Dritten, Realkaution; **– solidaire** (1) (*SchuldR*) Mitbürge *m*, Solidarbürge (S), (2) (*caution renonçant au bénéfice de discussion et de division*) selbstschuldnerische Bürgschaft.

cautionnement *m* (1) (*SchuldR: contrat par lequel la caution s'engage – art. 2011 Cciv*) Bürgschaftsvertrag *m*, Bürgschaft *f*, Bürgschaftsübernahme *od.* -erklärung; Sicherheitsleistung; Gewährleistung *f*, (2) (*PrzR: dépôt de fonds*) Haftungs- *od.* Kautionssumme, Hinterlegung eines Betrages als Sicherheit; **acte de –** Bürgschaftsurkunde *f*, schriftlicher Bürgschaftsvertrag; **coopérative de –** Bürgschaftsgenossenschaft; **déposer un –** eine Kaution hinterlegen; **donner en –** als Kaution stellen; **restituer le –** die Kaution zurückzahlen.

cautionnement bancaire Bankbürgschaft *f*, Bankbürgschaft(svereinbarung) *f*; **– fixe** feste Kaution; **– indéfini** unbeschränkte Bürgschaft; **– d'officier public** Amtsbürgschaft; **– pénal** (*StPR*) (vom Tatverdächtigen zu leistende) Kaution *f* (bei polizeilicher Aufsicht); **– solidaire** Mit- *od.* Solidarbürgschaft, selbstschuldnerische Bürgschaft.

cautionner *v. tr. d.* bürgen, garantieren; **– une politique** *fig.* eine Politik gutheißen *od.* befürworten.

cavale *f umg* Gefängnisausbruch *m*.

cavalerie (*WechselR*) Wechselreiterei *f*; **traite de –** Reitwechsel *m*.

cave *f* **coopérative** Weinbaugenossenschaft *f*.

caviarder *v.tr.d.* **(un texte)** Streichungen (in einem Text) vornehmen.

céans: **la cour de –** *loc.* (*PrzR*) das hiesige Gericht.

cécité *f* Blindheit *f*, fehlendes Sehvermögen.

cédant *m* (1) (*personne qui cède une créance*) Zedent *m*, Veräußerer *m*, Altgläubiger *m*, Abtretende(r) *m*, Übergeber *m* (S), (2) (*personne qui vend une chose*) Veräußerer *m*, Verkäufer *m*.

cédé *m* debitor cessus, Schuldner der abgetretenen Forderung.

céder *v.tr.* abtreten, zedieren; überlassen, veräußern, abgeben; nachgeben; **– le bail en cours d'exécution** in den Mietvertrag (des Vormieters) eintreten; **– le pas** jmdm. den Vorrang lassen.

cedex *m* (= *courrier d'entreprise à distribution exceptionnelle*) getrennt zugestellte Post (an Verwaltungen u. Großunternehmen).

cédulaire *adj*: **impôt –** nach der Einkommensart bemessene Steuer.

cédule *f* (1) (*ZR: titre de reconnaissance*

d'un engagement) Schuldanerkenntnis *n*, Schuldversprechen *n*, (2) (*ZPR*) prozessleitende Anordnung (durch den Gerichtsvollzieher zustellbar), (3) (*SteuerR*) besteuerte Einkommensart; Formblatt für die Einkommensteuererklärung; **– de citation** Ladung (eines Zeugen *od.* Sachverständigen); **– hypothécaire** Hypothekenbrief *m.*

cégétiste *m* (*ArbR*) Mitglied des frz. kommunistischen Gewerkschaftsbundes (CGT).

ceinture *f* **de sécurité** (*StVR*) Sicherheitsgurt *m.*

ceinturer *v. tr. d.* (1) umgürten, (2) im Polizeigriff abführen.

célébration *f* (1) feierliche Handlung, offizielle Feier *f*, (2) (*mariage*) Eheschließung *f*, Trauung; **– d'un concile** Abhaltung einer Kirchenversammlung.

célébrer *v. tr. d.* feiern, feierlich begehen; rühmen, loben; **– un mariage** eine Trauung vornehmen; **– la messe** das Hochamt abhalten.

céler *v.tr.* (*StR: cacher, dissimuler*) verbergen, verheimlichen, verschweigen.

célérité *f* (1) (*ZPR: urgence renforcée*) besondere Dringlichkeit, (2) (*AllSpr*) Schnelle *f*, Geschwindigkeit; **prime de –** Prämie für sofortige Vertragserfüllung.

célibat *m* Ehelosigkeit *f*, Zölibat *n*; **clause de –** Zölibatsklausel.

célibataire *m* Junggeselle *m*, Ledige(r) *m.*

célibataire *adj* ledig, unverheiratet.

cellulaire *adj*: **voiture –** (*StVZ*) Häftlingstransportfahrzeug *n.*

cellule *f* (1) (*pol*) Zelle *f*, (kleine) Parteigruppe, (2) (*StVZ*) Einzelarrest *m*; **– de crise** Krisenstab *m*; **– de dégrisement** Ausnüchterungszelle; **– de force** (*dans une prison*) Beruhigungszelle; **– individuelle** *ou* **d'isolement** Isolier- *od.* Einzelzelle; **– de punition** (*DiszR*) Strafzelle.

cens *m* (1) (*hist*) (Wahl-) Zensus *m*, (2) Zählung, Schätzung, (3) Grundzins *m*; Abgabe *f*, Steuerleistung.

censé *adj* (*réputé, considéré comme*) betrachtet, angesehen als, gehalten für; **nul n'est – ignorer la loi** (*StR*) *loc* Rechtsunkenntnis schadet, Unkenntnis des Gesetzes schützt nicht vor Strafe; **il est – être mort** man nimmt (von jmdm.) an, er sei tot.

censeur *m* Zensor *m*, Überprüfer *m*, Kontrolleur *m*; Bank-, Buch- *od.* Gesellschaftsprüfer.

censorial *adj* (1) die Zensur betreffend, (2) (die Geschäftsbücher) überprüfend; **loi –e** Zensurgesetz *n.*

censure *f* (1) (*ÖfR: autorisation préalable*) Zensur *f*, Kontrolle *f*, Überwachung *f*; Zensurbehörde *f*, (2) (*StR: sanction*) Verbot *n*; Tadel *m*, (3) (*VerfR*) einem Abgeordneten im Parlament erteilte Rüge; **motion de –** (*VerfR: art. 49 de la constitution*) Misstrauensantrag *m*; **visa de –** (*MedienR*) Zensurvermerk *m*; **– cinématographique** *ou* **du cinéma** Filmkontrolle *od.* -zensur; **– postale** Postzensur; **– préalable** *ou* **préventive** Vor- *od.* Präventivzensur *f*; **– téléphonique** (*StR*) Telefonkontrolle *f.*

censurer *v.tr.* (1) zensieren, der Zensur unterwerfen; streichen, verbieten, (2) rügen, tadeln, (3) (*jugement*) aufheben.

centimes *mpl* **additionnels** Steuerzuschlag *m.*

central *adj*: **maison** *ou* **prison –e** Justizvollzugsanstalt (für längeren Haftstrafen); *m*: **– téléphonique** Fernsprechamt *n*, Vermittlung(sstelle); **– interurbain** Fernvermittlung.

centrale *f* (1) (*UmweltR*) Kraftwerk *n*, (2) (*ArbR*) Dachverband *m*; **– d'achats** (*HR*) Verbrauchermarkt *m*, Einkaufszentrale *f*; **– atomique** Kernkraftwerk *n*; **– électrique** Elektrizitätswerk *n*; **– géothermique** Erdwärmekraftwerk; **– hélio-électrique** Sonnenkraftwerk; **– hydraulique** Wasserkraftwerk; **– marémotrice** Gezeitenkraftwerk; **– nucléaire** Kernkraftwerk, Atomkraftwerk (= AKW); **– ouvrière** *ou* **syndicale** gewerkschaftliche Dachorganisation, Gewerkschaftsverband; **– thermique** Wärmekraftwerk.

centralisation *f* (*ÖfR*) Zentralisation *f.*

centraliser *v.tr.* zentralisieren, zusammenfassen, konzentrieren.

centre *m* (1) (*partis, tendances*) Mitte *f*,

Zentrum *n*, (2) (*bureau, service*) Büro *m*, Sitz *m*, (Leit-) Stelle *f*, Zentralstelle *f*, Zentrale *f*, (3) (*fig.*) Mittelpunkt *m*, Kern *m*, Hauptfrage *f*; **– d'accueil** Auffanglager *n*; **– d'action** Aktionszentrum *n*; **– administratif** zentrale Dienst- *od.* Verwaltungsstelle; **– d'apprentissage** Berufsschule; **– bancaire** Bankzentrum; **– de calcul** (*DV*) Rechenzentrum; **– de chèques postaux (= CCP)** Postscheckamt *n*; **– commercial** Einkaufszentrum *n*; **– de commercialisation** Handelsplatz *m*; **– commun de recherche** gemeinsame Forschungsstelle *f*; **– de contrôle de Maastricht (= Eurocontrol)** Kontrollzentrale Maastricht; **– de communications** Verkehrszentrum; **– de décision** (*IPR*) Ort an dem das Entscheidungsorgan eines Konzerns seine Beschlüsse fasst; **– de détention** (*StVZ: catégorie d'établissement pénitentiaire pour les détenus préparant leur sortie et leurréinsertion sociale*) frz. Haftanstalt für Straftäter, die nach Verbüßung Ihrer Strafe wieder eingegliedert werden sollen.

centre éducatif fermé (*StVZ: établissement pénitentiaire pour mineurs sous contrôle judiciaire*) frz. Jugendhaftanstalt; **– d'essais** (*UmweltR*) Versuchsanstalt *f*; **– d'études** Forschungsinstitut *n*; **– d'excellence** Exzellenz--Universität *f*, führende Ausbildungsstätte; **– de formation professionnelle** Berufausbildungsstätte *f*; **– français du commerce extérieur** (= CFCE) frz. Außenhandelszentrum.

centre hospitalo-universitaire (= CHU) Universitätsklinik *f*; **– d'information** Information(sstelle); **– international d'information, de sécurité et d'hygiène du travail** (= CIS) Internationale Informationsstelle für Arbeitshygiene und Gesundheitsschutz; **– judiciaire** (in Nantes) frz. Zentralstrafregister; **– de loisirs** Freizeitzentrum *n*; **– médico-psychologique** (*StVZ: nouvelle dénomination des annexes psychiatriques dans les prisons*) medizinische und psychiatrische Pflegestelle in den frz. Haftanstalten; **– médico-social (gratuit)** (*SozR*) Krankenpflegeambulanz (für Obdachlose und Arme); **– national des œuvres universitaires** (= CNOUS) Frz. nationales Studentenwerk *n*; **– d'observation** (*StVZ: établissement pénitentiaire chargé d'étudier la personnalité du délinquant pour décider du traitement et de l'affectation pénitentiaire adéquate*) Abteilung einer frz. JVA zwecks Beobachtung und weiterer Behandlung des Strafgefangenen; **– d'orientation professionnelle** Berufsberatungsstelle.

centre pénitentiaire (*StVZ: établissement polyvalent regroupant en des quartiers distincts différentes catégories d'établissements pénitentiaires*) Justizvollzugsanstalt *f*, frz. Zentralgefängnis (vorgesehen mit jeweis unterschiedliche Trakte für die verschiedenen Haftarten); **– de production** Produktionsstätte *f*; **– de recrutement** Wehrbereich *m*.

centre de rétention administrative (= CRA) (*AuslR: centre d'hébergement pour étrangers en situation irrégulière*) Auffanglager *n* (zwecks Abschiebung), Abschiebungshaftanstalt *f*; (am Flughafen) vorübergehende Unterkunft; **– de semi-liberté** (*StVZ: prison caractérisée par un régime orienté vers la réinsertion sociale*) JVA als sog. Nachtgefängnis, Lockerung *f* des Strafvollzugs mit (unbeaufsichtigter) Außenbeschäftigung; **– socio-médico-pénitentiaire (= CSMP)** (*StR*) Haft- und Pflegeanstalt für Sexualstraftäter und sonstige psychischkranke Häftlinge; **– de tri postal (= CTP)** Briefzentrum *n*; **– de triage** (*StVZ: autre désignation pour centre d'observation*) Beobachtungsstelle *f* (für die Einteilung Straffälliger in die verschiedenen Vollzugsarten).

centrisme *m* (*pol*) Zentrumspolitik.

cépage *m* (*LandwR*) Rebsorte *f*.

cependant *conj* (1) dennoch, jedoch, (2) *adv* unterdessen, indessen, mittlerweile.

cercle *m* (1) (*VwR*) Kreis *m*, Bezirk *m*,

(2) (*pol*) Klub *m*; **– administratif** Verwaltungsbereich *m*; **– d'études** Arbeitsgemeinschaft *f*, Studienkreis; **– vicieux** Zirkelschluss, Kreis falscher Schlüsse.

cercueil *m* Sarg *m*.

céréales *fpl* Getreide *n*.

cérémonie *f* Zeremonie, feierlicher Akt; **– de clôture** Schlussfeier; **– commémorative** Gedenkstunde *f*; **– d'investiture** Antrittsrede; **– d'ouverture** Eröffnungsfeier.

certain *adj* (1) (*PrzR: qui ne peut être mis en doute*) gewiss, sicher, unbestreitbar, unbezweifelbar, unzweifelhaft, (2) (*SchuldR: qui est déterminé: corps certain*) konkret *od.* individualisiert; **chose** *ou* **corps –** (*SchuldR*) Stück- *od.* Speziesschuld *f*, bestimmter Leistungsgegenstand; **à jour –** am festgesetzten Tag; **prix –** fester Preis.

certes *adv* gewiss, wahrlich.

certificat *m* Zeugnis *n*, Bescheinigung, Zertifikat *n*, Attest *n*, Bestätigung, Schein *m*; **délivrer un –, établir un –, fournir un –** ein Zeugnis ausstellen; **produire un –** ein Zeugnis vorlegen, ein Attest beibringen; **– d'action** Aktienzertifikat; **– d'addition** (*PatR*) Zusatzpatent *m*; **– administratif** amtliche Bescheinigung; **– d'admission** Zulassungsschein; **– d'affiliation** Mitgliedsausweis *m*, Aufnahmebestätigung; **– d'apprentissage** Berufsschulabschlusszeugnis *n*; **– d'aptitude** Befähigungsnachweis *m*, Eignungszeugnis; **– d'aptitude au mariage** (*EheR*) Ehefähigkeitszeugnis *n*; **– d'aptitude physique** Tauglichkeitsbescheinigung; **– d'aptitude à la profession d'avocat** (= CAPA) Befähigungsnachweis zur Ausübung des Anwaltberufs; **– d'aptitude professionnelle (= CAP)** frz. Facharbeiterbrief, Berufsschulabschlusszeugnis *n*; **– d'ascendance** Abstammungsnachweis; **– d'auteur** Urheberrechtsschein *m*; **– authentique** amtliche Bestätigung.

certificat bancaire Bankbescheinigung; **– de baptême** Taufschein; **– de bonne conduite** Führungszeugnis; **– de bonne vie et mœurs** amtliches Leumundszeugnis, Führungszeugnis; **– de capacité** Befähigungsnachweis; **– de capacité à mariage** Ehefähigkeitszeugnis; **– de chômage** Arbeitslosigkeitsbescheinigung; **– de circulation des marchandises** (*ZollR*) Warenverkehrsbescheinigung; **– de civisme** (B) politisches Führungszeugnis; **– de classification** Klassifikationszertifikat; **– de compagnon** Gesellenbrief.

certificat de complaisance (*MedizinR*) Gefälligkeitsattest *n*; **– complémentaire de protection** Zusatzpatent *n*; **– de conformité** Bauabnahmebescheid *m*; Übereinstimmungsbescheinigung *f*; **– consulaire** Konsulatsbescheinigung; **– de correction** Berichtigungsbescheinigung; **– de coutume** (1) (*HR*) Bestätigung eines Handelsbrauchs, (2) (*IPR*) Bescheinigung eines ausländischen Richters *od.* Rechtsberaters über einen Handelsbrauch; Rechtsquellenbescheinigung, Bescheinigung über das (im Ausland) geltende Recht.

certificat de décès Totenschein *m*, Sterbeurkunde *f*, Todesbescheinigung *f*, Leichenschauschein *m*; **– de déclaration domiciliaire** Anmeldebestätigung *f*; **– de déclaration en douane** Zollinhaltserklärung, Zollabfertigungsbescheinigung; **– de déductibilité fiscale** Spendenbescheinigung *f*; **– de dépôt** (1) (*SchuldR*) Hinterlegungs- *od.* Depositenschein, (2) (*PatR*) Empfangsbescheinigung; **– de dette** Schuldschein; **– de dispense** (*VwR*) Dispens *f*, Ausnahmebewilligung, Befreiung; **– de domicile** Wohnsitzbescheinigung, Domizilzertifikat (S); **– de douane** zollamtliche Bescheinigung; **– de droit d'auteur** Urheberrechtsschein.

certificat d'embarquement Schiffsladeschein; **– d'embauche** Einstellungs *od.* Anstellungsbescheinigung; **– d'enregistrement d'une marque** Warenzeichenurkunde *f*; **– d'entrepôt en douane** Zollniederlageschein; **– d'études** *hist.* frz. Volksschulabschlusszeugnis; **– d'exemption** Befreiungs- *od.* Ausnahmebewilligung; **– d'expédition** Versandschein *m*; **– d'expertise** Sachverständigengutachten; **– d'exploitation** (*PatR*) Ausübungsnachweis *m*; **– d'exportation** Ausfuhr- *od.* Exportbescheinigung; **– de fin d'études** (Schul-) Abschlusszeugnis; **– de formation professionnelle** Schulungsnachweis *m*; **– de franchise douanière** Zollfreischein.

certificat de gage Pfandschein; **– d'hébergement** (*AuslR*) Unterkunftsnachweis *m*; **– d'héritier** *ou* **d'hérédité** Erbschein *m*; **– d'identification** *ou* **d'identité** Nämlichkeitszeugnis *od.* -schein; **– d'immatriculation** Kraftfahrzeugschein, Immatrikulationsbescheinigung; **– d'importation** Einfuhrlizenz; **– d'incapacité de travail** Dienst- *od.* Arbeitsunfähigkeitsbescheinigung; **– d'inscription** (*HochschulR*) Immatrikulationsbescheinigung; **– d'inscription hypothécaire** Bescheinigung über Hypothekeneintragung.

certificat d'inventeur Erfinderschein *m*; **– d'investissement** Investmentzertifikat *n*; **– de jauge** *ou* **de jaugeage** Eichschein *m*; Schiffsmessbrief *m*; **– de jouissance** (*WertpR*) Genussschein; **– de libre pratique** Freiverkehrs-Bescheinigung; **– de licence** (*HochschulR*) frz. Zwischenzeugnis (zur Erlangung eines Hochschuldiploms); **– de livraison** Lieferschein.

certificat de maladie Krankmeldung *f*; **– de mariage** beglaubigte Ausfertigung der Heiratsurkunde; **– médical** ärztliches Attest *od.* Zeugnis; **– médical de complaisance** Gefälligkeitsattest *n*; **– médical prénuptial** ärztliches Ehefähigkeitszeugnis; **– de moralité** Leumunds- *od.* Führungszeugnis.

certificat de naissance Geburtsurkunde; **– de nationalité** (*IPR*) Staatsangehörigkeitszeugnis od.-bescheinigung; **– de navigabilité** Lufttüchtigkeitszeugnis, Flugsicherheitsbescheinigung; **– nominatif** Namenszertifikat; **– de non-conciliation** (*EheR*) Bescheinigung über den erfolglosen Ausgang eines Sühneversuchs; **– de non-imposition** Steuerbefreiungsbestätigung; **– de non-opposition** Unbedenklichkeitsnachweis *od.* -bescheinigung; **– de non-paiement** Beurkundung der unterbliebenen Zahlung; **– notarié** notarielle Beglaubigung.

certificat d'obligation (1) (*BankR*) Schuldverschreibung *f*, Obligation, (2) (*ZR*) Schuldschein *m*; **– d'obtention végétale (= COV)** Pflanzenproduktpatent *n*; **– officiel** amtliche Bescheinigung; **– d'origine** Ursprungszeugnis, Herkunftsbezeichnung; **– de paiement** Zahlungsbestätigung; **– de pesage** Wiegeschein *m*.

certificat phyto-sanitaire (*ZollR*) Pflanzengesundheitszeugnis; **– de pilote** Lotsenausweis; **– au porteur** Inhaberzertifikat; **– prénuptial** Ehefähigkeitszeugnis; **– de prestation fournie** Leistungsbestätigung; **– de priorité** Prioritätsbescheinigung; **– de prise en charge** Abfertigungsbescheinigung; **– de propriété** (*ZR*) Eigetumsnachweis *m*, amtliche Bestätigung des Eigentums (an einer Sache); **– de protêt** (*WechselR*) Protesturkunde; **– provisoire** Interimsschein *od.* -aktie.

certificat de quitus (*GesR*) Entlastung (sbescheinigung) *f*; **– de radiation** (*Register*) Löschungsbescheinigung; **– de rapatriement** Heimschaffungsbescheinigung; **– de reconnaissance** (*ZollR*) Erledigungsbescheinigung; **– de reconnaissance de dette** Schuldanerkenntnis *n*; **– de réexportation** Wiederausfuhrzeugnis; **– de remise** Übergabe- *od.* Ausfolgeschein; **– de renouvellement** Erneuerungsschein; **– de résidence** Aufenthaltsbescheinigung.

certificat de salaire (*ArbR*) Lohnnachweis *m*; **– de salubrité** (*EU*) Genusstauglichkeitsbescheinigung; **– sanitaire** *ou* **de santé** Gesundheitszeugnis; **– scolaire** *ou* **– de scolarité**

Schulzeugnis; **– de sécurité** Sicherheitsbescheid.

certificat de séjour (*AuslR*) Aufenthaltsbescheinigung *f*; **– de service** Dienstzeugnis; **– de solvabilité** (*HR*) Bonitätsbescheinigung, Bescheinigung über die Zahlungsfähigkeit; **– de souscription** Aktienbezugs- *od.* Zeichnungsschein; **– de stage** Zeugnis über den abgeleisteten Vorbereitungsdienst; **– de transit** Durchreiseerlaubnis; Durchgangsbescheinigung; **– de transport** Verkehrsbescheinigung; **– de travail** (1) Arbeitszeugnis *n*, Zeugnis (über Arbeitsleistung und Verhalten), (2) Arbeitsbescheinigung.

certificat d'urbanisme (*BauR, VwR*) amtliche Bestätigung der Bebaubarkeit eines Grundstücks, Ausweisung (eines Grundstücks) als Wohnungsbauland; **– d'utilité** Gebrauchsmuster *n*; **– de vaccination** Impfbescheinigung *od.* -buch; **– de valeur** Wertbescheinigung; **– de validité** Gültigkeitsnachweis; **– de vérification** (1) Prüfungsbescheinigung, (2) (*tierärztlich*) Beschaubefund *m*.

certificateur *adj* bestätigend, bescheinigend; beglaubigend.

certificateur *m* bescheinigende Amtsperson; **– de caution** Rück- *od.* Nachbürge.

certification *f* (1) (*VwR*) Bestätigung, Beurkundung, Beglaubigung; Bescheinigung; Zulassung, (2) (*WechselR*) Wechselbürgschaft, Mitübernahme einer Wechselschuld; **– de caution** (*ZR*) Nachbürgschaft *f*; **– de chèque** Scheckbürgschaft; **– de conformité** Legalisierung; **– par notaire** notarielle Beglaubigung; **– de l'origine** Bestätigung der Ursprungseigenschaft; **– de signature** Unterschriftsbeglaubigung.

certifié *adj* beglaubigt; **copie –e conforme** beglaubigte Abschrift; **non –** unbeglaubigt.

certifier *v.tr.* (1) beglaubigen, bescheinigen, beurkunden, (2) bestätigen; **– conforme à** die Übereinstimmung mit ... bescheinigen.

certitude *f* Gewissheit, Sicherheit; **– juridique** *ou* **de droit** Rechtssicherheit.

cessant *adj*: **toutes affaires –es** unverzüglich, sofort, auf der Stelle.

cessation *f* Stillstand *m*; Beendigung, Aufhebung; Einstellung; Erlöschen *n*; Aufhören *n*; Stillstehen *n*; **– absolue des travaux** (*BauR*) endgültige Einstellung der Bauarbeiten; **– d'activité** (1) (*ArbR*) Ausscheiden aus dem Berufsleben, (2) (*HR, GesR*) Geschäftsaufgabe *f*, Betriebseinstellung; **– d'affaires** (*GesR*) Geschäftsaufgabe *f*; **– de l'affiliation** (*VersR*) Beendigung des Versicherungsverhältnisses; **– collective du travail** Streik *m*, Arbeitsniederlegung; **– de commerce** Geschäftsaufgabe *f*; **– du contrat de travail** Beendigung des Arbeitsverhältnisses *n*; **– définitive des fonctions** (1) (*ÖfR*) Beendigung des Beamtenverhältnisses, (2) (*EuR*) Ausscheiden aus dem Dienst.

cessation de l'exploitation (*GesR*) Betriebsstillegung *f*; **– des fonctions** (*BeamR*) Ausscheiden aus dem Dienst; **– des hostilités** (*VR*) Einstellung der Feindseligkeiten; **– des paiements** (*HR, ZwangsVR*) Zahlungseinstellung; **– des poursuites** (1) (*StPR*) Verfahrenseinstellung, (2) (*ZPR*) Einstellung der Beitreibung (einer Forderung); **– du travail** Arbeitsniederlegung, Arbeitseinstellung.

cesse: **sans –** *loc. adv.* (*continuellement – s'emploi sans article*) unaufhörlich, ohne Unterlass.

cesser *v.tr.ind.* **(de)** aufhören, einstellen, beenden.

cessez-le-feu *m* (*VR*) Einstellung der Feindseligkeiten, Feuereinstellung.

cessibilité *f* (*ZR: aliénabilité*) Übertragbarkeit, Abtretbarkeit; **arrêté de –** (*VwR*) präfektorale Bekanntmachung über die Einleitung eines Enteignungsverfahrens, Enteignungsantrag (des Regierungsvertreters).

cessible *adj* übertragbar, abtretbar, zedierbar; verkehrsfähig.

cession *f* (1) (*SchuldR: Forderung*) Abtretung *f*, Zession *f*, (2) (*HR, SachR: Rechtsgüter*) Übertragung *f*; Veräußerung *f*, Verkauf *m*, Eigentumsübertragung, (3) (*PatR*) Überlassung *f*, Freigabe; **acte de –** Abtretungsurkunde; **annonce de la –** Abtretungsanzeige; **contrat de –** Abtretungs- *od.* Überlassungsvertrag, Abtretung; **convention de –** Übertragungsabrede *f*; **déclaration de –** Abtretungsanzeige *od.* -erklärung; **traité de –** Abtretungsvertrag.

cession d'action (*PrzR*) Klageabtretung; **– d'actions** Aktienabtretung *od.* -übertragung; **– d'antériorité** Vorrangseinräumung; **– -bail** (*SchuldR: lease back*) Mietkauf *m*; **– à bail** (*LandwR*) vorübergehende Abtretung auf Grund eines Pachtvertrags; **– de bail** (*HR, ZR*) Abtretung der Ansprüche aus einem Mietvertrag; **– de biens** Vermögensübertragung; **– en bloc** Globalzession; **– de brevet** Patentübertragung; **– sous contrainte** Zwangsabtretung; **– de contrat** Vertragsübernahme *f*, Vertragsabtretung.

cession de créance (*SchuldR: transport de la créance*) Forderungsabtretung *od.* -übertragung, Zession; **– de dette** Schuldübernahme; **– d'un droit** Abtretung eines Anspruchs *od.* Rechts; **– de droits litigieux** Abtretung umstrittener Ansprüche; **– de droits successifs** Erbteilsveräußerung, Verkauf *m* des Miterbenanteils; **– échelonnée** gestaffelte Freigabe; **– de l'entreprise** Betriebsveräußerung; **– aux fins d'encaissement** Inkassozession, Einziehungsermächtigung; **– de fonds de commerce** Verkauf *m* eines frz. Handelsgeschäfts, Geschäftsveräußerung; **– forcée** Zwangsabtretung; **– globale** Globalzession.

cession d'intérêt (*LandwR*) Pachtvertrag; **– judiciaire** gerichtliche Vermögensübertragung; **– légale** Forderungsübergang kraft Gesetzes, Legalzession; **– de licence** (*PatR*) Lizenzübertragung; **– de marque** Übertragung eines Warenzeichens; **– nécessaire** (*ZPR*) Forderungsübertragung durch gerichtliche Entscheidung; **– partielle** Teilzession; **– de portefeuille** Bestands- *od.* Portefeuilleübertragung.

cession de salaire (*ZwangsVR*) Abtretung von Lohn- *od.* Gehaltsansprüchen; **– temporaire** zeitweilige *od.* vorübergehende Überlassung; **– de territoire** *ou* **territoriale** Gebietsabtretung; **– à titre de dation en paiement** Abtretung zahlungshalber; **– à titre de garantie** *ou* **à titre de sûreté** Sicherungsabtretung *od.* -übereignung; **– du traitement** Abtretung der Gehaltsforderung; **– d'usage** Überlassung zur vorübergehenden Benutzung, Gebrauchsgewährung.

cessionnaire *m* Übernehmer *m*, Zessionar *m*, Neugläubiger *m*, Erwerber *m*; **– d'un fonds de commerce** (*HR*) Firmenübernehmer.

chablis *m* (*LandwR: arbre, bois abattu par le vent*) Windbruch *m*.

chahut *m* (*StR*) Krawall *m*.

chai *m* (*LandwR*) Kellerei *f*; **maître de –** Kellermeister *m*, Küfer *m*.

chaîne *f* (1) (*lien, asservissement*) Kette *f*, Band *n*, Fessel *f*, Verbindung *f*, Unterwerfungsverhältnis *n*, (2) (*MedienR*) Frequenz- und Wellenbereich *m*, Fernsehprogramm *od.* -netz, (3) (*HR*) Handelskette; Franchise-Kette, (4) (*industrie*) Fließband *n*, (5) (*maire*) Amtskette *f*, (6) (*DV*) Zeichenfolge *f*; **travail à la –** Fließbandarbeit; **– de distribution** Handelskette *f*; **– de montage** *ou* **de production** Fließband *n*; **– de télévision** Fernsehsender *m*; **– volontaire** (*HR*) Handelskette auf freiwilliger Basis.

chaire *f* (1) (*HochschulR*) Lehrstuhl *m*, (2) (*KirchR*) Kirchenstuhl (eines Bischofs); **sainte –** Heiliger Stuhl *m*.

chaise *f* **électrique** elektrischer Stuhl.

chaland *m* (*SeeHR*) Leichter *m*, Prahm *m*, Schute *f*.

chaleur *f* **thermique** Wärmeenergie *f*; **– utile** nutzbare Wärmeenergie.

challenge *m* Herausforderung *f*.

chalutier *m* **de pêche** Fischkutter *m*, Trawler *n*.

chambre *f* (1) (*PrzR: nom donné à la section d'une cour de justice*) Kammer (des frz. Revisionsgerichts *od.* eines frz. Berufungsgerichts) *f*, (Spruch-) Körper *m*, Senat *m*, (2) (*ÖfR:*

assemblée parlementaire) Parlament *n*, Abgeordnetenhaus *n*; **président de –** (*PrzR*) Kammervorsitzende(r) *m*, Senatspräsident; **– d'accusation** (1) (*StPR: heute ersetzt durch die chambre de l'instruction*) Berufungskammer beim frz. Appellationshof (zuständig für die Einsprüche gegen Beschlüsse des Ermittlungsrichters), (2) (*StPR*) frz. Ermittlungsgericht (bestehend aus drei Richtern und zuständig im Ermittlungsverfahren gegen Verbrecher, die durch das frz. Schwurgericht abgeurteilt werden), (3) (*VwPR*) Spruchkörper des Appellationshofes für Verwaltungssachen zuständig in Auslieferungsangelegenheiten u. Asylsachen, (4) (*DiszR*) Disziplinarkammer für Polizeibeamte; **– des agents de change** (*BörR*) Maklerkammer; **– d'agriculture** Landwirtschaftskammer; **– des appels correctionnels** (*StPR*) Strafkammer des frz. Appellationshofes (zuständig im Berufungsverfahren gegen Entscheidungen der Strafgerichte); **– ardente** *hist* Halsgericht *n*, außerordentlicher frz. Gerichtshof (zur Aburteilung Adliger); **– basse** (*VerfR*) Unterhaus *n*, Abgeordnetenkammer *f*.

chambre civile (*GVR: la cour de cassation comprend cinq chambres civiles, la 4° étant la chambre commerciale et financière, la 5° la chambre sociale et enfin elle comprend aussi une chambre criminelle – art. 421–1 et suiv. du nouveau code de l'organisation judiciaire*) (1., 2., 3.) Zivilkammer (des frz. Kassationshofes), Zivilsenat *m*; **– de commerce et d'industrie (= CCI)** (*HR: établissement public administratif à caractère corporatif dénommé parfois chambre consulaire*) frz. Industrie- und Handelskammer (= I.H.K.); **– de commerce internationale** internationale Handelskammer; **– commerciale** (*GVR: formation de la cour d'appel compétente au second degré pour les litiges entre commerçants*) Kammer für Handelssachen beim frz. Berufungsgericht; **– commerciale et financière** (*GVR: cf. chambre civile – cour de cassation*) 4. Zivilkammer des frz. Kassationshofes zuständig für Handels- u. Finanzsachen; **– des communes** (*VerfR: Royaume-Uni*) Unterhaus *n*; **– de conciliation** (*PrzR*) Schlichtungskammer; **– du conseil** (*ZPR: huis clos*) Spruchkammer eines frz. Zivilgerichts (entscheidend in nichtöffentlichen Sitzungen in Angelegenheiten der freiwilligen Gerichtsbarkeit sowie in bestimmten Sachen der streitigen Gerichtsbarkeit); **– consultative** (*VerfR: assemblée n'ayant pas le droit de vote*) beratende Kammer.

chambre correctionnelle (*GVR: section du tribunal de grande instance, compétente pour les délits – on préfère dire: Tribunal correctionnel –art. 211–1 NCOJ*) Strafkammer beim frz. Großinstanzgericht (zuständig für Vergehen in 1.Instanz); **– criminelle (de la Cour de cassation)** (*GVR: formation de la cour de cassation statuant sur les pourvois en cassation en matière pénale et sur les pourvois en révision*) Strafsenat *od.* -kammer des frz. Kassationshofes; **– des députés** (*VerfR: ancienne dénomination de l'assemblée nationale*) *hist.* Abgeordnetenkammer *od.* -haus; **– de discipline** Disziplinarkammer (einer berufsständischen Vereinigung); **– forte** (*BankR: pièce blindée dans une banque où l'on range des objets de valeur*) Stahlkammer *f*, Tresor *m*; **– garnie** *ou* **– d'hôtes** Gästezimmer *n*.

chambre de l'instruction (*StPR: ersetzt seit einem Gesetz vom 15. Juni 2000 die chambre d'accusation*) Berufungskammer (bei der Cour d'appel), zuständig für die Anfechtung der Entscheidungen des frz Untersuchungsrichters; **– des métiers** (*WirtR*) Handwerkskammer; **– des mises en accusation** (*StPR*) Anklagekammer; **– mixte** (*GVR: formation de jugement de la cour de cassation composée de magistrats de trois chambres au moins*) Große Kammer des frz. Kassationshofes (bestehend aus 3 *od.* mehreren Kammern besetzt mit 13 Richtern); **– des notaires** frz. regionale Notarkammer; **– des poursuites et des faillites** (*InsolvenzR*) (S) Schuldbetreibungs und Konkurskammer (S); **– professionnelle** Berufsvertretung *f.*

chambre régionale des comptes (*ÖfR, VwR*) Rechnungshof auf der Regionebene; **– des représentants** (*VerfR*) *hist* Repräsentantenhaus *n*, Abgeordnetenkammer; **– des requêtes** (*hist*) Kammer des frz. Kassationshofes (befasste sich bis 1947 mit den Revisionsanträgen); **–s réunies** (*GVR: formation de la cour de cassation remplacée en 1967 par l'Assemblée plénière*) Plenarversammlung des frz. Kassationshofes; **– sociale** (1) (*GVR: formation de la Cour de cassation compétente en matière de litiges résultant du travail salarié*) 5. Zivilkammer des frz. Kassationshofes zuständig in Arbeits- u. Sozialsachen, (2) (*GVR: section de la Cour d'appel jugeant les appels en matière de litiges du travail salarié*) Arbeits- u. Sozialkammer bei den frz. Berufungsgerichten *od.* Appellationshöfen; **– syndicale** (*WirtR*) Berufsgericht *n*; Ehrengericht *n*, Disziplinargericht (eines Berufsverbandes); **– des vacations** (*GVR: formation juridictionnelle chargée pendant les vacances judiciaires de tenir les audiences urgentes*) *hist.* Ferienkammer.

champ *m* (1) (*LandwR*) Acker *m*, Feld *n*, (2) *fig* Gebiet *n*, Bereich *m*; **– d'action** *ou* **– d'activité** Arbeits- *od.* Wirkungsbereich *m*, Betätigungsfeld *n*, Aufgabengebiet *n*; **– d'application** Geltungs- *od.* Anwendungsbereich; **– d'investigations** Forschungsbereich, Untersuchungsfeld *n*; **– de pétrole** Ölfeld *n*.

chance *f* Möglichkeit *f*, Aussicht *f*; Wahrscheinlichkeit *f*; Glück *n*, Zufall *m*; **égalité des –s** Chancengleichheit *f*; **une –** (*HR*) eine günstige Gelegenheit.

chancelier *m* Kanzler *m*; **– de la confédération** (S) Bundeskanzler; **– de consulat** Kanzler; **– de l'échiquier** Schatzkanzler; **– fédéral** Bundeskanzler.

chancellerie *f* (1) (*VR: Botschaft, Konsulat*) Kanzlei *f*, (2) (*ÖfR: services du ministère de la justice*) frz. Justizministerium *n*, (3) (*HochschulR*) frz. Universitätsverwaltung (als Anstalt des öffentlichen Rechts); **droits** *mpl* **de –** Kanzleigebühr *f*; Konsulargebühren *f (pl)*; **frais de –** Kanzleikosten *od.* -spesen *fpl*; **– fédérale** (1) (*VerfR*) Bundeskanzleramt *n*, (2) (S) Bundeskanzlei.

change *m* (1) (*BankR: échange d'une monnaie contre une autre*) An- *od.* Verkauf von ausländischen Banknoten *od.* Sorten, Devisenumtausch *m*, Geldwechsel *m*, (2) (*Außh: valeur de l'indice monétaire*) Wechselkurs *m*, Ankaufs- *od.* Verkaufskurs *m* (von Banknoten u. Münzen), (3) (*bénéfice réalisé sur la différence des cours*) (Wechsel-) Kursgewinn *m*, (4) (*ZR: troc*) Tausch *m*, Tauschgeschäft *n*; **agent de –** (1) Börsenmakler *m*, (2) Devisenmakler, vereidigter Kursmakler; **autorisation de –** Devisenerwerbsgenehmigung; **bourse des –s** Devisenbörse; **bureau de –** Wechselstube *f*; **clause de –** Valuta- *od.* Wertsicherungsklausel, Devisenklausel *f*, Währungs- *od.* Fremdwährungsklausel; **commerce de –** Sortenhandel *m*; **compensation des –s** Devisenabrechnung; **contrat de – à terme** Devisentermingeschäft; **cote de –** *ou* **cours du –** Wechselkurs *m*, Währungsparität *f*, Devisenkurs; **deuxième de –** Sekundawechsel; **donner le – à qqn.** jmdn. in die Irre führen.

change: **fixation du taux de –** Wechselkursfestsetzung, Notierung; **fluctuation de –** Wechselkursschwankung; **lettre de –** Wechsel; **marché des –s** Devisenmarkt; **obligation de –** Wechselverbindlichkeit *od.* -verpflichtung; **option de –** Währungsoption; **parité de –** Währungsparität *f*; **perte au –** Kursverlust *m*, Abgeld *n*; **première de –** (*WechselR*) Primawechsel *m*, Erstausfertigung *f*; **réserve de –** Devisenreserven *od.* -rücklagen; **risque de –** Wechselkursrisiko *n*, Währungsrisiko *n*; **seule de –** Solawechsel.

change au comptant Sortenkauf *m*; **– fixe** fester Wechselkurs; **– flexible** *ou* **flottant** flexible *od.* frei schwankende Wechselkurse; **– manuel** Sortenhandel *m*; **– multiple** gespaltener Wechselkurs; **– scriptural** Nostroguthaben od.-verpflichtungen in ausländischer Währung; **– tiré** Handel mit Effekten *od.* Schecks in ausländischer Währung.

changement *m* (1) Änderung *f*, Abänderung, Umänderung, Veränderung, (2) Wechsel, Wende; **– d'adresse** Anschriftsänderung; **– d'avis** Meinungsänderung *f*; **– climatique** Klimaänderung *f*; **– de domicile** Wohnsitzwechsel *od.* -verlegung; Umzug *m*; **– d'emploi** Arbeitsplatzwechsel *m*; **– de gouvernement** Regierungswechsel *m*; **– de groupe parlementaire** Fraktionswechsel; **– d'horaire** Fahrplanänderung; Zeitplanänderung; **– inadmissible** unzulässige Abänderung; **– d'itinéraire** Reisewegsänderung; **– de jurisprudence** Änderung *od.* Umschwung in der Rechtsprechung; **– de logement** Wohnungswechsel; **– de mains** (*SachR*) Besitzwechsel *m*; **– en mal** Wendung zum Schlechteren; **– en mieux** Wendung zum Besseren; **– mineur** geringfügige Änderung; **– de nationalité** Staatsangehörigkeitsänderung; **– de nom** Namensänderung; **– de nom commercial** Firmenänderung; **– d'orientation** Richtungsänderung *f*, Kurskorrektur *f*, Neuorientierung *f*; **– de poste** (1) Arbeitsplatzwechsel, (2) Schichtwechsel.

changement de profession Berufswechsel *m*; **– de propriétaire** Eigentumsübergang *m*, Eigentümerwechsel; **– de régime matrimonial** (*FamR*) Umwandlung des ehelichen Güterstandes; Vereinbarung eines vertraglichen Güterstandes; **– de résidence** Aufenthaltswechsel, Verlegung des Wohnsitzes; **– de titulaire** Inhaberwechsel *m*; **– de vitesse** (*Kfz*) Schaltung.

changer *v. tr. d.* (1) (*modifier*) ändern, abändern, umändern, umwandeln, umstellen, (2) (*Sache*) aus- *od.* umtauschen, tauschen, (3) (*Geld*) wechseln, umtauschen, einwechseln, (4) (*v. intr.*) sich verändern; **– de camp** ins feindliche Lager wechseln, abtrünnig werden; **– le cours des choses** den Lauf der Dinge ändern; **– d'état d'esprit** seine Haltung *od.* Einstellung ändern.

changeur *m* (*Wechselstube*) Geldwechsler *m*.

chanoine *m* (*KirchR*) Stiftsherr *m*, Domherr, Mitglied des Domkapitels und Berater des Bischofs.

chantage *m* (1) (*StR: extorsion de fonds, de signature, d'engagement sous la menace de révélations diffamatoires – art. 312–10 CP*) Erpressung *f*, (2) (*Pol: au sens large du terme toute menace*) Drohung *f*.

chanter *v. tr. et intr.*: **faire – quelqu'un** (*StR: exercer un chantage*) jmdn. erpressen.

chanteur *m*: **maître –** Erpresser *m*.

chantier *m* Baustelle *f*; Bauhof *m*; Arbeitsplatz *m* (im Freien), Einsatzstelle *f*; Werkstatt *f*; **chef de –** Bauführer *m*; **mise en –** (1) Aufnahme *od.* Inangriffnahme (von Bauarbeiten), (2) (*Schiff*) Kiellegung; **professions de –** Bauberufe *mpl*; **– de chargement / déchargement** Be- u. Entladestelle, Umschlagplatz; **– de construction navale** (Schiffs-) Werft *f*; **– de radoub** Reparaturwerft *f*.

chanvre *m* (*MedizinR: plante dicotylédone scientifiquement appelée cannabis sativa*) Hanf *m*, Haschisch *n*.

chaos *m* (*Pol: désordre politique ou social*) Chaos *n*, Auflösung der Ordnung, Anarchie *f*; Unordnung.

chapeau *m* (*PrzR: en-tête du jugement*) Urteilskopf *m*; **– du capitaine** (*SeeHR: chapeau de mérite*) Kaplaken *n*, Sondervergütung des Kapitäns.

chapelain *m* (*KirchR*) Feldgeistlicher (in der Armee); Kaplan *m*.

chapelle *f* **ardente** Aufbahrungsort *m*.

chapitre *m* (1) (*partie d'un code*) Abschnitt *m*, (2) (*KirchR*) Domkapitel *n*, Stift *n*; **avoir voix au –** ein Mitspracherecht haben; **– budgétaire** Haushaltskapitel *m*, Etat-Titel *m*; **– de dépenses** Ausgabentitel *m*; **– de recettes** Einnahmetitel.

charabia *m* unverständliche Fachsprache; Kauderwelsch *n*.

charbon *m* (Stein-) Kohle *f*; **mine de –** Kohlenzeche *f*; **tonne équivalent –** (= TEC) Steinkohleeinheit *f*; **– domestique** Hausbrandkohle *f*.

charbonnage *m* Bergwerksunternehmen *n*; Kohlenbergwerk *n*; Steinkohlengrube *f*.

charge *f* (1) (*poids, fardeau*) Last *f*, Bürde *f*, Belastung *f*, (2) (*charge utile, cargaison*) Fracht *f*, Ladung *f*, (3) (*ZR: obligation, responsabilité*) Verpflichtung *f*, Verantwortung *f*, (4) (*ÖfR: fonction; redevance*) Amt *n*, Auftrag *m*, Stelle *f*; Abgabe *f*, (5) (*StR: preuve retenue par le parquet contre la personne mise en cause dans l'acte d'accusation*) Anklagepunkt *m*, belastende Tatsache *f*, Indiz *n*; Tatsachen *fpl*, die für die Schuld des Angeklagten sprechen, (6) (*SachR: droit réel grevant un immeuble*) Belastung eines Grundstücks; Verpflichtungen aus der Grundstücksübereignung, (7) (*SchuldR: devoir d'assumer une obligation*) Auflage bei einer Schenkung, (8) (*MilR*) Angriff *m*, Sturm *m*; **à – de** mit der Auflage *od.* Verpflichtung (zu); **conjoint à –** unterhaltsberechtiger Ehegatte.

1. **charge**: **donation avec –** Schenkung unter Auflage; **double –** Doppelbelastung; **enfant à –** unterhaltsberechtigtes Kind; **legs avec –** Vermächtnis mit *od.* unter einer Auflage; **mettre à la – de qqn.** auferlegen; **personne à –** Unterhaltsberechtigte(r); **pleine –** (*TansportR*) Brutto- *od.* Gesamtgewicht; **prendre (les risques) en –** (*SchuldR*) die Haftung übernehmen; **prendre à sa –** (*Kosten*) übernehmen; **témoin à –** Belastungszeuge *f*.

charge admissible (*StVR*) Belastbarkeit *f*, zulässiges Gesamtgewicht; **– annexe** (*Transport*) Zuladung; **– d'avoué** (*PrzR*) Amt des Sachwalters *od.* des Anwalts für formelle Prozesshandlungen; **– de capital** Kapitalbelastung; **– de cours** Lehrauftrag; **– cultuelle** religiöse Auflage; **– cumulative** kumulative Belastung; **– déductible** Abzugsposten *m*; **– des dépens** (*PrzR*) Kostentragungspflicht; **– des dettes** Schuldenlast *f*; **– par essieu** (*Kfz*) Achslast *f*; **– explosive** Sprengkörper *od.* -stoff; **– financière** finanzielle Belastung.

charge fiscale Steuerlast, Steuerbelastung; **– foncière** Reallast, Grundstücksbelastung; **– des frais** (*PrzR*) Verpflichtung zur Kostentragung; **– d'hérédité** (*ErbR*) Auflage; **– honorifique** Ehrenamt *n*; **– hypothécaire** hypothekarische Belastung; **– incomplète** (*Fracht*) Teilladung, Stückgut; **– des intérêts** Schuldendienst *m*, Zinsenlast; **– du mariage** (*FamR*) Kosten für die Führung des ehelichen Haushalts und den Unterhalt der Kinder; **– maximum** (*StVR*) höchstzulässiges Gesamtgewicht; **– pécuniaire** finanzielle Belastung; **– d'une personne** Personensorge *f*, Unterhaltsleistung für eine (bestimmte) Person.

charge de la preuve (*ZR: fardeau de la preuve*) Beweislast, Last der Beweisführung; **renversement de la – –** Umkehr der Beweislast.

charge publique (*VwR*) öffentliches Amt; **– de riveraineté** (*VwR*) Anliegerlast; **– du sinistre** (*VersR*) Verpflichtung zum Schadensersatz; **– de travail** Auslastung *f*; **– utile** (*Kfz*) Nutzlast.

chargé *m* **d'affaires** (*VR*) Geschäftsträger *m*; **– de cours** (*HochschulR*) außerplanmäßiger Hochschullehrer, Privat *od.* Universitätsdozent, Lehrbeauftragte(r) *m*; **– d'enseignement** Lehrbeauftragte(r); **– de famille** Haushaltsvorstand *m*, Familienoberhaupt; **– de fonctions** (*VwR*) Amtsträger; **– de mission** Beauftragte(r).

chargement *m* (1) (*SeeHR: action de charger*) Verladung, Be- u. Entladung, Verschiffung *f*, (2) (*marchandises chargées*) Schiffsladung, (3) Transportkapazität -menge, (4) Übergabe eines Wertbriefs Wertpakets an die Post, Wertsendung; **bulletin de –** Ladeschein *m*; **lieu de –** Ladeplatz; **port de –** Verladehafen *m*; **– aérien** Luftfracht; **– pour frais de gestion** Geschäftsführungs- *od.* Verwaltungskostenzuschlag *m*; **– sur pont** *ou* **en pontée** Deckladung, Deckverladung; **– en vrac** Bulk- *od.* Massengutladung.

charger *v.tr.* (1) (*SeeHR*) be- *od.* verladen, (2) (*SchuldR: Person*) einen Auftrag erteilen, beauftragen, betrauen (mit), (3) (*StR, StPR*) zur Last legen, eine belastende Aussage machen gegen, belasten, (4) (*Waffe*) durchladen, (5) (*Reaktor*) laden.

charges *fpl* (1) (*SozR*) Belastung *f*, Unterhaltsverpflichtung, (2) (*ÖfR, SachenR*) öffentliche Lasten (auf einem Grundstück), (3) (*HaushR*) Last der Staatsverschuldung; **cahier des –** (1) (*ÖfR*) Verdingungsunterlagen *fpl*, (2) (*SchuldR*) vertragliche Verpflichtungen; Ausgaben, Aufwendungen; **état des –** (*InsolvenzR*) Istmasse *f*, Lastenverzeichnis *n*; **exempt de –** lastenfrei; **exemption de –** Lastenfreiheit; **libre de toutes –** schuldenfrei; **péréquation des –** Lastenausgleich *m*.

charges d'acquisition Erwerbskosten *pl.*; **– collectives** Gesamtaufwendungen *fpl*; **– communes** Gemeinkosten; **– consécutives à la guerre** Kriegsfolgelasten; **– d'exploitation** (*WirtR*) Betriebskosten *fpl*, betriebliche Aufwendungen.

charges familiales *ou* **de famille** Familienunterhalt *m*, Kosten für den Familienunterhalt; **déduction pour – de famille** (*SteuerR*) Kinder- *od.* Haushaltsfreibetrag, Familienfreibetrag *m*; **– financières** finanzielle Belastung, Schuldenlast, Finanzaufwendungen *fpl*; **– fiscales** Steuerlast, Steuerbelastung; **– fixes** (*BW*) fixe Kosten; ständige (u. gleichbleibende) Ausgaben; **– d'habitation** Wohnkosten; **– immobilières** Grundstücksbelastung; **– indues** (*SozR*) nicht zweckgerechte Leistungsausgaben (der gesetzlichen Krankenversicherung).

charges locatives (= CL) Mietnebenkosten (= MNK) *pl.*; **– du mariage** ehelicher Aufwand, Haushaltsführungskosten *fpl*; **– de personnel** (*WirtR*) Personalaufwand *m*, Löhne als fixe Kosten; **– professionelles** (*SteuerR*) berufliche Betriebsausgaben, Werbungskosten Aufwendungen zur Erhaltung des Arbeitseinkommens.

charges publiques (*HaushR*) öffentliche Ausgaben, Finanzbedarf (zur Erfüllung öffentlicher Aufgaben); **– salariales** Lohnkosten; **– sociales** Soziallasten *pl.*, Soziallastquote *f*; **– supplémentaires** Mehrkosten; **– variables** (*Bw*) variable *od.* veränderliche Kosten.

chargeur *m* (1) (*SeeHR*) Befrachter *m*, Ladungseigentümer; Verlader, Ablader, (2) (*Foto*) Kassette, (3) (*Film*) Magazin, (4) (*DV*) Lader.

chariot *m* **à fourche** Gabelstapler *m*.

charitable *adj* mildtätig; **fondation –** karitative Stiftung.

charité *f* Mildtätigkeit *f*, Barmherzigkeit *f*; milde Gabe; Hospital *n*.

charlatan *m* Quacksalber *m*.

charnière *f fig* Wendepunkt *m*.

charpente *f* Hochbau *m*, Tragwerk *n*; *fig* Struktur, Gliederung; **– métallique** Stahlhochbau; **– principale** tragende Bauteile.

charte *f* (*VerfR: document définissant les droits fondamentaux*) Verfassungsurkunde *f*, Charta *f*, (Staats-) Grundgesetz *n*; **– de l'Atlantique** Atlantik-Charta; **– constitutionnelle** (1) Verfassung, Grundgesetz, (2) *hist* französische Verfassung von 1815; **– matrimoniale** Ehevertrag *m*; **– des Nations-Unies** Charta der Vereinten Nationen; **– sociale européenne** Europäische Sozialcharta.

charte-partie *f* (*SeeHR: contrat d'affrètement*) Chartepartie *f*, Chartervertrag *m*, Seefrachtvertrag *m*; **prendre en –** chartern.

charter *m* (*TransportR: avion affrété*) Chartermaschinen *f*; Charterflug *m*.

chasse *f* Jagd *f*, Jagdbezirk *m* od.-revier *n*; Jagdbeute *f*; **clôture de la –** Beginn der Schonzeit; **délit de –** Jagdvergehen *n*; **droit de –** Jagdausübungsberechtigung; **droit de la –** Jagdrecht; **office national de la –** frz. Oberste Jagdbehörde; **permis de –** Jagdausübungsrecht, Jagdrecht; **règlement de –** Jagdordnung; **réserve de –** Jagdbezirk; **saison de –** Jagdzeit *f*; **société de –** Jagdgesellschaft od.-genossenschaft.

chasse à l'homme Hetzjagd *f* auf einen Verbrecher; **– privée** Privatrevier *n*, Privatjagd; **– prohibée** Jagdverbot *n*; (Jagd-) Wilderei *f*; **– aux sorcières** (*Pol*) Hexenjagd.

chasser *v.tr.* (1) jagen, (2) *v.intr.* (*Rad*) durchdrehen; **droit de –** Jagdpacht *f*; **permis de –** Jagdschein *m*.
châssis *m* Fahrgestell *n*, Rahmen *m*.
chaste *adj* keusch, züchtig, sittsam.
châtier *v.tr.* züchtigen, (be-) strafen, eine Strafe verhängen.
châtiment *m* Bestrafung *f*, Züchtigung *f*, Strafe *f*; **– corporel** (*StR*) Körperstrafe *f*, körperliche Züchtigung.
chauffage *m* Raumheizung *f*; **– collectif d'immeuble** Zentralheizung (einer Wohnanlage); **– urbain** Fernheizung *f*.
chauffard *m umg* Rowdy *m* im Straßenverkehr.
chauffeur de poids-lourds *m* Lastkraftwagenfahrer *m*.
chaussée *f* Straße *f* für Kraftfahrzeuge, Fahrbahn *f*.
chausse-trape *f* (*StR*) Hinterhalt *m*, Falle *f*.
chef *m* (1) Chef *m*, Leiter *m*, Vorgesetzter *m*; Anführer, (2) (*ZPR: élément d'une demande en justice*) einer von mehreren Klageansprüchen, Klageantrag *m*, (3) (*StPR: élément de l'acte d'accusation*) Anklagepunkt *m*; **du – de** (*ZPR*) gemäß Antrag von; auf Grund von; **du – de qqn.** (*ErbR*) als (eingesetzter Erbe); **en –** leitend; **de son propre –** auf Grund eigener Initiative, von sich aus, ohne fremde Beeinflussung; **venir de son propre –** (*ErbR*) aus eigenem Recht (als Verwandter) erben.
chef d'accusation (*StPR*) Anklage- *od.* Anschuldigungspunkt; jeder einzelne Antrag der Anklageschrift; **– des armées** Oberbefehlshaber; **– d'atelier** Werkmeister *m*; **– de bureau** (*VwR*) Referatsleiter, Dienststellen- *od.* Abteilungsleiter, Referent *m*, Dezernent *m*; **– de cabinet** Leiter des Sekretariats eines Politikers, persönlicher Referent; **– comptable** Hauptrechnungsführer; Oberbuchhalter; **– du contentieux** (*BW*) Leiter *m* der Rechtsabteilung.
chef de la délégation (*VR*) Delegationsleiter; **– de la demande** (*ZPR*) Antragspunkt *m*, Gegenstand des (Klage-) Antrags; **– de département** Abteilungsleiter; **– d'entreprise** Unternehmer *m*, Unternehmensleiter *m*; Betriebsführer *m*; Firmenchef *m*; **– d'équipe** (*ArbR*) Schichtführer *m*, Vorabeiter *m*; Gruppenleiter *m*; Teamleiter *m*; (*Sport*) Mannschaftsführer *od.* -kapitän *m*; **– d'état major** (*MilR*) Stabschef *m*.
chef de famille Haushaltsvorstand *m*, Familienoberhaupt *n*; **– de file** (*Pol*) Wortführer *m*; Anführer *m*; Kopf *m*; **– du gouvernement** Regierungschef, Premier(minister) *m*; **– hiérarchique** (*VwR*) Vorgesetzter *m*, Dienstvorgesetzte(r) *m*; **– d'inculpation** (*StPR*) Hauptanklagepunkt; **– de ménage** (*FamR*) Haushaltsvorstand *m*; **– de mission** (*VR*) Missionschef *m*; **– de parti** Parteivorsitzende(r); **– du personnel** Personalchef *od.* -Leiter, Leiter der Personalabteilung; **– de préjudice** (*VersR*) Schadensgegenstand *m*; **– religieux** religiöses Oberhaupt; **– de section** Abteilungsleiter, Sektionschef (S); **– de service** (1) (*VwR*) Referatsleiter, Dienststellenleiter, Abteilungsleiter, (2) (*BW*) Betriebsleiter, Betriebsführer; **– syndical** Gewerkschaftsführer; **– de train** Zugführer *m*; **– de vente** Verkaufsleiter.
chef-lieu *m* (*VwR*) Verwaltungssitz innerhalb einer frz. Gebietskörperschaft; **– de département** Verwaltungssitz des Departementpräsidenten und des Präfekten, Sitz der Präfektur.
chemin *m* Weg *m*; **classer un –** einen Weg widmen; **déclasser un –** einen Weg entwidmen; **– d'accès** Zufahrtsweg *m*; **– d'exploitation** Wirtschaftsweg; **– d'exploitation forestière** Holzabfuhrweg *m*.
chemin de fer Eisenbahn *f*, Eisenbahnwesen *n*, Eisenbahnlinie *f*; **– forestier** Waldweg *m*; **– frontière** Grenzweg; **– qui ne mène nulle part** *fig* Holzweg *m*, auf dem Holzweg sein; **– privé** Privatweg; **– rural** Feld- *od.* Wirtschaftsweg; **– vicinal** Gemeindeweg *od.* -straße.
chenal *m* (*Wasserstraße*) Fahrrinne *f*; Fahrwasser *n*; Gewässerbett *n*.
chenil *m* Zwinger *m*; Tierheim *n*.

cheptel *m* (*LandwR*) Vieh *n*, Viehbestand *n*; **bail à –** Viehpacht(vertrag) *m*; **– électoral** *fig umg* Stimmvieh *n*.

chèque *m* Scheck *m*, Barscheck; **bénéficiaire du –** Scheckempfänger *m*; **carte –** Scheckkarte *f*; **circulation des –s** Scheckverkehr; **contrat de –** Scheckvertrag *m*; **création du –** Scheckausstellung; **créer un –** einen Scheck ausstellen; **émettre un –** einen Scheck übergeben (an den Begünstigten); **émission du –** Scheckübertragung *od.* -weitergabe; **encaissement de –** Scheckinkasso *n*, Scheckeinlösung; **encaisser un –** einen Scheck einlösen; **faire opposition sur un –** einen Scheck sperren lassen; **formule de –** Scheckformular *n*; **libeller un – (en francs)** einen Scheck in FF ausstellen; **– omnibus** *ou* **passe-partout** Scheckformular, das die Bank dem Kunden zur Verfügung stellt, falls dieser sein Scheckheft nicht bei sich hat; **opposition au paiement du –** Scheckwiderruf; **paiement du –** Scheckeinlösung; **perte du –** Scheckverlust; **présentation du –** Scheckvorlegung; **protêt d'un –** Scheckprotest *m*; **provision du –** (Scheck-) Deckung, Guthaben *n*; **tiré du –** Scheckbezogener *m*, Bank *f*; **tirer un –** einen Scheck ausstellen; **visa de –** Scheckbestätigung.

chèque antidaté vordatierter Scheck; **– d'assignation** Anweisungsscheck; **– avisé** avisierter Scheck; **– bancaire** *ou* **de banque** Bankscheck; **– barré** Verrechnungsscheck *m*, gekreuzter Scheck; **– à barrement général** Verrechnungsscheck; **– à barrement spécial** gekreuzter Scheck; **– en blanc** Blankoscheck; **– de bois** (*pej*) ungedeckter Scheck; **– certifié** bestätigter Scheck; **– de compensation** Verrechnungsscheck; **– déplacé** Distanzscheck; **– à l'encaissement** Inkassoscheck; **– endossable** durch Indossament übertragbarer Scheck; **– -essence** Benzingutschein; **– falsifié** gefälschter Scheck; **– indirect** Distanzscheck; **– irrégulier** undatierter Scheck, Scheck ohne Angabe des Ausstellungsortes; **– -lettre** Briefscheck; **– libellé en monnaie étrangère** Fremdwährungsscheck; **– magnétique** maschinenlesbarer Scheck; **– matières** Warenscheck; **– nominatif** Namensscheck; **– non barré** Barscheck; **– non provisionné** ungedeckter Scheck; **– ordinaire** Barscheck; **– payable au comptant** Barscheck; **– payable en plusieurs endroits** Zahlstellenscheck; **– périmé** verfallener Scheck, Scheck nach Ablauf der Vorlegungsfrist; **– à personne dénommée** Namens- *od.* Rektascheck; **– à porter en compte** Verrechnungsscheck; **– au porteur** Inhaberscheck; **– postal** Postscheck; **– postdaté** vordatierter Scheck; **– protesté** Scheck mit dem Vermerk „vorgelegt und nicht eingelöst"; **– sans provision** *ou* **non provisionné** ungedeckter Scheck; **– provisionné** gedeckter Scheck, Scheck auf Guthaben; **– -récépissé** *ou* **reçu** Quittungsscheck; **– restaurant** Essen(s)marke *f*; **– retourné** Retour *od.* Rückscheck; **– de retrait** Auszahlungsschein *m*; **– de virement** Verrechnungsscheck; **– visé** bestätigter Scheck; **– de voyage** Reisescheck.

chéquier *m* Scheckheft *n*, Scheckbuch *n*.

cher *adj* et *adv* teuer, kostspielig.

chercher *v.tr.* suchen; **aller – qqn.** jmdn. abholen; **envoyer – qqn.** jn (ab-) holen lassen; **– le pourquoi et le comment** nach den Gründen suchen; **– du travail** Arbeit suchen.

chercheur *m* Forscher *m*, Wissenschaftler; **– de trésor** Schatzgräber *m*.

cherté *f* hoher Preis; stolzer Preis; **– de la vie** hohe Lebenshaltungskosten.

cheval *m* **de bataille** Spezialgebiet *n*, Spezialität *f*; Steckenpferd *n*.

chevalet *m* Folterbank *f*, Gestell *n*, Stütze *f*; Stafelei *f*.

chevalier *m* Ritter *m*; **– d'industrie** Betrüger, Hochstapler *m*.

chevauchement *m* Überschneidung, teilweise Deckung; **– sur les ondes** (*MedienR*) Wellenverzerrung *f*.

chevronné *adj* (*personne: expérimenté*) versiert, erfahren, bewandert, berufserfahren.

chicane *f* (*PrzR: procédé dilatoire*) Schikane *f* (mit Prozessverschleppungsabsicht), unzulässige Rechtsausübung.
chicaneur *m ou* **chicanier** *umg* Streithammel *m*, Prozesshansel *m*; Querulant *m*.
chiffre *m* (1) Ziffer *f*, Zahl *f*, Gesamtzahl *f*, (2) Geheimschrift *f*, Zeichensprache *f*, (3) Namenszug *m*, Monogramm *n*, (4) Warenzeichen.
chiffre d'affaires (= CA) Umsatz *m*, Absatz *m*, Verkaufszahlen *fpl*; **– d'affaires annuel** Jahresumsatz; **augmentation du – d'affaires** Umsatzsteigerung; **baisse du – d'affaires** Umsatzrückgang; **commission sur le – d'affaires** Umsatzprovision; **évolution du – d'affaires** Umsatzentwicklung; **participation au – d'affaires** Umsatzbeteiligung; **progression du – d'affaires** Umsatzsteigerung.
chiffre avancé geschätzte Zahl; **– comparatif** Vergleichszahl; **– global** Gesamtbetrag *m*; **– indexé** *ou* **indice** Indexziffer, Messziffer *f*, Richtzahl *f*; **– limite** Stichzahl *f*; **– noir** Dunkelziffer *f*; **– prévisionnel** Planzahl.
chiffrement *m* Kodierung, Verschlüsselung.
chiffrer *v.tr.* beziffern; **– les pages d'un registre** ein Register mit Seitenzahlen versehen.
chine *f* (*HR: brocante – vente porte à porte*) *umg* Gebraucht- *od.* Altwarenhandel *m*; Haustürverkauf *m*.
chineur *m* (*HR: brocanteur*) Altwarenhändler *m*, Trödler *m*.
chirographaire *adj* (*ErbR*) privaturkundlich, handschriftlich; **créance –** (1) (*ZR*) Forderung ohne dingliche Sicherheit, nicht gesicherte Forderung, (2) (*InsolvenzR*) gewöhnlicher Masseanspruch; **créancier –** (*InsolvenzR*) Massegläubiger *m*, Gläubiger ohne dingliche Sicherheit.
chlorofluorocarbures *mpl* (*UmweltR*) Fluorchlorkohlenwasserstoffe *mpl* (= FCKW).
choc *m* (1) Stoß *m*, Anstoß, (2) (*fig*) Erschütterung *f*; **– pétrolier** Öl(preis)-schock *m*; **– en retour** Reaktion.
choisir *v.tr.* (aus-) wählen, aussuchen; **– pour chef** zum Anführer wählen, den Vorsitz übertragen.
choix *m* Wahl *f*, Auswahl *f*; Option *f*; Entscheidung *f*; **au –** wahlweise; **de –** auserlesen; **libre – de l'emploi** freie Wahl des Arbeitsplatzes; **libre – de la profession** Freiheit der Berufswahl; **de premier –** erste Wahl (Ware); **– prioritaire** vorrangige Zielsetzung; **– professionnel** Berufswahl *f*; **– urbanistique** städtebauliche Maßnahme *od.* Entscheidung.
chômage *m* (1) (*ArbR: inactivité forcée due au manque de travail, d'emploi*) Arbeitslosigkeit *f*, Erwerbslosigkeit *f*, (2) (*action de se reposer*) Arbeitsruhe *f*, Arbeitsausfall *m*, (3) (*WirtR: interruption du travail dans une entreprise*) Betriebsstillstand *m*, (4) (*BergbauR: industrie minière*) Feierschicht *f*; **accroissement du –** Ansteigen *n* der Arbeitslosigkeit; **allocation de –** Arbeitslosenunterstützung *f*; **allocation (de) – partiel** Kurzarbeitergeld *n*; **assistance- –** Arbeitslosenhilfe; **assurance –** Arbeitslosenversicherung; **attestation** *ou* **certificat de –** Arbeitslosigkeitsbescheinigung; **caisse** *ou* **fonds de –** Arbeitslosenunterstützungskasse; **être au –** arbeitslos sein; **s'inscrire au –** sich arbeitslos melden; **montée du –** Zunahme *f od.* Anstieg *m* der Arbeitslosigkeit; **recul** *ou* **régression du –** Rückgang der Arbeitslosigkeit; **secours de –** Arbeitslosenunterstützung; **taux de –** Arbeitslosenquote *f*; **tomber en –** arbeitslos werden.
chômage accidentel vorübergehender Arbeitsausfall; **– apparent** Arbeitslosigkeit gemäß Berufsstatistik (gezählt werden hierbei nur die Nichterwerbstätigen, die sich beim Arbeitsamt als arbeitssuchend melden); **– chronique** dauernde Arbeitslosigkeit; **– conjoncturel** *ou* **cyclique** konjunkturelle Arbeitslosigkeit; **– déguisé** verschleierte Arbeitslosigkeit; **– endémique** Dauerarbeitslosigkeit; **– général** allgemeine Arbeitslosigkeit; **– intempéries** witterungsbedingte Kurzarbeit, witterungsbedingter Arbeitsausfall; **– involontaire** unver-

schuldete Arbeitslosigkeit; **– latent** latente Arbeitslosigkeit; **– de longue durée** Langzeit- *od.* Dauerarbeitlosigkeit, Dauerarbeitslosigkeit.

chômage partiel Kurzarbeit *f*; erheblicher Arbeitsausfall; **– permanent** dauernde Arbeitslosigkeit; **– réel** tatsächliche Arbeitslosigkeit; **– résiduel** Restarbeitslosigkeit; **– saisonnier** saisonale Arbeitslosigkeit; **– structurel** strukturelle *od.* strukturbedingte Arbeitslosigkeit; **– technique** Kurzarbeit; durch Betriebsstörung verursachte Arbeitslosigkeit; **– technologique** durch den technischen Fortschritt hervorgerufene Arbeitslosigkeit; **– volontaire** selbst verschuldete Arbeitslosigkeit, Arbeitslosigkeit infolge Kündigung (des Arbeitnehmers).

chômé *adj*: **jour –** arbeitsfreier Tag; Feierschicht *f*; **jour – légal** gesetzlicher Feiertag.

chômer *v. intr.* (1) (*travailleur*) erwerbslos *od.* arbeitslos sein, keine Arbeit *od.* Beschäftigung haben, (2) *v.tr. dir* nicht arbeiten, frei haben, (3) *v.tr.d.* (*usine*) stillegen.

chômeur *m* (*ArbR: personne sans emploi à la recherche d'un travail*) Arbeitslose(r) *m*, Erwerbslose(r); **aide aux –s** Arbeitslosenunterstützung; **nombre de –s** Arbeitslosenzahl; **– complet** Vollarbeitslose(r); **– en fin de droits** bedürftiger Langzeitarbeitslose(r) (nach Erschöpfung des Anspruchs auf Arbeitslosengeld); **– de longue durée** (*ArbR: actif au chômage depuis plus d'un an selon l'INSEE*) Langzeitarbeitsloser; **– partiel** Kurzarbeiter *m*; **– secouru** Arbeitslosengeldempfänger.

chose *f* (1) (*ZR: objet matériel*) Sache *f*, Gegenstand *m*, Rechtsobjekt *n*, (2) (*WirtR: marchandise*) Sachgut *n*, Gut *n*, Ware *f*; **– accessoire** (*SachR*) Bestandteil *m*; **– achetée** Kaufsache, Kaufgegenstand *m*; **– adjugée** zugeschlagene Sache; **– d'autrui** fremde Sache; **– commune** (*ÖfR*) Sache im Gemeingebrauch, öffentliche Sache; **– consomptible** verbrauchbare Sache, Verbrauchs- *od.* Konsumgüter *pl*; **– corporelle** körperlicher Gegenstand; **– divisible** teilbare Sache.

chose fongible (*SchuldR: toute chose seulement déterminée par le nombre, le poids ou la mesure – syn.: chose de genre*) vertretbare Sache, Gattungssache; **– frugifère** Früchte tragende Sache; **– future** (zu-) künftige Sache.

chose gagée *ou* **engagée** (*SchuldR: syn.: gage ou chose mise en gage*) Pfand *n*, Pfandsache *f*; **– de genre** (*SchuldR: syn.: chose fongible – par opposition à corps certain ou chose non fongible*) Gattungssache *f*; **– hors du commerce** nicht verkehrsfähige Sache; **– indivisible** unteilbare Sache.

chose jugée (*PrzR: ce qui est tranché par le juge*) rechtskräftig entschiedene Sache; **autorité de la – –** (*PrzR: qualité du jugement définitif*) materielle Rechtskraft, Rechtskraftwirkung; **exception de – –** (*PrzR: fin de non-recevoir que fait valoir un plaideur*) Einrede der Rechtskraft *od.* der entschiedenen Sache, Einrede der be- *od.* abgeurteilten Sache (S); **force de – –** (*PrzR: état d'un jugement qui n'est susceptible d'aucun recours suspensif*) (*nach Erschöpfung aller Rechtsmittel*) formelle Rechtskraft.

chose litigieuse (*PrzR*) streitbefangener Gegenstand; **– sans maître** herrenlose Sache; **– non consomptible** Gebrauchsgut *n*; **– non fongible** (*SachR: corps certain*) Stück(schuld), Spezies-Sache *f*, nicht vertretbare Sache; **– publique** (1) (*ÖfR*) öffentliche Sache, (2) (*ÖfR*) Gemeinwohl *n*; Gemeinwesen *n*, Staat *m*; **– soumise à usufruit** mit einem Nießbrauch belastete Sache; **– vendue** Kaufsache; **– volée** gestohlene Sache, Diebesgut *n*.

chronique *adj* langwierig, langsam verlaufend, chronisch.

chronique *f* Chronik *f*, Zeitgeschichte *f*; Tagesbericht *m*.

chronologie *f* Zeitfolge, Zeiteinteilung u. Zeitrechnung.

chronologique *adj* chronologisch, zeitlich geordnet; **respecter l'ordre –** die zeitliche Reihenfolge einhalten.

chute *f* (1) (*pol, hist*) Sturz *m*, Fall *m*, Niedergang *m*; Umsturz *m*, (2) (*pol*) Verfall *m*, Sinken *n*, Abfall *m*; **– du gouvernement** Regierungssturz *m*; **–**

de la monnaie (1) (*brusque*) Währungssturz, (2) (*progressive*) Währungsverfall *m*.
chuter *v. intr.* fallen, sinken, stürzen.
ci *adv* hier; **témoin – -présent** der anwesende Zeuge; **– -annexé** in der Anlage, hier beigefügt; **– -après** weiter unten; **– -contre** nebenstehend; **– -dessous** weiter unten; **– -dessus** weiter oben; **– -devant** ehemals, ehemalig; **– -inclus** beiliegend; **– -joint** anbei.
ciblage *m* (*HR*) Zielgruppenauswahl *f*.
cible *f* (1) (*HR*) Zielgruppe *f* (in der Werbung), (2) Ziel(scheibe); **langue –** Zielsprache.
circonscription *f* Bezirk *m*; **– administrative** Verwaltungs- *od.* Amtsbezirk; **– consulaire** Konsularbezirk; **– électorale** Wahlkreis *m*, Wahlbezirk; **– judiciaire** *ou* **de juridiction** Gerichtsbezirk, Gerichtssprengel *m*; **– territoriale** Bezirk *m*, Gebiet *n*.
circonscrire *v. tr. d. a. fig.* abstecken, begrenzen, limitieren.
circonspect *adj* umsichtig, bedacht, vorsichtig.
circonspection *f* Umsicht *f*, Vorsicht *f*, Bedachtsamkeit *f*; **agir avec –** umsichtig handeln.
circonstance *f* Umstand *m*, Beschaffenheit *f*, Gegebenheit *f*; **loi de –** Ausnahmegesetz *n*; **– absolutoire** (*StPR*) Entschuldigungsgrund; **– aggravant le risque** (*VersR*) gefahrerhöhender Umstand; **– aggravante** (*StPR*) Strafschärfungsgrund *m*, erschwerender *od.* strafschärfender Umstand; **– atténuante** (*StR*) Strafmilderungsgrund; **– de fait** (*StR*) Tatumstand; **– de rattachement** Anknüpfungspunkt *m*, Anknüpfungsmoment *n*.
circonstances *fpl* (1) (*ZR: éléments de fait*) Sachverhalt *m*, (2) (*StR*) Hintergründe *mpl od.* Begleitumstände *mpl* (der Straftat), (3) (*i.w.S.*) Verhältnisse *npl*, Umstände *mpl*, Lage *f*, Situation *f*; **étant donné les –** unter diesen Umständen; **dans les présentes –** unter den gegenwärtigen Umständen *od.* Verhältnissen; **en toutes –** in jedem Falle.
circonstances aggravantes (1) (*StR*) strafschärfende Umstände, erschwerende Umstände, (2) (*VersR*) erhöhtes Risiko; **– de l'arrestation** Begleitumstände *mpl* der Festnahme; **– atténuantes** strafmilderde Umstände; **– et dépendances** (*SachR: accessoires et utilités d'un immeuble*) Zubehör *n* und Bestandteile; **– exceptionnelles** besondere Umstände, Ausnahmebedingungen; Kriegswirren *pl.*; **– suspectes de la mort** verdachterregende Todesursache.
circonstancié *adj* (*rapport*) ausführlich, eingehend.
circonstanciel *adj* von den Umständen abhängig; den Umständen entsprechend.
circonvenir *v.tr.* hintergehen, täuschen, überlisten.
circonvoisin *adj* benachbart, in nächster Nähe.
circuit *m* Kreislauf *m*; Leitung; (Fernmelde-) Verbindung; (*DV*) Schaltkreis; **– de commercialisation** Absatzweg *m*; **– de distribution** Verkaufs- *od.* Vertriebsnetz *n*; **– économique** Wirtschaftskreislauf; **– imprimé** (*DV*) gedruckte Schaltung, Leiterplatte; **– intégré** (*DV*) integrierte Schaltung, Chip; **– téléphonique** Fernsprechleitung *od.* -verbindung; **– de vente** Vertriebsnetz; **– de vitesse** Rennstrecke *f*.
circulaire *f* (*VwR: instruction du supérieur hiérarchique*) Runderlass *m* (für den internen Dienstbetrieb), Rundschreiben *n*, Rundverfügung *f*, allgemeine Anweisung, Umlaufsschreiben *n*; **– d'application** (*VwR*) Durchführungsverordnung *f*; **– ministérielle** (*VerfR*) Ministerialerlass *m*; ministerieller Runderlass; **– réglementaire** (*VerfR*) Allgemeinverfügung.
circulation *f* (*StVR*) (Straßen-) Verkehr *m*, (2) (*Vwirt: Geld*) Umlauf *m*; **accident de la –** Verkehrsunfall *m*; **billets en –** Notenumlauf *m*; **carte de –** (1) Dauerkarte *f*; Strecken- *od.* Bezirkskarte *f*, Fahrausweis *m*, (2) (*SeeHR*) Seefahrtsberechtigungsurkunde; **droit de la –** Verkehrsrecht *n*; **durée de –** Laufzeit; **effet de –** Fi-

nanzwechsel *m*; **effets en –** Wechselumlauf.

circulation: **liberté de –** (*VerfR*) Freizügigkeit, Bewegungsfreiheit; **libre –** (1) (*WirtR: marchandises*) freier Warenverkehr, (2) (*VerfR: personnes*) Freizügigkeit *f*; **mettre en –** (*BankR*) (*Banknoten*) in Umlauf setzen; **permis de –** (1) Passierschein *m*, (2) (*StVR*) Zulassungsschein, Zulassung (eines Kraftwagens); **police de la –** Verkehrspolizei; **retirer de la –** aus dem Umlauf ziehen; **vitesse de –** (*StVR*) Fahrtgeschwindigkeit.

circulation aérienne Flug- *od.* Luftverkehr; **– sur une bande** Verkehr *m* auf nur einer Spur; **– bloquée** Stau *m*; **– des capitaux** Kapitalverkehr; **– des détritus** *ou* **déchets** (*UmweltR*) Mülltransport *m*; **– fiduciaire** Noten- *od.* Geldumlauf, (Bank-) Notenumlauf; **– forcée** gesetzlich geregelter Notenumlauf, (Banknoten-) Zwangsumlauf; **– frontalière** Grenzverkehr.

circulation monétaire Zahlungsmittel- *od.* Geldumlauf; **accroissement de la – –** Erhöhung *od.* Vermehrung des Geldumlaufes; **diminution de la – –** Verminderung des Geldumlaufes, Notenrückfluss.

circulation routière Straßenverkehr *m*.

circuler *v. intr.* (1) (*Sachen, Werte, Gerüchte*) umlaufen, kursieren, umgehen, sich ausbreiten, (2) (*Personen*) von Ort zu Ort reisen; vorübergehen; sich fortbewegen; **défense de –** Durchfahrverbot *n*.

ciseaux *mpl* **des prix** Preisschere *f*.

> Die *citation* darf nicht mit der *signification* und der *notification* verwechselt werden: Die *signification* ist die amtliche Zustellung von Urkunden, zumeist durch den *huissier*. *Notification* ist der Oberbegriff für sämtliche Zustellungsarten, also auch durch die Post. Das Wort *citation* wurde in der neuen frz. ZPO durch *assignation* ersetzt.

citation *f* (1) (*ZPR: assignation d'une partie au procès*) Ladung vor Gericht (in einer Zivilsache), (*durch den Gerichtsvollzieher zugestellte*) Ladungsurkunde, Ladungsschrift *f* (mit der Aufforderung Stellung zu nehmen und einen Anwalt zu benennen), (2) (*StPR: mode de saisine du tribunal de police et du tribunal correctionnel*) Ladung vor Gericht in einer Strafsache (ohne vorheriges Ermittlungsverfahren bei einer Übertretung *od.* einem leichten Vergehen), (3) (*UrhR*) bibliographischer Hinweis; Zitat *n*; Belegstelle *f*, (4) (*MilR: nomination honorifique*) ehrenvolle Erwähnung, Auszeichnung, Anerkennung; **acte** *ou* **cédule de –** Ladungsurkunde; **donner –** (vor-) laden; **notifier une –** eine Ladung (durch den Gerichtsvollzieher) zustellen.

citation à comparaître (*PrzR: convocation d'un témoin*) Vorladung (eines Zeugen); **– en conciliation** (*ArbR: tentative préalable d'accord à l'amiable*) Ladung zum Güteversuch *m*, Zustellung des Güteantrags; Ladung zum Sühneversuch; Anordnung des persönlichen Erscheinens im Güteversuch.

citation directe (*StPR: procédure rapide permettant au ministère public où à la victime d'une infraction de saisir directement le tribunal – art. 550 suiv. CPP*) Anklageerhebung durch die Staatsanwaltschaft (vor dem tribunal de police *od.* dem tribunal correctionnel bei Vergehen oder dem bei Übertretungen ohne vorheriges Ermittlungsverfahren), unmittelbare Versetzung in den Anklagezustand (durch das Tatopfer *od.* den Staatsanwalt), beschleunigtes Verfahren bei Übertretungen oder geringfügigen Vergehen; **– introductive d'instance** (*ZPR: citation en justice, acte fait par signification, remplacé aujourd'hui par l'assignation – art. 55 NCPC*) Ladung vor Gericht (von Amts wegen), Ladung zum Termin; **– à personne** (*PrzR: acte de procédure remis par un huissier de justice à la personne désignée*) persönliche Zustellung; **– en témoignage** *ou* **à témoin** (*PrzR: aujourd'hui on préfère le terme de convocation*) Zeugenladung.

cité *f* (1) (*pol*) Gemeinwesen *n*, Staat *m*, (2) Großstadt *f*; Alt- *od.* Innenstadt, (3) Wohnsiedlung (am Stadtrand); **droit de –** Bürgerrecht; **– dortoir** Satelliten- *od.* Trabantenstadt; **– ouvrière** Arbeitersiedlung; **– universitaire** Universitätsviertel, Studentenstadt; **– du Vatican** Vatikanstaat.

citer *v.tr.* (1) (*ZPR*) vor Gericht laden, (2) wörtlich anführen, zitieren, (3) (*MilR*) lobend erwähnen.

citoyen *m* Staatsangehörige(r) *m*, Staatsbürger *m*, Bürger, Inländer *m*; **accomplir son devoir de –** zur Wahl gehen, wählen; **admettre au nombre des –** einbürgern; **droits du –** (*VerfR*) Staatsbürgerrechte, aktives und passives Wahlrecht; **– actif** Aktivbürger; **– à part entière** Vollbürger.

citoyenneté *f* Staatsangehörigkeit *f*, Staatsbürgerrecht *n*, Bürgerrecht; **– d'honneur** Ehrenbürger *m*.

civil *m* (1) (*PrzR*) Zivilverfahren *n*; Zivilberuf *m*, (2) (*MilR*) Zivilbedienstete (r); **au –** im Zivilverfahren; **poursuivre qqn. au –** gegen jmdn. eine Klage vor dem Zivilgericht anstrengen.

civil *adj* bürgerlich, zivil; Zivil-, Bürger-; gesittet, höflich; **code –** frz. Bürgerliches Gesetzbuch; **droit –** bürgerliches Recht; **fruits –s** Rechtsfrüchte; **personnalité –e** Rechtspersönlichkeit; **société –e** (*Pol: par opposition au domaine public*) Zivilgesellschaft *f*.

civilement *adv* zivilrechtlich; zivilprozessrechtlich; **juger qqn. –** ein zivilprozessrechtliches Urteil fällen; **se marier –** standesamtlich heiraten.

civilisation *f* (*Pol: ensemble de phénomènes sociaux à caractères religieux, moraux, esthétiques, scientifiques, techniques, communs à une société*) Kultur *f*, Kulturkreis *m*; **conflit des –s** Kulturkampf *m*; **étude de –** Landeskunde *f*; **– des loisirs** Freizeitgesellschaft *f*.

civiliser *v.tr.* (*PrzR*) ein Strafverfahren in einen bürgerlichen Rechtsstreit überführen.

civiliste *m* Professor *m* des Zivilrechts, Zivilist.

civilité *f* (*Pol*) fairer und rücksichtsvoller Umgang miteinander, gegenseitige Achtung.

civique *adj* staatsbürgerlich; **dégradation –** (*StR*) Aberkennung der staatsbürgerlichen Rechte (durch Strafurteil); **instruction –** Staatsbürgerkunde *f*, Sozialkunde; **sens –** Pflichtgefühl (des Staatsbürgers).

civisme *m* Gemeinsinn *m*, Bürgersinn *m*; vorbildliches staatsbürgerliches Verhalten *n*, Staatstreue *f*; **code de – international** internationaler staatsbürgerlicher Sittenkodex.

clair *adj* klar, offenbar, eindeutig; **tirer une affaire au –** einen Sachverhalt (auf-) klären.

clairement *adv* offenbar, überzeugend, klar.

clairvoyance *f* Voraussicht *f*, Weitblick *m*.

clamer *v.tr.* schreien; **– son innocence** seine Unschuld beteuern.

clameur *f* Empörungs- *od.* Entrüstungsschrei *m*; Entrüstung.

clan *m* Clique *f*, Gruppe *f*, Sippschaft *f*.

clandestin *adj* (1) (*qui se fait en cachette et qui a généralement un caractère illicite*) heimlich, verborgen, geheim, (2) (*qui vit en marge des lois par nécessité; qui se soustrait à la procédure normale*) außerhalb der Legalität, im Untergrund agierend, untergründig; **activités –es** Geheimbündelei *f*; **agent –** V-Mann, Vertrauensmann, getarnt eingesetzter Agent; **atelier –** illegale Arbeitsstätte; **commerce –** illegaler Handel; **groupe –** (*StR*) Untergrundbewegung; **marché –** (*WirtR*) Schwarzmarkt *m*; **passager –** blinder Passagier *m*; **travailleur –** Schwarzarbeiter, illegaler Arbeitnehmer.

clandestin *m* (*AuslR: travailleur immigré sans papiers*) Person *od.* Ausländer ohne gültige Aufenthaltserlaubnis.

clandestinement *adv* heimlich, im Untergrund; (*umg*) schwarz.

clandestinité *f* Heimlichkeit *f*, heimliches Verfahren, Geheimhaltung *f*, Verborgenheit *f*; Illegalität *f*; Untergrundtätigkeit, konspiratives Verhalten; **dans la –** im Untergrund.

clarification *f* Klarstellung *f*, Klärung; Erläuterung *f*.

classe *f* (1) (*Pol: groupe social*) Klasse *f*, Stand *m*, Schicht *f*, Rang *m*, (2) (*catégorie, espèce, sorte*) Kategorie *f*, Art *f*, Gruppe *f*, (3) (*SchulR*) Schulklasse *f*, Unterrichtsstunde *f*, Unterricht *m*, (4) (*MilR*) (Rekruten-) Jahrgang *m*, (5) (*Buchf*) Kontengruppe *f*; **aller en –** die Schule besuchen; **conscience de –** Klassenbewusstsein *n*; **diminution de –** Rückstufung; **lutte des –s** Klassenkampf.

classe d'âge Altersgruppe *f*, (Geburts-) Jahrgang; **– de contribution** Beitragsklasse; **– creuse** geburtenschwacher Jahrgang; **– dirigeante** *ou* **dominante** herrschende Klasse; Führungsschicht *f*; **– à effectifs réduits** Klasse mit begrenzter Schülerzahl; **– exceptionnelle** (*BeamR*) Sondereinstufung eines frz. Beamten; **– mobilisable** (*MilR*) zur Aushebung herangezogener Jahrgang; **–s moyennes** Mittelstand *m*; **– paysanne** Bauernstand *m*; **– possédante** die Besitzenden.

classe de risques (*VersR*) Gefahrengruppe *f*; **– de salaires** Lohngruppe; **– sociale** Gesellschaftsschicht *f*; **– terminale** Abschlussklasse der frz. Oberschule, letztes Schuljahr der Oberstufe (in Frankreich); **– des travailleurs** Arbeiterschaft.

classement *m* (1) (*ArbR*) Eingruppierung *f*, Einstufung *f*, Einreihung *f*, (2) (*StPR*) Einstellung (eines Verfahrens), (3) (*BW*) Ablage *f*, Klassifizierung, Einordnen *n*, (4) (*VwR*) Widmung als Sache im Gemeingebrauch *od.* als öffentliche Sache, (5) (*SchulR*) Rangordnung, Placierung, (6) Ordnung (i.w.S.), Einteilung; **décision de – sans suite** (*StPR*) Einstellungsbeschluss (der Staatsanwaltschaft).

classer *v.tr.* (1) (*ArbR*) einstufen, eingruppieren, (2) (*StPR*) einstellen, niederschlagen, (3) ablegen, abheften, ordnen; **– sans suite** (*StPR*) (das Verfahren) einstellen.

classeur *m* Aktenordner *m*, Schnellhefter *m*; Aktenschrank *m*; **– à mémoire** (*DV*) Speichersystem *n*; **– à rideau** Rollschrank.

classification *f* Einteilung *f* (in *od.* nach Klassen), Einstufung, Klassifizierung, Zuordnung, Gruppierung; **critère de –** Einstufungsmerkmal *n*; **degré de – d'un document** Geheimhaltungsstufe; **– des emplois** Arbeitsplatzbewertung; **– des fonctions** (*BeamR*) Dienstpostenbeschreibung; **– professionnelle** (*ArbR*) Eingruppierung, berufliche Einstufung; Berufsgruppenverzeichnis *n*.

classifié *adj*: **document –** (*VwR*) Verschlusssache.

classifier *v.tr.* klassifizieren, einordnen, einteilen.

clause *f* (1) (*SchuldR: toute stipulation d'un acte juridique*) (Vertrags-) Klausel *f*, Bestimmung *f*, Abmachung *f*, Vereinbarung *f*, Abrede *f*, (2) (*SchuldR: stipulation spéciale et restrictive*) beschränkende Nebenbestimmung, Vorbehalt, Einschränkung; **– abusive** (*SchuldR: stipulation contractuelle par laquelle un professionnel impose à un consommateur par abus de puissance économique une obligation excessive*) rechtsmissbräuchliche Vertragsklausel; **– accessoire** Nebenabrede *f*; **– d'adaptation** Anpassungsklausel; **– d'adhésion** Adhäsionsklausel; **– d'affrètement** Charterklausel; **– d'agrément** (*HR, GesR*) Vorbehaltsklausel, Zustimmungsvorbehalt; **– d'ameublissement** (*EheR: stipulation dans une convention matrimoniale faisant entrer dans la communauté certains immeubles considérés par certains aspects comme des meubles*) Einbringung von Immobilien in die Gütergemeinschaft; **– annexe** (*SchuldR: stipulations additives, complémentaires, complétives d'une loi, d'un traité ou pièces jointes à un acte instrumentaire, à un dossier*) Nebenabrede *f*, Zusatzvereinbarung *f*; **– d'annulation** (1) (*SchuldR*) Rücktrittsvorbehalt *m*, (2) (*PrzR*) kassatorische Klausel; **– d'apérition** (*VersR: dans le cadre de la coassurance*) Führungsklausel; **– d'apport** Einbringungsklausel; **– d'arbitrage** Schiedsgerichts- *od.* Schiedsklausel; –

d'arbitrage obligatoire obligatorische Schiedsklausel; **– d'assurance** Versicherungsklausel.

clause attributive de juridiction <ou>d'attribution de compétence (territoriale) (*HR, PrzR: stipulation par laquelle les parties conviennent de soumettre à une juridiction qu'elles désignent la connaissance d'un litige pouvant résulter du contrat – art. 48 NCPC*) (*unter Kaufleuten gültige*) Gerichtsstandsklausel *f*; **– d'autolimitation** (*WirtR*) Selbstbeschränkungsklausel; **– d'avarie commune** (*SeeHR*) Havariegrosse--Klausel; **– d'avarie partielle** Teilschadenklausel; **– d'avis** Avisoklausel, Berichtsvermerk *m*.

clause de célibat (*ArbR: stipulation contractuelle relative à l'obligation de ne pas se marier*) Zölibatsklausel, Heiratsverbotsklausel; Eheschließungsverbot *n*; **– comminatoire** (*SchuldR*) (Vertrags-) Klausel mit der Androhung des Rechtsverlusts *od.* einer Geldstrafe; Vertragsstrafe(klausel); **– complémentaire** Zusatzbestimmung.

clause de compromis *ou* **compromissoire** (*HR: clause insérée dans un contrat et par laquelle les parties s'engagent, en cas de contestation, à s'en remettre à des arbitres*) Schiedsabrede *f*, Schiedsgerichtsklausel; **– conditionnelle** Bedingung, Kondition; **– confirmative** Gültigkeitsklausel, konfirmatorische Klausel; **– de conscience** (*MedienR, ArbR: journaliste*) Kündigungsvorbehalt beim Wechsel des Medieninhabers (mit Entschädigungsanspruch); **– de constatation des dommages** Schadenfeststellungsklausel.

clause du contrat *ou* **contractuelle** (*ZR: stipulation contractuelle*) vertragliche Vereinbarung *od.* Abrede, Vertragsklausel *od.* -abrede *f*, Vertragsbestimmung; **– de convention collective** (*ArbR*) Tarifvertragsklausel *f*; **– conventionnelle** Vertragsklausel.

clause de déchéance Verwirkungs- *od.* Verfallklausel; **– de déchéance du terme** Fälligkeitsklausel; **– de dénonciation** Kündigungsklausel; **– dérogatoire** (1) (*SchuldR*) von der gesetzlichen Regelung abweichende Bestimmung, derogatorische Klausel, (2) (*ErbR*) Annullierungsklausel; **– ducroire** Delkredereklausel; **– échappatoire** Not- *od.* Ausweichklausel; **– d'échelle mobile** (1) (*ZR*) Preisänderungsvorbehalt (bei Dauerschuldverhältnissen), (2) (*SozR*) Gleitklausel; **– écologique** Haftungsbeschränkungsklausel bei ökologischen Risiken; **– d'essai** (*ArbR*) Vereinbarung einer Probezeit; **– d'exclusion des risques** Risikoausschlussklausel; **– d'exclusivité de vente** (*HR*) Alleinvertriebsklausel.

clause exécutoire (*PrzR*) Vollstreckungsklausel; **– d'exonération** (*ZR*) Haftungsausschlussklausel; **– exorbitante** (*VwR*) (du droit commun) Vorbehaltsklausel (in öffentlich-rechtlichen Verträgen); **– de fidélité** Treueklausel; **– fondamentale** grundlegende Bestimmung.

clause « franc d'avarie sauf échouement » (*SeeHR*) Klausel „frei von Beschädigung außer im Strandungsfall"; **– « franc de coulage »** Klausel „frei von Leckage"; **– « franc de risques de guerre »** Klausel „frei von Kriegsgefahr"; **– de garantie de change** Währungs- *od.* Kurssicherungsklausel; **– générale** Generalklausel; **– gratuite** (*IPR*) unbedingte Klausel; **– de grève** Streikklausel; **– de guerre** Kriegsklausel; **– d'immobilisation** (*FamR*) Vereinbarung, durch die das an sich zum Gesamtgut gehörige Mobiliar den Liegenschaften zugeordnet wird.

clause d'inaliénabilité (*ZR*) Unveräußerlichkeits- *od.* Unübertragbarkeitsklausel; **– d'incessibilité** (*WechselR*) Rektaklausel; **– inconditionnelle** unbedingte Klausel; **– d'interdiction** Verbotsbestimmung; **– d'irresponsabilité** Freizeichnungs- *od.* Haftungsausschlussklausel.

clause de juridiction (obligatorische) Schieds- *od.* Schiedsgerichtsklausel; **– léonine** (*GesR*) Satzungsklausel, durch die die Gewinnbeteiligung eines Gesellschafters ausgeschlossen wird; **– de limitation des risques** Risikobegrenzungsklausel; **– limitative de responsabilité** (*ZR: stipulation pour limiter par avance à une somme déterminée le montant des dommages-intérêts*) Haftungsbeschränkung(sklausel); **– de maintien des avantages acquis** (*SozR*) Besitzstandklausel.

clause de la nation la plus favorisée (*Außh*) Meistbegünstigungsklausel; **– « non à ordre »** Klausel *od.* Vermerk „nicht an Order".

clause de non-concurrence (*HR, ArbR: obligation faite à un salarié de ne pas travailler dans un secteur géographique déterminé ou de ne pas effectuer certains travaux*) Wettbewerbsverbot(sklausel); **– de non-discrimination** Nichtdiskriminierungsklausel; **– de non-réembauchage** (*ArbR*) Wiedereinstellungsverbot; **– de non-responsabilité** Haftungsausschlussklausel; **– de non-rétablissement** (*HR*) Wettbewerbsverbot(sklausel); **– des objets confiés** Obhutsklausel; **– occulte** Geheimabsprache *f*; **– onéreuse** (*IPR*) bedingte Klausel; **– d'option de change** Währungsoptionsklausel; **– à ordre** Orderklausel.

clause: **–s de paiement** Zahlungsmodalitäten *od.* -bedingungen; **– de paix sociale** (*ArbR*) Friedenspflicht; **– de parenté** Angehörigenklausel; **– de partage** Teilungsklausel; **– de participation aux frais de conservation** Schadenminderungsklausel.

clause pénale (*SchuldR: la clause pénale est celle par laquelle une personne, pour assurer l'exécution d'une convention, s'engage à quelque chose en cas d'inexécution – art. 1226 Cciv*) Vertrags- *od.* Konventionalstrafe, Konventionalstrafe, Strafklausel; **– « pour arrivée réservée »** Klausel „für behaltene Ankunft"; **– préférentielle** Vorzugsklausel; **– de prix** Preisklausel; **– de prorogation** Vertragsverlängerungsklausel; **– de protection (contre la dépréciation monétaire)** Wertsicherungsklausel; **– protectrice** Schutzklausel.

clause de réalisation (*FamR*) Vereinbarung, durch die das an sich zum Gesamtgut gehörige Mobiliar von dieser Vermögensmasse ausgeschlossen wird; **– rebus sic stantibus** (*VR*) (*lat*) Vorbehaltsklausel, clausula rebus sic stantibus; **– de reconduction** (Vertrags-) Verlängerungsklausel; **– « reçu pour embarquement »** Klausel „Empfangen zur Verschiffung"; **– de remise en état** Wiederherstellungsklausel; **– de reprise** Wiederkaufsvorbehalt *m*; **– de réserve** Vorbehaltsklausel.

clause de réserve de propriété (*SchuldR: stipulation par laquelle le vendeur retient la propriété d'un bien à titre de garantie*) Eigentumsvorbehaltsklausel *f*; **– de résiliation** *ou* **résolutoire** Rücktritts- *od.* Vertragsauflösungsklausel; **– de retard** Verzugsklausel; **– de retour** Rückfallsklausel bei der Schenkung; **– de retrait** Rücktrittsklausel; **– de révision** Abänderungs- *od.* Revisionsklausel, Anpassungsklausel; **– de révocation** Widerrufsklausel; **– de risque de guerre** Kriegsklausel; **– « sans autre avis »** Klausel ohne Bericht; **– « sans frais »** (*WechselR*) Vermerk „ohne Kosten".

clause de sauvegarde (*Außh: clause dite aussi exclusive de responsabilité ou d'irresponsabilité exonérant à l'avance une personne de toute responsabilité*) Haftungsausschlussklausel; Haftungsbeschränkungsklausel; Schutzklausel; **– secondaire** unwesentliche Vertragsbestimmung; **– secrète** Geheimabrede; **– de sécurité syndicale** (*ArbR*) Tarifvertragsklausel, derzufolge nur Mitglieder einer bestimmten Gewerkschaft beschäftigt werden dürfen; **– sociale** (*ArbR*) Arbeitsplatzsicherungsklausel; **– statutaire** (*GesR*) Satzungsbestimmung *f*; **– stéréotypée** Musterklausel.

clause de style (*SchuldR: clause habituelle que l'on retrouve dans tous les contrats d'un même type*) Standardformulierung *od.* -klausel, regelmäßige *od.* übliche Klausel; notarielle Redewendung; **– suivant avis** Klausel laut Bericht; **– de surestairies** (*SeeHR*) Liegegeld für Überliegezeit; **– de survie** (*VersR*) Überlebensklausel.

clause tacite stillschweigende Vereinbarung; **– tarifaire** Tarifklausel; **– territoriale** Vertragsgebietfestlegung; **– transitoire** Übergangsklausel; **– -type** Musterklausel; **– valeur-or** Goldwertklausel; **– de vice caché** Mängelhaftungs- *od.* Gewährleistungsklausel; **– de voie parée** (*ZwangsVR*) Klausel über den freihändigen Verkauf der Pfandsache.

clearing *m* (*BankR: procédé de compensation des créances et des dettes entre les banques*) Clearing *n*, Verrechnungsverfahren *n*.

clef *f ou* **clé** Schlüssel *m*; *fig* Erklärung, Lösung, Aufschluss *m*; **fausse –** Nachschlüssel *m*, Dietrich *m*; **secteur –** Schlüsselindustrie *f*; **– à molette** Engländer *m*, verstellbarer Schraubenschlüssel; **– de répartition** Verteilerschlüssel *m*; **– de voûte** *fig* Eckpfeiler *m*, Grundlage *f*, Kernstück *n*.

clémence *f* (*StR: indulgence parfois négociée*) Verständigung im Strafprozess *f*, Deal *m*, Strafmilderung *f*; Vergebung *f*; Milde *f*.

clément *adj* großzügig, verständnisvoll, gnädig.

cleptomanie *f* (*MedizinR*) krankhafter Trieb zum Stehlen, Kleptomanie *f*.

clerc *m* (1) (*PrzR: employé des études d'officiers ministériels d'un notaire ou huissier*) Kanzleiangestellter eines Notars; Kanzleiangestellter eines Gerichtsvollziehers, Kanzlist *m*; Schriftführer *m*; (öffentlicher) Schreiber *m*, (2) (*KirchR: celui qui est entré dans l'état ecclésiastique*) (*einem Orden beigetretener*) Geistlicher *m*; **premier –** *ou* **– principal** Notariatsbürovorsteher *m*; **– assermenté d'huissier** vereidigter Angestellter eines Gerichtsvollziehers; vereidigter Protokollführer (für die Feststellung juristisch relevanter Sachverhalte); **– de notaire** Kanzleiangestellter (eines Notars), Notariatsangestellte(r) *m*.

clergé *m* Geistlichkeit *f*, Klerus *m*; **– régulier** Ordensgeistlichkeit; **– séculier** Weltgeistlichkeit.

cléricature *f* Laufbahn der Notariatsangestellten.

cliché *m* (1) (*MedienR: image négative d'une photo*) Negativ *n*, (2) (*MedienR: épreuve positive*) Einzelbild *n*, Foto *n*, (3) *fig.* abgedroschene Redensart; überkommene Vorstellung, Vorurteil *n*; **– radiographique** (*MedizinR*) Röntgenaufnahme *f*.

client *m* (1) (*HR*) Kunde *m*, Auftraggeber *m*, (2) (*PrzR: client d'un avocat*) Mandant *m*, Auftraggeber *m*, Klient *m*, (3) (*MedizinR*) Patient *m*; **– cobaye** Verbraucher als Versuchskaninchen; **– direct** Direktbezieher.

clientèle *f* (1) (*HR: achalandage*) Kundschaft *f*, Kundenstamm *m*, Kundenkreis *m*, (2) (*PrzR: avocat, notaire*) Klientel *f*, (3) (*médecin*) Patientenkreis *m*, Praxis *f*; **droit de –** (*HR*) Immaterialgüterrecht an der Kundschaft; Entschädigung für die betreute Kundschaft (nach Ausscheiden aus einer Firma); **grande –** (*Anwalt*) gutgehende Anwaltskanzlei; **prospection de la –** Kundenwerbung; **– bancaire** Bankkunden; **– électorale** Stammwähler *mpl*, Anhängerschaft *f*; **– établie** *ou* **– fixe** Stammkundschaft, feste Kundschaft; **– habituelle** Stammkundschaft; **– de passage** Laufkundschaft; **– politique** Anhängerschaft.

clientélisme *m* (*Pol*) Vetternwirtschaft.

clignotant *m* (1) (*Kfz*) Blinklicht *n*, (2) (*fig Vwirt*) Konjunkturindikator *m*, Alarmblinker *m*, Warnleuchte *f*.

climat *m fig* Stimmung *f*, Klima *n*; **– qui règne dans une entreprise** Betriebsklima; **– propice** günstige Atmosphäre; **– tendu** gespannte Situation.

clinique *adj*: **signe –** (*MedizinR*) Krankheitssymptom *od.* -zeichen *n*.

clivage *m* (*Pol*) Entzweiung, Auseinanderleben *n*; **– très net (entre les partis politiques)** Verschärfung der Gegensätze (zwischen den Parteien); **– dans l'opinion publique** Polarisierung der öffentlichen Meinung.

clochard *m* (*SozR: personne socialement inadaptée, qui n'a pas de domicile, erre sans but, et n'a d'autre ressource que la mendicité*) Obdachlose(r) *m*; Bettler *m*; (*im Sinne des Polizeirechts*) Störer *m*.

clochardisation *f* (*SozR*) Verelendung (ganzer Bevölkerungsgruppen), zunehmende Verarmung.

cloison *f* Zwischen- *od.* Trennwand; **– coupe-feu** Brandwand *f*.

cloisonnement *m fig* (gegenseitige) Abgrenzung *od.* Abkapselung.

clore *v.tr.* abschließen, beenden; **– un compte** ein Konto abschließen; **– un débat** die Debatte beendigen; **– un inventaire** Inventur machen; **–** *ou* **lever la séance** die Sitzung beenden; **– un marché** einen Vertrag abschließen; **– la procédure** das Verfahren abschließen; **– le scrutin** die Wahl schließen.

clôture *f* (1) (*SachR: barrière, enceinte*) Einfriedung *f*, Umzäunung *f*, (2) (*PrzR: conclusion, fin*) Schluss *m*, Beendigung *f*, (3) (*Buchf, HR*) Jahresabschluss *m*, Abschluss *m*; **cours de –** Schlusskurs *m*; **date de –** Meldeschluss *m*; **entouré d'une – continue** (*Grundstück*) mit einer Einfriedung versehen; **motion de –** Antrag auf Schluss der Aussprache; **ordonnance de –** (*ZPR*) richterliche Verfügung zum Abschluss des Vorverfahrens; **prononcer la – des débats** die Verhandlung für geschlossen erklären, die Sitzung schließen; **protocole de –** Schlussprotokoll *n*; **réunion** *ou* **séance de –** Schlusssitzung *f*.

clôture du bilan Bilanzabschluss *m*; **– de compte** (*BankR*) Kontoabschluss *m*, Saldofeststellung *f*; Kontoauflösung *f*; **– d'un compte** Kontoabschluss, Saldofeststellung; **– de compte courant** (*BankR*) Beendigung eines Kontokorrentrechtsverhältnisses; **– des comptes** (*GesR*) Buch- *od.* Rechnungsabschluss; **– du crédit** Beendigung des Kreditverhältnisses; **– du débat** (*VerfR, VereinsR, GesR*) Beschluss über die Beendigung der Debatte über einen Tagesordnungspunkt; **– des débats** (1) (*PrzR*) Beendigung der (mündlichen) Verhandlung *od.* der Debatte, Verhandlungsschluss *m*, (2) (*StPR*) Schließung der Beweisaufnahme u. der Parteivorträge (im Strafprozess).

clôture douanière Zollverschluss *m*; **– de l'exercice** (1) (*GesR*) Jahresabschluss, (2) (*HaushR*) Abschluss *od.* Ablauf des Haushaltsjahres; **– de la gestion annuelle** Jahresabschluss; **– de l'instruction** (*StPR*) Abschluss der polizeilichen Vorermittlungen *od.* der Voruntersuchung; **– pour insuffisance d'actif** (*InsolvenzR*) Einstellung des Insolvenzverfahrens mangels Masse.

clôture de l'inventaire (*HR*) Inventarabschluss *m*; **– de la liquidation de l'actif** (*HR*) Abschluss der Liquidation; **– de la liquidation des biens** (*InsolvenzR*) Beendigung des Insolvenzverfahrens; **– mitoyenne** (*SachR*) gemeinschaftliche Einfriedung; **– de la procédure** Verfahrensabschluss; **– du scrutin** (*VerfR*) Schließung der Wahllokale; Schluss der Abstimmung (des Parlaments), Wahlschluss; **– de la session** Beendigung der Tagungsperiode.

clôturer *v.tr.* (1) (*Grundstück*) umzäunen, umschließen, einfrieden, (2) (*Sitzung*) beenden, abschließen, schließen, (3) (*BörR*) einen Schlusskurs feststellen; **– à perte** (*Bilanz*) mit Verlust abschließen.

club *m* (*ZR: cercle où des membres viennent passer leurs heures de loisir, pour bavarder, jouer, lire*) Klub *m*, geschlossene Gesellschaft; Verein *m*.

clubiste *m* Klubmitglied *n*.

coaccusé *m* (*StPR*) Mitangeklagte(r) *m*.

co-activité *f* (*StR*) Mittäterschaft *f*.

coadjudicataire *m* (*VwR*) Person der bei Vergabe öffentlicher Aufträge mit anderen gemeinsam der Zuschlag erteilt wurde.

coadministration *f* gemeinsame Geschäftsführung; Mitverwaltung *f*.

coalisé *m* (*Pol*) Mitglied der Koalition.

coaliser: **se –** *v.pron* koalieren, koalisieren, sich zu einer Koalition zusammenschließen, eine Koalition eingehen.

coalition *f* (1) (*Pol*) Koalition *f*, Bündnis *n*, Zusammenschluss *m*, (2) (*ArbR: groupement en vue d'une grève ou d'un lock-out concerté*) Arbeitnehmer- *od.* Arbeitgeberbündnis *n*, (3) (*StR: entente illicite*) gesetzwidrige Preisabsprache; **– électorale** Wahlbündnis; **– de fonctionnaires** (*StR*) gemeinschaftliche Begehung eines Amtsdelikts; **– gouvernementale** Regierungskoalition; **– temporaire** (*GesR: entente, pratique concertée*) vorübergehender Zusammenschluss, Konsortium *n*.
coarmateur *m* (*SeeHR*) Mitreeder *m*.
coassocié *m* (*GesR*) (Mit-) Teilhaber *m*, Mitgesellschafter *m*.
coassurance *f* Mitversicherung *f*; Mitzeichnung *f*.
coauteur *m* (1) (*UrhR*) Mitverfasser *m*, Mitautor *m*; gemeinsame Verfasser (eines Werkes), (2) (*StR: par opposition au complice*) Mittäter *m*, (3) (*ZR*) Mitverursacher einer unerlaubten Handlung, (4) (*SchuldR: cocontractant*) Vertragspartner *m*.
cobelligérant *m* (*VR*) (mit-) kriegführender Staat.
cobénéficiaire *m* Mitbegünstigter *m*, Mitberechtigter *m*.
cocarde *f* (*ÖfR: insigne aux couleurs nationales bleu-blanc-rouge*) Trikolore *f*, Kokarde *f*, blau-weiß-rotes rosettenförmiges *od.* rundes frz. Hoheitszeichen.
cocaution *f* (*SchuldR: dans le cadre d'un cautionnement*) Mitbürge *m*.
coche *m* **de plaisance** Hausboot *n*.
cocher *v.tr.* ankreuzen; einkerben.
cocontractant *m* (*SchuldR*) Vertragspartner *m*.
cocréancier *m* Mitgläubiger *m*.
code *m* (1) (*ÖfR: recueil officiel de lois, décrets et règlements*) Gesetzbuch *n*, grundlegendes (einzelnes) Gesetz (zur Regelung eines umfassenden Sachverhalts), Rechtsverordnung *f*, (2) (*ZR: compilation de textes publiés par un éditeur*) (*private, durch einen Verlag gestaltete*) Gesetzessammlung (zumeist mit Kurzkommentar), (3) (*WirtR: ensemble de règles, de préceptes, de prescriptions*) Verhaltenskodex *m*; Ehrenordnung, (4) (*StVR: phare code ou codes*) Abblendlicht *n*, Kode *m*, (5) (*système ou recueil de conventions constituant un ensemble de signes*) Kode *m*, Schlüssel *m*; **droits inscrits dans le –** die durch Gesetz verbürgten Rechte.

Da das neue frz. Handelsgesetzbuch inhaltlich mit dem alten weitgehend identisch ist, haben nur wenige vom NCcom = *nouveau code de commerce* gesprochen, die meisten Juristen haben die alte Bezeichnung *Ccom* gleich beibehalten.

code: **nouveau – de commerce (= NCcom = Ccom)** (*HR: code de commerce en neuf livres: cf. code de commerce*) Neues frz. Handelsgesetzbuch (2000); **nouveau – pénal (= NCP = CP)** (*StR: Loi n° 92–683 du 22 juillet 1992 portant réforme des dispositions générales du Code pénal*) neues frz. Strafgesetzbuch.

Hier ist die Verwendung der Bezeichnung *NCPC* unbedingt erforderlich, da Teile des alten *CPC* aus dem Jahre 1806, insbesondere diejenigen über die Zwangsvollstrekkung, immer noch in Kraft sind.

code: **nouveau – de procédure civile (= NCPC)** (*ZRP: mis en vigueur par décret n° 75–1123 du 5 décembre 1975*) Neue frz. Zivilprozessordnung.

Der *code administratif* ist keine echte systematische Kodifizierung des frz. Gesetzgebers, sondern eine alphabetisch geordnete Zusammenstellung der wichtigsten Gesetze, die das öffentliche Recht betreffen, von der Verfassung bis zur Müllabfuhr und der Straßenreinigung.

code administratif (*ÖfR: il ne s'agit pas formellement d'un code officiel*) Gesetzbuch des frz. Staats- und Verwaltungsrechts (Textsammlung); **– de l'artisanat** (*WirtR*) Handwerksordnung (Textsammlung); **– de l'aviation civile** frz. Zivilluftfahrtsgesetze (Textsammlung); **– bancaire** (*BankR*) Bankleitzahl *f*; **– de bonne conduite** (*Pol*) Verhaltensregeln der „political correctness"; **– des caisses d'épargne** frz. Sparkassenordnung (Textsammlung).

code de la circulation routière (*StVR: syn.: code de la route*) frz. Straßenverkehrsgesetz (mitsamt Straßenverkehrsordnung und ergänzenden Gesetzen); **– civil (= Cciv)** (*ZR: aussi appelé parfois Code Napoléon: les 36 titres répartis dans trois livres ont été promulgués par décret entre le 5 mars 1803 et le 21 mars 1804 sous la dénomination Code civil des Français*) frz. Bürgerliches Gesetzbuch, frz. Zivilgesetzbuch; **– de commerce (= Ccom)** (*HR: l'ancien code de commerce date de 1807, le nouveau de l'an 2000. Il a été mis en vigueur sous forme d'annexe à l'ordonnance n° 2000–912 du 18 septembre 2000*) frz. Handelsgesetzbuch; **– des communes** (*GemR: mis en vigueur par décrets n° 77–90 et 77–91 du 27 janvier 1977*) frz. Gemeindeordnung; **– de conduite** Verhaltenskodex *m*; **– de la consommation** (*WirtR: les dispositions législatives du nouveau code de la consommation sont contenues dans la loi n° 86–1243 du 1er décembre 1993. La partie réglementaire résulte du décret n ° 97–298 du 27 mars 1997*) Verbraucherschutzgesetz(buch); **– de la construction et de l'habitat** frz. Bauordnung (Textsammlung).

code criminel (*hist: ancien code pénal, en vigueur entre 1810 et 1832*) altes frz. Strafgesetzbuch; **– des débits de boissons** frz. Schankordnung; **– de déontologie médicale** Ehrenkodex der Ärzte; **– déontologique** Standes- und Berufsordnung, Ehrenordnung (eines Berufsstandes), Standesregeln *fpl*; **– des devoirs professionnels des architectes** Gesetz über die Berufspflichten der Architekten; **– disciplinaire** Disziplinarordnung; **– du domaine de l'État** frz. Gesetze über das Staatsvermögen; **– des douanes** frz. gesammelte Zollgesetze und -verordnungen.

code électoral (*VerfR: code annexé aux décrets n° 64–1086 et 1087 du 27 octobre 1964*) frz. Wahlgesetzbuch *n*; **– de l'enseignement technique** (*SchulR*) frz. Fachausbildungsgesetz *n*; **– de l'expropriation (pour cause d'utilité publique)** (*VerfR: la partie législative a été mise en vigueur par décret n° 77–392 du 28 mars 1977*) Enteignungsgesetzbuch; **– de la famille et de l'aide sociale** (*FamR, SozR*) Gesetz über Familien- und Sozialbeihilfen; **– fiscal** (B) Abgabenordnung; **– forestier** frz. Gesetze über das Forstwesen; **– général des impôts (et livre des procédures fiscales)** frz. Abgabenordnung (und Textsammlung der Steuergesetze), frz. Steuergesetzbuch *n*; **– d'instruction criminelle** *hist* frz. Strafprozessordnung (1808); **– de justice militaire** (*MilR: code en vigueur depuis la Loi n ° 82–621 du 21 juillet 1982: les tribunaux aux armées ont été placés sous le contrôle de la cour de cassation*) Militärstrafgesetzbuch.

code des marchés publics (*Textsammlung*) frz. Verdingungsordnung(en); **– de la mutualité** frz. Textsammlung über die Versorgungskassen auf Gegenseitigkeit; **– de la nationalité** frz. Staatsangehörigkeitsgesetz; **– des obligations** (S) Obligationenrecht (S).

code de l'organisation judiciaire (= COJ) (*GVR: le COJ – partie législative –a été refondu par l'Ord. n ° 2006–673 du 8 juin 2006 qui a remplacé les livres I à IX du code ancien par les les livres I à V nouveaux. Certains articles du COJ ancien restent cependant encore en vigueur*) frz. Gerichtsverfassung (2006).

Die frz. Juristen verwenden immer häufiger wieder die alte Bezeichnung CP auch für ihr neues Strafgesetzbuch = NCP.

code pénal (= CP = NCP) (*StR: l'ancien code pénal fut en vigueur entre 1832 et 1992, il a été remplacé par le nouveau code pénal applicable depuis le 1er janvier 1993*) frz. Strafgesetzbuch; **– pénal fédéral** (S) Bundesgesetz über das Bundesstrafrecht; **– postal** Postleitzahl; **– des postes et télécommunications** frz. Gesetzes- und Rechtsverordnungssammlung über das Post- und Fernmeldewesen.

code de procédure civile (ancien) (= CPC) (*ZRP: code de 1807: Sont toujours valides les dispositions relatives aux mesures conservatoires, saisies-arrêts ou oppositions, saisies-exécutions, saisies immobilières*) (alte, in einigen Teilen noch gültige) frz. Zivilprozessordnung; **– de procédure pénale (= CPP)** (*StPR: code en vigueur depuis la loi n° 57–1426 du 31 déc. 1957 qui a remplacé le code d'instruction criminelle*) frz. Strafprozessordnung; **– de la propriété intellectuelle (= C. propr. intell.)** (*WirtR: la partie législative du C. propr. intell. a été mise en vigueur par la Loi n° 92–597 du 1er juillet 1992. Il contient aussi les dispositions relatives à la proporiété industrielle et à l'Institut national de la propriété industrielle*) frz. Gesetzbuch der Urheberrechte und gewerblichen Schutzrechte.

Die frz. Straßenverkehrsordnung finden sie im Anhang = *appendice* des *code pénal* unter dem Stichwort *circulation routière.*

code de la route (*StVR: syn.: code de la circulation routière*) frz. Straßenverkehrsgesetz und -ordnung; **– rural** (*LandwR*) frz. Gesetzbuch über das Land- und Forstwirtschaftswesen; **– de la santé publique** frz. Gesundheitsordnung (Textsammlung); **– de la sécurité sociale (= CSS)** (*SozVers: mis en vigueur progressivement à partir de 1945*) frz. Sozialgesetzbuch; **– du travail (= Ctrav)** (*ArbR: le code du travail a été mis en vigueur progressivement depuis 1910 et profondément remanié en 1982. Il n'est toujours pas achevé et continuellement „flexibilisé"*) frz. Arbeitsgesetzbuch; **– du travail maritime** Gesetzbuch über die Anheuerung u. die Arbeitsbedingungen der Seeleute; **– de l'urbanisme** frz. Städtebaurecht (Textsammlung); **– de ventilation des frais** (*Buchf*) Kostenverteilungsschlüssel *m*.

codébiteur *m* (*SchuldR*) Mitschuldner *m*; **– solidaire** Gesamtschuldner.

codécision *f*: **droit de –** (*ArbR*) Mitentscheidungsrecht *n*, Mitspracherecht *n*.

codéfendeur *m* (*ZPR*) Mitbeklagte(r) *m*, passiver Streitgenosse.

codéfenseur *m* (*StPR*) Mitverteidiger *m*, zweiter Verteidiger.

codemandeur *m* (*ZPR*) Mitkläger *m*, aktiver Streitgenosse.

coder *v.tr.* (1) codieren, verschlüsseln, (2) tarnen, verschleiern.

codétenteur *m* Mitinhaber *m*.

codétenu *m* (*StVZ*) Mithäftling *m*, Mitgefangene(r) *m*.

codex *m* (= *pharmacopée*) amtliches Arzneibuch *m*, Pharmakopöe *f*.

codicillaire *adj*: **acte** *ou* **clause –** (*ErbR: acte postérieur ou clause postérieure à un testament le modifiant, le complétant ou l'annulant*) Testamentergänzung *f*; Testamentabänderung *f*; Testamentannulierung *f*; auf der Grundlage eines Vermächtnisses.

codicille *m* (1) (*ErbR, hist.*) Vorbehalt bei einem Testament, (2) (*ErbR*) Testamentabänderungsklausel *f*; Testamentzusatz *od.* -ergänzung *f*, (3) (*ZR: i.w.S.*) Zusatz *m*; Anhang *m*.

codification *f* Kodifikation *f*; Gesetzessammlung *f*; **programme de –** (*DV*) erzeugendes Programm; **– à droit constant** formal harmonisierende und bereinigende Kodifizierung (einzelner Bereiche des frz. Rechts, ohne Vornahme inhaltlicher Änderungen der Gesetze selbst).

codifier *v.tr.* kodifizieren, regeln, ordnen, festlegen.

codirecteur *m* stellvertretender Direktor.

coéchangiste *m* Tauschende(r) *m*, Tauschpartner *m*.
coédition *f* (*VerlR*) Gemeinschaftsausgabe *f* (mehrerer Verlagsanstalten).
coefficient *m* Koeffizient *m*, Faktor *m*, Richtzahl *f*, Richtwert *m*; Vom-Hundert-Satz *m*; **– d'amortissement** Abschreibungsquote *f*; **– d'augmentation** Steigerungsrate *f*; **– d'emploi** Erwerbstätigen- *od*. Beschäftigungsquote *f*; **– d'erreur** Fehlerquote *f*; **– d'indétermination** Unsicherheitsfaktor *m*; **– de liquidité** Liquiditätskennziffer *f*; **– d'occupation des sols** (*BauR*) Bebauungsdichte *f*; **– de revalorisation** Aufwertungssatz *m*.
coentreprise *f* (*HR: recommandé pour remplacer joint venture*) Joint venture--Vertrag.
coépouse *f* (*FamR*) (*im Rahmen der Polygamie*) Nebenfrau *f*.
coercitif *adj* zwingend, mit Gewalt (durchsetzbar); **mesure coercitive** Zwangsmaßnahme *f*.
coercition *f* (1) (*ÖfR: moyen légal de contrainte*) (staatlicher) Zwang *m*, Zwangsmaßnahme *f*, (2) Druck *m*, Gewaltanwendung; **acte de –** (*VwR*) Zwangsmaßnahme, Verwaltungszwang; **droit de –** Zwangsrecht *n*; **moyen de –** Zwangsmittel *n*; Erzwingungsstrafe.
cœur *m* **en défaillance aiguë** (*MedizinR*) akutes Herzversagen.
coexistence *f* **pacifique** (*VR*) friedliche Koexistenz.
coffre *m* (*Kfz*) Kofferraum *m*.
coffre-fort *m* Panzerschrank *m*, Tresor *m*, Geldschrank; **compartiment de –** (Bank-) Schließfach, Safe *n*.
coffrer *v.tr. pej* einsperren, inhaftieren.
cofidéjusseur *m* (*SchuldR: art. 2025 Cciv*) Mitbürge *m*.
cofondateur *m* (*GesR*) Gründungsmitglied *n*, Gründer *m*, Mitbegründer *m*.
cogérance *f* (*HR, GesR: personnes chargées par les statuts ou les associés de gérer en commun les affaires sociales*) gemeinsame Geschäftsführung eines frz. Handelsgeschäfts *od*. einer Personengesellschaft.
cogérant *m* Mitgeschäftsführer *m*.
cogestion *f* (1) (*HR: pouvoir de codécision*) Mitwirkung *f*, Beteiligung *f* an der Geschäftsführung (eines Betriebes), (2) (*ArbR: participation du personnel à la gestion*) Mitbestimmung *f*, (3) (*FamR, SchuldR*) Vermögenssorge *f*, Gesamthandsverwaltung; **droit de –** Mitbestimmungsrecht *n*; **– paritaire** paritätische Mitbestimmung; **– qualifiée** qualifizierte Mitbestimmung.
cognat *m* (*FamR*) Verwandter von Seiten der Frau oder Mutter, Spillmagen *m*.
cognation *f* Blutsverwandtschaft (von mütterlicher Seite), Kognation *f*; Abstammung *f* mütterlicherseits.
cohabitation *f* (1) (*FamR*) Zusammenwohnen *n*, Wohngemeinschaft *f*, (2) (*Pol*) Kohabitation *f*, Zusammenarbeit zwischen linkem Präsidenten u. rechter Parlamentsmehrheit *od*. umgekehrt); **devoir de –** (*FamR: devoir de communauté de vie*) Verpflichtung zur ehelichen Lebensgemeinschaft.
cohabiter *v. intr.* (*FamR*) zusammen leben (in ehelicher *od*. nichtehelicher Gemeinschaft), zusammen wohnen.
cohérie *f* (*ErbR*) Erbengemeinschaft *f*, Gesamthandsgemeinschaft der Erben.
cohéritage *m* Miterbschaft *f*, Anteil an einer Erbengemeinschaft.
cohériter *v. intr.* Miterbe werden, miterben.
cohéritier *m* Miterbe *m*.
cohésion *f* Zusammenhalt *m*, Verbundenheit *f*.
coincer *v.tr.* (*StR: arrêter un suspect*) *fig umg* (*einen Verdächtigen*) festnehmen, aufgreifen; **se faire –** *fig umg umg* erwischt *od*. geschnappt werden.
coïncidence *f* zufälliges Zusammentreffen *n*; Übereinstimmung *f*; Deckung *f*; Identität *f*.
coïncider *v.tr.ind.* zusammenfallen, übereinstimmen.
coïnculpé *m* (*StPR*) Mitangeklagte(r) *m*.
coïndivisaire *m* Gesamthänder *m*.
coïntéressé *m* (1) Mitberechtigte(r) *m*, (2) Mitbetroffene(r) *m*.
coïnventeur *m* (1) (*UrhR*) Miterfinder *m*, (2) (*ZR: Fund*) Mitfinder.

coït *m* Beischlaf *m*, Koitus *m*, Geschlechtsverkehr *m*.
cojouissance *f* (*SachR*) gemeinsame Nutzung (einer Sache).
colbertisme *m* (*Vwirt*) Colbertismus, Dirigismus (in Verbindung mit Schutzzöllen).
colégataire *m* (*ErbR*) Vermächtnisgenosse *m*, Kolegatar *m*; Miterbe *m*.
colère *f*: **coup de –** Wutanfall *m*; **– légitime** (*basée sur les faits*) (*aus den Sachumständen heraus*) verständliche Wut.
colicitant *m* (*ZR: coïndivisaire lors du partage du prix*) Beteiligter am Auseinandersetzungserlös (der Gesamthandsgemeinschaft).
colis *m* Paket *n*, Versandstück; **– encombrant** Sperrgut *n*; **– exprès** (1) Expresssendung *od.* -gut; **– franc de droits** gebührenfrei auszuhändigendes Paket; **– postal** Postpaket; **– (contre) remboursement** Nachnahmepaket *n*; **– avec valeur déclarée** Paket mit Wertangabe.
colistier *m* (*Pol*) Kandidat *m* auf der gleichen Wahlliste.
colitigant *m* (*ZPR*) Kläger *od.* Beklagter (im Rahmen einer gemeinschaftlichen Klage).
collaborateur *m* Mitarbeiter *m*, Angestellter *m*; Kollege *m*; **– bénévole** freiwilliger (und spontaner) Helfer; **– indépendant** freier Mitarbeiter.
collaboration *f* Mitarbeit *f*, Mitwirkung, Zusammenarbeit.
collatéral *m* Verwandte(r) *m* in der Seitenlinie.
collatéral *adj* zur Seitenlinie (zu-) gehörig; **effet –** Nebenwirkung *f*.
collatéraux *mpl* (*FamR*) Seitenverwandte(n) *mpl*; **– ordinaires** (*ErbR*) Onkel, Tante, Vetter und Kusine; **– privilégiés** (*ErbR*) Geschwister, Neffe und Nichte.
collation *f* (1) (*ÖfR: droit de conférer un titre*) Recht zur Verleihung eines Titels, Ernennungsbefugnis *f*, (2) (*comparaison d'une copie avec l'original*) Vergleich von Urkunden, im Hinblick auf ihre Übereinstimmung; **– de grade** Verleihung eines akademischen Grades (einschließlich des Abiturs in Frankreich); **– de pièces** Schriftenvergleich *m* (bei Urkunden).
collationnement *m* (*Urkunden*) Übereinstimmungsüberprüfung (vor der Erteilung des Beglaubigungsvermerks).
collationner *v.tr.d.* **un acte** die Übereinstimmung der Abschrift mit dem Original überprüfen.
collecte *f* (öffentliche) Sammlung, Kollekte *f*, Spendenaktion; **– à domicile** Haussammlung; **– de données** (*DV*) Datensammlung; **– des informations** Informationsgewinnung; **– sur la voie publique** Straßensammlung.
collecter *v.tr.* sammeln, eine Kollekte veranstalten; **– des renseignements** (*StPR*) Erkentnisse *fpl* zusammentragen.
collectif *m* (*HaushR: loi de finance rectificative*) Nachtragshaushalt *m*; **présenter un –** einen Nachtragshaushalt vorlegen.
collectif *adj* Sammel-, kollektiv; gemeinsam; Gesamt-; **acte –** Vertrag (an dem mehrere Personen mit unterschiedlichen Interessen beteiligt sind), Gesamtakt *m*; **préjudice –** gemeinsamer Schaden.
collectivisation *f* Überführung *f* in Gemeineigentum, Vergesellschaftung, Sozialisierung; **– forcée** Zwangskollektivierung.
collectivité *f* (1) (*ÖfR: institution administrative*) Körperschaft *f*, Gemeinschaft *f*, Gemeinwesen *n*, (2) (*ZR: groupe de personnes*) Personengesamtheit *f*, Kollektiv *n* (Aut); **– locale** (1) (*commune*) Gemeinde, (2) (*territoriale*) Gebietskörperschaft *f*; **– nationale** Nation, Volk; **– publique** *ou* **de droit public** Körperschaft des öffentlichen Rechts, öffentlich-rechtliche Körperschaft; **– régionale** *ou* **territoriale** Gebietskörperschaft *f*.
collège *m* (1) Gremium *n*, Kollegium *n*, (2) (*SchulR: collège d'enseignement*) frz. weiterführende Schule (5.9. Schuljahr), Realschule, Mittelschule (S); **– arbitral** Schiedsrichterkollegium *n*; **– échevinal** (BL) Schöffenrat *m*; Kolle-

gialbehörde, gebildet aus dem Bürgermeister mit den Beigeordneten; **– électoral** Wählerschaft *f*; **– judiciaire** Kollegialgericht *n*; **– de magistrats** Richterkollegium *n*; Wahlmännerkollegium der Richter eines frz. Appellationshofes; **– municipal** Magistratskollegium *n*, Gemeinderat; **– professionnel** Berufsverband *m*; **– restreint** Kollegium mit beschränkter Personenzahl; **– unique** einheitliches Wahlkollegium.

collégial *adj* (1) (*PrzR*) als Kollegialgericht, (2) nach dem Kollegialprinzip.

collégialement *adv* (1) gemeinsam, (2) (*PrzR*) (*Urteilsfällung*) durch eine Spruchkammer.

collégialité *f* Kollegialität *f*, kollegiales Verhalten; Kollegialsystem *n*; Kollegialprinzip *n*.

colliger *v.tr.d.* **des lois** Gesetze in einem Gesetzbuch zusammenfassen.

collision *f* Zusammenstoß *m*.

collocation *f* (*InsolvenzR*) Kollokation *f*, Festsetzung der Rangordnung der Gläubiger; Rangfolge der Zahlungsforderungen (bei der Insolvenz).

colloque *m* Konferenz *f*, Zusammenkunft, Kolloquium *n*.

colloquer *v.tr.* **les créanciers** (*InsolvenzR*) die Rangfolge der (Insolvenz-) Gläubiger festlegen; eine (Abschlags-) Verteilung (an die Gläubiger) vornehmen.

collusion *f* (*StR: entente secrète en vue de tromper qqn.*) (geheimes) Zusammenwirken *n* (zweier Personen zum Schaden eines Dritten), geheime Absprache mit Schädigungsabsicht, Kollusion *f*; **– frauduleuse** Absprache zur Verdunkelung (eines Tatbestandes), Verdunkelung; **– d'intérêts** (geheimes) Einverständnis.

collusoire *adj*: **entente –** geheime Absprache zwecks Schädigung eines Dritten.

colmater une brèche *v.tr.* eine Lücke schließen; *fig* eine Sache bereinigen; *fig* mehr oder minder in Ordnung bringen; etwas zurechtbiegen.

colocataire *m* (*SachR: copreneur*) Mitmieter *m*.

colocation *f* (*ZR*) Vermietung an mehrere Personen; gemeinschaftliche Anmietung.

colombe *f* (*a. fig. Pol*) Taube *f*.

colon *m* **paritaire** (*LandwR: métayer*) Halbpächter *m*, Grundpächter (der als Pachtzins einen Teil der Ernte schuldet).

colonat *m* **partiaire** (*LandwR: colonage*) Halbpacht *f*.

colonel *m* (*MilR*) Oberst *m*.

colonialisme *m* Kolonialherrschaft *f*, Kolonialismus *m*.

colonie *f* Kolonie *f*; **– pénitentiaire** (1) (*hist*) (überseeische) Strafkolonie, (2) Strafanstalt für Jugendliche; **– de peuplement** Ansiedlung.

colonisation *f* Kolonisierung; Gründung einer Ansiedlung.

colorant *n.m. et adj.* Farbstoff *m* (in Lebensmitteln); **matières –es dangereuses** (*in od. auf Bedarfsgegenständen und Spielzeug*) gesundheitsschädliche Farbstoffe.

colportage *m* (1) (*HR*) Reisegewerbe *n*, ambulantes Gewerbe, Hausierhandel *m*, (2) (*StR*) Verbreiten *n* von Gerüchten; **licence** *ou* **permis de –** Reisegewerbekarte *f*, Hausierschein.

colporter *v.tr.* (1) hausieren, (2) (*Gerüchte*) verbreiten.

colporteur *m* Straßenhändler *m*, Hausierer *m*, Detailreisende(r) *m*; **– de ragots** Schwätzer, Salbader *m*, Wichtigtuer *m*.

coma *m* (*MedizinR*) Koma *n*, tiefe Bewusstlosigkeit *f*; **– hypoglycémique** coma diabeticum, komatöser Zustand durch Glucosemangel.

comandant *m* (*ZR*) Mitvollmachtgeber *m*.

combat *m* Kampf *m*, Gefecht *n*; **– contre l'arbitraire** Aufstand *m* gegen die Willkürherrschaft, Kampfansage *f* gegen die Willkür (der Beamtenschaft); **– inéluctable** unausweichliche Konfrontation.

combativité *f* Kampfkraft *f*, Kampfgeist *m*, Kampfbereitschaft *f*.

combattant *m* Kriegsteilnehmer *m*, Frontkämpfer *m*.

combattre *v.tr.* bekämpfen; **– le grand banditisme** gegen die organisierte Kriminalität vorgehen.

combinaison *f* (*DV*) Verknüpfung.
combiné *m* (*Telefon*) Handapparat *m*.
combiner *v.tr.* verbinden, verknüpfen.
comblement *m* (1) Ausfüllen *n* (einer Gesetzeslücke), (2) (*GesR*) Nachschusspflicht *f* (im Betriebssanierungsverfahren).
combler *v.tr.* (auf-) füllen; **– les vœux** die Erwartungen erfüllen.
combles *mpl* Dachgeschoss *n*; **rendre les – habitables** den Dachstuhl ausbauen.
combustible *m* (1) Brennstoff *m*, Kraftstoff, (2) (*AtomR*) Spaltstoff.
comestible *adj* essbar; Nahrungs- *od.* Lebensmittel *n*.
comité *m* Ausschuss *m*, Komitee *n*; **en – secret** in geheimer Beratung; in nichtöffentlicher Sitzung; **en petit –** in kleinerem Kreise; **– d'action** Arbeitsausschuss *m*; **– antitabagiste** Verband zur Bekämpfung der Tabaksucht; **– d'appel** Berufungsausschuss; **– d'arbitrage** Schiedsausschuss; **– bancaire** Bankenausschuss; **– des bons offices** (*VR*) Vermittlungsausschuss *m*; **– central** Zentralkomitee *n*; **– central d'entreprise** (*ArbR: comité d'entreprise composé de délégués élus par les comités d'établissements occupant plus de 50 salariés*) zentraler Betriebsausschuss (in Unternehmen mit mehr als 50 Arbeitnehmer), Gesamtunternehmensausschuss *m*.
comité consultatif Beratungsausschuss *m*; Beirat *m*; beratender Ausschuss; **– – pour la répression des abus de droit** (*SteuerR*) Schiedsausschuss für rechtsmissbräuchliche Gestaltungsmaßnahmen; **– – social** Sozialbeirat *m*; **– – du travail et de l'emploi** beratender Ausschuss für Arbeit und Beschäftigung.
comité de coordination Koordinierungs- *od.* Lenkungsausschuss; **– des créanciers** (*InsolvenzR*) Gläubigerausschuss *m*, Gläubigerkomitee; **– directeur** *ou* **de direction** (1) (*GesR*) Vorstand *m*, (2) (*VerfR*) Lenkungsausschuss *n*; **– économique et social** (*VerfR*) Wirtschafts- und Sozialausschuss.

Die *comités d'entreprise* sind Harmonieverbände und können mit deutschen Betriebsräten nicht verglichen werden

comité d'entreprise (*ArbR: organe sous la direction du chef d'entreprise ayant pour objet d'assurer une expression collective des salariés – art. L. 431–4 Code du travail –pour gérer les œuvres sociales de l'entreprise*) frz. Betriebsausschuss (unter Vorsitz des Arbeitgebers u. zuständig in betrieblichen Sozialangelegenheiten), frz. Unternehmensausschuss zuständig für Sozialangelegenheiten (mit dem Betriebsinhaber an der Spitze); **– d'établissement** (*ArbR: comité d'entreprise à la base pour les entreprises à établissements multiples occupant plus de 50 salariés*) (*an den verschiedenen Betriebsstätten eines Unternehmens*) frz. Betriebsausschuss; **– d'études** (*BauR*) Planungsausschuss; **– d'examen** Prüfungsausschuss; **– d'experts** Sachverständigen- *od.* Fachausschuss; **– des finances** Finanzausschuss; **– de gestion** Geschäftsführungsgremium *n*, geschäftsführender Ausschuss.
comité de grève (*ArbR*) Streikleitung *f*; **– intergouvernemental pour les réfugiés** zwischenstaatlicher Ausschuss für Flüchtlingsfragen; **– intérimaire** Interimsausschuss; **– interministériel** Ministerialausschuss, interministerieller Ausschuss; **– international de la croix-rouge (= CICR)** internationales Komitee vom Roten Kreuz; **– international des dessins ou modèles** Internationaler Ausschuss für Muster oder Modelle.
comité juridique Rechtsausschuss; **– de lecture** (*VerlR*) Lektorat *n*; **– de liaison** Verbindungsbüro *n*; **– mixte** gemeinsamer Ausschuss.
comité national de la recherche scientifique (= CNRS) (*HochschulR*) frz. nationales Institut für wissenschaftliche Forschung; **– organisateur** *ou* **d'organisation** (1) Veranstaltungskomitee *n*; Organisationsausschuss *m*; **– du personnel**

(*EuR*) Personalvertretung; **– de probation** (*StPR*) Bewährungshelferausschuss *m*; **– des représentants permanents** (*VR*) Ausschuss der ständigen Vertreter; **– des sages** (*ÖfR*) Weisenrat *m*; **– de salut public** (*hist*) Wohlfahrtsausschuss; **– de sécurité** Sicherheitsausschuss; **– tarifaire** (*ZollR*) Tarifausschuss; **– technique** Fachausschuss; **– de vérification des comptes** Rechnungsprüferausschuss; **– de vérification des pouvoirs** (*VR*) Vollmachtsprüfungsausschuss.

command *m* (*HR*) tatsächlicher Erwerber (bei Kommissionsgeschäften).

commandant *m* (*MilR*) Kommandeur *m*, militärischer Befehlshaber *m*, Major *m*; **– en chef** Oberbefehlshaber *m*.

commande *f* (1) (*HR: Waren*) Bestellung *f*, Order *f*, Auftrag *m*, (2) Aufforderung, (3) Leitung *f*; Steuerung *f*, (4) Schaltvorrichtung *f*, Bedienorgan *n*; **accepter une –** eine Bestellung entgegennehmen *od.* aufnehmen; **annuler une –** einen Auftrag widerrufen *od.* stornieren; **bon** *ou* **bulletin de –** Bestellschein *m*, Bestellzettel *m*; **confirmation de –** Auftragsbestätigung; **exécuter une –** einen Auftrag ausführen; (*Waren*) liefern *npl*; **passer une –** einen Auftrag erteilen; **poste de –** leitende Stellung; **prendre une –** eine Bestellung entgegennehmen *od.* annehmen *od.* aufnehmen.

commande collective Sammelbestellung *f*; **– à distance** Fernsteuerung *f*, Fernbedienung *f*; **– de l'étranger** Auslandsauftrag *m*; **– à l'exportation** Exportauftrag; **– ferme** fester Auftrag, feste Bestellung; **– supplémentaire** Nachbestellung *f*; **–s en carnet** Auftragsbestand *m*.

commandement *m* (1) (*MilR: droit de commander et autorité investie de ce droit*) Befehlsrecht *n*; Befehlshaber *m*; Befehlsgewalt *f*, (2) (*ÖfR: ordre, injonction, prescription*) Aufforderung, Anordnung, Auftrag *m*, (3) (*ZPR: acte d'huissier de justice précédant une saisie*) Vollstreckungstitel *m*; Zustellung des Vollstreckungstitels, die im Vollstreckungstitel enthaltene Schuld zu erfüllen, (4) (*SteuerR*) Steuerbescheid *m*; **prendre le –** das Kommando *od.* die Führung übernehmen; **– itératif** (*SchuldR*) letzte Zahlungsaufforderung vor der Zwangsvollstreckung; **– de payer** (*HR*) Zahlungsbefehl *m*; Vollstreckungstitel *m*.

commander *v.tr.* (1) (*HR: Waren*) bestellen, in Auftrag geben, eine Bestellung erteilen, (2) (*enjoindre*) befehlen, (3) (*sujet nom de chose*) ausschlaggebend *od.* bestimmend sein für, bestimmen, beherrschen.

commanditaire *m* (1) (*GesR: commandite simple*) Kommanditist *m*, Teilhafter *m*, (2) (*GesR: commandite par actions*) Kommanditaktionär *m*.

commandite *f* (1) (*GesR*) Kommanditgesellschaft *f*, (2) (*GesR*) Haftsumme *f*, Anteil(e) des Teilhafters, Einlage des Kommanditisten, (3) (*ArbR: salaire aux pièces collectif*) Gesamtleistungslohn *m*; **associé en –** (*GesR*) Kommanditist *m*, Teilhafter *m* einer KG; **– simple** Kommanditgesellschaft *f*.

commandité *m* (*GesR*) Komplementär *m*, Vollhafter *m* einer KG.

commanditer *v.tr.* (1) (*GesR: société en commandite*) Gelder in eine KG einzahlen, (2) (*WirtR: financer*) Kapital bereitstellen, (3) (*ZR: sponsoriser qqn.*) jmdn. sponsern, fördern, finanziell unterstützen; **– le meurtre de qqn.** (*StR*) einen Killer anheuern.

commando *m* (*MilR: groupe de combat*) Kommando *n*, (militärische) Abteilung (mit Sonderauftrag); **– suicide** *m* Selbstmordkommando *n*; **– de terroristes** Terrorbande *f*.

comme en matière de ... (*PrzR: einleitende Formel*) *loc* gemäß den für das Verfahren geltenden Vorschriften.

commémoration *f* Gedächtnisfeier *f*.

commencement *m* Beginn *m*, Anfang *m*; **– d'exécution** (*StR*) Beginn *od.* Anfang der Ausführung (der beabsichtigten Straftat); **– d'indice** (*StPR*) Anfangsverdacht *m*, erster Hinweis; **– de la peine** (*StPR*) Strafantritt *m*; **– de preuve par écrit** (*PrzR: écrit ou indices n'apportant pas la preuve complète*) Anfangsbeweis, ergänzungsbedürftiger Urkundenbeweis (wobei die vorgelegte Urkunde durch Zeugen zum vollen Beweis verstärkt werden muss)., Indizien (in einer Beweiskette).

commende *f* (*KirchR*) einstweilige Übertragung einer geistlichen Pfründe, Ordenspfründe *f.*

commentaire *m* Kommentar *m*; Erklärung; Auslegung; Bemerkung.

commentateur *m* Kommentator *m*; Bearbeiter eines (juristischen) Kommentars.

commenter *v.tr.* kommentieren, erläutern, erklären.

commérage *m* Klatsch *m*, Gerede *n*, üble Nachrede.

commerçable *adj* (*HR: = commercialisable*) verkehrsfähig.

commerçant *m* (*HR: personne qui effectue des actes de commerce – art. L.121–1 et art. L.110–1 Ccom*) Kaufmann *m*, Gewerbetreibende(r); **petit –** Kleinhändler, Krämer *m*, Minderkaufmann; **– apparent** Scheinkaufmann; **– en détail** Einzelhändler; **– exportateur** Ausfuhrhändler, Exportkaufmann; **– en gros** Großhändler; **– importateur** Einfuhrhändler, Importeur *m*; **– en nom personnel** Einzelkaufmann.

commerçant *adj* handeltreibend; **rue –e** Geschäftsstraße.

commerçante *f* Kauffrau *f.*

commerce *m* (1) (*WirtR*) (*ensemble des activités qui consistent à acheter des produits pour les revendre*) Handel *m*; Handelsverkehr *m*; Geschäftsverkehr *m*, (2) (*HR: opération de commerce, maison de commerce*) (Handels-) Geschäft *n*, Handelsunternehmen *n*; Handelsgewerbe, (3) (*commerçants*) Kaufleute *mpl*, Händler *mpl*, Handelsstand *m*, (4) (*relations que l'on entretient*) Umgang *m*, Verkehr *m*; **acte de –** Handelsgeschäft *n*; **autorisation d'exercer un –** Gewerbezulassung; **cessation du –** Geschäftsaufgabe *f*; **chambre de –** Handelskammer *f*, Kammer der gewerblichen Wirtschaft (Aut); **création d'un –** Geschäftseröffnung; **effet de –** Handelswechsel *m*, Handelspapier *n*, Warenwechsel; **faire du –** ein Handelsgewerbe betreiben; **faire – de** Waren vertreiben; **fonds de –** (*HR: voir sous fonds*) frz. Handelsgeschäft *n*; Geschäftsvermögen eines Gewerbetriebes (außer den Grundstücken); Gesamtheit der Geschäftsaktiva (Immaterialgüterrechte inbegriffen); **juge de –** Richter *m* in Handelssachen, Handelsrichter.

commerce: **liberté du –** Gewerbefreiheit *f*; **livres de –** (*Buchf*) Handels- *od.* Geschäftsbücher; **maison de –** (*HR: fonds de commerce*) frz. Handelsunternehmen *n*, Handelsgeschäft; **marque de –** Warenzeichen *n*, Handelsmarke *f*; **mettre hors –** nicht mehr vertreiben, außer Verkehr setzen; **obstacles au –** Handelshemmnisse *npl*; **petit –** Kleinhandel; **pratique du –** Handelsbrauch *m*; **raison de –** (*GesR: synonyme de raison sociale*) Firma *f*, Gesellschaftsfirma, Firmenwortlaut (Aut).

commerce: **registre du – (et des sociétés) (= RCS)** (*HR: registre tenu au greffe du tribunal de commerce ou doivent se faire enregistrer les commerçants individuels et les sociétés*) frz. Handels- und Gesellschaftsregister *n*, (*Kurzbezeichnung*) Handelsregister; **tribunal de –** frz. Handelsgericht *n* (erster Instanz).

commerce: **voyageur de –** (*WirtR: syn.: voyageur, représentant, placier*) Fernreisende(r) *m*, Handlungsreisende (r) *m*, Handels- *od.* Geschäftsreisende (r); **– adultérin** (*FamR*) ehebrecherischer Verkehr; **– ambulant** (*HR*) Reise- *od.* Wandergewerbe *n*, ambulantes Gewerbe; **– d'armes** Waffengeschäfte *npl*, Kriegswaffenhandel; **– bancaire** Bankgewerbe; **– boursier** Börsenhandel; **– de** *ou* **en détail** Einzelhandelsgeschäft *n*; Einzel- *od.* Detailhandel *m*; **– des devises** Devisenhandel; **– des effets** Effektenhandel; **– électronique** e-commerce *m*; **– équitable** (*WirtR*) fairer Handel, Handel zu fairen Preisen (für Dritte-- Welt-Produkte); **– d'État** Staatshandel; **– d'exportation** Ausfuhr-, Export- *od.* Aktivhandel.

commerce extérieur Außenhandel *m*;

balance du – – Außenhandelsbilanz *f*; **banque du – –** Außenhandelsbank; **– – des armes** Rüstungsgüterexport *m*.

commerce de finition Veredelungsverkehr *m*; **– de gros, – en gros** Großhandel; **– illicite** unerlaubter Handel; **– d'importation** Einfuhr- *od.* Importhandel, Passivhandel; **– intérieur** Binnenhandel; **– international** Welthandel *m*; **– maritime** Seehandel; **– d'outre-mer** Überseehandel; **– privé** Privathandel; **– de proximité** Handelsgewerbe *od.* Laden in Kundennähe, Läden mit Convenience--goods; Tante-Emma-Laden; **– saisonnier** Saisongeschäft *n*; **– spécialisé** Fachhandel *m*; **– à terme** Terminhandel; **– transfrontalier** *ou* **transfrontières** grenzüberschreitender Handel; **– de transit** Durchfuhr- *od.* Transithandel; **– sur la voie publique** Straßenhandel.

commercer *v. intr.* ein Handelsgewerbe betreiben, Handel treiben.

commercial *adj* kaufmännisch, geschäftlich; handelsüblich; **chaîne –e** Handelskette *f*; **frais commerciaux** Geschäftskosten; **mobilier –** Ladeneinrichtung; **perspectives –es** Absatzerwartungen *fpl*; **politique –e** Marktstrategie *f*; **service –** Verkaufsabteilung; **taux –** handelsüblicher Zinssatz *m*; **termes commerciaux** Handelsusancen, Klauseln in Handelsverträgen.

commercialement *adv* (1) gewerbsmäßig, (2) das Handelsrecht betreffend; **statuer –** gemäß den handelsrechtlichen Vorschriften entscheiden.

commercialisable *adj* absetzbar, absatzfähig.

commercialisation *f* Vermarktung, gewerbsmäßiger Vertrieb *od.* Verkauf, gewerbsmäßige Verwertung, Kommerzialisierung; **– de l'érotisme** Sexvermarktung *f*.

commercialiser *v.tr.* (1) vertreiben, vermarkten, verkaufen, in den Handel *od.* auf den Markt bringen, (2) (*HR*) dem Handelsrecht unterwerfen; **– une dette** in eine handelsrechtliche Schuld *od.* Verpflichtung umwandeln.

commercialité *f* (*HR: acte qui réunit les critères de soumission au droit commercial*) (ein) dem Handelsrecht unterliegendes Geschäft.

commettant *m* (*SchuldR: personne qui charge le préposé d'une mission, HR: dans le contrat de commission, celui pour le compte duquel agit le commissionnaire*) Geschäftsherr *m*, Kommittent *m*, Auftraggeber *m*.

commettre *v.tr.* (1) (*quelqu'un*) jmdn. beauftragen, betrauen, (2) (*StR: perpétrer une infraction*) (eine Tat) begehen, verüben, (3) (*désigner, nommer*) ernennen, bestellen; **– un crime** ein Verbrechen begehen; **– un expert** einen Sachverständigen bestellen; **– une imprudence** fahrlässig handeln; **– un juge** einen Richter mit Sonderaufgaben (Kindschafts *od.* Vormundschaftssachen) betrauen; **– d'office** von Amts wegen bestellen; **– au soin** *ou* **à la garde de qqn.** jmdn. etwas zur Verwahrung übergeben; **– un faux-pas** gegen die guten Sitten verstoßen; eine Taktlosigkeit begehen.

commination *f* (*ÖfR: menace exprimée par l'autorité*) Androhung (einer Strafe *od.* Zwangsmaßnahme); ernste Warnung; Verwarnung.

comminatoire *adj* androhend, mit Rechtsfolgen drohend; **astreinte** *ou* **mesure –** (*PrzR*) Zwangsmaßnahme *f*, Zwangsmittel *n*; Zwangsgeld *n*; Zwangsbeitreibung od.-haft; **lettre –** Drohbrief *m*.

commis *m* (1) (*VwR: adjoint*) beigeordneter Amtsträger *m*, Beigeordneter *m*; Vertreter *m*, Beauftragte(r) *m*, (2) (*HR: agent subalterne*) Handlungsgehilfe *m*, Angestellte(r), Kommis *m*, (3) (*SchuldR*) Erfüllungsgehilfe *m*, (4) (*EuR*) Verwaltungssekretär; **grand – de l'État** (*VwR: haut fonctionnaire*) höherer Beamter, Beamter im höheren Dienst; **– adjoint** (*EuR*) Verwaltungsassistent; **– d'agent de change** Maklersubstitut *m*; **– aux écritures** Schreiber *m*, Kanzlist *m*; **– -greffier** (beeidigter) Stellvertreter des Urkundsbeamten der Geschäftsstelle; –

principal Hauptgehilfe *m*; – **-rédacteur** Sachbearbeiter *m*; – **-voyageur** (*HR*) Handlungsreisende (r), Handels- *od.* Geschäftsreisende(r), Reisende(r), Vertreter *m*.

commis *adj* (1) (*StR: Straftat*) begangen, vollendet, (2) (*HR: Person*) beauftragt, ernannt, (3) (*SachR: Gegenstand*) übergeben, anvertraut.

commissaire *m* (1) (*ÖfR*) (vom Staat beauftragter) höherer Verwaltungsbeamter *m*; (Polizei-) Kommissar *m*, Kommissär (Aut), (2) (*membre d'une commission*) Ausschussmitglied *n*, (3) (*ZR, PrzR*) Träger eines öffentlichen Amtes, Inhaber einer amtsähnlichen Stellung, (4) Ordner *m* (in einer öffentlichen Versammlung), (5) (*PrzR: magistrat représentant le ministère public*) Anklagevertreter *m*, (6) (*SeeHR*) Zahlmeister *m*; – **aux apports** (*GesR*) Prüfer der Sacheinlagen (bei einer Gesellschaftsgründung); – **aux comptes** (1) (*HR*) Rechnungsprüfer *m*, Buchprüfer, Buchrevisor, (2) (*GesR*) Abschlussprüfer *m*, Wirtschaftsprüfer; – **au concordat** (*InsolvenzR*) Vergleichsverwalter; – **aux délégations judiciaires** (B) Polizeibeamte(r), der mit der Staatsanwaltschaft unmittelbar zusammenarbeitet; – **divisionnaire de la police** Leiter einer frz. Polizeidienststelle; – **à l'exécution du plan** (*InsolvenzR*) Unternehmensverwalter im Rahmen der Betriebssanierung (zur Abwendung des Konkurses); – **gérant** öffentlicher Verwalter.

commissaire du gouvernement (1) (*VwPR: membre d'une juridiction administrative ayant pour mission de présenter objectivement un contentieux*) Verwalttungsrichter als Entscheidungsvorbereitungsrichter, Richter bei den frz. Verwaltungsgerichten (der den streitentscheidenden Richtern einen begründeten und unparteiischen Urteilsvorschlag unterbreitet), (2) (*VwPR: fonctionnaire chargé de défendre son administration devant le CE*) Vertreter einer (klagenden oder beklagten) Behörde vor dem Conseil d'État, (3) (*ÖfR: fonctionnaire contrôlant une entreprise semi-publique*) Regierungskommissar als Aufsichtsbeamter eines gemischtwirtschaftlichen Betriebes, Aufsichtsorgan (des Staates) in einem gemischtwirtschaftlichen Unternehmen; – **du peuple** Volkskommissar; – **au plan** Planbeauftragte(r).

commissaire de police (*StPR*) frz. Polizei(haupt)kommissar *m*; frz. Kommissariatsleiter *m*; – **-priseur** Vollstreckungsorgan für die Zwangsversteigerung, Auktionator *m*; Taxator *m*, vereidigter Wertsachverständiger; – **aux réfugiés** (*VR*) Flüchtlingskommissar; – **de la République** (ÖfR: vorübergehende Bezeichnung für:) Präfekt *m*, Regierungsvertreter im Departement; – **vérificateur** (*GesR*) Gründungsprüfer.

commissariat *m* (1) Polizeirevier *n*; Polizeidirektion *f*; Dienststelle eines Polizeikommissars, (2) Amtsbereich *m* eines Polizeikommissars, (3) Laufbahngruppe der Polizeikommissare; – **à l'énergie atomique (= CEA)** frz. Atomenergiebehörde; – **de police** Polizeirevier *n*.

Die Provision die ein Handelsvertreter erhält ist im Französischen *la commission* – es handelt sich also um einen faux-amis. Die frz. *provision* ist eine Sicherheitsleistung oder ein Vorschuss.

commission *f* (1) (*ZR, ÖfR: réunion de personnes*) Ausschuss *m*, Kommission *f*, (2) (*HR: contrat*) Kommissionsvertrag *m*, (3) (*HR: rémunération, pourcentage*) Provision *f*, (4) (*StR: action de commettre une infraction*) Begehung *f* (einer Straftat), Verübung *f*, (5) (*SchuldR: charge, mandat*) Vollmacht *f*, Bevollmächtigung, Auftrag *m*; Ersuchen *n*, (6) (*message transmis, service rendu*) *Allgspr.* Bestellung *f*, Besorgung *f*.

commission: **contrat de** – (*HR*) Kommissionsgeschäft *n*; **délibération en** – Ausschussberatung *f*; **marchandise en** – (*HR*) Kommissionsware *od.*

-gut; **membre d'une –** Ausschussmitglied *n*; **net de toute –** (*HR*) provisionsfrei *adj*; **renvoi à la –** Verweisung *od.* Zurückverweisung an den Ausschuss; **sans –** (*HR*) provisionsfrei *adj*; **toucher une –** (*HR*) eine Provision erhalten.

commission d'acceptation (*WechselR*) Akzeptprovision *f*; **– d'acquisition** (*HR*) Abschluss- *od.* Erstprovision; **– administrative** (*ÖfR*) Verwaltungsausschuss *od.* -rat; **– administrative paritaire** (*ArbR*) paritätisch besetzte Personalvertretung (Vertreter der Behörden und des Personals); **– d'admission** Aufnahme- *od.* Zulassungsausschuss; **– d'agent** (*HR*) Handelsvertreterprovision; **– d'appel** (*PrzR*) Berufungsausschuss *m*; **– de l'application des peines** (*StVR*) Strafvollstreckungsausschuss; **– d'apport** (*HR*) Abschlussprovision; **– d'arbitrage** *ou* **arbitrale** Schiedsausschuss *od.* -stelle; **– d'arrondissement** (*VwR*) (Pariser) Stadtbezirksausschuss; **– d'assurance** Versicherungsprovision.

commission bancaire *ou* **de banque** Bank- *od.* Bereitstellungsprovision; **– du budget** (*ÖfR*) Haushaltsausschuss; **– centrale** (*ÖfR: auprès du ministère de l'Économie*) Zentralausschuss für die Vergabe öffentlicher Aufträge; **– centrale pour la navigation du Rhin** Zentralkommission für die Rheinschiffahrt; **– chargée de la vérification des pouvoirs** Wahlprüfungsausschuss *m*; **– sur le chiffre d'affaires** Umsatzprovision *f*; **– du commerce extérieur** Außenhandelsausschuss.

commission des communautés européennes (= CCE) (*EuR*) Kommission der Europäischen Gemeinschaften; **– de compte** Umsatzprovision; **– de conciliation** Vermittlungs- *od.* Schlichtungsausschuss; **– consultative** beratender Ausschuss; **– consultative des droits de l'homme** (*EuR*) Menschenrechtsausschuss; **– de contrôle** Überwachungs- *od.* Kontrollausschuss; **– de coordination** Koordinierungsausschuss; **– de cotation** mit der Kursfestsetzung beauftragter Börsenausschuss; **– des créanciers** (*InsolvenzR*) Gläubigerausschuss; **– de la défense nationale** (*VerfR*) Verteidigungsausschuss; **– départementale** (*ÖfR*) Departementsausschuss; **– ducroire** (*HR*) Delkredereprovision; **– économique et financière** Wirtschafts- und Finanzausschuss; **– élargie** erweiterter Ausschuss.

commission électorale Wahlausschuss; **– d'encaissement** Einziehungs- *od.* Inkassoprovision; **– d'enquête** Ermittlungs- *od.* Untersuchungsausschuss; **– d'escompte** (*WechselR*) Diskontprovision; **– d'examen** Prüfungsausschuss; **– d'experts** Sachverständigenausschuss, Expertenkommission.

commission des finances Finanzausschuss *m*; **– de garantie** Bürgschaftsprovision; **– de gestion** Geschäftsführungsprovision; **– gouvernementale** Regierungsausschuss; **– des grâces** (*StR*) Begnadigungsausschuss; **– d'indemnisation** (*StR: des victimes d'infractions*) Entschädigungsausschuss (für Opfer von Straftaten); **– intérimaire** Interimsausschuss; **– interministérielle** Regierungskommission.

commission internationale de l'état-civil (= CIEC) internationale Kommission für das Personenstandswesen; **– internationale de navigation aérienne (= CINA)** Internationale Luftfahrtkommission.

commission juridictionnelle (*MilR: objecteurs de conscience*) Prüfungsausschuss für Wehrdienstverweigerer; **– juridique** Rechtsausschuss.

commission des marchés (*VwR*) Vergabeausschuss *m*; beratender Ausschuss für Rechtsfragen im Rahmen öffentlicher Aufträge; **– de médiation** Vermittlungsausschuss; **– médicale** ärztlicher Ausschuss; **– mixte paritaire** (*VerfR*) frz. paritätischer Vermittlungsausschuss (zwischen Senat und Nationalversammlung); **– municipale** Gemeindeausschuss.

commission nationale de l'informatique et des libertés (= CNIL) (*VerfR*) frz. zentrale Datenschutzbehörde; **– de navigation aérienne** Luftfahrtkommission.

commission d'office d'un avocat (*StPR*) Bestellung eines Pflichtverteidigers (durch das Gericht); **– des opérations de bourse (= COB)** frz. Börsenaufsichtsbehörde; **– d'ouverture de crédit** Krediteröffnungsprovision; **– de paiement** Auszahlungsprovision; **– parlementaire** parlamentarischer Ausschuss; **– permanente** ständiger Ausschuss; **– du plan** Planungsrat *m*; **– de première instance de sécurité sociale** frz. Sozialgericht erster Instanz; **– de recouvrement** Inkassoprovision; **– de rédaction** Redaktionsausschuss; **– de réforme** (*MilR*) Ausmusterungskommission; **– du règlement** Geschäftsordnungsausschuss; **– de révision** Nachprüfungsausschuss.

commission rogatoire (1) (*StPR: recherche de preuves ordonnée par le juge d'instruction*) Beweisersuchen *n*, Rechtshilfeersuchen, richterliche Anordnung von Untersuchungshandlungen (zur Aufklärung einer Straftat), (2) (*StPR*) Auftrag *od.* Ersuchen der Staatsanwaltschaft (gerichtet an bestimmte Behörden *od.* Beamte), (3) (*VwR*) Amtshilfeersuchen *n*; **– rogatoire internationale** internationales *od.* zwischenstaatliches Rechtshilfeersuchen; **– sociale** Sozialausschuss; **– spéciale** Sonderausschuss; **– de surveillance** Aufsichts- *od.* Überwachungsausschuss; **– technique** Fachausschuss; **– de tenue de compte** Kontoführungsprovision; **– des transports** Verkehrsausschuss; **– de vente** (*HR*) Verkaufsauftrag; **– sur la vente** Verkaufsprovision; **– de vérification des comptes** Rechnungsprüferausschuss.

commissionnaire *m* (*HR*) Kommissionär *m*, Geschäftsvermittler; **– contrepartiste** Eigenhändler *m*, selbsteintretender Kommissionär; **– de** *ou* **en douane** Grenz- *od.* Zollspediteur, Zollagent od.-makler; **– ducroire** Delkredere-Kommissionär; **– -expéditeur** (S) Spediteur *m*; **– -exportateur** Ausfuhrkommissionär; **– de roulage** Transportunternehmer *m*; **– de transport** (*HR*) Spediteur *m*.

commissionnement *m* (1) Bevollmächtigung *f*, (2) Provisionsfestsetzung, Provisionsregelung.

commissionner *v.tr.* (1) bevollmächtigen, (2) Waren durch einen Kommissionär beziehen.

commissoire *adj* (*SchuldR: qui entraîne l'annulation d'un contrat*) vernichtbar, aufhebbar, anfechtbar; **clause –** Vertragsaufhebungsklausel *f*; Verwirkungsklausel.

commodant *m* (*SchuldR: prêteur*) Verleiher *m*.

commodat *m* (*SchuldR: prêt à usage – art. 1875 Cciv*) Leihe *f*.

commodataire *m* Entleiher *m*.

commode *adj* vorteilhaft, praktisch, bequem, leicht verwendbar.

commodité *f* Bequemlichkeit; **pour raisons de –** zwecks Arbeitserleichterung.

commorientes *pl* (*ErbR: comourants*) Kommorienten, Personen, die gegenseitig zu Erben berufen wären, aber gemeinsam bei einem Unfall umkommen.

commotion *f* **cérébrale** Gehirnerschütterung *f*.

commuable *adj* (*StR: peine*) umwandelbar.

commuer *v.tr.* umwandeln; **– une peine** eine Strafe herabsetzen *od.* mindern.

commun *adj* (1) (*en commun*) gemeinsam, gemeinschaftlich, (2) allgemein, alltäglich, gewöhnlich; **exercice en – de l'autorité parentale** (*FamR*) gemeinsame Personensorge (auch der geschiedenen Ehegatten).

communal *adj* Kommunal-, Gemeinde-; kommunal.

communalisation *f* (1) (*VwR*) Überführung in die Gemeindeverwaltung, (2) (*GesR*) Vergemeinschaftung.

communautaire *adj* gemeinschaftlich; die EU betreffend, Gemeinschafts-; **taxe –** (*EuR*) Gemeinschaftsabgabe;

taxe – complémentaire Ergänzungsabgabe *f.*

communautarisation *f* (*VR*) gemeinsame Ausbeutung der Meeresbodenschätze (in küstennahen Gewässern) durch mehrere Staaten.

communauté *f* (1) (*VerfR: association d'États entre la France et ses territoires africains créée par le titre XII de la constitution de 1958*) *hist.* frz. Gemeinschaft *f*, Nation *f*, Gemeinwesen *n*, (2) (*KirchR: groupe de religieux qui vivent ensemble et observent des règles ascétiques et mystiques*) Kongregation *f*, geistliche Brüderschaft, (3) (*EheR: régime matrimonial de la communauté conjugale*) Gütergemeinschaft *f*, (4) (*SozR: groupe d'individus fondé sur la mise en commun des ressources de leurs membres et l'éducation communautaire des enfants*) Kommune *f*, Wohngemeinschaft *f*, Gemeinschaftlichkeit, (5) (*VR: groupe ethnique*) Volksgruppe *f*; **acquêt de –** (*EheR*) zur Errungenschaftsgemeinschaft gehörende Sache; **apporter en –** in die Gütergemeinschaft einbringen; **bien exclu de la –** Sondergut *n*; **mettre en –** in die Gütergemeinschaft einbringen; **régime sans** *ou* **exclusif de –** (*EheR*) (Güterstand der) Gütertrennung.

communauté d'acquêts (*EheR: communauté légale depuis 1965, syn.: communauté réduite aux acquêts – art. 1400 suiv. Cciv –ll'actif se compose seulement des acquêts*) (*frz. gesetzlicher Güterstand*) Errungenschaftsgemeinschaft *f*; **– agricole** (*EuR*) Agrargemeinschaft *f*; **– atlantique** (*MilR*) Atlantikpakt *m*; **– de biens** (*FamR*) eheliche Gütergemeinschaft; **– de biens réduite** (*EheR*) (S) beschränkte Gütergemeinschaft; **– charbon-acier (= CCA)** (*EuR*) Gemeinschaft für Kohle u. Stahl, Montanunion; **– avec clause de main commune** (*FamR*) (vertraglicher frz.) Güterstand mit gemeinschaftlicher Verwaltung; **– avec clause de prélèvement moyennant indemnité** (vertraglicher frz.) Güterstand mit Klausel über die Vorwegnahme gegen Anrechnung; **– avec clause de représentation mutuelle** (vertraglicher frz.) Güterstand der Gesamtverwaltung mit gegenseitiger Vertretung; **– avec clause d'unité d'administration** (vertraglicher frz.) Güterstand mit Alleinverwaltungsrecht des Ehemannes; **– conjugale** (*EheR: syn.: communauté entre époux*) eheliche Gütergemeinschaft; **– conventionnelle** (*EheR: régime matrimonial contractuel par opposition à la communauté légale*) vertragliche Gütergemeinschaft; **– cultuelle** (*KirchR*) frz. Kirche(ngemeinde) als privater eingetragener Verein; **– douanière** Zollunion.

communauté économique européenne (= CEE) Europäische Wirtschaftsgemeinschaft (= EWG), gemeinsamer Markt; **– entre époux** (*EheR: régime matrimonial dit aussi communauté conjugale*) eheliche Gütergemeinschaft; **– européenne (= CE)** (*EuR: aujourd'hui Union européenne*) Europäische Gemeinschaft (= EG); **– européenne du charbon et de l'acier (= CECA)** Europäische Gemeinschaft für Kohle und Stahl (= EGKS); **– européenne de défense (= CED)** Europäische Verteidigungsgemeinschaft (= EVG); **– européenne de l'énergie atomique (= CEEA)** Europäische Atomgemeinschaft (= EURATOM).

communauté d'exploitation (*GesR*) Betriebsgemeinschaft *f*; **– des héritiers** (S) Erbengemeinschaft; **– d'intérêts** (*GesR: groupement d'intérêt économique*) Interessengemeinschaft (= IG) *f*; **– internationale** (*VR: société internationale*) Völkergemeinschaft *f*; **– israélite** Israelitische Kultusgemeinde.

communauté légale (*FamR: ce régime légal en communauté se compose activement des acquêts faits par les époux ensemble ou séparément durant le mariage – art. 1401 Cciv*) (*aus drei Vermögensmassen bestehende Gemeinschaft: den beiden getrennten persönlichen Vermögensmassen der Ehegatten und einer dritten gemeinschaftlichen während der Ehe erworbenen*) frz. gesetzlicher Güterstand der Errungenschaftsgemeinschaft; –

matrimoniale (*FamR: régime matrimonial légal jusqu'en 1965*) frz. gesetzlicher Güterstand der Gütergemeinschaft (bis 1965).

communauté de meubles et acquêts (*EheR: régime conventionnel de la communauté – art. 1498 et suiv. Cciv*) (*vertraglicher Güterstand der*) Fahrnis- und Errungenschaftsgemeinschaft; **– nationale** (*VerfR*) Staat *m*, staatliche Gemeinschaft; **– de participation aux acquêts** (*EheR*) Zugewinngemeinschaft; **– des peuples** Völkergemeinschaft; **– réduite aux acquêts** (*EheR: communauté d'acquêts*) frz. Errungenschaftsgemeinschaft; **– réduite aux meubles** (*EheR*) Fahrnisgemeinschaft *f*; **– religieuse** Religionsgemeinschaft; **– universelle** (*EheR: régime matrimonial conventionnel comprenant tous les meubles et immeubles présents et à venir – art. 1526 Cciv*) vertraglicher Güterstand der Gütergemeinschaft (Grundstücke inklusive); **– de vie** (*EheR*) eheliche Lebensgemeinschaft.

communaux *mpl* (*LandwR*) Allmende *f*.

commune *f* (1) (*VerfR: collectivité locale et circonscription administrative de l'État*) Gemeinde *f* (als öffentlich-rechtliche Gebietskörperschaft), (2) (*VwR*) Einwohnerschaft einer Gemeinde; **– jumelée** Partnerstadt *od.* -gemeinde; **– du lieu de résidence** Wohngemeinde; **– du lieu de travail** Arbeitsort *m*; **– limitrophe** Stadterweiterungsgebiet *n*; **– d'origine** Heimatort *m*, Heimatgemeinde; **– de résidence** Wohngemeinde; **– rurale** Landgemeinde; **– sinistrée** durch eine Naturkatastrophe (Hochwasser usw.) geschädigte Gemeinde; **– suburbaine** Vorort *m*, Satellitenstadt; **– urbaine** Stadtgebiet *n*.

communication *f* (1) (*VwR: information, ensemble d'informations ainsi communiquées*) Mitteilung *f*, Bekanntmachung, (2) (*MedienR: communication téléfonique*) Fernmelde- *od.* Fernsprechverbindung, (3) (*PrzR, VwR: fait de transmettre à qqn une information écrite: pièces et dossiers*) (Akten-) Vorlage *f*, Einreichung, (4) (*Pol: lors d'un congrès exposé oral ou écrit concernant un sujet déterminé*) Referat *n*, Beitrag *m*, Bericht *m*, (5) (*StPR*) Verkehr *m* (des Anwalts mit seinem Klienten), (6) (*MedienR: communication de masse – surtout employé au pluriel –mass media*) Nachrichtenwesen *n*; Massenmedien *pl.*; Nachrichtenverkehr *m*; **demander la – du dossier** eine Akte zur Einsichtnahme anfordern; **en –** zur Information; **prendre – d'un dossier** eine Akte einsehen; **voie de –** Verkehrsweg *m*; **– de données** Datentransfer *m*, Datenübertragung *f*; **– du dossier** *ou* **des pièces** (*VerfR, PrzR: obligation de porter à la connaissance de l'autre partie toutes les pièces utiles*) Akteneinsichtgewährung *f*, Verpflichtung (der Parteien) zur Akteneinsichtsgewährung; **– de la procédure au Parquet** (*StPR*) Weiterleitung einer Strafakte an die Staatsanwaltschaft (durch den Ermittlungsrichter) zwecks Anklageerhebung.

communiqué *m* amtliche Verlautbarung, Bekanntmachung, Mitteilung *f*, Kommuniqué *n*; **– commun** gemeinsame Verlautbarung; **– final** Schlusskommuniqué *n*; **– de mise en garde** (*VR*) dringliche Warnung.

communiquer *v.tr.* übermitteln, vorlegen, mitteilen, bekannt machen, wissen lassen, verlautbaren; **permis de –** Sprecherlaubnis *f*.

communs *mpl* (*SachR*) Wirtschaftsgebäude *npl*, Nebengebäude.

commutatif *adj* (*SchuldR: relatif à l'échange*) tauschbar, einen Tauschvertrag betreffend; **contrat –** (*SchuldR: contrat à titre onéreux dans lequel les parties connaissent dès la signature l'étendue des prestations dues*) Vertrag mit gleichwertigen gegenseitigen Leistungen, Austauschvertrag *m*; **justice commutative** ausgleichende Gerechtigkeit.

commutation *f* (1) (*StR*) Umwandlung *f*, (2) (*DV*) Umschaltmöglichkeit *f*, Vermittlung; **– de peine** (*StR*) Straferlass *m*, Strafmilderung *f*.

comourants *mpl* (*ErbR*) beim gleichen Unfall tödlich verunglückte Personen, Kommorienten *mpl*.

compagnie *f* (1) (*HR*) Handelsgesellschaft; Bezeichnung in Frankreich für bestimmte Gesellschaftsformen, (2) (*PrzR: groupement professionnel*) Berufsvereinigung *f* (Notare, Gerichtsvollzieher), (3) (*KirchR*) religiöser Orden; **et – (= & Cie)** (*GesR: partie de la dénomination sociale*) & Kompanie, Kompagnon (= & Co.); **– aérienne** Luftfahrtgesellschaft *f*; **– des agents de change** Börsenmaklervereinigung *f*; **– d'assurances** Versicherungsgesellschaft *od.* -anstalt *f*; **– à charte** Chartergesellschaft; **– financière** Holdinggesellschaft *f*.
compagnie française d'assurance pour le commerce extérieur (= COFACE) (*Außh*) frz. öffentlichrechtliche Außenhandelsversicherung (entspricht der dt. Hermes Kreditversicherungs-AG); **– de navigation aérienne (= CNA)** Luftfahrtgesellschaft; **– de navigation maritime (= CNM)** Schiffahrtsgesellschaft; **– pétrolière** Erdölgesellschaft; **– républicaine de sécurité (= CRS)** (*ÖfR: forces de police organisées sur le mode militaire mais de statut civil*) frz. kasernierte Bereitschaftspolizei.
compagnon *m* (1) (*HR*) Gesellschafter *m*; Teilhaber *m*, Mitinhaber *m*, (2) Begleiter *m*, Gefährte *m*, (3) (*ArbR*) (Handwerks-) Geselle *m*.
compagnonnage *m* Arbeiterverein *m*; Gesellenzeit *f*; Gesellenbund *m*.
comparabilité *f* Vergleichbarkeit (der Preise).
comparable *adj* vergleichbar.
comparaison *f* Vergleich *m*, vergleichende Übersicht; Gegenüberstellung *f*; **– d'écritures** Schriftenvergleich *m*; **– des prix** Preisvergleich *m*; **– n'est pas raison** Vergleiche hinken.
comparaître *v. intr.* (*PrzR*) (*vor Gericht*) erscheinen; **ajournement** *ou* **assignation** *ou* **citation à –** Vorladung *f*; **ont comparu devant le notaire** vor dem Notar waren in Person anwesend; **– devant un tribunal** *ou* **en justice** vor Gericht erscheinen.
comparant *m* (*PrzR*) (vor Gericht) erschienene *od.* agierende Person, Anwesender(r) *m*, Erschienener *m*.
comparatiste *m* Fachmann *m* für Rechtsvergleichung.
comparer *v.tr.* vergleichen, einen Vergleich anstellen.
comparse *m* (*StR*) Helfershelfer *m*, Gehilfe *m*.
compartiment *m* (1) (*SeeHR*) Frachtraum *m*, Laderaum, Kabine *f*, (2) (*BankR*) Fach *n* (im Tresor einer Bank) Safe *m*, (3) (*Zug*) Abteil *n*; **– isoloir** (B) Wahlkabine *f*.
compartimentage *m* Aufteilung *f*, Einteilung, Gliederung.
comparution *f* (1) (*PrzR*) Erscheinen *n* (vor Gericht), (zwangsweise) Vorführung *f*; Vernehmung *f* (durch die Polizei), (2) (*ZPR: monopole d'avocat*) Bestellung eines Anwalts; **date de –** Vernehmungstag *m*; **défaut de –** Nichterscheinen; **délai de –** Ladungsfrist *f*; **lieu de –** Verhandlungsort *m*; **mandat de –** (*StPR: ordre de se présenter devant le juge d'instruction*) Ladung *f*, Vorladung; **– immédiate** (*StPR*) sofortigeVorführungvorden Strafrichter (zwecks Aburteilung bei Inflagranti-Straftaten); **– personnelle** persönliches Erscheinen (vor Gericht).
compassion *f* Mitgefühl *n*.
compatibilité *f* Vereinbarkeit; **– avec l'environnement** Umweltverträglichkeit *f*; **– d'humeur** Verträglichkeit.
compatible *adj* (1) vereinbar, widerspruchsfrei, (2) (*Geräte*) kompatibel, verträglich.
compatriote *m* Landsmann *m*.
compendium *m* Kurzlehrbuch *n*, Lehrfaden *m*.
compensable *adj* aufrechenbar, anrechnungsfähig, ausgleichsfähig.
compensateur *adj* ausgleichend; **droits –s** (*ZollR*) Ausgleichsabgaben *f(pl)*; **mesures compensatrices** (*EuR*) Antisubventionsmaßnahmen *f(pl)*; **repos –** (*ArbR*) Ausgleichsruhezeit *f*.
compensation *f* (1) (*SchuldR: compensation conventionnelle éteignant les dettes réciproques – art. 1289 Cciv*) Aufrechnung *f*, (2) (*HR*) Anrechnung *f*, Verrechnung *f*, Ausgleich *m*, Kompensation *f*, (3) (*VersR*) Vergütung *f*,

Entgelt *n*, Ersatzleistung *f*, Ersatz *m*, (4) (*ArbR*) Entschädigung, Ausgleichsvergütung; **chambre de –** (*BankR*) Verrechnungs- *od.* Clearingstelle; **s'éteindre par –** durch Aufrechnung erlöschen; **exception de –** Aufrechnungseinrede *f*, (en S. aussi:) Einrede der Verrechnung; **fonds de –** Ausgleichsfonds *m*; **office de –** Verrechnungs- *od.* Abrechnungsstelle, Clearingstelle *f*; **taxe de –** Ausgleichsabgabe; **par voie de –** im Verrechnungsweg.

compensation des dépens (*PrzR*) Kostenentscheidung, richterliche Aufteilung der Kosten zwischen Kläger und Beklagtem, gegenseitige Aufhebung *od.* gegenseitige Aufrechnung der Kosten; **– des devises** Devisenausgleich *m*; **– financière** Finanzausgleich *m*; **– fiscale** Steuerausgleich; **– des frais** Kostenvergütung *f*; **– judiciaire** gerichtliche Aufrechnung; **– légale** gesetzliche Aufrechnung; **– en nature** Naturalausgleich; **– des pertes** Verlustausgleich; **– des prix** Preisausgleichung; **– des risques** Gefahren- *od.* Risikoausgleich; **– salariale** Lohnausgleich *m*.

compensatoire *adj* mit gegenseitiger Kostenausgleichung, Ausgleich-; **forfait** *ou* **indemnité –** Pauschalvergütung *adv*, Entschädigung *f*; **montants –s** (*EuR*) Ausgleichsabgabe *f*, Grenzausgleichsbeträge *mpl*.

compensé *adj* (1) (*Buchf*) ausgeglichen, (2) ausgewogen, (3) ausgeheilt, wiederhergestellt, gesundet.

compenser *v.tr.* (1) ausgleichen, aufrechnen, anrechnen, verrechnen, kompensieren, (2) abdecken, auffangen, ersetzen, wiedergutmachen; **– les dépens** (*PrzR*) eine Kostenentscheidung fällen; die Kosten (eines Verfahrens) zwischen Kläger u. Beklagtem aufteilen.

compérage *m* geheimes Einverständnis zur Schädigung eines Dritten.

compétence *f* (1) (*PrzR, IPR*) (verfahrensrechtliche) Zuständigkeit *f*, Kompetenz *f*, (2) (*VwR: attribution*) Befugnis *f*, Amtsbefugnis; (behördliche) Zuständigkeit, Aufgaben- *od.* Geschäftsbereich *m*, (3) (*ArbR: connaissances, qualification*) Sachverstand, Befähigung, Fachkenntnis *f*, (berufliches) Können *n*; **attribuer –** (*PrzR*) die Zuständigkeit begründen; für zuständig erklären; **avoir – pour** zuständig sein für; befugt sein; **clause attributive de –** (*ZR, HR*) Gerichtsstandsklausel *f*; **condition de –** Zuständigkeitsvoraussetzung; **conflit de –** Kompetenzkonflikt *m*, Zuständigkeitsstreit *m*; **décliner la –** die Zuständigkeit (eines Gerichts) bestreiten; sich für unzuständig erklären; **défaut de –** Unzuständigkeit; **délégation de –** Übertragung *od.* Delegierung von Befugnissen, Zuständigkeitsübertragung; **délimitation de –** Abgrenzung der Zuständigkeiten, Zuständigkeitsverteilung; **domaine de –** Zuständigkeitsbereich *m*; **être de la – de** unter *od.* in die Zuständigkeit fallen; **extension de –** Zuständigkeitserweiterung; **limitation de –** Zuständigkeitsbeschränkung; **partage de –** Zuständigkeits- *od.* Kompetenzverteilung; **plénitude de –** Allzuständigkeit, umfassende Zuständigkeit; **règle de –** Zuständigkeitsvorschrift *f*, Kompetenznorm *f*; **relever de la –** in den Zuständigkeitsbereich (einer Behörde) fallen; **répartition de –** Zuständigkeitsverteilung *od.* -zuweisung; **sphère de –** Zuständigkeitsbereich *m*; **transfert de –s** Befugnis- *od.* Zuständigkeitsübertragung.

compétence à raison du lieu örtliche Zuständigkeit; **– absolue** ausschließliche Zuständigkeit; **– accessoire** Hilfszuständigkeit; **– administrative** (1) (*VwR*) Angelegenheit der Verwaltung, behördliche Zuständigkeit, (2) (*VwPR*) Zuständigkeit der Verwaltungsgerichte; **– annexe** Hilfszuständigkeit; **– d'attribution** (1) (*ZPR*) sachliche Zuständigkeit, (2) (*VwR*) Zuständigkeit kraft Zuweisung; **– à charge d'appel** Zuständigkeit mit Berufungsmöglichkeit; **– de la –** Kompetenzkompetenz; **– concurrente** konkurrierende Zuständigkeit; **– contentieuse** Zuständigkeit im Rahmen der streitigen Gerichtsbarkeit; **– directe** (*IPR*) direkte Zuständigkeit; **– disciplinaire** Disziplinargewalt, Dienststrafbefugnis; **– discrétionnaire** (*ÖfR*) freies Ermessen, Verwaltungsermessen; **– d'élection** (*ZPR*) gewillkürter Gerichtsstand *m*; **– exclusive** ausschließliche Zuständigkeit; **– générale** (*IPR*) allgemeine *od.* internationale Zuständigkeit; **– pour grâcier** (*StPR*) Gnadenrecht, Recht zu Gnadenerweisen; **– internationale** (*IPR: compétence générale*) internationale od.allgemeine Zuständigkeit.

compétence judiciaire (1) (*GVR*) Zuständigkeit der ordentlichen Gerichte, (2) (*PrzR*) Gerichtsstand; **– juridictionnelle** Gerichtsbarkeit, Gerichtshoheit *f*, Rechtsprechungsgewalt *f*; **– législative** Gesetzgebungsbefugnis *od.* -kompetenz; **– liée** (*VwR*) gebundenes Ermessen, gebundene Verwaltungsbefugnisse *fpl*; **– limitée** (1) (*VwR*) begrenzter Zuständigkeitsbereich, (2) (*PrzR*) beschränkte Gerichtsbarkeit; **– matérielle** sachliche Zuständigkeit; **– nationale** (*VR*) staatlicher Kompetenzbereich; **– normative** Rechtsetzungsbefugnis *f*; **– obligatoire** ausschließender Gerichtsstand.

compétence pénale (*StR*) Strafbefugnis; **– personnelle** (1) (*PrzR*) Zuständigkeit in Anbetracht der Person, (2) (*IPR*) Rechts- und Schutzhoheit eines Staates gegenüber seinen Staatsangehörigen im Ausland; **– de pleine juridiction** Befugnis zu unbeschränkter Ermessensnachprüfung; **– professionnelle** (*ArbR*) Fachkenntnisse, Sachkunde, Berufserfahrung, berufliche Befähigung; **– à raison de la matière** sachliche Zuständigkeit.

compétence ratione loci (*PrzR: compétence en raison du lieu*) örtliche Zuständigkeit; **– ratione materiae** (*PrzR: compétence d'attribution*) sachliche Zuständigkeit; **– ratione personae** (*ZPR*) Zuständigkeit in Anbetracht der Person (Kaufleute, Minderjährige, usw.); **– réglementaire** (*ÖfR*) Befugnis *f* zum Erlass von Rechtsverordnungen und Verwaltungsvorschriften; **– régulière** zivilgerichtliche Zuständigkeit; **– de représentation** (*ZR*) Vertretungsbefugnis; **– réservée** (*VwR*) Vorbehaltsbefugnis; **– subsidiaire** Hilfszuständigkeit, subsidiäre Zuständigkeit; **– technique** Fachkenntnisse Fachwissen *n*; **– territoriale** örtliche Zuständigkeit.

compétence universelle (*VR, StR*) allgemeine, über die Grenzen hinausreichende Zuständigkeit in Strafsachen, bei Völkermord und sonstigen Kriegsverbrechen (*bisher nur im belgischen Recht*).

compétent *adj* (1) zuständig, kompetent, befugt, (2) fachmännisch, fachkundig, sachverständig; **avoir l'âge – pour contracter mariage** ehefähig sein; **tribunal –** zuständiges Gericht.

compéter *v.tr.ind.* (*PrzR: être de la compétence d'un tribunal*) in den Zuständigkeitsbereich (eines Gerichts) fallen; **– à la juridiction prud'hommale** (Rechtsstreit) der vor ein Arbeitsgericht gehört.

compétiteur *m* Konkurrent *m*, Mitbewerber *m*, Wettbewerber, Teilnehmer.

compétitif *adj* wettbewerbsfähig, konkurrenzfähig; **entreprise compétitive** wettbewerbsfähiges Unternehmen.

compétition *f* Konkurrenz *f*, Wettbewerb *m*; Wettstreit *m*; **entrer en –** konkurrieren, rivalisieren.

compétitivité *f* Wettbewerbsfähigkeit *f*, Konkurrenzfähigkeit; **– acharnée** erbitterter Wettbewerb.

compilation (*UrhR*) Kompilation, unschöpferisches Abschreiben aus mehreren Schriften.

complainte *f* (*ZPR*) Besitzstörungsklage *f*.

complaisance *f* Gefälligkeit *f*, Entgegenkommen *n*; **attestation de –** Gefälligkeitsattest *n*; **pavillon de –** Billigflagge; **traite de –** Gefälligkeitswechsel.

complant *m* (*LandwR*) Teilpacht *f* eines Weinguts.

complément *m* Ergänzung *f*, Nachtrag

m; Zuschlag *m*; – **d'appointements** Gehaltszulage *f*; – **de cotisation** (*VersR*) Ergänzungsbeitrag *m*; – **de dividende** Restdividende *f*; – **d'enquête** (*StPR*) ergänzende *od.* zusätzliche Ermittlungen; – **d'expertise** ergänzendes Gutachten.

complément familial (*SozR*) Leistungen aus der Sozialversicherung; Familiengeld *n*, Familienzulage *f*; – **d'impôt** Steuerzuschlag *m*.

complément d'information (*StPR*) zusätzliche Ermittlungen und neue Beweiserhebung; – **de preuve** Ergänzungs- *od.* Zusatzbeweis *m*; zusätzliche Beweisaufnahme, zusätzlicher Beweisgegenstand; – **de taxe** Zusatzgebühr.

complémentaire *adj* ergänzend, Ergänzungs-.

complémentarité *f* wechselseitige Ergänzungsfähigkeit, Komplementarität; Ausbaufähigkeit *od.* -möglichkeit *f*.

compléter *v.tr.* vervollständigen, ergänzen.

complétif *adj* ergänzend, zusätzlich.

complétion *f* Vervollständigung *f*.

complexe *adj* vielschichtig, vielfältig; verworren, schwierig.

complexe *m* (*Vwirt*) Komplex *m*, Gesamtheit; – **économique** Wirtschaftseinheit; – **industriel** Industriekomplex *m*; – **sportif** Sportarena *f*.

complexité *f* (*Pol*) verworrene Verhältnisse, unübersichtliche Situation; – **croissante** zunehmende Unübersichtlichkeit.

complication *f* (1) Schwierigkeit *f*; (plötzlich eintretende) Erschwerung, (2) (*MedizinR*) Verschlimmerung (des Krankheitszustandes).

Nach französischer Vorstellung sind die Anstifter ebenso Komplizen wie die Gehilfen im Rahmen der Beihilfe – siehe hierzu art. 121–7 alinéa 2 NCP

complice *m* (*StR*) Gehilfe *m*, Komplize *m*, Teilnehmer *m* an einer Straftat; – **par provocation** (*StR: instigateur*) Anstifter *m*.

complicité *f* (*StR: aide apportée à l'auteur d'une infraction, art. 121–7 NCP*) Teilnahme *f* (an einer Straftat); – **par aide** *ou* **par assistance** (*StR: voir art. 121–7 alinéa 1er NCP*) Beihilfe *f*; – **par fourniture de moyens matériels** (*StR*) Beihilfe durch Beschaffung von Hilfsmitteln; – **par instructions** Beihilfe durch Ratschläge u. Hinweise; – **par provocation** (*StR: contribution à une infraction par don, promesse, ordre, menace, abus d'autorité ou de pouvoir, art. 121–7 al. 2 NCP*) Anstiftung (in Frankreich als Sonderform der Komplizenschaft), Beihilfe durch Veranlassung zur Straftat mittels unentgeltlichen Zuwendungen, Versprechungen, Befehlen, Drohungen oder durch missbräuchliche Aussnutzung eines Abhängigkeitsverhältnisses.

compliment *m* Hochachtungsbezeugung *f*, Kompliment *n*; **avec les –s de** mit den besten Empfehlungen.

complot *m* (*StR: le complot est la résolution arrêtée entre plusieurs personnes de commettre un attentat – art. 412–2 NCP*) Verschwörung *f*, Komplott *n*, Verabredung von Straftaten; Anschlag *m*; – **éventé et déjoué** aufgedecktes und verhindertes Komplott; – **contre la sûrete de l'État** Verschwörung gegen die öffentliche Ordnung, Gefährdung der äußeren Sicherheit.

comploter *v. tr. et intr.* sich verschwören, ein Komplott anzetteln, einen Anschlag vorbereiten.

comploteur *m* Teilnehmer an einem Komplott.

comportement *m* Handlungsweise *f*, Benehmen *n*, Lebensweise *f*, Verhalten *n*, Führung; – **antijuif** (*StR: antisémitisme*) judenfeindliches Verhalten; – **erroné** Fehlverhalten *n*; – **fautif** schuldhaftes Verhalten; – **dans le service** (*BeamtR*) Betragen *n* im Dienst; – **traditionnel** herkömmliche Verhaltensweise.

comporter *v.tr.* (1) (*permettre*) zulassen, gestatten, erfordern, (2) (*comprendre*) umfassen, bestehen aus, (3) **se** – *v.pron* sich verhalten.

composant *m* Bestandteil *m*; Bauteil *n*; Bau- *od.* Schaltelement *n.*
composer *v.tr.* (1) (*Telefon*) (eine Nummer) wählen, (2) (*DV*) eintasten, (3) (*Musik*) komponieren.
composite *m* Verbundwerkstoff *m.*
compositeur *m* (*UrhR*) Komponist *m*; **amiable –** (*ZPR*) Schlichter *m*, (gütlicher) Vermittler *m.*
composition *f* (1) Zusammensetzung *f*, Gliederung, Gestaltung, (2) (*concession, transaction*) Vergleich *m*, Übereinkommen *n*, Einigung, (3) Beschaffenheit, Zusammensetzung, (4) (*UrhR: création de l'esprit*) (Werk-) Schöpfung; **amiable –** gütliche Beilegung *f*; **– écrite** Aufsatz *m*; **– du tribunal** Besetzung *od.* Zusammensetzung des Gerichts.
compostage *m* (1) Fahrscheinentwertung *f*, (2) (*UmweltR*) Kompostierung, biologische Verwertung.
composter *v.tr.* (ab-) stempeln, markieren; (*Fahrkarte*) entwerten.
composteur *m* (Datums-) Stempel *m.*
compréhensibilité *f* Verständlichkeit *f.*
compréhension *f* Verstehen *n*, Verständnis *n*; **– auditive** Hörverständnis *n*; **– écrite** Leseverständnis *n.*
comprendre *v.tr.* verstehen, begreifen; **service non compris** Bedienung nicht inbegriffen.
compression *f* Reduzierung *f*, Verringerung, Abbau *m*; **– budgétaire** Haushaltskürzung, Einsparung von Haushaltsmitteln; **– de dépenses** Ausgabenbeschränkung; **– de personnel** Personalabbau *m*, Freisetzung von Arbeitskräften, Verringerung der Belegschaft.
comprimer *v.tr.* (1) (*Löhne*) senken, (2) *v.tr.d.* (*Ausgaben*) verringern, einschränken.
compromettre *v.tr.* (1) (*StR: attenter à l'intégrité morale*) kompromittieren, bloßstellen, (2) (*ZPR: conclure un compromis d'arbitrage*) sich vergleichen, einen außergerichtlichen Vergleich (ab-) schließen, (3) (*Erfolg*) aufs Spiel setzen, einer Gefahr aussetzen; **se –** *v. pron.* (*ZPR*) sich auf jemanden als Schiedsrichter einigen.

Bei einem *compromis* entscheidet anstelle des Gerichts ein gemeinsam bestellter Schiedsrichter. Bei der *transaction* gemäß art. 2044 Cciv hingegen, einigen sich die Parteien untereinander gütlich durch Vertrag ohne Einschaltung eines Dritten.

compromis *m* (1) (*ZPR: convention arbitrale mettant fin à un litige – art. 2059 Cciv et art. 1447 NCPC*) Regelung eines Streitfalls durch einen Schiedsrichter, gütliche Beilegung eines Rechtsstreits durch einen Schiedsrichter, außergerichtlicher Vergleich (mittels Einschaltung eines Schiedsrichters *od.* Schiedsgerichts), (2) (*ZPR*) Vereinbarung über die gütliche Beilegung eines Rechtsstreits (nach Ausbruch des Streits), (3) (*VR*) Schiedsgerichtsvereinbarung *f*, (4) (*SachR: acte sous seing privé constatant une vente d'immeuble*) Vorvertrag *m* (über die Veräußerung eines Grundstücks), (5) (*AllgSpr*) Kompromiss *m*, Zugeständnis *n*, Ausgleich *m*; **clause de –** Schiedsgerichtsklausel *f*, Schiedsklausel; **projet de –** Kompromissvorschlag *m.*
compromis d'arbitrage *ou* **arbitral** Schiedsvertrag *m*; **– extra-judiciaire** außergerichtlicher Vergleich; **– judiciaire** gerichtlicher Vergleich, Prozessvergleich; **– successoral** Vergleich in Erbschaftssachen; **– de vente** (Grundstückskauf-) Vorvertrag.
compromission *f* (*StR*) Verwickelung (in eine Straftat), Kompromittierung *f*, Bloßstellung *f.*
compromissoire *adj* Schiedsgerichts-; Kompromiss-; Vergleichs-; **clause –** (*ZR*) Schiedsklausel *f*, Schiedsgerichtsabrede *f* (im Vertrag, vor Ausbruch des Streits).
comptabilisation *f* Verbuchung *f*, Buchung, Abrechnung *f*, buchmäßige Erfassung; **période de –** Abrechnungsperiode *f*; **procédé de –** Abrechnungsverfahren *n*; **– annexe** gesonderte Verbuchung.

comptabiliser *v.tr.* buchen, verbuchen, buchmäßig erfassen; **montant à –** Buchungsbetrag *m*; **– à l'actif** auf der Aktivseite verbuchen, aktivieren; **– au passif** auf der Passivseite verbuchen, passivieren.

comptabilité *f* (1) (*HR: technique de tenue des comptes*) Buchhaltung *f*, Buchführung *f*; Rechnungslegung *f*, (2) (*HR: ensemble des livres et documents comptables d'une entreprise*) Handelsbücher *npl*, (3) (*Vwirt: comptes de la Nation*) volkswirtschaftliche Gesamtrechnung, (4) (*ÖfR: comptabilité publique*) staatliche Haushalts- und Wirtschaftsführung; öffentliches Rechnungswesen *n*; Rechnungsführung; **contrôle de la –** Buchprüfung *f*; **livres de –** (*Buchf*) Bücher und Unterlagung über die Rechnungslegung; **passer en –** verbuchen; **pièce de –** Buchhaltungs- *od.* Buchungsbeleg; **principes de –** Buchführungsgrundsätze *mpl*; **service de –** Buchhaltungsabteilung; **système élargi de – nationale (= SECN)** offizielle frz. Darstellung der volkswirtschaftlichen Gesamtrechnung; **tenir la –** die Bücher führen.

comptabilité analytique Betriebsbuchhaltung *f*, Kostenrechnung; **– cachée** Geheimbuchführung; **– commerciale** kaufmännische Buchführung; **– des coûts courants** Gegenwartswertprinzip; **– par décalque** Durchschreibebuchführung; **– d'exploitation** Betriebsbuchhaltung; **– sur feuilles volantes** *ou* **sur fiches** Loseblattbuchführung; **– financière** Finanzbuchhaltung; **– fiscale** Steuerbuchführung; **– industrielle** betriebliches Rechnungswesen; **– des investissements** Anlagenabrechnung; **– -matières** Bestands- *od.* Warenbuchführung *f*, Lagerbuchhaltung, Warenkonten.

comptabilité nationale volkswirtschaftliche Gesamtrechnung; **– occulte** geheime Buchführung, Geheimbuchhaltung; **– en partie double** doppelte Buchführung, Doppik *f*; **– en partie simple** einfache (T-Konten-) Buchführung; **– publique** öffentliche Haushalts- und Wirtschaftsführung; Budget *n*, Haushaltsplan; öffentliches Rechnungswesen; kameralistische Buchführung; **– régulière** (*HR*) ordnungsgemäße Buchführung; **– salaires** Lohnbuchhaltung; **– simplifiée** vereinfachte Buchführung; **– des ventes** Verkaufsabrechnung.

comptable *m* (1) (*ZR, HR: personne chargée de tenir la comptabilité*) Buchhalter *m*; Kassenleiter *m*, (2) (*HR: technicien de la comptabilité de haut niveau*) Rechnungsführer *m*; Rechnungsprüfer; **expert- –** Wirtschafts- *od.* Buchprüfer, Buchprüfer, Rechnungsprüfer; **– agréé** vereidigter Rechnungsprüfer; **– assignataire** (*HaushR*) Anweisungsempfänger *m* (mit Auszahlungsbefugnis); **– -matières** Warenbuchhalter; **– principal** Hauptbuchhalter *m*; **– public** (*SteuerR*) Zahlstellenbeamte(r) mit der Aufgabe (Staats-) Einnahmen entgegenzunehmen und (Staats-) Ausgaben zu leisten; Finanzbeamte(r) im höheren Dienst; **– du Trésor** (*SteuerR*) Zahlstellenleiter *m*; Zahlstelle des Finanzministeriums (auf Departementebene).

comptable *adj* Buchhaltungs-, Buchführungs-, buchhalterisch, buchhaltungstechnisch; zur Buchführung und Rechnungslegung verpflichtet; buchmäßig; **arrêter les livres –s** die Bücher abschließen; **code –** Abrechnungsschlüssel *m*; **période –** Abrechnungsperiode *f*; Geschäftsjahr *n*; **perte –** buchmäßiger Verlust; **pièce –** Buchungsbeleg *m*; **plan –** Kontenplan *m*; **procédure –** Buchführungsart; **service –** Buchhaltung.

comptage *m* Zählung *f*.

comptant *adj* bar, in Bargeld; **affaire au –** Kassageschäft *n*; **argent –** Bargeld *n*; **dépenses au –** Baraufwendungen *fpl*; **sinistre au –** (*VersR*) Barschaden *m*; **vente au –** (*HR*) Barkauf *m*; **au – compté** bar, an der Kasse; Zug-um-Zug-Leistung; **au – contre documents** Kasse gegen Dokumente.

compte *m* (1) (*calcul, dénombrement,*

computation) Rechnung *f*; Berechnung *f*; Auszählung *f*, (2) (*Buchf: état d'opérations en matière financière ou commerciale*) Konto *n*, (Konto-) Posten *m*, (Konto-) Betrag *m*, (3) (*argent dû*) (Schuld-) Begleichung *f*, Auszahlung, (4) Kassenrechnung *f*, (5) (*reddition de compte*) Rechnungslegung; **à –** zwecks Gutschrift; **alimenter un –** ein Konto auffülen, eine Einzahlung *od.* eine Überweisung auf ein Konto vornehmen; **apurer un –** die Kontenführung überprüfen, die Richtigkeit des Kontostandes feststellen; **arrêter un –** eine Rechnung *od.* ein Konto abschließen; **article de –** Rechnungsposten *m*, Buchungsposten; **bloquer un –** ein Konto sperren; ein Konto als Terminkonto führen; **clôturer un –** ein Konto abschließen; **créditer un –** (einem Konto einen Geldbetrag) gutschreiben, ein Konto erkennen; **débiter un –** ein Konto belasten, abbuchen; **dépasser son –** sein Konto überziehen; **dresser un –** eine Rechnung ausstellen; **entretenir un – en banque** ein Konto bei einer Bank unterhalten; **épuiser un –** alles von einem Konto abheben; **établir un –** eine Rechnung ausstellen; **être en –** (1) jmdm. etwas schulden, (2) eine Forderung gegenüber jmdm. haben; **extrait de –** Kontoauszug *m*; **faire le –** abrechnen; **geler un –** ein Konto sperren.

compte: **gestion des –s** Rechnungsführung *f*; **intitulé du –** Kontobezeichnung; **liquider un –** ein Konto abrechnen; **mettre sur le – de qqn.** jmdn. verantwortlich machen für; **montant du –** Kontostand *m*; **mouvements sur un –** Kontobewegungen; **numéro de –** Kontonummer *f*; **ouverture de –** Kontoeröffnung; **ouvrir un –** ein Konto eröffnen.

compte: **passer au crédit d'un –** einem Konto gutschreiben; **porter en –** in Rechnung stellen, (ver-) buchen; **porter au crédit d'un –** einem Konto gutschreiben; **porter au débit d'un –** ein Konto belasten; **pour (son) propre –** für eigene Rechnung; **quittance pour solde de tout –** Ausgleichsquittung; **règlement de –** (*Buchf*) Rechnungsabschluss *m*; **régulariser un –** ein Konto bereinigen.

compte: **relevé de –** Kontoauszug *m*; **rendre – de** berichten über, Bericht erstatten; **se rendre – de** selbst in Augenschein nehmen, erkennen; **se rendre – que** verstehen, begreifen; **rendre les –s** abrechnen, eine Abrechnung vorlegen; **solde de –** Rechnungssaldo *m*; **sortir d'un –** abheben; **suppression d'un –** Löschung eines Kontos; **teneur de –** Kontenführer *m*; **tenir – de** berücksichtigen; **titulaire du –** Kontoinhaber *m*; **travailler à son propre –** auf eigene Rechnung arbeiten; **unité de –** Rechnungseinheit; **vérification des –s** Rechnungs- *od.* Buchprüfung; **verser en –** auf ein Konto zahlen.

compte acquitté (*Buchf*) quittierte Rechnung; **– administratif de la commune** Rechnungslegung über die Bewirtschaftung der Haushaltsmittel einer Gemeinde; **– d'administration** Verwaltungskonto *n*; **– annuel** Jahresrechnung; **– d'attente** provisorisches Konto, Verwahrkonto; **pour – d'autrui** für fremde Rechnung; **pour le – d'autrui** (*HR*) für fremde Rechnung; **– auxiliaire** Hilfskonto; **– d'avances** Vorschusskonto; **– bancaire** *ou* **– en banque** Bankkonto.

compte bloqué Festkonto, gesperrtes Guthaben, Sperrkonto; **– du budget, – budgétaire** Haushaltsrechnung; **– de caisse** Kassakonto *n*; **– certifié** geprüfter Abschluss; **–s certifiés** (*GesR*) geprüfter Abschluss; **– chèque postal** *ou* **de chèques postaux** Postscheckkonto *n*; **– chèques** Bank- *od.* Gehaltskonto; **– de clearing** Verrechnungs- *od.* Clearingkonto; **– clients** Kundenkonto; **– collectif** Gemeinschafts- *od.* Sammelkonto; **à – commun** auf gemeinsame Rechnung; **–s consolidés** konsolidierter Abschluss.

compte courant *m* (*BankR, HR: compte pour toutes les opérations* *juridiques entre deux personnes avec compensations successives*) Kontokorrent *n*, laufende Rechnung; **avance en – –** Kontokorrentkredit *m*; **créance en – –** Kontokorrentforderung; **– – créditeur** Kontokorrentguthaben *n*; **– – débiteur** Kontokorrentschuld *f*; **– – à découvert bilatéral** *ou* **à découvert réciproque** debitorisches Kontokorrent; **– – à découvert unilatéral** Guthabenkonto, kreditorisches Kontokorrent(konto); **dépôt en – –** Kontokorrenteinlage *f*, Einlage auf laufende Rechnung; **engagements en – –** Kontokorrentverbindlichkeiten *pl*; **opération en – –** Kontokorrentgeschäft; **– – postal** frz. Postkontokorrent (nur für Kaufleute).

compte des créanciers Kreditorenkonto; **– crédité** erkanntes Konto; **– créditeur** Haben- *od.* Kreditkonto, Guthaben *n*; **– débité** belastetes Konto; **– débiteur** Debetkonto, Debitorenkonto *n*; **– à découvert** überzogenes Konto; **– deniers et matières** Kassen- und Sachbestand *m*; **– de dépenses** Ausgabenrechnung; **– de déposant** Kundeneinlagenkonto.

compte de dépôt(s) Depositen- *od.* Einlagekonto; **–s détaillés** ausführliche Rechnungslegung; **– de devises** (1) Devisenkonto, (2) (*Außh: d'un pays*) Devisenbilanz *f*; **– en devises étrangères** Fremdwährungskonto; **– d'épargne** Sparkonto.

compte épargne temps (= CET) (*ArbR: dispositif permettant au salarié d'accumuler des droits à congé rénuméré ou de bénéficier d'une rémunération supplémentaire*) Arbeitszeitkonto *n*; **– d'épargne-logement** Bausparkonto; **– d'établissement** Anlagekonto; **– à l'étranger** Auslandskonto; **– étranger** Ausländerkonto.

compte d'exploitation générale (*GesR: remplacé par le compte de résultat*) Betriebsrechnung; **– de fabrication** Herstellungskonto; **– fiduciaire** Treuhandkonto; **– de fin d'exercice** Abschlussrechnung; **– final** Schlussrechnung; **– des fournisseurs** Lieferantenkonto; **– de frais** Kostenrechnung; Spesenabrechnung *f*, Auslagenrechnung; **– de frais généraux** Betriebskostenzusammenstellung *f*; **– gelé** gesperrtes *od.* eingefrorenes Konto; **– général** Haupt- *od.* Sammelkonto; **–s généraux** (*Buchf*) Sachkonten; **– de gestion** (1) (*HR*) Betriebs- und Instandhaltungskosten, Abrechnung über eine ausgeübte Geschäftsführung, (2) (*HaushR*) kassenmäßige Rechnungslegung; **– global** Sammelkonto; **– hors budget** Sonderrechnung, die im Haushaltsplan nicht erfasst ist.

compte d'immobilisations Anlagenkonto; **– inactif** ruhendes *od.* umsatzloses Konto; **– individuel** persönliches Konto; **– à indivis** Gemeinschaftskonto; **– d'intérêts** Zinsenkonto; **– intérimaire** Zwischenabschluss *m*; **– joint** Undkonto, Oderkonto, gemeinschaftliches Konto; **– de liquidation** Abwicklungskonto; **– sur livret** Sparbuch, Sparkonto; **– de magasin** Lagerbuch *n*; **– de marchandises** Warenkonto, Bestandsverzeichnis; **– de matières** Material- *od.* Sachkonto; **– mensuel** Monatsrechnung; **– avec nom de code** Konto mit Passwort; **– nostro** Nostrokonto.

compte à numéro *ou* **numéroté** Nummernkonto *n*; **– d'ordre** Verrechnungskonto, Durchlaufposten *m*; **– ouvert** offene Rechnung; **– ouvert de marchandises** offenes Warenkonto.

compte de participation Gemeinschaftskonto; **– particulier** Sonder- *od.* Separatkonto; Einzelrechnung; **– de passage** Durchgangskonto *od.* -posten, vorübergehendes Konto (für die Abwicklung eines bestimmten Vorgangs); **– personnel** persönliches Konto, Eigenkonto; **– de pertes et profits** (*GesR: remplacé aujourd'hui par le compte de résultat*) Gewinn- u. Verlustrechnung.

compte pour créances douteuses Dubiosenkonto *n*, Konto für nicht eintreibbare Außenstände; **– à préavis** Kündigungsgeldkonto; **–s prévisionnels** Vorkalkulation; –

principal Hauptkonto; **– de profits et pertes** Gewinn- und Verlustrechnung; **– de provision** Rückstellungskonto; **– sans provision** ungedecktes Konto; **– provisoire** Durchgangsposten *m*, vorläufiges Konto; **–s publics** (*ÖfR*) Konten der öffentlichen Hand; **– de recettes** Einnahmenrechnung *od.* -konto; **– redressé** berichtigtes Konto; **– de réévaluation** Wertberichtigungskonto; **– de régularisation** Rechnungsabgrenzungsposten *m*; Wertberichtigungskonto; **– de réinvestissement** Wiederanlagekonto.

compte-rendu *m* Niederschrift *f*; Bericht *m*; Berichterstattung; Rechenschaftsbericht *m*; Protokoll *n*; Referat *n*; Abrechnung *f*; **– analytique** Kurzbericht; **– annuel** (Jahres-) Geschäftsbericht; **– d'exécution** Vollzugsmeldung; **– d'infraction** Tatbestandsaufnahme; **– de mission** Dienstreisebericht; **– de situation** Lagebericht.

compte de réserve Rücklagenkonto; **– de réserve obligatoire** Konto für gesetzliche Rücklagen; **– de résultat** (*GesR: compte récapitulant les produits et les charges*) Erfolgsrechnung, Gewinn- und Verlustrechnung, Ergebnisrechnung; **– de salaires** Lohnkonto; **–s sociaux** (1) (*GesR*) Jahresabschluss *m*, Abschlussrechnung, (2) (*SozR*) Soziallasten *fpl* (im Staatshaushalt); **– spécial** (1) Sonderkonto, (2) Sonderrechnung; **–s spéciaux du Trésor** (*HaushR*) Sonderkonten der Staatskasse für Ausgaben und Einnahmen, die von der öffentlichen Hand außerhalb des Haushalts geleistet werden; **– à terme** Terminkonto; **– de tiers** Anderkonto, Fremdkonto; **pour – d'un tiers** für fremde Rechnung; **– de titres** Effektenkonto, Stückedepot *n*, Wertpapierrechnung; **– transitoire** Übergangskonto; **– trimestriel** Quartalsrechnung; **– de valeurs** Bestandskonto; Wertpapierdepot; **– de virement** Girokonto *od.* -guthaben; **– à vue** Sichtkonto, Konto mit täglicher Fälligkeit.

compter *v.tr.* (1) (*dénombrer*) zählen, (2) (*calculer*) ausrechnen, berechnen; **à – de** *ou* **du** von ... an; **– avec** berücksichtigen; **– sur** sich verlassen auf.

compteur *m* Zähler *m*; Zählwerk *n*; **– d'enregistrement** Meldeschalter *m*; **– horaire** Zeitmesser.

comptoir *m* (1) Ladentisch *m*; Geschäftslokal *n*; Schalter *m*, (2) (*HR*) (Handels-) Niederlassung (im Ausland), Handlungshaus; **– d'achat** Einkaufsbüro *od.* -kontor *n*; **– d'escompte** Diskontbank; **– de vente** Verkaufsstelle *f*.

compulser *v.tr.* Akten (bei einem Notar usw.) einsehen.

compulsif *adj ou* **compulsionnel** triebhaft, zwanghaft.

compulsion *f* (1) (*ZwangsVR: contrainte*) Zwang *m*, (2) (*MedizinR: impossibilité de ne pas accomplir un acte, lorsque ce non-accomplissement est cause d'angoisse, de culpabilité*) Trieb *m*, Hang *m*, innerer unwiderstehlicher Zwang.

compulsoire *m* (*ZPR*) gerichtliche Anordnung zur Gewährung der Akteneinsicht.

computation *f* (*PrzR: calcul des délais*) (Frist-) Berechnung *f*.

computer *v.tr.* **un délai** eine Frist berechnen.

concédant *m* (1) (*ÖfR*) Konzessionsgeber *m*, Verleiher der Konzession, (2) (*PatR*) Lizenzgeber *m*.

concéder *v.tr.* (1) (*AllgSpr*) (*admettre, convenir*) zugestehen, zugeben, einräumen, (2) (*VwR: accorder, octroyer*) bewilligen, (behördlich) genehmigen, konzessionieren, (eine) Genehmigung erteilen, verleihen; **– une licence** (*PatR*) eine Lizenz erteilen.

concentration *f* (1) (*accumulation*) Zusammenballung *f*, Zusammenfassung, Verdichtung; Zusammenlegung, (2) (*application, attention*) (höchste) Aufmerksamkeit, Anspannung, (3) (*VwR*) Konzentration *f*.

concentration d'entreprises (*GesR*) Unternehmenskonzentration *f*; Betriebszusammenlegung *f*; **– horizontale** Horizontalkonzern *m*; **– de polluants** (*UmweltR*) Schadstoffeintrag *m*; Schadstoffkonzentration *f*; **– du pouvoir économique** (*WirtR*)

Wirtschaftsmachtkonzentration; **– verticale** (*GesR*) Vertikalkonzern *m*, vertikaler Zusammenschluss.

concentrer *v.tr.* zusammenfassen *od.* -ziehen, konzentrieren.

concept *m* (1) Vorstellung *f*, Begriff *m*, Konzept *n*, (2) (*WirtR*) neuartige technische Idee, Entwurf *m*; **– juridique** *m* Rechtsbegriff *m*; **– légal** gesetzlicher Begriff; Legaldefinition; **– professionnel** Berufsbild.

concepteur *m* Werbefachmann *m*, Entwickler *m*, Planer *m*.

conception *f* (1) (*FamR: procréation d'un enfant*) Empfängnis *f*, Konzeption, (2) (*fig.*) Fassungsvermögen; Auffassung; Entwurf *m*; Schöpfung, (3) (*opinion*) Meinung, Anschauung, Denkansatz *m*, (4) (*Maschinen*) Design *n*, Produktdesign; **avoir une – différente** anderer Auffassung sein, eine andere Ansicht vertreten; **fonction de –** Planungstätigkeit; **moment** *ou* **période de la –** Empfängniszeit *f*; **– assistée par ordinateur** rechnergestützte Entwicklung, rechnergestützter Entwurf; **– commune** gemeinsame Planung; **– juridique** Rechtsanschauung *od.* -auffassung.

conceptualisation *f* Begriffsbildung *f*, Konzeptualisierung.

concernant *prép.* betreffend, betreffs, bezüglich.

concert *m* **frauduleux** (*StR, ZR*) gemeinschaftlicher Betrug, geheime Absprache (mit Schädigungsabsicht).

concertation *f* Abstimmung *f* (der Standpunkte), Gespräch *n*, Absprache *f*, Zusammenarbeit *f*.

concerté *adj* (gemeinsam) abgestimmt; **économie –e** Wirtschaftslenkung auf der Grundlage der sozialpartnerschaftlichen Abstimmung; **plan –** Absprache.

concerter *v.tr.* (1) verabreden, vereinbaren, ausmachen, (2) vorbereiten; **se –** *v. pron.* sich abstimmen, besprechen.

concession *f* (1) (*ZR*) Zugeständnis *n*, (2) (*SchuldR*) Einräumung eines Nutzungsrechts, (3) (*VwR*) behördliche Erlaubnis *f* (zur Ausübung eines Gewerbes), Nutzungsverleihung *f*, Konzession, Gebrauchsüberlassung; Bewilligung, (befristete) Genehmigung, Zulassung, (4) (*VwR: service public concédé*) Konzessionsbetrieb *m*, beliehenes Unternehmen *n*, (5) (*HR*) Lizenz- und Vertriebsrecht; Handelskonzession; Gewerbezulassung; **acte** *ou* **décret de –** Konzessions- *od.* Verleihungsurkunde; **demande de –** (1) Antrag auf Verleihung einer Konzession, (2) (*Bergbau*) Mutung; **demandeur de –** (*Bergbau*) Muter *m*; **donner une –** eine Konzession erteilen; **retrait de la –** Konzessionsentziehung; **titulaire de la –** Konzessionsinhaber.

concession anticipée (*Pol*) Vorleistung; **– de chasse** Jagdpacht *f*; **– d'exploitation** Betriebskonzession; **– funéraire** (*GemR*) Grab(stellen)konzession *f*; **– de garanties** Gewährung von Bürgschaften; **– immobilière** (*SachR, HR*) Nutzungsüberlassung (eines Grundstücks); **– de licence** (*PatR*) Lizenzerteilung *od.* -einräumung *f*; **– de licence obligatoire** Einräumung einer Zwangslizenz; **– de mine** (*ÖfR*) Bergwerkskonzession; **– à perpétuité** (*ErbR*) Grabstätte auf ewige Zeiten, dauerndes Ruherecht; **– de prise d'eau** (*VwR*) Genehmigung *od.* Konzession zur Wasserentnahme, Wassergerechtigkeit.

concession de service public (1) (*VwR*) Konzession *f*, (2) (*HR*) Konzessionsvertrag *m*, Gewerbezulassung *f*; **– tarifaire** Zolltarifzugeständnis *n*; **– de travaux préliminaires** (*VwR*) Vorkonzession; **– de travaux publics** (*VwR: convention par laquelle l'administration charge une personne privée d'édifier un ouvrage public*) Konzession öffentlicher Arbeiten, Konzessionsvertrag *m* zur Herstellung von Betriebsanlagen; **– d'usage** Gebrauchsüberlassung *od.* -gewährung *f*; **– d'usufruit** (*SachR*) Nießbrauchseinräumung.

concessionnaire *m* (1) (*VwR*) Konzessionsnehmer *m*, Konzessionär *m*, Konzessionsinhaber *m*, (2) (*HR*) Vertragshändler *m*, Alleinvertreter *m*, (3) (*PatR*) Lizenzinhaber *m*; **– exclusif**

Alleinvertriebshändler *m*; **– de licence** Lizenzinhaber od.-nehmer; **– d'un service public** beliehener Unternehmer.

concevoir *v.tr.* (1) (*FamR: engendrer, féconder*) schwanger werden, (ein Kind) empfangen, (2) (*comprendre*) begreifen, verstehen, (3) (*envisager*) ersinnen, entwerfen, abfassen, (4) (*v. pron. passif*) für selbstverständlich halten; **enfant conçu** (*FamR, ErbR*) bereits gezeugtes (aber noch nicht geborenes) Kind.

concierge *m / f* Hausmeister(in) *m/f.*

conciergerie *f* (1) Hausmeisteramt *n od.* -wohnung *f*, (2) (*hist*) königliche Gerichtsbarkeit.

concile *m* (*KirchR*) ökumenisches Konzil.

conciliable *adj* vereinbar, versöhnlich.

conciliabule *m* geheime Unterredung *od.* Absprache.

conciliant *adj* versöhnlich, ausgleichend.

conciliateur *m* (1) (*ArbR*) Arbeitsrichter als Schlichter (in der Güteverhandlung), (2) (*ZPR: personne investie d'une mission de conciliation pour le règlement de litiges mineurs*) durch Gericht bestellter Schlichter mit der Aufgabe der Aussöhnung der Streitparteien (in Bagatellsachen), (3) (*EheR: juge conciliateur*) Erstinstanzrichter im Sühneverfahren (im Rahnen des Scheidungsverfahrens).

> Die *conciliation* beinhaltet die Versöhnung der Streitparteien durch den Zivilrichter. Gemäß art. 21 NCPC ist dieser Richter vor Eintritt in das Streitverfahren zu einem derartigen Aussöhnungsversuch verpflichtet. Im Rahnen der *médiation* ist die Mittelsperson kein Richter, sondern ein Ratgeber und Vermittler zwischen den Parteien. Allerdings hat der *médiateur*, genau so wie der *conciliateur*, im Gegensatz zum *arbitre*, keine eigene Entscheidungsbefugnis. Sie können nur den Erfolg *od.* das Scheitern ihres Versuchs feststellen.

conciliation *f* (1) (*ArbR*) Güteverfahren *n*, Sühneversuch *m* vor dem Arbeitsgericht, (2) (*ZPR*) Güteverhandlung *f*, Prozessvergleich *m*, zivilrechtliches Sühneverfahren *od.* Sühneversuch, (3) (*EheR*) Gütetermin *m* (im Scheidungsverfahren), (4) (*VR*) gütliche Verhandlung in Staatsstreitigkeiten, (5) (*i.w.S.*) Vermittlung *f*, Versöhnung, Ausgleich *m*, gütliche Einigung; **accord de –** Schlichtungsübereinkommen *n*; gütliche Einigung; **audience de –** Sühnetermin *m* od.--verhandlung *f*; **bureau de –** (1) (*PrzR*) Gütekammer *f*, Gütestelle, Schlichtungsstelle *f*, (2) (*ArbR*) Schlichtungskammer beim frz. Arbeitsgericht; **chambre de –** Schlichtungskammer; **citation en –** Ladung zum Güteversuch *od.* -termin, Güteverhandlungstermin; **comité** *ou* **commission de –** Vermittlungs- *od.* Schlichtungsausschuss; **grande –** Güteverhandlung vor dem frz. Großinstanzgericht; **office de –** Schlichtungsstelle; **organisme de –** (1) (*ZPR*) Gütestelle *f* beim frz. Kleininstanzgericht, (2) (*ArbR*) Schlichtungsstelle, Einigungsstelle; **petite –** Güteverhandlung *f*; **procédure de –** (1) (*ArbR*) Schlichtungsverfahren *n*, (2) (*ZPR*) zivilrechtliches Sühneverfahren; **procédure facultative de –** freiwillige Schlichtung; **procédure obligatoire de –** Zwangsschlichtung; **– obligatoire** Zwangsschlichtung.

conciliatoire *adj* gütlich, einigend (zwecks Umgehung eines Streitverfahrens).

concilier *v.tr.* versöhnen, aussöhnen, ausgleichen; angleichen, (widersprechenden Wortlaut) in Übereinstimmung bringen; **se – qqn.** *v. pron.* jmdn. für sich einnehmen.

concis *adj* kurz u. bündig, kurz gefasst.

concitoyen *m* Mitbürger *m.*

conclave *m* Wahllokal *n*; Wahlversammlung (zur Papstwahl).

conclu *adj* abgeschlossen, (rechtsgültig) vereinbart.

concluant *adj* treffend, schlüssig, beweiskräftig, triftig.

conclure (1) (*v.tr.dir.: contracter, convenir,*

fixer) (einen Vertrag) schließen, abschließen, (2) (*v. tr. ind.: conclure de*) (schluss-) folgern; den Schluss ziehen aus, (3) (*PrzR: formuler les prétentions du plaideur*) Anträge (in der mündlichen Verhandlung) stellen und begründen, (4) (*v.tr.ind.: conclure à*) erkennen auf (etwas), schließen auf, (5) (*v.intr.*) den Beweis erbringen für (etwas); **– un accord tacite** ein stillschweigendes Abkommen treffen.

conclusion *f* (1) (*SchuldR: passation d'un contrat*) (Vertrags-) Abschluss *m*, Unterzeichnung *f*; Ende *n*, (2) (*PrzR*) Schlussfolgerung *f*; **– d'un accord global** Einigung auf eine Gesamtvereinbarung; **– d'une affaire** Geschäftsabschluss *m*; **– du contrat** Vertrags (ab)schluss *m*; **– de la paix** Friedensschluss *m*; **– prise en appel** Berufungsantrag *m*; **– reconventionnelle** Widerklageantrag; **– d'un traité** (*VR*) Vertragsabschluss.

conclusions *fpl* (1) (*ZPR: énoncé des prétentions des parties à un procès*) Parteianträge *mpl*, Klageantrag *m*; Schlussanträge im Prozess, (2) (*ZPR: écritures matérialisant ces prétentions*) Klageschrift *f*, Schriftsatz *m* (des Anwalts), (3) (*AllgSpr*) Zusammenfassung, Erkenntnisse, Ergebnis; **adjuger les –** (*ZPR*) gemäß Antrag erkennen; **déposer** *ou* **prendre des –** Anträge stellen; **– ampliatives** Erweiterung des Klageantrags; **– d'appel** Berufungsantrag; **– d'appel** Berufungsantrag *m*; **– civiles** (S) privatrechtliche Ansprüche; **– du ministère public** (*StPR*) Schlussanträge der Staatsanwaltschaft; **– subsidiaires** (*PrzR*) Hilfsanträge *mpl*, Eventualanträge.

concomitance *f* (*StR: simultanéité des faits*) Gleichzeitigkeit *f*, gleichzeitiges Bestehen *n*.

concomitant *adj* begleitend, gleichzeitig auftretend; **faits –s** Begleitumstände *mpl*.

concordance *f* Übereinstimmung *f*, Entsprechung *f*, Ähnlichkeit *f*, Analogie *f*; **– des intérêts** Interessenübereinstimmung; **– des témoignages** Übereinstimmung der Zeugenaussagen; **– des vues** Übereinstimmung der Auffassungen, Einvernehmen *n*.

concordant *adj* übereinstimmend, schlüssig.

concordat *m* (1) (*InsolvenzR: avant la réforme de 1985*) Vergleich *m* im Vergleichsverfahren (zur Abwendung des Konkurses), (2) (*VR: accord international*) Konkordat *n*, Staatsvertrag mit dem Heiligen Stuhl; **autorité de –** (S) Nachlassbehörde *f*; **procédure de –** (*InsolvenzR*) Vergleichsverfahren *n*; **requête en –** Antrag *m* auf Eröffnung des Vergleichsverfahrens; **syndic du –** Vergleichsverwalter *m*; **– amiable** außergerichtlicher Vergleich; **– judiciaire** gerichtlicher Vergleich im Vergleichsverfahren.

concordataire *adj* einen (gerichtlichen) Vergleich betreffend.

concordataire *m* Vergleichsschuldner *m* (nach Annahme u. Bestätigung des Vergleichsvorschlags).

concorder *v. intr.* übereinstimmen, im Einklang stehen.

concourir *v.tr.ind.* (1) zusammenwirken, beitragen zu, zusammenarbeiten (auf dasselbe Ziel hin), (2) *v.intr.* (*HochschulR, ArbR: pour une place, un emploi*) sich an einem Auswahlwettbewerb beteiligen, an einem (Auswahl-) Wettbewerb teilnehmen; sich um eine Stelle bewerben.

concours *m* (1) (*ArbR: coopération, aide*) Mitarbeit *f*, Hilfe *f*, Unterstützung *f*, Zusammenwirken *n*, (2) (*ZR: participation à un acte juridique*) Mitwirkung an einem Rechtsgeschäft, (3) (*HochschulR, VwR: épreuve entre candidats pour un nombre limité de places*) Auswahlprüfung, Auswahlverfahren *n* (zur Besetzung einer im voraus feststehenden Zahl von Planstellen *od.* Studienplätzen), (4) (*StR: cumul d'infractions*) Zusammentreffen *n* (von Straftaten), Konkurrenz *f*, (5) (*PrzR*) (frz. Oberbegriff für:) Konkurs- und Vergleichsverfahren *n*, (6) (*Vwirt: participation sous forme de capitaux, subvention*) Zuschuss *m*, finanzielle Beteiligung, (7) (*EuR: öffentliche Aufträge*) Ausschreibung *f*, Wettbewerb *m*;

accorder un – einen Zuschuss bewilligen *od.* gewähren; **avec le – de** unter Mitwirkung von, mit Unterstützung von, in Zusammenarbeit mit; **avis de –** Stellenausschreibung *f*; **mettre en –** ausschreiben; **procédure de –** (*HochschulR*) Auswahlverfahren.

concours d'admission (*BeamR: sélection, examen d'aptitude*) Zulassungs- *od.* Aufnahmeprüfung *f*; **– agricole** Landwirtschaftsschau *f*; **– de circonstances** zufälliges Zusammentreffen (unvorhersehbarer) Umstände; **– d'entrée** Aufnahmeprüfung; **– étranger** fremde Hilfe *f*; Auslandshilfe; **– financier** Finanzhilfe *f*, finanzielle Beihilfe.

concours formel *ou* **idéal d'infractions** (*StR: on parle aussi de concours ou cumul de qualifications: un fait tombe sous le coup de plusieurs dispositions pénales*) Idealkonkurrenz *f*, Tateinheit; **– d'infractions** (*StR: cumul d'infractions commises par un même individu*) Zusammentreffen mehrerer strafbarer Handlungen; **– matériel d'infractions** (*StR: syn. de concours réel*) Realkonkurrenz, Tatmehrheit.

concours réel d'infractions (*StR: le malfaiteur commet plusieurs faits délictueux distincts les uns des autres – art. 132–2 NCP*) Realkonkurrenz *f*, Tatmehrheit; **– sur titres** (*BeamR*) Einstellungsverfahren auf Grund erworbener (akademischer) Diplome *od.* Zeugnisse; **– de volontés** (*SchuldR*) Willensübereinstimmung.

concret *adj* wirklich, anschaulich, konkret; **un fait –** eine Tatsache, eine tatsächliche Begebenheit.

concrétisation *f* Konkretisierung, Umsetzung in die Tat, Durchsetzung, Verwirklichung.

concrétiser *v.tr.* vergegenständlichen, konkretisieren, veranschaulichen; **se – par** enden mit, ausgehen auf; **– la situation** den Sachverhalt verdeutlichen.

concubin *adj* in einer eheähnlichen Gemeinschaft lebend.

concubinage *m* (1) (*FamR: aujourd'hui: union libre*) außereheliche (dauernde) Geschlechtsgemeinschaft *f*, eheähnliche *od.* nichteheliche *od.* freie Lebensgemeinschaft, (2) (*hist*) Konkubinat *n*, wilde Ehe.

concubine *f* Lebensgefährtin *f*.

concubins *mpl* Lebensgefährten *mpl*; **– notoires** offenkundiges eheähnliches Verhältnis.

concurremment *adv* (1) gleichzeitig, zugleich, (2) übereinstimmend, in Übereinstimmung mit, zusammenwirkend, (3) mit gleichen Rechten.

concurrence *f* (1) (*WirtR*) Wettbewerb *m*, Konkurrenz *f*, (2) (*SchuldR: droits concurrents sur une chose*) Anspruchskonkurrenz; **capacité de –** Wettbewerbsfähigkeit *f*; **distorsion de la –** Wettbewerbsverzerrung; **interdiction de –** Wettbewerbsverbot *n*; **liberté de –** Wettbewerbsfreiheit *f*; **libre –** *ou* **libre jeu de la –** freier Wettbewerb, unbeschränkter Leistungswettbewerb; **obligation de non –** (*HR, ArbR*) Wettbewerbsverbot *n*; **pression de la –** Wettbewerbsdruck *m*; **prix défiant toute –** sehr günstiger Preis, konkurrenzloser Preis; **régime de libre –** (*Vwirt*) (freie) Marktwirtschaft *f*; **restriction de la –** Wettbewerbsbeschränkung.

concurrence déloyale *ou* **illicite** (*HR*) unlauterer Wettbewerb, verbotene Wettbewerbshandlungen; **– effective** *ou* **efficace** funktionsfähiger Wettbewerb; **– faussée** Wettbewerbsverzerrung; **– loyale** fairer *od.* lauterer Wettbewerb; **– parasitaire** Vorlagenfreibeuterei; **– du rail et de la route** Wettstreit zwischen Straße und Schiene; **– restreinte** beschränkter *od.* gelenkter Wettbewerb.

concurrencer *v.tr.* in Wettbewerb stehen, Konkurrenz machen.

concurrent *m* Konkurrent *m*, Wettbewerber *m*, Teilnehmer.

concurrentiel *adj* wettbewerbsfähig; der Wettbewerbsdynamik unterliegend; **capacité –le** Wettbewerbsfähigkeit.

concussion *f* (*StR: perception illicite par un agent public de sommes qu'il sait ne pas être dues – art. 432–10 CP*) Gebührenüberhebung *od.* Leistungskürzung (durch einen Amtsträger); Gebührenüberforderung (S).

concussionnaire *m* (*StR*) Amtsperson, die Gebühren *od.* andere Vergütungen zu ihrem Vorteil erhebt.

condamnable *adj* verwerflich, tadelnswert.

condamnation *f* (1) (*StPR*) Strafurteil *n*, Strafe, Aburteilung, (2) (*ZPR*) Verurteilung (zu einer Leistung); Leistungsurteil; Sachurteil, (3) (*i.w.S.*) Missbilligung, Verwerfung, Verdammung *f*; **jugement de –** auf Strafe lautendes Urteil, verurteilende Erkenntnis, Verurteilung; **prononcer une –** eine Strafe verhängen, jmdn. verurteilen; **sentence de –** auf Strafe lautendes Urteil, Verurteilung.

condamnation antérieure Vorstrafe *f*; **– capitale** Todesurteil; **– civile** zivilrechtliche Verurteilung; **– conditionnelle** (B) Verurteilung mit Bewährung(sfrist); **– par contumace** (*StPR*) Verurteilung in Abwesenheit (des Angeklagten); **– par défaut** (*ZPR*) Verurteilung in Abwesenheit; **– aux dépens** (*PrzR*) Verurteilung zur Tragung der Kosten (des Rechtsstreits); **– aux frais de la poursuite** Verurteilung zur Tragung der Kosten des Verfahrens; **– judiciaire** (*StPR*) Verurteilung *f*, Verhängung einer Strafe; **– à deux mois de prison ferme** Verurteilung zu zwei Monaten Haft ohne Bewährung; **– à mort** Todesurteil; **– au passif** (*HR*) Verurteilung zum Ausgleich der Passiva; **– pécuniaire** Geldstrafe, Vermögenstrafe; **– pénale** Strafurteil, strafrechtliche Verurteilung; **– principale** Hauptstrafe; **– avec sursis** Verurteilung mit Strafaussetzung zur Bewährung.

condamnatoire *adj* auf Strafe lautend *od.* erkennend; **sentence –** Strafurteil.

condamné *m* (*StPR*) Verurteilte(r) *m*; **– par contumace** in Abwesenheit Verurteilte(r); **– en cours de peine** Verurteilte(r) während der Strafverbüßung; **– à perpétuité** (Straf-) Täter *m*, der zu einer lebenslangen Freiheitsstrafe verurteilt wurde, lebenslänglich Verurteilte(r); **– à temps** zu zeitlicher Freiheitsstrafe Verurteilte(r).

condamner *v.tr.* (1) (*StR*) verurteilen, (2) aussondern, für unbrauchbar erklären; **– à un an de prison avec sursis** zu einem Jahr Freiheitsentzug mit Strafaussetzung zur Bewährung verurteilen.

condé *m ung* Polizeikommissar *m*.

condensé *m* Zusammenfassung, Sammelbericht.

condenser *v.tr.* zusammenfassen, kürzen.

condescendre *v.tr.ind.* sich herablassen (zu).

condisciple *m* Kollege *m*; Mitschüler.

condition *f* (1) (*ÖfR: rang social*) gesellschaftliche Stellung *f*, Rang *m*, Stand *m*, (2) (*ZR: situation juridique*) Rechtsstellung *f*, Rechtslage *f*, (3) (*ZR: élément d'un acte juridique, exigence*) Bedingung *f*, Voraussetzung *f*, Erfordernis *n*, (4) (*SchuldR: clause*) Bestimmung *f*, Klausel *f*, (5) (*au pluriel: circonstances*) Verhältnisse *npl*, Umstände *mpl*, (6) (*VwR*) Auflage *f*, Betriebsbedingung *f*; **à – de, à la – que** *loc. adv.* unter der Voraussetzung, dass ..., dass; **accepter une –** (*SchuldR*) eine Bedingung annehmen, auf eine Bedingung eingehen; **acheter à –** (*HR*) unter Vorbehalt kaufen; **défaillance de la –** (*SchuldR*) Wegfall *m* der Bedingung; **obligation sous –** bedingtes Rechtsgeschäft; **réalisation de la –** Eintritt *m* der Bedingung; **remplir une –** eine Bedingung erfüllen; **sous la – expresse** unter der ausdrücklichen Bedingung, dass ...; **survenance de la –** Eintritt der Bedingung.

condition d'acceptation (*SchuldR*) Annahmebedingung *f*; **– accomplie** eingetretene *od.* erfüllte Bedingung; **– d'adhésion** Aufnahmebedingung; **– d'admission** (1) (*SchuldR*) Annahmevoraussetzung, Annahmebedingung, (2) (*ÖfR, HochschulR*) Zulassungsbedingung *f*; **– d'âge** Alterserfordernis *n*; **– de base** Ausgangsbedingung; **– casuelle** Zufallsereignis *n*, vom Zufall abhängige *od.* kasuelle Bedingung; **– de compétence** Zuständigkeitserfordernis *n*; **– de faveur** Vorzugsbedingung *f*.

condition défaillante (*SchuldR*) Wegfall *m* der Bedingung; **– défaillie** Bedingung, die nicht mehr eintreten kann, nicht erfüllte *od.* nicht eingetretene Bedingung; **– des étrangers** (*AuslR*) Rechtsstellung der Ausländer, Ausländerrecht *n*, Migrationsrecht; **– extinctive** auflösende Bedingung, Resolutivbedingung; **– féminine** (*Pol*) Stellung der Frau in der Gesellschaft; **– fictive** (*SchuldR*) Scheinbedingung *f*; **– de fond** inhaltliches *od.* materielles Erfordernis; **– de forme** Formerfordernis *n*, Formvorschrift; **– illicite** unerlaubte Bedingung; **– immorale** sittenwidrige Bedingung; **– implicite** (*SchuldR*) stillschweigende Voraussetzung.

condition juridique (*ZR*) Status *m*, Rechtsstellung *f*; **– léonine** (*SchuldR*) einseitig benachteiligende Vertragsbestimmung; **– non remplie** nicht eingetretene *od.* erfüllte Bedingung; **– ouvrière** Arbeiterklasse *f*; **– pendante** Schwebezeit; **– des personnes** Personenrecht *n*; **– physique** körperliche Verfassung, Gesundheitszustand; **– pivot** Grundvoraussetzung *f*; **– potestative** vom freien Willen (einer Person) abhängige Bedingung, Potestativbedingung.

condition préalable Vorbedingung, (unabdingbare) Voraussetzung; **– réalisée** erfüllte Bedingung; **– de règlement** (1) (*InsolvenzR*) Voraussetzung für die Annahme des Vergleichsvorschlags, (2) Zahlungsbedingung; **– requise** Erfordernis, zu erfüllende Voraussetzung; **– résolutoire** auflösende Bedingung, Resolutivbedingung; **– sine qua non** unabdingbare Voraussetzung, unerlässliche Bedingung; **– sous-entendue** stillschweigend vereinbarte Bedingung; **– supplémentaire** Zusatzbedingung; **– suspensive** aufschiebende Bedingung, Suspensivbedingung.

condition tacite stillschweigend vereinbarte Bedingung; **– -type** Musterbedingung; **– de validité** Wirksamkeits- *od.* Gültigkeitserfordernis; **– de viduité** (*EheR*) Bedingung der Wartezeit (einer Frau vor der Wiederverheiratung).

conditionnel *adj* bedingt, von einer Bedingung abhängig.

conditionnement *m* (*HR: marchandises*) Produktaufmachung *f*, Schaupackung *f*, Hülle *f*, Behälter *m*; Karton *m*; Verpackung.

conditionner *v.tr.* (1) die Bedingung *od.* die Voraussetzung sein für; bedingen, voraussetzen, (2) (*Waren*) verpacken.

conditions *fpl* Verhältnisse *npl*, Umstände *mpl*; **– d'accès** (*HochschulR*) Zulassungs- *od.* Aufnahmebedingungen; **– d'adhésion** Beitrittsvoraussetzungen *fpl*; **– d'admission** Aufnahmebedingungen *fpl*; **– d'admission à une prestation** (*SozR*) Leistungsvoraussetzungen *fpl*, Voraussetzungen der Leistungsgewährung; **– d'agrément** (*ÖfR*) Zulassungsbedingungen *pl*; **– d'application** (*VerfR*) Ausführungs- *od.* Durchführungsbestimmungen; **– d'armistice** (*VR*) Waffenstillstandsbedingungen *fpl*; **– d'assurance** Versicherungsbedingungen; **– d'attribution** (*ZPR*) Anspruchsvoraussetzungen *fpl*; **– de banque** allgemeine Geschäftsbedingungen (der Banken); **– du contrat** Vertragsbedingungen od.-klauseln; **– d'embauche** (*ArbR*) Einstellungsvoraussetzungen.

conditions générales (*SchuldR*) Allgemeine Geschäftsbedingungen (= AGB); **– – du contrat** (*HR*) allgemeine Vertrags- *od.* Geschäftsbedingungen, allgemeine Leistungs- *od.* Vertragsbedingungen; **– – de la police** (*VersR*) allgemeine Versicherungsbedingungen.

conditions d'habitat (*BauR*) Wohnverhältnisse *npl*; **– d'hygiène déplorables** (*MedizinR*) Gesundheitsgefährdung; **– de livraison** (*HR*) Lieferbedingungen *fpl*; **– de paiement** Zahlungsbedingungen; **– particulières** besondere (Versicherungs-) Bedingungen; **– de recevabilité** Zulässigkeitsvoraussetzungen *pl*; **– de transport** Beförderungsvorschriften *od.* -bedingungen; **– de travail** Arbeitsbedingungen; **–**

d'usage übliche Bedingungen *fpl*; – **de vente** Verkaufsbedingungen.
condoléances *fpl* Beileidsbrief *m*, Kondolenz *f*.
condominium *m* (*VR*) gemeinsame Herrschaft mehrerer Staaten über ein Gebiet, Kondominium *n*.
conducteur *m* (*Kfz*) Fahrzeugführer *m*; Fahrer *m*; – **novice** (*StVR*) Anfänger *m*; – **de travaux** Bauführer.
conduire *v.tr.* (1) (*mener, diriger*) führen, lenken, leiten, (2) (*StVR: être au volant d'un véhicule*) steuern, fahren; **permis de** – Fahrerlaubnis *f*, Führerschein *n*.
conduite *f* (1) Führung *f*, Leitung *f*, Aufsicht *f*, (2) Lenken *n*, Fahren *n*, Steuerung *f*, (3) (*attitude, comportement*) Betragen *n*, Benehmen *n*, Verhalten *n*; **bonne** – gute Führung; **durée de** – (*StVR*) ununterbrochene Lenkzeit *f*; **mauvaise** – schlechtes Betragen, schlechte Führung; – **des affaires** (1) (*HR*) Geschäftsgebahren *n*, (2) (*VwR*) Führung der Dienstgeschäfte; – **d'échec** (von vornherein) auf Misserfolg angelegtes Verhalten; – **d'une entreprise** Betriebsführung; – **en état d'ivresse** Trunkenheit am Steuer; – **du procès** (*ZPR*) Prozessführung; – **de retour** freie Rückbeförderung; – **des travaux** Baubetriebsleitung; – **d'un véhicule** (*StVR*) Führen eines Kraftfahrzeugs.
confection *f* Herstellung *f*, Anfertigung; – **de faux papiers** Herstellen *n* gefälschter Ausweispapiere; – **d'un protêt** Protesterhebung.
confédéral *adj* (*ArbR*) Verbands-, Zentral-, Dach-.
confédération *f* (1) (*VR*) Staatenbund *m*, (2) (*ArbR*) (Zentral- *od.* Dach-) Verband *m*; – **générale des cadres (= CGC)** frz. Angestelltengewerkschaft; – **générale des petites et moyennes entreprises (= CGPME)** Dachverband der mittelständischen Betriebe; – **générale du travail (= CGT)** (französischer kommunistischer) Allgemeiner Gewerkschaftsbund.
confédération helvétique (= CH) schweizerische Eidgenossenschaft; – **internationale des syndicats libres (= CISL)** Internationaler Bund freier Gewerkschaften (= IBFG); – **internationale des syndicats chrétiens (= CISC)** Internationaler Bund christlicher Gewerkschaften (= IBCG); – **ouvrière** *ou* **de salariés** gewerkschaftlicher Gesamtverband, Arbeitnehmerdach- *od.* spitzenverband; – **patronale** Arbeitgeberdachverband; – **syndicale** Gewerkschaftsbund.
confer *v* **(= cf.)** *lat* siehe, vgl.
conférence *f* (1) (*réunion*) Konferenz *f*, Kongress *m*, Tagung; Zusammenkunft *f*; Verhandlung; Sitzung; Beratung *f*, (2) (*exposé, communication*) Vortrag *m*, (3) (*ZPR: audience sur l'état de l'affaire*) Beratung im Richterzimmer mit den Parteien über die Entscheidungsreife; **prononcer une** – ein Referat halten; – **du commerce mondial** Welthandelskonferenz; – **-débat** Forum *n*, öffentliche Diskussion; – **générale** Generalkonferenz; – **d'information** Informationstagung; – **intergouvernementale** Regierungskonferenz; – **internationale du travail** internationale Arbeitskonferenz; – **maritime** Schiffahrtskonferenz; – **mondiale de l'alimentation** Welternährungskonferenz; – **monétaire** Währungskonferenz; – **des Nations Unies pour le commerce et le développement (= CNUCED)** Welthandelskonferenz (= UNCTAD); – **des Nations Unies sur les droits de la mer** Seerechtskonferenz der Vereinten Nationen.
conférence préliminaire *ou* **préparatoire** (*VR*) vorbereitende Konferenz; – **des présidents** (*VerfR: Assemblée Nationale*) Präsidium *n*; – **de presse** Pressekonferenz *f*; – **sur la sécurité et la coopération en Europe (= CSCE)** Konferenz über die Sicherheit u. Zusammenarbeit in Europa (= KSZE); – **au sommet** Gipfelkonferenz; – **tarifaire mondiale** Weltzollkonferenz; – **technique** Fachvortrag *m*.
conférencier *m* Referent *m*, Redner.
conférer *v.tr.d. et ind.* (1) (*s'entretenir*)

beraten, verhandeln, sich besprechen, (2) (*accorder*) einräumen, verleihen, erteilen, gewähren, übertragen; **– un droit** ein Recht gewähren, einen Anspruch zuerkennen; **– d'un projet** ein Vorhaben erörtern.

confession *f* (*KirchR*) Glaubensbekenntnis *n*.

confessionnel *adj*: **école –le** Bekenntnis- *od.* Privatschule; **liberté –le** Glaubensfreiheit *f*.

confiance *f* Vertrauen *n*, Zuversicht *f*; Offenheit; **abus de –** (1) (*StR: délit consistant à détourner ou dissiper les fonds qui lui avaient été confiés – art. 314–1 CP*) Unterschlagung *f*, Veruntreuung, (2) (*au sens moral*) Vertrauensbruch *m*; **degré de –** Glaubwürdigkeit; **digne de –** zuverlässig; glaubwürdig; **homme de –** Vertrauensmann *m*; Vertrauensperson *f*; **mériter toute –** glaubwürdig *od.* vertrauenswürdig sein; **motion de –** (*VerfR*) Vertrauensvotum, Zustimmung der Mehrheit (bei einer Vertrauensfrage); **place** *ou* **position de –** Vertrauensstellung; **question de –** (*VerfR*) Vertrauensfrage *f*; **voter la –** das Vertrauen aussprechen.

confidence *f* vertrauliche Mitteilung; **en –** im Vertrauen, vertraulich.

confident *m* Vertraute(r) *m*.

confidentialité *f* Vertraulichkeit *f*; Geheimhaltung *f*.

confidentiel *adj* (*rapport, entretien*) vertraulich; **document –** Verschlusssache *f*; **strictement –** streng vertraulich; **– défense** VS-vertraulich, Verschlusssache (= VS).

confier *v.tr.* anvertrauen; **se – à qqn.** *v. pron.* sich anvertrauen; sich verlassen auf.

configuration *f* Beschaffenheit, Struktur *f*, Anordnung *f*, Gestalt *f*.

confinement *m* Hülle *f*, Einschließung; Begrenzung; räumliche Eingrenzung, Einkapselung; **enceinte de –** (*AtomR*) Reaktorsicherheitshülle *f*, Behälter *m*.

confirmatif *adj* bestätigend, bejahend, bekräftigend.

confirmation *f* (1) (*ZPR, ZR: approbation et maintien*) Bestätigung, Bekräftigung; Bescheinigung, (2) (*DV*) Quittierung; **– de commande** Auftragsbestätigung; **– formelle** ausdrückliche Bestätigung; **– d'un jugement** (*PrzR*) Verwerfung der Berufung, Bestätigung des (erstinstanzlichen) Urteils.

confirmer *v.tr.* bestätigen, bekräftigen; **on ne peut ni – ni infirmer cette information** diese Mitteilung *od.* Nachricht kann weder bestätigt noch entkräftet werden; **– un jugement** ein Urteil bestätigen.

confiscation *f* (*StPR*) (strafprozessuale) Beschlagnahme *f*, Einziehung *f*, Konfiskation, entschädigungslose Enteignung; **prononcer la –** die Einziehung verfügen, die Konfiskation *od.* Sicherstellung anordnen; **– des armes** Einziehung der Waffen; **– générale des biens** Vermögensbeschlagnahme *od.* -einziehung, Vermögensverfall *m*, entschädigungslose Enteignung; **– spéciale** Beschlagnahme einzelner Gegenstände.

confisquer *v.tr.* (*ÖfR*) beschlagnahmen, einziehen, die Einziehung verfügen.

conflagration *f* (*VR*) internationaler weltweiter Konflikt.

conflictuel *adj*: **situation –le** Konfliktsituation.

conflit *m* (1) (*IPR, VwPR*) Kompetenzkonflikt, Zuständigkeitsstreit, (2) (*contestation, discorde*) Auseinandersetzung *f*, Konflikt *m*, Streit *m*, Streitfrage; **arrêté de –** (*PrzR*) Erlass eines Präfekten durch den in einem Einzelfall ein Zivilgericht (zugunsten eines Verwaltungsgerichts) für unzuständig erklärt wird; **élever un –** (*PrzR, VwPR*) einen vor einem ordentlichen Gericht anhägigen Rechtsstreit durch Erlass des Präfekten vor die Verwaltungsgerichtsbarkeit bringen, durch Präfektoralerlass die Zuständigkeit eines Zivilgerichts bestreiten und an ein Verwaltungsgericht (zur Entscheidung) verweisen; **règle de –** (*IPR*) Kollisionsnorm *f*; **trancher un –** einen Streit beilegen *od.* entscheiden.

conflit armé bewaffneter Konflikt; **– d'attributions** (1) (*PrzR*) Kompetenzkonflikt zwischen Zivilgerichten und Verwaltungsgerichten, (2) (*VwR*) Zuständigkeitsstreit zwischen Verwaltungsbehörden; **– collectif de travail** Arbeitskampf, Gesamtarbeitsstreitigkeit; **– de compétence** Kompetenzkonflikt, Kompetenzstreit *od.* -streitigkeit; **– de droits** Anspruchskonkurrenz *f*; **– frontalier** *ou* **de frontière** Grenzstreitigkeit.

conflit individuel du travail (*ArbR*) Rechtsstreitigkeit aus einem Einzelarbeitsverhältnis; **– d'intérêts** Interessenkollision *f*, Interessenwiderstreit *m od.* -konflikt; **– de juridictions** Kompetenzkonflikt *m* zwischen Gerichten derselben Gerichtsbarkeit, Zuständigkeitsstreit zwischen Gerichten, positiver oder negativer Kompetenzkonflikt; **– de législations** Rechtskollision.

conflit de lois (*IPR*) Gesetzes- *od.* Normenkonflikt, Normen- *od.* Rechtskollision; **– – dans l'espace** räumlicher Normenkonflikt; **– – dans le temps** zeitlicher Normenkonflikt.

conflit mobile (*IPR*) räumliche u. zeitliche Kollision; **– de nationalités** mehrfache Staatsangehörigkeit negativer Kompetenzkonflikt; **– nucléaire** Atomkrieg; **– positif de juridictions** positiver Kompetenzkonflikt; **– de qualifications** (*IPR*) Qualifikationskonflikt; **– social** *ou* **du travail** Arbeitskampf.

confluer *v. intr.* **(vers)** zusammenströmen.

confondre *v. tr. d.* (1) verwechseln, (2) (*ZR*) kompensieren, sich gegenseitig aufheben, (3) (*StR*) (einen Täter) überführen.

conformation *f* Gestalt *f*, Form *f*; **vice de –** (*MedizinR: malformation*) Missbildung *f*.

conforme *adj* (1) (*reproduction exacte, concordant*) gleichlautend, übereinstimmend, richtig, (2) (*conforme à la loi*) (gesetzes-) gemäß, gemäß (Artikel ...), entsprechend; **pour copie – (= p.c.c.)** für die Richtigkeit der Abschrift, die Richtigkeit der Abschrift bescheinigt; **pour expédition –** für die Richtigkeit der Ausfertigung.

conforme au but zweckentsprechend, zweckdienlich; **– au contrat** vertragsgemäß; **– aux instructions** weisungsgemäß; **– à la loi** gesetzmäßig; **– aux règlements** vorschriftsgemäß *od.* -mäßig; **– à l'usage local** ortsüblich.

conformément *adv* gemäß, entsprechend, auf Grund; **au plan prévu** planmäßig; **– à la loi** gemäß (gesetzlicher Bestimmung), in Übereinstimmung mit dem Gesetz, dem Gesetz entsprechend.

conformer *v.tr.* anpassen; **se – à** *v. pron.* sich richten nach, sich unterwerfen, sich anpassen an; **se – strictement aux ordres** weisungsgemäß handeln.

conformité *f* Übereinstimmung *f*, Gemäßheit *f*; **en – avec** gemäß, in Übereinstimmung mit; **– à la constitution** Verfassungsgemäßheit *od.* -mäßigkeit; **– du contrat** Vertragsgemäßheit; **– à la loi** Gesetzmäßigkeit.

conforter *v.tr.* bestärken, festigen.

confraternité *f* Amtsbrüderschaft *f*, Verbrüderung.

confrontation *f* (1) (*StPR*) Gegenüberstellung *f*, (2) (*StPR: écritures, textes*) Vergleich *m*, (3) (*lutte, opposition*) Auseinandersetzung; **– d'intérêts** Interessenabwägung *f*.

confronter *v.tr.* (1) (*StPR*) gegenüberstellen, (2) (*comparer des textes*) vergleichen.

confusion *f* (1) (*ZR*) Konfusion *f*, Vereinigung *f* von Schuldner und Gläubiger in einer Person, Zusammenfallen der Gläubigerrechte und Schuldnerverbindlichkeiten, (2) Verwechslung, (3) Verwirrung; **faire une –** sich irren *od.* täuschen; **risque de –** Verwechslungsgefahr *f*; **– de biens** Vermischung von Sachen; **– de part** *ou* **de paternité** (*FamR: incertitude sur la paternité d'un enfant*) Zusammentreffen zweier gesetzlicher Vermutungen der Vaterschaft (bei Nichteinhaltung der Wartezeit); **– de peines** (*StPR*) (Bildung einer) Gesamtstrafe; **– des pouvoirs** (*VerfR*) Nichtbeachtung des Grundsatzes der Gewaltentrennung, Gewaltenvereinigung.

congé *m* (1) (*ArbR: vacances, dispense de travail*) Urlaub *m*; Beurlaubung *f*; Arbeitsbefreiung *f*; arbeitsfreier Tag *m*, (2) (*ZR, ArbR: action de congédier*) Kündigung *f*, (3) (*SeeHR*) Zollklarierungsschein, (4) (*SteuerR*) (*Waren*) Freigabe zur Beförderung; **accepter le –** die Kündigung annehmen; **date du –** Urlaubszeitpunkt; **délai –** Kündigungsfrist; **départ en –** Urlaubsantritt *m*; **donner –** kündigen; **mettre en –** beurlauben; **mise en –** Beurlaubung *f*; **préavis de –** Kündigungsfrist *f*; **rémunération** *ou* **salaire de –** Urlaubsgeld *n*.

congé abusif (*ArbR*) rechtsmissbräuchliche Kündigung; **– d'accouchement** Mutterschaftsurlaub *m*; **– d'ancienneté** Zusatzurlaub bei längerer Betriebszugehörigkeit *od.* Dienstzeit; **– annuel** (*ArbR*) (bezahlter) Jahresurlaub; **– de bail** Kündigung des Pacht- *od.* Mietvertrags; **– de base** Grundurlaub; **– brusque** fristlose Kündigung; **– collectif** (*ArbR: on dit aussi: fermeture annuelle*) Betriebsferien *pl*; **– compensatoire** Ausgleichsfreizeit *od.* -urlaub (zur Abgeltung von Überstunden); **– conditionnel** bedingte Kündigung; **– continu** zusammenhängender Urlaub; **– de convalescence** Genesungsurlaub; **– pour convenance personnelle** Beurlaubung vom Dienst aus persönlichen Gründen; **– conventionnel** tariflicher Urlaub; **– culturel** Fortbildungsurlaub; **– pour événements familiaux** (*ArbR: accordé à la naissance, pour le mariage et au décès*) Urlaub bei der Geburt eines Kindes; Urlaub für Eheschließung; Todesfallurlaub *m*; **– individuel de formation (= CIF)** (*ArbR*) Bildungsurlaub *m*; **– légal** gesetzlicher Urlaub.

congé maladie (*ArbR, SozVers: absence pour cause de maladie ou congé de maladie*) Abwesenheit wegen Krankheit, Krankheit des Arbeitnehmers; Arbeitsunfähigkeit infolge Krankheit, Behandlungszeit im Krankheitsfall; Fehlen *n* wegen Erkrankung; Arbeitsbefreiung aus gesundheitlichen Gründen; Krankheits- *od.* Genesungsurlaub *m*, krankgeschrieben sein; **– de maternité** Mutterschaftsurlaub; **– de nationalité** Entlassung aus der Staatsangehörigkeit.

congé parental d'éducation (*ArbR, FamR: en France après le congé de maternité jusqu'au 3e anniversaire de l'enfant*) Erziehungsurlaub *m*; Elternzeit *f*; **– de paternité** (*ArbR: en France 11 jours calendaires consécutifs*) Vaterschaftsurlaub *m*; **–(s) payé(s)** bezahlter Jahres- *od.* Erholungsurlaub; **– de présence parentale** (*ArbR: congé attribué pour une période maximale de 4 mois, renouvelable deux fois*) Sonderurlaub zur Pflege schwerkranker, behinderter oder verunfallter Kleinkinder; **– de reconversion** (*ArbR*) Freistellung zwecks Umschulung; **– sans rémunération** unbezahlter Urlaub; **– de repos** Erholungsurlaub; **– spécial** (*BeamR*) Dienstbefreiung.

congéable *adj*: **domaine –** (*LandwR*) jederzeit durch den Verpächter kündbarer Pachtvertrag.

congédiable *adj* kündbar.

congédiement *m* (*ArbR: notification du congé ou licenciement*) Entlassung *f*, Kündigung *f* (durch den Arbeitgeber); **lettre de –** Kündigungsschreiben; **motif de –** (*ArbR*) Kündigungsgrund; **préavis de –** (*ArbR*) Kündigungsfrist *f*; **– abusif** rechtsmissbräuchliche Kündigung; **– immédiat** fristlose Kündigung.

congédier *v.tr.* entlassen, kündigen.

congélateur *m* Tiefkühlgerät *m*; Gefriertruhe *f*, Froster *m*.

congénital *adj* angeboren, kongenital.

congère *f* (*StVR: formation de congères*) Schneeverwehungen *fpl*.

congestion *f* Verkehrsstau *m*; Überlastung; Hyperämie *f*, Blutwallung.

conglomérat *m* (*GesR: groupe de sociétés aux objets très différents*) Mischkonzern *m*.

congrégation *f* (*KirchR*) Ordensgesellschaft *f*, Kongregation *f*.

congrès *m* Kongress *m*, Tagung *f*, Parteitag *m*; Volksvertretung; **– professionnel** Fachtagung.

congressiste *m* Tagungs- *od.* Kongressteilnehmer *m*; Parteitagsdelegierte(r) *m*.

congru *adj*: **portion –e** Existenzminimum.
conjectural *adj* mutmaßlich, auf Vermutungen gründend.
conjecturer *v. tr. d.* mutmaßen, vermuten, Vermutungen anstellen.
conjoint *m* Gatte *m*, Gattin *f*; **– à charge** unterhaltsberechtigter Ehegatte *m*; **– survivant** *m* überlebender Ehegatte *m*.
conjointement *adv* (1) gemeinsam, gemeinschaftlich, (2) **être responsables –** (*SchuldR*) anteilsmäßig haften, Beschränkung der Haftung auf den eigenen Anteil; **– et solidairement** gesamtschuldnerisch haften.
conjoints *mpl* Eheleute *pl*, Ehegatten *pl*, Gatten.
conjonctif *adj* zusammenfassend, gemeinsam; **testament –** gemeinsames Testament.
conjoncture *f* (1) Zustand *m*, Lage *f*, Umstände *mpl*, Stand *m* der Dinge, (2) (*BW*) Geschäftsgang *m*, (3) (*Vwirt*) Wirtschaftslage *f*, Konjunktur *f*; **emballement de la –** Konjunkturüberhitzung; **haute –** Hochkonjunktur; **renversement de la –** Konjunkturumschwung; **– économique** Wirtschaftslage.
conjoncturel *adj* Konjunktur-, konjunkturbedingt, konjunkturell.
conjoncturiste *m* Wirtschaftssachverständige(r) *m*, Konjunkturforscher *m*.
conjugal *adj*: **vie –e** eheliche Lebensgemeinschaft.
conjuguer *v. tr. d.* (*forces*) verbinden, vereinen, zusammenfassen; **– tous les efforts** die Kräfte bündeln.
conjuration *f* (*StR: conspiration*) Geheimbündelei *f*, Verschwörung *f*.
conjuré *m* Verschwörer *m*, Geheimbündler.
conjurer *v. tr. d.* (1) (*péril, guerre*) abwenden, bannen, (2) **se –** *v. pron.* sich gegen jmdn. verschwören; **– le mauvais sort** das Schicksal wenden.
connaissance *f* (1) (*savoir, science*) Wissen *n*, Wissensstand *m*; Kenntnis *f*, (2) (*conscience, discernement*) Bewusstsein *n*, Erkenntnis *f*, (3) (*relation*) Bekanntschaft *f*, Bekannte(r) *m*, (4) (*PrzR: compétence, pouvoir juridictionnel*) Zuständigkeit *f*; **à ma –** meines Wissens, soviel ich weiß; **avoir – de qqch.** von etw. Kenntnis erlangen; **en pleine – de cause** in vollem Bewusstsein *od.* in voller Kenntnis der Sachlage; **prendre –** sich in Kenntnis setzen, Einsicht nehmen; **sans –** bewusstlos.
connaissances *fpl*: **dans l'état actuel des –** nach dem derzeitigen Kenntnisstand; **niveau de –** Kenntnisstand *m*; **– de base** Grundkenntnisse; **– linguistiques** Sprachkenntnisse; **– de la matière** Sachverstand; **– du niveau universitaire** Hochschulbildung; **– professionnelles** *ou* **techniques** Fachkenntnisse.
connaissement *m* (*SeeHR*) Konnossement *n*, Seefrachtbrief *m*, Ladeschein *m*; **– -chef** Kapitänskopie *f*; **– intransmissible** Rektakonnossement; **– au porteur** Inhaberkonnossement; **– reçu pour embarquement** Übernahmekonnossement.
connaître *v.tr.* (1) wissen, kennen, erkennen, (2) (*PrzR: être compétent pour juger d'une affaire*) (in einer Sache) entscheidungsbefugt sein; **– de qqch.** zuständig sein für etwas; **– d'un délit** in einer Strafsachen (bei Vergehen) zuständig sein.
connectique *f* Informationstechnologie *f*.
connexe *adj* in Zusammenhang stehend, zusammenhängend.
connexion *f* Zusammenhang *m*.
connexité *f* (*PrzR: lien étroit de deux demandes*) Konnexität *f*, (innerer) Zusammenhang *m*, Verbindung *f*; **déclinatoire de –** (*ZPR*) Einrede des Sachzusammenhangs (zwischen zwei Klageanträgen); **– d'infractions** (*StPR*) (innerer) Zusammenhang mehrerer Straftaten.
connivence *f* (*StR*) Duldung (strafbarer Handlungen), (heimliches) Einverständnis, stillschweigendes Zulassen, Konnivenz *f*.
conquérir *v.tr.* erobern, unterwerfen; erringen, gewinnen.
conquêt(s) *m/pl* (*FamR: acquêts*) Errungenschaft *f*.

conquête *f* (*VR*) (Gebiets-) Eroberung *f*, Errungenschaft *f*; **– du marché** Marktbeherrschung; **– sociale** soziale Errungenschaft.

consacrer *v.tr.* festlegen; bestätigen; verankern; absichern; **consacré par la jurisprudence** ständige Rechtsprechung; **expression consacrée** feststehende Redewendung; **– en droit** eine Rechtsgrundlage schaffen; **se – à une tâche** eine Aufgabe übernehmen, sich einer Tätigkeit widmen.

Frères consanguins sind Halbgeschwister, welche denselben Vater, aber verschiedene Mütter haben. *Frères et sœurs germains* sind vollblütige Geschwister. *Enfants utérins* haben nur dieselbe Mutter

consanguin *adj* (*FamR: agnat = qui est parent du côté du père*) vom gleichen Vater abstammend, Verwandte(r) väterlicherseits.

consanguinité *f* (1) (*FamR*) Blutsverwandtschaft väterlicherseits, (2) (*i.w. S.*) nahe Verwandtschaft.

consciemment *adv* (*StR*) wissentlich, bewusst; absichtlich.

conscience *f* (1) (*for intérieur*) Gewissen *n*, (2) Bewusstsein *n*, (3) (*StR*) Wissen *n* (um die Strafbarkeit einer Handlung), (4) (*exigence de réflexion, de sagesse, de sérénité*) Gründlichkeit *f*; **par acquit de –** der Ordnung halber; **en mon âme et –** nach bestem Wissen und Gewissen; **cas de –** Gewissensfrage *f*; **directeur de –** (*KirchR*) Seelsorger *m*; Beichtvater *m*; **sur mon honneur et ma –** auf Ehre u. Gewissen; **liberté de –** Gewissensfreiheit; **– civique** (*VerfR*) Staatsbewusstsein *n*, Staatsbürgersinn *m*; **– professionnelle** Pflichtbewusstsein *n*, Verantwortungsgefühl *n*; **– des responsabilités** Verantwortungsbewusstsein *n*.

consciencieusement *adv* sorgfältig, gewissenhaft.

consciencieux *adj* gewissenhaft, zuverlässig, genau.

conscient *adj* bewusst, gewollt, absichtlich; **– de** (*VR: Floskel in Abkommen*) im Bewusstsein, in Anbetracht, in Kenntnis, im Hinblick auf.

conscription *f* (*MilR*) Musterung u. Einberufung (zum Wehrdienst).

conscrit *m* (einberufener *od.* gemusterter) Wehrpflichtige(r), Rekrut.

consécration *f* (1) Bestätigung *f*, Verankerung, Festlegung, Absicherung, (2) (*KirchR*) Weihe *f*, Einsegnung *f*; **– légale** gesetzliche Verankerung; rechtliche Absicherung.

consécutif *adj* (der Zeit nach) aufeinanderfolgend, nachfolgend; zusammenhängend; nacheinander; sich ergebend (aus).

conseil *m* (1) (*ZR: opinion donnée à qqn. sur ce qu'il convient de faire – syn.: avis, recommandation*) Ratschlag *m*, Rat *m*, (2) (*ZR: personne auprès de laquelle on prend avis – syn.: conseiller*) Berater *m*, Ratgeber *m*, Konsulent (S), Beratungs-, (3) (*ÖfR, ZR: réunion, dont la composition est déterminée à l'avance, de personnes qui délibèrent, donnent leur avis sur des affaires publiques ou privées – syn.: assemblée, réunion*) Ratsversammlung *f*, Rat *m*, Ausschuss *m*, (4) (*PrzR: avocat, conseil juridique*) Anwalt *m*; Syndikus *m*, (5) (*VerfR: dénomination pour certains tribunaux supérieurs en France*) Gerichtshof *m*, Gericht *n*, (6) (*EuR: conseil des ministres de l'union européenne*) Ministerrat *m*; **devoir de –** Beratungspflicht *f*; **le – en est pris** *loc.adv.* es wurde beschlossen; **prendre –** sich durch jmdn. beraten lassen, sich Rat holen; **tenir –** beraten über; sich mit jmdm. beraten; beratschlagen, gemeinsam überlegen; **– administratif** Verwaltungsrat *m*.

conseil d'administration (1) (*HR, ArbR, Vereine*) Vorstand *m*, geschäftsführendes Organ, (2) (*GesR: organe collégial de direction et de contôle de l'ancienne forme de la société anonyme en France – art. 225–17 Ccom*) Verwaltungs- od.Geschäftsführung(sorgan); Kontrollorgan (gegenüber dem PDG), (3) (*ÖfR: collectivités locales*) Verwaltungsrat *m*; **– d'arbitrage** *ou* **arbitral** Schiedsausschuss *m*; **–**

d'arrondissement (*ÖfR*) Stadtbezirksrat (in Paris, Lyon u. Marseille); – **de l'Atlantique nord** Nordatlantikrat; – **de banque** (S) Bankrat (S); – **en brevet d'invention** frz. Patentanwalt; – **de cabinet** Ministerrat unter Vorsitz des Premierministers; – **de classe** Lehrerkonferenz; – **communal** (LS) Gemeinderat.

Der *conseil constitutionnel* ist erst seit 2008 ein echtes Verfassungsgericht, das von jedermann angerufen werden kann. Allerdings ist es nur für die Überprüfung der Verfassungsmäßigkeit der Parlamentsgesetze zuständig. Die Regierungsgesetze überprüft weiterhin allein der Conseil d'État.

conseil constitutionnel (= CC) (1) (*VerfR: organe de contrôle de la constitutionalité des lois – art. 61 de la Constitution de 1958*) frz. Verfassungsgericht *n*, (2) – **constitutionnel** (*VerfR: art. 58 à 60 de la Constitution*) Oberste frz. Wahlkommission u. Wahlanfechtungsgericht; – **consultatif** Beirat *m*; Beratungsstelle *f*; beratender Ausschuss; – **du contentieux administratif** (*VwPR*) Verwaltungsgericht *n*; – **de contrôle** Kontrollrat; – **de coopération douanière** Rat für die Zusammenarbeit auf dem Gebiet des Zollwesens.

Der *conseil d'État* ist zugleich Rechtsprechungs- und Regierungsberatungsorgan. Seine gerichtlichen Befugnisse gehen viel weiter als die des BVwG, da der CE auch die Gesetz- und Verfassungsmäßigkeit aller Regierungsgesetze = *décrets* und Verwaltungsakte überprüfen kann.

conseil d'État (= CE) (1) (*VwPR: juge de premier ressort, d'appel et de cassation en matière administrative*) Conseil d'État als oberstes frz. Verwaltungsgericht, Oberstes frz. Verwaltungsgericht, (2) – **d'État** (*VerfR: organe de conseil du gouvernement*) frz. Regierungsberatungsgremium (im Rahmen des Regierungs-Gesetzgebungsverfahrens), (*zuständig für Stellungnahmen zu Rechtsverordnungen und zur Formulierung von Regierungsgesetzesentwürfen*) frz. Staatsrat.

conseil disciplinaire *ou* **de discipline** (*WirtR: organe chargé d'infliger une sanction aux membres d'un corps ayant manqué à leurs obligations*) Disziplinarausschuss *m*, Disziplinargericht *n*; Dienststrafsenat *m*; – **économique** Wirtschaftsbeirat *m*; Wirtschaftsberater.

conseil économique et social (1) (*VerfR: art. 69–71 de la Constitution*) frz. Wirtschafts- und Sozialrat, (2) (*VR: UNO*) Wirtschafts- u. Sozialrat der Vereinten Nationen; – **d'enquête** Ermittlungs- *od.* Untersuchungsausschuss.

conseil des états (*VerfR: deuxième chambre du parlement suisse*) Ständerat *m*; – **de l'Europe** Europarat *m*; – **européen** (*EuR: nom donné à la réunion des chefs d'État et de gouvernement des Éats membres de l'UE*) Europäisches Gipfeltreffen der Staats- und Regierungschefs; – **de fabrique** (*KirchR: ensemble de personnes chargés de l'administration d'une église*) Gemeindevorstand *m*, Kirchenvorstand.

conseil de famille (*FamR: organe de la tutelle des mineurs – art. 407 suiv. Cciv*) frz. Familienrat (unter Vorsitz des Vormundschaftsrichters); – **fédéral** (*VerfR: Regierung der Schweiz*) Bundesrat *m*; – **fiscal** (*SteuerR: personne pouvant assister un contribuable lors de la vérification de sa comptabilité*) Steuerberater *m*; – **de la fondation** (*ZR: conseil d'administration gérant la fondation*) Stiftungsrat.

conseil général (*VwR: assemblée élue du département*) Rat der gewählten Vertreter des Departements, Departementsversammlung *f*; – **de gestion** Direktionsausschuss *m*; – **en gestion** (*WirtR*) Unternehmensberater *m*; Unternehmensberatung *f*; – **de gouvernement** Regierungsausschuss *od.* -kommission *f*; – **des gouverneurs** Gouverneursrat; – **de guerre** Kriegsgericht *n*; – **des impôts** Finanzausschuss beim frz. Rechnungshof; – **intérimaire** Interimsausschuss *m*; – **interministériel** Ministerausschuss *m*.

conseil judiciaire (*ZPR: hist. aujourd'hui curateur*) Pfleger *m*, gerichtlich bestellter Vermögensverwalter; – **juridique** (*PrzR: depuis 1992: avocat*) Rechtsbeistand *od.* -berater *m*, Anwalt *m*, Rechtsbeistand *m*; Syndikus *m*.

conseil des ministres (*VerfR: art. 9 de la Constitution de 1958*) frz. Ministerrat (unter Vorsitz des Präsidenten der Republik); Ministerratssitzung; – **mondial de la paix** Weltfriedensrat; – **municipal** (*VwR: organe délibératif de la commune*) Gemeinderat *m*, Stadtrat; Bürgerversammlung.

conseil national (*VerfR: première chambre du parlement suisse*) Nationalrat *m*; – – **des barreaux** (*PrzR*) Dachverband frz.der Anwaltskammern; – – **du crédit (= CNC)** (*BankR*) frz. Kredit- und Bankenüberwachungsausschuss.

conseil de l'ordre Kammervorstand *m* (Anwaltskammer, Ärztekammer usw.); – **de l'ordre des avocats** (*PrzR: le barreau*) Vorstand der Anwaltskammer; – **d'orientation professionnelle** (*ArbR*) Berufsberater *m*; – **ouvrier** (*ArbR*) Arbeiterrat *m*; – **de Paris** (*VwR: conseil municipal et conseil général*) Pariser Stadtrat (gleichzeitig Departementrat); – **parlementaire** Parlamentarischer Rat; – **de préfecture** (*VwPR: hist, heute: tribunal administratif*) Verwaltungsgericht; – **des prises** (*SeeHR*) internationaler Prisenhof; – **en propriété industrielle** (*PatR*) frz. Patentanwalt.

conseil de prud'hommes (*PrzR: juridiction du travail de première instance*) frz. (paritätisch besetztes) Arbeitsgericht erster Instanz; – **en recrutement** (*WirtR*) Personalberater *m*; – **régional** (*ÖfR: assemblée délibérante de la région*) frz. (gewählte) Regionalversammlung; – **de la République** (*hist: nom de la seconde Chambre sous la IV° République*) Rat der Republik; – **restreint** (*VerfR*) frz. Ministerrat (unter Vorsitz des Staatspräsidenten zur Erörterung einer Einzelfrage, nur die betroffenen Minister umfassend); – **de révision** (*MilR: aujourd'hui: commission locale d'aptitudes*) Musterungsausschuss.

conseil de sécurité (*VR: Nations unies*) Sicherheitsrat *m*; – **social** Sozialbeirat; – **de la Société des Nations** (*hist*) Völkerbundsrat; – **supérieur de l'audiovisuel (= CSA)** (*MedienR*) frz. oberste Massenmedienaufsichtsbehörde; – **supérieur de l'éducation nationale** (*ÖfR*) beratender Ausschuss beim frz. Unterrichtsministerium; – **supérieur de la fonction publique** (*VwR*) oberster frz. Beamtenausschuss.

conseil supérieur de la magistrature (= CSM) (*VerfR: organe constitutionnel art. 64 et 65 de la constitution*) oberster frz. Richterrat; – **supérieur de la Sécurité sociale** oberster frz. Sozialversicherungsausschuss.

conseil de surveillance (1) (*GesR: société anonyme*) Aufsichtsrat *m*, (2) (*VwR*) Aufsichtsamt *od.* -behörde; – **syndical** (*SachR: organe facultatif du syndicat des copropriétaires*) Wohnungseigentümerbeirat *m*; – **du trône** Thronrat; – **de tutelle** (1) (*FamR: bis 1964*) Vormundschaftsrat, (2) (*VR: UNO*) Treuhandsrat *m*; – **de l'union européenne** (*EuR: organe principal de décision de l'union européenne, nommé aussi conseil des ministres ou conseil*) Ministerrat der EU.

conseiller fiscal Steuerberater *m*.

conseiller *v. tr. d.* (1) (*conseiller qqch. à qqn. = proposer, suggérer, recommander*) vorschlagen, empfehlen, (2) (*conseiller à qqn. de faire = inciter, engager*) raten, einen Rat erteilen *od.* geben, (3) (*conseiller qqn. = le guider, en lui indiquant ce qu'il doit faire*) mit Rat (und Tat) beistehen, beraten, gemeinsam überlegen und besprechen.

conseiller *m* (1) (*conseilleur, conseil*) Berater *m*, (2) (*ÖfR: titre donné aux membres de certains conseils administratifs*) Rat *m*,

Ratsmitglied *n*, (3) (*GVR, VwPR*) (Bezeichnung der) Richter (bei frz. Zivilgerichten der 2. u. 3. Instanz und allen frz. Verwaltungsgerichten); **– d'ambassade** Botschaftsrat; **– d'arrondissement** Mitglied des Stadtbezirkrates (in Paris, Lyonu. Marseille); **– à la Cour d'appel** Richter am Appellationshof; **– à la Cour de cassation** Richter am Kassationsgerichtshof; **– à la Cour des comptes** Mitglied des frz. Rechnungshofs; **– économique** Wirtschaftsberater; **– d'État** (1) (*VwPR*) Richter am Obersten frz. Verwaltungsgericht *od.* Conseil d'État; Mitglied des Staatsrats, (2) (S) Regierungsrat; **– d'État en service extraordinaire** (*VwPR*) Mitglied des Staatsrats mit besonderen Aufgaben, mit besonderen Aufgaben betraut; **– d'État en service ordinaire** (*VwPR*) ordentliches Mitglied des Staatsrats; **– fédéral** (*Aut u. S*) Bundesrat; **– financier** (1) Anlagen- *od.* Finanzberater, (2) (*Botschaft*) Leiter der Finanzabteilung.

conseiller général (*VerfR: membre du conseil général*) Mitglied der Departementsversammlung; **– juridique** Rechtsberater; **– de légation** Gesandtschaftsrat, Legationsrat.

conseiller municipal Gemeinderatsmitglied *n*, Gemeinderat *m*; Ratsherr *m*; Stadtrat *m*; **– national** (S) Mitglied des Nationalrats, Nationalrat (S); **– en organisation** (*WirtR*) Betriebsberater; **– d'orientation (professionnelle)** (*ArbR*) Berufsberater *m*; **– prud'homme** (*ArbR: juge prud'homal*) Beisitzer *m* eines Arbeitsgerichts, frz. (Laien-) Arbeitsrichter *m*; **– référendaire** (*GVR*) Richter (auf Zeit und nur mit beratender Stimme) beim frz. Kassationshof; **– technique** Fachberater, Fachmann, Experte; **– du travail** staatlich geprüfte Gewerbeaufsichtsperson (zur Überwachung der Arbeitsschutzbestimmungen in den Betrieben).

conseillère *f* **conjugale** (*FamR*) Eheberaterin *f*.

consensualité *f*: **principe de la –** (*SchuldR*) Grundsatz *m* der Formfreiheit eines Rechtsgeschäfts.

consensus *m* (*VerfR: accord informel proche de l'unanimité*) Konsens *m*, Zustimmung, Übereinstimmung *f*.

consentant *adj* einwilligend, zustimmend.

consentement *m* (1) (*SchuldR: acceptation donnée à une offre*) Annahme *f* des Angebots, Einwilligung (in ein Rechtsgeschäft), Zustimmung, zustimmende Willenserklärung, (2) (*SchuldR: accord de deux ou plusieurs volontés*) Einigung *f*; Vereinbarung *f*; Abmachung *f*; Übereinkommen *n*, (3) (*ZR: volonté de l'auteur d'un acte unilatéral*) (*bei einseitigen Rechtsgeschäften*) Willenserklärung, (4) (*ZR: adhésion d'une personne à un acte conclu par d'autres*) Einverständnis *n*; **absence de –** fehlende Willensübereinstimmung; **droit de –** Bewilligungsrecht; **échange des –s** Antrag und Annahme; **manifestation du –** Zustimmung *f*, Erklärung des Einverständnisses; **vice du –** (*SchuldR: erreur, dol et violence – causes de nullité relative –art. 1109 et suiv. Cciv*) Willensmangel *m*, Einigungsmangel.

consentement du budget (*HaushR*) Haushaltsbewilligung *f*; **– exprès** ausdrückliche Zustimmung; **– au mariage** (*FamR: cosentement des parents au mariage d'un mineur*) Einwilligung (eines Elternteils) in eine Eheschließung; **– mutuel** beiderseitiges Einverständnis, gegenseitiges Einvernehmen; **– préalable** Einwilligung, Zustimmung im voraus; **– tacite** (*SchuldR*) stillschweigende Annahme des Angebots; **– de la victime** (*StR*) Einwilligung des Verletzten.

consentir *v.tr.* (1) bewilligen, genehmigen, gewähren, zugestehen, (2) **– à** *v. tr.ind.* einwilligen, (einer Sache) zustimmen, seine Zustimmung geben; gutheißen; **– bonne et valable décharge** (*GesR*) entlasten, Entlastung erteilen; **– un délai** eine Frist gewähren; eine Fristverlängerung zugestehen; **– une hypothèque** eine Hypothek bestellen, einräumen *od.* gewähren; **– un prêt** ein Darlehen gewähren; **– un rabais** einen Preisnachlass gewähren.

conséquence *f* Folge *f*, Auswirkung *f*; (Schluss-) Folgerung *f*; **affaire de peu de –** Bagatellsache; **de –** mit großer Tragweite, sehr wichtig, bedeutend; **en –** folglich; **entraîner des –s** Folgen nachsich ziehen, sich auswirken auf; **– de droit** *ou* **juridique** Rechtsfolge *f*; **en – de vos instructions** in Ausführung ihrer Anweisungen; **–s du divorce** (*FamR*) (Ehe-) Scheidungsfolgen *mpl*.

conséquent *adj* (*cohérent, logique*) konsequent, folgerichtig, grundsatztreu; **par –** *adv* folglich, demzufolge, infolgedessen.

conservateur *m* (1) (*Pol*) Konservativer *m*, (2) (*VwR*) Konservator *m*; **– des eaux et forêts** Beamte(r) der Wasser- und Forstverwaltung; **– des hypothèques** (*SachR: fonctionnaire chargé du service de la publicité foncière*) frz. Finanzbeamte(r) betraut mit der Bekanntmachung der Grundstücksgeschäfte (in Frankreich, ausgenommen in Elsass-Lothringen, gibt es kein Grundbuch im deutschen Sinne!); **– du registre foncier** (*auch Elsass-Lothringen*) (S) Grundbuchverwalter *m*.

conservateur *adj* konservativ, erhaltend, bewahrend.

conservation *f* (1) (*ZR: mise en dépôt*) Verwahrung *f*, Aufbewahrung; Sicherstellung, (2) (*opérations de sauvegarde d'un droit*) (Rechts-) Sicherung *f*, Sicherungsgeschäft, Erhaltung; **frais de –** (*SchuldR*) Erhaltungsaufwand *m*, notwendige Aufwendungen *pl*; **– des droits** (*SozR*) Anspruchserhaltung *od.* -wahrung; **– du gage** Pfandverwahrung; **– des hypothèques** frz. Hypothekenverwahrungsamt (auch zuständig für die Eintragung und Bekanntmachung der Grundstücksgeschäfte bzw. die Erhebung bestimmter Steuern); **– de la nature** Naturschutz; **– des originaux** Verwahrung der Originale; **– de la preuve** Beweissicherung; **– du secret** Geheimhaltung.

conservatoire *adj* (rechts-) erhaltend *od.* -bewahrend, zur Erhaltung dienend; **acte** *ou* **mesure –** (*InsolvenzR*) Schutz- *od.* Sicherungsmaßnahme *f*; **à titre –** vorsorglich, vorbeugend.

conservatoire national des arts et métiers (= CNAM) (*HochschulR: établissement public à caractère scientifique, culturel et professionnel dédié à la formation tout à long de la vie*) frz. staatliche Hochschule für die Wissenschaften der Gewerbetätigkeit, öffentliche Fortbildungshochschule für Berufstätige; **– de musique** Musikhochschule *f*, Konservatorium *n*.

conserver *v.tr.* behalten; erhalten, schützen; **– à son service** weiterbeschäftigen.

considérable *adj* beachtlich, beträchtlich, erheblich.

> Es sei auf das Inkokästchen zu *attendu* verwiesen. Übrigens wird die Floskel *considérant* nicht nur vom Conseil d'État und den cours d'appel administratives verwendet, sondern manchmal auch von den höheren ordentlichen Gerichten anstelle von *attendu que*.

considérant *m* (1) (*VwPR: motif d'une décision de justice*) Entscheidungsgründe *mpl*, Urteilsgründe, Urteilsbegründung *f*; (*im Urteil*) Erwägung *f*, (2) (*VerfR: lois et règlements*) rechtliche Erwägung, Erwägungsgründe *mpl*; Begründung, Rechtsgrund.

considérant que *loc. conj.* (*PrzR: voir attendu que*) in Anbetracht dessen, dass ...; (*oder nur:*) dass ... (im allgemeinen nicht zu übersetzende Einleitungsformel der Entscheidungsgründe).

considération *f* (1) Betrachtung *f*, Erwägung *f*, Überlegung *f*, (2) (*attention*) Rücksicht *f*, (3) (*déférence, égard*) Hochachtung, Anerkennung, Ansehen *n*; **en – de** in Anbetracht dessen, dass; mit Rücksicht auf; **prendre en –** (etwas) berücksichtigen; **– d'opportunité** (*VwR*) Zweckmäßigkeitserwägung.

considérer *v. tr. d.* (1) eingehend untersuchen; in die Betrachtung *od.* Überlegung einbeziehen; berücksichtigen, (2) hochschätzen, hochachten; **période considérée** Untersuchungszeitraum *m*; **– comme** ansehen *od.* betrachten als; so behandeln wie; **– que** meinen, der Ansicht sein, dass.

consignataire *m* (1) (*ZR: dépositaire d'une somme d'argent*) Verwahrer *m*, Verwahrende(r) *m*, (2) (*HR: dépositaire d'une marchandise*) Konsignatar *m*, Empfänger von Waren (zum Weiterverkauf), (3) (*SeeHR: intermédiaire*) Reedereivertreter *m*.

consignation *f* (1) (*ZPR: dépôt dans une caisse publique de sommes ou de valeurs – art. 2075–1 Cciv*) Hinterlegung (bei einer öffentlichen Stelle), (2) hinterlegter Gegenstand, (3) (*HR*) Übergabe von Waren an den Kommissionär *m*, (4) (*UmweltR*) (Flaschen-) Pfand *n*; **marchandise en –** Konsignationsware *f*; **– alimentaire** *ou* **d'aliments** (*FamR*) Hinterlegung des Unterhaltsbeitrages; **– de deniers** Hinterlegung von Geld (als Sicherheitsleistung); **– des droits** Hinterlegung der Zollgebühren; **– d'espèces** Hinterlegung des Erlöses; Barkaution; **– judiciaire** *ou* **en justice** Hinterlegung des Streitgegenstandes; **– du prix** Hinterlegung des Kaufpreises.

consigne *f* (1) (*VwR: instruction stricte*) Dienstanweisung *f*, (Dienst-) Vorschrift *f*, (2) (*service de garde des bagages*) Gepäckaufbewahrung *f*, (3) (*somme remboursable*) Pfand (als Sicherheit für die Rückgabe eines Behältnisses), (4) (*MilR*) Ausgangsbeschränkung; **– automatique** Gepäckschließfach *n*; **– de grève** Streikparole *f*; **– de maintenance** Wartungsvorschrift; **– de sécurité** Sicherheitsvorschrift *f*; **– syndicale** Gewerkschaftslosung *f*.

consigné *adj*: **emballage –** Pfand *n*, Flaschenpfand; leihweise überlassene Verpackung.

consigner *v.tr.* (1) (*enregistrer, noter*) eintragen, vermerken, verzeichnen, (2) (*bagages*) (Gepäck) aufgeben, (3) (*ZR*) hinterlegen, deponieren, (4) (*HR*) in Kommission geben; **– la chose** *ou* **le prix** (*SchuldR*) den Leistungsgegenstand hinterlegen; **– par écrit** schriftlich festhalten, ins Protokoll aufnehmen, protokollieren; **– au procès-verbal** protokollieren.

consilium *m* **fraudis** (*lat: intention frauduleuse*) betrügerische Absicht (des Schuldners *od.* eines Dritten), Täuschungshandlung.

consistance *f* Beschaffenheit *f*.

consister *v. intr.* **à** bestehen in; **– en** bestehen aus.

consistoire *m* (*KirchR*) Konsistorium, Versammlung der Kardinäle.

consolation *f* Trost *m*, Beruhigung.

console *f* **de commande** Bedienpult *n*, Tastatur *f*; **– de visualisation** Datensichtgerät *n*.

consolidation *f* (1) (*SachR*) Konsolidation, Fortbestand eines dinglichen Rechts (für den Grundstückseigentümer), (2) (*WertpR*) Konsolidierung *f*, Umwandlung kurzfristiger (Staats-) Schulden in langfristige Anleihen, (3) (*GesR*) Konzernbilanz, (4) (*i.w.S.*) Bestandssicherung, Festigung, Stärkung; **emprunt de –** Konsolidierungsanleihe *f*; **– d'un bilan** (*GesR*) Konzernbilanzaufstellung; **– de la blessure** (1) (*MedizinR*) Konsolidation, Abheilung eines krankhaften Prozesses, (2) (*SozVers*) Übergangszeit vor Zahlung einer Unfallrente; **– des cours** (*BörR*) Kursfestigung *f*; **– d'un crédit** (*BankR*) Umschuldung *f*, Kreditumwandlung; **– de la dette publique** (*HaushR*) Umwandlung kurzfristiger Staatsschulden in Anleihen, Konsolidierung; **– de droits** Zollbindung; **– des prix** Beruhigung der Preisentwicklung; **– d'usufruit** (*SachR*) Vereinigung von Nießbrauch und Eigentum in einer Hand, Konsolidation.

consolidé *m* (1) (*GesR*) zusammengefaßte Bilanz (aller Konzernunternehmen), (2) (*WertpR*) konsolidierte Anleihe.

consolider *v.tr.* (1) stützen, festigen, sichern, (2) umwandeln (in langfristige Anleihen), konsolidieren, fundieren.

consommable *adj* konsumierbar, genießbar; **articles et matériels –s** Verbrauchsgüter *npl*; **matières premières et –s** (*Vwirt*) Roh-, Hilfs- und Betriebsstoffe *mpl*.

consommateur *m* Verbraucher *m*, Konsument *m*, Abnehmer *m*; **association de –s** Verbraucherschutzverband *m*; **comportement du –** Verbraucherverhalten; **défense** *ou* **protection des –s** Verbraucherschutz *m*; **– avisé** informierter Verbraucher; **– final** Endverbraucher *od.* -abnehmer *m*.

consommation *f* (1) (*Vwirt: utilisation des richesses*) Verbrauch *m*, Konsum *m*, Konsumtion; Verbrauchsausgaben, (2) (*StR: réalisation d'une infraction*) Vollendung (einer Straftat); **article de – courante** Massen(konsum)artikel *m*; **Conseil national de la – (= CNC)** Staatliche frz. Verbraucherschutzbehörde *f*; **dépenses de –** (*WirtR*) Privatverbrauch *m*; **droit de la –** Verbraucherschutzrecht; **impôt sur la –** Verbrauchsteuer *f*; Getränkesteuer *f*; **indice des prix à la –** Verbraucherpreisindex *m*; **prix à la –** Verbraucherpreis; **société de –** (*Pol*) Konsumgesellschaft *f*; **taxe de –** Verbrauch(s)steuer *od.* -abgabe.

consommation abusive d'alcool Alkoholmissbrauch *m*; **– du délit** (*StR*) Vollendung der Straftat; **– d'énergie** *ou* **énergétique** Energieverbrauch; **– intérieure** Inlandsverbrauch; Eigenverbrauch *m*; **– du mariage** Vollziehung der Ehe, ehelicher Verkehr; **– matières** Rohstoffverbrauch; **– médicale** Ausgaben für das Gesundheitswesen; **– des ménages, – des particuliers** privater Verbrauch; **– personnelle** Eigenverbrauch; **– privée** privater Verbrauch; **– publique** Verbrauch der öffentlichen Hand.

consommatique *f* Verbraucherforschung *f*; Verbraucher- *od.* Konsumpolitik.

consommer *v.tr.* (1) (*Güter*) verbrauchen, konsumieren, (2) (*Straftat*) vollenden, (3) (*Ehe*) vollziehen.

consommérisme *m* Konsumerismus *m*, organisierter Schutz der Verbraucherinteressen.

consomptible *adj* verbrauchbar; **choses –s** Verbrauchsgüter.

consort(s) *m/pl* (1) (*StR: coauteurs ou complices*) Komplize *m*, Helfershelfer; Mittäter, (2) (*ZPR: plaideurs du même côté de la barre*) Streitgenosse *m*; **prince –** Prinzgemahl; **contre X et –s** gegen X u. andere.

consortium *m* (*WirtR: Groupement non institutionnel qui a pour objet la réalisation d'une opération financière ou économique*) (Banken-) Konsortium *n*, Gelegenheitsgesellschaft *f*; **participation à un –** Konsortialbeteiligung *f*, Konsortialanteil *m*; **– bancaire** Bankenkonsortium; **– d'émission** Emissions- *od.* Begebungskonsortium.

conspirateur *m* Verschwörer *m*, Mitglied einer kriminellen *od.* terroristischen Vereinigung.

conspiration *f* Verschwörung *f*.

conspirer *v. intr.* sich verschwören, eine Verschwörung anzetteln.

conspuer *v.tr.* (*manifester bruyamment, publiquement et en groupe contre qqn. ou qqch.*) seinem Missfallen lauthals Ausdruck verleihen, beschimpfen, schmähen.

constance *f* Beharrlichkeit, Beständigkeit; Geduld *f*.

constant: **il est – que** *loc. conj.* es besteht kein Zweifel daran, dass ...; es steht fest, dass ...; es gilt als bewiesen od.nachgewiesen.

constat *m* amtliches Protokoll, amtliche Beweisaufnahme *f*, Tatbestandsaufnahme; **après –** (*PrzR*) nach Feststellung des Sachverhalts; **dresser un –** ein amtliches Protokoll aufnehmen; **– d'accident** (*StVR*) Unfallprotokoll; **– d'audience** (1) (*PrzR: constatations résultant d'une mesure d'instruction confiée à un huissier de justice par une juridiction*) Tatsachenfeststellung des Gerichtsvollziehers (im Auftrag des Gerichts), (2) (*PrzR: procès-verbal d'audience*) Verhandlungs- *od.* Gerichtsprotokoll *n*, Sitzungsniederschrift; **– d'échec** Feststellung des Scheiterns (eines Projekts).

constat d'huissier (1) (*PrzR*) durch einen Gerichtsvollzieher aufgesetztes Protokoll, amtliche Tatsachenfeststellung (durch den Gerichtsvollzieher), (2) (*MietR*) Wohnungsabnahmeprotokoll; **– d'impuissance** Einsicht *f* in die eigene Ohnmacht; **– judiciaire** gerichtliche Beweisaufnahme, Beweissicherung; **– des lieux** Inaugenscheinnahme, Ortsbesichtigung (durch *od.* im Beisein einer Amtsperson), amtliches Protokoll über die Ortsbesichtigung; **– de maladie** ärztlicher positiver Befund; **– de police** (*StR: constatation d'une infraction*) Aufnahme *od.* Feststellung einer Straftat durch die Polizei, polizeiliches Protokoll.

constatable *adj* feststellbar; protokollierbar.

constatant *m* (*PrzR*) mit einer Tatsachenfeststellung beauftragte Amtsperson (zumeist der huissier).

Der Unterschied zwischen *constatation, consultation* und *expertise* ist folgender: Die *constatations* sind sämtliche sachdienlichen Hinweise einer Gerichtsperson, so wie sie in art. 249 NCPC vorgesehen sind. Die *consultation* ist gemäß art. 256 NCPC die Hinzuziehung eines Fachmanns durch den Richter. *L'expertise* gemäß art. 263 NCPC ist die Anforderung eines Sachverständigengutachtens in komplizierteren Fällen.

constatation *f* (Sachverhalts-) Feststellung *f*, Befund *m*, Tatbestandsaufnahme *f*; **procéder aux –s** den Tatbestand aufnehmen; **– d'avarie** Schadensfeststellung; **– du cours** Kursfeststellung; **– de dégâts** *ou* **du dommage** Schadensfeststellung.

constatation de l'identité (1) (*ÖfR: personnes*) Überprüfung der Angaben zur Person, Feststellung der Personalien, (2) (*HR: marchandises*) Nämlichkeitsfeststellung; **– de l'infraction** Feststellung einer strafbaren Handlung, Straftatbestandsaufnahme *f*; **– judiciaire** gerichtliche Feststellung; **– médicale** ärztlicher Befund.

constatations *fpl* (*PrzR*) protokollarisch durch eine (vom Richter) beauftragte Amtsperson aufgenommenen Tatbestände *od.* Sachverhalte; **faire des –** einen Tatbestand aufnehmen, Erkenntnisse *fpl* gewinnen, einen Sachverhalt erkennen; **– préliminaires** vorläufige Feststellungen.

constater *v. tr. d.* (eine Tatsache) feststellen, konstatieren, bestätigen; **– les droits à recouvrer** die Außenstände beziffern.

constituant *m* (1) (*SachR*) Besteller (eines dinglichen Rechts), (2) Bestandteil *n*, Komponente *f*; **pouvoir –** verfassungsgebende Gewalt; **– du gage** Pfandbesteller *m*; **– de l'usufruit** Besteller des Nießbrauchs.

Constituante *f* (*hist: assemblée 1789, 1848, 1945*) verfassunggebende Versammlung.

constitué *adj* amtlich fesgelegt, konstituiert, festgesetzt; eingesetzt; vollendet, gegründet; zweckbestimmt; **les corps –s** die Verfassungsorgane; **délit –** (*StR*) tatbestandsmäßiges Vergehen; vollendete Straftat; **société –e** (*GesR*) bereits gegründete Gesellschaft.

constituer *v.tr.* (1) (*établir qqn. dans une situation légale*) bestellen, ermächtigen, (2) (*garantir à qqn. un droit*) zusichern, zuerkennen, (3) (*créer, organiser*) gründen, bilden, errichten, einsetzen; **se –** (*PrzR*) als Anwalt (in einem Prozess) auftreten, als gewillkürter Stellvertreter zur Führung eines Prozesses ermächtigt sein.

constituer avocat (*PrzR*) einen Anwalt bevollmächtigen *od.* als Prozessvertreter bestellen; **– son bureau** (*Verein*) den Vorstand wählen; **– en demeure** (*SchuldR*) in Verzug setzen.

constituer un dossier eine Akte anlegen; einen Antrag bei einer Behörde stellen; **– un droit** ein Recht (an einer Sache) begründen; **– une garantie** eine Sicherheit leisten; **– le gouvernement** die Regierung bilden; **– héritier** als Erben einsetzen; **– une injure** (*StR*) den Tatbestand einer Beleidigung erfüllen; **– un mandataire** einen Bevollmächtigten bestellen; **– de mauvaise foi** (*ZR*) den Gutglaubenschutz verlieren; **se – partie civile** (*StPR*) (*in einem Strafver-*

fahren) als Nebenkläger auftreten, sich als Nebenkläger anschließen; **se – prisonnier** sich (der Polizei) stellen, sich verhaften lassen; **– une rente** eine Rente aussetzen; **– une sûreté** Sicherheit leisten; **– des témoins** (*PrzR*) Zeugen benennen.

constitut *m* (*SchuldR: promesse unilatérale de payer une somme d'argent*) Zahlungsverpflichtung; **– possessoire** (*SachR: transfert de propriété sans remise matérielle de la chose*) Besitzkonstitut *n*.

constitutif *adj* (1) (*ZR: créant un nouvel état de droit*) (rechts-) begründend, bildend, festsetzend, (2) (*GesR: qui se rapporte à la création d'une société*) begründend, gründend, in der Gründung (begriffen); **acte – d'hypothèque** (*SachR*) Hypothekenbestellung(surkunde) *f*; **assemblée constitutive** (*GesR*) Gründungsversammlung (einer Gesellschaft); **élément –** (*du contrat, de la volonté*) wesentlicher Bestandteil; unabdingbare Voraussetzung; **être – d'une infraction** (*StR*) eine Straftat darstellen, strafbar sein; **fait –** (*StR: d'une infraction*) Tatbestandsmerkmal *n*; **titre – de propriété** (*SachR*) Eigentums(erwerbs)titel.

constitution *f* (1) (*ÖfR: ensemble de règles suprêmes d'un État*) Verfassung *f*, Grundgesetz *n*, (2) (*ZR, HR: établissement d'une personne morale*) Gründung *f*, Bildung, Schaffung, (3) (*PrzR: désignation d'un représentant en justice*) Bestellung (eines Anwalts, eines Stellvertreters, usw.), (4) (*organisation, composition*) *Allgspr.* Anordnung, Aufbau *m*, Zusammensetzung *f*, (5) (*MedizinR: caractères somatiques d'une personne*) Körperbeschaffenheit *f*; **amendement à la –** Verfassungsänderung *f*; **application de la –** Verfassungsanwendung *f*; **atteinte à la –** Verfassungsverletzung; **conforme à la –** verfassungsmäßig; **contraire à la –** verfassungswidrig; **respect de la –** Verfassungseinhaltung; **révision de la –** Verfassungsänderung; **violation de la –** Verfassungsbruch *m*, Verfassungsverletzung.

constitution d'avocat Bestellung eines Anwalts (durch eine Prozesspartei), Erteilung einer Prozessvollmacht; **– d'avoué** Vollmachtserteilung für die Vertretung im Schriftverkehr mit einem Gericht (zwecks Abfassung sämtlicher Anträge); **– du capital** Kapitalbildung; **– de caution** (*ZR*) Benennung eines Bürgen; **– d'un dossier** Anlegen *n* einer Akte; **– d'un dossier de candidature** Zusammenstellung der Bewerbungsunterlagen; **– de dot** *ou* **dotale** (*FamR*) Gewährung einer Mitgift; **– écrite** geschriebene Verfassung; **– fédérale** Bundesverfassung; **– de gage** Pfandbestellung; **– d'un groupe de travail** Einsetzung eines Ausschusses; **– d'hypothèque** Hypothekenbestellung, Belastung eines Grundstücks mit einer Hypothek; **– d'un mandataire** Bestellung eines Bevollmächtigten, Vollmachterteilung; **– municipale** Gemeinde- *od.* Städteordnung; **– de nantissement** Pfandbestellung.

constitution de partie civile (*StPR*) Anschluss *od.* Beitritt als Nebenkläger, Anschluss als Privatbeteiligter (Aut), adhäsionsweise Geltendmachung des Zivilschadens (S); **– d'un patrimoine** Vermögensbildung; **– de rente** (*SozVers*) Erwerb eines Rentenanspruchs (durch Beitragszahlung); **– de réserves** (*GesR*) Rücklagenbildung (in der Bilanz ausgewiesen); Bildung stiller Reserven; **– rigide** (*VerfR*) unabänderbare *od.* schwer revidierbare Verfassung; **– simultanée** (*GesR*) Simultangründung.

constitution de la société (*GesR*) Gesellschaftsgründung *f*; **– souple** (*VerfR*) leicht abänderbare Verfassung; **– successive** (*GesR*) Stufengründung, Sukzessivgründung; **– de sûreté** Sicherheitsleistung *f*; **– de témoin** (*PrzR*) Benennung eines Zeugen; **– d'usufruit** (*SachR*) Nießbrauchsbestellung.

constitutionnaliser *v.tr.* **une loi** ein Gesetz zum Verfassungsbestandteil erheben.

constitutionnalité *f* Verfassungsmäßigkeit *f*.

constitutionnel *adj* verfassungsmäßig; verfassungsrechtlich.
constructeur *m* Hersteller, Konstrukteur *m*; Baumeister *m*; Erbauer *m*; **– mécanicien** Maschinenbauingenieur; **– d'ordinateurs** Computerhersteller; **– d'un ouvrage** (*SchuldR: entrepreneur*) Unternehmer *m*, Werkhersteller *m*.
constructible *adj* (*BauR*) durch Bebauungsplan erschlossen, zur Bebauung freigegeben; erschlossen.
constructif *adj* auf die Erhaltung, Stärkung und Erweiterung desbestehenden gerichtet, konstruktiv.
construction *f* (1) (*édification et ouvrage construit*) Bau *m*; Bauwerk *n*, Anlage *f*, Aufbau *m*; Errichtung, (2) Baugewerbe *n*, Bauwesen, (3) Bauart *f*, Bauausführung; bauliche Maßnahme; **coopérative de –** Baugenossenschaft *f*; **direction de la –** Bauleitung *f*; **prêt à la –** Baudarlehen *n*; **prime à la –** Bauspar- *od.* Wohnungsbauprämie *f*; **servitude de –** Baubeschränkung, Bauauflage *f*.
construction des bâtiments Hochbau *m*; **– d'immeubles** Haus- *od.* Wohnungsbau; **– juridique** Rechtsgebilde *n*, Lehre *f*, Lehrmeinung; **– jurisprudentielle** von der Rechtsprechung getroffene Regelung und deren Begründung; **– sous licence** Lizenzanfertigung; **– de logements** Wohnungsbau *m*; **– navale** Schiffsbau; **– neuve** (*Wohnungen*) Neubau; **– nouvelle** (*Maschinen, Anlagen*) Neubau *m*; **– préfabriquée** Fertig- *od.* Systembauweise; **–s recevant du public** für den öffentlichen Verkehr bestimmte Örtlichkeiten; **– à usage d'habitation** Wohnungsbau *m*.
construire *v. tr. d.* auf- *od.* erbauen, errichten; entwerfen, gestalten, bilden; **interdiction de –** Bauverbot *n*; **permis de –** Baugenehmigung *od.* -bewilligung.
consul *m* Konsul *m*; **– de carrière** Berufskonsul; **– général** Generalkonsul; **– honoraire** *ou* **marchard** Honorar- *od.* Wahlkonsul, ehrenamtlicher Konsul.
consulaire *adj* Konsular-, Konsulats-, konsularisch; **factures et certificats –s** (*HR*) Konsulatsfakturen und -bestätigungen; **juge –** (*HR*) frz. Handelsrichter; **tribunal –** frz. Handelsgericht.
consulat *m* Konsulat *n*; **– général** Generalkonsulat.
consultant *m* (1) (*PrzR*) Sachverständige(r) *m*, (2) (*WirtR*) (Fach-) Berater *m*, Ratgeber *m*, Unternehmensberater, (3) Ratsuchende(r); **médecin –** zugezogene(r) Arzt.
consultatif *adj* beratend; **avec voix consultative** mit beratender Stimme.
consultation *f* (1) (*Anwalt, Arzt*) Beratung, das Fragen um Rat, Konsultation, (2) (*sondage d'opinion*) Befragung, (3) (*PrzR: fait de solliciter un avis d'expert*) Hinzuziehung eines Fachmanns, Gutachten (eines Sachverständigen), (4) (*VR*) gemeinsame Beratung von Regierungen, (5) (*ÖfR: vote auquel est appelé le corps électoral*) Wahl *f*; **accord de –** (*VR*) Konsultationsabkommen; **après –** nach Anhörung; **après – de** nach Rücksprache mit; **bureau de –** Beratungsstelle *f*; **demander une –** jmdn. um Rat ersuchen; **devoir de –** Konsultationspflicht *f*; **en – avec** im Einvernehmen mit; **procédure de –** Anhörungsverfahren.
consultation de la base (*ArbR*) Herbeiführung einer Urabstimmung; **– du dossier** Akteneinsicht *f*; **– d'un généraliste** Aufsuchen *n* eines praktischen Arztes; **– électorale** Wahlen *fpl*, Abstimmung *f*; **– juridique** Rechtsgutachten; Rechtsberatung; **– médicale** Arztbesuch (in der Sprechstunde); **– partielle** (*ÖfR*) Nachwahl; **– populaire** (*ÖfR*) Referendum *n*, Volksbefragung *f*; **– préalable** (*VR*) vorherige Konsultation; **– du registre** (*GB*) Registereinsicht *f*.
consulter *v.tr.* (1) (*Anwalt, Arzt*) zu Rate ziehen, (zur Beratung) hinzuziehen, um Rat fragen, (2) (*Wörterbuch*) nachschlagen; **– le registre de commerce** das Handelsregister einsehen.
consumérisme *m* (*Vwirt*) Verbraucherpolitik, Konsumerismus *m*, Verbraucherschutzaktionen.

contact *m* Fühlungnahme *f*, Verbindung *f*, Kontakt *m*.
contacter *v.tr.* in Verbindung treten mit, herantreten an, Kontakt aufnehmen.
contagieux *adj*: **maladie contagieuse** ansteckende *od.* übertragbare Krankheit.
contagiosité *f* Ansteckbarkeit *f*.
container *m* (1) (*SeeHR*) (*terme francisé: conteneur*) Container *m*, Transportbehälte *m*.
containerisation *f* Containertransport *m*; Verpackung in Container.
contaminateur *adj* (*MedizinR: maladies sexuellement transmissibles*) ansteckend, übertragbar.
contamination *f* (1) (*MedizinR: par du sang infecté*) Ansteckung *f*, (2) (*UmweltR*) Verseuchung *f*, Kontamination; Immissionen *fpl*.
contemporain *adj* gleichzeitig, zeitgleich, synchron.
contemption *f* Ausdruck der Verachtung.
contenance *f* Fassungsvermögen *n*.
contenant *m* Behälter *m*, Behältnis *n*.
conteneur *m* (*SeeHR: terme officiel pour container*) Container *m*; **– à ordures** (*UmweltR*) große Mülltonne (auf Rädern) *f*.
contenir *v.tr.* enthalten, in sich fassen; in gewissen Grenzen halten; **– la discussion** das Streitgespäch nicht ausufern lassen.
contentieux *m* (1) (*PrzR: litige susceptible d'être soumis aux tribunaux*) Streitsache *f*; Rechtsstreit *m*; Gesamtheit der einer Gerichtsbarkeit zugeordneten Streitsachen, (2) (*in Betrieben*) Rechtsabteilung *f*; **bureau du –** (*BW: service juridique dans les entreprises*) Rechtsabteilung; **en cas de –** im Streitfalle; **section du –** (*VwPR: formation de jugement au Conseil d'État*) große Spruchkammer beim obersten frz. Verwaltungsgericht; **sous-section du –** (*VwPR: formation de jugement au Conseil d'État pour les litiges usuels*) kleine Spruchkammer beim obersten frz. Verwaltungsgericht; **statuer au –** im streitigen Verfahren entscheiden; **– des accidents de la circulation** Straßenverkehrssache *f*, Straßenverkehrsstreitigkeit *f*.
contentieux administratif (1) (*VwPR: ensemble des litiges relevant des juridictions administratives*) Verwaltungsstreitsache (n) *f(pl)*; öffentlich-rechtliche Streitigkeit (nichtverfassungsrechtlicher Art), (2) (*ÖfR: ensemble des règles de procédure et d'organisation relatives à la compétence du juge administratif par opposition au juge judiciaire*) frz. Verwaltungsprozessrecht, durch die Rechtsprechung festgelegte Verfahrens- u. Organisationsvorschriften in bezug auf die Verwaltungsgerichtsbarkeiten; **– administratif par détermination de la loi** (*GVR*) Verwaltungsprozesssache kraft Zuweisung, Verwaltungsstreitsache kraft besonderer gesetzlicher Bestimmung; **– administratif par nature** (*GVR*) öffentlich-rechtliche Streitigkeit (aufgrund des Sachverhalts), die nach der Generalklausel auf den Verwaltungsrechtsweg gehört; **– de l'annulation** (*VwPR: contentieux de la légalité, recours direct en annulation*) Anfechtungsklage *od.* -streitigkeit.
contentieux de l'appréciation ou de l'interprétation (*VwPR: syn de c. de la légalité ou de l'annulation*) Anfechtungsklage; **– électoral** Wahlanfechtung *f*.
contentieux de la légalité (*VwPR: contentieux de l'appréciation de la validité, syn. avec c. de l'annulation*) Anfechtungsklage, Verfahren zur Überprüfung der Gesetz- *od.* Rechtmäßigkeit des Verwaltungshandelns; **– de pleine juridiction** *ou* **de plein –** (*VwPR: litiges concernant les contrats administratifs et la responsabilité administrative*) Leistungsklage *f*; Verpflichtungsklage; Verwaltungsgerichtsverfahren mit unbeschränkter Ermessensnachprüfung; **– de la répression** (*VwPR: contentieux des poursuites*) Strafverfahren vor dem Verwaltungsgericht, bei welchen das Verwaltungsgericht strafrechtliche Befugnisse ausübt; **– de la responsabilité administrative** (*VwPR*) Haftungsklage (gegen die öf-

fentliche Hand), Leistungsklage; **– de la sécurité sociale** (*SozVers*) Sozialversicherungsstreitigkeit; Sozialgerichtsstreitsache; **– technique** (*SozVers: partie du contentieux de la sécurité sociale qui concerne l'état du malade*) Teil des Rechtsstreits (vor einem Sozialgericht), der sich mit den medizinischen Fragen (Krankheit, Verletzung) befasst.

contentieux *adj* (1) (*PrzR: litigieux, qui fait l'objet d'un désaccord*) streitig, strittig, umstritten, (2) (*juridictionnel*) gerichtlich; Gerichts-; **affaire contentieuse** Rechtsstreit *m*, streitiges Verfahren; **incident –** (*VwPR: incident de procédure*) Zwischenstreit über Verfahrensfragen; **juridiction contentieuse** streitige Gerichtsbarkeit.

contenu *m* Inhalt *m*.

contestable *adj* anfechtbar, bestreitbar, umstritten, strittig.

contestataire *m* (*Pol*) Protestler *m*, Linksradikaler *m*.

contestataire: **mouvement –** Protestbewegung.

Le contentieux ist die Streitsache als solche, die vor ein Gericht gebracht wird. *La contestation* hingegen ist der strittige Punkt, der zumeist eine Beweisaufnahme erfordert. *La contestation* kann sich auch auf unterschiedliche Rechtsstandpunkte beziehen.

contestation *f* (1) (*PrzR: le fait d'exprimer son désaccord*) Bestreiten *n*, Bestreitung *f*, Beanstandung, (2) (*PrzR: litige, différend*) Rechtsstreit *m*, Streitigkeit, (3) (*Pol*) Protesthaltung, Ablehnung, Auflehnung *f*, Infragestellung *f* (der etablierten Gesellschaft); **action en – d'état** (*FamR*) negative Abstammungsklage oder Ehelichkeitsanfechtungsklage; **– de l'élection, – électorale** Wahlanfechtung *f*; **– judiciaire** (*PrzR*) Streitsache (vor den ordentlichen Gerichten), Rechtsstreit anhängig bei einem ordentlichen Gericht; **– de la légitimité** (*FamR*) Ehelichkeitsanfechtung; **– successorale** (S) Erbschaftsstreitigkeit.

conteste: **sans –** *loc. conj.* zweifellos, zweifelsohne.

contesté *m* (*ZPR: objet du litige*) Streitgegenstand *m*.

contester *v.tr.* (1) (*PrzR*) bestreiten, in Abrede stellen, zurückweisen, beanstanden, sich verwahren gegen, als unzutreffend *od.* falsch bezeichnen, von sich weisen, leugnen, (2) (*Pol*) das Gesellschaftssystem infrage stellen; **il n'y a pas lieu de –** das ist unbestreitbar; **– la régularité d'une élection** eine Wahl anfechten; **– une succession** Erbschaftsklage erheben.

contexte *m* (1) Zusammenhang *m*, Umfeld *n*, (2) Wortlaut *m*, Text *m* (einer Urkunde), Kontext *m*, Textzusammenhang *m*, (3) (*Formular*) Vordruck *m*, das Vorgedruckte, (4) Rahmenbedingung(en) *f(pl)*, Umfeld *n*; **dans ce –** in diesem Zusammenhang.

contiguë *adj* angrenzend.

contingence *f* Zufälligkeit *f*, Eventualität *f*, Kontingenz *f*, Möglichsein (im Gegensatz zur Notwendigkeit).

contingent *adj* zufällig, ungewiss.

contingent *m* (1) (*ÖfR: quote-part*) (pflichtmäßiger) Beitrag, Anteil *n*; Quote *f*, Kontingent *n*, (2) (*MilR*) Einberufungsjahrgang *m*; **imputer sur le –** auf das Kontingent anrechnen; **soldat du –** einberufene(r) Wehrpflichtige(r); **– communautaire** (*EuR*) Gemeinschaftskontingent *n*; **– douanier** Zollkontingent; **– d'immigration** Einwanderungsquote *f*; **– d'importation** Einfuhr- *od.* Importkontingent; **– libre** zollfreies Kontingent.

contingentement *m* Festsetzung des Kontingents, Bewirtschaftung; Kontingentierung; **accord de –** Quoten- *od.* Zuteilungsvereinbarung; **mesure de –** Bewirtschaftungs- *od.* Kontingentierungsmaßnahme; **– des devises** Devisenbewirtschaftung; **– à l'entrée** *ou* **des importations** Einfuhrbeschränkung, Einfuhrkontingentie-

rung; **– obligatoire** Zwangsbewirtschaftung.
contingenter *v.tr.* zuteilen, bewirtschaften, kontingentieren.
continu *adj* ununterbrochen, fortgesetzt, fortgeführt; stufenlos, lückenlos; **en –** fortlaufend.
continuation *f* Fortsetzung *f*, Fortführung *f*, Fortdauer *f*; **– de l'assurance** Weiterversicherung *f*; **– du contrat** Verlängerung des Vertragsverhältnisses; **– de l'exploitation** Fortsetzung der Geschäftsbetriebes.
continuité *f* Stetigkeit *f*, Zusammenhang *m*, Fortdauer *f*; **– de l'emploi** (*SozR*) durchgehende Beschäftigungszeiten, ununterbrochenes Beschäftigungsverhältnis; **– juridique** (*VerfR*) Rechtskontinuität *f*; **– de résidence** Fortführung des Hausstandes und Wohnsitzes.
contournement *m* (*StVR*) Umgehung, Vorbeifahrt; **– de la loi** Umgehung der Rechtsvorschriften; **– urbain** Umgehungsstraße *f*.
contourner *v.tr.* **par la gauche** links vorbeifahren.
contra legem *loc. lat.* gegen den (reinen) Wortlaut des Gesetzes.
contraceptif *m* (hormonelles) Empfängnisverhütungsmittel *n*; **– post-coïtal** *ou* **retard** Pille für danach.
contraception *f* Empfängnisverhütung *f*.
contractant *adj*: **parties –es** vertragsschließende Parteien.
contractant *m* Vertragspartei *f*, Vertragspartner *m*, Kontrahent *m*; **– principal** Hauptauftragnehmer *m*.
contracté *adj*: **engagement –** eingegangenen Verpflichtung.
contracter *v.tr.* (*SchuldR*) einen Vertrag schließen *od.* abschließen, eine Vereinbarung treffen; **capacité de –** Geschäftsfähigkeit, Vertragsfähigkeit; **– une alliance** (1) (*VR*) ein Bündnis schließen, (2) (*ZR*) sich vermählen; **– une assurance** eine Versicherung abschließen; **– une dette** eine Verpflichtung eingehen; (*bei einer Bank*) ein Darlehen aufnehmen; *umg* Schulden machen *od.* eingehen; **– un emprunt** einen Darlehensvertrag abschließen; eine Anleihe aufnehmen; **– une maladie** sich anstecken; **– mariage** die Ehe schließen, heiraten; **– des obligations** Verpflichtungen eingehen.
contractualisation *f* (*VwR*) Einstellung in den öffentlichen Dienst als (Vertrags-) Bedienstete(r).
contractualiser *v.tr.* (*VwR*) als Vertragsbediensteten einstellen.
contractuel *adj* vertragsgemäß, vertragsmäßig, vertraglich; **agent –** Verwaltungsangestellte(r), Angestellte(r) im öffentlichen Dienst; **clause –le abusive** rechtsmissbräuchliche Vertragsklausel; **régime –** (*VwR*) Angestelltenverhältnis (im öffentlichen Dienst); **réserves –les** (*GesR*) vertragliche Rücklage.
contractuel *m* (1) (*VwR*) Angestellter im öffentlichen Dienst, (2) (*Polizei*) Hilfspolizist *m*; Politesse *f*.
contradicteur *m* Anwalt *m* der Gegenpartei; Gegner *m*, Widersacher *m*; Oppositionsredner *m*.
contradiction *f* (1) Gegensatz *m*, (2) Gegenrede *f*, Widerspruch *m*, Einrede *f*, (3) Inkohärenz *f*, Widersinnigkeit; **principe de la –** (*GVR*) Verfahrensgrundsatz des rechtlichen Gehörs *od.* der Anhörung der Gegenseite.
contradictoire *adj* (1) (*ZPR: jugement auquel tous les intéressés ont été mis à même de participer*) streitig, kontradiktorisch, (2) (*contraire, opposé*) widersprüchlich, entgegengesetzt; **être –** einander widersprechen; **jugement –** (*ZPR*) streitiges Urteil; kontradiktorische Entscheidung; **principe du –** Verfahrensgrundsatz des rechtlichen Gehörs (beider Parteien).
contradictoirement *adv* (1) (*PrzR*) streitig, in Gegenwart der Parteien *od.* ihrer Prozessvertreter; nach ordnungsmäßiger Ladung beider Parteien, (2) widersprechend.
contraignable *m* (1) (*SteuerR: contribuable*) Steuerpflichtige(r) *m*, (2) (*StR*) Person, die bei Uneinbringlichkeit der Geldstrafe eine Haftstrafe zu verbüßen hat.

contraignable *adj* der Zwangsgeldandrohung unterworfen.
contraignant *adj* zwingend, mittels Zwang durchsetzbar; **non –** unverbindlich.
contraindre *v.tr.* zwingen; **– par corps** (*ZwangsVR*) die Haft anordnen.
contraint et forcé *loc. adv.* gegen den eigenen Willen, ohne Widerstand leisten zu können.
contrainte *f* (1) (*StR: violence, acte de force illicite*) (unwiderstehlicher) Zwang *m*, Zwangslage *f*, (2) (*Vwirt*) Sachzwang *m*; Einengung *f*, Beschränkung *f*, Belastung, (3) (*ZwangsVR*) Zwangsmittel *n* (im Rahmen der Zwangsvollstreckung), (4) (*VwR*) unmittelbarer Zwang, Gewaltanwendung (durch die Polizei), (5) (*SteuerR*) Zwangsgeld; Ersatzzwangshaft, (6) (*ÖfR*) Sozialgebundenheit *f*; Schranke *f*; **exercer une –** Zwang ausüben, Gewalt anwenden; **mesure de –** Zwangsmaßnahme *f*; **moyen de –** Zwangsmittel *n*; **par –** zwangsweise; **pouvoir de –** Zwangsbefugnis *f*.
contrainte administrative (*VwR*) Erzwingungsstrafe, Exekutiv- *od.* Zwangsstrafe, Beuge- *od.* Ordnungsmittel, Verwaltungszwang; **– par corps** (1) (*SteuerR*) Ersatzzwangshaft, Haftstrafe (bei Uneinbringlichkeit des Zwangsgeldes), (2) (*ZwangsVR*) Haftanordnung (als Zwangsmittel); **– douanière** Zahlungsbefehl der Zollverwaltung; **– étatique** staatliche Zwangsgewalt (beruhend auf der Gesetzeskraft); **– à l'exécution** Zwangsmittel, um die Erfüllung einer Verpflichtung zu erwirken; **–s horaires** Verpflichtung zur Einhaltung der Zeitvorgaben; **– morale** (*StR*) psychischer Druck, Nötigung; **– physique** (1) (*StR*) Gewaltanwendung, Nötigung durch unwiderstehliche Gewalt, (2) (*ArbR*) körperliche Beanspruchung; **– à la prostitution** (*StR*) Nötigung zur gewerbsmäßigen Unzucht; **– psychique** Stress *m*, psychische Belastung; **– sociale** gesellschaftlicher Druck *od.* Zwang.
contraire *adj* gegensätzlich, entgegengesetzt; widersprüchlich, verschieden; **dans le cas –** widrigenfalls; Gegenteil *n*; **sauf disposition –** falls nichts anderes vereinbart; **– aux usages** unüblich; **– à la vérité** wahrheitswidrig, nicht wahrheitsgemäß, unwahr.
contrariété *f* Widerspruch *m*; Unvereinbarkeit *f*; Gegensatz *m*; Hindernis *n*; **– de jugements** einander widersprechende *od.* gegensätzliche Entscheidungen; **– de motifs** sich widersprechende *od.* widersprüchliche Entscheidungsgründe.
contrario: **a –** *loc. adv.* im Wege des Gegenschlusses.
contrat *m* (1) (*SchuldR: convention par laquelle une ou plusieurs personnes s'obligent, envers une ou plusieurs autres, à donner, à faire ou à ne pas faire quelque chose – art. 1101 Cciv*) Vertrag *m*; Vereinbarung *f*; Abmachung *f*, (2) (*ZR: acte écrit constatant une convention*) Vertragsurkunde *f*, schriftlicher Vertrag, schriftlich fixierter Vertrag, (3) (*ZR: rapport contractuel*) Vertragsverhältnis *n*; **accepter un –** einen Vertrag annehmen; **agent sous –** (*VwR*) Angestellte (r) im öffentlichen Dienst; **annuler le –** den Vertrag aufheben *od.* für nichtig erklären; **cession de –** Vertragsübernahme *od.* -abtretung; **conclure un –** einen Vertrag (ab-) schließen; **conclusion du –** Vertragsabschluss *m*; **conditions du –** Vertragsbestimmungen -bedingungen; **conforme au –** vertragsgemäß, vertragsmäßig; **constater un – par écrit** einen Vertrag schriftlich abfassen; **contenu du –** Vertragsinhalt; **contraire au –** vertragswidrig.
contrat: **dénoncer un –** einen Vertrag auflösen; **dresser un –** einen Vertrag aufsetzen; **durée du –** Vertragsdauer *f*; **échéance du –** Vertragesablauf *m*; **éléments du –** Vertragsbestandteile *mpl*; **s'engager par –** sich vertraglich verpflichten; **exécution du –** Vertragserfüllung *f*; **expiration du –** Vertragsablauf *m*, Vertragsende *n*, Auslaufen des Vertrages; **extinction du –** Erlöschen des Vertragsverhältnisses.
contrat: **fin du –** Beendigung des Vertragsverhältnisses; **formation du –**

Zustandekommen des Vertrages; **liberté des –s** Vertragsfreiheit; **manquement au –** Vertragsverletzung; **mettre fin au –** das Vertragsverhältnis beenden; **modalités du –** Vertragsbestimmungen; **modification du –** Vertragsabänderung.

contrat: **nullité du –** Mangelhaftigkeit des Rechtsgeschäfts, Ungültigkeit *od.* Anfechtbarkeit *od.* Nichtigkeit des Vertrages; **nullité absolue** *ou* **nullité de droit du –** (*SchuldR*) Nichtigkeit des Vertrages; **nullité relative du –** Anfechtbarkeit des Vertrages; **s'obliger par –** sich durch Vertrag verpflichten, sich vertraglich verpflichten; **offre de –** Vertragsangebot *n*, Vertragsantrag *m*.

contrat: **partie au –** Vertragspartei *f*; **passation du –** Vertrags- *od.* Geschäftsabschluss; **passer un –** einen Vertrag (ab-) schließen; **projet de –** Vertragsentwurf *m*; **proposition de –** Vertragsantrag *od.* -angebot, Offerte *f*; **proroger le –** den Vertrag verlängern; **rédiger un –** einen Vertrag aufsetzen; **résilier un –** einen Vertrag kündigen *od.* lösen; **résolution du –** Vertragsauflösung; Rücktritt vom Vertrag; **respect du –** Vertragstreue *f*, vereinbarungsgemäße Erfüllung (des Vertrages); **rompre le –** einen Vertrag verletzen *od.* brechen; **rupture du –** Vertragsbruch *m*.

contrat: **signer** *ou* **souscrire un –** einen Vertrag (ab-) schließen; **suspendre le –** die Vertragswirkungen aussetzen; **teneur du –** Vertragsinhalt *m*, Wortlaut *m*; **transfert du –** Übertragung der Rechte aus einem Vertrag; **violation du –** Vertragsverletzung, Vertragsbruch; **violer le –** den Vertrag nicht einhalten.

contrat d'abonnement Abonnementsvertrag *m*, Bezugsvertrag; **– accessoire** Nebenabrede *f*, Zusatzvertrag, Nebenvereinbarung; **– d'achat** *ou* **d'acquisition** Kaufvertrag; **– d'adaptation audiovisuelle** (*MedienR*) Vertrag über die audiovisuellen Verwertungs- und Bearbeitungsrechte; **– additionnel** Zusatzvereinbarung; **– d'adhésion** diktierter Vertrag, Typen- *od.* Formularvertrag; **– administratif** öffentlich-rechtlicher Vertrag, Verwaltungsvertrag, verwaltungsrechtlicher Vertrag; **– d'affrètement maritime** Seefrachtvertrag; **– d'affrètement total** Vollchartervertrag.

contrat d'agence (*HR*) Handelsvertretervertrag *m*, Agenturvertrag; **– aléatoire** Vertrag mit nachträglicher Bestimmung des Leistungsumfangs; **– d'amodiation** Pachtvertrag; **– annexe** Nebenvereinbarung *f*, Zusatzvertrag; **– apparent** Scheingeschäft *n*; **– d'application** Durchführungsvereinbarung.

contrat d'apprentissage (*ArbR*) Berufsausbildungsvertrag; **– d'armement** (1) (*SeeHR*) Reedereivertrag, (2) Reederbrief *m*, Reedereistatut *n*; **– d'assistance** Hilfeleistungsvertrag; **– d'assistance technique** Vertrag über technische Hilfe; **– d'association** (1) (*ZR*) Vereinsgründungsvertrag, (2) (*GesR*) Vertrag zur Gründung einer Gesellschaft des bürgerlichen Rechts, (3) (*VR*) Assoziationsabkommen *n*, Vereinbarung über gegenseitige Zusammenarbeit.

contrat d'assurance Versicherungsvertrag; **– d'assurance collective** Sammelversicherungsvertrag; **– d'assurance-retraite** Rentenversicherung; **– d'assurance sur la vie** Lebensversicherung.

contrat d'audit (*WirtR*) Betriebsprüfungsvertrag *m*; Unternehmensberatungsvereinbarung *f*.

contrat de bail (1) (*SchuldR: bail à loyer*) Mietvertrag, (2) (*LandwR: bail à ferme*) Pachtvertrag.

contrat de bail en nature (*LandwR*) Naturalpachtvertrag; **– de bail à nourriture** (*LandwR*) Altenteilsvertrag; Leibgedinge *n*.

contrat de bienfaisance Gefälligkeitsverhältnis *n*, unentgeltlicher Vertrag; **– de bière** (*HR*) Bierlieferungsvertrag; **– bilatéral** gegenseitiger Vertrag, synallagmatischer Vertrag, wechselseitig *od.* zweiseitig verbindlicher Vertrag (Aut); **– -cadre** (1) Rahmenvertrag; Vorvertrag, (2) (*VersR*) Mantelvertrag, Rahmenpolice; **– de cartel** (*GesR*) Kartellabsprache; **– de cautionnement** Bürgschaftsvertrag.

contrat de cession (*SchuldR: transmission entre vifs*) Abtretung, Zession, Übertragung; **– de cession de biens** Vermögensübernahme *f*; **– de cession d'exploitation** (*HR*) Betriebsüberlassungsvertrag; **– de cession d'usage** Gebrauchsüberlassung.

contrat collectif (*SchuldR: accord concernant un ensemble de personnes*) Gesamtvereinbarung *f*; **– collectif de travail** (*ArbR: convention collective*) Tarifvertrag, Gesamtarbeitsvertrag; Kollektivvereinbarung (Aut); **– de commande** (*UrhR*) Bestellvertrag; **– commercial** handelsrechtlicher Vertrag, Handelsgeschäft *n*; **– de commission** (*HR*) Kommissionsgeschäft *od.* -vertrag; **– de commission de transport** (*HR*) Speditionsvertrag.

contrat de complaisance Gefälligkeitsverhältnis *n*; **– à compte d'auteur** (*UrhR*) Werkvertrag über die Veröffentlichung und Verbreitung eines Werks auf eigene Rechnung des Autors; **– de compte-courant** (*HR, BankR*) Kontokorrentvertrag.

contrat de concession (*VwR*) Konzession, Nutzungsverleihung, Nutzungsvertrag, Konzessionierung; **– de concession exclusive** (*HR*) Alleinvertriebsrecht; **– conclu entre absents** Vertrag unter Abwesenden, Distanzvertrag *m*; **– conditionnel** bedingtes Rechtsgeschäft; aufschiebend bedingter Kauf.

contrat consensuel (1) (*SchuldR: contrat reposant sur le principe du transfert immédiat de la propriété par le seul effet du contrat, instantanément et consensuellement*) Vertrag mit sofortigem Übergang des Eigentums bei der Einigung, (2) (*SchuldR: par opposition à solennel*) formfreier (nur auf der Willensübereinstimmung der Vertragsparteien beruhender) Vertrag, Konsensualvertrag *m*; **– de consortium** (*BankR*) Konsortialvertrag; **– de constitution de rente** Rentenvertrag; **– de construction** Bauvertrag; **– contraire aux bonnes mœurs** sittenwidriges Geschäft; **– de contrôle** (*GesR*) Beherrschungsvertrag; **– de coopération** Genossenschaftsgründungsvertrag; **– par correspondance** Vertragsschluss unter Abwesenden; **–s couplés** Koppelungsgeschäft *n*, gekoppelte Verträge; **– de courtage** (*HR*) Maklervertrag; **– de crédit** Darlehensvertrag.

contrat définitif endgültige Vereinbarung; **– de déménagement** Beförderungsvertrag für Umzugsgut; **– de dépot** (*BankR*) Depotgeschäft, Effektenverwahrung; **– de distribution exclusive** (*HR*) Alleinvertriebsvereinbarung; **– de donation** (*ZR*) Schenkung; **– de droit privé** privatrechtlicher Vertrag; **– de droit public** öffentlich-rechtlicher Vertrag; **– à durée déterminée** befristeter Vertrag, Zeitvertrag; **– à durée indéterminée** Dauerschuldverhältnis *n*, unbefristeter Vertrag; **– à durée limitée** befristeter Vertrag.

contrat d'échange (*SchuldR: le troc – fourniture d'un bien ou d'un service contre un autre*) Tausch *m*, Tauschgeschäft *n*; **– écrit** Vertragsurkunde, schriftlich formulierter Vertrag; **– d'édition** (*VerlR*) Verlagsvertrag *m*; **– d'embauchage** *ou* **d'embauche** Arbeitsvertrag; **– d'embouche** (*LandwR*) Viehmastvertrag *m*; **– d'émission** (*BankR*) Begebungsvertrag; **– d'emphytéose** (*SachR*) langfristiger Pachtvertrag, Erbpacht (eines Grundstücks); **– emploi consolidé (= CEC)** (*ArbR*) Arbeitsbeschaffungsmaßnahme (mit Einstellung ohne Kündigungsschutz); **– emploi solidarité (= CES)** (*ArbR: contrat créé en 1990 pour favoriser l'insertion des personnes sans emploi*) Arbeitsbeschaffungsmaßnahme *f*; **– d'engagement** (1) Dienstvertrag, (2) (*SeeHR*) Heuervertrag; **– d'engagement théâtral** Bühnendienstvertrag; **– d'entrepôt** (*HR*) Lagervertrag.

Der Begriff *contrat d'entreprise* kommt im Code civil genau so wenig vor wie der Ausdruck *contrat de travail.* Der Code civil kennt im 3. Kapitel des VIII. Titels des 3. Buches nur den *contrat de louage d'ouvrage* unterteilt in *louage de services* (= contrat de travail) und *louage d'industrie* (= contrat d'entreprise). Die beiden modernen Bezeichnungen setzten sich erst im XX. Jahrh. durch.

contrat d'entreprise (1) (*SchuldR: fourniture de travail seulement – cf. contrat de louage, art. 1779 et 1787 Cciv*) Werkvertrag, (2) (*SchuldR: fourniture de travail et de matières – art. 1787 Cciv*) Werklieferungsvertrag; – **d'épargne-construction** (*BankR*) Bausparvertrag *m*; – **à l'essai** (*ArbR*) Probearbeitsverhältnis *n*; – **à exécution successive** (*HR*) Sukzessivlieferungsvertrag, Vertrag über die Vereinbarung wiederkehrender Leistungen; – **d'exploitation** (1) (*HR*) Betriebsvertrag, (2) (*Bergbau*) Mutung *f*, Ausbeutungsvertrag; – **d'exploitation des droits d'auteur** (*UrhR*) Urheberrechtsvertrag.

contrat de fabrication sous licence (*PatR*) Lizenzvertrag; – **de façonnage** Verarbeitungsvertrag; – **en faveur de tiers** Vertrag zugunsten Dritter; – **de fermage** Pachtvertrag; – **ferme** verbindliche Vereinbarung; – **fictif** Scheingeschäft; – **de financement** Finanzierungsvertrag; – **de formation professionnelle** Berufsausbildungsvertrag; – **formel** formgebundenes Rechtsgeschäft; – **de franchisage** Franchisevertrag; – **de fusion** (*GesR*) Verschmelzungs- *od.* Fusionsvereinbarung.

contrat de gage (*SchuldR*) vertragliches *od.* rechtsgeschäftliches Pfandrecht, Verpfändung; – **de garantie** (1) Garantie- *od.* Gewährvertrag, Gewährleistung, (2) Bürgschaftsvertrag; – **de gardiennage** Vertrag über die gewerbsmäßige Bewachung des Lebens *od.* des Eigentums fremder Personen; – **de gérance** Geschäftsführungsvertrag; – **de gestion d'affaires** Geschäftsbesorgungsvertrag; – **de gré à gré** freihändige Vereinbarung (zwischen gleichberechtigten Parteien im Gegensatz zu den Adhäsions- *od.* Unterwerfungsverträgen); – **d'hérédité** Erbvertrag.

contrat individuel Einzelvereinbarung, Individualvertrag; – **individuel de travail** Einzel- *od.* Individualarbeitsvertrag; – **d'industrie** Werkvertrag, Werklieferungsvertrag; – **innommé** Innominatvertrag *od.* -kontrakt, im Gesetz nicht ausdrücklich geregelter Vertrag.

contrat d'insertion professionnelle (= CIP ou SMIC-jeunes) (*ArbR: contrat de travail à durée déterminée de 6 à 9 mois*) befristeter Arbeitsvertrag zur beruflichen Eingliederung Jugendlicher, Arbeitsbeschaffungsmaßnahme *f*; – **d'insertion dans la vie sociale (= CIVIS)** (*ArbR: accompagnement vers l'emploi des jeunes de 16 à 25 ans faiblement qualifiés*) Arbeitsvertrag zur Eingliederung Jugendlicher ohne Schulabschluss; – **instantané** Vertrag mit sofortiger Leistung *od.* Erfüllung; – **d'intégration** (*LandwR*) Zusammenarbeitsvertrag zwischen Vermarkter u. landwirtschaftlichem Erzeuger; – **d'intéressement** Beteiligungsvertrag; – **intuitu personae** *lat* (*SchuldR*) in Anbetracht der Person abgeschlossener Vertrag.

contrat de jeu *ou* **jeu** (*SchuldR: contrat aléatoire*) (Glücks-) Spiel *n*; – **judiciaire** (*ZPR: contrat conclu par les parties sur une question litigieuse devant le juge*) Prozessvergleich *m*; – **léonin** leoninischer Vertrag, Vertrag zum Vorteil nur eines Kontrahenten; – **de licence** (*GRUR: convention d'exploitation d'un brevet d'invention*) Lizenzvertrag; – **de livraison** (*SchuldR*) Frachtgeschäft *n*; – **à livraisons successives** Sukzessivlieferungsvertrag.

contrat de location (*SchuldR: le louage de choses ou bail – art. 1713 et suiv. Cciv*) Mietvertrag; Bestandvertrag

(Aut); **– de location d'un bien meuble** (1) (*SchuldR: location de murs en vue d'y placer des affiches*) Miete von Außenwänden (für Plakate), (2) (*BankR: location de coffre-fort*) Banksafe-Mietvertrag; **– de location de film** Filmbezugs- *od.* -verleihvertrag; **– de location-vente** Mietkauf(vertrag).

contrat à long terme langfristiger Vertrag; **– de louage de choses** Sachmiete *f*, Mietvertrag; **– de louage d'industrie** Werkvertrag; **– de louage d'ouvrage** (*ZR*) Sammelbezeichnung für: Werk- u. Arbeitsvertrag; **– de louage de services** (1) (*ZR*) Dienstvertrag, (2) (*ArbR*) Arbeitsvertrag; **– de louage de services à domicile** Heimarbeitsvertrag; **– de louage de travail** (*B*) Dienstvertrag, Arbeitsvertrag.

contrat de mandat (1) (*SchuldR: acte par lequel on confère à qqn. le pouvoir d'agir*) Vollmachterteilung *f*, (2) Auftrag *m*; **– de mariage** Ehevertrag; **– de métayage** (*LandwR: bail à métayage*) Halbpachtvertrag; **– mixte** (*HR*) einseitiges Handelsgeschäft; **– de nantissement** (1) Pfand- *od.* Verpfändungsvertrag, (2) vertragliches Pfandrecht, Vertragspfand; **– nommé** (*SchuldR*) gesetzlich geregelter Schuldvertragsart; **– notarié** *ou* **par devant notaire** (*ZR: on dit plus souvent acte notarié ou acte par devant notaire pour tous les actes reçus par un notaire*) in notarieller Form geschlossener Vertrag, notarielle Vereinbarung.

contrat nouvelle embauche (= CNE) (*ArbR: contrat réservé aux entreprises de moins de 20 salariés sans détermination de durée*) Neueinstellungsvertrag (praktisch ohne Kündigungsschutz); **– novatoire** Novations- *od.* Neuerungsvertrag; **– oral** mündliche Vereinbarung; **– d'ouverture de crédit** Krediteröffnungsvertrag; **– de partage successoral** Erbauseinandersetzungsvertrag, Erbteilungsvertrag; **– de participation** (*GesR*) Partnerschafts- *od.* Teilhabervertrag; **– particulier** Einzelvertrag; **– de passage** (Schiffs-) Überfahrtsvertrag; **– pignoratif** (*HR, ZR*) Einräumung eines Pfandrechts; mit einem Sicherungsgeschäft verbundener Vertrag; **– à plein temps** (*ArbR*) Vollzeitarbeitsvertrag; **– de pool** (*GesR*) Poolabkommen *n*, Stimmbindungsvereinbarung; **– précaire** befristeter Arbeitsvertrag (mit kurzer Laufzeit); **– préliminaire** *ou* **préparatoire** Vorvertrag.

contrat première embauche (= CPE) (*ArbR*) Ersteinstellungsvertrag (ohne Kündigungsschutz für jugendliche Arbeitnehmer unter 26); **– de prestation en nature** Sachleistungsvertrag; **– de prêt** (1) Leihvertrag, (2) (*entgeltlich*) Darlehensvertrag; **– de prêt à la construction** Baufinanzierungsvertrag; **– de prêt à la grosse aventure** (*SeeHR*) Bodmereivertrag; **– de prêt de travailleurs** Arbeitnehmer Überlassungsvertrag; **– primitif** ursprünglicher Vertrag; **– principal** (1) Hauptvertrag, (2) (*VersR*) Hauptpolice *f*.

contrat de programme (*VwR*) Abkommen zwischen frz. Regierung einerseits u. den staatlichen u. privaten Unternehmen andererseits zur Förderung der Wirtschaftspolitik u. Umstrukturierung; **– de progrès** (*ArbR, VwR*) Abkommen zwischen staatlichen Unternehmungen u. Gewerkschaften zur Anpassung der Löhne an die steigenden Lebenshaltungskosten; **– de promesse de dette** Schuldversprechen *n*; **– de prospection** (*Bergbau*) Prospektierungsvertrag *od.* -bewilligung; **– de réassurance** Rückversicherung; **– de réassurance en excédent de sinistres** Schadensexzedentenversicherung; **– de recherches** Forschungsauftrag; **– de rééducation professionnelle** (*ArbR*) Umschulungsvertrag *m*.

contrat réel (*SchuldR: contrat qui se forme par la remise effectice de la chose ou tradition réelle*) Realvertrag, dinglicher Vertrag, Vertrag, der erst mit der Übergabe des Gegenstandes zustande kommt; **–s de relais** (*ArbR*) Kettenverträge *mpl*; **– de remorquage** (*SeeHR*) Abschleppvertrag; **– de**

rente viagère Leibrentenvertrag; – **de réparation** Instandsetzungsvertrag.

contrat de représentant (commercial) (*ArbR, HR*) frz. Arbeitsvertrag (zwischen einem Handlungsreisenden u. einem Unternehmer); – **de représentation** (*VerlR: convention en vertu de laquelle l'auteur d'une œuvre autorise une personne de la représenter*) Wiedergaberecht *n*, Vorführungsvertrag *m*, Aufführungsvertrag; – **de représentation exclusive** (*HR*) Alleinvertretervertrag; – **de reprise de dette** Schuldübernahmevertrag; – **saisonnier** Saisonarbeitsvertrag; – **de sauvetage** (*SeeHR*) Bergungsvertrag; – **secret** Geheimabkommen; – **de service** (*SchuldR*) Dienstvertrag *m*; – **de servitude** (*SachR*) Bestellung einer Dienstbarkeit; – **simulé** Scheingeschäft *n*.

contrat de société (*ZR: convention entre deux ou plusieurs personnes pour affecter à une entreprise commune des biens ou leur industrie en vue de partager le bénéfice ou profiter de l'économie qui pourrait en résulter – art. 1832 Cciv*) Gesellschaftsvertrag *m*; – **solennel** förmlicher *od.* notarieller Vertrag, formbedürftiges Geschäft; – **de souscription** (*GesR*) Zeichnungsvertrag; – **de sous-location** Untermietvertrag; – **de sous-traitance** (*ArbR*) Subunternehmervertrag; – **de stabilité** (*VwR*) Abkommen zwischen frz. Regierung und Privatunternehmen zur Gewährleistung der Preisstabilität; – **successif** Sukzessivlieferungsvertrag, Vertrag über wiederkehrende Leistungen.

contrat synallagmatique (*SchuldR: convention engendrant des obligations réciproques et interdépendantes*) gegenseitiger Vertrag, synallagmatischer Vertrag, wechselseitig verbindlicher Vertrag; – **tacite** stillschweigend abgeschlossener Vertrag; – **à temps** Zeitvertrag; – **à terme** befristeter Vertrag, Zeitvertrag; – **à titre gratuit** Gefälligkeitsverhältnis *n*, unentgeltlicher Vertrag; – **à titre onéreux** entgeltlicher Vertrag; – **de transfert de bénéfices** (*GesR*) Gewinnabführungsvertrag; – **de transfert en garantie** Sicherungsübereignung; – **translatif de propriété** Verfügungsgeschäft.

contrat de transport (*SchuldR: convention par laquelle un transporteur s'engage, moyennant rémunération, à déplacer une chose ou une personne d'un lieu à un autre – art. 1782 et suiv. Cciv*) (*Beförderung von Personen oder Gütern*) Beförderungsvertrag; – **de transport aérien** Luftbeförderungsvertrag; – **de transport combiné** Beförderungsvertrag für den kombinierten Verkehr; – **de transport international de marchandises par route (= CIMR)** Frachtvertrag im internationalen Straßengüterverkehr; – **de transport de marchandises par mer** Seefrachtvertrag; – **de transport de passagers** Personenbeförderungsvertrag.

contrat de travail (*SchuldR: contrat par lequel un salarié met son travail à la disposition d'un employeur – syn.: contrat de louage de services des domestiques et ouvriers –art. 1779 et 1780 Cciv et art. L. 122–1 et suiv. Ctrav*) Dienstvertrag, Arbeitsvertrag; – **de travail collectif** Gesamtarbeitsvertrag; – **de travail à durée déterminée (= CDD)** befristeter Arbeitsvertrag; – **de travail à durée indéterminée (= CDI)** unbefristeter Arbeitsvertrag, Arbeitsverhältnis auf unbestimmte Zeit; – **de travail individuel** Einzelarbeitsvertrag (*im Gegensatz zur Gesamtvereinbarung*); – **de travail intérimaire** Leiharbeitsverhältnis *n*; Zeit(arbeits)vertrag; – **de travail à mi-temps** Halbtagsarbeitsvertrag; – **de travail temporaire** befristeter Arbeitsvertrag.

contrat-type Mustervertrag, Formular- *od.* Typen- *od.* Standard- *od.* Einheitsvertrag, Vertragsmuster *n*, Normalvertrag; – **-type de location** Mustermietvertrag; – **-type de travail** Musterarbeitsvertrag; – **unilatéral** (*SchuldR: art. 1103 Cciv*) unvollkommen zweiseitig verpflichtender Vertrag; – **usuraire** wucherisches Rechtsgeschäft.

contrat de vente (*SchuldR: définition légale: art. 1582 Cciv – contrat basant sur le principe du transfert immédiat de la propriété par le seul effet du consentement*) frz. Kaufvertrag (zugleich Verpflichtungs- und Verfügungsgeschäft, das Abstraktionprinzip gibt es im frz. Recht nicht); **– de vente par livraisons successives** Sukzessivlieferungsvertrag; **– verbal** mündliche Vereinbarung *od.* Abmachung, Verbalkontrakt *m.*

Einteilung der frz. Übertretungen gemäß art. 131–13 u. 131–4 NCP contraventions: personnes physiques: 1re classe 38 € 190 € 2e classe 150 € 750 € 3e classe 450 € 2250 € 4e classe 750 € 3750 € 5e classe1500 € 7500 € récidive 3000 – personnes morales: € 15000 € Stand: 2005

contravention *f* (1) (*StR: infraction réprimée par une peine de simple police – art. 131–12 NCP*) Übertretung *f,* (2) (*ÖfR: toute violation d'une règle de droit*) Zuwiderhandlung *f,* Rechtsverletzung *f,* Verschulden *n,* (3) (*StVR: infractions au code de la route*) gebührenpflichtige Verwarnung (bei Verkehrsstraftaten); Bußgeld *n;* Geldbuße *f;* **– douanière** Zollübertretung, Zollstraftat *f;* **– fiscale** Steuerordnungswidrigkeit, Steuerstraftat; Steuerbußgeld; **– de grande voirie** verwaltungsgerichtlich verfolgbare Übertretung wegen Beschädigung oder Störung der Verkehrswege; **– en matière forestière** Forstfrevel *m;* **– de simple police** (*StR*) Ordnungswidrigkeit, Übertretung.

contraventionnel *adj* (*StR: de simple police*) eine Übertretung betreffend.

contre *prép.* gegen, entgegen, wider, kontra; **– émargement** *ou* **récépissé** gegen Empfangsbestätigung; **– remboursement** gegen Nachnahme.

contre-assurance *f* Rückversicherung.

contrebalancer *v.tr.* ausgleichen, aufwiegen, neutralisieren; **se –** sich die Waage halten, ein Gegengewicht darstellend.

contrebande *f* (*ZollR*) Schmuggel *m,* Bannbruch *m,* Konterbande *f;* **passer en –** einschmuggeln; **– de guerre** (*VR*) Kriegskonterbande.

contrebandier *m* Schmuggler *m.*

contrecarrer *v.tr.* entgegenwirken, entgegenarbeiten; vereiteln.

contrecoup *m* Rückschlag *m;* Nachwirkung *f,* Folge *f;* **par –** *loc. adv.* als Reaktion auf . . ., mittelbar, auf indirektem Wege.

contre-dénonciation *f* (*ZwangsVR: dénonciation par le créancier saisissant au tiers saisi*) Pfändungsbenachrichtigung (an den Drittschuldner), Anzeige der Pfändung an den Drittbesitzer.

contredire *v.tr.* (1) widersprechen, (2) bestreiten.

contredit *m* (*PrzR: réclamation élevée contre une décision judiciaire*) Drittwiderspruchsklage *f;* Widerspruch *m,* Einspruch *m;* **sans –** unbestreitbar; **– de compétence** (*PrzR: art. 80 NCPC*) Widerspruch gegen die erstinstanzliche Entscheidung in einem Zuständigkeitsstreit.

contre-écriture *f* Gegenbuchung *f.*

contre-enquête *f* (*StPR*) erneute Zeugenvernehmung auf Antrag des Anwalts des Angeklagten; Wiederaufnahme der Ermittlungen, ergänzende staatsanwaltliche *od.* polizeiliche Untersuchung.

contre-épreuve *f* (1) (*bei Wahlen*) Gegenprobe *f,* (2) Wiederholungsprüfung.

contre-espionnage *m* Gegenaufklärung *f,* Spionageabwehr *f.*

contre-examen *m* **médical** (*MedizinR*) ärztliche Kontroll- *od.* Nachuntersuchung *f.*

contre-expert *m* Gegengutachter *m.*

contre-expertise *f* Obergutachten *n;* Gegengutachten.

contrefaçon *f* (1) (*StR: imitation frauduleuse*) Fälschung *f,* Verfälschung, (2) (*UrhR*) Nachahmung *f,* Nachmachen *n,* Nachbildung; **– de brevet** (*PatR*) Patentverletzung; **– d'écritures** Urkundenfälschung; **– de marque** (*WirtR*) Markenfälschung

f, Verletzung des Warenzeichens; **– et piraterie de produits** (*WirtR*) Nachahmung und Produktpiraterie, Produktfälschung *f*, Markenpiraterie *f*; **– de sceaux** Siegelfälschung.
contrefacteur *m* (1) (*StR*) Fälscher *m*, (2) (*UrhR*) Nachahmer *m*, (3) (*PatR*) Patentverletzer *m*.
contrefaire *v.tr.* (1) (*StR*) fälschen, verfälschen, (2) (*UrhR*) nachahmen.
contrefait *adj*: **produit –** Fäschung *f*, gefälschte Ware, nachgeahmtes Produkt.
contre-feu *m* Gegenangriff *m*, Gegenschlag *m*; Ablenkungsmanöver *n*.
contre-gouvernement *m* Schattenkabinett *n*.
contre-lettre *f* **interne** (*ZR, SteuerR: dans la simulation il s'agit de l'acte secret contenat la volonté réelle des parties*) Geheimabsprache *f* (zwecks Widerrufs des Scheingeschäfts).
contremaître *m* (*ArbR: personne responsable d'une équipe d'ouvriers – syn.: chef d'équipe*) (Werk-, Industrie-) Meister *m*; Oberingenieur *m*; Vorarbeiter *m*.
contremander *v.tr.* abbestellen, einen Auftrag annullieren.
contre-manifestation *f* (*StR*) Gegendemonstration *f*.
contremarque *f* Kontrollzeichen *n*, Prüfzeichen *n*.
contremarquer *v.tr.* ein Prüfzeichen *od.* eine Kontrollnummer anbringen.
contre-mémoire *m* (*ZPR*) Klagebeantwortung *f*, Klageantwort (S).
contre-mesure *f* Gegenmaßnahme *f*.
contre-ordre *m* (1) (*HR*) Auftragsannullierung *f*; Gegenauftrag *m*, (2) (*MilR*) Gegenbefehl *m*.
contrepartie *f* (1) (*ZR*) Gegenleistung *f*, (2) Vertragspartner *m*, (3) (*HR*) Selbsteintritt des Kommissionärs; **créance en –** Gegenforderung *f*; **en –** als Gegenleistung, im Gegenzug; **faire la –, se porter –** (*HR*) selbst eintreten.
contre-partiste *m* (*HR*) selbst eintretender Kommissionär, Kommissionär, der das Gut selbst als Verkäufer liefert *od.* als Käufer übernimmt.
contre-passation *f* (*Buchf*) Berichtigung *f*; Storno *n*; Rückbuchung, Gegenbuchung.
contre-passer *v.tr.* stornieren, berichtigen, umbuchen.
contre-performance *f* Leistungsabfall *m*, Leistungstief *n*.
contrepoids *m* Gegengewicht *n*, Ausgleich *m*.
contre-pouvoir *m* (*VerfR*) Gegengewalt *f*; Bürgerinitiative *f*.
contre-prestation *f* Gegenleistung *f*.
contreproductif *adj* effizienzmindernd.
contre-projet *m* Gegenvorschlag *m*, Gegenentwurf *m*.
contre-proposition *f* (1) Gegenvorschlag *m*, (2) Gegenantrag *m*.
contre-révolution *f* Konter- *od.* Gegenrevolution *f*.
contreseing *m* (*ZR: deuxième signature destinée à authentifier la signature principale, ou à marquer un engagement solidaire*) Gegenzeichnung *f*, Mitunterzeichnung.
contresens *m* Widersinn *m*; Sinnentstellung, Sinnwidrigkeit.
contresignataire *m* Mitunterzeichner *m*, Gegenzeichner.
contresigner *v.tr.* (1) gegenzeichnen, abzeichnen, (2) (*ÖfR: notaire*) die Echtheit einer Urkunde bestätigen.
contrestaries *fpl* (*SeeHR: contresurestarie*) Liegegeld *n* (bei Verlängerung der Liegezeit).
contretemps *m* unvorhergesehenes Ereignis; widrige Umstände *pl*; **agir à –** im unpassenden Augenblick handeln.
contre-valeur *f* Gegenwert *m*, Entgelt *n*.
contre-valeur en monnaie nationale Gegenwert *m* in Landeswährung.
contrevenant *m* (*StR: personne commettant une contravention*) Gesetzesbrecher *m* (bei Übertretungen), Zuwiderhandelnde(r) *m*.
contrevenir *v.tr.ind.* zuwiderhandeln, (eine gesetzliche Bestimmung) missachten; **– à la loi** gegen ein Gesetz verstoßen, das Gesetz verletzen; **– à ses obligations** seinen Verpflichtungen nicht nachkommen.
contribuable *m* (*SteuerR: toute personne devant supporter une contribution*) Steuerpflichtige(r) *m*, Steuerzahler *m*.

contribuer *v.tr.ind.* (1) beitragen, mithelfen, (2) einen finanziellen Beitrag leisten, einen Anteil zahlen; **– aux frais** einen Unkostenbeitrag leisten.

contributif *adj* beisteuernd; beitragend; **capacité contributive** Leistungsfähigkeit *f.*

contribution *f* (1) (*SteuerR: charge incombant à qqn.*) Abgabe *f*, Steuer *f*, (2) (*SchuldR: part du coobligé*) Anteil *m*, (3) (*ArbR: part de l'employeur aux charges sociales*) Arbeitgeberanteil *m*, (4) (*HaushR*) Umlagebeitrag *m*, (5) (*UrhR*) Mitwirkung *f*, Beitrag (zu einem Sammelwerk), (6) (*VwR: pl: hôtel des finances*) Steuerverwaltung; Finanzamt *n*; **apporter sa –** seinen Beitrag leisten; seinen Anteil zahlen; **– adéquate** angemessener Beitrag; **– alimentaire** (S) Unterhaltsbeitrag; **– annuelle** Jahresbeitrag; **– en argent** Geldbeitrag; **– du bénéficiaire** Eigenleistung, Eigenbeitrag.

contribution communautaire individuelle (*EuR*) einzelner Gemeinschaftsbeitrag; **– complémentaire** Ergänzungsabgabe *f*; **–s directes** (*SteuerR*) direkte *od.* veranlagte Steuer; **– de l'employeur** (*SozR*) Arbeitgeberanteil *m*; **– de l'État** (*SozR*) Staatszuschuss *m*; **– exceptionnelle** Sonderabgabe; **– facultative** freiwillige Mehrleistung; **– foncière** (*SteuerR*) Grundsteuer; **– à fonds perdus** verlorener Zuschuss; **– forfaitaire** Pauschalbeitrag; **– aux frais** Unkostenbeitrag *m*; **– indirecte** indirekte *od.* mittelbare Steuer; **– mobilière** Wohnraum- *od.* Mobiliarsteuer; **– ouvrière** Arbeitnehmerbeitrag.

contribution de péréquation Ausgleichsbeitrag *m*; **– à la perte** anteilsmäßiger Schadensausgleich; **– du salarié** (*SozR*) Arbeitnehmeranteil; **– sociale généralisée (= CSG)** (*SteuerR*) Solidaritätszuschlag *m*, allgemeine Abgabe zur Finanzierung der frz. Sozialversicherung; **– supplémentaire** Nachzahlung *f*, Zusatzleistung; **– du timbre** Stempelgebühr *od.* -steuer.

contrôlabilité *f* Überprüfbarkeit.

contrôlable *adj* überprüfbar; überschaubar.

contrôle *m* (1) (*ZR, ÖfR: surveillance, droit de regard*) Aufsicht *f*, Kontrolle *f*; Überwachung *f*; Beaufsichtigung, (2) (*vérification de la conformité*) (Über-, Nach-) Prüfung, Funktionsprüfung, (3) (*maîtrise*) Beherrschung *f*, Gewalt *f*; **autorité de –** (*VwR*) Aufsichtsbehörde *f*; **bureau de –** Kontrollstelle *f*; **commission de –** (*ÖfR*) Überwachungsausschuss *m*, Kontrollkommission; **être soumis au –** der Aufsicht unterliegen; **examen de –** Kontrolluntersuchung; **infraction au – des changes** Devisenvergehen *n*; **législation sur le – des changes** Devisengesetzgebung *f*; **organe de –** (*VwR*) Aufsichtsbehörde *f*; **prise de –** (*GesR*) Übernahme der Aktienmehrheit, Erwerb einer Sperrminorität in einer Gesellschaft; **visa pour –** Kontrollsichtvermerk *m*.

contrôle administratif (*ÖfR*) Rechtsaufsicht *f*; **– aérien** Flugsicherung *f*; **– des armements** Rüstungskontrolle; **– bancaire** Bankenaufsicht; **– du budget** *ou* **budgétaire** Überprüfung der ordnungsgemäßen Ausführung des Haushalts; **– des changes** Devisenkontrolle *f*, devisenwirtschaftliche Überwachung, Devisenbewirtschaftung *f*.

contrôle de la circulation (routière) (*StVR*) (Straßen-) Verkehrsüberwachung; **– de la circulation aérienne** Flugsicherung; **– de la comptabilité** *ou* **comptable** Buchprüfung; **– continu des connaissances** (*SchulR*) ausbildungsbegleitende Prüfungsnachweise; **– en cours de fabrication** Inprozesskontrolle *f*; **–s croisés** Kontrollabgleich *m*; **– disciplinaire** Disziplinaraufsicht *f*.

contrôle douanier zollamtliche Abfertigung; **– douanier des envois par les P. et T.** amtliche Kontrolle der Postsendungen (durch die Zollbehörden); **– économique** Wirtschaftsaufsicht; **– d'écritures** (*Buchf*) Buchprüfung; **– des effectifs** (*ArbR*) Anwesenheitskontrolle; **– de l'élection**

Wahlprüfung *f*; **– de fabrication** Fertigungskontrolle.
contrôle fiscal steuerliche Prüfung; Steueraufsicht *f*, Steuerüberwachung; **– à la frontière** Grenzkontrolle *f*; **– de la gestion** (*GesR*) Betriebsprüfung, Geschäftsführungsüberprüfung; **– gouvernemental** Regierungsaufsicht *f*; **– hiérarchique** (*VwR*) Aufsichts- und Weisungsbefugnis, Dienstaufsicht; **– d'identité** Ausweiskontrolle *f*, Feststellung der Personalien; **– à l'importation** Einfuhrkontrolle.
contrôle judiciaire (1) (*StPR: art. 78–2 al. 2 CPP*) (gerichtliche Anordnung der) Polizeiaufsicht, (2) (*GVR*) Überwachung durch die Justizorgane, gerichtliche Aufsicht; **– juridictionnel** gerichtliche Nachprüfung; **– de la légalité** (*VwR*) Nachprüfung der Rechtmäßigkeit (des Handelns einer Verwaltungsbehörde), Legalitätskontrolle; **– des marchandises** Warenprüfung *f*; **– médical** Gesundheitsüberwachung; **– monétaire** Währungszwangswirtschaft; **– des motifs** (*VwPR*) Überprüfung der Begründung der Verwaltungsakte (durch die Verwaltungsgerichte); **– officiel** amtliche Überwachung *od.* Kontrolle.
contrôle parlementaire (*VerfR*) parlamentarische Kontrolle; **– des passeports** Passkontrolle, Passabfertigung; **– sur pièces** Kontrolle an Hand der Unterlagen; **– sur place** Kontrolle an Ort und Stelle; **– postal** (*StR*) Postüberwachung; **– a posteriori** (*VwR*) nachträgliche Überprüfung (der Rechtmäßigkeit), nachträgliche Kontrolle *od.* Prüfung; **– des prix** Preisüberwachung; **– de la qualité** Güteprüfung; **– de rendement** Leistungsprüfung; **– sanitaire** Gesundheitskontrolle; **– de sécurité** Sicherheitskontrolle; **– des sociétés** Nachprüfung der Wirtschaftspolitik eines Unternehmens; **– par sondage** Stichproben *fpl.*
contrôle technique (1) (*VwR*) Fachaufsicht *f*, (2) technische Überpüfung; **– technique obligatoire pour les véhicules** *ou* **des voitures** (*StVR*) technische Überwachung von Kraftfahrzeugen; **– des tribunaux** gerichtliche Nachprüfung; **– de validité** Gültigkeitsprüfung; **– vétérinaire** Fleischbeschau *f*.
contrôler *v. tr. d.* (1) kontrollieren, überwachen, (2) beherrschen, (3) (*DV*) steuern.
contrôleur *m* (1) (*VwR*) Aufsichtsführende(r), (2) Prüfer *m*, Kontrolleur *m*; **– aérien** Flugverkehrslotse *m*; **– du cadastre** Vermessungs- *od.* Katasterbeamte(r); **– des dépenses engagées** (*HaushR*) Beamte(r) des Finanzministeriums, dem die Überprüfung der vorzunehmenden Ausgaben obliegt; **– financier** (*EuR*) Finanzkontrolleur.
contrordre *m* (*HR*) Auftragswiderruf *m*, Abbestellung.
controuvé *adj*: **assertions –es** frei erfundene Behauptungen, Notlüge *f*.
controversable *adj* bestreitbar; **opinion –** umstrittene Meinung, zweifelhafte Ansicht.
controverse *f* Streit *m*, Streitfrage *f*, Auseinandersetzung.
controversé *adj* umstritten, strittig; **point très –** heftig umstrittener Punkt.
contumace *f* (*StPR: état de l'accusé renvoyé en cour d'assises qui ne se présente pas à l'audience*) Nichterscheinen *n* vor Gericht; Kontumazial- *od.* Abwesenheitsverfahren; **état de –** Abwesenheit; **purge de la –** Wiederaufnahmeverfahren nach Abwesenheitsurteil.
contumax *n.m. et adj.* (1) (*StPR*) (Beschuldigte[r]) Abwesende(r), (2) in Abwesenheit Verurteilter.
contusion *f* (*MedizinR*) Prellung *f*, Quetschung *f*; **– cérébrale** Gehirnerschütterung *f*.
conurbation *f* städtisches Ballungsgebiet.
convaincre *v.tr.* überzeugen; zur Einsicht bringen; **– les réticents** die Bedenken zerstreuen, die Zögernden überzeugen.
convenable *adj* geeignet, passend; angemessen.
convenance *f*: **pour –s personnelles** aus persönlichen Gründen.

convenant *m* (*LandwR = bail à domaine congéable*) jederzeit kündbarer Pachtvertrag (durch den der Pächter Eigentümer dessen wird, was er auf dem Pachtgrundstück erbaut und angebaut hat).

convenir *v.tr.ind.* (1) (*de qqch.*) vereinbaren, verabreden, eine Abrede treffen, übereinkommen; etwas zugeben, zugestehen, einräumen, (2) (*à qqn.*) passen; **il convient de** es ist angebracht *od.* ratsam.

Convention und *contrat* lassen sich nur schwerlich voneinander abgrenzen: einmal ist *convention* Oberbegriff (art. 1101 Cciv), dann wieder Spezialbegriff gegenüber *contrat* für bestimmte, hier aufgezählte Vertragsarten

convention *f* (1) (*ZR: accord de volontés*) Vereinbarung *f*, Vertrag *m*, Abkommen *n*, Absprache *f*, Abrede *f*, (2) (*VR*) (internationales) Abkommen, völkerrechtlicher Vertrag; (mehrseitiges) Übereinkommen; (zweiseitige) Übereinkunft; **adopter une –** ein Übereinkommen treffen, einem Abkommen beitreten *od.* zustimmen; **– pour la protection de la propriété industrielle** Verbandsübereinkunft zum Schutze des gewerblichen Eigentums.

convention additionnelle Nebenabrede, Zusatzvertrag *od.* -vereinbarung; **– administrative** Verwaltungsabkommen; **– d'affermage** (*LandwR*) Pachtvertrag; **– d'affrètement** (*SeeHR*) Frachtvertrag; **– d'aide judiciaire** (*PrzR*) Rechtshilfevereinbarung *od.* -übereinkommen; **– amiable** gütliche Einigung; **– annexe** Nebenabrede, Zusatzvereinbarung; **– d'arbitrage** Schiedsabrede *od.* -vereinbarung; **– d'armistice** Waffenstillstandsabkommen; **– d'association** (*VR*) Assoziierungsabkommen; **– attributive de juridiction** (*ZRP*) Gerichtsstandsvereinbarung; **– de Berne** (*UrhR*) Berner Übereinkunft.

convention cadre (1) (*ArbR*) Rahmentarifvertrag *m*, (2) (*VR*) Rahmenübereinkommen *n*; **– de cartel** (*GesR*) Kartellvereinbarung; **– de cession** Abtretung.

convention collective (= CCT) (*ArbR: convention collective du travail entre un groupement d'employeurs et un ou plusieurs syndicats de salariés*) Tarifvertrag, Kollektivvereinbarung (Aut); **adhérer à une – –** einem Tarifvertrag beitreten; **avenant à une – –** Zusatztarifvertrag; **champ d'application d'une – –** Geltungsbereich *m* eines Tarifvertrages; **– – d'entreprise** Unternehmenstarifvertrag; **– – d'établissement** Werktarifvertrag; **extension d'une – –** Allgemeinverbindlicherklärung (eines Tarifvertrags); **– – générale** Manteltarifvertrag; **– – locale** Ortstarifvertrag; **– – nationale** Tarifvertrag (mit Geltung für ganz Frankreich); **partie à une – –** Tarifvertragspartei *f*, Tarifpartner *m*.

convention de commerce *ou* **commerciale** Handelsabkommen *n*; **– de compensation** Aufrechnungsvereinbarung *f*; **– complémentaire** Ergänzungsvereinbarung; **– consulaire** Konsularabkommen; **– culturelle** (*VR*) Kulturabkommen.

convention de Genève pour l'amélioration du sort des blessés, des malades et des naufragés des forces armées sur mer (*VR*) Genfer Abkommen zur Verbesserung des Loses der Verwundeten, Kranken und Schiffbrüchigen der Streitkräfte zur See; **– de délimitation** Grenzziehungs- *od.* Grenzfestsetzungsabkommen.

convention douanière Zollabkommen; **– sur la double imposition** Doppelbesteuerungsabkommen; **– d'entreprise** (*ArbR*) Betriebsvereinbarung.

convention européenne d'assistance sociale et médicale Europäisches Fürsorgeabkommen; **– européenne sur la classification internationale des brevets d'invention** Europäische Übereinkunft über die Internationale Patentklassifikation; **– européenne des droits de l'homme** Europäische Menschenrechtskonvention; **– européenne de radiodiffusion** Europäischer Rundfunkvertrag; **– européenne pour le règlement pacifique des différends** Europäisches Übereinkommen zur friedlichen Beilegung von Streitigkeiten.

convention de financement Finanzierungsabkommen *n*; **– fiscale** Steuerabkommen; **– frontalière** *ou* **de frontière** Grenzabkommen; **– de Genève pour l'amélioration du sort des blessés et des malades dans les forces armées en campagne** Genfer Abkommen zur Verbesserung des Loses der Verwundeten und Kranken der Streitkräfte im Felde; **– de Genève relative à la protection des personnes civiles en temps de guerre** Genfer Abkommen zum Schutze von Zivilpersonen in Kriegszeiten; **– de Genève relative au traitement des prisonniers de guerre** Genfer Abkommen über die Behandlung der Kriegsgefangenen.

convention de gré à gré (*VwR*) freihändige Vergabe (öffentlicher Aufträge); **– de la Haye** (*VR*) Haager Landkriegsordnung; **– de la Haye relative à la procédure civile** Haager Zivilprozessübereinkommen; **– individuelle** (1) (*ZR*) Individualvereinbarung, (2) (*ArbR*) Einzelarbeitsvertrag; **– d'indivision** Vereinbarung des Ausschlusses der Auseinandersetzung.

convention internationale pour l'abolition des prohibitions et des restrictions à l'importation et à l'exportation internationale Übereinkunft für die Abschaffung der Ein- und Ausfuhrbeschränkungen; **– internationale concernant le transport des voyageurs et des bagages par chemin de fer (= CIV)** internationales Übereinkommen über den Eisenbahn, Personen- und Gepäckverkehr; **– internationale pour l'exécution des sentences arbitrales étrangères** internationales Abkommen zur Vollstreckung ausländischer Schiedssprüche; **– internationale pour la protection des œuvres littéraires et artistiques** Berner Übereinkunft zum Schutze von Werken der Literatur und Kunst; **– internationale pour la protection des végétaux** internationales Pflanzenschutzabkommen; **– internationale relative aux stupéfiants** internationales Betäubungsmittelabkommen; **– internationale pour la répression du faux monnayage** Internationales Abkommen zur Bekämpfung der Falschmünzerei; **– internationale pour la répression de la traite des femmes et des enfants** internationales Abkommen zur Unterdrückung des Frauen- und Kinderhandels; **– internationale pour la sauvegarde de la vie humaine en mer** internationales Übereinkommen zum Schutze des menschlichen Lebens auf See; **– internationale pour la simplification des formalités douanières** internationales Abkommen zur Vereinfachung der Zollförmlichkeiten.

convention judiciaire Rechtshilfeordnung für Zivilsachen; **– légalement formée** gesetzmäßig zustandegekommener Vertrag.

convention de mariage *ou* **matrimoniale** (*FamR*) Ehevertrag *m*, vertraglich vereinbarter Güterstand; **– sur la mer territoriale et la zone contiguë** Übereinkommen über das Küstenmeer und die Anschlusszone; **– militaire** Militärabkommen; **– monétaire** Währungsabkommen; **– multilatérale** multilateraler Vertrag, mehrseitiges Abkommen; **– de navigation** Schiffahrtsabkommen; **– de non-responsabilité** (*ZR, HR*) Haftungsausschlussvereinbarung; **– particulière** Einzelabrede, Sonderabmachung; **– de pêche** Fischereiabkommen; **– postale universelle** internationales Abkommen über den Weltpostverein (= Universal Postal Union = UPU); **– pour la**

prévention et la répression du crime de génocide Internationale Konvention über die Verhütung und Bestrafung des Völkermordes; **– de réciprocité** Gegenseitigkeitsvereinbarung; **– sur le régime international des ports maritimes** Abkommen über die internationale Ordnung der Seehäfen; **– sur les relations entre les trois Puissances et la République fédérale d'Allemagne** Vertrag über die Beziehungen zwischen der Bundesrepublik Deutschland und den drei Mächten (Abk.: Generalvertrag, Deutschlandvertrag).; **– relative à l'aviation civile internationale** Abkommen über die internationale Zivilluftfahrt.

convention salariale (*ArbR*) Lohntarifvertrag; **– de sauvegarde des droits de l'homme et des libertés fondamentales** Konvention zum Schutze der Menschenrechte und Grundfreiheiten; **– secrète** Geheimabkommen; **– tacite** stillschweigende Übereinkunft; **– tarifaire** Zolltarifabkommen; **– sur le taux de frets** (*SeeHR*) Frachtratenkonvention; **– -type** Mustervertrag; **– d'union de Paris** Pariser (Verbands-) Übereinkunft (zum Schutz des gewerblichen Eigentums), (en Aut. aussi:) Pariser Unionsvertrag; **– universelle sur le droit d'auteur** Welturheberrechtsabkommen.

conventionnalité *f* (*VR, EuR*) Übereinstimmung eines (nationalen) Gesetzes mit den internationalen Vereinbarungen.

conventionné *adj*: **clinique –e** Vertragsklinik *f*; **médecin –** (*Soz Vers*) Kassenarzt *m*.

conventionnel *adj* (1) vertraglich, vertragsmäßig, (2) herkömmlich; **droit –** (*SteuerR*) Vertragszollsatz *m*; **obligation –le** vertragliche Leistung *od.* Verpflichtung.

conventionnement *m* (1) (*Soz Vers*) Zulassung als Kassenarzt, (2) (*Soz Vers*) Anspruch (als Kassenpatient) auf ärztliche Behandlung *od.* Versorgung.

conventionner *v.tr.* (1) (*Soz Vers*) als Kassenarzt zulassen, (2) (*ArbR*) unter Vertrag nehmen.

convenu *adj* (1) vereinbart, (2) (*pej*) abgedroschen; **comme –** vereinbarungsgemäß.

convergence *f* gegenseitige Annäherung, Übereinstimmung (von Meinungen, Zielen).

conversation *f* **de service** Dienstgespräch *n*; dienstliche Unterredung.

conversion *f* (1) (*ZR*) Umwandlung *f*, Veränderung, Umstellung, (2) (*Vwirt: opération monétaire*) Währungsumrechnung, Konvertierung, (3) (*BankR*) Schuldumwandlung, Konversion, (4) (*BW*) Umstellung, Umrüstung, Umbau, (5) (*KirchR*) Glaubenswechsel, Konversion; **allocation de –** Umstellungsbeihilfe *f*; **cours de –** Umrechnungskurs *m*; **prime de –** Umstellungsentschädigung; **stage de –** (*ArbR*) Umschulungslehrgang *m*.

conversion de dette Schuldumwandlung *f*, Umschuldung; **– différée** *ou* **par échelons** Staffelkonversion, aufgeschobene Schuldumwandlung; **– économique** Umstrukturierung; **– monétaire** (1) Währungsumrechnung, (2) Währungsumstellung; **– au pair** Umtausch zum Nennwert; **– professionnelle** (*ArbR*) Umschulung; **– de rente** Rentenablösung; **– du taux de l'intérêt** Zinskonversion; **– de titres nominatifs en titres au porteur** Umwandlung von Namens- in Inhaberpapiere.

convertibilité *f* (Währungs-) Konvertibilität *f*, Konvertierbarkeit *f*; **libre –** freie Konvertibilität; **– en espèces** Bareinlösung.

convertible *adj* umrechnungsfähig, konvertibel; **librement –** frei konvertibel.

convertir *v.tr.* (1) umwandeln, (2) (*Geld*) umtauschen, (3) (*Glauben, Meinung*) wechseln, (4) (*ArbR*) sich umschulen lassen, einen neuen Beruf erlernen.

convertissement *m* Umwandlung.

conviction *f* Religionszugehörigkeit *f*, Bekenntnis *n*; Überzeugung *f*; Anschauung; **étayer la –** (*StR*) die Verdachtsmomente erhärten; **l'intime –**

die innere Überzeugung; **pièce de –** Beweismittel *n*.
convocation *f* (1) Ladung *f*; Einladung; Vorladung; Aufforderung; Einberufung (einer Sitzung), (2) Einberufungsschreiben *f*, (3) (*StPR*) Vorladungsmitteilung, Vorladung (eines Zeugen); **acte de –** Einberufungsschreiben, Vorladung; **ordre de –** Einberufung (einer Versammlung), Ladung (einer Person); **– d'une assemblée** Einbrufung einer Versammlung; **– du bureau** Einberufung des Präsidiums *od.* des (Vereins-) Vorstandes; **– du corps électoral** Wahlausschreibung; **– au tribunal** (*PrzR*) (Vor-) Ladung, Ladung zum Termin.
convoi *m* (*StVR*) Fahrzeugkolonne *od.* -verband; **– funèbre** Trauerzug; **– marchand** (*SeeHR*) Handelsschiffskonvoi.
convoiement *m* Fahren *n* im Geleitzug; Verschiffung; Verbringung.
convoler *v. intr.* **en justes noces** *umg* heiraten, sich vermählen.
convoquer *v.tr.* (1) (*PrzR*) laden, vorladen, (2) (*Versammlung*) einberufen.
convoyage *m* **de douane** Zollbegleitung.
convoyeur *m* Begleiter *m*; **– de fonds** Geldtransport(fahrer), Beifahrer *m*.
coobligation *f* gemeinsame Verpflichtung.
coobligé *adj* mitverpflichtet; *m* Teilschuldner; **– solidaire** Gesamtschuldner.
cooccupant *m* Mitbewohner; Mieter (in einer Wohngemeinschaft).
coopérant *m* Entwicklungshelfer *m*; frz. Zivildienstleistende(r).
coopérateur *m* (1) (*GesR*) Genossenschaft(l)er, Genossenschaftsmitglied *n*, (2) (*ArbR*) Mitarbeiter.
coopération *f* (1) Mitwirkung, Zusammenarbeit, Zusammenwirken *n*, (2) Genossenschaftswesen *n*, (3) (*GesR*) Unternehmenskooperation, (4) (*Pol*) wirtschaftliche Zusammenarbeit (mit Entwicklungsländern); **– culturelle** kulturelle Zusammenarbeit; **– économique** wirtschaftliche Zusammenarbeit; **– judiciaire** (*EuR*) Zusammenarbeit der Gerichte (in den Mitgliedstaaten der EU).
coopératisme *m* Genossenschaftswesen *n*.
coopérative *f* Genossenschaft; **groupement de –s** Genossenschaftsverband; **– d'achats et de vente** Bezugs- und Absatzgenossenschaft; **– d'affrètement** Verfrachtungsgenossenschaft; **– agricole** landwirtschaftliche Genossenschaft; **– artisanale** Handwerkergenossenschaft; **– de consommation** Verbrauchergenossenschaft, Konsumverein *m*, Konsumgenossenschaft; **– de construction et d'habitation** Bau- *od.* Siedlungsgenossenschaft; **– d'exploitation agricole** landwirtschaftliche Verwertungsgenossenschaft; **– de production** Produktionsgenossenschaft; **– à responsabilité illimitée** Genossenschaft mit unbeschränkter Haftung; **– à responsabilité limitée** Genossenschaft mit beschränkter Haftung; **– de vente** Verkaufs- *od.* Absatzgenossenschaft.
coopérer *v.tr.ind.* **à** mithelfen bei, mitwirken an, zusammenarbeiten.
cooptation *f* Ergänzungswahl *f*, Zuwahl, Kooptation.
coopter *v.tr.* aufnehmen, zuwählen, kooptieren, durch Wahl ergänzen.
coordinateur *m* Koordinator *m*, Verantwortlicher für die Zusammenarbeit.
coordination *f* Koordinierung *f*, Abstimmung, Zuordnung; **– du rail et de la route** Verkehrsplan für Schiene und Straße.
coordonnées *fpl* (1) Personalien *pl*, persönliche Angaben *od.* Daten, (2) Telefonnummer, (3) Standortangaben *mpl*.
copartage *m* Teilung *f*, Vermögensauseinandersetzung.
copartageant *m* (*ZR, ErbR*) Partei *f* in der Vermögensauseinandersetzung.
coparticipation *f* (*GesR*) Beteiligung (mehrerer Personen) an einem gemeinsamen Vorhaben *od.* an den Gewinnen (eines Unternehmens).
copermutant *m* (*SchuldR: échangiste*) Tauschende(r) *m*.

copie *f* (1) (*reproduction littérale d'un original*) Zweitschrift *f*, (amtliche) Abschrift *f*, (2) Durchschrift *f*, Durchschlag *m*, (3) (*imitation*) Nachbildung *f*, Kopie *f*; **– authentique** beglaubigte (notarielle) Abschrift; **– carbone** Durchschlag *m*, maschinenschriftliche Kopie; **– certifiée** *ou* **certifiée conforme** beglaubigte Abschrift; **pour – certifiée conforme** (*Ausfertigungsvermerk:*) Für die Richtigkeit der Abschrift (= F.d.R.d.A.); für die Übereinstimmung mit der Urschrift; **– collationnée** verglichene *od.* kollationierte Abschrift; **– conforme** mit der Urschrift übereinstimmende Abschrift; **– dûment certifiée** (ordnungsgemäß) beglaubigte Abschrift; **– de facture** Rechnungsdurchschrift, Zweitrechung; **– figurée** form- und inhaltsgerechte Abschrift; **– illicite** Raubkopie *f*; **– intégrale** vollständige Ausfertigung *od.* Abschrift; **– littérale** wortgetreue Abschrift *od.* Wiedergabe.
copier *v.tr.* (1) abschreiben; nachbilden; abziehen, (2) (*DV*) kopieren.
copieur *m* Fotokopiergerät *n*.
copilote *m* zweiter Luftfahrzeugführer.
copinage *m* (*Pol pej*) Bevorzugung (von Mitgliedern der eigenen Partei) bei der Ämterbesetzung.
coposséder *v.tr.* mitbesitzen, gemeinsam besitzen.
copossesseur *m* Mitbesitzer *m*.
copossession *f* Mitbesitz *m*.
copreneur *m* (*SchuldR: cotitulaire d'un bail*) Ehegatte als Mietpartei.
coprévenu *m* (*StPR*) (Mit-) Angeschuldigte(r), Mitbeschuldigte(r).
coproduction *f* (*MedienR*) Koproduktion *f*, Gemeinschaftsherstellung (bes. beim Film).
copropriétaire *m* Miteigentümer *m*; **assemblée générale des –s** Eigentümerversammlung.
copropriété *f* Miteigentum *n*; **part de –** (*SachR*) Miteigentumsanteil *m*; **– immobilière** Grundstücksmiteigentum.
copyright *m* (1) (*UrhR: USA: formalité d'enregistrement*) Copyright *n*, (2) (*UrhR: par extension et improprement: les droits d'auteur*) Urheberrecht; Reproduktionsrecht.
coque *f* (*SeeHR*) Schiffskörper *m*, Schiffsrumpf *m*.
coquille *f fig* Druckfehler *m*.
co-rapporteur *m* Kor(r)eferent *m*, Mitberichterstatter *m*.
corbeau *m* (*StR*) *fig* anonymer Briefschreiber, Verfasser eines anonymen Briefes.
corbeille *f* (*BörR*) Korb *m*.
cordages *mpl* (*Schiff*) Tauwerk *n*.
cordon *m* (1) Postenkette *f*, Absperrung, (2) Ordensband *n*; **– douanier** Zollinie *f*; **– littoral** Nehrung; **– ombilical** Nabelschnur; **– sanitaire** Puffer- *od.* Sanitätszone.
coresponsabilité *f* (1) (*ZR*) gemeinsame Haftung (ohne Gesamtschuldner zu sein), (2) (*au sens moral*) Mitverantwortung *f*, Mitverantwortlichkeit *f*.
corollaire *m* (1) Korollarium *n*; Satz der selbstverständlich aus einem bewiesenen Satz folgt, abgeleiteter Satz, (2) direkte Folge, unmittelbare Konsequenz.
corporatif *adj* ständisch; **système –** Ständeordnung.
corporation *f* (1) (*HR, ArbR: groupement de personnes d'une même profession, profession organisée*) Innung *f*, Zunft *f*, Körperschaft *f*, Korporation *f*, (2) (*Vwirt*) Berufszweig *m*; **– à adhésion obligatoire** Verband *m* mit Zwangsmitgliedschaft; **– artisanale** Handwerksinnung; **– des mineurs** Knappschaft; **– professionnelle** Berufsverband.
corporatisme *m* (1) Ständeordnung *f*, Ständewesen *n*, System des Ständestaates, Zunft- *od.* Innungswesen, (2) (*pej*) einseitige berufsständische Interessenvertretung.
corporatiste *m* Anhänger des Ständestaats *od.* -systems.
corporel *adj* körperlich; **accident –** Körperverletzung (durch Unfall); **actifs –s** Sachanlagen *fpl*; **bien –** (*ZR*) Sache *f*, körperlicher Gegenstand *m*; **dommage –** Körperverletzung *f*.
corps *m* (1) (*corps de la personne physique*) Körper *m*, (2) (*cadavre*) Leichnam *m*,

Leiche *f*, (3) (*objet matériel*) Gegenstand *m*, Sache *f*, (4) (*groupe, ensemble de personnes*) Körperschaft *f*, Korps *n*, (5) (*fonctionnaires: carrière*) Laufbahngruppe *f*; **assurance –** Kaskoversicherung; **fouille à –** Leibesvisitation, körperliche Durchsuchung; **séparation de –** (*EheR*) Trennung von Tisch u. Bett.

corps des avocats (Rechts-) Anwaltschaft *f*, Berufsstand der Anwälte; **– de bâtiment** Hauptgebäude *n*; **– certain** (*ZR*) Speziessache, (genau) bestimmter Gegenstand; **– constitués** (*VerfR*) die verfassungsmäßigen Gewalten, die rechtsstaatlichen Organe; Gerichte u. Behörden; **– consulaire** (*VR*) corps consulaire (= CC), Konsularkorps *n*; **– à –** Handgemenge *n*; **– délibérant** (*ÖfR*) Kollegialbehörde *f*.

corps du délit (*StPR: pièce à conviction*) Beweisstück (zur Überführung des Täters), Corpus delicti; objektive Tatbestandsmerkmale; **– diplomatique** (*VR*) Gesandtschaft, diplomatisches Korps, corps diplomatique (= CD); **– d'une doctrine** Lehrgebäude *n*, wesentliche Punkte einer Lehrmeinung.

corps électoral Wählerschaft *f*, Wähler *mpl*; **– enseignant** Lehrkörper *m*, Lehrerschaft *f*; **– de l'État** (*BeamR*) Laufbahngruppe *f*; Gruppe *f* von Beamten einer gleichen Fachrichtung; **– expéditionnaire** (*MilR*) Expeditionskorps *n*; **– des fonctionnaires** Beamtenschaft *f*; **– d'héritage** Erbmasse *f*; **– de l'infraction** (*StR*) Corpus delicti, Tatbestand *m*, sichtbares Beweisstück für eine Straftat.

corps judiciaire (*GVR: les magistrats debout et du siège*) Richter u. Staatsanwälte (als einheitliche Laufbahn in Frankreich); Richterschaft; Staatsanwaltschaft; **– législatif** gesetzgebende Gewalt, Legislative *f*; **– médical** Ärzteschaft *f*; **– des métiers** Handwerksinnung; **– de règles** (*VerfR*) gesetzliche Regelung (eines Sachverhalts); **– social** (*Pol*) Gesellschaft *f*; **– du texte** wesentlicher Inhalt einer Urkunde; **– du titre** Mantel einer Aktie (eines Wertpapiers).

corpus *m* (1) (*SachR: possession*) die Sache selbst (im Gegensatz zum animus domini), (2) (*ÖfR: recueil de textes de loi*) Gesetzessammlung *f*; **– iuris (civilis)** römisches Recht.

corréalité *f* (*StR*) Mittäterschaft.

correct *adj* fehlerfrei, richtig, einwandfrei; **– en affaires** ehrlich und gewissenhaft.

correcteur *m* Prüfer *m*; Überprüfer.

correctif *m* Berichtigung; verbesserndes Mittel.

correction *f* (1) (*exactitude, fidélité*) Richtigkeit (einer Übersetzung), (2) (*StR: châtiment*) Züchtigung *f*, Zurechtweisung, (3) (*rectification*) Berichtigung *f*, Verbesserung, (4) Rechtschaffenheit *f*, Korrektheit, Ehrlichkeit.

correctionnalisation *f* (*StR: substitution légale d'une peine correctionnelle à une peine criminelle*) gesetzliche Abstufung eines Verbrechen zu einem Vergehen; **– judiciaire** (*StPR*) Wertung eines Verbrechens als Vergehen (durch die Staatsanwaltschaft bzw. durch den Ermittlungsrichter).

correctionnaliser *v.tr.* (1) (*StR*) ein Verbrechen durch Gesetz zum Vergehen umstufen, (2) (*StPR*) ein Verbrechen als Vergehen werten (auf Grund einer Änderung des subsumierbaren Sachverhalts).

correctionnel *adj* (*StR: qui concerne les délits et leur jugement*) Vergehens-; Straf-; **tribunal –** frz. Strafgericht beim Großinstanzgericht (zuständig für Vergehen).

correctionnelle *f* (*StPR: umg für: tribunal correctionnel*) frz. Strafgericht *n* (zur Aburteilung von Vergehen); **passer en –** vor ein (für Vergehen zuständiges) Strafgericht gestellt werden, sich vor einem Strafgericht verantworten müssen.

corrélatif *adj* wechselseitig aufeinander bezogen, gegenseitig abhängig.

corrélation *f* (1) Wechselbeziehung, gegenseitige Bedingtheit, (2) (*DV*) Datenvergleich *m*.

correspondance *f* (1) (*rapport de conformité*) Übereinstimmung *f*, Entsprechung *f*, (2) (*échange de lettres*) Brief- *od.* Schriftwechsel *m*, (Brief-)

Verkehr *m*, (Handels-) Verbindung *f*, (3) (*TransportR*) Anschluss(verbindung) *f*; **contrat conclu par –** unter Abwesenden geschlossener Vertrag; **cours par –** Fernlehrgang *m*; **droit de –** (*StVZ*) Recht, schriftlich miteinander zu verkehren; **études par –** Fernstudium *n*; **secret de la –** Briefgeheimnis *n*; **service des –s** (*Post*) Postzustellung; **transport de –** Anschlusstransport; **vente par – (= VPC)** Versandkauf *od.* -handel.

correspondance commerciale Handelskorrespondenz; **– diplomatique** (*VR*) Notenwechsel *m*; **– officielle** (1) Dienstsache *f*, (2) amtlicher Schriftwechsel.

correspondancier *m* **du commerce extérieur** Fremdsprachen- *od.* Auslandskorrespondent.

correspondant *adj* entsprechend, zugehörig, zugeordnet; **fonds – à une dépense** Gelder zur Deckung einer Ausgabe; **train –** Anschlusszug *m*.

correspondant *m* (1) (*PrzR*) (durch einen Kollegen) beauftragter Anwalt, (2) (*HR*) Geschäftsfreund *m*; Korrespondent *m*, (3) (*MedienR*) Berichterstatter *m*, (Nachrichten-) Korrespondent *m*, (4) (*Telefon*) (Gesprächs-) Teilnehmer, (5) Brieffreund *m*, Ansprechpartner, (6) Anlaufstelle *f*, Kontaktstelle *f*; **– de guerre** Kriegsberichterstatter.

correspondre *v.tr. et v. intr.* (1) (*HR*) in Handelsverbindungen stehen, (2) im Einklang stehen, in Übereinstimmung sein (mit); **ne plus – à rien** sinnlos sein, zusammenhangslos sein; nicht zu vereinbaren sein.

corridor *m* **aérien** Luftkorridor *m*.

corrigé *adj* **des variations saisonnières (= CVS)** (*BW: désaisonnalisé*) saisonbereinigt.

corriger *v.tr.* (1) (*rectifier, amender*) verbessern, heilen, berichtigen, (2) (*infliger un châtiment corporel*) strafen, zurechtweisen, züchtigen.

corroborer *v.tr.* untermauern, bekräftigen, erhärten; **– un jugement** ein Urteil bestätigen.

corrompre *v.tr.* (1) (*Zeugen, Richter*) bestechen, (2) (*Wortlaut*) fälschen, (3) (*sittlich*) verderben.

corruptibilité *f* Bestechlichkeit.

corruptible *adj* (1) (*StR*) bestechlich, (2) (*Nahrung*) verderblich.

corruption *f* (*StR*) Bestechung *f*; Bestechlichkeit *f*; Korruption; **– active** (*StR: atteinte à l'administration publique selon l'art. 433–1 NCP*) (aktive) Bestechung *f*; Vorteilsgewährung; **– d'arbitre** *ou* **d'expert** Bestechung *od.* Bestechlichkeit eines Schiedsrichters *od.* Sachverständigen; **– électorale** Wahlbestechung; **– de fonctionnaire public** Bestechung eines Amtsträgers, Beamtenbestechung; **– de magistrat** Richterbestechung; **– de mineur** (*StR*) sexueller Missbrauch von Jugendlichen; **– passive** (*StR: manquement au devoir de probité d'une personne dépositaire de l'autorité publique – art. 432–11 NCP*) Bestechlichkeit *f*, passive Bestechung; Vorteilsannahme *f*.

cortège *m* (1) (*VerfR: réunion sur la voie publique*) Umzug *m* (von Menschen); Kundgebung, (2) Gefolge *n*, Geleit (zug), (3) *fig* Folgeerscheinung *f*, Begleitumstände *mpl*; **– funèbre** Trauerzug.

corvée *f* (1) (*hist*) Frondienst *m*, (2) *fig* mühselige Arbeit.

cosignataire *m* Mitunterzeichne(r).

cosmopolitisme *m* Weltbürgertum *f*.

costume *m* **officiel** Amtstracht *f*; **– pénitentiaire** Haftkleidung *f*.

cotation *f* (*BörR*) Kursermittlung *f*, Notierung *f*; **– assistée en continu (= CAC)** fortlaufende Notierung per Computer; **– en bourse** Börsennotierung *f*; **– à la criée** Kursfestsetzung durch Ausruf; **– officielle** amtliche Notierung; **– par opposition** Kursermittlung durch Gegenüberstellung.

cote *f* (1) (*BörR*) Börsenpreis *m*, Kurs *m*, (Preis-) Notierung, (2) Kurszettel *m*, (3) (*Urkunde*) Aktenzeichen *n*, (4) Kennziffer *f*, Messzahl *f*, (5) (*SteuerR*) (Steuer-) Anteil *m*; **admettre à la –** zur Notierung zugelassen; **admis à la –** börsengängig *od.* -fähig, zum (amtlichen) Börsenhandel zugelassen; **admission à la –** Zulassung zur Börsennotierung; **bulletin de la –** Kurszettel; **hors –** außerbörslich, nicht notiert; **– boursière** (1) Kurszettel *m*, Kursblatt *n*, (2) Börsenkurs; **– des changes** Wechselkurs; Devisennotierung; **– d'un client** Kreditwürdigkeit; **– de clôture** Schlussnotierung; **– hiérarchique** (*ArbR*) Stellenwert *m*, Stellenkoeffizient *m*; **– mobilière** Mietsteuer *f*; **– officielle** (1) (*BörR*) amtliche Notierung, amtlicher Kurs, (2) (amtliches) Kursblatt; **– d'ouverture** Anfangsnotierung; **– d'un ouvrage** (*Bibliothekswesen*) Signatur *f*.

côte *f* (1) Rippe *f*; *fig* Abstammung, (2) Küste *f*, (3) Abhang *m*; Anhöhe *f*.

côté *m* Seite *f*; **laisser de –** unerwähnt bleiben; unterschlagen werden; **mettre de –** sparen; **de mon –** meinerseits; **– cour** *fig* Schokoladenseite *f*; **– jardin** *fig* Kehrseite *f*.

coteau *m* Hügel *m*; Abhang *m*.

coter *v.tr.* (1) (*BörR*) den Kurs feststellen, notieren, (2) (*Register*) mit Nummern versehen, (3) (*SchulR*) benoten, bewerten; **– et parapher** (ein Register) von Amts wegen mit (Seiten-) Zahlen versehen.

coterie *f* (*Pol, pej*) Klüngel *m*, Seilschaft *f*.

cotisable *adj*: **salaire –** (*SteuerR*) beitragspflichtiges Arbeitseinkommen *n*.

cotisant *m* zahlendes Mitglied; Beitragszahler.

cotisation *f* (*VereinsR, ArbR, VersR, SozVers: contribution par quote-part*) Mitgliedsbeitrag *m*; Beitragszahlung *od.* -leistung; **arriéré de –** rückständiger Beitrag, Beitragsrückstand *m*; **période de –** Beitragszeit *f*; **plafond de –** Beitragsbemessungsgrenze *f*; **taux de –** Beitragssatz *m*.

cotisation annuelle Jahresbeitrag; **– arriérée** rückständiger Beitrag; **– d'assurance** Versicherungsbeitrag; **– facultative** freiwilliger Beitrag; **– obligatoire** Pflicht- *od.* Zwangsabgabe; **– patronale** (*SozVers*) Arbeitgeberanteil *m*, Arbeitgeberbeitrag; **– salariale** *ou* **du salarié** (*SozVers*) Arbeitnehmeranteil *m*, Sozialversicherungsbeiträge des Arbeitnehmers; **– syndicale** Gewerkschaftsbeitrag *m*; **– unique** einmaliger Beitrag; **–s de sécurité sociale** Sozialversicherungsbeiträge *mpl*, Pflichtbeiträge (zur gesetzlichen Sozialversicherung).

cotiser *v.tr.ind.* (1) Beiträge entrichten, seinen Mitgliedsbeitrag zahlen, (2) zahlendes Mitglied sein; **se –** *v. pron.* (für eine gemeinsame Ausgabe) zusammenlegen *od.* sammeln.

cotitulaire *m* Mitinhaber *m* eines Rechts.

cotutelle *f* Mitvormundschaft *f*.

cotuteur *m* (*FamR*) Mitvormund *m*, Nebenvormund.

couche *f a. fig* Schicht *f*; **fausse –** Fehlgeburt *f*; **femme en –s** Wöchnerin *f*; **– sociale** Gesellschaftsschicht.

coucher *v. tr. et intr.* **qqn. sur son testament** *fig umg* jmdn. im Testament bedenken.

couchette *f* (*Bahn*) Liegeplatz *m*.

coulage *m* (1) (*HR*) Leckage *f*, Schwund *m*, (2) (*StR*) Diebstahl am Arbeitsplatz, (3) (*Produktion*) fehlerhafte Herstellung, Verschwendung (von Material); **– de route** Transportverlust.

coulisse *f* (*BörR: marché libre*) Freiverkehrsbörse *f*, Kulisse.

coulissier *m* Freiverkehrsmakler *m*.

couloir *m* (*StVR*) Fahrbahn *f*, reservierter Fahrstreifen; **– aérien** Luftkorridor *m*, Flugschneise *m*.

coup *m* Schlag *m*, Hieb *m*, Stoß *m*; Schuss *m*; Treffer *m*; **– d'autorité** Machtwort *n*; **– de barre à droite** (*Pol*) Rechtsdrall *m*; Wende *f*; **– de bourse** Börsenspekulation; **– de cœur** plötzliche Zuneigung *od.* Hinwendung, Impulskauf *m*, Spontankauf, Reizkauf; **– d'envoi** *fig* Start *m*; **– d'État** Staatsstreich *m*; **– de force** Gewaltstreich; **– de grisou** schlagende Wetter *npl*; **– de gueule** *fig umg* Wutausbruch *m*; **– de main** (*MilR*) Handstreich *m*, Überrraschungsangriff *m*; **– de semonce** Warnschuss; **– de théâtre** unerwartete Wende, Überraschung.

coupable *m* Schuldige(r) *m*; verurteilter Straftäter, Straffällige(r); **principal –** Hauptschuldige(r).

coupable *adj* schuldig; strafbar, schuldhaft; pflichtwidrig; **déclarer –** schuldig sprechen; **être –** schuldig sein;

non – unschuldig, nicht schuldig; **plaider** *ou* **se reconnaître –** sich schuldig bekennen.

coup-de-poing *m* (*StR*) Schlagring *m*.

coupe *f* (1) Pokal *m*, (2) Schnitt *m*, (3) Querschnitt *m*, (4) Holzschlag *m*; **mettre en – réglée** *fig* systematisch plündern *od.* ausbeuten; **–s sombres dans les dépenses sociales** drastische Verringerung der Sozialleistungen.

coupe-file *m* (*StVR*) Passierschein *m*.

couple *m* (Ehe-) Paar *n*; Lebensgefährten *pl*.

Coupole *f* Académie française.

coupon *m* Kupon *m*, Dividenden-, Zins- *od.* Gewinnanteilschein, Coupon (S); **– d'action** Aktienkupon; **– de contrôle** Kontrollabschnitt *m*; **– -prime** Rabattmarke *f*; **– réponse** Antwortschein.

coups *mpl* **et blessures** (*StR: atteintes volontaires ou involontaires à l'intégrité de la personne – art. 222–7 et suiv., art. 222–19 et suiv. NCP*) Körperverletzung *f*; **– et blessures ayant entraîné la mort sans intention de la donner** Körperverletzung mit tödlichem Ausgang; **– et blessures avec circonstances aggravantes** gefährliche Körperverletzung, vorsätzliche *od.* gemeinschaftliche schwere Körperverletzung; **– et blessures à enfants** Kindesmisshandlung *f*; **– et blessures par imprudence** *ou* **involontaires** fahrlässige Körperverletzung; **– et blessures suivis d'infirmités permanentes** schwere Körperverletzung mit bleibender Gebrechlichkeit; **– et blessures volontaires** vorsätzliche Körperverletzung; **– et blessures, violences et voies de fait simples** leichte Körperverletzung; **– de canif dans le contrat** *fig umg* gezielte und wiederholte Vertragsverletzungen.

coupure *f* (1) (*suppression, censure*) Kürzung, Streichung *f*, (2) (*interruption*) Abschaltung *f*, Unterbrechung *f*, (3) (*billet de banque*) Banknote *f*; **petites –s** kleine Scheine; **– d'action** Aktienanteil *m*; **– de presse** Zeitungsausschnitt.

cour *f* (*PrzR: juridiction supérieure*) Gerichtshof *m*; Berufungsgericht; Revisionsgericht; **Haute C– de Justice** (*VerfR: art. 67 de la constitution*) frz. Hoher Gerichtshof als Ausnahmegericht (zuständig bei Hochverrat u. Amtsvergehen des Staatspräsidenten).

cour administrative d'appel (*VwPR: juridiction d'appel de l'ordre administratif*) frz. Verwaltungsberufungsgericht (entspricht in etwa dem dt. Oberverwaltungsgericht); **– d'appel** (*GVR: juridiction du second degré de l'ordre judiciaire*) frz. Appellations(gerichts)hof *m*, Berufungsgericht (entspricht in etwa dem dt. Oberlandesgericht); **– d'arbitrage** *ou* **arbitrale** Schiedsgericht(shof).

cour d'assises (*GVR: juridiction départementale compétente en matière criminelle*) frz. Schwurgericht (mit drei Berufsrichtern und neun Geschworenen, als nichtständiges Gericht zuständig in 1. Instanz für die Aburteilung der Verbrecher); **– d'assises d'appel** *ou* **statuant en appel** (*StPR: juridiction auprès de la cour d'appel – art. L. 321–1 du nouveau code de l'organisation judiciaire*) frz. Berufungsgericht bei Verbrechen, Strafgericht zweiter Instanz zuständig bei Verbrechen.

Da es in Frankreich nur zwei Gerichtsbarkeiten gibt, ist der Kassationshof zugleich oberstes Zivil- und Strafgericht, sowie höchstes Arbeits-, Sozial und Handelsgericht. Dem Conseil d'État obliegt neben der Verwaltungs- und Disziplinargerichtsbarkeit.

cour de cassation (*GVR: tribunal supérieur, juridiction la plus élevée de l'ordre judiciaire*) frz. Kassations(gerichts)hof (entspricht etwa dem Bundesgerichtshof als Revisionsinstanz in Deutschland, dem Obersten Gerichtshof in Österreich); Revisionsgericht; **– des comptes** (*VwPR: juridiction administrative chargée de juger les comptes des comptables publics*) frz. Rechnungshof *m*; **– des comptes européenne** Europäischer Rechnungshof; **– constitutionnelle** Verfassungsgerichtshof.

cour européenne des droits de l'Homme (= CEDH) Europäischer Gerichtshof für Menschenrechte; **– internationale de justice (= CIJ)** (*VR: organe juridictionnel de la communauté internationale à La Haye*) Internationaler Gerichtshof (in den Haag); **– de justice des communautés européennes (= CJCE)** Europäischer Gerichtshof (= EuGH); **– de justice de la République** (*VerfR: art. 68–1 de la Constitution*) frz. Staatsgerichtshof (zuständig für die im Amte begangenen Vergehen und Verbrechen der Regierungsmitglieder); **– martiale** (*hist*) Standgericht *n*, Kriegsgericht; **– pénale fédérale** (S) Bundesstrafgericht; **– permanente d'arbitrage** (*VR*) Ständiger Schiedsgerichtshof (den Haag); **– des prises** (*SeeHR*) Prisenhof *m*.

cour de renvoi (*PrzR: Cour d'appel désignée par la Cour suprême pour rejuger une affaire*) Gerichtshof an den die Sache verwiesen wird; **– de révision des erreurs judiciaires** (*GVR*) frz. Gericht für Wiederaufnahmeverfahren in Strafsachen; **– supérieure d'arbitrage** Oberster Schiedsgerichtshof; **– suprême** Oberstes Gericht; **– de sûreté de l'État** (*hist*) frz. Staatssicherheitshof.

courant *m* (1) Strömung *f*, Tendenz *f*, (2) (*Pol: courant d'idées dans un parti politique*) Flügel *m*; **– d'affaires** (*HR*) Geschäftsvolumen *od.* -umfang *m*; **– commercial** *ou* **d'échanges** (*Außh*) Geschäftsverkehr; **– électrique** Strom *m*; **– d'idées** *ou* **de pensées** Geistesrichtung *f*, Tendenz; **– de trafic** Verkehrsstrom *m*.

courant *adj* (1) (*usuel, habituel*) gewöhnlich, alltäglich, (2) (*HR*) marktüblich, weit verbreitet; **l'année –e** das laufende Jahr; **dépenses –es** laufende Kosten; **du 10 –** vom 10. d.M; **être au –** Bescheid wissen, auf dem laufenden sein.

courbe *f* **économique** Wirtschaftskurve *f*; **– des prix** Preiskurve.

courir *v. tr. et intr.*: **ne – aucun risque** keinerlei Risiko eingehen.

couronner *v.tr.* krönen, auszeichnen.

courriel *m* (*MedienR*) (*terme trouvé par les québécois dans les années 90 pour désigner le courrier électronique sur Internet. Courriel est devenu la traduction officielle de e-mail en France le 20 juin 2003 suite à la publication au Journal Officiel*) E-Mail, Email *od.* eMail *f*.

courrier *m* (1) Post *f*; (Post-) Bote *m*, (2) Verkehrsflugzeug *n*; **par retour de –** postwendend, umgehend; **– diplomatique** diplomatischerKurier; **– à distribuer à domicile** Zustellpost; **– électronique** elektronischer Briefverkehr, E-Mail, Email, eMail *f*; **– d'entreprise à distribution exceptionnelle (= Cedex)** gewerbliche Post mit Sonderzustellung *od.* Postsackzustellung; **– des lecteurs** Leserbriefe *mpl*, Leserzuschriften *fpl*; **– perturbé** Störungen bei der Briefzustellung.

cours *m* (1) *fig* Verlauf *m*, Fortgang *m*, Gang *m*; Dauer *f*, (2) (*BörR*) Kurs *m*, Notierung, Börsenpreis, (3) (*SchulR*) Unterricht *m*; Vorlesung *f*; Studium *n*; Studiengang *m*; Lehrgang *m*; Schulung *f*; **assiduité au –** regelmäßige Teilnahme am Unterricht; **avoir – légal** als gesetzliches Zahlungsmittel gelten, gesetzliches Zahlungsmittel sein; **chute des –** Kursrückgang *m*, Kursverfall *m*; **contrat en –** laufender Vertrag; **en –** (1) in Kraft, rechtsgültig, (2) in Vorbereitung, (3) im Gang, laufend; **en – de validité** noch nicht abgelaufen, gültig; **être en – d'étude** geprüft werden; **fixation du –** Kursfestsetzung *f*; **garantie de –** Kursgarantie *od.* -sicherung; **grève des –** Vorlesungsstreik; **mettre hors –** außer Kurs setzen; **perte sur le –** Kurseinbuße *f*, Kursverlust *m*; **problèmes en –** anstehende Fragen; **soutenir un –** einen Kurs stützen.

cours d'acceptation Annahmekurs; **– d'achat, – acheteur** Ankaufskurs, Geldkurs; **– actuel** gegenwärtiger *od.* derzeitiger Kurs; **– des affaires** Geschäftsverlauf *m*; – **ajusté** berichtigter Kurs; – **approximatif** Circakurs, annähernder Kurs; – **authentique** amtlicher *od.* amtlich notierter Kurs; – **en baisse** sinkender *od.* fallender Kurs; – **de bourse** Börsenpreis *od.* -kurs.

cours du change Wechselkurs; Kurswert *m*; Devisenkurs; – **de compensation** Liquidations- *od.* Kompensationskurs; – **au comptant** Kassakurs; – **par correspondance** Fernlehrgang *m*; – **demandé** Geldkurs; – **d'eau** Fluss *m*, Wasserlauf *m*; – **d'eau navigable et flottable** schiff- und flößbarer Fluss; – **d'émission** Ausgabe- od.Emissionskurs; – **fixé** an den Devisenbörsen festgesetzter Wechselkurs.

cours forcé (Währung) mit Annahmezwang, (Geld als) gesetzliches Zahlungsmittel; – **de formation** (Ausbildungs-) Lehrgang; – **de formation accélérée** Kurzlehrgang; – **indicatif** (*BörR*) Richtkurs; – **d'introduction** Einführungskurs; – **du jour** Tageskurs, Tageswert *m*, Tagesnotierung; **au – du jours** zum Tageskurs; – **libre** Freiverkehrskurs, außerbörslicher Kurs; – **librement débattu** sich frei gestaltender Kurs.

cours limite (*BörR*) (Kurs-) Limit *n*, äußerster Preis; – **moyen** Durchschnitts- *od.* Mittelkurs, Mittelwert *m*; – **nominal** Nennwertkurs; – **non garanti** unverbindlicher Kurs; – **offert** Briefkurs, Warenkurs (Aut); – **officiel** amtlicher *od.* amtlich notierter Kurs; – **officieux** gesprochener Kurs; – **à option** (*SchulR*) Wahlfach *n*; – **papier** Briefkurs.

cours de perfectionnement Fortbildungslehrgang; – **pivot** Leitkurs; – **plafond** Höchstkurs, oberer Interventionskurs; – **plancher** Mindestkurs, unterer Interventionskurs; – **à plein temps** Vollzeitunterricht *m*; – **pratiqué** gehandelter Kurs; – **préférentiel** Vorzugskurs; – **de préparation** *ou* **préparatoire** (*SchulR*) Vorbereitungslehrgang; – **privé** Privatunterricht *m*; – **de promotion professionnelle** Berufsförderungslehrgang *m*; – **de rachat** (*BörR*) Rückkaufs- *od.* Einlösungskurs.

cours de recyclage (*ArbR*) Fortbildungs- *od.* Nachschulungslehrgang *m*, (fachliche) Fortbildung; – **de rééducation professionnelle** beruflicher Umschulungslehrgang; – **de référence** (*BörR*) Bezugs- *od.* Referenzkurs; – **du soir** Volkshochschule, Erwachsenenbildung; – **à la souscription** (*WertpR*) Zeichnungskurs; – **de spécialisation** Fachlehrgang *m*, berufliche Fortbildung; – **à temps complet** Vollzeitunterricht; – **à temps partiel** Teilzeitunterricht; – **à terme** (*BörR*) Terminpreis *od.* -kurs; – **terminal** (*SchulR*) Abschlusslehrgang; – **vendeur** *ou* **de vente** (*BörR*) Brief- *od.* Verkaufskurs.

course *f* (1) Weg *m*, Lauf *m*, (2) (Einkaufs-) Gang *m*, Besorgung *f*; **garçon de –s** Bote *m*; – **aux armements** Rüstungswettlauf *m*, Wettrüsten *n*; – **au guichet** Ansturm auf eine Bank; – **au pouvoir** Machtkampf; – **des salaires et des prix** Lohn-Preis-Spirale.

coursive *f* schmaler Durchgang, Weg (zum Durchgehen).

court *adj* kurz, unzureichend, beschränkt; **être à – d'argent** knapp bei Kasse sein; **exigibilités à – terme** kurzfristige Verbindlichkeiten; **marché à – terme** Geldmarkt; Markt für kurzfristige Kredite.

courtage *m* (1) (*HR: opération et commission du courtier*) Courtage *f*, Maklergebühr *f*, Mäklerlohn *m*, Vermittlerprovision, (2) gewerbsmäßige Vermittlungstätigkeit; **droit de –** Mäklerlohn *od.* -gebühr; – **matrimonial** (1) Heirats- *od.* Ehevermittlung *f*, (2) Ehemäklerlohn.

court-circuiter *v.tr. fig* ausschalten, übergehen; – **l'action de l'État** staatliche Maßnahmen ins Leere laufen lassen.

courtier *m* (1) (*BörR*) (Kurs-) Makler *m*, (2) (*HR*) Handelsmakler *m*, Mäkler, (3) (*SeeHR*) Schiffsagent *m*; – **en affaires immobilières** Immobilienmakler; – **assermenté** eingetragener *od.* vereidigter Makler; –

d'assurances Versicherungsmakler; – **d'assurances maritimes** Seeversicherungsmakler; – **en banque** Bankmakler; – **de commerce** Handelsmakler; – **conducteur de navire** Schiffsmäkler; – **en devises** Devisenmakler; – **de fret** Frachtmakler, Schiffsbefrachter *m*; – **inscrit** eingetragener *od.* vereidigter Makler; – **interprète et conducteur de navires** Schiffs- *od.* Frachtmakler; – **juré** beeidigter Makler; – **en librairie** Verlagsvertreter; – **en marchandises** Handels- *od.* Warenmakler; – **maritime** Schiffsmakler *od.* -agent; – **non inscrit** freier Makler; – **en valeurs** Kulissier *m*, Effektenmakler; – **en valeurs mobilières** Wertpapiermakler, Sensal *m* (Aut).

courtoisie *f* **internationale** comitas gentium, Völkergewohnheitsrecht.

court-termisme *m* (*Vwirt*) Denkweise, die nur auf den kurzfristigen Profit zielt.

cousin(e) *m* / *f* Vetter, Kusine; **–s germain(e)s** leibliche Kinder der Brüder und Schwestern, Vetter oder Kusinen, die eine gemeinsame Großmutter oder einen gemeinsamen Großvater haben.

coût *m* (1) (*dépense*) Kosten *mpl*, Kostenaufwand *m*; Gesamtkosten; Ausgabe *f*, (2) (*prix, montant*) Preis *m*, Selbstkostenpreis, Gestehungskosten; **analyse – -avantage** Nutzen-Kosten-Rechnung; **analyse – -efficacité** Kosten--Wirksamkeits- *od.* Kosteneffizienzanalyse; **analyse – -profit** Nutzwertanalyse, Nutzen-Kosten-Analyse; **indice du – de la vie** Lebenshaltungs(kosten)index *m*; **réduction des –s** Kostensenkung.

coût du crédit Kreditkosten; – **de la distribution** Vertriebskosten; – **économique complet** wirtschaftliche Gesamtkosten; – **d'entretien** Unterhaltungskosten *pl*; – **de fabrication** Herstellungskosten; – **fixe** feste Kosten; – **de la main-d'œuvre** Personalkosten; – **moyen** Durchschnittskosten; – **plafond** Höchstkosten; – **de police** (*VersR*) Abschlussgebühr *f*; – **prévisionnel** Vorkalkulation *f*; – **de production** Erzeugerpreis; Herstellungs- *od.* Produktionskosten; – **de remplacement** Wiederbeschaffungskosten; – **de revient (des entreprises)** Gestehungskosten *pl*; – **total** Gesamtkosten; – **du travail** Personalkosten; – **unitaire** Stückkosten; – **de la vie** Lebenshaltungskosten.

coût: **–s accessoires** Nebenkosten *pl*; **–s administratifs** Verwaltungsaufwand *m*; **–s de facteur** Faktorkosten; **–s de fonctionnement** Betriebskosten; **–s marginaux** Grenzkosten; **–s réels** tatsächliche Kosten; **–s salariaux** Lohnkosten.

coûtant *adj*: **prix –** Selbstkostenpreis *m*, Erzeuger- *od.* Einkaufspreis *m*; **revendre à prix –** ohne Gewinn weiterveräußern.

coûter *v. tr. et intr.* kosten; **coûte que coûte** es mag kosten, was es wolle; – **cher** teuer sein; – **peu** preiswert sein.

coûteux *adj* kostspielig, aufwendig, teuer; kostenintensiv; – **en hommes** verlustreich.

co-utilisation *f* Mitbenutzung.

coutume *f* Gewohnheit *f*, Übung *f*, Brauch *m*; Gewohnheitsrecht *n*; **les us et –s** Sitten und Gebräuche, Gepflogenheiten *fpl*; – **commerciale** (Handels-) Verkehrssitte *f*, Verkehrsübung, Handelsbrauch *m*, Handelsusancen *fpl*; – **constitutionnelle** Verfassungsgewohnheitsrecht; – **internationale** (*VR*) Völkergewohnheitsrecht; – **locale** (*IPR*) örtliches Gewohnheitsrecht.

coutumier *m* (*hist: recueil de coutumes*) Weistum *n*, Gewohnheitsrechtsammlung.

coutumier *adj* herkömmlich, gewohnt; **de droit –** gewohnheitsrechtlich.

couvert *adj* (1) (*VersR: risque garanti*) (ab-) gedecktes Risiko, (2) (*SchuldR: nullité qui ne peut plus être invoquée*) nicht mehr anfechtbar, (3) (*fig*) versteckt, heimlich; **être – par qqn.** Protektion genießen, durch jmdn. gedeckt werden; **ne peut être –** (*SchuldR: nullité*) kann nicht geheilt werden; **sous le – de** (1) (*ZR: sous* *l'adresse, le nom de (qqn), en parlant d'un envoi*) unter der Anschrift von; zu Händen von, (2) (*SchuldR: sous la responsabilité ou la garantie de (qqn), par délégation de (qqn)*) unter der Verantwortung von, mit der Gewährleistung durch, (3) (*StR: sous l'apparence, le prétexte de (qqch.)*) unter dem Deckmantel von, unter Vortäuschung falscher Tatsachen.

couverture *f* (1) (*Vwirt*) (Bedarfs-) Deckung *f*, (2) (*BörR*) Mittelbereitstellung, (3) (*BankR: garantie*) Sicherheit, Deckung *f*; Bankguthaben *n*, Deckungsmittel *npl*, (4) (*PrzR: versement anticipé à valoir sur une note d'honoraires*) Vorschuss(zahlung), (5) (*SchuldR: fehlerhaftes Rechtsgeschäft*) (Mängel-) Heilung *f*, (6) *fig* Vorwand *m*; Schein *m*, Deckmantel *m*, (7) (Buch-) Umschlag; (Zeitungs-) Titelbild *n*; **fournir une –** Deckungszusage; **limite de –** Deckungsgrenze *f*, Versicherungssumme; **période de –** (*VersR*) Versicherungsdauer, Laufzeit (der Versicherung); Haftungsdauer *f*; **sans –** (*Scheck*) ungedeckt; **taux de –** Deckungsverhältnis *n*.

couverture d'assurance Versicherungssumme *od.* -deckung; **– bancaire** Bankdeckung, Deckungsrücklage; **– des besoins** Bedarfsdeckung; **– complète** Volldeckung; **– du déficit** Defizitausgleich, Deckung des Fehlbetrags; **– en espèces** Bardeckung; **– des frais** Kostendeckung *od.* -begleichung.

couverture maladie universelle (= CMU) (*SozVers*) Grundversorgung im Krankheitsfall, Krankenversicherungsschutz für Nichtversicherte; **– de la nullité** (*SchuldR*) Mängelheilung, Heilung fehlerhafter Rechtsgeschäfte; **– -or** Golddeckung; **– des pertes** Verlustdeckung *f*, Auffangen der Verluste; **– du risque d'accident** (*VersR*) Unfallversicherung; **– des risques** (*VersR*) Abdeckung des Risikos, Risikodeckung; **– sociale** soziale Absicherung, soziale Grundversorgung.

couvre-feu *m* (1) Ausgehverbot *n*, Ausgangssperre *f*, (2) (*MilR*) Zapfenstreich *m*; **décréter le –** (*MilR: état d'urgence*) ein Ausgehverbot verhängen.

couvrir *v.tr.* (1) (*FinanzW*) decken, aus- *od.* begleichen, vergüten, ersetzen, (2) (*VersR*) sich versichern *od.* absichern, (ein Risiko) abdecken, (3) (*ZR: Mangel*) heilen; **se –** (*Waren*) sich eindecken; **– les achats à 95% par des ventes** die Wareneinkäufe zu 95% durch Verkäufe *od.* Gegengeschäfte decken; **– un déficit** einen Fehlbetrag decken; **– les dégâts** den Schaden decken; **– un employé** einen Untergebenen decken; **– l'événement** (*MedienR*) über ein Ereignis berichten; **– les frais** die Kosten decken; **– la nullité** (*SchuldR*) den Anfechtungsgrund *od.* Mangel beseitigen, die Nichtigkeit heilen; **– un vice** einen Mangel beheben.

covendeur *m* Mitveräußerer *m*.

cracher *v. intr.* (*fig, pej*) auspacken, gestehen.

craindre *v.tr.d. et ind.* (be-) fürchten, die Befürchtung hegen, dass.

crainte *f* Furcht *f*, Scheu *f*, Angst *f*; **– révérencielle** (*ZR*) Ehrfurcht *f*, auf Respekt begründete Rücksicht.

crapuleux *adj*: **crime –** (*StR*) Raubmord *m*.

créance *f* (1) (*SchuldR: obligation considérée du côté actif par opposition à dette*) Forderung *f*, (schuldrechtlicher) Anspruch *m*, (2) (*ZPR: titre qui constate la créance*) Vollstreckungs- *od.* Rechtstitel *m*, (3) (*BankR: avoir en banque*) Guthaben *n*, (4) (*WirtR: confiance qu'une personne inspire*) Vertrauenswürdigkeit *f*, Kredit *n*; Glauben *m*, Glaubwürdigkeit *f*; **abandon de –** Forderungsverzicht *m*; **affirmation de –** (*InsolvenzR*) Anmeldung und Glaubhaftmachung einer Forderung (im Insolvenzverfahren); **céder une –** eine Forderung abtreten übertragen; **cession de –** (*ZR*) Forderungsabtretung; **déclaration de –** (*InsolvenzR*) Forderungsanmeldung; **donner – à qqch.** einer Sache Glauben schenken; **exigibilité de la –** Fälligkeit (der Forderung); **extinction de la –** Erlöschen der Forderung; **faire valoir une –** eine Forderung geltend machen; **legs de –** (*ErbR*) Forderungsvermächtnis *n.*

créance: **production d'une –** (*InsolvenzR*) Forderungsanmeldung *f*; **produire une –** eine Forderung anmelden; **réaliser une –** eine Forderung einziehen; **recouvrer une –** eine Forderung beitreiben *od.* eintreiben; **reliquat** *ou* **restant de la –** (*SchuldR*) Restforderung *f*; **saisie d'une –** Forderungspfändung *f*; **titre de –** (*SchuldR: fondement juridique du droit du créancier*) Schuldschein *m*, Forderungstitel *m*; **transfert** *ou* **transport de –** Forderungsübertragung *od.* -übergang *m.*

créance accessoire (*SchuldR*) Nebenforderung *f*, Nebenanspruch; **– d'aliments** *ou* **alimentaire** (*FamR*) Unterhaltsanspruch *m*, Unterhaltsforderung; **– annexe** Nebenforderung; **– en argent** Geldforderung; **– bancaire** Bankforderung; **– cambiaire** Wechselforderung; **– en capital** Kapitalforderung; **– cédée** abgetretene Forderung; **– certaine** (1) (*ZR*) unbedingte Forderung, (2) (*ZPR*) bestimmte *od.* hinreichend bestimmbare u. unbestrittene Forderung; **– cessible** abtretbarer Anspruch; **– chirographaire** (*InsolvenzR: créance démunie de toute sûreté particulière*) gewöhnliche (ungesicherte) Forderung; Anspruch, der durch kein Pfand- *od.* Vorzugsrecht gesichert ist; nicht bevorrechtigte Konkursforderung; **– civile** zivilrechtliche Forderung; **– sur commission** (*HR*) Provisionsforderung; **– en compensation** Ausgleichs- *od.* Aufrechnungsforderung; **– comptable** Buchforderung; **– conditionnelle** bedingte Forderung; **– contestée** streitige *od.* bestrittene Forderung; **– donnée en gage** verpfändete Forderung; **– douteuse** dubiose *od.* zweifelhafte Forderung; **– due et non rentrée** rückständige Forderung; **– échue** fällige Forderung.

créance en devises étrangères Fremdwährungsforderung *f*; **– à l'étranger** *ou* **sur l'étranger** Auslandsforderung, Forderung auf das Ausland; **– exigible** fällige Forderung; **– de faible montant** Bagatellforderung, geringfügige Forderung; **– de faillite** Masseanspruch, Insolvenzforderung; **– fictive** Scheinforderung; **– du fisc** *ou* **fiscale** Steueranspruch (des Staates); **– future** künftige Forderung; **– garantie** gesicherte *od.* sichergestellte Forderung.

créance hypothécaire Hypothekenforderung, hypothekarisch gesicherter Anspruch; **– incessible** nicht abtretbare Forderung; **– indivise** gemeinschaftliche Forderung; **– d'intérêts** Zinsforderung; **– irrécouvrable** nicht beizutreibende *od.* uneinbringliche Forderung; **– de la liquidation judiciaire** Masseanspruch *m*; **– liquide** Geldforderung, bestimmte *od.* bezifferbare Forderung; **– litigieuse** streitige *od.* bestrittene Forderung; **– de loyer** (1) Mietzinsforderung, (2) Guthaben bei der Endabrechnung der Mietnebenkosten.

créance contre la masse (*InsolvenzR*) Masseschuld *f*; **– en monnaie étrangère** Fremdwährungsforderung; **–s mutuelles** gegenseitige Forderungen; **– non recouvrée** ausstehende Forderung; **– prescrite** verjährte Forderung; **– principale** Hauptforderung; **– privilégiée** bevorrechtigte Insolvenzforderung, durch ein Vorzugsrecht gesicherter Anspruch; **– de prix d'achat** Kaufpreisforderung; **– produite** angemeldete Forderung; **– réciproque** gegenseitige Forderung; **– résultant d'un prêt** Darlehensforderung; **– saisie** *ou* **saisie-arrêtée** gepfändete Forderung; **– de salaire** Lohnanspruch, Gehaltsforderung; **– simulée** fingierte Forderung; **– superprivilégiée** erstrangige Konkursforderung; **– supposée** vorgetäuschte Forderung; **– vérifiée** anerkannte Konkursforderung.

créancier *m* (1) (*ZR, HR: sujet actif de l'obligation*) Gläubiger *m*, Kreditor *m* (S), (2) (*SozR: bénéficiaire*) Zahlungs- *od.* Leistungsempfänger; **appel des –s** (*InsolvenzR*) Gläubigeraufruf *od.* -aufgebot; **désintéresser** *ou* **satisfaire un**

– einen Gläubiger befriedigen; **tiers –** Drittgläubiger *m*; **– alimentaire** *ou* **d'aliments** Unterhaltsberechtigte(r) *m*, Alimentengläubiger *m* (S); **– antichrésiste** antichretischer Gläubiger, Nutzungspfandgläubiger; **– de change** Wechselgläubiger; **– chirographaire** (*SchuldR: créancier démuni de toute sûreté particulière*) Gläubiger ohne Forderungssicherung; nicht bevorrechtigter Gläubiger (im Insolvenzfall); **– forclos** (durch Fristversäumnis) ausgeschlossener Gläubiger; **– gagiste** Pfandgläubiger; **– hypothécaire** Hypothekengläubiger, Hypothekargläubiger (Aut); **– de la liquidation judiciaire** Insolvenzgläubiger *m*.

créancier de la masse (*InsolvenzR: avant 1985 groupement légal obligatoire des créanciers, aujourd'hui: représentation des créanciers*) Gläubiger im Rahmen der Konkursgläubigergemeinschaft; **– nanti d'un gage** Faustpfandgläubiger; **– poursuivant** (die Zwangsvollstreckung) betreibender Gläubiger; **– principal** Hauptgläubiger; **– privilégié** (*ZwangsVR: droit de préférence*) Vorzugsgläubiger, Gläubiger der einen gesetzlichen Vorrang genießt; Gäubiger, dessen Forderung durch eine Sicherheit geschützt ist; bevorrechtigter (Insolvenz-) Gläubiger; **– produisant** Gläubiger, der seine Forderung anmeldet; **– saisissant** die Pfändung betreibender Gläubiger; **– social** Gesellschaftsgläubiger.

créateur *m* (1) (*UrhR: auteur*) Schöpfer *od.* Urheber (eines Werks), Kunstschaffende(r) *m*, (2) (*PatR: inventeur*) Erfinder *m*; **– d'entreprise** Unternehmensgründer *m*, Existenzgründer *m*.

créatif *adj* schöpferisch, erfinderisch, kreativ, ideenreich, einfallsreich.

création *f* Gründung *f* (einer Gesellschaft); Herstellung *f* (eines neuen Produkts); Schaffung *f*, Errichtung *f*; Werk *n*; **acte de –** (*GesR*) Gründungsurkunde *f*; **– d'une association** Vereinsgründung; **– d'un chèque** Ausstellung eines Schecks; **– de crédit** Kreditschöpfung; **– du droit** Rechtsetzung, Rechtsschöpfung; **– d'emplois** Schaffung von Arbeitsplätzen; **– d'une entreprise** Unternehmensgründung; **– d'un fonds de commerce** (*HR*) Gründung eines Handelsunternehmens; Geschäftseröffnung; **– intellectuelle** (*UrhR*) geistiges Werk; **– de monnaie** Geldschöpfung *f*; **– de postes dans l'enseignement** Schaffung neuer Stellen im Erziehungswesen; **– d'une société** Gesellschaftsgründung.

créatique *f* Innovationsmanagement *n*, Neuproduktentwicklung.

crèche *f* Kinderkrippe (für Kleinkinder unter 3 Jahre).

crédibilité *f* Glaubwürdigkeit *f*.

crédible *adj* glaubwürdig.

crédirentier *m* Rentengläubiger *m*, Rentenempfänger *m*, Rentner *m*.

crédit *m* (1) (*ZR, HR: prêt, avance*) (gewährtes) Darlehen *n*, Kredit *m*, (2) (*BankR: prêt consenti*) Darlehenszusage *f* (einer Bank), Krediteröffnung *f*, (3) (*Vwirt: institutions de crédit*) Kreditwesen *n*, Kreditverkehr *m*, (4) (*HR: réputation de solvabilité*) (Vertrauen in die) Zahlungsfähigkeit, Kreditwürdigkeit, (5) (*HaushR: meist pl*) Haushaltsmittel *npl*, Bereitstellung von Mitteln, Staatsausgaben *fpl*, (6) (*BankR: solde créditeur*) Haben *n*, Habenseite *f* (des Kontos), (7) *fig* Ansehen *n*, Einfluss *m*, Gewicht *n*; **accès au –** Zugang zu den Finanzierungsquellen; **accord de –** Kreditabkommen *n*, Kreditvereinbarung *f*; **accorder un –** einen Kredit gewähren einräumen; **acheter à –** auf Kredit kaufen; **allouer un –** einen Kredit bewilligen; **amputer un –** einen Kredit kürzen; **article de –** (*HaushR*) Einnahmeposten *m*; **assurance- –** Kreditversicherung; **autorisation d'ouverture de –** Kreditbewilligung; **avance sur –** in Anspruch genommener Kreditbetrag; **avoir du –** Kredit genießen *od.* haben; **avoir recours à un –** einen Kredit aufnehmen; **banque de –** Kreditanstalt; Darlehensbank.

crédit: **carte de –** Kreditkarte *f*; **consentir un –** einen Kredit bewilligen; **contrat de –** Darlehensvertrag *m*; **contrôle du –** Kreditaufsicht *f*; **coopérative de –** Kreditgenossenschaft *od.* -verein; **débloquer des –s** Kredit gewähren; *umg* Gelder locker machen; **demande d'ouverture de –** Krediteröffnungsantrag *m*; **dénonciation de –** Kreditkündigung *f*; **désencadrement du –** Aufhebung der Kreditbeschränkungen; **désserer le –** die Kreditaufnahme erleichtern; **durée du –** Kreditlaufzeit *f*.

crédit: **encadrement du –** Kreditbeschränkung *f*; **encadrer le –** die Kreditaufnahme erschweren; **épuiser un –** die Kreditlinie erreichen; **établissement de –** Kreditinstitut *n*, Bank *f*; **facilité de –** Krediterleichterung *f*; **faire –** Kredit gewähren; **garanti** gedeckter Kredit; **inscription au –** Gutschrift; **inscrire au –** gutschreiben, eine Gutschrift verbuchen; **instrument de –** Kreditmittel *m*.

crédit: **lettre de –** Akkreditiv *m*, Kreditbrief *m*; **ligne de –** Kreditlinie *f*, Kreditrahmen *m*, Kreditspielraum *m*; **limitation du –** Kreditbeschränkung *f*; **mauvais usage du –** Kreditmissbrauch *m*; **moyens de –** (*SchuldR*) (vom Schuldner) angebotene Sicherheiten; **octroi de –** Kreditgewährung *od.* -eröffnung *f*; **opérations de –** (1) (*BankR*) (*i.w. S.*) Kreditverkehr *m*, (2) (*SchuldR*) (*i.e.S.*) Geldleihe; Kreditleihe; **ordre de –** Kreditauftrag *m*; **ouverture de –** Kreditgewährung *od.* -eröffnung *od.* -einräumung; **ouvrir un –** einen Kredit einräumen *od.* eröffnen *od.* gewähren; **pénurie de –s** (*WirtR*) Kreditverknappung *f*; **perdre tout –** jegliche Glaubwürdigkeit verlieren; **plafond de –** Kreditlinie, Kreditspielraum *m*; **porter au –** gutschreiben, kreditieren; **recours au –** Kreditinanspruchnahme *f*; **rembourser un –** einen Kredit zurückzahlen *od.* abzahlen; **renchérissement du –** Kreditverteuerung; **resserrement** *ou* **restriction du –** Erschwerung der Kreditaufnahme; **révoquer un –** einen Kredit widerrufen *od.* kündigen; **service des –** Kreditabteilung; **utilisation du –** Kreditinanspruchnahme *f*.

crédit d'acceptation *ou* **par acceptation** Bankakzept *n*, Akzeptkredit; **– -acheteur** (*Außh*) (von der Bank) bestätigtes Akkreditiv; **– additionnel** Zusatzkredit; Nachtragskredit; **– agricole** frz. Landwirtschaftskreditanstalt; **– d'anticipation** Zwischenkredit; **– d'approvisionnement** Bevorratungskredit; **– autorisé** Kreditlinie; **– par aval** Avalkredit.

crédit-bail (1) (*Industriegüter*) Leasingvertrag *m*, Leasing *n*, (2) (*Gebrauchsgüter*) Mietkaufvertrag; **– immobilier** Immobilienleasing *n*; **– mobilier** Mobilienleasing.

crédit bancaire Bankkredit; **– en blanc** Darlehen auf der Grundlage der Bonität (des Kunden), auf der Grundlage des persönlichen Vertrauens gewährter Kredit; **– budgétaire** (*HaushR*) Ausgabe- *od.* Haushaltsmittel; **– de caisse** *ou* **par caisse** Barkredit, Kassenkredit; **– cambiaire** Wechselkredit; **– de campagne** Dispositionskredit, Zwischen- *od.* Betriebsmittelkredit, kurzfristiger Kredit (zur Beschaffung von Umlaufvermögen); **– par cautionnement** Bürgschaftskredit (im Regelfall: Ausfallbürgschaft); **– commercial** Lieferantenkredit; **– comptable** Buchkredit; **– en compte-courant** Kontokorrentkredit; **– confirmé** (Bank-) Avalkredit; **– à la consommation** persönlicher Kleinkredit, persönliches Anschaffungsdarlehen, Verbraucher- *od.* Konsumkredit; **– consortial** Konsortialkredit; **– à la construction** Baugeld *n*, Bauspardarlehen; **– à court terme** kurzfristiger Kredit; **– croisé** Swap-Kredit; **– de décaissement** Geldleihe; **– à découvert** Überziehungskredit; **– en devises étrangères** Valuta- *od.* Fremdwährungskredit.

crédit documentaire (*Außh*) Dokumentenakkreditiv *n*, Akkreditiveröffnung (durch eine Bank), Vinkulations- *od.* Rembours- *od.* Trassierungskredit; **– documentaire confirmé** bestätigter Akzeptkredit, Bankakzept; **– documentaire non confirmé** *ou* **simple** unbestätigter Akzeptkredit; **– d'engagement** (1) (*HaushR*) Verpflichtung für künftige Rechnungsjahre, (2) (*EuR*) Verpflichtungsermächtigung *f*; **– d'équipement** Ausstattungskredit; **– en espèces** Barkredit, Geldleihe; **– d'exploitation** Betriebskredit; **– à l'exportation** Ausfuhrkredit.

crédit foncier Grundstückserwerbsdarlehen, Bodenkredit; **– foncier de France (= CFF)** frz. Boden- *od.* Hypothekenkreditanstalt; **– fournisseur** Lieferantenkredit; **– sur gages** Lombardkredit; **– d'heures** (*ArbR*) auf die Arbeitszeit anrechenbare Tätigkeit; **– hôtelier** Kredit an Beherbergungsbetriebe; **– hypothécaire** Hypothekarkredit; **– immobilier** Real- *od.* Immobiliarkredit, Bodenkredit; **– à l'importation** Einfuhrkredit; **– d'impôt** (*SteuerR: avoir fiscal, droit à une réduction d'impôt*) Steuerguthaben *n* (auf Grund von Vorleistungen), von der Einkommenssteuer abzugsfähige Vorleistungen (wegen bereits entrichteter Dividendensteuer); **– à l'industrie** *ou* **industriel** Industriekredit; **– intercalaire** Zwischenkredit; **– d'investissement** mittel- *od.* langfristiges Investitionsdarlehen; **– à long terme** langfristiger Kredit.

crédit maritime Seehandelskredit; **– mobilier** Mobiliarkredit, Kredit gegen Verpfändung beweglicher Sachen; **– mobilisable** mobilisierbarer Kredit; **– de mobilisation des créances commerciales (= CMCC)** kurzfristiger Kredit gegen Handelsforderungsverpfändung; **– de mobilisation de créances nées sur l'étranger** *ou* **nées à l'exportation** (= M.C.E.) kurzfristiger Kredit gegen Außenhandelsforderungsverpfändung; **– à moyen terme** mittelfristiger Kredit; **– municipal** städtisches Leihhaus; **– National** (= C.N.) frz. Kreditanstalt für Wiederaufbau und Wirtschaftsförderung; **– en nature** Sachkredit.

crédit de paiement (*EuR*) Zahlungsermächtigung *f*; **– permanent** Dauerkredit; **– personnel** persönlicher Kleinkredit; **– personnel affecté** (1) persönliches Anschaffungsdarlehen, (2) (*BauR*) persönliches Wohnungsrenovierungs- *od.* -ausbaudarlehen; **– de préfinancement** Vorfinanzierungskredit; **– professionnel** Kredit für Gewerbetreibende; **– provisionnel** Vorschuss, Abschlagszahlung; **– provisoire** Zwischenkredit; **– réel** Realkredit; Bodenkredit; Pfand; **– de réescompte** Rediskontgeschäft; **– -relais** Zwischenkredit; **– renouvelable** Revolvingkredit; **– de report** Reportkredit; **– révocable** widerruflicher Kredit; **– revolving** *ou* **rotatif** Revolvingkredit, revolvierender Kredit.

crédit saisonnier Saisonkredit *m*; **– par signature** Kreditleihe, Akzept- *od.* Avalkredit; **– de soudure** Überbrückungskredit; **– de soutien** Beistandskredit; **– supplémentaire** Zusatz- *od.* Nachtragskredit; **– transitoire** Zwischenkredit; **– de trésorerie** Dispositionskredit, Kontokorrentkredit; **– utilisé** tatsächlich in Anspruch genommener Kredit.

crédité *m* (*BankR*) Kreditnehmer *m*.

créditer *v. tr. d.* gutschreiben, kreditieren; **– un compte** einem Konto gutschreiben, ein Konto erkennen; **– qqn. d'une somme** jmdm. einen Betrag gutschreiben.

créditeur *adj*: **compte –** Kontokorrentguthaben *n*; **pays –** Geberland *n*.

créditeur *m* (*personne qui a des sommes portées à son crédit, qui a consenti un crédit*) Darlehensgeber *m*.

crédits *mpl* (*HaushR*) Haushaltsansätze *od.* -mittel *mpl*, Ausgabemittel; **– budgétaires** (bewilligte) Haushaltsmittel; **– d'engagement** Bindungsermächtigung; **– évaluatifs** Ausgabemittel zur Regelung zwangsläufiger Ausgaben; **– limitatifs** Ausgabemittel, die nicht überschritten werden dürfen; **– non affectés** Dispositionsfonds, zweckfreie *od.* nicht zweckgebundene Ausgabeansätze; **– non utilisés** Minderausgaben *fpl*; **– ouverts** bewilligte Mittel *pl*; **– de paiement** Ausgabebewilligung *od.* -mittel; Zahlungsermächtigung; **– provisionnels** später (in ihrer Höhe) bestimmbare Ausgabemittel, Globalbewilligung; **– de réadaptation** Anpassungsmittel *pl*; **– reportables** übertragbare Ausgabemittel; **– supplémentaires** überplanmäßige Haushaltsmittel; Nachtragsmittel.

créer *v.tr.* gründen; herstellen; **– un effet de commerce** einen Handelswechsel ausstellen; **– des emplois** Arbeitsplätze schaffen.

créneau *m* (1) (*HR*) Marktnische *od.* -lücke *f*, (2) (*StVR*) Parklücke *f*; **– de dépassement** Überholspur *od.* -strecke, Ausweichstelle.

crépuscule *m* (*StVR*) (Abend-) Dämmerung *f*.

crête *f* (1) (*Kurve*) Maximum *n*, Scheitelpunkt *m*, (2) (*Gebirge*) Höhenlinie *f*, Kamm *m*.

creuser *v.tr.* **l'écart** den Vorsprung vergrößern; **– le sujet** tiefer schürfen, die Sachfrage eingehend erörtern.

creuset *m* (Schmelz-) Tiegel *m*; (Hochofen-) Gestell *n*.

creux *m* Tief *n*, Tiefpunkt *m*; Talsohle *f*; **– d'activité** Flaute; **– démographique** geburtenschwacher Jahrgang; **– estival** Sommerloch *n*; **– de route** Transportschwund; **– de la vague** (*Vwirt*) Talsohle *f*, Konjunkturtief.

creux, creuse *adj*: **classes creuses** geburtenschwache Jahrgänge.

cri *m* Schrei *m*, Ruf *m*; **– séditieux** (*StR*) aufrührerischer Ausruf.

criée *f* (*ZRP: annonce publique d'une vente judiciaire*) Ankündigung einer öffentlichen Versteigerung; Versteigerung *f*; gerichtlicher Ausruf; **audience des –s** gerichtlicher Termin für die Grundstücksversteigerungen; **vente à la –** (*Mobilien und Immobilien*) öffentliche Versteigerung.

> Im frz. Strafrecht gibt es eine Dreiteilung der Straftaten: *crimes* = Verbrechen, *délits* = Vergehen und *contraventions* = Übertretungen, für die jeweils ein anderes Strafgericht zuständig ist. *La cour d'assises* für die Verbrechen, *le tribunal correctionnel* für die Vergehen und *le tribunal de police* für Übertretungen.

crime *m* (1) (*StR: infraction pénale particulièrement grave – art. 111–1 NCP*) Verbrechen *n* (im Gegensatz zum Vergehen), (2) (*StR: syn.: infraction, transgression d'une loi pénale*) strafbare Handlung *f*; **apologie du –** Verherrlichung von Gewalt; **auteur d'un –** Verbrecher *m*; **commettre un –** ein Verbrechen begehen; **incitation au –** Anstiftung zu einem Verbrechen, Aufforderung *od.* Aufreizung zur Begehung eines Verbrechens; **lieu du –** Tatort *m*; **perpétrer un –** ein Verbrechen begehen; **provocation au –** Aufforderung zur Begehung eines Verbrechens.

crime consommé vollendetes Verbrechen; **– crapuleux** Raubmord; **– de faux monnayage** Münzfälschung; **– de guerre** Kriegsverbrechen; **– contre l'humanité** Verbrechen gegen die Menschlichkeit; **– international** Verbrechen gegen das Völkerrecht; **– mafieux** *ou* **organisé** organisierte od.professionnelle Kriminalität (= OK); **– contre nature** widernatürliche Unzucht; **– contre la paix** Verbrechen gegen den Frieden; **– passionnel** Verbrechen aus Leidenschaft; **– politique** politische Straftat; **– sadique** Lustmord *m*.

criminalisation *f* (*PrzR*) (gesetzliche) Umwandlung eines Vergehens in ein Verbrechen; Strafbarerklärung *f*.

criminaliser *v.tr.* (*PrzR*) (gesetzlich) ein Vergehen in ein Verbrechen umwandeln.

criminaliste *m* (*StR: pénaliste*) Kriminalist *m*, Strafrechtler.

criminalistique *f* (*StR: science d'application de toutes les techniques* *d'investigation policière à l'identification d'un coupable*) Kriminalistik *f*, Kriminalwissenschaft.

criminalité *f* (*StR: ensemble des actes criminels*) Kriminalität *f*; Straffälligkeit *f*; Verbrechertum *n*; **– apparente** aktenkundige Straftaten; **– en col blanc** Wirtschaftskriminalität; **– financière** Wirtschaftskriminalität; **– informatique** Computerkriminalität; **– juvénile** Jugendkriminalität; **– légale** Anzahl *f* der zur Verurteilung gekommenen Straftaten; **– organisée** organisierte Kriminalität (= OK); **– professionnelle** gewerbsmäßiges Verbrechertum, Berufsverbrechertum; **– réelle** tatsächlich begangene Straftaten; **– transfrontières** grenzüberschreitende Kriminalität; **– de violence** Gewaltkriminalität.

criminel *m* (1) (*StR: auteur d'un crime*) Verbrecher *m*; Straftäter *m*, (2) (*StPR: par opposition au civil*) Strafgerichtsbarkeit *f*; **grand –** Schwerverbrecher; **– de guerre** Kriegsverbrecher; **– d'habitude** Gewohnheitsverbrecher; **– occasionnel** Gelegenheitstäter; **– en série** Massenmörder *m*; Gewohnheitstäter *m*; **le – tient le civil en état** (*PrzR*) Aussetzung des Zivilverfahrens (bis zur Entscheidung in der Strafsache).

criminel *adj* verbrecherisch; sich auf ein Verbrechen beziehend; (*Tat*) strafbar; (*Person*) straffällig; kriminell; **affaire –le** Strafsache *f*; **avocat au –** Strafverteidiger; **chambre –le** (*StPR*) Strafsenat *od.* -kammer; **droit –** (*StR: syn. de droit pénal*) Strafrecht; **juge –** Strafrichter *m*; **police –le** Kriminalpolizei *f*; **procès –** Strafprozess *m*.

criminellement *adv* verbrecherisch; **poursuivre qqn. –** jmdn. strafrechtlich verfolgen *od.* vor ein Strafgericht stellen.

criminogène *adj*: **facteur –** (*StR*) Straftaten verursachend *od.* fördernd.

criminologie *f* Kriminologie *f*; **– clinique** medizinische Kriminologie.

criminologiste *ou* **criminologue** *m* Kriminologe *m*.

crise *f* (1) (*perturbation, phase critique*) Krise *f*, Wendepunkt *m*, Höhepunkt *m*, (2) (*difficulté, marasme*) Schwierigkeit *f*, gefährliche Lage *f*, (3) (*pénurie*) Not *f*, Mangel *m*; **à l'abri de la –** krisensicher; **déclencher une –** eine Krise auslösen; **état de –** (*VerfR*) innerer *od.* ziviler Notstand; **être heurté de plein fouet par la –** von der Krise voll getroffen werden; **mesure de –** Notstandsmaßnahme *f*.

crise constitutionnelle (*VerfR*) Verfassungskrise *f*; **– de débouchés** (*WirtR*) Absatzkrise *f*; **– économique mondiale** Weltwirtschaftskrise; **– d'écoulement** (*Vwirt: Warenhandel*) Absatzstockung.

crise de l'emploi Beschäftigungsrückgang *m*, Arbeitsplatzmangel *m*; **– de l'énergie** *ou* **énergétique** Energiekrise *f*; **– financière** Finanzkrise; **– ministérielle** Regierungskrise; **– monétaire** Währungskrise; **– de nerfs** Nervenzusammenbruch *m*; **– du sacerdoce** (*KirchR*) Rückgang *m* der Berufungen zum Priesterstand; **– de société** (*Pol*) Verfall *m* des gesellschaftlichen Zusammenhalts.

critère *m* (1) (Unterscheidungs-) Merkmal *n*, Kennzeichen *n*, (Auswahl-) Kriterium *n*, Grundsatz *m*, (2) Begriff *m*, (3) Beweis *f*; Grund *m*; **– de classement** (*DV*) Kennbegriff, Ordnungskriterium; **– de distinction** Unterscheidungsmerkmal *n*; **– d'évaluation** Bewertungsmaßstab; **– juridique** Rechtsbegriff, juristisches Kriterium; **– de rattachement** (*IPR*) Anknüpfungsbegriff; **– de recherche** (*DV*) Abfrage- *od.* Suchkriterium; **– subsidiaire** Nebenmerkmal; **– de valeur** Wertmaßstab *m*; **–s de Maastricht** (*EuR*) Maastrichter Richtlinien *od.* Kriterien.

critiquable *adj* bestreitbar, angreifbar; bedenklich.

critique *adj* (1) (*décisif, crucial*) entscheidend, kritisch, (2) (*difficile, grave*) schwer, bedenklich; anzweifelnd; **matériel –** Engpassgüter; **point –** Gefahrenpunkt; **résumé –** Besprechung.

critique *f* Kritik *f*, kritische Einschätzung *f*, Tadel *m*; Wertung; Stellungnahme; **– à peine voilée** kaum verhüllter Widerspruch.

critiquer *v.tr.* (1) beurteilen, werten, begutachten, (2) beanstanden, kritisieren.
crochet *m* (*StVR*) Zughaken *m.*
croire *v.tr.ind.* **en l'homme** an das Gute im Menschen glauben.
croisade *f* Kreuzzug *m*; **– contre la misère** Wettlauf *m* gegen die wachsende Armut.
croisement *m* (*StVR*) Kreuzung; Ausweichen; Gegenverkehr; **feu de –** Abblendlicht.
croisière *f* (1) Kreuzfahrt *f*, (2) Flugreise *f*; **vitesse de –** Reisegeschwindigkeit *f.*
croissance *f* Wachstum *n*, Anwachsen *n*, Ansteigen *n*, Zunahme *f*; **période de –** Wachstumsphase *f*; **politique de – différentielle** Wachstum nach Maß; **relancer la –** das Wachstum wieder ankurbeln; **temps de –** Anstiegszeit; **– démographique** Bevölkerungswachstum *od.* -zunahme *f*; **– économique** Wirtschaftswachstum; **– zéro** Nullwachstum.
croissant *adj* zunehmend, stärker werdend.
croît *m* (*LandwR: Vieh*) Vermehrung, Zuwachs *m.*
croître *v. intr.* steigen, (an-) wachsen; **– en valeur** nominal zunehmen; **– en volume** real wachsen.
croix *f* Verdienstkreuz *n*; **marquer d'une –** ankreuzen.
croquis *m* Skizze *f*; **– topographique** Gelände- *od.* Grundrissskizze.
croupier *m* (*Spielbank*) Bankhalter *m*, Croupier *m.*
croyable *adj*: **témoin –** glaubwürdiger Zeuge.
croyance *f* Glaube *m*, Glaubensbekenntnis *n*, Religion *f*; Gewissheit *f.*
cruauté *f* Grausamkeit, Härte; grausame Tat; **acte de – envers un animal** Tierquälerei; **– mentale** seelische Grausamkeit, psychische Quälerei.
crucial *adj* entscheidend, grundlegend.
crue *f* Hochwasser *m*, Überschwemmung *f.*
cryogénie *f* Kältetechnik *f.*
cryptogramme *m* Geheimschreiben *n*, Geheimtext *m.*
cube *m* Kubus *m*; dritte Potenz; **mètre –** Kubikmeter *m*; **– bâti** umbauter Raum.
cuisiner *v.tr.d. umg* jmdn. in die Mangel nehmen, jmdn. solange (mit allen Mitteln) befragen bis er gesteht; **se faire – par la police** *umg* von der Polizei ausgequetscht werden.
culminant *adj*: **point –** Höhepunkt *m.*
culminer *v. intr.* seinen Höhepunkt erreichen.
culpa *f* **in contrahendo** *lat* Verschulden bei Vertragsschluss, culpa in contrahendo (= cic); **– lata** grobe Fahrlässigkeit; **– levis** leichte Fahrlässigkeit; **– levissima** (entschuldbare) leichteste Fahrlässigkeit.
culpabilisation *f* Schuldzuweisung.
culpabilité *f* (1) (*StR: participation aux faits, suppose l'imputabilité*) Tatverantwortung *f*, Schuld (im Sinne von Täterschaft), (2) (*ZR, StR: intention ou faute*) Verschulden *n*, (Schuld im Sinne von) Vorsatz *m od.* Fahrlässigkeit *f*; **déclaration de –** Schuldigerklärung *f*; **degré de –** (*StR*) Schwere *f* der Schuld, Umfang *od.* Ausmaß des Verschuldens, Verschuldensgrad; **établir la –** den Nachweis für die Schuld erbringen; **présomption de –** (*ZollR*) Schuldvermutung; **question de –** (*StPR*) Frage: bekennt sich der Angeklagte schuldig oder unschuldig; **reconnaissance de –** Schuldbekenntnis *n*; **sentence de –** (*StPR*) Schuldspruch, Schuldigerklärung; **sentiment de –** Schuldgefühl *n.*
culte *m* (1) (*KirchR*) Kult *m*, Kultus *m*; Kulthandlung *f*, (2) (*office, rite*) (öffentlicher, geregelter) Gottesdienst *m*, (3) (*religion, confession*) Religion *f*, (religiöses) Bekenntnis *n*, Konfession *f*, (4) (*adoration*) Verehrung *f*, Hingabe *f*; **denier du –** (freiwilliger frz.) Kirchenbeitrag; **liberté des –s** freie Religionsausübung *f*; **ministre du –** Geistliche(r) *m*, Seelsorger *m*; **– de la personnalité** (*Pol*) Personenkult *m.*
cultivable *adj* anbaufähig, bestellbar.
cultivateur *m* Landwirt *m.*
cultiver *v.tr.* (1) (*LandwR: champ*) (*ein Feld*) bestellen, (*Land*) bebauen, (2) (*plantes*) anpflanzen, ziehen, (3) *fig.* (*Beziehungen*) pflegen.

cultuel *adj* (*KirchR*) Religions-; Glaubens-; Kultus-; **association –le** (*VerfR: association de la loi de 1901 résultant de la séparation des Églises et de l'État*) Kirche *f* (als angemeldeter Verein in Frankreich), frz. Religionsgemeinschaft als eingetragener Verein, frz. Kultusgemeinde *f*.
cultural *adj* (*LandwR*) den landwirtschaftlichen Anbau betreffend; **améliorations –es** Bodenmelioration *f*.
culture *f* (1) (*LandwR*) Anbau *m*, Pflanzung *f*, Bodennutzung *f*, Urbarmachung *f*, (2) Bildung, Kultur; **maison de la –** Jugend- *od.* Kulturzentrum; **– générale** Allgemeinbildung.
cumul *m* (1) (*ZPR: pluralité de demandes en justice*) Klagenhäufung, kumulative (Klagen-) Verbindung, (2) (*StR: ce cumul des peines n'a lieu que pour les contraventions*) Kumulation *od.* Zusammenrechnung von Strafen (für Übertretungen), (3) (*SozR*) Zusammentreffen *od.* gleichzeitiger Bezug *m* von (verschiedenen) Sozialleistungen, (4) (*SchuldR*) Zusammentreffen (von vertraglicher und deliktischer Haftung), (5) (*ArbR*) Nebentätigkeit; **– d'actions** (*ZPR*) Klagenhäufung *od.* -verbindung; **– des activités** (*ArbR*) Ausübung zweier *od.* mehrerer Berufe; **– d'assurance** Doppel- *od.* Mehrfachversicherung; **– de professions** (*ArbR*) Ausübung mehrerer Berufe *od.* Tätigkeiten; **– d'emplois** (*BeamR*) Nebentätigkeit, Nebenverdienst (eines Beamten), mehrere Einkommen (aus privater u. öffentlicher Tätigkeit); **– d'emplois publics** (*ÖfR*) Ämterhäufung; **– de faillites** Zusammentreffen von zwei Konkursen; **– de fonctions** Ämterhäufung; **– idéal** (*StR*) Tateinheit, Idealkonkurrenz *f*; **– d'infractions** (*StR*) Konkurrenz *od.* Zusammentreffen von Straftaten; **– des peines** Zusammenrechnung *od.* Kumulation von Strafen; **– de pensions** Rentenhäufung *f*; **– de professions** Ausübung mehrerer Berufe; **– réel** (*StR*) Tatmehrheit; Realkonkurrenz; **– de rémunérations** Doppelverdienertum *n*.
cumulard *m* (*pej*) Doppelverdiener *m*.
cumulatif *adj* kumulativ; häufend.
cumulativement *adv* (*SchuldR*) solidarisch, kumulativ.
cumuler *v.tr.* häufen, kumulieren, zusammenrechnen.
curatélaire *m* (*ZR: personne en curatelle*) unter Pflegschaft stehende Person.
curatelle *f* (*ZR: régime de protection avec assistance par un curateur – art. 508 et suiv. Cciv*) Pflegschaft *f*, Beistandschaft *f* (S); **– de l'absence** Abwesenheitspflegschaft, Abwesenheitskuratel (Aut); **– de la succession** Nachlasspflegschaft.
curateur *m* (1) (*ZR*) Pfleger *m*, Kurator *m*, (2) (*B: HochschulR*) (S) Universitätsverwalter *m*; **– aux biens d'un absent** Abwesenheitspfleger, Abwesenheitskurator (Aut); **– à la faillite** (B) Insolvenzverwalter *m*; **– de la succession** Nachlasspfleger *od.* -verwalter; **– au ventre** Ergänzungspflegschaft.
cure *f* (1) (*MedizinR*) Kur *f*, Heilbehandlung *f*, (2) (*KirchR*) Pfarrstelle *f*; **– de desintoxication** Entziehungskur *f*.
curé *m* (katholischer) Pfarrer.
curie *f* **romaine** (*KirchR*) Kurie *f*.
curriculum vitae (= CV) (*ArbR*) Lebenslauf *m*; **– – manuscrit** handgeschriebener Lebenslauf; **– – synoptique** tabellarischer Lebenslauf.
curseur *m* (*DV*) Cursor *m*, Positionsanzeiger *m*.
cursif *adj* kurz und bündig, schnell; **lecture cursive** diagonales Lesen.
cursus *m* (*HochschulR*) akademisches Studium.
cyanure *m*: **avaler une pastille de –** eine Blausäurepastille schlucken.
cyber- (*MedienR: élément tiré de cybernétique et employé dans des composés dans le contexte des réseaux de communication numériques*) Cyber-; **– avocat** *m* Anwalt als Berater im Internet; **–consommateur** *m* E-commerce-Teilnehmer *m*; **–criminalité** *f* (organisierte) Cyberkriminalität; Straftaten im Internet; **–police** *f* Cyberpolizei, Internetüberwachungspolizei; **–policier** *m* Cyberpolizist, Cybercop *m*.

cyclable *adj*: **piste –** (Fahr-) Radweg *m*.
cycle *m* (1) (*StVR*) Fahrrad *n*, (2) Zyklus *m*, Periode *f*, Ablauf *m*, (3) (*ArbR*) Arbeitsgang *m*, Arbeitstakt *m*, (4) (*SchulR*) Ausbildungsabschnitt *m*, Stufe *f*, Studiengang *m*; **premier –** (*SchulR*) Unter- u. Mittelstufe; Sekundarbereich I (der Gymnasien); **second –** gymnasiale Oberstufe, Sekundarbereich II; **– de conférences** Vortragsreihe *f*; **– conjoncturel** *ou* **économique** Konjunkturzyklus; **– d'études** (1) (*SchulR*) Jahrgangsstufe *f*, Studienabschnitt *m*, (2) (*HochschulR*) Studiengang; Studienzyklus; **– de production** Produktionsablauf *od.* -zyklus.
cycliste *m* Radfahrer *m*.
cyclomoteur *m* Fahrrad mit Hilfsmotor, Mofa *n* (bis 25 km/Std.); Moped *n* (bis 40 km/Std.).
cyclomotoriste *m* Mofa- *od.* Mopedfahrer *m*.

D

d'abord *loc. adv.* zunächst, in erster Linie; sogleich; anfänglich.
dactylo *f* (S) Schreibkraft *f*, Stenotypistin *f*, Daktylo *f*.
dactylogramme *m* Fingerabdruck *m* (zur Identifizierung).
dactylographe *m* Büroassistent *m*.
dactylographié *adj*: **texte –** maschinengeschriebener Text.
dactyloscopie *f* (*StR*) Fingerabdruckverfahren *n*.
dalle *f* Stein-, Zement- *od.* Betonplatte *f*.
dame *f* Frau *f*, Ehefrau; **le sieur X contre – Y** (*PrzR*) X gegen Y (Anrede fällt weg!).
damnable *adj* verabscheuungswürdig, verwerflich.
damnum *m* **emergens** (*SchuldR: perte subie par le créancier*) *lat* erlittener Schaden *m*, tatsächlicher, wirklicher Schaden (im Gegensatz zum entgangenen Gewinn).
danger *m* Gefahr *f*, Gefährdung, drohender Schaden; Notfall *m*; **assistance à personne en –** Hilfeleistung bei gemeiner Gefahr oder Not; **courir un –** Gefahr laufen; **être en –** in Gefahr schweben; **mettre en – les intérêts de qqn.** die Interessen gefährden.
danger d'accident Unfallgefahr *f*; **– collectif** Gemeingefahr; **– d'exploitation** Betriebsgefahr *f*; **– de fuite** Fluchtgefahr *f*, Fluchtverdacht *m*; **– imminent** drohende Gefahr; **– inacceptable** unzumutbare Gefährdung *f*; **– inévitable** unabwendbare Gefahr; **– mortel** Lebensgefahr; **– de passage à l'acte** Gewaltbereitschaft *f*; **– public** öffentliche *od.* gemeine Gefahr; **– pour la santé** Gesundheitsgefährdung; **– pour la sécurité** Sicherheitsrisiko *n*.
dangereux *adj* gefährlich, gefahrgeneigt, Gefahr-; **activités dangereuses** gefahrgeneigte Tätigkeit; **établissements –** gefährliche Anlagen, mit einer Anlage verbundene Betriebsgefahr.
dangerosité *f* Gefährlichkeit *f*.
datation *f* (*SchuldR: mettre la date sur un acte juridique – on dit aussi parfois datage*) Datumsangabe *f*, Datierung, Zeitangabe (auf einem Schriftstück).
date *f* Datum *n*, Zeitangabe *f*, Tagesangabe; Termin *m*, Zeitpunkt *m*; **à la – du** am Stichtag; **fixer une –** einen Termin festsetzen; **mettre la –** das Datum angeben, datieren; **prendre –** einen Termin vereinbaren; sich verpflichten, an einem bestimmten Tag eine Leistung zu erbringen; **– d'arrêté du bilan** (*GesR*) Bilanzstichtag *m*; **– d'arrêté de compte** (Konto-) Abschlusstag *m*; **– butoir** letzter Termin.
date certaine (*ZR: date qui fait foi à l'égard de tiers*) gerichtlich oder notariell beglaubigtes Datum; (*Urkunde*)

mit beweiskräftigem Datum, (*für Dritte*) unanfechtbarer Zeitpunkt (des Abschlusses eines Rechtsgeschäfts); **– de clôture** Meldeschluss *m*; **– convenue** vereinbarter Termin; **– cruciale pour l'avenir** besonders wichtiges Datum für die zukünftige Entwicklung; *v. tr. et intr.*: **– de décès** Todeszeitpunkt *m*, Todestag *m*; **– de délivrance** (1) (*HR: marchandises*) Lieferzeit *f*; Lieferzeitpunkt *m*, (2) (*ZR, VwR: acte juridique*) Ausstellungstag *m*; **– de départ** Anfangstermin, Anfangszeitpunkt *m*; **– d'échéance** Fälligkeitstermin, -datum *od.* -tag, Verfallstag; **– d'émission** Ausgabe- *od.* Emissionstag; **– fixe** Stichtag, fester Termin; **– limite** (äußerster) Termin, Fristablauf; Stichtag; Verfallsdatum; **– de livraison** Liefertermin.

date de naissance Geburtsdatum *od.* -tag; **– de paiement** Zahlungstermin, Zahltag; **– de parution** Erscheinungsjahr *n*; **– de peremption** Verfalldatum *od.* -tag, (*Ware*) haltbar bis; **– de référence** Stichtag, Bezugszeitpunkt; **– de remboursement** Rückzahlungstermin; **– de rigueur** festbestimmte Zeit, festbestimmte Frist, absolute Zeitbestimmung; **– de valeur** (*BankR*) Wertstellung (auf dem Konto), Wertstellungstag *m*.

dater *v. tr. d.* (1) datieren, mit einem Datum versehen, (2) *v.intr.* altmodisch wirken; **– de** stammen aus *od.* von; **à – de ce jour** von diesem Tage an, ab heute.

datif *adj* (*PrzR*) vom Richter bestellt *od.* ernannt, durch das Gericht berufen.

dation *f* (1) (*ZR: Person*) Berufung *f*, Ernennung *f*, Bestellung *f*, Einsetzung, (2) (*SchuldR: dation en paiement*) Annahme *od.* Hingabe an Erfüllungs Statt, (3) (*SteuerR*) Überlassung (von Kunstwerken) an Erfüllungs Statt (bei Steuerschulden); **– par disposition testamentaire** testamentarische Einsetzung; **– en gage** *ou* **en nantissement** (B) Verpfändung *f*; **– en paiement** (*SchuldR*) Hingabe an Zahlungs- *od.* Erfüllungs Statt; **– de tuteur** Bestellung eines Vormundes.

dauphin *m* (1) Kronprinz *m*, (2) (*Pol*) designierter Nachfolger.

débâcle *f* (jäher) Zusammenbruch *m*; **– financière** *f* Börsenkrach *m*.

déballage *m* (1) (*Waren*) Auspacken *n*, (2) (*umg*) Enthüllung, Geständnis *n*.

débarcadère *m* Landungssteg *m*, Anlegestelle *f*; Abladeplatz *m*.

débardage *m* (*SeeHR*) Abladen *n*; Abtransport *m*.

débardeur *m* Docker *m*, Hafenarbeiter *m*.

débarquement *m* (1) (*SeeHR*) Löschen *n* der Ladung; Anlandung, (2) Abmusterung; **lieu de –** Anlandeort *m*.

débarquer *v. tr. d.* (1) anlanden; löschen, (2) *v.intr.* abmustern.

débat *m* Beratung *f*, Debatte *f*, Aussprache *f*, Verhandlung *f*, Auseinandersetzung *f*; **animateur du –** Diskussionsleiter *m*; **soulever un –** eine Diskussion anregen; **verser au –** in die Diskussion einbringen; **– de conscience** Gewissensfrage *f*; **– général** allgemeine Aussprache; **– principal** Hauptverhandlung; **– télévisé** Fernsehdiskussion.

débats *mpl* (1) (*VerfR*) (Parlaments-) Debatte *f*, (2) (*PrzR: phase du procès à l'audience*) (Haupt- *od.* Gerichts-) Verhandlung *f*; **clôture des –** (1) (*VerfR*) Schluss der Debatte *od.* Parlamentssitzung, (2) (*PrzR*) Verhandlungsschluss *m*; Beendigung der Beweisaufnahme u. der Parteivorträge (im Strafprozess); **marche des –** Gang der Verhandlung; **procès-verbal des –** Verhandlungsprotokoll *n*, Verhandlungsniederschrift *f*; **publicité des –** (*PrzR*) Öffentlichkeit der Verhandlungen; **réouverture des –** Fortsetzung der (mündlichen) Verhandlung; **– budgétaires** Haushaltsdebatte; **– judiciaires** Gerichtsverhandlung; **– préliminaires** Vorverhandlung.

débattre *v.tr.* verhandeln, debattieren, erörtern, be- *od.* durchsprechen.

débauchage *m* (1) (*WirtR: licenciement, renvoi*) Entlassung *f*, Abbau *od.* Freisetzung von Arbeitskräften, (2) (*StR, ArbR: agissement pour inciter qqn. à démissionner*) Abwerbung.

débauche *f* (*StR: comportement immoral proche de l'inconduite notoire*) unzüchtige Handlungen, Unzucht; Ausschweifung; **excitation à la –** (*StR*) Förderung der Prostitution, Förderung strafbarer Sexualhandlungen; **femme de –** Prostituierte *f*; **incitation de mineurs à la –** Förderung sexueller Handlungen Minderjähriger; **maison de –** Bordell *n*, Freudenhaus *n*, Eros-Center *m*; **provocation à la –** Förderung der Prostitution; **– contre nature** Sodomie *f*, widernatürliche Unzucht; **– professionnelle** gewerbsmäßige Prostitution.
débaucher *v.tr.* (1) (*StR*) sexuelle Handlungen (Dritter) fördern, (2) (*WirtR*) entlassen, (3) (*ArbR, HR*) abwerben; **– la clientèle** die Kundschaft abspenstig machen.
debellatio *f* (*VR*) *lat* bedingungslose Kapitulation, völlige kriegerische Unterwerfung mit Vernichtung der Staatsgewalt, Debellatio *f*.
débet *m* (*Buchf*) Soll *n*, Debet *n*; Soll--Seite *f*; Schuld *f*; **arrêté de –** Erstattungs- *od.* Defektenbeschluss *m*.
débile *adj* (1) schwach, kraftlos, (2) geisteskrank, leicht schwachsinnig.
débilité *f* Schwäche *f*; **– mentale** Geistesschwäche *f*, Debilität *f*, leichter Grad des Schwachsinns *m*.
débirentier *m* Rentenschuldner *m*.
débit *m* (1) (*Buchf: syn. doit*) Soll *n*, Belastung *f*, Debet *n*, (2) (*HR: vente au détail*) Absatz *m*, Vertrieb *m*, Verkauf *m*, (3) (*WirtR*) Geschäft *n*, Laden *m*, Kleinhandel *m*, (4) Energieabgabe, Durchsatz; Leistung; **article d'un – facile** gängige Ware; reißender Absatz; **écriture au –** Lastschrift *f*; **note au –** Lastschriftanzeige, Debetnote; **à notre –** zu unseren Lasten; **porter au –** (*ein Konto*) belasten, ins Soll stellen.
débit de boissons Schankwirtschaft *f*; Getränkeausschank *m*; **– de données** Datenfluss *m*; **– maximum** Höchstleistung; **– numérique** Schrittgeschwindigkeit; **– de tabac** Tabakwarenkonzession, Tabaktrafik *f* (Aut); **– voluminique** Mengendurchsatz.
débitant *m* (*HR*) Einzelhändler *m*; Verkäufer *m*; **– commissionné** (*Außh*) Verkäufer mit Konsignationslager.
débiter *v.tr.* (1) (*Buchf: faire figurer au débit*) (ein Konto) belasten, ins Soll stellen, abbuchen, debitieren, (2) (*WirtR: écouler une marchandise par la vente au détail*) verkaufen; (Waren) vertreiben, (3) (*énoncer en détaillant*) vortragen, ausführen.
débiteur *adj* (*SchuldR: obligé, engagé, tenu à une dette*) jmdm. etwas schuldend, (zur Leistung) verpflichtet; **pays –** Schuldnerland; **solde –** Fehlbetrag *m*, Debetsaldo *m*; **tiers –** Drittschuldner *m*; **– d'aliments** unterhaltspflichtig.
débiteur *m* Schuldner *m*, Debitor, Verpflichteter; **– par acceptation** Akzept- *od.* Wechselschuldner; **– d'aliments** Unterhaltsschuldner; **– assigné** beklagter Schuldner; **– cambiaire** Wechselschuldner; **– cédé** (*SchuldR*) bisheriger *od.* ersetzter Schuldner, Zessus *m* (Aut); **– contractuel** Schuldner (auf der Grundlage eines Vertragsverhältnisses); **– défaillant** (1) (*SchuldR*) säumiger Schuldner, (2) (*InsolvenzR*) zahlungsunfähiger Schuldner; **– failli** Gemeinschuldner; **– gagiste** Pfandschuldner; **– hypothécaire** Hypothekenschuldner; **– d'impôt** Steuerschuldner.
débiteur insolvable zahlungsunfähiger Schuldner; **– négligent** säumiger Schuldner; **– obligataire** Obligationsschuldner; **– primitif** Erstschuldner; **– principal** Hauptschuldner, Hauptverpflichtete(r) *m*; **– de rente** Rentenschuldner; **– en retard** säumiger Schuldner; **– saisi** Pfändungsschuldner; **– solidaire** Gesamt- *od.* Solidarschuldner; **– de la succession** Nachlassschuldner.
déblayer *v.tr.* (*UmweltR: Schutt, Müll*) beseitigen; wegschaffen; **– sa correspondance** Briefe sortieren *od.* ordnen; **– le terrain** *fig* den Weg ebnen, gute Vorarbeit leisten.
déblocage *m* Freigabe *f*, Aufhebung der Sperre; **– des prix** Aufhebung des Preisstopps; **– des salaires** Aufhebung des Lohnstopps.

débloquer *v.tr.* (1) (*crédits*) freigeben, die Sperre aufheben, (2) (*négociations*) wieder ins Rollen bringen.
déboires *mpl* Enttäuschung *f*; Misserfolg *m*.
déboisement *m* Abholzung *f*; Entwaldung *f*.
débordement *m* (1) Ausuferung *f*, (2) (*DV*) Überlauf *m*.
débouché *m* Absatzgebiet *n*; Absatzmöglichkeit *f*; Absatzmarkt *m*; Arbeitsmarkt *m*; Berufsaussicht *f*; **créer de nouveaux –s** neue Absatzmärkte erschließen; **garantie de –s** Absatzgarantie *f*; **manque de –s** Absatzschwierigkeiten *od.* -stockung; **–s agricoles** Absatzmöglichkeiten für landwirtschaftliche Erzeugnisse; **–s extérieurs** Auslandsmarkt; **–s professionnels** Berufsaussichten *fpl*.
débours *mpl* (*PrzR: frais exposés à titre d'avance, syn. déboursés*) Auslagen *fpl*; Aufwendungen *fpl*; Kosten *mpl*; Barvorschuss *m*; **rentrer dans ses –** seine Auslagen zurückerstattet bekommen.
débourser *v. tr. d.* auslegen, vorschießen; ausgeben.
debout *adj*: **magistrature –** (*GVR: parquet, ministère public*) Staatsanwaltschaft *f*.
débouté *m* (1) (*ZPR: jugement de débouté, rejet de la demande*) (Klage-) Abweisung *f*, (2) (*StPR*) Zurückweisung eines Rechtsmittels (des Angeklagten); Verwerfung (wegen Unzulässigkeit); **– de la demande** Klageabweisung; **– du droit d'asile** Flüchtling, dessen Asylantrag abgelehnt wurde; **– d'opposition** Verwerfung des Einspruchs.
déboutement *m* (*ZPR*) Abweisung der Klage *od.* des (Klage-) Anspruchs.
débouter *v.tr.* (*PrzR: rejeter par jugement, par arrêt, la prétention d'un demandeur*) abweisen, zurückweisen, verwerfen.
débrayage *m* (*ArbR: grève de courte durée*) Arbeitseinstellung (meist von kurzer Dauer), Arbeitsniederlegung.
débrayer *v.tr.* die Arbeit kurzfristig niederlegen.
débris *m* Trümmer *pl*; Scherben *fpl*; **– de verre** Glasscherben *fpl*.
débrouiller *v.tr.* (1) (*une affaire confuse*) aufklären, (2) (*ranger ses papiers*) ordnen, (3) (*déchiffrer une signature*) (eine Unterschrift) entziffern.
débudgétisation *f* (*HaushR*) Übertragung von Ausgaben an nicht im Haushaltsplan nachweispflichtige Anstalten (des öffentlichen Rechts).
début *m* Anfang *m*, Beginn *m*; **appointements de –** Anfangsgehalt; **– de l'année** Jahresanfang; **– de solution** Ansatz einer Lösung.
débutant *m*: **avocat –** junger (unerfahrener) Anwalt.
décacheter *v.tr.* (*einen Brief*) öffnen, aufmachen, entsiegeln.
décade *f* (1) (*SchuldR: période de dix jours*) zehn Tage, (2) Jahrzehnt *n*.
décadence *f* allmählicher Verfall.
décaissage *m* **de fonds** (*Buchf: on dit aussi décaissement*) Auszahlung *f*.
décaisser *v.tr.* eine Zahlung vornehmen, auszahlen.
décalage *m* (1) Diskrepanz *f*; Missverhältnis *n*, Abweichung, (2) *m* Unterschied *m*, Verschiebung *f*; **– des prix** Preisunterschied *m*; **– technologique** technischer Rückstand; **– dans le temps** zeitliche Verschiebung, Auseinanderklaffen *n*.
décaler *v.tr.* verschieben; staffeln.
décalque *m*: **comptabilité par –** Durchschreibebuchführung.
décanat *m* (*HochschulR*) Dekanat *n*, Verwaltung einer Fakultät.
décapitaliser *v.tr.* (*GesR*) das Kapital abziehen *od.* verringern.
décapitation *f* Enthauptung *f*.
décartellisation *f* (*WirtR*) Entflechtung, Dekartellisierung.
décédé *m* (*ErbR: défunt, mort*) Verstorbene(r); **les ayants droit du –** Rechtsnachfolger *mpl*.
décéder *v.intr.* (ver-) sterben, ableben.
déceler *v.tr.* aufspüren, nachweisen; **se –** *v. pron.* sich verraten; sich so zeigen, wie man ist.
décence *f* Anstand *m*, Schicklichkeit *f*.
décennal *adj* 10-jährig; **engagement –** Zehnjahresvertrag.
décennie *loc.* Jahrzehnt *n*, zehn Jahre.
décentralisation *f* (*VwR*) Dezentralisierung, Dezentralisation; **– administrative** Verwaltungsdezent-

ralisierung *od.* -autonomie; **– politique** politische Selbstverwaltung.

décentraliser *v.tr.* dezentralisieren.

déceptif *adj* (*HR: trompeur, frauduleux*) irreführend, in betrügerischer Absicht.

décerner *v.tr.* (1) (*décréter, ordonner juridiquement*) anordnen, verfügen, erlassen, verhängen, (2) (*accorder une récompense*) verleihen, zuerkennen; **– un mandat d'arrêt** (*StPR*) einen Haftbefehl ausstellen.

décès *m* (*ZR: mort naturelle d'une personne*) natürlicher Tod *m*, Sterbefall *m*, Ableben *n*; **acte de –** Sterbeurkunde *f*, Totenschein *m*, Todesbescheinigung *f*; **allocation de –** Sterbegeld *npl*; **capital –** Sterbegeld *pl*; **cause du –** Todesursache.

décès: **certificat de –** Totenschein *m*, Sterbeurkunde *f*, Todesbescheinigung *f*; **constatation du –** Feststellung des Ablebens; **détermination de la date du –** Todeszeitfeststellung; **jugement déclaratif de –** Todeserklärung (durch das Gericht); **livre des –** Sterbebuch *n*; **nombre de –** eingetretene Todesfälle *mpl*; **présomption de –** Todesvermutung; **registre des –** Sterbebuch *n*, Sterberegister *n*; **– prématuré** vorzeitiger Tod.

déchaîner *v.tr.* **la violence** Gewaltakte auslösen.

déchanter *v.tr.* **un peu** etwas enttäuscht sein.

décharge *f* (1) (*SchuldR: libération d'une obligation*) Befreiung des Schuldners (von einer Verbindlichkeit), Schuldenerlass *m*; Quittung *f*, (2) (*GesR, Buchf: libération de toute responsabilité pour la gestion*) Entlastung *f*, Entlastungserklärung, (3) (*SteuerR: dégrèvement*) Erlöschen *n* der Steuerschuld; Steuererlass *m*, (4) (*UmweltR*) Deponie *f*, Müllkippe *f*; **à sa –** zu seiner Entlastung; **certificat de –** Entlastungs- *od.* Erledigungsbescheinigung; **donner –** Entlastung erteilen, entlasten; **fait à –** (*StPR*) entlastender Umstand; **témoin à –** Entlastungszeuge *f*.

décharge ancienne (*UmweltR*) Altlast *f*; **– contrôlée** geordnete Deponie, amtlich zugelassener Müllabladeplatz; **– conventionnelle** (*SchuldR*) Entlastung durch Vertrag; **– dangereuse avec dépôts clandestins** gefährliche Deponie mit heimlich eingelagerten Abfällen; **– définitive** (*HaushR*) Entlastung durch den frz. Rechnungshof; **– de mandat** (*SchuldR*) Erledigung des Auftrages nebst Entlastung des Beauftragten; **– publique** (städtische) Mülldeponie; **– avec réserve** (*ÖfR*) Entlastung *od.* Erledigung unter Vorbehalt; **– saturée** überfüllte Abfallbeseitigungsanlage; **– sauvage** wilde (Müll-) Deponie.

déchargement *m* (*SeeHR*) Abladung, Löschung *f*; **droit de –** Löschgeld *n*.

décharger *v.tr.* (1) (*SeeHR*) abladen, löschen, (2) (*GesR*) (*den Vorstand*) entlasten, (3) (*ArbR, SteuerR*) befreien; **– une arme** (eine Waffe) abfeuern; (das Gewehr) entladen, die Munition herausnehmen; **se – de son travail sur qqn.** jmdm. die eigene Arbeit übertragen.

déchéance *f* (1) (*ZR: perte d'un droit*) Rechtsverlust *m*, Verwirkung *f* eines Anspruchs, (2) (*BeamR: perte d'une fonction*) Absetzung, Verwirkung eines Amtes, Aberkennung; **clause de –** Verwirkungs- *od.* Verfallklausel; **à peine de –** bei Verlust *od.* bei Vermeidung des Ausschlusses *od.* des Verlustes; **tomber en –** verfallen (infolge Nichtausübung); **– du bénéfice d'inventaire** (*ErbR*) Verlust des Rechtes, durch Errichtung eines Inventars die Erbenhaftung auf den Nachlass zu beschränken; **– du brevet** Erlöschen des Patentes, Aberkennung *od.* Widerruf des Patents (Aut).

déchéance du droit (*ZR: perte d'un droit*) Anspruchsverwirkung, Rechtsverlust; Aberkennung eines Rechts; **– du droit à pension** Aberkennung der Versorgungsansprüche; **– des droits civiques** (*StR*) Aberkennung der bürgerlichen Ehrenrechte; **– des fonctions** Amtsverlust, (dauernde) Amtsenthebung; **– de la garantie** (1) (*ZR, HR*) Ablauf der Garantiefrist, Verlust der Gewährleistungsansprüche, (2) (*VersR*) Verlust des Versicherungsschutzes.

déchéance de la nationalité (*AuslR*) Ausbürgerung *f*, Aberkennung der Staatsangehörigkeit (durch Strafurteil oder Verwaltungsakt); **– de la pension de retraite** (*SozR*) Verwirkung der Rentenansprüche, Aberkennung des Ruhegehalts; **– professionnelle** Berufsverbot *n*; Gewerbeuntersagung *f*; **– de la puissance parentale** (*FamR*) Aberkennung *od.* Entziehung *od.* Verwirkung des elterlichen Sorgerechts; **– quadriennale** (*VwR*) Verjährungsfrist von 4 Jahren (bei Forderungen gegenüber dem Staat); **– du terme** (*InsolvenzR*) sofortige Fälligkeit bei Zahlungsunfähigkeit; **– trentenaire** (*ZR*) regelmäßige Verjährungsfrist (von 30 Jahren).

déchets *mpl* (1) (*UmweltR*) Abfall *m*; Müll *m*; Abgang *m*, (2) (*HR*) Ausschussware *f*; Schrott *m*, (3) (*SeeHR*) Schwund *m*, Verlust *m*; **élimination des –** Müllentsorgung; **recyclage des –** Abfallwiederverwertung; **retraitement des –** Abfallwiederaufbereitung; **– encombrants** Sperrmüll *m*; **– industriels** Industriemüll, Gewerbemüll; **– ménagers banals** Hausmüll; ungefährliche Abfälle; **– nucléaires** *ou* **radioactifs** radioaktive Abfallstoffe, Atommüll; **– putrescibles** Bioabfall *m*, Biomüll *m*; **– spéciaux** Sonderabfälle; **– toxiques** Giftmüll *m*.

déchetterie *f* Wertstoffhof *m*, Abfallbeseitigungsanlage *f*.

déchirure *f* **du tissu social** Abbröckeln *n* des Konsensus innerhalb der Gesellschaft.

déchoir *v.intr.* verfallen, verlieren, verlustig gehen, für verlustig erklären.

déchu *p.p. adj.* (1) (*ZR, ÖfR: privé d'un droit*) (rechts-) verlustig, (2) (*ÖfR: personne*) abgesetzt; **être – d'un droit** ein Recht *od.* Anspruch verwirken *od.* einbüßen.

décider *v.tr.* verfügen; entscheiden, eine Entscheidung treffen; beschließen.

décideur *m* Entscheidungsträger *m*; **– économique** (*WirtR*) Unternehmer *m*.

décime additionnel *m* (*SteuerR: majoration d'un décime par franc*) Säumniszuschlag *m* (10 %) bei Geldstrafen *od.* Steuerschulden.

décimer *v.tr.* ausrotten, ausmerzen.

décisif *adj* entscheidend; **jugement –** Endurteil; **pièce décisive d'un procès** prozessentscheidendes Schriftstück.

décision *f* (1) (*action de décider, de juger*) Beschlussfassung *f*, Entscheidung *f*, (2) (*PrzR: décision d'un tribunal*) Urteil *n*, (gerichtliche) Verfügung *f*, (Gerichts-) Beschluss *m*; Urteilstenor *m*, (3) (*ÖfR: délibération*) Beschluss (einer gesetzgebenden Versammlung), (4) (*VwR: acte de l'Administration*) Verwaltungsmaßnahme *f*, (Verwaltungs-) Anordnung *f*, Bescheid *m*; Verwaltungsakt *m*, (5) (*EuR: Conseil*) Beschluss (mit allgemeiner Geltung); Verfügung, Entscheidung (für Einzelfälle); **droit de –** Entscheidungsbefugnis; **mettre à exécution une – de justice** die Zwangsvollstreckung betreiben, eine Gerichtsentscheidung vollziehen; **motiver une –** (*PrzR*) eine Entscheidung mit Gründen versehen *od.* begründen; **pouvoir de –** Entscheidungsbefugnis *f*; **prendre une –** eine Entscheidung treffen; einen Beschluss fassen; **réformer une –** einen Beschluss abändern.

décision administrative Verwaltungsmaßnahme *f*, Bescheid *m*, amtliche Verfügung; **– d'affectation** (*VwR*) Zuweisungs- *od.* Widmungsverfügung; **– d'agrément** (*VwR*) Ermächtigung, Entscheidung über die Zulassung; **– d'approbation** (*VwR*) Genehmigungsbeschluss *od.* -bescheid; **– arbitrale** Schiedsspruch *m*, schiedsgerichtliche Entscheidung; **– attaquée** (*ZPR*) angefochtene Entscheidung; **– d'attribution** Zuteilungsverfügung *od.* -bescheid.

décision à caractère politique politische Entscheidung; politisch gefärbtes Urteil (eines Gerichts); **– de classement** (*StPR*) Niederschlagungsverfügung; **– de confiscation** (*StPR*) Einziehung(sbescheid); Verfallserklärung; **– du conseil municipal** (*VwR*) Gemeinderatsbeschluss; – **contradictoire** (*PrzR*) kontradiktorische Entscheidung, streitiges Urteil; – **créant un droit particulier individuel** (*VwR*) begünstigender Verwaltungsakt; – **par défaut** (*ZPR*) Versäumnisurteil; – **défavorable** (*VwR*) ablehnender Bescheid; – **définitive** rechtskräftige Entscheidung, Endurteil; – **disciplinaire** (*DiszR*) Disziplinarmaßnahme *od.* -verfügung, Verweis *m*; – **discrétionnaire** (*VwR*) Ermessensentscheidung; – **de dissolution** Auflösungsbeschluss.

décision entreprise (*PrzR*) angefochtene *od.* angegriffene Entscheidung; – **erronée** Fehlentscheidung; – **d'espèce** Einzelfallentscheidung (im Gegensatz zum Grundsatzurteil); – **exécutoire** (1) (*ZPR*) vollstreckbare (Gerichts-) Entscheidung, rechtskräftiges Urteil, (2) (*VwR*) vollstreckbare Maßnahme der Verwaltung; – **exécutoire particulière individuelle** (*VwPR*) gestaltender Verwaltungsakt *m*; – **exécutoire par provision** (*PrzR*) vorläufig vollstreckbare Entscheidung; – **d'expulsion** (*StR*) Ausweisungsverfügung, Abschiebungsbeschluss.

décision faisant grief (1) (*ZPR*) ungünstiges Urteil (mit materieller Beschwer), Entscheidung mit nachteiligem Inhalt, (2) (*VwR*) belastender Verwaltungsakt, beschwerende Verfügung; – **favorable** positiver Bescheid; positiver Beschluss; – **finale** (*PrzR*) Endurteil; – **au fond** (*PrzR*) Sachentscheidung *od.* -urteil, Entscheidung in der Sache selbst *od.* zur Hauptsache.

décision générale (*VwR*) Allgemeinverfügung, allgemeingültiger Beschluss; – **gouvernementale** Regierungsbeschluss; – **gracieuse** (1) (*ZPR*) richterliche Verfügung (prozessleitender Natur), Ermessensentscheidung, (2) Entscheidung im Rahmen der freiwilligen Gerichtsbarkeit; – **grave engageant l'avenir** schwerwiegende, die Zukunft tangierende Entscheidung; – **de grève** (*ArbR*) Streikbeschluss; – **d'homologation** (*Wz*) Eintragungsbewilligung, amtliche Zulassung.

décision implicite de refus (*VwR*) Untätigkeit der Behörde, stillschweigende ablehnende Entscheidung; – **implicite de rejet** (*VwR*) stillschweigende Ablehnung, Schweigen *n* der Verwaltung als ablehnende Verfügung; – **d'imposition** Steuerbescheid, Abgabenbescheid; – **incriminée** angefochtene *od.* angegriffene Entscheidung; – **individuelle** (*VwR*) Verwaltungsakt *m*; – **d'internement** (*StR, ZR*) gerichtliche Anordnung der Anstaltsunterbringung, Internierungsverfügung.

décision judiciaire *ou* **de justice** (*ZRP*) Gerichtsurteil *n*, gerichtliche Entscheidung; – **de licenciement** (*ArbR*) Entlassung, Kündigung des Arbeitgebers; – **de lock-out** (*ArbR*) Aussperrungsbeschluss; – **majoritaire** Mehrheitsbeschluss, Mehrheitsentscheid; – **mal rendue** Fehlentscheidung; – **motivée** (1) (*PrzR*) begründete Entscheidung, mit Gründen versehene Entscheidung, (2) (*VwR*) maßgebliche Gründe.

décision particulière individuelle (*VwR*) Verwaltungsakt *m*; – **pénale** Strafurteil; – **préalable** (1) (*VwPR*) Entscheidung der Verwaltungsbehörde (als Voraussetzung der Zulässigkeit der verwaltungsgerichtlichen Klage), Vorbescheid, (2) (*ZPR*) Vorabentscheidung (über den Grund); – **préjudicielle** Präjudiz *n*, vorausgegangene Entscheidung, Vorentscheidung; – **de principe** Grundsatzentscheidung; – **prise en assemblée plénière** Plenarbeschluss; – **provisionnelle** (S) einstweilige Verfügung; – **provisoire** (1) (*ZPR*) vorläufig vollstreckbare Entscheidung, (2) einstweilige Verfügung; – **prud'homale** arbeitsgerichtliche Entscheidung; – **de quitus** (*GesR*) Entlastung des Vorstands, Entlastungsbeschluss.

décision rectificative (*PrzR*) abänderndes Urteil; – **de refus** (*VwR*) ablehnender Bescheid; – **réglementaire** (Verwaltungs-) Anordnung; **– de rejet** (1) (*PrzR*) den Klageantrag ablehnendes Urteil, (2) Abweisungsbeschluss *m*, abweisendes Urteil; **– rendue par défaut** Versäumnisurteil; **– rendue en dernière instance** letztinstanzliche Entscheidung, rechtskräftiges Urteil (nach Erschöpfung des Rechtswegs); **– rendue sur recours** Rechtsmittelentscheidung; **– de renvoi** (*IPR*) Rückverweisung, Zurückverweisungsbeschluss; **– de retrait** Rücktrittserklärung.

décision de saisie (1) (*ZwangsVR*) Pfändungsbeschluss *m*, (2) (*StPR*) Einziehungsbescheid *m*, Beschlagnahmeverfügung, Verfallerklärung; **– en sens contraire** gegenteilige *od.* widersprechende Entscheidung; **– unilatérale** Entscheidung, ohne vorherige Abstimmung mit dem Betroffenen.

déclarant *m* Erklärende(r) *m*, Anmeldende(r); **– en douane** Zollbeteiligter *od.* Zollanmelder, (Zoll-) Deklarant *m*.

déclaratif *adj*: **acte – de droits** Rechtsakt mit deklaratorischer Wirkung; **jugement – de filiation** (*FamR*) Abstammungsurteil mit Feststellungswirkung.

déclaration *f* (1) (*ZR*) (Willens-) Erklärung *f*, (2) (*VwR*) Anmeldung *f*, Anzeige *f*; Bekanntmachung; Angabe *f*, (3) (*VR*) Deklaration, völkerrechtlicher Vertrag, (4) (*SeeHR*) Ladeliste *f*; **à – obligatoire** anzeigepflichtig *adj*; **certificat de –** Anmeldeschein *od.* -bescheinigung; **faire une –** (*Pol*) eine Erklärung abgeben; **fausse –** falsche *od.* unrichtige Angabe; **manquement à l'obligation de –** (*VersR*) Verletzung der Anzeigepflicht; **procédure de –** Anmeldeverfahren *n*; **registre de –** Melderegister *n*; **soumis à –** anzeige- *od.* meldepflichtig.

déclaration d'abandon (*ZR*) Abandon- *od.* Verzichterklärung, Verzicht auf das Eigentumsrecht; **– d'absence** gerichtliche Verschollenheitsfeststellung, Verschollenheitserklärung; **– d'accession** (*VR*) Beitrittserklärung; **– d'accident** Unfallanzeige *f*, Unfallmeldung; **– d'accident du travail** Arbeitsunfallanzeige, Meldung eines Arbeitsunfalls; **– d'accord** (*SchuldR*) Einverständnis- *od.* Zustimmungserklärung *f*; **– additionnelle** Zusatzerklärung, Zusatz *m*; **– d'adjudicataire** (*VwR*) Benennung des Auftraggebers (bei einer öffentlichen Versteigerung); **– d'admission temporaire** Zollvormerkschein *m*; **– des aggravations de risque** (*VersR*) Anzeige der Gefahrerhöhung; **– annexe** Zusatzerklärung; **– d'appel** (*PrzR*) Berufungseinlegung; **– de l'avarie** Andienung des Seeschadens, Schadensanzeige.

déclaration des biens (*SteuerR*) Vermögensangabe *od.* -erkärung; **– de candidature** Ankündigung einer Kandidatur; **– de changement de domicile** (polizeiliche) Abmeldung (am alten Wohnsitz) u. Anmeldung (am neuen Wohnsitz); **– de chômage** Arbeitslosmeldung; **– de command** (*HR*) Benennung des Auftraggebers, Erklärung durch die der Kommissionär den Namen seines Auftraggebers bekanntgibt; **– commune** gemeinsame Erklärung; **– complémentaire** Zusatzerklärung; ergänzende Anmeldung; **– de confiscation** (*StPR*) Einziehungsbeschluss *m*, Verfallerklärung, Enteignungsbescheid; **– de conformité** (*HaushR*) Erklärung des frz. Rechnungshofes über die Ordnungsmäßigkeit staatlicher Haushaltsführung; **– de consentement** (*ZR*) Zustimmung; **– du contenu** (*ZollR*) Inhaltserklärung od.-angabe; **– de créance** (*InsolvenzR*) Forderungsanmeldung.

déclaration de décès (1) Anzeige eines Sterbefalls, (2) (*ZPR*) Todeserklärung; **requête de – –** Antrag auf Todeserklärung.

déclaration de déchéance (*ZR*) Feststellung des Rechtsverlusts, Verlustigerklärung (S); **– de délaissement** (*SeeHR*) Abandonerklärung; **– de départ** Abmeldung; **– de dividende** Devidendenerklärung; **– de domanialité** (*VwR*) Widmungsverfügung; **– domiciliaire** (*VwR*) An-

od. Abmeldung (bei der Meldebehörde); **– de dommage** Schadensanmeldung *od.* -anzeige; **– des droits** (*VerfR*) Grundrechtskatalog *m*; **– des droits de l'homme et du citoyen** (*hist. 1789*) Erklärung der Menschen- und Bürgerrechte.

déclaration écrite schriftliche Erklärung; **– d'engagement** Verpflichtungserklärung; **– d'envoi** Versandanzeige; **– des existences** Stichtagsmeldung; **– d'exportation** Ausfuhrerklärung; **– fiscale** Steuererklärung; **– sous la foi du serment** eidesstattliche Erklärung, eidesstattliche Versicherung; **– de fortune** (1) (*ZR*) Vermögensverzeichnis *n*, (2) (*SteuerR*) Vermögensteuererklärung; **– frauduleuse** Erklärung in betrügerischer Absicht, betrügerische Angabe.

déclaration de garantie (*SchuldR*) Haftungsübernahme *f*, Garantieerklärung *f*; **– gouvernementale** Regierungserklärung; **– de grossesse** (*ArbR*) Mitteilung der Schwangerschaft; **– de guerre** Kriegserklärung; **– sur l'honneur** Ehrenwort; **– d'importation** Abgabe der Einfuhrerklärung; **– d'impôt** Steuererklärung; **– d'impôt sur le revenu** Einkommensteuererklärung; **– d'incompétence** Unzuständigkeitserklärung; **– d'indigence** Feststellung der Bedürftigkeit; **– inexacte** falsche Angabe; **– d'insolvabilité** Feststellung der Zahlungsunfähigkeit; **– d'intention** (*Pol*) Grundsatz- *od.* Absichtserklärung.

déclaration judiciaire de décès (gerichtliche) Todeserklärung; **– de jugement commun** (*ZPR*) Feststellung der Streitgenossenschaft; **– lénifiante** beschwichtigende Erklärung; **– liminaire** (einleitende) Absichtserklärung; **– mensongère** falsche Angabe; **– ministérielle** Regierungserklärung; **– de modèle** Musteranmeldung; **– de naissance** Geburtsanzeige; **– de nationalité** Angabe der Staatsangehörigkeit; **– de neutralité** Neutralitätserklärung; **– notariée** notarielle Beurkundung einer Willenserklärung.

déclaration de nullité Nichtig- *od.* Nichtigkeitserklärung; Unwirksamkeitserklärung; **action en – –** Nichtigkeitsklage.

déclaration obligatoire (*VwR*) Anzeigepflicht *f*; Meldepflicht; **– officielle** amtliche Erklärung; **– de perte** (*VersR*) Verlustanzeige *f*; **– de principe** Grundsatzerklärung; **– de priorité** (*livre foncier*) (*Grundbuch*) Prioritätsfeststellung; **– programme** (*Pol.*) programmatische Erklärung; **– provisoire** vorläufige Anmeldung; **– publique** öffentliche Erklärung.

déclaration de recours (*PrzR*) Rechtsmitteleinlegung *f*; **– de refus** (*Wz*) Schutzverweigerungserklärung; **– de règlement forfaitaire et définitif** Abfindungserklärung; **– de renonciation** Verzichtserklärung; **– de résiliation** Kündigung; Rücktrittserklärung; **– de responsabilité** Übernahme der Haftung (für einen Schaden); **– de revenus** Einkommensteuererklärung; **– de risque** (*VersR*) Anzeige gefahrerheblicher Umstände.

déclaration de saisie (*StPR*) Einziehungsbeschluss *m*, Verfallserklärung; **– sous (la foi du) serment** eidesstattliche Erklärung; **– de sinistre** (*VersR*) Schadensanzeige *od.* -meldung; **– de souscription** (*GesR*) Bezugserklärung, Zeichnungsanmeldung; **– de succession** Anzeige des Erbfalls; **– de surenchère** Einreichung eines Mehrgebots bei Gericht (für eine bereits zugeschlagene Sache); **– de transbordement** Umladevermerk.

déclaration unilatérale (*ZR*) einseitige Willenserklärung; **– Universelle des Droits de l'Homme** (*VR: UNO*) Allgemeine Erklärung der Menschenrechte (vom 10. 12. 1948); **– d'utilité publique** (1) (*VwR*) Vorbescheid über eine Enteignung zur Befriedigung öffentlicher Belange, (2) (*Vereinsrecht*) Feststellung der Gemeinnützigkeit; **– de valeur** (*ZollR*) Wertangabe; **– des valeurs** (*BörR*) Stichtagsmeldung; **– de volonté** Willensäußerung *f*, Willenserklärung *f*.

déclaratoire *adj* deklaratorisch, erklärend; erläuternd; **acte –** Rechtsgeschäft mit deklaratorischer *od.* feststellender Wirkung.

déclarer *v.tr.* (1) anmelden, melden, (2) erklären, (3) die Zollabfertigung beantragen, verzollen; **lettre avec valeur –rée** Wertbrief *m*; **revenus –rés** versteuertes Einkommen; **sommes non- –rées** unversteuerte Einnahmen; **– la guerre** den Krieg erklären; **– non coupable** (*StR*) die Schuldunfähigkeit feststelen; für unzurechnungsfähig erklären; **– nul et non avenu** für null und nichtig erklären; **– persister** (*StPR*) eine Aussage aufrechterhalten und bekräftigen.

déclassement *m* (1) (*ArbR*) Herabstufung *f*, Zurückstufung, Deklassierung, (2) (*VwR: désaffection d'un bien du domaine public*) Entwidmung *f*; **– professionnel** berufliche Schlechterstellung, unterwertige Beschäftigung; **– social** sozialer Abstieg.

déclasser *v.tr.* (1) (*ArbR*) niedriger einstufen, herabstufen, zurückstufen, (2) entwidmen, (3) (Akten) in Unordnung bringen.

déclenchement *m* Auslösung *f*; Beginn *m*, Ausbruch *m*; **– d'une grève** Arbeitsniederlegung *f*, Einleitung eines Streiks.

déclencher *v.tr.* auslösen, in Gang setzen.

déclin *m* Nachlassen *n*, Abnahme *f*, Sinken *n*, Untergang *m*; **– économique** wirtschaftlicher Rückgang *m*; **– structurel** struktureller Rückgang.

déclinatoire *adj* (*ZPR*) ablehnend, prozesshindernd; **exception –** (*prozesshindernde*) Einrede der Unzuständigkeit.

déclinatoire *m* (*PrzR*) Einrede der Unzuständigkeit; **élever un – devant un tribunal** (*ZPR*) einen Verweisungsantrag stellen; **– de compétence** (*VwPR*) Zuständigkeitsstreit *m*, Kompetenzkonflikt (erhoben durch schriftlichen Antrag des Präfekten an das Zivilgericht, sich für unzuständig zu erklären u. die Rechtshängigkeit aufzuheben); **– de connexité** (*ZPR: exception résultant du lien étroit de deux demandes – art. 101 NCPC*) Einrede des Sachzusammenhangs (zwischen zwei Klageanträgen); Antrag auf Verweisung an ein anderes Gericht (wegen Sachzusammenhanges); **– de litispendance** (*ZPR: litige pendant devant une autre juridiction – art. 100 NCPC*) Einrede der Rechtshängigkeit.

décliner *v. tr. d.* ablehnen; **– la compétence** die Zuständigkeit (eines Gerichts) bestreiten, sich auf die Unzuständigkeit (eines Gerichts) berufen; **– son identité, – ses nom et qualités** sich ausweisen, seine Personalien angeben; **– une proposition** einen Vorschlag ablehnen; **– toute responsabilité** (*SchuldR*) jegliche Haftung ablehnen.

décodage *m* Entschlüsselung.

décollage *m* Abheben *n*, Start *m*; **– économique** Beginn der wirtschaftlichen Entwicklung (in den Entwicklungsländern).

décommander *v.tr.* (*HR*) abbestellen; **se –** *v. pron.* (einen Termin) absagen.

décomposer *v.tr.* zerlegen; **se –** *v. pron.* zerfallen, sich zersetzen; (*Leiche*) verwesen.

décomposition *f* Auflösung *f*, Zerfall *m*, Abbau *m*, Zersetzung.

décompte *m* (1) (*Buchf: déduction*) Abzug *m*, (2) (*SchuldR: calcul du montant de la dette*) Abrechnung *f*, Liquidation *f*; **faire le –** abziehen; **intervenir dans le –** angerechnet werden (auf); **période de –** Abrechnungszeitraum *m*; **– définitif** Schlussabrechnung; **– d'exploitation** Betriebsabrechnung; **– du fret** Frachtberechnung; **– général** Gesamtabrechnung; **– individuel des voix** Auszählung der Stimmen; **– particulier** Einzelabrechnung; **– des salaires** Lohnabrechnung; **– des voix** Stimmenauszählung.

décompter *v.tr.* (*Buchf*) abziehen, verrechnen, in Abzug bringen.

déconcentration *f* (1) (*GesR: Konzern*) Entflechtung, (2) (*VwR*) Dekonzentration.

déconcentrer *v.tr.* entflechten.

déconfiture *f* (1) (*ZR, ZwangsVR: débiteur en état d'insolvabilité*) Zahlungsunfähigkeit (einer Privatperson), (2) (*GesR, InsolvenzR*) Zahlungseinstellung *f.*

décongestionner *v.tr.* (*région, centre*) entlasten.

déconseiller *v.tr.* jmdn. von etwas abraten, nicht zuraten; warnen.

déconsidération *f* Herabsetzung *f,* Diskreditierung, Misskredit.

déconsigner *v.tr.* (*Gepäck aus der Gepäckverwahrung*) abholen.

déconstitutionnalisation *f* Aberkennung des Verfassungsrangs (für bestimmte Rechtsnormen).

décontamination *f* (*UmweltR*) Entseuchung *f;* Entgiftung, Dekontaminierung.

décoration *f* Auszeichnung *f,* Ehrenzeichen *n,* Orden *m;* Ordensverleihung; **– d'intérieur** Innenarchitektur *f.*

décorer *v.tr.* auszeichnen, einen Orden verleihen.

décote *f* (1) (*SteuerR: réduction sur l'impôt*) Steuerermäßigung; Sonderabschlag *m,* (2) (*BörR*) Unterbewertung *f.*

découler *v. intr.* sich ergeben (aus).

découpage *m* (1) (*Buchf*) Aufschlüsselung *f,* Verteilung *f,* (2) Aufteilung *f;* **– électoral** Wahlkreiseinteilung.

décousu *adj* unzusammenhängend, zusammenhanglos.

découvert *m* (1) (*BankR*) Kontokorrentkredit *m,* Überziehungskredit; Kontoüberziehung, (2) (*VersR*) Deckungslücke *f,* (3) (*HaushR*) Fehlbetrag *m,* Defizit *n;* **achat à –** (*BörR*) ungedeckter Aktienkauf; **être à –** ungedeckt sein; ein Minus aufweisen; **vendre à –** blanko *od.* ohne Deckung verkaufen; **– autorisé** Dispositionskredit *m;* **– obligatoire** (*VersR*) Selbstbehalt *m.*

découverte *f* (1) (*ZR: objet trouvée*) Fund *m,* Auffinden *n* (einer Sache), (2) (*PatR*) Entdeckung; **– scientifique** Erkenntnis der Wissenschaft; **– de la vérité** Wahrheitsfindung.

découvreur *m* Erfinder *m;* Entdecker *m.*

découvrir *v.tr.* (1) aufdecken; enthüllen, (2) entdecken.

Die Abgrenzung zwischen *règlement* und *décret* im frz. Recht ist folgende: *règlement* od. *acte réglementaire – art. 37 de la Constitution* –wird abstrakt für sämtliche Regierungsmaßnahmen und Regierungsgesetze, die die Exekutive im Rahmen ihres von der Verfassung vogesehenen Gesetzgebungsbereichs trifft, verwendet. *Décret* ist die konkrete Bezeichnung aller mit einer laufenden Nummer versehenen getroffenen einzelnen Regierungsakte. Beispiel: *Décret n° 82–389 du 10 mai 1982 relatif aux pouvoirs du préfet.*

décret *m* (*ÖfR: acte réglementaire, acte administratif unilatéral*) frz. Regierungsgesetz *n,* (Rechts-) Verordnung *f,* Dekret *n;* **– d'application** Durchführungsverordnung; **– d'application de la loi** (Gesetzes-) Ausführungsverordnung; **– d'avances** (*HaushR: crédits non prévus*) Regierungserlass über Nachtragsmittel, Vorwegbewilligung; **– de concession** (*VwR*) Konzessions- *od.* Verleihungsurkunde; **– en conseil des ministres** (*VerfR: acte dans le cadre du pouvoir réglementaire – art. 37 de la Constitution*) vom Ministerrat beschlossenes

Regierungsgesetz; **– de convocation** (*VerfR*) Einberufung (der Nationalversammlung); **– de dissolution** Auflösungsverfügung *od.* -dekret; **– de grâce** (*StR*) Gnadenakt *m.*

décret individuel (*VerfR: acte de nomination d'un préfet ou autre haut fonctionnaire*) Regierungsverwaltungsakt (eine einzelne Person betreffend), Verwaltungsakt; **– d'institution** Erlass über die Errichtung (einer Dienststelle).

décret-loi (*hist*) Notverordnung (mit Gesetzeskraft), Gesetzesdekret (in der III. u. IV. Republik); **– ministériel** (*VwR*) Ministerialerlass *m;* **– de naturalisation** (*AuslR*) Einbürgerungsbescheid *m;* **– de nomination**

(1) (*BeamR*) Ernennung(sbescheid), Berufung (in das Beamtenverhältnis), Bestellungsdekret *n* (Aut); **– de nomination** Ernennungs- *od.* Bestallungsurkunde; **– pris dans la forme des règlements d'administration publique** (*hist*) (*nach Anhörung des Conseil d'État verabschiedetes*) Regierungsgesetz; **– réglementaire** (*VerfR: voir: décret pris en conseil des ministres*) frz. Regierungsgesetz; **– de répartition** (*HaushR*) Regierungserlass über die Verteilung der bewilligten Haushaltsmittel unter den einzelnen Ressorts; **– simple** (*VwR*) Erlass *m*.

décrétale *f* (*KirchR*) Dekretale *f*; Kirchengesetz.

décréter *v.tr.* (*ÖfR: ordonner par décret*) verordnen, verfügen; anordnen; **– l'état d'urgence** (*VerfR*) den Notstand *od.* Verteidigungsfall verkünden *od.* ausrufen; **– qqn. de prise de corps** (*StR*) die Festnahme anordnen.

décrier *v.tr.* (1) (*Währung*) außer Kurs setzen, (2) (*Person*) jmdn. in Verruf bringen.

décrire *v.tr.* beschreiben, darstellen, darlegen.

décrispation *f* (*Pol*) Entschärfung (der Situation), Entkrampfung, Annäherung.

décroissance *f* (*Vwirt*) Rückgang *m*, Abnahme *f*, Wachstumsminderung; **– de la population** Bevölkerungsrückgang *f*.

décroître *v.intr.* abnehmen, zurückgehen.

décryptage *m* Entschlüsselung.

de cujus *m* (*ErbR: le défunt*) *lat* Erblasser *m*.

dédaigner *v.tr.* geringschätzen, verschmähen.

dédicacer *v.tr.* widmen, zueignen.

dédire *v.pron.*: **avoir le droit de se –** ein Rücktrittsrecht haben; **se – (d'un engagement)** etwas widerrufen *od.* in Abrede stellen; nicht erfüllen, (einer Verpflichtung) nicht nachkommen; (vom Vertrag) zurücktreten.

dédit *m* (1) (*ZR: révocation d'une parole donnée*) Widerruf *m*, (2) (*ZR, HR: faculté de se délier d'un contrat*) Rücktritt *m* vom Vertrag, Rücktrittsrecht, (3) (*ZR, HR: somme versée pour se dédire: les arrhes*) Vertrags- *od.* Konventionalstrafe *f*, Reugeld *n*, Abstandsgeld.

dédommageable *adj* ersatzpflichtig.

dédommagement *m* (*ZR: réparation d'un dommage syn.: compensation, dommages et intérêts, indemnité, réparation*) Entschädigung *f*, Schadensersatz *m*, Ersatz(leistung), Schadloshaltung; **droit à –** Entschädigungs- *od.* Ersatzanspruch *m*; **– complet** *ou* **intégral** volle Entschädigung, voller Ausgleich, Schadensersatz in voller Höhe; **– partiel** (nur) teilweise Entschädigung, Ersatz eines Teils des Schadens.

dédommager *v.tr.* entschädigen, Ersatz leisten, Schadensersatz gewähren, schadlos halten.

dédouanement *m* zollamtliche Abfertigung, Verzollung; **certificat de –** Abfertigungsbescheinigung; **– à l'entrée** Einfuhrverzollung *od.* -abfertigung; **– à la sortie** Ausfuhrabfertigung.

dédouaner *v.tr.* (zum freien Verkehr) abfertigen.

dédoublement *m* Aufspaltung *f*, Zweiteilung *f*.

dédramatiser *v.tr.* (*Pol: débats, conflits*) entschärfen.

déductibilité *f* (*SteuerR*) Abzugsfähigkeit *f*.

déductible *adj* abzugsfähig; absetzbar; **frais –s** abzugsfähige Unkosten.

déduction *f* (1) Abzug *m*, Verminderung, Herabsetzung, (2) Schlussfolgerung; **faire – des arrhes versées** unter Anrechnung der Anzahlung; **porter en –** in Abzug bringen; **– à la base** (*SteuerR*) Steuerfreibetrag, Freigrenze; **– pour charges de famille** (*SteuerR*) Kinder- *od.* Haushaltsfreibetrag, Familienfreibetrag *m*; **– faite des frais** nach Abzug der Kosten; **– forfaitaire** (*SteuerR*) Freibetrag *m* (für bestimmte Berufsgruppen).

déduire *v.tr.* (1) abziehen, in Abzug bringen, (2) schließen, folgern.

de facto *loc. adv.* de facto, tatsächlich (bestehend).

défaillance *f* (1) (*SchuldR: le fait de*

manquer à ses engagements, même monantanément) Verzug *m*, Nichterfüllung (bei Fälligkeit), (2) (*ZPR: le fait pour un plaideur d'être en défaut*) Säumnis *f*, Versäumnis *n*, (3) (*Pol: diminution, perte momentanée des forces morales*) Schwäche *f*, Ohnmacht *f*, Untätigkeit, (4) (*Gerät*) Ausfall *m*; **– humaine** menschliches Versagen; Fehlverhalten *n*; **– mécanique** (technische) Betriebsstörung.

défaillant *adj* (1) säumig, (2) *m* (*ZPR*) säumige Partei; Vertragspartner, der seinen Verpflichtungen nicht nachkommt; **témoin –** (*PrzR*) ausbleibender Zeuge, nicht erschienener Zeuge.

défailli *adj*: **condition –e** (*SchuldR*) Bedingung, die nicht mehr eintreten kann.

défaire *v. pron.*: **se – d'un employé** einem Angestellten kündigen; **se – d'un objet** eine Sache veräußern.

défaisance *f* Treuhandverwaltung aufgenomener Kredite (durch eine Bank).

défaite *f* Niederlage *f*, Schlappe *f*; **– à domicile** Heimniederlage; **– électorale** Wahlniederlage.

défalcation *f* Abzug *m*; **– faite des frais** nach Abzug der Kosten.

défalquer *v.tr.* abrechnen, abziehen.

défaut *m* (1) (*SchuldR: défectuosité, vice*) Fehler *m*, Mangel *m*, (2) (*PrzR: situation d'un plaideur qui ne comparaît pas*) Abwesenheit *f*, Säumnis *f*, Ausbleiben *n*, Versäunmnis *n*, (3) (*AllgSpr: pénurie, carence, faute, manque, privation*) Fehlen *n*; Unterlassung *f*, Nichteinhaltung *f*; **à –** anderenfalls, sonst; **à – de** in Ermangelung von; anstelle von, mangels; **cacher les –s** die Mängel vertuschen; **condamnation par –** (*StPR*) Verurteilung in Abwesenheit; **déceler un –** einen Mangel entdecken; **donner –** (*ZPR*) die Säumnis *od.* das Ausbleiben feststellen; **entaché d'un –** mangelhaft, mit einem Mangel behaftet; **être en –** (*StR*) die Schuld (an etwas) tragen, gegen eine Vorschrift verstoßen; **faire –** (*ZPR*) (*einen Gerichtstermin*) versäumen, (*vor Gericht*) nicht erscheinen, ausbleiben; abwesend sein.

défaut: **jugement par –** (*ZPR*) Versäumnisurteil *n*; **par –** in Abwesenheit; **présenter un –** einen Mangel aufweisen; **remédier à un –** einen Mangel beheben.

défaut d'attention (*SchuldR*) Unaufmerksamkeit *f*; Verletzung der Sorgfaltspflicht; **– de base légale** Fehlen der gesetzlichen Voraussetzungen, Fehlen einer gesetzlichen Grundlage; **– caché** verborgener Mangel; **– de comparaître, – de comparution** (*PrzR*) Nichterscheinen *n* (vor Gericht); **– de compétence** (*PrzR; VwR*) mangelnde Zuständigkeit; **– de conception** Konstruktionsfehler; **– de conformité** (1) (*SchuldR*) Vertragswidrigkeit, (2) (*Urkunden*) Nichtübereinstimmung *f*; **– congé** (*ZPR*) Versäumnisurteil gegen den Kläger, Klageabweisung; **– de consentement** (*ZR*) Fehlen *n od.* Mangel der Zustimmung, fehlende Willensübereinstimmung; **– de construction** Fertigungsfehler; **– de déclaration** Nichtbeachtung der Anmeldungs- *od.* Meldepflicht; **– de discernement** fehlende Einsichtsfähigkeit; **– d'enregistrement** Nichteintragung; **– d'entretien** mangelhafte Wartung; **– d'exploitation** (1) (*WirtR*) Nichteinhaltung der Betriebspflicht, (2) (*PatR*) unterlassene Verwertung *od.* Ausübung.

défaut de fabrication (*SchuldR*) Herstellungs-, Fertigungs- *od.* Fabrikationsfehler; **– faute de comparaître** (*ZPR*) Versäumnis infolge Nichterscheinens (zur mündlichen Verhandlung); **– faute de conclure** (*ZPR*) Säumnis infolge Unterlassung der Antragstellung; **– de forme** Formmangel *m*, Formfehler, Formgebrechen *n* (Aut); **– incorrigible** nicht zu behebender Mangel; **– d'information** *ou* **d'instruction** (*SchuldR*) Verletzung der Informationspflicht; Instruktionsfehler; **– d'intérêt** (*ZPR*) fehlendes Rechtsschutzbedürfnis; **– d'inventaire** unterlassene Inventarerrichtung, fehlende Inventur.

défaut du matériel *ou* **de la matière** (*SchuldR*) Materialfehler *m*; **– de**

montage Einbaufehler; **– de motifs** (*PrzR*) unzureichende *od.* fehlende Begründung; **– de notification** unterbliebene Zustellung; **– de nouvelles** (*ZR*) nachrichtenlose Verschollenheit.

défaut de paiement (*SchuldR*) Zahlungs- *od.* Schuldnerverzug, Nichtzahlung *f*; **– contre partie** Nichterscheinen *n*; **– d'une partie** (*ZPR*) Ausbleiben einer Partei (in einem gehörig angeordneten Termin); **– de préavis** nicht fristgemäße Kündigung; **– de prestation** (*SchuldR*) Leistungsverzug, Nichtleistung *f*; **à – de preuve** mangels Beweises; **– de preuve** (*ZPR*) nicht bewiesene Tatsache; fehlende *od.* unzureichende Beweismittel; **– de procuration** Fehlen der Vollmacht; **à – de provision** mangels Deckung; **– de provision** fehlende Deckung.

défaut de quorum (*GesR*) Beschlussunfähigkeit, mangelnde Beschlussfähigkeit; **– de rédaction** mangelhafte *od.* fehlerhafte Abfassung (einer Urkunde); **– de renseignement** Instruktionsfehler, Verletzung der Auskunftspflicht; **– de surveillance** Aufsichtspflichtverletzung, Verletzung der Obhutspflicht; **– de vision** Sehfehler *m*; **– de volonté** fehlende *od.* mangelhafte Willenserklärung, Willensmangel *m*.

défavorable *adj* nachteilig, ungünstig.

défavoriser *v.tr.* benachteiligen, schlechterstellen; diskriminieren.

défection *f* Abfall *m*, Loslösung *f*; Bruch *m*; Verrat *m*; **faire –** jmdn. verraten *od.* verlassen, untreu werden; (*zum politischen Gegner*) überlaufen.

défectueux *adj* (*SchuldR: produit qui n'offre pas la sécurité attendue*) schadhaft, mangelhaft, fehlerhaft; **acte (juridique) –** (*ZR: acte vicié*) mangelhaftes Rechtsgeschäft; ungültiger Vertrag; **gestion défectueuse** unsachliche *od.* unregelmäßige Geschäftsführung; **inventaire –** unvollständiges Inventar.

défectuosité *f* Mangel *m*, Mangelhaftigkeit *f*, Fehlerhaftigkeit; Schaden *m*, Defekt *m*.

défendable *adj* vertretbar, verfechtbar, haltbar.

défendant: **à son corps –** *loc. adv.* gegen seinen Willen, widerwillig.

défendeur *m*, **défenderesse** *f* (*ZPR: partie contre laquelle une demande en justice est formée*) Beklagte(r) *m/f*, beklagte Partei; **– en appel** (*ZPR: intimé*) Berufungsbeklagte(r), Berufungsgegner *m*; **– en cassation** Revisionsbeklagte(r) *m*, Revisionsgegner.

défendre *v.tr.* (1) (*interdire, prohiber*) verbieten, untersagen, (2) (*soutenir, assister*) vertreten, verteidigen, (3) (*sauvegarder*) schützen, bewahren; **– les intérêts de qqn.** die Interessen wahren *od.* wahrnehmen.

défen(d)s *m* (*LandwR: bois en défens: bois jeune, dont l'entrée est défendue aux bestiaux*) (*Forst*) Schonung *f*.

défense *f* (1) (*ÖfR: interdiction, prohibition*) Verbot *n*, Untersagung *f*, (2) (*PrzR: action de se défendre en justice*) Verteidigung *f*, Vertretung *f*; Klagebeantwortung *f*; Verteidigungsschrift, -rede *f*, (3) (*MilR*) Landesverteidigung *f*, Abwehr *f*; **droits de la –** (*StPR*) Rechts des Angeklagten und des Strafverteidigers; **légitime –** (*StR: réponse à une agression*) Notwehr *f*; **liberté de la –** (*StPR*) freie Wahl des Anwalts *od.* Strafverteidigers; **moyen de –** Verteidigungsvorbringen *n*.

défense des consommateurs Verbraucherschutz *m*; **– de doubler** (*StVR*) Überholverbot; **– de l'environnement** Umweltschutz; **– au fond** (*ZPR*) sachliche Verteidigung, materiell-rechtliche Verteidigung; **– d'intérêts** Interessenvertretung; **– en justice** Verteidigung vor Gericht; **– des libertés** (*VerfR*) Wahrung der Grundrechte; **– nationale** Landesverteidigung; **– d'objectifs** Objektschutz; **– de payer** Zahlungsverbot *n*; **– du pouvoir d'achat** Erhaltung der Kaufkraft; **–s à l'action** (*ZPR*) Einreden *od.* Einwände des Beklagten.

défenseur *m* (1) (*StPR*) (Straf-) Verteidiger *m*, (2) (*PrzR*) Rechtsbeistand *m*, Rechtsberater *m*; **– agréé** (*HR*) bei dem Handelsgericht zugelassener

Rechtsbeistand; **– commis d'office** (*StPR*) Pflicht- *od.* Offizialverteidiger, gerichtlich bestellter Rechtsanwalt als Verteidiger; **– en justice** Anwalt *m* (des Beklagten), Rechtsbeistand, Verteidiger; **– librement choisi** (*StPR*) frei gewählter Strafverteidiger.

défensif *adj*: **traité –** (*VR*) Defensivbündnis *n*.

défensive *f* Abwehr *f*, Defensive *f*.

déféré *adj* (1) (*bien ou fonction*) übertragen, verliehen, (2) (*StPR: prévenu*) (*vor ein Gericht*) gestellt, verwiesen.

déférence *f* (achtungsvolle) Ehrerbietung.

déférer *v.tr.* (1) (*PrzR: traduire en justice*) (an ein Gericht) verweisen, (ein Gericht) anrufen, (2) (*StPR: renvoyer devant le ministère public*) Strafverfolgungsmaßnahmen ergreifen, ein Strafverfahren einleiten, einen Schuldigen vor Gericht bringen, (3) (*BeamR: attribuer une fonction*) ein Amt verleihen; **– à** *v.tr. ind.* (*obtempérer, se soumettre, obéir à*) Folge leisten, nachkommen, gehorchen; **– à la cour** (*PrzR*) Berufung einlegen; **– en justice** vor Gericht bringen, jmdn. verklagen; **– au parquet** (*einen Tatverdächtigen*) zwecks Ermittlungen der Staatsanwaltschaft überstellen; **– le serment** (1) (*par le tribunal à une partie*) zur Eidesleistung laden, (2) (*d'une partie à une autre*) den Eid zuschieben; **– qqn. devant un tribunal** jmdn. verklagen, gegen jmdn. eine Klage anstrengen.

défi *m* Herausforderung *f*; Provokation, Brüskierung.

défiance *f* Misstrauen *n*, Argwohn *m*; **motion de –** (*VerfR*) Misstrauens- *od.* Missbilligungsantrag *m*.

déficience *f* Mangel *m*; Behinderung *f*; Schwäche *f*; **– mentale** Geistesschwäche; **– physique** Körperbehinderung.

déficit *m* (1) Fehlbetrag *od.* -bestand, Einbuße *f*, Defizit *n*; Ausfall *m*; (Deckungs-) Lücke *f*; Minus *n*, Verlust *m*, (2) (*Buchf*) Debetsaldo *m*, Passiva *npl*, Passivsaldo *m*; **accuser un –** einen Passivsaldo aufweisen; **combler** *ou* **couvrir un –** einen Fehlbetrag decken; **laisser apparaître un –** ein Defizit aufweisen; **report à nouveau des –s** Vortrag der Verluste auf die neue Rechnung; **se solder par un –** mit einem Fehlbetrag abschließen; **– de la balance des paiements** Zahlungsbilanzdefizit; **– budgétaire** Haushaltslücke *f*, Haushaltsdefizit.

déficit de caisse Kassenfehlbetrag *m*; **– du commerce extérieur** Außenhandelsdefizit; **– comptable, – d'exercice** (*HR, GesR*) (in der Bilanz) ausgewiesene Verluste, Passivsaldo *n*, Fehlbetrag *m*, rechnerisches Defizit; **– énergétique** Energielücke; **– d'exploitation** Ertragsausfall *m*, Betriebsverlust *m*; **– en logements** Wohnungsmangel; **– des naissances** Geburtenrückgang; **– de trésorerie** Kassenfehlbetrag.

déficitaire *adj* (1) (*Buchf*) passiv, defizitär, Verlust-, mit Fehlbetrag abschließend, ein Defizit aufweisend, (2) unzureichend, mangelhaft; **bilan –** Passivbilanz *f*; **profession –** Mangelberuf *m*; **récolte –** Missernte *f*; **secteur –** Verlustsektor *m*.

défier *v.tr.* herausfordern; **se – de qqn.** *ou* **qqch.** *v. pron.* misstrauen.

défigurer *v.tr.d.* verunstalten, entstellen.

défilé *m* Umzug *m*, Aufzug *m*, Vorbeimarsch *m*; Militärparade *f*.

défiler *v. intr.* Vorbeiziehen *n* (von Truppen); vorbeimarschieren; **faire – les suspects** (*StPR*) (*neben anderen mit Nummern versehenen Personen*) die *od.* den Verdächtigen (dem Zeugen *od.* Tatopfer) vorführen; **– à la barre** (*Zeugen*) (*vor Gericht*) nacheinander eine Aussage machen.

défini *adj* bestimmt, festgelegt.

définir *v.tr.* bestimmen, definieren, festsetzen, festlegen; **– une position commune** eine gemeinsame Strategie festlegen, sich untereinander abstimmen.

définitif *adj* endgültig, abschließend; rechtskräftig; **accord –** (endgültiger) Vertrag (im Gegensatz zum Vorvertrag); **jugement –** Endurteil *n*; **partage –** Auseinandersetzung.

définition *f* Definition *f*, Begriffsbestimmung; Erklärung, Bezeichnung; Eingrenzung; **marché de –** (*ÖfR*) Auftrag zur Bestimmung der Aufgabenstellung; **– légale** gesetzliche Begriffsbestimmung, Legaldefinition.

défiscalisation *f* (Körperschafts-) Steuerbefreiung.

déflaté *adj* inflationsbereinigt.

déflation *f* Deflation, Verminderung des Geldumlaufs.

déflationniste *adj*: **mesure –** deflatorische *od.* deflationistische Maßnahme.

défloration *f* Defloration *f*, Entjungferung *f*.

défoliation *f* Entlaubung *f*.

déformation *f* Entstellung; **– professionnelle** *fig* berufsbedingte Einseitigkeit (des Urteils).

déformer *v.tr.* entstellen; **– un fait** einen Sachverhalt verfälschen; **– la vérité** die Unwahrheit sagen, der Wahrheit nicht die Ehre geben, nicht bei der Wahrheit bleiben.

défrayer *v.tr.* (*Buchf: décharger qqn. de ses frais*) die Spesen vergüten, die Kosten übernehmen.

défrichage *m* (*LandwR: on dit aussi: défrichement*) Urbarmachung *f*, Rodung.

défunt *adj* verstorben.

défunt *m* Verstorbene(r) *m*.

dégagement *m* (1) (*ZR*) Einlösung (verpfändeter Sachen), (2) Entbindung (von einem Versprechen); **– de cadres** (*BeamR*) Dienststellenabbau *m*; **– de fonds** Mittelbeschaffung *f*; **– de fumée** (*UmweltR*) Rauchentwicklung *f*; **– de personnel** (*ArbR*) Personalabbau *m*; **– de travailleurs** Freisetzung *od.* Entlassung von Arbeitskräften; **– de la voie publique** (*StVR*) Beseitigung von Verkehrshindernissen.

dégager *v. tr. d.* auslösen, einlösen; losmachen, befreien; **– des bénéfices** Gewinne erzielen *od.* erwirtschaften; **– des crédits** einen Kredit bereitstellen; **– de la responsabilité** von der Haftung befreien.

dégât(s) *m/pl* Schaden *m*, Beschädigung *f*; Verwüstung, Verheerung; **causer des –** einen Schaden verursachen, zu Schäden führen; **limiter les dégâts** den Schaden begrenzen; **– causé(s) par l'eau** Wasserschaden *m*; **– corporel(s)** Personenschaden *m*; **– de gibier** Wildschaden; **– léger(s)** leichte Schäden, geringfügige Beschädigung; **– matériel(s)** Sachschaden; **– provoqué(s) par les inondations** Überschwemmungsschäden *mpl*; **– de surface** (*Bergbau*) Bergbauschäden *mpl.*

dégazage *m* (*UmweltR*) Verklappung (auf hoher See).

dégé *m* (*GesR: Kurzwort für directeur général*) Generaldirektor *m*, Unternehmensführer *m*.

dégel *m* Tauwetter *n*; **barrière de –** (*StVR*) Straßensperre wegen Gefahr von Frostaufbrüchen, Straßensperre bei Tauwetter.

dégénérescence *f* Entartung; **– mentale** geistiger Verfall.

dégradation *f* (1) (*StR: dégradation de monuments*) (Sach-) Beschädigung *f*, Verfall *m* (eines Gebäudes), (2) (*BeamR*) Aberkennung von Rang und Würden, (3) (*MilR*) Degradierung, Rangverlust, (4) (*PrzR: preuves*) Verschlechterung *f*, (5) (*WirtR: matériel, biens*) Wertminderung *f*, Wertverlust; Schadhaftigkeit; **– de bâtiments** (*SachR, StR*) Sachbeschädigung (an Gebäuden); **– de bornes** Grenzsteinbeschädigung; **– de chemins** Beschädigung von Wald und Feldwegen; **– civique** (*StR*) Aberkennung der bürgerlichen Ehrenrechte; **– du climat social** (*Pol*) Bruch des geselschaftspolitischen Konsenses; **– des diplômes** (*SchulR*) Abwertung der Schul- *od.* Universitätszeugnisse; **– de l'emploi** Verschlechterung der Arbeitsmarktlage; **– de l'environnement** Umweltzerstörung *f*; **– de monuments** (*StR*) Beschädigung von Denkmälern und Bauwerken; **– de la situation économique** Verschlechterung der Wirtschaftslage.

dégrader *v.tr.* (*MilR, BeamR*) den Dienstgrad aberkennen; **se –** *v. pron.* sich verschlechtern, zurückgehen, verfallen.

dégraissage *m* (*WirtR*) *fig.* Personalabbau *m*, Freisetzen von Arbeitnehmern, Verschlankung (eines Unternehmens); Rationalisierung.

degré *m* Grad *m*, Stufe *f*; Instanz *f*; Stadium *n*; **– d'appel** Berufungsinstanz; **– de culpabilité** (*StR*) Schwere der Schuld, Umfang *od.* Ausmaß *od.* Grad des Verschuldens; **– d'emploi** Beschäftigungsstand *od.* -grad; **– d'incapacité** (*SozR, ArbR*) Grad der Erwerbsunfähigkeit; **– d'instruction** Vorbildung, Schulbildung, Bildungsgrad; **– d'invalidité** Versehrtenstufe, Grad der Erwerbsminderung; **– de juridiction** (*GVR*) Instanz *f*, Rechtszug *m*; **– de liquidité** Liquiditätsgrad.

degré de parenté (*FamR*) Verwandtschaftsgrad *m*; **– de pollution** Tragweite der Umweltbelastung, Umfang der Umweltschäden; **– de responsabilité** Haftungsumfang *m*; Grad *m* der Verantwortlichkeit; **– de sécurité** Geheimhaltungsstufe; **– successible** (*ErbR*) (*der die Erbfolge bestimmende*) Verwandschaftsgrad *m*; Erbfolgeordnung *f*; **– de transformation** (*Vwirt*) Verarbeitungsstufe.

dégressif *adj* abnehmend, degressiv; **barème –** Preistafel mit stufenweiser abfallender Staffel.

dégression *f* Abnahme *f*, Rückgang.

dégressivité *f* **des coûts** Kostendegression *f*.

dégrèvement *m* Entlastung *f*, Nachlass *m*; **– fiscal** *ou* **d'impôt** (*SteuerR: décharge, remise totale ou partielle d'une imposition*) Steuernachlass *m*; Steuerbefreiung *f*; Steuerermäßigung *f*; **– d'un produit** (*SteuerR*) teilweise Steuerbefreiung; **– total** Steuerbefreiung *f*.

dégrever *v.tr.* Steuerbefreiung *od.* Steuernachlass gewähren.

dégriffer *v.tr.* (*HR*) (*bei Stoffen, Kleidern, Schuhen*) das Firmenzeichen entfernen; **article dégriffé** Ware zu ermäßigten Preisen (nach Firmenzeichenentfernung).

dégroupage *m* Stückelung *f* (einer Sendung).

déguerpir *v. tr. et intr.* (1) (*SachR*) (*das Eigentum*) aufgeben, (2) (*einen Ort*) schnell verlassen; **sommation à –** (*ÖfR*) Aufforderung (durch die Polizei), eine Demonstration aufzulösen u. einen Ort zu verlassen.

déguerpissement *m* (1) (*SachR: abandon de la propriété ou de la possession*) Eigentumsaufgabe *f*, Besitzaufgabe *f*, (2) (*ErbR*) Ausschlagung *f* der Erbschaft, (3) (*StR: s'en aller en fuyant*) Fliehen *n*, rasches Enteilen, Entweichen *n*.

déguisé *adj*: **acte –** Scheingeschäft *n*.

déguisement *m* (1) (*StR*) Vermummung *f*, Verkleidung *f*, (2) (*ZR: simulation, dissimulation*) Umdeutung eines Rechtsgeschäfts (zu unlauteren Zwecken), (3) Verstellung *f*, (4) Verschleierung von Tatsachen.

dégustation *f* probeweises Kosten, Verkosten *n*; Weinprobe *f*.

déjouer *v.tr.* (*Pol: un complot*) (einen Anschlag) vereiteln, durchkreuzen.

déjuger *v. pron.*: **se –** (1) eine Meinung ändern; sich widersprechen, (2) (*PrzR*) ein Urteil zurücknehmen.

de jure *loc. adv. lat* de jure, von Rechts wegen, rechtlich betrachtet.

délabrement *m* (*BauR: édifice*) Baufälligkeit *f*.

délai *m* (1) (*SchuldR: laps de temps*) Frist *f*, Zeitraum *m*, Zeitablauf *m*, (2) (*AllgSpr: impropre pour: terme*) Termin *m*, Zeitpunkt *m*, (3) zeitliche Verzögerung; **abréger un –** eine Frist verkürzen; **accorder un –** eine Frist(verlängerung) gewähren; **agir dans les –s** unter Wahrung der Frist klagen; **calcul des –s** Fristenberechnung; **commencement d'un –** Fristbeginn *m*; **computation du –** Fristberechnung; **consentir un –** eine Frist gewähren; **début d'un –** Fristbeginn *m*; **demander un – (supplémentaire)** um eine Fristverlängerung bitten; **déterminer un –** eine Frist setzen.

délai: **échéance** *ou* **écoulement** *ou* **expiration du –** (*SchuldR*) Fristablauf *m*; **fixation d'un –** Fristsetzung; **impartir un –** eine Frist setzen; **inobservation** *ou* **non respect du –** Fristversäumung *f*, Nichteinhaltung der Frist; **interruption du –** Unterbrechung des Fristablaufs, Ruhen *n* der Verjährung; **dans les meilleurs –s** baldmöglichst, postwendend, unverzüglich; **observer un –** eine Frist einhalten *od.* wahren; **obtenir un –** eine (zusätzliche) Frist erwirken; **octroi d'un –** Fristbewilligung *f.*

délai: **paiement dans un – de huit jours** zahlbar innerhalb einer Woche; **point de départ du –** Fristbeginn *m*; **prolongation** *ou* **prorogation de –** Fristverlängerung *f*; **reculer les –s** die Erfüllung auf später verschieben; **réduction de –** Fristverkürzung; **sans –** unverzüglich, sofort; fristlos; **suspendre un –** den Fristablauf hemmen; **suspension du –** Hemmung des Ablaufs der Frist, Fristhemmung *f*; **terme du –** Fristende *n*, Fristablauf *m*; Termin *m*; **violer un –** eine Frist nicht einhalten.

délai d'abandon (*GesR*) Abandonfrist; **– d'action** (*ZPR: délai de diligence à peine de forclusion*) Klagefrist, Frist für die Anspruchgeltendmachung vor Gericht; **– d'admission** Zulassungsfrist; **– d'ajournement** (*ZPR*) Ladungsfrist; **– d'appel** Berufungsfrist, Rechtsmittelfrist; **– d'attente** (*EheR*) Wartezeit *f*, Karenzzeit; **– d'avis** Anmeldefrist.

délai de blocage Sperrfrist; **– de carence** (1) (*Soz Vers*) 3-tägige Anzeigefrist (bei Krankheit usw.), (2) (*Soz Vers: période légale pendant laquelle l'assuré social ne reçoit aucune prestation*) Karenzzeit *f*; **– de chargement** Ladezeit; **– de circulation** Laufzeit *f*; **– pour comparaître** *ou* **de comparution** Ladungsfrist, Einlassungsfrist, Frist für das Erscheinen vor Gericht bzw. einer Behörde.

délai-congé *m* (*ArbR: délai de préavis, on dit aussi délai de congé*) Kündigungsfrist *f*; **donner le –** fristgerecht kündigen; **droit au –** Anspruch *m* auf Einhaltung der Kündigungsfrist; **durée du –** Kündigungsfrist; **indemnité de –** Entschädigung bei Nichteinhaltung der Kündigungsfrist; **respecter le –** fristgerecht kündigen; **violer le –** die Kündigungsfrist nicht einhalten.

délai de conservation (*ÖfR*) (*für Belege, Geschäftsbücher usw.*) Dauer der Aufbewahrungspflicht; **– conventionnel** (1) (*ZR*) vertraglich bestimmte *od.* vertraglich festgesetzte Frist, (2) (*ArbR*) tarifvertraglich festgesetzte Frist; **dans le – convenu** fristgerecht, fristgemäß.

délai de déchéance Ausschluss- *od.* Verwirkungsfrist; **– de déclaration** Anmeldungsfrist; Erklärungsfrist; **– pour délibérer** (*ZRP*) (Urteils-) Beratungszeitraum *m*; **– de dénonciation** (*ArbR*) Kündigungsfrist; **– de diligence** (*ZRP*) Klagefrist *f*; **– de distance** (*ZPR*) besondere Frist infolge Entfernung, Distanzfrist; **– de droit** gesetzliche Frist.

délai d'échéance (*SchuldR*) Fälligkeitstermin *m*; **– d'enlèvement** (*HR*) Abholungsfrist; **– d'entreposage** Lagerfrist; **– d'épreuve** (1) (*StPR*) Bewährungsfrist, Bewährungszeit, (2) (*ArbR*) Probezeit; **– d'évacuation** Räumungsfrist; **– d'exécution** Leistungsfrist, Ausführungsfrist; **– d'exercice du droit** Rechtausübungsfrist; **– d'expédition** Absendungs- *od.* Abfertigungsfrist; **– d'expulsion** (*MietR*) Räumungsfrist; **– pour faire inventaire** Inventarfrist, Frist zur Inventarerrichtung; **– fixe** genau bestimmte Frist; **– fixé par le juge** richterliche Frist.

délai de forclusion (*ZPR*) Ausschlussfrist, Präklusivfrist; **– franc** Frist mit einem zusätzlichen Respekttages, Frist (im Prozess) bei welcher weder Anfangstag noch Endtag mitzählen; **– de garantie** Gewährleistungsfrist, Garantiefrist; **– de garde** Aufbewahrungsfrist; **– de la garde à vue** (*StPR*) Dauer des Polizeigewahrsams.

délai de grâce (*ZPR: délai supplémentaire accordé par le juge au débiteur*) gerichtliche Nachfrist, Gnadenfrist (welche das Gericht dem säumigen Schuldner zur Erfüllung einer fälligen Schuld einräumen kann), Respekttag (S); **– imparti** festgesetzte Frist; **– imparti par la loi** gesetzliche Frist; **– pour intenter une action** Klagefrist; **– judiciaire** (*ZPR*) gerichtlich festgesetze Frist; **– légal** gesetzliche Frist; **– de licenciement** Kündigungsfrist.

délai-limite *m* Stichtag *m.*

délai de livraison Lieferfrist, Lieferzeit; **– minimum** Mindestfrist; **– moratoire** Nachfrist; **– non franc** Fristablauf am angegebenen Tag; **– d'opposition** Einspruchsfrist; **– ordinaire** (*ZRP: délai non franc*) Fristablauf *m* am angegebenen Tag; **– de paiement** (1) Zahlungsfrist; Leistungsfrist, (2) (*InsolvenzR*) Stundung (einer Schuld); **– de péremption** Ausschluss- *od.* Verfallfrist, Verwirkungsfrist; **– de planche** (*SeeHR*) Liegezeit *f*, Dauer der Löschzeit; **– de préavis** (*ArbR*) Kündigungsfrist; **– préfix** (*ZPR*) Ausschluss- *od.* Präklusivfrist, Notfrist.

délai de prescription (*SchuldR*) Verjährungsfrist *f*; **– de prescription acquisitive** (*SachR*) Ersitzungsfrist; **– de présentation** Vorlagefrist; **– de prestation** Erfüllungs- *od.* Leistungsfrist; **– de priorité** (1) Prioritätsfrist, (2) (*Pariser Übereinkunft zum Schutz des gewerblichen Eigentums*) Unions- *od.* Verbandspriorität; **– de prise en charge** (*VersR*) Inanspruchnahmefrist; **– de procédure** Verfahrensfrist, prozessrechtliche *od.* verfahrensrechtliche Frist, anberaumter Termin; **– de production** (1) (*VwR*) Anmeldungsfrist, (2) (*PrzR*) Frist zur Vorlage (einer Urkunde); **– de protection** (*PatR*) Schutzdauer *f*; **– du protêt** (*WechselR*) Protestfrist; **– raisonnable** angemessene Frist.

délai de recours (*PrzR*) Rechtsmittelfrist *f*; Berufungsfrist; Beschwerdefrist; **– de rectification** Nachholungsfrist, Berichtigungsfrist; **– de réflexion** Bedenkzeit *f*; **– de remboursement** Laufzeit (eines Kredits), Rückzahlungsfrist; **– de repentir** (*SchuldR: délai restreint de rétractation*) Frist der Ausübung des Widerrufsrechts; **– de réponse** (1) (*HR*) Beantwortungsfrist, (2) (*DV*) Ansprech- *od.* Schaltzeit; **– de représentation** (*VwR*) Wiedervorlagefrist; **– de retour** Rückgabefrist; **– de rigueur** (1) Frist des Fixgeschäfts, (2) Notfrist.

délai de souscription (*WertpR*) Bezugs- *od.* Subskriptionsfrist; **– supplémentaire** Nachfrist, Zuschlagsfrist; **– de sursis** (1) (*StPR*) Dauer der Strafaussetzung (zur Bewährung), Bewährungszeit, (2) (*SchuldR*) Zahlungsaufschub *m*; **– de transmission** Laufzeit; **– de validité** Gültigkeits- *od.* Geltungsdauer; **– de vue** (*WechselR*) Nachsichtfrist, Sichtfrist.

délaissement *m* (1) (*SachR: abandon*) Grundstücksaufgabe, Besitzaufgabe, (2) (*StR*) Aussetzung (einer hilflosen Person); **– d'enfant** (*StR: l'exposition d'enfant*) Aussetzung eines Kleinkindes; **– d'un navire** (*SeeHR*) Abandon *m*, Aufgabe eines Schiffsparts.

délaisser *v.tr.* (1) aufgeben, preisgeben; abandonnieren, (2) *v.tr.d.* aussetzen, vernachlässigen.

délateur *m* (*StR*) Anzeigeerstatter *m*; *umg* Denunziant *m*.

délation *f* (*StR: dénonciation*) falsche Verdächtigung *od.* Anschuldigung, Denunziation *f*; **– de serment** (*StPR, ZPR*) Eideszuschiebung, Aufforderung zur eidlichen Bekräftigung einer Aussage.

délégant *m* Anweisende(r) *m*; Vollmachtgeber *m*.

délégataire *m* (1) Anweisungs- *od.* Überweisungsempfänger *m*, (2) (*VwR*) Befugte(r), Beauftragte(r).

délégateur *m* Anweisende(r) *m*.

délégation *f* (1) (*ÖfR: groupe de personnes mandatées*) Vertretung *f*, Abordnung *f*, Delegation *f*, (2) (*ZR, ÖfR: action de déléguer*) Anweisung, Übertragung von Befugnissen; Beauftragung, Delegierung, (3) (*ZR*) (*zwischen Schuldner u. Übernehmer vereinbarte*) Schuldübernahme *f*; **avoir reçu –** ermächtigt *od.* beauftragt sein; **donner –** ermächtigen; **par –** im Auftrag.

délégation d'autorité parentale (*FamR*) gerichtliche Übertragung der elterlichen Sorge auf einen Dritten; **– commerciale** (*VR*) Handelsdelegation; **– de compétence** Übertragung *od.* Delegierung von Befugnissen, Zuständigkeitsübertragung; **– de crédits** (*HaushR*) Mittelzuweisung; **– d'un droit** Rechtsübertragung; **– économique** Wirtschaftsdelegation;

– gouvernementale Regierungsdelegation.

délégation imparfaite (*ZR*) Schuldübernahme ohne befreiende Wirkung (für den ursprünglichen Schuldner); **– de magistrat** (*GVR*) Abordnung eines Richters; **– de marché** (*VwR*) Sicherheitsbestellung für einen Bankkredit durch Verpfändung einer Forderung, (die einem Unternehmen auf Grund einer öffentlich vergebenen Arbeit gegenüber einer Körperschaft des öffentlichen Rechts zusteht); **– nationale** (*VR*) Abordnung (eines Staates); **– de paiement** Zahlungsauftrag *m*; **– parfaite** (*ZR*) (den ursprünglichen Schuldner) befreiende Schuldübernahme; **– permanente** (*VR*) ständige Vertretung.

délégation de pouvoirs (1) (*SchuldR*) Vollmachterteilung *f*, (2) (*VwR*) Befugnisübertragung, (3) (*PrzR*) Überweisung von Aufgaben an einen Einzelrichter od.einen Urkundsbeamten; **– de signature** (*ZR: le délégant n'étant pas dessaisi*) Übertragung der Zeichnungsbefugnis; **– spéciale** (1) (*SchuldR*) Einzelvollmacht, (2) (*VR*) Sondervertretung; **– syndicale** Gewerkschaftsdelegation; **– de vote** (*VerfR*) Delegation der Stimmabgabe.

de lege *lat* (*ÖfR: en vertu de la loi*) gesetzesgemäß; **– – ferenda** (*VerfR: dans la perspective d'une réforme*) vom Standpunkt des künftigen Rechts *od.* der zukünftigen Gesetzgebung aus; **– – lata** (*VerfR: en droit positif*) nach geltendem Gesetz *od.* Recht.

délégué *m* (1) (*ZR: représentant*) Beauftragte(r *m*, Vertreter *m*, Angewiesene (r) *m*, (2) (*ÖfR, VR*) Delegierte(r) *m*; **administrateur –** (*GesR*) geschäftsführendes Vorstandsmitglied; **magistrat –** Richter mit besonderen Aufgaben.

délégué commercial (*HR: agent commercial*) Handelsvertreter *m*; **– consulaire** (*HR*) Wahlmann zur Bestimmung der frz. Handelsrichter; **– général** (*HR*) Generalbevollmächtigte(r) *m*; **– du gouvernement** Regierungsvertreter *m*; **– à la liberté surveillée** (*StVZ*) Bewährungshelfer *m*; **– médical** Ärztebesucher *m*, Pharmareferent *m*; **– du personnel** (*ArbR: représentant élu du personnel dans l'entreprise*) Belegschaftsverteter; Personalvertreter *m*; Vertrauensmann *m*; **– plénipotentiaire** (*VR*) mit den erforderlichen Vollmachten versehener Delegierter; **– à la sécurité** Sicherheitsbeauftrage(r); **– syndical** (*ArbR*) Gewerkschaftsvertreter (im Betrieb).

déléguer *v.tr.* delegieren; übertragen; anweisen.

délestage *m* (1) (*coupure de courant*) Stromsperre *f*, (2) (*StVR: détournement de la circulation par un itinéraire spécial*) Ausweich- *od.* Entlastungsstrecke.

délétère *adj* (*UmweltR: qui met la santé, la vie en danger*) zerstörend; gesundheitsschädlich; **gas –** Giftgas *n*.

délibation *f* (*ZR: prélèvement*) Vorausempfang *m*.

délibérant *adj* (*chargé de délibérer de /sur*) beratend und beschlussfassend; **assemblée –e** Beschlussfassungsorgan *n*.

délibératif *adj* beratschlagend; **ayant voix délibérative** stimmberechtigtes Mitglied.

délibération *f* (1) (*ÖfR: examen, discussion d'un texte*) Beschlussfassung *f*, Beratung (und Abstimmung), (2) (*ÖfR: résolution, décision*) Beschluss *m*, (3) (*AllgSpr: réflexion mûre et réfléchie*) reifliche Überlegung; **affaire en –** (*ZPR*) Rechtsstreit in Beratung und Abstimmung (im Kollegium); **– budgétaire** Haushaltsberatung.

délibération municipale (*GemR*) Gemeinderatsbeschluss *m*; **– réglementaire** (*ÖfR*) Beschluss (im Rahmen der autonomen Rechtsetzungsbefugnis), (eigenständiger) Beschluss einer frz. Gebietskörperschaft.

délibératoire *adj* beratend; beschließend.

délibéré *m* (1) (*PrzR: délibération secrète des juges*) Beratung (der Richter) zur Urteilsfindung, Urteilsfällung, (2) (*PrzR: résultat de la délibération des juges*) Urteilsspruch *m*, Beschluss *m*, Entscheidung *f*, Erkenntnis *n*; **affaire en –** Rechtsstreit in Beratung und Abstimmung (im Kollegium); **mettre**

en – (1) (*PrzR: clôre les débats*) die mündliche Verhandlung schließen *od.* beenden, (2) (*PrzR: se retirer en chambre de conseil en vue de formuler un jugement*) (*Richter*) sich zur Beratung zurückziehen; **– en la chambre de conseil** (*ZPR*) Beratung und Beschlussfassung im Amtszimmer (der Richter); **– sur rapport** Urteilsfindung im Beratungszimmer nach Anhörung des berichterstattenden Richters; **– séance tenante** *ou* **sur le siège** halblaute Beratung im Gerichtssaal, Beratung und Verkündung des Urteils (bei der das Gericht den Sitzungssaal nicht verlässt).

délibéré *adj* entschlossen, reiflich überlegt; **de propos –** vorsätzlich, absichtlich.

délibérément *adv* (1) (*StR*) vorsätzlich, absichtlich, wissentlich und willentlich, (2) entschlossen.

délibérer *v. intr.* (1) (*PrzR*) in geheimer Beratung und Abstimmung ein Urteil fällen, beschließen, (2) beraten, beratschlagen, (3) verhandeln; **pouvoir – valablement** beschlussfähig sein; **– souverainement** frei entscheiden.

délictueux *adj* (1) (*StR: on dit aussi parfois délictuel*) eine Straftat betreffend, strafbar, rechtswidrig, (2) (*ZR: concernant un délit civil*) eine unerlaubte Handlung bezeichnend *od.* betreffend; **fait –** (*StR: on dit aussi parfois fait délictuel*) Straftat *f*, Erfüllung des Straftatbestandes; Vergehen *n*; **intention délictueuse** (*StR: on dit aussi: intention criminelle ou faute intentionnelle*) Vorsatz *m*.

délier *v.tr.* (*von einer Verpflichtung*) entbinden; *v.pron.*: **se – d'un contrat** einen Vertrag (einseitig) auflösen; **se – de sa religion** aus der Kirche austreten.

délimitation *f* Abgrenzung *f*, Begrenzung *f*, Grenzziehung *f*, Abmarkung *f*; **marque de –** Grenzzeichen *n*; **traité de – de frontière** (*VR*) Grenzregulierungsvertrag *m*; **– de compétence** (*ÖfR*) Abgrenzung der Zuständigkeiten; Zuständigkeitsbegrenzung *f*; Zuständigkeitsverteilung *f*; **– de frontière** (*SachR: Grundstück*) Grenzfestsetzung *od.* -abmarkung.

délimiter *v.tr.d.* begrenzen; abgrenzen.

délinquance *f* (*StR: souvent synonyme de criminalité*) Kriminalität *f*, Straffälligkeit; **risque de –** Straffälligkeitsrisiko *n*; **– astucieuse** *ou* **en col blanc** Wirtschaftskriminalität (der Führungskräfte und Insider) *f*; **– économique** Wirtschaftskriminalität *f*; **– juvénile** Jugendkriminalität.

délinquant *m* (*StR: auteur d'un délit ou d'une infraction*) (*bei Vergehen*) Straftäter *m*, Delinquent *m*, Rechtsbrecher *m*; **– d'habitude** Gewohnheitstäter *m*; **– irresponsable** Unzurechnungsfähige (r) *m*; **– juvénile** *ou* **mineur** jugendlicher Straftäter; **– d'occasion** *ou* **occasionnel** Zufalls- *od.* Gelegenheitstäter *m*; **– politique** politisch motivierter Straftäter; **– primaire** nicht vorbestrafter Täter, Nichtvorbestrafte(r), Straftäter der zum erstenmal straffällig wird; **– de profession** Berufsverbrecher *m*; **– récidiviste** Rückfalltäter *m*; **– à responsabilité restreinte** vermindert Zurechnungsfähige(r); **– par tendance** Hangtäter *m*.

délire *m* **de persécution** Verfolgungswahn *m*.

> Es muss darauf geachtet werden, dass das Wort *délit* sowohl für Straftaten, im Regelfall Vergehen, wie auch für unerlaubte vorsätzliche und fahrlässige Handlungen verwendet wird.

délit *m* (1) (*ZR: délit civil, fait dommageable illicite*) unerlaubte Handlung, Delikt *m*, widerrechtlicher Eingriff *m*; vorsätzliche Schädigung *f*, (2) (*StR: infraction punissable de peines correctionnelles; aussi synonyme d'infraction*) Vergehen *n*; Straftat *f*, strafbare Handlung; **commettre un –** (*StR*) eine Straftat begehen; **consommation du –** (*StR: réalisation ou accomplissement d'une infraction*) Vollendung der Straftat; **constituer un –** (*StPR*) den Tatbestand einer strafbaren Handlung erfüllen; **perpétrer un –** (*StR*) eine Straftat begehen; **prendre** *ou* **surprendre en flagrant –** (*StPR*) auf frischer Tat betreffen *od.* ergreifen; in flagranti ertappen.

délit d'audience (*PrzR*) Ungebühr *f* (bei einer gerichtlichen Verhandlung), Verstoß gegen die Ruhe und Ordnung (in einer Sitzung); **– de blanchiment** (*StR: blanchiment d'argent*) Vergehen der Geldwäsche.

délit civil (1) (*ZR: i.w.S. tout fait intentionnel ou non-intentionnel de l'homme qui cause à autrui un dommage et sanctionné par une peine civile – art. 1382 Cciv*) (*gleichgütig ob fahrlässig od. vorsätzlich*) unerlaubte Handlung, zivilrechtliches Delikt, (2) (*SchuldR: dommage causé par le fait volontaire ou intentionnel*) vorsätzliche unerlaubte Handlung, (3) (*ZR: quasi-délit – dommage causé par imprudence ou négligence –art. 1383 Cciv*) fahrlässige unerlaubte Handlung; **– collectif** (*StR*) Sammelstraftat *f*, Kollektivdelikt; **– de commission** (*StR*) strafbares Tun *n*, strafbare Handlung, Begehungsdelikt; **– de commission par omission** (*StR: abstention volontaire coupable, assimilation de l'abstention à une action positive*) unechtes Unterlassungsdelikt; **– complexe** Zusammentreffen mehrerer strafbarer Handlungen, zusammengesetztes Vergehen; **– connexe** straflose Nachtat, mitbestrafte Tat; **– consommé** vollendete Straftat; **– continu** (*StR: infractions que l'on appelle aussi successives*) Dauerverbrechen *od.* -delikt; **– continué** (*StR: réitération d'infractions instantanées de même nature, liées par une intention unique*) fortgesetzte Handlung, fortgesetztes Delikt; **– -contravention** *ou* **– contraventionnel** (*StR: infraction de caractère hybride à la fois délit et contravention*) durch ein Sondergesetz vorgesehene Mischstraftat (für deren Begehung kein Vorsatz erforderlich ist).

délit correctionnel (*StPR: infraction jugée par le tribunal correctionnel*) Vergehen (das in den Zuständigkeitsbereich des frz. Strafgerichts beim Großinstanzgericht fällt); **– disciplinaire** (*BeamR*) Dienstvergehen *n*; **– de droit commun** (*StR: par opposition au délit politique*) nichtpolitische Straftat.

délit économique Wirtschaftsstraftat *f*; **– électoral** Wahlfälschung *f*, Wahldelikt; **– d'entrave à la circulation** Straßenverkehrsgefährdung; **– extraditionnel** (*AuslR, StR*) Straftat auf Grund derer eine Auslieferung erfolgen kann, Auslieferungsdelikt, strafbare Handlung auf Grund derer eine Auslieferung erfolgen kann; **– de faciès** durch Vorurteil geprägte Verdächtigung von Dunkelhäutigen und Ausländern (durch Ordnungshüter); **– financier** (*WirtStrR*) Banken- und Börsenvergehen *n*; Wirtschaftsstraftat *f*; **– fiscal** Steuerstraftat, Steuervergehen; **– de fuite** (*StR, StVR*) Verkehrsunfallflucht *f*, Fahrerflucht *f*; **– d'habitude** (*StR: infraction devenant un comportement habituel*) gewohnheitsmäßiges (strafbares) Handeln; **– impossible** Vergehen am untauglichen Objekt *od.* mit untauglichen Mitteln, untauglicher Versuch; **– d'imprudence** (*StR: infraction résultat d'une faute non intentionnelle*) fahrlässiges strafbares Vergehen; **– informatique** (*WirtStrR*) Computerspionage *f*, Ausspähen von Daten; Computerkriminalität; **– instantané** (*StR: infraction qui se réalise en une période très courte*) in einem kurzen Zeitraum begangene Straftat, sofort vollendete Tat; **– intentionnel** vorsätzliche Tat *od.* Handlung.

délit manqué Fehlgehen *n* der Tat, aberratio ictus; **– maritime** Verstoß *m* gegen das Seerecht; **– matériel** Erfolgsdelikt *n*, Verletzungsdelikt; **– militaire** Vergehen gegen das Wehrstrafgesetz; **– de mœurs** Sexualstraftat; **– de négligence** Fahrlässigkeitsdelikt; **– non intentionnel** fahrlässige Handlung.

délit d'omission (*StR: comportement négatif constituant l'élément matériel de l'infraction*) (echtes) Unterlassungsdelikt; **– d'opinion** (*StR: infraction politique constituée par le seul fait de défendre publiquement des idées* *condamnées par le régime en place*) Meinungsdelikt *n*; **– pénal** strafbare Handlung, Straftat; **– permanent** (*StR: infraction instantanée se prolongeant dans le tempsen raison d'une attitude purement passive de son auteur*) Dauerstraftat *od.* -delikt; **– de police correctionnelle** (*StPR*) Vergehen (als Mischtatbestand); **– politique** (*StR: infraction liée à une entreprise politique*) politisch motiviertes Vergehen; **– praeter intentionnel** Straftat, bei der der tatsächliche Kausalverlauf und derjenige den sich der Täter vorgestellt hat erheblich voneinander abweichen; **– de presse** Pressedelikt; **– putatif** Putativ- *od.* Wahndelikt; **– de sale gueule** *umg* voreingenommene Verdächtigung gegenüber Ausländern und Farbigen (durch Ordnungskräfte); **– simple** Einzelstraftat, Einzelakt als Straftatbestand; **– successif** (*StR: infractions que l'on appelle aussi continues*) fortgesetzte Handlung; **– tenté** versuchte Straftat, Versuch *m*; **– de violences** Gewalttätigkeit, Nötigung.

délitement *m* **du tissu social** Zerfall *m* des sozialen Netzes.

délivrance *f* (1) (*Urkunde*) Erteilung *f*, Ausstellung, Ausfolgung, (2) (*Sache*) Übergabe, Aushändigung; Lieferung, (3) (*StR*) Freilassung *f*; Befreiung, (4) (*MedizinR: accouchement*) Entbindung *f*; **date de –** (1) Lieferzeit *f*, (2) Ausstellungstag *m*; **demander la –** (*ErbR*) die Herausgabe des vermachten Gegenstandes fordern; **refus de –** Übergabeverweigerung *f*; **– de brevet** Patenterteilung *f*; **– de la chose** (*SchuldR: mise à la disposition de l'acquéreur*) Übergabe der Sache; **– d'un legs** (*ErbR*) Aushändigung des vermachten Gegenstandes.

délivrer *v.tr.* (1) (*ÖfR: actes juridiques, papiers*) ausstellen; erteilen; ausfolgen, (2) (*WirtR: biens, marchandises*) liefern, aushändigen, (3) (*StR: personne*) befreien; **– une assignation** (*ZPR*) den Beklagten (durch Gerichtsvollzieher) vor Gericht laden; **– congé** (*SteuerR*) (für Spirituosen) eine Quittung über die Entrichtung der Verkehrssteuer erteilen; **– la grosse** (*ZPR*) sich die vollstreckbare Ausfertigung des (ergangenen) Urteils aushändigen lassen.

délocalisation *f* (*WirtR*) Standortverlegung *f*, Standortverlagerung *f*, Produktionsverlagerung in Billiglohnländer.

déloger *v.tr.* die Räumung veranlassen *od.* betreiben.

déloyal *adj* (1) unredlich, treulos, (2) unlauter; **concurrence –e** (*HR*) unlauterer Wettbewerb.

déloyauté *f* (1) Unredlichkeit *f*, (2) unlauteres Verhalten *n*.

demande *f* (1) (*ZPR: acte par lequel une prétention est soumise au juge et qui déclenche l'instance*) Klage (im konkreten Sinn, im Gegensatz zur „action" als sich aus dem Gesetz ergebende Klagebefugnis), (Klage-) Antrag *m*; Anspruch *m*; Klageschrift *f*, Schriftsatz *m*, (2) (*ZPR, VwPR: requête*) Antrag *m*, Gesuch *n*; Eingabe *f*, (3) (*Vwirt: intention d'acheter*) Nachfrage *f*, (4) (*HR: commande*) Bestellung, Anforderung, (5) (*VwR: interrogation, question*) Frage *f*, Anfrage *f*; **à la – de** (*VwR*) auf Weisung von; **augmentation de la –** (*WirtR*) Zunahme der Nachfrage; **chef de la –** (*ZPR*) Antragspunkt *m*; **cumul de –s** (*ZPR*) Klagenhäufung; **débouter de la –** (*ZPR*) die Klage abweisen; den Antrag abweisen *od.* zurückweisen, dem Antrag nicht stattgeben; **déposer une –** eine Klage einreichen; einen Antrag stellen; **donner suite à une –** einer Klage stattgeben; einem Gesuch stattgeben; **excédent de la –** (*Vwirt*) Nachfrageüberhang *m*; **fins et conclusions de la –** (*ZPR*) Klageanträge u. Schlussanträge *mpl*; **former une –** Klage erheben, klagen; **formulaire de –** Antragsformular *n*; **instruire une –** einen Antrag überprüfen.

demande: **introduction de la –** (*ZPR*) Klageerhebung; **introduire une –** eine Klage einreichen; einen Antrag stellen; **rejeter** *ou* **repousser la –** die Klage abweisen; den Antrag ab- *od.* zurückweisen; dem Antrag nicht stattgeben; **retrait de la –** Zurückziehung *od.* Rücknahme des Antrags; **satisfaire à une –** (*VwR*) einer Aufforderung Folge leisten; **satisfaire la –** die Nachfrage befriedigen; **sur –** (*HR*) auf Abruf.

demande accessoire (*ZRP*) (*s. auch action*) Nebenantrag *m*; **– additionnelle** (*ZRP*) Zusatzantrag *m*, Klageerweiterung; **– d'admission à la cote** Antrag auf Zulassung zum Börsenhandel; **– d'agréation** *ou* **d'agrément** (*VR, VwR*) Gesuch auf Erteilung des Agrément; **– d'aide judiciaire** Antrag auf Prozesskostenhilfe; **– alternative** (*ZPR*) Alternativantrag; **– d'assistance administrative** Amtshilfeersuchen; **– d'autorisation** *ou* **en autorisation** (*VwR*) Antrag auf Genehmigung, Bewilligungsgesuch; **– d'autorisation de poursuites** (*VerfR*) Antrag auf Aufhebung der Immunität; **– d'avis** Ersuchen *n* um eine Stellungnahme.

demande de brevet Patentantrag *m*, Patentanmeldung *f*; **– connexe** (*ZPR*) Hilfsanspruch; **– en constatation d'un droit** Feststellungsklage; **– de crédit** (1) (*BankR*) Darlehensantrag, Kreditbegehren *n*, (2) (*Vwirt*) Kreditnachfrage.

demande de décision préjudicielle Antrag auf Erlass einer Vorabentscheidung; **– de dédouanement** Zollabfertigungsantrag; **– en délivrance de legs** (*ErbR*) Klage des Vermächtnisnehmers auf Herausgabe des vermachten Gegenstandes; **– de dépôt** (*Wz*) Hinterlegungsgesuch; **– de dérogation** Antrag auf Ausnahmebewilligung; **– en divorce** Scheidungsklage; **– de** *ou* **en dommages et intérêts** (*ZPR*) Schadensersatzklage; Haftungsklage; **– effective** Istbedarf *m*; **– d'emploi** (*ArbR*) Stellengesuch *n*; Nachfrage auf dem Arbeitsmarkt; **–s d'emploi non satisfaites** (*ArbR*) offene Stellen, nicht vermitteltes Stellengesuch.

demande en garantie (*ZPR*) Gewährleistungsklage; **– en justice** (*ZPR*) Klage, Klageanspruch *od.* -antrag; **– en paiement** (*ZPR*) Leistungsklage; **– d'enregistrement** (*HR: demande d'inscription sur un registre*) Firmenanmeldungsantrag *m*; **– exédentaire** (*Vwirt*) überschüssige Nachfrage, Übernachfrage; **– d'exequatur** (*IPR*) Antrag auf Erteilung der Vollstreckungsklausel; **– d'exonération** Freistellungsantrag; **– d'expulsion** (*MietR*) Räumungsklage *f*; extérieure Auslandsnachfrage; **– d'extradition** (*AuslR*) Auslieferungsersuchen *od.* -begehren *n*; **– à fin d'inscription** Antrag auf Eintragung; **– à fins de subsides** (*FamR*) Unterhaltsklage (des nichtehelichen Kindes); **– au fond** (*ZRP*) Sachantrag; **– fondée** begründeter Anspruch; **– globale** (*Vwirt*) Gesamtnachfrage.

demande d'immatriculation (*HR: enregistrement au registre du commerce et des sociétés*) Anmeldung zur Eintragung (in das Handelsregister); **– incidente** (*ZPR*) Zusatzantrag (des Klägers); Widerklage; Zwischen- *od.* Inzidentfeststellungsklage; **– d'indemnité** Entschädigungsantrag; **– indéterminée** (*ZPR*) Klage deren Streitwert nicht genau bei Klageeinreichung bestimmt werden kann; **– initiale** (*ZPR: acte qui déclenche l'instance*) Klageerhebung *f*, Klageerhebung, Einleitung des Urteilsverfahrens; **– en interdiction** (*FamR*) Antrag auf Entmündigung; **– intérieure** (*Vwirt*) Inlandsnachfrage; **– d'intervention** Streithilfeantrag; **– en intervention** (*ZPR*) Streitverkündung; Nebenintervention; Antrag auf Unterstützung (einer Partei) als Nebenintervenient; **– en intervention forcée** Streitverkündung; **– introductive d'instance** (*ZPR: demande initiale*) Klage, Klageschrift *f*; **– d'invalidation** (*ÖfR*) Wahlanfechtung; **– irrecevable** unzulässiger Antrag.

demande en mainlevée (*ZwangsVR*) Antrag auf Aufhebung (einer Pfändung usw.); **– sur le marché** (*Vwirt*) Nachfrage (auf dem Markt); **– de mise à la retraite** Antrag auf Versetzung in den Ruhestand; **– non fondée** unbegründete Klage; **– nouvelle** Klageänderung; **– en nullité** Nichtigkeits- *od.* Anfechtungsklage; **– d'offre** (*HR*) Anfrage,

Aufforderung zur Abgabe eines Angebots; **– originaire** (*ZPR*) (*im ursprünglichen Klageantrag geltend gemachter*) Hauptanspruch *m*; **– d'ouverture de la faillite** (B) Insolvenzeröffnungsantrag; **– d'ouverture de la liquidation judiciaire** Antrag auf Eröffnung des Insolvenzverfahrens, Insolvenzeröffnungsantrag; **– d'ouverture du règlement judiciaire** Antrag auf Eröffnung des Vergleichsverfahrens.

demande en paiement Leistungsklage; **– en paiement de salaire** Klage auf Zahlung des Arbeitslohns; **– de permis de bâtir** Bauantrag, Antrag auf Erteilung der Baubewilligung (AutS); **– principale** Hauptantrag *od.* -anspruch; **– procédurale** Prozessantrag; **– provisoire** *ou* **provisionnelle** Antrag zur Erwirkung vorläufiger Maßnahmen.

demande reconventionnelle (*ZPR: demande formée par le défendeur*) Widerklage, Gegenanspruch; **– – en divorce** Scheidungswiderklage.

demande de rectification Berichtigungsantrag; **– en récusation** Antrag auf Ablehnung (wegen Befangenheit); **– de référendum** (*VerfR*) Volksbegehren, Referendumsbegehren (S); **– en règlement de juges** Antrag auf Bestimmung des zuständigen Gerichts; **– de règlement de sinistre** Entschädigungsantrag; **– en remboursement** Klage auf Rückerstattung des geleisteten Betrages; **– de renseignements** Anfrage, Auskunftsersuchen; **– de renvoi** Verweisungsantrag; **– de restitution** Rückerstattungsklage *od.* -anspruch; **– en révision** (1) (*ZPR*) Wiederaufnahmeklage, (2) (*PrzR*) Wiederaufnahmeverfahren.

demande solvable (*Vwirt*) kaufkräftige Nachfrage; **– subsidiaire** (*ZPR*) Hilfsantrag, wahlweise *od.* alternative Verbindung von Anträgen; **– supplémentaire** Klagehäufung, Geltendmachung zusätzlicher Ansprüche; kumulative Verbindung; **– en sus** Nachforderung *f*; **– d'urgence** Dringlichkeitsantrag.

demander *v.tr.* (1) (*ZPR: introduire une action en justice, faire valoir une prétention*) klagen, einen Antrag stellen, (2) (*WirtR*) nachfragen; bestellen, (3) (*essayer de savoir ou de connaître*) bitten um, erbitten; begehren; verlangen; (an-) fordern, (4) (*avoir pour condition de succès, de réalisation, nécessiter*) erfordern, unerlässlich sein; **– un peu de patience** jmdn. vertrösten *od.* hinhalten; auf später hoffen lassen.

demanderesse *f* (1) (*ZRP: personne morale intentant une action*) Klägerin *f*, (2) Antragstellerin *f*.

demandeur *m* (1) (*ZRP: action en justice d'une personne physique*) Kläger *m*, klagende Partei, (2) Antragsteller *m*, (3) (*HR*) Interessent *m*; Käufer; **– en appel** Berufungskläger; **– de brevet** Patentanmelder; **– en cassation** Revisionskläger.

demandeur d'emploi (*ArbR: en France: chômeur inscrit à l'ANPE*) Arbeitsuchende(r), Arbeitslose(r) (auf der Suche nach einer Beschäftigung); **– principal** Hauptkläger; **– reconventionnel** Widerkläger; **– en révision** Kläger im Wiederaufnahmeverfahren.

démantèlement *m* (*GesR*) Entflechtung *f*; Demontage *f*.

démanteler *v.tr.dir.* **un gang** eine Gangsterbande zerschlagen.

démarcation *f* Abgrenzung *f*, Grenze; **ligne de –** (*VR*) Demarkationslinie.

démarchage *m* (1) (*HR*) Hausierhandel; Reisegewerbe; Haustürgeschäfte *npl*, (Haustür-) Kundenwerbung, (2) Haustür-Anlagenberatung; **– financier** Haustürwertpapierverkauf.

démarche *f* (1) Schritt *m*; Handlungsweise *f*, Denkweise *f*, (2) (*VR*) diplomatischer Schritt, Demarche *f*; **faire des –s** (*bei einer Behörde*) vorsprechen und Anträge stellen, Schritte einleiten; **multiplier les –s** sich an alle nur denkbaren Stellen wenden; **–s judiciaires** gerichtliche Schritte *pl.*

démarcheur *m* (*HR*) Haustürverkäufer *m*, Kundenwerber; **– en valeurs mobilières** Anlagenberater *m*, Kundenwerber für Effekten.

démariage *m* Trennung der Ehegatten; Scheidungsverfahren *n*.
démarque *f* (*HR*) Preissenkung; Schlussverkauf.
démarquer *v.tr.* (1) (*UrhR*) (mit nur geringfügigen Änderungen) abschreiben, nachmachen, (2) (*HR: Waren*) zu herabgesetzten Preisen verkaufen.
démarrage *m* (1) (*Vwirt*) Beginn des Aufschwungs, (2) (*Fahrzeug*) Start *m*, Anfahren, (3) (*Maschine*) Anlauf.
démasquer *v.tr.* entlarven, überführen; bloßstellen.
dématérialisation *f* (1) (*MedienR*) Umstellung auf elektronische Medien; Ersetzung der Papiermedien und Urkunden durch Eintragungen auf elektronische Medien (Handelsbücher, Buchführung, Wechselgeschäfte und Geld), (2) (*WertpR*) Kontoverbuchung der Wertpapiere einer emittierenden Gesellschaft.
démêlé *mpl* Streit *m*, Streitigkeit, Auseinandersetzung; **avoir des –s avec la justice** (*StPR*) sich vor Gericht verantworten müssen.
démembrement *m* Zerstückelung *f*, Aufspaltung *f*, Abspaltung; **– de la propriété** (*SachR: droit démembré de la propriété*) beschränktes dingliches Recht; Nießbrauch *m*; Nutzungsrecht; Grunddienstbarkeit; **– de territoire** (*VR*) Abspaltung, Teilung des Staatsgebiets.
démembrer *v.tr.* zergliedern, teilen, zerstückeln.
déménagement *m* Umzug *m*, Wohnungswechsel *m*; **entreprise de –** Möbeltransportfirma, Spedition; **frais de –** Umzugkosten *pl*, Übersiedlungskosten.
déménager *v.tr.* umziehen, den Wohnsitz wechseln.
démence *f* (*StR*) Demenz *f*, Schwachsinn *m*, Geisteskrankheit; **état de –** krankhafte seelische Störung.
dément *adj* geisteskrank.
dément *m* Geistesgestörte(r), Geisteskranke(r).
démenti *m* Dementi *n*, offizielle Berichtigung *od.* Widerruf (einer Behauptung *od.* Nachricht).
démentir *v.tr.* ein Dementi ausgeben, dementieren, (eine Behauptung *od.* Nachricht) offiziell berichtigen *od.* widerrufen; **– une rumeur** einem Gerücht entgegentreten.
démettre *v.tr.* entheben, absetzen; **– qqn. de son emploi** jmdm. kündigen; *v.pron.*: **se – de ses fonctions** sein Amt niederlegen, zurücktreten.
demeurant: **au –** *loc.adv.* letztendlich, schließlich; nach reiflicher Überlegung.
demeure *f* (1) (*ZR: englobe le domicile et la résidence*) Wohnung *f*, Wohnsitz *m*, Aufenthaltsort *m*, (2) (*SchuldR: retard*) (Schuldner-) Verzug *m*; **constituer en –** in Verzug setzen; **dernière –** Grabstätte *f*; **s'installer à –** als ständigen Wohnsitz wählen; **mettre en –** in Verzug setzen, mahnen; **mise en –** Inverzugsetzung *f* (des Schuldners); **perpétuelle –** fortdauernde Verbindung (einer beweglichen Sache mit einem Grundstück).
demeuré *p.p. adj.* (*MedizinR*) (geistig) zurückgeblieben.
demeurer *v.intr.* (ver-) bleiben; **– à** wohnhaft sein in; **– en la cause** (*ZPR*) einen Rechtsstreit (nur noch) zur Sicherung der Forderung betreiben.
demi-droit *m* (*SteuerR*) halbe Gebühr.
demi-fini *adj*: **produit –** Halbfabrikat *n*, Zwischenprodukt *n*, Vorprodukt.
demi-frère *m* Halbbruder *m*.
demi-fret *m* Fehlfracht *f*, Fautfracht.
demi-gros *m* Zwischenhandel *m*.
démilitarisation *f* Entmilitarisierung *f*.
demi-mesure *f* (*Pol fig*) halbherzige Maßnahme *f*.
de minimis non curat praetor *lat* (*PrzR*) *loc* Kleinigkeiten kümmern das Gericht nicht.
demi-pension *f* Halbpension *f*.
demi-produit *m* Halbfabrikat *n*.
demi-saison *f* Vor- *od.* Nachsaison *f*.
demi-sœur *f* Halbschwester *f*.
démission *f* (1) (*BeamR, VerfR*) Amtsniederlegung *f*, Rücktritt *m*, Ausscheiden *n* (aus dem Amt), Demission *f*, (2) (*ArbR*) Kündigung (durch den Arbeitnehmer); **donner** *ou* **remettre sa –** (1) (*BeamR*) seinen Rücktritt erklären, sein Amt niederlegen, (2)

(*ArbR*) kündigen; **lettre de –** (*ArbR*) Kündigung *f*, Kündigungsbrief *m*; **lettre de –** (1) (*BeamR*) Rücktrittsgesuch *n*, (2) (*EuR*) Entlassungsantrag *m*; **liberté de –** Austrittsfreiheit *f*; **– en blanc** verschleierter Rücktritt; **– d'office** Amtsenthebung; **– du parti** (*Pol*) Austritt *m* aus der Partei; **– volontaire** freiwilliger Rücktritt.
démissionnaire *adj* zurückgetreten, ausgeschieden; ausgetreten; **membre –** ausscheidendes Mitglied.
démissionner *v. intr.* zurücktreten, sein Amt niederlegen, ausscheiden; austreten; kündigen.
demi-tarif *m* halbe(r) Fahrpreis.
demi-vie *f* **radioactive** (*AtomR*) radioaktive Halbwertzeit.
démobilisation *f* Demobilisierung, Abrüstung.
démobiliser *v.tr.* (1) (*VR*) demobilisieren, abrüsten, (2) (*MilR*) aus dem Militärdienst entlassen.
démocrate-chrétien *adj* christlichdemokratisch; *m* Christdemokrat.
démocratie *f* (1) (*Pol*) Demokratie *f*, Rechtsstaat, (2) (*VerfR*) demokratische rechtsstaatliche Grundordnung; **– à la base** Basisdemokratie; **– directe** unmittelbare Demokratie; plebiszitäre Demokratie; Räterepublik *f*; **– économique et sociale** sozialer Rechtsstaat; **– libérale** freiheitliche demokratische Grundordnung; **– locale directe** unmittelbare Demokratie; **– médiatisée** durch die Medien beherrschte Demokratie, mittelbare Demokratie; **– populaire** Volksdemokratie *f*; **– représentative** parlamentarische *od.* repräsentative Demokratie; **– semi-directe** mittelbare Demokratie mit plebiszitären Bestandteilen.
démocratique *adj* demokratisch; **loi –** rechtsstaatlich unanfechtbares Gesetz; **principes –s** rechtsstaatliche Grundsätze.
démocratisation *f* Demokratisierung; **– du secteur public** allg. Einführung von Personalvertretern in den Entscheidungsgremien der öffentlichen Betriebe.
démocratiser *v.tr.* demokratisieren; **– l'enseignement** die Bildung allen zugänglich machen, das Bildungswesen demokratisieren.
démographe *m* Bevölkerungsstatistiker.
démographie *f* Demographie *f*, Bevölkerungsstatistik *f*.
démographique *adj*: **statistique –** Bevölkerungsstatistik.
demoiselle *f* (*PrzR*) Fräulein; **– de magasin** Verkäuferin.
démolir *v.tr.* (*Gebäude*) zerstören, abreißen, niederreißen, schleifen.
démolisseur *m* **de voitures** Schrotthändler *m*.
démolition *f* Zerstörung *f*; Abriss *m*.
démonétisation *f* Ungültigerklärung *f* von Zahlungsmitteln, Außerkurssetzung, Verrufung.
démonétiser *v.tr.* Geld außer Kurs setzen *od.* aus dem Verkehr ziehen.
démonstrateur *m* Werbeverkäufer *m*; Vorführer *m*.
démonstratif *adj* (1) (*PrzR: preuve: probant*) beweisend, den Beweis erbringend, (2) (*exemple: indicatif*) beispielhaft.
démonstration *f* (1) (*PrzR*) Beweisführung *f*, (2) (*MilR*) Scheinangriff *m*, Vortäuschen einer Angriffsabsicht, (3) (*Geräte*) Vorführung *f*.
démontage *m* Zerlegung; Abbau *m*.
démontrer *v.tr.* beweisen, den Beweis führen.
démoralisation *f* (1) Entmutigung, Enttäuschung, (2) Sittenverfall; **– de l'armée** (*StR*) Wehrkraftzersetzung.
démuni *adj*: **être – d'argent** mittellos sein; **être – de papiers d'identité** keinen Ausweis bei sich haben.
démystification *f* Aufklärung.
dénantir *v. pron.*: **se –** das Pfand (dem Verpfänder) zurückgeben.
dénatalité *f* Geburtenrückgang *m*.
dénationalisation *f* Privatisierung, Überführung von bisher staatlichen Unternehmen in Privatbesitz.
dénationaliser *v.tr.* privatisieren.
dénaturalisation *f* Ausbürgerung *f*.
dénaturation *f* (1) (*ZR: mauvaise interprétation*) falsche Auslegung (einer Vertragsklausel), Interpretationsfehler *m*, (2) (*alcool, sel, sucre*) Denaturation *f*, Vergällung *f*.

dénaturer *v.tr.d.* (1) falsch auslegen, verfälschen, entstellen; im Wesen ändern, (2) (*LandwR*) denaturieren, vergällen.

dénégation *f* Ableugnen *n*, Leugnen, Bestreiten *n* (der gegnerischen Behauptung); **– de l'accusé** (*StPR*) Bestreiten *od.* Leugnen der Tat (durch den Angeklagten); **– d'écriture** Bestreiten der Echtheit einer Privaturkunde.

déneigement *m* Schneeräumung *f.*

déni *m* Ab- *od.* Bestreiten *n*; **– de justice** (1) (*PrzR: refus de rendre la justice*) Urteils- *od.* Rechtsverweigerung, Nichteinhaltung der Entscheidungspflicht, (2) (*PrzR: erreur judiciaire*) *umg* Justizirrtum *m*; **– du réel** Weigerung, die Wirklichkeit zu sehen, Wirklichkeitsverweigerung.

dénier *v.tr.* bestreiten; **– le droit de s'exprimer** das Meinungsäußerungsrecht beschneiden; **– toute responsabilité** keinerlei Haftung übernehmen.

denier *m* (1) (*hist*) römische Silbermünze, Silberling, (2) (*ÖfR: surtout employé au pluriel*) Geld *n*; **–s arrêtés** (*ZwangsVR*) gepfändeter Geldbetrag; **–s comptants** Bargeld *n*; **– du culte** (freiwilliger frz.) Kirchenbeitrag *m*; **– à Dieu** Weihnachtsgratifikation für den Hausmeister; **–s de l'État** Staatsgelder; **– de fin** (*Maß*) Titer *m*; **–s héréditaires** (*ErbR*) zur Erbmasse gehörendes Bargeld; **–s privés** nichtöffentliche Gelder, private Mittel *pl*, Privatgelder; **–s publics** öffentliche Mittel *npl*, Staatsgelder; **–s pupillaires** Mündelgelder *npl.*

dénigrement *m* Herabwürdigung *f*, Verächtlichmachung.

dénigrer *v.tr.* herabwürdigen, verdächtigen, verleumden.

dénombrement *m* Zählung *f*; **– de la population** Volkszählung, Mikrozensus *m.*

dénombrer *v.tr.* zählen, aufzählen; registrieren.

dénominateur *m* **commun** gemeinsamer Nenner.

dénomination *f* Bezeichnung; Benennung; **– commerciale** Handelsbezeichnung *f*, handelsübliche Benennung *f*; **– professionnelle** Berufsbezeichnung; **– sociale** (*GesR*) Firmenbezeichnung (einer Kapitalgesellschaft); Gesellschaftsfirma *f*, Firma, Firmenbezeichnung.

dénommer *v.tr.* bezeichnen; **le dénommé** der (oben) genannte.

dénoncer *v.tr.* (1) (*StR: Straftat*) anzeigen, Anzeige erstatten, (2) (*ArbR: Vertrag*) (auf-) kündigen, (3) (*Mißstand*) anprangern, geißeln; **– la bureaucratie de l'union européenne** die Eurokraten an den Pranger stellen; **– une convention** einen Vertrag auflösen; eine Abmachung rückgängig machen; **– un emprunt** eine Anleihe kündigen; **– l'instance** den Streit verkünden; **– une saisie** die Pfändung anzeigen; **– un traité** einen Staatsvertrag kündigen.

dénonciateur *m* (1) (*StR*) Anzeiger, Denunziant *m*, Anzeigeerstatter *m*, (2) Kündigende(r) *m.*

dénonciation *f* (1) (*StR: information des autorités judiciaires de la commission d'une infraction par un tiers qui n'a pas été victime*) Strafanzeige (durch einen Dritten), Anzeige *f*, (2) (*ArbR*) Kündigung, (3) (*ZPR: notification d'un acte de procédure*) Zustellung einer Prozessurkunde (an einen Dritten), (4) (*VR*) Aufkündigung (eines völkerrechtlichen Vertrages); **acte de –** (1) Kündigung, (2) Pfändungsanzeige *f*; **délai de –** (*ArbR*) Kündigungsfrist *f*; **exploit de –** Zustellungsurkunde über eine Pfändung; **fausse –** (*StR*) falsche Anschuldigung.

dénonciation anonyme (*StR*) anonyme Strafanzeige; **– calomnieuse** (*StR: déclaration mensongère*) falsche Verdächtigung *od.* Anschuldigung; **– d'instance** (*ZPR*) Streitverkündung; **– de nouvel œuvre** (*SachR, ZPR*) Besitzschutzklage (bei drohenden Störungen, die sich aus neuen Anlagen ergeben); **– obligatoire** (*StR*) Anzeigepflicht *f*, Pflicht zur Strafanzeige; **– de révision** (*ArbR: Tarifvertrag*) Änderungskündigung (zum Zweck des Abschlusses eines neuen Tarifvertrages); **– de la saisie**

(*SachR*) Pfändungsbenachrichtigung (an den Drittschuldner); **– d'un traité** (*VR*) Staatsvertragsaufkündigung.

dénotation *f* Bezeichnung *f.*

dénouement *m* Lösung *f*; Ausgang *m* (einer Sache); Entscheidung *f.*

denrée *f* (1) (*HR: marchandise, article*) Handelsware *f*, (2) (*LandwR: produit comestible, aliment – le terme est alors surtout employé au pluriel*) Nahrungsmittel *n*, (3) (*LandwR: produit servant à l'alimentation du bétail*) Futter *n*, Futtermittel *n*; **falsification de –(s)** Täuschung im Lebensmittelhandel.

denrée alimentaire Nahrungsmittel (als Handelsware); Lebensmittel(produkt) *n*; **–s alimentaires avariées** verdorbene Nahrungsmittel; **–s alimentaires de base** Grundnahrungsmittel *npl*; **– périssable** verderbliche Ware; leichtverderbliche Nahrungsmittel; **–s de première nécessité** Grundnahrungsmittel; **– rare** Mangelware *f.*

densité *f* **démographique** Bevölkerungsdichte *f*; **– du trafic** Verkehrsdichte.

dentaire *adj*: **prothèse –** Zahnersatz *m*; **soins –s** zahnärztliche Behandlung.

dentier *m* Zahnprothese *f.*

dénucléarisation *f* Schaffung einer atomwaffenfreien Zone.

dénué *p.p. adj.* **de ressources** mittellos; **– de tout fondement** unbegründet.

dénuement *m* Armut *f*, Mittellosigkeit *f.*

déontologie *f* (*ZR: ensemble des règles et des devoirs régissant une profession*) Standesrecht *n*, Berufsethos *n*, Grundsätze *mpl* einer ordnungsmäßigen Berufsausübung; **code de –** Standes- *od.* Berufsordnung, Kodex *m* der Standespflichten, Ehrenordnung eines Berufsstandes (Ärzte, Anwälte usw.).

déontologique *adj* Berufs-; Standes-; **code –** Standes- *od.* Berufsordnung; **règles –s** Berufspflichten *fpl.*

dépannage *m* (1) (*StVR*) Bergung *f*, Abschleppen *n*, (2) (*Gerät*) Störungsbeseitigung *f*, Instandsetzung; **crédit de –** (*BankR*) Überbrückungskredit *m.*

dépanner *v.tr.* (1) abschleppen, (2) reparieren, instandsetzen, (3) (*fig*) helfen.

dépanneur *m* **informatique** Computerservicefachmann *m*, Computerreparaturwerkstatt *f.*

de par *loc* im Namen von, auf Anordnung von; **– – sa position** auf Grund seiner Stellung.

dépareillé *adj* unvollständig; nicht zusammengehörend; nur als Einzelstücke erhältlich.

départ *m* (1) (*BeamR: service pubic*) Verabschiedung *f*, Ausscheiden *n*, Abgang *m*, (2) (*TransportR*) Abfahrt *f*, Abreise *f*, (3) (*Post*) Ausgang, (4) (*MilR*) (*Truppen*) Abmarsch, Abzug *m*, (5) (*Bevölkerung*) Abwanderung; **point de –** (*Frist*) Beginn; Ausgangspunkt; **– d'un associé** Ausscheiden eines Gesellschafters; **– mine** ab Zeche; **– en préretraite** Eintritt in den Vorruhestand; vorzeitiges Ausscheiden aus dem Berufsleben; **– usine** ab Werk; **– volontaire** freiwilliges Ausscheiden.

départager *v.tr.* (1) (*Abstimmung*) den Ausschlag geben, (2) (*Wahl*) den Besten ermitteln, (3) die Richtigkeit feststellen; **– les voix** *ou* **les votes** (mit seiner Stimme) den Ausschlag geben.

département *m* (1) (*ÖfR: collectivité territoriale*) Departement *m/n*, frz. Gebietskörperschaft *f*, (2) *m* (*ÖfR: division de l'administration centrale*) Abteilung *f*, Geschäftsbereich *m*; Amt *n*; Referat *n*; Dezernat *n*; **– ministériel** (1) (*i.w.S.*) Ministerium *n*, Ressort *n*, (en S:) Departement *n*, (2) (*i.e.S.*) Referat *n*, Abteilung *f.*

département d'outre-mer (= DOM) (*VerfR: nom donné à certaines anciennes colonies assimilés à des départements de la métropole*) überseeischer frz. Departement.

départir *v.tr.* (*ErbR: attribuer en partage*) (anteilsmäßig) verteilen; **se – de** *v. pron.* aufgeben, verzichten auf, abrücken von; **– les causes** (*GVR*) einen Geschäftsverteilungsplan aufstellen.

départiteur *adj*: **juge –** (*PrzR*) hinzugezogener Richter, dessen Stimme bei Stimmengleichheit den Ausschlag gibt.

dépassement *m* (1) (*HaushR*) Überschreitung (der Haushaltsansätze), (2) Nichteinhaltung (der Anweisungen), (3) (*BankR: Kredit*) Überziehen *n*, (4) (*StVR*) Überholen *n*; **droit à –** (*SozVers*) Recht des Arztes, die Krankenkassensätze zu überschreiten; **– budgétaire** Haushalts- *od.* Etatüberschreitung; **– de capacité** (*DV*) Überlauf *m*; **– de coût** Kostenüberschreitung; **– de crédit** Kreditüberziehung *f*; **– du délai de livraison** Nichteinhaltung der Lieferfrist.

dépasser *v.tr.* übersteigen, überschreiten; überholen; **interdiction de –** (*StVR*) Überholverbot *n*; **– la barre des 5 mio. de chômeurs** die 5 Mio.-- Grenze (an Arbeitslosen) überschreiten; **– des crédits** Ausgabenansätze *od.* Haushaltsansätze überschreiten; **– les instructions reçues** sich nicht an die Anweisungen halten; **– ses pouvoirs** seine Befugnisse überschreiten.

dépêche *f* **d'agence** (*MedienR*) Agenturbericht *m*; **– diplomatique** Gesandtschaftsschreiben *n*, Depesche *f*.

dépêcher *v.tr.* beschleunigen, rasch erledigen; **se –** *v. pron.* sich beeilen; **– qqn.** einen Boten schicken.

dépénalisation *f* **du droit des affaires** Entkriminalisierung des Wirtschaftsrechts, Herabstufung der Wirtschaftsstraftaten zu Ordnungswidrigkeiten.

dépénaliser *v.tr.* für straffrei erklären, nicht mehr unter Strafe stellen.

dépendance *f* (1) (*VR, ArbR*) Abhängigkeit *f*, (2) (*SachR: constructions et installations utilitaires qui font partie des accessoires d'un immeuble, souvent au pluriel*) Nebengebäude *n*, zugehörige Wirtschaftsgebäude, wesentlicher Bestandteil *m* (eines Grundstücks), Zubehör *n* eines Grundstücks, (3) (*SozR*) Pflegebedürftigkeit *f*, (4) (*Pol*) Zugehörigkeit *f*; **état de – prononcé** (*SozR*) Pflegestufe 2 *od.* 3; **être sous la – de qqn.** von jmdm. abhängig sein; **lien** *ou* **rapport de –** (*ArbR*) Abhängigkeitsverhältnis *n*; Weisungsgebundenheit *f*; **– du domaine public** (*VwR*) Staatsgut *od.* -besitz; **– d'une drogue** Rauschgiftsucht *f*, Drogenabhängigkeit; **– juridique** rechtliche Abhängigkeit.

dépendant *adj* (1) abhängig, (2) zugehörig, (3) süchtig.

dépendre *v.tr.ind.* **(de)** abhängen (von); in den Zuständigkeitsbereich fallen.

> Die gesamtes vor Gericht anfallenden Kosten sind die *frais de procédure ou de justice*. Sie bestehen aus den *dépens*, also den durch Gerichtsurteil der unterlegenen Partei aufgebürdeten Kosten und den nicht erstattbaren Kosten: *les frais irrépétibles*. Die *débours ou déboursés*, d.h. die Auslagen der am Prozess beteiligten Rechtspflegeorgane gehören zu den *dépens*, wenn sie in einer Gebührenordnung aufgeführt sind (= *frais tarifés*).

dépens *mpl* (*PrzR: frais du procès que le gagnant peut se faire payer par le perdant*) (Teil der) Prozesskosten (die der unterlegenen Partei durch das Gericht auferlegt werden), (zu erstattende) Verfahrenskosten, Kosten des Rechtsstreits (die zu Lasten der unterlegenen Partei gehen); **aux – de qqn.** zu jmds Nachteil *od.* Schaden, auf Kosten von; **calcul des –** Berechnung der Kosten; Kostenpflicht; Verpflichtung, die Kosten des Rechtsstreits zu tragen; **condamner aux –** die Kosten (des Rechtsstreits) auferlegen, zur Tragung der Kosten verurteilen, in die Kosten verurteilen; **état des –** (*PrzR: récapitulation des frais engendrés par le procès*) Kostenaufstellung *od.* -berechnung; **être condamné aux –** zur Tragung der Kosten verurteilt werden; **faire supporter les –** die Kosten auferlegen.

dépens: **liquidation des –** (*PrzR*) Kostenfestsetzung, Kostenliquidierung; **partage des –** Verteilung (der Prozesskosten) nach Quoten; **rembourser les –** die Kosten erstatten; **répartir les –** die Kosten (zwischen den Parteien) aufteilen; **statuer sur les –** über die Kosten entscheiden; **supporter les –** die Kosten tragen; **taxation des –** Kostenfestsetzung.

dépens de l'appel Berufungs- *od.* Rechtsmittelkosten; **– de l'instance** Prozesskosten (eines Rechtszuges), Kosten des Verfahrens; **– récupérables** erstattungsfähige Prozesskosten.

dépense *f* (1) (*une, des dépenses*) Ausgabe (n) *f(pl)*, verausgabte Beträge, (2) (*Buchf: sortie d'argent*) Zahlung *f*, (3) (*HaushR: dépenses publiques*) öffentliche Ausgaben, (4) (*ensemble des dépenses d'une personne*) (Geld-) Aufwand *m*, Aufwendungen *fpl*; Kosten *pl*, (5) (*fig. emploi de qqch.*) Verbrauch *m*; **article de –s** (*HaushR*) Ausgabeposten *m*; **assumer les –s** die Ausgaben bestreiten; **chapitre des –s** Ausgaben-Titel; **compression de –s** (1) (*HaushR*) Ausgabenbeschränkung, (2) **compression des –s** (*WirtR*) Kostendämpfung *f*; **effectuer des –s** Ausgaben tätigen, Mittel aufwenden; **entraîner des –s** Ausgaben verursachen; **état des –s** Ausgabenaufstellung *od.* -verzeichnis *n*; **impôt sur les –s** Aufwandsteuer *f*; **poste de –s** Ausgabenposten *m*; **relevé des –s** Ausgabenverzeichnis *n*; **supplément** *ou* **surcroît de –s** Mehraufwand *m*.

dépense: **–s accessoires** Nebenkosten; **–s accidentelles** (*HaushR*) außerplanmäßige Ausgaben; **–s administratives** Verwaltungsausgaben *od.* -kosten; **–s affectées** Ausgabemittel mit Zweckbestimmung; **–s d'avarie commune** (*SeeHR*) Kosten der großen Haverei; **–s budgétaires** Haushaltsausgaben *fpl*; **–s en capital** Kapitalaufwand *m*, Investitionsausgaben *fpl*, investive *od.* vermögenswirksame Ausgaben; **–s au comptant** Baraufwendungen *fpl*; **–s courantes** laufende Ausgaben *od.* Kosten; **–s de création d'entreprise** (*GesR*) Gründungskosten.

dépense: **–s effectives** Istausgaben; **–s électorales** Wahlkampfkosten; **–s engagées** abzuwickelnde Ausgaben; **–s d'équipement** Investitionsausgaben; **–s d'établissement** Gründungskosten *pl*; **–s d'exploitation** Betriebsaufwand *m*, Betriebskosten *od.* -ausgaben; **–s extraordinaires** außerplanmäßige Ausgaben.

dépense: **–s facultatives** (*HaushR*) dem Ermessen der Behörden überlassene staatliche Ausgaben; **–s de fonctionnement** laufende Kosten, Betriebsausgaben; **–s de gestion courante** laufende Verwaltungsausgaben; **–s imposées** (*HaushR*) Auftragsausgaben; **–s imprévues** unvorhergesehene Ausgaben; **–s d'investissement** (1) (*BW*) Mehraufwand an Investitionen, Investitionsausgaben, (2) (*HaushR*) investive Staatsausgaben; **–s locatives** (*SchuldR: charges locatives*) (Miet-) Nebenkosten *pl*.

dépense: **–s en matériel** Sachaufwand *m*; **–s de ménage** Haushaltsaufwendungen; **–s nécessaire** notwendige Aufwendungen; **–s obligatoires** (*HaushR*) gesetzlich vorgeschriebene Ausgaben; **–s occasionnelles** (*HaushR*) einmalige Ausgaben; **–s ordinaires** (*HaushR*) ordentliche Ausgaben.

dépense: **–s périodiques** regelmäßig wiederkehrende Ausgaben; **–s permanentes** fortdauernde Ausgaben; **–s en personnel** Personalausgaben, Personalaufwand; **–s prévues** Sollausgaben, veranschlagte Ausgaben; **–s professionnelles** (*SteuerR*) Werbungskosten *pl*; **–s publiques** (*HaushR*) öffentliche Ausgaben, Ausgaben der öffentlichen Hand; **–s de recherche et de développement** Aufwand für Forschung und Entwicklung; **–s récupérables** abwälzbare *od.* umlegbare Aufwendungen, erstattungsfähige Kosten; **–s réelles** Istausgaben; **–s sur ressources affectées** Ausgaben aus zweckgebundenen Einnahmen.

dépense: **–s sociales** Sozialausgaben; **–s somptuaires** (*SteuerR*) unangemessene Aufwendungen; nicht absetzbare Luxusaufwendungen; **–s supplémentaires** Mehrausgaben, Mehraufwand; **–s de transfert** (1) (*HaushR*) Ausgaben (ohne direkte entsprechende Leistungsverpflichtung des Empfängers), Leistungen der öffentlichen Hand, Subventionen, (2) (*SozR*) Transferleistungen; **–s voluptuaires** übermäßiger *od.* unangemessene Aufwendungen; Verschwendung.

dépenser *v.tr.* (*Geld*) ausgeben; (*Mittel*) aufwenden.

dépensier *adj* verschwenderisch; ausgabefreudig.

déperdition *f* Abgang *m*, Verlust *m*; Schwund *m*; **– d'inventaire** Inventarverlust *m*.

dépérir *v. intr.* schwächer werden, abnehmen; verfallen; (Forderung) unsicher werden; an Beweiskraft verlieren.

dépérissement *m* Verfall *m*; Absterben *n*; **– des forêts** Waldsterben *n*.

dépeuplement *m* Entvölkerung *f*, Abwanderung *f*.

dépistage *m* Aufspüren *n*; **examen de –** (*MedizinR*) Reihenuntersuchung; **– d'un malfaiteur** (*StR*) Aufspüren *od.* Erfassung eines Straftäters; **– précoce** (*MedizinR: insbesondere Kebs*) Früherkennung *f*; **– du SIDA** (*MedizinR*) AIDS-Test, Aidstest *m*.

dépister *v.tr.dir.* aufspüren; **– un voleur** einen Dieb stellen *od.* fassen.

dépit: **en – de** *loc.* (*sans tenir compte de, malgré, nonobstant*) trotz, wider, gegen; **en – du bon sens** wider jede Vernunft.

déplacé *adj*: **personne –e** (*VR*) displaced person.

déplacement *m* (1) Verlagerung, Verlegung, (2) (*Personal*) Versetzung, (3) (*Schiff*) Wasserverdrängung, (4) (*BeamR*) Dienstreise *f*; **être en –** auf (Geschäfts-) Reise sein; **frais de –** (1) Reisekosten *pl*, (2) Reisekostenentschädigung *od.* -vergütung; **indemnité de –** Reisekostenvergütung *od.* -entschädigung, Tagegeld *n*; **sûreté sans –** (*SachR*) besitzloses Pfandrecht.

déplacement administratif (*BeamR*) Versetzung; **– de borne** Grenzsteinversetzung *od.* -verrückung; **– par mesure disciplinaire** *ou* **d'office** strafweise Versetzung; **– officiel** Dienstreise; **– de population** Bevölkerungsumsiedlung.

déplacer *v.tr.* versetzen; verschieben; verlegen, verlagern; **– par mesure disciplinaire** *ou* **d'office** strafversetzen.

déplafonnement *m* Abschaffung *od.* Anhebung der Höchstgrenze; **– des revenus soumis à cotisation** Aufhebung der Pflichtversicherungsgrenze.

déplafonner *v.tr.* die Höchstgrenze aufheben *od.* herabsetzen.

de plein droit *loc.* (*PrzR: en vertu de la loi*) kraft Gesetzes, von Rechts wegen.

dépliant *m* Faltblatt *n*, (Falt-) Prospekt (m/n).

déploiement *m* Entfaltung, Entwicklung.

déplombage *m* Entfernung des Zollverschlusses.

déplorer *v.tr.* bedauern, bereuen, untröstlich sein.

dépolitiser *v.tr.* (un débat) (eine Debatte) versachlichen.

dépollution *f* Beseitigung der Umweltschäden *od.* Umweltverschmutzungen.

dépopulation *f* Bevölkerungsabnahme *f*.

déport *m* (1) (*BörR*) Deport *m*, Kursabschlag *m*, Deportgeschäft *n*, (2) (*ZPR*) Ausschließung (eines Richters); **– d'un arbitre** Entlassung *od.* Rücktritt eines Schiedsrichters.

déportation *f* Zwangsverschleppung *f*, Zwangsumsiedlung; strafweise Verschickung, Deportation; **– dans une enceinte fortifiée** Festungshaft *f*.

déporté *m* Deportierte(r) *m*, verschleppte Person; KZ-Häftling; Zwangsarbeiter.

déporter *v.tr.* deportieren, verschleppen; **se –** *v. pron.* (*PrzR*) sich für befangen erklären.

déposant *m* (1) (*BankR*) Einleger *m*, (2) (*PatR*) Anmelder *m*; **premier –** Erstanmelder; **témoin –** aussagender Zeuge; **– dans un magasin général** Hinterleger, Einlagerer, Einleger; **– d'une marque** Warenzeichenanmelder.

déposer *v. tr. d.* (1) (*PrzR: témoigner en justice*) aussagen, (2) (*ZR: mettre en dépôt*) in Verwahrung geben, hinterlegen, deponieren, (3) (*BeamR: destituer*) seines Amtes entheben, absetzen; **date pour – une demande** Anmeldungstermin; **délai pour – une demande** Anmeldungsfrist; **refus de –** Aussageverweigerung *f*; **ultérieurement** (Schriftstücke) nachreichen.

déposer un acte eine Urkunde hinterlegen; **– de l'argent** Geld einzahlen; **– un brevet** ein Patent anmelden; **– le bulletin dans l'urne** seine Stimme abgeben; **– des conclusions** (*ZPR*) (Anwalt) Anträge (für seinen Mandanten) stellen; **– une demande** eine Klage bei Gericht einreichen; einen Antrag stellen *od.* einreichen; **– une demande en justice** Klage erheben, eine Klageschrift einreichen; **– en justice** (als Zeuge) vor Gericht aussagen; **– une loi** ein Gesetz einbringen.

déposer une marque de fabrique ein Warenzeichen anmelden; **– une motion de censure** (*VerfR*) einen Misstrauensantrag (gegen die Regierung) stellen; **– des observations** eine Stellungnahme einreichen; **– (une) plainte** (*StPR: pour le plaignant, saisir la justice en se portant partie civile*) Strafanzeige erstatten, Mitteilung einer Straftat an die Behörden durch das Tatopfer; **– un recours** (devant le Conseil d'État) klagen.

dépositaire *m* (1) (*ZR*) Verwahrer *m*, (2) (*ÖfR*) Inhaber *m* der öffentlichen Gewalt, Beamter mit hoheitlichen Aufgaben; **– de justice** gerichtlicher Verwahrer; **– public** (*Urkunden*) öffentliche Verwahrungsstelle (für Urkunden), amtliches Archiv; **– de secrets** Geheimnisträger.

déposition *f* (1) (*StPR: témoignage en justice sous la foi du serment*) Zeugnis *n*, Aussage *f*, eidliche Zeugenaussage vor Gericht, (2) (*BeamR*) Amtsenthebung, Absetzung; **recevoir une –** einen Zeugen vernehmen; **verser une – au dossier** eine Aussage den Akten beifügen; **– du témoin** Zeugenaussage.

déposséder *v.tr.* Besitz *od.* Rechte entziehen.

dépossession *f* Besitzentziehung *f*, Enteignung *f*.

dépôt *m* (1) (*SchuldR*) Verwahrung, Verwahrungsvertrag; verwahrte Sache; Hinterlegung, (2) (*BankR*) Depot, Verwahrung von Wertpapieren und Wertgegenständen, (3) Verwahrungs- *od.* Hinterlegungsort, (4) (*HR*) Warenlager *n*, Niederlage *f*, (5) (*PatR*) Anmeldung, Einreichung, (6) (*StR: garde à vue*) polizeilicher Gewahrsam; **acte de –** Hinterlegungsurkunde *f*; **admettre au –** zur Hinterlegung zulassen; **banque de –s** Depositenbank; **certificat de –** (1) Hinterlegungs- *od. Einlageschein, Depositenschein, (2) (PatR) Anmeldebescheinigung;* **compte de –** *Depositen- od. Einlagekonto, Depotkonto (S);* **contrat de –** *Verwahrungsvertrag;* **délai de –** *Einreichungstermin m;* **en –** *postlagernd, bahnlagernd; auf Lager;* **mandat de –** *(StR: ordre donné par un magistrat au chef d'établissement pénitentiaire de recevoir ou de détenir une personne déjà entre les mains de la justice) Haftbefehl m;* **mettre en –** *(SachR) in Aufbewahrung geben, hinterlegen;* **opération de –** *(BankR) Einlagengeschäft;* **récépissé de –** *(ZR) Einlage- od. Aufbewahrungsschein, Hinterlegungsbestätigung.*

dépôt d'actes Urkundenhinterlegung; **– de l'action** (*ZPR*) Einreichung der Klage bei Gericht; **– antérieur** (*PatR*) ältere Anmeldung; **– d'argent** Depositen *fpl*, Geldeinlagen; **– d'armes** Waffenlager *n*; **– bancaire** *ou* **en banque** (1) (*BankR: Geld*) Bankeinlage, Bankguthaben *n*, (2) (*BankR: Wertpapiere*) Bankdepot *n*; **– d'un brevet** Patentanmeldung *f*.

dépôt à la caisse d'épargne Spareinlage *f*; **– de candidature** (1) (*ÖfR*) Einreichung der Wahlvorschläge, (2) (*ArbR*) Einreichung der Bewerbungsunterlagen; **– certain (de titres)** (*WertpR*) Streifbanddepot; **– de choses** Sachdepot; **– en coffre** Schließfachdepot; **– à court terme** kurzfristige Einlage; **– de conclusions** (*PrzR*) Einreichung der Klage; Vortrag der (Klage-) Anträge; **– à découvert** (*WertpR*) offenes Depot.

dépôt de la demande (*PatR*) Antragstellung *f*; **– d'une demande en justice** (*ZPR*) Einreichung einer Klage; **– de dessins et modèles** Gebrauchsmusteranmeldung; **– à échéance fixe** Termineinlage, vinkulierte Depositen *pl*; **– enregistré** (*Wz*) Anmeldung und Eintragung in die Zeichenrolle; **– d'épargne** (*BankR*) Spareinlage *f*, Sparguthaben *n*; **– d'espèces** Bareinlage; **– à fin de conservation** Hinterlegung.

dépôt de fonds Bareinlage *od.* -depot; **– en gage** Pfandübergabe; **– de garantie** (1) (*BankR*) Sicherstellungsfonds *m*, (2) Sicherheitsleistung *f*, Hinterlegung einer Kaution, (3) (*MietR*) Kaution *f*; **– des instruments de ratification** (*VR*) Hinterlegung der Ratifikationsurkunden; **– irrégulier** (*WertpR*) Sammeldepot *n*.

dépôt judiciaire *ou* **en justice** (*PrzR: séquestre judiciaire*) Hinterlegung bei Gericht, gerichtliche Verwahrung; **– légal** (*Druckschriften*) gesetzlich vorgeschriebene Hinterlegung von Pflichtexemplaren; Abgabe von Freiexemplaren, gesetzlich vorgeschriebene Hinterlegung; **– livrancier** (*HR*) Auslieferungslager; **– à long terme** langfristige Einlage.

dépôt en mains propres Eigendepot *n*; **– en mains tierces** Fremddepot, Ander-Depot, Drittverwahrung; **– de marchandises** Warenlager; **– d'une marque** Warenzeichenanmeldung; **– d'un modèle** Geschmacksmusteranmeldung; **– multiple** Sammelhinterlegung.

dépôt nécessaire (*ZR*) infolge der Beschaffenheit der Sache notwendige Hinterlegung od. Verwahrung; **– de nuit** Nachttresor *m*; **– obligatoire** Hinterlegungspflicht; **– ouvert** offenes Depot; **– d'une plainte** (*StR*) Erstattung einer Strafanzeige; **– à préavis** Kündigungsgelder, kündbare Gelder, Depot mit Kündigung; **– du préavis de grève** (*ArbR*) Streikanmeldung *od.* -ankündigung; **– public** öffentliche Verwahrungsstelle; **– régulier** reguläres Depot, reguläre Wertpapierverwahrung; verschlossenes Depot.

dépôt d'une requête Antragsstellung; **– scellé** verschlossenes Depot; **– de sommes d'argent** Depositengeschäft; **– à terme** Termineinlage *od.* -gelder, Guthaben mit fest vereinbarter Laufzeit, befristete Einlage; **– à terme fixe** Festgelder; **– de titres** Wertpapierdepot, Wertpapierverwahrung; **– volontaire** (*SchuldR*) vertraglich vereinbarte Verwahrung; **– à vue** Sichteinlage, täglich fällige Einlage, Tagesgelder.

dépotoir *m* (*UmweltR*) Müllkippe *f*, Deponie *f*.

dépouille *f* **mortelle** Leichnam *m*, Leiche *f*.

dépouillement *m* (1) (*StR*) Beraubung *f*, (2) (*PrzR, VwR*) Aktendurchsicht *f*; **– des bulletins de vote** Stimmenauszählung; **– des données** (*DV*) Datenauswertung; **– par ordinateur** rechnergestützte Auswertung; **– d'un rapport** kritische Durchsicht eines Berichts; **– du scrutin** *ou* **des votes** Stimmenauszählung *f*, Auszählung der Stimmzettel; **– de statistiques** statistische Auswertung.

dépouiller *v.tr.* (1) berauben, (2) (in den Akten) nachlesen, nachschlagen; durchsehen; **– le scrutin** die Stimmen auszählen.

dépourvu *adj* ohne; **prendre qqn. au –** *loc. adv.* jmdn. überraschen, sprachlos lassen; **– de fondement** unbegründet; **– d'intérêt** unbedeutend; **– de ressources** mittellos.

dépoussiérage de la législation *m* (*VerfR*) behutsame Aktualisierung der Gesetze.

dépravation *f* Korruption *f*; Sittenverderbnis *f*.

dépréciation *f* (1) (*Vwirt*) Wertminderung *od.* -verringerung *f*; Entwertung *f*; Abnutzung *f*, (2) *loc. adv.* (*ArbR*) niedrigere Bewertung (eines Postens); **indemnité de –** Abnutzungsentschädigung; **– de change** Wechselkursverlust; **– de la marque** Verwässerung; **– monétaire** *ou* **de la monnaie** Geldwertverfall *m*; Kaufkraftverlust (einer Währung); **– par**

l'usage Wertverlust durch Abnutzung.
déprécier *v.tr.* (1) (*im Wert*) herabsetzen, entwerten, (2) *fig* herabwürdigen; **se –** *v. pron.* an Wert verlieren.
déprédateur *m* Plünderer *m*; **– de fonds public** (Täter einer) Veruntreuung öffentlicher Gelder.
déprédation *f* (1) (*dommage matériel, détérioration*) Sachbeschädigung, Beschädigung fremden Eigentums, (2) (*StR, BeamR: dilapidation, prévarication*) Verschwendung im Amt, Veruntreuung, (3) (*UmweltR*) Raubbau *m*.
dépression *f* (*Vwirt*) Rezession *f*, Rückgang *m*, Flaute *f*; Tahlsohle *f*, Konjunkturtief *n*.
depuis *prép.* (1) (*temporel*) seit, von... an, (2) (*spatial*) (sich erstrecken) von... bis.
députation *f* (1) Abordnung, (2) (*VerfR*) Abgeordnetenmandat *od.* -amt.
député *m* Abgeordnete(r) *m*, Volksvertreter *m*, Deputierter *m*; **siège de –** Abgeordnetensitz *m*; **– sortant** ausscheidender Abgeordnete(r).
députer *v.tr.* (1) delegieren, eine Abordnung senden, (2) an *od.* zuweisen.
déraison *f* Unvernunft *f*; Umnachtung *f*, Geisteskrankheit *f*.
déraisonnable *adj* unvernünftig, unangemessen; **rigueur –** unbillige Härte.
dérangement *m* Ausfall *m*, Störung; **en –** außer Betrieb, gestört.
dérapage *m* (Ab-) Rutschen *n*; **– des cours** Kurseinbruch *m*; **– inflationniste** Inflationsschub *m*; **– politicojudicaire** rechtspolitischer Skandal; **– des prix** Abdriften der Preise.
dératisation *f* Rattenbekämpfung.
derechef *adv* erneut, zum wiederholten Male.
déréférencer *v.tr.* **un article** einen Artikel aus dem Sortiment nehmen, auslisten.
dérèglement *m* Unordnung, *fig* Zügellosigkeit.
déréglementation *f* (*Vwirt: syn. dérégulation*) Deregulierung *f*; Liberalisierung; Außerkraftsetzung von Schutzbestimmungen; Abbau des Sozialstaates.
déréliction *f* (*SachR: abandon*) Eigentumsaufgabe, Dereliktion.
déremboursement *m* (*Soz Vers*) Nichtübernahme der Kosten (für Medikamente usw.).
déréquisition *f* Aufhebung der Beschlagnahme.
déresponsabilisation *f* Schwinden *n* des Verantwortungsgefühls.
déresponsabiliser *v.tr.* jmdn. von seiner Haftung befreien.
dérision *f* (1) Hohn *m*, Verspottung *f*, (2) (*chose insignifiante*) Kleinigkeit *f*, Bagatelle *f*, Lappalie *f*.
dérisoire *adj* völlig unbedeutend, (ganz) geringfügig; minimal; **prix –** Spottpreis *m*.
dérive *f* **droitière** Rechtsruck *m*, Rechtsdrall *m*.
dériver *v.tr.* **un droit de** ein Recht herleiten (von).
dernier *adj* (1) (*vor dem Substantiv*) der, die, das letzte ..., (2) (*hinter dem Substantiv*) vorig, jüngst verflossen; **dernière issue** letzter Ausweg.
dérobé *adj*: **objets –s** (*StR*) Diebesgut *n*, Diebesbeute *f*.
dérobée *loc. adv.*: **à la –** heimlich, unbemerkt.
dérober *v.tr.* stehlen, entwenden; **– un coupable à la justice** die Bestrafung (eines Straftäters) vereiteln; **se – à une obligation** sich der Erfüllung einer Verpflichtung entziehen; **– un secret** jmdm. ein Geheimnis entlocken.
dérogation *f* (1) (*violation*) Verstoß *m*; Beeinträchtigung, (2) (*exception*) Ausnahme *f*, Abweichung, Ausnahmeregelung; **par – à** in Abweichung von; **– administrative** Ausnahmegenehmigung; **– conventionnelle** (vom Gesetz) abweichende Regelung (bei abdingbaren Normen); **– de droit** in den Rechtsvorschriften vorgesehene Ausnahme; **– individuelle** Einzelausnahme; **– légale** gesetzlich vorgesehene Ausnahme.
dérogatoire *adj* (1) rechtsmissbräuchlich, (2) abweichend, derogatorisch, beschränkend; aufhebend; **acte –** (1) rechtsmissbräuchliches Rechtsgeschäft, (2) Sondervereinbarung.
déroger *v.tr.ind.* (1) (gegen das Gesetz)

verstoßen, (2) abändern, eine Ausnahme machen, abweichen, (3) beschränken, beeinträchtigen.

dérôlement *m* (1) Streichung (aus dem Register), Löschung (einer Eintragung), (2) (B) Abmusterung.

déroulement *m* Verlauf *m*, Ablauf, Hergang *m*; Abwicklung; **– des faits** (*StR*) Tathergang *m*; **– de la procédure** Fortgang des Verfahrens, Verfahrensverlauf *m*.

déroutage *m* (*TransportR: on dit aussi déroutement*) Umdisponierung *f*; Umleitung *f*.

dérouter *v.tr.* (*Schiff*) umleiten.

derrick *m* (1) Derrick(kran) *m*, Mastkran, (2) (*Schiff*) Ladebaum *m*.

désabonnement *m* Abbestellung *f*, Kündigung des Abonnements.

désaccord *m* Meinungsverschiedenheit *f*, Uneinigkeit *f*; Missklang *m*; **en cas de –** falls keine Einigung zustandekommt; **– manifeste et persistant** offener und anhaltender Dissens.

désachalander *v.tr.* (*HR*) Kunden abwerben.

désaffectation *f* (1) (*VwR: bien du domaine public*) Widmungsentziehung *f*, Entwidmung *f*, (2) (*Betrieb*) Stillegung *f*, (3) (*Gebäude*) Zweckentfremdung.

désaffecter *v.tr.* (1) entwidmen, die Widmung aufheben, (2) stillegen, (3) zweckentfremden.

désaffection *f* Abwendung *f*; Abneigung *f*; Interesseverlust *m*; **– de la clientèle** Abwanderung der Kundschaft.

désaffiliation *f* Austritt *m* (aus einer Gewerkschaft).

désagrégation *f* Zerfall *m*, Auseinanderfall *m*.

désagrément *m* Unannehmlichkeit.

désamorcer *v.tr.* (*un conflit, un engin explosif*) entschärfen.

désapprobation *f* Missbilligung *f*.

désapprouver *v. intr.* missbilligen, nicht genehmigen, tadeln; ablehnen, verwerfen.

désarmement *m* (1) (*VR*) Entwaffnung *f*, Abrüstung *f*, (2) (*SeeHR*) Abtakeln *n*, Abrüsten *n*, Außerdienststellung (eines Schiffes); **conférence sur le –** Abrüstungskonferenz; **– douanier** Abbau der Zollschranken.

désarmer *v. tr. d.* (1) entwaffnen, abrüsten, (2) abtakeln.

désastre *m* Unglück *n*; Zusammenbruch *m*; **– irréparable** nicht wieder gut zu machender Verlust.

désavantage *m* Nachteil *m*, nachteilige Wirkung; Schaden *m*; **au – de qqn.** zu jmds. Nachteil; **– économique** wirtschaftlicher Nachteil.

désavantager *v.tr.* benachteiligen.

désavantageux *adj* nachteilig.

désaveu *m* (1) (*StR: rétractation*) (*Geständnis*) Widerruf *m*, (2) (*SchuldR: acte par lequel un mandant déclare que le mandataire n'a pas agi conformément à son mandat ou conteste d'avoir donné mandat*) Widerruf der Vollmacht wegen Verletzung der Vertretungsmacht; Bestreiten einer Vollmachtserteilung, Be- *od.* Abstreiten *n*, Aberkennung, (2) **action en – de paternité** (*FamR: paternité naturelle*) Vaterschaftsanfechtungsklage; **– d'avocat** (*ZPR*) Erklärung eines Vertretenen, dass sein Anwalt keine Prozessvollmacht gehabt *od.* die Vollmacht überschritten habe; **– de paternité** (*FamR: action en contestation de la filiation – art. 312 Cciv*) Anfechtung der Vaterschaft; **– du représentant** (*SchuldR*) Erklärung des Vertretenen, dass die Vertretungsmacht fehlt *od.* überschritten wurde.

désavouer *v.tr.* (1) (*StR: Erklärung*) be- *od.* abstreiten, widerrufen, (2) (*ZR: Vertretungsmacht*) nicht anerkennen, aberkennen, desavouieren; **– la politique allemande** der deutschen Politik ablehnend gegenüberstehen.

descellement *m* **(d'un cachet)** Entsiegelung *f*.

desceller *v.tr.* (*ein Siegel*) entfernen, lösen, erbrechen.

descendance *f* (1) Nachkommenschaft *f*, (2) (*filiation*) Abstammung; **– légitime** eheliche Abstammung.

descendant *n.m. et adj.* Abkömmling *m*, Deszendent *m*; **ligne –e** (*ErbR*) absteigende Linie.

descendre *v.tr.* (1) sinken, (ab-) fallen, (2) *v.intr.* abstammen, (3) absteigen; –

sur les lieux (*PrzR*) eine Ortsbesichtigung vornehmen.

descente *f* (1) (*StVR*) Abhang *m*, (2) (*avion*) Landung; **procéder à une – sur les lieux** Augenschein einnehmen, einen Lokalaugenschein vornehmen; **– de justice** *ou* **sur les lieux** (*StPR, ZPR: transport sur les lieux et visite de ces lieux*) Lokaltermin *m*, Lokalaugenschein *m*, Augenscheinnahme *f*, (richterlicher) Augenschein, Tatortbesichtigung *f*, Ortsbesichtigung; **– de police** polizeiliche Fahndungsstreife *f*, Razzia *f*.

descriptif *m* erklärendes u. kommentierendes Verzeichnis.

description *f* Beschreibung *f*, Darstellung; Text *m*; Verzeichnis *n*; **absence de –** (*PatR*) fehlende Offenbarung; **– des fonctions** Stellenbeschreibung *f*, Tätigkeitsdarstellung *f*; **– de l'invention** Erfindungsbeschreibung *f*; **– de la marque** Marken- *od.* Warenzeichenbeschreibung *f*; **– du poste de travail** Arbeitsplatzbeschreibung; **– des risques** Gefahrenbeschreibung.

désemprisonner *v.tr.* entlassen.

désencadrer *v.tr.* **le crédit** die Kreditaufnahme erleichtern.

désenclaver *v.tr.* (*ÖfR: une région*) an das Verkehrsnetz anschließen, bessere Zufahrtswege schaffen.

désendettement *m* Entschuldung *f*, Schuldenabbau *m*.

désengagement *m*: **politique de –** Neutralitätspolitik.

désengager *v. pron.*: **se – d'une obligation** eine Verpflichtung rückgängig machen, sich von einem Vertrag lossagen.

déséquilibre *m* Missverhältnis *n*, Unausgeglichenheit *f*; **– budgétaire** Unausgeglichenheit des Haushalts; **– entre l'offre et la demande** Auseinanderklaffen *n* von Angebot u. Nachfrage.

déséquilibré *m* (*MedizinR*) labile Person; Geistesgestörte(r).

désert *m* Wüste *f*; **traversée du –** (*Pol*) Durststrecke *f*.

déserter *v.intr.* (*MilR*) Fahnenflucht begehen, desertieren; **– à l'ennemi** zum Feinde überlaufen.

déserteur *m* (*MilR*) Fahnenflüchtige(r) *m*, Deserteur *m*, Überläufer *m*.

désertification *f* (*UmweltR*) Verödung *od.* Versteppung (ganzer Landstriche).

désertion *f* (*MilR*) Fahnenflucht *f*, Desertion *f*; **– des campagnes** Landflucht *f*; **– à l'ennemi** Überlaufen zum Feinde.

désescalade *f* (*Pol*) Verringerung der Spannungen; Truppenabbau in Krisengebieten; **– des prix** allmählicher Rückgang der Preise.

désespoir *m* Verzweiflung *f*; **en – de cause** in Ermangelung einer besseren Lösung.

désétatisation *f* (1) Privatisierung, (2) Förderung der Privatinitiative durch Verringerung der staatlichen Subventionen u. Abbau der staatlichen Eingriffe.

déshabiliter *v.tr.* (*VwR*) die Erlaubnis entziehen.

déshérence *f* erbenloser Nachlass *m*, Erbenlosigkeit (die ein gesetzliches Erbrecht des Fiskus begründet); **succession en –** erbenloser Nachlass; **tomber en –** dem Staat anheimfallen.

déshérité *adj* (von der Natur) benachteiligt.

déshéritement *m* Enterbung.

déshériter *v.tr.* enterben.

déshonnêteté *f* Unehrlichkeit *f*.

déshonneur *m* Entehrung, Ehrlosigkeit, Schande *f*.

déshonorer *v.tr.* entehren; verführen.

déshumanisation *f* Entmenschlichung *f*.

désidérabilité *f* (*Vwirt*) wirtschaftlicher Nutzen.

desiderata *mpl* (*lat*) Anliegen *n*, Wünsche *mpl*, Wunschliste *f*; Vorschläge *mpl*.

design *m* (*GRUR: esthétique industrielle moderne*) Design *n*, Entwurf formgerechter Industrieprodukte; Muster, Modell.

désignation *f* (1) (*ÖfR: choix, nomination*) Ernennung *f*, Bestellung *f*, (2) (*HR: dénomination*) Benennung, Bezeichnung, Bestimmung; **droit de –** (1) (*ÖfR*) Ernennungsrecht *n*, (2) (*GesR*) das Recht Vertreter in den Aufsichtsrat zu entsenden; **–**

commerciale handelsübliche Bezeichnung; **– de fantaisie** (*Wz*) Phantasiebezeichnung; **– d'origine** Ursprungs- *od.* Herkunftsbezeichnung; **– professionelle** Berufsbezeichnung; **– d'un successeur** Erbeinsetzung.

désigner *v.tr.* (1) ernennen, bestellen, bestimmen, benennen, berufen; wählen, (2) bezeichnen.

désinflation *f* Rückgang *m* des Preisanstiegs.

désintégration *f* Auflösung *f*, Zerfall *m*, Desintegration.

désintéressé *adj* uneigennützig.

désintéressement *m* (1) (*ZR: réparation du préjudice*) Entschädigung, Abfindung, (2) (*altruisme*) Uneigennützigkeit.

désintéresser *v.tr.* (*ZR: syn.: dédommager, indemniser, payer*) befriedigen, entschädigen; **se – de** *v. pron.* das Interesse verlieren an, sich zurückziehen von; **– un créancier** (*SchuldR*) einen Gläubiger befriedigen.

désintérêt *m* Gleichgültigkeit *f*, Desinteresse *n*.

désintoxication *f*: **cure de –** Entziehungskur.

désinvestissement *m* Desinvestition *f*, Investitionsstopp *m*; Rückgang der Investitionstätigkeit.

désinvestiture *f* Amtsenthebung *f*.

désir *m*: **exprimer** *ou* **formuler un –** einen Wunsch äußern.

désirer *v.tr.* verlangen, wünschen; **laisser à –** *loc. adv.* zu wünschen übriglassen.

désistement *m* (1) (*ZR: abandon volontaire d'un droit*) Verzicht *m* auf ein Recht, (2) (*ZPR*) Verzicht auf den eingeklagten Anspruch, Klagerücknahme *f*, (3) (*ÖfR*) Zurücktreten *n*; Zurückziehung einer Wahlkandidatur; **– d'action** Klageverzicht *od.* -rücknahme; **– d'appel** Berufungsverzicht *m*; **– de candidature** Rücktritt eines Wahlkandidaten; **– d'instance** Klagerücknahme *f* (ohne Anspruchsverzicht); **– de plainte** Rücknahme der Strafanzeige (durch das Tatopfer); **– volontaire** (*StR*) Rücktritt vom Versuch.

désister (se) *v.pron.* (1) (*PrzR*) die Klage zurückziehen *od.* zurücknehmen, (2) (*ÖfR*) seine Kandidatur zurückziehen; **se désister du contrat** von dem Vertrag zurücktreten; **se désister en faveur de** zugunsten von ... zurücktreten.

désobéir *v.tr.ind.* einer Aufforderung nicht Folge leisten, den Gehorsam verweigern.

désobéissance *f* Ungehorsam *m*, Verweigerung des Gehorsams.

désœuvrement *m* Herumlungern *n*, Nichtstun *n*, Müßiggang *m*.

désolidariser *v. pron.*: **se –** sich distanzieren von.

désordre *m* (1) (*ÖfR: trouble à l'ordre public*) Störung der öffentlichen Sicherheit u. Ordnung; Aufruhr *m*, Ausschreitungen *fpl*, (2) (*PrzR: atteinte à la sérénité d'une audience – art. 439 al. 1er NCPC*) Störung einer Gerichtsverhandlung, (3) (*BauR: toute imperfection affectant une costruction – art. 1792 Cciv*) Sachmangel *m*, Fabrikationsfehler *m*; **– économique** Misswirtschaft *f*.

désorganisation *f* mangelhafte Organisation, Desorganisation *f*, Auflösung, Zerrüttung, Unordnung, Desorganisation.

désormais *adv* künftig, in Zukunft; nunmehr.

déspécialisation *f* (*HR*) einseitige Erweiterung des Geschäftsgegenstandes (durch den Geschäftsführer).

despotisme *m* System *n* der Gewaltherrschaft, Despotismus *m*, Willkürherrschaft *f*.

dessaisine-saisine *f* (*SachR*) Auflassung *f*.

dessaisir *v.tr.* entziehen; **se – d'une chose** *v. pron.* (über eine Sache) verfügen, sich (einer Sache) begeben; **– un tribunal** (*ZPR*) das Prozessrechtsverhältnis beenden.

dessaisissement *m* (1) (*ZPR*) Beendigung des Prozessrechtsverhältnisses, Beendigung der Anhängigkeit eines Verfahrens (vor einem bestimmten Gericht), (2) (*SachR*) Aufgabe *f* des Besitzes (an einer Pfandsache), Besitzentsetzung *f*, (3) (*InsolvenzR*) Entzie-

hung der Vermögensverwaltung (durch Insolvenzeröffnung), Insolvenzbeschlag *m*.
dessaisonnalisation *f* (*Vwirt*) Umrechnung in saisonbereinigte Zahlen.
dessaisonnalisé *adj* saisonbereinigt.
dessein *m* Vorhaben *n*, Absicht *f*, Plan *m*; **à –** vorsätzlich, absichtlich; **grand –** (*Pol*) gesellschaftliche Perspektive, Zukunftsvision.
desserrement *m* (*Vwirt*) Entzerrung, Entflechtung; **– du crédit** Krediterleichterung.
desserte *f* (*StVR*) Pendelverkehr *m*.
dessin *m* (*UrhR: création ou œuvre à deux dimensions*) Zeichnung *f*; Plan *m*; Muster *n*; **– publicitaire** Werbegraphik *f*; **–s et modèles industriels** (*Wz*) Gebrauchs- und Geschmacksmuster, gewerbliche Muster und Modelle.
dessous: **voir ci- –** *loc. adv.* (*Verweis auf ein Zitat*) siehe (weiter) unten; **– de table** *m* (1) (*StR*) Schmiergelder *npl*, (2) (*HR*) heimliche Draufgabe *f* (beim Vertragsabschluss).
déstabilisation *f* (*Pol*) Zerstörung des Zusammenhalts *od.* des Gleichgewichts.
destin *m* Schicksal *n*; **– de la société** Zukunftsaussichten *fpl* der Gesellschaft.
destinataire *n.m. et adj.* Adressat *m* (einer Urkunde *od.* Willenserklärung), Empfänger *m*; **gare –** Bestimmungsbahnhof *m*; **– apparent** Scheinadresse; **– d'une règle juridique** Normadressat *m*; **– de services** Dienstleistungsempfänger.
destination *f* (1) (*ZR: but poursuivi*) Zweck *m*, (Zweck-) Bestimmung *f*; Ziel *n*, (2) (*HR: lieu de livraison*) Bestimmungsort *m*, (3) Reiseziel *n*; **pays de –** Bestimmungsland *n*; **port de –** Bestimmungs- *od.* Löschungshafen; **– du père de famille** (*SachR*) Entstehung einer Grunddienstbarkeit kraft Bestimmung des früheren Eigentümers.
destinatoire *adj*: **clause –** (*SchuldR*) Zweckbestimmungsklausel.
destiner *v.tr.* bestimmen; **– qqch. à qqn.** jm. etwas vorbehalten, etwas für jn. ausersehen; **– qqn. à un emploi** jn. für eine Tätigkeit vorsehen; **se – à la magistrature** das Richteramt (als Berufsziel) anstreben.
destituable absetzbar.
destituer *v.tr.* absetzen, seines Amtes entheben, entlassen.
destitution *f* (*DiszR*) Entlassung *f*, Dienst- *od.* Amtsenthebung; **– de la tutelle** Entziehung der Vormundschaft.
déstockage *m* Abbau von Lagerbeständen, Lagerentnahme *f*.
déstocker *v.tr.* Lagerbestände abbauen.
destruction *f* Zerstörung *f*, Vernichtung *f*; Sachbeschädigung *f*; **– d'actes** Urkundenvernichtung; **– d'insectes** Insektenvertilgung; **– de papiers compromettants** Beiseiteschaffen *n* kompromittierender Schriftstücke; **– de pièces** (*StR*) Urkundenunterdrückung.
désuet *adj* ungebräuchlich, veraltet, obsolet.
désuétude *f* Aufgabe *f* (durch Nichtanwendung), Ungültigwerden *n*; **tomber en –** (*ÖfR: texte désuet, formellement en vigueur mais devenant politiquement inapplicable*) durch dauernde Nichtanwendung außer Kraft treten.
désunion *f* Uneinigkeit *f*, Zwietracht *f*; Ehezerrüttung.
désutilité *f* (*Vwirt*) negativer Aspekt; Nachteile *mpl* (einer Maßnahme).
désyndicalisation *f* Entfremdung der Arbeitnehmer gegenüber den Gewerkschaften, (massiver) Gewerkschaftsaustritt.
détachement *m* (1) (*VwR: région*) Loslösung *f*, Abtrennung *f*, (2) (*BeamR*) Abordnung eines Beamten, zeitweise Versetzung, (3) (*MilR*) Sonderkommando *n*; **être en –** als entsandte Kraft arbeiten; **– de travail** Arbeitsgruppe *f*.
détacher *v.tr.* (1) loslösen, abtrennen, (2) überstellen, abordnen, zeitweise versetzen.
détail *m* (1) Einzelheit *f*, (2) Verkauf im Einzelhandel; **prix de –** Einzelhandelspreis *m*; **vente au –** Vertrieb im Einzelhandel.
détaillant *m* (*HR*) Einzelhändler *m*;

Kleinhändler; **marge de –** Einzelhandelsspanne.

détaillé *adj* ausführlich, eingehend.

détailler *v.tr.* (1) im einzelnen aufführen; genau beschreiben, (2) im Einzelhandel vertreiben; einzeln verkaufen.

détaxation *f* Steuererleichterung *f*; Zoll- *od.* Steuerbefreiung *f*.

détaxe *f* Steuerermäßigung *f*; Gebührenerlass *m*; **action en –** Antrag auf Gebührenerstattung *od.* -ermäßigung.

détaxer *v.tr.* von Steuern befreien, Steuererleichterungen gewähren.

détecter *v.tr.* aufspüren, entdecken; **– un réseau de trafiquants** einen (Drogen-) Händlerring ausheben *od.* auffinden u. verhaften.

détecteur *m* Nachweis- *od.* Strahlenmessgerät *n*.

détective *m* **privé** Privatdetektiv *m*, Detektei, Ermittlungs- *od.* Detektivbüro *n*.

détenir *v.tr.* (1) innehaben, besitzen, (2) (*StVZ*) die Freiheitsstrafe vollziehen *od.* vollstrecken; **– des actions** Aktien halten; **– précairement** (*SachR*) als (bloßer) Inhaber die tatsächliche Herrschaft über eine Sache ausüben.

détente *f* (*Pol*) Entspannung *f*.

détenteur *m* (*SachR*) (bloßer) Gewahrsamsinhaber *m*; Fremdbesitzer; **– d'une arme** Waffenbesitzer *m*; **– d'un brevet** Patentinhaber; **– du gage** *ou* **gagiste** Faustpfandgläubiger *m*, Pfandbesitzer *m*; **– précaire** (*SachR*) Gewahrsamsinhaber; **– de la puissance paternelle** (*FamR*) Inhaber der elterlichen Gewalt; **– de la puissance publique** Träger der öffentlichen Gewalt.

détention *f* (1) (*SachR*) tatsächliche Sachherrschaft im Sinne der Innehabung, (2) (*StPR*) Haft *f*, Strafvollzug *m*; entehrende Freiheitsstrafe, (3) (*StPR: crimes politiques*) Festungshaft *f*; **conditions de –** Haftbedingungen *fpl*; **– arbitraire** willkürliche *od.* widerrechtliche Inhaftierung; **– d'armes** Waffenbesitz *m*; **– criminelle** Freiheitsstrafe bei Verbrechen, Zuchthaus(strafe); **– en enceinte fortifiée** Festungshaft; **– (à titre) précaire** (*SachR*) Innehabung einer Sache (die keinen Besitz im Rechtssinne darstellt).

détention préventive (*StPR: ce terme désignait jusqu'en 1970 la détention provisoire en France – aujourd'hui il s'agit d'une mesure de sûreté*) Sicherungsverwahrung *f*, vorbeugende Haft *od.* Inhaftierung; **– provisoire** (*StPR: incarcération dans une maison d'arrêt avant le procès – art. 143–1 CPP*) Untersuchungshaft *f*.

détentionnaire *m* (*StVZ*) Insasse *m* einer Haft *od.* Strafvollzugsanstalt, Häftling.

détenu *m* Häftling *m*, Inhaftierte(r) *m*; **– en cavale** aus der Justizvollzugsanstalt ausgebrochener Häftling; **– modèle** Häftling mit vorbildlichem Verhalten; **– permissionnaire** Strafgefangener auf Hafturlaub; **– politique** politischer Häftling.

détérioration *f* Verschlechterung *f*, Wertminderung; Beschädigung *f*; Abnutzung; Verfall *m*; **– de l'emploi** Verschlechterung der Arbeitsmarktlage; **– du pouvoir d'achat** Kaufkraftschwund *m*.

détériorer *v.tr.* verschlechtern, mindern; beschädigen; abnutzen; **se –** *v. pron.* sich verschlechtern, schlechter werden; **– la valeur** den Wert beeinträchtigen.

déterminable *adj* bestimmbar.

déterminant *adj* entscheidend, maßgeblich, maßgebend; **motif –** ausschlagebender Grund; Hauptursache *f*; Leitgedanke *m*.

détermination *f* (1) (*délimitation, fixation*) Feststellung *f*; Festsetzung, Festlegung *f*, Bestimmung *f*, (2) (*résolution, intention*) Entschlossenheit *f*, erklärte Absicht; **– des bénéfices** (*GesR*) Gewinnermittlung; **– des causes d'un accident** (*VersR*) (Unfall-) Ursachenfeststellung *od.* -ergründung *f*; **– d'une date** Zeitbestimmung; **– de la peine** Straffestsetzung *f*; **– du prix** Preisfestsetzung; **– des salaires** Lohnfindung *od.* -bemessung.

déterminé *adj*: **conditions –ées** festgesetzte Bedingungen; **lieu –** bestimmter Ort.

déterminer *v.tr.* feststellen; festsetzen, festlegen, bestimmen; veranlassen; ausschlaggebend sein für; **se – à** *v. pron.* sich entschließen zu.
déterrer *v.tr.* ausgraben; *fig* entdecken.
détonateur *m* Zünder; *fig* Auslöser, Anlass.
détour *m* Umweg *m.*
détournement *m* (1) (*StR: Sache*) Unterschlagung *f*, (2) (*StR: Person*) Entführung; **– d'actif** (*InsolvenzR*) Unterschlagung von Aktiven; **– d'aéronef** *ou* **d'avion** (*StR*) Flugzeugentführung *f*; **– de but** Zweckentfremdung *f*; **– de clientèle** (*HR*) Abspenstigmachen *od.* Abwerbung von Kunden; **– de fonds** Unterschlagung (von Geldern), Veruntreuung *f*; **– de fonds publics** Unterschlagung öffentlicher Gelder; **– de gage** unberechtigte Pfandveräußerung; **– de mineur** (*StR*) Kindesentziehung *f*, Entziehung eines Mindesjährigen; Entführung Minderjähriger; **– d'objets en garde** Verwahrungsbruch *m*; **– d'objets saisis** Verstrickungsbruch, Unterschlagung beschlagnahmter Gegenstände; Pfandkehr *f*; **– d'objets trouvés** Fundunterschlagung; **– de pièces** (*StR*) Urkundenunterdrückung; **– de pouvoir** (*VwR*) Ermessensmissbrauch *m*, missbräuchliche Ermessensausübung; **– de trafic** Umleitung, Verkehrsverlagerung.
détourner *v.tr.* (1) (*Geld*) unterschlagen, (2) (*Aufmerksamkeit*) ablenken, (3) (*Verkehr*) umleiten.
détracteur *m* Verleumder *m.*
détresse *f* Not *f*, Notlage *f*, Elend *n.*
détriment *m* Schaden *m*, Nachteil *m*; **au – de** *loc.* auf Kosten des, zum Schaden von.
détritus *mpl* (*UmweltR*) Abfälle *mpl*; Müll *m.*
détroit *m* (*VR*) Meerenge *f.*
détrôner *v.tr.* entthronen, verdrängen.
détrousser *v.tr.dir.* (*StR: dévaliser*) jmdn. aus- *od.* berauben.
détrousseur *m* (*StR*) (Straßen-) Räuber; **– de cadavres** Leichenfledderer *m.*
détruire *v.tr.* zerstören, vernichten; zugrunde richten.

dette *f* (1) (*ZR: obligation d'un débiteur*) Schuld *f*, Verbindlichkeit, Verpflichtung des Schuldners, (2) (*SchuldR: obligation de payer une somme d'argent*) Geldschuld *f*, (3) (*HR, SchuldR: au pluriel: tout ce qui est dû par un débiteur*) Passiva *npl*, Verbindlichkeiten *fpl*; **acquitter une –** eine Schuld bezahlen, eine Schuld begleichen; **aménagement de –** erleichterte Schuldenregelung; **amortir une –** eine Schuld tilgen; **cession de –** Schuldübernahme *f*; **charge des –s** Schuldenlast *f*; **compenser une –** eine Schuld aufrechnen; **contracter des –s** Schulden machen; **état des –s** Schuldenaufstellung *od.* -verzeichnis; **éteindre une –** eine Schuld tilgen; **être criblé de –s** hoch verschuldet sein; **franc et quitte de toute –** schuldenfrei; **honorer ses –s** seinen Zahlungsverpflichtungen nachkommen; **net de toute –** schuldenfrei; **payer une –** eine Schuld bezahlen *od.* begleichen; **prise en charge d'une –** Schuldübernahme; **promesse de –** Schuldversprechen *n*; **provision pour –s** Verlustrückstellung; **rachat de –s** Schuldenablösung.
dette: **reconnaissance de –** (*SchuldR*) (schriftliches) Schuldanerkenntnis *n*, Schuldschein *m*; **recouvrer une –** eine Schuld eintreiben; **rééchelonner une –** eine Umschuldung vornehmen; **régler** *ou* **rembourser une –** eine Schuld ab- *od.* bezahlen; **remise de –** Schulderlass *od.* -nachlass *m*; **répondre d'une –** für eine Schuld aufkommen, eine Schuld begleichen; **reprise de –** Schuldübernahme; **service de la –** Schuldendienst; **solde de la –** Restschuld; **subrogé à la –** neue(r) Schuldner, Übernehmer *m*; **titre de –** (*SchuldR: syn.: titre de créance*) Schuldschein *m*, Schuldtitel *m.*
dette d'aliments *ou* **alimentaire** (*FamR*) Unterhaltsverpflichtung *od.* -pflicht; **– alternative** (*SchuldR*) Wahlschuld; **– d'argent** Geldschuld; **– cambiaire** Wechselschuld; **– cautionnée** durch eine Bürgschaft gesicherte Verbindlichkeit; **– certaine** (*SchuldR*) (bereits) feststе-

hende u. bezifferbare Verbindlichkeit; **– commerciale** (*HR*) Verpflichtung unter Kaufleuten; **– de la communauté** (*FamR*) Schuld der (ehelichen) Gemeinschaft; **– commune** Gesamtschuld, gemeinschaftliche Schuld; **– comptable** Buchschuld; **– en compte-courant** Kontokorrentschuld; **– consolidée** (*HaushR*) konsolidierte Staatsschulden, dauernde *od.* langfristige Schuld (des Staates); **– de cotisation** (*Soz Vers*) Beitragsschuld; **– différée** (*BankR*) gestundete *od.* prolongierte Schuld, Moratorium *n.*

dette échue fällige Schuld; **– en devises étrangères** (*Außh*) Fremdwährungsschuld; **– d'espèce** (*SchuldR*) Speziesschuld, Stückschuld; **– exigible** fällige Forderung; **– exigible** fällige Schuld; **– extérieure, – externe** (*Außh*) Auslandsschuld, Auslandsverschuldung, Schulden gegenüber dem Ausland; **– fiscale** Steuerschuld; **– flottante** (*HaushR*) schwebende *od.* unfundierte Schuld; **– gagée** sichergestellte Schuld; **– de genre** (*SchuldR*) Gattungsschuld.

dette d'honneur Ehrenschuld, Spielschulden *pl*; **– hypothécaire** Hypothekenschuld; **– immobilière** (*SachR*) Grundstücksbelastung; **– d'impôt** Steuerschuld; **– indivisible** unteilbare Schuld; **– initiale** Anfangsschuld; **– inscrite** Staatsschuld, eingetragene Schuld (im Staatsschuldbuch), eingetragenes Forderungsrecht; **– irrécouvrable** nicht beitreibbare Schuld, abgeschriebene Schuld; **– de jeu** Spielschuld; **– liquide** ziffernmäßig feststehende Schuld; **– sur marchandises** Warenschuld; **–s de ménage** (*FamR*) Haushaltsführungsverbindlichkeiten (der Ehegatten); **– mobilière** Mobiliarschuld; **– non garantie** ungesicherte Schuld.

dette obligataire (*BankR*) Schuldverschreibung *f*, Obligationsschuld *f*; **– sur parole** Verpfichtung auf Ehrenwort, Ehrenschuld; **– passive** Verbindlichkeit; **– perpétuelle** (*ÖfR*) tilgungsfreie Rentenschuld; **– portable** (*SchuldR*) Bring- *od.* Schickschuld; **– principale** Hauptschuld; **– provisionnelle** Vorauszahlungsschuld; **– publique** Staatsschuld, öffentliche Schuld.

dette quérable (*SchuldR*) Holschuld *f*; **–s sociales** (*GesR*) Gesellschaftsschulden *fpl*; **– solidaire** (*SchuldR*) Gesamtschuld, gesamtschuldnerische Haftung, Solidarschuld; **– successorale** Nachlassverbindlichkeiten; **– à terme** befristete Schuld; **– viagère** (*ÖfR*) staatliche Verpflichtungen aus Beamtenversorgungs- u. Kriegsopferansprüchen.

deuil *m* Trauer *f*, Trauerzug *m.*

deux-roues *m* (*StVR*) Zweirad *n.*

dévaliser *v.tr.* ausrauben, berauben.

dévalorisation *f* (1) (*Sache*) Entwertung, Wertminderung, (2) (*Person*) Verächtlichmachung.

dévaloriser *v.tr.* entwerten, im Wert mindern.

dévaluation *f* (1) (*Währung*) (Geld-) Abwertung, (2) *fig* Kredit- *od.* Prestigeverlust; **– monétaire** Währungs- *od.* Geldabwertung.

dévaluer *v.tr.* abwerten; **– une doctrine** eine Lehrmeinung in Verruf *od.* Misskredit bringen.

devancement *m* (*SchuldR*) vorzeitige Erfüllung *od.* Leistung; **– d'appel** (*MilR*) Wehrdienstleistung vor der normalen Einberufung, vorzeitige Einberufung.

devancier *m* Vorgänger *m* (im Amt).

devant *prép.* vor; *adv* vorn, voraus; **acte passé par– notaire** notarielle Urkunde.

devanture *f* Auslagen *pl* (eines Geschäfts), (im Schaufenster) ausgestellte Ware.

dévastation *f* Verwüstung, Zerstörung.

développé *adj*: **hautement** *ou* **très –** hochentwickelt; **insuffisamment –** unterentwickelt.

développement *m* (1) Entwicklung *f*, Weiterentwicklung, (2) (*meist pl*) Darlegung *f*, Erörterung *f*, ausführliche Abhandlung; **– de l'activité économique** Konjunkturanstieg *m*; **– du droit** Rechtsentwicklung *f*; **– durable** (*UmweltR*) nachhaltige Entwicklung; **– économique** Wirt-

schaftsaufbau *od.* -entwicklung; **– des relations** (*VR*) Ausbau *m* der Beziehungen.
développer *v.tr.* entwickeln, weiterentwickeln; ausarbeiten; ausbauen.
devenir *v. intr.* werden; **– catholique** zum Katholizismus übertreten.
devenir *m* Entwicklung *f*, Übergang *m*.
dévergondage *m* Zügellosigkeit *f*, Verwilderung (der Sitten).
devers *prép.* nahe bei; **par – le juge** vor dem Richter.
déversement *m* (*UmweltR*) Ablassen, Einführen; (im Meer) Verklappung.
déverser *v.tr.* (1) (*HR: vendre sur le marché*) auf den Markt werfen, vermarkten, (2) (*UmweltR*) (auf hoher See) verklappen.
déviance *f* (*MedizinR*) atypisches Verhalten, Devianz *f*; sexuelle Deviation.
déviant *m* (1) (*Pol*) Abweichler *m*, Aussteiger *m*, (2) (*MedizinR, StR*) Sexualstraftäter *m*.
déviation *f* (1) (*MedizinR*) Abweichung (vom normalen Verhalten), (2) (*StVR*) Umleitung.
déviationniste *m* (*Pol*) Abweichler *m*.
devis *m* (*HR, SchuldR: état détaillé contenant l'évaluation des prix*) Kostenvoranschlag *m*; **– descriptif et estimatif détaillé** ausführlicher Kostenvoranschlag; **– estimatif** unverbindlicher Kostenvoranschlag; **– d'exploitation** (*GesR*) Betriebskostenberechnung; **– de réparation** Reparaturkostenvoranschlag; **– de sinistre** (*VersR*) Schadensaufstellung *f*.
devise *f* (1) (*BankR: monnaie nationale*) (Inlands-) Währung *f*, (2) (*BankR: souvent au pl: monnaies étrangères*) Devisen *fpl*, Sorten *fpl*, fremde Währungen; Fremdwährung, Valuta *f*, (3) (*Außh: i.e.S.*) an ausländischen Plätzen in fremder Währung zahlbare Zahlungsanweisung, (4) Wahlspruch *m*, Sinnbild *n*, Losung *f*; Werbespruch; **avoirs en –s** *ou* **portefeuille en –s** Devisenbestände od.-guthaben; **contrôle des –s** Devisenbewirtschaftung; **sorties de –s** Devisenabfluss; **– appréciée** Deckungswährung, harte Währung; **– clé** Leitwährung; **– convertible** konvertierbare Währung; **– cotée en bourse** kurshabende Devise; **– étrangère** Fremdwährung; **– forte** harte Währung; **– -or** Golddevise.
de visu *loc. adv.*: **se rendre compte – –** in Augenschein nehmen.
dévoiler *v.tr.* (*Geheimnis, Komplott*) aufdecken, enthüllen.
devoir *v.tr.* (1) (*devoir qqch. à qqn., être redevable de qqch.*) schulden, (2) (*être tenu de faire*) müssen, sollen, (3) verdanken; **argent dû, somme due** geschuldeter Geldbetrag.
devoir *m* Pflicht *f*, Schuldigkeit; Aufgabe; Schularbeit, schriftliche Hausaufgabe; **manquement à un –** Pflichtverletzung *f*; **sentiment du –** Pflichtbewusstsein *n*; **– d'abstention** Unterlassungspflicht; **– d'assistance** (*EheR*) Verpflichtung zur ehelichen Lebensgemeinschaft, Beistands- *od.* Unterstützungspflicht; **– d'attention** (*ZR*) Sorgfaltspflicht; **– de collaboration** Mitwirkungspflicht; **– conjugal** (*EheR*) Verpflichtung zur Beiwohnung; **– de conseil** (*SchuldR, HR*) Beratungspflicht, Verpflichtung zur sachgemäßen Beratung und Information; **– d'entretien** (*FamR*) Unterhaltspflicht; **– fiscal** Steuerpflicht; **– d'immixtion** (*VwR*) Eingriffspflicht *f*; **– juridique** (Rechts-) Verpflichtung (auf der Grundlage der allgemeinen Rechtsgrundsätze); **– moral** (*SchuldR: par opposition à obligation civile, l'exécution ne peut être exigée*) Naturalobligation *f*, unvollkommene Verbindlichkeit (die nicht im Klagewege durchgesetzt werden kann); **– de présentation** (*VwR, PrzR*) Vorlagepflicht.
devoir professionnel Dienst- *od.* Berufspflicht *f*; **violation du – –** (*VwR*) Amtspflichtverletzung.
devoir de renseignement (*SchuldR, HR*) Informationspflicht, Aufklärungsverpflichtung; **– de sincérité** (*SchuldR*) (*während der Vertragsverhandlungen*) Verpflichtung zur Ehrlichkeit und Aufrichtigkeit, Verpflichtung zur wahrheitsgemäßen Information.
devoirs *mpl* Ehrenbezeigung *f*; **aller rendre ses –, présenter ses – à qqn.**

jm. seine Aufwartung machen; **– de sa charge** (*Notar*) Amtspflicht *f*; **– civiques** (*VerfR*) staatsbürgerliche Pflichten; **– de fonction** Amts- *od.* Dienstpflichten.

dévolu *adj* (*ErbR*) anheimgefallen, zugefallen.

dévolu *m* (*KirchR*) Pfründe *f*; **jeter son – sur** auswählen, sich entscheiden für.

dévolutaire *m* Erbe aufgrund einer Devolution.

dévolutif *adj*: **effet –** (*PrzR*) Devolutiveffekt *m*, Übergang der ausschließlichen Entscheidungsbefugnis auf die Rechtsmittelinstanz.

dévolution *f* (1) (*ZR: transmission entre vifs ou à cause de mort*) Übergang *m* (des Vermögens, einer Sache), Devolution, (2) (*attribution d'une charge*) Verleihung *od.* Übertragung eines Amtes; **– de compétence** (*ÖfR*) Übertragung von Befugnissen; **– héréditaire** Erbanfall *m*.

dévouement *m* Aufopferung *f*.

dévoyer *v.tr.* irreführen, vom rechten Weg abbringen.

dextérité *f fig* Geschicklichkeit *f*.

dialogue *m* **social** (*ArbR*) Tarifverhandlungen *fpl*; **– de sourds** Beharren *n* beider Parteien auf dem eigenen Standpunkt.

dialoguer *v. intr.* (*Pol*) verhandeln.

dichotomie *f* (1) (*Soz Vers*) Honorarteilung *f* (bei Überweisung eines Kranken durch den Hausarzt an einen Facharzt), (2) (*StR: subdivision binaire*) Zweiteilung der Straftaten (in Vergehen u. Verbrechen), (3) (*StR: connivence prohibée*) geheime Absprache (zwecks rechtswidriger Aufteilung der Honorare).

dictateur *m* Diktator *m*, Gewaltherrscher *m*.

dictatorial *adj*: **régime –** Gewaltherrschaft *f*.

dictature *f* Diktatur *f*, Gewalt- *od.* Willkürherrschaft *f*; **– militaire** Militärdiktatur.

dicter *v. tr. d.* (1) wörtlich ansagen, vorsprechen, diktieren, (2) vorschreiben, aufzwingen, auferlegen.

dicton *m* **juridique** Rechtssprichwort *n*.

dies *lat* **ad quem** Tag des Fristendes; **– a quo** Tag *m* des Fristbeginns.

diète *f* (1) (*hist. VerfR*) Reichstag *m*, (2) (*hist. KirchR*) Ordenskapitelversammlung, (3) Diät *f*, Schonkost *f*.

Dieu *m*: **blasphème de –** (*StR*) Gotteslästerung *f*; **culte de –** Gottesdienst *m*; Gottesanbetung *f*.

diffamant *adj* herabwürdigend, diffamierend.

diffamateur *m* (*StR: auteur d'une diffamation*) Täter (im Rahmen einer üblen Nachrede).

diffamation *f* (*StR: allégation d'un fait précis portant atteinte à la considération*) ehrenrührige Behauptung tatsächlicher Art, üble Nachrede, Diffamierung *f*.

diffamatoire *adj* verleumderisch, diffamierend; **article –** üble Nachrede durch Verbreitung von Schriften; **paroles –s** verächtlich machende Behauptung.

diffamer *v. tr. d.* verächtlich machen, herabwürdigen, verleumden, diffamieren.

différé *adj* aufgeschoben, verschoben; verlegt, vertagt.

différé *m* (Rundfunk-, Fernseh-) Aufzeichnung *f*.

différemment *adv* verschieden, abweichend, anders.

différence *f* Unterschied *m*, Abweichung, Verschiedenheit; Differenz *f*, Rest *m*; Unterscheidungsmerkmal *n*; **– de change** *ou* **de cours** Kursdifferenz *f*; **– de degré** Gradunterschied *m*; **– importante** wesentlicher Unterschied; **– des prix** *ou* **entre les prix** Preisunterschied, Preisdifferenz.

différenciation *f* Differenzierung *f*, Unterscheidung; Abstufung, Aufgliederung.

différend *m* (1) (*PrzR: litige*) Rechtsstreit *m*, Rechtsstreitigkeit *f*, (2) (*i.w. S.*) Meinungsverschiedenheit *f*; Auseinandersetzung *f*; **avoir un –, être en –** einen streitigen Anspruch geltend machen; **règlement de –s** (gütliche) Beilegung von Rechtsstreitigkeiten; **régler** *ou* **vider un –** eine Streitigkeit beilegen.

différend collectif du travail (*ArbR*)

Gesamtarbeitsstreitigkeit *f*, Tarifstreit *m*, kollektive Arbeitsstreitigkeit, Arbeitskampf *m*; – **de frontière** (*VR*) Grenzstreitigkeit; – **individuel du travail** Rechtsstreitigkeit aus dem Einzelarbeitsvertrag; – **international** völkerrechtliche Streitigkeit; – **juridique** Streit über die Auslegung oder Anwendbarkeit einer Rechtsnorm; – **justiciable** (*GVR*) durch die ordentlichen Gerichte entscheidbarer Rechtsstreit; – **réglé à l'amiable** gütlich beigelegter Rechtsstreit.

différent *adj* verschieden, (voneinander) abweichend.

différer *v.tr.* (1) (*Termin*) verschieben, aufschieben, zurückstellen, (2) (*Meinung*) voneinander abweichen; – **une audience** eine mündliche Verhandlung auf einen späteren Termin verschieben; – **le paiement** die Zahlung aufschieben *od.* stunden; – **quant au contenu** inhaltlich abweichen; – **du texte** vom Text abweichen.

difficile *adj* schwierig, schwer, Genauigkeit fordernd, kompliziert.

difficulté *f* Hindernis *n*, Schwierigkeit *f*; Bedenken *npl*; Einwendung *f*; **avoir des –s** auf Schwierigkeiten stoßen; **être en –s** (*WirtR*) in einer finanziellen schwierigen Lage sein; **–s économiques** Wirtschaftskrise *f*; **–s d'exécution** (*ZwangsVR*) Einreden zur Gewährleistung des Pfändungsschutzes; **–s financières** Geldverlegenheit *f*, Zahlungsschwierigkeiten *fpl*.

diffuser *v.tr.* (1) verbreiten, verteilen, (2) (Waren) absetzen, verkaufen, vertreiben, (3) (*radio*) senden.

diffusion *f* (1) Verbreitung *f*, Verteilung *f*, (2) Vertrieb *m*, (3) Sendung *f*.

digeste *m* (*hist: recueil des décisions des jurisconsultes, composé par ordre de l'empereur Justinien*) Pandekten, Digesten *pl*, Sammlung des römischen Juristenrechts.

dignitaire *m* Würdenträger *m*.

dignité *f* Würde *f*, Ehrenamt *n*; – **de la personne humaine** (*VerfR*) Menschenwürde *f*.

digression *f* Abweichung (vom Thema).

diktat *m* (*VR: obligation imposée*) Diktat *n*, aufgezwungene Verpflichtung.

dilacération *f* (*StR*) Vernichtung *od.* Zerstörung (eines Schriftstücks).

dilacérer *v.tr.d.* (*StR*) zerreißen; – **un contrat** einen Vertrag in Stücke reißen *od.* vernichten; – **une affiche** (*StR*) einen Plakat verunstalten *od.* zerreißen.

dilapidateur *m* Verschwender *m*.

dilapidation *f* Verschwendung *f*; – **de capitaux** Kapitalvergeudung.

dilation *f* Aufschub *m*; Verzug *m*; Verzögerung.

dilatoire *adj* (*PrzR: qui tend à retarder par des délais, à prolonger un procès*) verzögernd, dilatorisch, Aufschub *m* bewirkend; **appel –** (*ZPR*) rechtsmissbräuchliche Berufungseinlegung; **exception –** (*ZPR*) Einrede *f* der Prozessverschleppung; **manœuvre –** (*StR, PrzR*) Prozessverschleppung (shandlung) *f*.

dilemme *m* Zwangslage *f*, Dilemma *n*.

diligemment *adv* (*PrzR*) mit der gebotenen Sorgfalt und Eile.

diligence *f* (1) (*ZPR: soin attentif et appliqué dans les actes de procédure*) (die gebotene) Sorgfalt *f*, (2) (*PrzR: rapidité et efficacité des plaideurs dans leurs requêtes*) gebotene Eile; erforderliche Sorgfalt; **à la – de** auf Betreiben von, auf Antrag von, im Verfahren *od.* Rechtsstreit gegen; **faire –** (*ZPR*) fristgerecht handeln, mit der gebotenen Eile vorgehen; **faire ses –s contre qqn.** gegen jmdn. gerichtlich vorgehen; **manquement à la –** Außerachtlassung der (im Rechtsverkehr) erforderlichen Sorgfalt; – **des parties** (*ZPR*) Parteibetrieb *m*, (auf) Betreiben einer *od.* beider Prozessparteien; **à la – d'un tel** (*ZPR: sur la demande, sur l'initiative, à la requête d'un tel*) auf betreiben von, auf Antrag von.

diligences *fpl* (*ZPR: promptitude dans l'exécution des actes judiciaires*) Parteihandlungen und Anträge (vor Gericht).

diligent *adj* (1) (*ZPR: qui s'applique avec soin*) sorgfältig, (2) rasch, schnell, mit der gebotenen Eile handelnd; **la partie –e** (*ZPR*) die antragstellende *od.* klagende Partei; **la partie la plus –e** (*ZPR: partie qui agit la première dans une poursuite*) die (im Prozess) als erste handelnde Partei.

diligenter *v.tr.* (*ZPR*) einen Antrag stellen, eine Prozesshandlung vornehmen; ein Verfahren betreiben.

dîme *f* (1) (*hist. SteuerR*) Kirchensteuer *f*, Zehent *m*, (2) (*SteuerR: exaction, détournement des impôts*) *pej* willkürlich erhobene Gebühr, ungerechte Steuer.

dimension *f* (1) Größe *f*, Maß *n*; Ausdehnung *f*, (2) (*fig.*) Ausmaß *n*, Bedeutung *f*; **– sécuritaire** Sicherheitsaspekt *m*.

diminuer *v.tr.* (1) verringern, vermindern, herabsetzen, ermäßigen, (2) *v. intr.* zurückgehen, abnehmen, sinken, nachlassen; **– les dépenses** die Ausgaben verringern; **– les impôts** die Steuern senken.

diminution *f* Rückgang *m*, Verringerung *f*, Abbau *m*, Senkung *f*, Minderung *f*, Verminderung *f*, Herabsetzung *f*; **action en –** (*SchuldR*) Minderungsklage *f*, Klage auf Minderung (des Kaufpreises); **consentir une – de prix** einen Preisnachlass gewähren; **– de la demande** Nachfragerückgang; **– de la durée du travail** Arbeitszeitverkürzung; **– des effectifs** *ou* **du personnel** Personalabbau; **– des existences** (*Buchf*) Bestandsverringerung; **– des impôts** Steuersenkung *f*; **– des prix** Preissenkung *f*.

dîner-débat *m* Arbeitsessen *n*.

dioxis *f* (*StR: traque, harcèlement du 3e type par communication non désirée et inappropriée*) Stalking *n*.

diplomate *m* Diplomat *m*.

diplomatie *f* (1) Diplomatie *f*, auswärtige Beziehungen; auswärtige Politik; Mitglieder des auswärtigen Dienstes, (2) *fig* Verhandlungstaktik *od.* -geschick.

diplomatique *f* (*ZR: science qui a pour objet les actes écrits et documents, l'étude de leur âge, de leur authenticité, de leur valeur*) Urkundenlehre *f*, Diplomatik *f*; **critique –** Untersuchung *od.* Überprüfung der Echtheit einer Urkunde.

diplomatique *adj* (*VR*) diplomatisch; **passeport –** Diplomatenpass.

diplôme *m* (1) (*pièce officielle*) amtliches Schriftstück *n*, Urkunde *f*, (2) (*acte qui confère un titre*) Zeugnis *n*, Diplom *n*; **passer un –** eine Prüfung ablegen; **– de bachelier** frz. Reifezeugnis; **– de capacité professionnelle** Berufsschulzeugnis *n*; **– de citoyen d'honneur** Ehrenbürgerbrief *m*; **– d'études supérieures** Hochschuldiplom; **– de fin d'apprentissage** Lehrabschlusszeugnis; **– de fin d'études** (Schul-) Abschlusszeugnis *n*; **– d'honneur** Ehrenurkunde *f*; **– de maîtrise** (1) (*HochschulR*) frz. akademisches Diplom, Magister *m*, (2) (*ArbR*) Meisterbrief *m*; **– professionnel** Berufsfachschulzeugnis *n*; **– universitaire** Universitätsdiplom, Staatsexamen *n*.

diplômé *adj* diplomiert, staatlich geprüft; **infirmière –ée** staatlich geprüfte Krankenschwester; *m* Inhaber eines Diploms.

diplômer *v.tr.dir.* ein Diplom verleihen.

dipsomanie *f* (*MedizinR*) Trunksucht *f*.

dire *v.tr.* (1) (*exprimer, communiquer*) sagen, mitteilen, ausdrücken, (2) (*affirmer, prétendre*) behaupten, äußern, (3) (*décider, convenir*) vereinbaren, entscheiden, (4) (*juger, penser*) meinen, denken, glauben, (5) (*annoncer, rapporter*) mitteilen, vortragen, ankündigen, (6) (*objecter*) einwenden, entgegnen, (7) (*stipuler*) besagen, beinhalten; **décision avant – droit** (*ZPR*) Vorabentscheid *m*; **la loi dit** das Gesetz sieht vor (dass), das Gesetz besagt; **vouloir –** (folgenden) Sinn haben, bedeuten; **à vrai –** offen gesagt; **pour – droit** (*PrzR*) (zu Recht) erkennen; **à – d'expert** gemäß gutachtlicher Äußerung; **– et juger** für Recht (zu) erkennen; **– en substance** sinngemäß sagen.

dire *m* (1) (*affirmation, déclaration*) Vorbringen *n*, (Parteien-) Vortrag *m*; Erklärung *f*, Mitteilung *f*; Behauptung *f*, (2) *m* (*ZPR: mémoire*) schriftliche Mitteilung, Schriftstück *n*; **–** (*PrzR: surtout au pluriel: observations des parties au procès*) Vorbringen *n* tatsächlicher Art der Parteien vor Gericht, sachdienliche Angaben; Parteinvortrag *m*;

au –, selon le – de gemäß, nach, im Sinne (von); **leurs –s ne sont pas concordants** ihre Aussagen widersprechen sich; **aux –s d'expert** (*ZPR: d'après l'expertise présentée au juge*) gemäß Sachverständigengutachten; **répéter ses –s** (*PrzR*) seine Aussage nachdrücklich bestätigen, bekräftigen; **les –s des témoins** die Zeugenaussagen.

direct *adj* gerade, direkt, unmittelbar; **action –e** (1) (*ZPR*) Klage gegen den Hersteller (im Rahmen der Produzentenhaftung), (2) (*ArbR*) illegale Arbeitskampfhandlung; **impôts –s** direkte Steuern; **en ligne –e** (*ErbR*) in gerader Linie; **responsabilité –e** unmittelbare Haftung.

directes *fpl* (*SteuerR: Abkürzung für „administration des contributions directes"*) frz. Verwaltungsbehörde der direkten Steuern.

directeur *m* (1) (*VwR*) (Dienststellen- *od.* Referats-) Leiter *m*, (2) (*HR, GesR*) geschäftsführendes Organ, Direktor *m*; Vorstandsmitglied *n*; **juge –** (*GVR*) Gerichtspräsident *m* (des Kleininstanzgerichts); **– adjoint** stellvertretender Direktor, Generalbevollmächtigte(r) *m*; **– de banque** Bankdirektor, Zweigstellenleiter; **– commercial** kaufmännischer Direktor; **– de conscience** (*KirchR*) Seelsorger *m*; **– général** (*GesR*) Vorstandsvorsitzender, Generaldirektor; **– du personnel** Personalchef *m*; **– des recherches** Forschungsleiter; **– régional** Bezirksdirektor; **– unique** alleiniger Geschäftsführer; **– d'usine** Werks- *od.* Betriebsleiter; **– des ventes** Verkaufsleiter.

directif *adj*: **principe –** Maßstab *m* (zur Bestimmung der Pflichten).

direction *f* (1) Richtung, (2) (*HR, GesR: conduite des affaires*) Leitung *f*, Geschäftsleitung, Direktion *f*; Vorstand *m*, (3) (*VwR*) Abteilung *f*; **cadres de –** Führungskräfte; **comité de –** Vorstand *m*; **droit de –** (*VwR*) Weisungsbefugnis *f*; **fonction de –** leitende Tätigkeit, Führungsaufgabe *f*; **personnel de –** leitende Angestellte, leitendes Personal; **poste de –** leitende Stellung; **pouvoir de –** (1) (*VwR: prérogative des autorités supérieures*) Weisungsrecht, (2) (*ArbR: pouvoir en vertu duquel le chef d'entreprise peut librement choisir ses collaborateurs et prendre zoutes les décisions intéressant la marche de l'entreprise*) Direktions- *od.* Weisungsbefugnis *f*, Direktionsrecht *n*; **sous la – de** unter der Leitung von.

direction centrale (*GesR*) Konzernleitung; **– du crédit** (*BankR*) Kreditlenkung; **– des débats** Verhandlungsleitung; **– de l'entreprise** Geschäftsleitung; **– générale des impôts (= DGI)** frz. Generaldirektion für Steuern und Abgaben; **– du procès** (*PrzR*) Prozessleitung; **– de la production** Produktionslenkung *f*; Produktionsüberwachung *f*; **– des travaux** Bauleitung.

directive *f* (1) (*ÖfR, EuR*) Richtlinie *f*, (2) (*VwR, ArbR*) Weisung *f*, Anordnung, Direktive *f*; Verhaltensmaßregel *f*; Vorschrift *f*; **conformément aux –s** weisungsgemäß; **– -cadre** Rahmenrichtlinie *f*; **– communautaire** (*EuR*) EU-Richtlinie *f*; **– technique** fachdienstliche Anweisung.

directivisme *m* (*Pol*) autoritäre Verhaltensweise.

Directoire *m* (*hist. 179599*) Direktorium *m*.

directoire *m* (1) (*GesR: organe de direction de la société anonyme directoriale*) Vorstand *m*, geschäftsführendes Organ, (2) (*VerfR*) Präsidium *n*, Direktorium, leitende Behörde; **membre du –** (*GesR*) Vorstandsmitglied *n*; **président du –** (*GesR: dirigeant de la société anonyme à trois organes*) Vorstandsvorsitzende(r) *m*.

directorat *m* (*rare pour: direction*) Leitungsbefugnis *f*.

dirigeant *m* (1) leitender Direktor, Manager *m*, (2) führendes Mitglied; **– politique** Politiker, Parteiführer; **– responsable** verantwortlicher Leiter; **– syndical** Gewerkschaftsführer; **–s sociaux** (*GesR*) Geschäftsführer.

dirigeant *adj* führend, leitend; **parti –** regierende Partei.

diriger *v.tr.dir.* leiten, führen; **– un débat** eine Diskussion moderieren; –

une entreprise ein Unternehmen leiten; **– un interrogatoire** eine Vernehmung vornehmen.

dirigisme *m* (*Vwirt*) Dirigismus *m*, staatliche Wirtschaftslenkung, dirigistische Wirtschaftspolitik, Interventionismus *m*.

dirigiste *adj*: **mesure –** Lenkungsmaßnahme *f*.

dirimant *adj* (1) (*SchuldR: exigence dont la violation entraîne la nullité*) zur Aufhebung führend, ein unüberwindliches Hindernis für die Rechtsgültigkeit darstellend, (2) (*FamR, PrzR*) aufhebend, ungültig machend, auflösend; **empêchement – du mariage** absolutes Eheverbot.

dirimer *v.tr.* **un contrat** (*SchuldR: annuler*) einen Vertrag aufheben *od.* auflösen.

disagio *m* (*BankR*) Abschlag *m*, Disagio *n*.

discernable *adj* erkennbar, unterscheidbar.

discernement *m* (*ZR, StR*) Einsichts- *od.* Urteilsfähigkeit; **capable de –** einsichtsfähig; **manquer de –** noch nicht die nötige Reife besitzen; unzurechnungsfähig sein, nicht die erforderliche Urteilsfähigkeit besitzen.

discerner *v.tr.* unterscheiden, erkennen.

disciple *m* Schüler *m*, Anhänger *m*.

disciplinaire *adj* disziplinarisch; **action –** Disziplinarverfahren *n*; **commission –** Ehrengericht; **mesure** *ou* **sanction** *ou* **peine –** Disziplinarmaßnahme *f*.

disciplinairement *adv* disziplinarrechtlich.

discipline *f* (1) Disziplin *f*; Zuchtmittel *n*; Ein- *od.* Unterordnung, (2) (*BeamR*) Dienstpflichten *fpl*; Dienstordnung, Dienstanweisungen, (3) Fach *n*, Lehrfach, Fachgebiet *n*, Fachrichtung *f*; Wissenszweig *m*; **chambre** *ou* **conseil de –** Disziplinar- *od.* Dienststrafsenat; **faute contre la –, infraction à la –** *ou* **manquement à la –** Disziplinarvergehen *n*; **– juridique** Rechtsgebiet *n*; **– de vote** Fraktionszwang.

discipliner *v.tr.* zum Gehorsam zwingen; maßregeln; **se –** Selbstdisziplin üben; **– un cours d'eau** (*UmweltR*) einen Fluss regulieren.

discontinuation *f* Unterbrechung *f*; **– des poursuites** (1) (*StVR*) Ruhen der (Straf-) Verfolgung, (2) (*ZwangsVR*) Aussetzung der Zwangsvollstreckung.

discontinuer *v.intr.*: **sans –** ohne Unterlass, andauernd.

discontinuité *f*: **travailler sans –** ohne Unterbrechung arbeiten.

disconvenance *f* Missverhältnis *n*; Ungleichheit *f*.

disconvenir *v.tr.ind.* (*disconvenir de qqch.*) ablehnen, nicht zustimmen können; **je n'en disconviens pas** dem stimme ich zu; das kann sein.

discordance *f* Unstimmigkeit *f*, Uneinigkeit *f*, Zwiespalt *m*; **– entre deux opinions** Meinungsverschiedenheit *f*; **– entre deux textes** Nichtübereinstimmen (des Wortlauts).

discordant *adj*: **détails –s** Unstimmigkeiten.

discorde *f* Zwist *m*, Streit *m*; **sujet de –** Zankapfel.

discorder *v. intr.* nicht übereinstimmen, voneinander abweichen; **témoignages discordants** *ou* **qui discordent** widersprüchliche Zeugenaussagen.

discount *m* (*HR: magasin minimarge, vente à des prix inférieurs à ceux de la concurrence*) Discountgeschäft *n*, Verkauf mit Preisnachlass.

discours *m* Rede *f*; Erörterung *f*; Verhandlung; **prononcer un –** eine Rede halten; **– de bienvenue** Begrüßung; **– de clôture** Schlussansprache *f*; **– électoral** Wahlrede *f*; **– inaugural** *ou* **d'ouverture** Eröffnungsrede; **– officiel** *ou* **solennel** Festrede; **– du trône** Thronrede.

discourtois *adj* unhöflich.

discrédit *m* Misskredit *n*, Verruf *m*; **tomber en –** in Verruf kommen *od.* geraten.

discréditer *v.tr.* verdächtigen, in Verruf bringen, diskreditieren.

discret *adj* verschwiegen; vorsichtig; zurückhaltend; taktvoll.

discrètement *adv* heimlich, unbemerkt, unauffällig.

discrétion *f* Verschwiegenheit *f*; Zurückhaltung; **à –** je nach Wunsch, beliebig; **être à la – de qqn.** jmdn. auf Gedeih und Verderb ausgeliefert sein; **laisser à l'entière –** dem freien Ermessen überlassen; **à la – du juge** (*ZPR*) im richterlichen Ermessen (liegen); **– professionnelle** (1) (*VwR*) Amtsverschwiegenheit, (2) (*ArbR, HR*) berufliche Schweigepflicht.

discrétionnaire *adj* im Ermessen stehen, dem Ermessen überlassen sein; **décision –** Ermessensentscheidung.

discrétionnairement *adv* (*VwR*) nach freiem Ermessen.

discriminant *adj*: **analyse factorielle – e** (*Statistik*) Diskriminanzanalyse.

discrimination *f* (1) (*VR, ZR*) Diskriminierung *f*, unterschiedliche *od.* ungleiche Behandlung, Schlechterstellung, (2) (*ArbR*) berufliche Benachteiligung, Chancenungleichheit, (3) (*HR*) Wettbewerbsverzerrung *f*; **– fiscale** ungleiche Verteilung der Steuerlast; **– de pavillon** Flaggendiskriminierung; **– des prix** Preisdumping; **– raciale** Rassendiskriminierung *f*; **– sexuelle** Ungleichbehandlung von Mann und Frau; **– tarifaire** Aufstellung prohibitiver Zollschranken.

discriminatoire *adj*: **mesure –** (*ÖfR*) diskriminierende Maßnahme, Ungleichbehandlung *f*.

discriminer *v.tr.* diskriminieren, willkürlich benachteiligen, unterschiedlich behandeln.

disculpation *f* (*StR*) Entlastung, Freispruch; Entschuldigung, Rechtfertigung.

disculper *v. tr. d.* jmdn. entschuldigen, rechtfertigen; **se –** *v. pron.* sich rechtfertigen; seine Unschuld beweisen; **– un prévenu des chefs d'accusation** (*StPR*) die Anklage fallen lassen.

discussion *f* (1) (*débat contradictoire*) Aussprache *f*, Debatte *f*, Meinungsaustausch *m*, Diskussion *f*, (2) (*examen, conversation*) Abhandlung, Untersuchung, Erörterung *f*; Unterredung *f*, Besprechung, (3) (*controverse*) Auseinandersetzung *f*, Streitgespräch *n*, (4) (*ZPR*) Zwangsvollstreckung in bestimmte Vermögensstücke (bevor in andere vollstreckt werden darf); **bénéfice de –** (*ZPR*) Einrede *f* der Vorausklage; **sans division ni –** (*ZR*) solidarisch, gesamtschuldnerisch; **être en –** sich in Beratung befinden; **être sujet à –, donner matière à –** *ou* **prêter à –** zweifelhaft sein, umstritten sein, nicht einwandfrei geklärt sein; **sans – possible** *loc.* fraglos, zweifellos, ohne Zweifel.

discussion de biens (*ZwangsVR*) Zwangsvollstreckung in bestimmte Vermögensstücke (bevor in andere vollstreckt werden darf); **– des faits** (*PrzR*) Erörterung des Sachverhalts, Untersuchung des Tatbestandes; **– juridique** (*ZPR*) rechtliche Würdigung; **– paritaire** (*ArbR*) paritätische (Tarif-) Verhandlung; **– préparatoire** Vorbesprechung; **– d'un projet de loi** Lesung eines Gesetzes; **– salariale** Lohnrunde *f*.

discutable *adj* umstritten, strittig, zweifelhaft.

discuter *v. tr. et intr.* erörtern, besprechen, sprechen über; streiten über, bestreiten; **– les biens** (*ZwangsVR*) (d'un débiteur) nach realisierbarem Vermögen (eines Schuldners) suchen; **– un point litigieux** eine strittige Frage erörtern; **– le prix** über den Preis verhandeln; **– la reprise du travail** über die Streikbeendigung verhandeln.

disette *f* (Nahrungsmittel-) Knappheit *f*; Mangel *m*; **– d'argent** Geldknappheit.

disgrâce *f*: **encourir la –** *ou* **tomber en –** in Ungnade fallen.

disgracier *v.tr.* jmdn. seines Amtes entheben.

disjoindre *v.tr.* ausscheiden, trennen; **– deux causes** (*ZPR*) ein Verfahren von einem anderen trennen.

disjonction *f* (1) Ausscheidung, Trennung, (2) (*ZPR*) Prozesstrennung.

dislocation *f* Zerfall *m*; Auflösung (einer Demonstration).

dispache *f* (*SeeHR: parfois: dispatche*) Seeschadensberechnung *f*, Dispache *f*; Schiedsgericht (bei Schiffsversicherungsstreitigkeiten).

dispacheur *m* (*SeeHR: expert répartiteur*) Dispacheur *m*, Seeschadensberechner *m*.
disparaître *v. intr.* verschwinden, vermisst werden; **faire –** beseitigen, entfernen.
disparate *adj* widersprechend, unvereinbar.
disparité *f* (1) Ungleichheit *f*, Missverhältnis *n*, Diskrepanz *f*, Unterschied *m*, (2) (*prix, cours*) Gefälle *n*, Preis- *od.* Kursdifferenz, Disparität *f*; **– des prix** Preisunterschied *m*; **– des salaires** Lohnunterschiede *mpl*, Ungleichheit der Löhne.
disparition *f* (1) (*ZR: sens large, art. 112 C.civ.*) Verschollenheit *f*, Vermisstsein *n*, Überfälligkeit, (2) (*ZR: sens étroit: art. 88 C.civ.*) Ableben *n*, Tod *m*; **– par fait de guerre** Kriegsverschollenheit; **– en mer** Seeverschollenheit; **– de l'obstacle** Wegfall des Hindernisses; **– du risque** (*VersR*) Risikowegfall *m*.
disparu *adj* (*navire*) überfällig.
disparu *m* (1) Vermisste(r) *m*, Verschollene(r), (2) Verstorbene(r).
dispatch *adj* **money** (*SeeHR*) Rückvergütung (wegen schneller Be- *od.* Entladung).
dispatcher *m* (*WirtR: régulateur, répartiteur*) Verantwortliche(r) für den Produktionsablauf, Dispatcher.
dispatching *m* (1) (*BW*) Verteiler *m*, Verteilungsstelle *f*, (2) Zugleitung *f*.
dispendieux *adj* aufwendig, teuer, mit hohen Ausgaben verbunden.
dispensable *adj* befreibar; freistellend; (von einer Verpflichtung) entbindend.
dispensaire *m* (*MedizinR*) Station für ambulante Behandlung, Krankenstation *f*, Ambulanz *f*.
dispense *f* (1) (*VwR: autorisation de faire ce qui est en principe prohibé*) Befreiung *f*, Erlass *m*, (2) (*VwR: autorisation de ne pas faire ce qui est prescrit*) Ausnahmebewilligung *f*, Aufhebung einer Verpflichtung, Dispens *f*; **– d'affranchissement** Portofreiheit *f*; **– d'âge** Befreiung vom Alterserfordernis; **– des bans** (*EheR*) Befreiung vom Aufgebot; **– de caution** Befreiung von der Sicherheitsleistung; **– des empêchements de mariage** Befreiung von Ehehindernissen *od.* von Eheverboten; **– du ministère d'avocat** (*PrzR*) Befreiung vom Anwaltszwang; **– de paiement** *ou* **de payer** Leistungs- *od.* Zahlungsbefreiung.
dispense de peine (*StVZ*) Straferlass *m*; **– de préavis** Befreiung von der Einhaltung der Kündigungsfrist; **– de scolarité** (1) (*SchulR*) Befreiung von der Schul(besuchs)pflicht, (2) (*HochschulR*) Bewilligung einer verkürzten Studienzeit; **– de timbre** (*SteuerR*) Stempelsteuerbefreiung; **– de travail** Arbeitsbefreiung.
dispenser *v.tr.* befreien, erlassen, freistellen; streichen; **se – de** *v. pron.* sich (einer Verpflichtung) entziehen; **– des soins** (*MedizinR*) (Kranke) versorgen.
disperser *v.tr.d.* verteilen; **– les manifestants** eine Kundgebung auflösen.
dispersion *f* Verteilung, Ausbreitung; **– des forces, – de la pensée** Verzettelung.
disponibilité *f* (1) (*ZR*) (freie) Verfügbarkeit *f*, (2) (*BeamR*) einstweiliger Ruhestand *m*, Wartestand (eines Beamten), zur besonderen Verwendung; **mise en –** Versetzung in den einstweiligen Ruhestand.
disponibilités *fpl* Liquiditätsausstattung *f*, verfügbare *od.* flüssige Mittel *od.* Gelder; **– budgétaires** verfügbare Haushaltsmittel.
disponible *m* (1) (*HR*) lieferbare Ware, (2) (*Buchf*) verfügbare Mittel.
disponible *adj* verfügbar.
disposant *m* (*ZR*) Verfügende(r) *m*.
disposer *v.tr. et v. intr.* verfügen, bestimmen, anordnen; **capacité de –** Verfügungsgewalt *f*, Verfügungsbefugnis *f*; **droit de –** Verfügungsrecht; **– entre vifs** unter Lebenden verfügen.
dispositif *m* (1) Einrichtung *f*, Vorrichtung *f*, Apparatur *f*, Anlage *f*, (2) (*ZPR: partie finale du jugement contenant la décision du juge*) Spruch *m*, Formel *f*, Tenor *m*, (3) (*ZPR: projet de jugement*) (der von den Anwälten dem

Richter vorgelegte) Entscheidungsvorschlag, (4) (*VwR*) umfangreiche Maßnahmen *od.* Vorkehrungen; **principe du –** (*ZPR*) Dispositionsmaxime *f*, Verfügungsgrundsatz *m*.

dispositif du jugement (Urteils-) Tenor, Urteilsformel, verfügender Teil des Urteils, Urteilsspruch; **– d'une loi** (kurze) Inhaltsübersicht des Gesetzes, Zusammenfassung der Zielsetzungen eines Gesetzes; **– de sécurité** Sicherheitsvorrichtung *f*, Sicherheitsvorkehrung *f*; **– de tir automatique** Selbstschussanlage *f*.

dispositif *adj* nachgiebig, dispositiv; **loi dispositive** abdingbare Rechtsnorm, dispositives *od.* nachgiebiges Recht, Soll-Vorschrift; Kann-Bestimmung.

disposition *f* (1) (*arrangement*) Anordnung, Plan *m*, Gliederung, Verteilung, (2) (*aptitude, prédisposition*) Anlage *f*, Veranlagung *f*, Neigung *f*, Hang *m*, (3) (*ZR: aliénation*) Verfügung *f* (über), (4) (*clause d'un acte*) Maßnahme *f*, Festsetzung, Bestimmung *f*, Vorschrift *f*; **acte de –** (*SchuldR*) Verfügung *f*, Verfügungsgeschäft *n*; **atteinte à une – légale** Verletzung einer (gesetzlichen) Bestimmung; **droit de –** Verfügungsrecht *f*; **mettre à la –** zur Verfügung stellen; **pouvoir de –** (*ZR*) Verfügungsgewalt *f*.

disposition additionnelle Zusatzbestimmung; **– administrative** Verwaltungsvorschrift; **– annexe** (*Vertrag*) Nebenabrede *f*, (*gesetzliche Regelung*) Nebenbestimmung *f*; **– d'application** Durchführungsbestimmung; **– en cas de décès** Verfügung auf den Todesfall; **– à cause de mort** Verfügung von Todes wegen; **– complémentaire** Ergänzungs- *od.* Zusatzbestimmung, ergänzende Vorschrift; **– compromissoire** Schieds(gerichts)klausel; **– constitutionnelle** Verfassungsbestimmung; **– contractuelle** Vertragsklausel *od.* -abrede; **– conventionnelle** (*ArbR*) Tarifvertragsbestimmung.

disposition de dernière volonté (*ErbR*) letztwillige Verfügung; **– d'esprit** Haltung; geistige Verfassung; Meinung *f*; **– d'esprit malveillante** böswillige *od.* ablehnende Haltung; **– d'exécution** (*VwR*) Ausführungsbestimmung; **– facultative** Kannvorschrift; **– finale** Schlussbestimmung; **– financière** (Geld-) Mittelzuweisung; **– fiscale** Steuervorschrift; **– de fond** materielles Recht; materiell-rechtliche Regelung; **– de forme** Formvorschrift *od.* -erfordernis; formelles Recht.

disposition impérative Mussvorschrift *f*, unabdingbare Bestimmung *od.* Voraussetzung; zwingendes Gebot; **– interprétative** Auslegungsvorschrift; **– juridique** Rechtsvorschrift.

disposition légale *ou* **législative** *ou* **de la loi** (*VerfR*) Gesetzesbestimmung, gesetzliche Vorschrift; **– d'ordre public** zwingende *od.* unabdingbare Vorschrift; **– organique** (*VerfR*) Verfassungsergänzungsvorschrift.

disposition particulière Einzelvorschrift *od.* -bestimmung; **– pénale** Strafgesetz *n*, Strafvorschrift *f*, Strafbestimmung *f*; **– posthume** Verfügung von Todes wegen; **– préliminaire** einleitende Bestimmung; **– principale** Hauptbestimmung; **– de principe** Grundsatzbestimmung; **– de procédure** Verfahrensvorschrift; **– prohibitive** Verbotsnorm *f*; **– protectrice** Schutzbestimmung.

disposition réglementaire (1) (*VwR: acte de portée générale*) Verwaltungsvorschrift *f*; Dienstvorschrift, (2) (*VerfR: règlement, décret – art. 37 de la Constitution de 1958*) regierungsgesetzliche Bestimmung; Durchführungsbestimmung (eines Gesetzes); **– rémunératoire** belohnende Verfügung; **– répressive** Strafbestimmung; **– restrictive** einschränkende Bestimmung; **– de saisie** (*InsolvenzR*) Pfändungsbeschluss *m*; **– de sauvegarde** Schutzbestimmung; **– de sécurité** Schutzvorschrift *f*; **– spéciale** Sonderbestimmung; **– statutaire** (*GesR*) Satzungsbestimmung; **– supplétive** ergänzende Bestimmung; **– tarifaire** (Zoll-) Tarifbestimmung, Tarifvorschrift.

disposition testamentaire (*ErbR*) testamentarische *od.* letztwillige Verfügung; Vermächtnisanordnung *f*; **– à titre gratuit** unentgeltliche Zuwendung; **– transitoire** Überleitungsvorschrift, Übergangsbestimmung; **– type** Rahmenbestimmung; Klausel allgemeiner Geschäftsbedingungen; **– entre vifs** Verfügung unter Lebenden.
disproportion *f* Missverhältnis *n*.
disproportionné *adj* unverhältnismäßig; **être –** in keinem vernünftigen Verhältnis stehen zu.
dispute *f* Streit *m*, Wortwechsel *m*.
disputer *v. intr.* (1) streiten, (2) *v.tr.d* an einem Wettkampf teilnehmen.
disqualification *f* Disqualifizierung *f*, Untauglichkeitserklärung.
disqualifier *v.tr.* disqualifizieren, für untauglich erklären, ausschließen.
disque *m* **dur** (*DV*) Festplatte *f*.
dissection *f* (*MedizinR*) Autopsie *f*, Leichenschau *f*.
dissemblable *adj* ungleich, verschieden.
dissemblance *f* Ungleichartigkeit.
dissémination *f* Verbreitung *f*; **– des armes nucléaires** Weitergabe *f* von Kernwaffen; **– des risques** Risikostreuung *f*.
dissension *f* Uneinigkeit *f*, Zwist *m*.
dissentiment *m* Meinungsverschiedenheit *f*, abweichende Meinung.
disséquer *v.tr.d.* (*MedizinR: un cadavre*) eine Autopsie vornehmen.
dissertation *f* (1) (*HochschulR*) wissenschaftliche Abhandlung, (2) (*SchulR*) Schulaufsatz *m*.
disserter *v.intr.* (1) (*sur un sujet*) sich auslassen über, (2) (*de qch.*) reden von.
dissidence *f* Abfall *m*, Abtrünnigkeit *f*; Abspaltung *f*, Abtrennung *f*.
dissident *m* Abtrünnige(r) *m*, Dissident *m*, Gegner *m*.
dissident *adj* abtrünnig; abgespalten; andersdenkend; **vote –** (*PrzR*) abweichendes Votum (eines Richters bei einer Gerichtsentscheidung).
dissimulateur *adj* verheimlichend, vertuschend.
dissimulation *f* (1) Verheimlichung *f*; Verschleierung *f*; Verschweigen *n*, (2) Verstellung *f*, Heuchelei *f*, (3) (*SteuerR*) Nichterfüllung von Erfassungspflichten; Verschleierung (von Einkünften); steuerunehrliches Verhalten; **– d'actif** (1) (*SteuerR*) Weglassen *od.* zu niedrige Bewertung von Aktiva, (2) (*InsolvenzR*) Verschleierung der Vermögenslage; **– de bénéfices** (*SteuerR*) Gewinnverschleierung *f*; **– de biens** Vermögensverheimlichung.
dissimuler *v.tr.* verheimlichen; verschweigen; verbergen; verschleiern, vertuschen.
dissipateur *adj* verschwenderisch.
dissipation *f* (1) (*auch Energie*) Verschwendung *f*, (2) Zerstreutheit *f*.
dissiper *v.tr.* (*Vermögen, Geld*) verschwenden, vergeuden.
dissociation *f* Trennung *f*, Lösung *f*, Auflösung, Spaltung.
dissocier *v.tr.* (ab-) trennen.
dissolu *adj*: **mœurs –es** sittenloser Lebenswandel.
dissoluble *adj* auflösbar.
dissolution *f* Auflösung *f*, Aufhebung; **arrêté** *ou* **décision de –** Auflösungsbeschluss *m*; **pouvoir de –** Auflösungsbefugnis *f*; **– du contrat** Vertragsauflösung; **– judiciaire** Auflösung durch Richterspruch; **– du mariage** Auflösung der Ehe; **– d'une société** Betriebsaufgabe *f*; Gesellschaftsauflösung.
dissoudre *v.tr.* auflösen; **– une société** eine Gesellschaft auflösen.
dissous, dissoute *p.p. adj.* aufgelöst.
dissuader *v.tr.* (qqn. de faire qqch.) jmdm. etwas abraten.
dissuasif *adj* abschreckend; **peine de mort dissuasive** abschreckende Wirkung der Todesstrafe.
dissuasion *f* (1) Überredung (etwas nicht zu tun), (2) (*MilR*) Abschreckung *f*.
distance *f* Abstand *m*; Entfernung *f*; Zwischenraum *m*; *fig* Unterschied; **garder ses –s** Abstand halten.
distillation *f* **clandestine** Schwarzbrennen *n*.
distillerie *f* (Schnaps-) Brennerei *f*.
distinct *adj* unterschiedlich, getrennt, klar; **parler d'une voix –e** laut u. deutlich sprechen.

distinctement *adv* genau, klar u. deutlich.

distinctif *adj*: **marque distinctive** unterscheidungsfähiges Warenzeichen.

distinction *f* Unterscheidung *f*; **sans – d'âge ou de sexe** ohne Ansehen der Person; **– des contentieux** (*VwPR*) Klagentrennung; **– honorifique** Auszeichnung.

distingué *adj*: **considération –e** Hochachtung.

distinguer *v. tr. d.* unterscheiden; kennzeichnen; auszeichnen.

distorsion *f* Verzerrung *f*, Verdrehung *f*; **– de la concurrence** Wettbewerbsverzerrung.

distraction *f* (1) (*InsolvenzR*) Aussonderung, (2) (*inattention*) Zerstreutheit, (3) (*StR: détournement de fonds*) Veruntreuung, Unterschlagung; **demande en –** Antrag auf Aussonderung (eines dinglichen Rechts), Aussonderungsantrag *m*; **– des dépens** (*PrzR*) Kostenfestsetzungsbeschluss (über die Anwaltsauslagen); **– de saisie** Aussonderungsanspruch.

distraire *v.tr.* (*InsolvenzR*) aussondern, trennen; ablenken; unterschlagen.

distribuer *v.tr.* verteilen, austeilen; einteilen; **– un dividende** eine Dividende ausschütten; **– des pots de vin** jmdn. bestechen; **– des produits** Waren vertreiben *od.* vermarkten.

distributeur *m* (1) (*HR*) Absatzmittler *m*, Zwischenhändler, Wiederverkäufer *m*; Auslieferer, Verteiler *m*, (2) Filmverleiher; **– automatique** (Warenverkaufs-) Automat *m*; Geldautomat; **– exclusif** Alleinvertriebshändler *m*.

distribution *f* (1) (*AllgSpr*) Austeilung *f*, Einteilung *f*, Verteilung *f*, (2) (*WirtR*) Versorgung *f*, (3) (Post-) Zustellung *f*, (4) (*HR: fourniture, livraison*) (Waren-) Vertrieb *od.* Absatz, Vermarktung, Handel *m*, Verkauf *m*; Lieferung, Auslieferung *f*, (5) (*MedienR*) (Film-) Verleih *m*; **canal de –** Vertriebsweg; **circuit de –** Verkaufs- *od.* Vertriebsnetz *n*, Vertriebswege *mpl*; **coopérative de –** Absatzgenossenschaft *f*; **coûts de –** Vertriebs- *od.* Vermarktungskosten; **tableau de –** Verteilungsplan; Schalttafel *f*.

distribution des affaires (*GVR*) Geschäftsverteilungsplan *m*; **– des bénéfices** (*GesR*) Gewinnausschüttung *f*; **– par contribution** (*ZwangsVR*) Zuteilung nach Quoten; **– du courrier** Postzustellung; **– de dividendes** Dividendenausschüttung; **– exclusive** Alleinvertrieb; **– par exprès** Eilzustellung; **– gratuite** kostenlose Verteilung; **– occulte de bénéfices** verdeckte Gewinnausschüttung; **– des pouvoirs** (*VerfR*) Gewaltenteilung *f*; **– des prix** (*SchulR*) Preisverleihung *od.* -verteilung; **– des répartitions à venir** (*InsolvenzR*) Abschlagszahlung (an die Insolvenzgläubiger); **– du travail** Arbeitsteilung.

district *m* (1) (*PrzR*) Gerichtsbezirk, (2) (*ÖfR*) Verwaltungseinheit, Distrikt, Gebiet *n*, Bezirk *m*, (3) (*VwR*) Zweckverband *m*; **– administratif** Verwaltungsbezirk *m*; **– de chasse** Jagdrevier; **– franc** Zollfreigebiet; **– urbain** Stadtbezirk.

dit, dite *adj* genannt; **ledit, ladite, lesdits, dudit, audit** (*joint à l'article défini ou à certains adverbes, ces expressions servent à désigner ce dont on vient de parler: ledit acheteur; ladite maison; lesdits plaignants; le susdit; au dit lieu*) besagt(e) - besagter Käufer; besagtes Gebäude; die oben genannten Prozessparteien; der oben erwähnte; am angegegebenen Ort; **sus – –** oben erwähnt.

dito *adv* ebenso, dasselbe, dto.

divagation *f* (*LandwR*) Streunen *n*, Umherstreifen (von Vieh).

divergence *f* Divergenz *f*, (Meinungs-) Verschiedenheit; **– de cours** Kursdifferenz *f*; **– d'intérêts** Interessengegensatz *m*; **– de points de vue** auseinandergehende Ansichten.

divergent *adj* auseinandergehend, verschieden, abweichend.

diverger *v.tr.ind.* voneinander abweichen, nicht übereinstimmen.

divers *adj* verschiedenartig, ungleich; verschiedene, mehrere; **frais –** allgemeine Unkosten; **en – lieux** an verschiedenen Orten; **en –es occasions** mehrmals.

diversité *f* Verschiedenheit, Unterschiedlichkeit.

divertir *v. tr. d.* (1) (*StR*) (Gelder) veruntreuen, unterschlagen, (2) unterhalten, zerstreuen.

divertissement *m* (1) (*StR, ErbR*) Unterschlagung, Veruntreuung, (widerrechtliches) Ansichnehmen *n* (von Gegenständen), (2) Freizeitgestaltung *f*.

dividende *m* (1) (*GesR: quote-part des bénéfices attribués à chaque actionnaire*) Dividende *f*, Gewinnanteil *m*, (2) (*InsolvenzR*) anteilsmäßiger Betrag (der Insolvenzgläubiger); **acompte sur –** Vordividende; **annonce de –** Dividendenerklärung *f*; **coupon de –** Dividenden- *od.* Zinsschein *m*, Kupon *m*; **premier –** Abschlagsdividende; **répartition de –** Dividendenausschüttung; **second –** Restdividende.

dividende des actions ordinaires Stammaktiendividende; **– d'attente** Abschlagsdividende; **– fictif** Scheindividende; **– intérimaire** Abschlagsdividende; **– prioritaire** Vorzugs- *od.* Prioritätsdividende; **– provisoire** Abschlagsdividende.

divis *adj* ver- *od.* geteilt; **copropriété –e** (*SachR: divisé par lots ou par appartements, indivision forcée*) Wohnungseigentum *n*.

divis *m* (*SachR*) Teileigentum *n*.

divis *loc. adv.*: **par –** (*SachR: après partage*) nach Teilung.

diviser *v.tr.* teilen; *fig* entzweien, spalten, Uneinigkeit stiften.

divisible *adj* teilbar.

division *f* (1) (*ZR: fractionnement d'une obligation*) (Auf-) Teilung *f*, (2) (*VwR*) Abteilung, (3) (*MilR*) Truppenverband, Division, (4) (*fig*) Zwietracht *f*; Uneinigkeit, streitige Meinung; **état descriptif de –** (*SachR*) Grundstücksaufteilungsverzeichnis (beim Wohnungseigentum); **scrutin par –** (*VerfR*) Abstimmung über die einzelnen Artikel (eines Gesetzes); **– héréditaire** Nachlassteilung, Erbauseinandersetzung, Erbteilung; **– internationale du travail** (*Vwirt*) internationale Arbeitsteilung; **– militaire territoriale** (*MilR*) Wehrbereich; **– en parts** (*ErbR*) Auseinandersetzung; Verteilung des Erlöses; **– territoriale** Gebietsgliederung *od.* -einteilung.

divorce *m* (1) (*FamR: démariage – art. 228 suiv. Cciv*) (Ehe-) Scheidung, (2) (*FamR, ZRP: procédure – art. 248–1 suiv. Cciv*) Scheidungsverfahren *n*, (3) (*AllgSpr*) Trennung *f*; Zerwürfnis *n*; Gegensatz *m*; **action en –** (Ehe-) Scheidungsklage *f*, Scheidungsbegehren *n*; **agir** *ou* **assigner en –** auf Scheidung klagen; **cause de –** Scheidungsgrund *m*; **conséquences du –** (Ehe-) Scheidungsfolgen *fpl*; **demande en –** (Ehe-) Scheidungsklage *f*; Scheidungsantrag *od.* -begehren, Scheidungssache; **demande conjointe du –** gemeinsames Scheidungsbegehren; **demande reconventionnelle en –** Scheidungswiderklage; **demander le –** auf Scheidung klagen; **droit relatif au –** Recht der Ehescheidung; **instance en –** Scheidungsklage *od.* -prozess, Verfahren in Ehesachen; **jugement de –** Scheidungsurteil *n*; **motif de –** Scheidungsgrund *m*; **procédure de –** Ehescheidungsverfahren *n*, Verfahren in Ehesachen; **procès en –** Scheidungsklage *f*, Ehescheidungsprozess; Verfahren in Ehesachen; **prononcer le –** die Scheidung aussprechen, auf Scheidung (der Ehe) erkennen; **réforme du droit des –s** Reform des Ehescheidungsrechts.

divorce accepté (*FamR: remplace depuis le 1er janv. 2005 le divorce demandé par un des époux et accepté par l'autre – art. 233–236 Cciv*) Konventionalscheidung (mittels Zustimmung zum Vorschlag des Ehepartners); **– pour altération définitive du lien conjugal** (*FamR: a remplacé le 1er janv. 2005 le divorce pour rupture de la vie commune – art. 237–238 Cciv*) Scheidung auf Grund der Zerrüttung der Ehe, Scheidung wegen Scheiterns der Ehe; **– pour altération des facultés**

mentales Scheidung wegen Geisteskrankheit (eines Ehegatten); **– par consentement mutuel** (*FamR: divorce demandé conjointement par les époux – art. 230–232 Cciv*) Scheidung im beiderseitigen Einverständnis, (Form der) Konventionalscheidung, Scheidungsvereinbarung, einverständliche Scheidung; **– sur demande conjointe des époux** (*FamR: ancienne forme du divorce par consentement mutuel: 1975–2004*) alte Form der Konventionalscheidung auf gemeinsamen Antrag.

divorce pour faute (*FamR: divorce pour faits constitutifs d'une violation grave ou renouvelée des obligations du mariage – art. 242–246 Cciv*) Scheidung wegen (schwerer) Eheverfehlungen, Verschuldensscheidung; **– pour rupture de la vie commune** (*FamR: ancienne forme du divorce pour altération définitive du lien conjugal*) Scheidung wegen unheilbarer Zerrüttung der Ehe, Scheidung wegen Scheiterns der Lebensgemeinschaft; **– aux torts réciproques** Scheidung aus beiderseitigem Verschulden.

divorcé *adj* geschieden; *m* Geschiedene (r) *m/f*.

divorcer *v.intr.* scheiden, trennen; **– de** *ou* **d'avec quelqu'un** sich scheiden lassen.

divortialité *f*: **taux de –** Scheidungsrate *f*.

divulgateur *m* Verbreiter *m*, Übermittler.

divulgation *f* Veröffentlichung, Verbreitung; **droit de –** (*UrhR*) (Erst-) Veröffentlichungsrecht (des Urhebers); **– d'un document** unbefugte Veröffentlichung eines Schriftstückes; **– d'un secret** Geheimnisverrat *m*; **– d'un secret d'Etat** Offenbaren von Staatsgeheimnissen.

divulguer *v.tr.* (*UrhR*) veröffentlichen, verbreiten; **– un secret** ein Geheimnis offenbaren *od.* preisgeben.

dix *adj* / *m* zehn; **Conseil des –** Zehnerrat; **Groupe des –** Zehnerklub (im internationalen Währungsfonds).

docilité *f* Folgsamkeit *f*, Gehorsam *m*; Fügsamkeit *f*.

dock *m* Werft *f*, Hafenanlage *od.* -becken; Be u. Entladungsvorrichtung; Warenlager; **– flottant** Schwimmdock *n*.

docker *m* Hafenarbeiter *m*.

docteur *m* (1) (*MedizinR: personne qui possède le titre de docteur en médecine*) Arzt *m*, (*Kurzform*) Dr. med., (2) (*HochschulR: personne – homme ou femme –qui est promue au plus haut grade universitaire dans une faculté*) (*die vor den Namen gestellten Kurzformen sind in Frankreich nicht bekannt*) Doktor; **– en droit** Dr. jur, Doktor der Rechte; **– ès lettres** Doktor der Philosophie *od.* Geisteswissenschaften, Dr. phil; **– ès sciences** Dr. rer. nat; **– honoris causa** Ehrendoktor *m*, Dr.h.c.

docteur-ingénieur *m* frz. Dipl.-Ing.

doctoral *adj*: **dignité –e, titre –** Doktorgrad *m*; Ehrendoktorwürde.

doctorat *m* Doktortitel *m*, Doktorwürde *od.* -grad; **– d'État** (*HochschulR*) höchster frz. Doktorgrad; **– de troisième cycle** frz. Doktorgrad eines Wissenschaftszweiges; **– d'université** frz. Doktorwürde für ausländische Studierende.

doctrinaire *adj* (*meist pej*) doktrinär, unduldsam.

doctrinal *adj* eine Lehrmeinung betreffend.

doctrine *f* Rechtslehre *f*, Lehrmeinung *f*, Rechtstheorie *f*, Rechtsauffassung *f*; System *m*, Ideologie *f*, Doktrin *f*; politischer Grundsatz; **arrêt** *ou* **jugement de –** (*PrzR*) Grundsatzentscheidung; **– dominante** herrschende Lehre; **– juridique** Rechtswissenschaft *f*; **– pénale** Strafrechtslehre; **– prédominante** überwiegende Lehrmeinung; **– sociale** Soziallehre *f*.

document *m* (*ZR: écrit contenant un élément de preuve ou d'information*) Urkunde *f*, Dokument *n*, Beweis- *od.* Schriftstück *n*; Unterlage *f*, Beleg *m*; **accès aux –s administratifs** Einsichtsrecht (der Privatpersonen) in (durch die Behörden) über sie geführte Akten; **classement des –s** Urkundenarchivierung *f*; **contenu d'un – officiel** Inhalt einer öffentlichen Urkunde; **copie d'un –** Abschrift, Ausfertigung; **d'embarquement** Verschiffungsdokument; **divulguer un –** ein Schriftstück veröffentlichen; **faux –** (*StR*) unechte *od.* gefälschte Urkunde; **justifier par un –** urkundlich belegen; **preuve par –** Urkundenbeweis *m.*

document administratif öffentliche Urkunde; **– annexe** Anhang *m*, dazugehörige Urkunde; **– bancaire** Bankbeleg *m*; **–s de bord** (*SeeHR*) Bordpapiere *npl*, Schiffstagebuch; **– de cession** Abtretungsurkunde; **– chiffré** Bericht *m* mit genauen Zahlenangaben; **–s commerciaux** Geschäftspapiere *npl*, (Handels-) Dokumente; **– comptable** Rechnungs- *od.* Buchungsbeleg; **– de douane** *ou* **douanier** Zollbegleitschein *m*; **– d'exportation** Ausfuhrpapier *n*; **– d'identité** Ausweis *m*, Kennkarte *f.*

document justificatif Beleg *m*, Beweisstück *n*, (Beweis-) Urkunde; **– officiel** amtliche *od.* öffentliche Urkunde; **– original** Originalurkunde *f*, Original *n*; **– de première main** Urschrift *f*; **– probatoire** Beweisurkunde; **– de séance** Sitzungsprotokoll; **– de travail** Arbeitsnachweis; **–s de voyage** Reisepapiere *npl.*

documentaire *adj* urkundlich, als Urkunde; **effet** *ou* **traite –** Dokumententratte *f.*

documentaliste *m* (*ÖfR: personne qui réunit, classe, conserve et utilise des documents pour le compte d'un service public*) Dokumentalist *m*, Archivar *m.*

documentation *f* Dokumentation *f*, Zusammenstellung von Informationsmaterial; (gesammelte) Unterlagen.

documenter *v. tr. d.* (1) informieren, (2) dokumentieren, Urkunden beibringen, Unterlagen beschaffen; **se – sur** *v. pron.* sich unterrichten über, sich Informationsmaterial *od.* Unterlagen beschaffen.

dogme *m* (*KirchR*) Glaubenssatz *m*, Dogma *n*; Lehrmeinung *f.*

doigté *m* Fingerspitzengefühl *n.*

doit *m* (*Buchf*) Soll *n*, Debet *n*, Passiva *fpl*; **– et avoir** Soll und Haben.

dol *m* (1) (*SchuldR: vice du consentement – art. 1116 Cciv*) arglistige Täuschung, Arglist *f*, zivilrechtlicher Betrug (Aut), absichtliche Täuschung (S), (2) (*StR: élément moral de l'infraction*) Vorsatz *m*, (3) (*VertragsR*) vorsätzliche Pflichtverletzung; **contrat entaché de –** wegen Vorliegens einer arglistigen Täuschung anfechtbarer Vertrag; **exception de –** (*ZR*) Arglisteinrede *f.*

dol éventuel (*StR: intention de commettre und infraction moindre que celle constituée par le résultat effectif*) bedingter Vorsatz, dolus eventualis; **– général** (*StR: fait d'accomplir une infraction en connaissance de l'incrimination*) unbedingter Vorsatz, dolus directus; **– incident** (*SchuldR: tromperie portant sur un élément secondaire du contrat*) Täuschung über einen Nebenumstand; **– indéterminé** (*StR: intention criminelle de commettre une certaine infraction quelle que doive en être la victime*) Vorsatz eine Straftat zu begehen, ohne das Opfer vorher zu bestimmen; **– principal** (*SchuldR: dol déterminant lors de la conclusion du contrat*) Arglist, die den anderen zum Abschluss des Vertrags bestimmt hat; Täuschung über einen wesentlichen Umstand; vorsätzliche Schädigung; **– spécial** (*StR: intention particulière s'ajoutant au dol général*) Absicht *f*, besondere (gesetzliche) Vorsatzmerkmale.

doléances *fpl* (*ÖfR: revendications*) Forderungen *fpl*; Beschwerde *f*, Klage *f*; **faire, exprimer, présenter des –** sein Beleid ausdrücken *od.* aussprechen.

dolosif *adj* (*ZR: entaché de dol*) vorsätzlich, arglistig; **acte –** (*ZR, StR*) betrügerische Handlung; vorsätzliche Tat; **manœuvres dolosives** arglistige Täuschung, Vorspiegeln falscher Tatsachen.

dolosivement *adv* arglistig.

dolus bonus *lat* (*HR*) (*im Geschäftsverkehr*) geringfüge nach der Verkehrssitte zulässige Täuschung; **– malus** (*HR*) Arglist *f*, unzulässige Täuschungshandlung.

domaine *m* (1) (*SachR*) Grundbesitz *m*, Liegenschaft *f*, Gut *n*; Besitztum *n*, (2) (*HochschulR*) Sachgebiet *n*, Bereich *m*,

Fach *n*, (3) (*VwR*) Zuständigkeitsbereich *m*, (4) (*ÖfR*) Staatsgut *n*; **administration** *ou* **service des –s** frz. Domanialverwaltung.

domaine d'action *ou* **d'activité** Tätigkeitsbereich *m*; **– aérien** (*VR*) Luftraum *m*; **– agricole** landwirtschaftlicher Betrieb; **– d'application** Geltungsgebiet *od.* -bereich; Anwendungsbereich *od.* -gebiet; **– d'application dans l'espace** örtlicher Anwendungsbereich; **– d'application dans le temps** zeitlicher Anwendungsbereich; **– communal** (*GemR*) Gemeindeeigentum *n*; **– de compétence** Zuständigkeitsbereich; **– congéable** (*LandwR*) jederzeit durch den Verpächter kündbarer Pachtvertrag, mit kurzfristiger Kündigung gepachtetes Grundstück.

domaine économique Wirtschaftsgebiet *n*; **– de l'État** öffentliche Sachen, Staatsgüter; **– d'études** Arbeitsgebiet *n*; **– forestier de l'État** Staatsforsten *mpl*; **– d'influence** Einflussbereich *m*; **– privé** (*VwR*) Privateigentum der öffentlichen Hand.

domaine public (*VwR*) öffentliches Eigentum, Staatsgüter *pl*, öffentliche Sachen; **marque du – –** Freizeichen *n*; **tomber dans le – –** (1) (*UrhR*) Erlöschen des Urheberrechts; Gemeingut werden, (2) (*PatR: brevet*) der Allgemeinheit zufallen.

domaine réservé (*VR*) Vorbehaltsgebiet, vorbehaltener Wirkungsbereich; **– rural** Landgut; **– territorial** Anwendungs *od.* Gültigkeitsbereich (eines Vertrages); **– des transports** Verkehrswesen *n*; **– de validité** Geltungsbereich *m*.

domanial *adj* zu den Staatsgütern gehörend; **biens –iaux** Staatsgüter; **gestion –e** Liegenschaftsverwaltung.

domanialité *f* (*ÖfR: appartenance au domaine public*) Rechtsstatus *m* der öffentlichen Sache.

domesticité *f* Dienerschaft *f*, Hausangestellte *pl od.* -gehilfen; Dienstverhältnis.

domestique *m* / *f* Hausangestellte *m/f*, Hausgehilfin *f*, Haushaltshilfe *f*; Diener *m*, Dienstperson.

Für Franzosen gibt es in Frankreich keine Meldepflicht bei Einwohnermeldeämtern. *Le domicile,* als gesetzlicher Wohnsitz, ist der Ort der hauptsächlichen Niederlassung. *La résidence* ist die Wohnung, in der man tatsächlich erreichbar ist, aber auch der Amtssitz eines Richters *od.* Staatsanwalts. *La demeure* wird meistens als Oberbegriff verwendet, also sowohl für *domicile* wie für *résidence.* Das Verb *demeurer* heißt also in diesem Zusammenhang: wohnhaft sein.

domicile *m* (1) (*ZR: lieu du principal établissement, art. 102 C.civ.*) Wohnsitz *m*, (2) (*AllgSpr: lieu ordinaire d'habitation: logement, maison*) Wohnung *f*, Wohnhaus *n*, Haus *n*, (3) (*WechselR: lieu de paiement*) Zahlungsort *m* (bei Wechseln); **attestation de –** *ou* **certificat de –** Wohnsitzbescheinigung, Domizilzertifikat *n* (S); **changement de –** Wohnsitzwechsel *m*, Wohnsitzverlegung *f*; **choix du –** Wohnsitzwahl *f*.

domicile: **élection de –** (1) (*ZPR, ZR, HR: clause attributive de juridiction*) Gerichtsstandsvereinbarung *f*, Zuständigkeitsvereinbarung, Prorogation *f*, Begründung eines Gerichtsstandes, (2) (*ZPR, ZR*) (zur Erfüllung rechtlicher Förmlichkeiten gewählter) Erfüllungsort eines Vertrages; Benennung eines Zustellungsbevollmächtigten; Wahl einer Zustellungsanschrift (zumeist ein Anwalt *od.* Notar) für die Zustellung von Gerichtsurkunden und öffentlichen Schrifstücken, Domizilwahl (S); **élire –** (*ZPR*) einen Zustellungsbevollmächtigten benennen, eine Zustellungsanschrift (für Prozessurkunden) wählen; **établir son –** seinen Wohnsitz begründen; **État du –** (*IPR*) Wohnsitzstaat *m*; **franco –** (*HR*) frei Haus; **inviolabilité du –** (*VerfR*) Unverletzlichkeit der Wohnung.

domicile: **perquisition au – (de qqn.)** (*StR: investigation au domicile de la* *personne poursuivie*) Hausdurchsuchung *f*, Haussuchung; **quête à –** Haussammlung, Hauskollekte *f*; **sans – fixe** ohne festen Wohnsitz, obdachlos; **transfert** *ou* **translation de –** Wohnsitzwechsel *m*, Wohnsitzverlegung; **travail à –** Heimarbeit *f*; **travailleur à –** Heimarbeiter *m*; **violation de –** (*StR*) Hausfriedensbruch.

domicile attributif de juridiction (*ZPR*) für die Zuständigkeit (eines Gerichts) maßgebender Wohnsitz; **– civil** zivilrechtlicher Wohnsitz; **– commercial** Firmensitz *m*, Sitz.

domicile conjugal (*FamR*) ehelicher Wohnsitz, Ehewohnung; **abandon du – –** (*StR*) Verletzung der Unterhaltspflicht.

domicile de droit (*ZPR: domicile légal*) gesetzlicher Wohnsitz; allgemeiner Gerichtsstand; **– d'élection** *ou* **élu** (1) (*ZPR*) vereinbarter Gerichtsstand, (2) (*Notar, Anwalt*) Zustellungsanschrift *f*, (3) (*Vertrag*) Erfüllungsort *m*; **– électoral** Wahlort *m*; **– familial** Elternhaus *n*; **– fictif** fiktiver Wohnsitz; **– fiscal** steuerliche Ansässigkeit, steuerlicher Wohnsitz; **– fixe** fester Wohnsitz.

domicile légal gesetzlicher Wohnsitz; **– mortuaire** Sterbeort *m*; **– d'origine** Heimatort *m*, Ursprungsdomizil; Geburtsort; **– parental** elterlicher Wohnsitz; Wohnung der Eltern; **– particulier** Privatwohnung; **– permanent** ständiger Aufenthaltsort; **– principal** Hauptwohnsitz, Hauptdomizil (S); **– réel** tatsächlicher Wohnsitz; **– de secours** (*SozR*) Gemeinde, in der die Sozialhilfe gezahlt wird; **– social** (*GesR*) Gesellschaftssitz *m*.

domiciliaire: **perquisition** *ou* **visite –** (*StR*) Durchsuchung *f* von Räumen, Haussuchung *f*.

domiciliaire *adj* Wohnungs-; Haus-.

domiciliataire *m* (*Scheck- u. WechselR*) Wohnsitz einer Person *od.* Bankplatz (an dem ein Scheck *od.* Wechsel zahlbar ist).

domiciliation *f* (1) (*WechselR*) Domizil- *od.* Zahlstellenvermerk *m*, Domiziliierung, (2) (*BankR*) Dauerauftrag *f*, Überweisungsauftrag (eines Kontoinhabers an seine Bank bei wiederkehrenden Zahlungen).

domicilié *adj* **à** (*ZR: demeurant à*) wohnhaft in.

domicilier *v.tr.* (*WechselR*) domiziliieren, einen Zahlungsort angeben; **se –** *v. pron.* seinen Wohnsitz begründen; sich niederlassen.

dominance *f* Vorherrschaft *f*, Vorherrschen *n*.

dominant *adj* vorherrschend.

domination *f* Herrschaft *f*; **– du marché** Marktbeherrschung *f*.

dominer *v. tr. et intr.* (be-) herrschen, vorherrschen, überwiegen, überragen; **– le marché** Marktführer sein.

dominical *adj*: **repos –** Sonntagsruhe *f*, Ruhetag *m*.

dommage *m* (1) (*ZR: préjudice, atteinte d'une personne dans son patrimoine et son corps*) Schaden *m*; Einbuße *f*, Nachteil *m*, Verlust *m*, (2) (*SeeHR*) Havarie *f*; **auteur du –** Verursacher (eines Schadens), Schädiger *m*, Schadensstifter *od.* -urheber *m*; **avis de –** (*VersR*) Schadensanzeige *f*, Schadensmeldung; **causer un –** einen Schaden verursachen, jmdm. einen Schaden zufügen; **compenser un –** einen Schaden ersetzen *od.* ausgleichen; **constatation du –** Schadensfeststellung; **couvrir un –** einen Schaden decken; **déclaration de –** Schadensanzeige, Schadensmeldung; **déterminer le montant du –** den Schaden beziffern; **éprouver un –** einen Schaden erleiden; **évaluation du –** Schadensschätzung, Bewertung des Schadens; **garantir un –** einen Schaden decken; **indemnisation du – moral** Schmerzensgeld; **intention de causer un –** Schädigungsabsicht *f*.

dommage: **montant du –** Schadenshöhe *f*, Schadensumfang *m*; **objet du –** beschädigte Sache, Schadensgegenstand *m*; **preuve du –** Schadensbeweis *m*, Schadensnachweis; **réparation du –** Schadensersatzleistung; Schadensregulierung; **réparer un –** einen Schaden ersetzen, Schadensersatz leisten; **responsabilité du**

– Schadenshaftung; **sans –** ohne Nachteil, ohne Verlust; **subir un –** einen Schaden erleiden; **survenance d'un –** Schadenseintritt *m*; **victime du –** Geschädigte(r) *m*.

dommage accidentel (*StVR*) Unfallschaden, nicht vorsätzlich herbeigeführter Schaden; **– assuré** Versicherungsschaden; **– d'avarie** (*SeeHR*) Havereischaden; **– aux biens** Sachschaden, Sachbeschädigung; **– causé** eingetretener Schaden; **– causé par des animaux** Tierschaden; **– causé par les attroupements** (*StR*) Demonstrations *od.* Tumultschaden; **– causé par incendie** Feuer- *od.* Brandschaden; **– consécutif** nachträglich eingetretener Schaden, Folgeschaden, mittelbarer Schaden.

dommage corporel (*ZR, StR: atteinte à l'intégrité physique d'une personne*) Körperverletzung *f*, Personenschaden *f*; **– couvert** (*durch eine Versicherung*) gedeckter Schaden; **– aux cultures** Schädigung der Feldfrüchte; **– dérivé** Folgeschaden, mittelbarer Schaden; **– différé** Spätschaden; **– direct** unmittelbarer Schaden; **– effectif** tatsächlicher Schaden; **– extrapatrimonial** Nichtvermögensschaden; **– financier** finanzieller Schaden; **– fortuit** durch Zufall eingetretener Schaden; **– futur** zukünftiger Schaden; **– de gibier** Wildschaden; **– de guerre** Kriegsschaden.

dommage immatériel (pur) (*VersR*) reiner Vermögensschaden; **– aux immeubles** Gebäudebeschädigung, Immobiliarschaden; **– imprévisible** unvorhersehbarer Schaden; **– indirect** Folgeschaden *m*, mittelbarer Schaden; **– intégral** Totalschaden, Vollschaden; **– irréparable** *ou* **irréversible** nicht wiedergutzumachender *od.* irreparabler Schaden.

dommage matériel (*SchuldR: dommage portant atteinte au patrimoine*) Vermögensschaden *m*, Sachbeschädigung, Sachschaden, materieller Schaden; **– matériel indirect** Sachfolgeschaden; **– mineur** Bagatellschaden; **– mobilier** Schaden an beweglichem Vermögen.

dommage moral (*SchuldR: préjudice porté à l'honneur ou à l'affection*) ideeller Schaden, immaterieller Schaden, Nichtvermögensschaden; **– non apparent** äußerlich nicht erkennbarer Schaden; **– non-économique** Nichtvermögensschaden; **– nucléaire** Atomschaden; **– partiel** Teilschaden; **– patrimonial** Vermögensschaden, materieller Schaden; **– pécuniaire** finanzielle Einbuße; **– personnel** am Vermögen des Verletzten entstandener Schaden, eigener Schaden; **– aux personnes** Personenschaden; **– dit préventif** (*UmweltR: préjudice résultant de dépenses exposés pour lutter contre la pollution*) Kosten infolge von Vorbeugungsmaßnahmen gegen eventuelle Umweltschäden; **– prévisible** vorhersehbarer Schaden.

dommage réparable ersatz- *od.* erstattungsfähiger Schaden; **– résultant d'un accident** Unfallschaden; **– par ricochet** Drittschaden, mittelbarer Schaden; **– souffert** *ou* **– subi** erlittener Schaden; **– subi par répercussion** Drittschaden, mittelbarer Schaden; **– survenu** eingetretener Schaden; **– aux tiers** Drittschaden, Schädigung Dritter.

dommageable *adj* (einen Schaden) verursachend *od.* herbeiführend, schädigend.

dommages-intérêts *mpl* (*SchuldR: on dit aussi: dommages et intérêts – art. 1146 et suiv. Cciv*) (*in der Rechtssprache immer mit Genitiv-s!*) Schadensersatz *m*; (*im Versicherungsjargon u. Allgspr. ohne Genitiv-s*) Schadenersatz; Entschädigung *f*; **accorder des –** Schadenersatz zuerkennen; **action en –** Schadensersatzklage *f*; **agir en –** auf Schadensersatz klagen; **condamner à des –** zur Leistung von Schadensersatz verurteilen; **demande de –** Schadensersatzklage, Schadenersatzanspruch *m*; **droit à –** *ou* **à dommages et intérêts** Schadenersatzanspruch *m*; **obligation à –** Schadensersatzpflicht *f*; **obtenir des –** Ersatz des Schadens erlangen; **poursuivre qqn. en –** jemanden auf Schadensersatz verklagen; **réclamer des –** Schadensersatz fordern.

dommages-intérêts compensatoires (*SchuldR*) Schadensersatz für Nichterfüllung; **– moratoires** Schadensersatz für verspätete Leistung.

don *m* (*SchuldR: don manuel – de la main à la main*) Handschenkung *f*; Spende *f*; unentgeltliche Zuwendung; **faire un –** jmdn. beschenken, ein Schenkung machen; **– en argent** Geldspende; **– gratuit** Gabe *f*, Geschenk; **– manuel** Handschenkung *f*; **– du sang** Blutspende; **– entre vifs** Schenkung unter Lebenden.

donataire *m* Beschenkte(r) *m*, Schenkungsempfänger *m*; **ingratitude du –** Undank des Beschenkten.

donateur *m* Schenker *m*, Geschenkgeber *m*, Schenkende(r), Zuwendende (r) *m*; Spender *m* (a. Organe u. Blut).

donation *f* (*SchuldR: libéralité entre vifs – art. 894 et art. 931 et suiv. Cciv*) Schenkung(svertrag); unentgeltliche Zuwendung; **acte de –** Schenkungsurkunde *f*; **action en révocation d'une –** Schenkungsanfechtung, Rückforderungsklage; **cause de la –** Beweggrund *od.* wirksames Motiv der Schenkung; **promesse de –** Schenkungsversprechen *n*; **révocation de la –** Schenkungswiderruf *m*.

donation en avancement d'hoirie (*ErbR*) auf die Erbschaft anrechenbare Schenkung; **– de biens présents** Schenkung, die sich auf das gegenwärtige Vermögen des Schenkers bezieht; **– de biens à venir** Schenkung, die zukünftiges Vermögen zum Gegenstand hat; Schenkung von künftigen Vermögenswerten; **– avec charge** Schenkung unter Auflage.

donation par contrat de mariage (*FamR: art. 1080 et suiv. Cciv*) Schenkung durch Ehevertrag; **– déguisée** verschleierte *od.* verdeckte Schenkung; **– entre époux** (*FamR: art. 1091 et suiv. Cciv*) Schenkung unter Ehegatten; **– hors part** (*ErbR: syn.: donation préciputaire*); **– indirecte** Schuldenerlass *od.* sonstige Zuwendung mit Schenkungscharakter; gemischte Schenkung; **– manuelle** Handschenkung; **– mutuelle** gegenseitige Schenkung (durch Ehevertrag); **– onéreuse** Schenkung unter einer Auflage *od.* mit einer Belastung; **– partage** (*ErbR: art. 1075 et suiv. Cciv*) elterliche Vorausteilung unter Lebenden durch Schenkung; **– par personne interposée** mittelbare Schenkung; **– préciputaire** (*ErbR: syn.: donation hors part*) nicht auf den Erbteil anrechenbare Schenkung; **– propter nuptias** (*EheR*) Verlobungsgeschenk, Schenkung durch Ehevertrag; **– réciproque** gegenseitige Schenkung; **– rémunératoire** remuneratorische *od.* belohnende Schenkung; **– révoquée** widerrufene Schenkung; **– par testament** *ou* **testamentaire** Schenkung von Todes wegen.

donation à titre onéreux consentie à un prix inférieur gemischte Schenkung; **– d'usage** Pflicht- *od.* Anstandsschenkung; **– entre vifs** Schenkung unter Lebenden.

donc *conj* also, folglich, demnach.

donnant donnant *loc.* (*SchuldR: en n'acceptant de donner une chose qu'à la condition d'en recevoir une autre – en général de l'argent –en échange*) (*Leistung*) Zug um Zug.

donné acte *loc.*: **jugement de – –** gerichtliche Protokollierung.

donnée *f* (unbestreitbare) Tatsache *f*, Gegebenheit *f*, Angabe *f*; bekannte Größe; **– de base** *ou* **fondamentale** Grundtatsache *f*, Grundgedanke; **– de fait** Sachverhalt *m*, tatsächliche Situation.

données *fpl* Daten *npl*, Werte *mpl*, Ziffern *fpl*; Sachverhalt *m*, Sachlage; **exploiter des –** Daten auswerten; **exprimé en – réelles** preisbereinigt; **– comptables** Zahlenwerte *mpl*; **– statistiques** statistische Angaben *od.* Daten *pl*.

donner *v. tr. d.* (1) (*remettre*) geben, übergeben, (2) (*transmettre gratuitement*) (ver-) schenken, (3) (*accorder*) zuteilen; **– son accord de principe** seine grundsätzliche Zustimmung geben; **– acte (de)** bestätigen, beglaubigen; beurkunden, zu Protokoll nehmen; **– un arrêt** ein Urteil fällen, einen Beschluss fassen; **– asile** Asyl gewähren;

– **des assurances** jm. etwas zusichern; – **avis** Mitteilung machen; – **carte blanche** freie Hand lassen, Vollmacht geben; – **communication** *ou* **connaissance** mitteilen, bekanntgeben; – **congé** entlassen, kündigen; – **ses coordonnées** Angaben zur eigenen Person machen.

donner décharge (*GesR: directoire*) Entlastung erteilen; – **défaut (contre)** (*PrzR*) (die) Säumnis feststellen; – **sa démission** seinen Rücktritt erklären; – **en dépôt** hinterlegen; – **des détails** bis in alle Einzelheiten beschreiben; – **droit à une requête** einem Antrag stattgeben.

donner effet à Rechtswirkung verleihen, für rechtsgültig erklären; durchsetzen; *loc*: – **la faute à qqn.** jmdm. die Schuld zuschieben; – **le feu vert** jmdm. die Erlaubnis geben (etwas zu tun), zustimmen, genehmigen, absegnen.

donner en gage verpfänden; – **des instructions** (à qqn.) Anweisungen geben; – **lecture** verlesen; – **lieu à** Anlass geben zu, bewirken; – **des lois** Gesetze erlassen; – **naissance** *fig* hervorbringen; – **l'ordre de** den Befehl erteilen; – **la parole** das Wort erteilen; – **la permission** erlauben; – **pouvoir** bevollmächtigen, Vollmacht erteilen; – **des précisions** nähere Angaben machen; – **le quitus** (*GesR: syn.: donner décharge*) entlasten; – **satisfaction** zufriedenstellen; – **suite** stattgeben, (alles) weitere veranlassen.

donneur *m* Geber *m*; Spender *m*; – **d'aval** Avalist *m*, Wechselbürge *m*, Scheckbürge; – **de crédit** Kreditgeber *m*; – **de sang** Blutspender *m*; – **de gage** Pfandbesteller; – **d'ordre** Auftraggeber; – **d'organes** Organspender *m*; – **de sperme** Samenspender *m*.

dont acte *loc.* hierüber Urkunde; – **procès-verbal** hierüber Protokoll; – **quittance** hierüber Quittung.

dopage *m* Doping *n*, unerlaubte Einnahme von leistungssteigernden Mitteln.

dopant *m* (*MedizinR*) Aufputschmittel *n*, leistungssteigernde Droge.

dorénavant *adv* künftig, von nun an, hinfort, fortan.

d'ores et déjà *conj* bereits jetzt.

dos *m*: **voir au –** siehe (die) Rückseite.

doser *v.tr. fig* richtig bemessen.

dossier *m* (1) (*PrzR: pièces relatives à une affaire*) Akte *f*, Unterlagen *pl*, (2) (*PrzR, VwR: contenu d'un dossier*) Inhalt *m* der Akte; Schriftstück *n*; Vorgang *m*; Fall *m*; **communication du –** Akteneinsicht *od.* -weiterleitung; **compulser un –** eine Akte einsehen; **constituer** *ou* **établir un –** eine Akte anlegen; **donner connaissance d'un –** (Akten-) Einsicht gewähren; **examen du –** Akteneinsicht *od.* -durchsicht *f*; **frais de –** Bearbeitungsgebühr *f*; **inscrire au –** in der Personalakte vermerken; **mention au –** Aktenvermerk; **numéro du –** Aktenzeichen *n*; **les pièces du –** die einzelnen Schriftstücke einer Akte; **prendre connaissance d'un –** eine Akte durchsehen.

dossier administratif behördliche Verfahrensakten, Verwaltungsakten *pl*; – **de candidature** Bewerbungsunterlagen *fpl*, Bewerbung *f*; – **d'un fonctionnaire, – individuel, – personnel** Personalakte *f*; – **médical personnel** (*MedizinR*) persönliche Krankenakte; – **de la personnalité** (*MedizinR*) psychiatrisches Persönlichkeitsgutachten; – **du procès** *ou* **de procédure** Prozessakte(n).

dot *f* (*ZR: biens dotaux – art. 1438 Cciv*) Ausstattung, Mitgift *f*, Aussteuer *f*, Heiratsgut *n*.

dotal *adj* die Mitgift *od.* Aussteuer betreffend; **régime –** (*EheR: disposition par laquelle la femme reste propriétaire de sa dot*) *hist.* Vermögensverwaltung des Vermögens der Frau durch den Ehemann, Brautschatzrechtsverhältnis *n*.

dotation *f* (1) (*ZR*) Ausstattung *f*, Dotation, Dotierung, (2) (*HaushR*) Mittelzuwendung *od.* -zuweisung, (3) (*BW*) Kapitalausstattung, (4) (*VerfR*) zugewiesene Einkünfte, finanzielle Zuwendung, Apanage *f*; – **en capital** Kapitalausstattung; – **initiale** Erstausstattung; – **provisionnelle** Rückstellung.

doter *v.tr.* (1) (*ZR*) ausstatten, mit einer Aussteuer versehen, (2) (*Mittel*) zuwenden, zuweisen; **– de machines** mit Geräten ausrüsten.

douaire *m hist.* Witwenanrecht *n*, Witthum *n*.

douane *f* (1) (*SteuerR: administration*) Zollamt *n*, Zollbehörde *od.* -dienststelle, Zoll *m*, (2) (*droits et taxes*) Zollgebühr *f*, Zollabgabe *f*; **acquit de –** Verzollungsausweis *m*; **administration des –s** Zollverwaltung; **agence en –** Zollagentur *f*; **certificat de –** zollamtliche Bescheinigung; **commissionnaire en –** Zollkommissionär *m*; **contrôle de la –** zollamtliche Überwachung *od.* Revision; **déclaration en –** Zollanmeldung *od.* -deklaration; **dépôt de –** Zollverwahrung; **droits de –** Zölle *mpl.*

douane: **exemption** *ou* **exonération de droits de –** Zollbefreiung *f*; **expédition en –** zollamtliche Abfertigung; **formalités de –** Zollformalitäten *pl*; **franchise de –** *ou* **douanière** Zollbefreiung *od.* -freiheit; **franco de –** zollfrei; **fraude en matière de –** Zollhinterziehung; **inspecteur des –s** Zollfahnder; **inspection de la –** Zollfahndung (sdienst).

douane: **passavant de –** Zollfreischein *m*; **payer la –** den Zoll bezahlen; **percepteur des –s** Zolleinnehmer; **sous plomb de –** unter Zollverschluss; **présentation de la marchandise en –** Gestellung der Ware; **zone soustraite au service des –s** Zollfreigebiet *n*.

douanier *m* Zöllner *m*, Zollbeamte(r).

douanier *adj* zollamtlich; Zoll-; **barrières douanières** Zollschranken *fpl*; **tarif –** Zolltarif *m*.

double *adj* doppelt, zweifach; **en – exemplaire** in doppelter Ausfertigung; **– langage** Doppelzüngigkeit; **– nationalité** Doppelstaatsangehörigkeit; Doppelstaater.

double *m* (1) (*Urkunde: duplicata*) Zweitausfertigung *f*, Abschrift *f*, Doppel *m*, (2) (*Kunstwerk*) Replik *f*, Replikat *n*, Nachbildung *f*; **formalité du –** (*ZR*) Formerfordernis, demzufolge die Urkunde in soviel Exemplaren ausgefertigt werden muss, wie Parteien (am Vertrag) vorhanden sind; **– d'un acte** Zweitschrift (einer Urkunde).

doubler *v.tr.d.* (*StVR*) überholen; **défense de –** Überholverbot.

douleur *f* Schmerz *m*, Leid *n*; **prix de la –** (*SchuldR: pretium doloris – dommages-intérêts accordés à titre de réparation de la douleur*) Schmerzensgeld *n*; **– abdominale** Bauchschmerzen *mpl.*

douloureuse *f* (1) (*note à payer*) *umg* (gesalzene) Rechnung, (2) (*avis d'imposition*) *umg* Steuerbescheid *m*.

doute *m* Zweifel *m*; Vermutung, Verdacht *m*; Bedenken *n*, Besorgnis *f*; **avoir un – sur l'authenticité d'un document** die Echtheit einer Urkunde in Frage stellen; **bénéfice du –** (*StPR*) dass der Angeklagte bis zum Beweis des Gegenteils als unschuldig gilt, aus Mangel an Beweisen, mangels Beweises, in dubio pro reo, Grundsatz, dass der Angeklagte bis zum Beweis des Gegenteils als unschuldig gilt; **mettre en –** in Zweifel ziehen; **sans –** zweifellos, ohne Zweifel, bestimmt; **– quant à la sécurité** Sicherheitsbedenken *n(pl)*.

douter *v.tr.ind.* (1) (*douter de qqch. = être dans l'incertitude de la réalité d'un fait, de la vérité d'une assertion*) nicht (so recht) glauben, etwas bezweifeln, in Zweifel ziehen, (2) (*douter que suivi du subjonctif; à la forme affirmative, sans ne explétif: je doute fort que cela soit*) betweifeln dass . . ., (3) **se – de qqch.** *v. pron.* (*considérer comme tout à fait probable*) etwas vermuten *od.* ahnen; **– de la sincérité d'un témoignage** am Wahrheitsgehalt einer Zeugenaussage zweifeln; **– de tout** alles in Zweifel ziehen.

douzaine *f* Dutzend *n*.

douzième *m* ein Zwölftel; **– provisoire** (*HaushR*) Ermächtigung der Regierung zur Ausgabenleistung für einen Monat (während eines etatlosen Zustandes).

doyen *m* (1) (*BeamR*) Dienst- *od.* Rangälteste(r), (2) (*HochschulR*) Dekan *m*; –

d'âge Altersvorsitzender, Alterspräsident *m*; **– du corps diplomatique** Doyen des diplomatischen Korps.

draconien *adj* übermäßig streng; **loi –ne** strenges und einschneidendes Gesetz; **mesure –ne** sehr strenge Maßnahme, harte radikale Maßnahme.

drapeau *m* Fahne *f*; **appeler sous les –x** (*MilR*) einberufen; **être sous les –x** den Wehrdienst leisten; **– d'alarme** Warnzeichen *n*; **– tricolore** Trikolore *f*, frz. Nationalflagge.

drawback *m* (*Außh: rembours*) Zollrückvergütung im Transitverkehr, Rückzoll *m*.

dresser *v.tr.* aufrichten, errichten; **– un acte** (1) (*Urkunde, durch Amtsperson*) beurkunden, eine Urkunde ausfertigen, (2) (*Privatperson*) abfassen, aufsetzen, verfassen; **– le bilan** (1) eine Bilanz aufstellen, (2) (*fig.*) Bilanz ziehen; **– un contrat** einen Vertrag aufsetzen; **– un plan** einen Plan entwerfen; **– un procès verbal** (1) ein Protokoll aufnehmen, (2) (*VwR, StVR*) eine Geldbuße verhängen, ein Bußgeld festsetzen.

drogue *f* Rauschgift *n*, Droge *f*.

droit *m* (1) (*ÖfR: règles de la vie sociale*) Recht *n*, Rechtsnorm *f*, Rechtssatz *m*; Rechtsordnung *f*, Recht im objektiven Sinne, (2) (*ZR, ZPR: pouvoir subjectif, prétention*) (Rechts-) Anspruch *m*, Forderung *f*, Befugnis *f*, Berechtigung *f*, subjektives Recht, (3) (*VwR: prérogative, privilège*) Vorrecht *n*; Sonderrecht; Privileg *n*, (4) (*SteuerR: contribution, redevance, impôt*) Gebühr *f*, Steuer *f*, Abgabe *f*, (5) (*HochschulR: science ou étude du droit dans son ensemble*) Rechtswissenschaft *f*; **abandonner un –** auf ein Recht verzichten; **abus de –** Rechtsmissbrauch *m*, unzulässige Rechtsausübung; **accorder un –** ein Recht gewähren, einen Anspruch einräumen; **acquérir un –** einen Anspruch erwerben, ein Recht erhalten; **acquitter un –** eine Gebühr entrichten; **s'adresser à qui de –** (*VwR*) sich an die zuständige Stelle wenden; **agir au mépris du –** das Gesetz mit Füßen treten; **alléguer un –** einen Anspruch geltend machen; **ancien –** (*in Frankreich*) bis 1789 geltendes Recht; **s'arroger un –** sich ein Recht anmaßen; **atteinte à un –** Rechtsverletzung, Anspruchsbeeinträchtigung; **atteinte au – d'auteur** Urheberrechtsverletzung; **avant dire –** (*PrzR*) vor der Urteilsverkündung; **avoir – à** Anspruch haben auf; **avoir le – de** das Recht haben, etwas zu tun, zu fordern; **ayant – de voter** stimmberechtigt; **bancaire** Bankrecht; **à bon –** zu Recht; **branche du –** Rechtsgebiet.

droit: **capacité de –** (*SchuldR: capacité de jouissance*) Rechtsfähigkeit; **céder un –** einen Anspruch abtreten; **cession de –s** Rechtsübertragung; Forderungsabtretung; **de – commercial** handelsrechtlich; **conférer un – à qqn.** jmdm. ein Recht einräumen *od.* verleihen; **conforme au –** gesetzmäßig; **conformément au – et à l'équité** nach Recht und Billigkeit; **connaître le –** rechtskundig sein; **constitutif de –** rechtsbegründend; **contester un – à qqn.** einen Anspruch bestreiten; **créer du –** Recht schaffen; **de –** *loc.* von Rechts wegen, rechtmäßig; **de – divin** *hist.* von Gottes Gnaden; **de – étroit** gemäß eng auszulegendem Recht, streng auszulegendes Recht; **de plein –** mit Fug und Recht; ipso jure, von Rechts wegen.

droit: **déchéance d'un –** Anspruchsverwirkung *f*, Rechtsverlust *m*; **déléguer un –** ein Recht übertragen; **dénier un – à qqn.** jmdm. ein Recht absprechen, einen Anspruch bestreiten; **dire le –** (*PrzR*) Recht sprechen; **double –** (*SteuerR*) Strafgebühr *f* in doppolter Höhe des ursprünglich geschuldeten Betrages, doppelte Gebühr.

droit: **effet de –** Rechtswirkung *f*; **égalité de –s** Rechtsgleichheit; **éléments de –** Rechtslage, rechtlicher Sachverhalt; **en –** rechtlich betrachtet, gesetzesgemäß; **État de –** Rechtsstaat; **être en – de** berechtigt sein, das Recht haben; **être dans son bon –** gesetzesgemäß handeln, im Recht sein; **être fondé en –** rechtlich begründet sein, zu Recht bestehen; **évolution du –** Rechtsentwicklung; **exempt de tous –s** gebührenfrei; **exercer un –** einen Anspruch geltend machen, ein Recht ausüben; **exercer un – en justice** einen Anspruch gerichtlich geltend machen; **exercice d'un –** Rechtsausübung, Geltendmachung eines Anspruchs; **exposé de –** Ausführungen zur Rechtslage; **extinction d'un –** Erlöschen eines Rechtes.

droit: **faire – à une demande** *ou* **une requête** einem Antrag stattgeben; **faire son –** Jura studieren; **faire valoir un –** ein Recht *od.* einen Anspruch geltend machen; **formation du –** Rechtsbildung; **formation d'un –** Entstehung eines Anspruchs; **franchise de –s** Gebührenbefreiung.

droit: **harmonisation du –** Rechtsvereinheitlichung *od.* -angleichung; **insécurité du –** Rechtsunsicherheit; **invoquer un –** ein Recht geltend machen, sich auf ein Recht berufen; **jouir d'un –** ein Recht innehaben; **jouissance d'un –** Innehabung eines Rechtes; **jouissance des – d'auteur** Berechtigung (aus einem Urheberrecht).

droit: **léser un –** *ou* **léser qqn. dans son –** ein Recht beeinträchtigen *od.* verletzen; **lésion d'un –** Rechtsbeeinträchtigung *od.* -verletzung; **liquider un –** einen Anspruch feststellen; **loi sur les –s d'auteur** Urheberrechtsgesetz *n.*

droit: **maintien des –s acquis** (1) (*ArbR*) Wahrung des Besitzstandes, (2) (*VersR*) Aufrechterhaltung der Anwartschaft; **moyens de –** (*PrzR*) Vorbringen *n* rechtlicher Art; **notion de –** Rechtsbegriff *m*; **octroyer un –** ein Recht einräumen; **ouvrir un –** einen Anspruch gewähren; **perte d'un –** Verwirkung eines Anspruchs, Rechtsverlust; **point de –** Rechtsfrage *f*; **prééminence du –** Herrschaft des Rechts.

droit: **principes généraux du –** (1) (*VwPR: règles jurisprudentielles s'imposant à l'administration*) allgemeine Rechtsgrundsätze *pl*, (2) (*VR: source du droit international*) allgemeine Rechtsgrundsätze als Völkerrechtsquelle; **priver d'un –** einen Anspruch aberkennen; **se prononcer en –** in Rechtsfragen entscheiden; **protection des –s d'auteur** Urheberrechtsschutz *m*; **protection internationale des –s d'auteur** Copyright *n*, ©-Vermerk; **protégé par le – d'auteur** urheberrechtlich geschützt; **reconnaissance d'un –** Anerkenntnis eines (prozessualen) Anspruchs.

droit: **règle de –** (*VerfR: norme, disposition légale*) Rechtssatz *m*, Rechtsnorm *f*, Rechtsvorschrift *f*; **renoncer à un –** auf ein Recht verzichten; **restauration du –** Wiederherstellung des Rechtes; **revendiquer un –** einen Anspruch *od.* eine Forderung geltend machen.

droit: **sauvegarder ses –s** seine Rechte wahren; **sécurité du –** Rechtssicherheit *f*; **situation de –** Rechtslage *f*; **sources du –** Rechtsquellen *pl*; **soutenir son –** auf seinem Recht bestehen *od.* beharren; **statuer en –** (*PrzR*) gemäß den geltenden Rechtsvorschriften entscheiden; **sujet de –** Rechtssubjekt *n*, Rechtsträger *m.*

droit: **titulaire d'un –** Rechtsinhaber *m*, Berechtigte(r) *m*; **tous –s réservés** alle Rechte vorbehalten; **unification du –** Rechtsvereinheitlichung; **unité du –** Rechtseinheit *f*; **violation du –** Rechtsverletzung; **violation des –s d'auteur** Urheberrechtsverletzung; **voie de –** (*PrzR*) Rechtsbehelf *m.*

droit d'abandon (*SeeHR*) Abandonrecht *n*; **– absolu** (*SachR*) absolutes Recht, gegen jeden Dritten wirkendes Herrschaftsrecht; **– d'accès** Zufahrts- *od.* Wegerecht; **– d'accès à un fichier** Recht auf Akteneinsicht; **– d'accession** (*SachR*) Eigentumserwerb durch Verbindung u. Vermischung; **–s accessoires** (*UrhR*) Nebenrechtserlös *m*; **– d'accise** (*hist*) Akzise *f*, Verbraucherabgabe; **– d'accorder une dispense** (*VwR*) Recht, Dispens zu erteilen; **– acquis** wohlerworbener Besitzstand; **– acquis de bonne foi** gutgläubig erworbenes Recht; **– acquitté** entrichtete Gebühr; **– d'acte** Urkundeneintragungsgebühr *f*; **– de l'action** mit der Aktie verbundenes Recht; **– d'action** (*PrzR*) Klageberechtigung *od.* -befugnis; **– ad valorem** (*Außh*) Wertzoll; **– d'adaptation** (*UrhR*) Adaptions- *od.* Adaptationsrecht, Bearbeitungsrecht; Umgestaltungsrecht; Nachbildungsrecht, Nachschöpfungsrecht; **– additionnel** Zusatzgebühr; **– d'adhérer** Beitrittsrecht; **– d'adhésion** Aufnahmegebühr *f*.

droit administratif (*VwR: ensemble des règles applicables à l'administration et à ses rapports avec les particuliers*) Verwaltungsrecht *n*; **– d'admission** Aufnahmegebühr *f*, Eintrittsgeld *n*; **– aérien** Luftfahrtrecht; **– des affaires** (*WirtR: on dit aussi: droit commercial des affaires ou droit de l'entreprise*) Recht der selbständigen Erwerbstätigkeit; Wirtschaftsrecht; **– d'affiliation** (*VersR, VereinsR*) Beitrittsrecht; **– d'affouage** (*LandwR*) Holznutzungsrecht.

droit d'agir en justice Klagebefugnis *f*, aktive Prozessfähigkeit; **– agraire** Landwirtschaftsrecht; **– d'alerte** (*ArbR*) Recht (der Arbeitnehmer), den Arbeitgeber auf Unfallgefahren (im Betrieb) hinzuweisen; **– aliénable** veräußerliches Recht; **– à aliments** Unterhaltsanspruch; **– d'amendement** (*Gesetze*) Abänderungsrecht; **– d'analyse signalétique** (*UrhR*) Recht auf zusammenfassende Inhaltsdarstellung.

droit annexe (*UrhR*) Nebenrecht; **– antérieur** älteres Recht; **– d'antériorité** Vorbenutzungs- *od.* Vorrangsrecht; **–s apparentés** (*UrhR*) Nebenrechte *npl*; **– applicable** anwendbares *od.* anzuwendendes Recht; **– d'appropriation** Aneignungsrecht.

droit d'asile Asylrecht; **– d'assistance** Beistandsrecht; **– d'assister (à)** Teilnahmerecht; **– d'association** (*VerfR*) Vereinsfreiheit; **– des associations** Vereinsrecht; **– des assurances** (Privat-) Versicherungsrecht; **– des assurances sociales** Sozialversicherungsrecht; **– attaché à la personne** Persönlichkeitsrecht; höchstpersönliches Recht; **– d'atterrissage** Landungsrecht; **– d'attribution** Zuteilungsrecht; **– d'aubaine** *(hist.)* Heimfallsrecht.

droit d'auteur (1) (*UrhR: droits de caractère patrimonial ou moral, syn.: droits de l'auteur*) Urheberrecht *n*; Rechte des Urhebers, geschützte Interessen des Urhebers; Verwertungsrecht; Urheberpersönlichkeitsrecht, (2) (*UrhR: surtout au pluriel! – redevance que reçoit l'auteur pour l'exploitation de son œuvre*) Vergütung *od.* Honorar (des Verfassers für die Verwertung seines Werkes); **– d'auteur moral** (*UrhR*) Urheberpersönlichkeitsrecht; *m*: **– d'auteur patrimonial** (*UrhR*) Verwertungsrecht (des Urhebers).

droit d'authentification Beurkundungsrecht; **– d'autodétermination** Selbstbestimmungsrecht; **– de bail** (*SteuerR: taxe locale incombant à l'occupant d'un logement*) Mietsteuer *f*; **– de base** (*ZollR*) Grund- *od.* Ausgangszollsatz.

droit des biens (*SachR: on dit aussi simplement « les biens »*) Sachenrecht *n*; **– des biens matrimoniaux** eheliches Güterrecht; **– de bourgeoisie** Bürgerrecht, Heimatberechtigung; **– de brassage** Braugerechtigkeit; **– des brevets** Patentrecht; **– budgétaire** Haushaltsrecht *od.* -ordnung.

droit de cabotage (*SeeHR*) Küstenschifffahrts- *od.* Kabotagerecht; **– cambiaire** Wechselrecht; **– cédé** übertragenes *od.* abgetretenes Recht; **– de censure** Zensurrecht, Kontrollrecht; **– cessible** abtretbares Recht; **–s de chancellerie** Kanzleigebühr *f*; **– du change** Wechselrecht; **– de (la) chasse** (1) Jagdrecht (im objektiven Sinne), Jagdgesetze und -verordnungen, (2) (*VwR: mieux: droit de chasser*) Jagdberechtigung; **– de circulation** (*SteuerR*) Warenbeförderungssteuer *f*; **– de citation** (*UrhR*) Zitierfreiheit; Entlehnungsfreiheit; **–s du citoyen** Bürgerrechte; **– de citoyenneté d'honneur** Ehrenbürgerrecht.

droit civil (*ZR: droit privé commun*) bürgerliches Recht, Zivilrecht; **– civil comparé** Zivilrechtsvergleichung; **–s**

civiques Bürgerrechte *npl*; **– de coalition** (*VerfR*) Koalitionsfreiheit; **– codifié** kodifiziertes Recht; **– coercitif** Zwangsmaßregeln; **– de cogestion** (*ArbR*) Mitbestimmungsrecht; **– de collation** (*KirchR*) Recht der Pfründenverleihung.

droit du commerce international Außenhandelsrecht; **– commercial** Handelsrecht; **– commercial coutumier** Handelsbrauch *m*, Usance *f*.

droit de commission (*HR: rémunération du commissionnaire*) Abschluss- *od.* Vermittlungsgebühr, Provision; **– commun** (1) *(hist.)* Landrecht, gemeines Recht, (2) (*i.e.S.: droit civil*) bürgerliches Recht (im Gegensatz zum Handelsrecht), (3) (*i.w. S.*) das anwendbare Recht, die geltenden Rechtsnormen *od.* Vorschriften.

droit communautaire (*EuR: droit de la communauté européenne*) EU-Recht *n*, Rechtsordnung der europäischen Gemeinschaften, Gemeinschafts- *od.* Europarecht; **– – dérivé** sekundäres Gemeinschaftsrecht, Folgerecht; **– – originaire** primäres Gemeinschaftsrecht.

droit commun: **exorbitant du – –** Sonderregeln unterliegend.

droit de communication (1) (*VwR: d'un dossier*) Recht auf Einsichtnahme (in eine Akte), (2) (*SteuerR*) Auskunfts- und Mitteilungspflicht (des Steuerpflichtigen) gegenüber der Finanzverwaltung; **– des communications** Verkehrsrecht; **– des communications aériennes** (*VR*) Luftfahrtverkehrsrecht.

droit commun: **infraction de – –** (*StR*) nichtpolitische Straftat; **juridiction de – –** (1) (*PrzR: dans l'ordre judiciaire: tribunal de grande instance*) Großinstanzgericht (als ordentliches Gericht erster Instanz), (2) (*VwPR: dans l'ordre administratif: tribunal administratif*) Verwaltungsgericht (erster Instanz); **tribunal de – –** frz. Großinstanzgericht (als allgemein zuständiges Gericht).

droit comparé Rechtsvergleichung, vergleichende Rechtswissenschaft; **– compensateur** (*SteuerR*) Ausgleichszoll *m*; **– de compensation** (*ZR*) Aufrechnungsanspruch, Kompensationsrecht; **– compromis** (*SteuerR*) hinterzogene Gebühr; **– concédé** (*VwR*) Konzession, verliehenes Recht.

droit de la concurrence (*WirtR*) Wettbewerbsrecht; **– confirmé par écrit** verbrieftes Recht; **– des conflits de lois** (*IPR*) Kollisionsnormen, Zwischenrecht; **– au congé** Recht auf Urlaub, Urlaubsanspruch; **– constitutif** Gestaltungsrecht.

droit constitutionnel (*VerfR: droit fixant l'organisation de l'État et des organes de gouvernement*) Verfassungsrecht *n*, Staatsrecht; **– de construire** Baurecht (im subjektiven Sinne); **– consulaire** Konsularrecht; **– de contestation** (*PrzR*) Einspruchsrecht; **– de contracter** (*SchuldR*) Vertragsfähigkeit; **– de contracter mariage** Ehefähigkeit; **– contractuel** (1) (*SchuldR*) vertraglicher Anspruch, (2) (*ZollR*) vertragsmäßiger Zollsatz, Vertragssatz; **– de contrainte** Zwangsrecht; **– contraire** Gegenrecht.

droit des contrats (1) (*SchuldR: droit des principaux contrats spéciaux*) Vertragsrecht *n*, (2) (*SchuldR: droit des obligations*) Schuldrecht; **– de contreseing** Gegenzeichnungsrecht; **– à la contre-valeur** Anspruch auf den Gegenwert; **– de contrôle** (*VwR*) Aufsichts- *od.* Überwachungsrecht; **– de contrôler** Nachprüfungsrecht, Kontrollbefugnis; **– conventionnel** Vertragsrecht; **– des conventions collectives** Tarifvertragsrecht; **– de convocation** Einberufungsrecht.

droit de copie (*UrhR*) Vervielfältigungsrecht; **– de copie à l'usage privé du copiste** Kopierrecht für private Zwecke *od.* zum persönlichen Gebrauch; **– de copropriété** Miteigentumsrecht; **– corporatif** Recht der Berufsvereinigungen; **– corporel** körperliches Rechtsgut; **– de correction** (*SchulR, FamR: châtiment conforme à la loi*) Züchtigungsrecht; **–**

en cours d'acquisition *ou* **en cours de formation** Anwartschaft *f*; **– de co-utilisation** Mitbenutzungsrecht.

droit coutumier Gewohnheitsrecht; **de – –** gewohnheitsrechtlich; **– – international** Völkergewohnheitsrecht.

droit de créance (*SchuldR: kurz nur: la créance*) Forderungsrecht, Anspruch, Schuldrecht; **– de criée et de bougie** (*ZwangsVR*) Gebühr für den Versteigerer; **– criminel** Strafrecht; **– de culte privé** Kapellenrecht; **– de décision** (*VwR*) Entscheidungsbefugnis; **– de découverte** (*ZR*) Finderlohn *m*; **– à dédommagement** Entschädigungs- *od.* Ersatzanspruch; **– de délaissement** (*SeeHR*) Abandonrecht.

droit de dénonciation (*ArbR*) Kündigungsrecht; **– de déshérence** (*ErbR*) Heimfallsrecht; **– de diffusion** (*UrhR*) Senderecht, Recht der Wiedergabe durch Bild u. Tonträger; Verbreitungsrecht; **– diplomatique** Recht des diplomatischen Verkehrs; **– directement applicable** unmittelbar anwendbares Recht; **– de direction** (*ArbR*) Weisungsbefugnis.

droit disciplinaire (*BeamR*) Disziplinarrecht, Dienststrafrecht; **– discrétionnaire** subjektives Recht (bei dem eine unzulässige Rechtsausübung nicht möglich ist); **– de disjonction** (S) Aussonderungsrecht; **– de dispense** (*VwR*) Dispens, Ausnahmebewilligung, Befreiung; **– dispositif** dispositives *od.* nachgiebiges Recht; **– de disposition** Verfügungsrecht; **– de dissolution** Auflösungsbefugnis *od.* -recht; **– de distiller** Gewerbezulassung für die Herstellung von Branntwein; **– de la (grande) distribution** (*WirtR*) Handelsvertriebsrecht (zum Schutz der mittelständischen Unternehmen); **– au dividende** Dividendenanspruch.

droit de divulgation (*UrhR*) (Erst-) Veröffentlichungsrecht, Recht des Urhebers, sein Werk zu verbreiten; **– dans le domaine public** (*UrhR*) gemeinfreies Werk; **– à dommages-intérêts** Schadensersatzanspruch; **– de donner des instructions** Weisungsbefugnis.

droit de douane (*SteuerR: impôts particuliers sur la dépense frappant les marchandises importées*) Zoll *m*; **droits de douane à l'exportation** Ausfuhrzoll; **droits de douane à l'importation** Einfuhrzoll.

droit douanier Zollrecht, allgemeine Zollordnung; **– d'échange** (*SchuldR*) Umtauschrecht; **– économique** Wirtschaftsverwaltungsrecht; Wirtschaftsrecht; **–s économiques et sociaux** (*VerfR*) Grundrechte wirtschaftlichen *od.* sozialen Inhalts.

droit écrit geschriebenes Recht, Gesetzesrecht; **– d'écriture** (*ZR: surtout au pluriel*) Kanzlei- *od.* Schreibgebühr; **– de l'édition** Verlagsrecht; **– d'éducation** Erziehungsrecht; **– d'égal accès** Recht des gleichen Zugangs; **– électoral** (1) (objektives) Wahlrecht, Wahlgesetzgebung, (2) Recht zu wählen, subjektives Wahlrecht; **– d'éligibilité** Wählbarkeit, passives Wahlrecht; **– d'émission des billets de banque** Notenausgaberecht; **– à l'emploi** Recht auf Arbeit, Anspruch auf Beschäftigung; **– d'encaissement** Inkasso- *od.* Einzugsgebühr; **– d'enquêter** Recht zur Vornahme von Ermittlungen.

droit d'enregistrement (1) (*ÖfR*) Eintragungs- *od.* Registergebühr *f*; Einschreibegebühr, (2) (*UrhR*) Kopierrecht; Vervielfältigungsrecht; **– d'enregistrement à usage privé** Kopierrecht für private Nutzung; **– d'entrée** (1) Eintrittsrecht, (2) Eintrittsgeld *n*, Aufnahmegebühr, (3) Einfuhrzoll; **– de l'entreprise** (Betriebs-) Wirtschaftsrecht, Unternehmensrecht; **– de l'environnement** (*UmweltR*) Umweltschutzrecht; **– d'escale non commerciale** Recht der Landung zu nichtgewerblichen Zwecken; **– de l'espace** Weltraumrecht; **– d'essai** Prüfgebühr.

droit d'ester en justice (*PrzR*) Prozessführungsbefugnis *f*, Prozessfähigkeit; Klagebefugnis; **– d'établissement** (*WirtR*) Niederlassungsrecht; **– étatique** innerstaatliches Recht, vom

Staat gesetztes Recht; **– des étrangers** (*AuslR*) Ausländerrecht; Rechtsverhältnisse der Ausländer; **– d'être entendu (par un juge)** Anspruch auf rechtliches Gehör; **– européen** (*EuR*) Europarecht; **– éventuel** Anwartschaft; **– d'évocation** (*VwPR*) Evokationsrecht; **– d'exception** Ausnahmerecht; **– exclusif** ausschließliches Recht; **– exclusif de vente** Alleinvertriebsrecht; **– d'exclusivité** Ausschließlichkeitsrecht; **– d'exercer une profession** (1) (*ArbR*) Recht zur Berufsausübung, (2) (*WirtR*) Gewerbeberechtigung; **– d'expédition** Ausfertigungsgebühr; **– d'expertise** Sachverständigengebühr.

droit d'exploitation (1) (*GewR*) Betriebsrecht *n*, (2) (*Bergbau*) Abbaurecht, Ausbeutungsrecht; **– d'exploitation forestière** Forstnutzungsrecht; **– d'expropriation** (*VwR*) Enteignungsbefugnis; **– d'expulsion** Ausweisungsrecht; **– d'extraction** (*Bergbau*) Abbaugerechtigkeit, Bergrecht; **– extrapatrimonial** (1) (*ZR*) Immaterialgüterrecht, (2) (*UrhR*) Urheberpersönlichkeitsrecht.

droit de factage (*Transport*) Zustellungsgebühr; **– de la faillite** (B u. S) Insolvenzrecht; (*alte Bezeichnung in D*) Konkursrecht; **– fédéral** Bundesrecht; **– de la filiation** (*FamR*) Rechtsverhältnisse auf der Grundlage der Abstammung; **– des finances publiques** (*HaushR: on dit aussi droit financier*) Haushaltsrecht; Recht der Staatsfinanzen; **– fiscal** Steuerrecht, Steuergesetzgebung; **– de la fonction publique** Beamtenrecht, Recht des öffentlichen Dienstes; **– fondamental** (*VerfR*) Grundrecht; **– forestier** Forstrecht; **– forfaitaire** Pauschalgebühr; **– formateur** Gestaltungsrecht; **– en formation** Anwartschaft; **– fraudé** hinterzogene Gebühr; **– futur** künftiges Recht.

droit de gage Pfandrecht; **– – du bailleur** (*ZR*) Vermieterpfandrecht, Pfand- und Zurückbehaltungsrecht des Bestandgebers (Aut), Retentionsrecht des Vermieters (S); **– – général** (du créancier) gesetzliches Pfandrecht (des Gläubigers am Gesamtvermögen seines Schuldners).

droit à garantie Gewährleistungsanspruch *m*; **– de garde** (1) Aufbewahrungs- *od.* Verwahrungsgebühr, (2) (*FamR*) Sorgerecht; **– de garde sur les enfants** Sorgerecht über die Kinder; **– des gens** Völkerrecht; **– gradué** abgestufte Abgabe, Anteilsgebühr; **– à la gratuité du transport** Freifahrtberechtigung; **– de greffe** Gerichtskanzleigebühr; Schreibgebühr; **– de grève** Streikrecht; **– de la grève** rechtliche Regelung des Streiks.

droit d'habitation Wohnrecht; **– héréditaire** *ou* **d'hérédité** vererbliches Recht, Erbrecht (im subjektiven Sinne); **–s de l'homme** (*VerfR*) Menschenrechte *npl*; **– honorifique** Ehrenrecht; **–s hors du commerce** Rechte ohne Verkehrsfähigkeit; **– hypothécaire** hypothekarisch gesicherte Forderung.

droit idéal Naturrecht; **– d'immixtion** Eingriffsrecht; **– immobilier** (1) Grundstücks- *od.* Liegenschaftsrecht, (2) Grundpfandrecht; **– d'immunité** Recht auf Immunität; **– impératif** zwingendes Recht; **– imprescriptible** (1) unverjährbares Recht, (2) (*SachR*) nicht ersitzbares Recht, (3) *fig* unveräußerliches Recht; **– inaliénable** (*ZR*) unveräußerliches Recht; **– inconditionnel** unbedingtes Recht; **– incorporel** Immaterialgüterrecht; **– à indemnisation** *ou* **à indemnité** Ersatz *od.* Entschädigungsanspruch; **– individuel** Individualrechtsgut; **– industriel** Gewerberecht, Wirtschaftsrecht.

droit de l'informatique et des multimédia (*MedienR*) Multimedia- und Informatikrecht; Rechtsinformatik; **– d'initiative** (parlementaire) Initiativrecht, Recht zur Gesetzesinitiative; **– d'injonction** Anordnungsbefugnis (der Verwaltungsbehörde); **– inné** angeborenes *od.* angestammtes Recht.

droit insaisissable (*ZwangsVR*) unpfändbares Recht; **– d'inscription** Einschreibe-, Eintragungs- *od.* Anmeldungsgebühr; **– d'inspection** Aufsichtsrecht, Kontrollbefugnis; **– à l'intégrité morale** Recht auf geistige Unversehrtheit, Recht auf Ehre u. Gewissensfreiheit; **– à l'intégrité de la personne physique** Recht auf Leben und körperliche Unversehrtheit.

droit intellectuel (1) (*ZR: nom donné parfois aux propriétés incorporelles*) Immaterialgüterrecht *n*, (2) (*WirtR*) Recht am eingerichteten Gewerbebetrieb, (3) (*UrhR, PatR*) Recht der Urheber u. Erfinder an ihren Werken u. Erfindungen; Urheberrechte und verwandte Schutzrechte; Recht am geistigen Eigentum; **– d'interdiction** (*VwR*) Untersagungsbefugnis *f*; **–s intérieurs de consommation** innerstaatliche Verbrauchsabgabe; **– intermédiaire** (*VerfR*) Übergangs- *od.* Überleitungsrecht.

droit international conventionnel Völkervertragsrecht; **– – coutumier** Völkergewohnheitsrecht; **– – écrit** gesetztes Völkerrecht; **– – privé** internationales Privatrecht; **– – public** Völkerrecht.

droit interne innerstaatliche Normen; **– d'interpellation** (*VerfR*) Interpellations- *od.* Anfragerecht; **– d'interroger** (1) (*StPR: par exemple un témoin*) Fragerecht *n*, (2) (*VerfR: im Parlament*) Anfragerecht; **– d'intervention** Eingriffs- *od.* Interventionsrecht; **– d'invention** (*UrhR, PatR*) Erfinderrecht; **– d'investigation** Untersuchungsrecht, Durchsuchungs- *od.* Nachforschungsrecht; **– de jouissance** (1) (*SachR*) Nutzungsrecht, Grunddienstbarkeit, persönliche Dienstbarkeit, (2) (*GesR*) Genussrecht.

droit judiciaire (1) (*GVR: kurz für: droit de l'organisation judiciaire*) Gerichtsverfassungsrecht, (2) (*ZPR*) Zivilprozessrecht; **– jurisprudentiel** Richterrecht.

droit de légation (*VR*) Gesandtschaftsrecht; **– de légiférer** (*VerfR*) Gesetzgebungszuständigkeit; **– de légitime défense** (*StR*) Notwehrrecht, Verteidigungsrecht (um einen gegenwärtigen rechtswidrigen Angriff abzuwenden); **– de licence** (1) (*PatR*) Lizenz *f*, (2) (*GewR*) Zulassungsgebühr für Getränkeschankanlagen; **– de licence d'exploitation** (*PatR*) Lizenzgebühr; **– de licenciement** Kündigungsrecht des Arbeitgebers, Entlassungsrecht; **– litigieux** (*PrzR*) strittiger Anspruch; streitiges *od.* streitbefangenes Recht; **– à livraison** Bezugsrecht; **– local** Lokal- *od.* Ortsrecht, örtliches Recht; **– de location de chasse** Jagdpachtrecht; **– de location de pêche** Fischereipachtrecht.

droit de magasinage Lagergebühr, Lagergeld; **– au maintien dans les lieux** (*MietR*) Anspruch auf Räumungsaufschub; **– à la manifestation** Demonstrationsfreiheit; **– de manutention** Behandlungsgebühr; **– du mariage** Eherecht.

droit maritime Seehandelsrecht; **– maritime international** Seevölkerrecht; **– matériel** materielles Recht; **– matrimonial** Eherecht; **– de la mer** Seerecht; **– minier** Bergrecht; **– des minorités** Minderheitenrecht; **– mixte** Mischbereich des Rechts, Rechtsgebiet, das sowohl privatrechtliche wie öffentlichrechtliche Normen umfasst; **– mobilier** dingliches Recht an einer beweglichen Sache, Mobiliargüterrecht.

droit moral (*ZR: par opposition à matériel ou corporel ou pécuniaire*) immaterielles Recht; **– moral de l'auteur** (*UrhR*) Urheberpersönlichkeitsrecht, geistiges Urheberrecht (im Gegensatz zu den abtretbaren Urheberrechten); **– de mouillage** Recht zum Ankern; **– municipal** Gemeinderecht; **– musulman** islamisches Recht.

droit de mutation (1) (*WertpR*) Effektenumsatzsteuer, (2) (*SteuerR*) Grunderwerbsteuer, Grundstücksverkehrssteuer, (3) Umschreibungsgebühr; **– de mutation par décès** Erbschaftsteuer.

droit national innerstaatliches Recht; **– de la nationalité** Staatsangehörigkeits- *od.* Staatsbürgerschaftsrecht; –

naturel (*VerfR: droits innés et inaliénables*) Naturrecht *n*; **– de la navigation** Schiffahrtsrecht; **– de navigation** Schifffahrtsgebühr; **– de la navigation aérienne** Luftfahrtrecht, Luftverkehrsrecht; **– né du titre** durch Urkunde begründetes Recht; **– de nomination** Ernennungsrecht; **– non discrétionnaire** (*ZPR*) Recht, dessen Missbrauch richterlich beanstandet werden kann; **– non écrit** Gewohnheitsrecht, ungeschriebenes Recht; **– non impératif** nachgiebiges *od.* dispositives Recht; **– non transférable** unübertragbares Recht; **– notarial** Notariatsrecht; **– nouveau** *hist* seit 1789 geltendes Recht (in Frankreich).

droit objectif objektives Recht, Rechtsordnung, Rechtsvorschriften *fpl*; **– des obligations** Recht der Schuldverhältnisse, Schuldrecht, Obligationenrecht; **– d'opposition** Einspruchsrecht; **– d'option** Option, Wahlrecht.

droit organique Grundrecht; **– organisant le redressement et l'élimination des entreprises défaillantes** (*InsolvenzR*) Insolvenzrecht; **– originaire** ursprüngliches *od.* originäres Recht, Urrecht; **– d'origine professionnelle** Gesamtverbandsrecht, von den Berufsverbänden gesetztes Recht; **– ouvrier** Arbeiterrecht.

droit à paiement Zahlungsanspruch; **– à part réservataire** (*ErbR*) Pflichtteilsanspruch; **– de partage** (*SteuerR*) Verteilungsgebühr *f*.

droit de passage inoffensif Recht der friedlichen Durchfahrt; **– – militaire** Durchzugsrecht.

droit patrimonial (*ZR*) Vermögensrecht, materielles Nutzungsrecht; in Geld bewertbares Recht, geldwertes Recht; **– de péage** Autobahngebühr; **– de pêche** Fischereirecht; Fischereigerechtigkeit; **– pécuniaire** (*ZR: droit appréciable en argent, droit patrimonial*) geldwertes Recht; Verwertungsrecht.

droit pénal Strafrecht; **– – économique** Wirtschaftsstrafrecht; **– – fiscal** Steuerstrafrecht; **– – général** allgemeiner Teil des Strafrechts; **– – militaire** Wehrstrafrecht; **– – spécial** besonderer Teil des Strafrechts.

droit pénitentiaire Strafvollzugsrecht; **– de perquisition** (*StR*) (Haus-) Durchsuchungsrecht; **–s de la personnalité** (*VerfR*) Persönlichkeitsrechte *npl*; **– personnel** (1) (*SchuldR: droit subjectif ou droit de créance*) Anspruch *m*, Forderungsrecht, (2) (*ZR: par opposition au droit réel, ensemble des normes concernant les obligations et les créances*) Schuldrecht; **– des peuples à disposer d'eux-mêmes** (*VR*) Selbstbestimmungsrecht der Völker; **– de place** (Markt-) Standgeld; **– de plaidoirie** Gebühr des Verteidigers, Verhandlungsgebühr; **– de plainte** (S) Beschwerderecht; **– du plus fort** Faustrecht; **– de police** Polizeigewalt; **– de port** Hafenabgabe *od.* -gebühr; **– de port d'arme(s)** Berechtigung zum Waffentragen; **– positif** positives *od.* gesetztes Recht; **– potestatif** Gestaltungsrecht; **– de poursuite** (1) (*EUR*) Folgerecht (der Polizei), (2) (*SeeHR*) Recht der Nacheile; **– au préavis** Anspruch auf Kündigungsfrist; **– précaire** (*SchuldR*) Anwartschaft.

droit de préemption Vorkaufsrecht; **– de préférence** (*Zwangs VR*) Recht auf vorzugsweise Befriedigung, Vorrangs- *od.* Vorzugsrecht, Befriedigungsvorrecht; **– préférentiel** Vorzugszollsatz; **– de prendre la parole** Recht, das Wort zu ergreifen; **– de préséance** Vortrittsrecht; **– de présentation** Vorschlagsrecht; **– aux prestations** (*VersR*) Leistungsanspruch; Bezugsberechtigung; **– prétorien** (*PrzR*) Richterrecht; **– de prévention de la guerre** Kriegsverhütungsrecht; **– de primogéniture** (*hist.*) Erstgeburtsrecht; **– de priorité** (1) (*ZR, ÖfR: primauté de rang*) Vorrang *f*, Priorität *f*, Vorrecht *n*, (2) (*StVR: priorité de passage*) Vorfahrt *f*, Vorfahrtsrecht, (3) (*SchuldR*) Vorkaufsrecht *n*; **– des prises** (*SeekriegsR*) Prisenrecht; **– privatif** ausschließliches Recht.

droit privé (*ZR: ensemble des règles gouvernant les rapports des particuliers entre eux ou avec les collectivités privées*) Privatrecht *n*; **– de privilège** (*ZwangsVR*) Vorzugsrecht, Vorrecht; **– de privilège spécial** (*InsolvenzR*) Absonderungsanspruch; **– procédural** Verfahrens- *od.* Prozessrecht; **– de la procédure administrative** (*VwPR*) Verwaltungsprozessrecht; **– de la procédure civile** (*ZPR*) Zivilprozessrecht; **– de la procédure pénale** (*StPR*) Strafprozessrecht; **– processuel** (*PrzR: qui se rapporte à toutes les espèces de procès*) allg. Grundsätze des Prozessrechts; **– professionnel** berufsständisches Recht.

droit de propriété Eigentumsrecht; **– de la propriété industrielle** gewerblicher Rechtsschutz, Recht des gewerblichen Eigentums; **– de la propriété intellectuelle** geistiges Eigentum; Urheberrecht; Erfindungsschutz *m*; **– de la propriété littéraire et artistique** Urheberrecht (des Schriftstellers und Künstlers); **– de prospection** (*Bergbau*) Schürfrecht; **– protecteur** Schutzzoll; **de – public** öffentlich-rechtlich.

droit public öffentliches Recht, Staatsrecht; **– de puisage** Recht der Wasserentnahme; **– de purge** (*SachR*) Hypothekenbereinigungsrecht; **– de questionner** Fragerecht; **– de recommandation** Einschreibgebühr.

droit de recours (1) (*ZPR: action dite récursoire exercée par une personne elle-même poursuivie*) Rückgriffsanspruch *od.* -recht, Regress *m*, Regressanspruch *m*, (2) (*PrzR: syn. de: voie de recours*) Recht, ein Rechtsmittel einzulegen; Befugnis, eine Klage einzureichen; **– de récusation** (*PrzR*) Berechtigung (einen Richter) wegen Befangenheit abzulehnen; **– relatif au redressement de l'entreprise et à la liquidation judiciaire** (*InsolvenzR*) frz. Betriebssanierungs- und Insolvenzrecht.

droit réel (*SachR: droit portant directement sur une chose*) dingliches Recht; **– réel accessoire** akzessorisches dingliches Recht (zur Sicherung einer Forderung); **– réel immobilier** Immobiliarsachenrecht; **– réel de jouissance** dingliches Nutzungsrecht; **– réel mobilier** Mobiliarsachenrecht, Fahrnisrecht.

droit de réformation (*VwR*) Abänderungsbefugnis *f*; **–s régaliens** (*propres à la royauté*) *hist* königliche Hoheitsrechte; **– de regard** (*VwPR*) Recht auf Einsichtnahme, Anspruch auf Akteneinsicht; **– de réimpression** (*UrhR*) Nachdrucksrecht; **– relatif** (*ZR: limité à des personnes déterminées*) relatives Recht; **– au remboursement** (*SchuldR*) Erstattungsanspruch *m*, Rückzahlungsrecht; **– de remboursement** (*Postdienst*) Nachnahmegebühr *f*; **– de réméré** (*SchuldR: reprise de la chose vendue en vertu d'un pacte de rachat*) Wiederkaufs *od.* Rückkaufsrecht; **– de remise à domicile** (*Postdienst*) Zustellgebühr *f*; **– de remontrance** (*PrzR*) Einspruchsrecht; **– de renonciation** Ausschlagungsbefugnis *f*; **– à une rente** (*SozR*) Rentenanspruch *m*.

droit à réparation Entschädigungs- *od.* Ersatzanspruch; **– de repentir** (1) (*SchuldR: faculté de rétractation*) Rücktrittsvorbehalt *m*, (2) (*UrhR: syn. droit de retrait*) Rückrufsrecht; **– de réplique** Recht der Gegenäußerung, Erwiderungsrecht; **– de réponse** (1) Berichtigungsrecht, (2) (*PresseR*) Anspruch auf Gegendarstellung; **– de représentation** (1) (*ZR*) Vertretungsbefugnis *f*, (2) (*ZPR*) Verhandlungsgebühr *f*, (3) (*UrhR*) Verbreitungsrecht (eines Werks); Aufführungsrecht; **– de reprise** (1) (*SchuldR: bail*) Kündigungsrecht (wegen Eigenbedarfs), (2) Abstandsgeld *n*; **– de reproduction** (1) (*UrhR: i.w.S.*) Verwertungsrecht, (2) (*UrhR: i.e.S.*) Vervielfältigungsrecht.

droit de réquisition (1) (*VwR: astreinte à ne pas interrompre le travail*) Arbeitssicherstellung *f*, Verpflichtung zu lebens- und verteidigungswichtigen Arbeitsleistungen, (2) (*VwR: ordre de fournir à l'État des objets en vue d'assurer* *le fonctionnement des services publics*) (Befugnis zur) Anordnung einer Beschlagnahme; **–s réservataires** (*ErbR*) Pflichtteilsanspruch; **– de résiliation** Rücktrittsrecht, Kündigungsrecht; **– de résolution** Aufhebungsrecht; **– au respect du nom** (*UrhR*) Recht auf Anerkennung der Urheberschaft und auf Urheberbezeichnung *od.* -benennung; **– au respect de l'œuvre** (*UrhR*) Entstellungs- und Beeinträchtigungsverbot *n*; Recht auf Schutz des Werks.

droit de la responsabilité civile (*SchuldR*) Haftungsrecht; Haftpflichtrecht; **– à restitution** Rückerstattungsanspruch; **– de rétention** Zurückbehaltungsrecht; **–s de rétorsion** (*VR*) Vergeltungs- *od.* Retorsionszoll *m*; **– de retour** (*ZR*) Rückforderungsrecht, Recht des Schenkers auf Rückforderung des Geschenkes bei Vorversterben des Beschenkten.

droit de retrait (1) (*Sache*) Wegnahmerecht *n*, (2) (*SchuldR: fait de reprendre son consentement*) (*Vertrag*) Rücktrittsrecht, (3) (*ArbR*) Recht auf Arbeitsverweigerung (bei drohender Gefahr für Gesundheit u. Leben), (4) (*UrhR: syn. droit de repentir*) (*Nutzungsberechtigung*) Rückrufsrecht; **– à la retraite** Anspruch auf Altersversorgung; Ruhegehaltsanspruch, Pensionsberechtigung; **– de réunion** Versammlungsrecht; **– revendiqué** Patentanspruch; **– réversible** Anspruch, der auf einen Dritten übergehen kann; **– de révocation** Widerrufsrecht, Abberufungsrecht; **– de riveraineté** Anliegerrecht, Uferrecht; **– romain** römisches Recht; **– rural** Landwirtschaftsrecht.

droit de saisie du gage Pfändungspfandrecht; **– de la santé publique** Recht des öffentlichen Gesundheitswesens; **– de sauvetage** (*SeeHR*) Bergelohn *od.* -geld; **– de sceau** Abgabe aus Anlass des Erwerbes der Staatsangehörigkeit *od.* anderer bestimmter Rechte; **– séculier** (*hist*) weltliches (staatliches) Recht.

droit de la sécurité sociale (*Soz Vers*) Sozialversicherungsrecht; **– de signer** Zeichnungsbefugnis; **– social** (1) (*SozR: i.e.S.*) Sozialrecht, (2) (*i.w.S.*) Arbeits- und Sozialrecht; **de – social** sozialrechtlich.

droit des sociétés Gesellschaftsrecht; **– à la solde** (*MilR*) Anspruch auf Besoldung; **– de sortie** (1) Ausfuhrzoll, (2) Austrittsrecht, (3) (*VerfR*) Ausreisefreiheit; **– de souscription** (*GesR: Aktien*) Bezugsrecht, Zeichnungsrecht; **– souverain** uneingeschränktes Recht.

droit spécial (*WirtR*) Sondervorschriften (insbesondere für Kaufleute); **– spécifique** spezifische Zölle *mpl*; Länge-, Gewichts-, Maß-, Stückzahlzollsatz; **– de stationnement** (1) (*StVR*) Recht zu parken, (2) Parkgebühr, Wagenstandgeld; **– strict** zwingendes Recht; **– subjectif** subjektives Recht; **– subsidiaire** (1) subsidiäres Recht, (2) (en S:) Ersatzanspruch; **– successif** Anspruch des Erben im Erbfall; **– successif immobilier** Immobilien als Nachlassgegenstände; **– successif mobilier** Mobilien als Nachlassgegenstände; **– sur les succession** (*SteuerR*) Erbschaftsteuer.

droit des successions (1) (*ZR: succession légale ou ab intestat – art. 723 suiv. Cciv*) gesetzliches Erbrecht, (2) (*ZR: transmission légale ou testamentaire*) Erbrecht (i. w. S.); **– successoral** Erbrecht; **– de suite** (*SachR, UrhR*) Folgerecht; Recht, die Sache (an der ein Recht des Betroffenen besteht) von jedem Dritten herauszuverlangen; **– supplétif** ergänzendes *od.* subsidiäres Recht; abdingbares Recht; **– de surveillance** Aufsichtsrecht, Überwachungsbefugnis; **– de survol** Überflugsrecht; **– syndical** (1) (*i.w.S.*) Berufsverbandsrecht, (2) (*i.e.S.*) Koalitionsrecht, Gewerkschaftsrecht.

droit des technologies de l'information Recht der Informations- und Datenbanksysteme; **– de tester** (*ErbR: droit de disposer de ses biens par testament*) Testierfreiheit; **– de timbre** Stempelgebühr *f*; Stempelsteuer *f*; **– de tirage au sort** Auslosungsrecht; **–s de tirage spéciaux (= DTS)** (*BankR*) Sonderziehungsrechte

(= SZR); **– de transaction** (*ZR*) Recht, einen gegenwärtigen *od.* bevorstehenden Streit durch Vergleich zu beenden *od.* zu vermeiden; **– de transbordement** Umladegebühr; **– de transfert (de –s)** Weiterübertragungsrecht; **– de transit** Durchgangszoll, Transitzoll.

droit transitoire Übergangs- *od.* Überleitungsrecht; **– du transport aérien** Lufttransportrecht; **– au transport gratuit** Freifahrtberechtigung; **– de transport territorial** Landbeförderungsgebühr; **– des transports** Personen- u. Güterbeförderungsrecht; **– des transports maritimes** (*SeeHR*) Seebeförderungsrecht; **– des transports terrestres** Personen- und Güterbeförderungsrecht zu Lande.

droit du travail (*ArbR: on parle aussi de la législation industrielle*) Arbeitsrecht; **– – collectif** kollektives Arbeitsrecht; **– – individuel** Individualarbeitsrecht, Arbeitsvertragsrecht.

droit uniforme einheitliches Recht; **–s universitaires** (*HochschulR*) Studiengebühren *fpl*, Kolleggeld; **– d'usage** Nutzungsrecht, Gebrauchs- *od.* Benutzungsrecht; **– d'usufruit** Nießbrauch; **– viager** lebenslänglicher Anspruch; **– de la vie quotidienne** Recht im Alltag; **– en vigueur** geltendes Recht; **– de visite** (1) (*FamR*) Besuchsrecht, (2) (*StR*) Durchsuchungs- *od.* Untersuchungsrecht; **–s voisins** (*UrhR*) verwandte Schutzrechte.

droit de vote Wahlrecht, Stimmberechtigung, Stimmrecht; **– – plural** Mehrstimmrecht; **– – préférentiel** Vorzugsstimmrecht.

droit de vue (1) (*SachR*) Fenstergerechtigkeit, (2) (*Akten*) Einsichtsrecht.

droite *f* (*Pol*) konservative Partei(en); Rechte *f*; **être à –** Anhänger einer konservativen Partei sein; am Hergebrachten festhalten.

droitement *adv* ehrlich, direkt, gerecht.

droiture *f* Ehrlichkeit *f*, Geradheit *f*, Wahrhaftigkeit *f*.

dû *m* (*SchuldR: somme due par un débiteur*) Schuld *f*, geschuldeter Betrag *m*; Außenstände *mpl*; **payer son –** den geschuldeten Betrag zahlen; seine Schulden begleichen.

dû *adj* geschuldet; fällig; **en bonne et due forme** formgerecht, in der rechtlich vorgeschriebenen Form; vorschriftsmäßig; **en port –** unfrankiert, unfrei; **somme due** geschuldeter Betrag.

dualité *f* **de législation** Dualismus der Gesetzgebung.

dubitatif *adj* zweifelhaft, Zweifel ausdrückend; ungewiss.

duc *m*: **grand –** Großherzog.

ducroire *m* (*HR: engagement de garantie*) Delkredere *n*, Haftung für den Verlust von Kundenforderungen; **se porter –** das Delkredere übernehmen.

duel *m* Duell *n*, Zweikampf *m*.

dûment *adv* ordnungsgemäß, wie vorgeschrieben, nach (der) Vorschrift, gesetzgemäß; **fait – constaté** unzweideutiger Sachverhalt, bestätigte Tatsache; **– appelé** (*PrzR*) in aller Form geladen; **– autorisé** ordnungsgemäß bevollmächtigt; **– signifié** ordnungsgemäß zugestellt.

dumping *m* Dumping *n*, Preisunterschreitung (auf Auslandsmärkten); **faire du –** zu drastisch herabgesetzten Preisen verkaufen; **– de prix** Preisdumping.

duopole *m* (*Vwirt*) Duopol, Konkurrenz von nur zwei Marktteilnehmern.

duper *v.tr.* betrügen, prellen, überlisten.

duplex *m* (*BauR*) Maisonnette *f*, zweistöckige Wohnung in einem (Hoch-)Haus.

duplicata *m* Zweitausfertigung *f*, Duplikat *n*, Abschrift *f*, Zweitschrift; **– de la lettre de voiture** Frachtbriefdoppel *od.* -duplikat *n*.

duplique *f* (*PrzR: réponse à une réplique*) Duplik *f*, Entgegnung des Beklagten auf die Replik des Gegners.

durabilité *f* (1) (*WirtR: biens économiques de consommation: solidité et évoluvité – fatigue des matériaux*) Benutzungs- *od.* Gebrauchsdauer *f*, Haltbarkeit *f*, Festigkeit *f*, (2) (*UmweltR: pérennité ou durabilité environnementale*) Nachhaltigkeit *f*.

durable *adj* (1) (*WirtR*) dauerhaft, haltbar, (2) (*UmweltR*) nachhaltig;

développement – nachhaltige Entwicklung.

durcir *v.tr.d.* (ver-) härten; **– sa position** unnachgiebig bleiben, in strikter Ablehnung verharren.

durée *f* Dauer *f*, Fortdauer; Zeit *f*, Laufzeit; **contrat à – déterminée** befristeter Vertrag; **contrat à – indéterminée** Dauerschuldverhältnis *n*, unbefristeter Vertrag; **de courte –** von kurzer Dauer; **de – limitée** befristet; **emprunt à – prorogeable** Anleihe *f* mit verlängerbarer Laufzeit; **essai de –** Lebensdauerprüfung; **expiration de la –** Zeitablauf *m*; **prolongation de –** Verlängerung.

durée d'adhésion Dauer der (Vereins-) Zugehörigkeit; **– d'affiliation** (*Soz Vers*) Dauer der Mitgliedschaft; **– d'assurance** Versicherungszeit *od.* -dauer; **– de circulation** (*WertpR*) Laufzeit; **– du congé** Urlaubsdauer; **– du contrat** Vertragsdauer *f*; **– du crédit** Laufzeit des Kredits; **– du délai-congé** (*ArbR*) Kündigungsfrist; **– d'emploi** Beschäftigungsdauer *od.* -zeitraum; **– des études** Studiendauer; **– de fonctionnement** (technische) Lebensdauer.

durée des fonctions (*VerfR, BeamR*) Amtszeit *f*, Amtsdauer *f*; **– légale du temps de travail** (*ArbR: elle reste de 35 heures par semaine en France – avec de nombreux aménagements*) gesetzliche (Wochen-) Arbeitszeit; **– du mandat électif** Amtszeit eines Abgeordneten; Wahlperiode; **– de la peine** (*StR*) Strafmaß, Strafbemessung; **– de protection** Schutzdauer; **– du service militaire** Wehrdienstzeit; **– des services** Dienstzeit; **– du travail** (wöchentliche) Arbeitszeit; **– des travaux** Dauer der Bauarbeiten; **– de validité** Gültigkeits *od.* Geltungsdauer; **– de vie probable** Lebenserwartung; **– de vie d'un produit** Produktlebensdauer.

durer *v.intr.* (fort-) dauern; sich hinziehen.

dureté *f a. fig* Härte *f*, Strenge *f*; **clause de –** (*SchuldR*) Härteklausel *f*, Vertragsauflösungsklausel; **– exceptionnelle résultant de l'application stricte du droit** außergewöhnliche aus der strikten Rechtsanwendung resultierende Härte.

dyarchie *f* (*VerfR*) zweiorganige Exekutive (bestehend in Frankreich aus Präsident und Premierminister).

dynastie *f* Dynastie *f*, Herrschergeschlecht *n*, Fürstenhaus *n*.

dysfonctionnement *m* **des institutions** (*VerfR*) gestörtes Zusammenspiel der Verfassungsorgane; **– judiciaire** (*GVR*) schlechtes Funktionieren der Justiz.

E

eau *f* Wasser *n*; **charte de l'–** (*WirtR*) Wassercharta *f*; **cours d'–** Wasserstraße *f*; **dureté de l'–** Wasserhärte *f*; **épuration de l'–** Wasser(wieder)aufbereitung *f*; **qualité de l'–** Wassergüte *f*; **– minérale** Mineralwasser *n*; **– potable** Trinkwasser *n*; **– de source** (= *eaux vives*) Quellwasser *n*.

eaux *fpl* Gewässer *n*; **gestion des –** Wasserhaushalt *m*; Wasserwirtschaft *f*; Wasserversorgung *f*; **– adjacentes, – côtières** Küstengewässer *n*; **– archipélagiques** (*VR*) Inselstaatengewässer *n*; **– courantes** (= *rivières, fleuves*) Fließgewässer *n*, Wasserläufe *mpl*; **– d'écoulement** Gerinne *n*; **– et forêts** (*VwR: Service*) frz. staatliche Forst- und Wasserverwaltung; **– industrielles** (*UmweltR*) Industrieabwasser *n*, Schmutzwasser *n* aus Gewerbe; **– d'infiltration** Sickerwasser *n*; **– intérieures** Binnengewässer; **– libres** (*VR: haute mer*) Hohe See *f*; **– limitrophes** Grenzgewässer; **– maritimes** Flutgebiet *n*; **– navigables** schiffbare Gewässer; **–**

pluviales Regenwasser *n*; **– polluées** verunreinigte Gewässer; **– privées** Gewässer in privater Hand; **– publiques** Gewässer im öffentlichen Eigentum; **– souterraines** unterirdische Gewässer *n*; Grundwasser *n*; **– stagnantes** (= *lacs, étangs*) stehende Gewässer; **– territoriales** (*VR*) Territorial- *od.* Küstengewässer *n*; Hoheitsgewässer *n*; **– usées** Abwasser *n*, Schmutzwasser *n*.

ébauche *f* Entwurf *m*, Skizze *f*, Anlage *f*; (schwacher) Versuch *m*.

ébaucher *v.tr.* andeuten; **s'–** *v. pron.* sich abzeichnen, sich abzuzeichnen beginnen.

éblouir *v.tr.* (*StVR*) blenden.

éboueur *m* Müllwerker *m*; Straßenfeger *m*.

éboulement *m* Einsturz *m*; Trümmerstätte *f*.

éboulis *m* Schutt *m*, Geröll *n*.

ébranlement *m a.fig.* Erschütterung *f*, Zerrüttung.

ébriété *f*: **conduite en état d'–** (*StR*) Trunkenheit am Steuer; **– complète** Vollrausch *m*.

ébruiter *v.tr.* (*ein Geheimnis*) ausplaudern, (*ein Gerücht*) unter die Leute bringen.

écart *m* Abweichung *f*, Abstand *m*; Fehlbetrag *m*; **– des changes** Währungsspanne *f*; **– entre les prix** Preisunterschied *m*, Preisgefälle *n*; **– toléré** zulässige Abweichung; Toleranzbereich *m*.

écarter *v.tr.* (1) (*argument, idée*) verwerfen, ausschließen, (2) (*problème*) ausklammern, außer Betracht lassen, (3) (*danger*) abwenden, (4) (*adversaire*) ausschalten, kaltstellen; **– une requête** einen Antrag ablehnen *od.* abschlägig bescheiden.

ecclésiastique *adj* geistlich, kirchlich.

ecclésiastique *m* Geistliche(r) *m*, Priester *m*.

échafaud *m* Schaffott *n*, Guillotine *f*; Todesstrafe *f*.

échafaudage *m* Gerüst *n*; (*fig.*) Aufstellen *n* (eines Plans).

échange *m* (1) (*SchuldR: troc – art. 1702 Cciv*) Tausch(vertrag) *m*; Tauschgeschäft *n*, (2) (*Vwirt, HR*) Umtausch *m*; Austausch *m*; **en – de** als Gegenleistung; **libre –** (*Außh*) Freihandel *m*; **monnaie d'–** wertvolles Tauschobjekt *n*; **– d'actions** Aktienumtausch; **– cambiste** (*BankR*) Währungshandel *m*; **– de données** Datenaustausch *m*; **– financier** (*BankR*) Swapgeschäft *n*, Devisenaustauschgeschäft; **– d'informations** gegenseitige Unterrichtung; **– des instruments de ratification** (*VR*) Austausch der Ratifikationsurkunden.

échange de lettres Schriftwechsel *m*; Briefwechsel *m*; **– monétaire** Notenumtausch; **– en nature** Naturaltausch; **– de notes (diplomatiques)** (*VR*) Notenwechsel *od.* -austausch; **– des prisonniers** Gefangenenaustausch; **– standard** (*HR*) Austausch *m* von Werkteilen; **– de territoire** *ou* **territorial** (*VR*) Gebietstausch *m*; **– de vues** Meinungsaustausch.

échangeable *adj* austauschbar, auswechselbar; **article non- –** vom Umtausch ausgeschlossene Ware.

échanger *v.tr.* (1) (*SchuldR*) ein Tauschgeschäft vornehmen, (2) (*Waren*) umtauschen; (*Geräteteile*) austauschen, (3) (*Außh, BankR: devises, souvent v. pron.: s'échanger*) gehandelt werden; **cette marchandise ne sera ni reprise ni échangée** (Ware) Umtausch ausgeschlossen; **– des injures** sich gegenseitig beleidigen.

échanges *mpl* **commerciaux** (Außen-) Handelsbeziehungen; **– culturels** Kulturbeziehungen; **– économiques** Wirtschaftsaustausch *od.* -verkehr *m*; **– d'expériences** Erfahrungsaustausch *m*; **– extérieurs** (*Außh*) Außenhandel *m*; **– d'idées** Gedankenaustausch *m*; **– intracommunautaires** (*EuR*) innergemeinschaftlicher Handel.

échangeur *m* (*StVR: autoroute*) Anschlussstelle *f*.

échangiste *m* (*SchuldR: copermutant, coéchangiste*) Partei (eines Tauschgeschäfts).

échantillon *m* (1) (*HR*) Warenprobe *f*, Prüfstück *n*, Muster *n*, (2) (*Statistik*) Stichprobe *f*; **foire d' –s** Mustermesse *f*; **vente sur –s** Kauf nach Muster; **– commercial** Handelsmuster; **–**

factice Blindpackung, Attrappe *f*; **– gratuit** Gratisprobe, Ansichtsmuster; **– de marchandises** Warenmuster *od.* -probe; Testgruppe *f*; **– prélevé au hasard** Stichprobe; **– de référence** Vergleichsmuster; **– représentatif** repräsentative Stichprobe *od.* Auswahl *f*; **– sans valeur commerciale** Muster ohne Handelswert.

échantillonnage *m* (1) (*HR: gamme d'échantillons*) Mustersammlung *f*, Kollektion; Zusammenstellung von Mustermodellen, (2) (*MedienR: choix des échantillons dans une enquête par sondage*) Stichprobenverfahren *n*.

échantillonner *v.tr.* bemustern, mit Warenmustern versehen.

échappatoire *m* Ausflucht *f*, Ausrede *f*; **inventer des –s** sich herausreden.

échapper *v.intr.* flüchten, fliehen; **– à un accident** einen Unfall überleben, einem Unfall gerade noch einmal entkommen; **– de prison** ausbrechen, sich absetzen; entrinnen.

écharpe *f* **tricolore** blau-weiß-rote Schärpe *f* (*der frz. Bürgermeister u. Abgeordneten*).

échéance *f* (1) (*SchuldR: arrivée du terme*) Fälligkeit *f*, Fälligkeitstag *m* einer Verbindlichkeit, Fristablauf *m*, Leistungszeit *f*, (2) (*SchuldR: date d'expiration d'un droit*) Verfall *m*, Verfallzeit *f*, Verfalltag *m*; **à l'–** bei Fälligkeit, nach Fristablauf; bei Verfall; **à longue –** langfristig; **arriver à –** (1) (*créance*) fällig werden, (2) (*délai*) ablaufen, enden; **avis d'–** Zahlungsaufforderung *f*; **à brève –** in kürzester Frist, kurzfristig, demnächst; **date d'–** Fälligkeitstermin *m*, Fälligkeitstag *m*, Verfalltag; **délai d'–** Fälligkeitstermin; **jour d'–** Fälligkeit(stag), Zahltag, Verfalltag; **prorogation d'–** Fristverlängerung *f*, Zahlungsaufschub *m*; **terme d'–** Zahlungstermin *m*, Zahltag *m*; Verfall *m*; **venir à –** fällig werden, ablaufen, enden.

échéance du contrat (*SchuldR*) Vertragsablauf *m*, Vertragsende *n*; **– d'un crédit** Laufzeit *f* eines Kredits; **– du délai** Fristablauf *m*; **– de fin de mois** (*BörR*) Ultimogeschäft *n*; **– de remboursement** Rückzahlungstermin; **– du terme** Fälligkeit, Ablauf der Frist; **– trimestrielle** vierteljährliche Fälligkeit, Quartalstermin; **– à vue** Fälligkeit bei Sicht.

échéancier *m* Terminkalender *m*; Fälligkeitsverzeichnis *n*.

échéant *adj* fällig; **le cas –** *loc.* gegebenenfalls; im Falle, dass; eventuell.

échec *m* Misserfolg *m*, Schlappe *f*, Niederlage *f*; **entreprise vouée à l'–** aussichtsloses Unternehmen; **– à la brevetabilité** patenthindernd; **– à un examen** Durchfallen *n* (*bei einer Prüfung*).

échelle *f* Leiter *f*, Stufenleiter, Rangordnung *f*; Skala *f*, Skalenteilung *f*; Maßstab *m*; **– de cotation** Bewertungsschlüssel *m*; **– hiérarchique** (*BeamR*) Rangordnung *f* *od.* -folge, Hierarchie *f*; **– mobile** gleitende Skala, Indexierung; **– mobile des salaires** gleitende Lohnskala; **à l'– nationale** auf nationaler Ebene, landesweit.

échelle des peines Abstufung *f* der Strafen, Strafrahmen *m*; **– des prix** Preisgefüge *n*; **– des salaires** Lohn- *od.* Gehaltsskala; **– sociale** Sozialstruktur; **– des valeurs** Wert(e)skala *f*.

échelon *m* (1) Stufe *f*, Gruppe *f*, (2) (*BeamR, MilR*) Dienstgrad *m*, Rangstufe *f*; **à l'– communal** auf Gemeindeebene; **abaissement d'–, rétrogradation d'–** Zurückstufung *f*; **dernier –** letzte *od.* höchste Stufe; **– administratif** Verwaltungsebene; **– d'ancienneté** (*BeamR*) Dienstaltersstufe *f*; **– catégoriel** Besoldungsgruppe; **– hiérarchique** Dienstgrad *m*, Gehaltsstufe; **à l'– ministériel** auf Ministerebene; **– de poids** Gewichtsstufe; **– de salaire** Lohnstufe *f*, Lohngruppe *f*; **– de solde** Besoldungsgruppe *od.* -stufe.

échelonné *adj*: **paiement –** Ratenzahlung; **prix –** gestaffelter Preis.

échelonnement *m* Abstufung *f*; Verteilung *f*; Staffelung *f*; **– des paiements** (1) (*BankR*) Aufstellung eines Zeitplans (für die Rückzahlung der Schulden), Moratorium *n*, Zahlungsaufschub, (2) Ratenzahlung; **– des prix** Preisstaffelung.

échelonner *v.tr.* staffeln; verteilen.

échevin *m* (1) (*PrzR: assesseur non professionnel d'un tribunal*) frz. ehrenamtlicher Richter, Laienrichter *m* (der frz. Arbeits-, Handels- und Sozialgerichte erster Instanz), Gerichtsbeisitzer, (2) (*ÖfR*) (*B: magistrat adjoint au bourgmestre*) Beigeordneter des Bürgermeisters.

échevinage *m* (1) (*StPR: système du jury de jugement*) Beteiligung ehernamtlicher Richter als beisitzende Richter im Strafverfahren, (2) (*PrzR*) System der Besetzung der frz. Handels- *od.* Arbeitsgerichte mit eherenamtlichen Richtern.

échevinat *m* (B) Amt des beigeordneten Bürgermeisters.

échoir *v. intr.* (1) (*arriver à échéance*) fällig werden, fällig (sein), (2) verfallen, (dem Staat) anheimfallen; **– en partage à qqn.** bei einer Teilung zufallen.

échouage *m* (*SeeHR*) Strandung *f* ohne Schiffsschaden.

échouement *m* **(avec bris)** (*SeeHR*) Strandung *f* mit Schaden am Schiffskörper; **– volontaire** vorsätzlich herbeigeführte Strandung.

échouer *v.tr.* (1) stranden, (2) *fig* scheitern; **faire – un projet** ein Vorhaben vereiteln; **les négociations ont échouées** die Verhandlungen verliefen ergebnislos.

échu *adj* fällig; abgelaufen, verfallen; **délai –** abgelaufene Frist; **intérêts –s** fällige Zinsen.

éclaicir *v.tr.* erläutern, verdeutlichen.

éclairage *m* (*StVR*) Beleuchtung *f*, Beleuchtungseinrichtung.

éclaircissement *m* Erläuterungen, Aufklärung, Erklärung, Aufschluss (über etwas).

écocide *m* Umweltvernichtung *od.* -zerstörung.

éco-industrie *f* Umweltindustrie *f*, Entsorgungsgewerbe *n*.

écolage *m* (*SchulR: frais de scolarité*) (S) Schulgeld *n*.

école *f* (1) (*SchulR: établissement d'enseignement*) Schule *f*, (Lehr-) Anstalt *f*, (2) (*ZR: doctrine juridique*) Rechtslehre *f*, Lehrmeinung *f*, Richtung *f*; **les grandes –s** (*HochschulR*) frz. Eliteschulen (für Führungskräfte in Politik, Wirtschaft u. Verwaltung); **– de commerce** Handelshochschule; **– élémentaire** (*SchulR*) frz. Grundschule (für Kinder von 6 bis 11 Jahren); **– d'enseignement général** allgemeinbildende Schule; **– d'enseignement secondaire** weiterführende Schule der Sekundarstufe; **– laïque** (*VerfR*) frz. bekenntnislose staatliche Schule; **– libre** Privatschule; **– maternelle** frz. Ganztagsvorschule (für Kinder von 2 bis 5 Jahren); **– de métiers** Gewerbeschule.

école nationale d'administration (= ENA) (*VwR: formation des agents supérieurs des plus grands corps de l'État, y compris du Conseil d'État et de la Cour des comptes*) frz. Hochschule für Beamte des höheren Dienstes (Verwaltungsrichter, Präfekten, Diplomaten usw.); **– nationale de la magistrature (= ENM)** (*GVR: formation des juges et parquettiers de l'ordre judiciaire à Bordeaux*) frz. Hochschule für das Richteramt (an ordentlichen Gerichten); **– normale supérieure (= ENS)** (*HochschulR*) Hochschulen für angehende Gymnasiallehrer und Universitätsprofessoren; **– polytechnique** (*HochschulR: établissement d'enseignement supérieur relevant du ministère des Armées, on dit aussi l'X*) frz. Ingenieurhochschule.

école primaire (*SchulR*) Grundschule *f*; **– privée** Privatschule; **– professionnelle** Berufsschule; **– publique** öffentliche Schule; **– supérieure de commerce (=ESC)** Wirtschaftshochschule.

écologie *f* Ökologie *f*, Umweltwissenschaft *f*, ökologische Forschung.

écologique *adj*: **bilan –** ökologische Bilanzierung *f*, **équilibre –** ökologisches Gleichgewicht; **science –** Ökologie, Umweltwissenschaft.

écologisme *m* Umweltschutzaktivismus *m*.

écologiste *m* (1) Umweltschützer *m*, (2) (*Pol: surtout pl.*) die Grünen.

écologue *m* Umweltexperte *m*.

e-commerce *m* (*WirtR: commerce électronique entre particuliers – C to C*)

E-Commerce *n*; **– B to B** (*WirtR: B to B = business to business*) e-commerce zwischen Kaufleuten.
éconduire *v.tr.* (*VwR*) (*un solliciteur*) (*einen Antragsteller*) abweisen.
économat *m* (1) (*VwR: administration dans les écoles et les hôpitaux*) Schul- *od.* Krankenhausverwaltung *f*, (2) (*ArbR: magasin de vente, créé et administré par un employeur à l'usage de ses salariés*) Verkaufsstelle *f* (für Betriebsangehörige).
économe *m* Verwaltungsdirektor *m*.
économe *adj* sparsam, wirtschaftlich.
économétrie *f* (*Vwirt*) Ökonometrie *f*.
économicité *f* Rationalisierung *f*, Streben *n* nach Leistungssteigerung.
économie *f* (1) (*Vwirt: système ou régime économique, science*) Wirtschaft *f*, Wirtschaftssystem *n*; Wirtschaftswissenschaft *f*, (2) (*BW: gestion évitant la dépense inutile*) Sparsamkeit *f*, Einsparung *f*; Wirtschaftlichkeit *f*, Effizienz *f*, (3) (*ZR: sommes d'argent économisée, souvent au pl.*) Ersparnisse *fpl*, Spargroschen *m*, Sparguthaben *n*, Bankeinlage *f*, (4) (*VR: organisation et structure, par expl. d'un traité*) Sinn und Zweck (eines Vertrages), (Vertrags-) Aufbau *m*; **nouvelle –** (*MedienR: syn.: net-économie*) Netökonomie *f*; **relance de l' –** Konjunkturankurbelung; **société d'– mixte (= SEM)** (*WirtR*) gemischtwirtschaftliches Unternehmen.
économie agricole Landwirtschaft; **– agro-alimentaire** Agrar- und Ernährungswirtschaft *f*; **– appliquée** empirische Wirtschaftsforschung; **– des besoins** bedürfnisorientierte Wirtschaftsordnung; **– budgétaire** Haushaltswirtschaft; **– capitaliste** (kapitalistische) Marktwirtschaft; **– classique** klassische Schule der Nationalökonomie; **– collectiviste** kollektive Wirtschaft; **– concertée** (*WirtR*) konzertierte Aktion; **– déréglée** Misswirtschaft.
économie dirigée (*Vwirt*) Dirigismus *m*, staatlich gelenkte Wirtschaft; **– dualiste** wirtschaftlicher Dualismus; **– extérieure** Außenwirtschaft; **– féodale** Feudalismus; **– financière** Finanzwirtschaft; **– forestière** Forstwirtschaft; **– générale** Volkswirtschaftslehre *f*, Volkswirtschaft; **– globale** weltweite Verflechtung der Wirtschaft, Globalisierung *f*; **– de guerre** Rüstungswirtschaft; **– humaine** (*Vwirt*) Leistungspotential der Bevölkerung; **– illicite** (*WirtStrR*) Schattenwirtschaft *f*; **– industrielle** Industrie (als Teil der Volkswirtschaft); Wirtschaftssystem der Industrieländer; **– interne** Binnenwirtschaft; **– libérale** liberale Marktwirtschaft; **– de libre concurrence** Wettbewerbswirtschaft, freie Verkehrswirtschaft; **– de libre entreprise** auf der Unternehmensfreiheit beruhende Wirtschaft; **– d'une loi** (*VerfR*) Aufbau und Zweck eines Gesetzes.
économie de marché (*Vwirt*) Marktwirtschaft *f*, Verkehrswirtschaft; **– mixte** (*WirtR*) Marktwirtschaft mit staatswirtschaftlicher Komponente; **– mondiale** Weltwirtschaft; **– monétaire** Geldwirtschaft; **– nationale** Volkswirtschaft, Nationalökonomie *f*; **– naturelle autarcique** Selbstversorgungswirtschaft; **– néo-classique** (*Vwirt*) Neoliberalismus *m*; **– numérique** E-Business *m*, E-Commerce *m*, Online-Handel *m*; **– ouverte** offener Markt; **– parallèle** Schattenwirtschaft; **– planifiée** Planwirtschaft, zentralgelenkte Wirtschaft.
économie politique (*Vwirt: science de l'administration des ressources rares*) Volkswirtschaftslehre *f*, Nationalökonomie *f*; **– privée** Privatwirtschaft; **– de profit** gewinnorientierte Privatwirtschaft; **– publique** Staatswirtschaft; **– pure** Volkswirtschaftstheorie; **– socialiste** sozialistische Planwirtschaft; **– souterraine** (*WirtR*) Schattenwirtschaft *f*; **– de troc** auf dem geldlosen Leistungs- und Güteraustausch beruhende Wirtschaft, Tauschwirtschaft.
économique *adj* (1) wirtschaftlich, (2) billig, preiswert; kostengünstig; **activité –** Wirtschaftstätigkeit; **bien –** Wirtschaftsgut *n*, Ware *f*; **crise –** Wirtschaftskrise *f*; **politique –** Wirtschaftspolitik *f*; **régime** *ou* **système –**

Wirtschaftsordnung, Wirtschaftsverfassung.

économiquement faible *m* (*SozR*) bedürftig, sozialschwach; Bedürftige(r) *m*, Sozialhilfeempfänger; Sozialfall *m*; **– irréparable** (*Kfz*) Totalschaden *m*; **– parlant** volkswirtschaftlich betrachtet.

économiser *v.tr.* sparen; einsparen; haushalten.

économiste *m* (*Vwirt: spécialiste d'économie politique*) Wirtschaftswissenschaftler *m*, Wirtschaftsexperte *m*.

écot *m* Zeche *f* (jedes einzelnen); **payer son –** seinen Anteil an der Zeche zahlen.

écoulement *m* (1) (*délai*) Ablauf *m*, (2) (*marchandises*) Absatz *m*, Vertrieb *m*, Umsatz *m*; **difficultés d'–** (*WirtR*) Absatzschwierigkeiten *fpl*; **perspectives d'–** Absatzmöglichkeiten *fpl*; **– du délai** Fristablauf; **– du trafic** Verkehrsfluss *m*.

écouler *v.tr.* (*Waren*) absetzen; **s'–** *v. pron.* (Frist) ablaufen, verstreichen.

écourter *v.tr.* kürzen, (*Text*) verstümmeln, (*Reise*) vorzeitig abbrechen.

écoute *f* (1) (*StR: téléphone*) Lauschangriff, Abhören (eines Gesprächs), (2) (*radio*) Empfang *m*; **heure de grande –** (*MedienR*) Prime time *f*, Zeit mit höchster Einschaltquote; **table d'–** (*StR*) Abhörschaltung *f*; **– téléphonique** Telefonüberwachung *f*, Lauschangriff *m*; Telefonabhöranlage *f*.

écouter *v.tr.d.* zuhören; sich anhören; **– les plaignants** (*PrzR*) die Kläger *od.* Parteien anhören.

écouteur *m* (*auch Telefon*) Hörer *m*.

écran *m* (Bild-) Schirm *m*; Schutzvorrichtung; **petit –** (*umg*) Fernseher *m*; **société –** (*WirtStrR*) Briefkastengesellschaft *f*, Scheingesellschaft *f*.

écrasé *adj*: **prix –** Schleuderpreis *m*.

écraser *v.tr.* (1) (*StVR*) jmdn. überfahren, (2) besiegen, niederschlagen, niederwerfen, (3) **s'–** *v. pron.* (*Flugzeug*) abstürzen; **– les prix** die Preise der Konkurrenz unterbieten.

écrémage *m* **(du marché)** (*BW: Preisstrategie*) Abschöpfungs- *od.* Absahnstrategie *f*.

écrêter *v.tr.* nivellieren, ausgleichen.

écrin *m* Schmuckkästchen *n*.

écrire *v.tr.* (nieder- *od.* auf-) schreiben, abfassen, verfassen; **– en surcharge** überschreiben; ausbessern; streichen; **– en toutes lettres** in Worten, ganz ausschreiben.

écrit *m* (1) (*document rédigé*) Schriftstück *n*, Schriftsatz *m*, (2) (*acte juridique exigeant la forme écrite*) schriftlich fixiertes Rechtsgeschäft; öffentliche Urkunde; Privaturkunde, die eine Schriftform erfordert, (3) (*SchulR: examen*) schriftlicher Teil einer Prüfung; **confirmer par –** schriftlich bestätigen; **dresser un –** ein Schriftstück aufsetzen; **preuve par –** Urkundenbeweis *m*; **teneur d'un –** Inhalt *m* eines Schriftstücks, Wortlaut *m*.

écrit anonyme anonymer Brief; **– portant assignation** (*PrzR*) Ladung; **– portant une décision officielle** (*VwR*) Erlass *m*; amtliches Schriftstück; **– diffamatoire** (*StR*) Verleumdung durch Verbreitung von Schriften; **l'– n'est pas nécessaire** Schriftform ist nicht erforderlich; **– périodique** Zeitschrift *f*, periodische Druckschrift; **– privé** privates Schriftstück, Privaturkunde; **– probatoire** Beweisurkunde *f*; **– séditieux** (*StR*) Pamphlet *n*; **– sous seing privé** privatschriftliche Urkunde.

écrit *adj* schriftlich; **conclusions –es** (*PrzR*) Schriftsatz *m*, schriftlich fixierte Anträge; **document –** Schriftstück *n*; **droit –** geschriebenes Recht; **épreuves –es** (*SchulR*) schriftlicher Teil der Prüfung; **feuille –e** beschriebenes Blatt (Papier); **instructions –es** schriftliche Anweisungen; **rapport –** Bericht *m*.

écriteau *m* Anschlag *m*, Aushängezettel *m*, Auf- *od.* Inschrift *f*; Schild *n*.

écriture *f* (1) (*Buchf: inscription à un compte*) Buchung *f*, Buchungsvorgang *m*, (2) Handschrift *f*, (3) (*ZPR: acte constituant un moyen de preuve*) schriftlich fixiertes Beweismittel, (Beweis-) Urkunde *f*; **avis d'–** Buchungsanzeige; **dénégation d'–** (*PrzR*) Bestreiten *n* der Echtheit einer Unterschrift *od.* einer Urkunde; **passer une –** (*Buchf*) verbuchen; **vérification d'–** (*PrzR*)

Schriftvergleich *m*; **– de clôture** (*Buchf*) Abschlussbuchung *f*; **– comptable** Buchung *f*; Buchungsposten *m*; **– au crédit** Gutschrift *f*, Habenbuchung, Aktivbuchung; **– au débit** Lastschrift, Sollbuchung, Passivbuchung; **– fictive** fingierte Buchung; **– de redressement** Berichtigungsbuchung.

écritures *fpl* (1) (*HR*) kaufmännische Buchführung; Handelsbücher *npl*, (2) (*ZPR*) Prozessakte *f*, Schriftsatz *m*; **altération d'–** Urkundenverfälschung *f*, Urkundenfälschung; **comparaison d'–** Schriftenvergleich *m*; **contrefaçon d'–** Urkundenfälschung; **contrôle d'–** (*WirtR*) Buchprüfung *f*; **expert en –** Schriftgutachter *od.* -sachverständiger *m*, Schriftsachverständige(r); **falsification d'–** *ou* **faux en –** Urkundenfälschung; **frais d' –** Schreibgebühr *f*; **jeu d'–** (*Buchf*) Umbuchung *f*; **passation en –** Verbuchung; **tenir les –** (Handels-) Bücher führen; **virement par –** Überweisung; **– privées** private Schriftstücke *npl*, Privaturkunden *fpl*; **– publiques** öffentliche Urkunden.

écrivain *m* (*UrhR*) Schriftsteller *m*; **– public** (1) öffentlicher Schreiber (der für Dritte Schriftstücke anfertigt), (2) (S) Schriftführer *m*, Gemeindesekretär *m*.

écrou *m* (*StR: acte, procès-verbal constatant qu'un individu a été remis à un directeur de prison*) Protokoll *n* über die Häftlingseinlieferung (in die Strafanstalt); **levée d'–** (1) (*StVZ*) Entlassung aus der Haft, Haftaufhebung *f*, Enthaftung *f* (Aut), (2) Haftentlassungsprotokoll, Entlassungsverfügung; **ordre d'–** (*StPR*) Haftbefehl, richterliche Anordnung zur Inhaftnahme; **registre d'–** Haftregister *n*.

écrouer *v.tr.d.* (*StPR: incarcérer*) inhaftieren, einsperren; **– pour port d'arme** (*StR*) wegen unerlaubten Waffenführens verhaften.

écroulement *m* Zusammenbruch *m*.

écueil *m* Klippe *f*; Hürde *f*; Schwierigkeit *f*.

écusson *m* (Wappen-) Schild *n*; Abzeichen *n*.

édicter *v.tr.* erlassen, anordnen; **– une loi** ein Gesetz verkünden.

édiction *f* (*ÖfR: action d'édicter une loi, un règlement*) (Gesetzes-) Verkündung *f*, Bekanntgabe *f*, Anordnung *f*.

édicule *m* (*VwR: petite construction édifiée sur la voie publique*) (kleines) Bauwerk auf öffentlichen Plätzen.

édifice *m* (*BauR: bâtiment important*) Bauwerk *n*, (großes) Gebäude *n*; **démolir un –** ein Bauwerk abreißen; **– consulaire** Konsulatsgebäude *n*; **– du culte** Gotteshaus *n*, Kirchengebäude *n*, Kirche *f*; **– menaçant ruine** vom Einsturz bedrohtes Gebäude.

édile *m* (*ÖfR: magistrat municipal*) Mitglied *n* des Gemeinderates.

édit *m* (*ÖfR: disposition législative statuant sur une matière spéciale*) *hist.* Edikt *n*, königliche Verordnung, Erlass *m*.

éditer *v.tr.* herausgeben, veröffentlichen.

éditeur *m* (*MedienR*) Herausgeber *m*, Verleger *m*; Verlag *m*.

édition *f* (1) (*UrhR: le fait d'éditer et le texte édité*) Ausgabe *f*, Auflage *f*, Edition *f*, Neuherausgabe *f*, (2) (*MedienR: l'ensemble des activités économiques par lesquelles les textes sont reproduits et distribués en particulier sous la forme de livres*) Verlagswesen *n*, (3) (*UrhR*) Wiedergabe und Verbreitung eines Werks; **contrat d'–** (*UrhR*) Verlagsvertrag *m*; **droit d'–** Verlagsrecht *n*; **maison d'–** Verlag *m*; **– complète** Gesamtausgabe *f*; **– à compte d'auteur** Herausgabe (eines Schriftwerks) durch einen Kommissionsverlag (für Rechnung des Verfassers); **– expurgée** bereinigte Ausgabe; **– revue et corrigée** durchgesehene und verbesserte Auflage; **– spéciale** Sonderausgabe *f*.

éditorial *m* (*MedienR: on dit aussi édito*) Leitartikel *m* (des Herausgebers einer Publikation).

éducateur *m* Erzieher *m*; **– spécialisé** Sozialhelfer *od.* -arbeiter.

éducation *f* (1) (*SchulR: formation, enseignement*) Erziehung *f*, Bildung *f*, (2) (*SchulR: instruction publique*) Schulwesen *n*; **congé d'–** (Fort-) Bildungsurlaub *m*; **frais d'–** Ausbildungskosten *pl.*; **maison d'– surveillée** Besserungsanstalt für jugendliche Straftäter, Erziehungsheim *n*; **– générale** (*SchulR*) Allgemeinbildung *f*; **– nationale** staatliches frz. Erziehungs- *od.* Schulwesen; **– permanente** Fortbildung *f*; **– physique** Turnen *n*, Sportunterricht *m*; **– surveillée** (*StVZ*) Erziehungsmaßregeln *fpl.*

éduquer *v.tr.* erziehen; ausbilden; bilden.

effacer *v.tr.* löschen, streichen; **– les empreintes digitales** die Fingerabdrücke verwischen *od.* unkenntlich machen.

effectif *adj* effektiv, wirklich vorhanden, tatsächlich, real; *fig* zuverlässig; **tradition effective** (*SachR: tradition réelle ou proprement-dite*) tatsächliche Übergabe (einer Sache); **valeur marchande effective** tatsächlicher Marktwert *m*.

effectif *m* (1) (*BW: souvent pl.*) Belegschaft *f*, Belegschaftsstärke *f*, Beschäftigtenzahl *f*, (2) (*VwR, HR*) Personal *n*, Personalbestand *m*; **– réel** Ist-Bestand; **– théorique** Soll-Bestand.

effectivité *f* Wirksamkeit; Tatsächlichkeit.

effectuer *v.tr.* ausführen, verwirklichen; **– des démarches** Schritte unternehmen; **– une enquête** eine Untersuchung durchführen; **– des réformes** Reformen in die Wege leiten; **– un travail** eine Arbeit ausführen.

effet *m* (1) (*ZR: conséquence juridique, résultat*) (Rechts-) Wirkung *f*, Auswirkung *f*, Effekt *m*, Erfolg *m*, (2) (*ÖfR: loi: application, entrée en vigueur*) Inkrafttreten *n*, Wirksamkeit *f*, (3) (*WirtR: but, intention, à l'effet de*) Ziel *n*, Zweck *m*, (4) (*BankR: titre, valeur*) Wertpapier *n*; Wechsel *m*; **à cet –** im Hinblick auf, für, zu diesem Zweck; **acceptation d'un –** Wechselakzept *n*; **action en paiement d'un –** Wechselklage; **avoir pour –** führen zu; **créer un –** einen Wechsel ausstellen; **donner –** durchführen, Rechtswirksamkeit verleihen; **en –** in der Tat, tatsächlich; wirklich; **prendre –** wirksam werden, in Kraft treten; **produire un –** Folgen zeigen, eine Wirkung hervorrufen; **tirer un –** einen Wechsel ziehen.

effet accepté akzeptierter *od.* angenommener Wechsel; **– amplificateur** verstärkende Wirkung; **– de l'assurance** Versicherungsbeginn; **– bancable** bankfähiger Wechsel; **– en blanc** Blankowechsel; **– boomerang** Rückwirkung; **– de cautionnement** Gefälligkeitswechsel; **– de cavalerie** Reitwechsel; Wechselreiterei *f*; **– à un certain délai de date** Nachdatowechsel; **– à un certain délai de vue** Nachsichtwechsel; **– de chose jugée** (*PrzR*) Rechtskraftwirkung; **– en circulation** laufender *od.* umlaufender Wechsel; **– de commandite** Finanzwechsel; **– de commerce** *ou* **commercial** Handelspapier *n*, Warenwechsel; **– de complaisance** Gefälligkeitswechsel; **– constitutif** (*ZPR*) konstitutive *od.* rechtsbegründende Wirkung; **– en cours** umlaufender Wechsel.

effet déclaratif (*ZR*) deklaratorische Wirkung; **– déplacé** nicht rediskontfähiger Wechsel; **– dévolutif** (1) (*PrzR: des voies de recours*) Devolutiveffekt (eines Rechtsmittelverfahrens), (2) (*ErbR*) Rechtsübergang *m* des Nachlasses auf den Erben; **– direct** unmittelbare Wirkung; **– domicilié** Domizilwechsel, domizilierter Wechsel, Zahlstellenwechsel; **– de droit** Rechtswirkung.

effet à échéance fixe Datowechsel; **– échu** verfallener Wechsel; **– à l'égard des tiers** Wirkung gegenüber Dritten, allgemeinverbindliche Wirkung, Drittwirkung; **– à l'encaissement** Wechselinkasso; **– endossé** indossierter Wechsel; **– erga omnes** mit Wirkung für und gegen alle; **– à l'escompte** Diskontwechsel; **– escompté** diskontierter Wechsel; **– sur l'étranger** Auslandswechsel; **– fictif** Keller- *od.* Scheinwechsel; **– financier** Finanz- *od.* Kreditwechsel.

effet immédiat sofortige Wirkung; **– impayé** nicht eingelöster Wechsel; **– imprévu** unvorhergesehene Wirkung; **– indirect** mittelbare Wirkung; **– insuffisamment timbré** ungenügend versteuerter Wechsel; **– inter partes** (*ZPR*) Wirkung zwischen den

(Prozess-) Parteien; **– irrécouvrable** erfolglos eingeklagter Wechsel, uneinbringlicher Wechsel; **– juridique** Rechtswirkung; **– libératoire** (*ZR*) befreiende Wirkung (der Leistung); **– de la loi** Rechtswirkung.

effet de mobilisation Finanzwechsel; **– en nantissement** Pensions- *od.* Depotwechsel, Kautionswechsel; **– négociable** Wertpapier, Handelspapier *n*; **– non bancable** nicht bankfähiger Wechsel; **– en nourrice** Depot- *od.* Kautionswechsel; **– novatoire** (*ZR*) schuldersetzende Wirkung.

effet obligatoire (*SchuldR*) bindende Wirkung, Bindungswirkung; **– payable à une date déterminée** Tagwechsel, Präziswechsel; **– sur place** Platzwechsel; **– protesté** protestierter Wechsel; **– à recouvrer** Inkassowechsel; **– réescomptable** rediskontierbarer Wechsel.

effet relatif (1) (*SchuldR*) Rechtswirkung zwischen den Vertragsparteien, (2) (*ZPR*) Wirkung zwischen den Prozessparteien; **– résolutif** *ou* **résolutoire** auflösende Wirkung; **– rétroactif** Rückwirkung, rückwirkende Kraft; rückwirkendes Inkrafttreten; **– simulé** fingierter Wechsel; **– en souffrance** überfälliger *od.* notleidender Wechsel; **– suspensif** aufschiebende Wirkung, Hemmungswirkung, Suspensiveffekt (eines Rechtsmittels); **– tiré** gezogener Wechsel; **– sur transaction commerciale** Warenwechsel; **– à trois mois** Dreimonatswechsel; **– à vue** Sichtwechsel.

effets *mpl* (*BankR: valeurs mobilières, titres*) Effekten *mpl*, Wertpapiere *npl*; **avance sur –** Wechsellombard *m*; **circulation des –** Wechselumlauf *m*, Wechselverkehr *m*; **commission sur –** Wechselprovision; **dépôt d'– en gage** (Effekten-) Lombardgeschäft; **dépourvu d'–** unwirksam; **– mobiliers** bewegliche Sachen; **– personnels** (1) persönliche Kleidungsstücke, (2) persönliche Habe *f*; **– publics** Staatspapiere *npl*; Staatsschuldverschreibungen *fpl*, Rentenpapiere *npl*.

effeuillage *m* Striptease *m/n*.

efficace *adj* wirksam; kraftvoll.

efficacité *f* Leistung(sfähigkeit) *f*, Wirksamkeit, Wirkung; **degré d'–** Wirkungsgrad *m*; **– juridique** Rechtswirksamkeit.

efficience *f* Zweckdienlichkeit; Wirksamkeit, Effizienz *f*, Wirkung; Wirtschaftlichkeit.

efficient *adj* leistungsfähig, effizient; besonders wirtschaftlich.

effluent *m*: **–s radioactifs** (*UmweltR*) radioaktiver Abfall, Atommüll *m*; **– urbain** Abwasser *n od.* Schmutzwasser (aus den Haushalten), Gewerbe und Industrie (eines Ballungsgebietes).

effluves *mpl* (*UmweltR*) Geruchsbelästigung *f*.

effondrement *m* Zusammenbruch *m*, Sturz *m*, Einsturz *m*; **– des cours** Kurssturz *m*, Kurseinbruch *m*; **– économique** Konjunkturzusammenbruch; **– des prix** Preisverfall *m*, Preiseinbruch *m*, Preissturz *m*.

effort *m* Anstrengung; Kraftaufwand *m*; Mühe *f*; **– sur soi-même** Selbstüberwindung *f*.

effraction *f* (1) (*StR: fracture d'une serrure*) Aufbrechen (eines Schlosses), (2) (*StR: bris de clôture*) Zerstörung einer Einfriedung, gewaltsames Eindringen; **vol avec – extérieure** (*StR: vol avec bris de clôture*) Einbruchsdiebstahl *m*.

effritement *m* **des cours** (*BörR*) Abbröckeln *n* der Kurse.

effroi *m* **mortel** Todesangst *f*.

effronterie *f* Frechheit *f*, Unverschämtheit *f*.

effusion *f* **de sang** Blutvergießen *n*, Blutbad *n*.

égal *adj* gleich; gleichmäßig; **être égaux devant la loi** vor dem Gesetz gleich sein; **à parts –es** zu gleichen Teilen; **à travail –, salaire – –** gleicher Lohn für gleiche Arbeit.

également *adv* desgleichen, ebenfalls; darüber hinaus.

égalisation *f* Ausgleichung *f*, Angleichung; **taxe d' –** Ausgleichsabgabe *f*; **– de prix** Preisangleichung.

égaliser *v.tr.* angleichen; in gleiche Teile teilen.

égalitaire *adj* auf der Grundlage der Gleichberechtigung; die Gleichheit anstrebend *od.* betreffend; auf die soziale Gleichstellung abzielend; **répartition –** gerechte Verteilung.

égalité *f* (1) (*VerfR*) Gleichheit *f*, (2) (*VerfR: parité femme-homme*) Gleichberechtigung *f*; **à –** paritätisch; **– des chances** Chancengleichheit; **– de droits** *ou* **juridique** (1) (*ZR*) Gleichberechtigung, (2) (*ArbR*) Gleichbehandlung von Mann u. Frau (am Arbeitsplatz); **– fiscale** Grundsatz der Gleichmäßigkeit und Gerechtigkeit der Besteuerung; **– devant la loi** Gleichheit vor dem Gesetz; Gleichheitssatz *m*; **– de suffrages** Stimmengleichheit; **– de traitement** (*VR*) Gleichbehandlung; **– des voix** Stimmengleichheit.

égard *m* Rücksichtnahme *f*; Respekt, (Hoch-) Achtung; **à cet –** in dieser Hinsicht; **à l'– de** betreffend, hinsichtlich, in Bezug auf; in Ansehung von; **eu – à** mit Rücksicht auf; **par** *ou* **pour – à** unter besonderer Berücksichtigung von; **à tous –s** in jeder Hinsicht.

égarement *m* (*MedizinR*) Geistesstörung *f*; Verwirrtheit *f*.

égarer *v.tr.d.* (eine Sache) verlegen *od.* verlieren; (eine Person) irreführen.

égide *f* Schutz *m*, Protektion *f*; **sous l'– de** unter der Schirmherrschaft von.

Église *f* Kirche *f*, Kirchengebäude *n*; christliche Glaubensgemeinschaft *f*; **conseil œcuménique des –s** Ökumenischer Rat der christlichen Kirchen; **séparation de l'– et de l'État** Trennung von Kirche und Staat; **– catholique romaine** römisch-katholische Kirche.

égorger *v.tr.* erwürgen; den Hals abschneiden; umbringen, töten.

égout *m* Abwasserableitung (in Kanalisationsleitungen); Abwassersammler *m*; Dachrinne *f*.

élaboration *f* Ausarbeitung *f*; Verarbeitung, Herstellung; **– d'une convention** Ausarbeitung eines Abkommens; **– finale** Fertigstellung; Endstufe *f*.

élaborer *v.tr.* ausarbeiten; **– un ouvrage** ein Werk fertigstellen; **– un plan** einen Plan aufstellen, planen.

élagage *m* Abschneiden *n* überhängender und toter Zweige (von Bäumen und Sträuchern).

élargir *v.tr.* (1) (*agrandir, étendre*) erweitern, verbreitern, (2) (*mettre en liberté*) freilassen, auf freien Fuß setzen, entlassen; **s'–** *v. pron.* sich ausdehnen, sich ausweiten, um sich greifen.

élargissement *m* (1) Erweiterung *f*, Ausdehnung, Ausweitung, (2) (*StPR*) Entlassung eines Strafgefangenen (aus der Haft), Freilassung; **– d'une convention collective** (*ArbR*) Allgemeinverbindlicherklärung eines Tarifvertrages; **– de la demande** (*ZPR*) Erweiterung des Klageantrags; **– de l'union européenne** Erweiterung der EU.

élasticité *f* (*Vwirt*) Elastizität *f*; **– de la demande** Nachfrageelastizität; **– des prix** Preiselastizität.

électeur *m* Wähler *m*, Wahlberechtigte (r) *m*, Stimmberechtigter *m*; **carte d'–** Wahlkarte *f*, Wahlschein *m*; **grand –** Wahlmann *m*; **liste d'–s** Wählerverzeichnis *n*, Wählerliste *f*; **– baladeur** Wechselwähler *m*; **– du deuxième degré** Wahlmann; **– inscrit** im Wählerverzeichnis *n* eingetragener Stimmberechtigter; **– du premier degré** *ou* **primaire** Urwähler, Wähler.

électif *adj* auf Wahl begründet; Wahl-; **charge élective** Wahlamt *n*.

élection *f* Wahl *f*, Abstimmung; **attaquer** *ou* **contester une –** eine Wahl anfechten; **contrôle de l'–** Wahlprüfung; **faire – de domicile** (*ZPR*) einen Zustellungsbevollmächtigten benennen, eine Zustellungsanschrift (dem Gericht) bekanntgeben; **invalider une –** eine Wahl für ungültig erklären; **mode d'–** Wahlmodus *m*; **nouvelle –** Neuwahl; **nullité de l'–** Nichtigkeit der Wahl; **organisation d'une –** Wahldurchführung; **procéder à une –** eine Wahl durchführen; **procès-verbal d'–** Wahlniederschrift *f*, Wahlprotokoll *n*; **régularité d'une –** Ordnungsmäßigkeit einer Wahl.

élection par acclamation Wahl durch Zuruf; **– d'ami** (*HR*) Erklärung durch die der Kommissionär den Namen seines Auftraggebers bekannt gibt; **– du bureau** (*VereinsR*) Wahl des Präsidiums, Vorstandswahl; **– communale** (B-L) Gemeinderatswahl; **– complémentaire** Nachwahl; Ergänzungs- *od.* Ersatzwahl; **– consulaire** Wahl von Handelsrichtern.

élection de domicile (1) (*ZPR: clause attributive de juridiction*) Gerichtsstandsvereinbarung *f*, Zuständigkeitsvereinbarung, Prorogation *f*, Begründung eines Gerichtsstandes, (2) (*ZPR, ZR: domiciliation*) Benennung eines Zustellungsbevollmächtigten, Angabe einer Zustellungsanschrift (zumeist Anwalt für Prozessurkunden oder Notar für die Erfüllung aus bestimmten Vertragsarten).

élection partielle (*WahlR*) Nachwahl *f*, Ergänzungswahl, Teilwahl; **– préliminaire** Vorwahl; **– régulière** ordnungsmäßige Wahl.

élections *fpl* öffentliche Wahlen; **– administratives** *ou* **cantonales** frz. Kantonalswahl, Wahl zur Bestimmung der Departementräte; **– anticipées** vorgezogene Wahlen; **– communales** Gemeinde- und Stadtratswahl, Kommunalwahl; **– générales** allgemeine Wahlen; **– législatives** Parlamentswahl, Wahl zur Bestimmung der Mitglieder der frz. National-Versammlung; **– libres au scrutin secret** freie und geheime Wahlen; **– municipales** Gemeinderatswahl; **– présidentielles** Präsidentschaftswahlen; **– primaires** Vorwahlen *pl*, Kandidatenauswahl u. -aufstellung (durch die Parteimitglieder); **– professionnelles** (*ArbR*) Wahl zu den paritätisch besetzten Verwaltungsorganen der Kranken- und Rentenkassen; Wahl der Belegschaftsvertreter; Personalvertretungswahl; **– prud'homales** Arbeitsrichterwahl; **– sénatoriales** Wahlen zum frz. Senat, Senatswahl; **– statutaires** (*GesR*) satzungsgemäße Wahl (des Vorstandes u. der Aufsichtsratsmitglieder).

électivité *f* Wählbarkeit, passives Wahlrecht.

électoral *adj* Wahl-, Wähler-; **comité –** Wahlvorstand *m*; **liste –e** Wählerverzeichnis *n*; **participation –e** Wahlbeteiligung; **période –e** Wahlperiode *f*; **plate-forme –e** Wahlprogramm *n*; **scrutateur –** Wahlhelfer.

électoralisme *m* (*Pol, pej*) allein auf Wahlerfolge abzielende Politik.

électorat *m* (1) Wählerschaft *f*, Wähler *mpl*, (2) (aktives) Wahlrecht *n*, Wahlberechtigung *f*; **– actif** (B-L) aktives Wahlrecht; **– fluctuant** *ou* **mobile** Wechselwähler *mpl*; **– passif** (B-L) Wählbarkeit, passives Wahlrecht; **– traditionnel** Stammwähler *mpl*.

électrice *f* Wählerin *f*.

électricité *f*: **alimentation en –** Stromversorgung; **coupure d'–** Unterbrechung der Stromversorgung; **disjoncteur d'–** Sicherung *f*; **note d'–** Stromrechnung; **panne d'–** Stromausfall *m*; **– nucléaire** Atomstrom *m*.

électroménager *m* Elektrogerätebranche *f*; elektrische Haushaltsgeräte *npl*.

électronique *f* **grand public** Unterhaltungselektronik *f*.

électronucléaire *m* die Atomstromindustrie.

élément *m* (1) (*critère spécifique*) (Tatbestands- *od.* Sachverhalts-) Merkmal *n*, Kennzeichen *n*, Kriterium *n*, (2) (*ArbR: personne*) Arbeitskraft *f*, (3) (*AllgSpr*) Element *n*, Grundbestandteil *m*; Bauteil *m/n*; **premier – de réponse** (*auf eine Frage*) erster Teil der Antwort, (einer Klärung des Sachverhalts)
schon näher kommen.

élément d'actif (*Buchf, GesR*) Aktivposten *m*; **– constitutif essentiel d'une invention** wesentlicher Bestandteil einer Erfindung; **– constitutif de l'infraction** (*StR*) Tatbestandsmerkmal (der strafbaren Handlung); **– de construction** Bauteil; **– du passif** Passivposten; **– préfabriqué** Fertigbauteil *n*; **– de rattachement** (*IPR*) Anknüpfungspunkt; **– technico-commercial** Industriekaufmann *m*.

éléments *mpl* Grundlagen *fpl*; **– accessoires du contrat** akzessorische Vertragsbestandteile *npl*; **– d'actif** Vermögenswerte *mpl*; **– constitutifs** *ou* **essentiels du contrat** wesentliche Vertragsbestandteile *pl*; **– du coût** Kostenfaktoren *mpl*; **– de droit** Rechtslage *f*, rechtlicher Sachverhalt; **– de fait** Tatbestand *m*, Sachlage *f*; **– de preuve** Beweismaterial *n*; **– de la rémunération** Lohnbestandteile *npl*; **– du train de vie** äußere Kennzeichen des Lebensstandards.

élevage *m* (*LandwR*) Aufzucht *f*; **contrat d'–** Masttierzuchtvertrag; **– de bétail** Viehzucht *f*; **– intensif** Massentierhaltung *f*.

élévation *f* Steigerung *f*, Erhöhung *f*, Heraufsetzung, Hebung; **– de classe** *ou* **d'échelon** Höhereinstufung *f*; **– du niveau de vie** Hebung des Lebensstandards.

élève *m / f* Schüler, Schülerin *m/f*; Student *m*.

élever *v. tr. d.* (1) anheben, erhöhen, (2) (*promouvoir*) fördern, (3) (*éduquer*) erziehen, (4) **s'– à** *v. pron.* () sich belaufen auf; **– un mur** eine Mauer errichten; **– des objections** Einwände machen.

éleveur *m* (*LandwR*) Tierzüchter *m*; **négociant –** Tierzüchter und Tierhändler.

élider *v.tr.* streichen; weglassen.

éligibilité *f* Wählbarkeit *f*, passives Wahlrecht *n*.

éligible *adj* wählbar, wahlfähig.

élimination *f* Ausscheidung, Beseitigung *f*, Entfernung, Ausschaltung, Ausmerzung, Elimination, Abschaffung; **procéder par –** eine negative Auslese treffen; **– de défauts** Mängelbeseitigung.

éliminatoire *adj* Ausscheidungs-.

éliminer *v.tr.* beseitigen, entfernen, ausschalten, eliminieren, abschaffen.

élire *v.tr.* wählen, erwählen; **– un arbitre** einen Schiedsrichter bestimmen; **– domicile** (*ZPR*) einen Zustellungsbevollmächtigten benennen, eine Zustellungsanschrift (für Prozessurkunden) wählen.

élisif *adj* (*exclusif, exonératoire*) ausschließend; **clause élisive de responsabilité** Haftungsauschlussklausel *f*.

élite *f* Führungsschicht *f*, Elite *f*; **les futures –s** Führungsnachwuchs *m*.

élitisme *m* Begabtenförderung *f*.

éloge *m* Lobrede *f*; **– funèbre** Leichenrede *f*, Nachruf *m*.

éloignement *m* (1) Entfernung *f*, Abstand *m*, (2) (*AuslR: reconduite à la frontière*) Abschiebung *f*.

éloquence *f* Beredsamkeit *f*; **– judiciaire** Redekunst *f od.* Rhetorik *f* vor Gericht *f*.

élu *m* (1) (*au parlement*) Abgeordnete(r), Volksvertreter *m*, (2) (*au conseil munipal*) Stadtrat, Gemeinderatsmitglied *n*; **– du personnel** Belegschaftsvertreter *m*; Personalrat *m*.

élucidation *f* Klärung *f* (eines Sachverhalts); Aufklärung (eines Verbrechens).

éluder *v.tr.* ausweichen, umgehen; eine Ausrede suchen; **– la loi** das Gesetz umgehen; **– un problème** einen Fragenkreis unter den Tisch fallen lassen.

Élysée (1) (*VerfR: Palais de l'*) Sitz *m* des Präsidenten der Republik in Paris, (2) (*fig.*) Präsident der Republik (Frankreich), frz. Staatsoberhaupt *n*.

e-mail *m* (*MedienR: courrier électronique, courriel ou mel*) E-Mail *f*, E-Mail-Adresse *f*.

émanation *f* (*UmweltR*) Emission *f*, Abgabe *f* von Schadstoffen.

émancipation *f* (1) (*ZR*) Volljährigkeitserklärung *f*, Gewaltentlassung, (2) (*Pol*) Befreiung *f*; Gewährung *f* gleicher Rechte, Emanzipation; **– de la femme** rechtliche Gleichstellung der Frau; **– judiciaire** gerichtliche Volljährigkeitserklärung; **– légale** Volljährigkeitserklärung (von Rechts wegen) infolge Eheschließung; **– sexuelle** sexuelle Freizügigkeit.

émanciper *v.tr.* für volljährig erklären, emanzipieren; **s'–** *v. pron.* sich befreien.

émaner *v.intr.* **(de)** hervorgehen aus; ausgehen od.herrühren von; **mandat d'arrêt émanant d'un juge d'instruction** (*StPR*) durch einen

Untersuchungsrichter ausgestellter Haftbefehl.

émargement *m loc. adv.* (1) Abzeichnungsvermerk *m*; Unterschrift *f* am Rande der Urkunde (als Quittung), Anbringung der Signatur, (2) (*PrzR*) Anbringung des Namenszeichens (am Rande einer Urkunde) zur Bestätigung des Empfangs; **feuille d'–** Anwesenheitsliste; Gehaltsliste.

émarger *v.tr.* (1) (in einer Spalte) sein Namenszeichen anbringen, abzeichnen, (2) Geld empfangen; **– au budget** (*BeamR*) sein Gehalt vom Staat beziehen.

emballage *m* Verpackung *f*, Aufmachung *f*; **sans –** unverpackt; **– consigné (à retourner)** (rücksendungspflichtiges) Leergut *n*; **– défectueux, – insuffisant** mangelhafte Verpackung; **– factice** Schaupackung; **– maritime** seefeste Verpackung; **– d'origine** Originalverpackung; **– perdu** Einwegpackung; **– sous vide** luftdichte Verpackung; **– en sus** zuzüglich Verpackung.

emballement *m* **de l'activité** Konjunkturüberhitzung *f*.

embarcadère *m* Anlegestelle *f*; Verladeplatz *m*.

embarcation *f* (kleineres) Wasserfahrzeug *n*.

embargo *m* (1) (*VR: arrêt de prince*) Beschlagnahme *od.* Zurückhaltung fremden Eigentums (meist von Schiffen), (2) (*Außh*) staatliches Waren- u. Kapitalausfuhrverbot *n*; Embargo *n*, Handelssperre *f*; **levée de l'–** Aufhebung der Handelssperre; **– sur les armes** Waffenembargo; **– sur les exportations** Ausfuhrsperre.

embarquement *m* (1) (*SeeHR*) Verladung *f*, Verschiffung *f*, (2) (*Personen*) Anbordgehen; **avis d'–** Verschiffungsanzeige *f*; **carte d'–** Bordkarte *f*; **document d'–** Verschiffungsdokument *n*; **port d'–** Verschiffungshafen; Einschiffungshafen; **quai d'–** Bahnsteig *m*; **– clandestin** Erschleichen einer Transportleistung (als blinder Passagier).

embarquer *v.tr. et intr.* verladen, einschiffen.

embarras *m* (1) Hindernis *n*, (2) (*fig.*) Verwirrung *f*, Verlegenheit *f*, Schwierigkeit *f*; **mettre qqn. dans l'–** in Verlegenheit bringen; **n'avoir que l'– du choix** eine große Auswahl haben; **susciter des – à qqn.** jmdm. Schwierigkeiten bereiten; **tirer qqn. d'–** jmdn. helfen; **– d'argent** Geldverlegenheit; **– financiers** *ou* **de trésorerie** Zahlungsschwierigkeiten *fpl*, *umg* Geldsorgen *fpl*; **– de la voie publique** Behinderung des öffentlichen Verkehrs.

embauchage *m* (*ArbR: engagement*) Einstellung *f* (von Arbeitnehmern), Anstellung *f*, Einstellen *n*; **arrêt de l'–** Einstellungsstopp *m*; **examen médical d'–** (ärztliche) Einstellungsuntersuchung; **liberté d'–** (*ArbR*) Einstellungsfreiheit (des Arbeitgebers); **– ferme** feste Anstellung; **– obligatoire** Einstellungspflicht *f*.

embauche *f* (*umg. für: embauchage*) Einstellung, Anstellung, Arbeitsbeschaffung; **conditions d'–** Einstellungsvoraussetzungen; **offre d'–** Arbeitsplatzangebot *n*; **salaire d'–** Anfangslohn *m*.

embaucher *v.tr.* einstellen, anstellen.

emblaver *v.tr.* (*Getreide*) anbauen, (*Feld*) bestellen.

emblavure *f* (*LandwR*) Anbau *m*, Anbaufläche *f*, eingesätes Feld *n*.

emblée: **d'–** *loc. adv.* sofort, beim ersten Versuch.

emblème *m* (1) (*Pol, HR*) Sinnbild *m*, Symbol *n*, Wahrzeichen *n*, Wappen *n*, (2) (*VerfR: drapeau tricolore*) Trikolore *f*, frz. staatliches Hoheitszeichen *n*; **– distinctif** (*Genfer Konventionen*) Schutzzeichen *n*; **– national** *ou* **de souveraineté** Hoheitszeichen.

embouteillage *m* Verkehrsstau *m*; **– des facultés** Überfüllung der Universitäten.

embranchement *m* Abzweigung; **– particulier** (*d'une voie ferrée*) privater Gleisanschluss *m*.

embrasser *v.tr.* umarmen; **– une carrière** einen Beruf ergreifen.

embûche *f* Schwierigkeit *f*, Hindernis *n*; Fallstrick *m*.

embuscade *f* Hinterhalt *m*.

émender *v.tr.* (*ZPR: réformer, infirmer*) ein Urteil (der Vorinstanz) aufheben *od.* abändern.

émergence *f*: **pays en voie d'–** Schwellenland *n*.

émerger *v.intr.* hervortreten, erscheinen; **la vérité émerge peu à peu** allmählich tritt die Wahrheit zutage.

éméritat *m* (*HochschulR*) Ruhestand *m*.

émérite *adj* (1) (*compétent*) sachverständig, (2) (*chevronné*) routiniert, erfahren; **professeur –** Emeritus.

émetteur *m* (1) (*MedienR: poste émetteur*) (Radio-, Fernseh-) Sender *m*, (2) (*BankR: billets, effets*) Aussteller *m*, Emittent *m*; **– clandestin** Piratensender *m*; **– d'un effet** Wechselaussteller *m*.

émettre *v.tr.* (1) senden, (2) (*BankR, WertpR*) emittieren, in Umlauf bringen, herausgeben, begeben; **– un avis** (eine Ansicht) zum Ausdruck bringen, ausdrücken; **– de la cavalerie** Wechselreiterei betreiben; **– un chèque** einen Scheck ausstellen; **– une critique** Kritik üben; **– un emprunt** eine Anleihe begeben; **– de la monnaie** Geld in Umlauf setzen, (Geld-) Noten drucken.

émeute *f* Aufruhr *m*, Aufstand *m*, Erhebung *f*; **juguler** *ou* **réprimer une –** einen Aufstand niederschlagen.

émeutier *m* Aufrührer *m*, Unruhestifter *m*.

émigrant *m* Auswanderer *m*, Emigrant *m*; Flüchtling (besonders aus politischen *od.* religiösen Gründen).

émigration *f* Auswanderung *f*, Emigration *f*; Flucht *f*; **agence d'–** Auswanderungsagentur *od.* -behörde; **– de capitaux** Kapitalflucht.

émigré *m* Migrant *m*; Auswanderer *m*; Emigrant *m*; **– politique** politischer Flüchtling.

émigrer *v. intr.* auswandern, ins Ausland flüchten, emigrieren.

éminent *adj* hervorragend, außerordentlich.

émissaire *m* Abgesandte(r) *m* (mit geheimem Auftrag), Emissär *m*.

émission *f* (1) (*BankR: mise en circulation*) Ausgabe *f*, Begebung *f*, Herausgabe *f*, Emission *f*, (2) (*MedienR: transmission, radio*) Sendung *f*, (3) (*UmweltR: pollution*) Immission, schädliche Umwelteinwirkung, Ausströmen *n*, Austritt *m*; **bureau d'–** Ausgabestelle *f*; **conditions d'–** Ausgabebedingungen *pl*; **modalités de l'–** Zeichnungsbedingungen *fpl*; **prix à l'–** Ausgabe- *od.* Emissionskurs; Bezugspreis *m*.

émission d'actions Aktienausgabe *f*; **– au-dessous du pair** Unterpari-Emission *od.* Begebung; **– au-dessus du pair** Überpari-Emission *od.* Ausgabe; **– d'un chèque sans provision** Ausstellung eines ungedeckten Schecks; **– d'emprunt** Anleihebegebung; **– nouvelle** (*GesR*) Ausgabe von jungen Aktien; **– obligataire** *ou* **d'obligations** Ausgabe von Schuldverschreibungen; **– au pair** Paribegebung od.-ausgabe; **– de poussières et fumées corrosives** (*UmweltR*) Immissionsschäden durch Stäube und Dämpfe; **– scolaire** Schulfunk *m*; **– par souscription publique** (*GesR*) Begebung durch öffentliche Zeichnung; **– télévisée** (*MedienR*) Fernsehsendung *f*; **– de titres** Wertpapierausgabe; **– d'une traite** Wechselbegebung.

emmagasinage *m* Lagerung *f*, Einlagerung *f*; **frais d'–** Lagergebühren; Lagergeld.

emménagement *m* Einrichtung; Umzug *m*.

emménager *v. tr. et intr.* einrichten; einziehen.

> Verwechseln sie nicht *amener* und *emmener*. *Le mandat d'amener* ist der Vorführungsbefehl. *Emmener* heißt hingegen abführen, im Rahmen einer Verhaftung zum Beispiel

emmener *v.tr.d.* (1) mitnehmen, wegführen, (2) (*StR: délinquant*) abführen.

émolument *m* (1) (*ErbR: part d'actif d'un héritier*) Erbteil *m*, (2) (*PrzR: rétribution d'un officier ministériel – souvent au pluriel*) Gebühren *fpl*; **– héréditaire** Erbanteil *m*, Erbteil; **– supplémentaire** (*Wz*) Zusatzgebühr.

émoluments *mpl* (1) (*BeamR*) (Dienst-)

Bezüge *pl*, (2) (*ArbR: cadres*) Gehalt *n* (eines leitenden Angestellten), (3) (*PrzR: rétribution des officiers ministériels*) Gebühren *pl*, tarifmäßige Vergütung, (4) (*PrzR: avocats*) Wertgebühren; Anwaltsvergütung; Honorar *n* (gemäß Gegenstandswert).

émotion *f* Gefühl *n*, Empfindung *f*; Empfinden *n*; **sans –** gefühllos, gefühlskalt; gefühlsarm; abgestumpft.

empêchement *m* (1) (*ZR: obstacle juridique*) Hinderungsgrund *m*; Hindernis *n*, Hemmnis *n*, (2) (*ÖfR: impossibilité d'exercer des fonctions*) (Amts-) Verhinderung *f*, Verhinderungsfall *m*, Verhindertsein *n*, (3) Behinderung; **en cas d'–** im Falle der Verhinderung; **cause** *ou* **motif d'–** Grund der Verhinderung, Hinderungsgrund *m*; **– de carrière** (*Pol*) politisch bedingte Behinderung des normalen beruflichen Fortkommens; **– de délibérer valablement** Beschlussunfähigkeit; **– légal** gesetzlicher Hinderungsgrund *m*; **– à la livraison** (*SchuldR*) Verhinderung bei der Übergabe (einer Sache); **– à mariage** Ehehindernis, Eheverbot *n*; **– prohibant** *ou* **simplement prohibitif** (*EheR*) heilbares Eheverbot *n*; **– de service** (*BeamR*) Dienstverhinderung *f*; **– de travail** Arbeitsverhinderung.

empêcher *v.tr.* hindern, verhindern, behindern; **– un accident** einen Unfall verhüten; **– un crime** ein Verbrechen vereiteln; **– de passer** den Durchgang verbieten; jmdn. anhalten; **– de sortir** unter Hausarrest stellen.

empester *v.tr.* die Luft verpesten.

empêtrer *v.tr.* in eine unangenehme Lage versetzen.

emphytéose *f* (1) (*SachR, LandwR*) dingliches Nutzungsrecht (an einem fremden Grundstück für 18 bis 99 Jahre), (2) (*LandwR*) Erbpacht *f*.

emphytéote *m* Nutzungsberechtigte(r); Erbbauberechtigte(r).

emphytéotique *adj*: **bail** *ou* **louage –** (langfristiger) Nutzungsvertrag; **redevance –** Nutzungszins *m*.

empiétement *m* (1) (*SachR*) Beeinträchtigung fremden Eigentums, (2) (*ÖfR*) Eingriff (in einen geschützten Rechtsbereich), Übergriff; **– de fonctions** (*VwR*) Amtsüberschreitung, widerrechtliche Anmaßung von Amtsbefugnissen, Überschreitung der Amtsbefugnisse.

empiéter *v. intr.* (1) (*SachR*) (das Eigentum) verletzen, (in Eigentumsrechte Dritter) widerrechtlich eingreifen, (2) (*VwR*) sich Befugnisse anmaßen; **– sur les prérogatives de qqn.** (*VwR*) (widerrechtlich) seine Amtsbefugnisse überschreiten.

empire *m* (1) (*VerfR: autorité absolue*) (absolute) Herrschaft *f*, Herrschaftsgewalt *f*, (2) (*VerfR: régime politique*) Kaiserreich, (3) (*domination, ascendant moral*) Beherrschung *f*, Einfluss *m*, Macht *f*; **sous l'– de la loi** kraft Gesetzes; **user de son –** seinen Einfluss geltend machen; **– économique** Wirtschaftsimperium *n*; **– sur soi-même** Selbstbeherrschung.

empirer *v.tr.* (1) verschlimmern, verschlechtern, (2) *v.intr.* schlimmer werden.

empirique *adj* erfahrungsgemäß, auf der Erfahrung beruhend; **valeur –** Erfahrungswert *m*.

emplacement *m* Ort *m*, Stelle *f*; Anlage *f*; Bauplatz *m*; Lage *f*.

emploi *m* (1) (*usage, utilisation*) Gebrauch *m*, Benutzung *f*, Anwendung *f*, (2) (*ZR: destination, affectation*) Verwendung (von Geldmitteln), (3) (*BankR: placement d'un capital*) Anlage *f*, (4) (*BeamR*) Planstelle *f*, Dienstposten *m*, (5) (*ArbR: poste de travail*) Arbeitsplatz *m*, Beschäftigungsverhältnis *n*, Stelle *f*, (6) (*Vwirt: occupation globale*) Arbeitsmarktlage *f*; **abandonner un –** den Arbeitsplatz aufgeben; **accéder à un –** eine Beschäftigung aufnehmen; **accepter un –** eine Stelle annehmen; **affecter à un autre –** versetzen; **certificat d'–** Arbeits- *od.* Beschäftigungszeugnis; **changer d'–** die Arbeitsstelle wechseln; **clauses d'–** (*ArbR*) Einstellungsbedingungen; **conditions d'–** Anstellungsbedingungen *pl*; Arbeitsbedingungen *fpl*; **contrat d'–** Einstellungs- *od.* Anstellungsvertrag; **contrôle de l'–** Gewerbeaufsicht *f*; **création de nouveaux –s** Schaffung neuer Arbeitsplätze; **définition de l'–** Arbeitsplatzbeschreibung; **demande d'–** Stellengesuch *n*; Nachfrage auf dem Arbeitsmarkt.

emploi: **demandeur d'–** Arbeitssuchende(r) *m*; **droit à l'–** Anspruch *m* auf Beschäftigung, Recht auf Arbeit; **durée d'–** Beschäftigungsdauer *f*, Beschäftigungszeitraum *m*; **être d'un – courant** häufig Verwendung finden; **garantie de l'–** Arbeitsplatzsicherheit *f*.

emploi: **marché de l'–** Arbeitsmarkt *m*, Stellenmarkt; **mode d'–** Gebrauchsanweisung *f*; **niveau d'–** Beschäftigungsstand *m*; **occuper un – public** ein öffentliches Amt bekleiden; **période d'–** Beschäftigungszeitraum; **plein –** Vollbeschäftigung; **politique de l'–** (*Vwirt*) Arbeitsmarktpolitik *f*; **population active ayant un –** die Erwerbstätigen *mpl*.

emploi: **population disponible à la recherche d'un – (= PDRE)** (*Vwirt*) die Arbeitssuchenden *mpl*; **précarité de l'–** Arbeitsplatzunsicherheit; **priorité d'–** (Anspruch auf) bevorzugte Einstellung; **protection de l'–** Sicherung der Arbeitsplätze; **sans –** Erwerbsloser *m*; erwerbslos *adj*, arbeitslos *adj*; **sauve-garde de l'–** Sicherung der Arbeitsplätze.

emploi: **sécurité** *ou* **stabilité de l'–** Arbeitsplatzsicherheit *f*; **situation de l'–** Arbeitsmarktlage *f*; **stage – solidarité** Arbeitsbeschaffungsmaßnahme *f*; **suppression d'–s** Personalabbau *m*; **supprimer un –** eine Stelle streichen; **trouver un –** eine Arbeit *od*. Stelle finden.

emploi abusif (d'un droit) (Rechts-) Missbrauch *m*; **– adéquat** (*ArbR*) geeigneter Arbeitsplatz; **– alimentaire** Broterwerb *m*; **– d'appoint** Nebenbeschäftigung; **– budgétaire** (*BeamR*) Planstelle *f*; **– de bureau** Bürotätigkeit; **–s à contraintes allégées** Arbeitsverhältnisse, für die das Arbeitsplatzschutzrecht nur teilweise gilt; **– disponible** freie Stelle; **– à domicile** Heimarbeit *f*; **– durable** Dauerstellung; **– féminin** Beschäftigung für Frauen; **– de la force** Gewaltanwendung *f*; **– intérimaire** Zeitarbeitsverhältnis *n*; **– légitime de la force** (*ÖfR: par les forces de l'ordre*) legitimer Gebrauch der Gewalt (durch die Ordnungskräfte); **– à long terme** langfristige Kapitalanlage; **– lucratif** einträgliche Beschäftigung, gewinnbringende Verwendung; **– de la main-d'œuvre** Arbeitseinsatz *m*.

emploi à mi-temps Halbtagsbeschäftigung *f*, Halbtagsstellung *f*; **– non rémunéré** unentgeltliche Beschäftigung; **– occasionnel** gelegentliche Beschäftigung; **– partiel** Teilzeitbeschäftigung; **– permanent** unkündbare Stellung; **– à plein temps** Ganztagsbeschäftigung; **– précaire** zeitlich (eng) begrenztes Arbeitsverhältnis, zeitlich begrenzte Anstellung; **– principal** Hauptarbeitsverhältnis; **– prioritaire** Vorrang bei der Einstellung; **– privé** Beschäftigung in der Privatwirtschaft; **– public** öffentliches Amt; **– rémunéré** Beschäftigung gegen Entgelt; **– saisonnier** Saisonarbeit, saisonale Beschäftigung.

emploi salarié (*ArbR*) Beschäftigung als Arbeitnehmer *od*. im Lohnverhältnis; **– sédentaire** Bürotätigkeit; **– sûr** sicherer Arbeitsplatz; **– temporaire** vorübergehende Beschäftigung, Arbeitsvertrag mit begrenzter Laufzeit; **– du temps** Stundenplan *m*; Geschäftsverteilungsplan; Terminkalender *m*; **– à temps partiel** Teilzeitbeschäftigung, Halbtagsbeschäftigung; **– vacant** freie *od*. offene Stelle; **–s réservés (aux travailleurs handicapés)** (insbesondere für Schwerbehinderte) vorbehaltene Stellen; **–s supérieurs** (*BeamR*) gehobener Dienst.

employabilité *f* Verwendbarkeit *f*.

employable *adj* verwendbar, verwendungsfähig.

employé *m* (1) (*ArbR: par opposition à ouvrier*) Angestellte(r) *m*; Büroangestellte(r); Verwaltungsangestellte(r), (2) (*i.w.S.: personne occupant un emploi*) Arbeitnehmer *m*, Beschäftigte(r); **– de banque** Bankangestellte(r); **– de**

bureau Bürokraft *f*, Büroangestellte (r); **– de commerce** kaufmännischer Angestellter, Handlungsgehilfe *m*; **– aux écritures** (1) (*BeamR: mittlerer Dienst*) Sekretär (bei einer Behörde), (2) (*Anwalt, Notar usw.*) Kanzleiangestellte(r); **– intérimaire** Zeitarbeitskraft *f*; **– subalterne** Ausführungskraft *f*, Untergebene(r) *m*; **– technique** Fachkraft; **–e de maison** Hausgehilfin *f*.

employer *v.tr.* (1) verwenden, anwenden, gebrauchen, (2) einstellen, anstellen, beschäftigen, (3) (Geld) anlegen; **employé à de menus travaux** geringfügige Beschäftigung, in einer geringfügigen Tätigkeit beschäftigt sein.

employeur *m* (1) (*ArbR*) Arbeitgeber *m*; Dienstgeber (Aut), (2) (*BeamR*) Dienstherr *m*.

empocher *v.tr.* (*Geld*) einnehmen, kassieren.

empoignade *f* lebhafte Auseinandersetzung; Handgreiflichkeit.

empoisonnement *m* (*StR: meurtre par*) Giftmord *m*, Vergiftung.

emport *m*: **capacité d'–** Nutzlast *f* (eines Luftfahrzeugs).

emportement *m* Wutanfall *m*.

emporter *v.tr.* mitnehmen; wegnehmen; **s'–** *v. pron.* einen Wutanfall bekommen, wütend werden.

emporter les frais emportent le plus clair des bénéfices die Verluste schmälern sehr stark die Gewinne; **– une affaire** den Zuschlag erhalten (bei einem Geschäft).

empreinte *f* Abdruck *m*; Spur *f*; **– portée sur un acte** Urkundensiegel *m*, Amtssiegel, Stempel (auf einer Urkunde); **– génétique** (*MedizinR*) genetischer Fingerabdruck *m*; **–s digitales** Fingerabdruck *m*.

emprise *f* (1) (*VwR: atteinte à la propriété privée*) staatlicher Eingriff (in das Privateigentum), (2) (*VwR: occupation privative du domaine public*) privative Nutzung öffentlicher Sachen, (3) (*domination psychique*) Autorität *f*, Ansehen *n*; **être sous l'– de qqn.** (*psychisch*) von jmdn. abhängig sein, unter dem Einfluss stehen (von); **– irrégulière** rechtswidriger *od.* enteignungsgleicher Eingriff.

emprisonnement *m* (1) (*StVZ: incarcération*) Inhaftierung *f*, (2) (*peine de prison*) Freiheitsstrafe, Strafhaft, (3) (*temps de détention*) Haftdauer *f*, Haft *f*; **ordre d'–** (*StPR*) Haftbefehl *m*; **registre des –s** Häftlingsregister *n*; **– cellulaire** Einzel- *od.* Zellenhaft, Isolierhaft; **– en commun** Gemeinschaftshaft; **– correctionnel** (*StPR: peine privative de liberté entre deux mois et cinq ans*) Freiheitsstrafe bei Vergehen; **– illégal** (*StR*) Freiheitsberaubung *f*; gesetzwidrige Haft; **– individuel** Einzelhaft; Isolationshaft; **– à perpétuité** lebenslängliche *od.* lebenslange Freiheitsstrafe; **– de police** (*StPR: peine privative de liberté d'un jour à deux mois*) Haftstrafe bei Übertretungen; **– préventif** (B) Untersuchungshaft; **– à temps** (zeitige) Freiheitsstrafe; **– à vie** lebenslange Freiheitsstrafe.

emprisonner *v. tr. d.* inhaftieren, in Haft nehmen.

emprunt *m* (1) (*BankR: action d'emprunter de l'argent*) Kreditaufnahme *f*, (2) (*ÖfR: emprunt public*) (Staats-) Anleihe *f*, (3) (*somme d'argent obtenue à titre de prêt*) Darlehen *n*, Kredit *m*, geliehenes Geld, (4) (*UrhR: imitation, plagiat*) Nachahmung *f*, Fälschung *f*, Plagiat *n*, (5) (*traduction*) Entlehnung (aus einer Fremdsprache); **amortissement de l'–** Anleihetilgung *od.* -ablösung; **capital d'–** Fremdkapital *n*; **conditions d'–** Kreditbedingungen; **consortium d'–** (*BankR*) Anleihekonsortium *n*; **convention d'–** Anleihevereinbarung; **convertir un –** eine Anleihe umwandeln; **créancier de l'–** Anleihegläubiger *m*; **dette d'–** Anleiheschuld *f*; **durée de l'–** Laufzeit *f* der Anleihe od.des Darlehens; **émettre un –** eine Anleihe begeben; **lancement d'un –** Auflegung einer Anleihe; **mot d'–** Lehnwort *n*; **placer un –** eine Anleihe unterbringen; **produit de l'–** Anleiheertrag *m*; **recourir à un –** einen Kredit aufnehmen; **rembourser un –** ein Darlehen zurückzahlen; **service de l'–** Schuldendienst *m*; **souscrire à un –** eine Anleihe zeichnen; **titre d'–** Anleihepapier *n*.

emprunt amortissable tilgungspflichtige Anleihe; **– d'amortissement** Ablösungs- *od.* Tilgungsanleihe; **– d'argent** Kreditaufnahme *f*; **– de banque** Bankanleihe; **– de capitaux** Fremdkapitalaufnahme, Kapitalanleihe *od.* -aufnahme; **– cautionné** verbürgtes Darlehen; **– consolidé** konsolidierte Anleihe; **– contracté** aufgenommenes Darlehen; **– de conversion** Konversions- *od.* Umschuldungsanleihe; **– convertible** Wandelanleihe; **– sur corps** (*SeeHR*) Schiffsbeleihung, durch Bodmerei gesicherte Anleihe; **– à court terme** kurzfristige Anleihe; **– couvert** voll gezeichnete Anleihe; **– par émission d'–** Anleihe durch Ausgabe von Schuldverschreibungen.

emprunt d'État (*HaushR: emprunt du Trésor, crédit public*) Staatsanleihe; **– étranger** *ou* **extérieur** Auslandsanleihe; **– forcé** Zwangsanleihe; **– funding** Kapitalisierungsanleihe; **– gagé** *ou* **sur gage** (1) Lombard *m*, Beleihung von Wertpapieren, (2) gesichertes Darlehen, (3) Pfandbriefanleihe; **– garanti** gedeckte *od.* gesicherte Anleihe; **– à la grosse aventure** (*SeeHR*) Bodmerei *f*; **– hypothécaire** hypothekarisch gesichertes Darlehen; **– indexé** indexierte Anleihe; **– à intérêts** verzinsliche Anleihe; **– libellé en monnaie étrangère** Valuta- *od.* Fremdwährungsanleihe; **– à lot** Losanleihe.

emprunt municipal Kommunalanleihe; **– obligataire** Schuldverschreibungs- *od.* Obligationenanleihe; **– perpétuel** ewige *od.* unkündbare Anleihe; **– portant droit d'option** Optionsanleihe; **– portant intérêt** verzinsliches Darlehen; **– public** öffentliche Anleihe; **– par tirage au sort** Losanleihe; **– sur titres** Lombardkredit *m*, Effektenbeleihung.

emprunter *v.tr.* (eine Anleihe) aufnehmen; leihen, entleihen, entlehnen (Aut); **autorisation d'–** behördliche Erlaubnis zur Begebung einer Anleihe; **– sur 20 ans** ein Darlehen mit einer 20jährigen Laufzeit aufnehmen; **– la voie hiérarchique** (*VwR*) den Dienstweg beschreiten.

emprunteur *m* Darlehens- *od.* Kreditnehmer *m*, Anleiheschuldner; **– à usage** Entleiher *m*.

emption *f* (S) Kauf *m*.

émulation *f* geistiger Wettbewerb, Wetteifer *m*.

émule *m* Nacheiferer *m*, Anhänger *m*, Schüler *m*.

énarchie *f* politische Führung Frankreichs (durch die Absolventen der ENA); Herrschaft der Technokraten.

énarque *m* Absolvent der École Nationale d'Administration; Angehöriger der politischen Machtelite.

encadrement *m* (1) (*ArbR: cadres*) Führungskräfte *fpl*; Aufsichtspersonal *n*, (2) (*VwR: mesures*) Kontrolle *f*, Überwachung, (3) (*MilR*) Ausbildungspersonal.

encadrer *v.tr.* beaufsichtigen, überwachen; leiten, führen.

encagoulé *adj* vermummt.

encaisse *f* Kassenbestand *m*; **– métallique** Edelmetall-, Gold- u. Silbermünzenbestand; **– -or** Goldreserven *fpl*.

encaissé *adj*: **argent –** Zahlungseingang *m*, Einnahmen *fpl*.

encaissement *m* Einzug *m*, Zahlungseingang *m*, Eingang *m*, Inkasso *n*, Einnahmen *fpl*; **banque chargée de l'–** Inkassobank *f*; **commission d'–** Einziehungs- *od.* Inkassoprovision, Inkassogebühr *f*; **droit d'–** Inkasso- *od.* Einziehungsgebühr; **frais d'–** Einzugs- *od.* Inkassospesen; **mandat d'–** Einzugsermächtigung; **pour –** zum Inkasso; **procédure d'–** Einzugsverfahren; **remise à l'–** (*WechselR*) Übergabe *f* eines Wechsels (an die Bank) zwecks Inkasso; **– des sommes dues** Inkasso *n* fälliger Beträge.

encaisser *v.tr.* (1) (*Geld*) einnehmen, kassieren, (2) (*Forderung*) einziehen, vereinnahmen.

encaisseur *m* (1) Kassierer *m*, (2) Inkassostelle *f*, (3) Inkassobeauftragte(r).

encan *m* (*Zwangs VR: vente aux enchères*)

öffentliche Versteigerung von beweglichen Sachen; **mettre à l'–** eine öffentliche Versteigerung vornehmen; **vente à l'–** Versteigerung (von beweglichen Sachen), Selbsthilfeverkauf.

encart *m* **publicitaire** (Werbe-) Faltprospekt *n*, (Werbe-) Beilage *f*.

enceinte *f* Einfriedung *f*, Grenzmauer *f*; umschlossener und gesicherter Raum; **– du tribunal** Gerichtsgebäude *n*; Gerichtssaal *m*.

enceinte *adj*: **femme –** Schwangere *f*.

encellulement *m* (*StR*) Einschließung; **– individuel** (*StVZ: détention des prévenus*) Einzelhaft *f*.

encéphalopathie *f* **spongiforme bovine (= ESB)** Rinderwahnsinn *m*, BSE = Bovine Spongiforme Enzephalopathie.

enchaînement *m* Ankettung, Fesselung; **– de circonstances** Verkettung (unglücklicher) Umstände; **– des faits** Ursachenzusammenhang *m*.

enchère *f* (1) (*ZR: offre d'achat dans une vente publique*) (höheres) Gebot, Mehrgebot *n*, Mitbieten *n*, (2) (*manière de vendre au plus offrant*) Versteigerung, Auktion *f*; **dernière –** Höchstgebot; **folle –** nicht ernstgemeintes und unerfüllt gebliebenes Angebot; **la plus forte –** Höchstgebot, Meistgebot; **– minimum** Mindestgebot, geringstes Gebot.

enchères *fpl* (öffentliche) Versteigerung, Auktion *f*; **acheter aux –** (auf einer Versteigerung) erstehen, ersteigern; **mettre** *ou* **vendre aux –** versteigern; **vente aux –** (*ZwangsVR*) Auktion *f*, Versteigerung *f*, Gant *m* (S); **– forcées** Zwangsversteigerung.

enchérir *v. intr.* (1) ein (höhreres) Gebot machen, mitbieten, (2) teurer werden; verteuern, aufschlagen.

enchérissement *m* Preissteigerung *f*, (Ver-) Teuerung; Preisaufschlag *m*.

enchérisseur *m* Bieter *m*; **dernier –** Meistbietende(r) *m*; **fol –** schadensersatzpflichtiger Bieter (bei Nichtzahlung des Bargebots); **plus fort –** Meistbietende(r).

enchevêtré *adj* undurchsichtig, verwickelt; **affaires –es** verzwickte *od.* komplizierte Angelegenheit.

enclave *f* (1) (*SachR: bien fonds entouré de terrains appartenant à d'autres propriétaires*) (von anderen Grundstücken) umschlossenes Grundstück *n* (ohne Zugang zur Straße), (2) (*VR: territoire encerclé par celui d'un autre État*) Einschlussgebiet *n*, Enklave *f*; **– douanière** Zolleinschluss- *od.* Zollanschlussgebiet.

enclencher *v.tr.* in Gang setzen, auslösen; **– les vitesses** (*Gänge*) schalten.

enclore *v.tr.* umzäunen, einzäunen, einfrieden.

enclos *m* (*SachR*) eingefriedetes Grundstück, Einfriedung, Ein- *od.* Umzäunung.

encoche *f* Kerbe *f*, Einkerbung; Daumenregister *n*.

encombrant *adj* sperrig; **marchandise –e** Sperrgut *n*, sperrige Güter.

encombrement *m* Raumbedarf *m*; Verkehrsstau *m*, Verkehrsstockung *f*; Überfüllung; **tarif à l'–** Frachtsatz nach Rauminhalt; **– du marché** gesättigter Markt.

encontre *loc.adv.*: **à l'– de** gegen, entgegen gesetzt; im Widerspruch stehend zu.

encouragement *m* Anreiz *m*, Förderung *f*; Ermutigung; **société d'–** Förderungsgesellschaft *f*; **– à l'exportation** Ausfuhrförderung.

encourager *v.tr.* ermutigen, fördern, unterstützen; **– à la désobéissance** zum Ungehorsam anhalten.

encourir *v.tr.* sich aussetzen; auf sich laden; **peine encourue** angedrohte Strafe; **– une amende** zu einer Geldstrafe verurteilt werden; **– un blâme** einen Verweis erhalten; **– une peine** sich strafbar machen; **– une responsabilité** haften, haftpflichtig sein.

encours *m* (*BankR*) (gewährter) Kredit *m*, Kreditlimit *n*, Kreditlinie *f*, Kreditspielraum *m*; **– de banque** Gesamtheit der noch nicht fälligen Wechsel (im Besitz einer Bank); **– d'épargne défiscalisée** Höhe *f* der steuerbefreiten Spargelder; **– des prêts** ausstehende Darlehen *npl*.

endémie *f* (*UmweltR*) Dauerverseuchung *f* eines Gebiets.

endetté *adj* (hoch) verschuldet.
endettement *m* Verschuldung *f*, Schuldenlast *f*; Überschuldung; **limite** *ou* **plafond d'–** Verschuldungsgrenze *f*; **– à court terme** kurzfristige Verschuldung; **– envers l'étranger** Auslandsverschuldung; **– de l'État** Verschuldung der öffentlichen Hand; **– immobilier** Grundstücksbelastung; **– intérieur** Inlandsverschuldung.
endetter *v.pron.*: **s'–** sich verschulden, Schulden machen.
endigage *m ou* **endiguement** Eindeichung *f*, Einpolderung *f*.
endogamie *f* Inzucht *f*, Endogamie *f*.
endommagement *m* (1) (*dégât, dommage*) Schaden *m*, Wertminderung, (2) (*fait de causer un dommage*) Beschädigung.
endommager *v.tr.d.* beschädigen; **immeuble endommagé** (*BauR*) Haus in schlechtem Zustand.
endos *m* (*WechselR: mention au dos, aux fins de transmission*) Indossament *n*, Giro *n*; **– de procuration** Prokura- *od.* Vollmachtindossament.
endossable *adj* indossabel, (durch Indossament) übertragbar.
endossataire *m* Indossat *m*, Indossatar *m*, Girat *m*, Giratar *m*.
endossement *m* Indossament *n*, Wechselübertragung(svermerk), Giro *n*; **– biffé** ausgestrichenes Indossament; **– en blanc** Blankoindossament, Blankogiro; **– complet** Vollindossament, Vollgiro; **– partiel** Teilindossament; **– à personne dénommée** Vollindossament; **– pignoratif** Pfandindossament; **– au porteur** Inhaberindossament; **– de procuration** Prokura- *od.* Vollmachtindossament; **– pur et simple** unbedingtes Indossament.
endosser *v.tr.* indossieren, girieren; **– la responsabilité** die Haftung übernehmen.
endosseur *m* Indossant *m*, Girant *m*; **– précédent** Vorindossant; **– subséquent** Nachindossant, Hintermann.
endroit *m* Stelle *f*; Ort *m*, Platz *m*; Ortschaft *f*.
énergétique *adj* energetisch; **réserves –s** Energiereserven *fpl*.
énergie *f* (1) Energie *f*, Energiequelle *f*, (2) Energiewirtschaft *f*; **approvisionnement en –** Energieversorgung *f*; **coût de l'–** Energiekosten *pl*; **crise de l'–** Energiekrise *f*; **fourniture d'–** Energieversorgung; **gaspillage d'–** Energieverschwendung *f*; **producteur d'–** Energieerzeuger *m*; **production d'–** Energieproduktion; **ressources en –** Energiereserven *fpl*; Energiequellen *fpl*.
énergie atomique Atomenergie *f*; **– douce** regenerative Energie; Sonnenenergie; geothermische Energie; **– éolienne** Windenergie *f*; **– fossile** fossile Energieträger, Kohle, Erdöl; **– non renouvelable** nicht erneuerbare Energierohstoffe; **– nucléaire** Kernkraft *f*; **– primaire** Primärenergie; **– renouvelable** regenerative Energieressource; **– solaire** Sonnenenergie *f*.
énervé *p.p. adj.* gereizt; geschwächt.
enfance *f* Kindheit *f*, Kindesalter *n*; **aide** *ou* **assistance à l'–** ' Jugendfürsorge *f*; **– délinquante** straffällige Jugend; **– moralement abandonnée** verwahrloste Jugendliche u. Heranwachsende.
enfant *m / f* Kind *n*, Abkömmling *m* ersten Grades; Jugendliche(r) (unter 16 Jahren); Minderjährige(r); **abandon d'–** *ou* **d'incapable** (*StR: délaissement de mineur – art. 227–1 et suiv. CP*) Kindesaussetzung *f*, Verlassen *n* einer hilflosen *od.* hilfebedürftigen Person; **allocation pour – à charge** Kindergeld *n*; **juge pour –s** (*StPR*) Jugendrichter; **protection des –s** Jugendschutz; **substitution** *ou* **supposition d'–** (*StR*) Kindesunterschiebung *f*.
enfant abandonné ausgesetztes Kind; **– adopté** (*FamR: opposé à adoptant*) an Kindes statt angenommenes Kind, Adoptivkind (im Verhältnis zu den Adoptiveltern); **– adoptif** (*FamR: rapport résultant de l'adoption*) Adoptivkind *n*; **– adultérin** aus einem Ehebruch hervorgegangenes Kind; **– assisté** von der Fürsorge betreutes Kind; **– d'un autre lit** Stiefkind; **– à charge** unterhaltsberechtigtes Kind; **– conçu** Leibesfrucht *f*, ungeborenes Kind; **– consanguin** vom gleichen

Vater abstammendes Kind; – **déficient** unter Geistesschwäche leidendes Kind; körperlich unterentwickeltes Kind; – **en garde** Pflegekind; – **hors mariage** *ou* **illégitime** nichteheliches Kind; – **incestueux** aus blutschänderischem Verhältnis hervorgegangenes Kind.

enfant légitime eheliches Kind; – **légitimé** für ehelich erklärtes Kind, legitimiertes Kind (Aut); – **maltraité** misshandeltes Kind; – **moralement abandonné** verwahrlostes Kind; – **mort-né** Totgeburt *f*; – **à naître** nasciturus, Kind im Mutterleib; – **naturel** nichteheliches Kind; – **naturel reconnu** anerkanntes nichteheliches Kind; – **en nourrice** Pflegekind; – **posthume** nachgeborenes Kind; – **d'un premier lit** Kind aus erster Ehe; – **à problèmes** schwer erziehbares Kind; – **reconnu** anerkanntes Kind; – **trouvé** Findelkind; – **utérin** von der gleichen Mutter abstammendes Kind.

enfantement *m* Niederkunft *f*, Entbindung.

enfermer *v.tr.* inhaftieren, einsperren.

enfoncer *v.tr.* (*une porte*) eine Tür eintreten.

enfouir *v.tr.* vergraben; verbergen.

enfouissement *m* (*UmweltR*) Endlagerung *f*.

enfreindre *v. tr. d.* (1) (*transgresser une loi*) (ein Gesetz) nicht beachten, nicht befolgen, nicht einhalten, (2) (*ne pas respecter un engagement*) (eine Verpflichtung) verletzen.

enfuir: **s'–** *v. pron.* fliehen, entfliehen, die Flucht ergreifen, flüchten; ausbrechen (aus einem Gefängnis).

engagé *p.p. adj.*: **être politiquement –** sich politisch engagieren; politisch aktiv sein; – **par contrat** vertraglich verpflichtet.

engagement *m* (1) (*SchuldR: action de se lier par contrat*) (vertragliche) Verpflichtung (zur Leistung); Verbindlichkeit; Eingehen *n* einer Verpflichtung, (2) (*ZR, ÖfR: action de se lier par une promesse*) Versprechen *n*, Zusage *f*, Bindung *f*, (3) (*ArbR: location de services*) Anstellung *f*, Einstellung *f*; Dienstverhältnis *n*, Anstellungsverhältnis, Arbeitsverhältnis, (4) (*SachR: mise en gage*) Verpfändung, (5) (*MilR*) militärische Verpflichtung, freiwillige Meldung (zum Wehrdienst), (6) (*HaushR: initiative d'une dépense*) Mittelbindung *f*; **conditions d'–** (*ArbR*) Einstellungsvoraussetzungen *fpl*; **contracter un –** eine Verpflichtung eingehen; **faire honneur à ses –s** seinen Verpflichtungen nachkommen; **honorer ses –s** seine Schulden begleichen; **manquer à ses –s** seine Verpflichtung nicht einhalten *od.* nicht erfüllen; **offre sans –** (*HR: on dit aussi simplement sans engagement*) freibleibendes *od.* unverbindliches Angebot, ohne Obligo (= o.O.); **prendre un –** sich verpflichten, eine Verpflichtung eingehen; **remplir** *ou* **respecter un –** eine Verpflichtung erfüllen *od.* einhalten; **rompre un –** eine Verpflichtung verletzen; **satisfaire à ses –s** leisten, erfüllen; **violer un –** vertragsbrüchig werden.

engagement bancaire Bankhaftung; – **cambiaire** Wechselobligo; – **cautionné** durch Bürgschaft gesicherte Forderung; – **commercial** handelsrechtliche Verbindlichkeit; – **en compte courant** Kontokorrentverbindlichkeit; – **contractuel** *ou* **conventionnel** Vertragspflicht, vertragliche Verpflichtung; – **définitif** (*ArbR*) feste Anstellung; – **de dépenses** (1) (*ÖfR*) Ausgabenbewilligung, (2) (*HaushR*) Mittelbindung.

engagement à l'essai (*ArbR*) Probearbeitsverhältnis *n*, An- *od.* Einstellung zur Probe; Probearbeitsverhältnis *n*; – **ferme** (1) (*ZR*) verbindliche Willenserklärung, (2) (*ArbR*) feste Anstellung; – **financier** Zahlungsverpflichtung; – **de garantie** Bürgschaftsverpflichtung; – **hors bilan** (*GesR*) in der Bilanz nicht ausgewiesene Verbindlichkeit.

engagement juridique Verpflichtung aus einem Rechtsgeschäft *od.* Gesetz; Schuld *f*; Verbindlichkeit; – **locatif** Mietverhältnis; – **à long terme** langfristige Verpflichtung; – **moral** Naturalobligation *f*; – **mutuel** gegenseitige

Verpflichtung; **– de non-concurrence** (*HR, ArbR*) Wettbewerbsverbot *n.*

engagement de paiement (*SchuldR*) Zahlungsverpflichtung *f,* Zahlungsverbindlichkeit; **– de service** Arbeitsvertrag *m;* Dienstverpflichtung; **– par signature** (*BankR*) Kreditleihe *f;* **–s sociaux** (*GesR*) Verbindlichkeiten einer Handelsgesellschaft, Gesellschaftsschulden; **– solidaire** gesamtschuldnerische *od.* solidarische Haftung; **– à titre temporaire** Anstellung auf Zeit; **– de travail** Arbeitsvertrag *m,* Arbeitsverpflichtung; **– volontaire** freiwillige Meldung; **– par volonté unilatérale** (*ZR*) Verpflichtung durch (einseitige) Willenserklärung; **– à vue** (*BankR*) Tagesgelder *pl,* sofort fällige *od.* täglich fällige Verbindlichkeit.

engager *v.tr.d.* (1) (*ArbR*) anstellen, einstellen, (2) (*SachR*) (*eine Sache*) verpfänden, (3) (*PrzR*) (*ein Verfahren*) einleiten, beginnen, in die Wege leiten; **– des capitaux** Geld investieren; **– un procès** ein Verfahren einleiten; **– sa responsabilité** sich verpflichten, sich binden; die Verantwortung übernehmen; **– sa voiture** (*StVR*) einbiegen.

engager *v. pron.*: **s'– à** sich verpflichten; **s'– par contrat** sich vertraglich verpflichten; **s'– dans** sich beteiligen bei; sich einlassen auf; verwickelt werden, hineingeraten.

engendrer *v.tr.* (1) erzeugen, hervorbringen, (2) (*fig*) verursachen.

engin *m* (1) Maschine *f,* Gerät *n,* (2) Falle *f;* **– explosif** Sprengkörper *m;* **– prohibé** verbotenes Jagdgerät.

engineering *m* = **engéniérie** = **ingénieurie** *f* Engineering *n,* Ingenieurwesen *n;* technische und finanzielle Planung eines Vorhabens.

englober *v.tr.* (1) umfassen, einbeziehen, (2) vereinigen, (3) eingemeinden, einverleiben.

engloutir *v.tr.* herunterschlucken; **– des sommes considérables** Unsummen verschlingen.

engorgement *m* (1) (*StVR*) Verkehrsstau *m,* (2) (*HR: marché*) Stockung *f* (der Geschäftstätigkeit); **– des tribunaux** Überlastung der Gerichte.

engrais *m* Düngemittel *n;* Futtermittel *n,* Mastfutter *n;* Mast *f;* **– chimique** Kunstdünger *m.*

engrenage *m* Verkettung *f;* **– de l'échec** Häufung der Fehlschläge; **– de la violence** Gewaltspirale *f.*

énigmatique *adj* rätselhaft.

enivrement *m* Trunkenheit *f.*

enjeu *m* (Spiel-) Einsatz *m,* Wetteinsatz.

enjoindre *v.tr.* anordnen, nachdrücklich befehlen; einschärfen.

enlèvement *m* (1) (*HR: marchandises*) Abtransport *m,* Abholen *n,* (2) (*StR: personnes*) Entführung *f,* Menschenraub *m;* **– d'enfant** Kindesentführung; **– des ordures ménagères** Müllabfuhr *f;* **– de pièces** Urkundenunterdrückung.

enlever *v.tr.* (1) (*HR: marchandises*) abholen, abtransportieren, (2) (*StR: personne*) entführen; **– un siège** einen Sitz (im Parlament) erringen.

en lieu et place de *loc. adv.* an Stelle (von).

enliser *v.tr.* erlahmen; stecken bleiben; **l'enquête s'enlise** die Ermittlungen kommen nicht weiter voran.

enneigement *m* Schneeverhältnisse *npl;* Höhe der Schneedecke.

ennemi *m* Feind *m;* Gegner *m;* **désertion à l'–** Überlaufen zum Feinde, Desertion; **– intérieur** Spion *m,* Agent *m,* Saboteur *m;* **– de l'ordre établi** Unruhestifter *m;* Aufrührer *m;* **– public** Rechtsbrecher *m,* Übeltäter *m;* **– public numéro un** gemeingefährlicher Verbrecher.

ennemi *adj* feindlich, gegnerisch.

ennui *m* Unannehmlichkeit *f,* Verdruss *f;* Sorge *f;* **–s de santé** schlechter Gesundheitszustand; **–s d'argent** Geldsorgen *fpl.*

énoncé *m* (1) (*VerfR, ZR: teneur, termes d'une loi, d'un jugement, d'un contrat*) (Gesetzes-) Text *m;* (Urkunden-) Wortlaut *m,* (Urteils-, Vertrags-) Inhalt *m;* Formulierung, (2) (*SchuldR: déclaration faite dans un acte juridique*) rechtsgeschäftliche Erklärung, Willenserklärung, (3) Bericht *m;* Aufzählung *f;* **– d'une clause** Wortlaut einer

Bestimmung *od.* einer Vertragsklausel; **– des faits** (*PrzR*) Tatbestand *m*, Sachverhalt *m*, Sachverhaltsdarstellung; **– du jugement** Wortlaut des Urteils, Sachverhaltsdarstellung im Urteil; **– des prétentions** (*ZPR*) Anspruchsanmeldung *od.* -aufzählung.

énoncer *v.tr.* (1) (*exposer, formuler*) aussagen, ausdrücken, aussprechen, formulieren, darlegen, (2) (*mentionner, stipuler*) bemerken, bestimmen; **– les conditions d'un acte** die Vertragsbedingungen darlegen; **– les faits** den Sachverhalt darstellen; **– ses prétentions** seine Forderungen vortragen *od.* anmelden.

énonciation *f* (1) Erklärung *f*, Darlegung *f*, Aussage *f*, Angabe *f*, (2) Wortlaut *m*, Formulierung *f*; **– des faits** Tatbestandsdarstellung *f*; Tatsachenbehauptung *f*; **– des faits par un témoin** Sachverhaltsdarstellung des Zeugen.

enquérir *v.tr.* (*PrzR: interroger un témoin*) befragen; **s'– de qqch.** *v. pron.* sich über etwas informieren; **s'– de qqn.** sich über jmdn. erkundigen, Erkundigungen *fpl* einholen.

enquête *f* (1) (*ÖfR, StR: mesures d'instruction*) Untersuchung *f*, Ermittlungen *fpl*, (polizeiliche) Nachforschung *f*, (2) (*ZPR: preuve testimoniale*) Zeugenvernehmung (durch den Richter); Erforschung des Sachverhalts, (3) (*Pol: sondage*) Befragung *f*, Umfrage *f*, Erhebung; **commission d'–** Ermittlungs- *od.* Untersuchungsausschuss; **droit d'–** (*EuR*) Enqueterecht; **– de commodo et incommodo** (1) (*VwR: procédure publique préalable*) Anhörungsverfahren (im Rahmen der Planfeststellung), (2) (*VwPR*) Verwaltungsverfahren *n* zwecks Feststellung unzulässiger Beeinträchtigung eines Grundstücks durch ein Nachbargrundstück; **– comparative** vergleichende Untersuchung; **– complémentaire** (*StPR*) zusätzliche Ermittlungen.

enquête de flagrance (*StPR*) polizeiliche Ermittlungen im Rahmen des beschleunigten Verfahrens, (polizeiliche) Untersuchung einer frisch begangenen Straftat; **– à futur** (*ZPR*) Ermittlung zwecks Beweissicherung; **– gouvernementale** Regierungsuntersuchung; **– incidente** (*PrzR*) Beweisaufnahme (im Laufe eines Verfahrens); **– judiciaire préliminaire** (1) (*ZPR*) gerichtliche Voruntersuchung, (2) (*StPR*) kriminalpolizeiliche Ermittlungen (im Auftrag des Untersuchungsrichters); **– d'office** (*PrzR*) Ermittlung von Amts wegen; **– officielle** amtliche Untersuchung; **– ordinaire** Beweisaufnahme (vor dem Einzelrichter); **– parcellaire** Einzeluntersuchung; **– de pavillon** Feststellung der Nationalität eines Schiffes.

enquête pénale (*StPR*) Ermittlungsverfahren in Strafsachen; **– de personnalité** (*StPR*) Nachbarschaftsbefragung (zur Erkundung der Persönlichkeit des Straftäters); **– pilote** Umfragetest *m*; **– sur place** Ortstermin *m*; **– de police judiciaire** (*StPR*) kriminalpolizeiliche Ermittlungen; **– préalable** *ou* **préliminaire** (*StPR: recherches confiées à la police*) polizeiliche Voruntersuchung (im Auftrag der Staatsanwaltschaft *od.* von Amts wegen).

enquête publique préalable (*VwR*) Beteiligung der Bürger im Rahmen eines Anhörungsverfahrens (insbesondere bei Bauvorhaben); **– respective** (*ZPR*) Beweisaufnahme *f* über die vom Prozessgegner behaupteten Tatsachen; **– sociale** (*FamR*) Gutachten über das soziale Umfeld eines Jugendlichen; **– sommaire** (*ZPR*) (mündliche) Beweisaufnahme (vor Gericht); **– par sondage** Meinungsumfrage, Meinungsforschung; **– statistique** statistische Erhebung; **– de** *ou* **sur le terrain** Feldforschung *f*.

enquêter *v. intr.* ermitteln, nachforschen, untersuchen; **– sur (une affaire)** Ermittlungen *od.* Nachforschungen anstellen, einer Sache nachgehen.

enquêteur *m* (1) (*StPR*) Ermittlungsbeamte(r), Polizeibeamte(r); Untersuchungsführer *m*, (2) Meinungsforscher.

enrayer *v.tr. fig* hemmen, bremsen.

enregistrable *adj* eintragbar, eintragungsfähig.

enregistrement *m* (1) (*HR, PatR, SteuerR: inscription sur un registre*) Eintragung *f*, Registrierung, (2) (*Buchf*) Verbuchung, Bucheintragung, (3) (*action de noter sur un support*) Aufnahme; **certificat d'–** Eintragungsbescheinigung; **conditions d'–** Eintragungsvoraussetzungen; **demande d'–** Antrag auf Eintragung; **demander l'– d'une marque** ein Warenzeichen zur Eintragung anmelden; **droit d'–** (1) (*HR, PatR, Wz*) Eintragungskosten, Registergebühr *f*, (2) (*HochschulR*) Einschreibungsgebühr; **mention d'–** Eintragungsvermerk *m*; **procédure d'–** Eintragungsverfahren *n*.

enregistrement des bagages Gepäckaufgabe *od.* -abfertigung; **– en débet** Eintragung von Prozessakten mit Aufschub für die Zahlung der Gebühren; **– magnétique** Tonbandaufzeichnung; **– de marque** Warenzeichen- *od.* Markeneintragung, Markenregistrierung; **– optique** Filmaufnahme *f*; **– au registre du commerce (et des sociétés)** Eintragung im Handelsregister; **– sonore** Tonbandaufnahme *f*; **– des traités** (*VR*) Hinterlegung der Ratifikationsurkunden.

enregistrer *v.tr.* (1) eintragen, registrieren, (2) verbuchen, einschreiben, buchen, verzeichnen, (3) aufnehmen, speichern.

enrichir: **s'–** *v.pron.* sich bereichern, sich Vorteile verschaffen.

enrichissement *m* (*ZR: profit appréciable en argent*) Bereicherung *f*; **– sans cause** (*SchuldR: quasi-contrat, art. 1376 Cciv*) Ausgleich *m* für nicht gerechtfertigte Leistungen; **– illégitime** (*ZR*) ungerechtfertigte *od.* unrechtmäßige Bereicherung; **– injuste** ungerechtfertigte Bereicherung; **– des tâches** (*ArbR*) Schaffung günstigerer Arbeitsbedingungen; **– de l'uranium** (*UmweltR*) Urananreicherung *f*.

enrôlement *m* (1) (*ZPR: mise au rôle*) Eintragung (einer Klage) in einem durch die Gerichtskanzlei geführten Register (zur Begründung der Rechtshängigkeit), (2) (*MilR, SeeHR*) Rekrutierung *f*, Anwerbung.

enrôler *v.tr.* anwerben, gewinnen; einziehen, rekrutieren.

enseignant *m* Lehrkraft *f*; **personnel –** Lehrkräfte *fpl*, lehrberechtigte Personen; **– chercheur de l'enseignement supérieur** Hochschullehrer *m*.

enseigne *f* (*HR: dénomination de fantaisie*) Firmenbezeichnung *f*; (Geschäfts-) Schild *n*, Firmenschild *n*; **– lumineuse** Leuchtreklame *f*.

enseignement *m* Unterrichtswesen *n*, Schulwesen *n*; Unterricht *m*; Lehre *f*; **– pour adultes** Erwachsenenbildung; **– de la conduite des véhicules à moteur** Fahrschulunterricht *m*; **– à distance** Fernunterricht *m*; **– général** allgemeinbildender Unterricht; **– laïc** frz. bekenntnisneutrales Schulwesen; **– des langues vivantes** Fremsprachenunterricht; **– libre** Privatschulwesen *n*, Privatschule; **– manuel** Werkunterricht; **– obligatoire** Schulpflicht *f*; **– à option** Wahlfach *n*; **– à plein temps** Ganztagsunterricht; **– primaire** (*SchulR*) Grundschulwesen *n*; **– privé** Privatschulwesen; Privatschule; **– professionnel** Berufsschulwesen *n*; Berufsschulunterricht *m*; **– public** öffentliche Schulen, öffentliches Unterrichtswesen; **– religieux** Religionsunterricht; **– du second degré** *ou* **secondaire** Unterricht an Gymnasien *od.* weiterführenden Schulen; **– spécialisé** Sonderschulwesen; **– supérieur** Hochschulwesen, Hochschule; **– technique** Fachausbildung *od.* -unterricht, Fachkunde *f*; **– à temps partiel** Teilzeitunterricht; **– traditionnel** herkömmliche Ausbildungsform, Frontalunterricht *m*.

enseigner *v.tr.* lehren, unterrichten, Unterricht erteilen *od.* geben; Vorlesungen halten.

ensemble *m* Gesamtheit *f*; Ganzheit *f*; Totalität *f*; **dans l'–** insgesamt; **grand –** Trabantenstadt *f*, Schlafstadt, Gebäudekomplex *m*; Mietblocksiedlung *m*, Wohnblock *m*; **– économique**

Wirtschaftskomplex *m*; – **pavillonnaire** (*UmweltR*) Wohnviertel gehobener Qualität mit Gärten; – **de personnes** Personengesamtheit *f*; Personenvereinigung; – **urbain** Ballungsraum *m*.
entaché *adj* **de faute** fehlerhaft; – **de nullité** ungültig, nichtig.
entamer *v.tr.* (an-) schneiden; verringern; verletzen; – **le crédit de qqn.** den Ruf (einer Person) schädigen; – **les débats** (*PrzR*) mit der mündlichen Verhandlung beginnen; – **des négociations** mit den Verhandlungen beginnen; – **des poursuites** (*StPR*) ein Strafverfahren einleiten; – **une procédure judiciaire** (*ZPR*) ein (Zivil-) Verfahren einleiten.
entendement *m* Vernunft *f*; geistige Fähigkeiten; **perdre l'–** geisteskrank werden.
entendre *v.tr.* (*StPR: auditionner un témoin*) (einen Zeugen) einvernehmen, vernehmen.
entendu *p.p. adj.* **en justice** (*ZPR*) vor Gericht erschienen.
entente *f* (1) (*ZR: accord, arrangement*) Einigung, Vereinbarung *f*, Einverständnis *n*, Einvernehmen *n*, Absprache *f*, (2) (*GesR: concertation*) Abrede *f*, Kartellbeschluss *m*, Kartellvereinbarung, abgestimmtes Verhalten, (3) (*VR*) Bündnis *n*, Entente *f*; – **amiable** gütliche Einigung; – **de crise** Krisenkartell; – **discrète** stillschweigendes Übereinkommen; – **économique** Wirtschaftsvereinbarung; – **électorale** Wahlbündnis *n*.
entente illicite (*WirtStrR*) ungesetzliche wettbewerbsbeschränkende Vereinbarung; – **industrielle** Unternehmenskooperation; – **préalable** vorherige Zustimmung; – **sur les prix** Preisabsprache *od.* -kartell; – **tarifaire** (*ZollR*) Tarifvereinbarung.
entérinement *m* Bestätigung *f*, Anerkennung; Annahme *f*, Billigung, Zustimmung.
entériner *v.tr.* (1) (*PrzR: ratifier par jugement, homologuer, valider*) für rechtsgültig erklären, (gerichtlich) anerkennen, bestätigen, (2) (*VwR: rendre valable, consacrer, ratifier*) Gültigkeit verleihen, billigen; annehmen; – **une décision** einen Beschluss durchführen; – **un rapport d'experts** ein Sachverständigengutachten gutheißen; – **une requête** einem Antrag stattgeben.
enterrement *m* Bestattung, Beisetzung, Begräbnis *n*.
en-tête *m* **du jugement** Urteilskopf *m*, Rubrum *n*; – **d'une lettre** Briefkopf.
entier *adj* ganz, völlig, vollständig; **à part entière** voll und ganz; **la question reste entière** die Frage ist ungelöst.
entiercement *m* (*SachR*) Hinterlegung *f* der Pfandsache bei einem Dritten.
entité *f* (1) (*essence*) Wesen *n*, Sein *n*, (2) (*notion juridique*) (Rechts-) Begriff *m*, (3) (*ZR: personne juridique*) Rechtssubjekt *n*; – **économique** Wirtschaftsgebilde *n*; – **juridique** juristische Person, Rechtssubjekt; – **territoriale** Gebietskörperschaft *f*.
entôlage *m* (*StR: umg*) durch eine Prostituierte verübter Diebstahl; Übervorteilung, Übertölpelung.
entorse *f* (1) (*au règlement*) (leichte) Verletzung (der Vorschriften), (2) (*à la vérité*) Verschleierung (der Wahrheit); – **à la procédure** Verfahrensfehler *m*; – **à la règle** Regelwidrigkeit.
entourage *m* (soziales) Umfeld *n*.
entraide *f* gegenseitige Hilfe(leistung); Nachbarschaftshilfe; – **administrative** Verwaltungshilfe *f*, Amtshilfe; – **judiciaire** *ou* **juridique** Rechtshilfe.
entraîner *v.tr.* zur Folge haben; – **à commettre un crime** zu einem Verbrechen verleiten; – **des déchéances** (*ZPR*) zum Rechtsverlust führen; – **de graves conséquences** schwere Folgen nach sich ziehen; – **des inconvénients** Nachteile mit sich bringen; – **des retards** zu Verzögerungen führen.
entrave *f* Hindernis *n*, Behinderung *f*, Hemmnis *n*; **apporter des –s à l'exercice d'un droit** die Rechtsausübung (teilweise) vereiteln; – **à la circulation** Verkehrshindernis *n*; – **au fonctionnement de la justice** Behinderung der Gerichtstätigkeit; –

à la liberté de circulation des personnes (*VerfR*) Einschränkung der Freizügigkeit; **– à la liberté des enchères** Störung des freien Ablaufs einer Versteigerung; **– à la liberté du travail** Behinderung der Freizügigkeit der Arbeitnehmer; Störung des Arbeitsfriedens; **– à la libre circulation des marchandises** Behinderung des freien Warenverkehrs.

entraver *v. tr. d.* behindern, erschweren, beeinträchtigen, hemmen.

entrée *f* (1) Eintritt *m*, Eingang *m*, Zugang *m*, (2) Einreise *f*, (3) (*WirtR: surtout au pluriel*) Wertzuwachs *m*; Wareneingänge *mpl*, (4) (*mot vedette*) Stichwort *n*; **âge d'–** (*VersR*) Eintrittsalter *n*, Beitrittsalter; **concours d'–** (*SchulR*) Aufnahmeprüfung *f*; **date d'– en vigueur d'une loi** Zeitpunkt des Inkrafttretens eines Gesetzes; **déclaration d'–** Einfuhrerklärung *f*; **examen d'–** Zulassungsprüfung *f*; **interdiction d'–** (*AuslR*) Einreiseverbot *n*; **interdire l'–** (*StR*) ein Hausverbot verhängen; **les –s et les sorties** (*Buchf*) Einnahmen und Ausgaben; **permis d'–** Einreisebewilligung *od.* -erlaubnis; **prohibition d'–** (*ZollR*) Einfuhrverbot *n*; **refus d'–** (*AuslR*) Einreiseverbot *n*; **restriction d'–** Einreisebeschränkung *f*; **visa d'–** Einreisevisum *n*, Sichtvermerk *m*.

entrée d'un associé (*GesR*) Eintritt *m* eines Gesellschafters; **– clandestine des migrants** (*AuslR*) illegale Einwanderung; **– des étrangers (en France)** (*AuslR*) Einreise der Ausländer (in Frankreich); Zuwanderung *f*; **– en fonctions** (*BeamR*) Amtseinführung *f*, Amtsantritt *m*, Dienstantritt; **– en franchise** zollfreie Einfuhr; **– irrégulière (des étrangers)** (*AuslR*) Einreise ohne gültiges Visum *od.* ohne den erforderlichen Reisepass; **– régulière** (*AuslR*) zulässige Einreise; **– en service** Dienstantritt *m*; **– et sortie** Zugang und Abgang; **– en vigueur** Inkrafttreten *n*, Wirksamwerden *n*.

entrefilet *m* (*Zeitung*) Kurzbericht *m*.

entre-ligne *m* Raum *m* zwischen zwei Zeilen; das zwischen zwei Zeilen geschriebene.

entremetteur *m* Vermittler *m*; *pej* Zuhälter *m*.

entremettre: **s'–** *v.pron.* vermitteln, sich einschalten, intervenieren.

entremise *f* Vermittlung *f*, Fürsprache *f*; **par l'– de qqn.** dank Empfehlung von.

entreposage *m* (*ZollR*) Zwischenlagerung *f*.

entreposer *v.tr.* (ein-) lagern, zwischenlagern.

entreposeur *m* (1) (*ÖfR*) Verkäufer und Verwalter von staatlicher Monopolware; Lageraufseher *m*.

entrepositaire *m* (*HR: commerçant qui a des marchandises en entrepôt*) Einlagerer *m*.

entrepôt *m* (1) Lagerhaus *n*, Zwischenlager *n*; Lagerräume *mpl*, Lagerhalle, (2) (*Bier*) Niederlage *f*, (3) Zollager; **constituer en –** in ein Zollager bringen; **déclaration de sortie d'–** Lagerabmeldung; **droit d'–** Lagergebühr *f*, Lagergeld *n*; **frais d'–** Lagerkosten; **gardien d'un –** Lagerhalter *m*; **marchandise en –** Lagerware *f*, Lagergut *n*; **registre d'–** Lagerbuch, Niederlageregister *n*; **– collectif** (*WirtR*) Sammellager *n*; **– de douane** *ou* **douanier** Zollager *n*, Zollniederlage *f*; Transitlager *n*; **– fictif** Zollprivatlager (ohne amtlichen Mitverschluss); **– franc** Freilager; **– particulier** Privatlager; **– public** öffentliches Lagerhaus; **– réel** Zolllager, Zollniederlage; **– spécial** Zollprivatlager (unter amtlichem Mitverschluss).

entreprendre *v.tr.d.* (1) (*ArbR: travail*) übernehmen, ausführen; in die Wege leiten, (2) (*VwR*) (*Schritte*) unternehmen; **– un procès contre qqn.** ein Verfahren einleiten, prozessieren.

entrepreneur *m* (1) (*SchuldR: dans le cadre du contrat de louage d'ouvrage, art. 1792–1 Cciv*) (Werk-) Unternehmer *m*, Hersteller (des Werks), (2) (*WirtR: chef d'entreprise*) Unternehmer *m*, Betriebsinhaber *m*; Bauunternehmer; **sous –** Subunternehmer *m*; **– en bâtiments** Bauunternehmer; **–**

individuel Einzelunternehmer; – **d'ouvrage** (Werk-) Unternehmer; – **de pompes funèbres** Bestattungsinstitut *n*; – **de transport** Frachtführer *m*, Transportunternehmer *m*; – **de transports routiers** (Roll-) Fuhrunternehmer *m*.

entrepreneurial *adj*: **acte** – (*WirtR*) Unternehmerentscheidung *f*.

entrepreneuriat *m* Unternehmertum *n*.

entrepris *adj*: **jugement** – (*PrzR*) Urteil gegen das ein Rechtsmittel eingelegt wurde.

entreprise *f* (1) (*HR: établissement industriel ou commercial, art. L. 110–1, 4° –6° Ccom*) (kaufmännisches) Unternehmen *n*, (Gewerbe-) Betrieb *m*; gewerbliche Tätigkeit; Unternehmung *f*, (2) (*ArbR: action d'effectuer un travail*) Arbeitsverrichtung *f*, Dienstleistung *f*; Arbeitsvorhaben *n*; Werk *n*; Tätigkeit *f*, (3) (*ÖfR, StR, ZR: empiétement sur les droits d'autrui*) Beeinträchtigung *f*, Angriff (auf); Verletzung *f*, (4) (*SchuldR: contrat de louage d'ouvrage ou d'industrie dit contrat d'entreprise*) Werkvertrag *m*; **accord d'–** (*ArbR: convention collective*) Betriebsvereinbarung; **association d'–s** Unternehmenszusammenschluss *m*; **chef d'–** Unternehmer, Betriebsleiter; **fermeture de l'–** Betriebsschließung, Betriebsstillegung *f*; **liberté d'–** Handels- und Gewerbefreiheit *f*; **libre** – freies Unternehmertum; **monter une** – ein Unternehmen gründen; **moyenne** – mittelständischer Betrieb; **personnel de l'–** Belegschaft *f*; **règlement d'–** (*ArbR*) Betriebsordnung *f*; **regroupement d'–s** (*WirtR*) Unternehmenszusammenschluss *m*; **très petite – (= TPE)** (*WirtR*) Kleinstunternehmen *n*.

entreprise d'acconage (*SeeHR*) Leichterunternehmen *n*; – **affiliée à un groupe** (*GesR*) Konzernbetrieb; – **agricole** landwirtschaftlicher Betrieb; – **artisanale** Handwerksbetrieb; – **assujettie à la TVA** umsatzsteuerpflichtiges Unternehmen.

entreprise bancaire Bank *f*, Kreditinstitut *n*; – **de bâtiments** Bauunternehmen *n*; – **de bâtiment et des travaux publics (= BTP)** Hoch- und Tiefbau *f*; – **à but lucratif** Erwerbsunternehmen, Erwerbsgeschäft *n*, erwerbswirtschaftliches Unternehmen.

entreprise de camionnage (Roll-) Fuhrunternehmen; – **à caractère industriel et commercial** Gewerbebetrieb *m*; – **à caractère mixte** (*ÖfR*) gemischtwirtschaftliches Unternehmen; – **commerciale** kaufmännisches Unternehmen, Handelsbetrieb; – **commune** (*GesR*) Unternehmenskooperation; Gemeinschaftsunternehmen; – **concédée** *ou* **concessionnaire** (*VwR*) konzessionierter Betrieb; – **de construction** Bauunternehmen; – **coopérative** genossenschaftlicher Betrieb, Genossenschaft; – **criminelle** (*StR*) strafbare Handlungen *pl*.

entreprise de démoralisation de l'armée (*StR*) Wehrkraftzersetzung *f*; – **dépendante** (*GesR*) abhängiges Unternehmen; – **en difficulté** in Zahlungsschwierigkeiten geratenes Unternehmen; – **dominante** herrschendes Unternehmen; – **dominée** beherrschtes Unternehmen; – **économique** Wirtschaftsbetrieb; – **d'État** Staatsbetrieb, staatliches Unternehmen; – **exportatrice** Exportunternehmen, Ausfuhrfirma *f*.

entreprise familiale Familienbetrieb *od.* -unternehmen; – **financière** Kreditinstitut, Bank; – **de fournitures** (*WirtR*) Warenvertrieb *m*; Großhandel *m*; – **de gros** Großhandelsunternehmen *n*; – **individuelle** Einzelkaufmann *m*; – **industrielle** gewerblicher Betrieb, Gewerbebetrieb *m*, Industrieunternehmen *n*; – **de lotissement** Siedlungsgesellschaft *f*; – **de manufacture** Produktionsbetrieb *m*; – **maritime** Schiffahrtsunternehmen; – **minière** Bergwerksbetrieb, knappschaftlicher Betrieb, Zechenunternehmen; – **-modèle** Musterbetrieb; – **multinationale** verbundene mutinationale Unternehmen *npl*, *umg* Multi *m*; – **nationale** staatliches Unternehmen, Staatsbetrieb.

entreprise nationalisée verstaatlichtes

Unternehmen; **– de navigation aérienne** Luftfahrtunternehmen; **– de nouvelle économie** Start-up--Unternehmen *n*, Unternehmen des neuen Markts; **– en participation** stille Gesellschaft; **– à position dominante** marktbeherrschendes Unternehmen; **– privée** Privatunternehmen; **– privée de gardiennage, de surveillance et de sécurité** privates Objektschutz und Personenschutzunternehmen *n*; **– de production** Produktionsbetrieb; **– de publicité** Werbeagentur *f*; **– publique** Staatsbetrieb, Unternehmen der öffentlichen Hand; **– publique du secteur concurrentiel** erwerbswirtschaftliches Unternehmen der öffentlichen Hand.

entreprise en régie (*ÖfR*) Regiebetrieb *m* (ohne eigene Rechtspersönlichkeit); **– saisonnière** Saisonbetrieb; **– sociétaire** Gesellschaftsunternehmen *n*; **– subventionnée** staatlich gefördertes Unternehmen; **– subversive** (*StR*) Untergrundtätigkeit *f*; **– à succursales multiples** Filialunternehmen *n*; **– de transformation** Verarbeitungsbetrieb.

entreprise de transport Transportunternehmen; Verkehrsbetrieb *m*; **– – aérien** Luftverkehrs- *od.* Luftfahrtunternehmen; **– – maritime** Schiffahrtsbetrieb; **– – routier** Kraftverkehrsunternehmen.

entreprise de travail temporaire Zeitarbeitsunternehmen; **– unipersonnelle** Einmanngesellschaft; **– unipersonnelle à responsabilité limitée (= EURL)** Einmann-Gesellschaft (mit beschränkter Haftung); **– de vente par correspondance** Versandhaus *n*.

entrer *v. intr.* (1) eintreten, (2) einreisen; **– en application** Anwendung finden, Gültigkeit erlangen; **– en charge** (*BeamR*) ein Amt übernehmen; **– dans un complot** an einer Verschwörung teilnehmen; **– en contact** Verbindung aufnehmen mit; **– dans les détails** näher eingehen auf; **– en lice** (*WirtR*) als Konkurrent auftreten; **– en ligne de compte** in Betracht *od.* in Frage kommen; **– dans un parti politique** Mitglied einer politischen Partei werden, einer Partei beitreten; **– en possession** den Besitz erwerben, in den Besitz eingewiesen werden; **– pour beaucoup dans qqch.** eine große Rolle spielen; **– dans une profession** einen Beruf ergreifen; **– en vigueur** in Kraft treten, wirksam werden.

entre temps *loc. adv.* zwischenzeitlich.

entretenir *v.tr.* (1) (*maintenir, conserver*) in gutem Zustand halten, instandhalten, pflegen, warten, (2) (*subvenir aux besoins de*) unterhalten, Unterhalt gewähren; **s'–** *v.pron* sich unterhalten mit, ein Gespräch führen; **– qqn. dans l'erreur** jmdn. im Irrtum belassen.

entretien *m* (1) (*SachR*) Instandhaltung *f*, Wartung *f*; Erhaltung *f*, (2) (*FamR*) (Lebens-) Unterhalt *m*, (3) (*conversation*) Unterredung *f*, Besprechung *f*, Aussprache *f*, Gedankenaustausch *m*; **assurer l'–** warten, die Wartung übernehmen; **dépenses** *ou* **frais d'–** (1) (*WirtR: choses*
biens économiques) Instandhaltungs- *od.* Wartungskosten *pl*, (2) (*FamR: personnes*) Unterhaltskosten; **devoir** *ou* **obligation d'–** (*FamR*) Unterhaltspflicht *f*; **service d'–** Wartungsdienst *m*.

entretien d'embauche (*ArbR*) Einstellungsgespräch *n*; **– du ménage** (*FamR*) Unterhalt für die Führung des Haushalts, Familienunterhalt (um die laufenden Kosten des Haushalts zu bestreiten), Unterhaltsbeitrag beider Ehegatten.

entrevue *f* Unterredung *f*, Zusammenkunft *f*; **– d'embauche** Einstellungsgespräch *n*.

énumération *f* Aufzählung *f*; **– limitative** erschöpfende Aufzählung.

énumérer *v.tr.* aufzählen.

envahir *v.tr.* eindringen, einfallen.

enveloppe *f* (1) Briefumschlag *m*, (2) *f* (*HaushR*) Dotierung *f*, jährliche Ausstattung (mit den notwendigen Haushaltsmitteln); **– cachetée** versiegelter Umschlag.

envergure *f* Format *n*, Bedeutung *f*, Umfang *m*.

environ *adv* ungefähr; **aux –s de** *loc.* in der Nähe von.
environnemantaliste *m* Umweltexperte *m.*
environnement *m* (1) (*nature*) Umwelt *f,* (2) (*société, famille*) soziales Umfeld, Umgebung *f;* **dégâts causés à l'–** Umweltschäden *mpl;* **destruction de l'–** Umweltzerstörung; **pollution de l'–** Immissionen *fpl;* Umweltverschmutzung, Umweltverseuchung; **protection de l'–** Umweltschutz *m;* **– dégradé** geschädigte Umwelt.
envisager *v.tr.* planen, ins Auge fassen, in Betracht ziehen, vorsehen.
envoi *m* Versand *m;* Sendung *f,* Lieferung *f;* **acte d'– en possession** (*SachR*) Besitzeinweisungsurkunde *f;* **déclaration d'–** Versandschein; **documents d'–** Begleitpapiere *npl;* **frais d'–** Versandkosten *pl,* Versandkosten *pl;* **lettre d'–** Versandanzeige (mitsamt Rechnung).
envoi d'argent Geldsendung *f;* **– collectif** Sammelsendung; **– exprès** Eilsendung, Eilbotensendung; **– franco de port** Versandkosten (im Preis) inbegriffen; **– groupé** Sammelsendung; **– mal dirigé** Irrläufer *m.*
envoi en possession (*SachR*) Besitzeinweisung; **– en possession provisoire** (*SachR*) vorläufige Besitzeinweisung; **– postal** Postsendung; **– par la poste aérienne** Luftpostsendung; **– poste restante** postlagernde Sendung.
envoi recommandé Einschreibesendung, Einschreibebrief; **– contre remboursement** Nachnahmesendung, per Nachnahme; **– en retour** Rücksendung; **– en souffrance** *ou* **tombé en rebut** unzustellbare Sendung; **– en transit** Sendung im Durchgangsverkehr, Transitgut *n;* **– avec valeur déclarée** Sendung mit Wertangabe, Wertsendung; **– par voie ferrée** Bahnversand, Bahnsendung.
envolée *f* Höhenflug *m;* **– du cours de l'or** kräftiges Ansteigen des Goldpreises.
envoyé *m* (außerordentlicher) Gesandte (r); **– diplomatique** Gesandter; **– spécial** (*MedienR*) Sonderberichterstatter.
envoyer *v.tr.* zusenden, versenden; schicken; **– un navire par le fond** ein Schiff versenken; **– qqn. en prison** jmdn. zu einer Freiheitsstrafe verurteilen.
envoyeur *m* Absender *m.*
enzootie *f* lokalisierte Tierseuche.
éolienne *f* Windkraftrad *n,* Windrad.
épandage *m* (*StVR*) (*bei Glatteis*) Streuen *n.*
épanouissement *m* freie Entfaltung (der Fähigkeiten).
épargnant *m* Sparer *m;* **petit –** Kleinsparer.
épargne *f* Sparen *n,* Spartätigkeit *f,* Sparwesen *n;* Ersparnis *f,* Spargelder *npl,* Sparguthaben *n;* **appel (public) à l'–** öffentliche Zeichnungsaufforderung (an die Sparer gerichtet), Inanspruchnahme von Sparkapital; **association d'–** Sparverein *m;* **caisse d'–** Sparkasse *f;* **compte d'–** Sparkonto *n;* **contrat d'–** Sparvertrag *m;* **dépôt d'–** Spareinlage *f,* Sparguthaben *n;* **encouragement à l' –** Sparförderung *f;* **livret (de caisse) d'–** Sparbuch *n,* Einlagebuch; **taux d'–** Sparquote *f;* **versement d'–** Spareinlage.
épargne bancaire Banksparguthaben *n;* **– forcée** Zwangssparen; **–-logement** Bausparen *n;* **– mobilière** Wertpapiersparen; **–-prévoyance** Vorsorgeaufwendungen *fpl;* **– privée** *ou* **des particuliers** private Spartätigkeit; **– productive** Sparen in Form von Anlagen und Unternehmensbeteiligungen; **– retraite** Sparen für eine zusätzliche Altersversorgung; **– stérile accumulée** für die Wirtschaft unproduktive Spartätigkeit; **– volontaire** freiwilliges Sparen.
épargner *v.tr.* (1) (*économiser*) (ein-) sparen, (2) (*accumuler par l'épargne*) sparen; zurücklegen; anhäufen, (3) (*ménager ses forces*) schonen, sorgsam umgehen (mit).
épave *f* (1) (*ZR*) verlorene Sache; (vom Eigentümer) aufgegebener Gegenstand, (2) beschädigte, unbrauchbare

Sache; (Auto-) Wrack *n*, (3) (*SeeHR*) Wrack *n*; Strandgut *n*.

épeler *v.tr.* buchstabieren; Lesen lernen.

épier *v.tr.* heimlich beobachten *od.* verfolgen.

épilogue *m* Nachspiel *n*; Schlussrede *f*, Nachwort *n*.

épisode *m* Ereignis *n* am Rande, Nebenhandlung *f*.

épizootie *f* Tierseuche *f*.

éplucher *v.tr.* sorgfältig überprüfen.

éponger *v.tr.* (1) (*Kaufkraft*) abschöpfen, (2) (*Schulden*) begleichen, decken.

époque *f* Zeitabschnitt *m*; Zeitalter *n*; **– de la conception** (*FamR*) Empfängniszeit *f*.

épouse *f* (Ehe-) Gattin, Ehefrau *f*; **– divorcée** geschiedene Frau.

épouser *v. tr. d.* heiraten, ehelichen.

époux *m* (*FamR: le conjoint*) Gatte *m*, Ehegatte, Ehemann *m*; **– communs en biens** in Gütergemeinschaft lebende Eheleute; **– divorcé** geschiedener Ehegatte.

épreuve *f* (1) (*SchulR*) Prüfung *f*; Prüfungsarbeit *f*, (2) (*essai*) Probe *f*, Versuch *m*, (3) (*souffrance*) Leid *n*, Schmerz *m*; Unglück *n*, (4) (*texte imprimé*) Druckfahne *f*, erster Abdruck, (5) Fotografie *f*, Foto *n*; **mettre qqn. à l'–** jmdn. auf die Probe stellen; **– d'admission** Aufnahmeprüfung *f*; **– d'aptitude** Eignungstest; **– de contrôle** Kontrolltest *m*; **– écrite** schriftliche Prüfung; **à l'– du feu** feuerfest; **– de force** Kraftprobe *f*; **– orale** mündliche Prüfung; **– de qualification** Aufstiegsprüfung.

éprouvé *adj* bewährt, erprobt; betriebssicher.

épuisé *adj* (*HR: Ware*) ausverkauft, nicht lieferbar; (*Vorrat*) erschöpft; (*Buch*) vergriffen.

épuisement *m* Erschöpfung *f*; **– des recours internes** (*IPR*) Erschöpfung aller innerstaatlichen Rechtsmittel; **– des voies de recours** (1) (*ZPR*) Erschöpfung des Rechtsweges, (2) (*VwR*) Erschöpfung des Beschwerdeweges *od.* der Rechtsmittel.

épuration *f* (*hist*) Säuberungsaktion; **station d'–** Kläranlage *f*.

équarrissage *m* (*LandwR: abattage et dépeçage d'animaux impropres à la consommation alimentaire, chevaux, etc.*) Abdecken *n*; Abdeckerei *f*; Tierkadaververwertung *f*.

équilibre *m* Gleichgewicht *n*; Ausgleich *m*; Ausgewogenheit *f*; **– du budget** *ou* **budgétaire** Haushaltsausgleich *m*, Haushaltsgleichgewicht *n*; **– financier** finanzielles Gleichgewicht.

équilibrer *v.tr.* ins Gleichgewicht bringen; kompensieren, ausgleichen; **– en recettes et dépenses** ein Gleichgewicht zwischen Einnahmen u. Ausgaben herstellen.

équipage *m* (1) (*SeeHR*) (Schiffs-) Mannschaft *f*, Schiffsbesatzung *f*, (2) (*avion*) Besatzung *f*, Crew *f*, Besatzungsmitglieder *npl*; **rôle de l'–** Musterrolle *f*, Mannschaftsrolle.

équipartition *f* paritätische Verteilung (der Sitze).

équipe *f* (Arbeits-) Kolonne *f*, Mannschaft *f*, Team *n*; Arbeitsgruppe; Schicht *f*; **contrat d'–** (1) (*ArbR*) Gruppenarbeitsvertrag *m*, (2) (*BauR*) Kolonnenvertrag *m*; **jeu d'–** Mannschaftssport *m*; **personnel d'–** Schichtbelegschaft; **salaire d'–** Gruppenlohn *m*; **travail d'–** Teamarbeit; **– de chercheurs** Forscherteam *n*; **– de jour** Tagschicht *f*; **– médicale** Ärzteteam *n*; **– ministérielle** Kabinett *n*; **– de travail** Arbeitsgruppe.

équipement *m* (1) (*VwR, BauR*) Raumordnungsbehörde; Städtebaubehörde *f*; Bauamt *n*, (2) (*SeeHR: armement*) Schiffsausrüstung, (3) (*i.w. S.*) Ausstattung *f*; Geräte *npl*, Ausrüstungsgegenstände *mpl*; **biens d'–** Investitionsgüter *npl*; **– administratif** Verwaltungseinrichtungen *fpl*; **– agricole** landwirtschaftliche Betriebsmittel *npl*; **– de bureau** Büroeinrichtung *f*; **– commercial** Geschäftsausstattung; **– professionnel** Arbeitsausrüstung; **– social** Sozialeinrichtungen *fpl*.

équipementier *m* Ausrüster *m*.

équipements *mpl* Infrastrukturanlagen *fpl*, Infrastruktur *f*; **– annexes** Folgeeinrichtungen *fpl*; **– collectifs** Infrastruktur; **– de desserte** Folgeeinrichtungen; **– publics de base** Grundausstattung *f.*

équiper *v.tr.* ausrüsten; versorgen (mit).

équipollent *adj* gleichwertig; gleichbedeutend (mit); **la faute lourde –te au dol** die grobe Fahrlässigkeit wird wie der Vorsatz behandelt *od.* mit dem Vorsatz gleichgesetzt.

équitable *adj* billig, angemessen, gerecht, recht und billig; **juge –** unparteiischer *od.* unvoreingenommener Richter.

équité *f* (Recht und) Billigkeit *f*; billiges Ermessen; ausgleichende Gerechtigkeit; **clause d'–** Billigkeitsklausel *f*; **juger** *ou* **statuer en –** nach Billigkeitserwägungen *od.* -gesichtspunkten entscheiden; **principe de l'–** Grundsatz von Recht u. Billigkeit, Billigkeitsgrundsatz *m*; **– des salaires** Lohngerechtigkeit *f.*

équivalence *f* Gleichwertigkeit *f*, Gleichstellung; **– des conditions** (*ZR, StR: Äquivalenztheorie*) Gleichwertigkeit aller den Erfolg bedingenden Handlungen; **– de diplômes** *ou* **de titres** Gleichwertigkeit von Diplomen *od.* Zeugnissen; **– des prestations** (*SchuldR*) Gleichwertigkeit der Leistungen.

équivalent *m* (vollwertiger) Ersatz *m*, Gegenwert *m*; **– actuariel** versicherungsmathematischer Gegenwert; **– en français** die französische Entsprechung.

équivaloir *v.tr.ind.* (*équivaloir à: valoir autant, être de même valeur que*) den Gegenwert darstellen (für), entsprechen; gleichkomen; so viel bedeuten wie; **sa réponse équivaut à un refus** seine Antwort kommt einer Ablehnung gleich.

équivoque *adj* zwei- *od.* mehrdeutig, doppelsinnig; *f*: **notre malentendu provient d'une –** das alles beruht auf einem Missverständnis.

ère *f* Ära *f*, Zeitalter *n*; **XX° siècle de l'– chrétienne** XX. Jahrhundert christlicher Zeitrechnung.

érection *f* (*BauR*) Errichtung (eines Bauwerks).

erga omnes (*contre tous*) *lat. loc. adv.* (*Rechtswirkung*) gegenüber jedermann.

ergonomie *f* Ergonomie *f*, Erforschung der optimalen Arbeits- und Leistungsmöglichkeiten; optimale Anpassung der Produkte an den Verwendungszweck.

ergothérapie *f* (*MedizinR*) Beschäftigungs- und Arbeitstherapie *f.*

érosion *f* **monétaire** Geldwertschwund *m*, schleichende Geldentwertung; Kaufkraftschwund.

errata *mot invar.* Fehlerverzeichnis *n.*

erratum *m* Druckfehler *m.*

errements *mpl* Irrungen *fpl*, Irrweg *m*, falsche Verfahrensweise; **– de la procédure** undurchschaubarer Verfahrensablauf.

erreur *f* (1) (*ZR, StR*) Irrtum *m*, (2) (*i.w. S*) Fehler *m*; Versehen *n*; **commettre une –** einen Irrtum begehen; **corriger une –** einen Irrtum berichtigen; **faire –** sich irren; **grave** *ou* **grosse –** grober Fehler; schwerwiegender Irrtum; **induire en –** jmdn. täuschen; **par –** irrtümlich; **sauf – ou omission** Irrtum *od.* Auslassung vorbehalten.

erreur d'appréciation Beurteilungsfehler *m*; **– sur la cause** (*SchuldR*) Irrtum über die Vertragsgrundlage; **– commune** (1) weit verbreiteter Irrtum, (2) (*SchuldR*) Irrtum beider Parteien, gemeinschaftlicher Irrtum; **– dans la déclaration** Erklärungsirrtum; **– dirimante** Irrtum, der die Anfechtbarkeit des Rechtsgeschäfts zur Folge hat.

erreur de droit (1) (*ZR*) Rechtsirrtum *m*, (2) (*StR: erreur sur l'existence d'une règle de droit – art. 122–3 CP*) Verbotsirrtum *m*; **– d'évaluation** Bewertungsfehler, Schätzfehler; **– dans l'expression** Erklärungsirrtum; **– de fait** (1) (*ZR*) Tatsachenirrtum, (2) (*StR: erreur sur un élément de la situation*) Tatbestandsirrtum *m*; **– de gestion** (*GesR*) Geschäftsführungsfehler *m*; **– grossière de diagnostic** grobe Fehleinschätzung; **– inexcusable** (*SchuldR*) unentschuldbarer Irrtum (der eine Anfechtung des Vertrages durch den Irrenden ausschließt).

erreur judiciaire (*PrzR*) Justizirrtum *m*;

– de jugement falsche Beurteilung; **– juridique** Rechtsirrtum *m*; **– manifeste** (*VwR*) offensichtlicher u. schwerwiegender Ermessensfehlgebrauch; **– matérielle** Rechenfehler *m*; Druckfehler; Schreibfehler; irrtümliche Weglassung; **– sur le mobile** *ou* **sur le motif** (*StR*) Motivirrtum, Irrtum im Beweggrund.

erreur obstacle (*SchuldR*) Irrtum mit der Rechtsfolge der Nichtigkeit; **– dans** *ou* **sur la personne** Irrtum in der Person; **– dans la qualification des faits** (*PrzR*) Subsumtionsirrtum; **– sur les qualités non substantielles** (*SchuldR*) Irrtum über unwesentliche Eigenschaften; **– de raisonnement** Denkfehler *m*; **– sur la substance** *ou* **sur une qualité substantielle de la chose** (*SchuldR*) Eigenschafts- *od.* Inhaltsirrtum, Geschäftsirrtum; **– substantielle** wesentlicher Irrtum; **– de transmission** Übermittlungsfehler *m*; **– sur la valeur** Irrtum über den Wert (einer Sache), Wertirrtum; **– vice du consentement** (*SchuldR*) Irrtum als Willensmangel (und Anfechtungsgrund).

erroné *adj* falsch, irrig; **affirmation** *ou* **assertion –e** unrichtige Behauptung; nicht der Wahrheit entsprechende Angabe; **conclusions –es** Anträge, ohne ausreichende rechtliche Begründung; **opinion –ée** irrige Ansicht *od.* Auffassung.

erronément *adv*: **juger –** ein Fehlurteil fällen.

érudition *f* großes Wissen, hervorragende Kenntnisse.

ès qualité(s) *loc.* in seiner Eigenschaft als, kraft Amtes, In Ausübung seines Amtes.

esbroufe *f* Bluff *m*, dreiste Täuschung, Irreführung.

escalade *f* (1) (*StR*) (Diebstahl durch) Einsteigen (über Mauern *od.* Zäune), (2) (*Pol*) Eskalation, stufenweise Steigerung der politischen *od.* militärischen Druckmittel; Zuspitzung, Verschärfung.

escale *f* (1) (*SeeHR*) Landeplatz *m*, (2) (*Flugzeug*) Zwischenlandung; **faire –** (1) (*SeeHR*) einen Hafen anlaufen, (2) (*Flugzeug*) zwischenlanden; **vol sans –** Nonstopflug *m*.

escamoter *v.tr.* (*einer Frage*) ausweichen, (*eine Sache*) heimlich entwenden.

escient *loc. adv.*: **à bon –** (1) nach bestem Wissen (und Gewissen), (2) wissentlich, trefflich; **à mauvais –** wider besseres Wissen, böswillig.

escomptabilité *f* (*WechselR*) Diskontfähigkeit *f*.

escomptable *adj* diskontfähig.

escompte *m* (1) (*BankR: opération de crédit*) (Wechsel-) Diskont *m*, Diskontierung, (2) (*HR: avantage dont bénéficie le débiteur payant sa dette avant échéance*) (Kassen-) Skonto *n*, Barzahlungsnachlass *m*; **admis à l'–** diskontfähig; **bordereau d'–** Diskontrechnung *od.* -note; **crédit d'–** Diskontkredit *m*; Wechselkredit; **effet à l'–** Diskontwechsel *m*; **frais d'–** Diskontspesen *pl*; **marché de l'–** Diskontmarkt *m*; **opération d'–** Diskontgeschäft; **plafond d'–** Diskontgrenze *f*; **politique de l'–** Diskontpolitik *f*; **taux d'–** (*BankR: pourcentage servant de base au calcul de l'agio d'escompte*) Diskontsatz *m*; Bankrate *f*.

escompte bancaire Bankdiskontierung; Bankzinsfuß *od.* -zinssatz; **– de caisse** (*WirtR: bei Barzahlung*) Skonto *n od. m*, Kassenrabatt *m*, Barzahlungsnachlass *m*; **– commercial** Diskontberechnung vom Nominalwert; **– en dedans** Diskontberechnung vom Tageswert; **– en dehors** Diskontberechnung vom Nominalwert; **– hors banque** Privatdiskont; **– sur les paiements au comptant** Skonto *n*, Barzahlungsnachlass *m*; **– rationnel** Diskontberechnung vom Tageswert.

escompter *v.tr.* (1) diskontieren, Wechsel vor Fälligkeit kaufen, (2) Diskont abziehen, (3) (*i.w.S.*) hoffen (auf), erwarten, rechnen (mit).

escompteur *m* Diskonteur *m*, Diskontgeber *m*; Diskontbank *f*.

escorte *f* (Ehren-) Geleit *n*, Eskorte *f*, Begleitschutz *m*.

escroc *m* (1) (*StR*) Betrüger *m*, (2) Hochstapler *m*, Schwindler *m*; **– au mariage** Heiratsschwindler.

escroquer *v.tr.* betrügen; **– une signature** jmdn. unter Vorspiegelung falscher Tatsachen eine Unterschrift leisten lassen.

escroquerie *f* (*StR: art. 313–1 CP*) Betrug *m*; **– à l'assurance** Versicherungsbetrug; **– au crédit** Kreditbetrug.

espace *m* Raum *m*; Zwischenraum; Weltraum; **– aérien** Luftraum *m*; **– aérien approprié** unter Lufthoheit stehende Luftsäule (über dem Staatsgebiet); **– aérien interdit** Luftsperrgebiet *n*; **– aérien libre** Luftraum außerhalb der Herrschaftsgewalt eines Staates; **– économique** Wirtschaftsraum *m*; **– extra-atmosphérique** Stratosphäre, Weltraum; **– judiciaire européen** (*EuR*) Zuständigkeitsbereich europäischer Gerichte; **– juridique européen** Geltungsbereich des europäischen Rechts; **– privé** privat genutzte Räumlichkeiten; **– public** öffentlicher Raum, öffentlich zugängige Straßen, Wege und Plätze; **– publicitaire** Werbefläche; Werbeteil (in Zeitschriften); Werbezeit *f* (im Fernsehen); **– vert** Grünflächen *pl*; **– vital** Lebensraum *m*.

espacement *m* **des paiements** Staffelung *f* der Zahlungen.

espèce *f* (1) (*UmweltR: espèces animales, végétales*) (Tier-, Pflanzen-) Art *f*, Sorte *f*, (2) (*PrzR: cause ou affaire soumise à un juge pour décision*) zur Entscheidung anstehender (Streit-) Fall *m*, (vor Gericht verhandelter) Rechtsstreit; **cas d'–** Einzelfall *m*, Sonderfall *m*; Rechtsstreit, der eine besondere Gesetzesauslegung erfordert; **les données de l'–** der dem Fall zugrunde liegende Sachverhalt; **en l'–** im vorliegenden Rechtsstreit *od.* Fall, in diesem Falle; **jugement d'–** Urteil *n* ohne grundsätzliche Bedeutung; **– tarifaire** zolltarifliche Benennung.

espèces *fpl* (1) (*WirtR: monnaie métallique*) Hartgeld *n*, Metallgeld, Münzen *fpl*, (2) (*BankR: monnaie ayant cours légal*) Bargeld (als gesetzliche Zahlungsmittel) *n*, Barschaft *f*; Banknoten; **apport en –** Bareinlage *f*; **en –** bar; **indemnité en –** Barabfindung; **paiement en –** Barzahlung *f*; **payer en –** in bar zahlen; **prélèvement d'–** Abhebung von Bargeld; **prestation en –** Barzahlung, Bargeldleistung; **protection des – en voie de disparition** Artenschutz *m*; **versement en –** Barzahlung; **– monnayées** Münzsorten.

espérance *f* Hoffnung *f*; Aussichten *fpl*; Erwartungen *fpl*; **– abrégée de vie** abgekürzte Lebenserwartung; **– moyenne de vie** mittlere Lebenserwartung.

espérances *fpl* (*ErbR*) Aussicht *f* auf eine Erbschaft (die noch kein Anwartschaftsrecht darstellt).

espion *m* Spion *m*.

espionnage *m* Spionage *f*, Landesverrat, Ausspähung *f*; **– économique** *ou* **– industriel** Werkspionage *f*, Wirtschaftsspionage.

espionner *v.tr.* (*pej*) auskundschaften, bespitzeln, belauschen, ausspähen.

esprit *m* Geist *m*; **agir dans un – de vengeance** aus Rache handeln; **– d'à-propos** Geistesgegenwart *f*; **– autoritaire** Herrschsucht *f*; **– de civisme** Staatsgesinnung *f*, Bürgersinn *m*; Staatstreue *f*; **– de corps** Zusammengehörigkeitsgefühl *n*; **– d'entreprise** Unternehmergeist *m*; **– d'épargne** Sparwille *m*, Sparsinn *m*; **– d'équipe** Teamgeist *m*; **– de justice** Gerechtigkeitssinn *m*; **– de la loi** Sinn und Zweck des Gesetzes; **– d'observation** Beobachtungsgabe *f*; **– d'organisation** Organisationstalent *n*.

esquisser *v. pron.*: **s'–** sich abzeichnen, sich andeuten.

esquiver *v.tr.* (einer Sache *od.* jmdm.) ausweichen.

essai *m* (1) (*SchuldR: mise à l'épreuve préalable à la conclusion d'un contrat*) Probezeit *f*, (2) (*i.w.S.*) Versuch *m*; Erprobung *f*; Probe *f*; **engagement à l'–** (*ArbR*) Probearbeitsverhältnis; **période d'–** (*ArbR*) Probezeit *f*; **vente à l'–** (*SchuldR: vente qui ne sera définitive que si la chose est reconnue apte – art. 1588 Cciv*) Kauf auf Probe *od.* Besicht.

essai de conciliation (*PrzR, ArbR*) Schlichtungsversuch *m*, Einigungsversuch, Sühneversuch; **– de matériaux** Werkstoffuntersuchung, Materialprüfung; **– nucléaire** Atomversuch; **– de rapprochement** (*VR*) Annäherungsversuch *m*.

essayer *v. tr. d.* (1) erproben; überprüfen; testen; (*Kleidung*) anprobieren, (2) *v.tr. ind.* ausprobieren, (3) **s'–** *v. pron.* (*seine Fähigkeiten*) erkunden; **– un vin** einen Wein kosten.

essayeur *m* (*Waren, Material*) Tester; **– professionnel (de l'usine)** (*Kraftfahrzeuge*) Testfahrer *m*.

essence *f* (1) Wesen *n*, Natur *f*, (2) Benzin *n*, Treibstoff *m*; **par –** naturgemäß, an und für sich.

essentiel *adj* wesentlich, bedeutsam, grundlegend, den Kern der Sache treffend; **condition –le** Gültigkeitsvoraussetzung; Grundvoraussetzung; **formalité –le** wesentliches *od.* unabdingbares Formerfordernis; **qualité –le** wesentliche Eigenschaft.

essentiel *m* (*le point le plus important*) das Wesentliche, das Grundsätzliche; **être d'accord sur l'–** sich über die wesentlichen Punkte geeinigt haben; **se borner à l'–** nur die wesentlichen Punkte hervorheben, sich auf die Grundsätze Beschränken.

essor *m* **conjoncturel** *ou* **économique** Konjunkturaufschwung.

essuyer *v.tr.d.* **des pertes** hohe *od.* erhebliche (finanzielle) Verluste erleiden; **– les plâtres** (*für jmdn.*) seinen Kopf hinhalten müssen.

estampillage *m* Abstempelung *f*.

estampille *f* (*WirtR: marque distinctive*) Güte- *od.* Echtheitszeichen *n*, (Kontroll-) Stempel *m*.

estampiller *v.tr.* abstempeln; markieren; mit einem Prüfzeichen versehen.

estarie *f* (*SeeHR: starie*) Liegetage *mpl*; **frais d'–** (*SeeHR*) Liegegeld *n*.

ester *v.intr.* (*ZPR: employé seulement à l'infinitif: se présenter en justice*) (*vor Gericht*) stehen; **capacité d'– en justice** (*ZPR*) Prozessfähigkeit *f*; **droit d'– en justice** Prozessführungsbefugnis *f*; **incapacité d'– en justice** fehlende Prozessführungsbefugnis; **– en justice** *ou* **en en jugement** (*PrzR: agir en justice*) einen Prozess führen, vor Gericht (als Kläger oder Beklagter) auftreten, klagen und verklagt werden.

esthétique *n.f. et adj* Ästhetik *f*; schön, geschmackvoll; **chirurgie –** Schönheitschirurgie *f*; **dommage –** Verunstaltung (*des Körpers, insbesondere des Gesichts*); **– industrielle** Design *n*, künstlerische Gestaltung.

estimateur *m* Taxator *m*, Schätzer *m*.

estimatif *adj* (*on dit aussi: estimatoire*) geschätzt; **devis** *ou* **état –** Kosten(vor)-anschlag *m*; **valeur estimative** Schätzwert *m*, Taxwert.

estimation *f* (1) (*appréciation, évaluation en argent*) Bewertung *f*, Schätzung *f*, (2) (*calcul, détermination*) Berechnung *f*, Festsetzung, (3) Hochrechnung *f*; **prix d'–** *ou* **valeur d'–** geschätzter Wert, Schätzwert.

estimation approximative grobe *od.* vorläufige Schätzung; **– contradictoire** Schätzung in Anwesenheit der Beteiligten; **– judiciaire** gerichtliche Schätzung; **– de pourcentage** Hochrechnung *f*; **– du sinistre** Schadensschätzung *od.* -berechnung; **– de travaux à exécuter** Kostenvoranschlag (für Leistungen).

estimatoire *adj*: **action –** (*SchuldR, ZPR: action en diminution du prix*) (Preis-) Minderungsklage *f*, Anspruch *m* auf Minderung (beim Kauf).

estime *f* Wertschätzung *f*.

estimer *v.tr.* (1) schätzen, abschätzen, (2) berechnen, taxieren; **– que** der Ansicht sein, dass; davon ausgehen, dass.

estivage *m* (1) (*LandwR: bestiaux en montagne*) Übersommern *n*, (2) (*SeeHR*) Zusammenpressen *n* (*der Ballen*).

estivant *m* Urlauber *m*, Feriengast *m*.

estoppel *m* (*VR: objection péremptoire*) Unzulässigkeit des nachträglichen Bestreitens einer (früher abgegebenen) eigenen Erklärung.

établi *p.p. adj.*: **avoir une réputation –e** einen guten Ruf genießen; **les coutumes –es** das geltende Gewohnheitsrecht; **un fait –** eine feststehende Tatsache, ein bewiesener Punkt; **le gouvernement –** die Regierung (im Amt), die Regierenden; **les lois –es** die geltenden Gesetze; **opinion –e** herrschende Meinung; **l'ordre –** die herrschende (rechtsstaatliche) Ordnung; **réputation –e** hervorragender Ruf; **un usage –** eine langjährige Übung; **une vérité –e** eine anerkannte *od.* allgemeingültige Wahrheit; **– par loi** gesetzlich fixiert, gesetzlich verankert; **– officiellement** aktenkundig.

établir *v.tr.* (1) (*créer, instituer, instaurer*) einführen, begründen, schaffen, (2) (*fixer, dresser*) festsetzen, feststellen, aufstellen, ausfertigen, (3) (*PrzR*) (*prouver, démontrer*) beweisen, nachweisen, den Beweis erbringen, (4) (*BeamR*) (*nommer*) ernennen, in ein Amt einführen; **s'–** *v. pron.* (*HR*) sich niederlassen; **– un bilan** eine Bilanz aufstellen; **– qqn. dans une charge** jmdn. ein öffentliches Amt verleihen; **– une comptabilité distincte** gesondert Rechnung legen; **s'– à son compte** sich selbständig machen; **– un contrat** einen Vertrag ausfertigen; **– son domicile (à)** seinen Wohnsitz begründen (in); **– ses droits sur des faits indiscutables** seine Ansprüche auf unbestreitbare Beweise gründen; **– un état** ein Verzeichnis aufstellen; **– une facture** eine Rechnung ausstellen; **– un impôt** eine (neue) Steuerart einführen; **– l'innocence d'un accusé** den Beweis für die Unschuld (des Angeklagten) führen; **– la paix** den Frieden wiederherstellen; **– la preuve** den Beweis erbringen; **– un procès-verbal** ein Protokoll aufnehmen; **– la réalité d'un fait** eine Tatsache nachweisen; **– des relations** Beziehungen anknüpfen *od.* anbahnen.

établissement *m* (1) (*HR: entreprise commerciale ou industrielle*) Betrieb *m*, Unternehmen *n*, Firma *f*; Niederlassung *f*, (2) (*ÖfR: personne publique*) (öffentlich-rechtliche) Anstalt *f*, (3) (*ZR, GesR: institution, instauration*) Errichtung *f*, Gründung *f*, Schaffung, (4) (*PrzR: démarche tendant à démontrer, à justifier*) Feststellung *f*; Nachweis *m*; Ausfertigung *f*, (5) (*HR, GesR: société*) Sitz *m*, Firmensitz, (6) (*IPR: domicile à l'étranger*) Begründung eines Wohnsitzes im Ausland; **accord d'–** (*ArbR*) Betriebsvereinbarung; **chef d'–** Betriebsleiter *m*; **convention d'–** (1) (*ArbR*) Werktarifvertrag *m*, (2) (*IPR*) Niederlassungsabkommen *n*; **droit d'–** Niederlassungsfreiheit *f*; **fermeture de l'–** Betriebsstillegung; **frais d'–** (*WirtR*) Niederlassungskosten; **liberté d'–** Niederlassungsfreiheit, Freizügigkeit *f*; **pays d'–** Aufnahmeland; **permis d'–** Aufenthaltsbewilligung *od.* -erlaubnis; **risque de l'–** Betriebsrisiko *n*.

établissement agricole landwirtschaftlicher Betrieb; **– d'aliénés** psychiatrische Anstalt; **– artisanal** Handwerksbetrieb; **– de l'assiette de l'impôt** Steuerveranlagung; **– de l'assistance publique** Wohlfahrtseinrichtung; **– d'assurances** Versicherungsanstalt *f*, Versicherungsgesellschaft *f*.

établissement bancaire *ou* **de banque** Kreditinstitut *n*; **– de bienfaisance** Wohltätigkeitsverein *m*, Wohlfahrtseinrichtung; **– du bilan** Bilanzaufstellung; **– du budget** Haushaltsaufstellung; **– dans une charge** (*ÖfR*) Amtseinführung; **– de commerce** *ou* **commercial** Handelsunternehmen *od.* -betrieb, Gewerbebetrieb; Geschäftsniederlassung; **– congréganiste** kirchliche Religionsgemeinschaft (in der Rechtsform eines Vereins); **– de crédit** Kreditinstitut *n*, Bank.

établissement dangereux, incommode et insalubre (*GewR: installation classée*) gefährliche Anlage; Einrichtung, die auf Grund ihres Betriebes in besonderem Maß geeignet ist, schädliche Umwelteinwirkungen hervorzurufen; **– distinct** (*GesR*) Produktionseinheit (ohne juristische Selbständigkeit); **– d'un droit** (*ZPR*) Beweis eines Anspruchs; **– de droit public** öffentlich-rechtliche Anstalt; **– d'éducation surveillée** (*StR*) (*für straffällige Jugendliche*) Erziehungsheim *n*; **– d'un enfant** Ausstattung eines Kindes; **– d'enseignement** Lehranstalt *f*, Schule *f*; **– d'un fait** (*PrzR*)

Beweis des Sachverhalts; **– familial** Familienbetrieb.

établissement de la filiation (*EheR*) Feststellung der Abstammung; **– financier** Kreditinstitut, Bank; **– de gros** Großhandelsfirma; **– hospitalier** Krankenhaus *n*; **– de l'identité d'une personne** (*StR*) erkennungsdienstliche Behandlung; **– de l'impôt** Steuerveranlagung *f*; **– industriel** Gewerbe- *od.* Industriebetrieb; **– de la liste des candidats** Aufstellung der Kandidatenliste; **– en nom personnel** (*HR*) Einzelfirma.

Der frz. Jurist verwendet verschiedene Ausdrücke für die Haftanstalten: die *maisons d'arrêt* sind den Untersuchungshäftlingen vorbehalten. Sie nehmen allerdings auch auf frischer Tat ertappte und Strafgefangene auf, die kurze Strafen verbüßen. Die *maisons centrales* dienen der Verbüßung längerer Freiheitsstrafen. Die *maisons de justice* gibt es nicht mehr. In den *centres pénitentiaires* findet man alle Gefängnisarten in einzelne *quartiers* aufgeteilt. Die *centres de détention* dienen der Wiedereingliederung Straffälliger, die den größten Teil ihrer Strafe bereits abgesessen haben. Dasselbe gilt für die *centres de semi-liberté*. In den *centres d'observation et de triage* schließlich, werden die Inhaftierten auf psychische und körperliche Krankheiten untersucht, um eventuell in einem *centre médico-psychologique* untergebracht zu werden.

établissement pénitentiaire (*StR: locaux destinés à recevoir les délinquants condamnés à une peine privative de liberté*) Justizvollzugsanstalt *f* (= JVA); **– de prêt sur gages** Pfandleihanstalt, Pfandhaus *n*; **– principal** (*GesR*) Hauptniederlassung, Hauptsitz *m* (einer Gesellschaft); **– du procès-verbal** Protokollaufnahme *f*, Protokollierung; **– de la propriété** (*SachR*) Nachweis des Eigentums an einem Grundstück (durch Urkunden über die Eigentumsverhältnisse der letzten 30 Jahre); **– psychiatrique** Nervenheilanstalt; **– public** (1) (*ZPR: hist.*) juristische Person des öffentlichen Rechts, Körperschaft, (2) (*ÖfR*) Anstalt des öffentlichen Rechts, öffentlich-rechtliche Anstalt; **– public (à caractère) administratif** nichtselbständige öffentlich-rechtliche Anstalt; **– public (à caractère) industriel et commercial** öffentlich-rechtliche Wirtschaftsanstalt, staatlicher Gewerbebetrieb; **– public (à caractère) scientifique et culturel** Hochschule *f*, Forschungsanstalt; **– public scolaire** Schule *f* (als Einrichtung eines öffentlich-rechtlichen Schulträgers); **– de sécurité renforcée** (*StVZ*) Hochsicherheitstrakt; **– de soins** (*SozR*) Krankenhaus *n*; Einrichtung zur Versorgung alter Menschen; **– d'utilité publique** gemeinnützige Einrichtung; **– de vente au détail** Einzelhandelsbetrieb; **– de vente en gros** Großhandelsbetrieb.

étage *m* (1) (*hist.: rang social*) Rang *m* (in der Gesellschaft), (2) Etage *f*, Stockwerk *n*, Obergeschoss *n*.

étal *m* Warentisch *m*; Metzgerauslage *f*.

étalage *m* (Waren-) Auslage *f*; Feilbieten *n* (*der Ware*); **droit d'–** Standgeld *n*, Marktstandgebühr *f*; **vol à l'–** Ladendiebstahl *m*; **voleur à l'–** Ladendieb *m*.

étalagiste *m* Markthändler, Marktverkäufer *m*.

étalement *m* Verteilung, Staffelung; **– des paiements** Zahlungsaufschub *m*; **– des (départs en) vacances** Staffelung der Urlaubszeit, Entzerrung des Ferienbeginns.

étaler *v.tr.* (1) (Waren) ausbreiten, (2) (Macht) darstellen, (3) (Zahlungen) staffeln.

étalon *m* (1) Normalmaßstab *m*, Eichmaß *n*, (2) (*BankR: métal sur lequel est fondée la valeur d'une unité monétaire*) Währungsmaßstab *m*, Währungseinheit; **– de change-or** Golddevisenwährung; **– monétaire** Währung, Währungseinheit.

étalonnage *m* Eichen *n*, Eichung *f*.

étape *f* Stufe *f*, Phase *f*, Etappe *f*.

Bitte beachten: *État* groß geschrieben bedeutet in der Rechtssprache immer Staat, *état* klein geschrieben umfasst alle anderen Bedeutungen dieses Wortes. Hier wurden beide Bedeutungsgruppen streng getrennt.

état *m* (1) (*ZR: situation juridique d'une personne physique*) (*avec un é minuscule!*) Stand *m*, Personenstand; Familienstand; Alter *n*; geistige Gesundheit; Geschlecht *n*, (2) (*i.w.S.*) (Gesundheits-) Zustand *m*; Lage *f*; Verfassung *f*; Verhältnisse *npl*, (3) (*chose*) Gestalt *f*, Gestaltung *f*, Beschaffenheit *f*, (4) (*Pol: situation sociale*) (gesellschaftliche) Stellung *f*, (5) (*HR: profession, métier*) Beruf *m*, Gewerbe *n*, (6) (*liste détaillée*) Aufstellung *f*, Verzeichnis *n*, Zusammenstellung *f*, Liste *f*; Register *n*; Überschlag *m*, Befund *m*; **en bon –** in gutem Zustand; **en –** (*PrzR: litige*) spruchreif, verhandlungsreif; **être en – d'accusation** (*StPR*) unter Anklage stehen, sich im Anklagezustand befinden; **être hors d'–** außerstande sein; **faire – de** hinweisen auf; **faire – que** vermuten *od.* meinen, dass; **hors d'– de nuire** unschädlich; **en mauvais –** in schlechtem Zustand; **mettre en –** instandsetzen; **proclamer l'– de siège** den Belagerungszustand verhängen *od.* verkünden; **question d'–** (*FamR*) Personenstandsangelegenheit; **tenir en –** instandhalten, regelmäßig warten; **tiers –** (*hist: la bourgeoisie face à la nobleese et au clergé en 1789*) Dritter Stand, das Bürgertum (1789 während der frz. Revolution); **– d'accusation** (*StPR*) Anklagezustand *m*; **dans l'– actuel des choses** beim gegenwärtigen Stand der Dinge; **– d'alarme** Alarmbereitschaft *f*; **– ancien** früherer Zustand; **– antérieur** vorheriger Zustand; **– de carence** (1) Mangelzustand *m*, Leistungsdefizit *n*; Unfähigkeit, (2) (*InsolvenzR*) Verzugslage *f*, (Zahlungs-) Verzug *m*; **– de la cause** (*PrzR*) gegenwärtige Lage des Rechtsstreits; **en tout – de cause** (1) (*PrzR*) während der gesamten Verfahrensdauer, (2) (*i.w.S.*) auf jeden Fall; **– des charges** (*InsolvenzR*) Istmasse *f*, Schulden- *od.* Lastenverzeichnis *m*; **– de(s) choses** Sachlage *f*, Sachverhalt *m*.

état civil (1) (*ZR: qualités d'une personne que la loi prend en considération*) Personen- *od.* Familienstand, Zivilstand (S), (2) (*VwR: organisation municipale pour constater la situation d'une personne*) frz. Standesamt *n*; **acte de l'– civil** Personenstandsurkunde *f*, standesamtliche Urkunde; Geburtsurkunde; Heiratsurkunde; Sterbeurkunde; **extrait d'actes de l'– civil** Auszug aus dem Personenstandsbuch; **falsification d'– civil** Personenstandsfälschung; **litige relatif à l'– civil** Personenstandssache; **officier de l'– civil** mit den standesamtlichen Aufgaben betrauter Bürgermeister *od.* Bürgermeisterstellvertreter; **pièce d'– civil** standesamtliche Urkunde, Personenstandsurkunde; **rectification de l'– civil** Berichtigung der Personenstandsbücher; **registre de l'– civil** Personenstandsregister *n*, Zivilstandsregister (S); **suppression de l'– civil** Unterdrückung von Personenstandsurkunden.

état de collocation (*InsolvenzR: classement des créanciers*) Rangordnung der Insolvenzgläubiger; **– comparatif** vergleichende Aufstellung; **– comptable** Rechnungsaufstellung; **– de crise** (*VerfR*) innerer *od.* ziviler Notstand; **– de danger public** (*VwR*) polizeilicher Notstand; **– dangereux** (*StR*) Gefährlichkeit *f* (eines Straftäters); **– de délabrement** Baufälligkeit *f*; **– de dépendance** (*FamR*) Abhängigkeitsverhältnis *n*; **– des dépens** (*PrzR: récapitulation des frais engendrés par le procès*) Kostenaufstellung *od.* -berechnung *f*; **– des dépenses** Ausgabenaufstellung *od.* -verzeichnis *n*; **– descriptif** (*Buchf*) ausführliche Zusammenstellung; **– de distribution** Verteilungsplan.

état d'esprit Gemütsverfassung; **– estimatif** (*Buchf*) bewertetes Inventar;

– d'exception (*VerfR*) Staatsnotstand *m*, Ausnahmezustand; **– exécutoire** (1) (*HaushR*) Zahlungsanweisung, (2) (*ZwangsVR*) vollstreckbarer Kostenbescheid *m*; **en – de faire** *loc. conj.* in der Lage, fähig *od.* imstande (sein); **– des faits** Sachlage *f*, Tatbestand *m*; **– de famille** Familienstand *m*; **– de la fortune** (*ZR*) Vermögensverhältnisse *pl*, Vermögensstand, Vermögenslage *f*; **– de frais** Spesenaufstellung, Kostenberechnung, Kostenverzeichnis *od.* -aufstellung; **–s généraux** (*hist*) Generalstände *mpl*, Vertretung ganz Frankreichs, in der nach den drei Ständen (Bürgertum, Adel, Geistlichkeit) abgestimmt wurde.

état de grossesse Schwangerschaft *f*; **en – de guerre** im Kriegszustand; **– de guerre** Kriegszustand *m*; **– hypothécaire** (*GB*) Hypothekenverzeichnis *n*; **– des immobilisations** (*Buchf*) Anlagennachweis *m*; **– d'indigence** (*SozR*) Bedürftigkeit; **– des inscriptions** (*GB*) gegenwärtiger Stand der (Hypotheken-) Eintragungen (im frz. Grundstücksverzeichnis); **– d'inspection** Prüfungsbericht; **en – d'interdiction** (*FamR*) entmündigt (sein); **– inventorié** (*Buchf*) Inventar *n*; **– juridique** (1) (*ZR: d'une personne*) rechtlich bedeutsame Eigenschaften (einer Person), Personenstand *m*, Familienstand, (2) (*i.w.S*) Rechtszustand *m*.

état de légitime défense (*StR*) Notwehr als Rechtfertigungsgrund; **– des lieux** (1) (*MietR*) (notariell beglaubigtes) Wohnungsabnahmeprotokoll *n*; Festestellung des Zustandes einer Wohnung (bei Beginn *od.* Beendigung des Mietverhältnisses) durch eine Amtsperson, (2) (*i.w.S.*) Bestandsaufnahme *f*; **– -major** Generalstab *m*; Stab (von Mitarbeitern); Führungsschicht *f*; **– du marché** Marktlage *f*; **– du marché de l'emploi** Arbeitsmarktlage *f*; **– des meubles** Mobiliarverzeichnis; **– de navigabilité** (*SeeHR*) Seetüchtigkeit; **– néant** Fehlanzeige *f*, Fehlbericht *m*; **– nominatif** Namensverzeichnis *n*, namentliche Aufstellung; **– nominatif d'émargement** Namensliste mit Unterschriftsspalte; **– numérique** (*Buchf*) zahlenmäßige Aufstellung.

état des paiements Zahlungsaufstellung *f*; **– de paix** Friedenszustand; **– parcellaire** (*GB*) Katasterauszug *m*; **– pathologique** (*MedizinR*) Krankheitszustand *m*; **– d'une personne** (*FamR*) Personenstand *m*; **– du personnel** (*ArbR*) Personalverzeichnis; **– de prévision de dépenses** (*HaushR*) Ausgabenvoranschlag *m*; **– de prévision de recettes** (*HaushR*) Einnahmenvoranschlag; **– prévisionnel** (*HaushR*) Haushaltsvoranschlag *m*; **– de la procédure** (*ZPR*) Verfahrensstand *m*; **–s provinciaux** (*hist*) Provinzialstände *mpl*; **– récapitulatif** (*Buchf*) Sammelverzeichnis *n*; **– de recensement** (*ÖfR*) Bestandsliste *f*; **– des recettes** Aufstellung der Einnahmen; **– rectificatif** (*Buchf*) Berichtigung; **– de répartition** Verteilungsplan *m*.

état des salaires (*ArbR*) Lohnübersicht *f*, Lohnaufstellung; **– de santé** Gesundheitszustand; **– de service** (*BeamR*) (Dienst-) Laufbahn *f*; **– de siège** (*VerfR*) Belagerungszustand; Ausnahmezustand *m*; innerer Notstand *m*; **– signalétique et des services** (*MilR*) Wehrstammblatt *n*; **– de situation de banque** Bankausweis *m*; **– de situation patrimoniale** (*ZR*) Vermögensaufstellung *f*, Vermögensverzeichnis *n* (mit sämtlichen Aktiva und Passiva); **– statistique** statistische Übersicht; **– de subordination** (*ArbR, MilR*) Unterordnungsverhältnis; **– de la technique** (*PatR*) Stand der Technik; **– transitoire** Übergangsstadium *n*; **– d'urgence** (1) (*VerfR*) innerer Notstand, (2) (*i. w. S.*) Notlage *f*; **– de veille** Wachzustand *m*.

État *m* (1) (*ÖfR: avec un É majuscule – personne morale de droit public territoriale et souveraine*) Staat *m*, (2) (*VwR: éléments constitutifs de l'État et de son administration*) (Staats-) Verwaltung *f*; (Staats-) Behörden *fpl*; Staatsgewalt *f*; Regierung *f*, (3) (*VerfR: territoire sur lequel est établi la population d'un État*) (*i.w.S.*) Staatsgebiet *n*; Land *n*; **affaire d'–** (*Pol*) Staatsangelegenheit; **appareil d'–** Staatsapparat; **chef d'–** Staatsoberhaupt *n*, Staatschef *m*; **corps de l'–** (*BeamR*) Gruppe von Beamten der gleichen Fachrichtung; **examen d'–** Staatsprüfung; **fonctionnaire d'–** (Zentralstaats-) Beamte(r); **frontière de l'–** Staatsgrenze *f*, Landesgrenze; **homme d'–** Staatsmann; **institution de l'–** staatliche Einrichtung; **intervention de l'–** staatlicher Eingriff, staatliche Intervention; **personnel de l'–** Staatsbedienstete *mpl*; **police d'–** Staatspolizei *f*; **responsabilité de l'–** (*VwR*) Staatshaftung *f*; **sceaux de l'–** Staatssiegel *n*; **secours de l'–** staatliche Unterstützung; **secrétaire d'–** (1) (*VerfR*) Sonderbereichsminister *m*, frz. Minister (ohne automatische Beteiligung am Ministerrat - mit oder ohne eigenen Geschäftsbereich), (*zumeist direkt dem Premierminister unterstellt*) mit Sonderaufgaben betrauter frz. Staatssekretär, (2) (*hist*) Minister (der III. Republik); **sécurité de l'–** Staatssicherheit; **théorie de l'–** Staatslehre *f*; **tutelle de l'–** (*VwR*) Staatsaufsicht *f*.

État absolu (*hist*) absoluter Staat; **– accréditaire** (*VR*) Empfangsstaat; **– accréditant** (*VR*) Entsendestaat; **– d'accueil** Aufnahmeland; **– adhérent** (*VR*) beitretender Staat; **– assistance** Fürsorge- *od.* Versorgungsstaat, Wohlfahrtsstaat; **– associé** (*VR*) assoziierter Staat; **– belligérant** (*VR*) kriegführender Staat; **– central** (*ÖfR*) Zentralstaat; **– constitutionnel** Verfassungsstaat; **– contractant** (*VR*) Vertragsstaat, vertragschließender Staat; **– corporatif** (*hist*) Ständestaat; **– créancier** (*VR*) Gläubigerstaat; **– débiteur** (*VR*) Schuldnerstaat; **– qui demande l'extradition** (*AuslR*) Verfolgungsstaat; **– dépositaire** (*VR*) Verwahrstaat; **– dictatorial** Diktatur *f*; **– de droit** (1) (*VerfR: ordre juridique basé sur le respect du droit*) Rechtsstaat, (2) Rechtsordnung *f*; **– de l'Église** Kirchenstaat; **– ennemi** (*VR*) Feindstaat.

État fantoche (*Pol*) Marionettenregierung *f*; **– fédéral** Bundesstaat; **– fédéré** (*VerfR*) Land (in einem Bundesstaat), Bundesland *n*; **– du for** (*IPR*) Gerichtsstaat; **– garant** (*VR*) Garantiestaat; **– gendarme** (*hist*) Nachtwächterstaat; **– importateur** (*Außh*) Einfuhr- *od.* Importland; **– indépendant** (*VR*) unabhängiger *od.* souveräner Staat; **– industrialisé** Industriestaat, industrialisierte Länder *pl.*; **– limitrophe** (*VR*) Anrainerstaat.

État mandataire (*VR*) Mandatarstaat; **–-membre** Gliedstaat; Mitgliedstaat; **– non-contractant** (*VR*) Nichtvertragsstaat; **– non-membre** Nichtmitgliedsstaat; **– non-participant** (*VR*) Nichtteilnehmerstaat; **– d'origine** (1) (*VR*) Entsendestaat, (2) (*AuslR*) Heimatstaat, Ursprungsland *n*.

État participant Teilnehmerstaat; **– du pavillon** (*SeeHR*) Flaggenstaat; **– policier** (*hist*) Polizeistaat; **–s pontificaux** Kirchenstaat; **– protecteur** (*VR*) Schutzmacht; **– protégé** (*VR*) Protektorat; **–-providence** Wohlfahrtsstaat; **– requérant** (*PrzR, IPR*) ersuchender Staat; **– requis** ersuchter Staat; **– de résidence** Aufenthaltsstaat *od.* -land; **– riverain** Anlieger- *od.* Anrainerstaat; **– satellite** (*VR*) Satellitenstaat; **– signataire** (*VR*) Signatar- *od.* Unterzeichnerstaat; **– social** (*VerfR*) Sozialstaat; **– souverain** (*VerfR*) souveräner Staat; **– tampon** (*hist*) Pufferstaat; **– totalitaire** (*VerfR*) totalitärer Staat; **– de transit** *ou* **transité** (*ZollR*) Durchgangsland; **– voyou** Schurkenstaat.

étatique *adj* staatlich, Staats-.

étatisation *f* Verstaatlichung *f*.

étatisé *adj* (1) verstaatlicht, (2) staatlich gelenkt, staatlich verwaltet.

étatiser *v.tr.* verstaatlichen, in staatliche Verwaltung überführen, vergesellschaften.

étatisme *m* Lehre vom Staat als Ordnungsgefüge (auch im wirtschaftlichen u. sozialen Bereich).

étayer *v.tr.* stützen; **– par des faits** auf der Grundlage von Tatsachen beweisen; die Tatsachen sprechen lassen, sich auf den Boden der Tatsachen stellen.

etc. = et cetera *loc* usw., und so weiter.
été *m* Sommer *m*; **heure d'–** Sommerzeit *f.*
éteindre *v.tr.* (1) (*une dette*) eine Schuld tilgen, (2) (*un droit, une créance*) einen Anspruch befriedigen, (3) (*une servitude*) eine Grunddienstbarkeit löschen; **la prescription éteint l'action** Verwirkung des Klagerechts durch Fristablauf od.infolge Verjährung.
étendard *m* Standarte *f*; Flagge *f*; **suivre** *ou* **se ranger sous l'– de qqn.** jmds. Partei ergreifen.
étendre *v.tr.* ausbreiten, ausweiten; ausdehnen, erweitern; **– illicitement** unzulässigerweise erweitern; **– la portée** (*PatR*) den Schutzumfang erweitern.
étendue *f* Ausdehnung *f*, Umfang *m*, Bereich *m*; Größe *f*; **– de l'assurance** Versicherungsumfang; **– de la garantie** Haftungsumfang, Deckungssumme; **– de la protection** (*PatR*) Schutzumfang; **– territoriale** (d'un contrat) Geltungsbereich *m*.
éternel *adj*: **justice –le** göttliche Gerechtigkeit.
éthique *adj* sittlich, ethisch, moralisch; **jugement –** Werturteil *n*.
éthique *f* (2) Ethik *f*, Sittenlehre *f*; **– professionnelle** Berufsethos *n*.
ethnocide *m* (*VR: refus à un groupe ethnique du droit d'utiliser, de développer et de transmettre sa langue et sa culture*) Zerstörung der Kultur eines Volkes.
éthylique *m* Alkoholiker *m*, (Gewohnheits-) Trinker *m*.
éthylomètre *m* (*StVR*) Alkoholmessgerät *n*, Alcotest *m*.
étiage *m* (*WirtR: baisse périodique des eaux d'un cours d'eau; le plus bas niveau atteint au cours de cette baisse*) niedrigster Wasserstand; **échelle d'–** Pegel *m*.
étiologie *f* (*MedizinR*) Krankheitsursache *f.*
étiquetage *m* Auszeichnung (der Ware), Etikettierung *f.*
étiqueter *v.tr.* (Ware) auszeichen; (Papiere) ordnen; **– qqn. comme ...** jmdn. zum ... abstempeln.
étiquette *f* (1) Aufschrift *f*, Schildchen *n*, (2) Preisschild *n*, Etikett *n* (zur Preisauszeichnung), (3) Umgangsformen *fpl*, Etikette *f*; **sans –** (*Pol*) parteilos.
étouffer *v.tr.d.* ersticken; **– une affaire** eine Sache totschweigen *od.* vertuschen, einen Skandal zu verbergen suchen; **– un foyer d'incendie** einen Brand löschen; **– la presse** die Presse knebeln; **– une révolte** eine Revolte niederschlagen.
étourderie *f* Unbesonnenheit *f*, Leichtsinn *m*; **faute d'–** Unachtsamkeit.
étrange *adj*: **conduite –** ungewöhnliche Verhaltensweise.
étranger *adj* fremd; ausländisch; **cause étrangère** höhere Gewalt; nicht zu verantwortendes Ereignis; **droit –** (*IPR*) ausländisches Recht; **État –** (*VerfR*) ausländischer Staat; **produit d'origine étrangère** ausländische Ware, Prokukt ausländischer Herkunft; **travailleur –** (*ArbR*) Gastarbeiter *m*, ausländischer Arbeitnehmer.
étranger *m* (1) (*AuslR: ressortissant, personne possédant une nationalité étrangère*) Ausländer *m*, Fremde(r) *m*, (2) (*ErbR*) Person, die nicht als Erbe berufen wurde, (3) (*VerfR: pays étranger*) Ausland *n*; **compte à l'–** Auslandskonto *n*; **créances sur l'–** (*Außh*) Devisen *fpl*; **dettes envers l'–** (*Außh*) Auslandsverschuldung *f*; **droit des –s** (*AuslR*) Ausländerrecht *n*; Fremdenrecht *n*; **établi à l'–** im Ausland ansässig; **relations avec l'–** Auslandsbeziehungen *fpl*; **service –** (*HR*) Auslandsabteilung; **stage à l'–** Auslandspraktikum *n*; **succursale à l'–** Auslandsniederlassung; **– en situation irrégulière (= ESI)** (*AuslR*) Ausländer ohne gültige Aufenthaltsgenehmigung.
étrangler *v.tr.* erwürgen, erdrosseln.
être *v.intr.* sein; **raison d'–** Daseinsberechtigung *f*; **– d'accord** einverstanden sein, seine Zustimmung gegen; derselben Ansicht sein; dieselbe Meinung vertreten; **– de service** (*ArbR*) Dienst haben.
être *m* (*la nature intime, l'essence*) Sein *n*; Dasein, Vorhandensein *n*; Existenz *f*; **– moral** (*ZR: personne juridique ou morale*) juristische Person.
étroit *adj*: **au sens –** im engeren Sinne.

étroitesse *f* **du marché** Marktsättigung.

étude *f* (1) (*HochschulR*) (wissenschaftliche) Studie *od.* Arbeit *f*; Untersuchung; Gutachten *n*, (2) (*ZR: local d'un notaire, avoué*) Kanzlei *f*; Büro *n*, (3) (*BW*) Projekt *n*, Vorhaben *n*, Entwurf *m*, Plan *m*; **comité d'–** Projektgruppe *f*; **commission d'–s** Fachausschuss *m*; **être à l'–** (Plan, Projekt) erwogen werden; in Vorbereitung sein; **mettre un projet de loi à l'–** einen Gesetzesentwurf ausarbeiten.

étude de cas Fallstudie *f*; **– (approfondie) d'un contrat** (eingehende) Prüfung eines Vertrages; **– d'un devis** Kostenvoranschlagsüberprüfung; **– sur dossier** Untersuchung *od.* Bearbeitung nach Aktenlage; **– du marché** Marktforschung *f*, Marktuntersuchung; **– de notaire** *ou* **notariale** (1) Notariatspraxis *f*, Notariat *n*, (2) (Notar-) Kanzlei *f*; **– préliminaire** Vorerhebung; **– sur le terrain** Feldforschung *f*.

études *fpl* (*SchulR*) Studium *n*, Ausbildung *f*; **admettre aux –** zum Studium zulassen; **durée des –** Studiendauer *f*; **faire ses –** studieren; in der Ausbildung stehen; **frais d'–** Ausbildungskosten; **mission d'–** Studienauftrag *m*; **voyage d'–** Studienreise *f*; **– professionnelles** berufliche Ausbildung; **– spéciales** Fachstudium; **– supérieures** Hochschulstudium.

étudiant *m* Student, Studierende(r).

étudier *v.tr.* (1) (genau) untersuchen, beobachten, erforschen, (2) studieren, (gründlich) lernen; eine Hochschule besuchen; **– un dossier** eine Akte bearbeiten; **– un point particulier** eine besondere Frage erörtern.

eugénie *f ou* **eugénique** (*MedizinR*) Erbgesundheitsforschung *f*, Eugenik *f*.

euro *m* (*BankR: monnaie de l'union européenne*) Euro *m*; **–cheque** *m* eurocheque *m*; **–crate** *m* Eurokrat *m*; **–crédit** *m* Eurokredit *m*; **–marché** *m* Euromarkt *m*.

eurodéputé *m* Europa-Abgeordnete(r) *m*.

europarlement *m* **(= EP)** Europa-Parlament *n*.

européanisation *f* Europäisierung *f*.

européen *adj* europäisch; **élections –nnes** Europawahlen *fpl*.

euthanasie *f* (*MedizinR: suicide médicalement assisté*) Euthanasie *f*, Sterbehilfe *f*; Einschläferung; **pratiquer l'–** Sterbehilfe leisten; **– active** Tötung auf Verlangen.

évacuation *f* (Zwangs-) Räumung *f*, Evakuierung *f*; **– des eaux usées** Abwässerbeseitigung *f*.

évadé *m* (*StR*) Entwichene(r) *m*, Entflohene(r).

évader *v.pron.*: **s'–** entweichen, ausbrechen.

évaluabilité *f* Bewertbarkeit.

évaluable *adj* schätzbar, abschätzbar, bewertbar.

évaluatif *adj*: **état –** Schätzungsgrundlage *f*.

évaluation *f* (1) (*HR, SteuerR: estimation, expertise*) Veranschlagung, Schätzung, Bewertung, Wertermittlung, (2) (*quantité évaluée*) Schätzwert *m*, (3) (*Kosten*) Überschlag *m*, Voranschlag *m*; Berechnung; **base d'–** Bemessungsgrundlage *f*; **critère d'–** Bewertungsmaßstab *m*; **frais d'–** Schätz- *od.* Ermittlungskosten; **insuffisance d'–** Unterbewertung.

évaluation actuarielle (*VersR: calcul actuariel*) versicherungsmathematische Schätzung; **– administrative** (*SteuerR*) Schätzung des Einkommens freiberuflich tätiger Personen; **– approximative** annähernde Schätzung; **– cadastrale** Katasterbewertung; **– contradictoire** Abschätzung in Anwesenheit der Interessenten; **– démographique** Volkszählung, Bevölkerungsstatistik; **– de dépenses** Ausgabenschätzung; **– du dommage** Schadensberechnung *f*, Schätzung *od.* Bewertung des Schadens; **– en douane** zollamtliche Schätzung; **– fiscale** (1) steuerliche *od.* fiskalische Bewertung, Schätzung durch das Finanzamt, (2) Einheitsbewertung; **– forfaitaire** Pauschalbewertung; **– des frais** Kostenberechnung; **– inexacte** falsche Bewertung; Fehleinschätzung *f*.

évaluation d'office (1) Bewertung *od.* Schätzung von Amts wegen, (2) Feststellungsbescheid *m*; **– officielle** amtliche Wertermittlung *od.* -bestimmung; **– du préjudice** Schadensersatzfeststellung; **– du produit brut** Rohertragsveranschlagung; **– du risque** (*VersR*) Risikoabschätzung *od.* -beurteilung; **– du sinistre** Schadensermittlung *od.* -feststellung; **– du travail** Arbeitsbewertung; **– de la valeur en litige** Streitwertfestsetzung.

évalué *adj* taxiert; **dommage –** geschätzter Schaden.

évaluer *v. tr. d.* veranschlagen, schätzen, einschätzen, bewerten, berechnen, ansetzen; **– l'importance du dommage** den Schaden festsetzen *od.* schätzen; **– un sinistre** einen (Versicherungs-) Schaden berechnen.

évasion *f* Flucht *f*, Entweichen aus der Gefangenschaft; **– de capitaux** Kapitalflucht *f*; **– fiscale** Steuerflucht, Abgabenumgehung.

évêché *m* (*KirchR*) Bistum *n*; bischöfliche Würde; Bischofssitz *m*.

événement *m* Ereignis *n*, Begebenheit *f*, Vorfall *m*, Vorkommnis *n*; **– casuel** zufälliges Ereignis; **– dommageable** schadenstiftendes *od.* schädigendes Ereignis; **– de force majeure** Fall *m* höherer Gewalt; **– fortuit** zufälliges Ereignis; **– de guerre** Kriegshandlung; **– imprévisible** unvorhersehbares Ereignis; **– inévitable** unabwendbares Ereignis, höhere Gewalt; **– naturel** Naturereignis *n*.

éventail *m* Fächer *n*, Skala *f*; **– de marchandises** Warenangebot *n*; **– des prix** Preisspanne *f*, Preisstaffelung; Preisschere *f*; **– des salaires** Lohn- *od.* Gehaltsskala.

éventer *v.tr.* **un secret** ein Geheimnis preisgeben *od.* verraten.

éventualité *f* Möglichkeit *f*, möglicher Fall *m*; **parer à toute –** sich gegen alle Eventualitäten sichern, einem möglichen Risiko vorbeugen.

éventuel *adj* (1) zufällig, (2) möglich, eventuell; **client –** Interessent *m*, potentieller Kunde *m*; **droit –** Anwartschaft *f*; **frais –s** etwaige Kosten; **lésion –le** mögliche Schädigung; **profits –s** mögliche zukünftige Gewinne.

éventuellement *adv* gegebenenfalls (= ggf.), eventuell (= evtl.), falls erforderlich, unter Umständen (= u.U.); für den Fall, dass.

évêque *m* (*KirchR*) Bischof *m*.

éviction *f* (1) (*SachR, ZPR*) Anspruch auf Herausgabe des wirklichlichen Eigentümers gegenüber dem gutgläubigen Besitzer; gerichtliche Besitzentziehung (auf Grund einer Herausgabe-Klage des wirklichen Eigentümers), Eviktion, (2) (*HR*) Nichtverlängerung eines gewerblichen Mietvertrages, (3) (*Pol*) Entmachtung, Ausschaltung; **garantie (en cas) d'–** (*ZR*) Rechtsmängelhaftung *od.* -gewähr *f*, Eviktionshaftung; **– de la concurrence** Ausschaltung der Konkurrenz.

évidemment *adv* augenscheinlich, offenbar.

évidence *f* Klarheit *f*, Gewissheit; Offensichtlichkeit, offenbare Gewissheit, Selbstverständlichkeit, Naheliegen *n*; **mettre en –** darlegen, hervorheben; **se rendre à l'–** etwas zugeben.

évident *adj* offenbar, augenscheinlich, deutlich; **défaut –** (*SchuldR*) offenbarer Mangel, offenkundige Fehlerhaftigkeit.

évincer *v.tr.* ausschalten, verdrängen; durch richterlichen Ausspruch jmdm. eine Sache abstreiten; **être évincé d'une liste** von einer Wahlliste gestrichen werden.

évitable *adj* vermeidbar.

éviter *v.tr.* vermeiden, meiden; **– un danger** eine Gefahr bannen; **pour – des désavantages** zur Vermeidung von Nachteilen.

évocable *adj*: **affaire –** (*ZPR*) Rechtsstreit *m*, den ein höheres Gericht (der frz. Apellationshof z.B.) an sich ziehen kann.

évocation *f* (1) (*ZPR*) Evokationsrecht, das Ansichziehen einer Sache durch das Berufungsgericht; Entscheid, wodurch ein höheres Gericht eine Sache an sich zieht, (2) (*i.w.S.*) Erinnerung; Anrufung, Beschwörung; **– en garantie** Verweisung auf den Bürgen.

évolution *f* (1) Entwicklung *f*, Bewegung *f*, (2) (*négociations*) Gang *m*; **– boursière** Börsentendenz *f*; **– conjoncturelle** *ou* **économique** Verlauf der Konjunktur, Konjunkturschwankungen, wirtschaftliche Entwicklung; **– des prix** (voraussichtliche) Preisentwicklung; **– des salaires** Lohnentwicklung.

Verwechseln sie nicht *évoquer* und *invoquer*: *Invoquer sa bonne foi* bedeutet, sich auf auf seine Gutgläubigkeit berufen, *invoquer la loi*, sich auf das Gesetz stützen, um den eigenen Rechtsanspruch zu begründen. Evocieren, also *évoquer* heißt hingegen: aufrufen, auffordern oder an etwas erinnern.

évoquer *v.tr.* (1) (*ZPR*) das Evokationsrecht ausüben, (das Verfahren) an sich ziehen, (2) (*question, problème*) (eine Frage) anschneiden, aufwerfen, (auf ein Problem) zu sprechen kommen auf, (3) (*rappeler à la mémoire*) ins Gedächtnis zurückrufen, gedenken; **– la cause** (*PrzR: attirer à soi une affaire pour la juger dans son ensemble*) ein Verfahren an sich ziehen, um über den gesamten Fragenkomplex zu entscheiden.

ex abrupto *loc.adv.* ganz unerwartet, plötzlich.

exacerbation *f* Verschlimmerung *f*, Verschärfung *f*.

exact *adj* richtig; genau; sorgfältig; pünktlich; **adresse –e** genaue Anschrift; **copie –e d'un texte** genaue Abschrift; wortwörtliche Übereinstimmung von Abschrift und Original; **être –** *loc. adv.* zutreffen, zutreffend sein; **faits –s** (*PrzR*) richtige Wiedergabe des Sachverhalts, wahrer Sachverhalt; **montant –** genauer Betrag; **observance –e** strikte Befolgung (einer Anordnung); **règlement –** pünktliche Zahlung; **valeur –e** der genaue Wert.

exactement *adv* treffend, richtig, zutreffend, genau; **observer – les prescriptions** die Vorschriften (peinlichst) genau beachten; **reproduire – un texte** einen Text wortgetreu abschreiben.

exaction *f* (1) (*StR: agent public*) unrechtmäßiges Eintreiben von Geldern, (2) (*ÖfR: surtout au pl.: mauvais traitements*) Übergriffe *mpl* (der Polizei).

exactitude *f* (1) Pünktlichkeit *f*, (2) Richtigkeit *f*; Genauigkeit *f*; **– des faits rapportés** Richtigkeit des geschilderten Sachverhalts, wahrheitsgemäße Schilderung des Sachverhalts; **– de la traduction** Richtigkeit der Übersetzung.

ex aequo *loc. adv.* mit gleichem Recht; gleichstehend mit, gleichrangig; gleichwertig; **juger – – et bono** (*StPR: statuer selon ce qui est équitable et bon au lieu de juger en droit strict*) nach Recht und Billigkeit entscheiden.

exagérer *v.tr.* übertreiben; aufbauschen; hochspielen.

examen *m* (1) (*ZR, ÖfR: observation minutieuse, contrôle*) Untersuchung *f*, Überprüfung *f*, (2) (*SchulR: épreuve, concours*) Prüfung *f*, Examen *n*; **admettre à un –** zur Prüfung zulassen; **après –** nach Einsichtnahme; **bureau d'–** Prüfungsstelle *f*; **certificat d'–** Prüfungszeugnis *n*, Prüfungsbescheinigung *f*; **droit d'–** Prüfungsgebühr *f*; **échouer à un –** ein Examen nicht bestehen; **faire passer un –** prüfen, eine Prüfung abhalten *od.* abnehmen; einer Prüfung unterziehen; **office d'–** Prüfstelle *f*, Prüfungsstelle; **passer un –** eine Prüfung ablegen; **passer avec succès un –, satisfaire à un –** eine Prüfung bestehen; **au premier –** nach erster (oberflächlicher) Betrachtung; **ne pas résister à l'–** (*Argumentation*) unhaltbar sein; **subir un –** sich einer Prüfung unterziehen.

examen administratif d'office von Amts wegen vorgenommene behördliche Prüfung; **– d'admission** Aufnahmeprüfung; **– approfondi** eingehende Prüfung, sorgfältige Überprüfung; **– d'aptitude** Eignungsprüfung; **– clinique** (*MedizinR*) ärztliche Untersuchung; **– de complaisance** (*SchulR*) Gefälligkeitsprüfung; **– de**

conscience Gewissenserforschung; – **contradictoire de la situation fiscale personnelle (= ESFP)** besondere Einkommensteuerprüfung.

examen de contrôle (1) (*WirtR*) Überprüfung *f*, (2) (*MedizinR*) ärztliche Nachuntersuchung; – **différé** (*HochschulR*) verschobene *od.* aufgeschobene Prüfung; – **du dossier** (*VwR*) Akteneinsicht *od.* -durchsicht; – **écrit** (*SchulR*) schriftliche Prüfung; – **éliminatoire** (*HochschulR*) Auswahlwettbewerb *m*; – **d'embauche** (*ArbR*) (ärztliche) Einstellungsuntersuchung; – **d'entrée** (*SchulR*) Aufnahmeprüfung; – **d'État** (*HochschulR*) Staatsprüfung; – **de fin d'études** (*SchulR*) Abschlussprüfung; – **au fond** (*ZPR*) Tatsachen- *od.* Sachprüfung; – **de forme** *ou* **formel** Formmangelprüfung, Formalprüfung; – **intermédiaire** Zwischenprüfung.

examen légal (*MedizinR: examen de médecine légale*) gerichtsmedizinische Untersuchung; – **des lieux** (*StPR*) Ortsbesichtigung *f*; – **de la magistrature** Richter- *od.* Richteramtsprüfung; – **de maîtrise** Meisterprüfung; – **médical** ärztliche Untersuchung; – **minutieux** genaue Überprüfung; eingehende Untersuchung; – **de nouveauté** (1) Erprobung, Test *m*, (2) (*PatR*) Neuheitsprüfung *f*; – **obligatoire** Pflichtprüfung; – **d'office** (*StPR*) Ermittlung von Amts wegen; – **optométrique** (*StVR*) Augenuntersuchung, Überprüfung der Sehfähigkeit; – **oral** (*SchulR*) mündliche Prüfung; – **de passage** (*SchulR*) Versetzungsprüfung, Aufstiegsprüfung; – **de personnalité** (*StR: syn. enquête de personalité*) Persönlichkeitsgutachten *n*; – **post-mortem** Autopsie *f*, Obduktion; – **préalable** *ou* **préliminaire** (*PatR, GRUR: avant la délivrance d'un brevet d'invention*) Vorprüfung.

examen prénuptial (*EheR: certificat médical attestant que l'intéressé a été examiné par un médecin en vue du mariage – art. 63 al. 3 Cciv*) ärztliche voreheliche Untersuchung (im Hinblick auf ansteckende und vererbliche Krankheiten), Eheunbedenklichkeitsbescheinigung; – **probatoire** (*ArbR*) Eignungstest *m*; – **professionnel** berufliche *od.* fachliche Eignungsprüfung; – **scientifique** wissenschaftliche Untersuchung; – **de la solvabilité** (*InsolvenzR*) Überprüfung der Zahlungsfähigkeit; – **ultérieur** weitere Prüfung; – **visuel** Inaugenscheinnahme *f*, Augenschein *m*.

examinateur *m* (*a. PatR*) Prüfer *m*; – **chargé de la recherche** (*PatR*) Recherchenprüfer; – **en chef** Leiter der Prüfungsstelle; – **principal** Hauptprüfer.

examiner *v. tr. d.* (1) untersuchen, überprüfen, nachprüfen, (2) prüfen; – **l'activité inventive** (*PatR*) auf Erfindungshöhe prüfen; – **avec attention,** – **à fond** gründlich untersuchen; – **les charges qui pèsent contre un accusé** Überprüfung der Beweisergebnisse (im Strafprozess); – **les lieux** die Örtlichkeiten besichtigen.

exaucer *v.tr.* **une requête** (*VwR*) einem Antrag stattgeben.

excédent *m* (1) Überschuss *m*, Überhang *m*, Mehrbetrag *m*, Plus *n*, (2) Überschreiten von Höchstwerten; – **annuel** Jahresüberschuss; – **de bagages** Übergewicht *n*, Überfracht *f*; – **de la balance des paiements** (*Außh*) Zahlungsbilanzüberschuss; – **budgétaire** Haushaltsüberschuss; – **du commerce extérieur** Außenhandelsüberschuss; – **commercial** (*Außh*) Handelsbilanzüberschuss; – **comptable** Rechnungsüberschuss.

excédent de couverture (*VersR*) Überdeckung; – **démographique** Bevölkerungszunahme *f*; – **de dépenses** Mehrausgaben, Ausgabenüberschuss; – **de frais** Mehrkosten; – **de main-d'œuvre** Überhang *od.* Überangebot an Arbeitskräften; – **de naissances** Geburtenüberschuss; – **net** Reinerlös *od.* -ertrag; – **d'offres** Angebotsüberhang *m*; – **de poids** Übergewicht; Überbelastung; – **de population** Bevölkerungsüberschuss; – **de sinistres** (*VersR*) Schadensexzedent *m*; **–s agricoles** Agrarüberschüsse.

excédentaire *adj* einen Überschuss aufweisend, überzählig.
excéder *v.tr.* (1) (*VwR: compétence*) übersteigen, überschreiten, (2) (*espérance, attente*) übertreffen, hinausgehen über; **– ses pouvoirs** (1) (*VwR*) seine Befugnisse missbrauchen, (2) (*ZR*) seine Vollmacht überschreiten.
excellence *f* (1) (*titre: majuscule*) Exzellenz, (2) Vortrefflichkeit; **prix d'–** (*SchulR*) erster Preis.
excepté *adj* (1) (*non compris*) abgesehen von, ausgenommen, außer, mit Ausnahme von, (2) (*à la réserve de*) ausschließend, ausnehmend, vorbehaltlich.
excepter *v.tr.* eine Ausnahme machen; **– un nom** (*d'une liste*) einen Namen (aus einer Liste) streichen.
exceptio non adimpleti contractus *lat* (*ZR: exception d'inexécution du contrat*) Einrede des nichterfüllten Vertrags, Nichterfüllungseinrede.
exception *f* (1) (*ÖfR: dérogation*) Ausnahme *f*, (2) (*ZPR: moyen de défense, fin de non recevoir*) (*Verteidigungsmittel*) Einrede *f*, (prozesshindernde) Einrede, (3) (*i.w.S.*) Einwand *m*, Einwendung, Entgegnung; **à l'– de** mit Ausnahme von; **alléguer une –** (*ZPR*) eine (prozesshindernde) Einrede vorbringen; **faire –** eine Ausnahme bilden; **faire une – en faveur de qqn.** eine Ausnahme zugunsten von jmdn. machen; **joindre l'– au fond** die Entscheidung über die Einrede dem Endurteil vorbehalten; **mesure d'–** Ausnahmebestimmung *f*; **opposer une –** (gegen eine Forderung) eine Einrede vorbringen; **par –** ausnahmsweise; **à peu d'–s près** bis auf wenige Ausnahmen; **réglementation d'–** Ausnahmeregelung; **rejeter une –** eine Einrede verwerfen; **sans –** ausnahmslos, ohne Ausnahme; **soulever une –** eine Einrede erheben *od.* vorbringen; **traitement d'–** Sonderbehandlung; **tribunal d'–** Sondergericht *n*; **par voie d'–** einredeweise, mittels Einrede, durch Geltendmachung einer Einrede.
exception d'antériorité (*PatR*) Einrede der Vorbenutzung; **– du bénéfice de discussion** (*ZPR: droit de la caution face au créancier – art. 2170 et 2171 Cciv*) Einrede der Vorausklage; **– de chose jugée** Einrede der Rechtskraft *od.* der entschiedenen Sache; **– de compensation** Aufrechnungseinrede; **l'– confirme la règle** die Ausnahme bestätigt die Regel, exceptio firmat regulam; **– de connexité** Einrede des Zusammenhangs zweier Klagebegehren (die vor zwei verschiedenen Gerichten verhandelt werden sollen); **– de contre-partie** (*HR*) Einrede des Selbsteintrittsrechtes.
exception déclinatoire (*ZPR*) (prozesshindernde) Einrede der Unzuständigkeit; **– dilatoire** (1) (*ZPR*) dilatorische *od.* hemmende *od.* aufschiebende (Prozess-) Einrede, (2) (*ZPR: reproche d'un comportement parfois illicite pour retarder le cours de la justice*) Einrede *f* der Prozessverschleppung; **– de discussion** (*ZPR: droit de la caution – bénéfice de discussion*) Einrede der Vorausklage; **– de division** (*SchuldR: droit de chaque caution de ne payer que sa part dans la dette – art. 2026 Cciv*) Einrede der Teilung; **– de dol** Arglisteinrede *f*; **– d'enrichissement** (*ZPR: droit de l'appauvri de réclamer une indemnité*) Einrede der ungerechtfertigten Bereicherung, Bereicherungseinrede; **– d'extranéité** (*IPR*) Einrede der Ausländereigenschaft; **– de force majeure** Einrede der höheren Gewalt; **– de garantie** Einwendung der Gewährleistung, Geltendmachung der Gewährleistungsansprüche.
exception d'illégalité (*ZPR, VwPR*) Einrede der Rechtsbeugung, Einrede der Ungesetzlichkeit, Einwendung der Rechtswidrigkeit einer Verwaltungsmaßnahme *od.* einer Rechtsverordnung; **– d'incompétence** Einrede der Unzuständigkeit; **– d'inexécution du contrat** (*ZPR*) Einrede des nicht erfüllten Vertrages, Einrede der Nichterfüllung (der vertraglichen Leistung); **– d'irrecevabilité** (*VerfR*) Einwendung der Unzuständigkeit (bei Nichtbeachtung der Gesetzgebungskompetenz

der frz. Regierung); **– de litispendance** Einrede der Rechtshängigkeit; **– de nullité** Einwendung der Nichtigkeit *od.* der Anfechtbarkeit; Nichtigkeitseinrede.

exception de péremption de l'action Einrede der Klageverwirkung; **– péremptoire** peremptorische Einrede, nicht widerlegbare Einrede; **– plurium concubentium** (*FamR*) Mehrverkehrseinrede; **– préjudicielle** (*PrzR*) Einrede der Vorfrage (Frage, die im Prozess nicht vom Prozessgericht selbst, sondern von einem anderen Gericht entschieden werden muss); **– de prescription** Verjährungseinrede; **– de procédure** prozesshindernde Einrede; **– de recours parallèle** (*VwPR*) Einrede der Unzulässigkeit der Anfechtungsklage wegen Rechtswidrigkeit (da ein anderer Rechtsweg denselben Erfolg verspricht); **– réelle** dingliche Einrede; **– de renvoi** Einrede der Unzuständigkeit; **– de rétention** Einrede des Zurückbehaltungsrechts; **– tirée de l'abus d'un droit** Einrede des Rechtsmissbrauchs.

exceptionnel *adj* Ausnahme-; außerordentlich; außergewöhnlich; **cas –** Sonderfall *m*; **congé –** Sonderurlaub *m*; **disposition –le** Ausnahmevorschrift *f*; **mesures –les** (*VerfR*) Notstandsmaßnahmen (des frz. Staatspräsidenten); **situation –le** Ausnahmesituation, besondere Sachlage.

exceptionnellement *adv* ausnahmsweise; sehr.

excès *m* (1) (*abus*) Überschreitung (der Befugnisse), (2) (*pl.: actes de violence*) Gewalttätigkeiten *pl*, Ausschreitungen *pl*, Übergriffe, (3) (*surabondance*) Übermaß *n*; Überschuss *m*, (4) (*intempérance*) Ausschweifung *f*, Unmäßigkeit; **sans –** maßvoll; **– de couverture** (*VersR*) Überdeckung; **– d'offre** Angebotsüberhang *m*.

excès de pouvoir (1) (*VwPR: violation du principe de légalité*) Überschreitung der Amtsbefugnisse, Ermessensfehler *m*, Ermessensüberschreitung *f*, Übergreifen in die Zuständigkeit einer anderen Verwaltungsbehörde, (2) (*ZPR: violation de la séparation des pouvoirs*) Kompetenz- *od.* Zuständigkeitsüberschreitung (durch einen Richter der ordentlichen Gerichtsbarkeit); **recours pour – –** (*VwPR*) Anfechtungsklage (die die Aufhebung gesetzwidriger Verwaltungsakte durch den Conseil d'État erstrebt) *f*, Anfechtungsstreitigkeit.

excès de vitesse (*StVR*) Überschreitung der zulässigen Höchstgeschwindigkeit; **– de zèle** Übereifer *m*.

excessif *adj* übermäßig, übertrieben; **frais –s** überhöhte Kosten.

exciper *v.tr.ind.* (1) (*ZPR: soulever une exception de procédure*) eine (prozesshindernde) Einrede vorbringen, (2) (*PrzR: opposer à son adversaire un moyen de défense*) eine (rechtshindernde od. rechtsvernichtende) Einwendung erheben, sich auf ein Gegenrecht berufen, ein Gegenrecht geltend machen; **– de sa bonne foi** sich auf den Gutglaubensschutz berufen; **– d'un cas de force majeure** sich auf höhere Gewalt berufen; **– de la prescription** die Einrede der Verjährung geltend machen.

excitant *m* (*MedizinR*) Aufputschmittel *n*; Genussmittel.

excitateur *m* Aufwiegler *m*, Störer.

excitation *f* (1) (*fait de provoquer, faciliter, favoriser*) Anstiftung *f*, Aufreizung *f*, Aufhetzen *n*, (2) (*StR*) Aufforderung (zu einer strafbaren Handlung); **– à la débauche** (*StR*) Förderung der Prostitution, Anstiftung zum unsittlichen Lebenswandel; **– au racisme** Aufstachelung zum Rassenhass; **– à la violence** Volksverhetzung.

exciter *v.tr.* aufreizen, aufhetzen, schüren.

exclu *p.p. adj.* ausgeschlossen; **il n'est pas – que** es ist möglich, dass.

exclure *v.tr.* ausschließen; ausstoßen; **– des biens** Güter aussondern; **– qqn. d'une liste** den Namen einer Person von einer Liste streichen; **– de la responsabilité** keine Haftung übernehmen für etw; **– qqn. d'une succession** jmdn. enterben.

exclusif *adj* ausschließlich, exklusiv; **convention exclusive de la**

responsabilité Freizeichnungsklausel *f*, Vereinbarung über den Haftungsausschluss; **droit –** ausschließliches Recht; Alleinberechtigung; **droit – d'exploitation** (*PatR*) Alleinverwertungsrecht; **droit – de vendre** Alleinvertriebsrecht *n*; **droit de représentation exclusive** Alleinvertretungsanspruch *m*; **gestion exclusive** Alleingeschäftsführung; **jouissance exclusive** alleiniges Nutzungsrecht.

exclusion *f* (1) (*DiszR, ZR*) Ausschluss *m*, Ausschließung *f*, (2) (*HR: restriction de garantie*) Haftungsbeschränkung *f*, (3) (*SozR*) Ausschluss *m*, Absacken *n* in die absolute Armut, Herausfallen aus dem sozialen Netz, (4) (*Pol*) Ausgrenzung *f*; **à l'– de** mit Ausnahme von; **délai d'–** Ausschlussfrist *f*; **faits justifiant l'–** Ausschlusstatbestand *m*; **jugement d'–** Ausschlussurteil *n*; **motif d'–** Ausschluss- *od.* Ausschließungsgrund; **prononcer l'– de qqn.** jmdn. (aus einem Verband) ausschließen.

exclusion de la fonction publique (*VerfR*) Untersagung der Ausübung eines öffentlichen Amtes; Berufsverbot *n*; **– de la garantie** *ou* **de la responsabilité** Haftungsbeschränkung *od.* -ausschluss; **– du parti** Ausschluss (aus einer politischen Partei); **– du public** Ausschluss der Öffentlichkeit; **– de la succession** Enterbung; **– temporaire** (1) vorübergehender Ausschluss, (2) (*VerfR*) Untersagung der Teilnahme an der Parlamentsarbeit (für einen bestimmten Zeitraum).

exclusivement *adv* ausschließlich.

exclusivité *f* (1) (*HR*) Alleinvertrieb *m*, Exklusivvertretung, (2) (*ZR*) Ausschließlichkeit *f*, Anspruch auf ausschließliche Nutzung; **avoir l'–** alleinberechtigt sein; **clause d'–** (1) (*ArbR*) Ausschließlichkeitsklausel, Tarifausschlussklausel, (2) (*HR*) Exklusivvertrag, Vereinbarung des ausschließlichen Vertriebsrechtes.

excommunication *f* Kirchenbann *m*, Ausschließung aus einer Kirchengemeinschaft, Exkommunikation.

excommunier *v.tr.* ausschließen.

ex consensu *loc.adv.* mit Zustimmung von.

excusabilité *f* (1) (*StR*) Entschuldbarkeit *f*, (2) (*ZR*) Ablehnungsgrund für die Ausübung der Vormundschaft.

excusable *adj* entschuldbar, verzeihlich; **erreur –** (*StR*) nicht vermeidbarer Verbotsirrtum.

excuse *f* (1) (*StR: motif légitime de dispense ou de décharge de culpabilité*) Schuldausschließungsgrund *m*; Strafmilderungsgrund *m*, (2) (*PrzR: motif légitime de dispense d'une obligation ou d'une charge*) Ablehnungsgrund für die Erfüllung einer Verpflichtung, Pflichtbefreiung *f*, (3) (*AllgSpr: justification, explication*) Entschuldigung *f*, Rechtfertigung *f*; **cause d'–** Entschuldigungsgrund *m*; **exciper d'une –** sich auf einen Schuldausschließungsgrund berufen; **exiger des –s** (*Pol*) eine Ehrenerklärung fordern; **présenter ses –s à qqn.** sich entschuldigen.

excuse absolutoire Strafausschließungsgrund; **– atténuante** Strafmilderungsgrund; **– atténuante de minorité** Milderungsgrund wegen nicht erreichter Volljährigkeit; **– légale** gesetzlich vorgesehener Schuldausschließungsgrund; **– légitime** als berechtigt anzuerkennender Entschuldigungsgrund; **– de minorité** Geltendmachung der Strafunmündigkeit; **– de provocation** Geltendmachung des Schuldminderungsgrundes der absichtlichen Herausforderung.

excuser *v.tr.* entschuldigen; entlasten; rechtfertigen; verzeihen; **se faire –** *v. pron.* sich durch einen Dritten entschuldigen lassen.

exécutable *adj* ausführbar.

exécutant *m* Ausführende(r) *m*; Vortragende(r) (eines Werks); **simple –** Befehlsempfänger *m*.

exécuter *v.tr.* (1) (*SchuldR: contrat, obligation*) erfüllen, durchführen, leisten, (2) (*WirtR: effectuer, réaliser des travaux*) ausführen, durchführen, vollenden, (3) (*StR: mettre qqn. à mort*) hinrichten, (4) **s'–** *v. pron.* (*SchuldR: tenir ses engagements, payer*) erfüllen, leisten, eine Leistung erbringen, seinen Verpflichtungen nachkommen; **– un contrat** einen Vertrag erfüllen; **– un débiteur** die Zwangsvollstreckung (gegen einen Schuldner) betreiben; **– un jugement** ein Urteil vollstrecken; **– une loi** ein Gesetz anwenden, gesetzliche Maßnahmen durchsetzen; **– les obligations de sa charge** sein Amt gewissenhaft wahrnehmen; **– une œuvre** (1) (*SchuldR*) ein Werk herstellen, (2) (*UrhR*) ein Werk aufführen *od.* interpretieren; **– une peine** eine Strafe verbüßen; **– une promesse** ein Versprechen halten; **– un travail** eine Arbeit ausführen *od.* erledigen.

exécuteur *m* (*ÖfR*) Vollstreckungsorgan *n*; **– des hautes œuvres** Henker *m*, Scharfrichter *m*; **– testamentaire** Testamentsvollstrecker *m*.

exécutif *adj* (*VerfR: relatif à la mise en œuvre des lois*) vollziehend, vollstreckend; **organe –** ausführendes Organ.

exécutif *m* (*VerfR: pouvoir exécutif*) die Exekutive, vollziehende Gewalt (im Staat).

exécution *f* (1) (*SchuldR: accomplissement par le débiteur de la prestation due*) Leistung *f*, Erfüllung (einer Verbindlichkeit); Durch- *od.* Ausführung, (2) (*ZwangsVR*) Zwangsvollstreckung *f*, (3) (*PrzR: jugement*) Urteilsvollstreckung *f*, (4) (*StR: exécution des peines*) Strafvollstreckung *f*, Strafvollzug; (*peine capitale*) Hinrichtung *f*, (5) (*ÖfR: lois et règlements*) Durchsetzung *f*, Durchführung; Anwendung; **acte d'–** (1) (*InsolvenzR*) Vollstreckungstitel *m*, vollstreckbare Urkunde *od.* Ausfertigung, (2) Vollstreckungshandlung; **arrêté d'–** (1) (*ZPR*) Vollstreckbarerklärung *f*, (2) (*VwR*) Durchführungsverordnung *f*; **commencement d'–** (*StR: Versuch einer Straftat*) Beginn *m* der Tatausführung, Ansetzen *n* zur Verwirklichung des Tatbestandes; **délai d'–** (*SchuldR*) Leistungsfrist, Ausführungsfrist *f*; **impossibilité d'–** Unmöglichkeit der Leistung; **juridiction du lieu d'–** Gerichtsstand des Erfüllungsortes (einer Leistung); **lieu d'–** (*SchuldR*) Erfüllungsort *m*; **mesure d'–** (1) (*VwR*) Durchführungsmaßnahme *f*, (2) (*ZPR, ZwangsVR*) Vollstreckungsmaßnahme *f*, (3) (*InsolvenzR, ZwangsVR*) Vollstreckungsbescheid *m*; **mettre à –** durchführen, ausführen, in die Tat umsetzen; **modalité d'–** (1) (*SchuldR: contrat*) Leistungsart *f*, Art und Weise der Erfüllung, (2) (*VwR: règlement*) Durchführungsbestimmung *f*; **ordre d'–** Vollstreckungsbefehl *m*; **organe** *ou* **organisme d'–** Vollzugsorgan *n*, Vollzugsbehörde; **personnel d'–** Dienstpersonal *n*; **poursuivre l'–** auf Erfüllung klagen; die Zwangsvollstreckung betreiben; **procédure d'–** Vollstreckungsverfahren; **refus d'–** Erfüllungsverweigerung; **règlement d'–** (*VwR*) Durchführungsverordnung; **retard dans l'–** (*SchuldR*) Leistungsverzug *m*; **surseoir à l'–** die Vollstreckung aufschieben, die Vollziehung aussetzen; **sursis à l'–** (1) (*au civil*) Aussetzung der Vollstreckung *od.* der Vollziehung, (2) (*au pénal*) Strafaufschub *m*.

exécution administrative Verwaltungszwang *m*; **– anticipée** vorzeitige Erfüllung *od.* Leistung; **– en bourse** Zwangsregulierung; **– capitale** (*StR*) Vollstreckung der Todesstrafe, Exekution, Hinrichtung; **– du contrat** Vertragserfüllung; **– défectueuse (d'un contrat)** Schlechterfüllung *od.* -lieferung, mangelhafte Erfüllung (eines Vertrages), positive Vertragsverletzung; **– par équivalent** Ersatzvornahme, Ersatzleistung.

exécution forcée (1) (*ZPR*) Zwangsvollstreckung *f*, Vollstreckung eines Urteils, (2) (*VwR*) Anwendung von Verwaltungszwang; **– d'un jugement** Urteilsvollstreckung; **– loyale** vertragsgetreue Erfüllung; **– sur minute** sofortige Zwangsvollstreckung (auf Grund einer vollstreckbaren notariellen Urkunde); **– en nature** (*ArbR*) Zahlung eines Naturallohnes; **– d'une obligation** (*SchuldR*) Erfüllung, Leistung; **– d'office** (*VwR*) Anwendung von

Verwaltungszwang (zur Durchsetzung von Verwaltungsakten), sofortige Vollziehung.

exécution partielle (*SchuldR*) teilweise Erfüllung, Teilleistung; **– des peines** Vollstreckung von Strafurteilen; Strafvollzug *m*, Strafvollstreckung; **– de la première peine** Erstvollzug; **– par provision** *ou* **provisoire** vorläufige Vollstreckbarkeit (eines Urteils) mit *od.* ohne Sicherheitsleistung; **– sous réserve** Leistung unter Vorbehalt; **– de la saisie** Pfändung (beim Schuldner), Zwangsvollstreckung (in körperliche Sachen); **– des sentences arbitrales** Vollstreckung der Schiedssprüche; **– simultanée** Leistung Zug um Zug; **– sommaire** (*StPR*) Verurteilung und Hinrichtung im beschleunigten u. vereinfachten Verfahren.

exécution tardive (*SchuldR: retard dans l'exécution*) verspätete Leistung *od.* Erfüllung; **– tardive de la chose jugée** (*ZPR*) verspätete Vollstreckung einer gerichtlichen Entscheidung; **– par un tiers** (*ZR*) Ersatzvornahme *f*; **– du travail** (1) (*SchuldR*) Herstellung des (versprochenen) Werks, (2) (*ArbR*) Leistung der (versprochenen) Dienste, Arbeitsleistung; **– par voie de contrainte** Zwangsvollstreckung; **– volontaire** (freiwillige) Erfüllung einer Verbindlichkeit.

Exécutoire darf weder mit *exécutif* noch mit *exécutable* verwechselt werden: *exécutable* bedeutet ganz allgemein durchführbar, möglich; *exécutif* vollziehend, vollstreckend. *Exécutoire* wird nur bei der Vollstreckung von Urteilen und Gesetzen verwendet werden.

exécutoire *adj* vollstreckbar; **acte –** Vollstreckungstitel *m*; **force –** (1) (*VerfR*) Gesetzeskraft *f*, Verbindlichkeit, (2) (*ZPR*) Vollstreckbarkeit; **formule –** Vollstreckungsklausel; **jugement –** vollstreckbares Urteil; **provisoirement –** vorläufig vollstreckbar; **titre –** Vollstreckungstitel.

exécutoire *m* (*ZPR: exécutoire des dépens*) Kostenfestsetzungsbeschluss *m*; **prendre –** einen Kostenfestsetzungsbeschluss erlassen.

exégèse *f* Exegese *f*, Auslegung *f*; Erklärung *f*, Kommentar *m*; **– des arrêts** kommentierte Rechtsprechung; **– des textes législatifs** Exegese *f*; Gesetzeskommentar *m*.

exemplaire *adj* vorbildlich, mustergültig, musterhaft; beispielhaft; **châtiment –** abschreckende Strafe, als abschreckendes Beispiel dienende Bestrafung; **conduite –** vorbildliches Betragen; **infliger une peine –** ein Exempel statuieren.

exemplaire *m* (1) (*VerlR, UrhR*) (Beleg-) Exemplar *n*; Stück *n*; Muster *n*, (2) (*ZR*) (Vertrags-) Ausfertigung *f*; **en double, en triple –** in doppelter, dreifacher Ausfertigung; **– officiel du brevet** Patenturkunde *f*; **– original** Original *n*, Originalausfertigung.

exemplarité *f* Mustergültigkeit *f*.

exemple *m* Beispiel *n*; Muster *n*; Vorbild *n*; Exempel *n*; Modell *n*; **donner l'–** mit gutem Beispiel vorangehen; **se régler sur l'– de qqn.** jmdm. nacheifern; **servir d'–** als Beispiel dienen; **– comparatif** Vergleichsbeispiel; **– d'exécution** Ausführungsbeispiel; **– forgé** konstruierter Fall; **– typique** typisches Ausführungsbeispiel.

exemplification *f* Veranschaulichung *f*, Erläuterung *f*.

exemplifier *v.tr.* veranschaulichen, erläutern.

exempt *adj* frei, befreit; **– d'affranchissement** portofrei, franko; **– de défauts** einwandfrei, fehlerlos, makellos, vollkommen; **– de droits** gebührenfrei; **– d'erreurs** fehlerfrei, fehlerlos, ohne Fehler; **– de port** franko, frei, die Transportkosten übernimmt der Empfänger; **– de service** vom Dienst freigestellt; **– de taxes** gebührenfrei.

exempté *m* (1) (*MilR*) (*vom Wehrdienst*) Befreite(r) *m*, (2) (*ArbR*) (vom Arbeitgeber für besondere Aufgaben) Freigestellte(r).

exempter *v.tr.* befreien; **s'–** *v. pron.* sich (vom Dienst) befreien lassen; **– qqn.**

d'une dette eine Schuld erlassen; – **de la peine** (*StR*) begnadigen.

exemption *f* Befreiung *f*, Dispens *f*; Erlass *m*; Ausnahmebewilligung; – **à la base** (*SteuerR*) Freibetrag *m*; – **de charges** Lastenfreiheit *f*; – **douanière** Zollbefreiung; – **de droits** Gebührenfreiheit *od.* -befreiung; – **fiscale** *ou* **d'impôts** Steuerbefreiung, Steuer- *od.* Abgabenfreiheit; – **de paiement,** – **de payer** Zahlungsbefreiung; – **de peine** Strafbefreiung, Begnadigung; – **provisoire** einstweilige Befreiung; – **de service militaire** Befreiung vom Wehrdienst.

exequatur *m* (1) (*ZPR: fait de donner force exécutoire à une sentence arbitrale – art. 1477–1478 NCPC*) (*Schiedsspruch*) Rechtskraftverleihung, gerichtlicher Vollstreckbarkeitsvermerk, (2) (*IPR: fait de donner force exécutoire à un jugement étranger*) Vollstreckbar(keits)erklärung eines ausländischen Urteils, Exequatur *n*, Vollstreckungsurteil *f*, (3) (*VR: consul*) Exequatur *n*, Zustimmung zur Ernennung (eines Konsuls); **délivrer** *ou* **donner l'–** das Exequatur erteilen; **jugement d'–** Vollstreckbarerklärung (eines ausländischen Urteils); **ordonnance d'–** Vollstreckbar- *od.* Vollstreckbarkeitserklärung.

exercé *p.p. adj.* (*personne*) geübt; gewandt.

exercer *v.tr.* (1) (*un métier, une fonction*) (einen Beruf, ein Amt) ausüben, (ein Gewerbe) betreiben, (2) (*un droit*) geltend machen, ausüben; **pouvoir – ses droits** geschäftsfähig sein, (3) **s'–** *v. pron.* sich üben, schulen; – **une action** Klage erheben *od.* anstrengen *od.* anhängig machen; – **un commerce** ein Handelsgewerbe betreiben; – **une contrainte** Zwang ausüben; – **un contrôle** kontrollieren, überprüfen; – **un droit** einen Anspruch geltend machen; – **son droit en justice** klagen, eine Klage bei Gericht einreichen, einen Anspruch gerichtlich geltend machen; – **des fonctions** amtieren; – **une influence** Einfluss nehmen (auf); – **la médecine** als Arzt tätig sein, praktizieren; – **un ministère** *ou* **un office** ein öffentliches Amt innehaben; – **un pouvoir** Macht ausüben; – **une profession** einen Beruf ausüben; – **une pression** Druck ausüben (auf); – **des violences** gewaltätig werden, Gewalttätigkeiten ausüben.

exercice *m* (1) (*pratique d'une activité*) Übung *f*, Üben *n*, (2) (*HR, Buchf: période de temps*) Geschäftsjahr *n*, Rechnungsjahr, (3) (*ZR: action d'exercer un droit*) Geltendmachung *f*, Ausübung (eines Rechts); Inanspruchnahme *f*, (4) (*ÖfR: accomplissement d'une fonction*) Amtsausübung *f*, (5) (*SteuerR: droit de contrôle des agents des contributions indirectes*) Ermittlungsbefugnis *f* der Finanzverwaltung; steuerliche Überprüfung, Steuerfahndung; **agent préposé à l'–** Steuerfahnder; **bilan de fin d'–** Jahresabschlussbilanz *f*; **capacité d'–** (*ZR*) Geschäftsfähigkeit *f*; Handlungsfähigkeit; **clôturer un –** ein Geschäftsjahr abschließen; **conditions d'–(d'un droit)** (Rechts-) Ausübungsbedingungen *od.* -voraussetzungen; **délai d'–** Ausübungsfrist *f*; **en –** (*BeamR*) im Amt, diensttuend; **en fin d'–** zum Jahresabschluss; **incapacité d'–** Geschäftsunfähigkeit; **soumis à l'–** (*SteuerR*) der Steuerprüfung unterliegend.

exercice de l'autorité parentale (*FamR: par les père et mère – art. 371–1 Cciv*) Ausübung der elterlichen Gewalt *od.* Sorge; – **bénéficiaire** (*Buchf*) Gewinnjahr *n*; – **budgétaire** Haushaltsjahr, Budgetperiode *f*, Rechnungsjahr; – **clos** abgeschlossenes Rechnungsjahr; – **commercial** Geschäftsjahr, Wirtschaftsjahr; – **comptable** Rechnungsjahr; – **considéré** Berichtsjahr; – **en cours** laufendes Geschäftsjahr; – **d'un culte** Religionsausübung; – **déficitaire** Verlustjahr; – **d'un droit** Rechtsausübung, Geltendmachung eines Anspruchs.

exercice des fonctions (*BeamR*) Amtsausübung *f*, Wahrnehmung der Dienstgeschäfte, Amtsführung; – **illégal de la médecine** (*StR*) (*pej*) unerlaubte Ausübung der Heilkunde, Kurpfuscherei *f.*

exercice d'un mandat (1) (*SchuldR*) Ausführung eines Auftrages, (2) (*ÖfR*) Ausübung eines öffentlichen Amtes; **– des obligations civiques** Wahrnehmung der staatsbürgerlichen Pflichten; **– partiel** (*GesR*) Rumpfbetriebsjahr *od.* -geschäftsjahr, Zwischengeschäftsjahr; **– physique** Gymnastik *f*, körperliche Ertüchtigung; **– du pouvoir** Ausübung der Regierungsgewalt *od.* Staatsmacht; **– de la profession** Berufsausübung; **– social** (*GesR*) Geschäftsjahr.

exhausser *v.tr.* erhöhen; aufstocken.

exhaustif *adj* vollständig, erschöpfend, umfassend; **enquête exhaustive** umfassende Untersuchung; **liste exhaustive** vollständige Aufzählung; **relevé –** (*liste détaillée*) Aufstellung.

exhérédation *f* (*ErbR*) Enterbung *f*; **cause d'–** Enterbungsgrund *m.*

exhéréder *v.tr.* enterben, von der Erbschaft ausschließen.

exhiber *v.tr.* vorzeigen, aufweisen; **– ses papiers** sich ausweisen; **– son passeport** seinen Pass vorlegen.

exhibition *f* Vorlage *f*, Zurschaustellung *f*; Schau *f*, Revue *f*, Varieté *n.*

exhibitionnisme *m* (*StR*) Exhibitionismus *m*, Selbstentblößung aus sexuellen Motiven, exhibitionistische Handlung.

exhortation *f* Ermahnung *f*; **– au calme** Aufforderung, Ruhe zu bewahren.

exhorter *v.tr.* ermahnen, auffordern.

exhumation *f* Exhumierung *f*, Leichenausgrabung.

exigeant *adj* anspruchsvoll, viel verlangend.

exigence *f* Erfordernis *n*; Anforderung; Forderung *f*, Anspruch *m*; Verlangen *n*; **faire aboutir une –** einen Anspruch durchsetzen; **satisfaire aux –s** den Anforderungen genügen; **selon l'– de la situation** soweit es die Umstände erfordern; bei Bedarf; **– fondamentale** Hauptforderung; **– de forme** Formerfordernis *n*; **– minimum** Mindestanforderung.

exiger *v.tr.* fordern, verlangen, beanspruchen; erfordern; **être en droit d'–** anspruchsberechtigt sein; **– une enveloppe** (ganz offen) Bestechungsgeld fordern; **– une rançon** Lösegeld fordern; **– réparation** Schadensersatz verlangen.

exigibilité *f* Fälligkeit (einer Forderung); **date d'–** Leistungszeit *f.*

exigibilités *fpl* fällige Verbindlichkeiten *pl.*

exigible *adj* einklagbar, beitreibbar, eintreibbar, fällig; rückzahlbar; **dette –** fällige Forderung.

exigu *adj* sehr klein; geringfügig; **ressources –uës** minimales, kaum ausreichendes Einkommen.

exil *m* Exil *n*, politische Verbannung.

exilé *m* Heimatvertriebene(r) *m*; **– politique** politischer Flüchtling.

exiler *v.tr.* vertreiben, verbannen, in die Verbannung schicken.

existant *adj* gegenwärtig; aktuell; **lois –es** geltendes Recht, geltende Gesetze; **tarifs –s** gültige Sätze.

existant *m* Bestand *m*; **– en caisse** Kassenbestand; **– en magasin (d'une marchandise)** Lagerbestand; **– en portefeuille** Wertpapierbestand.

existence *f* (1) Dasein *n*, Leben *n*, Existenz *f*, (2) (*HR*) Lagerbestand, Vorrat *m*; **conditions d'–** Lebensbedingungen *fpl*; **moyens d'–** ' Einkommen *n*, Mittel zur Bestreitung des Lebensunterhalts; **– d'une circonstance atténuante** (*StR*) Vorliegen *n* strafmildender Umstände; **– d'une coutume** Bestehen eines Gewohnheitsrechts; **– d'une infraction** Vorliegen *n* einer Straftat; **– juridique** rechtlicher Bestand *m*; **– d'un témoin** Vorhandensein *n* eines Zeugen.

existences *fpl* (*VersR*) Versicherungsgegenstände *mpl*; **– adjacentes** Nachbarschaftsrisiko *n*; **– en marchandises** Warenbestand *m.*

exister *v. intr.* dasein, vorhanden sein, vorliegen; existieren; leben; **ne plus –** abgeschafft worden sein, nicht mehr gelten.

ex jure *lat.* von Rechts wegen.

exode *m* Auswanderung *f*; **– des capitaux** Kapitalflucht; **– des**

cerveaux Wissenschaftlerauswanderung *f*, Brain-Drain *m*; **– rural** Landflucht *f*.

ex officio *lat.* von Amts wegen..

exonération *f* Befreiung *f*; Erlass *m*; Steuerbefreiung *f*; **cause d'–** (Haftungs-) Befreiungsgrund *m*; **– à la base** (Grund-) Freibetrag *m*; **– conventionnelle** vertragliche Freistellung *od.* Befreiung; Haftungsbeschränkung *f*; **– fiscale** (1) Steuerermäßigung *f*, Steuervergünstigung, (2) Steuerbefreiung *f*; Steuer- *od.* Abgabenfreiheit; **– de frais** Kostenfreiheit; **– d'impôts** Steuerbefreiung; **– partielle** teilweiser Haftungsausschluss; **– de la responsabilité** Haftungsausschluss; Freistellung von der Haftung, Enthaftung.

exonératoire *adj* befreiend; entlastend; **clause – (de responsabilité)** Haftungsausschlussklausel *f*; **fait –** Haftungsausschlussgrund *m*.

exonérer *v.tr.* befreien, entlasten, freistellen; eine Steuervergünstigung *od.* Steuerbefreiung gewähren; einen Nachlass gewähren; **marchandises –ées** zollfreie Waren, Freigut *n*; **s'– d'une dette** eine Schuld begleichen.

exorbitant *adj* übertrieben, übermäßig, exorbitant; **avantage –** außerordentlicher Vorteil; ungewöhnliche Gefälligkeit; **compétence –te** (*IPR*) nicht zu rechtfertigende, außergewöhnliche Zuständigkeit; **loyer –** überhöhte Mietforderung; **– du droit commun** (*ÖfR*) vom Zivilrecht abweichend.

expansion *f* (1) Erweiterung *f*, Ausdehnung *f*, Expansion *f*, (2) Anstieg *m*, Aufschwung *m*, Wachstum *n*; **entreprise en –** expandierendes Unternehmen; **– conjoncturelle** *ou* **économique** Wirtschaftsaufschwung *m*, Konjunkturanstieg *m*; **– du marché** Marktausweitung *f*; **– monétaire** Zunahme des Geldvolumens.

expansionnisme *m* (*Pol*) Expansionspolitik.

expatriation *f* (1) (*on dit aussi parfois expatriement*) Auswanderung *f*, Verlassen der Heimat, (2) (*émigration, exil*) Ausweisung *f*, Ausbürgerung *f*; **indemnité** *ou* **prime d'–** Auslandszulage *f*; **– des capitaux** Kapitalflucht *f*.

expatrié *m* Auswanderer *m*; Flüchtling *m*.

expectant *m* Inhaber einer Anwartschaft.

expectative *f* (1) (*ZR: droit éventuel*) Anwartschaft *f*; Aussicht auf, (2) (*Pol, BörR: attente prudente*) abwartende Haltung; **rester dans l'–** sich abwartend verhalten, Zurückhaltung üben.

expédient *m* (1) Notbehelf *m*, Hilfsmittel *n*, (2) (*surtout au pluriel*) (letzter) Ausweg *m*, äußerstes Mittel; Ausrede *f*; **chercher un –** nach einen Ausweg suchen; **passer –** (*ZPR*) den Klageanspruch anerkennen; **vivre d'–s** sich notdürftig durchschlagen; **– de procédure** dienlicher Verfahrensausweg; (*zur Prozessverschleppung*) (fauler) Verfahrensausweg.

expédier *v.tr.* (1) (*faire partir*) absenden, aufgeben, (ver-) schicken; übersenden; ausliefern, abfertigen, verfrachten, (2) (*délivrer une copie*) (eine Abschrift) erteilen, ausfertigen; **– un acte notarié** die Abschrift einer notariellen Urkunde ausfertigen; **– une affaire** einen Prozess *od.* eine Angelegenheit (rasch) erledigen; **– un jugement** Abschrift eines Urteils erteilen; **– un travail** hastig eine Arbeit erledigen, *umg* pfuschen.

expéditeur *m* (1) Absender *m*, Versender *m*, Adressant *m*; Briefschreiber, (2) (*SeeHR*) Befrachter *m*.

expéditif *adj* rasch arbeitend, flink; summarisch, kurz und bündig; **jugement –** Urteil im Schnellverfahren; **procédure expéditive** abgekürztes, beschleunigtes, summarisches Verfahren.

expédition *f* (1) (*HR: remise de la marchandise au transporteur*) Übergabe der Ware an den Frachtführer *od.* Spediteur, Aufgabe *f* (der Ware); Warenversand *m*; Übersendung; Versendung, (2) (*ZPR et notaires: copie littérale d'un acte ou d'un jugement*) beglaubigte (wörtliche) Abschrift *f*, Ausfertigung *f*, (3) (*VR*) Feldzug *m*, kriegerische Unternehmung, militärische Expedition,

(4) (*SeeHR*) Fahrt *f*, Reise *f*; **avis d'–** Versandanzeige *f*; **bulletin d'–** Versandschein, Lieferschein; **déclaration d'–** Versandpapiere *npl*; **deuxième –** Zweitausfertigung (einer Urkunde); **droit d'–** Ausfertigungsgebühr *f*; **feuille d'–** Versandschein *m*; **frais d'–** (1) Versandkosten *pl*, (2) Ausfertigungsgebühr; **papiers d'–** Versandpapiere *npl*; **première –** Erstausfertigung (einer Urkunde); **service des –s** Versandabteilung *f*.

expédition des affaires courantes (*VerfR*) Erledigung der laufenden Angelegenheiten; **– authentique** (*ZR: acte dressé par un officier public*) amtliche *od.* notarielle Ausfertigung; **– d'une besogne** Erledigung eines Auftrages; **– d'un envoi** Aufgabe *f* einer Sendung; **– franco** Versand frei Bestimmungsort; **– du jugement** (*PrzR*) Urteilsausfertigung (mit Vollstreckungsklausel); **– de marchandises** Warensendung; **– contre remboursement** Versand gegen Nachnahme; **– revêtue de la formule exécutoire** (*ZPR*) vollstreckbare Urteilsausfertigung; **– par voie ferrée** Bahnversand *m*.

expéditionnaire *adj*: **commis –** Bote *m* für amtliche Mitteilungen.

expéditionnaire *m* (1) (*Notar, ZPR*) Angestellter einer Kanzlei, Kanzlist *m*, Schreiber *m*; die Abschriften erteilende Urkundsperson, ausfertigende(r) Beamte(r), (2) (*HR*) im Versand arbeitender Handelsgehilfe; Versandleiter; **– au greffe** Versandperson in der Gerichtskanzlei; Bote *m*.

expéditivement *adv* schnell, sofort, ohne lange zu zögern.

expérience *f* (1) Erfahrung *f*, (2) (naturwissenschaftlicher) Versuch *m*, Erprobung, Experiment *n*; **fait d'–** Erfahrungstatsache *f*, Erfahrungswert *m*; **– des affaires** Geschäftserfahrung; **–es sur les animaux** Tierversuche *mpl*.

expérimental *adj* experimentell; **à titre –** versuchsweise.

expérimentation *f* Erprobung *f*; **– animale** Tierversuche *mpl*.

expérimenté *adj* (1) erfahren, (2) erprobt, bewährt.

expérimenter *v.tr.* erproben; Versuche anstellen, experimentieren.

expert *adj* erfahren, sachkundig.

expert *m* Sachverständige(r) *m*, Experte *m*; Sachkenner *m*, Fachmann *m*; Fachberater *m*; Gutachter *m*; Begutachter; Prüfer *m*; **assermenter un –** einen Sachverständigen be- *od.* vereidigen; **commettre** *ou* **désigner un –** einen Sachverständigen bestellen; **à dires d'–** nach Ansicht des Sachverständigen; **estimation par –** Sachverständigenschätzung; **preuve par –** Sachverständigenbeweis *m*; **rapport d'–** (1) (*PrzR*) Sachverständigengutachten *n*, Sachverständigenbericht *m*, (2) (*Buchf*) Prüfungs- *od.* Revisionsbericht; **vacation d'–** Sachverständigenentschädigung *f*; Sachverständigentätigkeit.

expert-comptable *m* (*WirtR*) Wirtschafts- *od.* Buchprüfer *m*; Bilanzbuchhalter *m*, Bücherrevisor *m*; Rechnungssachverständige(r); **– assermenté** vereidigter Buchprüfer; **ordre professionnel des experts-comptables** Wirtschaftsprüfervereinigung.

expert économique Wirtschaftssachverständige(r); **– en écritures** Schriftgutachter *od.* Schriftsachverständige (r); **– -juré** vereidigter Sachverständiger; **– en matière d'assurances** Versicherungsfachmann; **– médical** Arzt als Gutachter; **– près les tribunaux** gerichtlich bestellter und beeideter Sachverständige(r).

expertal *adj*: **rapport –** Sachverständigengutachten *n*.

expertise *f* (1) (*PrzR: appréciation matérielle des faits*) Gutachten *n*, Sachverständigengutachten *n*; Prüfung *f*, Untersuchung *f*, (2) (*ZR, VersR: estimation de la valeur d'un bien, du montant d'un dommage*) Schätzung *f*; **ordonner une –** ein Sachverständigengutachten (gerichtlich) anfordern; **preuve par –** Sachverständigenbeweis *m*; **rapport d'–** (1) Sachverständigengutachten *n*, (2) (*comptable*) Prüfungs- *od.* Revisionsbericht; **société d'–** Prüfungs- *od.* Revisionsgesellschaft.

expertise amiable außergerichtliche Einigung (der Parteien) auf Grund eines Sachverständigengutachtens; **– comptable** Buchprüfung; **– des facultés mentales** (*MedizinR*) psychiatrisches Gutachten; **– judiciaire** gerichtliches Gutachten; **– médicale** ärztliche Begutachtung, ärztliches Gutachten; **– médico-légale** gerichtsärztliches *od.* gerichtsmedizinisches Gutachten; **– d'un tableau** Schätzung des Werts eines Gemäldes.

expertiser *v.tr.* begutachten, ein Gutachten erstellen, prüfen.

expiateur *adj* sühnend, abbüßend.

expiation *f* (*StR*) Abbüßen *n*, Verbüßung (einer Strafe), Sühne *f*.

expiatoire *adj*: **victime –** Sühneopfer *n*.

expier *v.tr.* büßen, verbüßen, sühnen.

expirable *adj* ablaufend.

expiration *f* Ablauf *m* (einer Frist), Erlöschen *n* (eines Rechts durch Fristablauf), Ende *n*; **arriver à –** (1) (*Frist*) ablaufen, (2) (*Recht*) erlöschen, verfallen; **date d'–** Fälligkeit, Verfallstag *m*; **– du bail** Ende des Mietverhältnisses; **– d'un brevet** Ablauf eines Patents; **– du contrat** Vertragsablauf, Vertragsende, Auslaufen *n* des Vertrages; **à l'– du délai** bei Fälligkeit, nach Fristablauf; **– du délai** Fristablauf; **– de la durée** Zeitablauf; **– de la durée du contrat** Vertragsende; **– du mandat** (1) (*ZR*) Beendigung des Auftrags, (2) (*ÖfR*) Ablauf der Amtszeit; **– du préavis** Ablauf der Kündigungsfrist; **– de prescription** Verjährung, Ablauf der Verjährungs- bzw. Ersitzungsfrist.

expiré *adj* abgelaufen, verfallen; **délai non encore –** noch nicht abgelaufene Frist.

expirer *v.tr.* (1) (*Frist*) ablaufen, enden, (2) (*Recht*) erlöschen, verfallen, (3) (*Person*) sterben.

explétif *adj* ausfüllend, ergänzend.

explicable *adj* erklärbar, erklärlich, deutbar.

explicatif *adj* erklärend; **note** *ou* **notice explicative** Hinweis *m*, Benutzungshinweis; Beipackzettel *m*.

explication *f* Erklärung *f*, Erläuterung, Ausführung; Auslegung, Interpretation; Wortwechsel *m*, Auseinandersetzung; **demander des –s à qqn.** jmdn. zur Rede stellen; **fournir des –s** Aufschluss geben über; sich rechtfertigen; **– complémentaire** Zusatzinformation; **– des faits** (*PrzR*) Sachverhaltsdarstellung; **– de texte** Textanalyse *f*; **– de vote** grundsätzliche Stellungnahme zu einer Abstimmung; **–s portant sur les faits et sur le droit** tatsächliche und rechtliche Ausführungen.

explicite *adj* ausdrücklich; klar, deutlich; **aveu –** (*StPR*) unmissverständliches Geständnis; **clause –** (im Vertrag) ausdrücklich enthaltene Klausel; **condition –** ausdrückliche Voraussetzung; **déclaration –** unmissverständliche Erklärung.

explicitement *adv* ausdrücklich.

expliciter *v.tr.* ausdrücklich erklären; verdeutlichen; genau formulieren; veranschaulichen; begründen.

expliquer *v.tr.* (1) erklären, erläutern, dartun; verdeutlichen, klarstellen, (2) **s'–** *v.pron* seine Gedanken darlegen; sich rechtfertigen; seine Meinung kundtun; etwas richtigstellen; sich prügeln.

exploit *m* (1) Großtat *f*, Heldentat; hervorragende Leistung, (2) (*PrzR: acte judiciaire signifié par huissier pour l'accomplisement d'une formalité*) Zustellungsurkunde, (durch den Gerichtsvollzieher) zuzustellende Urkunde; Amtshandlung (eines Gerichtsvollziehers); **dresser un –** eine Urkunde ausstellen; **frais d'–** Zustellungskosten *pl*; **– d'ajournement** (*ZPR: acte d'huissier de justice*) Klagezustellung an den Beklagten (durch den Gerichtsvollzieher), Klageschrift *f*; **– d'assignation** (zuzustellende) Ladung *f*, Ladungsschrift *f*; **– de dénonciation** Zustellungsurkunde über eine Pfändung; **– à fin de comparution** Ladung (vor Gericht).

exploit d'huissier Zustellungsurkunde; Zustellung durch den Gerichtsvollzieher; **– introductif d'instance** Klageschrift *f*; **– inventif** (*PatR*) erfinderische Leistung; **– de notification** Zustellungsurkunde; **– de saisie-arrêt**

Pfändungs- u. Überweisungsbeschluss; **– de signification** Zustellungsurkunde.

exploitable *adj* (1) (*PatR*) verwertbar, (2) (*BW*) betriebsfähig, nutzbar, benutzungsfähig, (3) (*ZwangsVR*) pfändbar.

exploitant *m* (1) (*HR*) Unternehmer *m*, Betriebsleiter *m*, Gewerbetreibende(r) *m*, (2) (*LandwR*) Landwirt *m*; **– d'une centrale nucléaire** Betreiber eines Atomkraftwerks; **– d'un fonds de commerce** (*HR*) Kaufmann, Geschäftsinhaber *m*.

exploitation *f* (1) (*mise en valeur*) Nutzung *f*, Nutzbarmachung *f*; Erschließung *f*, Bewirtschaftung, (2) (*mines*) Abbau *m*; Ausbeutung *f*; Gewinnung *f*, (3) (*le bien exploité*) (Gewerbe-) Betrieb *m*, Geschäftsbetrieb, Unternehmen, (4) (*agriculture*) Gut *n*, Hof *m*, (5) (*HR*) Betrieb eines Handelsgewerbes, (6) (*GRUR*) Auswertung, Ausübung, Benutzung, Verwertung; **accident d'–** Betriebsstörung; **aléa de l'–** Betriebsrisiko *n*; **aptitude à l'– industrielle** gewerbliche Verwertbarkeit; **arrêt d'–** Betriebsstillegung *f*; **bâtiment d'–** Wirtschaftsgebäude *n*; **bénéfice d'–** Betriebsgewinn *m*.

exploitation: **capital d'–** Betriebsvermögen *n*, Gewerbe- *od.* Betriebskapital; **cesser l'–** den Betrieb stillegen *od.* einstellen; **communauté d'–** Betriebsgemeinschaft *f*; **compte d'–** Betriebskonto *n*; **continuation de l'–** Fortsetzung des Geschäftsbetriebes; **droit d'–** (1) Betriebsrecht, (2) (*Bergbau*) Abbaurecht.

exploitation: **entrave à l'–** (*WirtR*) Gewerbeausübungsbehinderung *f*; **frais d'–** Betriebskosten *od.* -auslagen *fpl*; **grande –** Großbetrieb; **interruption d'–** Betriebsunterbrechung; **mauvaise –** Misswirtschaft, schlechte Betriebsführung.

exploitation: **petites et moyennes –s (= PME)** mittelständische Betriebe *mpl*, kleine u. mittlere Unternehmen, Mittelstand *m*; **plan d'–** Wirtschafts- *od.* Betriebsplan; **poursuite de l'–** Weiterführung des Betriebs; **recettes d'–** Betriebseinnahmen *fpl*; **règlement d'–** Betriebsordnung *f*, Vorschriften über die Betriebsführung; **résultat d'–** Betriebsergebnis *n*; **revenus d'–** Einkünfte aus einem Gewerbebetrieb; **risque d'–** Sach- *od.* Betriebsgefahr *f*; **sécurité d'–** Betriebssicherheit *f*.

exploitation abusive d'une position dominante (*KartellR*) Machtmissbrauch *m*; **– agricole** landwirtschaftlicher Betrieb, Hof *m*, Gut *n*; **– antérieure** (*PatR*) Vorbenutzung; **– artisanale** Handwerksbetrieb, Werkstatt, handwerklicher Betrieb; **– commerciale** Handelsunternehmen *n*, Betrieb eines Handelsgewerbes; **– commerciale, industrielle** *ou* **artisanale** Gewerbebetrieb *m*; **– en commun** Betriebsgemeinschaft; **– pour compte commun** Bewirtschaftung für gemeinsame Rechnung; **– concédée** (*WirtR: par l'État à une société privée*) Konzession *f*; **– coopérative** Genossenschaftsbetrieb.

exploitation dévastatrice (*UmweltR*) Raubbau *m*; **– directe** Selbst- *od.* Eigenbewirtschaftung; **– familiale** familieneigener Betrieb, Familienbetrieb; **– forestière** Forstbetrieb; Forstwirtschaft; **– de l'homme par l'homme** Ausbeutung des Menschen durch den Menschen, Aneignung unbezahlter *od.* schlechtbezahlter Arbeit; **– individuelle** Einzelkaufmann; **– par l'intéressé** Eigen- *od.* Selbstbewirtschaftung; **– d'une invention** Ausübung einer Erfindung; **– moyenne** mittelständischer Betrieb; **– rurale** landwirtschaftlicher Betrieb; **– sexuelle** (*StR*) das Bestimmen (einer Frau) zu sexuellen Handlungen.

exploiter *v.tr.* (1) (*HR: Gewerbe*) betreiben; bewirtschaften, (2) (*Bodenschätze*) ausbeuten, abbauen, gewinnen, (3) (*PrzR: Gerichtsvollzieher*) (Urkunden) zustellen, (4) (*GRUR*) benutzen, verwerten, auswerten; **– un bois** Holz fällen; **– un brevet** ein Patent auswerten *od.* gewerbsmäßig nutzen; **– en commun** (*GesR*) gemeinschaftlich betreiben; **– la crédulité de qqn.** die Leichtgläubigkeit ausnutzen; **– des données** Daten auswerten; –

un journal eine Zeitung herausgeben; **– une mine** ein Bergwerk betreiben; **– tous les recours légaux** sämtliche Rechtsmittel ausschöpfen; **– des résultats** Ergebnisse *npl* auswerten.

exploiteur *m* Ausbeuter *m*.

exploration *f* Erforschung *f*; Forschung; Prüfung, (medizinische) Untersuchung.

explorer *v.tr.* erforschen, untersuchen.

explosif *adj*: **loi sur le régime des poudres et substances explosives** Sprengstoffgesetz *n*.

explosifs *mpl* Sprengstoffe *mpl*; **permis de détention d'–** Sprengstofferlaubnisschein *m*.

export *m* (*employé pour exportation dans la pratique commerciale*) Ausfuhr *f*.

exportable *adj* ausführbar, exportfähig.

exportateur *adj*: **pays –** Ausfuhrland *n*.

exportateur *m* Ausfuhrhändler *m*; Exportfirma *f*; Exportkaufmann *m*.

exportation *f* (1) Ausfuhr *f*, Export *m*, (2) Ausfuhrhandel *m*, Exporttätigkeit, Ausfuhrgeschäfte *npl*, Exportabschlüsse *mpl*, (3) Außenwirtschaft *f*; **autorisation d'–** Ausfuhrbewilligung *f*; **droit à l'–** Ausfuhrzoll *m*; **garanties à l'–** Ausfuhrgarantien und Bürgschaften; **interdiction d'–** Ausfuhrverbot *n*; **licence d'–** Ausfuhrbewilligung *od.* -genehmigung *f*, Ausfuhr- *od.* Exportlizenz *f*; **pays d'–** Ausfuhrland *n*; **permis d'–** Ausfuhrbewilligung; **plafond d'–** Ausfuhrhöchstgrenze; **politique d'–** Außenwirtschaftspolitik; **prix à l'–** Ausfuhrpreis *m*, Exportwert; **quota d'–** Ausfuhrquote *f*; **restriction à l'–** Ausfuhrbeschränkung; **stimuler l'–** die Ausfuhr fördern; **subvention à l'–** Ausfuhrbeihilfe *f*, Exportstützung *f*; **taxe à l'–** Ausfuhrzoll *m*; **valeur à l'–** Ausfuhrwert *m*.

exportation de biens Waren- *od.* Güterausfuhr; **– de capitaux** Kapitalausfuhr; **– en franchise** zollfreie Ausfuhr; **–s invisibles** unsichtbare Ausfuhren, Dienstleistungsverkehr *m*; **–s visibles** sichtbare Ausfuhren; Warenausfuhr *f*.

exporter *v.tr.* ausführen, exportieren.

exposant *m* (1) (*HR*) Aussteller *m*, (2) (*ZPR*) Antragsteller *m*, Kläger.

exposé *m* Darlegung *f* (von Rechtsgründen), Erläuterung; (Rechenschafts-) Bericht *m*; Ausführungen *fpl*; **– de droit** *ou* **juridique** Ausführungen zur Rechtslage, Rechtsdarlegung; **– des faits** Sachverhalt *m*, Sachverhaltsdarstellung *f*; Tatbericht *m*; **– inexact** unrichtige Darstellung; **– des motifs** (1) (*PrzR: i.w.S.*) Begründung (eines Antrags, einer Klage, eines Urteils); Erläuterungen *fpl*, (2) (*ZPR*) Tatbestand u. Entscheidungsgründe, (3) (*StPR*) Urteilsgründe, (4) (*VerfR*) Motive *od.* Leitgedanken (eines Gesetzes); **– oral** Vortrag *m*; **– en réponse** Gegendarstellung; **– sommaire** Kurzbericht *m*; Überblick *m*.

exposer *v.tr.* (1) (*expliquer, dire, énoncer*) erklären, darlegen, ausführen, berichten über, vortragen, (2) (*montrer, étaler*) ausstellen, darbieten, anbieten; **– au danger** *ou* **au risque** gefährden, in Gefahr bringen, einer Gefahr aussetzen; **– un enfant** ein Kind aussetzen; **s'– à un péril** *v. pron.* sich in Gefahr begeben.

exposition *f* (1) Darlegung *f*, Ausführung *f*, Erklärung *f*, (2) (*WirtR*) Ausstellung *f*, Messe *f*, Marktveranstaltung, Schau *f*, (3) (*StR: hist*) (das) an den Pranger stellen, entehrende Strafe; **foire- –** Messe für Fachbesucher (verbunden mit Ausstellungstagen für Privatleute); **lieu d'–** Ausstellungsort *m*.

exposition agricole Landwirtschaftsschau *f*, Grüne Woche; **– d'enfant** (*StR: délaissement en un lieu solitaire*) Aussetzung Hilfloser *od.* von Kindern; **– d'images obscènes** (*StR*) Ausstellung pornographischer Abbildungen; **– industrielle** Industrieausstellung; **– itinérante** Wanderausstellung; **– de peinture** Gemäldeausstellung *f*; **– universelle** Weltausstellung; **– en vente** Verkaufsauslage, Ausstellung zum Verkauf.

exprès *adv* (*StR: délibérément, intentionnellement*) vorsätzlich; absichtlich; wissentlich; mit Absicht; mit Vorbedacht.

exprès *adj* ausdrücklich; **condition expresse d'un contrat** ausdrückliche Vertragsbedingung.
exprès *m* Bote *m*, Überbringer *m*; **par –** durch Eilboten.
expressément *adv* ausdrücklich, förmlich; klar und deutlich; **– défendu** strengstens verboten.
expression *f* Ausdruck *m*, Ausdrucksweise *f*; **liberté d'–** Meinungsäußerungsfreiheit; **– de volonté** (*ZR: manifestation expresse ou tacite de volonté*) Willenserklärung.
expressis verbis *loc. lat.* ausdrücklich, mit ausdrücklichen Worten.
exprimer *v.tr.* zum Ausdruck bringen, ausdrücken, äußern, darstellen; **– ses doléances** seine Beschwerden vortragen od.vorbringen; **– sa fidélité à la constitution** seine Verfassungstreue beschwören.
expromission *f* (*SchuldR, hist*) Schuldmitübernahme (durch Vertrag des Beitretenden mit dem Gläubiger).
expropriant *adj*: **administration –e** Enteignungsbehörde *f*.
expropriation *f* (1) (*ZPR*) Zwangsvollstreckung, Wegnahme *f*, Einziehung, (2) (*ÖfR*) Enteignung *f*, Expropriation; **arrêté d'–** Enteignungsbeschluss *od.* -bescheid *m*; **demande d'–** Enteignungsantrag *od.* -begehren *n*; **droit d'–** Enteignungsbefugnis *f*; **indemnité d'–** Enteignungsentschädigung; **juge de l'–** frz. Großinstanzrichter zuständig für die Festsetzung der Enteignungsentschädigung; **procédure d'–** Enteignungsverfahren; **– conditionnelle** suspensiv bedingte Enteignung; Enteignungsverfahren, das nur zur Durchführung gelangt, wenn eine bestimmte Kostensumme nicht überschritten wird; **– forcée** (*ZPR: saisie immobilière*) Immobiliarzwangsvollstreckung; **– indirecte** (*VwR*) enteignungsgleicher Eingriff.
expropriation pour cause d'utilité publique (*ÖfR*) Enteignung zum Wohl der Allgemeinheit, Enteignung im öffentlichen Interesse; **– d'urgence** Enteignung im beschleunigten Verfahren.
exproprié *m* Enteignete(r) *m*, der von der Enteignung Betroffene; entzogenes Eigentum.
exproprier *v.tr.* enteignen.
expulsé *adj* (*AuslR*) ausgewiesen, abgeschoben; **étranger –** abgeschobener Ausländer, Ausgewiesene(r); **locataire –** Mieter als Opfer einer Zwangsräumung.
expulser *v.tr.* (1) (*AuslR*) ausweisen, abschieben, (2) (*MietR: Wohnung*) räumen.
expulsion *f* (1) (*AuslR: banissement de frontière pour un étranger qui menace gravement l'ordre public*) Ausweisung (bei Beeinträchtigung erheblicher Staatsinteressen); Abschiebung, zwangsweise Durchsetzung der Ausreisepflicht, (2) (*ZPR, MietR*) Zwangsräumung *f*, (3) (*MilR*) Ausstoßung (aus der Armee), (4) (*VereinsR*) Ausschluss *m*; **arrêté** *ou* **décision** *ou* **décret d'–** (*AuslR*) Ausweisungsbeschluss *od.* -verfügung; **menace d'–** (*AuslR*) Androhung der Ausweisung *od.* Abschiebung; **ordonnance d'–** (*ZPR, MietR*) Räumungsanordnung *od.* -befehl.
expurgation *f* (*MedienR*) Herausschneiden *od.* Unkenntlichmachung von anstößigen Stellen (Buch, Bild, Film).
expurger *v.tr.* zensieren; Fehler und Anstößigkeiten ausmerzen.
extensif *adj* umfassend, ausgedehnt, weit; **pouvoirs –s** unumschränkte Befugnisse.
extension *f* (1) Ausdehnung *f*, Ausmaß *n*; Umfang *m*, (2) Ausweitung, Erweiterung, Ausdehnung, Erstreckung; Verlängerung; **demande d'– de délai** Antrag auf Fristverlängerung, Fristgesuch *n*; **– d'agrément** Erweiterung der Genehmigung; **– analogique** entsprechende Anwendung; Gesetzes- *od.* Rechtsanalogie; **– du chiffre d'affaires** Umsatzsteigerung; **– de compétence** Zuständigkeitserweiterung; **– d'une convention collective** (*ArbR*) Allgemeinverbindlicherklärung (eines Tarifvertrags); **– du domaine de la protection** (*PatR*) Erweiterung des Schutzbereichs; **– d'un établissement industriel ou**

commercial Betriebserweiterung; **– de la loi** Erweiterung des Anwendungsbereichs eines Gesetzes; **– du marché** Markterschließung *od.* -erweiterung; **– des pouvoirs** Erweiterung der Befugnisse; **– du redressement judiciaire** (*InsolvenzR*) Einbeziehung des persönlichen Vermögens eines Geschäftsführers in die Konkursmasse.

extenso *loc.adv.*: **in –** ungekürzt, vollständig.

extérieur *adj* Außen-, auswärtig; **affaires –res** auswärtige Angelegenheiten; **politique –re** Außenpolitik *f.*

extériorisation *f* Äußerung *f.*

extermination *f* Ausrottung *f*, Vernichtung *f*; Völkermord *m*; **camp d'–** Vernichtungslager *n*.

externalisation *f* (*WirtR*) Outsourcing *n*, Verlagerung der Produktion *od.* der Dienstleistungen ins Ausland.

externaliser *v.tr.* outsourcen.

exterritorialité *f* (*VR*) Befreiung von der inländischen Gerichtsbarkeit, Exterritorialität; **privilège d'–** diplomatisches Vorrecht; Immunität *f.*

extinctif *adj* erlöschend; auflösend; **prescription extinctive** Verjährung.

extinction *f* (1) (*ZR: cessation d'un droit, d'une obligation*) Erlöschen *n*, Beendigung, (2) (*SchuldR: paiement de la dette*) Tilgung; Rückzahlung; **– des bougies** *ou* **des feux** (*ZwangsVR*) Zeitpunkt des Zuschlags eines Grundstücks an den Meistbietenden (in der Zwangsversteigerung); **– d'un brevet** Erlöschen eines Patents; **– de l'instance** Prozessbeendigung, Ende des Prozessrechtsverhältnisses; **– des obligations** Erlöschen des Schuldverhältnisses; Erfüllung.

extirper *v.tr.* zerstören, ausrotten; **– un abus** einen Missbrauch abstellen.

extorquer *v.tr.* erpressen, erzwingen, abnötigen; **– des aveux** ein Geständnis erzwingen, abnötigen; **– le consentement (de qqn.)** jmdn. durch Drohung zur Abgabe einer Willenserklärung bestimmen; **– des fonds** Geld erpressen; **– une signature** jmdn. zur Unterschrift zwingen.

extorqueur *m* **(de fonds)** Erpresser *m.*

extorsion *f* Erpressung *f*; **– d'aveux** Geständnis- *od.* Aussageerpressung; **– de fonds** Erpressung; **– de fonds avec violence** bewaffneter Raubüberfall; **– de signature** Nötigung zur Unterschriftsleistung.

extourner *v.tr.* (*Zinsen*) zurückzahlen.

extra *m* (*ArbR*) Aushilfskraft; **qualité –** 1A Qualität *od.* Güteklasse.

extrabudgétaire *adj* außerhaushaltsplanmäßig, außeretatmäßig.

extra-communautaire *adj* (*EuR*) außergemeinschaftlich, nicht zur EU gehörig.

extra-conjugal *adj* außerehelich; **liaison** *ou* **union –e, relations –es** nichteheliche Lebensgemeinschaft, eheähnliches Verhältnis.

extraconstitutionnel *adj* verfassungswidrig.

extra-contractuel *adj* außervertraglich; **obligations –les** Verpflichtungen aus unerlaubter Handlung; gesetzliche Verpflichtungen.

extraction *f* (1) (*StR: transfert de détenus*) Überführung eines Häftlings (in eine andere Strafanstalt), (2) (*WirtR*) Ausbeute *f*, Abbau *m*, Gewinnung *f*; **permis d'–** Abbaugenehmigung; **quote-part d'–** Förderungsquote *f*; **– à ciel ouvert** Tagebau *m*; **– de pétrole** Erdölförderung.

extradé *m* (*StR*) Ausgelieferte(r) *m.*

extrader *v.tr.* ausliefern.

extradition *f* (1) (*VR, AuslR*) Auslieferung, (2) (*StR*) Überstellung (eines Straffälligen); **convention d'–** Auslieferungsabkommen *n*; **décret d'–** Auslieferungsbeschluss *m*, Auslieferungsverfügung *f*; **demande d'–** Auslieferungsersuchen *od.* -begehren *n*; **État qui demande l'–** Verfolgungsstaat *m*; **législation sur l'–** Auslieferungsgesetzgebung *f*; **procédure d'–** Auslieferungsverfahren *n*; **traité d'–** Auslieferungsvertrag *m*; **– en transit** *ou* **– par voie de transit** Durchlieferung.

extraire *v.tr.* (1) (*Bodenschätze*) ausbeuten, abbauen, gewinnen, (2) (*Zitate*) zusammentragen, bringen; **– de la maison d'arrêt** (1) (*StPR*) dem Richter vorführen, (2) (*von einer Strafanstalt in die andere*) überführen.

extrait *m* (1) (*partie d'un acte littéralement copiée*) Auszug *m* (aus einer Urkunde), (2) (*énonciation résumée et non littérale*) Zusammenfassung *f*; **– cadastral** *ou* **du cadastre** Katasterauszug; **– du casier judiciaire** Strafregisterauszug, Führungszeugnis *n*; **pour – certifié conforme** für die Richtigkeit des beglaubigten Auszuges; **– de comptabilité** Buchungs- *od.* Buchauszug; **– de facture** Rechnungsauszug; **– journalier** Tagesauszug; **– matriculaire** Auszug aus dem Strafvollzugsregister; **– mortuaire** Totenschein *m*, Sterbeurkunde *f*; **– de naissance** Geburtsurkunde, Auszug aus dem Geburtenbuch; **– du procès-verbal** Auszug aus dem Protokoll; **– du registre du commerce** Handelsregisterauszug; **– du registre foncier** (Elsass-Lothringen:) Grundbuchauszug; **– du rôle** (*SteuerR*) Steuernummer *f*, Auszug aus der Heberolle.

extrajudiciaire *adj* außergerichtlich; **acte –** (*PrzR*) (durch den Gerichtsvollzieher) zuzustellende Urkunde; Mahnbescheid *m*; Protest(urkunde); Pfändungsbeschluss.

extralégal *adj* (1) nicht im Gesetz vorgesehen, (2) gesetzwidrig.

extranéité *f* (1) (*AuslR*) Rechtslage *f* eines Ausländers, (2) (*ZPR: demandeur étranger*) Ausländereigenschaft *f* des Klägers.

extraordinaire *adj* außerordentlich; außeretatmäßig, außerplanmäßig; **assemblée –** außerordentliche Sitzung *od.* Versammlung; **frais –s** Extraausgaben *fpl*; **rabais –** Sonderrabatt *m*.

extraparlementaire *adj* außerparlamentarisch.

extrapatrimonial *adj* (*ZR: droit qui touche à la personne et ne fait pas partie du patrimoine*) höchstpersönliches Recht, nicht übertragbares subjektives Recht.

extrapolation *f* Verallgemeinerung; Schlussfolgerung; Hochrechnung, Extrapolation.

extrapoler *v. intr.* verallgemeinern; schlussfolgern; hochrechnen.

extraprofessionnel *adj* außerberuflich, nichtberuflich; berufsfremd.

extrême *adj* höchst, äußerst; **cas –** Grenzfall *m*; **parti d'– droite** rechtsextremistische Partei; **à l'– rigueur** im äußersten Fall.

extrême *m* äußerste Grenze; **les –s se touchent** *mpl loc* Gegensätze ziehen sich an; entgegengesetzte Punkte berühren sich.

extrêmement *adv* äußerst, überaus, sehr viel.

extrême-onction *f* (*KirchR*) letzte Ölung.

extrémisme *m* Radikalismus *m*, Extremismus *m*.

extrémiste *m* Radikale(r) *m*, Extremist; **–s des deux bords** (*Pol*) Links- und Rechtsextremisten.

extrémité *f* äußerstes Ende; äußerste Not; **acculer** *ou* **pousser qqn. à la dernière –** jmdn. zum äußersten treiben.

extrinsèque *adj* von außen bestimmt; **cause –** durch äußere Zwänge bewirkte Handlung; **valeur –** Vertragswert; Nennwert *m*.

F

fabricant *m* (*WirtR: industriel qui fabrique des produits commerciaux, ou dirige, possède une entreprise qui les fabrique*) Fabrikant *m*, Produzent *m*, Hersteller *m*.

fabricateur *m* (*StR: personne qui fabrique des produits sans valeur, ou destinés à tromper*) Fälscher *m*; **– de fausse monnaie** Falschmünzer; **– de faux papiers** Fälscher von amtlichen Ausweisen, Urkundenfälscher.

fabrication *f* (1) (*WirtR: production*) Herstellung *f*, Erzeugung *f*, Fertigung *f*, Fabrikation *f*, Produktion, (2) (*HR:*

produit) Erzeugnis *n*, Produkt *n*, Fabrikat *n*; **coût de –** Herstellungskosten; **défaut de –** Fabrikationsfehler *m*, Sachmangel *m*, Produktmangel *m*; **droit de –** Herstellungsrecht *n*; **frais de –** Herstellungskosten *pl*; **licence de –** Herstellungslizenz *f*; **procédé de –** Herstellungsverfahren *n*; **secret de –** Fabrikationsgeheimnis *n*.

fabrication artisanale handwerkliche Herstellung; **– à la chaîne** Fließbandherstellung; **– sur commande** Einzelanfertigung; Auftragsfertigung; **– de fausse monnaie** Falschmünzerei *f*; **– d'un faux** Herstellen *n* einer unechten Urkunde, Urkundenfälschung *f*; **– en grande série** Massenanfertigung *od.* -herstellung, Serienerzeugung; **– hors série** Sonderanfertigung; **– soignée** hochwertige Fertigung; Qualitätsarbeit *f*.

fabricien *m* (*KirchR*) Kirchenvorstandsmitglied *n*.

La fabrique ist im Gegensatz zur *entreprise* immer nur ein mittelständischer Betrieb. La *manufacture* ist ein Handwerksbetrieb, der zumeist hochwertige Waren wie Porzellanerzeugnisse, Gobelins od. Qualitätsuhren herstellt. *Un atelier* ist nichts nichts weiter als eine Werkstatt.

fabrique *f* (1) Fabrik *f*, Fabrikanlage *f*; Werk(statt); (kleinerer) Herstellungsbetrieb, Erzeugungsstätte *f*, (2) Herstellungsart *f*, (3) (*KirchR*) Kirchenvorstand *m*; **marque de –** Fabrik- *od.* Warenzeichen *n*; **prix de –** Preis für Direktbezieher; **secret de –** Betriebsgeheimnis *n*.

fabriquer *v.tr.* (1) (*produire, usiner*) herstellen, anfertigen, produzieren, (2) (*élaborer de manière à tromper*) fälschen, verfälschen, kopieren, nachahmen; **– un témoignage** eine falsche Zeugenaussage machen.

fabulateur *m* Lügner *m*; Schwätzer *m*; Wichtigtuer *m*.

fabuler *v.intr.* Geschichten erfinden.

façade *f* (1) Vorderseite, Stirnseite (eines Gebäudes), (2) *f* (*fig*) Schein *m*; **de –** simuliert, unehrlich.

face *f* (1) (*fig*) Aussehen, Gestalt, (2) Gesicht *n*, (3) Kopfseite (einer Münze); **en – de** gegenüber; **faire –** Widerstand leisten; **faire – à ses engagements** seinen Verbindlichkeiten nachkommen, seine Schulden begleichen; **vue de –** Vorderansicht *f*; **– à –** Debatte *f*, Diskussion.

fâcheux *adj* ärgerlich, unangenehm.

faciès *m* Gesichtszüge *mpl*; **– basané** *pej* Araber, Türke.

facilement *adv* leicht, mühelos; einfach (zu handhaben).

facilitation *f* **du travail** Arbeitserleichterung.

facilités *fpl* (*BankR*) Erleichterungen *fpl* (bei Zahlungen), Gewährung günstigerer Bedingungen (für Darlehen); **– d'amortissement** Abschreibungserleichterungen *fpl*; **– de caisse** (*BankR*) kurzfristiger Kredit (zur Überwindung zeitweiliger finanzieller Anspannungen); **– de crédit** Krediterleichterung, Fazilität *f*; **– de paiement** Zahlungserleichterungen; **– de promotion** (*ArbR*) günstige Aufstiegsmöglichkeiten.

façon *f* (1) (*création, fabrication*) Machart *f*, (Art und Weise der) Herstellung, Ausführung, Gestaltung, Be- *od.* Verarbeitung, (2) (*travail de l'artiste, de l'artisan*) Arbeitsausführung; Handarbeit *f*, Handwerk *n*, (3) (*manière, forme*) Form *f*, Gestalt *f*; Muster (eines Stoffs), (4) (*ArbR: salaire*) (Werk-, Macher-) Lohn *m*; **de – inadmissible** in unzulässiger Weise.

façonnage *m* (*WirtR: syn.: façonnement*) Bearbeitung *f*, Formgebung, Zurichtung.

façonner *v.tr.* bearbeiten, formen, bilden.

façonnier *m* Handarbeiter *m*; Handwerker *m*; **– à domicile** Heimarbeiter.

fac-similé *m* Faksimile *n*, getreue Nachbildung; Unterschriftsstempel.

factage *m* (1) (*HR: transport à domicile de marchandises*) Zustellung *f*, (2) Zustellungsgebühr *f*, Rollgeld *n*; **entreprise**

de – Paketdienst *m*; Rollfuhrunternehmen *n*.

facteur *m* (1) (*élément contribuant à un résultat*) mitwirkender Umstand *m*, Element *n*, Moment *n*, Faktor *m*, (2) (*HR*) Rollfuhrunternehmer; Paketzustellungsdienst, (3) (*BankR*) Factor *m*, (im Rahmen eines Factoringvertrages) die Kundenforderungen eintreibende Bank, (4) (*Post: préposé*) Briefträger *m*; **– de calcul** Berechnungsfaktor; **– de coûts** Kostenfaktor; **– écologique** Umweltfaktor *m*; **– important** wichtiger Umstand; bestimmendes Element; **– de la production** Produktionsfaktor; **– de supériorité** Grund *m* für die Überlegenheit.

factice *adj* nachgemacht, künstlich.

factieux *adj* aufrührerisch; *m* Aufrührer *m*, Unruhestifter *m*.

faction *f* (1) (*StR*) umstürzlerische Vereinigung, (2) (*MilR*) Wache *f*.

factoring *m* (*HR: équivalent français: affacturage*) Factoringvertrag *m*, Forderungskauf.

factum *m* (*PrzR: mémoire exposant les faits du procès*) Darlegung des Sachverhalts und der Rechtslage; Verteidigungsschrift.

facturation *f* Fakturierung *f*, Rechnungsausstellung *f*; Inrechnungstellung.

facture *f* (1) (*HR: pièce comptable indiquant la quantité, la nature et le prix des marchandises vendues, des services exécutés*) (Waren-) Rechnung *f*, Faktura *f*, (2) (*UrhR: manière dont est faite une œuvre d'art*) Ausführung *f*, Komposition *f*; **acquitter une –** eine Rechnung bezahlen; **dresser** *ou* **établir une –** eine Rechnung ausstellen; **honorer une –** eine Rechnung bezahlen; **montant de la –** Rechnungsbetrag *m*; **payer** *ou* **régler une –** eine Rechnung begleichen; **prix de –** Einkaufspreis (des Händlers).

facture acquittée quittierte Rechnung; **– consulaire** Konsulatsfaktura; **– énergétique** Energiekostenrechnung *f*; **– fictive** fingierte Rechnung; **– originale** Originalrechnung; **– pro forma** Pro-forma-Rechnung; **– protestable transmissible** protestfähige übertragbare Rechnung; **– simulée** fingierte Rechnung.

facturer *v.tr.* eine Rechnung (über etwas) ausstellen *od.* ausfertigen, berechnen, fakturieren; etwas in Rechnung stellen; **prix facturé** Rechnungspreis *m*.

facturette *f* (*SchuldR*) (*für die Scheckkarten- od. Kreditkartenbezahlung*) Beleg *m*.

facturier *m* (1) Einkaufs- *od.* Fakturenbuch *n*, (2) Buchführer *m*.

facultatif *adj* (1) wahlweise, fakultativ, Wahl-, (2) freiwillig.

faculté *f* (1) (*aptitude, disposition*) Fähigkeit *f*, Vermögen *n* (etwas zu tun), Befähigung, (2) (*possibilité, droit*) Recht *n*, Befugnis *f*; Option *f*; Wahlmöglichkeit, Entscheidungsfreiheit, (3) (*HochschulR*) Fakultät *f*, Fachbereich *m*, (4) (*SachR*) Besitz *m*, Vermögen *n*; **– d'adaptation** Anpassungsfähigkeit; **– d'appréciation du juge** freie richterliche Beweiswürdigung; **– concurrentielle** Wettbewerbsfähigkeit *f*; **– contributive** Steuerkraft *f*; **– de dénonciation** Kündigungsrecht *n*; **– de droit** Rechtsfakultät *f*, juristische Fakultät; **– d'option** Options- *od.* Wahlrecht; **– d'option de l'héritier** Möglichkeit der Ausschlagung der Erbschaft (durch den Erben); **– de rachat** Wiederkaufs- *od.* Rückkaufsrecht.

facultés *fpl* (1) (*WirtR: ressources, possibilités financières*) zur Verfügung stehende Geldmittel *npl*, Ressourcen *fpl*, finanzielle Möglichkeiten, (2) (*moyens psychiques et physiques d'un individu*) körperliche und geistige Fähigkeiten, (3) (*SeeHR: marchandises chargées sur le navire*) (schwimmende) Ware *f*, (Schiffs-) Ladung *f*, Güter *npl* (zur See); **assurance sur –** Schiffsladungsversicherung.

facultés intellectuelles *fpl* (*MedizinR: syn. de facultés mentales*) geistige Gesundheit, Intelligenz *f*; Geisteskräfte *fpl*; **être en pleine possession de ses – –** im Vollbesitz seiner geistigen Kräfte *od.* Fähigkeiten sein; **ne pas être en possession de toutes ses**

– – geistig behindert sein, unter Geistesschwäche leiden; **ne pas jouir de toutes ses – –** geistesgestört sein.

faible *adj* schwach; geringfügig; **économiquement –** Bedürftige(r), Sozialhilfeempfänger; **marché –** nachgebender, abbröckelnder Markt; **monnaie –** schwache Währung; **raisonnement –** unhaltbare Beweisführung; auf schwachen Füßen stehende Begründung; **– d'esprit** geistesschwach; **– revenu** niedriges Einkommen.

faiblesse *f* Schwäche *f*; Machtlosigkeit; Verwundbarkeit; Empfindlichkeit; Willenlosigkeit; Mangel *m*; **– mentale** Geistesschwäche *f*.

failli *m* (1) (*InsolvenzR: commerçant déclaré en faillite*) Gemeinschuldner *m*, Insolvenzschuldner, (2) (*StR: banqueroute frauduleuse*) Bankrotteur *m*; **– concordataire** Schuldner im Vergleichsverfahren.

faillir *v. intr.* einen Fehltritt begehen; sich irren, sich versehen, einen Irrtum begehen; beinahe etwas tun; **– à son devoir** seine Pflichten vernachlässigen.

faillite *f* (1) (*InsolvenzR: terme aujourd'hui abandonné par la loi et remplacé par: liquidation judiciaire*) Insolvenz *f*; Zahlungsunfähigkeit; Überschuldung, (*früher:*) Konkurs *m*, (2) (*InsolvenzR: mot employé dans le language courant pour procédure collective*) Insolvenzverfahren *n*, (3) (*fig*) Versagen *n*, Misserfolg *m*; **administrateur de la –** Insolvenzverwalter *m*; **créancier de la –** Insolvenzgläubiger *m*; **déclaration de –** Insolvenzantrag *m*; **faire –** in Insolvenz geraten; **jugement déclaratif de –** Insolvenzeröffnungsbeschluss *m*; **masse de la –** (1) Insolvenzgläubigerversammlung *f*, (2) Insolvenzmasse *f*; **ouverture de la –** Insolvenzeröffnung *f*; **privilège de la –** Absonderung(srecht), Recht auf gesonderte Befriedigung; **syndic de la –** (*InsolvenzR: naguère représentant légal de la masse des créanciers du failli – aujourd'hui on parle du représentant des créanciers*) Insolvenzverwalter *m*; **tomber en –** in Insolvenz geraten.

faillite frauduleuse (*StR: banqueroute frauduleuse*) betrügerischer Bankrott; **– personnelle** (*StR: sanction personnelle*) Bestrafung (einer Person) wegen schuldhafter Herbeiführung eines betrügerischen Bankrotts.

faim *f*: **grève de la –** Hungerstreik *m*.

faire *v.tr.* (1) machen, tun, (2) anfertigen; **– autorité** maßgebend sein, allgemein gelten; **– banqueroute** in Konkurs geraten; **– bénéficier** gewähren; **– confiance à qqn.** jmdm. Vertrauen schenken; **– courir les intérêts** Verzugszinsen verlangen.

faire défaut (*ZPR*) (*einem Gerichtstermin*) versäumen, (*vor Gericht*) nicht erscheinen; **– les diligences nécessaires** (*ZPR*) die notwendigen Schritte (rechtzeitig) einleiten *od.* unternehmen; **– droit** (*einem Anspruch*) stattgeben, (*ein Recht*) gewähren; **– durer** in die Länge ziehen; **– échouer** zu Fall bringen; **– entrer en ligne de compte** in Betracht ziehen, berücksichtigen; **– état de qqch.** (*vor Gericht*) vorbringen *od.* anführen, Bezug nehmen auf.

faire fausse route im Irrtum sein, in die Irre gehen, sich täuschen; **– figure de suspect n° 1** als Hauptverdächtiger gelten; **– flèche de tout bois** sämtliche Mittel ausschöpfen, alles versuchen; **– foi** beweiskräftig sein; beweisen, bestätigen, als richtig gelten; **– fonction de** (1) (*ZR, ÖfR: remplir, sans en être titulaire, la charge de*) vertreten, in Vertretung handeln, (2) (*tenir lieu de*) *Allgspr.* dienen als, fungieren als, eine bestimmte Funktion ausüben; **– grâce** begnadigen; **– grief** (*PrzR*) eine Beschwer darstellen, sich nachteilig auswirken (auf).

faire jouer la clause de garantie (*SchuldR*) sich auf die Gewährleistungsklausel berufen; **se – justice** (1) zur Selbsthilfe schreiten, (2) Selbstmord begehen; **– la lumière sur** aufdecken, ans Licht brigen, aufklären.

faire obstacle hindern, jmdm. Hindernisse in den Weg legen; **– office de** handeln als; **– une offre** ein Angebot unterbreiten; **– des offres réelles** (*den Gläubiger*) in Annahmeverzug setzen; **– opposition** Einspruch erheben.

faire part de qqch. mitteilen, wissen lassen; anzeigen; **– peser une menace sur qqn.** jmdn. bedrohen; **– le point** Bilanz ziehen; **– pression** Druck ausüben; **– preuve de fermeté** unnachgiebig sein, auf stur schalten; **– preuve de modération** sich mäßigen, Mäßigung üben; **– preuve de souplesse** verhandlungsbereit sein, flexibel sein; **– un procès d'intention à qqn.** jmdm. üble Absichten unterstellen; **– de la publicité** werben für etwas.

faire une réduction sur le prix einen Preisnachlass gewähren; **– régner l'ordre** die Ordnung aufrecht erhalten *od.* wieder herstellen; **– régner la terreur** Angst und Schrecken verbreiten; **– remise** (*SchuldR: dettes*) (*einem Schuldner*) die Schulden erlassen; **– savoir** kundtun, mitteilen; bekanntmachen; **– sommation** (*PrzR*) ein gerichtliches Mahnverfahren einleiten; **– une soumission** (Vergabe öffentlicher Aufträge) ein Angebot unterbreiten; **– un tabac** *fig umg* großen Erfolg haben; **– valoir un droit** ein Recht *od.* einen Anspruch geltend machen; **– un virement** eine Überweisung vornehmen.

faire-valoir *m* (*LandwR*) (Land-) Bewirtschaft *f*; **– direct** Nutzung durch den Eigentümer.

fait *m* (1) (*PrzR: chose certaine et avérée*) nachweisbare Tatsache, Faktum *n*, Fakt *m*, (2) (*ZR: tout événement physique, social ou individuel qui se produit*) rechtserhebliches Ereignis *od.* Geschehnis (wie Sturm, Krieg, Streik und Krankheit), Umstand *m*, Sachverhalt *m*, (3) (*StR: fait délictueux*) (strafbare) Handlung, (Straf-) Tat *f*, (4) (*ZPR: éléments de fait, matérialité des faits*) Tatbestand *m*, Darstellung des Sach- und Streitgegenstandes; **aller droit au –** gleich zum Wesentlichen kommen; **arrestation sur le –** Ergreifung auf frischer Tat, Festnahme auf frischer Tat; **de ce –** deswegen, aus diesem Grunde; **dire son – à qqn.** zur Sache kommen, Tacheles reden; **du – de** aus diesem Grund, deswegen; **éléments de –** Sachlage, Tatbestand; **en –** tatsächlich, de facto, eigentlich.

fait: **erreur de –** (*ZR*) Tatsachenirrtum *m*, Tatirrtum; **être coutumier du –** (*StR*) immer wieder dieselbe Straftat begehen, wiederholt denselben Straftatbestand erfüllen; **être sûr de son –** sich seiner Sache sicher sein; **juge du –** Tatrichter *m*; **lecture –e** nach Verlesung; **par son –** durch eigenes Verschulden; **point de –** Tatbestand, Tatbestandsmerkmal *n*; **prendre qqn. sur le –** in flagranti *od.* auf frischer Tat ergreifen; **prendre – et cause (pour qqn.)** Partei ergreifen (für jmdn.); **présomption de –** Tatsachenvermutung *f*; **preuve d'un –** Tatsachenbeweis *m*; **répondre d'un –** wegen einer Straftat vor Gericht stehen, sich vor Gericht (für eine Straftat) verantworten müssen; **situation de –** Tatbestand, tatsächliche Rechtslage; **société de –** faktische Gesellschaft.

fait à (*Urkunde, Gesetz*) gegeben zu, ausgefertigt; **– accompli** (*VR*) vollendete Tatsache; **– acquis** feststehende Tatsache; **– allégué** (*PrzR*) vorgebrachte *od.* behauptete Tatsache; **– authentique** Begebnis *n*, Begebenheit *f*; **– d'autrui** (*SchuldR*) Drittverschulden *n*; Haftung für fremde Tat; **– à charge** (*StR*) belastender Umstand; **– de charge** (*StR*) schuldhafte Handlung des Inhabers eines öffentlichen Amtes (insbesondere des Notars); **– connexe** in (engem) Zusammenhang stehende Handlung; **– constitutif d'une infraction** (*StR*) Tatbestandsmerkmal *n*; Handlung, die den (Straf-) Tatbestand erfüllt; **– créateur de droit** rechtsbegründende Tatsache.

fait à décharge (*PrzR*) entlastender Umstand; **– délictueux** (*StR*) Straftat *f*, strafbare Handlung; **– diffamatoire** (*StR*) Verleumdung, Verbreitung übler Nachrede; **– divers** (*MedienR*) (*in Zeitungen*) Vermischtes; **– dommageable** (*ZR*) Schädigung, Schadensursache *f*, schadenstiftendes *od.* schädigendes Ereignis, Schadensfall *m*; **– générateur** Ursache *f*; **– de grève** Arbeitskampfmaßnahme; **– de guerre** Kriegseinwirkung *od.* -handlung; **– de l'homme** schadensersatzpflichtige Handlung (des Schädigers), unerlaubte Handlung.

fait illicite (*SchuldR*) unerlaubte Handlung; **– imputé à charge** *ou* **incriminé** (*StR*) zur Last gelegte Tat, inkriminierte Tat *od.* Handlung; **– inacceptable** nicht hinnehmbare Tatsache; **– innocent** rechtsunerhebliche Tatsache; **– d'insoumission** (*StR*) Erfüllung des Tatbestands der Befehlsverweigerung.

fait juridique (*ZR: tout événement susceptible de produire des effets de droit*) rechtlich relevantes Ereignis, Naturereignis *n*; nicht rechtsgeschäftliche Handlung, die Rechtswirkungen hervorbringt, geschäftsähnliche Handlung; **– justificatif** (*StR, ZR*) Rechtfertigungsgrund *m*, rechtfertigende Tatsache; **– litigieux** (*ZPR*) Streitgegenstand *m*; **– notoire** gerichtsnotorische Tatsache; **– nouveau** neue Umstände *pl*, neue Tatsache; **– et passé à** verhandelt in; **– pertinent** rechtserhebliche Tatsache *od.* Handlung.

fait à prouver Beweisgegenstand *m*; **– punissable** strafbare Handlung.

fait répréhensible vorwerfbare Tat; **– reproché** (*StR*) Tatverdacht *m*; Tatvorwurf *m*; **– de résistance** (*StR*) Widerstand *m* (gegen die Staatsgewalt); **– de la victime** Mitverursachung durch den Geschädigten, Mitverschulden; **– volontaire illicite** (rechtswidrige) unerlaubte Handlung; **– volontaire licite** erlaubtes rechtswirksames Handeln, Rechtshandlung, rechtsgeschäftsähnliche Handlung, juristische Handlung.

faîte *m fig* Höhepunkt *m*, Gipfel.

faits *mpl* (*PrzR*) Sachverhalt *m*, Sachlage *f*, Tatsachen *fpl*, Tatbestand *m*; **appréciation des –** Tatsachenwürdigung *f*; **articulation des –** Reihenfolge der Tatsachen; **auteur des –** Täter *m*; **compte-rendu des –** Tatbericht *m*; **connaissance des –** Sachkenntnis *f*; **constatation des –** Tatbestandsaufnahme *f*; **contester les –** die Richtigkeit der Darstellung des Sachverhalts bestreiten; **exposé des –** Sachverhalt, Ausführungen zum Sachverhalt; **exposer les –** den Sachverhalt darlegen, die Sachlage erklären; **interrogatoire sur – et articles** (*StPR*) Vernehmung zur Sache.

faits: **matérialité des –** objektiver Tatbestand; **rectification des –** Tatbestandsberichtigung; **résumé des –** Sachverhaltsdarstellung *od.* -zusammenfassung; **– donnant lieu à extradition** (*StR, AuslR*) strafbare Handlungen, die zur Auslieferung führen; **– de l'espèce** (*ZPR*) Sachverhalt *m*, Tatbestand *m*.

faix *m* Last *f*, Bürde *f*.

fallacieux *adj*: **arguments –** irreführende *od.* trügerische Rechtfertigungsgründe; **serments –** unglaubwürdige Beteuerungen.

falloir *v.impers.* müssen, gezwungen *od.* genötigt sein, nicht umhin können, keine andere Wahl haben; **il faut que** es ist unbedingt erforderlich, dass; **il s'en fallut de peu** fast wäre es passiert; **il s'en faut de beaucoup** es ist praktisch ausgeschlossen, dass.

falsifiable *adj* fälschbar.

falsificateur *m* Fälscher *m*; **– de billets de banque** Banknotenfälscher.

falsification *f* (1) (*StR: dénaturation d'un document, d'une chose*) Fälschung *f*, (2) (*StR: altération matérielle opérée par suppression, adjonction ou surcharge*) Verfälschung; **– du bilan** Bilanzverfälschung, Bilanzkosmetik *f*; **– de denrées alimentaires** Lebensmittelfälschung; **– de documents** (*StR*) Urkundenfälschung; **– d'état-civil** Personenstandsfälschung; **– de monnaie** Geldfälschung *od.* -verfälschung; **– d'une pièce d'identité** Ausweisfälschung.

falsifier *v.tr.* (1) fälschen, (2) verfälschen; **document falsifié** gefälschte Urkunde.

familial *adj* Familien-, familiär, die Familie betreffend; **droit –** Familienrecht; **entreprise** *ou* **exploitation –e** Familienbetrieb- *od.* -unternehmen *n*; **politique –e** Familienpolitik *f*; **prestations –es** Familienzulagen *fpl*.

familiariser *v.pron.*: **se – avec qqch.** sich mit etwas vertraut machen.
familier *adj* gewohnt, bekannt, vertraut.
famille *f* (1) (*FamR: famille nucléaire comprenant le couple et les descendants*) Familie *f* i.e.S, (2) (*FamR: famille patriarchale comprenant le couple, les descendants, les ascendants et les collatéraux*) Familie i.w.S, Verwandtschaft *f*, (3) (*hist: famille étendue ou lignage*) Geschlecht, Haus; **caveau de –** Grabstätte *f* einer Familie, Familiengrab *n*; **charges de –** Unterhaltspflicht *f*; **chef de –** Haushaltsvorstand *m*; **conseil de –** Familienrat *m*; **droit de la –** Familienrecht *n*; **état de –** Familienstand *m*; **livret de –** Familienbuch *n*; **membre de la –** Familienangehörige(r) *m*, Familienmitglied *n*; **nom de –** Familienname *m*; **situation de –** Familienstand *m*; **subsistance de la –** Familienunterhalt *m*.
famille adoptive Adoptiveltern (mit Adoptivkind); **– agnatique** Blutsverwandtschaft väterlicherseits; **– cognatique** Blutsverwandtschaft mütterlicherseits; **– légitime** Familie (im Sinne des Gesetzes); **– monoparentale (sans cohabitation)** (*FamR: ménage d'une personne*) alleinerziehende Mutter, Familie bestehend aus nur einem Elternteil (nebst Kind); **– naturelle** nichteheliche Lebensgemeinschaft zweier Personen mit Kind; **– nombreuse** kinderreiche Familie; **– nucléaire** auf Eltern und Abkömmlinge reduzierte Familie, Kleinfamilie; **– par le sang** Blutsverwandtschaft *f*; **– unilinéaire** Abstammung, die nur in einer Linie nachgewiesen werden kann.
famine *f* Hungersnot *f*.
fanatisme *m* Fanatismus *m*, Intoleranz *f*.
fantaisie *f*: **dénomination de –** (*GesR*) Phantasiebezeichnung *f*.
fantoche *adj*: **gouvernement –** Marionettenregierung *f*.
fard: **sans –** *loc.adv.* ohne Umschweife, unverblümt, gerade heraus.
fardeau *m* Last *f*, Bürde *f*; **renversement du – de la preuve** Umkehrung der Beweislast; **– des impôts** Steuerlast; **– de la preuve** Beweislast *f*.
fascicule *m* Heft *n*, Broschüre *f*; **– de brevet** Patentschrift *f*; **– de mobilisation** (*MilR*) Weisungen *fpl* für die Mobilmachung.
fascisme *m* Faschismus *m*; Nazismus.
fasciste *adj* faschistisch; rechtsradikal, reaktionär; **idées –s** rechtsradikales Gedankengut; **régime –** totalitärer, faschistischer Staat.
fasciste *m* Faschist *m*, Anhänger des Rechtsradikalismus.
fatal *adj* verhängnisvoll; **coup –** tödlicher Schlag.
fatigue *f* Müdigkeit; Ermüdung; **succomber à la –** (vor Erschöpfung) einschlafen.
faubourg *m* Vorort *m*, Außenbezirk *m*.
faucher *v.tr. et intr.* (*StVR: renverser et tuer*) (*mit dem Kfz im Straßenverkehr*) töten, überfahren.
faussaire *m* (Urkunden-) Fälscher *m*.
fausse *f* **alarme** blinder Alarm; **– attaque** Scheinangriff *m*; **– monnaie** Falschgeld *n*; **– pièce** (*StR: document falsifié*) verfälschte Urkunde.
fausser *v.tr.* fälschen, verfälschen; **– le sens** (*d'une loi*) den Sinn (eines Gesetzes) entstellen.
faute *f* (1) (*ZR: acte constituant un manquement à une obligation contractuelle*) Verantwortlichkeit *f*, Verschulden *n*, fehlerhaftes Handeln, Vertretenmüssen *n*; Vorsatz *m*; Fahrlässigkeit, (2) (*StR: élément moral de l'infraction*) Schuld *f*, schuldhaftes Handeln *n*, strafrechtliches Verschulden, (3) (*VwR: acte dommageable commis par un agent public*) Pflichtverletzung *f*, Fehlverhalten *n*, Versagen *n*, (4) (*ArbR: fait imputable au salarié*) Fehler *m*, Verfehlung *f*, Verstoß *m* (gegen betriebliche Anweisungen), schuldhaftes Verhalten; **absence de –** Schuldlosigkeit *f*; **aveu d'une –** Schuldbekenntnis *n*; **commettre une –** schuldhaft handeln, eine Verfehlung begehen; **degré de gravité de la –** Umfang *od.* Grad des Verschuldens; **entaché de –** (*VwR*) fehlerhaft; **passer sur une –** entschuldigen, verzeihen; **présomption de –**

Schuld- *od.* Verschuldensvermutung *f.*

faute: **responsabilité pour –** (*SchuldR: responsabilité fondée sur une faute*) Verschuldenshaftung *f*; **responsabilité sans –** Gefährdungshaftung *f*, Erfolgs- *od.* Verursachungshaftung; *loc. adv.*: **sans –** sicher, gewiss; ganz bestimmt; **théorie de la –** Verschuldensgrundsatz *m.*

faute in abstracto (*ZR: responsabilité d'une personne diligente et avisée*) Außerachtlassen der durchschnittlichen *od.* der ordentlichen Sorgfalt; **– administrative** (*VwR: faute de service*) (schuldhafte) Amtspflichtverletzung; Amts- *od.* Staatshaftung (für Verschulden); **– assurable** (*VersR: faute de l'assuré ni intentionnelle, ni dolosive*) versichbares Fehlverhalten; **– d'autrui** fremdes Verschulden; **– de calcul** Rechenfehler; **– caractérisée** (*StR: faute aggravée au sens de l'art. 121–3 al. 4 CP*) vorwerfbare und strafrechtlich verfolgbare fahrlässige Handlung; **– civile** (*ZR: par opposition à faute pénale, celle qui engage la responsabilité civile de son auteur*) unerlaubte Handlung; Vertragsverletzung; **– collective** Kollektivschuld; **– commune** *ou* **concomitante** *ou* **concurrente** (*ZR*) mitwirkendes Verschulden (des Schädigers u. des Geschädigten); **– in concreto** Außerachtlassen der in eigenen Angelegenheiten angewandten Sorgfalt, culpa in concreto; **– dans le conditionnement** mangelhafte Verpackung; **– contractuelle** (*SchuldR: inobservation d'une obligation née du contrat*) positive Vertragsverletzung, Forderungsverletzung, Schlechterfüllung, Verschulden bei Vertragserfüllung; **– contraventionnelle** (*StR*) Tatvorwurf der groben Fahrlässigkeit (dem Vorsatz gleichgesetzt); **– de ...** *prép.* mangels; **– délibérée** (*StR: faute aggravée au sens de l'art. 121–3, al. 4 CP*) besondere Schwere der Schuld (die zu einer Strafschärfung führt).

faute délictuelle (1) (*ZR: préjudice causé par un fait volontaire*) vorsätzliche unerlaubte Handlung, (2) (*SchuldR: préjudice causé par un fait involontaire constitutif d'un délit civil*) fahrlässige unerlaubte Handlung; außervertragliches *od.* deliktisches Verschulden; **– disciplinaire** (*VwR*) Disziplinarvergehen *n*; **– dolosive** (*SchuldR: faute contractuelle intentionnelle*) Vorsatz *m*, vorsätzliche Vertragsverletzung; **– de forme** Formmangel *m*, Formfehler, Formgebrechen *n* (Aut).

faute grave (1) (*ArbR: faute privant le salarié de toute indemnité, sauf indemnité de congés payés*) schwere Verfehlung des Arbeitnehmers (mit Verlust sämtlicher Prämien), schwerer Verstoß gegen die Betriebsordnung *od.* gegen Betriebsanweisungen, (2) (*ZR: syn. de faute lourde*) grobe Fahrlässigkeit; grobes Verschulden; **– par inadvertance** Unaufmerksamkeit, fehlende Vorsicht; **– par inattention** Unachtsamkeit.

faute inexcusable (1) (*ArbR: faute particulièrement grave, sans impliquer la volonté de causer un dommage*) unentschuldbare grobe Fahrlässigkeit, (2) (*SchuldR: syn.: faute contractuelle*) vorsätzliche *od.* fahrlässige Vertragsverletzung, (3) (*au sens moral*) unverzeihlicher Fehler; **– intentionnelle** (1) (*VertragsR: faute impliquant l'intention de nuire à autrui*) vorsätzliche Vertragsverletzung, Vorsatz *m*, (2) (*SchuldR: dol*) vorsätzliche unerlaubte Handlung.

faute légère (*SchuldR: négligence, acte maladroit*) Sorgfaltspflichtverletzung *f*, (leichte) Fahrlässigkeit; **– très légère** (sehr) leichte *od.* geringfügige Fahrlässigkeit, Versehen *n.*

faute lourde (1) (*ArbR: syn.: faute grave – faute entraînant le licenciement immédiat du salarié*) grobes Verschulden (als Grundlage der fristlosen Kündigung), (2) (*ZR: faute assimilée au dol*) grobe Fahrlässigkeit; **– par maladresse** Ungeschicklichkeit; **– manifeste et de particulière gravité** offensichtliches und grobes Verschulden.

faute objective (*SchuldR: comportement s'écartant de celui du bon père de famille dans les mêmes circonstances*) Außerachtlassen der durchschnittlichen *od.* der ordentlichen Sorgfalt; **– ordinaire** (*ZR: acte illicite imputable*) Verschulden *n*, Vertretenmüssen; **– d'orthographe** Rechtschreibfehler *m*.

faute pardonnable entschuldbares Verhalten; **– partagée** mitwirkendes Verschulden, Mitschuld; **– pénale** strafrechtliches Verschulden; Verletzung des Strafgesetzes; **– personnelle** (1) (*ZR*) persönliches Verschulden, eigenes Verschulden, (2) (*BeamR*) Vorsatz *od.* grobe Fahrlässigkeit (eines Beamten im Rahmen der Amtspflichtverletzung); **– de preuve** mangels Beweises, aus Mangel an Beweisen; **– professionnelle** (1) (*ArbR: syn.: faute inexcusable*) Verletzung der Berufspflichten, (2) (*ZR: professions libérales*) Sorgfaltspflichtverletzung *f*; Verstoß *m* gegen die Beratungs- und Informationspflicht, (3) (*MedizinR*) ärztlicher Kunstfehler; **– propre** eigenes Verschulden; **– de provision** (*WertpR*) mangels Deckung.

faute quasi-délictuelle (*SchuldR*) fahrlässige unerlaubte Handlung, fahrlässige Rechts- *od.* Personenverletzung; **– de sécurité** Verstoß *m* gegen die Sicherheitsvorschriften; **– de service** (1) (*VwR: acte dommageable résultant de la mauvaise organisation du service*) Versagen der Behörde infolge mangelhafter Organisation, (2) (*DiszR: acte dommageable commis par un agent public*) Amtspflichtverletzung *f*, Dienstvergehen *n*; **– simple** (*SchuldR: faute engageant la responsabilité civile*) Verschulden, Vertretenmüssen; **– subjective** (*SchuldR*) Außerachtlassen der in eigenen Angelegenheiten angewandten Sorgfalt; **– vénielle** *Allgspr.* lässliche Sünde; **– de la victime** (*ZR*) Mitverschulden des Geschädigten.

fauteur *m* (*Pol, StR*) Anstifter *m*; **– de désordre** *ou* **de troubles** Aufrührer *m*, Unruhestifter *m*; **– de guerre** Kriegstreiber *m*.

fautif *adj* fehlerhaft, schuldhaft, rechtswidrig, pflichtwidrig; **citation fautive** (*ZPR*) mit einem (Form-)Mangel behaftete Ladung; **mémoire fautive** lückenhaftes Gedächtnis; **se sentir –** sich schuldig fühlen.

Wer die Unwahrheit als Wahrheit ausgibt, begeht eine Fälschung – *une falsification*. Die gefäschte Urkunde ist *le faux*. *La contrefaçon* ist das Nachahmen einer echten Schrift, insbesondere Unterschrift, aber auch die gesetzwidrige Nachahmung eines Markenprodukts.

faux *m* (1) (*StR: faux en écritures ou faux documentaire*) die unechte *od.* verfälschte Urkunde; Urkundenfälschung, Verfälschung (einer Urkunde), (2) (*i.w.S.*) falsche Angabe *f*; Unwahrheit *f*; **arguer de –** (*StPR*) die Echtheit einer Urkunde bestreiten; eine Fälschungsklage anstrengen; **s'inscrire en –** *v. pron.* (*PrzR*) die Echtheit einer Urkunde (vor Gericht) bestreiten; **usage de –** (*StR*) Verwendung einer verfälscten *od.* unechten Urkunde im Rechtsverkehr.

faux par altération Verfälschung; **– documentaire** *ou* **en écriture** (*StR*) Urkundenfälschung *f*; **– immatériel** (*StR*) mittelbare Falschbeurkundung.

faux intellectuel (*StR: faux en écritures concernant la substance même de l'opération juridique*) (inhaltliche) Fälschung einer echten Urkunde; **– matériel** (1) (*StR: i.w.S.*) Urkundenfälschung *f*, (2) (*i.w.S.*) Fälschung des Urkundenkörpers, Verfälschung (der Wörter oder Zahlen); **– et usage de –** (*StR*) Urkundenfälschung und Verwendung dieser Fälschung im Rechtsverkehr.

faux *adj* (1) falsch, unwahr, unrichtig, unbegründet, (2) (*Haar, Zähne*) künstlich, (3) (*Person*) verschlagen, hinterhältig, doppelzüngig; **– certificat** (*StR*) Falschbeurkundung (durch eine Amtsperson); **fausses clés** Dietrich *m*; **fausse conclusion** Trugschluss *m*; **fausses déclarations** falsche Angaben *fpl*; **fausse déposition** (*StR*) falsche (uneidliche) Aussage.

faux *mpl* **frais** (1) (*ZR: toute dépense accidentelle*) Nebenkosten *pl*; kleine unvorhergesehene Auslagen; Spesen *pl*, (2) (*PrzR*) Auslagen *fpl* (eines Prozessbevollmächtigten); Schreibgebühr *f*; Portokosten; Unkosten *pl*, (3) (*ZPR: dépenses nécessaires exposés par un officier ministériel*) Zusatzgebühr *f* für notwendige Auslagen.

faux-fuyant *m* Ausflucht *f*, Vorwand *m*, Ausrede *f*.

faux incident (civil) (*ZPR*) Zwischenverfahren zur Feststellung der Echtheit einer Urkunde; **– -monnayage** *m* Falschmünzerei *f*, Geld- und Wertzeichenfälschung *f*, Herstellung und Verbreitung von Falschgeld; **– monnayeur** *m* Falschmünzer *m*; **– passeport** gefälschter Pass; **– raisonnement** irrige Gedankenführung; falsche Argumentation.

faux serment (*StR: affirmation intentionnellement inexacte sous la foi du serment en matière civile, art. 434–17 CP*) Meineid *m*, vorsätzliche eidliche Bekräftigung einer unrichtigen Aussage (vor einem Zivilgericht); **fausse signature** gefälschte Unterschrift *f*.

faux témoignage (*StR: témoignage mensonger devant une juridiction ou un officier de police judiciaire, art. 434–13 CP*) falsche eidliche Aussage, Meineid; **– témoin** falsch aussagender Zeuge; **– titre** angemaßte Amtsbezeichnung.

faveur *f* Begünstigung *f*; Gefälligkeit; Gunstbezeugung; Gewogenheit; Priorität *f*; Berücksichtigung an erster Stelle; **à la – de** mit Hilfe von, mittels; **en – de** zugunsten von, für; **prix de –** Vorzugspreis *m*; **régime** *ou* **traitement de –** bevorzugte Behandlung, Vorzugsbehandlung; **– fiscale** Steuervergünstigung; Steuerprivileg *n*.

favorable *adj* günstig, vorteilhaft; **accueil – d'un projet** Annahme eines Entwurfs; **dans le cas le plus –** im günstigsten Fall, bestenfalls, höchstens; **circonstances –s** günstige Umstände; **conditions particulièrement –s** höchst günstige Bedingungen; **examiner une requête d'un œil –** wohlwollend einen Antrag prüfen.

favoriser *v.tr.* (1) begünstigen, fördern, bevorzugen, (2) (*StR*) Vorschub leisten.

favoritisme *m* (*Pol*) Vetternwirtschaft *f*; illegale Bevorzugung *f*.

fax *m* (= *télécopie*) Fax *n*, Telefax; **envoyer un –** ein Fax absenden, faxen.

faxuel *adj*: **harcèlement –** (*StR*) Belästigung durch die Zusendung nicht gewünschter Faxe.

féal *adj* getreu, treu.

fébrile *adj a. fig.* fieberhaft, eilig, hastig.

fécondation *f* **in vitro (= FIV)** (*MedizinR*) in vitro Befruchtung.

fécondité *f* Fruchtbarkeit *f*; **taux de –** allgemeine Fruchtbarkeitsziffer *f*.

fédéral *adj* (1) (*VR*) verbündet, (2) (S) eidgenössisch, (3) (*VerfR: territoire*) bundesstaatlich; Bundes-; föderalistisch; **assemblée –e** Bundesversammlung (S); **diète –e** Bundesrat (S).

fédéralisme *m* Föderalismus *m*, Bundesstaatlichkeit, bundesstaatliches System; **renforcement du –** Erweiterung der Befugnisse der Gliedstaaten.

fédératif *adj* föderativ, Bundes-.

fédération *f* (1) (*ÖfR: État fédéral*) Bundesstaat *m*, (2) (*ArbR: union volontaire*) (Arbeitger-, Arbeitnehmer-) Dachverband *m*, (3) Sportverein *od.* -club, (4) (*Pol*) Parteienbündnis *n*; **– patronale** Arbeitgeberdachverband *m*; **– professionnelle** Berufsverband *m*; **– de syndicats** Gewerkschafts(dach)verband.

fédéré *adj* verbündet, föderiert.

fédérer *v.tr.* vereinigen; **se –** *v. pron.* sich zusammenschließen, sich vereinigen.

feindre *v.tr.* vortäuschen, sich verstellen, simulieren, vormachen.

feint *adj* vorgetäuscht; scheinbar.

félicitations *fpl* Glückwünsche *mpl*; Belobigung *f*.

félonie *f* Untreue *f*; Treubruch *m*.

fêlure *f* Sprung *m*, Riss *m*; **avoir une –** (*fig.*) nicht ganz bei Verstand *od.* Trost sein, nicht richtig im Kopf, meschugge sein.

féminin *adj* weiblich, fraulich, feminin.

féminisation *f* **d'une profession** vermehrte Zulassung der Frauen zu einem Beruf.

féminisme *m* (*Pol*) (Richtung der) Frauenbewegung *f*, Feminismus *m*.
féministe *adj* frauenrechtlerisch.
féministe *f* (*Pol*) Feministin *f*, Frauenrechtlerin *f*, Anhängerin *f* der Frauenbewegung.
féminitude *f* Weiblichkeit *f*; Frauendasein *n*.
femme *f* Frau *f*; Ehefrau *f*; **discrimination de la –** Frauendiskriminierung *f*; **quotas pour les –s** Quotenregelung; **statut social des –s** gesellschaftliche Stellung der Frau.
femme battue (*StR: femme maltraitée, subissant des sévices*) misshandelte Frau; **– célibataire** unverheiratete *od.* ledige Frau; **– chef d'entreprise** Unternehmerin; **– commerçante** Kauffrau; **– commune en biens** (*FamR*) in Gütergemeinschaft lebende Ehefrau; **– en couches** (*ArbR*) Frau während der Schwangerschaft und nach der Entbindung; **– divorcée** geschiedene Frau; **– isolée** (*SozR: femme seule chargée de famille*) alleinerziehende Mutter; **– mariée** Ehefrau, verheiratete Frau.
fente *f* (*ErbR: principe de partage d'une succession en deux parties entre les lignes paternelle et maternelle, art. 732 Cciv*) Linearteilung *f*, Aufteilung der in aufsteigender Linie anfallenden Erbschaft je zur Hälfte an den mütterlichen und an den väterlichen Stamm.
féodalisme *m* (1) (*hist*) Feudalsystem *n*, Lehnsverfassung, (2) *fig* wirtschaftliche Vorherrschaft.
férié *adj*: **jour – légal** gesetzlicher Feiertag.
féries *fpl* **judiciaires** Gerichtsferien (S); **– en matière de poursuites** (S) Betreibungsferien *pl* (S).
férir: **sans coup –** *loc. adv.* ohne Schwierigkeit, ohne den geringsten Widerstand.
fermage *m* (1) (*LandwR: contrat de bail*) Landpachtvertrag *od.* -verhältnis, (2) (*LandwR: redevance due par le preneur*) Pachtzins *od.* -geld.
ferme *adj* verbindlich, fest, beständig, unveränderlich; **acheter –** fest kaufen; **cours –** behauptete *od.* feste (Börsen-) Preise; **engager –** (*ArbR*) fest anstellen; **marché à terme –** Fixgeschäft *n*; **prix –** Festpreis, verbindlicher Preis; **rester –** unnachgiebig bleiben.
ferme *f* landwirtschaftlicher Betrieb; (Pacht-) Hof *m*; **bail à –** Landpachtvertrag; **donner à –** verpachten; **prendre à –** pachten; **– générale** (*hist*) Generalpachtvertrag (der Steuern).
fermer *v. tr. et intr.* schließen; abschließen; verschließen; **– boutique** *umg* das Geschäft aufgeben; *umg* den Laden dicht machen; **– un dossier** ad acta legen, als erledigt betrachten; eine Akte (über jmdn.) schließen.
fermeté *f* Festigkeit *f*, Standhaftigkeit, Beharrungsvermögen; Zielstrebigkeit.
fermeture *f* (1) Schließung *f*, Stillegung *f*, (2) Schloss *n*; Verschluss *m*; **– de la chasse** Beginn der Schonzeit; **– d'un compte** (*BankR*) Kontosperrung *f*; **– douanière** Zollverschluss *m*; **– de l'entreprise** Betriebsschließung *od.* -stillegung; **– d'établissement** (*StR*) Untersagung der Ausübung eines Gewerbes; **– des guichets** Schalterschluss *m*; **– du magasin** Geschäftsschluss; **– d'office d'une entreprise** zwangsweise Betriebsschließung.
fermier *m* Pächter *m*.
férocité *f* Roheit *f*; Gewalttätigkeit; Grausamkeit.
ferraille *f* Schrott *m*, Alteisen *n*.
ferroutage *m* Huckepackverkehr *m*.
ferry *m* (= *transbordeur*) Fähre *f*, Fährschiff *n*; Fährbetrieb *m*.
festival *m* Festival *n*, kulturelle Großveranstaltung.
fête *f*: **jour de –** Feier- *od.* Festtag.
Fête-Dieu *f* Fronleichnam *m*.
fetfa *m* (*AuslR*) Ausspruch des Mufti (in Rechtsfragen).
feu *m* (1) (*VersR: un incendie*) Feuer *n*, Brand *m*, (2) (*WirtR: foyer*) Haushalt *m*, (3) (*StVR: souvent pluriel: les feux*) Verkehrsampel *f*; Scheinwerfer *fpl*; Standlicht *n*; **assurance au premier –** Erstrisikoversicherung; **attiser le –** *a. fig.* das Feuer schüren *od.* anfachen; **mettre le –** in Brand stecken, anzünden; **obtenir le – vert** die Zustim-

mung (zu etwas) erhalten; **prendre –** Feuer fangen, in Brand geraten.

feu *v.tr.* **de changement de direction** *ou* **clignotant** (*StVR*) Blinklicht *n*; **– code** (Scheinwerfer mit) Abblendlicht *n*; **– dommageable** (*VersR*) Schadenfeuer *n*; **– de forêt** Waldbrand *m*; **– nu** (*VersR*) offenes Feuer; **– de position** Standlicht *n*; Schlussleuchte *f*; **– de stationnement** Parkleuchte *f*; **–x de signalisation** Verkehrsampel *f*.

feu *adj* (*ErbR: défunt, mort depuis peu de temps*) verstorben.

feuille *f* (1) Blatt *n*, Bogen *m*, Papierbogen *m*, (2) (*MedienR: périodique*) Zeitung; **– d'accident** Unfallanzeigeformular *n*; **– d'arrêt de travail** (*SozVers*) Krankenschein *m*; **– d'audience** (*ZPR*) Verhandlungsregister *n*; Sitzungsprotokoll *n*; **– d'avis judiciaires** Veröffentlichungsblatt für gerichtliche Bekanntmachungen; **– de chargement** Ladeschein *m*; **– de comptabilité** Zählblatt *n*, Buchhaltungsblatt; **– de congé** Urlaubsschein *m*; **– de coupons** Zinsschein, Kupon- *od.* Dividendenscheinbogen; **– de déclaration** Meldeblatt; **– de dépouillement** Zählliste; **– d'émargement** (Lohn-) Auszahlungsliste *f*.

feuille d'impôt Steuerbescheid *m*; **– imprimée à remplir** auszufüllendes Formular; **– intercalaire** Beiblatt *n*; **– de maladie** (*SozVers*) (*durch den Arzt vervollständigtes*) Krankenformblatt zwecks Rückerstattung der Arzt- und Arzneikosten (durch die Krankenkasse); **– de paie** (*ArbR: on écrit aussi feuille de paye*) Lohnzettel *m*, Lohnstreifen *m*; **– de papier à lettre** Briefbogen *m*; **– de papier timbré** Stempelbogen; **– de présence** Anwesenheitsliste; **– de recensement** Zählbogen; **– de route** (1) Transportschein, Begleitschein, Frachtkarte, Gepäckbegleitschein, (2) (*MilR*) Fahr- *od.* Marschbefehl *m*; **– vierge** unbeschriebenes Blatt Papier; **– volante** loses Blatt (Papier).

feuillet *m* Blatt *n*, Seite *f*; **– du registre foncier** Grundbuchblatt.

fiabilité *f* Zuverlässigkeit *f*; **– d'un diplôme** Wert eines (Hochschul-) Diploms.

fiable *adj* zuverlässig; **pronostic –** glaubwürdige Vorhersage.

fiançailles *fpl* (1) (*FamR*) Verlobung *f*, Verlöbnis *n*, (2) (*GesR*) Verbindung, Zusammenarbeit.

fiancé *m* Verlobte(r) *m*, Bräutigam *m*.

fiancée *f* Verlobte *f*, Braut *f*.

fiancer *v.tr et v.pron.* verloben, ein Eheversprechen geben.

fichage *m* Auflistung *f*; Verdatung, Erfassung in einer Datenbank.

fiche *f* (Kartei-) Karte *f*; Fragebogen *m*, Formular *n*; Auftragszettel *m*; Steckbrief *m*; **– anthropométrique** Fingerabdruckkartei des Erkennungsdienstes; **– de démobilisation** Entlassungsschein *m*; **– d'impact** (*ÖfR*) Wirkungsanalyse für Rechtsvorschriften; **– individuelle** Personalbogen *m*; **– individuelle d'état-civil** Personenstandsurkunde; **– de livraison** Lieferschein; **– de paie** Lohn- *od.* Gehaltsstreifen *m*; **– de pointage** Stechkarte; **– signalétique** Fahndungsblatt *n*.

ficher *v.tr.* (karteimäßig oder in einer Datenbank) erfassen; verdaten; **être fiché au grand banditisme** (*StR*) im Fahndungsblatt für organisierte Kriminalität gesucht werden.

fichier *m* (1) Kartei *f*, (2) Datenbank *f*, Datei *f*; **constitution de –** Datenerfassung, Speicherung (personenbezogener) Daten; **– central** Zentralregister; **– central de chèques et interdits bancaires (=FCC)** frz. zentrale Datei- und Auskunftsstelle über die Gewährung und Abwicklung von Krediten; **– électoral** Wahlkartei *f*; **– immobilier** Kataster *m*; **– informatisé** Datenbank *f*; **– des personnes recherchées** (*StR*) Fahndungsblatt *n*; Fahndungsbuch *n*; Fahndungsdatei *f*.

fictif *adj* fingiert, fiktiv, Schein-; **acte –** Scheingeschäft *n*, simuliertes Geschäft; Scheinerklärung; **condition fictive** Scheinbedingung; **valeur fictive** angenommener Wert.

fiction *f* Fiktion *f*, Annahme *f*; **–**

juridique Rechtsfiktion; **– légale** *ou* **de la loi** gesetzliche Fiktion, gesetzlich festgelegte Annahme eines Sachverhalts.
fidéicommis *m* (*ErbR: espèce de libéralité avec charge*) Verfügung von Todes wegen über eine Vermögensmasse (die nach dem erklärten Willen des Berechtigten unveräußerlich bleiben soll), Fideikommiss *n*; unveräußerliches Familiengut; **successeur au –** Fideikommissnachfolger, Bedachte(r).
fidéicommissaire *m* Bedachte(r) *m*.
fidéjusseur *m* (*SchuldR: la caution*) Bürge *m*.
fidéjussion *f* (*SchuldR: cautionnement*) Bürgschaft *f*.
fidéjussoire *adj*: **engagement –** Verpflichtung als Bürge (gegenüber dem Gläubiger).
fidèle *adj* treu; wortgetreu; sinnentsprechend; **client –** Stammkunde; **description –** genaue Beschreibung.
fidélité *f* Treue *f*, Wahrhaftigkeit *f*; Genauigkeit *f*; Zuverlässigkeit *f*; **– conjugale** eheliche Treue; **– au contrat** Vertragstreue.
fiduciaire *adj* fiduziarisch, treuhänderisch; **agent –** Treuhänder *m*; **biens –s** Treuhandvermögen *n*; **propriété à titre –** Treuhandeigentum *n*; **société –** Treuhandgesellschaft *f*.
fiduciaire *m* (1) (*ZR: personne qui acquiert un bien à charge de le rétrocéder après gestion*) Treuhänder *m*, Vermögensverwalter, (2) *m* (*ErbR: legs fiduciaire*) Bedachte(r).
fiduciant *m* (*ZR*) Treugeber *m*.
fiducie *f* (1) (*ZR: aliénation fiduciaire à charge de rétrocession*) Treuhand(vertrag), (2) (*SachR: aliénation fiduciaire à titre de garantie*) Sicherungsübereignung; **– à fins de gestion** Vermögensverwaltung; **– à fins de libéralité** Vermögensübertragung zwecks Nutzung durch den Treuhänder; **– à fins de sûreté** Sicherungsabtretung.
fief *m* (*hist*) Lehnsgut *n*; **– électoral** (*Pol*) ständiger oder angestammter Wahlbezirk, Hochburg einer Partei.
fier: **se – à qqn.** *v. pron.* (*accorder sa confiance à qqn.*) jmdm. trauen, zu jmdm. Vertrauen haben, sich auf jmdn. (in einer Sache) verlassen.
fièvre *f* Fieber *n*; **– spéculative** Spekulationsfieber *n*.
figuratif *adj* bildlich; **marque figurative** Bildzeichen *n*; **marque nominative et figurative** Wort--Bild-Zeichen; **plan –** bildliche Darstellung.
figuration *f* (*MedienR*) Arbeit als Statist (bei Film und Fernsehen); **faire de la –** *a. fig.* eine Nebenrolle spielen.
figurer *v.tr.* auftreten, darstellen, erscheinen; **– au dossier** aktenkundig sein; **– dans, sur. . .** stehen in, sich befinden auf (einer Liste).
fil *m*: **coup de –** Telefonanruf *m*.
filature *f* (*StR*) Beschattung *od.* Überwachung einer verdächtigen Person.
file *f* Reihe *f*; **chef de –** Wortführer *m*, führender Kopf, Anführer; Vorreiter *m*; **– d'attente** Schlange *f* (vor einem Schalter).
filer *v.tr.* (*StR*) jmdn. beschatten.

Die Filiale ist in Deutschland nur eine rechtlich unselbständige Zweigniederlassung – es handelt sich somit um einen faux-ami!

filiale *f* (*HR: société appartenant à une société mère*) Tochtergesellschaft *f*.
filiation *f* (*FamR: lien de parenté unissant l'enfant à sa mère et son père – art. 310-1 suiv. Cciv*) Kindschaftsverhältnis *n*, Eltern-Kind-Verhältnis; Abstammung (väterlicherseits *od.* mütterlicherseits); **établissement de la –** Feststellung der Abstammung (väterlicher- *od.* mütterlicherseits); **– adoptive** Adoptionsverhältnis; **– adultérine** ehebrecherische Abstammung; **– charnelle** Blutsverwandtschaft, Abstammung väterlicherseits / mütterlicherseits; **– consanguine** Abstammung väterlicherseits; **– incestueuse** blutschänderische Abstammung; **– légitime** eheliche Abstammung; **– naturelle** nichteheliche Abstammung; **– utérine** Abstammung mütterlicherseits.
filière *f* (1) Reihenfolge *f*, (2) (*VwR*)

Dienstweg *m*, (vorgeschriebener) Instanzenweg, (3) (*HR*) (durch Indossament) übertragbarer Lieferschein, Orderpapier *n*, (4) (*HochschulR*) Studiengang *m*, (5) (*WirtR*) Verfahren(sweise), (6) (*StR*) polizeiliche Überwachung; **remonter la –** eine Verbrecherbande ausheben; die Spur eines Verbrechens zurückverfolgen; **par la – administrative** auf dem Dienstweg, auf dem Instanzenweg.

filière de l'atome (*UmweltR*) Stromgewinnung durch Kernkraftnutzung; **– de la drogue** (*StR*) Drogenschmuggelwege *mpl*, Drogenschmugglerring *m*; **– française** (*StR*) die Drogenmafia in Frankreich; **– de production** Produktionsstufe *f*; **– professionnelle** Laufbahn *f*; **– de réacteurs** Reaktortyp *m*; Reaktorgeneration; **– de trafiquants de drogue** Rauschgifthändlernetz *n*.

filigrane *m* Wasserzeichen (im Papier); **lire en –** zwischen den Zeilen lesen.

fille *f* (*FamR: enfant ou personne jeune du sexe féminin*) Tochter *f*, Mädchen *n*; **– adoptive** Adoptivtochter *f*; **– légitime** eheliche Tochter; **– -mère** ledige Mutter; **– naturelle** nichteheliche Tochter; **– publique** Prostituierte *f*.

film *m* Kinofilm *m*, Lichtspiel *n*; **– d'art et d'essai** künstlerisch anspruchsvoller Film; **– licencieux** *ou* **pornographique** (*MedienR: film classé X*) Pornofilm *m*.

filmage *m*: **droits de –** Verfilmungsrechte *npl*.

filon *m* (*WirtR*) Profitquelle *f*; **trouver le –** *umg* eine Bereicherungsmöglichkeit auftun.

filouterie *f* (*StR: variétés de vol où la ruse prédomine, art. 313–5 CP*) besondere Formen der Erschleichung von Leistungen; **– de boissons et d'aliments** (*StR: grivèlerie*) Zechprellerei *f*; **– de carburants** Tanken *n* ohne zu zahlen; **– de logement** Beherbergungsbetrug *m*; **– de transport** Beförderungsbetrug *m*, Schwarzfahren *n*.

fils *m* **adoptif** Adoptivsohn *m*.

fin *f* (1) (*terme, extinction*) Ende, Beendigung *n*; Ausgang *m*, Schluss *m*, (2) (*finalité, but, objectif*) Zweck *m*, Absicht *f*, Ziel *n*, (3) (*mort*) Tod *n*, Lebensende *n*; **à – de** zwecks; **à toutes –s utiles** zur weiteren Veranlassung, (*Mitteilung*) zur Kenntnisnahme; zur Kenntnisnahme; **action à –s de subsides** (*FamR*) Unterhaltsklage *f*; **aux –s de** um ... zu ..., damit; **bonne –** (*SchuldR: exécution complète des engagements*) Erfüllung (bei Dauerschuldverhältnissen); **– de la citation** Zitatende *n*; **–s et conclusions** (*ZRP*) Vorbringen *n*, Klagebegehren *n*, Gegenstand des Verfahrens; **– courant** (*HR*) bis zum Monatsende; **– en soi** Selbstzweck *m*.

fin de non-recevoir (1) (*ZPR: moyen de défense*) (*wegen Verjährung, Fehlens der Aktivlegitimation od. des rechtlichen Interesses*) Einrede der Unzulässigkeit der Klage, (2) *Allgspr.* Ablehnung *f*, Verweigerung *f*, (3) (*VwPR*) ablehnender *od.* abschlägiger Bescheid.

finalisation *f* Beendigung *f*, Erreichung des Schlusspunktes; **étude en cours de –** fast abgeschlossene Untersuchung.

finance *f* (1) (*ressources*) Barschaft *f*, Bargeld *n*, (2) Geldwesen *n*; Geldgeschäft *n*, (3) Finanzfachleute *mpl*, Finanziers *mpl*; **être dans la –** in einer Bank *od.* an der Börse arbeiten; **haute –** Hochfinanz *f*, Geldaristokratie *f*; **moyennant –** gegen bar.

financement *m* Finanzierung *f*, Bereitstellung von Geldmitteln, Kapitalbeschafftung *f*; **capitaux de –** Finanzierungsmittel *mpl*; **difficultés de –** Finanzierungslücke *f*; **plan de –** Finanzierungsplan *m*.

financement par des capitaux empruntés Fremdfinanzierung; **– complémentaire** Zusatzfinanzierung; **– des exportations** Exportfinanzierung; **– extérieur** Fremdfinanzierung; **– illicite des partis politiques** illgale Finanzierung politischer Parteien; **– intermédiaire** Zwischenfinanzierung; **– interne** *ou* **propre** Selbst- *od.* Eigenfinanzierung; **– occulte** geheime ungesetzliche Finanzierung; **– transitoire** Zwischenfinanzierung.

financer *v.tr.* finanzieren, Kapital aufbringen *od.* bereitstellen.

finances *fpl* (*HaushR*) Staatseinkünfte, Finanzen (des Staates), (2) (*ÖfR: ministère des finances*) Finanzministerium *n*; Finanzbehörden, (3) (*SchuldR*) Vermögensverhältnisse *npl*; **employé aux –** (hoher) Beamte(r) im Finanzministerium; **état des –** Finanzlage *f*; **loi de –** Haushaltsgesetz; **receveur des –** Finanzamt *n*; Steuereinnehmer *m*; **– communales** *ou* **locales** Gemeindefinanzen *fpl*, Gemeindehaushalt, Haushalt der Gebietskörperschaften, Haushalt des Departement und der Region.

finances publiques (1) (*HaushR*) öffentlicher Haushalt, öffentliches Finanzwesen, Staatsfinanzen; Staatshaushalt *m*; Staatseinkünfte *fpl*; Einnahmen u. Ausgaben des Staates, (2) Haushalts- und Steuerrecht.

financeur *m* Sponsor *m*, Geldgeber *m*.

financiariser *v.tr.* (*Gelder*) flüssigmachen (um an der Börse zu spekulieren).

financier *m* (1) Finanzier *m*, Geldgeber *m*, Kreditinstitut *n*, Bank *f*, (2) Finanzmakler *m*.

financier *adj* finanziell; Finanz-; Kapital-; Geld-; **activité financière** (1) Kapitalbeschaffung, (2) (*BankR*) Aktivgeschäfte der Banken; **calculs –s** Berechnung langfristiger Kapitalleistungen *f*; **disponibilités financières** Liquiditäten *fpl*; **droit –** Haushalts- und Steuerrecht; **établissement –** Kreditinstitut *n*, Bank *f*; **frais –s** Finanzierungskosten; **législation financière** Steuer- und Haushaltsrecht *n*; **opérations financières** Finanzierungsgeschäfte *npl*, Fremdkapitalbeschaffung *f*; **participation financière** Kapitaleinlage *f*; **politique financière** Finanzpolitik *f*; **science financière** Finanzwissenschaft *f*; **service –** Finanzabteilung; **soucis –s** Geldsorgen *fpl*; **valeurs financières** Finanzwerte *mpl*.

fini *adj*: **produits –s** Ge- *od.* Verbrauchsgüter *npl*, Fertigerzeugnisse *npl*.

finir *v. tr. et intr.* (1) (*terminer, arrêter*) beenden, aufhören mit, (2) (*achever, mener à son terme*) vollenden, fertigstellen, (3) (*parachever, parfaire*) nacharbeiten, sorgfältig vollenden; **– ses jours** sterben, ableben; Selbstmord begehen.

finissage *m* Fertigstellung *f*; letzter Schliff.

finition *f* besonders gute Verarbeitung; Fertigstellung.

Das Wort *firme* wird in Frankreich i.e.S. nur als Bezeichnung der im Handelsregister eingetragenen Firma verwendet. Vor der Firmenbezeichnung steht allerdings im Briefkopf **Ets**. (= *établissement* = Fa. in Deutschland). Das ausgeschriebene Wort *établissement* verweist in den meisten Fällen auf den Gesellschaftszweck, genau wie *maison*.

firme *f* (1) (*HR: raison sociale, dénomination*) Firma *f*, Firmenname *m*, Firmenbezeichnung, (2) (*AllgSpr: entreprise, établissement commercial, maison*) (Handels-) Geschäft *n*, Betrieb *m*, Unternehmen *n*; **– concurrente** Konkurrenzfirma *od.* -geschäft; **– multinationale** *umg* Multi *m*; internationaler Konzern, global player *m*.

fisc *m* (*ÖfR: administration fiscale*) Steuerbehörde *f*, Fiskus *m*; Staatskasse *f*; Finanzamt *n*; **frauder le –** Steuern hinterziehen.

fiscal *adj* fiskalisch, Steuer-; **assiette –e** Steuerbemessungsgrundlage *f*, Steuergegenstand *m*; **conseil –** Steuerberatung; Steuerberatungsbetrieb *m*; Steuerberater *m*; **dégrèvement –** Steuernachlass *m*; **délit –** Steuervergehen *n*; **droit –** Steuerrecht; **évasion –e** Steuerflucht; Steuerausweichung; **justice –e** Gerechtigkeit der Besteuerung; **législation –e** Steuergesetzgebung; **politique –e d'une entreprise** betriebliche Steuerpolitik, Steuerplanung; **prélèvement –** Steuerabschöpfung *f*.

fiscalisation *f* (*SozVers*) Umwandlung von Beitragszahlungen in Steuern.

fiscaliste *m* Steuerfachmann *m*, Steuerjurist (tätig in einem Betrieb).

fiscalité *f* (1) (*réglementation fiscale*) Steuerwesen *n*, Steuer- und Abgabenrecht *n*, (2) (*système d'imposition*) Besteuerungsgrundsätze *mpl*; **réforme de la –** Steuerreform *f*.

fivète *f* (*MedizinR: fertilisation in vitro et transfert d'embryon*) in-vitro-Befruchtung (mit Embryoübertragung).

fixation *f* Festsetzung *f*, Festlegung *f*; **action en –** (*ZPR: détermination par le juge du montant d'une somme*) Festsetzungsklage *f*; **– (de la date) d'audience** Terminbestimmung *od.* -festsetzung, Anberaumung eines Verhandlungstermins; **– autoritaire des prix** behördliche Preisfestsetzung; **– d'un délai** Fristsetzung; **– de l'impôt** Steuerfestsetzung; **– de la peine** (*StPR*) Strafzumessung *od.* -bemessung; **– du préjudice** Schadensfeststellung; **– de la prime** Prämienfestsetzung; **– du prix** Preisfestsetzung; **– d'un rendez-vous** (*Verhandlungen, Gespräch*) Vereinbarung eines Termins, Terminfestsetzung; **– des salaires** Lohnfestsetzung *f*; **– de la valeur** Wertfeststellung *od.* -festsetzung, Wertbestimmung, Wertfeststellung.

fixe *adj* fest(gesetzt), bestimmt; **sans domicile –** ohne festen Wohnsitz.

fixer *v.tr.* (1) (*régler, arrêter, déterminer*) festsetzen, ansetzen, kalkulieren; regeln, bestimmen, (2) (*immobiliser, clouer*) befestigen; **– les attributions de qqn.** die Zuständigkeiten abgrenzen; **– une audience** (*PrzR*) einen Termin für die mündliche Verhandlung anberaumen, einen Verhandlungstermin ansetzen; **– une condition** etwas zur Bedingung machen; **– par contrat** vertraglich regeln.

fixer une date *ou* **un délai** einen Termin vereinbaren, eine Frist setzen; **– qqch. sur le papier** niederschreiben, schriftlich festhalten; **– le prix** den Preis bestimmen *od.* festsetzen; **– un rendez-vous** einen Termin vereinbaren, sich verabreden.

flagellation *f* Auspeitschung *f*.

flagrance *f* (*StPR: infraction constatée pendant sa commission ou immédiatement après*) Straftat, die während ihrer Begehung oder kurz danach festgestellt wurde; Aburteilung im beschleunigten Verfahren, Verfahren vor dem Schnellrichter; **enquête de –** polizeiliche Ermittlungen im Rahmen des beschleunigten Verfahrens, (polizeiliche) Untersuchung einer frisch begangenen Straftat; **procédure de –** beschleunigtes Verfahren, Schnellverfahren *n*; **– du délit** Vergehen, bei dem der Täter auf frischer Tat betroffen *od.* ertappt wurde.

flagrant *adj* offenbar, offensichtlich, manifest, flagrant, sichtbar, augenscheinlich; **mauvaise foi –e** offenkundige Bösgläubigkeit; **violation –e de la loi** eklatante *od.* offenbare Gesetzesverletzung.

flagrant délit (1) (*StR: infraction constatée pendant sa commission ou peu après*) unmittelbar bei ihrer Begehung *od.* kurz danach festgestellte Straftat, frisch begangene Straftat, (2) (*StR: dans le langage courant: le flag ou flague – prendre qqn. en flag*) *umg* in flagranti erwischen; auf frischer Tat ertappen; **déférer qqn. en – –** (*StVR*) ein Schnellverfahren gegen jmdn. einleiten, jmdn. vor ein Schnellgericht stellen; **procédure de – –** (*StPR*) abgekürztes Strafverfahren, beschleunigtes Strafverfahren, Schnellverfahren.

flambée *f* **des prix** Preislawine *f*, starker Preisauftrieb, starker u. plötzlicher Preisanstieg; **– de la spéculation** Spekulationsfieber *n*; **– de violence** Aufflackern der Gewalt.

flash *m* (Foto-) Blitz *m*; Werbespot *m*; Kurznachricht (im Radio).

flatter *v.tr.* schmeicheln, nach dem Munde reden; lobhudeln.

fléau *m fig* Landplage, Plage *f*, Geißel *f*.

fléchir *v.tr.* (1) (*Kurse*) nachgeben, abflauen, (2) (*Preise*) nachlassen, fallen; **– ses juges** bei den Richtern Mitleid erregen.

fléchissement *m* (1) Nachgeben *n*, (2) Rückgang *m*, Nachlassen *n*, Fallen *n*, Sinken *n*; **– de la conjoncture** Konjunkturabschwächung *f*; **– des cours** Kursrückgang *m*; **– de la demande** Nachfragedämpfung *f*, Rückgang *m* der Nachfrage; **– des prix** Preisrückgang.

fleuron *m* **de l'industrie française** renommiertes, weltbekanntes frz. Unternehmen.

flexibilité *f* (1) Anpassungsfähigkeit *f*, Flexibilität, (2) (*HR*) Kulanz *f*, Entgegenkommen *n* (im Geschäftsverkehr); **– de l'emploi** Mobilität *f* der Arbeitnehmer.

flexible *adj*: **horaire –** (*ArbR: flexibilité du temps de travail*) gleitende Arbeitszeit.

flexisécurité *f* (*ArbR*) flexible Arbeitsplatzsicherheit.

flic *m pej* Polizist *m*, Ordnungshüter *m*.

flicage *m* polizeiliche (aufdringliche) Überwachung zwecks Einschüchterung; Beschattung *f*; Bespitzelung (auch im Betrieb).

flinguer *v.tr. umg* erschießen, töten.

flottant *adj*: **électorat –** Wechselwähler *mpl*; **police –e** (*VersR*) Generalpolice *f*, laufende Police, offene Police.

flotte *f* (*MilR*) Seestreitkräfte *fpl*; **– de commerce** *ou* **marchande** Handelsflotte *f*; **– de véhicules** Wagenpark *m*.

flottement *m* **de la monnaie** Floating *n*, Schwanken des Außenwertes der Währung.

flouer *v.tr.* betrügen, prellen, übervorteilen; *umg* neppen.

fluctuation *f* Schwanken *n*, Schwankung *f*, Wertschwankung; Wechsel *m*; **marge de –** Schwankungs- *od.* Bandbreite *f*; **–s conjoncturelles** Konjunkturschwankungen *fpl*; **– de la main-d'œuvre** Arbeitskräftefluktuation *f*, ständiger Belegschaftswechsel.

fluidité *f* **de la circulation** (*StVR*) fließender Verkehr.

flux *m* **de biens** (*Vwirt*) Warenstrom *m*; **– de devises** Zahlungsverkehr *m* mit dem Ausland; **– économique** Wirtschaftskreislauf *m*; **– monétaire** Zahlungsverkehr *m*.

foi *f* (1) (*KirchR: croyance, attitude psychologique*) Glaube *m*, (2) (*ZR: véracité, force probante*) öffentlicher Glaube; guter Glaube (des Erwerbers), (3) (*SchuldR: assurance donnée d'être fidèle à engagement donné*) Versprechen *n*, Treue *f*; Zuversicht *f*, (4) (*PrzR: degré de crédibilité*) Glaubwürdigkeit *f*; Vertrauen *n*; **abuser de la bonne – de qqn.** das Vertrauen missbrauchen, jmdn. täuschen; **ajouter – à qqch.** (*einer Aussage*) Glauben schenken; **bonne –** (1) (*SachR: croyance erronnée en l'existence d'une situation juridique régulière*) guter Glaube, Gutgläubigkeit, (2) (*SchuldR: comportement loyal*) Treu und Glauben.

foi: **en cas de litige, seul le texte de l'original fait –** bei Streitigkeiten gilt der Wortlaut der Urschrift; **croire qqch. sur la – de qqn.** Vertrauen *od.* Glauben schenken; sich auf etwas verlassen; **digne de –** glaubwürdig; **être de bonne –** (*SchuldR: avoir un comportement loyal*) gutgläubig sein; **faire –** beweiskräftig sein; maßgebend sein, gelten; **de mauvaise –** bösgläubig; unredlich.

foi: **mauvaise –** (*SchuldR: manque de loyauté envers autrui constituant un dol – par expl. art. 801 et 1413 Cciv*) Bösgläubigkeit; Unredlichkeit; **s'en remettre à la bonne – de qqn.** jmdm. Glauben schenken; **surprendre la bonne – de qqn.** jmdn. irreführen, jmdm. falsche Tatsachen vorspiegeln; **texte qui fait –** verbindliche Fassung (eines Vertrages); **le texte français et le texte allemand font également –** die französische und die deutsche Fassung (einer Urkunde) sind gleich maßgebend, . . . sind gleichermaßen verbindlich, . . . sind in gleicher Weise maßgeblich; **sur la – (du témoin)** (die Zeugenaussage) zugrunde legend; **en – de quoi** (*acte notarié*) zu Urkund dessen.

foire *f* (allgemeine *od.* Mehrbranchen-) Messe *f* (für Fachbesucher); Ausstellung; Schau *f*; (Automobil-) Salon *m*; **– agricole** Landwirtschaftsmesse; **– artisanale** Handwerksmesse; **– industrielle** Industrieausstellung; **– aux puces** Trödelmarkt *m*; **– spécialisée** Fachmesse.

fois *f* Mal *n*; **maintes –** immer wieder, häufig; **payer en trois –** in drei Raten zahlen; **une – n'est pas**

coutume (*HR: adage juridique*) ein Brauch entsteht durch langjährige Übung, *umg* ein Mal ist kein Mal.

foisonner *v. intr.* reichlich vorhanden sein; sich stark vermehren.

fol appel *m* (1) (*ZPR*) leichtfertige Einlegung einer mangelhaft begründeten Berufung, trölerische Appellation (S), (2) (*ZwangsVR: vente aux enchères*) leichtfertiges Gebot.

folie *f* Irresein *n*, Wahnsinn *m*, Geisteskrankheit *f*; **– de la persécution** (*MedizinR*) Verfolgungswahn *m*; **– systématique** Paranoia *f*.

folio *m* Blatt *n* (eines Registers); Seitenzahl *f*; Spaltenziffer *f*; Bogengröße *f*.

fomenter *v.tr.* (*das Böse*) fördern; **– des troubles** aufwiegeln, Unruhe stiften *od.* schüren.

foncier *adj* (1) (*SachR: constituant un bien-fonds*) den Grundbesitz betreffend; Grund-; Grundstücks-; Boden-; Immobiliar-, (2) (*qualités, aptitudes*) *fig.* innewohnend, tief verwurzelt, gründlich; **apport –** Einlage *f* in der Form eines landwirtschaftlich genutzten Grundstücks; **bien –** Grundstück *n*, Liegenschaft *f*; **capital –** landwirtschaftlich genutzte Immobilien; Grundvermögen *n*; **charge foncière** Grundstücksbelastung; **dette foncière** Grundschuld *f*; **institut de crédit –** Bodenkreditanstalt *f*; **propriété foncière** Grundbesitz *m*, Eigentum an Grund und Boden; **servitude foncière** Grunddienstbarkeit; **taxe foncière** Grundsteuer *f*.

fonction *f* (1) (*ArbR*) Arbeitsverrichtung *f*, Arbeit *f*, Tätigkeit; Aufgaben *fpl*, Befugnisse, (2) (*ÖfR, BeamR*) Posten *m*, Dienststellung, Funktion, Amt *n*, Dienst *m*, dienstliche Tätigkeit, Amtstätigkeit, Dienstgeschäfte *npl*; dienstliche Obliegenheiten *fpl*; Dienstbezeichnung *f*; **abus de –** Amtsmissbrauch *m*; **accomplir ses –s** (*ÖfR*) seines Amtes walten; **s'acquitter de ses –s** (*ArbR*) seine Arbeit verrichten; **allocation de –s** Dienstzulage *f*; **cesser ses –s** aus dem Amt ausscheiden; **charger qqn. d'une –** jmdm. eine Aufgabe übertragen, jmdn. mit einer Verrichtung betrauen; **conférer une –** ein Amt übertragen; **déchoir qqn. de ses –s** jmdn. seines Amtes entheben; **se démettre de ses –s** zurücktreten; **démissionner d'une –** sein Amt niederlegen; **durée des –s** Amtszeit *f*; **en –** aktiv, im Amt, im Dienst, diensttuend; **entrée en –s** Amtseinführung, Dienstantritt *m*; **entrer en –s** ein Amt antreten; **exercer ses –s** seines Amtes walten, seine Amtsgeschäfte verrichten; **exercice des –s** Amtsausübung *f*, Ausübung der Dientsgeschäfte.

fonction: **faire – de directeur** (*BeamR*) die Geschäfte eines Dienst(stellen)leiters wahrnehmen; **prise de –s** Amtsübernahme *f*, Amts- *od.* Dienstantritt; **prolongation de –s** Weiterbeschäftigung; **relever qqn. de ses –s** jmdn. seines Amtes entheben; **remplir une –** ein Amt ausüben; **résignation des –s** Amtsniederlegung; **rester en –s** im Amt verbleiben; **(les) –s d'une charge** die mit einem öffentlichen Amt verbundenen Aufgaben; **sortir du cadre de ses –s** seine Befugnisse überschreiten; **statut de la –** Beamtengesetz *n*, Dienstpragmatik *f* (Aut); **suspendre de ses –s** jmdn. zeitweilig seines Amtes entheben.

fonction administrative (*ÖfR*) Verwaltungsfunktion *od.* -tätigkeit, Verwaltung; **– de commandement** Führungsposition, leitende Stellung; **– consultative** beratende Funktion; **– élective** *ou* **électorale** Wahlamt *n*; **– d'enseignement** Lehramt *n*; Lehrtätigkeit; **–s de l'État** Staatsaufgaben *f (pl)*; **– exécutive** vollziehende Gewalt; Gesetzesvollzug *m*; **– gouvernementale** Regierungsgewalt *f*; **– honorifique** Ehrenamt; **– judiciaire** Richteramt; **– législative** gesetzgebende Gewalt, Gesetzgebung; **– de magistrat** Richteramt *n*; **– ministérielle** Ministeramt; **– politique** politisches Amt.

fonction publique (*ÖfR: ensemble des agents publics soumis à des règles organiques particulières – activité incombant à ceux-ci*) öffentlicher Dienst; öffentliches Amt; **droit de la –**

publique Beamtenrecht *n*, Recht des öffentlichen Dientes; **titulaire d'une – publique** Inhaber einer Planstelle; Amtsträger *m*; Inhaber eines öffentlichen Amtes.

fonctionnaire *m* (1) (*BeamR: agent public titulaire*) Beamte(r) *m*, (2) (*i.w.S.*) Amtsträger *m*, Inhaber eines öffentlichen Amtes; **casser un –** (*DiszR*) einen Beamten seines Amtes entsetzen; **corps de –s** Laufbahngruppe *f*, Teil der Beamtenschaft; **corruption de –** (*StR*) Beamtenbestechung *f*; **être –** im Staatsdienst stehen, Beamter sein; **haut –** Beamte(r) des höheren Dienstes; hoher Beamte(r); **muter un –** einen Beamten versetzen; **nomination d'un –** Berufung in ein öffentlich-rechtliches Dienst- und Treueverhältnis, Ernennung eines Beamten; **petit –** Beamter des einfachen Dienstes; **recrutement de –s** Beamteneinstellung; **rémunération du –** Dienstbezüge *mpl*, Besoldung *f*; **révoquer un –** (*DiszR*) einen Beamten absetzen; **suspendre un –** vorübergehend einen Beamten aus dem Dienst entfernen; **traitement du –** (Beamten- *od.* Dienst-) Bezüge *mpl.*

fonctionnaire en activité Beamte(r) im aktiven Dienst; **– administratif** Verwaltungsbeamte(r); **– amovible** absetzbarer Beamter; **– d'autorité** öffentlich-rechtlicher Aufgabenträger; **– de carrière** Beamte(r) auf Lebenszeit, Laufbahnbeamte(r), Berufsbeamte(r); **– de la catégorie A** Beamte(r) des höheren Dienstes; **– de la catégorie B** Beamte(r) des gehobenen Dienstes; **– de la catégorie C** Beamte(r) des mittleren Dienstes; **– de la catégorie D** Beamte(r) des einfachen Dienstes; **– communal** Gemeinde- *od.* Kommunalbeamte(r); **– des contributions** Steuer- *od.* Finanzbeamte(r).

fonctionnaire détaché entsandte Kraft; **– en disponibilité** Wartestandsbeamte(r), Beamte(r) im einstweiligen Ruhestand; **– électif** Wahlbeamte(r); **– élève** Beamte(r), der nach der 1. Prüfung an einer Sonderausbildung teilnimmt; **– de l'État** Staatsbeamte (r); **– à l'étranger** Auslandsbeamte(r).

fonctionnaire de fait nicht (förmlich) ernannter Amtsträger (der gemäß der frz. Rechtsprechung als Beamter angesehen werden muss); **– en formation** Beamte(r) im Vorbereitungsdienst; **– honoraire** Ehrenbeamte(r); **– hors cadre** außerplanmäßiger Beamte(r); **– inamovible** Beamte(r) auf Lebenszeit; **– en instance de réaffectation** Beamte(r) zur Wiederverwendung; **– international** Beamte(r) einer internationalen Behörde; **– judiciaire** Gerichtsbeamte(r).

fonctionnaire municipal Gemeinde- *od.* Kommunalbeamte(r); **– non rémunéré** Beamte(r) ohne Dienstbezüge; **– non titulaire** außerplanmäßiger Beamte(r); **– de l'ordre judiciaire** Gerichtsperson *f*; Richter *m*; Staatsanwalt *m*; **– de profession** Berufsbeamte(r); **– public** Staatsbeamte(r); **– en retraite** Ruhestandsbeamte(r), Beamte(r) im Ruhestand; **– révocable** Beamte(r) auf Widerruf.

fonctionnaire stagiaire Beamte(r) im Vorbereitungsdienst, Beamtenanwärter *m*, Beamte(r) auf Probe; **– subalterne** Beamte(r) des mittleren *od.* einfachen Dienstes; **– supérieur** leitender Beamte(r), Beamte(r) des höheren Dienstes; **– en surnombre** überplanmäßiger Beamte(r); **– à titre permanent** Beamter auf Lebenszeit; **– titulaire** *ou* **à vie** Beamte(r) auf Lebenszeit.

fonctionnalité *f* Funktionsfähigkeit *f*, Funktionsgerechtigkeit.

fonctionnariat *m* (*ÖfR: état, profession de fonctionnaire*) Berufsbeamtentum *n*.

fonctionnarisation *f* (1) (*WirtR*) Bürokratisierung *f*, (2) (*ÖfR*) Verbeamtung *f*, Übernahme ins Beamtenverhältnis, Ernennung zum Beamten.

fonctionnariser *v.tr.* verbeamten, ins Beamtenverhältnis übernehmen.

fonctionnarisme *m pej* Bürokratismus *m*.

fonctionnel *adj* funktionell, die Funktion erfüllend, sachgerecht; **caractéristiques –les** Wirkungsmerkmale *npl.*

fonctionnement *m* Betrieb *m*, Funktionieren *n*, Tätigkeit *f*, Arbeitsweise *f*,

Gang *m*; **– des institutions** Verfassungswirklichkeit.

fond *m* (1) (*la réalité profonde intellectuelle ou psychique*) Grund *m*, Grundlage *f*; Hintergrund *m*, (2) (*ZPR: fond du litige, par opposition à la forme*) Gegenstand *m* (eines Verfahrens), Inhalt *m*, Sache *f*, Hauptsache *f*, materielle Streitsache, (3) (*ZR, ÖfR: substance même de l'ordre juridique*) das Recht an und für sich, eigentliche Natur eines Rechts, Wesen *n* des Rechts; **à –** gründlich, gewissenhaft, peinlich genau, in allen Einzelheiten; **au –** (*ZPR*) in der Sache selbst, materiellrechtlich, sachlich; **audience au –** Sachverhandlung; **conclure au –** in der Sache selbst einen Antrag stellen; **conclusions sur le –** Einlassung zur Sache; **condition de –** materielles Erfordernis, sachliche Voraussetzung; **décision au –** Entscheidung zur Hauptsache; **examen quant au –** Sachprüfung, Untersuchung des Sachverhalts.

fond: **joindre au –** (*ZPR*) über eine Einrede zugleich mit der Hauptsache entscheiden, dem Endurteil vorbehalten; **juge du –** (1) (*ZPR*) Richter, der das Sachurteil fällt, Tatsacheninstanz, (2) (*StPR*) Tatrichter; **jugement au –** Sachentscheidung *od.* -urteil; Urteil zur Hauptsache; **loi de –** Gesetz, materielles Recht beinhaltend; **rejet au –** Sachabweisung; **statuer au** *ou* **sur le –** zur Hauptsache *od.* über den Klageanspruch selbst entscheiden; in der Sache selbst urteilen *od.* entscheiden.

fond de l'action *ou* **de la cause** *ou* **du litige** *ou* **du procès** (*PrzR: entier litige, comprenant les éléments de fait et de droit*) Hauptsache *f*, Sachverhalt und rechtliche Grundlage einer Streitsache; **– du droit** das materielle Recht (im Gegensatz zum Prozessrecht).

fondamental *adj* grundlegend, wesentlich, grundsätzlich, hauptsächlich; Haupt-, Grund-; **brevet –** Grundlagenpatent *n*; **erreur –e** grundlegender Irrtum; **principe –** Grundsatz *m*; **question –e** entscheidende Frage.

fondateur *m* Gründer *m*; Stifter *m*; **part de –** (*GesR*) Gründeranteil *m*; **– de société** Gründer *m* (einer Gesellschaft).

fondation *f* (1) (*GesR: action de fonder*) Gründung *f*, (2) (*ZR: affectation de biens à un but non lucratif*) Stiftung *f*; **acte de –** (1) Gründungsakt *od.* -urkunde, (2) Stiftungssatzung *n*; **assemblée de la –** Stiftungsversammlung; **conseil de la –** Stiftungsrat *m*; **dépenses de –** Gründungskosten *pl*; **– pieuse** mildtätige Stiftung; **– privée** Stiftung des Privatrechts; **– publique** Stiftung des öffentlichen Rechts; **– simultanée** (*GesR*) Einheits- *od.* Simultangründung; **– successive** (*GesR*) Stufen- *od.* Sukzessivgründung.

fondé *adj* begründet, gegründet, fundiert; **bien –** wohlbegründet; stichhaltig; **droit – sur un jugement définitif** rechtskräftiger Anspruch; **être – à** berechtigt sein zu; **mal –** unbegründet.

fondé *m* **de pouvoir** (1) (*ZR: personne ayant reçu un mandat ou une procuration – art. 1984 Cciv*) Beauftragte(r), Bevollmächtigte(r) *m*, (2) (*HR: personne ayant reçu procuration d'agir pour le compte d'une entreprise*) Handlungsbevollmächtigte(r); Prokurist *m*; **– de procuration** (Handlungs-) Bevollmächtigte(r).

fondement *m* (1) (*base, assise*) Basis *f*, Grundlage *f*, (2) (*motif, raison*) Begründung *f*, Begründetheit *f*; **absence** *ou* **manque de –** Unbegründetheit; **sans –** unbegründet; **– juridique** Rechtsgrundlage; **– d'une prétention** Begründung eines Anspruchs.

fonder *v.tr.* (1) (*GesR*) gründen, (2) (*ZR*) stiften; **se – sur** *v. pron.* als Begründung anführen *od.* vorbringen.

Le fond ohne **s** bedeutet Grund oder Grundlage, betrifft die Sache selbst, also den Sachverhalt. *Le fonds* mit **s** beinhaltet ein Rechtsgut, umfasst das gesamte Vermögen inklusive Geldmittel. Meint man die Geldmittel allein, spricht man von *les fonds*. Alle diese Pluralbedeutungen wurden separat aufgelistet!

fonds *m* (1) (*SachR: immeuble par nature, fonds de terre ou bâtiment*) Liegenschaft *f*, Grund und Boden, bebautes od.unbebautes Grundstück *n*, (2) (*HR: fonds de commerce*) frz. Handelsgeschäft *n*; Geschäftsvermögen *n*; Geschäft *n*, (3) (*GesR*) Stammkapital *n*, Kapital *n*; Bestand *m*; Vermögen *n*, (4) (*BankR*) Kasse *f*, Fonds *m*; **biens- –** *m* (*SachR: bien immeuble*) unbebautes *od.* bebautes Grundstück *fpl*, Liegenschaft *f*; **cession de –** Geschäftsveräußerung *f*; **cessionnaire d'un –** (*HR*) Firmenübernehmer *m*; **exploitant d'un –** Geschäftsinhaber *m*; **– national de l'emploi** frz. staatlicher Fonds zur Bekämpfung der Arbeitslosigkeit u. Modernisierung der Betriebe; **– national de solidarité** (*SozR*) frz. nationaler Unterstützungsfonds zur Gewährleistung einer Mindestaltersversorgung; **reprise d'un –** (*HR*) Geschäftsübernahme *f*.

fonds d'amélioration agricole (*LandwR*) Meliorationsfonds *m*; **– d'amortissement** (*BankR*) Tilgungsfonds *m*; **– d'assistance** Stützungsfonds *m*; **– assujetti** (*SachR*) dienendes Grundstück; **– d'assurance** Versicherungsfonds *m*; **– de chômage** Arbeitslosenunterstützungskasse *f*.

fonds de commerce (*HR: ensemble des éléments corporels et incorporels appartenant à un commerçant ou un industriel et lui permettant d'exercer son activité. Il est considéré comme un meuble incorporel*) frz. Handelsgeschäft (als neben dem Kaufmann bestehendes eigenständiges Rechtsgebilde) *n*, frz. Handelsunternehmen (als bewegliche unkörperliche Sache); frz. Handelsgeschäft (nebst Kundschaft); **– commun** (*HaushR*) Gemeinschaftsfonds mehrerer Körperschaften des öffentlichen Rechts (zwecks Finanzausgleichs); **– commun de placement** Investmentfonds, Kapitalanlagegesellschaft; **– communautaire** Gemeinschaftsfonds; **– débiteur de la servitude** (*SachR*) dienendes Grundstück.

fonds de développement économique et social (= FDES) (*HaushR*) frz. Fonds für wirtschaftliche und soziale Entwicklung; **– de développement pour les pays et territoires d'outre-mer** Entwicklungsfonds für die überseeischen Länder und Gebiete.

fonds dominant (*SachR: bien-fonds qui profite d'une servitude*) herrschendes Grundstück; **– enclavé** (*SachR*) eingeschlossenes Grundstück; **– européen de développement économique régional (= FEDER)** Europäischer Fonds für regionale Entwicklung.

fonds de garantie (*BankR*) Delkredereserven *fpl*, Deckungsstock *m*, Sicherstellungsfonds; **– de grève** Streikkasse *f*; **– grevé d'hypothèque** (*SachR: fonds hypothéqué*) mit einer Hypothek belastetes Grundstück; **– d'indemnisation** Entschädigungsfonds; **– d'intervention** Interventionsfonds; **– d'investissement** Investitionsfonds, Kapitalanlagegesellschaft.

fonds d'investissement pour les départements d'outre-mer (= FIDOM) frz. Investitionsfonds für die überseeischen Departements; **– d'investissement et de développement économique et social (= FIDES)** Investitions- und Entwicklungsfonds für wirtschaftliche und soziale Zwecke.

fonds monétaire international (= FMI) internationaler Währungsfonds (= IWF); **– d'orientation et de régularisation des marchés agricoles** Ausgleichs- und Regulierungsfonds für die Agrarmärkte; **– de pensions** Versorgungsfonds, Pensionskasse; **– de prévoyance** Vorsorge- *od.* Unterstützungsfonds; **– de régularisation de l'emploi** Lohnausgleichskasse; **– de retraite** Rentenfonds, Versorgungskasse.

fonds servant (*SachR: bien-fonds qui supporte la servitude*) dienendes Grundstück; **– social** (*SozR*) Sozialfonds; **– social européen (= FSE)** Europäischer Sozialfonds; **– de solidarité** (1) (*SozR*) Solidaritätsfonds *m*, (2) (*ArbR*) Streikkasse; **– de soutien** Unterstützungsfonds; **– de terre** (*SachR*) Ackerland *n*; unbebautes Grundstück.

fonds *mpl* (*WirtR: au pluriel ensemble des capitaux, sommes d'argent, deniers et économies*) (Geld-) Mittel *npl*, Gelder *npl*; Kapital *n*; Ersparnisse *fpl*; Bestände *mpl*; **à – perdus** ohne Rückzahlungsverpflichtung, nicht rückzahlbar; auf Verlustkonto; **affecter des – à** Gelder bereitstellen für; **appel de –** (*GesR*) Kapitalbeschaffung, Aufforderung zur Einzahlung; **avance de –** Darlehensgewährung *f*, Darlehen *n*, Geldvorschuss *m*; **bailleur de –** (1) (*BankR*) Kapital- *od.* Geldgeber *m*, Geldleiher *m*, (2) (*GesR*) stiller Gesellschafter, Kapitalgeber; **dégager des –** Geldmittel bereitstellen; **détenteur de – publics** Fondsinhaber *m*.

fonds: **détournement de –** (*StR*) Unterschlagung (von Geldern); Veruntreuung; **emprunter des –** ein Darlehen aufnehmen; **être en –** über (ausreichende) Geldmittel verfügen; **extorsion de –** (*StR*) Erpressung *f*; **mise de –** Einlage *f*, Vermögens- *od.* Kapitaleinlage; **mouvement de –** Kapitalbewegung, Umsatz *m*; **placement de –** Geldanlage *f*; **prêteur de –** Darlehensgeber, Geldverleiher; **rentrée de –** Geldeingang *m*; **retirer des –** (1) Geld abheben, (2) (*en grosse quantité*) Gelder abziehen.

fonds d'attribution bereitgestellte Mittel *npl*, Bereitstellungsfonds; **– budgétaires** Haushaltsmittel; **– en dépôt** Depositen *pl*; **– et dépôts** (*BankR*) Depositengelder; **– disponibles** flüssige *od.* verfügbare Gelder *od.* Mittel; **– électoraux** Geldmittel für die Wahlkampfkosten; **– d'emprunt** *ou* **– empruntés** aufgenommene Gelder, Fremdmittel; **– d'établissement** Eigenkapital, Gründungsstock *m*; **– de l'État** (*HaushR*) Staatsgelder; **– d'État** (*WertpR*) Staatsschuldverschreibungen *od.* -papiere; **– d'exploitation** Betriebskapital *n*; **– gelés** eingefrorene Gelder; **– immobilisés** festgelegte Gelder; **– libres** verfügbare Mittel; **– liquides** flüssige Mittel; **– de placement** Investmentfonds, Anlagefonds; **– à préavis** Kündigungsgelder, kündbare Gelder; **– propres** (*GesR: capitaux propres*) Eigenkapital *n*.

fonds publics (*HaushR*) öffentliche Gelder, Staatsgelder, Mittel der öffentlichen Hand; **– pupillaires** (*FamR*) Mündelgeld *n*; **– de roulement** (*GesR*) Umlaufvermögen *n*, Betriebskapital; **– secrets** Geheim- *od.* Dispositionsfonds, Reptilienfonds.

fonds sociaux (1) (*GesR*) Gesellschaftskapital *n*, Stammkapital *n*, Gesellschaftsvermögen; **– de tutelle** (*ZR*) Mündelgelder *mpl*.

fongibilité *f* (*ZR*) Vertretbarkeit *f*.

fongible *adj* (*ZR: par opposition au corps certains les choses de genre*) vertretbar; **chose –** vertretbare Sache *f*, Gattungssache; **chose non –** Stück (schuld), nicht vertretbare Sache, Spezies-Sache.

for *m* (*ZPR, hist: tribunal, juridiction*) Gericht *n*; Gerichtsstand *m*; Gerichtsbezirk; Richterstuhl; **en son –** (*PrzR: en son âme et conscience*) nach bestem Wissen und Gewissen; **le – intérieur** das Gewissen.

forain *adj* Jahrmarkt-; **audience –e** (*PrzR*) Gerichtsverhandlung unter freiem Himmel; **marchand –** (*HR*) Markthändler *m*, Marktfrau *f*; Reisegewerbetreibende(r).

forçat *m* (*hist: criminel condamné à ramer sur les galères de l'État ou à travailler dans un bagne*) Galeerensträfling *m*, Strafkoloniehäftling *m*.

force *f* (1) (*puissance*) Kraft *f*, Stärke *f*, (2) (*pouvoir*) Macht *f*, Gewalt *f*, (3) (*activité, efficacité*) Tatkraft *f*, Wirksamkeit, (4) (*ÖfR: acte de contrainte*) Zwang *m*, (5) (*ZR: au pluriel, actif d'un patrimoine*) Gesamtheit der Aktiva, Vermögen *n*; **acte de –** Gewaltanwendung, Ausübung von Zwang; Nötigung; **avec –** nachdrücklich; *loc.*: **de (vive) –** gewaltsam, mit Gewalt; **épreuve de –** Kraftprobe *f*; **de gré ou de –** wohl oder übel, notgedrungen, nolens volens; **la – prime le droit** das Recht des Stärkeren, Gewalt geht vor Recht; **maison de –** *hist.* Zuchthaus *n*; **politique de –**

Machtpolitik *f*; **recours à la –** Gewaltanwendung.

force d'appoint (*MilR*) Hilfstruppe; **–s armées** Streitmacht *f*, Streitkräfte *fpl*, Truppen *fpl*.

force de chose jugée (*PrzR: décision judiciaire exécutoire, n'étant plus susceptible d'une voie de recours suspensive*) formelle Rechtskraft *f*, Rechtskraftwirkung, Unangreifbarkeit eines Urteils, Unabänderlichkeit einer Entscheidung; **avoir – de la chose jugée** rechtskräftig sein.

force des choses Sachzwang *m*, Notwendigkeit *f*; **par la – des choses** zwangsläufig, notgedrungen.

force coercitive (*ÖfR: moyen de contrainte*) staatliches Zwangsmittel, Ordnungsmittel *n*, Verwaltungszwang *m*; **–s de dissuasion** (*VR*) Abschreckungsstreitkräfte *fpl*.

force exécutoire (*PrzR: jugement qui peut être mis à exécution*) Vollstreckbarkeit (der Entscheidung); **– de frappe** (*MilR*) frz. Atomstreitmacht *f*; **–s d'interposition** (*VR*) Blauhelme *mpl*, Friedenssicherungstruppe *f*; **– libératoire** (*SchuldR*) befreiende Wirkung (einer Zahlung *od.* Leistung).

force de la loi (*ÖfR*) Gesetzeskraft *f*; **avoir – de loi** Gesetzeskraft haben.

force majeure (*ZR: événement imprévisible et irrésistible – art. 1148 Cciv*) höhere Gewalt; **cas de – majeure** *m* Vorliegen höherer Gewalt; **– majeure exonératoire** die Haftung ausschließender Fall von höherer Gewalt.

force obligatoire bindende Wirkung *od.* Kraft, verbindliche Wirkung; **avoir – obligatoire** binden, bindend sein, zwingende Wirkung haben; **–s de l'ordre** Polizeikräfte *fpl*, Polizei *f*; **– probante** *ou* **probatoire** (*PrzR: valeur d'un mode de preuve*) Beweiskraft *f*.

force publique (*ÖfR*) Staatsgewalt *f*; Polizei; Armee, Streitkräfte; **agent de la – –** Polizeibeamte(r), Ordnungshüter, Vollzugs- und Hilfsorgan der Verwaltungsbehörden, Polizeibeamte (r) im Verwaltungs- *od.* Vollzugsdienst; **rébellion contre la – –** (*StR*) Widerstand gegen die Staatsgewalt.

force rétroactive rückwirkende Kraft, Rückwirkung.

forcé *adj* erzwungen, durch Gewalt erreicht; **atterrissage –** Notlandung *f*; **consentement –** durch Drohung erwirkte Willenserklärung; **contraint et –** *loc.* unter Gewaltanwendung; **copropriété –e** Miteigentum kraft Gesetzes; **cours – de la monnaie** Zwangskurs (einer Währung); **exécution –e** Zwangsvollstreckung; **mariage –** Zwangsehe *f*; **recouvrement –** (*ZwangsVR*) zwangsweise Beitreibung.

forcément *adv* zwangsläufig, notgedrungen.

forcement *m* **de coffre** Aufbrechen *n* eines Safes *od.* Geldschranks; **– d'un barrage de police** Durchbrechen einer Polizeisperre.

forcené *m* Rasende(r) *m*, Tobsüchtige(r) *m*.

forcer *v.tr.* zwingen, mit Gewalt *od.* Drohung dazu bringen; erzwingen; **– à parler** (*StPR*) zur Aussage zwingen; **– une porte** eine Tür gewaltsam öffnen; **– une serrure** ein Schloss aufbrechen; **– la vérité** die Wahrheit verbiegen, nicht die volle Wahrheit sagen.

forclore *v.tr.* (*PrzR: priver du bénéfice d'un droit non exercé dans les délais*) (*ein Recht*) wegen Fristversäumnis gerichtlich verweigern, jmdn. (vom Genuss eines Rechts) ausschließen, präkludieren.

forclos *adj* (*durch Fristablauf*) verwirkt, ausgeschlossen, präkludiert.

forclusion *f* (*ZR: déchéance d'un droit pour défaut d'accomplissement dans le délai légal*) (Rechts-) Ausschluss *m*, Verwirkung (eines Rechts), Präklusion *f*; Verlust der Rechtsstellung; **délai de –** Ausschluss- *od.* Präklusivfrist; **encourir la –** ein Recht infolge Fristablauf verwirken; **jugement de –** Ausschlussurteil *n*; **relèvement de –** Wiedereinsetzung in den vorigen Stand; **relever de la –** in den vorigen Stand wiedereinsetzen.

foresterie *f* (*LandwR: on dit aussi forestage*) Forstwirtschaft *f*.

forêt *f* Wald *m*, Forst *m*; **dépérissement des –s** Waldsterben *n*; **feu de –** Waldbrand *m*; **– communale** Gemeindewald *od.* -forst *m*; **– domaniale** Staatsforst *m*, Staatswald.

forfait *m* (1) (*StR: crime, infraction grave*) schwere Straftat *f*, Verbrechen *n*, (2) (*ArbR, SteuerR: mode de fixation du prix, somme forfaitaire fixée*) Pauschale *f*, Pauschalpreis *m*; Pauschbetrag *m*; Stücklohn *n*; Ablösung *f*, Abfindung *f*, (3) (*HR: convention*) Pauschalkauf *m*, Leistung zu Festpreisen, (4) (*SchulR*) Verzicht *m* (auf die Teilnahme an einer Prüfung), Rücktritt *m*, (5) (*SteuerR*) Pauschbesteuerung *f*; **à –** in Bausch und Bogen, en bloc; **adjudication à –** Vergabe zu Pauschalpreisen; **déclarer –** verzichten, absagen; **ouvrier à –** Akkordarbeiter *m*; **payer** *ou* **verser un –** (1) (*ArbR*) eine Abfindung zahlen, (2) (*HR*) einen Pauschalpreis zahlen; **travail à –** (*ArbR*) Akkordarbeit *f*.

forfait d'impôt Pauschbesteuerung *f*, Steuerpauschalierung *f*; **– pension** *ou* **séjour** *ou* **vacances** Pauschalurlaub *m*.

forfaitaire *adj* in Bausch und Bogen; Pauschal-; pauschaliert; **prix –** Pauschalpreis *m*.

forfaiture *f* (*StR, BeamR: tout crime commis par un agent public dans l'exercice de ses fonctions*) Verbrechen *od.* Vergehen im Amt, Straftat im Amt; Missbrauch der Amtsgewalt; Pflichtverletzung in Ausübung der Amtsgewalt.

formalisme *m* Formalismus *m*; **– juridique** juristische Form(erfordernisse, -vorschriften); Formsache *f*, juristische Formalie(n).

formaliste *adj* formalistisch; formal (rechtlich); *pej* formaljuristisch, rein formaljuristische Betrachtungsweise, einzig dem Buchstaben des Gesetzes folgend.

formalité *f* Formerfordernis *n*; (einzuhaltende) Formvorschrift *f*; Formalität *f*, Förmlichkeit *f*, Formalie *f*, Formsache *f*; **accomplir** *ou* **remplir** *ou* **respecter une –** eine Formvorschrift einhalten; **sans autre –** formlos; **– substantielle** (für die Gültigkeit des Rechtsgeschäfts) wesentliche Formvorschrift; **– vexatoire** böswillige Formreiterei; übertriebener Papierkrieg; Amtsschimmel *m*.

formalités *fpl* **administratives** Verwaltungsvorschriften *od.* -formalitäten *fpl*; **– douanières** Zollformalitäten *fpl*; **– de procédure** (für einen Prozess) zwingend vorgeschriebene Formerfordernisse; Gesamtheit der einzuhaltenden Formvorschriften.

formateur *m* (*SchulR*) Ausbilder *m*; Erzieher *m*; Berufsschullehrer *m*.

formation *f* (1) (*création, élaboration*) Entstehung *f*, Gründung *f*, Bildung *f*, Schaffung *f*, (2) (*éducation intellectuelle et morale*) Ausbildung *f*; Schulung; Ausbildungswesen *n*, (3) (*groupement, parti*) Verband *m*, Partei *f*, Gruppierung *f*, (4) (*organisation, développement*) Aufstellung *f*, Formierung *f*, Aufbau *m*, Organisation *f*, (5) (*ensemble de connaissances*) Kenntnisse *fpl*, Vorbildung *f*; **acquérir une –** eine Ausbildung erhalten; **allocation de –** Ausbildungsbeihilfe *f*; **centre de –** Ausbildungsstätte *f*; **congé de –** (Fort-)Bildungsurlaub; **droit en –** Anwartschaft *f*; **fonctionnaire en –** Beamte (r) im Vorbereitungsdienst; **niveau de –** Ausbildungsstand *m*; **responsable de la –** Schulungsleiter; **stage de –** Ausbildungslehrgang *m*.

formation accélérée (1) Schnelllehrgang *m*, Kurz- *od.* Intensivschulung, Kurzlehrgang *m*, (2) Kurzausbildung *f*; **– des adultes** Erwachsenenbildung; **– alternée** (*SchulR*) duales (Lehrlings-) Ausbildungssystem *n*; **– de base** Grundausbildung *f*; **– des cadres** Ausbildung der Führungskräfte; **– de capitaux** Kapitalbildung; **– combattante** (*MilR*) kämpfende Truppe *od.* Einheit; **– continue** (*ArbR*) Weiter- *od.* Fortbildung; Erwachsenenbildung.

formation du contrat Zustandekommen *n* eines Vertrages; **– du droit** Rechtsbildung; **– d'un droit** Entstehung eines Anspruchs; **– dans l'entreprise** innerbetriebliche Ausbildung; **– fondamentale** Grundausbildung *f*; **– du gouvernement** (*VerfR*) Regierungsbildung; **– initiale des jeunes** schulische Ausbildung der Jugendlichen (im Rahmen der Schulpflicht bis zum 16. Lebensjahr); **– juridique** juristische Ausbildung.

formation permanente (*ArbR: syn.: formation continue*) Weiterbildung *f*, Fortbildung *f*; **– politique** (politische) Partei *f*; **– polyvalente** vielseitige Ausbildung; **– des prix** Preisbildung *f*; **– professionnelle** (1) Berufs- *od.* Fachausbildung, (2) berufliches Bildungswesen; **– récurrente** (*ArbR*) Auffrischung und Aktualisierung der Kenntnisse; **– des salaires** Lohnbildung, Lohngestaltung; **– d'une société** Gesellschaftsgründung; **– de société secrète** (*StR*) Bildung eines Geheimbundes, Geheimbündelei *f*; **– de stocks** (*HR*) Lagerbestandsbildung; **– sur le tas** (*ArbR*) Ausbildung am Arbeitsplatz; **– technique** Fachausbildung; **– d'un tribunal** (*GVR*) Zusammensetzung eines Spruchkörpers; **– de la volonté** (*ZR*) Willensbildung.

forme *f* (1) (*ZR: aspect extérieur d'un acte juridique*) (Rechts-) Form *f*, Anordnung einer Urkunde (eines Vertrages, eines Urteils, einer Satzung), (2) (*SchuldR: formalité spéciale requise*) Formerfordernis *n*; **en bonne et due –** formgerecht, in der gesetzlich vorgeschriebenen Form, in gebührender Form; vorschriftsmäßig; **condition de –** Formerfordernis *n*; **contrôle de pure –** rein formelle Prüfung; **couverture d'un vice de –** Heilung eines Formmangels; **dans les –s** formgerecht, in der gehörigen Form; **défaut de –** Formmangel *m*, Formfehler *od.* -gebrechen; **disposition de –** Formvorschrift *f*, Formerfordernis *n*; **examen quant à la –** Überprüfung der Einhaltung der Formvorschriften; **irrégularité de –** Formmangel *m*; **nul pour raisons de –** wegen Formmängel aufhebbar, anfechtbar, nichtig.

forme: **nullité de –** (*ZPR*) Formnichtigkeit *f*, Ungültigkeit wegen Formmangels *od.* wegen Formgebrechens, Aufhebbarkeit wegen Formmangels; **observation des règles de –** Einhaltung der Formerfordernisse, Beachtung der vorgeschriebenen Form; **prescription de –** Formvorschrift *f*; **recevable en la –** der Form nach zulässig; **règle de –** Formvorschrift *f*, Formerfordernis *n*; **régulier dans la –** formgerecht; **sans –** formlos; **vice de –** Formmangel, Formfehler.

forme juridique Formerfordernis *n*, Formvorschrift *f*; **– légale** gesetzlich vorgeschriebene Form; **– législative** Gesetzesform; **– libre** formfreies Rechtsgeschäft; **– olographe** (*ErbR*) eigenhändige *od.* holographische Abfassung; **– de publicité** (*HR, SachR*) Bekanntmachungsvorschrift *f*; **– solennelle** öffentliche Beglaubigung; **– substantielle** wesentliche Formvorschrift.

formel *adj* (1) (*qui concerne l'apparence*) formal, förmlich, (2) (*qui exclue toute méprise, toute équivoque*) formell, ausdrücklich, durch Vorschrift angeordnet; **affirmer en termes –s** in aller Form *od.* ausdrücklich und verbindlich erklären; **consentement –** formgerechte Einigung *od.* Zustimmung; **déclaration –le** förmliche Erklärung; **démenti –** offizielles Dementi; **exigence –le** ausdrückliche Forderung; **ordre –** ausdrückiche Anordnung; **présentation –le** formale Gestaltung *od.* Gliederung; **refus –** ausdrückliche Ablehnung; **texte –** eindeutige Formulierung (einer Urkunde).

formellement *adv* (1) förmlich, (2) ausdrücklich; **s'engager –** sich ausdrücklich verpflichten; **– interdit** strengstens verboten.

former *v.tr.* (1) bilden, gründen, (2) ausbilden, schulen, (3) aufstellen, formieren; **– le gouvernement** die Regierung bilden; **– une plainte** (*StPR*) Strafanzeige erstatten; **– une société** (*GesR*) eine Gesellschaft gründen.

formulaire *m* (1) (*formule où sont imprimées des questions*) Formular *n*, Formblatt *n*, Vordruck *m*, Fragebogen *m*, (2) (*recueil de formules*) Formularbuch *n*, Formularsammlung *f*; **– de**

commande Bestellformular; **– de déclaration** Meldeformular; **– de demande** Antragsformular; **– imprimé** Vordruck *m*; **– à remplir** auszufüllendes Formular.

formulation *f* (genaue) Formulierung (des Vertragstextes); Wortlaut *m*; Abfassung (eines Vertrages); **– initiale** Originalfassung; **– du problème** Problemstellung.

formule *f* (1) (*forme déterminée que l'on est tenu de respecter*) ausdrücklich vorgeschriebene Form, Rechtsform *f*, (2) (*expression consacrée*) Floskel *f*, Redensart *f*, (3) (*feuille de papier imprimée*) Vordruck *m*, Formblatt *n*, (4) (*expression concise et générale*) Formel *f*, Redewendung *f*; **remplir une –** ein Formular ausfüllen; **– d'un contrat** Vertragsvordruck *m*; **– creuse** hohle Phrase; Phrasendrescherei *f*; **– de demande** Antragsformular; **– exécutoire** Vollstreckungsklausel *f*; **– de paiement** Zahlungsmodus *od.* -weise; **– de serment** Eides- *od.* Beteuerungsformel.

formuler *v.tr.* formulieren, abfassen, ausdrücken; **avoir le droit de – une demande** antragsberechtigt sein; **– un acte** eine Urkunde abfassen; **– une demande** einen Antrag stellen; **– ses griefs** seine Einwendungen vorbringen; sich beschweren; **– un jugement** ein Urteil abfassen; **– une plainte** (*StR*) Strafanzeige erstatten; **– une réclamation** beanstanden *od.* reklamieren.

fors *prép.* (*excepté, hors, sauf*) außer, bis auf.

fort *adj. et adv.* stark; haltbar, fest; tatkräftig, kraftvoll; **droit du plus –** Faustrecht *n*; **se porter –** sich verbürgen, einen Garantievertrag abschließen; **recourir à la manière –e** unter Gewaltanwendung (vorgehen), Machtmittel einsetzen.

fortuit *adj* (*ZR: qui dépend du hasard – syn. aléatoire*) unvorhergesehen, zufällig; **cas –** (*SchuldR: événement imprévisible*) zufälliges Ereignis, Zufall *m*, höhere Gewalt; **gain –** Zufallsgewinn *m*.

fortune *f* (1) (*ZR: ensemble des moyens d'existence ou des ressources d'une personne*) Einkünfte (einer Person), regelmäßig bezogene Einnahmen; Reichtum *m*, (2) (*chance, hasard*) Glück *n*, Glücksfall *m*; Geschick *n*, Schicksal *n*; **administration de la –** Vermögensverwaltung; **déclaration de –** (*SteuerR*) Vermögenssteuererklärung; **dons de –** Gewinne aus Spiel und Wette; **état de la –** Vermögensverhältnisse *pl*, Vermögenslage *f*; **gérer une –** ein Vermögen verwalten; **situation de –** Vermögensverhältnisse *nur Pl.*, Vermögenslage *f*.

fortune imposable steuerpflichtiges Vermögen; **– de mer** (*SeeHR*) Seegefahr *f*; **– mobilière** bewegliches Vermögen; **– nationale** Volksvermögen.

forum *m* (1) (*PrzR, IPR*) zuständiges Gericht, (2) (*Pol: lieu où se discutent les affaires publiques*) Öffentlichkeit, Forum *n*, Ort *m* der öffentlichen Diskussion.

fosse *f* Grube *f*; **– d'aisance** (*LandwR*) Jauchegrube *f*; **– commune** (*ÖfR: fosse où sont déposés ensemble plusieurs cadavres ou cercueils, parfois synonyme de charnier*) Massengrab *n*.

fossé *m* Graben *m*; **– de drainage** Entwässerungsgraben; **– mitoyen** gemeinschaftlicher Graben.

fossoyeur *m* Totengräber *m*.

fou *adj* geisteskrank, geistesgestört; wahnsinnig; **– furieux** tobsüchtig, rasend.

foudre *f* Blitzschlag *m*.

fouetter *v.tr.* (*StR*) auspeitschen.

fouille *f* (1) (*archéologie*) Ausgrabung *f*, (2) (*StPR: vérification*) Durchsuchung; **– des bagages** Gepäckkontrolle; **– du coffre** (*de la voiture*) Durchsuchung des Kofferraums; **– corporelle** *ou* **à corps** (*StR: perquisition corporelle*) (körperliche) Durchsuchung, Personendurchsuchung, Leibesvisitation *f*; **– des véhicules** Durchsuchung von Kraftfahrzeugen.

fouiller *v.tr.* (1) ausgraben, (2) durchsuchen, perlustrieren (Aut).

foulard *m* Kopftuch *n*.

fouler *v.tr.* **aux pieds** zertrampeln, heftig u. rücksichtslos zertreten.

fourchette *f* (1) (*Statistik*) Hochrech-

nung (mit Angabe von zwei Grenzwerten), (2) (*HR*) (Preis-) Spanne *f*, Marge *f*.
fourgon *m* **cellulaire** Gefangenenwagen *m*; **– funéraire** *ou* **mortuaire** Leichenwagen *m*; **– postal** Postauto *n*.
fourgonnette *f* Kleinlaster *m*, Lieferwagen *m*.
fourni *m* (*HR: concessionnaire*) Vertragshändler *m*.
fournir *v.tr.d. et ind.* (1) (*Waren*) liefern, verschaffen; bevorraten, (2) (*Kunden*) beliefern, versorgen, (3) hervorbringen, erzeugen; **– une aide** eine Beihilfe gewähren; **– caution** (*StR*) Kaution stellen; **se – chez un marchand** sich mit Waren eindecken, sich mit Vorräten (bei einem Lieferanten) versehen; **– couverture** (*BankR*) Deckung gewähren; **– à la dépense** einen Kostenanteil übernehmen; **– une garantie** eine Sicherheit stellen; **– les pièces nécessaires** die erforderlichen Schriftstücke vorlegen; **– une prestation** eine Dienstleistung erbringen.
fournir la preuve den Beweis erbringen; **– des renseignements** Auskunft erteilen; **– du secours** Hilfe leisten; **– un signalement précis du suspect** (*StPR*) eine genaue Beschreibung des Tatverdächtigen geben.
fournissable *adj* lieferbar.
fournissement *m* (1) (*ZR*) Teilung (des Gesamtguts), (2) (*GesR*) Einzahlung (der Einlage).
fournisseur *m* Lieferant *m*, Lieferfirma *f*; Händler *m*, Verkäufer *m*; **– en gros** Großlieferant; **– principal** Hauptlieferant *m*; **– de services** Leistende(r) *m*, Dienstleistungserbringer *m*.
fournisseurs *mpl*: **acompte aux –** Lieferantenanzahlung *f*; **compte des –** Lieferantenkonto *n*; **crédit aux –** Lieferantenkredit *m*; **pays – de matières premières** ausländische Rohstofflieferanten.
fourniture *f* (1) (*SchuldR*) Leistung, Erbringung (einer Leistung), Beschaffung, (2) (*HR*) Liefervertrag *m*; Verkauf *m*; Lieferung *f*, (3) gelieferte Ware, Lieferung, (4) Arbeitsmaterial *n*, Zubehör *n*; **contrat de –** Liefervertrag *m*; **offre de –** Lieferungsangebot *n*; **– de marchandises** Warenlieferung; **– d'un service** Dienstleistung.
fournitures *fpl* **de bureau** Bürobedarf *m*; **– publiques** öffentliche Lieferungen *od.* Leistungen; **– scolaires** Unterrichtsmaterial *n*, Schulbedarf *m*.
fourrière *f* (1) (*animaux errants*) Verwahrungsstelle für entlaufene Tiere, Tierasyl *n*, (2) (*StVR: véhicules saisis*) Aufbewahrungsort *m* für sichergestellte Kraftfahrzeuge; **mise à la –** (*StVR*) Abschleppen *n* eines verkehrsbehindernd parkenden Fahrzeugs, Beschlagnahme u. Sicherstellung (eines Kraftfahrzeuges).
fourvoyer *v.tr. a.fig.* auf Abwege bringen; **se –** *v. pron.* sich irren.
foyer *m* (*FamR: famille, groupement familial*) Haushalt *m*; Wohnung *f*; Wohnstätte *f*, Wohnsitz der Familie; **abandon de –** (*StR*) böswilliges Verlassen der Familie (ohne Unterhaltsleistung); **fonder un –** eine Familie gründen, heiraten.
foyer d'accueil (*AuslR*) Auffanglager *n*; **– de conflits** Gefahrenherd *m*; **– conjugal** eheliche Wohnung, Hausstand *m*; **– criminogène** Brutstätte *f* (für Verbrecher); **– domestique** Haushalt; **– d'étudiants** Studentenwohnheim *n*; **– de l'incendie** Brandherd *m*.
fraction *f* Bruchteil *m*, Teil *m*, Anteil; **– annuelle** Jahresrate *f*; **– d'indemnité** Teilentschädigung; **– saisissable du salaire** pfändbarer Teil des Arbeitsentgelts.
fractionnement *m* Teilung; Zersplitterung; **– de la peine** (1) (*StVZ*) Strafverbüßung in mehreren Abschnitten, (2) (zeitweise) Aussetzung der Strafvollstreckung, Verbüßung der Strafe in mehreren Abschnitten.
fractionner *v.tr.* teilen, zerlegen.
fracturer *v.tr.* (*StR: casser, briser*) gewaltsam öffnen, aufbrechen.
fragile *adj* (1) (*Ware*) leicht zerbrechlich, (2) *adj* (*Person*) gebrechlich, krankheitsanfällig, (3) (*Macht*) ungefestigt, gefährdet.
fragment *m* Bruchstück *n*, Fragment *n*; Zitat *n*.

fragmentaire *adj* bruchstückhaft.
frai *m* Münzverlust *m*.

Verwechseln sie nicht *les frais* als erstattbare Auslagen oder Ausgaben mit *le coût*: das sind die Kosten, die man selber tragen muss und Dritten nicht auferlegen kann.

frais *mpl* (1) (*ZR: dépense dont le remboursement est dû*) (zu ersetzende *od.* erstattbare) Ausgaben *pl*; Auslagen *pl*; Spesen *pl*; erstattungsfähige Kosten; Unkosten, (2) (*PrzR: dépense résultant de l'accomplissement d'une procédure*) (Prozess-) Gebühr *f*, (Verfahrens-) Gebühren *fpl*, Gerichtskosten *pl*, Prozesskosten *pl*, (3) (*HR, ArbR: somme versée en remboursement*) Auslagenrückerstattung, Spesenvergütung; **à – communs** auf gemeinsame Kosten; **acompte sur –** Kostenvorschuss *m*, Spesenvorschuss; **annulation des –** (*PrzR*) Kostenniederschlagung; **aux – de l'État** auf Staatskosten; **aux – de la princesse** *umg fig* auf Staatskosten; **bordereau des –** Kostenverzeichnis *n*; **compte de –** Kostenrechnung; **condamner aux – et aux dépens** (*PrzR*) zur Tragung der Kosten verurteilen, in die Kosten verurteilen; **couvrir ses –** seine Kosten decken, seine Kosten zurückerstattet bekommen; **créance pour –** Kostenforderung; **après déduction des –** nach Abzug der Kosten; **entraîner des –** Kosten verursachen.
frais: **état des –** Spesenaufstellung *f*, Kostenrechnung *od.* -aufstellung; **évaluation des –** Kostenüberschlag; **exempt de –** kostenfrei, kostenlos; **exemption de –** Kostenfreiheit *od.* -befreiung; Gebührenfreiheit; **exonéré de –** kostenfrei, kostenlos; **faire les – de** auf Kosten *od.* zu lasten (des Betroffenen); **faire ses –** entschädigt werden; **faire face aux –** die Kosten bestreiten; **à grands –** mit hohen Kosten verbunden; **menus –** Nebenausgaben; **se mettre en –** sich in Unkosten stürzen; **montant des –** Kostenaufwand *m*; **net de tous –** spesenfrei; **partager les –** die Kosten anteilsmäßig verteilen.
frais: **participation aux –** (1) Kostenbeteiligung *f*, (2) (*VersR*) Selbstbeteiligung *f* (des Versicherten); **payer les –** die Kosten übernehmen; **péréquation des –** Kostenausgleich *m*; **prise en charge des –** Kostenübernahme *f*; **quote-part des –** Kostenanteil; **recouvrement des –** Kostenbeitreibung *od.* -eintreibung; **réduction de –** Kosteneinsparung *od.* -senkung; **remboursement des –** Kostenerstattung *f*, Kostenersatz *m*; **rembourser les –** die Kosten erstatten, die Spesen vergüten; **rentrer dans ses –** seine Kosten zurückerstattet bekommen; **sans –** unentgeltlich, kostenlos, kostenfrei; **supplément** *ou* **surcroît de –** Mehrkosten *pl.*; **supporter les –** die Kosten tragen; **tous – déduits** abzüglich aller Kosten; **tous – payés** alle Kosten inklusive; **ventilation des –** Kostenaufschlüsselung.
frais accessoires (1) (*PrzR*) Zusatzgebühr *f*, (2) (*ZR*) Nebenkosten *pl*; **– d'acquisition** (1) (*SchuldR*) Erwerbskosten, (2) (*VersR*) Abschluss- *od.* Akquisitionskosten; **– d'adjudication** Versteigerungsgebühr *od.* -kosten; **– administratifs** *ou* **d'administration** Verwaltungskosten; **– d'assurance** Versicherungskosten; **– d'avocat** Anwaltskosten; **– bancaires** *ou* **de banque** Bankspesen; **– de bureau** Schreib- und Postgebühren.
frais de chancellerie Kanzleikosten *od.* -spesen *fpl*; **– de chargement** Ladekosten.
frais communs Gemeinkosten *pl.*; gemeinsame Kosten; **– de conservation** Erhaltungsaufwand, notwendige Aufwendungen; **– constants** fixe Gemeinkosten; **– de constitution** Gründungskosten; **– de contrat** Vertragskosten; **– de courtage** Maklergebühren, Courtage.
frais déductibles abzugsfähige Kosten; **– de démarchage** (*HR*) Abschlusskosten; **– de dépannage** Abschlepp- *od.* Pannenhilfekosten; **– de dernière**

maladie durch das Ableben (einer Person) verursachte Kosten; **– dus** fällige Kosten; **– d'écritures** Schreibauslagen; Beurkundungsgebühr; **– d'éducation** Ausbildungskosten *pl.*; **– d'encaissement** Einzugs- *od.* Inkassospesen; **– engagés** anfallende Kosten; **– d'enregistrement** Eintragungsgebühr; **– d'entrepôt** Lagerkosten, Lagermiete *f*; **– d'entretien** (1) (*choses*) Instandhaltungskosten, Wartungskosten, (2) (*personnes*) Instandhaltungskosten, Wartungskosten.

frais d'envoi Versandkosten; **– d'équipement** Ausrüstungskosten; **– d'établissement** Gründungskosten, Aufwendungen für die Gründung *od.* Erweiterung eines Betriebs; **– d'études** Ausbildungskosten; **– d'exécution** Vollstreckungskosten; **– d'expédition** (1) Versandkosten, (2) (*PrzR*) Ausfertigungsgebühr; **– d'expertise** Sachverständigengebühren; **– d'exploitation** Betriebskosten; **– exposés** verauslagte Kosten.

frais financiers Finanzierungskosten; Kreditzinsen; **– fixes** Fixkosten; **– de fonctionnement** (Geschäfts-) Betriebskosten; **– frustratoires** (*PrzR*) überflüssigerweise verursachte Kosten.

frais de funérailles: **allocation pour – –** Bestattungskostenbeihilfe, Sterbegeld; **– –** *ou* **funéraires** Beerdigungs- *od.* Bestattungskosten.

frais de garde Aufbewahrungskosten *pl.*, Verwahrungskosten; **– généraux (permanents)** (*Buchf: frais fixes ou non proportionnels qui se répartissent sur l'ensemble de la production*) Gemeinkosten, allgemeine Betriebskosten *od.* Aufwendungen; **– de gestion** Geschäftsführungskosten; **– de gestion de la masse** (*InsolvenzR*) Massekosten.

frais hospitaliers *ou* **d'hospitalisation** (*SozVers*) Krankenhauskosten; **– d'impression** Druckkosten; **– d'inhumation** Bestattungskosten; **– d'insertion** Kosten für die Bekanntmachung in einer periodischen Druckschrift; **– de l'instance d'appel** Berufungskosten; **– d'inventaire** Inventurkosten.

frais irrépétibles (*PrzR: frais non compris dans les dépens qui ne peuvent être recouvrés par le plaideur qui les a exposés*) nicht erstattungsfähige Kosten, Kosten, die die obsiegende Partei im Prinzip nicht vom Gegner zurückfordern kann; **– judiciaires** (*PrzR: parfois aussi syn. de frais de justice*) Gerichtskosten (als Teil der Prozesskosten), Gerichtsgebühren und Auslagen; **– de jugement** (*PrzR*) Gerichtsgebühren, Urteilskosten.

frais de justice (*PrzR: ensemble des frais de procédure comprenant outre les dépens tous les frais irrépétibles*) Gesamtheit der Prozesskosten (die in einem gerichtlichen Verfahren anfallen), Gerichtskosten und außergerichtliche Kosten (wie die Anwaltsgebühren); **– liquidés** in Rechnung gestellte Kosten; **– de livraison** Lieferkosten; **– de logement** Mietkosten; **– et loyaux coûts** Urkundenausfertigungskosten.

frais de magasinage Lagergeld *n*; **– de main-d'œuvre** Arbeits- *od.* Lohnkosten; **– de maintien en état** Instandhaltungskosten; **– de maladie** Heilbehandlungskosten; **– de manipulation** *ou* **de manutention** Lade- und Entladekosten; **– marginaux** Grenzkosten; **– médicaux** Arztkosten, Heil(behandlungs)kosten; **– de mise en état** Instandsetzungskosten; **– de mission** (*BeamR*) Dienstreisekosten; **– en moins** abzüglich (der) Kosten.

frais occasionnés angefallene *od.* entstandene Kosten; **– payés** kostenfrei, ohne Kosten; **– de personnel** Personalkosten; **– en plus** zuzüglich der Kosten; **– de port** Portoauslagen; **– de pourvoi en cassation** Revisionskosten; **– de premier établissement** Gründungskosten.

frais de procédure (*PrzR: ensemble des frais de justice*) Verfahrenskosten; **– de production** (1) (*BW*) Produktions- *od.* Herstellungskosten, (2) (*VersR*) Abschluss- *od.* Akquisitionskosten.

frais professionnels (*SteuerR*) Werbungskosten, berufliche Aufwendungen; **indemnité de – –** Arbeitsaufwandsentschädigung.

frais de publicité Aufwendungen für Werbemaßnahmen; **– de rapatriement** Kosten für die Heimfahrten; **– de recours** (*PrzR*) Verfahrenskosten; **– de recouvrement** (*ZwangsVR*) Ein- od.Beitreibungskosten; Inkassogebühren; **– récupérables** erstattungsfähige Kosten; eintreibbare Kosten; **– de rééducation professionnelle** Umschulungskosten; **– de règlement de sinistre** (*VersR*) Schadensregulierungskosten; **– de relâche** (*SeeHR*) Hafengebühren *fpl*; **– de relance** (*ZwangsVR*) Mahnungskosten, Inkassogebühren.

frais de remise en état (*SchuldR*) Instandsetzungs- *od.* Reparaturkosten; **– de remplacement** Ersatz- *od.* Wiederbeschaffungskosten; **– de réparation** Reparaturkosten; **– de représentation** (Dienst-) Aufwand *m*, Repräsentationskosten *pl.*; **– de retour** Rückbeförderungskosten.

frais de route Reisekosten; **indemnité de – –** Reisekostenentschädigung *od.* -vergütung.

frais de saisie Pfändungsgebühr; **– de sauvetage** Bergelohn *m*, Rettungs- *od.* Bergungskosten; **– scolaires** Schuldgeld *n*; **– de séjour** Aufenthaltskosten; **– de sommation** Mahnkosten *pl.*; **– spéciaux** (*Buchf: frais directs*) Herstellungskosten (eines Produkts); **– supplémentaires** Mehrkosten; **– de surveillance** Überwachungskosten.

frais de transport (1) (*HR: marchandises*) Fracht- *od.* Transportkosten, (2) (*personnes*) Beförderungs- *od.* Fahrtkosten *od.* Auslagen; **– unitaires** Einheitskosten; **– vexatoires** (*PrzR*) vorsätzlich *od.* böswillig verursachte Kosten; **– de voyage** Reisespesen *od.* -kosten, Fahrtkosten.

franc *adj* (1) (*franc de port*) frei, franko, (2) (*honnête, sincère*) ehrlich, offen; **délai –** (*ZR: délai dans lequel on ne compte ni le jour du fait, ni le jour qui devrait être normalement le dernier*) Frist mit einem zusätzlichen Respekttag, Frist, bei der der Eintritt der Fälligkeit um einen Tag hinausgezögert wird; **huit jours –s** eine Woche (und zusätzlich ein Respekttag); **– d'avarie** unbeschädigt, frei von Havarei; **– d'impôt** steuerfrei; **– de port** (1) (*Brief*) frankiert, portofrei, (2) (*HR: Waren*) Verpackung und Transportkosten inklusive, frei Haus, frei Bestimmungsort.

franc *m* Franken *m*; **– C.F.A.** (*unité de la communauté financière africaine*) Währungseinheit in mehreren afrikanischen Staaten (Senegal, Togo, Kamerun usw.), die mit Frankreich ein Assoziierungsabkommen haben; **– suisse (= FS)** Schweizer Franken (= SF).

franchir *v.tr.* überschreiten; überwinden; **– la frontière** die Grenze passieren *od.* überschreiten, über die Grenze gehen.

franchisage *m* (*HR: contrat de franchise*) Franchisevertrag *m*, Franchising *n*.

franchise *f* (1) (*loyauté, sincérité*) Aufrichtigkeit, Offenheit, Freimütigkeit *f*, (2) (*ZollR: exemption, exonération*) (Zoll-) Freiheit *f*, Befreiung *f*, Franchise, (3) (*SteuerR*) Freibetrag *m*, (4) (*VersR*) Selbstbeteiligung (des Versicherungsnehmers), Selbstbehalt *m*, Franchise *f*, (5) (*HR: franchisage*) Gegenstand des Franchisevertrags; **admission en –** zollfreie Einfuhr; **– absolue** *ou* **– d'assurance** obligatorischer Selbstbehalt *m*, Abzugsfranchise *f*; **– de bagages** Freigepäck *n*; **– conventionnelle** vereinbarte Selbstversicherung; **– diplomatique** (*VR*) Steuer- und Zollfreiheit der Diplomaten; **– de douane** *ou* **douanière** Zollbefreiung, Zollfreiheit; **– de droits** Gebührenbefreiung, Abgabenfreiheit; **– d'hôtel** (*VR*) Unverletzlichkeit des Gesandtschaftsgebäudes; **– d'impôt** Steuerfreiheit; **– obligatoire** (*VersR*) Selbstbeteiligung; **– de port** Portofreiheit.

franchise postale Postgebührenfreiheit, Portofreiheit; **envoi en – –** postgebührenfreie Sendung.

franchise de responsabilité Haftungsbefreiung *od.* -ausschluss; **– de taxe** Abgaben- *od.* Gebührenfreiheit, Gebührenbefreiung.

franchisé *m* (*HR*) Franchisenehmer *m.*

franchiser *v.tr.* einen Franchisevertrag abschließen.

franchiseur *m* (*HR*) Franchisegeber *m.*

franchissement *m* Überschreitung *f*; **– illégal** *ou* **irrégulier de la frontière** (*AuslR*) unerlaubter Grenzübertritt.

francilien *m* Einwohner der Ile-de-France (= des Pariser Großraums).

francisation *f* (*SeeHR*) Verleihung des Rechtes zur Führung der französischen Flagge; **acte de –** Flaggenzeugnis (eines französischen Schiffes), Flaggenschein *od.* -brief *m*, Schiffszertifikat *n*; **– d'une société** (*SteuerR, GesR*) Verleihung der frz. Staatsangehörigkeit an eine Handelsgesellschaft.

franciser *v.tr.* einem ausländischen Schiff das Recht zur Führung der französischen Flagge verleihen.

franc-maçon *m* Freimaurer *m.*

franco *adv* (*HR: franc de port*) franko, (kosten-) frei, portofrei; **– à bord** (fob) frei an Bord; **– destination** frei *od.* franko Bestimmungsort; **– domicile** frei Haus; **– domicile dédouané** frei Haus verzollt; **– entrepôt** frei Lagerhaus; **– frontière** frei Grenze; **– de long du navire** (fas) frei Längsseite (Schiff); **– de port** (*Post*) portofrei; **– port et assuré** frei Hafen und versichert; **– port d'embarquement** frei Verschiffungshafen; **– à quai** frei Kai; **– de tous frais** kostenfrei.

francophone *adj* französischsprechend.

francophonie *f* Gemeinschaft der französischsprechenden Völker.

franc-tireur *m* (1) (*VR: maquisard, résistant*) Freischärler *m*, Partisan *m*, (2) (*ArbR*) (gewerkschaftlich) Nichtorganisierte(r).

frange *f* **criminelle (de la société)** kriminelle Randgruppen (der Gesellschaft).

frappant *adj* auffällig, augenfällig, markant, die Aufmerksamkeit auf sich ziehend.

frappe *f* (1) Prägung, Gepräge *n* (auf Münzen), (2) Anschlag *m*; Maschinenschreiben *n*; **droit de –** (1) Prägerecht *n*, Münzregal *n*, (2) Prägegebühr *f*; **faute de –** Tippfehler *n.*

frappé *p.p. adj.* **de nullité** nichtig; **– de prescription** verjährt.

frapper *v.tr.d. et ind.* (1) schlagen, treffen, verwunden, (2) (*monnaie*) prägen, ausprägen; **– d'alignement** (*BauR*) zur Einhaltung der Baulinie verpflichten; **– d'opposition** durch Einspruch betreffen; **– d'une peine** bestrafen, ahnden; maßregeln; **– d'usufruit** (*SachR*) mit einem Nießbrauch belasten.

fraternité *f* Brüderlichkeit *f.*

fratricide *m* (1) Brudermord *m*, (2) Brudermörder *m.*

fratrie *f* Bruderbund *m*, Brüderschaft *f.*

fraudatoire *adj* gesetzesumgehend; schädigend; böswillig.

fraude *f* (1) (*SchuldR, StR: acte de mauvaise foi accompli pour préjudicier à des droits*) Verfügung mit Schädigungsabsicht, (2) (*ZR: agissement illicite par emploi de moyens illégaux*) gesetzwidrige Verhaltensweise, Umgehung gesetzlicher Bestimmungen, (3) (*i.w. S.*) betrügerische Handlung, arglistige Täuschung *f*; **entrer en –** sich gesetzwidrig Zugang verschaffen; **introduire** *ou* **passer en –** einschmuggeln; **user de –** mit Schädigungsabsicht handeln.

fraude alimentaire Täuschung im Lebensmittelhandel; Lebensmittelfälschung; Verstoß gegen Hygienevorschriften; **– collusoire** (*StR*) gemeinsam abgesprochener Betrug; **– contre un concurrent** (*WirtStR*) unlauterer Wettbewerb; **– douanière** Zolldefraudation *od.* -hinterziehung; **– électorale** Wahlbetrug *m*, Wahlfälschung.

fraude fiscale (1) (*SteuerR: fraude à l'impôt*) Steuervergehen *n*, (2) (*SteuerR: i.e.S.*) Steuerhinterziehung *f.*

fraude à la loi (*ZR: acte régulier en soi, accompli pour éluder une loi impérative*) Gesetzesumgehung *od.* -verletzung *f*; **– paulienne** (*InsolvenzR: débiteur provoquant ou augmentant sciemment son insolvabilité*) (vorsätzliche) Gläubigerschädigung *od.* -benachteiligung; **–**

sur la qualité des marchandises (*HR*) Betrug *m* über zugesicherte Wareneigenschaften, Warenfälschung.
frauder *v.tr.* (1) betrügen, täuschen, hintergehen; hinterziehen, unterschlagen, (2) einschmuggeln.
fraudeur *m* Betrüger *m*, Defraudant *m*; **– sur les devises** (*umg*) Devisensünder *m*; **– fiscal** (*umg*) Steuerhinterzieher *m*, Steuersünder *m*; **– du métro** (U-Bahn) Schwarzfahrer *m*.
frauduleux *adj* betrügerisch; **bilan –** (*GesR*) Bilanzfälschung; **concert –** (*StR*) gemeinschaftlicher Betrug; abgestimmte Verhaltensweise; **concurrence frauduleuse** unlauterer Wettbewerb; **moyens –** Täuschungshandlungen *fpl*.
frein *m* (*StVR*) Bremse *f*; **coup de – brutal** Vollbremsung.
freinage *m* **d'urgence** Notbremsung *f*.
freiner *v.tr.* (Vertragsabschluss) verzögern, (*Produktion*) drosseln; (*Konjunktur*) abbremsen, verlangsamen.
freinte *f* (*HR: perte de volume ou de poids*) Abgang *m*; Schwund *m*; **– de route** (*HR: déchet de route*) Gewichtsverlust *m*, Leckage *f*, Schwund *m* während des Warentransports.
frelater *v.tr.* (Wein) verfälschen, panschen.
fréquence *f* (1) Häufigkeit *f*, (2) Verkehrsdichte *f*, (3) Frequenz *f* (eines Senders); **– d'accidents** Unfallhäufigkeit.
fréquentation *f* Umgang *m*; **– scolaire** Schulbesuch *m*.
fréquenté *p.p. adj.* gut besucht; **lieu mal –** Örtlichkeit mit schlechtem Ruf; **route –e** viel befahrene Straße.
fréquenter *v.tr.* besuchen; verkehren (mit); **– le milieu** (*StR*) mit Ganoven Umgang pflegen.
frère *m* Bruder *m*; **– consanguin** Halbbruder väterlicherseits; **– germain** (1) (*FamR: se dit de frères et sœurs ayant le même père et la même mère*) vollbürtiger Bruder, (2) (*FamR: se dit des cousins ayant des grands-parents communs*) Vetter 1. Grades; **– utérin** Halbbruder mütterlicherseits.
fret *m* (1) (*SeeHR, HR: nolis, chapeau du capitaine, prix du transport de marchandises*) Frachtkosten *pl*, Fracht *f*, Frachtgeld *od.* -lohn, (2) (*SeeHR: cargaison du navire*) Ladung *f*, Schiffsladung, (3) (*ensemble des marchandises transportées*) Frachtgüter *pl*, (4) Frachtgeschäft *m*; **calcul du –** Frachtberechnung *f*; **contrat de –** Seefrachtgeschäft *n*; **courtier de –** Frachtmakler *m*; **faux –** Fautfracht, Fehlfracht; **tarif de –** Frachtsatz *m*.
fret acquis à tout événement (*SeeHR*) endgültig bezahlte *od.* erhaltene Fracht; **– additionnel** Frachtzuschlag *m*, Mehrfracht *f*; **– aérien** Luftfracht; **– d'aller** Hinfracht; **– brut** Bruttofracht; **– contractuel** Vertragsfracht; **– fluvial** Binnenschiffahrtsfracht; **– à forfait** Durchfracht *f*; **– maritime** Seefracht; **– de navire** Schiffsfracht; **– payé** frachtfrei; **– de retour** Rückfracht; **– à temps** Zeitfracht; **– de transit** Durchfuhrfracht; **– sur le vide** Leerfracht.
frètement *m* (1) Schiffsvermietung *f*, (2) Verfrachtung *f*.
fréter *v.tr.* (1) (*SeeHR*) ein Schiff mieten *od.* vermieten; beladen; ausrüsten, (2) (*HR: marchandises*) verfrachten, (3) (ZR: einen Leihwagen) anmieten.
fréteur *m* (1) (*SeeHR: armateur du navire*) Reeder *m*, Schiffsausrüster *m*, (2) Verfrachter *m*.
fric-frac *m umg* Einbruchsdiebstahl *m*.
friche *f* (*LandwR*) Brachland *n*; **être en –** brachliegen.
fricotage *m* unlautere Machenschaften *fpl*.
friction *f* Spannung *f*, Hader *m*, Zwistigkeit *f*.
frigorifique *adj*: **entrepôt –** Kühlhaus *n*.
fripon *m* (*StR: on dit aussi: la fripouille*) *umg* Gauner *m*; Betrüger *m*; Dieb *m*.
froisser *v.tr.* (1) (*offenser qqn.*) jmdn. verletzen, beleidigen, (2) (*du papier*) zerknittern.
frôler *v.tr.* streifen; jmdn. rempeln; (absichtlich) stoßen.
froment *m* (*LandwR: dans l'usage courant: le blé*) Weizen *m*.
fronde *f* (Stein-) Schleuder *f*, Aufruhr *m*.
front *m* **populaire** (*hist*) Volksfront *f*.

frontalier *m* Grenzgänger *m*, Grenzbewohner.

frontière *f* (*VR*) (Landes-) Grenze *f*; **arrangement de –** Grenzvereinbarung *f*; **conflit de –** Grenzstreitigkeit *f*; **fermeture de la –** Schließung der Grenzen; **incident de –** Grenzzwischenfall *m*; **passage de la –** Grenzüberschreitung *f*, Grenzübertritt *m*; **police de la –** Grenzpolizei *f*; Grenzschutz *m*; **reconduire à la –** (*AuslR*) zurück- *od.* abschieben; **régime de petite –** kleiner Grenzverkehr; **tracé de la –** Grenzführung *od.* -ziehung, Grenzverlauf *m*; **violation de –** Grenzverletzung *f*.

frontière artificielle (*VR: frontière arbitraire*) künstliche *od.* willkürliche Grenzführung; **– douanière** Zollgrenze; **– douanière maritime** Seezollgrenze; **– de l'État** Staatsgrenze, Landesgrenze; **– ethnique** ethnische Grenze, Volkstumsgrenze; **– fiscale** Steuergrenze; **– fluviale** Flussgrenze; **– intérieure** Binnengrenze; **– internationale** Staatsgrenze; **– linguistique** Sprachgrenze; **– maritime** Seegrenze; **– territoriale** Landesgrenze.

fructifier *v. intr.* (*Kapital*) Gewinn bringen, Zinsen tragen; (Boden) ertragreich sein.

fructueux *adj* fruchtbar, ertragreich; erfolgreich.

fructus *m* (*SachR: droit de percevoir les fruits d'une chose*) Fruchtziehungsrecht *n*.

frugifère *adj* (*SachR: qui porte ou rapporte périodiquement des fruits*) fruchttragend, fruchtbringend.

fruitière *f* (*LandwR*) Milchverwertungs- und Käsereigenossenschaft *f*.

fruits *mpl* (1) (*SachR: biens produits périodiquement, sans altération de la substance de la chose*) Früchte *pl*, (2) (*i. w.S.*) Ergebnis *n*; **acquisition des –** Fruchterwerb; **jouissance des –** Fruchtgenuss *m*, Fruchtziehungsrecht *n*.

fruits civils (*SachR: loyers, intérêts et arrérages – art. 584 Cciv*) Rechtsfrüchte *fpl*; Mietzins *m*; Pachtzins; Gelderträge *mpl*, Zinsen *pl*; **– industriels** (*SachR: fruits obtenus par la culture – art. 583 al. 2 Cciv*) (*durch Bodenbearbeitung erworbene*) Sachfrüchte *fpl*, Feldfrüchte; geerntete Früchte; **– naturels** (*SachR: produit spontané de la terre – art. 582 Cciv*) Sachfrüchte (die keine Bearbeitung der Muttersache erfordern); **– pendants par les branches** Obst *n*, Beeren *fpl*; **– pendants par les racines** Feldfrüchte, stehende Früchte; **– perçus** getrennte *od.* gezogene Früchte; **– tombés** Fallobst *n*.

frustratoire *adj* (1) (*ZPR: vain inutile et injustifié, surtout en parlant de frais exposés*) unnütz, unnötig, ungerechtfertigt, (2) (*ZR, StR*) auf Täuschung u. Schädigung abzielend; **acte –** (*PrzR*) (*für unnötige Prozessschriftstücke*) zu Unrecht erhobene Gebühren; **frais –s** überflüssigerweise verursachte Kosten, unnötige (Prozess-) Kosten.

frustrer *v.tr.* (1) (*ZR: priver qqn. d'un bien, d'un avantage escompté, promis ou attendu*) jmdn. mittels Täuschung benachteiligen, um einen erwarteten Vorteil bringen; hintergehen; betrügen, (2) (*ErbR*) (*einen Erben*) um seinen Anteil bringen, (3) (*i.w.S*) enttäuschen, frustrieren.

fuel(-oil) *m* **domestique** leichtes Heizöl *n*; **– lourd** (= *mazout*) schweres, industrielles Heizöl.

fugitif *adj* flüchtig, auf der Flucht befindlich.

fugitif *m* (*StR: détenu évadé*) flüchtiger Häftling.

fugue *f* Ausreißen *n*, Verschwinden *n*; **mineur en –** minderjähriger Ausreißer.

fugueur *m* (jugendlicher) Ausreißer *m*.

fuir *v. intr.* fliehen, die Flucht ergreifen; **– devant ses responsabilités** keinerlei Verantwortung übernehmen wollen.

fuite *f* Flucht *f*; Entweichen *n* (aus einer Haftanstalt); **délit de –** (*StVR*) Verkehrsunfallflucht *f*, Fahrerflucht; **– des capitaux** Kapitalflucht; **– fiscale** Steuerflucht.

fulminatoire *adj*: **sentence –** (*KirchR*) päpstlicher Bannstrahl.

fumer *v.tr.*: **interdiction de –** Rauchverbot *n*.

funèbre *adj*: **convoi –** Trauerzug *m*; **service des pompes –s** Bestattungsinstitut *n*.
funérailles *fpl* Leichenbegräbnis *n*, Bestattung *f*, Beisetzung.
funéraire *adj*: **dalle –** (flacher) Grabstein *m*; **frais –s** Bestattungskosten; **pierre –** Grabstein *n*; **urne –** Urne *f*.
funeste *adj*: **accident –** tödlicher Unfall.
fureur *f* Wutanfall *m*, Raserei *f*.
furibond *adj* wütend, ungehalten, zornig, aufgebracht.
furieux *adj* rasend, tollwütig.
furtif *adj* heimlich, verstohlen, unbemerkt.
fusil *m* Gewehr *n*, Schusswaffe *f* (mit langem Lauf).
fusiller *v.tr.* erschießen.
fusion *f* (*GesR: absorption d'une société par une autre ou union pour créer une personne morale nouvelle*) Verschmelzung *f*, Fusion *f*; Zusammenschluss *m*; Eingliederung *f*, Zusammenlegung; **accord de –** Fusionsabkommen *n*; **– par absorption** *ou* **par annexion** Verschmelzung durch Aufnahme; **– de capitaux** Kapitalzusammenlegung; **– par combinaison** Verschmelzung durch Neubildung; **– de communes** (*VwR*) Zusammenschluss von (zwei) Gemeinden im Wege der Eingemeindung; **– par création de société nouvelle** Verschmelzung durch Neubildung; **– forcée** Zwangsfusionierung, zwangsweise Verschmelzung.
fusionnement *m* (*GesR*) Zusammenschluss *m*.
fusionner *v.tr.* verschmelzen, fusionieren, (sich) vereinigen, eingliedern.
fustiger *v.tr.* (1) (*StR*) auspeitschen, (2) (*fig: blâmer, stigmatiser*) brandmarken, geißeln, an den Pranger stellen.
futile *adj* unbedeutend, nichtssagend.
futurologie *f* Zukunftsforschung *f*.
fuyard *m* (*MilR*) Deserteur *m*, Fahnenflüchtige(r).

G

gabegie *f* (*ÖfR, WirtR: gaspillage*) Misswirtschaft *f*, Verschwendung (von Staatsgeldern).
gabelle *f* (*hist*) Salzsteuer *f*.
gabelou *m pej* Zöllner, Zollfahnder.
gâchette *f* (*StR: détente d'une arme à feu*) Abzug *m*; **appuyer sur la –** abdrücken.
gâchis *m* (*politischer*) Scherbenhaufen *m*.
gage *m* (1) (*ZR: nantissement d'une chose mobilière – art. 2073 suiv. Cciv*) Pfandvertrag *m*, Pfandbestellung *f* (an einer beweglichen Sache), (2) (*ZR: droit du créancier gagiste*) Verwertungsrecht, Pfandrecht *n*, Besitzpfandrecht an Mobilien, Faustpfand *n*, (3) (*chose engagée*) Pfand *n*, Pfandsache *f*, (4) (*i.w. S.*) Haftungsgrundlage, (5) (*Pol: assurance, promesse*) Beteuerung, Bekundung; Beweis *m* (dafür, dass etwas anderes besteht); **acte constitutif du –** Pfandbestellungsurkunde *od.* -vertrag; **bailleur de –** Verpfänder *m*; **chose remise en –** Pfandsache *f*, belasteter Gegenstand; **conservation du –** Pfandverwahrung; **constituer un –** ein Pfandrecht bestellen *od.* begründen; **constitution en –** Pfandbestellung, Verpfändung; **contrat de –** vertragliches *od.* rechtsgeschäftliches Pfandrecht.
gage: **détenteur du –** Pfandbesitzer *m*, Pfandgläubiger; **donner en –** verpfänden, als *od.* zum Pfand geben; **donneur de –** Pfandbesteller *m*, Verpfänder *m*; **droit de –** Pfandrecht; **extinction du –** Erlöschen des Pfandrechts.
gage: **mettre qqch. en –** (*eine Sache*) verpfänden; **mise en –** Verpfändung; **objet en –** (*SchuldR: on dit aussi: chose engagée ou le gage*) Pfandsache *f*, Pfand *n*; **opposabilité du –** Drittwirksamkeit des Pfandrechts; **prendre en –** in

od. zum Pfand nehmen; **prêter sur –** ein Darlehen gegen Pfandbestellung gewähren, beleihen; **prêteur sur –** Pfandleiher *m*, Pfandleihanstalt *f.*

gage: **réalisation du –** Pfandverkauf *m*, Verwertung des Pfandes; **remise de la possession du –** Übertragung des unmittelbaren Besitzes (an der Pfandsache); **retirer un –** ein Pfand einlösen; **vente du – à l'amiable** freihändiger Verkauf der Pfandsache; **vente forcée du –** (*ZwangsVR*) Privatverkauf im Wege der öffentlichen Versteigerung.

gage collectif Sammelpfand; **– commercial** handelsrechtliches Pfandrecht; **– commun des créanciers** Haftungsmasse *f*; **– des créances** Pfandrecht an Forderungen; **– sans déplacement** *ou* **sans dépossession** (1) (*ZR*) besitzloses Pfandrecht, Pfandrecht ohne Besitzübertragung, (2) (*HR*) Lagerpfandschein *m*; Verpfändung eines Unternehmens; **– des droits incorporels** Pfandrecht an Rechten; **– par entiercement** Begründung des Pfandrechts durch Übertragung des mittelbaren Besitzes *od.* Übergabe an einen Dritten; **– immobilier** Grundpfandrecht; **– par inscription** (au registre du tribunal de commerce) besitzloses Registerpfandrecht; **– manuel** Faustpfand; **– professionnel** kaufmännisches Pfandrecht; **– de valeurs mobilières** Pfandrecht an wertpapierrechtlich verbrieften Forderungen; **– du vendeur à crédit d'automobile** besitzloses Pfandrecht der Kfz-Verkäufer.

gagé *adj* verpfändet; **effet –** beliehenes Wertpapier; Lombarddarlehen; **prêt –** Pfanddarlehen *n.*

gageable *adj* pfändbar, beleihbar; lombardfähig.

gager *v.tr.* (un emprunt) (ein Darlehen) durch die Einräumung eines Pfandrechts sichern.

gages *mpl* (*ArbR*) Lohn (von Hausangestellten); **tueur à –** (*StR*) gedungener Mörder.

gageure *f* Wette *f*; **soutenir la –** die Herausforderung annehmen.

gagiste *adj/m*: **créancier –** Pfandgläubiger *m.*

gagnable *adj* machbar, durchführbar.

gagnant *adj* gewinnend, Gewinn-; *m* Gewinner, Sieger; **partie –e** (*ZPR*) obsiegende Partei.

gagne-pain *mot invar.* Lebensunterhalt *m*, Broterwerb *m.*

gagner *v.tr.* (1) verdienen, erwerben, (2) gewinnen, (3) einen finanziellen Ertag erzielen, Gewinn ziehen (aus); **manque à –** entgangener Gewinn; Verdienstausfall *m*; **– gros** hohe Gewinne erzielen; **– le gros lot** das große Los ziehen; **– du terrain** an Boden gewinnen; **– de quoi vivre** (geradeso) seinen Lebensunterhalt verdienen.

gain *m* (1) (*ArbR: revenus du travail, rémunération, salaire*) Arbeitseinkommen *n*, Lohn *m*, Verdienst *m*, (2) *m* (*HR: bénéfice, profit tiré d'une industrie*) Gewinn *m*, (3) (*ZR: avantage, faveur*) Vorrecht *n*, Vorteil *m*; **avoir – de cause** (1) (*PrzR: on dit aussi obtenir gain de cause*) den Prozess gewinnen, im Prozess obsiegen, (2) (*i.w.S*) Recht bekommen, sich durchsetzen; **réaliser un –** einen Gewinn erzielen.

gain de change Kursgewinn *m*; **– sur les changes** Gewinn bei Devisengeschäften; **– fortuit** unerwarteter *od.* zufälliger Gewinn; **– de fortune** Vermögenszuwachs *m*; **– net** Reingewinn; **– pécuniaire** finanzieller Gewinn; **– de productivité** Produktivitätszuwachs *m*; **– spéculatif** Spekulationsgewinn; **– de survie** Vorteil zugunsten des überlebenden Ehegatten; **– de temps** Zeitgewinn *od.* -ersparnis; **– de valeur** Wertzuwachs *m*; **–s accessoires** Nebeneinkünfte *pl.*

gale *f* (*MedizinR*) Skabies, Krätze *f.*

galéjade *f* übler Scherz; fauler Witz, maßlose Übertreibung; unwahre Geschichte.

galérer *v.intr. fig umg* sich abmühen.

gallup *m* (*MedienR: sondage d'opinion*) Meinungsumfrage *f.*

galvaniser *v.tr.* anfeuern, anspornen, anstacheln.

gamète *m* (*MedizinR*) Keimzelle *f.*

gamme *f* (*HR*) Warenangebot *n*, Sortiment *n*; Produktpalette *f*; Fabrikationsprogramm *n*; **produit bas de –** Standardprodukt, Massenware *f*; **produit haut de –** Spitzenprodukt *n*, Qualitätserzeugnis *n*.

gang *m* (*StR: association de malfaiteurs*) kriminelle Vereinigung *od.* Organisation, Verbrecherbande *f*; **– à ramifications internationales** international agierende kriminelle Organisation.

gangster *m* Mitglied *n* einer kriminellen Vereinigung.

gangstérisme *m* (*StR: banditisme*) organisierte Kriminalität.

gap *m* (*anglicisme: écart, décalage*) Lücke *f*; **– technologique** technologischer Rückstand.

garagiste *m* Kfz-Reparaturwerkstatt *f*; **mécanicien –** Automechaniker *m*.

garant *m* Garant *m*, Bürge *m*, Gewährsmann *m*; **être – des pertes** für die Verluste haften; **se porter – (de)** haften, bürgen, sich verbürgen (für); **– financier** (*BankR*) Bank, die eine finanzielle Sicherheit leistet.

garanti *n.f. et adj* Schuldner *m*, für den die Bürgschaft übernommen wird.

garantie *f* (1) (*VerfR: droits fondamentaux*) (Grundrechts-) Schutz *m*, Freiheitsgarantie *f*, (2) (*VersR*) Rechtsschutz *m*, Gewährleistung, (3) (*ZR: sûreté*) Sicherheit *f*, Garantie (übernahme), (4) (*SchuldR: obligation de garantie*) (Mängel-) Gewähr *f*, Mängelhaftung *f*, (5) (*VR*) Übernahme der Garantenstellung (durch einen Staat); **accord de –** Garantieabkommen *n*; **action en –** (1) (*ZPR*) Gewährleistungsklage *f*, (2) (*GesR*) hinterlegte Aktie; **appeler qqn. en –** (1) (*ZPR*) den Bürgen in Anspruch nehmen, (2) (*SchuldR*) auf den Bürgen zurückgreifen, den Bürgen in Anspruch nehmen; **assignation en –** (*ZPR*) (Einreichung einer) Gewährleistungsklage; **certificat de –** Garantieschein *od.* -zeugnis; **clause de –** Garantiezusage *f*, Gewährleistungsklausel; **commission de –** (*BankR*) Bürgschaftsprovision; **contrat de –** (1) (*SchuldR, BankR*) Garantie- *od.* Gewährleistungsvertrag, (2) (*SchuldR: cautionnement*) Bürgschaftsvertrag.

garantie: **décliner la –** die Übernahme der Haftung ablehnen *od.* verweigern; **délai de –** Gewährleistungsfrist, Gewährfrist, Garantiefrist; **demande en –** Gewährleistungsklage; **droit à la –** Gewährleistungsanspruch.

garantie: **étendue de la –** (*SchuldR*) Haftungsumfang *m*; **être tenu en –** haften, gewährleistungspflichtig sein; **évocation en –** Verweisung auf den Bürgen; **exclusion de la –** Gewährleistungsausschluss *m*; **lacune dans la –** Deckungslücke *f*; **limitation de la –** Haftungsbeschränkung; **marque de –** Gewähr- *od.* Garantiezeichen *n*, Gewährzeichen; **montant maximum de la –** Höchsthaftungsbetrag *m*, Deckungssumme *f*.

garantie: **obligation de –** Gewährleistungspflicht; **opération de –** Bürgschaftsgeschäft *n*; **période de –** Haftungsdauer *f*, Gewährleistungszeit *f*; **poinçon de –** (eingestanzter) Garantiestempel *m*, Punze *f* (Aut-S); **prise d'effet de la –** Haftungsbeginn *m*; **promesse de –** Garantiezusage *od.* -versprechen *n*; **recours en –** Gewährleistungsklage; **réserve de –** Deckungsrücklage; **sans –** (1) (*HR*) ohne Obligo (= o.O.), (2) ohne Gewähr; **transfert en –** Sicherungsübereignung.

garantie d'assurance Versicherungsdeckung *f*; **– de l'assureur** Leistungspflicht der Versicherungsgesellschaft; **– de l'authenticité** Echtheitsgarantie; **– bancaire** Bankbürgschaft *f*; **– de bonne fin (du contrat)** Gewährleistung der Vertragserfüllung.

garantie de change Wechselkursgarantie, Kurssicherung; **– complémentaire** zusätzliche Sicherheit; **– complète (du risque)** Volldeckung; **– du constructeur** Herstellerhaftung *od.* -gewährleistung; **– conventionnelle** vertragliche Haftung; vertragliche Gewährleistungspflicht; **– défense recours** Rechtsschutz *m*, Rechtsschutzversicherung *f*.

garantie des dommages Schadensdeckung *f*; **– de droit** (*SchuldR*) Rechtsmängelgewähr *f*; **– des droits** (*VerfR*) Wahrung der Menschenrechte, Grundrechtssicherung; **– d'écoulement** (*HR*) Absatzgarantie *f*; **– de l'emploi** (*ArbR, SozR*) Arbeitsplatzsicherheit *f*, Sicherung des Arbeitsplatzes (im Krankheitsfall, bei Unfällen und kurzfristigen Abwesenheiten); **– d'emprunt** (*WirtR, Außh*) Ausfallbürgschaft des Staates; **– d'éviction** (*SchuldR*) Rechtsmängelgewähr, Rechtsmängel- *od.* Eviktionshaftung.

garantie du fait personnel (*SchuldR*) Haftung für eigenes Verschulden; **– des fonctionnaires** (1) (*ÖfR*) gesetzlich verankerte Rechtsstellung der Beamtenschaft, (2) (*BeamR*) Staatshaftung bei Amtspflichtverletzung eines Beamten; **– forfaitaire** Pauschaldeckung; **sans – du gouvernement (= S.G.D.G.)** (*PatR*) ohne staatliche Garantie; **– hypothécaire** hypothekarische Sicherheit; **– illimitée** unbegrenzte Haftung; **– immobilière** Grundstückssicherheit; **– d'intérêts** Zinsgarantie; **– juridique** Rechtsschutz *m*; **– légale** gesetzliche Gewährleistungspflicht; **– sans limitation de durée**; **– mobilière** Mobiliarsicherheit; **– de passif** (*GesR*) Haftung des ausscheidenden Gesellschafters für die Gesellschaftsschulden; **– de prestation** Leistungssicherstellung; **– de prix** Preisgarantie; **– réelle** dingliche Sicherheit.

garantie de ressources (*ArbR, SozR*) garantiertes Mindesteinkommen, (*für Frührentner u. ältere Arbeitslose*) Einkommenssicherung; **– d'un risque** Risikoübernahme *f*; **– des risques** Risikodeckung; **– contre les risques à l'exportation** Export-Risikogarantie; **– de salaire** Sicherung des Arbeitseinkommens; garantierter Mindestlohn; **– de solvabilité** Gewährleistung der Zahlungsfähigkeit; **– subsidiaire** Subsidiärhaftung, hilfsweise Leistungspflicht; **– supplémentaire** Zusatzdeckung; **– de la valeur à neuf** Neuwertdeckung; **– des vices cachés** *ou* **des vices rédhibitoires** Sachmängelhaftung *od.* -gewähr.

garantique *f* (*MedienR: internet*) (*Gewährleistung der*) Datenübertragungssicherheit *f*.

garantir *v.tr.* (1) (*SchuldR: répondre des vices*) gewährleisten, garantieren, haften, (2) (*cautionner*) bürgen, (3) (*VersR: assurer*) versichern, decken, (4) (*certifier, promettre*) zusichern, versprechen; **– l'emploi** sich für die Sicherheit des Arbeitsplatzes verbürgen; **– les faits** den Wahrheitsgehalt eines Sachverhalts bestätigen; **– les libertés** die Grundrechte schützen.

garce *f* Hure, Nutte *f*.

garçon *m* (1) Dienstbote *m*, (2) Junggeselle; **– de courses** Bote; **– de recettes** Kassenbote *m*.

garde *f* (1) (*FamR: droit et devoir de garder un enfant mineur sous sa protection, art. 371–2 Cciv*) Personensorge (für Minderjährige), (2) (*SchuldR: pouvoir d'usage, de direction et de contrôle sur une chose, art. 1384 al. 1er Cciv*) Verfügungsgewalt *f* (über eine Sache) und Gebrauch *m* (einer Sache) *m*, (3) (*i.w.S.: mission de surveillance*) Aufsicht *f*, Bewachung, Beaufsichtigung; Überwachungspflicht *f*; Gefahrenabwehr *f*, (4) (*ÖfR: organe ayant pour mission de maintenir l'ordre intérieur*) Schutzpolizei *f*, Präventivpolizei, Verwaltungspolizei; **droit de –** (*FamR*) Sorgerecht *n*; **être de –** Bereitschaftsdienst haben; **frais de –** (*SchuldR*) Aufbewahrungskosten *pl.*, Aufwendungen für die Verwahrung; **mettre en –** (1) (*ÖfR, ArbR*) verwarnen, warnen, abmahnen, (2) (*SachR*) (*Gegenstand*) zur Verwahrung übergeben; **personne en –** (vorläufig) Festgenommene(r); **prendre –** sich vorsehen, aufpassen, vorsichtig sein.

garde de bagages Gepäckverwahrung *f*; **– d'une chose** (*SchuldR: pouvoir d'usage et obligation de maîtrise*) Sachherrschaft *f*, eigenverantwortlicher Betrieb einer Sache, Gebrauch einer Sache (über die man die Verfügungsgewalt besitzt); **– des documents** Urkundenverwahrung *f*; **– des enfants** Personensorge *f* (für Minderjährige); **– judiciaire** gerichtliche Verwahrung; Hinterlegung bei einem Gericht, Sequestration; **– de nuit** Nachtwache *f*; **– de titres** Wertpapierdepot *n*; Effektenverwahrung *f*.

garde *m* Wächter *m*; Hüter *m*; Aufseher *m*; **service de –** Wach- und Bereitschaftsdienst *m*; **– barrière** Bahnwärter; **– champêtre** Flur- *od.* Feldhüter; **– chasse** *m* Jagdaufseher *m*; **– du corps** Leibwächter *f*; **– -côtes** Küstenwache *f*; **– forestier** Förster *m*, Forsthüter.

garde *m* **des sceaux** (*VerfR: ministre de la justice auquel sont aussi confiés les sceaux de l'État*) frz. Justizminister *m*.

gardé *adj* bewacht; überwacht; in sicherem Gewahrsam; **chasse –e** (*LandwR*) (privates) Jagdrevier *n*; **toute(s) proportion(s) –e(s)** unter Berücksichtigung sämtlicher Umstände.

garde à vue *f* (*StR: mesure de police permettant de retenir une personne suspecte pour une durée limitée*) vorläufige Festnahme, Polizeigewahrsam *m*, polizeilicher Gewahrsam.

garder *v.tr.* (1) (*Personen*) bewachen, beaufsichtigen, (2) (*Sachen*) pflegen, warten, (3) (*anvertraute Gegenstände*) aufbewahren, verwahren, erhalten; **se – de** *v. pron.* sich schützen vor, aufpassen auf, (*eine Gefahrensituation*) vermeiden; **– l'avantage** gegenüber jmdm. im Vorteil sein (und bleiben); **– confiance** sein Vertrauen bewahren; **– en dépôt** (eine bewegliche Sache für einen Dritten) aufbewahren, in Verwahrung nehmen *od.* haben; **– un écrit** *ou* **un document** eine Urkunde aufbewahren; **– l'espoir** den Mut nicht verlieren; **– pied sur terre** den Realitätssinn nicht verlieren.

gardien *m* (1) (*ÖfR: agent de police administrative, de police pénitentiaire*) Polizeibeamte(r); Beamte(r) einer Strafvollzugsbehörde, Aufseher, (2) (*ZR: personne ayant la garde d'une chose*) Gewahrsamsinhaber *m*, Inhaber *m*, Halter, (3) (*SchuldR: personne ayant une obligation de garde ou de surveillance*) Verwahrer; Entleiher; Verwalter; Aufsichtsorgan *n*, (4) (*FamR: personne investie de la garde d'un enfant mineur*) sorgeberechtigte Eltern: Mutter, Vater; Aufsichtspflichtige(r); **responsabilité du – d'un animal** Tierhalterhaftung *f*.

gardien d'un animal (*SchuldR*) Tierhalter *m*; **– du gage** Pfandhalter *m*; **– d'un immeuble** Hausmeister; **– industriel** Werkschutzmitglied *n*; **– judiciaire** Pfleger *m*; **– de nuit** Nachtwächter; **– d'objets** Verwahrer, Lagerhalter; **– de l'ordre établi** Hüter der bestehenden Ordnung; **– de la paix (en tenue)** Polizeibeamte (r) *m*, Schutzmann in Uniform; **– de prison** Strafvollzugsbedienstete(r).

gardiennage *m* Objekt- und Personenschutz *m*; Bewachung(sdienst), Sicherheitsdienst *m*; Wach- und Schließgesellschaft *f*, Bewachungsgewerbe *n*.

gare *f* Bahnhof *m*; Ausweichstelle *f*; **chef de –** Bahnhof- *od.* Stationsvorsteher; **en –** bahnlagernd; **– d'arrivée** Bestimmungsbahnhof *m*; **– de départ** Abgangsbahnhof; **– destinataire** *ou* **de destination** Ziel- *od.* Bestimmungsbahnhof; **– expéditrice** Versandbahnhof; **– fluviale** Flussausweichstelle *f*; **– frontière** Grenzstation *f*; **– de marchandises** Güterbahnhof *m*; **– routière** Busbahnhof *m*; **– de transbordement** Umladebahnhof; **– de triage** Verschiebe- *od.* Rangierbahnhof.

gare *interj.* (*pour avertir: attention!*) vorsicht!, aufgepasst!

garer *v.tr.* (1) (*StVR*) (ein Fahrzeug) parken; ab- *od.* unterstellen, in die Garage fahren, (2) (*eine Sache*) an einen sicheren Ort verbringen.

garni *m* möbliertes Zimmer, möblierte Wohnung.

garnir *v.tr.* ausstatten, versehen (mit).

garrot *m* (*StR: instrument de supplice, sorte de collier de fer serré par une vis, pour étrangler*) Halseisen *n*; Todesstrafe des Erwürgens.

garrotter *v.tr.* (*StR*) (*einen Festgenommenen*) fesseln; **– l'opposition** die Opposition mundtot machen.

gas-oil *m* Dieselkraftstoff *m*.

gaspillage *m* Vergeudung *f*, Verschwendung; Raubbau *m*; **– des**

ressources naturelles Raubbau *m*, Raubbauwirtschaft *f*, Naturgüterver-geudung *f*.
gâter *v.tr.* verderben; zerstören.
gâtisme *m* (*MedizinR*) Altersschwachsinn *m*.
gauche *f* (*Pol*) Linke *f*, Linkspartei *f*, Linkskräfte *f*; **être à –** links eingestellt sein *od.* wählen.
gauchisme *m* Linksextremismus *m*.
gay *adj* homosexuell, schwul; **bar –** *umg* Schwulentreff *m*.
gaz *m* **d'échappement** Autoabgase *npl*; **– naturel** Erdgas; **– de ville** Stadtgas *n*.
gazette *f* **du palais** (= Gaz. Pal.) frz. (täglich erscheinendes) Gerichtsmitteilungsblatt (mit Entscheidungssammlung).
gazoduc *m* Erdgasleitung *f*.
geler *v.tr.* frieren; einfrieren; **– les avoirs** *ou* **les crédits** Guthaben sperren *od.* einfrieren; **– un compte** ein Konto sperren.
gémellaire *adj*: **grossesse –** Zwillingsschwangerschaft *f*.
gendarme *m* frz. Polizei(vollzugs)beamte(r), Dienstkraft der Polizei, Angehörige(r) der frz. Gendarmerie.
gendarmerie *f* (*ÖfR: élément de la force publique relevant jusqu'un 2006 du Ministre des Armées*) frz. Gendarmerie *f* (als Präventiv- und Repressivpolizei), frz. Polizeivollzugsdienst (bis vor kurzem dem Verteidigungsminister unterstehend, amtierend in kleineren Gemeinden bzw. in ländlichen Bezirken); frz. Militärpolizei; **– mobile** (*außerhalb geschlossener Ortschaften*) frz. (Straßen-) Verkehrspolizei; Departement-Vollzugspolizei; **– nationale** (*in ländlichen Gebieten*) frz. zentrale Verwaltungs- *od.* Vollzugspolizei; Grenzpolizei.
gendre *m* Schwiegersohn *m*; *hist.* Eidam.
gène *m* (*MedizinR*) Gen *n*, Erbfaktor *m*.
gêne *f* Bedrängnis *f*; Not- *od.* Zwangslage *f*; Geldverlegenheit; Behinderung, Hindernis *n*; **– de trésorerie** Bargeldknappheit *f*.
gêner *v.tr.* behindern, belästigen; erschweren; stören.
général *adj* allgemein; Haupt-; **conditions –es** allgemeine Geschäftsbedingungen; **disposition –e** allgemein verbindliche Norm; Generalklausel *f*; **en –** im allgemeinen, gemeinhin; **intérêt –** öffentliches Interesse; **prescription** *ou* **règle –e** allgemeinverbindliche (gesetzliche) Bestimmung.
généralement *adv* im allgemeinen, gewöhnlich; **– utilisé** allgemein gebräuchlich.
généralisation *f* Verallgemeinerung *f*, allgemeine Verbreitung *od.* Anwendung; **– d'une convention collective** (*ArbR*) Allgemeinverbindlicherklärung eines Tarifvertrages; **– hâtive et imprudente** voreilige und unüberlegte Verallgemeinerung.
généraliser *v.tr.* verallgemeinern, für allgemeingültig erklären; allgemein einführen; **– un principe** einem Grundsatz allgemeine Geltung verschaffen.
généraliste *m* (*MedizinR: omnipraticien*) praktischer Arzt.
générateur *adj* verursachend; erzeugend, entwickelnd; **– de nuisances** umweltschädlich, umweltbelastend.
génération *f* (1) (*FamR: ensemble des êtres qui descendent d'une personne à chacun des degrés de filiation, ou se trouvent au même degré d'ascendance*) Generation *f*; Altersgruppe *f*, (2) (*MedizinR: procréation, reproduction*) Fortpflanzung *f*; Zeugung; **conflit de –s** Generationskonflikt *m*; **relève des –s** Generationswechsel *m*; **– montante** Nachwuchskräfte *fpl*.
générer *v.tr.* erzeugen, hervorbringen.
généreux *adj* großzügig, freigebig; edelmütig.
générique *m* (1) (*MedienR: Film, Fernsehen*) Vorspann *m*; – (*PatR*) Oberbegriff *m* eines Patentanspruchs, (3) (*MedizinR*) (preiswerteres) Nachahmungsprodukt *od.* Präparat *n*, Arzneimittel *n* im Gemeingebrauch (nach Ablauf der Schutzdauer); *adj*: **appellation –** Allgemeinbegriff *m*; Allgemeinbezeichnung *f*; **médicament –** (*MedizinR: on dit aussi: un générique*) Generikum *n*; **produit –** (*HR*) markenlose Ware, sog. „weißes" Produkt.

genèse *f* (1) Werdegang *m*, (2) Entstehung, Entstehungsgeschichte *f*.

généticien *m* (*MedizinR*) Genforscher *m*.

génétique *f* Gentechnologie *od.* -forschung *f*, Vererbungslehre; **analyse –** Genanalyse *f*; **empreinte –** genetischer Fingerabdruck; **maladie –** Erbkrankheit *f*.

génétiquement *adj*: **organisme – manipulé** *ou* **modifié (= OGM)** genmanipulierter Organismus (= GMO).

génie *m* (1) (*UrhR*) geistige Schöpferkraft; Geistesvermögen *n*, (2) (*MilR*) Festungsbaukunst, Kriegsbaukunst *f*; Pionierwesen *n*; **– chimique** chemische Verfahrenstechnik; **– civil** Bauwesen *n*, Bauingenieurwissenschaften; **– génétique** Gentechnik *f*, Gentechnologie *f*; Genmanipulation *f*; **– maritime** Schiffbautechnik *f*.

génique *adj* genetisch; Gen-; **carte –** Gen- *od.* Chromosomenkarte *f*.

génocide *m* Völkermord *m*; **auteur d'un –** (*StR*) Völkermörder *m*, Kriegsverbrecher *m*.

génome *m* Genom *n*, Gesamtheit der Erbinformation einer Keimzelle.

génothérapie *f* (*MedizinR*) Gentherapie *f*.

génotype *m* Genotyp *m*, Erbgut *n* beider Eltern (in einem Organismus).

genre *m* Art *f*, Gattung *f*, Sorte *f*; **chose de –** Gattungssache *f*; Gattungsschuld *f*; **– humain** Menschheit; **– de vie** Lebensweise *f*.

gens *pl* Leute *pl*, Menschen *mpl*; **droit des –** Völkerrecht; **– sans aveu** *Allgspr.* Übeltäter *mpl*, Verbrecher *mpl*; **– d'Église** Geistlichen *mpl*; Seelsorger *mpl*; **– de justice** (*GVR: ensemble des personnes ayant pour fonction de participer à la justice*) Personen der Rechtspflege, Rechtspflegeorgane *npl*; **– de loi** (*PrzR: hommes de loi, juristes et magistrats*) Juristen *mpl*, Richter und Staatsanwälte; **– de maison** Hauspersonal *n*; **– de mer** Seeleute *pl*; **– de service** Dienstpersonal *n*; Dienstboten *mpl*.

gentlemen *m*: **–'s agreement** (1) (*VR: accord souple et simplifié*) Gentlemen's Agreement, diplomatische Übereinkunft, (2) (*WirtR: entente non juridiquement obligatoire*) Abkommen *n* auf Treu und Glauben.

géographie *f* **économique** Wirtschaftsgeographie *f*.

geôle *f* (*StR: prison, cachot*) Gefängnis *n*, Kerker *m*.

geôlier *m* Gefängniswärter *m*.

gérable *adj* durchführbar, machbar; zu bewältigen.

> Die *gérance* ist Sache des *gérant*, also der Person, die für Dritte, zumeist in deren Auftrag, die Geschäfte führt. Die *gestion* hingegen beinhaltet vorwiegend die Wahrnehmung eigener Geschäfte im Sinne einer *administration*, oder sie betrifft das Gemeinwohl. Die Berechtigung des *gestionnaire* od. *administrateur* ergibt sich im Regelfall aus dem Gesetz oder einer amtlichen Anordnung.

gérance *f* (*GesR: mission de gérer, fonction de gérant pour le compte d'autrui*) Geschäftsführung (im Auftrag Dritter), Geschäftsleitung (im Namen des Geschäftsinhabers); **location- –** (*HR: on dit aussi gérance libre – c'est le fait de gérer un fonds de commerce à ses risques et périls*) Unternehmenspacht *f*, Verpachtung eines frz. Handelsgeschäfts, Geschäftsführung auf eigene Rechnung; **– salariée** (*HR*) Übertragung der Geschäftsführung (eines frz. Handelsgeschäfts) auf einen Angestellten; Geschäftsführung im Angestelltenverhältnis.

gérant *m* (1) (*ZR, HR*) Geschäftsführer *m*, Geschäftsleiter *m*; Pächter *m*, (2) (*GesR, HR: administrateur placé à la tête d'une entreprise*) Geschäftsführer (eines Handelsunternehmens), (3) (*ZR: administrateur d'une maison*) Hausverwalter *m*; **associé –** (*GesR: SARL*) Geschäftsführer.

gérant d'affaires (sans titre) (*ZR: gestion de l'affaire d'autrui – art. 1372 Cciv*) Geschäftsführer *m* (ohne Auftrag); **– d'affaires unique** (*GesR,*

HR) Einzel- *od.* Alleingeschäftsführer; **– de fait** (*GesR*) faktischer Geschäftsführer; **– d'un fonds de commerce** Geschäftsführer eines frz. Handelsunternehmens; **– d'hôtel** Hotelier *m*; **– d'immeubles** Grundstücks- *od.* Immobilienverwalter *m*, Hausverwalter *m*.

gérant d'un journal (*MedienR: directeur responsable d'un organe de presse*) verantwortlicher Herausgeber (einer Druckschrift); **– libre** Geschäftsführer (eines frz. Handelsunternehmens) auf eigene Rechnung, Unternehmenspächter; **– de portefeuille** (*BankR*) (Bank als) Wertpapierverwalter; **– salarié** Geschäftsführer (eines frz. Handelsunternehmens) im Angestelltenverhältnis.

gérant de société (*ZR, GesR: mandataire chargé de l'administration des affaires sociales*) Geschäftsführer einer frz. GmbH (einer frz. KG, einer frz. OHG); Geschäftsführer einer Gesellschaft des bürgerlichen Rechts; **– de succursale** (*HR: on dit aussi gérant succursaliste*) Zweigstellenleiter *m*, Filialleiter.

géré *m* (*ZR: maître de l'affaire*) (*im Rahmen einer Geschäftsführung ohne Auftrag*) Geschäftsherr *m*.

gérer *v.tr.* als Geschäftsführer handeln, die Geschäftsführung ausüben; Geschäfte besorgen; verwalten; **– une affaire** *ou* **un commerce** ein (Handels-) Geschäft führen; **– les biens d'un mineur** (*FamR*) das Vermögen des Kindes verwalten, die Vermögenssorge ausüben; **– une tutelle** die Vormundschaft innehaben *od.* ausüben.

germains *m/pl* (*FamR: enfants nés des mêmes père et mère: de nos jours, cet emploi se limite au langage juridique qui distingue les frères germains – dans le langage courant, simplement « frères » –des frères utérins ou consanguins -dans le langage courant « demi-frères ».*) leibliche Geschwister, Brüder und Schwestern; **cousins issus de –** Vetter 5. oder 6. Grades.

germe *m* (*MedizinR*) Embryo *m/n*, Keim *m*; **– de la crise** Ursprung *m* der Krise; **– de division** Anlass *m* für Zwietracht; **– de droit** Anwartschaft *f*, Aussicht auf einen künftigen Rechtserwerb.

gérontocratie *f* (*Pol*) Altenherrschaft *f*, Gerontokratie.

gestation *f* (1) (*MedizinR: grossesse*) Schwangerschaft *f*, (2) *fig* Entstehung (sgeschichte) *f*.

geste *m* Gebärde *f*, Geste *f*, Ausdrucksbewegung *f*; **– de bonne volonté** Zeichen *n* unverbindlicher Höflichkeit, Ausdruck des guten Willens; **– criminel** strafbare Handlung, verbrecherisches Verhalten; **– sadique** sadistisches *od.* grausames Gebaren.

gestion *f* (1) (*ZR: action de gérer un bien ou un ensemble de biens*) (Vermögens-) Verwaltung *f*, (2) (*ZR, GesR: administration au sens large*) Geschäftsführung *od.* -leitung, (3) (*ÖfR: gestion publique*) Verwaltung öffenlicher Sachen, öffentliche Verwaltung, (4) (*WirtR*) Leitung *f*, Lenkung *f*, Wirtschaftsführung, (5) (*HR*) kaufmännische Buchführung; **comptes de –** Betriebskonten; **contrat de – d'affaires** (*HR*) Geschäftsbesorgungsvertrag *m*; **contrôle de la –** Betriebsprüfung; **mauvaise –** schlechte Betriebsführung; **pouvoir de –** Geschäftsführungsbefugnis *f*; **rapport de –** Geschäftsbericht *m*; **– administrative des crédits** (*HaushR*) Bewirtschaftung von Haushaltsmitteln.

gestion d'affaires (1) (*HR, GesR: administration d'une société*) Geschäftsführung *f*, (2) **– d'affaires (sans titre)** (*SchuldR: immixtion dans les affaires d'autrui – art. 1375 Cciv*) Geschäftsführung ohne Auftrag, auftragslose Geschäftsführung, vertretungsloses Handeln (für einen anderen).

gestion autonome (1) (*ÖfR*) Selbstverwaltung *f*, (2) (*WirtR*) Leitung *od.* Geschäftsführung in eigener Verantwortung; **– des biens** (*ZR*) Vermögensverwaltung; **– budgétaire** Haushaltsgebaren *od.* -führung; **– de caisse** Kassenführung; **– collective** Gesamtgeschäftsführung; **– d'une collectivité** (*VwR*) Gebietskörperschaftsverwaltung; **– commerciale**

kaufmännische Geschäftsführung; **– comptable** *ou* **des comptes** Rechnungsführung *f*; **– conjointe** (*FamR*) gemeinsame Geschäftsfürung (der Ehegatten); **– des crédits budgétaires** Haushaltsführung, Bewirtschaftung von Haushaltsmitteln.

gestion des déchets industriels (*UmweltR*) Entsorgungswirtschaft *f*; Industriemüllentsorgung *f*; **– d'entreprise** Betriebsleitung *f*, Unternehmensführung *f*; **– des entreprises** (*BW: organisation des entreprises*) Betriebswirtschaftslehre *f*.

gestion de fait (*HaushR*) (zur persönlichen Haftung verpflichtende) Kassen- *od.* Haushaltsführung ohne Auftrag; **– des finances publiques** Haushaltswirtschaft; **– financière** Finanzverwaltung *f*, Finanzgebaren *n*; **– infidèle** *ou* **malhonnête** unredliche Geschäftsführung.

gestion occulte geheime Geschäftsführung, Auftreten im Geschäftsverkehr als Strohmann; **– d'un patrimoine** (*ZR*) Vermögensverwaltung *f*; **– du personnel** (*ArbR*) Personalverwaltung *f*; **– de portefeuille** (*BankR*) Wertpapierverwaltung *f*, Wertpapierdepot(geschäft) *n*; **– régulière** ordnungsmäßige Geschäftsführung; **– des ressources humaines** (*ArbR*) Personalverwaltung *f*; **– rigoureuse** auf Einsparungen abzielende Geschäftsführung; **– d'un service** (*ÖfR*) Leitung einer Dienststelle; **– d'une société** Betriebsführung, Leitung einer Handelsgesellschaft; **– des stocks** Lagerhaltung; **– de titres** Effekten- *od.* Wertpapierverwaltung.

gestionnaire *m* (1) (*HR: administrateur*) Geschäftsführer *m*, (2) (*VwR, ArbR*) Verwalter *m*, Bearbeiter *m*.

gibet *m* Galgen *m*; **condamner** *ou* **envoyer au –** zum Tode durch den Strang verurteilen.

gibier *m* Wild *n*, wildlebende Tiere (die dem Jagdrecht unterliegen).

gifle *f* Ohrfeige *f*, *umg* Watsche *f*; **donner** *ou* **flanquer une – à qqn.** jmdn. ohrfeigen.

giratoire *adj*: **sens –** (*StVR*) Kreisverkehr *m*.

gisement *m* Fundort *m*, Lagerstätte *f*, Vorkommen *n*.

gîte *m* **rural** Unterkunft (und Ferienaufenthalt) auf dem Bauernhof.

glissière *f* **de sécurité** (*StVR*) Leitplanke *f*.

global *adj* Gesamt-; Pauschal-; **somme –e** (*HR*) Pauschalbetrag *m*, Pauschale *f*.

globalisation *f* (*Vwirt: on parle aussi de mondialisation*) Globalisierung *f*.

gloire *f* Ruhm *m*; Verdienst *n*.

glose *f* (*= note explicative*) Glosse *f*, Randbemerkung *f*, Anmerkung, Erläuterung.

glossateur *m* (*hist*) Glossator *m*, römischer Rechtsgelehrter.

gommer *v.tr.* ausradieren; verwischen; unkenntlich machen.

gonflage *m* (*StVR*) (*Reifen*) Luftdruck *m*.

goodwill *m* (*HR: clientèle commerciale, fonds de commerce*) Kundschaft *f* als hauptsächlicher Betriebswert, (innerer) Geschäftswert, Firmenwert, good will *m*.

goudronner *v.tr.* teeren.

gouffre *m* Abgrund *m*; **– financier** *fig* Fass *n* ohne Boden.

goulot *m* Flaschenhals *m*; **– d'étranglement** Engpass *m*.

goût *m* Geschmack *m*; Geschmackssinn *m*; Schönheitssinn; **à mon –** meiner Ansicht nach; **de mauvais –** geschmacklos.

gouvernable *adj* regierbar.

gouvernant *adj*: **classe –e** die Regierenden, Establishment *n*.

gouvernement *m* (1) (*ÖfR: organes du pouvoir exécutif*) Regierung, Exekutive *f*, Ministerrat *m*, (2) (*ÖfR: exercice du pouvoir politique*) Ausübung der Regierungsgewalt, (3) (*VerfR: régime d'un État*) Regierungssystem *n*, (4) (*hist, VwR*) Verwaltungsbezirk *m*; **acte de –** (*ÖfR*) justizfreier Hoheitsakt *m*; Regierungsakt *m*, Regierungsmaßnahme *od.* -handlung *f*, politische Entscheidung (im Gegensatz zum Verwaltungsakt); **art du –** Regierungskunst *f*; **chef de –** Regierungschef *m*; frz. Premierminister; **délégué du –** Regierungsvertreter *m*; **entrer dans le –**

in die Regierung eintreten; **exercer le –** die Regierungsgewalt ausüben, an der Regierung sein; **formation du –** Regierungsbildung *f*; **forme de –** Regierungsform *f*; **mandataire du –** Regierungsbeauftragte(r) *m*; **membre du –** Regierungsmitglied *n*; **organe de –** Regierungsorgan *n*; **participer au –** mitregieren; **reconnaissance d'un –** (*VR*) Regierungsanerkennung; **remaniement du –** Regierungsumbildung; **renverser le –** die Regierung stürzen *od.* zu Fall bringen; **siège du –** Regierungssitz *m*.

gouvernement accédant (*VR*) beitretender Staat; **– des âmes** (*KirchR*) Seelsorge *f*; **– autonome** Selbstregierung; **– central** Zentralregierung; **– de coalition** Koalitionsregierung; **– constitutionnel** verfassungsmäßige Regierung; **– contractant** (*VR*) vertragsschließender Staat; **– démissionnaire** (*VerfR*) zurückgetretene Regierung; **– dictatorial** Diktatur; **– en exil** Exilregierung; **– de fait** de facto-Regierung; **– fantoche** Marionettenregierung; **– fédéral** Bundesregierung; **– de front populaire** *hist.* Volksfrontregierung; **– de gauche** Linksregierung; **– insurgé** *ou* **insurrectionnel** Regierung der Aufständischen; **– légal** rechtmäßige Regierung; **– local** (*VerfR*) Landesregierung.

gouvernement majoritaire Mehrheitsregierung; **– militaire** Militärregierung; **– minoritaire** Minderheitsregierung; **– non membre** (*VR*) Nichtmitgliedsstaat; **– parlementaire** (*VerfR*) Parlamentarismus *m*, parlamentarisches Regierungssystem; **– participant** (*VR*) Teilnehmerstaat; **– de la personne du mineur** (*FamR*) Sorge für das minderjährige Kind; **– pontifical** (*KirchR*) Heiliger Stuhl; **– présidentiel** Präsidialverfassung; Präsidialdemokratie; **– provisoire** Übergangsregierung *f*, provisorische Regierung; **– requérant** (*VR*) ersuchende Regierung; **– requis** ersuchte Regierung.

gouvernement signataire (*VR*) Signatarstaat; **– de soi-même** Selbstbeherrschung *f*; **– totalitaire** totalitärer Staat; **– de transition** Übergangsregierung; **– travailliste** Labourregierung.

gouvernemental *adj* Regierungs-; **crise –e** Regierungskrise *f*; **journal –** regierungsfreundliches Presseorgan; **pro- –** regierungsfreundlich; **projet de loi –** Regierungsvorlage *f*.

gouvernementalisme *m* (*Pol*) Regierungsfreundlichkeit *f*.

gouverner *v.tr.* (1) regieren; beherrschen; die Herrschaft ausüben (über), (2) (*ein Schiff*) steuern; **loi gouvernant le divorce** Scheidungsgesetz; **– ses biens** sein Vermögen verwalten; **– un enfant** ein Kind erziehen; **– ses instincts** die eigene Triebhaftigkeit unter Kontrolle haben.

gouverneur *m* Gouverneur *m*; Statthalter *m*; **– de la Banque de France** Präsident der frz. Zentralbank; **– militaire** Militärgouverneur.

grabataire *adj* (*MedizinR*) bettlägerig.

grâce *f* (*StR: mesure de clémence présidentielle*) Gnadenakt *m* des frz. Staatspräsidenten, Begnadigung *f* durch das Staatsoberhaupt, Gnadenerweis *m*; **délai de –** (*ZPR: mesure judiciaire en faveur du débiteur*) (durch Gericht festgesetzte) Nachfrist *f*; **droit de –** Gnaden- *od.* Begnadigungsrecht *n*; **recours en –** Gnadengesuch *n*; **solliciter une –** jmdn. um einen Gefallen bitten; **– amnistiante** (*StR*) Begnadigung (mit der Wirkung einer Amnestie).

gracier *v.tr.* begnadigen, die Strafe erlassen; **pouvoir de –** Gnadenrecht, Begnadigungsrecht.

gracieusement *adv* unentgeltlich.

gracieux *adj* (1) (*SchuldR: gratuit*) unentgeltlich, (2) (*PrzR: non contentieux*) freiwillig, außerstreitig, (3) (*VwPR: préalable au contentieux*) im Wege des Widerspruchsverfahrens; **affaires gracieuses** (*PrzR*) Angelegenheiten *fpl* der freiwilligen Gerichtsbarkeit; **prêter un concours –** freiwillig helfen; **à titre –** unentgeltlich.

gradation *f* stufenweise Erhöhung,

Steigerung *f*; Abstufung; Rang *m*, Würde *f*.

grade *m* (*BeamR: degré d'une hiérarchie*) Dienstgrad *m*, Rangstufe *f*, Dienstrang *m*, Amtsbezeichnung; **avancement** *ou* **promotion de –** Beförderung; **insigne de –** Rangabzeichen *n*, Dienstgradabzeichen; **– d'assimilation** Angleichungsgrad *m*; **– de base d'une carrière** (*BeamR*) Eingangsstufe *f* einer Laufbahn; **– universitaire** Hochschulgrad, akademischer Grad.

gradé *m* (*MilR*) Mannschaftsdienstgrad *m*.

graduation *f* Abstufung, Skala *f*.

graffiti *mpl* (*StR*) Graffiti *n*, Malerei *od.* -Parole (mittels Sprühdose auf eine Wand gespritzt); Wandschmierereien *fpl*.

grand *adj* groß; mächtig; bedeutsam; beachtlich; **–e dépense** hohe Ausgabe.

grand-duché *m* Großherzogtum *n*.

grand: **–es écoles** frz. Elitehochschulen; **–e fortune** großes Vermögen.

grand-livre *m* (*Buchf*) Hauptbuch *n*; **– de la dette publique** (*HaushR*) Staatsschuldenbuch *n*.

grand: **–e surface** Einkaufszentrum *n*, Supermarkt *m*; **–es puissances** Großmächte.

grands-parents *mpl* Großeltern *pl*.

graphique *m* grafische Darstellung, Schaubild *n*; Diagramm *n*.

graphologique *adj*: **analyse** *ou* **expertise –** graphologisches Gutachten.

gratification *f* Gratifikation, Zuwendung; Sondervergütung, Zulage *f*; Geschenk *n*, Belohnung; **– pour ancienneté de service** Dienstjubiläumsgeschenk *n*; **– bénévole** freiwillige Zuwendung; **– de Noël** Weihnachtsgeld *od.* -gratifikation.

gratifié *m* (*SchuldR: bénéficiaire d'une libéralité*) bedachte Person, Empfänger einer Schenkung *od.* eines Vermächtnisses.

gratifier *v.tr.* beschenken, bedenken, zuwenden, eine unentgeltliche Zuwendung machen.

gratis *adv* (*gratuitement*) *umg* gratis, umsonst, unentgeltlich.

gratuit *adj* unentgeltlich, kostenlos; **accusation –e** unbegründete Beschuldigung; **acte –** irrationale Handlung; **acte à titre –** unentgeltliche Zuwendung; **assistance médicale –e** kostenlose medizinische Versorgung; **avantage –** unentgeltliche Zuwendung; **crime –** unmotiviertes Verbrechen; *f*. **entrée –e** freier Eintritt; **imputation –e** leichtfertige Anschuldigung, ungerechtfertigter Schuldvorwurf; **à titre –** unentgeltlich.

gratuité *f* Unentgeltlichkeit *f*, Kostenfreiheit; **– de l'enseignement** Schulgeldfreiheit; **– des transports publics** Nulltarif *m* (bei den öffentlichen Verkehrsmitteln).

gratuitement *adv* unentgeltlich, kostenlos, gratis, umsonst, frei.

gratulation *f* Glückwunsch *m*; Beglückwünschung *f*.

grave *adj* schwer, schwerwiegend, ernst; schlimm, bedeutend; **circonstances –s** bedrohliche Ereignisse; erschwerende Umstände; **fait –** (*StR*) schwere (Straf-) Tat; **infraction –** schweres Verbrechen; **motif –** schwerwiegender Grund; **question –** ernste Frage; **troubles –s** (*Pol*) schwere Unruhen.

gravide *adj* (*Frau*) schwanger; (*Säugetiere*) trächtig.

gravidité *f* Schwangerschaft *f*; Trächtigkeit *f*.

gravillon *m* (*StVR*) (*Straßenbelag*) Splitt *m*.

gravité *f* Schwere *f*, Wichtigkeit, Bedeutung, Ernst *m*, Gefährlichkeit; **dommage sans –** Bagatellschaden; **– d'une faute** (*StR*) Schwere *f* des Verschuldens; **– de la situation** besorgniserregende Lage.

gré *m* Belieben *n*, Gefallen *n*, Wille *m*; **à votre –** nach ihrem Gutdünken, wie sie wollen; **au – des événements** je nach Sachlage; **bon –, mal –** wohl oder übel; **contrat de – à –** (*SchuldR*) freie Vereinbarung (zwischen gleichberechtigten Parteien im Gegensatz zu den Adhäsions- *od.* Unterwerfungsverträgen); **contre le – (de qqn.)** gegen den ausdrücklichen Willen (von); **de – à –** gütlich; **de – ou**

de force wohl oder übel, freiwillig oder unter Gewaltanwendung; *loc. adv.*: **de son plein –** mit vollem Einverständnis, aus freien Stücken, freiwillig; **marché de – à –** (*VwR*) freihändige Auftragsvergabe; **savoir –** dankbar sein; **traiter de – à –** (*VwR: öffentliche Aufträge*) freihändig vergeben; **trouver qqch. à son –** an etwas gefallen finden.

greffe *m* (*GVR: office ministériel où l'on garde les minutes des actes de procédure auprès d'un tribunal – syn.: secrétariat-greffe –art. L. 123–1 COJ*) Geschäftsstelle des Gerichtes, Gerichtskanzlei *f*, Gerichtsschreiberei *od.* -registratur; Verwaltung des Schriftgutes eines frz. Gerichts; **– du tribunal de grande instance** (*PrzR: office ministériel du TGI placé sous la responsabilité d'un greffier titulaire de charge*) Geschäftsstelle des frz. (Groß-) Instanzgerichts.

greffes *mpl* (*PrzR: ensemble des documents de procédure conservés au greffe*) Urteilsprotokolle *od.* -niederschriften (ausgestellt durch den greffier als Protokollführer).

Man darf die *greffiers des services judiciaires* nicht mit denjenigen der *juridictions commerciales* verwechseln. Erstere wurden verbeamtet, letztere sind bis zum heutigen Tag unabhängige Träger eines öffentlichen Amtes

greffier *m* (1) (*PrzR: officier ministériel chargé de diriger les services d'un greffe, dénomination officielle: secrétaire-greffier en chef*) Leiter der Geschäftsstelle (eines frz. Gerichts), frz. Gerichtskanzler *m*, (2) (*PrzR: appellation des personnes travaillant sous les ordres du greffier en chef: secrétaire-greffier, commis-greffier*) Urkundsbeamte(r) der Geschäftsstelle; Gerichtsschreiber *m*; Protokollführer des Gerichts; **secrétaire- –** (*PrzR: fonctionnaire des secrétariats-greffe chargé d'assister les magistrats à l'audience et de dresser les actes judiciaires*) Protokollführer *m*, (verbeamteter) Urkundsbeamte (r) der Geschäftsstelle; **– d'audience** Protokollführer (bei Gericht); **– en chef** (*PrzR: collaborateur direct du magistrat, à la tête du greffe d'un TGI ou d'une cour*) Leiter der Geschäftsstelle (des Gerichts); **– criminel** (*StPR: fonctionnaire de justice près d'un tribunal ou d'une cour pénale transcrivant les débats et dressant les procès-verbaux*) Gerichtsschreiber beim Strafgericht, Protokollführer einer Strafverhandlung.

greffier de tribunal de commerce (*HR: officier ministériel chargé de diriger les services du greffe d'un tribunal de commerce. Lesdits greffiers sont titulaires d'une charge indépendante et non pas fonctionnarisés comme tous les autres greffiers*) Gerichtskanzler eines frz. Handelsgerichts, Geschäftsstellenleiter eines frz. Handelsgerichts (als unabhängiger Träger eines öffentlichen Amtes).

grève *f* (*ArbR: interruption collective et concertée du travail*) Streik *m*, Arbeitsniederlegung *od.* -kampf, Ausstand *m*; **appel à la –** Streikaufruf *m*; **comité de –** Streikleitung *f*; **consigne de –** Streikparole *f*; **déclarer la –** den Streik ausrufen; **déclencher une –** die Arbeit niederlegen, in den Streik treten; **décréter la –** einen Streik beschließen; **dépôt d'un préavis de –** Streikankündigung (unter Beachtung der tarifvertraglich vorgesehenen Frist); **droit de –** Streikrecht *n*; **faire –** streiken; **fauteur de –** Streikanstifter *m*; **fomenter une –** einen Streik anstiften *od.* schüren; **interdiction de la –** Streikverbot *n*; **se mettre en –** in den Ausstand treten; **mot d'ordre de –** Streikaufruf *m*, Streikparole *f*; **oberserver une –** sich an einem Streik beteiligen; **piquet de –** Streikposten *m*; **préavis de –** Streikankündigung *f*; **proclamer la –** den Streik ausrufen; **suspendre la –** den Streik vorübergehend einstellen.

grève abusive gesetzwidriger *od.* rechtsmissbräuchlicher Streik; **– administrative** Beamten- *od.* Verwaltungsstreik *m*; **– des aiguilleurs du ciel** Fluglotsenstreik; **– d'avertissement** Warnstreik; –

bouchon Schwerpunktstreik; **– des bras croisés** Sitzstreik; **– des cheminots** Eisenbahnerstreik; **– des dockers** Hafenarbeiterstreik; **– électorale** Wahlverweigerung; **– de la faim** Hungerstreik *m*; **– fiscale** Steuerzahlungsverweigerung.

grève générale Generalstreik *m*; Massenstreik; **– de harcèlement** punktueller Streik (in strategischen Bereichen); **– illégale** *ou* **illicite** rechtswidriger *od.* unzulässiger Streik; **– illimitée** unbefristeter Streik; **– de l'impôt** Steuerzahlungsverweigerung; **– insurrectionnelle** Kampfstreik, aufrührerischer Streik; **– légale** *ou* **licite** rechtmäßiger Streik, von den Gewerkschaften organisierter und geleiteter Streik; **– limitée** befristeter Streik.

grève avec occupation d'usine Sitzstreik *m*; **– partielle** Teilstreik; **– perlée** (1) (*BeamR*) Bummelstreik, Dienst nach Vorschrift; Streik durch passiven Widerstand (Ausnützung hemmender Dienstvorschriften), (2) (*ArbR*) Flackerstreik; **– politique** politischer Streik; **– ponctuelle** Schwerpunktstreik; **– du règlement** Dienst nach Vorschrift.

grève sauvage wilder Streik; gesetzwidriger Streik; **– scolaire** Schülerstreik; **– de solidarité** Solidaritäts- *od.* Sympathiestreik; **– de soutien** Solidaritätsstreik; **– surprise** Blitzstreik, Warnstreik, Demonstrationsstreik, Proteststreik; **– symbolique** symbolische (kurzzeitige) Arbeitsniederlegung; **– de sympathie** Sympathiestreik; **– sur le tas** Sitzstreik; **– thrombose** Schwerpunktstreik, Teilstreik; **– tournante** rollender Streik, Kreiselstreik, abteilungsweiser Streik; **– des transports publics** Streik der öffentlichen Verkehrsmittel; **– du zèle** Dienst *m* nach Vorschrift, Bummelstreik.

grevé *adj* (*SachR: bien qui supporte une charge ou sur lequel porte une sûreté*) belastet; **– de restitution** (*ErbR*) Vorerbestellung *f*; **– d'usufruit** mit einem Nießbrauch belastet.

grever *v.tr.* belasten; beschweren; **– l'économie d'un pays** der Wirtschaft (eines Landes) Schaden zufügen, die Wirtschaft benachteiligen.

gréviste *m* Streikende(r) *m*; **– de la faim** Hungerstreikende(r) *m*.

grief *m* (1) (*ZR: dommage que l'on subit*) Beeinträchtigung (eines Rechts), Nachteil *m*, Schaden *m*, (2) (*PrzR: préjudice conférant un intérêt à agir*) berechtigtes Interesse (auf Grund einer Rechtsbeeinträchtigung), Klagegrund (infolge des Rechtsschutzbedürfnisses), (3) (*VwPR*) Beschwerde *f*, Rüge *f*, Beschwerdegrund *m*; **acte administratif faisant –** beschwerender Verwaltungsakt; **avoir des –s contre qqn.** Ansprüche gegenüber jmdn. erheben; **exposer** *ou* **formuler ses –s** seine Einwände vorbringen; seine Ansprüche geltend machen; **– d'accusation** (*StPR*) Anklagesatz *m*; Vorwurf *m* einer Straftat; Beschuldigungen *od.* Tatverdacht (in der Anklageschrift); **–s d'appel** Berufungsgründe; **–s réciproques** (*FamR: torts partagés*) beiderseitiges Verschulden.

griffe *f* (1) Faksimileunterschrift *f*, Namensstempel *m*, (2) (*GRUR: marque apposée à un vêtement ou objet de luxe et portant le nom du fabricant*) (*in Kleidungsstücken*) Marken- *od.* Firmenzeichen *n*.

grille *f* (1) (*BeamR*) Einteilung der Beamtenschaft nach Besoldungsgruppen, Schematismus *m* (Aut), (2) (*ArbR*) Schlüssel *m*, Tabelle *f*, (3) (*i.w.S.*) Skala *f*, Raster *m*, Tabelle *f*, Aufstellung; **– de cotation** Bewertungsschlüssel; **– des programmes** (*MedienR*) Fernseh- *od.* Radioprogramme; **– de** *ou* **des salaires** Lohntarifgruppen *fpl*, tarifmäßige Staffelung der Löhne, Lohnskala *f*, Lohntabelle *f*; **– des traitements** Gehaltstabelle *f*.

grivèlerie *f* (*StR: filouterie d'aliments*) Zechprellerei *f*.

grogne *f* Unzufriedenheit *f*, Missmut *m*; **– sociale** Unmut der Basis *od.* der Lohnabhängigen.

gros *adj* umfangreich, beträchtlich, wichtig; dick; groß; **– contrat** lukrativer Auftrag; **–se coupure** großer Geldschein; **– dégâts** umfangreicher

Schaden; **–se erreur** folgenschwerer Irrtum; **–se fortune** großes Vermögen; **–se perte** hoher Verlust; **– titre** (*MedienR*) fett gedruckte Überschrift.

gros *m* (*HR: commerce de gros*) Großhandel *m*; **achat en –** Großeinkauf *m*; **acheteur en –** Großeinkäufer *m*; **commerce de –** Großhandel; **marchand en –** Großhändler; **prix de –** Großhandelspreis *m*; **– œuvre** (*BauR*) Rohbau *m*.

grosse *f* (1) (*ZPR: expédition d'un jugement revêtue de la formule exécutoire*) vollstreckbare Ausfertigung (des Urteils), (2) (*HR*) 12 Dutzend, Gros *n*; **contrat à la –** (*SeeHR*) Bodmerei (vertrag), Seedarlehen *n*; **– du jugement** Urteilsurschrift *f*.

grossesse *f* Schwangerschaft *f*; **durée légale de la –** (gesetzliche) Empfängniszeit.

In Frankreich besteht für die abtreibenden Frauen, bei Einhaltung der gesetzlichen Bestimmungen, echte Straffreiheit und nicht nur ein Absehen von der Strafverfolgung.

grossesse: **interruption volontaire de la – (= IVG)** (straffreier) Schwangerschaftsabbruch *m*, Schwangerschaftsabbruch (mit Einwilligung der Schwangeren).

grossier *adj* grob; **erreur grossière** grober Fehler; **faute grossière** grobes Verschulden; **négligence grossière** grobe Fahrlässigkeit.

grossiste *m* (*HR: marchand en gros*) Grossist *m*, Großhändler *m*.

grosso modo *loc.adv.* im großen und ganzen, im allgemeinen.

grossoyer *v.tr.* (*PrzR*) die vollstreckbare Ausfertigung eines Urteils oder einer notariellen Urkunde (auf Stempelpapier) ausstellen.

groupage *mpl* (*HR*) Sammelgutversand *m*; Zusammenstellen einer Sammelsendung.

groupe *m* (1) (*GesR*) Konzern *m*, Unternehmenszusammenschluss *m*, (2) (*Pol*) Fraktion *f*, (3) Menschenmenge *f*; **discipline de –** Fraktionszwang *m*, Klubzwang (Aut); **travail en –** Teamarbeit *f*.

groupe bancaire Bankenkonsortium *n*; **– de combat** Kampfverband *m*; **– consultatif** Beraterstab *m*; **– de coordination** Gleichordnungskonzern; **– d'entreprises** Konzern *m*; **– ethnique** Volksgruppe *f*; **– d'experts** Sachverständigenrat *m*; **– financier** Bankenkonsortium *n*; **– industriel** Industriekonzern; **– majoritaire** (*Pol*) Mehrheitsfraktion; **– parlementaire** (parlamentarische) Fraktion.

groupe de pression (*Pol*) Interessenverband *m*, Pressure-group *f*; **– professionnel** Berufs- *od.* Fachverband; **– sanguin** Blutgruppe *f*; **– de sociétés** (*GesR*) Konzern *m*; **– de subordination** Unterordnungskonzern; **– de travail** Arbeitsgemeinschaft *f*.

groupement *m* (1) (*accumulation, concentration*) Zusammenballung *f*, Konzentration *f*, (2) (*arrangement, disposition*) Gruppierung *f*, Zusammenstellung *f*, Anordnung *f*, (3) (*association, groupe*) Gruppe *f*, Vereinigung *f*, (4) (*VwR*) Verband *m*, Bezirk *m*; **– d'achats** Einkaufs- *od.* Käufervereinigung, Einkaufsgenossenschaft *f*; **– communal** (*VwR*) Gemeindeverband; **– de consommateurs** Konsumverein *m*; **– coopératif** Genossenschaft; **– corporatif** Fachverband *m*, Innung *f*; **– d'entreprises** Unternehmenszusammenschluss *m*; **– européen d'intérêt économique** (*EuR*) europäische Wirtschaftsinteressengemeinschaft; **– illicite** rechtswidrige *od.* unzulässige Vereinigung.

groupement d'intérêt économique (= GIE) (*GesR: personne morale de droit privé régie par l'ord. n° 67–821 du 23 sept. 1967*) frz. Arbeitsgemeinschaft (in der Rechtsform einer frz. Gesellschaft des bürgerlichen Rechts), frz. wirtschaftliche Interessenvereinigung; **– d'intérêt public** Unternehmensvereinigung zwischen privatrechtlichen Gesellschaften und öffentlich-rechtlichen Körperschaften; **– d'intérêts** (1) (*GesR*) Kartell *n*, (2)

(*WirtR*) Interessenvertretung *f*; – **mutualiste** Zweckverein auf Gegenseitigkeit; – **patronal** Arbeitgeberverband; – **politique** politische Partei; – **professionnel** Berufsvereinigung; – **syndical** Gewerkschaftsverband; – **technique** Fachausschuss *m*.

grouper *v.tr.* vereinigen; zusammenstellen, zentralisieren; einordnen; die Blutgruppe bestimmen.

groupuscule *m* (*Pol*) Splittergruppe *f*.

grue *f*: **droits de –** (*SeeHR*) Krangeld *n*, Krangebühr *f*.

gruger *v.tr.* übervorteilen, prellen, neppen; betrügen.

gué *m* Furt *f*.

guelte *f* (*HR*) Provision, Gewinnanteil (am Verkauf).

guère: **ne –** *loc. adv.* kaum, nicht sehr *od.* viel; nicht lange.

guérilla *f* Partisanenkrieg *m*, Guerilla *f*.

guérison *f* Heilung *f*, Genesung *f*.

guérisseur *m* (*MedizinR*) auf Naturheilverfahren spezialisierter Heilkundiger *od.* Heilpraktiker.

guerre *f* (1) (*VR: conflit armé*) Krieg *m*, (2) (*i.w.S.: lutte entre groupes sociaux*) Auseinandersetzung, Streit *m*, Kampf *m*; **acte de –** (*VR*) Kriegshandlung *f*; **aviation de –** (*MilR*) Luftwaffe *f*; **butin de –** Beutegut *n*, Kriegsbeute; **coutumes de la –** (*VR*) Kriegsgewohnheitsrecht *n*; **crime de –** Kriegsverbrechen *n*; **déclaration de – conditionnelle** (*VR*) Ultimatum *n*; **dettes de –** Kriegsfolgelasten *fpl*; **dommage de –** Kriegsschaden *m*; **droit de la –** Kriegsrecht; **état de –** Kriegszustand *m*; **excitation à la –** Kriegshetze *f*; **fait de –** Kriegseinwirkung *od.* -handlung; **fauteur de –** Kriegshetzer; **prévention de la –** Kriegsverhütung *f*; **puissance en –** kriegführende Macht; **renonciation à la –** Gewaltverzicht *m*; **risque de –** (*VersR*) Kriegsrisiko *n*; **sinistre de –** Kriegsschaden *m*; **théâtre de –** Kriegsschauplatz *m*; **victime de –** (*VR*) Kriegsbeschädigte(r) *m*.

guerre aérienne Luftkrieg; – **d'agression** Angriffskrieg; – **atomique** Atomkrieg; – **biologique** biologische Kampfführung; – **chimique** C-Kriegführung; – **civile** Bürgerkrieg; – **de conquête** Eroberungskrieg; – **défensive** Verteidigungskrieg; – **économique** Wirtschaftskrieg; – **d'extermination** Vernichtungskrieg *m*, Ausrottungsfeldzug *m*; – **froide** kalter Krieg; – **d'indépendance** Unabhängigkeitskrieg; – **d'indépendance** Unabhängigkeitskampf; – **juste** *ou* **licite** gerechter (Verteidigungs-) Krieg; – **maritime** *ou* **sur mer** Seekrieg; – **mondiale** Weltkrieg; – **des nerfs** Nervenkrieg; – **offensive** Angriffskrieg; – **préventive** Präventivschlag *m*; – **psychologique** psychologische Kampfführung; – **révolutionnaire** *ou* **subversive** umstürzlerische Aktion; – **d'usure** Zermürbungsfeldzug *m*, Abnutzungskrieg.

guet-apens *m* (*StR: fait d'attendre qqn. pour lui donner la mort*) (Mord nach) Auflauern *n*, (Mord nach warten im) Hinterhalt *m*.

guetter *v.tr.* auflauern; beobachten.

guichet *m* Schalter *m*; – **bancaire** Kassen- *od.* Bankschalter *m*; – **de la poste** Postschalter.

guichetier *m* Schalterbeamte(r) *m*.

guide *m* (1) (Fremden-) Führer *m*; Reiseführer, (2) Leitfaden *m*, Ratgeber *m*; – **du contribuable** Ratgeber für Steuerzahler.

guilde *f* (*HR: association de secours mutuel entre marchands, artisans, bourgeois, au moyen âge*) *hist.* Gilde *f*; Vereinigung von Kaufleuten (bestimmter Berufsgruppen).

guillotine *f* Guillotine *f*, Fallbeil *n*.

guise *f*: **à sa –** *loc.* auf seine Art *od.* Weise; **en – de** *loc.* anstatt, an Stelle von.

gymnase *m* Fitnessstudio *n*.

gymnastique *f* Leibesübungen *fpl*, Turnen *n*.

gynécologie *f* Frauenheilkunde *f*.

gyrophare *m* (*ÖfR: police*) Blaulicht *n*, Blinkleuchte *f*.

H

habeas corpus *m* (*hist: englische Charta aus dem Jahre 1679*) Habeas-Corpus--Akte *f.*
habile *adj* (1) (*ZR: capable de jouir d'un droit*) rechtsfähig, (2) (*SchuldR, HR: ayant mandat pour agir*) ermächtigt, berechtigt, befugt, (3) (*expert, adroit*) geschickt, gewandt; **– à contracter** vertragsfähig; **– à ester en justice** (*PrzR*) prozessfähig; **– à hériter** *ou* **à succéder** erbfähig; **– à tester** testierfähig.
habileté *f* Handfertigkeit; Geschicklichkeit; *fig* Schlauheit, Gerissenheit.
habilitation *f* (1) (*ZR: fait de conférer un pouvoir d'agir*) Verleihung einer rechtlichen Fähigkeit, Berechtigung *f;* Ermächtigung *f,* Vollmachterteilung *f,* (2) (*VwR: autorisation*) Erlaubnis *f,* Zulassung *f,* Befähigung *f,* (3) (*VerfR: art.38 de la Constitution de 1958*) Ermächtigung; **– d'un incapable** Verleihung der Geschäftsfähigkeit; **– de justice** richterliche Ermächtigung; **– législative** gesetzliche Ermächtigung.
habilité *adj* ermächtigt, befugt; mit der erforderlichen Zustimmung handelnd.
habilité *f* (*ZR: aptitude légale ou judiciaire*) rechtliche Fähigkeit; **– à succéder** Erbfähigkeit *f.*
habiliter *v.tr.* (1) (*ÖfR*) eine (rechtliche) Fähigkeit verleihen, eine Erlaubnis erteilen, (2) (*ZR*) ermächtigen, berechtigen, bevollmächtigen.
habillage *m* (*HR*) besonders anziehende Aufmachung und Verpackung einer Ware.
habillement *m*: **dépenses d'–** Ausgaben für die Bekleidung; **industrie de l'–** Bekleidungsindustrie *f.*
habit *m* **de magistrat** Robe *f* (des Richters); **–s de deuil** Trauerkleidung.
habitabilité *f* Wohnlichkeit *f;* Bewohnbarkeit.
habitant *m* Einwohner; Bewohner; **nombre d'–** Einwohnerzahl *f;* **par tête d' –** pro Kopf der Bevölkerung.
habitat *m* (1) (*BauR*) Wohnverhältnisse *npl,* Wohnungswesen *n,* (2) (*UmweltR*) Habitat *n,* Lebensraum *m;* **– collectif** Wohnblock *m;* **– individuel** Siedlung *f;* **– rural** ländliche Siedlungsgebiete.
habitation *f* Wohnung *f;* Wohnsitz *od.* -ort *m;* **clause d'– bourgeoise** Mietvertragsklausel, durch die jegliche gewerbliche Nutzung der Räumlichkeiten ausgeschlossen wird; **code de l'urbanisme et de l'–** frz. Städtebau- und Wohnungsbaugesetzbuch *n;* **droit d'–** (dingliches) Wohnrecht; **local d'–** Wohnraum *m.*
habitation à loyer modéré (= HLM) (*SozR*) frz. Sozialwohnung *f,* der Mietaufsichtsgesetzgebung unterliegende Wohnungen mit herabgesetztem Mietzins; sozialer Wohnungsbau; **– meublée** möblierte Wohnung; **– ouvrière** Werkswohnung; **– permanente** ständiger Wohnsitz; **– principale** Hauptwohnsitz *m;* **– sommaire** Notunterkunft *f.*
habituation *f* (*UmweltR: accoutumance*) Gewöhnung.
habitude *f* Gewohnheit *f;* **d'–** normalerweise, im allgemeinen, unter normalen Umständen; **délit d'–** gewohnheitsmäßige Straftat; **– commerciale** Handels- *od.* Geschäftsbrauch *m,* Verkehrssitte *f;* **– loyale et constante du commerce** (Handels-) Verkehrsgepflogenheit *f.*
habitué *m* Stammkunde *m;* regelmäßiger Besucher.
habituel *adj* (1) (*StR*) gewohnheitsgemäß, (2) (*HR*) gewerblich; **fournisseur –** üblicher Lieferant; **profession –le** gewerbliche Tätigkeit.
habituellement *adv* normalerweise; meistens, in den meisten Fällen.
hâblerie *f* Angeberei *f,* Wichtigtuerei *f,* Prahlerei.
hache *f* Beil *n;* **enterrer la – de guerre** Frieden schließen.

haie *f* (1) Hecke *f*, Umzäunung (aus Büschen *od.* Sträuchern), (2) Soldatengasse *f*; Schaulustige mpl (entlang einer Straße); **– barbelée** Stacheldrahtverhau *m*; **– d'honneur** (*Staatsempfang*) Ehrenformation; **– mitoyenne** gemeinschaftliche Hecke.

halage *m*: **chemin de –** Treidelpfad *m*.

hall *m* (1) Werkhalle *f*, (2) Eingangshalle *f*; **– d'acceuil** Empfangshalle *f*; **– d'assemblage** Montagehalle; **– d'exposition** Ausstellungshalle *f*; **– de la gare** Bahnhofsgebäude *n*.

halles *fpl* Markthalle *f*; Großmarkt *m*.

hallucinogène *m* (*MedizinR*) Psychdysleptikum *n*, bewusstseinserweiternde Droge; LSD *n*.

hameau *m* Weiler *m*, (*aus wenigen Gehöften bestehende, keine eigene Gemeinde bildende*) Ansiedlung *f*.

handicap *m* (1) Nachteil *m*, Benachteiligung *f*, (2) Erschwernis *n*; **– physique** körperliche Behinderung.

handicapé *adj* behindert, körperbehindert, schwerbehindert; **– mental** *m* geistig Behinderte(r); **personne –e** Behinderte(r); **– physique** Körperbehinderte(r).

handicaper *v.tr. fig* benachteiligen, behindern.

harcèlement *m* (*StR*) Stalking *n*, beharrliche Verfolgung; **– sexuel** (*StR*) sexuelle Belästigung; **– moral** (*ArbR, StR*) Psychoterror *m*; Stalking *n*; (*in Betrieben*) Mobbing; **– téléphonique** ständige telefonische Belästigung.

harceler *v.tr.* mobben, bedrängen; belästigen, beharrlich verfolgen.

harceleur *m* Stalker *m*; Mobber *m*; Schikanierer.

hardes *fpl* (1) (*ZR: effets personnels*) Habe *f*, beweglicher Besitz; (persönliche) Kleidungsstücke *npl*, (2) Hab *n* und Gut *n* der Matrosen *n*.

harmonisation *f* Abstimmung *f*, Angleichung, das in Übereinstimmung bringen, Harmonisierung; **– du droit** Rechtsvereinheitlichung *od.* -angleichung *f*; **– d'une gamme de produits** Abstimmung und einheitliche Gestaltung einer Produktpalette; **– des législations** Angleichung der Rechtsvorschriften, Rechtsvereinheitlichung; **– des prix** Preisangleichung.

harmoniser *v.tr.* harmonisieren, in Einklang bringen, einheitlich gestalten, anpassen, aufeinander abstimmen.

hasard *m* (*ZR: un événement imprévisible ou un aléa*) Zufall *m*; **jeu de –** Glücksspiel *n*; **par –** zufällig.

hasardé *adj* gewagt, riskant; **entreprise –e** ein gewagtes Unternehmen.

haschich *m* (*StR: chanvre indien – on écrit aussi: haschisch, hachich, hasch*) Haschisch *n*, Hasch.

hâtif *adj* hastig; überstürzt, übereilt.

hausse *f* (1) Steigen *n*, Ansteigen *n*, Erhöhung *f*, Steigerung, (2) (*Vwirt*) wirtschaftlicher Aufschwung, (3) (*BörR*) Hausse *f*, Steigen der Kurse; **être en –** im Steigen begriffen sein; **mouvement** *ou* **tendance à la –** Aufwärtstrend *m*; **spéculation à la –** Haussespekulation.

hausse abusive des prix Preistreiberei *f*; **– des cours** Kursanstieg, anziehende Kurse; **– du coût de la vie** Anstieg der Lebenshaltungskosten; **– cyclique** konjunkturbedingte Hausse; **– illicite** Preistreiberei; **– des loyers** Mietpreiserhöhung; **– des prix** Preiserhöhung, Preissteigerung, Preisanstieg *m*; **– de la productivité** Produktivitätssteigerung; **– des salaires** Lohnerhöhung; Lohnanstieg *m*.

haussier *m* (*BörR*) Haussier *m*; Börsenspekulant *m*, der mit Kurssteigerungen rechnet; Mineur *m*.

haut *adj* hoch, groß.

haut-commandement *m* (*MilR*) Oberkommando *n*.

haut commissaire (*VR*) hoher Kommissar; **– conseiller** Richter am Kassationshof; Mitglied des obersten Richterrates; **– fonctionnaire** hoher Beamte(r); **la –e magistrature** die Richter und Staatsanwälte am Kassationshof; **la –e société** die gesellschaftliche Oberschicht; **sous –e surveillance** unter strenger Be- *od.* Überwachung.

hautement *adv* hoch, kraftvoll, laut; **proclamer – son innocence** seine Unschuld (lautstark) beteuern.

hauteur *f* Höhe *f*; Größe *f*; **être à la – de ses fonctions** seine Amtsgeschäfte zufriedenstellend verrichten; **être à la – de la situation** die Lage im Griff *od.* unter Kontrolle haben.
hauturier *adj*: **pêche hauturière** Hochseefischerei *f*.
hebdomadaire *adj* wöchentlich; **fermeture, relâche** *ou* **repos –** (*ArbR*) wöchentlicher Ruhetag; wöchentliche Ruhezeit; **magazine –** (wöchentlich erscheinende) Zeitschrift *f*; **travail –** Wochenarbeitszeit.
hebdomadaire *m* Wochenblatt *od.* -zeitschrift.
hébergement *m* Beherbergung *f*, Unterbringung; **centre d'–** Obdachlosenheim *n*; Flüchtlingslager *n*; **droit d'–** (*FamR: lié au droit de visite*) Beherbungsrecht, Besuchsrecht; **– d'urgence** Notunterkunft *f*.
héberger *v.tr.* **des réfugiés** Flüchtlinge aufnehmen.
hécatombe *f* Blutbad *n*, Massaker *n*.
hégémonie *f* Vormachtstellung *f*, Übergewicht *n*, Führung *f*, Hegemonie *f*, Vorherrschaft *f*.
heimatlos *adj. et n. invar.* (*VR: apatride*) Heimatlose(r) *m*, Staatenlose(r) *m*.
heimatlosat *m* (*VR*) Heimatlosigkeit *f*, Staatenlosigkeit *f*.
héler *v.tr.* um Hilfe rufen; herbeirufen.
héliport *m* Helikopterflughafen *m*.
hématome *m* Blutbeule *f*, Hämatom *n*.
hémiplégie *f* halbseitige Lähmung.
hémogramme *m* Blutbild *n*.
hémorragie *f* Blutung *f*, Bluterguss *m*, Hämorrhagie *f*; **– de capitaux** Kapitalabwanderung; **– de devises** Devisenabfluss *m*.
héréditaire *adj* (1) (*ErbR: successoral*) erblich; Erb-, (2) (*ErbR: se transmettant par succession*) übertragbar, mit dem Tode nicht erlöschend; **actif –** Nachlassgegenstände *mpl*, Aktiven (der Erbschaft); **biens –s** Nachlassvermögen *n*, Erbmasse *f*, Erbschaft *f*; **droit –** vererbliches Recht; **maladie –** Erbkrankheit; **passif –** Nachlassverbindlichkeiten *od.* -schulden *fpl*, Passiven (der Erbschaft); **situation –** Nachlassbestand *m*.
hérédité *f* (1) (*ErbR: synonyme d'héritage, de succession et d'hoirie*) Nachlass *m*, Vermögen *n* des Erblassers (beim Tode); Erbschaft *f*, (2) Erbrecht (eines Erben), Erbfolge *f*, (3) Vererblichkeit von Rechten, (4) Erblichkeit *f*; **action en pétition d'–, action en revendication d'–** Erbschaftsklage *f*; **adition d'–** Erbschaftsantritt *m*; **convention d'–** Erbvertrag *m*; **revendication d'–** Erbschaftsanspruch *m*; **vente d'–** Erbschaftskauf *m*; **– jacente** schwebender Nachlass, hereditas jacens.
hérésie *f* (*KirchR*) Ketzerei *f*.
héritage *m* (1) (*ErbR: ensemble des biens transmis à l'héritier*) Erbteil *m*; Erbschaft *f*; Nachlass *m*, Erbmasse *f*, (2) (*ErbR: succession*) Erbfolge *f*, (3) (*SachR: expression vieillie pour: immeuble par nature*) Grundstück *n*; **captation d'–** (*StR*) Erbschleicherei *od.* -erschleichung; **faire un –** erben, eine Erbschaft machen; **refuser l'–** die Erbschaft ausschlagen.
hériter *v.tr.ind.* erben, beerben; **– d'un immeuble** ein Grundstück erben.
héritier *m* (1) (*ErbR, i.w.S.: tout successeur*) Erbe *m*, (2) (*successeur en vertu de la loi*) Gesetzeserbe, gesetzlicher Erbe, Gesamtnachfolger, (3) (*successeur appelé qui a la saisine*) eingewiesener gesetzlicher Erbe; **certificat d'–** Erbschein *m*; **institution d'–** Erbeinsetzung; **qualité** *ou* **titre d'–** Erbenstellung *f*.
héritier ab intestat gesetzlicher Erbe, Intestaterbe; **– acceptant** endgültiger Erbe; Erbe, der die Annahmeerklärung abgegeben hat; **– anomal** Sondererbe; **– apparent** vorläufiger Erbe; Scheinerbe; **– appelé** Nacherbe *m*; **– bénéficiaire** Inventarerbe, Vorbehaltserbe (Aut); **– collatéral** dem Erblasser in der Seitenlinie verwandter Erbe; **– copartageant** Miterbe; **– grevé** (1) mit einem Vermächtnis beschwerter Erbe, (2) (*fidéicommis*) Vorerbe; **– institué** eingesetzter Erbe, benannter Erbe.
héritier légitime gesetzlicher Erbe; **– en ligne directe** mit dem Erblasser in gerader Linie verwandter Erbe; **– naturel** Erbe aus nichtehelicher Ver-

wandtschaft; – **préférable** Erbe mit Vorrangstellung gegenüber den Miterben; – **du premier ordre** Erbe erster Ordnung; – **présomptif** Putativerbe, vermeintlicher Erbe; – **pur et simple** endgültiger Erbe; Erbe, der das Ausschlagungsrecht verloren hat; – **au rang successible** Erbe, der beim Fehlen eines Testaments zur Erbfolge berufen sein kann; – **régulier** rechtmäßiger Erbe; – **renonçant** verzichtender Erbe; – **réservataire** Pflichtteilsberechtigte(r).

héritier subséquent Nacherbe *m*; – **substitué** Ersatzerbe; – **testamentaire** Testamentserbe *m*, durch Testament eingesetzter Erbe; – **unique** Alleinerbe *m*; – **universel** Universalerbe *m*, Gesamtrechtsnachfolger *m*.

hésitation *f* Bedenken *n*; Unschlüssigkeit, Zögern *n*.

heure *f* (1) Stunde *f*, (2) (*point précis du jour*) Uhr(zeit) *f*, (3) (*époque, temps*) Zeit, Zeitpunkt *m*; **congé sur l'–** fristlose Entlassung; **être à l'–** pünktlich sein; **rémunération à l'–** Stundenlohn *m*; – **d'été** Sommerzeit *f*; **d'– à –** stundenweise (Fristberechnung); – **légale** gesetzliche Zeit; – **locale** Ortszeit; – **solaire** natürliche Zeit (Sonnenzeit).

heures *fpl* **d'absence** Fehlzeiten *fpl*; – **d'affluence** Hauptgeschäftszeit *f*; – **choisies** (*ArbR: Loi n° 2005–296 du 31 mars 2005 sur le dépassement du contingent d'heures supplémentaires*) Verlängerung der Arbeitszeit durch Aufhebung der Begrenzung des Überstundenkontingents; – **de consultation** Sprechstunden; – **creuses** (1) Stunden *fpl* geringen Verkehrsaufkommens, (2) (*ArbR*) Zeit geringen Arbeitsanfalls, Zeiten geringer Auslastung; – **de dérogation permanente** Überstunden, die der Arbeitgeber ohne besondere Zustimmung vom Arbeitnehmer verlangen kann; – **effectuées** geleistete Arbeitsstunden; – **de fonction** den Betriebsräten, durch den Arbeitgeber zu gewährende Freistellung von der Arbeit bei vollem Arbeitslohn; – **légales** (*PrzR*) Zustellzeit *f*, Zustellungszeit (für gerichtliche Urkunden); Tagesstunden, während derer Urkunden zugestellt werden können.

heures d'ouverture (*HR*) Geschäftsstunden *fpl*, Öffnungszeiten *fpl*; Ladenschlusszeiten; – **ouvrables** (1) (*ArbR*) Arbeitsstunden, Arbeitszeit, (2) (*HR*) Öffnungszeiten, Publikumsverkehr; – **de pointe** (1) Verkehrsspitze *f*, Stoßzeit, (2) Stunden mit dem höchsten Arbeitsanfall; – **de présence** Anwesenheitszeit; – **de service** Dienststunden.

heures supplémentaires Überstunden *fpl*; **rémunération des – –** Überstundenvergütung *f*.

heures de travail Arbeitszeit *f*; – **de visite** Besuchszeiten *fpl*.

heurt *m* Stoß *m*; Zusammenstoß *m*.

Hexagone *m* (*Pol: France métropolitaine*) Frankreich (innerhalb der Landesgrenzen, ohne Überseegebiete).

hiatus *m* Öffnung *f*, Spalt *m*, Lücke *f*; – **juridique** Rechtsvakuum *n*, Rechtslücke *f*.

hic *loc. lat.* **et nunc** sofort, auf der Stelle.

hiérarchie *f* (1) (*ÖfR: ordre et subordination*) Rangordnung *f*, Rangfolge *f*, Rangverhältnis *n*, Hierarchie *f*, (2) (*organisation*) Staffelung *f*, Einteilung *f*, Skala *f*, Stufenordnung *f*, (3) (*classification*) Aufbau *m*, Klassifikation *f*; – **administrative** Behördenaufbau, Aufbau der Verwaltungsbehörden (mit Zentral-, Mittel- u. Unterstufe); – **des emplois** Rangordnung der Arbeitsplätze; – **des fonctions** Rangfolge der Tätigkeiten; – **professionnelle** Rangordnung *f* der Berufe, Berufshierarchie; – **des salaires** Lohnskala *f*, Gehaltsstufen, Staffelung der Arbeitseinkommen; – **sociale** gesellschaftliche Rangordnung; – **des sources de droit** Rangverhältnis der Rechtsquellen.

hiérarchique *adj* hierarchisch; Dienst-; **degré –** Dienstgrad *m*; **passer par la voie –** den Instanzenweg nehmen; **voie –** Dienstweg *m*, Instanzenweg.

hiérarchiquement *adv* (*VwR*) dienstaufsichtsmäßig, dienstrangmäßig; **être – supérieur à qqn.** der Vorgesetzte von jmdn. sein.

hiérarchisation *f* Ranggliederung *f.*
hiérarchiser *v.tr.* staffeln, abstufen.
histoire *f* Geschichtswissenschaft *f*; Geschehen *n*; Ereignis *n*; Angelegenheit *f*; **– du droit** Rechtsgeschichte *f.*
hoir *m* (*hist. ErbR: héritier*) Erbe *m.*
hoirie *f* (*hist. ErbR: héritage, succession*) Erbschaft *f*; **avance** *ou* **avancement d'–** Vor(aus)empfang auf den Erbteil.
holding *m* (*GesR: société purement financière de participation*) Holdinggesellschaft, Effektenhaltungsgesellschaft; Dachgesellschaft, Auffanggesellschaft.
hold-up *m* (*StR: agression à main armée pour dévaliser une banque, un magasin*) bewaffneter Raubüberfall *m.*
holocauste *m* Holocaust *m*, Brandopfer *n*; Massenvernichtung der Juden durch die Nationalsozialisten.
holographe *adj*: **testament –** (*ErbR*) eigenhändig geschriebenes Testament.

homicide ist der Oberbegriff gegenüber *meurtre* – Totschlag und *assassinat* –Mord: Siehe die Art. 221–1, 221–3 und 221–6 CP

homicide *m* (1) (*StR: action de tuer un être humain volontairement ou involontairement*) (vorsätzliche oder fahrlässige) Tötung *f*, Totschlag *m*, (2) (*StR: auteur d'un homicide*) Totschläger *m*; **– par imprudence** (*StR: syn.: homicide involontaire*) fahrlässige Tötung; **– intentionnel, prémédité** *ou* **volontaire** vorsätzliche Tötung, Totschlag; **– préterintentionnel** (*StR: mort pouvant être la conséquence non-voulue de violences volontaires – art. 222–7 CP*) Körperverletzung mit Todesfolge *od.* mit tödlichem Ausgang.
hominem: **ad –** *loc. lat.* nach menschlicher Fassungskraft; **argument ad –** Argument, mit dem man dem Gegner gemäß dessen eigenen Grundsätzen widerspricht.
homme *m* (1) (*être humain*) Mensch *m*, Person *f*, Individuum *n*, (2) (*individu du sexe masculin*) Mann *m*; **droits de l'–** Menschenrechte *npl*; **fait de l'–** (*ZR: fait dommageable engageant la responsabilité de son auteur*) schadensersatzpflichtige Handlung (des Schädigers); rechtswidrige Handlung; unerlaubte Handlung; **présomption de l'–** (*ZR: présomption résultant des circonstances de l'espèce*) Indizien- *od.* Anzeichenbeweis *m*, tatsächliche Vermutung; Erfahrungssatz *m*; **l'– à abattre** das räudige Schaf, der Prügelknabe, der Sündenbock.
homme d'affaires Geschäftsmann *m*; **– de bien** Ehrenmann; **– de confiance** Vertrauensmann *m*, Vertrauensperson *f*; **– d'État** Staatsmann; **– de lettres** Schriftsteller; **– de loi** Jurist *m*, Rechtskundige(r); **– de main** gedungener Verbrecher *od.* Mörder; Handlanger, Helfershelfer; **– marié** Ehemann; **– de métier** (Durchschnitts-) Fachmann, Sachverständiger.
homme de paille (*ZR: prête-nom, personne interposée*) Strohmann *m*; **– politique** Politiker *m*; **– providentiel** Retter in der Not; **– de la rue** Durchschnittsmensch *m*; **– de science** Wissenschaftler *m*; **– de terrain** Praktiker *m.*
homologation *f* (1) (*ZPR: approbation judiciaire*) gerichtliche Anerkennung *f*, Rechtskraft- *od.* -gültigkeitsverleihung, richterliche Bestätigung *f*, (2) (*VwR: validation, ratification par l'autorité administrative*) behördliche Genehmigung *f*, amtliche Validierung, Aufnahme *f* in ein amtliches Verzeichnis; **jugement d'–** Feststellungsurteil, Urteil mit Feststellungswirkung; **– judicaire** *ou* **– par justice** gerichtliche Bestätigung *od.* Feststellung; **– ministérielle** ministerielle Genehmigung; **– des prix** amtliche Preisfeststellung; **– du tribunal** gerichtliche Bestätigung *od.* Feststellung.
homologue *m* Amtskollege *m*; Gegenstück *n.*
homologuer *v.tr.* (1) (*VwR*) behördlich anerkennen, genehmigen, amtlich bestätigen, (2) (*PrzR*) Rechtskraft verleihen.
homonyme *m* Träger des gleichen Namens, Namensvetter *m.*

homonyme *adj* namensgleich.
homonymie *f* Namensgleichheit *f.*
homophobie *f* Schwulenhass *m;* Schwulenangst *f.*
homosexualité *f* Homosexualität *f,* gleichgeschlechtliche Liebe.
honnête *adj* rechtschaffen, redlich, ehrlich; **épouse –** treue Ehefrau; **motif –** triftiger Grund.
honnêteté *f* Redlichkeit *f,* Ehrbarkeit *f.*
honneur *m* (1) (*ZR: dignité, comme élément du patrimoine moral*) Ehre *f,* (2) (*WirtR*) Standesehre, Berufsehre; **acte contraire à l'–** unehrenhafte Handlung; **attestation sur l'–** (Beteuerung) auf Ehre und Gewissen, Ehrenwort *n;* **donner sa parole d'–** sich auf Ehrenwort verpflichten, sein Ehrenwort geben; **engager son –** feierlich versprechen; **faire – à ses engagements** seinen Verpflichtungen nachkommen; **faire une déclaration sur l'–** eine eidesstattliche Erklärung abgeben; **juridiction d'–** Ehrengericht *n,* Ehrengerichtsbarkeit *f;* **point d'–** Ehrensache *f;* **rendre les derniers –s à qqn.** jmdm. die letzte Ehre erweisen.
honnir *v.tr.* hassen; verachten.
honorabilité *f* (1) (*BankR*) Kreditwürdigkeit *f* (eines Kaufmanns), (2) Ehrbarkeit *f,* Ehrenhaftigkeit, (3) (*ZR*) Besitz *m* der bürgerlichen Ehrenrechte; **mettre en doute l'– de qqn.** ehrenrühriges behaupten.
honoraire *adj* (= *à titre honorifique*) ehrenamtlich, Ehren-; außer Dienst; **conseiller** *ou* **membre –** Ehrenmitglied *n.*
honoraires *mpl* (1) (*rémunération de l'avocat, du médecin*) Honorar *n,* (2) (*émoluments du notaire, de l'expert*) Gebühren *fpl,* Vergütung *f;* **créance d'–** Honorarforderung *od.* -anspruch; **liquidation des –** Honorarfestsetzung; **note d'–** Gebührenrechnung; **tarif d'–** Gebührenordnung; Gebührensätze; Honorarsätze *mpl.*
honoraires d'agence (*HR*) Vermittlungsgebühren, Maklerhonorar *n;* **– d'avocat** Anwaltskosten, Gebührenrechnung eines Rechtsanwalts, Anwaltshonorar *od.* kosten; **– d'experts** Sachverständigengebühr *f;* **– fixés de gré à gré** frei vereinbartes Honorar; **– forfaitaires** Pauschalhonorar; **– des notaires, – notariaux** Notariatsgebühr, Notariatskosten; **– tarifés** gemäß der Gebührenordnung bemessene Vergütung (eines Anwalts).
honorariat *m* Ehrenamt *n.*
honorer *v.tr.* ehren; **– un chèque** einen Scheck einlösen; **– qqn. de sa confiance** jmdm. vertrauen, jmdm. sein Vertrauen schenken; **– un contrat** seine vertraglichen Verpflichtungen erfüllen; **– ses dettes, – ses engagements, – sa signature** seine Schulden begleichen.
honorifique *adj* ehrenvoll; **charge –** Ehrenamt *n;* **à titre –** honoris causa.
honte *f* (1) Schmach *f,* Bloßstellung; Skandal *m,* Unehre *f,* (2) Scham *f,* Beschämung.
hôpital *m* (*Soz VersR: établissement public communal, départemental, national*) öffentlich-rechtliches Krankenhaus *n,* Krankenanstalt; **– psychiatrique** Nervenheilanstalt *f,* psychiatrische Klinik.
horaire *m* (1) (*ArbR*) Arbeitszeit *f,* (2) Stundenplan *m,* Zeitplan, (3) Fahrplan; **salaire –** Stundenlohn *m;* **– à la carte** *ou* **flexible** *ou* **flottant** *ou* **mobile** gleitende Arbeitszeit; **– de service** Dienststunden.
horizon *m*: **faire un tour d'–** eine Gesamtdarstellung geben.
horloge *f* Turmuhr *f;* **– parlante** Zeitansage *f;* **– de pointage** Stechuhr.
hormis *prép.* außer, ausgenommen.
horodateur *m* Parkuhr *f.*
hors *adv* außerhalb, außen; **– barème** (*ArbR*) übertariflich; **– cadre** (*BeamR*) außerplanmäßig; **– de cause** (*StR*) außer Verdacht, unbeteiligt; **– commerce** nicht im Handel, nicht verkehrsfähig.
hors-cote *adj* (*BörR*) außerbörslich, nicht amtlich notiert; **– la-loi** außerhalb des Gesetzes stehend; Gesetzesbrecher; **– de prix** unerschwinglich; **– taxes** zollfrei; Steuer nicht inbegriffen.
hospice *m* Altersheim *n.*

hospitalier *adj*: **centre –** Krankenanstalt *f*.
hospitalisation *f* Krankenhausaufnahme *od*. -einweisung.
hospitalité *f* Gastfreundschaft *f*.
hostile *adj* feindselig, feindlich.
hostilité *f* (1) Feindschaft *f*, feindliche Gesinnung, (2) *fpl* (*VR: surtout au pluriel – hostilités*) Feindseligkeiten *fpl*.
hôte *m* Gast *m*; **– de marque** Staatsgast *m*.
hôtel *m* (*VwR*) öffentliches Gebäude, Verwaltungszentrum; **franchise d'–** (*VR*) ' Unverletzbarkeit des Gesandtschaftsgebäudes; **– diplomatique** Gesandtschaftsgebäude *n*; **– du juge** (*PrzR*) Privatwohnung des Richters; **– Matignon** Sitz des frz. Premierministers; **– de la Monnaie** frz. zentrales Münzamt (in Paris); **– de police** Polizeipräsidium *n*; Polizeidienststelle *f*; **– des Postes** Hauptpostamt; **– de la Préfecture** Sitz *m* der Departementverwaltung; **– des Ventes** Auktions- *od*. Versteigerungslokal; **– de ville** Rathaus *n*.
hôtelier *m* Hotelier *m*, Gastwirt *m*.
hôtellerie *f* Gaststätten- und Beherbergungsgewerbe *n*; Speisewirtschafts- und Beherbungsbetrieb *m*; **contrat d'–** Beherbungsvertrag *m*; **dépôt d'–** gesetzliches Pfandrecht an den eingebrachten Sachen des Gastes.
houille *f* Steinkohle *f*; **– blanche** (= *hydroélectricité*) Wasserkraft *f*.
houillère *f* Kohlenbergwerk *n*, Zeche *f*; **bassin de –** (Steinkohlen-) Lagerstätte *f*; Bergbaugebiet *n*; Bergbaugewerbe *n*; frz. staatlicher Bergbaubetrieb.
huiles *fpl* **usagées** (*UmweltR*) Altöl *n*.
huis-clos *m* (*PrzR: jugement toutes portes fermées*) Ausschluss der Öffentlichkeit; **juger à –, statuer à –** unter Ausschluss der Öffentlichkeit entscheiden; **prononcer le –** die Öffentlichkeit ausschließen.
huissier (de justice) *m* (1) (*ZPR: auxiliaire de justice ayant qualité d'officier ministériel et chargé de la signification et de l'exécution forcée des actes publics*) Zustellungsperson für Gerichtsurkunden (als unabhängiger Träger eines öffentlichen Amtes); Gerichtsvollzieher *m*; Vollstreckungsbeamte(r) *m*, (2) (*ZPR, ZR: officier ministériel chargé des constatations sur commission du juge ou à la reqête des particuliers*) mit der verbindlichen Feststellung juristisch erheblicher Sachverhalte beauftragte Amtsperson; Amtsperson für die schriftliche Beurkundung eines Vorgangs od.Sachverhalts, (3) (*PrzR: personne chargée du service intérieur des tribunaux, syn.: huissier audiencier*) Gerichtsdiener (des Sitzungsdienstes) *m*, Amtsdiener, Gerichtsweibel *m* (S).
huissier: **constat d'–** amtliche Tatsachenfeststellung, Protokoll *n* des Gerichtsvollziehers; **exploit d'–** Zustellungsurkunde *f*; **– instrumentaire** Gerichtsschreiber *m*, Urkundsbeamte (r).
huit *adj. et n.m.*: **aujourd'hui en –** innerhalb einer Woche (vom heutigen Tag an berechnet); **– jours** eine Woche.
huitaine *f* **franche** (*ZR, ZPR: délai franc de huit jours*) eine Woche (und zusätzlich ein Respekttag); Achttagefrist (die mit dem ersten vollen Tage der Frist beginnt, und am Tage nach Ablauf des achten Tages endigt).
humain *adj* menschlich; **corps –** Körper *m* des Menschen; **dignité –e** Menschenwürde *f*.
humanité *f* (1) Menschlichkeit *f*, (2) Menschengeschlecht *n*; **crime contre l'–** (*StR*) Verbrechen gegen die Meschlichkeit.
humilier *v.tr.* jmdn. verletzen, kränken, herabsetzen, herabwürdigen.
hydrocarbure *m* Kohlenwassertoff *m*; Erdöl *m*.
hygiène *f* Gesundheitspflege *f*; **service d'– de la municipalité** städtisches Gesundheitsamt *n*; **– publique** Gesundheitswesen *n*; **– du travail** betrieblicher Gesundheitsschutz.
hypermarché *m* (*HR: magasin en libre-service avec une surface de vente supérieure à 2500 m2*) Einkaufszentrum *n*, Verbrauchermarkt *m*, SB-Warenhaus *n*.
hypothécaire *adj* (1) (*SachR: relatif à l'hypothèque*) hypothekarisch, Hypotheken-, (2) (*SachR: garanti par une hypothèque*) durch eine Hypothek ge-

sichert, (3) (*SachR: relatif à la publicité foncière*) die Eintragung im amtlichen Hypothekenregister betreffend; **affectation –** Hypothekenbestellung; **dette –** Hypothekenschuld *f*, hypothekarisch gesicherte Schuld; **rang –** Hypothekenstelle, Rang des Hypothekengläubigers.

hypothèque *f* (1) (*SachR: sûreté réelle immobilière*) frz. (Buch-) Hypothek *f*, (2) (*WirtR: nom donné aux sûretés mobilières portant sur un navire ou un aéronef*) Belastung eines Schiffs- *od.* eines Flugzeugs, Schiffshypothek, Luftfahrzeughypothek, (3) (*SchuldR, HR: hypothèque dite mobilière, nantissement ou gage sans dépossesssion*) besitzloses Pfandrecht; **acte d'–, acte constitutif d'–** Hypothekenbestellung(surkunde); **amortir une –** eine Hypothek tilgen; **assiette de l'–** Haftungsgrundlage, die der hypothekarischen Haftung unterworfenen Grundstücke; **consentir une –** eine Hypothek bestellen *od.* bewilligen *od.* einräumen *od.* gewähren; **constituer une –** eine Hypothek bestellen; **constitution d'–** Hypothekenbestellung *od.* -bewilligung *od.* -gewährung *od.* -begründung; **contrat** *ou* **convention d'–** Hypothekenbestellungsvertrag; **emprunter sur –** ein Darlehen gegen Hypothekenbestellung aufnehmen; **extinction de l'–** Erlöschen der Hypothek; **garantir par une –** hypothekarisch sichern; **grevé d'–** mit einer Hypothek belastet; **inscription d'–** Hypothekeneintragung; **naissance de l'–** Hypothekenentstehung; **prendre une –** eine Hypothek aufnehmen; **purge d'une –** Hypothekenbereinigung; **purger une –** eine Hypothek abtragen, tilgen; **radiation de l'–** Hypothekenlöschung; **transmission de l'–** Hypothekenabtretung *od.* -übertragung.

hypothèque aérienne *ou* **sur aéronef** Luftfahrzeughypothek; **– amortissable** Tilgungshypothek; **– conditionnelle** bedingte Hypothek; **– conservatoire** zur vorläufigen Sicherung mit richterlicher Genehmigung bestellte Hypothek; **– conventionnelle** Vertragshypothek, rechtsgeschäftliche Hypothek; **– de garantie** Sicherungshypothek; **– inscrite** eingetragene Hypothek; **– judiciaire** Hypothek kraft Urteil, gerichtliche Hypothek, Zwangshypothek.

hypothèque légale Hypothek kraft Gesetzes, gesetzliche Hypothek; **– maritime** Schiffshypothek; **– mobilière** Hypothek an beweglichen Sachen, Schiffs- *od.* Luftfahrzeughypothek; **– occulte** nicht eingetragene Hypothek; **– de second rang** an zweiter Stelle eingetragene Hypothek, zweitrangige Hypothek; **– transcrite** übertragene Hypothek.

hypothéquer *v.tr.* mit einer Hypothek belasten, hypothekarisch belasten.

hypothèques *fpl*: **franc** *ou* **libre d'–** hypothekenfrei; **prêt sur –** Hypothekarkredit *m*, Hypothekendarlehen; **prêter sur –** Darlehen gegen hypothekarische Sicherstellung gewähren, auf Hypotheken leihen; **registre des –** frz. Hypothekenregister *n* (als Abteilung der Finanzbehörde).

hypothèse *f* (1) Voraussetzung, Annahme, Hypothese, (2) Vermutung, Erklärungsversuch; **– dénuée de tout fondement** völlig unbegründete Annahme; **– infirmée par l'expérience** durch die Erfahrung widerlegte Vermutung.

hypothétique *adj* ungewiss, zweifelhaft; mutmaßlich.

I

idéal *adj* (1) musterhaft, vorbildlich, (2) nur gedacht, nicht wirklich; **concours – d'infractions** (*StR*) Idealkonkurrenz *f*, Tateinheit *f*, Verletzung mehrerer Strafgesetze durch dieselbe Handlung.
idéal *m* Ideal *n*; das blos Gedachte; das Vorgestellte (im Gegensatz zum Realen); das Musterbild (des Rechts, usw.).
idée *f* (1) (*représentation de l'esprit, notion, concept*) (geistige) Anschauung *f*, Vorstellung *f*, Idee *f*, (2) (*opinion*) Meinung *f*, Auffassung *f*, Ansicht *f*, (3) (*association d'idées*) Annahme *f*, Hypothese *f*, Vermutung *f*, (4) (*intention, projet*) Gedanke *m*, Absicht *f*, Ziel *n*, Vorhaben *n*; **– directrice** Richtlinie *f*, Leitlinie *f*; **– fondamentale, – force, – générale** Grundgedanke *m*, Grundbegriff *m*; **– préconçue** vorgefasste Meinung.
idem *adv* (eben) derselbe *od.* dasselbe; ebenso.
identifiable *adj* identifizierbar; erkennbar; feststellbar.
identificateur *m* (*MedizinR*) Assistent (in der Gerichtsmedizin).
identification *f* (1) Kenntlichmachung, Kennzeichnung, Identifikation *f*, Identifizierung *f*, (2) Feststellung der Nämlichkeit, (3) Gleichstellung, Gleichsetzung *f*; **– d'un criminel** Feststellung der Identität eines Verbrechers.
identificatoire *adj*: **procédure –** (*StR*) erkennungsdienstliche Erfassung.
identifié *adj*: **malfaiteur – par la police** durch die Polizei identifizierter Straftäter.
identifier *v.tr.* die Identität feststellen, identifizieren, eine Personenfeststellung durchführen; jmdn. (wieder-) erkennen; kennzeichnen.
identique *adj* gleichbedeutend, übereinstimmend, völlig gleich, ein u. dasselbe; **produits –s** gleiche Ware; **réexporter à l'–** (*ZollR*) in unverändertem Zustand wiederausführen.
identitaire *adj*: **crise –** (*Pol*) Identitätskrise *f*.
identité *f* (1) (*ZR: individualité d'une persone*) Identität *f*, (2) (*caractère de ce qui est semblable*) (völlige) Übereinstimmung *f*, Gleichheit *f*, Wesenseinheit *f*, (3) (*ZollR*) Nämlichkeit *f*; **carte d'–** Personalausweis *m*, Kennkarte *f*; Legitimation; **certificat d'–** Identitätsnachweis *m*; Nämlichkeitszeugnis *od.* -schein; **constation de l'–** (1) (*ÖfR: personnes*) Identitäts- od.Personenfeststellung *f*, (2) (*HR: marchandises*) Feststellung der Nämlichkeit; **contrôle d'–** Ausweiskontrolle *f*, Identitätsfeststellung; **décliner son –** sich ausweisen; **document d'–** Ausweis *m*, Kennkarte *f*; **falsification d'–** Ausweisfälschung *f*; **interrogatoire d'–** (*StR*) Vernehmung zur Person; **justifier son –** sich ausweisen; **papiers d'–** (1) (*VwR*) Personalausweis *m*, (2) (*HR*) Legitimationspapier *n*; **photo d'–** Passbild *n*; **plaque d' –** Erkennungsmarke *f*; **service de l'– judiciaire** Erkennungsdienst *m*; **titre d'–** (*ÖfR: pièce officielle (passeport, permis de conduire, etc.) prouvant l'identité d'une personne*) Ausweispapier *n*; **vérification d'–** Feststellung *od.* Überprüfung der Personalien; **voyager sous une fausse –** unter falschem Namen reisen.
identité civile (*ZR: ensemble des éléments qui concourent à l'identification d'une personne physique*) Name, Vorname, Geburtsdatum und Geburtsort, Abstammung, Geschlecht, Beruf; **– d'esprit** Meinungsübereinstimmung *f*, **– judiciaire** (*StPR*) Fahndungsdienststellen der Polizei; Erkennungsdienst; erkennungsdienstliche Behandlung; **– des parties** (*ZPR*) Bezeichnung der (Prozess-) Parteien; **– physique** Unverwechselbarkeit *od.* Eigentümlichkeit einer Person.
idéologie *f* Ideologie *f*, gesellschaftliche

od. politische *od.* juristische Anschauung; *pej* Fehlmeinung mit Rechtfertigungstendenz.

id est *loc. conj.* (*i.e.* = *c'est-à-dire*) das heißt (= d.h.), das bedeutet, das ist.

idiome *m* Mundart *f*, Sprechweise *f*, Spracheigenheit *f*.

idiotie *f* (1) Intelligenzminderung *f*, (2) (*MedizinR*) schwerste geistige Behinderung (3. Grades); (*veraltete Bezeichnung*) Idiotie *f*.

idoine *adj* geeignet, tauglich; sachlich richtig, zutreffend.

igame *m* (*VwR: inspecteur général de l'administration en mission extraordinaire*) Präfekt mit Aufsichts- und Koordinierungsfunktion.

ignoble *adj* niederträchtig, infam; ehrlos, anrüchig.

ignorance *f* Unwissenheit *f*, Kenntnislosigkeit, Unkenntnis *f*; **être dans l'–** keinerlei Kenntnis haben (von); **– du droit** Rechtsunkenntnis *od.* -unwissenheit; **– d'une interdiction** Verbotsunkenntnis.

ignorant *adj* unwissend, unkundig.

ignorer *v.tr.* nicht wissen; unbeachtet lassen; absichtlich nicht beachten; **nul n'est censé – la loi** (*StR*) *loc* Rechtsunkenntnis schadet, Unkenntnis des Gesetzes schützt nicht vor Strafe, ignorantia juris nocet.

illégal *adj* (1) (*contraire à la loi*) gesetzwidrig, ungesetzlich, widerrechtlich, illegal, (2) (*illicite*) rechtswidrig, rechtsungültig; **invention –e** gesetzwidrige Erfindung.

illégalement *adv* gesetzwidrigerweise, in gesetzwidriger Weise; ohne rechtlichen Grund.

illégalité *f* (1) (*caractère illégal*) Gesetzwidrigkeit *f*, Rechtswidrigkeit, Unrechtmäßigkeit, Illegalität *f*, (2) (*VwR: acte illégal pour méconnaissance des règles de forme, de fond ou de compétence*) ungesetzliche Maßnahme, gesetzeswidrige (Amts-) Handlung; **entaché d'–** rechtwidrig *adj*; **exception d'–** (*VwPR*) Einrede der Rechtsbeugung, Einrede der Rechts- *od.* Gesetzwidrigkeit (einer Verwaltungshandlung).

illégitime *adj* (1) (*illicite*) unberechtigt, unrechtmäßig, illegitim, (2) (*FamR: enfant*) nichtehelich, unehelich.

illégitimité *f* (1) Ungesetzlichkeit, Unrechtmäßigkeit *f*, Illegitimität *f*, (2) (*FamR: enfant*) Nichtehelichkeit, Unehelichkeit.

illettré *adj* lese- und schreibunfähig; ungebildet.

illicéité *f* (1) (*ZR: vice justifiant l'annulation d'un acte juridique*) Gesetzwidrigkeit (von Rechtsgeschäften), (2) (*StR: absence de cause légale de justification*) Rechtswidrigkeit, (3) (*ZPR: absence d'intérêt légitime*) fehlendes Rechtsschutzbedürfnis *od.* -interesse.

> *illicite* impliziert immer auch eine moralische Verdammung für ein Tun, *illégitime* weist auf einen rechtswidrigen Zustand hin, durch *illegal* wird eine Gesetzesverletzung konstatiert. Dennoch werden die drei Adjektive häufig synonym verwendet.

illicite *adj* unerlaubt, widerrechtlich, unrechtmäßig, rechtswidrig; ungebührlich; ordnungswidrig; **concurrence –** rechtswidriger Wettbwerb; **gain –** gesetzwidriger Gewinn; **marquage –** widerrechtliche Kennzeichnung; **moyen –** rechtswidriges Mittel.

illicité *f* (*ÖfR: syn. illicéité*) Gesetzwidrigkeit *f*.

illicitement *adv* widerrechtlich, unberechtigt; **étendre –** unzulässigerweise erweitern.

illimité *adj* (1) unbegrenzt, unbeschränkt, (2) (*Macht*) unumschränkt; **pour une durée –e** auf unbeschränkte Zeit.

illiquidité *f* Zahlungsunfähigkeit, Mangel *m* an flüssigen Mitteln.

illisible *adj* unleserlich.

illusoire *adj* trügerisch, täuschend.

illustration *f* Erläuterung *f*, Erklärung; Abbildung, bildliche Darstellung.

illustré *m* (*MedienR*) Illustrierte *f*.

illustrer *v.tr.* veranschaulichen, erläutern.

ilôt *m* **insalubre** (*BauR*) sanierungsbedürftiger Gebäudekomplex.
ilôtage *m* (*VwR*) Einrichtung einer Polizeinebenstelle (in großen Wohnkomplexen).
ilôtier *m* (*VwR*) Polizeibeamter (in einer Polizeinebenstelle).
image *f* (1) Bild *n*, Abbildung *f*; Darstellung *f*, (2) (*Pol.*, *Werbung*) vorgefasstes u. festumrissenes Vorstellungsbild, Image *n*; **soigner son – de marque** Imagepflege betreiben; **– de marque** Ruf *m* eines Markenprodukts, Image *n* (eines Produkts, einer Person); Bild *n* einer Persönlichkeit in der öffentlichen Meinung.
imaginaire *adj* erdacht, fiktiv.
imagination *f* Einbildungskraft *f*, Einfallsreichtum *m*; Vorstellungsvermögen *n*.
imaginer *v.tr.* (1) sich vorstellen, ersinnen, (2) **s'–** *v. pron.* sich etwas vormachen; sich vorstellen, dass . . ., der Meinung sein, sich einbilden.
imbécillité *f* Schwachsinn *m* (mittleren Grades).
imbrication *f* Verflechtung *f*, Ineinandergreifen *n*; **– de sociétés** (für Außenstehende) nicht durchschaubare Unternehmensverflechtung.
imbroglio *m* Verwirrung, Verwicklung; Unordnung; **– juridico-constitutionnel** verfassungsrechtliches Durcheinander.
imbrûlés *mpl* (*UmweltR*) Treibstoffrückstände *mpl*.
imitation *f* (1) (*WirtStrR: contrefaçon*) Nachbildung *f*, Nachahmung *f*, (2) (*ZR: Urkunden – falsification*) Fälschung *f*; **se méfier des –s** vor Nachahmungen wird gewarnt; **– d'une invention sans contrefaçon directe** Nachahmung einer Erfindung ohne unmittelbare Verletzung; **– d'une signature** Unterschriftsfälschung.
imiter *v.tr.* nachahmen, nachmachen.
immanent *adj* innewohnend, in der Sache liegend.
immatériel *adj* unkörperlich, geistig; ideell; **dommage –** ideeller Schaden.
immatriculation *f* (1) (*ZR, VwR, SozR*) Eintragung, Anmeldung *f*, (2) (*HochschulR*) Immatrikulation *f*, Einschreibung (bei einer Fakultät), (3) (*StVR: véhicules automobiles*) Kennzeichen *n*; Zulassung; **numéro d'–** (1) (*StVR*) amtliches Kennzeichen (Kfz); Kfz-Zulassungsnummer, (2) (*HR, GesR*) Register- *od.* Eintragungsnummer *f*, (3) (*ZR*) (Personen-) Kennziffer *f*, (4) (*GewR: Geräte*) Kennzeichnungsnummer *f*; **numéro d'– à la Sécurité sociale** Sozialversicherungsnummer; **– au Registre des agents commerciaux** Eintragung im frz. Handelsvertreterregister; **– au Registre du commerce et des sociétés** Eintragung im frz. Handels- und Gesellschaftsregister, Handelsregistereintragung; **– à la Sécurité sociale** Anmeldung bei einem Sozialversicherungsträger.
immatricule *f* (*PrzR: numéro d'ordre d'un huissier sur la liste d'inscription de ceux qui ont le droit d'instrumenter près d'un tribunal*) Eintragung(snummer) (des Gerichtsvollziehers).
immatriculer *v.tr.* (1) (*Kfz*) anmelden, (2) eintragen, (3) (*Student*) einschreiben, immatrikulieren.
immature *adj* geistig unreif, psychisch zurückgeblieben.
immédiat *adj* unmittelbar, sofort, umgehend, unverzüglich; **cause –e** unmittelbare Ursache; **danger –** drohende Gefahr; **dans l'–** in der allernächsten Zeit, umgehend; **successeur –** Erbe 1. Ordnung, unmittelbarer Nachfolger.
immédiatement *adv* (*= sans délai, à l'instant même*) umgehend, sofort, gleich, unverzüglich.
immensurable *adj* unermesslich groß, unmessbar.
immérité *adj* unverdient; unberechtigt.
immeuble *adj* unbeweglich; **bien –** Grundstück *n*; **droit réputé –** grundstücksgleiches Recht.
immeuble *m* (1) (*SachR: le sol et ce qui s'y incorpore, art. 518 Cciv*) Grundstück *n*, unbewegliche Sache, abgegrenzter Teil der Erdoberfläche, (2) (*SachR: tout bien auquel la loi reconnaît le caractère immobilier, art. 517 Cciv*) Immobilie(n) *f(pl)*, Liegenschaft(en) *f(pl)*, (3)

(*AllgSpr*) Gebäude *n*, Bauwerk *n*, Baulichkeit *f*, Haus *n*; **accessoire de l'–** (*SachR*) Bestandteil der Hauptsache; **gérant** *ou* **syndic d'–s** (*ZR: celui qui gère à titre professionnel des immeubles pour le compte des propriétaires*) Grundstücks- *od.* Immobilienverwalter *m*, Hausverwalter *m*.

immeuble par destination (*SachR: chose immobilière réputée immeuble par la loi – art. 524 Cciv*) unbewegliche Sache kraft gesetzlicher Bestimmung; Zubehör *n*; lebendes und totes Inventar; **– fictif** grundstückgleiches Recht; **– de grande hauteur (= IGH)** Hochhaus *n*; **– insalubre** gesundheitsgefährdendes Grundstück.

immeuble menaçant ruine einsturzgefährdetes Gebäude; **– par nature** Grundstück, Grund und Boden, Gebäude *n*; **– par l'objet auquel il s'applique** beschränktes dingliches Recht am Grundstück; **– de rapport** Ertrags- *od.* Mietshaus; **– à usage d'habitation** Wohnhaus, Wohngebäude; **– en usufruit** mit einem Nießbrauch belastetes Grundstück.

immigrant *adj*: **travailleur –** ausländischer Arbeitnehmer, Gastarbeitnehmer *m*, Gastarbeiter *m*, Arbeitsmigrant *m*.

immigrant *m* Migrant *m*, Einwanderer *m*, Immigrant *m*.

immigration *f* Einwanderung, Immigration; Zuwanderung, Zuzug *m od.* Zustrom *m* von Gastarbeitern; **loi sur l'–** Einwanderungsgesetz *n*; **restriction à l'–** Einwanderungsbeschränkung.

immigration clandestine *ou* **irrégulière** illegale Einwanderung; **– économique** Einwanderung aus wirtschaftlichen Gründen, Immigration infolge einer wirtschaftlichen Notlage; **– pour des raisons familiales** Einwanderung zwecks Familienzusammenführung; **– régulière** legale Einwanderung; **– zéro** Einwanderungsstop *m*.

immigré *m* (*AuslR: migrant*) Einwanderer, (aufenthaltsberechtigter) Ausländer; **– sans papiers** (*AuslR: on dit aussi: un sans papier ou un étranger en situation irrégulière*) illegaler Einwanderer, nicht aufenthaltsberechtigter Migrant.

immigrer *v. intr.* einwandern, sich niederlassen, sich ansiedeln.

imminence *f* (*imminence d'un danger, d'un péril*) nahes Bevorstehen (einer Gefahr); **– d'une décision** baldige Entscheidung.

imminent *adj* drohend, (nahe) bevorstehend; **danger –** drohende Gefahr; **nomination –e** kurz bevorstehende Ernennung.

immiscer *v. pron.*: **s'– (dans une affaire)** sich (in fremde Angelegenheiten) einmischen, sich einmengen.

immixtion *f* Einmischung *f*, Intervention.

immobilier *adj* (*SachR: qui est immeuble, composé d'immeubles, ou considéré comme immeuble*) unbeweglich; **biens –s** Liegenschaften *fpl*, Immobilien *fpl*, unbewegliche Güter; **marché –** Immobilienmarkt *m*.

immobilier *m* Immobilienmarkt *m*; Immobilienhandel *m*; **– locatif** Wohnungsmarkt *m*; **– de loisir** Ferienwohnungsmarkt *m*.

immobilisation *f* (*GesR: biens acquis pour une utilisation permanente – surtout employé au pluriel*) Anlagevermögen *n*, Anlagegüter *npl*, (2) (*ZwangsVR: interdiction de déplacer un meuble*) Sicherungsvollstreckung (in bewegliches Vermögen), (3) (*SachR*) rechtliche Umwandlung einer bewegliche Sache in eine Liegenschaft, (4) (*SeeHR*) Liegezeit *f*; **frein d'–** (*StVR*) Feststellbremse *f*; **taxe d'–** Wagenstandgeld *n*.

immobilisation de capital Bindung *od.* Festlegung von Kapital, Kauf *m* von Betriebsanlagen; **– à longue durée** langfristige Anlage (von Geldmitteln); **– d'un véhicule** (*StVR*) Entzug *m* der Betriebserlaubnis, Zurücknahme der Zulassung; **–s d'exploitation** Anlagevermögen *n*.

immobilisé *adj* (1) (*capitaux*) fest angelegt, nicht verfügbar, (2) (*usine*) stillgelegt, (3) (*compte*) gesperrt.

immobiliser *v.tr.* (1) (*SachR: biens*) rechtlich wie Liegenschaften behandeln, (2) (*fonds, capitaux*) anlegen.

immobilisme *m* Starrheit *f*, Unbeweglichkeit; Reformunfähigkeit; Fortschrittsfeindlichkeit.

immodéré *adj* maßlos, unmäßig; **dépenses –es** unverhältnismäßige Ausgaben; **prétention –e** überzogene Forderung; **prix –** ungerechtfertigter Preis.

immodifiable *adj* unabänderbar.

immoler *v.tr.* opfern, töten.

immondices *fpl* Müll *m*, Unrat *m*.

immoral *adj* (*ZR: contraire aux bonnes mœurs*) unsittlich, sittenwidrig.

immoralité *f* Sittenwidrigkeit *f*, Unsittlichkeit *f*.

immotivé *adj* unbegründet; **action –e** Handlung ohne ersichtlichen Beweggrund; **décision –e** unbegründete Entscheidung; **réclamation –e** gegenstandslose Mängelrüge, unbegründete Reklamation.

immuable *adj* unveränderlich, unabänderlich; **malfaiteur – dans ses convictions** Überzeugungstäter *m*.

immunité *f* (1) (*VerfR: art. 26 de la constitution*) (parlamentarische) Immunität *f*, Beschränkung der Strafverfolgung, (2) (*SteuerR*) Steuerfreiheit *f*; Steuerbegünstigung *f*, (3) *f* (*StR*) Straffreiheit, gesetzlicher Schutz vor Strafverfolgung; **levée de l'–** Aufhebung der Immunität.

immunité d'arrestation (*StR*) gesetzlicher Schutz vor Strafverfolgung; Haftverschonung; **– de la défense** (*PrzR*) Straffreiheit der Parteien und ihrer Prozessvertreter; **– de détention** Haftbefreiung *f*; **– diplomatique** (*VR*) diplomatische Immunität, Unverletzlichkeit der Person (der diplomatischen Vertreter und ihrer Familienangehörigen); **– douanière** Zollfreiheit; **– de l'État souverain** (*VR*) Immunität souveräner Staaten; **– familiale** (*StR*) Straffreiheit des Familiendiebstahls; **– fiscale** Steuerfreiheit, Abgabenfreiheit; **– de fonctions** (*VwR*) Amtsimmunität.

immunité de juridiction Befreiung von der Gerichtsbarkeit, Immunität *f*, Nichtverfolgbarkeit *f*, Exterritorialität *f*; **– parlementaire** parlamentarische Immunität, Beschränkung der Strafverfolgung; **– de poursuites** (*StR*) gesetzlicher Schutz vor Strafverfolgung.

immutabilité *f* Unveränderlichkeit, Unabänderlichkeit *f*.

impact *m fig* Einwirkung *f*, Auswirkung *f*, durchschlagende Wirkung; Einfluss *m*; Folgen *fpl*; **étude d'–** Umweltverträglichkeitsprüfung *f*; **point d'–** Einschuss; **– d'un message publicitaire** Werbewirksamkeit.

impair *m* Fehlverhalten *n*; **commettre un –** sich falsch verhalten.

impardonnable *adj* unverzeilich, unentschuldbar.

imparfait *adj* unvollkommen, unvollendet; **ouvrage –** mangelhaftes Werk.

impartageable *adj* unteilbar.

impartial *adj* unparteiisch, unparteilich, neutral; **enquête –e** sachliche Untersuchung; **juge –** Richter, der ohne Ansehen der Person entscheidet.

impartialité *f* Unparteilichkeit *f*, Unvoreingenommenheit *f*; **faire preuve d'–** unparteilich sein.

impartir *v.tr.* gewähren; zugestehen; zubilligen; **biens impartis à qqn.** jmdm. zugeteilte Güter; **– un délai** jmdm. eine Frist setzen *od.* einräumen.

impartition *f* (1) (*BW*) Beteiligung, Teilhabe, (2) (*HR: sous-traitance partielle à plusieurs entreprises*) Vertreilung (von Aufträgen an mehrere Subunternehmer).

impasse *f* (1) Sackgasse *f*, ausweglose Situation, Klemme *f*, (2) Defizit *n*; **s'engager dans une –** *v. pron.* sich verrennen; **faire l'– sur qqch.** etwas als unbeachtlich beiseite schieben, etwas (wichtiges) außer Betracht lassen; **– budgétaire** Haushaltsdefizit.

impatience *f* Ungeduld *f*.

impayé *adj* (1) unbezahlt, (2) unbesoldet; **traite –e** (*WechselR*) nicht bezahlter Wechsel.

impayés *mpl* Außenstände *mpl*; überfällige Forderungen; **dresser l'état des –** die Außenstände feststellen; **recouvrement des –** Eintreibung der Außenstände; **– d'énergie** unbezahlte Strom- und Gasrechnungen.

impeachment *m* (*VerfR: procédure de mise en accusation d'un haut fonctionnaire*) Impeachment *n*, Anklage wegen Amtsmissbrauch (gegen einen hohen Staatsbeamten).

impécunieux *adj* mittelos, ohne Geldmittel, arm.

impénitent *adj* uneinsichtig, verstockt, unverbesserlich.

impenses *fpl* (1) (*SachR: dépenses faites sur un immeuble*) Unterhaltungskosten *pl*, Aufwendungen (für Reparaturen *od.* Renovierung), (2) (*i.w.S.: dépenses*) Ausgaben, Geldaufwand, Unkosten; **– nécessaires** notwendige Aufwendungen (zur Reparatur aller beschädigten *od.* abgenutzten Teile); **– utiles** nützliche (wertsteigernde) Aufwendungen; **– voluptuaires** Schönheitsreparaturen *fpl* (keinerlei Werterhöhung beinhaltend).

impératif *adj* (*ZR: acte auquel la volonté individuelle ne peut déroger, art. 6 Cciv*) (rechts-) verbindlich, obligatorisch, zwingend vorgeschrieben; dringend, notwendig; **besoins –s** Grundbedarf *m*, Existenzminimum *n*; **disposition impérative** Mussvorschrift *f*, unabdingabre Bestimmung.

impératif *m* (1) (*prescritpion d'ordre politique ou économique*) dringende Forderung, unabdingbares Erfordernis *n*, (2) zwingende *od.* unabänderliche Notwendigkeit; **– économique** Sachzwang.

imperdable *adj*: **procès –** Prozess, der nicht verloren werden kann.

imperfection *f* Mangel *m*, Fehler *m*, Unvollkommenheit *f*.

impérialisme *m* Imperialismus *m*, Weltherrschaft *f*.

impérieux *adj* dringend erforderlich.

impéritie *f* fehlende Sachkenntnis, Unvermögen *n*.

impérium *m* (*PrzR*) Verwaltungsbefugnisse eines Richters, richterliche Zuständigkeiten im Bereich der Justizverwaltung.

impersonnel *adj* unpersönlich; **règle générale et –le** allgemeine, gegenüber jedermann geltende Vorschrift.

impertinence *f* Unverfrorenheit, unverfrorenes Verhalten.

impétrant *m* (1) (*SchulR: personne ayant obtenu un diplôme*) Inhaber eines Diploms, einer Staatsprüfung, (2) (*VwR*) Antragsteller *m*.

impétration *f* **d'un sursis** Erwirkung *f* eines Aufschubs.

impétrer *v.tr.* (*VwR*) einen positiven Bescheid erwirken; einen Antrag stellen.

impignoration *f* (*SchuldR: mise en gage*) Verpfändung.

impignoré *adj* verpfändet.

implantation *f* (1) (*GesR*) Lage *f*, Niederlassung *f*, Standort *m*, (2) Gründung *f*, Ansiedlung (von Industrien); Anlage *f*, Durchsetzung; **choix d'une –** Standortwahl *f*; **– sur le marché** fester Marktanteil.

implication *f* (1) Verflechtung *f*, Auswirkung *f*, (2) Einbeziehung *f* (einer Sache in eine andere), (3) (*StR*) Beteiligung (an einer Straftat), (4) (*StPR: mise en cause*) Verwicklung (in ein Strafverfahren).

implicite *adj* stillschweigend; **clause** *ou* **disposition –** stillschweigende *od.* schlüssige Vereinbarung; **volonté –** nicht ausgesprochener - aber aus der Sachlage erkennbarer Wille.

implicitement *adv* stillschweigend; **accepter –** stillschweigend zustimmen.

impliquer *v.tr.* (1) mit sich bringen, zur Folge haben, (2) jmdn. in etwas verwickeln, (3) nicht denkbar sein ohne; **être impliqué dans un accident** in einen Unfall verwickelt sein; **être impliqué dans une affaire** kompromittiert sein; **être impliqué dans un procès** an einem Verfahren beteiligt sein.

implorer *v.tr.* jmdn. (inständig) um etwas bitten; **– l'indulgence** um Nachsicht bitten.

impondérabilité *f* unvorhersehbares Ereignis.

impondérable *adj* unwägbar, schlecht *od.* nicht zu berechnen.

impopulaire *adj* unbeliebt, unpopulär; **mesures –s** unpopuläre Maßnahmen.

import *m* (*Außh: mot qui remplace parfois importation*) Import *m*.

importable *adj* einführbar, importfähig.

importance *f* Wichtigkeit *f*; Bedeutung *f*; Belang *m*; Gewicht *n*, Umfang *m*, Höhe *f*; **affaire d'–** gewichtige Angelegenheit; **affaire de moindre –** Bagatellsache *f*; **avoir de l'–** von Bedeutung sein; **élément d'– mineure** Nebensächlichkeit; **de peu d'–** unbedeutend, nebensächlich, zweitrangig, von geringer Bedeutung; **sans –** belanglos; **– d'un dommage** Schadensumfang *m*, Schadenhöhe.

important *adj* wichtig, bedeutend, beachtlich, relevant, von Belang; **charge –e** hohes Amt; **juridiquement –** rechtlich (gesehen) von Bedeutung; **personnage –** einflussreiche Person; **poste –** Schlüsselstellung; **question –e** entscheidende Frage; **retard –** große Verspätung; **somme –e** hoher Betrag, beträchtliche Summe; **– à savoir** wichtiger Hinweis.

importateur *m* Einfuhrhändler *m*, Importeur *m*, Importfirma *od.* -unternehmen.

importation *f* (1) Einfuhr *f*, Import *m*, (2) *fpl* Einfuhrgüter *npl*, Importwaren *fpl*; **admis à l'–** einfuhrberechtigt, zugelassen zur Einfuhr; **autorisation d'–** Einfuhrgenehmigung *f*; **biens d'–** Einfuhrwaren *fpl*, Importgüter *npl*; **droit à l'–** Einfuhr- *od.* Eingangszoll; **licence d'–** Einfuhrgenehmigung *od.* -bewilligung, Importlizenz *f*; **permis d'–** Einfuhrgenehmigung; **prohibition d'–** Einfuhrverbot *n*; **restriction à l'–** Einfuhrbeschränkung; **valeur à l'–** Einfuhrtwert *m*; **– en franchise** zollfreie Einfuhr.

importer *v.tr.* (1) (*Waren*) einführen, importieren, (2) (*Krankheit*) einschleppen, (3) (*v. intr.: seulement à la 3e personne: il importe*) wichtig, von Bedeutung (sein).

import-export *m* Import-Export-Geschäfte *npl*; Import-Export-Handel.

importun *adj* ungelegen, ungeeignet; aufdringlich.

importuner *v.tr.* belästigen, aufdringlich sein.

imposabilité *f* Besteuerungsfähigkeit *f*, Besteuerbarkeit.

imposable *adj* steuerpflichtig, besteuerbar, besteuerungsfähig; **matière –** Steuergegenstand *m*; **personne –** Steuerpflichtige(r) *m*, Steuersubjekt *n*; **revenu net –** zu versteuerndes Nettoeinkommen.

imposé *adj* (1) (*assujetti à l'impôt*) besteuert, der Steuer unterworfen, (2) (preis-) gebunden, (3) vorgeschrieben.

imposé *m* Steuerschuldner *m*; Steuerzahler *m*.

imposer *v.tr.* (1) (*forcer à, obliger à*) vorschreiben; auferlegen; aufzwingen, (2) (*taxer*) besteuern, mit einer Steuer belegen, (3) **s'–** *v. pron.* sich durchsetzen; sich als notwendig erweisen.

imposition *f* (1) (*SteuerR: taxation, fait d'imposer*) Besteuerung, Auferlegung (von Steuern), (2) (*SteuerR: procédé technique de liquidation d'un impôt*) Festsetzung (der Steuerschuld); Veranlagung, (3) (*SteuerR: impôt, contribution*) Abgabe *f*, Steuer *f*; Steuerlast *f*, (4) (*VwR: fait d'imposer certaines contraintes*) Festsetzung, Festlegung; **année d'–** Veranlagungsjahr *n*; **assiette d'–** (Steuer-) Bemessungsgrundlage; **avis d'–** Steuerbescheid *m*; **calcul de l'–** Ermittlung des Steuerbetrages; **catégorie d'–** Steuerklasse *f*; **décision d'–** Steuerbescheid; **double –** Doppelbesteuerung; **droit d'–** Besteuerungsrecht *n*; **limite d'–** Besteuerungsgrenze *f*, Steuerfreigrenze; **mode d'–** Besteuerungsart *f*; **période d'–** Besteuerungszeitraum, Veranlagungsperiode; **recouvrement des –s** Steuereintreibung *f*; **régime d'–** Steuersystem *n*; **rôle d'–** Steuer(hebe)rolle *f*, Steuerliste *f*; **seuil d'–** Steuerfreigrenze *f*, Steuerfreibetrag *m*; **tarif** *ou* **taux d'–** Steuersatz *od.* -tarif *m*; **tranche d'–** Steuerstufe *f*.

imposition annuelle (1) jährliche Besteuerung *od.* Steuerbelastung, (2) Kalenderjahr als Besteuerungs- *od.* Veranlagungszeitraum; **– d'après les signes extérieurs** Aufwandsbesteuerung; **– cumulative** Mehrfachbesteuerung; **– forfaitaire** Pausch- *od.* Pauschalbesteuerung; **– forfaitaire annuelle** jährliche Mindeststeuer; **–**

par foyer Haushaltsbesteuerung; **– globale** Gesamtveranlagung.

imposition d'office Zwangsveranlagung; **– des plus-values** Wertzuwachsbesteuerung (insbesondere bei Grundstücken); **– des revenus** Einkommensteuerveranlagung; **– séparée** Splitting *n*; Getrenntveranlagung; **– supplémentaire** Nachveranlagung *od.* -besteuerung.

impossibilité *f* Unmöglichkeit *f*; **en cas d'–** bei Vorliegen höherer Gewalt; **mettre qqn. dans l'– de faire qqch.** es jmdn. unmöglich machen etwas zu tun; **– d'exécuter** *ou* **d'exécution** Unmöglichkeit der Leistung; Unvermögen zur Leistung; **– juridique** Vorliegen eines rechtlichen Hindernisses; **– matérielle** praktische Undurchführbarkeit; **– d'utiliser** Unbrauchbarkeit.

impossible *adj* unmöglich, nicht durchführbar, ausgeschlossen; **condition – à remplir** nicht erfüllbarer Bedingungen; **demander l'–** unmögliches verlangen; **mission –** undurchführbarer Auftrag.

impossible *m*: **à l'– nul n'est tenu** (*SchuldR*) Verpflichtungen zu unmöglichen Leistungen sind rechtsunwirksam, Unmögliches kann man von niemandem verlangen.

imposteur *m* Betrüger *m*, Hochstapler *m*; Lügner, Gauner *m*, Heuchler.

imposture *f* (*StR: action de tromper par des discours mensongers, de fausses apparences*) Betrug *m*, Hochstapelei *f*, Schwindelei *f*.

impôt *m* (1) (*SteuerR: prélèvement obligatoire*) Steuer *f*, (öffentliche) Abgabe *f*, (2) (*HaushR: mpl: recettes de l'État*) Staatseinnahmen *fpl*; **acompte sur –** (*tiers provisionnel*) Steuervorauszahlung; **acquitter ses –s** seine Steuern zahlen; **administration chargée des –s** Steuerbehörde *f*; **arriérés d'–** Steuerrückstände *mpl*; **assujettissement à l'–** Steuerpflicht *f*, Heranziehung zur Steuer.

impôt: **centre des –s** Finanzamt *n*; **complément d'–** Steuerzuschlag *m*; **consentement de l'–** Steuerbewilligung *f*; **contentieux des –s** Steuerverfahren *n*; **créance d'–** Steuerforderung (des Finanzamtes), geschuldeter Steuerbetrag; **crédit d'–** (*avoir fiscal*) Steuerguthaben (auf Grund von Vorleistungen), vorab einbehaltene und auf die Gesamtsteuerschuld anrechenbare Steuer.

impôt: **débiteur d'–** Steuerschuldner *m*; **déclaration d'–** Steuererklärung, Selbstveranlagung; **déduire** *ou* **défalquer de l'–** von der Steuer abziehen; **dégrèvement d'un –** Steuerermäßigung *od.* -nachlass; **dette d'–** Steuerschuld; **établissement de l'–** Steuerveranlagung *f*, (Steuer-) Festsetzung *f*; Steuerbemessung *f*; **exempt d'–s** steuerfrei *adj*; **exemption** *ou* **exonération d'–s** Steuerbefreiung; Steuer- *od.* Abgabenfreiheit.

impôt: **feuille d'–s** Steuerbescheid *m*; **forfait d'–** Pauschbesteuerung, Steuerpauschalierung; **franc d'–** steuerfrei; **frapper** *ou* **grever d'un –** besteuern; **fuite devant l'–** Steuerflucht, illegaler Steuerwiderstand; **lever un –** eine Steuer erheben; **liquidation de l'–** Steuerfestsetzung; **majoration d'–** Steuererhöhung *f*; **montant de l'–** Steuerbetrag *m*; **net de tout –** steuerfrei; **nomenclature des –s** Steuerarten.

impôt: **paiement de l'–** Steuerzahlung; **payer ses –s** seine Steuern (ordnungsgemäß) zahlen; **percevoir un –** eine Steuer erheben; **prestation d'–** fällige Steuerschuld, Abschlusszahlung; **produit de l'–** Steueraufkommen *n*.

impôt: **rappel d'–** Steuernachforderung; **recettes d'–** Steuereinnahmen *fpl*; **recouvrement de l'–** Steuereintreibung *f*, Beitreibung der Steuer; **réduction d'–** Steuersenkung *od.* -herabsetzung, Steuervergünstigung; **remboursement d'–s** Steuerrückzahlung *f*; **remise d'–** Steuererlass *od.* -ermäßigung; **rendement de l'–** Steueraufkommen *n*, Steuerertrag *m*, Steuerergiebigkeit *f*; **rentrée des –s** Steueraufkommen; **soumettre à –** besteuern, eine Steuer auferlegen; **soumis à l'– sur le revenu** einkommensteuerpflichtig *adj*; **sources d'–s**

Steuerquellen; **supplément d'–** Nachsteuer; **taux de l'–** Steuersatz *m*, Abgabesatz; Steuertarif *m*; **territorialité de l'–** Territorialitätsprinzip *n*.

impôt sur l'accroissement de fortune Vermögenszuwachssteuer; **– sur l'accroissement de valeur** Wertzuwachssteuer; **– sur l'acquisition immobilière** Grunderwerbsteuer; **– affecté à une dépense déterminée** Beitragssteuer, Steuer mit gebundenem Verwendungszweck; **– sur le bénéfice des sociétés** Steuer auf die Unternehmensgewinne; **– sur les bénéfices** Gewinn- *od.* Ertragssteuer; **– sur les bénéfices industriels et commerciaux** (= I.B.I.C.) (Gewerbe-) Ertragssteuer; **– sur les boissons** Getränkesteuer.

impôt sur le capital Kapitalertragssteuer; Kapitalverkehrssteuer; Substanzsteuer; **– sur les carburants** Mineralölsteuer; **– à cascade** Mehrphasensteuer; **– cédulaire** (*SteuerR: impôt qui frappe une catégorie de revenus*) die fünf wichtigsten frz. Steuerarten: Grundsteuer, Wertpapiersteuer, Gewerbesteuer, Einkommensteuer, Umsatzsteuer für Land- und Forstwirtschaftliche Betriebe; **– sur le chiffre d'affaires** Umsatzsteuer, Warenumsatzsteuer (= WUSt); **– de circulation** Verkehrsteuer; **– sur la circulation (des marchandises)** Beförderungssteuer; **– communal** Gemeindesteuer; **– communautaire** Gemeinschaftssteuer; **– sur la consommation** Verbrauchsteuer.

impôt sur les débits de boisson Schanksteuer *f*; **– dégressif** Degressivsteuer, degressive Abschreibung; **– sur la dépense de consommation** Verbrauchs- *od.* Verkehrssteuer.

impôt direct direkte *od.* unmittelbare *od.* veranlagte Steuer; **– sur les donations** Schenkungssteuer; **– sur les effets de commerce** Wechselsteuer; **– d'État** (zentral-) staatliche Steuer; **– fédéral** Bundessteuer; **– foncier** Grundsteuer; **– forfaitaire** Pauschalsteuer, Steuerpauschalierung; **– sur la fortune (= ISF)** Vermögensteuer; **– général sur le revenu** Einkommensteuer; **– sur les grandes fortunes (= IGF)** Zusatzsteuer auf Großvermögen.

impôt indirect indirekte *od.* mittelbare *od.* tarifierte Steuer; **– local** Gemeindesteuer; **– locatif** Mietwohnraumsteuer; **– municipal** Gemeindesteuer; **– sur les mutations foncières** Grunderwerbsteuer; **– en nature** Naturalsteuer *od.* -abgabe; **– sur les opérations de bourse** Börsenumsatzsteuer; **– sur le patrimoine** Vermögens- *od.* Substanzsteuer; Besitzsteuer; **– personnel** Einkommensteuer; Personen- *od.* Subjektsteuer; **– sur les plus-values** Wertzuwachssteuer; **– prélevé à la source** einbehaltene und direkt an das Finanzamt abgeführte Steuer; **– progressif** progressiver Steuertarif; **– proportionnel** proportionaler Steuertarif, Proportionalsteuer; **– proportionnel sur les revenus des sociétés de capitaux** Körperschaftssteuer; **– sur la propriété bâtie** Gebäudesteuer; **– de quotité** Quotitätssteuer; **– réel** Real- *od.* Objektsteuer; Grundsteuer; **– de répartition** Steuerbetragstarif.

impôt sur le revenu Einkommensteuer, Ertragsteuer; **– sur le revenu des capitaux mobiliers** Kapitalertragsteuer; **– sur le revenu des personnes physiques (= IRPP)** Einkommensteuer; **– sur le revenu des valeurs mobilières** Wertpapierbesteuerung *od.* -ertragssteuer.

impôt sur les revenus du travail non salarié Steuer auf Einkommen aus selbständiger Erwerbstätigkeit.

impôt sur le salaire Lohnsteuer.

impôt sécheresse Zusatzsteuer zugunsten der durch die Trockenheit geschädigten Landwirte; **– sur les sociétés (= I.S.)** Körperschaftsteuer; **– somptuaire** Luxussteuer; **– à la source** Besitz- *od.* Einkommensteuer; **– spécial** Sondersteuer; **– sur les spectacles** Vergnügungssteuer; **– sur les spiritueux** Branntweinsteuer; **– sur les successions** Erbschaftsteuer;

– sur les titres et valeurs mobilières Wertpapiersteuer; **– sur les transactions** Verkehrssteuer; Umsatzsteuer; **– sur les transferts de capitaux** Kapitalverkehrsteuer; **– sur les transports** Beförderungssteuer.
impotence *f* Zeugungsunfähigkeit *f.*
impotent *adj* (1) (*Soz Vers*) schwerbehindert, (2) zeugungsunfähig.
impraticable *adj* (1) (*irréalisable, inapplicable*) unausführbar, nicht brauchbar, (2) (*Straße*) unbefahrbar, unwegsam.
imprécation *f* Verwünschung *f*, Fluch *m*; **– blasphématoire** *ou* **sacrilège** Gotteslästerung *f.*
imprécis *adj* ungenau, verschwommen, flüchtig; **estimation –e et globale** ungefähre und allgemeine Schätzung; **renseignement –** unbrauchbare Auskunft.
imprécision *f* Ungenauigkeit *f*; **– du souvenir** flüchtige und ungenaue Erinnerung.
imprégnation *f* Befruchtung *f*; Durchdringung *f*; **– alcoolique** (1) (*StVR: alcoolémie*) Blutalkoholgehalt *m*, (2) (*StVR*) Fahruntüchtigkeit infolge Alkoholgenusses.
impréparation *f* mangelhafte Vorbereitung.
imprésario *m* (Künstler-) Agent *m*, Impresario *m*.
imprescriptibilité (2) (*SachR, VwR: droit de propriété qui ne s'éteint pas par la prescription extinctive*) Unersitzbarkeit *f*; **–** (1) *f*: (*SchuldR, ZPR: qui n'est pas susceptible de s'éteindre par l'écoulement du temps*) Unverjährbarkeit *f*, Unverfallbarkeit (der Anwartschaft).
imprescriptible *adj* (1) nicht verjährbar, unverjährbar, (2) nicht ersitzbar, unersitzbar.
impression *f* (1) (Ab-) Druck *m*, (2) Sinneseindruck *m*, Wahrnehmung, (3) Eindruck *m*; **frais d'–** Druckkosten; **– d'ensemble** Gesamteindruck; **– d'un fichier informatique** Drucken *n* einer Datei; **– de sécurité** Sicherheitsgefühl *n*.
impressionner *v.tr.* Eindruck machen (auf), wirken; imponieren.
imprévisibilité *f* Unvorhersehbarkeit *f.*
imprévisible *adj* unvorhersehbar, nicht voraussehbar.
imprévision *f* Unvorhersehbarkeit *f*, unvorhersehbares Ereignis; **théorie de l'–** (1) (*SchuldR*) frz. Lehrmeinung des Wegfalls der Geschäftsgrundlage *od.* der Äquivalenzstörungen (zwischen Leistung und Gegenleistung), Lehre der nachträglichen Unmöglichkeit der Erfüllung, (2) (*VwR*) Abänderung eines öffentlichen Auftrages infolge eines unvorhersehbaren Ereignisses.
imprévoyance *f* Nachlässigkeit, Unbedachtsamkeit, Leichtfertigkeit.
imprévu *adj*: **cas –** unvorhergesehener Fall; **événement –** unerwartetes Ereignis.
imprimante *f* Drucker *m*.
imprimé *m* Druckschrift *f*; Drucksache *f*; Formblatt *n*, Formular *n*; Vordruck *m*; **– commercial** gewerbliche Drucksache; **– publicitaire** Werbeprospekt *n*, Werbeschrift *f.*
imprimerie *f* Druckerei *f*, Buchdruckunternehmen *n*; **écrire en lettres d'–** in Großbuchstaben schreiben; **– des Journaux officiels** frz. staatliche Druckerei der amtlichen Mitteilungsblätter (insbesondere des Gesetzblatts).
imprimeur *m* Buchdrucker *m*, Buchdruckerei *f.*
improbabilité *f* Unwahrscheinlichkeit *f.*
improbable *adj* unwahrscheinlich, unvorstellbar, kaum denkbar.
improbation *f* (*action d'improuver, de désapprouver*) Ablehnung *f*, ablehnende Haltung.
improbité *f* (*manque de probité; caractère d'une personne, d'une action improbe, malhonnête*) Unredlichkeit *f*, Unehrlichkeit.
improductif *adj* unergiebig, unrentabel, unproduktiv.
improductivité *f* (*WirtR*) Unproduktivität *f.*
impromptu *adv*: **à l'–** unvorbereitet, aus dem Stegreif.
impropre *adj* ungeeignet, untauglich; unzweckmäßig; unfähig; **– à la consommation** (*Lebensmittel*) verdorben, ungenießbar.

improvisation *f* ohne Vorbereitung Dargebotenes, Improvisation.
improviste *loc.adv.*: **à l'–** unversehens, unvermutet; **attaque à l'–** Überraschungsangriff *m.*
imprudemment *adv* unüberlegt, fahrlässig.
imprudence *f* (*ZR, StR: faute non-intentionnelle, source de responsabilité civile – art. 1383 Cciv ou pénale*) Fahrlässigkeit *f*, Unvorsichtigkeit *f*, Unbesonnenheit *f*; **commettre une –** fahrlässig handeln.
imprudent *adj* unvorsichtig, unbesonnen, unbedacht; fahrlässig.
impubère *adj* (*FamR*) eheunmündig, heiratsunfähig.
impuberté *f* Eheunmündigkeit, mangelnde Ehefähigkeit.
impudence *f* Unverschämtheit *f*, Frechheit *f*.
impudeur *f* (*StR: on dit aussi impudicité*) Unsittlichkeit *f*, Schamlosigkeit *f*, schamverletzende Handlung.
impuissance *f* (1) Machtlosigkeit *f*, Unvermögen *n*, Ohnmacht *f*, (2) Impotenz *f*, Zeugungsunfähigkeit *f*.
impulsif *adj* spntan, lebhaft, impulsiv.
impulsion *f* (1) Impuls *m*, Initiative *f*, (2) Antrieb *m*, Anstoß *m*, Triebkraft *f*; **achat d'–** unüberlegter Kauf; **– économique** wirtschaftlicher Anreiz.
impunément *adv* ungestraft, ohne nachteilige Folgen.
impuni *adj* straflos, ungestraft, straffrei; **crime qui reste –** ungesühntes Verbrechen.
impunité *f* Straflosigkeit, Straffreiheit *f*; **agir en toute –** handeln, ohne mit einer Strafverfolgung rechnen zu müssen; **jouir de l'–** Straffreiheit genießen.
impureté *f* Verunreinigung; Fremdstoff *m*.
imputabilité *f* (1) (*SchuldR*) Ausgleichbarkeit gegenseitiger Forderungen, Anrechenbarkeit *f*, (2) (*StR*) Zurechenbarkeit (einer Straftat), Vertretenmüssen *n*.
imputable *adj* (1) (*SozR: sommes d'argent*) anrechenbar; anrechnungspflichtig, (2) (*StR: acte*) zurechenbar.
imputation *f* (1) (*Buchf*) Anrechnung *f*, Umlegung, Verrechnung, (2) (*StR*) Beschuldigung *f*, Bezichtigung; Unterstellung; **– à un article du budget** Bestimmung der Verbuchungsstelle; **– des dépenses** Verbuchung der Ausgaben; **– diffamatoire** beleidigende Behauptung; **– de vol** Bezichtigung des Diebstahls.
imputer *v.tr.* (1) (*Buchf*) anrechnen, aufrechnen, belasten, verrechnen, (2) (*StR*) beschuldigen, anlasten, zur Last legen; **– sur le congé** (*ArbR*) auf den Urlaub anrechnen.
inabordable *adj* (Preis) unerschwinglich; (Ort) unzugänglich.
inabrogeable *adj* (Gesetz) nicht aufhebbar.
in absentia *loc. adv.* (*PrzR*) in Abwesenheit (des Betroffenen).
inacceptable *adj* unannehmbar.
inactif *adj* (1) untätig, (2) stagnierend, nicht in Betrieb.
inactivité *f* (1) Untätigkeit *f*, (2) (*BeamR*) Ruhestand; vorübergehende Entfernung aus dem Dienst, vorläufige Dienstenthebung.
inadapté *adj* (1) nicht entsprechend *od.* passend, (2) schwer erziehbar, asozial.
inadéquat *adj* unangemessen, inadäquat.
inadmissible *adj* unzulässig; **négligence –** vorwerfbare Fahrlässigkeit.
inadvertance *f* Unachtsamkeit *f*, Achtlosigkeit *f*; **par –** aus Versehen.
inajournable *adj* nicht vertagbar.
inaliénabilité *f* Unveräußerlichkeit *f*, Nichtabtretbarkeit *f*.
inaliénable *adj* unveräußerlich.
inamical *adj*: **acte –** (*VR*) feindselige Handlung.
inamovibilité *f* Unabsetzbarkeit; Unversetzbarkeit *f*; **– d'une fonction** Amt auf Lebenszeit; **– d'un juge** Unabsetzbarkeit des Richters.
inamovible *adj* unabsetzbar, unversetzbar, auf Lebenszeit.
inapplicabilité *f* Unanwendbarkeit *f*.
inapplicable *adj* nicht anwendbar.
inapplication *f* (1) (*Vorschrift*) Nichtanwendung, (2) (*ArbR*) Nachlässigkeit *f*, Unaufmerksamkeit *f*; mangelnder Fleiß *m*.

inappréciable *adj* unschätzbar.
inappropriable *adj* nicht aneignungsfähig.
inapproprié *adj* ungeeignet.
inapte *adj* (1) arbeitsunfähig; dienstuntauglich, (2) nicht geeignet, ungeeignet, ohne die erforderliche Eignung; **– au service** dienstunfähig, dienstuntauglich; **– au travail** arbeitsunfähig.
inaptitude *f* (1) (*ArbR: disqualification*) Untauglichkeit *f*, mangelnde Eignung, (2) (*ZR: incapacité de droit ou de fait*) Unfähigkeit *f*; **– physique** körperliche Untauglichkeit; **– professionnelle** unzulängliche fachliche Leistungen; Berufsunfähigkeit; **– au service** Dienstunfähigkeit *od.* -untauglichkeit; **– au travail** Erwerbs- *od.* Arbeitsunfähigkeit.
inassermenté *adj* unbeeidigt.
inassignable *adj* nicht ladungsfähig.
inattaquabilité *f* Unanfechtbarkeit *f*.
inattaquable *adj* unanfechtbar.
inattendu *adj* unerwartet, unverhofft.
inattentif *adj* unaufmerksam, unachtsam, unkonzentriert, in Gedanken.
inattention *f* Unachtsamkeit, Unaufmerksamkeit.
inauguration *f* (feierliche) Einweihung; Eröffnung (einer Ausstellung); **discours d'–** Eröffnungsrede *f*.
inaugurer *v.tr.* (feierlich) einweihen *od.* eröffnen.
inauthenticité *f* Unechtheit, Fälschung.
inauthentique *adj* unecht, gefälscht, nachgemacht, imitiert; **ouvrage –** (*UrhR*) nicht einem bestimmten Verfasser zuzuschreibendes Werk.
in bonis *lat* (*SchuldR: maître de ses biens*) über sein Vermögen frei verfügen (können), verfügungsberechtigt sein.
incapable *adj* unfähig; ungeeignet; untauglich; **– de contracter** vertragsunfähig, nicht geschäftsfähig; **– d'exercer une activité lucrative** erwerbsunfähig; **– de remplir une fonction** (*BeamR*) amtsunfähig.
incapacité *f* (1) (*ZR: inaptitude juridique d'exercice ou de jouissance*) Geschäftsunfähigkeit; beschränkte Rechtsfähigkeit, Einschränkung der Rechtsfähigkeit, bestimmter Grad der Geschäftsunfähigkeit, Unfähigkeit bestimmte Rechtsgeschäfte vorzunehmen, (2) (*ArbR, SozR: impossibilité de gagner sa vie*) Arbeitsunfähigkeit *f*, (3) (*StR: déchéance consécutive à une condamnation pénale*) teilweise Aberkennung der Rechtsfähigkeit, Verlust der Geschäftsfähigkeit und Einschränkung der Rechtsfähigkeit (durch Richterspruch); **– commerciale** (*HR, VwR*) öffentlich-rechtlich begründetes Berufsverbot *n*; **– de contracter** (*SchuldR*) Vertragsunfähigkeit, mangelnde Vertrags- *od.* Geschäftsfähigkeit; **– définitive** (*SozR, ArbR*) dauernde Erwerbsunfähigkeit; **– de donner et de recevoir** (*StR*) Unfähigkeit, über sein Vermögen testamentarisch oder mittels Schenkung zu verfügen bzw. unentgeltliche Zuwendungen entgegenzunehmen; **– électorale** (*StR: perte du droit de vote*) Wahlrechtsverlust *m* (durch Richterspruch); **– d'ester en justice** (*ZPR: inaptitude à participer à l'exercice d'une action judiciaire*) mangelnde Prozessfähigkeit, Prozessunfähigkeit.
incapacité d'exercice (*SchuldR: inaptitude à mettre en œuvre soi-même certains droits dont on est titulaire*) Geschäfsunfähigkeit; Fehlen der vollen Geschäftsfähigkeit; **– générale** (1) (*ZR: inaptitude juridique*) Unfähigkeit, Rechtsgeschäfte überhaupt abzuschließen, (2) (*ArbR: impossibilité de gagner sa vie*) Arbeitsunfähigkeit.
incapacité de jouissance (*SchuldR: inaptitude à être titulaire d'un ou de plusieurs droits, cette incapacité ne peut pas être totale*) (frz. System der) Einschränkung der Rechtsfähigkeit, beschränkte Rechtsfähigkeit, teilweise *od.* partielle Rechtsunfähigkeit; **– légale** durch Gesetz begründete Geschäftsunfähigkeit; **– naturelle** (*ZR*) sich aus der Natur der Sache ergebende Geschäftsunfähigkeit; Geschäftsunfähigkeit infolge Minderjährigkeit; **– partielle** (*ArbR*) teilweise Minderung der Erwerbsfähigkeit; **– permanente** Erwerbsunfähigkeit; **– permanente partielle (= IPP)** (*SozVers*) teilweise ständige Arbeitsunfähigkeit, Minderung der Erwerbsfähigkeit; **–**

physique körperliche Untauglichkeit; Erwerbsunfähigkeit *f*; – **professionnelle** mangelnde fachliche (berufliche) Eignung; – **de protection** (*SchuldR*) Beschränkung der Geschäftsfähigkeit zum Schutz des Betroffenen; Aberkennung der Geschäftsfähigkeit zum Schutz des Betroffenen; – **provisoire** vorübergehende Erwerbsunfähigkeit.

incapacité de service (*BeamR*) Dienstuntauglichkeit; – **spéciale** (*ZR*) Unfähigkeit bestimmte Rechtsgeschäfte vorzunehmen (mit jedweder Person *od.* lediglich mit gewissen Personen); – **temporaire partielle (= ITP)** (*Soz Vers*) vorübergehende teilweise Arbeitsunfähigkeit; – **temporaire de travail (= ITT)** (*Soz Vers*) zeitweilige *od.* vorübergehende Arbeitsunfähigkeit; – **de tester** (*ErbR*) Testierunfähigkeit *f*; – **totale** (*Soz Vers*) (vollständige) Erwerbsunfähigkeit.

incapacité de travail Arbeits- *od.* Berufs- *od.* Erwerbsunfähigkeit; **certificat d'– –** Arbeitsunfähigkeitsbescheinigung, Dienstunfähigkeitsnachweis *m*; **rente d'– – permanente** Invalidenrente *f*; **taux d'– – (= TIT)** (*Soz Vers*) Grad der Erwerbsunfähigkeit, Grad *m* der Erwerbsminderung.

incarcération *f* (*StR: emprisonnement*) Inhaftierung.

incarcéré *m* (*StVZ*) Inhaftierte(r) *m*, Strafgefangener, Häftling *m*.

incarcérer *v.tr.* in Haft nehmen, inhaftieren.

in casu *lat* (= *en l'espèce*) im vorliegenden Fall; in Anbetracht (der besonderen Sachlage) eines jeden einzelnen Falles.

incendiaire *m* Brandstifter *m*.

incendie *m* Brand *m*, Feuer *n*, Feuerbrunst *f*; Schadenfeuer; **dommage causé par –** Feuer- *od.* Brandschaden; – **banal** kleiner Brand; – **par négligence** fahrlässige Brandstiftung; – **prémédité** *ou* **volontaire** vorsätzliche Brandstifung; – **violent généralisé** Großbrand.

incendier *v.tr.* in Brand setzen *od.* stecken, (in zerstörerischer Absicht) anzünden.

incertain *adj* ungewiss, unbestimmt, vom Zufall abhängig; veränderlich, unbeständig, unzuverlässig; **jurisprudence –e** schwankende Rechtsprechung; **résultat –** unbefriedigendes Ergebnis.

incertain *m* (1) (*Vwirt*) Ungewissheit *f*, Zufälligkeit, (2) (*BörR*) direkte Notierung.

incertitude *f* Ungewissheit; Unschlüssigkeit; Veränderlichkeit; – **juridique** Rechtsunsicherheit.

incessamment *adv* unverzüglich.

incessibilité *f* (*SachR: inaliénabilité d'un bien incorporel*) Unübertragbarkeit *f*, Nichtabtretbarkeit *f*.

incessible *adj* nicht übertragbar, nicht abtretbar, unübertragbar.

inceste *m* (*StR*) Blutschande *f*, Inzest *m*; – **absolu** (*FamR*) zwingendes *od.* trennendes Eheverbot der nahen Verwandtschaft; – **relatif** Eheverbot der nahen Verwandtschaft mit der Möglichkeit der Erteilung einer Befreiung.

incestueux *adj* blutschänderisch.

inchangé *adj* unverändert; **prix –** stabiler Preis.

incidemment *adv* nebenbei, gelegentlich; beiläufig; zufällig.

incidence *f* Auswirkung *f*, Folge *f*; Rückwirkung *f*; Nachwirkung *f*; – **financière** finanzielle Auswirkung; – **fiscale** *ou* **de l'impôt** Steuer(aus-)wirkung *f*, direkte Belastung durch eine Steuer, Unmöglichkeit der Steuerüberwälzung *od.* -abwälzung.

incident *n.m. et adj.* (1) (*ZPR: contestation soulevée lors d'une instance déjà ouverte*) Änderung *od.* Erweiterung des Klageantrags (im Laufe des Verfahrens), (Antrag auf) Klageantragsbeschränkung *od.* Klageantragserweiterung, Klageänderungsantrag *m*, (2) (*VR, Pol*) Zwischenfall *m*, (3) *m* (*BW*) (Betriebs-) Störung; **appel –** (*ZPR*) Anschlussberufung; **demande –e** Zusatzantrag (des Klägers); Antrag auf Klageänderung; **pourvoi –** (*ZPR: contestation qui se greffe sur une demande initiale ou principale*) Widerklage *f*; **question –e** Zusatzfrage *f*, beiläufige

Frage; **requête –e** (*PrzR*) Zwischenstreit *m*; **soulever un –** einen Antrag auf Beendigung des Verfahrens stellen.

incident d'audience (*ZPR*) (neuer, zumeist unerwarteter) Antrag während der mündlichen Verhandlung; **– criminel** Vorbringen einer strafbaren Handlung im Verlauf eines Zivilprozesses; **– diplomatique** (*VR*) diplomatischer Zwischenfall; **– fortuit** zufälliges Ereignis; **– de frontière** (*VR*) Grenzzwischenfall *m*; **– de l'instance** Zwischenstreit *m*, Inzidentstreit; **– liminaire** Einrede in der Vorverhandlung; **– nucléaire** nukleares Ereignis, Störfall *m*; **– de procédure** Zwischen- *od.* Inzidentstreit; **– technique** Betriebsstörung *f*, Störfall *m*.

incidenter *v. intr.* (*PrzR*) (*während der mündlichen Verhandlung*) einen (neuen) Antrag stellen.

incinération *f* (1) (*Leiche*) Einäscherung, (2) (*Müll*) Verbrennung *f*.

incipit *m* (*UrhR*) Anfangswort *n* (eines Werks).

incitateur *m* (*StR: instigateur*) Anstifter *m*.

incitatif *adj* anreizend, anregend; **prix –** besonders günstiger (zum Kauf anreizender) Preis.

incitation *f* (1) (*StR: instigation*) Anstiftung *f*, (2) (*BW: encouragement*) Anreiz *m*, Förderung, Anregung; **– à l'achat** Kaufanreiz; **– à la consommation** Verbrauchslenkung; **– au crime** Anstiftung zu einem Verbrechen, Aufforderung *od.* Aufstachelung zur Begehung eines Verbrechens; **– à la débauche** Förderung sexueller Handlungen; **– au faux serment** Verleitung zum Meineid; **– au faux témoignage** Verleitung zur falschen Zeugenaussage *od.* zur Falschaussage; **– fiscale** steuerlicher Anreiz; **– à la haine raciale** (*StR*) Aufstachelung zum Rassenhass, Volksverhetzung; **– au meurtre** Anstiftung zum Totschlag; **– de mineurs à la débauche** Förderung sexueller Handlungen Minderjähriger; **– à la révolte** Aufwiegelung zum Aufstand; **– systématique à la consommation d'alcool** illegale Förderung des Alkoholkonsums.

inciter *v.tr.* (1) (*StR*) anstiften, aufwiegeln, Vorschub leisten, (2) (*BW*) fördern, anregen.

incivilité *f* unhöfliche Handlung *od.* Äußerung.

incivique *adj* (*VerfR*) rechtsstaatfeindlich.

inclémence *f* Strenge *f*, Härte *f*, Unerbittlichkeit.

inclination *f fig* Neigung *f*, Hang *m*.

inclure *v.tr.* einschließen; beifügen; **– une clause dans un contrat** eine Klausel in einen Vertrag einfügen.

inclus *adj* inbegriffen, inklusive; anbei, als Anlage; **charges –es** Nebenkosten inbegriffen; **ci- –** beiliegend.

inclusion *f* Hinzufügung; Beilage *f*, Anhang *m*; Einschluss *m*.

inclusivement *adv* einschließlich, inklusiv.

incoercible *adj* nicht aufzuhalten, unbeherrschbar.

incognito *adv* unerkannt, unerkannter Weise, unter fremden Namen, inkognito.

incohérant *adj* unzusammenhängend, verworren.

incohérence *f* Mangel *m* an Zusammenhang, Inkohärenz *f*.

incomber *v.tr.ind.* (1) (*incomber à qqn., en parlant d'une charge, d'une responsabilité*) betreffen, angehen, anbelangen, (2) (*être imposé à qqn.*) obliegen, verpflichtet sein (etw. zu tun), zukommen; **la charge de la preuve incombe au demandeur** dem Kläger obliegt die Beweislast; **cette pièce incombe au dossier** dieses Schriftstück betrifft die Angelegenheit *od.* Streitsache; **il vous incombe de faire cette demande** sie müssen diesen Antrag stellen.

incombustible *adj* feuerfest, nicht brennbar.

incomestible *adj* ungenießbar, nicht ess- *od.* trinkbar.

incommode *adj* (umwelt-) belastend.

incommoder *v.tr.* belästigen.

incommunicable *adj* nicht mitteilbar; unübertragbar.

incommutabilité *f* (*SachR*) Unübertragbarkeit *f*, Unabtretbarkeit.
incommutable *adj*: **propriété –** nicht veräußerliches Eigentum.
incompatibilité *f* (*BeamR: interdiction légale de cumuler certaines fonctions*) (Ämter-) Unvereinbarkeit *f*, Inkompatibilität *f*; **– d'humeur** (*EheR*) unüberwindliche Abneigung.
incompatible *adj* nicht vereinbar, unvereinbar, inkompatibel.
incompétence *f* (1) (*PrzR, VwR: méconnaissance des règles de compétence*) Unzuständigkeit *f*, Verletzung der Zuständigkeit(sregeln), (2) (*ArbR: incapacité*) Unfähigkeit *f*, mangelnde Sachkenntnis; **déclaration d'–** Unzuständigkeitserklärung; **exception d'–** Einrede der Unzuständigkeit; **soulever l'–** die Einrede der Unzuständigkeit erheben; **– matérielle** sachliche Unzuständigkeit; **– d'ordre public** von Amts wegen zu berücksichtigende Unzuständigkeit; **– à raison du lieu** örtliche Unzuständigkeit; **– à raison de la matière** sachliche Unzuständigkeit; **– ratione loci** örtliche Unzuständigkeit; **– ratione materiae** sachliche Unzuständigkeit; **– relative** *ou* **– territoriale** örtliche Unzuständigkeit.
incompétent *adj* (1) (*PrzR*) unzuständig, (2) (*ArbR*) nicht sachverständig, inkompetent.
incomplet *adj* (1) unvollständig, nicht vollzählig, (2) unvollendet, nicht abgeschlossen; **dossier –** lückenhafte *od.* unvollständige Akte.
incompréhensible *adj* unbegreiflich, unverständlich.
incompressible *adj* (1) (*Ausgaben*) uneinschränkbar, unreduzierbar, (2) (*Bedarf*) äußerst, lebensnotwendig; **dépenses –s** nicht reduzierbare *od.* nicht senkbare Kosten *od.* Ausgaben; **frais –s** Fixkosten *pl.*
inconcevable *adj* unbegreiflich; unglaubhaft; (nur) schwer verständlich.
inconciliable *adj* unvereinbar; unversöhnlich.
inconcluant *adj* ohne Beweiskraft.
inconditionnel *adj* bedingungslos, unbedingt, absolut; uneingeschränkt; **acceptation –le** vorbehaltslose Annahme.
inconduite *f* (*StR*) ungebührlicher Lebenswandel; ungehöriges Benehmen.
incongédiable *adj* unkündbar.
inconnu *adj. et n.m.* unbekannt; **déposer une plainte contre –** (*StPR*) Strafanzeige gegen Unbekannt erstatten.
inconscience *f* (1) (*légèreté, irréflexion*) Leichtfertigkeit *f*, Unbedachtheit, (2) (*MedizinR*) Bewusstlosigkeit *f*, (3) Unbewusstsein *n*.
inconséquence *f* mangelnde Folgerichtigkeit, Widersprüchlichkeit, Inkonsequenz *f*.
inconséquent *adj* widersprüchlich; unüberlegt.
inconsommable *adj* (*Nahrung*) verdorben.
inconstance *f* Wankelmut *m*, Unbeständigkeit.
inconstitutionnalité *f* Verfassungswidrigkeit *f*.
inconstitutionnel *adj* verfassungswidrig.
incontestabilité *f* Unbestreitbarkeit, Unwiderlegbarkeit *f*; **clause d'–** (*VersR*) Unanfechtbarkeitsklausel.
incontestable *adj* unbestreitbar, unstreitig; unanfechtbar; **droit –** unanfechtbares Recht; **preuve –** eindeutiger *od.* unwiderlegbarer Beweis.
incontesté *adj* unstreitig, unbestritten, unwiderlegbar.
incontinent *adv* (*PrzR: tout de suite, sur-le-champ*) sofort, auf der Stelle.
incontournable *adj* unumgänglich, nicht zu umgehen; unbedingt notwendig.
incontrôlable *adj* unüberprüfbar, nicht kontrollierbar.
incontrôlé *adj* unkontrolliert, nicht nachgeprüft.
inconvenant *adj* ungebührlich, ungehörig.
inconvénient *m* Nachteil *m*; Miss- *od.* Übelstand *m*; Einwand *m*, Hindernis *n*; **avantages et –s** Vor- und Nachteile.
inconvertibilité *f* Nichtkonvertierbarkeit *f*.
inconvertible *adj* uneinlösbar, nicht konvertierbar, nicht einlösbar.

incorporation *f* (1) Aufnahme *f*, Eingliederung *f*, (2) (*MilR*) Einberufung *f*, Heranziehung zum Wehrdienst, (en S. aussi:) Einteilung *f*, (3) (*ZR: matérialisation d'un droit incorporel dans un objet corporel*) Verkörperung eines immateriellen Rechts in einem Rechtstitel; **ordre d'–** (*MilR*) Einberufungsbefehl *m*; **– de réserves** (*GesR*) (Erhöhung des Nennkapitals durch) Umwandlung von Rücklagen in Nennkapital; **– d'un territoire** (*VR*) Einverleibung eines Gebiets.

incorporel *adj* unkörperlich, abstrakt; **biens –s** (1) (*ZR: biens dématérialisés, créances, valeurs mobilières, actions en justice*) immaterielle *od.* unkörperliche Güter, Immaterialgüter(rechte); Forderungen; Wertpapiere; Klagen, (2) (*ÖfR, GRUR: droits intellectuels, propriété industrielle*) geistiges Eigentum; gewerbliche Schutzrechte; **droits –s** Immaterialgüterrechte *npl*; **éléments –s du fonds de commerce** (*HR*) unkörperliche Güter als Bestandteile des frz. Handelsunternehmens.

incorporer *v.tr.* (1) einverleiben, (2) aufnehmen, eingliedern, einbeziehen, einstellen, (3) (*au capital*) (dem Kapital) zuführen, (4) (Geräte) einbauen.

incorrect *adj* (durch Ungenauigkeit) unrichtig; fehlerhaft, nicht korrekt; unhöflich.

incorrection *f* (1) (*Urkunde*) Fehlerhaftigkeit, (2) (*Verhalten*) unkorrekte Handlungsweise.

incorrigible *adj* unverbesserlich, keiner Besserung fähig.

incorruptible *adj* (1) (*Lebensmittel*) unverderblich, (2) (*Politiker*) unbestechlich.

INCOTERMS *mpl* (*Außh: = International Commercial Terms*) Incoterms, Liste von Handelsklauseln (aufgestellt von der Internationalen Handelskammer).

incrédibilité *f* Unglaubwürdigkeit.

incrédule *adj* ungläubig, gottlos; skeptisch.

incriminable *adj*: **action –** vorwerfbare Handlung.

incrimination *f* (1) (*StR: fait d'ériger un comportement en infraction*) Festlegung der gesetzliche (Straf-) Tatbestandsmerkmale, (2) (*StPR: accusation*) Tatvorwurf *od.* -verdacht *m*; **– mal fondée** (*StPR*) unzureichender Tatverdacht.

incriminé *p.p. adj.* unter Tatverdacht stehend, verdächtigt, beschuldigt.

incriminer *v.tr.* einen Tatvorwurf erheben, jmdn. (eines Verbrechens) beschuldigen, jmdm. (eine Straftat) zur Last legen.

incroyance *f* Unglaube *m*, Atheismus *m*.

inculpable *adj* tatverdächtig, unter Tatverdacht stehend.

inculpation *f* (*StPR: remplacé par la mise en accusation, art. 80–1 du NCPP*) Eröffnung eines Ermittlungsverfahrens (durch die Staatsanwaltschaft), Einleitung eines Strafverfahrens, Beschuldigung, Anschuldigung; **acte d'–** Anklageschrift; **être arrêté sous l'– d'assassinat** Festnahme *f* des Beschuldigten unter Mordverdacht; **faire l'objet d'une –** beschuldigt werden; unter einer Anschuldigung stehen; **– tardive** verspätete Eröffnung eines Ermittlungsverfahrens (durch die Staatsanwaltschaft).

inculpé *adj*: **personne –e** (1) (*StPR: personne mise en examen – ancienne dénomination*) Beschuldigte(r) *m* (im Ermittlungsverfahren), (2) (*StPR: personne mise en cause*) Angeschuldigte(r) (nach Erhebung der Anklage), (3) (*StPR: personne encourant une amende contraventionnelle*) Person, die einer Übertretung beschuldigt wird (enspricht dem im Bußgeldverfahren).

inculpé *p.p. n.m.* (*StPR: personne mise en examen – ancienne dénomination*); **renvoyer un – devant un tribunal** gegen einen Beschuldigten vor einem Gericht das Hauptverfahren eröffnen, jmdn. in den Anklagezustand versetzen.

inculper *v.tr.* (*StPR: verbe proscrit, aujourd'hui on dit: mettre en examen*) ein Ermittlungsverfahren eröffnen, ein Strafverfahren einleiten, beschuldigen; bezichtigen; anschuldigen; Anklage erheben (gegen), anklagen.

inculquer *v.tr.* einschärfen, einprägen, beibringen, im Gedächtnis verankern; eintrichtern, einhämmern.

inculte *adj* (*LandwR: en friche*) unbebaut, unbestellt.

incurie *f* Schlendrian *m*, Schlamperei.

incursion *f* (*VR: attaque, coup de main*) Überfall *m*, Streifzug *m*.

indécelable *adj* nicht aufspürbar, nicht erkennbar; **vérité –** (*Aussage*) nicht überprüfbarer Wahrheitsgehalt.

indécent *adj* anstößig, unschicklich.

indéchiffrable *adj* (*Schrift*) unleserlich.

indécis *adj* (1) (*Person*) unentschlossen, (2) (*Sache*) zweifelhaft, unentschieden.

indéfendable *adj* unhaltbar, unvertretbar.

indéfini *adj* (1) unbeschränkt; unendlich, (2) unbestimmt; undeutlich; **responsabilité –e** unbeschränkte Haftung.

indéfiniment *adv* auf unbestimmte Zeit.

indélébile *adj* urkundenecht.

indélicat *adj* unehrlich, betrügerisch; **gestionnaire –** Geschäftsführer, der seine Treupflicht (gegenüber dem Vertretenen) verletzt; **procédés –s** rechtsmissbräuliche Geschäftsgebahren bei der Verwaltung fremden Vermögens.

indélicatesse *f* (*WirtR, GesR*) rechtsmissbräuliche Verwaltung fremden Vermögens; Unregelmäßigkeiten fpl (bei der Geschäftsführung); Untreue *f*; Betrug *m*.

indemne *adj* (1) (*Person*) unverletzt, (2) (*Sache*) unbeschädigt, ohne Schaden genommen zu haben, (3) (*SchuldR: indemnisé, dédommagé*) entschädigt.

indemnisable *adj* vergütbar, entschädigungsfähig; erstattungsfähig *od.* -pflichtig.

indemnisation *f* (1) (*VersR, SchuldR: dédommagement, indemnité*) Entschädigung *f*, Schadensersatz *m*, Vergütung, Schadloshaltung, (2) (*VersR*) Schadensabwicklung *od.* -liquidation; **action en –** Schadenersatzklage *f*; **créance en –** Entschädigungs- od. Schadensersatzforderung; **demander une –** Schadensersatz fordern; **droit à –** Ersatz- *od.* Entschädigungsanspruch; **juste –** angemessene Vergütung *od.* Entschädigung, billige Entschädigung; **– équitable** angemessene Vergütung *od.* Entschädigung; **– en espèces** Barabfindung; **– forfaitaire** pauschalierter Schadensersatz; **– en numéraire** Ersatz *m* in Geld; **– du préjudice** Schadensersatz *m*.

indemniser *v.tr.* jmdn. entschädigen, schadlos halten, einen Schaden ersetzen, vergüten, Schadensersatz leisten, eine Entschädigung gewähren; **obligation d'–** (Schadens-) Ersatzpflicht *f*; **– forfaitairement** abfinden.

indemnitaire *adj* entschädigend, vergütend; **prestation –** Schadensersatzleistung; **principe –** Grundsatz des gerechten Schadensausgleichs, Entschädigungsgrundsatz *m*.

indemnitaire *m/f* (1) Schadensersatzgläubiger, (2) (*SozR*) Unterstützungsempfänger.

indemnité *f* (1) (*ZR: somme d'argent pour réparer un préjudice ou pour compenser toute espèce de dommage*) Entschädigung (in Geld), Schaden(s)ersatz *m*, Schadloshaltung, Ersatzleistung, (2) (*ArbR: substitut de rémunération*) Zulage *f*, Vergütung *f*, Unterstützung; **accorder une –** eine Entschädigung gewähren, Schadensersatz zusprechen; **action en –** Schadensersatzklage *f*; **allouer une –** eine Entschädigung gewähren; **béneficiaire de l'–** Entschädigungsberechtigter; **complément d'–** Nachvergütung; **créance d'–** Schadensersatzforderung; **déchoir du droit à –** den Entschädigungsanspruch verlieren; **droit à –** Schadenersatzanspruch; **être déchu de tout droit à –** seine Entschädigungsansprüche verlieren.

indemnité: **faire valoir un droit à –** Schadensersatz geltend machen; **juste –** billige *od.* angemessene Entschädigung; **montant de l'–** Entschädigungssumme *f*, Abfindungsbetrag *m*; **obligation à –** Entschädigungspflicht *f*; **plafond d'–** Entschädigungsgrenze *f*; **pleine et entière –** volle Entschädigung, voller Ersatz; **règlement en –** Entschädigungszahlung; **verser une –** Entschädigung leisten.

indemnité d'absence Trennungsgeld *n*; **– accessoire** Nebenvergütung *f*; **– pour accident du travail** Arbeitsunfallentschädigung; **– d'administration et de technicité (= IAT)** Zulage für die Wahrnehmung von besonderen Fach- und Führungsaufgaben; **– d'allaitement** Stillgeld *n*; **– allouée** zugesprochener Schadensersatz; **– d'ancienneté** (*BeamR*) Dienstalterszulage; **– en argent** Geldentschädigung; **– d'assurance** Versicherungsentschädigung; **– de base** Grundvergütung, Grundentschädigung; **– de brusque rupture** (*ArbR*) Entschädigung wegen rechtsmissbräuchlicher Kündigung; **– en capital** Kapitalabfindung.

indemnité à caractère familial Familienlohn *m*; **– de caractère personnel** Schmerzensgeld; **– en cas d'accident** Unfallentschädigung; **– de change** Kursdifferenzvergütung; **– de changement d'emploi** Übergangsentschädigung; **– pour charge d'enfants** Kinderzulage; **– de charges administratives** Dienstaufwandsentschädigung; **– de cherté de vie** Teuerungszulage *od.* -entschädigung; **– de chômage** (1) (*ArbR*) Arbeitslosengeld *od.* -unterstützung, (2) (*Soz Vers: pour cause de maladie*) Krankengeld *n*; **– de clientèle** (*HR*) Entschädigung für Betreuung u. Erweiterung der Kundschaft (bei Kündigung eines Handlungsreisenden); **– de comparution** (*PrzR*) Zeugenentschädigung; **– compensatoire** *ou* **compensatrice** Härteausgleich *m*; Ausgleichsbetrag *m*; Ausgleichsentschädigung *f*; **– compensatrice de congés payés** (*ArbR*) Ausgleichszahlung für nicht in Anspruch genommene Urlaubstage (bei Kündigung); **– complémentaire** Zusatzentschädigung, Zusatzvergütung; **– complémentaire de salaire** Lohnergänzungszulage.

indemnité de congédiement Kündigungsentschädigung, Entlassungsabfindung; **– de congédiement abusif** Entschädigung wegen rechtsmissbräuchlicher Kündigung; **– de congés payés** Urlaubsgeld.

indemnité de danger Gefahrenzulage; **– de décès** Sterbegeld; **– de délai-congé** *ou* **pour défaut de préavis** Abfindung für Nichteinhaltung der Kündigungsfrist; **– de déménagement** Umzugskostenvergütung, Umzugskostenbeihilfe *od.* -erstattung; **– de départ** Abgangsgeld *n*; **– de départ en retraite** Pensionierungsgeld; **– de déplacement** Reisekostenvergütung *od.* -entschädigung, Tagegelder, Übernachtungsgelder *pl*; **– pour dépréciation** Entschädigung für Wertminderung *od.* Abnutzung; **– de direction** Zulage für Führungsaufgaben; **– de double résidence** Zulage für doppelte Haushaltsführung.

indemnité d'éloignement (1) (*ArbR*) Wegegeld *n*, Fahrgeldzuschuss *m*, (2) Auslandszulage *f*; **– en espèces** Barabfindung *f*; **– d'éviction** (*HR*) (*vom Vermieter an den gewerblichen Mieter zu zahlende*) Entschädigung für die Aufgabe der gewerblich genutzten Mietsache; **– d'expatriation** Auslandszulage; **– d'expertise** (*PrzR*) Sachverständigenentschädigung *od.* Aufwendungsersatz.

indemnité familiale Familienzulage *f*; **– de fin d'année** Weihnachtsgratifikation *od.* -geld; **– de fin de contrat** Abgangsgeld; **– de fonctions** (*BeamR*) Dienstzulage *f*, Amtsunkostenentschädigung; **– forfaitaire** pauschalierter Schadensersatz; Pauschalvergütung *od.* -entschädigung; **– forfaitaire pour travaux supplémentaires (= IFTS)** Überstundenpauschalvergütung *f*; **– pour frais** Aufwandsentschädigung; **– pour frais de déplacement** Reisekostenentschädigung *od.* -vergütung; **– pour frais funéraires** Sterbegeld, Bestattungsentschädigung; **– de frais professionnels** Arbeitsaufwandsentschädigung; **– pour frais de représentation** Repräsentationsspesen *pl*, Repräsentationsgelder; **– de frais de route** Reisekostenentschädigung, Reisekostenvergütung; **– de**

frais de service Dienstunkostenentschädigung; **– funéraire** Sterbegeld, Bestattungsentschädigung.

indemnité de grève Streikgeld *n*, Streikunterstützung; **– de grossesse** Mutterschaftsunterstützung; **– d'habillement** Bekleidungszulage, Kleidergeld; **– pour heures supplémentaires** Überstundenentschädigung; Überstundenzulage *od.* -vergütung; **– horaire** (*Soz Vers*) Stundensatz (einer Beihilfe); **– d'installation** Einrichtungsbeihilfe; **– d'intérim** Zeitbeschäftigungsvergütung; **– de jour férié** Feiertagsgeld *od.* -zuschlag; **– journalière** (1) Tagegelder, Tagesentschädigung *od.* -vergütung, (2) (*Soz Vers*) Krankengeld.

indemnité kilométrique (*SteuerR*) Kilometergeld (für Benutzung des eigenen Kfz), Kilometerpauschale; **– de licenciement** Abfindung (bei Massenentlassungen), Kündigungsgeld; **– locale** Ortszulage; **– de logement** Wohngeld *n*; **– de maladie** Krankengeld; **– pour manque à gagner** Entschädigung für Verdienstausfall, Ausfallvergütung; **– en nature** Naturalherstellung *od.* -ersatz; **– de non concurrence** Karenzentschädigung; **– d'occupation** Nutzungsentschädigung.

indemnité de panier Zehrgeld *n*, Verpflegungszuschuss *m*; **– de parcours à vide** Entschädigung für Leertransporte; **– parlementaire** (*VerfR*) Diäten *pl* (der Abgeordneten); **– partielle** Teilentschädigung; **– pécuniaire** Geldentschädigung; **– de raccordement** Überbrückungsbeihilfe *f*; **– de rachat** Kaufpreisentschädigung; **– de réinstallation** (1) Umzugsbeihilfe *f*, (2) (*AuslR*) Umsiedlungsbeihilfe; **– de renchérissement** Teuerungszulage; **– de renvoi** Abfindung; **– de représentation** (Dienst-) Aufwandentschädigung; **– représentative de frais** Aufwandsentschädigung.

indemnité de résidence *ou* **résidentielle** Ortszulage *f*, Ortszuschlag *m*; **– de résiliation** (1) (*SchuldR*) Vertrags- *od.* Konventionalstrafe *f*; Reugeld *n*, (2) (*ArbR*) Kündigungsentschädigung; **– de responsabilité** Verantwortungszulage; **– de retard** (*HR*) Säumniszuschlag; **– de risques** Gefahrenzulage; **– de rupture abusive** (*ArbR: contrat de travail*) Entschädigung wegen Nichteinhaltung der Kündigungsfrist *od.* wegen vertragswidriger Kündigung; **– de rupture de contrat** (*SchuldR*) Vertrags- *od.* Konventionalstrafe.

indemnité salariale Lohnausgleich *m*; **– de sauvetage** (*SeeHR*) Bergelohn *m*; **– de séjour** Aufenthaltsentschädigung; **– de séparation** Trennungszulage *od.* -geld; **– de session** Sitzungsgelder; **– de sinistre** Schadensersatz (im Versicherungsfalle), Versicherungsleistung im Schadensfall; **– de subsistance** Unterhaltszuschuss *m*; **– transitoire** Übergangsgeld; **– de transport** Fahrtkostenvergütung; **– de travail de nuit** Nachtarbeitszulage; **– de travail pénible** Schwerarbeiterzulage; **– pour travail salissant** Schmutzzulage.

indemnité viagère de départ (*ArbR*) Sozialplan *m*; **– de vie chère** Teuerungszulage *od.* -entschädigung; **– de voiture** Vergütung für die Benutzung des eigenen Kraftfahrzeuges; **– de voyage** Reisekosten- *od.* Fahrtkostenvergütung.

indémontrable *adj* unbeweisbar.

indéniable *adj* unleugbar, unbestreitbar; **preuve –** unwiderlegbarer Beweis.

indépendance *f* Unabhängigkeit *f*, Selbständigkeit *f*, Autonomie *f*; (staatliche) Souveränität; **déclaration d'–** (*VR*) Unabhängigkeitserklärung; **– de l'autorité judiciaire** Unabhängigkeit der Judikative; **– économique** wirtschaftliche Unabhängigkeit; **– de la magistrature** richterliche Unabhängigkeit.

indépendant *adj* unabhängig, selbständig, autonom, frei, souverän; **député –** keiner Partei angehöriger Abgeordneter; **écrivain –** freier Schriftsteller; **profession –e** freier Beruf; **pour des raisons –es de notre volonté** aus von uns nicht zu verantwortenden Gründen.

indépendant *m* (*WirtR: travailleur indépendant*) Freiberufler *m*, selbständig Erwerbstätiger, Selbständiger *m*.

indésirable *adj* (*AuslR*) unerwünscht, nicht willkommen.

indésirable *m* (*VR*) unerwünschte Person.

indéterminable *adj* nicht bestimmbar; nicht festlegbar.

indétermination *f* Unbestimmtheit, Unschlüssigkeit; **– d'un texte de loi** unbestimmt formuliertes Gesetz, mehrere Auslegungen zulassende gesetzliche Bestimmung; *pej* Gummiparagraph *m*.

indéterminé *adj* unbestimmt; unschlüssig; nicht genau festgelegt *od.* festgesetzt; nicht in Geld bezifferbar; unentschlossen; **pour une cause –e** ohne ersichtlichen Grund.

index *m* (1) (*Vwirt*) Index(zahl *od.* -ziffer), statistische Vergleichsziffer, (2) (*table alphabétique*) Register *n*, Inhaltsverzeichnis *n*, (3) (*KirchR*) Index *m*, (4) Zeigefinger *m*; **être à l'–** verboten sein; auf der schwarzen Liste stehen; **mettre à l'–** (1) (*entreprise*) bestreiken, (2) (*KirchR*) auf den Index setzen; **mise à l'–** Ächtung *f*; Boykott *m*, Verruferklärung *f*; Verfemung; **– de correction** (*öffentliche Aufträge*) Ausgleichskoeffizient *m*; **– des matières** Inhalts- *od.* Sachverzeichnis; **– numérique** Kennziffer *f*; **– de répartition** Verteilungsschlüssel *m*.

indexation *f* (1) (*Vwirt*) Indexierung (volkswirtschaftlich relevanter Größen), Indexbindung *f*, (2) Registrierung, Eintragung; **clause d'–** (1) (*SchuldR*) Wertsicherungs- *od.* Indexklausel *f*; Kaufkraftschwundausgleichsklausel, (2) Gleitklausel; **– du prix du loyer** Mietzinsangleichung *od.* -indexierung; **– du salaires** Lohnindexierung; **– du taux d'intérêts** Zinsindexierung.

indexé *adj* indexgebunden, indexiert.

indexer *v.tr.* an eine Indexklausel binden, indexieren; **– une demande de brevet** eine Patentanmeldung auszeichnen; **– un document** eine Urkunde mit einer Geschäftsnummer versehen; **– sur l'indice du coût de la vie** an den Lebenshaltungskostenindex koppeln.

indicateur *m* (1) (*StR: dénonciateur, pop. « indic »*) Denunziant *m*, Spitzel *m*; informeller Mitarbeiter (= IM), (2) (*guide, horaire*) Fahrplan *m*, Kursbuch *n*, Führer *m*, (3) (*Vwirt: indice, clignotant*) (Wirtschafts-) Indikator *m*; (Warn-) Zeichen *n*, Symptom *n*, (4) (*HR*) Vermittler *m*, Gelegenheitsagent *m*; **– d'alerte** Warnzeichen; **– de marché** Prognose *f* über die künftige Marktentwicklung; **– de la pauvreté** Armutskennziffer *f*.

indicatif *adj* anzeigend, hinweisend auf; informierend, zur Information; **à titre –** als Beispiel (in einer Aufzählung); **énumération indicative** (*loi*) unvollständige Aufzählung; **état – des dépenses** provisorische Aufstellung der Ausgaben.

indicatif *m* Erkennungszeichen *n*; **– d'appel** Rufzeichen *n*; Pausenzeichen *n*, Indikativ *n*; **– téléphonique** Vorwahlnummer *f*.

indication *f* (1) (*énonciation*) Angabe *f*, Anzeige *f*, Aussage *f*, (2) (*renseignement*) Hinweis *m*, Information *f*; Andeutung *f*, Wink *m*, (3) (*désignation*) Bezeichnung; Anzeichen *n*, Merkmal *n*, (4) (*élément de preuve*) Indiz *n*, Beweis *m*, Beweisstück *n*; **avec – des particularités** unter Angabe aller Einzelheiten; **fournir toutes les –s utiles** alle sachdienlichen Hinweise geben; **sans – des motifs** ohne Angabe der Gründe; **sans autre –** ohne weitere Angabe; **sauf – contraire** falls nichts anderes angegeben ist; **sur –** nach Angabe von, auf Hinweis von.

indication erronnée unrichtige Angabe; **– essentielle** wesentliche Angabe; **– des faits** Sachverhaltsdarstellung; **– des motifs** Angabe von Gründen; **– d'origine** *ou* **de provenance** (*Außh*) Ursprungsangabe *f*, Herkunftsbezeichnung *f*; **– de paiement** Zahlungsvermerk *m*; **– pertinente** sachdienlicher Hinweis; **– du prix** Preisangabe, Preisauszeichnung; **– de**

service Dienstvermerk *m*; **– des sources** Quellenangabe; **– thérapeutique** (*MedizinR*) Heilanzeige *f*, Indikation *f*; **– trompeuse** irreführende Angabe; **– de la valeur** Wertangabe.

indice *m* (1) (*PrzR: élément de preuve*) Indiz *n*, Anzeichen *n*, (Anzeichen-) Beweis *m*, Indizienbeweis, (2) (*SteuerR*) (zumeist äußere Zeichen als) Bemessungsgrundlage *f*, (3) (*Vwirt*) Index *m*, Indexzahl *od.* -ziffer *f*, Richtzahl *f*; Messziffer, Indikator *m*; **calcul de l'–** Indexberechnung; **pondérer l'–** den Index gewichten; **preuve par –s** (1) (*StR: preuve consistant dans un fait, une trace, un objet*) Indizien- *od.* Anzeichenbeweis *m*, (2) (*ZR: élément de preuve permettant de présumer un fait dans le cadre des présomptions de l'homme*) Anscheins- *od.* prima-facie-Beweis.

indice de l'activité industrielle Index der Industrietätigkeit; **– de base** Grundindex; **– boursier** Börsenindex; **– brut** Bruttoindex; **– commercial** Wirtschaftsindex; **– de conversion** Umstellungsindex; **– du cours des actions** Index der Aktienkurse, Aktienindex; **– du coût de la vie** Lebenshaltungs(kosten)index; **– désaisonnalisé** saisonbereinigter Index; **– économique** Wirtschaftsindex, Index der wirtschaftlichen Entwicklung; **– d'écoute** (*MedienR*) Hörerfrequenz *f*.

indice général du coût de la vie allgemeiner Lebenshaltungsindex; **– hiérarchique** (*BeamR*) (Dienst-) Stellenkoeffizient *m*; **– des loyers** Mietindex; **– national du coût de la construction** amtlicher frz. Baukostenindex; **– officiel des prix** amtlicher Preisindex; **– de pollution** (*UmweltR*) Belastungsgrenzwerte *mpl*, Grad der Verschmutzung; **– pondéré** gewichteter Index, gewichtete Messzifferreihe, gewogener Durchschnitt.

indice des prix Preisindex *m*; **– – à la consommation** Verbraucherpreisindex; **– – de détail** Einzelhandelspreisindex; **– – de gros** Großhandelspreisindex.

indice de la production Produktionsindex *m*, Index der industriellen Nettoproduktion; **– de productivité** Produktivitätsrichtzahl.

indice des produits d'alimentation Nahrungsmittelindex; **– de référence** Vergleichszahl *f*, Bezugsgröße *f*.

indiciaire *adj* Anscheins-; Index-; **impôt –** vermögensbezogene Besteuerung nach äußeren Merkmalen (der Steuergegenstände), Besteuerung nach objektiven Tatbeständen; **preuve –** Anscheins- *od.* Indizienbeweis, prima-facie-Beweis.

indiciel *adj* Index-; **grille –le** Tarifgruppen der Besoldungsordnung.

indifféremment *adv* ohne Unterschied; gleichgültig.

indigénat *m* (1) Gesamtheit der Eingeborenen (in den ehemaligen Kolonien), (2) (*VerfR*) Indigenat *n*, Heimatsrecht *n*; Staatsangehörigkeit.

indigence *f* Mittellosigkeit *f*, Bedürftigkeit *f*; **certificat d'–** Bedürftigkeitsnachweis *m*; **vérification de l'état d'–** Bedürftigkeitsprüfung.

indigène *adj* eingeboren; inländisch, einheimisch.

indigène *m* Landesbewohner, Einheimische(r) *m*.

indigent *adj* (*SozR*) mittellos, bedürftig.

indigent *m* Mittellose(r), Bedürftige(r) *m*.

indignation *f* Entrüstung *f*, Empörung.

indigne *adj* unwürdig; empörend; schändlich; verwerflich; **– de succéder** erbunwürdig.

indignité *f* (*ErbR: déchéance du droit de succéder*) Erbunwürdigkeit *f*; **– nationale** (*StR*) strafweise Entziehung bestimmter bürgerlicher Ehrenrechte; **– successorale** Erbunwürdigkeit.

indiqué *adj* angegeben; angebracht, ratsam; **à l'endroit –** am angegebenen Ort (= a.a.O.); **à l'heure –e** zur vereinbarten Zeit, zum vereinbarten Zeitpunkt.

indiquer *v.tr.* (1) (*signaler, montrer*) angeben, bezeichnen, zeigen, anzeigen, weisen, hinweisen (auf), (auf etwas) deuten, (2) (*dire, enseigner*) verständlich machen, wissen lassen, (3) (*prouver*) beweisen, zeugen (für); **– un déficit** einen Verlust aufweisen; **– les motifs** begründen.

indirect *adj* mittelbar, indirekt; **avantage –** verdeckte Schenkung; **cause –e** mittelbare Ursache; versteckter Grund; **commande –e** (*HR*) durch den Handelsvertreter weiter geleiteter Auftrag; **contributions –es** frz. Steuerbehörde (zuständig für indirekte Abgaben); **démocratie –e** mittelbare *od.* parlamentarische *od.* repräsentative Demokratie; **impôts –s** indirekte Steuern, Verbrauchsabgaben *fpl*; **ligne –e** (*ErbR*) Seitenlinie *f*.

indiscipline *f* Disziplinlosigkeit *f*.

indiscret *adj* unbesonnen; schwatzhaft, nicht verschwiegen; unbescheiden; unhöflich.

indiscrétion *f* Vertrauensbruch *m*; Verletzung der Schweigepflicht; **– financière** (*StR: délit d'initié*) Insider-Delikt *n*.

indiscutable *adj* (1) unbestreitbar, (2) nicht in Frage kommend.

indispensable *adj* (1) unentbehrlich, (2) unbedingt erforderlich, notwendig, unerlässlich, unumgänglich; **minimum – pour la subsistance** Existenzminimum *n*.

indisponibilité *f* (1) (*ZR: interdiction de disposer*) Verfügungsverbot *n*, (2) (*SachR: incessibilité*) Unveräußerlichkeit, mangelnde Verfügbarkeit, (3) (*BeamR*) (vorübergehende) Dienstunfähigkeit *f*; **se faire mettre en –** (*BeamR*) sich vom Dienst suspendieren lassen.

indisponible *adj* nicht frei verfügbar, unverfügbar, unübertragbar; **droit –** unveräußerliches Recht; unentziehbarer Pflichtteil.

indisposition *f* Unpässlichkeit *f*, Unwohlsein *n*.

indissolubilité *f* Unauflösbarkeit *f*, Unauflöslichkeit.

indissoluble *adj* unauflösbar, unauflöslich.

indistinct *adj* undeutlich, unklar; ohne Unterschied.

individu *m* (1) Mensch *m*, (Einzel-) Person *f*, Individuum *n*, (2) unteilbares Ganze; Einzelwesen *n*; **les droits de l'–** (*VerfR*) Grundrechte (der Einzelperson), Menschenrechte; **– extradé** Ausgelieferte(r); **– de référence** Leitbild *n*; **– en situation irrégulière** (*AuslR*) Person, deren Papiere nicht in Ordnung sind; **– suspect** (*StR*) verdächtige Person, Verdächtiger.

individualisation *f* Individualisierung; **– de la peine** (*StR*) Konkretisierung der Strafzumessung.

individuel *adj* persönlich, individuel; **acte –** (*VwR*) Verwaltungsakt *m*; **action –le** Handlung einer Einzelperson; **caractères –s** besondere Kennzeichen; **cas –** Einzelfall *m*; **revenu –** Pro-Kopf-Einkommen *n*.

indivis *adj* ungeteilt; **bien –** Gesamtgut *n*; **héritiers –** (*ErbR*) Erben *pl* in ungeteilter Erbengemeinschaft; **propriété –e** Gesamthandseigentum *n*; **succession –e** noch nicht geteilter Nachlass.

indivisaire *m* (*ZR: coindivisaire, copropriétaire, cohéritier*) Mitberechtigter (bei ungeteilter Rechtsgemeinschaft); Gesamthänder; Miteigentümer, Mitinhaber; Miterbe.

indivisément *adv* (*ZR: par indivis*) gemeinschaftlich, Gesamt-; ungeteilt.

indivisibilité *f* (1) (*VerfR*) Unteilbarkeit (des Statsgebiets); untrennbare Verbindung, (2) (*SchuldR*) Gesamthandsschuld *od.* -forderung, Gesamtgläubigerschaft, (3) (*StR*) Gesamtstrafe (bei Konkurrenz von Straftaten), (4) (*ZRP*) Konnexität *f*; **– conventionnelle** (*SchuldR*) Gesamthandsgemeinschaft durch Parteivereinbarung.

indivisible *adj* unteilbar; zur gesamten Hand.

indivision *f* (1) (*SachR: copropriété*) Miteigentum *n*; die nicht gesamthänderische Beteiligung mehrerer am Eigentum, (2) (*ZR*) Rechtsgemeinschaft, (3) Gemeinderschaft, Gemeinschaft des Besitzes; **servitude d'– forcée** Dienstbarkeit der Unteilbarkeit; **– active** *ou* **organisée** *ou* **volontaire** (*SachR*) das durch besonderen Vertrag (der Mitberechtigten) begründete

Miteigentum; **– commune** *ou* **fortuite** *ou* **ordinaire** *ou* **non-organisée** *ou* **passive** *ou* **simple** *ou* **temporaire** (*SachR*) gewöhnliches Miteigentum; **– forcée** Gesamthandsgemeinschaft kraft Gesetzes, Miteigentum kraft Gesetzes; **– par fractions** Bruchteilsgemeinschaft; **– héréditaire** *ou* **successorale** Erbengemeinschaft.

indu *adj* (1) nicht geschuldet, (2) unbegründet, ohne rechtfertigenden Grund; **heure –e** verspätet; unzeitgemäß; **réclamation –e** unbegründete Mängelrüge.

indu *m* (1) (*SchuldR: qui n'est pas dû, trop perçu*) nicht geschuldete Leistung; irrtümlich gezahlter Betrag, (2) (*qui n'est pas fondé*) unbegründet.

indû: **répétition de l'–** (*ZPR*) Rückforderung des irrtümlich geleisteten, Ausgleichsklage (auf Wiederherstellung der früheren Rechtslage), condictio indebiti.

indubitablement *adv* unzweifelhaft, gewiss, sicher.

induction *f* Schlussfolgerung *f*, vom besonderen Einzelfall auf das Allgemeine schließen.

induire *v.tr.* schlussfolgern; **– en erreur** jmdn. täuschen, irreführen; **– en tentation** verleiten (zu).

indulgence *f* Milde *f*, Nachsicht *f*, Verständnis *n*.

indulgent *adj* nachsichtig, verständnisvoll, mild.

indûment *adv* (1) ungebührlich, (2) ungerechtfertigterweise, widerrechtlich, ungesetzlich; **détenir –** ohne rechtlichen Grund innehaben; **somme – payée** zu Unrecht gezahlter Betrag.

industrialisation *f* Industrialisierung.

industrie *f* Industrie *f*, Gewerbe *n*, Industriezweig *m*; **apport en –** (*GesR*) Einlage *f* in Form von (sonstigen) Leistungen od.unternehmerisch-technischem Wissen; **grande –** Großindustrie; **implantation d'une –** Standort *m*; **petite –** Kleinindustrie *f*.

industrie aéronautique Luftfahrtindustrie *f*, Flugzeugbau *m*; **– agroalimentaire** Nahrungs- und Genussmittelindustrie; **– d'armement** Rüstungsindustrie; **– de l'automobile** Kraftfahrzeugindustrie; **– de base** Grundstoffindustrie; **– du bâtiment** Baugewerbe *n*, Hochbau *m*; **– de biens de consommation** Verbrauchsgüterindustrie; **– de biens d'équipement** Investitionsgüterindustrie; **– de biens d'usage** Gebrauchsgüterindustrie; **– charbonnière** Kohlenbergbau *m*; **– chimique** chemische Industrie; **– cinématographique** Filmindustrie; **– clé** Schlüsselindustrie; **– des communications** Informations- u. Kommunikationstechnikindustrie; **– complémentaire** Zuliefererindustrie; **– de la construction** Hochbau *m*; **– de la construction navale** Schiffsbauindustrie; **– électronique** Elektronik *f*, elektronische Industrie; **– d'exportation** *ou* **exportatrice** Exportindustrie; **– extractive** Bergbau, Erdölindustrie, Betreiben von Steinbrüchen; **– de finissage** Veredelungsindustrie; **– de guerre** Rüstungsindustrie.

industrie hôtelière Gaststättengewerbe *n*, Bewirtungs- und Beherbergungsgewerbe; **– houillère** Kohlenbergbau *m*; **– de l'informatique** Computerindustrie *f*; **– du jouet** Spielwarenindustrie *f*; **– légère** Konsumgüterindustrie; **– lourde** Schwerindustrie; **– manufacturière** veredelnde Industrie; **– mécanique** Maschinenbauindustrie; **– métallurgique** Hüttenindustrie, metallverarbeitende Industrie; **– minière** Bergbau *m*; **– nationalisée** verstaatlichte Industrie.

industrie navale Schiffsbau *m*; **– nucléaire** Atomwirtschaft *f*; **– pétrolière** Mineralöl- *od.* Erdölindustrie; **– polluante** umweltbelastender Industriezweig; **– saisonnière** Saisongewerbe *n*; **– du sexe** Prostitution als Gewerbezweig, Frauenhandel *m*; **– sidérurgique** Eisen- und Stahlindustrie; **– du spectacle** Vergnügungsindustrie; **– textile** Textilindustrie; **– touristique** Fremdenverkehrsgewerbe *n*; **– de transformation** Verarbeitungs- *od.*

Veredelungsindustrie; **– vestimentaire** Bekleidungsindustrie.
industriel *adj* industriell, gewerblich; Industrie-, Gewerbe-; **espionnage –** Werkspionage *f*, Wirtschaftsspionage, Industriespionage; **exploitation –le** gewerbliche Verwertung; **produit –** gewerbliches Erzeugnis.
industriel *m* Fabrikherr *m*, Industrielle (r) *m*, Eigentümer eines Industriebetriebes; Unternehmer *m*, Gewerbetreibende *m*; **grand –** Großindustrielle(r) *m*; Industriemagnat *m*.
industriellement *adv*: **pays – les plus avanacés** Industrieländer *npl*.
industrieux *adj* geschickt, erfinderisch.
inébranlable *adj* unerschütterlich, standhaft; **résolution –** fester Entschluss.
inéchangeable *adj* (*Ware*) vom Umtausch ausgeschlossen.
inédit *adj* (1) (*UrhR*) unveröffentlich, ungedruckt, (2) *Allgspr.* neu, erstmalig, noch nicht dagewesen.
inédit *m* unveröffentlichtes Werk; Neuheit *f*.
ineffectivité *f* Unanwendbarkeit, Undurchsetzbarkeit.
inefficace *adj* (1) unwirksam, wirkungslos, ineffizient, (2) unfähig, unbrauchbar, (3) unwirtschaftlich; **mesure –** ungeeignete Maßnahme.
inefficient *adj* nicht leistungsfähig.
inégal *adj* ungleich.
inégalitaire *adj*: **société –** (*VerfR*) auf der Ungleichheit beruhende Gesellschaft.
inégalité *f* Ungleichheit *f*, Disparität *f*, Diskrepanz *f*; **– d'âge** Altersunterschied *m*; **– des chances** Chancenungleichheit; **– des salaires** (*ArbR*) ungleiche Entlohnung, Verstoß gegen die Lohngleichheit; **– sociale** gesellschaftliche Ungleichheit, soziales Gefälle; **– de traitement** (*VR*) Diskriminierung, ungleichmäßige *od.* ungleiche Behandlung.
inélasticité *f* **de la demande** (*Vwirt*) fehlende Nachfrageelastizität.
inéligibilité *f* Nichtwählbarkeit.
inéligible *adj* un- *od.* nicht wählbar.
inéluctable *adj* unvermeidlich, zwangsläufig; **conséquence –** unweigerlich eintretende Folge, unvermeidliche Auswirkung.
inemployé *adj* ungenutzt; unausgelastet; **capital –** totes Kapital.
inepte *adj* unfähig; unbegabt; dumm; ungereimt; abgeschmackt.
ineptie *f* Dummheit *f*, dummes Zeug.
inépuisable *adj* unerschöpflich; **source d'énergie –** regenerierbare Energiequelle.
inéquitable *adj* ungerecht, unbillig; **partage –** ungleiche Teilung, Übervorteilung.
inertie *f* Untätigkeit, Trägheit, Immobilismus; (geistige) Unbeweglichkeit, Passivität *f*.
inescomptable *adj* (*WechselR*) nicht diskontfähig.
inestimable *adj* unschätzbar, unbezahlbar.
inévitable *adj* unvermeidlich, unabwendbar, unumgänglich; notwendig; **accepter l'– *m*** sich in die gegebenen Verhältnisse fügen.
inexact *adj* ungenau, unrichtig, falsch, unzutreffend; (Person) unpünktlich; **donner une version –e des faits** eine falsche Darstellung des Sachverhalts geben.
inexactitude *f* Unrichtigkeit; Unpünktlichkeit; Ungenauigkeit; **relever une –** auf einen Fehler hinweisen.
inexcusable *adj* unentschuldbar; **erreur –** (*SchuldR*) unentschuldbarer Irrtum; **faute –** grobe Fahrlässigkeit, grob fahrlässiges Verhalten.
inexécutabilité *f* (1) Unerfüllbarkeit *f*, Undurchführbarkeit, (2) Nichtvollstreckbarkeit.
inexécutable *adj* (1) unerfüllbar, unausführbar, (2) nicht vollstreckbar.
inexécution *f* (schuldhafte) Nichterfüllung; **exception d'–** (*SchuldR: exceptio non adimpleti contractus*) Einrede des nicht erfüllten Vertrages; **– d'un contrat** (*SchuldR: non-accomplissement d'une obligation*) Leistungsstörung, positive Vertragsverletzung, Nichteinhaltung des Vertrages.
inexécutoire *adj*: **décision –** nicht vollstreckbares Urteil.
inexigibilité *f* (noch) nicht eingetretene Fälligkeit (der Leistung).

inexigible *adj* (1) uneintreibbar, (2) noch nicht fällig.
inexistant *adj* nicht (mehr) vorhanden, nicht bestehend.
inexistence *f* Fehlen *n*, Nichtbestehen *n*, Nichtvorhandensein *n*; **– de l'acte administratif** Rechtsunwirksamkeit eines Verwaltungsakts; **– de l'acte juridique** (*SchuldR*) ungültiges Rechtsgeschäft; Rechtsgeschäft, dem eine Wirksamkeitsvoraussetzung fehlt; **– du contrat** Nichtigkeit eines Vertrages (bei Fehlen einer Willenshandlung); **– d'une loi** Fehlen *n* einer gesetzlichen Regelung; **– du mariage** Nichtehe *f*.
inexorable *adj* unerbittlich.
inexpérience *f* Unerfahrenheit *f*, Mangel an Erfahrung.
inexpérimenté *adj* unerfahren, ohne (Berufs-) Erfahrung.
inexpiable *adj* nicht zu sühnen; **crime –** unverzeihliches schweres Verbrechen.
inexplicable *adj* unerklärbar; unbegreiflich.
inexploité *adj* (1) (*ressources*) ungenutzt, nicht abgebaut, (2) (*sol*) brachliegend.
in extenso *loc.* im vollen Wortlaut, ungekürzt.
in extremis *loc.* im Sterben liegen, in den letzten Zügen.
infaillibilité *f* (*KirchR*) Unfehlbarkeit.
infaisable *adj* nicht durchführbar, nicht in die Tat umzusetzen.
infalsifiable *adj*: **carte d'identité –** fälschungssicherer Personalausweis.
infamant *adj* (1) (*StR*) mit dem Verlust der Ehrenrechte verbunden, (2) ehrenrührig, entehrend, verleumderisch, rufschädigend.
infâme *adj* ehrlos, niederträchtig, gemein; **crime –** scheußliches Verbrechen.
infanticide *m* (1) (*StR*) Kindestötung *f*, (2) Kindesmörder(in) *m/f*.
infantile *adj* geistig zurückgeblieben; **maladie –** Kinderkrankheit.
inféodé *adj* **(à)** (*Pol*) linientreu; **– à la maf(f)ia** der Mafia verpflichtet.
inférer *v.tr.* schließen (aus), eine Schlussfolgerung ziehen.
inférieur *adj* unter, untergeordnet; unterhalb liegend; **qualité –e** mindere Qualität; **tribunal –** unteres Gericht; **– à** kleiner als.
inférieur *m* Untergebene(r) *m*.
infériorité *f* untergeordnete Stellung; Unterlegenheit; Minderwertigkeit.
infestation *f* (*MedizinR*) Infektion *f*, Ansteckung *f*.
infibulation *f* (*MedizinR*) Vernähung der Schamlippen.
infidèle *adj* untreu, treulos; unehrlich; unzuverlässig, ungenau; **mémoire –** lückenhaftes Gedächtnis; **traduction –** falsche Übersetzung; **– à sa parole** wortbrüchig.
infidélité *f* Untreue *f*, Treulosigkeit; Ungenauigkeit; **– dans le couple** Untreue der Ehegatten.
infiltrer *v.tr.* (1) (*Partei*) unterwandern, (2) (*Wasser*) einsickern.
in fine *loc. adv.* am Ende, *fig.* letztendlich.
infini *adj* unbegrenzt, unbeschränkt; unendlich.
infirmatif *adj* (*PrzR: arrêt qui réforme ou annule le jugement attaqué*) (ein Urteil) abändernd, aufhebend; **arrêt –** (*PrzR*) Abänderungs- *od.* Aufhebungsurteil.
infirmation *f* Aufhebung *od.* Abänderung (eines Urteils durch die Rechtsmittelinstanz); Entkräftung.
infirme *adj* (1) körperbehindert, (2) schwächlich, gebrechlich.
infirmer *v.tr.* (1) (*PrzR: jugement*) aufheben, abändern, (2) (*affirmation, information*) in Abrede stellen, verneinen, dementieren, (3) (*preuve*) widerlegen, entkräften.
infirmier *m* (Kranken-) Pfleger *m*.
infirmière *f* **libérale** freiberuflich tätige Krankenschwester.
infirmité *f* Gebrechen *n*, Invalidität *f*, Leiden *n*; **– permanente partielle** dauernde teilweise Arbeitsunfähigkeit; **– permanente totale** vollständige Erwerbsunfähigkeit.
inflammable *adj*: **facilement –** feuergefährlich.
inflation *f* Inflation *f*, (allgemeine) Preissteigerung; **lutte contre l'–** Inflationsbekämpfung, Anti-Inflations-Politik; **taux d'–** Inflationsrate *f*; **– par les coûts** Kostendruckinflation; **–**

par la demande nachfrageinduzierte Inflation; **– galopante** galoppierende Inflation, Hyperinflation; **– larvée** *ou* **– rampante** schleichende Inflation; **– latente** *ou* **importée** importierte Inflation; **– des salaires** lohnkosteninduzierte Inflation.

inflationniste *adj*: **écart –** inflatorische Lücke, Gap.

infléchir *v.tr.* (*une politique, une règle*) (eine Politik) umorientieren, (eine Vorschrift) abändern, umgestalten.

infliger *v.tr.* verhängen, auferlegen; **– de mauvais traitements** misshandeln; **– une peine à qqn.** gegen jmdn. eine Strafe verhängen; **– la torture** foltern.

influence *f* Einfluss *m*; Einwirkung; Auswirkung; Ansehen, Autorität; **monnayer son –** sich Bemühungen zugunsten eines Dritten gut bezahlen lassen; **sphère** *ou* **zone d'–** Wirkungsbereich *m*, Einflusssphäre *f*; **– prépondérante** Vormachtstellung.

influencer *v.tr.* beeinflussen, einwirken (auf); verleiten (zu).

influent *adj*: **personnage –** einflussreiche Persönlichkeit.

informateur *m* Auskunftsperson *f*, informeller Mitarbeiter (= IM), Informant *m*; **– confirmé** Gewährsmann, Vertrauensmann; **– rétribué** bezahlter Informant.

informaticien *m* Informatiker *m*, Programmierer *m*.

information *f* (1) (*StPR: instruction préparatoire*) Voruntersuchung *f*; Untersuchung (durch die Staatsanwaltschaft); polizeiliche Vorermittlung; Ermittlungen *fpl*; Ermittlungsverfahren *n*, (2) (*action de mettre au courant*) Benachrichtigung *f*, Mitteilung, Information, Meldung, (3) (*renseignement obtenu*) Nachricht *f*, Auskunft *f*, Aufschluss *m*, zweckbezogenes Wissen; Angaben *fpl*; **bulletin d'–s** Nachrichtensendung; **bureau d'–** Auskunftsstelle *f*, Informationsbüro *n*; **donner une –** Auskunft erteilen; **droit à –** (*ÖfR*) Informationsrecht; Auskunftspflicht (der Behörden); **élément d'–** Anhaltspunkt *m*; **flash d'–** Kurznachrichten *fpl*; **liberté de l'–** (*VerfR*) Informationsfreiheit.

information: **obligation d'–** (*SchuldR*) (*des Verkäufers gegenüber dem Käufer*) Informationspflicht, Aufklärungsverpflichtung; **ouvrir une –** (*StPR*) Ermittlungen einleiten, ein Ermittlungsverfahren (in Sachen . . .) eröffnen; **pour –** zur Kenntnisnahme; **procéder à une –** (strafrechtliche) Ermittlungen anstellen; **service d'–** Informationsamt *n*; **supplément d'–** (*StVR*) zusätzliche strafrechtliche Ermittlungen, Wiederaufnahme der Ermittlungen (zu ihrer Vervollständigung); **supports de l'–** Medien *npl*; Informationsträger *m*.

information de commodo et incommodo (*VwPR*) Verwaltungsverfahren zwecks Feststellung unzulässiger Beeinträchtigung eines Grundstücks durch ein Nachbargrundstück; **–s confidentielles** vertrauliche Mitteilungen; **– exclusive** (*MedienR*) Exklusivbericht *m*; **–s mémorisées** gespeicherte Daten, Infoware *f*; **– préliminaire** (*StPR*) Vorverfahren *n*, Ermittlungsverfahren (in Strafsachen); **– provisoire** (*VwPR*) Zwischenbescheid *m*; **– contre X pour recel** (*StPR*) Einleitung eines Strafverfahrens gegen Unbekannt wegen Hehlerei.

informatique *f* (*MedienR*) IT-Bereich *m*, IT-Branche *f*, Informatik *f*, Datenverarbeitung; Computertechnik *f*; **commission – et libertés (= CIL)** frz. Datenschutzbeauftragter; **contrat –** Telemediavertrag *m*; Softwareüberlassungsvertrag *m*; **droit de l'–** (1) IT- und Computerrecht *n*, (2) Recht der neuen Medien, Multimediarecht; **loi I– et Libertés** (*MedienR: Loi n° 78–17 du 6 janvier 1978 relative à l'informatique, aux fichiers et aux libertés, révisée le 15 juillet 2004*) frz. Datenschutzgesetz *n*; **– juridique** Rechtsinformatik *f*.

informatique *adj* Informatik-; Daten-; **délinquance –** Computerkriminalität *f*, Computerstraftaten; Computersabotage *f*, **fichier –** Datei *f*, **fraude –** (*StR*) Computerbetrug *m*; rechtswidrige Datenveränderung; **piratage –** Softwarediebstahl *m*, Dienstepiraterie *f*, **saisie –** Datenspeicherung.

informatisation *f* Einführung der Datenverarbeitung (auf Betriebsebene).
informatisé *adj*: **commerce –** E-commerce *m*, Electronic Business *m*, Online-Handel *m*; elektronischer Rechtsverkehr; **service –** Online--Dienst *m*; Online-Diensstelle *f*; **traitement – de données nominatives** Erfassung *od.* Speicherung personenbezogener Daten.
informer *v.tr.* (1) (*StPR*) eine Voruntersuchung durchführen, Ermittlungen anstellen, (2) (*VwR*) mitteilen; melden; benachrichtigen; unterrichten; **jusqu'à plus ample informé** (*PrzR*) bis zur Klärung der Angelegenheit *od.* Sachlage, bis zur Vervollständigung der Akten; mit der Auflage der Ergänzung (der Akten); bis auf weiteres, vorläufig; **milieux bien –és** (*Pol*) gut unterrichtete Kreise.
infortune *f* Unglück *n*, Missgeschick *n*.
infra *adv* (= *ci-après, ci-dessous*) siehe unten (= s.u.).
infraction *f* (*StR: action ou omission prohibée par la loi*) strafbare Handlung, Straftat *f*, Verletzung einer Vorschrift, Gesetzesübertretung *f*; Zuwiderhandlung, Verstoß *m*; **commettre une –** eine strafbare Handlung begehen; **concours d'–s** Zusammentreffen mehrerer strafbarer Handlungen; **connexité d'–s** (innerer) Zusammenhang mehrerer Straftaten; **constatation de l'–** Feststellung einer strafbaren Handlung; **lieu de l'–** Tatort *m*; **perpétration de l'–** Tatbegehung, Verübung der Tat.
infraction au code de la route Verstoß gegen die Straßenverkehrsordnung *od.* das Straßenverkehrsgesetz; verkehrswidriges Verhalten; **– commise à l'étranger** Auslandsstraftat *f*; **– complexe** (*StR*) natürliche Handlungseinheit; **–s connexes** (*StR: infraction dont la consommation suppose une certaine durée*) (mehrere) rechtlich unabhängige Straftaten (die eine Handlungseinheit bilden; Dauerdelikt *n*, Aufrechterhaltung des rechtswidrigen Zustandes; **– continuée** (*StR: comportement infractionnel de même nature commis successivement dans le cadre d'une entreprise criminelle*) fortgesetzte Handlung; **– disciplinaire** *ou* **à la discipline** (*BeamR*) Verletzung der Disziplinarvorschriften, Disziplinarvergehen *n*; **– douanière** Zollstraftat, Zollvergehen; **– de droit commun** nichtpolitische Straftat.
infraction économique Wirtschaftsstraftat *od.* -vergehen; **– fiscale** Steuerstraftat; **– flagrante** auf frischer Tat festgestellte Gesetzesverletzung; **– d'habitude** gewohnheitsmäßiges Handeln; **– impossible** untauglicher Versuch; **– instantanée** (*StR: infraction qui se réalise en un trait de temps*) Straftat, die sich in einer (einzigen) Handlung erschöpft; **– intentionelle** vorsätzliches (u. schuldhaftes) Handeln, vorsätzliche Straftat; **– internationale** (*VR: violation d'une règle de droit international*) Völkerrechtsverletzung; **– contre l'intimité** Verletzung des persönlichen Lebens- u. Geheimbereichs.
infraction à la législation sur les sociétés Wirtschaftsstraftat (im Bereich des Gesellschaftsrechts); **– à la loi** Gesetzesverstoß *m*; **– manquée** unfreiwilliger Rücktritt (von einer Straftat); **– militaire** Wehrstraftat; **– permanente** (*StR: infraction dont les conséquences se prolongent dans le temps*) Zustandsdelikt *n*; **– de police** Übertretung *f*, (entspricht der Ordnungswidrigkeit); **– politique** (1) (*VerfR*) Staatsschutzdelikt *n*, (2) (*StR*) politisch motivierte Straftat; **– praeter-intentionnelle** erfolgsqualifiziertes Delikt; **– purement matérielle** Straftat, die keinerlei Vorsatz erfordert, strafbare fahrlässige Handlung; **– putative** Wahn- *od.* Putativdelikt; **– au règlement** (*VwR, MilR*) (Dienst-) Pflichtverletzung; Regelverstoß *m*; **– de service** (*VwR*) Dienstvergehen *n*; **– de simple police** (*StR*) Übertretung; **– successive** (*StR: syn. d'infraction continue*) Dauerdelikt *n*.
infrastructure *f* (1) (*Vwirt: ensemble des équipements économiques et techniques*) Infrastruktur *f*, öffentliche Einrichtungen, Anlagen *fpl*, (2) (*VwR*) inne-

rer Aufbau, (3) *fig* Fundament *n*, Basis *f*; **– économique** wirtschaftliche Infrastruktur; **– routière** Straßennetz *n*.

infructueux *adj* vergeblich, unnütz, umsonst; **démarche infructueuse** vergebliche Schritte unternehmen.

ingagnable *adj*: **procès –** nicht zu gewinnender Rechtsstreit.

ingénierie *f* (1) (*recommandation officielle pour: engineering*) Unternehmensberatung *f*; Planungsgesellschaft *f*, Ingenieurbüro *n*, (2) Entwicklung *f*, Entwurf und Planung; Auftragsabwicklung *f*; Kostenkalkulation *f*.

ingénieur *m* (Diplom-) Ingenieur *m*; **– agronome** Diplomlandwirt *m*; **– en brevets** frz. Patentanwalt *m*; **– en chef** technischer Leiter; **– civil** Bauingenieur; **– -conseil** (1) (*WirtR: on dit aussi: ingénieur consultant*) Consulting-Fachmann *m*, beratender Ingenieur, Unternehmensberater, (2) (*PatR*) Patentanwalt *m*; **– des eaux et forêts** Forstwirt *m*; **– de vente** Verkaufsfachman *m*.

ingéniosité *f* Erfindungsgabe *f*; Geschicklichkeit.

ingénuité *f* Unbefangenheit *f*; Treuherzigkeit, Naivität *f*.

ingérable *adj* nicht mehr zu bewältigen; außer Kontrolle.

ingérence *f* (*VR: immixtion dans les affaires intérieures*) Einmischung *f* (in innere Angelegenheiten), Intervention.

ingérer: **s'–** *v. pron.* sich einmischen.

ingrat *adj* undankbar.

ingratitude *f* (*SchuldR: violation du devoir de reconnaissance*) grober Undank *m*, Undankbarkeit *f*.

ingrédients *m/pl* (*LebensmittelR*) Zutat *f*; Zusammensetzung *f*; Inhaltsstoffe *mpl*; Hilfsstoffe.

inhabile *adj* ungeschickt; **– à contracter** vertragsunfähig; **– à tester** testierunfähig.

inhabilité *f* Geschäfts- *od.* Testierunfähigkeit *f*.

inhérent *adj* zugehörig, innewohnend; Eigen-; **droit – et naturel** Naturrecht *n*.

inhibition *f* Verbot *n*; Hemmung, Verzögerung; **– de la lecture** Leseschwäche *f*.

inhospitalier *adj* ungastlich, fremdenfeindlich.

inhumain *adj* (*StR, VR*) unmenschlich, grausam; **carnage –** menschenverachtender Massenmord; **traitement –** grausame Folter, unmenschliche Quälerei.

inhumanité *f* Unmenschlichkeit *f*; **acte d'–** besondere Grausamkeit, Barbarei *f*.

inhumation *f* Bestattung *f*, Beerdigung *f*; **– dans la fosse commune** Beisetzung im Massengrab.

inimitié *f* Feindschaft *f*, Feindseligkeit.

inintelligence *f* Unverständlichkeit *f*, fehlendes Verständnis (für).

inintelligible *adj* unverständlich.

ininterrompu *adj* ununterbrochen.

inique *adj* ungerecht, unbillig; **impôt –** völlig ungerechte Steuer; **juge –** voreingenommener Richter; **jugement –** dem Recht hohnsprechendes Urteil.

> Das Gegenwort zu *iniquité* ist *équité*. Das Adjektiv *inique* ist viel stärker als *inéquitable*. *Inique* beinhaltet einen besonders schweren Verstoß gegen Recht und Billigkeit, also eine echte Missetat.

iniquité *f* Ungerechtigkeit *f*, Unbilligkeit *f*.

initial *adj* ursprünglich, Anfangs-; **cause –e** Anfangsgrund *m*; **demande en justice –e** Klageerhebung *f*; (zunächst) eingereichte Klageschrift *f*; **données –es** (*d'un problème*) Ausgangslage *f*; **état –** ursprünglicher Zustand *m*; **pour une période –e de** (zunächst) für einen Zeitraum von, für die Anfangsphase.

initialement *adv* ursprünglich; primär; zunächst; anfänglich.

initiateur *m* (1) Pionier *m*, Bahnbrecher, (2) (*StR*) Anstifter, Urheber.

initiation *f* Einweisung *f*, Einarbeitung *f*, Einführung *f*, Anleitung *f*.

initiative *f* (1) Initiative *f*, Anregung *f*, Anstoß *m*, (2) (*VerfR*) Recht *n* zur

Einbringung von Gesetzesvorlagen; **demande d'–** (S) Initiativbegehren *n*; **droit d'–** (*VerfR*) Recht zum Einbringen von Gesetzen; **esprit d'–** Unternehmergeist *m*, Entschlusskraft *f*; **syndicat d'–** Fremdenverkehrsamt *n*; **– immédiate** Sofortmaßnahme *f*; **– législative** Gesetzesinitiative, Initiativrecht; **– populaire** Volksbegehren *n*.

initié *m* (*BankR, BörR*) Eingeweihte(r) *m*, Insider *m*; **délit d'–** (*StR, GesR*) (strafbares) Insidergeschäft *n*, strafbare Verwendung der eigenen Insiderkenntnisse.

injonction *f* (1) (*ÖfR: commandement émanant d'une autorité*) Befehl *m*, (An-) Weisung, Anordnung, Aufforderung, (2) (*ZPR: ordre donné par le juge*) richterliche Anordnung, (3) (*VwR: mesure de caractère comminatoire*) beschwerender Verwaltungsakt; **obtempérer à une –** einen Befehl ausführen; einer Anordnung Folge leisten; **procédure d'–** (*VwPR*) Verwaltungszwangsverfahren *n*; **– expresse** *ou* **formelle** ausdrückliche Aufforderung; **– de faire** (*ZPR: procédure de référé*) einstweilige Anordnung (zwecks Erfüllung unbestrittener Ansprüche); **– de paiement** *ou* **de payer** (*ZwangsVR: ordre de s'acquitter d'une dette donnée par le juge*) Zahlungsbefehl *m*.

injure *f* (1) (*terme de mépris, offense*) Schimpfwort *n*, Beschimpfung *f*, (2) (*StR: expression outrageante*) Beleidigung *f*, Ehrenkränkung *f*; **souffrir** *ou* **subir une –** verunglimpft *od.* beleidigt werden, eine Ehrenkränkung erleiden; **– grave** (1) (*StR*) grobe Beleidigung, Beschimpfung, (2) (*FamR: divorce*) schwere Eheverfehlung.

injurier *v.tr.* beschimpfen, beleidigen; kränken; kränken.

injurieux *adj*: **propos** *ou* **terme –** beleidigende Äußerung, ehrenrührige Beschimpfung.

injuste *adj* (1) (*Person*) ungerecht, (2) (*Situation*) unbillig, unrecht; **soupçon –** unbegründeter *od.* ungerechtfertigter Verdacht.

injustement *adv* zu unrecht.

injustice *f* Ungerechtigkeit *f*, Unrecht *n*, Unbilligkeit *f*; **être victime d'une –** ungerecht behandelt werden.

injustifiable *adj* nicht entschuldbar, durch nichts zu rechtfertigen; unverzeihlich; **retard –** unentschuldbare Verspätung.

injustifié *adj* unbegründet, nicht gerechtfertigt; **réclamation –e** unbegründeter Antrag.

in limine litis *loc. adv. lat* bei Prozessbeginn.

in loco *loc. adv. lat* an Ort und Stelle.

in medias res *loc. adv. lat* unmittelbar zur Sache.

innavigable *adj* unschiffbar.

innocence *f* Unschuld *f*, Schuldlosigkeit; **clamer son –** seine Unschuld beteuern; **établir** *ou* **prouver son –** seine Unschuld beweisen.

innocent *adj* nicht schuldig, schuldlos, unschuldig; **fait –** rechtsunerhebliche Tatsache.

innocent *m* Unschuldige(r).

innocenter *v.tr.* **un accusé** einen Angeklagten für unschuldig erklären.

innocuité *f* (*UmweltR*) Unschädlichkeit (eines Gifts); **tester l'– d'un produit** die Unbedenklichkeit eines Produkts testen.

innovation *f* Neuerung, Innovation.

inobservation *f* Nichtbeachtung *f*, Nichtbefolgung, Nichteinhaltung, Pflichtverletzung, Missachtung; **– du contrat** Verletzung der vertraglichen Vereinbarung; **– du délai** Fristversäumnis *f*, Nichteinhaltung der Frist; **– d'un signal routier** Nichtbeachtung eines Verkehrszeichens.

inoccupé *adj*: **logement –** leerstehende Wohnung.

inoffensif *adj* unschädlich; harmlos, ungefährlich.

inondation *f* Hochwasser *n*, Überschwemmung *f*.

inonder *v.tr.* **le marché** den Markt (mit Waren) überschwemmen *od.* überfluten; (Waren) in großen Mengen auf den Markt werfen.

inopérant *adj* unwirksam.

inopportun *adj* unzweckmäßig, ungeeignet; **requête –e** schlecht gewählter Zeitpunkt für einen Antrag.

inopportunité *f* Unzweckmäßigkeit.

inopposabilité *f* Nichteinwendbarkeit *f*; **– de l'acte** Urkunde die nicht (als Beweisstück) vorgelegt werden kann; **– de l'exception** (*PrzR*) Ausschluss der Einrede; Einwendungsausschluss *m*.
inopposable *adj* nicht entgegensetzbar, nicht einwendbar.
inorganisé *m* (1) (*Pol*) Parteilose(r), (2) (*ArbR*) nicht (in einer Gewerkschaft) organisierter Arbeitnehmer.
input *m* (1) (*Vwirt: ensemble des biens et services entrant dans le processus de production, intrant*) Input *m*; Inputkoeffizient; Input-(Output-) Analyse, (2) (*DV: entrée de données*) (Daten-) Eingabe *f*.
inqualifiable *adj*: **conduite –** unwürdiges Verhalten.
inquisition *f* (1) (*PrzR*) *hist.* (peinliche) gerichtliche Untersuchung, (2) (*KirchR*) Glaubensuntersuchung *f*; Ketzergericht *n* im heiligen Officium.
inquisitoire *adj*: **procédure –** (*PrzR: système procédural dans lequel la direction du procès incombe au juge – syn: système inquisitorial (opposé à accusatoire)*) Strafprozess nach dem Inquisitionsprinzip; Inquisitionsprinzip *n*.
insaisissabilité *f* (*ZwangsVR*) Unpfändbarkeit (von Sachen Forderungen); Pfändungsschutz *m*; Pfändungsfreigrenze *f*.
insaisissable *adj* unpfändbar, pfändungsfrei; **bien –** unpfändbare Sache; **salaire –** pfändungsfreies Arbeitseinkommen.
insalubre *adj* gesundheitsschädlich, gesundheitsgefährdend.
insalubrité *f* gesundheitliche Gefahren und Missstände, Gesundheitsgefährdung.
insanité *f* **d'esprit** Geisteskrankheit *f*, Wahnsinn *m*.
insatisfaction *f*: **manifester son –** seine Unzufriedenheit kundtun.
insatisfaisant *adj*: **résultat –** unbefriedigendes Ergebnis.
inscription *f* (1) (*VwR, HochschulR*) Anmeldung, Einschreibung, (2) (*SachR, HR, GB*) Eintragung, (3) (*indication*) Aufschrift *f*, Beschriftung *f*; **comportant une –** beschriftet *adj*; **demande d'–** Antrag auf Aufnahme in die Tagesordnung; **droit d'–** Einschreibegebühr *f*, Eintragungsgebühr, Anmeldungsgebühr; Teilnahmegebühr; **formulaire d'–** Anmeldeformular *n*.
inscription à l'ordre du jour Aufnahme in die Tagesordnung; **– au budget** Anweisung; **– au casier judiciaire** Strafregistereintrag *m*; **– au chômage** Arbeitslosmeldung; **– au compte** (*BankR*) Buchung auf Konto; **– au crédit** Gutschrift *f*; **– au débit (d'un compte)** Lastschrift; **– au dossier** Aktenvermerk *m*, Vermerk in *od.* zu den Akten; **– électorale** Eintragung in die Wählerliste; **– erronnée** falsche Eintragung; **– à un examen** Anmeldung zur Prüfung.
inscription de faux (*ZPR: action dirigée contre un acte authentique*) Klage *f od.* Antrag auf Feststellung einer Urkundenfälschung; **– hypothécaire** eingetragene Hypothek; **– des hypothèques** (1) Hypothekeneintragung, Eintragung im Hypothekenregister, (2) eingetragene Hypothek; **– sur la liste électorale** Eintragung in das Wählerverzeichnis; **– maritime** (*SeeHR: administration des affaires maritimes*) frz. Schiffahrtsbehörde; Eintragung als Schiffer; **– modificative** Änderungseintragung, ändernde Eintragung; **– d'office** (*GB*) Vornahme einer Eintragung von Amts wegen.
inscription préalable (*GB*) Vormerkung *f*; **– des privilèges et hypothèques** Eintragung von Grunstücksrechten (gesetzliche Pfandrechte und Hypotheken); **– au procès-verbal** Aufnahme in das Protokoll; **– au registre du commerce** Handelsregistereintragung, Eintragung im Handelsregister; **– au registre foncier** Eintragung im Grundbuch; **– au rôle** (*ZPR: enrôlement, mise au rôle*) Eintragung einer (Streit-) Sache im Register der Gerichtskanzlei (zwecks Anberaumung eines Termins zur mündlichen Verhandlung), Erteilung einer Geschäftsnummer (für eine bei Gericht eingereichte Klageschrift).

inscrire *v.tr.* eintragen, aufnehmen, einsetzen; immatrikulieren; **– à l'actif** eine Gutschrift vornehmen; **– au budget** im Haushaltsplan ausweisen; **– au compte** auf ein Konto (ver-) buchen; **– à l'ordre du jour** auf die Tagesordnung setzen; **– au passif** (*Buchf*) abbuchen.

inscrire *v.pron.*: **s'– à** eintreten in; sich anmelden bei; **s'– en faux** (*ZPR*) die Echtheit einer Urkunde bestreiten; **s'– en faux contre** bestreiten, verneinen, widersprechen; **s'– à un parti politique** einer politischen Partei beitreten.

inscrit *adj. et n.m.* eingetragen; Eingetragene(r); **député non –** (*Pol*) Fraktionslose(r); **électeurs –s** die in der Wählerliste eingetragenen Wähler.

inscrivant *m* (*SachR: personne qui requiert ou a requis l'inscription d'une hypothèque*) Antragsteller *m* (zwecks Eintragung einer Hypothek).

insculpation *f* (*marque de contrôle faite au poinçon*) Kontrollpunze *f*.

insécurité *f* **du droit** *ou* **juridique** Rechtsunsicherheit.

insémination *f* **artificielle** (*MedizinR*) künstliche Befruchtung; **– artificielle entre conjoints (= IAC)** künstliche Befruchtung durch Samenimplantation (des Ehegatten); **– artificielle avec donneur (= IAD)** künstliche Befruchtung mit Samenspender; künstliche Befruchtung mit Eispenderin.

insensibilité *f* Unempfindlichkeit *f*, Gefühlslosigkeit.

insensiblement *adv* allmählich, nach und nach; unmerklich.

insérer *v.tr.* (1) einfügen, einsetzen, (2) (*Zeitung*) ein Inserat aufgeben, inserieren; einrücken, einschalten; **– une clause dans un contrat** einen Vertrag durch eine zusätzliche Klausel ergänzen.

insertion *f* (1) (*publication, annonces*) (öffentliche) Bekanntmachung, Bekanntgabe *f*, (2) (*Werbung*) Inserat *n*, Annonce *f*, (3) (*Vertragsklausel*) Einfügung *f*, (4) Vertrautwerden *n* (mit dem Umfeld), (5) (*SozR: réinsertion ou réadaptation sociale*) Eingliederung (in die soziale Gemeinschaft), (6) (*StR*) Resozialisierung *f*; **frais d'–** Kosten der Bekanntmachung in einer periodischen Druckschrift; **refus d'– de la réponse** (*MedienR*) Weigerung der Veröffentlichung einer Gegendarstellung; **– légale** (*ÖfR, StR: publication par la voie des journaux, prescrite par jugement ou la loi*) gesetzliche Bekanntmachungspflicht (in Fachzeitschriften und Amtsblättern); gerichtlich angeordnete Bekanntmachung eines Strafurteils (insbesondere bei Steuerhinterziehungen und Verleumdungen) in einer oder mehreren Zeitungen; **– dans la vie professionnelle** Eingliederung in das Berufsleben.

insidieusement *adv* hinterlistig, hinterhältig; arglistig.

insigne *adj* hervorragend, ausgezeichnet.

insigne *m* Abzeichen *n*, Kennzeichen *n*; Ehrenzeichen; Insignien *npl*; **– de fonctions** Dienstabzeichen, Amtszeichen; **– de grade** Rangabzeichen, Dienstgradabzeichen; **– politique** Parteiabzeichen; **– de souveraineté** Hoheitszeichen.

insignifiant *adj* unbedeutend, nichtssagend, belanglos, bedeutungslos; unerheblich, geringfügig; **dommage –** Bagatellschaden *m*, Kleinschaden, geringfügiger Schaden; **faute –e** geringfügiges Verschulden.

insinuation *f* (1) Eintragung (in einem Register), (2) Verdächtigung, Andeutung; **– calomnieuse** (*StR*) Verleumdung; **– mensongère** Verbreitung unwahrer Behauptungen.

insister *v.intr.* (1) (*insister sur qqch.*) bestehen auf, (2) (*s'étendre sur*) ausführlich behandeln, (3) (*insister pour*) nachdrücklich verlangen.

insolence *f* Anmaßung *f*, Unverschämtheit, Frechheit.

insolvabilité *f* Zahlungsunfähigkeit, Insolvenz *f*; **en cas d'–** im Falle der Nichteintreibbarkeit.

insolvable *adj* zahlungsunfähig, insolvent.

insonorisation *f* Schallschutz *m*; Schalldämmung *f*.

insoumis *m* (*MilR*) Wehrdienstverweigerer.

insoumission *f* (1) (*StR, VwR: refus d'obéissance*) Ungehorsam *m*, Widersetzlichkeit *f*, (2) (*MilR*) Kriegsdienstverweigerung; **– totale** wiederholte und fortdauernde Verweigerung militärischer und zivildienstlicher Anordnungen.

insoutenable *adj* nicht zu rechtfertigen; unglaubwürdig; unzulässig; unerträglich.

inspecter *v.tr.* besichtigen, inspizieren, in Augenschein nehmen; (*Zoll*) kontrollieren.

inspecteur *m* Aufsichtsbeamte(r) *m*, Inspekteur; **– d'académie** (*SchulR*) Oberster frz. Beamter eines Schulbezirks für das Schul- und Hochschulwesen; **– divisionnaire** Leiter der Bezirkskriminalpolizeistelle; **– des finances** Beamter der frz. Oberfinanzdirektion; **– de police** Kriminalinspektor; **– principal** Leiter des Kriminalamtes; **– du travail** frz. Gewerbeaufsichtsamt *n*; Gewerbeaufsichtsbeamte(r) *m*; **– de vente** Vertriebsleiter.

inspection *f* (1) (*examen attentif*) Besichtigung *f*, Untersuchung *f*, Augenschein *m*, (2) (*surveillance*) Überwachung *f*, Inspektion *f*, Prüfung *f*, (3) (*VwR: service de contrôle, ensemble des inspecteurs d'une administration*) Aufsichtsdienststelle *f*; Aufsichtsbehörde; **rapport d'–** Untersuchungsbericht *m*; **– académique** Schul- und Hochschulaufsichtsbehörde; **– comptable** Revision *f*, Buchprüfung *f*; **– d'entreprise** Betriebsüberprüfung *f*; **– générale de l'administration (= IGA)** Oberste frz. Verwaltungsaufsichtsbehörde; **– générale des finances (= IGF)** (*HaushR*) Oberste frz. Finanzaufsichtsbehörde; **– générale de la police nationale (= IGPN)** Oberste frz. Polizeiaufsichtsbehörde; **– des lieux** Ortsbesichtigung; **– de la qualité** Güteprüfung, Qualitätskontrolle; **– sanitaire** Gesundheitsüberwachung; **– sanitaire de la viande** Fleischbeschau *f*; **– du travail** frz. Gewerbeaufsichtsamt *n*, Arbeitsaufsichtsbehörde *f*.

inspiré *adj*: **être bien –** gut beraten sein.

inspirer *v.tr.* einatmen; eingeben; **– confiance** Vertrauen erwecken.

instabilité *f* Unbeständigkeit *f*, Unsicherheit; **– ministérielle** ständiger Regierungswechsel; **– monétaire** Währungsschwankungen *fpl*; **– des opinions** Meinungswechselhaftigkeit; **– des prix** Preisschwankungen *fpl*.

installateur *m* Installateur *m*, Einrichter von technischen Anlagen.

installation *f* (1) (*appareils, bâtiments*) Anlage *f*, Aufstellung *f*, Ausrüstung *f*, Ausstattung *f*; Einbau *m*, Einrichtung *f*, Montage *f*, (2) (*BeamR*) Amtsantritt *m*, Amtseinsetzung *od.* -einführung; **frais d'–** Einrichtungskosten; **– classée** (*VwR, WirtR: établissement dangereux, incommode et insalubre*) Wirtschaftsanlage, die eine besondere Betriebsgefahr mit sich bringt; **– de freinage** Bremsanlage; **– illégale** Hausbesetzung; **– industrielle** Fabrikanlage; **– nucléaire** Kernkraftanlage *f*.

installer *v.tr.* (1) anlegen, einrichten, ausrüsten, (2) einsetzen, (einen Beamten in sein Amt) einführen; **s'–** sich niederlassen; eine freiberufliche Tätigkeit ausüben.

instamment *adv* inständig, mit Nachdruck (fordern).

instance *f* (1) (*ZPR: phases d'un procès*) Instanz *f*, Rechtszug *m*; Verfahrensabschnitt *m*; (gerichtliches) Verfahren *n*, (2) (*ZPR, StPR*) Gericht *n* (in der Instanzenordnung), (3) (*ZPR: contestation devant un tribunal*) Rechtsstreit *m*, Rechtssache *f*, Prozess *m*, Klage *f*, (4) (*ÖffR: autorité, corps constitué*) Behörde *f*, Amt *n*, Stelle *f*, Gremium *n*, (5) (*PrzR*) Instanzenordnung, (6) (*sollicitation pressante*) inständige Bitte, dringender Antrag; **acte introductif d'–** Klageschrift *f*; **affaire** *ou* **cause en –** anhängige Sache, rechtshängige Klage; **appeler à l'–** ein gerichtliches Verfahren einleiten; **dénoncer l'–** den Streit verkünden;

dénonciation d'– Streitverkündung; **dernière –** letzte Instanz; **en dernière –** in (erster u.) letzter Instanz; **désistement d'–** Klagerücknahme *f* (ohne Anspruchsverzicht); **en –** (1) (*ZPR*) rechtshängig, gerichtshängig, anhängig, (2) (*Post*) abholbereit, postlagernd; **engager une –** ein Verfahren einleiten; **introduire une –** eine Klage einreichen; **jugement en première –** erstinstanzliches Urteil; **lien d'–** Prozessrechtsverhältnis *n*; **lier l'–** die Rechtshängigkeit begründen; **de première –** erstinstanzlich; **en première –** in erster Instanz; **requête introductive d'–** Klageschrift *f*.

instance administrative Verwaltungsstufe *f*; **– d'appel** Berufungsverfahren *n*, Rechtsmittelinstanz *f*; **– d'arbitrage** *ou* **arbitrale** Schiedsinstanz, Schiedsstelle; Schiedsverfahren; **– civile** Zivilprozess *m*; **– commerciale** Verfahren vor dem frz. Handelsgericht; **– compétente** zuständige Behörde; **– de contrôle** Aufsichtsbehörde; **– en déclaration judiciaire de décès** gerichtliches Verfahren zur Todeserklärung; **–s dirigeantes** Führungsgremien; **– disciplinaire** Disziplinarverfahren; **– en divorce** Scheidungsklage *od.* -prozess; Scheidungsverfahren *n*.

instance en état (*ZPR: achèvement de l'instruction*) Entscheidungsreife *f*; **– en exequatur** Verfahren zur Anerkennung eines ausländischen Urteils; **– gouvernementale** Regierungsstelle *f*, Behörde; **–s internationales** (*VR*) die internationalen Behörden; **– en justice** gerichtliches Verfahren; **– pénale** (1) Strafgericht *n*, (2) Strafverfahren; **– périmée** (*ZPR*) wegen Fristablaufs eingestelltes Verfahren; **– précédente** Vorinstanz; **– principale** *ou* **au principal** Hauptverfahren; **– prud'homale** arbeitsgerichtliches Verfahren.

instance de recours Rechtsmittelinstanz *f*; Berufungsgericht; Beschwerdeinstanz; **– en référé** Antrag auf Erlass einer einstweiligen Verfügung; **– en révision** Wiederaufnahmeverfahren; **– supérieure** (1) (*PrzR*) Berufungsgericht, (2) Revisionsgericht, (3) (*VwR*) oberste Verwaltungsbehörde; **– suprême** oberstes Gericht, Revisionsgericht; **–s syndicales** (*ArbR*) Gewerkschaftsführung.

instant *adj* dringend, inständig; nahe bevorstehend; **demande –e** mit Nachdruck vorgebrachte Forderung; **péril –** (unmittelbar) drohende Gefahr.

instant *m* (kurzer) Augenblick; **à l'–** soeben; **à l'– même où** genau zu dem Zeitpunkt (als); **à chaque –** ständig, ohne Unterlass; **à tout –** jederzeit; **dans un –** sofort, gleich; **d'un – à l'autre** bald, in naher Zukunft; **en un –** sehr schnell; **par –s** zeitweise; **pour l'–** zum jetzigen Zeitpunkt, augenblicklich.

instar: **à l'– de** *loc. prép.* nach der Art von, so wie.

instauration *f* Einführung *f*, Einsetzung, Errichtung, Schaffung; **– des 35 heures** Einführung der 35-Stunden--Woche; **– d'un usage** Entstehung eines Gewohnheitsrechts.

instaurer *v.tr.* einführen, einsetzen, errichten; **– un droit** ein Recht begründen; **– une réforme** eine Reform einleiten; **– des relations** Beziehungen knüpfen.

instigateur *m* (1) (*StR: complice par instigation*) Anstifter *m*, (2) (*AllgSpr*) Drahtzieher *m*, Anführer *m*.

instigation *f* (*StR: une des formes de la complicité, art. 121–7 NCP*) Anstiftung *f* (in Frankreich als Unterart der Beihilfe).

instinct *m* Trieb *m*; **– de conservation** Selbsterhaltungstrieb; **– grégaire** Herdentrieb; **– infaillible** untrügliches Gespür (für).

instinctif *adj* spontan, ungewollt; unwillkürlich.

instituer *v.tr.* (1) (*mettre en vigueur*) in Kraft setzen, einführen, (2) (*créer, instaurer*) errichten, einrichten, gründen, (3) (*constituer qqn. son héritier*) (als Erben) einsetzen.

institut *m* (1) (*HochschulR: établissement de recherche, d'enseignement*) Anstalt *f*, (Forschungs-) Institut *n*, wissenschaftliche Gesellschaft, (2) (*réunion des cinq*

Académies) das Französische Institut (als Vereinigung von Gelehrten, Künstlern und Dichtern); – **démoscopique** Meinungsforschungsinstitut; – **d'émission** Emissions- *od.* Zentralbank; – **international des brevets** Internationales Patentamt; – **international pour l'unification du droit privé** Internationales Institut für die Vereinheitlichung des Privatrechts; – **national de la propriété industrielle (= INPI)** frz. (nationales) Patentamt; – **national de la statistique et des études économiques (= INSEE)** frz. Statistisches Zentralamt; – **privé** Privatschule *f*; – **universitaire de technologie (= IUT)** frz. praxisorientierte Fachhochschule (2jährige Studienzeit).

institutes *fpl* **de Justinien** *hist.* Institutes, Institutionen des römischen Rechts (von Justinian und Gajus).

instituteur *m*, **institutrice** *f* (*SchulR: enseignant dans une école primaire ou maternelle*) Elementarschullehrer *m*, -schullehrerin *f*; Erzieher, Kindergärtnerin.

institution *f* (1) (*création, fondation*) Gründung *f*, Schaffung, Errichtung, (2) (*ce qui est institué*) (staatliche) Einrichtung, Träger *m*, Institution des öffentlichen Rechts, (3) (*organisation juridique*) Rechtsgebilde *n*, Rechtsinstitut *n*, (4) (*désignation, nomination*) Einsetzung (in ein Amt), Ernennung, (5) (*ÖfR: meist fpl*) Staatsorganisation *od.* -aufbau; Staatsordnung, staatliche Einrichtungen, (6) (*SchulR: établissement privé d'éducation*) Privatschule *f*.

institution d'assurance Versicherungsträger *m*; – **autonome** Selbstverwaltungskörperschaft; – **de bienfaisance** *ou* **charitable** Wohlfahrtseinrichtung; – **du calendrier grégorien** *hist.* Einführung des gregorianischen Kalender neuen Stils durch den Papst Gregor XIII. (1582); – **de compensation** (*BankR*) Verrechnungsstelle; – **de crédit** Kreditinstitut; – **d'éducation** Bildungsanstalt; – **d'éducation surveillée** (*StVZ*) Besserungsanstalt für jugendliche Straftäter; – **financière spécialisée (= IFS)** Spezialbank *f*.

institution d'héritier Erbeinsetzung; – **juridique** Rechtseinrichtung, Rechtsinstitut; – **libre** Privatschule; – **de prévoyance** Vorsorgeeinrichtung; – **de retraites** Pensionskasse *f*; – **de Sécurité sociale** Träger der sozialen Sicherheit; – **sociale** Sozialeinrichtung; – **d'utilité publique** gemeinnützige Einrichtung; **–s spécialisées** (*VR*) Sonderorganisationen (der UNO).

institutionnalisation *f* Institutionalisierung *f*, gesellschaftliche Anerkennung als staatliche Einrichtung.

institutionnaliser *v.tr.* institutionell verankern; zur Regel machen.

institutionnel *adj* institutionell; **appareil – de l'État** staatliche Einrichtungen.

instructeur *m* Ausbilder *m*; Unterweiser *m*; **juge –** (*StPR*) Ermittlungsrichter.

instructif *adj* aufschlussreich, lehrreich; belehrend.

instruction *f* (1) (*VwR: directive, ordre*) Anordnung *f*, allgemeine Weisung, Dienstanweisung, Befehl *m*; Erlass *m*; Richtlinie *f*; Vorschrift *f*, (2) (*StPR: instruction dite préparatoire*) Ermittlungen *pl*, Erhebungen *pl*, Untersuchungen *pl*, (3) (*ZPR: phase préparatoire du procès civil, mise en état – art. 760 NCPC*) Vorverfahren (bis zur Entscheidungsreife), Vorbereitung der mündlichen Verhandlung, (4) (*SchulR: enseignement, formation*) Unterricht *m*, Ausbildung *f*, Unterweisung; Bildung; **acte d'–** (*StPR*) (richterliche) Untersuchungshandlung *f*, Ermittlungstätigkeit; **avoir beaucoup d'–** einen hohen Bildungsstand aufweisen; **clôture de l'–** Abschluss der polizeilichen Vorermittlungen *od.* der Voruntersuchung, Abschluss der Ermittlungen; **juge d'–** frz. Untersuchungsrichter, Ermittlungsrichter *m*; **mesure d'–** (1) (*ZPR*) Beweisaufnahme *f*, Beweiserhebung (im Rahmen der mündlichen Verhandlung), (2) (*StPR*) richterliche

Untersuchungshandlung, Ermittlungsmaßnahme *f*; **pouvoir d'–** (1) (*StPR*) Leitung des Ermittlungsverfahrens, (2) (*VwR*) Weisungsrecht *n*, Weisungsbefugnis *f*.

instruction administrative Verwaltungsanordnung *od.* -anweisung, Dienstanweisung; **– civique** Staatsbürgerkunde *f*; **– criminelle** Ermittlungsverfahren in Strafsachen; **– définitive** Hauptverfahren *n*, Hauptverhandlung *f*; **– d'une demande** (*VwR*) Bearbeitung *f* eines Antrags; **– disciplinaire** (*BeamR*) Disziplinaruntersuchung; **– sur les droits** Belehrung (des Betroffenen) über seine Rechte; **– impérative** bindende Dienstanweisung; **– individuelle** Einzelweisung; **– interprétative** Auslegungsvorschrift; **– judiciaire** Verfahren vor einem Ermittlungsrichter; **– militaire** Grundausbildung; **– ministérielle** ministerielle Dienstanweisung; **– particulière** Einzelanweisung; **– pastorale** (*KirchR*) Hirtenbrief *m*; **– pénale** Ermittlungsverfahren in Strafsachen; **– préliminaire** (*ZPR: on dit aussi: instruction préalable*) gerichtliches Vorverfahren; **– préparatoire** (*StPR*) strafrechtliche Ermittlungen, Voruntersuchung; **– d'un procès** Durchführung eines Verfahrens; **– professionnelle** Berufsausbildung; **– publique** öffentliches Erziehungswesen; **– de service** Dienstanweisung *od.* -befehl, Dienstvorschrift, Verwaltungsanweisung.

instruire *v.tr.* (1) (*éduquer, former*) unterrichten, lehren, belehren, (2) (*StPR*) das Ermittlungsverfahren betreiben, untersuchen, (3) (*VwR*) einen Antrag prüfen; eine Untersuchung durchführen; **– une candidature** eine Bewerbung prüfen; **– dans la religion** Religionsunterricht erteilen.

instrument *m* (1) (*appareil, outil*) Werkzeug *n*, Instrument *n*, Apparat *m*, technische Vorrichtung *f*, Gerät *n*, (2) (*moyen*) Mittel *n*, (3) (*acte authentique*) öffentliche Urkunde *f*; **– d'accession** *ou* **d'adhésion** (*VR*) Beitrittsurkunde; **– d'amendement** Abänderungsurkunde; **– de dénonciation** Kündigung; **– formel** Konstitutiv-Urkunde; **– international** völkerrechtliche Urkunde; **– de mesure** Messinstrument *n*; **– de notification** Zustellungsurkunde; **– officiel** amtliche Urkunde; **– de paiement** (*BankR*) Zahlungsmittel *n*; **– de ratification** (*VR*) Ratifikationsurkunde; **– de travail** Arbeitswerkzeug *n*.

instrumentaire *adj*: **agent –** Urkundsperson *f*; **témoin –** (*vor dem Notar*) Urkundszeuge *m*, Zeuge bei der Abfassung *od.* Aufsetzung einer öffentlichen Urkunde.

instrumental *adj*: **pièces –es d'un procès** Prozessurkunden *fpl*, (Verfahrens-) Schriftstücke *npl*.

instrumentaliser *v.tr.* für machtpolitische Zwecke verwenden, instrumentalisieren.

instrumenter *v. intr.* (*officiers ministériels: dresser un acte*) eine öffentliche Urkunde ausfertigen *od.* errichten, beurkunden.

instrumentum *m* (*PrzR: écrit constatant un acte juridique*) Schriftstück *n*; öffentliche Urkunde, (Vertrags-) Urkunde *f*; amtliches Protokoll.

insu *loc. prép.*: **à l'– de** ohne Wissen (und Kenntnis) von; **à mon –** ohne mein Wissen.

insubordination *f* (*ÖfR*) Ungehorsam *m*, Gehorsamsverweigerung.

insuccès *m* Misserfolg *m*.

insuffisance *f* (1) Unzulänglichkeit *f*, Mangel *m*; Lücke *f*, (2) (*SteuerR*) Unterbewertung; **– d'actif** (*GesR*) ungenügende Kapital- *od.* Substanzerhaltung, Kapitalmangel; **– d'activité inventive** (*PatR*) mangelnde Erfindungshöhe *f*; **– d'alimentation** Unterernährung; **– d'assurance** Unterversicherung; **– des documents** (*PrzR*) mangelhafte Schriftsätze; **– d'évaluation** Unterbewertung; **– d'exploitation** (*PatR*) mangelnde Benutzung; **– de motifs** (*PrzR*) Unzulänglichkeit der Entscheidungsgründe; **– de la provision** (*WechselR*) ungenügende Deckung; **– des témoignages** wenig glaubhafte Zeugenaussagen.

insuffisant *adj* unzureichend, ungenü-

gend, unzulänglich; **marchandise de qualité –e** minderwertige Ware.
insulte *f* Beleidigung *f*, Beschimpfung *f*; **– à la mémoire des morts** Verunglimpfung Verstorbener.
insulté *m* Beleidigte(r).
insulter *v.tr.* beleidigen, beschimpfen.
insurgé *m* Aufständische(r).
insurger (s') *v. pron.* sich erheben (gegen), sich auflehnen.
insurmontable *adj* unüberwindbar; **difficultés –s** nicht zu bewältigende Schwierigkeiten.
insurrection *f* Aufstand *m*, Volkserhebung *f*, Empörung *f*.
insurrectionnel *adj* aufrührerisch, aufständisch.
intact *adj* unversehrt, unverletzt, unbeschädigt.
intangibilité *f* Unantastbarkeit *f*.
intangible *adj* unantastbar; **droit –** unveräußerliches (Grund-) Recht.
intégral *adj* vollständig; **casque –** (*StVR*) (*Motorradfahrer*) Schutzhelm *m*; **remboursement –** Glattstellung; **texte –** der vollständige Wortlaut.
intégralité *f* Gesamtheit *f*; Vollständigkeit; **dans son –** insgesamt, alles in allem, zusammen.
intégrant *adj* integrierend, vollständig machend; wesentlich; **partie –e** wesentlicher Bestandteil.
intégration *f* (1) Einordnung *f*, Eingliederung, Integration; Einsetzung, (2) (*GesR*) Zusammenschluss *m*, Fusion, rechtliche, unternehmensmäßige Integration, (3) (*VR*) Staatenverbindung; **– économique** (*Vwirt*) globale wirtschaftliche Integration; **– horizontale** Konzentration, horizontale Integration; **– des migrants** Eingliederung der Migranten; **– verticale** vertikaler Unternehmenszusammenschluss.
intègre *adj* (1) (*Person*) redlich, unbescholten, (2) (*Beamte*) unbestechlich.
intégrer *v.tr.* eingliedern; vereinigen; einschließen, ergänzen; vervollständigen.
intégrité *f* (1) (*honnêteté, probité*) Unbescholtenheit *f*, Integrität *f*, Unbestechlichkeit *f*, (2) Unversehrtheit *f*; **– territoriale** (*VR*) Unversehrtheit eines Gebietes, territoriale Integrität.
intellect *m* Erkenntnisvermögen *n*, Verstand *m*, Intellekt *m*.
intellectualiser *v.tr.* einer intellektuellen Betrachtung unterziehen, intellektualisieren.
intellectuel *adj* geistig, begrifflich; verstandesmäßig; **activité –le** Geistestätigkeit, Kopfarbeit; **auteur – de l'infraction** (*StR*) Schreibtischtäter *m*; Anstifter *m*; **droit –** (*HR, GRUR: propriétés incorporelles dont l'objet est immatériel*) Immaterialgüterrecht, Recht an unkörperlichen Gütern; gewerbliches Eigentum; Recht an der Kundschaft; Verwertungsrecht an geistigen Gütern; **propriété –le** (*GRUR: terme englobant la propriété littéraire et la propriété industrielle*) geistiges Eigentum; Urheberrecht und gewerbliches Eigentum; Copyright *n*; **travailleur –** Geistesarbeiter *m*.
intellectuel *m* geistig Schaffender, Intellektuelle(r).
intelligence *f* (1) (*faculté de connaître et de comprendre*) Einsicht *f*, Verständnis *n*; Verstand; Auffassungsgabe *f*, (2) (*surtout pl.: contacts secrets, collusion, connivence*) geheimes Einvernehmen; **– avec l'ennemi** (*StR*) Landesverrat *m* (im Kriegsfall), geheimdienstliche Tätigkeit, Agententätigkeit für eine feindliche Macht; **– avec une puissance étrangère** (*StR*) Landesverrat zugunsten einer fremden Macht.
intelligible *adj* verständlich; deutlich; **texte peu –** schwerständlicher, unklarer Wortlaut.
intempérance *f* Unmäßigkeit; Trunksucht *f*; Essgier *f*.
intempestif *adj* unzeitig, zur Unzeit angebracht, überstürzt.
intenable *adj* unhaltbar.
intendance *f* (1) (*hist. et fig.: charge publique administrative*) Verwaltung, Versorgung, (2) (*MilR*) militärische Verwaltungs- u. Versorgungsdienststelle, Nachschub *m*.
intendant *m* (1) Militärintendant *m*, (2) Wirtschafter *m*, (3) (*LandwR*) Gutsverwalter *m*.
intensif *adj* intensiv, stark, heftig; umfassend; ertragssteigend.

intensification *f* Intensivierung *f*, Verstärkung *f*.
intensité *f* Stärke *f*, Heftigkeit *f*, Intensität *f*; Wirksamkeit *f*; Eindringlichkeit *f*; **– de la circulation** *ou* **du trafic** Verkehrsdichte *f*, Verkehrsaufkommen *n*.
intenter *v.tr.* **une action** (*ZPR*) Klage erheben *od.* einreichen, klagen.
intention *f* (1) (*StR: conscience éclairée et volonté libre de transgresser la loi*) Vorsatz *m*, wissentliches Handeln, Wissen und Wollen (der Straftat), (2) (*ZR: but, projet*) Vorhaben *n*, Plan *m*, Bestrebung; Absicht *f*; **commune –** gemeinsames Ziel.
intention d'achat Kaufabsicht *f*; **– de causer un dommage** Schädigungsabsicht; **– criminelle** (*StR*) vorsätzliches (schuldhaftes) Handeln, Vorsatz, verbrecherische Absicht; **– délibérée** *ou* **délictuelle** (*StR*) Vorsatz *m*; **– dolosive** (*ZR*) Verschulden *n*, Schädigungsabsicht *f*, Vorsatz, Arglist *f*; **– frauduleuse** Täuschungsabsicht *f*, betrügerische Absicht.
intention illégale *ou* **illicite** rechtswidrige Absicht; **– lucrative** (*HR*) Gewinnerzielungsabsicht; **– malicieuse** *ou* **malveillante** *ou* **méchante** (*ZR*) Schädigungsabsicht, Böswilligkeit; **avec – malveillante** in böswilliger Absicht; **– de nuire** Schädigungsabsicht; **– des parties** (*ZR*) Parteiwille *m*, gemeinsamer Wille der Vertragsparteien; **– de vote** Wahlverhalten *n*.
intentionné *adj*: **être bien/mal –** wohl- *od.* übelgesinnt sein.
intentionnel *adj* vorsätzlich, absichtlich; **non- –** fahrlässig.
intentionnellement *adv* absichtlich; **induire – en erreur** arglistig täuschen.
interaction *f* Wechselwirkung *f*, gegenseitige Beeinflussung *f*; Zusammenwirken *n*; Rückwirkung.
intercalaire *adj. et n.m.* Zusatz-; Zwischen-; zusätzlich; zwischenzeitlich; Schalttag (im Februar im Schaltjahr); **feuille –** Zwischenblatt *n*; **intérêts –s** (*GesR*) zusätzliche, während des Geschäftsjahrs an die Gesellschafter ausgeschüttete Zinsen.
intercaler *v.tr.* einfügen.
intercéder *v. intr.* (*en faveur de qqn.*) sich für jmdn. verwenden, als Fürsprecher auftreten.
intercepter *v.tr.* (1) (*Urkunde*) abfangen, unterschlagen, (2) (*Gespräch*) abhören.
interception *f* (1) Abfangen *n*, (2) Abhören *n*; Lauschangriff *m*.
intercession *f* (1) (*SchuldR*) Eintreten für die Schuld eines anderen, Interzession *f*, (2) (*intervention*) Einschreiten *n*, Intervention; Vermittlungsversuch *m*.
interchangeabilité *f* Austauschbarkeit.
interchangeable *adj* auswechselbar, austauschbar.
intercommunication *f*: **appareil d'–** Gegensprechanlage *f*.
interconnecter *v.tr.* (*DV*) vernetzen, im Netzwerk betreiben.
interconnexion *f* (1) (*StVR*) (Verkehrs-) Verbund *m*, (2) (Computer-) Vernetzung; Netzbetrieb *m*.
interdépendance *f* (1) (*SchuldR*) gegenseitige Abhängigkeit (der Forderungen), (2) (*ZR: dépendance mutuelle de deux personnes*) Wechselbeziehungen *fpl*.
interdiction *f* (1) (*VwR, StR: défense, prohibition*) Verbot *n*, Untersagung *f*, (2) (*ZR, FamR: mesure privant un individu de certains droits*) Entmündigung *f*; Rechtslage *f* des Entmündigten, (3) (*StR: ancienne peine complémentaire remplacée aujourd'hui par la tutelle des majeurs*) Aberkennung der bürgerlichen Ehrenrechte, Verlust der bürgerlichen Ehrenrechte; **demande en –** (*ZPR*) Antrag auf Entmündigung; **droit d'–** Untersagungsbefugnis *f*, Verbotsrecht *n*; **frapper d'–** verbieten; **jugement d'–** Entmündigungsbeschluss *m*; **lever une –** ein Verbot aufheben; **motif d'–** Verbotsgrund *m*; **zone d'–** Sperrgebiet *n*.
interdiction absolue strenges Verbot; **– d'aliéner** Veräußerungsverbot *n*; **– bancaire** Verbot ein Bankkonto zu eröffnen; Scheckverwendungsverbot; **– de bâtir** Bauverbot; **– de circuler** Fahrverbot; **– civile** Geschäftsunfähigkeit *f*, Entmündigung *f*; **– de colportage** Hausierverbot; **– de**

commerce *ou* **de commercer** Gewerbeuntersagung; **– de communiquer** (*StR: mise au secret*) Isolationshaft *f*; **– de construire** Bauverbot; **– correctionnelle** (*StR*) Aberkennung der bürgerlichen Ehrenrechte; **– de correspondance** (*StVZ*) Schriftwechselverbot.

interdiction de dépasser *ou* **de doubler** (*StVR*) Überholverbot *n*; **– de la discrimination** (*VR, HR*) Diskriminierungsverbot; **– de divulguer et d'exploiter** Veröffentlichungs- und Benutzungsverbot; **– d'emploi** Einstellungsverbot, Beschäftigungsverbot; **– d'exercer une fonction publique** Verbot *n* der Ausübung eines öffentlichen Amtes; **– d'exercer une profession** *ou* **de l'exercice de la profession** (*StR: peine complémentaire ou accessoire*) Untersagung der Berufsausübung, Berufsverbot; **– expresse** ausdrückliches Verbot; **– d'importation** Einfuhrverbot.

interdiction judiciaire Entmündigung *f* durch das Gericht; **– légale** (1) (*StR: peine accessoire*) Aberkennung der Geschäftsfähigkeit (durch Strafurteil), (2) (*HR, StR*) Berufsverbot (als Ehrenstrafe); **– de licenciement** Kündigungsverbot; **– de mariage** Eheverbot; **– de paiement** (1) Zahlungsverbot *n*, (2) (*InsolvenzR*) offener Arrest; **– de publication** Veröffentlichungsverbot.

interdiction de résidence *ou* **de séjour** (*StR, AuslR*) Aufenthaltsverbot *od.* -beschränkung; Entzug *m* der Aufenthaltserlaubnis; **– de stationner** Parkverbot; **– temporaire** vorläufiges Verbot, vorläufige Dienstenthebung; **– de transit** Durchfuhrverbot; **– de vente** Verkaufsverbot *n*, Marktverbot.

interdire *v.tr.* (1) verbieten, untersagen; (Straße) abriegeln; (Zugang) sperren, (2) (*ZR*) entmündigen, (3) (*StR*) die bürgerlichen Ehrenrechte aberkennen, (4) (*BeamR: frapper d'interdiction*) suspendieren, vorübergehend seines Amtes entheben; **– sa porte** ein Hausverbot erteilen.

interdisciplinaire *adj* fachübergreifend.

interdit *adj* untersagt, unter Strafe gestellt, verboten; ausgeschlossen; **reproduction –e** Nachdruck verboten; Vervielfältigungsverbot; **sens –** Einbahnstraße.

interdit *m* (1) (*FamR*) Entmündigte(r) *m*, (2) (*VwR*) Untersagung *f*, Verbot *n*; **– de séjour** (*StR*) Person, über die ein Aufenthaltsverbot verhängt wurde.

intéressant *adj* (Angebot, Preis) vorteilhaft.

intéressé *m* Beteiligte(r) *m*; Betroffene (r) *m*; Interessent *m*; **– au chargement** Ladungsbeteiligte(r) *m*.

intéressement *m* (*GesR*) finanzielle Beteiligung; **– aux bénéfices** Gewinnbeteiligung; **– des salariés aux résultats de l'entreprise** Beteiligung der Arbeitnehmer am Betriebsergebnis.

intéresser *v.tr.* (1) (*concerner, toucher*) betreffen, angehen, anbelangen, (2) (*assurer une part dans les profits*) beteiligen (am Gewinn), (3) (*retenir l'attention*) von Bedeutung sein für.

intérêt *m* (1) (*WirtR: somme due en plus du capital*) Zinsen *mpl*, Zins *m*; Zinssatz *m*, (2) (*WirtR: avantage*) Nutzen *m*, Vorteil *m*, (3) (*GesR: part dans une SARL*) Anteil *m*, (4) (*SchuldR, ZPR: droit subjectif*) Anspruch *m*; Anrecht; rechtsschutzwürdiges Interesse, (5) (*AllgSpr: sollicitude, attention*) Anteilnahme *f*, Aufmerksamkeit *f*, Interesse *n*; Bedeutung *f*, (6) (*hist.: préjudice, tort*) Schaden *m*, Nachteil *m*; **agir par –** aus reinem Eigennutz handeln; **dans l'– du service** (*VwR*) aus dienstlichen Gründen; **défaut d'–** (*ZPR*) fehlendes *od.* mangelndes Rechtsschutzbedürfnis; **invoquer un – moral** (*ZPR*) ein immaterielles Interesse geltend machen; **invoquer un – pécuniaire** ein materielles Interesse geltend machen; **mariage par –** Geldheirat *f*; **placement à –** verzinsliche Kapitalanlage; **porter –** Zinsen tragen, verzinslich sein; **servir un –** Zinsen zahlen; **taux d'–** Zinsfuß *m*, Zinssatz *m*, Soll- *od.* Passivzinssatz; **taux d'– légal** (*SchuldR: pourcentage* *déterminé par la loi*) gesetzlicher Zinsfuß.

intérêt abusif (*WirtR: intérêts usuraires*) Wucherzinsen *mpl*; **– affectif** (*SchuldR*) Liebhaberinteresse *n*, Affektionsinteresse; **– à agir, – pour agir** (*ZPR: intérêt légitime*) Rechtsschutzbedürfnis *n*; Anfechtungsinteresse, Interesse an der Klageerhebung; **– des avances sur titres** (*BankR*) Lombardzins; **– du capital** Kapitalzins; **– en cause** (*ZPR: enjeu du procès*) bestrittenes Recht.

intérêt collectif de la profession Verbandsinteresse *n*; **d'– commun** im gemeinsamen Interesse; **– commun** (1) (*ZR*) gemeinsames Interesse, (2) (*ÖfR*) Gemeinwohl *n*.

intérêt financier finanzieller Vorteil; **– futur** künftiges Interesse; **– général** (*ÖfR*) Gemeinwohl *n*, Allgemeininteresse; **– individuel** Individualinteresse; **– des –s** Zinseszinsen; **– juridique** rechtliches Interesse; **– légal** gesetzlicher Zinssatz *od.* Zinsfuß, **– légitime** (*ZPR*) berechtigtes Interesse, rechtsschutzwürdiges Interesse; **– matériel** vermögensrechtlicher Vorteil; **– nominal** Nominalzinssatz *m*.

intérêt d'ordre juridique rechtliches Interesse; **– particulier** *ou* **privé** Privatinteresse *n*; **– des parties** Interesse der Vertragsparteien; **– pratique** praktischer Vorteil; **– propre** Eigeninteresse; **– public** Gemeinwohl, Wohl der Allgemeinheit; öffentliches Interesse.

interétatique *adj* (*VR*) zwischenstaatlich.

intérêts *mpl* (1) (*BankR*) Zinsen *pl*, (2) (*ZR: ensemble des biens, des avantages*) Vermögen *n*, Güter *npl*, Interessen *npl*, (3) (*préjudice, tort*) Schaden *m*, Nachteil *m*; **bonification d'–** Zinsvergütung *f*, Zinszuschuss *m*; **calcul des –** Zinsberechnung, Vorausberechnung der Zinsen; **charge des –** Schuldendienst *m*, Zinsenlast *f*; **confrontation des –** Interessenabwägung *f*; **contrecarrer les – (de qqn.)** die Absichten durchkreuzen; **défense des – de qqn.** Interessenvertretung; **improductif d'–** unverzinslich, unverzinsbar; **léser les –** Interessen beeinträchtigen *od.* verletzen; **non productif d'–** unverzinslich, unverzinsbar; **opposition d'–** Interessenwiderstreit *m*; **prêt à –** verzinsliches Darlehen; **productif d'–** zinstragend, verzinslich; **redressement d'–** Zinsberichtigung; **sauvegarder des –** Interessen wahrnehmen; **service des –** Schuldendienst *m*; **servir des –** verzinsen, die Anleihe bedienen; **sphère d'–** Interessensphäre *f*; **toucher des –** Zinsen erhalten.

intérêts accumulés aufgelaufene Zinsen; **– arriérés** rückständige Zinsen, Zinsrückstände; **– bancaires** Bankzinsen; **– compensatoires** Schadensersatz auf das volle Erfüllungsinteresse; **– composés** (*SchuldR: capitalisation des intérêts*) Zinseszins, Anatozismus *m*, Abzinsung; **– consolidés** fundierte Zinsen; **– contractuels** *ou* **conventionnels** vertraglich vereinbarte Zinsen; **– courus** aufgelaufene Zinsen; **– créditeurs** Habenzinsen, Kredit- *od.* Aktivzinsen.

intérêts débiteurs Soll- *od.* Passivzinsen *pl.*, Zinsschuld, Debetzinsen; **– différés** gestundete Zinsen; **– de droit** (*SchuldR: intérêts calculés sur la base de la loi ou d'une convention*) gesetzlicher *od.* vertraglicher Zins; **– dus** *ou* **échus** Zinsschuld, fällige *od.* ausstehende Zinsen; **– économiques** Wirtschaftsinteressen *npl*; **– effectifs** Nominalzins; **– intercalaires** *ou* **intérimaires** Zwischenzinsen; **– légaux** (*PrzR*) Zinsschuld kraft Gesetzes, Prozesszinsen; höchster gesetzlich zulässig Zins; **– moratoires** Verzugszinsen, Verspätungszinsen; **– particuliers** Privatinteresse *n*, Sonderinteressen *npl*; **– d'un placement** Dividende *f*; **– privés** Privatinteressen; **– de retard** Verzugszinsen; **– simples** Kapitalzins (ohne Zinseszins); **– usuraires** Wucherzinsen.

interface *f* Schnittstelle *f*.

interférence *f* (gegenseitige) Beeinflussung; Überlagerung *f*; Störung, Behinderung.

interférer *v.intr.* (1) (störend) einwirken,

stören; beeinträchtigen, (2) sich überlagern.

intergouvernemental *adj* (*VR*) zwischenstaatlich, Regierungs-.

intergroupe *m* (*Pol*) Bündnis zweier *od.* mehrerer Fraktionen, gemeinschaftliche Interessenvertretung (im Parlament).

interhumain *adj* zwischenmenschlich.

intérieur *adj* inner, inländisch, Binnen-; **guerre –e** Bürgerkrieg *m*; **politique –e** Innenpolitik *f.*

intérieur *m* (1) (*VR*) Inland *n*, (2) (*ministère*) Innenministerium *n*, (3) Inneneinrichtung *f*, Wohnung.

intérim *m* (1) (*ArbR: emploi intérimaire ou temporaire*) Zeitarbeit *f*, Arbeitnehmerüberlassung *f*, befristete Arbeit (auf Grund eines Leiharbeitsverhältnisses), (2) (*VwR: exercice temporaire d'une fonction*) vorübergehende Verwendung; Vertretung *f*, Aushilfe *f*, Aushilfstätigkeit *f*, (3) *Allgspr.* Zwischenzeit *f*, Übergangszeit *f*, Interim *n*; vorübergehende Wahrnehmung *f* der Geschäfte; **assumer une fonction par –** eine Tätigkeit vertretungsweise ausüben; **assurer des –s** als Leih- *od.* Zeitarbeiter tätig sein; **entreprise d'–** (*ArbR*) Zeitarbeitunternehmen *n*; Arbeitnehmerverleiher *m*; gewerbsmäßige Überlassung von Leiharbeitnehmern; **occuper un emploi par –** (1) (*VwR*) vertretungsweise in einer Stelle arbeiten, (2) (*ArbR*) in einem Zeitarbeitsverhältnis arbeiten.

intérimaire *adj* (*temporaire, transitoire*) interimistisch, zwischenzeitlich, vorübergehend; Übergangs-, Zwischen-, Interims-; **intérêt –** Zwischenzins.

intérimaire *m* (*ArbR: travailleur temporaire*) Leiharbeitnehmer *m*, Zeitarbeitskraft *f*, (vorübergehend beschäftigte) Aushilfskraft *f*; **être –** als Leih- *od.* Zeitarbeiter tätig sein.

interjection *f* (*ZPR: action d'interjeter appel*) Berufungseinlegung *f*; Einlegung eines Rechtsmittels.

interjeter *v.tr.* **appel** Berufung *od.* ein Rechtsmittel einlegen; **– un recours** ein Rechtsmittel einlegen; Einspruch erheben.

interligne *m* Zeilenabstand *od.* Zwischenraum; das zwischen zwei Zeilen Geschriebene; **– double** doppelter Zeilenabstand.

interlocuteur *m* Gesprächspartner *m.*

interlocutoire *n.m. et adj.* (*ZPR: jugement avant dire droit*) Zwischenurteil *od.* -bescheid.

interlope *adj*: **commerce –** (*HR: contrebande*) illegaler Handel, Schwarzhandel *m.*

interloquer *v.tr.* (*ZPR: interrompre un procès par un jugement interlocutoire*) (*einen Prozess*) durch ein Zwischenurteil beenden.

intermédiaire *m* (1) (*VR*) Unterhändler, Vermittler *m*, (2) (*HR*) Zwischenhändler *m*, Geschäftsvermittler, Vermittlungsagent *m*, (3) Mittelsmann *m*, Verbindungsmann; **par l' – de** durch Vermittlung von; **sans –** direkt, unvermittelt; **servir d' –** vermitteln, eine Vermittlerrolle ausüben.

intermédiaire agréé (*BankR*) für Auslandsgeschäfte (durch das frz. Wirtschaftsministerium) zugelassene Bank *od.* zugelassener Devisenmakler; **– du commerce** Zwischenhändler *m*; Absatzhelfer *m* des Kaufmanns; **– financier** (*BankR*) Anlageberater *m*; Anlage- *od.* Investitionsbank, Anleihekonsortium, Investment-Gesellschaft; **– de main-d'œuvre** Arbeitskräftevermittler; **– occasionnel** (*HR*) Gelegenheitsvermittler.

intermédiation *f* (*BankR*) Vermittlungstätigkeit (bei Investionsvorhaben).

interministériel *adj* ressort-übergreifend.

intermittence *f* zeitweise Unterbrechung *f*, Aussetzen *n*; **par –** zeitweilig, vorübergehend.

international *adj* international, zwischenstaatlich; **droit – privé** internationales Privatrecht; **droit – public** Völkerrecht *n.*

interne *adj* innerstaatlich; innerbetrieblich; innerdienstlich; intern; **droit –** nationales (französisches, deutsches) Recht.

interne *m / f* (1) (*MedizinR*) Assistenzarzt, Assistenzärztin (im Krankenhaus), (2) (*SchulR*) Internatsschüler *m.*

interné *m* (*MedizinR: aliéné*) in einer Heil- und Pflegeanstalt untergebrachte Person.

internement *m* (1) (*Pol*) Internierung *f*, Internierungshaft *f*, (2) (*MedizinR: internement des aliénés, régi par la loi du 30 juin 1838*) (Anstalts-) Unterbringung *f*, Einweisung *f* in die Psychiatrie, (3) (*StR: mesure de sûreté*) Sicherungsverwahrung *f*; **camp d'–** Internierungslager *n*; **décision d'–** gerichtliche Anordnung der Anstaltsunterbringung; **– abusif** rechtsmissbräuliche Internierung; **– administratif** Internierung auf Grund einer Verwaltungsanordnung; **– d'office** Unterbringung in einem psychiatrischen Krankenhaus (durch Anweisung den Präfekten); **– pénal** (*StPR*) Unterbringungsbefehl.

interner *v.tr.* internieren; in einer geschlossenen Anstalt unterbringen.

interpellateur *m* Fragesteller *m*, Interpellant *m*.

interpellation *f* (1) (*VerfR*) Interpellation, Anfrage *f* (im Parlament), (2) (*StPR*) gerichtliche Aufforderung, (3) (*StR: Polizei*) vorübergehende Festnahme (zur Identitätsfeststellung); polizeiliche Auforderung, (4) (*SchuldR: mise en demeure*) Inverzugsetzung, (5) (*fig.*) Einrede *f*, Einspruch *m*, Vorhaltung *f*; **droit d'–** (*VerfR*) Interpellations- *od.* Fragerecht *n*.

interpeller *v.tr.* (1) (*VerfR: gouvernement*) interpellieren, Auskunft verlangen, (2) (*StR: police*) vorläufig festnehmen; erkennungsdienstlich behandeln; (einen Tatverdächtigen) stellen.

interpersonnel *adj*: **relations –les** zwischenmenschliche Beziehungen.

interphone *m* Wechselsprechanlage *f*.

interposer: **s'–** *v.pron.* vermitteln, als Vermittler auftreten; einen Streit schlichten.

interposition *f* (1) Dazwischentreten *n*, (2) (*fig*) Vermittlung *f*; **force d'–** (*MilR*) Eingreiftruppe *f*; **– de personne** Vorschieben eines Strohmannes *od.* eines Dritten.

interprétable *adj* auslegbar.

interprétariat *m* Dolmetscherberuf *m*; **école d'–** Dolmetscherinstitut *n*.

interprétatif *adj* was zur Auslegung herangezogen werden kann, zur Auslegung gehörig, Auslegungs-.

interprétation *f* (1) Auslegung *f*, Interpretation *f*; Erläuterung *f*, (deutende) Erklärung, (2) Dolmetschen *n*; **fausse –** Fehlinterpretation *f*; **règle d'–** Auslegungsvorschrift *od.* -regel *f*; **texte sujet à –** auslegungsbedürftiges Gesetz.

interprétation analogique entsprechende Anwendung, Auslegung mittels Analogieschluss; **– arbitraire et tendancieuse** willkürliche und verzerrende Auslegung; **– contextuelle** Auslegung aus dem Sachzusammenhang; **– convenue** vereinbarte Auslegung; **– doctrinale** von der herrschenden Lehre gegebene Auslegung; **– des données** Datenauswertung; **– extensive** ausdehnende *od.* extensive Auslegung; **– judiciaire** *ou* **jurisprudentielle** Auslegung durch die Gerichte, von der Rechtsprechung gegebene Auslegung; **– large** weite *od.* extensive Auslegung; **– légale** Legalinterpretation; **– littérale** wörtliche *od.* grammatikalische Auslegung; **– de la loi** Gesetzesauslegung; Rechtsergänzung; **– officielle** amtliche Auslegung; **– préjudicielle** (1) (*EuR*) Auslegung einer Rechtsnorm (durch den EuGH), (2) (*PrzR*) präjudizielle Auslegung; **– restrictive** *ou* **stricte** einschränkende *od.* enge *od.* restriktive Auslegung; **– des résultats** Auswertung der Ergebnisse; **– uniforme** (*PrzR*) einheitliche Rechtsprechung; **– par voie d'analogie** Auslegung mittels Analogieschluss.

interprète *m* (1) (*HochschulR: d'une loi*) Kommentator *m*, Erläuterer *m*, Erklärer, (2) (*PrzR: d'une langue*) Dolmetscher *m*, Dolmetsch *m* (Aut), (3) (*UrhR: celui, celle qui joue un rôle au spectacle, (théâtre, cinéma, télévision); qui exécute une œuvre musicale*) Interpret *m*, Künstler (als Vermittler eines Kunstwerkes); **– adjoint** Hilfsdolmetscher; **– judiciaire** Gerichtsdolmetscher; **– juré** beeidigter *od.* vereidigter Dolmetscher; **– devant les tribunaux** gerichtlich bestellter Dolmetscher.

interpréter *v.tr.* (1) (*commenter*) auslegen, interpretieren, (2) (*expliquer, comprendre*) deuten, erklären, auswerten, analysieren, (3) dolmetschen; **– conformément à l'esprit (du texte)** sinngemäß auslegen.

interprofessionnel *adj* mehrere Berufsgruppen umfassend, überberuflich, fachübergreifend; **syndicat –** mehrere Wirtschaftszweige umfassender Berufsverband.

interrègne *m (hist.)* Zwischenherrschaft *f*, Interregnum *n*.

interrogateur *m* (*StR*) Vernehmungsbeamte(r) *m*, Vernehmende(r) *m*.

interrogation *f* (1) Frage *f*, Befragung, (2) (*SchulR: examen oral*) mündliche Prüfung; **sur – (= S. I.)** *loc.* (*StPR: procès-verbal*) (*Protokoll*) auf Frage; **– écrite** (*SchulR*) schriftliche Prüfung, Klausur *f*.

interrogatoire *m* (1) (*StPR: audition de l'inculpé par le juge d'instruction*) Verhör *n* (des Beschuldigten), Vernehmung durch den Ermittlungsrichter, (2) (*PrzR: procès-verbal*) Vernehmungsprotokoll *n*, (3) (*ZPR*) Partei- *od.* Zeugenvernehmung, (4) (*VwPR*) Beteiligtenvernehmung; **contre- –** Kreuzverhör *n*; **procéder à un –** jmdn. einem Verhör unterziehen, mit jmdm. ein Verhör anstellen, verhören; **subir un –** verhört werden.

interrogatoire contradictoire Kreuzverhör *n*; **– définitif** (*StPR*) letztes Verhör des Beschuldigten vor der Versetzung in den Anklagezustand; **– déguisé** getarnte Befragung; **– sur faits et articles** Vernehmung zur Sache, Parteienvernehmung zur Klärung des Sachverhalts; **– au fond** *ou* **sur le fond** (*StPR*) Vernehmung zur Sache; **– d'identité** Vernehmung zur Person; **– poussé** *umg* Vernehmung unter Gewaltanwendung *od.* Gewaltandrohung; **– de première comparution** (*StPR*) erstes Verhör des Beschuldigten durch den Ermittlungsrichter (nebst Belehrung über dessen Rechte); **– public** öffentliche Vernehmung; **– d'un témoin** Zeugenvernehmung.

interroger *v.tr.* befragen, verhören, vernehmen.

interrompre *v.tr.* unterbrechen; **– un entretien** ein Gespräch für beendet erklären; **– ses études** sein Studium abbrechen; **– son interlocuteur** jmdm. das Wort abschneiden, jmdn. nicht aussprechen lassen; **– la prescription** die Verjährung unterbrechen.

interrompu *adj*: **ligne –e** (*StVR*) Strichlinie *f*.

interruptif *adj*: **fait – de prescription** (*PrzR*) die Verjährungsfrist unterbrechend.

interruption *f* Unterbrechung *f*, Störung *f*, Stillstand *m*; (*Produktion*) Ausfallzeit *f*; **sans –** durchgehend, fortlaufend, ununterbrochen; **–s d'un acte** Lücken in einem Schriftstück; **– de l'audience** (*ZPR*) Unterbrechung der Hauptverhandlung; **– civile** zivilrechtliche Unterbrechung; **– du courant** Stromausfall *m*; **– du délai** Unterbrechung des Fristablaufs, Fristenunterbrechung *f*, Ruhen *n* der Verjährung; **– de grossesse** Schwangerschaftsabbruch *m*, Abtreibung; **– de la grossesse d'autrui** (*StR: art. 223–11 CP*) Schwangerschaftsabbruch durch Dritte; **– des hostilités** (*VR*) Einstellung der Kampfhandlungen; **– illégale de la grossesse** (*StR: interruption sans le consentement de l'intéressée -art. 223–10 CP*) (illegale) Abtreibung, verbotener und rechtswidriger Schwangerschaftsabbruch; **– de l'instance** Unterbrechung *od.* Stillstand des Verfahrens; **– de la prescription** Unterbrechung der Verjährung; **– dans un raisonnement** unlogischer Gedankengang, widersprüchliche Gedankenführung; **– de séance** Sitzungsunterbrechung; **– de service** (1) (*WirtR*) Betriebsstörung *f*, Betriebsstillstand *m*, (2) (*VwR*) Dienstunterbrechung; **– de trafic** Verkehrsstörung; **– de travail** Arbeitsunterbrechung; **– volontaire de la grossesse (= I.V.G.)** (straffreier) Schwangerschaftsabbruch, Schwangerschaftsunterbrechung (mit Einwilligung der Schwangeren).

intersaison *f* Zwischensaison *f.*
intersection *f* (1) Schnittlinie *f,* Schnittfläche *f,* (2) (*StVR*) Straßenkreuzung *f.*
intersession *f* Sitzungspause; (Parlaments-) Ferien.
intersyndicale *f* (*ArbR*) Zusammenarbeit zwischen Delegierten mehrerer frz. Gewerkschaften.
interurbain *adj*: **communication –e** Ferngespräch *n*; *m* Fernmeldeamt *n,* Fernvermittlungsstelle *f.*
intervalle *m* Zwischenraum *m,* Abstand *m*; Zeitspanne *f*; Bereich *m,* Intervall *n*; **– lucide** (*MedizinR*) lucidum intervallum, lichter Augenblick *m.*
intervenant *m* (1) (*ZPR: partie intervenante*) (Neben-) Intervenient *m,* Streithelfer *m,* Streitgehilfe *m,* (2) (*WechselR*) Honorant *m*; **– accessoire** (*ZPR*) Nebenintervenient; **– extérieur** (*ArbR*) freier Mitarbeiter (für bestimmte Aufgaben), (Unternehmens-) Berater *m*; **– principal** (*ZPR*) Hauptintervenient.
intervenir *v.intr.* (1) (*ZPR*) intervenieren, als Nebenintervenient *od.* als Streitgenosse auftreten, (2) (*WechselR*) (eine Wechselforderung) honorieren, (3) (in eine Diskussion) eingreifen, das Wort ergreifen, (4) (*dans les affaires d'autrui*) sich einschalten; **le jugement intervenu** das zwischenzeitlich ergangene Urteil.
intervention *f* (1) (*VR*) Einmischung (in die inneren Angelegenheiten), Intervention *f,* (2) (*ZPR*) Nebenintervention, Streithilfe, Beteiligung an einem fremden Rechtsstreit, (3) (*WechselR*) Ehreneintritt *m,* (4) (*Vwirt*) Eingriff *m,* Beteiligung, (5) (*débats*) Eingreifen *n,* Sicheinschalten *n*; Diskussionsbeitrag *m*; **acceptation par –** (*WechselR*) Ehrenannahme *od.* -akzept *n*; **point d'–** (*BankR*) Interventionspunkt *m.*
intervention accessoire (*ZPR*) Nebenintervention; **– armée** (*VR*) bewaffnete Intervention; **– des autorités** (*VwR*) Einschreiten *n* der Behörden; **– conjoncturelle** Konjunkturmaßnahme *f*; **– diplomatique** diplomatischer Schritt; **– de l'Etat** *ou* **étatique** staatliche Intervention *od.* Einflussnahme, staatlicher Eingriff; **– forcée** (*ZPR*) Streitverkündung; **– d'humanité** (*VR*) Intervention zur Wahrung der Menschenrechte; **– sur le marché** (*Vwirt*) Marktregulierung.
intervention de la police *ou* **des forces de l'ordre** Polizeivollzug *m,* polizeilicher Eingriff; **– principale** (*ZPR*) Hauptintervention; **– publique** staatliche Intervention; **–** *ou* **service à domicile** (*assistance en cas de panne*) Hilfe vor Ort, Reparaturdienst an Ort und Stelle; **– volontaire** (*ZPR*) Streithilfe, freiwilliger Beitritt.
interventionnisme *m* (*Vwirt*) Interventionismus *m,* staatliche Wirtschaftspolitik (im Rahmen der marktwirtschaftlichen Ordnung).
interventionniste *adj* interventionistisch, eingreifend.
interversion *f* Umkehrung *f*; **– de la prescription** (*ZR*) Verlängerung der Ausschluss- *od.* Verfallfrist auf 30 Jahre; **– de titre** (*SachR*) Änderung des Rechtsgrundes des Besitzes.
interview *f* Befragung *f,* Interview *n*; **accorder une –** ein Intervieuw geben *od.* gewähren.
interviewer *v.tr.* mit jmdm. ein Interview führen, intervieuwen.
intestat *m* (*ErbR*) Erblasser *m,* der kein Testament errichtet hat; **décéder –** Intestaterbfolge *f,* gesetzliche Erbfolge; **héritier ab –** gesetzlicher Erbe.
intimation *f* (*ZPR: assignation en appel émanant de la partie perdante*) Ladung vor das Berufungsgericht, Einlegung der Berufung (durch die unterlegene Partei).
intime *adj* (1) (*intérieur*) innerst, (2) (*étroit*) innig, (3) (*personnel, privé*) privat, höchstpersönlich, intim; **écrit –** Tagebuchaufzeichnung *f*; **liaison** *ou* **union –** Liebesverhältnis *n*; innige Freundschaft *f*; **vie –** (*VerfR*) Intimsphäre *f*; Sexualbereich *m,* Geschlechtsleben *n.*
intimé *m* (*ZPR: partie contre laquelle a été engagée la procédure d'appel d'un jugement de première instance syn.:*

défendeur en appel) Berufungsbeklagte (r) *m*, Beklagter (vor dem Berufungsgericht).
intimer *v.tr.* (1) (*ZPR: signifier légalement un acte*) (*eine Urkunde*) zustellen, (2) (*ZPR: assigner qqn. devant une juridiction supérieure*) Berufung (gegen jmdn.) einlegen, (3) (*Polizei*) anordnen, befehlen; **– un ordre** einen Befehl erteilen; etwas anordnen.
intimidation *f* Einschüchterung *f*, Drohung *f*, Gewaltandrohung; **manœuvres d'–** Einschüchterungsversuch *m*; **user d'–** jmdm. mit Gewaltanwendung drohen, bedrohen, jmdn. durch Drohungen einschüchtern.
intimider *v.tr.* bedrohen; einschüchtern, ängstigen.
intimité *f* (1) Intimsphäre *f*, Geheimbereich *m*, (2) intimes Einvernehmen, (enge) Vertrautheit; **atteinte à l'–** Verletzung des Persönlichkeitsrechts.
intitulé *m* Überschrift *f*, Aufschrift *f*, Titel *m*; **– du jugement** Rubrum *n*, Urteilskopf *m*; **– de la loi** Gesetzesbezeichnung *f*.
intituler *v.tr.* betiteln, (*ein Gesetz*) mit einer Überschrift *od.* einem Titel versehen.
intolérable *adj* unerträglich; unzulässig, unstatthaft, gesetzwidrig; **pratique –** unerlaubtes *od.* nicht hinzunehmendes Vorgehen.
intolérance *f* Intoleranz *f*, Unduldsamkeit *f*; blinder Fanatismus.
intoxication *f* Vergiftung *f*; *fig.* Desinformation.
intra vires hereditatis *lat* (*ErbR: jusqu'à concurrence de l'actif successoral*) nur mit dem Nachlass haftende Erben.
intracommunautaire *adj* innergemeinschaftlich, innerhalb der EU.
intraconsommation *f* (*Vwirt*) Eigenverbrauch *m*.
intraduisible *adj* unübersetzbar.
intraitable *adj* schroff, abweisend; **demeurer –** sich unnachgiebig zeigen, von seiner ablehnenden Haltung nicht abweichen, unversöhnlich bleiben.
intransférable *adj* (1) (*Geld*) nicht transferierbar, (2) (*Rechte*) unübertragbar, nicht übertragbar.
intransigeance *f* Unnachgiebigkeit *f*, Starrsinn *m*; Kompromisslosigkeit *f*.
intransmissibilité *f* Unübertragbarkeit *f*; **– par voie d'héritage** Unvererblichkeit.
intransmissible *adj* unübertragbar, nicht übertragbar.
intrigue *f* (dunkle) Machenschaft *f*, Intrige *f*.
intrinsèque *adj* (1) eigentlich, wesentlich, Eigen-, (2) innen, innerlich.
introductif *adj*: **requête introductive** (*ZPR*) Antragstellung *f*, Anspruchserhebung *f*.
introduction *f* (1) (*adoption, importation*) Einführung *f*, Einfuhr *f*, (2) (*préface*) Einleitung *f*, Vorwort *n*, (3) (*ZPR*) Klageerhebung, Einbringung einer Klage; **lettre d'–** Empfehlungsschreiben *n*; **– de l'action** Klageerhebung *f*; **– à la** *ou* **en bourse** Börseneinführung *f*; **– de l'instance** (*ZPR*) Klageerhebung *f*; **– des preuves** (*PrzR*) (S) Beweisantritt *m od.* -angebot *n*; **– du recours** (1) (*ZPR: première instance*) Klageerhebung *f*, (2) (*ZPR: seconde instance*) Rechtsmitteleinlegung *f*; **– de la requête** (*VwPR*) Antragstellung *f*.
introduire *v.tr.* (1) einführen, (2) (*Verfahren*) eröffnen, einleiten, (3) (*Rechtsmittel*) einbringen, einlegen, (4) (*in eine Wohnung*) Einlass gewähren, eintreten lassen, einlassen; **– une action** gegen jmdn. Klage erheben, jmdn. (ver-) klagen, jmdn. vor Gericht bringen; **– en bourse** an der Börse einführen.
intronisation *f* Thronbesteigung *f*; Einführung in ein Amt.
introuvable *adj* unauffindbar.
intrus *m* Eindringling *m*.
intrusion *f* gewaltsames *od.* unbefugtes Eindringen *n*.
intuitu(s) personæ *lat* (*ZR, GesR: contrat de société conclu en considération de la personne*) in Anbetracht der Person.
inusité *adj* ungebräuchlich.
inutile *adj* unnütz, nutzlos; überflüssig.
inutilisable *adj* unbrauchbar, unbenutzbar.
inutilité *f* Nutzlosigkeit, Unbrauchbarkeit.

invalidation *f* (1) (*ZR, ZPR*) (*déclaration d'invalidité*) Unwirksamkeitserklärung *f*, Außerkraftsetzung *f*, (2) (*VerfR: élection*) Ungültigkeitserklärung der Wahl; **demande d'–** Wahlanfechtung *f*; **– de l'enregistrement** Ungültigerklärung der Eintragung.

invalide *adj* (1) (*ZR: qui n'est pas valable*) ungültig, rechtsunwirksam, (2) (*ArbR, SozR: handicapé, infirme*) arbeitsunfähig, invalid.

invalide *m* Arbeitsunfähige(r) *m*, Invalide(r) *m*, Körperbehinderte(r) *m*; **grand –** Schwerbeschädigte(r) *m*; **– de guerre** Kriegsversehrte(r).

invalider *v. tr. d.* entkräften, für unwirksam erklären; **– un acte** ein Rechtsgeschäft für ungültig erklären; **– une donation** eine Schenkung widerrufen.

invalidité *f* (1) (*SozVers*) Erwerbsunfähigkeit, Invalidität, (dauernde) Arbeitsunfähigkeit; Beeinträchtigung der Erwerbs- *od.* Dienstfähigkeit, Erwerbsminderung, (2) (*ZR*) (Rechts-) Ungültigkeit, fehlende Rechtswirksamkeit, Nichtigkeit; **assurance –** Invalidenversicherung; **barème d'–** (*VersR*) Invaliditätsskala *f*, Gliedertaxe *f*; **degré d'–** Versehrtenstufe *f*, Invaliditätsgrad *m*; **grande –** Vollinvalidität; **pension d'–, rente d'–, retraite d'–** Invalidenrente; **– complète** Vollinvalidität; **– définitive** dauernde Arbeitsunfähigkeit; **– partielle** Teilinvalidität; **– permanente** Erwerbsunfähigkeit; **– temporaire** vorübergehende Arbeitsunfähigkeit; **– totale** Vollinvalidität.

invariabilité *f* Unveränderlichkeit; **– d'une déclaration** Bekräftigung der (eigenen) Erklärung.

invariable *adj* unabänderlich; unwiderruflich.

invasion *f* (1) (*VR: incursion*) Überfall *m*, Invasion *f*, (2) (*fig.*) Überhandnehmen *n*, Eindringen *n*; **– de capitaux étrangers** Überflutung mit ausländischem Kapital.

invective *f* Schmähung *f*; Beleidigung *f*; Lästerung *f*; Schimpfrede *f*; **accabler d'–s, lancer des –s contre qqn.** sich in beleidigenden Reden gegen jmdn. ergehen.

invectiver *v.tr.* beschimpfen, schmähen, beleidigen.

invendable *adj* unverkäuflich, nicht absetzbar.

invendus *mpl* (*HR*) Restposten *m*, unverkaufte Ware, *pej* Ladenhüter *m*.

inventaire *m* (1) (*ZR, HR: document descriptif*) Inventar *n*; Bestandsverzeichnis, (2) (*ZR, HR: opération énumérative*) Inventur *f*, Vermögensaufstellung *f*, Inventarisierung *f*, Bestandsaufnahme *f*; **bénéfice d'–** (*ErbR*) Anspruch auf Inventarerrichtung, Vorbehalt der Rechtswohltat des Inventars; **bon et fidèle –** getreues Verzeichnis; **confection d'un –** Inventarerrichtung, Inventarisation; **défaut d'–** unterlassene Inventarerrichtung, fehlende Inventur; **dresser un –** Inventur machen, ein Verzeichnis aufstellen, ein Inventar errichten; **faire l'–** inventarisieren, den Bestand (von etwas) aufnehmen; **livre d'–** Inventar *n*, Inventarverzeichnis *n*; **perte d'–** Inventarverlust *m*; **supplément d'–** ergänzendes Inventar; **valeur d'–** Inventarwert *m*.

inventaire des biens Vermögensverzeichnis *n*; **– commercial** Geschäftsinventar *n*; **– et comptabilité-matière** Inventur- und Materialabrechnung; **– comptable** Inventur an Hand der Handelsbücher *od.* der Lagerbuchführung; **– contradictoire** Bestandsaufnahme in Anwesenheit der Parteien; **– descriptif et estimatif** Inventar mit genauer Beschreibung der Gegenstände und Wertangabe; **– intermittent** Stichtagsinventur; **– mobilier** Mobiliarverzeichnis; **– permanent** permanente Inventur; **– physique** konkrete Bestandsaufnahme; **– de la succession** *ou* **successoral** (*ErbR*) Nachlassverzeichnis *od.* -inventar.

inventer *v.tr.* (1) (*PatR: concevoir, créer, découvrir*) erfinden, (2) (*trouver, imaginer*) finden, sich ausdenken; **– des expédients** Ausflüchte suchen.

inventeur *m* (1) (*PatR: auteur d'une*

invention) Erfinder *m*, (2) (*ZR: celui qui trouve un trésor*) Finder *m*; **communauté d'–s** Erfindergemeinschaft *f*; **– isolé** Einzelerfinder *m*; **– salarié** Arbeitnehmererfinder; **– unique** Alleinerfinder.

inventif *adj* erfinderisch; **activité** *ou* **hauteur inventive** Erfindungshöhe *f*.

invention *f* (1) (*PatR: découverte d'une nouveauté, chose inventée*) Erfindung *f*, (2) (*ZR: découverte d'un trésor*) (Schatz-) Fund *m*, (3) Lüge *f*, Schwindelei *f*, Unwahrheit *f*, Falschmeldung; **brevet d'–** Patent *n*, Erfindungspatent, Patenturkunde *f*; **but de l'–** Erfindungszweck *m*; **caractéristique essentielle de l'–** erfindungswesentliches Merkmal; **droit à l'–** Recht an der Erfindung; **objet de l'–** Gegenstand der Erfindung; **perfectionnement d'–** technische Verbesserungsvorschläge, Verbesserungserfindung; **revendication d'–** (*PatR*) Anspruch *od.* Klage aus Patentverletzung; Inanspruchnahme einer Erfindung; **utilisation d'une –** Verwertung *od.* Nutzung der Erfindung.

invention brevetable patentfähige Erfindung; **– brevetée** durch ein Patent geschützte Erfindung, patentierte Erfindung; **– commune** Gemeinschaftserfindung; **– fortuite** Zufallserfindung; **– protégeable par brevet** patentwürdige Erfindung; **– de salarié** Arbeitnehmererfindung; **– de service** Diensterfindung; **– d'un trésor** Schatzfund *m*.

inventivité *f* Erfindungsgabe *f*; Erfindungskraft *f*; Erfindungsreichtum *m*.

inventoriage *m* Inventur *f*, Erstellung eines Inventars; Archivierung.

inventorier *v.tr.* inventarisieren, verzeichnen, ein Verzeichnis aufstellen, im Bestandsverzeichnis aufnehmen.

invérifiable *adj* nicht überprüfbar.

inverse *adj* entgegengesetzt, Gegen-; umgekehrt, entgegengerichtet.

inverser *v.tr.* umkehren, umwenden, (ins Gegenteil) verkehren.

inversion *f* Umkehr *f*, Inversion, Invertierung.

investigateur *m* Ermittler *m*; Detektiv *m*; Forscher *m*.

investigation *f* Untersuchung *f*, Ermittlung *f*, Erforschung *f*, Nachforschung; **champ d'–** Forschungsgebiet *n*; **moyens d'–** Untersuchungsmethode *f*; **–s de la police** polizeiliche Ermittlungen.

investir *v.tr.* (1) (*BeamR*) (mit einem Amt) bekleiden, (2) (*WirtR: placer des capitaux*) anlegen, investieren, Geld anlegen; **être investi d'un droit** ein Recht innehaben, Rechtsinhaber sein; **– d'un droit** ein Recht verleihen, berechtigen; **– d'une fonction** einsetzen, ein Amt übertragen; **– de pouvoirs** Vollmacht erteilen, Befugnisse einräumen *od.* übertragen.

investissement *m* Vermögens- *od.* Kapitalanlage *f*, Investition *f*, Betriebsanlage *f*; Anlagevermögen *n*; **aide à l'–** Investitionshilfe (= IH); **biens d'–** Anlagegüter *npl*, Investitionsgüter; **dépense d'–** Investitionsausgabe *f*; **erreur d'–** Fehlinvestition; **plan d'–** Investitionsplan *m*; **politique d'–** Investitionspolitik *f*, Investitionslenkung; **taux d'–** Investitionsrate *f*.

investissement de biens Vermögensanlage; **– de capitaux** Kapitalanlage, Finanzierungs-Investition; **– direct** *ou* **d'équipement** Anlage- *od.* Realinvestition; **– d'extension** Erweiterungsinvestition; **– à long terme** langfristige Anlage; **– net** Nettoinvestition; **– physique** Anlage-Investition; **– de portefeuille** Portofolio- *od.* Finanzierungsinvestition; **– privé** private Investition; **– productif** Anlageinvestition; **– public** öffentliche Investition; **– publicitaire** (*HR*) Werbungsbudget *n*, Werbungsausgaben *fpl*; **– de remplacement** *ou* **de substitution** Re-Investition.

investissements *mpl*: **banque d'–** Investitionsbank *f*; **contrôle des –** Investitionslenkung; **financement des –** Investitionsfinanzierung; **– collectifs** im allgemeinen Interesse liegende Investitionen; **– à l'étranger** Kapitalanlagen *od.* Investitionen im Ausland.

investisseur *m* Anleger *m*, Geldanleger; Investor *m*; **–s institutionnels** (Versicherungen und Banken als) institutionelle Anleger.

investiture *f* Investitur *f*, Einsetzung (in ein Amt); Auftrag *m* zur Regierungsbildung; **– d'un candidat** Aufstellung eines Kandidaten (zur Wahl).

invétéré *adj* verwurzelt, althergebracht; **voleur –** unverbesserlicher Dieb.

invincible *adj* unbesiegbar; **résolution –** unumstößlicher Beschluss.

inviolabilité *f* Unverletzlichkeit *f*, Immunität *f*; **– du domicile** Unverletzlichkeit der Wohnung; **– parlementaire** parlamentarische Immunität.

inviolable *adj* unverletzbar, unverletzlich, unantastbar.

invisibles *mpl* (*Außh*) unsichtbare Ausfuhren.

invitation *f* (1) (*PrzR*) Aufforderung *f*, (2) Einladung *f*; **– impérative** (*PrzR, VwR*) dringliche Aufforderung; **– à payer** Zahlungsaufforderung *f*.

invité *m* **de marque** Staatsgast *m*, VIP (= very important person) *f*.

inviter *v.tr.* (*PrzR: commander, enjoindre*) (dringlich) auffordern.

invocation *f* (1) Berufung auf, (2) Anführen *n*, Zitieren *n*.

involontaire *adj* fahrlässig, nicht vorsätzlich, unabsichtlich; unfreiwillig; **faute –** Fahrlässigkeit *f*; **homicide –** (*StR*) fahrlässige Tötung; **réaction –** unwillkürliche Reaktion; **témoin –** zufälliger Zeuge.

involution *f* Rückbildung *f*.

invoquer *v.tr.* sich berufen auf, in Anspruch nehmen; **– un droit** ein Recht geltend machen; **– une loi** (seinen Anspruch) auf ein Gesetz stützen; **– un précédent** sich auf einen Präzedenzfall berufen.

invraisemblable *adj* unglaubwürdig; unwahrscheinlich.

ipso facto *lat* durch die Tat selbst; ipso facto, die Rechtsfolge tritt von selbst ein.

ipso jure *lat* kraft Gesetzes, kraft Rechts, unmittelbar, ipso iure, die Rechtsfolge tritt auf Grund des Gesetzes ein.

irascible *adj* jähzornig.

irénique *adj* versöhnlich, den Frieden vermittelnd.

irradiation *f* (*UmweltR*) radioaktive Verstrahlung *od.* Strahleneinwirkung *f*.

irraisonnable *adj* unvernünftig.

irréalisable *adj* utopisch, unerfüllbar.

irrecevabilité *f* (*PrzR*) Unzulässigkeit *f*; **moyen d'–** Unzulässigkeitseinrede *f*; **– d'une action en justice** Unzulässigkeit einer Klage.

irrecevable *adj* unzulässig, nicht annehmbar, unannehmbar.

irréconciliable *adj* unversöhnlich.

irrécouvrabilité *f* (*InsolvenzR*) Uneinbringlichkeit *f*, Nichtbeitreibbarkeit.

irrécouvrable *adj* uneinbringlich, nicht beitreibbar, nicht einlösbar.

irrécusable *adj* (1) (*Richter*) nicht ablehnbar, (2) (*Argument*) nicht widerlegbar, (3) (*Zeuge*) glaubwürdig.

irréfléchi *adj* unüberlegt; impulsiv.

irréformable *adj* (*PrzR*) unanfechtbar, unangreifbar, rechtskräftig; **jugement –** durch Rechtsmittel nicht mehr angreifbares Urteil, rechtskräftige Entscheidung.

irréfragable *adj* unbestreitbar, unstreitig, unwiderleglich, nicht widerlegbar, zuverlässig, fundiert; **preuve –** zuverlässiger *od.* hieb- und stichfester Beweis.

irréfutable *adj* unwiderlegbar, unbezweifelbar, zweifelsfrei; **témoignage –** unangreifbare Aussage.

irrégularité *f* (1) Fehler *m*, Regelwidrigkeit, Unregelmäßigkeit *f*; Betrügerei *f*, Schwindel *m*, (2) (*GesR: Bilanz*) Unstimmigkeit *f*; **– comptable** Unstimmigkeit in der Buchführung; **– de forme** Formmangel *m*, Formfehler *m*.

irrégulier *adj* (1) regelwidrig, (2) (*illégal, illégitime*) ungesetzlich, illegal, rechtswidrig, ordnungswidrig, (3) (*BörR: Kurse*) uneinheitlich, (4) (*ArbR: Arbeitnehmer*) unpünktlich, unregelmäßig (in seiner Tätigkeit); **détention irrégulière** (*StR*) willkürliche Inhaftierung; **procédés –s** rechtswidrige Verfahrensweise.

irrémédiable *adj* unabänderlich, unwiderruflich; nicht wieder gut zu machen; **avarie –** Totalschaden *m*; **perte –** Totalverlust *m*.

irremplaçable *adj* unersetzlich.
irréparable *adj* nicht wieder auszubessern; **dégâts –s** Totalschaden *m*.
irrépétible *adj*: **frais –s** (*PrzR: frais non compris dans les dépens et qui ne peuvent être recouvrés comme tels par le plaideur*) nicht erstattungsfähige Kosten, (*vom Kläger*) selbst zu tragende Kosten; (*insbesondere:*) Anwaltskosten.
irréprochable *adj* untadelig, einwandfrei, makellos.
irrésistible *adj* unwiderstehlich.
irrésolution *f* Unentschlossenheit *f*, Unschlüssigkeit.
irrespect *m* respektlose Haltung *od.* Handlung.
irresponsabilité *f* (1) (*SchuldR: exonération de responsabilité*) Haftungsausschluss *m*, fehlende Haftpflicht, Unverantwortlichkeit *f*, (2) (*StR: non-imputabilité, irresponsabilité*) Unzurechnungsfähigkeit, Schuldunfähigkeit; **clause d'–** (*Vertrag*) Freizeichnungs- *od.* Haftungsausschlussklausel; **– du chef de l'État** (*VerfR*) Unverantwortlichkeit des Staatsoberhaupts (gegenüber dem Parlament); **– parlementaire** Unverantwortlichkeit der Abgeordneten (für Äußerungen u. Abstimmungen im Parlament); **– pénale** Schuldunfähigkeit, Unzurechnungsfähigkeit.
irresponsable *adj* (1) (*SchuldR*) (für den Schaden) nicht haftbar, nichtverantwortlich, (2) (*StR*) schuldunfähig.
irrétractable *adj* unwiderruflich.
irrévérencieux *adj* unehrerbietig, respektlos.
irrévocabilité *f* (1) (*personne*) Unabsetzbarkeit *f*, (2) (*déclaration*) Unwiderruflichkeit *f*.
irrévocable *adj* (1) unabsetzbar, (2) unwiderruflich; **décision –** (*PrzR*) unanfechtbares Urteil, rechtskräftige Entscheidung; **donation –** unwiderrufliche Schenkung; **offre –** bindendes Angebot.
irritant *adj* umstoßend, vernichtend; **condition –e** Bedingung, deren Nichterfüllung den Vertrag aufhebt.
irritation *f* Ärgernis *n*; Reizung; Erregung.
isolationnisme *m* (*VR*) Isolationismus *m*, Politik *f* der Selbstisolierung.
isolé *adj*: **cas –** Einzelfall.
isolé *m* (1) Unverheiratete(r) *m*, Alleinstehende(r) *m*, (2) (*parlement*) Franktionslose(r) *m*.
isolement *m* Isolierung *f*, Absonderung *f*; **– cellulaire** Einzelhaft *f*; **– sensoriel** (*StR*) Isolationsfolter *f*, Isolationshaft *f*.
isoloir *m* Wahlzelle *f*.
issue *f* (1) (*aboutissement, fin*) Ende *n*, Beendigung *f*, Abschluss *m*, (2) (*résultat*) Ergebnis *n*, Resultat *n*, (3) (*échappatoire*) Ausweg *m*; **à l'– de** nach Abschluss (von); **sans –** *fig.* aussichtslos.
italique *adj* kursiv.
item *adv* (*HR, Buchf: auf Rechnungen*) dito, desgleichen.
item *m* (1) Frage (bei Meinungsumfragen); die verschiedenen Antworten (auf diese Fragen), (2) (*Buchf*) Rechnungsposten *m*.
itératif *adj* wiederholt, erneut, abermalig; **– commandement** wiederholte (vergebliche) Aufforderung; **– défaut** wiederholte Abwesenheit (im mündlichen Termin).
itinéraire *m* Route *f*; Reiseroute; Schiffsroute; Flugweg *m*; **– bis** *ou* **de dégagement** *ou* **de délestage** (*StVR*) (*bei Staus*) Umgehungsstraße.
itinérant *adj* Wander-; **exposition –e** Wanderausstellung *f*; **personel –** (1) im Außendienst tätiges Personal, (2) Saisonarbeiter.
ivre *adj* betrunken, unter (starkem) Alkoholeinfluss; **complètement –** volltrunken.
ivresse *f* (*StR, StVR: degré d'ébriété altérant les réflexes et les facultés intellectuelles*) Rausch *m*, Vollrausch, Trunkenheit; **conduite en état d'–** (*StVR*) Trunkenheit am Steuer, Teilnahme am Straßenverkehr unter Alkoholeinwirkung; **en état d'–** rauschbedingt; **infraction en état d'–** Rauschtat; **– publique et manifeste** Trunkenheit in der Öffentlichkeit.

J

jachère *f* (*LandwR*) Brache *f*, Brachfeld *n*; **mettre en –** brachlegen, unbestellt lassen.
jalon *m* Richtpunkt *m*, Anhaltspunkt *m*; Markstein *m*; **poser des –s** Schritte einleiten.
jalousie *f* Eifersucht *f*, Neid *m*.
jaquette *f* Buchumschlag *m*, Schutzumschlag.
jardin *m* **public** öffentlicher Park.
jargon *m* Sondersprache (einer Berufsgruppe).
jauge *f* (1) (*SeeHR*) Raumgehalt *m*, Tonnage *f*; Ladefähigkeit *f*, Stauvermögen *n*, (2) gesetzliches Maß, Eichmaß *m*; **– brute** Bruttoraum- *od.* Bruttotonnengehalt; **– brute totale** Bruttoraumgehalt in Registertonnen; **– graduée** Messstab *m*; **– nette** Nettoraum- *od.* Nettotonnengehalt.
jaugeage *m* (1) (*SeeHR*) Schiffsvermessung; Tonnengehalt, (2) Eichen *n*, Eichung *f*; Eichgebühr *f*.
jauger *v. intr.* (1) den Laderaum *m* berechnen, (2) *v.tr. dir* beurteilen, schätzen, abschätzen.
jaune *m* (*pej.*) Streikbrecher *m*.
jet *m* **de cargaison** (*SeeHR*) Seewurf von Ladung; **– à la mer irrégulier** Seewurf (ohne Schiffsrat); **– de projectiles** (*StR*) Verwendung von Wurfgeschossen, Flaschen- und Steinwurf *m*.
jetée *f* Mole *f*, Hafendamm *m*.
jeter *v.tr.* werfen; **– un cri d'alarme** warnen; **– le discrédit sur qqn.** jmdn. verächtlich machen, herabsetzen; **– l'éponge** aufgeben, das Handtuch werfen; **– le trouble** verunsichern.
jeton *m* (1) Spielmarke *f*, (2) Automatenmünze *f*; **– de présence** (*GesR*) Sitzungsgelder *npl*, Sitzungsvergütung *f*, Anwesenheitsgeld.
jeu *m* (1) (*ZR*) Spielvertrag *m*, (Glücks-) Spiel *n*, (2) (*ÖfR: institutions*) Tätigkeit *f*, Betrieb *m*, Gang *m*; **appareil de –** Spielautomat; **dette de –** Spielschuld; **libre – de la concurrence** (*Vwirt*) Wettbewerbsfreiheit; **maison de –** Spielkasino *n*, Spielbank *f*; **mettre en –** aufs Spiel setzen.
jeu d'écritures (*Buchf*) Buchung; Umbuchung *f*; **faire un – –** umbuchen.
jeu d'entreprise unternehmerische Strategiediskussion; **– de hasard** Glücksspiel, Hasardspiel; **– de l'offre et de la demande** (*Vwirt*) Leistungswettbewerb, Wechselwirkung *f* von Angebot und Nachfrage.
jeune *m* Jugendliche(r) *m*, Heranwachsende(r); **– adulte** (*StR*) Heranwachsende(r) (zwischen 18 u. 21 bzw. 25 Jahren); **– adulte délinquant** (*StR*) Jugendlicher *od.* Heranwachsender als Straftäter; **– en rupture de société** (jugendlicher) Aussteiger.
jeunesse *f* (1) Jugendzeit *f*, (2) junge Leute, Jugend; **protection de la –** Jugendschutz *m*.
joaillerie *f* Schmuckwaren *fpl*, Juwelierwaren; Juwelierkunst *f*; Juveliergeschäft *n*.
jobarderie *f* (*StR: crédulité*) Leichtgläubigkeit *f*.
joie *f* Freude *f*, Lust *f*, Fröhlichkeit; **fille de –** Dirne, Prostituierte.
joindre *v.tr.* (1) (*einem Schreiben*) beifügen, (2) (*eine Person*) erreichen, (3) (*v. pron.: se à*) (*einer Partei*) beitreten; **– au fond** (*ZPR*) über eine Einrede zugleich mit der Hauptsache verhandeln, dem Endurteil vorbehalten; **– une pièce au dossier** zu den Akten legen *od.* nehmen.
joint venture *f* (*GesR: terme recommandé: coentreprise*) Unternehmenszusammenschluss zur Realisierung gemeinsamer Projekte; (internationales) Gemeinschaftsunternehmen, Joint-venture *n*.
jonction *f* Vereinigung *f*, Verbindung, Anschluss *m*; **– des demandes** (objektive) Klagehäufung; **– de deux affaires** *ou* **causes** (*ZPR*) Klagenverbindung; **– d'instances** Klagenverbindung, Klagenhäufung.

jouer *v.intr.* (1) an einem Glücksspiel teilnehmen, (2) (*BörR*) spekulieren; **faire – une clause** sich auf eine Vertragsklausel berufen; **– l'avocat du diable** eine schlechte Sache wider besseres Wissen gutheißen; **– la carte de** alles auf eine Karte setzen; **– cavalier seul** sich vorpreschen, eilig, als Erster handeln; **– double jeu** Verrat üben; **– à guichets fermés** (*Aufführung*) volles Haus haben; **– à la hausse** (*BörR*) auf Hausse spekulieren, fixen, die Börsenkurse hochtreiben; **– le jeu** sich einlassen (auf); **– de malchance** vom Unglück verfolgt werden; **– un mauvais tour à qqn.** jmdm. über mitspielen; **– à plein** voll zum Tragen kommen; **– son va-tout** alles auf eine Karte setzen.

jouets *mpl* Spielwaren *fpl.*

joueur *m* (1) Spieler *m*, (2) (*BörR*) Spekulant *m*.

joug *m* Joch *n*; **subir le –** sich unter jmds. Joch beugen, sich jmdm. unterwerfen.

jouir *v.tr.ind.* (*SachR: jouir de qqch.*) besitzen; haben; genießen; **– d'un bien** die Früchte aus einer Sache ziehen; eine Sache nutzen; **– d'un droit** ein Recht innehaben; **– d'un grand prestige** hohes Ansehen genießen; **– d'une grosse fortune** sehr reich sein; **ne pas – de la plénitude de ses facultés mentales**; **– d'une rente** eine Rente beziehen; **– de toutes ses facultés** im Vollbesitz seiner Kräfte *od.* geistigen Fähigkeiten sein.

jouissance *f* (1) (*ZR: avantages liés à la possession d'un bien et à son usage*) Nutzung *f*, Genuss *m*, Nutznießung *f*, (2) (*SachR: ungenau für usufruit*) Nießbrauch *m*; **abus de –** (1) übermäßige Fruchtziehung, übermäßiger Nießbrauch, (2) missbräuchliche Benutzung; **action** *ou* **bon de –** Genussschein *m*; **capacité de –** Rechtsfähigkeit *f*; **droit de –** (1) (*SchuldR*) Nutzungsrecht *n*, Nutznießungsrecht, Recht zur Nutzverwaltung, (2) (*SachR*) Nießbrauchsrecht, (3) (*GesR*) Genussrecht; **entrée en –** (1) Besitzantritt *m*, Erlangung der tatsächlichen Gewalt (über die Sache), (2) (*SachR: usufruit*) Beginn der Fruchtziehung, Beginn der Nutzung und des Fruchterwerbs; **personne ayant un droit de –** Nutzungsberechtigte(r); **perte de –** Verlust der Nutzungsrechte; **privation de –** Entzug der Benutzung *od.* Nutzungsrechte; **trouble de –** Nutzungsbeeinträchtigung.

jouissance anticipée de la pension vorzeitiger Rentenbezug *m*; **– des biens communaux** (S) Allmendnutzung *f*; **– commune** gemeinschaftliche Nutzung; **– complète** Vollgenuss; **– d'un droit** Nießbrauch an einem Recht; **– intégrale** Vollgenuss; **– légale** (*FamR*) elterliche Nutznießung (am Kindesvermögen); **– des lieux** Gebrauch der Mietsache; **– d'une pension** Bezug einer Rente; **– ultérieure** Nachbenutzung.

jour *m* (1) Tag *m*, (2) (*SachR*) Öffnung *od.* Fenster (zum Nachbargrundstück); **montrer sous un – favorable** ins rechte Licht rücken; **percer un – dans une muraille** (*zum Nachbargrundstück, zur Straße*) eine Maueröffnung anbringen; **un – ou l'autre** früher oder später.

jour amende (*StR: peine d'amende pouvant se substituer à titre de peine principale à un emprisonnement – souvent pl.*) Tagessatz *m*, Ersatzfreiheitsstrafe *f*, Anordnung von einem Tag Freiheitsstrafe an Stelle eines Tagessatzes; **– après –** tagtäglich; **– d'arrêt de travail** Krankmeldung *f*; **– d'audience** (*ZPR*) Gerichtstag, Gerichtstermin *m*, Verhandlungstag; **– chômé** arbeitsfreier Werktag (zumeist zwischen zwei Feiertagen); **– civil** Kalendertag *m*; **– de compensation** (*ArbR*) Ausgleichsruhetag; **– de congé** Urlaubstag; **– d'échéance** Fälligkeit(stag), Zahltag; Verfallstag; **– d'établissement du bilan** Bilanzstichtag.

jour férié, – de fête légal gesetzlicher Feiertag; **– fixe** (*ZPR: assignation pour une date indiqué*) (Verhandlungs-) Termin *m*, Zeitpunkt der Prozessverhandlung vor Gericht.

jour franc (*ZPR: délai franc dans lequel on ne comprend ni le jour de l'acte, ni le* *jour de l'échéance*) Respekttag; Zusatzfrist von 24 Stunden; Frist, bei der weder der Tag der Ausstellung der Urkunde noch der Fälligkeitstag mitgerechnet werden.

jour de grâce (*ZR*) (durch den Gläubiger eingeräumte) Nachfrist *f*; **– – judiciaire** (*ZPR*) durch den Richter festgesetzte Nachfrist; **– – légal** gesetzlich festgesetzte Nachfrist, Respekttag.

jour de marché Markttag; **– de naissance** (*ZR: date de naissance*) Geburtstag; **– ouvrable** (*ArbR: jour réservé en principe au travail*) Werktag *m*; **– ouvré** (*ArbR: jour effectivement travaillé*) Arbeitstag *m*; Werktag(e), an dem tatsächlich Arbeit geleistet wird; **– de paiement** Zahlungstermin *m*; **– du palais** *ou* **plaidable** (*PrzR*) Öffnungszeiten des Gerichts, Gerichtstag; **–s de planche** (*SeeHR: staries*) Liegezeit *f*, Löschzeit *f*; **– du protêt** (*WechselR*) Tag der Protesterhebung.

jour de récupération (*ArbR*) Ersatzruhetag; **– de réduction du temps de travail (= JRTT)** (*ArbR: jours de repos sur l'année*) Ausgleichsruhezeit (für Überstunden); **– de référence** Stichtag; **– de repos** Ruhetag; **– de retard** (ein) Tag Verspätung; **– de souffrance** *ou* **de tolérance** (*SachR: ouverture dans un mur non mitoyen*) Lichtöffnung *od.* Lichtdurchlass, lichtdurchlässige Öffnungen zum Nachbargrundstück); **– utile** (*PrzR*) Tag an dem eine Rechtshandlung vorgenommen werden kann; **– de valeur** (*BankR: date de valeur, jour à partir duquel les opérations de crédit ou de débit prennent effet*) Wertstellungstag.

journal *m* (1) (*HR: livre de commerce, registre de comptes*) Journal *n*, Tagebuch (bei der Buchführung), (2) (*MedienR: publication périodique*) Druckschrift *f*; Tageszeitung *f*; Zeitschrift *f*, (3) (*MedienR: bulletin quotidien d'information*) Nachrichtensendung *f*; **directeur du –** verantwortlicher Redakteur; **– d'annonces légales** amtliches Mitteilungsblatt; **– de bord** Schiffstagebuch *n*; **– de caisse** Kassentagebuch; **– d'entreprise** Werkszeitung; **– gratuit** unentgeltliche Werbezeitschrift; **– lumineux** Leuchtreklame *f*.

journal officiel (= J.O.) frz. Gesetzblatt (u. Staatsanzeiger), Amtsblatt der Französischen Republik; **– parlé** (Radio-) Nachrichten; **– télévisé** Tagesschau (im Fernsehen).

journalier *adj* täglich; sich täglich ändernd; **travail –** Tagesarbeit *f*; Tagesarbeitszeit *f*.

journalier *m* (1) Aushilfskraft *f*, (2) Taglöhner *m*.

journalisme *m* Journalismus *m*, Zeitungs- und Pressewesen.

journaliste *m* **professionnel** Berufsjournalist *m*; Presseangehörige *m*; Redakteur *m*; Reporter *m*, Berichterstatter *m*.

journée *f* (1) Tag *m*, Tagesablauf *m*, (2) (*ArbR*) Tagesarbeit *f*, Tagesschicht *f*; Tageslohn *m*, Schichtlohn; **– d'action** *ou* **de protestation** (*ArbR*) Protestkundgebung; **par – complète** ganztätig; **– continue** (*ArbR*) durchgehende Arbeitszeit (mit nur kurzer Mittagspause); **– de huit heures** Achtstundentag *m*; **– perdue** durch Arbeitsniederlegung verlorener Tag; vergeudete Zeit; **– de repos compensatrice** Ausgleichsruhetag; **– de solidarité** (*ArbR, SteuerR: journée de travail supplémentaire en France depuis une loi du 30 juin 2004 sans paiement de salaire*) entgeltloser Solidaritätsarbeitstag; **– de travail** Arbeitstag.

jouxter *v.tr.* (unmittelbar) angrenzen.

judicatoire *adj* (*ZPR: qui a rapport à un jugement attendu*) streitbefangen, streitig.

judicature *f*: **charge de –** Richteramt *n*.

Man darf die vier Adjektive *judiciaire, jurisprudentiel, juridictionnel* und *juridique* nicht miteinander verwechseln: *judiciaire* bezieht sich auf die Tätigkeit der Rechtspflegeorgane, *juridictionnel* auf die Gerichte als solche und deren Aufbau, *jurisprudentiel* allein auf die Rechtsprechung, *juridique* auf das Recht ganz allgemein.

judiciaire *adj* gerichtlich, richterlich; Gerichts-, Justiz-; **acte –** gerichtliche Urkunde; **action –** (*vor einem ordentlichen Gericht*) Klagebefugnis *f*; **administrateur –** (1) (*InsolvenzR: syndic*) Insolvenzverwalter *m*, (2) (*ZPR: mandataire de justice*) mit der Vermögensverwaltung (durch ein Gericht) beauftragte Person; **administration –** Gerichtsverwaltung, Justizverwaltung; **assistance –** Rechtsberatung; **autorité –** (1) (*VerfR: pouvoir judiciaire*) Judikative *f*, (2) (*PrzR*) Gericht (als Organ der Rechtspflege), (3) Justizbehörde *f*; **casier –** (*StR*) Strafregister *n*; **caution –** (*StPR*) gerichtlich angeordnete Sicherheitsleistung; Kaution; **droits –s** Gerichtsgebühren; **enquête –** gerichtliche Untersuchung; **erreur –** Justizirrtum; **frais –s** Gerichtskosten (als Teil der Prozesskosten); **instruction –** (1) (*StPR*) Verfahren vor einem Ermittlungsrichter, richterliche Untersuchung (im Rahmen eines Ermittlungsverfahren), (2) (*PrzR*) Belehrung (über Rechte *od.* Rechtsmittel).

judiciaire: **juge –** (*GVR*) Richter der ordentlichen Gerichtsbarkeit (im Gegensatz zu dem frz. Verwaltungsrichter); **ordre –** ordentliche Gerichtsbarkeit, Justizgerichtsbarkeit in Frankreich (mit dem Kassationshof als oberstes Gericht); **organisation –** Gerichtsverfassung; **police –** (1) (*StPR*) Kriminalpolizei, (2) Gerichtsordnungsdienst; **poursuites –s** (*StR*) Strafverfolgung; **professions –s** Berufe der Rechtspflege; **tribunaux –s** (*GVR*) die ordentlichen Gerichte (im Gegensatz zur Verwaltungsgerichtsbarkeit); **voie –** ordentlicher Rechtsweg *m*.

judiciaire *m* (*VerfR: pouvoir judiciaire*) richterliche Gewalt, dritte Gewalt.

judiciairement *adv* gerichtlich; auf dem Rechtswege; **poursuivre qqn. –** vor Gericht stellen, gerichtlich verfolgen.

judicieux *adj* (1) (*sensé, juste*) vernünftig, richtig; verständig, urteilsfähig, (2) (*pertinent, intelligent*) triftig, überzeugend, unwiderlegbar.

juge *m* (1) (*PrzR: le juge unique*) (Einzel-) Richter *m*, (2) (*PrzR: toute juridiction*) Gericht *n*, Rechtsprechungsorgan *n*; Kollegialgericht, (3) (*GVR: au pluriel: les juges = les magistrats du siège*) die Richterschaft, (4) (*Sport*) Kampfrichter *m*; **à l'appréciation du –** im richterlichen Ermessen; **circonvenir un –** einen Richter beeinflussen *od.* täuschen; **devant** *ou* **par devant le –** vor Gericht; **premier –** (*ZPR*) Richter, der das Urteil in erster Instanz ausgesprochen hat; **récusation d'un –** Ablehnung eines Richters; **règlement de –s** Bestimmung des zuständigen Gerichts; **– ad hoc** Richter ad hoc.

juge administratif Verwaltungsrichter *m*; **– aux affaires familiales (= JAF)** (*ZPR, FamR: bis 1994, juge délégué aux affaires matrimoniales = JAM*) Richter in Familiensachen, Ehescheidungsrichter; **– d'appel** Berufungsrichter; **– de l'application des peines (= JAP)** Strafvollzugsrichter; **– arbitre** Schiedsrichter; **– assesseur** beisitzender Richter, Beisitzer *m*; **– auxiliaire** Hilfsrichter; **– cantonal** Amtsrichter, (en S. aussi:) Kantonsrichter *od.* Oberrichter; **– de carrière** Berufsrichter; **– chargé de suivre la procédure** Entscheidungsvorbereitungsrichter; **– civil** Richter in Zivilsachen, Zivilrichter; **– commercial** Handelsrichter (in 1. Instanz - in Frankreich kein Berufsrichter); Richter in Handelssachen; **– commis** ersuchter Richter, beauftragter Richter; **– commissaire** (1) (*PrzR: syn. de juge commis*) beauftragter Richter, (2) (*InsolvenzR*) Insolvenzgericht; Richter im Insolvenzverfahren, (3) (*VwR*) Richter in Enteignungssachen; **– conciliateur** *ou* **de la conciliation** Richter, dem die Ausübung der Gerichtsbarkeit in Zivilsachen geringer Bedeutung obliegt, Friedensrichter; **– du conflit** Spruchrichter, Prozessrichter.

juge consulaire (*PrzR, HR: magistrat du tribunal de commerce, dénomination traditionnelle de prestige*) frz. Handelsrichter, Richter beim Handelsgericht;

– **délégué** Richter im beschleunigten Verfahren; (*mit besonderen Aufgaben*) beauftragter Richter; – **départiteur** (*PrzR, ArbR: juge du tribunal d'instance*) (bei Stimmengleichheit der Laienarbeitsrichter) zugezogener Richter des Kleininstanzgerichts; – **directeur** mit Verwaltungsaufgaben betrauter frz. Kleininstanzrichter; – **de droit commun** Richter im Rahmen der ordentlichen Gerichtsbarkeit.

juge des enfants (*StPR*) Jugendrichter *m*; Jugendgericht *n*; – **des enquêtes** mit einer Ermittlung beauftragter Richter; – **de l'exécution** (*ZwangsVR*) Vollstreckungsgericht *n*; der für die Zwangsvollstreckung zuständige Richter; – **de l'expropriation** frz. Großinstanzrichter zuständig für die Festsetzung der Enteignungsentschädigung; – **de la faillite** (*InsolvenzR: ancienne dénomination*) Richter im Insolvenzverfahren; Insolvenzgericht *n*.

juge du fait Tatrichter, erkennender Richter, Spruchrichter; – **fédéral** Bundesrichter; – **du fond** Tatrichter, erkennender Richter, Spruchrichter; – **de grande instance** (*GVR: dénomination officielle: Juge au tribunal de grande instance*) Richter beim frz. Großinstanzgericht; – **informateur** (*StPR: syn. de juge d'instruction*) Untersuchungsrichter; – **d'instance** frz. Amtsrichter, (Zivil-, Straf-) Richter beim frz. Kleininstanzgericht.

juge d'instruction (*StPR: magistrat du tribunal de grande instance agissant dans le cadre d'une information pénale*) frz. Untersuchungsrichter, (*entspricht in etwa dem deutschen*) Ermittlungsrichter; – **intègre** unbestechlicher *od.* unbescholtener Richter.

juge judiciaire (*ZPR*) Zivilrichter *m*, (*im Gegensatz zum Verwaltungsrichter*) Richter an einem ordentlichen Gericht; – **des libertés et de la détention** (*StPR: magistrat pour ordonner ou prolonger la détention provisoire et statuer sur les demandes de mise en liberté*) Haftüberprüfungsrichter *m*; – **du livre foncier** Grundbuchrichter; – **des loyers** Richter in Miet- *od.* Pachtsachen; – **en matière disciplinaire** Disziplinarrichter, Dienststrafrichter; – **militaire** frz. Militärrichter, Richter bei einem frz. Wehrdienstgericht.

juge de la mise en état (= JME) (*ZPR: juge chargé du contrôle de l'instruction des affaires civiles contentieuses portées devant le tribunal de grande instance, art. 762 s. NCPC*) Entscheidungsvorbereitungsrichter, mit dem schriftlichen Vorverfahren beauftragter Richter (der das Verfahren vor dem Großinstanzgericht bis zur Entscheidungsreife vorantreibt), mit der Vorbereitung der mündlichen Verhandlung befaßter Richter; – **naturel** (*GVR*) gesetzlicher Richter; – **non-professionnel** ehrenamtlicher Richter, Laienrichter; – **de paix** (*hist.*) Friedensrichter; – **(au) pénal** Strafrichter; – **préalable** Erstrichter; – **de première instance** Richter erster Instanz, Erstrichter; – **professionnel** Berufsrichter; – **rapporteur** Berichterstatter, berichterstattender Richter; – **récusé** abgelehnter Richter.

juge des référés (*ZPR: juge chargé de prendre des décisions provisoires dans les cas d'urgence*) Gericht, das im beschleunigten (u. vereinfachten) Verfahren einstweilige Anordnungen trifft; in Verfahrensfragen für den Erlass einstweiliger Verfügungen zuständiger Richter (beim frz. Großinstanzgericht); – **répressif** Strafrichter; – **requis** ersuchter Richter; – **résident** Richter (der keine auswärtigen Gerichtstage abhält).

juge du siège (*GVR: par opposition au magistrat debout*) Richter (im Gegensatz zum Staatsanwalt); – **de simple police** frz. Strafrichter (zuständig bei Übertretungen); – **suppléant** Ersatzrichter, Hilfsrichter; – **titulaire** Richter als Amtsinhaber, Berufsrichter; – **au tribunal militaire** Richter bei einem frz. Wehrdienstgericht; – **des tutelles** Vormundschaftsrichter *m*; – **unique** Einzelrichter.

jugé *adj* (1) (*affaire*) entschieden, (2) (*personne*) abgeurteilt; **prêt à être –** spruchreif.

jugeable *adj* vor Gericht gehörig; spruchreif, entscheidungsreif.

jugement i.e.S. ist die Entscheidung eines Kollegialgerichts in erster Instanz. Nur im weiteren und ungenauen Sinn ist das Wort mit *décision de justice* – Gerichtsentscheid –synonym. Urteile der Berufungs- und Revisionsgerichte werden in Frankreich *arrêt* genannt. Der Einzelrichter fällt eine *sentence*. Ist dem Vorsitzenden Richter od. dem Gerichtspräsidenten eines Kollegialgerichts eine Entscheidung vorbehalten, spricht man von einer *ordonnance*.

jugement *m* (1) (*PrzR: décision prise par un collège de magistrats*) Urteil *n*, Erkenntnis *n*, (richterliche) Entscheidung *f*, Gerichtsentscheid *m*, (2) (*décision prise par un magistrat statuant comme juge unique*) Beschluss *m*, (3) (*acte écrit*) Urteilsurkunde *f*, (4) (*faculté de juger*) Urteilsfähigkeit *f*, Urteilsvermögen *n*, (5) (*avis*) Werturteil *n*, Meinung *f*, Ansicht *f*; **accepter un –** eine Entscheidung annehmen; **annuler un –** ein Urteil aufheben; **appeler d'un –** Berufung (gegen ein Urteil) einlegen; **attaquer un –** ein Urteil anfechten; **attendus du –** Urteilsbegründung; **audience de –** (Urteils-) Verkündungstermin *m*; **bureau de –** Spruchkammer (beim frz. Arbeitsgericht); **casser un –** ein Urteil aufheben; **confirmation d'un –** Verwerfung der Berufung, Aufrechterhaltung eines Urteils; **considérants du –** Entscheidungs- *od.* Urteilsgründe *mpl.*

jugement: **dispositif du –** (Urteils-) Tenor *m*; Urteilsformel *f*, verfügender Teil des Urteils, (Urteils-) Spruch *m*; **effet du –** Urteilswirkung; **émender un –** ein Urteil aufheben *od.* abändern; **émettre un –** (*AllgSpr*) etwas beurteilen, ein Urteil über jmdn. oder eine Sache abgeben; **en-tête du –** Urteilskopf *m*, Rubrum *f*; **ester en –** klagen, Klage erheben; **exécution du –** Urteilsvollstreckung; **expédition du –** Urteilsausfertigung (mit Vollstreckungsklausel); **faire appel d'un –** gegen ein Urteil Berufung einlegen.

jugement: **infirmer un –** ein Urteil aufheben; **lever un –** sich die vollstreckbare Ausfertigung eines Urteils erteilen lassen; **mettre qqn. en –** jmdn. vor Gericht stellen; **minute du –** Urschrift des Urteils; **motifs du –** Entscheidungsgründe; (*Strafurteil: Zusammenfassung von Tatbestand und Entscheidungsgründen*) Gründe; **notification du –** Zustellung des Urteils; **notifier un –** ein Urteil zustellen; **obtenir un –** ein Urteil erwirken; **porter un – (sur qqn.)** ein Urteil (über jmdn.) abgeben, jmdn. beurteilen; **poursuivre qqn. en –** jmdn. vor Gericht verklagen, einen Rechtsanspruch vor Gericht geltend machen.

jugement: **prononcé du –** Urteilsverkündung *f*; **prononcer un –** ein Urteil fällen *od.* verkünden; **rabattre un –** (*durch das erkennende Gericht selbst*) ein Urteil aufheben; **réformation d'un –** Abänderung eines Urteils; **rendre un –** ein Urteil fällen, ein Urteil verkünden *od.* erlassen; **revenir sur son –** (*AllgSpr*) seine Meinung (über jmdn.) ändern; **signification du –** Urteilszustellung (von Amts wegen), Amtszustellung; **teneur du –** (*PrzR: contenu exact, texte littéral d'une décision de justice*) Urteilstext *m*, Urteilswortlaut *m*.

jugement d'absolution (*StPR: en présence d'une excuse absolutoire*) Freispruch mangels strafbaren Tatbestands; Freispruch wegen erwiesener Unschuld; **– d'accord** (*ZPR: jugement d'expédient*) Einigungsurteil *n*; **– d'acquittement** (*StPR*) (Schwurgerichts-) Freispruch *m*, freisprechendes Urteil des frz. Schwurgerichts; **– d'adjudication** (*ZwangsVR*) Zuschlagsbeschluss *m*, gerichtliche Zuschlagserteilung; **– administratif** verwaltungsgerichtliches Urteil; **– d'annulation** Aufhebungsurteil; **– en appel** Berufungsurteil, Urteil des Berufungsgerichts; **– arbitral** schiedsgerichtliche Entscheidung, Schiedsspruch; **– attaqué** angefochtenes Urteil.

jugement civil Urteil im Zivilverfahren; **– de clémence** mildes Urteil; **– collectif** mehrere Personen betreffendes Urteil; **– commercial** Urteil in Handelssachen; **– comminatoire** Urteil, das unter Strafandrohung zu einer Leistung verpflichtet; **– de condamnation** (1) (*StPR*) auf Strafe lautendes Urteil, verurteilendes Erkenntnis, Verurteilung, (2) (*ZPR*) Leistungs- *od.* Verurteilungsurteil; **– confirmatif** stattgebendes *od.* konfirmatorisches Urteil; **– constitutif (de droit)** Gestaltungsurteil, rechtgestaltendes Urteil; **– contentieux** (*ZPR: jugement qui tranche une contestation*) Urteil (im streitigen Verfahren); **– contradictoire** streitiges *od.* kontradiktorisches Urteil; **– par contumace** (*StPR*) Abwesenheitsurteil, Urteil in Abwesenheit des Angeklagten; **– convenu** (*ZPR: jugement d'expédient*) Einigungsurteil; **– correctionnel** Strafurteil (wegen Vergehens).

jugement de débouté Klageabweisung *f*; **– de décès** Todeserklärung (durch richterlichen Beschluss); **– déclaratif** *ou* **déclaratoire** (*ZPR*) Feststellungsurteil; **– de déclaration d'absence** Anordnung der Abwesenheitspflegschaft; **– de** *ou* **par défaut** (*ZPR*) (Ver-) Säumnisurteil; **– déféré** angefochtenes Urteil; **– définitif** (1) Endurteil, Vollendurteil, (2) rechtskräftiges Urteil; **– en délibéré** (geheime) Beratung über den Urteilsspruch; Urteil im Entscheidungsstadium; **– dernier** (*KirchR*) das jüngste Gericht; **– en dernier ressort** (1) Urteil der letzten zuständigen Instanz, letztinstanzliches Urteil, (2) (*PrzR: jugement sans appel*) nicht berufungsfähiges Urteil; **– avant dire droit** *ou* **avant faire droit** (*ZPR*) Zwischenurteil, Vorabentscheidung, prozessleitender Beschluss, prozessleitende Verfügung; **– de divorce** Scheidungsurteil; **– de donné acte** gerichtliche Protokollierung; **– erroné** Fehlurteil; **– étranger** ausländische Entscheidung.

jugement exécutoire vollstreckbares Urteil; **– – par provision** vorläufig vollstreckbares Urteil.

jugement d'exequatur (*IPR*) Vollstreckbarerklärung (eines ausländischen Urteils), Vollstreckungsurteil (zu einem ausländischen Urteil); **– d'expédient** (*ZPR: décision prise en forme de jugement, entérinant l'accord des parties, syn.: jugement convenu ou d'accord*) Einigungsurteil, Einigung der Parteien vor Gericht in Form eines (vollstreckbaren) Richterspruchs; **– d'expropriation** Enteignungsbescheid *m*, Enteignungsbeschluss *od.* -erkenntnis; **– d'expulsion** Räumungsurteil; **– de faillite** (*InsolvenzR: ancienne dénomination pour ordonnance de liquidation judiciaire*) Insolvenzeröffnungsbeschluss *m*; **– de filiation** (*FamR*) Abstammungsurteil; **– final** Endurteil; **– au** *ou* **sur le fond** Sachentscheidung, Sachurteil, Urteil zur Hauptsache; **– de forclusion** Ausschlussurteil; **– sur frais** Kostenfestsetzungsbeschluss *m*; **– frappé d'appel** mit der Berufung angefochtenes Urteil, Urteil gegen das Berufung eingelegt wurde; **– frappé d'opposition** Urteil gegen welches sich der Einspruch richtet; **– gracieux** Beschluss (im Verfahren der freiwilligen Gerichtsbarkeit); **– d'homologation** Feststellungsurteil; Eintragungsbeschluss; **– sur incident** Zwischenurteil (über einzelne Streitpunkte u. nicht über den Streitgegenstand selbst); **– d'interdiction** Entmündigungsbeschluss *m*; **– interlocutoire** Vorabentscheidung über den Grund, Grundurteil, Zwischenurteil; **– interprétatif** Urteil zur Auslegung einer vorangegangenen Entscheidung, auslegendes Urteil; **– irrévocable** rechtskräftiges Urteil; rechtskräftiger richterlicher Beschluss.

jugement de jonction Klagenverbindungsbeschluss; **– de la liquidation des biens** Insolvenzeröffnungsbeschluss; **– de mainvidange** (*ZwangsVR*) Pfändungs- u. Überweisungsbeschluss *m*; **– mal rendu** Fehlurteil; **– en matière gracieuse** Urteil in Sachen der freiwilligen *od.* nichtstreitigen Gerichtsbarkeit; **– mis en délibéré (jusqu'au . . .)** Urteilsverkündung erfolgt am . . .; **– de nullité** (*ZPR*) Aufhebungsurteil; die Nichtigkeit feststellendes *od.* aussprechendes Urteil.

jugement de partage (*ErbR*) Nachlassteilungsurteil; **– partiel** *ou* **sur partie** Teilurteil; **– passé en force de chose jugée** rechtskräftiges Urteil; **– pénal** Strafurteil, Straferkenntnis; **– sur pièces** (*ZPR*) Entscheidung nach Aktenlage; **– préalable** vorhergehendes Urteil; **– en premier et en dernier ressort** unanfechtbares Urteil; Urteil, gegen das ein weiterer Rechtsweg ausgeschlossen ist; **– en premier ressort** (*PrzR: jugement à charge d'appel*) Urteil im ersten Rechtszug, erstinstanzliches Urteil; berufungsfähiges Urteil; **– en première instance** erstinstanzliches Urteil, Urteil erster Instanz; **– préparatoire** Vorentscheidung; vorbereitende Entscheidung; Zwischenurteil; **– préparatoire d'absence** (*ZR*) Zwischenurteil im Verschollenheitsverfahren; **– provisoire** Zwischenurteil (über einzelne Streitpunkte).

jugement de radiation (*SachR: Registersachen*) Löschungsurteil; **– sur la recevabilité** Entscheidung über die Zulässigkeit (des Verfahrens); **– récognitif** Anerkenntnisurteil; **– de reconnaissance d'écriture** Entscheidung über die Echtheit einer Urkunde (auf Grund eines Geständnisses im Verfahren der freiwilligen Gerichtsbarkeit); **– réformatoire** Abänderungsurteil, abänderndes Urteil; **– de relaxe** (*StPR*) Freispruch; **– de remise de cause** Vertagungsbeschluss; **– rendu en assemblée plénière** Plenarentscheidung (des frz. Kassationshofes *od.* des Conseil d'État); **– rendu au criminel** Strafurteil, Straferkenntnis *n*; **– rendu à l'étranger** Urteil eines ausländischen Gerichts; **– de renvoi** Verweisungsbeschluss, Verweisung an das zuständige Gericht; **– répressif** Strafurteil; **– réputé contradictoire** (*ZPR: jugement que la loi prescrit de considérer comme contradictoire bien que le défendeur n'ait pas comparu*) Versäumnisurteil, das als kontradiktorisch angesehen wird; Versäumnisurteil gegen das ein Einspruch gesetzlich ausgeschlossen ist; **– rescindant** *ou* **rescisoire** Aufhebungsurteil, aufhebendes Urteil; **– de résolution** vertragsauflösende Entscheidung; **– de séparation de corps** (*EheR*) Beschluss zur Gestattung des Getrenntlebens der Ehegatten; **– sommaire** Urteil im abgekürzten und vereinfachten Verfahren.

jugement translatif de propriété Urteil, durch welches das Eigentumsrecht übertragen wird; **– de valeur** *Allgspr.* Werturteil; **– de validité** Entscheidung über die Rechtmäßigkeit der Vollstreckung; **– de vérification d'écriture** Entscheidung über die Echtheit einer Urkunde (im streitigen Verfahren).

juger *v.tr.* (1) (*ZPR*) entscheiden, urteilen, (für Recht) erkennen, ein Urteil fällen, (2) (*StPR*) aburteilen, verurteilen, erkennen auf, (3) (*porter une appréciation*) beurteilen, schätzen, meinen, glauben, sich vorstellen; **cas difficile à –** strittiger Punkt; **pouvoir de –** Entscheidungsbefugnis *f.*

juger aux actes sich an die Tatsachen halten; **– apte** für fähig erachten; **– en équité** *ou* **ex aequo et bono** nach Billigkeit entscheiden; **– au fond** zur *od.* die Hauptsache entscheiden, in der Sache urteilen; **– à huis-clos** unter Ausschluss der Öffentlichkeit entscheiden; **– un litige** in einem Rechtsstreit entscheiden; **– sur pièces** nach Aktenlage entscheiden *od.* urteilen.

juguler *v.tr.* drosseln, bremsen, eindämmen; **– l'inflation** die Inflation stoppen; **– une révolte** einen Aufstand niederwerfen.

jumelage *m* (*GemR: jumelage de villes: coutume consistant à associer deux villes situées dans deux pays différents afin de susciter entre elles des échanges*) Städtepartnerschaft *f.*

jurande *f* (*HR, hist: dans les anciennes*

corporations de métier, charge conférée à un ou plusieurs membres pour défendre ses intérêts) Zunftmeisteramt *n*.

juratoire *adv* (*ZR: engagement pris sous la foi du serment*) eidlich, durch Eid bekräftigt; **caution –** eidesstattliche Versicherung (im Termin zu erscheinen *od.* eine Sache beizubringen).

juré *adj* vereidigt; **maître –** Innungsmeister *m*.

juré *m* (*StPR: membre d'un jury criminel*) Geschworene(r) *m*; Schöffe *m*; **– expert** vereidigter Sachverständige(r); **– suppléant** (*StPR*) Hilfsschöffe, Ergänzungsgeschworene(r), Ersatzschöffe, Ersatzgeschworene(r); **– titulaire** Geschworene(r).

jurer *v.tr.* (1) (*PrzR: affirmer solennellement, prêter serment*) schwören, eidesstattlich versichern, einen Eid ablegen, (2) (*umg*) fluchen.

juridicité *f* Rechtlichkeit *f*; zum Recht und nicht zur Ethik gehörend.

> In Frankreich gibt es **nur zwei** Gerichtsbarkeiten und nicht fünf wie in Deutschland: die *justice administrative* – also die *juridictions de l'ordre administratif* –und die *juridictions de l'ordre judiciaire*, bestehend aus der *justice civile* und der *justice pénale*. Die Sondergerichtsbarkeiten – *juridictions d'exception ou spécialisées* (wie Handels-, Arbeits- und Sozialgerichte) gehören zur ordentlichen Gerichtsbarkeit also den *juridictions judiciaires*.

juridiction *f* (1) (*GVR: pouvoir de juger*) Gerichtsbarkeit *f*, Justizhoheit *f*, (2) (*GVR: ensemble des tribunaux*) Justiz *f*, Rechtspflege *f*, Gerichtsgewalt *f*, richterliche Gewalt, rechtsprechende Gewalt, (3) (*PrzR: tribunal, cour*) Gericht *n*, Rechtspflegeorgan *n*, (4) (*GVR: circonscription d'un tribunal*) Gerichtsbezirk *m*, Gerichtssprengel *m*; Amtsbezirk *m*, Zuständigkeitsbereich *m*, Geltungsbereich; **avoir –** (*GVR*) die Gerichtsbarkeit ausüben; **chef de –** Gerichtspräsident *m*; **circonscription de –** Gerichtsbezirk, Gerichtssprengel *m*; **degré de –** Instanz *f*, Rechtszug *m*; **distraction de –** Verweisung an ein anderes Gericht; **exercer la –** die Gerichtsbarkeit ausüben.

juridiction: **ordre de –** (1) (*GVR: ensemble de juridictions de même nature*) Gerichtsbarkeit *f*, (2) (*PrzR: les différentes phases de procédure pour un litige*) Instanzenzug *m*; **pleine –** (1) (*ZPR: connaisance de l'entier litige*) Zuständigkeit in der Sache selbst, Zuständigkeit als ordentliche Gerichtsbarkeit, (2) (*VwPR*) Verwaltungsstreitverfahren *n*; Verpflichtungsklage, Anfechtungsklage; **pouvoir de –** rechtsprechende Gewalt; Rechtsprechungsbefugnis *f*; **relever d'une –** (1) einer Gerichtsbarkeit unterliegen *od.* unterworfen sein, (2) zu einem Gerichtsbezirk gehören; **saisir une –** ein Gericht anrufen.

juridiction administrative (1) (*VwPR: au sens strict du terme*) Verwaltungsgericht *n*, (2) (*VwPR: au sens large*) Verwaltungsgerichtsbarkeit *f*; **– d'appel** Berufungsgericht, Berufungsinstanz *f*.

juridiction arbitrale (1) Schiedsgericht, (2) Schiedsgerichtsbarkeit; **– – commerciale** Schiedsgerichtsbarkeit in Handelssachen.

juridiction d'attribution (*VwPR*) Oberstes frz. Verwaltungsgericht als Sondergericht, Conseil d'État als erstinstanzliches Verwaltungsgericht mit beschränkter Gerichtsbarkeit; **– civile** (1) (*GVR: au sens strict*) Zivilgericht *n*, (2) (*GVR: au sens large*) Zivilgerichtsbarkeit, bürgerliche Gerichtsbarkeit; **– commerciale** (1) Handelsgericht, (2) Handelsgerichtsbarkeit; **– compétente** zuständiges Gericht; Gerichtsstand *m*; **– constitutionnelle** Verfassungsgerichtsbarkeit; **– consulaire** Handelsgericht; **– contentieuse** streitige Gerichtsbarkeit; **– corporative** (1) Berufs- *od.* Ehrengericht, (2) Standesgerichtsbarkeit; **– correctionnelle** Strafgericht (zur Aburteilung von Vergehen); Strafgerichtsbarkeit (zuständig für Vergehensstraftaten); **– criminelle** (1) Strafgericht (zuständig für Verbrechen), (2) Strafgerichtsbarkeit (für Verbrechen); **– disciplinaire** (1) Disziplinargericht, Dienstgericht, (2) Disziplinargerichtsbarkeit.

juridiction de droit commun (1) (*ZPR: dans l'ordre judiciaire: Tribunal de grande instance*) Großinstanzgericht (als ordentliches Gericht erster Instanz), (2) (*VwPR: dans l'ordre administratif: le tribunal administratif*) frz. Verwaltungsgericht (erster Instanz); **– pour enfants** Jugendgericht; **– étrangère** ausländisches Gericht; **– d'exception** (*PrzR: juridiction spécialisée comme le tribunal d'instance, le tribunal de commerce et le conseil de prud'hommes*) Sondergericht *n*; Sondergerichtsbarkeit *f*; frz. Kleininstanzgericht; frz. Handelsgericht; frz. Arbeitsgericht; **– exclusive** ausschließliche Gerichtsbarkeit; **– extraterritoriale** gebietsfremde Gerichtsbarkeit.

juridiction financière (*HaushR*) Rechnungsprüfungsgericht (für die Haushalte der öffentlichen Verwaltung); **– fiscale** Finanzgerichtsbarkeit; Finanzgericht; **– du for** (*IPR*) Gerichtsbarkeit des Gerichtsstaates; **– gracieuse** Gericht, zuständig im Rahmen der freiwilligen Gerichtsbarkeit, freiwillige Gerichtsbarkeit; **– d'honneur** Ehrengericht; **– incompétente** unzuständiges Gericht; **– d'instruction** (*StPR*) frz. Ermittlungsgericht (bestehend aus drei Ermittlungsrichtern); **– internationale** internationaler Gerichtshof *m*.

juridiction: **–(s) judiciaire(s)** (*GVR*) ordentliche Gerichtsbarkeit; Zivil- und Strafgerichte; Arbeits- und Sozialgerichte; Handelsgerichte *npl*; **– de jugement** (*StPR*) Strafgericht; **– maritime** Seegericht; **– en matière fiscale** Steuergerichtsbarkeit; **– militaire** Wehrdienstgericht; **– des mineurs** Jugendgericht; Jugendgerichtsbarkeit.

juridiction de l'ordre administratif (*VwPR*) Verwaltungsgericht *n*; Verwaltungsgerichtsbarkeit; **– pénale** (1) Strafgericht, (2) Strafgerichtsbarkeit; **– professionnelle** (1) Berufsgericht, Ehrengericht, (2) Berufsgerichtsbarkeit; **– de proximité** (*GVR: conciliateur de justice prévu par les art. L. 231–1 et suiv. du nouveau code de l'organisation judiciaire de 2006*) Schiedsstelle *f* in Frankreich für Streitfälle bis 4000€, frz. Friedensrichter; **– prud'homale** (1) Arbeitsgericht, (2) Arbeitsgerichtsbarkeit.

juridiction de renvoi (1) (*ZPR*) Gericht, an welches die Sache zur weiteren Verhandlung und Entscheidung verwiesen wird, (2) (*PrzR: après cassation*) Gericht an das eine Sache (durch den Kassationshof) zurückverwiesen wurde; **– répressive** (1) Strafgericht, (2) Strafgerichtsbarkeit; **– saisie** angerufenes Gericht; **– de la sécurité sociale** Sozialgericht; Sozialgerichtsbarkeit; **– de simple police** (*StPR: syn.: tribunal de police*) frz. Strafgericht erster Instanz zuständig für Übertretungen; **– spéciale** *ou* **spécialisée** (*GVR: syn.: juridiction d'exception*) Sondergerichtsbarkeit; Sondergericht; **– universitaire** Disziplinargericht der Universität.

juridictionnel *adj* gerichtlich; Gerichts-; **fonction –le** rechtsprechende *od.* richterliche Gewalt; Rechtspflege *f*; **pouvoir –** (*VerfR: par opposition à la fonction législative ou exécutive, fonction de rendre la justice*) rechtsprechende Gewalt, Judikative *f*.

juridique *adj* (*qui concerne le droit*) rechtlich; juristisch, Rechts-; **acte –** Rechtsgeschäft *n*; **conseiller –** Rechtsberater *m*; **études –s** Jurastudium *n*, Studium *n* der Rechtswissenschaft; **fait –** rechtlich relevantes Ereignis; Rechtshandlung, geschäftsähnliche Handlung, Tathandlung; **formation –** juristische Ausbildung; **personnalité –** Handlungsfähigkeit; **personne –** Rechtssubjekt *n*; **science –** Rechtswissenschaft *f*, Jura *ohne Artikel Pl.*; **technique –** Rechtsanwendung *f*, Rechtsdogmatik *f*; **vocabulaire –** Rechtsterminologie *f*.

juridiquement *adv* juristisch, rechtlich, von Rechts wegen; **être – dans son tort** rechtlich gesehen im Unrecht sein; **sentence – fondée** wohlbegründete Entscheidung.

juridisme *m* Rechtspositivismus *m*, formales Legalitätsdenken.

jurisconsulte *m* (*HochschulR: juriste expérimenté; personne qui fait profession de donner des avis sur des questions juridiques*) Rechtsgelehrte(r) *m*, Rechtskundige *m*; Rechtsberater *m*, Jurist *m*.

juris et de jure *lat* von Rechts wegen; **présomption – –** (*ZR*) *lat* unwiderlegbare Rechtsvermutung, unwiderleglicher Beweis.

jurisprudence *f* (1) (*PrzR: ensemble des décisions de justice*) Rechtsprechung *f*; Spruchpraxis *f*; Spruchrecht *n*, Judikatur *f*, (2) *f*: (*HochschulR: science du droit*) *hist.* Rechtswissenschaft *f*, Jurisprudenz *f*; **faire –** (*PrzR: arrêt de la Cour de cassation ou du Conseil d'État*) eine richtunggebende *od.* richtungweisende Entscheidung fällen *od.* treffen, eine Änderung *od.* Wende in der Rechtsprechung darstellen; **flottements de la –** Unsicherheit der Rechtsprechung, noch nicht gefestigte Rechtsprechung; **recueil (officiel) de –** (amtliche) Entscheidungssammlung; **renversement** *ou* **revirement de –** Änderung der Rechtsprechung, Umschwung in der Rechtsprechung.

jurisprudence administrative Verwaltungsrechtsprechung; **– bien établie** feststehende Rechtsprechung, langjährige Praxis der Gerichte; **– constante** ständige Rechtsprechung; **– pénale** Rechtsprechung in Strafsachen; **– uniforme** einheitliche Rechtsprechung.

jurisprudentiel (*PrzR: qui se rapporte à la jurisprudence, résulte de la jurisprudence*) Rechtsprechungs-; Entscheidungs-; **précédent –** Präjudizium *od.* Präjudiz *n*, Präzedenzfall *m*.

juris tantum *lat* (*lat*) widerlegbare Rechtsvermutung.

juriste *m* (*HochschulR: personne qui a de grandes connaissances juridiques, et, spécialement, auteur d'ouvrages, d'études juridiques*) Jurist *m*, Rechtsgelehrte(r) *m*; Rechtslehrer *m*; **consulter un –** juristischen Rat einholen.

jury *m* (1) (*StPR: ensemble des jurés – art. 254 et suiv. CPP*) Geschworenenbank *f*, die Geschworenen *mpl*, (2) (*Sport*) Jury *f*, Preisrichter, (3) (*SchulR*) Prüfungskommission *od.* -ausschuss; **– d'admission** Prüfungsausschuss *m*; **– criminel (de jugement)** (*StPR*) Geschworene in Strafsachen, Geschworenenbank; **– d'examen** Prüfungskommission; **– d'expropriation** (*VwR*) Ausschuss *m* zur Bemessung der Enteignungsentschädigung; **– d'honneur** Ehrengericht; **– de jugement** (*StPR*) Geschworene, die sowohl über die Schuld als auch über das Strafmaß zu befinden haben.

jus *m* (*lat.: jus – juris = droit, justice*) Recht *n*, Befugnis *f*; Jus *n*; **– abutendi** (*SachR*) Veräußerungsrecht; **– belli** (*VR*) Kriegsrecht; **– ad bellum** (*VR*) Kriegsvorbeugungsrecht; **– canonicum** (*KirchR*) päpstliches Recht; **– civile** (*IPR*) innerstaatliches Privatrecht; **– cogens** (*VR: droit contraignant*) zwingendes Recht; **– dispositivum** nachgiebiges Recht; **– dominii** (*SachR*) Eigentumsrecht; **– fruendi** (*SachR*) Fruchtziehungsrecht; **– gentium** Völkerrecht; **– pacis** (*VR*) Friedensrecht; **– ad personam** Forderungsrecht, Schuldrecht; **– in re** dingliches Recht, Sachenrecht; **– sanguinis** (*IPR*) Abstammungsrecht; **– soli** (*IPR*) Bodenrecht; **– utendi** (*SachR*) Benutzungsrecht; Gebrauchsrecht; **– vocandi** (*PrzR*) Berufungsrecht.

juste *adj* (1) (*conforme au droit*) gerecht, recht, billig, richtig, (2) (*adéquat, approprié*) angemessen, passend, (3) (*fondé, légitime*) berechtigt, (4) (*exact, raisonnable*) wahr, vernünftig; **– et équitable** recht und billig; **– motif** triftiger Grund, juristisch treffende Begründung; **– prix** angemessener Preis, gerechter Preis; **– salaire** angemessener Lohn; **– titre** (*SachR: titre translatif qui n'émane pas du vrai propriétaire*) Eigentumserwerb(sgeschäft) vom Nichteigentümer (aufgrund einer scheinbar rechtsgültigen Urkunde).

justement *adv* mit Recht, zu Recht.

justesse *f* Richtigkeit *f*, Genauigkeit.

justice *f* (1) (*le juste, ce qui est conforme à*

l'équité) Gerechtigkeit *f*, Billigkeit *f*, (2) (*GVR: autorité judiciaire*) Gerichtsbehörden *fpl*, Justiz *f*, Justizverwaltung *f*, (3) (*PrzR: ensemble des juridictions*) Rechtspflege *f*, Rechtsprechungsorgane *npl*, (4) (*avec majuscule*) Justitia *f*, Göttin der Gerechtigkeit; **action en –** Klage *f*; Rechtsbegehren *n*; Gerichtsverfahren *n*; **actionner en –** vor Gericht klagen; **administration de la –** Rechtspflege; **agir** *ou* **aller en –** vor Gericht klagen, gerichtlich vorgehen, gerichtliche Schritte unternehmen, Klage erheben; **assignation en –** (*ZPR*) Klageerhebung *f*, Zustellung der Klageschrift an den Beklagten (durch den Gerichtsvollzieher); **assigner** *ou* **attaquer en –** vor Gericht klagen, die Klageschrift dem Beklagten zustellen lassen; **autorisation de –** gerichtliche Ermächtigung; **en bonne –** nach billigem Ermessen.

justice: **citation en –** (*ZPR: acte de procédure établi par huissier*) Ladung vor Gericht *od.* zu einem Termin; **citer en –** verklagen, Klage erheben, jmdn. vor Gericht bringen *od.* laden; **comparaître en –** vor Gericht erscheinen; **cour de –** Gerichtshof *m*; **décision de –** (*PrzR: jugement ou arrêt*) Gerichtsentscheidung, gerichtliche Entscheidung; **défendre en –** vor Gericht verteidigen; als Beklagter auftreten; **déférer en –** vor Gericht bringen; jmdn. gerichtlich belangen; **demande en –** Klage *f*, Klageantrag *m*, Klagsanspruch *m* (Aut); **demander –** sein Recht fordern, klagen; **dépôt en –** Hinterlegung bei Gericht; **descente de –** (*ZPR*) Orts- *od.* Lokaltermin, Termin zwecks Augenscheins; **droit d'agir en –** Klagebefugnis *f*, aktive Prozessfähigkeit; **droits de –** Gerichtsgebühren; **ester en –** (*ZPR: plaider, se présenter en justice*) einen Prozess führen; vor Gericht auftreten, klagen *od.* verklagt werden; **être poursuivi en –** vor Gericht verklagt werden, gerichtlich belangt werden; **exercer un droit en –** einen Anspruch gerichtlich geltend machen; **faire –** (1) (*StR: punir, châtier*) bestrafen, (2) (*ZPR: reconnaître un droit*) ein Recht anerkennen *od.* zugestehen; ein (gerechtes) Urteil fällen, (3) **se faire –** *v. pron.* zur Selbsthilfe greifen, (4) Selbstmord begehen.

justice: **frais de –** (*PrzR: ensemble des frais de procédure: dépens et frais irrépétibles*) Gesamtheit der Prozesskosten (die in einem gerichtlichen Verfahren anfallen) *nur Pl.*; Gerichtskosten *nur Pl.*; Gerichtsgebühren und Auslagen; **huissier de –** Gerichtsvollzieher *m*; **instance en –** gerichtliches Verfahren; **lit de –** (*hist*) königliche Parlamentssitzung.

justice: **palais de –** Gerichtsgebäude *n*, Justizpalast *m*; **plaider en –** vor Gericht klagen oder verklagt werden; **poursuivre en –** gegen jmdn. gerichtlich vorgehen, verklagen, gegen jmdn. klagen, gerichtlich verfolgen; **production en –** Vorlage *f* vor Gericht; **qualité pour agir en –** (1) (*ZPR: qualification pour intenter une action*) Parteifähigkeit *f*, (2) (*ZPR: capacité pour plaider comme demandeur ou défendeur*) Prozessfähigkeit, (3) (*PrzR: titre découlant de la loi*) Klagebefugnis *f*, Aktivlegitimation; **s'en rapporter à la –** die Gerichte anrufen; einen Rechtsstreit vor das Gericht bringen, klagen; **relever de la – (d'un pays)** in den Zuständigkeitsbereich der Gerichte einen Landes fallen; **rendre – à qqn.** jmdn. Gerechtigkeit widerfahren lassen; **rendre la –** Recht sprechen; **représentation en –** Vertretung vor Gericht, Prozessvertretung; **repris de –** (*StPR*) Vorbestrafte(r) *m*; **traduire en –** vor Gericht bringen *od.* stellen.

justice administrative (*VwPR: second ordre de juridiction français*) Verwaltungsgerichtsbarkeit *od.* -rechtspflege; **– civile** Zivilgerichtsbarkeit; **– de classe** (*Pol*) Klassenjustiz; **– commerciale** Handelsgerichtsbarkeit; **– commutative** ausgleichende Gerechtigkeit; **– criminelle** Strafgerichtsbarkeit, Strafjustiz; **– déléguée** übertragene Gerichtsbarkeit; **– distributive** austeilende Gerechtigkeit; **– fiscale** Steuergerechtigkeit; **– immanente** innewohnende unausweichliche Gerechtigkeit, immanente Gerechtigkeit.

justice militaire (*MilR*) Wehrdienstgerichtsbarkeit, Militärjustiz.

justice de paix (*hist*) Friedensgericht, (entsprach in etwa dem) Amtsgericht; **– pénale** *ou* **répressive** Strafgericht (sbarkeit); **– politique** Ausnahmegerichte für politische Straftaten; **– prud'homale** Arbeitsgerichtsbarkeit; **– retenue** vorbehaltene Rechtsprechung; **– sociale** soziale Gerechtigkeit; **– sommaire** (*pej*) summarisches Verfahren, kurzer Prozess.

justiciable *adj* (1) (*PrzR: qui relève d'une juridiction*) der Gerichtsbarkeit *od.* richterlicher Entscheidung unterworfen sein, vom Gericht abzuurteilen, justitiabel, (2) (*VwR: qui relève d'une mesure*) in die Zuständigkeit fallend; erfordernd; **criminel – de la cour d'assises** (mutmaßlicher) Verbrecher, vor das frz. Schwurgericht gehörend.

justiciable *m* (1) (*ZPR: plaideur, demandeur ou défendeur*) Rechtssuchende(r); Partei (im Prozess); Kläger *od.* Beklagter; Person mit Anspruch auf rechtliches Gehör, (2) **–(s)** *m(pl)* die der staatlichen Gerichtsbarkeit unterworfenen Privatpersonen, *(hist.)* Gerichtsuntertanen *mpl.*

justicier *m* (1) (*hist*) Gerichtsherr *m*, (2) *Allgspr.* Rächer *m*.

justifiable *adj* (1) vertretbar, zu rechtfertigen, (2) entschuldbar.

justificateur *adj* rechtfertigend.

justificatif *adj* rechtfertigend, beweisend; **fait –** Rechtfertigungsgrund *m*; **mémoire –** (*zur Rechtfertigung eines Standpunktes*) Schriftsatz *m*; **pièce justificative** Beweisstück *n*, Urkunde *f* (als Beweismittel); Beleg *m*, Belegstück.

justificatif *m* Beleg *m*; Belgexemplar *n*; Belegliste *f* (für durchgeführte Werbung).

justification *f* (1) (*excuse*) Rechtfertigung, Begründung, (2) (*preuve*) Beweis *m*, Nachweis *m*; Beweisführung *f*; **cause de –** Rechtfertigungsgrund *m*; **demander des –s** jmdn. zur Verantwortung ziehen; **fournir des –s** sich rechtfertigen; **– de domicile** Wohnsitznachweis *m*; **– d'identité** sich im Rechtsverkehr ausweisen, den Nachweis seiner Identität erbringen; **– d'origine** Ursprungszeugnis *n*; **– du paiement** Zahlungsbeleg *m*, Beweis der Zahlung (einer Schuld).

justifié *adj* berechtigt, begründet; gerechtfertigt; **droit –** begründeter Anspruch.

justifier *v.tr.* (1) (*décharger, excuser*) rechtfertigen, entlasten, (2) (*prouver*) beweisen, belegen, (3) (*autoriser, légitimer*) erlauben, bestätigen, (4) (*expliquer*) erklären, begründen; **se – d'une accusation** seine Unschuld beweisen; **– une demande** eine Klage *od.* einen Antrag begründen; **– de son identité** sich ausweisen.

juvénile *adj* jugendlich; **délinquance –** Jugendkriminalität *f*.

juvénilité *f* Jugendlichkeit.

juxtaposition *f* Nebeneinanderstellung *f*, Aneinanderreihung *f*; (vergleichende) Gegenüberstellung.

K

képi *m* Polizeimütze *f*.

kidnapper *v.tr.* (*StR*) einen Menschen insbesondere ein Kind entführen (um Lösegeld zu erpressen).

kidnapping *m* Entführung (eines Menschen), Kidnapping *n*.

kiosque *m* Verkaufsstand *m*; Zeitungskiosk *m*.

kippa *f* Kippah *f*, Gebetskappe *f*.

kit *m* (= *prêt-à-monter*) (*Möbel usw.*) Selbstaufbaueinheit *f*; Baukasteneinheit, zusammensetzbare Bauelemente; **– téléphonique mains libres** Mobiltelefon *n* mit Fahrzeughalterung und Freisprecheinrichtung.

klaxon *m* (*StVR*) Hupe *f*, Warnhorn *n*; **coup de –** (Warn-) Schallzeichen *n*.
klaxonner *v.intr.* (*StVR: avertir*) hupen.
know-how *m* (*HR: savoir faire commercial ou industriel*) Know-how *n*, das unternehmerisch-technische Wissen, das praktische Wissen u. Können, Erfahrungswissen *n*.
konzern *m* (*GesR: groupe de sociétés juridiquement indépendantes et économiquement liées*) Konzern *m*, Unternehmenszusammenschluss *m* (unter einheitlicher Leitung).
krach *m* (*BankR: effondrement des cours de la bourse*) (Börsen-) Krach *m*, plötzlicher Zusammenbruch der Börsenkurse.

L

label *m* (1) (*HR: signe distinctif*) besonderes Kennzeichen, (2) Etikett *n* auf einem Markenartikel *od.* einer Ware; **– agricole** landwirtschaftliches Gütezeichen; **– d'exportation** Ursprungszeichen *n*, besonderes Gütezeichen für ausgeführte landwirtschaftliche Produkte; **– de garantie** *ou* **de qualité** Gütezeichen *n*, Gütesiegel *n*; Qualitätsmarke *f*.
labellisation *f* Verleihung eines Gütezeichens.
labeur *m* Schwerstarbeit *f*.
labilité *f* Veränderlichkeit *f*; Schwanken *n*; Unsicherheit *f*.
laboratoire *m* (1) (Versuchs-, Forschungs-) Labor *n*, (2) pharmazeutischer Betrieb, (3) (*Filme*) Kopierwerk *od.* -anstalt; **– d'analyse** medizinisches Untersuchungslabor; **– mobile de détection** Messwagen *m*.
labour *m* (*LandwR*) Feldarbeit *f*, Bestellung (eines Ackers, eines Weinbergs).
lacération *f* (*StR*) Zerreißen *n*, Abreißen *n*, Vernichtung *f* (von Urkunden); **– d'affiches** Entfernung *od.* Beschädigung von Anschlägen.
lâcher *v.tr.* (*HR*) (*Waren*) unter dem Marktpreis verkaufen.
lacrymogène *adj*: **gaz –** Tränengas *n*.
lacune *f* (1) (*Urkunde*) Lücke *f*, Auslassung *f*, (2) (*Ware*) Defekt *m*, Mangel *m*, Manko *n*, Unvollkommenheit *f*; **– du droit** *ou* **juridique** *ou* **de la loi** (*ÖfR*) Gesetzeslücke *f*, Rechtsvakuum *n*; rechtsfreier Raum.
ladite *p.p. adj.* (*joint à l'article défini cet adjectif sert à désigner ce dont on vient de parler*) besagte (Person).
laïc *adj* bekenntnisfrei, nicht konfessionsgebunden; **école laïque** bekenntnisfreie, staatliche Schule.
laïcisation *f* (*VerfR*) Durchführung der Trennung von Staat u. Kirche, Säkularisation; **– de l'enseignement public** Abschaffung konfessioneller Inhalte im Schulunterricht des öffentlichen Schulwesens.
laïcité *f* **(de l'État)** (*ÖfR, SchulR*) weltanschauiche Neutralität (des Staates); Grundsatz *m* der Religionsneutralität der staatlichen Einrichtungen, insbesondere Schulen; Grundsatz des Bekenntnisfreiheit der öffentlichen Schulen.
laïque *adj*: **enseignement –** weltanschaulich- *od.* religionsneutrale Erziehung; **État** *ou* **République –** (*VerfR: art. 2 de la Constitution de 1958*) religionsneutraler Staat.
lais *m* (*ÖfR: terrains que les eaux de mer laissent à découvert en se retirant*) bei Ebbe sichtbarer Landstrich; angespültes Land; **– et re–** Meeresstrand *m*, Gezeitensaum *m*.
laissé-pour-compte *m* (*HR*) unverkaufte Ware; mangelhafte Güter.
laisser *v.tr.* (1) (*consentir, permettre*) lassen, zulassen, erlauben, (2) (*abandonner*) verlassen, überlassen, zurücklassen, (3) (*léguer, transmettre*) vermachen, hinterlassen; **– à la discrétion du juge** dem Ermessen des Richters überlassen; **– toute liberté de manœuvre à qqn.** jmdm. freie Hand lassen; **– au**

pouvoir discrétionnaire (*VwR*) anheimstellen; **– des traces visibles** deutliche Spuren hinterlassen.
laisser-aller *m* Schlendrian *m*, Nachlässigkeit *f*, Schlamperei *f*.
laissez-passer *m* (1) (*VwR: autorisation temporaire*) Passierschein *m*, Durchlassschein, (2) (*SteuerR: acquit-à-caution*) Bestätigung über die Getränkeverkehrssteuerfreiheit, (3) (*SeeHR*) Landgangsausweis; **– de** *ou* **en douane** Zollpassierschein.
laitier *adj*: **produits –s** Milchprodukt *n*, Molkereierzeugnis *n*.
lamanage *m* (*SeeHR*) Fahrt im Hafenbecken, Lotsentätigkeit; Lotsengeld *n*.
lamaneur *m* (*im Hafen*) Lotse *m*.
lancement *m* (1) (*BankR: emprunt*) Begebung (einer Anleihe), (2) (*HR: marchandise*) Einführung (einer Ware); **– de la production** Anlaufen *n* der Produktion, Aufnahme der Fertigung.
lancer *v.tr.* (1) werfen, schleudern, (2) (*HR*) einführen, auf den Markt bringen, (3) (*appel*) erlassen, richten; **– un appel au calme** jmdn. auffordern, Ruhe zu bewahren; **– un emprunt** eine Anleihe ausgeben *od.* emittieren; **– un mandat d'arrêt** (*StPR*) einen Haftbefehl erlassen.
langage *m* Sprache *f*, Ausdrucksweise *f*; **troubles de –** Sprachstörung *f*; **– administratif** Verwaltungssprache; **– chiffré** *ou* **codé** Geheimsprache; **– gestuel** Zeichensprache; **– judiciaire** Gerichtssprache; **– machine** (*DV*) Rechnersprache; **– du palais** Gerichtssprache; **– technique** Fachsprache.
langue *f* Sprache (eines Volkes); **– d'arrivée** *ou* **cible** Zielsprache *f*; **– de départ** Ausgangssprache; **– diplomatique** *f* Diplomatensprache *f*; **– étrangère** Fremdsprache; **– juridique** Rechtssprache *f*; **– maternelle** Muttersprache; **– nationale** Landessprache; **– officielle** (*VR*) Amtssprache *f*; **– du palais** Gerichtssprache; **– de procédure** Verfahrenssprache; **– de travail** Arbeitssprache.
lanternes *fpl* (*StVR*) Standlicht *n*.
lapider *v.tr.* steinigen.
laps *m* **de temps** Zeitraum *m*, Zeitspanne *f*.
lapsus *m* das Sichversprechen, Lapsus linguae *m*.
larcin *m* (*StR: vol de faible importance*) kleiner Diebstahl *m*; Diebesgut *n*.
larder *v.tr.* (*StR*) mit einer Stichwaffe (mehrmals) verletzen.
lardu *m umg* Polizeirevier *n*; **les –s** die Polizisten.
largage *m* Abwurf *m*; Rausschmiss *m*.
large *adj* (1) (*interprétation compréhensive*) weit, im weiteren Sinne, (2) (*libéral, généreux*) großzügig, freigebig, (3) (*étendu, important*) weitreichend, bedeutend; **une – majorité** eine überwältigende Mehrheit; **dans une – mesure** vorwiegend, überwiegend, größtenteils.
largesse *f* Freigebigkeit *f*; großzügiges Geschenk.
largeur *f* Breite *f*, Ausdehnung *f*; **– d'esprit** Verständnis *n*, Offenheit *f*.
larron *m* Räuber *m*, Dieb *m*.
lascivité *f* Schlüpfrigkeit *f*; Wollust *f*.
latitude *f* (1) Breitengrad *m*, (2) Spielraum *m*, Freiheit *f*; **donner ou laisser toute – à qqn.** jmdm. freie Hand lassen; **– d'appréciation** Beurteilungs- *od.* Ermessensspielraum *m*.
lato sensu *lat* (*au sens large*) im weiteren Sinne.
lauréat *m* Empfänger *m* einer öffentlichen Auszeichnung, preisgekrönter Künstler *od.* Wissenschaftler, Laureat *m*.
lavage *m* **de cerveau** Gehirnwäsche *f*.
laver *v.tr.* **(qqn.) de tout soupçon** (*StPR*) alle Verdachtsmomente ausräumen.
laxisme *m* Freizügigkeit *f*, Nachlässigkeit, Laxheit.
leader *m* (*Pol*) Parteichef *m*; **article –** (*HR*) Spitzenreiter *m*, Verkaufsschlager; **– du marché** Marktführer *m*; **– d'opinion** Meinungsmacher *m*; **– syndical** Gewerkschaftsführer *m*.
leadership *m* Führungsposition *f*.
lease-back *m* (*HR: cession-bail*) Leasing von Anlagegegenständen (der Leasinggeber kauft die Investitionsgüter vom Leasingnehmer, um sie ihm anschließend zu vermieten).

leasing *m* (*HR: système de financement du matériel industriel par location – terme recommandé: crédit-bail*) Leasingvertrag *m*, Mietvertrag (für Industrieanlagen u. sonstige industrielle Investitionsgüter), (Produzenten-) Leasing *n*.

lecteur *m* (1) (Zeitungs-) Leser *m*, (2) (*HochschulR*) Lektor *m*, Lehrbeauftragter, (3) (*DV*) Lesekopf *m*, Ablesegerät *n*.

lecture *f* (1) Durchlesen *n*; Verlesung *f*, (2) (*VerfR*) Beratung *f*, Lesung (eines Gesetzes), (3) (*DV*) Abfühlen *n*, (4) (*Technik*) Messwert *m*; **après – faite** (*Urkunde*) nach Verlesung; **donner –** (*Urkunde*) verlesen, zur Verlesung bringen; **première –** (Gesetz) erste Beratung *od.* Lesung; **– faite . . . persiste et signe** (*PrzR, StPR*) gelesen und genehmigt.

légal *adj* gesetzmäßig, gesetzlich, dem Gesetz entsprechend, rechtmäßig; **âge –** gesetzlich vorgeschriebenes (Mindest-) Alter; **annonces –es** gesetzlich vorgeschriebene amtliche Bekanntmachungen; **compétence –e** gesetzmäßige Zuständigkeit; **cours – (de la monnaie)** (Währung als) gesetzliches Zahlungsmittel; gesetzlicher Zwangskurs; **délai –** gesetzliche Frist; **disposition –e** Gesetzesvorschrift *f*, gesetzliche Bestimmung.

légal: **formalités** *ou* **formes –es** gesetzliche Formvorschriften, gesetzlich vorgeschriebene Förmlichkeiten; **jouissance –e** elterliche Nutznießung *f*; **moyen –** gesetzlich *od.* rechtlich zulässiges Mittel; **représentant –** gesetzlicher Vertreter; **représentation –e** gesetzliche Vertretung; **texte –** Gesetzestext *m*.

légalement *adv* gesetzmäßig, gesetzlich; **agir –, procéder legalement** vorschriftsmäßig vorgehen; **– valide** rechtswirksam, rechtsgültig.

légalisation *f* (1) (*ÖfR, ZR: attestation de la véracité de la signature par un agent public*) (amtliche) Beglaubigung einer Unterschrift, Legalisation, (2) (*VerfR: consécration d'un comportement par la loi*) gesetzliche Gestattung, Legalisierung; **– consulaire** konsularische Beglaubigung; **– judiciaire** gerichtliche Beglaubigung.

légaliser *v.tr.* (*eine Unterschrift*) amtlich beglaubigen; legalisieren; **signature légalisée** beglaubigte Unterschrift.

légalisme *m* striktes Befolgen der Gesetze, Legalismus *m*.

légaliste *adj* starres Festhalten an Vorschriften.

légalité *f* Gesetzmäßigkeit *f*, Gesetzlichkeit *f*, Legalität *f*, Rechtmäßigkeit; **contentieux de la –** (*VwPR*) Anfechtungsklage *f*; **contrôle de la –** Nachprüfung der Rechtmäßigkeit; **observer la –** strikt das Gesetz befolgen; **principe de la –** (1) (*VwR*) Grundsatz *m* der Gesetzmäßigkeit der Verwaltung, Legalitätskontrolle, (2) (*VerfR, StR*) Legalitätsprinzip *n*; **respecter la –, rester dans les limites de la –** sich an die Gesetze halten, die Rechtsvorschriften beachten *od.* einhalten; **sortir de la –** gegen das Gesetz verstoßen, gesetzwidrig handeln.

légalité d'un acte administratif Rechtmäßigkeit *f* einer Verwaltungsmaßnahme; **– des poursuites** (*StPR*) Legalitätsprinzip *n* im Strafverfahren, Verpflichtung (der Staatsanwaltschaft), bei Verdacht einer Straftat von Amts wegen einzuschreiten; **– républicaine** (*VerfR*) rechtsstaatliche Ordnung.

légat *m* (*KirchR*) päpstlicher Gesandter, Legat.

légataire *m* (*ErbR: bénéficiaire d'un legs*) Vermächtnisnehmer *m*, Legatar *m*; **– particulier** *ou* **à titre particulier** Einzelvermächtnisnehmer *m*; **– à titre universel** Teil- *od.* Quotenvermächtnisnehmer; **– universel** Gesamtvermächtnisnehmer *m*, Testamenterbe *m*, Universallegatar *m*.

légation *f* (1) (*VR*) Gesandtschaft *f*, (2) (*KirchR*) Provinz *f* des Kirchenstaates; Amt des päpstlichen Legaten; **conseiller de –** Gesandtschaftsrat *m*, Legationsrat; **droit de –** Gesandtschaftsrecht.

légende *f* Beschriftung *f*, Erläuterung; Bildunterschrift; Zeichenerklärung, Legende *f*.

léger *adj* (1) leicht, geringfügig, unbedeutend, (2) (*caractère, esprit*) oberflächlich, nicht gründlich, (3) (*volage*) flatterhaft, freizügig; **à la légère** leichtfertig, unbesonnen; **préjudice –** Bagatellschaden *m*.

légèreté *f* Leichtfertigkeit, Unbesonnenheit.

légiférer *v. intr.* Gesetze erlassen, Normen setzen, (einen Sachverhalt) durch Gesetz regeln; **pouvoir de –** gesetzgebende Gewalt.

légion *f* (1) (*Polizei*) Einheit *f*, (2) (*grand nombre*) sehr große Zahl, Unmenge *f*; **– étrangère** (*MilR*) Fremdenlegion *f*; **– d'honneur** (*ÖfR: ordre institué en France par la Révolution afin de récompenser des services civils et militaires*) frz. Ehrenlegion *f*, frz. hoher Saatsorden.

législateur *m* Gesetzgeber *m*; **– fédéral** (S) Bundesgesetzgeber *m*.

législatif *adj* gesetzgebend, gesetzgeberisch; **acte –** Gesetz *n*; **élections législatives** Parlamentswahlen *fpl*, Wahlen zur Nationalversammlung; **fonction législative, pouvoir –** gesetzgebende Gewalt; **matière législative** (*VerfR*) Bereich der parlamentarischen Gesetzgebungsbefugnis; **politique législative** Rechtspolitik *f*.

législation *f* Rechtsvorschriften *fpl*, Gesetzgebung *f*; positives Recht; Rechtsordnung *f*; **cours de –** Gesetzeskunde; **rapprochement des –s** Rechtsangleichung; **– aérienne** Luftfahrtrecht; **– anti-trust** Kartellgesetzgebung; **– boursière** Börsenrecht; **– sur les brevets** Patentgesetzgebung; **– civile** Zivilrecht; **– commerciale** Handelsrecht; **– comparée** Rechtsvergleichung *f*; **– concurrente** konkurrierende Gesetzgebung; **– criminelle** Strafrecht; **– dérivée** abgeleitete Gesetzgebung; **– économique** Wirtschaftsrecht; **– électorale** Wahlgesetzgebung; **– sur les ententes** Kartellrecht; **– d'exception** (*VerfR*) Ausnahmegesetze *npl*; **– exclusive** ausschließliche Gesetzgebung; **– financière** Steuer- und Haushaltsrecht *n*; **– fiscale** Steuergesetzgebung, Steuerrecht; **– française** frz. Recht.

législation industrielle Gewerberecht *n*; **– intérieure** *ou* **interne** innerstaatliches Recht; **– locale** örtliches Recht, Lokal- *od.* Ortsrecht; **– sur les loyers** Mietgesetzgebung, Mietrecht; **– militaire** Wehrverfassung; **– nationale** inländische Gesetzgebung; **– pénale** Strafgesetzgebung; **– sociale** Sozialgesetzgebung, Sozialrecht; **– du travail** Arbeitsgesetzgebung, Arbeitsrecht.

législature *f* (1) (*VerfR: durée du mandat*) Legislaturperiode *f*, Wahlperiode, Mandatsdauer, (2) (*VerfR: corps législatif*) gesetzgebende Versammlung.

légiste *m* (*homme de loi*) Jurist *m*; Rechtsgelehrte(r) *m*; **médecin –** Gerichtsmediziner *m*.

légitimation *f* (1) (*FamR: art. 329 suiv. Cciv*) Legitimation *f*, Ehelichkeitserklärung *f*, Ehelicherklärung (eines nichtehelichen Kindes), (2) (*VwR*) Ausweis *m*, Legitimationspapier, (3) Rechtfertigung (einer Tat); **– adoptive** Legitimation mit der Wirkung einer Adoption; **– d'un enfant naturel** Legitimation eines nichtehelichen Kindes; **– par le fait du prince** Legitimation durch Hoheitsakt, Ehelicherklärung; **– par mariage subséquent** Legitimation durch nachfolgende Ehe.

légitime défense (*StR*) Notwehr *f*.

légitime bedeutet durch das Gesetz berechtigt, *légal* mit dem Gesetz übereinstimmend. Derselbe Unterschied gilt für *illégitime* und *illégal* - unberechtigt und gesetzwidrig

légitime *adj* (1) rechtmäßig, legitim, gesetzlich anerkannt, berechtigt; gerecht, (2) *adj* (*FamR: enfant*) ehelich; **cause –** rechtlich begründeter Klageantrag; gerechte Sache; **détenteur –** rechtmäßiger Besitzer; **enfant –** eheliches Kind; **femme –** Gattin, Ehefrau; **filiation –** eheliche Abstammung; **intérêt –** berechtigtes Interesse; **part** *ou* **portion –** (*ErbR*) Pflichtteil *m*; **propriétaire –**

rechtmäßiger Eigentümer; **rémunération –** angemessener Lohn; **union –** Ehe *f*, staatlich anerkannte Lebensgemeinschaft.

légitime *f* (*ErbR: réserve héréditaire*) Pflichtteil *m*.

légitimement *adv* rechtmäßig; rechtlich.

légitimer *v.tr.* (1) (*FamR*) legitimieren, (ein Kind) für ehelich erklären, (2) rechtfertigen; für gesetzmäßig erklären.

légitimité *f* (1) (*VerfR*) Rechtmäßigkeit (der Staatsgewalt), Legitimität *f*, (2) (*ZR*) Rechtmäßigkeit *od.* Gesetzmäßigkeit (des Anspruchs), (3) (*FamR*) Ehelichkeit; **contestation de la –** (*FamR*) Ehelichkeitsanfechtung; **contester la – d'un droit** (*SchuldR*) die Rechtmäßigkeit einer Forderung bestreiten; **– démocratique** (*VerfR*) demokratische Gestaltung (des Staates).

legs *m* (*ErbR: disposition testamentaire – art. 1002 suiv. Cciv.*) Vermächtnis *n*, unentgeltliche Zuwendung durch Testament, Legat *n*, Verfügung von Todeswegen; **– alternatif** Alternativ- *od.* Wahlvermächtnis; **– avec charge** Vermächtnis mit *od.* unter einer Auflage; **– de la chose d'autrui** Verschaffungsvermächtnis; **– conditionnel** Ersatzvermächtnis; **– de créance** Forderungsvermächtnis; **– d'un genre de choses** Gattungsvermächtnis; **– de liberalité** Erlass einer Verpflichtung durch Vermächtnis; **– particulier** *ou* **à titre particulier** Zuwendung eines *od.* mehrerer bestimmter Gegenstände; Stück- *od.* Einzelvermächtnis; **– de residuo** Rück- *od.* Nachvermächtnis; **– à titre universel** (*ErbR: legs d'une quote-part de l'universalité*) Zuwendung eines Bruchteils des Nachlasses, Teilvermächtnis; **– universel** Einsetzung zum Alleinerben, Gesamtvermächtnis.

léguer *v.tr.d.* hinterlassen, (testamentarisch) vermachen, (durch Vermächtnis) zuwenden *od.* bedenken.

lénifiant *adj* beruhigend, besänftigend; verwässernd.

lenteur *f* Langsamkeit *f*, Schwerfälligkeit; **–s de la procédure** übermäßig lange Verfahrensdauer.

léonin *adj* (*ZR, GesR: avantage disproportionné*) leoninisch, einen übermäßigen Vorteil darstellend; **caractère – d'une clause** (Vertrags-) Klausel, die nur den Vorteil *od.* Nachteil einer (Vertrags-) Partei bezweckt; **contrat** *ou* **marché –** leoninischer Vertrag, einseitig nur einen Gesellschafter bevorteilender Vertrag; **part –e** Löwenanteil *m*; **société –e** Gesellschaft ausschließlich zum Vorteil eines Gesellschafters, leonina societas.

lésé *p.p. adj.* geschädigt, (Person) die einen Schaden erlittenen hat; **vendeur –** benachteiligter *od.* übervorteilter Käufer.

lèse-majesté *f.* **crime de –** Majestätsverbrechen *n*; Majestätsbeleidigung *f*.

léser *v.tr.d.* (*SchuldR: porter préjudice à qqn.*) (die Rechte) verletzen; (die Leistung) verkürzen; benachteiligen; beschweren; **– les droits** Rechte beeinträchtigen, Rechte verletzen.

lésiner *v.intr.* geizen, kleinlich sparen, knausern; **ne pas – sur** sich großzügig zeigen.

> In Frankreich ist die lésion ein Vertragsanfechtungsgrund, wenn die Übervorteilung bestimmte Personengruppen betrifft und ein gewisses Maß übersteigt.

lésion *f* (1) (*SchuldR: préjudice du fait de l'inégalité des prestations – art. 1118 et 1304 et suiv. Cciv*) (*auf Grund falscher Bewertung od. in Anbetracht der Ausnutzung der Unerfahrenheit einer Person*) Missverhältnis zwischen Leistung u. Gegenleistung, (2) (*ZR, i.w.S.: atteinte à un intérêt*) Schädigung *f*, Beeinträchtigung *od.* Verletzung; **– cérébrale** (*MedizinR*) Hirnverletzung *f*; **– corporelle** (*StR*) Körperverletzung; **– d'un droit** Rechtsverletzung *od.* -beeinträchtigung.

lésionnaire *adj* schädigend; benachteiligend; rechtsgutverletzend; **vente –**

(*SchuldR: vente à l'avantage unique du vendeur*) übervorteilender Kaufvertrag, einseitig benachteiligendes Geschäft.

lest *m* Ballast *m*; **jeter** *ou* **lâcher du –** *fig.* Zugeständnisse *npl* machen.

lettre *f* (1) (= *missive, écrit servant de correspondance*) Brief *m*, Schreiben *n*, (2) (= *document officiel*) Urkunde *f*, Schein *m*, Schriftstück *n*, (3) Buchstabe *m*; **à la –** (*on dit aussi: au pied de la lettre*) wortgetreu, buchstäblich; **contre- –** (*ZR: acte secret dans la simulation*) erklärter Vorbehalt; **copie de la –** Briefdurchschlag *m*, Doppel *n*; **échange de –s** Schrift- *od.* Briefwechsel; **en toutes –s** (Summe) in Worten, in Buchstaben.

lettre d'accompagnement Begleitschreiben *od.* -papier *n*; **– d'accord** schriftliche Vereinbarung; **– avec accusé de réception** Rückscheinbrief; **– d'affaires** Geschäftsbrief; **– d'agrément** (1) (*VR*) Agrément *n*, Zustimmung (zur Ernennung eines diplomatischen Vertreters), (2) (*VwR, Außh*) staatliche Förderungsbestätigung; **– d'amour** Liebesbrief *m*; **– anonyme** (*StR*) anonymer Brief; **– d'avertissement** Abmahnung; **– par avion** Luftpostbrief *m*; **– d'avis** (*HR*) Benachrichtigung, Versandanzeige; **– de candidature** (*ArbR*) Bewerbungsschreiben *n*.

lettre de change Wechsel *m*; **– de change à un certain délai de vue** Wechsel, der auf eine bestimmte Zeit nach Sicht lautet, Zeitsichtwechsel; **– de change-relevé (= LCR)** auf Magnetband gespeicherter Wechsel.

lettre chargée Wertbrief; **– circulaire** Rundschreiben *n*; Werbeschrift *f*; **– de commande** Bestellung (auf dem Postweg); Auftrag(sschreiben) *n*; **– commerciale** Handelsbrief; **– de condoléances** Beileidsschreiben *n*; **– de confirmation** Bestätigung; **– de confort** (*BankR*) Gewährleistung für einen Dritten (einer Bank gegenüber); **– de congé** *ou* **de congédiement** (*ArbR*) Kündigungsschreiben *n*; **– de convocation** (1) (*GesR: Hauptversammlung*) Einberufungsschreiben, (2) (*StPR*) Vorladung; **– de couverture** (*VersR*) Deckungszusage *f*; **– de créance** (1) (*BankR: accréditif, lettre de crédit*) Kreditbrief *m*; Akkreditiv *n*, (2) (*VR: surtout au pluriel!*) Beglaubigungsschreiben (eines diplomatischen Vertreters).

lettre de crédit (*BankR: accréditif*) Akkreditiv *n*, (bestätigte) Anweisung, Kreditbrief; **– – circulaire** Zirkular- *od.* Weltkreditbrief; **– – confirmé** unwiderrufliches *od.* bestätigtes Akkreditiv; **– – non confirmé** widerrufliches *od.* unbestätigtes Akkreditiv.

lettre d'engagement (1) (*ArbR*) Einstellungsschreiben, schriftliche Bestätigung der Einstellung, (2) (*VwR: öffentliche Aufträge*) verbindlicher Vorbescheid, Vorvertrag; **– faxée** (*HR: lettre envoyée par télécopie*) Fax *n*; **– de garantie** (*SeeHR*) Revers *m*; **– de grosse** (*SeeHR*) Bodmereibrief; **– de la loi** Gesetzesbuchstabe *m*.

lettre manuscrite Handschreiben *n*, handgeschriebener Brief; **– de menaces** Drohbrief *m*; **– de mer** (*SeeHR*) Schiffszertifikat *n*, Flaggenzeugnis, Seebrief; **– ministérielle** Ministerialerlass *m*; **– de mission** (*VerfR: directive du président de la République à ses ministres*) schriftlich erteilte Aufträge des Staatspräsidenten an die Regierungsmitglieder; **– missive** schriftliche Mitteilung privater Art, vertrauliches Schreiben; **– morte** ohne jegliche (Rechts-) Wirkung; **– de noblesse** Adelsbrief; **– de nomination** (*BeamR*) Ernennungsschreiben.

lettre ouverte (*MedienR*) offener Brief (als Pressemitteilung); **– pastorale** (*KirchR*) Hirtenbrief; **– patente** (1) (Québec) Patenturkunde *f*, (2) (*hist*) königliche Verfügung; **– piégée** Briefbombe *f*; **– en poste restante** postlagernd; **– de provision** (*VR*) Antrag auf Erteilung des Exequatur; **– de rappel** (1) (*HR*) Erinnerungsschreiben, (2) (*VR: diplomate*) Abberufungsschreiben; **– -rebut** unzustellbare Postsendung; **– de recommandation** Empfehlungsschreiben; **– recommandée (simple)** Einschreiben *n*, Einschreibebrief *m*; **– recommandée avec demande d'avis de réception** Einschreiben gegen Rückschein; **– de recréance** (*VR*) Abberufungsschreiben; **– de refus** Absage *f*; **– de service** (*BeamR*) Bestallung *f*, Einsetzungsschreiben; **– de transport aérien** Luftfrachtbrief; **– avec valeur déclarée** Wertbrief.

lettre de voiture (*HR*) Frachtbrief; **– – directe** durchgehender Frachtbrief; **duplicata de la – –** Frachtbriefdoppel *od.* -duplikat *n*.

lettres *fpl* (1) (*HochschulR: par opposition aux sciences, les études littéraires*) Geisteswissenschaften *fpl*, schöngeistige Literatur, (2) (*ensembles des connaissances acquises par l'étude*) Bildung *f*, Wissen *n*, durch das Studium erlangte Kenntnisse; **faculté de –** (*HochschulR*) frz. Fakultät für Geisteswissenschaften, Philosophie, Philologie und Literatur etc.; **homme de –** Schriftsteller *m*; **– classiques** Griechisch und Latein; **– modernes** Fremdsprachen *fpl*.

levé *m* (*BauR*) Geländeaufnahme *f*.

levée *f* (1) (*action d'enlever, de retirer*) Aufhebung *f*, Beseitigung *f*, (2) (*option*) Ausübung *f*, (3) (*MilR*) Aushebung *f*, (4) (*ZPR*) (Erteilung der) Urteilsabschrift, Urteilsausfertigung *f*, (5) (*HR: prélèvement*) Geldentnahme *f*, (6) (*SteuerR*) (Steuer-) Erhebung *od.* Einziehung; **– du corps** Überführung des Leichnams; **– d'écrou** (1) (*StVZ*) Entlassung aus der Haft, Haftaufhebung, Enthaftung (Aut), (2) Entlassungsverfügung; **– de l'état de siège** Beendigung des Notstandes; **– de la forclusion** (*ZR*) Wiedereinsetzung in den vorigen Stand; **– de l'immunité** Aufhebung der Immunität; **– de jugement** (*ZPR*) Antrag auf Erteilung der vollstreckbaren Ausfertigung (eines Urteils); **– de l'option** (*SchuldR*) Optionserklärung, Ausübung des Optionsrechts; **– d'une peine** Straferlass *m*; **– des restrictions** Aufhebung der Beschränkungen; **– des scellés** Entsiegelung (durch die Behörde), Entfernen der Siegel; Aufheben der Versiegelung; **– de séance** Schließung *f* der Sitzung, Schluss *m* der Beratungen; **– du séquestre** (*ZwangsVR*) Aufhebung der Zwangsverwaltung.

lever *v.tr.d.* (1) beseitigen, aufheben, entfernen, (2) ausüben, (3) ausheben; **– l'audience** die Beendigung der mündlichen Verhandlung verkünden, die Sitzung beenden; **– l'écrou** aus der Haft entlassen, enthaften; **– l'immunité** die Immunität aufheben; **– un impôt** eine Steuer erheben; **– une interdiction** ein Verbot aufheben; **– un jugement** (*PrzR*) sich die vollstreckbare Ausfertigung des Urteils erteilen lassen; **– la main** das Handzeichen geben; **– un obstacle** ein Hindernis aus dem Weg räumen; **– une option** ein Vorkaufs- *od.* Optionsrecht ausüben; **– une punition** von Strafe absehen; **– les scellés** entsiegeln; **– la séance** die Sitzung für geschlossen erklären; **– une surveillance** die Überwachung einstellen; **– les titres** (*BörR*) die Wertpapiere übernehmen.

levier *m* **de commande** (1) Schalthebel *m*; Bedien- *od.* Steuerungshebel, (2) (*fig*) Schlüsselstellung.

lex *f* **fori** *lat* (*IPR: loi du tribunal saisi*) lex fori; Gesetz, das am Gerichtsort gilt; **– imperfecta** (*ZR: loi dépourvue de sanction*) lex imperfecta, unvollkommenes Gesetz; **– loci** (*IPR: loi du lieu de survenance d'un fait*) lex loci actus; Gesetz, das am Ort der Vornahme der Handlung *od.* der Abgabe der Willenserklärung gilt; **– rei sitae** (*IPR: loi de la situation de la chose*) lex rei sitae, Recht der belegenen Sache.

lexique *m* **juridique** juristisches Wörterbuch, Rechtswörterbuch *n*.

liaison *f* (1) (*choses et lieux*) Verbindung *f*, Anschluss *m*, (2) (*personnes*) Beziehung *f*, Verhältnis *n*, Liebschaft *f*; **– d'affaires** Geschäftsverbindung; **– commerciale** Handelsbeziehung *f*; **– du contentieux** *ou* **de l'instance** (*VwPR, ZPR*) (Begründung der) Rechtshängigkeit; **– ferroviaire** Bahnverbindung; **– d'intérêt** Interessengemeinschaft *f*; **– radio** (*MedienR*) Funkverbindung *f*.

liasse *f* (*VwR*) Durchschreibeformular *n*;

Aktenbündel; **– de billets** Notenbündel *m*.

libelle *m* Streitschrift *f*, Pamphlet *n*.

libellé *m* (1) (*teneur d'un acte*) Wortlaut *m*, Inhalt *m*, wörtlicher Text; (vorschriftsmäßige) Abfassung einer Urkunde, (2) *m* (*mentions complétant un formulaire*) Angaben (in einem Formular); **modèle de –** Formular *n*; **– d'un chèque** Betrag, Datum und Unterschrift (auf einem Scheck); **– d'un crédit** (*HaushR*) Zweckbestimmung (von Haushaltsmitteln); **– de l'exploit** (*ZPR*) Angabe des Gegenstandes der Klage und der begründenden Tatsachen; **– d'un jugement** Niederschrift *f* eines Urteils; Inhalt einer gerichtlichen Entscheidung; **– de la loi** Gesetzesformulierung *f*; Gesetzesinhalt *m*.

libeller *v.tr.* (*PrzR*) (einen Schriftsatz) vorschriftsmäßig abfassen, (eine Klageschrift) verfassen; ein Formular ausfüllen; **être –é** lauten auf; **–é en . . .** ausgestellt *od.* lauten auf . . . .

libéral *adj* (1) (*Pol: qui se réclame du libéralisme*) liberal, freiheitlich, (2) (*généreux, large*) freigiebig; **économie –e** liberale Marktwirtschaft, freie Verkehrswirtschaft; **personne exerçant une profession –e** Freiberufler *m*; **professions –es** die freien Berufe; **régime –** liberaler Rechtsstaat.

libéralisation *f* Befreiung von Einschränkungen; **loi de – du divorce** Liberalisierung des Scheidungsrechts; **– des échanges** (*Außh*) Liberalisierung *f* des Außenhandels, Aufhebung staatlicher Außenhandelsbeschränkungen.

libéraliser *v.tr.* liberalisieren, von Einschränkungen frei machen.

libéralisme *m* Liberalismus *m*; **– économique** Wirtschaftsliberalismus.

In Frankreich umfassen die *libéralités* sämtliche unentgeltlichen Zuwendungen, inbegriffen das Vermächtnis – *un legs*, also auch testamentarische Verfügungen. *Les successions* betreffen nur das gesetzliche Erbrecht.

libéralité *f* (*ZR: disposition à titre gratuit entre vifs et à cause de mort – art. 893 et suiv. Cciv*) unentgeltliche Zuwendung (unter Lebenden *od.* von Todes wegen); Freigebigkeit *f*; Vermächtnis *n*; Schenkung *f*; **faire une –** eine Schenkung machen; **– avec charge** *ou* **onéreuse** belastende Schenkung; **– rémunératoire** Schenkung zur Belohnung, belohnende Schenkung; **– testamentaire** testamentarische Schenkung.

libération *f* (1) (*ZR, HR: décharge*) Befreiung (von einer Schuld *od.* einer dinglichen Last), Tilgung (der Schuld), Zahlung *f* (des gesamten Betrages), Erfüllung *f*, (2) (*StPR: mise en liberté, élargissement*) Haftentlassung *f*, Freilassung *f*; **– des actions** (*GesR*) Einzahlung des Nennbetrags *od.* Ausgabebetrags der Aktien; **– anticipée** (*StVZ*) vorzeitige Entlassung (aus der Haft); **– conditionnelle** (*StVZ: mesure de libération anticipée*) Aussetzung des Strafrestes auf Bewährung, Strafaussetzung zur Bewährung (mit Bewährungsauflagen und -weisungen); **– des échanges** (*AußHR*) Liberalisierung des Außenhandels; **– des obligations militaires** Beendigung der Wehrdienstverpflichtung; **– des otages** Freilassung der Geiseln; **– par paiement** (*SchuldR*) Leistung mit befreiender Wirkung; schuldtilgende Zahlung, Zahlung mit befreiender Wirkung; **– sur parole** (*StR*) Freilassung auf Ehrenwort.

libératoire *adj* (*SchuldR*) befreiende Wirkung, schuldbefreiend, schuldtilgend; **pouvoir – de la monnaie** Geld als gesetzliches *od.* vom Staat vorgeschriebenes Zahlungsmittel.

libéré *adj* freigestellt; entlassen; gezahlt; **entièrement –** (*GesR*) volleingezahlt.

libéré *m* (1) (*StVZ*) entlassener Häftling, (2) (*MilR*) aus dem Wehrdienst Entlassene(r).

libérer *v.tr.* (1) befreien; freilassen (aus der Haft), freigeben, (2) (Aktien) einzahlen; **se –** *v. pron.* (Schulden) tilgen *od.* bezahlen; **– sa conscience** gestehen; **– les échanges commerciaux** die Außenhandelsbeschränkungen aufheben; **– qqn. d'un engagement** von einer Verpflichtung entbinden.

libertaire *m* Anarchist *m*.

liberté *f* (1) Freiheit *f*, Unabhängigkeit, Autonomie *f*, (2) (*VerfR: situation garantie par le droit*) Grundrecht *n*, Menschenrecht, Freiheit(srecht); **aliéner sa –** seine Freiheit aufgeben, sich abhängig machen von; **atteinte à la –** Grundrechtsbeschränkung *od.* -einschränkung *f*; Grundrechtsverletzung; **en –** (*StPR*) auf freiem Fuße; **mesure privative de –** Freiheitsentziehung; **mettre en –** freilassen, aus der Haft entlassen; **peine privative de –** Freiheitsstrafe *f*; **pleine – d'appréciation** (*VwR*) freies Ermessen, freie Würdigung; **reprendre sa –** sich seiner Verpflichtungen (gegenüber einem Dritten) entledigen; **violation d'une –** Grundrechtsverletzung.

liberté d'accès (1) (*MedienR*) freier Zugang, (2) (*UmweltR: on dit aussi: libre accès*) (*Seegelände, Meeresufer z.B.*) freier Zugang *od.* Zutritt; **– d'action** (1) Bewegungsfreiheit, (2) Handlungsfreiheit; **– administrative** (*ÖfR*) Verwaltungsautonomie; **– d'affiliation** Versicherungsfreiheit, Beitrittsfreiheit; **– d'appréciation** (*VwR*) Ermessensspielraum *m*, Ermessensfreiheit *f*; **– d'association** Vereinigungsfreiheit, Vereinsfreiheit; **– sous caution** (*StPR*) Aufhebung der Untersuchungshaft gegen Sicherheitsleistung *od.* Kaution.

liberté de choix freie Wahl; **– de circulation des personnes** (*VerfR*) Freizügigkeit *f*; **– civile** (*ZR*) Vertrags(abschluss)freiheit; **– de coalition** (*ArbR*) Koalitionsfreiheit; **– du commerce et de l'industrie** (1) (*WirtR*) Handels- und Gewerbefreiheit, (2) (*Außh*) Freiverkehr *m*; **– de la concurrence** Wettbewerbsfreiheit; **– de conscience** Gewissensfreiheit; **– constitutionnelle** verfassungsmäßiges Grundrecht *od.* Freiheitsrecht; **– de contracter** (Vertrags-) Abschlussfreiheit; **– contractuelle** *ou* **– des contrats** *ou* **des conventions** Vertragsfreiheit; **– corporelle** (*VerfR: interdiction de la détention arbitraire*) Schutz vor willkürlicher Festnahme und Festhaltung; **– de croyance** Glaubensfreiheit; **– du culte** Freiheit der Religionsausübung, Religionsfreiheit.

liberté de la défense (*PrzR*) freie Wahl eines Anwalts *od.* Strafverteidigers; Recht auf Wahrung der eigenen Interessen (im Prozess); **– discrétionnaire** (*VwR*) Ermessensfreiheit; **– du domicile** (*VerfR*) Unverletzlichkeit *f* der Wohnung; **– d'enseignement** Lehrfreiheit; **– d'entreprendre, – d'entreprise** (*WirtR*) Unternehmensfreiheit, Handels- und Gewerbefreiheit; **– d'esprit** Vorurteilslosigkeit *f*; **– d'établissement** Niederlassungsfreiheit, Freizügigkeit; **– d'expression** Meinungsäußerungsfreiheit, Redefreiheit.

liberté fondamentale Grundrecht *n*; **– individuelle** (1) (*VerfR*) Grundrecht der freien Entfaltung der Persönlichkeit; persönliche Freiheit, (2) (*StPR*) Schutz vor willkürlicher Festnahme; **– de l'industrie** Gewerbefreiheit.

liberté de manœuvre freie Hand (haben); **– du marché** (*Vwirt*) freie Verkehrswirtschaft; **– des mers** (*VR*) Freiheit der Meere; **– de mouvement** Bewegungsfreiheit; **– de navigation** (*VR*) Freiheit der Schiffahrt; **– de négociation** Verhandlungsfreiheit.

liberté d'opinion (*VerfR*) Meinungsfreiheit, Recht der freien Meinungsäußerung; **– de parole** Redefreiheit; **– sur parole** Freilassung auf Ehrenwort; **– de pensée** Gedankenfreiheit; **– de la presse** Pressefreiheit; **– provisoire** (*StPR*) vorläufige (widerrufliche) Aufhebung der Untersuchungshaft; **– publique** (*VerfR*) staatsbürgerliches Grundrecht.

liberté religieuse Religionsfreiheit, Glaubens- und Gewissensfreiheit; Bekenntnisfreiheit; freie Religionsausübung; **– de réunion** Versammlungsfreiheit; **– de séjour** Aufenthaltsrecht *n*; Niederlassungsfreiheit *f*; –

surveillée (*StPR: jugendliche Straftäter*) Strafaussetzung zur Bewährung (unter Aufsicht des Jugendrichters); **– syndicale (collective)** (*ArbR*) positive Koalitionsfreiheit, Freiheit des gewerkschaftlichen Zusammenschlusses, Gründungs- und Betätigungsfreiheit; **– syndicale (individuelle)** Betätigungsfreiheit des einzelenen Gewerkschaftsmitglieds; negative Koalitionsfreiheit, Beitrittsfreiheit; **– du trafic** Verkehrsfreiheit; **– du transit** (*Außh*) freier Durchgangsverkehrs; **– du travail** (1) (*VerfR: Arbeitnehmer*) Recht der freien Berufswahl, Freiheit der Berufsausübung, (2) (*WirtR: Arbeitgeber*) Recht der freien Auswahl der Mitarbeiter; **– de vote** Abstimmungsfreiheit.

libertin *m* Freidenker *m*.

libertinage *m* Zügellosigkeit *f*, Ausschweifung *f*.

libraire-éditeur *m* Verlagsbuchhändler *m*.

librairie *f* **universitaire** Universitätsbuchhandlung *f*.

libre *adj* frei; unabhängig; **accès –** (*on dit aussi: libre accès*) freier Zugang; freier Zutritt; **commerce –** Freihandel; **comparaître –** (*StPR*) vor Gericht frei (ohne Handschellen) erscheinen; **entrée –** Eintritt frei; **temps –** Freizeit *f*.

libre d'agir volle Handlungsfreiheit haben; **– arbitre** Willensfreiheit *f*; **– sous caution** (*StPR*) Freilassung nach Zahlung einer Kaution; **– choix** freie Wahl; **– circulation des capitaux** freier Kapitalverkehr; **– circulation des idées** Freiheit des Gedankenaustauschs; **– circulation des travailleurs** (*EG*) Freizügigkeit der Arbeitnehmer; **– disposition (d'un bien)** uneingeschränkte Verfügungsbefugnis (über eine Sache); **– - échange** *m* Freihandel *m*; **– entreprise** (*Vwirt*) freies Unternehmertum; **– d'hypothèques** hypothekenfrei; **– sur parole** Freilassung auf Ehrenwort; **– de tous droits** (1) (*SteuerR*) gebührenfrei; steuerfrei, (2) (*ZollR*) zollfrei.

librement *adv* frei, ohne Beschränkung; **parler –** offen, freimütig, aufrichtig mit jmdn. sprechen.

libre-penseur *m* Freidenker *m*.

libre-service *m* Selbstbedienungsladen *m*.

lice *f* Kampfplatz *m*; **entrer en –** Rede und Antwort stehen, in einer Debatte eingreifen; **se retirer de la –** (den Kampf) aufgeben, sich zurückziehen.

licéité *f* Erlaubtheit *f*, Zulässigkeit, Statthaftigkeit; Rechtmäßigkeit.

licence *f* (1) (*WirtR*) Gewerbeerlaubnis *f*, (behördliche) Erlaubnis zur Ausübung eines Gewerbes, Betriebserlaubnis, Konzession, (2) (*PatR*) Erlaubnis (zur Benutzung eines Patents), Lizenz(vertrag), Erlaubnis zur Nutzung einer Erfindung, (3) (*SchuldR*) Ermächtigung, vertragliches Recht *n*, (4) (*HochschulR*) frz. Staatsexamen (nach drei Jahren Hochschulstudium), (erster) akademischer Grad *m*, (5) Freizügigkeit *f*; **cession de –** Lizenzübertragung *f*; **concession de –** Lizenzerteilung *od*. -einräumung; **concessionnaire de –** Lizenzinhaber *m*; **contrat de –** (*GRUR: contrat d'exploitation d'un brevet d'invention*) Lizenzvertrag; **demande de –** Lizenzantrag *m*; **octroi de –** Lizenzbewilligung; **propriétaire de –** Lizenzinhaber *m*.

licence d'achat (*WirtR*) Ankaufserlaubnisschein *m*, Kauflizenz; **– de brevet** (*PatR*) Nutzungslizenz an Patenten; **– de colportage** (*HR*) Wandergewerbeschein *m*; **– commerciale** Verkaufslizenz; **– de débit de boisson** (*VwR*) Schankerlaubnis *f*; **– en droit** (*HochschulR*) 1. frz. juristische Staatsprüfung (entspricht etwa dem deutschen Referendarexamen); **– exclusive** ausschließliche Lizenz; **– d'exploitation** (1) (*GRUR*) Gebrauchs- *od*. Betriebslizenz, Betriebsgenehmigung *od*. -erlaubnis *f*, (2) (*WirtR*) Gewerbeschein *m*.

licence d'exportation Ausfuhrbewilligung *od*. -genehmigung, Exportlizenz; **– de fabrication** Fabrikations- *od*. Herstellungslizenz; **– gratuite** gebührenfreie Lizenz; **– d'importation** Einfuhrgenehmigung *od*. -bewilligung, Importlizenz; **– non exclusive** einfache Lizenz; **– obligatoire** Zwangslizenz; **– professionnelle** Gewerbezulassung *od.* -erlaubnis.

licencié *m* (1) (*PatR, VwR*) Lizenzinhaber *m*, (2) (*HochschulR: grade de l'enseignement supérieur français, intermédiaire entre le baccalauréat et la maîtrise*) Inhaber der „licence", Lizenziat *m*.

> *Le licenciement* als Kündigung durch den Arbeitgeber (AG) ist synonym mit *congédiement* und *renvoi*. *Le congé* ist die Kündigung durch den Arbeitnehmer (AN) oder AG und bedeutet auch das zeitweise Ruhen des Arbeitsverhältnisses. *Le renvoi* setzt zumeist ein Fehlverhalten des AN voraus. Die Kündigung durch den AN ist *la démission*. Oberbegriff für die Arbeitsvertragsauflösung ist *la résiliation du contrat de travail*. Das Wort *dénonciation* wird im Arbeitsrecht nur für die Kündigung eines Tarifvertrags verwendet.

licenciement *m* (1) (*ArbR*) Kündigung (durch den Arbeitgeber); (Massen-) Entlassung *f*; **avis de –** Kündigungsschreiben *n*; **délai de –** Kündigungsfrist *f*; **indemnité légale de –** gesetzliche Entlassungs- *od.* Kündigungsentschädigung; **lettre de –** (*ArbR*) (*Arbeitgeber*) Kündigungsschreiben *n*; **motif du –** Kündigungsgrund *m*; **protection contre le – (abusif)** (gesetzlicher) Kündigungsschutz *m*.

licenciement abusif ungerechtfertigte *od.* unrechtmäßige Kündigung; **– pour cause** *ou* **pour motif économique** betriebsbedingte Kündigung; **– collectif** Massenentlassung; **– pour faute grave** Kündigung aus wichtigem Grund, außerordentliche Kündigung; **– pour faute lourde** (*ArbR: la faute lourde suppose l'intention de nuire à l'employeur*) außerordentliche Kündigung wegen eines Fehlverhaltens; **– immédiat** fristlose Kündigung; **– individuel** Kündigung eines einzelnen Arbeitsverhältnisses; **– pour motif économique** betriebsbedingte Kündigung; **– pour motif personnel** (*ArbR: congé pour cause sérieuse*) ordentliche Kündigung aus Gründen die in der Person des Betroffenen liegen; **– ordinaire** ordentliche Kündigung; **– de personnel** Personalabbau *m*, Entlassung, Freisetzung; **– sans préavis** fristlose Kündigung.

licencier *v.tr.* kündigen, entlassen, (*Personal*) freisetzen *od.* abbauen.

licitation *f* (*bei Versteigerungen*) Gebot *n*, öffentliche Versteigerung (auf dem Wege des Meistgebots); **vente par –** (*ZPR*) Versteigerung einer Sache (die mehreren in ungeteilter Rechtsgemeinschaft zusteht); **– judiciaire** (*InsolvenzR: licitation par autorité de justice*) Zwangsversteigerung *f*.

licite *adj* (gesetzlich) erlaubt *od.* zulässig, statthaft; **commerce –** (*HR*) gesetzmäßige Gewerbeausübung; **gains** *ou* **profits –s** (*WirtR*) legale Gewinne; **moyen –** legales Mittel.

liciter *v.tr.* (*ZPR*) an den Meistbietenden verkaufen, eine in ungeteilter Rechtsgemeinschaft stehende Sache versteigern.

lié *adj* verpflichtet; gebunden; verbunden; **débiteur –** (zur Leistung) verpflichteter Schuldner; **instance –** (*ZPR*) Anhängigkeit, rechtshängige Streitsache; **– par contrat** vertraglich verpflichtet.

lien *m* (1) (*ZR: rapport juridique*) Rechtsverhältnis *n*, (rechtliche) Bindung, (2) (*FamR*) Umgangsrecht *n*; Verkehrsrecht der Eltern (Großeltern) mit dem Kind; familiäres Band *n*; Verwandtschaft *f*, (3) (*AllgSpr*) Verbindung *f*; Bindeglied *n*; Beziehung; **– causal, – de causalité, – de cause à effet** Kausalzusammenhang *m*, Ursachenzusammenhang *m*, ursächlicher Zusammenhang; **– conjugal** eheliche Lebensgemeinschaft; **– de connexité** (enger *od.* sachlicher) Zusammenhang *m*; **– contractuel** Vertragsverhältnis *n*; **–s de correspondance** (*FamR*) Recht zum persönlichen Schriftverkehr mit dem Kind; **– de dépendance** (*ArbR*) Abhängigkeitsverhältnis; **– direct** unmittelbarer Zusammenhang; **– de droit** (1) (*ZR*) Rechtsverhältnis, Rechtsbeziehung, (2) (*SchuldR*) Verbindlichkeit.

lien d'instance (*ZPR*) Rechtshängigkeit; Prozessrechtsverhältnis *n*; **– juridique** Rechtsverhältnis *n*; **– légal** gesetzliches Verhältnis; **– de parenté** Verwandtschaftsverhältnis *n*; **– de subordination** (*ArbR*) Weisungsbefugnis *f* (des Arbeitgebers); Unterordnungsverhältnis *n*; **–s de visite** (*FamR*) Besuchsrecht *n*.

lier *v.tr.* miteinander verbinden; vereinigen; binden; verpflichten; **se – par serment** *v. pron.* sich durch einen Eid verpflichten.

lieu *m* Ort *m*, Stelle *f*; Schauplatz *m*, Stätte *f*; **en haut –** (*Pol*) höheren Orts, an maßgeblicher Stelle, auf höchster Ebene; **il y a – de** es ist angebracht; **en premier –** erstens; **tenir – de** (*remplacer, servir de*) gelten *od.* dienen als, ersetzen; **– de l'accident** Unfallstelle *f*; **– d'affectation** (*BeamR*) Dienstort; **– de l'arrestation** (*StR*) Ergreifungsort *m*; **– commun** Gemeinplatz *m*; **– de conclusion du contrat** Ort des Vertragsabschlusses, Ort des Vertragsschlusses; **– du contentieux** (*ZPR, IPR*) Ort des Streitgegenstandes.

lieu du crime (*StR*) Tatort *m*; **– de dépôt du brevet** Anmeldestelle *f*; **– de destination** Bestimmungsort; **– d'embarquement** (1) (*SeeHR*) Verschiffungsort, (2) Verladeort *m*; **– d'émission** (*WertpR*) Ausgabe- *od.* Ausstellungsort, Begebungsort; **– d'enregistrement** Registergericht od.-amt; Eintragungsstelle; **– d'établissement** (*HR*) Niederlassung *f*.

lieu d'exécution (*SchuldR*) Erfüllungsort; **– d'expédition** Versandort, Versendungsort; **– de l'exploitation** Sitz *m* des Betriebs; **– de fabrication** Herstellungsort *m*; **– de formation du contrat** (Vertrags-) Abschlussort *m*; **– d'immatriculation** Registergericht *od.* -amt, Eintragungsort; **– d'implantation** (*Betrieb*) Standort; **– de l'infraction** (*StR*) Tatort; **– d'inscription** Registrierstelle, Eintragungsort; **– de livraison** Lieferort.

lieu de naissance Geburtsort *m*; **– d'origine** Herkunftsort; **– de paiement** Zahlungsort; **– de passation du contrat** Ort des Vertragsabschlusses; **– de perpétration** (*StR*) Begehungsort; **– de prestation** Leistungsort; **dans un – public** in der Öffentlichkeit; **– public** öffentliche Anlage; **– de résidence** Wohnort; **– de séjour** Aufenthaltsort; **– de travail** Beschäftigungsort, Arbeitsstätte *f*; **– de vente** Verkaufsstelle *f*.

lieu-dit *m* (*VwR: lieu de la campagne qui porte un nom traditionnel désignant une particularité d'ordre topographique ou historique*) Weiler *m*; Ortschaft *f*, (irgendein) bestimmter Ort; Gemarkung *f*, Flurbezeichnung *f*.

lieutenant *m* (1) (*hist*) Statthalter *m*, Verweser, (2) (*MilR*) Oberleutnant *m*; **– de la marine marchande** Kapitän der Handelsmarine.

lieux *mpl* (1) (*StR: endroit précis où un fait s'est passé*) Tatort *m*; Örtlichkeiten *fpl*, Stätte *f*, (2) (*MietR: appartement, maison*) Wohnung, Wohnräume *mpl*; Haus *n*; **configuration des –** Beschreibung der Örtlichkeiten; Wohnungsgrundriss *m*; **descente sur les –** Lokaltermin *m*; **état des –** (*ZR*) Bestandsaufnahme *f*; Abnahmeprotokoll *n* (einer Mietwohnung); **maintien dans les –** (*MietR*) Räumungsaufschub *m*, Recht auf Aufrechterhaltung des Mietverhältnisses; **se rendre sur les –** sich an Ort und Stelle begeben; **vider les –** (*MietR*) (*eine Wohnung*) räumen; **– d'aisance** WC; **– de production** Produktionsstätte *f*.

lignage *m* (*FamR*) Stamm *m*, Geschlecht *n*.

ligne *f* (1) Zeile *f*, Strich *m*, Linie *f*, (2) (*FamR*) Linie (aufeinanderfolgender Verwandtschaftsgrade), (3) (*WirtR*) Limit *n*, (Preis-) Grenze *f*; **grandes –s** (*TransportR*) (Eisenbahn-) Fernverkehr *m*; **– d'abonné** (*MedienR: Telefon*) Teilnehmeranschluss *od.* -leitung; **– aérienne** Fluglinie(nverkehr); **– ascendante** (*FamR*) aufsteigende Linie; **– budgétaire** (*HaushR*)

Ansatz *m*; – **de charge** (*SeeHR*) Ladewasserlinie, Tiefladelinie *f*; – **collatérale** (*FamR*) (Verwandtschaft in der) Seitenlinie; – **de conduite** Verhaltensweise *f*, Haltung; – **continue** (*StVR*) ununterbrochene Linie, (Fahrbahn-) Begrenzungslinie; – **de crédit** *ou* **de découvert** (*BankR*) Kreditlinie *f*.

ligne de démarcation (*VR*) Demarkationslinie *f*; – **descendante** (*FamR*) absteigende Linie; – **directe** Verwandtschaft in gerader Linie; – **directe ascendante** gerade aufsteigende Linie; – **directe descendante** (*FamR*) gerade absteigende Linie; – **discontinue** (*StVR*) unterbrochnene Linie; – **des douanes** Zolllinie; – **droite** Gerade *f*; – **d'escompte** (*BankR*) Diskonthöchstgrenze; Kreditlinie; – **fondamentale** (*Pol*) Grundrichtung *f*; – **-frontière** Grenzlinie; – **maternelle** (*FamR*) mütterliche Linie; – **d'orientation** Richtlinie; – **de parenté** Verwandtschaft *f*; – **du parti** Parteilinie; – **paternelle** väterliche Linie, Verwandte *pl* väterlicherseits; – **pointillée** gestrichelte Linie; – **de produits** Sortiment *n*; Warengruppe *f*; – **régulière** fahrplanmäßiger Liniendienst; – **téléphonique** Telefonanschluss *m*, Fernmeldeleitung *f*.

lignée *f* (*ErbR*) Nachkommenschaft *f*, Geschlecht *n*.

lignite *m* Braunkohle *f*.

ligoter *v.tr.* fesseln; festbinden.

ligue *f* Bund *m*, Bündnis *n*; Liga *f*; – **arabe** Arabische Liga.

liguer: **se** – *v. pron.* sich verbünden.

limitatif *adj* (1) (*Aufzählung*) erschöpfend, abschließend, (2) (*Haftung*) einschränkend, begrenzend; **clause limitative** vertragliche Haftungsbeschränkung.

limitation *f* (1) Begrenzung, Beschränkung *f*, Einschränkung, (2) (*SachR*) Abmarkung *f*, Festlegung der Grenzlinie; – **de compétence** Zuständigkeitsbeschränkung; – **du cumul des mandats** (*VerfR*) Beschränkung der Ämterhäufung; – **d'un droit** Einschränkung der Rechtsausübung, Rechtsbeschränkung; – **du mandat** *ou* **d'un pouvoir** Beschränkung der Vertretungsmacht; – **quantitative** mengenmäßige Beschränkung; – **de responsabilité** Haftungsbeschränkung; – **du risque** Risikobeschränkung; – **de la saisie** (*ZwangsVR*) Pfändungsgrenze; – **statutaire** satzungsmäßige Beschränkung; **sans – de temps** zeitlich unbegrenzt; – **de la vitesse** (*StVR*) Geschwindigkeitsbeschränkung.

limitativement *adv*: **énumérer** – abschließend *od.* vollständig aufzählen.

limite *f* Grenze *f*, Höchstgrenze *f*, Limit *n*; Grenzwert *m*, Toleranz *f*; Abgrenzung; Rand *m*; **cas** – Grenzfall *m*; **dans la – de** bis zur Höhe von; **dans les –s de** nach Maßgabe von; soweit wie möglich; **dernière** – Stichtag *m*; **sans** – unbegrenzt, unbeschränkt; **vitesse** – (*StVR*) (zulässige) Höchstgeschwindigkeit.

limite d'âge (*BeamR: accès à la fonction publique*) Altersgrenze; – **de l'assurance** Versicherungsgrenze *f*; – **de charge** (*StVR*) zulässiges Gesamtgewicht; – **de couverture** Deckungsgrenze; – **de crédit** (*BankR*) Kreditlinie *f*; – **d'escompte** Kreditplafond *m*; **–s fixées par la loi** gesetzlicher Rahmen; – **de garantie** Höchstgarantie *f*; – **d'imposition** Freigrenze; – **d'indemnisation** Höchstentschädigung *f*; **dans la – du possible** soweit wie möglich; – **des prix** Preis(höchst)grenze, Preislimit *n*; – **de propriété** Grundstücksgrenze *f*; – **de responsabilité** Haftungsbeschränkung *f*, Haftungsgrenze *f*; – **de saisissabilité** Pfändungsfreigrenze.

limité *adj* begrenzt, beschränkt; **n'inspirer qu'une confiance –e** wenig vertrauenswürdig sein; **société à responsabilité –e** Gesellschaft mit beschränkter Haftung.

limiter *v.tr.* beschränken, einschränken; abgrenzen; **se – à l'essentiel** *v. pron.* sich auf das Wesentliche beschränken; – **dans le temps** befristen, zeitlich begrenzen.

limitrophe *adj* angrenzend; **ville** – Grenzstadt *f*.

limogeage *m* (*Pol*) Entlassung *f*, Kaltstellung; Strafversetzung.
limoger *v.tr.* entlassen; kaltstellen, ausbooten; strafweise versetzen.
linéaire *adj* gleichbleibend, stetig.
lingot *m* Barren *m*; **– d'or** Goldbarren *m*, ungemünztes Gold.
liquidateur *m* (1) (*InsolvenzR*) Insolvenzverwalter *m*, (2) (*GesR*) Abwickler *m*, Liquidator *m*; **– amiable** Liquidator, der im gegenseitigen Einvernehmen von den Parteien bestellt wird; **– judiciaire** gerichtlich bestellter Insolvenzverwalter.
liquidatif *adj* die Abwicklung betreffend; in flüssige Mittel umwandelbar.
liquidation *f* (1) (*GesR*) Abwicklung (einer Gesellschaft), Liquidation *f*, (2) (*BörR*) Abwicklung von Börsengeschäften, Liquidierung, (3) (*HR: calcul du montant des sommes à régler*) Festsetzung der Höhe (einer Schuld); Abrechnung, (4) (*règlement de ces sommes*) Zahlung, Begleichung (der Schuld), (5) (*VersR*) Schadensliquidation *od.* -regulierung, (6) (*Soz Vers: reconnaissance des droit et calcul de la pension*) Feststellung des Rentenanspruchs und Rentenberechnung; **bénéfice de –** Liquidationserlös *m*; **bilan de –** Liquidations- *od.* Auflösungsbilanz; **effectuer une –** eine Zahlung leisten; **entrer en –** in Liquidation treten *od.* geraten; **produit de la –** Liquidationserlös *m*.
liquidation de l'actif (*ZR, HR: ensemble des opérations préliminaires au partage d'une indivision*) Abwicklung *f*; **– amiable** (*GesR*) Auflösung der Gesellschaft im gütlichen Einvernehmen; **– des biens** (*InsolvenzR: nom donné jusqu'en 1985 à la faillite, dénominations actuelles: liquidation judiciaire, précédée par le redressement judiciaire*) Insolvenz *f*; Insolvenzverfahren *n*; **– des dépens** (*PrzR*) Kostenfestsetzung, Kostenliquidierung *od.* -feststellung; **– des dommages** Schadensliquidation *od.* -liquidierung; **– des droits** (*PrzR*) Kosten- *od.* Gebührenfestsetzung; **– des droits de douane** Berechnung der Zölle, Zollbescheid *m*; **– des droits à pension** Feststellung des Ruhegehaltsanspruchs; **– de fin de mois** (*BörR*) Ultimoregulierung *od.* -abwicklung, Ultimoabschluss *m*; **– forcée** Zwangsliquidation; **– des honoraires** Honorarfestsetzung; **– de l'impôt** Steuerfestsetzung.
liquidation judiciaire (*InsolvenzR: Loi no. 85–98 du 25 janvier 1985, conséquence de l'échec du redressement judiciaire*) frz. Insolvenzverfahren, (nach dem Scheitern einer Betriebssanierung bzw. Betriebsveräußerung); **– de la pension** Feststellung der Ruhegehaltsbezüge *pl*; **– de société** (*GesR*) Abwicklung *od.* Liquidation einer (Kapital-) Gesellschaft; **– de succession** Erbauseinandersetzung; **– à vil prix** Ausverkauf *m*.
liquide *adj* (1) (*SchuldR: créance ou dette déterminée dans son montant et certaine dans son principe*) bestimmt und beziffert, (2) (*WirtR: argent disponible en espèces*) flüssig; **convertir en argent –, rendre –** flüssig machen, realisieren, mobilisieren; **payer en –** bar zahlen.
liquider *v.tr.* (1) (*InsolvenzR: procédure collective*) die Schlussverteilung vollziehen, abwickeln, liquidieren, (2) (*WirtR: déterminer le montant de la créance ou de la dette*) (*eine Forderung*) feststellen, festsetzen, (3) (*SchuldR: dettes*) regulieren; zahlen, (4) (*HR: solder*) einen Räumungsverkauf durchführen; (*in Bausch und Bogen*) veräußern; (*Aktiva*) realisieren; **– le stock** die Restbestände veräußern; **– un témoin** (*StR*) einen Zeugen beseitigen, töten.
liquidité *f* (1) (*HR: solvabilité*) Zahlungsfähigkeit; Liquidität *f*, (2) (*Buchf: pl. sommes immédiatement disponibles*) flüssige Mittel *pl*, Bargeld *n*; schnelle Verfügbarkeit, (3) (*GesR: actif circulant*) Umlaufvermögen *n*; **excès de –** Überliquidität *f*; **manque de –s** (*InsolvenzR*) Illiquidität *f*, Zahlungsschwierigkeiten *fpl*.
lire *v.tr.* verlesen, vorlesen, lesen; entziffern; **lu et approuvé** gelesen und genehmigt; **– en diagonale** überfliegen; **– à haute voix** laut vorlesen.
lisible *adj* lesbar; verständlich.
lisier *m* (*LandwR*) Jauche *f*.

lisière *f* (*LandwR*) Rand *m* (eines Waldes, Feldes).

listage *m* Auflistung *f*.

liste *f* Liste *f*; Register *n*, Verzeichnis *n*, Aufstellung *f*; **dresser** *ou* **établir une –** ein Verzeichnis aufstellen; **présenter une –** (*VerfR*) einen Wahlvorschlag einreichen; **scrutin de –** Listenwahl *f*; **tête de –** (*WahlR*) Spitzenkandidat *m*.

liste additionnelle Nachtragsliste; **– alphabétique** alphabetisches Register; **– d'ancienneté** (*BeamR*) Dienstalterstabelle *f*; **– d'attente** Warteliste *f*; **– d'audience** (Gerichts-) Sitzungsliste; **– bloquée** unabänderbare Liste; **– de candidats** *ou* **de candidature** (1) (*VerfR*) Wahlvorschlag *m*, (2) (*ArbR*) Bewerberliste, Anwärterliste; **– civile** (1) (*hist*) Einkünfte *pl* (eines Fürsten), Zivilliste, (2) (*VerfR*) Besoldung des Staatsoberhaupts; **– complémentaire** Nachtrags- *od.* Ergänzungsliste; **– d'électeurs** *ou* **électorale** Wählerverzeichnis *n*; **– d'émargement** Spalte in der Wählerliste, in der die Stimmabgabe des Wählers vermerkt ist; **– fusionnée** verbundener Wahlvorschlag; **– matières** (*BW*) Materialliste; **– de mouvement** (*BW*) Materialbewegungsliste.

liste noire (*Pol*) schwarze Liste; **– nominative** Namensverzeichnis *n*; **– panachée** (*Pol*) (*durch den Wähler*) abänderbare Kandidatenliste; **– de présence** Anwesenheitsliste; **– de présentation** Vorschlagsliste; **– de recensement** Erfassungsliste; **– rouge** Liste der nicht ins Telefonbuch aufgenommenen Fernsprechteilnehmer; **– supplémentaire** Nachtragsliste; **– unique** Einheitsliste; **– de vérification** Checklist(e) *f*; **–s apparentées** (*WahlR*) verbundene Listen.

listing *m* Auflistung *f*, Katalogisierung; Anschriftenliste *f*.

lit *m* **de justice** (*PrzR, hist*) königliche Parlaments- *od.* Gerichtssitzung; **enfant d'un premier –** (*FamR*) Kind *n* aus erster Ehe; **– d'une rivière** Flussbett *n*.

litigants *mpl* (*ZPR*) Haupt- und Nebenparteien (im Zivilprozess); Partei u. Nebenintervenient.

> *Le litige* est la contestation portée devant un tribunal. *Le procès* concerne la procédure engagée. *La cause* quant à elle, est *l'affaire* soumise au juge pour décision. *Le différend* évoque le conflit juridique et *la contestation* énonce les objections, la controverse.

litige *m* (1) (*PrzR: syn.: procès, cause, différend, contestation*) Rechtsstreit *m*, Prozess *m*, Streitsache *f*, Streitigkeit *f*, Streit *m*, (2) (*i.w.S.: désaccord, conflit*) strittige Frage *f*, Streitfrage, Meinungsverschiedenheit *f*; **affaire** *ou* **cas en –** Rechtsstreit *m*; **fond du –** (*ZPR*) (*einem Rechtsstreit zugrundeliegender*) Sachverhalt *m*, Hauptsache *f*; **montant du –** Streitwert; **objet du –** *ou* **objet en –** Streitgegenstand *m*, Streitsache *f*, streitbefangener Gegenstand; **partie au –** (*PrzR*) Kläger; Beklagte(r); Prozesspartei; **points en –** Streitpunkte *mpl*; **porter un – devant un tribunal** klagen.

litige: **question en –** strittige Frage, Streitfrage *f*; **règlement d'un –** Erledigung eines Rechtsstreites; **statuer sur un –, trancher un –** einen Rechtsstreit entscheiden; **valeur en –** Streitwert; **vider un –** (*ZPR: résoudre un litige entier – on dit aussi vider sa saisine*) eine Streitigkeit beilegen.

litige en instance (*ZPR*) anhängiger Rechtsstreit; **– international** völkerrechtliche Streitigkeit; **– judiciaire** (*ZPR*) (bürgerliche) Rechtsstreitigkeit, Rechtsstreit (für den ein ordentliches Gericht zuständig ist - und nicht ein Verwaltungsgericht), Streitsache *f*; **– juridique** strittiger Punkt; (*unter Juristen besprochener*) unklarer Fall; **– en matière de marques** Warenzeichenstreitsache; **– matrimonial** Ehesache *f*; **– né d'un contrat** Vertragsstreitigkeit; **– successoral** Erbschaftsstreitigkeit, Erbschafts- *od.* Nachlasssache.

litigieux *adj* streitig, strittig; streitbefangen; bei Gericht anhängig.
litisconsorts *mpl* (*ZPR*) Streitgenossen *mpl.*
litispendance *f* Rechtshängigkeit, Gerichtshängigkeit, Anhängigkeit (bei Gericht); **déclinatoire** *ou* **exception de –** Einrede der Rechtshängigkeit.
litispendant *adj* rechtshängig.
littéraire *adj*: **œuvre –** (*UrhR*) literarisches Werk.
littéral *adj* wörtlich; buchstäblich; **fait –** objektive Tatsache.
littérature *f* **juridique** Rechtsschrifttum *n*, juristische Literatur.
livrable *adj* lieferbar.
livraison *f* (1) (*SchuldR: délivrance dans la vente*) Aushändigung (der geschuldeten Sache), Übergabe *f*, (2) (*HR: remise par le transporteur d'une marchandise au destinataire*) Lieferung *f* (an Ort und Stelle), (3) (*HR: marchandise livrée*) gelieferte Ware, Warensendung, (4) (*SeeHR*) Verladung *f*, Auf- *od.* Abladung *f*, (5) (*StPR: remise du détenu à l'écrou*) Überstellung (eines Straftäters); **accord de –** Liefer- *od.* Lieferungsabkommen *n*; **arriéré de –** Lieferrückstand *m*; **bordereau de –** Lieferschein *m*, Übergabeverzeichnis *n*; **bulletin de –** Lieferschein; **conditions de –** Lieferbedingungen *fpl*; **date de –** Liefertermin *m*.
livraison: **délai de –** Lieferfrist *f*, Lieferzeit *f*; **garantie de –** Liefergarantie *f*; **lieu de –** Lieferort; **obligation de –** Liefer- *od.* Aushändigungsverpflichtung; **prendre –** in Empfang nehmen, übernehmen; **prix à la –** Lieferpreis *m*; **promesse de –** Lieferzusage *f*; **retard dans la –** Lieferverzug *m*, verspätete Lieferung, Überschreitung der Lieferfrist; **taxe de –** Zustellgebühr.
livraison anticipée vorzeitige Lieferung; **– arriérée** Lieferrückstand *m*; **– à domicile** Lieferung frei Haus; **– pour l'exportation** Exportlieferung; **– express** Eilsendung; **– de marchandises** Warenlieferung; **– en nature** Sachlieferung; **– obligatoire** Zwangs- *od.* Pflichtablieferung; **– partielle** Teillieferung; **– prioritaire** vorrangige Lieferung; **– contre remboursement** Lieferung gegen Nachnahme; **– à soi-même** Eigenlieferung *f*.
livre *m* (1) (*HR: meist pl*) Handelsbücher *mpl*; Aufzeichnungen (des Kaufmanns), (2) (*ÖfR*) Register *n*, (3) (*ZR, ÖfR: division majeure d'un code*) Buch *n*; **grand –** (*HR*) Hauptbuch; **grand – de la Dette publique** (*HaushR*) Schuldbuch (des Staats), Staatsschuldenverzeichnis; **– blanc** (*Pol*) Weißbuch *n*; **– de bord** (*SeeHR*) Schiffstagebuch, Schiffsjournal *n*; **– de caisse** Kassenbuch; **– des commandes** Warenbestellbuch; **–s de commerce** Handels- *od.* Geschäftsbücher; **– comptable** (*GesR*) Aufstellung (Jahresbilanz u. -abschluss), Rechnungslegungsunterlagen u. -berichte; **– de comptes** Asugabenzusammenstellung *f*, Haushaltsbuch; **– des débiteurs** Debitorenbuch; **– de dépôt matière** Sachdepotbuch; **– des entrées** Wareneingangsbuch.
livre foncier (*SachR: en France seulement en Alsace et en Lorraine*) Grundbuch *n*; **– d'inventaire** (*HR*) Inventar *n*; **– -journal** (*HR*) Journal *n*, Tagebuch; **– de magasin** Lagerbuch, Lagerhaltungsregister; **– noir** (*Pol*) kritische Bestandsaufnahme *f*; **–s obligatoires** (*HR*) (obligatorische) Handelsbücher; **– d'or** Gästebuch, das goldene Buch (der Stadt); **– de paie** Lohnbuch; **– des procédures fiscales** frz. Steuerprozessordnung; **– public** öffentliches Register; **–s sacrés** *ou* **saints** Heilige Schrift; **–s spéciaux** (*HR*) (von den Bösenmaklern und Frachtführern zu führende) zusätzliche Bücher.
livrer *v.tr.* (1) (*ZR: délivrer*) aushändigen, übergeben, die Sachherrschaft verschaffen, (2) (*HR: remettre*) liefern, abliefern, (3) (*StR: déférer*) ausliefern, übergeben, (4) (*StR: v. pron.*) sich der Polizei stellen; **– un combat** den Kampf aufnehmen; **– son complice à la police** einen Komplizen der Polizei verraten *od.* preisgeben; **– un coupable à la justice** einen Beschul-

digten der Justiz übergeben; **se – à une enquête approfondie** eine eingehende Untersuchung durchführen; **– un secret** ein Geheimnis verraten; **se – à des violences** Ausschreitungen begehen, gewalttätig werden.

livret *m* Heft *n*, Buch *n*; Katalog *m*; **– de caisse d'épargne postale** Postsparbuch; **– (de caisse) d'épargne** Sparbuch, Sparkassenbuch; **– de famille** Familienbuch *n*; **– d'identité** Personalausweis; **– individuel** *ou* **matricule** *ou* **militaire** (*MilR*) Wehrpass *m*; **– de paie** Lohnbuch; **– de récépissés** (*Post*) Einlieferungsbuch; **– sanitaire** Gesundheitspass *m*; **– scolaire** (*SchulR*) amtliches frz. Schulzeugnisheft, Noten- u. Zeugnisheft; **– de travail** Arbeitsnachweis (heft); Arbeitsbuch *n*.

livreur *m* Auslieferer *m*; Laufbursche *m*.

lobby *m* (*Pol: groupe de pression*) Interessengruppe *f*, Lobby *f*.

lobbying *m* Lobbying *n*, Politikerbeeinflussung.

local *adj* örtlich; Orts-, Gebiets-; **administration –e** Gemeindeverwaltung; Unterstufe der Staatsverwaltung; **droit – régional** gültiges Recht (insbesondere Sonderrecht in Elsass und Lothringen); **taxes –es** Gemeindeabgaben *fpl*, Gemeindesteuern, Departementsteuern; **télévision –e** Regionalfernsehsender.

local *m* (1) Raum *m*, Lokal *n*, Räumlichkeit *f*, (2) Gebäude *n*; **– administratif** (*ÖfR*) Geschäftszimmer; Dienstgebäude; **– commercial** Geschäftslokal, Geschäftsraum; **– disciplinaire** Arrestzelle *f*; **– d'habitation** Wohnraum; **– industriel** gewerblich genutzter Raum; **– insalubre** gesundheitsschädliche Räumlichkeit; **– mixte** Geschäfts- und Wohngebäude; Mieträume *pl*; **– nu** unmöblierter Raum; **– professionnel, – à usage professionnel** gewerblich genutzter Raum, Geschäftslokal; **– de service** Dienstraum; **– à usage commercial** Geschäftslokal *od.* -raum; **– à usage d'habitation** Wohnraum, Wohnung.

localisation *f* (1) Ortsangabe *f*; Standortbestimmung *f*, (2) (*HR, GesR*) Standort *m*; Standortwahl *f*.

localiser *v.tr.* lokalisieren, orten; örtlich festlegen; eingrenzen.

localité *f* Ortschaft *f*; Örtlichkeit *f*; **– frontière** Grenzort *m*.

locataire *m* (1) (*SchuldR: preneur du bail*) (Aut) Mieter *m*; Bestandnehmer *m*, (2) (*LandwR: fermier*) (Aut) Pächter; **– de la chasse** Jagdpächter *m*; **– principal** Hauptmieter.

locateur *m* (*SchuldR: bailleur*) Vermieter *m*; **– d'ouvrage** (*SchuldR: entrepreneur*) Unternehmer, Hersteller (eines Werks).

locatif *adj* Miet-; **charges locatives** Mietnebenkosten *nur Pl.*; **immeuble –** Mietshaus *n*; **logement à usage –** Mietwohnung; **marché –** Wohnungsmarkt; **réparations locatives** (*SchuldR: réparations de menu entretien*) (vom Mieter auszuführende) (kleinere) Reparaturen der Mietsache; **risque –** Mieterhaftung *f*; **taxe locative** (*SteuerR*) Gemeindeabgabe (fällig bei Abschluss eines Mietvertrags).

location *f* (*ZR: louage de choses*) Mietvertrag *m*, Miete *f*, Pacht *f*; **contrat de –** Mietvertrag; **donner en –** vermieten; **prise en –** Anmietung; **prix de –** Mietpreis *m*; **sous –** Untermiete; **– -accession à la propriété** Mietkauf einer Wohnung; **– de coffre-fort** (Bank-) Schließfachmiete; **– de films** Filmverleih *m*.

location de fonds de commerce (*HR: syn.: gérance-libre, location-gérance*) Verpachtung eines frz. Handelsunternehmens; **– en garni** *ou* **en meublé** Miete möblierter Räume; **– d'utérus** Besorgung einer Leihmutter; **– -vente** (*ZR: location avec faculté ou obligation d'achat*) Mietkauf *m*; **– verbale** mündlich abgeschlossener Mietvertrag.

locaux *mpl* **commerciaux** (*WirtR*) gewerblich genutzte Räume; **– disciplinaires** (*MilR*) Arrestlokal *n*.

loc. cit. *lat* a.a.O. = am angegebenen Ort.

lock-out *m* (*ArbR*) Aussperrung *f*; **appliquer** *ou* **décréter le –** jmdn. aussperren, die Aussperrung verhängen.
lock-outer *v.tr.* aussperren.
locomotion *f* Fortbewegung *f*.
locuteur *m* **natif** Muttersprachler *m*, natif speaker *m*.
locution *f* **juridique** juristische Redewendung.
logement *m* Wohnung *f*; Unterkunft *f*; **allocation de –** Wohngeld *n*, Wohnungsbeihilfe *f*, Mietbeihilfe *od.* -zuschuss; **besoins en –** Wohnraumbedarf *m*; **crise du –** Wohnungsnot *f*; **indemnité de –** Wohngeld *n*; **jouissance d'un –** Nutzung einer Wohnung; **– économique et social (= LOGÉCO)** preiswerte und familiengerechte Wohnung; **– d'entreprise** Werkswohnung, werkseigene Wohnung; **– de fonction** (*ArbR: le logement de fonction se caractérise par la mise à disposition permanente d'un logement au salarié en raison de son activité et pour en faciliter l'exercice, mais aucun texte général ne l'impose à l'employeur*) Dienstwohung *f*; **– insuffisamment occupé** unterbelegte Wohnung; **– locatif** Mietwohnung; **– à loyer réduit** mietverbilligte Wohnung; **– de service** (*BeamR*) Dienstwohnung *f*; **– social** Sozialwohnung; **– vacant** leerstehende Wohnung.
loger *v.tr.* (1) beherbergen, unterbringen, (2) *v.intr.* wohnen; **– en garni** möbliert wohnen.
logeur *m* (1) (*ZR*) Vermieter *m*, Wohnungsgeber *m*, (2) (*WirtR: hôtelier*) Gastwirt *m*, Speisewirt, Hotelier, Zimmervermieter, (3) (*MilR*) Quartier- *od.* Unterkunftgeber.
logiciel *m* Software *f*; **piratage de –** Software-Diebstahl *m*.
logistique *f* (*BW*) (Wirtschafts-) Logistik *f*, optimale Steuerung u. Regelung des Güterumschlags.
logo *m* (*WirtR: identité visuelle d'une entreprise*) Logo *n*, Kürzel eines Firmennamens *od.* eines Produkts.
logopathie *f* Sprachstörung *f*.

In Frankreich ist die Gesetzgebungsgewalt gemäß art. 34 u. 37 der Verfassung zwischen dem Parlament und der Regierung aufgeteilt. Die Regierungsgesetze sind die *règlements ou décrets* und die Parlamentsgesetze *les lois (parlementaires)*

loi *f* (1) (*ÖfR: règle juridique formulée par écrit, norme édictée*) Recht *n*, Rechtssatz *m*, Rechtsnorm *f*, Gesetzesrecht, (2) (*VerfR: texte voté par le Parlement*) (Parlaments-) Gesetz *n*, parlamentarische Gesetzesbestimmung, gesetzliche Vorschrift, (3) (*VerfR: règlement émanant du Gouvernement*) Regierungsgesetz, Rechtsverordnung, (4) (*SchuldR: obligation entre les parties*) Verbindlichkeit; **abolir** *ou* **abroger une –** ein Gesetz aufheben; **adopter une –** ein Gesetz verabschieden *od.* beschließen; **adoption d'une –** Verabschiedung eines Gesetzes; **amender une –** ein Gesetz abändern; **application de la –** Gesetzesanwendung; **appliquer la –** das Gesetz anwenden; **avoir force de –** rechtsgültig sein; Rechtskraft besitzen; **conforme à la –** gesetzmäßig; **se conformer à la –** in Übereinstimmung mit dem Gesetz handeln, sich an das Gesetz halten; **connaître la –** rechtskundig sein; **contraire à la –** gesetzwidrig; **de par la –** kraft Gesetzes, im Namen des Gesetzes, von Rechts wegen.
loi: **déroger à la –** das Gesetz umgehen; eine gesetzliche Ausnahme schaffen; **dicter sa –** jmdm. seinen Willen aufzwingen; **édicter une –** ein Gesetz erlassen; **élaborer une –** ein Gesetz ausarbeiten; **éluder la –** das Gesetz umgehen; **enfreindre la –** das Gesetz übertreten *od.* verletzen; **force de –** Gesetzeskraft *f*; **fraude à la –** Gesetzesumgehung *od.* -verletzung, Rechtsverletzung.
loi: **homme de –** Jurist *m*; **infraction à la –** Gesetzesverstoß *m*; **initiative des –s** (*VerfR*) Initiativrecht; **invoquer la**

– sich auf das Gesetz stützen; **lacune de la –** Gesetzeslücke *f*; **se mettre hors la –** gegen die Gesetze verstoßen; **observer les –s** die gesetzlichen Bestimmungen einhalten.

loi: **projet de –** (*VerfR: émane du gouvernement*) Gesetzesvorlage, Regierungsentwurf *m*; **proposition de –** (*VerfR: émane d'un groupe parlementaire ou d'un député*) Fraktionsvorlage *f*, Initiativantrag *m*, Gesetzesinitiative; **rapporteur de la –** Berichterstatter *m*, Referent *m*; **recueil de –** Gesetzessammlung; **respect de la –** Befolgung des Gesetzes; **texte de –** Gesetz, gesetzliche Vorschrift, Gesetzesbestimmung; **tomber sous le coup de la –** (*StR: être passible d'une peine*) strafbar sein; **tourner la –** das Gesetz umgehen; **transgresser la –** das Gesetz übertreten *od.* verletzten.

loi: **en vertu de la –** kraft Gesetzes, auf Grund des Gesetzes, gemäß Art. . . .; **violation de la –** Gesetzesverstoß *m*, Gesetzes- *od.* Rechtsverletzung; **violer la –** das Gesetz übertreten *od.* verletzen, gegen das Gesetz verstoßen; **voter une –** ein Gesetz verabschieden *od.* beschließen.

loi d'abrogation Aufhebungsgesetz *n*; **– additionnelle** Ergänzungsgesetz; **– d'airain des salaires** (*hist*) ehernes Lohngesetz; **– anti-terroriste** Terorismusbekämpfungsgesetz; **– anti-trust** Kartellgesetz; **– en application** anwendbares Recht; **– d'autonomie** (*IPR*) Grundsatz der Parteiautonomie, Vorherrschaft des Parteiwillens.

loi Barangé (*SchulR: Loi du 31 déc. 1959*) Gesetz über die Beziehungen zwischen dem frz. Staat und dem Privatschulwesen; **– Bayrou-Bourg-Broc** (*VerfR: loi sur la laicité de 1993*) frz. Gesetz über das Privatschulwesen; **– budgétaire** Haushaltsgesetz.

loi-cadre (*VerfR: loi déterminant les principes fondamentaux – art. 34 al. 3 de la constitution*) Rahmenvorschriften *fpl*, Rahmengesetz; **– caduque** hinfälliges, unbrauchbares Gesetz; **– de circonstance** Ausnahmegesetz; **– civile** Zivilgesetz; **– commerciale** Handelsgesetz; **– communautaire** Gemeinschaftsgesetz; **– constitutionnelle** (1) Verfassungsänderungsgesetz, (2) Verfassung (eines Staates); **–s et coutumes de la guerre** (*VR*) Kriegsrecht *n*; **– du domicile** (*IPR*) Domizilrecht *n*, Recht des Wohnsitzes.

loi électorale Wahlgesetz; **– sur les ententes** (*WirtR*) Gesetz gegen Wettbewerbsbeschränkungen, Kartellgesetz; **– d'exception** Notstandsverordnung *f*, Ausnahmegesetz; **– d'exécution** Ausführungs- *od.* Durchführungsgesetz; **– facultative** dispositives Recht, dispositive Norm.

loi de finances (*VerfR: loi déterminant les ressources et les charges de l'État – art. 34 al. 4 de la constitution*) Haushaltsgesetz; **– de finances rectificative** Haushaltsänderungsgesetz, Nachtragshaushalt, (während des Rechnungsjahres beschlossenes) Gesetz zur Genehmigung der über- *od.* außerplanmäßigen Bewilligungen; **– fondamentale** (Staats-) Grundgesetz; **– formelle** Gesetz im formellen Sinn; **– d'habilitation** Ermächtigungsgesetz.

loi impérative zwingend vorgeschriebene Rechtsnorm, unabdingbares Recht; **– interne** innerstaatliches Recht; **– interprétative** (1) Auslegungsgesetz *n*, (2) (*ZR*) abdingbares Recht; **– d'introduction** Einführungsgesetz; **– invalide** ungültiges Gesetz.

loi du juge saisi (*IPR*) lex fori; **– Le Chapelier** (*ArbR: Loi des 14 et 17 juin 1791 interdisant toutes les coalitions ouvrières*) *hist.* Gesetz zur Auflösung u. zum Verbot sämtlicher Arbeitnehmervereinigungen; **– du lieu du contrat** (*IPR*) Gesetz des Ortes, an welchem der Vertrag geschlossen wird; **– locale** örtlich geltendes Recht.

loi martiale (*VerfR*) Gesetz über die Verhängung des Kriegszustandes, Kriegsrecht; **– matérielle** materielles Recht, Gesetz im materiellen Sinn; **– Méhaignerie** (*ZR: Loi n° 86–1290 du 23 décembre 1986 tendant à favoriser* *l'investissement locatif, l'accession à la propriété de logements sociaux et le développement de l'offre foncière*) frz. Gesetz über die Mietverhältnisse und die Förderung des Wohnungseigentumserwerbs durch die Mieter; – **modificative** Gesetzesnovelle *f*, Abänderungsgesetz; – **municipale** Gemeindeordnung; – **nationale** inländisches Recht, innerstaatliches Gesetz; – **naturelle** Naturgesetz.

loi de l'offre et de la demande (*Vwirt*) freier Wettbewerb, Gesetz von Angebot und Nachfrage; – **ordinaire** (*VerfR*) durch das frz. Parlament verabschiedetes Gesetz, Parlamentsgesetz; – **organique** (*VerfR: loi fixant les règles relatives aux pouvoirs publics – art. 46 de la constitution*) frz. Verfassungsergänzungsgesetz, grundlegendes Gesetz über die Schaffung neuer *od.* Umgestaltung bestehender Staatsorgane; – **sur l'organisation municipale** *ou* **communale** frz. Gemeindeordnung.

loi parlementaire (*VerfR: texte voté par le Parlement – art. 34 de la constitution*) Parlamentsgesetz *n*; – **Pasqua sur la maîtrise de l'immigration** (*AuslR: la loi du 9 septembre 1986, dite loi Pasqua, comporte 2 volets: le premier sur la maîtrise de l'immigration et le second sur l'acquisition de la nationalité francaise*) frz. Einwanderungs- und Staatsangehörigkeitsgesetz; – **pénale** Strafgesetz; – **pénale économique** Wirtschaftsstrafgesetz; – **personnelle** (*IPR*) Personalstatut *n*; – **de pleins pouvoirs** Ermächtigungsgesetz; – **du plus fort** Faustrecht; – **positive** positives *od.* gesetztes Recht; – **de procédure** Verfahrensvorschrift *od.* -ordnung; – **(de) programme** (*HaushR*) durch Haushaltsgesetz festgestellter Haushaltsplan für mehrere Rechnungsjahre; – **prohibitive** Verbotsnorm; – **réelle** (*IPR*) Recht der belegenen Sache, lex rei sitae.

loi référendaire (*VerfR: texte voté par référendum, selon l'art. 11 de la constitution*) durch Volksentscheid angenommener Gesetzentwurf; – **de règlement** (*HaushR*) Gesetz über die Feststellung der ordnungsgemäßen Haushaltsausführung; – **des rendements décroissants** (*Vwirt*) Gesetz vom abnehmenden Ertragszuwachs; – **répressive** Strafgesetz, Strafvorschrift; – **rétroactive** rückwirkendes Gesetz.

loi spéciale Sondergesetz *n*; – **sur le statut des fonctionnaires** Beamtengesetz, Dienstpragmatik *f* (Aut); – **sur le statut de la magistrature** Richtergesetz; – **stricte** zwingendes Recht; – **supplétive** abdingbares Recht, nachgiebiges Recht, ergänzende Rechtsvorschrift.

loi du talion (*VR*) (*durch einen völkerrechtswidrigen Angriff verursachte*) Vergeltungsmaßnahmen, Retorsion; – **de transition** Übergangsrecht *od.* -maßnahmen *fpl*; – **uniforme** (*IPR*) (internationales) Abkommen über die Vereinheitlichung (eines Rechtsbereichs); – **validée** für gültig erklärtes Gesetz; – **en vigueur** geltendes Recht.

loin *adv* (*räumlich u. zeitlich*) weit, fern; **aller trop** – zu weit gehen; **non – de là** in unmittelbarer Nähe; **de – en –** von Zeit zu Zeit.

loisir *m* Muße *f*, Freizeit *f*; **société de –s** Freizeitgesellschaft *f*.

long-courrier *m* (1) Hochseeschiff *n*, (2) Langstreckenflugzeug.

longévité *f* Lebensdauer *f*; Langlebigkeit *f*.

longueur *f* Länge *f*; Weite *f*; – **d'un effet** Laufzeit eines Wechsels.

lors *adv*: **depuis** – seitdem; **dès** – demzufolge, infolgedessen; **pour** – in diesem Falle.

lot *m* (1) (*Spiel und Wette*) Treffer *m*, Los *n*, (2) (*HR: ensemble de marchandises vendues pour un prix global*) Partie *f*, Warenposten *m*, (3) (*SachR: bien vendu par parcelles*) Parzelle *f*, vermessenes Grundstück *n*, Bauland *n*, (4) (*SchuldR: part après la division de la masse ou d'un bien indivis*) Anteil *m*; **gros** – Haupttreffer, Hauptgewinn *m*; **obligation à –s** auslosbare Obligation; – **de marchandises** Warenposten *od.* -partie; – **de pêche** Fischereirevier *n*.

loterie *f* (*ZR*) Verlosung; Lotterie *f*; – **nationale** Staatslotterie.

lotir *v.tr.* (1) verlosen, (2) (*ErbR*) (den Erlös einer Erbengemeinschaft) teilen, (2) (*SachR, VwR*) zuteilen, Grundstücke zu Bebauungszwecken aufteilen und veräußern, parzellieren.

lotissement *m* (1) (*SachR*) Parzelle *f*, Bauland *n*, (2) (*SachR, VwR*) Parzellierung, Aufteilung und Veräußerung von Grundstücken zu Bebauungszwecken, insbesondere zu Siedlungszwecken.

louable *adj* zu vermieten.

> Verwechseln sie nicht *louage* und *location*: *louage* ist sowohl die Sach- wie die Dienstmiete, währenddessen *location* synonym mit *bail locatif* ist und nur die Sachmiete beinhaltet.

louage *m* (1) (*SchuldR: louage d'ouvrage et louage de choses art. 1708, 1709 et 1710 Cciv*) Sachmiete *f*; Mietvertrag *m*, (2) (*SchuldR: louage d'ouvrage et d'industrie: art. 1779 Cciv, dénomination moderne: contrat d'entreprise*) Werkvertrag *m*, (3) (*SchuldR, ArbR: louage de services, contrat de travail, art. 1780 Cciv*) Dienstmiete *f*, Dienstvertrag, Arbeitsvertrag; **– d'un bâtiment de mer** (*SeeHR*) Charter *m*, Seefrachtvertrag *m*; **– de biens ruraux** (*SchuldR, LandwR*) Pacht *f*; **– de choses** (*SchuldR: bail*) Mietvertrag *m*, Miete; **– des domestiques et ouvriers** Dienstvertrag; **– des gens de travail** Dienstvertrag; **– de maisons** (*SchuldR: bail à loyer*) Wohnungsmiete, Hausmiete; Mietvertrag; **– d'ouvrage et d'industrie** (*SchuldR: art. 1792–1 et suiv. Cciv – contrat d'entreprise*) Werkvertrag; **– de services** (*SchuldR, ArbR: Le code civil parle de louage des gens de travail (art. 1779) et du louage des domestiques et ouvriers (art. 1780). La dénomination moderne contrat de travail ne se trouve pas dans le code civil mais dans le code de travail: art. L. 121–1 et suiv.*) Dienstvertrag, Arbeitsvertrag.

louange *f* Lob *n*, positive Beurteilung.

loubard *f umg* Ganove *m*, Mitglied einer Vorstadtbande.

louche *adj umg* verdächtig, suspekt; fragwürdig; zweifelhaft.

louer *v.tr.* (1) (*SchuldR: locataire*) mieten, (2) (*SchuldR: propriétaire*) vermieten, (3) (*glorifier*) loben, (4) (*réserver une place*) einen Platz reservieren *od.* vormerken.

loueur *m* (*SachR: souvent synonyme avec propriétaire*) Vermieter *m*; **– de main d'œuvre** *ou* **de personnel** Verleiher von Arbeitskräften; **– d'ouvrage** Werkunternehmer *m*.

lourd *adj* (*ZR, StR*) schwerwiegend; **charges –es** (*PrzR: présomptions qui pèsent sur qqn.*) erdrückende Beweise; **faute –e** grobe Fahrlässigkeit; **peine –e** (*StR*) harte Strafe.

loyal *adj* (1) (*Person*) loyal, gesetzestreu; aufrichtig; fair, ehrlich, (2) (*Ware*) unverfälscht; echt; **coûts loyaux** Vertrags- *od.* Beurkundungskosten; **loyaux services** treue Dienste; **qualité –e et marchande** (*HR*) (Ware) mittlerer Art und Güte.

loyalisme *m* **républicain** (*Pol*) Verfassungstreue.

loyauté *f* Redlichkeit *f*; Vertragstreue; Regierungstreue; **– commerciale** (*HR: bonne foi*) Treu und Glauben im Geschäftsverkehr.

loyer *m* (1) (*SachR: prix que doit payer le preneur du bail ou locataire – art. 1709 et 1728 Cciv*) Mietzins *m*, Miete *f*, Mietpreis *m*, (2) (*LandwR: prix du bail à ferme*) Pachtzins *m*; **acompte sur –** Mietvorauszahlung *f*; **allocation de –** Mietbeihilfe *f*; **augmentation de –** Miet- *od.* Mietzinserhöhung; **bail à –** Mietvertrag; **bailleur à –** Vermieter *m*; **contrôle des –s** Mietpreisbindung; **date d'exigibilité du –** Fälligkeit des Mietzinses; **donner à –** vermieten; **fixation initiale du –** Mietzinsvereinbarung; **hausse de –** Mietzinserhöhung; **indexation du –** (Mietzins) Erhöhungsklausel; **majoration de –** Miet- *od.* Mietzinserhöhung; **paiement du –** Mietzinsentrichtung; **prendre à –** mieten; **– de l'argent** Geldzins *m*; Zinsfuß *m*.

loyer arriéré Mietrückstand *m*; **– principal** Grundmiete; **– trimestriel** Quartalsmiete *f*.

lu et approuvé *loc.* gelesen und genehmigt.
lucidité *f* Besonnenheit *f.*
lucratif *adj* gewinnbringend; ertragreich; vorteilhaft; **activité lucrative** Erwerbstätigkeit; **but –** Erwerbszweck.
lucrum cessans (*lat: manque à gagner*) entgangener Gewinn *m*, lucrum cessans.
lumière *f fig* Erkenntnis *f*, Einsicht *f*; Bildung; Aufklärung.
lustration *f* (*VerfR: contrôle du passé politique*) Überprüfung der parteipolitischen Vergangenheit (eines Amtsträgers).
lutte *f* Auseinandersetzung *f*, Kampf *m*; **– armée** bewaffneter Aufstand; **– de classes** Klassenkampf *m*; **– électorale** Wahlkampf; **– de libération** Befreiungskampf; **– revendicative** Arbeitskampf, Streik *m*.
luxe *m* Luxus *m*, Prunk *m*; **articles de –** Luxusware *f*; **impôt sur le –** Luxussteuer.
Luxembourg *m* (*VerfR*) Sitz des Senats in Paris; (*fig.*) frz. Senat *m*.
lycée *m* (*SchulR: établissement public d'enseignement, donnant l'enseignement long du second degré*) (öffentliche) Oberschule *f*, Gymnasium *n*.
lynchage *m* Lynchen *n*, Lynchjustiz.

M

Maastrich: **traité de –** *m* (*VR: Traité sur l'Union européenne du 7 février 1992*) Maastricht-Vertrag *m*, Vertrag über die europäische Integration.
macabre *adj* düster, schaurig, gruselig.
macaron *m* (*Pol*) Abzeichen *n*; Plakette *f*; Anstecknadel *f*; Ehrenzeichen *n*; amtliche Kokarde; Orden *m*.
machiavélique *adj* skrupellos, bedenkenlos.
machination *f* Hinterlist *f*; Machenschaft *f*; Umtriebe *mpl*; (geheimer) Anschlag *m*.
machine *f* (1) (*engin mécanique*) Maschine *f*; Motor *m*, (2) (*système, appareil*) Apparat *m*, System *f*; **– à écrire** Schreibmaschine; **– à sous** Spielautomat *m*.
macroéconomie *f* (*Vwirt*) Makroökonomik *f*, gesamtwirtschaftliche Vorgänge u. Zusammenhänge; Volkswirtschaft.
maculature *f* Fehldruck *m*.
madame *f* verheiratete Frau; (*Anrede*) meine Dame.
made *v* **in** (*Außh: anglicisme = fabriqué en*) hergestellt in, made in.
magasin *m* (1) (*HR: établissement de commerce*) Geschäft *n*, Laden *m*, (2) (*HR: dépôt, entrepôt*) Warenlager *n*, Niederlage *f*, Lagerraum *m*, Lagerhaus *n*; **chaîne de –s** Handelskette *f*; **chef de –** Lagerverwalter; **dépôt en –** (Lager-) Vorrat *m*; **devanture d'un –** Auslage *f*; **employés de –** Ladenangestellte *mpl*; **en –** vorrätig, auf Lager; **grand –** Kaufhaus *n*, Kaufhalle *f*, Einzelhandelsgroßbetrieb *m*; **heures de fermeture des –s** Ladenschluss *m*; **tenir un –** ein Geschäft innehaben; ein Geschäft führen.
magasin d'alimentation Lebensmittelgeschäft *n*; **– d'armes** Waffenlager *n*; **– automatique** automatische Lagerverwaltung, Lager mit On-line--Steuerungssystem; **– de détail** (*HR: magasin de vente au détail*) Einzelhandelsbetrieb *od.* -unternehmen *od.* -geschäft; **– discount** (*HR: magasin minimarge*) Discountladen *m*; **– franchisé** Laden *od.* Handelsgeschäft unter Franchisevertrag.
magasin général öffentliches Lagerhaus; **– de grande surface** Verbrauchermarkt *m*, Supermarkt; **– de gros** (*HR: magasin de vente en gros*) Großhandelsbetrieb *m*, Großhandlung *f*; **– (en) libre-service** Selbstbedienungsladen; **– à prix unique** Einheitspreisgeschäft; **– public** öffentliches Lager-

haus; **– spécialisé** Fachgeschäft; **– de stockage** Warenlager, Lagerraum; **– à succursales multiples** Filialgeschäft, Verkaufskette *f*; **– de vente** Verkaufsstelle *f*; **– de vente au rabais** Discount-Geschäft, Diskontladen.

magasinage *m* (1) Lagerhaltung, (2) (Ein-) Lagerung *f*; **droits** *ou* **frais de –** Lagergebühr *od.* -geld.

magasinier *m* (1) Lagerverwalter *m*, Lagerist *m*, (2) (*HR*) Lagerhalter *m*.

magasins *mpl* **généraux** (*HR*) (amtlich zugelassenes) Lagerhaus(unternehmen); Lagergeschäft *n*.

magazine *m* (1) (*MedienR: publication périodique, généralement illustrée*) Zeitschrift, periodische Veröffentlichung, (2) (periodische) Fernsehsendung.

maghrébin *adj* die Länder und Einwohner von Marokko, Algerien, Tunesien, Mauritanien und Libyen betreffend.

magistère *m* (*HochschulR: diplôme de second cycle*) frz. Magistergrad *m*.

magistral *adj* meisterhaft; **cours –** (*HochschulR*) Vorlesung *f*; **enseignement –** (wissenschaftliche) Lehre.

> *magistrat* ist nach frz. Rechtsvorstellung i.w.S. jede Person, die ein öffentliches Amt od. Würde bekleidet. Dazu gehören auch die Richter und Staatsanwälte, die eine Laufbahngruppe bilden. Aber Vorsicht: die durch die Parteien bestellten Schiedsrichter sind *juges* aber keine *magistrats.*

magistrat *m* (1) (*GVR: fonctionnaire appartenant au corps judiciaire en tant que juge*) Richter *od.* Richterin (im Rahmen der ordentlichen Gerichtsbarkeit); Berufsrichter *m*; Zivilrichter; Strafrichter, (2) (*GVR: fonctionnaire chargé de requérir l'application de la loi*) Staatsanwalt *od.* Staatsanwältin *m*, (3) (*ÖfR: fonctionnaire investi d'une autorité administrative ou politique*) Amtsinhaber *m*, Würdenträger *m*; Bürgermeister *m*; Stadtrat *m*; **corruption de –** Richterbestechung; **premier – de France** frz. Staatspräsident; **– assis** Richter; **– de carrière** Berufsrichter; **– consulaire** Handelsrichter; **– debout** (*GVR: debout – parce qu'il doit se lever pour faire ses réquisitions –syn.: magistrat du parquet*) Staatsanwalt *m*; **– instructeur** (*StPR*) Ermittlungsrichter; **– judiciaire** (*PrzR: on dit aussi: magistrat de l'ordre judiciaire*) Richter (als Organ der Rechtspflege der ordentlichen Gerichtsbarkeit); **– municipal** Bürgermeister *m*; **– nommé** ernannter Laienrichter (bei einem Sondergericht); **– non professionnel** Laienrichter, ehrenamtlicher Richter; **– du parquet** (*GVR: syn.: magistrat debout*) Staatsanwalt; **– du siège** Richter *m*.

magistrature *f* (1) (*GVR: corps des magistrats du siège et du parquet*) Richter und Staatsanwälte (in Frankreich als einheitliche zusammengefasste Laufbahn), (2) (*VwR*) öffentliches Amt, Magistrat *m*; **indépendance de la –** richterliche Unabhängigkeit; **– assise** Richterstand *m*, Richterschaft; **– consulaire** Handelsrichteramt *n*; **– debout** Staatsanwaltschaft; **– du siège** Richterstand, Richterschaft.

magnat *m* (*WirtR: représentant puissant du capitalisme international*) Magnat *m*, Inhaber branchenbeherrschender wirtschaftlicher Macht; **– de la presse** Medienzar *m*.

magnétophone *m* Kassettenrecorder *m*.

magnétoscope *m* Videorecorder *m*.

magouille *f* (*Pol: manœuvre, tractation politique douteuse ou malhonnête et lutte d'influence; menées déloyales*) *umg* (dunkle) Machenschaften *fpl*, Schiebung *f*; Manipulation *f*, *umg* Mauschelei *f*.

mail *m* (1) (*HR: galerie marchande*) Kaufpassage *f*, überdachte Ladenstraße, (2) (*MedienR: courrier électronique, courriel*) E-Mail *f*.

mailing *m* (*HR: publi-postage*) Postwurfsendung.

main *f* Hand *f*; **(argent versé) de la – à la –** (*Zahlung*) ohne Förmlichkeit, ohne Quittung (zwecks Steuerhinterziehung); **avoir en –** besitzen; **avoir la haute – (sur)** alle Fäden (in einer

Angelegenheit) in der Hand haben; **changer de –** (*SachR*) den Eigentümer wechseln; **en un tour de –** schnell, sofort; **faire – basse sur qqch.** etwas mitgehen lassen, entwenden, stehlen.

main: **homme de –** (*StR*) gedungener Verbrecher *od.* Mörder; Handlanger *m*; **mettre la – sur qqn.** jmdn. festnehmen; **passer la –** seine Befugnisse abtreten, jmdn. mit den eigenen Aufgaben betrauen; **de première –** aus erster Hand; **prendre en –** sich kümmern (um), in die Hand nehmen.

main: **prêter – forte** (1) (*ZwangsVR*) Beistand leisten, ggf. unter Gewaltanwendung, (2) (*secourir ou seconder qqn.*) jmdm. zu Hilfe eilen *od.* Hilfe leisten; **saisir entre les –s de qqn.** pfänden; **sous –** unter der Hand, heimlich; **vote à – levée** Abstimmung durch Handzeichen.

main commune (*FamR*) gemeinsame Vermögensverwaltung der Ehegatten; **– courante** *f* (1) (*Buchf*) Kladde *f*, Geschäftsbuch (für vorübergehende Eintragungen), (2) (*escalier*) Handlauf *m*.

main de justice: **placer sous – –** unter gerichtliche Zwangsverwaltung stellen.

main-d'œuvre *f* (1) (*ArbR: ensemble des salariés, surtout des ouvriers, des travailleurs manuels d'une entreprise, d'un corps de métier, d'un pays*) Arbeitskräfte *fpl*, Belegschaft *f*, Personal *n*, (2) (*WirtR: travail de l'ouvrier ou des ouvriers participant à la confection d'un ouvrage, à la fabrication d'un produit*) (verrichtete) Arbeit; Handarbeit *f*, (3) (*ArbR: prix de ce travail par rapport au prix de revient d'un ouvrage, d'un produit*) Arbeitsentgelt *n*, Arbeitslohn *m*; **besoins en –** Arbeitskräftebedarf *m*; **coût direct de la –** reine Arbeitskosten; **demande de –** Nachfrage an Arbeitskräften; **entreprise de –** Zeitpersonalunternehmen *n*; **offre de –** Angebot von Arbeitskräften; **pénurie de –** Mangel an Arbeitskräften.

main-d'œuvre d'appoint Aushilfskräfte *fpl*; **– communautaire** Arbeitskräfte aus der EU; **– étrangère** Gastarbeiter *mpl*; **– fémine** weibliche Arbeitskräfte; **– intérimaire** Zeit(arbeits)kräfte *fpl*; **– migrante** Wanderarbeiter *mpl*; **– non qualifiée** ungelernte Arbeitskräfte; **– occasionnelle** Aushilfskräfte; Gelegenheitsarbeiter *mpl*; **– qualifiée** Facharbeiter *mpl*, gut ausgebildete Arbeitskräfte *pl*; **– spécialisée** angelernte Arbeiter; **– temporaire** Zeitarbeitskräfte *fpl*.

mainlevée *f* (1) (*ZwangsVR*) Aufhebung *f* (der Pfändung *od.* der Beschlagnahme), (2) (*SachR*) Löschung *f* (einer Zwangshypothek), (3) (*ZollR*) Warenfreigabe *f*, zollamtliche Überlassung (der Ware); **action en – du séquestre** Klage auf Aufhebung der Zwangsverwaltung, Arrestaufhebungsklage; **– amiable** (*syn.: mainlevée volontaire*) Aufgabe einer Sicherheit im beiderseitigen Einvernehmen; **– automatique** (*syn.: de plein droit*) Aufhebung (der Pfändung) von Rechts wegen; **– forcée** (*syn.: judiciaire*) Aufhebung (der Pfändung) durch Gerichtsbeschluss; **– d'inscription hypothécaire** Löschung einer Hypothek; **– de l'interdiction** (*StR*) *hist.* Aufhebung der Entmündigung.

mainlevée judiciaire (*ZPR: syn.: mainlevée forcée*) Aufhebung durch Gerichtsbeschluss; **– du mandat de dépôt** (*StPR*) Aufhebung des Haftbefehls; **– des mesures d'exécution** Aufhebung der Vollstreckungsmaßnahmen; **– de plein droit** (*syn.: automatique*) Aufhebung (der Pfändung) von Rechts wegen; **– volontaire** (*ZR: syn.: mainlevée amiable*) Aufgabe einer Sicherheit im beiderseitigen Einvernehmen.

mainmise *f* (1) (*Pol*) Kontrolle *f*, Vorherrschaft *f*, (2) (*SachR*) Inbesitznahme *f*, (3) (*ÖfR*) Überführung in den Staatsbesitz; **– sur la police** (*Pol*) Unterwanderung der Polizeikräfte.

mainmorte *f* (1) (*ErbR: biens mainmortables*) nicht durch Erbschaft übertragbare Güter, unvererbliche Gegenstände, (2) (*SachR*) unveräußerliches Grundeigentum (der Kirche, der Gelehrtenvereine).

maint *adj* oft, häufig; **–es fois** immer wieder.

maintenance *f* (1) (*FamR: prestation compensatoire après le divorce sous forme de capital*) einmalige Ausgleichsleistung (als Kapital), (2) (*SchuldR: maintien d'un matériel technique en état de fonctionnement*) Instandhaltung *f*, Wartung, Pflege *f*; **contrat de –** (*SchuldR*) Kundendienstvertrag *m*, Wartungsvereinbarung *f*; **frais de –** Wartungskosten; **– périodique** regelmäßige Unterhaltungsarbeiten.

maintenant *adv* jetzt, nun; **dès –** ab sofort; **jusqu'à –** bis heute; **à partir de –** von nun an.

maintenir *v.tr.* (1) (*garder, tenir*) aufrechterhalten, beibehalten, erhalten, (2) (*soutenir, certifier*) bleiben bei (einer Meinung), (weiterhin) behaupten, (3) (*retenir, contenir*) festhalten, (4) *v.pron.* sich behaupten, sich aufrechterhalten; **– ses dires** (*PrzR*) an seiner Aussage festhalten, auf seiner Aussage beharren, (erneut) versichern; **– l'ordre** die Ordnung aufrechterhalten; **– sous les verrous** den Haftbefehl nicht aufheben.

maintien *m* (1) Aufrechterhaltung (der Ordnung), (2) Beharren *n*, Festhalten *n*, (3) Anstand *m*, Haltung; Erhaltung (des Friedens), Beibehaltung *f*; **– des avantages acquis** (*SozR*) Besitzstandwahrung *f*; **– dans un centre de rétention administrative** (*AuslR*) (Aufrechterhaltung der) Abschiebehaft; **– du contrat** (*SchuldR*) Fortbestand *m* des Vertrages; **– en détention** (*StVZ*) Haftfortdauer *f*; **– des droits** Anspruchserhaltung; **– des droits acquis** Wahrung des Besitzstandes, Wahrung wohlerworbener Rechte; **– en état** Instandhaltung, Aufrechterhaltung; **– dans les lieux** Räumungsaufschub *m*, Recht auf Aufrechterhaltung des Mietverhältnisses; **– de l'ordre public** Aufrechterhaltung der öffentlichen Ordnung; **– du pouvoir d'achat** Kaufkraftaufrechterhaltung; **– en service** (*personnes*) Weiterbeschäftigung *f*; **– en vigueur** Inkraftbleiben *n*.

maire *m* (*VerfR: premier magistrat communal*) Bürgermeister *m*; Gemeindevorsteher *m*; **adjoint au –** Stellvertreter des Bürgermeisters, stellvertretender Bürgermeister, Beigeordnete (r); **– d'arrondissement** Bezirksbürgermeister (in Paris, Lyon u. Marseille).

mairie *f* (1) (*ÖffR: office, charge de maire*) Bürgermeisteramt *n*, (2) (*hôtel de ville*) Rathaus *n*, Gemeindehaus *n*, (3) (*VwR: administration municipale*) Gemeindeverwaltung.

maison *f* (1) (*bâtiment, logement*) Haus *n*, Wohnung *f*, (2) (*VwR: édifice public*) (öffentliches) Gebäude *n*; Gefängnis; Altersheim *n*, (3) (*HR: entreprise commerciale*) Firma *f*, Geschäft *n*, (4) (*FamR: personnes*) Haushaltung *f*, Familie *f*; Geschlecht *n*; **– d'arrêt** (1) (*StPR: reçoit les prévenus avant leur jugement*) Untersuchungsgefängnis *od.* -haftanstalt *n*, (2) (*StVZ: reçoit les condamnés à des peines jusqu'à deux ans*) Justizvollzugsanstalt (für die Verbüßung kurzer Strafen) *f*; **– centrale** (*StVZ: prison pour les détenus condamnés à de longues peines*) JVA für die Verbüßung langer Haftstrafen, Zentralstrafanstalt (für mehrere Départements), *hist.* Zuchthaus *n*; **– close** Bordell *n*; **– de commerce** (*HR: syn.: fonds de commerce*) frz. Handelsunternehmen, Handelsgeschäft *n*; **– commune** Rathaus *n*; **– concurrente** Konkurrenzfirma *od.* -unternehmen; **– de correction** (Jugend-) Erziehungsanstalt *f*; **– de la culture** frz. Jugend- und Kulturzentrum *n*; **– de dépôt** *ou* **de détention** (*StVZ: syn.: maison d'arrêt*) Straf- *od.* Justizvollzugsanstalt; **– d'édition** Verlag *m*; **– d'éducation surveillée** Besserungsanstalt für jugendliche Straftäter, Erziehungsheim *n*; **– d'expédition** Versandgeschäft *n*, Versandhaus; **– d'exportation** *ou* **exportatrice** Ausfuhr- *od.* Exportfirma.

maison familiale (1) (*FamR: résidence familiale*) Wohnsitz *m* der Familie, (2) (*BauR*) Einfamilienhaus *n*; **– de gros** (*HR*) Großhandelsfirma *f*, Großhandelsgeschäft *n*; **– d'habitation** Wohnhaus; **– habitée** (*StR*) bewohntes Gebäude; **– individuelle** Eigenheim *n*; **– d'internement** Heil- und Pflegeanstalt *f*; **– de jeu** Spielkasino *n*, Spielbank *f*.

maison de justice et du droit (= MJD) (*PrzR: les maisons de justice assurent une présence judiciaire de proximité et concourent à la prévention de la délinquance, à l'aide aux victimes. Placée sous l'autorité des chefs du tribunal de grande instance, elles constituent également un lieu d'accès au droit: accueil, aide, information, consultation pour le public et notamment les victimes d'infractions*) frz. Gütestellen bei den Großinstanzgerichten, Beratungsstelle (bei Gericht); **– de location** (1) Mietshaus, (2) Filmverleih *m*; *f*: **– -mère** (*GesR*) Stammhaus *n*; Dach- *od*. Muttergesellschaft; **– pénitentiaire** Strafanstalt *f*; **– de prêt sur gage** *ou* **de prêt sur nantissement** Pfandleihaus *n*, Pfandleihgewerbe *n*; **– de rapport** Mietshaus *n*; **– de réclusion** (*StVZ*) *hist*. Zuchthaus; **– de redressement** *hist*. Besserungsanstalt *f*.

maison de retraite (*SozR: hospice de vieux*) Altersheim *n*; **– à succursales multiples** (*HR*) Filialgeschäft *od*. -betrieb; Handelskette *f*; **– de tolérance** Bordell *n*, Eroscenter *m*; **– de vente par correspondance (= VPC)** Versandhaus *n*, Versandgeschäft *n*.

maître *m* (1) (*ÖfR*) Machthaber *m*, Herrscher *m*, (2) (*SachR: le maître de la chose: son possesseur ou propriétaire*) Besitzer *m*, Eigentümer *m*, (3) (*SchulR, ArbR: éducateur, enseignant*) Lehrkraft *f*, Lehrer *m*, Erzieher *m*; Meister *m* (im Handwerk), (4) (*FamR: le maître de maison était avant l'institution de l'autorité parentale généralement le chef de famille*) Hausherr *m*, (5) (*StR: être maître de soi, exprime la non-dépendance*) *loc* Eigenständigkeit *f*, (individuelle) Freiheit, Autonomie *f*.

Maître *m* **(abrév.: Me)** (*PrzR: titre qui remplace Monsieur, Madame en parlant des gens de loi ou en s'adressant à eux-avoué, avocat, huissier, notaire*) Herr (Anrede u. Titel des frz. Rechtsanwalts, Notars, Gerichtskanzlers usw.).

maître d'apprentissage (*ArbR*) Ausbilder *m*, Lehrherr *m*; **– assistant** (*HochschulR*) wissenschaftliche Hilfskraft; **– auxiliaire** (*SchulR*) Hilfslehrer *m*; **– clerc** Bürovorsteher *m*; **– des hautes œuvres** (*StR*) Scharfrichter *m*.

maître *m* **d'œuvre** (1) (*BauR, SachR: personne chargée de coordonner les travaux d'une entreprise de construction et de mener à bien celle-ci*) Bauunternehmer *m*, (2) (*SchuldR: personne chargé de réaliser l'ouvrage*) Hersteller (des Werks), Unternehmer *m*, (3) (*VwR*) Auftragnehmer (im öffentlichen Auftragswesen).

maître de l'ouvrage (1) (*BauR, SachR: donneur d'ordre pour la construction d'un immeuble*) Bauherr *m*; Person, die einen Bau errichten lässt, (2) (*SchuldR: contrat d'entreprise*) Besteller (des Werks), (3) (*VwR: collectivité publique pour le compte de laquelle un ouvrage est réalisé*) Auftraggeber *m*, auftragvergebende Behörde.

maître des requêtes (*VwR: membre du Conseil d'État supérieur à l'auditeur et inférieur par rapport au conseiller*) Entscheidungsvorbereitungsrichter beim obersten frz. Verwaltungsgerichtshofs, Mitglied *n* des frz. Staatsrats als obersten frz. Verwaltungsgerichts.

maître-chanteur *m* (*StR*) Erpresser *m*.

maître mot *m* Schlagwort *n*.

maîtresse *f* (1) (*SchulR*) (*Anrede*) Lehrerin *f*, (2) Geliebte *f*.

maîtrise *f* (1) Beherrschung *f*, Meisterung, (2) *f* (*ÖfR*) Herrschaftsgewalt *f*, Herrschaftsrecht *n*, (3) (*ArbR*) Meister *mpl*, Aufsichtspersonal *n*, (4) (*HochschulR*) Magisterdiplom *n*; **agent de –** (*ArbR*) leitender Angestellter, (Werks-) Meister *m*; **brevet de –** Meisterbrief *m*; **examen de –** Meisterprüfung *f*.

maîtriser *v.tr.* (1) beherrschen, (2) bändigen, zügeln, niederhalten.

majeur *m* (*ZR: individu ayant atteint l'âge de la majorité*) Volljährige(r) *m*.

majeur *adj* (1) (*ZR*) volljährig, großjährig, mündig, (2) bedeutend, wichtig, Haupt-; größer, höher; **force –e** (*SchuldR*) höhere Gewalt.

majorat *m* (*ErbR*) Vorzugsrecht des Ältesten (bei der Erbfolge); Ältestengut *n*.

majoration *f* (1) Erhöhung *f*, Steigerung *f*; Zuschlag *m*, Aufschlag *m*, (2) (*HR*) Aufpreis *m*, Aufgeld *n*; **– d'âge** *ou* **d'ancienneté** (*BeamR*) Dienstalterszulage *f*; **– pour conjoint à charge** Ehegattenzuschlag; **– familiale** Familienzulage; **– forfaitaire** Pauschalzuschlag *m*; **– pour heures supplémentaires** Überstundenzuschlag; **– illicite** verbotene Erhöhung; **– d'impôt** Steuererhöhung; **– de loyer** Miet- *od.* Mietzinserhöhung.

majoration de peine (*StPR*) Strafverschärfung *f*; **– de pension** Rentenerhöhung; **– de prix** Preiserhöhung, Aufpreis; **– de rente** Rentenerhöhung; **– de retard** (*SchuldR: sanction civile*) Säumnis- *od.* Verzugszuschlag; **– des salaires** Lohnerhöhung, Aufbesserung der Löhne u. Gehälter; **– tarifaire** (*ZollR*) Zollerhöhung.

majorer *v.tr.* erhöhen, heraufsetzen; verteuern.

majoritaire *adj* Mehrheits-; die Mehrheit besitzend; **scrutin** *ou* **système** *ou* **vote –** Mehrheitswahl(recht).

majorité *f* (1) (*ZR: âge légal de la pleine capacité d'exercice*) Volljährigkeit *f*, (2) (*ÖfR, GesR: total des voix qui l'emporte par le nombre*) Mehrheit *f*, Majorität *f*; **âge de la –** Volljährigkeit; **avoir la –** (1) (*ZR*) (*être majeur*) volljährig sein, (2) (*Pol*) mit der Mehrheit der Stimmen gewählt werden; **être élu à la – absolue** mit absoluter Mehrheit gewählt werden; **réunir la – des actions** die Aktienmehrheit erwerben; **– civile** (*ZR*) Volljährigkeit *f*; **– civique** (S) Volljährigkeit; **– des deux tiers** Zweidrittelmehrheit; **– électorale** Wahlalter *n*; **– factice** Scheinmehrheit; **– gouvernementale** Regierungsmehrheit; **– légale** gesetzliche Volljährigkeit; **– matrimoniale** Ehemündigkeit.

majorité parlementaire Parlamentsmehrheit; **– pénale** Strafmündigkeit *f*; **– politique** (1) Wählbarkeit, passives Wahlrecht, (2) Wahlberechtigung *f*, aktives Wahlrecht; **– présidentielle** die den frz. Präsidenten (im Parlament) unterstützende Mehrheit; **– qualifiée** (*syn.: majorité renforcée*) qualifizierte Mehrheit; Zweidrittelmehrheit; **– relative** (*syn.: majorité simple*) relative *od.* einfache Mehrheit; **– de rencontre** Zufallsmehrheit *f*; **– renforcée** qualifizierte Mehrheit; **– requise** erforderliche Mehrheit; **– silencieuse** (*Pol*) schweigende Mehrheit; **– simple** einfache Mehrheit; **– spéciale** qualifizierte Mehrheit; **– des suffrages** *ou* **des voix** Stimmenmehrheit *f*.

mal *adv* schlecht, übel, schlimm; **– fondé** *loc.* (1) (*PrzR: non justifié et irrecevable*) unbegründet, unzulässig, (2) (*ZR: injustifié*) ungerechtfertigt.

mal *m* (*ZR: dommage, perte, préjudice*) Schaden *m*, Schädigung *f*; Übelstand *m*.

malade *adj* krank; **se faire porter –** sich krank melden, sich krank schreiben lassen.

malade *m* / *f* Kranke *m/f*; **faire interner un – mental** einen Geisteskranken (in einem psychiatrischen Krankenhaus) einweisen *od.* unterbringen lassen; **– affilié à une caisse maladie** Kassenpatient *m*; **– hospitalisé** (*Soz Vers*) Krankenhauspatient *m*.

maladie *f* Krankheit *f*, Erkrankung *f*, Leiden *n*; **absentéisme pour cause de –** Krankfeiern *n*; **assurance- –** Krankenversicherung *f*; **caisse de –** Krankenkasse *f*; **certificat de –** (1) Krankmeldung *f*, (2) ärztliches Attest; **être en congé de –** krank geschrieben sein; **feuille de –** (*Soz Vers*) Krankenschein *m*; Krankenblatt *n*; **frais de –** Heilbehandlungskosten *pl.*, Krankheitskosten *pl*; **idemnité de –** Krankengeld *n*; **longue –** lang anhaltende Krankheit; **prestation de –** Leistungen *fpl* im Krankheitsfall; **risque de –** Gesundheitsgefährdung.

maladie antérieure (*syn.: préexistante*) vorbestandene Krankheit, altes Leiden, Vorerkrankung; **– de carence** Mangelernährungserkrankung *f*; **– contagieuse** (*MedizinR: syn.: maladie* *infectieuse*) ansteckende Krankheit; – **de Creutzfeld-Jakob (= MCJ)** Creutzfeld-Jakob-Krankheit (= CJD); – **imputable au service** Berufskrankheit.

maladie mentale Geisteskrankheit *f*; – **professionelle** Berufskrankheit, beruflich bedingte Erkrankung; – **professionelle légale** gesetzlich anerkannte Berufskrankheit; – **radiologique** Strahlenkrankheit.

maladie sexuellement transmissible (= MST) (*MedizinR: syn.: maladie vénérienne*) Geschlechtskrankheit *f*, sexuell übertragbare Krankheiten (= STD = sexually transmitted diseases).

maladresse *f* Ungeschicklichkeit *f*.

maladroit *adj* ungeschickt, unbeholfen, linkisch.

malaise *m* Unwohlsein *n*; *fig.* Unbehagen *n*; Missstand *m*; Unzufriedenheit *f*.

malbouffe *f pej* Fraß *m*; Fastfood *n*.

mal-développement *m* (*Vwirt: pays en voie de développement*) Fehlentwicklung *f*.

malencontreux *adj*: **retard –** eine ärgerliche *od.* unglückliche Verspätung betreffend, unglücklich hinzutreffend.

malentendant *adj* schwerhörig.

malentendu *m* Missverständnis *n*; **dissiper un –** ein Missverständnis klären.

malfaçon *f* (1) (*ZR: exécution défectueuse d'un travail*) Fehler bei der Herstellung eines Werkes, Fabrikationsfehler *m*; fehlerhaftes Arbeitsergebnis, mangelhafte Ausführung der Arbeit; Pfusch *m*; Schlechtleistung *f*; Mangel *m*, (2) (*StR: manœuvre frauduleuse*) betrügerische Handlung.

malfaisance *f* Bosheit *f*, Boshaftigkeit *f*; Schlechtigkeit; Heimtücke *f*.

malfaiteur *m* (*StR: personne commettant des méfaits*) (Straf-) Täter; Verbrecher *m*, Rechtsbrecher *m*; **appréhender un –** einen Straftäter festnehmen; **association** *ou* **bande de –s** kriminelle Vereinigung; Bildung einer kriminellen Vereinigung; **dangereux –** gemeingefährlicher Verbrecher; **recel de –** (*StR*) persönliche Begünstigung, Strafvereitelung; **recherche d'un –** (*StPR*) Fahndung nach einem Straftäter; **– d'habitude** Gewohnheitstäter *m*, Gewohnheitsverbrecher *m*.

malfamé *adj* berüchtigt, verrufen.

malformation *f* (*MedizinR*) Missbildung *f*; **– congénitale** angeborene Missbildung.

malfrat *m umg* Ganove *m*, Mitglied einer kriminellen Vereinigung.

malgré *prép.* trotz, ungeachtet; **– les ordres reçus** unter Umgehung der Anweisungen; **– soi** widerwillig, höchst ungern; **– tout** trotzallem, trotzdem.

malhabile *adj* ungeschickt, unbeholfen; undiplomatisch.

malheureusement *adv* leider, unglücklicherweise.

malhonnête *adj* unredlich, unehrlich; **recourir à des procédés –s** sich unlauterer Mittel *od.* Machenschaften bedienen.

malignité *f* Boshaftigkeit; Bösartigkeit.

malin *adj* durchtrieben, verschlagen; pfiffig, schlau.

malinformation *f* ungenügende Information; fehlerhafte Unterrichtung.

malintentionné *adj* boswillig, bösartig, übelwollend, übelgesinnt, niederträchtig.

mal-jugé *m* Fehlurteil *n*.

mallette *f* Aktenkoffer *m*.

mal-logé *m* Person in einer Notunterkunft.

malmener *v.tr.* übel zurichten, eine Lektion erteilen.

maltraitance *f* (*StR: sévices*) Misshandlung *f*; Quälerei *f*; **– des enfants** Kindesmisshandlung.

maltraitant *adj*: **parents –s** (*StR*) (kindes-) misshandelnde Eltern.

maltraiter *v.tr.* misshandeln; quälen; missbrauchen.

malus *m* (*VersR: majoration de la prime d'assurance automobile*) Malus *m*, nachträglicher Zuschlag bei Häufung von Schadensfällen.

malveillance *f* (1) (*ZR, StR: intention de nuire*) Schädigungsabsicht *f*; Böswilligkeit *f*, (2) (*hostilité*) Abneigung *f*, Widerwille *m*.

malveillant *adj* boshaft, feindselig, böswillig, übelgesinnt.

malversation *f* (*StR, BeamR: faute grave commise dans l'exercice d'une charge*) Amtspflichtverletzung *f*; **– de deniers publics** (*StR, BeamR*) Veruntreuung *od.* Unterschlagung öffentlicher Gelder.

management *m* (*GesR: gestion et administration d'une entreprise*) Unternehmensführung *f*, Management *n*.

manager *m ou* **manageur** (*BW: chef, dirigeant d'une entreprise; personne qui exerce une fonction de management*) Manager *m*, Führungskraft *f*, Unternehmensleiter *m*.

mandant *m* (*SchuldR: personne qui confère au mandataire pouvoir et mission d'agir en son nom*) Vollmachtgeber *m*.

mandarinat *m* (*Pol: corps social privilégié*) *pej* Elite *f*, Führungsschicht *f*.

mandat *m* (1) (*SchuldR: convention par laquelle le mandant confère au mandataire le pouvoir d'accomplir pour elle un acte juridique, art. 1984 Cciv*) Auftrag *m*, Auftrags- *od.* Geschäftsbesorgungsvertrag, Beauftragung, (2) (*ZR, HR: procuration*) Vollmacht *f*, Bevollmächtigung (Vorsicht: das frz. Recht unterscheidet Auftrag u. Vollmacht nicht!), (3) (*ÖfR: fonction élective*) Mandat *n*, (auf Wahl beruhendes) Amt *n*; Amtszeit *f*, (4) (*StPR: ordre donné à la force publique par le juge d'instruction ou le procureur de la République de conduire une personne devant lui*) Vorführungsbefehl *m*, Haftbefehl *m*, (5) (*BankR, HaushR*) Zahlungsanweisung *f*; Postanweisung; **conférer un – à qqn.** (1) (*ZR*) jmdm.Vollmacht erteilen, (2) (*ÖfR*) ein Amt übertragen; **contrat de –** (1) (*SchuldR: pouvoir général englobant toutes les affaires du mandant*) Auftrags- *od.* Geschäftsbesorgungsvertrag, (2) Vollmachterteilung; **déchéance du –** (*ÖfR*) Mandatsverlust *m*; **donner –** einen Auftrag erteilen; **double –** (1) (*SchuldR*) Selbstkontrahieren *n* kraft doppelter Stellvertretung, (2) (*ÖfR*) Doppelmandat.

mandat: **durée du –** (*ÖfR*) Amtszeit *f*, Amtsdauer *f*; **excéder son –** (*ZR*) seine Vollmacht überschreiten; **exécution du –** Ausführung der übertragenen Geschäfte; **exercice d'un –** (1) (*ZR*) Ausführung eines Auftrages, (2) (*ÖfR*) Ausübung eines Mandats; **expiration du –** Erlöschen *n* der Vollmacht; **relever qqn. d'un –** (1) (*ÖfR, VR*) von einem Mandat entbinden, (2) (*SchuldR*) einen Auftrag zurücknehmen; **révocation du –** Widerruf der Vollmacht; **sans –** unbeauftragt; **sous- –** Untervollmacht.

mandat d'amener (*StPR: ordre donné par le juge d'instruction à la force publique de conduire un inculpé devant lui*) Vorführungsbefehl *m*; **– apparent** (*ZR*) Duldungs- *od.* Anscheinsvollmacht, Vollmacht kraft Rechtsschein.

mandat d'arrêt (*StPR: ordre donné à la force publique par le magistrat instructeur de rechercher un inculpé*) Haftbefehl *m*, Festnahmebefehl.

mandat d'arrêt européen EU-Haftbefehl *m*.

mandat d'arrêt: **décerner un – –** einen Haftbefehl erlassen *od.* ausstellen; **placer quelqu'un sous – –** die Inhaftierung einer Person anordnen.

mandat-carte télégraphique telegraphische Anweisung; **– de comparution** (*StPR: mise en demeure adressée par le magistrat instructeur à un inculpé de se présenter devant lui*) Ladung *f*, Vorladung; **– conventionnel** (*ZR*) Auftrag, vertragliche Vollmacht, vertragliche Ermächtigung.

mandat de dépôt (*StPR: ordre donné au surveillant-chef d'une maison d'arrêt de recevoir et de détenir un inculpé*) Haftbefehl *m*, Anordnung der vorläufigen Festnahme *od.* der Untersuchungshaft; **– domestique** (*FamR: pouvoir de la femme mariée de représenter son mari*) Schlüsselgewalt *f*.

mandat électif (*VerfR*) Wahlamt *n*; **durée du – –** Wahlperiode *f*.

mandat d'encaissement Einzugsermächtigung *f*, Inkassoauftrag *m*; **– exécutoire** (*ZwangsVR*) Vollstreckungsbefehl *m*; **– exprès** ausdrückliche Vollmacht; **– fictif** (*SteuerR: mandat de paiement correspondant à une dette inexistante*) fingierte Zahlungsanweisung; **– général** (*ZR*) General-

od. Gesamtvollmacht; **– impératif** (*VerfR*) gebundenes *od.* imperatives Mandat; **– d'intérêt commun** (*HR: mandat de l'agent commercial*) Auftrag im gemeinsamen Interesse; **– judiciaire** Vertretungsmacht kraft Gerichtsbeschlusses, richterliche Ermächtigung; **– légal** (*FamR: mandat du représentant légal*) Vollmacht auf Grund eines Gesetzes, gesetzliche Vertretungsmacht; **– législatif** Abgeordnetenamt *n.*

mandat ad litem (*PrzR: mandat de représentation en justice*) Prozessvollmacht *f*, Prozessbevollmächtigung *f*; **– oral** mündlich erteilte Vollmacht; **– ostensible** (*SchuldR: mandat ordinaire avec représentation*) schuldrechtlicher Auftrag; **– de paiement** (1) (*BankR*) Zahlungsanweisung *f*, (2) (*HaushR: pièce établie par un ordonnateur au comptable assignataire*) Kassenanweisung *f*; **– parlementaire** (*VerfR*) Abgeordnetenmandat, Abgeordnetensitz *m.*

mandat de perquisition (*StPR*) Anordnung einer Durchsuchung, Haus(durch)suchungsbefehl *m*; **– politique** (*VerfR*) Mandat *n* des Abgeordneten; **– au porteur** übertragbare (Unter-) Vollmacht; **– -poste international** Auslandspostanweisung; **– -poste** *ou* **postal** Postanweisung *f*; **– présidentiel** Amtszeit des Staatsoberhauptes; Präsidentenamt *n.*

mandat de procédure (*PrzR: mandat de représentation en justice ou mandat ad litem*) Prozessvollmacht *f*; **– public** öffentliches Amt; **– pur et simple de payer** unbedingte Zahlungsanweisung.

mandat de recouvrement Einziehungs- *od.* Inkassoauftrag; **– de remboursement** Nachnahme-Postanweisung; **– représentatif** (1) (*VerfR: mandat parlementaire ou législatif*) repräsentatives Mandat (des Abgeordneten), (2) (*ZR: syn. de mandat ordinaire*) Auftrag (verbunden mit rechtsgeschäftlicher Vertretungsmacht); **– de représentation en justice** (*PrzR: syn.: mandat de procédure, mandat ad litem*) Prozessvollmacht *f*; **– restant à courir** verbleibende Amtszeit; **– salarié** (*HR*) Auftrag gegen Entgelt; **– simple** rechtsgeschäftliche Vertretungsmacht; **– solennel** (1) formgebundene Vollmacht, (2) Vollmachtsurkunde; **– spécial** Sonder- *od.* Spezialvollmacht.

mandat tacite (*SchuldR*) Vollmacht durch schlüssiges Verhalten, stillschweigende Vollmachterteilung *od.* Beauftragung; **– télégraphique** telegraphische Anweisung; **– en termes généraux** Art- *od.* Gattungsvollmacht; **– en termes spéciaux** im einzelnen genau festgelegte Vollmacht; **– verbal** mündlich erteilte Vollmacht; **– de virement** Überweisungsauftrag.

mandataire *m* (1) (*SchuldR: personne qui reçoit du mandant le pouvoir d'agir en son nom*) Beauftragte(r) *m*; Bevollmächtigte(r), (2) (*ÖfR*) Amtsinhaber *m*, (3) (*Pol*) Machthaber *m*; **constitution d'un –** Bestellung eines Bevollmächtigten; **– ad litem** Prozessbevollmächtigte(r); **– commercial** Handlungsbevollmächtigte(r), Prokurist *m*; **– conventionnel** Vertragsbevollmächtige(r); **– en fonds de commerce** Handelsgeschäftsmakler; **– général** Generalbevollmächtigte(r); **– judiciaire** gerichtlich bestellter Pfleger; **– de justice** (*PrzR: administrateur judiciaire*) gerichtlich bestellter Vermögensverwalter; Konkursverwalter; **– légal** gesetzlicher Vertreter; **– liquidateur** (*InsolvenzR*) Abwickler *m*; **– social** (*GesR: personne chargée d'administrer une société*) Vorstand *m*, Vorstandsmitglied *n*, Bevollmächtigte(r) einer Gesellschaft.

mandatement *m* (*HaushR: fait d'ordonner le paiement d'une dépense publique*) Auszahlungsanordnung.

mandater *v.tr.* (1) beauftragen, (2) bevollmächtigen, Vollmacht *f* erteilen, (3) mittels Zahlungsanweisung zahlen.

mandature *f* (*VerfR: durée d'un mandat électif*) Amtszeit *f.*

mandement *m* (1) (*VwR: instruction formelle, ordre écrit*) Anordnung *f*, Befehl *m*, (2) (*KirchR*) Hirtenbrief *m*; **– de collocation** (*InsolvenzR*) Rangordnungsbeschluss; **– de justice** gerichtlicher Bescheid.

mander *v.tr.* (1) (*communiquer, ordonner*) mitteilen, wissen lassen, melden, befehlen, (2) (*appeler, convoquer*) rufen, kommen lassen; **mandons et ordonnons à tous huissiers** befehlen allen Gerichtsvollziehern; **– en France** nach Frankreich zurückbeordern.

manège *m fig.* Machenschaften *fpl*, Umtriebe *mpl.*

maniabilité *f* Manövrierfähigkeit, Steuerbarkeit, Wendigkeit.

manie *f* Wahn *m*, Manie *f*; **– de la persécution** Verfolgungswahn.

maniement *m* (1) (*manipulation, usage*) Handhabung *f*, (2) (*emploi*) Verwendung, Benutzung *f*, Führung *f*; **– des afaires** Geschäftsführung; **– des deniers** *ou* **de fonds** Kassenführung *f*; **– des hommes** Menschenführung.

manier *v.tr.* führen, leiten, verwalten.

manière *f* Art und Weise, Handlungsweise *f.*

manifestant *m* Demonstrant *m*, Teilnehmer an einer Kundgebung.

manifestation *f* (1) (*ÖfR, StR: manifestation collective publique et organisée*) Versammlung *f*, Demonstration *f*, Kundgebung *f*, (2) (*HR: manifestation commerciale*) Veranstaltung *f*, (3) (*SchuldR: manifestation de la volonté*) (Willens-) Äußerung *f*; **– de confiance** Vertrauensbeweis *m*; **– du consentement** (*ZR*) Zustimmung *f*, Erklärung des Einverständnisses, (zustimmende) Willensäußerung; **– illicite** (*StR: art. 431–9 et suiv. CP*) ordnungswidrige Versammlung; **– de masse** Massendemonstration; **– pacifique** friedliche Kundgebung; **– sportive** Sportveranstaltung; **– sur la voie publique** Kundgebung *od.* Veranstaltung unter freiem Himmel, Demonstration; **– de volonté** Willenserklärung *od.* -äußerung.

manifeste *adj* (*très apparent, patent*) offenkundig; **abus –** offenkundiger Rechtsmissbrauch; **erreur –** offenbarer Irrtum; **violation – de la loi** (*ZR: on dit aussi violation flagrante*) flagranter Verstoß gegen das Gesetz.

manifeste *m* (1) (*Pol: proclamation*) Aufruf *m*, Manifest *n*, (2) (*SeehR*) Ladeliste *f*, Ladungsverzeichnis *n*, Ladungsmanifest; **– électoral** Wahlaufruf *m*; **– des marchandises** (*ZollR*) Warenverzeichnis *n*.

manifester *v.tr.* (1) demonstrieren, (2) ausdrücken, äußern.

manifold *m* Durchschreibeblock *m* (für Bestellungen usw.).

manigance *f* (*StR: Intrigue, manœuvre secrète et suspecte*) Kunstgriff *m*, Kniff *m*, List *f.*

manipulation *f* (1) Handhabung *f*, Umgang *m*, (2) (*StR*) Machenschaften *fpl*, absichtliche Verfälschung, (3) (*HR: Güter*) Umschlag *m*, Verladen *n*; **– des cours de la Bourse** Agiotage *f*, gesetzwidrige Börsenmanipulation; **– à distance** Fernbedienung; **– de l'information** Desinformation *f*; **–s électorales** Wahlfälschung.

manœuvre *m* (*ArbR: travailleur manuel sans aucune spécialisation*) ungelernter Arbeiter, Hilfsarbeiter.

manœuvre *f* (1) Handhabung *f*; Handgriff *m*; Arbeitsgang *m*, (2) (*StR: surtout au pluriel: moyens et agissements destinés à tromper*) Machenschaften *fpl*, Betrugsmanöver *n*, Trick *m*; **fausse –** (1) (*StVR*) (*Kfz*) Lenk- *od.* Fahrfehler *m*, (2) (*Maschine*) Bedienungsfehler *m*; **– dilatoire** (*PrzR: comportement qui tend à retarder le cours de la justice*) Verzögerungstaktik *f*; **– dolosive** (*SchuldR*) arglistige Täuschung.

manœuvres *fpl* **abortives** (*StR*) Abtreibungshandlungen *pl*; **– criminelles** verbrecherische Machenschaften *od.* Umtriebe; **– dolosives** arglistige Täuschung, Vorspiegeln falscher Tatsachen; **– frauduleuses** betrügerische Handlungen *od.* Machenschaften *fpl.*

manquants *mpl* (1) (*HR: Bestellung*) Fehlmenge *f*, (2) (*HR: Warenlager*) Minderbestand *m*, (3) Abwesende *mpl.*

manque *m* (1) (*Vwirt. pénurie, rareté*) Mangel *m*, Fehlen *n*, Knappheit *f*, (2) (*Buchf, HR*) Fehlbetrag *m*, Manko *n*, (3) (*lacune*) Lücke *f*; **– de base légale** Fehlen der gesetzlichen Voraussetzungen *od.* der gesetzlichen Grundlage; **– de capitaux** Kapitalmangel *m*; **– de discernement** (*StR*) mangelnde Urteilsfähigkeit, mangelnde Einsicht; **– de fondement** (*PrzR*) Unbegründetheit; **– à gagner** (*HR*) entgangner Gewinn; Verdienstausfall, Verdienstverlust *m*; **– de liquidités** (*InsolvenzR*) Illiquidität *f*.

manquement *m* Versäumnis *n*; Verfehlung *f*, (*gegen Vorschriften*) Verstoß *m*; Unterlassung *f*; Fehler *m*; **– au contrat** Vertragsverletzung; **– au devoir** Pflichtverletzug; **– au devoir de probité** (*StR, BeamR: art. 432–10 CP – titre de la section III – dénomination générique*) Amtspflichtverletzung *f*; **– à la discipline** Disziplinarvergehen *n*; **– à la discrétion professionnelle** Verletzung der beruflichen Schweigepflicht; **– grave à la discipline** schwerer Verstoß gegen die Disziplin.

manquer *v. intr.* (1) fehlen, nicht vorhanden sein, wegbleiben, (2) *v.tr. dir* verfehlen, versäumen; **– d'argent** kein Geld haben; **– à ses devoirs** seine Pflicht nicht erfüllen; **– à sa parole** sein Wort nicht halten.

manu militari *lat* (*ZwangsVR*) (Zwangsvollstreckung) ggf. unter Gewaltanwendung.

manuel *m* (1) (*ArbR*) (Hand-) Arbeiter *m*, (2) Handbuch *n*, Leitfaden *m*, Lehrbuch *n*; **– de vente** Verkaufsleitfaden (für Handelsvertreter u. Handlungsreisende).

manufacture *f* (*HR: établissement ayant pour objet la fabrication en grand de produits de l'industrie*) gewerblicher Großbetrieb, Industriebetrieb *m*, Manufaktur *f*; **– nationale** (*WirtR*) staatlicher Betrieb (Porzellan, Gobelins, usw.).

manufacturé *adj* mit der Hand *od.* mit Hilfe von Maschinen hergestellt.

manuscrit *adj* handschriftlich.

manuscrit *m* Handschrift *f*, Manuskript *n*; Original *n*.

manutention *f* (1) (*i.w.S.*) Behandlung, Handhabung, (2) (*HR*) Waren- *od.* Güterumschlag; **droit** *ou* **taxe de –** Behandlungsgebühr; **– de marchandises** Güterumschlag *m*; **– maritime** (*SeeHR*) Laden und Löschen *n*.

manutentionnaire *m* / *f* Lagerarbeiter (in); Lagerverwalter.

maquereau *m* (*StR: proxénète*) *pej* Zuhälter *m*.

maquette *f* Entwurf *m*, Skizze *f*; Modell *n*, Muster *n*; Layout *n*.

maquettiste *m* Entwerfer *m*, Gestalter, Layouter, Modellzeichner.

maquignonnage *m pej* Schiebung *f*, Schwindel.

maquillage *m fig* Fälschung *f*, Betrug *m*; Veränderung (zur Unkenntlichmachung); **– de bilan** (*StR, GesR: Opération de maquillage de bilan effectuée à la clôture d'exercice afin de présenter une situation financière édulcorée et des revenus meilleurs*) Bilanzkosmetik *f*.

maquiller *v.tr.* fälschen, betrügen; **– le bilan** die Bilanz fälschen.

marasme *m* **boursier** Börsenflaute *f*; **– économique** Flaute *f*, ungünstige wirtschaftliche Lage.

maraudage *m* (*StR: vol de récoltes, on dit aussi parfois la maraude*) Felddiebstahl *m*, Wald- und Feldfrevel *m*.

maraude *f* (*VR: vol commis par des soldats en campagne*) Plünderung *f*, Räuberei *f*.

maraudeur *m* Felddieb *m*; Plünderer.

marc le franc: **payer – –** *loc.* einen Betrag (unter mehreren Gläubigern im Verhältnis ihrer Forderungen) anteilmäßig aufteilen.

marchand *adj* kaufmännisch, Kauf-, Handels-; verkäuflich, marktgängig; **denrées –es** Handelsware *f*; **économie –e** Verkehrswirtschaft *f*; **galerie –e** Kaufhaus *n*; **qualité –e** (Ware) mittlerer Art und Güte, Durchschnittsqualität; **quartier –** Geschäftsviertel *n*; **rue –e** Geschäftsstraße *f*.

marchand *m* (1) (*HR: commerçant*) Kaufmann *m*, Händler *m*, (2) (*HR: détaillant*) Einzelhändler *m*; **– ambulant** Gewerbetreibender im Umherziehen, Hausierer *m*, Wandergewerbetreibender; **– de biens** Grundstücksmakler *m*, Immobilienhändler; **– de canons** Waffenhändler; **– en détail** Kleinhändler, Einzelhändler; **– en gros** Großhändler; –

des quatre-saisons Markthändler, Obst- u. Gemüsehändler; **– à la sauvette** fliegender Händler, illegaler Gewerbetreibender, Händler ohne Gewerbeschein; **– de soleil** Touristikunternehmen *n*.

marchandage *m* (1) (*ArbR: contrat de sous-entreprise*) Arbeitskräftevermittlung *f*; Dienstverschaffungsvertrag *m*, (2) (*StR, ArbR*) unzulässiges Verschaffen von Arbeitskräften, Ausbeutung von Arbeitskräften durch Subunternehmer, (3) (*HR*) Feilschen *n*, Handeln *n*, Kuhhandel *m*.

marchander *v.tr.* (1) (*ArbR*) einen Dienstverschaffungsvertrag abschließen, (2) (*HR*) feilschen, handeln, schachern.

marchandeur *m* (*ArbR: sous-entrepreneur qui s'engage à effectuer un travail à prix convenu et qui ne fournit que la main-d'œuvre*) Arbeitskräftevermittler *m*.

marchandisage *m* (*HR: élément de la mercatique*) Verkaufsförderung *f*; Warengestaltung und -darbietung.

marchandise *f* (1) (*HR: objet corporel faisant l'objet d'un contrat commercial*) (Handels-) Ware *f*, (Wirtschafts-) Gut *n*, (2) (*TransportR*) Frachtgut *n*; **déclaration de la –** Warenerklärung *f*; **– avariée** beschädigte Ware; verdorbene Nahrungsmittel; **– de bon aloi** gediegene Qualität.

marchandise de camionnage Rollgut; **– de choix** Qualitätsware; **– commerciale** Handelsware; **– en commission** (*HR*) Kommissionsware; **– conforme** (1) (*HR*) der Bestellung entsprechende Ware, (2) (*ZollR*) mit der Erklärung übereinstimmende Ware; **– en consignation** *ou* **consignée** Konsignationsware; **– contingentée** bewirtschaftete Ware; **– de contrebande** Schmuggelgut *od.* -ware.

marchandise dédouanée verzollte Ware; **– défectueuse** mangelhafte Ware; **– sous douane** Zollgut; **– encombrante** Sperrgut, sperrige Güter *npl*; **– endommagée** beschädigte Ware; **– entreposée** Lagergut *n*, Lagerware; **– exportée** Export- *od.* Ausfuhrware; **– exposée en vente** zum Verkauf ausgestellte Ware; **– d'exposition** Messegut *n*, Ausstellungsgut.

marchandise flottante (*SeeHR*) schwimmende Ware; **– fragile** zerbrechliche *od.* bruchempfindliche Ware; **– imflammable** leicht entzündliche *od.* feuergefährliche Ware; **– importée** Importware, Einfuhrware.

marchandise laissée pour compte (1) (*HR*) unverkäufliche Ware, (2) Falschlieferung *f*; **– loyale et marchande** (*HR*) Handelsgut mittlerer Art und Güte; **– de mauvaise qualité** minderwertige Ware.

marchandise périssable (leicht) verderbliche Ware; **– prohibée** Banngut *n*; **– de qualité** Qualitätsware; **– de rebut** Ausschussware; **– en retour** Rück- *od.* Retourware; **– standardisée** Markenartikel, standardisierte Ware; **– en transit sous douane** Zollanweisungsgut *n*.

marchandises *fpl* Güter *npl*, Waren *fpl*; **arrimage des –** *m* (*SeeHR*) Stauen *n* der Ware; **bordereau de –** Warenverzeichnis *n*; **créance sur –** Warenforderung *f*; **désignation des –** Warenbezeichnung *f*; **échantillon de –** Warenproben *od.* -muster *n*; **falsification de –** Warenfälschung *f*; **fourniture de –** Warenlieferung *f*; **groupage de –** Sammelladung; **livraison de –** Warenlieferung *f*; **offre de –** Warenangebot *n*; **rétention de –** Zurückbehaltung der Waren; **ristourne sur –** Warenrückvergütung; **stock de –** Warenlager *n*, Warenvorräte *mpl*.

marchandises en cale (*SeeHR*) Ware im Schiffsraum, Seefracht *f*; **– dangereuses, polluantes** *ou* **infectes** gefährliche, umweltschädliche *od.* ungenießbare Güter.

marchandiseur *m* (*HR: spécialiste chargé de mettre en œuvre, au point de vente, les techniques du marchandisage et matériel de présentation utilisé au cours d'une telle action*) Verkaufsfachmann *m*; vom Verkaufsfachmann verwendetes Material.

marche *f* (1) Betrieb *m*, Gang *m*, Verlauf *m*, (2) Stufe *f*, (3) *hist.* Mark *f*, militärische Grenze; **état de –** (*StVR*) Fahrtüchtigkeit; **être en –** in Betrieb sein; **– des affaires** Geschäftsgang *m*; Geschäftslage *f*; Geschäftsverlauf *m*; **– des débats** Ablauf *od.* Gang der Verhandlung; **– des événements** Fortgang der Ereignisse; **– de l'exploitation** Betriebsablauf *m*; **– d'un procès** Gang eines Prozesses, Prozessverlauf *m*; **– de la production** Produktionsablauf; **– à suivre** Betriebsanleitung; **– à vide** Leerlauf *m*.

marché *m* (1) (*HR: lieu de rencontre entre l'offre et la demande*) Markt *m*, Handelsplatz *m*, (2) (*BW: débouché*) Absatzgebiet *n*, Absatzmarkt *m*, (3) (*SchuldR: convention, vente commerciale*) (Kauf-) Geschäft *n*, Handelskauf *m*; Abmachung *f*, Abschluss *m*, Vertrag *m*, (4) (*WirtR: état et évolution de l'offre et de la demande*) Marktlage *f*, Marktentwicklung *f*; Marktstruktur *f*, (5) (*VwR: marché public*) (öffentlicher) Auftrag *m*; **accaparement du –** Marktbeherrschung *od.* -macht; Markterweiterung; **accorder un –** (*VwR*) den Zuschlag erteilen; **admis au –** marktgängig; **analyse du –** Marktforschung *od.* -analyse *f*; **approvisionnement du –** Marktversorgung; **bon –** preiswert, preisgünstig, wohlfeil, billig; **capacité d'absorption du –** Aufnahmefähigkeit des Marktes; **comportement sur le –** Markt- *od.* Wettbewerbsverhalten; **conclusion d'un –** Kaufvertragsabschluss *m*; **cours du –** Marktkurs *m*, Marktpreis *m*; **cours du – libre** Freiverkehrskurs *m*; **créneau du –** Marktnische *f*.

marché: **économie de –** Marktwirtschaft *f*, Verkehrswirtschaft; **étude de –** Marktforschung *od.* -untersuchung *f*; **évolution du –** Marktentwicklung; **exécution du –** Erfüllung, Leistung; **intervention sur le – libre** Offenmarktpolitik; **lancement sur le –** Markteinführung; **organisation du –** (*Vwirt*) Marktordnung *od.* -verfassung; **ouverture du –** Markterschließung; **part du –** Marktanteil *m*; **passation d'un –** Vergabe *f* eines Auftrags; **passer un –** (*VwR*) einen Auftrag vergeben; **perspectives du –** Marktaussichten *fpl*, Absatzmöglichkeiten.

marché: **prix du –** Marktpreis *m*; **règlement du –** Marktordnung; **résilier un –** einen Vertrag auflösen; **saturation du –** Marktsättigung; **situation du –** Marktlage *f*, Marktverhältnisse *npl*; **situation sur le –** Marktstellung *f*; **soutien du –** Marktstützung *f*; **tendance du –** Markttendenz *f*.

marché des actions (*BörR*) Aktienmarkt; **– sur adjudication** (*ÖfR*) Verdingungsvertrag *m*; **– administratif** öffentlich-rechtlicher Auftrag; **– des agents de change** amtliche Börse; **– agricole** Agrarmarkt; **– par appel d'offres** (*VwR*) Vergabe *f* im Leistungswettbewerb, Auftragsvergebung durch öffentliche Aufforderung zur Abgabe von Angeboten, Auftragsvergebung durch öffentliche Ausschreibung; **– par application** (*BörR*) Kompensationsgeschäft *n*; **– de l'argent** Geldmarkt, Markt für kurzfristige Kredite; Kreditvergabe an Geschäftsbanken.

marché en banque (*BörR*) Kulisse *f*, geregelter Freiverkehr; **– boursier** (1) (*BörR*) Börse *f*, Effekten- *od.* Fondsbörse, (2) Börsenhandel *od.* -markt *m*; **– de capitaux** (*BörR: Les marchés de capitaux ou financiers permettent la rencontre entre les agents économiques ayant un excédent de capitaux et les agents ayant des besoins de financement. Les entreprises s'adressent aux investisseurs des marchés de capitaux par l'émission d'actions, d'obligations*) Kapitalmarkt *m*, Wertpapiermarkt *m*, Markt für langfristige Kredite und Kapitalanlagen; **– des changes** Devisenhandel, Devisenmarkt; Devisenbörse; **– civil** Markt für private Unternehmen; **– de clientèle** (*VwR*) Dauerlieferauftrag *m*, Rahmenvertrag (auf Abruf); **– à commandes** (*VwR*) Rahmenauftrag, Rahmenvertrag; **– commun (= MC)** gemeinsamer Markt; Europäische Gemeinschaft (= EG).

marché par compensation Verrechnungs- *od.* Kompensationsgeschäft; –

au comptant (1) (*HR*) Barkauf *m*, (2) (*BörR*) Kassa- *od.* Lokomarkt *m*, Tagesgeschäft, Locogeschäft; **– sur concours** (*VwR*) Ausschreibung mit Ideenwettbewerb; **– de consommation** Verbrauchermarkt; **– de corbeille** amtliche Börse, Markt der durch Ausruf gehandelten Werte; **– de coulisse** Freiverkehr, Kulisse; **– de couverture** Deckungsgeschäft; **– du crédit** Kreditmarkt; **– des crédits à court terme** Geldmarkt; **– des crédits à long terme** Kapitalmarkt; **– creux** (Markt-) Flaute; **– des devises** Devisenmarkt, Devisenhandel; **– des devises au comptant** Devisenkassahandel; **– des devises libre** freier Devisenhandel; **– des devises officiel** amtlicher Devisenhandel.

marché différentiel Differenzgeschäft *n*; **– à double prime** (*BörR*) Stellage *f*; **– émergent** Schwellenland *n*; **– par entente directe** (*VwR: forme de passation de marchés publics*) freihändige Vergabe; **– de l'escompte** Diskontmarkt; **– d'études** (*VwR*) Untersuchungsauftrag; **– d'exportation** Ausfuhr- *od.* Exportmarkt; **– extérieur** ausländischer Absatzmarkt; **– sur facture** (*VwR*) formloser, durch die öffentliche Hand gegen Rechnungsbeleg abgeschlossener Kaufvertrag; **– ferme** (1) (*ZR, HR*) (voll-) gültiges Rechtsgeschäft, unwiderruflicher Vertrag, (2) (*BörR*) Fixgeschäft.

marché financier (*BörR, WertpR: marché des capitaux ou des placements à long terme*) Kapitalmarkt, Markt für langfristige Kredite und Kapitalanlagen; **– foncier** Immobilienmarkt; **– à forfait** (1) (*HR*) Auftrag zu Festpreisen, (2) (*VwR*) Vertrag zu festbestimmten Preisen unter Verzicht auf einen Ausgleich, Vergebung zu Pauschalpreisen; **– de fournitures** (*VwR*) Lieferauftrag, Vertrag über Lieferungen an die öffentliche Hand; **– des frets** Charter- *od.* Frachtenmarkt.

marché de gré à gré (*VwR*) freihändige Auftragsvergabe; **– de gros** Großhandel(smarkt); **– hors banque** Privatdiskontmarkt; **– immobilier** Immobilienmarkt; **– d'intérêt national (= MIN)** (*HR: marché-gare*) Gemüse- und Obstgroßhandel (mit Sonderstatus in Frankreich); **– intérieur** Inlands- *od.* Binnenmarkt; **– international des matières premières** Weltrohstoffhandel *m*; **– léonin** (*HR*) Übervorteilung *f*; **– libre** (*WirtR*) Freiverkehr *m*, freier Markt; **– à liquider à fin de mois** (*BörR*) Ultimogeschäft; **– à livrer** (1) Lieferungsvertrag (2) (*BörR*) Terminmarkt, Warenterminggeschäft; **– du logement** Wohnungsmarkt; **– de la main-d'œuvre** Arbeitsmarkt; **– sur mémoire** (*VwR*) formloser Ankauf durch die öffentliche Hand gegen Rechnungsbelege; **– métropolitain** Binnenmarkt (in Frankreich).

marché monétaire (*BankR: marché de l'argent à court terme*) Geldmarkt, Markt für kurzfristige Kredite; **– monopolistique** Angebotsmonopol *n*; **– monopsone** Nachfragemonopol; **– national** Inlands- *od.* Binnenmarkt; **– noir** Schwarzmarkt.

marché obligataire (*BörR*) Obligationenmarkt; **– occulte** informeller Sektor; **– officiel** (*BörR: cote officielle*) amtlicher Börsenhandel, offizieller Effektenmarkt; **– oligopolistique** beschränktes Angebotsmonopol; **– par opposition** Art der Kursfeststellung für den Aktienkassahandel; **– à option** Nochgeschäft, Optionsgeschäft; **– de l'or** Goldmarkt *m*.

marché parallèle (1) (*WirtR, StR: marché illégal avec des produits souvent trafiqués*) illegaler Markt; Schwarzmarkt *m*, (2) (*Vwirt: économie sortant du régime capitaliste et marchand*) Subsistenzwirtschaft *f*, informeller Sektor, (3) (*BankR: marché hors bourse et hors banque*) nichtamtlicher Devisenmarkt, freier Sortenhandel; **– porteur** florierender Markt; **– potentiel** Nachfragepotential; **– à prime** Prämiengeschäft; **– à prix ferme** Festpreisgeschäft; **– à prix révisable** (*ZR, HR*) Kaufvertrag mit Preisanpassungsklausel; **– à la production** Erzeugermarkt.

marché public (*VwR*) öffentlicher Auftrag, Auftrag der öffentlichen Hand;

– – **de définition** Entwurfsauftrag; – – **d'essai** Versuchsauftrag; – – **d'études** Untersuchungsauftrag; – – **de fournitures** öffentlicher Lieferauftrag; – – **de gré à gré** freihändige Auftragsvergabe; – – **de prestation** Leistungsauftrag; – – **de recherches** (öffentlicher) Forschungsauftrag; – – **de services** öffentlicher Dienstleistungsauftrag.

marché réglementé bewirtschafteter Markt; – **des rentes** Rentenmarkt; – **des rompus** Spitzenregulierung; – **saturé** gesättigter Markt; – **soumissionné** (*VwR*) öffentliche Ausschreibung (von Verträgen über Lieferungen und Leistungen); – **à terme** (*BörR*) Terminhandel *m*; Termingeschäft *n*; Terminmarkt *m*.

marché du travail (*Vwirt*) Arbeitsmarkt *m*; – **de travaux** (*VwR*) Bauleistungsauftrag; – **de travaux publics** (*VwR*) öffentlicher Bauleistungsauftrag; Vertrag über öffentliche Arbeiten; – **unique** EU-Markt; – **des valeurs mobilières** Wertpapier- *od.* Effektenmarkt.

marchéage *m* (*HR: organisation coordonnée d'un ensemble d'actions commerciales au sein d'une entreprise*) Marketing *n*, Vermarktung *f*, Absatzstrategie *f*.

marchepied *m* (*Kfz*) Trittbrett *n*; **servitude de –** (*SachR, ÖfR: rives des cours d'eau domaniaux*) Leinpfad-Dienstbarkeit.

marc le franc: **au – –** *loc.* (*SchuldR*) quotenmäßig.

maréchaussée *f* (*ÖfR: pej.: gendarmerie*) Ordnungshüter *fpl*, Polizei *f*.

marée *f* Ebbe und Flut *f*; **marchand de –** Fischhändler *m*; – **humaine** Menschenmenge *f*; – **noire** Ölpest *f*.

marge *f* (1) (*ZR: acte juridique*) Rand *m*, (2) (*VwR: latitude*) Spielraum *m*, (3) (*HR: marge bénéficiaire*) Handels- *od.* Gewinnspanne *f*, Marge *f*; – **d'appréciation** (*VwR, PrzR*) Ermessensspielraum *m*, Beurteilungsspielraum *m*; – **d'autofinancement** Eigenfinanzierungsspanne.

marge bénéficiaire Handels- *od.* Gewinnspanne; – **brute d'autofinancement (= MBA)** Cash-flow *m*, (finanzieller) Überschuss *m*, Selbstfinanzierungsmarge; – **commerciale** Handelsspanne; – **commerciale brute** Bruttoertrag *m*; – **commerciale globale** *ou* **totale** Gesamthandelsspanne; – **commerciale nette** Nettoertrag *m*, Reinertrag; – **de crédit** Kreditspanne *od.* -spielraum; – **de détaillant** Einzelhandelsspanne; – **du distributeur** Verdienstspanne des Einzelhändlers; – **d'erreurs** Fehlerquote *f*.

marge de fluctuation (*Wechselkurs*) Schwankungs- *od.* Bandbreite; – **de garantie** Sicherheitsspanne; – **des grossistes** Großhandelsspanne; – **de manœuvre** Handlungsspielraum *m*; – **sur les prix** Preisunterschied *od.* -spanne; – **de sécurité** Sicherheitsspanne *f*, Sicherheitsabstand *m*; – **de tolérance** zulässige Abweichung.

marginal *adj* Grenz-; am Rande, Rand-; **communauté –e** Randgruppe *f*; **coût –** Grenzkosten; **entreprise –e** Grenzbetrieb, unrentables Unternehmen; **note –e** Randvermerk *m*, Randbemerkung *f*, Marginalie *f*; **revenu –** Grenzeinnahmen *fpl*.

marginal *m* Außenseiter *m*; Asoziale *m*, Mitglied *n* einer Randgruppe.

marginalisation *f* Ausgrenzung *f*.

mari *m* Ehemann *m*; Ehegatte *m*; **devoirs du –** Pflichten des Ehegatten.

mariage *m* (1) (*FamR: conclusion et célébration*) Eheschließung *f*, Heirat *f*, Trauung *f*, Vermählung *f*, (2) (*FamR: lien résultant de cette union légale*) Ehe *f*, Ehestand *m*, eheliche Lebensgemeinschaft, (3) (*GesR: fusion*) *fig.* Zusammenschluss *m*, Verschmelzung (von Unternehmen); **acte de –** Heiratsurkunde *f*, Trauschein *m*.

mariage: **célébration du –** Trauung, Eheschließung *f*, Eingehung der Ehe; **certificat de –** beglaubigte Ausfertigung der Heiratsurkunde, Trauschein, Eheschein (S); **certificat de capacité à –** Ehefähigkeitszeugnis *n*; **contracter –** eine Ehe eingehen; **contrat de –** Ehevertrag *m*.

mariage: **demande en –** Heiratsantrag; **dissolution du –** Eheauflösung *f*, Aufhebung der Ehe; **droit du –** Eherecht *n*; **effets du –** Rechtswirkungen der Eheschließung; **empêchement dirimant au –** absolutes Eheverbot; **empêchement simplement prohibitif au –** heilbares Eheverbot, aufschiebendes Eheverbot; **enfants d'un premier –** Kinder aus erster Ehe; **escroc au –** Heiratsschwindler; **escroquerie au –** (*StR*) Heiratsschwindel *m*; **hors –** nichtehelich.

mariage: **inexistence du –** Nichtehe, Scheinehe; **liens du –** Eheband, eherechtliches Verhältnis; **nullité du –** Nichtigkeit der Ehe; **obligations issues du –** eheliche Pflichten; **opposition à –** (*FamR: défense de célébrer le mariage à la requête des personnes mentionnées aux art. 172, 173, 174, 175–2 Cciv*) (*eingelegt von der Staatsanwaltschaft od. von Verwandten unter Hinweis auf ein Eheverbot*) Widerspruch; **paternité hors –** nichteheliche Vaterschaft; **prohibition du –** Eheverbot *n*; **promesse de –** Eheversprechen *n*; **publication de –** Aufgebot *n* der Verlobten (erlassen durch den Standesbeamten).

mariage antérieur non dissous Ehehindernis des bestehenden Ehebandes; **– bigamique** Doppelehe; **– blanc** (*EheR: mariage de complaisance, naturalisant ou simulé, célébré dans les formes légales, mais sans intention réelle de se prendre pour époux. On dit aussi: mariage simulé ou fictif; trivialement: mariage arrangé.*) (*z.B. zwecks Staatsangehörigkeitserwerbs*) Scheinehe *f*, Nichtehe *f*; **– boîteux** (*IPR: mariage valable selon une loi, mais nul selon une autre*) hinkende Ehe; **– civil** (*EheR: par opposition à mariage religieux*) standesamtliche Eheschließung *od.* Trauung, Zivilehe; **– clandestin** heimliche Eheschließung; **– sans comparution personnelle** Ferntrauung; **– consommé** vollzogene Ehe; **– contracté de bonne foi** in gutem Glauben geschlossene Ehe; **– contracté dans le seul but d'acquérir le nom du mari** Namensehe; **– déclaré nul** für nichtig erklärte Ehe.

mariage fictif (*EheR: il s'agit d'une simulation de mariage: c'est-à-dire les époux ont consenti au mariage sans intention réelle de vivre ensemble. On dit aussi: mariage simulé*) Scheinehe, Namensehe *f*; **– inexistant** Nichtehe; **– d'intérêt** Geldheirat.

Nach frz. Auffassung steht beim *mariage mixte* die unterschiedliche Staatsangehörigkeit im Mittelpunkt. Für die Deutschen spielt die unterschiedliche Religion und Hautfarbe bei der *Mischehe* ebenfalls eine große Rolle

mariage mixte (*EheR: en France, un mariage mixte est le mariage d'un Français et d'un étranger, célébré devant un officier de l'état civil français*) (*zwischen In- und Ausländer*) Mischehe *f*, (*zwischen Muslim(a) und Christ(in)*) konfessionsverschiedene *od.* bekenntnisverschiedene Ehe; **– morganatique** (*hist*) nicht standesgemäße Ehe, morganatische Ehe; **– nul** nichtige Ehe, fehlerhafte Ehe; **– devant l'officier de l'état civil** standesamtliche Eheschließung; **– putatif** (*EheR*) Putativehe, Nicht- *od.* Scheinehe; **– religieux** kirchliche Trauung; **– simulé** (*EheR: syn.: mariage fictif, blanc ou arrangé*) Scheinehe *f*; **– subséquent** nachfolgende Eheschließung.

marié *adj* (*FamR: qui est uni à une personne du sexe opposé*) verheiratet.

marié, mariée *m et f* der *od.* die Verheiratete; **témoins des –s** Trauzeugen *mpl.*

marier *v.tr.* (1) (*EheR: unir (un homme et une femme) en célébrant le mariage*) trauen; verbinden, (2) (*FamR: établir qqn. dans l'état de mariage*) verheiraten, (3) **se –** *v.pron.* (*EheR: s'unir par le mariage, en parlant de deux époux*) sich verheiraten, ehelichen.

marin *m* Seemann *m*, Matrose *m*.

marine *f* Marine *f*; Seewesen *n*; Seestreitkräfte *fpl*; **– de commerce** *ou* **marchande** Handelsflotte *f*, Handelsmarine *f*.

marital *adj* ehelich; dem Ehegatten zustehend; **union** *ou* **vie –e** (*FamR: union qui a l'apparence du mariage – vie en concubinage*) eheähnliche Lebensgemeinschaft.

maritalement *adv*: **vivre –** (1) (*vivre en cocubinage*) in eheähnlicher *od.* nichtehelicher Gemeinschaft lebend, (2) (*FamR: vivre conjugalement*) in ehelicher Lebensgemeinschaft lebend.

maritime *adj* See-; Seefahrt treibend; Schiffs-; **accord –** (*VR*) (internationales) Schiffahrtsabkommen *n*; **assurance –** Seeversicherung *f*; **code –** Seegesetzbuch *n*; **territoire –** Küstengebiet *n*.

marketing *m* (*BW: mercatique ou marchéage*) Marketing *n*, Vermarktungssteuerung, Absatzförderung; **directeur du –** Verkaufsleiter *m*; **– audit** Absatzberatung; **– -mix d'un produit** gleichzeitiger Einsatz mehrerer Marketing-Instrumente zur Verkaufsförderung; Marketing-Mix *n*.

maroquin *m* (*Pol: portefeuille ministériel*) Ministerposten *m*.

marquage *m* Kennzeichnung *f*, Bezeichnung *f*, Markierung; **– des prix** Preisauszeichnung *f*, Preisangabe *f*.

marque *f* (1) (*empreinte, signe*) Merkmal *n*, Kennzeichen *n*, (2) (*GRUR: label, signe distinctif*) Warenzeichen *n*, (en Aut:) Marke *f*, Zeichen *n*, (3) (*fabricant d'une marque*) Markenartikelhersteller, (4) (*témoignage, preuve*) Zeichen *n*, Beweis *m*; **article de –** Markenartikel *m*; **description de la –** Marken- *od.* Warenzeichenbeschreibung *f*; **droit des –s** Markenrecht *n*; **élément contenu dans la –** Markenbestandteil *m*; **enregistrement de –** Warenzeicheneintragung *f*, Markenregistrierung; **produit de –** Markenartikel *m*, Markenerzeugnis *n*; **propriétaire d'une –** Markeninhaber *m*; **protection de la –** Markenschutz; **registre** *ou* **répertoire des –s** (Waren-) Zeichenrolle *f*.

marque d'accompagnement begleitendes Warenzeichen; **– d'appel** Werbung mit einem Markenfabrikat (in Geschäften); **– d'authenticité** Echtheitszeichen *n*; **– collective** Gemeinschafts- *od.* Verbandswarenzeichen; **– combinée** Kombinationswarenzeichen; **– de commerce** (*GRUR: marque apposée par celui qui commercialise un produit*) Warenzeichen *n*, Handelsmarke *f*; **– communautaire** EU-Warenzeichen; **– comparative** Vergleichszeichen; **– de conformité** Prüf- *od.* Gütezeichen; **– contraire** Gegenzeichen; **– de contrôle** (1) Prüfzeichen, (2) Kontrollstempel *m*; **– défensive** Defensivzeichen; **– de délimitation** (*SachR*) Grenzzeichen.

marque déposée (*GRUR: dépôt à l'Institut national de la propriété industrielle = INPI*) eingetragenes Warenzeichen; **– distinctive** unterscheidungsfähiges Warenzeichen; Unterscheidungsmerkmal *n*; **– du domaine public** Freizeichen; **– de douane** zollamtliche Kennzeichnung, Zollvermerk *m*; **– enregistrée** eingetragenes Warenzeichen; **– étrangère** ausländisches Warenzeichen.

marque de fabrique (*GRUR: marque apposée par le fabricant d'un produit*) Fabrik- *od.* Warenzeichen, Handelsmarke; **déclaration de – –** Anmeldung eines Warenzeichens (durch den Hersteller).

marque figurative (déposée) (*GRUR: marque emblématique constituée de lignes, de dessins*) (eingetragenes) Bildzeichen, darstellendes Warenzeichen; **– de garantie** Gewähr- *od.* Garantiezeichen; **– d'identification** (1) (*WirtR*) Erkennungszeichen *od.* -marke, (2) (*ZollR*) Nämlichkeitszeichen; **– d'immatriculation** Eintragungszeichen; **– indélébile** urkundenechtes Zeichen; **– internationale** international eingetragenes Warenzeichen, international (registrierte) Marke.

marque label Gütezeichen *n*; **– litigieuse** Streitzeichen; **– manuscrite** Handzeichen; **– marginale** (*Urkunde*) Randvermerk *m*; **– mondiale** Weltmarke.

marque nominale (*GRUR: marque constituée par des mots, des lettres ou chiffres*) Logo, Kombinationszeichen, Wort- und Bildzeichen; –

nominative Wortzeichen; – **notoire** *ou* **notoirement connue** Warenzeichen, das bereits (weltweite) Verkehrsgeltung erlangt hat; notorisches Warenzeichen, notorische Marke; – **numérique** laufende Nummer.

marque d'origine (*Außh*) Ursprungsvermerk, Herkunftsbezeichnung; – **pouvant prêter à confusion** verwechslungsfähige Marke; – **de propriété** Eigentumszeichen.

marque protégée Schutzmarke *f*, geschütztes Warenzeichen, geschützte Marke; – **de provenance** Herkunftsangabe *od.* -bezeichnung; – **de qualité** Gütezeichen, Qualitätsmarke; – **de refus** Verwerfungszeichen (auf beanstandeten Maßen und Gewichten); – **de service** Dienstleistungsmarke; – **de souveraineté** (*ÖfR*) Hoheitszeichen; – **syndicale** Verbandszeichen; – **verbale** Wortmarke; – **de vérification** Eichstempel, Neueichstempel; – **de vérification périodique** Nacheichstempel.

marqué *adj* mit einem Zeichen versehen; gestempelt; (*Ware*) ausgezeichnet.

marquer *v.tr.* kennzeichnen; auszeichnen; – **son attachement** seine Zugehörigkeit unter Beweis stellen; – **le coup** *fig.* einstecken (ohne zu klagen); – **de l'intérêt (pour qqch.)** Interesse zeigen; – **le pas** stagnieren; – **une pause** eine Verschnaufspause einlegen.

marqueur *m* (*gros crayon feutre*) Marker *m*, Stift zum Markieren.

marquis *m* (*hist*) Markgraf *m*.

marraine *f* (Tauf-) Patin *f*.

marron *adj*: **avocat** – Winkeladvokat *m*.

martelage *m* (*LandwR: marquage des arbres dans une coupe*) Anlaschen *n* (der Bäume).

martial *adj* kriegerisch; Kriegs-; **cour – e** Kriegsgericht *n*; **loi –e** Staatsnotstandsgesetz *n*; Standrecht *n*.

masque *m* (*StR*) Vermummung *f*; – **chirurgical** Mundschutz *m*.

masquer *v.tr.* vermummen; verbergen, verdecken; bemänteln; – **un problème** Schwierigkeiten verschleiern.

mass media *mpl* (*MedienR*) Massenmedien *npl* (Radio, Fernsehen, Presse).

massacre *m* Gemetzel *n*, Blutbad *n*, Massenmord *m*.

masse *f* (1) (*SchuldR: ensemble de biens soumis à un régime spécial*) Sondervermögen *n*, (2) (*InsolvenzR: jusqu'en 1985 groupement légal obligatoire des créanciers, aujourd'hui: représentation des créanciers*) (Gesamtheit der) Insolvenzgläubiger, (3) (*Vwirt*) Volumen *n*, (große) Anzahl, Menge *f*, Masse *f*, (4) (*HR, ArbR: somme totale*) Gesamtbetrag *m*, Summe *f*; **actif de la –** (*InsolvenzR: ensemble de biens soumis à un régime spécial*) Insolvenzmasse *f*; Aktiva *pl* eines Sondervermögens; **constitution de la –** Bildung der Insolvenzgläubigerversammlung.

masse active Aktivvermögen *n*; – **de biens** Vermögensmasse *f*; – **budgétaire** Haushaltsvolumen *n*; – **des créanciers** (Insolvenz-) Gläubigergemeinschaft; – **fiscale** Steueraufkommen *n*; – **héréditaire** Nachlass *m*; – **monétaire** Geldumlauf *m*, umlaufende Geldmenge, Geldvolumen *n*; – **de partage** Teilungs- *od.* Verteilungsmasse; – **salariale** Bruttolohnsumme *f*; – **successorale** (*ErbR*) Nachlass *m*, Erbschaft(smasse) *f*.

massif *adj* stark, schwer, gewichtig, massiv; **assistance massive** umfangreiche Hilfeleistung.

mater *v.tr.* (*Aufstand, Revolte*) niederringen, niederschlagen; (*Randalierer*) überwältigen; bändigen; – **les résistances** den Widerstand brechen.

matérialiser *v.tr.* verwirklichen, realisieren.

matérialité *f* **des faits** objektiver Tatbestand *m*, Sachverhalt *m*, Vorliegen *n* des Tatbestandes.

matériau *m* (*BauR: toute matière servant à construire*) Baumaterial *n*.

matériaux *mpl* (*diverses matières nécessaires à la construction d'un bâtiment, d'un ouvrage, d'un navire, d'une machine*) Material *n*, für eine Arbeit benötigter Roh-, Bau-, Werkstoff; – **défectueux** minderwertiges *od.*

schlechtes Material, fehlerhafter Werkstoff.

matériel *adj* (1) (*opposé à formel*) sachlich, Sach-, materiell(rechtlich), (2) stofflich, körperlich; **auteur – de l'infraction** (*StR*) Haupttäter *m* (im Gegensatz zum Anstifter); **bien –** (*SachR*) Sachwert *m*, körperlicher Gegenstand; **compétence –le** (*PrzR*) sachliche Zuständigkeit; **dégât(s)** *ou* **dommage –** Sachschaden *m*; **droit –** materielles Recht; **élément – de l'infraction** (*StR*) objektives Merkmal (der Straftat), äußerer Tatbestand; **erreur –le** sachlicher Irrtum; Rechenfehler; **fait –** objektiver Tatbestand; **gêne –le** Geldsorgen *fpl*; **opération –le** (*StR*) Tathandlung, Realakt *m*.

matériel *m* (1) (*ce qui compose le corps d'une chose*) Material *n*, Werkstoff *m*, (2) (*WirtR: équipement, outillage*) Gerät *n*, Maschinenpark *m*, (3) (*GesR: ensemble des objets, instruments, machines utilisés dans un service, une exploitation quelconque*) Betriebsanlagen *fpl*, Betriebseinrichtung, (4) (*DV: recommandation officielle pour hardware – opposé à logiciel*) Hardware *f*; **défaut du –** Materialfehler; **– de bureau** Büroeinrichtung; Bürobedarf *m*; **– éducatif** *ou* **d'enseignement** Lehrmittel *npl*; **– d'équipement** *ou* **d'exploitation** Betriebsmittel *npl*, Betriebsanlagen; **– génétique** Erbgut *n*; **– de guerre** Kriegsgerät *n*; **– de propagande** Werbemittel; **– de travail** Arbeitsgeräte *npl*.

maternel *adj* mütterlich; mütterlicherseits; **centre de protection –le et infantile (= PMI)** Mütterberatungsstelle *f*; **du côté –** mütterlicherseits; **droit –** Mutterrecht; **filiation –le** Abstammung mütterlicherseits.

maternité *f* (1) (*FamR*) Mutterschaft *f*, (2) (*MedizinR*) Entbindung; Entbindungsanstalt *f*; **action en recherche de –** Mutterschaftsklage *f*; **congé de –** Mutterschaftsurlaub *m*.

matière *f* (1) (*substance constituant les corps*) Stoff *m*, Materie *f*, Substanz *f*, (2) (*ce sur quoi on écrit et travaille*) Sachgebiet *n*, Fach *n*, Thema *n*, Gegenstand *m*, (3) (*origine d'une chose*) Ursache *f*, Anlass *m*, Veranlassung *f*, (4) (*SchuldR, ZPR: objet du contrat, de la procédure*) Gegenstand *m*, Sache *f*, Sachverhalt *m*, (5) (*StR: éléments objectifs d'un acte ou d'une abstention*) objektiver Tatbestand; **en – de** in Sachen; auf dem Gebiet; **entrée en –** (1) (*PrzR*) Verhandlungsbeginn *m*, (2) (*documents*) Einleitung; **entrer en (la) –** auf die Sache selbst eingehen; **table des –s** Inhaltsverzeichnis *n*.

matière civile (*PrzR*) Zivilsache *f*, bürgerliche Rechtssache; **– contentieuse** Streitsache, streitige Sache; **– d'un dossier** wesentlicher Inhalt einer Akte; **– d'examen** Prüfungsfach *n*; **– gracieuse** Angelegenheit der freiwilligen Gerichtsbarkeit, Außerstreitsache (Aut); **– imposable** Steuergegenstand *m*, Steuerobjekt *n*; **– litigieuse** (*ZPR*) Streitsache, streitbefangener Gegenstand; **– à option** (*SchulR*) Wahlfach *n*; **– pénale** Strafsache; **– première** Rohstoff *m*, Ausgangsstoff; **– première de base** Grundstoff; **– d'un procès** Prozessgegenstand *m*; **–s dangereuses** (*UmweltR*) umweltgefährdende Stoffe *od.* Abfälle; **–s plastiques** Kunstoffe *mpl*.

Matif *m* (*BörR: marché à terme international de France*) frz. internationaler Terminhandel.

matraquage *m* Schlagstockeinsatz *m* der Polizei; **– publicitaire** massiver Werbeeinsatz, Überflutung mit Werbung.

matriarcat *m* Matriarchat *n*.

matrice *f* (*SteuerR: liste des contribuables, bases d'imposition et propriétés foncières*) frz. Steuerregister *n*, Verzeichnis *n* der Steuerpflichtigen mitsamt Steuerbemessungsgrundlagen und steuerpflichtigen Grundstücke; **– cadastrale** Kataster *n*.

matricide *m/f* Muttermörder(in) *m/f*.

matricule *m* (*MilR: numéro d'immatriculation*) Stammrollennummer *f*, Personenkennziffer *f*.

matricule *f* (*VwR: registre nominal*) (Namens-) Register *n*, (Hochschul-) Immatrikulationsregister, Liste *f*.

matrimonial *adj* die Ehe betreffend,

Ehe-; **affaires –es** Ehesachen *fpl*; **agence –e** Eheanbahnungsinstitut *n*; **convention –e** Ehevertrag *m*; **lien –** eheliche Lebensgemeinschaft.
matronyme *m* (*FamR: nom de famille transmis par la mère dans le cadre du matronymat*) Name der Mutter als Familienname.
maturation *f* Reifung, Entwicklung.
maturité *f* Reife *f*, Urteilsvermögen *n*; Vollendung; (Lebens-) Erfahrung; **– précoce** Frühreife.
maudire *v.tr.* verfluchen, verdammen, verwünschen.
mauvais *adj* schlecht, schädlich, nachteilig, unbrauchbar.
mauvaise foi *f* (*SchuldR: attitude contraire à la bonne foi – manque de loyauté envers autrui constituant un dol –par expl. art. 801 et 1413 Cciv*) Bösgläubigkeit *f*, Unredlichkeit *f*; Böswilligkeit; **de – –** bösgläubig, unredlich.
maximal *adj* größt..., höchst...; **condamné à la peine –e** zur Höchststrafe verurteilt; **vitesse –e autorisée** zulässige Höchstgeschwindigkeit.
maximaliser *v.tr.* (*le rendement*) den Ertrag maximieren.
maxime *f* (*principe général du droit sous forme d'adage*) Rechtssprichwort *n*.
maximum *m* Höchstgrenze *f*, Maximum *n*, Spitze *f*; Höchstmaß (an); **au grand –** allerhöchstens.
mazout *m* Heizöl *n*; **nappe de –** Heizölrückstände *mpl*; Ölpest *f*.
mécanicien *m* Mechaniker *m*; **–-dentiste** Zahntechniker *m*.
mécanique *adj* maschinell, mechanisch; **construction** *ou* **industrie –** Maschinenbau *m*.
mécanisme *m* (1) Vorgang *m*, Mechanismus *m*, Ablauf *m*, (2) Apparat *m*, Vorrichtung *f*; **– de compensation** *ou* **de péréquation** Ausgleichseinrichtung.
mécénat *m* Förderung der Kunst, Mäzenatentum *n*.
mécène *m* Gönner *m*, Förderer (der Künstler).
méchanceté *f* Bosheit *f*, Böswilligkeit, Bösartigkeit.
mécompte *m* (*Buchf*) Rechenfehler *m*, Fehlbetrag *m*.
méconduite *f* Fehlverhalten *n*.
méconnaissance *f* Verkennung *f*; **– du droit** Rechtsunkenntnis *f*; **– patente** (*Sachverhalt*) offensichtliche Fehleinschätzung.
méconnaître *v.tr.* verleugnen, nicht kennen wollen; verkennen, unterschätzen.
mécontentement *m* Unzufriedenheit *f*, Missmut *m*.
médaille *f* Medaille *f*, Gedächtnismünze *f*, Auszeichnung; Erkennungsmarke *f*; **– commémorative** Gedenkplakette *f*.
médecin *m* (*fém.: femme médecin ou doctoresse*) Arzt *m*, Ärztin *f*; Mediziner *m*; **consulter un –** einen Arzt aufsuchen, sich durch einen Arzt behandeln lassen; **corps des –** Ärzteschaft *f*; **ordre des –s** Ärztekammer *f*, Standesvertretung der Ärzte; **– de l'administration publique** beamteter Arzt, Amtsarzt; **– de bord** Schiffsarzt; **– de caisse** *ou* **des caisses d'assurance sociale** (*SozVers: syn. médecin conventionné*) Kassenarzt *m*; **–-conseil** Vertrauensarzt; **– consultant** (*bei Leichenschau z.B.*) zugezogener Arzt; **– conventionné** (*SozVers*) Kassenarzt *m*, (durch die Krankenkassen) zugelassener Arzt, Kassenarzt; **– d'entreprise** Betriebs- *od.* Werksarzt.
médecin de famille Hausarzt; **– de garde** (*MedizinR: on dit aussi urgentiste*) Notarzt; **– généraliste** (*MedizinR: syn.: un/une généraliste ou un omnipracticien/une omnipracticienne*) Arzt für Allgemeinmedizin, niedergelassener Azt, praktischer Arzt; **– hospitalier** Krankenhausarzt.
médecin légiste (*PrzR: médecin chargé des examens de défunts et des autopsies qui peuvent s'en suivre. La plupart du temps, ses patients sont des personnes bien vivantes: Celles-ci se retrouvent chez lui pour des bilans traumatiques suite à un accident ou des coups et blessures, pour des affaires de moeurs – viols, abus sexuels – ou pour une évaluation des séquelles*) Gerichtsmediziner *m*; **– marron** (*StR*) Kurpfuscher *m*; Arzt, der Gefälligkeitszeugnisse ausstellt; **– salarié** Arzt

im Angestelltenverhältnis; **– du service de la santé** Amtsarzt; **– spécialiste** Facharzt.

médecin traitant behandelnder Arzt, Hausarzt; **– du travail** (*ArbR: syn.: médecin d'entreprise*) Betriebs- *od.* Werksarzt *m*, Arbeitsmediziner.

médecine *f* Medizin *f*, Heilkunde *f*; Heilmittel *n*, Arznei *f*; **docteur en –** Doktor der Medizin (= Dr. med.); **exercice illégal de la –** unerlaubte Ausübung der Heilkunde, *umg* Kurpfuscherei; **– de groupe** Gemeinschaftspraxis *f*; **– légale** Gerichtsmedizin, Rechtsmedizin; **– libérale** Ausübung des ärztlichen Berufs als freien Beruf; **– préventive** prophylaktische Medizin, Vorsorgemedizin *f*; **– sociale** Sozialmedizin.

médecine du travail (*MedizinR: la médecine du travail est une médecine exclusivement préventive: elle a pour objet d'éviter toute altération de la santé des salariés*) Arbeitsmedizin; **– vétérinaire** Tiermedizin *f*.

MEDEF *m* (*ArbR: Mouvement des Entreprises de France*) frz. Arbeitgeberverband.

média *m* (*MedienR: ensemble des procédés de transmission massive de l'information*) Kommunikationsmittel *n*, Medium *n*; Werbeträger *m*; **multi – ** *m* (*MedienR: ensemble des techniques de communication intégrant des données multiples (son, texte, images fixes ou animées) sur un support électronique*) Multimedia *n*; Multimediatechnik *f*.

médiat *adj* mittelbar; **cause –e** indirekte *od.* mittelbare Ursache.

médiateur *m* (1) (*ÖfR: médiateur de la République recevant les réclamations des administrés*) frz. Justizkanzler, Ombudsman *m*, (2) (*ZR, ArbR: personne proposant une solution à un différend*) Schlichter *m*.

médiation *f* (1) (*VR*) (völkerrechtliche) Vermittlung, (2) (*ArbR: procédure de règlement des conflits collectifs du travail*) tarifvertraglich vereinbarte Schlichtung, (3) (*ZR: solution d'un conflit par un médiateur librement choisi*) vereinbarte freiwillige Schlichtung; **offrir** *ou* **proposer sa –** seine Vermittlung anbieten; **tentative de –** Schlichtungsversuch.

médical *adj* medizinisch, ärztlich; **acte –** ärztliche Behandlung; ärztliche Untersuchung; ärztlicher Eingriff; **auxiliaires médicaux** Pflegepersonal *n*; **examen –** ärztliche Untersuchung; **ordonnance –e** Rezept *n*; **questionnaire –** Gesundheitsfragebogen.

médicalisation *f* Erweiterung der medizinischen Versorgung.

médicament *m* (*MedizinR: produit pharmaceutique*) Arzneimittel *n*, Arznei *f*, Medikament *n*; **dépendance aux –s** Medikament(e)abhängigkeit *f*; **recueil de –s** Arzneibuch *n*; **– galénique** Galenikum *n*, in der Apotheke bereitetes Heilmittel; **– générique** Generikum *n*, Medikament mit Freinamen - ohne Warenzeichenschutz.

médicolégal *adj* forensisch, gerichtsmedizinisch, rechtsmedizinisch; **institut –** gerichtsmedizinisches Institut, Leichenschauhaus *n*.

médiocre *adj* mittelmäßig, unbedeutend; durchschnittlich; **revenu –** kaum ausreichendes Einkommen.

médisance *f* (*StR: propos malveillant*) üble Nachrede *f*, Verleumdung *f*.

meeting *m* (*Pol: réunion publique*) Versammlung *f*, Veranstaltung *f*, Meeting *n*.

méfait *m* (*StR: action nuisible à autrui*) Straftat *f*, Missetat *f*, verwerfliches Verhalten; **petit –** geringfügige Straftat.

méfiance *f* Misstrauen *n*, Argwohn *m*; **éveiller la –** Verdacht erregen.

mégarde *f* (*SchuldR: manque d'attention*) Unachtsamkeit; **par –** (*SchuldR: par inadvertance*) aus Versehen, infolge der (eigenen) Unachtsamkeit, unvorsichtigerweise.

meilleur *adj* besser; **le – prix** der günstigste Preis; **le –, la –e** der, die Beste; **les –es conditions** die vorteilhaftesten Bedingungen.

méjuger *v.tr.* falsch urteilen, ein Fehlurteil fällen.

mélange *m* (1) Vermischung *f*, Vermengung *f*, (2) Gemisch *n*, (3) (*surtout pl.*)

Festschrift *f*; – **de meubles** (untrennbare) Vermischung *od.* Vermengung beweglicher Sachen.

mélanger *v.tr.* vermischen, vermengen.

mêlée *f* Handgemende *n*, Kampf *m*; Schlachtgetümmel *n*.

mêler *v.pron.*: **se – des affaires d'autrui** sich in fremde Angelegenheiten einmischen.

membre *m* (1) Mitglied *n*, (2) Glied *n*; **carte de –** Mitgliedsausweis *m*; **devenir –** beitreten, die Mitgliedschaft erwerben; **État –** Mitgliedsstaat *m*; **exclure un –** ein Mitglied ausschließen; **qualité de –** Mitgliedschaft *f*, Eigenschaft als Mitglied.

membre actif aktives Mitglied; – **adhérent** (gewöhnliches) Mitglied; – **adjoint** beigeordnetes Mitglied; – **assesseur** Beisitzer *m*; – **associé** (1) (*VR*) assoziiertes Mitglied, (2) korrespondierendes Mitglied (einer Akademie); – **bienfaiteur** förderndes Mitglied; – **d'un commando** Mitglied einer Schlägerbande; Mitglied eines Stoßtrupps; – **du conseil** Ratsmitglied; – **du conseil d'administration** (*GesR*) Verwaltungsratmitglied; – **coopté** zugewähltes Mitglied; – **correspondant** korrespondierendes Mitglied; – **cotisant** förderndes Mitglied; – **de droit** Mitglied kraft Amtes; – **électif** wählbares Mitglied; – **élu** gewähltes Mitglied.

membre de la famille Familienangehörige(r), Familienmitglied *n*; – **fondateur** (*GesR*) Gründungsmitglied *n*; – **des forces armées** Mitglied der Streitkräfte; – **des forces d'occupation** Angehörige(r) der Besatzungsstreitkräfte.

membre du gouvernement Regierungsmitglied *n*; – **d'honneur** *ou* **honoraire** Ehrenmitglied; – **indéfiniment responsable** (*GesR: KG*) persönlich haftender Gesellschafter, Komplementär *m*; – **inscrit** eingetragenes Mitglied; – **du jury** (1) (*StPR*) Geschworener, (2) (*SchulR*) Mitglied des Prüfungsausschusses; – **originaire** Stammitglied; – **ouvrier** Arbeitnehmervertreter; – **à part entière** Vollmitglied *n*; vollberechtigter Delegierter.

membre du parti Parteimitglied; – **permanent** *ou* **perpétuel** ständiges Mitglied; – **du personnel** (*ArbR*) Betriebsangehörige(r) *m*, Belegschaftsmitglied *n*; – **présent** erschienenes *od.* anwesendes Mitglied; – **représenté** (ordnungsmäßig) vertretenes Mitglied; – **sortant** ausscheidendes Mitglied; – **suppléant** Ersatzmitglied, stellvertretendes Mitglied; – **temporaire** nichtständiges Mitglied; – **titulaire** ordentliches Mitglied, Vollmitglied.

mémento *m* (*SchulR: résumé, aide-mémoire*) Grundriss *m*; Anleitung.

mémoire *m* (1) (*VR: note écrite*) Denkschrift *f*, Memorandum *n*, (2) (*HR: état des sommes dues à un officier ministériel ou un entrepreneur*) Rechnung; Gesamtabrechnung (über Baukosten), (3) (*PrzR: document qui remplace les conclusions et la plaidoirie devant la Cour de cassation et le Conseil d'État*) Klageschrift *f*, Schriftsatz *m*, (4) (*ZPR, FamR: description de la situation conjugale*) Beschreibung des Zerrüttungszustandes der Ehe (bei Einreichung der Scheidungsklage), (5) (*VwR: requête sommaire*) Antrag *m*, (6) (*UrhR: au pl.: écrire ses mémoires*) Lebenserinnerungen *fpl*, Autobiographie *f*, Memoiren *nur Pl.*; **dresser un –** (*StPR*) Sachverhaltsaufnahme *f*; **soutenir un –** (*devant un jury ou une société savante*) eine gelehrte Abhandlung verlesen.

mémoire ampliatif (1) (*VwPR: requête déposée devant le juge administratif*) (*im Verwaltungsprozessverfahren*) Klagebegründung *f*; Schriftsatz, der den (Klage-) Antrag näher begründet, (2) (*ZPR: pour le pourvoi en cassation*) schriftliche Begründung des Rechtsmittels *od.* des Revisionsmittels, Berufungs- *od.* Revisionsbegründung; – **en défense** (*PrzR: mémoire établi par le défendeur en réponse au mémoire ampliatif*) Klagebeantwortung, Verteidigungsschrift, schriftliche Gegenäußerung; – **des frais** Kostenaufstellung; – **d'honoraires** Gebührenrechnung; **– introductif d'instance** (*PrzR*) (die Rechtshängigkeit begründende) Klageschrift; **– justificatif** (*PrzR*) (erläutender) Schriftsatz; **– secret** Geheimbericht *m*.

mémoire *f* (1) (*faculté de se souvenir*) Gedächnis *n*; Erinnerung *f*; Erinnerungsvermögen *n*, (2) (*DV*) Speicher; **à la – de** zum Gedenken; **avoir la – courte** schnell (wieder) vergessen; **de –** auswendig, aus dem Gedächtnis; **garder en –** sich merken, behalten; **lacune de la –** Gedächtnislücke *f*; **maladie de la –** Amnesie *f*; **mettre en –** (*Daten*) speichern; **perte de –** Gedächtnisverlust *m*, Gedächtnisstörung *f*; **pour –** zur Kenntnisnahme *od.* Information; **un trou de –** eine Gedächtnislücke.

memorandum *m* (*VR: aide-mémoire*) Memorandum *n*; diplomatische Note; Denkschrift *f*; **– d'accord** Vereinbarung(sprotokoll).

mémorisation *f* (1) (*Werbung*) Haften *n* (im Gedächtnis), (2) (*DV*) Speicherung.

menaçant *adj* drohend; gefährlich.

menace *f* (1) (*ÖfR, ZR: risque de dommage*) Bedrohung *f*, Gefährdung *f*, (2) (*StR: souvent au pl.: actes d'intimidation*) Nötigung *f*, Drohung *f*, Einschüchterung; **être sous la – d'une expulsion** (*AuslR*) unter Androhung der Abschiebung; **mettre ses –s à exécution** zur Tat schreiten; **proférer des –s** eine Drohung ausstoßen; **sous la – d'une arme** jmdn. mit vorgehaltener Waffe bedrohen; **– grave** schwere Drohung; **– de grève** (1) Streikdrohung *f*, (2) Streikgefahr *f*; **– de guerre** (*VR*) Kriegsdrohung; Kriegsgefahr; **– pour l'ordre public** Gefährdung der öffentlichen Sicherheit und Ordnung; **– contre la paix** Friedensstörung; **– sous-entendue** unterschwellige Drohung.

menacer *v.tr.* drohen, bedrohen; androhen; **– qqn. d'une arme** jmdn. mit einer Waffe bedrohen.

ménage *m* (1) (*WirtR: unité de population*) Haushaltung *f*, Haushalt *m*, (2) (*FamR: groupe formé par le couple et les enfants*) Ehepaar (mit Kindern) *n*, Familie *f*; häusliche Gemeinschaft; **argent du –** Haushalts- *od.* Wirtschaftsgeld; **femme de –** Putzfrau; **homme de –** Hausmann; **jeune –** junges Ehepaar; **se mettre en –** heiraten; zusammenziehen, eine eheähnliche Gemeinschaft begründen; **subvenir aux besoins du –** den Familienunterhalt bestreiten; **– sans enfants** kinderloses Ehepaar; **– de fait** nichteheliche Lebensgemeinschaft.

ménagement *m* (1) (*souvent pl.: attention, précautions*) Umsicht *f*, Vorsicht *f*, (2) (*réserve, respect*) Zurückhaltung, (3) (*administration*) Verwaltung; **sans –** rücksichtslos, schonungslos; ohne Skrupel.

ménager *v.tr.* schonen, sparsam umgehen (mit); rücksichtsvoll behandeln; **se –** *v.pron.* seine Gesundheit pflegen.

ménager *adj* sparsam, mit wenig auskommend; **appareils –s** Haushaltsgeräte *npl*, Haushaltswaren *fpl*; **salon des arts –s** Haushaltswarenmesse *f*.

ménagère *f* (*FamR: femme qui s'occupe de son foyer*) Hausfrau *f*.

ménagiste *m* (*WirtR*) Haushaltswarenhersteller *m*.

mendiant *m* Bettler *m*.

mendicité *f* Betteln *n*, Bettelei *f*; **délit de –** (*StR*) strafbares Betteln; Bettelbetrug *m*.

menées *fpl* (*StR: agissements secrets et artificieux dans un dessein nuisible*) Umtriebe *mpl*, Machenschaften *fpl*; **– antinationales** (*StR*) staatsfeindliche Umtriebe.

mener *v.tr.* führen, leiten; **– à bien** *ou* **à bonne fin** erfolgreich durchführen; ordnungsgemäß erledigen; **– une enquête** Ermittlungen anstellen, eine Untersuchung durchführen; **– grand train** auf großem Fuß leben; **– les négociations** Verhandlungen führen; **– en prison** einsperren, in Haft nehmen.

meneur *m* (*StR: agitateur et provocateur*) Anführer *m*, Rädelsführer; Drahtzieher *m*.

menotter *v.tr.* die Handschellen anlegen, fesseln.

menottes *fpl* Handschellen *fpl*.

mensonge *m* Lüge *f*, Unwahrheit *f*; Täuschung *f*; **détecteur de –s** Lügendetektor *m*; **dire des –s** lügen, die Unwahrheit sagen; **un tissu de –s** ein Lügengespinst; **– par omission** Lüge durch Verscheigen eines Sachverhalts.

mensonger *adj* falsch, erlogen; **accusation** *ou* **affirmation mensongère** (*StR*) Falsche Anschuldigung; falsche Verdächtigung; **publicité mensongère** irreführende Werbung, falsche Werbeangaben.

mensualisation *f* (1) (*ArbR*) monatliche Entlohnung, (2) (*SteuerR*) Einziehungsauftrag (für die monatlich zu entrichtende Lohnsteuer).

mensualité *f* (1) (*ArbR*) Monatseinkommen *od.* -gehalt *n*, (2) (*SchuldR*) Monatsrate *od.* -betrag.

mensuel *adj* monatlich; **revenu –** Monatseinkommen *n*.

mensuel *m* (1) (*ArbR*) Gehaltsempfänger *m*, Arbeitnehmer *m* mit Monatsbezügen, (2) (*Presse*) Monatsschrift *f*.

mensurations *fpl* **judiciaires** (*StPR*) Anthropometrie *f*, Maße *fpl*.

mental *adj*: **âge –** psychischer Behinderungsgrad; **calcul –** Kopfrechnen *n*; **débile –** Schwachsinnige(r) *m*; **développement –** geistige Entwicklungsstufe; **maladie –e** Geisteskrankheit *od.* -störung; **réserve** *ou* **restriction –e** (*ZR*) geheimer Vorbehalt, reservatio mentalis.

mentalité *f* Geisteshaltung *f*; Denkart *f*; Anschauungsweise *f*.

mention *f* (1) (*ZR: indication dans une convention*) Klausel *f*, Angabe *f*; Nennung *f*; Bestandteil *n*, Erfordernis *n*, (2) (*ZR: énonciation ajoutée en marge de l'acte*) (Rand-) Vermerk *m*, Anmerkung *f*, Erwähnung *f*, (3) (*VwR, PrzR: indications obligatoires*) vorgeschriebene Angaben; Beschreibung des Verfahrensablaufs, (4) (*SchulR: appréciation du jury d'examen*) Prädikat *n*; **biffer** *ou* **rayer les –s inutiles** Nichtzutreffendes (bitte) streichen; **contenir une –** eine Klausel beinhalten; einen Vermerk enthalten.

mention d'acceptation Annahmevermerk *m*; **– accessoire** Nebenabrede *f*; unwesentliche Angabe; **– au dossier** (*ZPR*) Aktenvermerk; **– de l'enregistrement** Eintragungsvermerk; **– essentielle** wesentliche Angabe; **– honorable** Belobigung *f*; **– de l'inventeur** Erfindernennung *f*; **– en marge** *ou* **marginale** Randbemerkung *od.* -vermerk *m*; **– officielle** Amtsvermerk *m*.

mention de radiation Löschungsvermerk; **– de réserve** (*MuW*) Schutzvermerk *m*; **– de réserve internationale** (*MuW*) internationaler Schutzvermerk.

mention des responsables (*PresseR*) Impressum, verantwortlicher Herausgeber; **– substantielle** wesentliche Angabe; **– de validation** Gültigkeitsvermerk.

mentionner *v. tr. d.* nennen, erwähnen, anführen; vermerken, notieren.

mentir *v. intr.* lügen, die Unwahrheit sagen, nicht bei der Wahrheit bleiben; falsches Zeugnis ablegen; **sans –** um bei der Wahrheit zubleiben.

menus ouvrages *mpl* (*BauR*) Einbau- *od.* Umbauarbeiten *fpl* (als Teil der Gesamtleistung).

méprise *f* Irrtum *m*, Versehen *n*; Verwechslung *f*; **par –** infolge einer Verwechslung *od.* irrtümlichen Vertauschung.

mer *f* See *f*, Meer *n*; **droit international / national de la –** völkerrechtliches / innerstaatliches Seerecht; **en état de prendre la –** seetüchtig; **haute –** (*VR*) Hohe See, Offenes Meer; **lettres de –** Schiffspapiere *npl*; **navigation en –** Seeschiffahrt; **port de –** Seehafen.

mer fermée *ou* **intérieure** Binnenmeer; **– libre** offene See; **– territoriale** Küstenmeer *od.* -gewässer.

mercanti *m* (*StR: commerçant ou homme d'affaires avide et malhonnête*) unredlicher *od.* habgieriger Kaufmann; Schieber *m*.

mercantile *adj* kaufmännisch; geschäftstüchtig; **contrat –** Handelsgeschäft *n*; **esprit –** *pej* habgieriger Kaufmann.

mercantilisme *m* (*hist. Vwirt*) Merkantilismus *m*.

mercaticien *m* Marketingfachmann, Marketingfachfrau.
mercatique *f* (*BW: étude des besoins des consommateurs*) Marketing *n*.
merchandising *m* (*BW: syn. marchandisage*) Merchandising *n*, optimale Warenpräsentation, Verkaufsförderung.
merci *f* (*grâce, miséricorde*) Barmherzigkeit *f*, Erbarmen *n*; **demander –** um Gnade flehen; **être à la – de qqn.** jmdm. ausgeliefert sein.
merci *m* Dank *m*, Dankbarkeit; **non –** nein danke.
mercuriale *f* Marktbericht *m*; amtliche Marktpreisliste.
mère *f* Mutter *f*; **– adoptive** Wahl- *od.* Adoptivmutter; **– célibataire** ledige Mutter; **– au foyer** nicht berufstätige Mutter; **– légitime** Mutter eines ehelichen Kindes; **– porteuse** *ou* **de substitution** Leihmutter *f*.
méritant *adj* würdig, lobenswert.
mérite *m* Verdienst *n*, Wert *m*.
méritocratie *f* (*Pol*) Leistungsgesellschaft *f*.
mésaventure *f* Missgeschick *n*.
mésentente *f* (*syn.: mésintelligence*) Uneinigkeit *f*, Misshelligkeit *f*, fehlendes Verständnis *n*, Zwietracht *f*.
mésestime *f* Geringschätzung *f*.
message *m* Botschaft *f*, Mitteilung *f*; Durchsage *f*; Nachricht; **s'acquitter d'un –** eine Botschaft überbringen; **– codé** verschlüsselte Nachricht; **– de détresse** Notruf *m*; **– en incrustation** (*Fernsehen*) Einblendung; **– à la nation** (*VerfR*) Ansprache des Staatspräsidenten an die Nation (bei Ausrufung des Notstandes); **– publicitaire** Werbespot *m*; **– par télécopie** Fax *n*; **– téléphonique** telefonische Mitteilung.
messager *m* Bote *m*.
messageries *fpl* (1) (*HR: service de transports de lettres, de colis et voyageurs*) Fuhrunternehmen *n*; Versandgeschäft *n*; Personenbeförderung *f*, (2) (*TransportR: transport de marchandises à grande vitesse*) Schnelltransport *m*, Eilgutabfertigung *f*; **compagnie de –** Transportunternehmen *n*; **gare de –** Eilgüterbahnhof *m*; **– maritimes** Seetransportgesellschaft *f*; **– de presse** Zeitungsvertriebsgesellschaft *f*, Zeitschriftenvertrieb *m*.
mesurage *m* (Land-) Vermessung *f*; Landvermessungsprotokoll *n*.
mesure *f* (1) (*évaluation, mesurage*) Messung *f*, Messen *n*; Maß *n*, (2) (*ÖfR*) (*disposition*) Maßnahme *f*, Maßregel *f*; Vorkehrung *f*, (3) (*modération*) Mäßigung, Zurückhaltung, das Maßhalten; **abroger une –** eine Maßnahme aufheben; **adopter une –** eine Maßnahme treffen; *loc. adv.*: **au fur et à –** nach und nach; **dans la –** nach Maßgabe; **dans la – où** insoweit als; **dépenser avec –** sparsam haushalten; **être en –** in der Lage sein; **prendre une –** eine Maßnahme ergreifen; **rapporter une –** eine Maßnahme rückgängig machen; **sans –** maßlos; **sur –** nach Maß; passend.
mesure d'administration judiciaire (*PrzR*) Justizverwaltungsmaßnahme; **– administrative** Verwaltungsvorschrift *od.* -verordnung; Verwaltungsmaßnahme; **– d'aide** Hilfsmaßnahme *f*; **– d'apaisement** Beschwichtigung *f*; **– d'application** Durchführungsvorschrift, Anwendungsmaßnahme; **– arbitraire** willkürliche Maßnahme, Rechtsmissbrauch; **– d'assainissement** Sanierungsmaßnahme.
mesure attentatoire à la liberté (1) (*StR: atteinte à la liberté individuelle – art. 432–4 CP*) Freiheitsberaubung *f*, unrechtmäßige Freiheitsbeeinträchtigung, (2) (*ÖfR*) Eingriff in die Grundrechte.
mesure de boycottage Boykott *m*, Verrufserklärung *f*; **– de circonstance** ad hoc Maßnahme; **– de clémence** (*StR*) Gnadenerweis *m*, Gnadenakt; **– de coercition** *ou* **coercitive** *ou* **comminatoire** (*VwR*) Zwangsmittel, unmittelbarer Zwang; **– compensatrice** Kompensation, Ausgleichsmaßnahme.
mesure conservatoire (1) (*ZPR: opération juridique tendant à la sauvegarde d'un droit*) Maßnahme zur Erhaltung (eines Rechts), Sicherungsmaßnahme, Schutzmaßnahme, sichernde Maß-

nahme, (2) (*ZPR: mesure urgente judiciaire pour sauvegarder des biens*) vorsorgliche dringende Maßnahme, gerichtliche Verwahrungsmaßnahme, (3) (*SchuldR, VersR*) Schadensminderungsmaßnahme; Abwendungspflicht.

mesure de contrainte *ou* **contraignante** Zwangsmaßnahme *f*; **– de contrôle** Kontrollmaßnahme; **– corrective** Abhilfemaßnahme; **– de crise** Notstandsmaßnahme; **– dérogatoire** Ausnahmeregelung; **– dirigiste** (*Vwirt*) staatlicher Eingriff (in die Wirtschaft), (Wirtschafts-) Lenkungsmaßnahme.

mesure disciplinaire Disziplinarmaßnahme; **déplacement** *ou* **mutation par – –** (*BeanR*) strafweise Versetzung, Strafversetzung.

mesure d'économie Sparmaßnahme; **– éducative** (*StR*) Erziehungsmaßregel *f*; **– d'exception** *ou* **exceptionnelle** Ausnahmebestimmung *od.* -bewilligung.

mesure faisant grief (*VwR*) belastender Verwaltungsakt; **– de faveur** Begünstigung, begünstigende Maßnahme; **– gouvernementale** Hoheitsakt, Regierungsmaßnahme; **– de grâce** Gnadenerweis *m*; **– de guerre** Kriegsmaßnahme; **par – d'hygiène** aus gesundheitspolitischen Gründen.

mesure immédiate Sofortmaßnahme *f*; **– incitative** Förderungsmaßnahme *f*; **– individuelle** Einzelmaßnahme; **– inopérante** wirkungslose Maßnahme, eine nicht greifende Maßnahme; **– d'intervention** (*Vwirt*) Intervention, staatlicher Eingriff.

mesure judiciaire (*ZPR*) gerichtliche Anordnung *od.* Verfügung; **– législative** gesetzgeberische Maßnahme; **– monétaire** währungspolitische Maßnahme; **– d'ordre intérieur** (*VwR*) behördeninterne Anweisung; **– palliative** Abhilfe *f*; **– particulière** Einzel- *od.* Sondermaßnahme; **– des peines** (*StR*) Festsetzung der Strafe, Strafzumessung.

mesure de police (*ÖfR*) polizeiliche Maßnahme, Polizeiverfügung *od.* -maßnahme; **– de précaution** Vorsichtsmaßregel; **– préférentielle** begünstigende Maßnahme; **– préjudiciable** benachteiligende *od.* rechtsmissbräuchliche Handlung; **– préparatoire** (*VwR*) vorbereitende Weisung.

mesure préventive Vorbeugungsmaßnahme *f*, vorbeugende Maßnahme; **– de prévoyance sociale** (Sozial-) Fürsorgemaßnahme; **– protectionniste** Schutzmaßnahme *f*; **– provisionnelle** vorsorgliche Maßnahme; **– provisoire** (*ZPR*) einstweilige Verfügung, Maßnahme zur vorläufigen Regelung (einer Sache).

mesure de rationalisation (*WirtR*) Rationalisierungsmaßnahme; **– de réadaption** (*StVZ*) Resozialisierung, sozialtherapeutische Maßnahme; **– de reconversion** (1) (*ArbR*) Umschulungsmaßnahme, (2) (*WirtR*) Betriebsumstellung *f*; **– de recouvrement** Vollstreckungsmaßnahme; **– de référé** (*ZPR*) einstweilige Verfügung; **– de réorganisation** Maßnahme zur Neuordnung; **– de représailles** *ou* **de rétorsion** (*VR*) Vergeltungsmaßnahme.

mesure de sauvegarde Schutz- *od.* Sicherungsmaßnahme; **par – de sécurité** sicherheitshalber; **– souveraine** *ou* **de souveraineté** hoheitliche Maßnahme.

mesure de sûreté (1) (*StPR: mesure de précaution et de défense sociale pour compléter ou suppléer la peine encourue par un délinquant*) (Anordnung der) Sicherungsverwahrung, (2) (*StR: mesures éducatives à l'égard d'un mineur*) Maßregel der Sicherung (und Besserung), (3) (*i.w.S.*) Sicherungsmaßnahme *f*; **– transitoire** Übergangsmaßnahme; **– d'urgence** Sofort- *od.* Notmaßnahme; **– de valeur** Wertmesser *m*.

mesuré *adj* maßvoll; zurückhaltend.

mesurer *v.tr.* aus-, ab- *od.* vermessen; *fig* abwägen.

mesureur *m* amtlicher Gewichtsüberprüfer; **– électrique** Stromzähler *m*; **– de pression** Druckmesser *m*.

métairie *f* (*LandwR: domaine agricole en métayage*) Meierhof *m*, zur Halbpacht ausgegebenes Gut.

métal *m* Metall *n*; **– monnayable** Münzmetall *n*; **– précieux** Edelmetall.
métallerie *f* Metallverarbeitung *f*.
métallurgie *f* (1) Schwerindustrie *f*, (2) Hüttenkunde *f*.
métayage *m* (*LandwR: louage d'un domaine rural avec partage des fruits*) Meier- *od.* Teilpacht *f*, Pacht auf Teilung der Früchte.
métayer *m* Pächter *m*, Meier *m*.
méthode *f* Methode *f*, (planmäßiges) Vorgehen *n*, Verfahren *n*; System *n*, Plan *m*; **– d'amortissement** Abschreibungsverfahren; **– d'analyse, – de calcul** Berechnungsverfahren; **– d'expérimentation** Versuchsanordnung; **– de Grenoble** (*BauR*) Grenobler Bauherrenmodell; **– de Paris** (*BauR*) Pariser Baubetreuungsmodell; **– rétrograde** rückständige Verfahrensweise; **– des soldes** Staffelrechnung; **– de travail** Arbeitsweise *f*; Arbeitsverfahren *n*.
métier *m* (1) (*profession*) Beruf *m*, Tätigkeit *f*, (2) (*industrie, art*) Gewerbe *n*, Handwerk *n*, (3) (*technique, maîtrise*) Können *n*, Wissen *n*, Erfahrung *f*, (4) (*machine*) Webstuhl *m*; **chambre des –s** Handwerkskammer *f*; **corps de –s** Berufsstand *m*; **exercer un –** einen Beruf ausüben; **homme de –** (Durchschnitts-) Fachmann *m*, Sachverständiger; **risques du –** Berufsrisiko *n*; **– artisanal** Handwerksberuf *m*; **– du secteur tertiaire** Dienstleistungsberuf.
métis *m* Mischling *m*.
métrage *m* (1) (*Werbung*) Gesamtwerbefläche *f*, (2) (*Film, Stoff*) Länge *f*; **court –** Kurzfilm *m*.
métrologie *f* Messtechnik *f*.
métropole *f* (1) (*VerfR*) Mutterland *n*; Staat im Verhältnis zu seinen Kolonien; Frankreich im Verhältnis zu seinen Überseegebieten, (2) (*VwR*) Hauptstadt *f*, Metropole *f*, (Handels-) Zentrum, (3) (*in F:*) Paris; **– d'équilibre** Provinz- *od.* Regionalhauptstadt *f*.
mettre *v.tr.* setzen; stellen; legen; **– en accusation** (*StPR*) Anklage erheben (gegen); **– en application** (*VerfR: loi ou décret*) in Kraft setzen, durchführen, zur Anwendung bringen; **– au pas** (*Pol*) gleichschalten; **– cartes sur table** freiheraus, unumwunden; unmissverständlich; unverblümt (sagen).
mettre en cause (1) (*ZPR: impliquer dans un procès par une demande incidente tendant à l'intervention forcée d'un tiers*) (*einen Dritten*) in einen Prozess einbeziehen, (2) (*StPR: inculper une personne en vue de vérifier s'il existe des indices suffisants pour la mettre éventuellement en examen*) Ermittlungen gegen einen Beschuldigten einleiten, (*einen Tatverdächtigen*) beschuldigen, (3) *Allgspr.* in Frage stellen, bezichtigen.
mettre en chantier in die Wge leiten; **– au compte de** zuschreiben; **– en danger** gefährden.
mettre en demeure (1) (*SchuldR*) in Verzug setzen, (2) (*VwR*) auffordern; **– à la disposition** zur Verfügung stellen; **– par écrit** zu Papier bringen; **– dans l'embarras** in Verlegenheit bringen; **– en évidence** hervorheben.
mettre en examen (*StPR: engager une instruction préparatoire contre une personne présumée d'avoir commis une infraction – suit a phase de la mise en cause*) ein Ermittlungsverfahren gegen den Angeschuldigten eröffnen; **– au fait** unterrichten; **– en gage** verpfänden; **– à jour** aktualisieren, auf den neuesten Stand bringen; **– au jour** aufdecken.
mettre en liberté freilassen; **– à mal** in Mitleidenschaft ziehen; **– noir sur blanc** schriftlich festhalten; **– de l'ordre** Ordnung schaffen; in Ordnung bringen; **– en parallèle** vergleichen; **– en péril** gefährden; **– au point** (1) (*WirtR: un produit*) fertigstellen; vollenden; ausarbeiten, (2) (*PrzR*) richtigstellen; **– à prix** ein Kopfgeld aussetzen; **– à profit** die Gelegenheit nutzen; **– en question** in Frage stellen.
mettre sous scellés versiegeln; **– en service** in Betrieb nehmen; **– un terme** beenden, den Schlussstrich ziehen; **– sous tutelle** unter Vormundschaft stellen; **– son veto** Ein-

spruch erheben; **– en vigueur** in Kraft setzen.

meuble *adj* (1) beweglich, (2) lose, locker; **bien –** bewegliche Sache.

meuble *m* (*ZR: bien meuble, effet mobilier, le mobilier*) bewegliche Sache, Fahrnis *n*, bewegliches Gut; **communauté de –** (*EheR*) Fahrnisgemeinschaft *f*; **– par anticipation** unbewegliche Sache, die vorweg als bewegliche behandelt wird (z.B.: Ernte auf dem Halm); **– corporel** körperliche bewegliche Sache; **– par détermination de la loi** bewegliche Sache kraft gesetzlicher Bestimmung.

meuble incorporel Immaterialgut, unkörperliche (bewegliche) Sache; **– meublant** (*SachR*) Mobiliar *n* (in einer Wohnung), Hausrat *m*, Wohnungseinrichtung *f*, Möbel *n*.

meublé *m* moblierte Wohnung.

meubler *v.tr.* möblieren, (eine Wohnung) einrichten; (die Freizeit) gestalten, ausfüllen.

meurtre *m* (*StR: homicide intentionnel – art. 221–1 NCP*) Totschlag *m*, vorsätzliche Tötung; **– judiciaire** Justizmord *m*; **– avec préméditation** (*StR: assassinat*) Mord *m*.

meurtrier *m* Totschläger *m*; **– professionnel** (*StR: tueur à gages*) gedungener Mörder, *umg* (Berufs-) Killer *m*.

meurtrier *adj* mörderisch, blutig; zerstörerisch; **arme meurtrière** Mordwaffe *f*; **coups –s** Tätlichkeiten mit Todesfolge.

meurtrir *v.tr.* (*StR*) durch Schläge verletzen, jmdn. grün und blau schagen, pressen, quetschen.

mévente *f* (*HR*) Absatzschwierigkeiten *fpl*; Verlustgeschäft *n*.

microéconomie *f* (*Vwirt: étude de l'activité économique des individus*) Mikroökonomik *f*.

microordinateur *m* Heimcomputer *m*.

mieux *adv* besser; mehr; **au –** bestenfalls.

migrant *m* (1) (*AuslR: immigrant*) Zuwanderer *m*, Einwanderer, (Arbeits-) Migrant *m*, (2) (*VwR: émigrant*) Auswanderer *m*, (3) (*ArbR: banlieusard*) Pendler *m*, (4) (*LandwR: travailleur saisonnier*) Wanderarbeiter *m*, Saisonarbeiter *m*; **accueil des –s** Aufnahme der Zuwanderer; **enfant de –s** Migrantenkinder *npl*; **intégration des –s** Eingliederung der Zuwanderer.

migration *f* Zuwanderung *f*, Migration *f*.

milice *f* (*ÖffR: troupe de police supplétive*) Miliz *f*; **– bourgeoise** Bürgerwehr *f*; **– patronale** (*dans les usines*) Werkschutz *m*; **– populaire** Miliz *f*, in Verbänden organisierte Hilfspolizei; **– privée** private paramilitärische Einheit.

milieu *m* (1) (*StR*) Verbrecherwelt *f*, Unterwelt; Zuhälter *mpl*; Hehler *mpl*, (2) (*UmweltR: biotope, environnement*) Umwelt *f*, Umfeld *n*; Biotop *m*, (3) (*SozR: groupe social où vit une personne: pays, classe sociale, profession, famille*) (Gesellschafts-) Schicht *f*, (das persönliche, berufliche) Umfeld; **être issu d'un – modeste** aus bescheidenen Verhältnissen kommen, in einem kleinbürgerlichen Milieu geboren sein; **– familial** Familienkreis *m*; **– professionnel** Berufswelt *f*; **– social** Gesellschaftsschicht *f*.

milieux *mpl* Kreise *mpl*; **– d'affaires** Geschäftswelt *f*; **– bien informés** gut unterrichtete Kreise *mpl*; **– boursiers** Börsenkreise; **– compétents** Fachleute *mpl*, Sachverständige(n) *mpl*; **– gouvernementaux** Regierungskreise; **– officiels** amtliche Stellen.

militaire *adj* militärisch; Militär-, Wehr-; **autorité –** Militärbehörde *f*; **circonscription –** Wehrbereich *m*; **défense –** militärische Verteidigung; **école –** Wehr- *od.* Militärhochschule; **forces –s** Streitkräfte *fpl*; **justice –** Wehrstrafgericht(sbarkeit); **obligation au service –** Wehrpflicht *f*; **peine –** Disziplinarmaßnahme zur Ahndung des Dienstvergehens (eines Soldaten); militärische Strafe; **personnel –** Angehörige *mpl* der Streitkräfte; **tribunal –** Militärgericht, Wehrstrafgericht.

militaire *m* Soldat *m*, Mitglied der Streitkräfte (eines Landes); **– de carrière** Berufssoldat; **– du**

contingent Wehrdienstleistende *m*; – **sous contrat** Soldat auf Zeit.
militant *m* aktives Mitglied (einer Partei oder Gewerkschaft); Vorkämpfer *m*, Aktivist *m*.
militantisme *m* das kämpferische Eintreten für seine Überzeugung, Militantismus *m*.
militarisation *f* Militarisierung *f*.
militarisme *m* Militarismus *m*, Kriegstreiberei *f*.
militer *v. intr.* kämpfen; sich einsetzen, eintreten für.
mimer *v.tr.* nachmachen, nachahmen.
mimique *f* Gesichtsausdruck *m*.
minage *m* (*MilR*) Verminung (eines Geländes).
mine *f* (1) Bergwerk *n*, Grube *f*, Zeche *f*, (2) (*WirtR*) unterirdisches (Erz-, Kohlen-) Lager *n*, (3) (*MilR*) Sprengkörper *m*, Mine *f*.
miner *v.tr.* untergraben, schwächen, langsam ruinieren.
minerai *m* Erz *n*; – **de fer** Eisenerz.
mineralier *m* (*SeeHR*) Erztransportschiff *n*.
minéralogique *adj*: **plaque –** amtliches Kfz-Kennzeichen.
minerval *m* (*SchulR*) (B) Schulgeld *n*.
minerve *f* (*MedizinR*) Halswirbelsäulenstützverband *m*.
mineur *adj* (1) minderjährig, (2) untergeordnet, zweitrangig, nebensächlich; **enfant –** (*FamR*) minderjähriges Kind; **personne –e** Minderjährige *m/f*.
mineur *m* (1) (*ZR, StR: individu qui n'a pas atteint l'âge de la majorité*) Minderjährige(r) *m*, (2) (*WirtR*) Bergmann *m*; **détournement de –** Kindesentziehung, Entziehung eines Minderjährigen; Verführung eines Minderjährigen; – **délinquant** jugendlicher Straftäter; – **émancipé** für volljährig Erklärte(r), gewaltentlassener Minderjähriger; – **non émancipé** nicht gewaltentlassener Minderjähriger; – **en tutelle** unter Vormundschaft stehender Minderjähriger.
minier *adj*: **gisement –** unterirdisches Erzvorkommen.
minima: **appel a –** *loc. adv.* (*StPR*) Berufungseinlegung durch die Staatsanwaltschaft wegen zu geringer Strafe.
minimarge *adj*: **magasin –** (*HR*) Discountladen *m*.
minime *adj* geringfügig, wenig, klein; **faits –s** (*StR*) geringfüge Straftat, Bagatellstrafsache *f*; **de – importance** von untergeordneter Bedeutung.
minimiser *v.tr.* herabmindern; bagatellisieren, verniedlichen.
minimum *n.m. et adj.* Mindestbetrag *m*, Minimum *n*, unterste Grenze *f*; **revenu – d'insertion (= RMI)** (*SozR*) Mindesteingliederungseinkommen *n*; – **imposé** Mindestbesteuerung *f*; – **vital** Existenzminimum *n*.
ministère *m* (1) (*ÖfR: fonction, charge*) Amt *n*; Ministeramt, (2) (*VerfR: ensemble des ministres*) Kabinett *n*, Regierung *f*, (3) (*VwR: département d'un ministre*) Geschäftsbereich *m*; Ministerium *n*; – Amtsdauer *f* eines Ministers, (5) (*PrzR: office, fonction des auxiliaires de justice*) öffentliche Amtstätigkeit eines Rechtspflegeorgans; Aufgaben des unabhängigen Trägers eines öffentlichen Amtes; **par le – de** (*PrzR*) durch die vorsorgende Tätigkeit von; – **des affaires étrangères** frz. Außenministerium; – **des affaires sociales** frz. Sozialministerium; – **de l'agriculture** Landwirtschaftsministerium; – **de l'aménagement du territoire, de l'équipement et des transports** Verkehrs-, Infrastruktur- und Raumordnungsministerium; – **de coalition** Koalitionsregierung; – **du commerce et de l'artisanat** frz. Handelsministerium; – **de la coopération et du développement** Ministerium für wirtschaftliche Zusammenarbeit; – **de la culture** Ministerium für kulturelle Angelegenheiten; – **de la défense** Verteidigungsministerium; – **de l'économie et des finances** frz. Wirtschafts- und Finanzministerium; – **de l'éducation nationale** Unterrichtsministerium; – **de l'environnement** Umweltministerium.
ministère des finances Finanzministerium *n*; – **de l'immigration, de**

l'intégration et du codéveloppement Ministerium für Einwanderung, Eingliederung und Zusamenarbeit; **– de l'industrie** Industrieministerium; **– de l'intérieur** Innenministerium; **– de la jeunesse et des sports** Jugend- u. Sportministerium; **– de la justice** Justizministerium; **– du logement** Wohnungsbauministerium; **– de la marine** Marineministerium.

ministère public (*StPR: corps hiérarchisé de magistrats du Parquet*) Staatsanwaltschaft *f*, Strafverfolgungsbehörde *f*; Staatsanwalt, Vertreter des öffentlichen Interesses; **– du redéploiement industriel et du commerce extérieur** frz. Ministerium für Wirtschaftsförderung u. Außenhandel; **– des relations extérieures** frz. Auswärtiges Amt; **– de la santé** Gesundheitsministerium; **– technique** Fachministerium.

ministère des technologies de l'information et de la poste Ministerium für Informationstechnologien, Post- u. Fernmeldewesen; **– de transition** Übergangsregierung; **– des transports** Verkehrsministerium; **– du travail, de l'emploi et de la formation professionnelle** Ministerium für Arbeit, Beschäftigung u. Berufsbildung; Arbeitsministerium; **– des travaux publics** Ministerium für das öffentliche Auftragswesen; **– du trésor** Schatzministerium; **– de tutelle** ministerielle Aufsichtsinstanz; (oberste) Aufsichtsbehörde *f*; **– de l'urbanisme et du logement** Ministerium für Städtebau u. Wohnungswesen.

ministériel *adj* ministeriell; Minister-; Ministerial-; **arrêté –** Ministerialerlass *m*.

ministrable *adj* (*Pol*) für ein Ministeramt vorgesehene Person.

ministre *m* (1) (*VerfR: membre du gouvernement*) Minister *m*, (2) (*VR: agent diplomatique*) Gesandte(r) *m*, (3) (*KirchR*) Geistliche(r); Priester; Pfarrer; **conseil des –s** frz. Ministerrat (unter Vorsitz des Präsidenten der Republik), Ministerratssitzung (jeden Mittwoch im Elysée-Palast); **Premier –** (*VerfR*) Premierminister *m*, frz. Regierungschef; **– des affaires étrangères** Außenminister, Minister für auswärtige Angelegenheiten; **– de l'agriculture** Landwirtschaftsminister; **– du budget** Haushaltsminister; **– du commerce extérieur** Außenhandelsminister; **– du culte** (*KirchR*) Geistliche(r); **– de la défense nationale** Verteidigungsminister; **– délégué auprès du Premier –** Minister mit Sonderaufgaben; **– de l'économie** Wirtschaftsminister; **– de l'éducation nationale** Unterrichtsminister; **– d'État** Staatsminister; **– des finances** Finanzminister; **– de l'information** Informationsminister; **– de l'instruction publique** Unterrichtsminister; **– de l'intérieur** Innenminister, Minister des Inneren.

ministre de la justice Justizminister *m*; **– plénipotentiaire** (1) Gesandter *m*, (2) bevollmächtigter Minister; **– sans portefeuille** Minister ohne (eigenen) Geschäftsbereich; **– de la santé publique** Gesundheitsminister; **– du travail** Arbeitsminister; **– du trésor** Schatzminister; **– de tutelle** Minister als oberste Aufsichtsinstanz.

minoration *f* (*HR*) Angabe *f* eines Preises unter dem Realwert; Preisherabsetzung *f*.

minorer *v.tr.* verringern, herabsetzen.

minoritaire *adj* Minderheits-; **droits des associés –s** (*GesR*) Minderheitsrechte *pl*.

minorité *f* (1) (*ZR, StR*) Minderjährigkeit *f*, (2) (*VerfR*) Minderheit *f*, Minorität *f*; **être en –** überstimmt sein, sich in der Minderheit befinden; **excuse de –** (*StR*) Schuldausschließungsgrund *m*; **mettre en –** überstimmen, majorisieren; **protection des –s** (*VR*) Minderheitenschutz; **– de blocage** Sperrminorität; **– confessionnelle** konfessionelle Minderheit; **– érotique** sexuelle Minderheit; **– ethnique** völkerschaftliche Minderheit; **– de faveur** (*StPR*) qualifizierte Minderheit, die den Freispruch des Angeklagten bewirkt; **– de langue** *ou*

linguistique sprachliche Minderheit; **– nationale** völkerschaftliche Minderheit; **– parlementaire** Minderheit im Parlament; **– pénale** (*StR*) Strafunmündigkeit.

minutage *m* (1) (*Urkunde*) Niederschrift *f*, (2) genaue zeitliche Festlegung.

minutaire *adj*: **acte –** Originalurkunde (die der Notar in Verwahrung nimmt).

minute *f* (*ZR, PrzR: original d'un acte authentique*) Urschrift *f* einer öffentlichen Urkunde, Originalurkunde *f*, (2) Konzept *n*, Entwurf *m*; **acte en –** durch eine Amtsperson (Notar, Gerichtskanzler) zu verwahrendes Original (einer öffentlichen Urkunde); beglaubigte Urkunde, die von dem Notar zurückbehalten wird; **dresser** *ou* **passer –** eine Urkunde ausfertigen, die in Urschrift verwahrt wird; **– du jugement** Urschrift des Urteils.

minuter *v.tr.* **un acte** die Urschrift einer öffentlichen Urkunde aufsetzen.

minutie *f* Sorgfalt *f*, Genauigkeit *f*.

minutier *m* Urkundenaufbewahrungsstelle *f*.

minutieux *adj* sorgfältig, gewissenhaft.

mise *f* (1) (*action de mettre*) Legen *n*, Setzen *n*, (2) (*argent*) Einsatz *m*, (3) (*investissement, placement*) Beitrag *m*, Einlage *f*; **arrêté de – en demeure** (*VwPR*) amtliche Aufforderung zur Beseitigung eines (rechtswidrigen) Zustandes.

mise en accusation (*StPR: renvoi devant la cour d'Assises par une ordonnance du juge d'instruction – art. 231 et suiv. NCPP*) Einleitung strafrechtlicher Ermittlungen wegen eines Verbrechens, Anklageerhebung vor dem frz. Schwurgericht und Durchführung des Ermittlungsverfahrens; Versetzung in den Anklagezustand (bei einem Verbrechen); **– en adjudication** (*ZPR*) Anordnung der Zwangsversteigerung; **– en adjudication publique** (*VwR*) öffentliche Ausschreibung; **– en adjudication restreinte** (*VwR*) beschränkte Ausschreibung; **– en application** Inkraftsetzung *f*, Anwendung; **– en avant** (*Werbung*) Hervorhebung, Herausstellung.

mise en cause (1) (*StPR: engagement de la responsabilité pénale d'une personne par le Parquet -*
précède une mise en examen éventuelle et constitue la phase de la procédure d'enquête policière – art. 11 NCPP) Einleitung von strafrechtlichen Ermittlungen durch die Polizei, polizeiliche Ermittlungen, Ermittlungsverfahren in Strafsachen (vor einer eventuellen Anklageerhebung), (2) (*ZPR: demande en intervention forcée*) Streitverkündung *f*; **– en circulation** Ausgabe *f*, Emission; **– en commun** Zusammenlegung, Vergemeinschaftung; **– en concours** Ausschreibung *f*.

mise en condition (*HR: conditionnement des marchandises*) Aufmachung *f*; **– en congé** (*ArbR*) Beurlaubung *f*; **– en congé d'office** Zwangsbeurlaubung; **– sous contrôle judiciaire** Stellen *n* unter gerichtliche Aufsicht; **– sous curatelle** Bestellung eines Pflegers; **– en défens** (*LandwR*) Erklärung zur Schonung; **– en délibéré** (*ZPR*) Eintritt in die Beratung.

mise en demeure (1) (*ZPR: sommation notifié par le créancier au débiteur de payer sa dette*) (*mittels Zustellung einer Mahnung durch den Gerichtsvollzieher*) gerichtliche Inverzugsetzung des (säumigen) Schuldners; **– en demeure de payer** Zahlungsaufforderung; **– en disponibilité** (*BeamR*) Versetzung in den einstweiligen Ruhestand; **– à la disposition** Bereitstellung *f*, Zurverfügungstellung *f*, (2) **– en demeure** (*VwPR*) behördliche Aufforderung zur Beseitigung eines rechtswidrigen Zustandes; **– aux enchères** (*ZPR*) (Anordnung einer Zwangs-) Versteigerung; **– à l'épreuve avec sursis** (*StPR*) Strafaussetzung zur Bewährung, Bewährung *f*.

mise en état (1) (*ZPR: instruction d'une affaire pour la mettre en état d'être jugée*) Vorbereitung der Entscheidungsreife durch den Entscheidungsvorbereitungsrichter, (2) (*SchuldR: réparation du vice d'une chose*) Instandsetzung *f*; **– évidence** Herausstellung, Hervorhebung.

Les personnes mises en cause sind sämtliche Tatverdächtigen. Erweist sich der Verdacht als begründet, kommt es zur *mise en examen* und einer *instruction préalable*. Es kann allerdings wegen eines Vergehens auch zu einer *citation directe* kommen, also zu einer Anklageerhebung vor dem *Tribunal correctionnel* ohne Voruntersuchung. Bei Verbrechen, *crimes*, spricht man von der *mise en accusation*.

mise en examen (*StPR: elle remplace aujourd'hui l'inculpation: par la mise en examen le juge d'instruction soumet une personne sur laquelle pèsent des indices suffisants à une instruction préparatoire – art. 80–1 NCPP*) Einleitung eines Ermittlungsververfahrens durch den frz. Untersuchungsrichter gegen einen Beschuldigten, Anklageerhebung und Einleitung eines Ermittlungsverfahrens *f*; Einleitung eines Strafverfahrens; **– à exécution** Ausführung; **– en exploitation** (*WirtR*) Inbetriebnahme *f*; Förderungsbeginn *m*; Erschließung *f*; **– de fonds** (*HR, GesR*) Einlage *f*, Kapitaleinlage; **– de fonds initiale** Stammeinlage; **– de fonds en nature** Sacheinlage.

mise en gage (*SachR*) Verpfändung, Bestellung eines Pfandrechts (an einer beweglichen Sache); **– en garde** Warnung, Verwarnung; **– en gérance** (*HR*) Verpachtung (eines Handelgeschäfts); **– hors commerce** Außerverkehrsetzung *f*; **– hors service** Außerdienststellung, Stilllegung; **– en interdit** Bestreikung; **– à jour** (*MedienR*) Neubearbeitung *f*; Durchsicht *f*; **– à jour du registre foncier** Grundbuchbereinigung.

mise en liberté (*StVZ*) Freilassung *f*; **– en liberté sous caution** (*StPR*) Freilassung gegen Sicherheitsleistung *od.* gegen Kaution; **– en liberté provisoire** vorläufige Freilassung; **– en marche** (*WirtR*) Inbetriebsetzung *od.* -nahme; **– en mémoire** (*DV*) Speicherung.

mise en observation (*MedizinR*) Unterbringung (einer Person) zur Beobachung; **– – dans un asile d'aliénés** Anstaltsbeobachtung.

mise en œuvre Inangriffnahme *f*, Ausführung, Einsatz; Durchführung; Verwertung, Nutzung *f*; **– au pas** (*Pol*) Gleichschaltung *f*; **– sur pied** Aufstellung, Bildung; **– à pied** (1) (*ArbR, DiszR*) vorübergehende strafweise Aussperrung (durch den Arbeitgeber bei Verfehlungen des Arbeitnehmers), strafweise Ausschließung vom Dienst, (2) (*ArbR*) Suspendierung des Arbeitsvertrages (bei Betriebsstörungen); **– en place** Einsetzung, Einrichtung; **– au point** (1) (*MedienR*) Richtigstellung, Klarstellung, (2) (*WirtR*) Fertigstellung; abschließende Planung; **– en possession** Aushändigung der Sache, Verschaffung der Herrschaft über eine Sache; **– en pratique** Durchführung, Verwirklichung; **– en préretraite** (*Soz Vers*) Versetzung in den Vorruhestand; **– sous presse** Drucklegung; **– à prix** (*Versteigerung*) Ruf *m*, Ausrufs- *od.* Schätzpreis; **– en question** Infragestellung *f*.

mise en recouvrement (*InsolvenzR*) (zwangsweise) Einziehung einer Forderung; **– en régie** Übernahme in (staatlichen) Regiebetrieb; **– en résidence forcée** (*StVZ*) Zuweisung eines Aufenthaltortes (der nur mit Zustimmung des Staatsanwalts verlassen werden darf); **– à la retraite d'office** Zwangsversetzung in den Ruhestand, Zwangspensionierung; **– au rôle** (*ZPR*) Eintragung der Sache in das Prozessregister (zur Begründung der Rechtshängigkeit); **– en route** (1) (*WirtR*) Inbetriebnahme *f*, (2) (*SeeHR*) Verfrachtung.

mise à sac (*VR*) Verwüstung; mutwillige Zerstörung; **– au secret** (1) (*StVZ*) Versetzung in Einzelhaft, (2) (*ÖfR*) Einstufung als Geheimsache; **– en service** Inbetriebnahme; **– sociale** (*GesR: apport en société*) Einlage *f*; **– sous scellés** (1) (*ZwangsVR*) Anbringung einer Pfandanzeige, Aufrichtung von Pfandzeichen, Anlegung von Siegeln, (2) (*StPR*) Versiegelung (mit einem Amtssiegel), Anbringung eines Siegelabdrucks.

mise sous surveillance administrative (*StVZ*) Stellung unter Schutzaufsicht; **– – de la police** Stellung unter Polizeiaufsicht.

mise en valeur (*WirtR*) Verwertung *f*; Nutzung *f*; Erschließung *f*; **– en vente** Verkauf *m*, Veräußerung *f*; das In--Verkehr-bringen; **– en vigueur** Inkraftsetzung *f*; **– aux voix** Abstimmung *f*.

miser *v.tr.* (*ZR: jeu et pari*) (*beim Spiel*) setzen (auf), einsetzen.

misère *f* Not *f*, Elend *n*; **tomber dans la –** verarmen; **– physiologique** Unterernährung *f*.

missile *m* (*MilR*) Lenkflugkörper *m*; **– à portée intermédiaire** Mittelstreckenrakete *f*.

mission *f* (1) (*ÖfR, ZR: fonction, mandat, charge*) Auftrag *m*, Dienstauftrag *m*, (2) (*but, rôle*) Zweck *m*, Aufgabe *f*, (3) (*BeamR, ArbR*) Entsendung *f*; Einsatz *m*; Dienstreise *f*, (4) (*VwR*) Amt *n*, Zuständigkeit; **s'acquitter d'une –** einen Auftrag erfüllen; **assigner une –, donner une – à qqn.** jmdm. einen Auftrag erteilen; **frais de –** (*BeamR*) Dienstreisekosten *pl*.

mission accréditée (*VR*) beglaubigte Mission; **– diplomatique** diplomatische Vertretung; **– d'un expert** Aufgabe eines Sachverständigen; **– de médiation** Schlichtungsauftrag *m*; **– permanente** (*VR*) ständige Vertretung; **– secrète** geheime Mission; **– spéciale** Sonderauftrag *m*.

missive *adj/n.f.*: **lettre –** schriftliche Mitteilung privater Art; Brief *m*, Postkarte *f*, Telegramm *n*.

mi-temps *f*: **emploi à –** (*ArbR*) Halbtagsarbeit *f*; Halbtagsbeschäftigung.

mitigation *f* (*StR: adoucissement*) Milderung *f*, Herabsetzung *f*; **– de la peine** Strafmilderung *f*; Erlass *m* der Reststrafe.

mitiger *v.tr.* (*StR: adoucir ou modérer une peine*) mildern, herabsetzen.

mitoyen *adj* (*SachR: se dit d'une clôture, d'un fossé séparant deux fonds contigus*) gemeinsam, gemeinschaftlich; Grenz-, Mittel-.

mitoyenneté *f* (*SachR: copropriété des clôtures*) Miteigentum der Anlieger (an Grenzmauern usw.); Grenzgemeinschaft *f*.

mixité *f* (*SchulR*) Koedukation *f*.

mixte *adj* gemischt; **acte –** (*HR*) einseitiges Handelsgeschäft; **commission –** paritätisch besetzter Ausschuss; **condition –** (*SchuldR*) gemischte Bedingung; **éducation –** Koedukation *f*; **jugement –** (*ZPR*) Endurteil über einen Teil der Ansprüche und vorläufiges Urteil über weitere Ansprüche.

mobile *m* (*motif, intention, but poursuivi*) Beweggrund *m*; Anlass *m*, Triebfeder *f*; **erreur sur le –** (*StR*) Motivirrtum *m*, Irrtum im Beweggrund; **– d'achat** Kaufmotivation *od.* -entscheidung.

mobilier *adj* beweglich; **biens –s** bewegliche Sachen, Fahrnis *n*; **cote mobilière** (*SteuerR*) Wohnraumsteuer *f*; **crédit –** Mobiliarkredit *m*; **valeurs mobilières** (*BörR*) Wertpapiere *npl*, Effekten *pl*.

mobilier *m* Mobiliar *n*; Einrichtungsgegenstand *m*; Möbel *n*, bewegliches Gut; **– urbain** städtische Infrastruktur, Straßenbeleuchtung *f*.

mobilisable *adj* mobilisierbar, umwandelbar.

mobilisation *f* (1) (*MilR*) Mobilmachung *f*, Mobilisierung *f*, (2) (*WirtR: capitaux*) Flüssigmachen *n*, Umwandlung *f* in verfügbares Geld; **effet de –** Finanzwechsel *m*; **– de crédits** Kreditbereitstellung; **– de fonds** Geldbeschaffung; **– générale** (*MilR*) Generalmobilmachung.

mobiliser *v. tr. d.* (1) mobilmachen, (2) flüssig machen, mobilisieren.

mobilité *f* (1) Flexibilität *f*, Beweglichkeit *f*; **–** (*ArbR*) (berufliche) Mobilität *f* (der Arbeitnehmer); **– des horaires de travail** flexible Arbeitszeiten *fpl*; **– professionnelle** Bereitschaft, den Beruf zu wechseln.

modal *adj* durch die Verhältnisse bedingt, davon abhängig.

modalité *f* (1) (*SchuldR: condition, terme*) Bedingung *f*; Zeitbestimmung, (2) (*i. w.S.*) Erfordernis *n*, Modalität *f*; Auflage *f*, (3) Ausführungsart *f*, Art und

Weise, (4) (*SchuldR: im Vertrag*) einzelne Bestimmung, (Vertrags-) Klausel *f*; **– d'application** (*VwR: d'un décret*) Durchführungsbestimmung; **– de paiement** Zahlungsbedingung *od.* -modalität; **–s de preuve** (gesetzliche) Beweisregeln *fpl.*

mode *f* Mode(erscheinung) *f*, Zeitgeschmack *m.*

mode *m* Art und Weise *f*; Methode *f*; Modus *m*; Verfahren *n*; Form *f*; **– d'élection** Wahlmodus *m*; **– d'emploi** Gebrauchsanweisung, Bedienungsanleitung; **– d'existence** Lebenshaltung, Lebensstandard; **– de fabrication** Herstellungsverfahren; **– de fonctionnement** Arbeitsweise *f*, Betrieb *m*; **– de gouvernement** Regierungssystem *n*; **– opératoire** Verfahrensweise *f*, Arbeitsweise; Betriebsart *f*; **– de paiement** Zahlungsart *f*; **– de preuve** Beweisart *f*, Beweisverfahren *n*; **– de production** Herstellungsverfahren *n*; **– de répartition** Verteilungsmodus *m*; **– de travail** Arbeitsweise *f*; **– de vie** Lebensweise *f.*

modèle *m* (1) (*GRUR: création à trois dimensions destinée à orner des objets d'utilité*) Muster *n*; Geschmacks- *od.* Gebrauchsmuster, (2) (*i.w.S.*) Modell *n*; Vorlage *f*, (3) (*IPR: modèle législatif*) Vorbild *n*, (4) (*VwR: formulaire*) Formblatt *n*; **déclaration** *ou* **dépôt d'un –** Musteranmeldung; **droit des –s** (Gebrauchs- und Geschmacks-) Musterrecht *n*; **loi sur les –s** Gebrauchs- und Geschmacksmustergesetz *n*; **prendre comme** *ou* **pour –** sich jmdn. zum Vorbild nehmen, jmdm. nacheifern.

modèle déposé (*GRUR*) (angemeldetes) Gebrauchs- *od.* Geschmacksmuster; **– économique** (*Vwirt*) (Zustands- *od.* Bewegungs-) Modell; **– esthétique** Geschmacksmuster; **– de fabrique** Prototyp *m*; **– industriel** gewerbliches Muster; **– d'utilité** Gebrauchsmuster.

modérateur *adj* (1) mäßigend, (2) leitend, lenkend, regulierend.

modération *f* Mäßigung *f*, Maßhaltung *n*; Abschwächung, Einschränkung; **– des dépenses** Senkung der Ausgaben, Ausgabenverringerung *f*; **– des droits** (*SteuerR*) Steuerermäßigung *f*; **– de la peine** Strafmilderung; **– des prix** Preisherabsetzung *f.*

modérer *v.tr.* abschwächen, mäßigen, herabsetzen, mildern.

modernisation *f* Modernisierung *f.*

moderniser *v.tr.* dem neuesten technischen *od.* wissenschaftlichen Stand anpassen, modernisieren.

modeste *adj* einfach, unbedeutend; anspruchslos; **revenu –** bescheidenes Einkommen.

modestie *f* Bescheidenheit *f*, Anspruchslosigkeit.

modicité *f* Geringfügigkeit *f*, Mäßigkeit; **– du prix** Niedrigkeit, Billigkeit.

modifiable *adj* abänderbar; veränderungsfähig.

modificatif *n.m. et adj.* Abänderungsvertrag bzw. -gesetz.

modification *f* (1) (*changement partiel*) Abänderung *f*, Änderung, Umänderung, Abwandlung, (2) Neu- *od.* Umgestaltung *f*, Verbesserung; Neubearbeitung; **avis de –** Änderungsanzeige *f*; **sous réserve de –s** Änderungen vorbehalten; **– des conclusions** (*ZPR*) Abänderung der Klageanträge *od.* -ansprüche; **– du contrat** Vertragsabänderung; **– de fond** grundlegende Änderung; **– de la loi** Gesetzesnovelle *f*; **– des prix** Preisanpassung *od.* -änderung; **– de la raison sociale** Abänderung der Firmenbezeichnung; **– du risque assuré** Gefahrenänderung; **– statutaire** *ou* **aux statuts** (*GesR*) Satzungsänderung; **– du testament** Abänderung der letztwilligen *od.* testamentarischen Verfügung; **– de valeur** Wertabweichung *od.* -änderung.

modifier *v.tr.* abändern, ändern; umgestalten, umarbeiten; **loi modifiée du. . .** Neufassung des Gesetzes vom . . .; **loi modifiée par..** Gesetz in der Fassung vom . . ..

modique *adj*: **somme d'argent –** mäßiger *od.* geringer Betrag.

modulable *adj*: **horaire –** flexible Arbeitszeit.

modulation *f* (Aus-) Steuerung *f*, Modulation *f*; Abwandlung *f*; **– de la**

cessation d'activité (*ArbR: concerne les salariés âgés*) Altersteilzeit *f*; **– de la durée du travail** (*ArbR: le fait de faire varier la durée hebdomadaire du temps de travail selon les périodes d'activité*) Flexibilität der Arbeitszeit.

module *m* (1) Modul *n*, austauschbares komplexes Teil (eines Geräts), (2) (*SchulR*) Unterrichtseinheit *f*.

moduler *v.tr.* (*Preis*) anpassen, gestalten, staffeln.

modus operandi *lat* Handlungsweise *f*; **– procedendi** Verfahrensweise; **– vivendi** einvernehmliche Streitbeilegung.

mœurs *fpl* (1) (*ÖfR: conduites et morale dans une société*) Gewohnheiten *fpl*, gute Sitten *fpl*, Gebräuche *fpl*, (2) (*StR: habitudes de vie individuelles, comportement d'une personne*) Lebenswandel *m*, (2) **attentat aux –** (*StR: i. e. S.*) Sexualhandlung; unzüchtige Handlung; **bonnes –** (*ZR: ensemble des règles imposées par la morale et auxquelles les parties ne peuvent déroger par leurs conventions*) gute Sitten; Treu und Glauben; **brigade des –** (*police judiciaire*) Sittendezernat *n*; **étude des –** Verhaltensforschung *f*; **police des –** Sittenpolizei *f*; **– contre nature** (*StR*) Abartigkeit *f*.

moins-disant *m* (*ZwangsVR: adjudication*) Mindergebot *n*.

moins-perçu *m* (*HR*) Mindereinnahme *f*; zu wenig erhobene (Beförderungs-) Kosten.

moins-value *f* Wertminderung *od.* -verlust, Minderwert *m*; Veräußerungsverlust *m*.

mois *m* (1) Monat *m*, (2) (*SchuldR*) (Monats-) Miete *f*, (3) (*ArbR*) Monatslohn *m*; **échéance début, milieu, fin de –** (Monats-) Anfang-, Medio- *od.* Ultimofälligkeit; **– civil** Kalendermonat *m*; **– double** *ou* **treizième –** dreizehntes Monatsgehalt.

moitié *f* Hälfte *f*; **se mettre de –** (*HR*) sich zur Hälfte am Gewinn *od.* Verlust beteiligen; **à – prix** zum halben Preis.

molestation *f* (1) (*StR: tracasserie et vexation*) Belästigung *f*; Mobbing *n*, (2) (*StR: sévices, brutalités*) Misshandlung *f*, grobe Grausamkeit.

molester *v.tr.* belästigen; misshandeln.

mollesse *f* Trägheit *f*; Nachsicht *f*, Laxheit *f*.

moment *m* Zeitpunkt *m*; Moment *m*; Augenblick *m*; **à tout –** zu jeder Zeit; **au – où . . .** zu dem Zeitpunkt, wo . . .; **à aucun –** nie, zu keinem Zeitpunkt; **en ce –** heute, jetzt, zum jetzigen Zeitpunkt; **par –s** zeitweise; **pour le –** heute, jetzt; **sur le –** damals, zu jener Zeit.

momentanément *adv* momentan, vorübergehend, augenblicklich.

monarchie *f* Monarchie *f*; **– absolue** unbeschränkte Monarchie; **– constitutionnelle** konstitutionelle Monarchie.

mondaine *f* (*StR*) Rauschgift- u. Sittendezernat *n*.

monde *m* (1) Welt *f*; Universum *n*, (2) (*Pol*) führende Schicht *f*, Gesellschaft *f*; **le Quart- –** die Ärmsten der Armen; **le Tiers- –** die Dritte Welt; **– des affaires** Geschäftswelt; **– environnant** Umwelt; **– du travail** Arbeitswelt.

mondial *adj*: **à l'échelle –e** weltweit gesehen; **population –e** Weltbevölkerung *f*.

mondialisation *f* weltweite Verbreitung *od.* Ausdehnung; **– de l'économie** (*Vwirt*) Globalisierung (der Wirtschaft).

mondialiste *m* (*Pol*) Verfechter der Globalisierung.

monétaire *adj* Geld-; Währungs-; **marché –** Geldmarkt; **politique –** Währungspolitik, monetäre Konjunkturpolitik; **stabilité –** Geldwertstabilität *f*; **système – international (= SMI)** internationales Währungssystem.

monétarisme *m* (*Vwirt*) Geldtheorie der Monetaristen.

monétique *f* elektronische Zahlungsmechanismen; Zahlung mit Plastikgeld *od.* mittels Heimcomputer.

monétisation *f* Monetisierung, Umwandlung (einer Wertpapieranlage z. B.) in Geld.

moniteur *m* (1) Trainer *m*, Sportlehrer *m*, (2) Kontrollbildschirm *m*; **– d'auto-école** Fahrlehrer *m*.

Moniteur belge belgisches Amts- und Gesetzblatt.

monitorat *m* (*HR*) Kundenschulung *od.* -einweisung (durch den Hersteller *od.* die Vertriebsgesellschaft).

monnaie *f* (1) (*WirtR: instrument légal de paiement*) (gesetzliches) Zahlungsmittel *n*; Geld *n*; Währung *f*, (2) (*BankR: pièces de faible valeur*) Kleingeld *n*, (3) (*VwR: La Monnaie*) Münzamt *n*, Münzstätte *f*; **ajustement de la –** Währungsanpassung *f*; **battre –** Geld prägen; **convertibilité de la –** (volle Devisen-) Konvertibilität; **cours des –s étrangères** Devisenumtauschkurs, Sorten- *od.* Valutakurs; **création de –** Geldschöpfung *f*; **dépréciation de la –** Währungsverfall *m*, Geldentwertung *f*; **dévaluation de la –** Abwertung der Währung; **droit de battre –** Präge- *od.* Münzrecht, Münzregal *n*; **fausse –** Falschgeld; **frappe de la –** Münzprägung *f*; **papier –** Papiergeld, ungebundene Währung; Banknoten *fpl*; **petite –** Kleingeld; **pièce de –** Münze *f*, Geldstück *n*, (Münz-) Sorte; **rendre la –** herausgeben; **valeur nominale de la –** Geldnennwert *m*.

monnaie d'appoint Scheidemünze *f*; **– de banque** Giralgeld *n*, Bank- od. Buchgeld; **– de billon** Kleingeld, Scheidemünze; **– clé** Leitwährung; **– de compte** Giralgeld, Buchgeld, Bankgeld, Bank- od.Verrechnungswährung; **– contrefaite** gefälschtes *od.* nachgemachtes Geld; **– convenue** Vertragswährung; **– convertible** frei konvertierbare Währung; **– courante** (1) Zwangswährung *f*, gesetzliche Währung, (2) gültige Münze, Kurantgeld; **– de crédit de créance** Geldschöpfung od.Schaffung (durch die Banken); **– divisionnaire** Kleingeld, Scheidemünze; **– électronique** E-Money, digitales Geld, elektronische Geldbörse; **– étrangère** ausländische Währung, Valuta *f*; **– de facturation** (*Außh*) vertraglich festgesetzte Zahlungseinheit.

monnaie fiduciaire Papiergeld *n*, ungebundene Währung; **– flottante** Währung mit frei schwankenden Wechselkursen; **– forte** harte Währung.

monnaie légale gesetzliches Zahlungsmittel; Währungsgeld *n*; **– librement convertible** frei konvertierbare Währung; **– marchandise** gebundene Währung; **– matière** Bezugschein *m*; **– métallique** Metall- od.Münzgeld *n*; **– nationale** Landeswährung; **– oisive** gehortetes Geld; **– or** Goldumlaufs- *od.* Goldwährung; **– de paiement** (1) gesetzliches Zahlungsmittel, (2) vereinbarte Währung, in der die Zahlung erfolgen soll; **– de papier** (manipulierte) Papierwährung, freie Währung; **– pilote** *ou* **de référence** Leitwährung *f*; **– de règlement** Erfüllungsvaluta *f*; **– de réserve** (*Außh*) Leitwährung (im Außenhandel), Reservewährung; **– scripturale** Buch- *od.* Giralgeld *n*, Giralgeld; **– unique** Einheitswährung *f*, EU-Währungsunion *f*.

monnayage *m* Münzprägung *f*; **faux –** (*StR*) Falschmünzerei *f*, Münzverfälschung, Geldfälschung od.-verfälschung.

monnayer *v.tr.* prägen, münzen.

monnayeur *m* Münzer *m*, Münzarbeiter *m*; **faux –** (*StR*) Falschmünzer *m*.

monocaméralisme *m* (*VerfR*) Einkammersystem *n*.

monocarte *adj*: **voyageur, représentant, placier –** Exklusiv- *od.* Einfirmavertreter *m*.

monométallisme *m* (*Vwirt*) einfache (Gold-, Silber-) Währung, Monometallismus *m*.

monoparental *adj*: **famille –e** (*FamR: on dit aussi: foyer monoparental*) alleinerziehende Mutter; alleinerziehender Vater.

monopole *m* (1) (*Vwirt, HR: marché sans concurrence*) Monopol *n*, Marktbeherrschung *f*, (2) (*ÖffR*) Alleinherstellungs- *od.* Alleinvertriebsrecht (des Staates), Staatsmonopol, (3) ausschließliches Recht; **articles de –** Monopolgüter; **bénéficiaire d'un –** Monopolist *m*; **convention de –** Monopolvereinbarung *f*; **position de –** Monopolstellung.

monopole d'achat Ankaufs- *od.* Bezugsmonopol *n*; **– des alcools** Branntweinmonopol; **– d'approvisionnement** Versorgungsmonopol; **– à caractère financier fiscal** Finanzmonopol; **– du commerce extérieur** Außenhandelsmonopol; **– commercial** Handelsmonopol; **– de la demande** Nachfragemonopol; **– de la distribution** Vertriebsmonopol; **– de droit** (*VwR*) staatlich verliehenes Monopol.

monopole d'émission Banknotenregal *n*, Banknoten- od.Emissionsmonopol; **– d'État** Staatsmonopol; **– d'exploitation** Alleinverwertungsrecht *n*; **– de fabrication** Herstellungs- *od.* Erzeugungsmonopol; **– de fait** tatsächliches Monopol; **– fiscal** Steuer- *od.* Finanzmonopol; **– d'importation** Einfuhrmonopol; **– des mines** Bergregal *n*; **– de l'offre** Angebotsmonopol; **– postal** Postregal *n*; **– des tabacs** Tabakmonopol; **– d'utilisation** Alleinverwertungsrecht; **– de vente** Verkaufsmonopol; Alleinverkaufsrecht.

monopoliser *v.tr.* ein Monopol ausüben, in einer Hand vereinigen.

monopoliste *adj. et n.m.* (*WirtR: se dit de qui détient, impose un monopole – groupe industriel monopoliste*) monopolistisch, marktbeherrschend.

monopolistique *adj* (*WirtR: caractérisé par l'existence de monopoles*) monopolkapitalistisch; **capitalisme –** Monopolkapitalismus *m*.

monopsone *m* Nachfragemonopol *n*.

monsieur *m* **bons offices** (*VR*) Vermittler *m*.

montant *m* Betrag *m*; Summe *f*; Höhe *f*; **– d'un achat** Kaufpreis *m*; **– additionnel** Zusatzbetrag *m*, Aufschlag *m*, Aufpreis *m*; **– de l'assurance, – assuré** (*VersR*) Deckungssumme *f*, Versicherungssumme *od.* -betrag *m*; **– de base** Grundbetrag; **– brut** Rohbetrag; **– de la commande** (*HR*) Auftragsvolumen *n*; **– de la couverture** (*VersR*) Deckungshöhe *f*; **– de la créance** Forderungsbetrag *m*.

montant débité abgebuchter Betrag; **– de la dette** Schuld *f*; **– du dommage** Schadenshöhe *f*, Schadensumfang *m*; **– exonéré** Freibetrag; **– de la facture** Rechnungsbetrag; **– forfaitaire** Gesamt- *od.* Pauschalbetrag; **– franc** Freibetrag; **– impayé** offener Posten; **– d'indemnité** (*VersR*) Abfindungssumme *f*.

montant du litige (*PrzR*) Streitwert *m*, Wert des Streitgegenstandes, Gegenstandswert; **– minimum** Mindestbetrag; **– minimum d'indemnité** Mindestersatzleistungssumme; **– net** Nettobetrag; **– nominal** Nenn- *od.* Nominalbetrag; **– non imposé** Freibetrag, steuerfreier Betrag, Freigrenze *f*; **– partiel** Teilbetrag.

montant de la peine (*StR*) Strafmaß *n*; **– de la pension** Rentenhöhe; **– perçu** abgehobener *od.* eingezogener Betrag; **– du remboursement** (1) Erstattungsbetrag, (2) Nachnahmebetrag; **– de la responsabilité** Haftungssumme; **– restant dû** Restschuld; **– total** Gesamtbetrag.

mont-de-piété *m* Pfandleihanstalt *f*, Pfandhaus *n*, Leihaus.

montée *f* Anstieg *m*, Aufwärtsbewegung; Steigerung, Zunahme *f*; **– des cours** Kurssteigerung; **– des prix** Preissteigerung; **– des ventes** Absatzerhöhung.

monter *v.intr.* steigen, (*Auto, Zug*) einsteigen; **– un coup** eine Straftat planen; **– au créneau** jmdm. zuhilfe kommen, in die Bresche springen; **– la garde** Wache halten; **– une pièce** ein Bühnenstück inszenieren.

montrer *v.tr.* zeigen; (Ausweis) vorzeigen; (Urkunde) vorlegen; (Sachverhalt) beweisen; erklären; **– l'exemple** mit gutem Beispiel vorangehen.

monument *m* Denkmal *n*; Bauwerk *n*; Gebäude *n*; **–s historiques et sites (classés)** unter Denkmalschutz stehende historische Denkmäler und Landschaften; **– aux morts** Ehrenmal *n*.

moral *adj* (1) (*StR, VerfR: par opposition à immoral*) ethisch, sittlich; moralisch, (2) (*ZR: par opposition à corporel et à matériel*) immateriell; **crise –e** Sittenverfall *m*; **élément – (de l'infraction)** (*StR:*

élément qui correspond à l'intention délictueuse) subjektiver Tatbestand; **obligation –e** (*SchuldR*) Naturalobligation *f*; **personne –e** juristische Person; **précepte –, règle –e** ethischer Grundsatz.
moral *m* Stimmung *f* (in der Bevölkerung); **– des troupes** Moral *f* der Truppe.
morale *f* Sittenlehre *f*, Moral *f*, Ethik *f*; **– internationale** (*VR*) internationale Verhaltensnormen *fpl*.
moralement *adv* moralisch; innerlich, persönlich.
moralité *f* Sittlichkeit *f*, Moral *f*; Tugendhaftigkeit *f*; **certificat de –** Führungszeugnis *n*.
moratoire *adj* verzögernd, die Zahlung hinausschiebend, aufschiebend; **intérêts –s** Verzugszinsen; **législation –** (*ZR*) Gesetzgebung zum Schuldnerschutz; **sentence –** (*ZwangsVR*) (dem Schuldner) Zahlungsaufschub gewährendes Urteil.
moratoire *m* (1) (*VR*) Moratorium *n*, (2) (*BankR*) Zahlungsaufschub *m*, Fristverlängerung (bei Schulden); **obtenir un –** einen Zahlungsaufschub erwirken; **– bancaire** Bankenmoratorium; **– des intérêts** Zinsenmoratorium; **– de paiement** Zahlungsaufschub *m*, Zahlungsmoratorium *n*; **– provisoire** Stillhalteabkommen *n*.
morbide *adj* morbid, pathologisch; pervers.
morbidité *f* Krankenstand *od.* -zahl.
morceler *v.tr.* parzellieren, zerstückeln, abteilen.
morcellement *m* (*LandwR*) Parzellierung *f*, Zerstückelung *f*; **plan de –** (*BauR*) Parzellierungsplan *m*; **– des terres** Flurzersplitterung.
morgue *f* Leichenhalle *f*, Leichenschauhaus *n*.
morosif *adj* (*SchuldR: négligent, tardif*) seine Pflichten vernachlässigend; seine Rechte nicht (rechtzeitig) ausübend.
mort *m* (1) (*ErbR: synonymes: le de cujus, le défunt, la personne décédée*) Tote(r) *m*, Verstorbene(r) *m*, (2) (*syn.: cadavre, dépouille mortelle*) Leiche *f*, Leichnam *m*, die sterbliche Hülle.
mort *f* (1) (*décès*) Tod *m*, (2) (*fin, ruine*) Untergang *m*, Niedergang, (3) (*ErbR*) Erbfall *m*; **abolir la peine de –** die Todesstrafe abschaffen; **arrêt de –, condamnation à –** Todesurteil *n*; **camp de la –** Todeslager, KZ; **à cause de –** von Todes wegen, (*Leistung*) nach Todesfall; **danger de –** Lebensgefahr *f*; **donner la –** das Leben nehmen, töten; **se donner la –** Selbstmord begehen; **être à l'article de la –** in den letzten Zügen liegen; **mettre à –** hinrichten; **peine de –** Todesstrafe *f*.
mort accidentelle Unfalltod *m*, Unfall *m* mit Todesfolge; **– apparente** Scheintod; **– cérébrale** Hirntod; **– civile** (*StPR*) Verlust der bürgerlichen Ehrenrechte; bürgerlicher Tod; **– clinique** klinischer Tod, ärztlich festgestellter Tod; **– d'homme** Totschlag *m*; **– naturelle** natürlicher Tod; **– subite** plötzlicher Kindstod; **– violente** (*ZR, StR: voir art. 81 et 85 Cciv*) gewaltsamer Tod, unnatürlicher Tod.
mortalité *f* Sterblichkeit *f*, Sterblichkeitsziffer *f*; **table de –** Sterbetafel *f*, Absterbeordnung; **taux de –** Sterblichkeit *f*, Sterbeziffer *f*, Sterberate *f*, Todeswahrscheinlichkeit; **– infantile** Kindersterblichkeit; **– des nouveaux-nés** Säuglingssterblichkeit.
mortel *adj* sterblich, tödlich; **blessure –le** Körperverletzung mit tödlichem Ausgang *od.* Todesfolge; **dose –le** Letaldosis *f*; **poison –** tödliches Gift.
morte-saison *f* Flaute *f*, Saure-Gurken-Zeit *f*.
mort-gage *m* (*hist*) Nutzungspfand *n*.
mortification *f* Demütigung, Kränkung *f*.
mortinatalité *f* intrauterine Sterblichkeit.
mort-né *m* Totgeburt *f*.
mortuaire *adj* Sterbe-; Leichen-; **acte –** Sterbeurkunde *f*; **couronne –** Kranz *m* (als Grabschmuck); **extrait –** Totenschein *m*; **registre –** Sterbebuch *n*, Totenregister *n*; **salle –** Leichenhalle *f*.
mot *m* Wort *n*; Ausspruch *m*; **avoir le**

dernier – sich durchsetzen; **gros –** Schimpfwort *n*, ordinäres Wort; **– blasphématoire** Fluch *m*, Gotteslästerung *f*; **– clé** Stichwort *n*; **– étranger** Fremdwort *n*; **– d'ordre** Losung *f*, Parole *f*; **– d'ordre de grève** Streikaufruf *m*; **– de passe** Kennwort *n*, Losungswort, Parole *f*; **– valise** Aufhänger *m*.

motif *m* (1) (*SchuldR: mobile personnel envisagé sous l'aspect de sa licéité, par oppposition à la cause de l'obligation qui est le but immédiat et direct de l'engagement du débiteur*) (mehr *od.* weniger entfernter) Grund für den Abschluss eines Rechtsgeschäfts, Anlass zum Vertragsabschluss, (2) (*ZPR: argument développée par les plaideurs dans les conclusions et par les magistrats dans leur décision*) Argument *n*; Begründung (des Anspruchs); Entscheidungsgrund, (3) (*StR u. i.w.S.: mobile d'une action ou omission*) Motiv *n*, Beweggrund *m*; Triebfeder *f*; Antrieb *m*, (4) (*PrzR: au pluriel, exposé des raisons de droit et de fait qui justifient un jugement*) Urteilsgründe *mpl*, Entscheidungsgründe, Begründung *f* der richterlichen Entscheidung; **absence de –s** mangelhafte *od.* fehlende Begründung; **contrariété de –s** sich widersprechende *od.* widerspruchsvolle Entscheidungsgründe; Widersprüchlichkeit der Entscheidungsgründe; **défaut de –s** unzureichende *od.* fehlende Begründung; **erreur sur le –** Motivirrtum *m*, Irrtum im Beweggrund; **exposé des –s** Begründung *f*, Darlegung der rechtlichen u. tatsächlichen Gründe (einer Entscheidung *od.* eines Antrages); **exposé des –s d'une loi** Gesetzesbegründung.

motif d'accusation (*StPR*) Anklagegrund *m*; **– d'appel** (*PrzR*) Berufungsgrund; **– d'arrestation** (*StPR*) Haftgrund; **– de congédiement** (*ArbR*) Kündigungsgrund *m*; **– déterminant** ausschlaggebender Grund; **– de droit** rechtliche Entscheidungsgründe; **– d'empêchement** Hinderungsgrund; **– d'exclusion** Ausschluss- *od.* Ausschließungsgrund; **–s de fait** tatsächliche Entscheidungsgründe; **– grave** schwerwiegender Grund; **– d'interdiction** Verbotsgrund.

motif d'irrecevabilité (*PrzR*) Unzulässigkeitsgrund; **–s du jugement** (1) (*StPR*) (Urteils-) Gründe *mpl*, (2) (*ZPR*) Entscheidungsgründe *mpl*; **– juridique** Rechtsgrund; **– légitime** rechtmäßiger Grund; **– de licenciement** (*ArbR*) Kündigungsgrund; **– de nullité** Nichtigkeits- *od.* Aufhebungsgrund; **– de résiliation** Kündigungsgrund; **–s sérieux et légitimes** wichtige Gründe; **– de service** (*VwR*) dienstliche Rücksichten *od.* Belange, dienstliches Interesse; **– valable** triftiger Grund, stichhaltige Begründung.

motion *f* (1) (*ÖfR: proposition, texte proposé*) Antrag *m*, (2) (*VerfR: résolution prise dans une assemblée délibérante*) Parlamentsbeschluss (außerhalb der Gesetzgebung); **– d'accusation** (*VerfR*) Antrag auf (strafrechtliche) Verfolgung; **– de blâme** Tadelsantrag; **– de censure** (*VerfR*) Misstrauensantrag *m*; Misstrauensvotum; **– de clôture** Antrag auf Schluss der Aussprache; **– de confiance** Vertrauensvotum *n*; Vertrauenserklärung *f*; **– de défiance** Misstrauens- *od.* Missbilligungsantrag; **– d'ordre** Antrag zur Tagesordnung; **– préjudicielle** präjudizieller Antrag; **– de procédure** Verfahrensantrag.

motivation *f* (1) (*PrzR: ensemble des motifs d'un jugement*) Gesamtheit der Entscheidungsgründe, Argumentation, (2) (*Vwirt: facteurs déterminant le comportement de l'agent économique*) Grundlage des Entscheidungsverhaltens; Entscheidungslogik *f*; Problemlösungsverhalten *n*, (3) Hintergrund *m*, Ursache *f*; Bestimmungsgründe *mpl*; **étude de –** Untersuchung der Entscheidungsprozesse; Motivforschung *f*.

motivé *adj* begründet, mit Gründen versehen; **retard non –** unentschuldigte Verspätung.

motiver *v.tr.* begründen; rechtfertigen; **– une décision** eine Entscheidung mit Gründen versehen, ein Urteil begründen.

motocycle *m* (*StVR: véhicule automobile à deux roues*) Zweirad *n*.
motocycliste *m* Zweiradfahrer *m*.
mouchard *m* (1) (*pej: indicateur de police*) Polizeispitzel *n*, (2) Kontrollgerät *n*; (*LKW*) *umg* Fahrtenschreiber *m*.
mouillage *m* (1) (*LandwR: coupage*) mit Wasser verfälschen, Panschen *n*, (2) (*SeeHR: ancrage*) Ankern *n*; Ankerplatz *m*; **– du lait** (*StR*) Milchpantschen *n*; **– du vin** Verfälschung des Weines, Weinpantschen.
mouiller *v.tr.* (1) (*StR: compromettre, impliquer qqn.*) jmdn. kompromittieren, in eine Sache verwickeln, (2) **se –** *v. pron.* sich engagieren, ein Risiko eingehen.
mourir *v. intr.* sterben, umkommen; untergehen; **– d'une hémorragie cérébrale** einen tödlichen Schlaganfall erleiden.
mouroir *m pej* Altenheim *n*.
mouvance *f* Einflusssphäre *f*; Gefolgschaft *f*.
mouvement *m* (1) (*changement, modification*) Bewegung *f*, Änderung *f*, Veränderung, (2) (*Pol.*) Umwälzung; Fortschritt *m*; Unruhe *f*, (3) (*parti politique*) politische Bewegung, Partei *f*, (4) (*Vwirt: capitaux, marchandises*) (Waren-) Umsatz *m*; (Zahlungs-) Verkehr *m*; **commission de –** (Kapital-) Bewegungen Umsatzprovision *f*; **– administratif** (*BeamR*) Personalveränderungen im öffentlichen Dienst; **– d'affaires** *ou* **des affaires** Geschäftsverkehr *m*; **– autonomiste** Autonomiebestrebung *od.* -bewegung; **– de caisse** Kassenumsatz *m*; **– de capitaux** Kapitalverkehr *m*; **– clandestin** (*Pol*) Untergrundbewegung *f*; **– commercial** Geschäftsverkehr; **– des cours** Kursentwicklung; Kursschwankungen; **– démographique** Bevölkerungsbewegung; **– diplomatique** Personalveränderungen im diplomatischen Dienst, Revirement *n*; **– de diversion** Ablenkungsmanöver *n*; **– d'émigration** *ou* **d'exode** Abwanderung, Auswanderung; **– des entreprises de France (= MEDEF)** (*ArbR*) frz. Arbeitgeberverband *m*.
mouvement de grève Streikbewegung *f*, Streikaktion *f*, Arbeitskampf *m*; **– de hausse** Ansteigen (der Preise); **– insurrectionnel** Aufruhr *m*, Aufstand *m*; **– inverse** Gegenbewegung; **– de libération** Befreiungsbewegung; **– migratoire** Wanderung *f*; **– naturel de la population** (*Vwirt*) natürliche Bevölkerungsbewegung.
mouvement ouvrier Arbeiterbewegung; **– des paiements** Zahlungsverkehr *m*; **– de panique** Panikausbruch *m*; **– populaire** (*Pol*) Aufruhr *m*, Volksaufstand; **– préfectoral** Umbesetzung der Präfektenposten; **– des prix** Preisschwankungen *pl*; Preisentwicklung; **– de protestation** Protestbewegung; **– de résistance** (*Pol*) Widerstandsbewegung; **– revendicatif** Arbeitskampf *m*; Gewerkschaftsaktion *f*.
mouvement saisonnier Saisonschwankungen *fpl*, kurzfristige periodische Marktveränderungen; **– des salaires** Lohnentwicklung; **– des stocks** Lagerzu- und -Abgänge *pl*, Bestandsveränderung; **– subversif** Umsturzbewegung; **– syndical** Gewerkschaftsbewegung *f*; **– d'union** Einigungsbestrebungen *fpl*.
moyen *adj* durchschnittlich; mittelmäßig.
moyen *m* (1) (*procédé, voie*) Mittel *n*, Hilfsmittel, Möglichkeit *f*, (2) (*PrzR: fondement, motif, élément de justification*) Vorbringen *n* bei Gericht zur Antragsbegründung, Rechtsgrund *m*, Klagegrund, (3) (*ZR, PrzR: moyens de preuve*) Beweis *m*, Beweismittel *n*; Beweisverfahren *n*; **– d'appel** Berufungsgrund *m*; **– de cassation** Revisionsgrund *m*; **– coercitif** *ou* **de contrainte** Zwangsmittel *n*; **– de défense** Verteidungsvorbringen *n*; Geltendmachung der zugunsten des Beschuldigten sprechenden tatsächlichen und rechtlichen Gesichtspunkte; **– de droit** (*PrzR*) Rechtsbehelf *m*; Vorbringen *n* rechtlicher Art; rechtliche Grundlage (eines Anspruchs).
moyen de fait (*PrzR*) Vorbringen *n* tatsächlicher Art; **– de faux** Behaup-

tung der Urkundenfälschung; **– de fond** Ausführung zum Sachverhalt *od.* zur Sache; **– d'irrecevabilité** Unzulässigkeitseinrede *f*; **– nouveau** (*PrzR*) neues Vorbringen, neues Angriffs- *od.* Verteidigungsmittel.

moyen de pression Druckmittel *n*; **– de preuve** *ou* **probatoire** Beweismittel *n*; **– de recours** Rechtsmittel; **– de récusation** Ablehnungsgrund *m*; **– de réforme** (*ZPR*) Aufhebungsgrund; **– de transport** Beförderungsmittel, Verkehrsmittel *n*.

moyenne *f* Durchschnitt *m*, Durchschnittswert *m*, Mittel(wert); **– annuelle** Jahresdurchschnitt; **– nationale** Landesdurchschnitt; **– pondérée** gewogener Durchschnitt.

moyens *mpl* (*Vwirt*) Geldmittel *npl*; Kapital *n*; Vermögen *n*; **circulation de – de paiement** Zahlungsmittelumlauf *m*; **présentation de – nouveaux** (*PrzR*) neues Vorbringen; **– abortifs** (*StR*) Abtreibungsmittel *pl*; **– d'action** (*ArbR*) Kampfmittel *fpl*; **– audiovisuels** Audio-Video-Geräte *npl*; **– de caisse** (*Buchf*) Kassenbestand, flüssige Mittel; **– de dissuasion** (*VR*) Abschreckungswaffen *fpl*.

moyens d'existence (*SozR*) Lebensunterhalt *m*; **– financiers** Geld- *od.* Finanzierungsmittel; **– financiers propres** (*GesR*) Eigenkapital, Eigenmittel; **– de paiement** Zahlungsmittel *pl*; **– de production** (*Vwirt*) (produzierte) Produktionsmittel; **– publicitaires** Werbemittel *npl*.

multi-carte *m* (*HR*) Handlungsreisende (r) *m*, der für mehrere Firmen tätig ist.

multicritères *mpl* (*BW*) Optimierungskriterien *npl*.

multidisciplinaire *adj* fachübergreifend.

multiemploi *m* (*ArbR: on dit aussi multitravail et pluriemploi*) Mehrfachbeschäftigung *f*, Ausübung mehrerer Teilzeitjobs.

multilatéral *adj* (*syn.: plurilatéral*) mehrseitig, multilateral.

multinationale *f* (*GesR: société implantée dans plusiers pays*) multinationales Unternehmen; *pej* Multi.

multipartisme *m* Mehrparteiensystem *n*.

multiplier *v.tr.* vervielfachen, multiplizieren; **– les précautions** die Sicherheitsmaßregeln verschärfen.

multipropriété *f* (*SachR: pluripropriété, attribution d'immeubles en temps partagé*) Timesharing *n*, Nutzungsrecht an (Ferien-) Wohnungen *od.* Appartements (das mehreren Nutzungsberechtigten für bestimmte unterschiedliche Zeitabschnitte zusteht).

multispécialisation *f* (*ArbR*) Erwerb *m* von Kenntnissen in mehreren Fachbereichen.

muni *p.p. adj.* versehen mit; **créancier – de sûreté** Gläubiger, der durch ein Sicherungsgeschäft seine Forderung mit einer Sach- *od.* Personalsicherheit versehen hat; **mandataire – d'un pouvoir** mit einer Vollmacht ausgestatteter Beauftragter.

municipal *adj* Gemeinde-, Stadt-, Kommunal-; gemeindlich, kommunal; **code –** Gemeindeordnung *f*; **conseil –** Gemeinderat, Stadtrat *m*; **conseiller –** Gemeinderatsmitglied, Stadtratsmitglied *n*.

municipalisation *f* (*VwR*) Überführung in Gemeindeeigentum, Kommunalisierung (von Privatgrundstücken zur Spekulationsbekämpfung).

municipalité *f* (1) (*ÖfR*) Gemeinde(bezirk) *m*; Sitz der Gemeindeverwaltung, Rathaus *n*, (2) (*VwR: le maire et les adjoints*) Bürgermeister u. Stellvertreter; Gemeinde- *od.* Stadtverwaltung.

munir *v.pron.*: **se – de** ausstatten mit, versehen mit.

munition *f* (1) (*ZR: ensemble des moyens de subsistance – on dit aussi munitions de bouche*) Verpflegung, (2) (*MilR*) (*meist pl*) Munition *f*; **autorisation d'acquisition de –s** Munitionserwerbschein *m*.

mur *m* Mauer *f*, Wand *n*; Schutz *m*; **– de cloison** Zwischenwand *f*; **– mitoyen** gemeinschaftliche Grenzmauer *f*; **– de séparation** (1) (*SachR*) Grenzmauer *f*, (2) (*BauR*) Brandmauer.

mutabilité *f* (*SachR*) Übertragbarkeit *f* (von Grundeigentum).

mutation *f* (1) (*SachR: transfert d'un droit réel*) Übertragung *f* (des Eigentums), Veräußerung *f* (eines Grundstücks), (2) (*ArbR, BeamR: changement d'affectation*) Versetzung *f*; Arbeitsplatzwechsel *m*, (3) (*GesR: transmission d'un titre nominatif*) Übertragung eines Namenspapiers; **– domaniale** (*VwR*) Umwidmung einer öffentlichen Sache; Überführung einer öffentlichen Sache von Gemeinde- in Staatseigentum; **– foncière** (*SachR*) Umschreibung im frz. Hypothekenregister; Überschreibung des Grundeigentums (durch Eintragung im Hypothekenregister; Grundbucheintragung (mit Bewilligung des Betroffenen); **– interne** (*BeamR*) Versetzung innerhalb der Dienststelle; **– par mesure disciplinaire** (*DiszR*) strafweise Versetzung; **– monétaire** (*BankR*) Münzverrufung *f*.

mutation d'office (*BeamR*) strafweise Versetzung, Strafversetzung; **– professionnelle** Berufswechsel *n*; **– au registre foncier** (*Elsaß-Lothringen*) Grundbuchumschreibung; **– de service** dienstliche Versetzung; **– de la société** Gesellschaftswandel *m*; **– technologique** technische Revolution.

mutatis mutandis *lat* sinngemäß, entsprechend.

muter *v.tr.* (1) (*SachR*) (das Eigentum an einem Grundstück) übertragen, (2) (*ArbR*) (einen Arbeitnehmer) versetzen; **– par mesure disciplinaire** strafversetzen.

mutilation *f* **volontaire** (*MilR, StR*) vorsätzliche Selbstverstümmelung.

mutilé *m* Versehrte(r) *m*, Körperbeschädigte(r) *m*; **grand –** Schwerbeschädigte(r) *m*; **– de guerre** Kriegsbeschädigte(r), Kriegsversehrte(r); **– du travail** Arbeitsinvalide *m*.

mutin *m* Meuterer *m*, Aufrüher *m*.

mutinerie *f* Meuterei *f*; **– à la maison d'arrêt** Aufstand in einer Justizvollzugsanstalt.

mutisme *m* Stillschweigen *n*.

mutualisme *m* Genossenschaftsbewegung *f*.

mutualité *f* (*SozVers*) Zusatzversicherung(swesen) auf Gegenseitigkeit; **– des risques** Gefahrengemeinschaft.

mutuel *adj* auf Gegenseitigkeit, wechselseitig, gegenseitig; **pari –** (*ZR: pari sur les chevaux dans lequel le montant des enjeux est soumis à un prélèvement fixé par la loi avant d'être réparti entre les gagnants, proportionnellement à leurs mises*) Pferdewette *f*.

mutuelle *f* (*SozR: société d'assurance mutuelle*) (Kranken- *od.* Renten-) Versicherung auf Gegenseitigkeit, Zusatzversicherungs- *od.* Versorgungskasse; **– de capital-décès** Sterbekasse; **– d'entraide** Unterstützungsverein *m*.

mutuellement *adv* gegenseitig; **se devoir – qqch.** einander zu etw. verpflichtet sein.

mutuum *m* (*SchuldR: prêt de consommation – art. 1892 Cciv*) Darlehen *n*.

mystique *adj* geheim (gehalten), verdeckt; **divorce par consentement mutuel –** Konventionalscheidung ohne Angabe der Scheidungsgründe.

N

naissance *f* (1) (*FamR*) Geburt *f*, (2) *fig* Entstehung *f*; Herkunft *f*; Anfang *m*; Ursprung *m*; **acte de –** Geburtsurkunde *f*; **allocation de –** Geburtsbeihilfe *f*, Geburtenzulage *f*; **bulletin** *ou* **certificat de –** Geburtsschein *m*; **contrôle des –s** Geburtenkontrolle *f*; **date de –** Geburtstag *m*; **déclaration de –** Geburtsanzeige *f*; **extrait de –** Geburtsurkunde *f*, Auszug aus dem Geburtenbuch; **faire-part de –** Geburtsanzeige *f*; **lieu de –** Geburtsort *m*; **nombre des –s** Natalität *f*; **prendre –** entstehen; **prime à la –**

Geburtenbeihilfe *od.* -zulage *f*; **registre des –s** Geburtenbuch *n*.

naissance d'un droit (*SchuldR*) Entstehung eines Anspruchs; **– illégitime** (*FamR*) nichteheliche Geburt; **– légitime** eheliche Geburt; **– vivante** Lebendgeburt *f*.

nanti *adj*: **créancier –** (*ZR*) Pfandgläubiger *m*; **pays –** (*Vwirt*) reiches entwickeltes Land.

nantir *v.tr.* (*SachR*) ein Pfandrecht (an einer Sache) bestellen, (einen Gegenstand) verpfänden.

nantissement *m* (1) (*SachR, SchuldR: contrat par lequel un débiteur remet une chose mobilière ou immobilière à son créancier pour la garantie de sa dette – art. 2071 Cciv*) Bestellung eines vertraglichen Pfandrechts, Pfandrechtsbestellung *n*, (2) (*SchuldR: chose moblière: gage – art. 2072 Cciv*) Faustpfand *n*, (3) (*SachR: chose immoblière: antichrèse – art. 2085 Cciv*) (*Immobilien*) Nutzungspfandrecht *n*, (4) (*SchuldR: convention relative à la constitution d'un gage*) Pfand- *od.* Verpfändungsvertrag, Verpfändung, (5) (*SchuldR: improprement pour: chose gagée*) Pfandsache *f*, Sicherheit *f*; **affectation en –** Übergabe als Sicherheit, Verpfändung; **constituant du –** Verpfänder *m*; **constitution de –** Pfandbestellung; **contrat de –** Pfand- *od.* Verpfändungsvertrag.

nantissement d'une chose immobilière (*SachR: antichrèse*) Nutzungspfandrecht an Grundstücken; **– d'une chose mobilière** (*SachR: gage*) Faustpfand; **– sur créances** Sicherheitsleistung durch Verpfändung von Forderungen; **– sans déplacement, – sans dépossession** besitzloses Pfandrecht; **– sur espèces** Sicherheitsleistung durch Hinterlegung von Geld.

nantissement de fonds de commerce (*HR*) Bestellung eines besitzlosen Pfandrechts an einem Handelsunternehmen, Sicherheitsleistung durch Verpfändung eines Handelsunternehmens (ohne Besitzübergabe), Verpfändung des Geschäftsvermögens (allerdings ohne die Waren); **– immobilier** Nutzungspfandrecht an Immobilien *od.* Grundstücken; **– sur marchandises** (*HR*) Warenlombard, Sicherheitsleistung durch Verpfändung von Waren; **– mobilier** Besitzpfandrecht an Mobilien, Faustpfand *n*; **– de l'outillage et du matériel d'équipement** (*HR*) besitzloses Registerpfandrecht an Betriebsausrüstungs- und Investitionsgütern; **– sur titres, – de valeurs mobilières** (*BankR, HR*) Effektenlombard *m/n*, Sicherheitsleistung durch Hinterlegung von Wertpapieren, Verpfändung von Wertpapieren.

nappe *f* **phréatique** Grundwasser *n*; Grundwasserspiegel *m*.

narcodollars *mpl* (*StR*) Drogengelder *npl*; **blanchiment des –** (Drogen-) Geldwäsche *f*.

narcotrafic *m* (*StR: trafic de la drogue ou des stupéfiants*) Drogenhandel *m*, Rauschgifthandel.

narcotrafiquant *m* Drogenhändler *m*; Rauschgifthändler.

narguer *v.tr.* verspotten; herausfordern.

narrateur *m* Erzähler *m*; Berichterstatter *m*.

narration *f* Bericht *m*; Schilderung *od.* Darstellung (eines Sachverhalts).

natal *adj*: **langue –e** Muttersprache *f*; **pays –** Geburtsland *n*.

natalité *f* Geburtenzahl *od.* -ziffer *f*; **assurance- –** Versicherung für den Fall einer Geburt; **baisse** *ou* **diminution** *ou* **régression de la –** Geburtenrückgang *m*; **taux de –** Geburtenrate *od.* -ziffer.

natif *adj* angeboren, angestammt; **or –** gediegenes, massives, reines Gold; **– de** gebürtig.

nation *f* (*VerfR*) Nation *f*, Volk *n*; Staat *m*.

nation la plus favorisée (*Außh*) meistbegünstigtes Land; **clause de la – –** (*Außh*) Meistbegünstigungsklausel.

national *adj* national, inländisch, innerstaatlich, staatlich, einzelstaatlich; Landes-, Staats-.

national *m* (*ÖfR: personne ayant la nationalité d'un Etat considéré*) Staatsangehöriger *m*, Staatsbürger *m*, Bürger,

Inländer; **– d'origine** Staatsangehöriger durch Geburt.

nationalisation *f* (*ÖfR*) Vergesellschaftung *f*; Verstaatlichung.

nationaliser *v.tr.* vergesellschaften; verstaatlichen.

nationalisme *m* Nationalismus *m*.

nationalité *f* Staatsangehörigkeit *f*, Nationalität *f*, Staatsbürgerschaft *f*; **acquisition de la –** Erwerb der Staatsangehörigkeit; **acte de –** (*SeeHR*) Schiffszertifikat *n*; **attribution de la –** Einbürgerung; **attribution de la – à raison de la filiation** Staatsangehörigkeitserwerb infolge Abstammungsrecht, ius sanguinis; **attribution de la – à raison de la naissance** Staatsangehörigkeitserwerb infolge Bodenrecht, ius soli; **certificat de –** Staatsangehörigkeitszeugnis *od.* -bescheinigung, Heimatschein; **conférer la –** die Staatsangehörigkeit verleihen; **déchéance de la –** Ausbürgerung, Entlassung aus der Staatsangehörigkeit; **déchoir de la –** die Staatsangehörigkeit aberkennen, ausbürgern; **décliner la –** auf die Staatsangehörigkeit verzichten; **double –** Doppelstaatsangehörigkeit *f*; **emblème de –** Hoheitszeichen *n*.

nationalité: **octroi de la –** Verleihung der Staatsangehörigkeit; **perte de la –** Verlust der (französischen) Staatsangehörigkeit; **principe des –s** (*VR*) Nationalitäten- *od.* Völkerschaftsprinzip; **priver de la –** ausbürgern; **reconnaissance de la –** Staatsangehörigkeitsanerkennung; **recouvrement de la –** Wiedererlangung der Staatsangehörigkeit; **réintégrer dans la –** wiedereinbürgern; **renonciation à la –** *ou* **répudiation de la –** Verzicht auf die Staatsangehörigkeit; **retrait de la –** Entlassung aus der Staatsangehörigkeit, Ausbürgerung, Verlust der (französischen) Staatsangehörigkeit; **sans –** staatenlos; **– acquise par naturalisation** durch Einbürgerung erworbene Staatsangehörigkeit.

nationalité acquise par mariage durch Heirat erworbene Staatsbürgerschaft; **– d'origine** durch Geburt erworbene Staatsangehörigkeit; **– des personnes morales** (*IPR*) Staatsangehörigkeit der juristischen Personen (als Anknüpfungspunkt).

Nations-Unies *fpl* (*VR*) Vereinte Nationen; **assemblée générale des –** Generalversammlung der Vereinigten Nationen; **Organisation des – (= ONU)** (*VR*) Vereinte Nationen (= UNO).

naturalisation *f* (*AuslR*) Einbürgerung *f*, Naturalisierung *f*; **acte de –** Einbürgerungsurkunde *f* **décret de –** Einbürgerungsbescheid *m*; **retrait de –** Widerruf der Einbürgerung; **– collective** Kollektiveinbürgerung; **– individuelle** Einzeleinbürgerung.

naturalisé *m* Neubürger *m*, eingebürgerte Person *f*.

naturaliser *v.tr.* einbürgern, die Staatsangehörigkeit verleihen, naturalisieren.

nature *f* (1) (*caractère, genre*) Wesen *n*, Art *f*, Charakter *m*, (2) (*propriétés*) Natur *f*, Beschaffenheit *f*, (3) (*UmweltR*) Umwelt *f*, Natur; **apport en –** (GesR) Sacheinlage *f*, Einlage in Sachwerten; **avantages en –** (*ZR, ArbR*) Sachbezüge *mpl*, Naturalleistung, Deputat *n*; **de – à** geeignet zu; **de par sa –** seinem Wesen nach; **paiement** *ou* **prestation en –** (*SchuldR*) Sachleistung *f*, Leistung in Naturalien, Naturalleistung *f*; **protection de la –** Naturschutz *m*; **réparation en –** Naturalherstellung, Schadenersatz durch Naturalrestitution; **restitution en –** Naturalrestitution; **salaire en –** Naturallohn *m*, Sachbezüge *mpl*.

nature de l'acte juridique Wesen des Rechtsgeschäfts; **– de juridiction** (*PrzR*) Gerichtsbarkeit; **– juridique** Rechtsnatur *f*; **– du risque** (*VersR*) Gefahrenart, Art des Risikos; **– des travaux et fournitures** Merkmale npl der Leistungen.

naturel *adj* (1) (*FamR: enfant*) nichtehelich, unehelich, außerehelich, (2) natürlich, Natur-; **droit –** Naturrecht *n*; **droits –s** (*VerfR*) unveräußerliche Menschenrechte; **enfant –** nichteheliches Kind; **frontières –les** (*VR*) natürliche Grenzen; **fruits –s** Sach-

früchte *fpl*; **richesses –les** Naturerzeugnisse *npl*.
naturiste *m* Anhänger *m* der Freikörperkultur.
naufrage *m* Schiffbruch *m*; **droit de –** Strandrecht; **faire –** Schiffbruch erleiden.
naufrageur Seepirat *m*.
nausée *f* Brechreiz *m*.
nautique *adj*: **art** *ou* **science –** Schifffahrtskunde *f*, Seewesen *n*; **mille –** englische Seemeile.
naval *adj*: **chantier –** (Schiffs-) Werft *f*.
navette *f* Pendelverkehr *m*; Pendelzug *m*; Zubringer *m*; **– parlementaire** (*VerfR*) die aufeinanderfolgenden Lesungen eines Gesetzentwurfs (in der Nationalversammlung u. im Senat).
navetteur *m* (= *le banlieusard*) Pendler *m*.
navigabilité *f* (1) Seetüchtigkeit *f*, (2) Lufttüchtigkeit.
navigateur *m* Seefahrer *m*.
navigation *f* (1) (*navires*) Seefahrt *f*, Schifffahrt *f*, (2) (*avions*) Navigation *f*, Ortung *f*; Luftschifffahrt *f*; **acte de –** Schifffahrtsakte *f*; **compagnie de –** Schifffahrtsgesellschaft *f*; **office national de la – intérieure** frz. Binnenschifffahrtsamt *n*; **police de la –** Schifffahrtspolizei *f*; **règlement de –** Schifffahrtsordnung *f*; **service de la –** Wasserstraßenamt *n*; **société de –** Schifffahrtsgesellschaft *f*; **taxe de –** Schifffahrtsabgabe *od*. -gebühr *f*; **tribunal pour la – sur le Rhin** Rheinschifffahrtsgericht *n*.
navigation aérienne Luftfahrt *f*, Luftschifffahrt, Luftverkehr *m*; **– astronautique** Weltraumfahrt *f*; **– au bornage** (*SeeHR*) kleine Küstenschifffahrt *f*, Nahfahrt *f*; **– civile** zivile Luftfahrt; **– commerciale** Handelsschifffahrt *f*; **– côtière** Küstenschifffahrt, Nahfahrt; **– électronique** (*GPS = global positioning system*) satellitengestützte Navigation (= GPS); **– fluviale** Flussschifffahrt; **– intérieure** Binnenschifffahrt; **– au long cours** Hochseeschifffahrt, große Fahrt; **– maritime** Seeschifffahrt; **– mixte** Binnen- und Hochseeschifffahrt; **– de plaisance** Sport- u. Freizeitschifffahrt *f*, Wassersport *m*; **– réservée** (der französischen Flagge) vorbehaltene Schifffahrt; **– spatiale** Raumfahrt *f*.
naviguer *v. intr.* (*SeeHR: Schiffe*) Schifffahrt treiben, schiffen.
naviplane *m* Luftkissenfahrzeug *n*, Hovercraft *n*.
navire *m* (*SeeHR: bâtiment de mer*) (See-) Schiff *n*; **registre des –s** Schiffsregister; **– cargo** *ou* **de charge** Frachtschiff, Frachter; **– de commerce** Handelsschiff, Kauffahrer *m*; **– de guerre** Kriegsschiff; **– immatriculé** registriertes Schiff; **– marchand** Frachtschiff, Handelsschiff, Kauffahrer; **– à passagers** Passagierdampfer *m*; **– de pêche** Fischereischiff; **– en perdition** Schiff in Seenot; **– pétrolier** Tankschiff, Tanker *m*; **– de plaisance** Jacht *f*; **– porte-conteneurs** Containerschiff *n*.
navrant *adj* (höchst) bedauerlich, beklagenswert, misslich, unerfreulich, unangenehm, ärgerlich.
né, née *adj* geboren; entstanden; **intérêt – (***PrzR***)** konkret vorliegendes Rechtsschutzbedürfnis; **litige –** (*ZPR*) gerichtsanhängige Streitsache, bereits vorliegender *od*. entbrannter Rechtsstreit.
néanmoins *conj. et adv.* dennoch, gleichwohl, nichtsdestoweniger.
néant *adv. ou pron.* (*elliptique pour: rien à signaler*) kein(e) (Einträge, Vorkommnisse, Meldungen usw.), nichts (zu vermelden); **état –** Fehlanzeige *f*; **réduire à –** vernichten, zunichte machen.
nécessaire *adj* notwendig, erforderlich; besonders wichtig; **condition – et suffisante** unabdingbare Voraussetzung; **consentement –** gesetzlich erforderliche Zustimmung; **dépenses –s** notwendige Aufwendungen; **infraction –** (*StR: commise en état de nécessité*) strafrechtlicher Notstand.
nécessairement *adv* notwendigerweise, zwangsläufig, unvermeidlich.
nécessité *f* (1) (*ÖfR: force des circonstances*) Notwendigkeit *f*, (dringendes) Bedürfnis *n*, (2) (*SozR: état de besoin ou d'indigence*) Not *f*, Armut *f*, Bedürftigkeit *f*; **état de –** (1) (*StR: personne qui agit sous l'empire d'une force*

ou d'une contrainte irrésistible – art. 122–2 CP) strafrechtlicher entschuldigender Notstand, (2) (*ZR: fait justificatif d'un dommage*) zivilrechtlicher Notstand, (3) (*VR: circonstances menaçant les intérêts vitaux d'État*) staatlicher, eine Intervention rechtfertigender Notstand; **par –** *loc.* notgedrungen, der Not gehorchend; **de première –** lebenswichtig; **sans –** unnötigerweise; **– fait loi** (*adage*) Not kennt kein Gebot; **– intérieure** innerer Zwang; **– de service** dienstliches Erfordernis *n*.

nécessiter *v.tr.* erfordern, bedürfen; **nécessitant le secret** geheimhaltungsbedürftig.

nécessiteux *adj. et n.m.* (*SozR: indigent*) hilfsbedürftig; unterstützungsbedürftige Person.

nécrologue *m* Nachruf *m*, Nekrolog *m*.

nécropsie *f* (*MedizinR*) Leichenschau *f*, Autopsie *f*.

nefas *m lat* Verbot *n*; Tabu *n*.

néfaste *adj* schädlich, schlecht, gefährlich.

négatif *adj* verneinend, negativ.

négation *f* Verneinung *f*, Negation, Negierung.

négationniste *m* (*StR*) Person, die die Massenvernichtung der Juden im 3. Reich bestreitet.

négligeable *adj* geringfügig, unbedeutend, unwesentlich, belanglos.

négligence *f* (1) (*ZR, StR: faute non intentionnelle*) Fahrlässigkeit *f*; Unachtsamkeit, (2) (*WirtR, VwR: carence, incurie*) Nachlässigkeit, Versäumnis *n*; Vernachlässigung *f*, Unterlassung; Unvermögen *n*; **délit de –** (*StR*) Fahrlässigkeitsdelikt *n*; **par –** fahrlässig (erweise); **se rendre coupable d'une – grave** grobfahrlässig handeln.

négligence caractérisée *ou* **grave** grobe Fahrlässigkeit; **– légère** leichte Fahrlässigkeit; **– lourde** schwere u. vorwerfbare Fahrlässigkeit.

négligence-clause *f* (*SeeHR*) Haftungsfreizeichnungsklausel (des Reeders).

négligent *adj* fahrlässig, nachlässig; säumig; unverantwortlich.

négliger *v.tr.* vernachlässigen, unterlassen, versäumen, nicht berücksichtigen.

négoce *m* (1) (*HR, i.w.S.: commerce en général*) Handel *m*, Handelsgewerbe *n*, (Handels-) Geschäft *n*, (2) (*HR, i.e.S.: commerce de gros*) Groß- *od.* Zwischenhandel *m*; **haut –** (*WechselR*) besonders guter Wechsel; **– d'importation** Einfuhr- *od.* Importhandel, Passivhandel.

négociabilité *f* (*WertpR*) Übertragbarkeit *f*, Begebbarkeit, Bankfähigkeit; Marktfähigkeit.

négociable *adj* übertragbar, marktfähig, bankfähig, begebbar.

négociant *m* (*HR: commerçant*) Kaufmann *m*; Großhändler *m*; **– en détail** Einzelhändler, Detailkaufmann; **– distributeur** Zwischenhändler; **– en gros** Großhändler.

négociateur *m* (*VR, HR*) Unterhändler *m*, Verhandlungspartner *m*.

négociation *f* (1) Verhandlung *f*, Unterhandlung *f*, (2) (*WechselR*) Begebung (eines Wechsels), (3) (*BörR*) Wertpapierhandel *m*; Börsengeschäft *n*; Abschluss *m*; **être en –s** in Verhandlungen stehen; **pouvoir de –** Verhandlungsbefugnis *f*; **par voie de –** auf dem Verhandlungswege; **–s d'armistice** (*VR*) Waffenstillstandsverhandlungen; **–s collectives** (*ArbR*) Tarif(vertrags)-verhandlungen *fpl*; **– au comptant** (*BankR*) Kassageschäft *n*; **–s de paix** (*VR*) Friedensverhandlungen *fpl*; **– préliminaire** Vorverhandlung *f*; **–s professionnelles** (*ArbR*) Tarifverhandlungen, Verhandlungen zwischen den Sozialpartnern; **–s salariales** (*ArbR*) Lohnverhandlungen; **–s tarifaires** (*VR*) Zolltarifverhandlung; **– à terme** (*BörR*) Termingeschäft *n*.

négocier *v.tr.* (1) verhandeln, unterhandeln, (2) (*contrat*) abschließen, (3) (*emprunt*) vermitteln, (4) (*traite*) begeben, (5) *v.intr.* Handel treiben.

nègre *m* (*UrhR: pej*) *fig* Ghostwriter *m*.

négrier *m* (*ArbR: pej*) Ausbeuter *m* (von Gastarbeitern).

néophyte *m* (unerfahrener) Neuling *m*; neues Mitglied (einer Partei, eines Vereins).

népotisme *m* (*Pol*) Vetternwirtschaft *f*.

nervosité *f* Übererregtheit *f*, Nervosität *f*, Unbeherrschtheit, Reizbarkeit *f*.

Net *m* (*MedienR: le Net = le réseau Internet*) Internet *n*.
net *adj* netto, unverkürzt; **actif** – (*GesR*) Nettoanlagevermögen *n*; **avoir les mains –tes** sich nichts vorzuwerfen haben; **poids** – Nettogewicht; **prix** – Nettopreis *m*; **revenu** – Nettoeinkommen; **– d'impôts** nach Steuerabzug, steuerfrei.
netteté *f* Klarheit *f*; Verständlichkeit; Deutlichkeit, Genauigkeit.
nettoiement *m*: **service de** – Müllabfuhr- und Straßenreinigungsdienst.
nettoyer *v.tr.* säubern, reinigen; **se faire – en bourse** sein gesamtes Vermögen durch Börsenspekulationen verlieren; **– son compte en banque** sein gesamtes Geld abheben.
neuf *adj* neu, ungebraucht; neuartig; **à l'état** – neuwertig; **– pour vieux** neu für alt.
neurotoxique *adj*: **agent** *ou* **gaz** – Giftgas *n*, Nervengas *n*; Nervenkampfstoff *m*.
neutralisation *f* (*VR*) Neutralisierung; **tir de** – (*VR*) Feuer *n* zur Niederhaltung (des Feindes).
neutraliser *v.tr.* neutralisieren, für neutral erklären; (*fig.*) jmdn. ausschalten; etwas unwirksam machen; **– un risque** ein Risiko auffangen.
neutralisme *m* (*VR*) Neutralismus *m*, Neutralitätspolitik; neutrale Haltung.
neutralité *f* (1) (*VR*) Neutralität *f*, (2) (*PrzR*) Unparteilichkeit *f*; **accord de** – Neutralitätsabkommen *n*; **violation de la** – Neutralitätsverletzung; **– conventionnelle** durch Bündnis- *od.* Garantieverträge vereinbarte Neutralität; **– inconditionnelle** unbedingte Neutralität; **– permanente** *ou* **perpétuelle** immerwährende Neutralität; **– scolaire** (*SchulR*) weltanschauliche Neutralität der Schulen.
neutre *adj* neutral; unparteiisch; parteilos; **État** – (*VR*) neutraler Staat; **rester – dans un débat** sich in einer Debatte neutral verhalten.
neveu, nièce *m/f* (*FamR*) Neffe *m*; Nichte *f*.
niche *f* (*HR*) Marktlücke *f*; **– écologique** (*UmweltR*) Biotop *m*, ökologische Nische; **– fiscale** halblegale Steuervermeidung, Steueroase *f*.
nid de poule *m* (*StVR*) Schlagloch *n*.
nier *v.tr.* bestreiten, ableugnen, leugnen; verneinen; **persister à** – hartnäckig leugnen; **– l'évidence** (*ein Verschulden*) nicht einsehen wollen.
niveau *m* (1) (*degré d'élévation*) Ebene *f*, Höhe *f*, Stufe *f*, Niveau *n*, Pegel *m*, (2) (*degré comparatif*) Stand *m*, Standard *m*; **passage à** – (*StVR*) Bahnübergang; **– d'alerte** Alarmstufe; **– d'avant-guerre** Vorkriegsstand *m*.
niveau de bruit Lärmpegel *m*; **– des connaissances** Kenntnisstand *m*; **– des dettes** Schuldenstand *m*; **– de développement** Entwicklungsstufe *f*; **– économique** Wirtschaftsstandard *m*; **– de l'emploi** Beschäftigungsstand; **– intermédiaire** Zwischenstufe; **– inventif** Erfindungshöhe *f*; **– mental** geistige Entwicklungsstufe; **au – ministériel** auf Ministerebene.
niveau de pollution (*UmweltR*) Umfang *m* des Schadstoffeintrags *od.* der schädlichen Umwelteinwirkungen; **– des prix** Preisniveau *n*; **– de production** Produktionsstand *m*, Produktionsstufe; **– de productivité** Produktivität; **– de réapprovisionnement** Bestellpunkt *m*; **– des rémunérations** (*ArbR*) Lohnniveau, Lohnstand *od.* -höhe; **– des taux d'intérêt** Zinshöhe *f*; **– de vie** Lebensstandard *m*; Kaufkraft *f*.
niveler *v.tr.* (*Unterschiede*) ausgleichen; gleich machen.
nobiliaire *adj*: **particule** – Adelsprädikat *n*.
noblesse *f* Adel *m*; **– de robe** Amtsadel.
noces *fpl* Hochzeit *f*; **convoler en secondes –, épouser qqn. en secondes** – eine zweite Ehe eingehen.
nocif *adj* schädlich, gefährlich; **gaz** – Giftgas *n*; **– pour l'environnement** umweltschädlich.
nocivité *f* Schädlichkeit *f*.
nocturne *adj* nächtlich; **tapage** – (*StR*) nächtliche Ruhestörung.
nocturne *f* (*HR*) Öffnung der Geschäfte in den späten Abendstunden.
nocuité *f* (*UmweltR*) Schädlichkeit *f*.

nœud *m fig* Hauptschwierigkeit *f*; **– de communications** Verkehrsknoten *m*.

noir *adj* schwarz; **marché –** Schwarzmarkt *m*; **marée –e** Ölpest *f*; **travail au –** (*ArbR: l'expression « travail au noir » vise en général les activités – salariées ou non salariées –exercées de façon occulte, en violation des exigences légales*) Schwarzarbeit; Verwendung von Schwarzarbeitern.

nolage *m* (*SeeHR*) Charterung *f*; Fracht *f*.

nolisement *m* (1) (*SeeHR: affrètement*) Befrachtung *f*, (2) Frachtgeld *n*.

nom *m* (1) (*ZR: nom de famille et prénom [s]*) Name *m* und Vorname, (2) (*i.e.S.*) Familienname, (3) (*HR*) (Firmen-) Bezeichnung, (4) (*dénomination*) Benennung; **au – de** im Namen; **changement de –** Namensänderung *f*; **de –** dem Namen nach; **droit au –** (*ZR*) Namensrecht; Namenschutz *m*; Recht zur Führung des eigenen Namen; **du –** namens; **indication du –** Namensangabe *f*; **port du –** Namensführung.

nom de baptême Vorname *m*; **– commercial** (*HR*) Firma *f*, Handelsname, Geschäftsbezeichnung, handelsübliche Bezeichnung; **– commun** (1) Gattungsbegriff, (2) Sachbezeichnung; **– d'emprunt** Deckname, Pseudonym *n*; **– de famille** (*ZR: syn.: nom patronymique*) Familienname; **– de guerre** Deckname, Pseudonym *n*, Künstlername, angenommener Name.

> Für die frz. Verwaltung behält die Frau ihr Leben lang ihren Mädchennamen als Kennzeichen ihrer Person.

nom de jeune fille Mädchenname, Familienname der Frau vor ihrer Ehe, Geburtsname (der Frau); **– patronymique** (*ZR: syn.: nom de famille*) Familienname; **– social** (*GesR*) Firma, Firmenname, Gesellschaftsbezeichnung.

nomade *m* (*ZR: personne sans domicile fixe*) nicht sesshafte Person; Landstreicher *m*; Nomade *m*.

no man's land *m* (*VR: zone comprise entre les premières lignes de deux armées ennemies*) Niemandsland *n*.

nombre *m* Zahl *f*, Anzahl *f*, Menge *f*; **– aléatoire** Zufallszahl *f*; **– approché** Näherungswert *m*; **– arbitraire** beliebige Zahl; **– entier** ganze Zahl; **– impair** ungerade Zahl; **– -indice** *m* Indexziffer *f*, Messzahl *f*; **– pair** gerade Zahl.

nomenclature *f* Nomenklatur *f*, Aufstellung *f*, Namensverzeichnis *n*; Liste *f*; **– d'articles** Warenverzeichnis *n*, Güterverzeichnis; **– budgétaire** Eingliederungsplan *m*; **– douanière** Zollnomenklatur, Zolltarifschema *n*; **– des emplois** Berufsverzeichnis; **– générale des activités économiques dans les communautés européennes (= NACE)** allgemeine Systematik der Wirtschaftszweige in den europäischen Gemeinschaften; **– des localités** Ortsverzeichnis; **– des marchandises** Güterverzeichnis; **– des prestations** Leistungsverzeichnis; **– tarifaire** Zollnomenklatur, Zolltarifschema; **– -type** Musternomenklatur.

nominal *adj* Nenn-, namentlich; **appel –** namentlicher Aufruf; **liste –e** Namensverzeichnis *n*; **revenu –** Nominaleinkommen *n*.

nominal *m* Nennwert *m*.

nomination *f* (1) (*VerfR: Wahlen*) Aufstellung (als Kandidat), Nominierung (srecht), (2) (*BeamR*) Ernennung, Bestellung *f*; **acte de –** Ernennungsurkunde *f*, Bestallungsurkunde; **arrêté** *ou* **décret de –** (1) (*BeamR*) Ernennungsbescheid *m*, (2) Ernennungs- *od.* Anstellungs- *od.* Bestallungsurkunde; **droit** *ou* **pouvoir de –** Ernennungsrecht *n*; **– dans un emploi permanent** (*BeamR*) Einweisung in eine Planstelle; Übertragung eines Amtes; **– hors cadre** außerplanmäßige Ernennung.

nominativement *adv* namentlich.

nominé *adj* (*syn.: sélectionné*) ausgewählt, (für eine Preisverleihung) vorgeschlagen.

nommé (1) namentlich, genannt, (2) (*susdit, susnommé*) oben genannt; **arriver à point –** wie gerufen *od.* zur rechten Zeit kommen.
nommément *adv* namentlich, mit Namen.
nommer *v.tr.* ernennen, bestellen; bezeichnen, benennen; **– qqn. à un emploi** in ein Amt einsetzen, bestallen; **– qqn. son héritier** als Erben einsetzen; **– d'office** von Amts wegen bestellen.
non-acceptation *f* Nichtannahme *f.*
non-accomplissement *m* Nichterfüllung (eines Vertrages).
non-actif *m* Nichterwerbs- *od.* Berufstätige(r).
non-activité *f* (*BeamR*) einstweiliger Ruhestand; Wartestand *m.*
non affranchi *adj* (Brief) unfrankiert.
non-agression *f*: **pacte de –** (*VR*) Nichtangriffspakt *m.*
non aligné *adj*: **pays – –** blockfreier Staat.
non-applicabilité *f* Nichtanwendbarkeit *f.*
non-assistance *f* **à personne en péril, – en danger** (*StR*) unterlassene Hilfeleistung (bei Unglücksfällen *od.* gemeiner Gefahr).
non avenu *adj* nichtig, ungeschehen; **nul et – –** *loc* null und nichtig, nichtig (und wertlos geworden).
non-belligérance *f* (*VR*) Neutralität *f.*
non-belligérant *m* (*VR*) nicht kriegführende Seite.
nonce *m* **apostolique** (*KirchR*) apostolischer Nuntius.
non-combattant *m* Nichtkämpfer *m*, nicht am Krieg Beteiligter.
non-commerçant *m* Nichtkaufmann *m*, Privatmann.
non-comparant *adj* (*ZPR*) säumig, nicht vor Gericht erscheinend.
non-comparution *f* Nichterscheinen *n* (vor Gericht), Säumnis *f.*
non-conciliation *f* (1) (*ArbR*) Erfolglosigkeit des Schlichtungsverfahrens, (2) (*PrzR, ArbR: défaut de conciliation*) Nichtversöhnung *f*, Scheitern des Güte- *od.* des Sühneversuchs.
non concurrence *f*: **clause de – –** (*HR: clause de non-rétablissement*) Wettbewerbsverbotklausel *f.*
non-conformité *f* Nichtübereinstimmung *f.*
non consigné *adj*: **bouteille – –e** Einweg- *od.* Wegwerfflasche *f.*
non-contributif *adj* beitragsfrei.
non-convol *m*: **clause de –** Heiratsverbotsklausel *f*, Eheschließungsverbot *n.*
non coupable *adj* (*StPR*) unschuldig, nicht schuldig.
non-cumul *m* (*Soz Vers*) Kumulierungsverbot *n*; Anrechnung *f* einer Sozialleistung auf eine andere; **– des peines** (*StPR*) Verbot der kumulativen Strafzumessung.
non-déductible *adj* nicht abzugsfähig.
non-discrimination *f* Diskriminierungsverbot *n*; **principe de la –** Gleichbehandlungsgrundsatz *m.*
non discriminatoire *adj* nicht diskriminierend.
non-dissémination *f* **des armes nucléaire** Nichtweitergabe *f* von Atomwaffen.
non écrit *adj*: **clause – –e** stillschweigend vereinbarte Vertragsklausel.
non-engagé *adj* nicht gebunden, blockfrei, paktfrei, bündnisfrei.
non-engagement *m* Bündnisfreiheit, Blockfreiheit *f.*
non-exécution *f* (1) (*SchuldR*) Nichterfüllung *f*, (2) (*Zwangs VR*) Nichtvollstreckung *f.*
non fondé *adj* (*PrzR*) unbegründet.
non fongible *adj* nicht vertretbar.
non-garanti *adj* (1) ohne Gewährleistung, (2) unversichert.
non-gréviste *m* Arbeitswillige(r) *m.*
non-immixtion *f* Nichteinmischung *f.*
non imposable *adj* steuerfrei.
non-imputabilité *f* (*StR*) Unzurechnungsfähigkeit *f*, Schuldunfähigkeit.
non indiqué *adj* unzweckmäßig.
non-ingérence *f* Nichteinmischung *f.*
non-inscrit *m* Parteiloser *m.*
non-intervention *loc.* (*VR*) Nichteinmischung *f*, Nichtintervention *f.*
non-jouissance *f* Überlassung der Nutzung (an einen Dritten).
non justifié *adj* ungerechtfertigt.
non-lieu *m* (*StPR: ordonnance ou arrêt de non-lieu*) Einstellung (des Verfahrens);

arrêt de – (*chambre des mises en accusation*) Einstellungsbeschluss; **demande de –** Antrag auf Einstellung des Verfahrens; **ordonnance de –** (*StPR*) Einstellungsbeschluss *od.* -verfügung.
non-limité *adj* unbefristet.
non liquet *lat* (*PrzR: le cas n'est pas clair*) es besteht keine Klarheit, der Sachverhalt ist nicht aufgeklärt, non liquet.
non liquide *adj* illiquid.
non-liquidité *f* Illiquidität *f.*
non-livraison *f* Nichtlieferung *f.*
non-mitoyenneté *f* (*SachR*) Nichtgemeinschaftlichkeit (der Scheidemauer).
non-obligatoire *adj* unverbindlich, freibleibend.
non-observation *f* Nichtbeachtung, Nichteinhaltung *f,* Außerachtlassung *f,* Nichtbefolgung *f;* **– de la priorité** (*StVR*) Nichtbeachtung der Vorfahrt.
nonobstant *prép.* (1) ungeachtet, trotz, (2) *adv* trotzdem, nichtdestoweniger, (3) *adj* nicht entgegenstehend, unbeschadet.
non-paiement *m* (*SchuldR*) Zahlungs- *od.* Schuldnerverzug *m,* Leistungsverzug *m,* Nichtzahlung (bei Fälligkeit).
non-participation *f* Nichtteilnahme *f,* Verzicht *m* auf die Teilnahme.
non présent *adj* (1) (*PrzR: défaillant*) abwesend, (2) (*ZR: absent*) verschollen.
non-prolifération *f:* **traité de – des armes nucléaires** (*VR*) Atomwaffensperrvertrag *m.*
non réceptice *adj* (*SchuldR*) (*Willenserklärung*) nicht empfangsbedürftig.
non-recevabilité *f* (*PrzR*) Unzulässigkeit *f.*
non recevable *adj* unzulässig.
non-recevoir *m:* **fin de –** (1) (*ZPR*) Einrede *f* der Unzulässigkeit der Klage, prozesshindernde Einrede; Prozessunzulässigkeit; Fehlen *n* einer Prozessvoraussetzung, (2) (*VwPR*) ablehnender *od.* abschlägiger Bescheid, (3) *Allgspr.* Ablehnung *f,* Verweigerung *f.*
non-réciprocité *f* **d'une obligation** einseitige Verpflichtung.
non-reconnaissance *f* Nichtanerkennung *f.*
non réglementaire *adj* ordnungswidrig.
non remboursable *adj:* **emprunt – –** unkündbar Anleihe.
non-remise *f* Nichtzustellung *f.*
non rémunéré *adj* unbesoldet; unbezahlt; ehrenamtlich.
non-renouvellement *m* Nichterneuerung *f,* Verlängerungsverweigerung *f;* **– du bail** (*SchuldR: reprise d'un logement pour soi-même*) Geltendmachung *f* von Eigenbedarf.
non-rentabilité *f* Unwirtschaftlichkeit *f,* Unrentabilität *f.*
non rentable *adj* unrentabel, unwirtschaftlich.
non-représentation *f* **d'un enfant** (1) (*StR*) Kindesentziehung *f,* Vorenthalten *n* eines Kindes, (2) (*FamR*) Vereitelung der Besuchsrechtsausübung, Besuchsverhinderung *f.*
non-résident *m* (1) Nichtresident *m,* (2) Devisenausländer *m.*
non-respect *m* **du contrat** Nichteinhaltung des Vertrages; **– du délai** Fristversäumnis *f,* Nichteinhaltung der Frist.
non-responsabilité *f* Haftungsfreiheit *f;* Haftungsbefreiung *f;* Haftungsausschluss *m;* **clause de –** Haftungsausschlussklausel *f,* Enthaftungsklausel; **convention de –** Haftungsausschlussvereinbarung *f;* **preuve de –** Entlastungs- *od.* Exkulpationsbeweis *m.*
non rétablissement *m:* **clause de – –** (*ArbR, HR: clause de non-concurrence*) Niederlassungsverbot(sklausel), Wettbewerbsverbotsklausel *f.*
non retour *m:* **point de – –** (Entscheidung), die nicht mehr rückgängig zu machen ist; Endgültigkeit.
non-rétroactivité *f* Nichtrückwirkung (eines Gesetzes).
non-salarié *m* Selbständiger *m;* Freiberufler.
non-sens *m* Sinnwidrigkeit *f;* ohne Sinnzusammenhang.
non-usage *m* (*SachR*) Nichtgebrauch *m* (einer Sache).
non-valeur *f* (*WirtR*) Ertragslosigkeit *f;* unverkäufliche Ware *f;* nichteintreibbare Forderung; **admission en –** Erklärung der Nichtbeitreibbarkeit (einer Forderung).

non viable *adj* (*FamR: enfant né vivant, mais inapte à la vie*) nicht lebensfähig.
non-violence *f* Gewaltlosigkeit *f*; **déclaration de –** (*VR*) Gewaltverzichtserklärung *f*.
non-voyant *adj. et n.m.* blind; Blinde(r) *m*.
normalisation *f* (1) (*Pol: rétablissement d'une situation normale*) Normalisierung *f* (der Lage), (2) (*GRUR: standardisation*) Normung, Normfestsetzung, Normierung, (3) (*Buchf*) systematische Gliederung der Konten, Kontenplanung.
normaliser *v.tr.* (1) Normen aufstellen, normen, standardisieren, (2) vereinheitlichen.
normatif *adj* normativ, als Norm dienend; einen Maßstab darstellend; **effet –** rechtsetzende Wirkung; **règle normative** gesetzliche Bestimmung.
norme *f* (*ZR, ÖfR: règle de droit générale et impersonnelle*) Norm *f*, Vorschrift *f*; Regel *f*, Richtschnur *f*; Bestimmung *f*, Rechtsatz *m*; **édicter une –** eine Vorschrift erlassen; **– communautaire** Gemeinschaftsnorm; **– de fabrication** Werksnorm; **– d'interdiction** Verbotsbestimmung; **– internationale** Völkerrechtsnorm; **– juridique** Rechtsnorm *f*, Rechtsvorschrift *f*, Rechtssatz *m*; **– minimum** Mindestanforderung *f*; **– de navigabilité** (*Luftfahrt*) Lufttüchtigkeitsanforderung.
norme: **–s NF** (*WirtR*) durch die AFNOR (= frz. Institut für Normung) aufgestellte Normen (entsprechen den DIN-Normen); **– primaire** Grundregel *f*; Mussvorschrift *f*; **– de qualité** Qualitätsnorm; **– de sécurité** Sicherheitsvorschrift *f*; **–s ISO** ISO-Normen (festgelegt von der International Standards Organisation).
nostrification *f* (*ZR, AuslR: integration dans un groupe*) Nostrifikation *f*, Erteilung der Bürgerrechte.
nota bene *n. inv.* wohlgemerkt, übrigens, notabene, NB.
notabilité *f* (*Pol: on dit aussi: le notable*) bekannte (im öffentlichen Leben stehende) Persönlichkeit.
notable *adj* wichtig, bedeutend; bemerkenswert.
notable *m* (*Pol*) Persönlichkeit des öffentlichen Lebens.
notaire *m* (*ZR: officier public et ministériel recevant tous les actes et contrats auxquels les parties doivent ou veulent faire donner le caractère d'authenticité attaché aux actes de l'autorité publique, pour en assurer la date, en conserver le dépôt, en délivrer des grosses et expéditions – cf. ordonnance du 2 nov. 1945, art. 1er.*) Notar *m* (als Rechtspflegeorgan); hauptberuflicher frz. Notar auf Lebenszeit; **acte dressé** *ou* **passé par-devant –** notarielle Urkunde *od.* Beurkundung; **aspirant –** Notarassessor *m*; **cabinet de –** (Notar-) Kanzlei *f*; **charge de –** das öffentliche Amt des Notars; **clerc de –** Kanzleiangestellter (eines Notars), Notariatsangestellte(r) *m*, Notariatsgehilfe *m*; **étude de –** Notariat *n*, Büro *od.* Kanzlei (eines Notars); Amt eines Notars; **frais de –** Notarkosten; **panonceau de –** (Notar-) Schild *n*; **par devant –** durch einen Notar *od.* notariell beurkundet *od.* beglaubigt.
notaire certificateur Notar, der eine Bescheinigung ausstellt *od.* die Entgegennahme einer Urkunde bestätigt; **– instrumentaire** Notar, in Ausübung seiner Amtstätigkeit; amtierender *od.* beurkundender Notar; **– rédacteur** Notar, der ein Rechtsgeschäft beurkundet; **– à la résidence de . . .** Notar, mit dem Amtssitz in . . .; **– en second** zweiter Notar.
notaires *mpl*: **conseil régional des –** Notarbezirkskammer *f*; **conseil supérieur des –** frz. Oberste Notarkammer; **tarif des –** Notariatsgebühren *pl*, Notariatstarif *m*.
notamment *adv* besonders, namentlich, vor allem.
notarial *adj* (*ZR: qui est relatif à la charge de notaire*) zum Amt eines Notars gehörig; **acte –** notarielles Amtsgeschäft; **fonctions –es** Amtstätigkeit des Notars (als Rechtspflegeorgan).
notariat *m* (*ZR: charge, fonction de notaire*) Notariat *n*, Amt *n* des Notars; Notarstand *m*; Notarberuf.
notarié *adj* (*ZR: acte fait par un notaire,*

devant notaire) notariell (ausgefertigt u. beglaubigt); durch einen Notar beurkundet; **acte –** notarielle Urkunde *od.* Beurkundung.

notation *f* Bewertung *f*, Beurteilung *f*, Benotung *f*; **– du personnel** Personalbeurteilung *f*.

note *f* (1) (*annotation*) Bemerkung *f*, Anmerkung *f*, Aktennotiz *f*, Vermerk *m*, (2) (*communication écrite*) Nachricht *f*, Meldung *f*, Mitteilung *f*; Note *f*, (3) (*notation*) Zensur *f*, Punktzahl *f*; Bewertung *f*, Beurteilung *f*, (4) (*facture*) Rechnung *f*; **– acquittée** quittierte Rechnung; **– d'amendement** (*StVZ*) Beurteilungsvermerk in der Personalakte (eines Strafgegangenen); **– de chargement** Verladungsvermerk *m*; **– circulaire** Rundschreiben *n*; **– confidentielle** vertrauliche Mitteilung; **– de conjoncture** Konjunkturbericht *m*; **– de couverture** (*BörR, VersR*) Deckungsanzeige *f*, Annahmeerklärung *f*, Deckungszusage *od.* -bestätigung; **– de crédit** Gutschriftanzeige; **– de débit** Lastschriftanzeige; **– en délibéré** (*ZPR*) Antrag *m* des Klägers im beschleunigten u. verkürzten Verfahren; **– diplomatique** diplomatische Note; **– au dossier** Aktennotiz *f*; **– éliminatoire** (*SchulR*) Sperrnote, erforderliche Mindestnote, eliminatorische Note (bei einer Prüfung); **– d'examen** Prüfungsnote.

note de frais Kostenrechnung; Spesenrechnung; **– d'honoraires** Gebührenrechnung; Honorarrechnung *f*; Arztrechnung; **– d'hôtel** Hotelrechnung *f*; **– d'information** (*BörR*) Zeichnungsnotiz *f*, Zulassungsprospekt *m*; **– interne** (*VwR*) Dienstanweisung *f*; Aktennotiz *f*; **– manuscrite** handschriftlicher Vermerk; **– marginale** Randvermerk *m*, Randbemerkung; **– officielle** amtliche Mitteilung; **– payée** quittierte Rechnung; **– de plaidoirie** (*PrzR*) Zusammenfassung des mündlich Vorgetragenen in einem Schriftsatz; **– de protestation** (*VR*) Protestnote *f*; **– de réponse** Antwortnote; **– de service** (*VwR*) Dienstvorschrift *f*, Dienstanweisung *f*; dienstliche Mitteilung; **– verbale** (*VR*) Verbalnote.

noter *v.tr.* bemerken, anmerken; bewerten, zensieren; buchen.

notes *fpl* **d'audience** (*PrzR*) Niederschrift des Urkundsbeamten über eine Hauptverhandlung vor Gericht, Hauptverhandlungs- *od.* Sitzungsprotokoll.

notice *f* (1) Anzeige *f*, (kurzer) Bericht, Notiz *f*, Nachricht *f*, (2) Hinweiszettel, Gebrauchsanweisung, Betriebsanleitung, (3) Prospekt *m/n*, Merkblatt *n*; **– explicative** Erläuterung.

> Die *notification* ist im Regelfall eine amtliche Mitteilung od. Bekanntmachung. Erfolgt sie *par voie de signification*, so handelt es sich um die Zustellung durch eine Amtsperson direkt am Wohn- od. Geschäftssitz. Dabei geht es zumeist um gerichtliche Urkunden. Auch die Urkunde selbst wird dann *signification* genannt, wenn sie durch Gerichtsvollzieher erfolgt, und *notification* bei Zustellung durch die Post

notification *f* (1) (*ZPR: le fait de porter à la connaissance un acte de procédure à qqn.*) Zustellung *f*, (2) (*ZPR: acte notifié*) Zustellungsurkunde, (3) (*VR*) Notifikation *f*, Notifizierung *f*, (4) (*VwR*) amtliche Bekanntmachung *od.* Anzeige *f*; **défaut de –** unterbliebene Zustellung; **– de l'action** Klagezustellung, Zustellung der Klageschrift (durch die Post); **– administrative** (*VwPR*) Verwaltungsmitteilung; **– entre avocats** *ou* **avoués** Zustellung im Parteienverkehr (zwischen zwei Rechtsanwälten); **– de dénonciation** (*ArbR*) Kündigungsanzeige *f*; **– à mains propres** *ou* **à personne** persönliche Zustellung, Zustellung in Person *od.* zu eigenen Händen; **– subsidiaire** Ersatzzustellung.

notifier *v.tr.* (1) (*ZPR*) zustellen, (2) (*VwR*) amtlich bekanntmachen *od.* mitteilen, notifizieren.

notion *f* Begriff *m*, Vorstellung *f*;

Kenntnis *f*; **– civile** bürgerlich-rechtlicher Begriff; **– de droit** *ou* **juridique** Rechtsbegriff *m*.

notoire *adj* notorisch, offenkundig, gerichtsbekannt.

notoirement *adv* notorisch, offenkundig.

notoriété *f* (1) Offenkundigkeit *f*, Bekanntheit *f*, (2) (*Person*) Ansehen *n*, guter Ruf *m*, guter Leumund *m*, (3) (*WirtR: Produkte*) Bekanntheitsgrad *m*; Marktgeltung *f*; **acte de –** (*ZR*) eidesstattliche Versicherung mehrerer Personen über allgemein bekannte Tatsachen; Urkunde über die Offenkundigkeit einer Tatsache, Notorietätsurkunde; **être de – publique** offenkundig *od.* aktenkundig sein, allgemein bekannt sein; **– de droit** zuverlässiger Beweis durch Vorlegung einer öffentlichen Urkunde; **– mondiale** weltweite Bekanntheit (eines Produkts).

nourrir *v.tr.* ernähren, nähren; **– une haine violente** starke Hassgefühle verspüren.

nourriture *f* Nahrung *f*; Ernährung *f*; **– à ses propres frais** Selbstbeköstigung *f*, Selbstverpflegung.

nouveau *adj* neu, fabrikneu; ungebraucht; **nouvel ordre mondial** neue Weltordnung; **–x pauvres** Absturz in eine nie gekannte Armut; **–x riches** die Neureichen.

nouveauté *f* Neuheit *f*, Neuproduktentwicklung *f*, Produktinnovation.

nouvelle *f* (*MedienR*) Nachricht *f*, Meldung *f*; Pressemeldung *f*, Information *f*; **–s difficiles à recouper** schwerlich überprüfbare Nachrichten.

novation *f* (*SchuldR: substitution de dette ou de débiteur – art. 1271 et suiv. Cciv*) Schuldumwandlung *od.* -umschaffung, Schuldersetzung *f*, Novation *f*.

novelle *f* (Gesetzes-) Novelle *f*.

novice *m* Neuling *m*, ungeübter Anfänger; Nichtfachmann *m*, Laie *m*.

noviciat *m* Probezeit *f*.

noyade *f* Tod durch Ertrinken.

noyau *m* (1) *fig* Kernstück *n*; hater Kern (einer Terrorbande), (2) (*Außh*) kontingentierte Waren.

noyautage *m* (*StR*) Unterwanderung *f*, geheime Zellenbildung.

noyauter *v.tr.* unterwandern, geheime Zellen bilden.

nu *adj* nackt, entblößt; ohne Zubehör; **local –** Geschäftsraum *m* ohne Inneneinrichtung; **– propriétaire** (*SachR*) Eigentümer einer Sache an der einem Dritten ein Nießbrauch zusteht; **–e propriété** Eigentum *n* einer Sache an der ein Nießbrauch bestellt wurde, mit Nießbrauch belastetes Eigentum.

nubile *adj* heiratsfähig, ehefähig.

nubilité *f* Ehefähigkeit *f*.

nucléaire *adj. et n.m.* Atomwirtschaft *f*; Atomenergie; *adj* Kern-, Atom-, nuklear, atomar; **armes –s** Atomwaffen.

nuisance *f* (*UmweltR*) Umweltschaden *m*, Immission, Umweltverschmutzung; **– aérienne** Lärmbelästigung durch Flugverkehr; **– environnementale** Umweltbelastung *f*; **– fugitive** (*UmweltR: trouble éphémère*) nur vorübergehende Belästigung; **– sonore** Lärmbelästigung.

nuit *f* Nacht *f*; **de –** *loc. adv.* nachts; **poste de –** (*ArbR*) Nachtschicht *f*; **service de –** Nachtdienst *m*; **– blanche** schlaflose Nacht; Nacht, die mit Verhandlungen verbracht wurde; **– bleue** Nacht, in der Bombenattentate verübt wurden.

nuitée *f* Übernachtung *f* (im Hotel).

Bei der Übersetzung von **nul** ist stets Vorsicht geboten: man muss den Kontext genau beachten. Es geht um unwirksame Rechtsgeschäfte: unstatthaft, ungültig, anfechtbar oder nichtig, je nach Sachzusammenhang.

nul *adj* (1) (*SchuldR: entaché de nullité*) ungültig; (*bei Formmangel und Sittenwidrigkeit*) nichtig; (*bei Willensmängeln*) anfechtbar, (2) (*ZPR: annulé*) (gerichtlich) für ungültig erklärt, (3) (*ÖfR: interdit par la loi à peine de nullité*) (gesetzlich) verboten; rechtsunwirksam; **bulletin –** (*WahlR*) ungültiger Wahlzettel; **confirmation de l'acte –** (*SchuldR*) Bestätigung des mangelhaften Rechtsgeschäfts; **sans – doute** ohne Zweifel, zweifellos, zweifelsohne, unbestreitbar; gewiss, zwar; **– et non avenu** *ou* **– et de – effet** *loc* null und nichtig; **sans –le exception** ohne jegliche Ausnahme.

nullement *adv* keineswegs, keinesfalls, auf keinen Fall, in keiner Weise, durchaus nicht.

nullité *f* (1) (*ZR: i.w.S.*) Unwirksamkeit (eines Rechtsgeschäfts), Ungültigkeit *f*, Aufhebbarkeit, (2) (*ZR: nullité absolue en cas de vice de forme ou immoralité*) Nichtigkeit *f*, (3) (*ZR: nullité relative en cas vices du consentement*) Anfechtbarkeit *f*; **action en –** (1) (*ZPR: acte contraire à l'ordre public, vice de forme*) Klage auf gerichtliche Feststellung der Nichtigkeit, (2) (*ZPR: vices du consentement*) Anfechtungsklage; **cause de –** Nichtigkeits- *od.* Anfechtungsgrund; **couverture de la –** Mängelheilung *f*; Umdeutung, Konversion; **couvrir la –** die Nichtigkeit heilen; **déclaration de –** Nichtig- *od.* Nichtigkeitserklärung, Unwirksamkeitserklärung; **être frappé de –** nichtig *od.* unwirksam sein; **exception de –** Einwendung der Nichtigkeit *od.* Anfechtbarkeit, Nichtigkeitseinrede *f*.

nullité: **jugement déclaratif de –** (*ZPR*) Nichtigkeitsfeststellungsurteil *n*, die Nichtigkeit aussprechendes Urteil; **motif de –** Nichtigkeitsgrund *m*, Aufhebungsgrund; **moyen de –** (*ZPR*) rechtshindernde Einwendung der Nichtigkeit; **à peine de –, sous peine de –** zur Vermeidung der Nichtigkeit, bei sonstiger Nichtigkeit (Ungültigkeit, Unwirksamkeit).

nullité absolue *ou* **de droit** (*SchuldR: nullité prononcée par le juge pour protéger l'intérêt général, l'ordre public et les bonnes mœurs*) (absolute *od.* unheilbare) Nichtigkeit, völlige Unwirksamkeit (eines Rechtsgeschäfts); **– d'actes de procédure** Nichtigkeit von Prozesshandlungen; **– du contrat** (1) Nichtigkeit des Rechtsgeschäfts, (2) Anfechtbarkeit, (3) Unwirksamkeit des Vertrages; **– expresse** (gesetzlich) ausdrücklich vorgesehene *od.* angeordnete Nichtigkeit.

nullité de forme (*PrzR*) Formnichtigkeit *f*, Ungültigkeit wegen Formmangels *od.* wegen Formgebrechens; **– d'un jugement** nichtige *od.* rechtsunwirksame gerichtliche Entscheidung; **– du mariage** Nichtigkeit der Ehe; **– partielle** teilweise Nichtigkeit, Teilnichtigkeit; **– de procédure** verfahrensrechtliche Nichtigkeit.

nullité relative (*SchuldR: nullité sanctionnant une règle destinée à protéger les intérêts d'une partie à l'acte*) Anfechtbarkeit, Mangelhaftigkeit (eines Rechtsgeschäfts), relative Unwirksamkeit; **– textuelle** ausdrücklich (durch Gesetz) vorgesehene Nichtigkeit; **– virtuelle** Nichtigkeit, die sich aus der (ausdehnenden) Auslegung des Gesetzes ergibt.

numéraire *m* (1) (*espèces*) Bargeld *n*, Barmittel *pl*, (2) (*monnaie métallique*) Metall- *od.* Münzgeld; **apport en –** (*GesR*) Bareinlage *f*; **paiement en –** Barzahlung; **payer en –** bar zahlen; **sans –** bargeldlos.

numéro *m* Nummer *f*, Ziffer *f*, Zahl *f*; **composer un –** (eine Telefonnummer) wählen; **– d'abonné** *ou* **d'appel** (Teilnehmer-) Rufnummer, Fernsprechnummer, Telefonnummer; **– cadastral** (*GB*) Katasternummer; **– de compte (bancaire, postal)** (Bank-, Postbank-) Kontonummer; **– de contrôle** Kontrollnummer.

numéro de dossier (*VwR, PrzR*) Aktenzeichen (= Akz. = Az.) *n*, Geschäftsnummer *f*; **– d'enregistrement** (1) Register- *od.* Eintragungsnummer *f*, (2) (*Reise*) Buchungsnummer; **– d'identification** Erkennungsmarke *f*; **– d'identification internationale (= ISBN)** internationale Standardbuchnummer; **– d'inscription** Einschreibungsnummer; **– de lot** Chargennummer; Erzeugnisnummer; **– matricule** Matrikelnummer.

numéro minéralogique (*StVR*) (*Kraftfahrzeuge*) amtliches *od.* polizeiliches Kennzeichen; **– d'ordre** laufende Nummer; **– du registre** Eintragungs- *od.* Registernummer; **– de série** Seriennummer, laufende Nummer; Fertigungsnummer; **– spécimen** (*VerlR*)

Probeheft *n*; **– de téléphone** Ruf-, Fernsprech- *od.* Telefonnummer.

numérotation *f* Numerierung *f*; Wählen *n* (einer Telefonnummer).

numerus clausus *lat* (*HochschulR*) numerus clausus.

nuncupatif *adj* (*ErbR: se dit d'un testament oral ou verbal*) mündlich.

nu-propriétaire *m* (*SachR: dans le cadre de l'usufruit – art. 578 et suiv. Cciv*) Eigentümer eines mit einem Nießbrauch belastenten Grundstücks.

nu-propriété *f* (*SachR*) mit einem Nießbrauch belastetes Eigentum.

nuptial *adj* die Trauung *od.* Hochzeit betreffend; **anneau –** (*FamR: = allliance*) Ehering *m*; **cérémonie –e** kirchliche Trauung; **robe –e** Brautkleid *n*.

nuptialité *f* Zahl *f* der Eheschließungen; **assurance –** Aussteuerversicherung *f*.

nutriment *m* Nährstoff *m*.

nutrition *f* **forcée** (*StR*) Zwangsernährung (bei Hungerstreik).

O

obédience *f* (1) (*Pol: subordination, obéissance*) Gehorsam *m*, Unterordnung *f*, (2) (*VerfR*) (politische) Richtung *od.* Schattierung, Zugehörigkeit zu einer Gewerkschaft *od.* Partei.

obéir *v.tr.ind.* gehorchen; **– à un ordre** einem Befehl Folge leisten *od.* nachkommen.

obéissance *f* Gehorsam *m*; **devoir** *ou* **obligation d'–** Gehorsamspflicht *f*; **refus d'–** Gehorsamsverweigerung *f*, Verletzung der Gehorsamspflicht; **– inconditionnelle** *ou* **passive** blinder Gehorsam; Kadavergehorsam *m*; **– à la loi** *ou* **aux règles** Beachtung der (gesetzlichen) Vorschriften.

obéré *adj* **de dettes** überschuldet, hochverschuldet.

objecter *v.tr.* entgegen, einwenden, entgegenstellen; beanstanden.

objecteur *m* **de conscience** Wehrdienstverweigerer *m*, Kriegsdienstverweigerer.

objectif *adj* sachlich, objektiv, unbeeinflusst; **droit –** objektives Recht; **faire un rapport – des faits** unvoreingenommen berichten, eine unparteiische Darstellung des Sachverhalts geben; **observateur –** unvoreingenommener Betrachter; **rester –** seine Neutralität wahren.

objectif *m* Ziel *n*, Zweck *m*; Anliegen *n*; Zielsetzung *f*; **atteindre un –** ein Ziel erreichen; **fixation des –s** Zielplanung, Zielprojektion; **– du contrat** Vertragszweck; **– final** Endziel; **– d'investissement** Investitionszweck; **– lointain** Fernziel; **– de lutte** Kampfziel; **– à moyen terme** mittelfristige Zielsetzung; **– du plan** (*Vwirt*) Planziel; **– poursuivi** Zielsetzung; **– prioritaire** vorrangige Zielsetzung; **–s commerciaux** Ertrags- und Wachstumsvorstellungen; Gewinn- und Rentabilitätsstreben; handelspolitische Zielsetzungen; **–s opératoires** (*BW*) Betriebsoptimierungsvorstellungen, Optimierungsmodell *n*.

objection *f* Einwand *m*, Einwurf *m*; Einspruch *m*; **faire** *ou* **formuler une –** einwenden, einen Einwand geltend machen *od.* vorbringen; **réfuter une –** einen Einwand entkräften *od.* widerlegen; **– de conscience** (*MilR*) Kriegsdienst- *od.* Wehrdienstverweigerung (aus Gewissensgründen); **– fondée** begründeter Einwand; **– irréfutable** unwiderlegbarer Einwand.

objectivement *adv* sachlich (betrachtet).

objectivité *f* Sachlichkeit *f*, Objektivität *f*; **manque d'–** unsachliche Betrachtungsweise, Parteilichkeit.

objet *m* (1) (*SchuldR: ensemble des droits et obligations que le contrat fait naître*) (Leistungs-) Gegenstand *m*, Leistungsinhalt *m*, Vertragsgegenstand *m*, (2) (*SachR:*

chose matérielle, objet matériel) Sache, körperlicher Gegenstand, (3) (*ZPR: chose demandée et contestée*) Klagegegenstand, Gegenstand des Verfahrens, (4) (*i.w.S.: but, fin*) Ziel *m*, Zweck *m*, Aufgabe *f*; **– gagé** *ou* **mis en gage** verpfändeter Gegenstand, Pfandsache *f*; **sans –** gegenstandlos; zwecklos.

objet d'art (*UrhR*) Werk *n* der bildenden Kunst *n*, Kunstgegenstand *m*; **– du brevet** Gegenstand des Patents; **– breveté** patentierter Gegenstand; **– du commerce** (*HR, GesR*) Geschäftszweck *m*, Gegenstand *m* des Unternehmens; **– confisqué** (*StR*) beschlagnahmter Gegenstand, sichergestellte Sache; **– du contrat** (*SchuldR*) Leistungsinhalt *m*, Gegenstand des Vertrages; **– de contrebande** (*ZollR*) Schmuggelware *f*; **– contrefait** (*UrhR*) widerrechtlich hergestelltes *od.* vervielfältigtes Werk, Fälschung, Nachbildung; **– de correspondance** Brief(sendung).

objet de la demande (1) (*ZPR*) Klageantrag *m*, Klageinhalt *m*, Gegenstand der Klage, (2) (*ZPR: dans les actes relatifs à l'assignation*) (*Klageschrift*) wegen . . ., (3) (*PatR*) Anmeldungsgegenstand; **– du différend** (*ZPR*) Streitgegenstand *m*, Streitsache, streitbefangener Gegenstand; **– du dommage** beschädigte Sache, Gegenstand des Schadens; **– du droit** (1) (*SachR: bien meuble ou immeuble*) Sache *f*, (2) (*SchuldR: prétention, créance*) Forderung *f*, Leistungsgegenstand *m*; **–s exposés** (*WirtR*) Ausstellungsgüter *npl*.

objet imposable Steuergegenstand *m*, Steuerobjekt *n*; **– indivis** (einzelner) zum Gesamthandsvermögen gehörender Gegenstand; **– d'inventaire** *ou* **inventorié** Inventargegenstand, inventarisierte Sache; **– légué** (*ErbR*) vermachter Gegenstand.

objet du *ou* **en litige, – litigieux** (*ZPR*) Streitgegenstand *m*, Streitsache *f*, streitbefangener Gegenstand, streitbefangene Sache; **– mobilier corporel** bewegliche Sache; **– de l'obligation** (*SchuldR*) Gegenstand der Verpflichtung; **– postal** Postsendung; **– précieux** Wertsache *f*, Wertgegenstand, Schmuck(stück); **– de première nécessité** Gegenstand des täglichen Bedarfs; **– protégé** (*Wz*) geschütztes Erzeugnis.

objet recommandé eingeschriebene Sendung; **– du recours** (1) (*ZPR*) Klaggrund *m*, Gegenstand der Klage, (2) (*VwPR*) Beschwerdegegenstand; **– réquisitionné** (*StR*) beschlagnahmte Sache; **– saisi** (*ZwangsVR*) Pfandsache, gepfändete Sache; **– social** (1) (*GesR: objet du contrat de société*) Zweck *od.* Gegenstand des Unternehmens, (2) (*ZR*) Verbands- *od.* Vereinszweck; gemeinsamer Zweck; Gesellschaftszweck.

objet trouvé Fundsache *f*, Fundgegenstand *m*, Fundgut *n*; **appropriation d'– –** (*StR*) Fundunterschlagung.

objet d'usage courant Gegenstand des täglichen Bedarfs; **– de valeur** Wertgegenstand, Wertsache *f*.

objurgation *f* (*surtout au pluriel: blâme, remontrance, réprimande, reproche.*) Tadel *m*, Verweis *m*.

obligataire *m* (*WertpR: porteur d'une obligation*) Inhaber einer Schuldverschreibung, Anleihegläubiger *m*, Obligationär *m*.

obligation *f* (1) (*ZR: lien de droit*) Rechts- *od.* Schuldverhältnis *n*, (2) (*SchuldR: dette*) Verpflichtung *f*, Verbindlichkeit, Schuld, (3) (*VerfR: sujétion*) Pflicht *f*, (4) (*WertpR: titre négociable*) Schuldverschreibung *f*, (5) notarieller Darlehensvertrag; **s'acquitter d'une –** einer Verpflichtung nachkommen, eine Schuld begleichen, leisten, erfüllen; **avoir une –** verpflichtet sein; **cautionner une –** für die Verbindlichkeit (eines Dritten) bürgen; **contracter une –** eine Verpflichtung eingehen *od.* übernehmen; **créer une –** eine Verpflichtung begründen; **dispenser d'une –** von einer Verpflichtung entbinden, von einer Leistung befreien; **enfreindre une –** eine Verpflichtung nicht einhalten; **être soumis à une –** verpflichtet sein; **exécuter une –** leisten, eine Verbindlichkeit erfüllen; **imposer une –** eine Verpflichtung auferlegen; **lien d'–** Schuldverhältnis *n*; **respecter une** *ou* **satisfaire à une –** eine Leistungs- *od.* Zahlungspflicht erfüllen, einer Verpflichtung nachkommen; **violer une –** eine Verpflichtung nicht einhalten.

obligation de s'abstenir Unterlassungspflicht *f*; **– accessoire** Nebenpflicht *od.* -verpflichtung; **– d'acheter** Kaufzwang *m*; **– d'affiliation** (1) (*ArbR, Soz Vers*) Zwangsmitgliedschaft *f*, (2) (*VersR*) Versicherungspflicht; **– alimentaire** (*FamR*) Unterhaltspflicht; **– alternative** (*SchuldR*) Wahlschuld, Alternativobligation *f*; **– amortissable** tilgbare Schuldverschreibung; **– d'assistance** (1) (*FamR*) Beistandsschaft *f*; **– d'assurance** Versicherungspflicht *f*, Versicherungszwang *m*; **– d'assurer le service** (*ArbR: Streik*) Betriebspflicht; **– d'aviser** Meldepflicht.

obligation cambiaire (*HR*) Wechselverbindlichkeit *f*; **– casuelle** vom Zufall abhängige Leistung; **– cautionnée** (*SteuerR*) Steuerzahlungserleichterung gegen Sicherheitsstellung; **– civile** (*SchuldR*) einklagbare Forderung *od.* Verpflichtung, (*auf dem Klageweg*) durchsetzbare schuldrechtliche Forderung; **– civique** (*VerfR*) Bürgerpflicht; **– communale** Kommunalschuldsverschreibung *od.* -obligation; **– complexe** (*SchuldR*) mit einer Bedingung *od.* Zeitbestimmung versehenes Schuldverhältnis; **– sous condition** *ou* **conditionnelle** (*SchuldR: obligation qui dépend d'un événement futur et incertain*) bedingtes Rechtsgeschäft; **– conjointe** Verpflichtung zur Erfüllung des eigenen Teils der Schuld; **– conjonctive** Verpflichtung zur Erbringung mehrerer Leistungen; **– de conseil** (*SchuldR, HR*) Beratungspflicht, Aufklärungs- und Mitteilungspflicht; **– de conserver le secret** (*HR, ArbR*) Geheimhaltungspflicht, Schweigepflicht, Verschwiegenheitspflicht; **– de contracter** (*VwR*) Kontrahierungszwang *m*, Abschlusspflicht *f*.

obligation contractuelle (*SchuldR*) vertragliche Leistungspflicht, Vertragspflicht *od.* -obliegenheit; **– convertible en action** (*WertpR*) Wandelschuldverschreibung; **– de coopération** (*SchuldR*) Nebenleistungspflicht, Mitwirkungspflicht, Schutz- und Obhutspflicht; **– de culture** (*LandwR*) Bewirtschaftungspflicht, Anbaupflicht; **– de déclarer** *ou* **de déclaration** Anzeigepflicht, Meldepflicht; Anmeldeverpflichtung; **– au dédommagement, – de dédommager** Schadensersatzpflicht; **– de délivrance** (*SchuldR*) Übergabeverpflichtung, Eigentumsverschaffungspflicht; **– déterminée** bestimmte *od.* bestimmbare Leistung; **– à la dette** unmittelbare Leistungspflicht (des Schuldners gegenüber dem Gläubiger); **– aux dettes** (*ErbR*) Erbenhaftung (für die Nachlassverbindlichkeiten); **– de discrétion professionnelle** (*ArbR, BeamR*) Verschwiegenheitspflicht; **– divisible** (*SchuldR*) teilbare Verbindlichkeit.

obligation à dommages-intérêts Schadensersatzpflicht, Entschädigungsverpflichtung; **– de donner** (*SchuldR*) Eigentumübertragungspflicht; Verpflichtung zur Einräumung eines dinglichen Rechts; **– d'emploi** (*ArbR*) Einstellungspflicht; **– d'entretien** (1) (*FamR*) Unterhaltspflicht, (2) (*BauR*) Unterhaltungs- *od.* Erhaltungspflicht; **– éventuelle** Eventualverbindlichkeit; **– d'exécution (du contrat)** Leistungspflicht, Erfüllungspflicht *f*; **– extracontractuelle** (*SchuldR*) Verpflichtung aus einer unerlaubten Handlung *od.* einem faktischen Vertrag; **– d'extrader** (*StPR*) Auslieferungspflicht; **– facultative** facultas alternativa, Wahlschuld *f*.

obligation de faire (*SchuldR: obligation à une prestation personnelle*) Verpflichtung zu einem Tun *od.* zur Vornahme einer Handlung; (Dienst-) Leistungspflicht; **– de se faire représenter par un avocat** Anwaltszwang *m*; **– de fidélité** (*BeamR, ArbR, EheR*) Treuepflicht; **– financière** finanzielle Verpflichtung; **– fiscale** Steuerpflicht,

Abgabepflicht; – **foncière** Bodenkreditobligation; – **de garantie** Gewährleistungspflicht, Garantieverpflichtung; – **garantie** (*WertpR*) sichergestellte Schuldverschreibung; – **générale** (*ArbR*) Allgemeinverbindlichkeit; – **hypothécaire** Pfandschuldverschreibung, Pfandbrief *m*.

obligation illicite gesetzwidrige Verpflichtung; – **impossible** unmögliche Leistung; – **d'indemniser** (*ZR*) (Schadens-) Ersatzpflicht, Entschädigungspflicht; – **indexée** (*WertpR*) Gewinnschuldverschreibung; – **indivisible** unteilbare Verbindlichkeit; – **industrielle** Industrieobligation; – **d'information** (*SchuldR, HR*) Informationspflicht, Aufklärungs- und Mitteilungspflicht; Nebenpflicht; – **instantanée** einmalige Verpflichtung; – **au jour le jour** täglich fällige Verbindlichkeit; – **juridique** Verpflichtungsgeschäft.

obligation légale Rechtspflicht, gesetzliche Verpflichtung; – **de livraison** Liefer- *od.* Aushändigungsverpflichtung; – **de livrer** (*SchuldR*) Übergabepflicht; – **de loyauté** (*SchuldR, HR*) Treuepflicht; Schutz- und Obhutspflicht; Aufklärungspflicht; Mitteilungspflicht; Nebenpflicht; – **modale** (*SchuldR: syn. obligation complexe*) bedingte Forderung, mit einer Bedingung *od.* Zeitbestimmung versehenes Schuldverhältnis; – **morale** (*FamR, SchuldR*) Naturalobligation, unvollkommene Verbindlichkeit; – **de motiver** (*PrzR*) Begründungsgebot *n*.

obligation de moyens (*SchuldR: dite aussi obligation générale de prudence et de diligence*) Pflicht, auf das angestrebte Ergebnis (unter Einsatz aller Fähigkeiten) hinzuwirken; Verpflichtung zur Verrichtung einer Tätigkeit, Verpflichtung zur Erbringung einer (Dienst-) Leistung (unter Anwendung der im Verkehr erforderlichen Sorgfalt); – **naturelle** (*SchuldR: obligation dont l'exécution forcée ne peut être exigée en justice*) Naturalobligation *f*, unvollkommene Verbindlichkeit; – **de ne pas faire** Unterlassungspflicht, Unterlassensverpflichtung, Verpflichtung zur Nichtvornahme einer (bestimmten) Handlung; – **de non concurrence** (*HR, ArbR*) Wettbewerbsverbot *n*; – **à objets multiples** Alternativverpflichtung; – **d'obtenir l'autorisation** Genehmigungspflicht.

obligation de paiement (*SchuldR*) Leistungspflicht *f*; Zahlungsverbindlichkeit, Zahlungspflicht; – **participante** (*WertpR*) Obligation mit Beteiligung am Betriebsergebnis; – **de payer** Zahlungsverpflichtung *f*; – **pécuniaire** Geldverbindlichkeit, Zahlungspflicht; – **personnelle** höchstpersönliche Verpflichtung, in Anbetracht der Person eingegangene Verpflichtung; – **plurale** Schuldverhältnis mit mehreren Schuldnern *od.* mehreren Leistungspflichten; – **au porteur** Inhaberschuldverschreibung; – **de préavis** (*ArbR*) Pflicht zur Einhaltung der Kündigungsfrist; – **de présentation** (*VwR*) Vorlagepflicht; – **de prestation** Leistungspflicht; – **de prêter serment** Verpflichtung zur Eidesleistung; – **à prime** (*WertpR*) Prämienschuldverschreibung *od.* -obligation; – **primitive** (*SchuldR*) ursprüngliche Leistung *od.* Verpflichtung; – **principale** Hauptverpflichtung, Hauptpflicht; Übereignungspflicht; Zahlungspflicht; – **de procéder à des mesures conservatoires** (*VersR, ZR*) Schadenminderungspflicht; – **propre** (*HR, BankR*) Nostroverpflichtung.

obligation de prudence et de diligence (*SchuldR*) Pflicht, auf das angestrebte Ergebnis gewissenhaft hinzuwirken; Sorgfaltspflicht; – **réelle** (1) (*SachR*) mit dem Eigentum an einer Sache verbundene Verpflichtung, (2) (*SchuldR*) Verpflichtung der Inhaber einer mit einer dinglichen Sicherheit belasteten Sache; – **de réintégration** (*ArbR*) Wiedereinstellungspflicht; – **à remboursement** *ou* **de rembourser** (Rück-) Erstattungspflicht; – **de renseignement** (*SchuldR*) Aufklärungs- und Mitteilungspflicht; – **de réparer le dommage** Schadensersatzpflicht; –

de réserve (*BeamR, StPR, ArbR*) Schweigepflicht; **– de résidence** (*BeamR, PrzR*) Residenzpflicht.

obligation de résultat (*SchuldR: dite parfois aussi obligation déterminée*) Verpflichtung zur Herbeiführung eines Erfolges; Pflicht das (vertraglich festgesetzte) Ergebnis zu erreichen; **– scolaire** Schulpflicht; **– au secret professionnel** (1) (*ArbR, HR*) Geheimhaltungspflicht, (berufliche) Verschwiegenheitspflicht, (2) (*BeamR*) Pflicht zur Wahrung des Amts- oder Dienstgeheimnisses; **– de sécurité** (1) (*SchuldR*) Schutz- und Obhutspflicht, Verhaltenspflicht, Nebenleistungsverpflichtung, (2) (*StVR*) Verpflichtung zur Einhaltung der Unfallverhütungsvorschriften; **– de service** Amts- *od.* Dienstpflicht, Dienstverpflichtung; **– solidaire** *ou* **in solidum** (*SchuldR*) gesamtschuldnerische Verpflichtung, Solidarhaftung; **– in solidum** (*ZR*) gesamtschuldnerische Haftung (bei unerlaubten Handlungen); **– de somme d'argent** Zahlungsverpflichtung; **– statutaire** (*GesR*) satzungsgemäße Verpflichtung; **– successive** Sukzessivlieferungsvertrag, Verpflichtung zu wiederkehrenden Leistungen; Dauerschuldverhältnis; **– successorale** Nachlassverbindlichkeit *f*; **– de surveillance** Aufsichtspflicht.

obligation de témoigner (*PrzR*) Aussagepflicht, Zeugnispflicht; **– à titre d'avaliseur** (*WechselR*) Avalverpflichtung, Verpflichtung des Wechselbürgen; **– de tolérer** Duldungspflicht; **– de transporter** Beförderungspflicht; **– au travail** Arbeitspflicht; **– du trésor** (*WertpR*) Schatzanweisung *f*, Schatzschein *m*; **– d'utiliser un service public** (*VwR*) Benutzungszwang; **– de vendre** Verkaufszwang; **– de visa** (*VR*) Visumzwang, Sichtvermerkszwang; **– à vue** Sichtverbindlichkeit, sofort fällige Verbindlichkeit.

obligations *fpl*: **droit des –** (*SchuldR: on dit aussi: les obligations et les contrats spéciaux*) Recht der Schuldverhältnisse, Schuldrecht *n*, Obligationenrecht (S); **manquer à ses –** seine Verpflichtungen nicht einhalten; seine Pflicht nicht erfüllen; **remplir ses –** seinen Pflichten nachkommen, erfüllen, leisten; **se soustraire à ses –** seinen Verpflichtungen nicht nachkommen; **violation des –** Obliegenheits- *od.* Pflichtverletzung *f*, Nichteinhaltung des Vertrages.

obligations civiques (*VerfR*) staatsbürgerliche Pflichten; **– conjointes** (*SchuldR*) teilbarer Leistungen; Teilschulden; **– conjonctives** (*SchuldR*) Verpflichtung zu mehreren Leistungen; **– indivisibles** unteilbare Leistungen; gemeinschaftliche Schulden; **– du métier** Berufspflichten *fpl*; **– militaires** Wehrpflicht *f*; **– professionnelles** Berufspflichten *fpl*; **– solidaires** Gesamtschulden *fpl*.

obligatoire *adj* verbindlich, rechtsverbindlich; (zwingend) vorgeschrieben; erforderlich; obligatorisch; zwangsläufig; **clause – du contrat** zwingend vorgeschriebene Vertragsklausel; **disposition (légale) –** Muss-Vorschrift *f*, (durch Gesetz) zwingend vorgeschriebene Verhaltensweise; **épreuve –** Pflichtfach (bei einer Prüfung); **force – du contrat** Verbindlichkeit (des Vertrages); **légalement –** rechtsverbindlich; **service du travail – (= STO)** *hist.* Arbeitsdienst *m*, Arbeitsdienstpflicht *f*; **vaccination –** Impfzwang *m*.

obligatoirement *adv* unbedingt, notwendigerweise, auf jeden Fall, unter allen Umständen.

obligatoriété *f* (*ÖfR*) Verbindlichkeit (eines Gesetzes).

obligé *adj* verpflichtet, gebunden (an); dankbar; notwendig; **être – à** *ou* **de faire** zu einer Leistung verpflichtet sein; **– de réparer** ersatzpflichtig.

obligé *m* Verpflichtete(r) *m*, Schuldner *m*; **principal –** Hauptverpflichtete(r), Hauptschuldner.

obligeance *f* Gefälligkeit *f*, Entgegenkommen *n*, Zuvorkommenheit *f*; **avoir l'– de** so freundlich *od.* so liebenswürdig sein, etw. zu tun.

obliger *v.tr.* (1) (*ZR: engager, lier, soumettre à une obligation – on dit obliger à et dans les textes juridiques aussi obliger* *de*) verpflichten, (2) (*ÖfR: astreindre, s'appliquer comme règle*) verbindlich sein, zwingend vorgeschrieben sein, (3) (*StR: contraindre, forcer à*) zwingen, Zwang antun; gefügig machen; gewaltsam zu etwas bringen, (4) (*SchuldR: engager son patrimoine*) mit Schulden belasten; **le contrat oblige les deux parties** durch den Vertrag sind beide Parteien (zu einer Leistung) verpflichtet.

obliger *v.intr.* Verpflichtungen auferlegen; jmdn. zu Dank verpflichten; gefällig sein, jmdm. eine Gefälligkeit erweisen.

obliger *v.pron.*: **s'– (à faire, à fournir)** sich verpflichten (zu).

oblique *adj*: **action –** (*SchuldR, ZPR: action du créancier contre le débiteur de son débiteur – art. 1166 Cciv*) (unmittelbare) Geltendmachung der Ansprüche des Schuldners durch den Gläubiger, Anspruchssicherungsklage des Gläubigers (gerichtet gegen den Schuldner seines Schuldners).

oblitération *f* Abstempelung *f*, Entwertung *f*; **– de complaisance** Gefälligkeitsstempel *m*; **– de la poste** Poststempel *m*; **– du premier jour** Ersttagsstempel *m*.

oblitérer *v.tr.d.* abstempeln, entwerten.

obnubilation *f* (*MedizinR*) Bewusstseinstrübung *f*, Verwirrtheit *f*.

obole *f* (*ZR: don de peu d'importance; petite contribution en argent*) Spende *f*, kleiner Beitrag.

obreptice *adj* (*StR: grâce à un mensonge par omission*) erschlichen, erlangt durch Verschweigen des wahren Sachverhalts.

obscène *adj* (*StR: qui offense ouvertement la pudeur*) unzüchtig, anstößig, obszön, unanständig, schlüpfrig.

obscur *adj* dunkel, undeutlich; unbekannt; **clause –e d'un contrat** missverständliche *od.* mehrdeutige Vertragsklausel.

obscurité *f* (1) Unklarheit, (2) (*StVR*) Dunkelheit.

obsèques *fpl*: **les – auront lieu dans la plus stricte intimité** die Beisetzung erfolgt im engsten Familienkreis; **– nationales** Staatsbegräbnis *n*.

obséquieux *adj* willfährig, unterwürfig.

observance *f* (*ÖfR: obéissance à la règle*) Einhaltung *od.* Befolgung (von Vorschriften); Satzung.

observateur *m* Beobachter *m*; Zeuge *m*, Betrachter *m*.

observation *f* (1) (*obéissance, observance*) Befolgung *f*, Einhaltung *f*, Beachtung *f*, (2) (*examen*) Beobachtung *f*, Betrachtung *f*, (3) (*PrzR*) Bemerkung, Ausführungen *fpl* (einer Partei), (Partei-) Vorbringen *n*, (4) (*VwR*) Beanstandung *f*, Vorwurf *m*, Einwand *m*; Verweis *m*, (5) (*annotation d'un arrêt*) Entscheidungskommentar *m*, Anmerkung *f*; **mettre en –** unter Beobachtung stellen; **–s écrites** schriftliche Stellungnahme *f*; **– des lois** Einhaltung der Gesetze; **–s orales** mündliche Stellungnahme.

observatoire *m* (*Vwirt*) Wirtschaftsforschungsinstitut *n*; Sternwarte *f*; Jägerstand *m*.

observer *v.tr.* (1) (*ÖfR: respecter ce qui est prescrit*) einhalten, befolgen, (2) (*StR: remarquer qqch. ou qqn.*) überwachen, beobachten; aufmerksam betrachten, (3) (*PrzR: faire observer qqch. à qqn.*) bemerken, ausführen, vorbringen, (4) (*VwR: reprocher, faire grief*) beanstanden, einwenden; **– les instructions** die Anweisungen befolgen; **– le règlement** die Vorschriften beachten; **– le silence** Stillschweigen bewahren.

obsession *f* Wahnvorstellung *f*.

obsolescence *f* (*WirtR: le fait de devenir obsolète, périmé surtout dû à l'apparition d'un matériel nouveau*) Obsoleszenz *f*, Veralterung *f*; Lebensdauer (des Produkts).

obsolète *adj* veraltet, obsolet, überholt.

obstacle *m* Hindernis *n*, Hemmnis *n*, Behinderung; Vereitelung; **– à la circulation** Verkehrshindernis.

obstination *f* Hartnäckigkeit *f*, Starrköpfigkeit, Eigensinn *m*.

obstruction *f* (*PrzR, Pol*) Verschleppung *f*, Verzögerungstaktik *f*, Obstruktion *f*; **faire de l'–** Obstruktion betreiben; **– parlementaire** Obstruktion im Parlament, parlamentarische Verzögerungstaktik.

obstruer *v.tr.* **la circulation** ein Ver-

kehrshindernis darstellen; **– le passage** *ou* **la voie** den Weg versperren.
obtempérer *v.tr.ind.* (*VwR*) (*einer Anordnung*) Folge leisten, gehorchen, sich fügen.
obtenir *v.tr.* erlangen; erreichen; erhalten; erwerben; **faire – qqch. à qqn.** jmdm. etwas verschaffen; jmdn. zu etwas verhelfen; **– des concessions** Zugeständnisse erreichen; **– le droit de visite** ein Besuchsrecht erwirken; **– gain de cause** (im Prozess) obsiegen; **– un prêt** ein Darlehen erhalten.
obtention *f* Erlangung *f*, Erreichung; Durchsetzung *f*; **– végétale** (*PatR*) (neue, schutzwürdige) Pflanzenzüchtung.
obvenir *v.intr.* **par succession** (*ErbR*) durch Erbfolge erwerben.
obvier *v.intr.* **(à)** vorbeugen; verhindern; **– à une situation difficile** eine schwierige Lage meistern.
occasion *f* (1) Gelegenheit *f*, Anlass *m*, (2) (*HR*) Gelegenheitskauf *m*; **à l'– de** anlässlich; **d'–** gebraucht, aus zweiter Hand; **– de voir** Begegnungsmöglichkeit.
occasionnel *adj* gelegentlich; zufällig; ungewöhnlich; **dépense –le** unvorhergesehene Ausgabe; **travailleur –** Gelegenheitsarbeiter.
occasionner *v.tr.* (1) veranlassen, Anlass geben, (2) verursachen.
Occident *m* Abendland *n*, Westen *m*.
occiput *m*: **un coup sur l'–** ein Schlag auf den Hinterkopf.
occire *v.tr.* töten, umbringen.
occultation *f* Vertuschung *f*; Verbergung.
occulte *adj* geheim, verborgen; verdeckt; **acte –** der durch das Scheingeschäft verborgene, dem Willen der Beteiligten entsprechende Vertrag; **comptabilité –** geheime Buchführung; **sûreté –** nicht bekanntmachungspflichtige (dingliche) Sicherheit.
occulter *v.tr.* verdunkeln; **– un problème** ein Problem unter den Tisch fallen lassen, vertuschen.
occupant *m* (1) (*SachR*) Inhaber *m*; Besitzer *m*, (2) (*VR*) Besatzungsmacht *f*, (3) (*StVR*) Kfz-Insasse *m*, Mitfahrer *m*; **– de bonne foi** gutgläubiger Inhaber; **– sans titre** rechtsgrundloser *od.* rechtswidriger Besitzer, (Haus-) Besetzer *m*.
occupation *f* (1) (*SachR*) Aneignung einer herrenlosen Sache, Okkupation *f*, (2) (*VR*) Besetzung *f*; Besatzung *f*, (3) (*ArbR*) Beschäftigung *f*, Tätigkeit *f*, Arbeit *f*; **autorité d'–** Besatzungsmacht *f*.
occupation accessoire (*ArbR*) Nebenbeschäftigung *f*, Nebentätigkeit *f*; **– intérimaire** Zeitarbeit, Leiharbeitsverhältnis; **– des locaux** Besetzung der Arbeitsstätte, Sitzstreik; **– lucrative** Erwerbstätigkeit *f*, entgeltliche Tätigkeit; **– militaire** militärische Besatzung; **– à mi-temps** Halbtagsbeschäftigung *f*, Halbtagsstellung *f*; **– occasionnelle** Gelegenheitsbeschäftigung.
occupation à plein temps *ou* **à temps complet** (*ArbR*) Vollzeitbeschäftigung *f*; **– principale** Haupttätigkeit; **– rémunérée** entgeltliche Tätigkeit; **– salariée** bezahlte Beschäftigung, Beschäftigung gegen Entgelt; **– sauvage** (*SachR*) unerlaubte Inbesitznahme; unzulässiger Aufenthalt (an einem Ort); **– secondaire** Nebenberuf *m*, Nebentätigkeit; **– temporaire** (*VwR*) vorübergehende Inanspruchnahme eines Grundstücks durch den Staat; **– d'usine** (*ArbR*) Werksbesetzung *f*, Sitzstreik *m*.
occuper *v.tr.* (1) (*ArbR: un salarié*) beschäftigen, einstellen, (2) (*SachR: un logement*) besetzen, sich aneignen, (3) (*BeamR: fonctions*) (*ein Amt*) bekleiden, innehaben, (4) (*PrzR: tribunaux*) an einer Sitzung teilnehmen; **s'– de** *v. pron.* sich beschäftigen (mit), betraut werden (mit); **– une fonction publique** ein öffentliches Amt bekleiden; **– illégalement un logement** eine Wohnung widerrechtlich besetzen.
occurrence *f* (*ZR: événement qui se produit d'une manière fortuite et imprévue*) zufälliges Ereignis *n*; Vorfall *m*; Zufall *m*, Vorkommen *n*; **en l'–** *loc.* im vorliegenden Fall.
octroi *m* (1) (*VwR, HR: attribution*) Be-

willigung *f*, Gewährung *f*; Verleihung *f*, (2) (*hist.*, *SteuerR*) (Gemeinde-) Steuer *f*, Gebühr *f*; **– d'agrément** (*VR*) Erteilung des Agreements; **– de crédit** Kreditgewährung *od.* -eröffnung, Krediteinräumung *od.* -erteilung; **– d'un délai** Fristbewilligung, Einräumung einer Frist; **– de devises** Devisenbewilligung; **– d'un droit** Gewährung eines Rechts; **– d'hypothèques** Hypothekengewährung; **– d'une licence** Lizenzbewilligung; **– de mer** Steuer auf Produkte aus frz. Überseegebieten; **– de la nationalité** Verleihung der Staatsangehörigkeit.

octroi de la personnalité juridique (*GesR*) Verleihung der Rechtspersönlichkeit; **– de prestations** Gewährung von Leistungen; **– d'un prêt** Darlehensgewährung; **– d'un rang privilégié** Vorrangseinräumung; **– de subventions** Subventionierung, Gewährung von (Staats-) Zuschüssen; **– du titre de séjour** (*AuslR*) Erteilung der Aufenthaltsgenehmigung.

octroyer *v.tr.* einräumen, gewähren, bewilligen; **– une concession** eine Konzession erteilen; **– un délai** eine (Nach-) Frist gewähren.

oculaire *adj*: **témoin –** Augenzeuge *m*.

odeur *f* **nauséabonde** (*UmweltR*) (unerträglicher) Gestank *m*.

œcuménisme *m* (*KirchR*) ökumenische Bewegung, Ökumenismus.

œilleton *m* Spion *m* (an Haustüren), Guckloch *n*.

œnologie *f* (*LandwR*) Weinbaukunde *f*, Önologie *f*.

œuvre *f* (1) Werk *n*, Arbeit *f*, (2) (*BauR*) Bauwerk *n*, (3) (*UrhR*) geistiges Werk *n*, (individuelle) geistige Schöpfung, besondere geistige *od.* wissenschaftliche Leistung, (4) (*SozR*) soziale Einrichtung; **bonne –** Wohltätigkeit *f*; **faire son –** allmählich wirken; **gros –** *m* Rohbau *m*; **mettre en –** in Angriff nehmen; ausführen, bewerkstelligen.

œuvre d'art *ou* **artistique** Kunstwerk *n*; **–s artistiques** Werke *npl* der bildenden Kunst; **– des arts appliqués** Kunsthandwerkserzeugnis, kunstgewerblicher Gegenstand; **– audiovisuelle** audiovisuelles Werk, Lichtbildwerk, Fernsehwerk; **– de bienfaisance, – charitable** Wohlfahrtseinrichtung, Hilfswerk *n*; **–s choisies** Werkauswahl *f*, ausgewählte Werke.

œuvre cinématographique Film (werk); **– de collaboration** gemeinsame Schöpfung, Miturheberschaft; **– collective** Gruppenwerk, Sammelwerk *n*, Gemeinschaftsarbeit; **–s complètes** Gesamtwerk *n*; **– composite** Nachschöpfung, Werkverbindung, Entnahme und Neutextierung; **– contrefaite** (*StR, UrhR*) widerrechtlich hergestelltes *od.* nachgemachtes Werk, nachgeahmtes Werk, widerrechtliche Nachbildung.

œuvre dérivée Bearbeitung, Umgestaltung, Adaptation; abhängige Nachschöpfung; freie Nachdichtung; Übersetzung; Sammelwerk; **– écrite** Schriftwerk, Sprachwerk; **– de l'esprit** geistige Schöpfung; **–s littéraires et artistiques** Werke der Literatur und Kunst; **– musicale** Musikwerk, musikalische Komposition; **– non publiée** nicht veröffentlichtes Werk.

œuvre orale Rede *f*, Vortrag *m*; **– originale** Originalwerk; **– photographique** Lichtbildwerk; **– à pluralité d'auteurs** Mehrurheberschaft (an einem Werk); **– posthume** nachgelassenes *od.* postumes Werk; **– de première main** originäre geistige Schöpfung; **– protégée** gesetzlich geschütztes Werk; **– pseudonyme** pseudonymes Werk; **– publiée** veröffentlichtes Werk, erschienenes Werk; **– radiophonique** Hörfunkwerk.

œuvrer *v.intr.* wirken, arbeiten, tätig sein.

œuvres *fpl* **sociales** (*SozR*) Wohlfahrtseinrichtungen *fpl*; **–s sociales de l'entreprise** betriebliche Sozialeinrichtungen; **–s universitaires et sociales** (*HochschulR*) Studentenwerk *n*.

offensant *adj* beleidigend, verletzend, ausfallend.

offense *f* (*StR*) Verunglimpfung (des frz. Staatsoberhaupts).

offenser *v.tr.* verunglimpfen, beschimpfen, böswillig verächtlich machen.
offenseur *m* Beleidiger *m*.
offensive *f* Angriff *m*, Offensive *f*, Attacke *f*; **– d'envergure** großangelegter Angriff (auf); **– imprévue** *ou* **inattendue** *ou* **inopiné** unerwarteter, plötzlicher und überraschender Vorstoß.
offert *adj*: **action –e** (*BörR*) Angebotsüberhang *m*; **– par** (*Film usw*) finanziert von.
office *m* (1) (*BeamR: charge, fonction, pouvoirs et devoirs attachés à une fonction publique*) öffentliches Amt, Obliegenheit *f*, Tätigkeit im öffentlichen Dienst, einem Träger öffentlicher Gewalt zugewiesene Aufgabe, (2) (*PrzR, ZR: charge d'un officier ministériel ou public*) Notaramt *n*, Gerichtsvollzieheramt, öffentliche amtsähnliche Stellung (des Notars, des Gerichtsvollziehers); Amt, das einem unabhängigen Organ der Rechtspflege durch den Staat anvertraut wurde, (3) (*VwR: établissement public administratif*) Behörde *f*, Amt *n*, Stelle *f*, Dienststelle *f*, (4) (*VwR: établissement public industriel et commercial*) öffentlich-rechtliche Wirtschaftsanstalt, öffentliches Unternehmen *n*.
office: **avocat nommé d'–** (*PrzR*) Pflichtverteidiger *m*, Offizialverteidiger, vom Gericht bestellter Verteidiger; **commis d'–** von Amts wegen eingesetzt; **d'–** von Amts wegen, kraft Amtes; zwangsweise; **faire – de** handeln als, als . . . tätig sein, fungieren *od.* dienen als; **mesure prise d'–** (*PrzR, VwR*) von Amts wegen getroffene Maßnahme, im Amtsbetrieb gefällter Beschluss, gemäß dem Amtsprinzip gefällte Entscheidung; **offrir** *ou* **prêter ses bons –s** seine Dienste anbieten, vermitteln wollen; **remplir un –** ein Amt bekleiden; **réquisitionner d'–** dienstverpflichten; **résigner un –** (*BeamR*) ein Amt niederlegen; **soulever d'–** (*VwR, PrzR*) (eine Prüfung) von Amts wegen vornehmen, von Amts wegen berücksichtigen.
office d'agent de change Börsenmakleramt *n*; **– des brevets** Patentamt *n*; **– de la foire** Messeamt *n*; **– d'inspection du travail** Gewerbeaufsichtsamt *n*; **– international des épizooties** internationales Seuchenamt; **– international d'hygiène publique** internationales Gesundheitsamt.
office de juge (*ZPR*) Richteramt *n*; richterliche Prozessleitung; Amtsbetrieb *m*, Offizialbetrieb; **– des migrations internationales (= OMI)** (*AuslR*) frz. zentrale Einwanderungsbehörde; **– ministériel** öffentliches Amt (im Rahmen der Rechtspflege); **– national des forêts (= ONF)** frz. zentrale Forstverwaltung; **– de la navigation** Schifffahrtsamt *n*; **– de normalisation** Normungsinstitut *n*; **– d'orientation professionnelle** Berufsberatungsstelle.
office de placement de la main d'œuvre öffentliche Arbeitsvermittlungsstelle *f*; **– public** öffentliches Amt; **– sanitaire** Gesundheitsamt; **– de tourisme** Fremdenverkehrsamt *n*.
official *m* (*KirchR*) Vikar (des Bischofs) in Gerichtsangelegenheiten.
officialiser *v.tr.* öffentlich bekanntmachen.
officialité *f* (*KirchR*) kirchliche Gerichtsbarkeit.
Officiel *m* (*ÖfR: abréviation pour «Journal officiel de la République française» = J. O.*) Amtsblatt der frz. Republik.
officiel *adj* amtlich, offiziell, dienstlich, von Amts wegen; Regierungs-, Amts-; **actes** *ou* **documents –s** amtliche Schriftstücke *od.* Dokumente; **communiqué –** amtliche Mitteilung; **dépêche** *ou* **note –le** (*VR*) Depesche *f*, Verbalnote *f*; **personnage –** im öffentlichen Leben stehende Persönlichkeit; Amtsträger *m*; **porte-parole –** Regierungssprecher *m*; **textes –s** Gesetze *npl*; Rechtsverordnungen und sonstige amtliche Bekanntmachungen; **visite –le** Staatsbesuch *m*.
officiellement *adv* amtlich, öffentlich.
officier *m* (1) (*GVR: titulaire d'un office public ou ministériel*) Inhaber eines öffentlichen Amtes (der Rechtspflege),

(2) (*GemR*) Gemeindebeamte(r), (3) (*MilR*) Offizier.

Das Amt des *officier de l'état civil* wird in Frankreich durch den Bürgermeister selbst od. einem seiner Stellvertreter wahrgenommen. Es gibt also in Frankreich keinen *Standesbeamten* im deutschen Sinne.

officier de l'état-civil (*VwR: en principe l'officier de l'état civil est en France le maire de la commune*) mit den standesamtlichen Aufgaben betrauter Bürgermeister *od.* Bürgermeisterstellvertreter, Zivilstandsperson *f*; – **d'état-major** (*MilR*) Stabsoffizier; – **de la légion d'honneur** Inhaber des frz. Ordens der légion d'honneur.
officier ministériel (1) (*GVR: titulaire d'un office rattaché à l'administration de la justice*) unabhängiges Organ der Rechtspflege, unabhängiger Träger *od.* Inhaber eines öffentlichen Amtes (im Rahmen der Rechtspflege), (2) (*GVR: selon les contextes: notaire, huissier, avoué, greffier d'un tribunal de commerce*) Notar *m*; Gerichtsvollzieher *m*; (*bei den Berufungs- und Revisionsgerichten*) Vertreter in den Schriftsätzen; Gerichtskanzler und Leiter der Geschäftsstelle eines frz. Handelsgerichts; Urkundenverwalter der Geschäftsstelle des Handelsgerichts; – **municipal** höherer Beamte der Gemeindeverwaltung; – **de police** (*VwR*) (höherer) Polizeibeamte(r), Polizeioffizier.
officier de police judiciaire (= OPJ) (*StPR*) (höherer) Kriminalpolizei- *od.* Strafverfolgungsbeamte(r), Kriminal (haupt)kommissar *m*.

Der Hauptunterschied zwischen einem *officier ministériel* und einem *officier public* besteht darin, dass ersterer einem Rechtspflegeorgan zugeordnet ist, der zweite nicht. Einige, wie der Notar, sind beides zugleich: *officier public et ministériel*. Für beide Gruppen gelten übrigens dieselben gesetzlichen Vorschriften.

officier public (1) (*GVR: titulaire d'un office non rattaché à la justice*) unabhängiger Träger eines öffentlichen Amtes; Börsenmakler *m*; gewerbsmäßiger Versteigerer, (2) (*ZR: personne ayant le pouvoir d'authentifier un acte*) Urkundsperson *f*; Standesbeamte *m*.
officieux *adj* halbamtlich, offiziös; nicht verbürgt; **nouvelle officieuse** offiziöse *od.* halbamtliche Verlautbarung; **résultat – d'une élection** vorläufiges Wahlergebnis; **de source officieuse** aus gut unterrichteten Kreisen verlautet ....
officinal *adj* (*MedizinR*) gemäß dem frz. Arzneihandbuch hergestellt.
officine *f* **pharmaceutique** Laboratorium *n* (einer Apotheke).
offrande *f* Opfergabe *f*.
offrant *m* (1) (*SchuldR: pollicitant*) (Vertrags-) Antragende(r), (2) *m* (*HR*) Anbieter *m*; **le plus –** Meistbietende(r), Höchstbietende(r), Bestbietende(r).
offre *f* (1) (*HR, SchuldR: action de proposer des biens économiques*) Angebot *n*, Offerte *f*, (2) (*SchuldR: proposition faite par une personne à un tiers en vue de la conclusion d'un contrat*) (Vertrags-) Antrag *m*, (3) (*BW: quantité de produits offerts*) (Waren-) Angebot, (4) (*BörR*) Brief *m*; **accepter une –** ein Angebot annehmen.
offre: **appel d'–s** *m* (*VwR: procédure de passation de marchés publics*) Vergabe öffentlicher Aufträge im Leistungswettbewerb; öffentliche Ausschreibung *f*, Ausschreibungsverfahren *n*; **auteur de l'–** (1) (*SchuldR*) (Vertrags-) Antragende(r), (2) (*HR*) Anbieter *m*; **caducité de l'–** Erlöschen des Antrags; **décliner une –** (*SchuldR*) ein Angebot ablehnen; **dernière –** Letzt- *od.* Höchstangebot; **faire une –** ein Angebot unterbreiten; **rejeter** *ou* **repousser une –** ein Vertragsangebot ablehnen; **rétracter** *ou* **révoquer une –** einen (Vertrags-) Antrag widerrufen, sein Vertragsangebot zurücknehmen; **soumettre une – à qqn.** jmdm. ein Angebot unterbreiten.
offre d'achat Kaufangebot *n*; – **d'armistice** (*VR*) Waffenstillstands-

angebot *n*; **– avantageuse** vorteilhaftes Angebot; **– de concours** (*VwR*) Beteiligungsangebot, Angebot der finanziellen Unterstützung (zur Realisierung eines öffentlichen Vorhabens); **– de contrat** Vertragsangebot, Vertragsantrag, Offerte *f*; **– et demande** Angebot und Nachfrage; **– d'échange** Umtausch- *od.* Tauschangebot; **– d'emploi** (*ArbR*) Stellenangebot, offene Stellen; Angebot auf dem Arbeitsmarkt; **– expresse** ausdrücklicher Vertragsantrag.

offre ferme verbindliches *od.* festes Angebot, Antrag mit Bindungswirkung, Festofferte; **– globale** (*Vwirt*) Gesamt- *od.* Globalangebot; **– intérieure** inländisches Angebot; **– de médiation** Vermittlungsangebot; **– de négociation** Verhandlungsangebot; **– à personne déterminée** an eine bestimmte Person gerichteter Vertragsantrag; **– pléthorique** Überangebot; **– précise** bestimmtes *od.* bestimmbares Angebot; **– de preuve** (*ZPR*) Beweisangebot; **– au public** Angebot in Zeitungen *od.* Plakaten, Katalogen, Preislisten, usw.

offre publique d'achat: **annoncer une – –** ein Übernahmeangebot ankündigen; **contre-offre à une – –** Gegenangebot nach einem feindlichen Übernahmeversuch; **– – hostile** *ou* **inamicale** (*BörR, GesR*) feindliches Übernahmeangebot.

offre publique d'achat (= OPA) (*BörR*) öffentliches Übernahmeangebot, (Aktien-) Kaufangebot *n* (an der Börse); **– – d'échange (= OPE)** (*BörR*) öffentliches (Aktien-) Tauschangebot, öffentliches Übernahmeangebot in Verbindung mit einem Aktienumtausch; **– – de vente (= OPV)** (*BörR*) öffentliches Aktienverkaufsangebot.

offre réelle (*SchuldR, ZPR*) tatsächliches (amtlich protokolliertes) Angebot der geschuldeten Leistung (durch den Schuldner), förmliches Leistungsangebot (des Schuldners an den Gläubiger), Realangebot; **– de remboursement** (*HR*) Preisnachlass *m* (nach Verkauf der Ware); **– de service** Angebot *n* (von Waren *od.* Dienstleistungen); **– simulée** Scheinangebot; **– de souscription** Bezugsangebot, Bezugsaufforderung; **– spéciale** (*HR*) Sonderangebot *n*; **– tacite** Vertragsantrag durch schlüssiges Verhalten, stillschweigendes Angebot; **– de transport** Angebot von Verkehrsleistungen; **– de vente** Verkaufsangebot.

offreur *m* Anbieter *m*.

offrir *v.tr.* anbieten, antragen, offerieren; **– un dictionnaire** jmdm. ein Wörterbuch schenken; ein Wörterbuch verschenken; **– une forte récompense** eine hohe Belohnung versprechen; **– un grand choix de marchandises** ein großes Warenangebot unterbreiten; **– en vente** zum Verkauf anbieten.

offshore *adj. et n.m.* (1) (*WirtR: installations de forage pétrolier sous-marin, sur plate-forme*) off shore, in einiger Entfernung vor der Küste, (2) (*VR: sociétés et des banque exterritoriales*) exterritorial; **commande –** Off-shore-Auftrag *m*; **société –** Off-shore-Gesellschaft *f*.

ogive *f* **nucléaire** Atomsprengkopf *m*.

oisif *adj* arbeitsscheu, faul.

oisiveté *f* Müßiggang *m*, mangelnde Arbeitsmoral.

oligarchie *f* (*Pol*) Oligarchie *f*, Herrschaft einer kleinen Gruppe.

oligopole *m* (*Vwirt*) Oligopol *n*, einige wenige Anbieter (auf dem Markt).

oligopsone *m* (*Vwirt*) Oligopson *n*, Markt *m* mit geringer Zahl der Nachfrager.

olographe *adj*: **testament –** (*ErbR*) eigenhändiges *od.* olographisches Testament.

ombudsman *m* (*Pol: médiateur en France, protecteur du citoyen au Québec*) Parlamentsbeauftragte(r) *m*, Volksanwalt *m*, Ombudsman *m* (dans les pays scandinaves).

omettre *v.tr.* unterlassen; auslassen, weglassen; versäumen; **n'– aucun détail** in allen Einzelheiten schildern *od.* darstellen.

omission *f* (1) (*StR: fait de s'abstenir*) Unterlassung *f*; Unterlassungsdelikt *n*,

(2) (*VwR, ZR: fait de ne pas accomplir ce qui est requis*) Versäumnis *n*, Unterlassen *n*; Auslassung *f*; Versäumnis *f*, (3) (*SteuerR*) Unterlassung der Mitteilung über steuerlich erhebliche Tatsachen; (willentliche *od.* versehentliche) unrichtige *od.* unvollständige Angabe (bei einer Steuererklärung), (4) (*chose omise*) Lücke *f*, Ausgelassene (s) *n*, Fehlende(s) *n*; **délit** *ou* **infraction d'–** (*StR: fait volontaire de ne pas accomplir ce qui devrait l'être*) Unterlassungsdelikt *n*, strafbare Unterlassung; **infraction de commission par –** unechtes Unterlassungsdelikt; **sauf erreur ou –** Irrtum *od.* Auslassung vorbehalten; **– d'empêcher un crime** *ou* **un délit** (*StR: art. 223–6 al. 1er CP*) vorsätzliche Nichtverhinderung einer Straftat; **– d'une mention obligatoire** (*ZPR*) Weglassung eines unbedingt erforderlichen Hinweises; **– d'une pièce dans un dossier** (*PrzR*) Nichtbeifügung eines Schriftsatzes.

omission de porter secours (*StR: art. 223–6 al. 2 CP. Syn.: abstention ou défaut de porter secours et non assistance à personne en danger*) unterlassene Hilfeleistung, Unterlassen *n* der Hilfeleistung (bei Unglücksfällen); **– proprement dite** (*StR: abstention coupable volontaire – assimilation de l'inaction à une action positive*) echtes Unterlassungsdelikt; **– de témoigner** (*StR: art. 434–11 suiv. CP*) värsätzliche Unterlassung der Zeugenaussage.

omnipotence *f* Machtvollkommenheit *f*.

omnipraticien *m* (*SozR: médecin généraliste*) praktischer Arzt.

omnium *m* (*GesR: société financière concernant plusieurs secteurs*) Holding (gesellschaft) *f*.

oncle *m* (*FamR: frère du père ou de la mère, et, par extension, mari de la tante*) Onkel *m*, Oheim *m*.

oncogène *adj* krebserregend.

on-dit *m* Gerücht *n*, Flüsterparole *f*.

onéreux *adj* (1) (*SchuldR*) entgeltlich, gegen Entgelt, (2) (*HR: dispendieux, coûteux*) teuer, aufwendig, kostspielig; **acte à titre –** entgeltiches Rechtsgeschäft; **entretien –** (*WirtR*) hohe Unterhaltungskosten.

onusien *adj* die Vereinten Nationen betreffend.

opacité *f* **d'un texte** Unverständlichkeit eines Gesetzes.

opéable *adj* (*BörR: offre publique d'achat*) zu einem öffentlichen Kaufangebot anreizend; **entreprise –** übernahmegefährdetes Unternehmen.

open-market *m* offener Markt *m*, Freiverkehr *m*; **politique d'–** (*BankR: technique d'intervention de la banque centrale*) Offenmarkt-Politik *f*.

opérant *adj*: **mesure –e** wirksame Maßnahme.

opérateur *m* (1) (*BörR*) Börsenmakler *m*, Börsenhändler *m*; Börsianer *m*, (2) (*ArbR*) Bedienungspersonal *n*; **– public** (*HR: audit externe*) Wirtschaftsprüfer *m*.

opération *f* (1) (*WirtR: action en vue d'obtenir un résultat déterminé*) Verrichtung, Unternehmung; Vorgang, Vorgehensweise; Arbeitsweise *f*, (2) (*HR, BankR*) Geschäft *n*; Geschäftsvorgang *m*; Geschäftstätigkeit, (3) (*VwR*) Maßnahme *f*, Aktion, (4) (*MedizinR*) chirurgischer Eingriff *m*, Operation *f*, (5) (*MilR: Gesamtheit der Kampfhandlungen*) Truppenbewegung *f*, militärische Operation; **en –** im Einsatz; **– accessoire** (*ZollR*) Nebenverrichtung; **– administrative** Verwaltungshandlung *od.* -maßnahme; **– anti-drogue** Drogenbekämpfungsmaßnahme *f*; **– d'argent** Geldgeschäft; **– bancaire** *ou* **de banque** Bankgeschäft *n*; **– de bourse** Börsengeschäft *od.* -handel; **– de bourse à terme** Börsentermingeschäft.

opération par caisse Schalter- *od.* Kassageschäft; **–s de caisse et de virement** Zahlungs- u. Überweisungsverkehr *m*; **– de change** Devisengeschäft, Valutageschäft; **– chirurgicale** chirurgischer Eingriff; **– de commando** Überraschungsangriff *m*; **– commerciale** Handelsgeschäft; **– de compensation** (*BankR*) Kompensationsgeschäft; **– comptable** Buchungsvorgang *m*; **– au comptant** (*BörR*) Schalter- *od.* Kassageschäft; **–**

par compte Geschäft über Konto, Verrechnungsgeschäft.

opération coup de poing (*StR: action policière*) großangelegte (und unangekündigte) Polizeiaktion; *umg* Razzia *f*, Fahndung *f*; **– de couverture** (*BankR*) Deckungsgeschäft; **– de crédit** Kreditgeschäft; **– de décontamination** (*UmweltR*) Entseuchungsaktion *f*, Dekontaminationsmaßnahmen *fpl*; **– de dépôt** (*BankR*) Depositengeschäft *n*; **– documentaire** Remboursgeschäft; **– d'encaissement** (*InsolvenzR*) Inkasso *od.* Einziehungsgeschäft *n*; **– escargot** (*ArbR: grève du zèle*) Bummelstreik *m*, Dienst *m* nach Vorschrift; **– d'escompte** (*BankR*) Diskontgeschäft *n*, (Wechsel-) Diskontierung; **– fictive** Scheingeschäft; **– de financement** Anlage- *od.* Finanzierungsgeschäft; **– financière** Geld- *od.* Finanzgeschäft; **– à garantie de change** kursgesichertes Geschäft; **– de guerre** (*VR*) Kriegshandlung *f*; **– de harcèlement** (*MilR*) Guerilla *f*, Kleinkrieg (aus dem Hinterhalt); **– immobilière** (*SachR*) Grundstücksgeschäft *n*; **– liée** Verbindung eines Kaufs mit einem Verkauf; **– lucrative** auf Gewinn gerichtetes Geschäft; **– monétaire** Währungsmaßnahme.

opération en nom propre (*HR*) Eigenhändlergeschäft *n*, Selbsteintritt *m*; **– à perte** Verlustgeschäft *n*; **– de police** (*VwR*) Polizeiaktion; **– à primes** Prämiengeschäft; **– publicitaire** Werbeaktion *od.* -kampagne, Werbefeldzug *m*.

opération de recouvrement Inkassogeschäft; **– à règlement mensuel** Ultimogeschäft; **– de report** Prolongations- *od.* Reportgeschäft, Schiebungs- *od.* Swapgeschäft; **– de représailles** (*VR*) Vergeltungsschlag *m*; **– risquée** Risikogeschäft, gewagtes Geschäft.

opération de sauvetage Rettungsaktion *f*; **– spéculative** Agiotagegeschäft, Spekulation *f*; **– à terme** Termin- *od.* Differenzgeschäft; **– terminale** (*HR: Frachtgeschäft*) Laden *n*, Abladen, Verladen; **– triangulaire** Dreiecksgeschäft; **– de troc** Tauschgeschäft; **– ville morte** (*Pol*) großangelegte Protestaktion der Kaufleute und Betriebe einer Stadt (mit Schließung sämtlicher Geschäfte); **– de vote** (*VerfR*) Wahl(vorgang).

opérationnel *adj* einsatzfähig.

opératoire *adj*: **champ –** Tätigkeitsbereich *m*.

opérer *v.tr.* (1) bewirken, bewerkstelligen, (2) vornehmen, durchführen, ausführen; **s'– par** *v. pron.* ablaufen, vor sich gehen.

opiacés *mpl* Opiate *npl*; Morphin *n*; Codein *n*.

opiner *v.intr.* (1) seine Meinung kundtun *od.* äußern, (2) (*opiner pour / contre*) zustimmen, gutheißen; dagegen stimmen.

opinion *f* (1) (*conviction personnelle*) Meinung *f*, Ansicht *f*, Auffassung *f*, (2) (*avis émis par un technicien*) Stellungnahme *f*, (3) (*position doctrinale*) Lehre *f*, Lehrsätze *mpl*; **affaire d'–** Ansichtssache; **avoir mauvaise – (de qqch.** *ou* **qqn.)** nicht viel halten von; **changer d'–** seine Meinung ändern; **délit d'–** (*StR*) Meinungsdelikt *n*; Straftatbestand, durch den die Meinungsfreiheit beeinträchtigt wird; **liberté d'–** Meinungsfreiheit *f*; **partage d'–** Stimmengleichheit *f*, Pattsituation *f*; **sans –** unentschieden.

opinion dissidente *ou* **divergeante** (*PrzR*) andere Meinung (= a. M.), abweichende Meinung; **– dominante** herrschende Meinung; **– juridique** Rechtsauffassung *od.* -ansicht, *od.* -anschauung, Rechtsmeinung; **– publique** öffentliche Meinung; **– du risque** (*VersR*) Risikoabschätzung.

opiomanie *f* Morphinsucht *f*.

opportun *adj* zweckmäßig, opportun, angebracht; **au moment –** rechtzeitig, zur rechten Zeit; **en temps –** zu gegebener Zeit.

opportunisme *m* Prinzipienlosigkeit *f*.

opportunité *f* (1) (*ÖfR: opposé au principe de la légalité*) Zweckmäßigkeitsprinzip *n* (in der Verwaltung), (2) (*HR: Kauf*) günstige Gelegenheit; **règle de l'– des poursuites** (*StPR*) freie Entscheidung der Staatsanwaltschaft über die Erforderlichkeit der Strafverfolgung.

opposabilité *f* (1) (*ZR: effet à l'égard des tiers*) Wirkung Dritten gegenüber, Drittwirksamkeit, (2) (*ZPR*) Einwendbarkeit; als Einrede *od.* Einwand (gegen den geltend gemachten Anspruch) verwendbar.

opposable *adj* (1) (*ZR*) jemandem gegenüber wirksam, (2) (*ZPR*) einwendbar, entgegenhaltbar; was als Einrede *od.* Einwendung entgegengehalten werden kann; **droit au logement –** (*MietR*) gegenüber staatlichen Behörden durchsetzbares Mietrecht, klagbarer Anspruch auf eine angemessene Wohnung; **– aux tiers** Dritten gegenüber wirksam.

opposant *m* (1) (*ZPR*) Beklagter, der Einwendungen (gegen den Anspruch) vorbringt, (2) (*Pol*) Mitglied der Opposition, Oppositioneller *m*, Gegner *m*; **– au régime** Regimekritiker *m*, Dissident *m*.

opposant *adj* entgegenstehend, widersprechend; gegnerisch.

opposé *adj* entgegengesetzt, entgegengehalten; **opinions –es** unvereinbare Meinungen.

opposer *v.tr.* entgegenhalten; einwenden, entgegensetzen; **s'–** *v. pron.* (*PrzR*) Widerspruch *od.* Einspruch erheben (gegen); **– des atermoiements** Ausflüchte suchen; **– un moyen de défense** (*PrzR*) Einspruch erheben; **– un refus formel** ausdrücklich ablehnen.

Der Unterschied zwischen *Einspruch* (bei Versäumnis bzw. Vollstreckungsbescheiden) und *Widerspruch* (gegen Mahnbescheide und einstweilige Verfügungen) stimmt nicht mit der frz. Abgrenzung zwischen *opposition* und *contredit* überein. *Le contredit* betrifft nicht den Rechtsstreit als solchen, sondern nur Verfahrensfragen. Die *opposition* richtet sich gegen Inhalte des strittigen Sachverhalts, wobei auch bei Säumnis *opposition* eingelegt wird.

opposition *f* (1) (*ZPR: voie de recours ordinaire ouverte ouverte au défaillant pour faire rétracteur un jugement par défaut*) Einspruch *m*; Widerspruch; Einwendung *f*, (2) (*ZPR: recours ouvert dans les cas déterminés par la loi pour obtenir la rétractation d'une ordonnance judiciaire*) Widerspruch *m*, Einwendung *f*; **–** (*StPR: voie de recours ouverte à la partie jugée sans avoir été présente à l'audience*) Antrag *m* (auf Wiederaufnahme des Verfahrens); Rechtsmittel *n* (gegen Abwesenheitsurteile), (4) (*VwPR: recours contre une décision administrative*) Beschwerde *f*; Widerspruchsverfahren *n*, (5) (*ZR: Manifestation de volonté destinée soit à empêcher l'accomplissement d'un acte juridique, soit à imposer certaines conditions à cet accomplissement*) Einwand *m*; Gegenargument *n*; Gegenvorschlag *m*, (6) (*VerfR: ensemble des forces politiques qui se dressent contre le pouvoir en place*) Opposition *f*; **acte d'–** (*ZPR*) Einspruch *m*; Beanstandung *od.* Einwendung; **chef de l'–** (*VerfR*) Oppositionsführer *m*; **débouté d'–** (*ZPR*) Verwerfung des Einspruchs; **délai d'–** Einspruchsfrist *f*; **droit d'–** Einspruchsrecht *n*; **être en –** in Widerspruch stehen (zu); **exploit d'–** (*bei Gericht eingereichte*) Einspruchsschrift *f*; **faire –** (1) (*ZPR*) Einspruch *od.* Widerspruch erheben; Einwendungen vorbringen, (2) (*BankR: chèque*) (*einen Scheck*) sperren lassen; **former –** (*ZPR*) Einspruch *od.* Widerspruch erheben, prozesshindernde Einreden vorbringen.

opposition: **procédure d'–** (*ZPR: voie de recours et l'acte par lequel ce recours est exercé*) Widerspruchsverfahren *n*, (*als Rechtsbehelf*) Widerspruch; Einspruch *m*; **tierce –** (*ZPR*) Drittwiderspruchsklage *f*; **tierce – incidente** (*ZPR: voie de réformation selon l'art. 588 NCPC*) Drittwiderspruchsklage gegen ein Urteil in einem Rechtsstreit in welchem der Drittwiderspruchskläger nicht Partei gewesen ist; **tierce – principale** (*ZPR: recours formé à titre principal devant la juridiction même dont émane le jugement en question – art. 887 NCPC*) Drittwiderspruchsklage.

opposition à un chèque Schecksperrung *f*; **– à un commandement de payer** (*ZwangsVR*) Widerspruch gegen einen Zahlungsbefehl; **– à contrainte** Widerspruch gegen den Zahlungsbefehl, Widerspruch gegen einen Vollstreckungsbefehl; **– sur défaut** Einspruch gegen ein Versäumnisurteil; **– immédiate** (*VwPR*) sofortige Beschwerde; **– d'intérêts** Interessenwiderstreit *m*; **– au paiement** (*Antrag auf*) Zahlungsverbot *n*; Auszahlungssperre *f*.

oppression *f* (*Pol*) Unterdrückung *f*; Niederschlagung eines Aufstandes; Knechtung *f*; Zwang(ausübung).

opprimer *v.tr.* unterdrücken; unterjochen; knebeln, niederhalten.

opprobre *m* Schande *f*; Bloßstellung *f*; Schmach *f*.

optant *m* Optant *m*, Optierende(r).

opter *v.tr.ind.* (1) eine Wahl treffen, (2) (*SchuldR*) sich entscheiden (für), optieren.

optimisation *f* Optimierung *f*, effektive Gestaltung.

optimiser *v.tr.* optimieren, optimal gestalten.

optimisme *m* **de façade** Zweckoptimismus *m*.

optimum *m* optimaler Nutzen; günstigstes Verhältnis.

option *f* (1) (*ZR: faculté de choisir entre diverses possibilités*) Wahlrecht *n*, Wahl *f*, (2) (*SchuldR*) Option *f*, Wahlmöglichkeit *f*; **à –** wahlweise; **clause d'–** Optionsklausel *f*; **droit d'–, faculté d'–** (1) Options- *od.* Wahlrecht, (2) (*WertpR*) Bezugsrecht; **en –** (*HR*) auf Wunsch (lieferbar); **lever une –** ein Vorkaufs- *od.* Optionsrecht ausüben; **pacte d'–** (*SchuldR*) Ankaufs- *od.* Optionsrecht, aufschiebend bedingter Kaufvertrag; **prendre une –** eine Wahlmöglichkeit vereinbaren, eine Anwartschaft begründen.

option d'achat d'actions Aktienvorkaufsrecht; **– de nationalité** (*IPR*) freie Wahl der Staatsangehörigkeit; **– de place** (*BankR*) Zahlstellenoption; **– de vente** Verkaufsoption.

opulence *f* Überfluss *m*; Reichtum *m*.

opuscule *m* (*UrhR*) kleinere Schrift, Opusculum *n*.

or *m* Gold *n*; **clause –** Goldwertklausel *f*; **étalon échange –** Gold-Exchange-Standard; **frappe de l'–** Goldprägung *f*; **marché de l'–** Goldmarkt; **mine d'–** Goldgrube; **pièces d'–** Goldmünzen *fpl*, Goldsorten *fpl*; **poids d'– fin** Feingoldgehalt *m*; **réserves d'–** Goldreserven *od.* -bestände *mpl*; **titre de l'–** Goldgehalt *m*.

or fin Feingold; **– monnayé** gemünztes Gold; **– noir** Erdöl *n*.

oraison *f* **funèbre** Leichenrede *f*.

oral *adj*: **conclusions –es** (*ZPR*) Schlussantäge (in der mündlichen Verhandlung); **déposition –e** (*StPR*) Aussage *f* (vor Gericht).

orateur *m* Redner *m*, Referent *m*.

oratoire *adj*: **art –** Rhetorik *f*, Redekunst *f*; **précautions –s** rednerische verbindliche Floskel, oratorische Vorsichtsmaßregeln.

ordinaire *adj* gewöhnlich, gewohnheitsgemäß; mittelmäßig; durchschnittlich; **d'–, à l'–** gewöhnlich, in der Regel; **juridiction –** (*PrzR: juridiction de droit commun*) ordentliches Gericht.

ordinateur *m* Rechner *m*, Datenverarbeitungsanlage *f*; **micro- –** Personalcomputer *m* (= PC); **– portable** Laptop *m*.

ordination *f* (*KirchR*) Erteilung der Priesterweihe.

ordonnance *f* (1) (*VerfR: acte gouvernemental avec valeur législative, en vertu d'une loi d'habilitation – art. 38 de la constitution*) Regierungsgesetz (im Gesetzgebungsbereich des Parlaments), gesetzesvertretende Rechtsverordnung, (2) (*ÖfR: prescription édictée par le pouvoir exécutif*) Verfügung *f*, Anordnung *f*; (Rechts-) Verordnung *f*; **–** (*ZPR: décision émanant du président du TGI ou d'un juge délégué*) Beschluss *m* (des Gerichtspräsidenten *od.* eines Einzelrichters); richterliche Verfügung, (4) (*MedizinR: écrit contenant les prescriptions médicales*) ärztliches Rezept, (5) (*Buchf: décision de paiement*) Anweisung (an eine Kasse), (6) (*MilR: soldat communiquant les* *ordres*) Ordonnanz *f*; **prendre une –** (*VwR*) eine Verordnung erlassen; **rendre une –** (*ZPR*) einen (richterlichen) Beschluss verkünden.

ordonnance d'application (*VwR*) Durchführungsverordnung *f*, Durchführungsbestimmungen *od.* -vorschriften *fpl*; **– de classement** (*StPR*) Einstellungsverfügung; **– de clôture** (*ZPR*) richterliche Verfügung zum Abschluss des Vorverfahrens, Feststellung der Entscheidungsreife und Bestimmung eines Termins für die mündliche Verhandlung; **– de comparution** (*PrzR*) Anordnung des Erscheinens; Ladung *f*, Vorladung; **– de contrainte** (*PrzR*) zwangsweise Vorführung; **– de contumace** (*StPR: mesure prise à l'encontre de l'accusé envoyé en cours d'assises qui ne se présente pas à l'audience*) Beschluss zur Einleitung eines Abwesenheitsverfahrens (vor dem Schwurgericht).

ordonnance de dessaisissement (*StPR*) Verfügung über die Abgabe der Sache an einen anderen Ermittlungsrichter; **– d'exécution** (1) (*VwR*) Durchführungs- *od.* Vollzugsverordnung *f*, (2) (*ZwangsVR*) Vollstreckungsbefehl *m*; **– d'exequatur** (*IPR*) Vollstreckbarerklärung *f*, Vollstreckungsbeschluss *m*; **– d'expropriation** (*VwR*) Enteignungsbeschluss; **– d'expulsion** (1) (*MietR*) Räumungsanordnung *f*, (2) (*AuslR*) Ausweisungsbeschluss *m*.

ordonnance gouvernementale (*ÖfR*) Rechtsverordnung *f*; **– d'incompétence** (*StPR*) Verfügung, durch die sich der Ermittlungsrichter für unzuständig erklärt; **– interprétative** (*VwR*) Auslegungsverordnung; **– judiciaire** *ou* **de justice** (*ZPR*) Gerichtsbeschluss, richterliche Verfügung; **– liquidant les frais** (*PrzR*) Kostenfestsetzungsbeschluss *m*.

ordonnance médicale (*MedizinR*) Rezept *n*, ärztliche Verordnung *f*; **– de non-lieu** (*StPR*) Einstellungsbeschluss *od.* -verfügung, Einstellung des Ermittlungsverfahrens durch Verfügung des Ermittlungsrichters; **– de non-recevabilité** (*StPR*) Verfügung durch die der Ermittlungsrichter die öffentliche Klage für unzulässig erklärt.

ordonnance pénale (*StPR*) (strafrichterlicher) Bußgeldbescheid; Strafbefehl *m*; **– de police** Polizeiverordnung *f*; **– préfectorale** Anordnung des Präfekten; **– de preuves** (S) Beweisbeschluss *od.* -verfügung; **– de prise de corps** (*StPR*) Haftbefehl (der Anklagekammer).

ordonnance de référé *ou* **sur référé** (*ZPR: décision provisoire rendue à la demande d'une partie*) einstweilige Verfügung (zur Sicherung eines Anspruchs); einstweilige Anordnung; **– de renvoi** (*StPR*) Verfügung des Ermittlungsrichters zwecks Weiterleitung der Akten an die Anklagekammer, Verweisungsverfügung; **– de renvoi (des fins) de la demande** (*ZPR: jugement de débouté*) Klageabweisung *f*; **– sur requête** (*ZPR: décision provisoire concernant des mesures conservatoires*) einstweilige Verfügung zur Sicherung eines Anspruchs.

ordonnance de saisie (*ZwangsVR*) Pfändungsbeschluss *m*; **– de saisie-arrêt** gerichtliche Ermächtigung, eine Vorpfändung vorzunehmen; **– de séquestre** (S) Arrestbefehl *m*; **– de soit-communiqué** (1) (*StPR*) Beschluss durch welchen die Voruntersuchung beendet und die Sache der Staatsanwaltschaft vorgelegt wird, (2) (*ZPR*) Beschluss über die Inkenntnissetzung des Staatsanwalts (in einer Zivilsache); **– de soit-informé** (*StPR*) Beschluss zur Einleitung der Voruntersuchung; **– de taxe** (*ZPR*) Kostenfestsetzungsbeschluss *m*; **– de transmission des pièces** (*StPR*) Verfügung des Ermittlungsrichters über die Weiterleitung einer Akte an die Anklagekammer.

ordonnancement *m* (1) (*HaushR*) Auszahlungsanordnung *od.* -anweisung, (2) (*HR*) Auftragsplanung *f*, (3) (*BW*) Terminplanung *f*; **– juridique** positives Recht als Rechtsgebäude; Struktur der Rechtsordnung; **– de la production** (*HR*) Herstellungsplanung; Produktionsprogrammoptimierung.

ordonnancer *v.tr.* (eine Auszahlung) anordnen *od.* anweisen.

ordonnateur *m* (*HaushR: fonctionnaire habilité à donner à un comptable l'ordre de percevoir ou de verser des fonds au nom d'un organisme public*) Beamte(r) einer Dienststelle, der berechtigt ist, Zahlungsanweisungen für die Dienststelle auszustellen; anweisungsbefugter *od.* anweisungsberechtigter Beamte.

ordonner *v.tr.* gesetzlich festsetzen; befehlen, anordnen; verordnen; **– une autopsie** eine Obduktion anordnen; **– la dislocation d'une manifestation** die Auflösung einer Demonstration anordnen; **– ses idées** sich fassen, seine Fassung wiedergewinnen; sich konzentrieren.

ordre *m* (1) (*ÖfR: directive, instruction*) Anordnung *f*, Anweisung *f*, Befehl *m*, (2) (*VwR, ZPR: organisation, gradation*) Rang *m*, Rangordnung *f*, Ordnung *f*, (3) (*HR: commande*) Bestellung *f*, Auftrag *m*, Order *f*, (4) (*WirtR: corporation, corps*) Berufsvereinigung *f*; Berufsstand *m*; Berufsverband *m*; Kammer *f*, (5) (*ErbR: catégorie regroupant les héritiers ab intestat*) Erbenordnung *f*, (6) (*KirchR*) Ordensgesellschaft *f*; Orden *m*; **à –** an Order, Order-; **chèque à –** Orderscheck; **clause à –** Orderklausel; **connaissement à –** Orderkonnossement *n*; **conseil de l'–** Kammervorstand (Anwaltskammer, Ärztekammer usw.); **dans l'–** in der richtigen Reihenfolge; **donner un –** (1) (*HR*) einen Auftrag erteilen, (2) (*MilR*) einen Befehl geben; **donneur d'–** Auftraggeber *m*; **exécuter un –** (1) (*HR*) einen Auftrag ausführen, (2) (*MilR*) einen Befehl befolgen.

ordre: **forces de l'–** Polizeikräfte *fpl*, Polizei *f*; **jusqu'à nouvel –** bis auf weiteres; **mention à –** Orderklausel; **motion d'–** Antrag zur Tagesordnung; **par –** im Auftrag (= i.A.); auf Anordnung (= a.A.); **passation d'–** Auftragserteilung *f*; **passer un –** einen Auftrag erteilen; **procédure d'–** (*InsolvenzR*) Verfahren zur Feststellung der Rangstellung (der Gläubiger); **rappel à l'–** Ordnungsruf *m*, Ruf zur Ordnung; **rappeler à l'–** zur Ordnung rufen; **rétablir l'–** die Ordnung wiederherstellen; **sur –** im Auftrag (i.A.).

ordre d'achat (1) (*ZR, HR: commande de marchandises*) Kaufauftrag *m*; Einkaufskommission *f*, (2) (*VwR*) Beschaffungsauftrag; **– administratif** Verwaltungsgerichtsbarkeit; **– d'appel sous les drapeaux** (*MilR*) Einberufungsbefehl *m*; **– des avocats** frz. Anwalts- *od.* Rechtsanwaltskammer, Anwaltschaft *f*; **– de change** Währungs- *od.* Devisenkauf- *od.* Verkaufsauftrag; **– chronologique** zeitliche Reihenfolge *od.* Anordnung; **– au comptant** Barauftrag; **– constitutionnel** verfassungsmäßige Ordnung, Verfassungsordnung.

ordre économique Wirtschaftsordnung *f*; **– d'écrou** (*StPR*) Haftbefehl *m*, Anordnung der Untersuchungshaft; **– d'encaissement** Inkassovollmacht *f*, Einziehungsauftrag *f*; **– d'enlèvement** (*SeeHR*) Verladefolge; **– d'exécution** (*ZPR*) Vollstreckungsbefehl; **– d'expulsion** (1) (*AuslR: d'un pays*) Anordnung der Landesverweisung, Ausweisungsverfügung, (2) (*ZwangsVR: d'un local*) Räumungsbefehl; **– ferme** Festauftrag; **– de grandeur** Größenordnung; **– de grève** Streikaufruf *m*.

ordre des héritiers Reihenfolge der Erben, Erbfolge *f*; **– hiérarchique** Rangordnung *f*, Rangverhältnis *n*; **– d'informer** (*StPR*) Auftrag zur Vornahme von Ermittlungen *od.* zur Einleitung der Voruntersuchung, Anordnung zur Durchführung strafrechtlicher Ermittlungen; **– d'internement** (*VwR*) Unterbringungs- *od.* Internierungsbefehl.

ordre du jour (1) Tagesordnung *f*; Traktandenliste *f* (S), (2) (*ZPR*) Reihenfolge *f* der Termine, Terminbestimmung *f*, (3) (*MilR*) Tagesbefehl; **arrêter l'– –** die Tagesordnung aufstellen *od.* festsetzen; **demander l'inscription à l'– –** einen Antrag auf Aufnahme in die Tagesordnung stellen; **passer à l'– –** zur Tagesordnung übergehen.

ordre juridique Rechtsordnung *f*; **– de la Légion d'honneur** frz. Ehrenlegion; **– lié** (*BörR*) gebundener Auftrag; **– limité** (*BörR*) limitierter Auftrag; **– de livraison** (*HR*) Lieferauftrag; **– de la loi** (*StR*) gesetzliche Erlaubnis (als Rechtfertigungsgrund); **– de mission** (1) (*BeamR*) Dienstreiseauftrag *m*, (2) (*MilR*) Marschbefehl *m*, Dienstauftrag.

ordre de mobilisation Mobilmachungsbefehl *m*; **– de mutation** (*BeamR*) Versetzungsverfügung; **– national du mérite** frz. Verdienstorden; **– d'ouverture de crédit** Kredit(eröffnungs)auftrag; **– permanent (de virement)** (*BankR*) Dauerauftrag; **– des places** Sitzordnung; **– de préséance** (*VR: diplomates*) Rangfolge *f*; **– de priorité** Dringlichkeitsfolge; Rangfolge *f*.

ordre professionnel (*ÖfR: organisme de caractère corporatif institué par la loi*) berufsständische Vertretung, Kammer *f*, Berufsstand *m*.

ordre public (1) (*ZR: norme impérative*) unabdingbare Vorschrift; Norm die im Interesse der Allgemeinheit aufgestellt wurde, (2) (*ÖfR: ordre contraigant rétabli après ds troubles par les pouvoirs publics*) öffentliche Sicherheit und Ordnung, (3) (*IPR: principes fondamentaux de l'ordre juridique*) (*zur Wahrung der wesentlichen Grundsätze der französischen bzw. deutschen Rechtsordnung*) Vorbehaltsklausel *f*, ordre public *m*; **exception d'– –** Vorbehaltsklausel *f*; **loi d'– –** zwingendes Gesetzesrecht; **maintenir l'– –** die öffentliche Ordnung aufrechterhalten; **menace pour l'– –** Gefährdung der öffentlichen Sicherheit und Ordnung; **règle d'– –** unabdingbare Rechtsnorm; zwingende Vorschrift; Bestimmung des « ordre public »; **restaurer** *ou* **rétablir l'– –** die öffentliche Ordnung wiederherstellen; **– – social** (*VerfR*) soziale Grundordnung, Grundsatz der sozialen Sicherheit, Anspruch auf ein Existenzminimum.

ordre de recette (*HaushR*) Einnahmeanweisung; **– religieux** (*KirchR*) Ordensgemeinschaft *f*, Ordenskongregation, Orden; **– de reversement** Rücküberweisungsauftrag; **– de saisie** Pfändungsbeschluss *m*; **– de service** (*BeamR*) Dienstanweisung, Dienstbefehl; **– social** (*VerfR: l'organisation sociale*) Gesellschaftsordnung; **– de succession** *ou* **successoral** Erbfolge(ordnung); **– à terme** Terminauftrag; **– des travaux** Geschäftsgang *m*; **– de virement** Überweisungs- *od.* Giroauftrag.

ordures *fpl* (*UmweltR*) Müll *m*, Abfall *m*; Unrat *m*.

ordures ménagères Hausmüll *m*; **benne à – –** Müllwagen *m*; **service (local) de ramassage des – –** (kommunale) Müllabfuhr *f*; **tri des – –** Mülltrennung *f*.

oreille *f*: **faire la sourde –** *loc. adv.* sich taub stellen, nichts wissen wollen (von); **ouvrir l'– sur une propostion** einen Vorschlag gutheißen, einem Antrag stattgeben; **prêter l'– à qqn.** jmdm. aufmerksam zuhören *n*.

orfèvre *m* Goldschmied *m*.

organe *m* (1) (*ÖfR, ZR: organisme chargé de taches déterminées*) Organ *n*; Gremium *n*; Organisation *f*, (2) (*Pol: porte-parole*) Sprachrohr *n*, Wortführer *m*, (3) (*DV*) Bauelement *n*; **– administratif** Verwaltungsorgan, Amtsorgan; **– arbitral** Schiedsstelle; **– auxiliaire** Hilfsorgan; **– central de l'administration** Zentralbehörde *f*; **– collégial** Kollegialorgan; **– de commande** Steuerorgan, Bedienteil *n*; **– communautaire** Organ der europäischen Gemeinschaft, Gemeinschaftsorgan *n*; **– consultatif** Beratungsorgan; **– de contrôle** (*VwR*) Aufsichtsbehörde *f*, Kontrollorgan.

organe délibératif (*VerfR, GesR*) Beschlussfassungsorgan *n*; **– directeur** *ou* **dirigeant** Leitungsorgan *n*, leitende Stelle, Führungsspitze *f*; **– électif** gewähltes Organ; **– d'entrée** (*DV*) Eingabegerät *n*; **– d'État** Staatsorgan, staatliche Stelle; **– exécutif** *ou* **d'exécution** Vollzugsorgan *n*, Exekutive, ausführendes Organ; **– de**

gestion (1) (*VwR*) Verwaltungsstelle *f*, (2) (*GesR*) Geschäftsführung(sorgan); **– gouvernemental** Regierungsorgan *od.* -stelle.

organe juridictionnel Organ der Rechtspflege, Rechtsprechungsorgan; **– législatif** Gesetzgebungskörperschaft, gesetzgebendes Organ; **– liquidateur** Abwicklungsstelle *f*; **– permanent** ständiges Organ; **– de presse** (*MedienR*) Zeitung *f*, Zeitschrift *f*; **– représentatif** Vertretungskörperschaft *f*, Abgeordnetenkammer *f*; **– subordonné** nachgeordnetes Gremium; **– subsidiaire** Hilfsorgan; **– suprême** höchste Stelle, Entscheidungsgremium.

organigramme *m* (1) Organisationsplan *m*, (2) (*ArbR: pour le personnel*) (Dienst-) Stellenplan *m*, (3) Flussdiagramm *n*, Gliederungsbild *n*.

organique *adj* organisch, gegliedert, geordnet; **loi –** Verfassungsergänzungsgesetz *n*.

organisateur *m* (1) (*Reiserecht*) Veranstalter *m*, (2) Organisator *m*; Gestalter *m*; Schöpfer *m*; **– du meurtre** Hintermann *m*, Drahtzieher *m*, Schreibtischtäter *m*.

organisation *f* (1) (*structure*) Struktur *f*, Aufbau *m*, Anlage *f*, Einrichtung *f*, (2) (*action d'organiser*) Organisation *f*, planmäßige Gestaltung *f*, Planung *f*, Vorbereitung *f*, (3) (*association*) Vereinigung *f*, Verband *m* (mit bestimmten Zielen); Gruppe *f*; **avoir l'esprit d'–** Organisationstalent *n*; **défaut** *ou* **manque d'–** Organisationsfehler *m*; schlechte Organisation; **plan d'– des secours (= ORSEC)** frz. Katastrophenschutzplan *m*.

organisation administrative Verwaltungs- *od.* Behördenaufbau; **– pour l'alimentation et l'agriculture (= FAO)** (*VR*) Organisation für Ernährung und Landwirtschaft der Vereinten Nationen; **– de l'aviation civile internationale (= ICAO)** (*VR*) Internationale Organisation für zivile Luftfahrt; **– bancaire** Bankenverfassung *od.* -organisation; **– de base** Grundorganisation, Grundeinheit *f*; **– de camouflage** *ou* **camouflée** (*StR*) Tarnorganisation; **– centrale** Spitzen- *od.* Dachverband; **– commerciale** Handelsorganisation; **– communale** Gemeinde- *od.* Städteordnung.

organisation de coopération et de développement économiques (= OCED) Organisation für wirtschaftliche Zusammenarbeit und Entwicklung (= OECD); **– corporative** (1) (*GesR*) Genossenschaftsverband *m*, Genossenschaft *f*, (2) (*ArbR*) Zunftverfassung *f*, ständische Organisation; **– économique** Wirtschaftsordnung *od.* -organisation; **– pour l'éducation, la science et la culture (= UNESCO)** (*VR*) Organisation der Vereinten Nationen für Erziehung, Wissenschaft und Kultur; **– de l'entreprise** Unternehmensverfassung; Betriebsorganisation; **– des États américains (= OEA)** Organisation der amerikanischen Staaten.

organisation européenne pour la recherche nucléaire (= CERN) Europäische Organisation für Kernforschung; **– européenne de la recherche spatiale (= OERS)** Europäische Organisation für Weltraumforschung; **– financière** Finanzverfassung.

organisation et gestion des entreprises *ou* **– industrielle** (1) Betriebsverfassung *f*, Betriebsorganisation *f*, (2) (*BW*) Betriebswirtschaftslehre; **– humanitaire** (*VR*) humanitäre Organisation; **– interétatique** *ou* **intergouvernementale** zwischenstaatliche Organisation; **– intergouvernementale consultative de la navigation maritime (= IMCO)** zwischenstaatliche beratende Seeschiffahrts-Organisation.

organisation internationale internationale Organisation; **– internationale météorologique** internationale meteorologische Organisation; **– internationale de police criminelle** internationale kriminalpolizeiliche Organisation; **– internationale des réfugiés** (*VR*) Behörde des Hohen Kommissars der UNO für Flüchtlinge (= UNHCR);

– **internationale du travail (= OIT)** (*VR*) Internationale Arbeitsorganisation (= ILO).

organisation judiciaire Gerichtsverfassung *f*, Gerichtsorganisation *od.* -wesen; – **juridictionnelle** Gerichtsaufbau *m*; – **des loisirs** Freizeitgestaltung; – **du marché** (*Vwirt*) Marktordnung *od.* -organisation, Marktverfassung *od.* -struktur; – **de masse** Massenorganisation; – **météorologique mondiale** Weltwetterdienst; – **militaire** Wehrverfassung.

organisation mondiale du commerce (= OMC) (*VR*) Welthandelsorganisation (= WHO); – **mondiale de la santé (= OMS)** (*VR*) Weltgesundheitsorganisation *f*; – **nationale** innerstaatliche Organisation; Dachverband, Spitzenorganisation, Landesverband; – **des nations unies (= ONU)** (*VR*) die Vereinten Nationen (= UN[O]); – **des nations unies pour l'éducation, la science et la culture (= UNESCO)** Organisation der Vereinten Nationen für Erziehung, Wissenschaft und Kultur.

organisation non gouvernementale (= ONG) nichtstaatliche Organisation, Vereinigung von Privatpersonen und nichtstaatlichen juristischen Personen, Non-Gouvernemental Organization (= NGO); – **obligatoire** (1) (*SozR*) Organisation mit Pflichtmitgliedschaft, (2) (*WirtR*) Organisationszwang *m*; – **ouvrière** Arbeitnehmerverband *m*; Arbeiterorganisation; – **patronale** (*WirtR*) Arbeitgeber- *od.* Unternehmerverband.

organisation des pays exportateurs de pétrole (= OPEP) Organisation der erdölexportierenden Länder (= OPEC); – **pénitentiaire** Aufbau des Strafvollzuges; – **personalisée** rechtsfähige Vereinigung; – **politique** (*VR*) politische (internationale) Organisation; – **professionnelle** Berufsverband, Berufsorganisation, berufliche Einrichtung; – **des rapports de travail** Gestaltung der Arbeitsverhältnisse; – **régionale** (*VR*) regionale Organisation; – **représentative** (*ArbR*) frz. repräsentative (Gewerkschafts-) Organisation; – **de résistance** Widerstandsbewegung; – **des salaires** Lohngestaltung.

organisation scientifique du travail (= OST) wissenschaftliche Betriebsführung, Arbeitsorganisation, organisatorische Gestaltung der Arbeit, Aufbau- *od.* Ablauforganisation; Arbeitsstudienwesen (= REFA); – **d'un service** (*VwR*) Aufbau einer Dienststelle; – **sociale** (1) (*VerfR*) Sozialordnung *f*, (2) (*ArbR*) Berufsorganisation; – **supérieure** Spitzengliederung; – **supranationale** (*VR*) überstaatliche *od.* supranationale Organisation; – **syndicale** berufsständische Organisation; Gewerkschaftsverband *m*; Arbeitgebervereinigung *f*; – **du traité de l'atlantique nord (= OTAN)** (Nord-) Atlantikpakt-Organisation (= NATO); – **du travail** Arbeitsorganisation *od.* -gestaltung; Arbeitsplanung; – **de l'unité africaine (= OUA)** Organisation für die Einheit Afrikas; – **de vente en commun** gemeinschaftliche Verkaufsorganisation; – **de la vie économique** Gestaltung des Wirtschaftslebens.

organisationnel *adj*: **problème** – organisatorische Frage.

organisé *adj* organisiert.

organiser *v.tr.* organisatorisch gestalten, planen, organisieren, vorbereiten; – **une cour martiale** ein Standgericht einrichten; – **son temps** seine Zeit (richtig) einteilen.

organisme *m* (1) Institution *f*, Organisation *f*, Einrichtung *f*, Organ *n*, (2) (*VwR: ensemble de services*) Träger *m*, Dienststelle *f*, Amt *n*; Gremium *n*, (3) (*MedizinR: corps humain*) (menschlicher) Körper; Lebewesen *n*; – **administratif** Verwaltungsstelle *f*, Behörde *f*; – **annexe** Nebenstelle *f*; – **arbitral** Schiedsstelle *f*; – **d'assurance** *ou* **assureur** Versicherungsträger *m*; – **autonome** (*VwR*) Selbstverwaltungskörperschaft *f*; – **bancaire** Bank(institut); – **central** Zentralorgan *n*; – **collectif** Gemeinschaftsorgan *n*; – **consultatif** Beirat *m*; Beratungsstelle *f*; **– de crédit** Kreditanstalt *od.* -institut, Bank.

organisme directeur *ou* **de direction** *ou* **dirigeant** Führungsspitze *f*; (General-) Direktion, Geschäftsleitung *f*; Vorstand *m*; **– de droit public** Körperschaft des öffentlichen Rechts; **– exécutif** *ou* **d'exécution** Vollzugs- *od.* Exekutivorgan *n*, ausführendes Organ; **– gestionnaire** (*ÖfR*) Verwaltungsträger *m*; Geschäftsführung; **– gouvernemental** Regierungsstelle *f*; **– de liaison** Verbindungsbüro *n*; **– local** örtliche Geschäftsstelle; **– non gouvernemental** (*VR*) nichtstaatliche Organisation.

organisme payeur (*HaushR*) Zahlstelle *f*; **– de placements collectifs en valeurs mobilières (= OPCVM)** frz. Investmentfonds *m*; **– de planification** Planungsstelle; **– professionnel** berufständige Einrichtung; **– de recherches** Forschungsinstitut *n*; **– répartiteur** (*WirtR*) Bewirtschaftungsstelle; **– de sécurité sociale** Sozialversicherungsträger *m*; **– subsidiaire** Nebenstelle *f*; **– supérieur** Spitzengremium *n*; **– syndical** Berufsverband *m*; **– technique** Fachgremium *n*.

Orient *m*: **Extrême-, Moyen- et Proche- –** der Ferne, der Mittlere u. der Nahe Osten.

orientation *f* Ausrichtung *f*, Kurs *m*, Orientierung *f*, Richtung *f*; Lenkung, Steuerung, Reglementierung; **loi d'–** Rahmengesetz; **Loi d'– du 12 nov. 1968** frz. Hochschulrahmengesetz; **– du marché** (*BörR*) Markttendenz *f*.

orientation scolaire et professionnelle Berufsberatung; **centre d'– –** Berufsberatungsstelle.

orienter *v.tr.* ausrichten, orientieren, lenken; beraten; **s'– vers** *ou* **sur** *v. pron.* sich richten nach.

orienteur *m* **professionnel** (*ArbR*) Berufsberater *m*.

originaire *adj* gebürtig, stammend (aus); ursprünglich; **cause –** (eigentliche) Ursache *f*; **demandeur –** (*ZPR*) (ursprünglicher) Hauptkläger; **patrimoine –** (*FamR*) Vermögen am Anfang der Ehe; **prétention –** Hauptforderung, Hauptanspruch *m*; **vice –** (*SchuldR: défaut existant depuis l'origine*) von Anfang an bestehender (Sach- *od.* Rechts-) Mangel.

original *adj* echt, Original-; eigen; eine persönliche Leistung darstellend; **document –** Originalurkunde *f*, Original *n*; **édition –e** (*UrhR*) Originalausgabe *f*.

original *m* (Beweis-) Urkunde *f*; Original *n*; erste Niederschrift; Urschrift *f*; Originalbeleg *m*; **– multiple** mehrfache Originalausfertigung für die Beteiligten.

originalité *f* Eigenständigkeit *f*, Eigentümlichkeit *f*, Besonderheit *f*, Originalität *f*.

origine *f* Ursprung *m*, Herkunft *f*, Entstehung *f*; Quelle *f*; Abstammung *f*; Anfang *m*; **à l'–** ursprünglich, am Anfang; **allemand d'–** von Geburt Deutscher; **appellation d'–** Ursprungs- *od.* Herkunftsbezeichnung; **certificat d'–** Ursprungszeugnis *n*; **dès l'–** von Anfang an; **désignation d'–** Ursprungs- *od.* Herkunftsbezeichnung; **être d'– française** die frz. Staatsangehörigkeit besitzen, Franzose sein; **indication de l'–** Ursprungs- *od.* Herkunftsangabe *f*, Herkunftsbezeichnung; **lieu d'–** Herkunftsort *m*; **pays d'–** (*Außh*) Ursprungsland *n*; (*Warensendung*) Ausgangsland *n*; **prendre son –** entstehen.

origine du délai Fristbeginn *m*, Beginn der Laufzeit einer Frist; **– des marchandises** (Waren-) Herkunft *od.* Ursprung; **– d'un message** Aufgeber *m*.

origine de propriété (*SachR: histoire juridique d'un immeuble retracée par le notaire*) Nachweis *m* des Grundstückseigentum (innerhalb der letzten 30 Jahre), (lückenlose) Aufzählung der Eigentümer (der letzten 30 Jahre) eines Grundstücks.

originel *adj* ursprünglich; angeboren; **état –** ursprünglicher Zustand; **péché –** Erbsünde *f*.

oripeau *m fig.* Flitterkram *m*, eitler Prunk.

ornière *f* (1) Wagenspur *f*, (2) *fig.* gewohnter Schlendrian.

orphelin *m* (*FamR: fém. orpheline*) Waisenkind *n*, Waise *f*; **allocation** *ou* **rente d'–** Waisengeld *n*, Waisenrente *f*; **défendre la veuve et l'–** sich für die Entrechteten einsetzen; **– de guerre** Kriegswaise; **– de père** *ou* **de mère** Halbwaise; **– de père et de mère** Vollwaise.

orphelinage *m* Elternlosigkeit *f*.

orphelinat *m* Waisenhaus *n*.

orthodoxie *f* Rechtgläubigkeit *f*; Richtigkeit.

orthogénie (*MedizinR*) Geburtenplanung *f*.

orthographe *f* Rechtschreibung *f*.

orthographier *v.tr.* richtig *od.* fehlerlos schreiben.

oser *v.tr.* wagen, sich getrauen (etwas zu tun); **– insulter qqn.** sich erdreisten jmdn. zu beleidigen.

ostensible *adj* (für jedermann) sichtbar; für die Öffentlichkeit bestimmt.

ostentation *f* Prahlerei, Angeberei *f*.

otage *m* (1) (*VR*) Bürge *m*, Unterpfand *n*, (2) (*StR*) Geisel *f*; **preneur d'–** Geiselnehmer *m*; **prise d'–s** Geiselnahme *f*.

ôter *v.tr.* wegnehmen; wegschaffen; entfernen; **– une somme d'une autre** einen Betrag abziehen; **– la vie** töten, das Leben nehmen.

ou *conj* oder, mit anderen Worten; **– bien** oder aber.

où *adv* wo; wohin; worin; wozu; *loc. adv.*: **– étant et parlant** (*procès-verbal*) bei Anwesenheit an Ort und Stelle.

ouï-dire: **par –** *loc. conj.* vom Hörensagen.

ouïr *v.tr.* (*PrzR: écouter, prêter l'oreille*) anhören; verhören; **les témoins ouïs** (*PrzR*) nach Vernehmung der Zeugen; **– les parties** die Parteien anhören.

oukase *m* (*ÖfR: décision arbitraire, ordre impératif*) Diktat *n*, willkürliche Entscheidung; Befehl *m*, Weisung.

ourdir *v.tr.* ausdenken, aushecken; **– un complot** ein Komplott schmieden, konspirieren; **– une machination contre qqn.** einen üblen Plan gegen jmdn. aushecken.

outil *m* (Hand-) Werkzeug *n*; *fig* Hilfsmittel.

outillage *m* Arbeitsgerät *n*, Geräteausrüstung *f*.

output *m* (*WirtR*) Produktionsausstoß *m*; **calcul input –** Input-Output Rechnung.

outrage *m* (*StR: offense, manifestation de mépris à une personne chargée d'une fonction publique, art. 433–5 NCP*) Beleidigung (eines Amtsträgers), Verleumdung einer im politischen Leben stehenden Person, Beamtenbeleidigung.

outrage à la morale publique (*StR*) Verletzung der allgemeinen Sittlichkeit; **– à agent de la force publique** Beleidigung eines Polizeibeamten; **– à l'armée** Beschimpfung *od.* Verunglimpfung der Armee.

outrage aux bonnes mœurs (*StR: atteinte à la moralité publique*) Verstoß gegen die Sittlichkeit, Verletzung der guten Sitten, Angriff auf die öffentliche Sittlichkeit (durch Wort, Schrift, Bild); **– au drapeau** (*StR*) beschimpfender Unfug *od.* Entfernung *od.* Zerstörung der Hoheitszeichen; **– par écrit ou dessin** (*StR*) böswillige Verächtlichmachung in Druckerzeugnissen oder in bildlicher Darstellung; **– envers un chef d'État** (*StR*) Verunglimpfung des Staatsoberhaupts; **– à fonctionnaire** Beamtenbeleidigung; **– par geste** *ou* **menace** (*StR*) tätliche Missachtung *od.* formale Beleidigung durch Gebärde *od.* Drohung; **– par paroles** Formalbeleidigung, Verbalinjurie *f*.

outrage public à la pudeur (*StR: scandale causé par des gestes et exhibitions obscènes*) Exhibitionismus *m*; Erregung öffentlichen Ärgernisses (durch sexuelle Belästigung); **– à supérieur** Verunglimpfung des Dienstvorgesetzten.

outrager *v.tr.* (*StR: offenser gravement qqn. par un outrage en actes ou en paroles*) beleidigen; kränken; beschimpfen; verunglimpfen; böswillig verächtlich machen; sexuell belästigen.

outrance *f* Übertreibung *f*; Maßlosigkeit *f*; **à –** äußerst, übermäßig, maßlos.

outre *prép. et adv.* jenseits; **en –** darüber hinaus; **passer –** sich hinwegsetzen (über); **d'– -mer** überseeisch; **– que** davon abgesehen, dass.

outre-mer *m*: **départements et territoires d'– (= DOM-TOM)** (*VerfR*) frz. Überseegebiete (als Gebietskörperschaften).

outrepasser *v.tr.* (*StR: aller plus loin que ce qui est permis*) (*eine Rechtsnorm*) übertreten, überschreiten; **– ses droits** die zugestandenen Rechte auf unzulässige Weise ausüben; Rechtsmissbrauch; **– ses fonctions** (*BeamR*) seine Amtspflichten verletzen; Amtsmissbrauch *m*; **– ses pouvoirs** (1) (*ZR*) seine Vollmacht überschreiten, (2) (*VwR*) seine Amtsgewalt missbrauchen; Befugnisüberschreitung.

ouvert *adj* geöffnet, offen; **à ciel –** unter freiem Himmel; **force –e** (*StR*) offensichtliche Gewaltanwendung; **guerre –e** erklärter Krieg; **milieu –** (*StVZ*) offener Strafvollzug, Unterbringung in einer offenen Anstalt; **voie de recours –e** (*ZPR*) zulässiger Rechtsbehelf; **– à la circulation** für den Verkehr freigegeben.

ouverture *f* (1) (*testament, lettre*) Öffnung *f*, (2) (*séance, débats*) Eröffnung *f*, (3) (*offre, proposition*) Vorschlag *m*, Antrag *m*, (4) (*accès, entrée*) Öffnung *f*, Eingang *m*, Zugang *m*; **cours d'–** (*BörR*) Eröffnungs- *od.* Anfangskurs; **demande d'–** (*ZPR*) Eröffnungsantrag; **session d'–** Eröffnungssitzung.

ouverture d'une action (*ZPR*) Zulassung *od.* Zulässigkeit einer Klage; **– de la chasse** Beginn der Jagdzeit, Ende der Schonzeit; **– d'un compte** Kontoeröffnung; **– de crédit** Kreditgewährung *od.* -eröffnung *od.* -einräumung *od.* -erteilung; **– des débats** Verhandlungsbeginn *m*.

ouverture d'un droit Anspruchsbegründung *f*, Begründung eines Rechts, Erwerb eines Anspruchs, Gewährung eines Rechtsanspruchs; **– du droit aux prestations** (1) (*SozVers*) Erwerb des Leistungsanspruches, (2) (*VersR*) Eintritt des Versicherungsfalles; **– des droits à la retraite** (*SozVers*) Erwerb *od.* Entstehung des Anspruchs auf Altersversorgung; **– d'un emprunt** (*BankR*) Darlehensgewährung; **– d'une enquête** (*StPR*) Einleitung einer Untersuchung *od.* eines Ermittlungsverfahrens; **– des hostilités** (*VR*) Ausbruch, Eröffnung der Feindseligkeiten; **– de l'instruction** (*StPR*) Eröffnung des Ermittlungsverfahrens.

ouverture de la liquidation judiciaire (*InsolvenzR*) Eröffnungsbeschluss im Insolvenzverfahren; **– d'un magasin** Geschäftseröffnung; **– des négociations** (*VR*) Aufnahme der Verhandlungen; **– de la procédure** Einleitung *od.* Eröffnung des Verfahrens; **– d'un recours** (*ZPR*) Zulassung eines Rechtsmittels; **– de la session** (*VerfR*) Beginn der Sitzungsperiode; **– de la succession** (*ErbR*) Anfall *m* der Erbschaft, Eintritt *od.* Eintreten des Erbfalls; **– du testament** Testamentseröffnung.

ouvrable *adj* (*ArbR: se dit des jours consacrés normalement au travail – opposé à jours fériés*) Tage betreffend, an denen gearbeitet wird; **jour –** Werktag *m*.

ouvrage *m* Werk *n*, Arbeit *f*, Buch *n*; Werkstück *n*; Bauwerk *n*; **gros –** Rohbau *m*; **– original** (*UrhR*) Originalwerk *n*; **– sous presse** (Buch) im Druck; **– public** öffentliches Bauwerk; **– de référence** Standardwerk *n*, Nachschlagewerk.

ouvré *p.p. adj.* (*WirtR: travaillé, façonné*) bearbeitet; hergestellt; **jour –** (*ArbR: jour où l'on travaille effectivement*) Tag, an dem tatsächlich gearbeitet wurde; **produit –** Fertigfabrikat *od.* -erzeugnis *n*, Ganzfabrikat.

ouvrer *v.tr.* arbeiten, ein Werk herstellen; (Material) verarbeiten.

ouvrier *m* (1) (*ArbR: travailleur manuel*) Arbeiter *m*; Handarbeiter, (2) (*GewR: artisan*) Handwerker *m*; **maître –** Vorarbeiter *m*; **– agricole** Landarbeiter *m*; **– du bâtiment** Bauarbeiter; **– à domicile** Heimarbeiter *m*; **– mi-qualifié** angelernter Arbeiter; **– non qualifié** *ou* **non spécialisé** ungelernter Arbeiter; **– occasionnel** Gelegenheitsarbeiter; **– professionnel (= OP)** Facharbeiter (mit abgeschlossener Lehre); **–**

qualifié Facharbeiter; **– saisonnier** (*LandwR*) Saisonarbeiter; **– spécialisé (= OS)** angelernter Arbeiter; **– à la tâche** (*ArbR: se dit des ouvriers payées selon l'ouvrage exécuté et non à l'heure ou à la journée*) Akkordarbeiter *m*; **– temporaire** Zeitarbeiter.

ouvrir *v.tr.* öffnen; eröffnen; erschließen; einleiten; **– un compte** ein Konto eröffnen; **– un crédit** einen Kredit einräumen *od.* eröffnen *od.* gewähren, Mittel bereitstellen; **– un dossier** eine Akte anlegen; **– un droit** (*SchuldR*) einen Anspruch gewähren, einem Rechtsanspruch stattgeben; die Berechtigung geben; **– les hostilités** (*VR*) die Feindseligkeiten eröffnen; **– une information** (*StPR*) Ermittlungen einleiten; **– la séance** die Sitzung eröffnen; **– la voie** neue Wege einschlagen; den Weg ebnen.

ovation *f* Beifallskundgebung *f*.

overdose *f* (*MedizinR: dose excessive d'une drogue, d'une substance toxique, dont l'absorption peut entraîner la mort. Recommandation officielle: surdose*) Überdosis *f*; **mort par –** Drogentod *m*, Tod durch (Heroin-) Überdosis; *umg* goldener Schuss.

ovins *pl* (*ZollR*) Schafe u. Lämmer.

oyant compte *m* (*Buchf, ZPR: personne à laquelle le compte est soumis*) (*im Rechtsstreit, was Handelsbücher u. ähnliche Unterlagen betrifft*) Vorlegungsberechtigte(r) *m*; Person der gegenüber Rechenschaft abgelegt werden muss.

P

pacage *m* (*LandwR: pâturage en forêt des brebis et des moutons*) Weiderecht *n* in Wäldern für Schafe.

pacificateur *m* Friedensstifter *m*, Vermittler *m*.

pacification *f* (*VR*) Friedensstiftung *f*, Friedensschluss *m*.

pacifique *adj* friedlich; friedfertig; **coexistence –** (*VR*) friedliche Koexistenz; **possesseur –** (*SachR*) ungestörter (Eigen-) Besitzer.

pacifisme *m* Pazifismus *m*.

package *m* (1) Pauschalreise *f*, (2) (*DV: Progiciel*) Programmpaket *n*.

pacotille *f* (1) (*HR*) minderwertige Ware, Ausschuss *m*; Schund *m*, (2) (*SeeHR*) frachtfreies Gepäck (der Seeleute).

pacs *m* (*FamR: pacte civil de solidarité – nouvelle espèce de contrat civil réglé par les art. 515–1 et suiv. Cciv*) frz. Lebenspartnerschaft *f*; gleichgeschlechtliche Lebensgemeinschaft.

pacser *v.pron. ou intr.* eine Lebenspartnerschaft eintragen lassen *od.* bei der zuständigen Stelle registrieren.

pacte *m* (1) (*VR: traité d'une importance particulière*) (völkerrechtlicher) Vertrag *m*, Pakt *m*, Bündnis *n*, (2) (*ZR: accord de volontés*) Abmachung *f*, Willensvereinbarung *f*, Übereinkunft *f*; **acheteur à – de réméré** (*SchuldR*) Wiederkäufer; **– d'actionnaires** (*GesR*) Einräumung eines (Aktien-) Verkaufsrechts; **– d'alliance** (*VR*) Bündnispakt; **– d'amitié** Freundschaftsvertrag; **– d'assistance mutuelle** (*VR*) gegenseitiger Beistandspakt; **– atlantique** Atlantikpakt; **– civil de solidarité (= pacs)** (*FamR: voir: pacs*) frz. Lebenspartnerschaft *f*; **– commissoire** (1) (*SchuldR: clause résolutoire*) Vertrag mit einer Auflösungsklausel (für den Fall der Nichterfüllung), (2) (*SachR*) Pfandvertrag mit Verfallsklausel; **– défensif** (*VR*) Verteidigungsbündnis; **– fédéral** (S) Schweizer Bundesverfassung; **– de famille** *ou* **– matrimonial** (*FamR: contrat de mariage*) Ehevertrag; **– militaire** (*VR*) Militärpakt *m*; **– de paiement** (*HR*) Vereinbarung zwischen Gläubiger (banken) und Schuldner über die Zahlung eines fälligen Teilbetrages; **– de préciput** (*ErbR*) Schenkungsvorempfang *m* ohne Anrechnung auf den Erbteil; **– de préemption** schuldrechtliches Vorkaufsrecht; **– de préférence** (*SchuldR*) Vorkaufsrecht (im Falle des Verkaufs durch den Eigentümer); **– de quota litis** (*PrzR*) Vereinbarung eines vom Streitwert abhängigen Anwalthonorars.

pacte de rachat *ou* **de réméré** (*SchuldR: vente avec faculté de rachat*) Rückkaufsrecht-Vereinbarung; **– de sécurité** (*VR*) Sicherheitspakt *f*, Sicherheitsabkommen *n*; **– de la Société des Nations** Völkerbundssatzung *f*; **– sur succession future** *ou* **successoral** (*ErbR*) Erbvertrag *m*, Vertrag über den künftigen Nachlass.

pagaille *f* Durcheinander, Chaos *n*.

page *f* Seite *f*; **– de couverture** Titelseite.

pagination *f* (Versehen *n* mit) Seitenzahlen, Seitenbezifferung.

paie *f* (*ArbR*) (Arbeits-) Lohn *m*, Gehalt *n*, Bezüge *mpl*; Lohnzahlung *f*; **bulletin** *ou* **feuille** *ou* **fiche de –** Lohnzettel *m*, Gehaltsstreifen; **journal** *ou* **livre de –** Lohnbuch *n*; **service de –** Lohnbüro *n*.

Im Alltag wird das Wort *paiement* in Frankreich nur für (Geld-)Zahlungen verwendet. Die Juristen benutzen *paiement* jedoch für sämtliche Leistungen, auch für Waren- und Dienstleistungen. Man findet bei ihnen auch noch die ältere Schreibweise *payement*. Synonyme sind u.a.: *exécution, acquittement de la dette, accomplissement de la prestation due* und *désintéressement du créancier*.

paiement *m* (1) (*SchuldR: exécution d'une obligation, quel qu'en soit l'objet – art. 1235 suiv. Cciv*) Leistung *f*, Erfüllung *f*; Tilgung *f* (der Schuld), (2) (*ZR, HR: versement d'une somme d'argent*) Zahlung *f*, Bezahlung, Begleichung (der Geldschuld), (3) (*ZR: livraison d'une marchandise*) Lieferung; **accord de –** Zahlungsabkommen *n*; **action en –** (*ZPR*) Leistungsklage *f*; **action en – du salaire** Lohnklage, Gehaltsklage; **agir en –** auf Erfüllung klagen; **attestation de –** Quittung *f*, Zahlungsbestätigung; **avis de –** Zahlungsanzeige; **bordereau de –** Zahlungsaufstellung *f*; **capacité de –** Zahlungsfähigkeit *f*; **cessation des –s** (*InsolvenzR*) Zahlungseinstellung *f*; **conditions de –** Zahlungsbedingungen.

paiement: **date du –** Zahlungszeit (punkt), Zahlungstermin *m*; **dation en –** (*SchuldR*) Hingabe an Zahlungs- *od.* an Erfüllungs Statt; **débiteur d'un –** Leistungspflichtige(r) *m*, Zahlungsschuldner; **défaut de –** Zahlungs- *od.* Leistungsverzug, Nichtleistung *f*; Nichtzahlung *f*; **délai de –** Leistungsfrist *f*; Zahlungsfrist *f*; **demande en –** Leistungsklage *f*; **demander le – d'intérêts** Zinsen *fpl* berechnen; **différer le –** (1) (*SchuldR: par le débiteur*) die Zahlung aufschieben, (2) (*SchuldR: par le créancier*) die Zahlung stunden; **difficultés de –** Zahlungsschwierigkeiten *fpl*; **droit au –** Leistungsanspruch *m*; Zahlungsanspruch *m*.

paiement: **échéance du –** (1) Fälligkeit (der Zahlung), Zahlungstermin, (2) (*WechselR*) Verfallzeit; **échelonner un –** Ratenzahlung vereinbaren; **effectuer un –** leisten, eine Leistung erbringen, (einen Vertrag) erfüllen; eine Zahlung vornehmen, zahlen; **engagement de –** Leistungsverpflichtung; Zahlungsverpflichtung *od.* -verbindlichkeit; **époque du –** Zeitpunkt der Leistung; Zahlungstermin *m*; **état de –** Zahlungsaufstellung.

paiement: **facilités de –** Zahlungserleichterungen *fpl*; **faire un –** leisten; zahlen; **garant du –** Zahlungsbürge *m*; **instrument de –** (*BankR*) Zahlungsmittel *n*, Zahlungsinstrument *n*; **interdiction de –** (1) (*ZPR*) Zahlungsverbot *n*, (2) (*InsolvenzR*) offener Arrest; **jour du –** Zahlungstermin *m*; Zahltag *m*; *m*: **lieu de –** Leistungs- *od.* Zahlungsort *m*; **modalité de –** Zahlungsbedingung *od.* -modalität; **mode de –** Zahlungsart *f*, Zahlungsmodus *m*; **montant du –** Zahlungsbetrag, Geldsumme *f*; **moyen de –**

Zahlungsmittel *n*; **moyen légal de –** gesetzliches Zahlungsmittel; **moyennant –** gegen Zahlung.

paiement: **obligation au –** Zahlungspflicht *f*; **opposition à –** Zahlungsverbot *n*; **ordre de –** (1) (*BankR*) Zahlungsauftrag *m*, Auszahlungsanweisung, (2) (*ZwangsVR*) Zahlungsbefehl *m*, Zahlungsaufforderung *f*; **prendre en –** in Zahlung nehmen; **présentation au –** (*WechselR*) Vorlegung zur Zahlung; Einreichung zur Zahlung; **présenter au –** zur Zahlung vorlegen *od.* einreichen; **promesse de –** Zahlungsversprechen *n*; **quittance de –** Zahlungsquittung; **refus de –** Zahlungsverweigerung *f*; **retard dans le –** Zahlungsverzug *m*; **sommation de –** Mahnbescheid *m*, Zahlungsaufforderung (durch den Vollstreckungsbeamten); **sursis de –** Zahlungsaufschub *m*, Stundung *f*; **suspension des –s** Zahlungseinstellung; **terme du –** Zahlungstermin *m*.

paiement par acomptes Abschlagszahlung *f*, Ratenzahlung; **– ajourné** gestundete Leistung *od.* Zahlung; **– par annuités** Zahlung in Jahresraten; **– par anticipation** *ou* **anticipé** (1) (*SchuldR*) Vorauszahlung, Vorwegleistung, (2) (*HR*) Vorschuss *m*, (3) (*WechselR*) Zahlung vor Verfall, (4) (*BankR*) Pränumerandozahlung; **– en argent** Barzahlung, Bargeldauszahlung; **– d'arrérages** (*SozVers*) Zahlung rückständiger Rentenbeträge; **– arriéré** (*Lohn, Miete usw.*) fällige und rückständige Zahlungen; **– d'avance** Vorauszahlung; **– par chèque** Zahlung durch *od.* mittels Scheck, Scheckzahlung; **– par chèques et virements** bargeldloser Zahlungsverkehr; **– compensatoire** Ausgleichszahlung; **– complémentaire** Nachzahlung; **– (au) comptant** (1) Barzahlung, (2) (*HR*) Nettozahlung (innerhalb der üblichen Frist); **– au comptant compté** Barzahlung (an der Kasse).

paiement de la dette Erfüllung (der Schuld), Leistung; **– en devises** Zahlung in einer fremden Währung; Devisenzahlung; **– différé** Zahlungsaufschub *od.* -stundung; gestundete Zahlung.

paiement à l'échéance Zahlung bei Fälligkeit; **– par échéances successives** *ou* **échelonné** Ratenzahlung, Ratentilgung (einer Schuld), Rückzahlung in Teilbeträgen, gestaffelte (Rück-) Zahlung, Teilzahlung; **– échu** fällige Zahlung; **– par écriture** bargeldlose Zahlung.

paiement en mains propres Leistung *od.* Zahlung an den Gläubiger persönlich; **– en espèces** Barzahlung.

paiement fictif fiktive Leistung; Scheinzahlung; **– forfaitaire** (1) Pauschalzahlung, (2) (*ArbR*) Abfindung *f*, Abgeltung; **– fractionné** Ratenzahlung, Begleichung (einer Rechnung) in Raten, Abzahlung.

paiement des impôts Steuerentrichtung *od.* -zahlung; **– de l'indu** (*SchuldR: paiement ne correspondant à aucune dette qui ouvre droit à répétition – art. 1235 Cciv*) irrtümliche Leistung (einer Nichtschuld), Vermögensverschiebung ohne rechtfertigenden Grund; **–s internationaux** internationaler Zahlungsverkehr; **– par intervention** (*WechselR*) Ehreneintritt *m*; **– libératoire** Zahlung mit befreiender Wirkung; **– en ligne sécurisé** gesicherter Zahlungsverkehr im Internet; **– à la livraison** Zahlung bei Lieferung.

paiement en mains propres Leistung *od.* Zahlung an den Gläubiger persönlich; **– mensuel** Monatszahlung, monatliche Zahlung; **– en nature** (*ArbR*) Naturallohn *m*; **– en numéraire** Barzahlung; **– partiel** Teilzahlung, Abschlagszahlung; **– de la pension** (*SozVers*) Versorgungsleistung, Rentenzahlung; **– préalable** Vorauszahlung; **– provisionnel** Vorschusszahlung.

paiement du reliquat Begleichung der Restschuld; **– de rente** Rentenzahlung; **– du salaire** Lohnzahlung; **– selon convenances** Zahlung nach Belieben; **– du solde** Restzahlung; **– pour solde de tout compte** (*ArbR*) (Saldo-) Ausgleichszahlung,

Abschlusszahlung, Leistung zur Begleichung sämtlicher Forderungen; **– en souffrance** überfällige Zahlung; **– supplémentaire** zusätzliche Zahlung.

paiement à tempérament Ratenzahlung *f*; **– à terme échu** Zahlung am Fälligkeitstag; **– total** Voll(ein)zahlung; **– par tranches** gestaffelte Zahlung, Ratenzahlung; **– trimestriel** Quartalszahlung; **– en trop** Überzahlung; **– ultérieur** Zahlung zu einem späteren Zeitpunkt; **– par virement** Überweisung.

paierie *f* (*SteuerR*) Zahlstelle *f*, Kasse *f*.

paille *f*: **homme de –** Strohmann *m*.

pair *m* (1) (*BörR: valeur correspondant à la valeur normale ou nominale*) Parikurs *m*; Kurswert *m*, Nennwert, (2) (*hist*) Pair (als Titel), (3) Gleichgestellte(r) *m*; **aller de –** (avec) einhergehen (mit); **au –** (1) (*BörR*) al pari, (2) (*ArbR*) ohne Bezahlung (nur Tisch und Bett); **au-dessous du –** unter pari; **au-dessus du –** über pari (notieren); **chambre des –** (*hist*) Oberhaus, Pairskammer; **émettre au –** zum Parikurs ausgeben; **hors de –** überdurchschnittlich, unübertrefflich; **reporter au –** glatt prolongieren *od.* schieben; **travailler au –** (*ArbR*) freie Station haben, für freie Kost u. Unterkunft arbeiten; **– du change** (*AWR*) Wechselpari.

paisible *adj* friedlich, friedfertig; **possesseur –** (*SachR*) ungestörter Besitzer.

paix *f* Frieden *m*; Friedensschluss *m*; Ruhe *f*, Eintracht *f*; **conférence de –** Friedenskonferenz *f*; **consolider la –** den Frieden festigen; **faire la –** sich aussöhnen, Frieden schließen; **gardien de la –** Polizeibeamte(r) *m*; **juge de –** (*hist*) Friedensrichter *m*; **obligation de – sociale** (*ArbR*) Friedenspflicht; **offre de –** (*VR*) Friedensangebot *n*; **propositions de –** Friedensvorschläge *mpl*; **ratifier la –** den Friedensvertrag unterzeichnen; **sauvegarder la –** den Frieden wahren; **tractations de –** Friedensverhandlungen *pl*; **traité de –** Friedensvertrag; **troubler la – publique** die öffentliche Ruhe und Ordnung stören.

paix armée (*VR*) bewaffneter Frieden; **– dictée** Friedensdiktat; **– fourrée** Scheinfrieden; **– menacée** gefährdeter Frieden; **– négociée** Verhandlungsfrieden; **– séparée** Separatfrieden; **– sociale** (*ArbR*) Arbeitsfrieden.

palais *m* (1) (*PrzR: palais de justice – lieu où l'on rend la justice*) Gerichtsgebäude *n*, (2) (*PrzR: magistrats et auxiliaires de justice*) Rechtspflegeorgane npl (insbesondere Richter und Anwälte); **gens du –** Gerichtspersonen *fpl*, mit der Rechtspflege betraute Personen, Rechtspflegeorgane *npl*; **jour de –** (Gerichts-) Sitzungstag *m*, (Gerichts-) Termin *m*; **style du –** Gerichtssprache *f*; **sur la foi du –** (*PrzR*) vertraulich (von Anwalt zu Anwalt); **usages du –** (*PrzR: pratique judiciaire comme source de droit processuel*) prozessrechtliche Gepflogenheiten, prozessuales Gewohnheitsrecht; **– de justice** Gerichtsgebäude *n*, Justizpalast *m*.

Palais-Bourbon *m* (1) Sitz der Nationalversammlung in Paris, (2) frz. Nationalversammlung; **– de l'Élysée** *m* Amtssitz *m* des frz. Staatspräsidenten (in Paris), Élysée-Palast *m*.

palan *m* Hebezug *m*, Zugwinde *f* (auf Schiffen); **livraison sous –** (*SeeHR*) Lieferung bis zur Zugwinde.

palette *f* Palette *f*, Untersatz *m*.

palettisation *f* Palettierung (von Gütern), Stapelung auf Paletten.

palettisé *adj* palettiert, auf Paletten gestapelt.

palier *m* Stufe *f*, Ebene, Abschnitt *m*; **par –s** stufenweise; **– de développement** Entwicklungsstufe *f*; **– de salaire** Lohnstufe *f*.

palissade *f* **d'alignement** *ou* **de clôture** Bauzaun *m*; Grundstückeinfriedung.

palliatif *adj*: **traitement –** *ou* **soins –s** (*MedizinR*) Palliativmedizin *f*, lindernde Behandlung (die nicht gegen die Ursachen der Krankheit selbst wirkt) bei unheilbar Kranken.

palliatif *m* Notbehelf *m*, notdürftige (Ersatz-) Lösung.

pallier *v.tr.* verschleiern, vertuschen; Abhilfe schaffen.
palmarès *m* Preisträgerliste *f*.
palmes *fpl* **académiques** (*HochschulR*) frz. Orden für besondere Verdienste im Erziehungswesen.
panacée *f* Wunder- *od.* Allheilmittel *n*.
panachage *m* (*WahlR*) freie Auswahl der Kandidaten aus den verschiedenen Listen, Panaschieren *n*.
panel *m* (*Meinungsforschung*) Panel *n*, repräsentative Personengruppe.
panier *m* Korb *m*; **indemnité de –** Zehrgeld *n*; Verpflegungszulage *f*; **– de la ménagère** *ou* **type** repräsentativer Warenkorb *m*.
panne *f* (Betriebs-) Störung *f*; (Motor-) Schaden *m*; **être en –** (1) (*Kfz*) eine Panne haben, (*Gerät*) eine Betriebsstörung aufweisen, (2) (*Mensch*) gestört sein, nicht weiter wissen; **véhicule en –** (*StVR*) Schadfahrzeug; **– de courant** Stromausfall *m*; **– due à des négligences** fahrlässig verursachte Betriebsstörung; **– sèche** Benzinpanne *f*.
panneau *m* amtliches (Tür-) Schild *n*; Tafel *f*; **– d'affichage** Anschlagtafel *f*, Schwarzes Brett; **– de danger** (*StVR*) Gefahrzeichen; **– électoral** Anschlagtafel für Wahlplakate; **– d'interdiction** (*StVR*) Verbotszeichen *n*; **– de préavis** (*StVR*) Warnzeichen; **– de signalisation** (*StVR*) Verkehrszeichen *n*, Verbots- *od.* Gebotsschild; **– support de promotion** Werbefläche *od.* -tafel.
panonceau *m* (1) (*double écusson des officiers ministériels*) Berufs- *od.* Amtsschild, Doppelwappen *n* (z. B. eines Notars), (2) Hinweisschild *n*.
panoplie *f* Ausrüstung *f*; **– des augmentations** Preiserhöhungspaket *n*; Flut *f* der Preiserhöhungen.
papier *m* (1) (*PrzR, VwR: document écrit*) Schriftstück *n*, Urkunde *f*, (2) (*BankR*) Anweisung *f*, Wechsel *m*, (3) (*meist pl*) (Personal-) Ausweis *m*, Kennkarte *f*; Pass *m*; **vieux –s** (*UmweltR*) Altpapier *n*; **–s d'affaires** (*HR: documents commerciaux*) Geschäftspapiere *npl*, Aufzeichnungen *od.* Unterlagen des Kaufmannes; Handelsbücher, Handelsbriefe, Buchungsbelege; **–s de bord** (*SeeHR*) Schiffspapiere *npl*; **– calque** Pauspapier *n*; **– de cavalerie** (*WechselR*) Reitwechsel *m*; **– commercial** (*HR: effet de commerce*) Wertpapier *n*; **– de complaisance** Gefälligkeitswechsel *m*; **–s domestiques** (*ZR*) (*documents établis par un particulier et conservés à domicile*) Privatschriftstücke *npl*, zu Hause verwahrte Urkunden.
papier escomptable (*WechselR*) diskontfähiger Wechsel; **–s d'identité en règle** gültiger Ausweis *od.* Pass; **– à lettres** Briefpapier; **– libre** (*SteuerR*) Papier ohne Steuermarke, unverstempeltes *od.* gewöhnliches Papier; **– long** (*BankR*) langfristiges Handelspapier; **– ministre** *ou* **de minute** (*öffentliche Urkunden*) Kanzleipapier *n*; **– de mobilisation** (*WechselR*) Finanzwechsel.
papier-monnaie (*Vwirt*) freie Währung, manipulierte Papierwährung, Papiergeld *n*; **– pelure** Durchschlagpapier *n*; **– timbré** (*SteuerR*) (Steuer-) Stempelpapier *n*, amtliches gebührenpflichtiges Urkundenpapier; **– -valeur** (*BankR*) abstrakte Zahlungsverpflichtung; **– à vue** (*BankR*) Sichtpapier (bei Vorlage fällig).
papillon *m* (*StVR, umg*) Strafzettel *m*, Knöllchen *n*.
paquebot *m* Fahrgastschiff *n*.
paquet *m* Paket *m*; Bündel *n*, Packen *m*; **– d'actions** Aktienbündel *od.* -paket *n*; **– -lettre** Briefpaket; **– en transit** Durchfuhrgepäck *n*; **– de valeur** Wertpaket.
paquetage *m* Verpacken *n*, Transportverpackung.
par: **contrainte – corps** Schuldenhaft *f*; **– complaisance** *loc. adv.* aus Gefälligkeit.
par devant le juge *loc* vor dem Richter (erschienen); **– écrit** schriftlich; **– devant notaire** durch einen Notar *od.* notariell beurkundet *od.* beglaubigt.
parabole *f* (*antenne parabolique*) Parabolantenne *f*; *umg* Schüssel *f*.
parachèvement *m* Vollendung *f*, Ausbau *m*.

paracommercialité *f* (1) (*WirtR*) halblegale oder gesetzwidrige Handelsformen, (2) (*GesR*) Ausübung eines Handelsgewerbes durch bürgerlichrechtliche Gesellschaften.
paradis *m* **fiscal** Steueroase *od.* -paradies.
paraétatique *adj* halbstaatlich.
parafiscal *adj* steuerähnlich, parafiskalisch.
parafiscalité *f* (*SteuerR: ensemble des taxes et redevances obligatoires perçues au profit de personnes publiques ou privées autres que l'État*) Parafiskalität *f*; zweckgebundene Pflichtbeiträge (zur gesetzlichen Kranken-, Pflege- und Arbeitslosenversicherung *od.* Altersvorsorge).

Der deutsche Paragraf – **§** –ist in Frankreich als Kennzeichen der gesetzlichen Bestimmungen unbekannt. Der Code civil verwendet dieses Zeichen zur Kennzeichnung der Unterabschnitte. So z.B.: *Titre III – Chapitre V* De l'extinction des obligations –*Section I* Du paiement – *§ 1 Du paiement en général* und dann erst: **art.** 1235 Cciv

paragraphe *m* (*Lehrbuch, Gesetzbuch*) (Unter-) Abschnitt *m.*
paraître *v. intr.* erscheinen (a. Bücher); scheinen; vermuten; **faire – un décret au JO** eine Rechtsverordnung im frz. Amtsblatt veröffentlichen *od.* bekanntgeben.
parallèle *adj* parallel, gleichlaufend; **comportement –** (*WirtR: entente illicite*) abgestimmtes (wettbewerbschädigendes) Verhalten; **police –** Geheimpolizei *f.*
parallélisme *m* **des compétences** (*VwR*) Grundsatz, demgemäß die einen Verwaltungsakt erlassende Behörde im Zweifelsfall auch für dessen Aufhebung zuständig ist.
paralysie *f* **économique** Lähmung *od.* Lahmlegung der Wirtschaft.
paramètre *m* (1) Parameter *m*, Bestimmungs- *od.* Bezugsgröße, (2) (*élément important, surtout: pl.*) (Eck-) Daten *fpl.*
paramilitaire *adj* para- *od.* halbmilitärisch.
paramnésie *f* (*MedizinR*) Wortgedächtnisverlust *m*; Erinnerungsfälschung *f.*
paranoïa *f* (*MedizinR*) Geistesstörung mit Wahnvorstellungen.
paraphage *m* (*VR: formule d'authentification du texte d'un traité*) Paraphierung *f.*
paraphe *m* (1) (*signature abrégée*) Namenszug *m*, Paraphe *f*, abgekürzte Unterschrift, Handzeichen *n*; Namensstempel *m*, (2) (*formule d'authentification*) Beglaubigungsvermerk *m.*
parapher *v.tr.* paraphieren, abzeichnen, mit Handzug versehen.
paraphernaux *mpl* (*EheR*) Sondervermögen *n* der Ehefrau (worüber sie freie Verfügung behält).
paraphrase *f* Umschreibung *f*, erklärende Übersetzung.
paraplégie *f* (*MedizinR*) Querschnittlähmung *f.*
parc *m* (*BW*) gesamter Bestand; Depot *m*, Lager; **– automobile** Kraftfahrzeugbestand *m*; **– de machines-outils** Werkzeugmaschinenbestand; **– national** (*UmweltR*) Nationalpark *m*; **– naturel régional** Landschaftsschutzgebiet; **– de voitures** Wagenbestand.
parcellaire *adj* aufgeteilt; aufgesplittert; **registre –** Grundsteuerregister.
parcelle *f* (*SachR: portion de terrain constituant l'unité cadastrale*) Flurstück *n*, Parzelle *f*; Grundstück *n*; **– cadastrale** Katasterparzelle; **– viabilisée** erschlossenes Grundstück.
parcellisation *f* (*SachR*) Zerstückelung (eines Grundstücks); **– du travail** übermäßige Arbeitsteilung.
parchemin *m* Pergament *n*, Urkunde *f*; *pl* Adelsbriefe *mpl.*
parcimonie *f* (äußerste) Sparsamkeit *f.*
parcmètre *m* (*StVR*) Parkuhr *f.*
parcours *m* Fahrt *f*, Weg *m*; **– simple** einfache Fahrt; **– terrestre** Landwegstrecke *f.*
pardon *m* Verzeihung *f*, Vergebung *f*; Begnadigung *f*; **demander –** um Verzeihung bitten.
pare-brise *m* Windschutzscheibe *m*; –

-choc *m* Stoßfänger *m*; – **-feu** *m* Brandschutz *m*.

parent *adj* verwandt.

parent *m* (1) (*FamR: père ou mère*) Vater, Mutter, (2) (*FamR: i. w. S. membre de la famille*) Verwandte(r) *m*; **les –s** die Eltern; **–s adoptifs** Wahl- *od.* Adoptiveltern; **–s consanguins** Blutsverwandte väterlicherseits; **–s en ligne collatérale** Verwandte in der Seitenlinie; **–s nourriciers** Pflege- *od.* Zieheltern; **–s utérins** (Bluts-) Verwandte mütterlicherseits.

parental *adj* (1) elterlich, (2) *adj* verwandtschaftlich; **autorité –e** (*FamR*) elterliche Sorge; **puissance –e** (*FamR, hist*) elterliche Gewalt.

parenté *f* (*FamR: lien unissant les personnes par le sang*) Verwandtschaft *f*; blutsmäßige Abstammung; (sämtliche) Verwandten; Verwandtschaftsverhältnis *n*; **degré de –** Verwandtschaftsgrad *m*; **lien de –** Verwandtschaftsverhältnis *n*; **– adoptive** Adoptivverwandtschaft; **– par alliance** Schwägerschaft; **– biologique** *ou* **charnelle** (*FamR*) Blutsverwandtschaft *f*; **– civile** sich aus der Heirat ergebende Verwandtschaft; **– illégitime** Verwandtschaft durch nichteheliche Geburt; **– légale** durch Annahme an Kindes Statt begründete Verwandtschaft; **– légitime** eheliche Verwandtschaft; **– collatérale** *ou* **en ligne collatérale** Verwandtschaft in der Seitenlinie; **– directe** *ou* **en ligne directe** Verwandtschaft in gerader Linie; **– naturelle** Blutsverwandtschaft, Verwandtschaft durch nichteheliche Geburt.

parentèle *f* Parentel *f*, Gesamtheit der Abkömmlinge (eines Stammvaters).

parenthèse *f* Klammer *f*, eingeschobener Satz; Abschweifung; **mettre entre –s** *fig* ausklammern.

parer (à) *v.tr.ind.* sich absichern gegen; Abhilfe schaffen; vorbeugen, Vorkehrungen treffen; **– au plus pressé** zunächst das Dringlichste erledigen.

parère *m* (*HR*) Parere *n*, Gutachten *n* über Bestehen u. Inhalt eines (ausländischen) Handelsbrauchs; Bescheinigung eines Handelsbrauchs (durch die Industrie- und Handelskammer).

parfaire *v.tr.* vollenden, ergänzen; vervollständigen.

pari: **a –** *loc. adv.* (*BankR, BörR*) ohne Aufgeld; von gleichem Wert.

pari *m* Wette *f*; Einsatz (um den gewettet wird); **faire un –** eine Wette eingehen; **– par correspondance** Briefwette; **– mutuel urbain (= PMU)** Pferdetoto *n*, Pferdewette *f*; staatliches Wettbüro (für Pferderennen).

paria *m a. fig.* Paria *m*; Angehöriger einer unreinen Kaste in Indien; Ausgestoßene(r) *m*; Entrechtete(r) *m*.

parier *v.tr.* wetten, eine Wette abschließen.

parieur *m* Spieler *m* (im Toto).

paritaire *adj* paritätisch; **commission –** paritätisch besetzter Ausschuss; **juridiction –** paritätisch mit Laienrichtern besetztes Gericht; **négociations –s** (*ArbR*) (Lohn-) Tarifpolitik *f*.

paritarisme *m* (1) (*Soz Vers*) Verwaltung der Sozialversicherungskassen durch Arbeitgeber- u. Arbeitnehmervertreter, (2) (*ArbR*) Tarifvertragswesen *n*.

parité *f* Parität *f*, (Rechts-) Gleichheit *f*, Gleichstellung; **à –** paritätisch; **contrôle des –s** (*DV*) Paritätsprüfung; **loi sur la – hommes/femmes** (*VerfR: loi n° 2007–128 du 31 janvier 2007 tendant à promouvoir l'égal accès des femmes et des hommes aux mandats électoraux et fonctions électives*) frz. Gesetz über die gleichmäßige Besetzung der Gesetzgebungsversammlungen mit Männern und Frauen; **Observatoire de la –** frz. Kontrollgremium für die Durchsetzung der Frau-Mann-Parität; **– de change** Währungsparität, Wechselparität; **– concurrentielle** Wettbewerbsparität; **– du dollar** Dollarparität; **– de droits** Gleichberechtigung; **– hommes-femmes** Parität Frau--Mann, Besetzung eines Gremiums unter gleichmäßiger Berücksichtigung von Frauen und Männern; **– monétaire** Währungs- *od.* Münzparität; **– du pouvoir d'achat** Kaufkraftparität; **– de prix** Preisgleichstellung; **– des salaires** *ou* **salariale** Lohnparität, Lohngleichheit; **– des**

suffrages *ou* **des voix** Stimmengleichheit.
parjure *m* (1) (*StR, hist = faux serment*) Meineid *m*, (2) Meineidiger.
parking *m* Parkplatz *m*, Abstellfläche *f*; **– souterrain** Tiefgarage *f*.
parlant: **où étant et –** (*PrzR: Zustellungsprotokoll*) (*mit Vermerk des Zustellungsempfängers*) bei Anwesenheit an Ort u. Stelle.
parlement *m* (1) (*VerfR*) Parlament *n*, frz. gesetzgebende Versammlungen (bestehend aus der Nationalversammlung u. dem Senat), (2) (*hist*) Ständeversammlung *f*; königlicher höchster Gerichtshof (einer frz. Provinz); **membre du –** Parlamentsmitglied *n*; **– européen** europäisches Parlament.
parlementaire *adj* parlamentarisch; unterhandelnd.
parlementaire *m* (1) (*VerfR: membre du Parlement, député, sénateur*) Parlamentsmitglied *n*; Abgeordnete(r) *m*; Senator *m*, (2) (*VR: personne chargée de pourpalers*) Unterhändler *m*, Parlamentär *m*.
parlementarisme *m* (*VerfR*) Parlamentarismus *m*.
parlementer *v. intr.* unterhandeln, in Unterhandlungen treten, verhandeln.
parler *v. intr.* sprechen, reden; eine Rede halten; sich ausdrücken; **faire – qqn.** (*StR*) zu einer Aussage drängen *od.* zwingen; **refuser de –** sich weigern, Rede und Antwort zu stehen; **– affaires** *ou* **politique** über Geschäfte *od.* Politik sprechen.
parloir *m* Besuchs- *od.* Sprechzimmer *n*.
paroisse *f* (*KirchR*) Pfarrbezirk *m*, Pfarrgemeinde *f*.
parole *f* (1) Wort *n*; Sprache *f*; Sprachvermögen, (2) Ehrenwort *n*; Versprechen *n*, (3) Erkennungs- *od.* Losungswort; **accorder la –** das Wort erteilen; **demander la –** sich zu Wort melden; **donner sa –** sein Ehrenwort geben; **droit de –** (1) (*VerfR*) Recht (bei einer parlamentarischen Debatte) das Wort zu ergreifen, (2) (*ZR*) Recht auf Teilnahme an der Diskussion; **liberté de –** Redefreiheit *f*; **liberté sur –** (*StR*) Freilassung auf Ehrenwort; **prendre la –** das Wort ergreifen; **refuser la –** das Wort verweigern; **retirer la –** das Wort entziehen; **rompre sa –** wortbrüchig werden; **rupture de la – donnée** Nichteinhaltung des gegebenen Versprechens, Nichteinhaltung einer Verpflichtung, Bruch des Ehrenworts; **temps de –** Redezeit; **tour de –** Redeordnung; **– d'honneur** Ehrenwort.

Für Staatsanwaltschaft bzw. Staatsanwalt gibt es drei Entsprechungen: *le Parquet*, wenn der Amtsitz der Behörde gemeint ist; *le ministère public*, wenn es um die Strafverfolgung also Amtstätigkeit als solche geht, und *Procureur de la République*, wenn die Amtsperson gemeint ist, die die Anklagebehörde beim TGI vertritt. Bei höheren Gerichten werden diese Personen *Procureur général od. Avocat général* genannt.

parquet *m* (1) (*PrzR: magistrats du ministère public*) Staatsanwaltschaft *f* (als Behörde bei einem Gericht); Gesamtheit der bei einem Gericht tätigen Staatsanwälte, (2) (*BörR*) Parkett *n*, Schranken (Aut), (3) (*BörR*) Gesamtheit der Börsenagenten; **déférer au –** (*StPR*) (*einen Tatverdächtigen*) zwecks Ermittlungen der Staatsanwaltschaft überstellen, (eine Akte) an die Staatsanwaltschaft weiterleiten; **magistrat du –** Staatsanwalt *m*; **petit –** (1) (*StPR*) Staatsanwaltschaft (beim Großinstanzgericht), (2) (*StPR*) Raum zur Vernehmung von auf frischer Tat betroffener Personen durch die Staatsanwaltschaft; **– général** Staatsanwaltschaft (bei einem höheren Gericht: Appellationshof und Kassationshof); **– maritime** Staatsanwaltschaft bei einem Seegericht.
parquettier *m* (*umg*) Staatsanwalt *m*, Mitglied der Staatsanwaltschaft.
parrain *m* Pate *m*; Fürsprecher *m*; Mentor *m*.
parrainage *m* (*FamR*) Patenschaft *f*; **sous le haut – de** unter der Schirmherrschaft von; **– publicitaire**

(*WirtR*) Sponsoring *n*, Imagewerbung *f.*

parrainer *v.tr.* sponsern, fördern, unterstützen.

parricide *m* (1) (*StR*) Vatermord *m*, (2) Vatermörder *m*.

part *m* (1) (*FamR: accouchement, parturition*) Niederkunft *f*, (2) (*FamR: enfant nouveau-né*) Leibesfrucht *f*, neugeborenes Kind, Neugeborenes *n*; **substitution de –** (*StR, FamR: on dit aussi: supposition d'enfant ou de part = attribution à une femme d'un enfant dont elle n'est pas accouchée*) Kindesunterschiebung *f*; **suppression de –** (*StR: réalisé par l'inhumation clandestine d'un enfant né vivant, mais décédé peu après sa naissance, de mort naturelle ou violente*) Verheimlichung eines Neugeborenen, dessen Tod kurz nach der Geburt eingetreten ist.

part *f* (1) (*ZR, GesR: quotité, part sociale*) Teil *m*, (Geschäfts-) Anteil *m*; Beteiligung *f*, (2) (*ErbR*) Erbteil *m*, (3) (*SteuerR*) (Steuer-) Freibetrag *m*; **avoir – à** beteiligt sein; teilhaben; Anteil haben; **d'une –, d'autre –** einerseits ... andererseits; **faire – de qqch.** mitteilen, wissen lassen; bekanntgeben; **porteur** *ou* **propriétaire de –** (*GesR*) Anteilseigner; **prendre – à** mitmachen, gemeinsame Sache machen; die Hand im Spiel haben.

part allouée par anticipation (*ErbR*) Voraus *n*; **– d'associé** Gesellschafteranteil *m*; **– de bénéfice** Gewinnanteil *m*; **– bénéficiaire** (1) (*GesR*) Gewinnanteilsschein *m*, Genussschein, (2) (*GesR: création d'une société*) Gründeranteil; **– de capital social** (*GesR*) Stammkapitalanteil *m*; **– de commandite** Kommanditanteil; **– contributive** (1) (*SchuldR*) anteilsmäßiger Beitrag, (2) (*VersR*) eigener Anteil an der Schadensregulierung, eigene Beteiligung am Schadensersatz; **– de copropriété** (*SachR*) Miteigentumsanteil.

part de fondateur (*GesR*) Gründeranteil *m*; **– du gain** Gewinnanteil; **– héréditaire** *ou* **– d'héritage** (*ErbR*) Erbteil *m*, Erbanteil; **– d'intérêts** (*GesR: sarl*) Geschäftsanteil *m*; **– de jouissance** Genussschein; **– de liquidation** Liquidationsanteil; **– de marché** Marktanteil *m*; **– minière** (*BergbauR*) Kux *m*; **– patronale** (*Soz Vers*) Arbeitgeberanteil; **– préciputaire** (*EheR, ErbR*) Voraus *n*.

part réservataire (*ErbR*) Pflichtteil *m*; **– sociale** (*GesR*) Geschäftsanteil *m*, Einlage *f*; **– successorale** Erbteil *m*, Erbanteil; **– virile** (*GesR*) (*bei Teilung der Vermögensmasse durch die Anzahl der Teilhaber*) Teilhaberquote *f.*

partage *m* (1) (*SchuldR: opération mettant fin à une indivision*) Auseinandersetzung *f*, Teilung, Aufteilung, Verteilung, (2) *m* (*ErbR*) Anteil *m*; Erbteil *n*; **accord de –** Teilungsabkommen *n*; **action en –** Teilungsklage *f*; **convention de –** Auseinandersetzungs- *od.* Teilungsvertrag; **échoir en –** (*ErbR*) als Anteil zugesprochen bekommen; **masse de –** Teilungs- *od.* Verteilungsmasse *f*; **plan de –** Auseinandersetzungsplan; **procédure de –** Auseinandersetzungsverfahren *n*; **recevoir en –** als Anteil erhalten; **règlement de –** Teilungsordnung; **sans –** uneingeschränkt; **vider un –** (*ZR: avoir voix prépondérante dans une délibération*) bei Stimmengleichheit den Ausschlag geben.

partage amiable gütliche Auseinandersetzung *od.* Teilung; **– anticipé** (*ErbR*) Teilung zu Lebzeiten; **– d'ascendant** (*ErbR*) testamentarische Aufteilung des Vermögens zwischen den Erblasser, Erbeinsetzung; **– des bénéfices** Gewinnverteilung; **– de compétence** Zuständigkeits- *od.* Kompetenzverteilung; **– conjonctif** Erbeinsetzung durch gemeinschaftlichen Erbvertrag; **– des connaissances** Wissensverbreitung; **– consommé** vollzogene Teilung; **– des dépens** (*ZPR*) Kostenteilung, Kostenverteilung; **– égal** Auseinandersetzung zu gleichen Teilen; **– par feu** Teilung nach Haushaltungen; **– de l'hérédité** Erbschaftsteilung.

partage judiciaire gerichtliche Auseinandersetzung *od.* Teilung; **– léonin** (*SchuldR: partage où tous les avantages sont pour un ou quelques-uns des associés*) ungleiche Verteilung; Übervorteilung *f*, betrügerische Benachteiligung; **– au marc le franc** (*ZwangsVR*) anteilsmäßige Verteilung (zwischen den Gläubigern); **– par moitié** Teilung zur Hälfte; **– en nature** Naturalteilung; **– partiel** Abschlagsverteilung, teilweise Verteilung.

partage des responsabilités (*SchuldR*) Mitverantwortlichkeit *f*; **– du sort** Folgepflicht; **– par souches** Teilung nach Erbstämmen, Aufteilung (der Erbschaft) nach Stämmen; **– avec soulte** Teilung mit Ausgleichszahlung.

partage d'une succession: **action en – –** (Erbschafts-) Auseinandersetzungsklage; **contrat de – –** *ou* **partage successoral** (Erbschafts-) Auseinandersetzungs- *od.* Erbteilungsvertrag.

partage de temps (*DV*) time sharing *n*, Zeitanteilsverfahren *n*; **– des terres** Aufteilung von Grund und Boden; **– testamentaire** Nachlassteilung durch Testament; **– par tirage au sort** Auslosung; **– du travail** (*ArbR: partage de l'emploi*) Arbeitsplatzteilung, Besetzung einer Stelle mit mehreren Teilzeitkräften; **– entre vifs** Teilung unter Lebenden; **– des voix** Stimmengleichheit.

partageable *adj* teilbar; **bien –** (*SachR*) teilbares Grundstück; **frais –s** aufzuteilende Kosten.

partageant *m* (*ErbR*) Person, die einer Erbengemeinschaft angehört.

partager *v.tr.* teilen, aufteilen, verteilen, austeilen; teilnehmen an; **– le point de vue de qqn.** die Meinung von jmdn. teilen; **– la responsabilité** mithaften.

partance *f* Abfahrtbereitschaft *f*, (*Schiffe*) Auslaufbereitschaft, (*Flugzeuge*) Abflugbereitschaft; **en –** abflug-, abfahrtbereit; **point de –** Abfahrts-, Auslauf- *od.* Abflugort *m*.

partenaire *m* Lebensgefährte *m*; Partner *m*, Teilhaber *m*; **–s sociaux** Sozial- *od.* Tarifpartner *mpl*.

> Verwechseln sie nicht *le parti* und *la partie*, also die politische Partei mit der Vertrags- oder Prozesspartei

parti *m* (1) (*Pol*) Partei *f*, politische Bewegung, (2) (*décision, résolution*) Entschluss *m*, Ausweg *m*, (3) (*bénéfice, part du profit*) Nutzen *m*, Vorteil *m*; **adhérant d'un –** Parteimitglied; **adhérer à un –** einer Partei beitreten, Parteimitglied werden; **alliance de –s** Parteibündnis *n*; **congrès du –** Parteitag *m*; **direction du –** Parteivorstand; **discipline de –** Parteidisziplin *f*; **fonctionnaire du –** Parteifunktionär; **petit –** Splittergruppe; **prendre le – de qqn.** sich entscheiden *od.* Partei ergreifen für; **sans –** parteilos; **tirer – de qqch.** Vorteil aus einer Sache ziehen, die Gelegenheit nutzen.

parti *m* **du centre** Zentrumspartei; **– de la coalition** Koalitionspartei; **– conservateur** konservative Partei; **– démocrate-chrétien** christlich-demokratische Partei; **– gouvernemental** Regierungspartei; **– majoritaire** Mehrheitspartei; **– d'opposition** Oppositionspartei; **– politique** politische Partei; **– au pouvoir** Regierungspartei; **– pris** Voreingenommenheit; **– social-démocrate** sozialdemokratische Partei; **– travailliste** Labourpartei; **– unique** Einheitspartei.

partial *adj* parteiisch, parteilich, voreingenommen.

partialité *f* Parteilichkeit *f*, Voreingenommenheit.

participant *m* Teilnehmer *m*; Vereinsmitglied *n*; Wettbewerber *m*; **pays –s** beteiligte Länder.

participatif *adj* beteiligend.

participation *f* (1) (*GesR, ArbR, StR*) Beteiligung *f*, Teilnahme *f*, (2) (*VerfR*) Mitverantwortung (des Bürgers für das Ganze), Mitwirkung, Partnerschaft *f*; **accord de –** Beteiligungsabkommen *n*; **affaire de –** Beteiligungsgeschäft; **contrat de –** (*GesR*) Partnerschafts- *od.* Teilhabervertrag, Beteiligungsvertrag; **droit de –** (1) Teilnahme- *od.* Mitwirkungsrecht, (2) Teilnahmegebühr; **fonds** *ou* **réserve de –** Gewinnrücklage; **société en –** (*HR*) stille Gesellschaft; **titre de –** (*GesR*) Anteilschein *m*; **– à l'accroissement de la productivité** Beteiligung am Produktionszuwachs.

participation aux acquêts (*EheR: régime matrimonial conventionnel*) Zugewinngemeinschaft (als frz. vertraglicher Güterstand); **– aux bénéfices** (1) (*GesR*) Gewinnbeteiligung, (2) (*ArbR*) Beteiligung der Arbeitnehmer am Betriebsergebnis; **– au capital** Kapitalanteil *m*, Kapitalbeteiligung; **– au chiffre d'affaires** Umsatzbeteiligung; **– en commandite** Einlage (des Kommanditisten), Kommanditbeteiligung; **– à un consortium** Konsortialbeteiligung *od.* -anteil; **– criminelle** (*StR*) Teilnahme an einer Straftat (als Anstifter *od.* Gehilfe), abhängige Teilnahme; **–s croisées** (*GesR*) Verschachtelung *f*, Beteiligungsgesellschaften *fpl*.

participation électorale Wahlbeteiligung; **– au financement** Finanzierungsbeteiligung; **– financière** Kapitalanteil; **– aux frais** Unkostenbeitrag *od.* -beteiligung; **– aux fruits de l'expansion** (*GesR*) Beteiligung am Betriebsergebnis; **– à la gestion** (*ArbR, GesR*) Mitbestimmung (im Betrieb); **– au gouvernement** Regierungsbeteiligung; **– majoritaire** (*GesR*) Mehrheitsbeteiligung, beherrschende Beteiligung; **– minoritaire** Minderheitsbeteiligung; **– occulte** stille Beteiligung; **– au patrimoine** Vermögensbeteiligung; **– aux pertes** Verlustbeteiligung; **– publique** Beteiligung der öffentlichen Hand; **– aux résultats** Ertragsbeteiligung; **– aux ventes** Umsatzbeteiligung; **– au vote** Wahlbeteiligung.

participer *v.tr.ind.* beteiligt sein, sich beteiligen, teilnehmen; mitwirken, mitarbeiten.

particularisme *m* Partikularismus *m*, Sonderinteresse *n*; Kleinstaaterei *f*.

particularité *f* Besonderheit *f*, Merkmal *n*; Eigentümlichkeit, Kennzeichen *n*.

particule *f* (*ZR: préposition précédant le nom patronymique*) (*Adelstitel*) Namensbestandteil *m*.

particulier *adj* ausschließlich, privat; Sonder-; Eigen-; **caractère –** besonderes Merkmal; **circonstances particulières** besondere *od.* nähere Umstände, die genauen Einzelheiten; **convention particulière** Sondervereinbarung; **dispositions particulières** Sonderregelungen *fpl*; **hôtel –** großes (vornehmes) Wohnhaus; Herrenhaus *n*; Palast *m*; **secrétaire –** Privatsekretär *m*; **traitement –** Sonderbehandlung *f*.

particulier *m* (1) Privatperson *f*, Privatmann *m*, (2) (*vx. aujourd'hui: intimité*) Privatbereich *m*.

partie *f* (1) (*SchuldR: partie au contrat, contractant*) (Vertrags-) Partei *f*, Vertragsschließende *m/f*, (2) (*ZPR: partie au procès, plaideur*) (Prozess-) Partei *f*; Kläger *m*; Beklagte(r) *m*; Prozessteilnehmer, (3) (*StPR*) Angeklagte *m/f*, (4) (*HR*) (Waren-) Posten *m*, Partie *f*, (5) (*AllgSpr*) Teil *m* (eines Ganzen); Bestandteil *m*; **accord entre les –s** Parteivereinbarung; **en –** teilweise; **entendre les –s** (*ZPR*) die Parteien in ihren Vorträgen *od.* Anträgen anhören; **être – à** (*PrzR*) (*an einem Verfahren*) beteiligt sein; **faire – de** gehören zu; **haute – contractante** (*VR*) Hohe Vertrags- *od.* Vertragschließende Partei; **prendre qqn. à –** (*ZPR*) gegen jmdn. prozessieren; jmdn. persönlich angreifen.

partie admise à l'aide judiciaire (*PrzR*) Partei, der die Prozesskostenhilfe bewilligt wurde; **– adverse** Prozessgegner *m*, Gegenpartei *f*; **– appelante** Berufungskläger *m*; **– assignée** Geladene(r) *m*, geladene Partei; **– bénéficiaire** Begünstigte(r) *m*; **– en cause** (1) (*in einen Prozess*) einbezogene Partei, beteiligte Partei, (2) Nebenintervenient, Streithelfer; **– citée** geladene Partei.

partie civile (1) (*StPR: nom donné à la victime d'une infraction lorsqu'elle exerce ses droits devant les juridictions répressives*) Nebenkläger *m*, Verletzte(r) (oder dessen Erbe), der gegen den Beschuldigten einen aus der Straftat erwachsenen, vermögensrechtlichen Anspruch im Strafverfahren geltend macht; Kläger im Adhäsionsverfahren; **se constituer – –** als Nebenkläger auftreten, Privatklage erheben; **constitution de – –** (*StPR*) Anschluss *od.* Beitritt als Nebenklägers, Betreibung eines Strafverfahrens durch den Verletzten; **se porter – –** als Nebenkläger auftreten.

partie comparante (*ZPR*) (im Termin) erschienene Partei; **– constituante** *ou* **constitutive** Bestandteil *m*; Komponente *f*; **– contractante** *ou* **au contrat** Vertragspartei, Vertragspartner *m*, vertragschließende Partei; **– à une convention collective** Tarifpartei, Tarifpartner; **– déboutée** (*ZPR*) abgewiesene Partei; **– défaillante** säumige Partei, nicht erschienene Partei, abwesende Partei; **– défenderesse** Beklagte(r) *m*, beklagte Partei; **– demanderesse** Klägerin *f*, klagende Partei; **– au différend** Kläger *od.* Beklagte(r); **– la plus diligente** betreibende *od.* (zuerst) handelnde Partei.

partie gagnante obsiegende Partei; **–s génitales** Geschlechtsteile *mpl*; **– indigente** (*aide judiciaire*) mittellose Partei; **– intégrante (du contrat)** integrierender *od.* wesentlicher Bestandteil (eines Vertrages); **– intéressée** beteiligte Partei; **– intervenante** (Neben-) Intervenient; **– intimée** Berufungsbeklagte(r) *od.* -gegner.

partie jointe Streitgenosse *m*; **– en justice** Prozesspartei; **– lésée** geschädigte Partei, Geschädigte(r) *m*; **– au litige** Kläger *od.* Beklagte(r), Prozesspartei; **– opposante** eine Einrede *od.* Einwendung geltend machende Partei; **– perdante** unterliegende *od.* unterlegene Partei; **– plaignante** (*StPR*) derjenige, der eine Strafanzeige erstattet, Antragsteller *m* (im Strafverfahren); **– poursuivante** betreibende Partei; **– prenante** Berechtigte(r) *m*; Abnehmer *m*; Empfänger einer Zahlung; **– présente** erschienene Partei; **– principale** Kläger; Beklagter; **– privative** (*SachR*) Sondereigentum; **– au procès** Prozesspartei; **– publique** (*StPR: ministère public*) Staatsanwalt *m*, Vertreter der Staatsanwaltschaft, öffentlicher Ankläger (im Strafverfahren).

partie réclamante Beschwerdeführer *m*; **– requérante** (*VwPR*) Antragsteller, Kläger; **– signataire** (*VR*) Unterzeichner *m*; **– succombante** unterliegende *od.* unterlegene Partei; **– victime** (*StR*) Geschädigte(r); **–s belligérantes** (*VR*) kriegführende Mächte.

partiel *adj* anteilig; teilweise; **paiement –** Teilzahlung *f*; **résultat –** (*Pol*) Teilergebnis *n*.

partir *v.intr.* fortgehen, aufbrechen; abfahren; abfliegen; **à – de** von ... an ...; **à – d'aujourd'hui** *ou* **de maintenant** von heute ab *od.* an, von nun an; **– en courant** weglaufen; **– à la dérobée** sich (unbemerkt) davonschleichen; **– sans laisser d'adresse** unbekannt verziehen; **– en voyage** verreisen.

partisan *m* (1) Anhänger *m*, Parteigänger *m*, Verfechter *m*, (2) Partisan *m*, Widerstandskämpfer.

partition *f* (*VR*) Teilung *f*.

parution *f* (*Buch*) Erscheinen *n*, Erscheinungsweise *f*; Erscheinungsjahr *n*.

parvenir *v.tr.ind.* ankommen, erreichen; gelangen (zu etw.); **faire –** zuleiten, zusenden; vorlegen; **– à destination** am Bestimmungsort ankommen.

pas *m* Schritt, Gang *m*; Rastermaß *n*; **salle des – perdus** (*Gericht*) Wandelhalle *f*.

pas-de-porte *m* (*HR: somme d'argent versée par le locataire d'un bail commercial au propriétaire lors de la conclusion du bail*) Abstand(szahlung), Ablöse *f* (bei Veräußerung eines Handelsgeschäfts).

passage *m* (1) Durchgang *m*, Durchfahrt *f*, (2) Bahnübergang *m*; **billet de –** (1) Fahrkarte *f*, (2) (*avions*) Flugschein *m*, Ticket *n*; **céder le –** (*StVR*) die Vorfahrt achten; warten; **droit de –** (1) (*StVR*) Fahr- *od.* Durchfahrrecht, Fahrwegrecht *n*, (2) (*SchuldR: piétons*) Wegerecht *od.* -gerechtigkeit, Recht auf freien Durchgang, (3) (*VR*) Transitrecht, Überfahrtsrecht; **libre –** ungehinderter Durchlass; Freizügigkeit *f*; **prix du –** Beförderungsgeld *n*.

passage à l'acte (*StR*) Ausführung einer (Straf-) Tat; **– aux articles** (*VerfR: discussion des articles*) Einzelberatung (im Gesetzgebungsverfahren); **– en dessous** (*StVR*) Unterführung; **– de la frontière** Grenzübertritt *m*; **– à niveau gardé** (*StVR*) beschrankter Bahnübergang *m*; **– à l'ordre du jour** Übergang zur Tagesordnung; **– policé** durch die Polizei überwachter Fußgängerübergang; **– protégé** (*StVR*) Vorfahrt(recht) (an Straßenkreuzungen).

passager *adj* vorübergehend, zeitweilig; für kurze Zeit.

passager *m* Fahrgast *m*, Passagier *m*, Reisende(r) *m*; Fluggast; **– clandestin** Schwarzfahrer *m*; blinder Passagier.

passant *m* Passant *m*, Fußgänger *m*.

passation *f* **d'un acte** (1) Aufnahme *od.* Errichtung einer Urkunde, (2) Abschluss eines Rechtsgeschäfts; **– de commande** Auftragserteilung; **– en compte** Verbuchung *f*, Verrechnung; **– du contrat** Vertrags- *od.* Geschäftsabschluss; **– en écritures** (*HR*) Buchung *f* (in einem Geschäftsbuch), Verbuchung; **– d'un marché** (1) (*VwR*) Vergabe *f* eines öffentlichen Auftrages, (2) (*HR*) Vertragsabschluss; **– des pouvoirs** (*VerfR*) Übertragung der Amtsgeschäfte, Regierungswechsel; **– du service** (*VwR*) Amtsübergabe *od.* -übernahme, Ablösung im Amt.

passavant *m* Zollfreischein *m*; Bestätigung *f* über die Steuerfreiheit bzw. über die Vorauszahlung von Steuern; Passierschein *m*.

passe *f* (1) (*Buchf*) Ausgleichsbetrag *m* (für Kassenfehlbeträge), Kassenzuschuss *m*, (2) (*VR: Meer*) Durchfahrt *f*, schmales Fahrwasser; **faire une –** *umg* mit einer Dirne verkehren; **maison de –** Bordell *n*.

passé *m* Vergangenheit *f*; **comme par le –** so wie bisher, wie gehabt; **effet sur le –** Rückwirkung *f*.

passé *adj* vergangen, vorüber; **l'an –** voriges Jahr; **la semaine –e** vorige Woche; **– ce délai** nach Ablauf dieser Frist.

passe-droit *m* (1) (regelwidrige) Vergünstigung, (ungerechtfertigte) Bevorzugung, (2) Ungerechtigkeit *f*.

passe-partout *m* Hauptschlüssel *m*.

passeport *m* (1) (Reise-) Pass *m*, (2) (*SeeHR*) Zollklarierungsschein *m*; **autorité délivrant les –s** Passbehörde *f*; **bureau d'établissement des –s** Passstelle *f*, Passamt *n*; **contrôle du –** Passkontrolle *f*; **délivrer un –** einen Pass ausstellen; **demandeur d'un –** Passbewerber *m*; **établir un –** einen Pass ausstellen; **se faire délivrer un –** sich einen Pass ausstellen lassen; **faire viser son –** seinen Pass mit einem Sichtvermerk *od.* Visa versehen lassen; **régime des –s** Passwesen *n*; **titulaire du –** Passinhaber *m*.

passeport biométrique *ou* **électronique** e-Pass, biometrischer Pass, Reisepass mit integriertem Chip und biometriefähigem Passbild; **– collectif** Sammelpass; **– en cours de validité** gültiger Reisepass; **– diplomatique** Diplomatenpass; **– étranger** Pass eines Ausländers; **– pour étrangers** Fremdenpass; **– expiré** verfallener *od.* abgelaufener Pass; **– familial** Familienpass; **– individuel** Einzelpass; **– Nansen** (*VR*) Nansenausweis *od.* -pass; **– national** (National-) Pass, Heimatpass; **– permanent** Dauerreisepass; **– sanitaire** Gesundheitspass; **– de service** Dienstpass.

passer *v.tr. et intr.* überqueren, durchqueren; gehen, reisen, fahren, fliegen; **faire – qqn. en justice** jmdn. vor Gericht stellen; **– accord** eine Abmachung treffen; **– un acte** (1) (*ZR*) eine Urkunde aufnehmen *od.* errichten, (2) ein Rechtsgeschäft abschließen; **– à l'acte** *ou* **aux actes, – à l'action** (*StR*) handgreiflich werden; zur Tat schreiten; **– à l'actif** (*Buchf*) gutschreiben, aktivieren; **– par les armes** (*MilR*) hinrichten, erschießen; **– à la caisse** (*die Zeche*) zahlen, bezahlen; **– une commande** (*HR*) einen Auftrag erteilen; **– une commande de gré à gré** (*VwR*) einen öffentlichen Auftrag freihändig vergeben; **– en compte** verbuchen, verrechnen; **– un contrat** einen Vertrag (ab-) schließen; **– une contre-lettre** (*StR, SteuerR*) eine Nebenabrede treffen; ein Umgehungsgeschäft abschließen; einen Schwarzkauf tätigen; **– au crédit** gutschreiben; **– devant** den Vorrang haben.

passer en écritures (ver-) buchen; **– à l'ennemi** zum Feinde überlaufen; **– un examen** eine Prüfung ablegen, ein Examen machen; **– dans les faits** in die Tat umgesetzt werden, verwirklicht werden; **– un faux billet** Falschgeld verbreiten; **– en force de chose jugée** (*PrzR*) Rechtskraft erlangen, rechtskräftig werden; **– en fraude** einschmuggeln; **– un marché** einen Vertrag *od.* ein Geschäft abschließen.

passer à l'ordre du jour zur Tagesordnung übergehen; **– outre** (über etwas) hinweggehen, ohne Berücksichtigung der Einwände fortfahren, einen Einspruch nicht berücksichtigen; **– au peigne fin** (*StR*) (einen Tatort) genau untersuchen; **– les pouvoirs** die Amtsgeschäfte übertragen; **– la rampe** *fig.* gut ankommen; **– qqch. sous silence** verschweigen, mit Stillschweigen übergehen; **– à tabac** (*StR*) körperlich misshandeln (beim Verhör, während der Festnahme); **– de vie à trépas** sterben.

passerelle *f* Fußgängerbrücke *f*; Ladebrücke *f*; Gangway *f*.

passeur *m* (*StR, AuslR*) Fluchthelfer *m*; **– de drogue** (*StR: umg. fourmi*) kleiner Rauschgiftschmuggler *m*.

passible *adj*: **être – d'une amende** durch eine Geldstrafe geahndet werden; **être – d'une peine** mit Strafe bedroht sein, strafbar; **– d'un impôt** der Steuerpflicht unterworfen sein, steuerpflichtig.

passif *m* (*Buchf, GesR*) Passiva *nur Pl.*, Passivseite *f*, Passiva *pl*, Schulden *fpl*; **article du –** Passivposten *m*; **au –** auf der Passivseite, unter den Passiven; **– du bilan** (*GesR*) Passivseite *f* der Bilanz (Grundkapital, Rückstellungen, Rücklagen u. Verbindlichkeiten); **– exigible** fällige Verbindlichkeiten *fpl*; **– externe, – réel** Verbindlichkeiten (einer Gesellschaft) Dritten gegenüber, aufgenommene Gelder; **– hypothécaire** Hypothekarschulden *fpl*; **– interne** (*GesR*) Forderungen der Gesellschafter gegenüber ihrer Gesellschaft; **– social** Verbindlichkeiten einer Gesellschaft.

passif *adj* untätig, passiv; teilnahmslos; **commerce –** Einfuhrhandel *m*; **défense passive** passiver Widerstand; **dettes passives** Passiva *pl*, Schulden, Verbindlichkeiten *fpl*; **sujet – d'une obligation** Schuldner *m*.

pasteur *m* protestantischer Pastor, Seelsorger *m*.

pastoral *adj*: **lettre –e** Hirtenbrief *m*.

pastorat *m* Pfarramt *n*.

patent *adj* offenbar, offensichtlich; offenkundig, klar.

patente *f* (1) (*hist. SteuerR; aujourd'hui: taxe professionnelle*) Gewerbesteuer *f*, (2) (*SeeHR*) Schiffspatent *n*, Patent; **– de batelier** Schifferpatent; **– de batelier du Rhin** Rheinschifferpatent; **– de jauge** Eichschein *m*; **– de navigation** Schifferpatent; **– sanitaire** (1) (*SeeHR*) Schiffsattest *n*, (2) Gesundheitspass *m*.

paternalisme *m* Paternalismus *m*, Gängelung *f*, Bevormundung; paternalistische Betriebsführung.

paternel *adj* väterlich; **autorité –le** väterliche Gewalt; **filiation –le** Abstammung väterlicherseits.

paternité *f* Vaterschaft *f*; **action en recherche de –** Abstammungsklage, Statusklage; **action en reconnaissance de –** Vaterschaftsklage; **présomption de –** Vaterschaftsvermutung; **recherche de la –** Erforschung der nichtehelichen Vaterschaft; **reconnaissance de –** Vaterschaftsanerkenntnis; **– civile** adoptive Vaterschaft; **– hors mariage** außereheliche Vaterschaft; **– légitime** eheliche Vaterschaft; **– naturelle** nichteheliche *od.* außereheliche Vaterschaft; **– de l'œuvre** (*UrhR*) Urheberschaft am Werk.

pathologique *adj* krankhaft;

antécédents –s Vorgeschichte (des Kranken).
patient *m* Patient; Kranker *m.*
patienter *v.intr.* sich gedulden, warten.
pâtir *v.intr.* leiden, erleiden; ertragen; **– de l'injustice** ungerecht behandelt werden.
patriarcal *adj* vaterrechtlich; erzväterlich, patriarchalisch.
patriarcat *m* Vaterrecht *n*; Väterherrschaft *f*, Patriarchat *n.*
patrie *f* Heimatstaat *m*; Vaterland *n*, Heimat *f*; **– d'adoption** Wahlheimat.
patrilinéaire *adj* (Abstammung) väterlicherseits.

Nicht vergessen, dass im Gegensatz zum deutschen Recht, der frz. Vermögensbegriff die Passiva mit einschließt.

patrimoine *m* (1) (*SchuldR: ensemble des biens et des obligations d'une personne, l'actif et le passif formant une universalité de droit*) (Aktiv- u. Passiv-) Vermögen *n* (als Gesamtheit der geldwerten rechtlichen Beziehungen einer Person, sämtliche Aktiva und Passiva umfassend), Gesamtheit der Aktiva u. Passiva (einer natürlichen *od.* juristischen Person), (2) (*ZR: masse de biens à affectation spéciale ou à régime particulier*) Vermögensmasse *f*, die einem besonderen Verwendungszweck dient, (3) (*Pol*) nationales Erbe *n*, Kulturgüter *npl*, (3) (*GesR*) Gesellschaftsvermögen *n*, (4) (*FamR*) Familiengut *n*, (5) (*hist.*) väterliche Erbgüter *npl*, Patrimonialgüter; **dilapider son –** sein Vermögen verschleudern *od.* vergeuden; **– d'affectation** Zweckvermögen, zweckgebundenes Vermögen; **– de l'association** Vereinsvermögen *n*; **– commun** gemeinschaftliches Vermögen; **– distinct** Sondervermögen; **– final** Endvermögen; **– génétique** *ou* **– héréditaire** Erbgut *n*, Genotyp *m*; **– initial** Anfangsvermögen; **– maternel** Vermögen mütterlicherseits; **– national** nationales Erbe; **– originaire** Anfangsvermögen; **– social** (1) (*GesR*) Gesellschaftsvermögen, (2) (*ZR*) Vereinsvermögen.
patrimonial *adj* zum Vermögen gehörend; **biens patrimoniaux** Aktivvermögen *n*; **charges –les** (Vermögens-) Passiva, Schulden *fpl*; **droit –** Vermögensrecht; **situation –le** Vermögensverhältnisse *npl.*
patrimonialité *f* Vermögenszugehörigkeit *f*, Eigenschaft als geldwerte und übertragbare Güter.
patriotisme *m* Vaterlandsliebe *f*; Bürgersinn *m.*
patron *m* (1) (*ArbR: employeur, chef d'entreprise*) Arbeitgeber *m*, Betriebsinhaber *m*, (2) (*ÖfR*) Dienstherr *m*, Dienstgeber (Aut), (3) (*ArbR: maître d'apprentissage*) Lehrherr *m*, Ausbilder *m*, (4) (*SeeHR*) Schiffsführer *m*, (5) (*KirchR*) Schutzheiliger *m*, Schutzpatron *m*; **– d'embarcation** Bootsführer *m*; **– de thèse** (*HochschulR*) Doktorvater.
patronage *m* (1) Schirmherrschaft *f*, (2) Betreuung, Fürsorge *f.*
patronal *adj* Unternehmer-, Arbeitgeber-.
patronat *m* Arbeitgeber *mpl*, Arbeitgeberschaft *f*, Unternehmer *mpl*; **conseil national du – français** (*ArbR: ancienne dénomination du mouvement des entreprises de France MEDEF*) Vereinigung der frz. Arbeitgeberverbände.
patronner *v.tr.* unterstützen; betreuen.
patronyme *m* (1) (*hist*) Geschlechtsname, (2) (*ZR: nom de famille*) Familienname *m.*
patronymique *adj*: **nom –** (*ZR: syn.: nom de famille*) Familienname *m.*
patrouille *f* (Verkehrs-) Streife *f.*
pâturage *m* Weideland *n.*
pâture *f* Grünfutter *n*; Weideplatz *m*, Weide *f*; **servitude de –** Weidegerechtigkeit *f.*
paulien *adj*: **action –ne** (*ZPR: action par laquelle un créancier, agissant en son nom personnel, attaque les actes de son débiteur faits en fraude de ses droits – art. 1167 Cciv*) Gläubigeranfechtung *f*, actio pauliana, Klage *f* auf Widerruf des Rechtsgeschäfts des Schuldners (das den Gläubiger schädigt und zur Ver-

eitelung seiner Rechte geschlossen wurde).

paupérisation *f* Verelendung *f*, (Massen-) Verarmung *f*.

pause *f* (*ArbR*) Arbeitspause *f*; **sans –** (Arbeitszeit) durchgehend; **– -café** *f* Kaffeepause *f*.

pauvre *adj* arm, (hilfs-) bedürftig.

pauvre *m* (*SozR: indigent*) hilfsbedürftige Person, Person in (einer) Notlage.

pauvreté *f* (*SozR: indigence*) Hilfsbedürftigkeit, Armut, Mittellosigkeit.

pavillon *m* (1) (*SeeHR*) (Schiffs-) Flagge *f*, (2) (*BauR*) Bungalow *m*, Einfamilienhaus *n*; **arborer son –** seine Flagge hissen *od.* setzen; **battre –** Flagge führen; **certificat de –** Flaggenschein *od.* -brief *m*; **droit de –** Flaggenrecht *n*; **monopole de –** Schiffahrtsmonopol *n*; **surtaxe de –** Zollzuschlag bei der Einfuhr unter fremder Flagge.

pavillon blanc (*VR*) Parlamentärflagge *f*; **– commercial** Handelsflagge; **– de complaisance** billige Flagge, Schattenflagge; **le – couvre la marchandise** frei Schiff, frei Gut; **– marchand** Handelsflagge; **– de service** Dienstflagge.

pavois *m* (*Notar, Konsul usw.*) Rundschild, Schild *m*.

pavoiser *v.tr.* mit einer Flagge schmücken, *fig.* sich freuen.

payable *adj* zahlbar, fällig; **– comptant** sofort zahlbar; Barkauf *m*; **– à l'échéance** zahlbar bei Fälligkeit; **– à la livraison** zahlbar bei Lieferung; **– à un mois** zahlbar in einem Monat; **– à ordre** an eine bestimmte Person oder an Order zahlbar; **– au porteur** an den (jeweiligen) Inhaber zahlbar; **– à présentation** zahlbar bei Vorlage; **– à tempérament** in Raten zahlbar; **– à terme** Zielkauf; zahlbar bei Fälligkeit; **– à vue** zahlbar bei Sicht.

payant *adj* (be-) zahlend; entgeltlich, wofür bezahlt werden muss; *fig* lohnend, gewinnbringend.

paye *f* (Arbeits-) Lohn *n*; (*Soldaten*) Sold *m*; **jour de –** Zahltag *m*.

payement *m* (*SchuldR: voir –> paiement*) Zahlung *f*.

payer *v.tr.* (Geld) (ein- *od.* aus-) zahlen; (Schuld) begleichen; bezahlen; (Ausgaben) bestreiten; (Schuldner) befriedigen; (Schaden) regulieren; (Ausgaben) abdecken; (Arbeiter) entlohnen; (Verbrechen) (ver-) büßen; (Steuern) entrichten; **invitation à –** Zahlungsaufforderung, Mahnbescheid; **– un acompte** eine Anzahlung leisten; **– par acomptes** ratenweise zahlen, abzahlen; **– par anticipation** *ou* **à l'avance, – d'avance** voraus(be)zahlen, eine Vorauszahlung leisten, pränumerando zahlen; **– comptant** per Kasse bezahlen, bar zahlen; **– des contributions** Beiträge entrichten; **– une dette** eine Schuld bezahlen *od.* begleichen; **– en espèces** *ou* **en numéraire** bar zahlen; **– les frais** die Kosten übernehmen; **– -prendre** (*HR*) Cash-and-carry-Handel, Selbstbedienungsgroßhandel; **– à tempérament** in Raten zahlen, abzahlen; **– en trop** überzahlen; **– de sa vie** mit dem Leben bezahlen; **– par virement** überweisen.

payeur *m* Zahler *m*; **mauvais –** säumiger *od.* fauler Schuldner; **les pollueurs seront les –s** (*UmweltR*) (Haftung nach dem) Verursacherprinzip; **– comptable** Lohnbuchhalter *m*; **– par intervention** Ehrenzahler; **– négligent** säumiger Schuldner.

pays *m* Land *n*, Staat *m*; Vaterland; Heimat *f*; Gegend *f*; **– d'accueil** (*AuslR*) Aufnahme- *od.* Gastland (für Flüchtlinge); **– agricole** Agrarstaat *m*; **– associé** (*VR*) assoziiertes Land; **– cosignataire** (*VR*) (Mit-) Unterzeichnerstaat *m*; **– développé** Industriestaat *m*; **– de domicile** Wohnsitzland; **– d'émigration** Auswanderungsland; **– ennemi** (*VR*) Feindstaat *m*; **– d'envoi** (*VR: diplomates*) Entsendestaat; **– étranger** Ausland; **– extérieur au Marché commun** Drittland *n*.

pays du for (*IPR*) Gerichtsstaat *m*; **– d'immigration** Einwanderungsland; **– industriel** Industriestaat; **– insuffisamment développé** unterentwickeltes Land, Entwicklungsland; **– limitrophe** Nachbarland *od.* -staat; **– sous mandat** (*VR*) Mandatsgebiet *n*; **– membre** Mitgliedstaat; **– les**

moins avancés (= PMA) Länder der Vierten Welt, die Ärmsten der Armen; **– non aligné** *ou* **non engagé** blockfreier Staat; **– non membres** Drittländer, Nichtmitgliedsländer; **– d'origine** Ursprungstaat *m*; Herkunftsland; Exportland; Heimatland; **– de refuge** (*AuslR*) Zufluchtsstaat; **– requérant** (*IPR: Amtshilfe*) ersuchender Staat; **– requis** ersuchter Staat; **– de résidence** Wohnsitzland, Aufenthaltsstaat; **– du ressortissant** Heimatstaat *m* (des Staatsangehörigen); **– signataire** Unterzeichnerstaat; **– souverain** souveräner Staat.

pays tiers Drittländer *npl*; **– de transit** *ou* **transitaire** Durchgangs- *od.* Durchfuhrland; **– de l'union** Verbandsland, Vereinsland; **– en voie de développement** Entwicklungsland; **– en voie d'émergence** Schwellenland.

paysage *m*: **protection des –s** (*UmweltR*) Landschaftsschutz *m*; **– audiovisuel français (= PAF)** frz. Medienlandschaft, Struktur der frz. Massenmedien.

paysagiste *m* Landschaftspfleger *m*.

paysan *m* Landwirt *m*.

paysannat *m* Bauernstand *m*.

péage *m* (1) (*StVR: redevance*) Maut *f*, Mautstelle *f*; (Straßen-) Benutzungsgebühr; Wegegeld *n*, Brückengeld, (2) (*SeeHR*) Hafenzoll *m*, Schifffahrtsabgabe *f*; **autoroute à –** gebührenod. mautpflichtige Autobahn; **droit** *ou* **taxe de –** Mautgebühr *f*; **– autoroutier** Mautstelle *f*; Maut *f*.

péccadille *f* (*StR: faute légère et pardonnable*) Bagatellstrafsache *f*, geringfügige Straftat; leichtes verzeihliches Vergehen; **– de jeunesse** Jugendsünde *f*.

pêche *f* Fischerei *f*; Fischfang *m*; **droit de –** Fischereirecht; **grande –** Hochseefischerei; **lieu de –** Fangplatz *m*; **petite –** Küstenfischerei; **règlement de –** Fischereiordnung; **société** *ou* **syndicat de –** Fischereigenossenschaft; **– hauturière** *ou* **au large** Hochseefischerei *f*; **– littorale** *ou* **maritime côtière** Küstenfischerei.

péché *m* **capital** Todsünde *f*; **– originel** Erbsünde *f*.

pêcher *m* Pfirsichbaum *m*.

pêcher *v.tr.* fischen; **– en eau trouble** *fig.* im Trüben fischen.

péculat *m* (*hist. StR: détournement de deniers publics, concussion*) Amtsunterschlagung *f*, Veruntreuung im Amt.

pécule *m* (1) (*ArbR*) gesperrter Teil des Einkommens, (2) (*FamR: réserve pécuniaire au profit d'un enfant mineur*) Geldrücklage, die der Sorge- und Erziehungsberechtigte aus dem Arbeitslohn und den Ersparnissen eines Minderjährigen bildet, (3) (*StVZ*) (bis zur Entlassung gesperrtes) Guthaben des Strafgefangenen; Geldguthaben, welches die Justizvollzugsverwaltung für den Häftling verwaltet, (4) (*AllgSpr*) Notgroschen *m*, Ersparnis *n*; **– disponible** (*StVZ*) Teil des Arbeitsverdiensts über den der Häftling während der Strafverbüßung verfügen kann; **– de garantie** Teil der Entlohnung des Häftlings, der zur Sicherung der Ansprüche der Geschädigten und zur Begleichung der Gerichtskosten zurückbehalten wird; **– de réserve** Lohnanteil, über den der Häftling erst nach der Haftentlassung verfügen kann.

pécuniaire *adj* Geld-, Vermögens-; vermögensrechtlich; **aide –** finanzielle Unterstützung; **amende –** (*StR*) Geldstrafe *f*; **composition –** Abfindung *f*; **demande –** Geldforderung *f*; **embarras –s** Geldsorgen *fpl*; **peine –** (*StR*) Geldstrafe; **réparation –** Geldersatz *m*; **sanction –** Geldstrafe; Geldbuße *f*; **situation –** finanzielle Lage, Vermögenslage *f*; **valeur –** in Geld gemessener Wert (einer Leistung).

pédagogie *f* Erziehungswissenschaft *f*, Pädagogik *f*.

pédégé *m* (*GesR: président-directeur général*) *umg* Generaldirektor *m*, Vorstandsmitglied *n*.

pédérastie *f* (*StR*) Päderastie *f*, Knabenliebe *f*; Homosexualität *f*.

pédiatre *m* Kinderarzt *m*.

pedigree *m* (*LandwR*) (*Tierzucht*) Stammbaum, Pedigree *m*.

pédophilie (*StR*) Pädophilie *f*, krankhafte Neigung zu Kindern.
pédopornographie *f* (*StR*) Kinderpornografie *f*.
pédopornographique *adj*: **représentation –** (*StR: on parle aussi de matériel pornographique représentant un enfant*) kinderpornografische Inhalte.
pègre *f* Verbrecherwelt *f*, Unterwelt.
peindre *v.tr.* darstellen, schildern, beschreiben.
peine *f* (1) (*StR: sanction infligée aux délinquants*) Strafe *f*, Bestrafung *f*; Strafmaß *n*, (2) (*sensation de douleur*) Schmerz *m*, Leiden *n*, (3) (*travail, fatigue*) Arbeit, Last, Mühe *f*, (4) (*inquiétude d'esprit*) Besorgnis, Sorge *f*; *loc.*: **à – de déchéance** bei Verlust *od.* bei Vermeidung des Ausschlusses *od.* des Verlustes, bei sonstigem Verlust; **à** *ou* **sous – de nullité** zur Vermeidung der Nichtigkeit, bei sonstiger Nichtigkeit (Ungültigkeit, Unwirksamkeit); **adoucissement de –** Strafmilderung; **aggravation de –** Straf(ver)schärfung; **application de la –** Strafvollstreckung; Strafvollzug *m*; **atténuation de –** Strafmilderung; **calcul de la –** Strafzu- *od.* -bemessung; **commencement de la –** Strafantritt *m*; **commuer une –** eine Strafe herabsetzen *od.* erlassen; **commutation de –** Straferlass *m*; Strafmilderung; **condamner à une –** eine Strafe aussprechen *od.* verhängen, auf eine Strafe erkennen, zu einer Strafe verurteilen.
peine: **détermination de la –** Straffestsetzung; **durée de la –** Strafmaß *n*, Dauer *f* der Freiheitsstrafe; **encourir une –** sich strafbar machen; eine Strafe verwirken; **exécuter une –** eine Strafe vollziehen; **exécution de la –** Strafvollzug *m*, Strafvollstreckung *f*; **expiration de la –** Strafverbüßung; **faire exécuter une –** eine Strafe vollstrecken lassen; eine Strafe vollziehen, eine Strafe vollstrecken; **fixation de la –** Strafzumessung *od.* -bemessung, Straffestsetzung *f*; **fixer une –** etw. unter Strafe stellen; das Strafmaß festsetzen; **infliger une –** eine Strafe verhängen *od.* auferlegen; **maximum de la –** Höchststrafe *f*; **montant de la –** Strafmaß.
peine: **passible d'une –** strafbar; **prononcer une –** eine Strafe verhängen, auf (eine) Strafe erkennen; **purger une –** seine Strafe verbüßen *od.* absitzen; **quantum de la –** Strafmaß *n*; Strafhöhe *f*; **réduction de –** Strafherabsetzung *f*; **régime des –s** Ausgestaltung der Strafvollstreckung; **remettre une –** eine Strafe erlassen; **rémission d'une –** Straferlass *m* (auf dem Gnadenwege); **sans –** mühelos; **sous – de** unter Strafandrohung, bei Strafe; **subir une –** eine Strafe verbüßen.
peine accessoire (*StR: incapacité résultant automatiquement de la condamnation*) Nebenfolge *f* einer Hauptstrafe (kraft Gesetzes eintretend); **– administrative** (*VwR*) Geldbuße *f* (bei Ordnungswidrigkeiten); Verwarnung *f*; **– afflictive** (1) (*StR: nom donné jadis aux peines criminelles les plus graves, hors la peine capitale, souvent nommées afflictives et infamantes*) Zuchthausstrafe, (2) (*StR: aujourd'hui: peine corporelle, opp. à pécuniaire*) Leibesstrafe *f*, körperliche Strafe; **– alternative** (*StR: mesure édictée par le juge à la place d'une peine d'emprisonnement*) Ersatzstrafe (zumeist in der Form einer gemeinnützigen Arbeit); **– d'amende** Geldstrafe; **sous – d'amende** unter Androhung einer Geldstrafe; **– antécédente** *ou* **antérieure** Vorstrafe; **– arbitraire** Willkürmaßnahme *f*, unangemessene Strafe; **– capitale** Todesstrafe; **– en cas de récidive** Rückfallstrafe; **– collective** Kollektivstrafe.
peine complémentaire (*StR: peine qui peut s'ajouter à la peine principale*) (durch den Richter verhängte) Nebenstrafe; **– conditionnelle** bedingte Strafe; **– contraventionnelle** (*StR: syn. peine de police*) Geldstrafe *f* (verhängt im Falle einer Übertretung), Übertretungsstrafe (die einem deutschen Bußgeld entspricht); **– conventionnelle** (*SchuldR: clause pénale – peine contractuelle*) Vertrags-

od. Konventionalstrafe; **– corporelle** körperliche Strafe *od.* Züchtigung, Leibes- *od.* Körperstrafe; **– correctionnelle** Vergehensstrafe, mittelschwere Strafe (die bei Vergehen verhängt wird); **– correspondant à la culpabilité** angemessene Strafe; **– criminelle** Kriminalstrafe, Strafe für (ein) Verbrechen, Verbrechensstrafe, schwerste Strafe (bei Verbrechen).

peine de détention criminelle Freiheitsstrafe (bei politischen Verbrechen); **– disciplinaire** Disziplinarmaßnahme *f*; **– de droit** gesetzlich vorgesehene Strafe; **– de droit commun** Strafe (bei nicht politischen Straftaten); **– à durée indéterminée** Rahmenstrafe, Freiheitsstrafe von unbestimmter Dauer.

peine d'emprisonnement *ou* **de prison** Freiheitsstrafe (bei Vergehen); Gefängnis- *od.* Arreststrafe; **– encourue** verwirkte Strafe; **– d'ensemble** Gesamtstrafe; **sous – de forclusion** (*ZPR*) zur Vermeidung des Ausschlusses *od.* Rechtsverlusts.

peine incompressible (*StR: peine perpétuelle réelle, sans possibilité de liberté anticipée*) lebenslängliche Freiheitsstrafe ohne Ermäßigungsmöglichkeit (auf dem Gnadenwege); **– infamante** ehrenrührige Strafe, Ehrenstrafe *f*; **– infligée** erkannte *od.* verhängte Strafe; **– judiciaire** gerichtliche Strafe; **– justifiée** gerechtfertigtes Strafmaß; **– légère** milde *od.* geringe *od.* leichte Strafe.

peine maximum Höchststrafe; **– militaire** Wehrdisziplinarstrafe; **– minimum** Mindeststrafe; **– de mort** Todesstrafe; **– normale** Regelstrafe; **– particulière** Einzelstrafe; **– pécuniaire** Geldstrafe; Vermögensstrafe; **– perpétuelle** lebenslange (Freiheits-) Strafe; **– de (simple) police** Übertretungsstrafe; **– politique** Strafe bei politischen Verbrechen; **– prescrite** verjährte Strafvollstreckung; **– prévue par la loi** gesetzlich vorgesehene Strafe.

peine principale (*StR: sanction obligatoirement attachée à une incrimination*) Hauptstrafe; **– privative de droits** (vorübergehende) Aberkennung von Rechten; Einziehung von Gegenständen; Berufsverbot; Fahrverbot; **– privative de liberté** Freiheitsstrafe; **– privée** (*ZPR: sanction infligée en matière civile à titre de punition*) durch ein Zivilgericht verhängte Geldstrafe; **– prononcée** erkannte *od.* verhängte Strafe; **– purgée** verbüßte Strafe; **– de réclusion criminelle** Freiheitsstrafe (bei Verbrechen), Zuchthausstrafe; **– de remplacement** Ersatzstrafe; **– restrictive de liberté** Aufenthaltsverbot; Freizügigkeitsbeschränkungsmaßnahme; **– secondaire** Nebenfolge; **– sévère** besonders harte Strafe; **– de substitution** (*syn.: peine alternative*) Ersatzstrafe *f*.

peiner *v.intr.* (1) sich abmühen, sich anstrengen, große Mühe haben, (2) *v.tr.* jmdm. Sorgen *od.* Kummer bereiten, Verdruss machen.

peinture *f* (1) (*UrhR: tableau, art pictural*) Gemälde *n*, Bild *n*; Malerei *f*, (2) (*BauR*) Anstrich *m*; Anstrichfarbe *f*.

péjoratif *adj* abwertend, abfällig, negativ bewertend, pejorativ; geringschätzig.

pelleteuse *f* Schaufelbagger *m*.

peloter *v.tr.* streicheln, liebkosen; tätscheln.

peloton *m* (*MilR: petite unité*) Abteilung *f*; **– d'exécution** Hinrichtungskommando *n*; **– de punition** *ou* **de discipline** Strafbataillon *n*, Strafabteilung *f*.

pénal *adj* Straf-; **au –** (*StPR*) im Strafverfahren; **condamnation –e** strafrechtliche Verurteilung; **droit –** Strafrecht; **juge –** Strafrichter; **poursuite –e** Strafverfolgung.

pénal *m* Strafgericht *n*; **poursuivre au –** strafrechtlich verfolgen, ein Strafverfahren einleiten gegen . . .; Anklage vor einem Strafgericht erheben.

pénalement *adv* strafrechtlich; im Strafverfahren; **délit – sanctionné** mit einer (Vergehens-) Strafe bedroht; **être – responsable** schuldfähig *od.* strafrechtlich verantwortlich sein.

pénalisation *f* (1) (*WirtR*) Benachteiligung (eines Wettbewerbers), (2) (*Sport*) Verhängung von Strafpunkten.

pénaliser *v.tr.* (1) (*StR: infliger une peine*) bestrafen, mit Strafe belegen; durch Strafgesetz verbieten, (2) benachteiligen.

pénaliste *m* Strafrechtler *m.*

pénalité *f* (1) (*StR: peine en parlant des sanctions applicables aux délits fiscaux*) Strafe bei Steuerdelikten; Buße *f*; Bestrafung *f*, (2) (*ZR: sanction civile*) Vertragsstrafe, Androhung einer in Geld bestehenden Leistung bei nichtgehöriger Erfüllung, (3) (*Sport*) Strafpunkt *m*; Strafstoß *m*; **– accessoire** (*StR*) Nebenfolge (einer Hauptstrafe); **– pour cause de retard** (*ZR*) Säumniszuschlag *m*, Verzugsstrafe; **– contractuelle** *ou* **conventionnelle** Vertrags- *od.* Konventionalstrafe; **– fiscale** (Geldbuße als) Steuerstrafe; **– libératoire** (*BankR: somme d'argent payée au Trésor Public pour mettre fin à une interdiction bancaire*) Zahlung einer Geldstrafe zur Wiedererlangung der Fähigkeit ein Bankkonto zu eröffnen; **– pécuniaire** Vermögensstrafe; Geldstrafe; **– de retard** Säumniszuschlag *m.*

penchant *m* Hang *m*, Neigung *f.*

pencher (1) (*v.intr.: pour*) der Ansicht sein, dass . . ., meinen, dass . . .; (einem Standpunkt) den Vorzug geben, (2) (*v. pron.: se sur*) mit großer Aufmerksamkeit betrachten, sich befassen mit; (ein Problem) angehen.

pendable *adj* hängenswert, den Strick verdienend; **tour –** übler Streich.

pendaison *f* Hängen *n*, Hinrichtung durch den Strang.

pendant *adj* (*PrzR: qui est en instance, qui n'est pas encore jugé*) rechtshängig; **cause –e, litige –** (*ZPR*) (*bei Gericht*) anhängiges Verfahren; **condition –e** (*SchuldR: condition qui n'est pas accomplie*) Schwebezeit *f*; **fruits –s** (*SachR*) ungetrennte (Sach-) Früchte; **procès –** anhängiger Rechtsstreit, schwebendes Verfahren.

pendant *prep* während, im Verlauf von; **– ce temps** währenddessen.

pendre *v.tr.* (*einen Verbrecher*) (auf-) hängen; **– qqn. haut et court** jmdn. ohne viel Federlesens hängen.

pêne *m* Schlossriegel *m.*

pénétration *f* (1) (*HR: d'un support de publicité*) Werbewirkung *f*, (2) (*StR: contre la volonté, viol*) Vergewaltigung *f*, (3) (*VR: dans l'espace aérien*) Eindringen (in den fremden Luftraum), (4) *fig.* Verstandesschärfe *f*, Scharfsinn *m*; **– du marché** Marktzutritt *od.* -öffnung, Marktdurchdringung.

pénétrer *v.tr. fig.* durchschauen; **– les intentions de qqn.** jmds. Absicht erkennen; **– un secret** hinter ein Geheimnis kommen.

pénibilité *f* (*du travail*) Beschwerlichkeit *f*, Mühsal *f.*

pénible *adj* mühsam, beschwerlich; peinlich, schmerzlich; **dans des conditions –s** unter erschwerten Bedingungen.

péniche *f* Flussschiff *n*; Last- *od.* Schleppkahn *m.*

pénitence *f* (auferlegte) Buße *f*; (leichte) Strafe.

pénitencier *m* (*hist*) Strafkolonie *f.*

pénitentiaire *adj* Straf-; **administration –** Justizvollzugsverwaltung *f*; **centre** *ou* **établissement –** Justizvollzugsanstalt *f*; **loi –** Strafvollzugsgesetz *n*; **régime –** Strafvollzugsordnung; **travail –** Gefängnisarbeit *f.*

pénologie *f* Lehre *f* von den Strafen, dem Strafzweck und der Strafzumessung.

pensable *adj* denkbar, möglich, wahrscheinlich.

pensée *f* Gedanke *m*, Idee, Vorstellung, Absicht; Denkvermögen *n*; Betrachtung *f*, Plan *m*; **– unique** (*Pol*) totalitäre Betrachtungsweise.

penser *v.intr. et tr.* denken, meinen, glauben; dafürhalten; eine Meinung haben; **– aux conséquences d'un acte** die Folgen seiner Handlung bedenken.

pension *f* (1) (*SozR: allocation périodique versée au titre de l'assurance vieillesse*) Rente *f*, (Alters-) Ruhegeld *n*, Pension *f*, (2) (*BeamR*) Versorgung *f*, Ruhegehalt *n*, Unterhaltsbeitrag *m*, (3) (*BankR: opération financière*) Sicherungsübereignung von Wertpapieren, (4) (*ReiseR*) Unterkunft mit voller Verpflegung *od.* Teilverpflegung, (5)

Gasthaus *n*, Pension *f*, Fremdenheim *n*; **accorder une –** eine Rente gewähren; **adaptation des –s** Rentenanpassung; **âge de la –** Ruhestands- *od.* Pensionierungsalter *n*, Renteneintrittsalter; **calcul de la –** Rentenberechnung; **conversion de la –** Rentenumwandlung; **qui donne droit à –** pensions- *od.* ruhegehaltsfähig; **droit à (une) –** Rentenanspruch *m*; **effet en –** (*WechselR*) Pensions- *od.* Depotwechsel *m*; **liquidation de la –** (*Soz Vers*) Feststellung der Ruhegehaltsbezüge; **majoration de –** Rentenerhöhung; **point de départ de la –** Rentenbeginn; **revalorisation de la –** Rentenaufbesserung; **révision d'une –** Neufestsetzung der Rente; **servir une –** eine Rente (aus-) zahlen; **taux de –** Rentensatz *m*.

pension acquise Versorgungsbezüge *pl*, auf die ein Anspruch besteht; **– alimentaire** (*FamR: pension versée en exécution d'une obligation alimentaire ou d'une obligation d'entretien*) (gesetzlicher) Unterhalt, Unterhaltsbeiträge *mpl*; Unterhaltszahlung; Alimente *pl*, Alimentenbeiträge *mpl* (S); **– d'ancienneté** Ruhegehalt *n*, Pension; **– anticipée** vorgezogenes Altersruhegeld; **– d'ascendants** Elternbeihilfe *f*; **– à cent pour cent** Vollrente, Vollpension; **– civile** Zivilpension; **– compensatrice** Ausgleichsrente; **– complémentaire** Zusatzrente; **– entière** Vollrente; **– extra-légale** freiwillige Altersversorgung; **– des fonctionnaires** Versorgungsbezüge *pl* der Beamten, Beamtenpension; **– de guerre** Kriegsrente.

pension d'invalidité Erwerbsunfähigkeits- *od.* Invalidenrente; **– à jouissance différée** aufgeschobene Rente; **– d'orphelin** Waisengeld *od.* -rente; **– de péréquation** Ausgleichsrente; **– prématurée** Frührente; **– principale** Hauptrente; **– professionnelle** Berufsunfähigkeitsrente; **– proportionnelle** anteilige Rente; **– publique** öffentliche Altersrente; **– de réforme** Invalidenrente.

pension de retraite (1) (*BeamR*) Ruhegehalt *n*, Alterspension, Pension, (2) (*ArbR, SozR*) Altersruhegeld, Altersrente; **– – complémentaire** zusätzliche Altersversorgung; **droit à une – –** Ruhegehaltsanspruch *od.* -berechtigung, Pensionsanspruch *od.* -berechtigung; **– – des mineurs** Knappschaftsrente.

pension réversible *ou* **de réversion** Hinterbliebenenrente (des Ehegatten); (an den hinterbliebenen Ehegatten) zurückfallende Altersrente, Witwenrente, Witwengeld; **– révisée** angeglichene Pension; **– de survie** *ou* **de survivant** Hinterbliebenenrente; **– transitoire** Übergangsrente; **– de veuf** Witwerrente; **– de veuve** Witwenrente; **– viagère** Leibrente, lebenslängliche Pension; **– de vieillesse** Altersruhegeld; **– de vieillesse anticipée** vorgezogenes Altersruhegeld, Frührente.

pensionnaire *m* (1) Empfänger eines Jahresgehalts, (2) mit festem Gehalt angestellter Schauspieler, (3) (*SchulR*) Internatsschüler, (4) Feriengast *m*.

pensionnat *m* Internat *n*, Schülerheim *n*.

pensionné *m* Ruhegehaltsempfänger *m*, Rentenbezieher *od.* -empfänger.

pensionner *v.tr.* in den Ruhestand versetzen, pensionieren.

pensum *m* (*SchulR*) Strafarbeit *f*.

pente *f* Hang *m*, Hangneigung *f*; **forte –** (*StVR*) starke Steigung.

Pentecôte *f* Pfingsten, Pfingstfest *n*.

pénultième *adj* (*avant-dernier*) vorletzte (r).

pénurie *f* (starker) Mangel *m*, Verknappung *f*, Knappheit *f*, Mangellage *f*; **– d'appartements** *ou* **de logements** Wohnungsnot *f*, Wohnraummangel *m*; **– d'argent** Geldknappheit, Geldnot *f*; **– de capitaux** Kapitalknappheit; **– de crédit** Kreditverknappung; **– de devises** Devisenmangel; **– d'énergie** Engpass *m* in der Energieversorgung; **– de main d'œuvre** Arbeitskräftemangel; **– de vivres** Nahrungsmittelmangel *m*.

percée *f* (*Mauer*) Durchbruch *m*; (*Haus*) Lichtöffnung *f*; (*Wald*) Schneise *f*.

percepteur *m* (*SteuerR*) Finanzbeamte (r), Steuereinnehmer *m*; Finanzamt.

perception *f* (1) (*SozR, ZR*) (*von Lohn, Rente*) Erwerb *m* der Erzeugnisse *od.* Früchte *od.* Einkünfte (durch den Berechtigten), (2) (*SteuerR: recouvrement des impôts*) (Steuer)Einziehung *od.* Erhebung, Steuereinnahme *f*, Steuer- *od.* Abgabeneinhebung (Aut), (3) (*bureau*) Finanzamt *n*, Finanzkasse, Steuerbehörde *f*, (4) *Allgspr.* Wahrnehmung *f*; Wahrnehmungsvermögen *n*; **date de la –** Erhebungszeitpunkt *m*; **rôle de –** Liste der Steuer(entrichtungs)pflichtigen; **taux de –** Hebesatz *m*; **– abusive** rechtsmissbräuchliche Steuererhebung; **– de droits** Erhebung von Gebühren *od.* Zöllen; **– des fruits** (*SachR*) Fruchtziehung; **– en nature** Natural- *od.* Sachbezug *m*; **– préalable** Vorauserhebung *f*; **– du risque** Risikowahrnehmung; **– à la source** Einziehung *f* (der Lohnsteuer) durch Lohnabzug; **– supplémentaire** Steuernachforderung *f*.

percevable *adj* (*SteuerR*) erhebbar, einziehbar.

percevoir *v.tr.* (1) (*Früchte, Einkünfte*) erwerben, (be-) ziehen, (2) (*Steuern, Zölle*) erheben, (3) (*Geldbeträge*) einnehmen; einziehen, eintreiben, (4) wahrnehmen; **– une cotisation** einen Beitrag erheben; **– des prestations sociales** Sozialleistungen erhalten.

perchoir *m* (*VerfR: tribune élevée où siège le président de l'Assemblée nationale, et, par extension, présidence de l'Assemblée nationale*) (erhöhte) Sitzbank des Präsidenten der der Nationalversammlung, Präsidium der Nationalversammlung.

perdant *m* (*PrzR*) Verlierer *m*, unterlegene Partei.

perdition *f* Untergang *m*, Verderben *n*; **navire en –** Schiff in Seenot.

perdre *v.tr.* verlieren; einbüßen, einen Verlust erleiden; **se –** *v. pron.* abhanden kommen; **– connaissance** bewusstlos werden; **– contenance** die Fassung verlieren; **– la face** sein Gesicht *od.* sein Ansehen verlieren; **– un procès** unterliegen, einen Prozess verlieren; **– du terrain** zurückgehen, nachlassen; **– la vie** sterben; **– de vue** aus den Augen verlieren.

perdu *adj* verloren; **bureau des objets –s** *ou* **trouvés** Fundbüro *n*; **– dans la foule** in der Menge untergetaucht.

perdurer *v. intr.* fortbestehen, andauern.

père *m* (1) (*FamR*) Vater *m*, (2) (*UrhR*) Schöpfer, Urheber *m*, (3) (*KirchR*) Pater *m*, Klosterbruder *m*; **en bon – de famille** (*ZR, HR*) sorgfältig, mit der im Rechtsverkehr erforderlichen Sorgfalt; **de – en fils** vom Vater auf den Sohn; **placement de bon – de famille** mündelsichere Anlage; **– adoptif** Adoptivvater; **– légitime** Vater eines ehelichen Kindes; **– naturel** Vater eines nichtehelichen Kindes; **– nourricier** Pflegevater; **– spirituel** Beichtvater *m*.

péremption *f* (*ZPR, GB*) Verlust *m* eines Anspruchs *od.* Rechts infolge Fristablaufs; Verwirkung (eines Rechts); Verjährung (eines Anspruchs); **date de –** Verfalltag *m*, (*Ware*) haltbar bis; **délai de –** Ausschluss- *od.* Verfallfrist; **tomber en –** verjähren; **– de l'action** Klageverwirkung; **– d'instance** (*ZPR: anéantissement des actes de procédure antérieurement accomplis dans une instance, lorsqu'un certain délai s'est écoulé sans qu'aucun acte ait été fait*) Verwirkung *f*, Ungültigwerden aller Prozesshandlungen des Klägers *od.* Beklagten (infolge Verstreichens der vorgesehenen Frist).

péremptoire *adj* (1) aufhebend, ausschließend, verjährend, (rechts-) verwirkend, peremptorisch, (2) (*irréfutable, induscutable*) unbestreitbar, unwiderlegbar; **argument –** zwingender Beweis; **délai –** (*PrzR: qui tire sa force de l'expiration d'un délai*) Ausschluss- *od.* Präklusivfrist; **exception –** peremptorische Einrede, nicht widerlegbare Einrede; **preuve –** unwiderlegbarer Beweis, unumstößlicher Beweis.

pérenne *adj* lange Zeit dauernd; das ganze Jahr hindurch dauernd; **institution –** altehrwürdige Institution.

pérenniser *v.tr.* verewigen, bleibend machen.

pérennité *f* beständige Dauer.
péréquation *f* (1) (*WirtR: répartition équitable*) Ausgleich *m*, Ausgleichung; gleichmäßige Verteilung, Kompensation, (2) (*SozR, VwR: rajustement*) Lohnangleichung *f*, Rentenanpassung, (3) (*Buchf*) Saldenausgleich *m*, Forderungsaufrechnung; Verrechnung; **créance de –** Ausgleichsforderung; **taxe de –** Ausgleichsabgabe.
péréquation des charges de famille Familienlastenausgleich; **– financière** Finanzausgleich; **– des frais** Kostenausgleich; **– de l'impôt** Steuerausgleich *m*; **– des prix** Preisangleichung *f*.
perfectible *adj* verbesserungsfähig.
perfection *f* Vollendung; Vollkommenheit; Vortrefflichkeit.
perfectionnement *m* (1) Vervollkommnung, Verbesserung, (2) Fort- *od.* Weiterbildung *f*; **brevet de –** Verbesserungspatent *n*; **cours** *ou* **stage de –** Fortbildungslehrgang *m*; **derniers –s (de la technique)** (*PatR*) neueste Errungenschaften (der Technik); **– professionnel** berufliche Fort- *od.* Weiterbildung.
perfectionner *v.tr.* verbessern; weiterentwickeln.
perfidie *f* Treulosigkeit *f*, Heimtücke *f*, Arglist *f*.
perforant *adj* durchbohrend; **balle –e** Hartmantelgeschoss *n*; **blessure –e** Stichverletzung *f*.
performance *f* Leistung *f*, Erfolg *m*; Leistungsfähigkeit.
performant *adj* leistungsfähig, besonders wirtschaftlich; **entreprise –e** leistungs- *od.* wettbewerbsfähiges Unternehmen.
péricliter *v.intr.* verfallen, verkommen; scheitern; gefährdet *od.* bedroht sein, in Gefahr schweben.
péril *m* Gefahr *f*; **au – de sa vie** unter Lebensgefahr; **en cas de –** bei Gefahr im Verzug; **mettre en –** gefährden; **à ses risques et –s** auf eigene Rechnung und Gefahr; **– en la demeure** Gefahr im Verzuge; **–s de la mer** Gefahren der Seeschiffahrt.
périlleux *adj* gefährlich, bedrohlich; **entreprise périlleuse** gewagtes Unternehmen; **il est – de** es stellt eine Gefahr dar, wenn . . ..
périmé *adj* ungültig, verfallen, abgelaufen; verjährt.
périmer *v.pron.* ungültig werden, verjähren, verfallen; **laisser – une instance** (*ZPR*) einen Gerichtstermin nicht wahrnehmen.
périmètre *m* Umfang *m*, Umkreis *n*; **– défensif** Verteidigungsgürtel *m*; **– de mise en défens** Schonung *f*; **– de prospection** Schürfgebiet *n*, Aufsuchungsfeld *od.* -gebiet *n*; **– de protection** (*StR*) Bannkreis *m*, Schutzbezirk *m*; **– de remembrement** Umlegungsgebiet *od.* -bezirk; **– de sécurité** Sicherheitsabstand *m*; Sicherheitszone *f*; **– sensible** (*UmweltR*) durch Umweltbelastungen gefährdetes Landschaftsbild; **– urbain** Stadtbezirk *m*.
période *f* (1) (*espace de temps*) Zeitraum *m*, (Zeit-) Abschnitt *m*, Periode *f*, (2) Stadium *n*, Phase *f*; **– d'abonnement** Bezugszeitraum *m*; **– d'activité** (*BeamR*) Amtszeit *f*; **– d'adaptation** (*ArbR*) Einarbeitungszeit; **– d'amortissement** Abschreibungszeitraum; **– d'arrêt de l'exploitation** Ausfallzeit; **– assimilée** (*SozVers*) Ersatzzeit; **– d'assurance accomplie** zurückgelegte Versicherungszeit.
période de chaleur (*UmweltR*) Hitzewelle *f*; **– de chômage** Zeitraum der Arbeitslosigkeit; **– de comparaison** Vergleichszeitraum; **– complémentaire** (1) (*SozVers*) Zurechnungszeit *f*, (2) (*HaushR*) Bereinigungsfrist *f*; **– de comptabilisation** Verbuchungszeitraum; **– comptable** Abrechnungszeitraum *m*; **– de congés** Urlaubszeit; **– considérée** Berichtszeitraum; **– constitutive** (*GesR*) Gründungszeitspanne; **– constitutive** (*GesR*) Gründungszeitspanne *f*; **– creuse** Flaute *f*; **– de crise** Krisenzeit; **– de décompte** Abrechnungszeitraum; **– de démarrage** Anlaufzeit; **– déterminée** festgesetzter *od.* bestimmter Zeitraum.
période électorale Wahlperiode; **– d'emploi** Beschäftigungszeit(en) *f(pl)*;

– d'essai (1) (*ArbR*) Probezeit *f*, (2) Versuchsstadium *n*; **– de formation** Ausbildungszeit; **– imposable** *ou* **d'imposition** Veranlagungs- *od.* Besteuerungszeitraum, Veranlagungsperiode; **– légale de la conception** (*FamR*) (gesetzliche) Empfängniszeit; **– d'observation** (*InsolvenzR*) (sechsmonatiger) Betriebsbeobachtungs- und Sanierungszeitraum; **– d'ouverture de la chasse** Jagd- *od.* Abschusszeit; **– de prospérité** Hochkonjunktur *f*; **– de protection** Schutzperiode; **– de radioactivité** (*UmweltR*) Halbwertzeit (des radioaktiven Zerfalls); **– de référence** Vergleichszeitraum.

période suspecte (*InsolvenzR*) Zeitraum zwischen der Zahlungseinstellung und der Eröffnung des Insolvenzverfahrens (die in diesem Zeitraum durch den Schuldner abgeschlossenen verdächtigen Rechtsgeschäfte können von den Insolvenzgläubigern angefochten werden); **– de taxation** Veranlagungs- *od.* Besteuerungszeitraum; **– de transition** *ou* **transitoire** Übergangszeit; **– de vacances** Ferienzeit *f*; **– de validité** Geltungs- *od.* Gültigkeitsdauer.

périodicité *f* Periodizität *f*, Wiederkehr *f* in gewissen Zeitabständen; Periodik *f*.

périodique *adj* wiederkehrend, regelmäßig; **contrôle –** Überprüfung in gewissen Zeitabständen; laufende Kontrolle; **somme payable à des termes –s**.

périodique *m* (*MedienR*) (Wochen-, Monats-) Zeitschrift *f*; **– professionnel** Fachzeitschrift *f*.

périodiquement *adv* in festgelegten Zeitabständen, periodisch.

péripétie *f* (*incident, circonstance imprévue*) Umstand *m*; (unerwartete) Veränderung der Umstände; Wendepunkt *m*, Umschwung *m*.

périphérique *m* (*Urbanistik*) Ringautobahn *f*.

périphraser *v.intr.* umschreiben.

périr *v. intr.* (1) (*Sache*) untergehen, (2) (*Recht*) verfallen, (3) (*Person*) umkommen, sterben.

périssable *adj* (1) vergänglich, (2) (*Ware*) leicht verderblich.

permanence *f* (1) (*Polizei, Arzt*) Bereitschaftsdienst *m*; Bereitschaftslokal *n*, (2) Fortdauer *f*, Bestand *m*; **en –** ohne Unterbrechung; ständig; **– électorale** Parteibüro *n* (während der Wahlzeit); **– de nuit** Nachtbereitschaftsdienst.

permanent *adj* (1) ständig, beständig, dauerhaft, anahltend, bleibend, (2) durchgehend, von Dauer, ununterbrochen; **emploi –** unkündbare Stellung; **incapacité –e de travail** dauernde Arbeitsunfähigkeit; **tribunal –** ständiges Gericht.

permanent *m* (*ArbR: en particulier d'un syndicat, d'un parti politique*) hauptamtlicher Mitarbeiter; hauptberuflich Beschäftigte(r) (einer Gewerkschaft *od.* Partei), Gewerkschaftsfunktionär *m*.

permettre *v.tr.* erlauben, gestatten; dulden, zulassen.

permis *adj* erlaubt, genehmigt, gestattet; nicht gesetzlich verboten.

permis *m* (1) (*VwR: document attestant une autorisation*) (schriftlich erteilte) Genehmigung *od.* Erlaubnis *f*, Bewilligung, Berechtigungsschein *m*, (2) (*StVR: titre délivré pour conduire un véhicule automobile*) Fahrerlaubnis *f*, Führerschein *m*; **titulaire d'un –** Inhaber einer Fahrerlaubnis; **– de bâtir** (*BauR*) (erteilte) Baugenehmigung; **– de chasse** Jagdrecht *n*; Jagdausübungsberechtigung (nach Ablegung einer Prüfung); **– de chasser** Jagdschein *m*; **– chef** (*ZollR*) Zollanmeldung *f*; **– de circulation** (1) Fahrschein, (2) (*StVR*) Fahrerlaubnis; Zulassung (eines Kraftfahrzeuges); **– de citer** (*ZPR*) Gestattung der Klageeinreichung (erteilt durch den Richter nach vergeblichem Sühneversuch); **– de colportage** (*HR*) Wandergewerbeschein; **– de communiquer** (*StVZ*) Kommunikationserlaubnis *f* (von Häftlingen) untereinander *od.* mit der Außenwelt.

permis de conduire (*StVR*) Fahrerlaubnis *f*, Führerschein *m* (für Kraftfahrer); **– – à points** (*StVR*) Punkteführerschein *m*, Fahrerlaubnis mit Entziehung einzelner Punkte gemäß

Strafpunktesystem; **conduite sans – –** Fahren ohne Führerschein; **passer son – –** die Führerscheinprüfung ablegen; **retrait du – –** Entziehung der Fahrerlaubnis, Führerscheinentzug *m*.

permis de construire Baugenehmigung *f*; **délivrer un – –** eine Baugenehmigung erteilen; **refuser le – –** den Bauantrag ablehnen.

permis de démolition (*BauR*) Abbruchserlaubnis *od*. -bewilligung; **– de détention d'explosifs** Erlaubnis zum Besitz von Sprengstoffen; **– d'entrée** (*AuslR*) Einreisebewilligung *od*. -erlaubnis; **– d'établissement** Niederlassungsbewilligung; **– d'exploitation** (1) (*HR*) Gewerbeschein, (2) (*Bergbau*) Ausbeutungslizenz *f*; **– d'exportation** Ausfuhrbewilligung *od*. -genehmigung; **– d'importation** Einfuhrbewilligung *od*. -genehmigung.

permis d'inhumer Totenschein *m*; **– de navigation** Schiffszertifikat *n*; **– de passage** Passierschein; **– de pêche** Fischereirecht *od*. -erlaubnis; **– de pêcher (à la ligne)** Angelschein; **– de port d'armes** Waffenschein; **– de prospection** *ou* **de recherche** Schürfrecht *n*, Schurfbewilligung; **– de résidence** Niederlassungserlaubnis.

permis de séjour (*AuslR*) Aufenthaltserlaubnis *f*; **– de sortie** Ausreiseerlaubnis; **– de stationnement** (ständige) Parkerlaubnis (auf öffentlichen Grund und Boden); **– de transit** Durchfuhrbewilligung; Durchreisegenehmigung; **– de transport** Warentransporterlaubnis; **– de travail** Arbeitserlaubnis.

permissible *adj*: **dose –** (*UmweltR*) zulässige Dosis *f*.

permissif *adj*: **société permissive** (*Pol*) permissive Gesellschaft.

permission *f* (1) (*VwR: autorisation*) Erlaubnis *f*, (2) (*VerfR: liberté, faculté*) gesetzlich garantierter Handlungsspielraum, Freiheit, (3) (*MilR: congé*) Urlaub *m*; **avoir la – de ...** die Erlaubnis haben (etwas zu tun); **demander la –** um Erlaubnis nachsuchen; **retrait de –** Entziehung einer Zulassung; **titre de –** (*MilR*) Urlaubsschein *m*; **– exceptionnelle** Sonderurlaub *m*; **– de justice** gerichtliche Erlaubnis; **– de la loi** (*StR: fait justificatif trouvant sa source dans la loi*) Befehl des Gesetzes als Rechtfertigungsgrund; **– permanente** Dauererlaubnis; **– de sortir** (*StVZ*) Ausgang (als Strafunterbrechung); **– de voirie** (*VwR*) Benutzungsbewilligung, Konzessionsverleihung.

permissionnaire *m* (1) (*VwR*) Erlaubnisscheininhaber *m*, (2) (*MilR*) Urlauber; **– d'exploitation** Inhaber einer Konzession *od*. behördlichen (Betriebs-) Erlaubnis.

permissivité *f* Permissivität *f*, freies Gewährenlassen.

permutation *f* (1) Umstellung, Vertauschung *f*, (2) (*BeamR*) (Dienst-) Stellentausch *m*, Versetzung *f*.

permuter *v.tr.* (1) umstellen, umsetzen; vertauschen, (2) (*BeamR*) mit einem anderen Beamten das Amt tauschen.

pernicieux *adj* gefährlich, schlecht; (gesundheits-) schädlich.

perpétration *f* (*StR: accomplissement d'une action que la loi ou la morale réprouve*) Tatbegehung *f*, das Begehen einer strafbaren Handlung; **– d'un crime** (*StR*) Verübung *od*. Begehung eines Verbrechens; **– de l'infraction en commun** gemeinschaftliche Tatbegehung.

perpétrer *v.tr.* (eine Straftat) verüben, (eine Tat) begehen.

perpétuel *adj* (1) dauernd, ständig, (2) (*StR*) lebenslänglich; **–le demeure** (*SachR*) dauernde Verbindung einer beweglichen Sache mit einem Grundstück (wodurch diese unbeweglich wird).

perpétuer *v.tr.* verewigen, fortbestehen lassen, (anhaltend) fortsetzen, (immer) fortdauern; in die Länge ziehen.

perpétuité *f* ununterbrochene Fortdauer; **à –** (*StR: Strafe*) lebenslänglich, auf Lebenszeit.

perplexité *f* Verlegenheit, Ratlosigkeit.

perquisition *loc.* (*StR: visite domiciliaire*) Durchsuchung *f* (einer Örtlichkeit, insbesondere einer Wohnung); genaue Nachforschung *od.* Untersuchung; **faire** *ou* **opérer une –** eine Durchsuchung vornehmen *od.* durchführen; **mandat de –** (*StPR*) Durchsuchungsanordnung *f*; **– domiciliaire** Haus(durch)suchung, Durchsuchung der Wohnung *od.* von Räumlichkeiten.

perquisitionner *v.intr.* durchsuchen; eine (Wohnungs-) Durchsuchung durchführen.

perron *m* **de l'Élysée** Freitreppe im frz. Präsidialamtssitz.

perroquet *m* (*HR*) (drehbarer) Verkaufsständer *m*.

persécuté *m* (*AuslR: poursuivi pour raisons politiques*) (politisch) Verfolgte (r).

persécuter *v.tr.* (unrechtmäßig, politisch) verfolgen; hart bedrängen; unterdrücken.

persécution *f* unrechtmäßige Verfolgung; **délire de –** Verfolgungswahn *m*; **– raciale** rassistiche Verfolgung.

persévérance *f* Standhaftigkeit; Beharrlichkeit *f*.

persévérer *v. intr.* beharren, dabeibleiben; **– dans l'erreur** seinen Irrtum nicht einsehen wollen.

persiflage *m* Verspottung *f*, Verhöhnung *f*; Parodie *f*.

persifler *v.tr.* verspotten.

persister *v. intr.* (1) fortdauern, (2) (*déclaration*) (eine Aussage) aufrechterhalten, (3) (*opinion*) festhalten, beharren, verharren; **–te et signe** (Protokoll) (nach Bekräftigung) unterzeichnen.

persona grata (*lat. VR*) genehme Person; **– non grata** unerwünschte Person, persona non grata.

personnage *m* **haut placé** (*Pol*) wichtige *od.* bedeutende Persönlichkeit.

personnalisation *f* (1) (*Pol, Werbung*) Personalisierung *f*, (2) (*ZR*) Rechtsfähigkeitsverleihung *f*, (3) (*SteuerR, SozR*) Anpassung *f* (der Steuern) an die persönlichen Verhältnisse.

personnalisé *adj* (1) personen- *od.* persönlichkeitsgebunden, (2) (*Vereinigung*) rechtsfähig.

personnaliser *v.tr.* (1) (*ZR*) (einer Vereinigung) die Rechtspersönlichkeit verleihen, (2) (*StR*) (eine Strafe) individualisieren.

personnalité *f* (1) (*ZR: sujet de droit*) Rechtssubjekt *n* (als Träger von Rechten und Pflichten); (Rechts-) Persönlichkeit *f*, (2) (*ZR: personne physique*) natürliche Person, (3) (*Pol: au pluriel*) Prominente (aus Politik u. Wirtschaft); **avoir la –** rechtsfähig sein; **droits de la –** Persönlichkeitsrechte *npl* (als immaterielle Güter); **enquête** *ou* **examen de –** (*StR*) Untersuchung der Persönlichkeit des Straftäters; **grande –** (*ZR: association reconnue d'utilité publique*) Verein mit erweiterter Rechtsfähigkeit (verliehen durch den Conseil d'État); **petite –** (Verein) mit beschränkter Rechtsfähigkeit.

personnalité civile *ou* **juridique** (*ZR: personne physique*) natürliche Person; Rechtssubjekt *n*; **– morale** juristische Person; Rechtsfähigkeit *f* einer juristischen Person; **– morale du droit des gens** Rechtspersönlichkeit im Völkerrecht; Völkerrechtssubjekt *n*; **– des peines** Grundsatz der Beschränkung des staatlichen Strafanspruchs auf den Täter; **– de la société** (*HR*) Rechtsfähigkeit der Gesellschaft.

personne *f* (*ZR, ÖfR: être qui jouit de la personnalité juridique*) (rechtsfähige) Person *f*, Persönlichkeit; Mensch *m*; **action attachée à la –** nichtvermögensrechtliche Klage; **association de –s** (*ZR*) Personenvereinigung; **s'assurer de la – de qqn.** (*StR*) sich jmds. Person bemächtigen, jmdn. festhalten; **dommage aux –s** (*SchuldR*) Personenschaden *m*, Körperverletzung; **droit attaché à la –** Persönlichkeitsrecht; **en –** höchst persönlich; **erreur sur la –** (1) (*SchuldR*) Irrtum *m* über die Eigenschaften der Person, (2) (*StR*) Personenverwechslung; **état d'une –** (1) (*ZR*) Personenstand *m*, (2) (*WirtR*) (ausgeübter) Beruf; **société de –s** Personengesellschaft *f*.

personne active (*WirtR*) Erwerbstätige (r) *m*, erwerbstätige Person; **– administrative** (*ÖfR*) juristische Person des öffentlichen Rechts; **– adulte**

Erwchsene(r) *m*; – **âgée dépendante** (*SozR*) pflegebedürftige Person *f*; – **assistée** (*SozR*) Unterstützungsempfänger *m*.

personne à charge (*FamR: personne dont la subsistance est assurée par une autre*) (durch den Unterhaltspflichtigen) unterhaltene Person, Unterhaltsberechtigte(r); – **civile** (*ZR: personne morale*) juristische Person (des bürgerlichen Rechts); – **dénommée** bestimmte Person; – **déplacée** (*AuslR*) Vertriebene(r) *m*, verschleppte Person; – **disparue** Verschollener *m*; – **en état de dépendance** Pflegebedürftige(r); – **extradée** Ausgelieferte (r) *m*; – **fictive** juristische Person; – **future** (*ErbR*) Leibesfrucht *f*, infans conceptus; – **incertaine** *ou* **indéterminée** unbestimmte *od.* nicht (genau) bestimmte Person; – **internationale** (*VR*) Völkerrechtssubjekt *n*, juristische Person des Völkerrechts; – **interposée** (*HR, StR*) vorgeschobene Person, Strohmann *m*; – **investie du droit de garde** (*FamR*) Person, der die elterliche Sorge zusteht; Erziehungs- *od.* Sorgeberechtigte(r).

personne juridique (*ZR: sujet de droits, titulaire de droits et d'obligations*) Rechtssubjekt *n*; natürliche Person; juristische Person; – **lésée** Geschädigte(r); – **mise en examen** (*StPR: inculpation d'une personne nommément visée*) Beschuldigte(r); Person, gegen die ein Strafverfahren betrieben wird.

personne morale (*ZR, ÖfR: groupement de personnes ou de biens ayant la personnalité juridique*) juristische Person (des Privatrechts, des öffentlichen Rechts); Stiftung *f*; Körperschaft *f*; – – **autonome** (*VwR*) Selbstverwaltungskörperschaft *f*; – – **de droit privé** juristische Person des Privatrechts; – – **de droit public** juristische Person öffentlichen Rechts; – – **territoriale** Gebietskörperschaft.

personne nécessiteuse (*SozR*) hilfs- *od.* unterstützungsbedürftige Person; – **outragée** (*StR*) Beleidigte(r).

personne physique (*ZR: personne humaine comme sujet de droits*) natürliche Person; Mensch *m*; Rechtssubjekt *n*, physische Person (Aut); – **placée sous curatelle** (*FamR*) Personalpflegschaft; Person, für die eine Pflegschaft angeordnet wurde; – **privée** (1) Privatrechtssubjekt *n*, Privatperson, (2) juristische Person des Privatrechts; – **protégée** (*FamR*) fürsorgebedürftige *od.* geschützte Person; – **publique** juristische Person des öffentlichen Rechts, öffentlich-rechtliche Körperschaft; – **reprochable** (*PrzR*) befangene *od.* ablehnbare Person; **–s seules** Alleinstehende *mpl*.

personnel *adj* persönlich; eigenhändig; privat, vertraulich; **action –le** (schuldrechtliche) Leistungsklage *f*; **affaire –le** Privatangelegenheit *f*; **droit –** Forderungs- *od.* Schuldrecht, Anspruch *m*; **strictement –** streng vertraulich; höchstpersönlich.

personnel *m* (1) (*BW: main-d'œuvre*) Belegschaft *f*, Betriebsangehörige *mpl*, Personal *n*, (2) (*VwR*) Bedienstete(n) *mpl*; Beamtenschaft *f*; **administration du –** Personalverwaltung *f*; **assemblée du –** Belegschaftsversammlung; **chef du –** Personalleiter *m*; **compression du –, dégraissage du –** Personalfreisetzung, Personalabbau; **délégation du –** Belegschaftsvertretung; **dépense de –** Personalaufwand *m*; **direction du –** (*ArbR*) Personalabteilung *f*; **effectif du –** Personalbestand *od.* -stärke; **louage de –** (*ArbR*) Arbeitnehmerüberlassung, (unechtes) Leiharbeitsverhältnis *n*; **réduction de –** Personalabbau *m*; **représentants du –** (*ArbR*) (*in einem Betrieb*) Personalvertreter *mpl*; **représentation du –** (*ArbR*) Belegschafts- *od.* Personalvertretung.

personnel administratif (*ÖfR*) Bedienstete, Behördenangehörige; – **auxiliaire** Hilfskräfte *fpl*, Aushilfskräfte; – **de bureau** Schreibkräfte; Büroangestellte; – **civil** (*MilR*) Zivilbedienstete *mpl*; – **communal** (*BeamR*) Bedienstete *fpl* der Gebietskörperschaften.

personnel diplomatique Angehörige des diplomatischen Dienstes; – **de direction** leitende Angestellte, leitendes Personal; **– domestique** Hausangestellte *mpl*, Hausgehilfen *mpl*; **– d'encadrement** Aufsichtspersonal; **– enseignant** Lehrkräfte *pl*; **– de l'État** Staatsbedienstete *mpl*; **– d'exécution** ausführendes Personal; **– fixe** Stammpersonal *n*; **– intérimaire** Zeit(arbeits)kräfte; **– de louage** Leiharbeitskräfte.

personnel de maison Hausangestellte *mpl*; **– de maîtrise** (technisches) Aufsichtspersonal; **– médical** Personal des Gesundheitswesens; **– médical auxiliaire** Pflegepersonal *n*, ärztliches Hilfspersonal; **– navigant** Flugpersonal *n*; (*Schiff*) fahrendes Personal; **– pénitentiaire** (*StVZ*) Strafvollzugspersonal, Angehörige des Strafvollzugsdienstes; **– permanent** festangestelltes Personal, Stammkräfte *fpl*; **– qualifié** Fachpersonal.

personnel saisonnier Saisonarbeiter; **– sanitaire** Sanitäts- *od.* Gesundheitspersonal; **– sédentaire** Stammpersonal; **– de service** Dienstpersonal; **– spécialisé** Fachkräfte; **– statutaire** (*EuR*) Statutarbedienstete; **– subalterne** (1) untergeordnetes *od.* subalternes Personal, (2) (*BeamR*) Angehörige des einfachen Dienstes; **– à la suite** Gefolge *n*; **– supérieur** (1) leitendes Personal, (2) (*BeamR*) Angehörige des höheren Dienstes; **– technique** Fachkräfte *fpl*; **– temporaire** Aushilfskräfte *fpl*, Zeitarbeiter *mpl*.

personnellement *adv* persönlich.

perspective *f* Aussicht *f*, Ausblick *m*, Möglichkeit *f*, Perspektive *f*; **–s d'avenir** Zukunftsaussichten; **–s de croissance, –s d'expansion** Wachstumsmöglichkeiten; **–s du marché** Marktaussichten *fpl*.

perspicacité *f* Scharfsichtigkeit *f*, Scharfsinn *m*.

persuader *v.tr.* überzeugen; überreden.

persuasif *adj* überzeugend; überredend.

PERT *m* (*WirtR: program evaluation and review technique*) Netzplantechnik *f*, Projektterminplanung.

perte *f* (1) (*SchuldR: damnum emergens*) Verlust *m*, (Geld-) Schaden *m*, Einbuße *f*, Ausfall *m*, (2) (*SchuldR: Vernichtung oder Verschwinden*) Verlust der geschuldeten Sache, (3) (*HR, Buchf*) Defizit *n*, Fehlbetrag *m*, (kaufmännischer) Verlust, (4) (*privation d'un droit*) Rechtsverlust *m*; **accuser une –** ein Defizit aufweisen; **déclaration de –** (1) (*VersR*) Verlustanzeige *f*, (2) (*WertpR*) Verlustanmeldung *f*; **déduction des –s** Verlustabzug *m*; **entreprise travaillant à –** Verlustbetrieb *m*; **état des –s** Verlustrechnung *f*; **lourdes –s** hohe Verluste *mpl*; **subir une –** einen Verlust erleiden.

perte accidentelle zufälliger Verlust; **– de bénéfices** Gewinnausfall *m*; **– au bilan** Bilanzverlust; **– de capital** Kapitaleinbuße *od.* -verlust; **– sur cautionnement** Bürgschaftsverlust; **– au** *ou* **sur le change** Kursverlust; **– de la chose due** (*SchuldR*) Untergang der geschuldeten Sache; **– comptable** buchmäßiger Verlust; **– de connaissance** Bewusstlosigkeit; **– sur le cours** Kurseinbuße; **– d'un droit** Verwirkung eines Anspruchs, Rechtsverlust; **– de l'emploi** Arbeitsplatzverlust; **– d'exploitation** Betriebsverlust; **– financière** finanzieller Verlust; **– fonctionnelle complète** (*Soz Vers*) Gebrauchsunfähigkeit; **– du grade** (*MilR*) Rangverlust.

perte indirecte (*SchuldR*) Folgeschaden; **– d'inventaire** Inven-tarverlust; **– de jouissance** Nutzungsausfall; **– de mémoire** Gedächtnisstörung; Gedächtnislücke *f*; **– de la nationalité** Ausbürgerung; **– partielle** Teilverlust; **– pécuniaire** finanzieller Verlust; **– de poids** (*SeeHR*) Schwund *m*; **– de la possession** Besitzverlust; **– de production** Produktionsausfall; **– s et profits** (*GesR*) Gewinn- u. Verlust(rechnung); **– de recettes** Einnahmeausfall *m*, Mindereinnahmen *pl*; **– de rendement** Ertragsausfall; **– reportée** vorgetragener Verlust; **– de revenus** Einkommenseinbuße *f*, Verdienstausfall *m*.

perte de salaire: **indemnité pour – –** Entschädigung für Verdienstausfall, Lohnausfallvergütung *f*; **– –** *ou* **salariale** Lohnausfall, Verdienst- *od.* Lohneinbuße.

perte sèche (*Buchf*) Nettoverlust *m*; **–s sociales** (*GesR*) (Bilanz-) Verlust *m*; **– subie** erlittener Verlust, Einbuße; **– de temps** Zeitverlust *m*; **– totale** Totalverlust; Totalschaden *m*, Vollverlust; **– de travail** Arbeitsausfall; **– de valeur** Wertverlust, Entwertung *f*.
pertinence *f* (1) (*ZPR*) Beweiskraft *f*, Schlüssigkeit, (2) Erheblichkeit; **– des moyens, des faits et articles** (*ZPR*) Wohlbegründetheit der Klage.
pertinent *adj* (1) (*argument, preuve*) stichhaltig, beweiskräftig, schlüssig, triftig, (2) (*fait*) rechtserheblich, relevant, sachdienlich.
perturbateur *m* (*StR*) Störer *m*.
perturbation *f* Störung *f*; Störversuch *m*; **– de l'exploitation** Betriebsstörung.
perturber *v.tr.* stören, beeinträchtigen.
perversité *f* (*MedizinR*) widernatürliche Veranlagung *od.* Triebrichtung, Perversität *f*.
pervertir *v.tr.* verderben, verführen; verdrehen.
pesage *m* Gewichtsfeststellung.
pesanteur *f* Schwerkraft *f*; **– de la bureaucratie** Schwerfälligkeit, Anpassungsunfähigkeit der Verwaltung.
peser *v.tr./v.intr.* (1) wiegen, (2) *fig* bedenken, überlegen, abwägen, prüfen; **– le pour et le contre** das Für u. Wider erwägen.
pesticide *m* Pflanzenschutzmittel *n*.
pétard *m* **d'explosif** Sprengkörper *m*.
petit *adj* klein, geringfügig, unbedeutend, unerheblich; **– actionnaire** Kleinaktionär *m*; **– commerce** (kleine) Einzelhandelsgeschäfte; Tante-Emma-Laden; **–s enfants** (*ErbR*) Enkel *mpl*, Abkömmlinge zweiten Grades; **– fond** (*VR: Meer*) Untiefe *f*; **– juge** (*StPR: juge d'instruction*) frz. Untersuchungsrichter; **– multiple** (*HR*) Detailhandel mit großer Auswahl u. kleinem Kundenstamm; **– porteur** Kleinaktionär *m*; **–e annonce** Kleinanzeige.
petitesse *f* **d'un don** Geringfügigkeit einer Schenkung; **– d'un territoire** kleine Ausdehnung eines Gebiets.
petit-fils, petite fille *m/f* Enkel *m*; Enkelin *f*.
pétition *f* (1) (*VerfR*) Petition *f*, Eingabe *f*, Bittschrift *f*, (2) (*ZPR: requête faite en justice*) Antrag *m*; **droit de –** (*VerfR*) (Beschwerde- und) Petitionsrecht *n*; **recueillir les signatures pour une –** Unterschriften für eine Petition sammeln; **– d'hérédité** Erbschaftsklage *f*, Klage des Erben (gegen den Erbschaftsbesitzer) auf Herausgabe der Erbschaft; **– de principe** Scheinbegründung *f*, petitio principii, Schein- *od.* Zirkelschluss.
pétitionnaire *m* Einreicher einer Petition, Bittsteller *m*.
pétitoire *adj* (*ZPR*) petitorisch, ein dingliches Recht betreffend; **action –** Klage aus einem dinglichen Recht.
pétrole *m*: **gisement de –** Erdölvorkommen *n*.
peu *adv* wenig; geringfügig.
peuple *m* Volk *n*; **élu** *ou* **représentant du –** Volksvertreter *m*; **tribunal du –** Volksgericht *n*.
peuplement *m* Bestand *m*; Besiedelung *f*; **densité de –** *ou* **de population** Bevölkerungsdichte *f*.
peur *f* Angst, Furcht *f*; **– du chômage** Angst vor Arbeitslosigkeit.
phare *m* (*StVR*) Scheinwerfer *m*; Leuchtfeuer *n*; **– de recul** Rückfahrscheinwerfer *m*.
pharmaceutique *adj*: **produit –** Arzneimittel *n*, Medikament *n*.
pharmacien *m* Apotheker *m*; **ordre des –s** frz. Apothekerberufsverband *m*.
pharmacodépendance *f* (*MedizinR*) Arzneimittelabhängigkeit *f*.
pharmacopée *f* amtliches Arzneibuch *n*, Pharmakopöe *f*.
phase *f* Abschnitt *m*, Zeitabschnitt, Phase *f*; **– de la commercialisation** Handelsstufe *f*; **– de développement** Entwicklungsstufe; **– finale** Endphase; **– initiale** Anfangsphase; **– de la procédure** Verfahrensabschnitt *m*; **– de travail** Arbeitstakt *m*; Arbeitsgang *m*.
phénomène *m* Erscheinung *f*, Vorgang *m*; **– économique** wirtschaftlicher *od.* ökonomischer Sachverhalt; **– inflationniste** Inflationstendenz *f*; **– parasite** Nebenerscheinung.

philosophie *f* Auffassung *f*; Konzeption *f*; Grundgedanke *m*; *fig* Gleichmut *f*, Gelassenheit; Lebensweisheit; Grundgedanke *m*; **– de base** Grundkonzept *n*; **– du droit** Rechtsphilosophie *f*.

phobie *f* (exzessive) inadäquate Angstreaktion *f*, Phobie *f*.

photocopie *f* Fotokopie *f*, Ablichtung; **– certifiée conforme** beglaubigte Fotokopie.

photocopillage *m* (*UrhR*) strafbares Ablichten und Vervielfältigen fremder Werke.

photographe *m* **de presse** Bildberichterstatter *m*.

photographie *f* Lichtbild *n*, Aufnahme *f*; **– aérienne** Luftaufnahme *f*; **– cartographique** Messbildaufnahme *f*.

photographique *adj*: **œuvre –** Lichtbildwerk *n*.

phytosanitaire *adj*: **produit –** Pflanzenschutzmittel *n*.

pickpocket *m* (*StR = voleur à la tire*) Taschendieb *m*.

pictural *adj*: **œuvre –le** (*UrhR*) Gemälde *n*.

pièce *f* (1) (*fragment, morceau*) Teil *m*, Stück *n*, (2) (*document, acte, titre*) Schriftstück, Bescheinigung *f*, Aktenstück *n*, Urkunde *f*, Dokument *n*, Beleg *m*, Unterlage *f*, (3) (*pièce de monnaie*) Geldstück *n*, Geldmünze *f*, Münze *f*, (4) (Wohn-) Raum *m*, Zimmer *n*; **fausse –** gefälschte *od.* verfälschte Urkunde; **salaire à la –** Stücklohn *m*, Akkordlohn.

pièce à l'appui Beleg *m*; Beweisstück *n*; Beweismaterial *n*; **– d'argent** Silbermünze *f*; **– arguée de faux** Urkunde, deren Echtheit angezweifelt wird; als falsch beanstandetes Schriftstück; **– de caisse** Kassenbeleg *m*; **– de canon** Geschütz *n*; **– de comptabilité** *ou* **comptable** Rechnungsbeleg *m*, Buchhaltungs- *od.* Buchungsbeleg; **– à conviction** (*StR*) Beweisstück *n*, Überführungsstück.

pièce défectueuse mangelhaftes *od.* fehlerhaftes Teil; **– divisionnaire** Scheidemünze; **– droite de poids** vollwichtige Münze; **– d'eau** Wasserbecken *n*; **– d'état-civil** standesamtliche Urkunde, Personenstandsurkunde; **– de gibier** Wildbret *n*.

pièce d'identité (Personal-) Ausweis *m*, Ausweispapier *n*, Identifikationskarte, Kennkarte; **défaut de – –** Nichtvorlage eines (gültigen) Personalausweises; **– – avec photographie** Lichtbildausweis; **– – provisoire** vorläufiger Ausweis.

pièce d'instruction (*PrzR*) Beweismaterial *n*, Untersuchungsunterlage *f*; **– d'inventaire** Inventarstück *n*; **– jointe (= PJ)** Anlage *f*, Beilage (zu einem Schreiben); **– justificative** Beleg *m* (einer Abrechnung beigefügt), Nachweis *m*; Beweisurkunde *f*, Beweisstück *n*; **– de légitimation** (*WertpR*) Legitimationspapier; **– manquée** fehlerhaftes Werkstück, Ausschuss *m*.

pièce de monnaie Münze *f*, Geldstück *n*, (Münz-) Sorte *f*; **– – divisionnaire** Scheidemünze; **fausse – –** falsches Geldstück.

pièce normalisée Normteil *n*; **– officielle** öffentliche Urkunde; **– d'or** Goldmünze; **– originale** Originalbeleg; **– probante** *ou* **probatoire** Beweisstück *n*; **– de procédure** Schriftsatz *m*, Prozessakten *fpl*; **– de rechange** Ersatzteil *n*; **– de terrain** (*SachR*) (unbebautes) Grundstück, Feld *n*; **– de théâtre** Theaterstück *n*; **– usinée** bearbeitetes Teil.

pièces *fpl* (*PrzR*) Unterlagen *fpl*, Akte *f*; **fournir des – à l'appui** Beweise (bei Gericht) vorlegen; **juger sur –** nach Aktenlage entscheiden *od.* urteilen; **production de –** Akten- *od.* Urkundenvorlage.

pièces détachées Ersatzteile *npl*.

pied *m fig* Grundlage *f*, Basis *f*; **mettre à –** (*ArbR, BeamR*) vom Dienst strafweise ausschließen; **sur – de guerre** einsatzbereit; **au – de la lettre** buchstäblich, wörtlich; **au – levé** ohne Vorbereitung, ad hoc; **à – d'œuvre** an Ort und Stelle.

pied-à-terre *m* kleinere Zweitwohnung.

piège *m* Falle *f*, Schlinge *f*; **tendre un – à qqn.** eine Falle stellen, jmdn. in eine Falle locken.

piégé *adj*: **colis – *ou* lettre –e** Briefbombe *f.*
piégeage *m* Einbau *m* einer versteckten Sprengladung.
piéger *v.tr. fig.* jmdn. täuschen, irreführen, irreleiten.
pierre *f fig* Grundstück *n*, Grundstücksmarkt *m*; **investir dans la –** sein Geld in Immobilien anlegen; **– philosophale** Stein *m* der Weisen, Lösung aller Rätsel; **– précieuse** Edelstein *m.*
piété *f* Verehrung, Ehrfurcht *f*; Frömmigkeit *f.*
piétinement *m* Stillstand *m*, Stagnation *f.*
piéton *m* Fußgänger *m*; **rue –ne *ou* –nière** Fußgängerzone *f.*
pige *f* (1) (*Zeitung*) Zeilenhonorar *n*, (2) (*VwR*) Zeitschriftenwerbungskontrolle; **travailler à la –** freier Mitarbeiter (einer Zeitung) sein.
pigiste *m* (*MedienR: Zeitung*) (nach Zeilen bezahlter) freier Mitarbeiter *od.* Journalist; Nachrichtenhändler *m.*
pignon *m*: **avoir – sur rue** ein (bekanntes) Geschäft besitzen; kreditwürdig sein.
pignoratif *adj* (*SchuldR: qui a trait au contrat de gage*) Pfand-; auf den Pfandvertrag bezüglich; **contrat –** Einräumung eines Pfandrechts; **endossement –** Pfandindossament *n.*
pile *f* (1) Atomreaktor *m*, (2) Brückenpfeiler *m*, (3) Stoß *m*, Haufen *m*; **– à combustible** Brennstoffelement *n.*
pillage *m* (1) (*StR*) gewaltsame Aneignung, Plünderung *f*, (2) (*UrhR*) Plagiat *n*, literarischer Diebstahl.
pillard *m* Plünderer *m*; Marodeur *m.*
pilotage *m* (1) (*maritime ou fluvial*) Lotsendienst *m*, (2) (*aviation*) Steuerung, Flugzeugführung; **droit *ou* taxe de –** Lotsengeld *n*, Lotsengebühr *f*; **– obligatoire** Lotsenzwang *m*; **– sans visibilité** Instrumentenflug *m.*
pilote *m* Pilot *m*, Flugzeugführer; – (1) *m*: (*SeeHR*) Lotse *m*; **entreprise –** Musterbetrieb *m*; **installation –** Versuchsanlage *f*; **prix –** Richtpreis *m*; **projet –** Modellvorhaben *n.*
piloter *v.tr.* (1) (*SeeHR*) lotsen, (2) ein Flugzeug führen, (3) (*StVR: Kfz*) steuern, lenken.
pilule *f* Antibabypille *f*; **chute de la natalité due à la –** Pillenknick *m*; **– abortive** (= *RU 486*) Abtreibungspille.
piquet *m* **de grève** (*ArbR*) Streikposten *m*; **– d'incendie** Brandwache *f.*
piratage *m* **informatique, – de logiciels protégés** (*UrhR: vol d'informations*) Softwarediebstahl *m*; Computerdiebstahl *m*; Herstellung *f* von Raubkopien.
pirate *m* (1) Seeräuber *m*, Freibeuter *m*, Pirat *m*, (2) Raubkopierer *m*; **émetteur –** (*MedienR*) geheimer u. unerlaubter Rundfunksender; **– de l'air** Flugzeugentführer *m.*
pirater *v. tr. et intr.* (*UrhR*) ein Urheberrecht verletzen; einen Raubdruck herstellen; widerrechtlich kopieren.
piraterie Seeräuberei *f*, Seeraub *m*; **– aérienne** Flugzeugentführung *f.*
pistage *m* Auflauern *n*; Verfolgen *n.*
piste *f* Fährte *f*, Spur *f*; **– cyclable** Fahrradweg *m.*
pistolet *m* Pistole *f*; **– administratif** Dienstwaffe *f*; **– d'alarme** Schreckpistole *f*; **– mitrailleur** Maschinenpistole *f.*
piston *m fig* Protektion *f*, Unterstützung, Förderung; Begünstigung (in beruflicher Hinsicht).
pistonner *v.tr.* fördern, protegieren, (beruflich) begünstigen.
pitié *f* Mitleid *n*, Erbarmen *n*; Geringschätzung *f*; **par –** aus Mitleid; **sans –** schonungslos, ohne Erbarmen.
placard *m* Aushang *m*, Anschlag *m*; **mettre qqn. au –** jmdn. kaltstellen; **– publicitaire** (große) Werbeanzeige in einer Zeitschrift.
place *f* (1) (*endroit*) Platz *m*, Ort *m*, Raum *m*, (2) (*position, rang*) Stellung *f*, Rang *m*, (3) (*emploi, poste*) Arbeitsplatz *m*, Stelle *f*, Beschäftigung *f*, (4) (*HR*) Börse *f*, Börsen- *od.* Handelsplatz *m*; Kaufleute *f* (eines Ortes); **arbitrage de –** Platzarbitrage *f*; **chèque sur –** Platzscheck; **chèque de – à –** Distanzscheck *m*; **droit de –** (Markt-) Standgeld; **sur –** an Ort und Stelle.
place bancable Bankplatz mit einer Zweigstelle der Banque de France; **– bancaire** Bankplatz *m*; **– Beauvau**

(1) Sitz des Innenministeriums, (2) (oft in der Presse benutzter Ausdruck für) das frz. Innenministerium; – **commerciale** *ou* **marchande** Handelsplatz; – **de confiance** Vertrauensstellung *f*; – **disponible** verfügbarer Platz; – **forte** *ou* – **de guerre** Festung *f*; – **de transbordement** (*SeeHR*) Umschlagplatz; – **vacante** freie Stelle; – **Vendôme** (1) Sitz des Justizministeriums, (2) das frz. Justizministerium.

placement *m* (1) (*BankR*) Investition *f*, (Geld-) Anlage *f*, (2) (*ArbR*) Stellenvermittlung *f*, Arbeitsvermittlung, (3) (*HR: marchandises*) Vertrieb *m*, Absatz *m*; **bureau de** – (privates) Stellenvermittlungsbüro *n*; **mauvais** – Fehlinvestition; **organisme de** – Sammelfonds *m*, Investmentgesellschaft *f*; **syndicat de** – (*BankR, GesR*) Konsortium zur Unterbringung (von Wertpapieren), Übernahmesyndikat *n*; **titre** *ou* **valeur de** – (*BörR*) Anlagepapier *n*.

placement d'argent Geldanlage; – **de capitaux** Kapitalanlage; – **d'un emprunt** Unterbringung einer Anleihe; – **à l'étranger** Auslandsanlage; – **financier** Finanzinvestition, Kapitalanlage; – **de fonds** Geldanlage; – **à long terme** langfristige Finanzanlage; – **de la main d'œuvre** Arbeitskräftevermittlung; – **d'office** (*VwR*) Unterbringung (in einer Anstalt) von Amts wegen; – **de père de famille** (*ZR*) mündelsichere Geldanlage; – **en rentes** Anlage in Rentenpapieren *od.* Rentenwerten; – **dans un service psychiatrique** Anstaltsunterbringung; – **stable** *ou* **sûr** krisenfeste *od.* wertbeständige Anlage.

placer *v.tr.* (1) (*Geld, Kapital, Ersparnisse*) anlegen, (2) (*Waren*) (für einen Dritten) veräußern, unterbringen; – **aux arrêts** unter Arrest stellen, verhaften; – **sous embargo** eine Handelssperre verhängen; eine Schiffsladung beschlagnahmen; – **un emprunt** eine Anleihe unterbringen; – **sous mandat d'arrêt** einen Haftbefehl erlassen; – **une personne** jmdm. einen Arbeitsplatz verschaffen; – **en position hors cadre** (*BeamR*) (zu einer Dienststelle) abstellen; – **sous séquestre** (*ZPR*) unter Zwangsverwaltung *od.* unter Sequester stellen; – **sous surveillance** (*StR*) unter Aufsicht stellen.

placet *m* (1) (*ZPR: acte par lequel une juridiction est saisie ou de réquisition d'audience*) Einreichung der Klageschrift (bei der Geschäftsstelle), Antrag *m* auf Anberaumung eines Termins, Antrag *m* auf Anberaumung einer mündlichen Verhandlung; (bei Gericht eingereichte) Klageschrift *f* (mit der Aufforderung einen Termin anzuberaumen), (2) (*ZPR: copie sur papier libre*) zweite Ausfertigung des Schriftsatzes (auf Papier ohne Steuermarke), (3) (*hist*) Bittschrift *f*; **adresser** *ou* **présenter un – à qqn.** eine Bitschrift einreichen.

placier *m* (*HR: VRP*) Handlungsreisende(r) *m* (mit einem eng umgrenzten Tätigkeitsbereich), Platzvertreter *m*.

plafond *m* (1) Höchstbetrag *m*, Obergrenze *f*, Höchstgrenze, Plafond *m*, Limit *n*, Maximalbetrag *m*, (2) (*Soz Vers*) Beitragsbemessungsgrenze *f*; **crever le** – die Höchstgrenze überschreiten; **prix** – Höchstpreis *m*; **relever le** – die Höchstgrenze hinaufsetzen; – **d'affiliation** *ou* **d'assujetissement** *ou* **de cotisation** (*Soz Vers*) Pflichtversicherungsgrenze; Einkommensgrenze für die Pflichtmitgliedschaft; – **de crédit** Kreditgrenze *od.* -plafond, Kreditkapazität, maximales Finanzierungsvolumen; – **de l'endettement** Verschuldensgrenze; – **d'escompte** (*BankR*) Höchstgrenze für die Rediskontierung, Diskontplafond; – **de garantie** Höchstdeckung, Versicherungsgrenze; – **d'indemnité** Höchstentschädigung; Leistungsbegrenzung; – **légal de densité (= PLD)** (*BauR, SteuerR*) Steuermesszahl *f* (die sich an die Bebauungsdichte orientiert); – **de responsabilité** Haftungshöchstbetrag; – **de ressources** Einkommenshöchstgrenze (für die Gewährung von Sozialhilfe z. B.).

plafonné *adj* (1) nach oben begrenzt, (2)

(*SozVers: Lohn*) beitrags- *od.* versicherungspflichtig.

plafonner *v.tr.* (nach oben) begrenzen, eine Höchstgrenze festsetzen.

plage *f* (1) (*laps de temps, durée limitée*) Zeitspanne *f*; Bereich *m*; Kernarbeitszeit *f*, (2) Meeresufer *n*, Strand *m*.

plagiaire *m* (*UrhR*) Nachahmer *m*, Plagiator *m*, Abschreiber *m*.

plagiat *m* (*UrhR*) Plagiat *n*, Diebstahl geistigen Eigentums, Nachahmung; **accusation de –** Plagiatvorwurf *m*.

plagier *v.tr.* **(une œuvre)** ein Plagiat begehen.

plaid *m* (*hist*) Gerichtsversammlung *od.* -sitzung; Streit *m*.

plaidable *adj* verfechtbar; **affaire –** Sache, welche mit Aussicht auf Erfolg vor Gericht verfochten werden kann; **jour –** Gerichtstag *m*.

plaidant *adj* prozessführend, plädierend; **parties –es** Prozessparteien *fpl*, Anwälte (dieser Parteien).

plaider *v.intr. et tr.* (1) (*ZPR: soutenir ou contester en justice*) klagen, prozessieren, einen Prozess führen, (2) (*PrzR: défendre une cause en justice*) verteidigen, vertreten, (als Anwalt) vor Gericht auftreten; (in der mündlichen Verhandlung) darlegen, beantragen, (3) (*StPR*) ein Plädoyer halten, plädieren; **– la cause de qqn.** jmdn. verteidigen; **– une cause** einen Prozess führen; **– les circonstances atténuantes** strafmildernde Umstände geltend machen; **– coupable** (*StPR*) sich für schuldig erklären, sich schuldig bekennen; **– pour** *ou* **en faveur de qqn.** für jmdn. sprechen; **– la légitime défense** Notwehr geltend machen, sich auf Notwehr berufen; **– une mauvaise cause** eine schlechte Sache vertreten; **– non coupable** seine Unschuld beteuern; **– sa propre cause** sich selbst verteidigen.

plaideur *m* Partei *f* (im Zivilprozess); prozessführende Partei; Kläger; Beklagter; **– avisé et loyal** vorsichtige und pflichtbewusste Prozesspartei.

plaidoirie *f* (*PrzR: action de plaider, exposition orale des faits et prétentions par un avocat*) mündliche Darlegung der tatsächlichen Behauptungen und rechtlichen Ansprüche der Prozessparteien; Sachvortrag (des Anwalts) in der mündlichen Verhandlung, Plädoyer *n* (bei Gericht); Schlussanträge (des Staatsanwalts *od.* Verteidigers).

plaidoyer *m* (1) (*StPR: discours de défense d'un accusé prononcé par un avocat*) Verteidigungsrede *f*, (2) (*AllgSpr*) Plädoyer *n*, entschiedenes Eintreten für eine Sache; **– pro domo** Verteidigung in eigener Sache.

plaignant *adj* (1) (*StPR*) Person, die eine Strafanzeige erstattet, (2) (*ZPR*) Kläger *m*; **partie –e** Kläger(in); **– en second** Nebenkläger.

plaindre *v.tr.* beklagen, bedauern; **se – en justice** *v. pron.* eine Klage bei Gericht einreichen.

Übersetzen sie bitte niemals in einem juristischen Text das Wort *plainte* mit Klage. Die Klage vor dem Zivilgericht ist die *demande en justice*. Das Tatopfer erstattet eine Strafanzeige – *porter plainte*.

plainte *f* (1) (*StPR: acte par lequel la victime d'une infraction porte celle-ci à la connaissance du Procureur de la République*) Strafanzeige *f* (des Verletzten), (2) (*VwR*) Beschwerde *f*; **auteur d'une –** (*StR*) Strafanzeige erstattende Person; **déposer une –** eine Strafanzeige erstatten; **dépôt d'une –** Erstattung einer Strafanzeige; **former des –s contre qqn.** *Allgspr.* über jmdn. Beschwerde führen; **porter –** Strafanzeige erstatten, anzeigen; **– avec constitution de partie civile** (*StPR*) Strafanzeige und gleichzeitige Geltendmachung von Schadensersatzansprüchen (vor dem Strafgericht); **– contre inconnu** *ou* **contre X** Anzeige gegen Unbekannt, Anzeige gegen unbekannte Täter.

plaire *v.tr.* gefallen; **qu'il plaise à la Cour** *loc.* (*PrzR: formule consacrée dans rédaction des conclusions*) das Gericht möge entscheiden, das Gericht möge dem Antrag stattgeben.

plaisancier *m* Wassersportler *m*.

plaisanterie *f* Scherz *m*; **mauvaise –** übler Scherz, schlechter Witz.
plaisir *m* Vergnügen *n*; Belustigung *f*; Lust *f*; **régime du bon –** (*VerfR*) Absolutismus *m*.
plan *m* (1) (*surface plane*) Ebene *f*, Gebiet *n*; Stufe *f*, Niveau *n*, (2) (*programme, projet*) Plan *m*, Vorhaben *n*; Projekt *n*; Programm *n*; Konzept *n*, Entwurf *m*, (3) (*représentation graphique*) (Kataster-) Plan *m*, Darstellung; **dresser, établir ou faire un –** einen Plan entwerfen; **gros –** Nahaufnahme *f*, **reléguer au second –** in den Hintergrund drängen, verdrängen; **sur le – économique** wirtschaftlich gesehen; **sur le – international** im Weltmaßstab; **sur le – social** im sozialen Bereich, gesellschaftspolitisch gesehen.
plan d'action (*BW*) Aktionsplan zur Wiederherstellung *od.* Verbesserung der eigenen Marktposition, strategische Planung; **– d'activité** Geschäftsplan; **– d'alignement** (*BauR*) Fluchtlinienplan; **– d'aménagement** Raumordnungsplan, Flächennutzungsplan; **– d'aménagement urbain** (*BauR*) Bauleitplan, Bebauungsplan; **– d'apurement collectif du passif** (*InsolvenzR: suspension provisoire des poursuites*) Schuldenbegleichungsplan, Vergleichsvorschlag *m*; **– d'assainissement** Sanierungsplan; **– d'austérité** Sparmaßnahmen *fpl*; **– de la base** Grundfläche *f*; **– budgétaire** Haushaltsplan, Haushaltssatzung *f*.
plan cadastral Katasterplan; **– de campagne publicitaire** Werbeplanung, Marketingstrategie; **– de cession de l'entreprise** (*InsolvenzR*) (Unternehmens-) Veräußerungsplan; **– comptable** Kontenplan; **– comptable général** (*Buchf*) Industriekontenrahmen *m*; **– de continuation de l'entreprise** (*InsolvenzR*) (Unternehmens-) Weiterführungsplan.
plan de détresse (*ÖfR*) Notstandsplan *m*; **– de développement** Entwicklungsplan; **– économique** Wirtschaftsplan; **– d'emploi** Stellenplan; Einsatzplan; **– emploi** (*Vwirt*) Arbeitsbeschaffungsmaßnahmen *fpl*; **– d'ensemble** Rahmenplan, Gesamtplan; **– d'épargne-retraite** private Altersvorsorge; **– d'études** Unterrichtsplan; Ausbildungsprogramm; Gliederung; **– d'expansion** (*WirtR*) Entwicklungsplan; **– d'exploitation** (*HR*) Wirtschaftsplan *m*; **– financier** Finanzplan, Finanzierungsplan.
plan indicatif (*Vwirt*) unverbindlicher Wachstumsplan (als Prognose im Rahmen der Marktwirtschaft); **– d'industrialisation** Industrialisierungsprogramm; **– d'investissements** Investitionsplan; **– de marchéage** Marketingmix *m*; **– de marketing** Marketingplanung, Verkaufsförderungsstrategie; **– de modernisation** Modernisierungsplan; **– de morcellement** Parzellierungsplan; **– d'occupation des sols** (*VwR, BauR*) Flächennutzungsplan.
plan ORSEC (*ÖfR: plan d'organisation des secours*) Katastrophenschutzmaßnahmen; **– parcellaire** Flurbuch *n*; **– quadriennal** Vierjahresplan; **– quinquennal** Fünfjahresplan; **– de ravitaillement** Versorgungsplan; **– de redressement (de l'entreprise)** (*InsolvenzR: terme englobant le plan de continuation de l'entreprise et le plan de cession de celle-ci*) (Unternehmens-) Sanierungsplan *m*; (Unternehmens-) Veräußerungsplan; **– de redressement économique** Wirtschaftsförderungsmaßnahmen; **– de restructuration économique** Wirtschaftsneugliederungsplan; **– de rigueur** Sparpaket *n*; **– de sécurité routière** Verkehrssicherungsmaßnahmen *fpl*; **– de situation** Lageplan.
plan social (*ArbR: ensemble des mesures prises par une entreprise destinées au reclassement des salariés au moment du licenciement collectif économique*) Sozialmaßnahmen(katalog) bei Massenkündigungen; **– des supports** Werbeträgerplanung; **– de travail** Arbeitsfolgenplan; Arbeitsprogramm; **– d'urbanisme** Flächennutzungsplan; **– d'urgence** Sofortmaßnahmenplan; **– de vente** Verkaufs- *od.* Vermarktungsplan.

planche *f* Brett *n*; Platte *f*; **délai** *ou* **jours de –** (*SeeHR*) Liegezeit *f*; **– à billets** (*pej*) Notenpresse *f*.
plancher *m* Untergrenze *f*, Mindestbetrag *m*; **prix –** Mindestpreis *m*; **salaire –** Mindestlohn *m*.
planificateur *m* (1) (*Bw*) Planungsfachmann *m*, (2) (*Vwirt*) Wirtschaftsplaner *m*.
planification *f* (1) Planung *f*, (2) (*WirtR*) (marktwirtschaftliche) Wirtschaftsplanung; **– économique** Wirtschaftsplanung *f*; **– d'essais** Versuchsplanung; **– indicative** Wirtschaftsprogrammierung (mit unverbindlichen Richtlinien); **– programmation, préparation du budget (= PPPB)** (*BW*) Planning-- Programming-Budgeting-System (= PPBS); **– du travail** (produktbezogene) Fertigungsplanung, Arbeitsplanung.
planifier *v.tr.* planen, im voraus festlegen, die Weichen stellen.
planisme *m* Planungspolitik *f*.
planning *m* (*BW: organisation, programme détailllé*) (betriebswirtschaftliche) Planung, Vorbereitung *f*; Terminfestsetzung; **– familial** Geburtenkontrolle *f*, Familienplanung; **– industriel** Unternehmensplanung; **– des travaux** Arbeitseinteilung.
plano: **de –** *loc. adv.* (1) (*PrzR: d'emblée, sans préliminaire de conciliation*) sofort, unverzüglich; ohne vorgeschalteten Sühneversuch, (2) (*ZR: syn.: de plein droit, sans formalité*) von Rechts wegen; formlos, (3) (*EuR: par effet direct*) unmittelbar, ohne vorherige Anerkennung.
planque *f* Versteck *n*, Unterschlupf *m*; *umg* ruhiger, nicht anstrengender Job.
planquer *v.tr.* verstecken, in Sicherheit bringen.
plant *m* (*UmweltR*) Pflanzung *f*; Sämling *m*, junge Pflanze.
plante *f*: **écologie des –s** (*UmweltR*) Pflanzenökologie *f*.
planton *m* (1) (*Behörde*) Bote *m*, (2) (*MilR*) Ordonnanz *f*.
plaque *f* Plakette *f*, Abzeichen *n*; Tafel *f*; Platte *f*; Schildchen *n*; Firmenschild *n*; Straßenschild; **– d'identité** Erkennungsmarke; **– d'immatriculation** *ou* **minéralogique** (*StVR*) Kraftfahrzeugkennzeichen *n*, Nummernschild; **– de moteur** Motorschild *n*; **– de nationalité** Nationalitätszeichen *n*; **– de police** Polizeimarke *f*; **–s de verglas** Straßenglätte *f*.
plaquette *f* **publicitaire** Werbebroschüre *f*.
plastic *m* (formbare) Sprengmasse *f*, Sprengstoff *m*.
plasticage *m* (*StR*) Sprengstoffattentat *n*.
plateau *m* **continental** (*VR*) Kontinentalplatte *f*, Festlandsockel *m*.
plate-forme *f* Basis *f*, Grundlage *f*; Grundsatzprogramm; **– électorale** Wahlprogramm *n*; **– de forage en mer** Bohrinsel *f*.
plébiscite *m* (1) (*VerfR: référendum*) Volksentscheid *m*; Volksbefragung, (2) (*VR: consultation en vue de l'autodétermination*) Plebiszit *n*, Volksbeschluss *m*.
plébisciter *v.tr.* (1) (*voter*) mit großer *od.* überwältigender Mehrheit wählen *od.* annehmen, (2) etwas durch Volksabstimmung annehmen.
plein *adj* völlig, vollständig, ganz; **de – droit** (*PrzR: en vertu de la loi*) von Rechts wegen; automatisch; ohne weiteres; ohne besondere Förmlichkeit; **de son – gré** mit vollem Einverständnis, aus freien Stücken; **en – jour** am hellichten Tage; **–e capacité** (*ZR*) (volle) Geschäftsfähigkeit; **–e juridiction** (*GVR*) Befugnis Recht zu sprechen; **–e propriété** (*SachR*) unbelastetes Eigentum, volles Eigentum (ohne dingliche Belastung); **–e saison** Hochsaison *f*; **–s pouvoirs** (1) (*ZR*) Vollmacht *f*; freie Hand (zum Abschluss eines Rechtsgeschäfts), (2) (*VerfR: loi d'habilitation*) Bevollmächtigung der Regierung (zum Erlass von Gesetzen).
plein *m* (1) (*SeeHR: chargement complet*) volle Ladung, (2) (*VersR: somme maxima sur un seul risque*) Limit *n*, Maximum *m*; **– d'acceptation** Übernahmegrenze *f*; **– de conservation** (*VersR: syn.: plein de rétention*) Eigenbehalt *m*, Selbstbehalt *m*; Maximum

n; **– de la demande** (*PrzR*) völliges Obsiegen (im Prozess); **– -emploi** Vollbeschäftigung *f*; **– maximum** Höchstversicherungswert *m*; **– -temps** Vollzeitbeschäftigung *f*.

plénier *adj*: **adoption plénière** (*FamR*) Volladoption.

plénipotentiaire *m* (*VR: titulaire de pleins pouvoirs*) bevollmächtigter Vertreter (eines Staates).

plénitude *f* Fülle *f*, Gesamtheit *f*; **– de compétence** Allzuständigkeit, umfassende Zuständigkeit; **– de juridiction** volle Gerichtsbarkeit, unumschränkte Rechtsprechungsgewalt; **– du pouvoir** Machtvollkommenheit.

plénum *m* Vollversammlung *f*, Plenum *n*.

pléthore *f* (*HR: offre pléthorique*) Überangebot *n*; **– de capitaux** Kapitalüberfluss *m*; **– monétaire** Geldüberhang *m*.

pli *m* Schreiben *n*, Brief *m*; **– cacheté** versiegelter Brief; (geheimer) versiegelter Auftrag; **– chargé** Wertbrief; **– officiel** Dienstsache *f*; **– recommandé** eingeschriebener Brief; **sous – séparé** mit getrennter Post.

plier *v.tr.* (zusammen-) falten; **– bagage** aufbrechen; sich davonmachen.

plier *v.pron.* sich fügen; **se – aux exigences de qqn.** die Forderungen akzeptieren.

plomb *m* Blei *n*; Lot *n*; **– de douane** Zollverschluss *m*.

plombage *m* Plombierung *f*, Bleiversiegelung *f*.

plonger *v.intr.* **dans le rouge** in die roten Zahlen geraten; (Kurse) stark fallen *od.* nachgeben.

plot *m* **en béton** Betonpfeiler *m*.

ploutocratie *f* Plutokratie *f*, Geldherrschaft *f*.

pluie *f* **acide** saurer Regen; **– verglaçante** Eisregen *m*.

plumitif *m* (1) (*PrzR: registre d'audience d'un tribunal*) (Gerichts-) Sitzungsregister *n*, Register der Gerichtstermine, (2) (*PrzR: commis aux écritures*) (Gerichts-) Schreiber *m*, Protokollführer *m*, (3) (*pej: gratte-papier*) Bürokrat *m*; **– d'audience** Sitzungsprotokoll *n*.

plural *adj*: **action à vote –** Mehrstimmrechtsaktie.

pluralisme *m* (*Pol*) Pluralismus *m*, liberal-individualistische Gesellschaftsform.

pluralité *f* Mehrheit *f*; Vielzahl *f*; **à la majorité des voix** mit Stimmenmehrheit; **– de causes d'un dommage** Mehrfachverursachung eines Schadens; **– d'infractions** (*StR*) Zusammentreffen mehrerer strafbarer Handlungen; **– des partis** (*Pol*) Mehrparteiensystem *n*.

pluriactif *m* (*ArbR: polysalarié cumulant plusieurs emplois*) Mehrfachbeschäftigte (r).

pluriactivité *f* (*ArbR: cumul des activités professionnelles*) Mehrfachbeschäftigung *f*, Ausübung mehrerer Berufe.

pluriannuel *adj*: **contrat –** Mehrjahresvertrag *m*.

pluricarte *adj* (*HR: multicarte*) mehrere Firmen vertretend(er Handlungsreisender).

pluridisciplinaire *adj* fachübergreifend, interdisziplinär; **recherches –s** interdisziplinäre Forschungen.

pluriemploi *m* (*ArbR*) Mehrfachbeschäftigung *f*.

plurilatéral *adj* (*syn.: multilatéral*) mehrseitig.

pluripartisme *m* Mehrparteiensystem *n*.

pluripropriété *f* (*SachR: jouissance à temps partagé*) Time-sharing *n*, Teilzeitnutzungsrecht *n*.

plus-offrant *m* Meistbietende(r) *m*.

plus-value *f* Mehrwert *m*, Wertzuwachs *m*, Wertsteigerung *f*; Mehreinnahmen *fpl*; Überschuss *m*; Veräußerungsgewinn *m*; **création de –** Wertschöpfung *f*; **– boursières** Börsengewinne *mpl*; **– latente** latenter, nicht abgeschöpfter Wertzuwachs; **–s professionnelles** gewerbliche Veräußerungsgewinne.

pogrome *m* (*Pol: massacre violent organisé contre la communauté juive ou une autre minorité*) Pogrom *m*, gewalttätige Ausschreitung gegen rassische Minderheiten.

poids *m* Gewicht *n*; *fig* Schwere *f*, Last *f*; Bedeutung *f*; **bureau international des – et mesures** Internationales Büro für Maß und Gewicht; **de –** wichtig, schwerwiegend; **– brut** Brutto- *od.* Rohgewicht; **– en charge** Gesamtgewicht, Ladegewicht, Belastung; **– lourd** Lastkraftwagen *m* (= LKW); **– marchand** handelsübliches Gewicht; **– net** Nettogewicht, Reingewicht; **– sur pied** (*bétail*) Lebendgewicht; **– total autorisé en charge** zulässiges Gesamtgewicht; **– unitaire** Einzelgewicht; **– utile** Nutzlast *f*; **– à vide** Leer- *od.* Eigengewicht.

poignard *m*: **coup de –** Dolchstich *m*; Dolchstoß *m*.

poinçon *m* Prägestempel *m*, Punze *f*; **– de contrôle** Prüfzeichen; **– de garantie** Garantiestempel, Gewährzeichen; **– de vérification** Eichstempel *od.* -zeichen.

poinçonner *v.tr.* (1) eichen, punzen, (2) lochen, entwerten.

poing *m* Faust *f*; **coup de –** Fausthieb *od.* -schlag *m*; Schlagring *m*.

point *m* Punkt *m*; Prozentpunkt; Zeitpunkt *m*; Ort *m*, Stelle *f*; Lage *f*, Position; **faire le –** zusammenfassen, das Fazit ziehen; **– d'accord** Gemeinsamkeit *f*; **– actuel** heutiger Stand (der Dinge); **– d'appui** Stützpunkt *m*; **– d'attache** Standort *m*; **– capital** Hauptpunkt; **– chaud** Krisenherd *m*; **– de commande** (*Lagerhaltung*) Bestellpunkt *m*; **– de convergence** Gemeinsamkeit; **– critique** kritischer Punkt; Gefahrenpunkt; **– culminant** Höhepunkt *m*.

point de départ Ausgangspunkt *f*, Ursache *f*, Ansatzpunkt; **– de départ du délai** Fristbeginn *m*; **– de départ de la retraite** Beginn der Ruhegehaltszahlung; **– de désaccord** *ou* **de divergence** Streitpunkt *m*; **– de droit** (*PrzR*) Rechtsfrage *f*; rechtlicher Standpunkt; **– à éclaicir** zu klärende Frage; **– faible** Schwachstelle; Ansatzpunkt; **– de fait** Tatfrage; Sachfrage; Darlegung zum Tatbestand; **– final** Schlusspunkt *m*; **– de friction** Streitpunkt *m*; **– frontière** Grenzübergangsstelle *f*; **– d'impact** (Stelle des) Einschlag(s) (eines Geschosses); **– d'intervention** (*BörR*) Interventionspunkt *m*.

point litigieux Streitpunkt, strittige Frage; **– maximum** Höhepunkt; **– névralgique** wunder Punkt; **– de non retour** Wendepunkt; **– -or** Goldpunkt; **– de partage** (*UmweltR*) Wasserscheide *f*; **– de passage de la frontière** Grenzübergangsstelle; **– de pénalisation** Straf- *od.* Minuspunkt; **– principal** Hauptpunkt.

point de rattachement (*IPR*) Anknüpfungspunkt *m*; **– de rencontre** Berührungspunkt; **– de repère** Bezugspunkt; **– de retraite** (*SozR*) Recheneinheit für die Regelaltersrente; auf die Altersversorgung anrechenbare Zeit; **– de vente** Verkaufsstelle *f*; **– de vue** Gesichtspunkt *m*, Blickwinkel *m*; Standpunkt *m*, Ansicht *f*, Meinung *f*; **– de vue juridique** Rechtsstandpunkt.

pointage *m* (1) (*VerfR: mode de vérification d'un scrutin*) (Nach-) Zählung *f* (der Stimmen), Überprüfung *f* (des Wahlergebnisses), Kontrolle *f*, (2) (*ArbR: contrôle des horaires de travail*) Arbeitszeitkontrolle *f*; **carte** *ou* **fiche de –** Stech- *od.* Kontrollkarte *f*; **vitesse de –** Richtgeschwindigkeit.

pointe *f* (1) Spitze *f*, Höhepunkt *m*, (2) *fig* Anbruch *m*, Beginn *m*; **industrie de –** High-Tech-Industrie *f*; **période de –** Hauptverkehrszeit; Hauptbetrieb *m*; Hauptgeschäftszeit *f*; Hauptsaison *f*; **technique de –** Spitzentechnologie *f*, High-tech *n*; **à la – (de)** führend, an der Spitze; **– saisonnière** saisonale Spitze; **– de trafic** Verkehrspitze.

pointer *v.tr.* (1) lochen; stechen, (2) (*chômeur*) stempeln gehen; **– un compte** (*BankR*) einen Kontobestand überprüfen.

pointure *f* (*Schuhe, Kleidung*) Größe *f*.

poison *m* Gift *n*; **tuer qqn. par le –** jmdn. vergiften.

pôle *m* Pol *m*; **– d'activité** Aktionszentrum *m*; **– de production** Produktionsschwerpunkt *m*.

polémique *f* Auseinandersetzung *f*, Meinungsstreit *m*, Polemik *f*.

polémiquer *v. intr.* streiten, polemisieren.

polémologie *f* Soziologie des Krieges.

police *f* (1) (*ÖfR: force publique du*

maintien de l'ordre) Polizei *f*; Verwaltungspolizeibehörde *f*, Ordnungs- *od.* Sicherheitsbehörde *f*, (2) (*VersR: écrit constatant le contrat d'assurance*) (Versicherungs-) Police *f*, (3) (*ZR, ÖfR: police intérieure d'une assemblée*) Ordnungsrecht *n*, Ordnungsmaßnahmen *fpl*, (4) (*ÖfR: contrôle de la sauvegarde de l'intérêt général*) Überwachung der Ordnung (und Sicherheit); Überprüfung der Rechtmäßigkeit; **agent de –** Polizeibeamte(r) *m*, Polizist *m*; Schutzmann *m*, Sicherheitswachmann (Aut); **amende de simple –** (*StR*) Geldstrafe; Geldbuße *f*, Bußgeld *n*; **antenne de –** (kleine) Polizeidienststelle, Außenstelle der Polizei; **autorisation de –** polizeiliche Erlaubnis, Polizeierlaubnis; **autorité de –** Polizeibehörde *f*, Polizeidienststelle *f*.

police: **commissaire de –** Polizeikommissar *m*; **commissariat de –** Polizeirevier *n*, Polizeikommissariat *n*, Polizeistelle *f*; **contrôle de –** Polizeikontrolle, Ausweiskontrolle; **exercer la –** für Sicherheit und Ordnung zuständig sein; **forces de –** Polizeikräfte *fpl*, Polizeieinheiten *fpl*.

police: **loi de –** Gesetz zur Aufrechterhaltung der öffentlichen Sicherheit une Ordnung; **en matière de simple –** (*StPR*) eine Übertretung betreffend; **peine de (simple) –** Übertretungsstrafe *f*, Polizeistrafe; **plaque de –** Polizeimarke *f*; **poste de –** Polizeiwache *f*; **pouvoir de –** Polizeigewalt *f*; **prêt sur –** Beleihung einer Police *n*.

police: **règlement de –** Polizeivorschrift *f*; Polizeiverordnung *f*; **souscripteur de –** Versicherungsnehmer *m*; **surveillance de la –** Polizeiaufsicht *f*; **tribunal de –** frz. Kleininstanzgericht als Strafgericht, frz. Strafrichter (beim Kleininstanzgericht zuständig für Übertretungen).

police d'abonnement (*VersR*) Generalpolice, laufende Police; **– administrative** (*VwR: ensemble des services et des moyens ayant pour but d'assurer le maintien de la sécurité et de la salubrité publiques*) Ordnungsbehörde *f*, Sicherheitsbehörde; Gefahrenabwehrbehörde; Schutzpolizei; Polizei (im materiellen *od.* funktionellen Sinne); Polizei als Vollzugs- u. Hilfsorgan der Verwaltungsbehörden; **– de l'air et aux frontières (= PAF)** frz. Grenzpolizei; **– arrivée à expiration** (*VersR*) abgelaufene Police; **– de l'assemblée** Hausrecht *n* (im Parlament); Sitzungspolizei.

police d'assurance Versicherungspolice, (schriftlich fixierter) Versicherungsvertrag; **– d'assurance maritime** Seeversicherungspolice; **– de l'audience** (*PrzR*) Sitzungspolizei; **– de base** (*VersR*) Grund- *od.* Rahmenpolice; **– des bâtiments** Baupolizei; **– des chemins de fer** Bahnpolizei; **– de la circulation** Verkehrspolizei; **– collective** *ou* **combinée** (*VersR*) Sammel- *od.* Gruppenpolice; **– sur corps** Kaskopolice; **– criminelle** (*StPR*) Kriminalpolizei (Kripo); **– des cultes** Hausrecht *n* in Kirchen; **– des débats** Sitzungspolizei *f*; **– des débits de boisson** Schankpolizei.

police des eaux Wasserschutzpolizei; **– économique** (*WirtR*) Gewerbeaufsicht(sbehörde); öffentlich-rechtliche Gewerbeüberwachung; **– de l'espace aérien** Sicherung der Lufthoheit; **– d'État** (*VwR*) Staatspolizei; **– des étrangers** (*VwR*) Ausländerpolizei; **– évaluée** (*VersR*) taxierte Police; **– sur facultés** Güterpolice; **– ferroviaire** Bahnpolizei; **– flottante** (*VersR*) Generalpolice, offene *od.* laufende Police; **– fluviale** Wasserschutzpolizei; **– globale** Mantelpolice; **– de groupe** Kollektiv- *od.* Gruppenpolice; **– individuelle** Einzelpolice.

police judiciaire (1) (*StPR: fonctionnaires de la police nationale et de la gendarmerie ayant pour mission de constater les infractions et de rechercher les malfaiteurs*) frz. Kriminalpolizei; Hilfsbeamte(r) der Staatsanwaltschaft; Personenkreis, der zur Aufklärung von strafbaren Handlungen mit Polizeibefugnissen ausgestattet ist, (2) (*StPR: actes de recherche et de constatation des* *infractions*) kriminalpolizeiliche Maßnahme, Strafverfolgungsmaßnahme, (3) (*StPR: service de la P. J.*) Dienststelle de Kriminalpolizei, Kriminalpolizeistelle; Dezernat *n* (der Kripo).

police juridique (*WirtR: contrôle de la licéité de la publicité, des conventions*) staatliche Aufsicht (insbesondere zum Schutz der Konsumenten); **– locale** (*VwR*) Gemeindepolizei; **– maritime** Schifffahrtspolizei; **– militaire** Militärpolizei; **– des mœurs** Sittenpolizei; **– mondiale** (*VersR*) Weltpolice; **– municipale** Gemeindepolizei; **– à ordre** (*VersR*) übertragbare Police; **– ouverte** offene Police; **– parallèle** geheime Staatspolizei; **– des –s** (*ÖfR: = Inspection générale des services = IGS*) frz. Oberste Polizeiaufsichtsbehörde; **– politique** politische Polizei; **– au porteur** Inhaber- *od.* Überbringerpolice; **– des ports** Hafenpolizei; **– privée** Privatpolizei *f*; Hilfssheriffs *mpl*, Wachpolizisten (= WaPO) *mpl*; **– de la route** *ou* **routière** Verkehrspolizei.

police sanitaire Gesundheits- *od.* Sanitätspolizei; **– sanitaire vétérinaire** Tierseuchenpolizei; **– de secours** Not- *od.* Rettungsdienst; Überfallkommando *n*; **– secours** Not(arzt)-dienst *m*; **– secrète** Geheimdienst *m*; **– simple** Einzelpolice; **– à temps** Zeitpolice; **– en tenue** Polizei in Uniform; **– type** Musterpolice; **– universelle** Omniumpolice; **– des voies navigables** Binnenschiffahrtspolizei; **– au voyage** Reisepolice.

policé *adj* zivilisiert, gesittet.

policier *adj* polizeilich; **enquête policière** polizeiliche Ermittlung; **mesure policière** Polizeimaßnahme *f*.

policier *m* Polizeibeamte(r) *m*; **– en civil / en tenue** Polizeibeamte ohne / in Uniform; **– en faction** wachhabender Polizist, Wachtposten *m*.

politicien *m* Politiker *m*; **– véreux** bestechlicher *od.* korrupter Politiker.

politico-économique *adj* wirtschaftspolitisch; **– -juridique** rechtspolitisch; **– -social** sozialpolitisch.

politique *adj* politisch; staatswissenschaftlich; staatsbürgerlich; diplomatisch; vorsichtig, listig, schlau; **droits –s** (*VerfR*) staatsbürgerliche Grundrechte; aktives und passives Wahlrecht; **peine –** (*StR*) Strafe bei politischen Straftaten.

politique *f* (*VerfR: la politique est une pratique de gouvernement*) Politik *f*; (politische) Maßnahmen *fpl*; Vorgehen *n*, Handlungsweise *f*; **– agricole commune** (*EU*) gemeinsame Agrarpolitik; **– d'alliance** (*VR*) Bündnispolitik; **– anti-chômage** Beschäftigungspolitik; Maßnahmen zur Bekämpfung der Arbeitslosigkeit; **– d'austérité** (*Vwirt*) Spar- *od.* Maßhaltepolitik; **– d'autofinancement** (*GesR*) Selbstfinanzierungs- *od.* Eigenfinanzierungspolitik; **– du bâton et de la carotte** Zuckerbrot und Peitsche-Politik; **– budgétaire** Haushaltspolitik.

politique commerciale (1) (*BW*) Absatzstrategie *f*, (2) (*Außh*) Handelspolitik; **– commune** (*EU*) Gemeinschaftspolitik; **– de communication commerciale** Werbeplanung; Werbestrategie; **– conjoncturelle** Konjunkturpolitik; **– contractuelle** (*ArbR*) Tarifpolitik der verstaatlichten frz. Großbetriebe; **– criminelle** Strafverfolgungspolitik; strafpolitische Maßnahmen.

politique démographique Bevölkerungspolitik; **– économique et sociale** Wirtschafts- und Sozialpolitik; **– de l'emploi** Beschäftigungspolitik; **– de l'environnement** Umweltschutzpolitik; **– de l'escompte** Diskontpolitik; **– étrangère** *ou* **extérieure** Außenpolitik.

politique de la famille Familienförderungspolitik; **– financière** Finanzpolitik; **– générale de l'entreprise** Unternehmensführung; Unternehmensgesamtplanung; **– gouvernementale** Regierungsmaßnahmen; **– d'immigtation** Migrationspolitik; **– intérieure** Innenpolitik; **– d'investissements** Investitionspolitik.

politique de libre échange (*Außh*) Freihandelspolitik; **– de maîtrise des**

marchés (*BW*) Marktbeherrschungsstrategie *f*; **– monétaire** Währungspolitik; **– nataliste** Geburtenförderungspolitik; **– du plein emploi** Vollbeschäftigungspolitik; **– politicienne** Interessenklüngel *m*, volksferne Politik; **– raciale** Rassendiskriminierungspolitik; **– de rapprochement** Verständigungspolitik; **– des revenus** Einkommenspolitik; **– de rigueur** Sparpolitik; **– des salaires** Lohnpolitik; **– sociale** Sozialpolitik; **– de vente** (*BW*) Absatzstrategie, Verkaufspolitik.

politique *m* (*Pol: le politique = l'homme politique*) Staatsmann *m*, Politiker *m*; **– véreux** korrupter Politiker.

politisation *f* Politisierung *f*.

politologie *f* Politikwissenschaft *f*.

pollicitant *m* (*SchuldR*) Anbieter *m*, Offerent *m*.

pollicitation *f* (*SchuldR: offre, proposition de contrat*) (Vertrags-) Angebot *n*.

polliciter *v. intr.* ein Angebot unterbreiten.

polluant *adj* umweltschädigend, umweltbelastend, umweltgefährdend; **action –e** schädliche Umwelteinwirkung; Umweltgefährdung *f*; Umweltbelastung *f*; **émission –e** luftverunreinigende Stoffe, Abgase und Feinstäube; **produits –s** Schadstoffe *mpl*, Umweltgifte *npl*; **radiation –e** radioaktive Belastung, Verstrahlung; **voiture –e** umweltschädigendes Kraftfahrzeug.

polluant *m* Umweltgift *n*; Schadstoff *m*; Emission *f*; **– atmosphérique** Luftschadstoff *m*.

pollué *adj* verseucht, verschmutzt.

polluer *v.tr.* (die Umwelt) schädigen; verschmutzen, verunreinigen; vergiften.

pollueur *m* (*UmweltR*) (Umweltschaden-) Verursacher *m*; Umweltsünder *od.* -verschmutzer; **principe (du) – payeur** (*UmweltR: principe énoncé par l'art. 110–1 du code de l'environnement imputant au pollueur les frais associés à la lutte contre la pollution*) (*bei Umweltschäden geltendes*) Verursacherprinzip *n*, (Grundsatz der) Verursacherhaftung.

pollution *f* (*UmweltR: destruction du milieu naturel, déséquilibre de la vie naturelle*) Umweltbelastung *od.* Verschmutzung, Verseuchung; Emission *f*; Umweltschäden *mpl*; **législation anti- –** Umweltschutzgesetzgebung; Umweltschutzgesetze; **lutte contre la –** Umweltschutz; Immissionsschutz *m*; **– de l'air** *ou* **atmosphérique** Luftverschmutzung *f*; **– des eaux** Gewässerverunreinigung; **– industrielle** industrielle Immissionen, schädliche Umwelteinwirkung durch Industriebetriebe; **– du milieu naturel** Verseuchung des Bioökosystems; Umweltverschmutzung; **– des nappes phréatiques** Grundwasserverschmutzung; **– nucléaire** Verseuchung durch radioaktive Strahlung; **– du sol** Belastungen des Bodens; **– sonore** Lärmbelästigung; **– des terres** Belastungen der Anbauflächen; **– thermique** Abwärme *f*, Wärmemüll *m*.

polycopie *f* (*UrhR: multicopie, reproduction*) Photokopie *f*; (originalgetreues) Reproduktionsverfahren.

polycopié *m* (*HochschulR: cours universitaire*) Skript *n*, Nachschrift einer Vorlesung.

polycopier *v.tr.* vervielfältigen, abziehen.

polyvalence *f* Mehrzweckverwendung *f*; Vielseitigkeit *f*.

polyvalent (*SteuerR: inspecteur des contributions*) Steuerfahnder *m*; einen Wirtschaftsbetrieb überprüfender Steuerbeamter.

pompe *f* (1) (*ÖfR: déploiement extérieur de faste, dans un cérémonial, un cortège, une fête*) Pracht *f*, Prunk *m*, (2) (*WirtR: pompe à essence*) Tankstelle *f*; **–s funèbres** Bestattungs- *od.* Beerdigungsinstitut *n*.

pompier *m* (*personne appartenant au corps des sapeurs-pompiers*) Feuerwehrmann *m*.

pompiste *m* Tankstellenpächter *m*; Tankwart *m*.

ponction *f* Abschöpfung *f*, Entnahme *f*; **nouvelle – fiscale** Steuererhöhung *f*.

ponctualité *f* Pünktlichkeit *f*.

ponctuel *adj* pünktlich, zur vereinbarten Zeit.

pondérable *adj* wägbar.
pondération *f* (1) (*Vwirt*) Gewichtung *f*, Abwägen *n*, Ponderation, (2) (*Pol*) Ausgewogenheit *f*; Stimmenwägung; **coefficient de –** Gewichtungsfaktor *m*; **faire preuve de –** ein abgewogenes Urteil abgeben; **– des pouvoirs** (*VerfR*) politisches Gleichgewicht (zwischen den drei Gewalten); **– des voix** Stimmengewichtung.
pondéré *adj* gewichtet, gewogen; ausgewogen; **indice –** gewichteter Index *m*, Bewertungsindex *m*, gewichtete Messzifferreihe *f*.
pondéreux *mpl* (*HR: marchandises pondéreuses*) schweres Frachtgut.
pont *m* (1) Brücke *f*, (2) (*ArbR: pont prolongé*) verlängertes Wochenende; **– basculant** Klappbrücke *f*; **– de chargement** Ladebrücke; **– de visite** Kfz-Arbeitsbühne *f*; **–s et chaussées** frz. staatliche Straßenbauverwaltung *f*.
pontée *f* (*SeeHR*) Deckladung *f*.
pontife *m*: **souverain –** (*KirchR*) Pontifex maximus *m*, Papst *m*.
pontificat *m* Regierungszeit eines Papstes; päpstliche Würde.
ponton *m* (*SeeHR*) Prahm *m*, flacher breiter Lastkahn; **– -grue** Schwimmkran *m*.
pool *m* (1) (*GesR*) (Wirtschafts-) Zusammenschluss *m*, Gemeinschaft *f*, Gruppe *f*, (2) (*HR: consortium, groupe*) Konsortium *n*; (zeitlich begrenzter) Unternehmenszusammenschluss; Pool *m*; **exploiter en –** gemeinschaftlich betreiben; **– de l'armement** Rüstungskonzern *m*; **– bancaire** Bankenkonsortium; **– charbon-acier** Montanunion *od.* -gemeinschaft; **– de réassurance** Poolvertrag *m*.
populaire *adj*: **émeute** *ou* **insurrection –** Volksaufstand *m*; **mesure –** populäre Maßnahme.
popularité *f* Beliebtheit *f*, Popularität *f*; **perdre sa –** sich unbeliebt machen.
population *f* (1) (*Vwirt*) (Wohn-) Bevölkerung *f*; Bevölkerungszahl *f*, (2) (*Statistik*) Panel *n*, repräsentative Bevölkerungsgruppe; **accroissement de la –** Bevölkerungswachstum *n*; **afflux de –** Bevölkerungszuwanderung; **recensement de la –** Volkszählung *f*; **vieilissement de la –** Überalterung der Bevölkerung.
population active (*Vwirt: les actifs*) Erwerbsbevölkerung *f*, Erwerbspersonen *fpl*; **– active (résidente) ayant un emploi** Erwerbstätige *mpl*, Beschäftigte *mpl*; **– active salariée** lohnabhänhige Arbeitnehmer, in einem Lohnverhältnis stehende Arbeitnehmer; **– en âge scolaire** Bevölkerung im schulpflichtigen Alter; **– allogène** zugewanderte, fremde Bevölkerung; **– assurée** Versichertengesamtheit *f*; **– autochtone** einheimische Bevölkerung; **– carcérale** Anzahl *f* der Insassen der Strafanstalten; **– civile** Zivilbevölkerung.
population disponible à la recherche d'un emploi (= PDRE) die Arbeitssuchenden; die Erwerbslosen, die sich um eine Arbeitsstelle bemühen; **– frontalière** Grenzbevölkerung; **– inactive** (*les inactifs*) die Nichterwerbstätigen; **– légale** sich aus einer Volkszählung ergebender Bevölkerungsstand.
population pénale (Zahl der) Insassen einer Strafanstalt; **– de référence** (*Statistik*) Bezugsgruppe *f*; **– résidentielle** Wohnbevölkerung; **– rurale** Landbevölkerung; **– salariée** Arbeitnehmerschaft; **– scolaire** die Schüler(zahl); **– sédentaire** sesshafte Bevölkerung; **– totale** Gesamtbevölkerung; **– totale résidente** Wohnbevölkerung; Stadtbevölkerung.
populisme *m* Parteinahme *f* für die sozial Schwächeren, Populismus *m*.
porche *m* Säulenvorhalle *f*, Porticus *m* (an Kirchen); Vorhof *m*.
pornographie *f* (*MedienR: commerce de multimédias impudiques à but érogène par la représentation d'actes sexuels ayant pour objectif d'exciter sexuellement le spectateur*) Pornographie *f*, unzüchtige Darstellung.
porportion *f* Verhältnis *n*, Größenverhältnis; rechtes Maß *n*; **à – de** im Verhältnis zu; **hors de –** unverhältnismäßig.
port *m* (1) (See-) Hafen *m*, (2) (*prix du transport*) (Brief-) Porto *n*, Postgebühr *f*, (3) (*action de porter*) Tragen *n* (einer

Uniform, einer Waffe), (4) Körperhaltung *f*; **capitaine de –** (See-) Hafenverwaltung; **droits de –** Hafengebühren *fpl*, Hafengeld *n*; **entrer dans le –** in den Hafen einlaufen; **franchise de –** Portofreiheit *f*; **franco de –** portofrei; **permis de – d'armes** Waffenschein *m*; **règlement du –** Hafenordnung.

port aérien Flughafen; **– d'armes** (*VwR, StR*) Waffentragen *n*, Führen *n* einer Waffe; **– d'attache** Heimat- *od.* Registerhafen; **– autonome** (*VwR*) frz. Hafen (als Anstalt des öffentlichen Rechts: wie z. B. in Bordeaux, Le Havre, Paris u. Straßburg); **– de chargement** Verladehafen, Ladehafen; **– de commerce** Handelshafen; **– de débarquement** *ou* **de déchargement** Löschungshafen; **– de départ** Abgangshafen; **– de destination** Bestimmungs- *od.* Löschungshafenhafen; **– douanier maritime** Seezollhafen; **en – dû** unfrei; unfrankiert.

port d'embarquement (*Waren*) Verschiffungshafen, (*Personen*) Einschiffungshafen; **– d'enregistrement** Registerhafen; **– d'escale** Anlaufhafen; **– fluvial** Binnenhafen; **– franc** (*VwR*) Freihafen(gebiet); **– de guerre** Kriegshafen *m*; **– illégal de décorations** (*StR*) unbefugtes Tragen von Auszeichnungen; **– illégal d'uniforme** (*StR*) verbotenes *od.* unbefugtes Uniformtragen; **– d'immatricule** *ou* **d'immatriculation** Heimat- *od.* Registerhafen; **– en lourd** (1) Frachttonnage *f*, Tragfähigkeit, (2) (*Schiff*) Tonnengehalt *m*; Gesamtgewicht *n*; **– à marées** Fluthafen; **– maritime** *ou* **de mer** Seehafen; **– militaire** Kriegshafen; **– du nom** Namensführung.

port payé (*lettre: syn. franc de port*) portofrei, (bereits) frankiert; **– de pêche** Fischereihafen; **– de plaisance** Jachthafen; **– de refuge** Not- *od.* Zufluchtshafen; **– de relâche** Zwischenhafen; **– de retour** Rückporto; **– de sortie** Ausfuhrhafen; **– terminal** Endhafen; **– du titre** Titelführung; **– de transit** Transithandelshafen; **– de l'uniforme** Uniformtragen *n*.

portabilité *f* **(de la dette)** (*SchuldR*) Grundsatz, demzufolge die Leistung des Schuldners am Wohnsitz des Gläubigers zu erfolgen hat, Bringschuld.

portable *adj* tragbar; **créance** *ou* **dette –** (*SchuldR*) Bringschuld *f*.

portable *m* (1) (*MedienR: téléphone portable: on abrège souvent en portable pour dire « téléphone sans fil »*) Handy *n*, (2) (*MedienR: raccourci très fréquent d'ordinateur portatif*) Laptop *m*.

portage *m*: **convention de –** (*WertpR*) Wertpapierverwaltungsvertrag *m*, treuhänderische Wertpapierverwaltung.

porte *f* Tür *f*; Tor *n* einer Stadt; Eingang *m*; **faire du – à –** Hausieren *n*, an der Haustür verkaufen; **– de chargement** Ladetor *n*; Ladeluke *f*; **– cochère** Toreinfahrt *f*; **– à –** Haus--Haus-Verkehr.

porte-affiche *m* Plakatwand *f*.

porte-bagages *m* Gepäckträger *m*.

porte-clé(s) *m* Schlüsselbund *m*; Schlüsselring *m*.

porte-conteneurs *m* Containerschiff *n*.

portée *f* Tragweite *f*, Bedeutung *f*; Anwendungsbereich *m*; Reichweite *f*; Umfang *m*; **– générale** allgemeine Geltung; **– en lourd** (*Schiff*) Tragfähigkeit *f*.

portefeuille *m* (1) (*ÖfR: fonctions de ministre*) Ministeramt *n*, Ministerposten *m*, (2) (*WertpR: ensemble de valeurs*) Bestand *m* (an Wertpapieren); Wechselbestand; Portefeuille *n*, (3) Brieftasche *f*; **composition du –** Bestandzusammensetzung; **relevé de –** Bestandserfassung.

portefeuille d'assurances Versicherungsbestand *m*; **– de commandes** Auftragsbestand; **– de devises** Devisenbestände *mpl*; Portefeuille *n*; **– diversifié** ausgewogenes Portefeuille.

portefeuille d'effets (de commerce) Effektenportefeuille, Wechselbestand *od.* -besitz *m*; **– – du trésor** Schatzwechselbestand.

portefeuille ministériel Ministerium *n*, Geschäftsbereich eines Ministeriums; **– de titres** *ou* **de valeurs mobilières** Wertpapier- *od.* Effektenbestand *m.*

porte-fort *m* (*SchuldR: celui qui se porte fort*) Versprechende(r) *m*, Garant *m*; **convention de –** (*SchuldR: promesse de porte-fort, engagement pris par une personne d'obtenir d'un tiers l'exécution d'une obligation, art. 1120 Cciv*) Versprechen der Leistung eines Dritten, subsidiarische Haftung für die Erfüllung (durch einen Dritten).

porte-monnaie *m* Geldbeutel *m*; Finanzen *fpl.*

porte-parole *m* (*Pol*) Sprecher *m.*

porter *v.tr.* (1) tragen, (2) (*Namen*) führen; **se – sur (les lieux)** *v. pron.* (*PrzR*) sich (an Ort u. Stelle) begeben; **– à** erhöhen (auf); **– à l'actif** (*GesR*) aktivieren; **– atteinte aux libertés** die Grundrechte verletzen; **– en compte** (*Buchf*) in Rechnung stellen, verbuchen, berechnen, verrechnen; **– à la connaissance** jmdm. etwas mitteilen; **– un coup à qqn.** jmdm. einen Schlag *od.* Hieb versetzen; **– au crédit** gutschreiben; **– au débit** (*ein Konto*) belasten, ins Soll stellen; **– le deuil** um jmdn. trauern; **– intérêt** Zinsen tragen; **se – partie civile** (*StPR*) als Nebenkläger auftreten; **– plainte** (*StR*) Strafanzeige erstatten; **– préjudice à qqn.** jmdn. schädigen, jmdn. benachteiligen; **– sur un registre** in einem Register eintragen; **– sur qqch.** sich erstrecken auf.

porteur *m* (1) (*WechselR*) Inhaber *m*, (2) Überbringer, (3) (*GesR*) Aktionär; **action au –** Inhaberaktie *f*; **clause au –** Überbringerklausel; **émettre au –** auf den Inhaber ausstellen; **être au –** auf den Inhaber lauten; **papier au –** Inhaberpapier *n*; **payable au –** zahlbar an den Überbringer, an den Überbringer zu zahlen; **petit –** (*GesR*) Kleinaktionär *m.*

porteur d'actions Aktieninhaber *od.* -besitzer *m*; **– du chèque** Scheckinhaber; **– légitime** rechtmäßiger Inhaber; **– d'obligation** Schuldverschreibungsinhaber; **– de part** Anteilseigner *m.*

porte-voix *m* Megaphon *n*, Sprachrohr *n.*

portillon *m* (1) (*métro*) Eingangssperre *f*, (2) (*passage à niveau*) Fußgängerdurchgang *m.*

portion *f* Teil *m*, Anteil *m*; **– cessible** abtretbarer Teil; **– congrue** Existenzminimum *n*, sehr dürftiges Einkommen; **– disponible** frei verfügbarer Teil; **– héréditaire** (*ErbR: part d'héritage*) Erbteil *m*, Erbanteil; **– incessible (du salaire)** nichtabtretbarer Teil (des Lohns); **– saisissable** pfändbarer Teil; **– virile** (*SchuldR: part virile d'une masse indivise*) Anteil *m* (des Gesamthandsvermögens).

portionnaire *m* (*ErbR*) Miterbe *m.*

portique *m* (1) Bahnübergang mit Leuchtsignal, (2) (*in Flughäfen*) Detektordurchgang *m.*

portrait-robot *m* (*StR: photo d'après description du suspect*) Phantombild *n.*

poser *v.tr.* setzen, stellen; *fig* voraussetzen, annehmen; **se –** *v. pron.* (*avion*) landen; **– des affiches** Plakate kleben; **– sa candidature** seine Kandidatur anmelden; **– un principe** einen Grundsatz aufstellen; **– une question à qqn.** eine Frage stellen *od.* aufwerfen, eine Frage an jmdn. richten; **se – en victime** sich als Opfer ausgeben.

positif *adj* gewiss, sicher, zuverlässig; **droit –** positives *od.* gesetztes Recht, effektiv geltendes Recht; **fait –** bewiesene Tatsache; **preuve positive** voller Beweis; **réponse positive** Zusage *f.*

position *f* (1) (*Pol, BeamR: situation dans la société, dans la hiérarchie*) Stellung *f*, Amt *n*, Posten *m*; Lage *f*; Stand *m*, Position *f*, (2) (*BankR: montant du solde*) Kontostand *m*, (3) (*PrzR: constatation, principe juridique*) Feststellung; Grundsatz, Lehrsatz *m*, (4) (*AllgSpr*) Einstellung, Meinung, Auffassung; **assouplir sa –** mehr Entgegenkommen zeigen; **défendre une –** einen Standpunkt vertreten; **être en – de** in der Lage sein (etwas zu tun); **feu de –** (*StVR*) Standlicht *n*; **feuille de –** Konto- *od.* Bankauszug; **prendre –** Stellung nehmen, sich äußern; **prise de –** Stellungnahme *f*;

signaler sa – seinen Standort angeben.
position active (*SchuldR*) Gläubigerstellung; **– administrative** (*BeamR*) Dienststellung, Dienstverhältnis *n*; **– d'attente** Bereitschaft; **– -clef** Schlüsselstellung *f*, Machtposition; **– commune** gemeinsame Stellungnahme; **– concurrentielle** Wettbewerbslage; **– de confiance** (*ArbR*) Vertrauensstellung *f*; **– créancière** *ou* **créditrice** Gläubigerstellung; **– débitrice** Schuldnerstellung; **– dirigeante** (*ArbR*) leitende Stellung; **– dominante sur le marché** marktbeherrschende Stellung.
position de force (*Pol*) Vormachtstellung *f*; **– hiérarchique** (*BeamR*) Dienststellung; **– juridique** Rechtsstandpunkt *m*; **– militaire** Wehrdienstverhältnis; **– de monopole** Monopolstellung; **– du navire** Schiffsstandort *od.* -position; **– permanente** (*ArbR*) Lebens- *od.* Dauerstellung; **– privilégiée** Vorzugsstellung, bevorzugte Stellung; **– sociale** gesellschaftliche Stellung; **– tarifaire** (*ZollR*) Tarifnummer *od.* -position.
positionnement *m* Standort *n*; Einstellung *f*; **– d'un produit** (*Marketing*) Produktpositionierung, Produktraum.
positionner *v.tr.* (*BankR: calculer la position d'un compte*) den Konstand feststellen.
positivisme *m* **juridique** Rechtspositivismus *m*.
possédant *adj*: **classes –es** (*WirtR*) Inhaber *mpl* des Kapitals *od.* der Produktionsmittel.
posséder *v.tr.* (1) (*avoir la détention matérielle d'une chose*) besitzen, innehaben, (2) (*être propriétaire d'une chose*) Eigentümer sein, (3) *fig* beherrschen, verstehen; **– des droits** Rechte innehaben; **– le pouvoir** die Macht ausüben, herrschen; **– à titre précaire** vorübergehend innehaben.
possesseur *m* (1) (*SachR*) Eigenbesitzer *m*; Besitzer *m*, (2) (*SchuldR*) Inhaber *m*, Halter *m*; **– antérieur** Vorbesitzer, früherer Besitzer; **– de bonne foi** gutgläubiger Besitzer; **– foncier** Grundbesitzer; **– incommutable** Besitzer auf Lebenszeit; **– intermédiaire** Zwischenbesitzer; **– de mauvaise foi** bösgläubiger Besitzer; **– paisible** ungestörter Besitzer; **– précaire** *ou* **à titre précaire** (Gewahrsams-) Inhaber.

das frz. Recht kennt keinen Fremd- sondern nur Eigenbesitz. Fremdbesitz ist für ihn nur *la détention matérielle d'une chose*

possession *f* (1) (*SachR: pouvoir de fait exercé sur une chose avec l'animus domini*) Eigenbesitz *m*, (2) (*détention matérielle*) Besitz *m*, Sachherrschaft *f*; **abandon de la –** Besitzaufgabe *f*; **acquisition de la –** Besitzerwerb *m*; **atteinte portée à la –** Besitzstörung; **entrée en –** (*SachR: maîtrise effective manifestée sur la chose possédée*) Besitzerlangung *f*, tatsächliche Beherrschung der Sache; **envoi en –** Besitzeinweisung; **envoyer en –** (*ErbR*) in den Besitz einweisen; **perte de la –** Besitzverlust *m*; **trouble de la –** Besitzstörung.
possession de bonne foi (*SachR*) gutgläubiger Besitz; **– clandestine** heimlicher Besitz, heimlich angemaßter Besitz; **– continue** ununterbrochener Besitz; **– discontinue** Besitz mit Unterbrechungen; **– en commun** *ou* **commune** Mitbesitz *m*; **– entachée d'un vice** fehlerhafter Besitz; **– équivoque** nicht eindeutiger Besitz, zweifelhafter Eigenbesitz, mit einem Mangel behafteter Besitz.
possession d'état (*FamR: présomption de filiation résultant de l'apparence*) Status als Mitglied einer Familie *od.* Familienangehöriger (der sich aus dem Rechtsschein ergibt); Besitz des Familienstandes; *m*: **– exclusive** (*SachR*) Alleinbesitz; **– foncière** Grundbesitz; **– immémoriale** unvordenklicher Besitz; **– ininterrompue** ununterbrochener Besitz; **– de longue durée** Ersitzungsbesitz; **– médiate** mittelbarer Besitz; **– non équivoque** unzweideutiger Besitz.
possession paisible ungestörter Besitz;

– précaire Gewahrsam *m*, Innehabung *f*; **– publique** für jedermann sichtbarer od.offenbarer Besitz; **– à titre de propriétaire** Eigenbesitz; **– utile** mangelfreier Besitz; **– vaut titre** (*SachR: principe selon lequel « En fait de meuble, possession vaut titre », art. 2279 Cciv*) der Besitz begründet einen besonderen, originären Eigentumserwerbsgrund; **– vicieuse** mangelhafter Besitz; **– violente** auf gewaltsamer Enteignung *od.* Diebstahl beruhender mangelhafter Besitz.

possessionnel *adj*: **acte –** Erwerb des Besitzes *od.* der Sachherrschaft.

possessoire *adj* possessorisch, Besitzschutz-; **action –** (*SachR*) Besitz (schutz-) klage *f*.

possessoire *m* (1) Besitzrecht *n*, (2) *m* Besitz(schutz)klage, possessorische Klage.

possibilité *f* Möglichkeit *f*; Eventualität *f*; Fähigkeit *f*; **– d'absorption du marché** Aufnahmefähigkeit des Marktes; **– de choix** Wahlmöglichkeit *f*.

possible *adj* möglich, nicht ausgeschlossen, im Bereich des Möglichen; denkbar; erreichbar; durchführbar; erlaubt, zulässig; **dès que –** so bald *od.* so schnell wie möglich.

post mortem *loc. lat.* nach dem Tode.

postage *m* Postversand *m*.

postal *adj* Post-; **boîte –e** Postfach *n*; **compte de chèque – (= CCP)** Potsbankkonto *n*; **numéro de code –** Postleitzahl *f*; **régime –** Postgebührenordnung.

postdate *f* (*date fausse et postérieure à la vraie date*) Vordatierung.

postdater *v.tr.* ein späteres Datum einsetzen; **chèque postdaté** vordatierter Scheck.

poste *m* (1) (*ArbR*) Arbeitsplatz *m*, Stelle *f*, Stellung *f*, (Dienst-) Posten *m*, (2) (*VerfR, BeamR*) Amt *n*, Stelle *f*, (3) (*VwR*) Polizeiposten *n*, (Polizei-) Wache *f*, (4) (*MedienR: appareil récepteur*) Radioempfänger *m*, Fernsehempfänger, (5) (*Buchf*) (Rechnungs-) Posten *m*; Bestand *m*, (6) (*HausR*) (Haushalts-) Kapitel *n*, (7) (*ArbR: travail*) Schicht *f*; **en – à** (*BeamR*) dienstuend in; **occuper un –** einen Dienstposten bekleiden; **pourvoir à un –** (*ÖfR*) eine Stelle besetzen; **titulaire d'un –** (*BeamR*) Stelleninhaber *m*; Inhaber einer Planstelle; **vacance d'un –** Vakanz *f*, freie Stelle.

poste actif (*Buchf*) Aktivposten; **– annexe de douane** Zollzweigstelle; **– du bilan** Bilanzposten; **– budgétaire** (1) (*BeamR*) Planstelle, (2) (*HaushR*) Etatposten *m*; **– chômé** (*ArbR*) Feierschicht *f*; **– -clé** Schlüsselstellung *f*; **– de commandement** (*MilR*) Kommandatur *f*, Kommandostelle *f*; **– de comptabilité** (*Buchf*) Rechnungsposten; **– mis au concours** (*BeamR*) ausgeschriebene Stelle; **– de confiance** Vertrauensstellung *f*; **– consulaire** (*VR*) konsularische Vertretung; **– de correction** (*Buchf*) Berichtigungsposten *m*; **– créditeur** (*BankR*) Kreditposten *m*, Guthaben- *od.* Habenposten; **– débiteur** Sollposten; **– de direction** (*ArbR*) leitende Stellung; **– disponible** (*ArbR*) freie Stelle; **– douanier frontière** Grenzzollstelle *f*.

poste émetteur (*MedienR*) Sender *m*; **– d'essence** Tankstelle *f*; **– de fonctionnaire** Beamtenstelle *f*, Dienstposten *m*; **– frontière** Grenzübergangsstelle *f*; **– de machiniste** (*Lock, Kfz*) Führerstand *m*, (*Kfz LKW*) Fahrerkanzel *f*; **– pour mémoire** (*Buchf*) Erinnerungsposten *m*; **– de nuit** (*ArbR*) Nachtschicht *f*; **– passif** (*Buchf*) Passivposten; **– permanent** (*ArbR*) Lebens- *od.* Dauerstellung; **– de police** Polizeiwache *f*, Wachstube *f*; **– de pompiers** Feuerwache *f*; **– à pourvoir** (*BeamR*) freie Stelle; **– provisoire** (*Buchf*) Übergangsposten; **– de rectification** *ou* **de régularisation** (*Buchf*) Wertberichtigungsposten, Ausgleichs- *od.* Abgrenzungsposten.

poste de secours Hauptverbandsplatz *m*, Erste-Hilfe-Station *f*; **– téléphonique (public)** öffentliche Fernsprechstelle; Teilnehmersprechzelle; **– de télévision à écran plat** Flachbildschirmfernseher *m*; **– de**

travail Arbeitsplatz *m*; **– vacant** (1) (*BeamR*) Planstelle, (2) (*ArbR*) freie Stelle.
poste *f* (1) (*administration postale*) frz. Postzentralverwaltung, (2) (*bureau local*) Postamt *n*; **bureau de –** Postamt *n*; **employé de la –** Postbedienstete *m/f*; **mandat –** Postanweisung *f*; **– aérienne** Luftpost; **– restante** postlagernd.
posté *adj*: **travail –** (*ArbR*) Schichtarbeit *f*.
posté *m* Schichtarbeiter *m*.
poster *v.tr.* (*mettre à la poste*) bei der Post aufgeben.
postérieurement *adv* später, nachträglich; **acte établi –** im nachhinein ausgestellte Urkunde.
posteriori: **a –** *lat. loc. adv.* a posteriori, nachträglich, hinterher; **contrôle a –** nachträgliche Überprüfung (der Rechtmäßigkeit), nachträgliche Kontrolle.
postérité *f* (*ErbR: ensemble des descendants du défunt*) Nachkommenschaft *f*, Nachkommen *m*.
postface *f* Nachwort *n*.
posthume *adj* (*ErbR*) hinterlassen; **enfant –** nachgeborenes Kind, nach dem Tode (des Vaters) geborenes Kind; **œuvre –** (*UrhR*) nachgelassenes Werk; Nachlass *m*.
postiche *adj* falsch, unecht.
postiche *f*: **faire la –** als Straßenverkäufer anbieten.
postier *m* Postbeamte(r) *m*.
postnatal *adj* nach der Geburt, nach der Niederkunft.
postscolaire *adj*: **enseignement –** Erwachsenenbildung *f*, Weiterbildung.
post-scriptum *m* **(= P.-S.)** Nachschrift *f*, Postkript *n*.
postulant *m* (1) (*BeamR: candidat à un emploi*) Bewerber *m*, Anwärter *m*, (2) (*PrzR*) (Anwalt als) Antragsteller *m*.
postulat *m* (1) Forderung *f*, Anspruch *m*, (2) (nicht beweisbare) Annahme, Postulat *n*, (denknotwendige) Voraussetzung.
postulation *f* (*ZPR: accomplissement d'actes de procédure au nom d'un plaideur*) Prozessvertretung *f*, Prozessführung (durch einen Anwalt).
postuler *v.tr.* (1) (*ArbR: se porter candidat à un poste*) sich bewerben (um), (2) *v. intr.* (*PrzR: accomplir les actes normaux de procédure*) Anträge (bei Gericht) stellen; vor Gericht (einen Mandanten) vertreten; als Anwalt einen Prozess führen; **– un emploi** (*ArbR*) sich um eine Stelle bewerben.
pot-de-vin *m* (*StR: commission clandestine*) Schmiergeld *n*, Bestechungsgeld.
poteau *m* Pfosten *m*; Pfahl *m*; **envoyer qqn. au –** (*MilR*) jmdn. erschießen lassen; **– indicateur** (*StVR*) Wegweiser *m*.
potence *f* Galgen *m*.
potentat *m* (*Pol: personne qui a la souveraineté absolue dans un grand État*) Machthaber *m*, Gewalthaber *m*; gekröntes Haupt.
potentialité *f* Möglichkeit *f*, Entwicklungsfähigkeit.
potentiel *adj* möglich, potentiell; nur gedacht, virtuell; **facteur de production –** Potentialfaktor *m*.
potentiel *m* Potential *n*, Leistungsfähigkeit *f*; **– écologique** Umweltpotential, ökologisches Potential; **– économique** Wirtschaftspotential *n*; **– de guerre** Kampfkraft *f*; **– humain** Arbeitskräftepotential.
potestatif *adj*: **condition (purement) potestative** (*SchuldR: qui dépend de la volonté d'une personne*) Potestativbedingung, allein vom Willen (der betreffenden Partei) abhängige Bedingung; **condition simplement potestative** (*SchuldR: qui dépend de la volonté d'une partie et d'un événement extérieur*) gemischte Bedingung.
poubelle *f* Abfalleimer *m*; **navire –** schwimmendes Wrack; **sac –** Mülltüte *f*; **voiture –** Müllabfuhrauto *n*.
pouce *m* Daumen *m*; **mettre les –s** *fig.* aufgeben.
poudrière *f fig* Pulverfass *n*.
pour *prép.* für; **le – et le contre** *m* das Für und Wider; **passer – corrumpu** für korrupt gelten; **– acquit** *loc* Betrag dankend erhalten; **– cause de santé** aus Gesundheitsgründen; **– cent** Prozent *n*; **– copie conforme (= p.c.c.)** *loc* für die Richtigkeit der Abschrift (=

f. d. R. d. A.); – **haute trahison** (*StR*) wegen Hochverrats; – **solde de tout compte** (*ArbR*) als Ausgleichsquittung.

pourboire *m* (*ArbR: service*) Trinkgeld *n*, Bedienungsgeld; – **compris (= p. c.)** Trinkgeld inbegriffen.

pourcentage *m* Hundertsatz *m*, Prozentsatz, Zinsfuß *m*; prozentmäßiger Anteil, Quote *f*; – **d'amortissement** Tilgungs- *od.* Abschreibungsquote; – **sur le bénéfice** Gewinnanteil *m*; – **de contrôle** (*VersR*) Ausfallziffer *f*; – **de couverture** Deckungsverhältnis *n*; – **d'invalidité** Grad *m* der Erwerbsunfähigkeit; – **des pertes** Verlustrate *f*.

pourchasser *v.tr.d.* verfolgen.

pour-compte *mot invar.* im Auftrag, für Rechnung.

pourparlers *mpl* (*VR: entretiens préalables à la conclusion d'un traité*) Unterhandlung *f*; – **salariaux** (*ArbR*) Tarif- *od.* Lohnverhandlung.

pourrir *v.intr.* verfaulen; (*Lage*) sich verschlechtern.

poursuite *f* (1) (*ZPR: exercice de l'action en justice par le créancier contre le débiteur*) Klage (des Gläubigers), Klageerhebung (durch den Gläubiger); Betreibung (eines Rechtsstreits), (2) (*StPR: au pluriel: exercice de l'action puplique*) Strafverfolgung *f*, (3) (*StR: recherche par la police judiciaire*) Fahndung *f*, (4) (*continuation*) Fortsetzung *f*, Weiterführung *f*; **acte de –** (*SteuerR*) Ermittlung(en) im Steuerstrafverfahren; **agent de –** (*ZwangsVR*) Gerichtsvollzieher *m*; **cessation des –s** (*StPR*) Einstellung des Ermittlungsverfahrens; **engager** *ou* **entamer des –s** (*StPR*) ein Ermittlungsverfahren einleiten; **frais de –** Gerichtskosten *pl*; **mise hors de –** (*StPR*) Außerverfolgungssetzung; **opportunité des –s** (*StPR*) (Grundsatz der) Zweckmäßigkeit der Strafverfolgung.

poursuite civile zivilrechtliche Klage; – **disciplinaire** (*DiszR*) disziplinarrechtliches Verfahren; – **de l'exploitation** (*InsolvenzR*) Weiterführung des Betriebs; – **sur flagrant délit** (*StPR*) beschleunigtes Verfahren (zur sofortigen Aburteilung der auf frischer Tat ertappten Personen); – **des infractions** Strafverfolgung; – **de l'instance** (*ZPR*) Fortführung des Prozesses (nach einer Unterbrechung); – **judiciaire** *ou* **en justice** (*ZPR*) Klage *f*, Klageerhebung; – **pénale** Strafverfolgung; – **sur un territoire étranger** (*EuR*) Nacheile *f*.

poursuivant *m* (1) (*ZPR: personne saisissant un tribunal*) Kläger *m*; betreibende Partei, (2) (*ZwangsVR: créancier pratiquant une saisie immobilière*) die Zwangsvollstreckung in ein Grundstück (des Schuldners) betreibender Gläubiger.

poursuivre *v.tr.* jmdn. (gerichtlich) verfolgen, belangen, verklagen; (einen Rechtsstreit) betreiben; fahnden; – **au civil** einen Zivilprozess in Gang setzen *od.* betreiben; – **en justice** gegen jmdn. gerichtlich vorgehen, vor Gericht gegen jmdn. klagen; – **au pénal** strafrechtlich verfolgen, ein Strafverfahren einleiten gegen ....

pourvoi *m* (1) (*PrzR: tout recours contre une décision de justice*) Rechtsmittel *n*; Rechtsmitteleinlegung *f*, (2) (*PrzR: recours extraordinaire formé devant la Cour de cassation ou le Conseil d'État*) Revisionsverfahren *n*; Einlegung der Revision, (3) (*VwR: requête*) Gesuch *n*, Ansuchen *n*, (4) (*VwPR*) Beschwerde *f*; **acte de –** Revisionsschrift *f*, Beschwerdeschrift *f*, Einlegung eines Rechtsmittels; **délai de –** Rechtsmitteleinlegungsfrist; **dépôt du –** Einreichung *od.* Einlegung des Rechtsmittels; **former** *ou* **introduire –** ein Rechtsmittel einlegen; ein Revisionsverfahren einleiten; **rejeter le –** das Rechtsmittel verwerfen, die Klage zurückweisen; – **en appel** Berufung (seinlegung).

pourvoi en cassation (*PrzR*) Revision (seinlegung), Einlegung eines Rechtsmittels beim Kassationsgerichtshof; – **en grâce** (*StPR*) Gnadengesuch; – **immédiat** (*VwPR*) sofortige Beschwerde; – **incident** (*ZPR: contestation qui se greffe sur une demande initiale ou principale*) Widerklage *f*; –

dans l'intérêt de la loi (*PrzR*) Revisionseinlegung durch die Staatsanwaltschaft.

pourvoi en nullité Nichtigkeitsbeschwerde *f*; **– provoqué** (*PrzR*) Anschlussrevision *f*; **– en révision** Anstrengung eines Wiederaufnahmeverfahrens; **– simple** (*VwPR*) einfache Beschwerde; **– subséquent** weitere Beschwerde; **– suspensif** (*PrzR*) Berufung mit aufschiebender Wirkung.

pourvoir *v.tr.ind.* (1) (*pourvoir à*) sorgen für, für etwas aufkommen; ernennen, (2) *v.tr.dir.* (*mettre qqn. en possession*) versehen (mit), ausstatten, versorgen (mit), (3) *v.pron.* (*PrzR: se pourvoir*) ein Rechtsmittel einlegen; **poste à –** freie Stelle; **se – en appel** Berufung einlegen; **se – en cassation** Revision einlegen; **se – comme de droit** den ordentlichen Rechtsweg beschreiten; **– à un emploi** (*BeamR*) eine Stelle besetzen; **se – en grâce** ein Gnadengesuch einreichen.

pourvoyeur *m* Lieferant, Lieferer, Auslieferer *m*; **– de drogue** Drogenschmuggler *m*; **– de fonds** Geldtransporteur *m*.

pourvu que *conj* vorausgesetzt, dass ...; sofern; wenn nur.

poussée *f* Druck *m*; Schub *m*; Auftrieb *m*; **– du chômage** Zunahme der Arbeitslosigkeit; **– démographique** Bevölkerungsexplosion; **– inflationniste** Inflationsdruck; **– des prix** Preisauftrieb *m*; **– spéculative** Spekulationsfieber *n*.

pousser *v.tr. et v. intr. fig* vorantreiben, fortführen; **– une affaire** eine Sache vorantreiben; **– qqn. à bout** jmdn. in die Enge treiben; jmdn. reizen; **– qqn. au crime** zu einem Verbrechen anstiften; **– une enquête** eine Untersuchung durchführen; **– ses études** sich fortbilden.

pouvoir *v.tr.* können, vermögen; imstande sein; das Recht haben (etwas zu tun); befugt sein; **cela ne se peut pas** das kann nicht sein; **il se peut** es mag sein, es ist möglich; **ne – ester en justice** keine Klagebefugnis haben; **– contracter mariage** ehefähig sein.

pouvoir *m* (1) (*ÖfR: force, puissance; organe exerçant le pouvoir*) Macht *f*, Machtbefugnis *f*; Staatsgewalt *f*, Befehlsgewalt; Herrschaft *f*, (2) (*VerfR: compétence*) Zuständigkeit *f*; Mandat *n*, (3) (*ZR: aptitude à agir pour le compte d'autrui*) Vertretungsbefugnis *f*; Vertretung *f*; Vertretungsmacht *f*, Vollmacht *f*, (4) (*HR, ZPR*) (schriftlich fixierte) Handlungsvollmacht; (Prozess-) Vollmacht; Ermächtigung *f*, (5) (*ArbR: prérogative du chef d'entreprise*) Leitung(sgewalt), Weisungsbefugnis *f*, Direktionsrecht *n*; **abus de –** (*VwR*) Ermessensmissbrauch *m*, missbräuchliche Ermessensausübung, Missbrauch der Amtsgewalt; **arrivée au –** (1) (*VerfR: légalement*) Regierungsantritt *m*, (2) (*VerfR: par la force*) Machtergreifung *f*; **assumer le –** an der Macht sein; **avoir plein(s) –(s)** bevollmächtigt sein; **bon pour –** Vollmachtsformel (vor der Unterschrift des Vollmachtgebers); **concentration de –** Machthäufung *od.* -konzentration; **conférer un –** (1) (*ÖfR*) eine Befugnis übertragen, (2) (*ZR*) bevollmächtigen; **détournement de –** (*ÖfR*) Ermessensmissbrauch *m*; **donner –** bevollmächtigen; **s'emparer du –** die Macht ergreifen; **être au –** an der Macht sein; **être en – de faire qqch.** imstande sein etwas zu tun.

pouvoir: **excès de –** (*VwR*) Ermessensüberschreitung *f*, Überschreitung der Amtsbefugnisse, Kompetenz- *od.* Zuständigkeitsüberschreitung; **fondé de –** (*HR*) Handlungsbevollmächtigte(r), Prokurist *m*; **prise de –** (*Pol*) Machtübernahme *f*, Machtergreifung *f*, Übernahme der Regierungsgewalt; **vérification du –** Überprüfung der Ordnungsmäßigkeit der Vertretungsmacht *od.* Handlungsbefugnis; **en vertu du – conféré** auf der Grundlage der übertragenen Vollmacht.

pouvoir absolu (*VerfR*) *hist.* Absolutismus *m*, absolute Herrschaft.

pouvoir d'achat (*Vwirt*) Kaufkraft *f*; **baisse du – –** Kaufkraftschwund *m*; **création de – –** Kaufkraftschöpfung *f*; **excédent de – –** Kaufkraftüberhang *m*.

pouvoir d'achat: **parité du – –** Kaufkraftparität *f.*

pouvoir d'action Handlungsbefugnis *f*; **– administratif** Verwaltung *f*; **– d'appréciation** (*VwR*) Ermessensspielraum *m*; Beurteilungszuständigkeit, Recht zur freien Würdigung; **– d'appréciation souveraine** (*VwR*) freies Ermessen; **– d'authentification** Beurkundungsbefugnis *f*; **– en blanc** Blankovollmacht *f*; **– en bonne et due forme** ordnungsgemäße Vollmacht; **– central** (*VerfR*) Zentralstaat, (*in Frankreich*) Befugnisse des Zentralstaats gegenüber den Gebietskörperschaften; **– du chef d'entreprise** (*ArbR*) Weisungsbefugnis.

pouvoir coercitif *ou* **de coercition** (*VwR: contrainte dans l'exercice du pouvoir exécutif*) (*Vollstreckung von Verwaltungsakten*) Verwaltungszwang *m*; (*Beamtenaufsicht*) Disziplinargewalt *f*, Strafbefugnis *f*; **– de commandement** (*MilR*) Befehlsgewalt, Anordnungsbefugnis; **– concédant** (*VwR*) Verleihungsbehörde; **– constituant** (*VerfR*) verfassunggebende Gewalt; **– constitutionnel** (*VerfR*) verfassungsmäßige Gewalt; **– de contracter** (*ZR*) Geschäfts- *od.* Vertragsfähigkeit; **– de contrainte** (*ÖfR*) Zwangsbefugnis; **– de contrôle** (*VwR*) Aufsichtsrecht *n*; Kontrollbefugnis *f*, Nachprüfungsrecht *n*.

pouvoir de décision Entscheidungsbefugnis *f*; **– de délégation** Delegationsbefugnis *f*; **– délégué** (*ZR*) Untervollmacht *f*; **– dictatorial** Diktatur *f*; **– de direction** (*ArbR*) Direktions- *od.* Weisungsbefugnis; **– disciplinaire** (1) (*BeamR*) Disziplinargewalt *od.* -befugnis *f*, Disziplinarstrafgewalt *f*, (2) (*ArbR*) Weisungsbefugnis (mit Strafandrohungen *od.* Vorteilsverkürzungen).

pouvoir discrétionnaire (1) (*VwR: pouvoir d'appréciation soumis au contrôle du juge administratif*) freies (Verwaltungs-) Ermessen *n*, Befugnis zur Entscheidung nach freiem Ermessen, (2) (*PrzR: appréciation souveraine du juge*) richterliche Machtvollkommenheit; richterliches Ermessen, (3) (*ZR: droit pouvant être exercé par une personne en toute liberté, sans que cet exercice ne soit susceptible d'abus*) völlige Entscheidungsfreiheit; **– discrétionnaire lié** (*VwR: compétence liée*) pflichtgemäßes Verwaltungsermessen.

pouvoir de disposer *ou* **de disposition** (*ZR: pouvoir d'accomplir un acte de disposition*) Verfügungsgewalt *od.* -macht *od.* -befugnis; **– de dissolution** Auflösungsbefugnis; **– distinctif** (*Wz*) Unterscheidungskraft *f*; **– de domination** Vorherrschaft *f*; **– de donner des instructions** (*VwR*) Weisungsbefugnis *f*, Weisungsrecht *n*.

pouvoir écrit schriftliche Vollmacht; **– d'édicter des règles de droit** (*VerfR*) Rechtsetzungsbefugnis; **– d'enquête** (*StPR*) Untersuchungsbefugnis *f*; **– établi** bestehende Herrschaftsordnung; **– de l'État** Staatsgewalt *f*; **– exécutif** Exekutive *f*, vollziehende *od.* ausführende Gewalt; **– d'exécution** (*ÖfR*) Ausführungsbefugnis, Vollzugsgewalt; **– d'expropriation** (*VwR*) Enteignungsrecht *n*, Befugnis zur Enteignung.

pouvoir général (*HR*) Generalvollmacht *f*; **– de gestion** (*HR*) Geschäftsführungsbefugnis *f*; **– gouvernemental** Regierungsgewalt *f*; **– de gracier** Gnadenrecht *n*, Begnadigungsrecht *od.* -befugnis; **– hiérarchique** (1) (*VwR*) Aufsichtsbefugnis (des Dienstvorgesetzten); Dienstvorgesetzte(r) *m*; Aufsichtspflicht *f*, (2) (*DiszR*) Disziplinargewalt, Dienstaufsicht *f*.

pouvoir d'information (1) (*VwR*) Auskunfts- *od.* Informationsrecht, (2) (*StPR*) Ermittlungsbefugnis *f*; **– d'investigation** Nachforschungs- *od.* Untersuchungsrecht.

pouvoir judiciaire (1) (*VerfR: syn.: autorité judiciaire*) rechtsprechende *od.* richterliche Gewalt, Judikative *f*, (2) (*GVR: juridictions de l'ordre judiaire par opposition aux juridictions administratives*) ordentliche Gerichtsbarkeit in Frankreich (die Arbeits-, Handels- und Sozialgerichtsbarkeit mitumfassend); Gesamtheit der Gerichte, die dem frz. Kassationshof unterstehen; **– du juge** (*PrzR*) richterliches Ermessen; **– de juridiction** *ou* **juridictionnel** (*GVR*) rechtsprechende Gewalt.

pouvoir légal gesetzliche Vertretungsbefugnis; **– légal de représentation** (*GesR*) (gesetzliche) Geschäftsführungsbefugnis; **– législatif** (*VerfR*) gesetzgebende Gewalt, Legislative *f*, Gesetzgeber *m*; Gesetzgebungs- *od.* Rechtsetzungsgewalt; **– libératoire** (*SchuldR*) befreiende Wirkung (einer Zahlung); **– lié** (*VwR*) gebundene Verwaltung; **– limité** (*ZR, HR*) beschränkte Vollmacht; **– de mandat** Vertretungsbefugnis *f*; **– modérateur (du juge)** (*ZPR*) Befugnis des Richters zur Abänderung von Vertragsklauseln (zugunsten des Schuldners).

pouvoir de nomination (*VwR*) Ernennungsrecht; **– normatif** Rechtsetzungsbefugnis; **– personnel** (*VerfR*) willkürliche Herrschaft; **– de police** (1) Polizeigewalt, (2) Ordnungsgewalt; **– politique** politische Kräfte (im Staat), die politischen Führungsorgane, Parteien *fpl*; **– de recommandation** Empfehlungsrecht *n*; **– de réformation** Änderungsbefugnis *f*.

Gemäß der frz. Verfassung ist die Gesetzgebungsgewalt zweigeteilt. Das Parlament verabschiedet Parlamentsgesetze – *lois au sens de l'art. 34* und die Regierung Regierungsgesetze: *règlements –art. 37 al. 2.* Letztere werden in der Praxis dann zumeist *décrets* genannt.

pouvoir réglementaire (1) (*ÖfR: pouvoir du gouvernement de légiférer par décrets – art. 34 et 37 al. 2 de la Constitution de 1958.*) Befugnis zum Erlass von Gesetzen im materiellen Sinne (durch die frz. Regierung), Normsetzungsbefugnis (der Regierung); Rechtsetzungsbefugnis *f*, Verordnungsrecht, (2) (*VerfR: pouvoir de prendre un règlement dans le sens d'un décret d'application de la loi*) Befugnis *f* zum Erlass von Durchführungsbestimmungen, Verordnungsrecht; **– régulier** (*ZR*) ordnungsgemäße Vollmacht; **– de représentation** (*ZR*) Vertretungsmacht *od.* -befugnis; Vollmacht; **– répressif** *ou* **de répression** (*StR*) Strafverfolgung(sbehörde).

pouvoir de sanction Disziplinargewalt, Strafbefugnis; **– de signer** (*VwR*) Zeichnungsbefugnis *f*; **– souverain** (*VerfR*) Machtvollkommenheit *f*, uneingeschränkte Macht; **– de souveraineté** (*VerfR*) Hoheitsgewalt *f*, Hoheitsbefugnis; **– spécial** (*ZR*) Sondervollmacht *f*; **– spirituel** (*Pol*) Kirche *f*, geistliche Macht, geistiger Führungsanspruch; **– de substitution** (1) (*ZR: dans le cadre du mandat*) Befugnis zur Bestellung eines Unterbevollmächtigten, (2) (*VwR: pouvoir des autorités de tutelle leur permettant de se substituer aux organes sous tutelle et d'agir en leur lieu et place*) Recht auf ersatzweise Vornahme; Eintrittsrecht *n*; **– suprême** höchste Entscheidungsgewalt; **– de surveillance** Aufsichtsgewalt *f*, Überwachungsbefugnis *f*, Kontroll- *od.* Aufsichtsrecht; **– temporel** (*KirchR*) weltliche Macht.

pouvoir de tester (*ErbR*) Testierfähigkeit *f*; **– de tutelle** (1) (*VwR: contrôle exercé par les autorités supérieures*) (staatliche) Aufsicht *f*, Aufsichtsgewalt, (2) (*FamR: régime de protection des mineurs et des majeurs*) Vormundschaft *f*, vormundschaftliches Sorgerecht.

pouvoirs *mpl*: **délégation de –** Übertragung *od.* Delegierung von Befugnissen, (2) **excéder** *ou* **outrepasser ses –** (*ZR*) seine Vollmacht überschreiten; **excéder** *ou* **outrepasser ses –** (1) (*VwR*) seine Befugnisse überschreiten; **passation des –** Amtsübergabe *f*; **pleins –** (*ZR*) Generalvollmacht; **séparation des –** (*VerfR*) Gewaltenteilung; **– exceptionnels** (*VerfR*) Notstandsrecht, Sonderbefugnisse.

pouvoirs implicites (*VR*) implizite

Zuständigkeiten, implied powers; – **publics** (1) (*ÖfR: toutes les autorités publiques*) öffentliche Hand, Staat *m*; Behörden *fpl*, staatliche Stellen *fpl*; Staatsapparat *m*, (2) (*VerfR: les autorités instituées par la Constitution*) Verfassungsorgane *npl*, durch die Verfassung vorgesehene Staatsorgane.

praeter legem (*lat.: dans le silence de la loi, à défaut de texte, pour combler une lacune de la loi écrite*) zwecks Füllung einer Gesetzeslücke.

pragmatique *adj* pragmatisch, sachbezogen; **sanction –** (*hist.: édit d'un souverain pour régler une affaire importante*) pragmatische Sanktion, landesherrliches Grundgesetz.

praticable *adj* (1) durchführbar, anwendbar; ausführbar; tunlich, (2) (*StVR: route carrossable*) befahrbar; **moyen –** geeignetes Mittel.

praticien *m* (1) (*PrzR*) Anwalt *m*; Jurist *m*; Rechtspraktiker *m*, (2) (*MedizinR*) praktischer Arzt.

pratique *f* (1) (*ÖfR, ZR: application du droit*) Rechtsanwendung *f*, Rechtspraxis *f*, (2) (*ZR: coutume, usage*) Übung *f*, Gewohnheit *f*; Praxis *f*; Brauch *m*, (3) (*activité*) Handhabung *f*, Verfahrensart *f*, Praktik *f*, Methode *f*, (4) (*agissement, conduite*) Vorgehen *n*, Gebaren *n*, Handlungsweise *f*, (5) (*expérience*) (Berufs-) Erfahrung, (langjährige) Praxis *f*, (6) (*HR: client*) Kunde *m*, Kundschaft *f*, Kundenkreis *m*, (7) (*Prz*) Gerichtsverfahren *n*; **avoir la –** praktische Erfahrungen haben; **homme de –** Jurist *m*; **mettre en –** in die Praxis umsetzen; verwirklichen; **style de –** Gerichtssprache *od.* -stil *m*; **terme de –** juristischer Ausdruck (aus dem Verfahrensrecht), prozessrechtliche Wendung.

pratique administrative (*VwPR*) Verwaltungsgepflogenheiten *fpl*, Verwaltungsübung *od.* -praxis *f*; – **ancienne et commune** (*HR*) langdauernde u. (weit-) verbreitete Übung; – **arbitrale** Schiedsgerichtspraxis *f*; – **commerciale** Verkehrsauffassung *f*, Handelspraktiken *pl*, Geschäftsgebaren *n*; – **concertée** (*GesR*) geheime (illegale) Absprache; – **constante** *ou* **courante** übliche Verfahrensweise; **de – courante** allgemein üblich.

pratique discriminatoire (1) (*VR*) Diskriminierung *f*, (2) (*EuR*) Ungleichbehandlung *f*; – **du droit des gens** Völkerrechtsübung, völkerrechtliches Gewohnheitsrecht; – **des États** Staatenpraxis *f*; – **interdite** verbotenes Verhalten.

pratique judiciaire (1) (*GVR: syn.: jurisprudence*) Rechtsprechung *f*, (2) (*ZPR: usage du palais*) Gewohnheitsprozessrecht *n*, (3) (*PrzR: mise en œuvre du droit par les tribunaux*) richterliche Rechtsanwendung; – **juridique** Rechtspraxis *f*; – **notariale** notarielles Gewohnheitsrecht; – **professionnelle** (*ArbR*) Gepflogenheiten *fpl* des Berufslebens; – **des tribunaux** Gerichtspraxis *f*; **–s de vente** (*HR*) Verkaufspraktiken *od.* -usancen.

pratique *adj* praktisch, zweckmäßig.

pratiquer *v.tr.* (1) (einen Beruf) ausüben, betreiben, (2) (das Recht) anwenden, (3) (eine Religion) ausüben *od.* praktizieren; – **le chantage** jmdn. erpressen; – **le concubinage** in einer eheähnlichen Gemeinschaft leben; – **des prix élévés** hohe Preise verlangen; – **une règle** eine Vorschrift beachten.

préachat *m* Kaufoption *f*.

préalable *adj* vorhergehend, zuvor; vorausgehend, vorherig; **au –** vorher, zuvor; **sans avis –** ohne Vorankündigung; **budget –** (Haushalts-) Voranschlag *m*; **contrôle –** vorgängige Kontrolle; **examen –** Vorprüfung.

préalable *m* Vorbedingung *f*, Voraussetzung; – **administratif** Vorentscheidung der Verwaltung.

préalablement *adv* vor, vorher, zuvor, davor.

préambule *m* (1) (*VerfR, VR*) Präambel *f*, Vorspruch *m*, Einleitung *f*, (2) Vorrede *f*; Eingangsformel *f*; – **de la revendication** (*PatR*) Oberbegriff *m* eines Anspruchs.

préau *m* Innenhof (in einer Haftanstalt); (überdachter) Schulhof *m*.

préavis *m* (1) (*ArbR: syn.: délai-congé*)

Kündigungsfrist *f*, Kündigung *f*, (2) (*VwR: avertissement préalable*) Ankündigung *f*, vorherige Mitteilung; **conversation avec –** Gespräch mit Voranmeldung, V-Gespräch; **délai de –** Kündigungsfrist; **dépôt à –, fonds à –** (*BankR*) Kündigungsgeld; **sans –** fristlos; **– de congé** *ou* **de congédiement** (*ArbR*) Kündigungsfrist *f*, Kündigung *f*; **– de grève** Streikankündigung; **– légal** gesetzliche Kündigungsfrist; **– de retrait** Kündigung.

préaviser *v.tr.* kündigen, eine Kündigung aussprechen.

prébende *f* (1) (*KirchR*) Pfründe *f*, (2) (*Pol*) einträglicher Posten.

précaire *adj* widerruflich, auf Widerruf; zeitlich begrenzt; unsicher, schwankend; ungewiss; prekär; **détenteur –** (*SachR*) Gewahrsaminhaber *m*; **détention –** (*SachR: es gibt in Frankreich keinen Fremdbesitz, nur Eigenbesitz!*) Gewahrsam *m*; **emploi –** zeitlich (eng) begrenztes Arbeitsverhältnis; jeder Zeit durch den Arbeitgeber kündbarer Arbeitsvertrag; Zeitarbeitsverhältnis *n*; **possession –** Gewahrsam *m*, zeitlich begrenzter Besitz; **résultat –** knappes Ergebnis; **santé –** labiler Gesundheitszustand; **situation –** (*SozR*) unsichere, ärmliche Lebensverhältnisse; **à titre –** vorübergehend, zeitlich begrenzt, in einem beschränkten zeitlichen Rahmen; **travailleur –** Arbeitnehmer mit befristetem Arbeitsvertrag *od.* Kettenarbeitsvertrag.

précaire *m* widerrufliche Vergünstigung.

précarisation *f* **(de l'emploi)** Einführung befristeter Arbeitsverhältnisse im immer größeren Ausmaß.

précariser *v.tr.* in die Armut führen; immer kurzfristigere Arbeitsverträge anbieten.

précarité *f* (1) (*ArbR: emploi*) Kündbarkeit von einem Tag zum anderen; jeder Zeit durch den Arbeitgeber kündbares Arbeitsverhältnis, (2) (*incertitude, instabilité*) Unsicherheit *f*, Ungewissheit *f*, (3) (*SozR: revenu insuffisant*) Hilfsbedürftigkeit, Armut *f*; **– de la détention** (*SachR*) zeitliche Begrenztheit des Gewahrsams.

précaution *f* Vorsicht *f*, Vorsichtsmaßregel *f*; **par mesure de –** vorsorglich, vorsichtshalber; **prendre les –s qui s'imposent** alle erdenklichen *od.* erforderlichen Vorkehrungen treffen.

précédemment *adv* vorher, zuvor, früher; vordem, vormals.

précédent *adj* vorhergehend, vorangehend; früher.

précédent *m* (1) (*PrzR: antécédent*) Präzedenzfall *m*, Vorentscheidung, Präjudiz *n*, (2) (*i. w. S.*) Beispiel *n*; **s'appuyer sur un –** sich auf einen Präzedenzfall stützen; **créer un –** einen Präzedenzfall schaffen; **sans –** beispiellos.

précéder *v.tr.* (1) (zeitlich) vorhergehen, (2) den Vorrang vor jmdn. haben.

précensure *f* Vorzensur *f*.

précepte *m* Grundsatz *m*; allgemeingültige Vorschrift; Gebot *n*; Regel *f*.

précepteur *m* Haus- *od.* Privatlehrer *m*, Erzieher *m*.

précieux *adj* wertvoll, kostbar; **pierre précieuse** Edelstein *m*.

précipitamment *adv* voreilig, übereilt; **fuir –** hastig *od.* überstürzt den Ort des Geschehens verlassen, Hals über Kopf fliehen.

précipitation *f* (1) Überstürzung *f*, Übereilung, Voreiligkeit; Hast *f*, (2) (*Wetter*) Niederschlag *m*.

préciput *m* (*EheR, ErbR: avantage matrimonial*) Voraus *m*, Vorausanteil *m* (des überlebenden Ehegatten); Vorausvermächtnis *n*; **– conventionnel** vertraglich eingeräumter Voraus.

préciputaire *adj*: **avantage –** (*FamR, ErbR: dispensé de rapport, hors part*) nicht anrechenbarer Vorausanteil.

précis *adj* genau bestimmt; kurz und deutlich; pünktlich; **mesure –e** Feinmessung *f*.

préciser *v.tr.* klarstellen, genauer bestimmen, eindeutiger beschreiben, erläutern; **se –** *v. pron.* sich klar abzeichnen.

précision *f* Richtigkeit *f*; Genauigkeit *f*; Klarheit *f*; genaue Information; **déterminer avec –** genau festlegen; **instrument de –** Präzisionsinstru-

ment *n*; **mécanicien de –** Feinmechaniker.
précité *adj* obengenannt (= o.g.), vorgenannt.
précoce *adj* vorzeitig; frühzeitig; frühreif.
précommande *f* (*HR*) Option *f*; Vorbestellung.
précompte *m* (*Buchf, ArbR, SteuerR*) einbehaltener Betrag, Einbehaltsbetrag *m*; Vorausabzug; **par voie de –** durch Vorwegabzug; **– immobilier** (*B*) Grundsteuer *f*; **– sur impôt** Steuervorauszahlung; **– sur le salaire** (*ArbR, SteuerR*) Abzug *m* (der Lohnsteuer, der Sozialversicherungsbeiträge) vom Lohn vor der Auszahlung; Lohnabzug *m*.
précompter *v.tr.* (1) (*HR*) abziehen; schätzen, (2) (*SozR*) einbehalten, (3) (*SteuerR*) vorweg abziehen; voraus bezahlen.
préconçu *adj* vorgefasst; **idée** *ou* **opinion –e** Vorurteil *n*, vorgefasste Meinung.
préconiser *v.tr.* empfehlen, vorschlagen, befürworten.
préconjugual *adj* vorehelich.
préconstitution *f* **de la preuve** Beweissicherung *f*.
précurseur *adj* vourausgehend; **signe –** Vorbote *m*, erstes Anzeichen.
précurseur *m* Vorläufer *m*, Wegbereiter *m*.
prédateur *m* (*StR*) *fig umg* Plünderer, Räuber *m*.
prédécédé *m* (*ErbR*) Vorverstorbene(r) *m*.
prédécès *m* (*ErbR*) vorher eingetretener Todesfall.
prédécesseur *m* (1) Vorgänger (im Amte), (2) (*pl, ErbR*) Vorfahren *fpl*; **– en droit(s)** Rechtsvorgänger.
prédélinquance *f* (unaufhaltsames) herabgleiten in die Straffälligkeit.
prédemande *f* (*VwR*) (*vor der Stellung eines Antrags*) informelle Anfrage.
prédestination *f* Vorausbestimmung *f*.
prédicateur *m* (*KirchR*) Prediger *m*; **– itinérant** Wanderprediger *m*.
prédiction *f* Vorhersage *f*, Voraussage, Prognose *f*.
prédisposition *f* (*MedizinR*) Anlage *f*, Veranlagung *f*; **– à une maladie** Veranlagung *f*, Zustand *m*, der eine Krankheit begünstigt.
prédominance *f* Vorherrschaft *f*, Hegemonie *f*; Überlegenheit; Übergewicht *n*.
préélectoral *adj* die Wahlperiode betreffend; **promesse –e** Wahlversprechen *n*.
préemballé *adj* verkaufsfertig abgepackt.
prééminence *f* Vorrang *m*, Vorrangstellung; **– du droit** Vorherrschaft des Rechts; **– du droit européen** Vorrang *m* des europäischen Rechts.
préemploi *m* vorübergehende Einstellung, vorläufige Verwendung.
préempter *v.tr.* (*SchuldR: faire jouer un droit de préemption pour acquérir qqch.*) auf dem Wege des Vorkaufsrechts erwerben.
préemption *f* (*SchuldR: droit de préemption, option d'acquérir*) Vorkaufsrecht *n*.
préenquête *f* (*PrzR*) Voruntersuchung *f*.
préenregistrement *m* (*MedienR*) Aufzeichnung (einer Sendung).
préétabli *adj* vorgegeben.
préétude *f* (*WirtR*) Projektstudie *f*.
préexistant *adj* bereits vorhanden; vorherbestehend, vorhergehend, früher begründet.
préfabriqué *adj*: **élément –** Fertigbauteil *n*.
préface *f* Vorrede *f*, Einleitung *f*.
préfectoral *adj* den Präfekten betreffend; Präfektur-; **arrêté –** Präfektoralerlass *m*; **corps –** Laufbahngruppe der Präfekten.
préfecture *f* Präfektur *f*, Amtssitz des Präfekten; Amtszeit *f* des Präfekten; Hauptstadt *m* des Département; **– maritime** Marinepräfektur in den frz. Kriegshäfen wie z.B. Cherbourg, Brest u. Toulon; **– de police** (*VwR*) Polizeipräfektur in Paris (zugleich Ausländerpolizei).
préférence *f* Vorzug *m*; Vorrang *m*; Vergünstigung *f*; **de –** vorzugsweise; **droit de –** (*ZwangsVR*) Recht auf vorzugsweise Befriedigung, Vorzugsrecht *n*; **ordre de –** (*InsolvenzR*)

Rangfolge *f*, Prioritätsordnung *f*; **– communautaire** Gemeinschaftspräferenz; **– tarifaire** Zollpräferenz *f*.
préférentiel *adj* begünstigt, bevorzugt; Vorzugs-; **droits –s** Vorzugszoll *m*.
préférer *v.tr.* vorziehen, den Vorzug geben.
préfet *m* (*VwR: haut fonctionnaire relevant du gouvernement*) Präfekt *m*, oberster frz. Regierungsbeamte(r) in einem Departement (oder in einer Region); **valse des –s** Umverteilung der Präfektenposten; **– délégué** Stellvertreter des Regionalpräfekten; **– départemental** (Departement-) Präfekt; **– des études** (*SchulR*) Schulinspektor *m*; **– maritime** Admiral, dem ein Küstenbezirk untersteht; **– de police** Polizeipräfekt (in Paris); **– de région** Regionalpräfekt; Präfekt, dem sämtliche Departments innerhalb einer Region unterstehen.
préfigurer *v.tr.* ankündigen.
préfinancement *m* Vorfinanzierung.
préfix *adj* (*ZR: déterminé, fixé d'avance*) vorher festgelegt, festgesetzt, (gerichtlich) anberaumt, vorausbestimmt; **délai –** (*ZR: délai prescrit impérativement par la loi*) Ausschlussfrist *f*, Verfallfrist.
préfixer *v.tr.* festsetzen, anberaumen.
préfixion *f* (1) (*fixation d'un délai*) Festsetzung einer Frist, (2) (*délai fixé*) festgesetzte *od.* vereinbarte Frist.
préhension *f* (1) (*StR: arrestation d'une personne*) Festnahme *f*, Ergreifung, (2) (*VwR: réquisition d'un bien*) Beschlagnahme *f*, zwangsweise Sicherstellung.

Préjudice und *dommage* sind weitgehend synonym. Man zieht beim bezifferten Schaden allerdings *préjudice* vor.

préjudice *m* (*SchuldR: dommage subi par une personne*) Schaden *m*; Schädigung *f*; Nachteil *m*, Beeinträchtigung *f* (der Rechte); **au – de qqch.** zum Nachteil von, zuungunsten von; **auteur du –** Schadensverursacher *m*; **cause du –** schädigendes Ereignis, Schadensursache *f*, Ursache des eingetretenen Schadens; **causer un – à qqn.** jmdn. einen Schaden zufügen, schädigen; **demander réparation du –** Schadensersatz fordern; **faire –** von Nachteil sein; **fait générateur du –** Schadensursache; **idées de –** Renten- *od.* Unfallneurose *f*; **porter – à qqn.** jmdn. schädigen, jmdn. benachteilen.
préjudice: **réparation du –** Schadensersatz *m*, (Geld-) Entschädigung; **réparation du – immatériel** *ou* **moral** Schmerzensgeld *n*; **réparer un –** den Schaden ersetzen, Schadensersatz leisten; **sans – de qqch.** unter Vorbehalt sämtlicher Rechte; **subir un –** einen Schaden erleiden; **victime du –** Geschädigte(r).
préjudice actuel et certain gegenwärtiger und bestimmter Schaden; **– d'agrément** Beeinträchtigung des Wohlbefindens; entgangene Lebensfreude; **– corporel** Personenschaden, Körperschaden; **– dit de développement** (*UmweltR: dommage résultat d'effets nocifs d'un produit ou procédé indécelables au moment de la mise sur le marché*) erst später erkennbarer *od.* erkannter Schaden; **– direct** unmittelbarer Schaden.
préjudice écologique Umweltschaden *m*; **– économique** Vermögensschaden; **– esthétique** Entstellungs- *od.* Verunstaltungsschaden, bleibende körperliche Schädigung; Gesichtsschwächung *f*; **– extra-patrimonial** Nichtvermögensschaden, ideeller Schaden, immaterieller Schaden; **– immatériel pur** (reiner) Vermögensschaden; **– incertain et éventuel** künftiger und unbestimmter Nachteil; **– juvénile** entgangenen Lebensfreude des Kindes.
préjudice matériel materieller Nachteil, materieller Schaden; **– moral** Nichtvermögensschaden, ideeller *od.* immaterieller Schaden; **– patrimonial** *ou* **pécuniaire** Vermögensschaden, wirtschaftliche Schädigung *f*, Vermögensnachteil; **– personnel** persönlicher Schaden; **– par perte d'affection** Schaden durch seelischen Schmerz *od.* durch Verletzung des Affektionsinteresses; –

résultant du retard Verzugsschaden; **– par ricochet** Drittschaden, mittelbarer Schaden; **– subi** erlittener Schaden; **–s en cascade** Folgeschäden.

préjudiciable *adj* (*syn.: dommageable*) schädigend, schadenstiftend; einen Nachteil verursachend, nachteilig, beeinträchtigend.

préjudiciaux *adj*: **frais –** (*ZPR*) Berufungsgebühren *fpl*; Berufungskostenvorschuss *m*.

préjudiciel *adj* (*PrzR*) präjudiziell, vorab zu entscheiden; **question –le** Vorfrage *f*.

préjudicier *v. intr.* (*ZR: porter préjudice*) benachteiligen, schädigen, Schaden zufügen.

préjugé *m* (1) (*PrzR*) Präzedenzfall *m*, früheres Urteil, Präjudiz *n*, (2) (*AllgSpr*) Vorurteil *n*, vorgefasste Meinung; **– favorable** Wohlwollen *n*; günstiger erster Eindruck.

préjuger *v.tr.* (1) (*PrzR*) vorab entscheiden, einen Vorbescheid erlassen, (2) vermuten, mutmaßen.

prélegs *m* (*ErbR: legs particulier*) Damnationslegat *n*, Sondervermächtnis *n* (einzelner Gegenstände).

prélèvement *m* (1) (*ZR*) Vorausentnahme *f*, Entnahme (aus der Gesamthandsgemeinschaft), Vorwegnahme, (2) (*SteuerR*) Abgabe *f*, Erhebung *f* (von Steuern), Hebung, (3) (*ArbR, SozVers*) Abzug *m*, einbehaltener *od.* zurückbehaltener Betrag; **– agricole** (*EU*) (Agrarmarkt-) Abschöpfung *f*; **– (s) automatique(s)** (*BankR*) Dauerauftrag; **– d'un compte** Abhebung, Abbuchung; **– dérivé** (*EU*) abgeleiteter Abschöpfungsbetrag; **– d'un échantillon** Probeentnahme *f*; **– en espèces** Barabhebung; **– forfaitaire libératoire** (*SteuerR*) pauschale Besteuerung mit Abgeltungswirkung; **– intracommunautaire** (*EU*) innergemeinschaftlicher Abschöpfungsbetrag; **–s obligatoires** (*SteuerR*) Steuer *f*, Abgabe; **– de péréquation** Ausgleichsumlage; **– sur les réserves** Entnahme aus den Rücklagen; **– sur les salaires** Lohnabzug *m*; **– à la source** (*SteuerR*) Quellenbesteuerung *f*, Vorwegabzug *m*, Abzug *od.* Erhebung an der Quelle; **– au titre des réparations** Rückerstattung- *od.* Wiedergutmachungsbeitrag.

prélever *v.tr.* (1) (*Geld*) abheben, abbuchen, (2) (*Gegenstände*) entnehmen, (3) (*Steuern*) erheben, einziehen, (4) (*Betrag*) abziehen, einbehalten.

préliminaire *adj* einleitend; vorbereitend; **contrat –** Vorvertrag *m*; **dispositions –s** einleitende (gesetzliche) Bestimmungen, Einleitung *f*; **enquête –** Voruntersuchung.

préliminaire *m* Einleitung *f*; **– de conciliation** (obligatorisches) Sühneverfahren *n*.

préliminaires *mpl* (*VR*) Vorverhandlungen *fpl*, vorläufige Vereinbarung; **– des débats** (*ZPR*) Vorbereitung der Hauptverhandlung; **– de paix** (*VR*) Vorfriedensvertrag *m*, Präliminarfrieden *m*.

prématuré *adj* voreilig, zu früh, verfrüht; frühzeitig; frühreif; **accouchement –** Frühgeburt *f*; **enfant –** Frühgeborenes *n*, lebendes Neugeborenes (mit weniger als 37 abgeschlossenen Wochen).

préméditation *f* (*StR: dessein réfléchi de commettre une infraction pénale, art. 221–3 NCP*) im voraus gefasster Plan (ein Verbrechen zu begehen); qualifizierendes Merkmal des Vorsatzes beim Mord; Vorbedacht *m*, Vorausplanung; Absicht *f*; **avec –** mit Vorbedacht, vorsätzlich.

préméditer *v.tr.* (ein Verbrechen) planen; (bei einer Straftat) mit Überlegung und nach Plan vorgehen, mit Vorbedacht handeln; **– un crime** ein Verbrechen planmäßig durchführen.

prémices *fpl* Anfang *m*, Beginn *m*; Vorahnung.

premier *adj* (der, die, das) erste; anfänglich; **au – abord, à première vue, en – lieu** zunächst, vorab, bis auf weiteres; **en première instance** (*PrzR*) in erster Instanz, im ersten Rechtszug *m*.

premier magistrat (*GVR*) Kassationshofpräsident *m*, höchster Richter beim frz. Kassationshof; **– ministre** (*VerfR: Le Premier Ministre dirige l'action du Gouvernement. Il est* *responsable de la Défense Nationale et assure l'exécution des lois – art. 21 de la Const.*) (der) frz. Premierminister, (der) frz. Regierungschef; **– président** (*GVR: près d'un tribunal ou d'une cour*) frz. Gerichtspräsident.

premier-né *m* der Erstgeborene.

prémisse *f* Vordersatz *m* eines Schlusses; Voraussetzung.

prémonition *f* Vorahnung *f*.

prémonitoire *adj* warnend.

prémourant *m* (*ErbR*) als erster Verstorbene(r).

prémunir *v. pron.*: **se –** sich schützen, Vorsorge treffen.

prenant *adj* (*SchuldR: qui reçoit de l'argent*) (eine Geldleistung) empfangend, in Empfang nehmend, erhaltend; **partie –e** Empfänger; *fig* betroffene *od.* durch ein Angebot interessierte Partei.

prénatal *adj* vor der Geburt, pränatal; **allocation –e** (*SozVers*) Schwangerschaftsbeihilfe.

prendre *v.tr.* nehmen; fassen, ergreifen; **à tout –** alles in allem; **se laisser –** sich ertappen lassen; **– acte (de qqch.)** zur Kenntnis nehmen; **– de l'ampleur** zunehmen; **– un avocat** einen Anwalt nehmen; **– sa carte** Parteimitglied werden, einer Partei beitreten; **– en charge** (1) (*Kosten*) übernehmen, (2) (*einer Person*) Unterhalt leisten; **– en compte** *ou* **en considération** berücksichtigen, beachten, in Erwägung ziehen; **– congé** sich verabschieden; **– connaissance de qqch.** etwas zur Kenntnis nehmen; **– une décision** eine Entscheidung treffen; **– la défense de qqn.** für jmdn. eintreten, jmdn. verteidigen; **– une déposition** eine (Zeugen-) Aussage aufnehmen; **– les devants** Vorbeugemaßnahmen treffen; jmdm. zuvorkommen; **– des dispositions** Vorkehrungen treffen.

prendre effet wirksam werden; **– un engagement** sich verpflichten; **– fait et cause (pour qqn.)** sich für jmdn. einsetzen, jmdm. beistehen; **– femme** heiraten; **– qqn. en filature** jmdn. beschatten, jmdn. verfolgen; **– fin** zu Ende gehen; **– en flagrant délit** auf frischer Tat ergreifen; **– les frais à sa charge** die Kosten übernehmen; **– des informations** Erkundigungen einziehen; **– la mer** (*Schiff*) auslaufen; **– des mesures** Maßnahmen ergreifen.

prendre note zur Kenntnis nehmen; **– personnellement une affaire en main** sich persönlich kümmern (um); **– position** Stellung nehmen; **– possession** Besitz ergreifen; in Gewahrsam nehmen; übernehmen; **– le pouvoir** (1) (*VerfR: légalement*) die Macht übernehmen, die Regierungsgewalt übernehmen, (2) (*VerfR: par la force, en dehors de toute légalité*) die Macht ergreifen; **– des précautions** Vorsichtsmaßregeln ergreifen; **– du recul** eine Angelegenheit noch einmal überdenken; **– du retard** sich verzögern, sich in die Länge ziehen; **– un risque** ein Risiko eingehen; **– une sanction** bestrafen, ahnden, eine Strafmaßnahme treffen, eine Sanktion verhängen.

preneur *m* (1) (*HR: acheteur*) Abnehmer *m*, Käufer *m*, (2) (*SchuldR: locataire*) Mieter *m*, (3) (*SchuldR: fermier*) Pächter, (3) (*WechselR*) Wechselnehmer, Remittent *m*; **– d'assurance** Versicherungsnehmer; **– à bail** Pächter *m*; Mieter *m*; **– de licence** Lizenzerwerber *od.* -nehmer.

prénom *m* Vorname *m*; **– usuel** Rufname *m*.

prénommé *adj* vorgenannt, nit Vornamen XY.

prénotation *f* Vormerkung *f*.

prénuptial *adj*: **certificat –** Ehefähigkeitszeugnis *n*, (voreheliches) Gesundheitszeugnis *n*.

préoccupant *adj* besorgniserregend.

préopinant *m* (*le préopinant est celui qui énonce son opinion, son avis dans une assemblée, une délibération avant les autres*) Vorredner *m*; Person, die als erste ihr Votum abgibt.

prépaiement *m*: **carte de téléphone à –** Prepaid-Telefonkarte *f*.

préparatifs *mpl* Vorbereitungen *fpl*, Vorkehrungen *fpl*.

préparation *f* (1) Vorbereitung, (2) Zubereitung *f*, (3) (*MedizinR*) Präparat *n*, Arzneimittel *n*.

préparatoire *adj* vorbereitend; **cours –** (*SchulR*) 1. Klasse der Volksschule in Frankreich; **instruction –** (*PrzR*) schriftliches Vorverfahren (mit Austausch der Schriftsätze).
prépayé *adj* im Voraus bezahlt.
prépondérance *f* (*Pol*) Vorherrschaft *f*, Vormachtstellung, Übergewicht *n*.
prépondérant *adj* überwiegend, entscheidend; **torts –s** (*FamR*) überwiegendes Verschulden; **voix –e** (bei Stimmengleichheit) ausschlaggebende Stimme.
préposé *m* (1) (*SchuldR: celui qui exerce une fonction sous la subordination d'une autre – art. 1384 Cciv*) Erfüllungsgehilfe *m*, (2) (*ArbR*) Verrichtungsgehilfe *m*, Hilfsperson *f*, (3) (*ZR: celui qui agit pour un autre*) Beauftragter *m*, (4) (*BeamR: agent d'exécution et subalterne*) Beamte(r) des einfachen *od.* mittleren Dienstes, (5) (*postes et télécommunications: facteur*) Briefträger *m*; **responsabilité du fait des –s** Haftung *f* (des Geschäftsherrn) für den Erfüllungsgehilfen; **– des douanes** Zollbeamte(r); **– du livre foncier** Grundbuchführer; **– au registre du commerce** Handelsregisterführer.
préposer *v.tr.* betrauen, beauftragen mit.
préposition *f* (*SchuldR, ArbR: lien de subordination*) (Arbeitsverhältnis mit) Weisungsgebundenheit des Erfüllungsgehilfen.
prépotence *f* Vormacht *f*, Vormachtstellung.
prépublication *f* Vorabdruck *m*.
préréquisition *f* (*ZwangsVR*) Zeitabschnitt zwischen der Ankündigung der Beschlagnahme und dieser selbst.
préretraite *f* (*SozVers: retraite anticipée*) Vorruhestand (im öffentlichen Dienst); vorgezogenes Altersruhegeld; **régime de la –** Vorruhestandsregelung.
prérogative *f* (1) (*ÖfR: privilège*) Vorrecht *n*, Prärogative *f*, (2) (*ZR: droit subjectif*) (subjektives) Recht *n*, Befugnis *f*; **– de puissance publique** staatliches Vorrecht; öffentlich-rechtliche Sonderbefugnis; **–s et charges** (*ZR*) Rechte u. Pflichten (einer Partei).
présalaire *m* Ausbildungsvergütung *f*; Ausbildungszuschuss *m*.
prescripteur *m* (*GesR*) Auftraggeber für eine (externe) Betriebsprüfung.
prescriptibilité *f* (1) (*SchuldR*) Verjährbarkeit *f*, (2) (*SachR*) Ersitzbarkeit *f*.
prescriptible *adj* verjährbar; ersitzbar, der Ersitzung (Verjährung) unterliegend.
prescription *f* (1) (*ÖfR: disposition légale, directive, commandement, ordre expressément formulé*) Vorschrift *f*; Richtlinie *f*; Anweisung *f*, (2) (*SachR: moyen d'acquérir ou de se libérer par un certain laps de temps, et sous les conditions déterminées par la loi art. 2219 Cciv*) Ersitzung *f*, (3) (*PrzR, ZR: écoulement du délai pour faire valoir un droit*) Verjährung *f*; Verjährungsfrist *f*; Verwirkung (eines Rechts), (4) (*MedizinR*) ärztliche Verordnung; **délai de –** (1) (*SchuldR*) Verjährungsfrist *f*, (2) (*SachR*) Ersitzungsfrist; **être atteint par la –** verjährt sein; **exception de –** Verjährungseinrede *f*; **expiration de la –** Ablauf der Verjährungs- bzw. Ersitzungsfrist; **frappé de –** verjährt; **interruption de la –** Unterbrechung der Verjährung; **suspendre la –** die Verjährung hemmen; **suspension de la –** (1) Verjährungshemmung *f*, Ruhen *n* der Verjährung, (2) Hemmung der Ersitzungsfrist.
prescription abrégée (1) (*SchuldR*) verkürzte Verjährungsfrist, (2) (*SachR*) verkürzte Ersitzungsfrist; **– acquise** (1) vollendete Verjährung, (2) eingetretene Ersitzung; **– acquisitive** (*SachR: mode d'acquisition d'un droit réel par écoulement d'un certain laps de temps – art. 2262 Cciv*) Ersitzung; **– de l'action pénale** (*StPR*) Strafverfolgungsverjährung; **– administrative** Verwaltungsvorschrift.
prescription civile (1) (*SchuldR: on dit aussi prescription libératoire ou extinctive de l'obligation*) Anspruchsverjährung *f*, (2) (*ZPR: cause d'extinction du droit d'agir en justice – art. 122 NCPC*) Klageverjährung *f*; **– communautaire** (*EU*) Gemeinschaftsverordnung; **– criminelle** (1) (*StR: prescription de l'action publique*) Strafverfolgungsver-

jährung, (2) (*StVZ: prescription extinctive de la peine résultant d'une condamnation – art. 133–2 et suiv. CP*) Strafvollstreckungsverjährung.

prescription décennale zehnjährige Verjährung; **– dérogatoire** abweichende Regelung, derogierende Bestimmung; **– d'un droit** Verjährung eines Anspruchs *od.* eines Rechtes; **– d'exploitation** Betriebsvorschrift; **– extinctive** (anspruchsvernichtende) Verjährung.

prescription de fond materiell-rechtliche Vorschrift; **– de forme** Formvorschrift; **– impérative** Mussvorschrift, zwingende Vorschrift, zwingendes Recht; **– interprétative** Auslegungsvorschrift.

prescription juridique Rechtsvorschrift *f*; **– légale** gesetzliche Vorschrift, Gesetz; **– libératoire** (*SchuldR: on dit aussi prescription extinctive*) (schuldbefreiende) Verjährung; **– médicale** (*MedizinR: ensemble des recommandations qu'un médecin fait à son malade, verbalement ou par écrit (sous forme d'ordonnance)*) ärztliche Verordnung; **– non sanctionnée** Sollvorschrift; **– obligatoire** (*ZR*) Mussvorschrift *f*, zwingende Vorschrift, zwingendes Recht.

prescription de la peine Strafvollstreckungsverjährung *f*; **– pénale** (1) (*StR: règle du droit pénal*) Strafvorschrift, (2) (*StPR: extinction de l'action publique*) Strafverfolgungsverjährung; **– potestative** Ermessensvorschrift, Kannvorschrift; **– des poursuites** (*StPR*) Strafverfolgungsverjährung; **– réglementaire** (1) (*ÖfR: décret gouvernemental*) Regierungsverordnung, Rechtsverordnung, (2) (*VwR: acte administratif unilatéral de portée générale*) Verwaltungsvorschrift; **– trentenaire** dreißigjährige Verjährung (Ersitzung).

prescrire *v.tr et v.pron.* (1) vorschreiben, bestimmen, verordnen, anordnen, (2) ersitzen, (3) verjähren; **– un arrêt de travail** (*SozVers*) krankschreiben, die Arbeitsunfähigkeit bestätigen.

prescrit *adj* vorgeschrieben; festgelegt, festgesetzt; verjährt, verfallen; **délai –** festgesetzte Frist; **dans les délais –s** fristgemäß; **dans la forme –e** in der vorgeschriebenen Form.

préséance *f* Vortritt *m*, Vorrang *m*.

présélection *f* Vorauswahl *f*.

présence *f* (1) Anwesenheit *f*, Anwesendsein *n*, (2) (*ArbR*) Betriebszugehörigkeit *f*; Beschäftigungszeit, Dienstzeit; **certificat de –** Anwesenheitsbescheinigung; **contrôle de –** Anwesenheitskontrolle *f*; **droit de –** (*ArbR: syn. jetons de présence*) Sitzungsvergütung; **en – de** in Anwesenheit von, in Gegenwart von; **faire acte de –** sich kurz sehen lassen (und sofort wieder die Versammlung verlassen), (kurz) anwesend sein; **feuille de –** Anwesenheitsliste *f*; **jetons de –** Sitzungsgeld *od.* -vergütung; **mettre en –** (*StPR: confronter*) gegenüberstellen; **parties en –** (*ZPR*) (die beiden) Prozessparteien; Prozessrechtsverhältnis *n*; **quorum de –** (*GesR*) Beschlussfähigkeit; **registre de –** Anwesenheitsliste *f*; **– d'esprit** Geistesgegenwart.

présent *adj* (1) (*personne*) anwesend, gegenwärtig, (2) (*texte juridique*) vorliegend; **la –te** vorliegendes Schreiben; **par la –te** hiermit, hierdurch; **le – contrat** vorliegender Vertrag; **– à la mémoire** erinnerlich, (dem Gedächtnis) gegenwärtig; **– au moment des faits** Augenzeuge *m*, Zeuge.

présent *m* Geschenk *n*; **faire – de qqch. à qqn.** jmdn. ein Geschenk machen; **– d'usage** übliches (Geburtstags-, Hochzeits-, Jubiläums-) Geschenk.

présentateur *m* (1) (*WechselR*) Überbringer *m*, (2) (*MedienR*) (Nachrichten-) Sprecher *m*; Diskussionsleiter *m*.

présentation *f* (1) Vorschlag *m*, (2) Einreichung *f*, Vorlage *f*, Vorlegung *f*, (3) (*Ware*) Gestaltung *f*, Aufmachung, (4) (*Wz*) Ausstattung, (5) Darstellung; Vorführung; Einführung, (6) äußere Form; **délai de –** Vorlagefrist *f*; **droit de –** Vorschlagsrecht (für einen Amtsnachfolger);

fausse – (*faits*) (*Sachverhalt*) unrichtige Darstellung; **liste de –** Vorschlagsliste; **– à l'acceptation** (*WechselR*) Vorlage zur Annahme, Akzeptvorlage; **– des comptes** Rechnungslegung; **– à domicile** Zustellversuch *m*.

présentation des faits Sachverhaltsdarstellung *f*; **– des marchandises à la douane** Gestellung; **– de moyens nouveaux** (*PrzR*) neues Vorbringen *n*; **– au paiement** (*WechselR*) Vorlage *od*. Einreichung zur Zahlung; **– d'une requête** (*VwR*) Antragstellung; **– tardive** verspätetes Vorbringen.

présentement *adv* gegenwärtig, jetzt, derzeit, augenblicklich; heutzutage, zur Zeit.

présenter *v.tr.* (1) vorschlagen, vorstellen, (2) einreichen, vorlegen, (3) anbieten, überreichen; **se –** *v. pron.* (1) erscheinen, (2) (*élections*) sich aufstellen lassen; **– une demande** einen Antrag stellen; **– qqn. pour un emploi** jmdn. für ein Amt vorschlagen; **– de nouveaux faits** neue Tatsachen vorbringen.

présentoir *m* Verkaufsständer *m*; **– frigorifique** Tiefkühltruhe *f*, Kühltheke *f*.

présérie *f* Nullserie *f*, Vorserie.

préservation *f* (vorbeugender) Schutz; **– des droits d'une personne** (*PrzR*) Rechtsschutzgewährung; **– de l'environnement** Umweltschutz *m*.

préserver *v.tr.* bewahren, schützen, verteidigen; **– la biodiversité** den Artenreichtum schützen; **– ses propres intérêts** die eigenen Interessen wahrnehmen.

présidence *f* (1) Vorsitz *m*; Leitung *f*, (2) Präsidentschaft *f*, (3) Amtssitz des Präsidenten, Präsidialamt *n*; **assurer la –** den Vorsitz führen.

président *m* (1) Vorsitzende(r) *m*, (2) Präsident *m*, (3) Verhandlungsleiter; **– d'âge** Alterspräsident; **– du bureau de vote** Wahlvorsteher *m*, Wahlvorstand; **– de chambre** Kammervorsitzende(r) (beim frz. Berufungsgericht); **– du conseil (des ministres)** (*VerfR, hist*) Ministerpräsident.

Da es in Frankreich immer noch zwei Formen der AG gibt – eine mit und eine ohne Aufsichtsrat –ist natürlich die Machtfülle des *président du conseil d'administration* od. Verwaltungsratsvorsitzenden noch größer als die des *président du directoire* – also Vorstandsvorsitzenden.

président du conseil d'administration (*GesR: société anonyme à deux organes*) Verwaltungsratvorsitzende(r) (der alten Rechtsform der frz. AG), (entspricht in etwa dem Vorstandsvorsitzenden der dt. AG); **– départiteur** (*PrzR*) (vorsitzender) Richter, dessen Stimme bei Stimmengleichheit den Ausschlag gibt; **– directeur général (= PDG)** (*GesR*) Vorsitzender des Verwaltungsrates *od*. des Vorstandes (einer Aktiengesellschaft); Generaldirektor *m*; **– en exercice** geschäftsführender Vorsitzende(r); amtierender Präsident; **– de groupe** (*VerfR: groupe parlementaire*) Fraktionsvorsitzende(r); **– d'honneur** Ehrenvorsitzende(r), Ehrenpräsident; **– par intérim** vorläufiger Präsident; **– du jury** (*StPR*) Sprecher der Geschworenen (bei der Cour d'assises).

président de la République (*VerfR: titre 2 de la constitution de 1958 – art. 5 et suiv.: il est la clé de voûte des institutions*) frz. Staatspräsident, Präsident der frz. Republik, Staatsoberhaupt *n*; **– de séance** Sitzungspräsident; **– du sénat** Senatspräsident; **– sortant** scheidender Vorsitzende(r); **– du tribunal** (*GVR: magistrat du siège assurant la direction du tribunal de grande instance*) Gerichtspräsident.

présidentiable *adj* aussichtsreicher Präsidentschaftsbewerber.

présidentialisme *m* (*VerfR: régime présidentiel*) Präsidialsystem *n* (mit Vorherrschaft des Staatspräsidenten).

présidentiel *adj* Präsidenten-, Präsidentschafts-; **régime** *ou* **système –** Präsidialverfassung, Präsidialdemokratie.

présider *v.tr.* leiten, den Vorsitz führen, präsidieren.

présidium *m* Präsidium *n*, leitendes Gremium *n*.

présomptif *adj* mutmaßlich, vermutlich, voraussichtlich; **héritier –, successeur –** zukünftiger Erbe.

présomption *f* (1) (*ZR, PrzR: mode de raisonnement juridique en vertu duquel de l'établissement d'un fait on induit un autre fait qui n'est pas prouvé, art. 1349–1353 Cciv*) Schluss, welchen das Gesetz (oder das Gericht) von einer bekannten Tatsache auf eine unbekannte Tatsache zieht; (Beweis-) Vermutung *f*, Präsumtion *f*; Mutmaßung *f*; Annahme *f*, (2) Dünkel *m*, Anmaßung *f*, Selbstüberschätzung *f*; **détruire une –** eine Vermutung entkräften.

présomption d'absence Verschollenheitsvermutung *f*, Abwesenheitsvermutung; **– absolue** (*syn.: irréfragable*) unwiderlegbare Beweisvermutung; **– de décès** Todesvermutung; **– de dommage** Schadenvermutung *f*; **– du droit** Rechtsvermutung, praesumtio iuris, Rechtszustandsvermutung.

présomption de fait *ou* **du fait de l'homme** (*ZR: conséquence que le juge déduit d'un fait pour former sa conviction – art. 1353 Cciv.*) tatsächliche Vermutung (als Schlussfolgerung des Richters), Erfahrungssatz *m*; Anzeichenbeweis *m*, Indizienbeweis, Beweis des ersten Anscheins; **– de faute** Schuld- *od.* Verschuldensvermutung *f*, vermutetes Verschulden; **– de fuite** (*StR*) Fluchtverdacht *f*; **–s graves et concordantes** (*StR*) schwerwiegende Verdachtsmomente; **– de l'homme** (*ZR: présomption de fait ou de l'homme*) Indizien- *od.* Anzeichenbeweis *m*, tatsächliche Vermutung, Erfahrungssatz *m*.

présomption d'innocence (*StPR: préjugé en faveur de la non-culpabilité d'une personne mise en cause*) Unschuldsvermutung *f*; **– intermédiaire** (*ZR: présomption réfragable dans certains cas prévus par la loi*) Rechtsvermutung, bei der nur bestimmte Gegenbeweise zulässig sind; **– irréfragable** *ou* **juris et de jure** (*ZR: présomption légale ne pouvant être combattue par aucune preuve contraire*) unwiderlegliche Rechtsvermutung; unwiderlegbare Beweiskraft (einer Vermutung), praesumtio iuris et de iure; **– juris tantum** (*ZR: syn.: présomption simple, réfragable*) widerlegbare Rechtsvermutung.

présomption légale (*ZR: présomption attachée par la loi à certains faits, art. 1350 Cciv*) Rechtsvermutung, gesetzliche Vermutung; **– de paiement** Vermutung, dass eine Zahlung erfolgt ist; **– de paternité** Vaterschaftsvermutung; **– de perte** Untergangsvermutung, Vermutung für den Verlust (einer Sache); **– de propriété** Eigentumsvermutung.

présomption réfragable *ou* **simple** (*durch Gegenbeweis*) widerlegbare Vermutung; **– de survie** Vermutung des Überlebens; **– de vérité** Wahrheitsvermutung; **– de vie** Lebensvermutung.

pressant *adj* dringend, dringlich, eilig; unaufschiebbar.

presse *f* (*MedienR: ensemble des procédés servant à diffuser les idées par l'écrit, l'imprimé ou l'image*) Presse *f*, Zeitungen *fpl*; Nachrichten; **délit de –** (*StR: provocation aux crimes et délits; apologie de certains crimes; délits contre la chose publique, comme les fausses nouvelles, publications pouvant nuire à la Défense nationale, outrage aux bonnes mœurs; diffamation, injures, outrages*) Pressedelikt *n*, Pressevergehen *n*; **liberté de la –** Pressefreiheit *f*; **par voie de la –** mittels der Medien; durch Rundfunk, Fernsehen und Presse; **– économique** Wirtschaftspresse; **– écrite** Zeitungen u. Zeitschriften; **– parlée** Hörfunk und Fernsehen.

pression *f* Druck *m*; Einfluss *m*; Einflussnahme *f*; Drohung *f*; **– électorale** Wahlbeeinflussung *f*; **– fiscale** Steuerschraube; **– des offres** (*BörR*) Angebotsüberhang; **– publicitaire** Werbewirkung *od.* -ausstrahlung.

pressurer *v.tr.* (*StR: extorquer de l'argent*) (Geld) erpressen, nötigen; die Daumenschraube ansetzen; **– les contribuables** die Steuerzahler über Gebühr schröpfen.

prestataire *m* (*SchuldR: débiteur d'une*

prestation, fournisseur) Leistende(r) *m*; Leistungspflichtige(r) *m*; **– de services** Dienstleistungserbringer *m*, Erbringer von Dienstleistungen.

prestation *f* (1) (*SchuldR: action de fournir, objet de l'obligation*) Leistung (des Schuldners); Leistungsgegenstand *m*, (2) (*SozR: avantage accordé par un organisme social*) Leistung (der Sozialversicherung); **accorder une –** eine Leistung gewähren, zuerkennen; **bénéficiaire d'une –** Leistungsempfänger *m*; **cumul de –s** gleichzeitiger Bezug mehrerer Sozialleistungen; **débiteur d'une –** Schuldner *m* (einer Leistung); Leistende(r) *m*, Zahlungsschuldner *m*, Leistungspflichtige(r); **délai de –** Erfüllungs- *od.* Leistungsfrist; **échéance de la –** Fälligkeit der Leistung; **effectuer une –** eine Leistung erbringen; **entreprise de – de services** Dienstleistungsunternehmen; **limite de la –** Leistungsgrenze *f*; **liquider une –** eine Leistung festsetzen; **obligation de –** Leistungspflicht *f*; **réviser une –** (*SozR*) eine Leistung neu festsetzen; **servir une –** eine Leistung gewähren; **suspension des –s** Ruhen *n* der Leistungen.

prestation accessoire Zusatz- *od.* Nebenleistung; **– à affectation spéciale** zweckbestimmte Leistung; **– alimentaire** *ou* **d'aliments** Unterhaltsleistung; **– en argent** Geldleistung, Barleistung; **– d'assistance** (1) (*ZR*) Hilfe- *od.* Beistandsleistung, (2) (*SozR: avantage accordé à un bénéficiaire de la législation sociale*) Fürsorgeleistung, Versorgung, (3) (*StR: aide à la commission d'une infraction*) Beihilfe *f*; Begünstigung; Vorschubleistung; **– d'assurance** Versicherungsleistung; **– de base** Grundleistung; **– bénévole** Gefälligkeitszahlung; freiwillige Leistung.

prestation de caution (*SchuldR*) Bürgschaftsleistung; **– de chômage** Arbeitslosenunterstützung; **– compensatoire** Ausgleichszahlung *f*; **– complémentaire** Zusatzleistung *f*; **– contractuelle** vertragliche Leistung; **–s contributives** (*Soz Vers*) beitragsgebundene Leistungen; **– convenue** vereinbarte Leistung; **– corporelle** persönliche Dienstleistung (für die Gemeinde), Hand- und Spanndienst; **– en deniers** Geldleistung.

prestation d'entretien (*SchuldR: dans le cadre du contrat de maintenance*) Wartung *f*, Unterhaltung *f*; **– en espèces** Barzahlung, Geldleistung; **–s extra-légales** (*Soz Vers*) freiwillige Leistungen; **– facultative** freiwillige Mehrleistung; fakultative Leistung; **– foncière** Reallast *f*; **– imposée** auferlegte Leistung; **– impossible** unmögliche Leistung; **–s légales** (*Soz Vers*) gesetzliche Sozialleistungen; **– loyale** Leistung nach Treu und Glauben; **–s de maladie** (*Soz Vers*) Leistungen im Krankheitsfall; **– médicale** ärztliche Leistung; **– en nature** Sachleistung, Naturalleistung; **– normale** Regelleistung.

prestation obligatoire Muss- *od.* Pflichtleistung; **– occasionelle** nichtständige Leistung; **– partielle** Teilleistung; **– pécuniaire** Geldzahlung, Geldleistung; **– de pension** Pensions- *od.* Rentenzahlung; **–s périodiques** regelmäßig wiederkehrende Leistungen; **– préalable** Vorleistung, Vorauszahlung; **– principale** Hauptleistung; **– de remboursement** Rückzahlung.

prestation de serment Eidesleistung *f*, Vereidigung; **– de services** (*ZR: terme générique englobant l'exécution d'un contrat de travail ou d'entreprise et la fourniture de produits*) (Erbringung einer) Dienstleistung; Werklieferung; Sachleistung *f*, Übergabe der geschuldeten Sache *od.* Ware; **– sociale** Sozialleistung *f*; **– supplémentaire** zusätzliche Leistung; ergänzende Leistung; Mehrleistung; **– temporaire** zeitlich begrenzte Leistung; **– de transport** Transport *m* (als Dienstleistung); **– de travail** Arbeitsleistung; **– viagère** Leistung auf Lebenszeit; **–s de vieillesse** Altersversorgung *f*; **– volontaire** freiwillige Leistung.

prestige *m* **social** gesellschaftliches Ansehen.

présumer *v.tr.* vermuten, annehmen,

voraussetzen; **– coupable** (*StR*) für schuldig halten.

présupposer *v.tr.* voraussetzen, erfordern, zur Voraussetzung haben.

prêt *m* (1) (*SchuldR: commodat ou prêt à usage, art. 1875 et suiv. Cciv*) Leihe *f*, (2) (*SchuldR: mutuum ou prêt de consommation, art. 1892 et suiv. Cciv*) Darlehen *n*, Kredit *m*, (3) (*MilR*) Wehrsold *m*; **accorder** *ou* **consentir un –** Darlehen gewähren; **contrat de –** Leihvertrag *m*; Darlehensvertrag; **demander un –** ein Darlehen beantragen; **montant du –** Darlehensbetrag *od.* -summe; **octroi d'un –** Darlehensgewährung; **recevoir un –** ein Darlehen erhalten.

prêt d'accession à la propriété Darlehen für den Erwerb einer Eigentumswohnung; **– amortissable** Tilgungsdarlehen, Amortisationsdarlehen; **– d'argent** Darlehen; **– de campagne** Saisonalkredit; **– à la consommation** Konsumenten- *od.* Konsumtivkredit; **– à la construction (d'habitations)** (Wohnungs-) Baudarlehen; **– conventionné** zinsverbilligtes Darlehen; **– de crédit** Kreditleihe; **– d'équipement** Ausrüstungsdarlehen; **– d'équipement ménager** Darlehen für Haushaltungseinrichtungsgegenstände; **– à la grosse aventure** (*SeeHR*) Bodmerei *f*, Darlehen gegen Verbodmung.

prêt hypothécaire *ou* **sur hypothèques** Hypothekarkredit *m*, hypothekarisches Darlehen; **– à intérêts** verzinsliches Darlehen; **– au jour le jour** Darlehen mit täglicher Kündigung.

prêt de main-d'œuvre leihweise Überlassung von Arbeitskräften, Arbeitnehmerüberlassung; **– sur marchandises** Warenlombard; **– au mariage** Ehestandsdarlehen; **– sur métaux précieux** Edelmetallombard; **– sur nantissement** (1) (*BankR: concernant des valeurs déposées dans une banque*) Effektenlombard *m*, Lombardkredit *od.* -geschäft, (2) (*SchuldR: concernant des marchandises*) Warenlombard *m*, Faustpfanddarlehen *n*, Darlehen gegen Pfandbestellung.

prêt participatif (*BankR*) (*Mischform zwischen Anleihe und Aktie*) Anteilspapier *n*; **– de reconversion** Umstellungsdarlehen; **– sur gage** (1) Pfanddarlehen, (2) (*BankR*) Lombardkredit; **– sur titres** Effekten- *od.* Wertpapierlombard; **– à usage** Leihe, unentgeltliche Gebrauchsüberlassung; **– usuraire** wucherisches Darlehen, Kreditwucher *m*.

prétendant *m* Bewerber *m*, Anwärter *m*; **– au trône** Thronbewerber *m*.

prétendre *v.tr.* (1) (*als ein Recht*) beanspruchen, fordern, verlangen, (2) behaupten; **pouvoir – à** Anspruch haben auf; **– à quelque chose** einen Anspruch auf etwas erheben.

prétendu *adj* vermeintlich, sogenannt, angeblich.

prête-nom *m* Strohmann *m*, vorgeschobene Person.

prétention *f* (1) (*SchuldR: droit, prérogative*) Anspruch *m*, Forderung *f*, (2) (*ZPR: demande en justice*) Klageantrag *m*, (3) (*supposition*) Behauptung *f*; **– accessoire** Nebenanspruch; **– contraire** (*ZPR*) Gegenantrag, Antrag des Beklagten; **– fondée** *ou* **justifiée** gerechtfertigter Anspruch; **– légitime** Rechtsanspruch, rechtmäßiger Anspruch; **–s des plaideurs** (*ZPR*) Klageanträge der Prozessparteien; **–s salariales** *ou* **de salaire** Gehaltsvorstellungen *fpl*; Gehaltsansprüche *mpl*.

prêter *v.tr. et intr.* verleihen; leihen, borgen; **– attention** aufmerksam zuhören; **– son concours** unterstützen, Hilfe leisten; **– à intérêt** gegen Zinsen leihen; **– un ouvrier** einen Arbeitnehmer leihweise überlassen; **– serment** den Eid leisten *od.* ablegen, schwören; **– à usure** zu Wucherzinsen leihen.

prétérition *f* (*ErbR: omission d'un héritier nécessaire dans un testament*) Übergehung eines gesetzlichen Erben; vermeintliche Auslassung.

prêteur *m* (1) (*SchuldR: commodant*) Verleiher *m*, (2) (*BankR: bailleur de fonds*) Darlehensgeber *m*; **– de deniers** *ou* **de fonds** Darlehensgeber, Geldverleiher; **– sur gage** Pfandleiher.

prétexte *m* (*PrzR: fausse raison mise en avant comme excuse*) Vorwand *m*, Ausflucht *f*, Ausrede *f*; **sous – de** unter dem Vorwand, dass ....

prétexter *v.tr.* als Grund *m* angeben, vorschieben, vorgeben.

pretium doloris *m* (*SchuldR: dommages-intérêts accordés à titre de réparation de la douleur*) Schmerzensgeld *n*, Schadenersatz *m* für körperlichen *od.* seelischen Schmerz.

prétoire *m* (*PrzR: salle d'audience d'un tribunal*) Gerichtssaal *m*; Gericht *n*; **– de justice disciplinaire** (*StVZ*) Disziplinargericht zur Ahndung von Straftaten, die während der Verbüßung von Freiheitsstrafen begangen wurden.

prétorial *adj*: **palais –** Justizgebäude *n*.

prétorien (*PrzR: qui concerne le droit créé par les juges*) Richter-; **droit –** (*PrzR: jurisprudence retenant une solution allant au-delà de la loi*) Richterrecht *n*.

preuve *f* (1) (*PrzR: démonstration de l'existence d'un fait*) Beweis *m*; Nachweis *m*, (2) (*ZRP: moyen employé pour faire la preuve*) Beweisstück *n*, Beweismittel *n*, (3) (*ZR: pièce justificative*) Beleg *m*; Unterlage *f*; **admettre à la –** zum Beweis zulassen; **admettre la –** den Beweis zulassen; **administration de la –** Beweisführung; **administrer la –** den Beweis führen; den Beweis antreten; **admissibilité d'un moyen de –** Zulässigkeit eines Beweismittels; **admission à la –** Zulassung zum Beweis; **apporter la –** den Beweis erbringen; **appréciation de la –** Beweiswürdigung; **avancer sans –** behaupten, ohne den Beweis erbringen zu können; **charge de la –** Beweislast *f*; **conservation de la –** Beweissicherung.

preuve: **défaut de –** nicht bewiesene Tatsache, Beweismangel *m*; **démontrer –s en main** durch handfeste Beweise glaubhaft machen; **dispenser qqn. de la – littérale** jmdn. von der Pflicht zur Führung des Urkundenbeweises entbinden; **entreprendre la –** den Beweis antreten; **faire la –** den Beweis führen *od.* erbringen; **fardeau de la –** Beweislast; **faute de –** mangels Beweises; **fournir la –** den Beweis erbringen; **imposer la –** die Beweislast auferlegen; **intervertir la charge de la –** die Beweislast umkehren; **jusqu'à – du contraire** bis zum Beweis des Gegenteils; **manque de –s** Fehlen der erforderlichen Beweise; **modalités de la –** Beweisverfahren *n*; **mode de –** Beweisart *f*; **moyen de –** Beweismittel *n*.

preuve: **offre de –** Beweisangebot *n*; **ordonnance relative à la –** Beweisanordnung (durch das Gericht); **ordonner la –** die Beweiserhebung anordnen; **préconstitution de la –** Beweissicherung; **procédure de –** Beweisverfahren, Verfahren zur Erhebung des Beweises; Beweisaufnahme *od.* -erhebung; **produire une –** den Beweis erbringen; **recevabilité de la –** Beweiszulässigkeit; **recevoir la –** den Beweis zulassen; **règle de –** Beweisregel *od.* -vorschrift; **renversement de la charge de la –** (*ZPR*) Umkehrung der Beweislast.

preuve accablante (*StPR: surtout au pluriel – preuves accablantes*) erdrückendes Beweismaterial; **– par acte authentique** (*ZPR*) Beweisführung mittels einer öffentlichen Urkunde; **– de l'authenticité** Echtheitsbeweis *m*; **– à la charge de qqn.** die Beweislast tragen; **– par commune renommée** (*PrzR: déclarations de personnes qui n'ont pas une connaissance personnelle, mais d'après des on-dits*) Beweis vom Hörensagen; **– complémentaire** (1) (*ZR*) zusätzliches Beweismittel *n*, (2) (*PrzR*) zusätzliche Beweisaufnahme *f*; **– complète** voller Beweis; **– comptable** Buchungsbeleg *m*; **– concluante** schlüssiger Beweis; **– contraire** Gegenbeweis; **– du contraire** Beweis des Gegenteils; **– convaincante** überzeugender *od.* stichhaltiger Beweis; **– documentaire, – par écrit** *ou* **écrite** Urkundenbeweis; **– entière** voller Beweis; **– par expert** *ou* **par dire d'expert** Sachverständigenbeweis.

preuve formelle (1) (*ZR: moyen de*

preuve expressément prévu par la loi) gesetzliches Beweismittel, förmlicher Beweis, (2) (*PrzR: syn.: preuve incontestable, indiscutable*) schlüssiger Beweis; **– d'identité** Identitätsnachweis; **– imparfaite** Freibeweis; **la – incombe à qqn.** der Beweis obliegt jmdm, die Beweislast trägt jmd.

preuve indiciaire, *ou* **par indices** Indizienbeweis, Anzeichenbeweis; **– irrécusable** *ou* **irréfragable** unwiderlegbarer Beweis; **– judiciaire** Beweis vor Gericht; **– légale** (*ZPR: régime probatoire où la loi règle elle-même l'admissibilité et la valeur de la preuve*) gesetzlich vorgeschriebener Beweismodus; **– littérale** (*ZPR: syn.: preuve par écrit*) Urkundenbeweis.

preuve matérielle (*ZPR: preuve constituée par la matière même d'un fait, d'une chose*) materieller Beweis, konkreter *od.* sichtbarer Beweis; **– de non-responsabilité** (*SchuldR: unerlaubte Handlung*) Entlastungs- *od.* Exkulpationsbeweis, Beweis der Nichtschuld.

preuve parfaite Strengbeweis *m*; **– péremptoire** unwiderlegbarer Beweis; **– préconstituée** Beweis durch Urkunden, die von vornherein zum Zwecke des Beweises aufgenommen worden sind, Absichtsurkunde; **– tangible** untrüglicher *od.* schlagender Beweis; **– par témoin** *ou* **testimoniale** Zeugenbeweis, Zeugenvernehmung, Zeugnis *n*; **– par titres** Urkundenbeweis; **– par vérification personnelle** (*PrzR: constatation par le juge lui-même*) Einnahme des Augenscheins.

prévaloir *v. intr.* überwiegen; überlegen sein, obsiegen, vorherrschen; **faire – (un droit)** (einen Anspruch) durchsetzen; **se – de qqch.** *v. pron.* für sich in Anspruch nehmen, sich zunutze machen, sich berufen auf; **se – d'un brevet** sich eines Patents berühmen.

prévaricateur *m* (*StR: fonctionnaire manquant aux devoirs de sa charge*) Person, die ihre Amtspflichten verletzt *od.* die ihre Amtsgewalt missbraucht.

prévarication *f* (1) (*StR: grave manquement d'un fonctionnaire aux devoirs de sa charge*) (schwerwiegende) Amtspflichtverletzung, Missbrauch der Amtsgewalt, (2) (*StR: Anwalt*) Parteiverrat *m*, Prävarikation.

prévariquer *v. intr.* (*StR*) eine Amtspflichtverletzung begehen; einen Parteiverrat begehen, pflichtwidrig in einer Rechtssache beiden Parteien dienen.

prévenance *f* Zuvorkommenheit; Hilfsbereitschaft *f*; Anstand *m*; **manquer de – à l'égard de qqn.** sich unhöflich verhalten.

prévenir *v.tr.* (1) (*devancer les désirs de qqn.*) (den Wünschen) zuvorkommen, (2) (*éviter un dommage*) verhindern, (3) (*einer Krankheit*) vorbeugen, (4) (*prévenir qqn. de qqch.*) im voraus von etwas in Kenntnis setzen; **– contre qqn.** *ou* **en faveur de qqn.** gegen *od.* für jmdn. einnehmen.

prévente *f* (*SchuldR*) Vorverkauf *m*.

préventeur *m* (*VersR*) Fachmann für Unfallverhütung.

préventif *adj* Vorbeugungs-, Präventiv-; vorbeugend; **détention préventive** Sicherungsverwahrung.

prévention *f* (1) (*ArbR*) Verhütung *f*, Vorbeugung, Präventivmaßnahmen *fpl*, Arbeitsschutz *m*, (2) (*StPR*) (Person im) Anklagezustand *m*, (3) Voreingenommenheit *f*, Vorurteil *m*; **mise en –** (*StPR*) Anordnung der Sicherungsverwahrung; **temps de –** Dauer der Sicherungsverwahrung.

prévention des accidents (du travail) (Arbeits-) Unfallverhütung *f*; **– collective** (*StR*) Generalprävention; **– de la délinquance** (*StR*) vorbeugende Verbrechensbekämpfung; **– individuelle** (*StR*) Individual- *od.* Spezialprävention; **– de l'insécurité** Vorbeugung gegen Straftaten; **– routière** Straßenwacht, Verkehrsunfallverhütung.

préventionnaire *m* (1) (*StR*) *hist.* (*früher:*) U-Häftling, (2) (*StVZ*) Person in Sicherungsverwahrung.

préventive *f* (1) (*StVZ*) Sicherungsverwahrung *f*, (2) (*StR: avant 1970*) Untersuchungshaft *f*.

Der *prévenu* ist die Person, gegen die nach Abschluss des Ermittlungsverfahrens Anklage wegen eines Vergehens vor dem *tribunal correctionnel* erhoben wird. Bei Anklageerhebung vor dem Schwurgericht, sprich man von *accusé*.

prévenu *m* (*StPR: personne contre laquelle est exercée l'action publique devant le tribunal correctionnel*) Angeschuldigte(r) *m*; der in den Anklagezustand (wegen eines Vergehens) Versetzte; Beschuldigter, gegen den öffentliche Klage erhoben wurde; **– libre** auf freiem Fuß befindlicher Beschuldigte(r).
prévisibilité *f* Vorhersehbarkeit *f*.
prévisible *adj* voraussehbar, vorhersehbar, vorherzusehen.
prévision *f* (1) Prognose *f*, Trendschätzung, Voraussicht *f*, Vorhersage *f*, (2) (*HaushR*) Ansatz *m*, Voranschlag *m*, (3) Ziel *n*, Vorhaben *n*, Perspektive *f*, Vorplanung, (4) (*VwR*) gesetzlich vorgesehener Fall *od.* Tatbestand; **en – de** im Hinblick auf; **– conjoncturelle** voraussichtliche Entwicklung der Wirtschaftslage; **– à court terme, à long terme** (*Vwirt*) kurzfristige, langfristige Prognose; **–s météorologiques** Wettervorhersage *f*.
prévisionnel *adj* vorausplanend; **budget –** Haushaltsvoranschlag *m*; **comptes –s** Vorkalkulation; **coûts –s** veranschlagte Kosten; **gestion –le** Betriebsplanung.
prévoir *v.tr.* vorhersehen; voraussehen, vorausberechnen; **comme prévu** wie vorgesehen; **dans les délais prévus** innerhalb der vereinbarten Frist; **la loi prévoit** das Gesetz sieht vor; **prévu par la loi** gesetzlich geregelt; **– une recette** eine Einnahme veranschlagen.
prévôt *m* (*hist*) Gerichtsherr *m*.
prévoyance *f* Vorsorge *f*, Fürsorge *f*; Voraussicht *f*; **caisse de –** (*Soz Vers*) Versorgungs- *od.* Vorsorgekasse *f*; **manquer de –** keine Vorsorge treffen; **– collectice** staatliche Vorsorge; **– individuelle** Eigenvorsorge, private Vorsorge; **– sociale** staatliche soziale Vorsorgeregelungen; **– de vieillesse** Altersvorsorge, Alterssicherung.
prière *f* Bitte *f*, Anliegen *n*, Wunsch *m*; Gesuch *n*.
primaire *adj* Anfangs-, Erst-, Elementar-; **élections –s** Vorwahlen *f*; **régime –** (*FamR*) für sämtliche Güterstände geltende unabdingbare Normen.
primauté *f* Vorrang *m*, Vorrangstellung *f*, Primat *n*; **– du droit international** Vorrang des Völkerrechts.
prime *f* (1) (*VersR: somme due par l'assuré*) (Versicherungs-) Prämie *f*, Beitrag *m* (des Versicherungsnehmers), (2) (*ArbR: complément du salaire*) (Lohn-) Zulage *f*, Prämie, (3) (*SchuldR: somme payée lors de la résiliation d'un marché*) Reugeld *n*, Abstandsgeld; Preis *m*, (4) (*ÖfR: aide financière de l'État*) staatliche Beihilfe, (5) (*BörR*) Report *m*, Prämie *f*; Gewinn *m*; **acheteur à –** Prämienkäufer *m*; **bonification de –** (*VersR*) Prämienrückvergütung; **émission avec –** (*BörsR*) Überpari-Ausgabe *od.* Emission *f*; **opération à –** Prämiengeschäft *n*; **percevoir une –** eine Prämie erheben; **première –** Einlösungs- *od.* Erstprämie; **taux de –** Beitragssatz; **versement de –** Prämienzahlung.
prime absorbée (*VersR*) verbrauchte Prämie; **– d'accouchement** Geburtsbeihilfe *f*; **– additionnelle** Zusatzprämie; **– d'allaitement** Stillgeld *n*; **– d'ancienneté** Dienstalterszulage *f*; **– annuelle** Jahresprämie; **– arriérée** (*VersR*) rückständige Prämie; **– d'assiduité** (*ArbR*) Anwesenheitsprämie; **– d'assurance** Versicherungsprämie *od.* -beitrag; **– de base** Grundprämie; **– brute** Brutto- *od.* Gesamtprämie.
prime de cantine Verpflegungszulage *f*; **– de change** Kursdifferenzvergütung; **– de cherté de vie** Teuerungszulage; **– sur le chiffre d'affaires** Umsatzvergütung; **– collective** Gruppenprämie; **– commerciale**

(*VersR*) Tarifprämie; – **complémentaire** Zusatzprämie; – **consécutive** Folgeprämie; – **à la construction** Bauspar- *od.* Wohnungsbauprämie; – **contributive** Umlageprämie; – **de danger** (*ArbR*) Gefahrenzulage *f*; – **de départ en retraite** Pensionierungsgeld.

prime effective Istprämie; – **d'éloignement** Trennungsgeld *n*; Auslandszulage *f*; – **d'émission** (*BankR*) Effektenemissionsaufgeld, Mehrbetrag (bei einer Überpariemission), Emissionsagio *n*; – **encaissée** Istprämie; – **d'épargne-logement** Wohnungsbau(spar)prämie; – **d'éviction** (*SchuldR*) Entschädigung für die Aufgabe einer Pacht- *od.* Mietsache, Ablöse *f*; – **d'expatriement** Auslandszulage; – **à l'exportation** Ausfuhrprämie, Exportsubvention.

prime de fidélité (*HR*) Treuerabatt *m*, Treueprämie; – **de fin d'année** (*ArbR*) Weihnachtsgeld *n*; – **de fin d'exercice** (*GesR*) Abschlussvergütung; – **financière au retour** (*AuslR*) Heimkehrprämie (für Migranten); – **fixe** Grundpreis *m*; – **de fonction** Arbeitsplatzzulage; – **fractionnée** unterjährig zahlbare Prämie.

prime individuelle (*VersR*) Einzelprämie *f*; – **initiale** Anfangsprämie; – **d'insalubrité** (*ArbR*) Prämie für gesundheitsgefährdende Arbeit; – **liée à la production** produktionsabhängige Prämie; – **liée au rendement** (*ArbR*) Leistungsprämie; – **de nuit** Nachtarbeitszulage; – **de panier** Zehrgeld, Verpflegungszulage; – **de péniblilité** Erschwerniszulage; – **à percevoir** Inkassoprämie; – **perçue** Istprämie; – **de qualité** Güteprämie, Güteaufpreis *m*.

prime de reclassement (*ArbR*) Überbrückungsgeld *n*; – **de régularisation** Abrechnungs- *od.* Nachprämie; – **de restaurant** Essenszuschuss *m*; – **de résultat** Erfolgsprämie; – **ristournée** rückvergütete Prämie.

prime de salissure (*ArbR*) Schmutzzulage; – **de séparation** Trennungsgeld *n*; – **de situation géographique** Entfernungszulage; – **de transport** Kilometergeld *n*; Fahrtkostenerstattung *f*; – **pour travail pénible** Härteausgleich *m*, Erschwerniszulage *f*; – **unique** Einmalprämie.

primer *v.tr.* (1) übertreffen, den Vorrang haben, (2) mit einem Preis auszeichnen, prämieren.

primitif *adj* ursprünglich, Ur-, Grund-; **état** – ursprünglicher Zustand; **patrimoine** – Anfangsvermögen; **texte** – **d'une loi** ursprüngliche Fassung des Gesetzes; **valeur primitive** ursprünglicher Wert *m*.

primogéniture *f* (*ErbR, hist*) Erstgeburtsrecht *n*; **succession pas ordre de** – Erbrecht des erstgeborenen Sohnes (und seiner männlichen Nachkommen).

primordial *adj* (1) ursprünglich, Ur-, (2) Haupt-, wichtig, vorrangig.

prince *m* Prinz *m*; Fürst *m*; **fait du** – (*ÖfR*) gerichtsfreier Hoheitsakt *od.* Regierungsakt; – **consort** Prinzgemahl *m*; – **royal** Kronprinz *m*.

principal *adj* hauptsächlich, Haupt-; **bien** – Hauptsache *f*; **débiteur** – Hauptschuldner *m*; **demande –e** (*ZPR*) Hauptanspruch *m*, Klageantrag; **peine –e** Hauptstrafe; **somme –e** Kapital *n*.

principal *m* (1) (*SchuldR*) Hauptschuld *f*, Kapital *n*, (2) (*ZPR*) Hauptsache *f*, (3) erster Notariatssekretär, Notariatsbürovorsteher *m*, (4) (*SchulR*) Schuldirektor *m*, (5) (*SteuerR*) Steuerschuld *f*; **débattre au** – (*ZPR*) zur Hauptsache verhandeln; **statuer au** – zur *od.* in der Hauptsache entscheiden.

principauté *f* Fürstentum *n*.

principe *m* Grundsatz *m*, Prinzip *n*; Richtschnur *f*; Grundlage *f*; **arrêt** *ou* **décision de** – Grundsatzurteil *n*; **en** – grundsätzlich; **énoncer un** – einen Grundsatz aufstellen; **homme à –s** gewissenhafter Mensch; – **d'autonomie** (*VwR*) Selbstverwaltungsgrundsatz *m*; – **de base** Grundprinzip; – **de la capitalisation** (*SozVers*) Kapitaldeckungsverfahren *n*; – **de la causalité** Verursachungsprinzip; – **constitutionnel** Verfassungsgrundsatz *m*.

principe directeur Leitsatz *m*, oberster Grundsatz; **–s directeurs du procès** allgemeine Verfahrensgrundsätze; allgemeiner Teil des frz. Zivilprozessrechts; **– de droit** Rechtsgrundsatz; **– de l'équité** Grundsatz von Recht u. Billigkeit; **–s généraux du droit** (*PrzR*) allgemeine Rechtsgrundsätze (in der Form ungeschriebener durch die Rechtsprechung anerkannte Normen); **– d'interprétation** Auslegungsgrundsatz *m*.

principe juridique *m* Rechtsgrundsatz *m*; **– de jurisprudence** *ou* **jurisprudentiel** von der Rechtsprechung aufgestellter allgemeiner Rechtsgrundsatz; **– majoritaire** Mehrheits- *od.* Majoritätsprinzip; **– de la non-discrimination** Gleichbehandlungsgrundsatz.

principe de l'oralité des débats (*PrzR*) Grundsatz der Mündlichkeit der Prozessverhandlungen; **– de la personnalité** (*IPR*) Personalitätsprinzip; **– de la personnalité des peines** Grundsatz der Beschränkung des staatlichen Strafanspruchs auf den Täter; **– du pollueur-payeur** (*UmweltR*) Grundsatz der Verursacherhaftung; **– de la répartition** Umlagedeckungsverfahren; **– de la solidarité** (*HR*) Gesamthandsprinzip; **– de la spécialité** (*ZR*) ultra-vires--Lehre, Grundsatz der Spezialität, Spezialitätsprinzip; **– de la territorialité** (*StR, IPR*) Territorialitätsprinzip.

priori: **a –** *loc. adv.* von vornherein, a priori, aus der bloßen Vernunft abgeleitet.

prioritaire *adj* vorrangig, Prioritäts-; bevorrechtigt, bevorzugt, Vorzugs-; **véhicule –** vorfahrtsberechtigtes Kraftfahrzeug.

priorité *f* (1) (*ZR, PatR, EuR: force prééminente d'un droit*) Vorrang *m*, Priorität *f*, Vorrecht *n*, Vorzug *m*, (2) (*StVR*) Vorfahrt(recht), (3) (*ÖfR*) höhere Dringlichkeit, höhere Dringlichkeitsstufe; **accorder la –** vorrangig behandeln; **action de –** (*GesR*) Vorzugs- *od.* Prioritätsaktie; **cession de –** Prioritätszession *f*, Vorrangseinräumung; **droit de –** (1) (*SachR*) Vorrang *m*, Priorität *f*, (3) (*SchuldR*) Vorkaufsrecht *n*, (3) (*StVR: priorité de passage*) Vorfahrt *f*; **revendication de –** Prioritätsanspruch.

priorité conventionnelle (*PatR*) Verbandspriorität, Unionspriorität; **– de date** zeitlicher Vorrang; **– d'embauche** *ou* **d'emploi** (*ArbR*) (*Schwerbehinderte*) Anspruch auf bevorzugte Einstellung; **– de livraison** bevorzugte Lieferung; **– de passage** (1) (*StVR*) Vorfahrt *f*, (2) Vortrittsrecht; **– des –s** höchste Dringlichkeit; **– de reclassement** *ou* **de réembauchage** Anspruch auf bevorzugte Wiedereinstellung; **– d'utilisation** Verwendungspriorität; **–s multiples** mehrfache Prioritäten.

pris *adj* besetzt; beschäftigt; **– de boisson** betrunken.

prise *f* (1) (*ZR, StR*) Nehmen *n*, Ergreifen *n*, Fassen *n*, (2) (*SeeHR*) Prise *f*, beschlagnahmte Ladung (eines Schiffes), (3) (*StR*) Fang *m*, Beute *f*, (4) (*MilR*) Einnahme *f*, Eroberung *f*; **conseil** *ou* **cour des –s** (*VR, SeeHR*) Prisengerichtshof *m*; **déclarer de bonne –** (*SeeHR, VR*) zur rechtmäßigen Prise erklären; **droit de –** (*VR*) Prisenrecht; **ordonnance de – de corps** (*StPR*) Haftbefehl (der Anklagekammer).

prise d'armes (*MilR*) Antreten *n* unter Waffen; **– d'assaut** (*MilR*) Erstürmung *f*; **– de bénéfice** Gewinnmitnahme *od.* -realisierung; **– en charge** (1) (*SchuldR*) Abnahme (eines Geräts) durch den Besteller, (2) (*SchuldR: frais*) Kostenübernahme *f*, (3) (*FamR*) Betreuung *f*; **– en charge d'une dette** (*SchuldR*) Schuldübernahme *f*; **– en charge sociale** soziale Betreuung; **– en compte** Berücksichtigung *f*; **– de conscience** Bewusstwerdung *f*; Bewusstseinsbildung *f*; **– de contrôle** (*GesR*) Übernahme der Aktienmehrheit; Erwerb einer Sperrminorität.

prise de corps (*StPR: mise en détention*) Festnahme *f*, Verhaftung; **– de courant** Stromanschluss *m*; Steckdose *f*; **– d'eau** Wasseranschluss *m*; Wasserentnahme *f*; **– d'échantillon** Probenahme *f*; **– d'effet** (*ÖfR: loi et règlement – entrée en vigueur*) Inkrafttreten *n*; **– de fonctions** (*BeamR*) Amtsübernahme *f*, Dienstantritt *m*; **– en gage** Pfandnahme *f*; **– en garde** Inverwahrungnahme; **– de guerre** (*VR*) Kriegsbeute *f*; **– maritime** Prise, Seebeute *f*.

prise d'otages (*StR*) Geiselnahme *f*; **– de participation** (*GesR*) Beteiligungserwerb *m*; **– à partie** (*ZPR, hist*) gegen den Richter eingeleitete Schadensersatzklage (bei Verletzung seiner Amtspflichten); **– de position** Stellungnahme *f*; **– de possession** Besitzergreifung, Inbesitznahme *f*; **– de pouvoir** Machtübernahme *od.* -ergreifung; **– de sang** Blutentnahme *f*, Blutprobe *f*; **– de son** Tonaufnahme; **– de vue** (Foto-) Aufnahme *f*.

prisée *f* (*ZwangsVR: évaluation*) Schätzung *f*, Veranschlagung.

priser *v.tr.* abschätzen, veranschlagen.

priseur *m*: **commissaire –** vereidigter Taxator *od.* Schätzer.

prison *f* (1) (*StVZ: établissement pénitentiaire*) Justizvollzugsanstalt (= JVA), (2) (*StR: emprisonnement correctionnel*) Freiheitsstrafe *f* (bei Vergehen); **bris de –** Sachbeschädigungen in einer JVA; Gefängnisausbruch *m*; **gardien de –** Strafvollzugsbedienstete(r); **– cellulaire** Zellengefängnis; **– centrale** Hauptstrafanstalt *f*; **– départementale** Departementsgefängnis; **– pour dettes** Schuldhaft *f*; **– militaire** Militärgefängnis; **– préventive** Sicherungsverwahrung; **– provisoire** Untersuchungshaft; **– de la Santé** (*StVZ*) Zentralhaftanstalt in Paris.

prisonnier *m* Gefangene(r) *m*; Häftling *m*; **se constituer –** sich (der Polizei) stellen; **faire –** jmdn. gefangennehmen; **– de droit commun** nichtpolitischer Häftling *od.* Gefangene(r); **– extradé** Auslieferungshäftling, ausgelieferter Häftling; **– de guerre** Kriegsgefangene(r); **– politique** politischer Häftling; **– transféré** Überstellte(r) *m*.

privatif *adj* (1) (*SachR: propriété exclusive*) ausschließlich, (all-) umfassend, (2) (*ZR, StR: qui prive d'un droit*) verneinend, ausschließend; **peine privative de liberté** (*StR*) Freiheitsstrafe; **usage – des lieux** ausschließliches *od.* alleiniges Nutzungsrecht.

privation *f* (1) (*droits*) Entziehung (einer Erlaubnis), Aberkennung (eines Rechts), Verlust (eines Anspruchs), (2) *f* (*choses*) Einbuße *f*; **– d'un droit** Anspruchsaberkennung, Rechtsentziehung; **– des droits** Entrechtung; **– des droits civils** (*StR*) Aberkennung der bürgerlichen Ehrenrechte; **– d'emploi** Arbeitsplatzverlust, Arbeitslosigkeit.

privation de jouissance Entzug der Benutzung *od.* Nutzung, Nutzungsausfall *m*; **indemnité pour – –** Schadensersatz für Beeinträchtigung der Benutzung, Nutzungsentschädigung.

privation de liberté Freiheitsentziehung *f*; **– du préavis** (*ArbR*) Verlust des Anspruchs auf Einhaltung der Kündigungsfrist; **– de traitement** (strafweise) Einstellung der Gehaltszahlung.

privatisation *f* Umwandlung in ein privates Unternehmen, Privatisierung (von öffentlichem Eigentum).

privatiste *m* Zivilrechtler *m*.

privé *adj* privat, (höchst-) persönlich; außeramtlich; nicht zum öffentlichen Leben gehörend; nicht das öffentliche Interesse betreffend; **domaine –** Privatgrundstück *n*; **droit –** Privatrecht *n*; **réunion –e** geschlossene Gesellschaft.

privé *loc. adv.*: **en –** unter vier Augen.

priver *v.tr.* (*eine Sache*) wegnemen; (*eine Person*) entrechten; **– de ses biens** enteignen; **– de sa liberté** in Haft nehmen, inhaftieren; **– de son poste** seines Amtes entheben.

privilège *m* (1) (*ZwangsVR: droit de préférence*) Vorzugsrecht, Recht auf vorzugsweise Befriedigung, (2) (*SchuldR: sûreté accordée par la loi aux créanciers*) gesetzliches Pfandrecht, (3) (*i. w. S.: priorité, faveur*) Vorrecht *n*, Privileg *n*, Vorrang *m*; Befugnis *f*, Recht *n*; Vergünstigung; **concéder** *ou* **donner un –** ein Vorzugsrecht einräumen *od.* gewähren; **super –**

(*InsolvenzR*) Sondervorrecht (bestimmter Insolvenzgläubiger); Superprivileg (der Arbeitnehmer).

privilège du bailleur Vermieterpfandrecht *n*; **– d'émission** Notenbankprivileg; **– général** gesetzliches Vorzugspfandrecht; **– immobilier** Immobiliar- *od.* Grundstücksprivileg; **– d'immunité** Immunität *f.*

privilège de juridiction (*VR*) Diplomatenimmunität *f*; Vorrecht der besonderen Gerichtsbarkeit; **– mobilier général** (*SchuldR*) allgemeines Fahrnisprivileg; **– mobilier spécial** Mobiliar-Spezialprivileg, Spezialprivileg an beweglichen Sachen, gesetzliches Vorzugspfandrecht an bestimmten Gegenständen; **– de pavillon** (*VR*) Vorrecht der Flagge; **– du préalable** (*VwR*) Nothilferecht der öffentlichen Hand gegenüber konzessionierten Betrieben; **– du roi** *hist.* Druckerlaubnis *f*; **– spécial immobilier** Spezialprivileg am Grundbesitz; **– du Trésor** Vorzugsrecht der Staatskasse *od.* Steuerbehörde.

privilégié *m* bevorrechtigter Gläubiger *m.*

privilégier *v.tr.* vorziehen, den Vorzug geben.

prix *m* (1) (*SchuldR: somme d'argent due*) Preis *m*, Entgelt *n*, (2) (*ArbR: rémunération*) Vergütung *f*, Lohn *m*, (3) (*HR: valeur d'un bien*) Wert *m*; **à aucun –** keinesfalls, niemals; **à tout –** *fig.* um jeden Preis, unter allen Umständen; **à vil –** spottbillig; **accord sur les –** Preisabrede *od.* -absprache *f*; **action en réduction du –** (*ZPR*) Preisminderungsklage *f*; **actualisation des –** Preisangleichung; **adaptation des –** Preisanpassung; **affichage des –** Preisauszeichnung, Preisaushang *m*; **ajustement** *ou* **alignement des –** Preisangleichung; **arbitrage sur les –** Preisarbitrage *f*; **augmentation de –** Preissteigerung *od.* -erhöhung.

prix: **baisse des –** Preissenkung *f*, Preisrückgang *m*; **barème des –** Preisliste *f*, Preistafel *f*; **bas –** Niedrigpreis; **blocage des –** Preisstop *m*; **bordereau de –** Preisaufstellung; **catégorie de –** Preisklasse; **clause de révision des –** Preisanpassungsklausel (nach späterer Vereinbarung der Parteien); **clause de variation de –** Preisgleitklausel (nach vertraglich festgelegten Regeln); **comparaison des –** Preisvergleich *m*; **conditions de –** Preisbedingungen *fpl*; **contrôle des –** Preisüberwachung *od.* -kontrolle; **convenir d'un –** einen Preis vereinbaren; **convention sur les –** Preisabsprache *f*, Preisabrede *f*, Preisabkommen *n*; **dernier –** äußerster Preis; **détermination du –** Preisfestsetzung *f*, Preisermittlung; **distorsion des –** Preisverzerrung *f.*

prix: **écart entre les –** Preisunterschied *m*; **échelles des –** Preisskala *f*; **établissement du –** Preiskalkulation *f*; **étiquettage du –** Preisauszeichnung *f.*

prix: **fixation du –** Preisfestsetzung; **fluctuation des –** Preisschwankung; **hors de –** unbezahlbar.

prix: **indication du –** Preisangabe *f*, Preisauszeichnung; **indice des –** Preisindex *m*; **juste –** angemessener Preis, gerechter Preis; **libération des –** Preisfreigabe *f*; **liberté des –** Preisgestaltungsfreiheit.

prix: **majoration des –** Preisaufschlag *m*; **marquage des –** Preisangabe *f*, Preisauszeichnung(spflicht); **y mettre le –** sich die Sache etwas kosten lassen; **montant du –** Preis, Preishöhe *f*; **offre de –** Preisangebot *n*; **offre à vil –** Schleuderpreisangebot *n*; **péréquation des –** Preisausgleich *m*, Preisausgleich *f*; **le plus juste –** niedrigster Preis; **politique des –** Preispolitik *f*; **pouvoir de déterminer les –** Preisfestsetzungsbefugnis *f*; **réduction de –** Preisnachlass *m*; Rabatt *m.*

prix: **service de contrôle des –** Preisaufsichtsbehörde *f*; **structure des –** Preisgefüge *n*, Preisgestaltung; **surveillance des –** Preisüberwachung; **variation des –** Preisschwankung; **vendre à vil –** zu Schleuderpreisen verkaufen.

prix d'abonnement Abonnementspreis; **– abusif** missbräuchlicher Preis.

prix d'achat Kaufpreis *m*, Beschaffungspreis *m*, Ankaufs- *od.* Einkaufspreis; **créance de – –** Kaufpreisforderung *f.*
prix d'acquisition Anschaffungskosten; **– d'adjudication** (1) (*VwR: öffentliche Aufträge*) Verdingungspreis, (2) Versteigerungspreis *m*; **– administré** staatlich festgesetzter Preis; **– ajustable** indexierter Preis; **– d'amateur** Liebhaberpreis; **– d'appel** Einführungspreis; **– d'approvisionnement** Bezugspreis.
prix du bail (1) (*SachR*) Mietzins *m*, Miete *f*, (2) (*LandwR*) Pachtzins *m*, Pacht *f*; **– en baisse** fallender, sinkender *od.* nachgebender Preis; **– de barème** Listenpreis; **– barré** Sonderpreis; **– bloqué** staatlich festgesetzter (Höchst-) Preis; **– bradé** *ou* **de braderie** Schleuderpreis, (stark) herabgesetzter Preis.
prix CAF (= coût, assurance, frêt) (*Außh*) cif-Preis; **– sur le carreau de la mine** Preis ab Grube; **– à la casse** (*Unternehmen*) Abbruchpreis; **– catalogue** Katalogpreis, Listenpreis; **– de cession** Veräußerungspreis, Verkaufspreis; **– avec clause de révision** Preis mit Anpassungsklausel; **– compétitif** wettbewerbsfähiger Preis; **– au comptant** Preis bei Barzahlung; **– de concurrence** Konkurrenzpreis; **– conseillé** Preisempfehlung, unverbindlicher Richtpreis; **– au consommateur** Verbraucherpreis; **– contractuel** Vertragspreis; **– convenable** angemessener Preis; **– convenu** vereinbarter Preis; **– courant** (1) Marktpreis, (2) Preisliste *f*, Preisverzeichnis *n*; **– coûtant** Selbstkostenpreis, Anschaffungspreis.
prix débattu frei vereinbarter Preis; **– défi** stark herabgesetzter Preis; **– démarqué** (*HR*) herabgesetzter Preis.
prix départ entrepôt Preis ab (Zwischen-) Lager; **– – mine** Preis ab Zeche; **– – usine** Preis ab Werk.
prix de détail Einzelhandelspreis, Detail- *od.* Kleinhandelspreis; **indice des – –** Einzelhandelspreisindex *m*.
prix de dumping Dumping(preis); **– échelonné** gestaffelter Preis; **– d'écluse** (*EU*) Einschleusungspreis; **– d'émission** Ausgabebetrag *m*, Emissionspreis; **– encadré** staatlich festgesetzte Preissteigerungsrate; **– entier** voller Preis; **– d'entrée** Beschaffungskosten; **– estimatif** *ou* **d'estimation** (1) Kostenvoranschlag, (2) Schätzwert *m*, Schätzungswert; **– étalon** Standardpreis; **– excessif** überhöhter Preis, Mondpreis, unangemessener Preis; **– exorbitant** Wucherpreis; Mondpreis; **– à l'exportation** Ausfuhr- *od.* Exportpreis.
prix de façon (1) Verarbeitungspreis, (2) (*ArbR: travail à domicile*) Stückentgelt *n*; **– de facturation** *ou* **facturé** Rechnungspreis; **– fait** Pauschalvergütung; **– FAS** (= franco le long du navire) (port d'embarquement convenu) Preis frei Schiffseite (Verschiffungshafen); **– de faveur** Vorzugspreis; **– ferme** Festpreis; **– de fin de saison** Schlussverkaufspreis; **– final** Endpreis; **– fixe** Festpreis; **– fob** (= free on bord) frei an Bord (Preis), Fob-Preis; **– forfaitaire** Pauschalpreis; Pauschalvergütung; **– fort** Höchstpreis, voller Preis; Verkaufspreis; Katalogpreis; **– franco** kostenfrei, franco; **– franco domicile dédouané** frei Haus verzollt; **– franco frontière** Preis frei Grenze; **– du fret** Frachtgeld.
prix garanti Preisgarantie *f*; **– global** Gesamtpreis, Pauschalpreis; **– de gros** Großhandelspreis; **– homologué** genehmigter Preis; **– hors taxe (= H. T.)** Preis vor Steuer; **– illicite** ungesetzlicher *od.* unzulässiger Preis; **– à l'importation** Import- *od.* Einfuhrpreis; **– imposé** vertikale Preisbindung; Preisbindung der zweiten Hand; verbindliche Preisfestsetzung; Festpreis.
prix indicatif unverbindliche Preisempfehlung, unverbindlicher Richtpreis; **– – communautaire** Richtpreis der Gemeinschaft; **– – dérivé** abgeleiteter Preis.
prix initial Preis bei Auftragserteilung, ursprünglicher Preis; **– intégral** voller Preis; **– intérieur** Inlandspreis; **– du jour** Tageskurs *m*; **– de journée**

(*SozVers: hôpital*) Tagessatz *m*; **– légal** gesetzlicher Preis; **– limite** Höchstpreis; Preislimit *n*; **– limite de vente** Verkaufslimit *n*; **– à la livraison** *ou* **de livraison** Lieferpreis.

prix de la main-d'œuvre Lohnkosten; **– majoré** Preiszuschlag *m* (bei Bestellung kleiner Mengen); **– marchand** Fabrikpreis, Großhandelspreis; **– du marché** Marktpreis; **– du marché mondial** Weltmarktpreis; **– marqué** Katalogpreis; **– maximum** Höchstpreis, Maximalpreis; **– minimum** Mindestpreis; **– mobile** gleitender Preis, Preis mit Anpassungsklausel; **– mondial** Weltmarktpreis; **– de monopole** Leitpreis (des Preisführers), Monopolpreis; **– moyen** Durchschnittspreis; **– net de vente** Nettoverkaufspreis.

prix objectif Richtpreis; **– offert** angebotener Preis, Preisangebot *n*; **– officiel** amtlicher Preis; **– d'orientation** Richtpreis; **– de péréquation** Ausgleichspreis; **– à la pièce** Stückpreis; **– sur place** Lokopreis.

prix plafond Höchstpreis; **– plancher** Mindestpreis; **– le plus bas** Preisuntergrenze; Tiefstpreis; **– de préemption** Vorkaufspreis; **– préférentiel** Vorzugspreis; **– à la production** Produzenten- *od.* Erzeugerpreis, Gestehungspreis; **– prohibitif** Mondpreis, nicht zu rechtfertigender Preis, Wucherpreis; **– public** (endgültiger) Verkaufspreis (incl. MWSt.); **– publicitaire** Werbepreis; Einführungspreis.

prix de rachat (1) Rückkaufspreis, Wiederkaufpreis, (2) Wiederbeschaffungspreis; **– raisonnable** angemessener Preis; **– réduit** ermäßigter *od.* reduzierter Preis; **– de référence** (1) (*EG*) Referenzpreis, (2) (*HR*) Vergeichswert *m*; **– de règlement** Abrechnungspreis; **– réglementé** festgesetzter *od.* gebundener Preis; **– de remplacement** Wiederbeschaffungspreis, Preis für die Wiederherstellung eines gleichwertigen Zustandes; **– rémunérateur** lohnender Preis; **– rendu** Preis frei Bestimmungsort; Einstandspreis; **– rendu usine** Preis frei Werk; **– réservé** nach Vertragsabschluss (gemäß bestimmter Kriterien) festgesetzter Preis; **– de revente** (Weiter-) Verkaufspreis; **– de revient** (*HR*) Selbstkosten- *od.* Einstandpreis, Einkaufspreis, Gestehungskosten *pl.*

prix révisable Preis mit Anpassungs- *od.* Indexierungsklausel; Preisvorbehaltsklausel; **– sacrifié** Aktions- *od.* Schleuderpreis; **– saisonnier** saisonbedingter Preis; **– seuil** Schwellenpreis; **– du silence** Schweigegeld *n*; **– de solde** herabgesetzter Preis, Schlussverkaufspreis; **– de souscription** Zeichnungs- *od.* Subskriptionspreis, Bezugspreis; **– de soutien** Stützungspreis; **– spécial** Sonderpreis; **– stipulé** (vertraglich) vereinbarter Preis.

prix taxé Taxpreis; **– toutes taxes comprises (= ttc)** Preis inklusive Umsatz- *od.* Mehrwertsteuer; **– de transport** Fahrpreis, Beförderungsentgelt, Fracht; **– du travail** Arbeitsentgelt; **– uniforme** einheitlicher Preis.

prix unique Einheitspreis; **magasin à – –** Einheitspreisgeschäft *n*, Discountladen *m*.

prix unitaire *ou* **à l'unité** Einheitspreis, Einzelpreis, Stückpreis; Preis für Leistungseinheiten; **– à l'usine** Preis ab Werk; **– d'usine** Fabrikpreis; **– usuraire** Wucherpreis, wucherischer Preis.

prix de vente Verkaufspreis, Ladenpreis *m*; **– – conseillé** unverbindlicher Preisempfehlung; **– – au consommateur** *ou* **de vente au détail** Einzelhandelspreis, Ladenpreis, Verbraucherpreis; **– – imposé** (vom Lieferanten) verbindlich festgesetzter Verkaufspreis, verbindlicher Richtpreis; Preisbindung.

probabilité *f* Wahrscheinlichkeit *f.*

probable *adj* wahrscheinlich, vermutlich; voraussichtlich.

probant *adj* (*ZR: en forme probante ou en forme authentique*) beweiskräftig, beweisend; **argument –** überzeugendes Argument; **force –e** Beweiskraft *f*; **en forme –e** in der Form einer öffentlichen Urkunde; **pièce –e** Beweisurkunde *f*, Beweismittel *n*.

probation *f* (1) (*ArbR: période probatoire*) Probezeit *f*, (2) (*StR: mise en liberté conditionnelle d'un condamné*) Strafaussetzung zur Bewährung, Bewährung; **agent de** *ou* **délégué à la –** Bewährungshelfer *m*; **comité de –** Bewährungshelferausschuss *m*.

probationnaire *m* (*StVZ*) Verurteilter *m*, dem Strafaussetzung zur Bewährung gewährt worden ist; **obligations imposées au –** Bewährungsauflagen u. -weisungen.

probatoire *adj* (1) probeweise, als *od.* zur Probe, (2) (*PrzR*) beweiskräftig, überzeugend; **délai –** (*StR*) Bewährungszeit; **examen –** Eignungstest *m*, Einstufungsprüfung *f*; **période –, stage –** (*ArbR*) Probezeit *f*.

probe *adj* rechtschaffen, redlich; ehrlich, unbestechlich.

probité *f* Redlichkeit *f*, Gewissenhaftigkeit *f*, Rechtschaffenheit; Ehrlichkeit; Unbestechlichkeit.

problématique *adj* fraglich, fragwürdig, problematisch.

problème *m* Problem *n*, Schwierigkeit *f*; schwierige Frage *f*; unentschiedene Frage; Fragestellung *f*; Aufgabe *f*; **poser –** Schwierigkeiten bereiten; **régler** *ou* **résoudre un –** eine Frage klären; einen Streit beilegen; **– capital** Hauptproblem; **le – du chômage** das Problem der Arbeitslosigkeit; **–s familiaux** familiäre Schwierigkeiten; **– juridique** Rechtsfrage *f*; Rechtsproblematik *f*; **– litigieux** Streitfrage *f*, Streitfall *m*, strittiger Fall; **– majeur** besonders wichtige Frage; **– pendant** (*PrzR*) zur Entscheidung anstehende Frage.

procédé *m* (technisches) Verfahren *n*, Vorgehen *n*, Methode *f*; **brevet de –** Verfahrenspatent *n*; **échange de bons –s** gegenseitiges Entgegenkommen; **– breveté** patentiertes Verfahren; **– de contrainte** *ou* **coercitif** Zwangsmittel *n*; **– de fabrication** *ou* **de production** Herstellungsverfahren; **– thérapeutique** Heilverfahren.

procéder (1) (*v.intr.: procéder de*) herrühren von, seine Ursache finden in, (2) (*v.tr.ind.: procéder à qqch.*) etwas vornehmen, durchführen; **manière de –** Verfahrensweise *f*; **– à un contrôle d'identité** die Personalien feststellen *od.* überprüfen; **– à une perquisition** eine Durchsuchung vornehmen.

procédural *adj* Verfahrens-; **accomplir les formalités –es** die gerichtlichen Formalitäten erledigen; **bataille –e** Streit *m* über Verfahrensfragen; **droit –** Verfahrensrecht.

procédure *f* (1) (*PrzR: ensemble des actes accomplis pour parvenir à une décision judiciaire*) (gerichtliches) Verfahren *n*, Gerichtsverfahren, Entscheidungsverfahren; Rechtsgang *m*, Rechtsweg *m*; Prozessführung *f*; Rechtsstreit *m*, (2) (*PrzR: branche du droit*) Prozessrecht, Verfahrensrecht, (3) (*manière de procéder*) *Allgspr.* Verfahrensart *f*; Fortgang *m* eines Verfahrens; **acte de –** (1) Verfahrens- *od.* Prozesshandlung, (2) Schriftsatz *m*, Prozessurkunde *f*; **amende de –** Ordnungsstrafe *f*; **annuler la –** das Verfahren aufheben *od.* für nichtig erklären; **artifice de –** prozesstechnisch geschicktes Vorgehen; **code de – civile (= CPC)** (*ZPR: on trouve aussi l'abréviation C. proc. civ.*) frz. Zivilprozessordnung; **déroulement de la –** Fortgang des Verfahrens, Verfahrensablauf *m*; **dossier de –** Prozessakte *f*; **droit de –** Prozessgebühr *f*; **engager** *ou* **entamer une –** ein Verfahren einleiten; **état de la –** Verfahrensstand *m*.

procédure: **frais de –** *ou* **procéduraux** (*PrzR: on dit aussi frais de justice pour l'ensemble des frais exposés à l'occasion d'une instance judiciaire – englobant les dépens et tous les frais irrépétibles*) Verfahrenskosten *pl.*; **incident de –** Zwischen- *od.* Inzidentstreit *m*; **intenter une –** ein Verfahren vor Gericht anstrengen; **interrompre une –** ein Verfahren unterbrechen; **introduire une –** ein Verfahren einleiten; **irrégularité de la –** Verfahrensmangel; **langue de –** Verfahrenssprache *f*; **loi de –** Verfahrens- *od.* Prozessvorschrift, Prozessgesetz; **ouvrir la –** das Verfahren einleiten; **pièce(s) de –** Prozessakte *f*, Schriftsatz *m*; **règle de**

– Verfahrensvorschrift *f*; **réouverture de la –** Wiedereröffnung des Verfahrens; **suspendre la –** das Verfahrens aussetzen; **suspension de la –** Ruhen des Verfahrens, Unterbrechung des Verfahrens; **vice de –** Verfahrensmangel *m*.

procédure abrégée (*ZPR*) abgekürztes *od.* verkürztes (Berufungs-) Verfahren; **– accélérée** beschleunigtes Verfahren; **– accusatoire** (*PrzR: système procédural selon lequel les parties ont l'initiative de l'instance – par opposition à la procédure inquisitoire*) Beibringungsgrundsatz *m*, Verhandlungsmaxime *f*; Verfahren auf Betreiben des Verletzten, Verfahren nach dem Akkusationsprinzip; **– d'administration de la preuve** Beweisverfahren; **– administrative** (*VwPR*) Verwaltungs (streit)verfahren; **– d'agrément** Zulassungsverfahren; **– d'alerte** (*InsolvenzR*) Verfahren zur Abwendung einer drohenden Insolvenz, Verfahren zur Gewährleistung der Betriebssanierung; **– d'appel** Berufungs- *od.* Rechtsmittelverfahren; **– d'arbitrage** *ou* **arbitrale** Schiedsverfahren *n*, schiedsgerichtliches Verfahren; **– d'autorisation** Genehmigungsverfahren.

procédure de cassation Revisionsverfahren *n*; **– civile** (1) (*ZPR: procédure devant les juridictions de l'ordre judiciaire*) Zivilprozess *m*, Zivilverfahren, (2) (*GVR: droit judiciaire privé*) Zivilprozessrecht; **– de collation** (*ZwangsVR*) Rangordnungsverfahren; **– collective (de règlement du passif)** (*InsolvenzR*) Insolvenzverfahren *n*; *umg* Konkursverfahren; Vergleichsverfahren; **– commerciale** Verfahren in Handelssachen; **– de concordat** (*InsolvenzR*) Vergleichsverfahren.

procédure de concours (1) (*InsolvenzR: terme générique utilisé par certains auteurs pour désigner l'ancienne faillite, la liquidation des biens, le redressement et la liquidation judiciaires, c'est-à-dire toutes les procédures collectives de règlement du passif*) Insolvenzverfahren *n*; *umg* Konkurs- u. Vergleichsverfahren, (2) (*HochschulR*) Auswahlverfahren; **– de conflit** (*GVR: conflit de compétence entre l'ordre judiciaire et l'ordre administratif*) Verfahren zur Behebung eines Kompetenzkonflikts; **– en constatation d'état** (*FamR*) Statusprozess *m*; **– constitutionnelle** Verfahren vor dem frz. Verfassungsrat; **– de consultation** *ou* **consultative** Konsultations- *od.* Anhörungsverfahren; **– contentieuse** streitiges Verfahren, Streitverfahren.

procédure contentieuse administrative (*VwPR*) Verwaltungsstreitverfahren *n*; **– contradictoire** kontradiktorisches *od.* streitiges Verfahren; **– par contumace** (*StPR*) Verfahren in Abwesenheit des Angeklagten, Abwesenheitsverfahren, Kontumazialverfahren; **– criminelle** Strafverfahren bei Verbrechen.

procédure de debet Erstattungsverfahren; **– de déclaration** Anmeldeverfahren; **– par défaut** Versäumnisverfahren, Verfahren gegen Abwesende; **– dilatoire** (*ZPR*) Prozessverschleppung, prozessverschleppende Handlungsweise; **– disciplinaire** Disziplinarverfahren, Disziplinarstraf- *od.* Dienststrafverfahren; **– de divorce** Ehescheidungsverfahren.

procédure écrite schriftliches Verfahren; **– électorale** Wahlverfahren *n*; **– d'enquête** (*StR*) (polizeiliche) Voruntersuchung; **– entachée d'un vice** mit einem Mangel behaftetes Verfahren; **– d'examen préalable** (*VerwR*) Vorprüfungsverfahren; **– d'exception** Ausnahme- *od.* Sonderverfahren; **– d'exécution** Vollstreckungsverfahren.

procédure d'exequatur (*IPR*) Verfahren der Vollstreckbarerklärung, Erteilung der Vollstreckungsklausel; **– d'expertise** Verfahren zur Erstattung eines Gutachten; **– d'expropriation** (*ÖfR*) Enteignungsverfahren; **– d'expulsion** (1) (*AuslR*) Abschiebungsverfahren *n*, Abschiebung (zwecks zwangsweiser Durchsetzung der Ausreisepflicht, (2, (2) (*MietR*) Räumungsklage *f*; **– d'extension** (*ArbR*) Verfahren zur Allgemeinverbindlicherklärung (eines Tarifvertrages); **– d'extradition** Auslieferungsverfahren; **– facultative de conciliation** freiwillige Schlichtung.

procédure de faillite (*InsolvenzR: ancienne dénomination*) Insolvenzverfahren *n*, *umg* Konkursverfahren; **– sur le fond** Verfahren zur Hauptsache; **– formelle** förmliches Verfahren; **– frustratoire** Prozessverschleppung u. Irreführung des Gerichts; **– gracieuse** Verfahren der freiwilligen Gerichtsbarkeit, außerstreitiges Verfahren.

procédure d'injonction (*VwPR*) Verwaltungszwangsverfahren; **– inquisitoriale** *hist.* inquisitorische Vorgehensweise, peinliches Verfahren im Inquisitionsprozess; **– en instance** abhängiges Verfahren; **– d'instruction** (1) (*StPR*) Ermittlungsverfahren, (2) (*ZPR*) Vorverfahren; **– d'interdiction** (*FamR*) Entmündigungsverfahren; **– intérimaire** Zwischenverfahren.

procédure à jour fixe (*ZPR*) beschleunigtes Verfahren (mit direkter Ladung zum Termin); **– judiciaire** gerichtliches Verfahren; **– juridictionnelle** gerichtsförmiges Verfahren.

procédure légale gesetzlich festgelegtes Verfahren; **– législative** Gesetzgebungsverfahren *n*; **– sur lettres de change** Wechselprozess *m*.

procédure de liquidation de l'actif (*InsolvenzR*) Abwicklungsverfahren *n*; **– – des dépens** (*PrzR*) Kostenfestsetzungsverfahren; **– – judiciaire** Insolvenzverfahren *n*.

procédure en matière contentieuse streitiges Verfahren; **– – gracieuse** Verfahren der freiwilligen Gerichtsbarkeit.

procédure de médiation Vermittlungsverfahren; **– de mise en demeure** (*ZPR: interpellation en forme de sommation – art. 1139 et 1146 Cciv*) Mahnverfahren *n*.

procédure de naturalisation (*AuslR*) Einbürgerungsverfahren; **– de notification** Zustellungsverfahren; **– obligatoire de conciliation** Zwangsschlichtung; **– d'opposition** (*ZPR: voie de recours et l'acte par lequel ce recours est exercé*) Widerspruchsverfahren *n*, Widerspruch *m*; Einspruch *m*; **– orale** mündliche Verhandlung; mündliches Verfahren; **– ordinaire** ordentliches Verfahren; **– d'ordre** (*InsolvenzR*) Verfahren zur Feststellung der Rangordnung (der Gläubiger); **– de partage** (*ZPR*) Auseinandersetzungsverfahren.

procédure pénale (1) (*StPR: syn.: procédure criminelle – concerne les juridictions pénales de l'ordre judiciaire*) Strafverfahren *n*, strafgerichtliches Verfahren, Strafprozess *m*, (2) (*StR: branche du droit procédural*) Strafprozessrecht *n*; **– pendante** schwebendes Gerichtsverfahren; **– préjudicielle** Vorabentscheidungsverfahren; **– préliminaire** *ou* **préparatoire** Vorverfahren; **– principale** Hauptverfahren; **– probatoire** Beweisverfahren; **– prud'homale** Verfahren vor dem frz. Arbeitsgericht, arbeitsgerichtliches Verfahren.

procédure de radiation Löschungsverfahren; **– de ratification** Ratifikationsverfahren; **– de recours** Beschwerdeverfahren; Rechtsmittelverfahren *n*; **– de recouvrement forcé** Zwangsbeitreibungs- *od.* Zwangseintreibungsverfahren; **– de rectification** Berichtigungsverfahren; **– de récusation** Verfahren über einen Ablehnungsantrag.

procédure de règlement Schlichtungsverfahren; **– réglementaire** vorgeschriebenes Verfahren; **– régulière** ordnungsgemäß durchgeführtes Verfahren; **– de renvoi** (*VwPR*) Vorlageverfahren; **– répressive** Strafverfahren; **– de révision** Wiederaufnahmeverfahren.

procédure de saisie Arrest- *od.* Pfändungsverfahren; **– secrète** Geheimverfahren; **– simplifiée** (*ZollR*) vereinfachtes Verfahren; **– sommaire** (*ZPR*) summarisches *od.* abgekürztes Verfahren; **– de sommation** Mahnverfahren *n*.

procédure sur titres Urkundenprozess; **– devant les tribunaux administratifs** Verwaltungsstreitverfahren, Verwaltungsprozess; – **d'urgence** (1) (*VwR: en présence de circonstances pressantes*) dringliche Behandlung einer Angelegenheit, Dringlichkeitsverfahren, (2) (*ZPR: procédure dans des circonstances susceptibles d'entraîner à très courte échéance un préjudice irréparable*) Eilverfahren *n*, beschleunigtes Verfahren; – **de validation** (1) (*VerfR*) Überprüfung der Ordnungsmäßigkeit (einer Ernennung), (2) Gültigkeitsfeststellungsverfahren; – **de vérification** (*VwR*) Überprüfungsverfahren; – **de vote** Abstimmung.

procédurier *adj* mutwillig einen Prozess betreibend.

La procédure (lat. procedatur) ist in erster Linie der Fortgang und Ablauf des Verfahrens, mitsamt den dazugehörigen Förmlichkeiten. *Le procès* (lat. processus) hingegen, ist das konkrete vor Gericht eingeleitete Verfahren, also betrifft die Streitsache selbst, den Rechtshandel, wie man früher sagte. Leider werden *procédure* und *procès* immer wieder verwechselt und als Synonyme betrachtet.

procès *m* (1) (*PrzR: litige soumis à un tribunal – contestation pendante*) Prozess *m*, Rechtsstreit *m*, Rechtsstreitigkeit *f*, Streitsache *f*, (2) *m* (*PrzR: parfois syn. de procédure et instance*) gerichtliches Verfahren; Rechtszug *m*, Instanzenzug; **sans autre forme de –** *Allgspr.* ohne weitere Umstände; **avoir un –** klagen; in einen Rechtsstreit verwickelt sein; **conduite du –** Prozessführung *f*; **coûts d'un –** Prozesskosten *pl*; **déclenchement du –** Einleitung des Urteilsverfahrens; **direction du –** Prozessleitung *f*; **dossier du –** Prozessakte *f*; **engager, entreprendre, faire un –** einen Prozess einleiten, Klage erheben; **expédier un –** ein Verfahren zügig vorantreiben; **le fond du –** Gegenstand *m* des Rechtsstreits; Sachverhalt *m*; Tatbestand *m*; **frais de –** Prozesskosten; **gagner un –** einen Prozess gewinnen, im Prozess obsiegen.

procès: **intenter un –** Klage erheben, einen Prozess anstrengen; **marche d'un –** Gang eines Prozesses, Prozessverlauf *m*, Verfahrensverlauf *m*; **matière à –** Streitsache *f*, Streitfall *m*; streitbefangene Sache; **mener un –** einen Prozess führen; **moyens invoqués dans un –** Antragsbegründung (in einem Verfahren); **perdre un –** im Prozess unterliegen, einen Prozess verlieren; **régler un – à l'amiable** einen Rechtsstreit gütlich beilegen; **soutenir un –** einen Prozess führen; **statuer sur le fond du –, trancher un –** in der Sache entscheiden; **vider un –** (*ZPR: y mettre fin par un jugement*) ein Urteil fällen, einen Rechtsstreit entscheiden.

procès civil *ou* **au civil** Zivilprozess *m*; – **en cours** bei Gericht anhängiges Verfahren; – **criminel** Strafprozess; – **en divorce** Scheidungsklage; – **en état** (*ZPR: affaire en état d'être jugé sur le fond*) spruchreifer Rechtsstreit, Enscheidungsreife einer Sache; – **en filiation** (*FamR*) Abstammungsprozess; – **en instance** anhängiges Verfahren; – **d'intention** Gesinnungsschnüffelei *f*; – **monstre** (*umg*) Mammutprozess *m*; – **pénal** Strafprozess; – **pendant** anhängiger Rechtsstreit; – **principal** Hauptstreitsache; – **sensationnel** Schau- *od.* Sensationsprozess; – **devant les tribunaux administratifs** Verwaltungsgerichtsprozess.

processeur *m* (*DV: unité centrale d'un ordinateur*) Prozessor *m*.

procession *f* feierlicher Aufzug, Prozession.

processualiste *m* (*PrzR: spécialiste du droit processuel*) Prozessrechtler *m*.

processuel *adj*: **droit –** Prozessrecht *n*; (Straf-, Zivil-, Verwaltungs-) Verfahrensrecht.

processus *m* (*UmweltR*) (biologischer) Vorgang *m*, (Natur-) Geschehen *n*, (chemischer) Prozess *m*; **contrat de transfert de – technologique** Technologietransfervertrag; – **d'accumulation** Akkumulation *f* (von Produktionsmitteln); **– d'achat** (*BW*) Kaufentscheidungsprozess *m*; **– de concentration** Konzentrationsbestrebungen *fpl*; **– de création du droit** Rechtssetzungsverfahren; **– de développement** Entwicklung; **– législatif** Gesetzgebungsgang *m*; **– de fabrication** *ou* **de production** Herstellungsverfahren *n*, Fertigungsprozess *m*; **– de travail** Arbeitsablauf *m*, Arbeitsprozess; **– d'unification** Vereinheitlichung; Einigung.

procès-verbal *m* (1) (*PrzR: le compte-rendu d'audience, etc.*) Protokoll *n*; Gedächtnisprotokoll; Verhandlungsniederschrift *f*, förmliche Niederschrift; Tatbestandsaufnahme *f*; amtliche Feststellung eines Sachverhalts, (2) (*StR: procès-verbal de contravention en matière pénale ou fiscale*) Verwarnung *f*; Steuerstrafe *f*; Organmandat *n* (Aut); **adoption du –** Annahme *od.* Genehmigung des Protokolls; **consigner sur** *ou* **dans un –** zu Protokoll geben; eine Niederschrift anfertigen; **dresser –** protokollieren, ein Protokoll aufnehmen, zu Protokoll nehmen; **établir un –** (1) (*StR*) eine gebührenpflichtige Verwarnung verhängen, (2) (*PrzR*) eine Niederschrift anfertigen; **établissement du –** Protokollaufnahme *f*, Niederschrift; **inscription au –** Aufnahme in das Protokoll; **inscrire au –** im Protokoll vermerken; **joindre au –** dem Protokoll beifügen; **rédacteur du –** Protokollführer *m*; Protokollant *m*.

procès-verbal d'abornement (*SachR*) Grenzvermarkungsprotokoll *n*; **– d'adhésion** (*VR*) Beitrittsprotokoll; **– d'apposition (des scellés)** Versiegelungsprotokoll; **– d'arpentage** Vermessungsprotokoll; **– d'audience** (*ZPR*) Sitzungs- *od.* Verhandlungsprotokoll; **– d'audition** Vernehmungsprotokoll *od.* -niederschrift.

procès-verbal de carence (1) (*PrzR*) Protokoll über das Nichterscheinen oder die Nichtleistung, (2) (*InsolvenzR*) Protokoll über die fruchtlose Pfändung, Feststellung der Zahlungsunfähigkeit durch den Gerichtsvollzieher; **– de conciliation** Vergleichsprotokoll; **– de constatation** (*StPR*) Tatbestandsaufnahmeprotokoll *n*, schriftliche Sachverhaltsdarstellung; **– de contravention** (*StR: kurz P.-V. genannt – pévé ausgesprochen*) gebührenpflichtige Verwarnung; Bußgeldbescheid *m*; **– convenu** vereinbarte Niederschrift.

procès-verbal des débats Verhandlungsprotokoll, Verhandlungsniederschrift *f*; **– des délibérations** Beschlussfassungsprotokoll *n*; **– de dépouillement des soumissions** (*öffentliche Aufträge*) Niederschrift über die Auswertung der Angebote; **– de dires et protestations** Einspruchsprotokoll; **– d'élection** Wahlniederschrift; **– d'enquête** (1) (*StPR*) Endprotokoll polizeilicher Ermittlungen, (2) Niederschrift über die Beweisaufnahme, Beweisaufnahmeprotokoll *n*; **– d'essai** Testbericht *m*; **– d'estimation** *ou* **d'évaluation** Schätzungsprotokoll; **– d'expertise** Gutachten *n*; **– des faits** Tatbestandsaufnahme *f*.

procès-verbal d'infraction (*StPR*) (polizeiliches) Protokoll über den Hergang einer strafbaren Handlung; **– intégral** Wortprotokoll, ungekürztes Protokoll; **– d'interrogatoire** Vernehmungsprotokoll, Vernehmungsniederschrift; **– de légalisation** Unterschriftsbeglaubigung(sprotokoll); **– de mainlevée** Aufhebungsprotokoll; **– de non-conciliation** (1) (*ZR*) Protokoll über den ergebnislosen Sühne- *od.* Versöhnungsversuch, Sühneattest *n*, (2) (*ArbR*) Protokoll über den ergebnislosen Schlichtungsversuch (zwischen den Tarifparteien).

procès-verbal de partage (1) (*ZR*) Teilungsniederschrift *f*, (2) (*PrzR*) Protokoll über die Stimmengleichheit im schiedsgerichtlichen Verfahren; **– de perquisition** (*StPR*) Haussuchungsprotokoll; **– de prestation de serment** Eidesleistungs- *od.* Vereidigungsprotokoll; **– de réception** Übernahmeprotokoll; **– de récolement** (1) Verlesungsprotokoll über die ordnungsgemäße Aufbewahrung gepfändeter Gegenstände, (2) amtliches Verzeichnis der gepfändeten Gegenstände; **– de remise** Übergabeprotokoll; **– résumé** Kurzprotokoll.

procès-verbal de saisie (1) (*ZwangsVR*) Pfändungsprotokoll *n*, (2) (*VwR*) Beschlagnahmeprotokoll; **– de scellé** Versiegelungsprotokoll; **– de séance** Sitzungsniederschrift; **– de séquestre** Arresturkunde *f*; **– de signature** Zeichnungs- *od.* Unterzeichnungsprotokoll; **– de signification** Zustellungsurkunde.

procès-verbaliser *v. intr.* (*StR: verbaliser*) eine gebührenpflichtige Verwarnung verhängen.

prochain *adj* nahe (gelegen, bevorstehend); **un jour –** in absehbarer Zeit; **la semaine –e** nächste Woche.

prochainement *adv* bald, in absehbarer *od.* nächster Zeit.

proche *adj* nahe (gelegen); ähnlich; **–s parents** (*FamR*) Blutsverwandte *mpl*, nahe Verwandte.

Proche-Orient *m* (*VR: Ne pas confondre le Proche- et le Moyen-Orient: Ce dernier englobe en particulier le Liban, la Palestine, la Syrie, la Turquie et Israel*) Südost-Europa (Albanien, Rumänien, Bulgarien und ex-Jugoslawien).

proclamation *f* (1) (*VerfR*) Aufruf *m*, Verkündigung *f*, öffentliche Bekanntmachung, Proklamation, (2) (*VR*) gemeinsame Erklärung; **– de l'indépendance** Unabhängigkeitserklärung; **– des résultats** amtliche Bekanntmachung der Ergebnisse (einer Wahl).

proclamer *v.tr.* verkündigen, kundgeben, bekanntgeben, bekantmachen, ausrufen, proklamieren, (feierlich) erklären; **– l'état de siège** den Belagerungszustand verhängen *od.* verkünden.

procréation *f* (*FamR*) Zeugung *f*, Fortpflanzung *f*; **– médicalement assistée (= PMA)** (*MedizinR*) künstliche Befruchtung *f*, In-Vitro-Fertilisation *f*.

procréatique *f* Reproduktionsmedizin *f*; Technik der künstlichen Befruchtung.

procréer *v.tr.* zeugen, fortpflanzen; **incapacité à –** Zeugungsunfähigkeit.

procuration *f* (1) (*SchuldR: écrit qui constate le mandat, ce mandat lui-même*) Vollmachtsurkunde *f*, schriftliche Vollmacht; rechtsgeschäftliche Vertretungsmacht, (2) (*HR: pouvoir, mandat*) Handlungsvollmacht; Prokura *f*; Bevollmächtigung, Ermächtigung; **agir en vertu d'une –** als Bevollmächtigter handeln; **chargé de –** Bevollmächtigte(r) *m*; **défaut de –** Fehlen der Vollmacht; **délivrer** *ou* **donner** *ou* **dresser une –** eine Auftrag erteilen, bevollmächtigen, eine Vollmacht ausstellen; **endos** *ou* **endossement de –** Prokura- *od.* Vollmachts(s)indossament; **fondé de –** (Handlungs-) Bevollmächtigte(r) *m*; **révocation d'une –** Widerruf *od.* Entziehung *od.* Aufhebung einer Vollmacht; **révoquer une –** eine Vollmacht widerrufen *od.* aufheben; **par – (= p.p.)** im Auftrag (= i. A.); in Vertretung (= i. V.).

procuration en blanc Blankovollmacht *f*; **– collective** Gesamtvollmacht *f*; **– commerciale** (*HR: mandat établi par un commerçant*) Prokura *f*, Handlungsvollmacht *f*; **– conjointe** Gesamtvollmacht; **– électorale** (*ÖfR*) Wahlvollmacht; **– pour l'encaissement** Inkasso- *od.* Einziehungsvollmacht; **– pour l'exploitation** Betriebsvollmacht; **– générale** Generalvollmacht, Allgemeinvollmacht (für alle Geschäfte); **– limitée** beschränkte Vollmacht; **– notariée** notarielle Vollmacht; **– sur papier libre** privatschriftliche Vollmacht; **– postale** Postvollmacht; **– sous seing privé** privatschriftliche Vollmacht; **– spéciale** Spezialvollmacht, Einzelvollmacht (für ein bestimmtes Geschäft); **– pour la vente** Verkaufsvollmacht.

procuratoire *adj* eine Vollmacht betreffend.

procurer *v.tr.* besorgen, beschaffen, verschaffen; **– une édition** ein Buch verlegen *od.* herausbringen; **– du travail à qqn.** jmdm. Arbeit verschaffen.

procureur *m* (1) (*PrzR: magistrat représentant le ministère public*) Staatsanwalt *m*, Vertreter der Anklage, (2) (*SchuldR: celui qui a reçu procuration*) Bevollmächtigte(r); **réquisitoire du –** Anklagesatz *m*; Anklageschrift *f*; **substitut du –** Anklagevertreter *m*, Staatsanwalt; **– chargé de l'accusation** Anklagevertreter; **– général** (1) (*PrzR: représentant du ministère public et chef du parquet près la cour de cassation*) frz. Generalstaatsanwalt beim Kassationshof, (2) (*PrzR: représentant du ministère public et chef du parquet d'une cour d'appel*) frz. Oberstaatsanwalt bei der Cour d'appel, dem frz. Berufungsgericht; **– de la République** (*PrzR: représentant du ministère public et chef du parquet près le tribunal de grande instance*) frz. Oberstaatsanwalt, Leiter der Strafverfolgungsbehörde (beim Großinstanzgericht); **– du roi** (B) Staatsanwalt.

procureure *f* (*StPR: féminin de Procureur de la République*) Staatsanwältin *f*.

prodigalité *f* Verschwendungssucht *f*.

prodigue *adj* verschwenderisch; großzügig.

prodigue *m* Verschwender *m*.

prodiguer *v.tr.* (*Vermögen*) verschwenden, vergeuden; (*Geld*) leichtsinnig ausgeben.

pro domo *loc. adv.* in eigener Sache; zum eigenen Nutzen, pro domo.

prodrome *m* Vorbote *m*, Anzeichen *n*.

producteur *adj* produzierend, herstellend, erzeugend; **pays –** Herstellerland *n*; **pays –s de pétrole** Erdölförderländer; **société productrice** Erzeuger *m*, Herstellerfirma *f*.

producteur *m* Produzent *m*, Fabrikant *m*, Erzeuger *m*, Hersteller *m*; **– agricole** landwirtschaftlicher Erzeuger; **– de cinéma** Filmproduzent.

productible *adj* herstellbar.

productif *adj* produktiv, ergiebig, einträglich; fruchtbar; **capital –** Produktivvermögen *n*; **– d'intérêts** zinsentragend, zinstragend, verzinslich; **– d'obligations** zu Verpflichtungen führend.

production *f* (1) (*Vwirt: fabrication de biens et de services*) Herstellung *f* (von Gütern und Dienstleistungen), Erzeugung, Fertigung, Produktion *f*, (2) (*présentation d'un document*) Beibringung (einer Urkunde), Vorlegung *f* (von Unterlagen), Vorlage *f* (von Urkunden); **arrêt de la –** Produktionsstillstand *m*; Produktionseinstellung *f*; **capacité de –** Produktionskapazität *f*, Leistungsfähigkeit *f*, Produktivkraft *f*; **coefficient de –** Produktionskoeffizient, Inputkoeffizient, Faktorkoeffizient *m*; **coopérative de – et de consommation** Produktions- und Konsumgenossenschaft; **crédit à la –** Investitions- *od.* Produktionskredit; **monopole de –** Herstellungs- *od.* Erzeugungsmonopol; **moyens de –** (produzierte) Produktionsmittel *npl*; **perte de –** Produktionsausfall *m*; **prix à la –** Erzeugerpreis; **prix de –** Herstellungspreis; **stade de –** Produktionsstufe *f*.

production d'actes (*PrzR, VwR*) Aktenvorlage *f*, Urkundenvorlegung *od.* -vorlage *f*; **– d'affaires nouvelles** (*VersR*) Neugeschäft, Antragsgeschäft; **– agricole** Ackerbau *m*, landwirtschaftliche Erzeugung; **– attendue** Produktionssoll *n*; **– de la carte d'identité** Vorlage des Ausweises, seine Kennkarte vorzeigen.

production à la chaîne Fließbandfertigung *f*; **– d'une créance** (*InsolvenzR*) Forderungsanmeldung; **– d'un document** Urkundenvorlage *od.* -beibringung; **– d'un dossier** Aktenvorlegung *od.* -vorlage, Weiterleitung einer Akte; **– de l'esprit** (*UrhR*) (geistiges) Werk; **– excédentaire** Produktionsüberschuss *m*; **– de gaz toxiques** (*UmweltR*) Giftgasemission *f*; **– industrielle** Industrieproduktion.

production intérieure brute (= PIB) (*Vwirt*) Bruttoinlandsprodukt *n*; **– journalière** Tagesleistung; **– en justice** Vorlage *f* bei Gericht; **– de masse** Massenerzeugung *od.* -herstellung; **– de matières premières** Rohstofferzeugung; **– nationale** Inlandserzeugung; **– nouvelle** (*VersR*) Neuabschluss *m*; **– de pièces** Akten- *od.* Urkundenvorlage; **– des preuves** Beibringung von Beweisen; **– prévue**

au plan Plansoll; **– en série** Massenproduktion, Serienherstellung *od.* -fertigung; **– de témoins** Benennung von Zeugen; **– à l'unité** Einzelfertigung.

productique *f* Automation *f*, Automatisierung *f* (der industriellen Produktion).

productivité *f* (1) (*Vwirt*) Produktivität *f*, Leistungsfähigkeit, technische Ergiebigkeit *f*; Rentabilität *f*, (2) (*LandwR*) Fruchtbarkeit *f*; **accroissement de la –, gains de –** Produktivitätssteigerung; **– industrielle** Industrieproduktivität; **– intellectuelle** geistige Leistungsfähigkeit; **– marginale** Grenzproduktivität; **– maximum** Spitzen- *od.* Höchstleistung; **– du travail** Arbeitsproduktivität.

produire *v.tr.* (1) (*Vwirt: des biens économiques*) erzeugen, produzieren, hervorbringen, schaffen, (2) *v.tr.* (*PrzR: documents, preuves*) beibringen, vorlegen; **se –** sich ereignen, vorkommen, passieren; **– des affaires nouvelles** (*VersR*) Abschlüsse tätigen; **– un choc salutaire** aufrütteln, zur Besinnung bringen; **– une créance** eine Forderung anmelden; **– un effet** eine Wirkung hervorrufen, wirksam sein; **– des intérêts** Zinsen tragen, verzinslich sein; **– en justice** vor Gericht vorlegen; **– une pièce d'identité** sich ausweisen; **– des pièces** Akten *od.* Urkunden vorlegen; **– des preuves** Beweise beibringen; **– des témoins** Zeugen benennen; **– à tous ordres** auf Anforderung vorzeigen.

produit *m* (1) (*marchandise*) Gut *n*, Ware *f*, Fabrikat *n*, Produkt *n*, Erzeugnis *n*, (2) (*gain, rapport*) Gewinn *m*, Aufkommen *n*, Erlös *m*, Ertrag *m*; **agrément d'un –** (amtliche) Produktzulassung; **augmentation du –** (*Buchf*) Erlösmehrung *f*, Ertragserhöhung; **courbe de vie d'un –** Produktlebenszyklus; **développement d'un –** Produktplanung u. -entwicklung; **diminution du –** (*Buchf*) Erlös- *od.* Ertragsminderung; **gestion des –s** Produktmanagement *n*; **plan de développement des –s** Produktpolitik; **stratégie des –s** Marketingmix *m*; **vie économique d'un –** (*WirtR*) Lebensdauer (eines Produkts), Produktlebenszyklus *m*.

produit agricole Agrarprodukt, landwirtschaftliches Erzeugnis; **– alimentaire** Nahrungsmittel *n*; **– alimentaire de première nécessité** Grundnahrungsmittel *n*; **– de base** (1) (*SozR: pour la vie quotidienne des ménages*) Gebrauchsgut des täglichen Bedarfs, (2) (*WirtR: pour la production industrielle*) Grundstoff *m*; Ausgangserzeugnis *n*; **– de beauté** Kosmetikartikel *m*; **– biologique** Bio-Produkt; **– breveté** patentiertes Produkt *od.* Erzeugnis; **– brut** Bruttoertrag; Roherzeugnis; **– du capital** Kapitalertrag; **– complémentaire** Komplementärgut (im Sortimentverbund); **– de consommation** Verbrauchsgut; Gebrauchsartikel; **– de consommation courante** Massenartikel *m*; **– contingenté** (*ZollR*) kontigentierte Ware; **– sous contrat** Vertragsware; **– des cotisations** Beitragsaufkommen.

produit demi-fabriqué *ou* **demi-fini** Halbfabrikat *n*, Halberzeugnis, Vorprodukt, Halbware *f*; **– dodo** *fig umg* Auslaufmodell *n*; **– de l'emprunt** Anleiheertrag; **– d'exportation** Exportware; **– fabriqué** Industrieerzeugnis; **– financier** Finanzertrag, Kapitalertrag; **– fini** Fertigerzeugnis, Endprodukt; **– de grande consommation** Massenerzeugnis *od.* -verbrauchsgut; **– haut de gamme** Spitzenprodukt, Qualitätsware *f*; **– de l'impôt** Steueraufkommen *n*; **– intérieur brut** (= PIB) Bruttoinlandsprodukt; **– intermédiaire** Zwischenerzeugnis *n*; **– de la liquidation** Liquidationserlös; **– locatif** Mieterertrag; **–s de luxe** Güter des gehobenen Bedarfs.

produit manufacturé Fabrikat *n*, Industrieerzeugnis *n*; **– marginal** Grenzertrag; **– de marque** Markenartikel *m*; **–s sans marque** (*Vwirt: produit dit économique*) No-Name-Produkte *npl*, die Weißen *pl*; **– moyen**

Durchschnittsgewinn *m*; **– national brut (= PNB)** (*Vwirt: au prix du marché*) Bruttosozialprodukt (zu Marktpreisen); **– national net (= PNN)** (*Vwirt: au coût des facteurs*) Nettosozialprodukt (zu Faktorkosten); **– net** Reinertrag, Reinerlös; **– nocif** (*UmweltR*) Schadstoff *m*; **– nominal** Nominaleinkommen *n*; **– ouvré** Fertigerzeugnis; **– pétrolier** Erdölerzeugnis; **– pharmaceutique** Arzneimittel *n*; **–s pondéreux** Massengüter *npl*; **– de première nécessité** Güter des täglichen Bedarfs; **– promotionnel** Produkt zur Verkaufsförderung; **– de qualité** Qualitätserzeugnis.

produit recyclable wiederverwertbares Produkt; **– réel** Realeinkommen; **– semi-fini** *ou* **semi ouvré** Halbfertigware *f*, Halbfabrikat- *od.* -erzeugnis, Vorprodukt; **– de série** Massen- *od.* Serienerzeugnis; **– social** Volkseinkommen *n*, Sozialprodukt; **– social brut** Bruttosozialprodukt; **– du sol** Bodenerzeugnis *n*, Agrarprodukt *n*; **– sophistiqué** hochentwickeltes, mit modernster Technik ausgestattetes Produkt; hochwertiges Produkt; Luxusartikel *m*; **– de substitution** Substitutionsgut *n*; Ersatzstoff *m*; **– synthétique** Kunststoff *m*; **– total** (*Vwirt*) Gesamtaufkommen *n*, Gesamtertrag; **– des transactions** Umsatzerlös; **– de transformation** weiterverarbeitetes Erzeugnis; **– du travail** Arbeitseinkommen; Arbeitsertrag; **– des ventes** (*WirtR*) Verkaufserlös *m*.

profanateur *f* **de sépulture** (*StR*) Grabschänder *m*.

profanation *f* Entweihung *f*; **– d'un cimetière** *ou* **de sépulture** (*StR*) Grabschändung *f*, Störung der Totenruhe.

profane *adj* weltlich, nicht kirchlich.

profane *m* Nichtfachmann *m*, Laie *m*.

profaner *v.tr.* schänden; verächtlich machen; sich missfällig äußern (über); **– un lieu sacré** (*StR*) (*eine Kirche, einen Tempel, eine Gedenkstätte*) entweihen, entheiligen.

proférer *v.tr.* **des injures** (*StR*) eine Beleidigung kundgeben *od.* aussprechen.

professer *v.tr.* öffentlich bekennen; lehren, vortragen; **– une opinion** eine Meinung vertreten.

professeur *m* (1) (*SchulR*) Lehrkraft *f*; Oberschullehrer *m*, (2) (*HochschulR*) Professor *m*, Hochschullehrer; **– agrégé** Oberschul- *od.* Universitätsprofessor (mit Lehrbefugnis auf Grund der agrégation); **– à domicile** Hauslehrer, Privatlehrer; **– de faculté** Universitätsprofessor; **– libre** Lehrer an einer Privatschule; **– suppléant** Ersatzlehrkraft; **– titulaire** Lehrstuhlinhaber *m*, Ordinarius *m*; ordentlicher Professor *m*.

profession *f* (1) (*ArbR: activité habituellement exercée, métier, fonction*) Beruf *m*, Berufstätigkeit *f*, (2) (*WirtR: collectivité de personnes de même métier*) Berufsstand *m*, Berufsgruppe *f*, Berufszweig *m*, Fach *n*; **abandonner la –** aus dem Beruf ausscheiden; **changer de –** den Beruf wechseln; **choix de la –** Berufswahl *f*; **embrasser une –** einen Beruf ergreifen; **exercer une –** einen Beruf ausüben; **exercice illégal d'une –** unbefugte Berufsausübung; **faire – de** *fig.* sich bekennen zu; **organisation de la –** Berufsverband *m*; Berufsvereinigung *f*.

profession accessoire (*ArbR, BeamR*) Nebentätigkeit; Nebenberuf; **– ambulante** Reisegewerbe *n*, Wandergewerbe *n*; **– annexe** Nebenberuf; **– artisanale** Handwerksberuf; **– commerciale** kaufmännischer Beruf; **–s connexes** zu einem bestimmten Berufszweig gehörende Berufe; **– de foi** (1) (*KirchR*) Glaubensbekenntnis *n*, (2) (*Pol*) Wahlprogramm *n*; **– indépendante** *ou* **libérale** freier Beruf, freiberufliche Tätigkeit; **– principale** Hauptberuf, Haupttätigkeit; **– salariée** nicht selbständiger Beruf, abhängige Stellung, unselbständige Tätigkeit.

professionnel *adj* Berufs-, Fach-, berufsmäßig; **accident –** Arbeitsunfall *m*; **activité –le** Berufs- *od.* Erwerbstätigkeit; **déontologie –le** Berufsethos *m*, Ehrenordnung (eines Berufs); **erreur –le** Verletzung der Berufspflicht; (*Arzt*) Kunstfehler *m*; **expérience –le** Berufserfahrung *f*.

professionnel: **faute –le** (*SchuldR: violation d'un devoir professionnel*) Kunstfehler *m*; Verletzung der Berufspflichten; **orientation –le** Berufsberatung *f*; **profil –** Berufsbild *n*; **représentation –le** Berufsverband *m*; **risque –** Berufsrisiko *n*; **secret –** Berufsgeheimnis *n*, Schweigepflicht *f*; Amts- *od.* Dienstgeheimnis.

professionnel *m* (1) Facharbeiter *m*, Fachkraft *f*, Fachmann *m*, (2) Angehöriger eines Berufsstandes.

professionnellement *adv* gewerbsmäßig, berufsmäßig.

professorat *m* Professorenamt; öffentliches Lehramt.

profil *m* Seitenansicht, Profil; **– professionnel** (*ArbR*) Berufsbild *n*, Arbeitsplatzbeschreibung *f*; Aufgabenbereich *m*.

profilage *m* (*StPR*) Erstellung eines (psychologischen) Täterprofils.

profileur *m* Profiler *m*, Psychologe im Dienste der Polizei.

profit *m* (1) (*tout avantage patrimonial ou extrapatrimonial*) Nutzen *m*, Vorteil *m*, (2) (*enrichissement pécuniaire*) Gewinn *m*, (finanzieller) Vorteil *m*, Profit *m*; **au – de** zum Nutzen von; **juste –** angemessener Gewinn; **part du –** Gewinnanteil *m*; **réaliser** *ou* **(re)tirer un –** einen Gewinn erzielen; **– escompté** *ou* **espéré** erwarteter Gewinn; **– illicite** gesetzwidriger *od.* ungesetzlicher Gewinn; **– marginal** Grenznutzen; **– moyen** Durchschnittsgewinn; **– obtenu** *ou* **réalisé** erzielter Gewinn.

profitabilité *f* Profitrate *f*.

profitable *adj* vorteilhaft, einträglich.

profiter *v.tr.ind.* **(de qqch.)** Vorteil aus etwas ziehen; **– à qqn.** jmdm. nützlich sein *od.* helfen; **– de son argent** sein Geld gut anlegen.

profiteur *m* Nutznießer *m*; Ausbeuter *m*.

profits et pertes *pl* (*Buchf*) Gewinn und Verlust.

profond *adj* (*fig*) gründlich, tief, sehr groß.

profusion *f* Fülle *f*; **à –** im Überfluss.

progéniture *f* Nachkommenschaft *f*.

progiciel *m* Softwarepaket *n*, Package *n*.

progouvernemental *adj* regierungsfreundlich.

programmation *f* (*DV*) Programmierung, Programmsteuerung, Implementierung; **langage de –** Programmiersprache.

programme *m* (1) (*Pol.: exposé de la politique du gouvernement*) Programm *m*, Grundsatzerklärung *f*; Manifest *n*, (2) (*projet, plan*) Vorhaben *n*, Plan *m*; Zielsetzung *f*, (3) (*VR: aide aux pays en voie de développement*) Hilfsprogramm *n*, Hilfemaßnahmen *fpl*; **– d'action** Aktionsprogramm; **– d'assainissement** Sanierungsprogramm; **– d'austérité** Sparprogramm, Sparplan; **– budgétaire** Haushaltsplan; **– des cours** (*SchulR*) Vorlesungsverzeichnis *n*; **– de crise** Krisenplan; **– de défense** Verteidigungsplanung; **– de développement** Entwicklungsplan; **– d'échanges** Austauschprogramm; **– économique** wirtschaftliche Zielsetzung; **– électoral** Wahlplattform; **– d'enseignement** *ou* **d'études** (*SchulR*) Lehrplan *m*; **– d'équipement** Sachinvestitionsplan; **– d'expansion** Expansionslinie *od.* -strategie; **– financier** Finanzplan *m*; **– de formation** Ausbildungsplan; **– gouvernemental** Regierungsprogramm; **– d'investissements** Investitionsplan; **– prévisionnel** Planungsmodell *od.* -rahmen; **– des ventes** Absatz- *od.* Marketingplanung.

progrès *m* Fortschritt *m*, Erfolg *m*; Zunehmen, Steigen *n*; **faire des –** Fortschritte erzielen *od.* machen; **– de la criminalité** Zunahme der Straftaten; **– social** sozialer Fortschritt *m*.

progresser *v. intr.* vorankommen, Fortschritte erzielen.

progressif *adj* schrittweise, fortschreitend; gestaffelt; **coûts –s** progressive Kosten.

progression *f* Fortschreiten *n*, Aufwärtsentwicklung, Anstieg *m*, Progression *f*; **– du chiffre d'affaires** Umsatzsteigerung; **– du dommage**

Ausweitung des Schadens; – **des salaires** Lohnanstieg.
progressiste *adj* fortschrittlich.
progressivement *adv* zunehmend.
progressivité *f* Stufenfolge *f*, Reihe *f*; Steigerung; – **de l'impôt** Steuerstaffelung, Steuerprogression.
prohibé *adj* verboten, ungesetzlich, rechtswidrig; **armes –s** verbotene Waffen; **commerce –** Handelsverbot *n*; **degré –** (*FamR*) zwingendes Eheverbot der nahen Verwandtschaft.
prohiber *v.tr.* verbieten, untersagen.
prohibitif *adj* verhindernd, abhaltend, Verbots-; **disposition prohibitive** Verbotsnorm *od.* -vorschrift; **droits –s** Prohibitivzölle *mpl.*
prohibition *f* Verbot *n*, Verhinderung *f*, Prohibition *f*; – **de concurrence** Wettbewerbsverbot; – **générale d'entrée** allgemeines Einfuhrverbot; – **légale** gesetzliches Verbot; – **de sortie** Ausfuhrverbot *n*, Exportsperre *f*; – **de transit** Durchfuhrverbot.
proie *f* Beute *f*; Opfer *n*; **maison en – aux flammes** brennendes Haus; – **de guerre** (*VR*) Kriegsbeute *f*.
projecteur *m* Scheinwerfer *m*; Strahlerleuchte *f*; – **anti-brouillard** Nebelscheinwerfer *m*; – **de route** Fernlichtscheinwerfer.
projectile *m* Wurfgeschoss *n*; – **atomique** Atomsprengkörper *m*; – **d'exercice** Übungsgeschoss *n*.
projection *f* Projektion *f*; Darstellung; Ansichtszeichnung; Prognose *f* einer (zukünftigen) Entwicklung; – **cinématographique** Filmvorführung *f*; – **d'étincelles** Funkenflug *m*.
projet *m* Entwurf *m*, Vorhaben *n*, Projekt *n*, Plan *m*, Vorschlag *m*; **en –** geplant; **avant- –** Rohentwurf, Vorentwurf; **faire des –s** etwas beabsichtigen *od.* vorhaben; Pläne schmieden; – **d'amendement** Abänderungsentwurf, Abänderungs- *od.* Novellierungsvorschlag; **–s d'avenir** Zukunftspläne *mpl*; – **de compromis** Kompromissvorschlag; – **de construction** Bauvorhaben *n*; – **de contrat** Vertragsentwurf; – **d'exécution** (*BauR*) Vorentwurf; – **gouvernemental** Regierungsvorlage *od.* -entwurf; – **d'investissement** Investitionsvorhaben.
projet de loi (*VerfR*) Gesetzentwurf *m*, Gesetzesvorlage *f* (der Regierung); – **de norme mis en application** Vornorm *f*; – **originaire** ursprünglicher Entwurf; – **pilote** Modellvorhaben *n*; – **préliminaire** Vorentwurf; – **primitif** Rohentwurf *m*, erste Fassung des Entwurfs; – **de réalisation d'étude** Projektstudie *f*; – **de règlement** Vergleichsvorschlag *m*; (Streit-) Beilegungsvorschlag; – **de résolution** (*VR*) Entschließungsentwurf.
projeter *v.tr.* (1) (*envisager, préparer*) planen, vorhaben; im Sinn haben; (plan) entwerfen, (2) (*éjecter, lancer*) (heraus-, fort-) schleudern, (3) (*film*) vorführen.
prolégomènes *mpl* Einführung *f*, einleitende Vorbemerkung; Vorwort *n*; Grundbegriffe *mpl.*
prolétariat *m* Proletariat *n*, besitzlose Arbeiterklasse.
prolifération *f* **des armes atomiques** (*VR*) Weiterverbreitung von Atomwaffen.
proliférer *v. intr.* sich stark vermehren; ausufern.
prologue *m* Vorrede *f*, Auftakt *m*.
prolongation *f* (1) (zeitliche) Verlängerung *f*, Aufschub *m*, (2) (*WechselR*) Prolongation *f*; – **du contrat** Vertragsverlängerung; – **du délai** Fristverlängerung; – **de durée** Verlängerung; – **d'emploi** *ou* **de fonctions** Weiterbeschäftigung; – **du terme** Gewährung einer Nachfrist; – **de validité** Verlängerung der Geltungsdauer, Gültigkeitsverlängerung.
prolongeable *adj* verlängerungsfähig, verlängerbar.
prolongements *mpl* Auswirkungen *fpl*, Folgen *fpl*, Konsequenzen *fpl*.

Das juristische Synonym für *prolonger* ist *proroger*. Statt *prolongation* sagt der frz. Jurist *prorogation*. Für *prolongeable* verwendet man *prorogeable*.

prolonger *v.tr.d.* (1) verlängern, in die Länge ziehen, hinausziehen, (2) (*WechselR*) prolongieren.

promesse *f* (1) (*SchuldR: acte de volonté unilatérale*) (verbindliche) Zusage, Versprechen *n*, (2) (*SchuldR: engagements personnels et réciproques*) Vorvertrag *m*, (3) (*GesR*) Anspruch auf den Erwerb neuer Aktien, Promesse *f*; **bénéficiaire d'une –** Berechtigte(r), Begünstigter, Versprechensempfänger; **contrat de –** Einräumung eines Wiederkaufsrechts; **dégager** *ou* **délier qqn. de sa –** jmdn. von seinem Versprechen entbinden; **faillir** *ou* **manquer à sa –** sein Versprechen nicht einhalten; **faire des –s** jmdm. etwas versprechen, (große) Versprechungen machen; **tenir sa –** zu seinem Wort stehen.

promesse d'achat Abnahmeverpflichtung *f*; **– pour autrui** Vertrag zu Lasten Dritter; **– de crédit** Darlehensversprechen, Kreditzusage *f*; **– de dette** Schuldversprechen *n*; **– de donation** Schenkungsversprechen; **– d'exécution** Erfüllungsübernahme *f*; **– formelle** verbindliche Zusage; **– de garantie** Garantiezusage *od.* -versprechen, Gewährleistung; **– d'intérêt** Eingehung einer Zinspflicht; **– de livraison** Lieferzusage.

promesse de mariage Eheversprechen; **– de paiement** Zahlungsversprechen; **– sur parole** Gentlemen's agreement *n*; **– de porte-fort** (*SchuldR: art. 1120 Cciv*) Versprechen der Leistung eines Dritten; **– de prêt** Darlehensversprechen; **– pure et simple** unbedingtes Versprechen; **– de récompense** Versprechen eines Finderlohns; **– sous seing privé** privatschriftliches Versprechen; **– solenelle** notariell beurkundetes Versprechen; förmliches Versprechen; **– synallagmatique** (*SchuldR*) gegenseitige Verpflichtung zum Abschluss eines Vertrages; **– trompeuse** irreführendes Versprechen; **– unilatérale de contrat, – unilatérale de vendre** *ou* **d'acheter** (*SchuldR*) (einseitig bindender u. aufschiebend bedingter) Vorvertrag, nur für eine der Pateien verbindliche Abschlusspflicht (eines Vertrages); **– de vente** (*SchuldR: promesse synallagmatique*) Vorvertrag *m*, gegenseitige Verpflichtung zum Abschluss eines Kaufvertrages; **–s électorales** Wahlversprechungen *pl*.

promettant *m* Versprechende(r), (durch einen Vorvertrag) verpflichtete Vertragspartei.

prometteur *adj* erfolgversprechend.

promettre *v.tr.* jmdm. etw. versprechen, sein Wort geben, versichern.

promis *adj*: **chose –e, chose due** was man verspricht, muss man halten; jeder muss zu seinem Wort stehen.

promoteur *m* (1) (*SchuldR*) Beauftragter, handelnd im beiderseitigen Interesse, (2) Initiator *m*, Förderer *m*; Triebkraft *f*; **– immobilier** *ou* **– -constructeur** Bauträger *m*; **– des ventes** (*HR*) Marketingfachmann; Absatzmittler *m*.

promotion *f* (1) (*ArbR, BeamR*) Beförderung *f*, (2) (*i. s. S.*) Förderung *f*, Aufstieg *m*, (3) (*SchulR*) Absolventen *mpl* eines Jahrgangs, (4) (*HR*) Sonderangebot *n*; **contrat de –** (*SchuldR: mandat d'intérêt commun, art. 1831–1 Cciv*) Auftrag im beiderseitigen Interesse; **– à l'ancienneté** (*BeamR*) Aufstieg nach dem Dienstalter; **– au choix** außerplanmäßige *od.* außerordentliche Beförderung; **– hiérarchique** dienstlicher Aufstieg; **– interne** innerdienstliche Beförderung; **– ouvrière** (*ArbR*) Förderung des beruflichen Aufstiegs (der Arbeitnehmer); **– professionnelle** Berufsförderung; **– sociale** sozialer Aufstieg; **– des ventes** (*HR*) Absatzförderung *f*, Verkaufsförderung, Sales promotion, Marketing *n*.

promotionnel *adj*: **article –** Sonderangebot *n*; **tarif –** Sonderpreis *m*, Einführungspreis; **vente –le** Verkauf *m* zu herabgesetzten Preisen.

promotionner *v.tr.* (für ein Prokukt) werben.

promouvoir *v.tr.* (1) befördern, ernennen, (2) begünstigen, fördern; **– un article** eine Ware auf den Markt bringen.

prompt *adj. et adv.* sofort, schnell, unverzüglich; **– à se décider** schnell entschlossen.

promptement *adv* unverzüglich.

promulgation *f* (*VerfR: décret du Président de la République rendant une loi exécutoire*) Verkündung *od.* Bekanntgabe (eines Gesetzes), Gesetzesausfertigung (durch das Staatsoberhaupt).

promulguer *v.tr.* verkünden, erlassen, bekanntgeben, ausfertigen.

prôner *v.tr.* sich einsetzen für, vorschlagen; rühmen, preisen.

prononcé *m* (*PrzR: proclamation orale du jugement*) (Urteils-) Verkündung *f*; **– administratif** (S) Verwaltungsverfügung; **– de l'arrêt** *ou* **du jugement** *ou* **de la sentence** Urteilsverkündung; **– d'une réquisition** Beschlagnahmeverfügung *f*.

prononcer *v.tr.* (1) aussprechen, vortragen, (2) (*PrzR: v.intr.*) ein Urteil fällen, verkünden, (3) **se –** *v.pron.* sich äußern; sich erklären, sich entscheiden (für); **– une allocution** *ou* **un discours** eine Rede halten; **– la clôture des débats** die Verhandlung für geschlossen erklären, die Sitzung schließen; **– une condamnation** eine Strafe verhängen, jmdn. verurteilen; **– le huis-clos** die Öffentlichkeit ausschließen; **– un non-lieu** (*StPR*) das Verfahren einstellen; **– une peine** eine Strafe verhängen, auf Strafe erkennen; **– un plaidoyer** plädieren, ein Plädoyer halten; sich für jmdn. einsetzen; **– un serment** einen Eid leisten; (eine Aussage) beeidigen.

pronostic *m* Voraus- *od.* Vorhersage *f*, Prognose *f*; **émettre** *ou* **faire un –** eine Prognose stellen, prognostizieren; **réserver son –** keinerlei Aussage machen, abwarten.

pronostiquer *v.tr.* vorhersagen, voraussagen, prognostizieren.

propagande *f* (1) (*Pol*) Propaganda *f*, (2) (*HR*) Werbung *f*, Reklame *f*, (3) (*KirchR*) Glaubensmission *f*, Proselytismus *m*; **– anticonceptionnelle** Empfängnisverhütungsaktion *od.* -kampagne *f*; **– commerciale** Werbung; **– électorale** Wahlpropaganda; **– subversive** (*StR*) subversive *od.* umstürzlerische Tätigkeit.

propagandiste *m* (1) (*Pol*) Propagandist *m*, Wahlwerber, (2) Werbefachmann *m*.

propagation *f* Verbreitung *f*, Ausbreitung; Fortpflanzung *f*; **– de faux bruits** (*StR*) Verbreitung unwahrer Gerüchte; **– de la foi** Glaubensmission, Verbreitung einer religiösen Lehre.

propension *f* Neigung *f*, Tendenz *f*; **– aux accidents** Unfallgefahr *f*, Unfallneigung; **– à l'achat** Kaufinteresse *n*; **– à l'épargne** Sparneigung; **– à investir** Investitionsneigung.

prophylaxie *f* (*MedizinR*) Vorbeugung *f*, Verhütung (von Krankheiten).

propice *adj* günstig, vorteilhaft.

proportion *f* Verhältnis *n*; **dans des –s normales** verhältnismäßig.

proportionnalité *f* (*VwR*) Verhältnismäßigkeit *f*; **principe de –** (*EuR, VwR: mise en œuvre de moyens appropriés à l'objectif*) Prinzip *n* der Verhältnismäßigkeit, Verhältnismäßigkeitsgrundsatz *m*; Grundsatz der Erforderlichkeit, Grundsatz der Anwendung des mildesten Mittels; **– de la défense (à l'agression)** (*StR*) erforderliche Verteidigung (im Rahmen der Notwehr); **– de l'impôt** Steuergerechtigkeit, Gleichmäßigkeit und Verhältnismäßigkeit der Besteuerung; **– des peines** Angemessenheit der Strafe(n).

proportionné *p.p. adj.* angemessen; ausgewogen.

proportionnel *adj* verhältnismäßig, angemesen; proportional, verhältnisgleich; **scrutin –** Verhältniswahl *f*.

proportionnelle *f* (*VerfR*) Verhältniswahlrecht *n*; Verhältniswahl *f*.

proportionnellement *adv* entsprechend, im gleichen Verhältnis.

proportionner *v.tr.* aufteilen, (gleichmäßig) verteilen; angleichen, anpassen.

propos *m* (1) Äußerung *f*, Rede *f*, Gespräch *n*, (2) Entschluss *m*, Vorsatz *m*, Plan *m*; **à – de** diesbezüglich, zu diesem Thema; **à tout –** immer wieder, hartnäckig; **il est hors de –** es kommt nicht in Frage; **mal à –** zur Unzeit, zu unpassender Zeit; **de – délibéré** vorsätzlich, absichtlich.

proposer *v.tr.* (1) vorschlagen, (2) (*ZPR: invoquer, soulever un moyen de droit*) beantragen, einen Antrag stellen, fordern, (3) (*HR: Waren*) anbieten, feilbieten, feilhalten; **se – de** *v.pron.* die Absicht haben, vorhaben.

proposition *f* (1) Antrag *m*, Empfehlung, Vorschlag *m*, (2) (*SchuldR: offre*) Angebot *n*; **refuser** *ou* **repousser une –** ein Angebot ablehnen; **– additionnelle** Zusatzantrag; **– alternative** Alternativvorschlag; **– d'amendement** Abänderungsantrag *m*; Abänderungs- *od.* Novellierungsvorschlag; **– d'arbitrage** Vermittlungs- *od.* Schlichtungsvorschlag; **– d'assurance** Versicherungsantrag; **– avantageuse** vorteilhaftes Angebot; **– complémentaire** Ergänzungsvorschlag; **– de contrat** Vertragsantrag *od.* -angebot; **– électorale** Wahlvorschlag; **– ferme** (*HR*) verbindliches Angebot.

proposition de loi (*VerfR: émane d'un groupe parlementaire ou d'un député*) Fraktionsvorlage *f*, Initiativantrag, Gesetzesvorschlag, Gesetzesvorlage *f* (einer Fraktion *od.* eines Abgeordneten); **– de résolution** Entschließungsantrag; **– de révision** (*VerfR*) Verfassungsänderungsantrag.

propre *adj* (1) eigen, jmdm. gehörend, (2) eigentlich, wahr, wirklich, (3) passend, richtig, (4) geeignet, tauglich; **de son – chef** *loc* auf Grund eigener Initiative, von sich aus; **par sa – faute** *loc* aus eigenem Verschulden; **remettre en mains –s** an die Person selbst übergeben *od.* aushändigen.

propres *mpl* (*EheR: par opposition aux biens communs*) Eigengut *n*; Vorbehaltsgut *n* (eines Ehegatten).

propriétaire *m* (1) (*SachR: titulaire du droit de propriété*) Eigentümer *m*, (2) (*MietR: bailleur*) Vermieter *m*; **grand –** Großgrundbesitzer *m*; **– d'appartement** Wohnungseigentümer; **– de biens immeubles** Grundstückseigentümer *m*; **– d'étage** Stockwerkseigentümer; **– exploitant** (*LandwR*) Landwirt *m* (und Eigentümer seines landwirtschaftlichen Betriebes); **– foncier** Grundbesitzer *m*; **– d'immeuble** Gebäude- *od.* Hauseigentümer; **– incommutable** unwiderruflicher Eigentümer; **– indivis** *ou* **par indivis** Bruchteilseigentümer; **– d'une marque** (*Wz*) Markeninhaber; **– de mine** Bergwerksbesitzer *m*; **– de part** Anteilseigner; **– terrien** Grundbesitzer; **– tréfoncier** Eigentümer des unter der Erdoberfläche liegenden Teils eines Grundstücks; **– viager** Eigentümer auf Lebenszeit.

propriété *f* (1) (*SachR: droit d'user, de jouir et de disposer d'une chose, art. 544 Cciv*) Eigentum *n*, Eigentumsrecht *n*, (2) (*SachR: domaine, bien-fonds, immeuble*) Landbesitz *m*, Grundbesitz *m*, Besitztum *n*, (3) (*qualité propre, nature*) Eigenschaft *f*, Wesensmerkmal *n*; **abandon de –** Eigentumsverzicht *m*, Eigentumsaufgabe *f*; **accession de –** (*SachR*) (Eigentums-) Erwerb von Erzeugnissen u. sonstigen Bestandteilen (einer Sache); **acquérir une –** ein Grundstück erwerben; **acquisition de –** Eigentumserwerb *m* (durch Vertrag); **atteinte à la –** (*SachR*) Eigentumsstörung; **certificat de –** Eigentumsnachweis *m*; **droit de –** Eigentumsrecht *n*; Herrschaftsmacht des Eigentümers; **extinction de la –** Eigentumsverlust; Eigentumsaufgabe; **grande – foncière** Großgrundbesitz *m*; **morcellement de la –** Besitzzersplitterung.

propriété: **mutation de –** (*SachR: transfert d'un droit réel*) Eigentumswechsel *m*, Eigentumsabtretung *f*; Grundstücksveräußerung; **nue –** Eigentum *n* einer Sache an der ein Nießbrauch bestellt wurde, mit Nießbrauch belastetes Eigentum, nuda proprietas; **pleine –** Eigentum ohne Belastung (mit Nießbrauch, Hypothek); **présomption de –** Eigentumsvermutung; **réquisition de –** (*ÖfR: expropriation*) Eigentumsbeschlagnahme *f*; **réserve de –** Eigentumsvorbehalt *m*; **restrictions de la –** Eigentumsbeschränkungen *fpl*; **revendication de la –** Herausgabeanspruch (des Eigentümers); **titre de –** (*SachR: cause juridique du droit de propriété*) Eigentumstitel *m*; **en toute**

– (*ÖfR: res communis*) (im) Allgemeineigentum; **transfert** *ou* **translation** *ou* **transmission de la –** Eigentumsübergang *m*, Eigentumsübertragung; **trouble de la –** Eigentumsbeeinträchtigung, Einwirkung auf das Eigentum.

propriété apparente (*SachR*) durch Rechtsschein begründetes (unrechtmäßiges) Eigentum; **– artistique et littéraire** (*UrhR*) künstlerisches und literarisches Eigentum, Urheberrecht *n*; individuelles geistiges Werk; **– bâtie** (*SachR*) bebautes Grundstück *n*, bebauter Grundbesitz *m*; **– d'un bien fonds** Grundstückseigentum; **– collective** (1) (*SachR*) Beteiligung mehrerer am Eigentum, Wohnungseigentum, Gesamteigentum, (2) (*ÖfR*) vergesellschaftetes Eigentum, Kollektiv- *od.* Gemeineigentum; **– collective des moyens de production** (*WirtR*) Gemeineigentum an den Produktionsmitteln.

propriété commerciale (1) (*EuR: propriété industrielle*) gewerbliches Eigentum, (2) (*HR: droit au renouvellement du bail ou au paiement d'une indemnité d'éviction*) (*für gewerblich genutzte Räumlichkeiten*) Recht auf Verlängerung des Mietvertrages; **– conditionnelle** (aufschiebend) bedingtes Eigentum; **– enclose** eingefriedetes *od.* umzäuntes Grundstück; **– par étage** Stockwerkseigentum; **– de l'État** Staatseigentum; öffentlichrechtliches Eigentum, Domäne *f*; **– exclusive** Alleineigentum *n*, ausschließliches Eigentum (einer Person); **– foncière** Grundbesitz *m*, Grundeigentum; **– foncière bâtie** bebauter Grundbesitz; **– grevée** (mit Hypotheken) belastetes Eigentum.

propriété immobilière Grundeigentum, Grundbesitz; **– incorporelle** (*SachR, HR: propriété purement immatérielle, intellectuelle*) unkörperliches *od.* geistiges Gut, Immaterialgut *n*, Immaterialgüterrecht; Urheberrecht *n*; **– individuelle** Privateigentum, persönliches Eigentum; **– indivise** Gesamthandseigentum.

propriété industrielle (1) (*HR: monopole d'exploitation d'un brevet, dessin ou modèle*) gewerbliches Verwertungsrecht; gewerbliches Eigentum *n*; gewerblicher Rechtsschutz, (2) (*HR: droit exclusif à l'usage d'un nom commercial, d'une marque*) gewerblicher Rechtsschutz einer Firmenbezeichnung, eines Warenzeichens, (3) (*EuR: droit de brevet*) gewerbliches Eigentum an einem Patent, Patent; **protection de la – –** gewerblicher Rechtsschutz *m*.

propriété intellectuelle (*UrhR: terme englobant la propriété littéraire et artistique et la propriété industrielle*) geistiges Eigentum; gewerbliches Eigentum und Urheberrechte; **– littéraire et artistique** (*UrhR*) Urheberrecht *n*, Eigentum an Werken der Literatur, Wissenschaft u. Kunst; Verwertungsrecht geistiger Werke; **– en main commune** (*SachR*) Gesamthandseigentum; **– minière** Bergwerkseigentum.

propriété mobilière Eigentum an beweglichen Sachen; **– non bâtie** unbebautes Grundstück; **– originaire** originäres Eigentum; **– perpétuelle** Eigentum auf ewige Zeit; **– privée** Privateigentum, Privatbesitz *m*; **– tréfoncière** Eigentum an dem unter der Erdoberfläche liegenden Teil eines Grundstücks; **– viagère** Eigentum auf Lebenszeit.

proprio motu *lat* aus eigener Initiative, von sich aus.

prorata *m* Anteil *m*; **au –** *adv* anteilmäßig; **au – de** *präp* im Verhältnis zu, zum Satz von; **– temporis** (*VersR, SteuerR: proportionnellement au temps écoulé*) anteilmäßig auf einen bestimmten Zeitablauf bezogen.

prorogatif *adj* verlängernd; aufschiebend; vertagend.

Prorogation ist der juristische Ausdruck für *prolongation*. Man darf beide sinnverwandte Vokabeln nicht mit *prolongement* verwechseln, ein Wort, das nur eine räumliche und keine zeitliche Verlängerung meint.

prorogation *f* (1) (*ZR: fixation d'un terme à une date postérieure à celle qui avait été primitivement fixée – syn.: prolongation*) (*Frist*) Verlängerung *f*, (*Zahlung*) Aufschub *m*, (2) (*ÖfR: suspension de séance*) Vertagung (auf einen späteren Termin) *f*; **– du bail** Verlängerung des Mietvertrages; **– de compétence** (*ZPR*) Zuständigkeitsvereinbarung, Gerichtsstandsklausel; **– de délai** Fristverlängerung; **– du délai de paiement** Zahlungsaufschub *m*; **– d'échéance** Fristverlängerung *f*, Zahlungsaufschub *m*; **– d'un effet** Wechselverlängerung; **– d'enquête** (*StPR*) Verlängerung der Dauer des Vorverfahrens; **– de fonctions** Amtszeitverlängerung; **– de for** (*ZPR, IPR*) Zuständigkeitsvereinbarung; **– de jouissance** Verlängerung der Mietdauer (kraft gesetzlicher Bestimmung); **– de juridiction** (*ZPR: le fait de porter une affaire devant un tribunal qui ne devrait normalement pas en connaître à la suite d'une clause attributive de compétence convenue par les parties à un contrat – art. 41 et 48 NCPC*) Zuständigkeitsvereinbarung, Vereinbarung eines Gerichtsstandes; **– de terme** Fristverlängerung *f*; **– de validité** Verlängerung der Geltungsdauer *od.* Gültigkeit.

prorogeable *adj* verlängerbar.

proroger *v.tr.* (1) (*SchuldR: accorder un délai supplémentaire*) (eine Frist) verlängern; (die Erfüllung) aufschieben, (2) (*Versammlung*) vertagen; **– une échéance** Zahlungsaufschub gewähren.

proscription *f* (1) (*interdiction, prohibition*) Verbot *n*, (2) (*StR: banissement*) Ächtung, Verbannung.

proscrire *v.tr.* (1) verbieten, (2) verbannen, ächten.

proscrit *m* (*StR*) Verbannte(r) *m*.

prosélyte *m* (*KirchR*) Neubekehrter *m*; (Glaubens-) Überläufer.

prosélytisme *m* Bekehrungseifer *m*.

prospect *m* (1) (*BauR*) Mindestabstand *m* (zwischen zwei Gebäuden), (2) (*HR*) potentieller Kunde *m*.

prospecter *v.tr.* (1) (*Bergbau*) prospektieren, untersuchen, (2) (*HR*) (neue Märkte) erkunden; (Kunden) werben.

prospecteur *m* (1) (*BW*) Marketing--Fachmann *m*, (2) (*Bergbau*) Prospektor *m*, (3) (*HR, VersR*) Kundenwerber *m*, Akquisiteur *m*.

prospectif *adj* prospektiv, der Aussicht *od.* der Möglichkeit nach; **enquête prospective** Marktforschung, Prognose *f* der Marktentwicklung.

prospection *f* (1) (*Bergbau*) Schürfung, Prospektion, (2) Markterkundung *f*; Anwerbetätigkeit *f*; Kundenwerbung *f*; **périmètre de –** Schurf- *od.* Aufsuchungsgebiet; **permis de –** Schürfermächtigung; **– de la clientèle** Kundenwerbung; **– commerciale** Markterkundung, Aufsuchung von Absatzmärkten; **– du marché** Marketing *n*; Marktforschung; **– pétrolière** Erdöllagerstättensuche *f*.

prospective *f* Zukunftsforschung *f*.

prospectiviste *m* Zukunftsforscher *m*.

prospectus *m* Prospekt *m*, Werbeschrift *f*, Werbetext *m*; **– d'émission** *ou* **de souscription** (*BörR*) Prospekt *m*, Zeichnungsaufforderung.

prospère *adj* erfolgreich, blühend.

prospérer *v. intr.* gedeihen, Erfolg haben; (*procès*) günstig verlaufen, erfolgsversprechend sein.

prospérité *f* Wohlstand *m*, Wohlergehen *n*, Blüte *f*, Prosperität *f*.

prostituée *f* (*StR: fille publique*) Prostituierte *f*, Dirne *f*.

prostituer *v.tr.* (1) Prostituierte ausbeuten und fördern, (2) **se –** *v. pron.* sich prostituieren, sich öffentlich anbieten.

prostitution *f* (*StR*) Anbieten *n* von sexuellen Dienstleistungen, Prostitution *f*; gewerbsmäßige Unzucht.

protagoniste *m* (Vertrags-) Partner *m*; Protagonist *m*; zentrale Gestalt, wichtige Person.

protecteur *adj* schützend, Schutz-; **droit –** Schutzzoll *m*.

protecteur *m* Schirmherr *m*; Sponsor *m*, Förderer *m*; Schutzherr *m*, Protektor *m*.

protection *f* Schutz *m*, Protektion *f*, Förderung *f*, Gönnerschaft *f*; Obhut *f*; Abschirmung; Sicherung *f*; **assurer la – de qqn.** jmdn. schützen, Personenschutz gewährleisten; **champ de –** Schutzbereich *m*; **demande de –** Schutzbegehren *n*; **dispositif de –** Schutzvorrichtung *f*; **durée de –** Schutzdauer *f*; **étendue de la –** Schutzumfang *m*; **mesure de –** Schutzmaßnahme *f*; **zone de –** Schutzbereich *m*, geschütztes Gebiet.

protection contre les accidents du travail Arbeitsschutz, Gefahrenschutz, Betriebsschutz; **– aérienne** Luftschutz *m*; **– du brevet** Patentschutz *m*; **– civile** Katastrophenschutz; **– du consommateur** Verbraucherschutz; **– consulaire** konsularischer Schutz; **– défense-recours** (*VersR*) Rechtsschutz; **– demandée** (*GRUR*) Schutzbegehren *n*; **– diplomatique** diplomatischer Schutz, diplomatisches Schutzrecht *n*; **– douanière** Einrichtung von Schutzzöllen; **– du droit d'auteur** Urheberrechtsschutz; Copyright *n*.

protection de l'emploi Sicherung der Arbeitsplätze, Arbeitsplatzschutz; **– de l'enfance** Jugendschutz, Jugendfürsorge *f*; **– de l'environnement** Umweltschutz; **– de l'épargne** Schutz des Sparwesens; **– contre l'expulsion** (*AuslR*) Ausweisungsschutz; **– d'un fichier informatique** Datenschutz; **– fonctionnelle** (*VR*) Schutz der internationalen Beamten; **– judiciaire des mineurs délinquants** Jugendgerichtshilfe *f*.

protection judiciaire *ou* **juridictionnelle** (*PrzR*) Gerichtshilfe *f*, durch die Gerichte gewährter Schutz; **– juridique** Rechtsschutz, durch die Rechtsordnung gewährleisteter Schutz; **– des marques (de fabrique)** Markenschutz; **– maternelle et infantile (= PMI)** Schutz werdender Mütter und Kleinkinder; **– maternelle** *ou* **de la maternité** Mutterschutz; **– des minorités** (*VR*) Minderheitenschutz; **– des modèles** Geschmacksmusterschutz; **– des modèles d'utilité** Gebrauchsmusterschutz.

protection de la propriété industrielle (*GRUR*) gewerblicher Rechtsschutz; **– provisoire** vorläufiger *od.* einstweiliger Schutz; **– rapprochée** (Polizei) Personenschutz; **– contre la saisie** Pfändungsschutz; **– des salaires** Absicherung der Lohnzahlung; **– sanitaire** Gesundheitsschutz; **– des sites** (*UmweltR*) Landschaftsschutz; **– sociale** soziale Sicherung; **– temporaire** zeitweiliger Schutz; **– du travail** Arbeitsschutz.

protectionnisme *m* (*Außh*) tarifäre und nicht-tarifäre Handelshemmnisse; Schutzzollsystem *n*; Protektionismus *m*.

protectorat *m* (1) (*VR*) Protektorat *n*, Schutzherrschaft *f*, (2) Schutzgebiet *n*, Protektoratsland *n*.

protégé *adj* geschützt; **passage –** Fußgängerüberweg *m*, Zebrastreifen *m*; **site –** (*UmweltR*) Landschaftsschutzgebiet (= LSG) *n*, Naturdenkmal *n*; **– par brevet** patentiert; **– par droit d'auteur** urheberrechtlich geschützt.

protégé *m* (*VR*) Schutzbefohlene(r) *m*, Schützling *m*.

protégeable *adj* (*UrhR*) urheberrechtlich schutzfähig, schützbar; patentfähig.

protéger *v.tr.* (1) schützen; beschützen, (2) unterstützen, begünstigen, fördern; **– les intérêts de qqn.** die Interessen von jmdn. wahrnehmen.

protestable *adj* (*WechselR*) protestfähig.

protestataire *m* (*Pol: contestataire*) Protestler *m*, Opponent *m*, Gegner *m*.

protestation *f* (1) Protest *m*, Einspruch *m*, Verwahrung *f*, Missfallenskundgebung *f*, (2) (*assurance positive, promesse*) Beteuerung *f*, Versicherung *f*, (3) (*WahlR*) Wahlanfechtung; **–s et réserves** Einschränkung (einer Willenserklärung) durch Erklärung eines Vorbehalts.

protester *v.tr.* Protest einlegen, protestieren, Verwahrung einlegen; Widerspruch erheben; einen Vorbehalt anmelden; **– un effet** einen Wechsel protestieren.

protêt *m* (1) (*WechselR*) (Wechsel-) Protest *m*, (2) Protesturkunde *f*; **dresser –** Protest aufnehmen *od.* erheben; **établissement du –** (*WechselR*) Protesterhebung *f*; **sans –** ohne Protest, ohne Kosten; **taxe de –** Protestgebühr *f*; **– faute d'acceptation** Protest mangels Annahme; **– faute de paiement** Protest mangels Zahlung.

protocolaire *adj* zum Protokoll gehörig, protokollarisch.

protocole *m* (1) Protokoll *n*, schriftliche Beurkundung, (förmliche) Niederschrift *f*; schriftlich aufgezeichnete Verhandlung, (2) Aufzeichnung *f* (einer Vernehmung), (3) Formblatt *n* (für öffentliche Urkunden), (4) Formularsammlung; **chef du –** Protokollchef *m*; **– d'accord** Niederschrift (einer Vereinbarung), Verhandlungsprotokoll; **– additionnel** Zusatzprotokoll; **– d'amendement** Änderungsprotokoll; **– d'armistice** Waffenstillstandsprotokoll; **– complémentaire** Ergänzungsprotokoll; **– de concessions additionnelles** (*VR*) Protokoll über zusätzliche Zugeständnisse; **– diplomatique** Protokoll *m*, Zeremoniell *n* (bei Staatsfeierlichkeiten); **– final** (*VR*) Schlussprotokoll *n*, Schlussniederschrift; **– de Genève** (*VR*) Genfer Protokoll; **– interprétatif** Auslegungsprotokoll; **– de recherche** Forschungsbericht *m*; **– de rectification** Berechtigungsprotokoll; **– secret** Geheimprotokoll.

prototype *m* Neukonstruktion, erste Ausführung (einer Maschine), Prototyp *m*.

protuteur *m* (*FamR*) Vertreter eines Minderjährigen (in vormundschaftsähnlicher Stellung zwecks Vermögensverwaltung).

proue *f* (*Schiff*) Bug *m*.

prouesse *f* Großtat, Heldentat *f*.

prouvable *adj* beweisbar, nachweisbar; belegbar.

prouver *v.tr.* beweisen, nachweisen; dartun, zeigen; **– qqch. en justice** den Beweis (vor Gericht) führen; **– la vérité d'un fait** den Wahrheitsbeweis (für einen Sachverhalt) erbringen.

provenance *f* (1) Herkunft *f*, Ursprung *m*, (2) (*au pluriel*) ausländische *od.* importierte Ware; **en – de** aus; **garantie de –** Herkunftsgarantie *f*; **indication de –** (1) Ursprungsangabe *f*, (2) Herkunftsbezeichnung; **pays de –** Herkunftsland *n*; **– des fonds** Herkunft *f* der Geldmittel.

provende *f* (1) Proviant *m*, Vorrat *m*, (2) Tierfutter *n*.

provenir *v.intr.* herrühren, herkommen; sich herleiten von, zurückgehen auf.

proverbial *adj* sprichwörtlich.

providence *f* Vorsehung *f*; **État –** Wohlfahrtsstaat *m*.

province *f* Provinz *f*, Region *f*; **la –** Frankreich (außerhalb des Ballungsraums von Paris).

proviseur *m* (*SchulR*) (Verwaltungs-) Direktor (eines frz. staatlichen Gymnasiums).

provision *f* (1) (*HR, GesR: réserve, déduction sur le bénéfice imposable, stock*) Rückstellung *f*; Steuerrückstellung; (Lager-) Vorräte *mpl*, (2) (*Buchf: acompte, avance*) Anzahlung *f*, Vorschuss *m*, (3) (*HR, BankR: argent déposé*) Deckung *f*, Rücklage *f*; Guthaben *n*, (4) (*ZPR: avance, somme allouée par le juge à titre de provision*) vorläufige Zuerkennung (eines Geldbetrages); (vorbehaltliche) Vorauszahlung; (provisorischer) Unterhaltsbeitrag *m*; (vom Richter zugesprochener) Teilbetrag (im Rahmen der vorläufigen Vollstreckbarkeit), (6) (*WechselR: garantie constituée par la créance du tireur*) Forderung des Ausstellers gegenüber dem Bezogenen, (7) (*WirtR: surtout au pluriel*) Nahrungsmittel *npl*; **à défaut de –** mangels Deckung; **exécution par –** (*ZPR*) vorläufige Vollstreckbarkeit, vorläufige Vollstreckung; **exécutoire par –** vorläufig vollstreckbar; **faire ses –s** Vorräte anlegen; **insuffisance de la –** ungenügende Deckung; **par –** (1) vorläufig, (2) vorschussweise.

1. **provision**: **verser une –** einen Vorschuss leisten; **– alimentaire** (*EheR*) Vorschuss auf die Unterhaltszahlung; **– d'amortissements** (*GesR*) Abschreibungsrückstellung; **– d'attente** Vorsorgerückstellung; **– de couverture** (*VersR*) Deckungsvorsor-

ge; **– pour dépréciation** Wertberichtigungsposten *m*; **– pour extension** Erweiterungsrücklage; **– fiscale** Steuerrückstellung; **– insuffisante** ungenügende Deckung; **– ad litem** (*PrzR: somme allouée en justice à l'un des plaideurs*) Prozesskostenvorschuss *m*; **– en matière de sociétés** Rückstellung (mit Rücklagenanteil); **– pour pertes** Verlustrückstellung; **–s techniques** Rückstellungen für Versicherungen.

provisionnel *adj* einstweilig, vorläufig, provisorisch; **partage –** anteilsmäßige Verteilung der Früchte (des Gesamthandsvermögen).

provisionnellement *adv* vorläufig, provisorisch.

provisoire *adj* vorläufig, provisorisch, einstweilig; **installation –** Notbehelf *m*; **mesure –** (*ZPR*) einstweilige Verfügung; **validité –** zeitlich begrenzte Gültigkeit.

provocant *adj* herausfordernd.

provocateur *m* (*StR*) Provokateur *m*.

provocation (*StR*) Aufstachelung *f*, Provokation *f*, Herausforderung *f*, Aufreizung; Aufforderung; Anstiftung; **– au crime** (*StR*) Aufforderung zur Begehung eines Verbrechens *od.* zu Straftaten; **– à la désobéissance** Aufforderung zum Ungehorsam (gegen Gesetze); **– à la haine raciale** Aufstachelung zum Rassenhass; **– au suicide** (*StR: art. 23–13 CP*) Anleitung zur Selbsttötung.

provoquer *v.tr.* (1) verursachen, veranlassen, (2) auffordern zu, provozieren, herausfordern.

proxénète *m* (*StR: souteneur, entremetteuse*) Zuhälter, gewerbsmäßiger Kuppler; gewerbsmäßige Kupplerin.

proxénétisme *m* (*StR: traite des êtres humains*) Zuhälterei, gewerbsmäßige prostitutionsfördernde Vermittlung.

proximité *f* Nähe *f*; **à –** in nächster Umgebung, nahe gelegen; **emploi de –** nachbarliche Hilfe (gegen Entgelt); Kinderverwahrung; Altenversorgung; Haushaltshilfe *f*; **– de la parenté** nahe Verwandtschaft; Verwandtschaftsgrad *m*.

prudemment *adv* vorsichtig, umsichtig, behutsam.

prudence *f* Vorsicht *f*, Umsicht; Erfahrung, Wissen *n*; **manquer de –** fahrlässig handeln; **– du bon père de famille** die (im Rechtsverkehr) erforderliche Sorgfalt.

prudent *adj* vorsichtig; umsichtig; behutsam; klug; sorgfältig; **réponse –e** besonnene Antwort.

prudentiel *adj* vorsorglich, kontrollierend; **règles –les** Vorsichtsmaßregeln; **surveillance –le** vorsorgliche Überwachung.

prud'homal *adj* arbeitsgerichtlich, Arbeitsgerichts-; **compétence –e** Zuständigkeit der frz. Arbeitsgerichte.

prud'homie *f* frz. Arbeitsgerichtswesen; Arbeitsgerichtsbezirk.

prud'homme *m* frz. Arbeitsrichter, Laienrichter *m* beim frz. Arbeitsgericht; **– pêcheur** Arbeitsrichter der Fachkammer für Küstenfischerei.

prud'hommes *mpl*: **conseil des –** frz. paritätisches Arbeitsgericht; **conseillers – ouvriers et employés** Arbeitnehmerlaienrichter beim frz. Arbeitsgericht; **conseillers – patronaux** Arbeitgeberlaienrichter beim frz. Arbeitsgericht.

prune *f fig umg* Geldbuße *f* (bei Verkehrsstraftaten), Knöllchen *n*.

pseudonyme *m* Deckname *m*, Pseudonym *n*, Künstlername.

psychasthénie *f* (*MedizinR*) Nervenschwäche *f*.

psychédélique *adj* (*Drogen*) bewusstseinserweiternd.

psychiatre *m* Facharzt für psychische Erkrankungen, Psychiater *m*.

psychique *adj*: **trouble –** geistige Störung, Psychopathie *f*.

psychogène *adj*: **processus –** (*MedizinR*) Persönlichkeitsstörung *f*, psychogene Störung.

psychologie *f* **commerciale** Werbe- *od.* Marketingpsychologie.

psychose *loc.* Geisteskrankheit, Psychose *f*; psychotische Störung.

puant *adj*: **boule –e** Stinkbombe *f*.

pubère *adj* heiratsfähig, mannbar.

puberté *f* Pubertät *f*, Geschlechtsreife *f*; **– légale** Ehemündigkeit *f*.

Vorsicht! – die Femininform des Adjektivs: *publique* darf nicht anstelle der Maskulinform *public* verwendet werden. *Lieu public –voie publique*

public *adj* (1) (*ÖfR: qui concerne l'ensemble des citoyens*) öffentlich, amtlich; offenkundig, allgemein bekannt, (2) (*VerfR: qui est d'ordre général et supérieur*) das Allgemeinwohl betreffend, staatlich; **acte –** öffentliche Urkunde; **action publique** (*StPR*) Anklage(erhebung) *f*, Einleitung eines Straf- *od.* Hauptverfahrens; **affaires publiques** öffentliche Angelegenheiten; **annonce publique** öffentliche Bekanntmachung; **autorité publique** Staatsgewalt *f*; **bien –** (1) Gemeinwohl *n*, (2) öffentliche Sache; **bruit –** Gerücht *n*, umlaufende unverbürgte Nachricht, weiterverbreitetes Gerede; **charges publiques** Staatsausgaben *fpl*; **édifice –** öffentliches Gebäude; **ennemi –** Staatsfeind *m*; **entrée interdite au –** Unbefugten ist der Zutritt verboten; **fille publique** Prostituierte *f*, Dirne *f*; **homme –** Amtsträger, Staatsmann; **institution publique** öffentliche Körperschaft; **intérêt –** Gemeinwohl *n*, Wohl der Allgemeinheit; öffentliches Interesse; Staatsräson *f*; **liaison publique** (*FamR*) bekannte und offensichtliche (Liebes-) Beziehung; **ministère –** (*PrzR*) Staatsanwaltschaft *f*; **monument –** öffentliches Gebäude; öffentliche Gedenkstätte; **rendre –** bekanntmachen; **salut –** Staatswohl *n*; **santé publique** (*ÖfR: élément de l'ordre public*) öffentliches Gesundheitswesen, Gesundheitsschutz *m*; Gesundheitspolizei; öffentliche Gesundheitspflege; **vie publique** öffentliches Leben; **voie publique** öffentliche Straße.

public *m* (1) Öffentlichkeit *f*; Bevölkerung *f*; Allgemeinheit *f*, (2) Zuschauer *mpl*, Zuhörer *mpl*, Besucherschaft *f*, Publikum *n*; **avis au –** öffentliche Bekanntmachung; **porter à la connaissance du –** öffentlich bekanntmachen.

public *loc. adv.*: **en –** in aller Öffentlichkeit; **être de notoriété publique** offenkundig *od.* aktenkundig sein, jedermann bekannt sein; ein offenes Geheimnis.

publication *f* (1) (*ÖfR: action de publier, d'informer*) Veröffentlichung *f*, Bekanntmachung *f* (im Amtsblatt), Verkündung *f*, (2) (*UrhR: écrit publié*) Druckschrift *f*, Verlagserscheinung *f*, (im Druck erschienenes) Werk *n*, herausgegebene Schrift; Herausgabe *f*; **– des bans** (*EheR*) Bekanntmachung des Aufgebots; **– contraire aux bonnes mœurs** (*StR*) unsittliche Zeitschrift; **– d'une loi** Bekanntmachung eines Gesetzes; **– officielle** amtliche Veröffentlichung; **– périodique** Zeitschrift *f*; Veröffentlichung *f*; Zeitung *f*; **– pornographique** pornographische Schrift, unzüchtige Veröffentlichung *od.* Schrift; **– des prix** Preisauszeichnung.

publiciser *v.tr.* bekanntmachen; veröffentlichen.

publiciste *m* (1) Publizist *m*, Journalist *m*, (2) Staatsrechtler *m*.

publicitaire *adj* Werbungs-; **agence –** Werbeagentur *f*; **campagne –** Werbeaktion, Werbekampagne *f*; **cible –** Werbeadressaten *mpl*, Zielgruppe *f*; **émission –** Werbesendung *f*; **emplacement –** Werbefläche *f*; **moyen –** Werbemittel *f*; Werbemaßnahme *f*; **placard –** Werbeplakat *n*; **slogan –** Werbespruch *m*; **support –** Werbeträger *od.* -medium.

publicitaire *m* Werbefachmann *m*; Werbetexter *m*.

publicité *f* (1) Öffentlichkeit *f*, Bekanntsein *n*, Publizität *f*, (2) Veröffentlichung *f*, Bekanntmachung *f*, Offenbarung, Unterrichtung der Öffentlichkeit, Kundmachung *f*, (3) Werbung *f*, Reklame *f*; **agent de –** Werbefachmann, Werbeagent *m*; **frais de –** Aufwendungen für Werbemaßnahmen *pl*.

publicité audiovisuelle FFF-Werbung (= Film- Funk- und Fernsehwerbung); **– clandestine** Schleichwerbung; –

collective Gemeinschafts- *od.* Verbundwerbung; **– commerciale** Absatzwerbung; **– comparative** vergleichende Werbung; **– par correspondance** Werbebriefwerbung; **– des débats** Öffentlichkeit der Verhandlungen; **– déguisée** Schleichwerbung; **– déloyale** irreführende Werbung; **– directe** Direktwerbung (über Werbebriefe z. B.); **– donnée à l'ouverture des marchés publics** Bekanntgabe von öffentlichen Ausschreibungen; **– d'entretien** Verkaufsförderung; **– foncière** (*SachR*) Offenlegung der Rechtsverhältnisse an einem Grundstück; **– groupée** Sammelwerbung; **– isolée** Einzelwerbung.

publicité du jugement (*PrzR*) Urteilsbekanntmachung; **– sur le lieu de vente (= PLV)** PoP-Werbung, Werbung am Verkaufspunkt; **– par les média** Mediawerbung, indirekte Werbung über Massenmediem; **– mensongère** *ou* **trompeuse** irreführende Werbung; **– personnalisée** Direktwerbung, Einzelumwerbung; **– des prix** Preisauszeichnung; **– du registre des hypothèques** Bekanntmachung des frz. Hypotheken und Grundstücksteuerregisters; **– des registres** Offenlegung der (Handels-) Register; **– subliminale** unterschwellige Werbung; **– télévisée** Fernseh- *od.* Mediawerbung.

publier *v.tr.* (1) veröffentlichen, kundmachen, bekanntmachen, (2) herausgeben.

publiphone *m* öffentliche (Karten-) Fernsprechkabine *f.*

publipostage *m* Direct-Mail-Werbung *f.*

publiquement *adv* öffentlich.

puce *f umg* geheimes Mikrophon, Wanze *f*; **carte à –, – électronique** Mikrochip *m*, Speicherkarte *f.*

pucelage *m* Jungfräulichkeit; **perdre son –** entjungfert werden.

pudeur *f* Scham(haftigkeit) *f*; **attentat à la –** (*StR*) sexuelle Handlungen, Straftat gegen die sexuelle Selbstbestimmung, Sexual- *od.* Sittlichkeitsdelikt.

pudique *adj* schamhaft, keusch, züchtig.

puériculture *f* Säuglings- und Kleinkindpflege *f.*

puéril *adj* (1) kindlich, (2) kindisch, infantil.

puerpéral *adj*: **fièvre –e** Kindbettfieber *n.*

pugilat *m* (*StR: rixe*) Raufhandel *m*, Schlägerei *f*; Boxkampf *m.*

pugnacité *loc.* Schlagkraft *f*; Durchsetzungsvermögen *n.*

puîné(e) *m/f* (*FamR*) jüngerer Bruder; jüngere Schwester.

puisque *conj* da; weil; doch.

puissance *f* (1) (*ÖfR: pouvoir, prérogative*) Macht *f*, Gewalt *f*, Herrschaft, (2) (*efficacité, force*) Stärke *f*, Leistungskraft *f*, Leistung, (3) (*ZR: capacité*) Fähigkeit *f*, (4) (*VR: Etat, nation*) Staat *m*; (Groß-) Macht; **arrêt de –** (*VwR*) Verfügung der Staatsgewalt, Hoheitsakt *m*; **grande –** Großmacht.

puissance absolue unumschränkte Gewalt; **– atomique** Atommacht *f*; **– belligérante** kriegführende Macht; **– créancière** Gläubigerstaat; **– défensive** Verteidigungskraft; **– dénonçante** kündigende Macht; **– détentrice** Gewahrsamsstaat *m.*

puissance économique (*WirtR: domination économique*) Monopolstellung, Marktbeherrschung; **– étatique** (*ÖfR: puissance publique*) Staatsgewalt, Hoheitsgewalt, Befehls- und Zwangsgewalt; **– financière** Kapitalkraft; **– garante** Garantiemacht; **– du glaive** *hist.* Macht über Leben und Tod; **– mandataire** (*VR*) Mandatarstaat *m*, Mandatsmacht; **– militaire** Militärmacht; **– mondiale** Großmacht, Weltmacht; **– neutre** neutraler Staat; **– non belligérante** nichtkriegführende Macht.

puissance paternelle (*FamR, hist, remplacé par l'autorité parentale*) väterliche Gewalt; **– protectrice** (*VR*) Schutzmacht, Schutzstaat.

puissance publique (1) (*ÖfR: ensemble des pouvoirs de l'État et des autres personnes publiques*) Staatsgewalt, staatliche Hoheitsgewalt, öffentliche Gewalt, oberste Herrschaftsgewalt, (2) (*VwR: l'État et les autres personnes publiques*) frz. Zentralstaat; Gebietskörperschaft *f*; **détenteur de la – –** Träger der öffentlichen Gewalt.

puissance réclamante (*VR*) ersuchender Staat; **– signataire** Signatarmacht, Unterzeichnerstaat; **– spirituelle** (*KirchR*) geistliche Macht (des Papstes); **– temporelle** (*KirchR*) weltliche Macht; **– de travail** Arbeitskraft *f.*

puissant *adj* mächtig, gewaltig; stark, sehr wirksam.

puits *m* (1) (*puits de mine*) Grube *f*; Schacht *m*, (2) (*puits de puisage d'eau*) Brunnen *m*; **– de pétrole** Borloch *n*, Erdölförderungsanlage *f.*

pulsion *f* Trieb *m*; **– sexuelle** Sexualtrieb *m*, Geschlechtstrieb *m.*

puni *adj* (1) (*passible d'une peine*) strafbar, (2) (*condamné*) be- *od.* gestraft; **être – d'une peine de ...** auf eine Strafe in Höhe ... erkennen, jmdm. eine Strafe zumessen *od.* auferlegen, bestraft werden mit ....

puni *m* Bestrafte(r) *m*, verurteilter Straftäter.

punir *v.tr.* bestrafen, strafen; verurteilen; vergelten, ahnden; **– qqn. d'un crime** *ou* **pour un crime** jmdn. wegen eines Verbrechens verurteilen.

punissable *adj* (*StR: passible d'une peine*) strafbar; **acte –** strafbare Handlung, Straftat *f.*

punitif *adj*: **expédition punitive** Strafexpedition.

punition *f* (1) (*StR: peine infligée*) Strafe *f*, (2) (*action de punir*) Bestrafung *f*; Züchtigung; **échapper à la –** ungestraft davonkommen; **infliger une – à qqn.** jmdn. bestrafen; jmdn. zu einer Strafe verurteilen; **juste –** gerechte Strafe; **– corporelle** (1) (*StR*) Leibesstrafe *f*, (2) (*SchulR*) Züchtigung *f*; **– disciplinaire** Disziplinarstrafe, disziplinarische Bestrafung.

pupillaire *adj* (*FamR*) Mündel-; **gestion du patrimoine –** Verwaltung des Mündelvermögens.

pupille *m* (1) (*FamR: mineur en tutelle*) Mündel *n*, Bevormundete(r) *m*, (2) (*FamR: enfant abandonné*) ausgesetztes Kind, Findelkind *n*, (3) (*FamR: orphelin*) (Voll-) Waise *f*, elternloses Kind; Pflegekind *n*; **– de l'assistance publique** Findelkind; **– de la Nation** (unter dem besonderen Schutz des Staates stehende) Kriegswaise.

pur *adj / adv* rein, sauber, unverfälscht; makellos, unberührt; **conscience –e** reines Gewissen; **en –e perte** vergeblich, umsonst; **– de tout soupçon** über jeden Verdacht erhaben; **la –e vérité** die reine Wahrheit, nur die Wahrheit, nichts als die Wahrheit.

purement et simplement *loc. adv.* (*sans condition ni réserve*) ohne jeglichen Vorbehalt.

purge *f* (1) (*Pol: élimination des opposants*) Säuberung *f*, Säuberungsaktion *f*, (2) (*SachR: libération d'un bien d'une charge qui le grève*) Löschung (einer Hypothek), Entlastung (eines Grundstücks); **– de l'action résolutoire** (*SachR*) Verlust des Klagerechts auf Auflösung des Kaufvertrags (über ein Grundstück); **– de la contumace** (*StPR*) Wiederaufnahmeverfahren nach Abwesenheitsurteil; **– des hypothèques et privilèges** (*SachR*) Löschung aller Hypotheken und der sonstigen Rechte Dritter.

purger *v.tr.* (1) (*StR: peine*) verbüßen, (2) (*SachR*) eine Hypothek beim Kauf des Grundstücks (vorzeitig) zurückzahlen; **– l'accusation** (*StPR: procédure devant la Cour d'assises*) den Straftatbestand darlegen; **– la condamnation** eine (Freiheits-) Strafe verbüßen; **– la contumace** sich vor Ablauf der Verjährungsfrist und nach Verurteilung in Abwesenheit dem Gericht stellen.

pusillanime *adj* verzagt, kleinmütig.

putatif *adj* vermeintlich, auf einem Rechtsirrtum beruhend, putativ; **délit –** (*StR*) Wahndelikt *n*, Putativdelikt; **légitime défense putative** Putativnotwehr *f*; **père –** vermeintlicher Vater; Vater gemäß Vaterschaftsvermutung; **risque –** Scheingefahr *f.*

putsch *m* (*Pol*) Putsch *m*, Staatsstreich *m*, Umsturz *m.*

pylône *m* Leitungsmast *m*, Hochspannungsmast.

pyramide *f* **des âges** Altersklassenverteilung *f*, Alterspyramide; **– des démographique** Bevölkerungspyramide *f.*

pyromane *m* (*StR*) Brandstifter *m.*

Q

quadriennal *adj* vierjährig; **plan –** Vierjahresplan *m.*
quadrillage *m* polizeiliche Besetzung (eines Stadtviertels); polizeiliche Einkesselung.
quadripartite *adj* Vierer-, Viermächte-; **conférence – sur le désarmement** Viermächteabrüstungskonferenz *f.*
quadruple *adj* vierfach.
quai *m*: **à –** (*SeeHR*) frei Kai (benannter Verschiffungshafen); **droit de –** Hafengebühren *fpl.*
Quai des Orfèvres *m* Hauptsitz der Pariser Kriminalpolizei; Pariser Kriminalpolizei; **– d'Orsay** *m* (1) Sitz des französischen Außenministeriums, (2) das französische Außenministerium.
qualifiable *adj* benennbar, bestimmbar; qualifizierbar; **conduite guère –** ungehöriges Benehmen.
qualification *f* (1) (*AllgSpr: appellation, dénomination*) Bezeichnung *f*; Benennung *f*, (2) (*StR: vérification de la concordance des faits matériels commis avec le texte d'incrimination*) Subsumierung *f*, Subsumtion *f*, vergleichende Einordnung eines konkreten Sachverhalts unter den Tatbestand einer abstrakten Norm, (3) (*IPR: détermination de la nature juridique d'une situation de fait ou d'une question de droit*) Bestimmung der Rechtsnatur, (4) (*PrzR: jonction entre les faits et le droit*) (rechtliche) Beurteilung des Sachverhalts; Überprüfung der korrekten Rechtsanwendung, (5) (*ArbR: aptitude professionnelle*) Fähigkeit *f*, (berufliche) Eignung, Befähigung, Qualifikation; **– d'un délit** *ou* **du fait** (*StR*) Qualifizierung einer Straftat, Anwendung der strengeren Strafandrohung; **examen de –** (*ArbR*) Aufstiegsprüfung; **niveau de –** Ausbildungsstand; **ouvrier sans –** ungelernter Arbeiter.
qualification de crime Feststellung (durch Rechtsanwendung), dass ein Verbrechen vorliegt; **– judiciaire** (*StPR*) richterliche Subsumtion; **– juridique** rechtliche Qualifizierung, gesetzliche Einordnung, rechtliche Beurteilung; **– légale** (*StR*) Festsetzung der Straftatbestände durch den Gesetzgeber; **– des litiges** (*PrzR*) Qualifizierung *od.* Einordnung der Streitigkeiten; **– professionnelle** (*ArbR*) berufliche *od.* fachliche Befähigung *od.* Eignung.
qualifié *adj* (1) (*apte, capable*) fähig, befähigt, geeignet; Fach-, (2) (*StR*) qualifiziert, (3) (*VwR*) fachlich zuständig; **délit –** (*StR*) Vergehen, das in besonders schweren Fällen als Verbrechen betrachtet wird, qualifizierte Straftat; **être – pour** bestens geeignet; fachlich kompetent; **infraction –fiée** erfolgsqualifiziertes Delikt; **personnel –** Fachkräfte *fpl.*
qualifier *v.tr.* befähigen; benennen, bezeichnen; qualifizieren.
qualité *f* (1) (*propriété, caractère*) Beschaffenheit *f*, Güte *f*, Qualität *f*, (2) (*aptitude, capacité*) Fähigkeit *f*, Eignung *f*, (3) (*fonction, état*) Rechtstitel *m*, Berechtigung *f*, (4) (*PrzR: titre auquel une personne figure dans un procès*) Eigenschaft *f* (als Kläger, Beklagter, Prozessbevollmächtigter); **avoir – pour** befugt sein, berechtigt sein; **bonne – courante** (*HR*) (*Ware*) mittlere Art und Güte; **certificat de –** Qualitätszeugnis *od.* -nachweis; **contrôle de la –** Güteprüfung; **de – moyenne** (*HR: syn.: de qualité commerciale*) (*Ware*) mittlerer Art und Güte; **défaut de –** (*ZPR*) fehlende Postulationsfähigkeit; **en sa – de . . .** in seiner Eigenschaft als; **erreur sur les –s non substantielles** (*SchuldR*) Irrtum über unwesentliche Eigenschaften *od.* Geschäftsmerkmale; **ès –(s)** in Ausübung seines Amtes, kraft Amtes; **label de –** Gütezeichen *n*, Qualitätsmarke *f*; **marchandise de –** Qualitätsware *f*; **marque de –** Gütezeichen *n*, Qualitätsmarke *f*; **norme de –** Qualitäts-

norm; **prescriptions de –** (*WirtR: normes techniques de standardisation*) Gütervorschriften *fpl*; **–s de chef** Führungseigenschaften *fpl*.

qualité courante (*HR*) Durchschnittsqualität *f*; **– pour défendre en justice** (1) (*PrzR*) Parteifähigkeit als Beklagter, (2) Passivlegitimation; **–(s) essentielle(s)** wesentliche Merkmale; **– pour ester en justice** (1) (*PrzR: qualité pour se présenter en justice*) Parteifähigkeit, (2) (*PrzR: qualité pour plaider soit comme demandeur, soit comme défendeur*) Prozessfähigkeit; **– pour exercer une action** Klagebefugnis, Klagerecht; **– d'héritier** (*ErbR*) (berufener) Erbe; **– irréprochable** einwandfreie Qualität.

qualité juridique Legitimation *f*; rechtliche Eigenschaft; **– marchande** (*HR*) Ware *f* mittlerer Art u. Güte; **– de membre** Mitgliedschaft *f*; **– normalisée** genormte Qualität; **– d'une partie au procès** Rechtsstellung im Verfahren; **– pour agir** (1) (*ZPR: droit d'agir en justice*) Rechtsschutzbedürfnis *n*, Rechtsschutzinteresse; Parteifähigkeit *f*, (2) (*ZPR: qualification pour agir en justice*) aktive Prozessfähigkeit, Klagebefugnis *f*, Aktivlegitimation *f*; **– pour prendre livraison** (*SchuldR*) Empfangsberechtigung; **– promise** zugesicherte Eigenschaft; **– standard** Standardqualität; **–(s) substantielle(s)** (*SchuldR*) wesentliche Eigenschaft(en) (einer Sache); **– de la vie** (*UmweltR*) Lebensqualität *f*.

qualités *fpl* (1) (*ZR: éléments de l'état d'une personne autres que le nom et le prénom*) Merkmale der Person (wie z. B.: verheiratet, ledig, geschieden, volljährig, minderjährig); Staatsangehörigkeit; Personalien *pl* (außer Name und Vorname), (2) (*PrzR, hist*) einleitender Teil des Urteils, der Rubrum und Klageanträge umfasst.

quand *conj. et adv.* wenn; als; wann.

quant *loc. prép.* **à** was anbelangt, was anbetrifft; **– à moi** meinerseits, was mich betrifft.

quantième *m* der soundsovielte (Januar, Februar, usw.).

quantifiable *adj* bestimmbar, messbar; quantitativ erfassbar.

quantification *f* Bezifferung *f*, Messung *f*.

quantitatif *adj* mengenmäßig bestimmt.

quantité *f* (1) (*nombre, somme*) Menge *f*, Anzahl *f*, Quantität *f*, (2) (*multitude, beaucoup*) eine (sehr) große Menge; **prime de –** Mengenrabatt *m*; **réduction par –** Großbezugs- *od.* Mengenrabatt; **– appréciable** große Menge; **– délivrée** gelieferte Menge; **– à livrer** (1) Liefermenge *f*, (2) (*VwR*) (*auf behördliche Anordnung*) Ablieferungssoll *n*; **– maximum** Höchstmenge; **– minimum** Mindestmenge; **– requise** Bedarf *m*; **– suffisante** ausreichende Menge.

quantum *m* (1) (*VwR: pl. quanta; montant d'une amende, d'une pension*) Höhe *f*, (2) *Allgspr.* Quantum *n*, Betrag *m*, Menge *f*, Summe *f*; **– des dommages-intérêts** Höhe *f* des Schadenersatzes; **– de la peine** Strafmaß *n*.

quarantaine *f* (1) vierzig Tage, (2) (*SeeHR: isolement de durée variable*) Quarantäne *f*; **décider la –, mettre en –** unter Quarantäne stellen; **lever la –** die Quarantäne aufheben; **pavillon de –** Quarantäneflagge *f*.

quarantenaire *m* (*MedizinR*) seuchenverdächtige isolierte Person.

quart *m* Viertel *n*; **– monde** *m* (1) Vierte Welt, die ärmsten Entwicklungsländer, (2) Lumpenproletariat *n*.

quartier *m* (1) (*ÖfR: partie d'une ville*) (Stadt-) Viertel *n*, (2) (*portion, morceau*) Block *m*, Masse *f*, (3) (*StVZ: partie d'une prison*) Gefängniszelle *f*, Isolierzelle, (4) (*MilR*) Kaserne *f*; **arrêts au –** (*MilR*) Stubenarrest *m*; **– des affaires** Geschäftsviertel; **– chaud** Stadtviertel als sozialer Brennpunkt; **– de haute sécurité (= QHS)** (*StVZ*) Hochsicherheitstrakt *m*; **– d'inscription maritime** Seemannsamtbezirk *m*; **– d'isolement** Isolierabteilung (im Strafvollzug); **– résidentiel** Wohnviertel.

quasi-contractuel *adj* vertragsähnlich.

quasi-contrat *m* (1) (*SchuldR: source extracontractuelle d'obligations – art.*

1371 Cciv) Schuldverhältnis *n* ohne Vertrag, gesetzliches Schuldverhältnis, Quasikontrakt *m*, Quasikontrakt *m*, (2) (*ÖfR*) (*zur Herstellung von Anlagegütern*) öffentlicher Auftrag *m* im gesamtwirtschaftlichen Interesse.

quasi-délictuel *adj* durch eine fahrlässige unerlaubte Handlung verursacht.

quasi-délit *m* (1) (*SchuldR: fait dommageable illicite non intentionnel – art. 1383 Cciv*) unerlaubte Handlung (aufgrund fahrlässiger Schadenstiftung); objektiv gefährliches Handeln; Quasidelikt *n*, (2) (*SchuldR: faute non intentionnelle*) Fahrlässikeit *f*.

quasi-juridiction *f* Schiedsgericht *n*, (einem staatl. Gericht gleichgestellt).

quasi-monopole *m* (*WirtR*) monopolähnliche Stellung.

quasi-obligation *f* (*SchuldR*) unvollkommene Verbindlichkeit *od.* Verpflichtung.

quasi-possession *f* (*SachR*) besitzähnliches Rechtsverhältnis, possessio juris; Grunddienstbarkeit; Nießbrauch *m*.

quasi-usufruit *m* (*SachR*) Nutzungsrecht *n* an Gebrauchsgütern, uneigentlicher Nießbrauch.

quémander *v.tr.* betteln, um Almosen bitten.

quérabilité *f* (*SchuldR*) Charakter einer Verbindlichkeit als Holschuld.

quérable *adj*: **créance –** Holschuld *f*.

querelle *f* Streit *m*, Streitigkeit *f*; Streitsache *f*, Kontroverse *f*, heftige Auseinandersetzung *f*.

quérir *v.tr.* (*seulement utilisé à l'infinitif*) holen; **aller –** (*StR*) festnehmen (an Ort u. Stelle); **envoyer** *ou* **faire –** holen lassen; **venir –** abholen.

questeur *m* (*VerfR: membre du bureau d'une assemblée parlementaire*) Mitglied des Präsidiums der frz. Nationalversammlung *od.* des Senats (zuständig für die innere Verwaltung und Ordnung sowie für Zahlungsanweisungen).

question *f* (1) (*demande, interrogation*) Frage *f*, (2) (*question de droit*) Streitfrage *f*, strittige Sache *n*; (juristisches) Problem *n*, (3) (*StR: torture*) peinliche Befragung, Folter *f*, Tortur *f*, (4) (*VerfR*) Anfrage *f* (im Parlament); **aborder une –** eine Frage aufwerfen; **éluder une –** einer Frage ausweichen; **énoncer** *ou* **formuler une –** eine Frage stellen; **être hors de –** nicht in Frage kommen; **il est – de** es geht darum, dass; **– en litige** *ou* **litigieuse** strittige Frage, Streitfrage; **(re)mettre en –** in Frage stellen; einer erneuten Prüfung unterziehen; **poser une –** eine Frage stellen; **se poser des –s** sich Gedanken machen (über); **préjuger la –** der Frage vorgreifen; **répondre à une –** eine Frage beantworten.

question d'actualité (*VerfR*) Fragestunde *f*; **– administrative** Verwaltungsangelegenheit; **– de bon sens** Frage des gesunden Menschenverstands; **– captieuse** Fangfrage *f*; **– de confiance** (*VerfR*) Vertrauensfrage; **– controversée** strittiger Punkt, Streitfrage; **– de droit** (1) (*PrzR: question préjudicielle*) vorab zu klärende Rechtsfrage, Vorwurf der Verletzung einer Rechtsnorm, Einrede der falschen rechtlichen Beurteilung *od.* Würdigung, (2) (*i. w. S.*) Rechtsproblematik *od.* -frage; **– écrite** (*VerfR*) schriftliche Anfrage.

question de fait (*PrzR*) Tatsache *od.* -frage *f*, tatsächliche Feststellung, Tatsachenstoff; **– de fond** grundsätzliche Frage; **– orale** (*VerfR*) mündliche Anfrage (im Parlament); **– d'ordre pénal** strafrechtliches Problem; **– pendante** unerledigte Frage, ungelöstes Problem; **– piège** Fangfrage *f*; **– préalable** (*VerfR*) Frage zur Tagesordnung; **– préjudicielle** (*PrzR*) Vorfrage, bedingtes *od.* präjudizielles Rechtsverhältnis; **– principale** (1) (*ZPR*) Hauptanspruch *m*, (2) (*i. w. S.*) Hauptfrage, Hauptproblematik.

question de principe Grundsatzfrage *f*; **– sans réponse** *ou* **qui reste ouverte** unbeantwortete Frage; **– en suspens** unerledigte Frage; **– d'urgence** (*VerfR*) Dringlichkeitsanfrage; **– vitale** lebenswichtige Frage, grundsätzliches Problem.

questionnaire *m* Fragebogen *m*; Formular *n*; **– à choix multiple (= QCM)** Multiple Choice (Testverfahren).

questionner *v.tr.* (1) befragen, (2) foltern; **– un accusé** *v.tr.* (*einen mutmaßlichen Straftäter*) verhören, einen Angeklagten einem Verhör unterziehen.
questure *f* (*VerfR*) Geschäftsstelle des Präsidiums der Nationalversammlung *od.* des Senats.
quête *f* (*Spenden*) Sammlung, Kollekte *f*; **en – de** auf der Suche nach; **faire la –** eine Geldsammlung veranstalten; betteln; **– à domicile** Haussammlung *od.* -kollekte *f*; **– sur la voie publique** öffentliche Spendensammlung.
quêter *v.tr.* (freiwillige Spenden) sammeln, eine Spendensammlung veranstalten.
quêteur *m* (Spenden-) Sammler *m*.
queue *f*: **faire la –** Schlange stehen, in einer Schlange anstehen; **– de stock** (*HR*) Restposten *m*.
qui de droit *loc* Berechtigte(r) *m*.
quiconque *pron* wer auch immer; jeder, der; jede, die.
quidam *m* eine gewise Person, ein gewisser Jemand.
quincaillerie *f* (*DV*) Hardware *f*.
quinquennal *adj*: **plan –** Fünfjahresplan *m*.
quinquennat *m* (*VerfR*) fünfjährige Amtszeit.
quintal *m* 100 Kilogramm.
quinzaine *f* zwei Wochen *fpl*, vierzehn Tage *mpl*; **liquidation de –** (*BörR*) Medioliquidation *f*; **procès remis à –** um zwei Wochen vertagte Verhandlungen; **– franche** vierzehntägige Frist, Zweiwochenfrist (Anfangs- u. Endtag nicht eingerechnet).
quiproquo *m* Verwechslung zweier Personen.
quirat *m* (*SeeHR: part de copropriété d'un navire*) Schiffsanteil *n*.
quirataire *m* (*SeeHR*) Schiffspartner *m*, Miteigentümer eines Schiffes.
quittance *f* (*SchuldR*) Quittung *f*, Empfangsbescheinigung (für eine Zahlung), Zahlungsbestätigung; **contre –** gegen Quittung; **délivrer** *ou* **donner –** den Empfang bestätigen, quittieren, Quittung erteilen; **duplicata de –** Quittungsduplikat *n*; **formulaire de –** Quittungsformular *n*; **porteur de –** Quittungsüberbringer *m*; **remise d'une –** Quittungserteilung; **timbre de –** (*auf Quittungen anzubringende*) Steuermarke *f*.
quittance en blanc Blankoquittung; **– de consignation** Hinterlegungsquittung; **– de douane** Zollquittung; **– de l'effet** Wechselquittung; **– fictive** Scheinquittung; **– finale** Abschlussquittung; **– générale, – globale** Gesamtquittung; **– d'indemnisation** (*ZR*) Abfindungserklärung; **– d'indemnité transactionnelle** (*ArbR*) Abstandserklärung; **– de loyer** Miet- *od.* Mietzinsquittung; **– de paiement** Zahlungsquittung; **– partielle** Teilquittung; **– de règlement transactionnel** Abfindungserklärung; **– sous seing privé** privatschriftliche Quittung; **– pour solde de tout compte** (*ArbR*) Ausgleichsquittung, Abgangserklärung; **– à souche** Quittungsabschnitt *m*.
quittancer *v.tr.* quittieren, eine Quittung ausstellen.
quitte *adj* (*SchuldR: libéré d'une obligation juridique, d'une dette*) nichts mehr schuldig (sein); die Leistung erfüllt haben, quitt; **– ou double** (*SchuldR: Spiel, Wette*) alles oder nichts; **– de tous droits et taxes** steuerfrei; **– de toute dette** schuldenfrei.
quitter *v.tr.* (1) (*FamR: personne*) verlassen, sich trennen von, (2) (*ArbR: abandonner une activité*) (*einen Arbeitsplatz*) aufgeben, verzichten (auf); **– son poste** (*BeamR*) aus dem Amt ausscheiden.
quitus *m* (1) (*HR, GesR*) Entlastung *f*, (2) (*Buchf*) Schlussquittung *f*; **accorder** *ou* **donner – à qqn.** jmdm. Entlastung erteilen, entlasten; **arrêt de –** Entlastungsbeschluss *m*; **certificat de –** Entlastungsbescheinigung.
quorum *m* (1) (*Sitzung*) Beschlussfähigkeit *f*, Quorum *n*; zur Beschlussfähigkeit erforderliche Anzahl anwesender oder vertretener Stimmberechtigter, (2) für die Gültigkeit der Wahl erforderliche Mindestbeteiligung; **atteindre le –** beschlussfähig sein; **défaut de –** Beschlussunfähigkeit *f*, mangelnde Beschlussfähigkeit (da die

erforderliche Anzahl der Anwesenden nicht erreicht ist); **réunir le –** (*GesR: auch Vereinsrecht*) beschlussfähig sein, die erforderliche Stimmenzahl erreichen; **– requis** für die Beschlussfähigkeit erforderliche Anzahl der Anwesenden.

quota *m* Quote *f*, (verhältnismäßiger) Anteil *m*, Rate *f*; Prozentsatz *m*; **– d'importation** Einfuhrkontingent *n*; **– de répartition** Verteilungsquote *f*.

quote-part *f* (1) (*ZR: part dans une masse indivise*) ideeller Anteil (der Gesamthandsgemeinschaft), (2) (*i. w. S.*) Rate *f*, Quote *f*, Teilbetrag *m*; **dépassement de la –** Quotenüberschreitung; **partager par –** nach Quoten verteilen; **payer sa –** seinen Anteil leisten.

quote-part d'amortissement Tilgungsrate *f*, Rückzahlungsrate; **– du capital** Kapitalquote; **– de conservation** Eigenbehaltsquote; **– des frais** Kostenanteil; **– patronale** (*SozR*) Arbeitgeberanteil; **– de production** Produktionsquote, Produktionsanteil; **– du salarié** (*SozR*) Arbeitnehmeranteil.

quotidien *adj* täglich; **la vie –ne** der Alltag.

quotidien *m* (*MedienR*) Tageszeitung *f*.

quotidiennement *adv* Tag für Tag, täglich.

quotient *m* Quotient *m*; **– électoral** Wahlquotient, Wahlzahl *od.* -schlüssel, Verhältnis der Gesamtstimmenzahl; **– familial** (*SteuerR*) Kinderfreibetrag *m*, Zusammenveranlagung der Ehegatten unter Berücksichtigung der Kinder; **– intellectuel, – mental** Intelligenzquotient (= I. Q.).

quotité *f* (*SchuldR: montant d'une quote-part*) Anteil *m*; **– disponible** (*ErbR*) frei verfügbarer Teil (einer Erbschaft); **– imposable** steuerpflichtiger Anteil; **– saisissable** (*ZwangsVR*) pfändbarer Anteil *m*.

R

rabais *m* (1) (*HR: réduction sur le prix, remise*) Preisnachlass *m*, (Preis-) Ermäßigung *f*, Rabatt *m*, (2) (*SchuldR: réduction pour qualité insuffisante*) Minderung *od.* Herabsetzung (des Kaufpreises) wegen mangelhafter Qualität; **accorder un –** einen Preisnachlass gewähren; **adjudication au –** (*VwR: appel d'offres*) Vergabe (eines Auftrages) an den Höchstrabattgewährenden; **consentir un –** einen Preisnachlass gewähren; **marge de –** Rabattspanne *f*; **vendre au –** zu herabgesetzten Preisen verkaufen; **– commercial** Handelsrabatt; **– de fidélité** Treuerabatt; **– illicite** unzulässiger Rabatt.

rabaisser *v.tr.* senken, mindern, herabsetzen, ermäßigen, nachlassen, verbilligen.

rabattement *m* Aufhebung *f*, Annulierung *f*; **– de défaut** (*ZPR*) Aufhebung eines Säumnisurteils.

rabattre *v.tr.* (*déduire, décompter*) nachlassen, ermäßigen, einen Rabatt gewähren; **– un jugement** (*PrzR: révoquer, annuler un jugement*) (*durch das erkennende Gericht selbst*) ein Urteil aufheben.

rabbinat *m* Rabbinerwürde *f*, Rabbinerversammlung *f*.

racaille *f pej* Lumpenpack, Lumpengesindel *n*, Pöbel, Mob *m*.

raccommodage *m* Ausbessern *n*.

raccord *m* Verbindung *f*; Übergang *m*, Verknüpfung *f*.

raccordement *m* Verbindung, Verknüpfung; Anschluss *m*; Telefonanbindung *f*; Teilnehmerleitung; **voie de –** (*StVR*) Zubringer *m*.

rachat *m* (1) (*HR: action de racheter*) Rückkauf *m*, (2) (*SchuldR: action d'éteindre une obligation*) Rückzahlung *f*, Rückerstattung, (3) (*StR: action de délivrer des otages*) Los- *od.* Freikauf, (4) (*KirchR: rédemption*) Sühne *f*, Bekehrung *f*; **droit de –** (1) (*SchuldR*) Wiederkaufs- *od.* Rückkaufsrecht, (2) Ablösungsanspruch *m*; **droit** *ou* **faculté de –** Rückkaufsrecht *n*; Einlösungs- *od.* Ablösungsrecht.

rachat de cotisations (*SozVers*) Nachentrichtung von Beiträgen; **– des dettes** Schuldenablösung; **– d'une entreprise par un groupe** Absorption *f*, Fusion; **– obligatoire** Zwangsrückkauf; **– de planche** (*SeeHR*) Eilgeld *n*; **– d'une police d'assurance** Versicherungsrückkauf *m*; **– d'une rente** (*SozVers*) Nachversicherung; Rentenablösung; **– d'une servitude** Ablösung einer Grunddienstbarkeit.

rachetable *adj* rückkaufbar.

racheter *v.tr.* (1) rückkaufen, erneut kaufen; zurückkaufen, (2) rückzahlen, rückerstatten; eine schuldbefreiende Leistung erbringen, (3) freikaufen, ablösen; **– une entreprise** ein Unternehmen übernehmen; sich einen Betrieb einverleiben.

racheter *v.pron.*: **se –** Reue zeigen, sich bessern.

racial *adj* rassisch; rassistisch; **discrimination –e** Rassendiskriminierung *f*; **émeute –e** Pogrom *m/n*, rassistische Ausschreitung; **haine –e** Rassenhass *m*.

racisme *m* Rassenideologie *f*, Rassismus *m*, Rassenhass *m*; fremdenfeindliche Gesinnung.

raciste *m* Anhänger der Rassenideologie; Rassist *m*.

raciste *adj* rassistisch; **crime –** Verbrechen mit rassisticher Motivation *od.* aus fremdenfeindlicher Gesinnung; **doctrine –** Rassenideologie *f*; **injure –** rassistische Verleumdung *od.* verächtlichmachung; **manifestation –** rassistische Ausschreitung; **politicien –** rassistischer Politiker; **propagande –** rassistische Propaganda, Verbringung *od.* Verbreiten rassistischer Schriften und Darstellungen.

racket *m* (1) (*StR: extorsion de fonds par intimidation*) *umg* Erpressung *f*, (2) (*StR: gang de racketteurs*) Verbrecher- *od.* Erpresserbande *f*.

racketter *v.tr.* erpressen; nötigen, unter Druck setzen.

racketteur *m* (*StR: maître chanteur*) Erpresser *m*.

racolage *m* Kundenfang *od.* -werbung; **– sur la voie publique** (*StR*) öffentliches Anbieten sexueller Handlungen.

racoler *v.tr.* anwerben; für sich einnehmen; sexuelle Handlungen anbieten, sich öffentlich anbieten.

racoleuse *f* sich öffentlich anbietende Prostituierte.

racontar *m* Geschwätz *n*; üble Nachrede.

raconter *v.tr.* schildern, darstellen; berichten, erzählen.

radar *m*: **contrôle –** Radarkontrolle *f*, polizeiliche Geschwindigkeitskontrolle.

radiation *f* (1) (*GB, ZPR: fait de rayer un nom, un droit, une affaire*) Löschung *f*, Tilgung, Streichung, (2) (*DiszR: sanction, révocation*) Ausschluss *m*, (3) (*UmweltR*) (radioaktive) Strahlung *f*, Verstrahlung; **action en –** Löschungsklage *f*; **autorisation de –** Löschungsbewilligung; **certificat de –** Löschungsbescheinigung; **demande en –** Löschungsantrag *m*; **dommage de –** (*UmweltR*) Strahlenschaden *m*.

radiation de l'affaire (*ZPR*) Beendigung des Verfahrens wegen Prozessverschleppung, Streichung der Streitsache; **– du barreau** Ausschluss aus dem Anwaltsstand; **– d'un compte** Auflösung eines Kontos; **– forcée** *ou* **judiciaire** gerichtliche Löschung; **– d'inscription hypothécaire** Löschung einer Hypothekeneintragung; **– d'instance** (*ZPR*) Beendigung des Verfahrens wegen Prozessverschleppung.

radiation d'une marque Löschung eines Warenzeichens; **– d'office** Löschung von Amts wegen; **– du registre du commerce** Streichung (eines Kaufmanns oder einer Handelsgesellschaft) aus dem Handelsregister; **– du rôle** (*ZPR*) Beendigung des Verfahrens *od.* Zurückweisung der Klage (wegen Prozessverschleppung).

radical *adj* radikal, grundlegend, einschneidend, durchgreifend; **nullité –e**

Nichtigkeit *f*; **vice –** (*SchuldR: défaut irréparable rendant la chose impropre à l'usage*) nicht zu behebender Mangel.
radier *v.tr.* löschen; streichen; tilgen.
radio *f* (1) (*MedienR*) Rundfunk *m*; Funk *m*, (2) (*MedizinR*) Röntgenbild *n*; **– libre** Privatsender *m*; **– pirate** Piratensender *m*, illegaler Radiosender; **– privée** Privatsender; **– publique** öffentlich-rechtlicher Rundfunk.
radio: **–amateur** *m* Amateurfunker *m*.
radioactif *adj*: **déchets –s** (*UmweltR*) radioaktiver Abfall, Atommüll *m*.
radioactivité *f* Radioaktivität *f*, radioaktive Strahlung; **– artificielle** künstliche Radioaktivität.
radiocommunication *f* Funkverkehr *m*; Funkverbindung.
radiodiffusion *f* (1) (*MedienR*) Rundfunk(wesen) *n*; Rundfunksendung, (2) Rundfunk *m*; Rundfunksender *m*.
radiométrie *f* (*UmweltR*) Strahlungsmessung *f*.
radioprotection *f* Strahlenschutz *m*.
radiorécepteur *m* Rundfunkgerät *n*.
radioreportage *m* Rundfunkbericht *m*.
radiotéléphonie *f* Mobilfunk *m*.
radiotélévisé *adj* durch Radio u. Fernsehen übertragen.
raffermissement *m* Kräftigung *f*, Wiederherstellung; **– des cours** (*BörR*) Anziehen der Kurse.
rafle *f* (1) Massenverhaftung *f*; Razzia *f*; Polizeifahndung *f*, (2) Raubzug *m*, Überfall *m*.
rafler *v.tr.* sich aneignen; einstecken.
rage *f* Wut *f*; Tollwut *f*.
raid *m* (*MilR*) Überfall *m*, Streifzug *m*; Überraschungsangriff *m*; **– boursier** (*BörR*) großangelegte und plötzlich erfolgende Aktienkauf- *od.* Umtauschaktion (an der Börse).
raider *m* (*BörR: prédateur dans le cadre d'une OPA*) Raider *m*.
raie *f* Strich *m*; Linie *f*.
rail *m* Schiene *f*; Eisenbahntransport *m*; **– -route** Huckepackverkehr *m*; **– de sécurité** Leitplanke *f*.
raillerie *f* Spott, Hohn *m*.
raison *f* (1) (*entendement*) Verstand *m*, Vernunft *f*, Einsicht *f*, Besonnenheit *f*, (2) (*cause, fondement*) Grund *m*, Ursache *f*; Motiv *n*, (3) (*justification, excuse, explication*) Entschuldigung(sgrund), Erklärung *f*, (4) (*allégation, justification*) Behauptung *f*, Begründung *f*, Rechtfertigung *f*; **à – de** wegen; auf der Grundlage von; **âge de –** Einsichtsfähigkeit *f*; **avoir –** Recht haben, im Recht sein; **en – de** wegen, in Anbetracht; im Verhältnis zu.
raison de commerce (*GesR*) Firma *f*; **– d'État** (*VerfR*) Staatsräson *f*.
raison sociale *f* (*HR: appellation des sociétés ayant des associés indéfiniement responsables du passif social*) Firma *f* (einer Personengesellschaft); **modification de la – –** Abänderung der Firmenbezeichnung, Firmenänderung; **valeur de la – –** Firmenwert *m*.
raisonnable *adj* vernünftig; angemessen; zumutbar.
raisonnement *m* (1) Beweisführung *f*, Schlussfolgerung *f*, (2) Erwägung *f*, Überlegung *f*; **– par analogie** Ähnlichkeitsschluss *m*, Analogieschluss *m*; **– a contrario** Umkehrschluss *m*; **– juridique** juristische Argumentation.
raisons *fpl* Gründe *mpl*; Begründung *f*; **pour des – de fait** auf Grund der vorliegenden Tatsachen, in Anbetracht des Sachverhalts; **– de droit** Rechtsgründe *mpl*; Rechtsgrundlage *f*; **– de service** (*BeamR*) dienstliche Belange.
rajout *m* Ergänzung *f*, Ein- *od.* Hinzufügung *f*; **– en marge d'un texte** nachträglicher Randvermerk.
rajouter *v.tr.* hinzufügen, ergänzen; **en –** übertreiben.
rajustement *m* Anpassung *f*, Angleichung *f*; **– des pension** *ou* **des rentes** Rentenanpassung; **– des prix** Preisangleichung *f*.
ralentissement *mpl* Verlangsamung *f*, Verminderung *f*; Nachlassen *n*, Rückgang *m*, Abnahme *f*; **– des affaires** Zurückgehen der Geschäfte; **– de la conjoncture** *ou* **conjoncturel** Konjunkturabschwächung *od.* -dämpfung; **– de la demande** Nachfragerückgang.
ralliement *m* Vereinigung *f*; Abschluss *m*; Aussöhnung *f*; **point de –** Sammelpunkt *m*.

rallier *v.tr.* sammeln, (sich) zusammenschließen *od.* vereinigen; **– un port** einen Hafen anlaufen.
rallonge *f* Verlängerung *f* (auch Urlaub); (kleinere) Lohnerhöhung; **demander une – de crédits** zusätzliche Kredite fordern; **– budgétaire** Nachtragshaushalt *m.*
ramassage *m* (Ein-) Sammeln *n*; **– scolaire** Schulbusverkehr *m.*
rame *f* (1) (*TransportR: métro et RER*) Zuggarnitur *f*; Wagenzug *m*; U-Bahnzug *m*, Kurzzug, (2) (*StVR*) Farhrzeuggruppe *f.*
ramener *v.tr.* zurückbringen, zurückführen; **– à** herabsetzen auf; **– à la raison** zur Vernunft bringen; besänftigen.
rameuter *v.tr.* einigen, versammeln; zusammenfassen; **– ses griefs** seine Vorwürfe breit darlegen.
ramification *f* Verzweigung *f.*
ramonage *m* Schornsteinfegen *n*; Schornsteinfegerwesen.
rampant *adj*: **inflation –e** schleichende Inflation.
rampe *f* **métallique** (*StVR*) Leitplanke *f.*
rancard *m umg* heimlicher Hinweis.
rancœur *f* Groll *m*, Verbitterung *f.*
rançon *f* (*StR*) Lösegeld *n*; **demande de –** Lösegeldforderung.
rançonnement *m* Erpressung *f.*
rançonner *v.tr.* (1) gegen Lösegeld freigeben, freikaufen, (2) ausrauben, ausplündern.
rancune *f* heimliche Feindschaft.
randonnée *f* (1) (*zu Fuß*) Wanderung *f*, (2) (*mit dem Auto*) Rundfahrt *f.*
rang *m* Reihe *f*; (gesellschaftlicher) Rang *m*, Stand *m*; Position *f*; Rangordnung *f*, Rangfolge *f*; **se mettre sur les –s** seine Kandidatur anmelden; **– diplomatique** (*VR: diplomates, préséance*) Vorrang *m*; **– hiérarchique** (*BeamR*) Dienststellung *f*, Rangstufe *f*; **– de préférence** *ou* **privilégié** (*SachR, ZwangsVR: ordre de priorité*) Rang, Rangverhältnis *n*; Vorrang *m.*
ranger *v.tr.* ordnen; aufräumen; Ordnung schaffen; **se – sous l'autorité de qqn.** unterwerfen, unter seine Botmäßigkeit bringen; **– qqn. à son avis** jmdn. überzeugen.
rapace *adj fig* habgierig.
rapacité *f* Habgier *f.*
rapatrié *m* Heimkehrer *m.*
rapatriement *m* (*AuslR: retour dans le pays d'origine*) Rückführung *f*, Repatriierung *f*, Rückkehr *f*, Heimschaffung.
rapatrier *v.tr.* zurückführen, heimschaffen, heimsenden, rapatriieren.
rapidement *adv* schnell, zügig; **mener une affaire –** eine Angelegenheit sofort regeln; **parcourir – un dossier** eine Akte überfliegen *od.* flüchtig lesen.
rapine *f* Raub *m*, Diebstahl *m.*
rappel *m* (1) (*VR, BeamR*) Abberufung *f* (eines Gesandten), Zurückbeorderung, (2) (*SchuldR: versement complémentaire*) Nachforderung, Nachzahlung, (3) (*HR: appel réitéré à s'exécuter, réclamation du paiement*) Mahnung *f*, (Zahlungs-) Erinnerung; **battre le –** (alle Freunde) zusammentrommeln; **lettre de –** (1) (*HR*) Erinnerungsschreiben *n*, (2) (*VR: lettres de recréance*) Abberufungsschreiben.
rappel à l'activité (1) (*BeamR*) Wiedereingliederung *f*, (2) (*MilR*) Wiedereinberufung, Reaktivierung *f*; **– en augmentation** Nachzahlung; **– de cotisation** Nachschusspflicht *f*; **– en diminution** Rückforderung der Überzahlung; **– sous les drapeaux** Wiedereinberufung, erneute Einziehung (zum Wehrdienst); **– d'échéance** Aufforderung zur Zahlung (zum vereinbarten Termin).
rappel au fait Ruf zur Sache; **– d'impôt** Steuernachforderung; **– à l'ordre** Ordnungsruf *m*; **– de paiement** Zahlungsaufforderung; **– de prime** Prämiennacherhebung; **– à la question** Ermahnung (des Vorsitzenden) nicht vom Thema abzuschweifen; **– de salaire** (*ArbR*) Lohnnachzahlung *f.*
rappeler *v.tr.* zurückrufen; zurückbeordern; erneut anrufen; **se –** *v. pron.* sich erinnern an.
rapport *m* (1) (*exposé, compte-rendu*) Bericht *m*, Referat *n*, Berichterstattung *f*, (2) (*WirtR: produit, revenu d'un bien*) Rendite *f*, Ertrag *m*, Erträgnisse *pl*, (3)

(*SchuldR: imputation de dettes*) Anrechnung, (4) (*lien, relation*) Verhältnis *n*, Beziehung *f*; **de bon –** rentabel, ertragreich; **faire –** Bericht erstatten; **maison de –** Mietshaus *n*; **par – à** im Vergleich zu.

rapport d'activité Rechenschaftsbericht, Tätigkeitsbericht; **– administratif** Verwaltungsbericht *m*; **– d'affaires** Geschäftsbericht; **– annuel** (1) (*HR*) jährlicher Geschäftsbericht, Jahresbericht, (2) (*WirtR*) jährlicher Ertrag; **–s de bon voisinage** (*VR*) gutnachbarschaftliche Beziehungen; **– de causalité** Kausal- *od.* Ursachenzusammenhang, ursächlicher Zusammenhang; **– circonstancié** ausführlicher Bericht; **– classé confidentiel** Verschlusssache *f*; **– commercial** Handelsbericht; **– complémentaire** Zusatzbericht; **– sur les comptes** (*Buchf*) Rechnungslegungsbericht *m*; **–s de confiance** Vertrauensverhältnis *n*; **– confidentiel** vertraulicher Bericht; **– contractuel** Vertragsverhältnis *n*; **– de la Cour des comptes** Jahresbericht des frz. Rechnungshofs.

rapport de dépendance (*ArbR, StR*) Abhängigkeitsverhältnis *n*; **– des dettes** (*ErbR*) Anrechnung der Schulden; **– des dons et legs** (*ErbR*) Anrechnung der unentgeltlichen Zuwendungen; **– de droit** Rechtsverhältnis; **–s économiques** Wirtschaftsbeziehungen; **– d'enquête** Untersuchungsbericht; **– d'exercice** (*GesR*) Geschäftsbericht; **– d'expert** *ou* **d'expertise** (1) Sachverständigengutachten *n*, (2) (*Buchf: rapport comptable*) Prüfungsbericht *m*, Revisionsbericht.

rapport final Abschlussbericht *m*; **– financier** Finanzbericht; **– des fondateurs** (*GesR*) Gründerbericht; **– de fondation** Gründungsbericht; **– de forces** (*Pol*) Kräfteverhältnis; **– général** Haupt- *od.* Gesamtbericht; **– de gestion** (*HR*) Geschäftsbericht; **– intérimaire** Zwischenbericht; **– juridique** Rechtsverhältnis.

rapport de médecin légiste gerichtsmedizinische Feststellungen; **– médical** ärztliches Gutachten *n*; **– mensuel** Monatsbericht; **– de mer** (*SeeHR*) Verklarung *f*, Seeprotest *m*; **– d'obligation** *ou* **obligataire** Schuldverhältnis, Verpflichtungsverhältnis; **– officiel** amtlicher Bericht; **– oral** mündlicher Bericht; **–s de parenté** Verwandtschaftsverhältnis *n*; **– périodique** wiederkehrender Bericht; **– de police** Polizeibericht; **– préalable** *ou* **préliminaire** Vorbericht; **– qualité-prix** Preis-Leistungsverhältnis *n*.

rapport secret Geheimbericht *m*; **– sur la situation** Lagebericht; **–s sociaux** (*ArbR*) Beziehungen zwischen den Sozialpartnern; **– spécial** Sonderbericht; **– de subordination** (*ArbR, BeamR*) Unterordnungsverhältnis *n*; **– à succession** *ou* **successoral** Ausgleichung, Anrechnung auf den Erbteil; **–s avec les tiers** (*GesR*) Außenverhältnis *n*, Rechtsbeziehungen der Gesellschaft zu Dritten; **–s suivis** (*HR*) laufende Geschäftsbeziehungen.

rapportable *adj* anrechnungsfähig, anrechenbar.

rapporter *v.tr.* (1) (*faire un rapport*) berichten; melden; referieren, (2) (*ZR, HR*) (Früchte) tragen, einen Ertrag abwerfen; sich rentieren, (3) (*VwR: Maßnahmen*) rückgängig machen, widerrufen, aufheben, (4) (*ErbR: restituer*) zurückbringen, rückerstatten; **s'en – à la justice** (*ZPR*) Antrag auf Prozessvergleich stellen; **– un bénéfice** einen Gewinn abwerfen; **– une mesure** eine Maßnahme rückgängig machen.

rapporteur *m* Berichterstatter *m*; Spitzel *m* (der Polizei); **juge –** berichterstattender Richter; **– général** Hauptberichterstatter.

rapprochement *m* (1) Gegenüberstellung *f*, Vergleich *m*, Zusammenstellung von Tatsachen, (2) Annäherung; Versöhnung; **faire le –** einen Zusammenhang herstellen; **– des législations** (*EuR*) Rechtsangleichung; Harmonisierung der Rechtsordnungen; **– des peuples** Völkerverständigung.

rapt *m* (*StR: enlèvement illégal*) Entfüh-

rung *f*, Menschenraub *m*; **– d'enfant, – de séduction** (*StR: détournement de mineur*) Kindesentziehung (mit List); **– de violence** Kindesentziehung mit Gewalt.
raréfaction *f* Verknappung *f*; **– de l'argent** Geldverknappung.
rareté *f* (1) Mangel *m*, Knappheit *f*, (2) Seltenheit *f*, seltener Gegenstand.
rassemblement *m* (1) (*StR: attroupement prohibé*) Zusammenrottung *f*, Auflauf *m*, (2) (*Pol: parti politique*) Partei *f*, politische Vereinigung, (3) (*VerfR: réunion sur la voie publique*) öffentliche Versammlung; **– de documents** Zusammenstellung einer Dokumentation; **– de jeunes** Zusammenrottung Jugendlicher.
rassurer *v.tr.* beruhigen, beschwichtigen, besänftigen.
rat *m* **d'hôtel** Hoteldieb *m*.
ratification *f* (1) (*confirmation, accord formel*) Bestätigung *f*, Genehmigung, (2) (*VR*) Ratifikation (eines Staatsvertrages durch das Parlament), Ratifizierung; **acte** *ou* **instrument de –** (*VR*) Ratifikationsurkunde *f*; **échange des instruments de –** Austausch der Ratifikationsurkunden; **loi de –** (*VerfR: ordonnances, art. 38 de la Constitution de 1958*) parlamentarisches Bestätigungsgesetz (für eine gesetzesvertretende Rechtsverordnung).
ratifier *v.tr.* (1) bestätigen, genehmigen, (2) (*VR*) ratifizieren.
ratio *f* Vernunft *f*; Verstand *m*, logisches Denkvermögen; **– legis** Sinn des Gesetzes, ratio legis.
ratio *m* (*HR*) Kennziffer *f*; Quote *f*, Rate *f*; **– commercial** Umsatzkennziffer *f*; **– dépenses globales à ventes** (*WirtR*) Gesamtaufwand zum Umsatz; **– de liquidité** (*Buchf, HR*) (festes) Verhältnis zwischen den flüssigen Mitteln u. den realisierbaren Forderungen Dritter.
ration *f* Zuteilung *f*, zugeteiltes Maß *m*; **– journalière** Tagesbedarf *m*.
rationalisation *f* Rationalisierung *f*; **– des choix budgétaires** Optimierung der öffentlichen Ausgaben; **– du travail** Arbeitsrationalisierung.
rationaliser *v.tr.* rationalisieren; vereinheitlichen; straffen; zweckmäßiger gestalten.
ratione: **compétence – loci** *loc. lat.* (*PrzR: en raison ou en considération du lieu*) örtliche Zuständigkeit; **compétence – materiae** *loc. lat.* (*PrzR: en raison de la matière*) sachliche Zuständigkeit.
rationnel *adj* vernünftig, der Vernunft entsprechend.
rationnement *m* Verteilung; Bewirtschaftung *f*, Rationierung.
ratissage *m* polizeiliche Durchsuchungs- und Fahndungsaktion (mit systematischer Ausweiskontrolle).
ratisser *v.tr.* durchsuchen, durchkämmen; einzeln und systematisch kontrollieren.
raton *m pej* Nordafrikaner *m*.
ratonnade *f* Rachefeldzug und Ausschreitungen (mit rassistischen Vorzeichen).
ratonner *v.tr.* fertigmachen, (*einen Neger*) *pej* aufklatschen.
rattachement *m* (*VR: annexion, réunion*) Angliederung *f*, Anschluss *m*; **circonstance** *ou* **facteur de –, point de –** (*IPR*) maßgeblicher Anknüpfungspunkt; **règle de –** (*IPR: règle de conflit*) Kollisionsnorm *f*, Anknüpfungs- *od.* Heranziehungsnorm; Grenznorm; **– alternatif** alternative Anknüpfung; **– économique** wirtschaftlicher Anschluss; **– légal** gesetzliche Anknüpfung; einseitige Kollisionsnorm.
rattacher *v.tr.* (1) (*VR*) angliedern, anschließen, (2) (*IPR*) anknüpfen.
rattrapage *m* Ausbessern *n*, Wiedergutmachen *n*; **cours de –** Förderunterricht *m*, Nachhilfestunden *fpl*; **– des salaires** Lohnanpassung *f*; **examen de –** Zusatzprüfung *f*; **– des heures perdues** (*ArbR*) Nacharbeiten *n*; **– des prix** Preisangleichung *f*.
rature *f* (= *biffure, suppression*) Streichung, das Gestrichene (im Text).
raturer *v.tr.* durchstreichen, streichen; verbessern (im Text).
ravage *m* Verwüstung, Verheerung, Zerstörung.
ravaudage *m* Pfusch *m*, liderliche Arbeit.

rave *f* (*on dit aussi: rave party*) Technomusikfest *n*.
ravilir *v.tr.* herabsetzen, verächtlich machen.
ravin *m* Schlucht *f*; Abgrund *m*.
ravir *v.tr.* (1) (*StR: Person*) entführen, (2) *v.tr.* (*StR: Sache*) stehlen, entwenden.
raviser: **se –** *v.pron.* seine Meinung ändern, sich anders besinnen, eine Erklärung rückgängig machen.
ravisseur *m* (*StR*) Entführer *m*.
ravitaillement *m* Versorgung *f*, Verproviantierung.
rayer *v.tr.* (einen Eintrag) durchstreichen, löschen; (ein Mitglied) ausschließen.
rayon *m* (1) (*VwR*) Umkreis *m*, Bezirk *m*, Gebiet *n*, Bereich *m*, (2) (*HR*) (Warenhaus-) Abteilung *f*; **dans un – de . . .** in einem Umkreis von; **– d'action** Tätigkeits- *od.* Wirkungsbereich, Einflusssphäre *f*; **– de distribution** Zustellbezirk *m*; **– douanier** Zollgrenzbezirk *m*; **– frontière** Grenzbezirk; **–s X cancérigènes** krebserregende Röntgenstrahlen.
razzia *f* (*StR*) Polizeiaktion und Durchsuchung (zwecks Fahndung nach verdächtigen Personen).
réabonnement *m* Abonnementverlängerung *f*.
réacquisition *f* Rückerwerb *m*, Wiedererwerb.
réacteur *m* **nucléaire** Atom- *od.* Kernreaktor *m*.
réaction *f* (1) Rückwirkung *f*, Gegenwirkung *f*, Gegendruck, (2) (*Pol*) Reaktion *f*, Rückschlag *m*; Gegenbewegung *f*.
réactionnaire *m* Reaktionär *m*.
réactionner *v.tr.* (1) (*ZPR*) erneut klagen, wieder belangen, (2) (*BörR*) gegen die steigenden Kurse wirken.
réactivation *loc.* Reaktivierung *f*; Wiederankurbelung (der Wirtschaft).
réadaptation *f* (Wieder-) Anpassung; Rehabilitation *f*; Umschulung *f*; Umschichtung; **aide à la –** (*SozR*) Anpassungsbeihilfe *f*; **– fonctionnelle** medizinische Rehabilitation; **– professionelle** (berufliche) Umschulung; **– sociale** soziale Wiedereingliederung.
réadjudication *f* Neuausschreibung; erneute Versteigerung.
réadmettre *v.tr.* wiederzulassen.
réadmission *f* Wiederzulassung *f*; Wiederaufnahme *f*.
réaffectation *f* Wiederverwendung *f*.
réaffermage *m* (*LandwR*) Wiederverpachtung *f*.
réaffirmer *v.tr.* bekräftigen, unterstreichen; erneut beteuern.
réagir *v.intr.* (*et v. ind.*) reagieren auf; sich wenden gegen; **– à un événement** ein Ereignis kommentieren; **– vivement** mit Empörung reagieren.
réajournement *m* (1) (*StPR*) zweite Vorladung, (2) nochmalige Vertagung.
réajustement *m* Aus- *od.* Versöhnung *f*; Anpassung, Angleichung *f*; Instandsetzung *f*; Neufestsetzung *f*; **– de frontière** Grenzberichtigung; **– des salaires** Lohnangleichung *f*.
réalisable *adj* (1) aus- *od.* durchführbar, realisierbar, (2) verwertbar; **capital –** mobilisierbares Kapital.
réalisateur *m* (1) (*MedienR*) (*Film*) Regisseur *m*, (2) (*Rundfunk*) Sendeleiter *m*, (3) (*Planung*) Gestalter *m*; Architekt *m*.
réalisation *f* (1) (*accomplissement, exécution*) Umsetzung (der gesetzlichen Bestimmungen); Verwirklichung *f* (eines Vorhabens); Herstellung *f*; Durchführung *f*, Ausführung; Erfüllung *f*, (2) (*création, œuvre*) Werk *n*, Anlage *f*, Erzeugnis *n*, (3) (*BankR: mobilisation, conversion en argent*) Umwandlung *f* in Geld, Flüssigmachung, Realisierung *f*, (4) (*HR: vente*) Veräußerung *f*, (5) (*BörR*) Glattstellung *f*.
réalisation de l'actif (*ZwangsVR*) Veräußerung der Vermögenswerte des Schuldners; **– de la condition** Eintritt *m* der Bedingung; **– d'un contrat** Durchführung *od.* Abwicklung eines Vertrages; Vertragsabschluss *m*; **– d'une enquête** Durchführung einer Untersuchung; **– forcée** Zwangsveräußerung *od.* -verwertung; **– du gage** Pfandverkauf *m*, Pfandverwertung; **– de l'impôt** genaue Festsetzung einer Steuer; **– du risque** (*VersR*) Eintritt des Versiche-

rungsfalles, Schadenseintritt *m*, Schadensfall *m*.

réaliser *v.tr.* (1) (*ein Vorhaben*) verwirklichen; aus- *od.* durchführen; vollbringen, (2) (*einen Gewinn*) realisieren, erzielen; (*einen Gegenstand*) verwerten, veräußern, (3) (*BörR*) glattstellen; **– un accord partiel** zu einem Teilabkommen gelangen; **– des affaires** Geschäfte tätigen; **– un bénéfice** einen Gewinn erzielen; **– ses biens** *ou* **sa fortune** sein Vermögen realisieren *od.* flüssig machen; **– un contrat** einen Vertrag abschließen; **– des économies** Einsparungen erzielen; **– une enquête très poussée** eine eingehende Untersuchung durchführen; **– un film** einen Fim drehen; **– un gain** *ou* **un profit** einen Gewinn erzielen; **– un projet** ein Vorhaben in die Tat umsetzen; **– une vente** einen Kaufvertrag abschließen.

réalité *f* (1) Wirklichkeit *f*, Realität *f*; Tatsache *f*, Gegebenheit *f*, (2) Sachbezogenheit *f*; **en –** in der Tat, tatsächlich; **– de l'impôt** Steuer in der Form der Real- *od.* Objektsteuer; **– juridique** Rechtswirklichkeit.

réanimation *f* (*Vwirt, fig*) Wiederbelebung *f*, Wiederankurbelung; **service de –** (*MedizinR*) Intensivstation *f*.

réapprovisionnement *m* (Wieder-) Beschaffung, Aufstockung der Lagerbestände.

réapprovisionner *v.tr.* (Lagerbestände) aufstocken, ergänzen, vervollständigen.

réarmement *m* Wiederaufrüstung *f*, Wiederbewaffnung.

réassignation *f* (*ZPR: seconde assignation à comparaître*) erneute Ladung.

réassigner *v.tr.* **le défaillant** den säumigen Kläger *od.* Beklagten erneut laden.

réassortiment *m* (*HR*) Sortimentsumgestaltung, neue Zusammenstellung der Sortimentsbreite und -tiefe.

réassurance *f* Rückversicherung *f*; Rückdeckung *f*; **compagnie de –** Rückversicherungsgesellschaft *od.* -träger; **contrat de –** Rückversicherung *f*; **couverture de –** Rückdeckung.

réassurance de dommages Sachschadenrückversicherung; **– en excédent de plein** *ou* **de risques** *ou* **de sinistres** (Schaden-) Exzedenten-- Rückversicherung; **– obligatoire** obligatorische *od.* laufende Rückversicherung.

réassuré *m* Rückversicherte(r) *m*.

réassurer *v.tr.* rückversichern, rückdecken, in Rückversicherung nehmen.

réassureur *m* Rückversicherer *m*.

rebelle *adj* aufrührerisch, renitent; aufsässig.

rebelle *m* Rebell *m*, Aufrührer *m*; **– à la loi** Gesetzesbrecher *m*.

rebeller: **se –** *v.pron.* sich auflehnen *od.* empören (gegen), aufbegehren, rebellieren.

rébellion *f* Aufruhr *m*, Rebellion *f*, Aufstand *m*, Empörung *f*; **réprimer la –** einen Aufstand niederschlagen; **– contre les autorités** *ou* **contre la force publique** Widerstand gegen die Staatsgewalt.

reboisement *m* (*UmweltR*) Wiederaufforstung *f*.

rebondissement *m* **d'une affaire** unvorhergesehene Entwicklung.

rebouteux *m* (*MedizinR, StR: guérisseur*) Person, die illegal den Ärzteberuf ausübt; *pej* Kurpfuscher *m*.

rebut *m* (1) (*HR: marchandise de mauvaise qualité*) Ausschussware *f*, Ramschware, Ramsch *m*, (2) (*UmweltR: détritus, déchets*) Abfall *m*; **envoi tombé en –** (*Post*) unzustellbare Sendung.

recadrer *v.tr.* neu festlegen; anders abgrenzen.

recalcul *m* Neuberechnung *f*.

recapitalisation *f* (*GesR*) Kapitalaufstockung *f*.

récapitulation *f* Zusammenfassung *f*, Überblick *m*; Rückschau *f*, Rückblick *m*.

récapituler *v.tr.* (kurz) zusammenfassen, wiederholen.

recéder *v.tr.* (*SchuldR: rétrocéder*) wieder abtreten.

recel *m* (1) (*StR: réception et détention de choses obtenues à l'aide d'une infraction – art. 321–1 NCP*) Hehlerei *f*, (2) (*i. w. S.*) Verheimlichung *f*; Verbergung *f*; **– d'abus de biens sociaux**

(= RABS) (*WirtStR*) Hehlerei von veruntreutem Gesellschaftsvermögen; **– de biens** *ou* **de choses** (*StR: le fait de dissimuler, de détenir ou de transmettre une chose, en sachant que cette chose provient d'un crime ou d'un délit – art. 321–1 CP*) sachliche Begünstigung; Sachhehlerei *f*; **– de cadavre** (*StR: le fait de cacher le cadavre d'une personne victime d'un homicide – art. 434–7 CP*) Strafvereitelung durch Beseitigung eines Leichnams, unbefugte Wegnahme *od.* Unterschlagung einer Leiche; **– de criminel** *ou* **de malfaiteur** (*StR: entrave à la saisine de la justice: fait de soustraire à la justice des personnes responsables d'une infraction – art. 434–6 CP*) persönliche Begünstigung, Strafvereitelung; **– de naissance** (*FamR: dissimulation par une femme de la naissance de son enfant*) Verheimlichung einer Geburt; **– successoral** (*StR, ErbR: on dit aussi: recelé de succession*) Unterschlagung von Nachlassgegenständen.

recelé *adj* (*StR: caché: se dit des objets dissimulés par recel*) durch Hehlerei erlangt.

recélé *m* (1) (*StR: syn. de recel*) Hehlerei, (2) (*StR, ErbR*) Unterschlagung von Nachlassgegenständen; **– d'enfant** (*StR*) Unterdrückung des Personenstandes eines Kindes.

recèlement *m* (*StR: action de receler*) sachliche *od.* persönliche Begünstigung; **– de grossesse** (*StR: on dit aussi: recel de grossesse*) Verheimlichung der Schwangerschaft.

recéler *v.tr.* hehlen; verbergen, verheimlichen.

receleur *m* Hehler *m.*

récemment *adv* kürzlich, unlängst, neulich, vor kurzer Zeit.

recensement *m* (1) (*Pol*) Volkszählung; Stimmenzählung, (2) (*HR*) Warenbestandsaufnahme, (3) (*MilR*) Erfassung der Wehrdienstpflichtigen; **feuille de –** Zählbogen *m.*

recensement des biens Vermögensinventur *f*; **– des entreprises** Betriebszählung; **– de marchandises** Warenbestandsaufnahme *f*; **– de la population** Volkszählung; **– des voix** *ou* **des votes** Stimmenzählung.

recenser *v.tr.* erfassen, zählen; **– les votes** die Stimmen zählen.

recenseur *m* (*celui qui recense la population on dit aussi: agent recenseur*) (*démographie*) Volkszähler *m.*

recension *f* (1) (*UrhR: examen critique d'un ouvrage littéraire*) Textüberprüfung (anhand des Originals), (2) (*examen, inventaire détaillé et critique*) *fig* kritische Untersuchung *od.* Überprüfung.

récent *adj* jung, neu; vor kurzem geschehen; frisch; **invention –e** neue Erfindung; **photo –e** neueres Foto.

recentrage *m* (*Pol*) Umorientierung *f*, Neuorientierung.

récépissé *m* Empfangsschein *m*, Empfangsbestätigung *od.* -bescheinigung *f*; Einlieferungs- *od.* Ablieferungsschein *m*, Aufgabebescheinigung *f*; **donner –** den Empfang bestätigen; **– de bagages** Gepäck(aufbewahrungs)-schein; **– d'entrepôt** (*HR*) Lagerschein *m*, Lagerhausschein *m*; **– d'envoi recommandé** Einschreibequittung *f*; **– nominatif** (*HR*) Lagerschein (in der Form eines Namenspapiers); **– non transmissible** Rektalagerschein; **– de paiement** Zahlungsbeleg *m*; **– de transport** Frachtbrief *m*; **– warrant** (*HR*) Lagerschein (als Orderpapier), Warrant *m.*

récepteur *m* (*MedienR*) Radioempfänger *m*; **– solaire** (*UmweltR*) Solarkollektor *m*; **– de télévision** Fernsehempfänger *m.*

receptice *adj*: **acte –** (*SchuldR: acte unilatéral n'existant que par déclaration faite à partie*) einseitiges Rechtsgeschäft, das durch die Zusendung an den Betroffenen seine Gültigkeit erhält.

réception *f* (1) Empfang *m*, Erhalten *n*; Übernahme, Annahme *f*, (2) (*BauR*) (*Bauwerk*) Abnahme *f*, (3) (*BeamR*) Einführung in ein Amt; **accusé** *ou* **avis de –** Empfangsbestätigung *f*; **accuser –** den Empfang bestätigen; **bureau de –** Empfangsbüro *n*; **discours de –** Antrittsrede *f*; **théorie dite de la –** (*SchuldR*) Empfangstheorie *f.*

réception de caution Zulassung als Bürge; **– définitive** vorbehaltlose Entgegennahme *od.* Abnahme der Leistung (durch den Gläubiger); **– du droit** *hist.* Rezeption des (römischen) Rechts.

réception de fournitures *ou* **de marchandises** (*HR: le fait, pour un destinataire, de recevoir matériellement, complètement et effectivement une marchandise transportée*) Entgegennahme *f* der Lieferung, (*nach Kontrolle der Lieferung*) Abnahme *f*; **– du serment** (*PrzR*) Eidesabnahme; **– des travaux** Abnahme des Werkes *od.* der Arbeiten.

réceptionnaire *m* Empfangsberechtigte (r) *m*; Empfänger *m* (von Waren); **– du chargement** Ladungsempfänger *m*; mit der Abnahme Beauftragter.

réceptionner *v.tr.* (*Waren*) empfangen, (*Geräte*) abnehmen, prüfen, übernehmen, abnehmen.

réceptionniste *m / f* Empfangsperson *f*, Empfangsdame *f*.

recès *m* (*VR: on écrit aussi: recez*) Abschlussprotokoll *n*.

récession *f* Rückgang *m*, Flaute *f*, Rezession *f*; **– conjoncturelle** *ou* **économique** Konjunkturrückschlag *m*, rückläufige Wirtschaftsentwicklung.

recette *f* (1) (*SchuldR: rentrée d'argent, ressource*) Einnahme *f*; Ertrag *m*; Erlös *m*, (2) (*SteuerR*) Steuerzahlstelle *f*, Kasse des Finanzamtes; Erhebung (von Steuern); **article de –** Einnahmeposten *m*; **inscrire** *ou* **porter en –** als Einnahme verbuchen; **– journalière** Tageseinnahmen *fpl*; **– municipale** Gemeindekasse *f*; **– nette** Nettoerlös *m*; **– principale (des postes)** Hauptpostamt *n*; **– réelle** (*Buchf*) Isteinnahme; **– théorique** Solleinnahme.

recettes *fpl* (*HaushR: ressources publiques*) Einnahmen *fpl*; **excédent de –** Mehreinnahmen *fpl*, überplanmäßige Einnahmen; **perte de –** Einnahmenausfall *m*; **prévision de –** Einnahmenvoranschlag *m*; **surplus de –** Mehraufkommen *n*, Mehreinnahmen *fpl*.

recettes à affectation spéciale (*HaushR*) zweckgebundene Einnahmen; **– budgétaires** Haushaltseinnahmen *fpl*; **– domaniales** (*VwR*) Domanialeinkünfte *pl*; **– douanières** Zolleinnahmen; **– effectives** Isteinnahmen; **– d'exploitation** Betriebseinnahmen *fpl*; **– extraordinaires** außerordentliche Einnahmen; **– fiscales** Steueraufkommen *n*; **– imprévues** außerplanmäßige Einnahmen; **– à imputer** Verwahrung von Einnahmen (bis zur endgültigen Verbuchung); **– nettes** Nettoeinnahmen; **– ordinaires** regelmäßige Einnahmen; **– prévues** Solleinnahmen; **– publicitaires** Werbeeinnahmen.

recevabilité *f* (*ZPR*) Zulässigkeit (einer Klage); Statthaftigkeit eines Rechtsmittels; **– d'un appel** Berufungszulässigkeit *f*.

recevable *adj* zulässig, statthaft; annehmbar; **– en la forme** der Form nach zulässig.

receveur *m* **buraliste** Steuereinnehmer *m* für indirekte Steuern; **– des contributions** Steuereinnehmer; **– des douanes** Zolleinnehmer *m*; **– des postes** Leiter eines Postamtes.

recevoir *v.tr.* empfangen, in Empfang nehmen, erhalten; übernehmen; **– de l'argent** Geld empfangen; **– une déclaration** eine Erklärung entgegennehmen; **– une déposition** (*StPR*) einen Zeugen vernehmen; **– un don** eine Schenkung erhalten; **– une offre** ein Angebot erhalten; **– un présent** ein Geschenk erhalten.

rechange *m* (1) (*HR: remplacement*) Ersatz *m*, Auswechseln *n*, (2) (*WechselR: fait de tirer une nouvelle lettre de change*) Rückwechsel *m*; **pièce de –** Ersatzteil *n*; **solution de –** Ersatzlösung.

rechargement *m* Wiederaufladen *n* der (abgelehnten) Ware.

recherche *f* (1) (*StR: enquête policière*) Ermittlung *f*, polizeiliche Untersuchung, Nachforschung *f*; Erkundung *f*, Recherche *f*, (2) (*HochschulR, WirtR: travaux scientifiques*) Forschungs- und Entwicklungstätigkeit *f*, Forschung *f*; Erforschung *f*; **bulletin de –** (*StPR*) Fahndungsblatt *n*; **droit de –** Such- *od.* Nachforschungsgebühr; **faire des –s** Nachforschungen anstellen.

recherche d'antériorité (*Wz*) Nachforschung *f*; **– de capitaux** Kapitalbeschaffung; **– commerciale** Marktforschung; **– d'un emploi** Arbeitsplatzsuche *f*; **– d'erreurs** Fehlersuche *f*; **– fondamentale** Grundlagenforschung; **– d'un malfaiteur** (*StPR*) Fahndung nach einem Straftäter, Verfolgung eines Verbrechers; **– nucléaire** Kernforschung *f*; **– opérationnelle** Betriebsforschung, Unternehmens(organisations)forschung.

recherche de paternité naturelle (*FamR*) Vaterschaftsfeststellungsverfahren *n*; **– du profit** Profitstreben *n*; **– scientifique** wissenschaftliche Forschung; **– d'une solution pacifique** (*VR*) Suche *f* nach einer friedlichen Lösung (des Konflikts); **– de témoins** Zeugenermittlung; **– de la vérité** Wahrheitsfindung *f*; **–s de la police** Fahndung.

rechercher *v.tr.* suchen, erkunden; ermitteln; fahnden; nachforschen; **– les crimes** Straftaten verfolgen; **– des indices** nach Tathinweisen suchen; **– une solution négociée** eine Lösung im Rahmen von Verhandlungen suchen.

rechute *f* Rückfall *m*.

récidive *f* (*StR: réitération d'une infraction*) Rückfall *m*, Rückfälligkeit *f*; **grande –** Rückfall nach Bestrafung mit mehr als einem Jahr Gefängnis; **petite –** Rückfall nach Bestrafung mit weniger als einem Jahr Gefängnis; **– générale** (*StR: cause d'aggravation de la peine n'exigeant aucune similitude entre les infraction commises*) Grundsatz der Rückfallbestrafung, welches auch die Art der Straftat sei; **– perpétuelle** (*StR: elle joue quel que soit le délai séparant les deux crimes*) Grundsatz der Rückfallbestrafung, welches auch die Zeitspanne zwischen den Straftaten sei; **– temporaire** (*StR: rechute qui n'est sanctionnée comme récidive que lorsque la nouvelle infraction est commise avant l'expiration d'un certain délai*) Grundsatz der Rückfallbestrafung wenn die wiederholte Straffälligkeit innerhalb eines bestimmten Zeitraums erfolgt.

récidiver *v. intr.* (*StR*) rückfällig werden.

récidiviste *m* (*StR: syn.: repris de justice ou pej. cheval de retour*) Rückfalltäter *m*, Rückfällige(r) *m*.

récipiendaire *m* (*in eine wissenschaftlichen Akademie*) Aufzunehmende(r) *m*; Auszuzeichnende(r) *m*.

réciprocité *f* (*VR, IPR: traitement équivalent*) Gegenseitigkeit *f*, Wechselseitigkeit *f*, Reziprozität *f*; **à charge de –** auf Gegenseitigkeit; **accord de –** (*Außh*) Gegenseitigkeitsabkommen *od.* -übereinkommen *n*; **clause de –** Gegenseitigkeitsklausel *f*; **déclaration de –** Gegenseitigkeitserklärung *f*; **dispense de –** Befreiung von der Gegenseitigkeitsverpflichtung *od.* vom Gegenseitigkeitserfordernis; **à titre de –** auf Gegenseitigkeit; **– de la preuve** Umkehrung der Beweislast.

réciproque *adj* gegenseitig, wechselseitig; umgekehrt.

réciproquement *adv* gegenseitig; umgekehrt.

récit *m* Bericht *m*; Darstellung *f*, Wiedergabe *f*; **– des faits** Sachverhaltswiedergabe; Tatbestandsbeschreibung; **– fidèle** *ou* **véridique** getreue Wiedergabe.

réclamant *m* (1) (*ZR, HR*) derjenige, der etwas reklamiert, (2) (*VwPR*) Beschwerdeführer *m*.

réclamateur *m* (*SeeHR*) Reklamant *m*.

réclamation *f* (1) (*ZR, HR*) Mängelrüge *f*, Anzeige *f* eines Mangels, Beanstandung *f*, Reklamation *f*, (2) (*ArbR: revendication*) Forderung *f*, Anspruch *m*, (3) (*VwPR*) Beschwerde *f*, (4) (*SteuerR*) Einspruch *m*; **action en – d'état** (*FamR*) Klage auf Feststellung der Abstammung; **délai de –** (1) (*VwPR*) Frist zur Einbringung von Beschwerden, (2) (*SchuldR, HR*) Mängelanzeigefrist *f*.

réclamation fondée begründete *od.* berechtigte Mängelrüge; **– en indemnité** Ersatzanspruch; **– de la nationalité** Beanspruchung der Staatsangehörigkeit.

réclame *f* (Kunden-) Werbung *f*;

article *ou* **produit en –** verbilligte Ware (für Werbezwecke); **faire de la –** werben, Reklame (für etwas) machen.

réclamer *v. intr.* (1) (*SchuldR: faire une réclamation*) einen Mangel anzeigen, bemängeln, beanstanden, reklamieren, (2) *v.tr.* (*ZPR: demander comme dû*) fordern, beanspruchen, verlangen; **se – de qqn.** sich auf jmdn. berufen; **– de l'argent** Geld fordern; **– son dû** die geschuldete Leistung verlangen, den geschuldeten Betrag fordern; **– en faveur de qqn.** für jmdn. eintreten, als Fürsprecher für jmdn. auftreten; **– sa part** seinen Anteil fordern.

reclassement *m* (1) (*ArbR, BeamR*) Neueinstufung *f*, Aufgruppierung, Höhereinstufung, (2) (*ArbR*) Wiederbeschäftigung, Wiedereingliederung in das Berufsleben.

reclasser *v.tr.* (1) neu einstufen, umstufen, höherstufen, (2) einen neuen Arbeitsplatz beschaffen.

réclusion *f* **criminelle** (*StR: peine criminelle de droit commun privative de liberté – art. 131–1 CP*) Freiheitsstrafe (für Verbrechen), Zuchthaus(strafe); **– perpétuelle** *ou* **à perpétuité** (*StR*) lebenslange Freiheitsstrafe; **– temporaire** *ou* **à temps** (*StR: peine criminelle de trente ans au plus et dix ans au moins*) zeitige Freiheitsstrafe.

réclusionnaire *m* (*StR: personne condamnée à une peine criminelle*) Strafgefangener *m*, Zuchthäusler *m*.

recodification *f* (*VerfR: regroupement dans un code de lois postérieures demeurées extérieures jusque là*) Zusammenfassung in einem Gesetzbuch, Kodifizierung.

recognitif *adj* Erkennungs-; Anerkennungs-; **acte –** (*SchuldR*) (Schuld-) Anerkennungsurkunde *f*.

recognition *f* (1) Wiedererkennung *f*, (2) Anerkennung *f*.

récolement *m* (1) (*StPR: fait de lire sa déclaration à un témoin*) Verlesung der Aussage, (2) Verlesungsprotokoll *n*, (3) (*ZwangsVR: dénombrement*) Bestandsaufnahme *f* (der gepfändeten Gegenstände), Auflistung, (4) (*HR: vérification contradictoire*) Abnahme u. Überprüfung der Inventarerrichtung; Prüfung der Richtigkeit eines Inventars.

récoler *v.tr.* (ein Protokoll) verlesen; (ein Inventar) kontrollieren, überprüfen.

récolte *f* (*LandwR: surtout au pluriel terme général désignant les produits de la terre arrivés à maturité*) Ernte *f*, Feldertrag *m*; **mauvaise –** Missernte *f*; **perte de –** (*LandwR: cas fortuit entraînant la destruction d'au moins la moitié de la récolte*) Ernteausfall von über 50%; **vol de –** (*StR*) Feld- *od.* Erntediebstahl *m*; **– sur pied** Ernte auf dem Halm.

recommandataire *m* **au besoin** (*WechselR*) Notadressat *m*.

recommandation *f* (1) Empfehlung *f*, Fürsprache *f*, (2) Ermahnung *f*, Ratschlag *m*, (3) (*ArbR: médiateur*) Schlichtungsvorschlag *m*, (4) (*eingeschriebener Brief*) Verpflichtung der Post, einen Brief unmittelbar dem Empfänger zuzustellen; **droit** *ou* **taxe de –** Einschreibegebühr *f*; **lettre de –** Empfehlungsschreiben *n*.

recommander *v.tr.* (1) (*appuyer*) empfehlen, (2) (*conseiller, exhorter*) ermahnen, einen Ratschlag erteilen; **se – de qqn.** *v. pron.* sich auf jmdn. berufen.

recommencer *v.tr.* wieder anfangen, neu beginnen.

recomparaître *v.intr.* (*PrzR*) erneut vor Gericht erscheinen.

récompense *f* (1) (*gratification*) Belohnung *f*, Lohn *m*, (2) (*indemnité*) Erstattung, Entschädigung, Rückvergütung, (3) (*EheR*) Ausgleich *m*; **– en argent** Belohnung in Geld.

récompenser *v.tr.* (1) belohnen, (2) erstatten, ersetzen, vergüten.

réconciliation *f* (*a. EheR*) Versöhnung *f*, Aussöhnung *f*, Einigung *f*.

réconcilier *v.tr.* versöhnen; **se – avec qqn.** *v. pron.* sich mit jmdn. versöhnen, mit jmdm. Frieden schließen, sich vertragen.

reconductible *adj* verlängerbar.

reconduction *m* Verlängerung *f*, Erneuerung; Prolongation *f*; Weiterführung *f*; **tacite –** stillschweigende Verlängerung *od.* Erneuerung; **– d'une aide** Weiterzahlung einer Beihilfe; **– du contrat** Vertragsverlängerung; **–**

expresse *ou* **explicite** ausdrückliche Erneuerung *od.* Verlängerung; **– de la grève** Streikfortsetzung; **– d'une politique** Fortsetzung einer Politik.

reconduire *v.tr.* (1) (*proroger, renouveler*) erneuern, fortsetzen, verlängern, (2) (*AuslR: reconduire à la frontière*) abschieben; **– des mesures temporaires** die Anwendung zeitlich beschränkter Maßnahmen prolongieren.

reconduite *f.* **arrêté préfectoral de – à la frontière (= APRF)** (*AuslR: étranger en situation irrégulière*) präfektorale Abschiebungsanordnung, zwangsweise Durchsetzung der Ausreisepflicht.

réconforter *v.tr.* unterstützen, Rückhalt geben.

reconnaissable *adj* (wieder-) erkennbar.

reconnaissance *f* (1) (*SchuldR: acceptation d'une situation préexistante de fait ou de droit*) Anerkennen *n*; Zugeständnis *n*; Anerkennung *f*, Anerkenntnis *n*, (2) (*gratitude*) Dank *m*, Dankbarkeit *f*, (3) (*exploration, prospection*) Erkundung *f*, Besichtigung *f*; Aufklärung *f*, Untersuchung *f*, (4) (*identification*) Wiedererkennen *n*, (5) (*SchuldR: récipissé du mont-de-pitié*) Pfandschein *m*; **déclaration de –** Anerkennungserklärung *f*, Anerkenntnis; **fausse –** (*MedizinR*) Paramnesie *f*; **par –** aus Dankbarkeit; **signe de –** Erkennungszeichen *n*.

reconnaissance comme belligérant (*VR*) Anerkennung als kriegführende Partei; **– comme insurgés** Anerkennung als Aufständische; **– de culpabilité** (*StR*) Schuldbekenntnis *n*; **– des décisions judiciaires** (*IPR*) Anerkennung richterlicher Entscheidungen; **– de dépôt** Hinterlegungsschein *m*.

reconnaissance de dette (*SchuldR: écrit par lequel une personne se reconnaît débitrice envers une autre*) (schriftliches) Schuldanerkenntnis; **– des dettes** Schuldenerklärung; **– de droit** (*VR*) de-jure-Anerkennung; **– d'écriture** (*ZPR*) Anerkenntnis der Echtheit einer Urkunde; **– d'enfant naturel** (*FamR*) Anerkennung der außerehelichen Vaterschaft, Vaterschaftsanerkenntnis; **– comme État** (*VR*) Anerkennung als Staat.

reconnaissance de facto *ou* **de fait** (*VR*) de-facto-Anerkennung; **– d'une faute** Schuldbekenntnis *n*, Eingeständnis *od.* Zugeständnis (einen Fehler begangen zu haben), Schuldversprechen *n* (S); **– forcée** (*ZPR*) Anerkenntnis im Wege eines Urteils; **– formelle** förmliche Anerkennung; **– de la frontière** Überprüfung der vertraglich vereinbarten Grenzziehung.

reconnaissance de gage Pfandschein *m*; **– de gouvernement** (*VR*) Anerkennung als Regierung; **– d'identité** (*StR*) Identitätsfeststellung *f*; **– judiciaire** (*FamR*) gerichtliche Anerkennung (der Vaterschaft); **– des jugements** (*PrzR*) Anerkennung ausländischer Entscheidungen; **– de jure** (*VR*) de-jure-Anerkennung; **– de legitimité** Ehelichkeitsanerkenntnis (eines Kindes); **– des lieux** (*PrzR*) Augenschein, Lokalbesichtigung, Ortsbesichtigung; **– de maternité** Mutterschaftsanerkenntnis *n*; **– du mont-de-piété** Pfandschein einer Pfandleihanstalt; **– mutuelle** gegenseitige Anerkennung; **– mutuelle des diplômes** (*SchulR*) gegenseitige Anerkennung ausländischer Prüfungen und Befähigungsnachweise.

reconnaissance de paternité (*FamR*) Vaterschaftsanerkenntnis; **– de prêt** Pfandschein; **– d'une règle de droit** (*IPR*) Anerkennung eines Rechtsgrundsatzes; **– de responsabilité** Haftungsanerkenntnis *od.* -übernahme *f*, Haftungserklärung *f*; **– du sinistre** (*VersR*) Schadenfeststellung; **– tacite** stillschweigende Anerkennung; **– unilatérale** einseitige Anerkennung; **– d'utilité publique** (*ZR: associations*) Anerkennung der Gemeinnützigkeit.

reconnaissant *adj* dankbar, erkenntlich, von Dankbarkeit erfüllt.

reconnaître *v.tr.* (1) (wieder-) erkennen; zugestehen; anerkennen, (2) bescheinigen, bestätigen, (3) erkunden, aufklären; **son innocence a été reconnue** seine Unschuld ist erwiesen; **se – coupable** (*StPR*) gestehen, sich für schuldig erklären, sich schuldig bekennen; **– la compétence d'un tribunal** ein Gericht für zuständig erklären; **– le corps d'un mort** eine Leiche identifizieren; **– une dette** eine Schuld anerkennen; **– un droit à qqn.** jmdm. ein Recht zugestehen od.einräumen schriftlich anerkennen, verbriefen; **– s'être trompé** seinen Irrtum einsehen *od.* erkennen; **– les faits (reprochés)** (*StPR*) ein Geständnis ablegen; **– sa faute** sich schuldig bekennen; seinen Fehler eingestehen; **– un lieu** eine Örtlichkeit wiedererkennen; einen Ort auskundschaften; **– sa signature** zugeben, dass es sich um die eigene Unterschrift handelt.

reconnu *adj*: **fait –** allgemein bekannte Tatsache.

reconquérir *v.tr.* zurückerorbern; **– sa liberté** seine Freiheit wiedererlangen.

reconsidérer *v.tr.* erneut erwägen *od.* bedenken, erneut in Erwägung ziehen.

reconstituer *v.tr.* (1) wiederherstellen, (2) (*StPR*) (ein Verbrechen) rekonstituieren; **– un dossier** eine Akte vervollständigen *od.* erneut anlegen.

reconstitution *f* Wiederherstellung (nach alten Vorbildern), Neubildung *f*; **– d'un accident** Rekonstruktion eines Unfalls; **– des actes de l'état civil** erneute Ausfertigung verlorengegangener standesamtlicher Urkunden; **– de carrière** (*BeamR*) rückwirkende Wiedereinstufung in eine Laufbahn; **– de crime** (*StPR*) Lokaltermin *m*, gerichtlicher Termin am Tatort, Rekonstruktion eines Verbrechens; **– de document** Urkundenwiederherstellung; **– de l'état-civil** (*ZR*) Wiederherstellung *od.* Wiedererrichtung des standesamtlichen Registers; **– de la garantie** Wiederherstellung der Haftpflicht; **– d'un parti** (*Pol*) Neugründung einer Partei; **– des réserves** (*GesR*) Wiederauffüllung der Rücklagen; **– de la vérité** Aufdeckung der Wahrheit.

reconstruction *f* Wiederaufbau *m*.

reconvention *f* (*ZPR: demande reconventionnelle*) Widerklage *f*.

reconventionnel *adj*: **demande –e** (*ZPR*) Widerklage *f*.

reconversion *f* (1) (*Vwirt: organisation transformée*) Umgestaltung, Umwandlung, (2) (*GesR*) Umstellung (der Produktion), (3) (*ArbR: changement d'activité professionnelle*) Umschulung; **mesure de –** (1) Umschulungsmaßnahme *f*, (2) (*WirtR*) Betriebsumstellung *f*; **– économique** wirtschaftliche Umstrukturierung; **– industrielle** Betriebsumstellung, Unternehmensmodernisierung; **– professionelle** berufliche Umschulung.

reconvertir *v.tr.* umstellen, umorganisieren; umschulen; **se –** *v. pron.* einen neuen Beruf erlernen.

recopier *v.tr.* abschreiben; **– une disquette** eine Diskette kopieren.

record *m* Rekord *m*, Höchstleistung *f*; Höchstmaß *n*; **déficit –** Rekordhöhe *f* eines Defizits.

recors *m* (*ZwangsVR: particulier accompagnant un huissier*) Zeuge *m* des Gerichtsvollziehers (im Rahmen der Zwangsvollstreckung).

recoupement *m* **des témoignages** (*StPR*) Vergleich der einzelnen Zeugenaussagen.

recouper *v.tr.* **les informations** einzelne Informationen auf ihre Schlüssigkeit hin überprüfen.

recouponnement *m* (*WertpR*) Zinsscheinerneuerung *f*.

recourant *m* (*VwPR*) Beschwerdeführer *m*.

recourir *v.tr.ind.* **à la justice** (*ZPR*) gerichtlich vorgehen, ein Verfahren anstrengen, Klage erheben; **– au travail noir** schwarz arbeiten; Schwarzarbeiter einstellen.

recours *m* (1) (*VwR: recours porté devant les autorités administratives*) Vorverfahren *n*, Widerspruchsverfahren, (2) (*ZPR, StPR: voie de recours*) Rechtsmittelverfahren, Rechtsmittel *n*; Berufung *f*; Revision *f*, (3) (*ZR, ArbR: action de recourir contre un tiers responsable*) Rückgriff *m*, Regress *m*; **avoir – à** heranziehen, in Anspruch nehmen; **c'est sans –** da gibt es keinen Ausweg, etwas wird unweigerlich eintreten; **clause d'abandon de –** Regressverzichtsklausel *f*; **débouté de son –** in seinen Anträgen abgewiesen; **délai de –** Rechtsmittelfrist *f*, Berufungsfrist, Beschwerdefrist; **en dernier –** als letztes (Rechts-) Mittel; **désistement d'un –** Klageverzicht *m*, Zurücknahme *f* des Rechtsmittels; **droit de –** (1) Rückgriffsanspruch *m*; Rückgriffsforderung *od.* -recht, Regress(anspruch); Beschwerderecht, (2) Recht, ein Rechtsmittel einzulegen, Befugnis, eine Klage einzureichen.

recours: **exercer un –** (1) (*VwR*) Widerspruch einlegen, (2) (*ZPR*) ein Rechtsmittel einlegen, (3) (*ZR*) Rückgriff nehmen, einen Regress ausüben; **former un –** Klage erheben; ein Rechtsmittel einlegen; **instance de –** Rechtsmittelinstanz *f*, Berufungsinstanz, Beschwerdeinstanz; **interjeter un –** ein Rechtsmittel einlegen, Einspruch erheben; **introduction du –** Klageerhebung *f*; Rechtsmitteleinlegung; **objet du –** Gegenstand des Verfahrens; Beschwerdegegenstand *m*; **présenter un –** ein Rechtsmittel einreichen; **procédure de –** Beschwerdeverfahren; Rechtsmittelverfahren; **renoncer aux voies de –** auf Rechtsmittel verzichten; **suprême –** letzter Ausweg; **voie de –** (*PrzR: moyen juridictionnel pour entreprendre une décision de justice*) Rechtsmittel *n*.

recours administratif (*VwR: recours gracieux ou contentieux*) Widerspruchsverfahren *n*; **– en annulation** (*VwPR*) Anfechtungsklage; **– en appréciation de validité** verwaltungsgerichtliche Klage auf Prüfung der Rechtsgültigkeit einer Verwaltungsmaßnahme; **– cambiaire** (*WechselR*) Wechselprozess *m*; **– aux capitaux étrangers** (*GesR*) Aufnahme von Fremdkapital; **– en carence** *ou* **en cas d'inaction de l'administration** (*VwPR*) Untätigkeitsklage.

recours en cassation (*ZPR, StPR*) Revisionseinlegung *f*, Revisionsgesuch *n*, Revisionsverfahren *n*, Nichtigkeits- *od.* Kassationsbeschwerde; **– de change** Wechselklage *od.* -prozess; **– collectif** (*PrzR*) Verbandsklage; **– devant le Conseil constitutionnel** Einleitung eines Verfahrens vor dem frz. Verfassungsgericht.

recours contentieux (1) (*VwPR: recours formé devant une juridiction administrative*) Verwaltungsstreitverfahren, (2) (*ZPR*) gerichtliche Geltendmachung eines Anspruchs; **– contre une décision de l'inspecteur du travail** Widerspruchsverfahren gegen eine Entscheidung der frz. Gewerbeaufsichtsbehörde; **– contre le transporteur** Regress gegen den Frachtführer; **– au crédit** (*BankR*) Kreditinanspruchnahme *f*; **– de droit** Beschwerde; Einspruch; Rechtsmittelverfahren; **– de droit administratif** Verwaltungsgerichtsverfahren.

recours pour excès de pouvoir (*VwPR: recours contentieux tendant à l'annulation d'une décision administrative, fondé sur la violation d'une règle de droit*) Anfechtungsklage (die die Aufhebung gesetzwidriger Verwaltungsakte durch den Conseil d'État erstrebt); verwaltungsgerichtliche Klage wegen Nichtbeachtung der gesetzlichen Bestimmungen durch die Verwaltungsbehörde; Klage, mit der jedermann, der daran ein Interesse hat, die Aufhebung einer vollziehbaren Entscheidung wegen deren Rechtswidrigkeit begehren kann; **– faute d'acceptation** (*WechselR*) Wechselklage wegen Nichtannahme, Rückgriff mangels Annahme; **– faute de paiement** (*WechselR*) Rückgriff mangels Zahlung; Wechselklage wegen Nichtzahlung, Rückgriff mangels Zahlung; **– à la force** (*ÖfR*) Gewaltanwendung *f*; **– en garantie** (*ZPR*) Gewährleistungsklage; **– en garantie pour vices de la marchandise** Gewährleistungsklage wegen Sachmängeln; **– en grâce** (*StPR*) Gnadengesuch *n*; **– gracieux** (*VwPR: recours porté devant l'auteur de la décision administrative contestée*) Widerspruchsverfahren (vor der Behörde, die den Verwaltungsakt erlassen hat); Vorverfahren; außergerichtliche Beschwerde, Widerspruchsverfahren *n.*

recours hiérarchique (*VwR: recours porté devant le supérieur hiérarchique de l'auteur de la décision administrative*) Dienstaufsichtsbeschwerde *f,* Beschwerde im Aufsichtswege; Widerspruchsverfahren (vor der nächsthöheren Behörde); **– incident** (*ZPR*) Anschlussberufung *f;* **– en indemnité** Schadensersatzklage; **– en interprétation** (*VwPR*) verwaltungsgerichtliche Klage auf Auslegung eines Verwaltungsakts *od.* eines verwaltungsgerichtlichen Urteils.

recours juridictionnel (*ZPR*) zivilgerichtliche Klage; Zulässigkeit des ordentlichen Rechtswegs; **– parallèle** (1) (*ZPR*) bereits (bei einem anderen Gericht) anhängiges Verfahren, (2) (*VwPR: exception*) Ausschluss des Verwaltungsrechtsweges (wegen Zulässigkeit des ordentlichen Rechtsweges); **– de pleine juridiction** (*VwPR*) Verpflichtungsklage; Anfechtungsklage (vor dem Conseil d'État); **– en rectification d'erreurs matérielles** Urteilsberichtigungsverfahren; **– rejeté** abgewiesenes Rechtsmittel; **– en révision** (1) (*ZPR, StPR: voie extraordinaire de recours pur faire rétracter une décision passée en force de chose jugée*) Antrag auf Wiederaufnahme des Verfahrens, (2) (*VwPR*) Wiederaufnahmeverfahren.

recouvrable *adj*: **somme –** ein- *od.* beitreibbare Geldsumme.

recouvrement *m* (1) (*ZwangsVR: perception de sommes d'argent*) Bei- *od.* Eintreibung, (2) (*BankR, HR*) Einziehung *f,* Inkasso *n,* (3) (*SteuerR*) (Steuer-) Einzug *od.* -Einziehung; **commission de –** Inkassoprovision *f;* **frais de –** Ein- *od.* Beitreibungskosten; **mandat de –** Einziehungs- *od.* Inkassoauftrag *m;* **mettre en –** zum Einzug bringen, eintreiben; **opération de –** Inkassogeschäft *n;* **société de –** Inkassobüro *n.*

recouvrement de la créance Einziehung der Forderung; **– du droit aux prestations** (*SozVers*) Wiederaufleben des Leistungsanspruchs.

recouvrement forcé Zwangsbeitreibung, zwangsweise Eintreibung; **procédure de – –** Zwangsbeitreibungs- *od.* Eintreibungsverfahren.

recouvrement des frais Kostenbeitreibung *od.* -eintreibung; **– de l'impôt** Steuerbeitreibung *f,* Steuereintreibung; **– de la nationalité** Wiedererlangung der Staatsangehörigkeit; **– de la santé** Gesundung; **– par voie judiciaire** gerichtliche Eintreibung.

recouvrer *v.tr.* (1) (*Steuern, Gelder*) eintreiben, beitreiben; einziehen, (2) (*Güter*) wiedererlangen, zurückgewinnen; **effet à –** Inkassowechsel *m;* **– son bien** einen Vermögensgegenstand wiedererlangen; **– une créance** (1) eine Forderung *od.* Außenstände beitreiben *od.* eintreiben, (2) eine Zahlung in Empfang nehmen.

récréance *f*: **lettres de –** (*VR*) Abberufung; Abberufungsschreiben *n.*

recréation *f* Pause *f;* Freistunde *f.*

récrimination *f* (1) (*StR: reproche en réplique*) (Gegen-) Vorwurf *m;* Beschuldigung *f* desjenigen, der die Anschuldigung vorbringt, (2) (*Allgspr.*) Protest *m,* Widerspruch *m.*

récriminer *v.intr.* (1) (*contre qqn.*) jmdm. Vorwürfe machen, sich beklagen, (2) (*contre qqch.*) protestieren.

recrudescence *f* Wiederausbruch *m* (eines Krieges); Verschlimmerung (einer Krankheit).

recrue *f* (*MilR*) Rekrut *m;* neues Mitglied.

recrutement *m* (1) (*ArbR*) Anstellung *f,* Einstellung (von Arbeitskräften); Personalbeschaffung, Anwerbung, (2) (*MilR*) Aushebung (der Wehrpflichtigen); **arrêt du –** Einstellungsstopp *od.* -sperre; **avis de –** Stellenausschreibung *f;* **priorité de –** (*ArbR*) Anspruch auf vorrangige Einstellung; **– latéral** (*BeamR*) Ernennung anderer Bewerber.

recruter *v.tr.* (1) anwerben, einstellen, (2) ausheben, einziehen, rekrutieren.

recteur *m* (*SchulR, HochschulR*) Leiter eines frz. Unterrichtsverwaltungsbezirks.

rectifiable *adj* richtigzustellen(d); **erreur –** Irrtum, der berichtigt werden kann, zu berichtigender Irrtum.
rectificatif *adj* berichtigend.
rectificatif *m* Berichtigung *f*, Richtigstellung *f*; **– budgétaire** Berichtigungshaushalt *m*.
rectification *f* Berichtigung *f*, Richtigstellung *f*; Storno *n*; Umbuchung *f*; **délai de –** Nachholungs- *od.* Berichtigungsfrist; **droit de –** Berichtigungsanspruch *m*; **– d'un acte de l'état civil** Berichtigung einer standesamtlichen Urkunde; **– administrative** Berichtigung im Verwaltungswege; **– d'assiette** (*SteuerR*) Berichtigungsveranlagung; **– comptable** berichtigende Buchung; **– d'une écriture** Rückbuchung; **– d'erreur matérielle** Fehlerberichtigung; **– de frontière** Grenzberichtigung *od.* -bereinigung; **– de jugement** Urteilsberichtigung; **– d'office** (*SteuerR*) Festsetzung von Amts wegen einer Steuernachforderung.
rectifier *v.tr.* berichtigen, richtigstellen; umbuchen.
rectitude *f* Redlichkeit *f*, Rechtschaffenheit *f*; Richtigkeit *f*.
recto *m* (*Urkunde*) Vorderseite *f*: **au –** auf der Vorderseite.
rectorat *m* Hochschulverwaltung *f*.
reçu *m* Empfangsbestätigung *f*, Bestätigung *f*, Quittung *f*, Ablieferungsschein; *p.p. adj.*: **il est –** (*SchulR*) er hat (die Prüfung) bestanden; **sur –** gegen Quittung; **– pour embarquement** (*SeeHR*) Übernahmekonnossement *n*; **– fiscal** (*SteuerR*) Spendenbescheinigung; **– partiel** Teilquittung; **– provisoire** (*HR*) (d'embarquement) Verladungsschein; **– pour solde de tout compte** (*ArbR*) Abgangserklärung, Ausgleichsquittung.
recueil *m* Sammlung *f*, Zusammenstellung *f*; Auswahl *f*; **– de données** Datei *f*; **– de jurisprudence** Entscheidungssammlung, Sammlung der Rechtsprechung; **– des lois** Gesetzessammlung; **– officiel des lois (et ordonnances) de la Confédération suisse** (S) Amtliche Sammlung der Bundesgesetze (und Verordnungen).
recueillir *v.tr.* zusammentragen, sammeln; aufnehmen; **– un avis** (*VwR*) eine Stellungnahme einholen; **– une déposition** eine (Zeugen-) Aussage aufnehmen; **– des informations** Erkundigungen einziehen; **– des preuves** (*PrzR*) Beweis erheben; **– une succession** (*ErbR*) eine Erbschaft antreten; **– des suffrages** Stimmen auf sich *od.* seinen Namen vereinigen; **– un témoignage** eine Zeugenaussage aufnehmen; **– des voix** Stimmen erhalten.
recul *m* Rückgang *m*, Rückschritt *m*, Nachlassen *n*; Zurückgehen *n*; Rückzug *m*; **manquer de –** noch nicht den nötigen Abstand (zu den Ereignissen) haben; **prendre du –** eine Angelegenheit noch einmal überdenken, objektiv betrachten; Abstand gewinnen; **– des abstentions** höhere Wahlbeteiligung; **– de la conjoncture** Konjunkturrückgang *m*, rückläufige Konjunktur; **– des cours** Kursrückgang, Fallen *od.* Sinken der Kurse.
reculade *f* Rückzug *m*; Zurückweichen.
reculer *v.tr. et v. intr.* verschieben, vertagen; verzögern; zurückgehen; **– une décision** eine Entscheidung auf einen späteren Termin verschieben; **– une échéance** einen Zahlungstermin verlängern; **– un rendez-vous** ein Gespräch auf einen späteren Termin verlegen.
récupérable *adj* (1) (*créance*) beitreibbar, (2) (*déchets*) wiederverwertbar.
récupération *f* (1) Wiedererlangung *f*, Rückgewinnung, (2) (*UmweltR*) Wiederverwertung *f*, Sammlung *f*; **– des heures de travail perdues** Nachholen von Arbeitsstunden, Einarbeiten *n*; **– de la TVA** (*SteuerR*) Vorsteuerabzug *m*; **– du verre** Altglassammlung.
récupérer *v.tr.* (1) wiedererlangen, nachholen, (2) verwerten; **– ses débours** sich seine Auslagen zurückerstatten lassen; **– des déchets recyclables** wiederverwertbaren Müll einsammeln; **– ses forces** sich

erholen; **– des heures de travail** (*ArbR*) (Stunden) nacharbeiten.

récursoire *adj* (*ZPR*) einen Regress betreffend; **action** *ou* **demande –** (*ZPR*) Regressanspruch *m*; Rückgriffsklage.

récusabilité *f* (*PrzR*) Ablehnbarkeit *f*.

récusable *adj* ablehnbar; **témoignage –** zweifelhafte Zeugenaussage.

récusant *m* (*PrzR*) Person, die einen Zeugen oder einen Richter ablehnt.

récusation *f* Ablehnung *f*, Nichtanerkennung *f*; Ablehnungsantrag *m*; **cause de –** Ablehnungsgrund *m*; **demande en –** Ablehnungsantrag; **droit de –** (*PrzR*) Berechtigung (einen Richter) wegen Befangenheit abzulehnen; **requête en –** Ablehnungsgesuch; **– d'un juge pour cause de suspicion légitime** Ablehnung eines Richters wegen Besorgnis der Befangenheit; **– de juré** Ablehnung eines Geschworenen; **– d'un témoin** Ablehnung eines Zeugen; Bestreiten des Wahrheitsgehalts einer Zeugenaussage.

récuser *v.tr.* ablehnen, nicht anerkennen; **– pour cause de suspicion légitime** wegen Befangenheit ablehnen; **– la compétence d'un tribunal** die Zuständigkeit eines Gerichts betreiten.

recyclable *adj* (*UmweltR: déchets*) wiederverwertbar, wiederaufbereitbar.

Man darf *le recyclage* im Bereich des Arbeitsrechts nicht mit der *reconversion*, also der Umschulung verwechseln

recyclage *m* (1) (*ArbR: formation professionnelle complémentaire*) Weiterbildung *f*, berufliche Fortbildung, fachliche Nachschulung, (2) (*SchulR: changement de l'orientation scolaire*) Änderung der Fachrichtung, (3) (*UmweltR: réutilisation après traitement*) Wiederverwertung *f*, Wiederaufbereitung, Recycling *n*; **Institut international de – (= IIR)** internationales Recyclinginstitut.

recycler *v.tr.* (1) (*ArbR*) weiterbilden, nachschulen, (2) (*UmweltR*) wiederaufbereiten, wiederverwerten.

recycleur *adj*: **industriel –** Entsorgungs- und Wiederverwertungsbetrieb.

rédacteur *m* (1) (*MedienR*) Schriftleiter *m*, Redakteur *m*, (2) (*VwR*) Verfasser *m* (von Verwaltungsvorschriften); **– en chef** Chefredakteur; **– du jugement** Urteilsverfasser *m*; **– du procès-verbal** Protokollführer *m*; **– publicitaire** Werbefachmann.

rédaction *f* (1) (*actes et documents*) Abfassung *f*, Niederschrift *f*, Abfassen *n* von Schriftstücken, (2) (*MedienR*) (*ensemble des rédacteurs*) Schriftleitung *f*, Redaktion *f*; **nouvelle –** Neufassung *f*; **responsable de –** (1) (*MedienR: périodique*) Schriftleiter *m*, (2) (*PrzR, VwR: compte-rendu*) Schriftführer *m*; **– du jugement** Urteilsabfassung; **– de premier jet** erster Entwurf; **– d'un testament** (*ErbR*) Testamentserrichtung *f*.

reddition *f* Zurückgabe *f*; Übergabe *f*; **– de comptes** (1) (*Buchf*) Rechnungslegung *f*, Aufstellung des Jahresabschlusses, (2) (*GesR*) Rechenschaftsbericht *m*, Geschäftsbericht; **– inconditionnelle** *ou* **sans conditions** (*VR*) bedingungslose Kapitulation.

redéfinition *f* Neuorientierung *f*; **– des parités** Neufestsetzung der Währungsparitäten.

redémarrage *m* **de l'économie** Wiederbelebung *f* der Konjunktur; **– des investissements** neuer Investitionsschub.

redéploiement *m* **industriel** Strukturanpassung *f*, wirtschaftliche Umstrukturierung *od.* Rationalisierung.

redevable *adj* zahlungspflichtig; abgabepflichtig; **– d'une contribution** beitragspflichtig; **– d'un impôt** steuerpflichtig.

redevable *m* (*SteuerR*) Steuerschuldner *m*; Steuerpflichtige(r) *m*; **– négligent** säumiger Steuerschuldner.

redevance *f* (1) (*SchuldR: somme payée à échéances déterminées*) (wiederkehrende) Geldleistung *f*, Zins *m*, Abgabe; Rente *f*, (2) (*SteuerR: taxe, contribution*) Gebühr *f*, (häufig nur:) Gebühren *fpl*, (3) (*PatR, UrhR*) Royalties *pl*, Vergütung; **percevoir une –** eine Gebühr erheben; **– accessoire** Nebengebühr; **– d'amodiation** (*LandwR*) Pachtzins *m*; **– d'eau** Wassergeld *od.* -gebühr; **– d'entretien** Instandhaltungsgebühr; **– d'exploitation (de film)** Leihgebühr (für einen Film); **– fiscale** Abgabe, Steuer; **– foncière** Reallast *f*; **– périodique** wiederkehrende Leistung.

redevance radio et télévision Rundfunk- und Fernsehgebühr; **– téléphonique** Telefongebühren *fpl*; **– tréfoncière** (*SachR*) Entschädigung an dem Grundeigentümer für die Ausbeutung unter der Erdoberfläche; **– d'utilisation** Benutzungsgebühr.

rédhibition *f* (*ZR, HR: résolution d'une vente entachée d'un vice*) Wandelung *f*, Rückgabe der Kaufsache (gegen Rückgewährung des Kaufpreises), Rückgängigmachung eines Kaufvertrages (bei mangelhafter Ware); **action en –** Wandelungsklage *f*.

rédhibitoire *adj* Aufhebungs-; Wandelungs-; **action –** Wandelungsklage *f*; **vice –** (*SchuldR: défaut caché de la chose vendue, qui peut constituer un motif d'annulation de la vente*) Sachmangel, der eine Mängelhaftungsklage (des Verkäufers) begründet, Sachmangel *m* (demzufolge der Käufer die Wandelung - auf dem Klagewege - verlangen kann).

rediffusion *f* (*MedienR*) Wiederholung (einer Sendung).

rédiger *v.tr.* abfassen, verfassen, redigieren; **– un contrat** einen Vertrag aufsetzen; **– un procès-verbal** ein Protokoll aufnehmen *od.* anfertigen.

rédimer: **se –** *v. pron.* sich frei- *od.* loskaufen.

rediscuter *v.tr.* erneut verhandeln.

redistribution *f* Neuverteilung *f*; **– des revenus** Einkommensumverteilung *od.* -umschichtung; **– des richesses** Vermögensumverteilung.

redite *f* Wiederholung (des Gesagten).

redondance *f* Weitschweifigkeit *f*, Wortschwall *m*.

redoublement *m* (1) Vermehrung *f*, starke Zunahme, (2) (*SchulR*) Sitzenbleiben *n*.

redouter *v.tr.* befürchten, sich fürchten vor.

redressable *adj* zu berichtigen; zu beseitigen; abstellbar.

redressement *m* (1) (*Buchf*) (*rectification*) Berichtigung *f*; Rückbuchung *f*, (2) (*Vwirt*) Wiederbelebung *f*, Wiederaufschwung *m*; Sanierung *f*; **écriture de –** Berichtigungsbuchung; **plan de –** Sanierungsprogramm *n*; **– de la balance commerciale** (*Außh*) Verbesserung der Handelsbilanz; **– de compte** (*Buchf*) Kontenberichtigung, Kontobereinigung; Rückbuchung; **– économique** wirtschaftlicher Wiederaufschwung; **– d'une écriture** Stornobuchung; **– financier** Sanierung; **– fiscal** Berichtigung der Steuererklärung (durch die Steuerbehörde), Steuererhöhung.

redressement judiciaire (*InsolvenzR: procédure visant pendant la période d'observation à la continuation ou à la cession de l'entreprise et en cas d'échec à sa liquidation judiciaire*) handelsgerichtliches Betriebsanierungsverfahren mit anschließendem Insolvenzverfahren (beim Fehlschlagen der Sanierung *od.* der Veräußerung).

redresser *v.tr.* aufrichten; richten; berichtigen; korrigieren; **– les comptes de la nation** den Staatshaushalt sanieren.

réductible *adj* abziehbar; **somme –** Betrag *m*, der in Abzug gebracht werden kann.

réduction *f* (1) (*abaissement, compression*) Kürzung *f*, Verringerung *f*, Verminderung *f*, Einschränkung *f*, Abbau *m*, Herabsetzung *f*, (2) (*diminution de prix*) (Preis-) Ermäßigung *f*; (Preis-) Senkung, (3) (*soumission*) Unterwerfung *f*, (4) (*miniature*) Verkleinerung *f*, Kleinformat *n*; **action en –** Minderungsklage, Klage auf Minderung; **consentir une –** einen (Preis-) Nachlass gewähren; **droit de –** Herabsetzungs- *od.* Minderungsrecht.

réduction d'assurance (*VersR*) Herabsetzung der Versicherungssumme; **– de capital** Kapitalherabsetzung *f*; **–**

du capital social Herabsetzung des Grundkapitals; **– pour charges de famille** Familienermäßigung; **– de délai** Frist(ver)kürzung; **– des dépenses** Kostensenkung; **– de la durée de travail** Arbeitszeitverkürzung; **– des emplois** Abbau *m* der Arbeitsplätze; **– d'impôt** Steuersenkung; **– des intérêts** Zinsumwandlung *od.* -ermäßigung; **– des investissements** Investitionskürzung; **– d'une libéralité** teilweise Rückforderung einer Schenkung.

réduction de peine (*StVZ*) Strafherabsetzung *f*, (teilweiser) Straferlass; **– de personnel** Personalabbau *m*, Verringerung der Belegschaft, Freisetzen *n* von Arbeitskräften; **– des prestations** (*SozVers*) Leistungskürzung; **– de prix** Preisnachlass *m*; (Mengen-) Rabatt *m*; **– de la production** Produktionsrückgang *m*; Produktionseinschränkung; **– par quantité** (*HR*) Mengenrabatt; **– de salaire** Lohnkürzung; **– tarifaire** Zollherabsetzung *od.* -ermäßigung; **– du taux de l'intérêt** Zinsermäßigung.

réduire *v.tr.* (1) (*baisser, diminuer*) senken, verringern, herabsetzen, ermäßigen, abbauen, einschränken, (2) (*obliger, contraindre*) unterwerfen, zwingen (zu); **– les frais** die Kosten senken; **– l'inflation** die Inflation eindämmen; **– à l'obéissance** zum Gehorsam zwingen; **– une pénalité** eine Strafe mildern; **– au silence** zum Schweigen bringen.

rééchelonnement *m* **des échéances** Umschuldung *f*, Tilgungsstreckung; Gewährung eines Zahlungsaufschubs.

réécriture *f* Umschrift *f*; umgeschriebener Text.

rééditer *v.tr.* neu herausgeben.

rééducateur *m* (*StR*) Erziehungsbeistand (für gefährdete *od.* straffällige Jugendliche).

rééducation *f* Erziehungshilfe *f*, sozialpädagogische Hilfe; **– physique** Rehabilitation (nach Krankheit *od.* Unfall); **– professionelle** (berufliche) Umschulung.

réel *adj* (1) (*qui existe en réalité*) wirklich, tatsächlich, (2) (*SachR: qui a pour objet une chose ou un droit sur une chose*) dinglich; Sach-, Real-; **action –le** Klage, die ein Sachenrecht zum Gegenstand hat; Immobiliarklage; **charge –le** Reallast *f*; **concours – d'infractions** (*StR*) Realkonkurrenz *f*, Tatmehrheit *f*, Zusammentreffen mehrerer Straftaten; **contrat –** Realvertrag, Handgeschäft *n*; **droit –** dingliches Recht.

réélection *f* Wiederwahl *f*.

rééligibilité *f* Wiederwählbarkeit.

rééligible *adj* wiederwählbar.

réellement *adv* tatsächlich, wirklich, effektiv; faktisch, de facto; pratisch, realiter.

réembaucher *v.tr.* (*ArbR: remployer*) wiedereinstellen.

réemploi *m* (1) Wiederverwendung *f*, erneuter Einsatz *m*, (2) *m* (*ArbR*) Wiedereinstellung *f*, Wiederbeschäftigung.

réemption *f* (*SchuldR*) Rückkauf *m*.

réenvisager *v.tr.* erneut prüfen.

rééquilibrage *m* Wiederherstellung *f* des Gleichgewichts.

rééquipement *m* Neuausrüstung *f*, Neuausstattung.

réescomptable *adj* (*WechselR*) rediskontierbar, zentralbankfähig.

réescompte *m* (*WechselR*) Rediskontierung *f*.

réescompter *v.tr.* rediskontieren.

réévaluation *f* Neubewertung *f*; Wertberichtigung *f*; **réserve de –** Aufwertungsrücklage; **– de l'assiette** Fortschreibungsveranlagung; **– du bilan** Bilanz(posten)neubewertung; **– camouflée** verkappte Aufwertung; **– monétaire** Währungsaufwertung.

réévaluer *v.tr.* aufwerten, neu bewerten, neu einschätzen.

réexaminer *v.tr.* erneut überprüfen, revidieren, nachprüfen.

réexpédier *v.tr.* nachsenden, weiterbefördern.

réexpédition *f* Nachsendung *f*, Weiterbeförderung *f*; **– en franchise** zollfreie Rückführung.

réexportation *f* Wiederausfuhr *f*; **– en l'état** Wiederausfuhr der eingeführten Waren in der Beschaffenheit, die sie zum Zeitpunkt der Einfuhr hatten.

réexporter *v.tr.* wiederausführen.
réextradition *f* (1) (*AuslR*) Weiterauslieferung *f*, (2) (*StVZ*) Rücküberstellung *f*.
réfaction *f* (*SchuldR: réduction sur le prix des marchandises lorsqu'elles ne présentent pas la qualité convenue*) Preisminderung *f*, Preisabzug *m*, Refaktie *m*, Nachlass *m*, Rückvergütung (bei fehlerhaften *od.* minderwertigen Waren).
refaire *v.tr.* noch einmal machen; wiederherstellen, reparieren; **– une promesse** sein Angebot erneuern.
réfection *f* (*WirtR: action de réparer, de remettre à neuf, de reconstruire*) Wiederherstellung *f*; Ausbesserung; **travaux de –** Reparaturarbeiten; **– du cadastre** Neuanlegung des Katasters.
refente *f* **successive** (*ErbR*) (*Erbschaft*) erneute Aufteilung.
référé *m* (1) (*ZPR: procédure rapide et simplifiée*) vereinfachtes u. beschleunigtes Verfahren vor dem Einzelrichter (des frz. Großinstanzgerichts); Beschluss in einem vereinfachten Verfahren, einstweilige Verfügung, (2) (*VwR: procédure sur simple requête*) Anfrageschreiben *n* des frz. Rechnungshofes bei einem Minister (in bezug auf dessen Haushaltsführung), (3) (*VerfR, hist.*) Anfrage *f* eines Richters an das Parlament über die Auslegung einer Gesetzesbestimmung; **audience de –** (*ZPR*) Termin im beschleunigten Verfahren zum Erlass einer einstweiligen Verfügung; **demande en –** Beantragung einer vorläufigen Entscheidung; **juge des –s** Richter im beschleunigten Verfahren; **mesure** *ou* **ordonnance de –** vorläufige (u. sofort vollstreckbare) Entscheidung im beschleunigten Verfahren, einstweilige Verfügung.
référé administratif beschleunigtes Verwaltungsprozessverfahren; **– d'heure à heure** beschleunigtes Verfahren in dringlichen Fällen mit Ladung vor das Gericht auch an Feiertagen, bzw. am Amtssitz des Richters; **– sur placet** (*ZPR*) vereinfachtes Verfahren (auf Antrag); **– sur procès-verbal** beschleunigtes Verfahrens im Rahmen einer Pfändung (unter Vorlage des Pfändungsbeschlusses).
référence *f* (1) Bezug *m*, Bezugnahme *f*; Hinweis *m*; Aktenzeichen *n*, (2) (*ArbR: certificat, recommandation*) Zeugnis *n*, Prüfungsnachweis *m*; Empfehlungsschreiben *n*; **année de –** Bezugsjahr, Referenzjahr *n*; **date** *ou* **jour de –** Stichtag *m*; **numéro de –** Aktenzeichen *n*; **période de –** (1) Vergleichszeitraum *m*; Bemessungszeitraum, (2) (*SozR*) anrechnungsfähige Versicherungszeit; **salaire de –** Ecklohn; **– bancaire** Bankreferenz *f*.
référencement *m* (*HR*) Aufnahme f) eines neuen Artikels in das Sortiment.
référencier *m* (*HR*) Sortimentliste (eines Geschäfts).
référendaire *adj* eine Volksabstimmung betreffend; **conseiller –** (*PrzR*) Richter (auf Zeit) beim frz. Kassationshof (als Berichterstatter mit beratender Stimme); **période –** Berichtszeitraum *m*; **procédure –** Volksabstimmungsverfahren.
référendum *m* Volksabstimmung *f*, Volksbefragung *f*, Referendum *n*, Volksentscheid *m*; **demande de –** Volksbegehren *n*; **– constituant** Volksbegehren über eine Verfassungsänderung *od.* die Annahme einer neuen Verfassung.
référer: **se – à** *v.pron.* sich beziehen auf; **en – au juge** *v.tr ind.* das Gericht anrufen, den Richter mit einer Sache befassen; **en – à son supérieur** seinem Vorgesetzten Bericht erstatten.
refinancement *m* Refinanzierung *f*.
réfléchi *adj* besonnen, überlegt, voll Bedacht, mit Überlegung; **tout bien –** *loc. adv.* alles in allem, im ganzen gesehen.
réfléchir *v. intr.* überlegen, nachdenken, Überlegungen anstellen; **demander à –** um Bedenkzeit bitten.
refléter *v.tr. fig* wiedergeben; sichtbar machen.
réflexion *f* Überlegung *f*; Erwägung *f*; Abwägung *f*; **agir sans –** unüberlegt handeln; **cela mérite –** das ist bedenkenswert; *loc.*: **– faite** nach reiflicher Überlegung.

refondre *v.tr.* neufassen, umgestalten, überarbeiten.
refonte *f* (*VerfR: Gesetze*) Neufassung *f*, Umgestaltung, Neubearbeitung, Neuregelung; **– d'un contrat** Vertragsabänderung *od.* -neufassung.
reforestation *f* (*UmweltR*) Wiederaufforstung *f*.
réformateur *m* Reformer *m*, Erneuerer *m*.
reformatio in pejus *lat* (*PrzR, lat.: aggravation de la peine à l'occasion d'un recours*) reformatio in peius, Änderung einer gerichtlichen Entscheidung zu Ungunsten des Rechtsmittelführers *od.* des Angeklagten.
réformation *f* (1) (*action de corriger*) Verbesserung *f*, Umgestaltung, Reform *f*, (2) (*VwR*) Abänderung einer Verwaltungsentscheidung durch die vorgesetzte Dienststelle, (3) (*PrzR*) Entscheidungsanfechtung; Rechtsmitteleinlegung; **droit de –** (*VwR*) Abänderungsbefugnis *f*; **– d'un jugement** (*nach Rechtsmitteleinlegung*) Abänderung eines Urteils.
réforme *f* (1) (*Pol*) Umgestaltung *f*, Verbesserung *f*, Neuregelung *f*, Reform *f*, (2) (*BeamR*) Entlassung *f* (wegen Dienstunfähigkeit), (3) (*MilR*) Entlassung aus dem Wehrdienst, Verabschiedung *f*; **commission** *ou* **conseil de –** (*BeamR*) Ausschuss *m* zur Überwachung u. Beurteilung der Entlassungen wegen Dienstunfähigkeit; **mettre à la –** aussortieren; **– électorale** Wahlreform; **– de l'enseignement** Bildungsreform; **– de l'entreprise** Unternehmensneuordnung; **– fiscale** Steuerreform; **– judiciaire** Justizreform; **– législative** Abänderung des geltenden Rechts, Gesetzesreform *f*; **– monétaire** Währungsreform, Währungsumstellung; **– sociale** Gesellschaftsreform; **– universitaire** Hochschulreform *f*.
réformer *v.tr.* (1) (*améliorer*) verbessern, abändern, reformieren, (2) (*retirer du service*) außer Dienst stellen, (3) (*militaires*) aus dem Wehrdienst entlassen, ausmustern; **– un abus** einen Missstand beseitigen; **– le délai de prescription** (*StPR*) die Verfolgungsfrist ändern; **– un jugement** (1) ein Urteil abändern, (2) eine Entscheidung aufheben.
réformette *f* geringfügige, kaum nennenswerte Reform.
refoulement *m* (*AuslR*) Zurückweisung *f*; Abschiebung; Zurückschiebung; **– à la frontière** (*AuslR*) Zurückschiebung *od.* Zurückweisung (an der Grenze).
refouler *v.tr.* (*AuslR*) abschieben, zurückschieben; **– à la frontière** (*AuslR*) an der Grenze zurückweisen.
réfractaire *m* (*MilR: insoumis*) Gehorsamsverweigerer *m*, Dienstverweigerer *m*.
réfragable *adj* (*ZR: qui admet la preuve contraire*) widerlegbar.
refuge *m* **animalier** Tierheim *n*.
réfugié *m* (*AuslR: se dit d'une personne qui a dû fuir le lieu, le pays qu'elle habitait afin d'échapper à un danger*) Flüchtling *m*, Vertriebene(r) *m*; **aide aux –s** Flüchtlingshilfe *f*; **– politique** politischer Flüchtling.
refus *m* Ablehnung *f*, Verweigerung, Weigerung; Annahmeverweigerung, Zurückweisung; **opposer un – à qqn.** (*einen Antrag*) ablehnen; **persister dans son –** bei seiner Ablehnung bleiben; **– d'acceptation** Annahme- *od.* Akzeptverweigerung; **– d'assistance** (*StR*) unterlassene Hilfeleistung; **– de comparaître** (*PrzR*) Weigerung vor Gericht zu erscheinen, Nichterscheinen *n*; **– de déposer** (*PrzR*) Aussageverweigerung; **– d'exécution** Erfüllungsverweigerung; **– d'extradition** Verweigerung der Auslieferung; **– de l'impôt** Weigerung Steuern zu entrichten, Steuerzahlerstreik, (illegaler) Steuerwiderstand; **– d'informer** (*StPR*) Einstellungsbeschluss *m* (der Staatsanwaltschaft im Rahmen der Voruntersuchung).
refus d'obéissance (*MilR: inexécution volontaire d'un ordre*) Gehorsamsverweigerung, militärischer Ungehorsam; **– d'obtempérer** (*VwR*) Widerstand gegen die Staatsgewalt, Widerstandsleistung; **– de paiement** Zahlungsverweigerung; **– de porter**

secours (*StR*) unterlassene Hilfeleistung; **– de prendre livraison** Annahmeverweigerung; **– de prêter serment** Verweigerung der Eidesleistung, Eidesverweigerung.

refus de témoigner Zeugnis- *od.* Aussageverweigerung, Verweigerung der Zeugenaussage; **– de travailler** Arbeitsverweigerung; **– de vente** (*WirtR*) Weigerung, mit einer bestimmten Person einen Kaufvertrag abzuschließen; (durch Lieferanten verhängte) Liefersperre (in bezug auf bestimmte Kunden); **– de visa** Ablehnung des Sichtvermerks.

refusable *adj* ablehnbar.

refuser *v.tr.* (1) (*repousser une demande*) verweigern, zurückweisen, nicht gewähren, (2) (*décliner, refuser une offre*) ablehnen, nicht annehmen, abweisen, (3) (*examen*) durchfallen lassen; **– de faire une déposition** die Aussage verweigern; **– une marchandise** die Annahme der Ware verweigern; **– d'obtempérer** der Anordnung (eines Amtsträgers) nicht Folge leisten; **– une offre** *ou* **une proposition** ein Angebot *od.* einen Vorschlag ablehnen.

réfutable *adj* widerlegbar, anfechtbar; **argument –** (leicht) widerlegbares Argument.

réfutation *f* Widerlegung *f*, Entkräftung *f*, Erbringung des Gegenbeweises.

réfuter *v.tr.* widerlegen, entkräften.

regain *m* Wiederaufleben *n*; **– de contestation** erneutes Aufflammen des Protestes.

régale *f* (*ÖfR, hist*) Regal *n*, wirtschaftlich nutzbares Hoheitsrecht.

régalien *adj*: **droit –** königliches Hoheitsrecht *n*.

regard *m* Blick *m*; **au – de** in Anbetracht; **droit de –** Recht auf Einsichtnahme, Auskunftsrecht; **– sur les affaires** (*GesR*) Einsicht in die Geschäftsangelegenheiten, Kontrollrecht (der Gesellschafter).

regarder *v.tr. et intr.* betrachten, ansehen; **sans – les personnes** ohne Ansehen der Person; **– de près** genau in Augenschein nehmen.

régence *f* Regentschaft *f*.

régie *f* (1) (*ZR: administration des biens d'autrui, à la charge d'en rendre compte*) Vermögensverwaltung (für einen Dritten) *f*, Regie *f*, (2) (*VwR: mode de gestion d'une entreprise publique*) Regiebetrieb (ohne eigene Rechtspersönlichkeit), Eigenbetrieb *m* der Verwaltungsbehörde, (3) (*ÖfR: organisme doté d'une personnalité juridique propre*) verselbständigtes Unternehmen der öffentlichen Hand; Anstalt *f* des öffentlichen Rechts, (4) (*SteuerR, hist.*) königlicher Steuereinnehmer; **entreprise en –** (*WirtR*) Regiebetrieb *m* (ohne eigene Rechtspersönlichkeit).

régie autonome des transports parisiens (= RATP) Pariser Verkehrsverbund (als öffentlich-rechtliches Unternehmen); **– d'avances** (*HaushR*) vorschussweise Zurverfügungstellung von Haushaltsmitteln; **– à caractère industriel ou commercial** öffentliche (erwerbswirtschaftliche) Unternehmung; **– directe** direkte staatliche Verwaltung, reiner Regiebetrieb; **– individualisée** verselbständigter Regiebetrieb; **– intéressée** an einen Dritten übertragene Betriebsverwaltung; **– municipale** Kommunalbetrieb; **– personnalisée** Regiebetrieb mit eigener Rechtspersönlichkeit, (rechtsfähige) öffentliche Anstalt.

régime *m* (1) (*VerfR: mode de gouvernement, système politique*) (politisches) System *n*, Staatsform *f*, (staatliche) Ordnung *f*, Verfassungsordnung, Regierungsform *f*, Institution *f*, (2) (*ÖfR, ZR: système de règles considérées comme un tout*) Rechtsvorschriften *fpl*, rechtliche Regelung *f*, Norm *f*, Statut *n*, (3) (*manière de vivre*) Lebensweise *f*; Diät *f*, (4) (*mode de fonctionnement d'une machine*) Funktion *f*, Gang *m*; Regelung *f*, (5) (*Medizin*) Diät *f*; **ancien –** (*hist*) absolutistische Regierungsform in Frankreich vor 1789; **nouveau –** (*VerfR*) die neue republikanische Staatsform ab 1789; **– de l'affectation** (*SteuerR*) Zuordnungsregel *f*; **– agraire** Agrar- *od.* Bodenverfassung; **– agricole**

(*Soz Vers*) Sozialversicherung für Landwirte; **– d'assemblée** (*Pol*) Parlamentsabsolutismus *m*; **– d'assurance** Versicherungssystem; **–s autonomes** (*Soz Vers*) Sozialversicherung bestimmter Berufsgruppen; Handwerkerversicherung; Künstlersozialversicherung; **– de l'autorisation préalable** (*ÖfR*) Konzessionssystem; **– autoritaire** (*VerfR*) autoritäre Herrschaft, autoritäres Regime; **– budgétaire** Haushaltsordnung.

régime cellulaire (*StVZ*) Einzelhaft *f*; **– communautaire** (*FamR*) Güterstand *m* der Gütergemeinschaft; **– de la communauté** (*EheR*) Gütergemeinschaft; **– complémentaire** (*Soz Vers*) Zusatzversorgung; **– complémentaire de retraite** Zusatzaltersversorgung *od.* -versicherung; **– de concurrence** (*Vwirt*) Marktwirtschaft, Wirtschaft des freien Wettbewerbs; **– conventionnel** (*FamR*) vertraglicher Güterstand; **– disciplinaire** Disziplinarordnung; **– discriminatoire** (*Außh*) unterschiedliche Behandlung; **– douanier** Zollbehandlung, Zollsystem; **– de droit commun** (*StVZ*) Behandlung als Strafgefangener (ohne politischen Sonderstatus); **– économique** Wirtschaftssystem; **– électoral** Wahlsystem; **– de faveur** (*Außh*) bevorzugte Behandlung, Vorzugsbehandlung; **– féodal** *hist.* Lehnswesen *n*; **– fiscal** (1) (*ÖfR: ensemble des dispositions légales en matière de fiscalité*) (das geltende) Steuerrecht; Abgabenordnung; Einzelsteuergesetze *npl*, (2) (*VwR: régime s'appliquant aux finances publiques*) Finanzwesen *n*, (3) (*SteuerR: règles auxquelles est soumis le contribuable*) steuerliche Behandlung, steuerliche Verfahrensweise; **– frontalier** (kleiner) Grenzverkehr; **– général** (*Soz Vers*) Sozialversicherung als gesetzliche Zwangsversicherung (für Arbeitnehmer).

régime hypothécaire (*ÖfR, SachR: ensemble des règles régissant la publicité foncière*) gesetzliche Bekanntmachungspflichten im Rahmen des Grundstückrechts, (2) (*SachR*) die Hypothek als Rechtsform des Realkredits, rechtliche Gestaltung des frz. Hypotheken- und Hypothekenregisterrechts; **– d'imposition forfaitaire** Pauschalbesteuerung *f*.

régime juridique (1) Rechtsordnung; (anwendbare) gesetzlichen Bestimmungen, (2) gesetzliche Gestaltung *od.* Regelung; **– légal** (1) (*ZR, ÖfR*) gesetzliche Regelung, (2) (*FamR: syn. régime matrimonial de droit commun, communauté réduite aux acquêts -art. 1400 et suiv. Cciv*) gesetzlicher Güterstand; **– matrimonial** (*EheR*) (ehelicher) Güterstand *m*, Ehegüterstand *m*; **– ordinaire** Frachtgut(beförderung).

régime parlementaire (*VerfR*) parlamentarisches Regierungssystem; **– pénitentiaire** Strafvollzugsordnung *f*, Gesamtheit der Bestimmungen über den Strafvollzug; Gefängniswesen *n*; **– de petite frontière** kleiner Grenzverkehr; **– policier** Polizeistaat *m*, Überwachungsstaat; **– politique** (1) (*VerfR*) politische Ordnung, Staatsverfassung, (2) (*StR*) Behandlung als politischer Gefangener; **– préférentiel** (*Außh*) Vorzugsbehandlung, Präferenzsystem; **– présidentiel** (*VerfR*) Präsidialverfassung; **– de prévoyance** (*Soz Vers*) Vorsorgeregelung; **– des prisons** Strafvollzugswesen *n*; **– représentatif** (*Pol*) repräsentative Demokratie; **– de retraite de base** Altersversorgung in der Form einer Grundrente (im Rahmen der Sozialversicherung); **– de retraite complémentaire** Zusatzaltersversorgung.

régime sanitaire Gesundheitswesen *n*; **– sans communauté** *ou* **séparatiste** (*EheR*) (vertraglicher) Güterstand der Gütertrennung; **– de sécurité sociale** Sozialaversicherungssystem; **– social** Gesellschaftsordnung; **--s spéciaux** (*Soz Vers*) Versorgungssysteme bestimmter Berufsgruppen (hauptsächlich im öffentlichen Dienst); **– suspensif** (*ZollR*) Zollbefreiung; **– totalitaire** (*Pol*) totalitäre Staatsordnung, Gewaltherrschaft *f*, totalitäres Regime; **– de transition** *ou*

transitoire Übergangsregelung *f*; – **de travail** Arbeitsordnung; – **volontaire** (*Soz Vers*) Privatversicherung; privatrechtliche Krankenversicherung.

région *f* (1) (*ZR, HR: domaine, sphère*) Gebiet *n*, Bereich *m*, (2) (*ÖfR: collectivité territoriale décentralisée*) Region, frz. Verwaltungseinheit (mehrere Departements umfassend, als Gebietskörperschaft seit 1982); – **académique** frz. Unterrichtsverwaltungsbezirk (für das Schul- und Hochschulwesen); – **d'écoulement** Absatzgebiet *n*; – **frontalière** Grenzgebiet; – **industrielle** Industriegebiet; – **militaire** militärischer Verteidigungsbezirk; – **parisienne** Großraum *m* Paris; – **sinistrée** Katastrophengebiet; – **sismique** erdbebengefährdetes Gebiet.

régional *adj* Gebiets-, Bezirks-; **autonomie –e** (*VerfR*) regionale Selbstverwaltung; **élections –es** Wahlen zu den Regionalparlamenten; **réseau express – (= RER)** Pariser S-Bahn-Verbund *m*.

régionalisation *f* Regionalisierung *f*, Durchführung einer regionalen Strukturpolitik.

régionalisme *m* (1) Bestrebungen, die auf eine regionale Neugestaltung der Verwaltungsbezirke abzielen, (2) (*EuR*) Verfechtung der Regionalautonomie (in Europa).

régir *v.tr.* (1) (*conduire, diriger*) leiten, führen, lenken, (2) (*administrer*) verwalten, (3) (*déterminer*) regeln, bestimmen, festlegen; – **par la loi** durch Gesetz regeln.

régisseur *m* (1) (*ZR*) Gutsverwalter *m*, (2) (*ÖfR: personne investie de la régie d'un service public*) Leiter *m* eines Regiebetriebes, (3) (*MedienR*) Regisseur *m*; – **d'avances** (*HaushR*) Vorschussverwalter *m*.

registre *m* Register *n*, Rolle *f*, Buch *n*; Verzeichnis *n*; **arrêter un –** ein Register abschließen; **consultation du –** Registereinsicht *f*; **extrait de –** Registerauszug *m*; **inscrire** *ou* **mettre** *ou* **noter sur un –** einen Registereintrag vornehmen; **radier d'un –** eine Eintragung im Register löschen; **tenir un –** ein Register führen; **tenue de –** Registerführung.

registre d'abornement (*SachR*) Vermarkungsregister; – **d'achats** (*HR*) Eingangsfakturenbuch *n*; – **annexe** Nebenregister; – **de l'artisanat** Handwerksrolle *f*; – **des associations** Vereinsregister; – **d'audience** (*PrzR*) Gerichtsregister (mit dem Vermerk aller Verhandlungen und Gerichtsentscheidungen); – **des autorisations** Register der erteilten Genehmigungen; – **d'avocat** Anwaltsregister für sämtliche finanziellen Geschäfte; – **des baptêmes** Taufregister; – **des brevets** Patentrolle, Patentregister; – **du cadastre** Katasterbuch; – **central** Zentralregister; – **de chargement** Ladebuch.

registre du commerce et des sociétés (= R. C. S.) (*HR: registre tenu par le greffier du tribunal de commerce*) frz. Handelsregister; **immatriculation** *ou* **inscription au – –** Handelsregistereintragung, Eintragung im Handelsregister.

registre coté mit Markierungen, insbesondere mit Seitenzahlen (und Buchstaben) versehenes Register; – **de comptabilité** *ou* **comptable** (*HR*) Rechnungsbuch; – **des décès** Sterbebuch, Sterberegister; – **de déclaration** Melderegister; – **des délibérations** Verzeichnis der (stattgefundenen) Beratungen; – **de départ** Ausgangsbuch; – **des dépôts** (*GB: registre chronologique tenu dans chaque conservation des hypothèques*) chronologisches amtliches Register zur Verwahrung aller Urkunden, die die Liegenschaften betreffen; – **d'écrou** (*StVZ*) Haftregister; – **électoral** Wählerverzeichnis *n*; – **d'entrée des marchandises** Wareneingangsbuch; – **d'entrepôt** Lagerbuch, Niederlageregister.

registre de l'état-civil Personenstandsregister, Personenstandsbuch, Standesamtsregister, Zivilstandsregister (S); – **des étrangers** Fremden- *od.* Ausländerverzeichnis; – **d'exploitation** Betriebsbuch.

Ein dem deutschen Recht vergleichbares Grundbuchamt gibt es in Frankreich nur in Elsass-Lothringen. Ansonsten kennt das frz. Recht nur ein *registre des hypothèques*, eine Verwaltungsdienststelle zur Bekanntmachung der Grundeigentumsabtretungen und -belastungen. Dieses Register dient der Erhebung der Grunderwerbssteuer.

registre foncier (*SachR: Alsace-Lorraine*) Grundbuch *n*; **feuillet du – –** Grundbuchblatt *n*; **inscription au – –** Eintragung im Grundbuch, Grundbucheintrag *m*; **mutation au – –** Grundbuchumschreibung.

registre hypothécaire *ou* **des hypothèques** frz. Hypothekenregister *n*, fiskalische Dienststelle, zuständig für die Bekanntmachung der Grundstücksveräußerungen und -belastungen; **– d'immatriculation des aéronefs** Luftfahrzeugrolle; **– d'inscription de la population** (B) Einwohnermelderegister; **– international des dessins ou modèles** internationales Register der Muster oder Modelle; **– d'inventaire** Inventarbuch; **– -journal** Tagesregister; **– de livraison** Lieferbuch.

registre de magasin Lagerregister; **– des mariages** (1) (*VwR: mariages civils*) Heiratsregister, Familienbuch (Aut), Eheregister (S), (2) (*KirchR: registre des cérémonies religieuses*) Trauungsbuch *n*; **– maritime** Schiffsregister; **– des marques de fabrique** Warenzeichenrolle *f*, Markenregister *n*; **– matricule** (*MilR*) Stammrolle; **– matrimonial** (*EheR*) Güterstandsregister; **– médical** Gesundheitskontrollregister; **– des métiers** Handwerksrolle *f*; **– des modèles déposés** Geschmacksmusterregister; **– mortuaire** Sterbebuch.

registre des naissances Geburtenbuch, Geburtsregister, Geburtenregister; **– national des brevets** frz. nationales Patentregister; **– national des dessins et modèles** frz. nationales Gebrauchs- und Geschmacksmusterregister; **– national des marques** frz. nationales Markenregister; **– de notaire** Notariatsregister; **– officiel** amtlich geführtes Register; **– paroissial** Kirchenbuch; **– des parts sociales** (*GesR*) Liste der Gesellschaftsanteile; **– de perception** Einnahmebuch; **– des plaintes** Beschwerdebuch.

registre de présence Anwesenheitsliste *f*; **– de prise en charge** Übernahmeregister; **– des procès verbaux** Protokollbuch; **– professionnel** Berufsregister; **– public** öffentliches Register; **– des réclamations** Beschwerdebuch; **– de recrutement** Wehrstammrolle; **– du régime des biens** Güterstandsregister; **– du rôle** (*PrzR: répertoire général*) (durch die Geschäftsstelle geführtes) Gerichtsregister; **– de sortie des marchandises** Warenausgangsbuch; **– à souche** Stammregister; **– des soumissions de francisation** (*SeeHR*) Schiffsregister.

règle *f* (1) (*ÖfR: loi, norme juridique, règlement*) Norm *f*, Rechtssatz *m*, Rechtsvorschrift *f*, Vorschrift, (2) (*prescription, précepte*) Regel *f*, Richtschnur *f*, Richtlinie *f*; Muster *n*; Vorbild *n*, (3) Lineal *n*; **conforme à la –** rechtmäßig; **en –** in Ordnung; ordnungsmäßig, ordnungsgemäß; **en – générale** im allgemeinen, in der Regel; überhaupt; **enfreindre la –** eine gesetzliche Vorschrift verletzen, gesetzwidrig handeln; **l'exception confirme la –** die Ausnahme bestätigt die regel; **les papiers sont en –** der Ausweis ist gültig.

règle administrative Verwaltungsvorschrift *f*; **– de circulation routière** (*StVR*) (Straßen-) Verkehrsregel *od.* -vorschrift; **– communautaire** (*EU*) Gemeinschaftsvorschrift; **– de compétence** Zuständigkeitsvorschrift, Kompetenznorm *f*; **– comptable** Buchführungsvorschrift; **– de conduite** Verhaltensregel, Richtschnur; **– de conflit** *ou* **sur les conflit de lois** (*IPR*) Kollisionsnorm; **– constitutionnelle** Verfassungsnorm; **– contractuelle** *ou* **conventionnelle** Vertragsbestimmung; **– coutumière** Gewohnheitsrecht.

règle disciplinaire Disziplinarvorschrift; **– dispositive** (*ZR*) dispositive *od.* abdingbare Vorschrift *od.* Norm; **– de droit** Rechtssatz *m*; Rechtsnorm, Rechtsvorschrift; **– du droit commun** Vorschrift des bürgerlichen Rechts; allgemeine Rechtsvorschrift; **– de droit coutumier** Gewohnheitsrechtssatz; **– d'exploitation** Betriebsvorschrift; **– facultative** abdingbare *od.* dispositive Norm.

règle de fond materiell-rechtliche Vorschrift, materielles Recht; **– fondamentale** Grundsatzregelung, Grundnorm; **– de forme** Formvorschrift; **– générale** Rahmenvorschrift.

règle impérative zwingende Vorschrift, unabdingbare Norm; **– d'interprétation** Auslegungsvorschrift *od.* -regel, Interpretationsvorschrift; **–s de jeu** Spielregeln *fpl.*

règle juridique Rechtsnorm *f*, Rechtssatz *m*, Rechtsvorschrift *f*; **– légale** gesetzliche Bestimmung, Rechtssatz; **– matérielle** (*ZR: règle substantielle*) die unabdingbaren Vorschriften des bürgerlichen Rechts; **– nationale de conflit** innerstaatliche Kollisionsnorm.

règle d'ordre public (1) (*ZR*) unabdingbares Recht, zwingende Vorschrift, (2) (*IPR*) Bestimmung des „ordre public"; **– pénale** Strafnorm; **– de preuve** Beweisregel *od.* -vorschrift *f*; **– de procédure** Verfahrensvorschrift, prozessrechtliche Norm; **– du produit brut** Bruttoprinzip *n.*

règle de rattachement (*IPR*) Kollisionsnorm *f*, Anknüpfungs- *od.* Heranziehungsnorm; **– de renvoi** Verweisungsnorm; **– de responsabilité** Haftungsbestimmung; **– rétroactive** rückwirkende Norm; **– de sécurité** Sicherheitsvorschrift; **– de service** (*BeamR*) Dienstvorschrift; **– de la spécialité** (*VwR*) Grundsatz der Ausschließlichkeit des Anstaltszwecks; **– statutaire** (*GesR*) satzungsmäßige Bestimmung; **– substantielle** (*ZR: règle matérielle*) die geltenden Vorschriften des bürgerlichen Rechts; materielles Recht (im Gegensatz zu den prozessrechtlichen Vorschriften); **– substantielle de forme** (*ZR*) wesentliche Formvorschrift; **– supplétive** (1) (*VerfR*) ergänzende Rechtsvorschrift, vervollständigende Norm, (2) (*SchuldR*) Zusatzklausel, zusätzliche Bestimmung, (3) (*ZR*) abdingbare gesetzliche Bestimmung.

réglé *adj* geregelt, geordnet; feststehend, festgesetzt, bestimmt.

règlement *m* (1) (*VerfR: acte de portée générale de l'exécutif, art. 37 de la Constitution de 1958*) frz. Regierungsgesetz *n*, Regierungsverordnung *f*; Rechtsverordnung *f*; ministerielle Verordnung, (2) (*ÖfR: réglementation*) Vorschrift *f*, Anordnung *f*, Bestimmung *f*, Satzung *f*, (3) (*ZR, HR: action de payer*) Begleichung *f*, Zahlung *f*, Bezahlung *f*; Leistung *f*, Erfüllung *f*, (4) (*PrzR, ZR: fait de régler une affaire*) Regelung *f*, Erledigung *f*, Beilegung, Abwicklung *f*, (5) Hausordnung *f*; Geschäftsordnung *f*; **arrêt de –** (*PrzR*) Grundsatzurteil *n*, Grundsatzentscheidung, die für alle künftigen Entscheidungen bindend ist; **conditions de –** Zahlungsbedingungen *fpl*; **contraire au –** ordnungswidrig; **offre de –** (1) (*SchuldR*) Erfüllungsangebot *n*, (2) (*InsolvenzR*) Vergleichs- *od.* Erfüllungsangebot; **valeur de –** Abfindungswert *m.*

règlement sur les adjudications (*öffentliche Aufträge*) Verdingungsordnung; **– administratif** Verwaltungsvorschrift (zur Gesetzesanwendung); **– d'administration publique (= R. A. P.)** (*VerfR: règlement pris par le premier ministre après avis du conseil d'État*) frz. Rechtsverordnung (beschlossen nach Anhörung des Conseil d'État); **– à l'amiable** gütliche Beilegung *od.* Regelung (von Streitigkeiten); **– anticipé** (*SchuldR*) Zahlung vor (der) Fälligkeit; Vorschussleistung; **– d'application** (*VerfR*) Durchführungsverordnung; Durchführungsvorschriften; **– d'arbitrage** Schiedsgerichtsordnung *f*; **– arbitral** schiedsgerichtliche Beilegung; **– d'atelier** (*ArbR*) Betriebsordnung.

règlement autonome (*VerfR: règlement pris en vertu de l'art. 37 de la Constitution*) frz. Regierungsgesetz (im eigenständigen Regierungsgesetzgebungsbereich); **– d'avaries** (*SeeHR*) Seeschadenregulierung; **– bénévole** (*VersR*) Kulanzzahlung; **– de bord** Schiffsordnung, Bordvorschrift; **– de bourse** Börsenordnung; **– budgétaire** Haushaltsordnung; **– de chasse** Jagdordnung.

règlement de compétence Zuständigkeitsvereinbarung; **– complémentaire** (*EG*) Ergänzungsverordnung; **– d'un compte** (*Buchf*) Saldofeststellung *f*, Schlussrechnung *f*; Abrechnung; Rechnungsabschluss *m*; **– de comptes** Vergeltung, Heimzahlung, Rache *f*; **– des conflits du travail** (*ArbR*) Beilegung von (kollektiven) Arbeitsstreitigkeiten; **– d'une contribution** Gebührenzahlung; Steuerbegleichung; **– de copropriété** (1) (*SachR*) Wohnungseigentumsordnung, (2) Vereinbarung über Wohnungseigentum (zwischen den Miteigentümern).

règlement des dettes Schuldenregulierung *f*, Umschuldung; **– en devises** Devisenzahlung; **– des différends** Beilegung von Streitigkeiten, Schlichtung *f*, **– disciplinaire** (*BeamR, MilR*) Disziplinarordnung, Dienststrafrecht; **– des dommages** (*VersR*) Schadensregulierung; **– douanier** Zollvorschriften *pl*.

règlement électoral Wahlordnung *f*; **– en espèces** Barzahlung; **– d'ensemble** Gesamtregelung; **– d'entreprise** (*ArbR*) Betriebsordnung, Arbeitsordnung; **– européen** EU-Verordnung; **– d'exécution** Durchführungsverordnung, Vollzugs- *od.* Ausführungsverordnung; **– extra-judiciaire** außergerichtlicher Vergleich.

règlement d'une facture Begleichung einer Rechnung; **– forfaitaire** Pauschalzahlung, Abfindungssumme *f*; **– général** Gesamtregelung; **– intérieur** (1) Geschäftsordnung, (2) (*ArbR*) Betriebsordnung.

règlement judiciaire (*InsolvenzR: hist., jusqu'en 1967 – aujourd'hui: redressement judiciaire*) frz. Vergleichsverfahren; **– de juges** (*StPR: procédure par laquelle la chambre criminelle de la Cour de cassation détermine la juridiction exclusivement compétente pour connaître d'un litige*) (*Entscheidung des Strafsenat des Kassationshofes*) Bestimmung des zuständigen Gerichts, Zuständigkeitsentscheidung.

règlement de juges: **demande** *ou* **requête en – –** Antrag auf Bestimmung des zuständigen Gerichts.

règlement d'un litige Erledigung eines Rechtsstreits; **– du marché** Marktordnung; **– mensuel de l'impôt** monatliche Steuerzahlung; **– ministériel** ministerielle Verordnung; **– monétaire** Währungsabkommen; **– national de construction** frz. Bauordnung; **– national d'urbanisme** frz. Bauplanungsordnung; **– de navigation** Schiffahrtsordnung; **– obligatoire des différends** obligatorische Beilegung von Streitigkeiten.

règlement d'ordre intérieur (1) (*ZR*) Geschäftsordnung *f*, (2) (*VwR*) Verwaltungsordnung; **– pacifique des conflits** (*VR*) gütliche Streiterledigung, gütliche Beilegung von Streitigkeiten; **– particulier** Einzelregelung; **– de pêche** Fischereiordnung; **– pénitentiaire** Strafvollzugsordnung.

règlement de police Polizeivorschrift *f*, Polizeiverordnung; **– portuaire** Hafenordnung; **– de procédure** Verfahrensordnung; **– sanitaire international** internationale Gesundheitsvorschriften *fpl*.

règlement de séance Geschäftsordnung; **– de sécurité** Sicherheitsvorschriften *fpl*; **– de service** (1) (*WirtR: manipulation d'appareillages*) Bedienungsvorschrift, (2) (*BeamR*) Dienstordnung; **– des sinistres** (*VersR*) Schadensregulierung; **– d'une succession** Erbauseinandersetzung; **– sur le trafic aérien** Flugverkehrsordnung; **– transactionnel** Vergleich *m*,

Beilegung einer Streitigkeit im Vergleichswege; **– du travail** Betriebs- *od.* Arbeitsordnung *f*; **– du tribunal** (*GVR*) Geschäftsverteilungsplan *m*; Geschäftsverteilung (zwischen den Richtern und Spruchkammern); **– par virement** Zahlung durch Überweisung.

réglementaire *adj* (1) vorschriftsmäßig, ordnungsgemäß, (2) (*VerfR*) verordnungsrechtlich; **acte –** (*ÖfR*) Rechtsverordnung *f*; **disposition –** (*VerfR*) Regierungsgesetz *n*, frz. regierungsgesetzliche Vorschrift.

réglementairement *adv* ordnungsmäßig.

réglementation *f* (1) (*ÖfR: ensemble des prescriptions conernant un domaine particulier*) (gesetzliche) Regelung *f*, Rechtsvorschriften *fpl*; Reglementierung *f*, (2) (*WirtR*) (Markt-) Ordnung *f*; Geschäftsordnung; Bewirtschaftung *f*; **droit de –** (*VerfR: pouvoir réglementaire*) Rechtsetzungsrecht der Exekutive; **prendre une –** eine Regelung treffen; **– des** *ou* **sur les changes** Devisenbestimmungen *fpl*; Devisenvorschriften *pl*; **– collective** (*ArbR*) tarifvertragliche Regelung; **– du commerce et de l'industrie** (*WirtR*) Gewerbeordnung *f*; **– contractuelle** (*SchuldR*) Vertragsregelung, vertragliche Bestimmungen; **– douanière** Zollvorschriften; **– de la durée du travail** Arbeitszeitregelung; **– fiscale** steuerrechtliche Durchführungsbestimmungen; **– légale** gesetzliche Regelung; **– du marché** Marktordnung; **– en matière de concurrence** Wettbewerbsordnung; **– monétaire** Währungsbestimmungen *fpl*; **– des prix** Preisordnung *f*, Preisüberwachung *od.* -lenkung *f*; **– protectrice** Schutzvorschriften; **– des salaires** (staatliche) Festsetzung der Löhne; **– spéciale** Sonderregelung; **– transitoire** Übergangsregelung; **– du travail** arbeitsrechtliche Vorschriften; **– en vigueur** die geltenden Vorschriften.

réglementer *v.tr.* (durch Vorschriften) regeln, ordnen, reglementieren; **– le taux de l'escompte** (*WirtR*) den Diskontsatz festsetzen.

régler *v.tr.* (1) (*ÖfR*) regeln, reglementieren, (2) (*PrzR*) (*einen Rechtsstreit*) beilegen; (*eine Streitigkeit*) schlichten, erledigen, (3) (*ZR, HR*) (*eine Rechnung*) begleichen, bezahlen; (*einen Betrag*) zahlen, (4) (*SchuldR, VersR: un dommage*) abwickeln, regulieren; bereinigen; **– par chèque** mit einem Scheck zahlen; **– un compte** ein Saldo feststellen; **– sa conduite sur qqn.** sich nach jmdn. richten; **– un différent** einen Streit beilegen; **– les termes d'un accord** eine Vereinbarung schriftlich festlegen.

règne *m* Herrschaft *f*, Regierungszeit *f*; (vorherrschender) Einfluss *m*; **– de la loi** (*VerfR*) rechtsstaatliche Ordnung.

régner *v. intr.* herrschen, regieren; **– sur** beherrschen.

régnicole *adj* (*VerfR*) staatsangehörig.

régnicole *m* Inländer *m*.

regorger *v.tr.ind.* im Überfluss vorhanden sein.

régresser *v. intr.* zurückgehen, rückläufig sein.

regressif *adj*: **impôt –** regressiver Steuersatz *od.* -tarif.

régression *f* (1) Rückgang *m*, Zurückgehen *n*, (2) (*SteuerR*) Regression, regressiver Steuertarif; **– du chômage** Rückgang der Arbeitslosigkeit; **– économique** rückläufige Entwicklung *od.* Konjunktur.

regret *m* Bedauern *n*; **ne manifester aucun –** keinerlei Reue zeigen.

regrettable *adv* bedauerlich, unerfreulich.

regretter *v.tr.* bedauern; bereuen.

regrèvement *m* Steuererhöhung *f*.

regroupement *m* Umstellung *f*, Umschichtung; Zusammenlegung; **– familial** Familiennachzug *m*; Ehegattennachzug; Kindernachzug, Familienzusammenführung; **– de parcelles** (*BauR*) Zusammenlegung von Flurstücken *od.* Parzellen.

regrouper *v.tr.* umstellen; zusammenlegen; zusammenführen.

régularisation *f* (1) (*VwR: mise en règle vis-à-vis de la loi*) Erledigung *f*, Regulierung *f*, (2) (*SchuldR: paiement des* *dettes*) Zahlung; Ausgleich *m*, (3) (*BauR*) Begradigung *f*; **compte** *ou* **poste de –** (*Buchf*) Rechnungsabgrenzungsposten *m*; **fonds de –** Ausgleichsfonds *m*; **montant de –** Einlösungsbetrag; **– d'un acte** Urkundenberichtigung; **– du marché** Marktregulierung; **– des sans-papiers** (*AuslR*) Gewährung einer Aufenthaltsbefugnis für Personen ohne gültige Papiere.

régulariser *v.tr.* (1) (*VwR*) regeln, mit den Vorschriften in Einklang bringen; regulieren; in Ordnung bringen; validieren, gültig machen, (2) (*FamR*) eine Lebensgemeinschaft durch nachträgliche Eheschließung legalisieren, (3) (*SchuldR*) (einen Mangel) heilen, (4) (*BankR, Buchf*) einlösen, zahlen.

régularité *f* (1) Ordnungsmäßigkeit *f*, Vorschriftsmäßigkeit *f*, (2) Regelmäßigkeit *f*; Pünktlichkeit *f*; **– d'une élection** Ordnungsmäßigkeit einer Wahl; **– formelle** förmliche Rechtmäßigkeit.

régulation *f* (1) (*Vwirt*) Regulierung, staatliche (Markt-) Kontrolle, (2) Normung; **– des naissances** Geburtenkontrolle, Familienplanung; **– du trafic** Verkehrsregelung *f*.

réguler *v.tr.* regeln, regulieren; ordnen, gestalten.

régulier *adj* (1) gesetzmäßig, der Regel entsprechend, normgerecht, ordnungsgemäß, (2) regelmäßig; pünktlich; **attestation régulière** rechtsgültige Bescheinigung; **gouvernement –** verfassungsmäßige Regierung; **jugement –** rechtmäßiges Urteil; **tribunal –** (*GVR*) gesetzmäßiger Richter.

régulièrement *adv* ordnungsgemäß, ordentlich; **payer –** (immer) rechtzeitig zahlen.

réhabilitation *f* (1) (*StR, WirtR: rétablissement d'une personne dans ses droits*) Wiedereinsetzung in frühere Rechte *od.* in den früheren Stand, Rehabilitierung *f*, (2) (*StR: effacement pour l'avenir d'une condamnation pénale, réinsertion*) Aufhebung der Straffolgen; Wiedereinfügung in die Gesellschaft, (3) (*ArbR*) Wiederherstellung der Erwerbsfähigkeit, Rehabilitation, (4) (*WirtR*) Sanierung (eines Betriebes); **– de droit** *ou* **légale** (*StR*) Straftilgung, Wegfall der strafrechtlichen Nebenfolgen einer Verurteilung (kraft Gesetzes nach Ablauf einer gewissen Zeit); **– d'un immeuble** (*BauR: remise en état d'habitation*) Gebäudemodernisierung *od.* -sanierung; **– judiciaire** (*StPR*) Beseitigung der strafrechtlichen Nebenfolgen einer Verurteilung durch Richterspruch; **– légale** Rehabilitierung von Rechts wegen; **– d'un quartier** (*BauR*) Stadtviertelsanierung.

réhabiliter *v.tr.* rehabilitieren; wiederherstellen; sanieren.

réimportation *f* Wiedereinfuhr *f*.

réimpression *f* unveränderte Neuauflage.

réincarcération *f* (*StVZ*) erneute Inhaftierung.

réinjecter *v.tr.* **de l'argent frais** neue Gelder (einem Unternehmen) zur Verfügung stellen.

réinscription *f* Wiedereintragung *f*; Wiedereinschreibung.

réinsérer *v.tr.* (1) (*ArbR*) wiedereinstellen, (*in den Arbeitsprozess*) wiedereingliedern, (2) (*StR*) (einen Straffälligen) rehabilitieren.

réinsertion *f* (1) Wiedereinstellung *f*, Wiedereingliederung, (2) Rehabilitierung *f*; **– professionnelle** Wiedereingliederung in das Berufsleben; **– sociale** Resozialisierung.

réinstallation *f* Umsiedlung *f*, Umzug *m*; **–** (1) *f*. (*BeamR, ArbR*) Wiedereinsetzung (in ein Amt); Wiederbeschäftigung.

réintégrande *f* (*ZPR, SachR: action possessoire du détenteur victime d'une voie de fait*) Besitzentziehungsklage *f*, Klage auf Wiedererlangung des Besitzes.

réintégration *f* (1) (*BeamR*) Wiedereingliederung, Wiedereinsetzung, (2) (*ArbR*) Wiedereinstellung *f*; **– dans ses droits** Wiedereinsetzung in den vorherigen Stand, Wiedereinsetzung in die ursprüngliche Rechtsstellung *od.* in seine Rechte; **– dans la nationalité** Wiedereinbürgerung *f*.

réintégrer *v.tr.* wiedereingliedern, wiedereinstellen; **– dans ses droits** in seine ursprüngliche Rechtsstellung wiedereinsetzen.

réintroduction *f* Wiedereinführung *f.*

réinvestir *v.tr.* neu investieren, (Gelder) wieder anlegen.

réitératif *adj* (*PrzR*) wiederholt, erneut; **sommation réitérative** zweite *od.* mehrmalige Aufforderung.

réitération *f* (1) Wiederholung *f,* (2) (*StR*) Rückfall *m*; **– d'infractions** wiederholte Begehung mehrerer strafbarer Handlungen.

réitéré *adj* wiederholt, erneut.

réitérer *v.tr.* wiederholen, (eine Handlung) erneut vornehmen.

rejet *m* (1) (*VwR, PrzR: le fait de rejeter un argument, une demande*) Ablehnung *f,* Abweisung *f*; Zurückweisung *f,* Verwerfung *f,* (2) (*Buchf*) Übertragung (auf neue Rechnung), (3) (*UmweltR: rejets polluants*) emittierte Schadstoffe *mpl*; Immissionen *fpl,* Schadstoffeinleitung *f*; **arrêt de –** Klageabweisung durch den frz. Kassationshof; zurückweisende Entscheidung einer höheren Instanz; **décision de –** Abweisungsbeschluss *m,* ablehnende *od.* abweisende Entscheidung, zurückweisende Verfügung.

rejet de l'action Klageabweisung; **– de la demande** (1) (*VwR*) Ablehnung des Antrags, (2) (*ZPR*) Klageabweisung; **– d'eau polluée** (*UmweltR*) Ableiten von schadstoffhaltigem Wasser; **– de l'exception** (*PrzR*) Verwerfung der Einrede; **– au fond** Sachabweisung; **– pour raison de forme** Prozessabweisung (wegen Formmangels); **–s non-polluants** schadstofffreie Emisionen.

rejeter *v.tr.* zurückweisen, verwerfen, ablehnen, abweisen; **– une accusation** einen Vorwurf zurückweisen; **– la demande** den Antrag abweisen; die Klage abweisen; dem Antrag nicht stattgeben; **– des déchets dans la mer** (*UmweltR*) verklappen; **– une exception** eine Einrede verwerfen; **– une offre** ein Angebot ablehnen; **– une requête** einen Antrag ablehnen; eine Klage abweisen; **– la responsabilité** die Haftung ablehnen; **– la responsabilité sur qqn.** die Verantwortung auf einen Dritten abwälzen, einen Dritten für einen Schaden verantwortlich machen.

rejeton *m* (*FamR: descendant, enfant*) Nachkömmling *m.*

rejoindre *v.tr.* wieder zusammenbringen *od.* zusammenfügen; treffen; **– qqn. dans ses opinions** die Meinung von jmdm. teilen; **– un parti politique** einer Partei beitreten.

relâche *f* (1) (*ArbR*) Unterbrechung *f,* Pause *f,* (2) (*SeeHR*) Aufenthalt *m* (in einem Hafen); **jour de –** Ausgleichsruhetag; **sans –** ohne Unterlass, unablässig.

relâcher *v. tr. et intr.* (1) (*StPR*) freilassen, aus der Haft entlassen; (wieder) auf freien Fuß setzen, (2) lockern, nachlassen, (3) einen Hafen anlaufen.

relais *m* (*ÖfR, SachR*) (vom Wasser verlassene) trockene Stelle am Ufer; **servir de –** als Zwischenhändler fungieren.

relance *f* (*Vwirt*) (erneute) Ankurbelung (der Wirtschaft), Konjunkturbelebung; **– d'un client** erneutes Anschreiben eines Kunden, Direktwerbung; **– de la consommation** Ankurbeln *n* des Verbrauchs; **– du terrorisme** Wiederaufflammen *n* des Terrorismus.

relancer *v.tr.* **la polémique** den Streit neu anfachen.

relaps *adj* (*StR: récidiviste*) rückfällig; wieder abtrünnig.

relater *v.tr.* (1) (*rapporter*) Bericht erstatten, berichten, (2) (*mentionner*) erwähnen, anführen.

relatif *adj* (1) bezüglich, betreffend, (2) verhältnismäßig, relativ; **majorité relative** relative *od.* einfache Mehrheit; **nullité relative** Anfechtbarkeit; **– à qqch.** sich auf etwas beziehend, mit Bezug auf.

relation *f* (1) (*communication, exposé*) Bericht *m,* schriftliche Darstellung; Protokoll *n,* (2) (*lien, rapport*) Zusammenhang *m,* Kausalnexus *m,* (3) (*toujours pl.: contact, liaison*) Beziehung *f*; **ample –** ausführlicher Bericht; **– causale** *ou* **de cause à effet** Kausalzusammenhang *m*; **– écrite** schriftlicher Bericht; **– orale** mündlicher Bericht; **– d'un témoin** Zeugenaussage.

relations *fpl* **adultérines** ehebrecherischer Verkehr; **– d'affaires** *ou* **commerciales** Handels- *od.* Geschäftsbeziehungen; **– contractuelles** Vertragsverhältnis *n*, vertragliche Beziehungen; **– culturelles** Kulturaustausch *m*; **– diplomatiques** diplomatische Beziehungen.

relations économiques Wirtschaftsbeziehungen; **– extérieures** Auslandsbeziehungen, auswärtige Angelegenheiten; **– extra-maritales** außereheliche Beziehungen; **– humaines** zwischenmenschliche Beziehungen; **– internationales** (*VR*) zwischenstaatliche Beziehungen.

relations juridiques Rechtsverhältnis *n*, Rechtsbeziehungen; **– paritaires** (1) paritätische Beziehungen, Verhältnis auf der Grundlage der Gleichberechtigung, (2) (*ArbR*) sozialpartnerschaftliche Beziehungen, paritätische Mitbestimmung; **– professionnelles** kollektives Arbeitsrecht.

relations publiques Öffentlichkeitsarbeit *f*, public relations, Pflege der öffentlichen Meinungsbildung; **– sexuelles** Geschlechtsverkehr *m*, Geschlechtsakt *m*, Koitus *m*; **– sur un pied d'égalité** Beziehungen zwischen gleichberechtigten Partnern; **– de travail** Arbeitsverhältnis *n*.

relativiser *v.tr.* als zweifelhaft hinstellen, einschränken, relativieren.

relativité *f* bedingte Geltung, Bedingtheit, Relativität *f*; **– de la chose jugée** (*ZPR*) beschränkte Rechtskraftwirkung zwischen den Parteien, auf die Prozessparteien beschränkte Rechtskraftwirkung; **– des conventions** (*SchuldR*) Wirkung der Verträge (ausschließlich) zwischen den Parteien.

relaxe *f* (*StPR: décision d'une juridiction autre que la Cour d'assises déclarant un prévenu non coupable*) Freispruch *m*; **jugement de –** Freispruch, freisprechendes Urteil.

relaxer *v.tr.* freisprechen.

relayer *v.tr.* jmdn. ablösen, an die Stelle eines anderen treten.

relecture *f* Überprüfung; Korrektur (von Druckfahnen).

relégation *f* (*StR: bis 1970*) Zusatzstrafe der Verbannung für rückfällige Straftäter.

reléguer *v.tr.* entfernen, beseitigen.

relevé *m* Aufstellung *f*, Verzeichnis *n*, Liste *f*; **– bancaire** Bankkontoauszug *m*; **– cadastral** Katasterauszug *m*; **– de compte** Kontoauszug *m*; Rechnungsauszug; **– des condamnations** Vorstrafenliste *f*; **– des dépenses** Ausgabenverzeichnis; **– de forclusion** (*ZPR*) Wiedereinsetzung in den vorherigen Stand; **– des heures de travail** Stundenzettel *m*.

relevé d'identité bancaire (= RIB) (*für Überweisungen*) Vordruck mit den Kenndaten (eines Bankkunden), besonderer Vordruck der Banken mit Bankleitzahl und Kontonummer sowie Namen des Bankkunden; **– de sinistres** Schadenaufstellung; **– statistique** statistische Aufstellung.

relèvement *m* (1) Erhöhung; Hebung; Aufbesserung, (2) Enthebung; **– des cotisations** Beitragserhöhung; **– des droits** Gebühren- *od.* Abgabenerhöhung; **– économique** wirtschaftlicher Wiederaufbau; **– de fonctions** (*BeamR*) Dienstenthebung, Suspendierung, Amtsenthebung, Amtsentsetzung; **– de forclusion** (*ZPR*) Wiedereinsetzung in den vorigen Stand; **– du niveau de vie** Hebung des Lebensstandards; **– de plan** (*BauR*) Vermessung *f*; **– des salaire** Lohnerhöhung; **– du taux de l'escompte** Heraufsetzung *od.* Erhöhung des Diskontsatzes.

relever *v.tr. et intr.* (1) (*redresser, reconstruire*) wiederaufbauen, wiederaufrichten, (2) (*augmenter*) erhöhen, heraufsetzen, (3) (*noter, souligner*) notieren, vermerken, aufschreiben; hervorheben, (4) (*libérer d'une obligation*) befreien; lossprechen, (5) (*BeamR: destituer*) absetzen, (eines Amtes) entheben; kündigen, (6) (*VwR: dépendre de, ressortir de*) in den Zuständigkeitsbereich fallen (von); **– une charge**

contre qqn. (*StPR*) jmdn. belasten; – **de la compétence de** in den Zuständigkeitsbereich fallen (von); – **qqn. d'une condamnation** (*StVZ*) die Strafe tilgen; – **de** abhängig sein von, abhängen von; herrühren von; seine Ursache haben in; – **le défi** die Herausforderung annehmen; – **du droit commun** in den Bereich des Zivilrechts fallen; – **les fautes** die Fehler ankreuzen; – **les finances** die Finanzen sanieren; – **d'une juridiction** (*ZPR*) einer Gerichtsbarkeit unterliegen, in die Zuständigkeit eines Gerichts fallen; – **d'une longue maladie** nach einer langen Krankheit genesen; – **le moral** aufmuntern, Mut machen; – **de l'obligation du secret professionnel** (*StPR*) von der Schweigepflicht entbinden.

relier *v.tr.* verbinden; – **des indices** eine Indizienkette bilden.

religieux *adj* die Religion *od.* den Glauben betreffend; **guerre religieuse** Glaubenskrieg *m*; **persécutions religieuses** Verfolgung aus Glaubensgründen.

religion *f* (1) (*KirchR*) Religion *f*, Glaubensbekenntnis *n*, (2) (*PrzR: intime conviction des juges*) innere Überzeugung (der Richter); **abjurer une –** aus der Kirche austreten; **se convertir à une –** einer Kirche beitreten; **professer une –** einer Glaubensgemeinschaft angehören; – **d'État** Staatskirche *f*.

reliquat *m* (*Buchf*) Rest *m*, Restbetrag *m*; Saldo *m*; Rechnungsabschluss *m*; – **de la créance** (*SchuldR*) Restforderung *f*.

reliquataire *m* Schuldner eines Restbetrages.

relocation *f* Wieder- *od.* Weiter- *od.* Untervermietung.

relogement *m* Beschaffung einer Ersatzwohnung.

reloger *v.tr.* umquartieren, eine Ersatzwohnung beschaffen.

relouer *v.tr.* erneut vermieten.

remaniement *m* Umbildung *f*, Umbesetzung; Umänderung, Neugestaltung; – **ministériel** Regierungsumbildung; – **parcellaire** (*LandwR*) Flurbereinigung; – **territorial d'une commune** Umgemeindung.

remanier *v.tr.* umbilden, überarbeiten, umändern; – **de fond en comble** völlig neu gestalten; – **le gouvernement** die Regierung umbilden.

remariage *mpl* (*FamR: secondes noces*) Wiederverheiratung *f*.

remarque *f* Bemerkung; Anmerkung; **faire une – à qqn. sur qqch.** etwas einer kritischen Beurteilung unterziehen, eine kritische Bemerkung anbringen; – **désobligeante** Vorhaltung *f*, Tadel *m*, Kritik *f*; Vorwurf *m*.

remarquer *v.tr.* bemerken, wahrnehmen; **faire – qqch. à qqn.** jmdn. auf etwas aufmerksam machen.

rembauchage *m* (*ArbR: on dit aussi réembauche*) Wiedereinstellung *f*.

remblai *m* aufgeschüttete Erde, Erddamm *m*.

rembours *m* (*ZollR: drawback*) Rückvergütung des Einfuhrzolls, Drawback *n*.

remboursable *adj* rückzahlbar, erstattungsfähig; tilgbar; **prêt – sur trois ans** innerhalb von drei Jahren rückzahlbares Darlehen.

remboursement *m* (1) (*SchuldR: paiement de la dette*) Rückzahlung *f*, Rückerstattung *f*, (2) (*BankR: amortissement du crédit*) Tilgung *f*, Ablösung *f*, Abtragung; **contre –** gegen Nachnahme; **droit à –** Erstattungsanspruch *m*; **envoi** *ou* **expédition contre –** Nachnahme(sendung) *f*; **valeur en –** Einlösungs- *od.* Rückzahlungswert *m*.

remboursement anticipé vorzeitige Rückzahlung; – **des dettes** Schuldenrückzahlung, (Schulden-) Tilgung; – **des droits de douane** Zollrückvergütung; – **des frais engagés** Kostenerstattung, Kostenersatz *m*; – **au pair** Parirückzahlung, Rückzahlung zum Nennwert; – **de la valeur** Wertersatz *m*.

rembourser *v.tr.* rückzahlen, erstatten, rückerstatten, zurückzahlen; **se faire –** den Preis (für eine Ware) zurückfordern und zurückerstattet bekommen; – **qqn. de ses frais** Kosten vergüten, Auslagen rückerstatten; **– tous ses créanciers** sämtliche Schulden begleichen.

remède *m fig* Hilfsmittel, Rettung; **chercher un –** eine Lösung suchen; **préconiser un –** jmdm. einen Lösungsvorschlag unterbreiten; **– de cheval** Rosskur *f*; **– inadapté** *ou* **inefficace** unbrauchbare Lösung.

remédier (à) *v.tr. ind.* Abhilfe schaffen; **– à des abus** Missstände beseitigen.

remembrement *m* (*LandwR*) Zusammenlegung (von Parzellen); Flurbereinigung *f*, Neuordnung (des ländlichen Grundbesitzes); **périmètre** *ou* **zone de –** Umlegungsbezirk *m*; **– urbain** Stadtsanierung.

remémorer *v.pron.*: **se – qqch.** sich an etwas erinnern.

remerciement *m* Dank *m*; **lettre de –** Danksagung *f*; Dankschreiben *n*.

remercier *v.tr.* (1) (*ArbR: congédier*) kündigen, (2) (*BeamR*) (in Ehren) entlassen, verabschieden.

réméré *m ou* **vente à –** (*SchuldR: possibilité de rachat par le vendeur*) Wiederkauf *m*, Vorbehalt *m* des Wiederkaufsrechts.

remettant *m* (*BankR, WechselR*) (Kontokorrent-) Kreditor *m*; Übergeber eines Wechsels (an eine Bank zwecks Wechseldiskont).

remettre *v.tr.* (1) übergeben, überreichen; zustellen, (2) (*ajourner*) zurückstellen, verschieben, vertagen, (3) *v.tr.* (*StR*) (eine Strafe) erlassen; **– en cause** (erneut) in Frage stellen; **– en état de fond en comble** rundum erneuern; **– en ordre** in Ordnung bringen; **– les pendules à l'heure** *fig* (eine Sache) auf den neuesten Stand bringen, neu gestalten; **– à plus tard** auf einen späteren Zeitpunkt verschiebebn; **– au point** (1) klarstellen, (2) fertigstellen; **– en question** (erneut) in Frage stellen; **– en vigueur** wieder in Kraft setzen.

remise *f* (1) (*SchuldR: livraison*) Übergabe *f*, Zustellung *f*, Aushändigung *f*, (2) (*ZPR: ajournement*) Vertagung *f*, Verlegung, (3) (*HR: diminution de prix*) (Preis-) Nachlass *m*, Rimesse *f*, Rabatt *m*, (4) (*VwR, StR: renonciation*) Verzicht (auf), Erlass *m*, (5) (*octroi d'un dégrèvement*) Herabsetzung (der geschuldeten Lesitung), Teilverzicht *m*, (6) (*octroi d'un délai supplémentaire*) Verlängerung (der Frist), Gewährung einer Gnadenfrist; **accorder** *ou* **consentir une –** einen Nachlass gewähren.

remise en application (*VerfR*) Wiederanwendung *od.* Wiederinkraftsetzung (eines Gesetzes); **– de cause** (*ZPR*) Vertagung der mündlichen Verhandlung (auf einen späteren Verhandlungstermin); **– en cause d'un plan** Neuberatung und Umgestaltung eines Vorhabens; **– de debet** *ou* **de dette** Schulderlass *m*; Schuldnachlass *m*; **– à la douane** Zollgestellung; **– de droits de douane** Zollerlass *m*; **– à l'escompte** (*BankR, WechselR*) Diskontierungsantrag, Einreichung zur Diskontierung; Hereinnahme von Wechseln (zur Diskontierung); **– en état** (Wieder-) Instandsetzung *f*, Erneuerung, Reparatur; **– en garantie** Übergabe als Sicherung.

remise gracieuse (*ZPR*) Schulderlass aus Billigkeitsgründen; **– gracieuse de peine** (*StPR*) Straferlass *m*, Begnadigung.

remise d'impôt Steuererlass *od.* -ermäßigung; **– des lettres de créance** (*VR*) Überreichung des Beglaubigungsschreibens; **– en mains propres** Aushändigung nur an den Betroffenen; **– en ordre** Wiederherstellung der Ordnung; **– sur les paiements au comptant** Barzahlungsnachlass *m*, Skonto *n*; **– de peine** Straferlass *m*, Erlass eines Teils der Strafe; **– d'un prix** Preisverleihung; **– au transport** Aufgabe zur Beförderung; **– en vigueur** Wiederinkraftsetzung; **– en vigueur de l'assurance** Wiederaufleben der Versicherung.

remisier *m* (*BörR*) Remisier *m*, Vermittler an der Pariser Börse.

rémission *f* Begnadigung *f*; Nachsicht *f*; **sans –** endgültig.

remodeler *v.tr.* **une loi** ein Gesetz völlig umgestalten.

remonter *v.tr. et intr.* (wieder) hinaufgegen *od.* hinauffahren; **– la filière** (*StR*) die Spur zurückverfolgen; **– au XIX° siècle** aus dem 19. Jahrh. stammen; **– aux sources** *fig.* den Ursprung suchen.

remontrance *f* (1) Beanstandung *f*, Ermahnung *f*, Vorwurf *m*, (2) *hist* Gegenvorstellung *f*, Einwendung *f*; **faire des –s à qqn.** jmdm. (wegen etwas) Vorhaltungen machen, jmdn. mit Vorwürfen überhäufen.

remords *m* Schuldgefühl *n*; Reue *f*; **avoir des –** Gewissensbisse haben, ein schlechtes Gewissen haben.

remorquage *m* Schleppschiffahrt *f*; Abschleppen *n*.

remous *mpl* **sociaux** soziale Unruhen *od.* Erschütterungen.

remplaçant *m* (*ArbR*) Aushilfskraft *f*; Zeitkraft; (Stell-) Vertreter.

remplacement *m* (1) Ersatz *m*, Ersetzung *f*, (2) Stellvertretung *f*, Vertretung; **faire un –** jmdn. vertreten, die Vertretung übernehmen; **produit de –** Ersatzprodukt *n*; **solution de –** Ersatzlösung; **valeur de –** Wiederbeschaffungskosten *pl.*

remplacer *v.tr.* (1) auswechseln, ersetzen, (2) an die Stelle (von jmdn.) treten, jmdn. vertreten, (3) (im Amte) nachfolgen.

remplir *v.tr.* (1) (*un formulaire*) ausfüllen, (2) (*une tâche*) erfüllen, (3) (*une fonction*) ausüben, (Amt) bekleiden, (4) (*ses obligations*) (Verbindlichkeiten) nachkommen.

remploi *m* (1) (*fonds*) erneute Anlage, (2) (*personnes*) Wiedereinstellung *f*.

remporter *v.tr.* **une victoire** einen Sieg davontragen.

rémunérateur *adj* einträglich, lohnend; auf Verdienst gerichtet.

rémunération *f* (1) (*ArbR*) Arbeitsentgelt *n*, Arbeitseinkommen, Lohn *m*, Entlohnung, (2) (*SchuldR: prestation en argent ou en nature*) Vergütung *f*, Entgelt *n*; Naturallohn; **accessoires de la –** Lohnzuschläge *mpl*; **accord de –** Lohnvereinbarung; **congé avec –** bezahlter Urlaub; **forte –** (*SchuldR*) (*Finder*) hohe Belohnung; **garantie de –** garantierter Mindestlohn; **perte de –** Lohnausfall *m*.

rémunération à l'acte (*SozVers*) Vergütung nach Einzelleistung; **– adéquate** angemessener Lohn; **– d'appoint** zusätzliches Arbeitseinkommen, Nebenverdienst *m*; **– d'assistance** Hilfslohn *m*; **– brute** Bruttolohn; **– de départ** Anfangsvergütung; **– forfaitaire** Pauschallohn; **– insaisissable** pfändungsfreies Arbeitseinkommen; **– mensuelle minimum** (*ArbR*) (gesetzlicher) Mindestlohn; **– en nature** Naturallohn, Deputat *n*; **– nette** Nettolohn; **– aux pièces** Stücklohn; **– au rendement** Leistungslohn; **– de sauvetage** (*SeeHR*) Bergegeld *n*; **– à la tâche** Akkordlohn *m*; **– du travail** Arbeitsentgelt.

rémunératoire *adj*: **legs –** (*ErbR*) belohnendes Vermächtnis.

rémunérer *v.tr.* entlohnen, vergüten; **– le capital** Kapitalzinsen zahlen.

renaître *v.intr.* neu entstehen *od.* wachsen, wieder zum Vorschein kommen; **– à l'espoir** (neue) Hoffnung schöpfen.

renchérissement *m* (Ver-) Teuerung, Preissteigerung *od.* -anstieg.

rencontre *f* Begegnung *f*, Zusammenkunft *f*, Treffen *n*; Gefecht *n*, Zusammenstoß *m*; **– informelle** Sondierungsgespräch *n*.

rencontrer *v.tr. et v.pron.* jmdn. treffen, jmdm. begegnen; **se –** (1) sich treffen *od.* begegnen, (2) *fig.* einer Meinung sein; **– des difficultés** *ou* **des obstacles** auf Hindernisse stoßen.

rendant compte *m* zur Rechenschaftslegung verpflichtete Person, Rechnungsleger.

rendement *m* (1) (*produit*) Ertrag *m*, Rendite *f*, (2) (*productivité*) Produktivität *f*, Ertragskraft *f*; Ergiebigkeit *f*; Wirkungsgrad *m*, (3) (*efficacité*) (Arbeits-) Leistung *f*; **accroître** *ou* **augmenter le –** (1) (*WirtR*) den Ertrag verbessern, (2) (*ArbR*) die Leistung steigern; **perte de –** Ertragsausfall *m*; **prime de –** (*ArbR*) Akkordlohn *m*, Leistungszulage *f*.

rendement économique Wirtschaftlichkeit *f*, Rentabilität *f*, wirtschaftlicher Nutzen; **– énergétique** Energieumsatz *m*; **– exigé** Soll-Leistung; **– marginal** Grenzertrag; **– maximum** Höchst- *od.* Spitzenleistung, Maximalertrag; **– net** Nettoertrag, Reinerlös *m*; **– théorique** Leistungssoll *n*; **– du travail** Arbeitsertrag *m*.

rendez-vous *m* Verabredung *f*, Termin *m*, verabredete Zusammenkunft; Treff *m*; **– d'affaires** Geschäftstreffen.

rendre *v.tr.* (1) zurückgeben, wiedergeben, (2) erwidern, entgegnen, (3) zukommen lassen, leisten; **– un arrêt** ein Urteil fällen; **se – compte de** sich klarwerden; **– des comptes** Rechnung ablegen, Rechnung vorlegen, abrechnen; **– sa décision** eine Entscheidung treffen; **– un jugement** ein Urteil fällen *od.* verkünden; **– la justice** Recht sprechen; **– nul** aufheben, für nichtig erklären; **– obligatoire** zwingend vorschreiben; **– public** veröffentlichen, der Öffentlichkeit übergeben; **– service à qqn.** jmdm. einen Dienst erweisen; **– témoignage** Zeugnis ablegen; **– visite** einen Besuch abstatten.

rendu *adj* vergolten, erstattet; erwidert; zugestellt; **– à Paris** bis zum Bestimmungsort Paris.

rendu *m* (*HR*) (*dem Kaufmann*) zurückgesandte Ware.

rêne *f* Zügel *m*; **tenir les –s d'une affaire** federführend sein, die Oberaufsicht haben; ein Geschäft führen; **tenir les –s de l'État** die Staatsführung innehaben.

renégat *m* Abtrünnige(r) *m*; Verräter *m*.

renégocier *v.tr.* (*über einen Vertrag*) neu verhandeln.

renfermer *v.tr.* (1) (*einen Häftling*) (erneut) einsperren, (2) beinhalten, enthalten, umfassen.

renflouage *m* (*SeeHR: remise à flot – on dit aussi: renflouement*) Wiederflottmachen eines Schiffs, Heben *n*.

renflouement *m* (*GesR: sauvetage des difficultés financières*) Sanierung *f*; **société de –** Auffanggesellschaft *f*.

renflouer *v.tr.* wieder in Gang bringen; **– une affaire** eine Firma sanieren; **– un navire** ein Schiff wieder seetüchtig machen.

renforcement *m* Festigung *f*, (Ver-)Stärkung; **– des mesures de sécurité** Verstärkung der Sicherheitsmaßnahmen; **– de la production** Produktionssteigerung.

renforcer *v.tr.* verstärken, vermehren; **– qqn. dans une opinion** jmdn. in seiner Meinung bestärken.

renfort *m* Verstärkung *f*; Unterstützung *f*.

rengagé *m* (*MilR*) Zeitsoldat *m*.

rengagement *m* (1) (*SchuldR*) erneute Verpflichtung, (2) (*MilR*) Weiterverpflichtung *f*; Verpflichtung für eine längere Dienstzeit.

reniement *m* Verleugnung; **– de sa religion** Kirchenaustritt *m*.

renier *v.tr.* leugnen, verleugnen; verzichten (auf); nicht (mehr) kennen wollen; **– sa croyance** seinen Glauben abschwören; **– ses engagements** *ou* **sa signature** seinen Verpflichtungen nicht nachkommen.

renom *m* (guter) Ruf *m*, Leumund *m*, Reputation *f*.

renommée *f* Ansehen *n*, Ruf *m*, Leumund *m*; **preuve par commune –** (*StR*) Beweis vom Hörensagen; **de – mondiale** weltbekannt.

renon *m* (*B: résiliation d'un bail*) Kündigung des Mietvertrages.

renoncement *m* Entsagung *f*, Verzichtleistung; **– à soi-même** Selbstverleugnung.

renoncer *v.tr.ind.* verzichten (auf), entsagen; ausschlagen, Verzicht leisten; **– à la succession** (*ErbR*) die Erbschaft ausschlagen; **– à toute prétention financière** auf jegliche Geldforderung verzichten.

renonciataire *m* Person, zu deren Gunsten ein Rechtsverzicht ausgesprochen wird.

renonciateur *m* Verzichtleistende(r) *m*.

renonciation *f* Verzichtleistung *f*, Verzicht *m*, Ausschlagung; **clause de –** Verzichtklausel *f*; **déclaration de –** Verzichterklärung; **– éventuelle** Eventualverzicht.

renonciation à la force *ou* **à la guerre** (*VR*) Gewaltverzicht *m*; **traité de – –** Kriegsächtungsvertrag *m*.

renonciation à l'héritage Erbverzicht; **– à la nationalité** Staatsangehörigkeitsverzicht *m*; **– à la prescription** Verjährungsverzicht; **– à la succession** Ausschlagung der Erbschaft; **– à tous droits** Verzichtleistung auf alle Rechte.

renouer *v.tr.* **le fil du dialogue** den Dialog wieder anknüpfen; **– des relations** Beziehungen wiederaufnehmen.

renouvelable *adj* verlängerbar, zu verlängern; **bail –** verlängerbarer Mietvertrag; **mandat –** Wiederwählbarkeit (für ein Amt).

renouveler *v.tr.* verlängern, erneuern; **– un bail** einen Mietvertrag verlängern; **– une demande** einen Antrag erneut stellen; **– les stocks** die Lagerbestände wieder auffüllen.

renouvellement *m* Erneuerung *f*, Verlängerung *f*; **accord de –** Verlängerungsabkommen *n*; **défaut de –** Nichterneuerung; **– d'une autorisation** Verlängerung einer Genehmigung; **– du bail** Mietvertragsverlängerung; **– biennal** (*VerfR: Ämter*) Neubesetzung im Wechsel von zwei Jahren; **– du conseil de surveillance** (*GesR*) Neubesetzung des Aufsichtsrates; **– du contrat** Vertragsverlängerung; Neuabschluss des Vertrages; **– de l'effet** Wechselprolongation od.-verlängerung; **– du mandat** (1) (*VerfR*) Wiederwahl, Wiederernennung, (2) (*SchuldR*) Verlängerung des Auftrages; **– du matériel** Ersatzbeschaffung; **– partiel des sièges** teilweise Neubesetzung der Sitze; **– par tacite reconduction** stillschweigende Verlängerung.

rénovation *f* Erneuerung, Renovierung; Instandsetzung *f*; **– du cadastre** Neuanlegung des Katasters; **– urbaine** (*BauR*) Städtesanierung *f*; städtebauliche Maßnahmen.

renover *v.tr.* erneuern; ersetzen; modernisieren.

renseignement *m* (1) Auskunft *f*, Nachricht *f*, Mitteilung, (2) (*StPR: information recueillie par le juge d'instruction*) Ermittlungsergebnis *n*; **bureau de –s** Auskunftei *f*; **communiquer** *ou* **fournir un –**; **obligation de –** (*SchuldR*) Aufklärungs- und Mitteilungspflicht *f*, (*dem Verkäufer gegenüber dem Käufer auferlegte*) Informationspflicht; Auskunftsverpflichtung; **obtenir un –** eine Auskunft erhalten; **recherche de –s** Einziehung von Erkundigungen, Nachforschung; **service de –s** frz. Staats- und Verfassungsschutz *m*; Geheimdienst *m*; **transmission de –s** Meldung *f*; **– sur des faits établis** Tatsachenmaterial *n*.

renseignement: **–s bancaires** Bankauskünfte *fpl*; **–s complémentaires** (*Formblatt*) sonstige Angaben; **–s généraux (= RG)** Geheimdienst des Präfekten (in Frankreich); **–s pris** *loc* nach Einholung von Informationen; **–s statistiques** statistische Ausgaben *fpl*; **–s techniques** technische Daten.

renseigner *v.tr. et v.pron.* unterrichten, informieren, in Kenntnis setzen; benachrichtigen; Auskunft erteilen, Mitteilung machen (über); **se – sur (qqch. auprès de qqn.)** sich erkundigen bei jmdn., Erkundigungen *od.* Auskünfte einholen; **être mal –é sur** über mangelhafte Informationen verfügen.

rentabilisation *f* rentable Gestaltung, gewinnbringende Maßnahme.

rentabiliser *v.tr.* gewinnbringend gestalten.

rentabilité *f* Rentabilität *f*, Ertragsfähigkeit *f*, Wirtschaftlichkeit *f*; **limite de –** Rentabilitätsgrenze *f*.

rentable *adj* rentabel, einträglich, lohnend, gewinnbringend; wirtschaftlich; **être –** einträglich sein, sich rentieren, Gewinn bringen.

rente *f* (1) (*WirtR: revenu périodique d'un bien ou capital*) Rente *f*, (regelmäßiges) Einkommen *n* aus angelegtem Kapitel, (jährliches) Einkommen aus Grundbesitz, (2) (*SchuldR: produit périodique, intérêt*) Zins *m*, (Kapital-) Ertrag *m*, (3) (*ÖfR: emprunt de l'État*) Rentenwerte *mpl*, Rentenpapiere *npl*, festverzinsliche staatliche Wertpapiere; Staatsanleihe, (4) (*SozR*) Versorgungsbezüge *mpl*, Ruhegehalt *n*, Pension *f*; **accorder** *ou* **allouer une –** eine Rente bewilligen; **adaptation de la –** Rentenanpassung;

attribution d'une – Rentengewährung, Gewährung *od.* Zuerkennung einer Rente; **bénéficiaire d'une –** Rentenberechtigte(r) *m*; Rentenbezieher *m*; **complément de –** Ergänzungsrente; **constitution d'une –** Aussetzung einer Rente; **créancier de –** Rentengläubiger *m*; **liquidation de la –** Feststellung der Rentenhöhe; **servir une –** eine Rente zahlen.

rente d'accident du travail (Arbeits-) Unfallrente; **– alimentaire** Unterhaltsleistung *f*; **– amortissable** Tilgungsrente; **– en argent** Geldrente; **– complémentaire** Zusatzrente; **– consolidée** fundierte Staatsschuld; **– constituée en perpétuel** ewige Rente; **– constituée en viager** Rente auf Lebenszeit; **– convenancière** (*bail à domaine congéable*) vereinbarter Pachtpreis; **– en cours** laufende Rente.

rente après décès Hinterbliebenenrente *f*; **– sur deux têtes** Rente auf zwei Leben, verbundene Rente; **– différée** aufgeschobene Leibrente; **– en espèces** Geldrente; **– établie à perpétuité** ewige Rente; **– sur l'État** Staatsrente; **– foncière** Grundrente; **– indexée** dynamische Rente, Indexrente.

rente d'invalidité Invaliden- *od.* Invaliditätsrente, Erwerbsunfähigkeitsrente; **– d'orphelin** Waisengeld *n*, Waisenrente *f*; **– payable d'avance** vorschüssige Rente; **– permanente** Dauerrente; **– perpétuelle** unkündbare *od.* ewige Rente; **– plénière** Vollrente; **– au porteur** Inhaberrente; **– privilégiée** Vorzugsrente; **– de productivité** Produktivitätsrente; **– progressive** steigende Rente.

rente réactualisable dynamische Rente; **– réversible** Verbindungsrente mit Übergang; **– servie** bezahlte Rente; **– du sol** Nettoertrag des Bodens; **– supplémentaire** Zusatzrente; **– de survie** Überlebensrente; **– de survivant** Hinterbliebenenrente; **– temporaire** Zeitrente, abgekürzte Rente; **– à terme** Zeitrente, kündbare Rente; **– transitoire** Übergangsrente; **– tréfoncière** an den Grundeigentümer zu zahlende Rente (für die Ausbeutung unter der Erdoberfläche); **– versée** bezahlte Rente; **– de veuve** Witwenrente; **– viagère** Leibrente *f*; **– vieillesse** Altersrente.

renté *adj* mit einer Rente ausgestatet; begütert, vermögend.

renter *v.tr.* eine Rente gewähren; mit Einkünfte versehen.

rentier *m* Rentenempfänger *m*, Rentner *m*, Rentenbezieher *m*.

rentrée *f* (1) (*retour*) Rückkehr *f*, Heimkehr *f*, (2) (*reprise des activités*) Wiederaufnahme (der Verhandlungen); Beginn *m*, (3) (*Buchf: encaissement*) Einnahmen *fpl*; **heure de –** Arbeitsbeginn *m*; **opérer les –s** Außenstände einziehen; **– d'argent** *ou* **de fonds** Geld- *od.* Zahlungseingang; **– des classes** Schulbeginn *m*, Ende *n* der Schulferien; **– judiciaire** Wiederaufnahme der Gerichtstätigkeit (nach den Ferien); **– parlementaire** *ou* **politique** Beginn der Parlamentssitzungen nach den Sommerferien (Anfang Oktober); **– scolaire** Schulbeginn (im September); **– sociale** Beginn *m* der tarifpolitischen Verhandlungen nach den Sommerferien (Sept. u. Okt.); **– des tribunaux** Wiederaufnahme der Gerichtstätigkeit (nach den Gerichtsferien); **– en vigueur** (erneutes) Inkrafttreten *n*.

rentrer *v. intr.* zurückkehren; wiederbeginnen; **– dans ses droits** in den vorherigen Stand wieder eingesetzt werden, seine Rechte wiedererlangen.

renversement *m* Umkehrung *f*, völlige Änderung; Sturz *m*; **– de la charge** *ou* **du fardeau de la preuve** (*ZPR*) Umkehrung der Beweislast; **– de la conjoncture** (*Vwirt*) Konjunkturumschwung *m*; **– du gouvernement** Regierungsumsturz; **– de jurisprudence** Rechtsprechungsänderung, Umschwung in der Rechtsprechung; **– d'opinion** (*Pol*) Meinungsumschwung *m*; **– de la situation** völliger Umschwung der Lage.

renverser *v.tr.* (1) (*StVR*) jmdn. überfahren, (2) umkehren; umstürzen; **– la charge** *ou* **le fardeau de la preuve** (*ZPR*) die Beweislast umkehren.

renvoi *m* (1) (*ZPR: déclinatoire de compétence*) Verweisung des Rechtsstreits an ein anderes Gericht, Abweisung wegen Unzuständigkeit, (2) (*IPR*) Rückverweisung *f*, (3) (*StPR*) (*Beschluss des Untersuchungsrichters*) Verweisung der Strafsache an das erkennende Gericht, Hauptverfahrenseröffnungsbeschluss *m*, (4) (*VerfR*) Überweisung an einen Ausschuss, (5) (*BeamR*) Amtsenthebung *f*, Entlassung, (6) (*ArbR: congédiement*) Kündigung (durch den Arbeitgeber), (7) *m* (*HR: le fait de retourner la marchandise*) Rücksendung (einer Ware), (8) (*ZPR: ajournement*) Vertagung (einer Verhandlung), (9) (*VerlR: annotation marginale*) Anmerkung am Rande, Verweis (auf); Zusatz *m*.

renvoi: **arrêt de –** (1) (*PrzR*) Verweisungsbeschluss (einer höheren Instanz), (2) (*StPR*) Verweisung der Strafsache an das erkennende Gericht (durch Beschluss des Untersuchungsrichters); Beschluss der Anklagekammer, durch welchen eine Sache an ein bestimmtes Gericht zur Verhandlung und Entscheidung überwiesen wird; **décision de –** Verweisungs- *od.* Zurückverweisungsbeschluss; **demande de –** Verweisungsantrag *m*; **procédure de –** (*ZPR*) Vorlageverfahren *n*.

renvoi abusif (*ArbR*) rechtsmissbräuchliche Kündigung; **– d'une affaire** (*ZPR*) Verweisung einer Rechtssache (an ein anderes Gericht); **– à l'audience du tribunal** Verweisung (der Sache) an die Kammer; **– à la commission** Verweisung *od.* Zurückverweisung an den Ausschuss; **– de la demande** *ou* **des fins de la demande** (*ZPR*) Abweisung des Antrags, Klageabweisung; **– des fins de la poursuite** (*StPR*) Außerverfolgungsetzung, Freispruch *m*.

renvoi à huitaine (*ZPR*) Festlegung des Verkündungstermins (eines Urteils) auf die folgende Woche; Vertagung auf den nächsten Montag (usw.); **– implicite** versteckte Rückverweisung; **– pour incompétence** (*ZPR*) Verweisung des Rechtsstreits an ein anderes Gericht wegen Unzuständigkeit; **– injustifié** (*ArbR*) ungerechtfertigte Kündigung; **– justifié** gerechtfertigte Kündigung; **– en police correctionnelle** Zurückverweisung an den Strafrichter; **– sans préavis** (*ArbR*) fristlose Kündigung; **– au premier degré** (*PrzR*) Rückverweisung; **– au second degré** Weiterverweisung; **– à titre préjudiciel** Vorlage zur Vorabentscheidung.

renvoyer *v.tr.* (1) (*ZPR*) (*an ein anderes Gericht*) verweisen, zurückverweisen, (2) (*ArbR: congédier un travailleur*) kündigen, entlassen, (3) (*HR: Waren*) zurückschicken, rücksenden, (4) (*eine Sitzung*) vertagen; **se – la balle** sich gegenseitig die Schuld geben *od.* zuweisen; **– l'affaire à une audience ultérieure** die Sache auf einen späteren Termin verschieben; **– à une autre instance** zurückverweisen; **– aux calendes grecques** *umg* auf den (Sankts-) Nimmerleinstag verschieben; **– dos à dos** beiden Parteien die Schuld geben; **– des fins de la poursuite** (*StPR*) außer Verfolgung setzen, freisprechen; **– les parties à se pourvoir** (*ZPR*) sich für unzuständig erklären; **– de la plainte** (*StR*) den Antrag auf Erhebung der öffentlichen Klage abweisen; **– de service en service** *umg* jmdn. von Pontius zu Pilatus schicken.

réorganisation *f* Um- *od.* Neugestaltung, Neuregelung, Reorganisation; Umbau *m*; **– de l'entreprise** Betriebsneustrukturierung; **– financière** (finanzielle) Sanierung; **– foncière** Umlegungsverfahren *n*; **– sociale** gesellschaftlicher Wandel.

réorganiser neu- *od.* umgestalten.

réorientation *f* Um- *od.* Neuorientierung *f*; **– professionelle** berufliche Umschulung.

réouverture *f* Wiedereröffnung *f*; **– des débats** Fortsetzung der (mündlichen) Verhandlung; **– de délais** (*ZPR*) Wiedereinsetzung in den vorigen Stand (bei Fristversäumnis); **– de la procédure** Wiederaufnahme des Verfahrens.

repaire *m* (*für Verbrecher*) Schlupfwinkel *m*; Mördergrube *f*.
répandre *v.tr.* vergießen, verschütten; – **de l'argent** Geld (großzügig) verteilen; – **une rumeur** ein Gerücht in Umlauf setzen, ein Gerücht ausstreuen *od.* verbreiten; – **le sang** Blut vergießen.
réparable *adj* (*Verlust*) ersetzbar; (*Schaden*) wieder gutzumachen(d), wieder zu ersetzen.
réparation *f* (1) (*remise en état*) Instandsetzung *f*, Reparatur *f*, Ausbesserung *f*, (2) (*reconstitution, rétablissement*) Wiederherstellung *f*, Erneuerung *f*, (3) (*SchuldR: dommages-intérêts*) Schadensersatz *m*, Ersatz *m*, Entschädigung *f*, Ersatzleistung *f*, Wiedergutmachung *f*, (4) *f* (*VR: souvent pluriel*) Reparationen *fpl*, Leistungen *fpl* für Kriegsschäden, Kriegsschuld *f*; **action en – du dommage** (*ZPR*) Schadensersatzklage *f*; **droit à –** Entschädigungs- *od.* Ersatzanspruch; **en – de** als Ersatz für; **frais de –** Reparaturkosten *pl*; **obligation de –** Schadensersatzpflicht; **obtenir –** Schadensersatz erhalten.
réparation d'un accident Unfallentschädigung; – **en argent** Geldersatz, Entschädigung in Geld; – **civile** *ou* **du dommage** Entschädigung, Schadensersatz; – **des dégâts causés** Ersatz *m* des verursachten Schadens; – **par équivalent** Geldersatz, Entschädigung in Geld; – **intégrale** vollständige Entschädigung.
réparation matérielle Ersatz des materiellen Schadens *od.* des Vermögensschaden; – **morale** Ersatz des immateriellen Schadens, Schmerzensgeld; – **en nature** Naturalherstellung *f*; Schadensersatz durch Naturalrestitution; – **pécuniaire** Schadensersatz in Geld, finanzielle Entschädigung; – **d'un préjudice** Ersatz *od.* Ausgleich eines Schadens; **–s locatives** Wohnungsinstandsetzung, Reparaturen zur Wiederherstellung des früheren Zustandes.
réparer *v.tr.* (1) reparieren, ausbessern, (2) wiedergutmachen, entschädigen, ersetzen; **préjudice à –** ersatzpflichtiger Schaden; **tenu de –** (*SchuldR: obligé de réparer le dommage*) schadensersatzpflichtig; – **un dommage** Schadensersatz leisten, den Schaden ersetzen.
répartement *m* (*SteuerR*) Zuteilung, Festlegung der Steuerquote, Umlegung der Gesamtsteuer auf die einzelnen Steuerpflichtigen.
répartie *f* Entgegnung, Erwiderung.
repartir *v.intr.* wieder abreisen; wegfahren; – **à zéro** von neuem beginnen, neu anfangen.
repartir *v.intr.* (*répliquer*) schnell und treffend antworten.
répartir *v.tr.* (1) (*partager, distribuer*) aufteilen, verteilen, (2) (*échelonner*) staffeln, Kostenanteile berechnen, (3) (*disposer*) einteilen, aufgliedern; – **un dividende** eine Dividende ausschütten.
répartiteur *m* (*SteuerR*) Steuerumlegungsbeamte(r) *m*.
répartition *f* (1) (*distribution, partage*) Verteilung *f*, Umlage *f*; Aufteilung *f*; Zuteilung *f*, (2) (*classement*) Aufgliederung *f*, Aufschlüsselung *f*; **base de –** Verteilerschlüssel *m*; **état de –** Verteilungsplan *m*; **plan de –** Verteilungsplan; **taux de –** Umlagesatz *m*.
répartition des affaires Geschäftsverteilung; – **des bénéfices** Gewinnverteilung *od.* -ausschüttung; – **des causes** (*PrzR: distribution des affaires*) Geschäftsverteilung; Geschäftsverteilungsplan *m*; – **des charges** Lastenausgleich; – **de compétence** Zuständigkeitsverteilung; – **complémentaire** Nachtragsverteilung; – **des cotisations** (*SozVers*) Beitragsabführung; – **des dépenses** Aufschlüsselung der Ausgaben; – **de dividende** Dividendenausschüttung.
répartition des frais Kostenaufschlüsselung *f*; – **au marc le franc** im Verhältnis zur Forderung entschädigen; – **du marché** Marktaufteilung; – **des pertes** Verlustverteilung; – **des revenus** Einkommensverteilung; – **des risques** Risikostreuung; – **des sièges** Sitzverteilung; – **des tâches** *ou* **du travail** Arbeitseinteilung *f*.
repenser *v.tr.* (1) erneut untersuchen, (2)

– à *v.tr.ind.* überdenken, über etwas noch einmal nachdenken.

repentir *m* Reue *f*, Reumütigkeit, Selbstvorwurf *m*; **droit de –** (*SchuldR: faculté de se rétracter*) Rücktrittsvorbehalt *m*; **– actif** (*StR*) tätige Reue.

repentir *v.pron.*: **se –** bereuen, Reue empfinden; Gewissensbisse haben.

répercussion *f* (1) Auswirkung *f*, Rückwirkung, (2) (*Steuern, Kosten*) Abwälzung *f*.

répercuter *v.tr.* abwälzen; auferlegen; **se – sur** *v. pron.* Auswirkungen haben auf; **– les frais** die Kosten abwälzen; **– la hausse du brut sur le marché** die Bezinpreise erhöhen.

repère *m* (Merk-) Zeichen *n*; **point de –** Anhaltspunkt.

repérer *v.tr.* (1) (*trouver*) auskundschaften, (2) (*marquer*) kennzeichnen; feststellen.

répertoire *m* Sachregister *n*; (Inhalts-) Verzeichnis *n*; Sammelwerk *n*, Nachschlagewerk; **– de l'artisanat** Handwerksrolle *f*; **– douanier** Warenverzeichnis; **– de droit** (großes) Rechtslexikon, Gesetzeskommentar; **– général** (*PrzR*) Register der Geschäftsstelle des Gerichts; **– de jurisprudence** Entscheidungssammlung; **– des marques de fabrique** Warenzeichenrolle *f*; **– des métiers** Handwerksrolle.

répertorier *v.tr.* verzeichnen, auflisten, sammeln; in ein Verzeichnis aufnehmen.

répéter *v.tr.* (1) (*redire, réitérer*) wiederholen, (2) (*redemander, réclamer*) zurück- *od.* rückfordern; **– des dommages et intérêts** Schadensersatz fordern.

répétition *f* (1) Wiederholung *f*, (2) Rückforderung *f*; **action en – de l'indû** (*ZPR: réclamation de ce qui a été versé sans être dû*) Klage auf Rückgewähr einer nicht geschuldeten Leistung.

répit *m* (1) (*SchuldR: délai, sursis*) (Zahlungs-) Aufschub *m*, (2) *fig* Atempause *f*; **sans –** unaufhörlich, ohne Unterlass.

replâtrage *m fig* oberflächliche, nur scheinbare Versöhnung.

repli *m* Rückzug *m*; Rückgang *m*; **– du billet vert** Dollarkursrückgang; **– des cours** (*BörR*) Baisse *f*, Kursrückgang *m*; **– stratégique** strategischer Rückzug.

réplique *f* (1) Erwiderung *f*, Entgegnung *f*, Gegenäußerung *f*, Gegenerklärung, (2) (*ZPR*) (rechtserhaltende) Einwendung; (Gegen-) Antwort (des Klägers), Replik *f*; **droit de –** Recht der Gegenäußerung, Erwiderungsrecht *n*; **sans –** unwiderlegbar.

répondant *m* (1) (*SchuldR: la caution*) Bürge *m*, (2) (*Schaden*) der verantwortliche Verursacher.

répondeur *m* **automatique** (Telefon-) Anrufbeantworter.

répondre *v.tr.d. et ind.* (1) jmdm. antworten, entgegnen, (2) (*de qqch.*) haften, einstehen (für ...); **je réponds de rien** ich übernehme keinerlei Verantwortung (für); **refuser de –** eine Antwort verweigern; **tarder à –** verspätet antworten; nur zögernd antworten.

répondre de son acte devant la justice (*StPR*) sich vor Gericht (für eine Straftat) verantworten müssen; **– à l'appel des syndicats** dem Streikaufruf einer Gewerkschaft zustimmen; **– à la convocation** einer Vorladung Folge leisten; **– à ses détracteurs** sich gegenüber Kritikern rechtfertigen; **– par écrit** schriftlich antworten; **– favorablement à une requête** einem Antrag stattgeben; **– en normand** *ou* **à la façon de Ponce Pilate** weder ja noch nein sagen.

réponse *f* (1) Antwort *f*, Erwiderung *f*; Widerlegung *f*, (2) (*ZPR*) Klagebeantwortung, (3) Antwortschreiben *n*; **donner sa – avant huit jours** seine Antwort innerhalb von einer Woche geben; **droit de –** (1) (*MedienR*) Gegendarstellungsanspruch, Berichtigungsrecht *n*, (2) (*PrzR*) Erwiderungs- *od.* Entgegnungsrecht; **en – à** in Beantwortung des ...; **– affirmative** Zustimmung; Annahme des Angebots; Bejahung; **– catégorique** keinen Widerspruch duldende Antwort; **– dilatoire** *ou* **évasive** ausweichende *od.* zögerliche

Antwort; **– au fond** Einlassung zur Sache; **– négative** abschlägiger Bescheid; **– payée** vorausbezahltes Antworttelegramm; **– des primes** Prämienerklärung; **– provisoire** (*VwR*) Zwischenbescheid *m*.

report *m* (1) (*BörR: Wertpapiere*) Report *m*, Prolongationsgeschäft *n*; Kurszuschlag (beim Prolongationsgeschäft), (2) (*HR: renvoi à une date ultérieure*) Stundung *f*, Verlängerung, (3) (*Buchf*) Übertrag *m* (einer Summe), Vortrag *m* (auf neue Rechnung); **donner en –** (*BörR*) in Kost geben; **opération de –** Prolongations- *od.* Reportgeschäft; **prendre en –** (*WertpR*) in Kost nehmen; **taux du –** Reportsatz *m*.

report des bénéfices Gewinnvortrag; **– de crédit** Kreditübertragung *od.* -vortrag; **– du déficit** Verlustvortrag, Vortrag des Fehlbetrages; **– d'échéance** Verlängerung der Zahlungsfrist; **– d'imposition** aufgeschobene Steuerschuld; **– à nouveau** (*Buchf*) Vortrag auf neue Rechnung; **– d'office** Prolongierung von Amts wegen; **– d'ouverture de la faillite** Feststellung des Zeitpunktes von dem ab die Insolvenzwirkungen eintreten; **– au pair** glatte Prolongierung; **– des pertes** Verlustvortrag; **– du solde** Saldovortrag *m*.

reporter *v.tr.* (1) (*faire un rapport*) vortragen, (2) (*BörR*) prolongieren, Geld in Kost geben, (3) (*SchuldR: dettes*) stunden; (*Frist*) verlängern; (*Erfüllung*) aussetzen; (*Termin*) aufschieben, (4) (*Buchf*) übertragen; **se – à** sich beziehen auf; **– à une date ultérieure** (*einen Termin*) auf einen späteren Zeitpunkt verschieben; **– au pair** glatt prolongieren.

reporter *m* (*MedienR*) Reporter *m*, Korrespondent *m*, Rundfunk- *od.* Fernsehberichterstatter *m*.

reporteur *m* (*BörR*) Hereinnehmer *m*.

repos *m* Ruhe *f*, Ruhezeit *f*, Ruhepause *f*; **– compensateur de remplacement** (*ArbR: remplacement partiel ou intégral du paiement des heures supplémentaires par du repos*) Ausgleichsruhezeit *od.* -ruhetage; **– dominical** Sonntagsruhe; **– hebdomadaire** wöchentlicher Ruhetag; **– de nuit** Nachtruhe.

repousser *v.tr.* abweisen, zurückweisen; ausschlagen; **– la date de la conférence** die Konferenz auf einen späteren Zeitpunkt verschieben; **– une décision à une date ultérieure** die Entscheidung auf einen späteren Termin verschieben; **– la demande** (*ZPR*) die Klage abweisen, dem Antrag nicht stattgeben; **– une proposition** einen Vorschlag ablehnen.

répréhensible *adj* verwerflich, tadelnswert; strafbar.

reprendre *v.tr. et intr.* (*einen Straftäter*) wieder ergreifen; (*einen Werkunternehmer*) wieder verpflichten; **le commerce reprend** der Handel befindet sich im Aufschwung; **la marchandise ne sera ni reprise ni échangée** die Ware ist vom Umtausch ausgeschlossen; **– l'audience** den Termin fortsetzen; **– le dessus** wieder die Oberhand gewinnen; **– une entrepise** einen Betrieb übernehmen; **– qqn.** (*blâmer, réprimander*) tadeln; **– le travail** die Arbeit wieder aufnehmen.

repreneur *m* Käufer (eines Unternehmens).

représailles *fpl* (*VR*) Vergeltung, Repressalien *fpl*; **mesure de –** Vergeltungsmaßnahme *f*.

représentant *m* (1) (*ZR: personne qui agit au nom et à la place du représenté*) Stellvertreter *m*, Vertreter, (2) (*HR: salarié bénéficiant d'un statut spécial*) Handlungsreisende(r), (kleiner) (Handels-) Vertreter, Reisende(r) *m*, (3) (*VerfR*) Volksvertreter, Abgeordnete(r) *m*; Beauftragte(r) *m*, Delegierte(r) *m*, (4) (*GesR: mandataire social*) Handlungsbevollmächtigte(r); **carte professionnelle de – de commerce** (*HR*) Handlungsreisenderausweis *m*, Handelsvertreterausweis; **désigner** *ou* **mandater un –** jmdn. beauftragen; jmdn. als Vertreter bestellen; **– à carte multiple** (*HR*) Mehrfirmenvertreter *m*.

représentant de commerce *ou* **commercial** (1) (*HR: intermédiaire de* *la distribution*) (sog. „großer") Handelsvertreter *m*, (2) (*HR: salarié VRP*) Handlungsreisende(r), (sog. „kleiner") Handelsvertreter; **– contractuel** vertraglicher Vertreter; **– exclusif** (*HR*) Alleinvertreter; **– du gouvernement** Regierungsvertreter; **– en justice** (*PrzR*) bevollmächtigter Anwalt (vor Gericht); **– légal** (*ZR*) gesetzlicher Vertreter, Vertreter kraft Gesetzes; **– multicarte** (*HR*) Mehrfirmenvertreter *m*; **– patronal** Arbeitgebervertreter; **– permanent** (*VR*) ständiger Vertreter.

représentant du personnel (1) (*ArbR: délégué du personnel chargé de faire observer les conditions de travail et de transmettre les réclamations du personnel à l'employeur*) Belegschaftsvertreter, (2) (*ArbR: membre du comité d'entreprise*) Mitglied des Betriebsausschusses (unter Vorsitz des Arbeitgebers); **– du peuple** Volksvertreter; **– principal** (*HR*) Hauptvertreter; **– salarié** Handlungsreisender im Angestelltenverhältnis; **– statutaire** Handlungsreisende(r) *od.* unselbständiger Handelsvertreter (für den die Bestimmungen des frz. Arbeitsgesetzbuches gelten); **– syndical** (*ArbR: délégué syndical siégeant au comité d'entreprise*) (durch die Gewerkschaft ernannter) Gewerkschaftsvertreter im Betriebsausschuss; **– des travailleurs** Arbeitnehmervertreter.

représentatif *adj* repräsentativ; maßgebend; **assemblée –tive** Volksvertretung; **démocratie représentative, gouvernement** *ou* **régime –** mittelbare *od.* repräsentative Demokratie.

représentation *f* (1) (*ZR: procédé juridique par lequel une personne agit au nom et pour le compte d'une autre*) Stellvertretung *f*, Vertretung; Vertretungsmacht *f*; Geschäftsführungsbefugnis *f*, (2) (*VerfR: ensemble des représentants du peuple*) Repräsentation *f*, Vertretung des Volkes, (3) (*UrhR*) Darstellung *f*, Bild *n*; Aufführung *f*, Vorstellung *f*, (4) (*PrzR: production, présentation d'un acte*) Vorlage *f* (bei Gericht), (5) (*VR: réclamation verbale*) Beanstandung *f*; **contrat de –** (1) (*HR*) (Handels-) Vertretervertrag, (2) (*UrhR*) Aufführungsvertrag; **délai de –** Wiedervorlage- *od.* Wiedervorlegungsfrist; **frais de –** (Dienst-) Aufwand *m*, Repräsentationsaufwendungen *od.* -spesen; **organe de –** (*GesR*) Vertretungsorgan; **pouvoir de –** Vertretungsmacht *f*, Vertretungsbefugnis *od.* -vollmacht.

représentation d'acte (*ZPR*) Vorlage einer Urkunde (vor Gericht); **– collective** Kollektivvertretung, Gesamtvertretung; **– commerciale** Handelsvertretung; **– conventionnelle** rechtsgeschäftliche Vertretungsmacht; **– corporative** Standesvertretung; **– des créanciers** (*InsolvenzR*) Vertreter der Konkursgläubiger; **– diplomatique** (*VR*) völkerrechtliche Vertretung; Vertretung eines ausländischen Staates; **– à l'étranger** Auslandsvertretung; **– exclusive** Alleinvertretung; **– imparfaite** mittelbare *od.* unechte Stellvertretung; **– des intérêts** (*VerfR*) Interessenvertretung; **– en justice** Vertretung vor Gericht, Prozessvertretung *f*.

représentation légale (*ZR: mandat légal*) gesetzliche Vertretungsmacht; **– médiate** mittelbare *od.* verdeckte *od.* indirekte *od.* stille Stellvertretung; **– des minorités** (*VerfR, VR*) Minderheitenvertretung; **– mutuelle** (*SchuldR*) gegenseitige Vertretungsbefugnis; **– permanente** (*VR*) ständige Vertretung; **– du personnel** (*ArbR*) Belegschafts- *od.* Personalvertretung; **– pondérée** gewichtete *od.* verhältnismäßige Vertretung; **– populaire** Volksvertretung; **– professionnelle** berufsständische Vertretung; **– proportionnelle** (1) (*ArbR*) verhältnismäßige Vertretung, (2) (*VerfR*) Proporz- *od.* Verhältniswahlsystem; **– successorale** (*ErbR*) Eintritt der Erben des Vorverstorbenen in dessen Rechte, Eintrittsrecht; **– syndicale** berufsständische Vertretung.

représentativité *f* **syndicale** (*ArbR*) Tariffähigkeit *od.* tarifvertragliche Verhandlungsfähigkeit einer Gewerkschaft.

représenté *m* Vollmachtgeber *m*, der

(durch einen Bevollmächtigten) Vertretene.
représenter *v.tr.* (1) (*SchuldR: remplacer une personne dans l'exercice de ses droits*) (Stell-) Vertreter sein, jmdn. vertreten, (2) (*UrhR: représenter une œuvre en public*) aufführen, darstellen, (3) *fig.* darstellen, bedeuten, symbolisieren, erinnern an, (4) (*FamR: remettre un enfant entre les mains de qqn.*) zurückgeben, übergeben, (5) (*PrzR*) (*Urkunde, Beweisstück*) bei Gericht vorlegen; **se faire –** sich vertreten lassen; **– à l'extérieur** Dritten gegenüber vertreten; **– en justice** vor Gericht *od.* gerichtlich vertreten.
répressif *adj* unterdrückend, entgegenwirkend; Straf-, strafend; **juridiction répressive** Strafgericht *n*; Strafgerichtsbarkeit; **loi répressive** Strafgesetz *n*.
répression *f* (1) (*Pol*) Unterdrückung, (2) (*StR*) Ahndung *f*, Bekämpfung, Verfolgung, Zwang *m*, (3) (*StPR*) Bestrafung, Strafandrohung *f*; **pouvoir de –** Strafbefugnis *od.* -gewalt; **– des crimes** Ahndung von Verbrechen, Verbrechensbekämpfung; **– disciplinaire** (*BeamR*) Disziplinargewalt *f*; **– des infractions** Strafverfolgung; **– judiciaire** gerichtliche Verfolgung (von Straftätern); **– pénale** Strafverfolgung.
réprimable *adj* strafbar.
réprimande *f* (*StPR: admonestation*) Tadel *m*, Rüge *f*.
réprimer *v.tr.* unterdrücken; unter Strafe stellen, mit Strafe bedrohen, ahnden, bestrafen; **– les troubles** die Ordnung wieder herstellen.
reprint *m* (*UrhR*) fotomechanischer Nachdruck.
repris *m* **de justice** (*StR*) Vorbestrafte (r), vorbestrafter Verbrecher *od.* Straftäter.
reprise *f* (1) (*HR*) Rücknahme, Umtausch (der Ware), (2) (*GesR*) Übernahme eines Unternehmens, (3) (*Vwirt*) Wiederbelebung *od.* Erholung (der Wirtschaft), (4) (*EheR*) Ersatzforderung (der Ehefrau bei Auflösung des Güterstandes); **action en –** Klage auf Rückgewähr (einer Sache); **à différentes** *ou* **à plusieurs –s** zu wiederholten malen, öfters.
reprise de l'audience (*PrzR*) Fortsetzung der mündlichen Verhandlung (nach einer Unterbrechung); **– de créance** Forderungsübernahme *f*; **– de dette** Schuldübernahme; **– économique** Wirtschaftsbelebung; **– fictive** (*HR: fonds de commerce*) Provision (ber Neuvermietung eines Geschäfts); **– d'un fonds de commerce** (*HR*) Geschäftsübernahme; **– d'instance** (*ZPR*) Wiederaufnahme des Verfahrens; **– en main** (*ÖfR*) Wiederherstellung der Ordnung; **– d'une marchandise** Zurücknahme *f* der Ware; **– des négociations** (*VR*) Wiederaufnahme der Verhandlungen.
reprise d'un procès Wiederaufnahme des Verfahrens; **– des propres** (*EheR*) Aussonderung des vorbehaltenen Gutes bei Auseinandersetzung der ehelichen Gütergemeinschaft; **– des relations diplomatiques** Wiederaufnahme der diplomatischen Beziehungen; **– du service** (1) (*ArbR: après une grève*) Wiederaufnahme des Betriebes, (2) (*BeamR*) Wiederantritt des Dienstes; **– d'une société** Gesellschaftsübernahme *f*; **– du trafic** Beendigung des Streiks der öffentlichen Verkehrsbetriebe; **– du travail** Wiederaufnahme der Arbeit (nach einem Streik).
réprobation *f* (1) Missbilligung *f*, Tadel *m*, (2) Verwerfung *f*, scharfe Ablehnung.
reprochable *adj* tadelnswert; abzulehnen(d); **témoin –** (*wegen Kollisionsverdacht*) ausschließbarer *od.* ablehnbarer Zeuge.
reproche *m* (1) Rüge *f*, Vorwurf *m*, (2) Einwendungen *fpl* gegen einen Zeugen; Zeugenablehnung.
reprocher *v.tr.* (1) (*faire grief*) vorwerfen, (2) (*récuser*) ablehnen; **– un témoin** einen Zeugen ablehnen.
reproduction *f* (1) (*UrhR*) Wiedergabe *f*, Reproduktion *f*, Nachbildung *f*; Vervielfältigung *f*, Abdruck *m*, (2) (*Tiere*) Fortpflanzung; **droit de –** Vervielfältigungsrecht; Verwertungsrecht;

Wiedergaberecht (durch Ton- und Bildträger), Nachdruckrecht; **– illicite** unerlaubte Wiedergabe, unerlaubter Nachdruck, Raubdruck *m*.

reproduire *v.tr.* wiedergeben, nachdrucken; vervielfältigen.

réprouver *v.tr.* tadeln, missbilligen; zurückweisen, ablehnen.

républicain *adj*: **constitution –e** rechtsstaatliche *od.* demokratische Verfassung; **principes –s de 1789** rechtsstaatliche verfassungsrechtliche Grundsätze (auf der Grundlage der Bürger- u. Menschenrechtserklärung von 1789).

république *f* (*VerfR*) Republik *f*, Freistaat *m*; Rechtsstaat *m*; **proclamer la –** die Republik ausrufen; **– des lettres** die gelehrte Welt, Dichter und Denker.

République fédérale d'Allemagne (= RFA) Bundesrepublik Deutschland (= BRD); **– française (= RF)** (*VerfR: dénomination officielle*) Republik Frankreich.

répudiation *f* (1) (*FamR: d'une personne*) Verstoßung, (2) (*SchuldR: renonciation à un droit*) Verzicht *m*; Ablehnung *f*; **– de la nationalité** Verzicht auf die Staatsangehörigkeit; **– d'une succession** Ausschlagung einer Erbschaft.

répudier *v.tr.* verzichten (auf), ausschlagen; verweigern, ablehnen; (*Frau*) verstoßen.

répulsion *f* Abneigung, Abscheu *f*, Widerwille *m*.

réputation *f* (1) Ansehen *n*, Ruf *m*, Leumund *m*, (2) (*BankR*) Kreditwürdigkeit; **bonne / mauvaise –** guter, schlechter Ruf; **– commerciale** geschäftliches Ansehen; **– intacte** Unbescholtenheit *f*; **– professionnelle** berufliches Ansehen.

réputé *adj* angesehen, bekannt; **– par loi** durch das Gesetz betrachtet als.

requalification *f* (1) (*PrzR: restitution à un acte de sa qualification exacte*) richtige Benennung eines Sachverhalts, (2) (*StR: nouvelle qualification d'un fait délictueux*) Festsetzung neuer Strafmaßstäbe; **– professionnelle** berufliche Umschulung.

requérable *adj* zu holen; **dette –** (*SchuldR*) Holschuld *f*.

requérant *m* (1) (*VwR*) Antragsteller *m*, Gesuchsteller, Ersuchende(r) *m*, (2) (*ZPR: partie requérante, demandeur*) Kläger *m*, (3) (*ZwangsVR*) der zur Zwangsvollstreckung *od.* Beschlagnahme Berechtigte.

requérir *v.tr.* (1) (*PrzR*) gerichtlich beantragen; einen Antrag stellen, fordern, (2) (*ÖfR: faire appel à la force publique*) (*die Polizei*) zum Einschreiten auffordern, (3) (*StR: réclamer une peine*) einen Strafantrag stellen, (4) (*MilR*) (*eine Rekrut*) dienstverpflichten, (5) (*VwR*) (*einen Gegenstand*) beschlagnahmen; **aller – qqn.** (*PrzR*) (*vor Gericht*) jmdn. vorführen lassen; **– l'aide de qqn.** jmdn. um Hilfe bitten; **– l'application de la loi** (*StPR*) einen Strafantrag stellen; **– une peine sévère contre qqn.** eine harte Strafe fordern; **– toute l'attention** die ganze Aufmerksamkeit erfordern.

requête *f* (1) (*VwR: sollicitation*) Antrag *m*; Ersuchen *n*, Gesuch *n*, (2) (*VwPR: recours administratif*) Verwaltungsverfahren *n*, (3) (*ZPR: présentation de l'écrit motivé de la demande en justice*) Stellung eines (Sach-) Antrag *m*, Prozessantrag; Einreichung der Klageschrift *f*, (4) (*ZPR: voie de recours*) Urteilsanfechtung (wegen irrtümlicher Entscheidung); **à la – de** auf Antrag von; **déposer** *ou* **introduire une –** (*ZPR*) Klage erheben; einen Antrag stellen; **donner suite à une –** einem Antrag stattgeben; **maître des –s** (*VwPR: membre du Conseil d'État*) Entscheidungsvorbereitungsrichter (beim frz. Obersten Verwaltungsgericht); **présenter une –** (*VwR*) ein Gesuch vorbringen, ersuchen; **rejet de la –** ablehnender Bescheid; Antragsablehnung.

requête ampliative (*ZPR*) ergänzender Antrag, ergänzende Klageschrift; **– en approbation** Genehmigungsgesuch, Antrag auf Genehmigung; **– en cassation** Revisionsantrag; **– civile** (*ZPR, hist*) Antrag auf Wiederaufnahme des Verfahrens; **– commune** (*PrzR: requête unique*)

Klage auf gemeinsamen Antrag von Kläger u. Beklagten (mitsamt Forderungen u. Gegenforderungen, von den Anwälten beider Parteien unterzeichnet); **– conjointe** (1) (*ZPR: matière gracieuse*) gemeinsamer Antrag auf Eintragung, Feststellung *od.* Erlaubniserteilung, (2) (*ZPR: matière contentieuse*) Antrag beider Streitparteien gemeinsam (mit Darlegung der Streitpunkte); **– de déclaration de décès** Antrag auf Todeserklärung; **– de défense** (*ZPR*) Klagebeantwortung *f*; **– en demande** Klage *f*; **– à fin de règlement amiable** Antrag auf gütliche Beilegung; **– aux fins d'approbation** Genehmigungsgesuch; **– incidente** Zusatzantrag (im Laufe des Prozesses).

requête introductive d'instance Klageschrift; **– en liquidation des dépens** Kostenfestsetzungsgesuch *od.* -antrag; **– pour obtenir une faveur** Bittschrift *f*; **– de pourvoi en cassation** Revisionsschrift; **– principale** Hauptantrag; **– en prorogation de délai** Antrag auf Verlängerung einer Frist; **– de publication différée** (*Wz*) Antrag auf Aufschiebung der Veröffentlichung.

requête en radiation (*Registereintrag*) Löschungsanmeldung *f*; **– en récusation** (*StPR*) Ablehnungsantrag; **– en règlement de juges** Gesuch um Bestimmung des zuständigen Gerichts; **– en révision** Antrag auf Wiederaufnahme des Verfahrens, Wiederaufnahmeantrag; **– en suspicion légitime** Antrag auf Ablehnung des Richters wegen Befangenheit; **– unique** (*ZPR*) gemeinsamer Antrag (des Klägers und Beklagten); **– verbale** mündlich vorgebrachter Antrag, Antrag in der mündlichen Verhandlung.

requis *adj* erforderlich; **âge –** erforderliches Mindestalter; **avec les solennités –es** (*öffentliche Urkunde*) in der gehörigen Form; **conditions –ises** Erfordernisse *npl*, Voraussetzungen; **travailleur –** Zwangsarbeiter.

requis *m* (*VwR*) Leistungsverpflichtete (r), Arbeitsverpflichtete(r) *m*; **– civil** (Zivil-) Dienstverpflichtete(r).

> *Requête* bedeutet zunächst nur Bitte, Bittschrift und Gesuch, nur im Verwaltungsprozessrecht handelt es sich um den Antrag und die Klage. *Réquisition* ist zumeist viel stärker und beinhaltet ein Erfordernis, eine dringliche Aufforderung. So geht die *requête* zumeist von Privatpersonen aus, die sich an eine Behörde od. ein Gericht wenden, währenddessen die *réquisition* Sache eines Amtsinhabers ist, insbesondere eines Staatsanwalts.

réquisition *f* (1) (*ÖfR: opération unilatérale de puissance publique par laquelle l'Administration exige d'une personne une prestation d'activité, la fourniture d'objets*) öffentliche Aufforderung *f*, dringlicher Antrag *m*, (2) (*StPR: plaidoirie de la partie civile*) Anträge *mpl* des Privatklägers; Anträge des Nebenklägers, (3) (*StPR: uniquement au pluriel pour réquisitoire du Parquet*) Anträge der Staatsanwaltschaft, (4) (*VwR*) auferlegte Sach- *od.* Dienstleistungen, Dienstleistungs- *od.* Arbeitsverpflichtung; Beschlagnahme (einer Sache), Requisition *f*; **arrêté de –** Beschlagnahmeverfügung, Requisitionsanordnung; **droit de –** Beschlagnahme- *od.* Requisitionsrecht *n*; Arbeitsverpflichtung *f*; **ordre de –** (1) (*ÖfR*) Verpflichtungsbescheid; Beschlagnahmeverfügung, (2) (*VwR*) Leistungsbescheid *m*; Beschlagnahmeverfügung.

réquisition d'audience (*ZPR: syn. de placet – acte de saisine du tribunal*) Einreichung der Klage bei Gericht (zur Begründung der Rechtshängigkeit); **– de choses** (*VwR*) Beschlagnahme *f*, zwangsweise Sicherstellung; **– collective** gemeinsamer Antrag; **– d'emprise totale** (*PrzR*) Antrag im Enteigungungsverfahren auf Enteignung des verbleibenden (wertlosen) Restes; **– à fin d'inscription** Eintragungsantrag *m*; **– à fin de scellés** Antrag auf Versiegelung; **– de la force armée** (*ÖfR*) Anforderung der Streitkräfte (zur Aufrechterhaltung der öffentlichen Ordnung); **– de logement** Wohnungsanforderung *f*, Wohnungsbeschlagnahme; **– de main d'œuvre** Verpflichtung von Arbeitskräften; **– du ministère public** (*StPR*) Anklageerhebung *f*, öffentliche Klage (vor dem Strafgericht); **– de mise aux enchères** Versteigerungsantrag *m*; **– de personnes** (*VwR*) Zwangsverpflichtung (zu Dienstleistungen).

réquisitionner *v.tr.* (1) (*Arbeiter*) zwangsverpflichten, (2) in Anspruch nehmen, requirieren.

réquisitoire *m* (1) (*StPR*) Antrag *od.* Anträge (der Staatsanwaltschaft), (2) Anklage(rede) *f*, Anklageschriftsatz *m* (des Staatsanwalts); **– additionnel** (*StPR: syn. réquisitoire complétif ou supplétif*) zusätzlicher (durch die Staatsanwaltschaft) an den Untersuchungsrichter gerichteter Antrag zur Fortführung und Vervollständigung der Ermittlungen; **– à l'audience** Strafantrag in der mündlichen Verhandlung; **– définitif** Schriftsatz der Staatsanwaltschaft (nach Abschluss der Ermittlungen) zur Erhebung der öffentlichen Anklage *od.* Einstellung des Verfahrens; **– à fin d'informer** *ou* **introductif** (*StPR*) (*an den Untersuchungsrichter gerichteter*) Antrag (der Staatsanwaltschaft) auf Einleitung des Ermittlungsverfahrens; **– modéré** milder Strafantrag; **– de renvoi** (*StPR*) Antrag auf Eröffnung des Hauptverfahrens, Anklageschrift mit Antrag auf Eröffnung des Hauptverfahrens; **– supplétif** ergänzende Antrag der Staatsanwaltschaft.

réquisitorial *adj*: **plaidoyer –** Verlesung der Anklageschrift (durch den Staatsanwalt).

res *lat.* (*SachR: chose, bien*) Sache *f*, körperlicher Gegenstand; **– aliena** (*ZR*) fremde Sache, fremdes gut; **– communis** (*ÖfR*) Gemeingut *n*, öffentliche Sache im Gemeingebrauch; **– derelicta** vom Eigentümer aufgegebene Sache; **– extra commercium** (*ZR: bien qui ne peut être vendu*) verkehrsunfähige Sache; **– nullius** (*SachR*) herrenlose Sache.

rescapé *m* Überlebende(r) *m* (eines Unfalls).

rescindable *adj* aufhebbar, vernichtbar; **contrat –** (*ZPR*) (*gerichtlich wegen eines Willensmangels*) anfechtbarer Vertrag.

rescindant *adj* (*ZPR*) die Aufhebung (eines Rechtsgeschäfts) begründend; **circonstances –tes** Aufhebungsgründe *mpl*; Anfechtungsgründe.

rescindant *m* (1) (*ZPR, hist*) Aufhebungsantrag, (2) (*PrzR: première phase de la procédure du pourvoi en révision pour erreur judiciaire*) Prüfung der Zulässigkeit des Antrages auf Wiederaufnahme des Verfahrens.

rescinder *v.tr.* (*ZPR: ce terme est réservé aux ouvertures en nullité fondées sur une lésion comme le dol, la violence et l'erreur*) durch Gerichtsurteil aufheben, gerichtlich für ungültig erklären, mittels Urteil annullieren (lassen).

rescision *f* (*ZPR: annulation judiciaire*) gerichtliche Aufhebung (eines Vertrages); **action en – pour cause de lésion** (*ZPR*) Klage auf Auflösung *od.* Aufhebung eines Vertrages wegen Übervorteilung (eines Minderjährigen).

rescisoire *adj* (*ZPR*) die Aufhebung (eines Rechtsgeschäfts) begründend; **clause –** Aufhebungsklausel *f*.

rescisoire *m* (*ZPR: phase destinée à rejuger une affaire*) Verfahren zur Erlangung eines neuen Urteils (im Wiederaufnahmeverfahren).

rescription *f* (*SchuldR: mandement par écrit, ordre écrit que l'on donne pour toucher une somme*) schriftliche Anweisung.

rescrit *m* (*VwR: réponse de l'administration*) Rückschreiben *n* (der vorgesetzten Behörde); Anordnung (des Vorgesetzen); verbindliche Auskunft (auf Anfrage).

réseau *m* Netz *n*, Ring *m*, Organisation; **– commercial** Handels- *od.* Absatzorganisation *f*; **– de communications** Verkehrsnetz *n*; **– de distribution** (*HR*) Vertriebsnetz;

– **de données** (*DV*) Datennetz; – **d'espionnage** (*StR*) Agentenring *m*; – **ferroviaire** Eisenbahnnetz; – **interne** Intranet *n*; – **des –x** Internet *n*; – **routier** Straßenverkehrsnetz *n*; – **de vente** Vertriebs- *od.* Verteilernetz.

réservataire *m* (*ErbR*) Pflichtteilsberechtigte(r) *m*.

réservation *f* (*in einem Vertrag*) Vorbehalt *m*; (Platz-) Vorbestellung *f*, Reservierung *f*; Vormerkung *f*.

réserve *f* (1) (*ZR, ÖfR: restriction, action de retenir un droit*) Vorbehalt *m*; Einschränkung *f*; Bedenken *n*, (2) (*GesR, HR: valeurs mises de côté à titre de garantie ou d'épargne*) Rücklage *f*; Rückstellung *f*, Reservefonds *m*; Reserve *f*, (3) (*UmweltR: terrains délimités sous un régime de protection*) Reservat *n*, Naturschutzgebiet *n*, Nationalpark, ökologische Nische *f*, (4) (*HR: magasin, dépôt*) Lager *n*, Warenlager, Lagerbestand *m*, (5) (*BeamR: discrétion, retenue*) Zurückhaltung *f*, Distanz *f*, Reserviertheit *f*; **clause de –** (*SchuldR*) Vorbehaltsklausel *f*; **clause de – de propriété** (*SachR*) Eigentumsvorbehaltsklausel *f*; **fonds de –** (*GesR*) Rücklagen *fpl*; **mention de –** (*Wz*) Schutzvermerk *m*.

1. **réserve**: **obligation de –** (*VwR, PrzR*) Schweigepflicht *f*, Amtsverschwiegenheit *f*; **offre avec –** (*HR*) freibleibendes Angebot, (*Angebot*) ohne Obligo (= o.O.), Angebot mit Widerrufsvorbehalt; **sans –** vorbehaltslos; **sous –** bedingt; **sous – de** vorbehaltlich.

réserve actuarielle (*VersR*) Deckungsrücklage *f*; – **pour agrandissement** (*GesR*) Erweiterungsrücklage *f*; – **pour amortissements** Abschreibungsrückstellung; – **pour bénéfices à distribuer** Gewinnrücklage; – **complémentaire** zusätzliche Reserve; – **conventionnelle** vertraglicher Vorbehalt; – **en couverture des engagements** Rückstellungen *pl* für Verbindlichkeiten; – **déclarée** offene Rücklage, ausgewiesene Reserve; – **de dommage** Schadensreserve; – **engagée** gebundene Reserve; – **d'épargne** Sparrücklage; – **pour extension** Erweiterungsrücklage; – **facultative** freiwillige Rücklage, Ermessensrücklage; – **pour fluctuation des cours** Kursausgleichsreserve.

réserve de garantie Deckungsrücklage; – **globale** Gesamtreserve; – **héréditaire** (*ErbR: portion de succession réservée par la loi à certains héritiers*) Pflichtteil *m*; – **invisible** (*GesR*) stille Reserve *od.* Rücklage; – **légale** (1) (*ErbR: réserve héréditaire*) Pflichtteil, (2) (*GesR: fonds de garantie de toute société*) gesetzliche Rücklage; – **libre** (*GesR*) freiwillige Rücklage; – **de liquidités** Liquiditätsreserve *f*; – **mathématique** (*VersR*) versicherungstechnische Rückstellung; – **mentale** geheimer Vorbehalt; – **minimum** Mindestrücklage.

réserve naturelle (*UmweltR*) Schutzgebiet *n*, Naturschutzgebiet; – **pour pertes** (1) (*GesR*) Verlustrücklage *f*, (2) (*HR*) Rückstellung für drohende Verluste (aus schwebenden Geschäften); – **de prévoyance** Rückstellung für wahrscheinlich anfallende Aufwendungen.

réserve de propriété (*HR, SchuldR: fait de différer le transfert de la propriété à une date ultérieure*) Eigentumsvorbehalt *m*; – **de renouvellement** (*Bilanz*) Aufwandsrückstellung *f*; – **pour risques en cours** (*VersR*) versicherungstechnische Rückstellung; – **pour sinistres** (*VersR*) Rückstellung für noch nicht abgewickelte Versicherungsfälle; – **statutaire** satzungsmäßige Rücklage.

réservé *adj* (*Platz*) reserviert; *fig.* zurückhaltend; **droit de reproduction –** (*UrhR*) Copyright *n*, (vorbehaltenes) Urheberrecht *n*; **tous droits –s** (*UrhR*) alle Rechte vorbehalten.

réserver *v.tr.* (*Platz*) reservieren; (*Recht*) vorbehalten; sich ausbedingen; (*Sache*) zurückbehalten, aufbewahren, zurücklegen; – **les dépens** (*ZPR*) unter Vorbehalt der (späteren) Kostenfestsetzung.

réserves *fpl* (*GesR*) Gewinnrücklagen *pl*; Rückstellungen; **affecter aux –** den Rücklagen zuweisen; **faire** *ou* **formuler des –** Bedenken geltend machen; **incorporer des –** Rücklagen in Stammkapital umwandeln, Kapitalrücklagen bilden; **sous toutes –** mit den ausdrücklichsten Vorbehalten; ohne Garantie, ohne Gewähr, ohne Obligo.

réserves pour créances douteuses (*GesR*) Dubiosenrückstellungen, Rückstellungen für drohende Verluste (aus schwebenden Geschäften); **– déclarées** ausgewiesene Rücklagen; **– d'exploitation** Betriebsvorräte *pl*; **– foncières** (*BauR*) Grundstücke, die für öffentliche Zwecke enteignet werden können; **– intégrales** (*UmweltR*) nicht veränderbare Naturschutzgebiete; **– latentes** stille Reserven; **– monétaires** (*BankR*) Devisen- *od.* Währungsreserven *fpl*; **– obligatoires** (*GesR*) gesetzliche Rücklagen; **– occultes** stille Rücklagen; **– techniques** versicherungstechnische Rückstellungen; **– visibles** ausgewiesene Reserven, offene Rücklagen.

réserviste *m* (*MilR*) Reservist *m*.

résidant *adj* wohnhaft (in), ansässig.

résidant *m* Person mit Wohnsitz in.

résidence *f* (1) (*ZR: lieu où une personne physique demeure effectivement*) Aufenthaltsort *m*, ständiger Aufenthalt *m*, (2) (*ÖfR, PrzR, BeamR: lieu avec obligation de résider*) Residenz *f* (eines Staatsoberhauptes); Amtssitz *m* (eines Richters), (3) (*ZPR: lieu auquel la loi attache divers effets de droit lors d'un procès*) Zustellungsanschrift; **allocation de –** (*ArbR*) Ortszuschlag *m*; **assignation à –** (*StR*) Stellung unter Polizeiaufsicht, Anweisung eines bestimmten Aufenthaltsortes; **attestation de –** (*AuslR*) Aufenthaltsbescheinigung; **certificat de –** Aufenthaltsbescheinigung; **changer de –** den Wohnsitz wechseln; **commune de –** Wohngemeinde *f*; **établir sa –** seinen Wohnsitz begründen; **État de –** Aufenthaltsstaat.

résidence: **être en – surveillée** (*StR*) unter Polizeiaufsicht stehen; **indemnité de –** Ortszulage *f*, Ortszuschlag *m*; **interdiction de –** (*StR*) Aufenthaltsverbot *n*; **lieu de –** Wohnort *m*; **pays de –** Aufenthaltsstaat; **permis de –** Aufenthaltserlaubnis *f*; **transférer sa –** seinen Wohnsitz verlegen.

résidence assignée (*StR: pour une personne assignée à résidence*) angewiesener Aufenthaltsort; **– conjugale** (*FamR*) Wohnsitz der Ehegatten; **– à l'étranger** Auslandsaufenthalt; **– fixe** ständiger Aufenthalt; **– forcée** (*StPR*) zwangsweise Zuweisung eines Wohnortes; **– habituelle** *ou* **normale** gewöhnlicher Aufenthaltsort; **– permanente** ständiger Aufenthaltsort; **– principale** Hauptwohnsitz *m*; **– secondaire** zweiter Wohnort, Ferien- *od.* Wochenendaufenthaltsort *m*; Zweitwohnsitz *m*, Wochenendhaus *n*; **– surveillée** (*StR*) Polizeiaufsicht, Aufenthaltsbeschränkung mit Meldepflicht (bei der Polizei).

> Der *résidant* mit **a** ist jede Person – ob Inländer oder Ausländer –die an einem bestimmten Ort wohnt. Der *résident* mit **e** ist der Ausländer, der in einem fremden Land seinen Wohnsitz begründet hat.

résident *m* (1) (*AuslR*) gebietsansässiger Ausländer, (2) (*VR: ambassade*) Geschäftsträger *m*, Ministerresident *m*; **carte de –** (*AuslR*) Niederlassungserlabnis *f*, unbefristeter Aufenthaltstitel.

résider *v.tr.* wohnen, sich aufhalten, seinen Aufenthalt haben; **la difficulté réside dans ...** die Schwierigkeit besteht darin, dass ....

résidu *m* Abfall *m*, Müll *m*; Bauschutt *m*; **–s de combustion** (*UmweltR*) Verbrennungsrückstände *mpl*.

résiduel *adj*: **chômage –** Restarbeitslosigkeit *f*; **valeur –le** Restwert *m*.

résignable *adj* (*Amt*) niederlegbar.

résignant *m* Verzichtleistende(r).

résignataire *m* Person, zu deren Gunsten (auf ein Amt) verzichtet wird.

résignation *f* Verzichtleistung *f*, Verzicht *m* (auf ein Amt); Abdankung *f*; Resignation; **– des fonctions** (*BeamR*) Amtsniederlegung.

résigner *v.tr.* verzichten auf; resignieren, entsagen; **se – à** *v. pron.* sich in sein Schicksal fügen; **– sa charge** *ou* **une fonction** ein Amt niederlegen.
résiliable *adj* (Vertrag) auflösbar, kündbar.
résiliation *f* (*SchuldR, ArbR: résolution non rétroactive*) Kündigung (eines Dauerschuldverhältnisses), Auflösung *od.* Aufhebung (eines Vertrages für die Zukunft); **action en –** Kündigungsklage *f*; **délai de –** Kündigungsfrist *f*; **droit de – unilatérale** (*ArbR*) Kündigungsrecht (durch einseitige Willenserklärung); **lettre de –** Kündigungsschreiben *n*; **motif de la –** Kündigungsgrund.
résiliation pour faute grave (*ArbR*) Kündigung aus wichtigem Grund, außerordentliche Kündigung; **– judiciaire** (*ArbR*) gerichtliche Auflösung des Arbeitsverhältnisses; **– sans motifs sérieux** unwirksame (außerordentliche) Kündigung (wegen Verbotswidrigkeit).
résiliation par consentement mutuel Auflösungsvertrag; **– partielle** Teilkündigung; **– unilatérale** (*ArbR*) Kündigung (als einseitige Willenserklärung).
résilier *v.tr.* kündigen, aufheben, auflösen; **– un bail** einen Mietvertrag kündigen; **– un engagement** eine Verpflichtung aufkündigen.
résistance *f* Widerstand *m*; Widerstandskampf *m*, Widerstandsbewegung *f*; **droit de – à l'oppression** (*VerfR*) Widerstandsrecht gegen jeden, der es unternimmt, die verfassungsmäßige Ordnung zu beseitigen; **fonds de –** (*ArbR*) Streikkasse *f*; **mouvement** *ou* **organisation de –** Widerstandsbewegung.
résistance abusive (*ZPR: manœuvres dilatoires*) prozessverschleppendes Vorbringen; **– passive** (*VerfR*) passiver Widerstand.
résistant *m* Angehöriger einer Widerstandsbewegung.
résister *v.tr.ind.* **à** Widerstand leisten, widerstehen, sich widersetzen.
résolu *adj* entschlossen, beherzt, standhaft; gelöst.
résoluble *adj* lösbar; **contrat –** auflösbarer Vertrag.
résolument *adv* entschlossen, beherzt.
résolution *f* (1) (*ÖfR, VR: action de délibérer et de décider*) Resolution; Entschließung *f*; (*d'un organisme*) Beschluss *m*; (*d'un invididu*) Entschluss *m*, (2) (*ZR; dissolution d'un contrat*) Aufhebung *f*, Auflösung *f*, (3) (*PrzR: solution d'un litige*) Lösung *f* (eines Streitfalls), (4) (*dessein, intention*) Absicht *f*, Wille *m*, (5) (*audace, énergie*) Tatkraft *f*, Energie *f*; Entschlossenheit; **action en –** (*ZPR*) Wandelungsklage *f*; Klage auf Auflösung eines Vertrages; **changer de –** seinen Entschluss ändern; **former la – (de)** die Entscheidung treffen (etwas zu tun), beschließen, den Entschluss fassen; **prendre une –** (1) (*ÖfR*) einen Beschluss fassen, (2) (*ZR*) sich zu etwas entschließen; **projet de –** Entschließungsentwurf *m*.
résolution du contrat pour inexécution (*SchuldR*) Vertragsaufhebung wegen Nichterfüllung; **– finale** (*VR*) Schlussresolution *f*; **– judiciaire du contrat** (*ZPR*) Vertragsaufhebung durch Richterspruch, gerichtliche Vertragsauflösung.
résolutoire *adj* auflösend; **clause –** Kündigungs- *od.* Auflösungsklausel; **condition –** Resolutivbedingung, auflösende Bedingung.
résorber *v.tr.* (*WirtR*) auffangen, aufsaugen, kompensieren; **– le chômage** die Arbeitslosigkeit beseitigen; **– le déficit** den Verlust *od.* das Defizit abbauen; den Fehlbestand beseitigen.
résorption *f* Aufnahme *f*, Aufsaugen *n*, Auffangen *n*, Beseitigung *f*; **– du chômage** Behebung *od.* Abbau der Arbeitslosigkeit; **– de l'inflation** Inflationsverringerung; **– du pouvoir d'achat** Kaufkraftabschöpfung.
résoudre *v.tr.* auflösen, aufheben, annullieren, für nichtig erklären; beschließen; **– un contrat** einen Vertrag auflösen; **– une difficulté** ein Problem bewältigen *od.* lösen; **se – en** führen zu . . ., zur Folge haben; **se – à faire qqch.** einen Entschluss fassen.
résous, résoute *adj* aufgehoben, aufgelöst; gelöst.

respect *m* (1) (*considération*) Achtung *f*, Einhaltung, Respekt *f*, Rücksicht *f*, Berücksichtigung, (2) (*révérence*) Verehrung *f*, Ehrfurcht *f*, Ansehen, Ehrerbietung; **manquer de – à qqn.** nicht die erforderliche Achtung zeigen, sich respektlos *od.* frech benehmen; **tenir en –** auf Distanz halten, Vertraulichkeit vermeinden.

respect du contrat (*SchuldR*) Vertragstreue *f*; **– de la dignité (de l'homme)** (*VerfR*) Schutz der Menschenwürde; **– du droit** Wahrung des Rechts, Einhaltung der (Rechts-) Vorschriften; **– des lois** Gesetzestreue *f*, Achtung vor dem Gesetz; **– scrupuleux du délai imparti** genaue Einhaltung der gesetzten Frist.

respectabilité *f* Achtbarkeit, Honorigkeit, Ehrbarkeit, Redlichkeit.

respectable *adj* achtbar, ehrwürdig; redlich.

respecter *v.tr.* (1) (*règle, loi*) befolgen, beachten, (2) (*personne*) achten, hochachten, respektieren; **faire –** durchsetzen, zur Anerkennung bringen; **se faire –** sich Respekt verschaffen; **– un délai** eine Frist einhalten; **– les droits de l'homme** die Menschenrechte achten; **– les formes** die Form wahren.

respectif *adj* bezüglich; gegenseitig; **apports –s** die Einlagen der einzelnen Gesellschafter; **prétentions respectives** Ansprüche der Prozessparteien.

respectivement *adv* beziehungsweise; jeder, beiderseitig; nach Beschaffenheit der Umstände.

respectueux *adj* ehrerbietig, ehrfurchtsvoll.

responsabilisation *f* Förderung des Verantwortungsbewusstseins.

responsabiliser *v.tr.* das Verantwortungsgefühl stärken, für die eigene Verantwortung bewusst machen.

responsabilité *f* (1) (*ZR, ÖfR: obligation ou nécessité morale*) Verantwortung *f*, Verantwortungsbewusstsein *n*, Pflichtgefühl *n*, (2) (*SchuldR: obligation de réparer le dommage causé*) Schadensersatzpflicht *f*, Haftung (für unerlaubte Handlungen), Einstehenmüssen *n*, zivilrechtliche Verantwortlichkeit *f*, (3) (*StR: obligation de supporter la peine*) strafrechtliche Verantwortlichkeit, volle Zurechnungsfähigkeit, (4) (*VerfR*) politische Verantwortlichkeit; **action en –** Haftungsklage *f*, Haftpflichtklage; **assumer la –** die Haftung übernehmen, die Verantwortlichkeit *od.* die Verantwortung übernehmen; **assurance de –** Haftpflichtversicherung; **atténuation de –** Haftungsmilderung; **avoir la – de qqn.** für jmdn. verantwortlich sein; **cause de –** Haftungsursache *f*, Haftungsgrund *m*; **décliner toute –** (1) (*SchuldR*) jegliche Haftung ablehnen, (2) (*StR*) (*au sens moral*) jegliche Schuld weit von sich weisen, die Verantwortung ablehnen; **dégagement de toute –** Haftungsfreistellung *f*, Haftungsausschluss *m*; **dégager de la –** von der Verantwortlichkeit entbinden.

responsabilité: **encourir la –** haften, haftpflichtig werden; **endosser la –** die Haftung übernehmen; die Verantwortung übernehmen; **engager la –** die Haftung begründen; **engager sa –** haften, haftbar werden, sich schadensersatzpflichtig machen; **être dégagé de toute –** von der Haftung befreit sein; **exclure la –** die Haftung ausschließen; **exclusion de la –** Haftungsausschluss *m*; **exonération de la –** Haftungsausschluss *m*.

responsabilité: **imputer la – (à qqn.)** jmdn. haftbar machen für, verantwortlich machen für; **limitation de –** Haftungsbeschränkung *f*; **part de –** Haftungsanteil *m*; Mitverschulden *n*; **porter la – de ses fautes** für eigenes Verschulden haften; **poste de –** verantwortliche Stellung; **prendre la –** die Verantwortung für etwas übernehmen; **propre –** persönliche Haftung; **règle de –** Haftungsbestimmung; **rejeter la – sur qqn.** die Verantwortung auf einen Dritten abwälzen, einem Dritten die Haftung zuschieben; **risque de –** Haftpflicht- *od.* Haftungsrisiko; **supporter la –** haften, die Schadensersatzpflicht tragen.

responsabilité administrative (*ÖfR: obligation de l'État de répondre d'un dommage envers la victime civile*) Staats- *od.* Amtshaftung *f*; **– des agents publics** (*VwR*) Amtshaftung, Haftung der Beamten; **– aquillienne** deliktische Haftung; **– des artisans du fait de leurs apprentis** (*SchuldR*) Haftung des Handwerkers als Lehrherrn (für Schäden, die vom Auszubildenden angerichtet werden); **– atténuée** (*StR*) verminderte Zurechnungsfähigkeit (infolge von geistigen Störungen); **– des bâtiments** (*SchuldR*) Gebäude(besitzer-) haftung, Haftung für Gebäudeeinsturz; **– des choses** (Sach-) Halterhaftung, Haftung für Sachen; Tierhalterhaftung; Gebäude(besitzer)haftung.

responsabilité civile (= RC) (1) (*ZR: i. w. S.*) Schadenshaftung aus Vertrag und / oder unerlaubter Handlung, (2) (*ZR: responsabilité délictuelle*) Schadensersatzpflicht (aus unerlaubten Handlungen), zivilrechtliche Haftung, Haftpflicht; **assurance – –** Haftpflichtversicherung.

responsabilité collective (1) (*ZR*) Solidar- *od.* Gesamthaftung *f*, (2) (*StR*) Kollektivschuld *f*; **– conjointe** (*SchuldR*) gemeinsame Haftung; **– contractuelle** Vertragshaftung, vertragliche Haftung; **– pour le déficit** Ausfallhaftung.

responsabilité délictuelle (*ZR*) Schadensersatzpflicht aus unerlaubter Handlung, deliktische Haftung, Deliktshaftung; **– dérivant d'une faute** (*ZR*) Verschuldenshaftung; **– dérivant du risque créé** (*ZR*) Gefährdungshaftung, Erfolgshaftung; **– des dettes** Schuldenhaftung; **– du dommage causé par les animaux** Tierhalterhaftung, Haftung für Tiere; **– pour les dommages** Haftpflicht, Schadenshaftung; **– encourue par l'assuré** Haftung des Versicherungsnehmers; **– de l'entrepreneur par le fait** *ou* **à l'occasion du travail** (*ArbR*) Unternehmerhaftung für Betriebsunfälle; **– de l'État** *ou* **étatique** Staatshaftung; **– extracontractuelle** außervertragliche Haftung; **– des fabricants et distributeurs** (*ZR*) Produzenten- *od.* Produkthaftung.

responsabilité du fait des animaux (*ZR: présomption légale irréfragable – art. 1385 Cciv*) Tierhalterhaftung *f*, Haftung des Tierhalters; **– du fait des véhicules automobiles** *ou* **du fait des véhicules terrestres à moteur** (*SchuldR: Loi Badinter du 5 juillet 1985*) Kraftfahrzeughaftung, Kraftfahrzeughaftpflicht, Kfz-Haftung, Straßenverkehrshaftung.

responsabilité du fait d'autrui (*ZR: responsabilité pour faute présumée du commettant, des père et mère – art. 1384 Cciv*) Haftung für fremdes Verschulden, Haftung für Verschulden eines Dritten, Haftung für Dritte *od.* für Leute; **– du fait des bâtiments (tombant en ruine)** (*ZR: responsabilité délictuelle du propriétaire – art. 1386 Cciv*) Gebäudehaftung *f*; **– du fait des choses inanimées** (*ZR: cette responsabilité incombe à celui qui a la chose sous sa garde – art. 1384 al. 1er Cciv*) (Sach-) Halterhaftung, Haftung für durch Sachen verursachte Schäden; **– du fait du fonctionnement défectueux de la justice** (*PrzR, VwR*) Staatshaftung für Amtspflichtverletzungen der Richter und sonstiger Organe der Rechtspflege; **– du fait de l'homme** (*ZR*) Haftung für die eigenen Tat; Haftung für die Tat eines Dritten; **– du fait personnel** Haftung für eigenes Handeln; **– du fait des préposés** (*SchuldR*) Haftung *f* (des Geschäftsherrn) für den Erfüllungsgehilfen; **– du fait de la ruine d'un bâtiment** (*ZR*) Gebäudehaftung, Haftung für Gebäudeeinsturz.

responsabilité sans faute Gefährdungshaftung *f*, Risikohaftung *f*, Erfolgs- *od.* Verursachungshaftung; **– du gardien** (1) (*SchuldR: i. w. S.*) Halterhaftung; Tierhalterhaftung, (2) (*SchuldR: Kfz*) Haftung des Halters eines Kraftfahrzeuges; Straßenverkehrshaftung; **– du gardien d'un animal** Tierhalterhaftung; **– hospitalière** Krankenhaushaftung; **– illimitée** unbeschränkte Haftpflicht, unbegrenzte Haftung; **– individuelle**

persönliche Haftung, Individualhaftung; **– des instituteurs** Haftung der Lehrkräfte und des Schulaufsichtspersonals; **– internationale** völkerrechtliche Verantwortlichkeit; **– irréfragable** Gefährdungshaftung; **– légale** Haftung kraft Gesetzes; **– limitée** beschränkte Haftung.

responsabilité des maîtres et commettants (*SchuldR*) Haftung der Geschäftsherrn (für ihre Erfüllungsgehilfen); **– matérielle** Sachhaftung; **– ministérielle** (*VerfR*) Ministerverantwortlichkeit; **– morale** (*ZR*) unvollkommene Haftung, Naturalobligation; **– non-contractuelle** außervertragliche Haftung.

responsabilité objective Gefährdungs- *od.* Erfolgshaftung; **– des parents** Haftung (der Eltern) für Kinder; **– partielle** Teilhaftung; **– pécuniaire** Vermögenshaftung *f*; **– pénale** (*StR*) strafrechtliche Verantwortlichkeit; **– pénale des personnes morales** strafrechtliche Verantwortlichkeit juristischer Personen; **– des père et mère du fait de leurs enfants mineurs** (*SchuldR*) Haftung für Kinder; **– personnelle** (*ZR*) persönliche Haftung; **– des personnes** (*ZR*) Haftung für fremde Tat; **– des personnes morales** (1) (*SchuldR*) Haftung jurischer Personen für unerlaubte Handlungen, (2) (*StR*) Schuldfähigkeit juristischer Personen; **– politique** politische Verantwortung *od.* Verantwortlichkeit.

responsabilité pour faute Verschuldenshaftung; **– présumée** Haftung aus vermutetem (u. unwiderlegbarem) Verschulden; **– des producteurs** *ou* **du fait des produits** Produzenten- *od.* Produkthaftung; **– professionnelle** Berufshaftpflicht, Haftung für Verletzung von Berufspflichten; **– de la puissance publique** Staatshaftung.

responsabilité quasi-délictuelle (*ZR: pour un fait involontaire*) Schadensersatzpflicht aus unerlaubter fahrlässiger Handlung, Haftung für fahrlässiges Handeln, Haftung aus unerlaubter Handlung; **– réfléchie** Haftung für fremdes Verschulden; **– du risque créé** Erfolgs- *od.* Risikohaftung, Gefährdungshaftung, Haftung ohne eigenes Verschulden; **– du risque créé par les énergies accumulées** Gefährdungshaftung für die Risiken beim Betrieb einer Kernenergieanlage.

responsabilité solidaire (*SchuldR*) gesamtschuldnerische Haftung, Haftung als Gesamtschuldner, Solidarhaftung, Mithaftung; **– subjective** Verschuldenshaftung; **– subsidiaire** Subsidiärhaftung.

responsable *adj* (1) (*ZR: délit civil*) haftpflichtig, haftbar, (2) (*StR: celui dont la responsabilité est reconnue*) schuldig; verantwortlich, (3) (*StR: responsable potentiel ayant un pouvoir de discernement suffisant*) zurechnungsfähig, (4) (*ÖfR*) zuständig (für); **être civilement –** (*SchuldR*) haften (aus Vertrag, für eine unerlaubte Handlung), verantwortlich sein; **être pénalement –** (*StR*) schuldfähig *od.* strafrechtlich verantwortlich sein.

responsable *m* (1) (*ZR: personne qui encourt la responsabilité civile*) der *od.* die Haftende, der *od.* die für den Schaden Verantwortliche, (2) (*StR*) der *od.* die Schuldige, (3) *m/f* (*WirtR*) Geschäftsführer(in) *m/f*, Verantwortliche *m/f*; (Abteilungs-) Leiter; Chef *m*; **– d'entreprise** Betriebsobmann *m*; **– syndical** Gewerkschaftsführer *m*.

responsif *adj*: **conclusions responsives** (*ZPR*) Anträge des Beklagten, Gegenanträge *mpl*.

resquiller *v. intr. umg* betrügen, hintergehen, schummeln; schwarzfahren.

ressaisir *v.tr.* (*StR*) (*einen Straftäter*) erneut fassen, festnehmen; **se – de ses biens** *v.pron.* seinen Besitz zurückerlangen.

ressemblance *f* Ähnlichkeit *f*, Übereinstimmung *f*; Ebenbild *n*; **toute – avec des personnages réels ne peut être que fortuite** jegliche Ähnlichkeit mit tatsächlichen Personen ist rein zufällig.

ressemblant *adj* ähnlich, zum Verwechseln ähnlich; gleich; verwandt.

ressembler *v.tr.ind.* ähneln, ähnlich sein, ähnlich sehen.

ressentiment *m* Neid *m*; Abneigung, Antipathie *f*; Ressentiment *m*.
ressentir *v.tr.* fühlen, empfinden; **– un outrage** sich beleidigt fühlen.
resserrement *m* Einschränkung *f*, Einengung *f*; **– de l'alliance** Festigung *f* des Bündnisses; **– de crédit** Erschwerung der Kreditaufnahme, Krediteinschränkung *od.* -einengung; **– des liquidités** Liquiditätseinbuße *od.* -verknappung.
ressort *m* (1) (*PrzR: domaine de compétence*) örtliche Zuständigkeit, Amtsbezirk *m* (des Gerichts), Zuständigkeitsbereich *m*, Geschäfts- *od.* Amtsbereich, (Gerichts-) Sprengel *f*, (2) (*VwR*) sachliche Zuständigkeit, Aufgabengebiet *n*, Ressort *n*, (3) (*ZPR: instance*) (Stufe im) Rechtszug *m*, Instanz *f*; **cela n'est pas de mon –** das fällt nicht in meinen Zuständigkeitsbereich; **dernier –** (*PrzR*) Entscheidung erster Instanz (gegen die keine Berufung mehr eingelegt werden kann); **en dernier –** *loc* letztendlich, schließlich; **être du – de** in den Zuständigkeitsbereich fallen (von); **jugement en premier et dernier –** (*ZPR: jugement non susceptible d'appel*) erstinstanzliches Urteil gegen das keine Berufung (mehr) eingelegt werden kann; **premier –** Entscheidung erster Instanz (gegen das Berufung eingelegt werden kann); **vider un procès en dernier –** (*PrzR: décider en dernière instance*) einen Rechtsstreit in letzter Instanz entscheiden.
ressort administratif (*VwR: domaine de compétence*) Zuständigkeitsbereich *m* (der Verwaltungsbehörden); **– territorial** örtliche Zuständigkeit; **– d'un tribunal** Gerichtsbezirk *m*, Gerichtssprengel *m*, Amtsbereich eines Gerichts.
ressortir *v.tr.ind.* **à** (1) (*ZRP: être du ressort de*) in den Zuständigkeitsbereich fallen (von), (2) (*VwR*) zum Aufgabengebiet gehören, jmdm. unterstehen; **– de** hervorgehen aus, sich ableiten lassen aus.
ressortissant *adj* in den Zuständigkeitsbereich fallend.
ressortissant *m* (*VR, IPR: un national*) Staatsangehörige(r) *m*, Staatsbürger *m* (Aut); **– étranger** ausländischer Staatsangehöriger; **– de l'union européenne** Staatsbürger der europäischen Union.
ressource *f* (1) (*au singulier: expédient, moyen*) Mittel, Möglichkeit, (2) (*au pluriel, Vwirt: moyens matériels, réserves*) Ressourcen *fpl*, Hilfsquellen *od.* -mittel; Potential *n*, Reserven *fpl*, (3) (*au pluriel, FinanzW: moyens pécuniaires*) Geldmittel *pl*, Finanzquellen *fpl*, (4) (*au pluriel, faculté*) Leistungsfähigkeit *f*, (5) (*au pluriel, ArbR, SozR*) Unterhaltsmittel *npl*, Einkünfte *fpl*; **garantie de –s** (*SozR*) garantiertes Mindesteinkommen, (*für Frührentner u. ältere Arbeitslose*) Einkommenssicherung; **sans –s** (*SozR*) hilfsbedürftig, mittellos.
ressources d'appoint (*ArbR*) Nebeneinkünfte *nur Pl.*; **– d'autofinancement** Selbstfinanzierungsmittel *npl*; **– budgétaires** Haushaltsmittel *nur Pl.*; **– énergétiques** Energiereserven *fpl*; **– d'une entreprise** (*GesR*) Betriebskapital *n*; **– de l'État** (*HaushR*) staatliche Einnahmen; **– financières** Finanzmittel *npl*; **– fiscales** Steueraufkommen *n*; **– fiscales théoriques** Steuersoll *n*.
ressources humaines (1) (*Vwirt*) Bevölkerungspotential *n*; Arbeitskräftereserven, (2) (*BW: personnel d'une entreprise*) Belegschaft *f*, Arbeitnehmer *mpl* (eines Betriebs); **– naturelles** (*UmweltR*) Naturressourcen *fpl*; Rohstoffe *mpl*; lebensbedeutsame Umweltgüter; **– productives** (*Vwirt*) Produktivvermögen *n*; **– propres** Eigenmittel *npl*, Eigenkapital; **– publiques** (*HaushR*) der öffentlichen Hand zur Verfügung stehende Mittel, öffentliche Mittel; **– du sous-sol** (*Vwirt*) Bodenschätze *mpl*.
restant *m* (*Buchf: reliquat*) Rest *m*, Restbetrag *m*; **– en caisse** Kassenbestand *m*; **– de la créance** Restforderung *f*.
restaurateur *m* (*Kunstwerke*) Restaurator *m*.
restauration *f* (1) (*VerfR: Bourbons de 1814 à 1830*) Restauration *f*, (2) (*SchuldR: réparation, réfection*) Instand-

setzung *f*, Ausbesserung, Reparatur *f*, Restauration, (3) (*BauR: réfection, réhabilitation*) Gebäudesanierung, (4) (*DV: restitution de fichiers*) Wiederherstellen (von Dateien), (5) (*métier de restaurateur*) Gaststättengewerbe *n*; **contrat de –** Gastwirtvertrag *m*; **– de brevet** Wiederherstellung eines Patents.

restaurer *v.tr.* wiederherstellen, restaurieren; erneuern; ausbessern; instand setzen; **– la liberté** die Freiheit zurückgewinnen.

reste *m* (Über-) Rest *m*, das Übriggebliebene; Restbetrag *m*; **demeurer, être en –** eine Restschuld (noch) zu begleichen haben.

rester *v.intr.* (1) verweilen, sich aufhalten, (2) übrigbleiben, verbleiben; **il n'en reste pas moins que** dennoch, gleichwohl, dessen ungeachtet; **– au foyer** zu Hause bleiben; keinen Beruf ausüben; **– sur sa faim** enttäuscht sein; **– insensible aux pressions** dem Druck nicht nachgeben.

restituable *adj* zurückzugeben; rückzahlbar; **sommes –s** zurückzahlbare Beträge.

restituer *v.tr.* zurückgeben; rückerstatten; **– un texte altéré** einen teilweise unleserlichen Text wiederherstellen.

restitution *f* (1) (*SachR: chose perdue ou volée, somme indue*) Herausgabe *f*, Rückgabe *f*, Restitution *f*; Rückerstattung, (2) (*SchuldR*) Wiederherstellung des früheren Zustandes; Wiedereinsetzung in den vorherigen Stand, (3) (*EuR: subvention à l'exportation*) Ausfuhrbeihilfe *f*; **action en –** Herausgabeklage *f*; **demande en –** Herausgabeanspruch *m*; **droit à –** Anspruch auf Rückerstattung; **obligé** *ou* **tenu à –** zur Rückgabe verpflichtet.

restitution de droit Wiederherstellung eines Rechtes; **– des frais** Kostenerstattung *f*; **– des fruits** Herausgabe von Früchten (an den Eigentümer); **– de l'indu** Rückerstattung des ohne rechtlichen Grund Geleisteten; **– en nature** Naturalrestitution; **– de pièces** Rückgabe einbehaltener Urkunden; **– en valeur** Geldersatz *m*.

restitutoire *adj*: **décision –** (*ZPR*) Verurteilung zur Herausgabe (einer Sache).

restreindre *v.tr.* einschränken, verringern, begrenzen, beschränken; **se – dans ses dépenses** *v. pron.* die Ausgaben (für den eigenen Lebensunterhalt) herabsetzen.

restreint *adj* begrenzt, beschränkt; dürftig; knapp.

restrictif *adj* ein- *od.* beschränkend, restriktiv; **clause restrictive de la responsabilité** Haftungsbeschränkungsklausel *f*; **interprétation restrictive** einschränkende Auslegung (eines Rechtssatzes).

restriction *f* Beschränkung *f*, Einschränkung; **faire des –s** Vorbehalte anmelden; **sans –** unbeschränkt; vorbehaltslos; **– de change** Devisenbeschränkung *od.* -bewirtschaftung; **– de la concurrence** Wettbewerbsbeschränkung *f*; **– contingentaire** mengenmäßige Beschränkung; **– de crédit** Kreditbeschränkung; **– du droit d'aliéner** *ou* **de disposer** Einschränkung der Verfügungsbefugnis; **– à l'immigration** Einwanderungsbeschränkung; **– à l'importation** Einfuhrbeschränkung; **– de la liberté** Freiheitsbeschränkung; **– des libertés** Beschränkung der Grundrechte, (gesetzliche) Grundrechtseinschränkung.

restriction mentale (*ZR*) Mentalreservation *f*, geheimer Vorbehalt; **– des pouvoirs** (*SchuldR*) Vollmachtsbeschränkung; **– quantitative à l'importation** (*ZollR*) mengenmäßige Einfuhrbeschränkung, Kontingentierung; **–s budgétaires** Haushaltskürzungen *fpl*; **–s au commerce** Handelsbeschränkungen *fpl*.

restructuration *f* Umstrukturierung; Sanierung; Rationalisierung; Neuorganisation.

résultat *m* (1) (*conséquence, effet*) Folge *f*, Wirkung *f*, (2) (*succès*) Erfolg *m*, Ergebnis *n*, Resultat *n*, (3) (*WahlR: au pluriel*) Wahlergebnis *n*; Prüfungsergebnisse *npl*; **avoir pour –** führen zu; **être le – de** sich ergeben aus; **obligation de –** (*SchuldR*) Verpflichtung zur Herbeiführung eines Erfolgs; Pflicht, das vertraglich festgesetzte Ergebnis zu erreichen; **un premier – tangible** ein erster sichtbarer Erfolg.

résultat définitif Endergebnis *n*; **– électoral** Wahlergebnis; **– de l'exercice** (*GesR*) Jahresabschluss *n*; **– d'exploitation** Betriebsergebnis; **– fiscal** zu versteuernder Gewinn; **– global** Gesamtergebnis; **– inespéré** unverhoffter Erfolg; **– des investigations policières** Ergebnis der polizeilichen Untersuchung; **– négatif** Misserfolg *m*, ungünstiges Ergebnis; **– pernicieux** unheilvolles Ergebnis; **– du scrutin** Wahlergebnis.

résulter *v. intr.* sich ergeben aus, folgen, herauskommen, resultieren.

résumé *m* Zusammenfassung *f*, Übersicht *f*, Inhaltsangabe *f*; **en –** zusammenfassend, abschließend; **– d'un compte** Kontoauszug *m*; **– de la situation** Bestandsaufnahme *f*, Überblick *m*.

résumer *v.tr.* zusammenfassen; **se – à, en** *v.pron.* sich reduzieren auf, sich beschränken auf.

résurgence *f* Wiederauftauchen *n*; erneuter Beginn.

rétablir *v.tr.* wiederherstellen; wieder in Kraft setzen; **– l'économie** die Wirtschaft sanieren; **– dans son emploi** (*ArbR*) wiedereinstellen; **– l'équilibre budgétaire** den Haushalt ausgleichen; **– l'ordre** die Ordnung wiederherstellen; **– la vérité** *ou* **les faits** einen Sachverhalt richtigstellen, der Wahrheit zum Durchbruch verhelfen.

rétablissement *m* Wiedereinssetzung *f*; Neuordnung *f*; **– de la capacité de travail** Wiedererlangung der Arbeitsfähigkeit; **– de la paix** Wiederherstellung des Friedens; **– de la pension** (*SozR*) Wiederaufleben *n* der Rente; **– d'un texte** Wiederherstellung der ursprünglichen Fassung (einer Urkunde); **– de la vérité** Richtigstellung; **– de la vie conjungale** Wiederherstellung der ehelichen Lebensgemeinschaft.

retard *m* Verzug *m*, Verzögerung *f*, Verspätung *f*; Rückstand *m*; **arriver en –, avoir du –, être en –** Verspätung haben; **indemnité** *ou* **majoration** *ou* **pénalité de –** (*SchuldR*) Säumniszuschlag *m*; **sans –** unverzüglich; **supplément pour cause de –** Verspätungszuschlag *m*, Verzögerungszuschlag; **travail en –** liegengebliebene Arbeit.

retard dans l'acceptation (*SchuldR*) Annahmeverzug; **– dans l'exécution** Leistungsverzug; **– injustifié** ungerechtfertigte Verzögerung; **– à** *ou* **dans la livraison** Lieferverzug *m*, verspätete Lieferung, Überschreitung der Lieferfrist; **– mental** geistige Zurückgebliebenheit; **– dans le paiement** Zahlungsverzug.

retardataire *m* (1) Nachzügler *m*, (2) säumiger Schuldner.

retardement *m* Verzögerung *f*.

retarder *v.tr.* verzögern, hemmen; verschieben, aufschieben, verlegen; **se –** *v.pron.* sich verspäten.

retenir *v.tr.* (1) (*ArbR: Lohn*) zurückbehalten, einbehalten, (2) (*Buchf: Beträge*) abziehen, in Abzug bringen, (3) (*SchuldR: exercer un droit de rétention*) von seinem Zurückbehaltungsrecht Gebrauch machen, (4) (*PrzR: Beweise*) zurückhalten, (5) (*ReiseR*) buchen, reservieren, (6) im Gedächtnis behalten, nicht vergessen, sich erinnern, (7) **se –** *v.pron.* sich mäßigen *od.* beherrschen; **– une circonstance atténuante** (*StPR*) einen Schuldminderungsgrund berücksichtigen; **– comme otage** als Geisel festhalten; **– une proposition** einen Vorschlag annehmen.

rétenteur *m* (*SchuldR*) derjenige der ein Zurückbehaltungsrecht ausübt.

rétention *f* (1) (*SchuldR: le fait de ne pas restituer un bien à son propriétaire*) Zurückbehaltung *f*, (2) (*StR: le fait de retenir une personne*) Festhalten *n*; **droit de –** (*SchuldR: droit reconnu à un créancier sur la base de l'art. 1612 Cciv*) Zurückbehaltungsrecht *n*; **– des actes** Zurückbehaltung von Urkunden; **– pour propre compte** (*SchuldR*) Selbstbehalt *m*; **– de sûreté** (*StR: pour délinquants sexuels en particulier*) Sicherungsverwahrung (nach der Verbüßung der verhängten Strafe).

rétentionnaire *m* (*SchuldR*) Zurückbehaltende(r) *m*.

retenue *f* (1) (*SteuerR, Buchf*) (*zu versteuernde Beträge*) Abzug *m*; Einbehaltung *f*; Zurückbehaltung *f*, (2) einbehaltener Betrag *m*, (3) (*discrétion, mesure*) Zurückhaltung, Mäßigung, (4) (*StVR: bouchon*) Stau *m*; **soumis à la – pour la retraite** ruhegehaltspflichtig; **– de garantie** (*SchuldR*) vorläufige Zurückbehaltung eines Teiles des Werklohns als Garantie bis zur Abnahme des Werkes; **– d'impôt** Steuerabzug *m*; **– judiciaire** (*StPR*) Untersuchungshaft für Minderjährige (bis 13 Jahre); **– à la source** (*SteuerR*) Quellensteuer *f*; **–s légales sur le salaire** (gesetzliche) Lohnabzüge *mpl*.

réticence *f* (1) (*StR: dissimulation d'un fait par une personne qui a l'obligation de le révéler*) Verheimlichung *f*; Verschweigen *n* einer Tatsache, (2) (*attitude dans le comportement*) Zurückhaltung *f*; Bedenken *n*; **avec –** nur zögerlich und widerwillig; mit Vorbehalt.

réticent *adj* zögerlich; voller Misstrauen.

retirer *v.tr.* zurückziehen; entziehen; **se –** *v. pron.* (*BeamR, SozR*) zurücktreten, aus einem Amt ausscheiden; in Rente gehen, aus dem Arbeitsleben ausscheiden; **– de l'argent** (*BankR*) Geld abheben; **– un bénéfice** einen Gewinn erzielen; **– des billets de la circulation** (*BankR*) Banknoten aus dem Umlauf ziehen *od.* einziehen; **– du commerce** aus dem Sortiment nehmen; **– un crédit** einen Kredit zurückziehen.

retirer une demande (1) (*ZPR*) eine Klage zurücknehmen, (2) (*VwR*) einen Antrag zurücknehmen *od.* zurückziehen; **– un droit** ein Recht aberkennen; **– des fonds** (1) Geld abheben, (2) (*en grosse quantité*) Gelder abziehen; **– un gage** ein Pfand *n* einlösen; **– le permis de conduire** den Führerschein entziehen; **– une plainte** (1) (*StPR: victime de l'infraction*) eine Anzeige zurückziehen, (2) (*StPR: partie civile*) einen Strafantrag zurückziehen *od.* zurücknehmen; **– un produit de la vente** ein Produkt aus dem Handel ziehen.

retombées *fpl a. fig.* Auswirkung *f*; (schädliche) Folgen *fpl*; **– radioactives** (*UmweltR*) radioaktiver Niederschlag, Fall out *m*; **– scientifiques** die praktischen Auswirkungen der Grundlagenforschung.

rétorquer *v.tr.* entgegnen, erwidern, antworten.

retors *adj* gerissen, schlau, durchtrieben, listig, trickreich.

rétorsion *f* (*VR: mesures de représailles*) Vergeltungsmaßnahme *f*, Retorsion *f*; **droits de –** Vergeltungs- *od.* Retorsionszoll *m*.

retouche *f* Änderung *f*, Verbesserung.

retour *m* (1) Rückkehr *f*; Rückreise *f*; Rückflug *m*; Rückfahrt *f*, (2) (*VerlagsR*) an den Verleger zurückgesandte (unverkäufliche) Bücher; **clause de – à la meilleure fortune** (*InsolvenzR*) Wiederauflebensklausel *f*; **droit de –** (*ErbR*) Heimfallrecht *n*; **effet en –** Rückwirkung *f*; **en –** als Gegenleistung, zum Ausgleich; **marchandise en –** (*HR*) Rück- *od.* Retourware *f*, Retourware.

retour de balancier Umschwung *m*, Rückschlag *m*; **– de bâton** *fig.* ungünstige Wendung (nach anfänglich günstiger Entwicklung); **– à la case départ** Neuanfang *m*; **– conventionnel** vertragsmäßig geregeltes Rückforderungsrecht des Schenkers; **par – de courrier** postwendend; **– d'effets** Rückwechsel *m*; **– à l'envoyeur** (Post) zurück an den Absender; **– en force** erneutes aufflammen; plötzlicher kraftvoller Neubeginn; **– forcé** (*AuslR: d'un étranger placé en rétention*) Abschiebung, Ausweisung.

retour légal (*SchuldR*) gesetzlich geregeltes Rückforderungsrecht des Schenkers; **– de partage** (*ErbR*) Ergänzung eines Erbanteils; **– sans protêt** Protestverzichtklausel *f*; **– volontaire** (*AuslR*) freiwillige Rückkehr in die Heimat.

retournement *m* Wende *f*, Umschwung *m*; **– de la conjoncture** (*Vwirt*) Konjunkturumschwung *m*; –

de veste *fig.* plötzliche und radikale Meinungsänderung; die Fahne nach dem Wind drehen.

retourner *v.tr. et intr.* umkehren, umdrehen; wenden; **se – contre qqn.** *v. pron.* (*ZPR: exercer une action récursoire*) einen Rückgriffs- *od.* Regressanspruch geltend machen; **– l'arme contre soi-même** sich selbst töten; **– ses poches** seine Taschen leeren; zeigen, dass man kein Geld hat.

retracer *v.tr.* darstellen, berichten.

rétractable *adj* widerrufbar.

rétractation *f* (1) (*ZR: manifestation de volonté contraire*) Zurücknahme einer Willenserklärung, Widerruf *m*, (2) (*StPR: aveu*) Widerruf des Geständnisses, (3) (*KirchR*) Abschwörung (des Glaubens), Austritt (aus der Kirche); **voie de –** (*ZPR*) Rechtsmittel das bei dem Gericht eingelegt wird, das das Urteil erlassen hat *n*, Einspruch (gegen ein Versäumnisurteil); **– du consentement** Widerruf der Annahmeerklärung; **– d'une offre** Angebotswiderruf.

rétracter *v.tr.* **un aveu** ein Geständnis widerrufen; **– un engagement** sich von einer Verpflichtung lossagen.

rétracter *v.pron.*: **se –** eine Aussage widerrufen; **sommer qqn. de se –** jmdn. auffordern, seine Aussage zurückzuziehen.

retraduction *f* Rückübersetzung *f*.

retrait *m* (1) (*VwR*) Zurücknahme *od.* Aufhebung (eines Verwaltungsaktes), (2) (*ZR: faculté de se substituer*) Forderungsübernahme *f* (durch einen Dritten), Erwerb *m* eines Gläubigerrechtes, (3) (*PrzR: privation d'un droit par décision de justice*) Aberkennung (eines Rechts), Entziehung *f*, (4) (*ÖfR, ZR: action de se retirer d'une organisation*) Austritt *m*; Rücktritt, (5) (*BankR: somme d'argent*) Abhebung *f*; **droit de –** Rücktrittsrecht; **en –** (*BauR*) (*Gebäude*) hinter der Baulinie; *fig.* Zurückhaltung übend.

retrait d'agrément (*VwR*) Entziehung einer Genehmigung *od.* einer Zulassung, Genehmigungswiderruf *m*; **– d'argent** Abhebung *f*; **– d'un associé** (*GesR*) Austritt eines Gesellschafters *m*; **– d'autorisation** (*VwR*) Widerruf der behördlichenErlaubnis, Zurücknahme einer Erlaubnis; **– de candidature** Rücktritt eines Wahlkandidaten; Rücknahme einer Bewerbung; **– d'un compte** (*BankR*) Abhebung *f*; **– de la concession** Konzessionsentziehung, Zurücknahme der Verleihung; **– conventionnel** vertraglich vereinbartes Rückkaufsrecht; **– de crédit** Kreditkündigung *f*; **– de la demande** (1) (*ZPR*) Klageverzicht *m*, Klagezurücknahme *f*, Verzicht auf den geltend gemachten prozessualen Anspruch, (2) Zurückziehung des Antrags; **– de droits litigieux** (*SchuldR*) Einwendung des Schuldners aus dem Valutaverhältnis (bei einer Zession); **– d'emploi** (*BeamR*) Entfernung aus dem Amt, Amtsenthebung *od.* -entsetzung; **– d'espèces** (Barmittel-) Abhebung.

retrait de fonds Geldabhebung; **– forcé** Zwangseinziehung; **– d'indivision** (*SachR*) Einlösungsrecht eines Miteigentümers; **– de licence** Lizenzentziehung; **– du marché** Zurückziehung aus dem Verkehr; **– de la nationalité** Entlassung aus der Staatsangehörigkeit, Staatsangehörigkeitsaberkennung; **– de naturalisation** Widerruf der Einbürgerung; **– du passeport** Passentziehung.

retrait du permis de conduire (*StR*) Entziehung der Fahrerlaubnis, Führerscheinentzug *m*; **– de permission** Entziehung einer Zulassung; **– d'un produit** (*HR*) Rückruf eines Produkts; **– d'un projet de loi** Rücknahme einer Gesetzesvorlage; **– d'une somme d'argent** Abhebung (eines Geldbetrages); **– du titre de séjour** (*AuslR*) Rücknahme *f* der Aufenthaltserlaubnis; Widerruf *m* der Aufenthaltserlaubnis; **– de l'usage** Gebrauchsentziehung; **– volontaire** freiwilliger Rücktritt.

retraite *f* (1) (*SozR: cessation de l'activité professionnelle*) Ruhestand *m*, (2) (*SozR: prestation due au retraité*) Ruhegehalt *n* (der Beamten), Ruhegeld *n*; Altersruhegeld (der Arbeitnehmer),

Pension *f*, (3) (*WechselR*) Rückwechsel *m*, (4) (*MilR*) Rückzug *m*; Zapfenstreich *m*, (5) *Allgspr.* Schlupfwinkel *m*, Versteck *n*; **abaisser l'âge de la –** das Rentenalter herabsetzen; **admission à la –** Versetzung in den Ruhestand; **âge de la –** Rentenalter *n*, Altersruhegeldgrenze *f*; Pensions- *od.* Ruhestandsalter; **avancer l'âge de la –** das Rentenalter herabsetzen; **départ en** *ou* **à la –** Eintritt *m* in den Ruhestand; **qui donne droit à –** ruhegehaltsfähig; **droit à la –** Anspruch auf Altersversorgung; Ruhegehaltsanspruch *m*, Ruhegehalts- *od.* Pensionsberechtigung; **fonctionnaire en –** Ruhestandsbeamte(r) *m*, Beamte(r) im Ruhestand *od.* außer Dienst (= a. D.); **liquider la –** die Ruhegehaltsbezüge feststellen.

retraite: **maison de –** Altersheim *n*; **mettre à la –** in den Ruhestand versetzen, pensionieren; **mise à la –** (*BeamR*) Pensionierung, Versetzung in den Ruhestand; **pension de –** (1) (*BeamR*) Ruhegehalt, Alterspension, Pension, Ruhegeld, (2) (*ArbR*) Altersrente; **prendre sa –** in den Ruhestand treten; **régime complémentaire de –** Zusatzaltersversorgung *od.* -versicherung; **relever l'âge de la –** das Rentenalter heraufsetzen.

retraite d'ancienneté Altersruhegeld; **– anticipée** (*SozR*) Vorruhestandsregelung *f*; vorzeitige Pensionierung; vorgezogenes Altersruhegeld; **– complémentaire** zusätzliche Altersversorgung, Zusatzrente; **– d'entreprise** betriebliche Altersversorgung, Betriebsrente; **– aux flambeaux** Fackelzug *m*; **– d'invalidité** Invaliden- *od.* Invaliditätsrente; **– minière** Bergarbeiterrente; **– mutualiste** von einem Verein auf Gegenseitigkeit gezahlte Rente; **– ouvrière** Arbeiterrente; **– progressive** gleitender Übergang in den Ruhestand (älterer Arbeitnehmer); **– proportionnelle** Pensionierung nach einer kürzeren oder mittleren Dienstdauer vor Erreichung des Pensionsalters; **– par répartition** Rentenversicherung durch Beiträge im Rahmen der Sozialversicherung; **– de vieillesse** Altersversorgung *f*, Altersruhegeld *n*, Altersrente *f*.

retraité *adj. et n.m.* im Ruhestand, außer Dienst; Ruhegehaltsempfänger *m*, Ruheständler *m*, Pensionär *m*, Altersrentner *m*; **fonctionnaire –** Ruhestandsbeamte(r).

retraitement *m*: **usine de –** (*UmweltR*) Wideraufbereitungsanlage *f*.

retranchement *m* Abzug *m*; Streichung, Beseitigung.

retrancher *v.tr.* abziehen; absetzen; **se – derrière un prétexte** *v. pron.* sich herausreden, Ausflüchte machen, Ausreden gebrauchen; **se – derrière le secret professionnel** sich auf die berufliche Schweigepflicht berufen.

retranscrire *v.tr.* (*in ein Register*) übertragen; abschreiben.

retransmission *f* (*MedienR*) (erneute) Übertragung *f*; Wiederholung.

retravailler *v.tr.* überarbeiten; (*einen Text*) verbessern.

rétrécissement *m* Verengung *f*; Verringerung.

rétribuer *v.tr.* bezahlen, entlohnen, vergüten, besolden.

rétribution *f* (1) (*SchuldR: ce que l'on gagne par son travail; ce qui est donné en échange d'un service, d'un travail, en général, de l'argent*) Entgelt *n*, Vergütung *f*, (2) (*ArbR*) Lohn *m*, Entlohnung *f*; Besoldung *f*; **– forfaitaire** Pauschalvergütung *f*; **– scolaire** Schulgeld *n*.

rétroactes *mpl* (B) Vorgeschichte *f*, Vorangegangenes *n*.

rétroactif *adj* rückwirkend; **acte –** rückwirkendes Rechtsgeschäft; **avec effet –** rückwirkend; **effet –** Rückwirkung *f*.

rétroaction *f* Rückwirkung *f*.

rétroactivement *adv* rückwirkend.

rétroactivité *f* Rückwirkung *f*; **– de la condition** Rückwirkung der Bedingung; **– d'une loi** Rückwirkung eines Gesetzes.

rétroagir *v. intr.* rückwirken.

rétrocédant *m* Rückübertragende(r).

rétrocéder *v.tr.* (1) (*SchuldR*) rückübertragen, wieder (an den Gläubiger) abtreten, (2) (*HR: vendre à un tiers*) (weiter-) veräußern.

rétrocession *f* (1) Rückübertragung, Rückabtretung *f*, (2) (*HR*) Weiter-veräußerung *f*, Abtretung, (3) (*VersR*) Retrozession; **– d'honoraires médicaux** (*MedizinR*) Abtretung eines Teils des erhaltenen Honorars an den zugezogenen Arzt.

rétrocessionnaire *m* (1) Rückübernehmer *m*, (2) Veräußerer *m*, (3) Retrozessionär.

rétrogradation *f* (*BeamR*) Dienstgradherabsetzung *f*, Rückstufung *f*; **encourir la –** degradiert werden.

rétrograder *v.tr.* im Range herabsetzen, zurückstufen.

rétrospective *f* Rückschau *f*.

retrouver *v.tr.* erneut finden; *fig.* wiedererkennen, wiederfinden; **– ses esprits** aus der Ohnmacht erwachen.

rétroviseur *m* Rückspiegel *m*.

rets *m* (*Fisch- und Vogelfang*) Netz; *fig.* List.

réunification *f* Wiedervereinigung *f*.

réunion *f* (1) (*groupement momentané*) Versammlung *f*; Besprechung *f*, Sitzung *f*, (2) (*communauté*) Vereinigung *f*, (3) (*rattachement*) Verbindung *f*, Wiedervereinigung *f*, Anschluss *m*, (4) (*assemblage, rapprochement*) Zusammenstellung *f*, Zusammenziehung *f*; **droit de –** Versammlungsrecht; **liberté de –** Versammlungsfreiheit; **local de –** Sitzungsraum; **participer à une –** an einer Versammlung teilnehmen.

réunion de capitaux Kapitalansammlung; **– du conseil des ministres** (*VerfR*) Ministerratssitzung; **– de documents** (Beweis-) Urkundenzusammenstellung; **– électorale** Wahlversammlung; **– de faits** Sammlung von Fakten, Sachverhältsklärung *f*; **– fleuve** nicht endende Sitzung, unendlich lange Sitzung.

réunion du personnel (*ArbR*) Belegschaftsversammlung *f*; **– plénière** Vollversammlung; **– des preuves** Zusammenstellung der Beweise, Beweissammlung *f*; **– publique** öffentliche Versammlung; **– séditieuse** (*StR*) aufrührerische Versammlung, Untergrundtreffen *n*; **– de travail** Arbeitssitzung; **– virtuelle** (*MedienR*) Videokonferenz *f*.

réunir *v.tr.* (*Länder*) wiedervereinigen; (*einzelne Elemente*) verbinden; (*Personen*) zusammenschließen; (*Fakten*) Zsammenstellen; **se –** *v. pron.* sich versammeln, eine Sitzung abhalten; **– la cellule de crise à Matignon** den Krisenstab am Sitz des Premierministers einberufen.

réussir *v. intr.* Erfolg haben, erfolgreich sein, von Erfolg gekrönt sein; seinen Zweck erreichen.

réussite *f* (günstiger) Erfolg *m*, Gelingen *n*.

revalidation *f* Wiederinkraftsetzung *f*.

revalider *v.tr.* wieder für gültig erklären.

revalorisation *f* (1) (*ZR, ZPR*) Anpassung einer Leistung (an neue Gegebenheiten), (2) (*BankR*) Aufwertung *f*, Wiederaufwertung (einer Währung); **– des basses rénumérations** Anhebung der niedrigsten Lohngruppen; **– des pensions et retraites** Rentenanpassung *od.* -anhebung.

revaloriser *v.tr.* anpassen; aufwerten; erhöhen.

revanche *f* (1) Genugtuung *f*, Vergeltung *f*; Rache *f*, (2) Revanche, Gegenpartie *f*; **à charge de –** auf Gegenseitigkeit (beruhen).

révélateur *adj* aufschlussreich; enthüllend, offenbarend.

révélation *f* Enthüllung *f*, Aufdeckung *f*; **– de secret** (*StR*) Verletzung der Geheimhaltungs- *od.* der Verschwiegenheitspflicht, Bruch des Amtsgeheimnisses *od.* der Verschwiegenheitspflicht, Geheimnisverrat *m*.

révéler *v.tr.* (*Geheimnis*) aufdecken *od.* enthüllen; (*Absicht, Pläne*) öffentlich bekanntmachen; (*mittels Untersuchung*) ans Licht bringen.

revendeur *m* (1) (*HR*) Wiederverkäufer *m*, Händler *m*, (2) (*StR: drogues*) Dealer *m*; **– de voitures** Gebrauchtwagenhändler *m*.

revendicatif *adj* fordernd, beanspruchend; **mouvement –** (*SozR*) (*zugunsten der Schwachen und Armen*) soziale Bewegung; **programme –** Sozialprogramm *n*.

revendication *f* (1) (*PatR, ArbR:*

exigence, prétention) Anspruch *m*, Beanspruchung, Forderung, (2) (*SchuldR, ZPR*) (gerichtliche) Rückforderung, (3) (*SachR: action pour reprendre un bien entre les mains d'un tiers détenteur*) Herausgabeanspruch *m*; **– catégorielle** Forderungen einer Berufsgruppe; **– d'hérédité** Erbschaftsanspruch *m*; **– de priorité** (*PatR*) Prioritätsanspruch; **– professionnelle** Forderungen einer bestimmten Berufsgruppe; **– de rattrapage** Lohnforderungen zwecks Inflationsausgleich; **– territoriale** (*VR*) Gebietsforderung; **–s salariales** Lohnforderung *fpl*.

revendiquer *v.tr.* (1) (*ZR, ArbR*) Anspruch erheben auf, beanspruchen, verlangen, fordern, (2) (*SachR*) die Herausgabe (einer Sache) verlangen; **– la paternité d'un attentat** einen Bekennerbrief absenden.

revendre *v.tr.* wiederverkaufen, weiterverkaufen, weiterveräußern.

revenir *v. intr.* (*HR: revenir à*) kosten, sich belaufen auf; **– sur des aveux forcés** (*StPR*) ein mit Gewalt erpresstes Geständnis widerrufen; **– à la charge** nicht nachlassen, immer wieder dasselbe Thema aufgreifen; **– sur une décision** (*PrzR*) eine Entscheidung aufheben; **– de droit** von Rechts wegen zustehen; **– de loin** einer großen Gefahr entronnen sein; **– sur une modification** eine Änderung rückgängig machen; **– sur sa parole** wortbrüchig werden, sich nicht an das gegebene Wort halten; **– de ses prétentions** seine Ansprüche mäßigen; **– sur une promesse** ein Versprechen zurücknehmen; **– à la raison** wieder zur Vernunft kommen; **– sur un vote** eine Wahl für ungültig erklären.

revente *f* (*HR: rétrocession*) Wiederverkauf *m*, Weiterverkauf, Weiterveräußerung; **– sur folle enchère** erneute Versteigerung wegen Nichterfüllung durch den ersten Ersteher.

revenu *m* (1) (*Vwirt, GesR: gain, produit, rapport*) Ertrag *m*, Gewinn *m*, Rendite *f*, Einnahme *f*, (2) (*ArbR: salaire*) Einkommen *n*, Einkünfte *fpl*, Entgelt *n*, Lohn *m*; **calcul du –** Einkommensermittlung *f*; **impôt sur le –** Einkommensteuer *f*; **sources de –** Einnahmequellen *fpl*; **titre à – variable** Dividendenpapier; **– accessoire** *ou* **annexe** (*SteuerR*) Nebeneinkünfte *fpl*; Nebenbezüge *mpl*; **– d'activité** Einkommen aus Erwerbstätigkeit; **– annuel** Jahreseinkommen *n*; **– de l'argent** Zinsertrag *m*; **– brut** Roheinkommen.

revenu du capital Kapitalertrag *m*, Kapitaleinkünfte *fpl*, Besitzeinkommen; **impôt sur le – – mobilier** Kapitalertragsteuer *f*.

revenu disponible verfügbares Einkommen *n*; **– familial** Familienlohn; **– fixe** festes Einkommen; **– global** Bruttoeinkommen; **– imposable** steuerpflichtiges Einkommen; **– imposé** besteuertes Einkommen; **– individuel** Pro-Kopf-Einkommen *n*, Einzel- *od.* Individualeinkommen *n*; **– locatif** Mieteinnahmen *pl*; **– des ménages** Einkommen der Privathaushalte; **– minimum d'insertion (= RMI)** (*SozR*) Grundsicherungsleistung *f*.

revenu national (*Vwirt*) Volkseinkommen; **– national au coût des facteurs** Nettosozialprodukt zu Faktorkosten; **– national aux prix du marché** Inlandsprodukt zu Marktpreisen; **– en nature** (*ArbR*) Sachbezüge *pl*; **– net** (1) (*HR*) Reinerlös, (2) (*Vwirt*) Nettoeinkommen; **– nominal** Nominaleinkommen; **– professionnel** Einkommen aus Erwerbstätigkeit; **– réel** Realeinkommen; **– régulier** laufendes Einkommen; **– salarial** Lohneinkommen, Einkommen aus nichtselbständiger Arbeit; **– soumis à cotisations** (*SozR*) beitragspflichtiges Einkommen; **– supplémentaire** Nebeneinkünfte; **– taxable** (*SteuerR*) steuerpflichtiges Einkommen; **– par tête d'habitant** Pro-Kopf-Einkommen *n*; **– total** Gesamteinkommen; **– du travail** Arbeitseinkommen *n*, Arbeitseinkünfte *fpl*.

revenus: **catégorie de –** (1) Einkommensgruppe *f*, (2) Einkommensschicht *f*; **déclaration des –** Einkommensteuererklärung *f*; **distribution des –** Einkommensverteilung *f*; **écarts des –** Einkommensunterschiede *mpl*; **impôt sur les – des sociétés (= IS)** Körperschaftssteuer *f*; **impôt sur les – du travail** Lohnsteuer *f*, Steuer auf Einkommen aus unselbständiger Erwerbstätigkeit; **perte de –** Einkommenseinbuße *od.* -ausfall *m*; **plafond des –** Einkommensobergrenze; **politique des –** Einkommenspolitik *f*.

revenus agricoles Einkünfte aus landwirtschaftlichem Betrieb; **– du capital** Kapitalerträge; **– de capitaux fonciers** (*SteuerR*) Einkünfte aus Kapitalvermögen; **– des domaines** (*VwR*) Domanialeinkünfte *pl*; **– de l'État** Staatseinkünfte; **– exempts d'impôt** steuerfreie Einkünfte; **– d'exploitation** Einkünfte aus einem Gewerbebetrieb; **– fonciers** (1) Boden- und Grundrente *f*, (2) (*SteuerR*) Einkünfte aus Vermietung und Verpachtung.

revenus mobiliers Einkünfte aus beweglichem Vermögen; **– en nature** Naturalerträge; **– périodiques** wiederkehrende Einkünfte; **– privés** Privateinkommen; **– des professions industrielles ou commerciales** Einkommen aus Gewerbebetrieb; **– des professions libérales** Einkommen aus selbständiger Arbeit; **– de remplacement** Renten, Einkommen aus Vermögenswerten; **– de transfert** Transfereinkommen *n*, Sozialbezüge *mpl*.

réverbère *m* Straßenlaterne *f*, Peitschenleuchte *f*.

révérence *f* Ehrerbietung *f*; Verbeugung *f*; **votre –** (*Anrede*) Hochwürden.

révérenciel *adj* ergeben, untertänig.

revers *m* (1) (*document, acte*) Rückseite *f*, (2) (*monnaie*) Schriftseite *f*, (3) (*fig*) Kehrseite *f*, Misserfolg *m*, Fehlschlag *m*; **– électoral** Wahlniederlage *f*; **– de fortune** Vermögenseinbuße *f*.

réversal *adj*: **lettres –es** (*VR: lettres secrètes contenant des concessions réciproques*) Geheimschreiben mit gegenseitigen Zugeständnissen.

reversement *m* Zurückzahlung *f*; **état de –** vollstreckbarer Rückzahlungsbescheid.

reverser *v.tr.* zurückzahlen, übertragen.

réversibilité *f* (1) (*ErbR*) Heimfall *m*, (2) (*SozR*) gesetzlicher Übergang eines Rentenanspruchs beim Tode des Berechtigten; **– des staries** (*SeeHR*) Prinzip der Rückvergütung für nicht abgelaufene Liegezeit.

réversible *adj* (Anspruch) der auf einen Dritten übergehen kann.

réversion *f* Rückzahlung; **droit de –** (*SchuldR: droit de retour*) Rückgabepflicht der Schenkung beim Tod des beschenkten; **pension de –** (*SozR*) Hinterbliebenenrente (des Ehegatten), (an den hinterbliebenen Ehegatten) rückfallende Altersrente.

revêtir *v.tr.* (*un acte de sa signature*) unterschreiben, mit der erforderlichen Unterschrift versehen; **– qqn. d'une fonction** jmdn. in ein Amt einführen; **– d'un mandat** mit einer Vollmacht ausstatten; **– un passeport d'un visa** einen Sichtvermerk im Pass anbringen, ein Visum erteilen.

revirement *m* (*Pol*) Umschwung *m*, Wechsel *m*; **– conjoncturel** Konjunkturumschwung; **– de jurisprudence** Änderung *od.* Umschwung in der Rechtsprechung; **– d'opinion** Meinungsumschwung; **– de tendance** Richtungswechsel.

révisable *adj* (1) (*Entscheidung*) nachprüfbar, (2) (*Preis*) abänderbar; **procès –** (durch Rechtsmittel) anfechtbares Urteil.

réviser *v.tr.* revidieren, überprüfen, nochmals prüfen; **– à la baisse** nach unten korrigieren; **– la constitution** die Verfassung abändern; **– à la hausse** nach oben korrigieren; **– une prestation** eine Leistung neu festsetzen; **– un procès** ein Verfahren in 2. Instanz durchführen, den Prozess wiederaufnehmen; einen Prozess wiederaufnehmen; **– un traité** einen völkerrechtlichen Vertrag abändern.

réviseur *m* Überprüfer *m*.

révisibilité *f* Überprüfbarkeit *f*.

révision *f* (1) (*VerfR: amendement*) Änderung *f*, Abänderung *f*, Novellierung *f* (eines Gesetzes), (2) (*VwR: vérification*)

Nachprüfung, Überprüfung, (3) (*PrzR*) Wiederaufnahme *f* (des Verfahrens), (4) (*SozR*) Neufestsetzung (einer Rente), (5) (*UrhR: mise à jour*) Erneuerung, Bringen *n* auf den neuesten Stand, (6) (*SchulR*) Wiederholung *f*, (7) (*Technik*) Inspektion, Überholung, Hauptinstandsetzung; **recours** *ou* **requête en –** (*PrzR*) Antrag auf Wiederaufnahme, Wiederaufnahmeklage.

révision constitutionnelle Verfassungsänderung *f*; **– d'un contrat** Vertragsänderung *f*; **– douanière** zollamtliche Revision; **– au fond** (*PrzR, VwR*) sachliche Nachprüfung; **– partielle** teilweise Abänderung; **– d'une prestation** Neufestsetzung einer Leistung; **– des prix** Preisanpassung(sklausel); **– des statuts** Satzungsänderung *f*.

révocabilité *f* (1) (*d'une déclaration*) Widerruflichkeit *f*, (2) (*d'une personne*) Absetzbarkeit *f*, (3) (*d'un contrat*) Aufhebbarkeit.

révocable *adj* (1) widerruflich, (2) absetzbar, (3) aufhebbar; **non –** unwiderruflich.

révocation *f* (1) (*ZR: annulation*) Aufhebung *f*, Widerruf *m*, Ungültigkeitserklärung *f*, (2) (*BeamR: destitution*) Absetzung *f*, Abberufung *f*, (3) (*BeamR, DiszR*) Entfernung aus dem Dienst, Dienstentlassung, (4) (*GVR: destitution d'un juge*) (Amts-) Enthebung *f*, (5) (*ArbR: renvoi d'un travailleur*) Entlassung *f*, (fristlose) Kündigung; **action en –** (*ZPR*) Anfechtungsklage *f*; **droit de –** Widerrufsrecht *n*; Abberufungsrecht; **– d'un brevet** Widerruf *m* eines Patents; **– du crédit** Kreditkündigung *od.* -entziehung; **– de la donation** Schenkungswiderruf; **– d'un gérant** (*GesR*) Abberufung eines Geschäftsführers; Entziehung der Geschäftsführungsbefugnis; **– d'un mandat** Kündigung eines Auftrages; **– de l'offre** Widerruf *m* des Angebots; **– d'une procuration** Widerruf *od.* Entziehung *od.* Aufhebung einer Vollmacht; **– d'un testament** Widerruf eines Testaments.

révocatoire *adj* aufhebend; **action –** (*ZPR: action paulienne, art. 1167 Cciv*) revokatorische Klage, Gläubigeranfechtung (gerichtet gegen den Gläubiger seines Schuldners).

revoir *v.tr.* überprüfen, kontrollieren, kritisch beleuchten; **– à la baisse/à la hausse** nach unten/oben korrigieren.

révolte *f* Aufruhr *m*, aktive Widerstandsleistung; Empörung *f*, Aufstand *m*; **fomenter une –** einen Aufstand anzetteln; **réprimer une –** einen Aufstand niederschlagen; **– armée** bewaffneter Aufstand.

révolté *m* Aufständische(r) *m*.

révolter: **se –** *v. pron.* einen Aufstand machen, sich erheben, sich empören.

révolu *adj* (*ZR: en parlant d'un espace de temps: écoulé, terminé, achevé*) beendet, abgelaufen; **à l'âge de 18 ans –s** bei Vollendung des 18. Lebensjahres; **avoir trente ans –s** dreißig Jahre alt sein.

révolution *f* Revolution *f*, Staatsumwälzung *f*; **– des consciences** New Age *n*; **– culturelle** Kulturrevolution; **– universelle** Weltrevolution; **– verte** Agrarrevolution.

révolutionnaire *adj* revolutionär, staatsumwälzend.

révolutionnaire *m* Revolutionär *m*, Umstürzler *m*.

révolutionner *v.tr.* grundlegend ändern, revolutionieren, umgestalten.

revolving credit *m* (*BankR: crédit automatiquement renouvelable*) fortlaufende Anschlussfinanzierung, Revolving-Kredit *m*.

révoquer *v.tr.* (1) (*ZR: annuler un acte juridique*) widerrufen; revozieren; für nichtig erklären; rückgängig machen, (2) (*ArbR, BeamR: destituer une personne*) absetzen, entheben; **– en doute** in Zweifel ziehen; **– un testament** ein Testament widerrufen.

revue *f* (1) (*PrzR*) Durchsicht *f*, Untersuchung *f*, genaue Prüfung, (2) (*MedienR*) Zeitschrift *f*, (3) (*UrhR*) Revue *f*, musikalisches Ausstattungsstück; **exercice sous –** (*GesR*) Bezugsjahr; **faire la –** überprüfen; ordnen; **– de détail** eingehende Überprüfung, Inspektion; **– de presse** Presseschau *f*; **– technique** Fachzeitschrift.

rez-de-chaussée *mot invar. m* (1) Straßenniveau *n*, (2) Erdgeschoss *n*, unterstes Stockwerk; **louer un –** eine Parterrewohnung mieten.

riche *adj* reich, vermögend, wohlhabend, begütert.

richesse *f* Reichtum *m*, Überfluss *m*; Wohlstand *m*; **– nationale** (*Vwirt*) Volksvermögen.

ricochet *m* Zurückprallen *n*; **dommage par –** Drittschaden *m*; indirekter Schaden; **projectile faisant –** Querschläger *m*.

ridiculiser *v.tr.* lächerlich machen; blamieren.

rififi *m umg* Schlägerei *f*, Handgemenge *n*.

rigidité *f* Strenge *f*; Starrheit *f*; **– constitutionelle** (*VerfR*) Unantastbarkeit der Verfassung; erschwerte Verfassungsänderung; **– de la demande** (*Vwirt*) Unelastizität der Nachfrage.

rigole *f* (*SachR*) (Wasser-) Rinne *f*, Regengraben *m*, Furche *f*.

rigorisme *m* sittliche Strenge; starres Festhalten an den Prinzipien.

rigoureusement *adv*: **s'en tenir – à la règle** sich strikt an das Gesetz halten; **– interdit** strengstens verboten; **– vrai** völlig wahr.

rigoureux *adj* streng; unerbittlich; **arrêt –** hartes Urteil; **examen –** strenge (Über-) Prüfung; **preuve rigoureuse** unumstößlicher Beweis; **rigoureuse neutralité** strikte Neutralität; **sanction rigoureuse** strenge Strafe.

rigueur *f* Strenge *f*, Härte *f*; Starrheit *f*; Genauigkeit; **à la –** äußerstenfalls; falls erforderlich; **arrêts de –** verschärfter Arrest; **de –** genau, fix, präzise; **politique de –** (strenge) Sparpolitik; **tenir – à qqn.** jmdn. etwas nicht verzeihen (können).

riposte *f* Gegenschlag *m*, Gegenangriff *m*.

riposter *v. intr.* antworten, sich verteidigen; einen Gegenschlag führen.

risque *m* (1) (*danger, péril*) Gefahr *f*, Gefährdung *f*, (2) (*éventualité d'un événement futur*) Risiko *n*, Wagnis *n*; Verlustmöglichkeit *f*, (3) (*VersR, SozVers: risque assuré*) Versicherungsfall *m*, (4) (*SchuldR: événement dommageable dont la survenance est incertaine*) unvorhersehbares Ereignis, höhere Gewalt; **acceptation d'un –** bewusste Gefahrenübernahme; **courir un –** *ou* **s'exposer à un –** Gefahr laufen, sich einer Gefahr aussetzen; **couvrir un –** ein Risko decken; **évaluation** *ou* **opinion du –** Risikoabschätzung *od.* -beurteilung; **grand –** hohes Risiko; **prendre sur soi un –** für alle Folgen einstehen; **théorie du –** Grundsatz der Gefährdungshaftung.

risque d'accidents Unfallgefahr *f*, Unfallrisiko *n*; **– aggravé** erhöhtes Risiko; **– assurable** versicherbares Risiko; **– atomique** Gefährdung durch Kernernergie *od.* Kernspaltungsprodukte; **– de change** Valuta- *od.* Wechselkursrisiko; **– commercial** (*HR*) Risiko der Zahlungsunfähigkeit (des Käufers); **– pour compte propre** Risiko für eigene Rechnung; **– de confusion** Verwechslungsgefahr *f*; **– contigu** angrenzendes Risiko; **– conventionnel** klassisches Risiko; **– de cours** Kursrisiko; **– couvert** gedecktes Risiko; **– de crédit** (*Außh*) Vorfinanzierungs- *od.* Kreditrisiko.

risque décès Todesfallrisiko; **– de dérapage** Gefahr, dass eine Angelegenheit außer Kontrolle gerät; **– de l'entreprise** *ou* **d'exploitation** Betriebsgefahr; **– d'escalade et de confrontation directe** Risiko der Verschärfung des Konflikts und der direkten Konfrontation; **– garanti** gedecktes Risiko.

risque inassurable unversicherbares Risiko; **– d'inflation** Inflationsgefahr; **– d'irradiation** Verstrahlungsrisiko; **– locatif** (*SchuldR*) Mieterhaftung *f*; Haftung des Mieters eines Gebäudes *od.* einer Wohnung für einen an den vermieteten Räumen entstandenen Brandschaden.

risque maladie Erkrankungsgefahr, Krankheitsrisiko; **– maritime** *ou* **de mer** Seegefahr, Seerisiko; **–**

monétaire Währungs- *od.* Valutarisiko; **– non couvert** ausgeschlossenes Risiko; **– normal** gewöhnliches Risiko; **– personnel** Eigengefahr.

risque de pollution (*UmweltR*) Umweltgefährdung, Immissions- *od.* Verunreinigungsgefahr; **– de pollution des eaux** Wasserverschmutzungsgefahr; **– professionnel** (*ArbR*) Berufsrisiko *n*, Arbeitsunfallrisiko *n*; **– de proximité** Nachbarschaftsrisiko; **– technologique majeur** größter anzunehmender Unfall (= GAU); **– de transport** Beförderungs- *od.* Transportrisiko.

risquer *v.tr.* wagen, riskieren, aufs Spiel setzen; **se – à** *v. pron.* sich wagen an; **– de** Gefahr laufen zu; **– le tout pour le tout** alles aufs Spiel setzen; **– sa vie** sein Leben aufs Spiel setzen.

risques *mpl* Risiken, Gefahren; **appréciation des –** Risikobeurteilung *f*, Einschätzung des Risikos; **clause d'exclusion des –** Risikoausschlussklausel *f*; **clause de limitation des –** Risikobegrenzungsklausel; **communauté de –** Gefahrengemeinschaft *f*; **couverture** *ou* **garantie des –** Risikodeckung *od.* -garantie; **grands** *ou* **gros –** Großrisiken, schwere Risiken; **indemnité de –** (*ArbR*) Gefahrenzulage *f*; **supporter les –** die Gefahr tragen; **transfert des –** (*SchuldR*) Gefahrübergang *m*.

risques exceptés (*VersR*) Ereignisse, in denen die Haftung ausgeschlossen ist; **– extraordinaires** Extrarisiken *pl*; **– non assurables** nicht versicherungsfähige Risiken.

risques et périls: **agir à ses – –** auf eigene Gefahr handeln; **(être) aux – – du destinataire** auf Gefahr des Empfängers.

ristourne *f* (1) (*HR: réduction de prix accordée par le fournisseur*) (Treue-) Rabatt *m*; Rückerstattung, Rückvergütung, (2) (*SeeHR: annulation d'un contrat d'assurance pour disparition du risque*) Rücknahme einer Seeversicherung gegen Vergütung, (3) (*Buchf*) Ab- u. Zuschreibung eines Postens (in der Buchhaltung), Ristorno *m*; **partielle** Teilstorno; **– de commission** Rückprovision; **– comptable** Abgang *m*, Storno *n*; **– pour conduite sans accidents** Schadenfreiheitsrabatt; **– de droits de douane** Zollrückvergütung; **– illicite** gesetzwidrige Rückvergütung; **– de prime** Rück- *od.* Stornoprämie; (teilweise) Beitragsrückerstattung; **– sur le prix d'achat** Rückerstattung eines Teils des Kaufpreises.

ristourner *v.tr.* (1) annulieren, (2) rückerstatten, rückvergüten, (3) ristornieren.

rite *m* Ritual *n*, Ritus *m*, Brauch *m*.

rivage *m* (*VwR*) Meeresstrand *m* (als öffentliches Eigentum).

rival *m* Gegenspieler *m*; Mitbewerber *m*, Konkurrent *m*.

rivaliser *v. intr.* um den Vorrang kämpfen, in Wettbewerb treten; rivalisieren.

rivalité *f* Feindschaft *f*; Gegensatz *m*; Rivalität *f*, Wetteifer *m*, Mitbewerbung.

rive *f* (Fluss-) Ufer *n*.

riverain *m* (1) (*VwR: les propriétaires ou les habitants dont les maisons bordent sur une rue*) Anlieger *m*; Ufereigentümer *m*, (2) (*SachR*) Grenznachbarn *pl*; **– de la voie publique** (Straßen-) Anlieger *od.* Anrainer *m*.

riveraineté *f* (*VwR*) Rechte der Uferanlieger (nicht schiffbarer Wasserläufe).

rivière *f* Fluss *m*; **– domaniale** (*VwR*) Gewässer im öffentlichen Eigentum.

rixe *f* (*StR: querelle violente accompagnée de coups*) Raufhandel *m*, Rauferei *f*, Schlägerei *f*.

RMiste *m* (*SozR: personne touchant le revenu minimum d'insertion*) Sozialhilfeempfänger *m*.

robe *f* (*avocats ou magistrats*) Amtstracht *f*, Robe *f*; **gens de –** Juristen *mpl*.

robotique *f* Robotertechnik *f*.

rocade *f* (*StVR*) Umgehungsstraße *f*; Zubringer *m*.

rodage *m fig* Einarbeitungs- *od.* Anlaufzeit *f*.

rôdeur *m* Vagabund *m*, Landstreicher *m*; **– nocturne** Ganove, Dieb *m*.

rogatoire *adj* (*PrzR*) ersuchend.

rogatoirement *adv*: **commettre un**

juge – (*PrzR*) im Wege der Rechtshilfe einen Richter zur Vornahme einer Amtshandlung verpflichten.
rôle *m* (1) (*ZPR*) (Gerichts-) Terminliste *f*, Register der zur Verhandlung kommenden *od.* anstehenden Prozesse; Verhandlungskalender *m*, (2) (*VwR: registre*) Liste *f*, Rolle *f*, Register *n*, Verzeichnis *n*, (3) (*ZR: feuille d'un acte notarié*) Blatt *n* einer Urkunde, Urkunde *f*, (4) (*mission, vocation*) Rolle *f*, Funktion *f*, Aufgabe *f*, Tätigkeit *f*, Bedeutung *f*; **avoir pour –** zur Aufgabe haben; **mise au –** (*ZPR*) Eintragung der Sache in das Prozessregister (zur Begründung der Rechtshängigkeit), Eintragung in die Gerichtsterminliste.
rôle d'audience (*ZPR*) Gerichtsterminliste; **– des contributions** (*SteuerR*) Hebe- *od.* Steuerrolle; **– des cotisations** Beitragsliste; **– de l'équipage** (*SeeHR*) Muster- *od.* Mannschaftsrolle; **– d'impôt** *ou* **d'imposition** *ou* **de perception** Steuer(hebe)rolle *f*; **– de recrutement** (*MilR*) Wehrstammrolle; **– de répartition** Verteilungsplan *m*; **– du tribunal** (*ZPR*) Terminliste (für die mündlichen Verhandlungen).
rompre *v.tr.* brechen, abbrechen; **– tout commerce avec qqn.** den Umgang mit jmdn. abbrechen; **– le contrat** den Vertrag brechen *od.* verletzen; **– les négociations** die Verhandlungen abbrechen; **– la paix** den Frieden brechen; **– les relations diplomatiques** die diplomatischen Beziehungen abbrechen; **– un traité** (*VR*) ein Abkommen verletzen.
rompu *m* (*BörR*) Spitze *f* (bei Aktien).
ronde *f* (nächtlicher) Rundgang.
rondement *adv* schnell, rasch; **mener – une affaire** ein Geschäft *od.* einen Streitfall schnell erledigen.
rossignol *m* (1) (*HR*) Ladenhüter *m*, (2) (*passe-partout*) Dietrich *m*.
rotation *f* Umlauf *m*, Wechsel *m*; **– des capitaux** Kapitalumschlag; **– du personnel** (*ArbR*) Fluktuation der Belegschaft; **– des stocks** Lagerumschlag *m*.
roture *f hist.* Bürger- *od.* Bauernstand *m*.
rouage *m* Räderwerk *n*; **– de l'État** Staatsapparat.
rouer *v.tr. hist.* aufs Rad flechten, rädern; **– de coups** verprügeln, *umg* windelweich schlagen.
rougeole *f* (*MedizinR*) Masern *nur Pl.*
roulage *m* Straßentransport *m*; Rollgeld *n*.
roulement *m* Umsatz *m*; (Personen-) Wechsel *m*; Umlauf *m*; **capital fonds de –** Umlaufvermögen, Betriebsmittel *npl*; **par –** im Turnus, im Wechsel; **travail par –** Schichtarbeit *f*; **– des magistrats** (*GVR: permutation annuelle des magistrats*) regelmäßiger Wechsel in der Besetzung der Spruchkammern der Gerichte.
rouler *v.tr. fig.* jmdn. betrügen, übervorteieln, prellen, neppen.
rouspéter *v.intr. umg* stänkern, maulen.
routage *m* (*PresseR: journaux, circulaires*) Sortieren *n* nach Bestimmungsort u. Empfänger.
route *f* (1) (*StVR: voie de communication appartenant à la grande voirie*) öffentliche (Land-) Straße *f*, (2) Weg *m*, Strecke *f*; **code de la –** frz. Straßenverkehrsgesetz und -ordnung, kodifziertes frz. Straßenverkehrsrecht; **faire fausse –** *fig.* im Irrtum sein, auf dem Holzweg sein; **mettre en –** *fig.* in Gang setzen; **– à chaussées séparées** Autobahn *f*; **– défoncée** Straße mit Spurrillen *od.* Schlaglöchern; **– départementale** (durch den Departement unterhaltende) Landstraße; **– de desserte** Zubringerstraße *f*; **– déviée** Umgehungsstraße; **– nationale** frz. Staatsstraße *od.* Fernverkehrsstraße; **– nationale à grande circulation** frz. nationale Vorrangstraße.
routier *adj*: **circulation routière** Straßenverkehr *m*; **entreprise de transports –s** Rollfuhrunternehmen *n*.
routier *m* Fernlastfahrer *m*.
routine *f* (durch Erfahrung erlangte) Fertigkeit *f*, Routine *f*, Geläufigkeit und Gewandtheit; **enquête de –** Routineüberprüfung *f*.
royalties *fpl* (*UrhR, PatR: redevance ou somme versée par l'utilisateur d'un brevet*

ou d'un texte édité à son inventeur ou son auteur) Lizenzgebühr *f.*
royauté *f* (1) Königtum *n*, (2) Königswürde *f.*
rudimentaire *adj* grob, ungenau; **connaissances –s** nur oberflächliche Kenntnisse.
rudiments *mpl* Grundzüge *fpl*, Anfangsgründe *mpl.*
rudologie *f* (*UmweltR*) Wissenschaft der Abfallstoffe und der Abfallverwertung.
rue *f* (*StVR: voie dans une agglomération*) (*innerhalb einer Ortschaft*) Straße *f*; **– de Grenelle** (1) Sitz des frz. Erziehungsministeriums, frz. Erziehungsminister, (2) Sitz des frz. Ministeriums für Arbeit u. Soziales; frz. Arbeitsminister; **– de Rivoli** Sitz des frz. Finanzministeriums; frz. Finanzminister; **– Royale** Sitz des frz. Marineministeriums; **– Saint-Dominique** Sitz des Verteidigungsministeriums; frz. Verteidigungsminister.
ruine *f* (1) (*SchuldR: Gebäude*) Ruine *f*, verfallenes Gebäude; Trümmer *pl*, (2) (*GesR: Handelsgeschäft*) Insolvenz *f*, Konkurs *m*, Ruin *m*, Firmenzusammenbruch *m*; **– d'un bâtiment** Einsturz *m*; Verfall *m.*
ruiner *v.tr.* ruinieren, zerstören, zugrunde richten; **se –** *v. pron.* Bankrott machen, *umg* Pleite gehen.
rumeur *f* Gerücht *n*; **faire circuler une –** ein Gerücht verbreiten; **– publique** Stadtgespräch *n*, Gerede *n.*
rupture *f* Abbruch *m*; Bruch *m*; **– abusive du contrat** (*SchuldR*) rechtsmissbräuchliche Vertragsauflösung, Vertragsbruch *m*; **– abusive du contrat de travail** (*ArbR*) rechtsmissbräuchliche Kündigung des Arbeitsverhältnisses; **– de ban** (1) (*FamR*) grundloser Rücktritt vom Verlöbnis, (2) (*VwR, StR*) Verstoß gegen eine Ausweisungsverfügung *od.* ein Aufenthaltsverbot; **– de charge** (1) (*SeeHR*) Frachtenbruch *m*, (2) Umladung *f*; **– du contrat de travail** Beendigung eines Arbeitsverhältnisses, Kündigung des Arbeitsvertrags; **– conventionnelle à l'amiable** (*ArbR*) Arbeitsvertragsauflösung im beiderseitigem Einvernehmen; **– d'engagement** Verletzung einer (vertraglichen) Verpflichtung; **– de fiançailles** (*FamR*) (grundloser) Rücktritt vom Verlöbnis; **– des négociations** Abbruch der Verhandlungen; **– de la parole donnée** Nichteinhaltung des gegebenen Versprechens, Nichteinhaltung einer Verpflichtung; **– des relations diplomatiques** Abbruch der diplomatischen Beziehungen; **– de scellement** Siegelbruch; **– de stock** Fehlmenge *f.*
rural *adj* ländlich; Land-; **économie –e** Landwirtschaft *f*; **exploitation –e** landwirtschaftlicher Betrieb.
rurbanisation *f* Verstädterung *f*, Zersiedelung (ländlicher Gebiete).
ruse *f* (*StR*) List *f*, Hinterlist, Arglist, Hinterhältigkeit; **– de guerre** Kriegslist *f.*
rythme *m* Rhythmus *m*, Tempo *n*; Ablauf *m*, Bewegung *f*, Takt *m*; **– de croissance** Wachstumsprozess *m*; **– de développement** Entwicklungstempo *n*; **– de travail** Arbeitstempo *n.*

S

sabbatique *adj*: **année** *ou* **congé –** (*ArbR*) Fortbildungsurlaub *m*, Sabbatjahr *n.*
sabordement *m* (*SeeHR*) absichtliches zum Kentern bringen eines Schiffs (durch Öffnung der Luken).
sabotage *m* (*StR*) (staatsgefährende) Sabotage *f*; **– économique** Wirtschaftssabotage; **– de négociations** Hintertreibung der Verhandlungen; **– d'une politique** Vereitelung einer Politik.
saboter *v.tr.* sabotieren, durchkreuzen, vereiteln; beeinträchtigen.
saboteur *m* Saboteur *m.*

sac *m* **publicitaire** Tragetasche *f* (eines Kaufhauses).
saccage *m* Ausplünderung *f*, mutwillige Zerstörung; Sachbeschädigung.
saccager *v.tr.* ausplündern, zerstören, beschädigen.
sachant *m* Sachkundige(r) *m*, Sachkenner *m*; Fachmann *m*.
sacramentel *adj*: **formule –le** (*PrzR*) gesetzlich vorgeschriebene Eidesformel; **mariage –** christliche Eheschließung; **rites –s** (*KirchR*) heilige Handlungen, christliche Gnadenmittel; das heilige Abendmal.
sacre *m* (1) (*König*) Krönung, Salbung, (2) (*Bischof*) Weihe *f*.
sacré *adj* heilig; unverletzlich, unantastbar.
sacrement *m* (*KirchR*) Sakrament *n*; **– de baptême** Taufe *f*; **– de mariage** kirchliche Trauung.
sacrifice *m* Aufopferung *f*; Opfer *n*.
sacrifier *v.tr.* preisgeben, opfern; **– un article** (*HR*) eine Ware zu stark herabgesetzten Preis veräußern; **– aux préjugés** sich den Vorurteilen beugen.
sacrilège *mpl* (*StR*) Gotteslästerung; Kirchenraub *od.* -diebstahl *m*; Kirchenfrevel *m*, Entweihung.
sacristain *m* Kirchendiener *m*, Küster *m*, Mesner *m*.
sadisme *m* Sadismus *m*, sadistische Handlung; Lust am Quälen und an Grausamkeiten.
sagacité *f* Scharfsinn *m*, Scharfsichtigkeit *f*.
sage *adj* weise, klug, verständig; artig, sittsam; **–s conseils** wohl überlegte Ratschläge; **– décision** vernünftige Entscheidung.
sage-femme *f* Hebamme *f*.
sagesse *f* (1) (*PrzR*) Mäßigung und Vorsicht (bei der Urteilsfindung), (2) Weisheit *f*; Erfahrung *f*.
sain *adj* gesund; **jugement –** gesunder Menschenverstand; **– d'esprit** nicht geisteskrank; **– et sauf** gesund und wohlbehalten (ankommen).
Saint-Siège *m* Heiliger Stuhl.
saisi *adj/m* Gepfändete(r) *m*.
saisie *f* (1) (*ZwangsVR: réalisation du gage*) Pfändung (in das beweglichen oder unbewegliche Vermögen), Geldvollstreckung (in das bewegliche Vermögen), Fahrnis *od.* Mobiliarvollstreckung; dinglicher Arrest, (2) (*StR, VwR: mise sous main de la justice*) Beschlagnahme *f*, Einziehung, (3) (*DV*) Datenerfassung *od.* -gewinnung *f*; **avis de –** Pfändungsanzeige *f*; **décision de –** Pfändungsbeschluss *m*; **déclaration de –** (*StPR*) Einziehungsbeschluss *m*, Verfallserklärung *f*; **dénonciation de la –** Pfändungsbenachrichtigung (an den Drittschuldner); **frais de –** Pfändungsgebühr *f*; **mainlevée de la –** Aufhebung der Pfandverstrickung; **opérer une –** pfänden; **ordre de –** Pfändungsbeschluss *m*; **pratiquer** *ou* **procéder à une –** pfänden; **procès-verbal de –** (1) (*ZwangsVR*) Pfändungsprotokoll *n*, Protokoll über die Vollstreckungshandlungen, (2) (*VwR*) Beschlagnahmeprotokoll; **prononcer la –** die Einziehung aussprechen.
saisie administrative (*VwPR*) Beschlagnahme im Verwaltungszwangsverfahren; **– appréhension** (*ZwangsVR*) Pfändung beim Drittbesitzer.
saisie-arrêt *f* (*ZwangsVR: remplacée en 1991 par la saisie-attribution*) Pfändung beim Drittschuldner, Pfändung in dritter Hand; Vorpfändung, Pfändungs- und Überweisungsbeschluss *m*; **– -attribution** (*ZwangsVR: saisie mobilière exécutoire entre les mains d'un tiers*) Pfändung beim Dritschuldner, Pfändung in dritter Hand (mit direkter Einziehung der Forderung); **– -brandon** (*LandwR*) Pfändung von Früchten auf dem Halm; **– complémentaire** Nachpfändung; **– conservatoire** (dinglicher) Arrest *m*, Vollziehung des Arrestes in das bewegliche Vermögen, Sicherungspfändung *f*; **– -contrefaçon** (*HR, Wz*) Beschlagnahme von Nachahmungen u. Fälschungen (Geschäftszeichen, Modelle usw.), Beschlagnahme des verletzenden Gegenstandes; **– de droits incorporels** Pfändung immaterieller Güter; **– excessive** Überpfändung; **– -exécution** (1) (*ZPR:*

saisie mobilière de droit commun) Zwangsvollstreckung in das bewegliche Vermögen, (2) Pfandverkauf *m*, Pfandversteigerung; **– exécutoire** (*ZPR: saisie tendant à la réalisation des biens saisis*) Pfändung (zwecks Befriedigung am Erlös); **– fiscale** Steuerexekution; **– foraine** Vorpfändungsrecht der Gast- u. Hotelwirte; **– -gagerie** Vermieterpfandrecht *n*; **– immobilière** (*ZwangsVR*) Pfändung eines Grundstücks, Immobiliarpfändung, Vollstreckung in das unbewegliche Vermögen, Immobiliararrest; **– infructueuse** fruchtlose Zwangsvollstreckung; **– judiciaire** gerichtliche Beschlagnahme.

saisie mobilière (*ZwangsVR*) Pfändung einer beweglichen Sache, Fahrnispfändung, Arrest in das bewegliche Vermögen, Mobiliarzwangsvollstreckung; **– provisoire** vorläufige Beschlagnahme; **– des rémunérations** Lohnpfändung; **– -revendication** (1) Pfändung von Gegenständen, die sich im Besitz eines Dritten befinden (u. an denen der Gläubiger Eigentums- und Vorzugsrechte zu haben behauptet), (2) einstweilige Verfügung zur Sicherung eines Eigentumsherausgabeanspruchs; **– sur –** Anschlusspfändung; **– totale** Kahlpfändung; **– -vente** Mobiliarpfändung mit anschließendem Verkauf (zwecks Befriedigung des Gläubigers).

Saisine und *saisie* dürfen nicht miteinander verwechselt werden: *la saisie* beinhaltet die Beschlagnahme bzw. die Pfändung von Sachgütern, *la saisine* betrifft hingegen die Befassung eines Gerichts mit einem Rechtsstreit, also die Einleitung eines Verfahrens. Das Verb ist in beiden Fällen *saisir*: *saisir un tribunal* et *saisir un bien.*

saisine *f* (1) (*PrzR: le fait de porter son différend à la connaissance d'une juridiction*) Anrufung *f* des Gerichts; Einleitung *f* des (Urteils-) Verfahrens; Aufforderung *f* an das Gericht, eine bestimmte Entscheidung zu erlassen; Beantragung *f* einer Verhandlung vor Gericht, (2) (*ZPR: acte par lequel on introduit sa demande*) Klageerhebung *f*, Klageerhebungsakt *m*, Einreichung *f* der Klageschrift, (3) (*VwR*) Befassung (einer Behörde mit einer Angelegenheit), (4) (*ErbR: droit à la possession d'un héritage*) Übergang *m* des Besitzes auf den Erben kraft Gesetzes (im Augenblick des Erbfalles); **– pour avis** (*VerfR: saisine d'une commission*) Weiterleitung (an einen Ausschuss) zwecks Stellungnahme; **– directe** (*StPR*) beschleunigtes (Straf-) Verfahren (mit abgekürzter Ladungsfrist); **– au fond** (*VerfR*) (*Ausschuss*) Anrufung zwecks Ausarbeitung eines Vorentwurfs.

saisir *v.tr.* (1) (*SachR: appréhender une chose*) ergreifen, in Besitz nehmen, (2) (*PrzR: porter devant une juridiction*) ein Gericht anrufen, Klage erheben, ein Verfahren einleiten, (3) (*ZwangsVR: confisquer*) pfänden, beschlagnahmen, mit Arrest belegen, (4) (*StR: arrêter une personne*) festnehmen, (5) (*comprendre, percevoir*) verstehen, erfassen; wahrnehmen; **se – de** *v. pron.* sich aneignen; **– qqn. d'une demande** einen Antrag stellen; **– une occasion** *Allgspr.* eine Gelegenheit beim Schopfe ergreifen; **– un prétexte** einen fadenscheinigen Vorwand vorschützen; **– d'une question** eine Anfrage einbringen; **– un tribunal** ein Gericht anrufen.

saisir-arrêter *v.tr.* vorpfänden, pfänden und überweisen lassen; beschlagnahmen.

saisissabilité *f* Pfändbarkeit *f*.

saisissable *adj* pfändbar.

saisissant *m* pfändender Gläubiger *m*, Pfandgläubiger.

saison *f* Jahreszeit *f*, Saison *f*; Zeitpunkt *m*; Zeitraum *m*; Zeit *f*; Hauptbetriebszeit, Hauptgeschäftszeit, Hauptreisezeit.

saisonnalité *f* saisonbedingter Faktor; saisonabhängiges Ereignis.

saisonnier *adj*: **ajustement –** saisonale Anpassung; **en données corrigées**

des variations saisonnières saisonbereinigt.

salaire *m* (1) (*ArbR: rémunération du travail*) Arbeitseinkommen *n*, Verdienst *m*, (2) (*rémunération des ouvriers*) Lohn *m*, Arbeitslohn, (3) (*appointements des employés et cadres*) Gehalt *n*, Einkünfte *pl*, Arbeitsentgelt *n*, (4) (*BeamR*) Dienstbezüge *f*, Besoldung, (5) (*SeeHR*) Heuer *f*, (6) (*i. w. S.*) Bezüge *pl*, Einnahmen *pl*; **abaisser les –s** die Löhne senken; **accessoires du –** Lohnzuschläge *od.* -zulagen *pl*; **acompte sur le –** Lohnvorschuss *m*, Abschlagszahlung auf den Lohn; **action en paiement du –** Klage auf Lohn- *od.* Gehaltszahlung; **allocation de – unique** Alleinverdienerbeihilfe, Zulage für die nichtberufstätige Ehefrau; **attestation de –** Lohnbescheinigung *od.* -nachweis; **augmentation de –** Lohnerhöhung.

salaire: **baisse des –s** Lohnsenkung *f*; **bas –s** Leichtlohngruppen *fpl*; **bordereau des –s** Lohnaufstellung; **bulletin de –** Lohnzettel *m*.

salaire: **complément de –** Lohnzuschlag *m*; **comptabilité des –s** Lohn- u. Gehaltsbuchhaltung; **décalage des –s** Lohngefälle *n*; **déduction du –** Lohnabzug *m*; **écart des –s** Lohngefälle *n*; **échelle mobile des –s** gleitende Lohnskala; **échelon de –** Lohnstufe *od.* -gruppe *f*.

salaire: **feuille de –, fiche de –** Lohnstreifen, Lohnzettel *m*; **fixation des –s** Lohnfestsetzung; **garantie des –s** Sicherung des Arbeitseinkommens; **impôt sur les –s** Lohnsteuer; **indice des –s** Lohnindex *m*; **juste –** angemessener Lohn, gerechter Lohn; **libération des –s** Freigabe der Lohngestaltung, Aufhebung des Lohnstopps; **maintien du –** (*Soz Vers*) Lohnfortzahlung (im Krankheitsfall); **majoration de –** Lohnerhöhung; **majoration des –s** Lohnerhöhung *f*; **montant du –** Lohnhöhe *f*; **négociation sur les –s** Lohnrunde *f*, Lohnverhandlungen *fpl*.

salaire: **perte de –** Verdienstausfall *m*, Lohneinbuße; **plafond de –** Höchstlohn; Entgeltgrenze; **politique des –s** Lohnpolitik *f*; **pouvoir d'achat des –s** Kaufkraft der Arbeitseinkommen; **rajustement des –s** Lohnangleichung; **rapatriement des –s** (*AuslR*) Lohnüberweisungen der Migranten in ihr Heimatland; **recevoir un –** einen Lohn erhalten, entlohnt werden; **réduction du –** Lohnkürzung; **réduction des –s** Lohnabbau *m*; **retenues sur –** Lohnabzüge *pl*.

salaire: **spirale des –s et des prix** Lohn-Preis-Spirale; **structure des –s** Lohngefüge *n*; **toucher son –** seinen Lohn erhalten; **travailler sans –** eine Arbeit ohne Entlohnung verrichten.

salaire accessoire Nebeneinkommen *n*; **– annuel moyen** durchschnittliches Jahreseinkommen; **– d'appoint** Nebeneinkommen, Zusatzverdienst; **– d'apprentissage** Lehrlingsvergütung; **– en argent** Geldlohn; **– d'attente** Wartegeld; **– de base** Grundgehalt *n*, Grundlohn *m*; **– brut** (*ArbR: salaire de base librement négocié*) Bruttolohn *m*; Bruttogehalt *n*; **– de congé** Urlaubsgeld *n*; **– contractuel** vertraglich vereinbarter Lohn; **– conventionnel** Tariflohn; **– cotisable** beitragspflichtiges Arbeitseinkommen; **– de début** Anfangslohn; **– dérisoire** Hungerlohn *m*, kümmerlicher Lohn; **– différé** (*Soz Vers: on dit aussi salaire social pour cette partie du salaire qui est versée au salarié sous forme de cotisation de protection sociale*) Zuschuss zur Rentenversicherung, Entgeltersatzleistung *f*; **– dissimulé** verschleiertes Arbeitseinkommen; **– dû** auszuzahlender Lohn; rückständiger Lohn.

salaire effectif Reallohn, tatsächliches Arbeitsentgelt; **– d'équipe** Gruppenlohn; **– équitable** angemessene Entlohnung; **– en espèces** Barlohn, Geldlohn; **– familial** Familienlohn, Soziallohn; **– fixe** festes Gehalt; **– à forfait** *ou* **forfaitaire** Pauschalentgelt; **– garanti** garantierter Lohn; **– horaire moyen** durchschnittlicher Stundenlohn.

salaire imposable steuerpflichtiges Arbeitseinkommen; **– indexé** Indexlohn, indexgebundener *od.* dynamischer *od.* gleitender Lohn; – **initial** Anfangslohn; – **interprofessionnel** für alle Industriezweige geltender Lohn; – **journalier** Tageslohn; Schichtlohn; – **lié au rendement** leistungsbezogener Lohn; – **local** ortsüblicher Lohn; – **mensuel** Monatsgehalt; – **minimum** Mindestlohn *m*; – **minimum interprofessionnel de croissance (= SMIC)** (*ArbR: valeur du SMIC brut env. 8 euros par heure en 2007*) frz. indexierter Mindestlohn, (an den Verbraucherpreisindex gekoppelter) gewerblicher Mindestlohn; – **de misère** Hungerlohn; – **mobile** Gleitlohn; – **modique** geringer Lohn; – **moyen** durchschnittlicher Lohn.

salaire en nature Naturallohn *m*, Sachbezüge *pl*; – **net** (*ArbR: en France le montant du salaire apès paiement des cotisations sociales*) frz. Nettolohn (nach Abzug der Sozialversicherungsbeiträge, doch ohne Abzug der Einkommenssteuer); – **nominal** Nominallohn; – **en numéraire** Barlohn; – **perdu** entgangener Lohn; – **aux pièces** Stücklohn; Akkordlohn; – **plafonné** (Lohn-) Bemessungsgrenze; – **réel** Reallohn; – **de référence** Ecklohn; – **au rendement** Leistungslohn; – **de sauvetage** Bergegeld *n*, Bergelohn, Hilfslohn, Rettungslohn; – **social** Sozialleistungen bei Lohnausfall; – **à la tâche** Akkordlohn; – **au temps** Zeitlohn.

salariat *m* (1) Arbeitnehmerschaft, (die) Arbeitnehmer *mpl*, (2) Beschäftigung im Lohnverhältnis, (3) Rechtsstellung als weisungsabhängiger Arbeitnehmer.

salarié *adj* lohnabhängig; Lohn-; **travail** – Lohnarbeit *f*.

salarié *m* Lohnempfänger *m*, Arbeitnehmer *m*, nichtselbständige(r) Erwerbstätige(r) *m*; **syndicat de –s** Arbeitnehmerverband *m*, Gewerkschaft *f*; **travail** – unselbständige Erwerbstätigkeit; **travailleur** – Lohn- *od.* Gehaltsempfänger.

salarié agricole Landarbeiter *m*; – **commercial** kaufmännische(r) Angestellte(r) *m*; – **de l'industrie** gewerblicher Arbeitnehmer; – **intérimaire** Zeitarbeitskraft *f*; – **permanent** Stammarbeitskraft *f*; – **précaire** *ou* **temporaire** Zeitarbeitnehmer *m*; jederzeit kündbarer Arbeitnehmer; Aushilfskraft ohne feste Anstellung; – **à temps partiel** Teilzeitbeschäftige(r) *m*; – **à traitement fixe** Festbesoldete(r) *m*.

salarier *v.tr.* entlohnen, einen Lohn zahlen.

sale *adj*: **argent** – (*StR*) Bargeldeinnahmen aus illegalen Geschäften; Drogengelder, schmutziges Geld.

salé *adj* gesalzen; **condamnation –e** schwere Strafe; **note –e** gepfefferte Rechnung.

salique *adj*: **loi** – (*VerfR*) *hist.* salisches Gesetz (durch das die Frauen von der Thronfolge in Frankreich ausgeschlossen wurden).

salle *f* Saal *m*, Raum *m*, Zimmer; – **d'attente** Wartezimmer *od.* -saal; – **d'audience** Gerichtssaal *m*; – **de classe** Schulzimmer *n*, Klassenraum *m*; – **de conférence** Vortragssaal *m*; – **de cours** Hörsaal; – **des délibérations** Beratungszimmer *n*; – **de police** Arrestlokal; – **de réunion** Sitzungsraum; – **du scrutin** Wahllokal *n*; – **des séances** Sitzungssaal *od.* -zimmer, Verhandlungsraum *m*; – **du tribunal** Gerichtssaal; – **des ventes** Auktionshalle *od.* -haus, Versteigerungslokal *n*; – **de vote** Wahllokal *n*.

salon *m* (*HR: exposition annuelle*) Ausstellung *f*.

salubrité *f*: **assurer la – publique** Maßnahmen zur Förderung der Volksgesundheit treffen, gesundheitliche Gefahren *od.* Missstände beheben.

SAMU *m* (*MedizinR: service d'aide médicale d'urgence*) ärztlicher Bereitschaftsdienst, Notfall-Rettungsdienst *f*.

sanction *f* (1) (*VwR: approbation*) Billigung *f*, Genehmigung *f*, Bestätigung *f*, Anerkennung *f*, (2) (*ZR, StR*) Rechtsfolge *f*; Straffolge *f*, Strafbestimmung *f*, Strafandrohung *f*, (3) (*StR: punition*) Strafe *f*, Strafmaßnahme *f*, Zwangsmaßnahme, Sanktion *f*,

(4) (*VR*) Vergeltungsmaßnahme, Sanktionen *fpl*, (5) (*SchulR*) ordnungsmäßiger Abschluss *m* (der Ausbildung); **pouvoir de –** (*ÖfR*) Disziplinargewalt *f*, Srafbefugnis *f*; **prendre** *ou* **prononcer une –** eine Strafe aussprechen *od.* festsetzen, eine Sanktion verhängen.

sanction administrative Ordnungsstrafe, Verwaltungsstrafe, Geldbuße *f*, Ordnungsgeld *n*; **– civile** zivilrechtliche Folge; **– coercitive** Zwangsmaßnahme *f*; **– collective** Kollektivbestrafung *f*; **– disciplinaire** Disziplinarstrafe, Dienststrafverfügung, Dienststrafe; **– économique** wirtschaftliche Sanktion *od.* Strafmaßnahme; **– pécuniaire** (*StR*) Geldstrafe; **– pénale** strafrechtliche Folge, Strafe *f*; **– professionnelle** berufsgerichtliche Disziplinarmaßnahme; ehrengerichtliche Sanktion; **– réhabilitante et éducative** (*StPR*) Wiedereingliederungs- u. Erziehungsmaßnahme; **– répressive** (kriminelle) Strafe, strafrechtliche Folge; **– scolaire** Schulstrafe *f*, schulische Ordnungsmaßnahme *f*.

sanctionné *p.p. adj.*: **études –es par un diplôme** Studium *n* mit Abschlusszeugnis; **faute –e** für ein Verschulden auferlegte Strafe.

sanctionner *v.tr.* (1) (*VwR: entériner, approuver*) billigen, gutheißen, zustimmen, genehmigen, anerkennen, (2) (*StR: punir, réprimer*) ahnden, verfolgen, bestrafen, (3) (*VR: appliquer une sanction*) Sanktionen verhängen.

sang *m* Blut *n*; **crime de –** (*StR*) Tötungsdelikt; **de – froid** kaltblütig; **liens de –** Blutsverwandtschaft *f*; **mettre à feu et à –** verwüsten und niedermetzeln; **– contaminé** (mit AIDS-Viren) verseuchtes Blut.

sanguinaire *adj* blutrünstig.

sanitaire *adj*: **service –** Gesundheitsamt *n*.

sans *prép.* ohne; exklusiv; bar; **– abri** obdachlos, ohne Unterkunft; **– cela** anderenfalls; **– cesse** unaufhörlich; **– contredit** widerspruchslos; **– délai** unverzüglich, sofort; **– doute** (1) zweifellos, (2) wahrscheinlich; **– droit** rechtlos; **– emploi** erwerbslos; **– engagement** unverbindlich; **– faute** unweigerlich; **– fondement** unbegründet, grundlos, ohne die erforderliche Begründung; **– logis** obdachlos; **– papiers** (Ausländer) ohne gültige Aufenthaltsgenehmigung; **– préavis** fristlos; **– préjudice de** unbeschadet; **– quoi** sonst, anderenfalls; **– travail** arbeitslos.

sans-abri *mot invar. m* Obdachlose(r) *m*.

santé *f* (1) Gesundheit *f*, (2) (*VwR*) Gesundheitsamt *n*; **bilan de –** (*MedizinR*) Check-up *m*, umfassende Vorsorgeuntersuchung; **– mentale** geistige Gesundheit; **– publique** öffentliches Gesundheitswesen *n*; Gesundheitsschutz *m*.

saper *v.tr.* (*StR*) (*die Grundordnung*) untergraben, unterminieren, zerstören.

sapeur-pompier *m* (*VwR*) Feuerwehrmann *m*, Beamte(r) der Berufsfeuerwehr; **– volontaire** Mitglied der freiwilligen Feuerwehr.

sapiteur *m* (*SeeHR*) Schätzer des Wertes einer Schiffsladung.

satisfaction *f* Befriedigung *f*; Genugtuung *f*; Zufriedenheit *f*; **accorder** *ou* **donner – (à qqn.)** einem Antrag stattgeben; **obtenir –** (*PrzR*) vor Gericht obsiegen.

satisfaire *v.tr.d. et ind.* befriedigen; **– un créancier** einen Gläubiger befriedigen; **– à la demande** die Nachfrage befriedigen; **– à un engagement** *ou* **à ses obligations** seinen Verpflichtungen nachkommen, erfüllen.

satisfaisant *adj* zufriedenstellend, befriedigend, annehmbar.

satisfecit *m* Zustimmung *f*, Bestätigung, Placet *n*.

satrapie *f* Willkürherrschaft *f*.

saturation *f* Sättigung *f*; Überlastung *f*.

saturer *v.tr.* sättigen, übersättigen, (einen Markt) überschwemmen.

saucissonnage *m* Zerstückelung *f*, (mehr oder minder willkürliche) Aufteilung; **– des crédits** scheibchenweise Gewährung der Kredite.

sauf *prép.* außer, unbeschadet, ausgenommen; mit (dem) Vorbehalt; **être sain et –** gesund und munter sein; **– avis contraire** *loc.* Änderungen vorbehalten; vorbehaltlich gegenteiliger Mitteilung; **– dispositions contraires** *loc.* sofern nichts Gegenteiliges bestimmt wird.

sauf-conduit *m* (*VwR*) Passierschein *m*, Geleitbrief *m*, sicheres Geleit; Schutzbrief.

saupoudrage *m* (*Vwirt*) Verteilung (von Geldern) nach dem Gießkannenprinzip.

sauter *v.intr. et tr.* springen; überspringen; **faire –** (*Gebäude, Auto*) in die Luft sprengen; **se faire – la cervelle** *umg* sich eine Kugel durch den Kopf jagen; **faire – une serrure** ein Schloss aufbrechen; **– le mur** *fig.* entweichen, flüchten, ausbrechen; **– une page** eine Seite auslassen.

sauvagerie *f* Grausamkeit *f*, Brutalität *f*.

sauvegarde *f* (1) (*i. w. S.*) Erhaltung *f*, Wahrung, Schutz *m*, (2) (*FamR*) vorläufige gerichtliche Pflegschaft (bis zur Bestellung eines Vormundes), (3) (*DV*) Sicherung; (Herstellung einer) Sicherungskopie; **clause de –** Sicherungsklausel *f*, Vorbehaltsklausel; **commission de –** (*StR*) Aufsichtsausschuss zur Überwachung polizeilicher Ermittlungen; **mesure de –** Schutz- *od.* Sicherungsmaßnahme *f*, Sicherheitsmaßnahme; **placer sous – de la justice** (*FamR*) unter gerichtliche Pflegschaft stellen; **sous la – de** unter der Aufsicht von; in Schutzgewahrsam; **– des droits** Rechtswahrung *f*; **– de l'emploi** Arbeitsplatzsicherung *f*; **– de l'environnement** Umweltschutz *m*; **– du patrimoine culturel** Kulturgüterpflege *f*.

sauvegarder *v.tr.* sichern, schützen, wahren; **– un fichier** eine Datei sichern; **– les libertés publiques** (*VerfR*) die Grundrechte wahren *od.* schützen; **– l'ordre public** die öffentliche Ordnung aufrechterhalten.

sauver *v.tr.* retten, bergen, in Sicherheit bringen; **se –** *v.pron.* fliehen, die Flucht ergreifen; **se – d'un danger** sich aus einer Gefahr retten, einer Gefahr entrinnen; **– les apparences** den (äußeren) Schein wahren.

sauvetage *m* (1) (*SeeHR: navire en détresse*) Bergen *n*, Bergung *f*, (2) (*action de sauver*) Rettung *f*; Rettungswesen *n*; **frais de –** Bergelohn *m*; Bergungs- *od.* Rettungskosten *pl.*; **indemnité** *ou* **rémunération de –** Bergelohn *od.* -geld.

sauveteur *m* **bénévole** (freiwilliger) Retter *m*; Hilfeleistende(r) *m*.

sauvette: **à la –** *loc.adv.* heimlich, unter der Hand; **marchand** *ou* **vendeur à la –** fliegender Händler, Schwarzhändler.

savoir *v.tr.* wissen, kennen; **à –** d. h, das heißt; **autant que je sache** soviel ich weiß; **– gré à qqn. de qqch.** dankbar sein für; **– de quoi il retourne** Bescheid wissen; **– raison garder** nicht den Sinn für die Wirklichkeit verlieren.

savoir *m* das Wissen, die Kenntnisse; **– acquis par l'expérience** langjährige Erfahrung.

savoir-faire *m* (*HR*) Know-how *n*, technisches Wissen (über Fertigungsverfahren, Herstellung u. Verwendung hochentwickelter Produkte).

sbire *m* Polizeispitzel *m*; Handlanger *m*, Häscher *m*.

scabreux *adj* unanständig, anstößig, ordinär, pornographisch.

scandale *m* Skandal *m*, Ärgernis *n*, Aufsehen *n*; **faire du –** Krach schlagen, randalieren; **presse à –** Skandalblatt *n*; **– public** öffentliches Ärgernis.

sceau *m* (*ÖffR: cachet officiel où sont gravés en creux l'effigie, les armes, la devise d'un État, d'un corps constitué, et dont l'empreinte est apposée sur des actes pour les authentiquer ou les fermer de façon inviolable*) (amtliches) Siegel *n*; Siegelabdruck *m*; **apposer son –** sein Siegel beidrücken; **sous le – du secret** bei Einhaltung strengster Vertraulichkeit, unter dem Siegel der Verschwiegenheit; **– officiel** Amtssiegel; **– du service** Dienstsiegel; **– du tribunal** Gerichtssiegel.

sceaux *mpl* (*VerfR: sceaux de l'État français conservés par le ministre de la Justice*) Staatssiegel *n*; **apposition des –** Versiegelung *f*; **contrefaçon** *ou* **falsification de –** (*StR*) Siegel(ver)fälschung; **garde des –** (*VerfR: seconde*

dénomination du ministre de la Justice en France) frz. Justizminister.
scélérat *m* Verbrecher *m*, Übeltäter *m*; Schurke *m*.
scellé *m* (*PrzR: cachet de cire sur bande de papier ou d'étoffe, au sceau de l'État, apposé par l'autorité de justice sur la fermeture d'un meuble ou sur la porte d'un local*) dienstliches Siegel, Siegelmarke *f*; gerichtliche Versiegelung; Stoff- oder Papierband zum Versiegeln; **– douanier** Zollverschluss *m*.
sceller *v.tr.* siegeln, versiegeln; bestätigen; **– un acte** eine Urkunde mit einem Siegel versehen; **– un engagement** förmlich und feierlich eine Vereinbarung bestätigen; **– un local** die Tür eines Raums versiegeln.
scellés *mpl* (*PrzR: scellés est le synonyme courant de scellé*) Amtssiegel *n*, Dienstsiegel, Siegel; **altération de –** Siegelbruch *m*; **apposer les –** (amtlich) versiegeln, Siegel anbringen *od.* anlegen; **bris de –** (*StR*) Siegel- *od.* Verstrickungsbruch *m*; Verschlussverletzung *f*; **levée des –** Entsiegelung (durch die Behörde), Entfernen der Siegel; Aufheben der Versiegelung; **mettre** *ou* **placer sous –** versiegeln, Siegel anbringen *od.* anlegen; **sous –** versiegelt.
scénario *m* (1) (*Vwirt*) Szenario *n*, (2) (*UrhR*) Drehbuch *n*, Handlungsablauf *m*; **– des négociations** vorher festgelegter Verhandlungsplan.
scène *f* Bühne *f*, Bühnenbild *n*; **– de ménage** Ehekrach *m*.
schéma *m* Schema *n*, Entwurf *m*, Plan *m*; **– directeur (= SD)** (*VwR*) Flächennutzungsplan *m*; **– directeur d'aménagement et d'urbanisme (= SDAU)** (*VwR*) Erschließungsplan *m*; Bauleitplan.
schématiser *v.tr.* vereinfachen, verkürzt darstellen.
sciemment *adv* (*StR: en connaissance de cause*) wissentlich, absichtlich, mit Vorbedacht.
science *f* (1) Wissenschaft *f*, Lehre *f*, (2) (*capacité, compétence*) Erfahrung *f*, Einsicht *f*, Wissen *n*, Kenntnis *f*; **homme de –** Wissenschaftler *m*, Fachmann *m*; **savoir qqch. de – certaine** aus sicherer Quelle wissen; **– dure** exakte Naturwissenschaft; **– économique** Wirtschaftswissenschaft; **– de la guerre** Kriegskunst *f*; **–s humaines** Humanwissenschaften *fpl*; **– juridique** Rechtswissenschaft; **–s morales** Ethik *f*; **– pénitentiaire** Strafvollzugswissenschaft; **–s politiques** Politikwissenschaft, Politologie; **–s sociales** Gesellschaftswissenschaften.
scinder *v.tr.* teilen, lostrennen, spalten.
scission *f* (Ab-) Spaltung, Lostrennung; Aufteilung; Splitting *n*.
scolaire *adj* Schul-; **année –** Schuljahr *n*; **enseignement –** Schulunterricht *m*; **établissement –** öffentliche Schule; **livre** *ou* **manuel –** Schulbuch *n*.
scolarisation *f* Einschulung *f*.
scolarité *f* (1) (*SchulR*) Schulbesuch *m*, Schulzeit *f*, (2) (*HochschulR*) Studienzeit; **âge de –** schulpflichtiges Alter; **certificat de –** Schulbesuchsbestätigung; **droit** *ou* **frais de –** (1) Schulgeld *n*, (2) Studiengebühr *f*; **– obligatoire** Schulpflicht.
scooter *m* (Leicht-) Kraftrad *n*, Motorroller *m*.
score *m* (*sondages*) Ergebnis *n*, Punkte *pl*, Anzahl *f*; **– électoral serré** (sehr) knappes Wahlergebnis.
scotomisation *f* (*MedizinR*) Verleugnung von Tatsachen (durch Verdrängung).
scout *m* Pfadfinder *m*.
scriptural *adj* bargeldlos; **monnaie –e** Buch- *od.* Giralgeld *n*; **paiements en monnaie –e** bargeldloser Zahlungsverkehr.
scrupule *m* Bedenken *n*, Zweifel *m*.
scrupuleusement *adv* peinlich genau, sorgfältig; **payer – ses dettes** seine Schulden pünktlich begleichen; **respecter – les formes** die Formvorschriften genau beachten *od.* einhalten.
scrupuleux *adj* gewissenhaft, genau.
scrutateur *mpl* Wahlvorsteher *m*; Stimmenzähler *m*, Wahlhelfer *m*.
scrutin *m* Wahl *f*, Wahlgang *m*, Abstimmung; **demande de –** Abstimmungsantrag *m*; **dépouiller le –** die Stimmen auszählen; **fermer le –** die Ab-

stimmung schließen; **mode de –** Wahlordnung *f*, Wahlmodus *m*; Abstimmungsverfahren *n*; **ouverture du –** Wahlbeginn *m*, Eröffnung der Abstimmung; **ouvrir le –** die Abstimmung eröffnen; **résultat du –** Wahlergebnis *n*; **tour de –** Wahlgang *m*; **violation du secret du –** (*StR*) Verletzung des Wahlgeheimnisses.

scrutin d'arrondissement Wahlart, bei der jeder Wahlbezirk nur einen Abgeordneten wählt; **– de ballottage** zweiter Wahlgang, Stichwahl; **– direct** unmittelbare Wahl; **– final** Schlussabstimmung; **– indirect** mittelbare Wahl, Wahl durch Wahlmänner; **– individuel** Persönlichkeitswahl, Mehrheitswahl; **– de liste** Listenwahl, Verhältniswahl; **– majoritaire** Mehrheitswahl.

scrutin par appel nominal namentliche Abstimmung; **– primaire** Urabstimmung; **– public** offene Abstimmung; **– secret** geheime Abstimmung *od.* Wahl; **– uninominal** Persönlichkeitswahl.

SDF *m* (*SozR: sans domicile fixe*) Obdachlose(r) *m*.

séance *f* (1) Sitzung *f*, (2) (*tribunal*) mündliche Verhandlung; Termin *m*; **ouvrir la –** (1) die Sitzung eröffnen, (2) (*PrzR*) in die mündliche Verhandlung (der Sache) eintreten, die Sache aufrufen; **suspendre la –** die Sitzung unterbrechen; die Sitzung vertagen; **suspension de –** Unterbrechung der Sitzung; **tenir –** (1) (*PrzR: être en séance*) zu Gericht sitzen, beraten, (2) eine Sitzung abhalten; **– civile** (*ZPR*) Ziviltermin *m*, Zivilverhandlung.

séance de clôture Schlusssitzung; **– commerciale** Sitzung der Kammer für Handelssachen; **– de conciliation** (*ZPR*) Güteverhandlung *f*, Gütetermin *m*, Sühneverhandlung (im Ehescheidungsverfahren); **– correctionnelle** (*StPR*) Termin in Strafsachen vor dem frz. Großinstanzgericht; **– des criées** (*ZwangsVR*) Versteigerungstermin *m*; **– foraine** (*ZPR: audience foraine en dehors du siège ordinaire de la juridiction*) richterliche Verhandlung am Markttag an Ort und Stelle; **– à huis clos** (*PrzR: audience où le public est exclu*) nichtöffentliche Gerichtsverhandlung; **– inaugurale** Eröffnungssitzung; **– d'information** Informationstagung; **– de nuit** Nachtsitzung; **– plénière** Vollversammlung, Plenarsitzung, Plenum *n*; **– publique** öffentliche Sitzung; **– tenante** (1) (*PrzR*) während der Sitzung, noch in derselben Sitzung, (2) *loc* unverzüglich, sofort, auf der Stelle; **– d'un tribunal** Sitzung des (Kollegial-) Gerichts.

séant *adj* sitzend, einen Sitz habend; tagend; **tribunal – à** Gerichtstelle ..., Ort der Gerichtstätigkeit ..., Gericht in ....

sec *adj* trocken; **licenciement –** Kündigung ohne Sozialplan; **perte sèche** reines Verlustgeschäft *n*, Einbuße *f*.

sécession *f* Abtrennung *f*; Loslösung *f*, Abspaltung *f*, Sezession *f*; **faire –** sich abspalten.

second *adj. et n.m.* zweit, Neben-; Assistent *m*; Mitarbeiter *m*; **en – lieu** zeitens, andererseits; **– original** Zeitschrift *f*.

secondaire *adj* nebensächlich; **effet –** Nebenwirkung *f*; **enseignement –** (*SchulR*) Gymasialunterricht *m*; **problème –** Nebenfrage *f*.

seconde *f* **de change** (*WechselR*) Sekundawechsel *m*, Zweitausfertigung.

seconder *v.tr.* (qqn.) jmdm. helfen, beistehen *od.* behilflich sein.

secours *m* (1) (*SozR*) Hilfe *f*, Unterstützung, Fürsorge *f*, Hilfeleistung, (2) (*WirtR*) Hilfs- *od.* Unterstützungsgelder *npl*; **abstention de porter –** (*StR*) unterlassene Hilfeleistung; **allocataire de –** Unterstützungsempfänger *m*; **allocation de –** Unterstützungsbeihilfe; **devoir de –** (*FamR*) Verpflichtung zur Sorge für den anderen Ehegatten; Verpflichtung zur Unterstützung im Haushalt; **mesure de –** Hilfsmaßnahme *f*.

secours alimentaire Unterhaltsbeihilfe *od.* -beitrag; **– en argent** Geldunterstützung; **– aux chômeurs** Arbeitslosenunterstützung; **– de grève** Streikasse *f*; Streikgeld *n*; **– immédiat** Soforthilfe *f*; **– pécuniaire** finanzielle

Unterstützung; **– publics** öffentliche Beihilfe; **– social** Sozialfürsorge *f.*

secret *adj (féminin: secrète)* geheim; verborgen, versteckt; **agent –** Geheimdienstler *m*, Geheimagent *m*; **délibération secrète** Geheimbeschluss *m*; Beschlussfassung unter Ausschluss der Öffentlichkeit; **document –** Geheimdokument *n*; Verschlusssache (= VS); **négociations secrètes** Geheimverhandlungen *fpl*; **police secrète** frz. Geheimpolizei; **vie secrète** Geheimbereich *m*, Intimspäre *f.*

secret *m* Geheimnis *n*; Geheimhaltung *f*; Verschwiegenheit *f*; **astreindre à l'observation du –** auf Geheimhaltung verpflichten; **confier un – à qqn.** jmdn. ein Geheimnis anvertrauen; **conservation du –** Geheimhaltung; **conserver le –** die Schweigepflicht wahren; **dévoiler** *ou* **divulguer un –** ein Geheimnis preisgeben; **en –** insgeheim, heimlich; **être au –** *(StVZ)* in Isolierhaft sein; **être dans le –** *(in ein Geheimnis)* eingeweiht sein; **être couvert par le –** unter die Geheimhaltungspflicht fallen; **garder le –** schweigen, geheimhalten, die Geheimhaltung wahren; **pour garder le –** aus Gründen der Geheimhaltung; **lever le –** die Geheimbehandlung aufheben; **mettre au –** *(StVZ)* in Einzelhaft versetzen; **obligation au –** Geheimhaltungspflicht, Schweigepflicht.

secret: **révélation de –** *(StR)* Verletzung der Geheimhaltungs- *od.* der Verschwiegenheitspflicht, Bruch des Amtsgeheimnisses, Offenbarung eines Dienstgeheimnisses, Geheimnisverrat *m*; **révéler un –** ein Geheimnis verraten, die Schweigepflicht verletzen; **tenir –** geheimhalten.

secret administratif *(VwR)* Geheimhaltung von Verwaltungsangelegenheiten; **– d'affaires** *(HR)* Betriebs- *od.* Geschäftsgeheimnis; **– bancaire** Bankgeheimnis *n*; **– commercial** Geschäftsgeheimnis; **– confidentiel** vertraulich.

secret de la correspondance Briefgeheimnis; **violation du – –** Verletzung des Briefgeheimnisses.

secret-défense (Verteidigungs-) Geheimsache *f*; **– des délibérations** Beratungsgeheimnis; **– d'État** Staatsgeheimnis *n*; **– de fonctions** Amts- *od.* Dienstgeheimnis *n*; **– industriel** Betriebsgeheimnis *n*; **– de l'instruction** *(StPR)* Verpflichtung des Ermittlungsrichters seine Untersuchungen nicht öffentlich bekanntzugeben, Schweigepflicht des Untersuchungsrichters; Ermittlungsverfahren *n* in Strafsachen unter Ausschluss der Öffentlichkeit; **– de l'invention** Erfindungsgeheimhaltung *f*; **– médical** ärztliche Schweigepflicht; **un – de Polichinelle** ein offenes Geheimnis; **– postal** Postgeheimnis *n*.

secret professionnel (1) *(ZR: professions libérales)* Berufsgeheimnis, Berufsverschwiegenheit, Geheimhaltungspflicht, berufliche Schweigepflicht, (2) *(BeamR)* Dienstgeheimnis *n*, Amtsverschwiegenheit *f*; **obligation au – –** Geheimhaltungspflicht *f*, (berufliche) Verschwiegenheitspflicht, *(Beamte)* Pflicht zur Wahrung des Amts- *od.* Dienstgeheimnisses; **violation du – –** Verletzung des Dienst- *od.* Amtsgeheimnisses, Verletzung der Amtsverschwiegenheit; Verletzung der beruflichen Schweigepflicht.

secret de service Amts- *od.* Dienstgeheimnis; **– du vote** Wahlgeheimnis.

secrétaire *m / f* Sekretär(in) *m/f*; Schreiber (bei einem Amt); Sekretärin *f*; Protokollführer *m*; **– administratif** *ou* **d'administration** Verwaltungsbeamte(r); Verwaltungssekretär; **– d'ambassade** Botschaftssekretär; **– confédéral** Verbandssekretär (einer Gewerkschaft); **– de direction** Chefsekretärin *od.* -assistentin; **– général** *(UNO)* Generalsekretär; **– général adjoint** beigeordneter Generalsekretär; **– -greffier** *(PrzR: fonctionnaire des secrétariats-greffe chargé d'assister les magistrats à l'audience et de dresser les actes judiciaires)* *(Verhandlungen der Richter, Gerichtstermine)* Protokollführer *m*, Urkundsbeamte(r) der Geschäftsstelle.

Als Geschäftsstellenleiter eines Gerichts ist der *secrétaire-greffier en chef* verantwortlich für die Ausstellung sämtlicher gerichtlicher Urkunden und ihre Archivierung. Der *greffier* als Urkundsperson fertigt nach Diktat des Richters nicht nur die Gerichtsprotokolle, sondern auch die Urteile aus. Der Richter spricht, der *greffier* schreibt. Ohne die Gegenzeichnung des Greffiers sind die Gerichtsurkunden ungültig. Dessen Gegenzeichnung macht sie erst zu rechtsgültigen öffentlichen Urkunden. Die Unterschrift des Richters genügt nicht. Die generelle Verantwortung für sämtliche gerichtlichen Urkunden trägt der *secrétaire-greffier en chef.*

secrétaire-greffier en chef (*PrzR: directeur du secrétariat-greffe, c'est-à-dire de l'ensemble des services administratifs d'un tribunal ou d'une cour*) (*bei den ordentlichen Gerichten und den Verwaltungsgerichten*) Leiter der Geschäftsstelle, Gerichtskanzler *m*; **– de légation** (*VR*) Legations- *od.* Gesandtschaftssekretär; **– de mairie** Gemeindesekretär; **– de rédaction** (*MedienR*) Assistent des Chefredakteurs; **– syndical** Gewerkschaftssekretär.

secrétariat *m* Sekretariat *n*; Geschäftsstelle *f*, Kanzlei *f*; Amt *n*; Archiv; Büro *n*; **assurer le –** die Geschäftsstelle führen; **– communal** (B-L-S) Bürgermeisteramt *n*; **– du conseil de prud'hommes** Geschäftsstelle des frz. Arbeitsgerichts; **– de direction** Vorstandssekretariat.

secrètement *adv* insgeheim, heimlich, unbemerkt.

sectaire *adj* fanatisch, intolerant.

secte *f* Sekte *f*; (kleinere) Glaubensgemeinschaft.

secteur *m* (1) Sektor *m*, Abschnitt *m*, Bereich *m*, (2) (*Vwirt*) Wirtschaftszweig *m*; **– d'activité** Geschäftsbereich *m*; Tätigkeitsbereich *m*, Tätigkeitsfeld *n*; Wirtschaftszweig; **– bancaire** Bankwesen *n*; Kreditwirtschaft *f*; **– clé** (*Vwirt*) Schlüsselindustrien *fpl*; Bereiche der Spitzentechnologie; **– commercial** Verkaufs- und Handelsbereich *m*; **– concurrentiel** Wettbewerbssektor *m*; **– de consommation** Wirtschaftsbereich privater Verbrauch; **– du crédit** Kreditwirtschaft *f*; **– de la distribution** Vertriebsbereich *m*; Handel *m*.

secteur économique Wirtschaftszweig *m*; die verschiedenen Wirtschaftsbereiche des Unternehmenssektors; **– énergétique** Energiesektor *od.* -bereich *m*; **– d'État** (*Vwirt*) staatswirtschaftlicher Bereich, Staatswirtschaft (im Gegensatz zur Privatwirtschaft); **– industriel** Industriesektor *m*; Zweig der gewerblichen Wirtschaft; **– mixte** gemischtwirtschaftlicher Wirtschaftsbereich, gemischtwirtschaftliche Unternehmen *npl*; **– nationalisé** verstaatlichter Wirtschaftszweig, verstaatlichte Betriebe *mpl*.

secteur parapublic gemischtwirtschaftliche Unternehmen; **– de pointe** High-Tec-Bereich *m*, Industriebereich mit besonders fortschrittlichen technischen Verfahrensweisen; **– pollueur** umweltbelastende und umweltschädigende Industrien; **– primaire** (*Vwirt*) Primärsektor *od.* Sektor 1; Urproduktion *f*, Bergbau u. Landwirtschaft; **– privé** (*Vwirt*) (inländischer) Privatsektor, privater Wirtschaftsbereich; **– de production** Produktionssektor; **– public** (*WirtR*) staatlicher Wirtschaftsbereich, öffentlicher Sektor (im Gegensatz zur Privatwirtschaft); **– quaternaire** (*Vwirt*) Bereich Informatik und Forschung.

secteur sauvegardé (*BauR*) historischer zu bewahrender Stadtkern; **– secondaire** (*Vwirt*) sekundärer Wirtschaftssektor, Industrie *f*, produzierendes Gewerbe; **– des services** *ou* **tertiaire** (*Vwirt*) Dienstleistungsbereich, tertiärer Sektor; Handels-, Bank- und Versicherungsunternehmen; **– de transformation** weiterverarbeitende Industrien; **– de vente** (*HR*) Vertriebsgebiet *n*.

section *f* (1) (*VwR*) Referat *n*, Abteilung, (2) (*StVR*) Teilstrecke *f*, (3) Abschnitt *m* (eines Buches); **– de commune** (*VwR*) Ortsteil *m*, Stadtbezirk *m*; **– contentieuse (du Conseil d'Etat)** (*VwPR*) Unterabteilung des frz. Staatsrates, der Rechtsprechungsbefugnisse übertragen wurden; **– du contentieux** (1) (*HR: in Privatbetrieben*) Rechtsabteilung *f*, (2) (*VwPR: formation de jugement au Conseil d'État*) große Spruchkammer beim obersten frz. Verwaltungsgericht, großer Senat des frz. Conseil d'État; **– disciplinaire** (*MilR*) Strafkompanie *f*; **– d'entreprise** (*ArbR*) Betriebsgruppe (einer Gewerkschaft); **– financière** (*HR*) Finanzabteilung *f*; **– frontière** (*VwR*) Grenzbezirk *m*; **– syndicale d'entreprise** (*ArbR*) (*in einem Unternehmen*) Betriebsgewerkschaftsvertretung; **– de vote** (*ÖfR*) Stimmbezirk *m*.

sectionnement *m* (Unter-) Teilung *f*, Gliederung *f*; Schaffung von Abteilungen; **– électoral** Wahlkreiseinteilung *f*.

sectionner *v.tr.* trennen; unterteilen, gliedern.

sectoriel *adj* sektoriell; einen wirtschaftlichen Bereich betreffend; **chômage –** Arbeitslosigkeit in einer Branche; **revendication –le** Forderungen der Arbeitnehmer eines Wirtschaftszweigs.

sectorisation *f* (*VwR: organisation par secteurs*) Schaffung lokaler Einrichtungen.

sécularisation *f* (*KirchR: étatisation des biens de l'Église*) Säkularisation; Verweltlichung.

sécurisation *f* (*StVR*) Erhöhung der Sicherheit der Verkehrswege.

sécuritaire *adj*: **idéologie –** (*Pol*) Sicherheitsideologie *f*; überzogenes Sicherheitsdenken; Ideologie, die der öffentlichen Sicherheit den höchsten Rang einräumt.

sécurité *f* (1) (*ÖfR: protection pouvant concerner des personnes ou la propriété*) Sicherheit *f*, Schutz *m*; öffentliche Ruhe u. Ordnung, (2) (*SozR: protection contre les risques sociaux*) (*Krankheit, Todesfall, usw.*) Sicherung; Geborgenheit *f*; Sichersein *n*, (3) (*WirtR: du point de vue financier*) Deckung *f*; (Forderungs-) Sicherheit, (4) (*Technik: fiabilité*) Zuverlässigkeit *f*; Festigkeit *f*; Verlässlichkeit *f*, sichere Beschaffenheit; **aire de –** Sicherheitsbereich *m*; **assurer la –** die Sicherheit gewärleisten; **ceinture de –** (*StVR*) Sicherheitsgurt *m*; **comité de –** Sicherheitsausschuss *m*; **consigne de –** Sicherheitsvorschrift; **délégué à la –** (*ArbR*) Sicherheitsbeauftragte(r) *m*; **faute de –** (*ArbR*) Verstoß gegen Sicherheitsvorschriften; Nichtbeachtung von Unfallverhütungsvorschriften; **formation à la –** Sicherheitsschulung *f*, Sicherheitstraining *n*.

sécurité: **juridiction de -- sociale** Sozialgericht *n*, Sozialgerichtsbarkeit *f*; **manquement à la –** Verstoß gegen die Sicherheitsvorschriften, Verletzung der Sicherheitsvorschriften; **marge de –** Sicherheitsspanne *f*; **mesure de –** (*ArbR*) Unfallverhütungs- *od.* Sicherheitsmaßnahme *f*, Sicherheitsvorkehrung *f*; **mettre en –** in Sicherheit bringen; **prendre des mesures de –** Sicherheitsmaßnahmen ergreifen; **règle de –** Sicherheitsvorschrift *f*; **service de –** (*ArbR: en cas de grève*) Bereitschaftsdienst *m*, Notdienst *m*; **volant de –** (*GesR, FinanzW*) Sicherheitsrücklage *f*.

sécurité alimentaire Nahrungsmittelsicherheit *f*; **– civile** (*ÖfR*) Zivilschutz *m*; **– collective** (*VR*) kollektive Sicherheit; **– du droit** Rechtssicherheit; **– d'exploitation** Anlagen- und Betriebssicherheit; **– des frontières** Grenzsicherung; **– incendie** Brandschutz *m*; **– intérieure** innere Sicherheit; **– internationale** internationale Sicherheit; **– juridique** Rechtssicherheit; **– matérielle** (*SozR*) wirtschaftliche Sicherheit (des Einzelnen); **– menacée** gefährdete Sicherheit; **– publique** (*ÖfR*) öffentliche Sicherheit (und Ordnung); **– routière** Straßenverkehrssicherheit.

sécurité sociale (*SozVers: protection des risques sociaux individuels*) frz. System der sozialen Sicherung; soziale Sicherheit (nach frz. Modell); **Agence centrale des organismes de – –**

Zentralstelle der frz. Sozialleistungsträger; **caisse de – –** Sozialversicherungskasse *f*; **contentieux de la – –** Sozialversicherungsstreitigkeit, Verfahren vor dem Sozialgericht; **financement de la – –** Sozialversicherungsfinanzierung; **institution de – –** Sozialleistungsträger; **juridiction de la – –** frz. Sozialgericht; **régime de la – –** Sozialleistungssystem; **retenues de – –** Sozialversicherungsbeiträge; **trou de la – –** (*umg*) Sozialversicherungsdefizit *n*.

sécurité dans le travail sichere Arbeitsbedingungen; **– du travail** Arbeitssicherheit *f*, Unfallverhütung *f*.

sédentaire *adj* sesshaft; ortsgebunden.

séditieux *adj* aufständisch, revolutionär, aufrührerisch; **attroupement –** (*StR*) unerlaubte Ansammlung.

sédition *f* (*StR: révolte concertée contre l'autorité publique*) Aufstand *m*, Aufruhr *m*.

séducteur *m* Verführer *m*.

séduction *f* **dolosive** (*StR*) Verführung zum Beischlaf.

séduire *v.tr.* (*zum Beischlaf*) verführen, geneigt machen.

segment *m* (Kreis-) Abschnitt *m*; **– de clientèle** Kundengruppe *f*, Abnehmerkreis *m*; **– de marché** Marktsegment *n*.

segmentation *f* Einteilung (nach Abnehmergruppen); Auf- *od.* Unterteilung.

ségrégation *f* Trennung *f*; Abgrenzung (insbesondere von andersgearteten Bevölkerungsminderheiten); **– raciale** Rassendiskriminierung *f*, Rassentrennung *f*, rassistische Diskriminierung.

ségrégationnisme *m* Segregationspolitik *f*, Segregationismus *m*, Rassendiskriminierungsideologie *f*.

seigneur *m* (*hist*) Gerichtsherr *m*; Lehnsherr *m*; Gebieter *m*; **– foncier** Gutsherr *m*.

seing *m* (*ZR: ancienne dénomination pour signature – on parle aujourd'hui encore d'un acte sous seing privé*) Unterzeichnung *f*, Unterschrift *f*; **acte sous – privé** (*ZR*) privatschriftliche Urkunde, Privaturkunde.

séjour *m* (*AuslR*) Aufenthalt *m*; **autorisation de –** (*AuslR*) Aufenthaltsgenehmigung *f*; **autorisation provisoire de –** (*AuslR*) Ausweisungsschutz *m*, Duldung *f*; **carte de – d'étranger** (*AuslR*) Ausländerausweis *m*; Aufenthaltsgenehmigung *f*; **carte de – temporaire** (*AuslR*) Aufenthaltserlaubnis *f*, befristeter Aufenthaltstitel *m*; **délit de – irrégulier** (*StR*) Vergehen des unerlaubten Aufenthalts, Aufenthalt ohne Aufenthaltsgenehmigung in Frankreich; **État de –** (*AuslR*) Wohn- *od.* Aufenthaltsstaat *m*; **frais de –** Aufenthaltskosten; **indemnité de –** Aufenthaltsentschädigung *f*; **interdiction de –** (*AuslR*) Aufenthaltsverbot *n*; Aufenthaltsbeschränkung *f*; **libre –** freier Aufenthalt; **lieu de –** Aufenthaltsort *m*; **permis de –** (*AuslR*) Aufenthaltserlaubnis *f*; Aufenthaltsberechtigung *f*; Aufenthaltsbewilligung *f*; Aufenthaltsbefugnis *f*; **taxe de –** (*tourisme bains thermaux*) Kurtaxe *f*; **titre de –** (*AuslR*) Aufenthaltstitel *m*; Aufenthaltsberechtigung *f*; **visa de –** Aufenthaltssichtvermerk *m*.

séjour à l'étranger Auslandsaufenthalt *m*; **– d'études** Studienaufenthalt; **– forcé** Zwangsaufenthalt; **– habituel** gewöhnlicher Aufenthalt; **– hospitalier** (*Soz Vers*) Krankenhausaufenthalt *m*; **– irrégulier** (*AuslR*) Aufenthalt ohne gültiges Visum; Aufenthalt ohne den erforderlichen Reisepass *od.* Personalausweis; **– temporaire** vorübergehender Aufenthalt.

séjourner *v. intr.* sich (im Inland) aufhalten.

sélection *f* Auswahl *m*; Auslese *f*, Selektion *f*; **critères de –** Auswahlkriterien *npl*; **examen de –** Auswahlprüfung; **– naturelle** natürliche Auslese; **– du personnel** Personalauswahl; **– professionnelle** fachliche Auslese; **– des risques** (*VersR*) Risikoauslese.

sélectionner *v.tr.* auswählen, eine Auswahl treffen.

self-service *m* (*HR: libre-service*) Selbstbedienung(sgeschäft).

sellette *f hist* Sitzplatz *m* des Angeklagten; **être sur la –** *umg* angeklagt sein; verhört werden, *umg* in die Mangel genommen werden; **mettre sur la –** (*StPR*) *fig umg* verhören, einem Verhör unterziehen.
selon *prép.* (*syn.: en se conformant à = en prenant pour règle, pour modèle = conformément (à), suivant*) gemäß, nach; **faire qqch. – les règles (de l'art)** sachgemäß vorgehen *od.* arbeiten; **– la loi** gesetzesgemäß, gemäß Artikel ...; **– moi** meiner Meinung nach; *loc. conj.*: **– que** (*selon que et suivi de l'indicatif. Syn.: de la manière que; dans la mesure où*) je nachdem; den Umständen entsprechend; in dem Maße wie; **– le témoignage de ...** nach der Aussage von ....
semaine *f* Woche *f*, Wochenarbeit *f*; **dans une –** binnen einer Woche; **fin de –** Wochenende *n*; **– de cinq jours** Fünftagewoche; **– de travail** wöchentliche Arbeitszeit; **– de trente-cinq heures** (*ArbR: gesetzliche Arbeitszeit in Frankreich*) Fünfunddreißigstundenwoche *f*.
semence *f* (1) (*MedizinR*) Samen *m*; Sperma *n*, (2) (*LandwR*) Saatgut *n*.
semestre *m* Halbjahr *n*, Semester *n*.
semestriel *adj* halbjährlich, halbjährig, semestrig.
semi-conducteur *m* Halbleiter *m*, Halbleiterelement *n*.
semi-étatique *adj* halbstaatlich.
semi-liberté *f* (*StVZ*) Unterbringung in einer offenen Anstalt.
séminaire *m* Kolloquium *n*; Seminar *n*, Übungskurs *m*.
semi-officiel *adj* halbamtlich, offiziös.
semi-ouvré *adj*: **produit –** (*WirtR: produit semi-fini*) Halberzeugnis *od.* -fabrikat *n*.
semi-public *adj* halbstaatlich, halböffentlich.
semi-remorque *m* (*StVR*) Sattelschlepper *m*.
semonce *f* (1) (*DiszR*) Ermahnung *f*, Verweis *m*, (2) Aufforderung *f*; **coup de –** Warnschuss *m*.
Sénat *m* (*VerfR*) frz. Senat *m*, zweite gesetzgebende Kammer.
sénateur *m* Mitglied des Senats, Senator *m*; **– inamovible** Senatsmitglied auf Lebenszeit.
sénatorial *adj* Senats-.
sénescence *f* das Altern.
sénile *adj* (*MedizinR*) altersschwach, greisenhaft, senil.
senior *n. et adj.* senior *adj*; der Ältere, Senior *m*, die über fünfzigjährigen.
sens *m* (1) (*faculté d'éprouver*) Sinn *m*, Gefühl *n*, (2) (*jugement*) Vernunft *f*, Verstand *m*, (3) (*signification*) Bedeutung *f*, Sinn *m*, (4) (*avis, opinion*) Meinung *f*, (5) (*direction*) Richtung *f*; **à mon –** meiner Meinung nach; **bon –** gesunder Menschenverstand; **circulation dans les deux –** (*StVR*) mit Gegenverkehr; **– aigu du devoir** Pflichtgefühl; **– commun** der gesunde Menschenverstand; **– de la famille** Familiensinn; **– de l'organisation** Organisationstalent; **– des responsabilités** Verantwortungsgefühl; **– unique** Einbahnstraße.
sensation *f* Empfindung *f*, erlebnisstarker Eindruck; Aufsehen *n*.
sensé *adj* verständig, vernünftig.
sensibilité *f* (1) Sensibilität *f*, Empfindlichkeit, (2) *f* (*Pol*) Einstellung; **– à l'environnement** Umweltbewusstsein *n*; **– aux prix** Reaktionsvermögen *od.* -verhalten (des Käufers) auf Preisänderungen.
sensible *adj* wahrnehmbar; empfindlich; **baisse – des prix** deutlicher Preisrückgang; **dossier social –** besonders heikles und explosives soziales Thema.

> Man darf *la sentence* nicht mit *le verdict* verwechseln, letzterer ist nur der Schuldspruch der Geschworenen einer *Cour d'assises. Sentence* hingegen wird für alle Entscheidungen eines Einzelrichters der *Trinunaux d'instance*, der frz. Arbeitsgerichte 1. Instanz und der Schiedsrichter verwendet.

sentence *f* (1) (*ZPR: décision d'un juge de première instance*) Urteil *n* des frz. Kleininstanzgerichts, (2) (*PrzR: décision rendue par un arbitre ou un* *tribunal arbitral*) Schiedsspruch *m*, Arbitrage *f*, (3) (*ZR: pensée, opinion (sur une question de droit) exprimée d'une manière dogmatique*) Lehrspruch *m*, (4) (*décision, jugement, opinion favorable ou défavorable*) *Allgspr.* Ausspruch *m*, (günstige *od.* ungünstige) Meinung; **prononcer** *ou* **rendre une –** ein Urteil fällen; **– administrative** Verwaltungsgerichtsurteil *n*, verwaltungsgerichtliches Urteil; **– d'arbitrage** *ou* **arbitrale** Schiedsspruch *m*; **– civile** (*ZPR*) Entscheidung des frz. Kleininstanzgerichts in Zivilsachen, Zivilgerichtsurteil; **– de condamnation** (*StPR*) auf Strafe lautendes Urteil, Verurteilung; **– de culpabilité** (*StPR*) Schuldspruch *m*; **– judiciaire** Richterspruch, Erkenntnis *n*; **– pénale** Strafurteil des frz. Kleininstanzgerichts; **– prud'homale** (*ArbR: décision du conseil de prud'hommes*) Urteil des frz. Arbeitsgerichts.

sentiment *m* Gefühl *n*, Regung; **– d'appartenance à un groupe** Zugehörigkeitsgefühl; **– d'avoir failli** Gefühl, versagt zu haben; **– de culpabilité** Schuldgefühl; **– de malaise généralisé** Unbehagen *n*, Verdrossenheit *f*, allgemeine Unzufriedenheit.

séparatif *adj* Trenn-; **mur –** Grenzmauer *f*.

séparation *f* Trennung *f*; Scheidung *f*; **allocation** *ou* **indemnité de –** (*ArbR*) Trennungszulage *f*, Trennungsgeld *od.* -entschädigung; **– des biens** (1) (*EheR*) Gütertrennung, (2) (*InsolvenzR*) Absonderung (bei Insolvenz); **– de biens conventionnelle** (*EheR*) vertraglicher Güterstand der Gütertrennung; **– de biens judiciaire** gerichtlich ausgesprochene Gütertrennung; **– de corps** (*EheR*) Trennung von Tisch und Bett, Aufhebung der ehelichen Lebensgemeinschaft; **– de l'Église et de l'État** *hist* Trennung von Kirche und Staat; **– de fait** Getrenntleben *n*; **– des patrimoines** (*ErbR*) Vermögensabsonderung *f*; **– des pouvoirs** (*VerfR*) Gewaltenteilung *f*, Gewaltentrennung.

séparatisme *m* (*Pol*) Separatismus *m*.

séparément *adv*: **faire juger une demande –** (*ZPR*) in einem getrennten Verfahren über eine Klage entscheiden lassen; **vendre –** (*HR*) einzeln verkaufen.

séparer *v.tr.* trennen, scheiden; absondern; **se –** *v.pron.* sich scheiden lassen; sich trennen.

septennat *m* (*VerfR: hist.*) siebenjährige Amtszeit des frz. Präsidenten der Republik, Septennat *n*.

sépulcral *adj*: **inscription –e** Grabinschrift *f*; **urne –e** Graburne *f*.

sépulcre *m* Grabstätte *f*; **le saint –** das heilige Grab.

sépulture *f* (1) (*inhumination*) Beerdigung *f*, Begräbnis *n*, (2) (*tombe*) Grab (stätte) *f*.

séquelle *f* (*MedizinR*) (Spät-) Folge *f*; Folgeschaden *m*.

séquence *f* Aufeinanderfolge *f*, Reihe *f*, Sequenz *f*.

séquestration *f* (1) (*StR: privation illégale de la liberté*) Freiheitsberaubung *f*, (2) (*ZPR: syn.: séquestre – dépôt chez un tiers de la chose litigieuse*) (*bei einem Dritten*) Hinterlegung *f*; Zwangsverwaltung *f*.

séquestre *m* (1) (*ZPR: dépôt d'une chose litigieuse entre les mains d'un tiers*) Zwangsverwaltung *f*, Aufbewahrung einer streitigen Sache, Sequestration *f*; Hinterlegung *f*, (2) (*ZPR*) Zwangsverwalter *m*; Verwahrer *m*; **biens sous –** Sequestervermögen *n*; **mettre** *ou* **placer sous –** unter Zwangsverwaltung *od.* unter Sequester stellen, sequestrieren; **– conventionnel** (1) Hinterlegung im beiderseitigen Einverständnis, (2) gemeinschaftlicher Treuhänder; **– judiciaire** (1) gerichtlich angeordnete Zwangsverwaltung, (2) gerichtlich bestellter Verwalter.

séquestrer *v.tr.* (1) (*StR*) der Freiheit berauben, (2) (*ZPR*) zwangsverwalten, sequestrieren; hinterlegen.

sérénité *f* Unvoreingenommenheit *f*, Objektivität *f*.

serf *m hist.* Leibeigener *m*.

série *f* Reihe *f*, Folge *f*, Serie *f*; **accident en –** Massenkarambolage *f*; **en –** serienmäßig; **fabrication en –** Serienfertigung; **production en –** Serienherstellung *od.* -anfertigung; **vente de fins de –s** Verkauf eines Restposten; **– de prix** amtliche Preistabelle.

sérier *v.tr.* nach Wichtigkeit ordnen.

sérieux *adj* (*féminin: sérieuse*) ernst, ernsthaft; **dommage –** schwerwiegender Schaden; **engagement –** ernst gemeinte Verpflichtung; **gestion sérieuse** gewissenhafte Vermögensverwaltung; **motif –** fundierte Begründung, triftiger Grund; **renseigement –** glaubwürdige Auskunft.

serment *m* (1) (*PrzR: affirmation solennelle orale ou écrite*) Eid *m*, Eidesleistung *f*, Schwur *m*; Vereidigung *f*, (2) (*VwR, BeamR*) Diensteid *m*, Gelöbnis *n* (bei Angestellten im öffentlichen Dienst), (3) (*StR: affirmation attestant la véracité*) Schwur *m*, (4) (*VerfR*) politischer Treueid; **affirmer par –, déclarer sous la foi du –** unter Eid beteuern *od.* bekräftigen, beschwören; **déférer le –** (1) (*par le tribunal à une partie*) zur Eidesleistung laden, (2) (*d'une partie à une autre*) den Eid zuschieben; **délation du –** Eideszuschiebung; **déposition sous –** eidliche Aussage; **faux –** (*StR*) Meineid *m*, Falscheid *m*; **formule de –** Eidesformel *f*, Beteuerungsformel *f*; **par –** eidlich; **prestation de –** Eidesleistung *f*; Beeidigung; **prêter –** den Eid leisten *od.* ablegen, schwören; **prêter – sur l'honneur** auf Ehre geloben; **recevoir un –** einen Eid abnehmen; **référer le –** den Eid zurückschieben; **refus de prêter –** Verweigerung der Eidesleistung, Eidesverweigerung; **relever qqn. d'un** von einem Eid entbinden; **sous la foi du –** an Eides Statt, eidesstattlich; unter Eid (eine Aussage machen); **témoigner sous –** unter Eid aussagen, bezeugen, durch (Zeugen-) Aussage bekräftigen; **teneur du –** Eidesformel *f*.

serment de crédibilité *ou* **de crédulité** Glaubhaftmachung (durch eidesstattliche Versicherung) nichts zu schulden; **– décisoire** *hist.* Urteilsentscheidungseid *m*; zugeschobener Eid - der für die Entscheidung des Rechtsstreits maßgebend ist; **– déféré** zugeschobener Eid; **– d'entrée en charge** Amtseid; **– d'expert** Sachverständigeneid; **– de fidélité** Treueid; **– des fonctionnaires** Diensteid; **– judiciaire** *ou* **en justice** vor Gericht geleisteter Eid, gerichtlicher Eid; **– de manifestation** Offenbarungseid; **– politique** politischer Treueid; **– professionnel** Diensteid; **– promissoire** promissorischer Eid, Voreid; **– supplétif** *ou* **supplétoire** (*ZPR: serment que le juge peut déférer d'office à l'une des parties au procès*) (*vom Richter angeordnete*) Eidesleistung zur Beweisergänzung, Ergänzungseid.

sermon *m* Predigt *f*, Kanzelrede *f*.

séronégatif *adj* seronegativ, nicht-reaktiv (auf AIDS-Viren).

séropositif *adj* seropositv, reaktiv - mit positiver Seroreaktion.

serre *f*: **effet de –** (*UmweltR*) Treibhaus- *od.* Glashauseffekt *m*.

serrure *f* Schloss *n*; **crocheter** *ou* **forcer une –** ein Schloss aufbrechen; **– de sûreté** Sicherheitsschloss *n*.

sérum *m* **de vérité** Wahrheitsserum *n*.

serveur *m* **(de données)** (*DV*) Server *m*, Serviceanbieter *m*.

serviable *adj* gefällig, hilfsbereit.

service *m* (1) (*ZR, ArbR: prestation*) Dienstleistung *f*; Dienst *m*; Tätigkeit *f* (im Angestelltenverhältnis); Arbeit *f*, Arbeitsleistung *f*, (2) (*ÖfR: organisme, service public*) (staatliche) Stelle *f*; Dienststelle *f*; Amt *n*, Behörde *f*; Verwaltung *f*, (3) (*VwR: personnel*) Bedienstete *mpl*, Dienstkräfte *fpl*; öffentlicher Dienst, (4) (*SozR: aide, appui*) (Bei-) Hilfe *f*, Unterstützung *f*, (5) (*ArbR: pourboire*) Bedienungsgeld *n*, Trinkgeld, (6) (*BW*) Abteilung *f* (eines Betriebes); **accomplir un –** eine Dienstzeit ableisten; **activité de –** (*BeamR*) aktiver Dienst; **affecter à un –** einer Abteilung zuteilen; **année de –** Dienstjahr *n*; **apte au –** (*MilR*) tauglich zum Dienst mit der Waffe; **cessation de –** Beendigung des Dienstverhältnisses; **chef de –** (1) Dienststellenleiter *m*, Abteilungsleiter *m*, (2) (*VwR*) Abteilungsleiter *m*; Referatsleiter *m*.

service: **déplacement de –** (*BeamR*) Dienstreise *f*; **document de –** Diensturkunde *f*; **entrer en –** den Dienst antreten; **état des –s** Nachweis der Dienstleistungen; **être au – de qqn.** in jmds. Diensten stehen; **exemption de –** (1) (*ÖfR*) Dienstbefreiung *f*, (2) (*MilR*) Befreiung vom Wehrdienst; **fonctionnement du –** Dienstbetrieb *m*; **gens de –** (*ArbR*) Dienstpersonal *n*, Dienstboten *mpl*; **hors de –** außer Dienst; unbrauchbar.

service: **inapte au –** (1) (*ArbR, BeamR*) dienstunfähig, dienstuntauglich, (2) (*MilR*) wehrdienstuntauglich; **inaptitude au –, incapacité de –** Dienstunfähigkeit *od.* -untauglichkeit; **indication de –** (*ÖfR*) Dienstvermerk *m*; **instruction de –** (*VwR*) Dienstanweisung *f*, Dienstvorschrift *f*; Verwaltungsanweisung *f*; **interruption du –** (*VwR*) Dienstunterbrechung; **libre –** (*HR*) Selbstbedienung *f*; **local de –** Dienstraum *m*; **louage de –s** (*SchuldR, ArbR*) Dienstvertrag *m*, Arbeitsvertrag.

service: **marche du –** (*VwR*) Dienstbetrieb *m*; **marque de –** (*WirtR*) Dienstleistungsmarke *f*; **mettre hors –** außer Dienst stellen; **motif de –** (*BeamR*) dienstliche Rücksichten *od.* Belange *pl*; **nécessités du –** dienstliche Erfordernisse *npl*; **obligation de –** (*ÖfR*) Amts- *od.* Dienstpflicht *f*; **organisation du –** (*VwR*) Aufbau einer Dienststelle; **passeport de –** Dienstpass *m*.

service: **prestataire de –s** Dienstleistungserbringer *m*, Leistender *m*; **prestation de –** (*ArbR*) Dienstleistung; **règle de –** (*VwR*) Dienstvorschrift *f*; **sécurité de –** Betriebssicherheit *f*; **temps de –** Dienstzeit *f*.

service accompli *ou* **effectif** (*BeamR: surtout au pluriel!*) (ab-) geleistete Dienstverpflichtungen *fpl*; **– des achats** (*HR*) Einkaufsabteilung *f*; **– administratif** (*ÖfR*) Verwaltungsdienststelle *f*; Verwaltungsbehörde *f*; **– aérien** (1) Fluglinienverkehr *m*, (2) Luftpostverkehr *m*.

service de l'amortissement (*BankR: amortissement des dettes*) (Schulden-) Tilgungsdienst *m*; **– annexe** Nebendienststelle *f*; Nebenamt *n*.

service anthropométrique (*Kripo*) zentrale Dienststelle für erkennungsdienstliche und kriminaltechnische Untersuchungen und Forschungen; **– après-vente (= SAV)** Kundendienst *m*; **– armé** (*MilR*) Dienst mit der Waffe; **– commercial** *ou* **à caractère commercial** (*WirtR*) staatliches Wirtschaftsunternehmen; staatlicher Handelsbetrieb; **– commercial et industriel** staatlicher Gewerbebetrieb, Wirtschaftsunternehmen der öffentlichen Hand.

service communal Gemeindeverwaltung *f*, Gemeindeamt *od.* -dienststelle; **– compétent** (*VwR*) zuständige Stelle; **– compris (= SC)** Bedienung inbegriffen; **– de la comptabilité** Buchhaltungsabteilung *f*; **– du contenieux** Rechtsabteilung *f*; **– du contrôle des prix** (*ÖfR*) Preisüberwachungsstelle *f*, Preisbehörde *f*; **– du courrier** Postausgang(sstelle); **– décentralisé** (*VwR*) Außenstelle *f*; **– de dépannage** (*StVR*) Abschleppdienst *m*, Reparaturwerkstätte *f*.

service des dettes (*BankR*) Schuldendienst *m*; **– de distribution** Zustelldienst *m*; **– divin** (*KirchR*) Gottesdienst *m*; **– des douanes** Zollbehörde *f*; **– de l'emploi** staatliche Arbeitsvermittlung, Arbeitsagentur *f*; **– d'enlèvement** (*UmweltR*) Abholdienst *m*; **– de l'État** Staatsdienst *m*; **– de l'état-civil** (*ZR*) Standesamt *n*; **– extérieur** Außendienst *m*; **– fait** tatsächlich erbrachte Dienstleistung; **– de garde** Wach- *od.* Bereitschaftsdienst; **– gouvernemental** Regierungsstelle *f*, staatliche Behörde; **– hospitalier** Krankenanstalt *f*.

service de l'identité judiciaire (*StPR*) Erkennungsdienst *m*; **– d'information** Informationsamt *n*; Nachrichtendienst *f*; **– des intérêts** Schuldendienst *m*.

service juridique Rechtsabteilung *f*; **– linguistique** Sprachendienst *m*; **– de liquidation** Abwicklungsstelle *f*; **– du logement** Wohnungsamt *n*; **– de la main d'œuvre** frz. Arbeitsbehörde *f*, Arbeitsagentur *f*; – **marchand** (*HR*) Dienstleistung gegen Bezahlung.

service militaire actif (*MilR*) aktiver Wehrdienst; **exemption de – –** Befreiung *f* vom Wehrdienst; **– –** *ou* **national** (Grund-) Wehrdienst; **– – obligatoire** allgemeine Wehrpflicht.

service minimum (*ArbR: en cas de grève*) Aufrechterhaltung eines Mindestdienstes (während des Streiks); **– de la navigation** Wasserstraßenamt *n*; Amt für Schiffahrt; **– obligatoire du travail (= SOT)** Arbeitsdienstpflicht; **– d'ordre** (1) (*VwR: police administrative*) Polizeiaufgebot *n*, Polizeidienst (zur Aufrechterhaltung der Ordnung), (2) (*ZR: milice privée*) Sicherheitsdienst, Ordner- *od.* Ordnungsdienst; **– payeur** (*ÖfR*) auszahlende Dienststelle; **– de permanence** Bereitschaftsdienst *m*; **– du personnel** Personalabteilung *f*; **– du portefeuille** (*BankR*) Wertpapierabteilung *f*.

service postal Postdienst; **– de presse** Presseabteilung *f*; Pressedienst *m*.

service de proximité (*SozR: dans le cadre de l'aide à domicile*) Nachbarschaftshilfe *f*; **– du public** Publikumsverkehr (in einer Dienststelle).

service public (1) (*ÖfR: toute activité visant à satisfaire un besoin d'intérêt général*) Leistungsverwaltung *f*, Daseinsvorsorge *f*; Sozialfunktion des Staates, Eingriffsverwaltung (der Behörden), leistende Verwaltung (des Staates), öffentliche Tätigkeit zur Befriedigung eines Bedürfnisses von allgemeinem Interesse; Verwaltungstätigkeit *f*, (2) (*VwR: ensemble organisé de moyens humains et matériels*) öffentliche Einrichtung; öffentlicher Betrieb; Körperschaft *f* des öffentlichen Rechts; Anstalt *f* des öffentlichen Rechts; staatliche Behörde; **– – administratif** Verwaltungsbehörde *f*; **– – concédé** (*VwR*) konzessionierter Betrieb, beliehenes Unternehmen; **– – intercommunal** übergemeindliche Anstalt des öffentlichen Rechts; **– – sans personnalité morale** nichtrechtsfähige öffentliche Anstalt.

service de recouvrement Mahn- und Forderungseintreibungsabteilung; **– rendu** (*HR*) während u. nach dem Verkauf (einer Ware) geleisteter Dienst (des Verkäufers); **– de renseignements** (*VerfR*) frz. Staats- und Verfassungsschutz *m*, Nachrichtendienst *m*; **– d'une rente** (*Soz Vers*) Auszahlung einer Rente, Rentenzahlung; Versorgungsleistung *f*; **– sanitaire** *ou* **de santé** Gesundheitsamt *n*; Sanitätsdienst; **–s secrets** Geheim- *od.* Nachrichtendienst *m*; **–s de sécurité** Notdienst *m*; Unfallverhütung; **– social** Sozialabteilung, Sozialbetreuungsstelle; **– de surveillance** Wachdienst *m*, Sicherheitsdienst; **– technique des véhicules** (*StVR*) frz. technischer Überwachungsverein für Kraftfahrzeuge; **– du travail** (1) Arbeitsverwaltungsbehörde *f*, Arbeitsagentur *f*, (2) Arbeitsdienst *m*.

servile *adj* knechtisch, sklavisch; unterwürfig, kriecherisch.

servir *v.tr.* dienen; bedienen; **se – de qqn.** *v. pron.* jmdn. ausnutzen *od.* benutzen; **– l'État** ein öffentliches Amt bekleiden; **– de preuve** als Beweis dienen; **– une rente** eine Rente zahlen.

serviteur *m* Diener *m*; **– à gages** Hausangestellte(r) *m*.

servitude *f* (1) (*SachR: service foncier ou charge imposée sur un immeuble – art. 637 et suiv. Cciv*) Grunddienstbarkeit *f*, Dienstbarkeit *f*, Servitut *n*, (2) (*Pol*) Knechtschaft *f*, Sklaverei *f*; Zwang *m*; **constituer une –** eine Dienstbarkeit bestellen; **convention relative à la –** Dienstbarkeitsbestellungsvertrag; **rachat d'une –** Ablösung einer Grunddienstbarkeit.

servitude active Grunddienstbarkeit vom Gesichtspunkt des herrschenden Grundstücks aus betrachtet; **– aéronautique** Dienstbarkeit für Bauten im Umkreis der Flugplätze; **– d'alignement** Verpflichtung zur Einhaltung der Baulinie; **– d'amélioration** Dienstbarkeit der Einhaltung von Verwaltungsvorschriften bei Veränderungen; **– apparente** offenbare Dienstbarkeit; **– d'appui** Balkenrecht, Tramrecht; –

d'appui d'une échelle Leiterrecht; – **d'aquéduc** Wasserleitungsgerechtigkeit; – **d'avancement** Dienstbarkeit, die dazu verpflichtet, an die Baufluchtlinie vorzurücken.

servitude de construction Baubeschränkung *f*, Bauauflage *f*; – **continue** ständige Dienstbarkeit; – **qui dérive de la situation des lieux** nachbarrechtliche Eigentumsbeschränkung; – **par destination du père de famille** Grunddienstbarkeit kraft Bestimmung des früheren Eigentümers; – **d'écoulement des eaux nuisibles** *ou* **d'égout** Wasserablaufgerechtigkeit; – **établie par le fait de l'homme** rechtsgeschäftliche Grunddienstbarkeit; – **établie par la loi** durch das Gesetz begründete Dienstbarkeit, gesetzliche Dienstbarkeit; – **d'extraction de matériaux** Recht zur Materialentnahme.

servitude foncière Grunddienstbarkeit *f*, Grundgerechtigkeit *f*; – **de fouilles** Grabungsservitut *n*; – **de halage et de marchepied** Treidelrecht *n*; – **de hauteur** Dienstbarkeit, derzufolge ein Gebäude nicht erhöht werden darf; – **immobilière** Grunddienstbarkeit; – **d'indivision forcée** Dienstbarkeit der Unteilbarkeit; – **internationale** Staatsservitut *n*, völkerrechtliches Servitut; – **légale** Legalservitut, gesetzliche Dienstbarkeit; – **militaire** Grunddienstbarkeit zu militärischen Zwecken.

servitude naturelle sich aus der Natur der Sache ergebende Grunddienstbarkeit; – **de ne pas bâtir** Bauverbot *n*; Dienstbarkeit, derzufolge ein Grundstück nicht bebaut werden darf; – **non aedificandi** Bauverbot *n*; Dienstbarkeit, derzufolge ein Grundstück nicht bebaut werden darf; – **non apparente** nicht augenfällige Dienstbarkeit; – **de pacage** (*LandwR*) Weidegerechtigkeit; – **de passage** Wegerecht; – **de passage du bétail** Viehtriebsrecht; – **passive** Grunddienstbarkeit vom Standpunkt des dienenden Grundstücks aus betrachtet; – **de pâture** Weidegerechtigkeit; – **personnelle** persönliche Dienstbarkeit, Personalservitut; – **de plantation** Dienstbarkeit, derzufolge innerhalb einer bestimmten Entfernung keine Bäume gepflanzt werden dürfen; – **de la plume** (*StPR*) Verpflichtung des Staatsanwaltes, entsprechend den Dienstanweisungen einen schriftlichen Antrag zu stellen; – **prédiale** (*SachR*) Grunddienstbarkeit, Grundgerechtigkeit; – **principale** Hauptservitut; – **de prise d'eau** Wasserentnahmerecht.

servitude de reculement Dienstbarkeit, die dazu verpflichtet, hinter die Baufluchtlinie zurückzugehen; – **réelle** Realservitut; – **de rejet des fossés** Dienstbarkeit der Ablagerung bei Aushebung der Straßengräben; – **de riveraineté** Anliegerlast *f*; – **rurale** Felddienstbarkeit, Feldservitut; – **rusticale** ländliche Dienstbarkeit (die einem unbebauten Grundstück dienen soll); – **de travaux miniers** Bergbaudienstbarkeit; – **urbaine** städtische Dienstbarkeit (die dem Vorteil eines Gebäudes dient); – **de visibilité** Dienstbarkeit, derzufolge freie Sicht zu gewähren ist; – **de voisinage** Nachbarrecht; – **de vue** Fenster- *od.* Lichtgerechtigkeit.

La session umfasst einen mehr oder minder langen Zeitraum mit einer gewissen Anzahl einzelner *séances*, also Sitzungen, Beratungen oder Besprechungen.

session *f* Sitzungsperiode *f*, Tagung *f*; – **(de la Cour) d'assises** Schwurgerichtsperiode, Tagung des frz. Schwurgerichts; – **d'études** Studientagung; – **d'examen** Prüfungszeitraum *m*; – **d'information** Informationstagung; – **ordinaire** ordentliche Sitzungsperiode; – **parlementaire** Sitzungsperiode des Parlaments.

seuil *m* Schwelle *f*; – **de commande** (*HR*) Meldebestand (im Rahmen der Lagerhaltung); – **de l'indice** Schwellenwert *m* des Index; – **obligatoire** (*StVZ*) mindestens zu verbüßender Teil der Strafe (vor einer Strafaussetzung zur Bewährung); **– de rentabilité** Rentabilitätsgrenze *od.* -schwelle *f*; **– de tolérance** (*UmweltR*) Duldungsgrenze *f.*

seul *adj* allein, ohne Begleitung; einzig; **– et unique propriétaire** (*SachR*) Alleineigentümer *m.*

sévère *adj* streng, unnachsichtig; **mesures –s** drakonische Maßnahmen.

sévérité *f* Strenge *f*, Ernsthaftigkeit; **– de la condamnation** *ou* **du verdict** (*StR*) hartes Urteil.

sévices *mpl* (*StR, FamR: mauvais traitements corporels*) Misshandlung *f*; **infliger des – à qqn.** jmdn. misshandeln; **– à enfant** Kindesmisshandlung; **– graves** grobe Misshandlung; **– sexuels** sexueller Missbrauch.

sévir *v. intr.* durchgreifen, streng vorgehen.

sevrage *m* (Drogen-) Entzug *m.*

sexe *m* Geschlecht *n*; Geschlechtsteil *m/n*; **changement de –** Transsexualismus *m.*

sexisme *m* Sexismus *m*, diskriminierendes Verhalten gegenüber Frauen.

sexshop *m* Sexshop *m*, Sexboutique *f.*

sexualité *f*: **déviances de la –** abweichendes Sexualverhalten; **troubles de la –** Sexualstörungen *fpl.*

sexuel *adj*: **éducation –le** Sexualerziehung *f*; **harcèlement –** sexuelle Belästigung; **maniaque** *ou* **obsédé –** Triebtäter *m.*

S.G.D.G. (*PatR: sans garantie du gouvernement*) ohne staatliche Garantie.

showbiz *m* (*umg: industrie du spectacle*) Showbusiness *n*, Unterhaltungsbranche *f*, Showgeschäft *n.*

SIDA *m* (*MedizinR: syndrome d'immunodéficience acquise*) AIDS *n* (= acquired immune deficiency syndrome).

sidatique *ou* **sidéen** *m* Aidskranke(r) *m.*

sidérurgie *f* Eisen- und Stahlindustrie *f*; Eisenhüttenkunde *f.*

siège *m* (1) (*GesR: siège social*) (Gesellschafts-) Sitz *m*; Standort (einer Gesellschaft), (2) (*PrzR*) Richterstuhl *m*; Gerichtshof *m*; die (das Urteil fällenden) Richter *mpl*, (3) (*VerfR*) Parlamentssitz *m*, Sitz, (4) (*MilR*) Belagerung *f*; **état de –** (*VerfR*) Belagerungszustand *m*; **magistrat du –** (*GVR: par opposition au magistrat debout ou procureur de la République*) Richter *m*; **magistrature du –** Richterstand *m*, Richterschaft *f.*

siège administratif (*ÖfR*) Verwaltungssitz *m*, Dienstsitz; **– annexe** Nebensitz; **– apostolique** (*KirchR*) päpstlicher Stuhl; **– attribué par utilisation des restes** (*WahlR*) Restmandat *n*; **– central** Hauptsitz; **– commercial** Geschäftssitz; **– de député** Abgeordnetensitz; **– de direction** (*GesR*) Sitz der Geschäftsführung; **– épiscopal** (*KirchR*) Bistum *n*, bischöflicher Stuhl; **– d'exploitation** Standort des Betriebs; **– fictif** Scheinsitz; **– du gouvernement** Regierungssitz *m*; **– officiel** Amtssitz; **– permanent** (*VR*) ständiger Sitz; **– principal** Hauptsitz, Zentrale *f*; **– au quotient** (*WahlR*) Grundmandat *n*; **– au Sénat** *ou* **de sénateur** Senatssitz.

siège social Gesellschafts- *od.* Geschäftssitz, Firmensitz; **transfert du – –** Sitzverlegung.

siège statutaire (*GesR*) satzungsmäßiger Sitz, statutarischer Sitz (S); **– du tribunal** (*GVR*) Sitz des Gerichts; **– vacant** (*BeamR*) unbesetztes Amt.

siéger *v.intr.* (1) (*tenir séance*) tagen, an einer Tagung teilnehmen, (2) (*PrzR*) als Richter tätig sein, (3) (*ÖfR*) einen Sitz (in der Regierung) haben; ein Mandat innehaben; **– au conseil** Ratsmitglied sein.

sieur *m* (*PrzR: Anrede anstelle von Monsieur*) Herr.

sigillaire *adj*: **anneau –** Siegelring *m.*

sigle *m* (*HR: lettre initiale (ou suite d'initiales) employée comme signe abréviatif surtout dans le commerce et la politique*) Abkürzungszeichen *n*; Kurzwort *n.*

signal *m* Signal *n*, Zeichen *n*; **– acoustique** Lautzeichen als Warnzeichen *n*; **– d'alarme** (1) (*StVR*) Warnzeichen *n*, (2) (*Eisenbahn*) Notbremse *f*; **– de détresse** Notruf *m*; **– d'interdiction** (*StVR*) Verbotszeichen; **– lumineux** Lichtzeichen *n*;

Verkehrsampel *f*; **– d'obstacle** (*StVR*) Warnzeichen für ein Verkehrshindernis.

signalement *m* Kennzeichnung *f* (im Personalausweis), Signalement *n*; Personenbeschreibung *f*; **lettre de –** (*StR*) Steckbrief *m*; **– d'un suspect** (*StR*) Beschreibung eines Tatverdächtigen.

signaler *v.tr.* anzeigen, mitteilen, hinweisen auf, aufmerksam machen auf; feststellen; **rien à – (= RaS)** nichts besonderes zu vermerken, alles in Ordnung.

signalétique *adj* bezeichnend, kenntlichmachend; **bulletin** *ou* **fiche –** Steckbrief *m*.

signalisation *f* Kennzeichnung *f*, Zeichengebung *f*, Beschilderung; **panneau de –** Verkehrszeichen *n*; **– routière** (*StVR*) Straßenverkehrsbeschilderung *f*, Straßenverkehrsschilder *npl*.

signataire *m* Unterzeichner *m* (eines Vertrages), Unterfertigte(r), Unterzeichneter, Signatar *m*; **– d'un contrat** vertragsschließende Partei, Unterzeichner eines Vertrages; **– d'une convention collective** Tarifvertragspartei.

signature *f* Unterschrift *f*; Unterzeichnung, Unterfertigung; **contrefaire une –** eine Unterschrift fälschen; **délégation de –** Übertragung der Zeichnungsbefugnis; **légalisation de –** Unterschriftsbeglaubigung *f*; **ouvert à la –** (*VR: ratification d'un traité*) zur Unterzeichnung offen; **posséder la –** (*ZR: mandat*) zeichnungsberechtigt sein; **présenter à la –** zur Unterschrift vorlegen; **protocole de –** (*VR*) Zeichnungsprotokoll *n*; **revêtu de la –** mit (der) Unterschrift versehen; **spécimen de –** (*BankR*) Unterschriftsprobe *f*.

signature autographe eigenhändige Unterschrift; **– bancaire** Bankunterschrift; **– en blanc** Blankounterschrift; **– collective** (*HR*) gemeinsame Zeichnungsbefugnis; **– sociale** (*GesR*) Zeichnungsbefugnis für eine Gesellschaft *od.* Firma, Firmenunterschrift *f*.

signe *m* (1) (*ZR, PrzR: manifestation de volonté – indice, élément de preuve*) Zeichen *n*, Signal *n*, (wahrnehmbarer) Hinweis, (2) (*ÖfR: élément distinctif, signes extérieurs réservés à l'autorité publique*) Kennzeichen *n*, (3) (*GRUR*) kennzeichnendes Merkmal; zeichenrechtlicher Schutz; **ne donner aucun – de vie** kein Lebenszeichen geben, nichts von sich hören lassen; **– d'abornement** (*SachR*) Vermessungsmarke *f*; **– avant-coureur** Vorzeichen, erstes Anzeichen; **– démarcatif** *ou* **de démarcation** (*SachR*) Grenzzeichen *n*.

signe distinctif (1) *Allgspr.* Unterscheidungsmerkmal *n*; Unterscheidungszeichen, (2) (*VR: Croix-Rouge*) Schutzzeichen *n*, (3) (*GRUR*) Warenzeichen *n*; Kennzeichen *n*; Marke *f*; **– s extérieurs de richesse** (*SteuerR: indices retenus par la loi fiscale pour déterminer l'assiette de l'impôt et contrôler les déclarations du contribuable*) äußere Merkmale des Reichtums; **– de fatigue** Müdigkeitserscheinung *f*; **– monétaire** Zahlungsmittel *n*; **– pathologique** Krankheitsmerkmal *n*; **– précurseur** Vorbote *m*; **– révélateur** klar erkennbares Anzeichen; **– des temps** besonderes Kennzeichen unserer Epoche; **– de vie** Lebenszeichen *n*.

signer *v.tr.* unterschreiben, unterfertigen, unterzeichnen, zeichnen; **– un contrat** einen Vertrag abschließen; **– un traité** einen völkerrechtlichen Vertrag abschließen.

significatif *adj* (1) bedeutungsvoll, bedeutsam, (2) bezeichnend, (3) vielsagend.

signification *f* (1) *Allgspr.* Bedeutung *f*, Sinn *m*, (2) (*ZPR: notification faite par huissier*) (*Urkunde, insbesondere Klage*) Zustellung *f*; **acte** *ou* **exploit de –** (*die durch eine Amtsperson, insbesondere den Gerichtsvollzieher zugestellte*) Zustellungsurkunde *f*; amtliche Übermittlung; **– par acte au palais** Zustellung von Anwalt zu Anwalt.

signification administrative Zustellung durch die Behörde *od.* von Amts wegen; **– de la demande** (*ZPR*) Klagezustellung *f*; **– à domicile** Ersatzzustellung; **– faite d'office** Zustellung von Amts wegen; **– d'un jugement** Urteilszustellung; **– en mains propres** Zustellung zu eigenen Händen.

signification d'office Amtszustellung, Zustellung von Amts wegen; **– au parquet** (*StPR*) Zustellung bei der Staatsanwaltschaft (falls der Betroffene keinen feststellbaren Wohnsitz im Inland hat); **– à partie** Parteizustellung; **– à personne** persönliche Zustellung; **– à résidence** Zustellung am Wohnort; **– simplifiée** vereinfachte Zustellung; **– par voie postale** Postzustellung.

signifier *v.tr.* (1) bedeuten, heißen, (2) (*ZPR: Urkunden*) (von Amts wegen) zustellen, (3) (amtlich) mitteilen, bekanntgeben; **– son congé à qqn.** (*ArbR*) jmdm. gegenüber eine Kündigung aussprechen, jmdm. kündigen.

silence *m* Stillschweigen *n*; Verschweigen *n*; **garder le –** Stillschweigen bewahren; **passer sous –** mit Stillschweigen übergehen, verheimlichen; **dans le – du contrat** falls der Vertrag hierüber keine Vereinbarung enthält; **– malicieux** arglistiges Verschweigen.

similaire *adj* gleichartig; **produit –** Ware gleicher Art und Güte.

similitude *f* Gleichartigkeit *f*; Ähnlichkeit *f*.

simple *adj* einfach; leicht verständlich; arglos, einfältig; **pur et –** bedingungslos.

simulateur *m* Simulant *m*.

simulation *f* Vortäuschung *f*, Simulierung, Verstellung, Vorspiegeln *n*; **action en déclaration de –** (*ZPR*) Klage zur Aufdeckung eines Scheingeschäftes.

simulé *adj* vorgetäuscht, Schein-; **contrat –** Scheingeschäft *n*, simuliertes Geschäft, Scheinvertrag.

simuler *v.tr.* (sich) verstellen, (etwas) vortäuschen, simulieren, (falsche Tatsachen) vorspiegeln.

simultanéité *f* Gleichzeitigkeit *f*.

sincère *adj* ehrlich, aufrichtig; echt, authentisch.

sincérité *f* (1) (*personne*) Aufrichtigkeit *f*, (2) (*document*) Echtheit *f*; **déclaration de –** Erklärung über die Richtigkeit des Inhalts eines Vertrages; **devoir de –** (*SchuldR*) (*während der Vertragsverhandlungen*) Verpflichtung zur Ehrlichkeit und Aufrichtigkeit; **– du prix de vente** der tatsächlich vereinbarte Kaufpreis; **– d'un titre** Echtheit einer Urkunde.

sinécure *f* (*Pol*) einträgliche u. mit wenig Arbeit verbundene Stelle.

sine die *loc. adv. lat* ohne Angabe des Tages *od.* Zeitpunktes; **ajourner** *ou* **renvoyer – –** auf einen späteren (unbestimmten) Zeitpunkt verschieben.

sine qua non *loc. lat.*: **condition – –** unabdingbare Voraussetzung, unerlässliche Bedingung, unabdingbare Voraussetzung.

> Die Hauptunterschiede zwischen *sinistre* und *dommage* bestehen darin, dass *le sinistre* im Regelfall ein bezifferter Schaden ist und dieses Wort im Versicherungsrecht mit Vorliebe Verwendung findet.

sinistre *m* (*VersR: dommages ou pertes subis par des objets assurés; fait dommageable dont un assuré réclame l'indemnisation*) Schaden *m*; Schadensereignis *n*, Schadensfall *m*; Verlust *m*; **déclaration de –** Schadensanzeige *f*, Schadensmeldung; **dossier de –** Schadensakte *f*; **évaluation du –** Schadensermittlung *od.* -feststellung, Schadensberechnung *f*; Schadensschätzung *f*; **expert en matière de –s** Schaden-Sachverständiger *m*, Taxator *m*; **garantie en excédent de –s** Schadenexzedentendeckung *f*; **gestion des –s** Schadensabwicklung *f*; **probabilité de –s** Schadenserwartung *f*.

sinistre d'avarie commune (*SeeHR*) Havariegrosse-Schaden; **– au comptant** Barschaden; **– déclaré** gemeldeter Schaden; **– facultés** Warenschaden; **– grave** Großschaden; **– de guerre** Kriegsschaden *m*; **– majeur** Höchstschaden; **– maritime** Seescha-

den, Seeunfall *m*; – **maximum** Höchstschaden; – **tardif** Spätschaden, nachgemeldeter Schaden.
sinistré *m* Geschädigte(r) *m*; – **de guerre** Kriegsopfer *n*.
sinistrose *f* (*MedizinR*) Unfallneurose *f*.
sinon *conj* andernfalls, sonst.
sis *p.p. adj*. (*VwR: domaine sis ou situé à tel endroit – féminin: maison sise à l'écart*) gelegen, liegend, sich befindend.
site *m* (1) (*MedienR: Internet*) Webseite *f*, Homepage *f*; Internet Service Provider (= ISP), Netzserver *m*, (2) (*ZR: situation d'un bien-fonds*) Lage *f*, (3) (*UmweltR: paysage*) Landschaft *f*; Ensemble *n*; – **classé** (*UmweltR*) Naturschutzgebiet (= NSG) *n*; Naturdenkmal *n*; – **de déchets radioactifs** Endlager für Atommüll; Atommüll--Zwischenlager *n*; – **exposé** sensible technische Anlage; – **marchand** Startseite einer Firma im Internet, Firmenwebseite *f*; – **protégé** Landschaftsschutzgebiet (= LSG); Arten- *od*. Biotopschutz.
situation *f* (1) (*circonstances, état*) Lage *f*, Sachlage *f*, Situation *f*, Zustand *m*, (2) (*ArbR: fonction, place*) Dienststellung *f*, Anstellung *f*, Posten *m*, (3) (*FinanzW, BankR*) die (finanziellen) Verhältnisse *npl*, Vermögensverhältnisse, (Betriebs-) Ausweis *m*; **établir une –** eine Vermögensaufstellung anfertigen; **étranger en – irrégulière (= ESI)** (*AuslR*) Ausländer ohne gültige Aufenthaltsgenehmigung; **fournir une – à la banque** der Bank die (eigenen) finanziellen Verhältnisse offenlegen.
situation administrative (*BeamR*) Dienstverhältnis *n*, dienstliche Stellung; – **des affaires** (*WirtR*) Geschäftslage *f*; – **alarmante** besorgniserregende Lage; – **d'avenir** (*ArbR*) entwicklungsfähige Stelleung; – **de banque** Bankausweis *m*; – **budgétaire** Haushaltslage.
situation de caisse (1) (*Buchf*) Kassenbestand *m*, Kassenlage *f*, (2) (*BankR*) Kassenbericht *m*; – **des changes** devisenwirtschaftliche Lage; – **comptable** Finanz- *od*. Geschäftslage; – **du compte** Kontostand; – **conjoncturelle** (*Vwirt*) Konjunkturlage; – **contractuelle** Vertragsverhältnis *n*, vertraglicher Tatbestand; – **déficitaire** Verlustlage; – **de droit** Rechtslage; – **durable** (*ArbR*) Dauerstellung.
situation économique Konjunktur, Wirtschaftslage; **variation de la – –** Konjunkturschwankung.
situation de l'emploi Arbeitsmarktlage, Beschäftigungslage; – **de fait** (1) (*ZR*) faktisches Vertragsverhältnis, (2) tatsächliche Lage, faktischer Rechtszustand, faktischer Tatbestand; – **familiale** *ou* **de famille** Familienstand, Familienverhältnisse *npl*; – **financière** (1) (*ÖfR: d'une collectivité*) Finanzlage *f*, Finanzstatus *m*, (2) (*SozR: d'un particulier*) finanzielle Lage, Vermögensverhältnisse.
situation de fortune Vermögensverhältnisse *nur Pl*., Vermögenslage *f*; – **générale de l'exploitation** Betriebsverhältnisse; – **hebdomadaire** (*BankR*) Wochenausweis *m*; – **illicite** ungesetzlicher Sachverhalt; – **initiale** Ausgangsposition; – **intercalaire** Zwischenbilanz, Zwischenstatus; – **juridique** (*ZR: état dans lequel se trouve une personne sous un rapport déterminé*) (juristischer *od*. rechtlicher) Tatbestand *od*. Sachverhalt, Rechtsstellung *f*; Rechtsverhältnis *n*; Rechtszustand *m*.
situation du marché Marktlage, Marktverhältnisse; – **sur le marché** Marktstellung *f*; – **matérielle** Vermögenslage, finanzielle Verhältnisse *npl*; – **mensuelle** Monatsausweis *od*. -bericht; – **de monopole** (*WirtR*) Monopolstellung; – **pécuniaire** Vermögensverhältnisse, Vermögenslage; – **professionnelle** Beruf *m*, Berufsstand *m*; – **sociale** (1) (*individu*) gesellschaftliche Stellung, (2) (*Vwirt*) soziale Verhältnisse; – **stable** (*ArbR*) Dauerstellung *f*; – **de subordination** (*ArbR*) Weisungsgebundenheit *f*, Unterordnungsverhältnis *n*.
situer *v.tr.* (*Ort*) festlegen, bestimmen; (*Zeitpunkt*) festsetzen; **se –** *v. pron*. gelegen sein, sich befinden; stattfinden.
SMIC *m* (*SozR: salaire minimum interprofessionnel de croissance*) frz. ge-

setzlicher dynamischer Mindestlohn für sämtliche Arbeitnehmer.
smicard *m* Mindestlohnempfänger *m*.
sobriquet *m* (*ZR: surnom moqueur ou familier*) Spitzname *m*, Übername.
social *adj* (*ArbR, GesR: relatif aux rapports entre les classes de la société opposé ou associé à politique, économique: sociopolitique – socioéconomique mais concernant également les sociétés commerciales*) sozial; gesellschaftlich; gesellschaftspolitisch; Geschäfts-; Gesellschafts-; Sozial-; **année –e** (*GesR*) Geschäftsjahr *n*; **assurance –e** Sozialversicherung; **patrimoine –** Gesellschaftsvermögen; **siège –** Gesellschaftssitz *m*.
socialisation *f* Sozialisierung *f*, Vergesellschaftung.
socialiser *v.tr.* vergesellschaften, in Gemeineigentum überführen.
socialisme *m* Sozialismus *m*; **– agraire** Agrarsozialismus; **– coopératif** genossenschaftlicher Sozialismus; **– d'État** Staatssozialismus.
sociétaire *m* (1) (*VereinsR*) Vereinsmitglied *n*, (2) (*GesR: coopératives*) Genossenschafter *m*, Genossenschaftsmitglied *n*.
sociétal *adj* gesellschaftlich, gesellschaftspolitisch; **contrainte –e** (*Pol*) Zwangsausübung durch die Gesellschaft.
sociétariat *m* Mitgliedschaft im Schauspielhaus der Comédie française (in Paris).
société *f* (1) (*GesR: regroupement de personnes*) Gesellschaft des bürgerlichen Rechts *od.* bürgerlich-rechtliche Gesellschaft; (Handels-) Gesellschaft *f*, Unternehmung *f*, Unternehmen *n*; Betrieb *m*, (2) (*ZR, HR: syn. contrat de société*) Gesellschaftsvertrag *m*, (3) (*ÖfR, Pol: communauté*) (Staats-) Gemeinschaft *f*, (staatliche) Gesellschaft *f*, (politische) Gruppierung *f*; führende Schicht *f*; **absorber une –** eine Gesellschaft aufnehmen *od.* übernehmen; **acte de –** Gesellschaftsvertrag *m*; **administrateur de –** Mitglied eines Verwaltungsrats; **apport en –** Gesellschaftereinlage *f*; **capacité de la –** Rechtsfähigkeit der Gesellschaft; **constituer une –** eine Gesellschaft gründen; **constitution de –** Gesellschaftsgründung *f*; **contrat de –** Gesellschaftsvertrag, Satzung; **création de la –** Gesellschaftsgründung; **créer une –** eine Gesellschaft gründen *od.* errichten; **dissolution d'une –** Betriebsaufgabe *f*, Gesellschaftsauflösung *f*; **droit des –s** Gesellschaftsrecht; **fin de la –** Beendigung der Gesellschaft; **fondation** *ou* **formation de –** Gesellschaftsgründung; **fusion de –** Unternehmensverschmelzung; **haute –** High Society *f*, die oberen Zehntausend; **mettre en –** vergesellschaften; **objet de la –** Gesellschaftszweck *m*; **personnalité de la –** Rechtsfähigkeit der Gesellschaft; **scission de –** Aufteilung des Vermögens einer Gesellschaft unter mehreren neugegründeten Gesellschaften; **transformation de –** Gesellschaftsumwandlung, Änderung der Gesellschaftsform; **vie en –** (*Pol*) Leben in der Gemeinschaft.
société d'abondance (*Pol*) Wohlstandsgesellschaft *f*; **– absorbante** (*GesR*) übernehmende *od.* aufnehmende Gesellschaft; **– absorbée** übernommene *od.* übertragende Gesellschaft; **– d'acquêts** (*EheR*) Errungenschaftsgemeinschaft *f*.
société par actions (*GesR: cf. les dispositions générales applicables aux sociétés par actions – art. L. 224–1 et suiv. Ccom*) Kapitalgesellschaft *f*; **– par actions simplifiée (= SAS)** (*GesR: elle peut être constituée par une ou plusieurs personnes. On parle d'associé unique si elle comporte une seule personne – art. L. 227–1 Ccom*) sog. kleine frz. Aktiengesellschaft, Aktiengesellschaft mit vereinfachter Gründung; **– adhérente** (*WirtR: groupe*) Mitgliedsgesellschaft; **– affiliée** Tochtergesellschaft; **– d'affrètement** Befrachtungsgesellschaft; **– agréée pour la vérification des comptes** Wirtschaftsprüfungsgesellschaft; **– d'aménagement foncier et d'établissement rural (= SAFER)** (*ÖfR*) frz. gemischtwirtschaftliche Gesellschaft zur Flurbereinigung u. landwirtschaftlichen Förderung.

Société de capitaux ist der Oberbegriff für die beiden frz. Formen der Kapitalgesellschaften: *SA* und *société en commandite par actions*. Die SA präsentiert sich in zwei Variaten: die *SA à directoire*, die der deutschen AG entspricht und die zweiorganige SA, die keinen Aufsichtsrat also *conseil de surveillance* besitzt, sondern einen PDG an der Spitze des *conseil d'administration*. Das ist ein Verwaltungsrat, der dem PDG, also *Président directeur général* oder Betriebsführer zuarbeitet, ihn wählt und überwacht

société anonyme (= SA) (*GesR: société de capitaux commerciale – art. L. 225–1 Ccom*) frz. Aktiengesellschaft; **– anonyme (classique)** (*GesR: SA à deux organes: conseil d'administration et assemblée générale – art. L. 225–17 et suiv. Ccom*) zweiorganige frz. Aktiengesellschaft; **– anonyme (réformée)** (*GesR: société anonyme comportant un directoire, un conseil de surveillance et une assemblée générale – art. L. 225–57 et suiv. Ccom*) (dreiorganige) frz. Aktiengesellschaft; **– anonyme à participation ouvrière** (*GesR: SA distribuant des actions de travail – art. L. 225–257 et suiv. Ccom*) Aktiengesellschaft mit Arbeitnehmerbeteiligung am Kapital.

société d'armement *ou* **d'armateurs** (*SeeHR*) Reederei *f*; **– d'assurances** Versicherungsgesellschaft *od.* -anstalt *f*; **– d'assurances mutuelles** Versicherungsverein auf Gegenseitigkeit; **– d'attribution d'immeubles en jouissance à temps partagé** Gesellschaft zwecks zeitlich gestaffelter Nutzung von Wohnraum.

société bancaire (*BankR: les banques ou établissements de crédit sont soumis à un statut spécial: Loi n° 84–46 du 24 janvier 1984*) Kreditinstitut *n*; (Geschäfts-) Bank *f*; **– de bienfaisance** Wohltätigkeitsverein *m*; **– à but lucratif** Erwerbsgesellschaft; **– à capital public** staatliches Unternehmen mit privater Rechtsform; **– de capital risque** Risiko-Investmentgesellschaft; **– à capital variable** Gesellschaft mit wechselndem *od.* variablem Grundkapital; **– de capitalisation** Kapitalisierungsgesellschaft.

société de capitaux (*GesR: Livre deuxième du nouveau code de commerce = Ccom – mis en vigueur par l'ordonnance n° 2000–912 du 18 sept. 2000 –Chap. IV à VI – Sociétés par actions*) Kapitalgesellschaft *f*; **– de caution mutuelle** Garantieverband auf Gegenseitigkeit; **– de chasse** Jagdgesellschaft, Jagdgenossenschaft.

société civile (= SC) (1) (*ZR: société soumise au statut légal particulier des art. 1845 et suiv. Cciv*) frz. bürgerlich--rechtliche Gesellschaft, frz. Gesellschaft des bürgerlichen Rechts, (2) **– civile** (*Pol*) die bürgerliche Gesellschaft (im Rahmen der Verfassung), die (staatliche) Gemeinschaft; **– civile de construction-vente** (*BauR*) frz. bürgerlich-rechtliche Baubetreuungsgesellschaft; **– civile immobilière (= SCI)** (*ZR*) bürgerlich-rechtliche Immobiliarinvestitionsgesellschaft.

société civile professionnelle (= SCP) (*ZR: Une SCP peut être constituée entre des personnes physiques exerçant une même profession libérale soumise à un statut législatif ou réglementaire ou dont le titre est protégé. Elles jouissent de la personnalité morale et sont soumises aux dispositions de la loi n° 66–879 du 29 novembre 1966 relative aux sociétés civiles professionnelles*) frz. bürgerlich-rechtliche Gesellschaft für Freiberufler; Ärzte- *od.* Rechtsanwalts- *od.* Steuerberater-Gemeinschaftspraxis in der Rechtsform einer SCP; Architektenbüro *n*; **– cohésive** (*Pol*) Solidargemeinschaft *f*.

société en commandite par actions (= SCpA) (*GesR: art. L. 226–1 et suiv. Ccom*) frz. Kommanditgesellschaft auf Aktien; **– en commandite simple (= SCS)** (*GesR: art. L. 222–1 et suiv. Ccom*) Kommanditgesellschaft *f*; **– de commerce** *ou* **commerciale** Handelsgesellschaft *f*, handelsrechtliche Gesellschaft; **– commerciale de capitaux par actions** (*EuR*) EU-Kapitalgesellschaft auf Aktien; **– de compétition** (*Pol*) Leistungsgesellschaft *f*; **– concessionnaire** Konzessionsgesellschaft; **– de conseil** Beratungsbüro *n*; **– de consommation** (*Vwirt*) Konsumgesellschaft; **– de construction** Baugesellschaft; **– de contrôle** Dachgesellschaft; **– contrôlée** Tochtergesellschaft, abhängiges Unternehmen; **– conventionnée** (*WirtR*) steuerbegünstigtes Unternehmen.

société coopérative (*ZR: La coopérative est un type de société à objet civil ou commercial crée dans le but d'éliminer le profit capitaliste, soit par la mise en commun de moyens de production, soit par l'achat ou la vente de biens en dehors des circuits commerciaux*) Genossenschaft *f*; **– coopérative artisanale** Handwerkergenossenschaft *f*; **– coopérative de commerçants détaillants** Einzelhändlergenossenschaft; **– coopérative d'intérêt collectif (= SCIC)** (*ZR: La loi n° 47–1775 du 10 septembre 1947 portant statut de la coopération, modifiée en dernier lieu par la loi n° 2001–624 du 17 juillet 2001 a créé la SCIC dont l'objet est la production ou la fourniture de biens d'intérêt collectif qui présentent un caractère d'utilité sociale*) frz. gemeinnützige Genossenschaft; **– coopérative ouvrière de production** Produktionsgenossenschaft *f*.

société de crédit (*BankR: on dit plutôt établissement de crédit*) Kreditinstitut *n*; **– de crédit bail** Leasing-Gesellschaft, Industriefinanzierungsgesellschaft; **– de crédit immobilier** Bodenkredit- *od.* Immobiliarkreditgesellschaft; **– de crédit mutuel** Kreditgenossenschaft.

société créée de fait (*ZR*) faktische Gesellschaft, De-facto-Gesellschaft; **– dépendante** abhängige Gesellschaft; **– de développement régional (= SDR)** (*ÖfR*) frz. gemischtwirtschaftliche Gesellschaft zur Förderung der regionalen Entwicklung; **– de distribution** Vertriebsgesellschaft; **– dominante** herrschendes Unternehmen; **– dominée** abhängiges Unternehmen; **– de droit civil** Gesellschaft des bürgerlichen Rechts; **– de droit commercial** Handelsgesellschaft; **– duale** (*Pol*) Zweiklassengesellschaft (mit großer Kluft zwischen arm und reich).

société d'économie mixte (= SEM) (*ÖfR, WirtR: entreprise associant capitaux publics et privés*) frz. gemischtwirtschaftliches Unternehmen, Gesellschaft des Handelsrechts mit staatlicher Kapitalbeteiligung; **– écran** Briefkastengesellschaft; Scheinfirma *f*; **– émettrice** (*BankR: zumeist ein Bankenkonsortium*) (*zur Gründung einer Handelsgesellschaft*) Emissionsgesellschaft *f*; **– d'entraide** (*Pol*) Solidargemeinschaft *f*; **– d'entrepôt** Lagergesellschaft; **– d'épargne** Sparverein *m*; **– entre époux** Handelsgesellschaft mit Beteiligung beider Ehegatten; **– d'équipement** Erschließungsgesellschaft; **– étrangère (en France)** (in Frankreich niedergelassene) ausländische Gesellschaft; **– d'études** Studiengesellschaft; **– européenne par actions (= SE)** europäische Aktiengesellschaft.

société d'exercice libéral à responsabilité limitée (= SELARL) Gesellschaft für Freiberufler in der Rechtsform einer frz. GmbH; **– d'expertise** Prüfungs- *od.* Revisionsgesellschaft; **– d'exploitation** Betriebs- *od.* Verwertungsgesellschaft.

société de fait faktische Gesellschaft, De-facto-Gesellschaft; **– fermière** Pachtgesellschaft; **– fictive** Schein- *od.* Strohmanngesellschaft; **– fiduciaire** Treuhandgesellschaft; **– filiale** Tochtergesellschaft; **– de financement** Finanzierungsgesellschaft, Kapitalanlagegesellschaft; **– financière** Kreditinstitut; **– financière de gestion** Kapitalverwaltungsgesellschaft; **– financière internationale** (*VR*) Internationale Finanz-Corporation (= IFC); **– foncière** Grundstücks- *od.* Immobiliengesellschaft; **– en formation** Gründungsgesellschaft.

société de gestion de capitaux *ou* **holding** (*GesR: société dont l'objet est de gérer les participations qu'elle détient dans d'autres sociétés dans le but d'y exercer un contrôle prépondérant*) Holdinggesellschaft *f*, Effektenhaltegesellschaft *f*, Dachgesellschaft; – **immobilière** Immobiliengesellschaft, Baugesellschaft; – **industrialisée** *ou* **industrielle** (*Vwirt*) Industriegesellschaft *f*.

société d'ingéniérie (*WirtR*) Unternehmensberatungsgesellschaft *f*; Ingenieurbüro *n*; Planungsbüro *n*; – **par intérêt** (1) (*i. w. S.*) Personengesellschaft, (2) (*i. e. S.*) Kommanditgesellschaft; – **d'intérêt collectif agricole (= SICA)** (*LandwR*) landwirtschaftliche Gesellschaft zur gemeinsamen Unterhaltung von Gerätschaften und Lagerräumen; – **intérimaire de travail** Zeitarbeitunternehmen, Zeitpersonalgesellschaft; – **interprofessionnelle (= SIP)** (*ZR*) auf die gemeinsame Ausübung freier Berufe gerichtete Gesellschaft; Anwaltsgemeinschaftspraxis; Steuerberatungsgesellschaft; – **interprofessionnelle pour la compensation des valeurs mobilières (= SICOVAM)** frz. zentrale Wertpapiersammelbank.

société d'investissement (*BankR: société dont l'objet est de gérer le portefeuille de valeurs mobilières, composé de titres émanant de multiples sociétés, en respectant le principe de la division des risques. Souvent sous forme de SICAV*) (Kapital-) Anlagegesellschaft *f*, Investmentgesellschaft; – **d'investissement à capital variable (= SICAV)** frz. Investionsgesellschaft mit wechselndem Grundkapital; – **d'investissement pour le commerce et l'industrie (= SICOMI)** frz. Investitionskreditbank für Industrie und Handel; – **irrégulière** fehlerhafte Gesellschaft; – **léonine** Gesellschaft ausschließlich zum Vorteil eines Gesellschafters; – **libérale de marché** (*Pol*) freie Marktwirtschaft, Verkehrswirtschaft; – **en liquidation** Liquidationsgesellschaft; – **de loisirs** (*Vwirt*) Freizeitgesellschaft; – **de lotissement** Baugrunderschließungs- *od.* Siedlungsgesellschaft.

société-mère (*WirtR: formation d'un groupe*) Dach- *od.* Muttergesellschaft; – **minière** (*Bergbau*) bergrechtliche Gewerkschaft; – **de mise en valeur** Verwertungsgesellschaft *f*; – **mixte** (*WirtR*) gemischtwirtschaftliches Unternehmen, (Privat-) Gesellschaft mit staatlicher (Kapital-) Beteiligung; – **mixte d'intérêt agricole (= SMIA)** (*LandwR*) Vermarktungsgesellschaft für Agrarprodukte.

société multinationale (*GesR: entreprise de grande dimension sous forme de groupe d'entreprises, implantée dans de nombreux pays*) mulitationale *od.* internationale Gesellschaft; *umg* Multi *m*; – **mutualiste** *ou* **mutuelle d'assurances** Versicherungsverein auf Gegenseitigkeit; – **nationalisée** (*WirtR*) verstaatlichte Gesellschaft; **S– des Nations** (*VR, hist*) Völkerbund *m*.

société de navigation Schiffahrtsgesellschaft; – **de navigation aérienne** Luftfahrtgesellschaft.

société en nom collectif (= SNC) (*GesR: art. L. 221–1 et suiv. du Ccom*) frz. offene Handelsgesellschaft; – **occulte** (*ZR: société qui ne se revèle pas aux tiers*) Innengesellschaft *f*; – **d'ordre et de valeurs** (*VerfR*) Wertegemeinschaft *f*, Ordnungsgesellschaft *f*; – **ouvrière de production** Arbeiterproduktionsgenossenschaft; – **de participation** Beteiligungsgesellschaft; – **en participation** (*ZR: société non-immatriculée sans personnalité morale – art. 1871 Cciv*) stille Gesellschaft, reine Innengesellschaft; – **sous participation** (*GesR: groupe de sociétés*) Tochtergesellschaft; – **à participations croisées** Verschachtelung, Schachtelgesellschaft; – **de pêche** Fischereigenossenschaft.

société de personnes Personengesellschaft; – **de personnes à responsabilité limitée** (B) Gesellschaft mit beschränkter Haftung; – **pétrolière** Erdölgesellschaft; – **de**

placement de capitaux Kapitalanlage- *od.* Investmentgesellschaft; **– de pluripropriété** Miteigentumsgesellschaft; **– politique** (*VerfR*) die bürgerliche Gesellschaft; **– de portefeuille** (1) Holding *f*, Dachgesellschaft, (2) Effektenhaltegesellschaft, (3) (B) Kapitalanlage- *od.* Investmentgesellschaft; **– post-industrielle** (*Vwirt*) Dienstleistungsgesellschaft *f*, post- *od.* nachindustrielle Gesellschaft; Konsumgesellschaft; **– prestataire** *ou* **de prestation de services** (1) (*WirtR*) Dienstleistungsunternehmen *n*, (2) (*ArbR: entreprise de travail temporaire, agence privée d'emploi*) Zeitpersonalunternehmen *n*; **– de prévoyance** Vorsorgeverein; **– protectrice des animaux (= SPA)** Tierschutzverein *m*; **– de réassurance** Rückversicherungsgesellschaft; **– de recherches** Forschungsgesellschaft; **– reprenante** übernehmende Gesellschaft.

société à responsabilité limitée (= SARL) (*GesR: art. L. 223–1 et suiv. Ccom*) frz. Gesellschaft mit beschränkter Haftung; **– qui se révèle aux tiers** Außengesellschaft; **– de secours** (*ZR*) Unterstützungsverein, Hilfsverein, karitativer Verein; **– de secours mutuels** Unterstützungsverein auf Gegenseitigkeit; **– secrète** (*Pol*) Geheimbund *m*; **– à succursales multiples** (*HR*) Handelskette *f*; **– de surabondance** (*Vwirt*) Überflussgesellschaft *f*.

société taxi (*StR*) Scheingesellschaft (zum Ausstellen von fingierten Rechnungen); **– à terme (convenu)** (*BankR*) Gelegenheitsgesellschaft, Konsortium *n*; **– de tous biens présents** (*GesR*) Gesellschaft, in die die Gesellschafter ihr gesamtes bewegliches und unbewegliches gegenwärtiges Vermögen einbringen; **– transnationale** (*WirtR*) multinationaler Konzern; **– de transports aériens** Luftfahrtunternehmen *n*; **– de travail temporaire** (*ArbR*) Zeitarbeitunternehmen *n*, Zeitarbeitervermittlungsgesellschaft *f*, Arbeitnehmerüberlassungsgesellschaft; **– unipersonelle** (*GesR: entreprise composée d'un seul associé – on dit aussi entreprise unipersonnlle*) Einmanngesellschaft *f*; **– de vente** (*HR*) Vertriebsgesellschaft; **– en voie de dissolution** Abwicklungsgesellschaft, Gesellschaft in Auflösung *od.* Liquidation.

socle *m* **continental** (*VR*) Festlandsockel *m*.

sodomie *f* (*StR*) Analverkehr *m*.

sœur *f* Schwester *f*; **– consanguine** Halbschwester väterlicherseits; **– germaine** leibliche Schwester; **– naturelle** außerehelich geborene Schwester; **– utérine** Halbschwester mütterlicherseits.

soi-disant *adj. invar.* vermeintlich, angeblich, sogenannt.

soignant *adj*: **une aide –e** (*MedizinR*) Pflegerin *f*; Krankenschwester *f*; **personnel –** Krankenpflegepersonal *n*.

soigner *v.tr.* pflegen; ärztlich behandeln.

soin *m* (1) (*ZR: diligence, minutie*) Mühewaltung *f*, Besorgung *f*, (2) (*SchuldR: entretien, conservation*) Sorgfalt *f*; Wartung *f*; Unterhaltung *f*, (3) (*ArbR*) Beschäftigung *f*, Erledigung *f*, (4) (*MedizinR: surtout au pluriel*) Behandlung *f*, Pflege *f*, Hilfe *f*; Betreuung *f*, (5) (*préoccupation, souci*) *Allgspr.* Sorge *f*, Kummer *m*; **avec –** sorgfältig; **aux bons –s de** (auf Briefen) z. H, zu Händen; **mon premier – fut de . . .** meine erste Sorge galt; **avoir** *ou* **prendre – de qqch.** für etwas sorgen, sich um etwas kümmern; **recevoir des –s** (*MedizinR*) in Behandlung sein, Pflege erhalten; **sans –** unsorgfältig; ungepflegt; **–s à domicile** häusliche Pflege; **–s médicaux** ärztliche Behandlung *od.* Versorgung; **–s médicaux dentaires** Zahnbehandlung *f*; **–s palliatifs** Sterbehilfe *f*; **–s préventifs** Vorsorgeuntersuchung und -pflege *f*.

sol *m* Boden *m*, Grund *m*; Erde *f*; **nature du –** Bodenbeschaffenheit; **rendement du –** Bodenertrag *m*; **surface au –** Grundfläche *f*; **– en jachère** Brachland.

solde *f* (*MilR, BeamR: Rémunération versée aux militaires, et, par ext., à* *certains fonctionnaires civils assimilés*) (Wehr-) Sold *m*; (Dienst-) Gehalt *n*; – **d'activité** Dienstbezüge *pl*, Aktivbezüge (Aut); – **d'attente** Übergangsgeld *n*; – **de base** Grundsold *m*; – **de disponibilité** Wartegeld *n*.

solde *m* (1) (*Buchf: différence qui apparaît, à la clôture d'un compte, entre le crédit et le débit*) Saldo *m*, Unterschiedsbetrag *m* (zwischen der Soll- u. Habenseite eines Kontos); Rechnungsüberschuss *m*, (2) (*SchuldR*) geschuldeter Restbetrag, (3) (*HR: modalité de vente à bas prix pour écouler des marchandises en stock*) Verkauf zu herabgesetzten Preisen, Lagerrestverkauf *m*; **quittance** *ou* **reçu pour – de tout compte** (*ArbR*) Ausgleichsquittung, General- *od.* Abschlussquittung; **report du –** (*Buchf*) Saldovortrag *m*.

solde actif *ou* **bénéficiaire** Aktiv- *od.* Gewinnsaldo *m*; – **brut** Bruttoüberschuss *m*; – **en caisse** Kassenbestand *m*; – **de clearing** *ou* **de compensation** (*BankR*) Abrechnungssaldo *m*; – **de compte** Kassenbestand *m*, Rechnungssaldo; – **créditeur** (*BankR*) Habensaldo, Kredit- *od.* Aktiv- *od.* Guthabensaldo; – **débiteur** Fehlbetrag *m*, Soll- *od.* Debet- *od.* Minus- *od.* Passivsaldo *m*, Verlustsaldo *m*; – **de la dette** Restschuld *f*; – **disponible** verfügbarer Saldo; – **final** Abschlusssaldo *m*; – **négatif** Minussaldo *m*, rote Zahlen, Defizit *n*; – **net** Nettosaldo; – **passif** Passivsaldo *m*; – **à régler** Restschuld *f*; – **reporté** (Saldo-) Übertrag *m*, Saldovortrag *m*.

solder *v.tr.* (1) (*Buchf*) saldieren, abschließen, (2) (*HR*) (aus-) verkaufen (zu herabgesetzten Preisen); **se – par** enden mit, abschließen mit; – **à vil prix** zu Schleuderpreisen verkaufen.

soldes *mpl* (1) (*HR: vente de soldes*) Ausverkauf *m*, Schlussverkauf *m*, Räumungsverkauf *m*, (2) (*HR: articles mis en solde*) Ladenbestände im Aus- *od.* Schlussverkauf, Ausverkaufsware *f*; – **après inventaire** Inventurausverkauf *od.* -verkauf; – **fin de saison** Saisonausverkauf *od.* -schlussverkauf; Winter- *od.* Sommerschlussverkauf.

solennel *adj* (1) (*ZR: Urkundswesen*) förmlich, in der vorgeschriebenen Form abgefasst; in aller Form; authentisch, (2) (*ÖfR*) feierlich, festlich; **acte –** formbedürftiges *od.* formgebundenes Rechtsgeschäft; **déclaration –le** feierliche Erklärung; **serment –** förmlicher Eid; **vœu –** feierliches Gelübde.

solennellement *adv* in aller Form; feierlich; **démentir –** in aller Form bestreiten *od.* dementieren; **réaffirmer –** bekräftigen, nachdrücklich bestätigen.

solennité *f* (1) (*ZR: formalité particulière*) Förmlichkeit, (2) Feierlichkeit; – **requise** erforderliche Form (für einen Vertrag).

solidaire *adj* (*SchuldR: qui est tenu solidairement*) solidarisch, gesamt-, gesamtschuldnerisch; wechselseitig haftend; **créanciers –s** Gesamtgläubiger *mpl*; **débiteur –** Gesamtschuldner *m*; **responsabilité –** gesamtschuldnerische Haftung.

solidairement *adv* solidarisch, gesamtschuldnerisch, als Gesamtschuldner, zur gesamten Hand; **être responsables** *ou* **être tenus –** gesamtschuldnerisch haften.

solidariser: **se –** *v.pron.* sich solidarisch erklären (mit), gemeinsame Sache machen.

solidarité *f* (1) (*SchuldR: solidarité des débiteurs*) Gesamtschuld *f*, Gesamtschuldnerschaft *f*, (2) (*SchuldR: solidarité entre les créanciers*) Gesamtgläubigerschaft *f*, (3) (*ÖfR, Pol*) Solidarität *f*, Zusammengehörigkeitsgefühl *n*; **contrat de –** (*ÖfR*) Abkommen zwischen den Sozialpartnern und dem Staat zur Bekämpfung der Arbeitslosigkeit; – **active** Gesamtgläubigerschaft; – **conventionnelle** auf Vertrag beruhende Gesamtschuld *od.* Gesamtgläubigerschaft; – **des débiteurs** Gesamtschuldnerschaft; – **imparfaite** (*SchuldR*) Teilschuld *f*; – **légale** gesetzliche Gesamtschuldnerschaft *od.* Gesamtgläubigerschaft; – **ministérielle** (*VerfR*) Verpflichtung aller Minister zur Durchsetzung der

Richtlinien des Premierministers; **– passive** Gesamtschuld.
solidarité pénale (*StR*) gesamtschuldnerische Haftung für Geldstrafen (aller an einer Straftat Mitbeteiligten).
solidité *loc.* Stärke *f*, Dauerhaftigkeit, Haltbarkeit; *fig* Gründlichkeit, Zuverlässigkeit; Güte; Kreditfähigkeit (eines Geschäfts).
sollicitation *f* (1) (*VwR*) Aufforderung *f*, Ersuchen *n*, Gesuch *n*, dringende Bitte, (2) (*ArbR*) Bewerbung (um eine Stelle), (3) (*ZPR*) Antrag.
solliciter *v.tr.* (1) (*VwR, ZPR*) nachsuchen, beantragen, ersuchen, (2) (*StR*) aufreizen, verleiten, anreizen (zu), (3) (*ArbR*) sich bewerben (um eine Stelle); **– un procès** einen Prozess betreiben; **– les suffrages** um die Wählergunst werben.
solliciteur *m* (1) (*VwR*) Bittsteller *m*, (2) (*ArbR*) Bewerber *m*; **éconduire un –** *umg* einen Bittsteller abwimmeln.
sollicitude *f* Sorgfalt *f*, Sorge *f*; Fürsorge *f*; Besorgnis *f*.
solution *f* Lösung *f*; **– amiable** gütliche Einigung; **– d'ensemble** Gesamtlösung; **– de rechange** Ersatzlösung; **– transactionnelle** Lösung im Vergleichswege.
solvabilité *f* Zahlungsfähigkeit *f*, Solvenz *f*; **caution de –** sich für die Zahlungsfähigkeit verbürgender Bürge; **certificat** *ou* **garantie de –** Bescheinigung über die Zahlungsfähigkeit.
solvable *adj* zahlungsfähig, solvent.
sombrer *v. intr.* untergehen, sinken.
sommaire *adj* kurzgefasst, bündig; summarisch; **connaissances –s** nur lückenhafte Kenntnisse; **examen –** schnelle und oberflächliche Prüfung; **matières –s** (*PrzR*) eilige Streitsachen; **procédure –** abgekürztes und vereinfachtes Verfahren.
sommaire *m* Inhaltsübersicht *f*; kurzer Abriss; Resümee *n*, Zusammenfassung *f*.
sommairement *adv*: **être exécuté –** kurz und bündig hingerichtet werden; **être jugé –** im Schnellverfahren abgeurteilt werden.
sommation *f* (1) (*ZPR: acte d'huissier*) (schriftliche) Aufforderung durch den Gerichtsvollzieher (eine bestimmte Handlung vorzunehmen), (2) (*StR*) Verwarnung; Aufforderung der Polizei (zu einem Tun *od.* Unterlassen), (3) (*ZR: mise en demeure*) Mahnbescheid, Zahlungsaufforderung; **acte de –** Mahnbescheid *m*; **frais de –** Mahnkosten *pl.*; **procédure de –** Mahnverfahren *n*; **– de communiquer** Aufforderung, Urkunden zur Einsicht zu überlassen; **– fiscale** Steuermahnung; **– sans frais** gebührenfreie Mahnung.
sommation d'huissier *ou* **de paiement** *ou* **de payer** (*ZwangsVR*) Zahlungsaufforderung *f* (durch den Gerichtsvollzieher); **– publique** (1) (*ZPR: acte extrajudiciaire notié par huissier de justice communiquer un ordre ou une défense*) dringliche amtliche Aufforderung (etwas zu tun *od.* zu unterlassen), (2) (*StR: avertissement péremptoire et solennel*) (polizeiliche) Anordnung; **– respectueuse** (Zahlungs-) Erinnerung *f*; Mahnung.
somme *f* (1) (*WirtR*) Summe *f*, Gesamtbetrag *m*; Posten *m*, (2) (*UrhR: Œuvre qui résume toutes les connaissances relatives à une science, à un sujet*) Gesamtüberblick *m*, Abhandlung *f*; **reporter une –** eine Summe übertragen; **– d'argent** Geldbetrag *m*, Geldsumme *f*; **– assurée** Versicherungs- *od.* Deckungssumme, Versicherungsbetrag *m*; **– consignée** (als Sicherheit) hinterlegter Geldbetrag; **– débitée** abgebuchter Betrag; **– due en cas de décès** Sterbegeld; **– exigible** fälliger Betrag; **– forfaitaire** Pauschalbetrag; **– garantie** (*VersR*) Zeichnungssumme; **– en litige** *ou* **litigieuse** Streitwert *od.* -summe; **– transférée** *ou* **virée** überwiesener Betrag; **–s engagées** Aufwendungen *pl.*
sommeil *m* Schlaf *m*; **– en faction** (*MilR*) Einschlafen auf Wache.
sommer *v.tr.* mahnen, (amtlich) auffordern; **– qqn. à comparaître** jmdn. (vor-) laden.
sommet *m* Gipfel *m*; Spitze *f*; *fig* Höhepunkt *m*, Hochstand *m*; **conférence au –** Gipfelkonferenz *f*.
sommier *m* (1) (*Buchf: dossier de*

documents financiers, juridiques, comptables) Haupt- *od.* Kassenbuch *n*; Akte *f*, Sammlung von Schriftstücken, (2) (*StR: surtout au pluriel – les sommiers: le service des casiers judiciaires, de l'anthropométrie*) Strrafregister *n*; (*bei der Kriminalpolizei*) Verbrecherkartei *od.* -datei *f*, (3) (*SteuerR, SachR: registre de l'inscription hypothécaire*) frz. Hypothekenregister *n*; **– judiciaire** (*StPR*) Strafregister *n*; **– de police technique** Verbrecherdatei der (wissenschaftlichen) Polizei *f*.

sommités *fpl* **administratives** die Spitzen *od.* wichtigsten Amtsinhaber der Behörden.

somnolence *f* Schläfrigkeit *f*; **– de courte durée** (*StVR*) Sekundenschlaf *m*.

somptuaire *adj*: **dépenses –s** (unangemessene) Luxusaufwendungen *fpl*; Repräsentationsausgaben *fpl*.

sondage *m* Umfrage *f*; Stichprobe *f*; Erhebung; Meinungsforschung, Demoskopie *f*, Umfrageforschung; **enquête par –** Meinungsumfrage *f*; **– d'un groupe de consommateurs** Markterkundung; **– d'opinion** (Meinungs-) Umfrage, Repräsentativerhebung, Meinungsbefragung.

sondeur *m* Meinungsforscher *m*, Demoskop *m*.

songer à *v.tr.ind.* denken (an).

sophisme *m* Trugschluss *m*; Spitzfindigkeit *f*.

sophistiqué *adj* (*WirtR: technologie évoluée, où interviennent des techniques de pointe*) modernste, anspruchsvolle Technik, Technik auf moderner wissenschaftlicher Grundlage.

sordide *adj* abstoßend, schmutzig; **crime –** niederträchtiges Verbrechen.

sort *m* Schicksal *n*, Los *n*.

sortant *adj* bisherig, ausscheidend.

sorte *f* Art *f*, Gattung, Sorte *f*; **de (telle) – que** so dass; **de la –** so, auf diese Weise; **en quelque –** sozusagen, gewissermaßen.

sortie *f* (1) Ausgang *m*, Ausfahrt *f*, (2) (*personnes*) Abgang *m*, Austritt *m*, (3) (*argent*) Abfluss *m*, Ausgang, Storno *n*, (4) (*DV*) Ausgabe (von Daten); **âge de –** Austrittalter *n*; **visa de –** Ausreisevisum *od.* -sichtvermerk; **– d'entrepôt** (1) (*HR*) (Waren-) Ausgabe *f*, (2) Auslagerung *f*.

sortir *v.tr. et intr.* herausgehen; hervorgehen; **– son plein et entier effet** (*PrzR: Urteil*) seine volle Gültigkeit erlangen; **– au tirage** ausgelost werden.

sosie *m* Doppelgänger *m*.

sottise *f* Dummheit, Torheit *f*.

soubassement *m* Grundmauer *f*; Unterbau *m*.

souche *f* (1) (*UmweltR*) Stamm *m*; Baumstumpf *m*, (2) (*BankR*) Stammabschnitt *m*, Stammblatt *n*, (3) (*FamR*) Ahnherr, Stammvater *m*; **carnet** *ou* **chéquier à –s** (Scheck-) Heft mit Stammabschnitten; **– de contrôle** Kontrollabschnitt; **– d'expédition** Versandschein *m*.

souci *m* Besorgnis *f*, Sorge *f*, Kummer *m*; **– numéro un** Hauptsorge.

soudoyer *v.tr.* (*StR: corrompre*) bestechen, kaufen.

souffrance *f* (1) Schmerz *m*, Leiden *n*, (2) Duldung *f*, Zugeständnis *n*, (3) (*FinanzW*) Aufschub *m*, zusätzliche Frist; Verzug *m*; **en –** unerledigt, in der Schwebe; ungedeckt; **lettre en –** unzustellbarer Brief; **lettre de change en –** notleidender *od.* nicht eingelöster Wechsel; **paiement en –** überfällige Zahlung; **– morale** seelisches Leid, entgangene Lebensfreude.

souffrir *v.intr.* (1) (*éprouver un dommage, subir un préjudice*) (einen Schaden) erleiden, (2) *v.tr.* (*permettre, tolérer*) zulassen, dulden; **ne – aucun retard** keinerlei Verspätung ist zulässig; **– d'une affection de la peau** an einer Hautkrankheit leiden; **– la persécution** (politisch) verfolgt werden; **– une perte** einen Verlust erleiden.

souhait *m*: **exprimer un –** einen Wunsch äußern.

soulèvement *m* Aufstand *m*, Aufruhr *m*, Erhebung *f*.

soulever *v.tr.* (1) an- *od.* aufheben, (2) (*fig*) aufwerfen, aufgreifen; **se –** *v. pron.* (*Pol*) in Aufstand treten, sich erheben (gegen jn.); **– une exception** (*PrzR*) eine Einrede erheben, eine Einwendung geltend machen, ein-

wenden; **– une question** eine Frage stellen *od.* aufwerfen.
souligner *v.tr.* unterstreichen; *fig* besonders hervorheben.
soulte *f* (*ErbR, FamR: somme compensatoire due par un copartageant*) Ausgleichssumme *od.* -betrag; Wertausgleich *m*; **échange avec –** (*SchuldR*) (Um-) Tausch mit Zahlung des Wertunterschiedes; **– successorale** Erbabfindung.
soumettre *v.tr.* (1) unterwerfen, (2) vorschlagen, unterbreiten; anheimstellen; **se – aux lois** die Gesetze einhalten, die Vorschriften beachten.
soumis *adj* unterliegend; unterworfen; gehorsam; demütig; **être – au contrôle** der Aufsicht unterliegen; **être – au droit** dem Gesetz unterworfen sein; **– à l'impôt** abgabe- *od.* steuerpflichtig.
soumission *f* (1) (*VerfR: sujétion, obéissance*) Unterwerfung, Gehorsam *m*, (2) (*ÖfR: marchés publics*) Angebot *n* (auf eine Ausschreibung); **par voie de –** durch (öffentliche) Ausschreibung; **– de prix** Preisstellung; **– publique** öffentliche Ausschreibung; **– restreinte** beschränkte Ausschreibung.
soumissionaire *m* Bieter *m*, Bewerber (bei öffentlichen Aufträgen), Submittent *m*.
soumissionner *v.tr.* ein Preisangebot vorlegen, ein Angebot einreichen; sich um die Vergebung öffentlicher Aufträge bewerben.
soupçon *m* (*StR*) Verdacht *m*, Vermutung; Argwohn *m*; **éveiller des –s** Verdacht schöpfen; Verdacht erregen; **– justifié** begründeter Verdacht.
soupçonnable *adj* verdächtig.
soupçonner *v.tr.* Verdacht schöpfen, verdächtigen; mutmaßen, ahnen; **être –né de vol** (*StPR*) im Verdacht des Diebstahls stehen.
soupeser *v.tr.* (des arguments) abwägen.
souple *adj* (1) biegsam, geschmeidig, (2) *fig* anpassungsfähig, nachgiebig, kompromissbereit.
souplesse *f* (1) Biegsamkeit, (2) *fig* Nachgiebigkeit *f*, Anpassungsfähigkeit; Spielraum *m*; Beweglichkeit.
source *f* (1) Quelle *f*, (2) *fig* Ursprung *m*, Grund *m*, Ursache *f*; **de bonne –** aus sicherer Quelle; **imposition à la –** Quellenbesteuerung; **– d'achat** Bezugsquelle; **– de droit** Rechtsquelle; **– d'énergie** Energiequelle; **– de financement** Finanzierungsquelle; **– juridique** Rechtsgrundlage; **– de revenu(s)** Einnahmequelle *f*.
sourd-muet *adj* taubstumm.
souricière *f* (*StR*) *umg* Falle (die von der Polizei gestellt wird).
sous *prép.* unter; **être – le coup d'une accusation** unter Anklage stehen; **– couvert de la nuit** bei Nacht; nach Einbruch der Dunkelheit; **– enveloppe** im verschlossenen Umschlag; **– huitaine** binnen einer Woche; **– main** heimlich, unter der Hand; **– peine d'amende** unter Androhung einer Geldstrafe; **– réserve d'approbation** unter Vorbehalt der Zustimmung.
sous-acquéreur *m* (*SchuldR: consommateur, acquéreur ultime*) Endabnehmer *m*, Endverbraucher *m*.
sous-agent *m* (*HR: madataire de l'agent général*) Vermittlungsvertreter *m*.
sous-alimentation *f* Unterernährung *f*.
sous-amendement *m* (*VerfR*) Änderungsantrag eines vorherigen Änderungsantrages.
sous-assurance *f* Unterversicherung *f*, unzureichende Deckung.
sous-bail *m* Untermietervertrag *m*.
sous-commission *f* Unterausschuss *m*.
souscripteur *m* (1) (*VersR*) Versicherungsnehmer *m*, (2) (*BankR*) Zeichner *m* (einer Anleihe, einer Aktie), (3) Subskribent *m*, Unterzeichner *m*.
souscription *f* (1) (*VersR*) Zeichnung *f*, (2) Unterschrift *f*, Unterzeichnung, (3) (*VerlR*) Subskription *f*; **année de –** (*VersR*) Eintrittsjahr; **bordereau** *ou* **bulletin** *ou* **certificat de –** Zeichnungsformular *n*; **droit de –** Bezugs- *od.* Zeichnungsrecht; **– d'actions** Aktienzeichnung *f*; **– d'une assurance** Versicherungsabschluss *m*; **– d'un emprunt** Zeichnung einer Anleihe Barzeichnung.
souscrire *v.tr.* (1) zeichnen, (2) unterschreiben, zustimmen; **– à une**

émission d'actions (d'une société) Aktien (einer Gesellschaft) zeichnen; **– à un emprunt** eine Anleihe zeichnen.
sous-déclaration *f* **de revenus** (*SteuerR*) Steuerverkürzung durch Verheimlichung von Einnahmen; Abgabe einer unrichtigen Steuererklärung.
sous-délégation *f* Untervollmacht *f.*
sous-développé *adj* unterentwickelt.
sous-développement *m* Unterentwicklung *f.*
sous-directeur *m* stellvertretender Direktor *od.* Leiter.
sous-emploi *m* Unterbeschäftigung *f*, Arbeitslosigkeit *f.*
sous-entendre *v.tr.* voraussetzen, stillschweigend mit einschließen, mit darunter verstehen.
sous-entendu *m* (*SchuldR*) heimlicher Vorbehalt; Andeutung.
sous-entrepreneur *m* (1) (*WirtR*) Subunternehmer *m*, (2) (*ArbR: main d'œuvre*) Arbeitgeber, der Arbeitskräfte anderen Arbeitgebern zur Arbeitsleistung überlässt.
sous-entreprise *f* Subunternehmertum *n*; **– de main-d'œuvre** (*ArbR*) Leiharbeitsverhältnis *n*, Arbeitnehmerüberlassung *f.*
sous-estimer *v.tr.* unterschätzen.
sous-évaluation *f* Unterbewertung *f.*
sous-locataire *m* Untermieter *m.*
sous-location *f* Untermiete *f.*
sous-louer *v.tr.* (1) in Untermiete nehmen, (2) in Untermiete geben, weitervermieten.
sous-main *m* Unterlage (zum Schreiben); **en –** heimlich, unter der Hand.
sous-occupé *adj* nicht ausgelastet.
sous-ordre *m* (1) (*SchuldR*) Unterauftrag (des Subunternehmers), (2) (*VwR: employé subalterne*) Untergebene(r) *m*, Ausführende(r) *m*, untergeordnete(r) Beamte(r).
sous-payer *v.tr.* (*ArbR*) einen zu niedrigen Lohn zahlen, zu wenig zahlen; ausbeuten.
sous-préfecture *f* (*VwR*) frz. Unterpräfektur, staatliche frz. Verwaltungsstelle auf Arrondissementebene.
sous-préfet *m* Unterpräfekt *m.*
sous-produit *m* Nebenerzeugnis *n*, Zwischenfabrikat *n.*
sous-prolétariat *m* Lumpenproletariat *n.*
sous-secrétaire *m* **d'État** Unterstaatssektretär *m.*
sous-seing *m* (*ZR: acte sous seing privé*) privatschriftliche Urkunde.
sous-signature *f* zweite Unterschrift.
soussigné *m* Unterzeichnete(r) *m*, Unterfertigte(r) *m.*
sous-sol *m* Boden *m*, Grund *m*, Untergrund; **ressources du –** Bodenschätze *mpl.*
soustraction *f* (*StR*) Wegnahme *f*, Zueignung; Hinterziehung *f*; **– frauduleuse** rechtswidrige Zueignung, Gewahrsamsbruch *m*; **– de pièces** Urkundenunterdrückung.
soustraire *v.tr.* (*StR*) sich rechtswidrig aneignen, widerrechtlich entnehmen; wegnehmen; unterdrücken.
sous-traitance *f* (1) (*WirtR: recours à des sous-traitants*) Zulieferindustrie *f*, (2) (*ArbR: opération confiée à un sous-traitant suivant les directives de l'entrepreneur principal*) Vergabe von Aufträgen an Subunternehmer.
sous-traitant *m* Zulieferer *m*, Zulieferant *m*, Subunternehmer *m.*
sous-traiter *v. tr. et intr.* (1) über einen Zulieferanten beziehen, (2) an einen Subunternehmer (einen Auftrag) vergeben.
soute *f* **à bagages** Gepäck- *od.* Frachtraum *m.*
soutenable *adj* vertretbar, plausibel.
soutenance *f* **de thèse** (*HochschulR*) mündlicher Vortrag (einer Dissertation) zum Erwerb der Doktorwürde.
soutènement *m* (1) (*Buchf*) Belege *mpl* für eine Abrechnung, (2) Stütze *f*, Halt *m.*
souteneur *m* (*StR: syn. de proxénète*) Zuhälter *m.*
soutenir *v.tr.* (1) unterstützen, helfen, (2) wahren, verteidigen, (3) behaupten, bekräftigen, bestätigen; **il soutient l'avoir vu** er versichert, (etwas) gesehen zu haben; **– la cause de qqn.** für jmdn. eintreten; **– une dépense** eine Ausgabe bestreiten; **– son dire** er bleibt bei seiner Aussage;

– ses droits seine Rechte wahrnehmen, seine Ansprüche wahren.

soutien *m* (1) (*aide, secours*) Unterstützung *f*, Beihilfe *f*, (2) (*FamR*) unterhaltspflichtige Person, (3) Stütze *f*, Halt *m*; **fonds de –** Unterstützungsfonds *m*; **– des cours** Kursstützung; **– de famille** Unterhaltspflichtige(r), Familienernährer *m*; **– pécuniaire** finanzielle Unterstützung; **– des prix** Preisstützung.

soutirer *v.tr.* **de l'argent** Gelder *npl* unterschlagen.

souvenir *m* Gedächtnis *n*; Erinnerung *f*; Andenken *n*; **perdre le –** sich an nichts mehr erinnern; **se – de qqch.** *v.pron.* sich erinnern an, sich einer Sache erinnern, sich auf etwas besinnen.

souvent *adv* oft, häufig; des öfteren, mehrfach; in vielen Fällen.

souverain *adj* vollkommen unabhängig, souverän; **la cour –e** (*GVR*) der höchste Gerichtshof; **jugement –** Urteil *n* letzter Instanz.

souverain *m* Souverän *m*; Herrscher.

souverainement *adv* (1) (*VerfR*) souverän, in Ausübung der Hoheitsrechte, (2) (*PrzR*) in letzter Instanz, (3) (*VwR*) nach freiem Ermessen.

souveraineté *f* (*ÖfR*) Souveränität *f*, Hoheitsrechte *npl*; Rechtshoheit *f*, Oberhoheit; Staatsgewalt *f*, Staatshoheit; **abandon de –** Souveränitätsbeschränkung, Aufgabe von Hoheitsrechten; **acte de –** (*ÖfR*) Hoheitsakt, Regierungsakt *m*; **atteinte à la –** Souveränitätsverletzung; **droit de –** Hoheits- *od.* Souveränitätsrecht; **emblème de –** Hoheitszeichen *n*; **exercice de la –** Herrschaftsausübung; **limitation de –** Souveränitätsbeschränkung; **pleine –** volle Souveränität; **pouvoir de –** Hoheitsgewalt *f*.

souveraineté dans le domaine aérien Lufthoheit; **– douanière** Zollhoheit; **– de l'État** Staatshoheit, Staatgewalt; **– financière** Finanz- *od.* Steuerhoheit; **– des juges de fond** (*PrzR*) alleinige Zuständigkeit (der Erstinstanz- und Berufungsrichter) für die Tatsachenfeststellung *od.* in tatsächlicher Hinsicht; **– monétaire** Währungshoheit; **– nationale** nationale Souveränität *od.* Hoheit; **– du peuple** *ou* **populaire** (*VerfR*) Volkssouveränität *f*; **– spirituelle** Religionshoheit; **– territoriale** Gebiets- *od.* Territorialhoheit.

spadassin *m* gedungener Mörder.

spécial *adj* spezial, speziell, Einzel-, Sonder-, Fach-; **autorisation –e** Sondergenehmigung; **contrats spéciaux** die einzelnen Schuldverhältnisse; **décision –e** Einzelfallentscheidung; **mandat –** Sonder- *od.* Spezialvollmacht *f*.

spécialisation *f* Spezialisierung *f*.

spécialiste *m* Fachmann *m*, Sachverständige(r) *m*; **être –** vom Fach sein; **– du droit commercial** Handelsrechtler *m*; **– du droit comparé** Fachmann auf dem Gebiet der Rechtsvergleichung.

spécialité *f* (1) (*ArbR*) Fachgebiet *n*; Berufszweig *m*, Berufsrichtung *f*; Spezialgebiet *n*, (2) (*Wz*) Markenartikel *m*, (3) (*MedizinR*) Spezialität *f*, Präparat *n*; **– pharmaceutique** pharmazeutisches Produkt *n*, Arzneimittel *n*.

spécification *f* (1) (*SachR*) Verarbeitung eines Stoffes zu einer neuen Sache, Spezifikation, (2) (*SchuldR*) Spezifikation, nähere Bestimmung der Leistung, (3) (*précision*) (nähere) Angabe *f*; (besondere) Bezeichnung; Einzelaufzählung; **– de la tâche** *ou* **du travail** (*ArbR*) Tätigkeitsbeschreibung *f*.

spécificité *f* Eigenart *f*, Sondercharakter *m*, Besonderheit *f*.

spécifier *v.tr.* besonders bezeichnen; einzeln aufzählen.

spécifique *adj* spezifisch, einer Sache eigentümlich; **règle –** Sonderbestimmung; **trait –** besonderes Merkmal, Eigenheit *f*.

spécimen *m* (1) (*HR: échantillon*) Probe *f*, Probestück *n*, Muster *n*, (2) (*Buch*) Probeexemplar *n*; **– de signature** Unterschriftsprobe.

spectacle *m* Schauspiel *n*; Bühnenwerk *n*; Theaterstück *n*; **procès- –** Schauprozess *m*.

spectateur *m* Zuschauer *m*; Zeuge *m* (eines Ereignisses).

spéculateur *m* (*BörR*) Spekulant *m*; **– à la baisse** Baissier *m*; **– à la hausse** Haussier *m*.

spéculation *f* Spekulation *f*, Spekulationshandel *m*; **– sur les changes** Devisenspekulation; **– à découvert** Windhandel; **– foncière** *ou* **immobilière** Bodenspekulation; **– illicite** gesetzwidrige Spekulation; **– sur les titres** Effektenspekulation.

spéculer *v. intr.* (an der Börse) spekulieren.

sperme *m*: **banque du –** Spermabank *f*; **don de –** Samenspende *f*.

sphère *f* Sphäre *f*, Bereich *m*, Wirkungskreis *m*; **– d'activité** Tätigkeitsfeld *od.* -bereich *m*, Wirkungsbereich *m*; **– administrative** Verwaltungsbereich; **– d'application** Geltungsbereich *m*, Anwendungsgebiet *n*; **– d'attributions** *ou* **de compétence** Zuständigkeitsbereich; **– d'influence** Einflussbereich *od.* -sphäre.

spirale *f* **inflationniste** Inflationsspirale *f*; **– (des) prix (et des) salaires** (*Vwirt*) Lohn-Preis-Spirale.

spirituel *adj*: **affaires –les** (*KirchR*) kirchliche Angelegenheiten.

spiritueux *mpl* branntweinhaltige Getränke, Alkoholika *pl*.

spoliation *f* (*StR: dépossession violente ou sous une menace*) Ausplünderung *f*, Beraubung *f*; Kunstraub *m*; Besitzentziehung *f*; **– de biens** Vermögensentziehung *f*.

spolier *v.tr.* ausplündern, berauben.

sponsor *m* (*WirtR: commanditaire, parrain*) Sponsor *m*, Förderer, Geldgeber (z. B. im Sport).

sponsoring *m* (*WirtR: parrainage publicitaire – on trouve aussi: sponsorisation f et sponsorisme m*) Sponsoring *n*, Werbung durch Förderung (von Sport u. Kunst).

sporadique *adj* vereinzelt auftretend.

sport *m* **de haut niveau** Leistungssport *m*; **– pour tous** Massensport *m*.

sportif *adj*: **association sportive** Sportverein *od.* -club *m*; **– de haut niveau** *m* Hochleistungsportler *m*.

spot *adj*: **marché –** (*BörR*) Spotgeschäft *n*; **prix –** Preis auf dem freien Erdölmarkt.

spot *m* **publicitaire** (kurze) Werbesendung *f*, Werbespot *m*.

squat *m ou* **–tage** (*StR*) (rechtswidrige) Hausbesetzung *f*.

squatté *p.p. adj.*: **immeuble –** besetztes Haus.

squatter *v.tr.* **un immeuble inoccupé** (*StR: investir par effraction un immeuble vide*) ein leerstehendes Haus besetzen.

squatter *m ou* **squatteur** (*StR: occupant sans droit ni titre*) Hausbesetzer *m*.

stabilisateur *adj*: **action stabilisatrice sur les prix** preisdämpfende Wirkung.

stabilisation *f* Festigung *f*, Konsolidierung *f*, Stabilisierung *f*; **– des cours** Kurskonsolidierung; **– financière** finanzielle Konsolidierung; **– monétaire** Währungsstabilisierung.

stabiliser *v.tr.* stabilisieren, festigen.

stabilité *f* Festigkeit *f*, Beständigkeit, Stabilität *f*; **clause de –** Anpassungsklausel; **– de l'emploi** Sicherheit der Arbeitsplätze; **– monétaire** Währungsstabilität; **– des prix** Preisstabilität.

stable *adj* stabil, fest, beständig.

stade *m* Stadium *n*, Entwicklungsstufe *f*, Abschnitt *m*, Stand *m*; **à un – avancé** in fortgeschrittenem Stadium; **– de la commercialisation** Handelsstufe *f*; **– de la procédure** (*PrzR*) Verfahrensabschnitt *od.* -stadium *n*; **– de production** Produktionsstufe; **– ultime** Endstufe.

stage *m* (1) (*BeamR*) Vorbereitungsdienst, Anwärterdienst, (2) (*ArbR: période de formation professionnelle*) Ausbildungs- *od.* Probezeit; Praktikum *n*, Praktikantenzeit, (3) (*HochschulR*) Lehrgang *m*; Studienaufenthalt *m*, (4) (*Soz Vers*) Anwartschaft(szeitraum); Wartezeit *f*; **admettre à un –** jmdn. als Praktikant einstellen; **effectuer** *ou* **faire un –** ein Praktikum ableisten; an einem Ausbildungslehrgang teilnehmen; **emploi de –** Praktikantenstelle; **indemnité de –** Ausbildungsbeihilfe; **période de –** Praktikumszeitraum *m*; Vorbereitungszeit *f*; Probezeit *f*.

stage des avocats Ausbildungszeit der Rechtsanwaltsanwärter; **– de**

conversion professionelle beruflicher Umschulungslehrgang; **– (d'immersion) dans l'entreprise** Betriebspraktikum; **– à l'étranger** Auslandspraktikum *n*; **– de formation** Ausbildungslehrgang *m*; Fortbildungsmaßnahme *f*; **– de formation professionnelle** Berufsausbildungslehrgang; **– d'initiation** Einführungslehrgang *m*; Einweisungszeit *f*; **– de perfectionnement** Fortbildungslehrgang *m*; **– préparatoire** (*BeamR*) Vorbereitungsdienst; **– probatoire** Probezeit *f*; **– de reconversion** Umschulungslehrgang; **– de réinsertion** Arbeitsbeschaffungsmaßnahme.

stagflation *f* (*Vwirt*) Stagflation.

stagiaire *m* (1) (*BeamR*) Beamtenanwärter *m*, (2) (*ArbR*) Praktikant *m*, Volontär *m*, Berufsanwärter *m*; Teilnehmer an einem Lehrgang; **emploi de –** Praktikantenstelle *f*.

stagnant *adj* stagnierend, flau, stillstehend.

stagnation *f* (1) Stockung; Stillstand *m*, Stagnation; Nullwachstum *n*, (2) (*BörR*) Flaute *f*; **– économique** rückläufige Wirtschaftsentwicklung.

stagner *v. intr.* stagnieren, stocken.

stand *m* Austellungsstand *m*; (Jahrmarkt-) Bude *f*.

standard *m* (1) Standard *m*, Normalmaß *n*, Durchschnittsbeschaffenheit, (2) (*Vwirt*) allgemeines Leistungs-, Qualitäts-, Lebensführungsniveau *n*, (3) Feingehalt (einer Münze), (4) (*HR*) Qualitätsmuster *n*, Normalausführung (einer Ware), Standard, anerkannter Qualitätstyp, (5) Telefonzentrale *f*; **– de vie** Lebensstandard.

standardisation *f* Normung *f*; Standardisierung *f*; Vereinheitlichung; Normierung, Typisierung.

standardiser *v.tr.* standardisieren, vereinheitlichen, normen, typisieren.

standing *m* (1) gesellschaftliche Stellung, Rang *m*; sozialer Status; Ansehen *n*, (2) Konfort *m*, Luxus *m*.

staries *fpl* (*SeeHR: jours de planche*) Liegezeit *f*, Ladezeit; **jours de –** Liegetage *pl*.

station *f* (1) Station *f*, (Halte-) Stelle *f*, (2) Amt *n*, Anlage *f*; **– balnéaire, – classée** Bad *n*, Kurort *m*; **– d'épuration d'eau** Kläranlage *f* zur Abwässerreinigung; **– d'essais** *ou* **de recherche** Forschungsstätte *f*; **– -service** Tankstelle *f*; **– thermale** Kurort *m*, Thermalbad *n*.

stationnement *m* Parken *n*; **droit de – des riverains** (*VwR*) Anliegergebrauch *m*; **– interdit** Halteverbot *n*; **– payant** gebührenpflichtiges Parken.

stationner *v. intr.* parken; **interdiction de –** Parkverbot *n*.

statistique *f* Statistik *f*; **institut des –s** statistisches Amt; **– des accidents** Unfallstatistik; **– du commerce extérieur** Außenhandelsstatistik; **– de la criminalité** Verbrechens- *od.* Kriminalstatistik; **– électorale** Wahlstatistik.

statu ante *m lat* Stand vor dem bezeichneten Ereignis; **– minus** Verschlechterung *f* gegenüber dem gegenwärtigen Zustand.

statu quo *m* gegenwärtiger Zustand *m*, Status quo.

statuer *v.tr.* (1) (*ZPR, StPR: rendre une décision de justice*) entscheiden, befinden (über), (2) (*VwR: ordonner*) anordnen, bestimmen, regeln; **il n'y a pas lieu à –** der Rechtsstreit ist in der Hauptsache erledigt; **omission de –** (*ZPR*) Unterlassung der Entscheidung über einen Parteiantrag; **refus de –** (*StR: déni de justice*) Rechtsverweigerung; **surseoir à –** die Entscheidung vertagen; **sursis à –** Entscheidungsaussetzung *od.* -vertagung; **– sans appel** in erster u. letzter Instanz entscheiden; **– à charge d'appel** unter Vorbehalt der Berufung entscheiden; **– au contentieux** im streitigen Verfahren entscheiden; **– contradictoirement** bei Anwesenheit beider Parteien *od.* ihrer Vertreter) entscheiden; **– discrétionnairement** nach freiem Ermessen entscheiden.

statuer en appel als Rechtsmittelinstanz entscheiden; **– en équité** *ou* **ex aequo et bono** der Billigkeit gemäß entscheiden; **– au fond, – sur le fond** in der Sache selbst entscheiden, zur Hauptsache entscheiden; **– sur un litige** einen Rechtsstreit entscheiden; **– sur pièces** nach Aktenlage entscheiden; **– de plano** (*PrzR*) auf der Stelle entscheiden (ohne sich zur Beratung zurückzuziehen); **– publiquement** in öffentlicher Sitzung das Urteil verkünden; **– en référé** im beschleunigten Verfahren entscheiden.

statut *m* (1) (*situation de fait, position*) Stellung *f*, Lage *f*, (2) (*situation juridique*) Rechtsstellung *f*, Rechtsstatus *m*; Rechtsverhältnisse *npl*, (3) (*textes réglant une situation*) Gesetzgesregelung (eines Sachverhalts) *n*; Verordnung *f*; Recht *n*; Statut *n*; **– consultatif** (*VR*) Beratungsfunktion; **– diplomatique** diplomatischer Status; **– de la femme mariée** Rechtsstellung der verheirateten Frau; **– de la fonction publique** *ou* **des fonctionnaires** frz. Beamtenrecht *n*; Rechtsstellung der frz. Beamtenschaft, frz. Beamtengesetz *n*; **– des forces armées** (*VR*) Truppenstatut *n*.

statut juridique Rechtsstellung *f*, rechtliche Stellung, Rechtsstatus *m*; Rechtsgrundlage *f*; **– légal** gesetzliche Regelung *od.* Grundlage; **– local** (*IPR*) Anwendung des interlokalen Privatrechts; **– de la magistrature** (*GVR*) Rechtsstellung der Richter und Staatsanwälte; **– de neutralité** (*VR*) Neutralitätsstatus; **– pécuniaire** (*BeamR*) Besoldungsordnung *f*.

statut du personnel (1) (*ArbR*) Rechtsstellung der Belegschaft (eines Betriebes); **– personnel** (1) (*ZR*) gesetzliche Regelung der Personenrechte, (2) **– du personnel** (*BeamR*) Personalordnung *f*, Personalstatut *m*, Recht der Beamten und Angestellten, (2) **– personnel** (*IPR*) Personalstatut *m*; **– privilégié** Vorzugsstellung *f*; **– professionnel** Berufsordnung *f*; **– public** öffentlich-rechtlicher Status; **– réel** (*IPR*) Anwendbarkeit des Rechts des Orts der belegenen Sache; **– social** sozialer *od.* gesellschaftlicher Status; **– territorial** Territorialstatus; **– type** Mustersatzung *f*; Satzungsmuster *n*.

statutaire *adj* satzungsmäßig *od.* -gemäß, statuarisch; Satzungs-; **gérant –** (*GesR*) durch die Satzung bestimmter Geschäftsführer.

Achten sie auf die radikale Bedeutungsänderung durch die Pluralform: Es geht bei *les statuts* allein um die schriftlich fixierte Satzung juristischer Personen, insbesondere der Handelsgesellschaften, und nicht um die Rechtsstellung natürlicher Personen = *le statut.*

statuts *mpl* (1) (*GesR: document qui consigne l'acte constitutif d'une société*) Satzung *f* (einer Gesellschaft), (2) (*ZR*) Vereinssatzung *f*, Statuten eines Gelehrten- *od.* Künstlervereins; **déposer les –** die Gesellschaftssatzung (zwecks Eintragung beim frz. Handelsregister) hinterlegen *od.* einreichen; **modification aux –** Satzungsänderung; **violation des –** Satzungsverletzung; **– d'une association** Vereinssatzung; **– type** Mustersatzung (einer Handelsgesellschaft).

stellage *m* (*BörR*) Stellage(geschäft).

stellionat *m* (*SachR*) Verkauf ein u. desselben Grundstücks an mehrere Personen; Verkauf durch einen Nichteigentümer; Verschweigen der Belastungen bei einem Grundstücksverkauf.

stellionataire *m* betrügerischer Verkäufer; Person, die beim Grundstücksverkauf vorsätzlich unwahre Angaben macht.

sténodactylo *f* Stenotypistin *f*.

stérilisation *f* (*StR*) Unfruchtbarmachung *f*, Sterilisation.

stigmatiser *v.tr.* verurteilen, brandmarken; beanstanden.

stimulants *mpl* (*MedizinR*) Aufputschmittel *npl*.

stimulateur *m* **cardiaque** Herzschrittmacher *m*.

stimulation *f* (*Vwirt*) Ankurbelung *f*, Anreiz *m*; Förderung *f*.

stimuler *v.tr.* stimulieren, anregen, beleben; **– les ventes** den Absatz fördern.

stipendier *v.tr.* bestechen, jmdn. kaufen.
stipulant *m* (*SchuldR*) Vertragsschließende(r) *m*.
stipulation *f* (1) (*SchuldR: clause d'un contrat*) (Vertrags-) Klausel *f*, Vereinbarung, Vertragsbestimmung, Abmachung, (2) (*condition exigée*) Bedingung *f*, Voraussetzung; **sauf – contraire** falls nichts anderes vereinbart wurde; es sei denn, es wurde etwas anderes vereinbart; **– additionelle** Zusatzbestimmung; **– pour autrui** Vertrag zugunsten Dritter; **– contractuelle** *ou* **conventionelle** Vertragsklausel *f*, Vertragsbestimmung *f*; **– d'intérêts** Zinsklausel; **– de propres** (*EheR*) Erklärung von Fahrnis zu Vorbehaltsgut (bei Gütergemeinschaft); **– statuaire** Satzungsbestimmung.

Souvenez-vous: la loi dispose et les parties à un contrat ou le contrat lui-- même stipule. Das Verb *stipuler* verwendet man bei vertraglichen Vereinbarungen, *disposer* hingegen, bei gesetzlichen Bestimmungen.

stipuler *v.tr.* verabreden, vereinbaren, vertraglich abmachen, ausbedingen; **le contrat stipule que ...** im Vertrag wird festgelegt *od.* vereinbart, dass ...; **– pour autrui** zugunsten eines Dritten einen Vertrag abschließen.
stock *m* (1) Bestand *m*, Vorrat *m*, Lagervorrat, (2) Warenlager, Lager; **avoir en –** auf Lager haben; **constituer un –** einen Vorrat anlegen; **déclaration de –** Bestandsmeldung *f*; **entrée en –** Lagereingang *m*; **gestion des –s** Lagerhaltung *f*, Lagerverwaltung; **liquidation du –** Räumungsverkauf *m*; **liquider le –** das Lager räumen; **marchandises en –** gelagerte Ware; **rotation des –s** Lagerumschlag *m*.
stock d'alerte *ou* **critique** Meldebestand *m*; **–s sur le carreau de la mine** Haldenbestände Buchbestände *mpl*; **– de fonctionnement** optimaler Lagerbestand; **– de marchandises** Warenlager *n*, Warenbestand, Warenvorräte; **– maximal** *ou* **minimal** Höchst- *od.* Mindestlagerbestand; **– monétaire** Bargeldbesitz *m*.
stock *f*-option (*GesR: option d'achat d'actions proposée à certaines catégories de salariés et aux dirigeants d'une société à un prix avantageux*) Aktienvorkaufsrecht *n*; **– outil** optimaler Lagerbestand; **– permanent** *ou* **de sécurité** Mindestlagerbestand, eiserner Bestand.
stockage *m* Einlagerung *f*, Lagerhaltung; Vorratshaltung *f*; **capacité de –** Lagerkapazität; **– des données** (*DV*) Datenspeicherung; **– exessif** Hortung *f*.
stocker *v.tr.* speichern; lagern, einlagern.
stockiste *m* (*HR*) Vorratshalter *m*, Einlagerer *m*.
stop *m* (*StVR: panneau routier*) Stoppschild *n*; **feux –** Bremsleuchten *fpl*.
stopper *v.tr.* zum Stehen bringen, anhalten; bremsen; Einhalt gebieten.
stratagème *m* List *f*, Kunstgriff *m*.
stratégie *f* Strategie *f*; **– commerciale** Verkaufs- *od.* Vermarktungsstrategie.
strict *adj* streng, genau; eng; **interprétation –e** restriktive Auslegung; **obligation –e** strikte Anordnung; **au sens –** (= *stricto sensu*) im engeren Sinne; **la –e vérité** die reine, die ganze, die volle Wahrheit.
strictement *adv* streng, rein; **– défendu** streng verboten.
structuration *f* Gliederung *f*, Aufteilung *f*.
structure *f* (1) (*disposition ordre*) Aufbau *m*, Struktur *f*, Gliederung *f*, Gefüge *n*, (2) (*régime*) System *n*, Ordnung *f*; **réforme de –** Organisationsänderung *f*; **– d'accueil** Empfangshalle *f*; **– administrative** Behörden- *od.* Verwaltungsaufbau, Verwaltungsstruktur *f*; **– d'âge** Altersgliederung; **– concurrentielle** Wettbewerbsstruktur; **– corporative** berufsständischer Aufbau; **– démographique** Bevölkerungsstruktur *od.* -aufbau; **– de la distribution** Verteilersystem; **– économique** Wirtschaftsaufbau *od.* -system; **– financière** Finanzstruktur; **– foncière** Bodenordnung; **– institutionnelle** Institutionenaufbau; **– juridique** Rechtsordnung; **– du**

marché Marktordnung; **– des prix** Preisgefüge; **– sociale** Sozialgefüge; gesellschaftliche Ordnung; **– tarifaire** Tarifgestaltung.

structurer *v.tr.* gliedern, aufbauen.

studbook *m* (*LandwR: registre portant les noms, les généalogies, les victoires des chevaux de race*) Zuchtbuch *n*.

studieux *adj* arbeitsam, fleißig.

stupéfaction *f* Entsetzen, Erstaunen *n*; Bestürzung *f*.

stupéfiant *m* (*StR: substance toxique agissant sur le système nerveux*) Rauschgift *n*, Betäubungsmittel *n*; **brigade des –s** (*StR: abréviation fam.: les stups*) Rauschgiftdezernat *n*; **trafic de –s** Rauschgifthandel *m*; **usage de –s** Rauschgifteinnahme *f*, Rauschgiftkonsum *m*; Betäubungsmittelverbrauch *m*.

stupeur *f* Erstarrung *f*; *fig.* Bestürzung *f*.

stupre *m* Ausschweifung *f*, Sittenlosigkeit *f*.

style *m* Stil *m*, Schreibart *f*; **– administratif** Rechts- und Verwaltungssprache; **– de vie** Art der Lebensführung, Lebensstil.

stylet *m* (*StR*) kurzer kleiner Dolch (mit sehr scharfer spitzer Klinge).

subalterne *adj* untergeordnet, subaltern; unselbständig.

subalterne *m* (*BeamR*) Untergebene(r) *m*, Beamte(r) des einfachen Dienstes.

subdélégation *f* Untervollmacht *f*; Unterbevollmächtigung *f*.

subdélégué *m* Unterbevollmächtigte(r) *m*.

subdéléguer *v.tr.* (*HR*) Untervollmacht erteilen.

subdivision *f* Unterteilung *f*; **– administrative** Verwaltungsuntergliederung, Verwaltungsbezirk *m*.

subir *v.tr.* erleiden, dulden, über sich ergehen lassen; ausgesetzt sein, unterliegen; **– les conséquences de ses actes** für die Folgen seiner Taten einstehen müssen; **– un dommage** einen Schaden erleiden; **– un examen** sich einer Prüfung unterziehen, eine Prüfung ablegen; **– un examen médical** einer ärztlichen Untersuchung unterzogen werden; **– l'influence de** unter dem Einfluss stehen (von); **– un interrogatoire** (*StPR*) verhört werden; **– une peine** eine Strafe verbüßen, eine Strafe absitzen; **– une perte** einen Verlust erleiden; **– un recul** einen Rückschlag erleiden; **– des violences** misshandelt werden.

subit *adj* plötzlich, unvermutet.

subjectif *adj* parteiisch, einseitig, subjektiv; **opinion subjective** persönliche Meinung.

subjuguer *v.tr.* unterjochen; beherrschen; völlig für sich einnehmen.

submerger *v.tr.* *a. fig* überschwemmen.

subodorer *v.tr.* ahnen, vermuten.

subordination *f* (*ArbR*) Weisungsgebundenheit *f*; Unterordnung *f*; Gehorsam *m*; **lien** *ou* **rapport de –** (*ArbR*) Weisungsbefugnis *f* (des Arbeitgebers), Unterordnungsverhältnis *n*.

subordonné *adj* untergeordnet, unterstellt, weisungsgebunden.

subordonné *m* Untergebene(r) *m*, Untergeordnete(r) *m*.

subordonner *v.tr.* unterordnen, unterstellen; **– à** abhängig machen von.

subornation *f* **de témoin(s)** (*StR: délit d'entrave à l'exercice de justice – art. 434–15 CP*) Verleiten *n* eines Zeugen zum Meineid; Zeugenbestechung; verbotene Zeugenbeeinflussung.

suborner *v.tr.* beeinflussen; verleiten; bestechen; **– une jeune fille** eine Minderjährige verführen.

subrécargue *m* (*SeeHR*) Reedervertreter (an Bord eines Schiffes).

subreptice *adj* erschlichen; insgeheim; **par une manœuvre –** mittels Täuschung.

subreption *f* (*StR*) Erschleichen *n* (durch falsche Angaben).

subrogatif *adj* an die Stelle tretend (von).

subrogation *f* (*SchuldR*) Eintritt *m* eines neuen Gläubigers kraft Erfüllung, Gläubigereintritt, Gläubigerwechsel *m*; **paiement avec –** (*SchuldR*) Zahlung mit Eintritt in die Rechtsstellung eines Dritten; **– de l'assureur** (*VersR*) gesetzlicher Forderungsübergang auf den Versicherer; **– conventionnelle** (*SchuldR*) Gläubigerwechsel auf der

Grundlage einer Vereinbarung (zwischen bisherigem Gläubiger u. leistenden Nichtschuldner *od.* zwischen leistenden Nichtschuldner u. Schuldner), Gläubigereintritt auf Grund Vereinbarung; **– légale** Gläubigereintritt (unmittelbar) kraft Gesetzes; **– personnelle** Eintreten einer Person an die Stelle einer anderen (in einer Rechtsbeziehung); **– aux poursuites** (*ZPR*) Ersatzvornahme *f*; **– réelle** dingliche Surrogation.

subrogatoire *adj* (1) als neuer Gläubiger eintretend, (2) treten an die Stelle von; **quittance –** Gläubigerwechselbestätigung *f*.

subrogé *m* (1) (*SchuldR*) der neue Gläubiger, (2) (*ZPR*) gerichtlich eingesetzt; **être –** in die Rechte eintreten; **– tuteur** (*FamR: organe de surveillance ou de suppléance de la tutelle*) frz. Gegenvormund *m*; Ersatzvormund.

subrogeant *m* der bisherige Gläubiger.

subroger *v.tr.* jmdn. an die Stelle eines anderen einsetzen; jmdn. seine Rechte abtreten; (einen neuen Gläubiger) in die Rechte eintreten lassen.

subséquent *adj* nachfolgend, folgend; **degré – de parenté** (*ErbR*) nachfolgender Verwandtschaftsgrad.

subside *m* (*WirtR: somme versée occasionnellement ou régulièrement à un particulier ou à un groupement, à titre d'aide, de subvention, en rémunération de certains services*) Beihilfe *f*, Unterstützung aus staatlichen Mitteln, Unterstützungsgelder *pl*; **action à fins de –(s)** (*FamR*) Unterhaltsklage (des nichtehelichen Kindes); **– de l'État** Staatszuschuss *m*.

subsidiaire *adj* subsidär, zweitrangig; unterstützend; Hilfs-; **action –** (*ZPR*) Geltendmachung eines Gewährleistungsanspruchs als Eventualantrag; **conclusion** *ou* **demande** *ou* **moyen –** (*ZPR*) Eventualantrag *m*, Hilfsantrag; **droit –** subsidäres Recht.

subsidiairement *adv* hilfsweise, subsidär, ersatzweise, an zweiter Stelle.

subsidiarité *f* Subsidiarität *f*, Nachrangigkeit; **principe de –** (*EuR*) Subsidiaritätsprinzip *n*.

subsistance *f* (Lebens-) Unterhalt *m*, Verpflegung; **allocation de –** Unterhaltsbeihilfe *f*; **assurer sa propre –** für den eigenen Unterhalt sorgen, seinen Unterhalt bestreiten; **économie de –** Selbstversorgungswirtschaft; **indemnité de –** Unterhaltszuschuss *m*; **moyens de –** Existenzgrundlage *f*, Unterhaltsmittel *npl*; **– en espèces** Verpflegungsgeld *n*; **– de la famille** Familienunterhalt *m*.

subsistant *m* (*Soz Vers*) Person die Leistungen von einer anderen Kasse als derjenigen bei der sie versichert ist erhält.

subsister *v. intr.* überleben, überstehen; sein Auskommen haben.

substance *f* (1) (*corps*) Stoff *m*, Substanz *f*, Element *n*, (2) (*contenu, nature*) Inhalt *m*, Wesen *n*, (3) (*SchuldR*) Beschaffenheit der Sache; **en –** sinngemäß; **erreur sur la –** (*SchuldR*) Irrtum über (verkehrswesentliche) Eigenschaften der Sache; **– chimique** chemischer Stoff; **– nocive** (*UmweltR*) Schadstoff *m*; **– nutritive** Nährstoff; **– toxique** (*UmweltR*) giftige Substanz, Giftstoff; **–s dangereuses** (*UmweltR*) Gefahrstoffe *mpl*.

substantiel *adj* wesentlich; **avantages –s** beachtliche Vorteile; **droit –** materielles Recht; **formalités –les** unabdingbare Formvorschriften; **qualités –les** wesentliche Eigenschaften.

substituable *adj* ersetzbar, austauschbar.

substituer *v.tr.* ersetzen, austauschen; **– qqn. à son héritier principal** als Ersatzerbe einsetzen; **– un legs** ein Ersatzvermächtnis anordnen.

substitut *m* (*StPR: magistrat du ministère public chargé d'assister le procureur de la République*) Vertreter der Staatsanwaltschaft, frz. Staatsanwalt *m*; **– général** (*GVR*) Oberstaatsanwalt (bei einem frz. Berufungsgericht); **–s à l'emprisonnement** (*StVZ*) Ersetzung der Freiheitsstrafe durch andere Rechtsfolgen (wie Führerscheinentzug).

substitutif *adj* Ersatz-; **peine substitutive** (*StR: peine de substitution*) an Stelle einer Freiheitsstrafe verhängte Strafe, Ersatzstrafe *f*; **produit –** Ersatzprodukt *n*.

substitution *f* Austausch *m*; Ersetzung, Ersatz *m*; **droit de –** (*bei Versteigerungen*) Substitutionsrecht; **peine de –** (*StR: peine prononcée à la place d'une peine d'emprisonnement*) an Stelle einer Freiheitsstrafe verhängte (mildere) Strafe; Fahrverbot *n*; Einziehung des Kraftfahrzeuges; **– de documents** (*StR*) Ersetzung von echten Urkunden durch unechte; **– fidéicommissaire** (*ErbR*) letztwillige Verfügung über ein Familiengut (mit der Auflage, es nicht an Dritte zu veräußern), fideikommissarische Substitution; **– d'héritier** Nacherbschaft *f*; **– de motifs** (*PrzR*) Ersetzung falscher durch richtige rechtliche Erwägungen (in den Entscheidungsgründen); **– de moyens** Veränderung der Anspruchsgrundlage; **– de part** (*StR*) Kindesunterschiebung *f*; **– de pièces à conviction** (*StR*) Unterschlagung von Beweisstücken; **– vulgaire** (*ErbR*) gemeine Substitution, Vulgarsubstitution *f*, Ersatzerbschaft *f*.

subterfuge *m* Vorwand *m*, Ausrede *f*; Trick *m*.

subtiliser *v.tr.* stehlen, entwenden, prellen.

subvenir *v.tr.ind.* **(à)** helfen, beistehen, sorgen (für); **– aux besoins de qqn.** die Bedürfnisse befriedigen; **– aux dépenses** unterstützen, fördern, subventionieren; **– aux frais** zu den Kosten beitragen.

subvention *f* (*HaushR: aide financière sans contrepartie*) (staatliche) Subvention *f*, (Staats-) Zuschuss *m*; Beihilfe *f*, Unterstützung; **accorder une –** einen Zuschuss gewähren, bezuschussen; **bénéficiaire de la –** Zuschussempfänger *m*; **– avec affectation** Zweckzuwendung *f*, zweckgebundener Zuschuss; **– d'amortissement** Tilgungsbeihilfe; **– de l'État** Staatszuschuss *m*, staatliche Beihilfe, Subvention; **– à l'exportation** Ausfuhrbeihilfe; **– à fonds perdu** verlorener Zuschuss, nicht rückzahlungspflichtiger Zuschuss; **– gouvernementale** Staatszuschuss *m*; **– d'investissements** Investitionsbeihilfe; **– de péréquation** Ausgleichszuschuss.

subventionner *v.tr.* einen Zuschuss gewähren, subventionieren, bezuschussen, mitfinanzieren.

subversif *adj* (*StR*) umstürzlerisch.

subversion *f* Umsturzbewegung *f*; Staatsumsturz *m*, Subversion; **tentative de – de l'État** (*StR*) Gefährdung des Rechtsstaates.

succéder *v.tr.ind.* (1) (*ÖfR*) (*im Amte*) nachfolgen, (2) (*ErbR: recueillir une succession*) jmdn. beerben; **habile à –** erbfähig; **se –** *v.pron.* aufeinanderfolgen.

succès *m* Erfolg *m*; **avec –** erfolgreich; **sans –** erfolglos; **– électoral** Wahlerfolg *m*.

successeur *m* (1) (*ErbR: héritier, légataire*) Erbe *m*; Vermächtnisnehmer *m*, (2) (*SchuldR*) Rechtsnachfolger *m*; Geschäftsnachfolger, (3) (*BeamR*) Amtsnachfolger *m*; **– au fidéicommis** Fideikommissnachfolger; **– illégitime** erbberechtigte(r) nichteheliche(r) Verwandte(r); **– irrégulier** der Staat als Erbe; **– légitime** ordentliche(r) Erbe *m*; **– particulier** Einzelrechtsnachfolger.

successibilité *f* Vererblichkeit *f*; **ordre de –** Erbfolgeordnung.

successible *adj* vererblich; erbberechtigt; erbfähig; **parent au degré –** erbberechtigte(r) Verwandte(r).

successible *m* Erbberechtigte(r) *m*.

successif *adj* (1) wiederkehrend, sukzessiv, (2) ununterbrochen, aufeinanderfolgend, (3) die Erbfolge betreffend; **infractions successives** (*StR*) Tatmehrheit *f*.

La succession (art. 711 suiv. Cciv) beinhaltet im engeren Sinne allein das gesetzliche Erbrecht. Die gewillkürte Erbfolge ist in Code civil im Rahmen der Schenkungen geregelt und zwar im 2. Titel des 3. Buches: *Des donations entre vifs et des testaments* (art. 893 suiv. Cciv).

succession *f* (1) (*ZR*) (Rechts-) Nachfolge *f*, (2) (*ErbR: transmission légale ou* *testatmentaire des biens d'une personne décédée*) Erbanfall *m*, Erbfolge *f*, (3) (*ErbR: patrimoine transmis*) Erbschaft *f*, Hinterlassenschaft *f*, nachgelassenes Vermögen, Nachlass *m*, (4) (*i. w. S.*) ununterbrochene Reihenfolge; **acceptation d'une –** Erbschaftsannahme *f*; **conservation de la –** Nachlasssicherung; **créancier de la –** Nachlass- *od.* Erbschaftsgläubiger; **curatelle de la –** Nachlasspflegschaft; **curateur de la –** Nachlasspfleger *od.* -verwalter *m*; **débiteur de la –** Nachlassschuldner *m*, haftender Nachlasserbe; **dévolution de la –** Übergang des Nachlasses; **droit à une –** Erbberechtigung; **ordre de –** Erbfolgeordnung *f*; **ouverture de la –** Anfall der Erbschaft, Eintritt des Erbfalls; **recueillir une –** ein Erbschaft antreten, als Erbe berufen sein; **refuser une –** eine Erbschaft ausschlagen; **règlement d'une –** Erbauseinandersetzung; **règles de la –** Grundsätze über den Erwerb von Todes wegen; **renoncer à la –** die Erbschaft ausschlagen; **renonciation à la –** Erbschaftsausschlagung *f*; **répudier une –** eine Erbschaft ausschlagen; **transmissible par –** vererblich *adj*; **transmission de la –** Erbfolge *f*, Erbanfall *m*.

succession ab intestat (*ErbR: succession légale*) gesetzliche Erbfolge, Intestat-Erbfolge; **– anomale** Erbfolge durch Besitzeinweisung; **– bénéficiaire** (*ErbR: succession acceptée sous bénéfice d'inventaire*) Erbschaft mit beschränkbarer Haftung des Erben für die Nachlassverbindlichkeiten; **– collatérale** Erbfolge der Seitenverwandten; **– en déshérence** erbenloser Nachlass; **– à la dette** Schuldübernahme; **– dévolue** angefallene Erbschaft; **– des États** (*VR*) Staatennachfolge *f*; **– irrégulière** Erbfolge durch Besitzeinweisung.

succession juridique Rechtsnachfolge *f*; **– légale** *ou* **légitime** gesetzliche Erbfolge; **– mobilière** Mobiliarerbfolge; **– obérée** Überschuldung des Nachlasses; überschuldeter Nachlass; **– ouverte** eröffnete Erbschaft; **– régulière** gesetzliche Erbfolge; **– testamentaire** testamentarische *od.* gewillkürte Erbfolge; **– au trône** Thronfolge; **– vacante** ruhende Erbschaft, hereditas jacens, erbenlose Erbschaft (deren Erbe noch nicht ermittelt ist); **– volontaire** (*ErbR: succession testamentaire*) gewillkürte Erbfolge.

successoral *adj* sukzessorisch, auf die Erbfolge bezüglich; Erbschafts-; **action –e** Erbschaftsklage *f*; **droit –** Erbrecht *n*; **indivision –e** Erbengemeinschaft *f*; **ordre –** Erbfolge *f*; **patrimoine –** Erbe *n*, Nachlass *m*, Erbschaft *f*.

succinct *adj* kurz (gefasst), bündig.

succombance *f* (*PrzR*) das Verlieren eines Prozesses.

succombant *m* der Unterlegene (in einem Rechtsstreit).

succomber *v.intr.* unterliegen (auch im Prozess); besiegt werden; eine Niederlage erleiden.

succursale *f* (*HR*) Zweigniederlassung *f*, Filiale *f*, Zweigstelle *f*.

succursaliste *m* Betreiber einer Zweigstelle; Geschäftsführer einer Zweigniederlassung.

suffisant *adj* hinreichend, genügend.

suffrage *m* (1) Abstimmung *f*, Volksabstimmung, (2) Stimme *f*, Wahlstimme, (3) Zustimmung, Beifall *m*; **droit de –** Stimmrecht; Wahlrecht; **majorité des –s** Stimmenmehrheit; **– censitaire** (*hist*) Wahlrecht nach Steuerklassen, Zensuswahlrecht; **– complémentaire** Zusatzstimme; **– direct** direkte Wahl, direktes Wahlrecht; **– égal** Gleichheit der Wahl; **– des femmes** Frauenwahlrecht; **– indirect** indirektes Wahlrecht, Bestimmung von Wahlmännern; **– individuel** persönliches Wahlrecht; **– de liste** Listenwahl *f*; **– majoritaire** Mehrheitswahl; **– nominal** Personenwahl; **– nul** ungültige Stimme; **– obligatoire** Wahlpflicht *f*; **– plural** Wahlrecht, nach dem einige Wähler mehrere Stimmen haben.

suffrage proportionnel Verhältniswahl *f*, Verhältniswahlrecht *n*; **– restreint** (*VerfR: opposé à suffrage universel*) beschränktes Wahlrecht, Zensuswahlrecht; **– universel** (1) allgemeines

Wahl- *od.* Stimmrecht, (2) allgemeine Wahl(en); **–s exprimés** abgegebene Stimmen.

suffragette *f* Frauenrechtlerin *f*; Feministin *f*; *hist.* Suffragette *f*.

suggérer *v.tr.* nahelegen, vorschlagen.

suggestion *f* (1) Vorschlag *m*, Anregung, (2) (*ErbR*) Erbschleicherei; **– de compromis** Vorschlag *m* zur Güte.

suicide *m* Selbstmord *m*, Freitod *m*, Suizid *m*, Selbsttötung *f*.

suicidé *m* Selbstmörder *m*.

suicider: **se –** *v.pron.* Selbstmord begehen, sich das Leben nehmen.

suite *f* (1) (*action de poursuivre*) Verfolgung *f*, (2) (*ce qui suit*) Folge *f*, Fortsetzung *f*; Aufeinanderfolge; **à la – de** infolge; **dans la –** in der Folgezeit; **faisant – à** im Anschluss an; **par –** infolge(dessen); später; **–s d'une maladie** Spätfolgen *fpl*.

suite: **avoir des –s** nicht folgenlos bleiben.

suivant *adj* (nach-) folgend; *prép* gemäß, nach.

suivi *p.p. adj.* regelmäßig; anhaltend.

suivi *m* (*HR*) Kundenbetreuung *f*; **– d'une affaire** (*VwR, PrzR: action de suivre, de surveiller, pendant une période prolongée, afin de contrôler*) Bearbeitung und Kontrolle einer Angelegenheit über einen längeren Zeitraum; langzeitige Überwachung; **– d'un produit** (*HR*) Warenkontrolle (über einen längeren Zeitraum).

suivre *v.tr.* folgen; verfolgen; **faire –** (*Brief*) nachsenden; **lettre suit** Brief folgt; **– pas à pas** nachstellen, jmdn. verfolgen; **– une piste** eine Spur verfolgen; **– la voie hiérarchique** (*VwR*) den Dienstweg beschreiten.

sujet *adj* unterworfen, untertan; **au – de** in bezug auf, hinsichtlich; **être – à l'impôt** steuerpflichtig sein; **tout homme est – à se tromper** der Mensch ist fehlbar; **– à autorisation** genehmigungspflichtig; **– à caution** (1) unbestätigt, der Bestätigung bedürfend, (noch) zweifelhaft, (2) unzuverlässig, verdächtig; **– à déclaration** anmeldepflichtig.

sujet *m* (1) Thema *n*, Gesprächsstoff *m*, Sache *f*, (2) (*hist*) Untertan *m*, (3) (*ÖfR: ressortissant d'un État*) Staatsangehörige(r) *m*; **à ce –** *loc* diesbezüglich; **avoir – à ce plaindre** Grund haben, sich zu beklagen; **dominer son –** die Materie beherrschen; **– de droit** Rechtssubjekt *n*, Rechtsträger *m*; **– du droit des gens** *ou* **de droit international public** (*VR*) Völkerrechtssubjekt; **– mixte** Mehr- *od.* Doppelstaatler.

sujétion *f* Unterwerfung *f*; Abhängigkeit *f*; Verpflichtung, (staatsbürgerliche) Pflicht; **– de la défense nationale** (*VerfR*) Wehrdienstpflicht *f*; **– financière** finanzielle Abhängigkeit; **– normale de voisinage** (*UmweltR*) vom Nachbargrundstück ausgehende zu duldende Immissionen.

superarbitre *m* Oberschiedsrichter *m*.

supercherie *f* Betrug *m*; Hinterlist *f*.

superdividende *m* Extradividende *f*.

supérette *f* Supermarkt *m* (mit einer Verkaufsfläche bis zu 400 qm).

superficie *f* (1) Oberfläche *f*, Flächeninhalt *m*, (2) (*SachR*) Überbau *m*; **droit de –** (*SachR*) Erwerb kraft Zuwachsrechts (bei Errichtung von Gebäuden durch einen Nichteigentümer), Recht, auf fremden Grund zu bauen und zu pflanzen; **– cultivable** landwirtschaftliche Anbaufläche.

superfiscalité *f* übermäßige Steuerlast.

supérieur *adj* höherstehend; **forces –es** überlegene Streitkräfte; **officiers –s** Stabsoffiziere *mpl*; **tribunaux –s** höhere Gerichte; Berufungs- und Revisionsgerichte; **– hiérarchique** (*BeamR*) Dienstvorgesetzte(r) *m*, Dienstherr *m*.

supérieur *m* Vorgesetzte(r) *m*; Vorsteher *m*; Prior *m*; **–e** *f* (*KirchR*) Oberin *f*.

supermagasin *m* (*HR*) Einkaufszentrum *n*, Verbrauchermarkt (mit einer Verkaufsfläche von mindestens 3000 qm).

supermarché *m* (*HR*) Supermarkt *m* (Verkaufsfläche zwischen 400 u. 2500 qm).

superviser *v.tr.* überprüfen, überwachen, kontrollieren.

supplanter *v.tr.* übertreffen, übertrumpfen, ausstechen.

suppléance *f* (1) (*PrzR, VwR*) gesetzlich geregelte, vorübergehende Ersetzung eines Richters *od.* Beamten, (2) (*ArbR*) Stellvertretung.
suppléant *m* (1) (*PrzR*) beisitzender Richter, (2) (*ZR*) Stellvertreter *m*, Ersatzmann *m*, (3) (*VerfR*) Nachfolgekandidat (im Parlament); **– du ministre des affaires étrangères** stellvertretender Außenminister.
suppléer *v.tr.* ergänzen, (Fehlendes) hinzufügen; jmdn. vertreten.
supplément *m* (1) (*ArbR*) (Lohn-) Zulage *f*, Zuschlag *m*, (2) (*HR*) nachträgliche Preiserhöhung, (Preis-) Zuschlag *m*; (Fahrkarten-) Zuschlag, (3) (*Presse*) Beilage *f*, (4) (*Buch*) Ergänzungsband *m*; **– d'ancienneté** Dienstalterszulage *f*; **– pour cause de retard** Verspätungszuschlag *m*; **– de couverture** (*VersR*) Deckungszuschuss *m*; **– de crédit** Zusatzkredit; **– de dépenses** Mehraufwand *m*; **– familial** Familienzulage *f*; **– de frais** Mehrkosten *pl*; **– de fret** Frachtzuschlag *m*; **– d'information** (*StPR*) Durchführung zusätzlicher Ermittlungen; **– local** Ortszuschlag; **– de péréquation** Ausgleichszulage; **– de prix** Preisaufschlag *m*; **– de salaire** Lohnzuschlag; **– de taxe** Nachgebühr *f*; **– pour voyage de service** Dienstreisezulage *f*.
supplémentaire *adj* zusätzlich, Zusatz-; **frais –s** Mehrkosten *nur Pl.*; **jurés –s** Hilfsschöffen *od.* -geschworene *mpl.*
supplétif *adj* (1) zusätzlich, Zusatz-, (2) abdingbar, nicht zwingend vorgeschrieben; **article – d'un contrat** Zusatzvereinbarung *f*; **dispositions légales supplétives** nachgiebiges Recht; vertraglich beliebig abänderbares Recht.
supplétif *m* (*ArbR*) Aushilfskraft *f*.
supplétoire *adj* zur Ergänzung bestimmt; **serment –** (*ZPR*) Eidesleistung zur Beweisergänzung.
supplication *f* (*VerfR: hist: remontrance du parlement au roi*) Vorstellung *f*, inständige Bitte.
supplice *m* (1) (*StR: peine corporelle, mortelle ou non*) Hinrichtung; Leibes- *od.* Körperstrafe *f*, (2) (*torture*) Folter *f*, Marter *f*; **dernier –** Vollstreckung der Todesstrafe.
supplicié *m* Hingerichtete(r) *m*.
supplicier *v.tr.* hinrichten; foltern.
supplier *v.tr.* ersuchen, bitten; sich wenden an.
supplique *f* (*VwR: demande par laquelle on sollicite une une faveur*) Gesuch *n* (an eine Behörde); Bittschrift *f*.
support *m* (*MedienR*) (Werbe-) Träger *m*; Medium *n*; Informations- *od.* Datenträger; **– juridique** Rechtsgrundlage *f*.
supportable *adj* erträglich; **peine –** leichte Strafe.
supporter *v.tr.* ertragen; tragen; **ne pas –** nicht hinnehmen; nicht ertragen; **– les conséquences** die Folgen tragen; **– une dépense** eine Ausgabe bestreiten; **– un dommage** für einen Schaden aufkommen, einen Schaden abdecken; **– les frais** die Kosten tragen; **– une injure** eine Beleidigung einfach hinnehmen, nicht reagieren; **– un parti politique** eine Partei unterstützen; **– une responsabilité** haften; **– les risques** die Gefahr tragen, das Risiko übernehmen.
supposé *p.p. adj.* (als sicher) angenommen; anscheinend, vermutlich, vermeintlich; **l'auteur – du vol** der mutmaßliche Dieb; **enfant –** unterschobenes Kind; **sous un nom –** unter falschem Namen; **– que** *conj* vorausgesetzt, dass . . ., falls.
supposer *v.tr.* (1) annehmen, den Fall setzen, für möglich halten, vermuten, (2) voraussetzen, zur Voraussetzung haben; **– une signature** eine (falsche) Unterschrift als echt ausgeben.
supposition *f* (1) Vermutung *f*, Annahme *f*, (2) Voraussetzung *f*, (3) Verdacht *m*, (4) (*StR: substitution frauduleuse*) gesetzwidriger Austausch, Unterschiebung (eines Falschen anstelle eines Wahren), Ausgeben eines Falschen für wahr; **– de créance** (*ZR*) Vortäuschung einer Forderung; **– d'enfant** *ou* **de part** (*StR: consiste dans l'attribution de la maternité d'un enfant à une femme qui n'en a pas accouché*) Kindesunterschiebung *f*; **– de nom** Angabe *f* eines falschen Na-

mens; **– de testament** Vorlage einer gefälschten letztwilligen Verfügung, Testamentfälschung; **– de titre** Herstellen *od.* Vorlage einer falschen Urkunde.

suppôt *m pej* Helfershelfer *m.*

suppression *f* (1) (*abolition, abrogation*) Aufhebung *f*, Abschaffung *f*, (2) (*destruction, diminution*) Beseitigung *f*, Streichung *f*, Entfernen *n*, Wegfall, (3) (*le fait de cacher*) Verheimlichung *f*; Unterdrückung *f*; **– de borne** Grenzsteinentfernung *f*; **– de la concurrence** Wettbewerbsbeschränkung; **– des dettes** Entschuldung *f*; **– d'un document** Unterdrückung einer Urkunde; **– d'emplois** Freisetzung von Arbeistkräften; Stelleneinsparung *od.* -abbau.

suppression d'état-civil (*StR*) Fälschung standesamtlicher Urkunden; Unterdrückung *od.* Verhehlung des Personenstandes; **– des libertés** (*VerfR*) Abschaffung der Grundrechte; **– de postes** Stellenabbau *m*; **– du risque** Risikowegfall; **– d'une trace** Verwischen einer Spur.

supprimer *v.tr.* (*Gesetz*) aufheben; (*Strafe*) abschaffen; (*Person*) beseitigen, töten, umbringen; (*Meinung*) unterdrücken; (*wichtige Umstände*) verschweigen; (*Zeile*) aus- *od.* weglassen, streichen.

supputation *f* (ungefähre) Berechnung, Überschlag *m*, Schätzung *f.*

supputer *v.tr.* ungefähr berechnen, schätzen; überschlagen; abwägen.

supra *adv. et conj.*: **voir –** siehe oben.

supranational *adj* überstaatlich; **droit –** supranationales Recht.

suprématie *f* Vorherrschaft *f*, Oberhoheit *f*; **– du droit communautaire** Vorrang des Gemeinschaftsrechts; **– sur le marché** Marktbeherrschung.

suprême *adj* höchster, oberster; **Cour –** Oberstes Gericht; frz. Kassationshof.

sur *prép.* auf; über; an; bei; zu; **– la foi de nombreux témoignages** auf der Grundlage zahlreicher Zeugenaussagen; **– les lieux** an Ort und Stelle; **– présentation d'une pièce d'identité** auf Vorzeigen des Ausweises.

sûr *adj* sicher, gefahrlos; gewiss; zuverlässig; **être – de qqch.** einer Sache sicher sein, keinen Zweifel hegen *od.* haben; **placement –** mündelsichere (Geld-) Anlage.

surabondance *f* Überfluss *m.*

surabondant *adj* überflüssig, unnötig, entbehrlich; überreichlich; **motif –** (*PrzR*) nicht zur Sache gehörende Begründung.

surannation *f* Verjährung *f*; (Ungültigkeit infolge) Fristablauf(s).

suranné *adj* (1) (infolge Fristablaufs) ungültig geworden, (2) veraltet, überholt; **permis –** abgelaufene Genehmigung.

surarbitre *m* Oberschiedsrichter *m.*

surassurance *f* Überversicherung *f.*

surcapacité *f* Überkapazität *f.*

surcapitalisation *f* Überentwicklung der Kapitalgüterindustrie.

surcharge *f* (1) (*StVR*) Übergewicht *n*, (2) (*ArbR: surcharge au travail*) Überforderung *f*, übermäßige Beanspruchung, Überlastung *f*, (3) (*ZR: écrits, actes juridiques*) Ersetzen eines Wortes einer Urkunde durch ein anderes; **– pondérale** (*MedizinR*) Übergewicht *n.*

surcharger *v.tr.* (1) zu sehr belasten, überladen, (2) (ein Wort durchstreichen und) ersetzen.

surchauffe *f* (*Vwirt*) Überhitzung (der Konjunktur).

surchoix *m* (*HR*) Spitzenware *f*, beste Qualität, 1A-Auslese *f.*

surconsommation *f* übermäßiger *od.* stark erhöhter Verbrauch.

surcote *f* (*BörR*) Überbewertung.

surcoût *m* Zusatzkosten *pl.*

surcroît *m* Zuwachs *m*; Gewinn *m*; **– de charges** Mehrbelastung; **– de dépenses** *ou* **de frais** Mehrkosten, Mehraufwand *m.*

surdi-mutité *f* Taubstummheit *f.*

surdité *f* Taubheit *f*; **– professionnelle** (*ArbR*) beruflich bedingte Taubheit.

surdosage *m* (*MedizinR*) Überdosierung *f.*

surdose *f*: **succomber à une – d'héroïne** (*MedizinR*) an einer Überdosis Heroin sterben.

surdoué *adj* hochbegabt.

sureffectifs *mpl* zu große *od.* überzählige Belegschaft.
surélévation *f* (*BauR*) Überbau *m.*
sûrement *adv* zweifellos, sicherlich, unbetreitbar, unstreitig.
surémission *f* übermäßige Emission (von Papiergeld).
suremploi *m* Überbeschäftigung *f.*
surenchère *f* Übergebot *n*, Mehrgebot; Übersteigerungsbetrag *m*; **adjudication sur –** Zuschlag auf Grund eines Übergebotes; **– électorale** Überbieten bei Wahlversprechen.
surenchérir *v.intr.* überbieten; höher bieten (bei Auktionen).
surenchérisseur *m* Überbieter *m.*
surencombrement *m* Überfüllung *f.*
surendetté *adj* überschuldet.
surendettement *m* Überschuldung *f.*
surérogation *f* (*SchuldR: ce qu'on fait au-delà de ce qui est dû*) freiwillige zusätzliche Leistung; Erfüllung über das Geschuldete hinaus.
surérogatoire *adj* über das Maß hinausgehend; **garantie –** übermäßige Sicherheit.
surestaries *fpl* (1) (*SeeHR*) Überliegetage *pl*, (2) Liegegeldzuschlag *m.*
surestimation *f* Überschätzung *f*; Überbewertung *f.*
surestimer *v.tr.* überschätzen, zu hoch *od.* überbewerten.

> *Sûreté* und *sécurité* lassen sich nur schwer voneinander abgrenzen: Persönliche und dindliche Sicherheiten des Gläubigers werden stets *sûretés* – manchmal auch *garanties* – genannt. Im Sozialrecht spricht man nur von *sécurité (sociale)*. Im öffentlichen Recht hingegen werden beide Wörter nebeneiander verwendet, ohne unbedingt immer synonym zu sein.

sûreté *f* (1) (*VerfR: droit naturel et imprescriptible de garantie de la liberté individuelle*) persönliche Sicherheit *f*, (2) (*SchuldR: garantie accordée au créancier pour le recouvrement de sa créance*) Sicherheit für die Erfüllung einer Schuld; Bürgschaft *f*; Deckung *f*; Gewähr *f*, (3) (*VerfR, StR: garantie contre une arrestation arbitraire*) Sicherheit gegen willkürliche Verhaftung und Bestrafung, persönliche Freiheit, (4) (*ÖfR: maintien de l'ordre étatique*) öffentliche Sicherheit und Ordnung, (5) (*VwR: direction générale du ministère de l'Intérieur*) frz. Staatsschutz- *od.* Sicherheitszentralbehörde; **cession à titre de –** (*ZR*) Sicherungsübereignung; **constituer une –** Sicherheit leisten; **constitution de –** Sicherheitsleistung *f*; **serrure de –** Sicherheitsschloss *n.*
sûreté sans dépossession *ou* **sans dessaisissement** (*HR: sûreté réelle mobilière constituée sur un bien que le débiteur est autorisé à conserver entre ses mains*) besitzloses Pfandrecht; **– de l'État** (*VR, VerfR: maintien de l'intégrité de l'État, de son territoire et de sa population comme des institutions publiques essentielles*) (*Gewährleistung der*) Staatssicherheit; (*Aufrechterhaltung der*) öffentliche Sicherheit und Ordnung; **– des frontières** Grenzsicherung *f*; **– générale** (*VerfR*) (*hist. sûreté nationale*) öffentliche Sicherheit und Ordnung; **– hypothécaire** (*SachR*) Buchhypothek *f*; **– individuelle** (1) (*StR: protection contre une arrestation arbitraire*) Schutz vor willkürlicher Verhaftung, (2) (*VerfR*) (*gegen Übergriffe des Staates*) Abwehrrecht des Einzelnen; Grundrechtsschutz *m*; **– judiciaire** (*ZPR: mesure conservatoire*) durch das Gericht angeordnete Sicherheitsleistung; **– nationale** (*VwR: Direction générale du Ministère de l'Intérieur*) Oberste frz. Polizeibehörde, Fachabteilung des frz. Innenministeriums zuständig für Sicherheit und Staatsschutz; **– personnelle** (1) (*SchuldR: la garantie ne consiste pas dans une chose mais uniquement dans l'affirmation de la solvabilité de la personne qui s'engage*) persönliche Sicherheit (bestehend in der Kreditwürdigkeit), (2) (*SchuldR: cette garantie consiste dans l'adjonction d'autres débiteurs, dont les ressources s'ajoutent à celles de l'obligé pour garantir l'exécution

de l'obligation) Bürgschaft *f*; Gesamtschuldnerschaft *f*; **– publique** (*VerfR: ensemble des mesures prises par l'autorité publique afin d'assurer l'ordre*) (*Aufrechterhaltung der*) öffentliche Sicherheit und Ordnung; **– réelle** (*SachR, SchuldR: affectation spéciale d'un ou de plusieurs biens du débiteur au paiement de sa dette*) dingliche Sicherheit.

surévaluation *f* Überschätzung *f*, Überbewertung.

surévaluer *v.tr.* überbewerten.

surexpertise *f* Obergutachten *n*.

surexploitation *f* (*UmweltR*) Raubbau *m*.

surexploiter *v.tr.* Raubbau *m* betreiben.

surface *f* (1) Oberfläche *f*, Außenseite *f*, (2) (*BankR*) Kreditgrundlage *f*; Sicherheiten (die ein Unternehmen Kreditgebern bieten kann); **– bâtie** bebaute Fläche; **– cadastrale** Katasterfläche; **– corrigée** der Mietpreisberechnung zugrunde gelegte Wohnfläche (nach gesetzlichen Kriterien festgesetzt); **– cultivée** Anbau- *od.* Nutzfläche; **– financière** (*BankR, GesR*) finanzielle Sicherheiten; Kapitalkraft *f*; Kreditfähigkeit *f*; **– habitable** Wohnfläche *f*; **– improductive** Brachland *n*; **– locative** Wohnfläche *f*; **– utilisable** Nutzfläche *f*; **– de vente** Verkaufsfläche.

surfacturation *f* Ausstellung einer überhöhten Rechnung.

surfacturer *v.tr.* (*SteuerR: gonfler les prix*) einen überhöhten Preis auf der Rechnung angeben.

surfaire *v.tr.* **une marchandises** (*HR*) eine Ware zu überhöhten Preisen anbieten.

surfret *m* Frachtaufschlag *m*.

surimposition *f* zusätzliche Besteuerung; Überbesteuerung.

surloyer *m* Mietzuschlag *m*.

surmenage *m* Arbeitsüberlastung *f*.

surnom *m* Spitzname *m*, Beiname, Zuname.

surnombre *m* Überzahl *f*; **en –** überzählig, über die zulässige Anzahl hinausgehend; **fonctionnaire en –** überplanmäßige(r) Beamte(r).

surnuméraire *adj* überzählig.

surnuméraire *m* (*BeamR*) Beamtenanwärter *m*; außerplanmäßiger Beamter (der untersten Stufe).

suroffre *f* (*bei Versteigerungen*) höheres Gebot.

surpasser *v.tr.* höher sein als, übertreffen, überflügeln; überragen.

surpayer *v.tr.* zu hoch *od.* zu teuer bezahlen, überbezahlen.

surpeuplement *m* (1) Überbevölkerung *f*, (2) Überbelegung (von Schulen u. Gefängissen z. B.), Überfüllung.

surplus *m* (1) Rest *m*, Restbetrag *m*, (2) Überschuss(güter), (3) Mehrerlös *m*; **– agricoles** landwirtschaftliche Überschüsse *pl*; **– de recettes** Mehreinnahmen *pl*.

surpoids *m* Über- *od.* Mehrgewicht *n*.

surpopulation *f* Übervölkerung *f*; **– carcérale** Überbelegung einer Justizvollzugsanstalt; **– étrangère** Überfremdung.

surprime *f* (*VersR*) Prämienaufschlag *m*, Zusatz- *od.* Zuschlagsprämie; **– de risque** Risikozuschlag *m*; Gefahrenzuschlag.

surproduction *f* Überproduktion *f*.

surprofit *m* übermäßiger Gewinn.

surqualification *f* zu hohe Qualifikation.

surrégénérateur *m* (*Atomkraftwerk*) schneller Brüter.

surreprésentation *f* (*Pol*) unverhältnismäßige Vertretung (einer Partei) im Parlament.

sursalaire *m* Lohnzulage *od.* -zuschlag *m*; **– familial** Familienzulagen *pl*.

sursaturation *f* Übersättigung *f*.

surséance *f* (*PrzR: fait de surseoir, délai pendant lequel on sursoit*) Verfahrensverlegung *f* auf einen späteren Termin; Aufschub *m*.

surseoir *v.tr.ind.* aufschieben, aussetzen, Abstand nehmen; **– à l'exécution** die (Zwangs-) Vollstreckung aussetzen *od.* aufschieben; **– à prononcer, – à statuer** (eine Entscheidung) aussetzen *od.* vertagen.

sursis *m* (1) (*VwPR*) Verfahrensaussetzung; Verhandlungsverschiebung (auf einen späteren Termin), (2) (*ZR*) (Zahlungs-) Aufschub *m*, (3) (*StPR*) Verwarnung mit Strafvorbehalt; Strafaufschub *m*; Strafaussetzung; Verurteilung mit Bewährungsfrist; **– à l'emprisonnement** Haftaufschub *m*; **– à exécution** (1) (*VwPR, ZwangsVR*) Aussetzung der Vollstreckung, Vollstreckungsaufschub, (2) (*StPR*) Strafaufschub *m*; Bewährung; **– à l'exécution de la peine** Strafaufschub, Strafaussetzung, bedingter Strafvollzug; **– d'incorporation** (*MilR*) Zurückstellung vom Wehrdienst; **– avec mise à l'épreuve** (*StR: sursis probatoire*) Strafaussetzung zur Bewährung; **– de paiement** Zahlungsaufschub, Stundung *f*; **– simple** (*StPR*) Strafaufschub *m*; **– à statuer** (*PrzR*) Entscheidungsvertagung.

sursitaire *m* (1) (*StR*) Verurteilter, dem Strafaufschub gewährt wurde, (2) (*MilR*) vom Wehrdienst *m* einstweilen Zurückgestellter.

surstock *m* (*HR*) Überschreiten *n* des Höchstlagerbestandes.

surtaux *m* wucherischer Zinssatz.

surtaxe *f* (1) Strafporto *n*, (2) (*SteuerR*) Zusatzgebühr *f*, Zuschlag(sgebühr); zusätzlicher Steuerbetrag; **– compensatrice de l'écart des changes** Ausgleichszuschlag (zum Ausgleich des Unterschieds zwischen Inlands- und Welthandelspreisen); **– de pavillon** Zollzuschlag bei der Einfuhr unter fremder Flagge; **– de péréquation** Ausgleichsabgabe; **– de retard** Säumniszuschlag.

surtaxer *v.tr.* (1) eine Zusatzgebühr erheben, (2) zusätzlich besteuern.

surtravail *m* Arbeitsüberlastung *f*, (unangemessene) Mehrarbeit *f*.

survaloriser *v.tr.* überbewerten.

surveillance *f* Aufsicht *f*, Beaufsichtigung *f*, Kontrolle *f*, Aufsichtsführung *f*, Überwachung *f*; **agent de –** Aufseher *m*; **autorité de –** Aufsichtsbehörde; **comité** *ou* **commission de –** Aufsichtsausschuss *m*, Überwachungskommission *f*; **conseil de –** (*GesR: société anonyme*) Aufsichtsrat *m*; **défaut de –** (*ZR, StR*) Aufsichtspflichtverletzung *f*; **droit de –** (*FamR*) Aufsichtsrecht *n*; Überwachungs- *od.* Kontrollbefugnis; **exercer une – sur qqn.** jmdn. überwachen *od.* kontrollieren; jmdn. beschatten; **fonction de –** Aufsichtstätigkeit; **haute –** (*VwR*) Oberaufsicht; **obligation de –** Aufsichtspflicht; **personnel de –** Aufsichtspersonal *n*; **pouvoir de –** Aufsichtsgewalt *f*, Überwachungsbefugnis *od.* -recht, Kontroll- *od.* Aufsichtsrecht; **tromper la –** sich der Überwachung entziehen.

surveillance administrative Verwaltungsaufsicht; **mettre sous – –** unter Schutzaufsicht stellen.

surveillance du crédit Kreditüberwachung *f*, Bankenaufsicht *f*; **– à distance** Videoüberwachung *f*; **– douanière** Zollgewahrsam *m*; **– électronique** (*StVZ: aménagement de la peine: détenu muni d'un bracelet électronique*) Überwachung mittels einer elektronischen Fußfessel; **– de la frontière** Grenzbewachung *od.* -überwachung; **– gouvernementale** Staatsaufsicht; **– hiérarchique** Dienstaufsicht, dienstliche Aufsicht; **– de l'instance** (*ZPR*) (Pflicht des Richters zur) Überwachung des ordnungsgemäßen Ablaufs des Verfahrens; **– judiciaire** *ou* **légale** (*PrzR: contrôle exercé par le juge*) gerichtliche *od.* richterliche Aufsicht; **– médicale** ärztliche Überwachung.

surveillance policière (*StR*) Polizeiaufsicht; **mettre sous – –** unter Polizeiaufsicht stellen.

surveillance des prix (*Vwirt*) Preisüberwachung, staatliche (ständige) Preiskontrolle; **– technique** (*VwR*) Fachaufsicht.

surveillant *m* Aufseher *m*, Aufsichtsperson *f*; **– pénitentiaire** JVA-Aufseher, -Angestellter, -Mitarbeiter, Wärter *m*, Wachmann.

surveiller *v.tr.* überwachen, beaufsichtigen, kontrollieren.

survenance *f* (1) Eintritt *m*, (2) unvorhergesehenes Dazukommen; nachträglich eingetretenes Ereignis; **– de la condition** Eintritt der Bedingung; **– d'un dommage** *ou* **du sinistre** Schadenseintritt *m*; **– d'enfant** Geburt eines Kindes.

survenir *v.intr.* (1) ereignen, eintreten, (2) unvermutet erfolgen, ausbrechen.

survente *f* Verkauf zu überhöhten Preisen.
survie *f* Überleben *n*; **pension de –** Hinterbliebenenrente; **présomption de –** Vermutung des Überlebens; **probabilité de –** Erlebenswahrscheinlichkeit.
survivance *f* (1) Fortbestehen *n*, Überleben *n*, (2) (*ErbR*) Nachfolge *f*, Erbschaft *f*, (3) Überrest *m*, Überbleibsel *n*.
survivant *m* (1) Überlebende(r) *m*, (2) (*ErbR*) Hinterbliebene(r) *m*.
survivre *v.tr.ind.* **à** überleben.
survol *m* Überfliegen *n*; **– en transit** Transitflug *m*.
susceptible *adj* empfindlich, überempfindlich, verletzlich; **– de** möglicherweise, eventuell, unter Umständen; **– d'être déduit** abzugsfähig; **– d'être prouvé** nachweisbar; **– de pourvoi** durch ein Rechtsmittel anfechtbar; **– de recours** (*PrzR*) durch ein höheres Gericht nachprüfbar; durch einen Rechtsbehelf nachprüfbar.
susciter *v.tr.* (1) (*causer, provoquer*) hervorrufen, erregen, anstiften, (2) (*faire naître*) entstehen lassen, erwecken; **– une crise** eine Krise heraufbeschwören; **– de nombreux commentaires** Anlass *m* zahlreicher Kommentare sein; **– des troubles** (*StR*) Unruhe *f* stiften.
suscription *f* Anschrift *f*; Aufschrift *f*; Urkundeneingang; Teil der Urkunde, in dem der Verfasser (seinen) Namen, Beruf u. Eigenschaft (in der er tätig wird) vermerkt.
susdit *adj*, **susmentionné, susnommé** (*dit ou mentionné ci-dessus*) obengenannt; vorgenannt; oben erwähnt.
suspect *adj* verdächtig; **avocat –** Winkeladvokat *m*; **– de** im Verdacht stehen.
suspect *m* (*StR*) (Tat-) Verdächtige(r); **le – numéro un** der Hauptverdächtige.
suspecter *v.tr.* jmdn. verdächtigen; **– la bonne foi de qqn.** jmdn. der Unredlichkeit *od.* Voreingenommenheit bezichtigen.
suspendre *v.tr.* (1) (*interrompre*) unterbrechen, hemmen, (2) (*reporter à plus tard*) verschieben, aufschieben, vertagen, (3) vorübergehend des Amtes entheben; **– une audience** eine Gerichtssitzung kurz unterbrechen, eine Verhandlung aussetzen; **– les débats** die (mündliche) Verhandlung unterbrechen; **– un magistrat** einen Richter vorübergehend seines Amtes entheben; **– les paiements** die Zahlungen einstellen; **– la prescription** die Verjährung hemmen.
suspens *loc. adv.*: **en –** in der Schwebe, unentschieden, ungelöst, offen; **affaire en –** eine (noch) unentschiedene (Streit-) Sache; **procès en –** ruhendes Verfahren *n*.
suspensif *adj* aufschiebend, suspensiv; **appel –** (*PrzR*) Suspensiveffekt der Berufung; **condition suspensive** aufschiebende Bedingung; **terme –** Anfangstermin *m* (einer betagten Forderung).
suspension *f* (1) (*interruption, remise à plus tard*) Aussetzung *f*, Unterbrechung *f*, Hemmung; Einstellung, Ruhen *n*, (2) (*BeamR*) vorläufige (Dienst-) Enthebung; **– d'audience** (*PrzR*) Verhandlungspause *f*, Aussetzung der Verhandlung; kurze Unterbrechung der Gerichtssitzung; **– conditionnelle (de l'exécution)** bedingte Aussetzung (der Vollstreckung); **– conditionnelle de la peine** (*StVZ*) bedingte Strafaussetzung; **– de la constitution** vorübergehende Außerkraftsetzung der Verfassung; **– du contrat** Ruhen des Vertrages; **– du délai** Hemmung des Ablaufs der Frist, Fristhemmung; **– de l'exploitation** Betriebseinstellung; **– du fonctionnement de la justice** Stillstand *m* der Rechtspflege; **– des fonctions** (*DiszR*) vorübergehende Dienstenthebung, zeitweilige Amtsenthebung; **– des hostilités** (*VR*) Einstellung der Feindseligkeiten; **– d'une loi** Aussetzung der Anwendung eines Gesetzes.
suspension des paiements (*InsolvenzR*) Zahlungseinstellung *f*; **– du permis de conduire** (*StR*) Führerscheinentzug *m* (auf Zeit); **– des poursuites** (*StPR*) Aussetzung der Strafverfolgung; **– de la prescription** (1) Verjährungshemmung *f*, Hemmung des Ablaufs der Verjährungsfrist, (2) (*SachR*) Hemmung der Ersit-

zungsfrist; – **de la procédure** Ruhen *od.* Unterbrechung des Verfahrens; – **du procès** Aussetzung des Verfahrens; – **provisoire des poursuites** (*InsolvenzR*) vorübergehende Aussetzung des Verfahrens; – **de séance** Unterbrechung der Sitzung; – **du travail** Arbeitsniederlegung, vorübergehende Arbeitseinstellung.

suspicion *f* Verdacht *m*; Argwohn *m*; – **de fuite** (*StPR*) Fluchtgefahr *od.* -verdacht; – **justifiée** (*StPR*) hinreichender Tatverdacht.

suspicion légitime (*PrzR*) Besorgnis der Befangenheit, begründeter Verdacht der Befangenheit des Richters; **récuser pour cause de – –** (*einen Richter*) wegen Befangenheit ablehnen; **requête en – –** Ablehnungsgesuch *n* (unter Glaubhaftmachung des Ablehnungsgrundes).

susvisé *adj* oben genannt.

suzeraineté *f* (1) (*hist*) Oberlehnsherrlichkeit, (2) *fig.* Oberhoheit *f.*

swap *adj*: **crédit –** (*BankR: crédit croisé*) Swapkredit (zwischen Zentralnotenbanken).

switch *adj*: **opération –** (*Außh*) Switch-Geschäft.

sycophante *m* Denunziant *m*; Spion *m*.

syllogisme *m* Schlussfolgerung *f*, deduktiver Schluss.

sylviculture *f* Forstwirtschaft *f.*

symbolique *adj* symbolisch, sinnbildlich; **obtenir le franc** *ou* **un euro – de dommages et intérêts** (*StPR: proclamation de principe de la responsabilité et satisfaction morale pour la victime d'une infraction*) der Form halber - zwecks Genugtuung - einen Euro Schadensersatz erhalten.

sympathisant *adj* sympathisierend, (politisch) nahestehend.

sympathisant *m* (*Pol*) Mitläufer *m*, Sympathisant *m*.

symptôme *m* Anzeichen *n*, Erscheinung *f*; Kennzeichen *n*; Merkmal *n*; Symptom *n*.

synallagmatique *adj* (*ZR: qui engendre des obligations réciproques*) synallagmatisch, gegenseitig, zweiseitig; verbindlich; **contrat –** gegenseitiger Vertrag, Austauschvertrag.

syndic *m* (1) (*ÖfR: avocat et représentant d'une ville, d'un corps de métiers*) *hist.* Gemeindevertreter *n*; rechtsverständiger Vertreter und Rat einer Gemeinschaft, (2) (*InsolvenzR: ancienne dénomination de l'administrateur judiciaire*) Insolvenz- *od.* Vergleichsverwalter; – **de copropriété** (*ZR: mandataire choisi par les copropriétaires pour faire exécuter les décisions de l'assemblée de ces derniers*) Hausverwalter *m*, Hausverwaltung *f*; – **de la liquidation des biens** *ou* **du règlement judiciaire** (*InsolvenzR: remplacé aujourd'hui par l'administrateur judiciaire*) Insolvenzverwalter *m*.

syndical *adj* (1) berufsständisch, (2) gewerkschaftlich; **action –e** (1) (*PrzR*) Klage der Gewerkschaft (zur Wahrnehmung eigener Interessen), (2) (*ArbR*) Gewerkschaftskampf *od.* -aktion; **droit –** Gewerkschaftsrecht.

syndicalisation *f* Zunahme der Mitgliedschaft in den Gewerkschaften.

syndicalisme *m* (*ArbR*) Gewerkschaftswesen *n*; Gewerkschaftsbewegung *f.*

syndicaliste *adj* (1) berufsständisch; Berufs-, (2) gewerkschaftlich.

syndicaliste *m* Gewerkschaftler *m*.

> Nach frz. Vorstellung umfasst *le syndicat* i.w.S. sämtliche Berufsverbände, Industrie- und Handelskammern und Arbeitgebervereinigungen inbegriffen. Der Übersetzer muss genau wie beim Adjektiv *syndical* auf den jeweiligen Kontext achten. Neben den verschiedenen Berufsständen können auch Zweckverbände und Schutzgemeinschaften des Privatrechts gemeint sein.

syndicat *m* (1) (*ArbR: groupement professionnel*) Berufsverband *m*, Berufsvereinigung *f*; Interessenvertretung *f*, (2) (*groupement ouvrier*) Gewerkschaft *f*, Arbeitnehmervereinigung *f*, (3) (*groupement patronal*) Arbeitgebervereinigung, Arbeitgeberverband, (4) (*ZR*) Vereinigung, (Schutz-) Gemeinschaft *f*, (5) (*VwR*) öffentlich-rechtliche Anstalt; Zweckverband *m*; **confédération de –** gewerkschaftlicher Dachverband; **– agricole** landwirtschaftlicher Verband; **– autonome** unabhängige Gewerkschaft; **– de communes** (*VwR*) frz. Gemeindeverband (in der Rechtsform einer Anstalt des öffentlichen Rechts), Arbeitsgemeinschaft von Gemeinden; **– d'émission** (*BankR*) Emissionskonsortium.

syndicat d'employés Angestelltengewerkschaft; **– d'employeurs** Arbeitgeberverband; **– d'enseignants** Lehrerverband *m*; **– d'entreprise** Betriebsgewerkschaft; **– d'études** Studiengruppe *f*; **– d'exploitation minière** bergrechtliche Gewerkschaft; **– de fonctionnaires** Beamtenvereinigung *f*; **– de garantie** (*BankR*) Garantieverband *m*, Gewährleistungs- *od.* Garantiesyndikat; **– général** allgemeiner Berufsverband; **– industriel** Industriegewerkschaft; **– inféodé à un parti** mit einer politischen Partei verbundene Gewerkschaft; **– d'initiative** (*VwR*) Verkehrsverein *m*; **– intercommunal** frz. Gemeindeverband; **– interdépartemental** Zweckverband mehrerer Departements; **– libre** freie Gewerkschaft.

syndicat de mineurs Bergarbeitergewerkschaft *f*; **– mixte** (*ArbR: en France: syndicat ouvrier financé par le patronat*) Harmonieverband (bestehend aus Arbeitgeber- und Arbeitnehmervertreter); **– d'obédience patronale** durch Arbeitgeber finanzierter Arbeitnehmerverband, unternehmerfreundliche u. -abhängige Gewerkschaft; **– obligatoire** Zwangsverband; **– ouvrier** Arbeitergewerkschaft *od.* -vereinigung; **– patronal** Arbeitgeberverband *od.* -vereinigung; **– de pêche** Fischereigenossenschaft *f*; **– de placement** (*BankR*) Konsortium zur Unterbringung (von Wertpapieren), Übernahmesyndikat; **– professionnel** Arbeitgeberverband; berufsständische Vereinigung; **– régional** Bezirksgewerkschaft; **– représentatif** (*ArbR*) tariffähige Gewerkschaft; **– de travailleurs** Arbeitergewerkschaft; **– unique** *ou* **unitaire** Einheitsgewerkschaft; **– de vente** (*HR*) Vertriebsgemeinschaft *f*.

syndicataire *m* (1) (*BankR*) Mitglied eines Konsortiums, (2) (*SachR*) Miteigentümer (als Mitglied der Wohnungseigentümerversammlung).

syndiqué *m* (*ArbR*) Gewerkschaftsmitglied *n*, gewerkschaftlich organisierter Arbeitnehmer.

syndiquer *v.pron.*: **se –** (1) einem Berufsverband *od.* einer Gewerkschaft beitreten, (2) sich zu einem Berufsverband zusammenschließen.

synergie *f* Zusammenwirken *n*.

synoptique *adj*: **tableau –** Schaubild *n*, Übersichtstafel *f*.

système *m* (1) System *n*, Methode *f*; Prinzip *n*; Ordnung *f*, (2) (*ÖfR*) Regierungsform *f*; Gesellschaftsordnung *f*; **– bancaire** Bankwesen *n*, Banksystem *n*; **– de capitalisation** (*VersR*) Anwartschaftsdeckungs- *od.* Kapitaldeckungssystem; **– de clearing** (*BankR*) Clearing *n*, Verrechnungssystem; **– collégial** Kollegialsystem; **– constitutionnel** Verfassungsordnung.

système dictatorial Diktatur *f*; **– de la double facture** (*SteuerR*) Ausstellen *n* fingierter Rechnungen; **– économique** Wirtschaftsordnung; **– électoral** Wahlsystem; **– d'enseignement**; **– d'exploitation** (*DV*) Betriebs- *od.* Bedienungssystem; **– financier** Finanzwesen; **– fiscal** Steuerwesen, Steuersystem; **– judiciaire** Gerichtswesen.

système juridique Rechtsordnung; **– majoritaire** Mehrheitswahlsystem, Höchstzahlverfahren *n*; **– monétaire** Währungssystem *n*; **– monétaire européen (= SME)** Europäisches Währungssystem; **– parlementaire** parlamentarisches System; **– politique** Regierungssystem *n*; **– de répartition** Umlageverfahren; **– social** Gesellschaftsordnung; **– tarifaire** (Zoll-) Tarifordnung; **– du tourniquet** (*VerfR*) Rotationssystem (der Mandatsträger).

T

tabac *m* Tabakerzeugnisse *npl.*
tabassage *m* Schlägerei, Rauferei, Prügelei *f.*
tabasser *v.tr. umg* jmdn. zusammenschlagen.
tabellion *m* Amtsschreiber *m*; *(hist.)* Dorfnotar *m.*
table *f* (Inhalts-) Verzeichnis *n*, Tabelle *f*, (Übersichts-) Tafel *f*; **faire – rase** reinen Tisch machen, aufräumen; zerstören; **mettre qqn. sur – d'écoute** jmdn. abhören.
table alphabétique alphabetisches Verzeichnis; **– de conversion** Umrechnungstabelle; **– généalogique** Stammbaum *m*; **– des intérêts** Zinstabelle; **– d'invalidité** Invaliditätstafel *f*; **–s de la loi** (*Moses*) Gesetzestafeln *fpl*; **– des matières** Inhaltsverzeichnis *n*, Register *n*; **– de mortalité** Sterbetafel; **– ronde** (*Pol*) Gesprächsrunde *f*; **– de survie** Sterbetafel; Sterblichkeitsziffer *od.* -wahrscheinlichkeit.
tableau *m* (1) Aufstellung *f*, Tabelle *f*, Verzeichnis *n*, Liste *f*, (2) Gemälde *n*, Bild *n*, (3) Schilderung *f*, (4) (Schul-) Tafel *f*; **– d'affichage** Anschlagstafel *f*, Schwarzes Brett *n*; **– d'amortissement** (*BankR*) Amortisationstabelle *f*, Tilgungsplan; **– d'ancienneté** (*BeamR*) Dienstalterstabelle; **– d'avancement** Beförderungsvorschlagsliste; **– des avocats** Rechtsanwaltsverzeichnis *n*; **– de bord** (*Vwirt*) (Wirtschafts-) Indikatoren *mpl*; Konjunkturbarometer *n.*
tableau comparatif vergleichende Tabelle; **– des dépenses** Ausgabenaufstellung; **– de distribution** Verteilungsplan *m*; **– d'effectifs** *ou* **des emplois** Stellenplan; **– entrées-sorties (= TES)** Input-Output-Tabelle; **– des événements** getreues Bild der Ereignisse.
tableau noir schwarzes Brett; **– des pleins** (*VersR*) Maximaltabelle; **– récapitulatif** Sammelbogen *m*; **– de recensement** Stammrolle *f*, Erfassungsliste; **– statistique** Statistik *f.*
tabler *v.tr.ind.* **sur une croissance de 3%** mit einem Wachstum in Höhe von 3% rechnen.
tache *f* Makel *m*, Schandfleck *m.*
tâche *f* (1) Tätigkeit *f*, Funktion *f*, Aufgabe *f*, Obliegenheit *f*, (2) (*ArbR*) Arbeitsauftrag *m*, Arbeit *f*, Arbeitsverrichtung, (3) (*DV*) Task *f*, Aufgabe *f*; **attribution des –s** Arbeitszuteilung *f*; **caractéristiques des –s** Tätigkeitsmerkmale *npl*; **dévouement à la –** Einsatzbereitschaft *f*; **exécuter une –** eine Arbeit verrichten; **rémunération à la –** Akkordlohn *m*; **– essentielle** *ou* **majeure** Hauptaufgabe; **– sédentaire** (*ArbR*) sitzende Tätigkeit; Bildschirmarbeit *f.*
tâcheron *m* (*ArbR*) *hist.* Arbeitnehmerverleiher *m.*
tacite *adj* stillschweigend; **consentement –** (*SchuldR*) stillschweigende Erklärung *od.* Vertragsannahme, schlüssiges *od.* konkludentes Handeln; **– reconduction** (*SchuldR: d'un contrat*) stillschweigende Verlängerung.
tactique *f* (*BW*) (Markt-) Strategie *f.*
taille *f* (1) Größe *f*, Umfang *m*, (2) (*SteuerR, hist*) Kopfsteuer *f*, (3) (*LandwR*) (*Obstbäume*) Beschneiden *n*, (*Holz*) Einschlag *m.*
tailler *v.tr.* (be-) schneiden; **– dans les dépenses** die Ausgaben drastisch kürzen; **se – la part du lion** für sich selbst einen Löwenanteil reservieren.
taisant *m* Person, die sich weigert vor dem Notar zu erscheinen (um eine Abwicklung *od.* Vermögensauseinandersetzung zu verhindern).
talon *m* Abschnitt *m*, Abriss *m*, Talon *m*, Stammabschnitt *m*, Erneuerungsschein *m*; **– de contrôle** (1) Kontrollabschnitt *m*, (2) (*WertpR*) Erneuerungsschein *m.*
tampon *m* (1) (*cachet*) Stempel *n*, (2) (*buvard*) Löschpapier *n*; **apposer le –**

(ab-) stempeln; – **encreur** Stempelkissen *n*; – **de la poste** Poststempel.
tantième *m* (1) (*UrhR*) Tantieme *f*, (2) (*GesR*) Aufsichtsrat- u. Verwaltungsratvergütung *f*, Umsatzbeteiligung *f*; Gewinnbeteiligung (für Vorstandsmitglieder), Tantieme *f*.
tapage *m* **nocturne** (*StR*) nächtliche Ruhestörung.
taper *v.tr.* (1) (*frapper du plat de la main*) *umg* schlagen, versohlen, (2) (*einen Brief*) schreiben *od.* tippen.
tapiner *v.intr. umg* (*Prostituierte*) sich öffentlich anbieten.
tard *adv* spät; **au plus** – spätestens (bis, zum).
tarder *v. intr.* zögern, säumen; zaudern; **sans** – unverzüglich.
tardif *adj* verspätet, mit Verspätung, säumig.
tardiveté *f* Säumnis *f*, Versäumnis.
tare *f* (1) (*défectuosité*) Fehler *m*, Unzulänglichkeit *f*, Mangel *m*, Manko *n*, (2) (*HR: poids de l'emballage*) Tara *f*, Leergewicht, Verpackungsgewicht *n*, (3) (*HR: réduction de prix de la marchandise emballée*) Vergütung der Verpackung; Abzug *m* der Verpackung; – **additionnelle** Tarazuschlag *m*; – **de caisse** Fehlbetrag *m*, Manko *n*; – **congénitale** (*MedizinR*) Geburtsfehler *m*.
tarif *m* (1) (*HR*) Preisverzeichnis *n*, Preis *m*, (2) (*SteuerR, VwR*) Steuertabelle *f*; Gebührenordnung *f*; Taxe *f*, amtlich festgesetzter Preis, (3) (*ZollR*) (Zoll-) Tarifschema *n*, Nomenklatur *f*; **plein** – Volltarif *m*; **réduction de** – Gebührenermäßigung; **relèvement de** – Gebührenerhöhung; – **ad valorem** Warenwertzolltarif.
tarif d'assurance Versicherungstarif; – **d'autorité** (1) (*SozR*) amtlicher Gebührensatz, (2) Zwangstarif; – **de base** Grundtarif; – **du camionnage** Rollgeld *n*; – **collectif** Manteltarif; – **conventionnel** (1) (*SozVers*) Vertragssätze *mpl*, (2) vertragsmäßiger (Zoll-) Satz.
tarif douanier *ou* **des douanes** Zolltarif(schema) *n*; – **des droits et émoluments** Gebührenordnung; – **échelonné** Staffeltarif; – **d'entrée** Einfuhrtarif; – **(douanier) extérieur commun** (*EG*) Gemeinsamer Zolltarif der EG; Brüsseler Zolltarifschema; – **de façon** (*ArbR*) Entgeltverzeichnis *n* für Heimarbeit; – **de faveur** Vorzugstarif; – **forfaitaire** Pauschsatz, Pauschaltarif; – **à fourchettes** Margentarif; – **des frais** Gebührenordnung; – **de frais de justice** Gerichtsgebührenordnung; – **de fret** Frachtsatz; – **général** Regeltarif; – **d'honoraires** Honorarordnung; – **d'hospitalisation** (*SozR*) Pflegesätze *mpl*, Krankenhauspflegesatz; – **d'imposition** *ou* **de l'impôt** (*SteuerR: barème*) Steuersatz *m*, Steuertarif; – **d'indemnisation** Vergütungssatz; – **intérieur** Binnentarif.
tarif kilométrique Kilometertarif; – **limite** Höchstsatz; – **médical** ärztliche Honorarsätze, ärztliche Gebührenordnung; – **minimum** Mindestsatz; – **des monnaies** Kurszettel *m*; – **par mot** Wortgebühr; – **normal** Regeltarif; – **des notaires** Kostenordnung der Notare.
tarif par paliers Staffeltarif; – **pharmaceutique** (*SozVers*) Arzneimitteltarif *m*; – **plafond** Höchstsatz; – **postal** Postgebührenordnung; – **préférentiel** Präferenzzoll; Vorzugszolltarif; – **des prix** Preisliste; – **progressif** Staffeltarif, progressiver Tarif; – **protectionniste** Schutzzolltarif; – **public** amtliche Gebührenordnung; **à** – **réduit** zu ermäßigtem (Fahr-) Preis; – **réduit** ermäßigter Tarif.
tarif téléphonique Telefontarif *m*; – **à tranches échelonnées** Staffeltarif; – **à tranches successives** Regelverbrauchstarif; Zonentarif; – **uniforme** Einheitstarif.
tarifaire *adj* zolltariflich, Tarif-; **dispositions –s** Bestimmungen über die Zollbehandlung *od.* Zollgebühren.
tarifer *v.tr.* tarifieren, festsetzen.
tarification *f* Tarifierung *f*, Gebührenfestsetzung *f*; staatliche Preisfestsetzung; Zollfestsetzung; – **bancaire** Bankgebührenordnung; – **des**

honoraires Festsetzung der ärztlichen Gebührensätze.

tas *m* Menge *f*; Stapel *m*; Haufen *m*; **apprentissage sur le –** innerbetriebliche Ausbildung, betriebliche Lehre; **formation sur le –** Ausbildung am Arbeitsplatz; **matières en –** Schüttgüter *npl*.

tassement *m* Rückgang *m*; **– des cours** Kursabschwächung; **– des prix** Preisberuhigung.

taudis *m* Elendsquartier *n*.

taulard *m pej* Häftling, Gefangene(r).

taule *f umg* Haftanstalt *f*, *umg* Knast *m*.

taupe *f fig*. eingeschleuster V-Mann, verdeckter Ermittler.

taux *m* (1) (*proportion dans laquelle intervient un facteur variable*) Satz *m*, Prozentsatz; Rate *f*; Quote *f*; Grad *m*, (2) (*SchuldR, HR: montant de l'intérêt annuel produit par une somme de cent euros (symb.%)*) Zinsfuß *m*, Zinsen *mpl*, Zinssatz *m*, (3) (*VwR: montant d'un prix fixé par l'État*) staatlich festgesetzter Preis, (4) (*BörR: cours, pair*) Kurs *m*, (5) (*SteuerR: pourcentage appliqué à la base imposable pour déterminer le montant de l'impôt dû pour chaque contribuable*) Steuersatz *m*.

taux d'accidents Unfallquote, Unfallrate; **– d'activité** (*Vwirt*) Erwerbsquote *f*; **– actuariel brut** (*WertpR*) Brutto(zins)satz *m*; Effektivzinssatz *m*; Rendite *f*; auf die kapitalisierte Dividende bezogene Rendite; **– d'amortissement** Abschreibungssatz, Tilgungsrate; **– de l'argent au jour le jour** (*BankR*) Tagesgeldzinssatz; **– d'autofinancement** (*BW*) Selbstfinanzierungsquote; **– des avances sur titre** (*BankR*) Lombardsatz; **– de base** Richtsatz, Grundtarif; **– de bonus** Schadensfreiheitsrabatt *m*; **– de capitalisation** Rendite *f*.

taux de change Wechselkurs *m*; Devisenkurs *m*, Umrechnungskurs *m*; **– – flottant** flexibler *od*. gleitender Wechselkurs; **– – officiel** amtlicher Wechselkurs.

taux de chômage Arbeitslosenquote *f*; **– de commission** Provisionssatz; **– de compétence** Streitwert für die sachliche Zuständigkeit; **– de conversion** Umrechnungssatz *m*; Umstellungsquote; **– de cotisation** Beitragssatz; **– de croissance** Wachstumsrate; **– directeurs** Leitzinsen *pl*; **– d'écoute** (*Radio, Fernsehen*) Einschaltquote *f*; **– d'emploi** Beschäftigungsquote *f*.

taux d'escompte (bancaire) (*WechselR*) Diskontsatz, Bankrate *f*, Bankzinsfuß, Bankdiskont *m*; **baisse du – –** Diskontsatzherabsetzung, Diskontsenkung; **relèvement du – –** Diskontsatzerhöhung.

taux d'expansion Zuwachsrate; **– fixe** fester Satz; **– forfaitaire** Pauschalsatz; Einheitssatz; **– de fréquence des accidents** Unfallhäufigkeit *f*; **– de fret** Frachtrate *f*, Frachtsatz *m*; **– horaire** Stundensatz *m*; **– d'imposition** *ou* **de l'impôt** (*SteuerR: taux proportionnel ou progressif comme élément du tarif de l'impôt*) Steuersatz *od*. -fuß *m*; **– d'incapacité de travail (= TIT)** (*SozVers*) Grad der Erwerbsunfähigkeit, Grad *m* der Erwerbsminderung; **– d'inflation** Inflationsrate, Teuerungsrate, Preissteigerungsrate.

taux d'intérêt Zinsfuß *m*, Zinssatz *m*; **à – – fixe** festverzinslich; **à – – variable** mit veränderlichem Ertrag; **arbitrage sur le – –** Zinsarbitrage *f*; **– – débiteur** Sollzins(satz); **– – nominal** Nominalzinssatz.

taux d'invalidité (*SozR*) Grad *m* der Erwerbsunfähigkeit *od*. Arbeitsunfähigkeit, Invaliditätsgrad; **– des investissements** Investitionsquote *f*; **– légal** gesetzlich festgelegter Zinsfuß *od*. -satz; **– de liquidité** Liquiditätsgrad *m*; **– majoré** erhöhter Satz; **– minimum** Mindestsatz; **– de morbidité** Krankheitshäufigkeit *f*; **– moyen pondéré** gewogener Durchschnittssatz.

taux de natalité Geburtenrate od.-ziffer *f*; **– de nuptialité** Eheschließungshäufigkeit; **– de participation (au vote)** Wahlbeteiligung *f*; **– de pertes** Ausfallquote; **– de profit** Profitrate *f*; **– de progression** Zuwachsrate.

taux de réescompte (*BankR: taux d'escompte de la Banque de France*) Diskontsatz der frz. Zentralbank, Rediskontsatz; **– de référence** Richtsatz; **– de remboursement** Erstattungssatz *m*; **– de rendement** (*BankR*) Ertragszinsen *nur Pl.*, Renditenniveau *n*; **– des reports** Report- *od.* Prolongationszinssatz.

taux de ressort (1) (*ZPR: limite fondée sur la valeur du litige restreignant soit la faculté d'appel soit la compétence en premier ressort d'une juridiction*) Berufungssumme *f*; Streitwert *m* für die Zulässigkeit eines Verfahrens in erster Instanz, (2) (*ZPR: limite fondée sur la valeur du litige restreignant la faculté de cassation d'une décision de justice*) Revisionssumme *f*; **– de syndicalisation** Organisationsgrad; **– unitaire** Einheitssatz; **– d'urbanisation** Verstädterungsgrad *m*; **– usuraire** Wucherzins *m*; **– d'utilisation** Nutzungsgrad *m*.

taxable *adj* gebührenpflichtig; versteuerbar.

taxateur *m* (1) (*SteuerR*) Steuerfestsetzer *m*, (2) (*HR*) Schätzer *m*, Taxator *m*, Wertsachverständige(r) *m*, (3) (*ZPR*) Richter als Prozesskostenfestsetzer.

taxation *f* (1) (*SteuerR*) Steuerfestsetzung *f*, Besteuerung *f*; geschuldete Steuer, (2) (*HR*) Bestimmung des Geldwertes (einer Sache *od.* einer Leistung), Taxation *f*, Preisfestsetzung, Kostenberechnung, (3) (*WirtR*) staatliche Preisfestsetzung, staatliche Festsetzung von Höchstpreisen; **décision de –** Gebührenverfügung *f*; **prix** *ou* **valeur de –** Schätzungswert.

taxation ad valorem Wertverzollung; **– du chiffre d'affaires** Umsatzbesteuerung; **– des dépens** Kostenfestsetzung; **– douanière** Verzollung *f*; **– double** Doppelbesteuerung; **– d'office** Zwangsveranlagung; **– à la source** Quellenbesteuerung; **– spécifique** Gewichtsverzollung.

taxe *f* (1) (*SteuerR: prélèvement obligatoire, impôt*) Steuer *f*, (öffentliche) Abgabe *f*, (2) (*PrzR: frais procéduraux*) Festsetzung der Prozesskosten; (Prozess-) Gebühren *fpl*; Kostenschuld *f*, (3) (*ÖffR: perception à l'occasion d'un service rendu par une collectivité*) Beitrag *m*, Benutzungsgeld *n*; **assiette de la –** (Steuer-) Bemessungsgrundlage; **boutique hors –** Duty-Free-Shop *m*; **double –** doppelte Gebühr; **ne donnant pas lieu à l'application d'une –** gebührenfrei; **ordonnance de –** Kostenfestsetzungsbeschluss *m*; **percevoir des –s** Gebühren erheben; **réduction de –** Gebührenermäßigung; **relèvement de –** Abgabenerhöhung; **– à la** *ou* **sur la valeur ajoutée (= TVA)** Mehrwertsteuer.

taxe d'abattage (*LandwR*) Schlachtgebühr *f*; **– d'abonnement** (*Telefon*) Grundgebühr *f*; **–s accumulées** angewachsene Gebühren; **– additionnelle** Zusatzsteuer; **– administrative** Verwaltungsabgabe *od.* -gebühr; **– d'aéroport** Flughafengebühr; **– d'affranchissement** Postgebühr; **– annuelle** *ou* **d'annuité** (1) Jahresgebühr, (2) (*PatR*) Patentgebühr; **– d'apprentissage** Berufsausbildungsabgabe; **– d'audience** (*PrzR*) Verhandlungsgebühr; **– d'authentification** Beglaubigungsgebühr.

taxe de balayage Kehrgebühr; **– de base** Grundgebühr; **– des brevets d'invention** Patentgebühr; **– sur le chiffre d'affaires** (1) (*pl.: Oberbegriff*) Umsatzsteuer, (2) (*sing.: i. e. S.*) Mehrwertsteuer; **– de circulation sur les véhicules automobiles** Kraftfahrzeugsverkehrssteuer; **– communale** Gemeindeabgabe *f*; **– communautaire** (*EuR*) Gemeinschaftsabgabe *f*, EU-Abgabe *f*; **– compensatoire** (*EU*) Ausgleichsbeträge *pl*, Grenzausgleich für Agrarprodukte; **– complémentaire** Ergänzungsgebühr *f*; **– de concession** Konzessionsgebühr.

taxe de déversement à l'égoût Kanalgebühr *f*, Dolengebühr, Sielbenutzungsgebühr; **– sur les émissions et produits polluants** Ökosteuer *f*; **– d'encaissement** Einziehungsgebühr; **– à l'encombrement** Sondergebühr für Sperrgut; **– d'enlèvement des ordures ménagères** Müllabfuhrgebühr *od.* -abgabe; **– d'enregistrement** Eintragungsgebühr, Registergebühr; Einschreibungsgebühr; **– d'entrepôt** Zwischenlagergebühr, Lagergeld *n*.

taxe fiscale öffentliche Gebühr; **– foncière** Grundsteuer; **– forfaitaire** Pauschgebühr, Pauschalgebühr; **– de formation** Ausbildungsabgabe *f*; **– d'habitation** (vom Mieter zu entrichtende) Wohnraum- *od.* Wohnungsnutzungsteuer; **– d'inspection sanitaire** Fleischbeschaugebühr.

taxe locale (= T.L.) Gemeindesteuer; **– municipale** zusätzliche Gemeindeabgabe; **– sur les mutations de propriété** Grunderwerbsteuer; **– de nettoiement** Reinigungsgeld *od.* -beitrag; **– normale** Grundgebühr; **– sur les opérations de bourse** Börsenumsatzsteuer.

taxe parafiscale (1) (*ÖfR: ensemble de taxes et redevances obligatoires perçues au profit de personnes publiques ou privées, autres que l'État et les autres collectivités publiques*) (,) parafiskale Abgaben, (2) (*SozR: redevances perçues par les caisses de retraite et les caisses de la sécurité sociale*) (soziale) Pflichtversicherungsbeiträge *mpl*; gesetzliche Krankenversicherungsbeiträge, Rentenversicherungsbeiträge.

taxe de péage (1) (*bref: péage*) Autobahnbenutzungsgebühr *f*, Maut *f*, (2) Entgelt für ein Wegerecht; Brückengeld; Hafenabgabe.

taxe de péréquation Ausgleichsabgabe; **– sur le personnel occupé** Lohnsummensteuer; **– de pesage** Waagegeld, Wiegegebühr; **– de pilotage** Lotsengeld; **– sur la pollution** Ökosteuer *f*, Umweltschutzsteuer *f*; **– portuaire** Hafengebühr; **– postale** Postgebühr; **– sur les prestations de service** Dienstleistungsabgabe *f*; **– sur les produits pétroliers** Mineralölsteuer.

taxe professionnelle frz. Gewerbesteuer; **– de raccordement** Anschlussgebühr; **– radiophonique** Rundfunkgebühr; **– de recommandation** Einschreibgebühr; **– de rédaction** Schreibgebühr; **– de réexpédition** Nachsendegebühr, Rücksendungsgebühr; **– de remise** Zustellgebühr.

taxe de remorquage Schleppgebühr; **– de renouvellement** (*Wz*) Erneuerungsgebühr; **– pour retard** Säumniszuschlag; **– de revendication** (*PatentR*) Anspruchsgebühr; **– sur les salaires** Lohnsteuer; **– sanitaire** Gesundheitsabgabe; **– de séjour** Kurtaxe; **– somptuaire** Luxussteuer; **– spéciale sur les conventions d'assurance** Versicherungs(vertrag)abschlusssteuer; **– sur les spectacles** Vergnügungssteuer; **– de stationnement** Parkgebühr.

taxe sur les tabacs Tabaksteuer *f*; **– Tobin** Tobin-Spekulationsgewinnsteuer *f*, Steuer auf die internationalen Devisengeschäfte, Besteuerung der Devisenhandelsgewinne; **– sur les transactions** Umsatzsteuer; **– de transit** Durchfuhrabgabe; **– de transport** Fracht *f*.

taxe sur la valeur ajoutée (= TVA) (*SteuerR: on dit aussi taxe à la valeur ajoutée*) Mehrwertsteuer *f*; **– à la valeur déclarée** (*Gütertransport*) Wertangabegebühr; **– vicinale** Gemeindestraßenbeitrag *m*, Wegesteuer; **– de voirie** (1) Müllabfuhrgebühr *f*, (2) Straßenunterhaltungsgebühr *f*; Straßenanliegerbeitrag *m*.

taxer *v.tr.* (1) schätzen, den Wert ermitteln, (2) den Preis festsetzen, (3) besteuern, zur Steuer heranziehen; **– les dépens** (*PrzR*) die Prozesskosten feststezen; **– qqn. forfaitairement** die Steuer in Pauschbeträgen festsetzen; **– qqn. de** bezichtigen, beschuldigen.

tchador *m* (*ÖfR: foulard islamique, hidjab*) Tschador *m*, schwarzer Umhang (muslimischer Frauen), Hidschab *m*.

technicien *m* Fachmann *m*, Spezialist *m*, Experte *m*, Sachverständige(r); **– moyen** Durchschnittsfachmann; **–ne de surface** Raumpflegerin *f*.

technicité *f*: **travail de haute –** fachlich sehr anspruchsvolle Arbeit; **de – poussée** (*WirtR*) ausgestattet mit modernster, anspruchsvoller Technik, mit Technik auf moderner wissenschaftlicher Grundlage.

technico-commercial *adj*: **agent –** (*ArbR*) Sachbearbeiter *m*.

technique *adj* Fach-; **collège –** Berufs- *od.* Fachschule; **escale –** Zwischenlandung; **habileté –** fachliches Können; **incident –** Betriebsstörung *f*; Versagen *n* (eines Geräts), Panne *f*; **moyens –s** technische Arbeitsmittel *npl*; **ouvrage –** Fachbuch *n*; **vérification –** technische Überprüfung.

technique *f* (1) Technik *f*, Fertigkeit *f*, (2) Verfahren *n*, Arbeitsweise *f*; **état de la –** Stand *m* der Technik; **– actuarielle** Versicherungstechnik, Versicherungsmathematik; **– d'avant garde** Spitzentechnologie *f*; **– juridique** Gesetzes- *od.* Rechtstechnik; **– législative** Rechtsetzungstechnik; **– de production** Produktionsverfahren; **– routinière** übliches technisches Vorgehen.

technocrate *m* (*Pol*) Technokrat *m*.

technocratie Technokratie *f*; Beherrschung des Menschen durch die Technik.

technologie *f* **avancée** Spitzentechnologie; **– des matières** Stoffkunde *f*; **– nucléaire** angewandte Kernphysik; **– de pointe** Spitzentechnologie; **–s de l'information et de la communication (= TIC)** (*MedienR*) Informations- und Kommunikationstechnik (= IKT).

tel quel *loc* wie besehen, wie besichtigt.

télé *f umg* Fernsehen *n*; **–achat** *m* Teleshopping *n*; **–carte** *f* Telefonkarte *f*; **–chargement** *m* Podcasting *n*; **–commande** *f* Fernsteuerung *f*, Fernbedienung; **–conférence** *f* Videokonferenz *f*; **–copie** *f* Fax *n*; Telefax; **–copieur** Faxgerät *n*; **–distribution** Kabelfernsehen *n*; **–enseignement** audiovisueller Fernunterricht *m*; **–informatique** *f* Datenfernverarbeitung *f*; *m*: **–paiement** *m* E-payment *n*, elektronischer Zahlungsverkehr; Zahlung mittels Fernkommunikationsmitteln; **–réunion** *f* Videokonferenz *f*; **–scripteur** *m* Fernschreiber *m*; **–texte** *m* Bildschirmtext *m*; **–travail** *m* E-Work, e-work *n*; **–travailleur** *m* E-Worker *m*; **–vente** *f* Fernabsatzgeschäft *n*, Fernabsatzvertrag *m*; elektronischer Kaufvertrag; E-commerce *m*, Internethandel *m*.

télécommunications *fpl* (1) (*MedienR: en abrégé: télécoms*) Fernmeldeverkehr *m*, Fernmeldewesen *n*; Tele- und Mediendienst *m*, (2) Telefon- und Fernmeldebetrieb *m*.

téléologique *adj* (*Rechtsphilosophie*) die Zwecklehre (im Recht) betreffend.

téléphone *m* **à carte** Kartentelefon *n*; **– cellulaire** *ou* **mobile** *ou* **portable** Mobiltelefon *n*; Handy *n*; **– sans fil** schnurloses Haustelephon; **– filaire** *ou* **à fil à ressort** (klassisches) Haustelefon *n*; **– vert** gebührenfreie Rufnummer; Telefon zum Nulltarif.

téléphonique *adj*: **appel –** Anruf *m*; **conversation –** Telefongespräch *n*; **écoutes –s** Telefonüberwachung *f*, Lauschangriff *m*; **répondeur –** Anrufbeantworter *m*; **secret –** Telefongeheimnis *n*, Fernsprechgeheimnis *n*.

téléscoper *v.tr./pron.* zusammenprallen, aufeinanderstoßen.

télévisé *adj*: **jeux –s** Spielshow *f*.

télévision *f* Fernsehen *n*; **chaîne de –** Fernsehanstalt *f*, Fernsehsender *m*; **émission de –** Fernsehsendung; **œuvre** *ou* **production de –** Fernsehwerk *n*; **– câblée** *ou* **par câble** Kabelfernsehen *n*; **– privée** Privatfernsehen, Kommerzkanal *m*; **– publique** öffentlich-rechtliche Fernsehanstalt; **– par satellite** Satellitenfernsehen.

témoignage *m* (*PrzR: déposition sous serment*) Zeugnis *n*, Zeugenaussage *f*; **appeler en –** als Zeuge benennen *od.* namhaft machen; **en – de** zum Beweise von; **faux –** (*StR: témoignage mensonger*) eidliche Falschaussage; **porter –** Zeugnis geben, als Zeuge aussagen; **recevoir en –** eine Zeugenaussage entgegennehmen; **rendre –** Zeugnis ablegen, bezeugen.

témoignage indirect (*StR: témoignage par commune renommée*) Zeugnis vom Hörensagen; **– en justice** Zeugenaussage vor Gericht; **– mensonger** (*StR: faux témoignage*) eidliche Falschaussage; (fahrlässiger) Falscheid; (vorsätzlicher) Meineid; **– suspect** zweifelhafte Aussage; **– de sympathie** Sympathiekundgebung *f*; **– véridique** wahrheitsgemäße Aussage.

témoigner *v.tr.* bezeugen, Zeugnis ablegen; **autorisation de – en justice** Aussagegenehmigung *f*; **obligation de –** Aussagepflicht *f*; **refus de –** Zeugnisverweigerung, Verweigerung der Zeugenaussage; **– en justice** vor Gericht aussagen; **– sous serment** unter Eid aussagen, bezeugen, durch (Zeugen-) Aussage bekräftigen.

témoin Zeuge *m*; **assignation** *ou* **citation à –** Zeugenladung *f*; **confrontation de –s** (Zeugen-) Gegenüberstellung; **constitution d'un –** Zeugenbenennung, Namhaftmachung (eines Zeugen); **déposer comme –** als Zeuge aussagen; **déposition d'un –** Zeugenaussage *f*; **entendre un –** einen Zeugen vernehmen; **faux –** falsch aussagender Zeuge; **prendre pour –** als Zeugen benennen; **preuve par –** Zeugenbeweis; **serment du –** Zeugeneid.

témoin assisté (*StPR: vor dem Untersuchungsrichter*) als Zeuge vernommener Tatverdächtige (gegen den ein Strafverfahren eingeleitet werden könnte) und der deshalb die Beistandschaft eines Anwalts beanspruchen kann, tatverdächtiger Zeuge mit Anwalt; **– auriculaire** Ohrenzeuge; **– à la barre** Zeuge im Zeugenstand, vor Gericht aussagender Zeuge; **– certificateur** (*Urkunde*) beglaubigender Zeuge; **– à charge** Belastungszeuge *f*; **– cité** geladener Zeuge; **– cité à comparaître** geladener Zeuge; **– clé** Kronzeuge; **– à décharge** Entlastungszeuge; **– défaillant** ausbleibender Zeuge; **– digne de foi** glaubwürdiger Zeuge; **– important** Kronzeuge; **– indirect** Zeuge durch Vermittlung Dritter *od.* vom Hörensagen; **– instrumentaire** (*vor dem Notar*) Urkundszeuge *m*; Zeuge bei einer notariellen Beurkundung; **– judiciaire** vor dem Gericht aussagender Zeuge.

témoin du mariage Trauzeuge; **– de moralité** Leumundszeuge; **– muet** Indizienbeweis, Anzeichenbeweis; Fingerabdruck; Tatwaffe; **– numéro un** Kronzeuge; **– oculaire** Augenzeuge; **– par ouï-dire** Zeuge vom Hörensagen; **– principal** Hauptzeuge; **– réassigné** erneut geladener Zeuge; **– récusable** *ou* **reprochable** ablehnbarer Zeuge; **– reproché** abgelehnter Zeuge; **– testamentaire** Zeuge bei der Errichtung eines Testaments.

tempérament *m* (1) (*personnalité*) Temperament *n*, Wesensart *f*, Gemütsart, Natur *f*, (2) (*mesure*) Zurückhaltung *f*, Abgewogenheit *f*, (3) (*atténuation*) Milderung *f*, Abschwächung *f*; **achat** *ou* **vente à –** Abzahlungskauf *m*, Ratenzahlungskauf, Teilzahlungsgeschäft, Ratenkauf.

tempérance *f* Mäßigung *f*, Selbstbeherrschung *f*; Enthaltsamkeit *f*.

temple *m* protestantisches Gotteshaus, lutheranische *od.* calvinistische Kirche.

temporaire *adj* zeitweilig, vorübergehend, zeitlich beschränkt; **fonction –** zeitlich begrenzte Amtsausübung; **nomination à titre –** Ernennung auf Zeit *od.* auf Widerruf; **personnel –** Zeit(arbeits)kräfte *pl*; **travailleur –** Leiharbeiter.

temporiser *v. intr.* abwarten, zögern, auf Zeitgewinn aus sein.

temps *m* (1) (*durée*) Zeit *f*, Dauer *f*, (2) (*époque*) Zeitalter *n*, Zeitabschnitt *m*, (3) (*date*) Zeitpunkt *m*, Termin *m*, (4) (*état de l'atmosphère*) Wetter *n*, Witterung *f*; **emploi du –** Stundenplan *m*; Zeiteinteilung *f*; **emploi à – partiel** Teilzeitbeschäftigung; **faute de –** aus Zeitmangel; **gain de –** Zeitgewinn *od.* -ersparnis, Zeiteinsparung *f*; **perte de –** (unnötiger) Zeitverlust; **qui prend du –** zeitaufwendig.

temps d'antenne Sendezeit; **– d'arrêt** Ruhepause *f*; **– creux** (*HR*) Flaute *f*; **– d'essai** (*ArbR*) Probezeit *f*; **– immémorial** unvordenkliche Zeit; **– libre** *ou* **de loisirs** Freizeit *f*; **– mort** Leerlauf *m*; **– non prescrit** (*PrzR*) nicht abgelaufene Frist; nicht durch Verjährung betroffener Zeitraum; **– normalisé** Vorgabezeit.

temps de parole Redezeit *f*; **– partagé** (*ArbR*) Arbeitverrichtung *od.* Tätigkeit für mehrere Arbeitgeber, Time-Sharing, timesharing *n*; **– partiel (= TP)** *m* (*ArbR*) Teilzeitbeschäftigung *f*;

– partiel subi (*ArbR*) aufgezwungene Teilzeitbeschäftigung; **– de préparation** Vorbereitungszeit; **– de présence** Anwesenheitszeit; **– prohibé** (*JagdR*) Schonzeit *f.*

temps de réflexion Bedenkzeit *f;* Widerrufsfrist *f;* **– de repos** Ruhepause *f;* **– de travail** Arbeitszeit *f;* **– universel (= TU)** mittlere Greenwich-Zeit (= MGZ); **en – utile, en – voulu** rechtzeitig; **– utilisé** Zeitaufwand *m;* **– vide** Leerlauf; Zwischenzeit.

tenancier *m* Pächter *m*, Verwalter *m;* (Gast-) Wirt *m.*

tenant *m* Verfechter *m*, Vertreter; **–s de la loi** Befürworter *mpl* der bestehenden Gesetze; Law and order-Anhänger; **–s du pouvoir** Machthaber *mpl.*

tenants et aboutissants (*SachR*) angrenzende Grundstücke *npl;* **– et aboutissants d'une affaire** (*ZPR*) die gesamten Tatumstände einer Streitsache.

tendance *f* (1) (*inclination, penchant*) Hang *m*, Neigung *f*, Absicht *f*, Zweckstreben *n*, (2) (*direction, orientation*) Tendenz *f*, Richtung *f*, Strömung *f*, Entwicklungslinie, (3) (*BörR*) allgemeine Grundstimmung; **– à l'achat** lebhafte Tendenz; **– à la baisse** rückläufige Tendenz; **– à la hausse** Aufwärtsbewegung *f;* **– inflationniste** Inflationsneigung; **– irrégulière** uneinheitliche Tendenz.

tendancieux *adj* einseitig, parteiisch, tendenziös; entstellt.

tendre *v.tr.* (an-) spannen.

tènement *m* **d'immeuble** *ou* **immobilier** (*SachR: réunion en une seule main de plusieurs immeubles contigus*) Grundstückszusammenlegung *f*, Grundstücksverbindung *f;* (*mehrere nebeneinanderliegende Grundstücke betreffende*) Grundstücksrechte.

teneur *f* (1) (*contenu exact d'un acte*) genauer Inhalt, Wortlaut *m;* Tenor *m;* Gehalt *m;* **– du contrat** Vertragsinhalt *m*, Wortlaut *m;* **– du jugement** (*PrzR: contenu exact, texte littéral d'une décision de justice*) Urteilstext *m*, wesentlicher Inhalt des Urteils; **– de livres** Buchführer; **– de la loi** Gesetzeswortlaut; **– du serment** Eidesformel *f.*

teneur *m* (*Buchf: personne qui tient un livre*) (Buch-) Führer *m*, Halter *m;* **– de caisse** Kassenführer *m;* **– de registre** Registerführer.

tenir *v. tr. et intr.* (1) (*maintenir, garder*) halten, festhalten, (2) (*détenir, posséder*) besitzen, haben, (3) (*exercer une fonction*) ausüben, (ein Amt) innehaben, (4) (*diriger, gérer*) leiten, führen; **– à** herrühren von, seinen Grund haben in; **– à qqch.** Wert auf etwas legen, bestehen auf; **– compte de** berücksichtigen; **– conseil** beraten über, sich mit jmdm. beraten; **– le coup** durchhalten; **– au courant** auf dem Laufenden halten; **– en échec** zum Scheitern bringen; (*mit Erfolg*) Widerstand leisten; **– ses engagements** seinen Verpflichtungen nachkommen.

tenir informé jmdn. auf dem laufenden halten, jmdn. informieren; **– sa langue** nichts verraten, schweigen; **– lieu de** gelten *od.* dienen als, ersetzen; **– qqn. sous la menace de son arme** jmdn. mit einer Waffe bedrohen; **– parole** Wort halten; **– son rang** seine Stellung behaupten; **– un registre** ein Register führen; **– une réunion** sich beraten, eine Versammlung abhalten; **– rigueur** nicht verzeihen; **– secret** geheimhalten; **– qqch. pour vrai** etwas für wahr halten.

tension *f* Spannung *f;* **– inflationniste** inflationistischer Druck; **– internationale** internationale Spannungen *pl.*

tentation *f* Versuchung *f*, Verlockung *f;* **céder** *ou* **succomber à la –** sich verführen lassen.

tentative *f* (*a. StR*) Versuch *m*, Versuchshandlung *f;* **désistement volontaire de la –** (*StR: repentir actif*) freiwilliger Rücktritt vom Versuch; **– d'adaptation** Anpassungsversuch; **– de chantage** Erpressungsversuch; **– de conciliation** (1) (*FamR, ZPR*) Versöhnungsversuch; Güteversuch; Sühneversuch; Einigungsversuch, (2) (*ArbR*) Schlichtungsversuch *m;* **– de délit** (*StR*) Versuch bei Vergehen;

versuchtes Vergehen; **– d'entente** Verständigungsversuch; **– d'évasion** *ou* **de fuite** Fluchtversuch; **– d'homicide** Tötungsversuch; **– impossible** (*StR*) untauglicher Versuch; **– de suicide** Selbstmordversuch, Suizidversuch.

tenter *v.tr.* versuchen, in Versuchung führen; den Versuch einer Straftat unternehmen; **tout –** nichts unversucht lassen; **– le tout pour le tout** alles auf eine Karte setzen.

tenu *p.p. adj.*: **bien –** im guten Zustand; gepflegt; **être – des dettes** für die Schulden haften; **être – de faire** zu einer Leistung verpflichtet sein, verpflichtet sein etwas zu tun; **être – au secret professionnel** der Schweigepflicht unterliegen; **être – solidairement** gesamtschuldnerisch haften; **– à la réparation du dommage** schaden(s)ersatzpflichtig.

tenue *f* (1) (*PrzR: le fait de tenir séance*) Abhaltung *f* (einer Sitzung), (2) (*WirtR: le fait, la manière de tenir, d'administrer, de gérer, de commander une maison, un groupe, un organisme, un établissement*) Führung *f*, Leitung *f*, (3) (*ensemble des vêtements et des accessoires qui constituent l'habillement particulier à une profession*) Kleidung *f*; Amtstracht *f*; Uniform *f*, (4) (*dignité de la conduite, correction des manières*) Anstand *m*, Benehmen *n*; **en grande –** in feierlicher Amtstracht, in Ornat; **manquer de –** *fig.* keine Formen haben; **– de caisse** Kassenführung *f*; **– de la comptabilité** Buch- *od.* Rechnungsführung; **– du compte** Kontoführung; **– de livres du commerce** kaufmännische Buchführung; **– du marché** Marktentwicklung; **– du registre** Registerführung; **– de route** (*Kfz*) Straßenlage *f*; **– d'une séance** Abhaltung einer Sitzung; **– de service** Dienstkleidung.

TEP *f* (*WirtR: Tonne Équivalent Pétrole*) Erdöleinheit *f*.

tératogène *adj* (*MedizinR*) krebserzeugend.

tergiversation *f* (*PrzR: le fait d'user de détours, de faux-fuyants pour éviter de donner une réponse nette, pour retarder le moment de la décision*) Ausflucht *f*; Ablenkungsmanöver *n*.

tergiverser *v. intr.* Ausflüchte suchen, versuchen sich herauszureden; **sans –** ohne zu zögern.

termaillage *m* (*BankR*) Fälligkeitsaufschub *od.* -vorverlegung *f*; Zahlungsterminänderung *f*.

terme *m* (1) (*ZR: expiration du délai*) Fristablauf *m*, Fristende *n*, Termin *m*, Zeitpunkt *m*, (2) (*ZR: période qui s'achève au terme*) Frist *f*, Zeitbestimmung, Zeitraum *m*, (3) (*HR: période de trois mois*) Dreimonatsfrist, (4) (*SchuldR: somme due au terme – loyer*) Miete *f*, Mietzins *m*; Pachtzins, (5) (*nom correspondant à une notion au sein d'une terminologie*) Fachwort *n*, terminus technicus; **acheteur à –** Terminkäufer *m*; **arrivée du –** Fälligkeit; **assurance à – fixe** Versicherung mit festem Auszahlungstermin; **en d'autres –s** mit anderen Worten; **aux –s de l'art. 3** gemäß Art. 3; **avancer le –** die Frist verkürzen; **avant –** vorzeitig; **à court –** kurzfristig.

terme: **déchéance du –** (*bei Zahlungsunfähigkeit*) sofortige Fälligkeit, Wegfall *m* der Zeitbestimmung; **échéance du –** Fristablauf, Eintritt der Fälligkeit; **être en mauvais –s avec qqn**; **à long –** langfristig; **à très long –** auf sehr weite Sicht; **à moyen –** mittelfristig; **moyen –** *fig* Mittelweg *m*.

terme: **obligation à –** betagte Forderung, befristete Verpflichtung; **offre à –** Terminofferte *f*; **payable à – échu** im nachhinein fällig; **payer son –** seine Miete (fristgerecht) zahlen; **reculer le –** die Frist verlängern; **renonciation au –** Verzicht auf die Terminbestimmung; **vente à –** Terminverkauf.

terme certain genaue Zeitbestimmung; **aux –s du contrat** vertragsgemäß; **–s d'un contrat** Wortlaut *m* (eines Vertrages); **– conventionnel** vertragliche Zeitbestimmung; **– convenu** vereinbarter Zeitpunkt; **– correctif** Berichtigungsfaktor *m*; **– de déclaration** Meldefrist.

terme de droit gesetzliche Leistungsfrist; **–s de l'échange** (*Außh*) Terms of Trade; **– d'échéance** Zahlungstermin, Zahltag; **à – échu** bei Fälligkeit; **– extinctif** Endtermin *m*; Zeitpunkt (an dem ein Recht erlischt), Verfalltag *m*; **– final** Endtermin; **– fixe** (*Fixgeschäft*) genaue *od.* präzise Bestimmung der Leistungszeit.

terme de grâce (*ZPR: terme judiciaire*) (durch den Richter festgesetzte) Nachfrist, gerichtliche Stundung (der Leistung); **– incertain** (*ZR: terme choisi par référence à un événement dont la date n'est pas connaisable au moment de la conclusion du contrat*) unbestimmter Zeitpunkt; **– indiqué pour le prononcé** (*PrzR*) (*Urteil*) Verkündungstermin; **– initial** Anfangstermin.

terme judiciaire (*ZPR*) richterliche Nachfrist, richterliche Zeitbestimmung der Leistung; **– de liquidation** (*BankR*) Abschlusstag; **–s de la loi** Wortlaut *m* des Gesetzes; **– en retard** überfällige Rate; **– semestriel** Halbjahresrate; **– suspensif** Anfangstermin *m* (einer betagten Forderung), aufschiebende Frist; **– technique reconnu** anerkanntes Fachwort; **– trimestriel** Vierteljahresrate.

terminaison *f* Beendigung *f*, Abschluss *m*.

terminal *adj* beendend, vollendend; **phase –e d'une maladie** (*MedizinR*) Lebensende *n*.

terminal *m* Abfertigungshalle *f* für Fluggäste; **– d'ordinateur** (*DV*) Ein- und Ausgabeeinheit einer EDV-Anlage, Terminal *n*; **– de paiement électronique (= TPE)** (*BankR*) Geldautomat *m*.

terminer *v.tr.* abschließen, beenden, beendigen; **se –** *v.pron.* zu Ende gehen; **– une séance** eine Sitzung schließen.

terminologie *f* Terminologie *f*, Fachwortschatz *m*; **– administrative** Verwaltungssprache; **– juridique** Rechtssprache; **– spécialisée** *ou* **technique** Fachterminologie.

terrain *m* (*SachR: parcelle de terre*) (unbebautes) Grundstück *n*, Grund und Boden *m*, Gelände *n*; **– accidenté** unebenes Gelände; **– affermé** verpachtetes Land; **– à bâtir** Baugrundstück *n*, Bauplatz *m*; Baufläche *f*, Baugrund *m*; **– de chasse** Jagdgebiet *n*; **– domanial** (*VwR*) Domänengrundstück; **– donné à bail** verpachtetes Land; **– d'entente** Grundlage für eine (mögliche) Einigung; **– d'exposition** Ausstellungsgelände *n*; **– limitrophe** Nachbargrundstück; **– nu** unbebautes Grundstück.

terrassement *m* Erdarbeiten *fpl*; Dammbau *m*.

terre *f* Erde *f*, Feld *n*, Land *n*, Landgut *n*; Besitzung *f*; **produits de la –** Feldfrüchte *fpl*; **– affermée** Pachtland; **– arable** landwirtschaftliche Nutzfläche, Anbaufläche; **– en friche** *ou* **inculte** Brache *f*, Brachland *n*; **– louée** Pachtland *n*, Pachtgrundstück *n*.

terrestre *adj*: **par voie –** auf dem Landweg.

terreur *f* (*Pol: peur collective qu'on fait régner dans une population pour briser sa résistance*) Terror *m*, Schrecken *m*; Schreckensherrschaft *f*, Terrorismus *m*.

territoire *m* (*ÖfR: élément constitutif de l'État*) (Hoheits-) Gebiet, Staatsgebiet, Territorium *n*; **adjonction de –** Gebietserweiterung; **annexion de –** (*VR*) (Gebiets-) Annexion *f*; **transfert de –** Gebietsübertragung.

territoire d'une commune Gemeindegebiet *n*; **– de la commune de résidence** Bezirk der Wohngemeinde; **– d'une commune urbaine** Stadtgebiet; **– contesté** (*VR*) umstrittenes Gebiet; **– du contrat** (*ZR*) Vertragsgebiet *n*; **– dépendant** (*VR*) abhängiges Hoheitsgebiet; **– douanier** Zollgebiet *n*; **– économique** Wirtschaftsraum; **– d'écoulement** Absatzgebiet; **– étatique** Staatsgebiet; **– frontalier** *ou* **frontière** Grenzgebiet.

territoire interdit (*StR*) Sperrbezirk *m*; **– limitrophe** Randgebiet, benachbartes Gebiet; **– litigieux** umstrittenes Gebiet; **– sans maître** (*VR*) nicht besetztes Festlandsgebiet; **– sous mandat** (*VR*) Mandatsgebiet; **– métropolitain** Mutterland; **–**

monétaire Währungsgebiet; **– national** Staats- *od.* Hoheitsgebiet; **– d'outre-mer (= TOM)** (*VerfR: collectivité territoriale française – ancienne colonie –soumise au régime particulier du titre XI de la Const. de 1958*) frz. Überseegebiet *n*, überseeisches frz. Gebiet mit Sonderstatus; **– sous tutelle** (*VR*) Treuhandgebiet *n*.

territorial *adj* territorial; Gebiets-; **compétence –e** örtliche Zuständigkeit; **défense –e** territoriale Verteidigung; **limite –e** Hoheitsgrenze.

territorialité *f* Territorialität *f*; Geltungsbereich *m*; **principe de la –** (*StR, IPR*) Territorialitätsprinzip *n*.

terroriser *v.tr.* terrorisieren, Terror ausüben; bedrohen, einschüchtern.

terrorisme *m* Terrorismus *m*; **acte de –** Terroranschlag *m*, Terrorakt *m*; **répression du –** Terrorismusbekämpfung; **victime du –** Opfer *n* eines Terroranschlages.

terroriste *adj* terroristisch; Terror-; **attentat –** Terroranschlag *m*, Gewalttat *f*; **bande** *ou* **groupe** *ou* **organisation –** terroristische Vereinigung.

terroriste *m* Terrorist *m*, Gewalttäter *m*; Mitglied einer terroristischen Vereinigung.

tertiaire *m* (*Vwirt*) Dienstleistungsbereich *m*, Tertiärsektor *m*.

test *m* Test *m*; Qualitätsprüfung *f*; Untersuchungsverfahren *n*; **– génétique** (*MedizinR: test de comparaison entre les génomes de plusieurs individus utilisé dans les recherches judiciaires*) Gentest *m*, Genomanalyse *f*.

testament *m* (*ErbR: dernière volonté – art. 895 Cciv*) Testament *n*, einseitige letztwillige Verfügung (von Todes wegen), letzter Wille; Testamentsurkunde *f*; **coucher sur un –** (*umg*) testamentarisch bedenken; **disposer par –** durch letztwillige Verfügung festlegen; **dresser un –** ein Testament errichten; **être sur le –** in einem Testament bedacht sein; **exécuteur d'un –** Testamentvollstrecker *m*; **faire son –** sein Testament errichten; **ouverture du –** Testamentseröffnung; **recevoir par –** durch letztwillige Verfügung erwerben; **recevoir un –** ein Testament erhalten *od.* entgegennehmen; **révocation d'un –** Widerruf eines Testaments, Aufhebung des Testaments; **révoquer un –** ein Testament widerrufen.

testament par acte public öffentliches Testament; **– authentique** notarielles Testament; **– conjoint** *ou* **conjonctif** gemeinschaftliches Testament (von Ehegatten); **– dressé en cas d'urgence** Nottestament; **– maritime** Seetestament; **– militaire** Militärtestament; **– mystique** (*ErbR: testament que le testateur remet au notaire en presence de deux témoins sous forme de papier clos cacheté*) Testament das dem Notar vor zwei Zeugen verschlossen übergeben wird, in notarielle Verwahrung gegebenes eigenhändiges Testament; **– notarié** öffentliches Testament; **– nuncupatif** (*ErbR: testament verbal ou oral aujourd'hui non obligatoire pour les héritiers*) mündliches Testament.

testament olographe eigenhändiges *od.* holographisches Testament; **– -partage** (*ErbR: partage d'ascendant*) Testament mit Erbteilfestsetzung und Teilungsklauseln; **– privilégié** Nottestament; **– public** notarielles *od.* öffentliches Testament; **– reçu par un notaire** in amtliche Verwahrung genommenes Testament; **– révoqué** widerrufenes Testament; **– secret** in amtliche Verwahrung gegebenes eigenhändiges Testament; **– verbal** mündliches Testament.

testamentaire *adj* testamentarisch, letztwillig; **disposition –** letztwillige Verfügung; Vermächtnis *n*.

testateur *m* Erblasser *m*, Testator *m*.

tester *v. intr.* testieren, ein Testament errichten, letztwillig verfügen; droit de Testierfähigkeit; **droit de –** Testierfähigkeit *f*.

tester *v.tr.* testen, prüfen; einer Prüfung unterziehen.

testimonial *adj* als Beweis dienend; als Zeugnis dienend; Zeugen-; **preuve –e** Zeugenbeweis *m*.

tête *f* (1) Kopf *m*, Hauptvertreter *m*, führender Vertreter, (2) (*ZR*) Person *f*, Rechtssubjekt; **en – à –** unter vier Augen; **faire tomber une –** *fig.* jmdn. entlassen; **risquer sa –** sich in Gefahr begeben; **ne savoir où donner de la –** weder ein noch aus wissen; **tenir –** Widerstand leisten, nicht nachgeben.

tête couronnée gekröntes Haupt, regierender Fürst; **– de liste** (*WahlR*) Spitzenkandidat *m*.

tétraplégie *f* (*MedizinR*) Lähmung aller vier Extremitäten, Tetraplegie *f*.

texte *m* (1) (Gesetzes-) Text *m*, Wortlaut *m* (einer Vorschrift), (2) Vorschrift *f*, Bestimmung *f*, (3) (*au pluriel: ensemble des sources du droit écrit*) Rechtsquellen *fpl*; Gesamtheit der Rechtsvorschriften, positives Recht; **argument de –** Legalinterpretation; **collationner des –s** Urkunden vergleichen.

texte d'application Durchführungsvorschriften *fpl*; **– conventionnel** (*ArbR*) Tarifvertrag; Tarifvertragsbestimmung; **– légal** Gesetzestext; **– modificatif** Änderungsvorschriften *pl*; **– officiel** amtliche Verlautbarung; **– original** Originaltext; **– réglementaire** (*VerfR*) frz. Regierungsverordnung, Verordnungsbestimmung; Verwaltungsvorschrift.

textuel *adj* wörtlich, wortgetreu; **citation** *ou* **référence –le** Zitat *n*, wörtlich angeführte Belegstelle; **traduction –le** Wort-für-Wort-Übersetzung.

thanatologie *f* (*MedizinR*) gerichtsmedizinische Untersuchung der Todesursache.

théâtre *m* Schauspielhaus *n*, Schaubühne *f*, Sprechtheater *n*; Musiktheater; Theatergebäude *n*; **– des opérations** Kriegsschauplatz *m*.

thème *m* (1) Grundsatz *m*; These *f*; Problem *n*; Grundgedanke *m*, (2) Übersetzung in die Fremdsprache.

Thémis *f* Themis, Göttin der Gerechtigkeit.

théocratie *f* Priesterherrschaft *f*.

théodicée *f* göttliche Gerechtigkeit.

théorème *m* Lehrsatz *m*.

théorie *f* Theorie *f*, Lehrmeinung *f*, Lehre *f*; **en –** theoretisch; **– de la connaissance** Erkenntnislehre *f*, Epistemologie *f*; **– contractuelle** Vertragstheorie; **– dominante** herrschende Lehre *od.* Meinung; **– de l'État** Staatslehre; **– juridique** Rechtslehre *f*, Rechtswissenschaft *f*; Lehrmeinung *f*; **– monétaire** (*Vwirt*) Monetarismus *m*.

thérapeute *m* behandelnder Arzt.

thérapie *f* (*MedizinR: synonyme de thérapeutique*) Therapie *f*, Heilverfahren *n*; Behandlung *f*; **– génique** Gentherapie *f*; Gentechnologie *f*.

thésaurisation *f* (Geld-) Hortung *f*.

thésauriser *v.tr.* (Geld *od.* Edelmetalle) horten, thesaurieren.

thèse *f* Lehrsatz *m*, These *f*, Auffassung *f*; Argumentation *f*; **– de doctorat** Doktorarbeit *f*, Dissertation; **– juridique** Rechtsauffassung.

ticket *m* (Flug-, Fahr-, Eintritts-) Karte *f*; Bezugsmarke *f*; **– de caisse** Kassenbon *od.* -zettel; **– modérateur** (*Soz Vers: part des frais médicaux pharmaceutiques ou d'hospitalisation laissés à la charge de l'assuré social*) Selbstbeteiligung (des Sozialversicherten) an den Arznei *od.* Krankenhauskosten; Selbstbehalt *m*; Teil der Kosten, der von der Sozialversicherung nicht erstattet wird; **– de perception** Bezugsschein *m*; **– restaurant** Essensmarke.

tierce opposition *f* (*ZPR: voie extraordinaire de recours ouverte au tiers lésé par un jugement rendu en son absence*) Drittwiderspruchsklage *f*, Interventionsklage, Widerspruchsklage.

tierce personne *f* (*ZR: toute personne étrangère à une situation juridique*) Dritte (r) *m*.

tiers *m* (1) (*ZR, ZPR: personne qui n'est pas, et n'a pas été partie à un contrat, à un jugement*) (*féminin: tierce personne*) Dritte(r) *m*, (2) (*syn.: troisième*) Drittel *n*; **biens appartenant à des –** Drittvermögen *n*; **dommage aux –** Drittschaden *m*, Schädigung Dritter; **droit de subrogation de –** Eintrittsrecht Dritter; **majorité des deux –** Zweidrittelmehrheit *f*; **opposable aux –** Dritten gegenüber wirksam; **pays –** Drittländer *npl*; **recours de –** (*ZPR*) Einspruch Dritter.

tiers acquéreur Dritterwerber *m*; **– arbitre** (*PrzR: le tiers arbitre ou tiers-arbitre est celui qui a mission de départager des arbitres en désaccord – syn.: surarbitre*) Oberschiedsrichter *m*, Obmann (in einem Schiedsgericht); **– assuré** Begünstigte(r) *m* (aus einem Versicherungsvertrag); **– auteur du dommage** Drittschädiger; **– bénéficiaire** Drittbegünstigte(r); **– civilement responsable** Haftung eines Dritten (für unerlaubte Handlungen); **– contractant** Drittkontrahent *m*; **– convenu** Dritter, in dessen Gewahrsam der gepfändete Gegenstand übergeben wird; **– créancier** Drittgläubiger *m*.

tiers débiteur Drittschuldner *m*; **– détenteur** (*SachR: acquéreur d'un immeuble grevé d'une hypothèque ou d'un privilège*) Dritterwerber eines mit einer Hypothek belasteten Gründstücks, Besitzer eines mit einer Hypothek belasteten Grundstücks.

tiers intervenant (*PrzR*) Nebenintervenient *m*, Streitgehilfe; **– lésé** Drittgeschädigte(r).

tiers obligé Drittverpflichteter *m*; **– opposant** (*ZPR*) Drittwiderspruchskläger *m*; **– payant** (*SozVers*) der die Arzt- und Krankenhauskosten direkt erstattet, Krankenversicherungsträger; **– porteur** zweiter Girant eines Wechsels.

tiers provisionnel (*SteuerR: appellation des deux acomptes exigés des contribuables n'ayant pas opté pour la mensualisation de l'impôt et déductibles du montant total de l'impôt définitif*) Einkommensteuerabschlagszahlung (eines Drittels des vermutlichen Steuerbetrages), vierteljährlich zu entrichtende Abschlagszahlung (auf die Jahressteuerschuld); **– saisi** (*ZwangsVR: tiers débiteur du débiteur dont les biens sont saisis par le créancier*) Drittschuldner gegen den die Pfändung betrieben wird; **– -secteur** Dienstleistungsbereich *m*.

tiers-monde *m* Dritte Welt *f*.

timbrage *m* Abstempelung *f*; Aufkleben einer Briefmarke, Freimachung *f*; **– à l'extraordinaire** nachträgliche Entrichtung der Stempelgebühr.

timbre *m* (1) (*cachet, tampon*) amtlicher *od.* staatlicher Stempel *m*, (2) (*timbre-poste*) Briefmarke *f*, Postwertzeichen *n*, (3) (*SteuerR: vignette*) Steuermarke; **assujetti au –** steuerstempelpflichtig; **dispense de –** (*SteuerR*) Stempelsteuerbefreiung *f*; **droit de –** Stempelabgabe *od.* -gebühr *f*; **exempt de –** stempelfrei; **exemption** *ou* **franchise de –** Stempelfreiheit.

timbre sur les actes notariés Notariatsstempel; **– amende** (*StR*) Gebührenmarke, durch die die Zahlung einer Geldstrafe bewirkt (und bewiesen) wird; **– de cotisation** Beitragsmarke; **– dateur** Datumstempel; **– de dimension** (*SteuerR: droit qui varie en fonction du format du papier utilisé*) Stempelsteuer je nach Papierformat; **– fiscal** (*SteuerR: empreinte officielle attestant le paiement de l'impôt perçu à raison de la rédaction de certains actes – syn.: droit de timbre*) Gebührenmarke *f*, Steuerstempelmarke, Steuermarke, Steuerzeichen *n*; **– humide** Gummistempel; **– mobile** (aufklebbare) Steuermarke.

timbre poste Briefmarke *f*, Postwertzeichen; **– proportionnel** (*SteuerR: droit variant avec l'importance de la somme qui fait l'objet de l'acte*) Stempelsteuer berechnet nach dem in der Urkunde angegebenen Wert; **– -quittance** Quittungsstempel; **– sec** Prägestempel, Trockenstempel; **– de service** Dienstmarke.

timbré *adj*: **acte –** mit Stempel versehene Urkunde; **enveloppe –e** Umschlag mit Briefmarke; **papier –** (Steuer-) Stempelpapier, amtliches gebührenpflichtiges Urkundenpapier.

timbrer *v.tr.* (1) (ab-) stempeln, (2) entwerten, (3) (*Brief*) freimachen.

time-charter *m* (*SeeHR: affrètement à temps*) Zeitcharterung *f*.

tirage *m* (1) (*MedienR: impression*) Druck *m*, Drucklegung *f*, (2) (*UrhR: quantité d'exemplaires*) Auflage *f*, Auflagenhöhe *f*, (3) (*BankR: émission*) Ausstellung *f*, Ziehung *f*, (4) (*désignation au sort*) Auslosung *f*, Verlosung; **date de –** (1) Ziehungstag, (2) Ausstellungstag *m*;

droit de – Ziehungsrecht *n*; **sortir au –** ausgelost werden; **– en l'air** Ausstellung eines Kellerwechsels; **– pour compte** Ziehung für fremde Rechnung; **– d'effet** Wechselziehung; **– financier** Ziehung eines Finanzwechsels; **– des lots** Gewinnverlosung.

tirage au sort Entscheidung durch das Los, Losziehung, Auslosung, Verlosung; **– – du jury** (*StPR*) Geschworenenauslosung *f.*

tirant *m* **d'eau** (*SeeHR*) (*Schiff*) Tiefgang *m.*

tiré *m* (*WechselR*) Bezogene(r) *m*, Trassat *m*; **– à part** Sonderdruck *m.*

tirer *v.tr.* (1) (*Wechsel*) ausstellen, ziehen, trassieren, (2) (*Schußwaffe*) schießen, abfeuern, (3) (*fig*) herleiten, folgern; **– argument de** sich berufen auf, als Beweis für etwas betrachten; **– avantage de** (aus etwas) Nutzen ziehen; **– au clair (une affaire)** einen Sachverhalt aufklären; **– la conclusion** schlussfolgern, den Schluss ziehen aus; **– des conclusions hâtives** (sich) voreilig eine Meinung bilden; **– à conséquence** Folgen nach sich ziehen, ernste Folgen haben; **– à sa fin** zu Ende gehen; **– en longueur** (sich) in die Länge ziehen; **– parti** *ou* **profit de** Nutzen ziehen aus; **– la sonnette d'alarme** warnen; **– au sort** das Los entscheiden lassen, (ver-) losen.

tireur *m* (1) Aussteller *m*, Trassant *m*, (2) (Scharf-) Schütze *m*; **– du chèque** Scheckaussteller, Aussteller des Schecks; **– d'un effet** Wechselaussteller *m.*

tiroir-caisse *m* Ladenkasse *f*, Registrierkasse *f.*

tissu *m*: **ressouder le –** (*Pol*) das soziale Gefüge und Zusammengehörigkeitsgefühl (wieder) stärken; **– social** das soziale Netz.

titre *m* (1) (*ZR: écrit qui constate un acte juridique*) Urkunde *f*, Schriftstück *n*, (2) (*HochschulR*) Diplom *n*, Befähigungsnachweis *m*, Prüfungsnachweis, (3) (*HR: valeur mobilière*) Wertpapier *n*, Effekten *pl*, (4) (*BeamR: nom de charge, de fonction*) Amtsbezeichnung *od.* -titel, (5) (*fondement d'un droit*) Rechtsgrund *m*, Anrecht *n*, Rechtsanspruch *m*, (6) (*proportion, rapport*) innerer Gehalt, Feingehalt *m*, (7) (*désignation d'un sujet*) Überschrift *f*, (8) (*MedienR: journal: gros titre*) Schlagzeile *f*, (9) (*im Gesetzbuch*) Titel *m*, Überschrift *f*; **à – de** als, in der Eigenschaft von; **à – accessoire** akzessorisch, abhängig (von einer Forderung); **à – d'avance** vorschussweise; **à – confidentiel** vertraulich; **à – définitif** endgültig, fest; **à – d'essai** versuchsweise; **à – gracieux, à – gratuit** unentgeltlich; **à – honorifique** ehrenhalber; **à – d'information** zur Kenntnisnahme; **à – onéreux** entgeltlich; **à – de paiement** an Zahlungs statt; **à – personnel** persönlich; **à – posthume** nach dem Tode; **à – préjudiciel** (*VwPR*) im Wege der Vorabentscheidung; **à – principal** in der Hauptsache *od.* auf die Hauptsache bezogen; **à – professionnel** hauptamtlich, hauptberuflich; **à – provisoire** vorläufig; **à – de réciprocité** auf Gegenseitigkeit; **à – subsidiaire** hilfsweise; **à juste –** zu Recht, mit Fug und Recht; mit Berechtigung.

titre: **admission d'un – à la cote** (*BörR*) Zulassung eines Wertpapiers; **s'approprier sans –** (*SachR*) sich anmaßen, sich rechtswidrig aneignen; **arbitrage sur –s** Effektenarbitrage; **au même –** gleichermaßen; gleichberechtigt; **avance sur –s** (*BankR*) Effektenlombard *m*, Effektenkredit *m*, Lombardvorschuss *m*; **conférer un –** (*VwR*) einen Titel verleihen.

titre: **faux –** unechte *od.* gefälschte Urkunde; **gestion de –s** Effekten- *od.* Wertpapierverwaltung; **opération sur –s** Effektengeschäft *n*; **port du –** Titelführung *f*; **portefeuille de –s** Wertpapierdepot, Effektenbestand; **produire un –** eine Urkunde vorlegen; **sincérité d'un –** Echtheit einer Urkunde.

titre adiré (*WertpR*) abhanden gekommenes Wertpapier; **– amorti** abgelaufenes Wertpapier; **– authentique** öffentliche Urkunde; **– de capacité**

Befähigungsnachweis; **– de congé** Urlaubsschein *m*; **– contrefait** gefälschte Urkunde; **– coté en bourse** börsengängiges Wertpapier; **– de créance** (*SchuldR: fondement juridique du droit du créancier*) Schuldschein *m*; **– décennal** Wertpapier mit zehnjähriger Laufzeit; **– de dépense** (*HaushR*) Ausgabetitel *m*; **– endossable** Traditionspapier *n*; **– de l'État** Staatspapier *n*, Rentenpapier.

titre exécutoire (*ZPR*) vollstreckbare Urkunde, Vollstreckungstitel, vollstreckbarer Titel, Exekutionstitel (Aut); **– falsifié** gefälschte Urkunde; **– frappé d'opposition** (*BörR*) gesperrtes Wertpapier; **– de gage** Pfandbrief *m*; **acquisition à – gracieux** unentgeltlicher Erwerb; **– hypothécaire** Grundpfandtitel; **– d'identité** (*ÖfR: pièce officielle (passeport, permis de conduire, etc.) prouvant l'identité d'une personne, syn.: pièce d'identité*) Ausweispapier; **– instrumentaire** (*ZPR*) Beweisurkunde.

titre juridique Rechtstitel; **– de légitimation** Personalausweis; **– négociable** börsengängiges Wertpapier; **– nobiliaire** (*ZR: syn.: titre de noblesse*) Adelsprädikat *n*; **– nominatif** Namenspapier; **– de nomination** (*BeamR*) Ernennungsurkunde; **– non transmissible** Rektapapier; **– nouvel** nachträgliche Anerkennung, Rekognition *f*; **– à ordre** Orderpapier *n*.

titre de paiement Zahlungsanweisung; **– perdu** abhanden gekommenes Wertpapier; **– au porteur** Inhaberpapier; **– présenté à la compensation** Abrechnungspapier; **– à prime** Prämienpapier; **– primitif** Ersturkunde; **– de propriété** (*SachR: cause juridique du droit de propriété*) Eigentumstitel *m*; **– provisoire** Interimsschein; **– putatif** vermeintlicher Rechtstitel; **– de rente** Rentenbrief *od.* -titel; **– de répartition** Zuteilungsschein; **– à revenu fixe** festverzinsliches Wertpapier.

titre de séjour (*AuslR*) Aufenthaltstitel *m*; Aufenthaltsgenehmigung *od.* -erlaubnis; **– de transport** (1) Fahrausweis *m*, Fahrkarte *f*, Fahrschein *m*, (2) (*WirtR*) Frachtbrief *od.* -schein *m*; **– universitaire** akademischer Grad; **– de voyage** Fahrkarte *f*.

titrer *v.tr.* (1) mit einem Titel versehen, (2) (*Gold*) einen Feingehalt von ... haben.

titrisation *f* (*BankR*) Umwandlung von Forderungen (die ein Darlehen darstellen) in Wertpapiere.

titulaire *m* (1) (*ZR: sujet actif d'un droit*) Rechtsinhaber *m*, Anspruchsberechtigte(r) *m*, (2) (*BeamR: bénéficiaire d'une titularisation*) Beamte(r) auf Lebenszeit, planmäßiger Beamter, (3) (*VwR: personne qui a une fonction, une charge pour laquelle il a été personnellement nommé, en vertu d'un titre*) Amtsinhaber *m*; **– de l'autorisation** Inhaber einer Bewilligung *od.* Genehmigung; **– du brevet** Patentinhaber; **– du compte** Kontoinhaber; **– de plusieurs condamnations** (*StPR*) mehrfach Vorbestrafte(r); **– d'un diplôme** Inhaber eines Diploms; **– d'un droit** (*ZR*) Rechtsinhaber, (Anspruchs-) Berechtigte(r).

titulaire d'une fonction publique Inhaber einer Planstelle *od.* eines Amtes, Amtsträger *m*; **– d'une pension** Rentenempfänger *m*, Rentenbezieher *m*, Rentner *m*; **– du permis de conduire** Führerscheininhaber; **– d'un poste** Stelleninhaber, Inhaber einer Planstelle; **– d'une prestation** (*SozR*) Leistungsberechtigter; **– de la puissance parentale** (*FamR*) Inhaber der elterlichen Gewalt; **– de rente** Rentenempfänger.

titulaire *adj* ordentlich, planmäßig benannt, rechtmäßig bestellt.

titularisation *f* (1) (*BeamR*) Berufung *od.* Übernahme in das Beamtenverhältnis, Ernennung zum Beamten, Verbeamtung, Pragmatisierung (Aut), (2) (*ArbR*) feste Anstellung.

titulariser *v.tr.* in das Beamtenverhältnis berufen *od.* übernehmen, zum Beamten ernennen.

titularité *f* Eigenschaft als Inhaber eines Rechts.

toc *m* (*HR*) Schund *m*, Ramsch *m*, Schleuderware *f.*

toge *f* (*PrzR: d'un juge, d'un avocat*) Robe *f*, Amtstracht *f* des Richters *od.* Anwalts.

toile *f* Leinwand *f*, Gewebe *n*; Gemälde *n*, Bild *n*; Segelwerk *n*.

toiser *v.tr.* ausmessen; *fig.* genau betrachten, kritisch beäugen.

tôle *f* **froissée** (*StVR*) Blechschaden *m*.

tolérable *adj* zulässig, statthaft; geduldet.

tolérance *f* (1) (*permission*) Duldung *f*, Entgegenkommen *n*, (2) (*compréhension*) Verständnis *n*, Nachsicht *f*, (3) (*VerfR*) Meinungs- u. Glaubensfreiheit *f*, (4) (*technique: marge*) zulässige Abweichung *f*, Toleranz *f*; **acte de –** (*VwR*) vorübergehende Gestattung, Duldung *f*; **édit de –** (*VerfR*) *hist.* Glaubensfreiheitsakte *f*; **jour de –** (*SachR: bâtiment, mur*) Lichtdurchlass *m*; **maison de –** Bordell *n*; **– douanière** Zollvergünstigung.

tolérer *v.tr.* dulden, zulassen, erlauben, gestatten, tolerieren.

tollé *m* **général** Protestwelle *f.*

tombe *f* Grab *n*; Gruft *f*, Grabstein *m*.

tombeau *m* Grabmal *n*, Begräbnisstätte *f*; **– de famille** Familiengruft *f.*

tomber *v. intr.* fallen; sinken; **– d'accord sur qqch.** übereinkommen, sich einigen (über); **– sous le coup de la loi** (*StR: être passible d'une peine*) strafbar sein, dem Gesetz unterliegen, unter die gesetzlichen Bestimmungen fallen; **– sous le coup de la propriété industrielle** patentrechtlich geschützt; **– à l'eau** *fig* scheitern; (Geschäft) platzen; **– malade** krank werden; **– en partage** (*ErbR*) zuteil werden; **– en ruines** (*Gebäude*) verfallen, einstürzen.

tonnage *m* (*SeeHR: jauge*) Tonnage *f*, Schiffsraum *m*, Raumgehalt *m*; Tonnengeld *n*, Wasserzoll *m*; **– brut** Bruttoraumgehalt.

tonne *f* (*= 1000 kg*) Tonne *f*; **-- kilométrique** (*Frachtsatz*) Tonnenkilometer *m*; **– marchande** Handelstonne *f.*

tonneau *m* Fass *n*, Tonne *f*; **– de jauge** Registertonne *f.*

tontine *f* (*VersR: fonds commun*) Tontine *f*, Leibrentengesellschaft.

topographie *f* Ortsbeschreibung *f*; kartographische Darstellung.

toque *f* Faltenmütze *f*, Faltenhut *m*, flacher schmalkrempiger Hut (der Richter, Anwälte und Pfarrer).

torpiller *v.tr.* (*einen Plan, eine Politik*) durchkreuzen, verhindern.

tort *m* (1) (*ZR: dommage causé indûment*) Schädigung *f*, Unrecht *n*, Nachteil *m*, (2) (*EheR, StR: faute avérée et retenue*) Verschulden *n*, zivilrechtliche *od.* strafrechtliche Verantwortlichkeit; **à –** zu Unrecht; grundlos; irrtümlich; **avoir –** Unrecht haben; **être dans son –** im Unrecht sein; **être en –** schuldig sein; **faire du – à qqn.** jmdn. schädigen, Schaden zufügen; **soupçonner qqn. à –** jmdn. zu Unrecht verdächtigen.

tortionnaire *m* Folterer *m*, Folterknecht *m*.

torts *mpl* (*EheR: action, attitude qui constitue une erreur, une faute que l'on blâme*) Schuld *f*; **avouer ses –** sich schuldig bekennen, sein Schuld gestehen; **réparer ses –** den Schaden wiedergutmachen; **– exclusifs** (*EheR*) Alleinschuld, alleiniges Verschulden; **– réciproques** *mpl* (*EheR: syn.: torts respectifs*) beiderseitiges Verschulden.

torture *f* (*StR*) Folter *f*, Tortur *f*; Quälerei *f*; **infliger la – à qqn.** jmdn. foltern *od.* quälen; **instruments de –** Folterwerkzeuge *npl*; **subir des –s** gefoltert *od.* misshandelt werden; **– propre sous surveillance médicale** Folter unter ärztlicher Aufsicht (ohne körperliche bleibende Wundmale).

torturer *v.tr.* foltern, quälen.

tôt *adv* früh, bald; **plus –** früher; **au plus –, le plus –** so bald wie möglich.

total *adj* völlig, gänzlich, ganz und gar; **confiance –e** volles Vertrauen; **destruction –e** völlige Zerstörung.

total *m* Gesamtheit *f*, Gesamt *n*, Summe *f*; **– du bilan** Bilanzsumme.

totalisation *f* Zusammenrechnung *f.*

totaliser *v.tr.* zusammenzählen, zusammenrechnen; **– des voix** auf sich vereinigen.

totalitaire *adj*: **régime** *ou* **État –** (*VerfR*) totalitärer Staat, Gewaltherrschaft *f.*
totalitarisme *m* (*VerfR: régime de la pensée unique*) Totalitarismus *m*, totalitäres Regime.
totalité *f* Gesamtheit *f*, Vollständigkeit, Ganzheit *f*; **– des biens** *ou* **de la fortune** Gesamtvermögen *n.*
toucher *v.tr.* (1) berühren, (2) (*atteindre*) treffen, (3) (*ArbR: salaire*) erhalten, beziehen, empfangen.
tour *f* Hochhaus *n*; Turm *m.*
tour *m* (1) Drehbank *f*, Drehmaschine *f*, (2) Drehung *f*, Umlauf *m*, (3) (*tour de phrase*) Wendung, (4) Umfang *m*, Umkreis *m*, (5) (*artifice*) böser Streich; **– d'horizon** Gesamtüberblick *m*; **– de parole** Redeordnung *f*; **– de scrutin** Wahlgang *m*; **– de service** Diensteinteilung; **– de table** (1) Gesprächsrunde *f*, (2) Wortergreifung gemäß Sitzordnung; **– de vis au crédit** Kreditverknappung *f.*
tourisme *m* Tourismus *m*, Fremdenverkehr *m*; **accord sur le –** Fremdenverkehrsabkommen *n*; **– sexuel** Sextourismus *m*, Sexurlaub *m*; **– vert** Ferien *f* auf dem Lande.
touriste *adj*: **classe –** Touristenklasse *f.*
touriste *m* Tourist *m*, Urlauber *m*, Reisende(r) *m.*
tournant *m* (1) Wendepunkt *m*, Wende *f*, (2) (*StVR: virage*) Kurve *f*; **– de jurisprudence** Änderung in der Rechtsprechung.
tournée *f* Rundfahrt *f*, Rundgang *m*; **– électorale** Wahlreise; **– de ramassage d'objets encombrants** Sperrmüllabholung; **– de service** Dienstgang *m.*
tourner *v.tr.* **la loi** ein Gesetz umgehen.
tourniquet *m* Drehtür *f*; Drehkreuz *n.*
tournure *f* **d'esprit** Denkweise, Denkart *f*; **– des événements** (*Geschehnisse*) Entwicklung *f*, Verlauf *m* der Ereignisse.
tout *adj* alle, jede(r); **avoir –e liberté** völlig freie Hand haben; **forfait – compris** alles inklusive; **selon –e apparence** dem Anschein nach, wie es scheint, höchstwahrscheinlich; **– compte fait** zusammenfassend; **en – état de cause** welches auch die Umstände seien, jedenfalls; **contre –e attente** wider Erwarten; **–e personne** jedermann; jegliche Person.
tout *adv* ganz, gänzlich, völlig, vollständig; **– d'abord** zunächst; **– à coup** plötzlich; **– au moins** zumindest; **– au plus** höchstens; **– porte à croire (que)** es scheint höchstwahrscheinlich (zu sein); **– de suite** unverzüglich, sofort.
toutefois *adv* dennoch, doch; trotzdem.
toute-puissance *f* (*VerfR*) unumschränkte Macht.
toxémie *f* Blutvergiftung *f.*
toxicodépendance *f* Rausgiftabhängigkeit *f.*
toxicomane *m / f* Rauschgiftsüchtige *m/f.*
toxicomanie *f* Rauschgiftsucht *f*; **– majeure** gemeingefährliche *od.* selbstgefährliche Rauschgiftsucht.
toxi-infection *f* **alimentaire** Lebensmittelvergiftung *f.*
toxique *adj* giftig; **gaz –** Giftgas *n.*
traçabilité *f* (*LandwR*) Zurückverfolgbarkeit des Ursprungs (eines landwirtschaftlichen Produkts), Herkunftszurückverfolgbarkeit *f.*
tracasseries *fpl* **administratives** schikanöse Behandlung (einer Person) durch die Behörden.
trace *f* Spur *f*; Fährte *f*; **–s de freinage** Bremsspur *f*; **–s papillaires** (*StR*) Fingerabdruck *m.*
tracé *m* Umriss *m*, Plan *m*, Linienführung; **– de la frontière** Grenzführung *od.* -ziehung *f*, Grenzziehung *f*, Grenzverlauf *m*; **– général** Lageplan *m.*
tract *m* Flugblatt *n*, Handzettel; **distribuer des –s** Flugblätter verteilen; **– électoral** Flugblatt im Wahlkampf.
tractations *fpl* (*VR: négociations*) (oft geheime) Verhandlungen *fpl*; **– diplomatiques dans les coulisses** Geheimverhandlungen; **– de paix** Friedensverhandlungen.
tradition *f* (1) (*ZR: coutume, usage*) Überlieferung *f*, Brauch *m*, Tradition *f*, (2) (*SachR: transfert de la possession par*

remise matérielle) Übergabe *f* (der Sache), Verschaffung des Besitzes; **– corporelle** (*SachR*) Übergabe durch Verschaffung des tatsächlichen Besitzes (der Sache); **– feinte** (*SachR: tradition fictive, symbolique, qui remplace la tradition réelle*) (*die Sache befindet sich bereits im Besitz des Erwerbers*) fiktive Übergabe; **– manuelle** Übergabe (von Hand zu Hand); **– orale** mündliche Überlieferung; **– réelle** (*SachR: tradition proprement dite ou effetive*) tatsächliche Übergabe; **– par signe** (*SachR: tradition fictive symbolique qui remplace la tradition réelle*) Besitzerwerb durch bloße Einigung.

traditionnel *adj* traditionell, herkömmlich; durch Überlieferung; **droit –** Gewohnheitsrecht.

traducteur *m*, **traductrice** *f* Übersetzer (in) *m/f*; **– assermenté** *ou* **juré** vereidigter Übersetzer, beeideter Übersetzer; **– -expert** Sachverständiger im Übersetzungsbereich; **– -interprète** Dolmetscher (und Übersetzer); **– technique** Fachübersetzer.

traduction *f* Übersetzung *f*; Wiedergabe *f*; **bureau de –** Übersetzungsbüro; **droit de –** (1) (*UrhR*) Übersetzungsrecht *n*, Option *f*, (2) Übersetzungsgebühr *f*; **service de –** Übersetzungs- *od.* Sprachendienst *m*; **pour – conforme (= p.t.c)** für die Richtigkeit der Übersetzung; **– fidèle** (1) (wort-) getreue Übersetzung, (2) inhaltlich richtige Übersetzung; **– libre** Adaptation, freie Übersetzung; **– littérale** Wort-für-Wort Übersetzung, wörtliche Übersetzung; **– provisoire** Rohübersetzung.

traductologie *f* Übersetzungswissenschaft *f*.

traduire *v.tr.* (1) übersetzen; erklären, (2) *v.tr./v.pron.* (*exprimer*) ausdrücken, wiedergeben, (3) (*PrzR*) vorladen; **se – par** *v. pron.* sich äußern in, seinen Ausdruck finden in; **– qqn. en justice** *ou* **devant le tribunal** (*StPR: déférer, citer*) jmdn. vor Gericht bringen *od.* stellen; **– un rapport de force** Ausdruck des Kräfteverhältnisses sein.

traduisible *adj* übersetzbar.

trafic *m* (1) (*WirtStR: commerce plus ou moins clandestin*) (illegaler) Handel *m*, Inverkehrbringen *n*, Handeltreiben *n*, Überlassen *n* zum Gebrauch, Verschaffen *n*, (2) (*StVR: circulation*) Verkehr *m*, (3) (Güter-) Umschlag *m*; **densité** *ou* **intensité du –** Verkehrsdichte *f*; **limitation du –** Verkehrsbeschränkung; **petit – frontière** kleiner Grenzverkehr.

trafic aérien Luftverkehr; **accord sur le – –** Luftverkehrsabkommen *n*; **– – commercial** gewerblicher Luftverkehr; **règlement sur le – –** Flugverkehrsordnung.

trafic d'armes Waffenschmuggel *m*; **– commercial** Handelsverkehr; **– de compensation** Verrechnungsverkehr; **– de contrebande** Bandenschmuggel *m*; **– à courte distance** Nahverkehr; **– de devises** unzulässiger Devisenhandel, unerlaubter Devisenverkehr.

trafic de drogues (*StR*) Rauschgifthandel *m*, gewerbsmäßiges Inverkehrbringen von Drogen *od.* Suchtstoffen; **– des êtres humains** Menschenhandel *m*; **– de femmes** (*StR*) Frauen- *od.* Mädchenhandel; **– ferroviaire** Eisenbahnverkehr; **– fluvial** Binnenschiffahrtsverkehr; **– frontalier** kleiner Grenzverkehr; **– illégal** *ou* **illicite** Schleichhandel, unerlaubter Handel.

trafic d'influence (1) (*StR: le fait pour un particulier d'abuser de son influence en vue d'obtenir des avantages d'une autorité – art. 433–1 alinéa 2 CP*) gesetzwidrige Einflussnahme zur Verschaffung von Vorteilen, Bestechlichkeit; Bestechung, (2) (*StR, BeamR: le fait pour une personne dépositaire de l'autorité publique de solliciter ou d'agréer sans droit des avantages – art. 432–11 CP*) (*durch eine Amtsperson*) Gewährung von Vergünstigungen; Fordern *n* von Vergünstigungen, (passive) Bestechlichkeit; **– intérieur** Inlands- *od.* Binnenverkehr; **– international** internationaler *od.* grenzüberschreitender Verkehr; **– inverse** (*StVR*) Gegenverkehr; **– irrégulier** (*SeeHR*) Gelegenheitsverkehr *m*; **– de ligne** Linienverkehr; **– local** Ortsverkehr; **– à longue distance** Fernverkehr.

trafic de marchandises Waren- *od.* Güterverkehr; **– maritime** Seeverkehr; **– de médicaments** (*StR*) illegaler Handel mit zumeist abgelaufenen *od.* verfälschten Medikamenten; **– à petite distance** Nahverkehr; Güternahverkehr; **– de pointe** Spitzenverkehr; **– portuaire** Hafenverkehr.
trafic postal Postverkehr; **– régulier** Linienverkehr; **– routier** Straßenverkehr, Kraftfahrzeugverkehr.
trafic de stupéfiants (*StR*) Rauschgifthandel; **– terrestre** Landverkehr; **– en transit** Durchfuhrhandel *m*; Transitverkehr; **– triangulaire** Dreiecksverkehr; **– urbain** Ortsverkehr; **– voyageurs** Personenverkehr.
traficotage *m* heimliche Absprache; *umg* Mauscheln *n*.
trafiquant *m* (*StR*) unredlicher Händler; Schieber *m*, Geschäftemacher *m*; Spekulant *m*; **– d'armes** Waffenhändler, Waffenschieber; **– clandestin** illegaler Händler, Schwarzhändler; **– de devises** Devisenschieber *m*; **– de drogue** Drogenhändler; **– de marché noir** Schwarzhändler.
trafiquer *v.tr.* unerlaubte Geschäfte machen, einen illegalen Handel treiben; **– un vin** Wein panschen.
trahir *v.tr.* (1) (*ne pas respecter*) verraten, verletzen, (2) (*déformer*) fälschen, verfälschen, entstellen, (3) (*dévoiler, montrer*) offenbaren, zeigen, enthüllen; **– la confiance de qqn.** das in jmdn. gesetzte Vertrauen enttäuschen; **– son devoir** seine Pflicht nicht erfüllen; **– le droit** ein Recht missbrauchen; **– un secret** ein Geheimnis verraten.
trahison *f* Verrat *m*; **commettre une –** Verrat üben; **haute –** (*StR: atteintes criminelles à la sûreté extérieure de l'État commises par un français – art. 411–1 CP*) Landesverrat *m*; **– de secret** Geheimnisverrat.
train *m* Zug *m*; **en –** in der Ausführung (begriffen); **– à grande vitesse (= TGV)** Hochgeschwindigkeitszug; **– de mesures fiscales** Steuerpaket *n*; **– de vie** (*WirtR: ensemble des moyens matériels; mode de vie matérielle*) Lebensstandard *m*; **– de vie de l'État** Staatsausgaben; **– de vie du ménage** (*FamR*) Lebenszuschnitt der Ehegatten; **– de voyageurs** Personenzug.
trait *m* Strich *m*, Merkmal *n*; Charakter- *od.* Gesichtszug; **à grands –s** in groben Zügen.
traitable *adj* entgegenkommend, verständnisvoll.
traitant *adj*: **officier –** Führungsoffizier *m*.
traite *f* (1) (*WechselR: lettre de change*) Wechsel *m*, Tratte *f*, (2) (*HR: commerce et transport*) Handel *m*, Warenausfuhr *f*; **escompter une –** einen Wechsel diskontieren; **tirer une –** einen Wechsel ausstellen; **– acceptée** akzeptierter Wechsel; **– en l'air** Kellerwechsel; **– des blanches** (*StR*) Frauenhandel, Mädchenhandel; **– de cavalerie** Reitwechsel; **– commerciale** Handelswechsel; **– de complaisance** Gefälligkeitsakzept *n*, Gefälligkeitswechsel; **– à date fixe** Tagwechsel, Datumswechsel, Präziswechsel; **– à délai de date** Datowechsel, Zeitwechsel; **– à délai de vue** Zeitsichtwechsel, Nachsichtwechsel; **– documentaire** Dokumententratte; **– domiciliée** Wechsel mit Domizilvermerk; **– sur l'étranger** Auslandswechsel, auf das Ausland gezogener Wechsel.
traite des êtres humains (*StR*) Menschenhandel *m*; **– des femmes** (*StR*) Mädchenhandel *m*, Frauenhandel; **– à fin de mois** Ultimowechsel; **– des noirs** Sklavenhandel *m*; **– en souffrance** überfälliger *od.* notleidender Wechsel; **– tirée pour compte** Kommissionstratte *od.* -wechsel; **– à trente jours** Monatswechsel; **– à vue** Sichtwechsel.
traité *m* (1) (*essai, étude*) Abhandlung *f*, Lehrbuch *n*, (2) (*VR*) Staatsvertrag *m*, internationales Übereinkommen *n*, Bündnis *n*, Pakt *m*; **accession** *ou* **adhésion au –** Beitritt zum (völkerrechtlichen) Vertrag, Beitritt zum Staatsvertrag; **conclusion d'un –** Abschluss eines Staatsvertrages; **ratifier un –** ein Übereinkommen ratifizieren.
traité d'accession Beitrittsabkommen *n*; Aufnahmevertrag; **– d'aide**

judiciaire Rechtshilfeabkommen; – **d'alliance** Bündnis *n*; – **d'amitié** Freundschaftsvertrag.

traité d'assistance (*VR*) Beistandspakt *m*; – – **douanière** Zollhilfeabkommen *n*; – – **judiciaire** (1) Rechtshilfeabkommen *n*, (2) Abkommen über die gegenseitige Gewährung des Armenrechts; – – **militaire** militärischer Beistandspakt; – – **mutuelle** Vertrag über gegenseitige Hilfeleistung.

traité d'association Assoziierungsabkommen *n*; – **de l'Atlantique-Nord** Nordatlantikpakt *m*; – **bilatéral** zweiseitiger Staatsvertrag; – **collectif** Gesamt *od.* Kollektivvertrag; – **de commerce** Handelsvertrag; – **communautaire** Gemeinschaftsvertrag; – **de conciliation et d'arbitrage** Vergleichs- und Schiedsvertrag; – **consulaire** (*VR*) Konsularvertrag; – **-contrat** (*ZR*) rechtsgeschäftlicher Vertrag; – **de délimitation de frontière** Grenzregulierungsvertrag; – **sur la double imposition** Doppelbesteuerungsvertrag; – **d'entraide judiciaire** Rechtshilfeabkommen *n*; – **d'établissement** Niederlassungsvertrag; – **de frontière** Grenzvertrag.

traité instituant la Communauté économique européenne (*EuR: traité de Rome*) Vertrag zur Gründung der Europäischen Wirtschaftsgemeinschaft, Römische Verträge vom 25. 3. 1957; – **international** Staatsvertrag, völkerrechtlicher Vertrag, internationales Abkommen; – **-loi** Vereinbarung *f*, rechtsetzender Vertrag; – **militaire** Militärpakt; – **moratoire** Stillhalteabkommen; – **multilatéral** mehrseitiger Staatsvertrag; – **de navigation** Schiffahrtsvertrag; – **de non-agression** *ou* **de non recours à la force** (*VR*) Nichtangriffspakt *m*.

traité de paix Friedensvertrag; – **de pêche** Fischereiabkommen; – **de préliminaires de paix** Friedensvorvertrag, Vorfrieden; – **pour la prévention de la guerre** Kriegsverhütungsabkommen; – **de protection des minorités** Minderheitenschutzvertrag; – **de réciprocité** Gegenseitigkeitsvertrag; – **de renonciation à la guerre** Kriegsächtungsvertrag *m*, Vertrag über den Verzicht auf den Krieg; – **secret** Geheimabkommen; – **de trop-plein** (*VersR*) laufende Exzedenten-Rückversicherung; – **-type** Mustervertrag; – **d'union** Anschlussvertrag, Unionsvertrag; – **d'union douanière** Vertrag über die Einrichtung einer Zollunion.

traitement *m* (1) (*BeamR: rémunération principale du fonctionnaire*) Besoldung *f*, Amtsbezüge *mpl*, Dienstgehalt *n*, (2) (*MedizinR: traitement médical*) Heilverfahren *n*, ärztliche Behandlung *f*; Krankenpflege *f*, (3) (*WirtR: manière de traiter, d'aménager*) Bearbeitung *f*; Verarbeitung *f*, Aufbereitung; **barème de –s** Tabelle der Amtsbezüge *od.* Besoldung; **complément de –** Besoldungszulage *f*; **échelon de –** Gehaltsstufe; **égalité de –** (*VR, ArbR*) Gleichbehandlung; **inégalité de –** Diskriminierung *f*, ungleiche Behandlung; **mauvais –s** (*StR*) körperliche Misshandlung; **rappel de –** (*BeamR*) Gehaltsnachzahlung *f*; **retenue sur le –** Gehaltsabzug *m*; **rétrogradation de –** Gehaltsrückstufung.

traitement d'activité (*BeamR*) Amts- *od.* Dienstbezüge *mpl*; – **annuel** Jahresgehalt *n*; – **de base** Grundgehalt; – **budgétaire** (*BeamR*) Diensteinkommen (als Grundlage für die Berechnung des Ruhegehalts); – **complet** Vollbesoldung *f*; – **de consolidation** (*SozVers*) Nachbehandlung; – **curatif** (*MedizinR*) Heilbehandlung; – **de début** Anfangsgehalt; – **de déchets toxiques** (*UmweltR*) Giftmüllentsorgung; Wiederaufbereitung von Sonderabfällen.

traitement discriminatoire Diskriminierung *f*, diskriminierende Behandlung; – **de documents** Aufbereitung u. Nutzung von Dokumenten; – **de données** (*DV*) Datenverarbeitung; – **en douane** Zollbehandlung; – **d'entretien** (*SozVers*) Nachbehandlung; – **de faveur** bevorzugte Behandlung, Vorzugs- *od.* Sonderbehandlung, Kulanz *f*; – **fixe** festes Gehalt, Fixum *n*; **– des fonctionnaires** Beamtenbesoldung; **– hors-échelle** frei mit einem Beamten im gehobenen Dienst vereinbarte Besoltung; **– indiciaire** Indexgehalt.

traitement des informations (*DV*) Datenverarbeitung; **– initial** (*ArbR*) Anfangsgehalt; **– médical** ärztliche Behandlung; **– mensuel** Monatsgehalt; **– de la nation la plus favorisée** Meistbegünstigung *f*; **– palliatif** Palliativmedizin *f*, Sterbebegleitung; **– préférentiel** Vorzugsbehandlung, bevorzugte Behandlung; **– social du chômage** (1) (*Vwirt*) Bekämpfung der Arbeitslosigkeit durch sozialpolitische Maßnahmen, (2) (*ArbR*) Sozialplan *m*; **– de texte(s)** (*DV*) Textverarbeitung.

traiter *v.tr.* (1) (über ein Geschäft) verhandeln, (einen Vertrag) abschließen, (2) (eine Angelegenheit) untersuchen, verhandeln, erörtern, besprechen, (3) (einen Kranken) behandeln; **– une affaire sensible** *ou* **un dossier délicat** die Untersuchung in einer heiklen Angelegenheit leiten; **– de** handeln von; **– une résiliation de contrat** über die einvernehmliche Auflösung eines Vertrages verhandeln.

tramping *m* (*SeeHR: transport maritime à la demande*) Trampschiffahrt *f*.

tranche *f* Abschnitt *m*, Tranche *f*, Teil (betrag) *m*; **– d'âge** Altersklasse *f*; **– d'amortissement** Tilgungsrate *f*; **– d'emprunt** Tranche einer Anleihe; **– horaire** Zeitspanne *f*, Zeitraum *m*; Sendezeit *f*; **– d'imposition** Steuerstufe *f*; **– non imposable** nicht zu versteuernder Teilbetrag; **– de revenus** Einkommenstufe *f*.

trancher *v.tr.* entscheiden, eine Entscheidung fällen; **– un conflit** *ou* **un différend** einen Streit beilegen *od.* entscheiden; **– court** *ou* **net** kurzen Prozess *od.* nicht viel Federlesens machen; **– la gorge** die Kehle durchschneiden; **– la tête à qqn.** jmdn. enthaupten; **– dans le vif** sofort (und energisch) durchgreifen.

tranquillisant *m* Beruhigungsmittel *n*.

tranquillité *f* Ruhe *f*, Frieden *m*; **troubler la – publique** (*StR*) die öffentliche Ruhe *od.* Ordnung stören.

transaction *f* (1) (*HR: opération sur les marchés commerciaux et financiers*) (Handels-) Geschäft *n*; Börsengeschäft *n*, (2) (*ZR: contrat par lequel les parties à un litige mettent fin à l'amiable à un litige déjà porté devant un tribunal, art. 2044 Cciv*) Vergleich *m*; Prozessvergleich, (3) (*SteuerR: convention par laquelle l'administration fiscale consent à n'exercer aucune poursuite moyennant une amende*) Bußgeldbescheid der Finanzbehörde (bei gleichzeitigem Verzicht auf ein weiteres Steuerstrafverfahren); **sécurité des –s** Sicherheit des Zahlungsverkehrs; **– à l'amiable** gütliche Übereinkunft, gütliche Erledigung eines Rechtsstreits; **– bancaire** Bankgeschäft; **– commerciale** Handelsgeschäft; **– fictive** Scheingeschäft; **– judiciaire** gerichtlicher Vergleich, Prozessvergleich *m*; **–s financières internationales** internationaler Zahlungsverkehr *m*; **–s à terme** Terminhandel *m*; **–s sur valeurs mobilières** Wertpapierhandel; **–s par virement** bargeldloser Zahlungsverkehr.

transactionnel *adj*: **règlement –** Vergleich, außergerichtliche Erledigung *od.* Beilegung (einer Streitigkeit).

transbordement *m* (1) (*SeeHR*) Umladung *f*, Bord-Bord-Umschlag *m*, (2) (Güter-) Umschlag *m*; **installations de –** Umschlagsanlagen; **taxe de –** Umladegebühr *f*.

transborder *v.tr.* umladen, verladen; umschlagen.

transcription *f* (1) (*enregistrement, report*) Eintragung *f*, Transkription *f*, (2) (*copie*) Abschrift *f*, Kopie *f*; **– conditionnelle** Vormerkung; **– à l'état civil** Eintragung im standesamtlichen Register; **– hypothécaire** *ou* **d'hypothèque** Hypothekeneintragung *f*; **– au registre foncier** Grundbuchumschreibung *f*.

transcrire *v.tr.* eintragen, übertragen; **– des notes** Notizen weiterverarbeiten.

transdisciplinaire *adj* fachübergreifend.

transférabilité *f* Übertragbarkeit *f*, Transferfähigkeit *f*.

transférable *adj* (1) übertragbar, verlegbar, (2) transferierbar; **valeur –** abtretbares Wertpapier.

transfèrement *m* **cellulaire** *ou* **pénitentiaire** Gefangenentransport *m*, Überstellung von Gefangenen.

transférer *v.tr.* (1) (*SachR: transmettre la propriété*) (das Eigentum) übertragen; (eine Sache) übergeben, (2) (*HR: siège social*) (*Gesellschaftssitz*) verlegen; den Standort (ins Ausland) verlagern, (3) (*BankR: capitaux*) transferieren, (4) (*Buchf*) umbuchen, (5) (*StR: un détenu*) überstellen, überführen; **– d'un compte à un autre** umbuchen; **– une obligation** (*BörR*) eine Schuldverschreibung veräußern.

transfert *m* (1) (*SachR: aliénation, translation*) Übertragung *f*, Übergabe *f*, Übergang *m*, (2) (*populations*) Umsiedlung *f*, (3) (*GesR*) Verlegung *f*, (4) (*BankR: capitaux*) Transfer *m*, (5) (*Buchf*) Umbuchung, Umschreibung *f*, (6) (*StR*) Überstellung *f*, Überführung eines Häftlings; **accord de –** Transferabkommen *n*; **autorisation de –** Überweisungsbewilligung; **principe du – immédiat de la propriété** (*SachR, SchuldR: principe selon lequel le transfert de la propriété s'accomplit par le seul effet du contrat*) Grundsatz des sofortigen Übergangs des Eigentums mit Abschluss des Vertrages, Grundsatz der Einheit von Verpflichtungs- und Verfügungsgeschäft; **revenus de –** Transfereinkommen *n*, Sozialeinkommen *n*.

transfert en banque Banküberweisung *f*; **– de biens** Vermögensübertragung *f*; **– collectif** (1) (*HR*) Sammeltransport, (2) (*BankR*) Kollektivüberweisung; **– de compétences** (*ÖfR*) Zuständigkeitsübertragung; **– de connaissances** Wissensvermittlung; **– du contrat** Übertragung der Rechte aus einem Vertrag; **– de corps** Überführung eines Toten; **– de crédits** (*HaushR*) Ausgabemittelübertragung; **– de détenus** Gefangenentransport *m*, Überstellung von Häftlingen; **– de domicile** Wohnsitzwechsel; **– de droits** Rechtsübertragung; **– de l'entreprise** Standortwechsel; **– de fonds** (1) Kapitaltransfer, (2) Geldtransport; **– forcé** Zwangsumsiedlung; **– en garantie** Sicherungszession *f*, Übertragung zu Sicherungszwecken; **– de l'impôt** Steuerabwälzung *f*; **– de la possession** Besitzübertragung; **– de pouvoir d'achat** Verlagerung der Kaufkraft; **– de processus technologique** Technologietransfer *m*; **– de propriété** Eigentumsübergang; Eigentumsübertragung; Übereignung; Verfügungsgeschäft.

transfert des risques (*SchuldR*) Gefahrübergang *m*; **– du siège social** (*GesR*) Sitzverlegung; **– de souveraineté** (*VR*) Übertragung von Hoheitsrechten; **– par succession** *ou* **successoral** Übertragung durch Erbschaft; **– de technologie** Technologietransfer *m*; **– dit translatif de propriété** (*SachR*) Übertragung des Eigentums auf den neuen Eigentümer.

transformation *f* (1) (*conversion*) Umwandlung *f*, Umformung *f*; (Weiter-) Verarbeitung; Umgestaltung, (2) (*amélioration, rénovation*) Umbau *m*, Umstellung, Erneuerung, Verbesserung, (3) (*révolution*) Umwälzung; **– en profondeur de la société** tiefgreifende Gesellschaftsumwandlung.

transformer *v.tr.* (weiter-) verarbeiten; umgestalten, neugestalten; umformen, umwandeln.

transfuge *m* Überläufer *m*, Abtrünnige (r) *m*; Dissident *m*.

transgresser *v.tr.* (*eine Vorschrift*) nicht beachten, übertreten; **– la loi** das Gesetz übertreten *od.* verletzen; **– un ordre** den Befehl verweigern, einen Befehl nicht befolgen; **– ses pouvoirs** seine Befugnisse überschreiten.

transgresseur *m* **de la loi** Gesetzesbrecher *m*.

transgression *f* Nichtbefolgung *f*, Verletzung *f*, Übertretung *f*; **– de la constitution** Verfassungsverletzung, Verfassungsbruch *m*; **– d'un principe** Nichtbeachtung eines Grundsatzes.

transiger *v. intr.* (*ZR*) sich vergleichen, einen Vergleich schließen; **– sur ses droits** sich mit jmdm. über die eigenen Ansprüche vergleichen.

transistor *m* (*MedienR: récepteur portatif de radio*) Kofferradio *n*.

transit *m* (1) Durchgang *m*, Durchfahrt *f*, Transit *m*, Durchreise *f*; zollfreie Durchfuhr *f*, (2) Transithandel *m*; **entrepôt de –** Transitlager; **liberté de –** freie Durchfuhr; **marchandises en –** Transitgüter *npl*; **pays de –** Durchfuhrland; Durchreiseland; **permis de –** Durchfuhrbewilligung, Durchreisegenehmigung; **visa de –** Durchreisevisum, Durchreisesichtvermerk *m*.

transit international routier (= TIR) internationaler Straßengütertransitverkehr; **– de marchandises** Warendurchfuhr.

transitaire *m* (*HR*) Durchgangskommissionär *m*, Grenz- *od.* Transitspediteur *m*; **– en douane** *ou* **– mandataire** (*ZollR: intermédiaire pour accomplir les formalités douanières*) Zollagent *m*, Zollspediteur *m*.

transiter *v. intr.* im Transitverkehr befördern, durchleiten; **– par un pays** durchfahren; durchreisen.

transition *f* Übergang *m*; Überleitung *f*; **économie de –** Übergangswirtschaft *f*.

transitoire *adj* vorübergehend, zeitweilig, einstweilig, vorläufig, interimistisch; Übergangs-; **disposition –** Überleitungsvorschrift *f*, Übergangsbestimmung *od.* -maßnahme; **droit –** Übergangsregelung; **fonction –** Amtsausübung auf Zeit, während einer gewissen Zeitspanne; **période –** Übergangszeit.

translatif *adj* übertragend, eine Abtretung beinhaltend; **acte** *ou* **contrat – de propriété** Kaufvertrag *m* (als Verfpflichtungs- und Verfügungsgeschäft in einem).

translation *f* (1) (*SachR: transfert de la propriété*) (Eigentums-) Übertragung *f*, Veräußerung *f*, Abtretung *f*, (2) (*PrzR: transport sur les lieux*) richterlicher Augenschein, (3) (*transfèrement*) Verlegung *f*; **– de domicile** Wohnsitzwechsel *m*, Wohnsitzverlegung; **– de l'impôt** Steuerabwälzung; **– d'un prisonnier** Gefangenentransport *m*; **– de privilège** Übertragung eines Vorrechts; **– de propriété** Eigentumsübergang *m*, Eigentumsübertragung; **– d'un tribunal** Verlegung eines Gerichts; Abänderung des Gerichtsbezirks.

transmettre *v.tr.* (*Rechte*) übertragen; (*Nachricht*) übermitteln; (*Waren*) übersenden; (*Brief*) weiterleiten; (*Güter*) befördern; (*Gewohnheitsrecht*) überliefern; **– un héritage** *ou* **une succession** vererben.

transmissibilité *f* Übertragbarkeit *f*; **– successorale** Erblichkeit *f*.

transmissible *adj* übertragbar, veräußerlich; erblich.

transmission *f* Übertragung *f*; Übermittlung, Überweisung, Übergabe *f*; Überlassung; **taxe de –** Übertragungsgebühr *f*; **– de données** Datenübertragung; **– de dossier** Aktenübersendung, Aktenübermittlung; **– des ordres** Befehlsübermittlung; **– des pouvoirs** (*VwR*) Amtsübergabe *f*; **– de propriété** Eigentumsübergang *m*, Eigentumsübertragung *f*; **– d'une succession** *ou* **par voie de succession** *ou* **successorale** (*ErbR*) Erwerb von Todes wegen; **– à titre particulier** Stückvermächtnis; Übertragung bestimmter *od.* bestimmbarer Sachen; **– à titre universel** Erbteilvermächtnis, Übertragung eines bestimmten Vermögensanteils; **– universelle** (*ErbR*) Universalvermächtnis *n*, Erbvermächtnis, Gesamtnachfolge; **– entre vifs** Erwerb unter Lebenden.

transmutation *f* Um- *od.* Verwandlung.

transnational *adj*: **entreprise –e** multinationales *od.* transnationales Unternehmen.

transparence *f* Durchsichtigkeit *f*; Deutlichkeit *f*; Verständlichkeit *f*; **– du marché** (*WirtR*) Markttransparenz *f*; **– des salaires dans une entreprise** allgemeine Bekanntmachung der Löhne in einem Betrieb.

transplantation *f* (*MedizinR: d'organes*) Organverpflanzung *f*; **– d'un rein** Nierentransplantation *f*.

transport *m* (1) Beförderung *f*, Transport *m*, (2) (*Vwirt meist: pl*) Transportwesen; Transportgewerbe *n*, (3) (*ZR*) Übertragung *f*, Übergabe *f*, Abtretung, Übereignung, (4) (*HR*) Begebung, (5) (*PrzR*) Abhaltung eines Lokaltermins; **accepter au –** zur Beförderung annehmen; **bon de –** Transportgutschein *m*; **commission de –** Speditionsvertrag *m*; **commissionnaire de –** (*HR*) Spediteur *m*; **conditions générales de –** allgemeine Transportbedingungen (= ATB); **contrat de –** (Güter- oder Personen-) Beförderungsvertrag; Frachtvertrag; Speditionsvertrag.

transport: **entrepreneur de –** Frachtführer *m*, Transportunternehmer *m*; **entreprise de –** Speditionsfirma, Transportunternehmen *n*; **frais de –** Transportkosten *pl*; Fahrtkosten; **indemnité de –** Fahrtkostenvergütung; **marchandises détériorées pendant le –** Transportschäden *mpl*; **moyens de –** Verkehrsmittel *pl*; **prix du –** Fahrpreis *m*, Beförderungspreis; **tarif de –** Transporttarif.

transport aérien Beförderung auf dem Luftweg; **– aérien international** Beförderung im internationalen Luftverkehr.

transport bénévole Gefälligkeitsfahrt *f*; **– par charter** Charterverkehr; **– combiné** Verkehrsverbund *m*; **– combiné rail-route** Huckepackverkehr; **–s en commun** (1) öffentliche Verkehrsmittel; öffentliches Verkehrswesen, (2) gewerblicher Personentransport; **– de créance** Forderungsübertragung; **– à la demande** Anforderungs- *od.* Bedarfsverkehr; Charterflug *m*.

transport d'un droit Rechtsübergang *m*; Rechtsübertragung; **– en droiture** unmittelbare Beförderung, Direktschiffahrt *f*; **– par eau** Beförderung auf dem Wasserweg; **– d'espèces** Bargeldsendung *f*; **– ferroviaire** Eisenbahntransport, Schienenverkehr, Transport per Bahn; **– en franchise** gebührenfreie Beförderung; **– de fret** Frachtverkehr; **– gratuit** Freifahrt *f*; **– par groupage** Sammelgutbeförderung *od.* -verkehr; **– intérieur** Binnenverkehr.

transport international de bagages internationale Gepäcksendung; **– – de marchandises par route** *ou* **par véhicules routiers** internationaler Güterkraftverkehr, internationaler Warentransport in Straßenfahrzeugen.

transport de justice *ou* **– sur les lieux** (*PrzR: déplacement des magistrats en vue de procéder à des constatations sur place*) (Abhaltung eines) Lokaltermin(s) *m*, richterliche Augenschein(seinnahme); **– sur longues distances** Fernverkehr; **– de marchandises** Frachtverkehr, Güterbeförderung; Warenverkehr; **– en marge** (*Urkunde*) Randvermerk *m*; **– maritime** *ou* **par mer** Seebeförderung *f*; **– privé** Werksverkehr; **– professionnel** gewerblicher Verkehr; **– routier** Güterverkehr *m* per LKW, Straßentransport *m*; **– par terre** *ou* **par voie de terre** Transport zu Lande.

transport en transit Beförderung im Durchgangsverkehr, Durchbeförderung; **– – à découvert** Beförderung im offenen Durchgang.

transport de voyageurs Personenbeförderung; **–s locaux** Nahverkehr *m*.

transportable *adj* transportierbar; versandfähig.

transportation *f* (*StVZ: peine politique*) Verbannung *f*.

transporter *v.tr.* (1) befördern, transportieren, (2) (*céder un droit*) (ein Recht) abtreten, übertragen.

transporteur *m* Frachtführer *m*, Beförderer *m*, Transporteur *m*, Transportunternehmer, Rollfuhrunternehmen; **– contractuel** vertragschließender Frachtführer; **– de fait** ausführender Frachtführer; **– privé** privater Transportunternehmer; **– public** öffentlicher Verkehrsbetrieb; **– routier** LKW-Transportunternehmen.

trapu *adj* (*Steckbrief*) untersetzt, gedrungen.

traque *f* (*StR: poursuite, chasse à l'homme*) Menschenjagd *f*, Verfolgung (eines Verdächtigen).

travail *m* (1) (*ArbR: activité humaine*), Arbeit *f*, Tätigkeit *f*, Arbeitsverrichtung *f*, (2) (*BW: emploi, fonction*) Beschäftigung *f*, Beschäftigungsverhältnis *n*, Arbeitsverhältnis, (3) (*délibérations, discussions*)

Beratung *f*, Aussprache *f*, Meinungsaustausch *m*, (4) (*ouvrage, œuvre*) Werk *n*, Stück *n*; Abhandlung *f*, (5) (*ensemble des travailleurs*) Arbeitnehmer *mpl*, Arbeiterschaft *f*, (6) (*MedizinR: accouchement*) Wehen *fpl*; **absence du –** Arbeitsversäumnis *n*, Nichterscheinen *od.* Fehlen *n*; **accident du –** Arbeitsunfall *m*, Betriebsunfall, Dienstunfall; **accomplir un –** eine Arbeit verrichten; **aménagement du temps de –** Arbeitszeitgestaltung *f*; **apte au –** arbeitsfähig; **arrêt du –** (1) Betriebsstillstand *m*, (2) Arbeitsniederlegung; **attestation de –** Arbeitsbescheinigung *f*; **autorisation de –** Arbeitserlaubnis *f*.

travail: **bourse du –** Gewerkschaftshaus *n*; **camp de –** Arbeitslager *n*; **capacité de –** Arbeitsfähigkeit *f*; Erwerbsfähigkeit *f*; **carte de –** Arbeitserlaubnis *f*; **certificat de –** (1) Arbeitsbescheinigung, Arbeitsbestätigung, (2) (*sur la qualité*) Arbeitszeugnis *n*; **cessation du –** Arbeitsniederlegung; **communauté de –** Arbeitsgemeinschaft *f*; **conditions de –** Arbeitsbedingungen *pl*; **conflit du –** Arbeitsstreitigkeit *f*, Arbeitskampf *m*; **contentieux du –** Arbeitsstreitverfahren, Arbeitsstreitsache; **convention collective de – (= CCT)** Tarifvertrag.

travail: **démissionner du –** (*einen Arbeitsvertrag*) kündigen; **différend du –** Arbeitsstreitigkeit; **dispense de –** Arbeitsbefreiung; **division du –** (1) (*Vwirt*) Arbeitsteilung, (2) (*BW*) Arbeitseinteilung; **droit au –** (*VerfR*) Recht auf Arbeit; **droit du –** Arbeitsrecht *n*; **durée conventionnelle du –** tarifliche Arbeitszeit; **empêchement de –** Arbeitsverhinderung; **équipe de –** Arbeitsgruppe; **être débordé de –** überlastet sein; **exécuter un –** eine Arbeit ausführen *od.* erledigen.

travail: **heures** *ou* **horaire de –** Arbeitszeit *f*; **journée de –** Arbeitstag, Schicht; **juridiction du –** Arbeitsgerichtsbarkeit.

travail: **langue de –** Arbeitssprache *f*; **législation du –** Arbeitsgesetzgebung; **lieu de –** Beschäftigungsort *m*, Arbeitsstätte *f*; **marche du –** Arbeitsablauf; **marché du –** Arbeitsmarkt *m*; **en matière de législation du –** arbeitsrechtlich; **se mettre au –** an die Arbeit gehen; **mettre un – en chantier** mit den Arbeiten beginnen; **obligation de –** Arbeitspflicht; **office du –** Arbeitsamt *n*.

travail: **plan de –** Arbeitsprogramm *n*; **poste de –** Arbeitsplatz *m*; **promotion du –** Berufsförderung; **protection du –** Arbeitsschutz *m*.

travail: **règlement du –** Betriebs- *od.* Arbeitsordnung *f*; **revenu du –** Arbeitseinkommen *n*; **salle de –** (*Klinik*) Entbindungsraum *m*, Kreißsaal *m*; **séance de –** Arbeitssitzung *f*; **somme de –** Arbeitsaufwand; **temps du –** Arbeitszeit.

travail administratif Verwaltungstätigkeit *f*; **– d'appoint** Nebenbeschäftigung; **– appointé** Beschäftigung als Angestellter *od.* im Angestelltenverhältnis; **– artisanal** handwerkliche Arbeit; **– de bureau** Bürotätigkeit *f*; **– cérébral** geistige Tätigkeit; **– à la chaîne** Fließbandarbeit, Fließarbeit.

travail clandestin (*ArbR: le « travail clandestin» ne coïncide pas avec le « travail au noir » tel que le Code du travail le définit et le réprime. Car si l'article L. 324–9 interdit à la fois le travail clandestin et le recours aux services d'un travailleur clandestin, il ressort de l'article L. 324–10 C trav que le travailleur clandestin qui est ici visé n'est pas le travailleur salarié, mais celui qui exerce une activité artisanale ou commerciale dans des conditions non conformes à la législation*) als selbständiges Gewerbe ausgeübte Schwarzarbeit; **– collectif** Gemeinschaftsarbeit; **– continu** durchgehende Arbeitszeit; **– corporel** körperliche Arbeit.

travail dépendant nichtselbständige Tätigkeit, Tätigkeit in einem abhängigen Arbeitsverhältnis; **– domestique** Haushaltsarbeit; **– à domicile** (*ArbR: définition légale – art. L. 721–1 Ctrav.*) Heimarbeit *f*; **– à durée déterminée** zeitlich begrenzte Tätigkeit; **– sur écran** (*DV*) Bildschirmarbeit; **– d'entretien** Instandhaltung, Wartung; **– d'équipe** Teamarbeit; **– par équipes** Schichtarbeit; **– facile** leichte Arbeit; **– à façon** Arbeit eines Handwerkers; Arbeitsausführung (im Rahmen eines Werkvertrags); **– de finition** Nacharbeit; **– forcé** Zwangsarbeit; **– à forfait** Akkordarbeit.

travail illégal des étrangers (*StR*) Ausländerschwarzarbeit *f*, illegale Beschäftigung ausländischer Arbeitnehmer; **– imposé** auferlegte Tätigkeit; **– indépendant** selbständige Tätigkeit; **– intellectuel** geistige Arbeit *od.* Tätigkeit, Kopf- *od.* Denkarbeit; **– d'intérêt général** gemeinnützige Tätigkeit; **– intérimaire** Leiharbeitsverhältnis; **– intermittent** vorübergehende *od.* zeitweise Beschäftigung, nichtständige Arbeit; **– législatif** (*VerfR*) Gesetzgebungsverfahren mit Aussprache u. Einzelberatung, Beratung der Gesetze in Lesungen; **– de longue haleine** langwierige Arbeit; **– manuel** handwerkliche Tätigkeit; manuelle Arbeit; **– ménager** Hausarbeit; **– mental** geistige Tätigkeit; **– sur mesure** Maßarbeit; **– à mi-temps** Halbtagsarbeit; **– noir** (*StR, ArbR: on dit aussi travail au noir – ne pas confondre avec travail clandestin*) Schwarzarbeit *f.*

travail de nuit Nachtarbeit.

travail obligatoire Arbeitspflicht *f*; **– occasionnel** Gelegenheitsarbeit; **– pénal** *ou* **pénitentiaire** Gefängnisarbeit *f*, Lohnarbeit in der Justizvollzugsanstalt; **– personnel** Privatarbeit; **– physique** körperliche Arbeit; **– à la pièce** Akkordarbeit; **– à la pige** Tätigkeit als freier Journalist; **– à plein temps** Ganztagsbeschäftigung, Vollzeitarbeit; **– posté** Schichtarbeit *f*; **– public** (*ÖfR: travail d'édification, d'aménagement ou d'entretien d'un ouvrage public*) öffentliche Bau- *od.* Instandhaltungsarbeit; **– de recherche** Forschungsarbeit *f*; **– de réfection** Instandsetzung, Reparatur; **– en régie** Leiharbeit; **– rémunéré** Lohnarbeit, unselbständige Erwerbstätigkeit; **– au rendement** Leistungslohnarbeit; **– rétribué** Lohnarbeit.

travail saisonnier Saisonarbeit; **– salarié** unselbständige Erwerbstätigkeit; **– de sauvetage** Bergung *f*, Bergungsarbeiten; **– scientifique** Forschung *f*; **– stable** dauerhafte Beschäftigung; **– subalterne** untergeordnete Tätigkeit; **– subordonné** nichtselbständige Erwerbstätigkeit; **– supplémentaire** Überstunden *fpl.*

travail à la tâche Akkordarbeit; **– technique** Facharbeit; **– temporaire** Leiharbeit(sverhältnis), Zeitarbeit; **– à temps complet** Vollzeitbeschäftigung; **– à temps partiel** (*ArbR*) Teilzeitarbeit *od.* -beschäftigung; **– à temps réduit** Kurzarbeit; **– sur le terrain** Feldforschung; **– de transformation** (*BW*) Verarbeitung.

travailler *v.tr. et v. intr.* arbeiten; erwerbstätig sein; eine Arbeit leisten; **faire – son argent** sein Geld gewinnbringend anlegen; **refus de –** Arbeitsverweigerung; **– à mi-temps** halbtags beschäftigt sein; **– à perte** Verluste erwirtschaften; **– aux pièces** im Akkord arbeiten; **– à plein temps** ganztags beschäftigt sein.

travailleur *m* Arbeitnehmer *m*, Berufstätige(r) *m*, Arbeitskraft *f*, Arbeiter *m*, Erwerbsperson *f*; **– agricole** Landarbeiter, landwirtschaftlicher Arbeiter; **– clandestin** Schwarzarbeiter; **– dépendant** (unselbständiger) Arbeitnehmer; **– à domicile** Heimarbeiter; **– sans emploi** Arbeitslose(r) *m*; **– étranger** Gastarbeiter; **– de fond** Untertagearbeiter; **– de force** (1) Schwerarbeiter, (2) (*catégorie supérieure*) Schwerstarbeiter; **– frontalier** Grenzgänger *m*; **– indépendant** Selbständige(r) *m*, Freiberufler *m*; **– industriel** Industriearbeiter; **– intérimaire** Zeitarbeitskraft, überwiesener Arbeitnehmer (im Leiharbeitsverhältnis); **– intermittent** zeitweilig Beschäftigte(r).

travailleur manuel Handarbeiter; **– migrant** Wanderarbeiter; **– mi-qualifié** angelernter Arbeiter; **– à mi-temps** Halbtagskraft; **– au mois** Arbeiter mit monatlicher Entlohnung; **– au noir** *ou* **parallèle** (*ArbR: souvent syn. de travailleur clandestin*)

Schwarzarbeiter *m*; **– non qualifié** *ou* **non spécialisé** ungelernter Arbeiter; **– non salarié** Selbständiger *m*, Freiberufler; **– occasionnel** Gelegenheitsarbeiter; **– à plein temps** Ganztagskraft; **– posté** Schichtarbeiter *m*; **– qualifié** Facharbeiter; **– en régie** Leiharbeitnehmer.

travailleur saisonnier Saisonarbeiter; **– salarié** Lohnarbeiter, unselbständiger Erwerbstätige(r); **– à la semaine** Arbeiter mit wöchentlicher Entlohnung; **– social** Sozialhelfer *m*; **– stagiaire** Praktikant *m*, Volontär *m* (im Handel); **– syndiqué** gewerkschaftlich organisierter Arbeitnehmer; **– à temps complet** voll beschäftigter Arbeiter, Vollzeitkraft; **– à temps partiel** Teilzeitbeschäftigte(r).

travaux *mpl* (1) Taten *fpl*; Bemühungen *fpl*; Werke *npl*, (2) (*StVR*) Baustelle *f*; **exécution des –** Ausführung von Bauleistungen; **grands –** öffentliche Arbeiten von nationalem Interesse; **– d'aménagement** Ausbauarbeiten; **– complémentaires** (*VwR*) zusätzliche Bauarbeiten; **– confortatifs** *mpl* Stützungsarbeit *f*; **– de construction** Baumaßnahmen *fpl*, Bauarbeiten; **– de déblaiement** Aufräumungsarbeiten *fpl*; **– de dépollution** (*UmweltR*) Entseuchung *f*; Entsorgung von Abfallstoffen; **– dirigés (= TD)** (*HochschulR*) Seminararbeit; **– domestiques** Hausarbeit *f*; **– d'entretien** Unterhaltungsarbeiten; **– exécutés suivant les pratiques du bâtiment** (*BauR*) nach den anerkannten Regeln der Technik ausgeführte Arbeiten; **– forcés** (*StR, hist*) Zuchthaus *n*; Zwangsarbeit; **– d'intérêt général (= TIG)** (*StR*) (Verpflichtung zu) gemeinnütziger Arbeit; **– sur mémoires** (*ÖfR*) Bauleistungen zum Nachweis (bei Vergabe im Preiswettbewerb).

travaux parlementaires (*VerfR*) parlamentarische Gesetzgebungstätigkeit, Lesungen (von Gesetzen); **– pratiques (= TP)** (*SchulR*) praktische Übungen; **– préparatoires** (*VerfR: lois*) vorbereitende Arbeiten, Vorarbeiten (zu einem Gesetz), Vorbereitungsarbeiten *pl*; Entstehungsgeschichte *f*.

travaux publics (1) (*ÖfR: travaux d'édification, d'aménagement ou d'entretien d'un ouvrage public soumis à un régime juridique spécial*) öffentliche Aufträge über Bauleistungen, öffentliche Bau- *od.* Instandhaltungsarbeiten, (2) (*MilR*) (*vom Militärgericht verhängte Strafe*) Zwangsarbeit; **– urgents** besonders dringliche Arbeiten; **– d'utilité collective** *ou* **publique (= TUC)** (*Beschäftigungsprogramm für Arbeitslose*) gemeinnützige Arbeiten.

travelo *m umg* Transvestit *m*.

traversée *f* Durchfahrt *f*, Überquerung *f*; **– du désert** *fig* Durststrecke *f*; **– de voies** (*StVR*) Schienenkreuzung *f*.

traverser *v.tr.* überqueren; durchlaufen; **– dans les clous** innerhalb der Zebra-Streifen eine Straße überqueren; **– une passe difficile** mit Schwierigkeiten zu kämpfen haben.

tréfoncier *adj* unter der Erdoberfläche, unterirdisch.

tréfoncier *m* (*SachR*) Eigentümer des unter der Erdoberfläche liegenden Teils eines Grundstücks.

tréfonds *m* (*SachR: sous-sol*) Untergrund *m* (des Grundstücks).

tremper *v.tr.* eintauchen; einweichen; **– dans une affaire malhonnête** *v. intr.* in eine Affäre verwickelt sein.

trésor *m* (1) (*ZR: chose cachée*) Schatz *m*, (2) (*ÖfR: service public de l'État, souvent avec majuscule: Trésor*) Staatskasse *f*, Schatzamt *n*, oberste frz. Finanzbehörde (dem Finanzminister unterstellt); **effet du –** Schatzwechsel *m*; **obligation du –** Schatzanweisung, staatliche Inhaberschuldverschreibung; **– public** (*ÖfR = Trésor*) Staatskasse, Schatzamt, oberste frz. Finanzbehörde.

trésorerie *f* (1) (*HR: disponibilités*) flüssige Mittel *npl*, Geldmittel *npl*, Geldbestand *m*, Barliquidität *f*, Bargeldbestand *m*, (2) (*ÖfR: administration du Trésor*) Finanzverwaltung *f*; (Staats-) Haushaltswesen *n*; **coefficient de –** Deckungskoeffizient *m*; **déficit de –** Kassenfehlbetrag; **difficultés de –** Liquiditätsschwierigkeiten *pl*; **état de la –** (1) Kassenbericht *m*, (2) Liquiditätsbilanz *f*; **mouvements de –** Zahlungs- u. Überweisungsverkehr; **moyens de –** Kassenmittel *npl*; **situation de –** Liquiditätslage *f*, Liquiditätsausstattung *f*; **– générale départementale** (*VwR*) oberste frz. Staatskasse auf Departementebene.

trésorier *m* (1) (*VereinsR*) Schatzmeister *m*, (2) (*ÖfR*) Kassenverwalter *m*; Kämmerer *m*; **– payeur général** oberster frz. Finanzkassenbeamter auf Departementebene.

trêve *f* (*VR*) Waffenruhe *f*; **sans --** *loc. adv.* ohne Unterlass; **– des confiseurs** Ruhen *n* der politischen und diplomatischen Tätigkeit zwischen Weihnachten und Neujahr; **– politique** Burgfrieden.

tri *m* (1) Auswahl *f*, Aussuchen *n*, (2) (*Post*) Sortieren *n*; **centre de –** Briefsammelstelle und -Verteilamt.

triage *m* Sichtung, Sortieren *n*.

tribun *m* Volksredner *m*; Demagoge *m*.

Die amtliche Bezeichnung eines frz. Gerichts ist nicht zu übersetzen: ein tribunal de grande instance ist kein Landgericht, eine Cour d'Appel kein Oberlandesgericht. Der Übersetzer kann in einer Anmerkung in Klammern nur erklären, welchem Gericht in Deutschland das französische in etwa entspricht.

tribunal *m* (1) (*GVR: palais de justice*) Gericht *n*; Spruchkörper *m*; Gerichtshof *m*, (2) (*PrzR: magistrat du siège*) (Einzel-) Richter *m*; Richterkollegium *n*, (3) (*GVR: juridiction du 1er degré*) erkennendes Gericht erster Instanz; **affichage au –** Anschlag bei Gericht *od.* an der Gerichtstafel; **audience du –** Gerichtssitzung *od.* -verhandlung; **barre du –** Zeugenstand *m*; **président du –** Gerichtspräsident *m*; **recourir à un –** den Rechtsweg beschreiten; **saisir un –** ein Gericht anrufen; **saisir un – d'une action** Klage erheben (vor Gericht), bei einem Gericht klagen; **salle du –** Gerichtssaal *m*.

tribunal administratif (= TA) (*VwPR: juridiction de l'ordre administratif de première instance*) frz. Verwaltungsgericht (erster Instanz) *n*; **– des affaires de sécurité sociale (= TASS)** (*GVR: juridiction de l'ordre judiciaire – art. R. 450–1 de l'ancien code de l'organisation judiciaire. La compétence et l'organisation sont fixées par le code de la sécurité sociale*) frz. Sozialgericht (zur Entscheidung im 1. Rechtszug); **– d'appel** Berufungsgericht *n*; **– de l'application des peines** frz. Strafvollzugsgericht; **– d'arbitrage** (*WirtR: juridiction près les chambres de commerce internationales*) (internationales) Schiedsgericht.

tribunal arbitral (*ZPR: juridiction composée d'arbitres sur la base d'une clause compromissoire – voir art. 1443 et 1448 NCPC*) Schiedsgericht *n*; **– – de la corporation** Innungsschiedsgericht; **– – paritaire** paritätisch besetztes Schiedsgericht.

tribunal d'arrondissement (*GVR: autre dénomination du juge de paix – aujourd'hui: tribunal d'instance*) *hist* Arrondissementgericht; **– chargé de l'exécution** (*InsolvenzR*) Vollstreckungsgericht *n*; **– civil** Zivilgericht; **– collégial** Kollegialgericht.

tribunal de commerce (*HR: juridiction spécialisée du premier degré de l'ordre judiciaire – art. R. 411–1 et suiv. de l'ancien code de l'organisation judiciaire (décret no. 88–33 du 13 janvier 1988)*) frz. Handelsgericht (als eigenständiges Erstinstanzgericht in Handelssachen, bestehend aus ehrenamtlichen Richtern, d. h. Kaufleuten); **– compétent** zuständiges Gericht.

Dieses Kompetenzkonfliktsgericht ist kein oberster frz. Gerichtshof, der über dem *Conseil d'État* und der *Cour de cassation* stünde. Er setzt sich je zur Hälfte aus Richtern des CE und der Ccass zusammen. Es handelt sich auch nicht um ein ständiges Gericht.

tribunal des conflits (= TC) (*VerfR: juridiction non permanente pour juger les conflits d'attribution entre les tribunaux administratifs et les juridictions de l'ordre judiciaire en France*) frz. Kompetenzkonfliktsgerichtshof *m*, nicht ständiges frz. Gericht das über Kompetenzkonflikte zwischen Verwaltungsbehörden und Gerichten einerseits, und über einander widersprechende Entscheidungen von ordentlichen Gerichten und Verwaltungsgerichten andererseits, entscheidet; **– consulaire** (*HR: dénomination ancienne pour: tribunal de commerce*) frz. Handelsgericht; **– corporatif** Handwerksinnungsgericht, Innungsspruchkammer *f*, Standesgericht (des Handwerks) *n*.

tribunal correctionnel (*GVR: lorsque le tribunal de grande instance statue en première instance en matière de délits pénaux, il est dénommé tribunal correctionnel – art. 211–1 du nouveau code de l'organisation judiciaire*) frz. Strafgericht erster Instanz (beim Großinstanzgericht) zuständig für Vergehen; gerichtlicher Spruchkörper, der etwa der Strafkammer (beim Landgericht) entspricht; **– criminel** (*StPR: en France, c'est la Cour d'assisses qui est compétente en matière de crimes*) Strafgericht (zuständig bei Verbrechen); **– disciplinaire** Disziplinargericht, Dienststrafgericht; **– de district** (S) Bezirksgericht; **– du domicile du défendeur** Gerichtsstand des Wohnsitzes des Beklagten.

tribunal de droit commun (1) (*GVR: la juridiction ou le tribunal de droit commun connaît en première instance toutes les affaires qui n'ont pas été réservés par la loi à un tribunal d'exception*) ordentliches Eingangsgericht (als Bezeichnung für das frz. Großinstanzgericht - im Gegensatz zu den Sondergerichten), (2) (*ÖfR: au pluriel: les tribunaux de droit commun sont toutes les juridictions de l'ordre judiciaire par opposition aux juridictions administratives*) (*au pluriel*) ordentliche Gerichtsbarkeit (im Gegensatz zur Verwaltungsgerichtsbarkeit als zweites frz. Gerichtswesen); **– ecclésiastique** Kirchengericht, geistliches Gericht; **– d'échevins** (S) Schöffengericht *n*.

tribunal pour enfants (*StPR: juridiction des mineurs – voir le nouveau code de l'organisation judiciaire art. L. 251–1 et suiv.*) frz. Jugendgericht, Jugendrichter u. zwei ehrenamtliche Richter als Beisitzer; **– d'exception** Sondergericht *n*; **– d'exécution des peines** *ou* **des sentences** (*StVZ*) Strafvollstreckungsgericht.

tribunal de grande instance (= TGI) (*GVR: juridiction de droit commun du premier degré de l'ordre judiciaire – art. L. 211–1 et suiv. du nouveau code de l'organisation judiciaire –voir ordonnance n° 2006–673 du 8 juin 2006*) frz. Großinstanzgericht *n* (am Hauptverwaltungssitz des Departement), frz. ordentliches Gericht als Eingangsgericht - falls nicht dem Kleininstanzgericht (= TI) besondere Zuständigkeiten vorbehalten sind (löste 1958 das „Erstinstanzgericht" ab und entspricht etwa dem dt. Landgericht); **– incompétent** unzuständiges Gericht; **– inférieur** unteres Gericht.

tribunal d'instance (= TI) (*GVR: juridiction d'exception spécialisée du 1er degré en France dont les attributions sont énumérées par les art. L. 221–4 et suiv. du nouveau code de l'organisation judiciaire de 2006*) frz. Kleininstanzgericht (als Sondergericht auf Arrondissementebene zuständig für sämtliche schuldrechtlichen und sachenrechtlichen Streitigkeiten, deren Streitwert unter 10000 € liegt), Unterstufe der ordentlichen Gerichtsbarkeit, in Frankreich, das in etwa dem Amtsgericht entspricht (mit einem Einzelrichter besetzt); **– international de Nuremberg** (*VR*) Nürnberger internationaler Gerichtshof; **– international pour le Ruanda (= TPIR)** internationaler Ruanda-Strafgerichtshof *n*; **– international pour l'ex-Yougoslavie (= TPIY)** (*VR*) internationaler Jugoslavien-Strafgerichtshof *m*.

tribunal judiciaire *ou* **de l'ordre judiciaire** (*GVR: en France il y a* *seulement deux ordres de juridiction: les juridictions judiciaires et les juridictions administratives*) ordentliches Gericht; Zivilgericht *n*; Strafgericht *n*; **– du lieu du paiement** Gericht des Zahlungsorts; **– du lieu de résidence** Wohnsitzgericht; **– maritime commercial** frz. Seegericht für Handelssachen.

tribunal militaire Wehrstrafgericht; **– – international** Internationales Militärtribunal.

tribunal paritaire paritätisch besetzes Gericht; **– paritaire des baux ruraux** frz. paritätisches Gericht für landwirtschaftliche Pachtverträge; **– pénal** Srafgericht *n*.

tribunal pénal international (= TPI) (*VR*) Internationaler Strafgerichtshof (in den Haag) (= IStGH); **– permanent des forces armées (= TPFA)** frz. Wehrstrafgericht *n*; **– du peuple** *hist.* Volksgericht *n*.

tribunal de police (*GVR: juridiction pénale du premier degré de l'ordre judiciaire constituée par le juge du tribunal d'instance et qui connaît des contraventions de la cinquième classe – art. L. 221–10 du NCOJ*) frz. Einzelrichter als Strafrichter (beim Kleininstanzgericht, zuständig für Übertretungen) - dem dt. Strafrichter beim Amtsgericht vergleichbar; **– de première instance** (B) Gericht erster Instanz.

tribunal de première instance des Communautés européennes (= TPICE) Erstinstanzgericht der Europäischen Gemeinschaft; **– professionnel** Berufs- *od.* Ehrengericht; **– de rattachement** Gericht dessen Richter andere Gerichte ergänzen; **– régulièrement constitué** ordnungsmäßig zusammengesetztes Gericht; **– de renvoi** Gericht an das eine Sache verwiesen wird.

tribunal répressif Strafgericht; **– de révision** (*GVR: tribunal compétent en matière de pourvoi en révision*) für das Wiederaufnahmeverfahren zuständiges Gericht (in Frankreich: Kassationshof); **– révolutionnaire** *hist.* Revolutionsgericht; **– saisi** *ou* **saisi de l'instance** mit der Sache befasstes Gericht, angerufenes Gericht; **– de simple police** (*hist*) bis 1958 frz. Strafgericht für Bagatellsachen; **– de la situation de la chose** (*ZPR, IPR*) Gericht der belegenen Sache; **– sommaire** Schnellgericht; **– spécial** Sonder- *od.* Ausnahmegericht; **– supérieur** Obergericht; das nächsthöhere Gericht; **– suprême** Oberstes Gericht; **– des tutelles** (*GVR: en France: Juge des tutelles – art. L. 221–9 du NCOJ*) Vormundschaftsgericht, frz. Vormundschaftsrichter.

tribunaux *mpl* Gerichtswesen *n*, Gerichtsbarkeit *f*; **déférer aux –** gerichtlich verfolgen; **pratique des –** Gerichtspraxis *f*; **prendre la voie des –** den Rechtsweg beschreiten, gerichtlich vorgehen; **– répressifs** Strafgerichtsbarkeit *f*.

tribune *f* (1) Rednerpult *n*, Rednerbühne *f*, (2) Forum *n*, Plattform *f*.

tribut *m* (Zwangs-) Abgabe *f*, Steuer *f*; *(hist.)* Tribut *m*; **imposer** *ou* **lever un –** eine Steuer erheben *od.* auferlegen.

tributaire *adj* abgabe- *od.* steuerpflichtig, zinspflichtig; **être – de qqn.** von jmdn. abhängig sein.

tricherie *f* (*StR: tromperie au jeu – on dit aussi la triche*) *umg* Falschspiel *f*, Betrug durch falsch spielen *m*; Irreführung *f*, Mogelei *f*.

tricheur *m* Falschspieler *m*; Betrüger *m*.

tricolore *f* Trikolore *f* (blau-weiß-rote Flagge Frankreichs).

triennal *adj* dreijährlich; dreijährig.

trier *v.tr.* auslesen, verlesen, sortieren; sichten.

trimestre *m* Vierteljahr *n*, Quartal *n*; **– scolaire** Schultrimester *n*.

triparti *adj* (*féminin: tripartie – on dit aussi tripartite*) dreiteilig; Drei-, Dreiparteien-; Dreimächte-; **conférence –e** Dreierkonferenz *f*.

triplicata *m* Drittausfertigung *f*; **– de change** Tertiawechsel *m*.

triplique *f* (*ZPR*) Antwort des Klägers auf eine Gegenerklärung des Beklagten, Triplik *f*.

triptyque *m* (*ZollR: titre de mouvement (sous la forme d'un document en trois feuillets) permettant l'importation temporaire de certains objets, en particulier* *des automobiles, à charge de réexportation*) Triptik *n.*

troc *m* Tausch(handel) *m*; **accord de –** (*Außh*) Tauschhandelsabkommen; **faire du –** Tauschhandel betreiben.

tromper *v.tr.* betrügen, übervorteilen, hintergehen, irreführen; **se –** *v.pron.* sich irren, etwas falsch machen; sich verrechnen, sich verzählen.

tromperie *f* (*StR, ZR: fait d'induire volontairement en erreur*) Betrug *m*; Übervorteilung *f*; **– sur la marchandise** Täuschung im Lebensmittelhandel; **– sur la qualité de la marchandise vendue** Betrug durch Lieferung einer minderen Qualität; **– sur la qualité substantielle de prestations de service** (*SchuldR*) arglistige Täuschung über wesentliche Eigenschaften einer Dienstleistung.

trompeur *adj* betrügerisch, irreführend; **apparences trompeuses** falscher Anschein; **emballage –** Mogelpackung *f*.

trône *m* Thron *m*; **accession au –** Thronbesteigung; **succession au –** Thronfolge *f*.

tronquer *v.tr.* (einen Text) kürzen, verstümmeln.

trop payé *m* zu viel gezahlter Betrag, Überzahlung *f*; **– perçu** *m* zuviel erhobener Betrag, Gebührenüberhebung; **– versé** *m* zuviel entrichteter Betrag, Überzahlung.

troquer *v.tr.* (ein-) tauschen; Tauschhandel betreiben.

trou *m* Loch *n*, Öffnung *f*, Lücke *f*; **boucher un –** *fig.* eine Schuld begleichen, neue Schulden machen, um alte zu bezahlen; **un – dans la comptabilité** unerklärliches Loch (in der Buchhaltung); **– de mémoire** Gedächtnislücke *f*.

troublant *adj* beunruhigend; verwirrend.

trouble *m* (1) (*ZR: atteinte à un droit*) (Rechts-) Beeinträchtigung *f*, Störung *f*, (2) (*ÖfR: atteinte à la paix publique, souvent pl.*) Aufruhr *m*, Unruhe *f*, (3) Gesundheitsstörung *od.* -schädigung *f*; **fauteur de –s** Unruhestifter *m*; **réprimer les –s** die Ordnung wieder herstellen, einen Aufstand niederschlagen; **– de droit** (*SachR: trouble émanant d'un tiers qui prétend agir en vertu d'un titre de propriété*) Rechtsbeeinträchtigung (durch einen Dritten); **– d'exploitation** Betriebsstörung *f*; **– de fait** (*SachR: dégâts matériels causés à une propriété voisine*) unerheblicher Sachschaden (verursacht an einem Nachbargrundstück); **– mental** geistige Störung, Geisteskrankheit *f*; **– de la possession** *ou* **possessoire** (*SachR*) Besitzstörung *f*; **– de voisinage** (*UmweltR: dommages causés aux voisins par du bruit, des fumées, des odeurs . . .*) Einwirkung *f od.* Immission *f* (vom Nachbargrundstück ausgehend); **–s mentaux** (*MedizinR*) Geistesstörung *f*; **–s sociaux** (*Pol*) soziale Unruhen.

trousseau *m* Aussteuer *f*; Ausstattung.

trouvaille *f* (*SchuldR: objet trouvé*) Fundsache *f*; **– d'objets de valeur** Wertfund *m*.

trouver *v.tr.* (1) (*découvrir*) finden; entdecken; ausfindig machen, (2) (*rencontrer*) antreffen, vorfinden, (3) (*juger*) dafürhalten, empfinden; **– de l'audience** Anklang finden; viel Anhang haben; **– des capitaux** sich Geldmittel verschaffen; **– un emploi** Arbeit *od.* eine Stelle finden; **– son expression dans . . .** seinen Niederschlag finden in . . .; **se – en face d'une difficulté** *v. pron.* mit einer Schwierigkeit konfrontiert werden; **– un interlocuteur valable** einen Ansprechpartner finden; **– à qui parler** auf Widerspruch stoßen; **– un prétexte** eine Ausrede finden; **– à redire** widersprechen.

truand *m* (*StR*) Schwerverbrecher *m*, Mitglied einer Gang; **petit –** kleiner Gauner.

trublion *m* (*StR: fauteur de troubles*) Unruhestifter *m*.

truc *m* Kniff *m*, Trick *m*, Kunstgriff *m*; Manipulation *f*.

trucage *m* (*on écrit aussi: truquage*) Fälschung *f*; raffinierte Täuschung; **– d'un bilan** Bilanzkosmetik *od.* -verschleierung *f*; **– électoral** *ou* **des élections** Wahlfälschung *f*; Wählertäuschung *f*.

truchement *m*: **par le – de** durch Vermittlung von.

trust *m* (1) (*GesR: combinaison réunissant plusieurs entreprises sous une direction financière unique, mais leur laissant une large marge de manoeuvre pour leur stratégie économique*) Trust *m*, (2) multinationaler Konzern (mit marktbeherrschender Stellung); **formation de –** (*GesR*) Trustbildung *f*, Vertrustung *f*; Verflechtung.

tuer *v.tr.* töten, umbringen, ermorden, einen Mord begehen; **– d'un coup de fusil** totschießen; **– à coups de bâtons** totschlagen.

tueur *m* (gedungener) Mörder; **– en série** Massenmörder *m*.

tumulte *m* Aufruhr *m*, Auflauf *m*; Tumult *m*; Lärm *m*; Unruhe *f*.

tutélaire *adj* (1) (*VR*) schützend, (2) (*FamR: qui concerne la tutelle*) vormundschaftlich; **charge –** Amt *n* des Vormundes; **gestion –** Wahrnehmung der vermögensrechtlichen Angelegenheiten des Mündels; **puissance –** (*VR*) Schutzmacht *f*.

tutelle *f* (1) (*FamR: régime de protection des incapables*) Vormundschaft *f*, (2) (*ÖfR: contrôle exercé par l'État sur les personnes administratives décentralisées*) Staatsaufsicht *f* (im Rahmen der Selbstverwaltung), Oberaufsicht, Aufsicht über Gebietskörperschaften und Anstalten des öffentlichen Rechts, (3) (*VR: contrôle exercé par l'ONU sur d'anciens territoires sous mandat de la Société des nations*) Treuhand *f*, Schutz *m*; **accord de –** (*VR*) Treuhandschaftsabkommen *n*; **autorité de –** (1) (*FamR*) Vormundschaftsbehörde *f*, (2) (*ÖfR*) Aufsichtsbehörde; **co- –** Mitvormundschaft; **compte de –** Vormundschaftsabrechnung; **être en –** unter Vormundschaft stehen; **exercer la –** (*VwR*) die Dienstaufsicht ausüben; **fonctionnement de la –** Führung der Vormundschaft.

tutelle: **juge des –s** (*GVR: compétence du juge des tutelles en France, voir art. L. 221–9 du nouveau code de l'organisation judiciaire de 2006*) frz. Vormundschaftsrichter *m*; **ministre de –** (*VwR*) Minister als oberste Aufsichtsinstanz, die Dienstaufsicht ausübender Minister; **ouverture de la –** Einleitung der Vormundschaft; **pouvoir de –** (1) (*VwR: contrôle exercé par les autorités supérieures*) staatliche Aufsicht, Aufsichtsgewalt *f*, (2) (*FamR: régime de protection des mineurs et des majeurs*) Vormundschaft *f*, vormundschaftliches Sorgerecht; **subrogée –** Gegenvormundschaft; **territoire sous –** (*VR*) Treuhandgebiet.

tutelle administrative (*ÖfR*) Dienstaufsicht; **– d'une association** Vereinsvormundschaft; **– dative** (*FamR*) (*durch den Familienrat*) eingesetzte Vormundschaft; **– d'un établissement public** (*VwR*) staatliche Aufsicht über eine Anstalt des öffentlichen Rechts; **– judiciaire** Vormundschaft kraft richterlicher Bestellung; **– légale** Vormundschaft *f* kraft Gesetzes; **– des majeurs** Erwachsenenvormundschaft; **– des mineurs** Vormundschaft über Minderjährige; **– pénale** durch den Strafrichter angeordnete Vormundschaft; **– des pupilles de l'État** Amtsvormundschaft; **– testamentaire** testamentarisch festgelegte Vormundschaft.

tuteur *m* (*FamR: organe exécutif de la tutelle*) (*féminin: tutrice*) Vormund *m*; **co- –** Mitvormund; **constitution d'un –** Bestellung eines Vormundes; **contrôle du –** Überwachung des Vormundes; **subrogé –** (*FamR: organe de surveillance et de suppléance de la tutelle d'un incapable*) frz. Gegenvormund (bei jeder Vormundschaft zwingend vorgeschrieben); **– ad hoc** Sondervormund; **– adjoint** (*tuteur uniquement chargé de la gestion de certains biens particuliers – art. 417 Cciv*) Vormund zur Wahrnehmung bestimmter einzelner Angelegenheiten des Mündels; **– aux allocations familiales** gerichtlich bestellter Pfleger zur Empfangnahme und Verwendung des Kindergeldes; **– aux bien** Vormund zur Wahrnehmung der vermögensrechtlichen Angelegenheiten des Mündels.

tuteur datif (*tuteur nommé par le conseil de famille – art. 404 Cciv*) (*vom Fami-*

lienrat) eingesetzter Vormund; **– de fait** (*FamR: personne assumant la charge de tuteur sans avoir la qualité de tuteur*) de facto Vormund, Betreuer ohne amtliche Bestellung.

tuteur légal (*tuteur désigné par la loi: conjoint ou ascendant – art. 402 Cciv*) gesetzlicher Vormund; **– à la personne** Vormund zur Wahrnehmung der persönlichen Angelegenheiten des Mündels; **– testamentaire** durch Testament bestimmter Vormund.

tutorat *m* Erziehungsaufsicht *f*, Unterrichtshilfe *f*.

type *m* (1) (*modèle, norme*) Muster *n*, Bauart *f*, Grundform *f*, Modell *n*, (2) (*espèce, genre*) Eigenart *f*, Typ *m*, charakteristische Eigenschaft *f*; **cas –** Modell- *od.* Musterfall; **contrat –** Standardvertrag, Muster- *od.* Einheitsvertrag; Vertragsmuster; **entreprise –** Musterbetrieb *m*; **statut –** Einheitssatzung; **– modèle** Standardausführung.

tyrannie *f* Willkür- und Gewaltherrschaft *f*.

U

ukase *m* (*ÖfR: décision arbitraire, ordre impératif*) (willkürliche) Anordnung *f*, strikter Befehl *m*, Ukas *m*.

uléma *m* türkischer Rechts- und Gottesgelehrter.

ultérieur *adj* nachträglich; **générations –es** die kommenden Generationen; **reporter à une date –e** auf einen späteren Zeitpunkt verschieben.

ultima ratio (*dernier argument*) *lat* äußerstes Mittel; letzte Hoffnung, Ultima ratio.

ultimatum *m* (*VR*) Ultimatum *n*, letzte Aufforderung.

ultra *m* Extremist *m*, Rechtsextremist.

ultra petita (*ZPR*) *lat. loc. adv.* über den (Klage-) Antrag hinaus.

ultra posse nemo obligatur (*SchuldR*) *lat. loc. adv.* mehr zu leisten als er kann, dazu ist niemand verpflichtet.

ultra vires hereditatis (*ErbR*) *lat. loc. adv.* unbeschränkte Erbenhaftung für alle Nachlassschulden.

unanime *adj* einstimmig, einhellig, einmütig.

unanimement *adv* einstimmig.

unanimité *f* Einstimmigkeit *f*, Einhelligkeit *f*, Einmütigkeit; *loc.*: **à l'–** einstimmig; **décision prise à l'–** Einstimmigkeitsbeschluss *m*; Beschluss, der die Einstimmigkeit erfordert; **– des suffrages** Gesamtheit der Stimmen.

unicité *f* Einheitlichkeit *f*; **absence d'–** (*PatR*) Nichteinheitlichkeit; **– de l'invention** Erfindungseinheitlichkeit *f*.

unification *f* Vereinigung *f*, Einigung; Vereinheitlichung; **– du droit** Rechtsvereinheitlichung.

unifier *v.tr.* zusammenschließen, vereinigen; vereinheitlichen.

uniformisation *f* Vereinheitlichung; Gleichschaltung.

unilatéral *adj* einseitig, einseitig verpflichtend.

union *f* (1) (*EheR: union conjugale légitime par opposition à l'union libre*) Ehebund *m*, Verbindung *f*; Ehe *f*, (2) (*GesR: groupement de sociétés*) (Wirtschafts-) Zusammenschluss *m*, (Wirtschafts-) Vereinigung *f*, (3) (*ArbR: union de syndicats ou groupement de syndicats*) gewerkschaftliche Arbeitsgemeinschaft *f*, (4) (*VR: fédération internationale*) Bündnis *n*, Union *f*, Konföderation *f*; **accession à l'–** Beitritt zur Union.

union administrative (*VR*) nichtpolitische internationale Organisation; Verwaltungsunion; **– de communes** (*VwR: on dit aussi syndicat de communes*) Gemeinde(zweck)verband; **– conjugale** (*EheR: union entre le mari et sa femme*) eheliche Gemeinschaft; **– de coopératives** (*GesR: groupement constitué par deux ou plusieurs sociétés* *coopératives pour la gestion d'intérêts communs*) Genossenschaftsverband *m*.

union douanière Zollverein *m*, Zollunion *od*. -gemeinschaft; **– économique** (1) (*VR*) internationale zwischenstaatliche Wirtschaftsgemeinschaft, (2) (*BW*) Wirtschaftsverband; **– européenne (= UE)** (*EuR: groupement des peuples et des États d'Europe. Ces derniers étant intégrés au sein de la communauté européenne*) Europäische Union (= EU); **– française** (*hist.: 1946–1958*) (*Frankreich u. seine Kolonien*) frz. Union.

union internationale des chemins de fer (= UIC) Internationaler Eisenbahnverband; **– – de droit pénal** internationale kriminalistische Vereinigung; **– – de la navigation fluviale** internationaler Binnenschiffahrtsverband; **– – pour la protection des œuvres littéraires et artistiques** internationaler Verband zum Schutze von Werken der Literatur und Kunst; **– – pour la protection de la propriété industrielle** internationaler Verband zum Schutz des gewerblichen Eigentums; **– – des télécommunications** Internationaler Fernmeldeverein, Weltnachrichtenverein; **– – des transports routiers** Internationale Straßentransportunion.

union libre (*FamR: correspond à un concubinage non adultérin avec communauté de vie. Ce terme peut aussi désigner une union adultérine ou incestueuse, ou une union homosexuelle, mais non pas un pacs. Ce dernier exige en effet des formalités précises*) eheähnliche Gemeinschaft, nichteheliche Lebensgemeinschaft (früher wilde Ehe *od*. Konkubinat genannt); **– monétaire** Währungsunion *f*.

union personnelle (*VR*) Personalunion; **– postale universelle (= UPU)** Weltpostverein *m*.

union professionnelle Berufsverband *m*; **– de recouvrement** (*SozR*) frz. Behörde zur Eintreibung der Sozialversicherungsbeiträge; **– réelle** (*VR*) Realunion *f*; **– régionale** (1) (*VR*) regionaler Zusammenschluss, (2) (*ArbR: Gewerkschaft*) Bezirksverband *m*; **– syndicale** (*WirtR*) Berufsverband.

unipersonnel *adj*: **entreprise –le** Einmanngesellschaft *f*; **entreprise –le à responsabilité limitée (= EURL)** frz. Einmann-GmbH *f*.

unique *adj* einzig, ausschließlich; **cas –** Einzelfall *m*; **déposant –** Einzelanmelder *m*; **enfant –** Einzelkind *n*; **fille –** einzige Tochter; **inventeur –** Alleinerfinder; **propriétaire –** Alleininhaber *m*.

unir *v.tr.* zusammenschließen; verbinden; trauen; vereinigen, vereinen; zusammenlegen.

unisson *m* Übereinstimmung *f*, Einmütigkeit *f*; **être à l'–** übereinstimmen; **mettre à l'–** aufeinander abstimmen.

unitaire *adj* einheitlich; Einheits-.

unité *f* (1) Einheit *f*, Einheitlichkeit, (2) (*MilR*) Verband *m*, Truppenteil *m*, (3) (*ArbR*) Arbeitskraft *f*, Person *f*; **– d'action** Aktionseinheit *f*; **– budgétaire** (*HaushR*) Grundsatz der sachlichen Einheit des Haushaltsplans; **– cadastrale** Parzelle *f*; **– de caisse** Kasseneinheit; **– centrale** (*DV*) Zentraleinheit, Leitwerk; **– combattante** Kampfeinheit; **– du droit** Rechtseinheit.

unité d'enseignement et de recherche (= U. E. R.) Fachbereich *m* (einer frz. Universität); **– d'invention** Erfindungseinheit; **– de mesure** Maßeinheit *f*; **– monétaire** Währungseinheit; **– d'opinion** Übereinstimmung; **– de production** (*WirtR*) Produktionseinheit; **– résidentielle** Wohnungseinheit; **– téléphonique** Gebühreneinheit *f*; **– de vue** Übereinstimmung.

universalisme *m* Allgemeingültigkeit *f*, Universalismus *m*.

universalité *f* (*ZR*) Gesamtheit (von Aktiven u. Passiven im Rahmen einer Rechtsgesamtheit); **– budgétaire** (*HaushR*) Grundsatz der Vollständigkeit des Haushalts; **– de droits** (*ZR*) Rechtsgesamtheit *f*.

universitaire *adj* akademisch; Universitäts-; **études –s** Universitätsausbildung, Universitätsstudium *n*; **restaurant –** Mensa *f*.

universitaire *m* Dozent *m* an einer Universität, Hochschullehrer *m*.
université *f* Hochschule *f*, Universität *f*; **– populaire** *ou* **du soir** Volkshochschule *f*.
univitellin *adj*: **jumeaux –s** eineiige Zwillinge.
univoque *adj* eindeutig, unmissverständlich.
urbain *adj* städtisch; Stadt-; **chauffage –** Fernheizung *f*; **communication –e** Ortsgespräch *n*; **transports –s** städtische Verkehrsbetriebe; **voirie –e** städtische Erschließungs- und Entsorgungsanlagen (Straßenreinigung, Wasser- u. Stromversorgung, Müllabfuhr).
urbanisation *f* (1) Verstädterung *f*, (2) städtebauliche Entwicklung u. Erschließung, Urbanisierung *f*.
urbanisme *m* Städteplanung *f*.
urgence *f* Dringlichkeit *f*, größte Eile; Not *f*; Notdienst *m*; **d'–** *ou* **de toute –** unverzüglich; **degré d'–** Dringlichkeitsstufe *f*; **état d'–** (*VerfR*) innerer Notstand *m*, Ausnahmezustand *m*; **mesures d'–** Sofortmaßnahmen *fpl*; **– d'un problème** Vorrang einer Frage.
urgent *adj* vordringlich, dringend, eilig, unaufschiebbar; **affaire –e** dringende Angelegenheit; **extrêmement –** von äußerster Dringlichkeit; **mesure –e** Sofortmaßnahme *f*.
urne *f* Urne *f*; **– cinéraire** Graburne *f*; **– électorale** *ou* **de vote** Wahlurne.
us et coutumes *mpl* Verkehrssitte *f*, Gewohnheitsrecht *n*; Gepflogenheiten *fpl*.
usage *m* (1) (*ZR: utilisation d'une chose, d'un droit, d'un nom*) Benutzung, Gebrauch *m*, Verwendung *f*, Anwendung *f*, (2) (*HR: pratique, coutume comme sources de droit*) Brauch *m*, Übung *f*, Verkehrssitte, Sitte *f*, Gepflogenheit *f*, (3) (*SachR: utilisation d'un bien neuble ou immeuble*) Nutzung *f*; Nießbrauch *m*; **abus d'–** rechtsmissbräuchliche Benutzung; **autorisation d'–** Benutzungsbewilligung *od*. -erlaubnis; **cession** *ou* **concession d'–** Gebrauchsüberlassung *od*. -gewährung; **contraire aux –s** gegen die Verkehrssitte verstoßend; **droit d'–** dingliches Gebrauchsrecht *n*, Benutzungs- *od*. Nutzungsrecht; **en –** im Gebrauch; gebräuchlich; **faire – de** verwenden, benutzen, gebrauchen, von etwas Gebrauch machen; **hors d'–** nicht mehr gebräuchlich; nicht mehr üblich; **licence d'–** Gebrauchslizenz *f*; **mauvais –** Missbrauch *m*.
usage: **mauvais – du crédit** Kreditmissbrauch *m*; **non –** Nichtgebrauch; **sous les réserves d'–** mit dem üblichen Vorbehalt; **retrait de l'–** Gebrauchsentziehung *f*; **taxe d'–** Benutzungsgebühr *f*, Gebrauchsabgabe *f*.
usage abusif (1) (*SachR, SchuldR: utilisation d'un bien meuble ou immeuble en violation du droit*) rechtsmissbräuchliche Benutzung (einer Sache), (2) (*ZR: d'un droit*) rechtsmissbräuchliche Ausübung (eines Rechts); **– bancaire** Bankusance *f*; **– commercial** (1) (*HR*) Handelsbrauch, Handelsusance *od*. -gewohnheit *f*, Handelsgepflogenheiten *fpl*, Usance, (2) (*WirtR*) gewerbliche Verwendung; **– commun** *ou* **en commun** (*ÖfR: usage collectif*) Gemeingebrauch (einer Sache); **– constant et reconnu** (*ZR: syn. de coutume*) langdauernde u. allgemein anerkannte Übung, Gewohnheitsrecht; **– continu** (*SachR*) ununterbrochener Gebrauch; **– courant** (*WirtR: pratique particulière d'une profession*) Verkehrssitte *f*, allgemeine Verkehrsauffassung.
usage diplomatique diplomatische Übung *od*. Gepflogenheit; **– effectif** tatsächlicher Gebrauch; **– exclusif** Alleingebrauch; **– fautif** Fehlgebrauch; **– de faux** (*StR*) Verwendung einer verfälscten *od*. unechten Urkunde im Rechtsverkehr; **– de la force** (*ÖfR*) Gewaltanwendung; **– frauduleux** Missbrauch; **– immémorial** (*ZR: coutume locale qui remonte à une époque très ancienne*) seit unvordenklichen Zeiten bestehender Brauch; **– ininterrompu** langjährige *od*. ununterbrochene Übung; **– international** (*VR*) internationale Gepflogenheit, zwischenstaatliche Übung; **– irrégulier** Missbrauch *m*.

usage légitime rechtsmäßiger Gebrauch; **– des lieux** *ou* **local** (*HR: coutume suivie en matière commerciale*) örtliche Verkehrssitte *od.* Übung; **– officiel** Amtsgepflogenheit *f*; **– paisible** (*SachR*) ungestörter Gebrauch *od.* Besitz; **– perpétuel** ständiger Gebrauch; **– personnel** Eigengebrauch; **– privatif** Alleingebrauch; **– privé** Privatgebrauch, eigener Gebrauch; **– de la profession** (*ArbR*) Verkehrssitte in einem Berufszweig; **– professionnel** *ou* **de la profession** (*WirtR: pratiques suivies de longue date*) Brauch *m*, Gepflogenheit (im geschäftlichen Verkehr); **– public** (*ÖfR: utilisation par un ensemble indéfini de la population*) Gemeingebrauch *m*.
usagé *adj* (*Sache*) gebraucht, benutzt.
usager *m* (1) (*SachR*) Inhaber *m* eines dinglichen Gebrauchsrechts; Inhaber eines Holzungs- *od.* Triftrechts, (2) (*ÖfR*) Benutzer *m* (einer Anstalt *od.* öffentlichen Einrichtung), Benutzungsberechtigte(r) *m*; **– de la route** Verkehrsteilnehmer *m*.
usance *f* (1) (*BankR: condition d'accès au réescompte d'un papier commercial*) (*Wertpapiere*) Rediskontfähigkeit *f*, Bankusancen *pl*, (2) (*WechselR: terme de trente jours, fixé par l'usage à la place du mois réel, pour un paiement; échéance qui y correspond*) (*Wechsel*) 30-Tage-Frist.
usé *adj* abgenutzt, verschlissen; verbraucht.
user *v.tr.ind.* (1) (*user de qqch.*) gebrauchen, benutzen, verwenden, nutzen, (2) *v. tr. d.*: abnutzen, verschleißen; verbrauchen; **– d'un artifice** *ou* **d'un stratagème** mittels arglistiger Täuschung vorgehen; **– de clémence** *ou* **d'indulgence** Nachsicht üben; **– d'un droit** ein Recht für sich in Anspruch nehmen, sich auf ein Recht berufen; **– de son influence** seinen Einfluss geltend machen; **– d'une permission** eine Erlaubnis ausschöpfen; **– de prudence** Vorsicht walten lassen.
usinage *m* Be- *od.* Verarbeitung *f*, Fertigung *f*; **opération d'–** (*WirtR: façonnage par enlèvement de matière. Travail industrialisé, en série, à la chaîne*) Bearbeitung, Verarbeitung *f*, (*Fließbandarbeit*) Arbeitsgang *m*.
usine *f* Fabrikanlage *f*, Industriewerk *n*, Betrieb *m*; **– sidérurgique** Eisenhüttenwerk.
usiner *v.tr.* verarbeiten; bearbeiten.
usité *adj* gebräuchlich, üblich, herkömmlich.
ustensile *m* Werkzeug *n*, Gerät *n*.
usucaper *v.tr.* (*SachR*) (*eine Sache*) ersitzen.
usucapion *f* (*SachR: prescription acquisitive*) Ersitzung *f*.
usuel *adj* üblich, gebräuchlich.
usufructuaire *adj* den Nießbrauch betreffend; Nutznießungs-.
usufruit *m* (*SachR: droit réel temporaire d'usage – art. 578 Cciv*) Nießbrauch *m*; **chose soumise à –** mit einem Nießbrauch belastete Sache *f*; **concession d'–** Nießbrauchseinräumung *f*; **consolidation d'–** Vereinigung von Nießbrauch und Eigentum in einer Person, Konsolidation *f*; **constitution d'–** Nießbrauchsbestellung; **droit d'–** Nießbrauch *m*; **grever d'–** mit einem Nießbrauch belasten; **réserve d'–** (*SachR*) Nießbrauchsvorbehalt *m*.
usufruit accessoire unselbständiger Nießbrauch; **– d'un bien immeuble** Nießbrauch an einem Grundstück; **– d'un bien meuble** Nießbrauch an einer beweglichen Sache; **– de choses incorporelles** Nießbrauch an Rechten; **– établi par la volonté de l'homme** Bestellung eines Nießbrauchs durch Rechtsgeschäft; **– légal** gesetzlicher Nießbrauch (des überlebenden Ehegatten); **– à titre particulier** Nießbrauch an einer Sache; **– à titre universel** Nießbrauch an einem Vermögen (insbesondere Nachlass); **– viager** lebenslänglicher Nießbrauch; **– par voie de rétention** Eigentumsaufgabe unter Zurückbehaltung des Nießbrauchs.
usufruitier *m* Nießbraucher *m*; **droits de l'–** Ansprüche des Nießbrauchers.
usuraire *adj* wucherisch; **intérêts –s** *ou* **taux –** Wucherzinsen *pl*.

usure *f* (1) (*détérioration par usage*) Abnutzung *f*, Verschleiß *m*, Verbrauch *m*, (2) (*ZR, HR, StR: stipulation d'intérêts excessifs*) Wucherzins *m*, Wucher *m*; **faire** *ou* **pratiquer l'–** Wucher treiben; **– normale** gewöhnliche Abnutzung (einer Sache).

usurier *m* (*StR*) Wucherer *m*.

usurpateur *m* unrechtmäßiger Besitzergreifer.

usurpation *f* widerrechtliche Aneignung; gesetzwidrige Besitzergreifung; Anmaßung *f*, Usurpation *f*; **– de brevet** unberechtigte Patentberühmung, widerrechtliche Aneignung (eines Patents); **– d'un droit** Rechtsanmaßung *f*; **– d'état civil** (*StR*) falsche Namensangabe, Führung eines falschen Namens; **– de fonctions** (*StR: fait de s'immiscer dans l'exercice d'une fonction publique par toute personne sans titre – art. 433–12 CP*) Amtsanmaßung *f*; **– de nom** falsche Namensangabe.

usurpation du pouvoir (1) (*VerfR: le fait de s'arroger le pouvoir*) gesetzwidrige Machtergreifung, (2) (*VwR: ingérence dans l'exécution d'une fonction administrative ou empiétement dans la compétence*) Amtsanmaßung *f*; **– de la qualité de breveté** unberechtigte Patentberühmung; **– de titres** (*StR: usage sans droit du titre attaché à une profession, d'un diplôme officiel ou d'une qualité – art. 433–17 CP*) unbefugte Führung von Amtsbezeichnungen, Titel *od.* Würden; **– d'uniforme** unbefugtes Tragen einer Uniform.

usurpatoire *adj* widerrechtlich, missbräuchlich.

usurper *v.tr.* sich widerrechtlich anmaßen; sich gewaltsam zueignen, usurpieren.

usus *m* (*SachR: droit d'usage*) Verwendungsrecht, Benutzungsrecht (einer Sache).

utérin *adj* (*FamR: parenté du côté de la mère*) (verwandt) mütterlicherseits; **sœurs –es** Halbschwestern (die dieselbe Mutter haben).

utile *adj* nützlich, brauchbar; sachdienlich; **dépenses –s** erforderliche Aufwendungen; **en temps –** rechtzeitig, zur rechten Zeit; **temps – de travail** reine Arbeitszeit.

utilement *adv* sachkundig, sachlich.

utilisable *adj* verwendbar, brauchbar, nutzbar; **moyens –s** die zur Verfügung stehenden Mittel.

utilisateur *m* Verbraucher *m*; Benutzer *m*; Bedarfsträger *m*; **gros –** Großabnehmer; Großverbraucher; **– antérieur** Vorbenutzer *m*; **– final** Endverbraucher; **– inscrit au registre** eingetragener Benutzer; **– intérimaire** Zwischenbenutzer; **– d'un moyen de transport** Verkehrsteilnehmer *m*; **– d'une norme** Anwender einer Norm.

utilisation *f* (1) Verbrauch; Verwertung *f*, (2) Nutzung *f*, Nutzbarmachung, Auswertung, (3) Benutzung, Gebrauch *m*, Einsatz *m*, (4) Inanspruchnahme *f*, Heranziehung; **certificat d'–** Verwendungsnachweis *m*; **coût d'–** Betriebskosten; **domaine d'–** Anwendungsbereich *m*; **droit d'–** Nutzungsrecht, Benutzungsrecht; **facteur d'–** Nutzungsgrad; **mode d'–** Gebrauchsart *f*; Verwendungsart; **possibilité d'–** Anwendungsmöglichkeit; **preuve de l'–** Benutzungsnachweis *m*; **restriction à l'–** Beschränkung der Verwendung; **valeur d'–** Nutzwert.

utilisation abusive missbräuchliche Verwendung *od.* Nutzung; **– antérieure** Vorbenutzung; **– des données** Datenverarbeitung; **– exclusive** ausschließliche Benutzung; **– d'une invention** Verwertung *od.* Nutzung einer Erfindung; **– irrégulière** Gebrauchsanmaßung; **– légale** rechtmäßige Benutzung; **– de la main-d'œuvre** Einsatz *m* von Arbeitskräften; **– publique** öffentliche Benutzung.

utiliser *v.tr.* anwenden, benutzen, gebrauchen; Nutzen ziehen aus, nutzbar machen, auswerten.

utilitaire *adj*: **arts –s** Kunstgewerbe *n*.

utilité *f* (1) Nützlichkeit *f*, Nutzen *m*, Vorteil *m*; Brauchbarkeit *f*, (2) (*Vwirt*) Gebrauchsgut *n*; **cession de la propriété pour cause d'– publique**

(*ÖfR, ZR: art. 545 Cciv*) Enteignung zum Wohle der Allgemeinheit; **modèle d'–** Gebrauchsmuster *n*; **sans –** nutzlos, unbrauchbar; **– marginale** (*Vwirt*) Grenznutzen *n*; **– publique** (*ÖfR: qualité reconnue à une opération ou institution en considération de l'intérêt qui s'y rattache pour le bien public*) Gemeinnützigkeit *f*; **– technique** (*PatR*) technische Brauchbarkeit.

V

vacance *f* (1) (*ArbR: emploi non occupé*) freie Stelle, unbesetzte *od.* offene Stelle, (2) (*VerfR: absence définitive du titulaire d'une fonction*) Verhinderung des Amtsinhabers; Amtserledigung, (3) (*ErbR: situation d'une succession vacante*) Vermögen ohne Erbfolge (der Erbe wurde noch nicht ermittelt), (4) (*PrzR: période où les tribunaux interrompent leurs travaux – syn. vacations et vacances judiciaires*) Gerichtsferien *nur Pl.*; **avis de –** Ausschreibung einer freien Stelle; **déclarer une –** eine Stelle für unbesetzt erklären; **– de maison** leerstehendes *od.* unbewohntes Gebäude; **– d'un poste** Vakanz *f*, freie Stelle *f*; **– du pouvoir** (1) (*VerfR: absence de titulaire d'une fonction*) Zeitraum während dessen ein wichtiges Regierungsamt unbesetzt bleibt, (2) (*Pol: situation, période où les organes institutionnels du pouvoir politique ne sont pas en mesure de fonctionner*) Lähmung der Regierungsgewalt; **– prématurée de la présidence** vorzeitige Erledigung des Präsidialamtes.

vacances *fpl* (1) (*ArbR: congé rémunéré (généralement cinq semaines) auquel ont droit les salariés – syn.: congés payés*) (bezahlter) Urlaub *m*, (2) (*ÖfR: cessation d'activité d'un organisme officiel pour une période déterminée de l'année*) Amtsschließung in einer bestimmten Jahreszeit, (3) (*PrzR: période pendant laquelle les audiences de justice sont suspendues, un service d'urgence étant toutefois maintenu: syn. vacations*) Gerichtsferien *nur Pl.*, (4) (*VerfR: périodes pendant lesquelles le Parlement n'est pas réuni en session ordinaire*) Parlamentsferien *nur Pl.*, (5) (*SchulR: période de fermeture des écoles et des facultés fixée chaque année par décret*) Schulferien *nur Pl.*; Hochschulferien *nur Pl.*; **étalement des –** Staffelung der Urlaubszeit; **grandes –** Sommerferien (von Juli bis September); **prendre ses –** in Urlaub gehen; **prime de –** Urlaubszulage; **– judiciaires** Gerichtsferien *pl*; **– de novembre** (*SchulR*) Herbstferien *nur Pl.*; **– de Pâques** Osterferien *nur Pl.*; **– parlementaires** Parlamentsferien; **– scolaires** Schulferien *nur Pl.*

vacancier *m* Urlauber *m*; Sommerfrischler *m*.

vacant *adj* (1) (*BeamR: emploi public non occupé*) unbesetzt, frei, offen, (2) (*SachR: sans maître, sans propriétaire*) herrenlos, (3) (*ErbR*) bisher erbenlos (der Erbe wurde noch nicht ermittelt); **biens –s** (*SachR*) herrenlose Sachen; **emploi –** freie *od.* offene Stelle; **logement –** leerstehende Wohnung.

vacataire *m* (1) (*PrzR*) nach Stunden bezahlte Amtsperson; Amtsperson, die entsprechend dem Zeitraum, den sie für die Erledingung eines Amtsgeschäfst aufwendet, bezahlt wird, (2) (*BeamR*) auf Zeit bestellte *od.* eingestellte Hilfskraft.

vacation *f* (1) (*PrzR, VwR, ArbR: temps consacré à une fonction*) Dienstzeit *f*, Zeitaufwand *m* für eine Tätigkeit, (2) (*BeamR*) Arbeitsleistung (eines Beamten), (3) (*ZwangsVR*) Versteigerung *f*, (4) Vergütung (für eine Mühewaltung); **affaire de –** (*ZPR*) Feriensache *f*, Ferialsache (Aut); **audience de –** Termin in Feriensachen.

vacations *fpl* (1) (*PrzR: émoluments,*

honoraires) Gerichtsgebühren, amtliche Gebühren (der Notare); Sachverständigenhonorar *n*, (2) (*ZPR: vacances judiciaires*) Gerichtsferien *pl*; **chambre des –** Ferienkammer *f*, Feriensenat *m*.

vache folle: **maladie de la – –** Rinderwahnsinn *m*, BSE = bovine spongiforme Enzephalopathie.

vagabond *m* Land- *od.* Stadtstreicher.

vagabondage *m* (*StR*) Landstreicherei *f*; Stadtstreicherei *f*; **– des déchets toxiques** Giftmülltourismus *m*; **– spécial** (*StR*) Zuhälterei *f*.

vagabonder *v.intr.* vagabundieren, als Landstreicher umherziehen.

vague d'achats Kaufwelle *f*; **– de grèves** Streikwelle *f*.

vaincre *v.tr.* (1) (*Gegner*) besiegen; siegen (über), (2) (*Hindernisse*) überwinden, beseitigen.

valable *adj* rechtsgültig, rechtswirksam; brauchbar; annehmbar; **être –** den Anforderungen entsprechen, gültig sein.

valeur *f* (1) (*WirtR: prix, valeur d'échange*) Wert *m*, Preis *m*, (2) (*ÖfR: validité*) Geltung *f*, (3) (*WertpR: titre, valeur mobilière*) Wertpapier *n*; **accroissement** *ou* **augmentation de –** Wertzuwachs *m*, Wertsteigerung; **date de –** (*BankR*) Wertstellungstag *m*; **déclarer la –** den Wert angeben; **dénué de –** wertlos; **déterminer la –** den Wert feststellen; **dette de –** (*BankR*) Wertpapierschuld *f*; **diminution de –** Wertminderung *f*; **erreur sur la –** Irrtum über den Wert (einer Sache); **faible –** geringfügiger Wert; **fixation de la –** Wertfeststellung *od.* -festsetzung; **indication de la –** Wertangabe *f*; **jugement de –** Werturteil *n*; **mettre en –** (1) verwerten, (2) *fig* hervorheben, (besonders) herausstellen; **objet de –** Wertgegenstand *m*, Wertsache *f*; **passer sous –** valutieren; **perdre sa –** seinen Wert verlieren; **pleine –** voller Wert; **rectification de –** Wertberichtigung; **remboursement de la –** Wertersatz *m*; **sans –** wertlos, ohne Wert.

valeur absolue absoluter Wert; **– d'achat** Anschaffungspreis; Einstandswert *m*; **– actuelle** Jetzt- *od.* Gegenwartswert; **– d'affectation** Anrechnungswert; **– affective** Affektionsinteresse, Liebhaberwert, ideeller Wert; **– agréée** Taxe *f*, Taxwert *m*; taxierter Versicherungswert; **– ajoutée** Mehrwert, Wertzuwachs *m*; **– appréciable en argent** in Geld ausdrückbarer Wert; **– approchée** *ou* **approximative** Näherungswert *m*, Annäherungswert; **– arbitraire** angenommener Wert; **– à l'arrivée** Wert bei Ankunft; **– artistique** künstlerischer Wert; **– assurable** versicherbarer Wert; **– d'assurance** *ou* **assurée** Versicherungswert *m*; versicherter Wert; **– de base** Richtwert; Grundwert; **– au bilan** Bilanzwert; **– en bourse** Börsenwert.

valeur commerciale Verkehrs- *od.* Handelswert; **– commune** gemeiner Wert; **– de comparaison** Vergleichswert; **– comptable** Buchwert, buchmäßiger Wert; Bilanzwert; **– au comptant (de l'effet)** Tageswert des Wechsels; **– en compte** Buchwert; Wert in Rechnung; **– de la construction** Gebäudewert; **– contributive** beitragspflichtiger Wert; **– convenue** vereinbarter Wert; **– corporelle** Sachwert; **– cotée** Marktwert; **– cotée en bourse** börsenfähiges Wertpapier; **– courante** Verkehrswert; **– au cours du jour** (Tages-) Kurswert.

valeur déclarée angegebener Wert; Wertangabe *f*; **– à dividende** Dividendenpapier *n*; **– en douane** *ou* **douanière** Zollwert; **– d'échange** (*HR: qualité d'une chose fondée sur le rapport de l'offre à la demande*) Handelswert *m*; Tauschwert; **– économique** Nutzungswert, wirtschaftlicher Wert; **– effective** wirklicher *od.* tatsächlicher Wert.

valeur en gage verpfändetes Recht; Recht zur Sicherheit; **– en espèces** Barwert; **– d'estimation** *ou* **estimée** Taxwert, geschätzter Wert, Schätzwert, Schätzungswert; **– à l'état d'avarie** Schadenswert, Restwert der beschädigten Ware; **– à l'état neuf** Neuwert; **– faciale** Nominal- *od.*

Nennwert; – **de facturation** Fakturawert; – **fiscale** Steuerwert, Einheitswert; **de – fixe** wertbeständig; – **forfaitaire** Pauschalpreis; – **fournie** geleisteter Betrag; – **globale** Gesamtwert; – **hypothécaire** Beleihungswert (eines Grundstücks).

valeur incorporelle ideeller Wert; – **industrielle** Industrie(wert)papier, Industrieaktie; – **initiale** Anschaffungswert; – **inscrite à la cote** amtlich notiertes Wertpapier; – **intrinsèque** Substanz- *od.* Sachwert; – **irrécouvrable** nicht einlösbares Wertpapier; – **de jouissance** Nutzungswert; – **juridique** rechtliche Bedeutung; – **législative** Gesetzeskraft; – **limite** Grenzwert; – **de liquidation** Abfindungswert; Liquidationswert; – **en litige** *ou* **litigieuse** (*PrzR*) Streitwert; – **à la livraison** Wert bei Lieferung; – **locative** Mietspiegel *m*; Mieteinnahmen *fpl*; – **marchande** Verkaufs- *od.* Handelswert.

valeur sur le marché Marktwert; – **marginale** Grenzwert *m*; – **matérielle** Sachwert; – **maximale** Höchstwert; – **à mettre en compte** Anrechnungswert; – **minimum** Mindestwert.

valeur du mobilier (*SachR*) Wert der beweglichen Vermögenswerte, Mobiliarwert *m*; – **mobilière** (*BörR*) Wertpapier *n*; – **mobilière à revenu fixe** festverzinsliches Wertpapier; – **morale** (1) (*SchuldR*) Affektionsinteresse *n*, (2) Tugend *f*; – **moyenne** Durchschnitts- *od.* Mittelwert; – **en nantissement** Wert zur Sicherheit; – **négligeable** geringfügiger Wert; – **nette** Nettowert; – **à neuf** Neuwert; – **nominale** Nominalwert *m*, Nennwert.

valeur objective objektiver Wert; – **originaire** *ou* **d'origine** ursprünglicher Wert; – **patrimoniale** Vermögenswert; – **pécuniaire** in Geld gemessener Wert (einer Leistung), Geldwert; – **personnelle** (*ArbR*) persönliche Befähigung; – **de placement** Anlagepapier; – **de prêt** Beleihungswert; – **probante** *ou* **probatoire** (*PrzR*) Beweiskraft *f*, Wert als Beweismittel; – **productive** Ertragswert; – **professionnelle** berufliche Tüchtigkeit; – **de rachat** (1) (*SchuldR: vente à réméré*) Rückkaufswert *m*, (2) (*HR: versement immédiat d'une somme globale pour se libérer d'une obligation échelonnée dans le temps*) Begleichung der Gesamtschuld, Ablösung *f*; – **de réalisation** Verkaufswert, Realisationswert; – **en recouvrement** Wert zur Einziehung; – **reçue** (*effets*) Wert erhalten; – **réelle** wirklicher Wert, Real- *od.* Sachwert, Istwert; – **de référence** Richtwert, Bezugswert; – **refuge** krisensicheres Wertpapier; – **de remboursement** Rückzahlungswert, Einlösungswert; – **de rendement** Ertragswert; – **de reprise** Übernahmewert, Rückkaufswert; – **résiduelle** *ou* **restante** Restwert; – **à revenu fixe** festverzinsliches Wertpapier, Wertpapier mit festem Eintrag; – **à revenu variable** Wertpapier mit schwankendem Ertrag.

valeur: **de – stable** wertbeständig; – **stable** beständiger *od.* fester Wert; – **subjective** subjektiver Wert, Affektionsinteresse; – **de substitution** Ersatz- *od.* Substitutionswert; – **sûre** mündelsicheres Papier; – **susceptible de servir de garantie** deckungsfähiges Wertpapier; – **totale** Gesamtwert.

valeur unitaire Einheitswert; – **d'usage** (*HR: qualité d'une chose fondée sur son utilité objective ou subjective*) Gebrauchswert *m*; – **usuelle** gemeiner Wert; – **-vedette** Spitzenwert; – **vénale** (*WirtR: valeur estimée dans l'hypothèse d'une vente*) Verkehrswert, Veräußerungs- *od.* Verkaufswert; – **vénale du fonds de commerce** Geschäfts- *od.* Betriebswert.

valeurs *fpl* Wertsachen *fpl*, Valoren *mpl*; Wertpapiere; Schmucksachen; **bourse des –** Effekten- *od.* Wertpapierbörse *f*; **échelle de –** Wertskala *f*.

valeurs bancaires *ou* **de banque** Bankpapiere *npl*, Bankwerte *od.* -valoren *fpl*; – **boursières** Börsenwerte *mpl*, Börsenpapiere *npl*; – **déposées** Depositen *pl.*; – **disponibles** Umlaufvermögen; **– de l'État** Staatspapiere *npl*; **– immobilisées** *ou* **d'investissement** Anlagewerte *mpl*; Anlagevermögen *n*; **– négociables** marktgängige Effekten, verkehrsfähige Wertpapiere.

validable *adj* anrechenbar, anrechnungsfähig.

validation *f* Gültigerklärung *f*, Wirksamerklärung; **– d'un contrat** Genehmigung eines Vertrages; **– d'une élection** Erklärung der Ordnungsmäßigkeit einer Wahl; **– des titres** Wertpapierbereinigung.

der frz. Jurist verwendet für rechtsgültig gerne *valide* anstelle von *valable* und zwar bei allen formal die gesetzlichen Voraussetzungen erfüllenden Rechtsgeschäften. Beide Adjektive *valide* und *valable* sind jedoch synonym

valide *adj* (1) (*ZR: acte valablement formé*) rechtsgültig, rechtswirksam, (2) (*MedizinR: en bonne santé, non atteint d'infirmité*) ohne Befund, gesund; **acte –** gültiges Rechtsgeschäft; **déclarer –** gültig erklären; **être –** rechtswirksam sein.

valider *v.tr.* für rechtswirksam erklären, für gültig erklären.

valideur *m* (Fahrkarten-) Entwerter *m*.

validité *f* (Rechts-) Gültigkeit *f*; Richtigkeit; **condition de –** Gültigkeitserfordernis *n*, Wirksamkeitsvoraussetzung; **durée** *ou* **période de –** Geltungs- *od.* Gültigkeitsdauer *f*; **passeport en cours de –** gültiger Pass; **prolongation** *ou* **prorogation de –** Verlängerung der Geltungsdauer, Gültigkeitsverlängerung; **proroger la –** die Geltungsdauer verlängern.

validité dans l'espace räumliche Geltung; **– de forme** *ou* **formelle** Formgültigkeit; **– générale** Allgemeinverbindlichkeit *f*, Allgemeingültigkeit; **– juridique** Rechtsgültigkeit, Rechtswirksamkeit; **– mentale** geistige *od.* psychische Gesundheit; **– présumée** mutmaßliche Gültigkeit; **– provisoire** zeitlich begrenzte Gültigkeit; **– dans le temps** zeitliche Geltung; **– territoriale** räumlicher Geltungsbereich; **– universelle** Allgemeingültigkeit.

valise *f* Handkoffer *m*; **– diplomatique** (*VR*) Diplomaten- *od.* Kurierpost *f*, diplomatisches Kuriergepäck.

valoir *v. intr.* (1) wert sein, einen Preis haben; kosten, (2) gelten, rechtsgültig sein, (3) (*WirtR: produire des revenus*) einen Ertrag abwerfen *od.* erzielen; **à – sur** in Anrechnung auf ...; **cela ne vaut rien** das ist nichts wert; **faire –** (1) (*un droit*) geltend machen, (2) (*un bien*) bewirtschaften, (3) (*du capital*) (gewinnbringend) anlegen, (4) *fig.* hervorheben, herausstreichen; **maison valant ...** Preis des Hauses ....

valorisation *f* (*Vwirt*) Wertschöpfung *f*; Wertsteigerung *f*.

valoriser *v.tr.* aufwerten, valorisieren.

valse *f* **des étiquettes** starker Preisauftrieb.

vandaliser *v.tr.* (*StR: saccager, endommager*) beschädigen, zerstören.

vandalisme *m* (*StR: destruction ou dégradation par malveillance*) Sachbeschädigung *f*, mutwillige Zerstörung *od.* Beschädigung; Zerstörungswut *f*; **acte de –** Sachbeschädigung, mutwillige Zerstörung; **actes de – commis contre des équipements publics** Sachbeschädigung von dem öffentlichen Nutzen dienender Gegenstände.

varenne *f* (*LandwR: Terrain inculteoù l'on fait pâturer les bestiaux et que fréquente le gibier*) unbebautes Weideland; Heideland *n*.

variable *adj* veränderlich, unbeständig, wandelbar.

variante *f* abweichende Lesart, Variante *f*.

variation *f* (1) Abänderung *f*, Abwandlung, Veränderung, (2) Schwankung, Abweichung, Variation; **– conjoncturelle** Konjunkturschwankung; **– des cours** Kursschwankung; **– saisonnière** saisonale Änderung *od.* Schwankung; **– dans le temps** zeitlicher Verlauf, Veränderung im Laufe der Zeit; – **de valeur** Wertschwankung.

variété *f* Art *f*, Sorte *f*; Vielseitigkeit *f*; Verschiedenheit *f*.

vecteur (1) (*MedizinR*) Überträger (einer Krankheit), (2) *fig* Ursache *f*; Grund *m*.

vécu *m* Lebenserfahrung *f*.

véhicule *m* (1) Fahrzeug *n*; Beförderungsmittel *n*; Wagen *m*, (2) (*UmweltR: Chemie*) Lösungsmittel *n*; – **automobile** (*StVR: dénomination officielle: véhicule terrestre à moteur*) Kraftfahrzeug *n* (= Kfz); – **de démonstration** Vorführwagen *m*; – **à deux roues** Zweirad *n*; – **poids lourd** Lastkraftwagen *m* (= LKW); – **de service** Dienstwagen; – **terrestre à moteur (= VTM)** Kraftfahrzeug *n* (= Kfz); – **de tourisme** Personenkraftwagen *m* (= PKW); – **utilitaire** (*StVR*) Nutzfahrzeug *n*.

véhiculer *v.tr.* befördern, transportieren; *fig* beinhalten.

veille *f* (1) (*jour qui précède celui dont il est question*) Vorabend *m*; Vortag *m*, (2) (*état d'une personne qui ne dort pas – opposé à sommeil*) Wachzustand *m*; **à la – de** kurz vor.

veiller *v. intr.* wachen; – **à** sorgen für, die erforderliche Sorgfalt verwenden (auf); – **aux intérêts** die Interessen wahrnehmen.

velléité *f* Anwandlung, (schwache) Regung.

vénal *adj* (1) (*HR: Wirtschaftsgüter*) verkehrsfähig, käuflich, im Handel, (2) (*StR*) bestechlich, *fig.* käuflich; **femme –e** Prostituierte *f*; **fonctionnaire –** bestechlicher Amtsträger; **valeur –e** Verkehrs- *od.* Handelswert *m*, Verkaufswert.

vénalité *f* (1) Käuflichkeit *f* (eines Amtes), (2) (*StR*) Bestechlichkeit *f*; – **des charges** *ou* **des offices** *hist.* Grundsatz des Ämterkaufs, Käuflichkeit der öffentlichen Ämter.

vendable *adj* veräußerlich, verkäuflich, absetzbar.

venderesse *f* (*ZR*) Verkäuferin *f*.

vendeur *m* Händler *m*; Verkäufer *m*; – **ambulant** fliegender Händler; – **de bonne foi** gutgläubiger Veräußerer; – **au détail** Einzelhändler *m*; – **en gros** Großhändler *m*; – **intermédiaire** Zwischenhändler; – **lésé** benachteiligter *od.* übervorteilter Verkäufer; – **occasionnel** Gelegenheitsverkäufer; – **à pacte de rachat** Verkäufer der sich das Rückkaufsrecht vorbehalten hat; – **professionnel** gewerblicher Verkäufer.

vendeuse *f* Verkäuferin *f*.

vendre *v.tr.* (1) (*HR*) verkaufen, absetzen, vertreiben, Handel treiben, (2) (*fig*) verraten; *v. pron.*: **se –** sich gut verkaufen lassen, leicht absetzbar; – **comptant** (gegen) bar verkaufen, gegen Kasse verkaufen; – **aux enchères** versteigern; – **ferme** fest verkaufen; – **à perte** mit Verlust *od.* zu einem Verlustpreis verkaufen; – **à prix coûtant** ohne Gewinn veräußern; – **à terme** auf Ziel verkaufen.

vénéneux *adj* (*Pflanzen*) giftig.

vénérable *adj* ehrwürdig.

vénérien *adj* geschlechtlich; Geschlechts-; **acte –** Geschlechtsakt *m*, Koitus *m*; **maladies –nes** (*MedizinR: maladies sexuellement transmissibles (= MST)*) Geschlechtskrankheiten *fpl*.

vengeance *f* Rache *f*, Rachsucht *f*.

venger *v.tr.* rächen; **se –** *v.pron.* sich rächen an.

vengeur *adj. et n.m.* rächend; Rächer *m*.

véniel *adj* (er-) lässlich, verzeihlich.

venimeux (*Tiere, insbesondere Schlangen*) giftig.

venir *v. intr.* (1) kommen, (2) (*venir de*) herrühren, herkommen; abstammen, (3) (*arriver, se produire*) zustoßen; **à –** (zu-) künftig; **faire – qqn.** jmdn. zu sich bestellen, kommen lassen; **les générations à –** die zukünftigen Generationen; – **à l'aide** Hilfe leisten, zu Hilfe kommen; – **en aide** (finanziell) unterstützen; – **chercher** abholen; – **au fait** zur Sache kommen; – **à ses fins** sich durchsetzen; **en – aux mains** handgreiflich werden; – **à succession** eine Erbschaft antreten; als Erbe berufen werden.

da das frz. Recht das Abstraktionsprinzip nicht kennt, also nicht zwischen Verpflichtungs- und Verfügungsgeschäft unterscheidet, geht das Eigentum an einer Sache sofort mit Abschluss des Kaufvertrages – falls nichts anderes vereinbart wurde –auf den Erwerber über. Und nicht vergessen: wo der Franzose von *vente* spricht, ist der Kaufvertrag gemeint!

vente *f* (1) (*SchuldR: convention par laquelle le vendeur s'oblige à livrer une chose et l'acheteur à la payer, art. 1582 Cciv. En France la vente opère automatiquement le transfert de la propriété – art. 1583 Cciv*) Kaufvertrag *m*, Kauf *m* (nach französischem Recht gleichzeitig Verpflichtungs- und Verfügungsgeschäft); Veräußerung *f*, Verkauf *m*, (2) (*BörR*) Abgabe *f*, (3) (*WirtR*) Absatz *m*, Vertrieb *m*, Umsatz *m*; **annulation de la –** Rückgängigmachung des Kaufvertrages; **augmentation des –s** Absatzsteigerung; **chef de –** Verkaufsleiter *m*; **conditions de –** Verkaufsbedingungen *pl*, allgemeine Geschäftsbedingungen; **contrat de –** Kaufvertrag *m*; **convention de –** Verkaufsvereinbarung; **cours de –** (*BörR*) Abgabe- *od.* Briefkurs; **difficulté de –** Absatzschwierigkeit; **directeur des –s** Verkaufsleiter; **être en –** zu verkaufen sein; **exposer en –** zum Verkauf ausstellen, feilhalten.

vente: **groupement de –** Verkaufsgemeinschaft *f*; **location –** Mietkauf; **marchandise de bonne** *ou* **grande –** leicht absetzbare Ware; **mettre en –** auf den Markt bringen, absetzen; **ordre de –** Verkaufsauftrag; **organisation de –** Absatzorganisation *f*.

vente: **point de –** Verkaufs- *od.* Vertriebsstelle *f*; **politique de –** Absatzpolitik; **prix de –** Verkaufspreis *m*; **promesse de –** Verkaufsversprechen *n*; **résolution de la –** Auflösung des Kaufvertrages; **sauf –** zwischenzeitlicher Verkauf vorbehalten; **service de –** Verkaufsabteilung; **surface de –** Verkaufsfläche; **syndicat de –** Vertriebsgemeinschaft; **territoire** *ou* **zone de –** Absatzmarkt, Verkaufsgebiet.

vente à l'acquitté Verkauf ab Lager, zollfrei; **– à l'agréage** *ou* **à l'agrément** Kauf auf Probe (mit Ablehnungsvorbehalt); **– à l'agrément** *ou* **à l'agréage** (*HR: vente à livrer pour les choses qu'il est d'usage de goûter*) Kauf nach Probe *od.* Geschmacksprüfung; **– aléatoire** Hoffnungskauf; **– amiable** *ou* **à l'amiable** freihändiger Verkauf, Freihandverkauf; **– anticipée** Vorverkauf; **– par autorité de justice** Verkauf auf Grund gerichtlicher Anordnung; **– de bienfaisance** Wohltätigkeitsverkauf, Verkauf zu wohltätigen Zwecken; **– de biens** (*InsolvenzR: liquidation judiciaire*) Zwangsverkauf (von Insolvenzgütern); **– en bloc** (*HR*) Ramschvekauf, Kauf in Bausch u. Bogen, Kauf en bloc.

vente caf (*SeeHR: vente coût, assurance, fret*) Cif-Verkauf; **– à caractère international** (*IPR*) internationaler Kaufvertrag; UN-Kaufvertrag; Kauf mit internationalem Einschlag; **– de charité** Wohltätigkeitsverkauf, Verkauf zu wohltätigen Zwecken; **– de la chose d'autrui** (*StR*) Verkauf einer fremden Sache; **– civile** (*SchuldR: par opposition à vente commerciale*) bürgerlich-rechtlicher Kaufvertrag; **– clandestine** (*WirtStrR*) Schwarzmarktgeschäft *n*; **– commerciale** (*HR: par opposition à vente mixte et vente civile*) (zweiseitiger) Handelskauf; **– à la commission** (*HR: vente par un intermédiaire du commerce – contrat de commission*) Kommissionsgeschäft *n*; **– au comptant** Barverkauf, Verkauf gegen bar *od.* gegen Kasse; **– à condition** (*HR: syn.: vente à l'agréage ou avec clause d'agrément*) Kauf auf Probe; **– conditionnelle** *ou* **sous condition** Konditionsgeschäft, aufschiebend *od.* auflösend bedingter Kauf; **– à la consommation** *ou* **à l'acquitté** (*HR*) Verkauf ab Lager und verzollt; **– sous contrainte** (*ZwangsVR*) Zwangsverkauf.

vente par correspondance (= VPC) Versand- *od.* Versendungskauf; Versandhandel; **– couplée** (*WirtStrR*) gekoppelter Kauf, Koppelungskauf; **– à crédit** (*SchuldR: vente avec terme pour le paiement*) Kredit- *od.* Zielkauf; **– à la criée** öffentliche Versteigerung.

vente au déballage Kauf wie besehen; **– à découvert** (*HR, BörR: vente dans laquelle le vendeur n'est pas propriétaire des marchandises ou valeurs au moment où il les vend*) Blankoverkauf, Leerverkauf; **– à la dégustation** (*HR: vente de marchandises qu'il est d'usage de goûter avant d'en faire l'achat*) Kauf nach Probe, Kauf nach Begutachtung des Geschmacks der Ware; **– à délai préfix** (*SchuldR: délai prescrit impérativement par le contrat*) Fixkauf *m*; **– au détail** Vertrieb im Einzelhandel, Einzelhandel *m*; **– directe** (*LandwR: surtout pour les produits agricoles*) Verkauf durch den Erzeuger, Erzeugerdirektvertrieb *m*; **– en disponible** Verkauf solange der Vorrat reicht; Verkauf auf Abruf; Lokogeschäft; **– à distance** (*SchuldR: voir aussi: téléachat et vidéovente*) Versendungskauf *m*; Fernabsatz *m*; **– sur documents** (*SeeHR: vente par endossement du connaissement*) Dokumentenkauf.

vente à domicile (*SchuldR: vente par démarcheur, vente de porte à porte*) Haustürgeschäft *n*; **– avec droit** *ou* **faculté d'échange** Kauf auf Umtausch *od.* mit Umtauschvorbehalt, Kauf mit Umtauschrecht; **– de droits successifs** Erbschaftskauf; **– sur échantillons** (*HR*) Kauf nach Muster; **– à l'embarquement** (*SeeHR*) Verkauf zur Verladung (auf eigene Kosten); **– à emporter** (*HR: opposé à la vente à livrer*) Handkauf *m*; Abholermarkt *m*; **– à l'encan** Versteigerung (von beweglichen Sachen).

vente aux enchères (*HR: vente publique*) Auktion *f*, öffentliche Versteigerung (von Grundstücken *od.* beweglichen Sachen); **– à l'essai** Kauf auf Probe *od.* auf Besicht, Kauf mit Billigungsfrist; **– en l'état futur d'achèvement** (*BauR: immeubles à bâtir*) Erwerb eines zu bebauenden Grundstücks (gemäß Bauplan); **– sur évaluation** Kauf zum Schätzwert; **– à l'examen** Kauf auf Besicht; **– exclusive** Alleinverkauf, Alleinvertrieb *m*; **– à l'exportation** Exportverkauf; **– exposition** (*WirtR: vente dans une foire-exposition*) Verkaufsausstellung, Messeverkauf; **– ferme** (*SchuldR: vente où le consentement a été définitivement donné*) fester *od.* verbindlicher *od.* unbedingter Kaufvertrag; **– ferme à titre d'essai** (*SchuldR*) Kauf zur Probe; Testkauf; **– fictive** (*StR: vente simulée pour frauder le fisc*) Scheinkauf; **– par filière** Kauf zum Weiterverkauf, Streckengeschäft, Kettenhandel, indirekter Absatz; **– de fin de saison** Saisonschlussverkauf; **– fob** (*SeeHR: vente free on board ou franco-bord*) fob-Geschäft, fob-Lieferung.

vente forcée (1) (*ZwangsVR*) zwangsweiser Verkauf des gerichtlich gepfändeten Gegenstandes, Zwangsverkauf, (2) (*ZR: vente du fait des circonstances économiques désastreuses*) Notverkauf, (3) (*WirtStR: vente par envoi d'office*) Zusendung unbestellter Waren; **– forcée aux enchères** (*ZwangsVR*) Zwangsversteigerung; **– à forfait** Kauf zu Pauschalpreisen; **– franco à bord** (*SeeHR: syn.: vente fob*) Fob--Kauf; **– frauduleuse** (*StR*) betrügerischer Verkauf.

vente du gage (*InsolvenzR*) Pfandverkauf *m*; **– de gré à gré** (*VwR: vente par accord direct, aujourd'hui marché négocié*) freihändiger Verkauf, Verkauf aus freier Hand, Freihandverkauf; **– en gros** (*HR: vente par un négociant ou un grossiste à des détaillants*) Großhandel *m*; Großvertrieb *m*; **– au guichet** Schalterverkauf; **– d'hérédité** Erbschaftskauf; **– à l'heureuse arrivée** (*SeeHR*) Verkauf vorbehaltlich glücklicher Ankunft; **– illicite** (*StR*) (*Drogen*) rechtswidriger Verkauf; **– immobilière** *ou* **d'un immeuble** (*SachR*) Grundstücksveräußerung *f*; **– d'un immeuble à construire** (*BauR*) Kaufanwärtervertrag (über

Grundstücke); **– indirecte** (*HR: vente par intermédiaires*) Verkauf über Zwischenhändler; **– par internet** (*SchuldR: téléachat*) E-Commerce, elektronischer Kaufvertrag; **– après inventaire** Inventurverkauf, Inventurausverkauf; **– irrégulière** unzulässiger Verkauf; mangelhafter, anfechtbarer Kaufvertrag.

vente judiciaire (*InsolvenzR*) gerichtliche Versteigerung; **– jumelée** (*WirtStR*) Koppelungsgeschäft; **– en justice** (*ZwangsVR: forme particulière de vente aux enchères publiques*) gerichtlicher Verkauf; **– en libre service** (*WirtR: vente dans les grandes surfaces et les supermarchés*) Selbstbedienungsverkauf; **– -liquidation** Räumungs- *od.* Liquidationsverkauf, Ausverkauf; **– à livraisons successives** (*HR*) Sukzessivlieferungsvertrag; **– à livrer** (*HR: vente où le vendeur a un terme pour la livraison*) Warentermingeschäft.

vente en magasin Ladenverkauf *m*; **– sur le marché** (*WirtR*) Absatz *m*, Marktverkauf; **– maritime** (*SeeHR*) Seehandelskauf; Verkauf von schwimmender Ware; **– au mieux** Bestensverkauf, Bestkauf; **– mixte** (*HR: contrat de vente conclu entre un commerçant et un non-commerçant*) einseitiger Handelskauf; **– mobilière** (*SachR*) Kauf beweglicher Sachen, Fahrniskauf; **– sur modèle** Kauf nach Muster; **– avec paiement différé** Kreditkauf; **– à paiements échelonnés** Ratenkauf; **– à perte** (*WirtStR*) Verkauf zu Schleuderpreisen, Verlustverkauf *od.* Untereinstandspreisverkauf; **– au poids** Kauf nach Gewicht; **– de porte à porte** Haustürgeschäft *n*; **– sur poursuite** (*InsolvenzR*) Zwangsverkauf; **– avec prime** Prämienverkauf; **– à prix d'ami** Verkauf zum Freundschaftspreis; **– sur publication** (*ZwangsVR*) öffentliche Versteigerung nach Bekanntmachung des Termins; **– publicitaire** Werbeverkauf; **– publique** (öffentliche) Versteigerung.

vente au rabais Verkauf zu herabgesetzten Preisen; **– -réclame** Sonderangebot, Werbeverkauf; **– à réméré** *ou* **avec faculté de réméré** Verkauf mit Vorbehalt des Rückkaufsrechts; **– sous réserve d'un meilleur acheteur** Verkauf unter Vorbehalt eines Rücktrittsrechts für den Fall, dass ein besserer Preis geboten wird.

vente avec réserve de propriété (*SchuldR: vente sous la clause de réserve de propriété*) Kauf *od.* Verkauf mit *od.* unter Eigentumsvorbehalt; **– après** *ou* **sur saisie** Zwangsversteigerung *f*; **– à la sauvette** (*StR: vente dans des lieux publics en contravention avec la police de ces lieux*) (*fliegende Händler*) illegaler Handel, Schwarzmarktverkauf *m*; **– simulée** (*StR*) Scheingeschäft *n*; **– en solde** Ausverkauf; (Winter-, Sommer-) Schlussverkauf; **– à spécification** Spezifikationskauf; **– successorale** Erbschaftskauf.

vente à tempérament Ratenkauf *m*, Raten- *od.* Abzahlungsgeschäft *od.* -kauf, Teilzahlungsgeschäft *n*; **– à terme** Terminverkauf; **– totale** (*HR*) Ausverkauf; **– à vil prix** Verkauf zu Schleuderpreisen; **– par voie d'exécution forcée** Zwangsversteigerung; **– volontaire** Verkauf aus freien Stücken.

ventilation *f* Aufschlüsselung, Aufteilung *f*; **– de comptes** (*Buchf*) Kontengliederung; **– des frais** Kostenaufschlüsselung.

ventiler *v.tr.* aufteilen; **– les dépenses** die Ausgaben aufschlüsseln.

venue *f* Ankunft *f*, Kommen *n*; **– d'eau** Wassereinbruch *m*; **– à échéance** Fälligwerden *n*.

véracité *f* Wahrheitsgemäßheit *f*, Wahrhaftigkeit *f*, Glaubhaftigkeit; **– d'un aveu** streitentscheidendes Geständnis; **– du témoignage** (*StR: sincérité d'un témoignage, même erroné*) glaubhafte (Zeugen-) Aussage.

verbal *adj* (*exprimé oralement*) verbal, auf mündlicher Aussage beruhend, mündlich; **accord –** mündlich getroffene Vereinbarung, formlose Übereinkunft; **bail –** mündlich *od.* formlos abgeschlossener Mietvertrag; **ordre –** mündlich erteilter Befehl; **procès- –** Protokoll *n*; **promesse –e** mündliche

Zusage; **rapport –** (formlose) Mitteilung.
verbalement *adv* mündlich, direkt.
verbalisateur *adj*: **agent –** (1) Protokollführer *m*, (2) (*StR*) Verwaltungsbeamte(r) im Bußgeldverfahren.
verbalisation *f* (1) Aufnahme eines Protokolls, (2) (*StR*) (gebührenpflichtige) Verwarnung, Verhängung einer Geldbuße.
verbaliser *v. intr.* (1) (*PrzR: dresser un procès-verbal*) protokollieren, zu Protokoll nehmen, ein Protokoll aufnehmen, (2) (*StR: sanctionner*) eine Geldbuße verhängen, einen Bußgeldbescheid erlassen.
verbatim *mot invar. m* wortgetreuer Bericht.
verbiage *m* Wortschwall *m*; Geschwätz *n*.
verdict *m* (1) (*StPR: déclaration solennelle par laquelle la cour et le jury d'assises se prononcent sur la culpabilité de l'accusé*) Entscheidung *od.* Ausspruch der frz. Geschworenen und Richter über die Schuldfrage und Strafhöhe, Wahrspruch *m*, (2) (*ÖfR: tout jugement rendu par une autorité*) Entscheidung *f*, Beschluss *m*, (3) (*appréciation*) *Allgspr.* Beurteilung *f*, Meinung *f*; **– d'acquittement** Freispruch *m*; **– de culpabilité** Schuldspruch; **– des urnes** Wahlergebnis *n*.
véreux *adj* unehrlich, betrügerisch; **affaire véreuse** dubiose Angelegenheit; **avocat –** übel beleumdeter Anwalt.
véridicité *f* Wahrhaftigkeit *f*; Glaubwürdigkeit *f*.
véridique *adj* wahrheitsgemäß, wahr, der Wahrheit entsprechend; **témoin –** glaubhafter Zeuge.
vérifiable *adj* nachprüfbar, feststellbar.
vérificateur *m* Prüfer *m*, Überwacher *m*; **– aux comptes** *ou* **comptable** Buchprüfer *m*, Bücherrevisor *m*, Rechnungsprüfer *m*; **– des douanes** Zollbeamte(r) *m*; **– fiscal** (steuerlicher) Betriebsprüfer; **– des poids et mesures** Beamte(r) des Mess- und Eichwesens.
vérificatif *adj* Prüf-; Kontroll-; **enquête vérificative** Kontrolluntersuchung, nochmalige Überprüfung.
vérification *f* (1) Beglaubigung *f*, Feststellung *f*, (2) Untersuchung *f*, Überprüfung *f*, Kontrolle *f*, Nachprüfung *f*, (3) (*GesR*) Unternehmensüberprüfung *f*; Audit *n*, Auditing *n*; **droit de –** Kontrollbefugnis *f*, Überprüfungsrecht.
vérification d'un alibi Alibiüberprüfung; **– de caisse** (*umg*) Kassenprüfung, Kassensturz *m*; **– comptable** *ou* **de la comptabilité** Buchführungsüberprüfung, Bücherrevision *f*; **– des comptes** (*GesR*) Rechnungs- *od.* Buchprüfung; **– contradictoire** Überprüfung in Anwesenheit der Parteien; **– de la créance** (*InsolvenzR*) Überprüfung der Begründetheit einer Forderung; **– douanière** Zollbeschau *f*; **– d'écriture** Schriftvergleich *m*; **– des écritures** (*StR*) Überprüfung der Echtheit (von Urkunden); **– de l'élection** (*VerfR*) Wahlprüfung *f*; **– de l'état de solvabilité** Überprüfung der Zahlungsfähigkeit.
vérification fiscale Außenprüfung (bei Steuerpflichtigen); **– d'identité** Feststellung *od.* Überprüfung der Personalien; Legitimationsprüfung; **– obligatoire** Pflichtprüfung; **– des papiers d'identité** Ausweiskontrolle; **– des passeports** Passkontrolle *f*, Passabfertigung; **– périodique** regelmäßige Überprüfung; **– des poids et mesures** Nacheichung; **– des pouvoirs** (1) (*ZR*) Vollmachtsprüfung *f*, (2) (*VerfR*) Prüfung der Mandate; Wahlergebnisprüfung, Wahlprüfung; **– du sinistre** Schadensermittlung; **– d'un témoignage par confrontation** Überprüfung einer Zeugenaussage durch Gegenüberstellung.
vérifier *v. intr.* überprüfen, nachprüfen, kontrollieren, feststellen; **– l'identité d'une personne** die Personalien feststellen; **– un témoignage en récolant les témoins** eine Zeugenaussage durch Vergleich mit anderen Aussagen überprüfen.
véritable *adj* echt, tatsächlich, wirklich; **cause –** der eigentliche Grund, die wahre Ursache.

vérité *f* (1) (*justesse*) Richtigkeit *f*, (2) (*véracité*) Wahrheit *f*, (3) (*authenticité*) Wirklichkeit *f*, Echtheit *f*; **altérer la –** die Wahrheit verfälschen; **cacher la –** die Wahrheit verschweigen; **conforme à la –** wahrheitsgetreu; **contraire à la –** wahrheitswidrig, unwahr, falsch; **déballer la –** *umg* auspacken, die ganze Wahrheit an den Tag bringen; **déformer la –** die Unwahrheit sagen, die Wahrheit verfälschen; **dire la –, toute la –, rien que la –** (*PrzR*) die Wahrheit u. nichts als die Wahrheit sagen; **en –** *loc* in der Tat; **manifestation de la –** Wahrheitsfindung; **maquiller la –** einen Sachverhalt beschönigen; **rechercher la – d'un fait** auf den Wahrheitsgehalt hin prüfen; **rétablir la –** einen Sachverhalt richtigstellen; **taire la –** die Wahrheit vertuschen, verschweigen.

vérité matérielle d'un fait Wahrheitsgehalt eines Sachverhalts; **– des prix** (*WirtR*) Prinzip der Offenlegung der Preiskalkulation; objektiver Preisbildungsprozess; **– d'un témoignage** Wahrheitsgehalt einer Zeugenaussage.

verrou *m* Riegel *m*, Verschluss *m*; Sperre *f*.

verrouiller *v.tr.* verriegeln, zusperren, blockieren; schützen.

verrous *mpl*: **être sous les –** inhaftiert sein, eine Freiheitsstrafe verbüßen; **mettre qqn. sous les –** jmdn. inhaftieren, verhaften.

versatile *adj* wankelmütig; unzuverlässig.

versement *m* (1) (*SchuldR: paiement d'une somme d'argent*) Zahlung, (Geld-) Einzahlung; Auszahlung; Entrichtung (eines Geldbetrages), (2) (*GesR, BankR: dividendes*) Ausschüttung, (3) (*SchuldR: montant payé*) Zahlungssumme *f*, gezahlter Betrag; **s'acquitter en plusieurs –s** in mehreren Raten zahlen; **appel de –** (*GesR, BankR*) Aufforderung zur Einzahlung; **avis de –** Gutschriftsanzeige, Einzahlungsmeldung; **faire un –** eine Zahlung vornehmen, zahlen; **premier –** Anzahlung.

versement d'un acompte Leistung einer Anzahlung; **– d'amortissement** Tilgungszahlung *f*; **– anticipé** (*SchuldR*) Vorauszahlung *f*, Vorkasse *f*; **– d'une caution** Sicherheitsleistung; **– compensateur** Ausgleichszahlung; **– complémentaire** Nachzahlung; **– en compte bloqué** Einzahlung auf Sperrkonto; **– échelonné** Entrichtung in Raten; **– en espèces** Barzahlung; **– à fonds perdus** nicht rückzahlbare Geldleistung; **– fractionné** (*SchuldR: paiement échelonné dans le temps*) Ratenzahlung *f*.

versement des impôts Steuerzahlung *od.* -entrichtung; **– en numéraire** (*BankR*) Barzahlung; halbbare Zahlung; **– partiel** Teilzahlung *f*; **– provisionnel** Vorauszahlung; **– supplémentaire** Zuzahlung, Nachschuss *m*.

verser *v.tr.* (1) (ein-) zahlen, eine Zahlung leisten, entrichten, (2) (*GesR: dividendes*) ausschütten; **– un acompte** eine Anzahlung leisten; **– en compte** auf ein Konto einzahlen, gutschreiben lassen; **– une pièce au dossier** (*PrzR*) (eine Urkunde, ein Beweisstück) vorlegen *od.* einreichen, ein Schriftstück den Akten beifügen, zu den Akten geben; **– une rente** eine Rente ausbezahlen.

version *f* (1) (*traduction*) Übersetzung (in die Muttersprache), (2) Fassung *f*, Lesart *f*, Version *f*; **nouvelle –** Neufassung; **– authentique** maßgeblicher Text; **– différente** abweichende Darstellung (eines Sachverhalts).

verso *m*: **au –** auf der Rückseite.

verts *mpl*: **les –** (*Pol*) die Grünen.

vertu *f* Tugend *f*, sittliche Kraft, Sittsamkeit *f*; **en – de** gemäß, kraft, zufolge, auf Grund von.

vestiges *mpl* **terrestres** Spur *f* von früheren Bauwerken.

vétérinaire *m* Tierarzt *m*.

vétille *f* Bagatelle *f*, unbedeutende Kleinigkeit.

veto *m* Veto *n*, Einspruchsrecht *n*; **droit de –** Vetorecht *n*; **lever le –** das Veto widerrufen; **mettre** *ou* **opposer le –** Einspruch erheben.

véto absolu unbedingtes Veto; **– suspensif** aufschiebendes Veto.

vétuste *adj* baufällig; abgenutzt, verbraucht.
vétusté *f* (*BauR*) Baufälligkeit.
veuf *adj* verwitwet.
veuf *m* (*fém.: la veuve*) Witwer *m*; Witwe *f*.
veuvage *m* Witwenschaft *f*, Witwen- *od.* Witwerstand.
vexatoire *adj* kränkend, schikanös.
viabilisation *f* Erschließung *f* (eines Geländes); **travaux de –** Erschließungsarbeiten.
viabiliser *v.* (ein Gelände) erschließen; Straßen, Wege usw. anlegen.
viabilité *f* (1) Bebauungsfähigkeit *f* infolge Erschließung; Befahrbarkeit (einer Straße), (2) (*FamR: capacité naturelle de vivre*) Lebensfähigkeit.
viable *adj* (1) (*apte à durer*) dauerhaft, stabil; entwicklungsfähig; erschlossen, (2) (*FamR: enfant physiologiquement apte à vivre – art. 725 Cciv*) lebensfähig; **projet –** erfolgversprechendes Vorhaben.
viager *adj* Lebens-, lebenslänglich, auf Lebenszeit; **rente viagère** Leibrente *f*, Rente auf Lebenszeit; **rentier –** Leibrentner *m*.
viande *f* **avariée** Gammelfleisch *n*.
viatique *m* (1) Reisespesen *fpl*, (2) Hilfsmittel, Unterstützung, (3) (*KirchR*) letzte Ölung.
vice *m* (1) (*SchuldR: défaut affectant la chose vendue – art. 1641–1648 Cciv*) (Sach-) Mangel *m*, Fehler *m*, (2) (*défaut moral*) Laster *n*, Untugend *f*; **couverture du –** Mängelheilung *f*; Mängelbehebung *f*; **couvrir un –** einen Mangel heilen; **entaché d'un –** fehlerhaft, mangelbehaftet; **garantie des –s cachés** *ou* **des –s rédhibitoires** Sachmängelhaftung *od.* -gewähr.
vice apparent (*SchuldR: syn.: visible, manifeste – cf. art. 1642 Cciv*) offenbarer *od.* offensichtlicher Sachmangel, äußerlicher Fehler; **– du bétail** Viehmangel.
vice caché (*SchuldR: défaut non apparent rendant la chose impropre à sa destination normale – art. 1641 Cciv*) verborgener Fehler *od.* Sachmangel; **– de la chose** (*SchuldR: défaut affectant une chose fabriquée, vendue ou louée*) Sachmangel *m*; **– du consentement** (*SchuldR: erreur, dol et violence – causes de nullité relative –art. 1109 et suiv. Cciv*) Einigungs- *od.* Willensmangel *m*; **– de construction** (*BauR: défaut provenant de la mauvaise conception ou exécution de travaux de construction*) Konstruktions- *od.* Baufehler; **– de droit** (*ZR: défaut affectant un acte juridique*) Rechtsmangel *m*; **– d'exploitation** (*WirtR: défaut dans la mise en valeur*) Organisationsmangel; **– de fabrication** (*SchuldR: exécution défectueuse des travaux de réalisation*) Fabrikationsfehler, Fertigungsfehler, Produktionsfehler; **– de forme** (*SchuldR, PrzR: irrégularité résultant de l'inobservation d'une formalité requise dans la conclusion ou rédaction d'un acte*) Formmangel *od.* -fehler *m*, Formgebrechen *n* (Aut); **– ostensible** (*SchuldR: syn.: vice apparent*) offenbarer Mangel, ins Auge springender Mangel; **– de la possession** (*SachR: défaut, équivoque, violence, clandestinité entachant la possession*) Besitzstörung; ungerechtfertigter Besitz, mangelhafter Besitz; **– de procédure** Verfahrensmangel *m*; **– propre** (*SchuldR: défectuosité inhérente à la chose*) der Sache innewohnender Mangel; **– de publicité** (*HR, SachR: violation des règles relatives aux formalités de la publication des actes*) Unterlassung der Bekanntmachungspflicht, Publizitätsunregelmäßigkeit.
vice rédhibitoire (*SchuldR: vice qui rend la chose impropre à l'usage auquel on la destine – art. 1648 Cciv*) Sachmangel, der eine Mängelhaftungsklage (des Verkäufers) begründet; Mangel der Kaufsache, der den Käufer zur Einreichung einer Klage zwecks Wandlung *od.* Minderung berechtigt; **– de la volonté** (*SchuldR: vice du consentement*) Willensmangel *m*.
vice-chancelier *m* Vizekanzler *m*.
vice-consul *m* Vizekonsul *m*.
vice-doyen *m* Prodekan *m*.
vice-président *m* Vizepräsident *m*, stellvertretende(r) Vorsitzende(r).
vice-recteur *m* Prorektor *m*.
vice-versa *loc.adv.* (und) umgekehrt.

vicié *adj* (*SchuldR: se dit d'un acte juridique entaché de nullité*) mangelhaft, mit einem Mangel behaftet; wegen eines Mangels anfechtbar; rechtsunwirksam.
vicier *v.tr.* (1) (Ware) verderben, verschlechtern, (2) (Vertrag) ungültig machen, die Aufhebung bewirken, (3) (*UmweltR*) verschmutzen, verseuchen; **– le consentement** die Mangelhaftigkeit der Willensvereinbarung zur Folge haben.
vicieux *adj* (1) (*SachR: se dit de la possession entachée d'un vice*) (*Besitz*) mangelhaft, fehlerhaft, gestört; ungültig.
vicinal *adj*: **chemin –** Gemeindeweg *od.* -straße *f.*
vicinalité *f* Gemeindestraßenwesen *n.*
victime *f* Opfer *n*, Geschädigte(r) *m*, Verletzte(r) *m*; **– d'accident** Unfallopfer, Unfallgeschädigter, Verunglückte(r) *m*; **– du dommage** Geschädigte(r) *m.*
victoire *f* **électorale** Wahlsieg *m.*
victuailles *fpl* (*provisions de bouche*) Vorrat *m*, Proviant *m.*
vide *adj* leer; **– de sens** nichtssagend, sinnlos.
vide *m* Leerraum *m*, Lücke *f*; **– juridique** Rechtsvakuum *n*; Gesetzeslücke *f*; **– législatif** Gesetzeslücke.
video *f* (*MedienR: système vidéo, permettant la transmission à distance du son et de l'image*) Videotechnik *f*; Videofilm *m*; Videokamera *f.*
vidéo-achat *m* Fernabsatzgeschäft *n*, elektronischer Kaufvertrag; **– -surveillance** *f* Videokamera-Überwachung *f.*
vider *v.tr.* (1) (*SachR: débarrasser une maison, un appartement, une pièce de ses meubles ou de ses occupants*) (*eine Wohnung*) räumen; (*ein Zimmer*) leeren; (*ein Gebäude*) freimachen, (2) *v.tr.* (*PrzR: faire en sorte qu'un litige soit réglé*) (*einen Rechtsstreit durch Urteil*) beenden, (*eine Streitsache*) beilegen, (*ein Urteil*) fällen; **– une affaire** *ou* **un différend** (*ZPR: rendre une décision de justice*) einen Rechtsstreit entscheiden, einen Streit durch Urteil beenden, eine Streitigkeit beilegen.
viduité *f*: **délai de –** (*EheR*) Wartezeit (der Witwe *od.* geschiedenen Ehefrau vor der Wiederverheiratung).
vie *f* Leben *n*; **à –** auf Lebenszeit; lebenslänglich; **allocation de – chère** Teuerungszulage *f*; **assurance (sur la) –** Lebensversicherung *f*, Versicherung auf den Todesfall, Todesfallversicherung; **capital en cas de –** Erlebenskapital; **certificat de –** Lebensnachweis *od.* -zeugnis *n*; **coût de la –** Lebenshaltungskosten *pl*; **emprisonnement à –** lebenslängliche *od.* lebenslange Freiheitsstrafe; **enfant sans –** nicht lebensfähiges Kind; **espérance de –** Lebenserwartung *f*; **être entre la – et la mort** in Lebensgefahr schweben; **présomption de –** Lebensvermutung *f*; **sans –** leblos.
vie active Erwerbsleben *n*, Berufsleben; **– commune** (*FamR*) eheliche Lebensgemeinschaft; **– privée** (*VerfR: sphère d'intimité de chacun*) Privatleben *n*, Intimspäre *f*; **– professionnelle** Berufsleben *n*; **– séparée** (*FamR*) Getrenntleben *n*; **– sociale** (*GesR: relations entre les associés*) Innenverhältnis *n*, Beziehungen der Gesellschafter untereinander.
vieillesse *f* (1) (*SozR: troisième âge, sénescence*) hohes Alter *n*, (2) (*les personnes âgées, les vieillards*) alte Menschen *mpl*; **allocation de –** Altersbeihilfe; **minimum –** Mindestaltersversorgung; **pension de –** Altersruhegeld; **prévoyance de –** Altersvorsorge *f*; **retraite de –** Altersversorgung *f*, Altersruhegeld *n.*
vifs *mpl* (*ZR: terme employé substantivement pour désigner toute personne vivante*) Lebende *mpl*; **disposition entre –** Verfügung unter Lebenden; **entre –** (*ZR: acte juridique produisant ses effets du vivant même des auteurs de l'acte*) (*Wirkung eines Rechtsgeschäfts*) unter Lebenden.
vigilance *f* Wachsamkeit *f*, Vorsicht *f.*
vigile *m* Werkschutzmitglied *n*; Privatpolizist *m*; Nachtwächter *m.*
vignette *f* Stempelmarke *f*; **– -auto** Autosteuerplakette *f*; **– fiscale** Steuerzeichen *n*; **– de garantie** Garantiemarke *f.*
vigueur *f* (1) (*MedizinR: force, énergie*

d'un être en pleine santé) Kraft *f*, Stärke *adv*, (2) (*VerfR: force obligatoire*) Rechtskraft *f*, allgemeine Gültigkeit; **en –** rechtskräftig, allgemeingültig; **entrer en –** in Kraft treten; **être en –** in Kraft sein, gelten; **mettre en –** in Kraft setzen; **rentrer en –** wieder in Kraft treten.

viguier *m* (*VR: Andorra*) Stellvertreter des Mitfürsten, Vogt *m*.

vil *adj* (1) (*de peu de valeur pécuniaire*) minderwertig, von geringem Wert, (2) (*méprisable*) verächtlich, widerwärtig; **vendre à – prix** zu Schleuderpreisen verkaufen, weit unter dem Wert veräußern.

ville *f* Stadt *f*; **hôtel de –** Rathaus *n*; **– dortoir** *ou* **– nouvelle** Trabantenstadt *f*, Vorstadtsiedlung *f*.

vindicatif *adj* rachsüchtig, rächend, strafend.

vindicte *f* **publique** (*StPR: poursuite des crimes et délits exercée par le ministère public*) Strafverfolgung durch die Staatsanwaltschaft.

viol *m* (*StR: acte de pénétration sexuelle*) Vergewaltigung *f*, Notzucht *f*; **– et agression sexuelle par personne ayant autorité** Vergewaltigung und sexueller Missbrauch von Schutzbefohlenen; **– collectif** *ou* **en réunion** (*StR: trivialement: la tournante*) Vergewaltigung durch mehrere Täter; **– par le mari** Vergewaltigung in der Ehe *od.* durch den Ehepartner.

violable *adj* verletzbar, verletzlich.

violation *f* (1) (*StR*) Zuwiderhandlung *f*; Verletzung (eines Gesetzes); strafbare Handlung, (2) (*ZR*) Nichteinhaltung (einer Verpflichtung), Nichtbeachtung (einer Vertragsbestimmung); **– de l'armistice** (*VR*) Verletzung des Waffenstillstands; **– de brevet** Patentverletzung; **– de la chose jugée** Verletzung *od.* Nichtbeachtung der Rechtskraft *od.* eines rechtskräftigen Urteils; **– de clôture** (*StR*) widerrechtliches Eindringen in befriedetes Besitztum, Hausfriedensbruch *m*; **– de la constitution** Verfassungsbruch *od.* -verletzung; **– du contrat** Vertragsverletzung, Vertragsbruch; **– du délai-congé** Nichteinhaltung der Kündigungsfrist; **– des devoirs** Pflichtverletzung.

violation de domicile (*StR*) Hausfriedensbruch *m*, Verletzung des Hausrechts; **– du droit** Rechtsverletzung; **– du droit des gens** Völkerrechtsverletzung; **– d'un engagement** Nichteinhaltung einer Verpflichtung; **– de l'espace aérien** (*VR*) Verletzung des Luftraums; **– des formes** Nichteinhaltung der Formerfordernisse; **– des formes substantielles** Verletzung wesentlicher Formvorschriften.

violation de la loi Gesetzesverstoß *m*, Gesetzesverletzung, Rechtsverletzung *f*; **– de la neutralité** (*VR*) Neutralitätsverletzung; **– des obligations** Obliegenheits- *od.* Pflichtverletzung; **– du préavis** Nichteinhaltung der Kündigungsfrist; **– du scrutin** Verletzung des Wahlgeheimnisses; **– du secret** Verletzung der Schweigepflicht; **– du secret de la correspondance** (*StR*) Verletzung des Briefgeheimnisses; **– du secret professionnel** (1) (*BeamR*) Verletzung des Dienstgeheimnisses *od.* des Amtsgeheimnisses, Verletzung der Amtsverschwiegenheit, Bruch des Dienstgeheimnisses *od.* der Amtsverschwiegenheit, (2) (*ZR, ArbR*) Verletzung der beruflichen Verschwiegenheitspflicht *od.* Schweigepflicht; **– de sépulture** (*StR*) Leichenschändung *f*, Grabschändung *f*; **– de serment** Eidesverletzung; **– de la souveraineté** Souveränitäts- *od.* Hoheitsverletzung; **– des statuts** (*GesR*) Satzungsverletzung; **– de territoire** (*VR*) Verletzung der Gebietshoheit; **– de tombeau** (*StR*) Grabschändung.

violence *f* (1) (*ÖfR: contrainte illicite*) rechtsmissbräuchliche Gewaltanwendung; tätlicher Angriff; Zwangsausübung *f*, (2) (*SchuldR: contrainte en tant que cause de nullité relative – art. 1112 Cciv*) (widerrechtliche) Drohung, (3) (*StR: acte d'aggression, brutalité*) Gewalttätigkeit *f*, Zwang *m*; Nötigung *f*; Misshandlung *f*, Schläge *mpl*; **acte de –** Gewalttat *adv*, gewalttätige Ausschreitung; **délit de –s** (*StR: acte* *d'agression*) Gewalttätigkeit *f*, Nötigung *f*, rechtswidriger Zwang; **faire – à qqn.** jmdm. Gewalt antun; **infliger des –s à qqn.** jmdn. misshandeln, schlagen, Körperverletzungen zufügen; **recours à la –** Gewaltanwendung; **–s contre les biens** Sachbeschädigung *f*; **– au collège** Gewalt an den Schulen; **–s conjugales** *ou* **domestiques** (*StR*) Gewalttätigkeit gegenüber Frauen und Kindern (in der Familie); Kindesmisshandlung (durch Eltern und Verwandte); Frauenmisshandlung (durch den Lebensgefährten *od.* Ehemann); **–s non crapuleuses dites gratuites** Gewaltaten nur so aus Spaß, grundlose Gewalttaten; **–s légères** (*StR: violences n'entraînant pas un arrêt de travail*) leichte Körperverletzung (ohne Arbeitsausfall); **– morale** (*StR*) psychischer Zwang; **– physique grave** (*StR*) schwere Körperverletzung; **– télévisuelle** Gewaltdarstellung im Fernsehen; **–s urbaines** Gewaltdelikte durch Zusammenrottung (in Ballungsräumen).

violer *v.tr.* (1) (*StR*) vergewaltigen, (2) (*la loi*) verletzen, übertreten; **– un domicile** das Hausrecht verletzen, widerrechtlich in eine Wohnung eindringen; **– l'esprit de la constitution** gegen den Geist der Verfassung verstoßen; **– la loi** das Gesetz verletzen, gegen das Gesetz verstoßen; **– le secret de la correspondance** das Brief-, Post- und Fernmeldegeheimnis verletzen.

virement *m* (*BankR: opération qui réalise un transfert de fonds*) Überweisung *f*; Verrechnung *f*; bargeldlose Zahlung *f*; **avis de –** Gutschriftsanzeige *f*; Gutschriftszettel *od.* -note; **effectuer un –** eine Überweisung vornehmen; **mandat** *ou* **ordre de –** Überweisungsauftrag; **par –** durch Verrechnung; bargeldlos; **– bancaire** *ou* **en banque** Banküberweisung; **– collectif** Sammelüberweisung; **– à un compte courant postal** Überweisung auf ein Postscheckkonto; **– de fonds** Mittelübertragung.

virement international Auslandsüberweisung; **– postal** Postschecküberweisung; **– télégraphique** telegraphische Überweisung.

virer *v.tr. ind.* (1) (*virer de l'argent*) (*Geld*) überweisen; umbuchen, (2) *v.tr. dir* (*umg: virer qqn.*) jmdm. kündigen, jmdn. feuern *od.* rausschmeißen, (3) *v. intr.* (*StVR: changer de direction*) die Fahrtrichtung ändern.

virus *m* **informatique** Computervirus *m*.

visa *m* (1) (*VwR: mention officielle*) Visum *n*, Sichtvermerk *m*; amtliche Beglaubigung, (2) (*VwR: approbation*) Genehmigung, (3) (*PrzR: indication, dans un jugement, de la loi ou de l'acte de procédure*) unter Hinweis auf, gemäß, (4) (*PrzR: formule et signature sur un acte pour constater sa communication*) Eingangsvermerk *m*; **apposition du –** Erteilung des Sichtvermerks; **délivrer le –** das Visum erteilen; **dispense du –** Befreiung vom Visumzwang; **obligation du –** Sichtvermerkszwang; **pour –** gesehen und genehmigt; **refus de –** Ablehnung des Sichtvermerks.

visa administratif Sichtvermerk der Verwaltung; **– de censure** Zensurvermerk; **– collectif** Sammelvisum, Sammelsichtvermerk; **– consulaire** (1) Konsulatssichtvermerk, (2) konsularische Vidierung; **– de contrôle** Prüfungsvermerk; **– pour contrôle** Kontrollsichtvermerk; **– pour date** Gültigkeitsvermerk; **– d'entrée** Einreisevisum; **– exécutoire** Genehmigungsvermerk für die Ausführung; **– d'immigration** Einwanderungsvisum.

visa obligatoire Sichtvermerks- *od.* Visumzwang *m*; **– permanent** Dauervisum; **– permanent de retour** Dauerrückreisevisum; **– provisoire** befristetes Visum; **– de service** Dienstvermerk; **– de sortie** Ausreisevisum; **– de transit** Durchreisevisum.

visage défiguré verunstaltetes Gesicht, Gesichtsentstellung *f*.

visée *f* Absicht *f*, Plan *m*, Ziel *n*; **–s annexionnistes** Annexionsbestrebungen *pl*; **–s électorales** Wahlziele *npl*; **–s territoriales** Gebietsforderungen *fpl*.

viser *v. intr.* (1) (*VwR: revêtir d'un visa*) mit einem Visum *od.* Sichtvermerk versehen, (2) Bezug nehmen auf, sich berufen auf; **personne visée** betroffene Person.

visibilité *f* **nulle** (*StVR*) unzureichende Sichtverhältnisse.

visite *f* (1) Besuch *m*, (2) Besichtigung *f*, Untersuchung *f*; **droit de –** (1) (*FamR*) Verkehrsrecht *n*; Besuchsrecht (des nichtehelichen Vaters); Umgangsrecht (der Bezugsperson eines Kindes), (2) (*VR*) Inspektionsrecht; **heure de –** Besuchszeit *f*; **infraction au droit de –** gesetzwidrige Verweigerung des Umgangs- *od.* Besuchsrechts; **– de bagages** Gepäckkontrolle *f*; **– corporelle** körperliche Durchsuchung, Leibesvisitation; **– à domicile** (*Arzt*) Hausbesuch *m*; **– domiciliaire** (*StR*) Durchsuchung *f* von Räumen, Haus(durch)suchung; **– de douane** *ou* **douanière** Zollbeschau *f*, Zolluntersuchung *f*, zollamtliche Revision; **– d'État** Staatsbesuch *m*; **– impromptue** unangekündigter Besuch; **– des lieux** (*PrzR*) Augenscheinseinnahme *f*, Inaugenscheinnahme *f*; **– médicale** ärztliche Untersuchung; **– technique (des véhicules)** technische Kfz-Überprüfung.

visiter *v.tr.* (1) besuchen, (2) besichtigen, (3) untersuchen; **– les client** (*HR*) die Kunden aufsuchen *od.* besuchen.

visiteur *m* Besucher *m*; **– de prison** amtlich zugelassener Besucher in Justizvollzugsanstalten.

visu: **de –** *loc.adv.* (*se rendre compte de visu*) in Augenschein nehmen.

visualiser *v.tr.* (*auf dem Bildschrim*) sichtbar machen.

visuel *adj*: **champ –** Gesichtsfeld *n*.

vital *adj* lebensnotwendig; Lebens-; **besoins vitaux** zum (Über-) Leben erforderliche Bedarfsgüter.

vitesse *f* Geschwindigkeit *f*; **en perte de –** nachlassend, zurückgehend; **grande –** Eilgutabfertigung *f*, Eilfracht *f*; **petite –** Frachtgutabfertigung; **réglementation de la –** Geschwindigkeitsbeschränkung *f*; **– de circulation** (*StVR*) Fahrtgeschwindigkeit; **– limite** (zulässige) Höchstgeschwindigkeit.

vitrine *f* Schaufenster *n*; Auslagen *fpl*.

vitriol *m* Schwefelsäure(verbindung) *f*; **attentat au –** (*StR: on dit aussi: vitriolage*) Gesichtsentstellung und Verbrennungen durch ein Schwefelsäureattentat.

vitupérer *v.tr.ind.* tadeln, rügen.

vivant *adj* lebend; **le dernier –** der Überlebende; **enfant né –** lebend geborenes Kind.

vivre *v. tr. et intr.* leben; **cesser de –** aus dem Leben scheiden; **il a vécu 60 ans** er ist 60 Jahre alt geworden; **– convenablement** sein Auskommen haben; **– au jour le jour** von der Hand in den Mund leben; **– dans la psychose des attentats** in ständiger Angst eines Attentats leben.

vivres *mpl* Proviant *m*, Mundvorrat *m*; Lebensmittel *npl*.

vocation *f* Aufgabe *f*, Pflicht *f*; Berufung *f*; Recht; Aussicht auf ein Recht; **avoir – à, avoir – pour** berufen sein zu; zuständig sein für; **– héréditaire** Erbfähigkeit *f*, kraft Gesetzes bestehende Aussicht Erbe zu werden; Berufung zur Erbfolge; **– humanitaire** (*VR*) humanitäre Zielsetzung.

vœu *m* Wunsch *m*, Begehren *n*, Verlangen *n*; Resolution *f*, Beschluss *m*, Entschließung *f*; einseitige Verpflichtung.

voie *f* (1) (*chemin, passage*) Weg *m*, Straße *f*, Bahn *f*, (2) (*conduite à suivre*) Mittel und Wege (finden); **dans la bonne –** auf dem rechten Weg; **obstruer la –** den Weg versperren; **par – d'arbitrage** durch schiedsgerichtlichen Spruch; **par la – hiérarchique** auf dem Amtsweg *od.* Dienstweg; **prendre la – des tribunaux** den Rechtsweg beschreiten; **par la – d'action** klageweise, im Klagewege.

voie d'action (*StPR: manière d'agir du ministère public par voie principale*) Anklageerhebung durch die Staatsanwaltschaft; **– administrative** Verwaltungsweg *m*; **– aérienne** Luftweg *m*; **– de circulation** Verkehrsweg *m*; **– communale** Gemeindestraße *f*; **– de communication** Verkehrsweg.

voie de contrainte Zwangsmittel *n*; **par – –** mittels Zwang, zwangsweise.
voie diplomatique diplomatischer Weg; **– douanière** Zollstraße *f*; **– de droit** (*ZPR*) Nachsuchen *n* um Rechtsschutz; Rechtsbehelf *m*; Rechtsmittel *n*; Rechtsweg *m*; Verfahren *n* (vor einem Gericht); **– d'eau** (*Schiff*) Leck *n*; **– d'eau internationale** internationale Schifffahrtsstraße; **par – d'exception** (*ZPR*) einredeweise.
voie: **–s d'exécution** (*InsolvenzR*) Zwangsvollstreckungsarten *od.* -verfahren; Zwangsvollstreckungsrecht *n*; **– de fait** (1) (*StR: violence envers une personne*) Gewalttätigkeit, Handgreiflichkeit, Tätlichkeit *f*, (2) (*VwR: irrégularité manifeste commise par l'administration*) Rechtsverletzung durch die Verwaltung; Tathandlung einer Behörde, die eine erhebliche Rechtsverletzung des Eigentums oder eines Grundrechts darstellt, (3) (*ZR: exaction et trouble qui en résulte*) Rechtsbeeinträchtigung; Besitzstörung; **– de fait illégitime** (1) (*StR: violence envers une personne sans la blesser physiquement*) Angriff *m* auf Ehre u. Eigentum, (2) (*StR: atteinte à l'honneur*) ehrenrührige Behauptung, unzulässige Tatsachenbehauptung.
voie ferrée Schienenweg *m*, Bahn *f*; **expédition par – –** Bahnversand *m*; **– – de garage** Abstellgleis *n*.
voie fluviale Wasserstraße; **– hiérarchique** (*VwR: recours porté devant le supérieur hiérarchique*) Dienstweg *m*; Behördenweg *m*, Instanzenzug *m*.
voie maritime Seeweg *m*; **– navigable** Wasserstraße; **– navigable intérieure** Binnenschifffahrtsweg; **– de nullité** Anfechtungsklage *f*; **– postale** Postweg; **en – de préparation** in Vorbereitung; **– privée** Privatstraße, Privatweg.
voie publique öffentliche Straße; **attroupement sur la – –** (*StR*) Zusammenrottung *f*; **collecte sur la – –** Straßensammlung *f*; **commerce sur la – –** Straßenhandel *m*; **manifestation sur la – –** (*StR*) Kundgebung *od.* Veranstaltung unter freiem Himmel, Aufzug *m*, Demonstration *f*, Massenkundgebung; **mendicité sur la – –** Straßenbettelei *f*; **riverain de la – –** Straßenanlieger *od.* Anrainer *m*.
voie de recours (*PrzR: moyen juridictionnel pour réformer une décision*) Rechtsbehelf *m*; Einlegung eines Rechtsmittels; **– de recours extraordinaire** (*PrzR: pourvoi en cassation*) Revision *f*; Wiederaufnahmeverfahren *n*; Drittwiderspruch *m*; **– de réformation** Berufung *f*; **–(s) légale(s)** gesetzlich zulässige Mittel.
voie(s) judiciaire(s) *ou* **juridictionnelle(s)** Rechtsweg *m*; **– – normale** (*ZPR*) ordentlicher Rechtsweg.
voies et moyens (*HaushR: recettes de l'État*) Einnahmequellen *fpl* des Haushalts.
voile *m* Kopftuch *n*; Schleier *m*.
voilé *adj* verschleiert, verhüllt.
voir *v.tr.* (1) (*percevoir*) sehen, bemerken, erkennen, (2) (*juger, apprécier*) prüfen, beurteilen; **à ce que je vois** wie ich sehen kann; **aller – qqn.** jmdn. besuchen; zu jmdn. gehen; **faire –** zeigen; **pour –** um sich eine Meinung zu bilden; **refuser à –** nicht sehen *od.* empfangen wollen; **– dire** (*ZPR: demander que le tribunal décide qqch.*) *loc* den Antrag stellen, damit das Gericht eine Anordnung (durch Urteil) treffe; **– grand** für die Zukunft großzügig planen; **– ordonner** (*ZPR*) fordern, dass das Gericht den Beklagten zu (etwas) verurteilt.
voirie (1) (*VwR: ensemble des voies aménagées et entrenues par l'administration*) öffentliche Wege, Straßen, Plätze, Anlagen, Wasserstraßen u. ähnliche Objekte als Bestandteile der Sachen im Gemeingebrauch, (2) (*VwR: services administratifs chargés de l'entretien des voies*) Verwaltungsträger, dem die Unterhaltung dieser öffentlichen Sachen obliegt; Müllabfuhr *f*; Straßenreinigungsbetrieb *m*; Stadtwerk *n*; Straßenbaubehörde *f*, (3) (*UmweltR: lieu où sont déposées les ordures: déchetterie*) Müllabladeplatz *m*,

Deponie *f*; **aisances de –** Anliegernutzungsrechte *npl*; **concession de –** Nutzungsverleihung *f*; **permission de –** Gebrauchserlaubnis *f*; **service de –** Müllabfuhr *f*; Straßenbaulastträger *m*; **– urbaine** öffentliche Verkehrswege einer Stadt.

voisin *adj* nahe, benachbart; in der Nähe liegend; anstoßend; **droits –s** (*UrhR*) verwandte Schutzrechte; **État –** Nachbarstaat *m*.

voisin *m* Nachbar *m*.

voisinage *m* Nachbarschaft *f*; Nähe *f*; **dans le – immédiat** ganz in der Nähe; **relations de bon –** (*VR*) gutnachbarliche Beziehungen; **risque de –** (*SachR*) vom Nachbargrundstück ausgehende Störung *od.* Gefährdung; **servitude de –** Nachbarrecht *n*; **trouble de –** Einwirkung *f od.* Immission *f* (vom Nachbargrundstück ausgehend).

voiturage *m* (1) Güterverkehr *m* zu Land, Lastwagengüterverkehr, (2) Gewerbe *n* des Frachtführers, (3) Fracht *f*, Warensendung *f*.

voiture *f* (Kraft-) Fahrzeug *n*; Auto *n*; Wagen *m*; Fuhrwerk *n*; **lettre de –** (*HR*) Frachtbrief *m*; **– accidentée** Unfallwagen *m*; **– circulant à contre-sens** Geisterfahrer *m*; **– d'infirme** Krankenfahrstuhl *m*; **– de livraison** Lieferwagen *m*; **– de location** Mietwagen; **– d'occasion** Gebrauchtwagen; **– officielle** Dienstwagen *m*; **– particulière** (*StVR*) Personenkraftwagen (= PKW); Privatfahrzeug *n*; **– piégée** mit Sprengstoff präpariertes Auto; Autobombe *f*; **– de service** Dienstwagen; **– de tourisme** Personenkraftwagen (= PKW) *m*.

voiturée *f* Wagen- *od.* Waggonladung *f*.

voiturer *v.tr.* (*mit einem Wagen*) befördern, transportieren; verfrachten.

voiturier *m* (*HR: transporteur par terre ou par eau*) Frachtführer *m*.

voix *f* Stimme *f*; Wahlstimme *f*; Stimmabgabe *f*; **à haute –** laut und deutlich; **achat de –** Stimmenkauf *m*; **avoir – au chapitre** ein Wort mitzureden haben; **de vive –** mündlich; **égalité des –** Stimmengleichheit *f*; **majorité des –** Stimmenmehrheit *f*; **mettre aux –** zur Abstimmung bringen; zur Wahl stellen; **mise aux –** Abstimmung *f*; **parité** *ou* **partage des –** Stimmengleichheit *f*; **pluralité des –** Stimmenmehrheit *f*; **recueillir 12 –** 12 Stimmen erhalten.

voix consultative beratende Stimme; **– contre** Gegenstimme, Nein-Stimme; **– délibérative** Stimmrecht *n*; **– exprimée** abgegebene Stimme; **– pour** Ja-Stimme; **– prépondérante** ausschlaggebende Stimme (bei Stimmengleichheit).

vol *m* (1) (*StR: soustraction frauduleuse de la chose d'autrui – art. 311–1 CP*) Diebstahl *m*, (2) (*StR: vol criminel accompagné ou suivi de violences – art. 311–6 à 311–8 CP*) Raub *m*, (3) (*action de voler*) Flug *m*; **assurance contre le –** Diebstahlsversicherung *f*; **commettre un –** einen Diebstahl begehen; **– aggravé** (*StR: lesdits vols aggravés sont énumérés à l'art. 311–4 N° 1 à 8 CP*) besonders schwerer Fall des Diebstahls; **– à l'américaine** (*StR: escroquerie consistant à exhiber des objets de nature à faire croire à un crédit*) Kreditbetrug *m*; **– avec arme** (*StR: syn.: vol à main armée*) Raub mit Waffendrohung, schwerer Raub; **– d'automobile** Autodiebstahl.

vol avec récidive Rückfalldiebstahl; **– en bande organisée** (*StR: vol criminel réprimé par l'art. 311–9 CP*) Bandendiebstahl; **– contraventionnel** (1) (*StR: par opposition à vol correctionnel soustraction frauduleuse ne constituant qu'une contravention*) Diebstahl geringwertiger Sachen (fällt in die Zuständigkeit des Strafrichters beim Kleininstanzgericht), (2) (*StR: vol de récoltes ou autres productions utiles de la terre avant que celles-ci ne soient détachées des arbres ou du sol, syn.: maraudage*) Felddiebstahl; **– correctionnel** (*StR: vol simple puni de 3 ans d'emprisonnement – art. 311–3 CP*) einfacher Diebstahl als Vergehen, der in den Zuständigkeitsbereich des frz. Strafgerichts beim Großinstanzgericht fällt; **– criminel** (*StR: vol aggravé puni d'un emprisonnement de 5 ans, 7 ans et 10 ans ou de la réclusion criminelle de 15 à 20* *ans. En cas de mort, tortures et d'actes de barbarie – réclusion criminelle à perpétuité –cf art. 311–5 à 311–10 CP*) schwerer Diebstahl u. Raub, die in den Zuständigkeitsbereich des frz. Schwurgerichts fallen; **– domestique** *ou* **par domestique** (*StR: vol commis par un domestique*) Hausangestelltendiebstahl.

vol avec *ou* **par effraction** (*StR: bris de clôture, fait en vue de s'introduire sur une propriété publique ou privée; fracture de serrures à l'intérieur de ce lieu. On distingue ainsi l'effraction extérieure et intérieure*) Einbruchsdiebstahl; **– par effraction extérieure** Diebstahl aus einem Gebäude *od.* umschlossenen Raum; **– par effraction intérieure** Diebstahl aus einem verschlossenen Behältnis; **– par escalade** (*StR: vol au sens de l'art. 311–4 6° al. 1er CP*) Einstiegsdiebstahl; **– à l'étalage** (*StR: vol dans les grands magasins ou les libres-services*) Ladendiebstahl, Warenhausdiebstahl.

vol avec fausses clés Nachschlüsseldiebstahl; **– de gibier** (*StR: le fait de chasser sans permis, ou à une période, en un lieu, avec des engins prohibés – syn.: braconnage*) Jagdwilderei *f*, Wilderei unter Verletzung fremden Jagdrechts; **– à main armée** (*StR: vol commis soit avec usage soit avec menace d'une arme – art. 311–9 CP*) bewaffneter Raubüberfall; **– d'objets d'art** Kunstraub *m*; **– occasionnel** Gelegenheitsdiebstahl; **– qualifié** (*StR: vol aggravé puni de peines criminelles*) als Verbrechen qualifizierter Diebstahl, schwerer *od.* qualifizierter Diebstahl; **– au rendez-moi** Diebstahl beim Geldwechseln; **– à la roulotte** (*StR: le fait de s'emparer de bagages ou objets se trouvant dans une voiture en stationnement*) Diebstahl von Gegenständen aus einem Kraftfahrzeug; **– simple** (*StR: vol sans circonstances aggravantes constituant un délit – art. 311–3 CP*) (*als Vergehen bewerteter*) einfacher Diebstahl; **– de simple police** (*StR: syn.: vol contraventionnel*) Diebstahl, der als Übertretung gewertet und bestraft wird, Entwendung geringwertiger Gegenstände.

vol à la tire (*StR: le fait de sousstraire subrepticement à une personne de l'argent, le portefeuille en opérant à son insu*) Taschendiebstahl *m*; **– d'usage** (1) (*StR: « emprunt » d'un véhicule*) unbefugter Gebrauch eines Fahrzeugs, (2) (*StR: vol d'une chose dont l'auteur entend simplement se servir momentanément*) Gebrauchsdiebstahl; **– avec violence** (*StR: vol précédé, accompagné ou suivi d'actes de violence sur autrui – art. 311–10 CP*) Raub; **– par un voiturier** (*WirtStrR*) Frachtführerdiebstahl, Diebstahl an anvertrautem Gut (durch den Transportunternehmer).

volage *adj* untreu; unberechenbar.

volant *adj*: **feuille –e** loses Blatt; Flugbatt *n*.

volant *m* (1) (*Kfz*) Steuer *n*, Lenkrad *n*, (2) (*feuille volante*) (*von einem Block*) abreißbares Blatt; **prendre le –** sich ans Steuer setzen; **– de sécurité** (*GesR, Buchf*) Sicherheitsrücklage *f*.

voler *v.tr.* (1) stehlen, entwenden; bestehlen, berauben, (2) fliegen.

volet *m* Blatt *n*; Heft *n*, Teil *m* (einer Urkunde); **– détachable** abtrennbarer Abschnitt *m*, abtrennbares Blatt *n*.

voleur *m* Dieb *m*; **bande de –s** Diebesbande *f*; **– de grand chemin** *a. fig.* Straßenräuber *m*; **– surpris en flagrant délit** auf frischer Tat ertappter Dieb; **– à la tire** Taschendieb.

volontaire *adj* (1) (*StR: synonyme en droit pénal d'intentionnel*) wissentlich u. willentlich, vorsätzlich; absichtlich, (2) (*ZR: qui émane d'un être doué de discernement, syn.: délibéré*) freiwillig, aus freien Stücken.

volontaire *m* Freiwillige(r) *m*; ehrenamtlicher Helfer.

volontairement *adv* (1) (*par un acte volontaire, délibéré. Syn.: délibérément, exprès, intentionnellement*) wissentlich u. willentlich, vorsätzlich; absichtlich, (2) (*ZR: librement consenti, sans contrainte*) freiwillig; auf der Grundlage einer freien Vereinbarung; ehrenamtlich.

volontariat *m* (1) (*MilR: service militaire accompli par un engagé volontaire*) Freiwilligenwehrdienst *m*, Wehrdienst auf Grund freiwilliger Verpflichtung, (2) (*ArbR*) Praktikum *n*, Beschäftigung als Volontär; **– civil** (*MilR: service civil pour une mission d'intérêt général en métropole ou en outre-mer*) Zivildienst.

volonté *f* (1) (*ZR: faculté de vouloir, aptitude à comprendre la portée d'un acte et à se décider en connaissance de cause*) Wille *m*, (2) (*dessein, intention*) Absicht *f*, Wunsch *m*, Verlangen *n*, (3) (*détermination, résolution*) Entschlusskraft *f*, (4) (*ZR: syn. de volonté déclarée*) Willensäußerung *f*; **à –** nach Belieben; **accord de –s** Willensübereinstimmung *f*; Willensvereinbarung; **acte de dernière –** Testament *n*; **autonomie de la –** Privatautonomie *f*, Willensfreiheit *f*; **concours de –s** (*ZR*) Willensübereinstimmung, Einigung; **déclaration de –** Willensäußerung *f*, Willenskundgebung *f*; **défaut de –** fehlende Willenserklärung; mangelhafte Willenserklärung; **dernières –s** (*ErbR*) letztwillige Verfügung; **homme de bonne –** williger Mensch; **manifestation de –** Willenserklärung *od.* -äußerung *f*, Willenskundgebung *od.* -kundgabe *f*; **mauvaise –** Böswilligkeit *f*.

volonté collective (*VerfR*) Volks- *od.* Gemeinwille; **– déclarée** (*SchuldR: volonté exprimée par déclaration écrite ou orale*) Erklärungswille *m*; ausdrückliche Willenserklärung; **– expresse** (*SchuldR*) ausdrücklicher Wille; **– générale** (*VerfR: vonté de la nation ou du peuple souverain*) Volkswille *m*, Volk als Träger des Staatswillens; **– interne** (*SchuldR: volonté réelle correspondant à l'intention véritable de l'auteur de l'acte*) Geschäftswille, Geschäftsabsicht *f*; **– masquée** tatsächliche, nicht offen gezeigte Absicht; **– de nuire** Schädigungsabsicht *f*; **– des parties** (*SchuldR*) Partei- *od.* Parteienwille; **– du peuple** *ou* **populaire** (*VerfR*) Volkswille *m*; **– de posséder** Besitzwille; **– présumée des parties** mutmaßlicher Parteiwille; **– de puissance** Machthunger *m*; **– tacite** (*ZR: volonté implicite*) stillschweigender, durch schlüssiges *od.* konkludentes Handeln zum Ausdruck kommender Wille.

volte-face *f* Meinungsänderung *f*, Sinneswandel *m*.

volume *m* (1) Rauminhalt *m*; Umfang *m*; Volumen *n*, (2) (*livre*) Band *m*; **en –** real; **– des affaires** Geschäftsumfang *m*; **– du bâtiment** umbauter Raum; **– du chiffre d'affaires** Umsatz *m*; **– du commerce extérieur** Außenhandelsvolumen; **– de la consommation** Verbrauch *m*; **– construit** (*BauR*) umbauter Raum; **– contingentaire** Kontingentsmenge *f*; **– du crédit** Kreditvolumen; **– des échanges commerciaux** Handelsumsatz *m*; **– des exportations** Umfang der Ausfuhr, Ausfuhrvolumen; **– hors tout** umbauter Raum; **– monétaire** Geldmenge *f*; **– de la production** (*WirtR*) Produktionsumfang *m*; **– des salaires** Lohnsumme.

voluptuaire *adj*: **dépenses –s** nicht notwenige (Luxus-) Aufwendungen *fpl*; Schönheitsreparaturen *fpl*.

votant *m* Wähler *m*; Teilnehmer an einer Abstimmung, Abstimmende(r) *m*, Wahlbeteiligte(r) *m*.

votation *f* Abstimmung *f*; **mode de –** Abstimmungsverfahren *n*; **– communale** (S) Gemeindeabstimmung; **– fédérale** (S) eidgenössische Abstimmung; **– populaire** (S) Volksabstimmung.

vote *m* (1) (*VerfR: manifestation de volonté – droit d'opiner*) Wahl *f*, Stimme *f* (bei einer Wahl), (2) (*VerfR: procédure électorale – scrutin*) Wahlgang *m*, Abstimmung *f*, (3) (*ZR: opinion exprimée*) Meinungsäußerung *f*, Urteil *n*; **s'abstenir du –** sich der Stimme enthalten; **bulletin de –** Stimmzettel *m*; **bureau de –** Wahllokal *n*, Wahlraum *m*; **droit de –** Wahlrecht *n*, Stimmrecht, Stimmberechtigung; **majorité des –s** Stimmenmehrheit *f*; **mettre au –** über etwas abstimmen lassen; **prendre part au –** sich an der Wahl *od.* Abstimmung beteiligen; **procéder à un –** abstimmen (über); **secret du –** Wahlgeheimnis *n*.

vote par acclamation Wahl durch Zuruf; **– par appel nominal** namentliche Abstimmung, Abstimmung mit Namensaufruf; **– par articles** (*VerfR: adoption d'une loi*) (*im Parlament*) artikelweise Abstimmung; **– par assis et levé** Abstimmung durch Sitzenbleiben oder Aufstehen; **– à la base** (*ArbR*) Urabstimmung; **– blanc** (*VerfR: le vote blanc ne comportant aucun nom des candidats proposés est considéré comme un vote nul*) willentlich ungültige Stimme; **– bloqué** (*VerfR: procédure particulière d'adoption d'une loi prévue par l'art. 44 de la Constitution de 1958*) endgültige Abstimmung über die Regierungsvorlage (ohne weitere Abänderungsmöglichkeit); **– du budget** Verabschiedung des Haushalts; **– par bulletin** Zettelwahl *f*; **– de censure** (*VerfR: procédure par laquelle une assemblée parlementaire met en jeu la responsabilité du gouvernement*) Misstrauensvotum *n*, Abwahl *f*; **– de confiance** (*VerfR*) Vertrauensvotum *n*; **– par correspondance** (*VerfR: supprimé en France par la loi du 31 décembre 1975*) Briefwahl *f*; **– cumulatif** System der Stimmenhäufung.

vote de défiance (*VerfR*) Misstrauensvotum; **– par délégation** (*VerfR: exercice par un député du droit de vote à la place d'autres élus*) Stimmabgabe eines Abgeordneten für andere Abgeordnete derselben Fraktion; **– direct** (*VerfR: par opposition au vote indirect par l'intermédiaire de grands électeurs*) unmittelbare Wahl; **– par division** (*VerfR: lors de l'adoption d'une loi*) Teilabstimmung; **– double** (*GesR*) doppeltes Stimmrecht; **– sur l'ensemble** (*VerfR: adoption de la loi entière*) Gesamtabstimmung; **– facultatif** (*VerfR: vote que le citoyen est livre d'émettre ou de ne pas émettre*) freie Wahl mit der Möglichkeit der Stimmenthaltung; **– féminin** (*VerfR*) Wahlbeteiligungsrecht der Frauen (in Frankreich seit dem 21. April 1944); **– final** Endabstimmung; **– frauduleux** betrügerische Stimmabgabe, Wahlbetrug *m*; **– hostile** Neinstimme; **– indirect** (*VerfR*) mittelbare Wahl; **– d'investiture** (*Pol: acte par lequel un parti désigne officiellement un candidat à une élection*) Aufstellung eines Kandidaten zur Präsidialwahl.

vote de *ou* **par liste** Listenwahl; **– à main levée** Abstimmung durch Handzeichen; **– majoritaire** Mehrheitswahl; **– nominal** namentliche Abstimmung; **– nul** (*VerfR: vote entaché d'invalidité d'un électeur*) ungültige Stimme; **– obligatoire** (*VerfR: vote imposé par la loi sous peine de sanction en cas d'abstention*) Wahlpflicht *f*; **– personnel** (*VerfR: obligation faite à toute persone de déposer elle-même son bulletin dans l'urne*) persönliche Ausübung des Wahlrechts.

vote plural: **action à – –** (*GesR*) Mehrstimmrechtsaktie.

vote préférentiel (*VerfR: faculté pour l'électeur de modifier l'ordre de présentation des candidats sur une liste*) echte Persönlichkeitswahl (durch kumulieren *od.* panaschieren).

vote préférentiel: **droit de – –** Vorzugsstimmrecht.

vote en première lecture (*VerfR*) Abstimmung in erster Lesung; **– par procuration** (*VerfR: vote par l'intermédiaire d'une personne désigné par l'électeur*) Stimmabgabe *od.* Abstimmung durch Vertreter (auf der Grundlage einer Vollmacht); **– public** (*VerfR: vote dans lequel le sens du vote émis par chacun est connu de tous*) Wahl mit öffentlicher Stimmabgabe; **– sanction** (*Pol*) Denkzettelwahl *f*, Wahlniederlage *f* (als Ausdruck der Missbilligung der Wählerschaft); **– au scrutin secret** (*VerfR: vote secret avec passage par l'isoloir*) geheime Abstimmung; **– secret** (*VerfR: celui qui est organisé dans un isoloir – le secret du vote est la garantie de son indépendance*) geheime Wahl; **– uninominal** (*VerfR: vote qui porte sur un seul nom par opposition au scrutin de liste*) (*im Gegensatz zur Listenwahl*) Einzelwahl.

voter *v.tr.* wählen, abstimmen, sich an einer Abstimmung beteiligen, seine Stimme abgeben; **obligation de –** Wahlpflicht *f*; **– par acclamation** durch Zuruf wählen; **– à bulletin ouvert** offen wählen; **– la confiance**

(*VerfR*) das Vertrauen aussprechen; **– une loi** ein Gesetz verabschieden *od.* beschließen; **– à main levée** durch Handzeichen abstimmen; **– la poursuite de la grève** für die Fortführung des Streiks stimmen.

vouloir *v.tr.* (1) (*avoir l'intention de*) wollen, beabsichtigen, (2) wünschen, den Wunsch hegen; **les formalités voulues par la loi** die gesetzlich vorgeschriebenen Förmlichkeiten.

voûte *f* Gewölbe *n*, Wölbung *f*; **clé de –** Eckpfeiler *m*, Schlussstein *m*.

vox populi *f lat* Volksmeinung *f*, Ansicht *f* der überwiegenden Mehrheit der Bevölkerung.

voyage *m* Reise *f*, Fahrt *f*; **chèque de –** Reisescheck *m*; **gens du –** Wandergewerbetreibende(r) *m*; **– d'affaires** Geschäftsreise *f*; **– organisé** Studienfahrt *f*; Gruppenreise *f*; **– en transit** Durchreise.

voyageur *m* Fahrgast *m*; Reisende(r) *m*; **commis –** *ou* **– de commerce** (*HR*) Handlungsreisender *m*, (kleiner) (Handels-) Vertreter *m*; **– en transit** Durchreisender.

man darf den dem Arbeitsrecht unterworfenen *VRP* nicht mit dem *agent commercial* also dem Handelvertreter verwechseln, für den der code de commerce gilt

voyageur, représentant, placier (= VRP) (*HR, ArbR*) frz. Handlungsreisende(r) *m*, arbeitnehmerähnlicher Handelsvertreter (mit besondererem, im frz. Arbeitsgesetzbuch geregeltem Status), sog. „kleiner" Handelsvertreter.

voyagiste *m* (*HR: agent de voyages*) Reiseveranstalter *m*, Reisebüro *n*.

vrac *m* geschüttetes Massengut; **en –** lose, nicht verpackt; **marchandise en –** Massengüter *npl*, Schüttgut, nicht abgefüllte Ware, Güter in Großbehältern; **porteur de –** Massengutfrachter.

vrai *adj* (1) wahr, wahrheitsgetreu; wahrhaftig, aufrichtig, (2) wirklich, naturgetreu, echt; **au –** der Wahrheit gemäß; **à – dire** offen gesagt; **le – motif** der eigentliche Grund.

vraisemblable *adj* wahrscheinlich, möglich; glaubwürdig.

vraisemblance *f* Wahrscheinlichkeit; Glaubwürdigkeit.

vu *prép.* (1) (*PrzR: participe passé du verbe voir employé pour introduire les visas, c'est-à-dire les actes et loi servant de fondement à une décision de justice*) Anführen *n* der gesetzlichen Bestimmungen und Schriftstücke als Grundlage eines Urteils, Eingangsformel der Urteilsgünde, (2) (*PrzR: formule du visa – vu l'art. 826 Cciv*) gemäß (Artikel ...); in Anbetracht; unter Bezugnahme auf; **ni – ni connu** *loc* heimlich; spurlos verschwunden; **– les circonstances** in Anbetracht des Sachverhalts; **– la loi** gemäß gesetzlicher Bestimmung; **– les pièces du dossier** nach Einsicht der Akten, nach (eingehender) Aktendurchsicht; **– que** (*PrzR*) in Anbetracht dessen, dass; in Erwägung, dass.

vu *m* (*VwR*) Durchsicht *f*; **au – et au su de tout le monde** (*ostensiblement, ouvertement*) für jedermann sichtbar und erkennbar; **sur le – de** (*on dit aussi: au vu de*) nach Einsicht, nach Kenntnisnahme.

vue *f* (1) (*MedizinR, StVR: capacité de percevoir les sensations visuelles*) Sehfähigkeit *f*; Blick *m*, (2) (*ZR: dessein, intention, projet*) Absicht *f*, Plan *m*, (3) (*ce qui représente un lieu, une étendue de pays*) Ansicht *f*, Anschauung *f*, Meinung *f*, (4) (*étendue de ce qu'on peut voir d'un lieu, d'un point de vue*) Aussicht *f*, Ausblick *m*; Fernsicht *f*, (5) (*les yeux, les organes qui permettent de voir*) Gesichtssinn *m*; **à –** auf Sicht, bei Sicht, a vista; **billet à –** Eigenwechsel *m*; **connaître qqn. de –** jmdn. nur flüchtig kennen; **à courte –** kurzsichtig; **dépôt à –** Sichteinlage *f*, Sichtdepositen *pl*; **échéance à –** Fälligkeit bei Sicht; **effet à –** Sichtwechsel *m*; **en – de** (*dans l'intention de*) im Hinblick auf, in der Absicht, zu dem Zweck; **être gardé à –** (*StPR*) in Polizeigewahrsam genommen werden; **garder à –** in Polizeigewahrsam festsetzen *od.* halten; **perdre la –** erblinden; **à première –** dem ersten Anschein nach, auf den ersten Blick.

vue aérienne Luftbild *n*; **– basse** *ou* **courte** Kurzsichtigkeit *f*; **– dégagée** (*StVR*) freie Sicht; **– directe** Sichtverbindung; **– d'ensemble** Gesamtübersicht *od.* -ansicht *f*, Überblick *m*; **– de l'esprit** Meinung, Ansicht *f*, Anschauung; **– des lieux** (*PrzR*) Augenschein *m*, Augenscheinseinnahme *f*; **– prospective** Übersicht über die zukünftige Entwicklung.

vues et jours (*SachR*) Öffnungen u. Fenster zum Nachbargrundstück (in unmittelbarer Nähe der Grundstücksgrenze).

vulnérabilité *f* Verwundbarkeit *f*, Verletzlichkeit *f*; *fig* Anfälligkeit *f*.

W

wagon *m* Eisenbahnwagen *m*, Güterwagen; **franco sur –** frei Waggon; **– complet** Waggon- *od.* Wagenladung; **– frigorifique** *ou* **réfrigérant** Kühlwagen *m*; **– à plate-forme surbaissée** Tiefladewagen *m*, Niederflurwagen.

warrant *m* (*HR: sûreté commerciale sur des biens mobiliers commerciaux – gage sans dépossession*) Lagerschein *m*, Lagerpfandschein, Warrant *m*; Optionsschein; **– agricole** Pfandschein über landwirtschaftliches Inventar; **– hôtelier** handelsrechtliches Dispositionspapier über pfandrechtlich gesicherte Forderungen im Hotelgewerbe; **– industriel** handelsrechtliches Dispositionspapier über pfandrechtlich gesicherte Forderungen in der Industrie; **– intransmissible** Rektalagerschein; **– sur marchandises** Warenlagerschein; **– à ordre** Orderlagerschein; **– pétrolier** handelsrechtliches Dispositionspapier über pfandrechtlich gesicherte Forderungen im Erdölimport; **– au porteur** Inhaberlagerschein; **– protesté** protestierter Lagerschein.

warrantage *m* (*HR: constitution d'une sûreté sur marchandises*) Verpfändung gegen Lagerschein.

warranter *v.tr.* durch Lagerschein sichern, durch Ausstellung eines Lagerscheins verpfänden.

week-end *m* **prolongé** verlängertes Wochenende.

X

X *m / f* (*StPR: personne inconnue*) unbekannter Straftäter; **information contre –** Ermittlungen (von Amts wegen) gegen Unbekannt.

xénophobe *adj* ausländerfeindlich; **attitude –** ausländerfeindliche Einstellung *od.* Haltung.

xénophobie *f* (*StR: peur irraisonnée, maladive de ce qui est étranger, haine des étrangers*) Ausländerhass *m*, Fremdenfeindlichkeit *f*, ausländerfeindliche Einstellung.

Z

zélateur *m* Eiferer *m*, Fanatiker *m*.
zéro *adj* null, kein, nichts.
zéro *m* Nullpunkt, Gefrierpunkt *m*; (*als Schulnote*) Sechser.
zonage *m* Einteilung *f* in Zonen *od.* Bereiche.
zone *f* Raum *m*, (Teil-) Gebiet *n*; Region *f*; Bereich *m*, Zone *f*; Abschnitt *m*; **abattement de –** Zonenabschlag *m*; **tarif de –** Zonentarif *m*; **– d'action (d'un service)** (*VwR*) Amtsbereich *m* (einer Behörde); **– d'activité industrielle** Gewerbegebiet; **– d'affichage restreint** Gebiet, innerhalb dessen eine Außenwerbung nur beschränkt zulässig ist; **– d'agrément** (*UmweltR*) Erholungsgebiet *n*; **– d'aide** Fördergebiet *n*; **– d'aménagement concerté (= ZAC)** (*VwR: zone foncière à l'intérieur de laquelle une personne publique intervient en vue d'aménager et d'équiper les terrains pour y réaliser des équipements collectifs*) Baulanderschließung *f*.
zone d'aménagement concerté (= ZAC) (*VwR*) Gebiet (im Sinne des Städtebaus) aufeinander abgestimmter Erschließung; **– d'aménagement différé (= ZAD)** (*VwR*) Baugebiet mit zurückgestellter Erschließung; **– d'application** (*ÖfR: lois et règlements*) Geltungsbereich *m*; **– d'attente** (*AuslR*) Abschiebehaftbereich *m* (in Flughäfen, internationales Bahnhöfen und Häfen); **– d'attraction** (*BauR*) Einzugsgebiet; **– de base** Grundzone; **– bâtie** bebaute Fläche; **– de captage des eaux** (*UmweltR*) Wasserschutzgebiet; **– de combat** (*MilR*) Kampfzone; **– commerciale** Geschäftsbezirk *m*; Handelsgebiet *n*; **– de concentration urbaine (= ZCU)** (*VwR*) Ballungsraum *m*, städtischer Verdichtungsraum.
zone contiguë (*VR: bande maritime s'étendant à 12 milles marins au-delà de la mer territoriale*) an das Küstengewässer angrenzende Zwölfmeilenzone; **– de contrôle** *ou* **contrôlée** Überwachungsgebiet, Kontrollbereich *m*; **– de conversion industrielle (= ZCI)** (*VwR*) gewerbliches Umstrukturierungsgebiet; **– côtière** Küstengebiet, Küstenstreifen *m*; **– courte** (*TransportR*) Nahverkehrszone; **– critique** (*VwR*) Notstandsgebiet, Randgebiet; **– de culture** (*LandwR*) Anbaufläche *f*; **– démilitarisée** *ou* **de désarmement** (*VR*) entmilitarisierte Zone; **– de desserte** (*TransportR*) Gebiet, in dem Fahrgäste aufgenommen oder abgesetzt werden dürfen; **– de détresse** Notstandsgebiet; **– de développement** Entwicklungs- *od.* Förderungsgebiet.
zone douanière Zollgrenzgebiet *n*; **– économique** Wirtschaftsgebiet; **– économique maritime exclusive** (*VR: zone née par décision unilatérale de certains États revendiquant l'exercice de droits souverains sur les ressources*) 200-Meilen-Zone; **– d'environnement protégé (= ZEP)** Naturschutz- *od.* Umweltschutzgebiet; **– euro** (*EuR: espace géographique comprenant les États adoptant l'euro comme monnaie unique*) Eurozone *f*; **– franche** (1) (*ZollR*) Zollfreigebiet *n*; Freihafen *m*; Freilager *n*, (2) (*WirtR, SteuerR: zone franche urbaine comprenant les quartiers dits sensibles*) steuerbefreites *od.* steuerbegünstiges Gewerbegebiet (in Trabantenstädten mit hoher Arbeitslosigkeit); **– franche maritime** (*ZollR*) Seefreizone *f*; **– frontalière** *ou* **frontière** (*VwR*) Grenzbezirk *m*; **– frontière douanière** Zollgrenzbezirk; **– de guerre** Kriegsschauplatz *m*; **– d'habitation (= ZH)** (*VwR*) Wohngebiet, Mischgebiet; **– d'immigration** Einwanderungs- *od.* Zuwanderungsgebiet; **– inconstructible** (*BauR*) unbebaubares *od.* (baurechtlich) nicht zu erschließendes Gebiet.

zone industrielle (= ZI) (*WirtR: espace suburbain réservé aux entreprises*) Gewerbegebiet *n*, Industriegebiet; **– d'influence** (1) (*VwR*) Ausstrahlungsbereich, (2) (*VR: zone réservée par traité à l'influence politique d'un État déterminé*) Einflussgebiet *n*; **– d'influence éloignée** (*VwR*) Oberbereich; **– d'influence immédiate** (*VwR*) Nahbereich; **– d'interdiction** (*StR*) Sperrgebiet; **– d'interdiction de construire** (*BauR*) Gebiet mit Baugenehmigungsverbot; **– interdite** (*StR*) Sperrzone *f*, Sperrgebiet; **– d'intervention foncière (= ZIF)** (*VwR*) Baulanderschließungsgebiet (in dem den Gemeinden ein Vorkaufsrecht bei Veräußerung von Bauland zur Verfügung steht).

zone de libre échange (*VR: à la différence de l'union douanière ces pays ont conservé chacun la liberté de leur tarif douanier vis-à-vis des pays tiers*) Freihandelszone *f*; **– limitrophe** (*ZollR*) Grenz- *od.* Nahzone, angrenzendes Gebiet; Randgebiet; **– longue** (*WirtR*) Fernverkehrszone.

zone maritime douanière Seezollzone; **– neutralisée** (*VR*) neutralisierte Zone; **– non aedificandi** (*BauR*) Bausperrgebiet; **– non affectée** (*VwR*) Außenbereich *m*; **– non occupée** (*VR*) unbesetztes Gebiet; **– de non-droit** (*VR*) rechtloses Territorium, Gebiet, in dem jeder das Recht selbst in die Hand nimmt; **– d'occupation** *ou* **occupée** (*MilR*) besetztes Gebiet, Besatzungsgebiet *n*.

zone opérationnelle d'habitat (= ZOH) (*WirtR: espace comprenant des industries et des habitations*) Mischgebiet *n*, Baugebiet für Wohnungsbau und Gewerbebetriebe; **– d'opérations de défense** (*MilR*) Verteidigungsgebiet; **– de pêche** Fischereizone *f*, Fanggebiet *n*; **– polluée** (*UmweltR*) schadstoffbelastetes Gebiet; verseuchte Landstriche *mpl*; **– portuaire** Hafengebiet *od.* -bereich; **– de production** *ou* **productive** Erzeugungs- *od.* Produktionsgebiet; Anbaugebiet; **– de protection** *ou* **protégée** Schutzzone; **– de radio et de télévision** Versorgungsbereich (für Radio und Fernsehen).

zone de remembrement Umlegungsbezirk; **– de rénovation (= ZR)** (*BauR*) Sanierungsgebiet; **– de repos** Erholungsgebiet *n*; **– de résidence** *ou* **résidentielle** (*VwR*) Wohngebiet *n*; Ortsklasse *od.* -stufe *f*; **– de risque** Gefahrenbereich *m*; **– rurale** (*VwR*) ländliches Gebiet, Landbezirk *m*; **– de sécurité** Sicherheitszone; **– au sens de l'aménagement du territoire** (*VwR*) Gebiet im Sinne der Raumordnung; **– sensible** (*VwR, StR: banlieue – syn.: quartiers dits sensibles*) sozialer Brennpunkt, Stadtviertel mit hoher Arbeitslosigkeit und immer wiederkehrenden Unruhen; **– de servitude** (1) (*SachR*) Bereich eines dinglichen Nutzungsrechtes an fremdem Eigentum, (2) (*ÖfR*) Schutzbereich; **– de surveillance douanière** Zollgrenzbezirk *m*.

zone tampon (*VR*) Pufferzone *f*; **– tarifaire** Tarifzone; **– de transport** Verkehrsgebiet; **– urbaine** Stadtgebiet *n*, städtischer Siedlungsraum *m*; **– à urbaniser en priorité (= ZUP)** (*VwR: zone foncière délimitée par l'Administration en vue de la construction d'immeubles d'habitation*) Gebiet vorrangiger städtebaulicher Entwicklung, Mischgebiet (in dem ein besonderes Enteignungsverfahren die Bodenspekulation eindämmen soll); **– de validité** Geltungsbereich *m*; **– de vente** Vertriebsgebiet *n*, Verkaufsgebiet *n*.